Full수록 기출문제집

Full수록은 Full(가득한)과 수록(담다)의 합성어로 '평가원의 양질의 기출문제'를 교재에 가득 담았음을 의미한다.
또한, 교재 네이밍인 Full수록 발음 시 '풀수록 1등급 달성'과 '풀수록 수능 만점' 등 목표 지향적 의미를 함께 내포하고 있다.

Full수록 기출문제집은 평가원 기출을 가장 잘 분석하여 30일 내 수능기출을 완벽 마스터하도록 구성하였다.

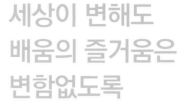

세상이 변해도
배움의 즐거움은
변함없도록

시대는 빠르게 변해도
배움의 즐거움은
변함없어야 하기에

어제의 비상은
남다른 교재부터
결이 다른 콘텐츠
전에 없던 교육 플랫폼까지

변함없는 혁신으로
교육 문화 환경의 새로운 전형을
실현해왔습니다.

비상은 오늘, 다시 한번
새로운 교육 문화 환경을 실현하기 위한
또 하나의 혁신을 시작합니다.

오늘의 내가 어제의 나를 초월하고
오늘의 교육이 어제의 교육을 초월하여
배움의 즐거움을 지속하는 혁신,

바로, 메타인지 기반 완전 학습을.

상상을 실현하는 교육 문화 기업 비상

메타인지 기반 완전 학습

초월을 뜻하는 meta와 생각을 뜻하는 인지가 결합한 메타인지는
자신이 알고 모르는 것을 스스로 구분하고 학습계획을 세우도록 하는
궁극의 학습 능력입니다. 비상의 메타인지 기반 완전 학습 시스템은
잠들어 있는 메타인지를 깨워 공부를 100% 내 것으로 만들도록 합니다.

Full수록
수능기출문제집

수능 준비 최고의 학습 재료는 기출 문제입니다.
지금까지 다져온 실력을 기출 문제를 통해 확인하고, 탄탄히 다져가야 합니다.
진짜 공부는 지금부터 시작입니다.

"Full수록"만 믿고 따라오면
수능 1등급이 내 것이 됩니다!!

" 방대한 기출 문제를 효율적으로 정복하기 위한 구성 "

1 **일차별 학습량 제안**

하루 학습량 30문제 내외로 기출 문제를 한 달 이내 완성하도록 하였다.
→ 계획적 학습, 학습 진도 파악 가능

2 **평가원 기출 경향을 설명이 아닌 문제로 제시**

일차별 기출 경향을 문제로 시각적·직관적으로 제시하였다.
→ 기출 경향 및 빈출 유형 한눈에 파악 가능

3 **보다 효율적인 문제 배열**

문제를 연도별 구성이 아닌 쉬운 개념부터 복합 개념 순으로, 유형별로 제시하였다.
→ 효율적이고 빠른 학습이 가능

일차별 학습 흐름

기출 경향 파악 → 실전 개념 정리 → 기출 문제 정복 → 해설을 통한 약점 보완 을 통해 계획적이고 체계적인 수능 준비가 가능합니다.

1 오늘 공부할 기출 문제의 기출 경향 보기
✓ 빈출 문제, 빈출 자료를 한눈에 파악

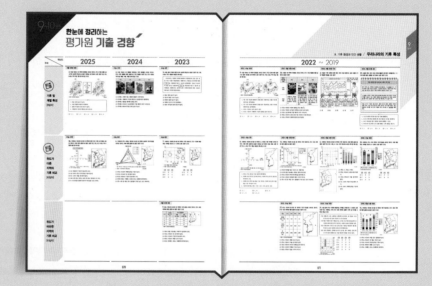

2 기출 선지로 정리하는 핵심 개념
✓ 빈출 선지로 구성된 핵심 정리로 평가원식 사고 확립
✓ 기출 선지 모아 보기, 기출 표현 더 보기를 통해 문제 적응력 강화

3 핵심 개념별로 구성한 기출 문제
／ 개념별 문제 구성을 통한 효율적인 학습 가능

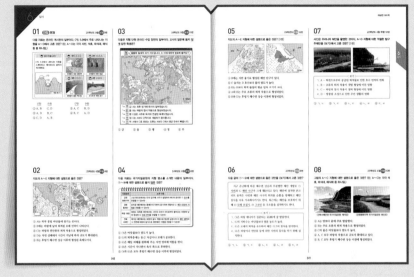

4 개념과 연계성이 강화된 해설
／ 문제 풀이 및 문제에 연계된 개념 재확인

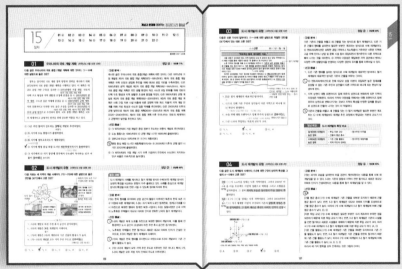

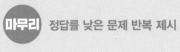

마무리 정답률 낮은 문제 반복 제시

부록 실전모의고사 3회

풀 수 록 1 등 급 · 풀 수 록 수 능 만 점

일차별 학습 계획

제안하는 학습 계획 814제 26일 완성

나의 학습 계획 814제 (　　)일 완성

		학습 내용	쪽 수	문항 수	학습 날짜	
I. 국토 인식과 지리 정보	1일차		006쪽	24제	월	일
	2일차	국토 인식과 지리 정보	016쪽	16제	월	일
	3일차		020쪽	21제	월	일
II. 지형 환경과 인간 생활	4일차	한반도의 형성과 산지의 모습	026쪽	22제	월	일
	5일차	하천 지형과 해안 지형	036쪽	32제	월	일
	6일차		048쪽	32제	월	일
	7일차	화산 지형과 카르스트 지형	056쪽	24제	월	일
	8일차		065쪽	20제	월	일
III. 기후 환경과 인간 생활	9일차	우리나라의 기후 특성	070쪽	30제	월	일
	10일차		081쪽	36제	월	일
	11일차	자연재해와 기후 변화	090쪽	38제	월	일

한눈에 정리하는
평가원 기출 경향

| 주제 \ 학년도 | 2025 | 2024 | 2023 |

우리나라의 영역과 배타적 경제 수역 [1일차] (빈출)

2025 — 수능 1번

24. 다음 자료의 (가)~(다) 섬에 대한 교사의 질문에 모두 옳게 답한 학생을 고른 것은?

구분	(가)	(나)	(다)
위성 영상			
기준점(△) 위·경도	39° 48′ 10″ N 124° 10′ 47″ E	37° 14′ 22″ N 131° 52′ 08″ E	33° 07′ 03″ N 126° 16′ 10″ E
면적	약 64,368㎢	약 0.187㎢	약 0.298㎢

교사의 질문	갑	을	병	정	무
(나)의 기선으로부터 바깥쪽 12해리 이내에 종합 해양 과학 기지가 건설되어 있습니까?	아니요	예	아니요	아니요	예
(가)는 (나)보다 우리나라 표준 경선과의 최단 거리가 깁니까?	예	예	예	예	아니요
(나)와 (다)는 영해 설정에 직선 기선이 적용됩니까?	아니요	아니요	예	아니요	아니요
(가)~(다)는 모두 우리나라 영토의 4극 중 하나에 해당합니까?	예	예	예	아니요	예

① 갑 ② 을 ③ 병 ④ 정 ⑤ 무

2024 — 수능 1번

3. 다음 자료의 (가)~(다) 섬에 대한 설명으로 옳은 것은?

구분	(가)	(나)	(다)
섬			
기준점(△) 위·경도	34° 04′ 32″N 125° 06′ 31″E	33° 07′ 03″N 126° 16′ 10″E	37° 14′ 22″N 131° 52′ 08″E
특징	• 섬의 이름은 '자 랄 수 있는 곳'이라는 뜻에 서 유래. • 일제 강점기에 '소 흑산도'로 불렸으 나, 2008년에 현 지명으로 복원.	• 섬의 최고점이 약 90m로 해안 일부 가 기암절벽으로 이루어진 화산섬. • 섬 전체가 남북 으로 긴 고구마 모양으로 평탄한 산의 형성이 있음.	• 섬의 이름은 돌 섬이라는 뜻의 독섬에서 유래. '독'이 '홀로 독' 으로 한자화 됨. • 동도와 서도 외 에 89개의 부속 도서로 구성.

① (가)는 우리나라 영토의 최서단(극서)에 위치한다.
② (나)의 남서쪽 우리나라 영해에 이어도 종합 해양 과학 기지가 건설되어 있다.
③ (다)로부터 200해리까지 전역은 우리나라의 배타적 경제 수역에 해당한다.
④ (나)와 (다)는 영해 설정에 통상 기선을 적용한다.
⑤ (가)~(다) 중 우리나라 표준 경선과의 최단 거리가 가장 가까운 곳은 (나)이다.

2023 — 수능 9번

6. 다음 자료는 우리나라 영해에 관한 것이다. 이에 대한 설명으로 옳은 것은? [3점]

〈영해 및 접속수역법〉
제1조(영해의 범위) 대한민국의 ㉠ 영해는 기선(基線)으로부터 측정하여 그 바깥쪽 12해리의 선까지에 이르는 수역(水域)으로 한다. … (중략) …
제3조(내수) 영해의 폭을 측정하기 위한 기선으로부터 육지쪽에 있는 수역은 ㉡ 내수(內水)로 한다.

① ㉠은 우리나라 모든 수역에 적용된다.
② ㉡에 해당하는 곳은 A이다.
③ B는 우리나라의 주권이 미치는 수역이다.
④ D는 우리나라의 배타적 경제 수역이다.
⑤ C와 D에서는 일본과 공동으로 어업 자원을 관리한다.

고지도 및 고문헌에 나타난 국토관 [2일차]

2025 — 9월 모평 1번

1. 다음 자료는 전주 일대를 나타낸 고지도와 지리지의 일부이다. (가), (나)에 대한 설명으로 옳은 것만을 〈보기〉에서 고른 것은?

(가)

(나)
여러 골짜기 물은 고산현 을 거쳐 전주부로 흘러서 큰 천이 된다. … (중략) … 이 하천으로 물을 대니 ㉠ 땅이 매우 비옥하다. … (중략) … 마을마다 살아가는 데 필요 한 물자를 다 갖추고 있다.
— 이중환, 「택리지」 —

〈지도표〉 읍치 유영 무영 역참 고산성
— 김정호, 「대동여지도」 —

〈보기〉
ㄱ. (가)와 (나)는 모두 조선 전기에 제작되었다.
ㄴ. A는 교통·통신 등의 기능을 담당하던 시설을 표현한 것이다.
ㄷ. B에서 C까지의 거리는 40리 이상이다.
ㄹ. ㉠은 가거지(可居地) 조건 중 인심(人心)에 해당한다.

① ㄱ, ㄴ ② ㄱ, ㄷ ③ ㄴ, ㄷ ④ ㄴ, ㄹ ⑤ ㄷ, ㄹ

2023 — 수능 1번

2. (가), (나)는 조선 시대에 제작된 지리지의 일부이다. 이에 대한 설명으로 옳은 것만을 〈보기〉에서 고른 것은? (단, (가), (나)는 각각 「세종실록지리지」, 「택리지」 중 하나임)

(가) ㉠ 경주(慶州)부
신라의 옛 도읍이다. … (중략) … 박혁거세가 나라를 창건하고 도읍을 세워서 이름을 서야벌(徐耶伐)이라 하였다. 호(戶) 수는 1천 5백 52호, 인구가 5천 8백 94명이며, … (중략) … 간전(墾田)은 1만 9천 7백 33결(結)이다.
(나) ㉡ 상주(尙州)는 조령 밑에 있는 큰 도회지다. ㉢ 산이 웅장하고 들이 넓다. 북쪽으로는 조령과 가까워 충청도, 경기도와 통하고, 동쪽으로는 낙동강에 인접해 김해, 동래와 통한다.

〈보기〉
ㄱ. (나)는 (가)보다 제작된 시기가 이르다.
ㄴ. (가)는 국가, (나)는 개인 주도로 제작하였다.
ㄷ. ㉢은 가거지(可居地)의 조건 중 인심(人心)에 해당한다.
ㄹ. ㉠과 ㉡은 경상도라는 지명의 유래가 된 지역이다.

① ㄱ, ㄴ ② ㄱ, ㄷ ③ ㄴ, ㄷ ④ ㄴ, ㄹ ⑤ ㄷ, ㄹ

최적 입지 선정 [3일차]

2025 — 수능 3번

21. 다음 〈조건〉만을 고려하여 대형 마트를 새로 건설하고자 할 때, 가장 적절한 후보지를 고른 것은?

〈조건 1〉: [(면적당 도로 연장 > 0.7㎞/㎢) AND (인구 밀도 > 150명/㎢)]
〈조건 2〉: 〈조건 1〉을 만족하는 지역 중
[(전통 시장 수 < 3개) OR (1인당 지역 내 총생산 > 7천만 원)]인 곳을 선택함.

※ X AND Y: X 조건과 Y 조건을 모두 만족하는 것을 의미함.
※※ X OR Y: X 조건과 Y 조건 중 하나만 만족하는 것을 의미함.

구분	면적당 도로 연장(㎞/㎢)	인구 밀도 (명/㎢)	전통 시장 수 (개)	1인당 지역 내 총생산(천만 원)
A	0.6	236.8	1	7.7
B	1.2	238.0	4	11.1
C	0.8	222.4	5	3.9
D	1.0	167.7	6	3.8
E	0.7	119.4	2	3.9

(2022) (충청남도)

① A ② B ③ C ④ D ⑤ E

2024 — 6월 모평 3번

2. 다음은 지리 정보에 관한 수업 장면이다. ㉠~㉤에 대한 설명으로 가장 적절한 것은?

〈지리 정보의 유형〉

| 정보 | 속성 | 면적 | 인구 | ... |
| | | | | |

〈지리 정보의 수집 방법〉
실내 조사: 지도, 문헌, 통계 자료 등
현장 조사: 현장 관찰, 측정, 설문, 면접 등
원격 탐사: 인공위성 영상, 항공 사진 촬영 등

㉠ ㉡ ㉢ (정보)
㉣ 이외 면적 540㎢
㉤ 인구밀도 13.7℃

지리 정보의 유형과 수집 방법을 알아봅시다.

① ㉠의 예로 '대전광역시 연령층별 인구 비율'을 들 수 있다.
② ㉡은 어떤 장소나 현상의 위치나 형태를 나타내는 정보이다.
③ ㉢을 표현한 예로 36° 21′ 04″N, 127° 23′ 06″E가 있다.
④ ㉣은 조사 지역을 직접 방문하여 정보를 수집하는 활동이다.
⑤ ㉤은 ㉣보다 지리 정보 수집 방법으로 도입된 시기가 이르다.

2023 — 6월 모평 1번

3. 다음 〈조건〉만을 고려하여 ○○ 시설의 입지를 선정하고자 할 때 가장 적절한 곳을 후보지 A~E에서 고른 것은?

〈조건〉
○ 평균 고도가 40m 이상인 지역을 선정함.
○ 평균 경사도가 25° 이하인 지역을 선정함.
○ 주거 지역 및 도로로부터 200m 이상 떨어진 지역을 선정함.
○ 산림 보호 지역은 제외함.

〈평균 고도〉(단위: m)

33	33	34	39	20	21	22	23
37	41	43	38	22	22	23	24
37	45	48	45	25	26	23	24
36	46	47	42	24	24	24	24
36	48	47	47	24	24	24	24

〈평균 경사도〉

〈토지 이용〉

〈입지 후보지〉
A
B
C
D
E

■ 주거 지역 ▦ 산림 보호 지역 ━ 도로

① A ② B ③ C ④ D ⑤ E

2022 ~ 2019

21. 다음은 한국지리 온라인 수업 장면의 일부이다. 답글의 내용이 옳은 학생을 고른 것은?

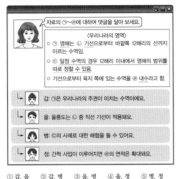

- ① 갑
- ② 을
- ③ 병
- ④ 정
- ⑤ 무

18. 다음은 온라인 수업 장면의 일부이다. 댓글의 내용이 옳은 학생만을 고른 것은?

자료의 ㉠~㉣에 대하여 댓글을 달아 보세요.

〈우리나라의 영역〉

- ㉠ 영해는 ㉡ 기선으로부터 바깥쪽 12해리의 선까지 이르는 수역임.
- ㉢ 일정 수역의 경우 12해리 이내에서 영해의 범위를 따로 정할 수 있음.
- 기선으로부터 육지 쪽에 있는 수역을 ㉣ 내수라고 함.

┗ 갑: ㉠은 우리나라의 주권이 미치는 수역이에요.

┗ 을: 울릉도는 ㉡ 중 직선 기선이 적용돼요.

┗ 병: ㉢의 사례로 대한 해협을 들 수 있어요.

┗ 정: 간척 사업이 이루어지면 ㉣의 면적은 확대돼요.

- ① 갑, 을
- ② 갑, 병
- ③ 을, 병
- ④ 을, 정
- ⑤ 병, 정

16. 다음은 우리나라 영역에 대한 한국 지리 수업 장면이다. 발표 내용이 옳은 학생을 고른 것은?

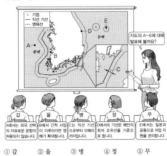

지도의 A~E에 대해 발표해 볼까요?

- 갑: A에서는 외국 선박의 자유로운 운항이 허용되지 않습니다.
- 을: B에서 간척 사업이 이루어지면 영해가 확대됩니다.
- 병: C는 직선 기선으로부터 12해리까지입니다.
- 정: D에서의 기선은 해안의 최저 조위선을 기준으로 합니다.
- 무: E에서는 일본과 공동으로 어업 및 원유를 관리합니다.

- ① 갑
- ② 을
- ③ 병
- ④ 정
- ⑤ 무

14. (가)와 (나)는 조선 시대에 제작된 고지도와 지리지의 일부이다. 이에 대한 설명으로 옳은 것은?

(가)

- 김정호, 「□□□□□」

(나)

춘천은 …(중략)… ㉠ 산속에는 평야가 넓게 펼쳐져 있고 그 복판으로 두 강이 흐른다. 토질이 단단하고 기후가 온화하며 강과 산이 맑고 시원하며 땅이 비옥해서 대를 이어 사는 사대부가 많다.

- 이중환, 「○○○」

- ① (가)는 조선 후기에 제작되었다.
- ② (가)에서 A는 하천을 표현한 것이다.
- ③ (가)를 통해 B의 정확한 해발 고도를 알 수 있다.
- ④ (가)와 (나)는 모두 국가 통치의 목적으로 제작되었다.
- ⑤ ㉠은 이중환이 제시한 가거지 조건 중 인심(人心)에 해당한다.

4. 다음의 〈조건〉만을 고려하여 홍수를 대비하기 위한 시설의 입지를 선정하려고 할 때, 가장 적절한 곳을 후보지 A~E에서 고른 것은?

〈조건〉

평가 항목별 배점 기준은 다음과 같으며, 점수의 합이 가장 큰 지역을 선정함.

점수	일 최대 강수량(mm)	해발 고도(m)	불투수 포장률(%)
1점	280 미만	60 이상	20 미만
2점	280~300 미만	30~60 미만	20~40 미만
3점	300 이상	30 미만	40 이상

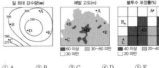

- ① A
- ② B
- ③ C
- ④ D
- ⑤ E

9. 다음 조건만을 고려하여 ○○ 리조트 입지 지역을 선정하려고 할 때, 가장 적절한 곳을 후보지 A~E에서 고른 것은?

〈조건〉

평가 항목별 배점 기준은 다음과 같으며 점수의 합이 가장 큰 지역을 선정함.

여름 강수량(mm)	점수	지가 (천 원/㎡)	점수	겨울 평균 기온(℃)	점수
750 미만	3	50 미만	3	0 이상	3
750 이상 ~850 미만	2	50 이상 ~150 미만	2	-2 이상 ~0 미만	2
850 이상	1	150 이상	1	-2 미만	1

지역	지가
A	30
B	102
C	165
D	48

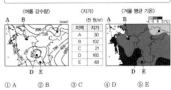

- ① A
- ② B
- ③ C
- ④ D
- ⑤ E

기출 선지로 짚어 주는 **핵심 내용**

국토 인식과 지리 정보

1 국토의 위치와 영토 문제

1 우리나라의 4극

극북(유원진)	• 두만강이 흐르며, 옌볜 조선족 자치주가 있는 북간도(동간도)와의 접경지이다. • 극서보다 우리나라 표준 경선과의 최단 거리가 가깝다.
극서(마안도)	압록강 하구에 위치한 섬으로 『동국여지승람』에 마도(馬島)로 소개되어 있다.
극동(독도)	• 천연기념물 제336호로 지정되었다. • 극남보다 태양이 남중하는 시각이 이르다.
극남(마라도)	극북보다 기온의 연교차가 작다.

2 우리나라의 영역

(1) 영해와 배타적 경제 수역의 특징

행위 (단, 모든 행위는 국가 간 사전 허가가 없었음.)	우리나라의 영해	우리나라의 배타적 경제 수역
우리나라 해군 함정이 항해함.	가능	가능
우리나라 어선이 고기잡이를 함.	가능	가능
우리나라 자원 탐사선이 탐사 활동을 함.	가능	가능
외국 화물선이 항해함.	불가능	가능
외국이 인공 섬을 설치함.	불가능	불가능

(2) 독도와 마라도 모아 보기

구분	독도	마라도
특징	우리나라에서 태양이 남중하는 시각이 가장 이르다.	독도에 비해 가장 가까운 유인도와의 거리가 가깝다.
공통점	• 유인도이며, 화산 활동으로 형성되었다. • 통상 기선을 적용하여 영해를 설정한다. 기억해 • 섬 전체가 천연 보호 구역으로 지정되었다.	

(3) 울릉도와 이어도, 간도

울릉도	• 영해 설정에 통상 기선이 적용된다. • 독도와 함께 최후 빙기 때 육지와 연결되어 있지 않았다.
이어도	• 종합 해양 과학 기지가 건설되어 있다. • 한·일 중간 수역에 포함되지 않는다. • 마라도에서 남서쪽으로 약 149㎞ 떨어져 있다.
간도	• 독도보다 최한월 평균 기온이 낮다. • 기후 조건이 좋아 벼 재배가 이루어지고 있다. • 독도보다 우리나라 최남단과의 직선 거리가 멀다.

▶ 기/출/선/지 **모아** 보기

25학년도 6월 모평 1번

〈영해 및 접속수역법〉
제1조 (㉠ 영해의 범위) 대한민국의 영해는 기선으로부터 측정하여 그 바깥쪽 12해리의 선까지에 이르는 수역으로 한다. … (중략) …
제 2 조 (기선) 제1항: 영해의 폭을 측정하기 위한 ㉡ 통상의 기선은 대한민국이 공식적으로 인정한 대축척 해도에 표시된 … (중략) …
제 2 항: 지리적 특수사정이 있는 수역의 경우에는 대통령령으로 정하는 기점을 연결하는 직선을 기선으로 할 수 있다.
제 3조 (㉢ 내수) 영해의 폭을 측정하기 위한 기선으로부터 육지 쪽에 있는 수역은 내수로 한다.

〈영역과 배타적 경제 수역〉

① 울릉도와 독도는 ㉠ 설정에 ~~직선 기선~~ 통상 기선이 적용된다.
② ㉡ 설정에는 가장 낮은 수위가 나타나는 썰물 때의 해안선을 적용한다.
③ ㉢에서 간척 사업이 이루어지면 ㉠은 ~~확대된다~~ 변화가 없다.
④ 우리나라 (가)의 최남단은 ~~어도~~ 마라도이다.
⑤ (나)는 영해 기선으로부터 그 바깥쪽 200해리의 선까지에 이르는 ~~수역 전체를~~ 수역 중 영해를 제외한 수역을 말한다.
23 수능 ⑤ ~~㉡와~~ ㉠과 ㉢에서는 일본과 공동으로 어업 자원을 ~~관리한다~~ 관리하지 않는다.
21 모평 ㄱ. (가) ㉢에서 간척 사업이 이루어지면 영해의 범위가 ~~확대된다~~ 확대되지 않는다.

2 국토 인식의 변화

1 고지도에 나타난 국토 인식

「동국지도」	• 100리를 1척으로 하는 백리척(百里尺)을 사용하였다. • 「대동여지도」보다 제작 시기가 이르며, 실제 거리를 더 축소해서 표현하였다.
「대동여지도」 모아 보기	• 목판으로 제작되었으며, 지도표를 사용하였다. • 10리마다 방점을 찍어 거리를 표현하였으며, 도로는 직선으로 그렸다. • 배가 다닐 수 있는 하천은 쌍선으로, 배가 다닐 수 없는 하천은 단선으로 그렸다.

2 고문헌에 나타난 국토 인식

「신증동국여지승람」	「택리지」 모아 보기
• 국가 통치 목적으로 편찬되었다. • 지역을 백과사전식으로 기술하였다. • 「택리지」보다 제작 시기가 이르다.	• 가거지(可居地)의 조건을 제시하고 있다. • 「신증동국여지승람」보다 주관적인 견해를 많이 담고 있다. 기억해

3 지리 정보의 수집과 활용

1 지리 정보의 수집과 표현

(1) 지리 정보의 유형

공간 정보	장소나 현상의 위치와 형태에 대한 정보
속성 정보	장소나 현상의 인문적·자연적 특성에 대한 정보
관계 정보	다른 장소나 지역과의 상호 작용 및 관계에 대한 정보

(2) 지리 정보의 수집

현지 조사	실측, 설문 조사 등을 통해 현장에서 직접 정보를 수집하는 방법이다.
원격 탐사	• 직접 접근하기 어려운 지역 또는 넓은 지역의 정보를 수집하는 데 유리하다. • 원격 탐사를 통해 속성 정보, 지리 정보를 주기적으로 수집할 수 있다.

(3) 지리 정보의 표현: 도표, 그래프, 지형도, 수치 지도, 통계 지도 등

(4) 통계 지도의 유형

점묘도	점으로 밀도나 분포를 표현하는 지도 예 인구 분포, 백화점 분포
등치선도	같은 통계값을 지닌 지점을 선으로 연결하여 표현한 지도 예 등고선
단계 구분도	자료를 몇 개의 단계로 구분한 뒤 채색하여 표현하는 지도 예 인구 증가율
도형 표현도	도형의 크기를 달리하여 표현하는 지도 예 연령층별 인구 비율
유선도	사람, 물자 등의 이동 방향과 이동량을 화살표로 표현하는 지도 예 인구 이동

2 지리 정보 시스템(GIS)

의미	지표 공간의 다양한 지리 정보를 컴퓨터에 입력·저장하고 사용 목적에 따라 가공·분석·처리하여 다양하게 표현해 주는 종합 정보 시스템
특징	• 개인의 실생활에 필요한 다양한 지리 정보를 편리하게 얻을 수 있다. • 중첩 분석 기능을 통해 최적 입지나 경로 선정 등의 공간 의사 결정에 활용할 수 있다.

▶ 기/출/선/지 모아 보기

25학년도 9월 모평 1번

(가)

지도표	읍치	유성 ◎ 무성 ○	역참 ①	고산성 ▲▲

— 김정호, 「대동여지도」 —

(나) 여러 골짜기 물은 고산현을 거쳐 전주부로 흘러서 큰 하천이 된다. …(중략)… 이 하천으로 물을 대니 ⊙ 땅이 매우 비옥하다. …(중략)… 마을마다 살아가는 데 필요한 물자를 다 갖추고 있다.

— 이중환, 「택리지」 —

• (가)는 「대동여지도」의 일부, (나)는 「택리지」의 일부이다. A는 역참, B는 무성 읍치, C는 유성 읍치이다.

ㄱ. (가)와 (나)는 모두 조선 ~~전기~~ 후기에 제작되었다.

ㄴ. A는 교통·통신 등의 기능을 담당하던 시설을 표현한 것이다.

ㄷ. B에서 C까지의 거리는 40리 이상이다.

ㄹ. ⊙은 가거지(可居地) 조건 중 ~~인심(人心)~~ 생리(生利)에 해당한다.

21 수능 ④ (가)와 (나)는 모두 국가 통치의 목적으로 ~~제작되었다~~ 제작되지 않았다.

01 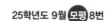 문제

다음 글의 ㉠~㉤에 대한 설명으로 옳은 것은? [3점]

〈2023년 올해의 섬 '가거도'〉

우리나라 영해의 기점은 총 ㉠ 23개로 ㉡ 영해의 폭을 측정하는 시작점이다. 해양 수산부는 2023년부터 ㉢ 영해 기점이 있는 섬의 영토적 가치를 알리기 위해 '올해의 섬'을 발표하는데, ㉣ '가거도'가 최초로 선정되었다. 전남 신안군에 속한 가거도의 북위 34° 02′ 49″, 동경 125° 07′ 22″ 지점에는 영해 기점이 표시된 첨성대 조형물이 있다. 가거도 서쪽 약 47km 해상에 있는 가거초에는 ㉤ 이어도에 이어 두 번째로 해양 과학 기지가 건설되어 해양 자원 확보와 기상 관련 정보 수집을 하고 있다.

① ㉠을 연결하는 직선은 통상 기선에 해당한다.
② 대한 해협에서 ㉡은 12해리이다.
③ ㉢을 연결한 기선으로부터 육지 쪽에 있는 수역은 내수(內水)로 한다.
④ ㉣은 우리나라 영토의 최남단(극남)에 해당한다.
⑤ ㉤은 ㉢ 중 하나이다.

02

다음 자료에 관한 설명으로 옳은 것은?

〈영해 및 접속수역법〉
제1조 (㉠ 영해의 범위) 대한민국의 영해는 기선으로부터 측정하여 그 바깥쪽 12해리의 선까지에 이르는 수역으로 한다. … (중략) …
제2조 (기선) 제1항: 영해의 폭을 측정하기 위한 ㉡ 통상의 기선은 대한민국이 공식적으로 인정한 대축척 해도에 표시된 … (중략) …
제2항: 지리적 특수사정이 있는 수역의 경우에는 대통령령으로 정하는 기점을 연결하는 직선을 기선으로 할 수 있다.
제3조 (㉢ 내수) 영해의 폭을 측정하기 위한 기선으로부터 육지 쪽에 있는 수역은 내수로 한다.

〈영역과 배타적 경제 수역〉

① 울릉도와 독도는 ㉠ 설정에 직선 기선이 적용된다.
② ㉡ 설정에는 가장 낮은 수위가 나타나는 썰물 때의 해안선을 적용한다.
③ ㉢에서 간척 사업이 이루어지면 ㉠은 확대된다.
④ 우리나라 (가)의 최남단은 이어도이다.
⑤ (나)는 영해 기선으로부터 그 바깥쪽 200해리의 선까지에 이르는 수역 전체를 말한다.

03

다음 자료의 (가)~(다) 섬에 대한 설명으로 옳은 것은?

구분	(가)	(나)	(다)
섬			
기준점(▲) 위·경도	34° 04′ 32″N 125° 06′ 31″E	33° 07′ 03″N 126° 16′ 10″E	37° 14′ 22″N 131° 52′ 08″E
특징	• 섬의 이름은 '사람이 살 수 있는 곳'이라는 뜻에서 유래. • 일제 강점기에 '소흑산도'로 불렸으나, 2008년에 현 지명으로 복원.	• 섬의 최고점이 약 39m로 해안 일부가 기암절벽으로 이루어진 화산섬. • 섬 전체가 남북으로 긴 고구마 모양으로 평탄한 초원이 있음.	• 섬의 이름은 돌섬이라는 뜻의 독섬에서 유래. '독'이 '홀로 독'으로 한자화 됨. • 동도와 서도 외에 89개의 부속 도서로 구성.

① (가)는 우리나라 영토의 최서단(극서)에 위치한다.
② (나)의 남서쪽 우리나라 영해에 이어도 종합 해양 과학 기지가 건설되어 있다.
③ (다)로부터 200해리까지 전역은 우리나라의 배타적 경제 수역에 해당한다.
④ (나)와 (다)는 영해 설정에 통상 기선을 적용한다.
⑤ (가)~(다) 중 우리나라 표준 경선과의 최단 거리가 가장 가까운 곳은 (나)이다.

04

지도의 (가)~(라)에 대한 설명으로 옳은 것은?

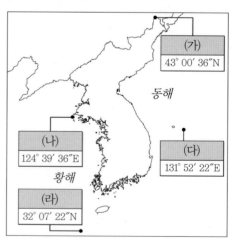

① (나)에는 종합 해양 과학 기지가 건설되어 있다.
② (다)에 위치한 섬은 영해 설정에 직선 기선을 적용한다.
③ (라)는 한·일 중간 수역에 위치한다.
④ (다)는 (나)보다 우리나라 표준 경선과의 최단 거리가 가깝다.
⑤ (가)~(라)는 우리나라 영토의 4극에 해당한다.

05

다음 자료는 수행 평가 내용에 대한 학생 답변과 교사의 채점 결과이다. 이에 대한 설명으로 옳은 것만을 〈보기〉에서 고른 것은?

◎ 우리나라 영역과 배타적 경제 수역에 대한 내용이 맞으면 '예', 틀리면 '아니요'로 답하시오. (단, 모든 행위는 국가 간 사전 허가가 없었음.)

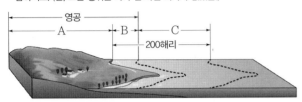

내용	답변	
	갑	을
영공은 A와 B의 수직 상공이다.	예	예
우리나라 B는 모든 수역에서 기선으로부터 12해리까지이다.	아니요	예
(가)	㉠	아니요
(나)	㉡	예
점수	4점	2점

* 교사는 각 답변이 옳으면 1점, 틀리면 0점을 줌.

〈 보기 〉

ㄱ. (가)가 '이어도는 우리나라의 A에 포함된다.'이면, ㉡은 '예'이다.

ㄴ. (나)가 'C에서는 타국의 인공 섬 설치가 보장된다.'이면, ㉠은 '아니요'이다.

ㄷ. ㉠이 '예'이면, (나)에는 '제주도는 직선 기선을 설정하기 위한 기점 중 하나이다.'가 들어갈 수 있다.

ㄹ. ㉡이 '아니요'이면, (가)에는 '우리나라 A의 최남단은 해남 땅끝 마을이다.'가 들어갈 수 있다.

① ㄱ, ㄴ ② ㄱ, ㄷ ③ ㄴ, ㄷ ④ ㄴ, ㄹ ⑤ ㄷ, ㄹ

06

다음 자료는 우리나라 영해에 관한 것이다. 이에 대한 설명으로 옳은 것은? [3점]

〈영해 및 접속수역법〉

제1조(영해의 범위) 대한민국의 ㉠ 영해는 기선(基線)으로부터 측정하여 그 바깥쪽 12해리의 선까지에 이르는 수역(水域)으로 한다. … (중략) …

제3조(내수) 영해의 폭을 측정하기 위한 기선으로부터 육지쪽에 있는 수역을 ㉡ 내수(內水)로 한다.

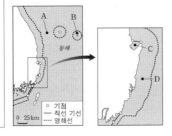

① ㉠은 우리나라 모든 수역에 적용된다.

② ㉡에 해당되는 곳은 A이다.

③ B는 우리나라의 주권이 미치는 수역이다.

④ D는 우리나라의 배타적 경제 수역이다.

⑤ C와 D에서는 일본과 공동으로 어업 자원을 관리한다.

07

지도의 A~D에 대한 설명으로 옳은 것은?

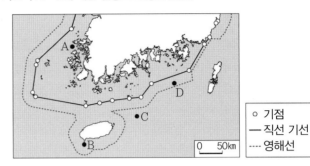

○ 기점
— 직선 기선
···· 영해선

0   50km

① A에서 간척 사업이 이루어지면 영해의 범위는 확대된다.

② B에는 종합 해양 과학 기지가 건설되어 있다.

③ C는 한·일 중간 수역에 위치한다.

④ D는 직선 기선으로부터 12해리 이내에 위치한다.

⑤ A~D의 수직 상공은 모두 우리나라의 영공이다.

08

다음 글의 ㉠~㉤에 대한 설명으로 옳은 것은? (단, 타 국가의 행위는 우리나라의 사전 허가가 없었음.)

○ 전남 고흥군 나로 우주 센터는 누리호 발사 과정에서 생길 수 있는 안전 문제를 차단하기 위해 발사대 주변 해상과 상공에 대한 통제 구역을 발표하였다. 통제 내용은 해당 ㉠ 내수에서의 선박 운항 그리고 해당 내수와 ㉡ 영해의 수직 상공에서의 항공기 운항 등이다.

○ 충남 태안군 ㉢ 서격렬비도에는 태극기가 새겨진 첨성대 조형물에 영해 기점이 표시되어 있다. 이 기점에서 서쪽으로 약 90 km를 가면 ㉣ 한·중 잠정 조치 수역이 시작된다. ㉤ 서격렬비도를 지나는 직선 기선과 한·중 잠정 조치 수역 사이 해역에서는 주변국 어선의 불법 조업을 감시하는 활동이 이루어진다.

① ㉠에서 간척 사업이 이루어지면 영해가 확대된다.

② ㉡에서는 중국 군용기의 통과가 허용된다.

③ ㉢과 가장 가까운 육지 사이의 수역은 ㉠에 해당한다.

④ ㉣에서는 일본 국적 어선의 조업이 허용된다.

⑤ ㉤은 모두 우리나라의 배타적 경제 수역(EEZ)에 해당한다.

09

다음 글은 위치와 관련한 우리나라의 명소에 대한 것이다. ㉠~㉢에 대한 설명으로 옳은 것은?

> ○ 양구군에는 우리나라의 4극을 기준으로 정중앙을 상징하는 기념물이 ㉠ 동경 128° 02′ 02.5″, 북위 38° 03′ 37.5″ 지점에 세워져 있다. 국토 정중앙이라는 지역 특성을 알리기 위해 여름철에 '배꼽 축제'가 열린다.
>
> ○ ㉡ 정동진이라는 지명은 '한양의 광화문에서 정동쪽에 위치한 나루터가 있는 마을'이라는 뜻에서 유래되었다. 바다와 접한 기차역과 대형 모래시계, 조각 공원 등이 있어 많은 관광객이 찾고 있으며 전국적인 해돋이 관광 명소이다.
>
> ○ 해남군에는 ㉢ 한반도 육지의 가장 남쪽 끝 지점에 한반도의 땅끝임을 알리는 탑이 세워져 있다. 같은 장소에서 아름다운 일몰과 일출을 볼 수 있다는 특성을 활용하여 '땅끝 해넘이·해맞이 축제'가 열린다.

① ㉡은 우리나라에서 일몰 시각이 가장 이르다.
② ㉢은 우리나라 영토의 최남단에 위치한다.
③ ㉡은 ㉠보다 우리나라 표준 경선과의 최단 거리가 가깝다.
④ ㉠, ㉢은 모두 관계적 위치를 표현한 것이다.
⑤ ㉡, ㉢ 주변 해안의 최저 조위선은 직선 기선으로 활용된다.

10

다음은 우리나라 영해에 대한 온라인 수업의 한 장면이다. 답글의 내용이 옳은 학생만을 고른 것은? [3점]

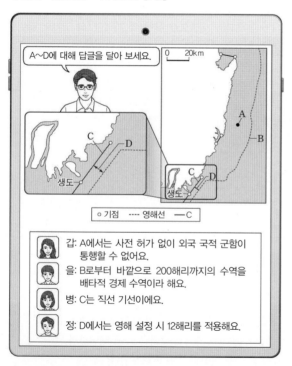

> 갑: A에서는 사전 허가 없이 외국 국적 군함이 통행할 수 없어요.
>
> 을: B로부터 바깥으로 200해리까지의 수역을 배타적 경제 수역이라 해요.
>
> 병: C는 직선 기선이에요.
>
> 정: D에서는 영해 설정 시 12해리를 적용해요.

① 갑, 을   ② 갑, 병   ③ 을, 병   ④ 을, 정   ⑤ 병, 정

11

지도의 A~E에 대한 설명으로 옳은 것은? (단, 타 국가의 행위는 우리나라의 사전 허가가 없었음.)

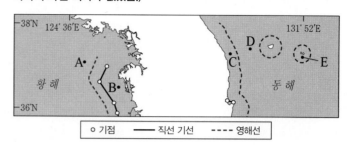

① A의 수직 상공은 우리나라의 주권이 미치는 영역이다.
② B에서는 중국 정부의 선박이 해저 자원을 탐사할 수 있다.
③ C는 우리나라의 배타적 경제 수역(EEZ)에 포함된다.
④ E에서는 일본 국적의 어선이 조업을 할 수 없다.
⑤ C와 D의 최단 경로는 한·일 중간 수역을 지난다.

12

다음 글의 (가), (나) 섬에 대한 설명으로 옳은 것은?

> (가) 동도와 서도 및 89개의 부속 도서로 이루어진 이곳은 돌섬이란 뜻의 '독섬'에서 이름이 유래하였다. 대한민국 영토임을 알리는 글자가 바위에 새겨져 있으며, 날씨가 맑은 날에는 가장 가까운 유인도인 울릉도에서 이곳을 육안으로 볼 수 있다.
>
> (나) 대한민국 최서남단 표지석이 있는 이곳은 '가히 사람이 살 만한 곳'에서 이름이 유래하였다. 목포 여객선 터미널에서 출발하는 배로 수 시간 내에 도달할 수 있으며, 해양 수산부는 우리 바다의 영역적 가치를 알리기 위해 이곳을 2023년 '올해의 섬'으로 선정하였다.

① (가)는 영해 설정에 직선 기선을 적용한다.
② (나)의 주변 12해리 수역은 모두 내수(內水)에 해당한다.
③ (가)는 (나)보다 최한월 평균 기온이 높다.
④ (나)는 (가)보다 일출 시각이 늦다.
⑤ (가), (나)는 모두 최종 빙기에 육지와 연결되어 있었다.

13

(가)~(다) 지역에 대한 설명으로 옳은 것은?

지역	수리적 위치	특징
(가)	37°14′N, 131°52′E	울릉도에서 남동쪽으로 약 87.4km 떨어져 있으며, 동도와 서도 및 89개의 부속 도서로 이루어져 있다.
(나)	32°07′N, 125°11′E	마라도에서 남서쪽으로 약 149km 떨어져 있는 수중 암초이며, 종합 해양 과학 기지가 건설되어 있다.
(다)	37°57′N, 124°40′E	인천항에서 북서쪽으로 약 178km 떨어진 섬이며, 주요 관광지로 해안 경관이 뛰어난 두무진이 있다.

① (가)는 우리나라 영토의 최동단에 위치한다.
② (나)는 천연 보호 구역으로 지정되어 있다.
③ (다)의 주변 해역은 한·일 중간 수역에 포함된다.
④ (나)는 (가)보다 일출 시각이 이르다.
⑤ (다)는 (나)보다 최한월 평균 기온이 높다.

14

다음은 어느 노래 악보의 일부이다. ㉠~㉣에 대한 옳은 설명만을 〈보기〉에서 고른 것은?

1. 저 - 멀 리 ㉠동해 바 다 외 로-운- - 섬 오 - 늘 도
2. ㉡금 - 강 산 맑은 물 은 동 해로흐-르고 설 - 악 산
3. ㉢백 - 두 산 두만강에서 배 타고떠 - 나 라 한 - 라 산

거센바 람 불어오 겠 - 지 조 그만 얼 굴 로
맑은 물 도 동 해가 는 - 데 우 리 네 마음들 은
제주에 서 배 타고 간 - 다 가 다 가 홀로섬 에

바 람-맞-으 니 ㉣독 도 야 간 밤 에 잘 - 잤 느 냐
어디로-가- 는 가 언 제 쯤 우 리 는 하 나 가 될 까
닻 을-내- 리 고 떠오르 는 아침해 를 맞 이 해 보 자

〈 보기 〉
ㄱ. 우리나라의 표준 경선은 ㉠을 지난다.
ㄴ. ㉣은 영해 설정에 통상 기선이 적용된다.
ㄷ. ㉡은 ㉢보다 주된 기반암의 형성 시기가 늦다.
ㄹ. ㉡, ㉢은 모두 2차 산맥에 위치한다.

① ㄱ, ㄴ   ② ㄱ, ㄷ   ③ ㄴ, ㄷ   ④ ㄴ, ㄹ   ⑤ ㄷ, ㄹ

15

지도의 (가)~(마)에 대한 설명으로 옳은 것만을 〈보기〉에서 고른 것은?

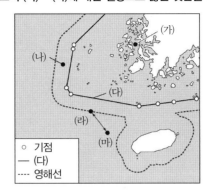

〈 보기 〉
ㄱ. (가)에서 간척 사업이 이루어지면 영해의 범위가 확대된다.
ㄴ. (나)는 우리나라의 주권이 미치는 수역이다.
ㄷ. (다)는 직선 기선이다.
ㄹ. (라)와 (마)의 최단 경로는 한·일 중간 수역을 지난다.

① ㄱ, ㄴ   ② ㄱ, ㄷ   ③ ㄴ, ㄷ   ④ ㄴ, ㄹ   ⑤ ㄷ, ㄹ

16

다음은 우리나라 영역에 대한 한국 지리 수업 장면이다. 발표 내용이 옳은 학생을 고른 것은?

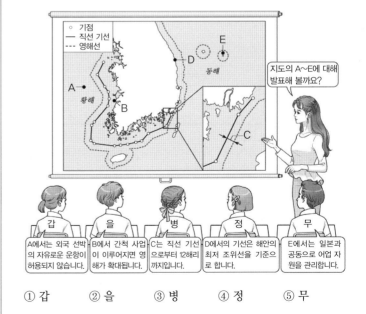

A에서는 외국 선박의 자유로운 운항이 허용되지 않습니다.
B에서 간척 사업이 이루어지면 영해가 확대됩니다.
C는 직선 기선으로부터 12해리까지입니다.
D에서의 기선은 해안의 최저 조위선을 기준으로 합니다.
E에서는 일본과 공동으로 어업 자원을 관리합니다.

① 갑   ② 을   ③ 병   ④ 정   ⑤ 무

17

(가), (나) 섬에 대한 설명으로 옳은 것은?

구분	(가)	(나)
위치	33° 30′N, 126° 31′E	37° 29′N, 130° 54′E
면적	약 1,849.2㎢	약 72.9㎢
대표 축제	○○ 해녀축제 2022. 9. 24.~9. 25.	오징어 축제 2022. 8. 27. ~ 8. 29.

① (가)의 중앙에는 칼데라 분지가 있다.
② (나)는 세계 자연 유산으로 등재되어 있다.
③ (가)는 (나)보다 일출 시각이 늦다.
④ (나)는 (가)보다 최고 지점의 해발 고도가 높다.
⑤ (가)와 (나)는 모두 영해 설정 시 직선 기선을 적용한다.

18

다음은 온라인 수업 장면의 일부이다. 댓글의 내용이 옳은 학생만을 고른 것은?

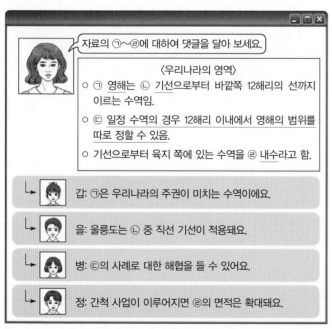

자료의 ㉠~㉢에 대하여 댓글을 달아 보세요.

〈우리나라의 영역〉
o ㉠ 영해는 ㉡ 기선으로부터 바깥쪽 12해리의 선까지 이르는 수역임.
o ㉢ 일정 수역의 경우 12해리 이내에서 영해의 범위를 따로 정할 수 있음.
o 기선으로부터 육지 쪽에 있는 수역을 ㉣ 내수라고 함.

갑: ㉠은 우리나라의 주권이 미치는 수역이에요.

을: 울릉도는 ㉡ 중 직선 기선이 적용돼요.

병: ㉢의 사례로 대한 해협을 들 수 있어요.

정: 간척 사업이 이루어지면 ㉣의 면적은 확대돼요.

① 갑, 을   ② 갑, 병   ③ 을, 병   ④ 을, 정   ⑤ 병, 정

19

다음 자료의 ㉠, ㉡에 대한 옳은 설명만을 〈보기〉에서 고른 것은?

땅끝이   희망이

○○군에는 ㉠ 우리나라의 4극을 기준으로 국토 정중앙에 해당하는 지점이 있다. 이 지역에 서는 이러한 위치적 특성을 살려 지역 상품권에 국토 정중앙을 상징하는 기념탑의 모습과 이 지역의 위치를 표시한 지도를 넣어 지역을 알리고 있다.

△△군에는 ㉡ 한반도 육지의 남쪽 끝 지점이 있다. 이 지역에서는 이러한 위치적 특성을 살려 지역의 마스코트 이름을 '땅끝이'로 정하였고, 지역 상품권에 마스코트인 '땅끝이'와 땅끝의 아름다운 봄의 모습을 넣어 지역을 알리고 있다.

〈 보기 〉
ㄱ. ㉠은 우리나라에서 일출 시각이 가장 이르다.
ㄴ. ㉡은 우리나라 영토의 최남단에 위치한다.
ㄷ. ㉠은 ㉡보다 기온의 연교차가 크다.
ㄹ. ㉠은 ㉡보다 우리나라 표준 경선과의 최단 거리가 가깝다.

① ㄱ, ㄴ   ② ㄱ, ㄷ   ③ ㄴ, ㄷ   ④ ㄴ, ㄹ   ⑤ ㄷ, ㄹ

20

다음 자료의 (가), (나) 섬에 대한 설명으로 옳은 것은?

〈우리나라의 아름다운 등대 스탬프 투어〉

등대 소재지	(가)	(나)
스탬프	○○○등대 SINCE 1954	◇◇◇등대 SINCE 1915
특징	o 우리나라 국토 최동단 지역에 위치함. o 등대원이 상주하며 동해를 운항하는 선박의 안전에 기여함.	o 우리나라 국토 최남단 지역에 위치함. o 제주도 남부 해안을 운항하는 선박의 길잡이 역할을 함.

① (가)는 최종 빙기에 육지와 연결되어 있었다.
② (나)에는 종합 해양 과학 기지가 있다.
③ (가)는 (나)보다 일몰 시각이 늦다.
④ (가), (나)는 모두 신생대 화산 활동으로 형성되었다.
⑤ (가), (나)는 모두 영해 설정 시 직선 기선이 적용된다.

21

다음은 한국지리 온라인 수업 장면의 일부이다. 답글의 내용이 옳은 학생을 고른 것은?

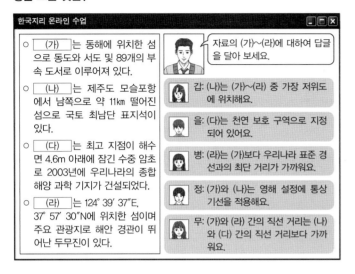

① 갑 　　② 을 　　③ 병 　　④ 정 　　⑤ 무

23

지도의 A ~ E에 대한 설명으로 옳지 않은 것은? (단, 타 국가의 행위는 우리나라의 사전 허가가 없이 이루어짐.) [3점]

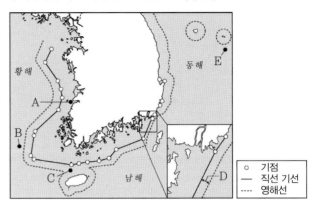

① A에서 간척 사업을 하더라도 영해의 범위는 변함이 없다.
② B에서는 중국 어선의 조업 활동이 보장된다.
③ C에서는 통상적으로 민간 선박의 무해 통항권이 인정된다.
④ D의 범위는 직선 기선으로부터 3해리까지 인정된다.
⑤ E에서는 일본과 공동으로 어족 자원을 관리한다.

22

다음 글의 (가)~(마)에 대한 설명으로 옳은 것은?

> ○ (가) 는 한반도, 러시아의 연해주, 일본 열도로 둘러싸인 바다이다. 이 바다에는 우리나라 최동단에 위치한 섬인 (나) 가 있다. 이 섬과 가장 가까운 섬은 북서쪽 약 87.4km에 있는 (다) 이다.
> ○ 우리나라 최남단에 위치한 섬은 (라) 이다. 이 섬의 남서쪽 약 149km에는 종합 해양 과학 기지가 건설되어 있는 수중 암초인 (마) 가 있다.

① 우리나라는 (가)에서 조력 발전을 하고 있다.
② (나)는 천연 보호 구역으로 지정되어 있다.
③ (다)는 현재 행정 구역상 강원도에 속한다.
④ (라)는 영해 설정에 직선 기선을 적용한다.
⑤ (마)는 한·일 중간 수역에 포함된다.

24

다음 자료의 (가)~(다) 섬에 대한 교사의 질문에 모두 옳게 답한 학생을 고른 것은?

구분	(가)	(나)	(다)
위성 영상			
기준점(△) 위·경도	39° 48' 10" N 124° 10' 47" E	37° 14' 22" N 131° 52' 08" E	33° 07' 03" N 126° 16' 10" E
면적	약 64.368㎢	약 0.187㎢	약 0.298㎢

교사의 질문	학생				
	갑	을	병	정	무
(나)의 기선으로부터 바깥쪽 12해리 이내에 종합 해양 과학 기지가 건설되어 있습니까?	아니요	예	아니요	아니요	예
(가)는 (나)보다 우리나라 표준 경선과의 최단 거리가 멉니까?	예	예	예	예	아니요
(나)와 (다)는 영해 설정에 직선 기선이 적용됩니까?	아니요	아니요	예	아니요	아니요
(가)~(다)는 모두 우리나라 영토의 4극 중 하나에 해당합니까?	예	예	예	아니요	예

① 갑 　　② 을 　　③ 병 　　④ 정 　　⑤ 무

01 [대표]문제

다음 자료는 전주 일대를 나타낸 고지도와 지리지의 일부이다. (가), (나)에 대한 설명으로 옳은 것만을 〈보기〉에서 고른 것은?

(가)	(나)
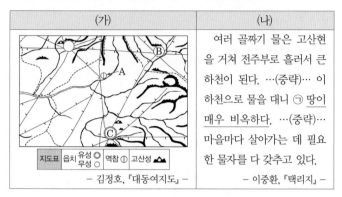 지도표: 읍치 유성○ 역참⊙ 고산성▲ 무성● — 김정호, 『대동여지도』 —	여러 골짜기 물은 고산현을 거쳐 전주부로 흘러서 큰 하천이 된다. …(중략)… 이 하천으로 물을 대니 ㉠ 땅이 매우 비옥하다. …(중략)… 마을마다 살아가는 데 필요한 물자를 다 갖추고 있다. — 이중환, 『택리지』 —

〈보기〉
ㄱ. (가)와 (나)는 모두 조선 전기에 제작되었다.
ㄴ. A는 교통·통신 등의 기능을 담당하던 시설을 표현한 것이다.
ㄷ. B에서 C까지의 거리는 40리 이상이다.
ㄹ. ㉠은 가거지(可居地) 조건 중 인심(人心)에 해당한다.

① ㄱ, ㄴ ② ㄱ, ㄷ ③ ㄴ, ㄷ ④ ㄴ, ㄹ ⑤ ㄷ, ㄹ

02

(가), (나)는 조선 시대에 제작된 지리지의 일부이다. 이에 대한 설명으로 옳은 것만을 〈보기〉에서 고른 것은? (단, (가), (나)는 각각 『세종실록지리지』, 『택리지』 중 하나임.)

(가)	㉠ 경주(慶州)부 신라의 옛 도읍이다. … (중략) … 박혁거세가 나라를 창건하고 도읍을 세워서 이름을 서야벌(徐耶伐)이라 하였다. 호(戶) 수는 1천 5백 52호, 인구가 5천 8백 94명이며, … (중략) … 간전(墾田)은 1만 9천 7백 33결(結)이다.
(나)	㉡ 상주(尙州)는 조령 밑에 있는 큰 도회지다. ㉢ 산이 웅장하고 들이 넓다. 북쪽으로는 조령과 가까워 충청도, 경기도와 통하고, 동쪽으로는 낙동강에 인접해 김해, 동래와 통한다.

〈보기〉
ㄱ. (나)는 (가)보다 제작된 시기가 이르다.
ㄴ. (가)는 국가, (나)는 개인 주도로 제작하였다.
ㄷ. ㉢은 가거지(可居地)의 조건 중 인심(人心)에 해당한다.
ㄹ. ㉠과 ㉡은 경상도라는 지명의 유래가 된 지역이다.

① ㄱ, ㄴ ② ㄱ, ㄷ ③ ㄴ, ㄷ ④ ㄴ, ㄹ ⑤ ㄷ, ㄹ

03

다음 자료는 조선 시대에 제작된 지리지의 일부이다. 이에 대한 설명으로 옳은 것은? (단, (가), (나)는 각각 『신증동국여지승람』, 『택리지』 중 하나임.)

(가)	[건치연혁] 본래 고구려의 저족현(猪足縣)이다. [관원] 현감(縣監)·훈도(訓導) 각 1인 [산천] 산 위에 성(城)이 있다. … (중략) … 원통역(圓通驛)으로부터 동쪽은 좌우 쪽이 다 큰 산이어서 동부(洞府)는 깊숙하고, ㉠ 산골 물은 가로 세로 흘러 건널목이 무려 36곳이나 된다.
(나)	태백산과 소백산 또한 토산이지만, ㉡ 흙빛이 모두 수려하다. 태백산에는 황지라는 훌륭한 곳이 있다. 이 산에 들이 펼쳐져 있어 두메 사람들이 제법 마을을 이루었다. 화전을 일구어 살고 있으나 지세가 높고 기후가 차가워서 서리가 일찍 내린다. 그러므로 주민들은 오직 조와 보리를 심는다.

① (가)는 국가 통치의 목적으로 제작되었다.
② (가)는 (나)보다 저자의 주관적 견해가 많이 반영되었다.
③ (나)는 (가)보다 제작 시기가 이르다.
④ ㉠은 감조 구간의 특징을 나타낸다.
⑤ ㉡은 가거지 조건 중 인심(人心)에 해당하는 서술이다.

04

(가), (나)는 조선 시대에 제작된 지리지의 일부이다. 이에 대한 옳은 설명만을 〈보기〉에서 고른 것은? (단, (가), (나)는 각각 『신증동국여지승람』, 『택리지』 중 하나임.)

(가)	[건치연혁] 본래 탐라국인데 혹은 탁라라고도 한다. 전라도 남쪽 바다 가운데에 있는데 …. [산천] 한라산은 주 남쪽 20리에 있는 진산(鎭山)이다. … 그 산꼭대기에 ㉠ 큰 못이 있는데 사람이 떠들면 구름과 안개가 일어나서 지척을 분별할 수가 없다.
(나)	춘천은 옛 예맥이 천 년 동안이나 도읍했던 터로 소양강에 접해 있고, … 산속에는 평야가 넓게 펼쳐졌으며 두 강이 한복판으로 흘러간다. … 기후가 고요하고 강과 산이 맑고 환하며 ㉡ 땅이 기름져서 여러 대를 사는 사대부가 많다.

〈보기〉
ㄱ. (가)는 국가 통치에 필요한 자료를 수집하여 제작되었다.
ㄴ. (나)는 (가)보다 제작 시기가 늦다.
ㄷ. ㉠은 분화구 함몰 후 물이 고여 형성된 칼데라호이다.
ㄹ. ㉡은 가거지의 조건 중 '인심(人心)'과 관련이 있다.

① ㄱ, ㄴ ② ㄱ, ㄷ ③ ㄴ, ㄷ ④ ㄴ, ㄹ ⑤ ㄷ, ㄹ

05

다음 글에 대한 설명으로 옳은 것만을 〈보기〉에서 고른 것은? (단, (가), (나)는 각각 『신증동국여지승람』, 『택리지』 중 하나임.)

조선 시대 고문헌과 고지도를 통해 원주에 관한 내용을 찾아볼 수 있다.   (가)   은/는 건치 연혁, 산천 등의 항목별로 서술되어 있다. 이를 통해 원주가 본래 고구려의 평원군이었다는 것과 치악산이 동쪽 25리에 위치해 있다는 것 등을 알 수 있다.   (나)   에서는 "여기는 ㉠ 온 강원도에서 서울로 운송되는 물자가 모여드는 곳이다. …(중략)… 배로 장사해서 부자가 된 자도 있다."라는 기록 등을 통해 저자의 견해를 엿볼 수 있다. 또한 ㉡ 대동여지도를 통해서는 원주 주변의 산지와 하천, 도로 등의 다양한 정보를 찾아볼 수 있다.

〈 보기 〉
ㄱ. (나)는 국가 통치의 목적으로 제작되었다.
ㄴ. (가)는 (나)보다 제작된 시기가 이르다.
ㄷ. ㉠은 가거지의 조건 중 생리(生利)에 해당한다.
ㄹ. ㉡을 통해 원주 주변 산지의 정확한 해발 고도를 알 수 있다.

① ㄱ, ㄴ   ② ㄱ, ㄷ   ③ ㄴ, ㄷ   ④ ㄴ, ㄹ   ⑤ ㄷ, ㄹ

06

(가)와 (나)는 조선 시대에 제작된 고지도와 지리지의 일부이다. 이에 대한 설명으로 옳은 것만을 〈보기〉에서 고른 것은?

(가)
― 「대동여지도」 ―

(나)
【건치 연혁】 본래 고구려의 매소홀현(買召忽縣)이다. 또는 미추홀(彌趨忽)이라 한다.
【관원】 부사(府使)·교수(敎授) 각 1인.
【산천】 소래산(蘇來山) 부 동쪽 24리 되는 곳에 있으며 진산(鎭山)이다.
― 『신증동국여지승람』 ―

〈 보기 〉
ㄱ. (가)는 조선 전기에 제작되었다.
ㄴ. (나)는 백과사전식으로 서술되었다.
ㄷ. A는 배가 다닐 수 있는 하천이다.
ㄹ. 인천에서 B까지의 거리는 20리 이상이다.

① ㄱ, ㄴ   ② ㄱ, ㄷ   ③ ㄴ, ㄷ   ④ ㄴ, ㄹ   ⑤ ㄷ, ㄹ

07

(가), (나)는 조선 시대에 제작된 고지도이다. 이에 대한 설명으로 옳은 것은?

(가) 혼일강리역대국도지도

(나) 대동여지도

① (가)는 민간 주도로 제작되었다.
② (나)는 산줄기의 굵기를 통해 정확한 해발 고도를 알 수 있다.
③ (가)는 (나)보다 제작 시기가 이르다.
④ A에서 B까지의 거리는 30리 미만이다.
⑤ C는 배가 다닐 수 있는 하천이다.

08

다음 자료는 지도에 표시된 두 지역에 관한 고문헌의 일부이다. 이에 대한 설명으로 옳은 것은? (단, (가), (나)는 각각 신증동국여지승람, 택리지 중 하나임.)

*지도의 지역은 ㉠, ㉡의 현재 행정 구역임.

(가)   ㉠   동쪽으로 양산군 경계까지 42리, … 북쪽으로 밀양부 경계까지 44리이다.
[건치 연혁] 시조 김수로왕으로부터 구해왕까지 무릇 10대, 4백 91년을 왕국으로 내려왔다.
[군명] 가락(駕洛)·가야(伽倻)·금관(金官) …
[토산] 철은 감물야촌에서 나온다.
(나)   ㉡   은/는 감사가 있는 곳이다. 산이 사방을 높게 막아 복판에 큰 들을 감추었으며, 들 복판에는 금호강이 동쪽에서 서쪽으로 흐르다가 낙동강에 합친다. … 팔공산은 동쪽과 서쪽의 시내와 산이 자못 아름답다.

① (가)는 조선 후기에 제작되었다.
② (나)는 통치의 목적으로 제작되었다.
③ (나)는 (가)보다 저자의 주관적 해석이 많이 담겨 있다.
④ ㉠은 영동 지방에 속한다.
⑤ ㉡은 ㉠보다 낙동강 하구로부터의 거리가 가깝다.

09

다음 자료의 ⑤~② 중 옳은 내용만을 고른 것은? [3점]

〈수행 평가 활동지〉

※ 다음은 대동여지도의 일부이다. 이를 통해 알 수 있는 내용을 쓰시오.

⑤ A에서 구례까지 도로상 거리는 40리 이상이다.

ⓒ 백두대간의 일부로, 분수계를 이루고 있다.

지도표
◎ 읍치
① 역참
■ 창고
▲ 고산성

ⓒ 방어와 관련된 군사 시설이다.

② 배가 다닐 수 있는 하천이다.

① ⑤, ⓒ   ② ⑤, ⓒ   ③ ⓒ, ⓒ   ④ ⓒ, ②   ⑤ ⓒ, ②

10

다음 글은 조선 시대에 편찬된 지리지의 일부이다. (가), (나) 지리지에 대한 옳은 설명만을 〈보기〉에서 고른 것은? (단, (가), (나)는 각각 신증동국여지승람, 택리지 중 하나임.)

(가) 여주목
  【건치연혁】 본래 고구려의 골내근현이다.
  【관원】 목사·판관·교수 각 1인.
  【토산】 실·쏘가리·누치.
  【능묘】 영릉은 우리 세종 장헌대왕의 능이다. 소헌왕후를 합장했다.

(나) 여주읍은 강 남쪽에 위치하여 한양과의 거리는 물길이나 육로로 200리가 못 된다. …(중략)… 읍과 백애촌은 한 들로 통하여 동남쪽이 넓게 트이고 기후가 맑고 서늘하다. 이 두 곳에는 여러 대를 이어 사는 사대부 집이 많다. 그러나 백애촌은 주민이 농사 대신 오로지 배로 장사하는 데 의지하여 그 이익이 농사일을 하는 집보다 낫다.

〈보기〉
ㄱ. (가)는 조선 후기에 편찬되었다.
ㄴ. (나)는 가거지의 조건을 제시하였다.
ㄷ. (가)는 (나)보다 실학사상의 영향을 많이 받았다.
ㄹ. (가)는 국가 주도, (나)는 민간 주도로 만들어졌다.

① ㄱ, ㄴ   ② ㄱ, ㄷ   ③ ㄴ, ㄷ   ④ ㄴ, ㄹ   ⑤ ㄷ, ㄹ

11

다음 자료는 사극 영화 대본의 일부이다. 주인공의 고향집이 있는 장소를 대동여지도의 A~E에서 고른 것은?

나그네 : 그쪽 고향집은 어떤 곳이요?
주인공 : (눈을 지그시 감으며) 내 고향집은 읍치에서 도로를 따라 20리를 넘지 않는 곳에 있소. 뒤에 있는 산이 겨울철 차가운 북서풍을 막아 주는 양지바른 곳에 있다오. 집 앞에는 배가 다닐 수 있는 하천도 있소.

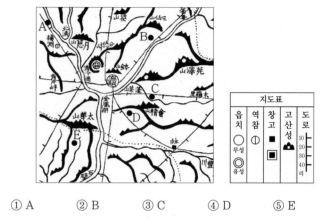

① A   ② B   ③ C   ④ D   ⑤ E

12

(가), (나)는 조선 시대에 편찬된 지리지의 일부이다. 이에 대한 설명으로 옳은 것은? (단, (가), (나)는 각각 『세종실록지리지』, 『택리지』 중 하나임.)

(가) 온 나라의 물은 철령 밖 북쪽의 함흥에서 남쪽 동래에 이르기까지는 ⑤ 모두 동쪽으로 흘러 바다로 들어가고, 경상도의 물과 섬진강은 남쪽으로 흘러 바다로 들어간다. 철령 서쪽의 북쪽 의주에서 남쪽 나주까지의 물은 ⓒ 모두 서쪽으로 흘러 바다로 들어간다.

(나) ⓒ 부(府)
  부윤 1인, 판관 1인, 유학 교수관 1인이다. 바로 신라의 옛 도읍이다. … 사방 경계는 동쪽으로 감포에 이르기 59리, 서쪽으로 경산에 이르기 89리, 남쪽으로 언양에 이르기 49리, 북쪽으로 청송에 이르기 92리이다. 본부(本府)의 호수는 1천 5백 52호 ….

① (가)의 내용은 가거지 조건 중 '생리(生利)'에 해당한다.
② (나)는 사찬 지리지이다.
③ (가)는 (나)보다 실학의 영향을 많이 받았다.
④ ⓒ은 전라도라는 지명의 유래가 된 지역 중 하나이다.
⑤ ⑤의 하천은 ⓒ의 하천보다 대체로 유역 면적이 넓다.

13

22학년도 4월 학평 1번

다음 자료는 온라인 학습 장면의 일부이다. 정답에 들어갈 후보지로 옳은 것은?

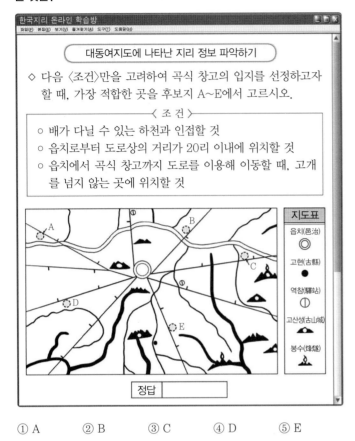

한국지리 온라인 학습방

대동여지도에 나타난 지리 정보 파악하기

◇ 다음 〈조건〉만을 고려하여 곡식 창고의 입지를 선정하고자 할 때, 가장 적합한 곳을 후보지 A~E에서 고르시오.

〈 조 건 〉
- ○ 배가 다닐 수 있는 하천과 인접할 것
- ○ 읍치로부터 도로상의 거리가 20리 이내에 위치할 것
- ○ 읍치에서 곡식 창고까지 도로를 이용해 이동할 때, 고개를 넘지 않는 곳에 위치할 것

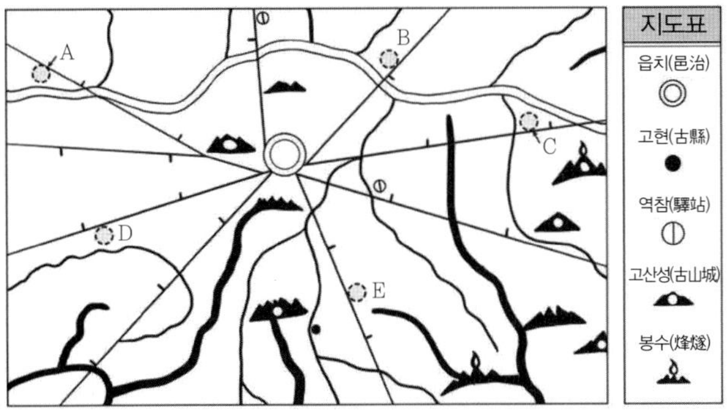
A
B
C
D
E
지도표
읍치(邑治)
고현(古縣)
역참(驛站)
고산성(古山城)
봉수(烽燧)

정답 [ ]

① A ② B ③ C ④ D ⑤ E

14

21학년도 수능 1번

(가)와 (나)는 조선 시대에 제작된 고지도와 지리지의 일부이다. 이에 대한 설명으로 옳은 것은?

(가)

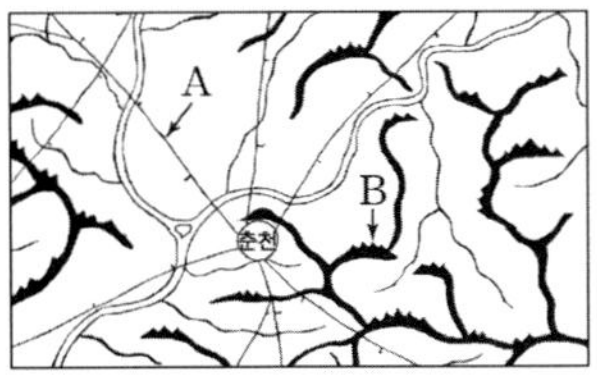
A
B
춘천

– 김정호, 「□□□□□」 –

(나)

춘천은 …(중략)… ㉠ 산속에는 평야가 넓게 펼쳐져 있고 그 복판으로 두 강이 흐른다. 토질이 단단하고 기후가 온화하며 강과 산이 맑고 시원하며 땅이 비옥해서 대를 이어 사는 사대부가 많다.

– 이중환, 『○○○』 –

① (가)는 조선 후기에 제작되었다.
② (가)에서 A는 하천을 표현한 것이다.
③ (가)를 통해 B의 정확한 해발 고도를 알 수 있다.
④ (가)와 (나)는 모두 국가 통치의 목적으로 제작되었다.
⑤ ㉠은 이중환이 제시한 가거지 조건 중 인심(人心)에 해당한다.

15

21학년도 7월 학평 1번

다음 자료는 우리나라 두 섬을 표현한 고지도와 지리 정보를 나타낸 것이다. (가), (나) 섬에 대한 옳은 설명만을 〈보기〉에서 고른 것은?

구분 \ 섬	(가)	(나)
고지도	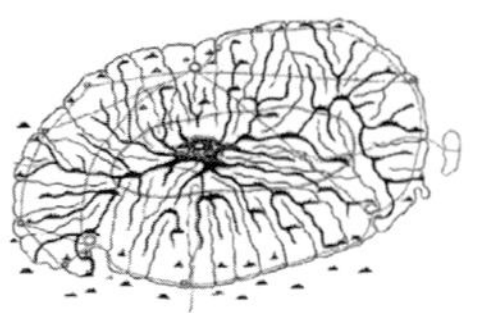	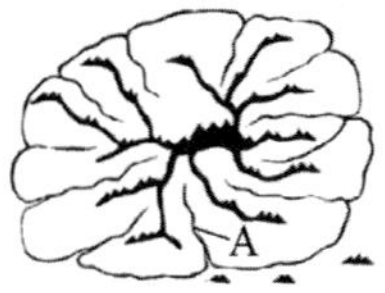 A
위치 정보	126°31′E 33°29′N	130°54′E 37°29′N
면적	약 1,849.2㎢	약 72.9㎢

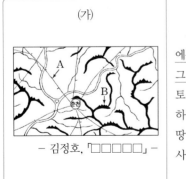

* 위치 정보는 섬 지역 내 주요 지점의 경위도 좌표임.

〈 보기 〉
- ㄱ. (가)는 행정 구역상 경상북도에 속한다.
- ㄴ. (나) 고지도의 A 하천은 북에서 남으로 흐른다.
- ㄷ. (가)는 (나)보다 연평균 기온이 높다.
- ㄹ. (나)는 (가)보다 일출 시각이 늦다.

① ㄱ, ㄴ ② ㄱ, ㄷ ③ ㄴ, ㄷ ④ ㄴ, ㄹ ⑤ ㄷ, ㄹ

16

24학년도 10월 학평 1번

지도는 대동여지도의 일부이다. 이에 대한 옳은 설명만을 〈보기〉에서 고른 것은?

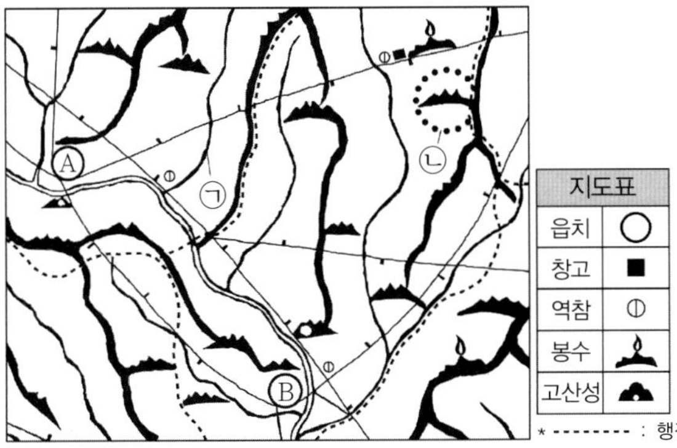
A
B
㉠
㉡
지도표
읍치
창고
역참
봉수
고산성
* -------- : 행정 구역 경계

〈 보기 〉
- ㄱ. B와 가장 가까운 역참은 20리 이상 떨어져 있다.
- ㄴ. A에서 B까지 이동할 때 배를 이용할 수 있다.
- ㄷ. ㉠ 하천은 대체로 북쪽에서 남쪽으로 흐른다.
- ㄹ. ㉡의 해발 고도를 정확하게 알 수 있다.

① ㄱ, ㄴ ② ㄱ, ㄷ ③ ㄴ, ㄷ
④ ㄴ, ㄹ ⑤ ㄷ, ㄹ

01 대표 문제

다음 〈조건〉만을 고려하여 공공 도서관을 추가로 건설하고자 할 때, 가장 적합한 후보지를 지도의 A~E에서 고른 것은?

〈조건 1〉: (유소년층 인구 ≥ 10,000명) And (초·중·고 학교 수 ≥ 60개) And (공공 도서관 수 ≤ 8개)
〈조건 2〉: 〈조건 1〉을 만족하는 지역 중 유소년층 인구 비율이 높은 곳을 선택.

＊X And Y: X 조건과 Y 조건을 모두 만족하는 것을 의미함.

구분	유소년층 인구(명)	유소년층 인구 비율(%)	초·중·고 학교 수(개)	공공 도서관 수(개)
A	8,274	8.1	42	4
B	49,118	13.9	69	7
C	73,706	13.4	118	9
D	42,247	12.0	92	8
E	12,362	11.3	39	3

(2022)   (통계청)

0   25km

① A   ② B   ③ C   ④ D   ⑤ E

03

다음 〈조건〉만을 고려하여 ○○ 시설의 입지를 선정하고자 할 때 가장 적절한 곳을 후보지 A~E에서 고른 것은?

〈 조건 〉
○ 평균 고도가 40m 이상인 지역을 선정함.
○ 평균 경사도가 25° 이하인 지역을 선정함.
○ 주거 지역 및 도로로부터 200m 이상 떨어진 지역을 선정함.
○ 산림 보호 지역은 제외함.

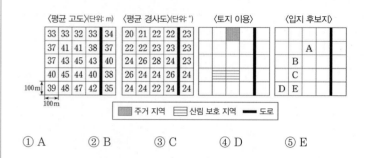

① A   ② B   ③ C   ④ D   ⑤ E

02

다음은 지리 정보에 관한 수업 장면이다. ㉠~㉤에 대한 설명으로 가장 적절한 것은?

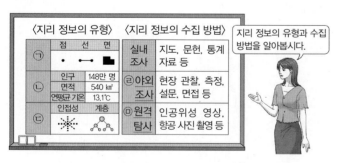

① ㉠의 예로 '대전광역시 연령층별 인구 비율'을 들 수 있다.
② ㉡은 어떤 장소나 현상의 위치나 형태를 나타내는 정보이다.
③ ㉢을 표현한 예로 36° 21′ 04″N, 127° 23′ 06″E가 있다.
④ ㉣은 조사 지역을 직접 방문하여 정보를 수집하는 활동이다.
⑤ ㉤은 ㉣보다 지리 정보 수집 방법으로 도입된 시기가 이르다.

04

다음의 〈조건〉만을 고려하여 홍수를 대비하기 위한 시설의 입지를 선정하려고 할 때, 가장 적절한 곳을 후보지 A~E에서 고른 것은?

〈 조건 〉
평가 항목별 배점 기준은 다음과 같으며, 점수의 합이 가장 큰 지역을 선정함.

점수	일 최대 강수량(mm)	해발 고도(m)	불투수 포장률(%)
1점	280 미만	60 이상	20 미만
2점	280~300 미만	30~60 미만	20~40 미만
3점	300 이상	30 미만	40 이상

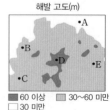

① A   ② B   ③ C   ④ D   ⑤ E

05

다음 〈조건〉만을 고려하여 유치원의 입지를 선정하고자 할 때, 가장 적절한 곳을 후보지 A~E에서 고른 것은?

〈 조건 〉

1. 청소년 유해업소 중심으로부터 200m 이상 떨어진 곳에 입지함.
2. 기존 유치원 중심으로부터 400m 이상 떨어진 곳에 입지함.
3. 간선 도로로부터 200m 이내에 입지함.
4. 주거 용지에 입지함.

① A   ② B   ③ C   ④ D   ⑤ E

06

다음 〈조건〉만을 고려하여 노인 의료 복지 시설의 입지를 선정하고자 할 때, 가장 적절한 곳을 후보지 A~E에서 고른 것은?

〈 조건 〉

1. 평가 항목별 배점 기준은 다음과 같으며, 점수의 합이 가장 큰 지역을 선정함.
2. 평가 항목 점수의 합이 같을 경우 기존 노인 의료 복지 시설의 수가 적은 지역을 선정함.

노인 인구 수(천 명)	점수
10 미만	1
10 이상~20 미만	2
20 이상	3

노인 1인 가구 비율(%)	점수
15 미만	1
15 이상~20 미만	2
20 이상	4

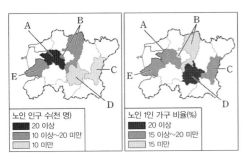

지역	기존 노인 의료 복지 시설 수(개)
A	20
B	17
C	5
D	5
E	8

① A   ② B   ③ C   ④ D   ⑤ E

07

다음은 누리집 게시글의 일부이다. ㉠~㉣에 대한 옳은 설명만을 〈보기〉에서 고른 것은?

게시판 > 전문가에게 묻고 답하기

Q 지리 정보 시스템(GIS) 관련 질문입니다.

저는 한국지리 수업을 듣고 지리 정보 시스템에 관심이 생겼어요. 지리 정보 시스템은 어떻게 활용되나요?

답글(4)

㉠ 원격 탐사를 활용해 산불 발생 가능성이 높은 지역을 예측하여 사전에 대비할 수 있습니다.

산불 발생 시 피해 건물의 위치, ㉡ 가구 수 등의 정보를 수집하여 피해 현황도 파악할 수 있습니다.

시설물의 최적 입지를 선정하는 과정에서 ㉢ 중첩 분석을 통해 공간적 의사 결정에 활용할 수 있습니다.

교통 혼잡 지역 주민의 ㉣ 출·퇴근 이동 경로와 이동량을 분석하여 교통 문제 해결에 도움을 줄 수 있습니다.

〈 보기 〉

ㄱ. ㉠은 직접 접근하기 어려운 지역의 지리 정보 수집에 유리하다.
ㄴ. ㉡은 공간 정보에 해당한다.
ㄷ. ㉢은 각각의 지리 정보를 표현한 여러 장의 지도를 겹쳐서 분석하는 방법이다.
ㄹ. ㉣을 통계 지도로 표현할 때 등치선도가 가장 적절하다.

① ㄱ, ㄴ   ② ㄱ, ㄷ   ③ ㄴ, ㄷ   ④ ㄴ, ㄹ   ⑤ ㄷ, ㄹ

08

다음 자료를 토대로 하나의 지역을 선택하여 어린이 의료 지원 센터를 만들고자 한다. 가장 적합한 지역을 지도의 A~E에서 고른 것은? (단, 합산 점수가 가장 높은 지역을 선택함.) [3점]

유소년층 인구 비율(%)	점수	의료 기관 수(개)	점수	1인당 지역 내 총생산(백만 원)	점수
13 이상	2	50 이상	1	40 이상	1
13 미만	1	50 미만	2	40 미만	2

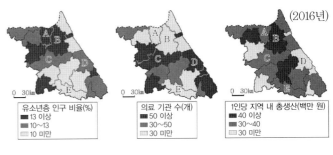

① A   ② B   ③ C   ④ D   ⑤ E

다음 조건만을 고려하여 ○○ 리조트 입지 지역을 선정하려고 할 때, 가장 적절한 곳을 후보지 A~E에서 고른 것은?

〈 조건 〉

평가 항목별 배점 기준은 다음과 같으며 점수의 합이 가장 큰 지역을 선정함.

여름 강수량(mm)	점수	지가 (천 원/㎡)	점수	겨울 평균 기온(℃)	점수
750 미만	3	50 미만	3	0 이상	3
750 이상 ~850 미만	2	50 이상 ~150 미만	2	−2 이상 ~0 미만	2
850 이상	1	150 이상	1	−2 미만	1

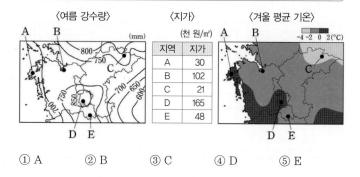

〈여름 강수량〉　〈지가〉　〈겨울 평균 기온〉

지역	지가
A	30
B	102
C	21
D	165
E	48

① A　② B　③ C　④ D　⑤ E

다음 〈조건〉을 고려하여 ○○ 시설의 입지를 선정하려고 할 때, 가장 적절한 곳을 후보지 A~E에서 고른 것은?

〈 조건 〉

1. 도로와의 거리가 100m 이내인 주거 용지
2. 후보지에 접한 8개 면과 후보지와의 해발 고도 차이가 모두 10m 미만인 곳

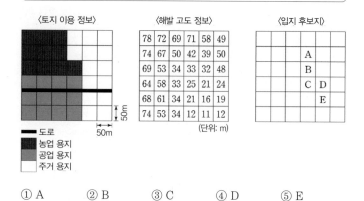

〈토지 이용 정보〉　〈해발 고도 정보〉　〈입지 후보지〉

78	72	69	71	58	49
74	67	50	42	39	50
69	53	34	33	32	48
64	58	33	25	21	24
68	61	34	21	16	19
74	53	34	12	11	12

(단위: m)

━ 도로
■ 농업 용지
■ 공업 용지
□ 주거 용지

① A　② B　③ C　④ D　⑤ E

다음 〈조건〉만을 고려하여 ○○ 리조트의 입지를 선정하고자 할 때, 가장 적절한 곳을 후보지 A~E에서 고른 것은? [3점]

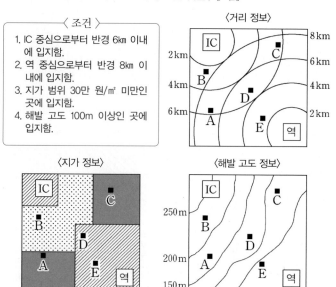

〈 조건 〉

1. IC 중심으로부터 반경 6km 이내에 입지함.
2. 역 중심으로부터 반경 8km 이내에 입지함.
3. 지가 범위 30만 원/㎡ 미만인 곳에 입지함.
4. 해발 고도 100m 이상인 곳에 입지함.

〈거리 정보〉

〈지가 정보〉　〈해발 고도 정보〉

■ 20만 원/㎡ 미만
□ 20~30만 원/㎡ 미만
▨ 30만 원/㎡ 이상

① A　② B　③ C　④ D　⑤ E

자료는 공간 의사 결정 과정의 사례이다. 학생이 가장 선호하는 학교를 지도의 A~E에서 고른 것은? (단, 의사 결정은 화살표 방향을 따라 이루어지며, 각 항목 점수의 합이 가장 큰 곳을 선택함.) [3점]

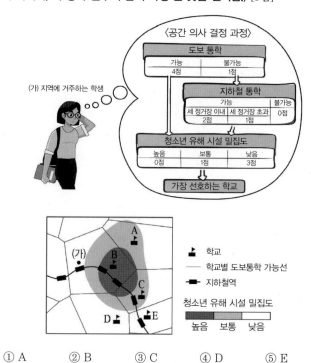

① A　② B　③ C　④ D　⑤ E

13

다음 자료의 ㉠~㉣에 대한 옳은 설명만을 〈보기〉에서 고른 것은?

〈재난 상황 발생 시 정보 수집·분석 과정〉

재난 발생	원격 탐사	수치 지도	
- 산불 - 풍수해 - 항만 피해 - 사면 붕괴 - 도로 유실 등	 드론 항공기 인공위성	재난 시설 분포 구역별 산림 비율 ⋮ 피해 지역 최신 영상	 피해 발생 범위 피해 규모 산정

국토지리정보원은 재난 발생 시 신속한 피해 대응과 복구를 위해 ㉠ 원격 탐사 자료를 수집한다. 수집된 자료는 재난 시설 분포, ㉡ 구역별 산림 비율 등의 ㉢ 속성 정보와 함께 ㉣ 지리 정보 시스템(GIS)으로 중첩 분석된다. 이후 국토지리정보원은 피해 발생 범위, 지점별 피해 규모 등의 분석 데이터를 관계 기관에 제공한다.

〈보기〉

ㄱ. ㉠의 주요 방법으로는 면담, 설문 조사가 있다.
ㄴ. ㉡을 통계 지도로 표현할 때 유선도가 가장 적절하다.
ㄷ. ㉢은 장소의 인문 및 자연 특성을 나타내는 정보이다.
ㄹ. ㉣은 지리 정보의 수정 및 보완이 용이하다.

① ㄱ, ㄴ ② ㄱ, ㄷ ③ ㄴ, ㄷ ④ ㄴ, ㄹ ⑤ ㄷ, ㄹ

14

다음은 한국지리 수업 시간에 작성한 수업 노트이다. ㉠~㉤에 대한 설명으로 옳은 것만을 〈보기〉에서 있는 대로 고른 것은?

〈주제: 지리 정보의 수집·표현과 GIS〉
○ 지리 정보의 수집 및 표현
  • 수집: 문헌 조사, ㉠ 현지 조사, ㉡ 원격 탐사 등
  • 표현: 도표, 그래프, 지형도, 수치 지도, 통계 지도 등
    - 통계 지도 유형: 점묘도, 등치선도, ㉢ 유선도, 단계 구분도, 도형 표현도 등
○ ㉣ 지리 정보 시스템(GIS)
  • 지표 공간의 다양한 지리 정보를 컴퓨터에 입력·저장하고, 사용 목적에 따라 가공·분석·처리하여 다양하게 표현해 주는 종합 정보 시스템
  • ㉤ 중첩 분석: 다양한 지리 정보를 데이터층으로 만들고 이를 결합하여 분석

〈보기〉

ㄱ. ㉢은 같은 통곗값을 지닌 지점을 선으로 연결하여 표현한 것이다.
ㄴ. ㉣은 인터넷과 GPS 등의 발달로 개인의 실생활에 필요한 다양한 지리 정보를 편리하게 얻을 수 있도록 해 준다.
ㄷ. ㉤은 최적 입지나 경로 선정 등의 공간 의사 결정에 활용할 수 있다.
ㄹ. ㉡은 ㉠보다 직접 접근하기 어려운 지역 또는 넓은 지역의 정보를 수집하는 데 유리하다.

① ㄱ, ㄷ ② ㄱ, ㄹ ③ ㄴ, ㄷ
④ ㄱ, ㄴ, ㄹ ⑤ ㄴ, ㄷ, ㄹ

15

다음은 학생이 작성한 지역 조사 보고서의 일부이다. ㉠~㉤에 대한 설명으로 옳은 것은?

1. 주제 : ㉠ 지역의 과거와 현재

2. 조사 방법 및 분석 내용

가. ㉡ 문헌 분석을 통한 과거의 지역 이해

㉠ 은/는 노령 아래의 도회지로서 북쪽에는 금성산이 있고, 남쪽으로는 영산강에 닿아 있다. …(중략)… 서남쪽으로는 강과 바다를 통해 물자를 실어 나르는 이로움이 있어서, 광주와 아울러 이름난 고을이라고 일컫는다. - 이중환, 「택리지」 -

○ 가거지의 조건 중 ㉢ 에 해당하는 내용을 확인함.

나. ㉣ 위성 사진 분석을 통한 지역의 변화 탐색

〈2008년〉　　　　　〈2021년〉

○ 혁신 도시 조성 전후 토지 이용의 변화 비교
→ 혁신 도시 조성 후 ㉤ .

① ㉠은 영동 지방에 속한다.
② ㉢은 '인심(人心)'이다.
③ ㉤에는 '경지율이 감소함'이 들어갈 수 있다.
④ ㉡과 ㉣은 주로 야외 조사 단계에서 이용된다.
⑤ ㉣은 ㉡보다 지리 정보 수집에 도입된 시기가 이르다.

16

다음 글의 ㉠~㉤에 대한 옳은 설명만을 〈보기〉에서 고른 것은?

> 지리 정보는 지표 공간에 나타나는 다양한 지리적 현상과 관련된 정보로 ㉠ 공간 정보, 속성 정보, 관계 정보로 구성된다. 지리 정보는 지도, 문헌, ㉡ 현지 답사 등을 통해 수집하며, 최근에는 ㉢ 원격 탐사를 통한 수집도 활발해졌다. 지리 정보를 효과적으로 표현하기 위해 도표, 그래프, 통계 지도 등이 활용된다. 통계 지도에는 ㉣ 점묘도, 등치선도, 유선도 등이 있다. 최근 지리 정보 시스템(GIS)이 보편화되면서 최적 입지 결정에 ㉤ 중첩 분석이 활용되고 있다.

〈 보기 〉

ㄱ. ㉠은 장소의 인문 및 자연 특성을 나타내는 정보이다.

ㄴ. ㉡이 어려운 지역의 경우 ㉢을 통해 지리 정보를 수집할 수 있다.

ㄷ. ㉣은 '우리나라 연평균 기온 분포'를 표현하기에 적합하다.

ㄹ. ㉤은 각각의 지리 정보를 표현한 여러 장의 지도를 겹쳐서 분석하는 방법이다.

① ㄱ, ㄴ　② ㄱ, ㄷ　③ ㄴ, ㄷ　④ ㄴ, ㄹ　⑤ ㄷ, ㄹ

17

다음 자료는 지역 조사 과정을 나타낸 것이다. ㉠~㉣에 대한 옳은 설명만을 〈보기〉에서 고른 것은?

조사 주제 및 지역 선정	○ △△시의 ㉠ 전통 시장 상권을 조사한다.
지리 정보 수집	○ 인터넷 지도를 통해 ㉡ 전통 시장들의 위치를 파악한다. ○ 각 전통 시장을 방문하여 이용객을 대상으로 거주지와 월별 이용 횟수 등에 대한 ㉢ 설문 조사 및 면담을 실시한다.
지리 정보 분석	○ 수집한 지리 정보를 분석한 후 통계 처리한다. ○ ㉣ 전통 시장들의 분포와 재화의 도달 범위를 지도로 표현한다.
보고서 작성	○ △△시의 전통 시장 상권 현황에 대한 보고서를 작성한다.

〈 보기 〉

ㄱ. ㉠은 지역 구분의 유형 중 기능 지역에 해당한다.

ㄴ. ㉡은 지리 정보의 유형 중 속성 정보에 해당한다.

ㄷ. ㉢은 주로 야외 조사 단계에서 실시한다.

ㄹ. ㉣을 통계 지도로 표현할 때 유선도가 가장 적절하다.

① ㄱ, ㄴ　② ㄱ, ㄷ　③ ㄴ, ㄷ　④ ㄴ, ㄹ　⑤ ㄷ, ㄹ

18

다음은 지리 정보 수집 방법을 주제로 한 수업 장면이다. 교사의 질문에 옳은 대답을 한 학생만을 고른 것은?

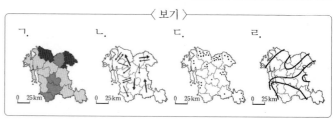

① 갑, 을　② 갑, 병　③ 을, 병　④ 을, 정　⑤ 병, 정

19

(가), (나) 통계 자료를 각각 한 장의 지도로 표현할 때, 가장 적합한 통계 지도 유형을 〈보기〉에서 고른 것은?

(가)
(단위: %)

지역	인구 증가율
○○군	-2
△△군	2
□□시	4
⋮	⋮

(나)
(단위: 명)

전입＼전출	○○군	△△군	□□시	…
○○군	−	124	320	…
△△군	32	−	250	…
□□시	10	5	−	…
⋮	⋮	⋮	⋮	

〈 보기 〉

ㄱ.　ㄴ.　ㄷ.　ㄹ.

	(가)	(나)			(가)	(나)
①	ㄱ	ㄴ		②	ㄱ	ㄷ
③	ㄴ	ㄷ		④	ㄴ	ㄹ
⑤	ㄷ	ㄹ				

20

다음은 한국지리 수업 장면의 일부이다. ㉠~㉤에 대한 설명으로 옳지 않은 것은?

교사: 도시화에 따른 △△시 □□동의 변화를 ㉠ 지역 조사 순서에 맞춰 탐구해볼까요?

갑: 조사 지역으로 선정된 ㉡ △△시 □□동의 위치를 찾아보고, 과거와 현재의 경관 변화를 ㉢ 항공 사진과 인터넷 지도를 이용하여 조사하겠습니다.

을: 도시화로 인한 지역의 인구 변화를 살펴보고, 지역 변화에 대한 ㉣ 주민들의 인식을 조사하겠습니다.

병: 수집한 지리 정보를 정리해 그래프와 ㉤ 통계 지도로 표현하고 보고서로 작성하겠습니다.

① ㉠은 지리 정보를 수집하고 분석해 지역성을 파악하는 활동이다.
② ㉡은 지리 정보의 유형 중 공간 정보에 해당한다.
③ ㉢은 지역 조사 과정 중 실내 조사에 해당한다.
④ ㉣은 주로 원격 탐사를 통해 수집한다.
⑤ 단계 구분도, 도형 표현도, 유선도는 ㉤에 해당한다.

21

다음 〈조건〉만을 고려하여 대형 마트를 새로 건설하고자 할 때, 가장 적합한 후보지를 고른 것은?

〈조건 1〉: [(면적당 도로 연장 > 0.7km/km²) AND (인구 밀도 > 150명/km²)]
〈조건 2〉: 〈조건 1〉을 만족하는 지역 중
[(전통 시장 수 < 3개) OR (1인당 지역 내 총생산 > 7천만 원)]인 곳을 선택함.

* X AND Y: X 조건과 Y 조건을 모두 만족하는 것을 의미함.
** X OR Y: X 조건과 Y 조건 중 하나만 만족해도 되는 것을 의미함.

구분	면적당 도로 연장(km/km²)	인구 밀도 (명/km²)	전통 시장 수 (개)	1인당 지역 내 총생산(천만 원)
A	0.6	236.8	1	7.7
B	1.2	238.0	4	11.1
C	0.8	222.4	5	3.9
D	1.0	167.7	6	3.8
E	0.7	119.4	2	3.9

(2021) (충청남도)

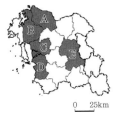

0   25km

① A   ② B   ③ C   ④ D   ⑤ E

한눈에 정리하는 평가원 기출 경향

주제 \ 학년도	2025	2024	2023

암석 분포

2025 — 9월 모평 2번

1. 다음은 지형 단원 수업 장면의 일부이다. 교사의 질문에 모두 옳게 답한 학생을 고른 것은?

A~C에 대한 질문에 답해 볼까요?
지리산 국립 공원 / 설악산 국립 공원 / 고성 공룡 발자국 화석지

질문	갑	을	병	정	무
C에서는 중생대 퇴적암이 관찰되나요?	예	예	예	예	아니요
A는 B보다 식생 밀도가 높나요?	예	예	아니요	아니요	아니요
A는 C보다 기반암의 형성 시기가 이른가요?	예	아니요	예	아니요	아니요

① 갑 ② 을 ③ 병 ④ 정 ⑤ 무

2024 — 6월 모평 7번

4. 다음 자료의 A~C 기반암에 대한 대화 내용이 옳은 학생을 고른 것은? (단, A~C는 각각 변성암, 현무암, 화강암 중 하나임)

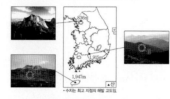

836m / 915m / 1,947m ※수치는 최고 지형의 해발 고도

갑: A에는 다각형의 주상 절리가 발달해 있어.
을: 공룡 발자국 화석은 주로 B에서 발견되고 있어.
병: C는 시멘트의 주원료로 이용되고 있어.
정: A, B는 모두 화산 활동으로 형성되었어.
무: 형성 시기는 B, A, C 순으로 오래되었어.

① 갑 ② 을 ③ 병 ④ 정 ⑤ 무

2023 — 9월 모평 3번

5. 다음 자료에 대한 설명으로 옳은 것만을 <보기>에서 고른 것은? (단, A~C는 각각 변성암, 퇴적암, 화강암 중 하나임.) [3점]

〈북한산 국립 공원〉 / 〈지리산 국립 공원〉 / 〈고성 공룡 발자국 화석지〉

〈한반도의 주요 지질 계통과 지각 변동〉

지질 시대	고생대			중생대			신생대	
	캄브리아기 ··· 석탄기 ··· 페름기			트라이아스기	쥐라기	백악기	제3기	제4기
지질 계통	(가)	(결층)	평안 누층군	대동 누층군		(다)	제3계	제4계
주요 지각 변동	조륙 운동			송림 변동	(나)	불국사 변동	(라)	화산 활동

〈보기〉
ㄱ. B는 (나)에 의해 관입되어 형성되었다.
ㄴ. A는 (가), C는 (다)에 포함된다.
ㄷ. (나)에 의해 중국 방향(북동-남서)의 지질 구조선이 형성되었다.
ㄹ. (라)에 의해 동고서저의 경동 지형이 형성되었다.

① ㄱ, ㄴ ② ㄱ, ㄷ ③ ㄴ, ㄷ ④ ㄴ, ㄹ ⑤ ㄷ, ㄹ

지체 구조와 지각 변동

2025 — 수능 6번

22. 다음 자료에 대한 설명으로 옳은 것은?

〈한반도 주요 지질 계통과 지각 변동〉

지질 시대	고생대			중생대			신생대	
	캄브리아기 ··· 석탄기 ··· 페름기			트라이아스기	쥐라기	백악기	제3기	제4기
지질 계통	(가)	(결층)	평안 누층군	대동 누층군	(다)	경상 누층군	제3계	제4계
주요 지각 변동	조륙 운동			(나)	(다)	(라)	(마)	화산 활동

중생대 동안 발생하였던 세 번의 주요 지각 변동 중 초기에 발생한 (나) 은/는 주로 한반도 북부 지방에 영향을 미쳤으며, 중기에는 (다) 이/가 발생해 중·남부 지방을 중심으로 영향을 주었다. 중생대 말기에는 (라) 이/가 주로 경상 분지 일대에서 일어났다.

① (가)에서는 공룡 발자국 화석이 흔히 발견된다.
② (나)가 발생한 시기에 길주·명천 지괴가 형성되었다.
③ (다)로 인해 중국 방향(북동-남서)의 지질 구조선이 형성되었다.
④ (라)로 인해 지리산을 이루는 주된 기반암이 형성되었다.
⑤ 한반도에 분포하는 대부분의 화강암은 (마)에 의해 형성되었다.

2023 — 수능 3번

2. 다음 자료의 (가), (나) 암석의 종류와 형성 시기를 표의 A~C에서 고른 것은?

〈한탄강 주상절리〉 / 〈설악산 울산바위〉

형성 시기 \ 종류	고생대	중생대	신생대
석회암	A		
화강암		B	
현무암			C

	(가)	(나)
①	A	B
②	A	C
③	B	A
④	C	A
⑤	C	B

산지 지형의 형성

2024 — 9월 모평 1번

7. 다음 글의 ㉠~㉣에 대한 설명으로 옳은 것은? (단, ㉠, ㉡, ㉢, ㉣은 각각 금강산, 지리산, 한라산 중 하나임.)

세상에서는 금강산을 봉래산, 지리산을 방장산, 한라산을 영주산으로 여기니 이른바 삼신산이다.
○ ㉠ 은 ㉡ 흙이 두껍게 쌓인 산으로 토질이 비옥하므로 온 산 어디나 사람이 살기에 알맞다. 높은 산봉우리의 땅에 기장이나 조를 뿌려도 어디든 무성하게 잘 자란다.
○ ㉢ 은 순전히 바위로 된 봉우리와 골짜기, 냇물, 폭포로 이루어졌다. 만 길의 고개와 백 길의 연못까지 전체 바탕이 하나의 바윗덩어리이니 천하에 둘도 없는 산이다.
○ ㉣ 정상부에는 큰 못이 있어 사람들이 시끄럽게 떠들어 대면 갑자기 구름과 안개가 크게 일어난다.

- 이중환, 「택리지」 -

① ㉡으로 분류되는 사례로 북한산이 있다.
② ㉢의 기반암은 모든 침식 분지의 배후 산지를 이룬다.
③ ㉣에는 백두산의 천지처럼 화구가 함몰되어 형성된 움푹한 와지가 발달해 있다.
④ ㉠의 기반암은 ㉢의 기반암보다 형성 시기가 이르다.
⑤ ㉢과 ㉣은 마그마가 지표로 분출하여 형성되었다.

2022 ~ 2019

14. 다음 자료의 A~D 암석에 대한 설명으로 옳은 것만을 〈보기〉에서 고른 것은? (단, A~D는 각각 석회암, 중생대 퇴적암, 현무암, 화강암 중 하나임.) [3점]

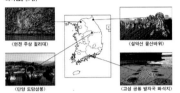

〈연천 주상 절리대〉
〈설악산 울산바위〉
〈단양 도담삼봉〉
〈고성 공룡 발자국 화석지〉

〈보기〉

ㄱ. C는 대보 조산 운동으로 형성되었다.
ㄴ. D는 주로 시멘트 공업의 원료로 이용된다.
ㄷ. C는 D보다 형성 시기가 이르다.
ㄹ. A, B는 모두 화성암에 해당한다.

① ㄱ, ㄴ ② ㄱ, ㄷ ③ ㄴ, ㄷ ④ ㄴ, ㄹ ⑤ ㄷ, ㄹ

15. 다음 자료의 A~D에 대한 옳은 설명만을 〈보기〉에서 고른 것은? [3점]

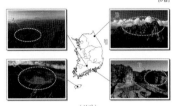

〈보기〉

ㄱ. C는 분화구의 함몰로 형성된 칼데라호이다.
ㄴ. D는 고생대에 형성된 퇴적암이다.
ㄷ. A는 B보다 식생 밀도가 높다.
ㄹ. B는 C보다 기반암의 형성 시기가 이르다.

① ㄱ, ㄴ ② ㄱ, ㄷ ③ ㄴ, ㄷ ④ ㄴ, ㄹ ⑤ ㄷ, ㄹ

17. 그림의 (가)~(라)에 해당하는 지역을 지도의 A~D에서 고른 것은? [3점]

주된 기반암이 화성암으로 구성되어 있습니까? →예→ 마그마가 관입하여 형성된 화강암으로 이루어진 돌산이 있습니까? →예→ (가)
↓아니요
고생대에 형성된 석회암이 주로 나타나며 시멘트 공업이 발달해 있습니까? →예→ (나)
↓아니요
중생대 백악기에 퇴적된 육성층이 있는 곳으로 공룡 발자국 화석이 발견됩니까? →예→ (다)
↓아니요
신생대 제3기에 퇴적층이 형성된 곳으로 갈탄이 매장되어 있습니까? →예→ (라)

	(가)	(나)	(다)	(라)
①	A	C	B	D
②	A	D	C	B
③	B	A	C	D
④	B	C	D	A
⑤	C	B	D	A

10. 자료에 대한 설명으로 옳은 것은?

〈우리나라의 지질 시대별 주요 지각 운동〉

지질 시대	시·원생대		고생대			중생대			신생대	
	시생대 원생대	캄브리아기 ··· 석탄기~페름기			트라이 아스기	쥐라기	백악기	제3기	제4기
지질 계통	변성암 복합체	(가)		(결층)	평안 누층군	대동 누층군	경상 누층군	제3계	제4계
주요 지각 운동	변성 작용		조륙 운동			송림 변동	(나)	불국사 변동	요곡·단층 운동	화산 활동

〈충주 분지의 지질 단면〉

※단, A, B는 각각 편마암과 화강암 중 하나임.

① A로 구성된 산은 정상부가 주로 돌산의 경관을 보인다.
② B는 (가)의 대부분을 차지한다.
③ A는 B보다 형성 시기가 이르다.
④ 제주도의 화산체는 (나)에 의해 형성되었다.
⑤ 대보 화강암은 (다)에 의해 형성되었다.

4 일차 한반도의 형성과 산지의 모습

1 한반도의 형성 과정

1 한반도의 암석 분포

변성암	• 변성암으로 구성된 산은 정상부가 주로 흙산의 경관을 보인다. 기억해 • 시·원생대에 변성 작용을 받은 암석이다. • 지리산, 덕유산 등의 기반암을 이루고 있다. • 주로 침식 분지의 주변 산지를 구성하는 암석이다. **더 보기1** • 평북·개마 지괴, 경기 지괴, 영남 지괴에 널리 분포한다.
화성암 / 화강암	• 마그마가 굳어서 형성되었다. • 대보 조산 운동이 일어난 시기에 형성되었다. • 화강암으로 구성된 산은 정상부가 주로 돌산의 경관을 보인다. **더 보기2** • 침식 분지의 바닥을 주로 구성한다.
화성암 / 현무암	• 제주도 대포 해안 주상 절리대가 대표적인 사례이다. • 마그마의 급속한 냉각으로 주상 절리가 형성된다.
퇴적암	오랜 퇴적 과정을 거쳐 형성되었다.

2 한반도의 지체 구조

지질 시대	특징
시·원생대	• 주로 편마암으로 구성되어 있으며, 한반도에서 생성 시기가 가장 오래된 안정 지괴에 속한다. • 경기 지괴는 평북·개마 지괴와 함께 시·원생대에 형성되었다.
고생대	• 조선 누층군: 바다에서 형성된 지층으로 주로 평남 지향사와 옥천 지향에 분포한다. • 평안 누층군: 습지였던 지층에 무연탄이 매장되어 있다.
중생대	경상 누층군에는 공룡 발자국 화석이 발견된다.
신생대	두만 지괴, 길주·명천 지괴에는 갈탄이 광범위하게 매장되어 있다.

3 한반도의 주요 지각 운동 **모아 보기**

(1) 한반도의 지질 계통표

지질 시대	시·원생대		고생대			중생대		신생대	
	시생대	원생대	캄브리아기 … 석탄기-페름기		트라이아스기	쥐라기	백악기	제3기	제4기
지질 계통	변성암 복합체		조선 누층군	(결층)	평안 누층군	대동 누층군	경상 누층군	제3계	제4계
주요 지각 운동	↑ 변성 작용		↑ 조륙 운동			↑ 송림 변동	↑ 대보 조산 운동 / ↑ 불국사 변동	↑ 요곡 단층 운동	↑ 화산 활동

▶ 기/출/표/현 **더** 보기

1 **24 모평** 금강산의 기반암은 모든 침식 분지의 바닥을 이룬다.

= 화강암과 변성암으로 이루어진 침식 분지에서 변성암은 주로 배후 산지를 이루고, 화강암은 주로 바닥을 이룬다. 금강산의 기반암은 화강암이다.

2 화강암으로 구성된 산은 정상부가 주로 돌산의 경관을 보인다.

= 화강암이 산 정상부를 이루는 경우 주로 돌산으로 나타난다.

▶ 기/출/선/지 **모아** 보기

23학년도 9월 모평 3번

〈북한산 국립 공원〉 〈고성 공룡 발자국 화석지〉 〈지리산 국립 공원〉

		〈한반도의 주요 지질 계통과 지각 변동〉					
지질 시대	고생대			중생대		신생대	
	캄브리아기 … 석탄기 - 페름기		트라이아스기	쥐라기	백악기	제3기	제4기
지질 계통	(가)	(결층)	평안 누층군	대동 누층군	(다)	제3계	제4계
주요 지각 변동	조륙 운동			송림 변동	(나)	불국사 변동	(라)	화산 활동

* A는 화강암, B는 변성암, C는 퇴적암이다. (가)는 조선 누층군, (나)는 대보 조산 운동, (다)는 경상 누층군, (라)는 경동성 요곡 운동이다.

ㄱ. ~~B는~~ A는 (나)에 의해 관입되어 형성되었다.

ㄴ. ~~A는~~ 석회암은 (가), C는 (다)에 포함된다.

ㄷ. (나)에 의해 중국 방향(북동 – 남서)의 지질 구조선이 형성되었다.

ㄹ. (라)에 의해 동고서저의 경동 지형이 형성되었다.

25 모평 갑: ★ (다)에서는 공룡 발자국 화석이 흔히 발견돼요.

22 모평 ② B 암석은 시·원생대에 형성된 암석이다.

19 모평 ③ ★B는 ~~A~~보다 형성 시기가 이르다.

(2) 한반도의 주요 지각 변동

중생대	송림 변동 운동	랴오둥(동북동–서남서) 방향 지질 구조선을 형성하였다.
	대보 조산 운동	• 중국(북동–남서) 방향의 지질 구조선이 형성되었다. ⓓ 보기 1 • 넓은 범위에 걸쳐 화강암이 관입하였다. • 대보 조산 운동으로 인해 관입된 암석은 북한산의 기반암을 이루고 있다.
	불국사 변동	경상 분지 곳곳에 마그마가 관입하였다.
신생대	경동성 요곡 운동	• 동고서저 지형 형성의 주요 원인이다. ⓓ 보기 2 • 한국 방향의 1차 산맥이 형성되었다. 기억해
	화산 활동	제주도의 화산체가 형성되었다.

▶ 기/출/표/현 ⓓ 보기

1 [23 모평] 대보 조산 운동에 의해 중국 방향(북동–남서)의 지질 구조선이 형성되었다.
= 대보 조산 운동의 영향으로 중국 방향의 2차 산맥이 형성되었다.

2 [23 모평] 경동성 요곡 운동에 의해 동고서저의 경동 지형이 형성되었다.
= 경동성 요곡 운동에 의해 융기되어 형성된 산지는 1차 산맥으로 분류된다.
= 경동성 요곡 운동으로 인해 한국 방향의 1차 산맥이 형성되었다.

4 기후 변화에 따른 지형 형성 모아 보기

구분	(최종) 빙기	후빙기(간빙기)
기후	• 연 평균 기온이 낮다. • 연 강수량이 적다.	• 연 평균 기온이 높다. • 연 강수량이 많다.
특징	설악산의 해발 고도가 높다.	남해로 유입되는 하천의 길이가 짧다.
식생	• 단위 면적당 식생 밀도가 낮다. • 냉대림의 분포 면적이 넓다.	단위 면적당 식생 밀도가 높다.
풍화 작용	기계적 풍화 작용이 활발하다.	화학적 풍화 작용이 활발하다.
하천 상류	퇴적 작용이 활발하다.	침식 작용이 활발하다.
하천 하류	침식 작용이 활발하다.	퇴적 작용이 활발하다.

2 산지 지형의 형성과 특성

1 산지 지형의 형성

1차 산맥	2차 산맥
• 신생대에 일어난 경동성 요곡 운동으로 융기되어 형성된 산지이다. • 해발 고도가 높고 연속성이 뚜렷하다. • 함경산맥, 낭림산맥, 태백산맥 등	• 중생대 지각 변동 이후 차별 침식으로 형성된 산지이다. • 해발 고도가 낮고 연속성이 약하다. • 차령산맥, 노령산맥 등

2 우리나라 산지의 특징

(1) 동고서저의 경동 지형: 신생대 제3기 경동성 요곡 운동으로 동고서저형 지형이 형성되었다.

(2) 돌산과 흙산

돌산	정상부는 삼각형 모양으로 뾰족이 솟아 오른 흰색에 가까운 암석이 노출되어 있다.
흙산	• 흙산은 돌산보다 식생 밀도가 높다. • 흙산의 정상부는 돌산의 정상부에 비해 암석의 노출이 적다. • 돌산보다 상대적으로 두꺼운 토양층을 이루는 경우가 많다.

01 대표 문제

다음은 지형 단원 수업 장면의 일부이다. 교사의 질문에 모두 옳게 답한 학생을 고른 것은?

질문	학생				
	갑	을	병	정	무
C에서는 중생대 퇴적암이 관찰되나요?	예	예	예	예	아니요
A는 B보다 식생 밀도가 높나요?	예	예	아니요	아니요	아니요
A는 C보다 기반암의 형성 시기가 이른가요?	예	아니요	예	아니요	아니요

① 갑　　　② 을　　　③ 병　　　④ 정　　　⑤ 무

02

다음 자료의 (가), (나) 암석의 종류와 형성 시기를 표의 A~C에서 고른 것은?

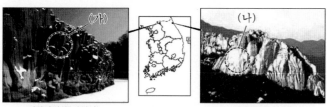

〈한탄강 주상절리〉　　〈설악산 울산바위〉

형성 시기 종류	고생대	중생대	신생대
석회암	A		
화강암		B	
현무암			C

	(가)	(나)
①	A	B
②	A	C
③	B	A
④	C	A
⑤	C	B

03

다음은 한국지리 온라인 수업 장면의 일부이다. 답글의 내용이 옳은 학생을 고른 것은? (단, (가)~(다)는 각각 시·원생대, 고생대, 신생대 중 하나이고, A~C는 각각 변성암류, 제3기 퇴적암, 조선 누층군 중 하나임.) [3점]

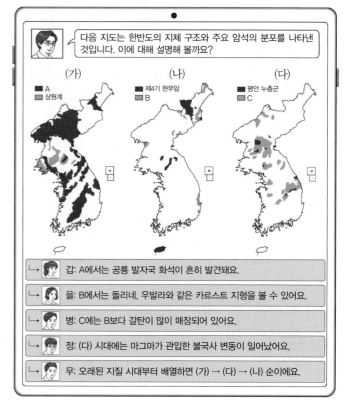

① 갑　　　② 을　　　③ 병　　　④ 정　　　⑤ 무

04

다음 자료의 A~C 기반암에 대한 대화 내용이 옳은 학생을 고른 것은? (단, A~C는 각각 변성암, 현무암, 화강암 중 하나임.)

① 갑　　　② 을　　　③ 병　　　④ 정　　　⑤ 무

05

23학년도 9월 모평 3번

다음 자료에 대한 설명으로 옳은 것만을 〈보기〉에서 고른 것은? (단, A~C는 각각 변성암, 퇴적암, 화강암 중 하나임.) [3점]

〈북한산 국립 공원〉
〈지리산 국립 공원〉
〈고성 공룡 발자국 화석지〉

〈한반도의 주요 지질 계통과 지각 변동〉

지질 시대	고생대				중생대			신생대	
	캄브리아기 … 석탄기 – 페름기			트라이아스기	쥐라기	백악기		제3기	제4기
지질 계통	(가)	(결층)	평안 누층군		대동 누층군	(다)		제3계	제4계
주요 지각 변동	조륙 운동				송림 변동	(나)	불국사 변동	(라)	화산 활동

〈 보기 〉
ㄱ. B는 (나)에 의해 관입되어 형성되었다.
ㄴ. A는 (가), C는 (다)에 포함된다.
ㄷ. (나)에 의해 중국 방향(북동 – 남서)의 지질 구조선이 형성되었다.
ㄹ. (라)에 의해 동고서저의 경동 지형이 형성되었다.

① ㄱ, ㄴ ② ㄱ, ㄷ ③ ㄴ, ㄷ ④ ㄴ, ㄹ ⑤ ㄷ, ㄹ

06

23학년도 7월 학평 13번

다음은 한국지리 수업 시간에 작성한 수업 노트이다. ㉠~㉣에 대한 설명으로 옳은 것만을 〈보기〉에서 고른 것은? [3점]

〈주제: 우리나라 산지의 형성〉
○ 산지의 구분

형성 과정	1차 산맥	2차 산맥
	㉠ 경동성 요곡 운동의 영향을 받아 형성	㉡ 지질 구조선을 따라 차별적인 풍화와 침식 작용을 받아 형성
대표 산맥	낭림산맥, ㉢ 태백산맥 등	멸악산맥, 차령산맥 등

○ 산맥의 방향에 따라 랴오둥 방향, ㉣ 중국 방향, 한국 방향의 산맥으로 분류함.

〈 보기 〉
ㄱ. ㉠은 고위평탄면의 형성에 영향을 주었다.
ㄴ. ㉠과 ㉡의 영향으로 대하천의 대부분이 서·남해로 유입된다.
ㄷ. ㉢의 서쪽 사면은 동쪽 사면보다 경사가 급하다.
ㄹ. 중생대 송림 변동에 의해 ㉣의 지질 구조선이 형성되었다.

① ㄱ, ㄴ ② ㄱ, ㄷ ③ ㄴ, ㄷ ④ ㄴ, ㄹ ⑤ ㄷ, ㄹ

07

24학년도 9월 모평 1번

다음 글의 ㉠~㉣에 대한 설명으로 옳은 것은? (단, ㉠, ㉢, ㉣은 각각 금강산, 지리산, 한라산 중 하나임.)

세상에서는 금강산을 봉래산, 지리산을 방장산, 한라산을 영주산으로 여기니 이른바 삼신산이다.
○ ㉠ 은 ㉡ 흙이 두텁게 쌓인 산으로 토질이 비옥하므로 온 산 어디나 사람이 살기에 알맞다. 높은 산봉우리의 땅에 기장이나 조를 뿌려도 어디든 무성하게 잘 자란다.
○ ㉢ 은 순전히 바위로 된 봉우리와 골짜기, 냇물, 폭포로 이루어졌다. 만 길의 고개와 백 길의 연못까지 전체 바탕이 하나의 바윗덩어리이니 천하에 둘도 없는 산이다.
○ ㉣ 정상부에는 큰 못이 있어 사람들이 시끄럽게 떠들어 대면 갑자기 구름과 안개가 크게 일어난다. – 이중환, 『택리지』 –

① ㉡으로 분류되는 사례로 북한산이 있다.
② ㉢의 기반암은 모든 침식 분지의 배후 산지를 이룬다.
③ ㉣에는 백두산의 천지처럼 화구가 함몰되어 형성된 움푹한 와지가 발달해 있다.
④ ㉠의 기반암은 ㉢의 기반암보다 형성 시기가 이르다.
⑤ ㉢과 ㉣은 마그마가 지표로 분출하여 형성되었다.

08

그림은 지도에 표시된 세 구간의 지형 단면을 나타낸 것이다. (가)~(다)에 해당하는 구간을 지도의 A~C에서 고른 것은? [3점]

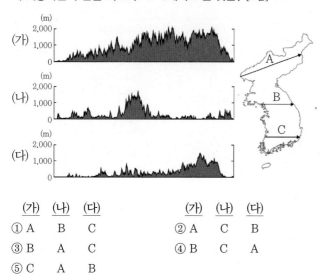

	(가)	(나)	(다)			(가)	(나)	(다)
①	A	B	C		②	A	C	B
③	B	A	C		④	B	C	A
⑤	C	A	B					

09

다음 글의 ㉠~㉤에 대한 설명으로 옳지 <u>않은</u> 것은? [3점]

> 한반도는 중생대에 여러 차례 지각 운동을 겪었다. 초기에는 ㉠ 송림 변동, 중기에는 ㉡ 대보 조산 운동, 말기에는 불국사 변동이 일어나 지형 형성과 변화에 커다란 영향을 주었다. 신생대에 ㉢ 경동성 요곡 운동이 일어나 ㉣ 태백산맥, 함경산맥 등이 형성되었고, 제4기의 ㉤ 후빙기 해수면 상승에 따라 해안선이 변화되었다.

① ㉠으로 인해 중국 방향의 지질 구조선이 형성되었다.
② ㉡의 영향으로 화강암이 관입되었다.
③ ㉢은 감입 곡류 하천 형성에 영향을 주었다.
④ ㉣은 해발고도가 높고 연속성이 강한 1차 산맥이다.
⑤ ㉤에 의해 서해안의 리아스 해안이 형성되었다.

10

자료에 대한 설명으로 옳은 것은?

〈우리나라의 지질 시대별 주요 지각 운동〉

지질 시대	시·원생대		고생대			중생대			신생대	
	시생대	원생대	캄브리아기	…	석탄기~페름기	트라이아스기	쥐라기	백악기	제3기	제4기
지질 계통	변성암 복합체		(가)	(결층)	평안 누층군		대동 누층군	경상 누층군	제3계	제4계
주요 지각 운동	변성 작용		조륙 운동			송림 변동	(나)	불국사 변동	(다)	

〈충주 분지의 지질 단면〉

＊단, A, B는 각각 편마암과 화강암 중 하나임.

① A로 구성된 산은 정상부가 주로 돌산의 경관을 보인다.
② B는 (가)의 대부분을 차지한다.
③ A는 B보다 형성 시기가 이르다.
④ 제주도의 화산체는 (나)에 의해 형성되었다.
⑤ 대보 화강암은 (다)에 의해 형성되었다.

11

다음 자료의 (가)~(라)에 대한 설명으로 옳은 것은? (단, (가)~(라)는 각각 변성암, 석회암, 중생대 퇴적암, 화강암 중 하나임.) [3점]

> o '고성 덕명리 공룡 발자국과 새 발자국 화석 산지'는 화석의 양과 다양성에 있어서 세계적으로 손꼽히는 곳으로, 주된 기반암은 (가) 이다. 해안의 기묘한 바위와 괴상하게 생긴 돌, 해식동 등의 경치 또한 뛰어나다.
>
> o '영월 고씨굴'은 남한강 상류에 위치하며, 임진왜란 때 고씨 일가족이 이곳에 숨어 난을 피하였다고 하여 붙여진 이름이다. 동굴의 총길이는 약 3km이고, (나) 으로 이루어져 있으며, 동굴 안에는 종유석과 석순 등이 분포한다.
>
> o '대암산·대우산 천연 보호 구역'은 양구 펀치볼 분지와 그 주변을 에워싸고 있는 지역을 말한다. 펀치볼 지대는 침식 분지로, 분지 주변의 산지는 주로 (다) 으로 되어있고 분지 바닥은 (라) 으로 되어 있다.

① (가)는 고생대 조선 누층군에 주로 분포한다.
② (나)는 마그마가 관입하여 형성되었다.
③ (라)로 구성된 산은 정상부가 주로 돌산의 경관을 보인다.
④ (가)는 (다)보다 우리나라 암석 분포에서 차지하는 비율이 높다.
⑤ (가)는 해성층, (나)는 육성층에 해당한다.

12

그림은 (가), (나) 지역에서 나타나는 지형 단면도이다. 이에 대한 설명으로 옳은 것은?

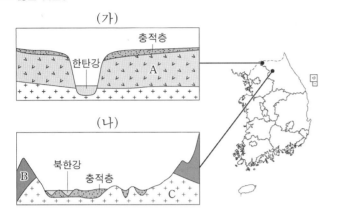

① A 암석은 중생대에 마그마의 관입으로 형성되었다.
② B 암석은 시·원생대에 형성된 암석이다.
③ C 암석에서는 공룡 발자국 화석이 발견된다.
④ (나)에서 C 암석은 B 암석보다 풍화와 침식에 강하다.
⑤ (가)와 (나)의 충적층은 주로 밭으로 이용된다.

13

다음 자료는 우리나라 산지의 형성 과정을 모식적으로 나타낸 것이다. ㉠~㉤에 대한 옳은 설명만을 〈보기〉에서 고른 것은? [3점]

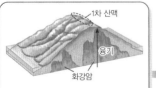

㉠ 중생대 지각 변동으로 인해 형성된 지질 구조선을 따라 마그마가 관입하였다.

중생대 지각 변동 이후 오랜 기간 침식 작용을 받아 한반도가 평탄해졌다.

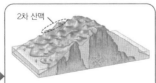

㉡ 신생대 제3기 경동성 요곡 운동으로 ㉢ 1차 산맥이 형성되었고, 이후 지질 구조선을 따라 하천이 흘러 하곡이 발달하였다.

하곡을 따라 차별 침식이 일어나 ㉣ 2차 산맥을 이루었고, 지속적인 침식으로 땅속의 ㉤ 화강암이 지표로 드러났다.

〈 보기 〉
ㄱ. ㉠에 의해 한국 방향의 산맥이 형성되었다.
ㄴ. ㉡은 고위 평탄면과 하안 단구 형성에 영향을 주었다.
ㄷ. ㉣은 ㉢보다 산줄기의 연속성이 뚜렷하다.
ㄹ. ㉤이 산 정상부를 이루는 경우 주로 돌산의 경관을 보인다.

① ㄱ, ㄴ   ② ㄱ, ㄷ   ③ ㄴ, ㄷ   ④ ㄴ, ㄹ   ⑤ ㄷ, ㄹ

14

다음 자료의 A~D 암석에 대한 설명으로 옳은 것만을 〈보기〉에서 고른 것은? (단, A~D는 각각 석회암, 중생대 퇴적암, 현무암, 화강암 중 하나임.) [3점]

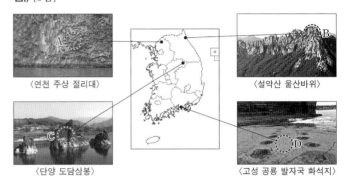

〈연천 주상 절리대〉 〈설악산 울산바위〉
〈단양 도담삼봉〉 〈고성 공룡 발자국 화석지〉

〈 보기 〉
ㄱ. C는 대보 조산 운동으로 형성되었다.
ㄴ. D는 주로 시멘트 공업의 원료로 이용된다.
ㄷ. C는 D보다 형성 시기가 이르다.
ㄹ. A, B는 모두 화성암에 해당한다.

① ㄱ, ㄴ   ② ㄱ, ㄷ   ③ ㄴ, ㄷ   ④ ㄴ, ㄹ   ⑤ ㄷ, ㄹ

15

다음 자료의 A~D에 대한 옳은 설명만을 〈보기〉에서 고른 것은? [3점]

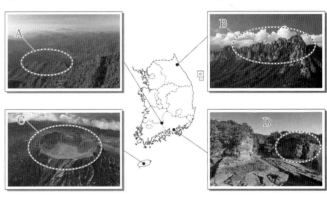

〈 보기 〉
ㄱ. C는 분화구의 함몰로 형성된 칼데라호이다.
ㄴ. D는 고생대에 형성된 퇴적암이다.
ㄷ. A는 B보다 식생 밀도가 높다.
ㄹ. B는 C보다 기반암의 형성 시기가 이르다.

① ㄱ, ㄴ   ② ㄱ, ㄷ   ③ ㄴ, ㄷ   ④ ㄴ, ㄹ   ⑤ ㄷ, ㄹ

16

다음은 학생이 작성한 학습 노트이다. 이에 대한 옳은 설명만을 〈보기〉에서 고른 것은? (단, (가), (나)는 각각 설악산, 지리산 중 하나임.) [3점]

구분	(가)	(나)
특징	○ ㉠ 소백산맥을 이루고 있는 산 중 가장 높음. ○ ㉡ 변성암의 풍화로 형성된 토양층이 두꺼워 숲이 울창함. ○ 국내 최초의 국립 공원으로 지정됨. ○ 등산 명소로 천왕봉, 노고단 등이 있음.	○ ㉢ 태백산맥을 이루고 있는 산 중 가장 높음. ○ ㉣ 화강암으로 이루어진 울산바위 등 암반 경관이 아름다움. ○ 유네스코 생물권 보전 지역으로 선정됨. ○ 등산 명소로 대청봉, 공룡능선 등이 있음.

〈 보기 〉

ㄱ. (가)는 (나)보다 고위도에 위치한다.

ㄴ. (가)는 흙산, (나)는 돌산으로 분류된다.

ㄷ. ㉠과 ㉢은 해발 고도가 높고 연속성이 강한 1차 산맥이다.

ㄹ. ㉣은 ㉡보다 대체로 형성 시기가 이르다.

① ㄱ, ㄴ ② ㄱ, ㄷ ③ ㄴ, ㄷ ④ ㄴ, ㄹ ⑤ ㄷ, ㄹ

17

그림의 (가)~(라)에 해당하는 지역을 지도의 A~D에서 고른 것은? [3점]

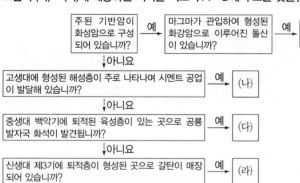

주된 기반암이 화성암으로 구성되어 있습니까? → 예 → 마그마가 관입하여 형성된 화강암으로 이루어진 돌산이 있습니까? → 예 → (가)

↓ 아니요

고생대에 형성된 해성층이 주로 나타나며 시멘트 공업이 발달해 있습니까? → 예 → (나)

↓ 아니요

중생대 백악기에 퇴적된 육성층이 있는 곳으로 공룡 발자국 화석이 발견됩니까? → 예 → (다)

↓ 아니요

신생대 제3기에 퇴적층이 형성된 곳으로 갈탄이 매장되어 있습니까? → 예 → (라)

	(가)	(나)	(다)	(라)
①	A	C	B	D
②	A	D	C	B
③	B	A	C	D
④	B	C	D	A
⑤	C	B	D	A

18

다음 자료는 수행 평가 내용에 대한 학생의 답변과 교사의 채점 결과이다. 이에 대한 설명으로 옳은 것만을 〈보기〉에서 고른 것은? [3점]

◎ 한반도의 지질 계통과 주요 지각 변동에 대한 내용이 맞으면 '예', 틀리면 '아니요'로 답하시오.

지질시대	고생대		중생대			신생대	
	캄브리아기…석탄기·페름기		트라이아스기	쥐라기	백악기	제3기	제4기
지질계통	A	(결층)	B		대동누층군	경상누층군	제3계	제4계
주요지각변동	↑ 조륙운동		↑ 송림변동	C	↑ 불국사변동	D	↑ 화산활동

내용	답변	
	갑	을
A는 얕은 바다에서 퇴적된 지층이다.	예	예
B는 대부분 변성암으로 구성되어 있다.	아니요	예
(가)	㉠	아니요
(나)	㉡	예
(점수)	4점	2점

* 교사는 각 답변이 맞으면 1점, 틀리면 0점을 부여함.

〈 보기 〉

ㄱ. (가)가 'C에 의해 랴오둥 방향의 지질 구조선이 형성되었다.'이면, ㉠은 '예'이다.

ㄴ. (나)가 'D에 의해 넓은 범위에 걸쳐 대보 화강암이 관입하였다.'이면, ㉡은 '예'이다.

ㄷ. ㉠이 '예'이면, (나)에는 'D에 의해 태백산맥, 함경산맥 등의 높은 산지가 형성되었다.'가 들어갈 수 있다.

ㄹ. ㉡이 '아니요'이면, (가)에는 'A에는 무연탄, B에는 석회암이 매장되어 있다.'가 들어갈 수 있다.

① ㄱ, ㄴ ② ㄱ, ㄷ ③ ㄴ, ㄷ ④ ㄴ, ㄹ ⑤ ㄷ, ㄹ

19

지도는 (가), (나) 암석의 분포 지역을 나타낸 것이다. 이에 대해 옳게 설명한 내용에만 있는 대로 ○ 표시한 학생을 고른 것은? (단, (가), (나)는 각각 석회암, 신생대 화산암 중 하나임.)

(가)   (나)

내용	학생				
	갑	을	병	정	무
(가)의 용식 작용으로 형성된 동굴에는 종유석, 석순 등이 발달한다.	○	○	○		○
(나)는 마그마가 분출한 후 굳어져 형성되었다.	○		○	○	○
(나)는 (가)보다 형성 시기가 이르다.		○	○	○	
(가), (나) 분포 지역은 밭보다 논의 면적 비율이 높다.	○			○	

① 갑   ② 을   ③ 병   ④ 정   ⑤ 무

20

다음 자료의 ㉠~㉣에 대한 설명으로 옳은 것은?

㉠ ○○산 (1,947 m)	산 정상부에 ㉡ 백록담이 있고, 독특한 화산 지형의 가치를 인정받아 세계 자연 유산으로 등재됨.
㉢ △△산 (1,708 m)	수많은 고개와 대청봉, 울산바위 등의 명소가 있으며 국립공원 및 생물권 보전 지역으로 지정됨.
㉣ ◎◎산 (1,915 m)	영호남의 경계에 위치하며 천왕봉을 주봉으로 거대한 산악군을 이루고 국립공원 제1호로 지정됨.

① ㉠은 중생대 이전에 형성되었다.
② ㉡은 분화구의 함몰로 형성된 칼데라호이다.
③ ㉢이 속한 산맥은 1차 산맥에 해당한다.
④ ㉣의 주된 기반암은 시멘트 공업의 주원료로 이용된다.
⑤ ㉠은 ㉣보다 고위도에 위치한다.

21

다음 자료의 (가)~(다) 암석에 대한 설명으로 옳은 것은? (단, (가)~(다)는 각각 석회암, 중생대 퇴적암, 화강암 중 하나임.)

답사 사진전

작품명: 도담삼봉의 절경   작품명: 공룡 발자국 화석   작품명: 기암괴석의 위용
촬영지: 충북 단양   촬영지: 경남 고성   촬영지: 강원 속초

① (가)는 주로 호수에서 퇴적된 육성층에 분포한다.
② (나)는 마그마가 관입하여 형성되었다.
③ (다)는 주로 시멘트 공업의 원료로 이용된다.
④ (가)는 (나)보다 형성 시기가 이르다.
⑤ (가), (다)는 모두 퇴적암에 해당한다.

22

다음 자료에 대한 설명으로 옳은 것은?

〈한반도 주요 지질 계통과 지각 변동〉

지질 시대	고생대		중생대			신생대	
	캄브리아기 ⋯ 석탄기-페름기	트라이아스기	쥐라기	백악기	제3기	제4기
지질 계통	(가)	(결층) 평안 누층군		대동 누층군	경상 누층군	제3계	제4계
주요 지각 변동	조륙 운동		↑ (나)	↑ (다)	↑ (라)	↑ (마)	화산 활동

중생대 동안 발생하였던 세 번의 주요 지각 변동 중 초기에 발생한 [(나)]은/는 주로 한반도 북부 지방에 영향을 미쳤으며, 중기에는 [(다)]이/가 발생해 중·남부 지방을 중심으로 영향을 주었다. 중생대 말기에는 [(라)]이/가 주로 경상 분지 일대에서 일어났다.

① (가)에서는 공룡 발자국 화석이 흔히 발견된다.
② (나)가 발생한 시기에 길주·명천 지괴가 형성되었다.
③ (다)로 인해 중국 방향(북동-남서)의 지질 구조선이 형성되었다.
④ (라)로 인해 지리산을 이루는 주된 기반암이 형성되었다.
⑤ 한반도에 분포하는 대부분의 화강암은 (마)에 의해 형성되었다.

한눈에 정리하는
평가원 기출 경향

주제 / 학년도	2025	2024	2023

하천의 상류와 하류 비교 [5일차]

2024 — 9월 모평 7번

1. 다음은 하천 지형에 대한 수업 장면의 일부이다. 교사의 질문에 옳게 답한 학생만을 있는 대로 고른 것은? [3점]

〈낙동강의 지점별 자갈과 모래 비율〉

낙동강의 하천 특성과 퇴적물에 대하여 발표해 볼까요?

〈하천의 특성〉
하천은 지류가 합쳐 큰 본류를 이룬 후 바다로 빠져나간다. 하천은 흘러가면서 주변 산지의 하천 상류에서 공급된 물질을 운반·퇴적해 다양한 지형을 형성한다.

- 갑: A는 B보다 하천 퇴적 물질의 평균 입자 크기가 커요.
- 을: B는 C보다 하천의 평균 유량이 많아요.
- 병: A~B 구간은 B~C 구간보다 하천의 평균 경사가 완만해요.
- 정: 낙동강의 하구에는 하천이 운반한 물질이 퇴적된 삼각주가 있어요.

① 갑, 병
② 갑, 정
③ 을, 정
④ 갑, 을, 병
⑤ 을, 병, 정

2023 — 6월 모평 11번

19. 다음 글의 ⊙~⑩에 대한 설명으로 옳은 것은? [3점]

하천은 흐르면서 하천 바닥을 깎아 협곡을 만들기도 하고, 하천 양안을 깎아 물길을 바꾸기도 한다. ⊙ 감입 곡류 하천은 우리나라 하천의 중·상류 지역에 주로 발달해 있으며, 주변에는 과거의 하천 바닥이나 범람원이었던 ⓒ 계단 모양의 지형이 분포하기도 한다. 자유 곡류 하천은 하천의 중·하류 지역과 지류에서 주로 발달해 있으며, 하천 양안에는 ⓒ 자연 제방과 ⓔ 배후 습지로 이루어진 범람원이 발달하기도 한다. 하천의 하구 지역에서는 밀물과 썰물의 영향으로 수위가 주기적으로 오르내리는 ⑩ 감조 구간이 나타나기도 한다.

① ⊙은 자유 곡류보다 유로 변경이 활발하다.
② ⓒ의 퇴적층에는 둥근 자갈이나 모래가 분포한다.
③ ⓒ은 황해보다 동해로 흘러드는 하천에 길게 나타난다.
④ ⓒ은 ⓔ보다 범람에 의한 침수 가능성이 높다.
⑤ ⓒ은 ⑩보다 퇴적 물질 중 점토질 구성 비율이 높다.

빈출 — 감입 곡류 하천과 자유 곡류 하천 [5일차]

2025 — 수능 7번

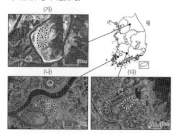

32. 다음은 지도에 표시된 세 지역의 하천 지형을 나타낸 위성 영상이다. 이에 대한 설명으로 옳은 것은? (단, A~C는 각각 배후 습지, 선상지, 하안 단구 중 하나임.) [3점]

(가) (나) (다)

① A는 기반암의 용식 작용으로 평탄화된 지형이다.
② B는 후빙기 이후 하천의 퇴적 작용이 활발해져 형성되었다.
③ B는 A보다 퇴적물의 평균 입자 크기가 크다.
④ B와 C에는 지하수가 솟아나는 용천대가 발달해 있다.
⑤ (가)의 ⊙ 하천 범람원은 (나)의 ⓒ 하천 범람원보다 면적이 넓다.

2024 — 수능 7번

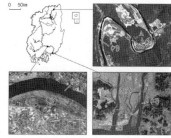

5. 다음은 지도에 표시된 세 지역의 하천 지형을 나타낸 사진이다. 이에 대한 설명으로 옳은 것은? (단, A~D는 각각 배후 습지, 삼각주, 자연 제방, 하안 단구 중 하나임.) [3점]

0   50km

① (가)는 (다)보다 하방 침식이 활발하다.
② (나)는 (가)보다 하상의 해발 고도가 높다.
③ D는 하천 퇴적물의 공급량이 적고, 조차가 큰 하구에서 잘 발달한다.
④ A는 C보다 홍수 시 범람에 의한 침수 위험이 높다.
⑤ B는 C보다 토양 배수가 불량하다.

2023 — 수능 5번

4. 지도의 A~D에 대한 설명으로 옳은 것만을 〈보기〉에서 고른 것은?

〈보기〉
ㄱ. A는 과거에 하천이 흘렀던 구하도이다.
ㄴ. B의 퇴적층에서는 둥근 자갈이나 모래 등이 발견된다.
ㄷ. C의 퇴적물은 주로 최종 빙기에 퇴적되었다.
ㄹ. C보다 D보다 퇴적물의 평균 입자 크기가 크다.

① ㄱ, ㄴ ② ㄱ, ㄷ ③ ㄴ, ㄷ ④ ㄴ, ㄹ ⑤ ㄷ, ㄹ

빈출 — 동해안과 서해안 해안 지형의 특색 [6일차]

2025 — 수능 2번

32. 다음 자료는 지형에 관한 다큐멘터리 촬영을 위한 방송 대본이다. ⊙~⑩에 대한 설명으로 옳은 것은?

송지호
과거 바다였던 이곳이 지금의 ⊙ 호수로 변모한 과정을 애니메이션으로 보여 준다.

호미곶
ⓒ 해안과 평행하게 발달한 계단 모양의 지형을 따라 걸으며 전문가와 함께 퇴적층을 관찰한다.

활동도
ⓒ 섬과 섬을 연결하는 좁고 긴 지형을 촬영하고 이 지형이 형성된 과정을 내레이션과 함께 보여 준다.

신두리
ⓔ 바람에 의해 형성된 모래 언덕을 걸으며 이곳에 서식하는 다양한 동·식물의 모습을 촬영한다.

① ⊙의 물은 주변 농경지의 농업용수로 주로 이용된다.
② ⓒ은 파랑 에너지가 집중되는 곳에 주로 발달한다.
③ ⓔ은 지하수를 저장하는 기능이 있다.
④ ⓔ은 ⓒ보다 형성 시기가 이르다.
⑤ ⊙과 ⓔ은 자연 상태에서 시간이 지남에 따라 규모가 확대된다.

2024 — 수능 12번

5. 도의 A~E 지형에 대한 설명으로 옳은 것은? [3점]

0   250m   0   250m

① B에는 지반 융기로 형성된 해안 단구가 있다.
② C 습지는 D 호수보다 물의 염도가 높다.
③ E는 B보다 퇴적 물질의 평균 입자 크기가 크다.
④ A와 E는 주로 조류의 퇴적 작용으로 형성되었다.
⑤ B와 D는 후빙기 해수면 상승 이전에 형성되었다.

2023 — 9월 모평 15번

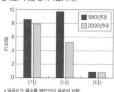

19. 그래프는 우리나라의 해안선 굴곡도 변화를 나타낸 것이다. 이에 대한 설명으로 옳은 것만을 〈보기〉에서 고른 것은? (단, (가)~(다)는 각각 남해안, 동해안, 서해안 중 하나임.) [3점]

■ 1910년대
□ 2000년대

(가) (나) (다)

* 굴곡도가 클수록 해안선의 굴곡이 심함.
(2009)   (국립환경과학원)

〈조건〉
ㄱ. (나) 굴곡도 변화의 가장 큰 요인은 간척 사업이다.
ㄴ. (나)는 (다)보다 해안의 평균 조차가 크다.
ㄷ. (가)는 남해안, (다)는 서해안이다.
ㄹ. 굴곡도 변화가 가장 큰 해안은 동해안이다.

① ㄱ, ㄴ ② ㄱ, ㄷ ③ ㄴ, ㄷ ④ ㄴ, ㄹ ⑤ ㄷ, ㄹ

2022 ~ 2019

2022. 9월 모평 6번

16. 다음 자료에 대한 설명으로 옳은 것만을 〈보기〉에서 고른 것은? (단, A~C 지점은 각각 지도의 (가), (나) 하천에 표시된 세 지점 중 하나임.) [3점]

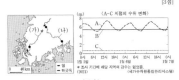

─〈보기〉─
ㄱ. (가), (나) 모두 댐 건설 이후 하상계수가 커졌다.
ㄴ. C를 지나는 강물은 남해로 유입된다.
ㄷ. A는 B보다 조차의 영향을 크게 받는다.
ㄹ. A는 C보다 강바닥의 해발 고도가 높다.

① ㄱ, ㄴ　② ㄱ, ㄷ　③ ㄴ, ㄷ　④ ㄴ, ㄹ　⑤ ㄷ, ㄹ

2021. 수능 17번

30. 다음은 하천 특성에 대한 수업 장면의 일부이다. 교사의 질문에 옳게 답한 학생을 고른 것은?

① 갑　② 을　③ 병　④ 정　⑤ 무

2019. 9월 모평 3번

14. (가)~(라) 지점에 관한 설명으로 옳은 것은?

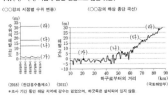

① (가)에서의 수위 변동은 조차로 인한 것이다.
② 하폭은 (라)에서 가장 넓다.
③ 하천 퇴적물의 평균 입자 크기는 (가)가 (다)보다 크다.
④ 평균 유량은 (라)가 (가)보다 많다.
⑤ (가)와 (나)의 하상 고도 차이는 (다)와 (라)의 하상 고도 차이보다 크다.

2022. 수능 16번

20. (가), (나) 지역에 대한 설명으로 옳은 것만을 〈보기〉에서 있는 대로 고른 것은? (단, (가), (나)의 하천은 동일한 하계망에 속함.)

(가)　　　(나)

─〈보기〉─
ㄱ. (가)의 하천은 (나)의 하천보다 하상의 평균 해발 고도가 높다.
ㄴ. A의 퇴적물은 주로 최종 빙기 때 퇴적되었다.
ㄷ. C는 D보다 퇴적 물질의 평균 입자 크기가 크다.
ㄹ. D는 B보다 홍수 시 범람에 의한 침수 가능성이 높다.

① ㄱ, ㄴ　　② ㄴ, ㄷ　　③ ㄷ, ㄹ
④ ㄱ, ㄴ, ㄹ　　⑤ ㄱ, ㄷ, ㄹ

2020. 수능 14번

21. 지도의 A~E 지형에 대한 설명으로 옳은 것을 〈보기〉에서 고른 것은? [3점]

(가)　　　(나)

─〈보기〉─
ㄱ. A는 하천의 퇴적 작용으로 형성된 범람원이다.
ㄴ. B의 퇴적물은 주로 최종 빙기 때 퇴적되었다.
ㄷ. C는 과거에 E 하천의 일부였다.
ㄹ. B는 D보다 퇴적물의 평균 입자 크기가 크다.

① ㄱ, ㄴ　　② ㄱ, ㄷ　　③ ㄴ, ㄷ
④ ㄴ, ㄹ　　⑤ ㄷ, ㄹ

2019. 수능 7번

22. (가), (나) 지역에 대한 설명으로 옳은 것은? (단, (가), (나)의 하천은 동일한 하계망에 속함.)

(가)　　　(나)

① (가)의 하천은 (나)의 하천보다 평균 유량이 많다.
② (나)의 하천은 (가)의 하천보다 하상의 해발 고도가 높다.
③ B에서는 둥근 모양의 자갈이 발견된다.
④ B는 A보다 범람에 의한 침수 가능성이 높다.
⑤ C의 토양은 D의 토양보다 배수가 양호하다.

2022. 수능 8번

21. 그림의 A~F에 대한 설명으로 옳은 것은?

① D 호수는 후빙기 해수면 상승 이전에 형성되었다.
② B는 C보다 퇴적 물질의 평균 입자 크기가 크다.
③ E는 C보다 오염 물질의 정화 기능이 크다.
④ A와 F는 육계도이다.
⑤ C와 D는 파랑의 작용으로 규모가 확대된다.

2021. 수능 12번

24. 사진의 A~E 지형에 대한 설명으로 옳은 것은? (단, A~E는 각각 사구, 사빈, 사주, 석호, 해식애 중 하나임.)

① A는 C보다 파랑의 에너지가 집중된다.
② B는 A보다 퇴적물의 평균 입자 크기가 크다.
③ A와 E는 주로 조류의 퇴적 작용으로 형성되었다.
④ B와 D는 파랑의 작용으로 규모가 확대되고 있다.
⑤ D와 E는 후빙기 해수면 상승 이후에 형성되었다.

2019. 수능 3번

25. 그림의 A~E에 대한 설명으로 옳은 것은? [3점]

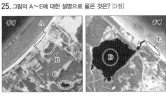

① A는 만보다 곶에 넓게 발달한다.
② D 호수는 파랑의 작용으로 규모가 확대되고 있다.
③ A는 B보다 퇴적물의 평균 입자 크기가 작다.
④ C 습지는 D 호수보다 물의 염도가 낮다.
⑤ A와 E는 주로 조류의 퇴적 작용으로 형성된다.

기출 선지로 짚어 주는 **핵심 내용**

하천 지형과 해안 지형

1 하천 지형 모아 보기

1 우리나라 하천의 특성

(1) 하천 상류와 하류의 특성

① 하상 고도는 하천 상류가 하천 하류보다 높다.

② 퇴적물의 원마도는 하천 하류가 하천 상류보다 높다.

③ 평균 유량은 하천 상류가 하천 하류보다 적다.

④ 하천의 하방 침식은 하천 하류보다 하천 상류에서 활발하다.

⑤ 하천 퇴적물의 평균 입자 크기는 하천 하류가 하천 상류보다 작다.

(2) 황·남해로 유입하는 하천과 동해로 유입하는 하천의 비교: 황·남해로 유입하는 하천은 동해로 유입하는 하천보다 유역 면적이 넓고, 하구에서의 유량이 많다.

(3) 감조 하천: 수위가 주기적으로 변하는 하천으로 염해를 줄이기 위해 금강, 영산강, 낙동강에 하굿둑이 설치되어 있다.

2 하천 중·상류 일대의 지형

감입 곡류 하천	• 감입 곡류 하천의 형성에는 지반의 융기가 영향을 미쳤다. • 자유 곡류 하천보다 평균 유량이 적다.
하안 단구	• 둥근 모양의 자갈과 모래가 발견된다. 기억해 • 범람원보다 홍수 시 범람에 의한 침수 가능성이 낮다.
선상지	산지와 평지가 만나는 골짜기 입구에 유속의 감소로 하천이 운반하던 물질이 쌓여 형성된 지형이다.

3 하천 중·하류 일대의 지형

(1) 자유 곡류 하천

① 하천의 유로 변경 과정에서 우각호, 구하도 등이 형성된다.

② 감입 곡류 하천보다 하상의 평균 해발 고도가 낮다.

(2) 범람원: 범람에 의해 하천의 양안에 운반된 물질이 쌓여 형성된 지형이다.

① 형성: 후빙기 때 해수면 상승 이후 하천의 퇴적 작용으로 형성되었다.

② 지형 특색

구분	자연 제방	배후 습지
특징	• 배후 습지(의 토양)보다 배수가 양호하다. • 배후 습지보다 평균 해발 고도가 높다.	• 자연 제방보다 퇴적 물질 중 점토질 구성 비율이 높다. 기억해 • 자연 제방보다 홍수 피해가 자주 발생한다.
토지 이용	밭과 취락으로 주로 이용되었다.	논으로 주로 이용되었다.

(3) 삼각주

① 바다로 흘러드는 하천의 하구에 토사가 쌓여 형성된 지형이다.

② 하천에 의한 토사 공급량이 조류에 의한 토사 제거량보다 많을 때 잘 발달한다.

▶ 기/출/선/지 모아 보기

24학년도 수능 7번

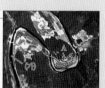
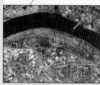

*(가)는 하천 상류, (나)는 하천 중·하류, (다)는 하천 하구이다. A는 하안 단구, B는 범람원의 자연 제방, C는 범람원의 배후 습지, D는 삼각주이다.

① (가)는 (다)보다 하방 침식이 활발하다.

② (나)는 (가)보다 하상의 해발 고도가 ~~높다~~ 낮다.

③ D는 하천 퇴적물의 공급량이 ~~적고~~ 많고, 조차가 ~~큰~~ 작은 하구에서 잘 발달한다.

④ A는 C보다 홍수 시 범람에 의한 침수 위험이 ~~높다~~ 낮다.

⑤ B는 C보다 토양 배수가 ~~불량~~ 양호하다.

[25 수능] ① A는 ~~기반암의 용식 작용으로 평탄화된~~ 하천 바닥이나 범람원이 지반 융기 또는 해수면 하강에 따른 하천 침식으로 형성된 지형이다.

[23 수능] ㄴ. ~~B~~ A의 퇴적층에서는 둥근 자갈이나 모래 등이 발견된다.

ㄷ. C의 퇴적물은 주로 ~~최종 빙기에~~ 후빙기에 퇴적되었다.

ㄹ. C는 ~~B~~ B보다 퇴적물의 평균 입자 크기가 ~~크다~~ 작다.

[23 모평] ⑤ ~~B~~ C는 ~~C~~ B보다 퇴적 물질 중 점토질 구성 비율이 높다.

[20 수능] ㄱ. ~~A~~ B, C는 하천의 퇴적 작용으로 형성된 범람원이다.

2 해안 지형

1 우리나라 해안의 특성

(1) 곶과 만의 특징

곶	• 만보다 지형 형성 시 파랑 에너지의 세기가 강하다. • 만보다 기반암의 노출 정도가 크다.
만	곶보다 평균 경사도가 작다.

(2) 동해안과 서·남해안의 특징

동해안	• 비교적 단조로운 해안선이 나타난다. • 서해안보다 신생대 지반 융기의 영향을 크게 받았다.
서·남해안	• 해안선이 복잡하고 섬이 많이 분포한다. • 동해안보다 조차가 크고 조류의 작용이 활발하다. • 동해안보다 해안 퇴적물의 평균 입자 크기가 작다.

2 주요 해안 지형 모아 보기

(1) 동해안에서 발달한 주요 해안 지형

석호	• 사주의 성장으로 형성된 호수로, 호수의 수심은 시간이 지날수록 얕아진다. • 바닷물보다 염도가 낮고, 해안 사구 습지보다 염도가 높다. • 파랑의 작용 및 하천의 퇴적으로 규모가 축소되고 있다.
사빈	• 곶보다 만에 넓게 발달하며, 주로 해수욕장으로 이용된다. • 주로 파랑과 연안류의 퇴적 작용으로 형성된다. 기억해 • 갯벌보다 퇴적물의 평균 입자 크기가 크다.
사주	• 사주와 사빈은 후빙기 해수면 상승 이후에 형성되었다. • 파랑의 작용으로 규모가 확대되고 있다.
육계도	사주에 의해 육지와 연결된 섬이다.
해안 단구	• 과거의 파식대가 융기된 지형이다. • 과거 바닷가에 퇴적되었던 둥근 자갈을 볼 수 있다.

(2) 서해안에서 발달한 주요 해안 지형

갯벌	• 후빙기 해수면 상승 이후 조류의 퇴적 작용으로 형성되었다. • 매일 주기적으로(만조 시에만) 바닷물에 잠기는 곳이다. • 오염 물질을 정화하는 기능이 있다.
해안 사구	• 사빈의 모래가 바람에 의해 운반·퇴적되어 형성된 모래 언덕이다. • 사빈보다 퇴적물의 평균 입자 크기가 작다. 기억해 • 최종 빙기에 해수면 하강 시 형성되었다. • 밑에는 바닷물보다 염도가 낮은 지하수층이 형성되어 있다.

(3) 동해안과 서해안에서 공통으로 발달한 해안 지형

암석 해안	• 주로 파랑의 침식 작용으로 형성된다. • 암석 해안에서는 파랑 에너지가 집중되고, 사빈에서는 분산된다.
해식애	파랑에 의한 차별 침식의 결과로 형성되었다.
시 스택	해식애가 후퇴하면서 육지에서 분리된 지형이다.
파식대	해식애가 후퇴하면 면적이 넓어진다.

▶기/출/선/지 모아 보기

25학년도 6월 모평 4번

* A는 갯벌, B는 간척지에 조성된 논, C는 사주, D는 석호, E는 동해안 가까이 있는 섬이다.

① A는 <del>하루 종일</del> 밀물 때에만 바닷물에 잠기는 곳이다.

② B 해안 사구에는 바람에 날려 퇴적된 모래 언덕이 나타난다.

③ C는 파랑과 연안류의 퇴적 작용으로 형성되었다.

④ D는 자연 상태에서 시간이 지남에 따라 규모가 <del>확대</del> 축소된다.

⑤ E는 후빙기 해수면 상승 이후에 형성된 <del>육계도</del> 동해안 가까이 있는 섬이다.

25수능 ② ⊕ C는 파랑 에너지가 <del>집중되는 곳에</del> 분산되는 곳에 주로 발달한다.

24모평 ① ⊕ D는 바닷물보다 염도가 <del>높다</del> 낮다.

22모평 ② ∈ A는 오염 물질을 정화하는 기능이 있다.

22모평 ㄴ. ⊕ D의 물은 주로 농업용수로 <del>활용된</del> 다 활용되지 못한다.

01 대표 문제

다음은 하천 지형에 대한 수업 장면의 일부이다. 교사의 질문에 옳게 답한 학생만을 있는 대로 고른 것은? [3점]

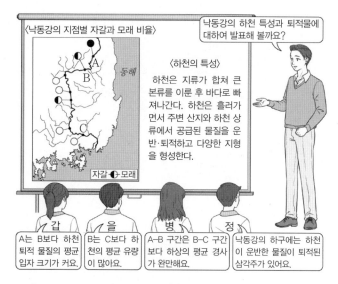

낙동강의 하천 특성과 퇴적물에 대하여 발표해 볼까요?

〈낙동강의 지점별 자갈과 모래 비율〉

동해

〈하천의 특성〉

하천은 지류가 합쳐 큰 본류를 이룬 후 바다로 빠져나간다. 하천은 흘러가면서 주변 산지와 하천 상류에서 공급된 물질을 운반·퇴적하고 다양한 지형을 형성한다.

자갈 ◑ 모래

갑: A는 B보다 하천 퇴적 물질의 평균 입자 크기가 커요.

을: B는 C보다 하천의 평균 유량이 많아요.

병: A–B 구간은 B–C 구간보다 하상의 평균 경사가 완만해요.

정: 낙동강의 하구에는 하천이 운반한 물질이 퇴적된 삼각주가 있어요.

① 갑, 병　　② 갑, 정　　③ 을, 정
④ 갑, 을, 병　　⑤ 을, 병, 정

02

지도의 A~D에 대한 설명으로 옳은 것은? [3점]

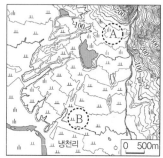
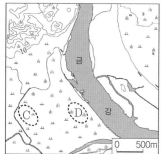

① B는 하천의 퇴적 작용으로 형성된 범람원이다.
② C의 퇴적물은 주로 최종 빙기에 퇴적되었다.
③ A는 B보다 퇴적물의 평균 입자 크기가 크다.
④ C는 D보다 해발 고도가 높다.
⑤ A와 D에는 지하수가 솟아나는 용천대가 발달해 있다.

03

다음은 지도에 표시된 두 지역의 하천 지형을 나타낸 위성 영상이다. (가), (나) 지역의 지형에 대한 설명으로 옳은 것만을 〈보기〉에서 고른 것은? [3점]

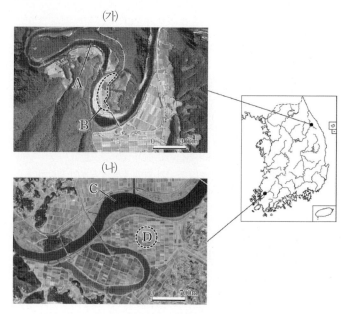

(가)

(나)

〈 보기 〉

ㄱ. (가)의 A 하천은 (나)의 C 하천보다 하상의 해발 고도가 높다.
ㄴ. (가)의 A 하천 범람원은 (나)의 C 하천 범람원보다 면적이 넓다.
ㄷ. B는 D보다 퇴적물의 평균 입자 크기가 크다.
ㄹ. B는 D보다 홍수 시 범람에 의한 침수 가능성이 높다.

① ㄱ, ㄴ　② ㄱ, ㄷ　③ ㄴ, ㄷ　④ ㄴ, ㄹ　⑤ ㄷ, ㄹ

04

지도의 A~D에 대한 설명으로 옳은 것만을 〈보기〉에서 고른 것은?

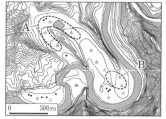
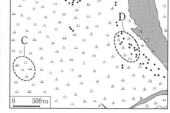

〈 보기 〉

ㄱ. A는 과거에 하천이 흘렀던 구하도이다.
ㄴ. B의 퇴적층에서는 둥근 자갈이나 모래 등이 발견된다.
ㄷ. C의 퇴적물은 주로 최종 빙기에 퇴적되었다.
ㄹ. C는 D보다 퇴적물의 평균 입자 크기가 크다.

① ㄱ, ㄴ　② ㄱ, ㄷ　③ ㄴ, ㄷ　④ ㄴ, ㄹ　⑤ ㄷ, ㄹ

05

다음은 지도에 표시된 세 지역의 하천 지형을 나타낸 사진이다. 이에 대한 설명으로 옳은 것은? (단, A~D는 각각 배후 습지, 삼각주, 자연 제방, 하안 단구 중 하나임.) [3점]

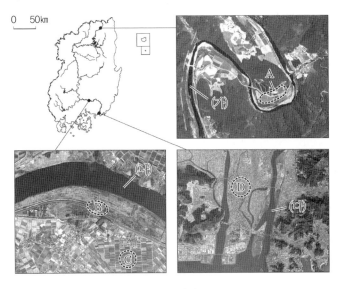

① (가)는 (다)보다 하방 침식이 활발하다.
② (나)는 (가)보다 하상의 해발 고도가 높다.
③ D는 하천 퇴적물의 공급량이 적고, 조차가 큰 하구에서 잘 발달한다.
④ A는 C보다 홍수 시 범람에 의한 침수 위험이 높다.
⑤ B는 C보다 토양 배수가 불량하다.

06

(가), (나) 지역의 지형에 대한 설명으로 옳은 것은?

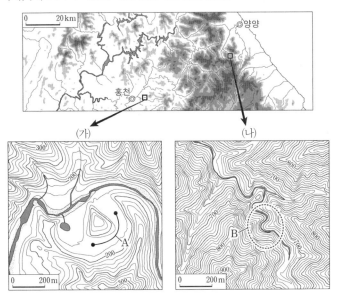

① (가)의 하천은 (나)의 하천보다 하상의 평균 해발 고도가 높다.
② (가)의 하천과 (나)의 하천은 동일한 유역에 속한다.
③ (가)의 하천과 (나)의 하천은 모두 2차 산맥에서 발원한다.
④ A 구간은 과거에 하천 유로의 일부였다.
⑤ B에는 자연 제방과 배후 습지가 넓게 나타난다.

07

다음 자료는 지도의 하천에 표시된 두 지점에 있는 다리에 관한 것이다. (가) 지점에 대한 (나) 지점의 상대적 특성을 그림의 A~E에서 고른 것은?

지점	(가)	(나)
다리		
다리의 특징	○○ 대교는 길이 약 1,596m, 최대 폭 약 30m의 콘크리트 다리이다. 왕복 6차선 도로와 도보 통행로가 있다.	△△교는 길이 약 387m, 폭 약 3.6m의 목조 다리이다. 야경을 즐기며 산책하기 좋은 다리로 유명하다.

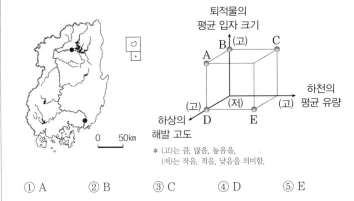

* (고)는 큼, 많음, 높음을, (저)는 작음, 적음, 낮음을 의미함.

① A　　② B　　③ C　　④ D　　⑤ E

08

(가), (나) 지역에 대한 설명으로 옳은 것은? (단, (가), (나)의 하천은 동일한 하계망에 속함.) [3점]

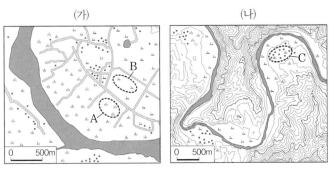

① (가)의 하천은 (나)의 하천보다 하상의 평균 해발 고도가 높다.
② (나)의 하천은 (가)의 하천보다 평균 유량이 많다.
③ A의 퇴적물은 주로 최종 빙기에 퇴적되었다.
④ B는 A보다 배수가 양호하다.
⑤ C는 B보다 홍수 시 범람에 의한 침수 가능성이 낮다.

09

다음은 한국지리 수업 시간에 학생이 정리한 내용의 일부이다. ㉠~㉤에 대한 설명으로 옳은 것은? [3점]

주제: 하천의 이용과 변화

○ 하천의 이용
  • ㉠ 하천의 중·상류: 물 자원 확보, 전력 생산, 홍수 예방을 위해 댐을 건설
  • ㉡ 하천의 중·하류: 농경지 확보를 위해 습지를 개간
  • 하구: 농경지 염해 방지 및 홍수 예방을 위해 ㉢ 하굿둑을 건설
○ 하천의 변화
  • 도시 내 하천: ㉣ 도시화가 진행되면서 대부분 복개되어 교통로로 이용
  • 하천 보존을 위한 노력: 최근 생태적 가치를 인식하여 ㉤ 생태 하천으로의 복원 사업을 진행

---

① ㉠에는 삼각주가 넓게 형성되어 있다.
② ㉡에는 감입 곡류 하천보다 자유 곡류 하천이 발달되어 있다.
③ ㉢은 동해로 유입하는 하천에 주로 건설되어 있다.
④ ㉣ 이후 녹지 면적의 감소로 우천시 하천 최고 수위가 낮아진다.
⑤ ㉤은 주로 콘크리트를 사용한 직강화 공사로 이루어진다.

11

다음 자료는 (가) 하천의 유역 분지와 ㉠, ㉡ 지점의 상대적 특성을 나타낸 것이다. A~C에 들어갈 내용으로 옳은 것은? [3점]

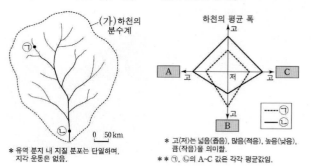

* 유역 분지 내 지질 분포는 단일하며, 지각 운동은 없음.
* 고(저)는 넓음(좁음), 많음(적음), 높음(낮음), 큼(작음)을 의미함.
** ㉠, ㉡의 A~C 값은 각각 평균값임.

	A	B	C
①	유량	하상 고도	퇴적물의 원마도
②	유량	퇴적물의 원마도	퇴적물의 입자 크기
③	하상 고도	유량	퇴적물의 원마도
④	하상 고도	퇴적물의 입자 크기	유량
⑤	퇴적물의 원마도	하상 고도	퇴적물의 입자 크기

10

다음 자료는 (가), (나) 하천의 유역과 하계망을 나타낸 것이다. 이에 대한 설명으로 옳은 것은? [3점]

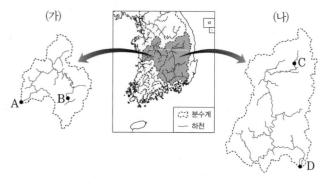

① D에는 유속의 감속으로 형성된 선상지가 있다.
② A는 B보다 하천 퇴적 물질의 평균 입자 크기가 크다.
③ C는 D보다 하상의 평균 해발 고도가 높다.
④ A에 하굿둑 건설 이후 (가) 하천의 감조 구간이 길어졌다.
⑤ (가), (나) 하천 모두 태백산맥의 일부가 분수계에 포함된다.

12

그래프는 지도에 표시된 세 하천 유역의 용도별 물 자원 이용량을 나타낸 것이다. (가)~(다) 하천에 대한 설명으로 옳은 것은? [3점]

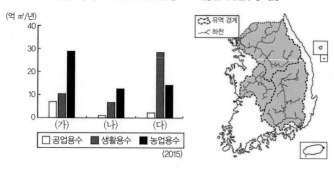

① (가)는 대부분 강원권과 수도권을 흐른다.
② (나)는 남해로 유입되는 하천이다.
③ (다)의 하구에는 삼각주가 넓게 형성되어 있다.
④ (나)는 (다)보다 유역 면적이 넓다.
⑤ (가)와 (나)의 하구에는 모두 하굿둑이 건설되어 있다.

13

지도는 우리나라 주요 하천 유역과 금강 하계망을 나타낸 것이다. 이에 대한 옳은 설명만을 〈보기〉에서 고른 것은? [3점]

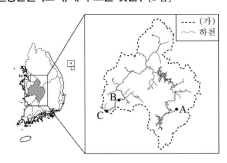

〈 보기 〉
ㄱ. (가)는 분수계이다.
ㄴ. A는 B보다 하상의 평균 경사도가 크다.
ㄷ. B는 A보다 퇴적물의 평균 입자 크기가 크다.
ㄹ. C에는 삼각주가 형성되어 있다.

① ㄱ, ㄴ ② ㄱ, ㄷ ③ ㄴ, ㄷ ④ ㄴ, ㄹ ⑤ ㄷ, ㄹ

14

(가)~(라) 지점에 관한 설명으로 옳은 것은?

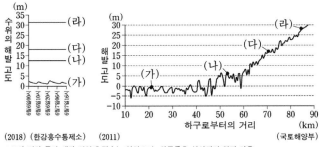

〈○○강의 지점별 수위 변동〉　〈○○강의 하상 종단 곡선〉

(2018) (한강홍수통제소)　(2011)　(국토해양부)
*조사 기간 동안 해당 지역에 강수는 없었으며, 하굿둑은 설치되어 있지 않음.

① (가)에서의 수위 변동은 조차로 인한 것이다.
② 하폭은 (라)에서 가장 넓다.
③ 하천 퇴적물의 평균 입자 크기는 (가)가 (다)보다 크다.
④ 평균 유량은 (라)가 (가)보다 많다.
⑤ (가)와 (나)의 하상 고도 차이는 (다)와 (라)의 하상 고도 차이보다 크다.

15

다음 자료에 대한 옳은 설명만을 〈보기〉에서 고른 것은? (단, A, B 지점은 각각 지도에 표시된 (가), (나) 지점 중 하나임.)

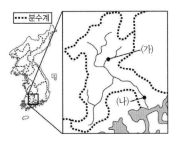

〈A, B 지점의 수위 변화〉
*조사 기간에 해당 지역의 강수는 없었음. (2022년)

〈 보기 〉
ㄱ. (가)는 (나)보다 조차의 영향을 크게 받는다.
ㄴ. A는 B보다 하천의 평균 폭이 좁다.
ㄷ. B는 A보다 하천 퇴적물의 평균 입자 크기가 크다.
ㄹ. (가)는 B, (나)는 A이다.

① ㄱ, ㄴ ② ㄱ, ㄷ ③ ㄴ, ㄷ ④ ㄴ, ㄹ ⑤ ㄷ, ㄹ

16

다음 자료에 대한 설명으로 옳은 것만을 〈보기〉에서 고른 것은? (단, A~C 지점은 각각 지도의 (가), (나) 하천에 표시된 세 지점 중 하나임.)

[3점]

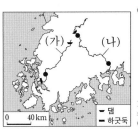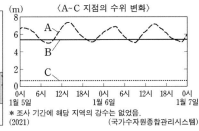

〈A~C 지점의 수위 변화〉
* 조사 기간에 해당 지역의 강수는 없었음.
(2021)　(국가수자원종합관리시스템)

〈 보기 〉
ㄱ. (가), (나) 모두 댐 건설 이후 하상계수가 커졌다.
ㄴ. C를 지나는 강물은 남해로 유입된다.
ㄷ. A는 B보다 조차의 영향을 크게 받는다.
ㄹ. A는 C보다 강바닥의 해발 고도가 높다.

① ㄱ, ㄴ ② ㄱ, ㄷ ③ ㄴ, ㄷ ④ ㄴ, ㄹ ⑤ ㄷ, ㄹ

17

다음은 우리나라 하천에 대한 다큐멘터리 대본이다. 밑줄 친 ㉠, ㉡과 지도의 A, B에 대한 설명으로 옳은 것만을 〈보기〉에서 고른 것은? [3점]

저는 울진군 남대천에 있는 안녀품 마을에 와 있습니다. 이 마을에는 비가 올 때만 물이 흘러내리는 약 7m 높이의 광품폭포가 있습니다. 강물은 평소에 ㉠ 마을을 돌아 곡류하는 물길로 흐르지만, 비가 와 강물이 불어나면 ㉡ 폭포를 지나가는 물길로 더 많이 흘러갑니다. 비 올 때 폭포의 풍경이 장관입니다.

평상시

강우 시

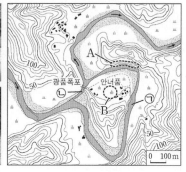

─〈 보기 〉─
ㄱ. ㉠ 유로는 조류에 의해 하천 수위가 주기적으로 변한다.
ㄴ. 하상의 평균 경사는 ㉠ 유로보다 ㉡ 유로가 급하다.
ㄷ. A에서는 침식보다 퇴적이 우세하다.
ㄹ. B에서는 둥근 모양의 자갈이 발견된다.

① ㄱ, ㄴ　② ㄱ, ㄷ　③ ㄴ, ㄷ　④ ㄴ, ㄹ　⑤ ㄷ, ㄹ

18

A~D에 대한 옳은 설명만을 〈보기〉에서 있는 대로 고른 것은? [3점]

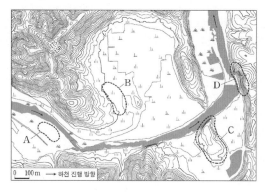

─〈 보기 〉─
ㄱ. A는 하천에 의한 퇴적 지형이다.
ㄴ. C는 하천에 의해 절단되고 남은 구릉이다.
ㄷ. D는 하천의 측방 침식으로 형성된 급사면이다.
ㄹ. B는 A보다 범람에 의한 침수 가능성이 높다.

① ㄱ, ㄴ　② ㄱ, ㄷ　③ ㄴ, ㄹ
④ ㄱ, ㄴ, ㄷ　⑤ ㄱ, ㄷ, ㄹ

19

다음 글의 ㉠~㉤에 대한 설명으로 옳은 것은? [3점]

하천은 흐르면서 하천 바닥을 깎아 협곡을 만들기도 하고, 하천 양안을 깎아 물길을 바꾸기도 한다. ㉠ 감입 곡류 하천은 우리나라 하천의 중·상류 지역에 주로 발달해 있으며, 주변에는 과거의 하천 바닥이나 범람원이었던 ㉡ 계단 모양의 지형이 분포하기도 한다. 자유 곡류 하천은 하천의 중·하류 지역과 지류에서 주로 발달해 있으며, 하천 양안에는 ㉢ 자연 제방과 ㉣ 배후 습지로 이루어진 범람원이 발달하기도 한다. 하천의 하구 지역에서는 밀물과 썰물의 영향으로 수위가 주기적으로 오르내리는 ㉤ 감조 구간이 나타나기도 한다.

① ㉠은 자유 곡류 하천보다 유로 변경이 활발하다.
② ㉡의 퇴적층에는 둥근 자갈이나 모래가 분포한다.
③ ㉤은 황해보다 동해로 흘러드는 하천에서 길게 나타난다.
④ ㉡은 ㉣보다 범람에 의한 침수 가능성이 높다.
⑤ ㉢은 ㉣보다 퇴적 물질 중 점토질 구성 비율이 높다.

20

(가), (나) 지역에 대한 설명으로 옳은 것만을 〈보기〉에서 있는 대로 고른 것은? (단, (가), (나)의 하천은 동일한 하계망에 속함.)

(가)

(나)

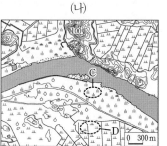

─〈 보기 〉─
ㄱ. (가)의 하천은 (나)의 하천보다 하상의 평균 해발 고도가 높다.
ㄴ. A의 퇴적물은 주로 최종 빙기 때 퇴적되었다.
ㄷ. C는 D보다 퇴적 물질의 평균 입자 크기가 크다.
ㄹ. D는 B보다 홍수 시 범람에 의한 침수 가능성이 높다.

① ㄱ, ㄴ　② ㄴ, ㄷ　③ ㄷ, ㄹ
④ ㄱ, ㄴ, ㄹ　⑤ ㄱ, ㄷ, ㄹ

21

지도의 A~E 지형에 대한 설명으로 옳은 것만을 〈보기〉에서 고른 것은? [3점]

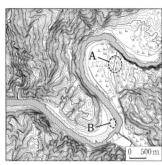
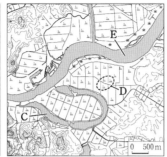

─〈 보기 〉─
ㄱ. A는 하천의 퇴적 작용으로 형성된 범람원이다.
ㄴ. B의 퇴적물은 주로 최종 빙기 때 퇴적되었다.
ㄷ. C는 과거에 E 하천의 일부였다.
ㄹ. B는 D보다 퇴적물의 평균 입자 크기가 크다.

① ㄱ, ㄴ   ② ㄱ, ㄷ   ③ ㄴ, ㄷ
④ ㄴ, ㄹ   ⑤ ㄷ, ㄹ

23

지도의 A~D에 대한 옳은 설명만을 〈보기〉에서 고른 것은? [3점]

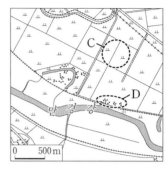

─〈 보기 〉─
ㄱ. A는 유속의 감소로 형성된 선상지이다.
ㄴ. B에서는 하굿둑 건설 이후 하천의 수위 변동 폭이 증가하였다.
ㄷ. D는 C보다 퇴적물의 평균 입자 크기가 크다.
ㄹ. A와 C의 퇴적물은 후빙기에 퇴적되었다.

① ㄱ, ㄴ   ② ㄱ, ㄷ   ③ ㄴ, ㄷ   ④ ㄴ, ㄹ   ⑤ ㄷ, ㄹ

22

(가), (나) 지역에 대한 설명으로 옳은 것은? (단, (가), (나)의 하천은 동일한 하계망에 속함.)

(가)   (나)

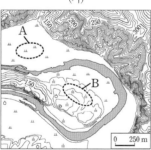
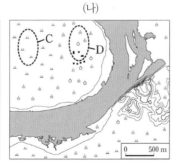

① (가)의 하천은 (나)의 하천보다 평균 유량이 많다.
② (나)의 하천은 (가)의 하천보다 하상의 해발 고도가 높다.
③ B에서는 둥근 모양의 자갈이 발견된다.
④ B는 A보다 범람에 의한 침수 가능성이 높다.
⑤ C의 토양은 D의 토양보다 배수가 양호하다.

24

(가), (나) 지역에 대한 설명으로 옳지 않은 것은? [3점]

(가)   (나)

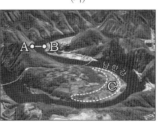
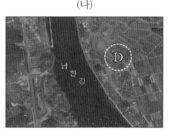

① (가)의 하천은 (나)의 하천보다 하상의 해발 고도가 높다.
② (나)의 하천은 (가)의 하천보다 평균 유량이 적다.
③ A – B 구간의 하천 바닥 단면은 대략 '⎺⎽⎽⎯'와 같은 형태로 나타난다.
④ C 지형에서는 둥근 모양의 자갈이 발견된다.
⑤ D 지형은 주로 하천의 퇴적 작용으로 형성되었다.

25

다음 자료의 ㉠~㉢에 대한 설명으로 옳은 것은? [3점]

한강의 주요 관광 명소

연미정
남북에서 흐르던 강이 하나가 되어 바다로 흘러가는 ㉠ 한강의 하구를 조망할 수 있는 정자

두물머리
두 물이 만난다는 뜻으로 ㉡ 북한강과 남한강이 합류하는 지점

아우라지
두 천(川)이 어우러진다는 뜻으로 골지천과 송천이 만나는 ㉢ 한강 상류 지점

① ㉠에는 대규모의 삼각주가 형성되어 있다.
② ㉡에서는 조류의 영향으로 하천 수위가 주기적으로 변한다.
③ ㉠은 ㉡보다 퇴적물의 평균 입자 크기가 크다.
④ ㉡은 ㉢보다 하방 침식이 우세하다.
⑤ ㉢은 ㉠보다 하천의 평균 유량이 적다.

26

다음 자료에 대한 옳은 설명만을 〈보기〉에서 고른 것은? (단, A~C 지점은 각각 지도에 표시된 (가)~(다) 지점 중 하나임.) [3점]

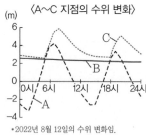

〈A~C 지점의 수위 변화〉

•2022년 8월 12일의 수위 변화임.

〈 보기 〉
ㄱ. (가)는 A, (다)는 C이다.
ㄴ. A는 B보다 물의 염도가 높다.
ㄷ. B는 C보다 퇴적물의 평균 입자 크기가 크다.
ㄹ. C는 B보다 하구로부터의 거리가 멀다.

① ㄱ, ㄴ　　② ㄱ, ㄷ　　③ ㄴ, ㄷ　　④ ㄴ, ㄹ　　⑤ ㄷ, ㄹ

27

그림의 A~E 지형에 대한 설명으로 옳지 않은 것은? [3점]

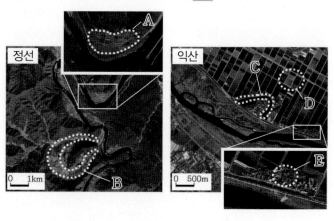

① A의 퇴적층에는 둥근 자갈이 발견된다.
② D는 하천의 범람으로 형성되었다.
③ A는 D보다 홍수 시 침수 위험이 크다.
④ E는 D보다 배수가 양호하다.
⑤ B와 C는 모두 과거 하천 유로의 일부였다.

28

그래프는 하천 수위 변화를 나타낸 것이다. (나)와 비교한 (가)의 상대적 특성을 그림의 A~E에서 고른 것은? (단, (가), (나)는 도시화 이전과 도시화 이후 중 하나임.) [3점]

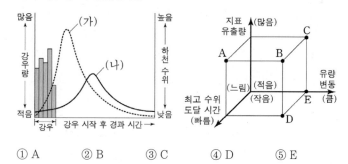

① A　　　② B　　　③ C　　　④ D　　　⑤ E

29

지도는 낙동강 유역을 나타낸 것이다. ㉠~㉣에 대한 설명으로 옳은 것은? [3점]

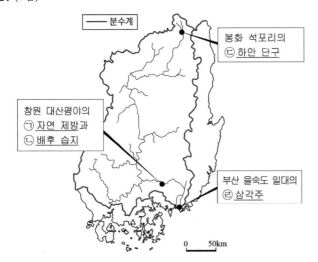

① ㉣은 조차가 큰 지역에서 잘 발달한다.
② ㉠은 ㉡보다 평균 해발 고도가 낮다.
③ ㉡은 ㉠보다 전통 취락 입지에 유리하였다.
④ ㉢은 ㉣보다 지반 융기의 영향을 적게 받았다.
⑤ ㉣은 ㉢보다 홍수 시 침수 가능성이 크다.

30

다음은 하천 특성에 대한 수업 장면의 일부이다. 교사의 질문에 옳게 답한 학생을 고른 것은?

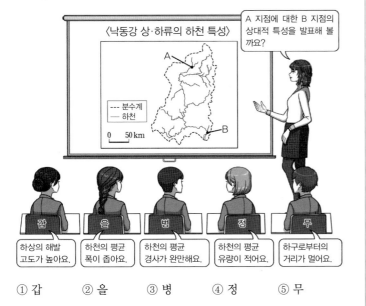

① 갑   ② 을   ③ 병   ④ 정   ⑤ 무

31

다음 글의 (가)~(다)에 대한 설명으로 옳은 것은? (단, (가)~(다)는 각각 금강, 섬진강, 한강 중 하나임.) [3점]

> (가) 은 장수의 뜬봉샘에서 발원해 대전, 서천 등을 지나 바다로 유입된다. (나) 은 진안의 데미샘에서 발원해 구례, 하동 등을 지나 바다로 유입된다. (다) 은 태백의 검룡소에서 발원하며 그 지류 중 하나는 북한에서 시작한다.

① (나)의 하구에는 삼각주가 넓게 형성되어 있다.
② (나)는 (다)보다 유역 면적이 넓다.
③ (다)는 (가)보다 생활용수로 이용되는 양이 많다.
④ (가)와 (나)는 모두 황해로 유입된다.
⑤ (가)와 (다)에는 모두 하굿둑이 건설되어 있다.

32

다음은 지도에 표시된 세 지역의 하천 지형을 나타낸 위성 영상이다. 이에 대한 설명으로 옳은 것은? (단, A~C는 각각 배후 습지, 선상지, 하안 단구 중 하나임.) [3점]

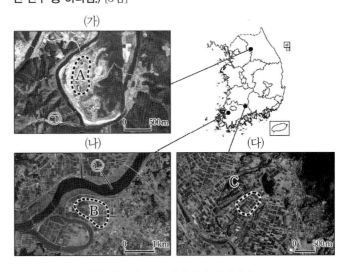

① A는 기반암의 용식 작용으로 평탄화된 지형이다.
② B는 후빙기 이후 하천의 퇴적 작용이 활발해져 형성되었다.
③ B는 A보다 퇴적물의 평균 입자 크기가 크다.
④ B와 C에는 지하수가 솟아나는 용천대가 발달해 있다.
⑤ (가)의 ㉠ 하천 범람원은 (나)의 ㉡ 하천 범람원보다 면적이 넓다.

01 대표 문제

25학년도 9월 모평 3번

다음 자료는 온라인 게시판의 일부이다. (가), (나)에서 주로 나타나는 지형을 A~D에서 고른 것은? (단, A~D는 각각 사빈, 석호, 파식대, 해식동 중 하나임.)

(가)	(나)		(가)	(나)
① A, B	C, D		② A, C	B, D
③ A, D	B, C		④ B, C	A, D
⑤ C, D	A, B			

03

24학년도 9월 모평 11번

다음은 지형 단원 온라인 수업 장면의 일부이다. 교사의 질문에 옳지 않게 답한 학생은?

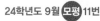

↳ 갑: A는 최후 빙기에 육지의 일부였습니다.
↳ 을: B는 파랑의 침식 작용으로 형성되었습니다.
↳ 병: E섬은 사주로 육지와 연결된 육계도였습니다.
↳ 정: D는 A보다 간척지로 개발하기 용이합니다.
↳ 무: A에서 C로 흐르는 조류는 A보다 C에서 평균 유속이 빠릅니다.

① 갑   ② 을   ③ 병   ④ 정   ⑤ 무

02

25학년도 6월 모평 4번

지도의 A~E 지형에 대한 설명으로 옳은 것은?

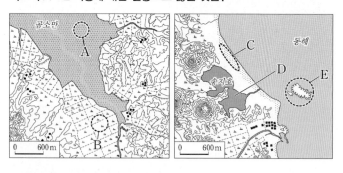

① A는 하루 종일 바닷물에 잠기는 곳이다.
② B에는 바람에 날려 퇴적된 모래 언덕이 나타난다.
③ C는 파랑과 연안류의 퇴적 작용으로 형성되었다.
④ D는 자연 상태에서 시간이 지남에 따라 규모가 확대된다.
⑤ E는 후빙기 해수면 상승 이후에 형성된 육계도이다.

04

24학년도 6월 모평 8번

다음 자료는 국가지질공원의 지형 명소를 소개한 내용의 일부이다. ㉠~㉣에 대한 설명으로 옳지 않은 것은?

지질공원	소개 내용
강원 평화지역	고성 화진포에서는 만의 입구에 사주가 발달하여 바다와 분리된 ㉠ 호수를 관찰할 수 있는데….
경북 동해안	호미곶 해안에서는 동해안의 지반이 융기하여 만들어진 ㉡ 계단 모양의 지형을 관찰할 수 있는데….
백령·대청	대청도 옥죽동 해안에서는 사빈의 모래가 바다로부터 불어오는 바람에 날려 형성된 ㉢ 모래 언덕을 관찰할 수 있는데….
전북 서해안	채석강 해안에서는 파랑의 침식 작용으로 형성된 급경사의 ㉣ 해안 절벽과 그 전면에 파랑의 침식으로 평탄해진 지형을 관찰할 수 있는데….

① ㉠은 바닷물보다 염도가 높다.
② ㉡의 퇴적층에는 둥근 자갈이나 모래가 분포한다.
③ ㉢은 해일 피해를 완화해 주는 자연 방파제 역할을 한다.
④ ㉣은 시간이 지나면서 육지 쪽으로 후퇴한다.
⑤ ㉠과 ㉢은 모두 후빙기 해수면 상승 이후에 형성되었다.

05

지도의 A~E 지형에 대한 설명으로 옳은 것은? [3점]

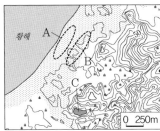

① B에는 지반 융기로 형성된 해안 단구가 있다.
② C 습지는 D 호수보다 물의 염도가 높다.
③ E는 B보다 퇴적 물질의 평균 입자 크기가 크다.
④ A와 E는 주로 조류의 퇴적 작용으로 형성되었다.
⑤ B와 D는 후빙기 해수면 상승 이전에 형성되었다.

06

다음 글의 ㉠~㉢에 대한 설명으로 옳은 것만을 〈보기〉에서 고른 것은?

지구 온난화에 따른 해수면 상승과 무분별한 해안 개발로 ㉠ 사빈과 ㉡ 해안 사구가 크게 훼손되고 있다. 해안에 설치한 콘크 리트 옹벽은 사빈과 해안 사구의 퇴적물 순환을 방해하고 해안 침식을 더욱 가속화시키기도 한다. 최근에는 해안을 보호하기 위 해 ㉢ 모래 포집기, ㉣ 그로인 등 구조물을 설치하기도 한다.

〈 보기 〉
ㄱ. ㉠은 파랑 에너지가 집중되는 곳(串)에 잘 발달한다.
ㄴ. ㉡의 지하수는 바닷물보다 염분 농도가 높다.
ㄷ. ㉢은 모래의 퇴적을 유도하여 해안 사구의 침식을 방지한다.
ㄹ. ㉣은 파랑이나 연안류 등에 의한 사빈의 침식을 막기 위해 설 치한다.

① ㄱ, ㄴ   ② ㄱ, ㄷ   ③ ㄴ, ㄷ   ④ ㄴ, ㄹ   ⑤ ㄷ, ㄹ

07

사진은 우리나라 해안을 촬영한 것이다. A~D 지형에 대한 적절한 탐구 주제만을 〈보기〉에서 고른 것은? [3점]

〈 보기 〉
ㄱ. A – 하천으로부터 공급된 퇴적물로 인한 호수 면적의 변화
ㄴ. B – 조류의 퇴적 작용이 갯벌 형성에 미친 영향
ㄷ. C – 파랑의 침식 작용이 절벽 형성에 미친 영향
ㄹ. D – 방풍림 조성으로 인한 주민 생활의 변화

① ㄱ, ㄴ   ② ㄱ, ㄷ   ③ ㄴ, ㄷ   ④ ㄴ, ㄹ   ⑤ ㄷ, ㄹ

08

그림의 A~C 지형에 대한 설명으로 옳은 것은? (단, A~C는 각각 석 호, 파식대, 해식애 중 하나임.)

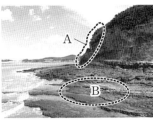

〈전북서해안권 국가지질공원: 채석강〉   〈강원평화지역 국가지질공원: 화진포〉

① A는 만보다 곶에 주로 발달한다.
② B는 주로 조류의 퇴적 작용으로 형성되었다.
③ C의 물은 바닷물보다 염도가 높다.
④ A, C 모두 파랑의 작용으로 규모가 확대되고 있다.
⑤ B, C 모두 후빙기 해수면 상승 이전에 형성되었다.

09

지도의 A~E 해안 지형에 대한 설명으로 옳은 것은? (단, A~E는 각각 갯벌, 사빈, 사주, 석호, 해식애 중 하나임.)

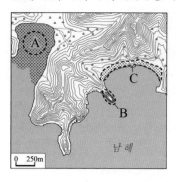
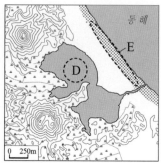

① A는 주로 파랑의 퇴적 작용으로 형성된다.
② D의 물은 주로 농업용수로 사용된다.
③ A는 C보다 퇴적물의 평균 입자 크기가 크다.
④ 파랑 에너지가 분산되는 곳에는 C보다 B가 잘 발달한다.
⑤ D와 E는 모두 후빙기 해수면 상승 이후에 형성되었다.

11

지도의 A~E에 대한 설명으로 옳지 않은 것은? [3점]

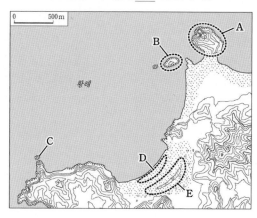

① A는 사주에 의해 육지와 연결된 육계도이다.
② B는 최종 빙기에 육지와 연결되어 있었다.
③ C는 파랑에 의한 차별 침식의 결과로 형성되었다.
④ D는 주로 파랑과 연안류의 퇴적 작용으로 형성된다.
⑤ E는 D보다 퇴적물의 평균 입자 크기가 크다.

10

다음 자료는 해안 지형을 활용한 포토존에 대한 설명이다. ㉠~㉣ 지형에 대한 옳은 설명만을 〈보기〉에서 고른 것은? [3점]

포토존의 사례	사진 찍는 팁
	㉠ 해안 사구에 설치된 낙타 조형물 앞에서 모래 위를 걷는 포즈를 추천함. 스카프를 머리에 두르면 ㉡ 사빈의 모래가 바람에 날려 형성된 대규모 모래 언덕과 잘 어우러져 마치 모래 사막에 온 것 같은 이국적인 분위기의 사진을 찍을 수 있음.
	㉢ 해안 단구 끝부분에 설치된 유리 전망대에 서서 두 팔을 벌리면 마치 바다 한 가운데 서 있는 듯한 모습을 연출할 수 있음. 유리 바닥을 통해 가파른 ㉣ 해식애를 볼 수 있어 긴장감 넘치는 표정의 사진을 찍을 수 있음.

〈보기〉
ㄱ. ㉠의 침식을 막기 위해 모래 포집기를 설치하기도 한다.
ㄴ. ㉢은 지반의 융기나 해수면 변동으로 형성된다.
ㄷ. ㉠은 ㉡보다 퇴적물의 평균 입자 크기가 크다.
ㄹ. ㉡은 곶, ㉣은 만에서 주로 형성된다.

① ㄱ, ㄴ　② ㄱ, ㄷ　③ ㄴ, ㄷ　④ ㄴ, ㄹ　⑤ ㄷ, ㄹ

12

다음은 서해안 ○○섬에서 촬영한 사진이다. A~D 지형에 대한 옳은 설명만을 〈보기〉에서 고른 것은? [3점]

A(갯벌)　B(사빈)　C(해안 사구)　D(해식애)

〈보기〉
ㄱ. A는 현재보다 해수면이 낮았던 빙기에 형성되었다.
ㄴ. C는 B의 모래가 바람에 의해 운반·퇴적되어 형성되었다.
ㄷ. D는 수심이 얕고 파랑 에너지가 분산되는 곳에서 주로 형성된다.
ㄹ. B는 A보다 퇴적물의 평균 입자 크기가 크다.

① ㄱ, ㄴ　② ㄱ, ㄷ　③ ㄴ, ㄷ　④ ㄴ, ㄹ　⑤ ㄷ, ㄹ

13

다음은 사회 관계망 서비스(SNS)에 올라온 게시물 중 일부이다. ㉠~㉣에 대한 설명으로 옳지 않은 것은?

발걸음을 이끄는 ㉠ 육계도와 썰물 때에 드러나는 광활한 ㉡ 갯벌이 매력적이었어!
#인천 #선재도 #목섬

㉢ 해안 사구에 있는 가로등이 파묻힌 건 ㉣ 사빈에서 모래가 날아와 쌓였기 때문이래.
#신안 #우이도 #돈목해변

① ㉠은 사주에 의해 육지와 연결된다.
② ㉡은 동해안보다 서해안에 넓게 분포한다.
③ ㉣은 곶보다 만에 주로 발달한다.
④ ㉡과 ㉣은 주로 파랑의 침식 작용으로 형성된다.
⑤ ㉢은 ㉣보다 퇴적 물질의 평균 입자 크기가 작다.

14

지도의 A~D 지형에 대한 설명으로 옳은 것은?

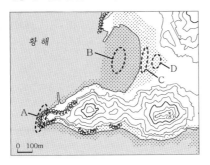

① A는 시간이 지남에 따라 바다 쪽으로 성장한다.
② B는 주로 조류의 퇴적 작용으로 형성된다.
③ D는 염전이나 양식장으로 이용된다.
④ C에서는 A에서보다 파랑의 침식 작용이 활발하다.
⑤ D는 C보다 퇴적 물질의 평균 입자 크기가 크다.

15

지도의 A~E에 대한 설명으로 옳은 것은? (단, A~E는 각각 갯벌, 사빈, 암석 해안, 해안 단구, 해안 사구 중 하나임.) [3점]

① A는 주로 파랑의 침식 작용으로 형성되었다.
② B는 염전이나 양식장으로 이용된다.
③ E의 퇴적층에서는 둥근 자갈이 나타난다.
④ B는 C보다 퇴적 물질의 평균 입자 크기가 크다.
⑤ A는 곶, D는 만에 주로 발달한다.

16

사진의 A~C 지형에 대한 설명으로 옳은 것만을 <보기>에서 고른 것은? (단, A~C는 각각 사빈, 해식애, 해안 사구 중 하나임.)

〈부산 태종대〉 〈태안 신두리〉

〈 보기 〉
ㄱ. A는 곶보다 만에 주로 발달한다.
ㄴ. B는 주로 조류의 퇴적 작용으로 형성되었다.
ㄷ. C는 파도나 해일 피해를 완화해주는 역할을 한다.
ㄹ. B는 C보다 퇴적물의 평균 입자 크기가 크다.

① ㄱ, ㄴ ② ㄱ, ㄷ ③ ㄴ, ㄷ ④ ㄴ, ㄹ ⑤ ㄷ, ㄹ

17

다음은 온라인 수업 장면의 일부이다. (가) 지형에 대한 답글의 내용이 옳은 학생만을 고른 것은?

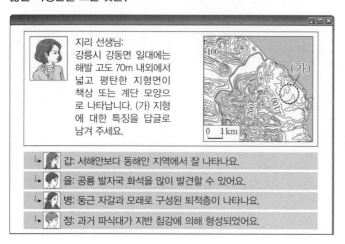

지리 선생님:
강릉시 강동면 일대에는 해발 고도 70m 내외에서 넓고 평탄한 지형면이 책상 또는 계단 모양으로 나타납니다. (가) 지형에 대한 특징을 답글로 남겨 주세요.

↳ 갑: 서해안보다 동해안 지역에서 잘 나타나요.

↳ 을: 공룡 발자국 화석을 많이 발견할 수 있어요.

↳ 병: 둥근 자갈과 모래로 구성된 퇴적층이 나타나요.

↳ 정: 과거 파식대가 지반 침강에 의해 형성되었어요.

① 갑, 을　② 갑, 병　③ 을, 병　④ 을, 정　⑤ 병, 정

18

그림은 해안 지형의 모식도이다. A~E 지형에 대한 설명으로 옳은 것만을 〈보기〉에서 있는 대로 고른 것은?

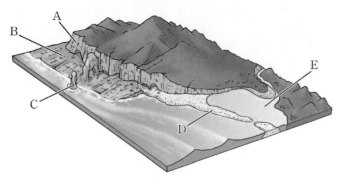

〈보기〉
ㄱ. A는 침식에 의해 육지 쪽으로 후퇴한다.
ㄴ. B는 연안류의 퇴적 작용으로 형성된다.
ㄷ. C는 D보다 파랑 에너지의 집중도가 높다.
ㄹ. E는 D의 성장으로 형성된 호수이다.

① ㄱ, ㄴ　　② ㄴ, ㄷ　　③ ㄷ, ㄹ
④ ㄱ, ㄴ, ㄹ　　⑤ ㄱ, ㄷ, ㄹ

19

그래프는 우리나라의 해안선 굴곡도 변화를 나타낸 것이다. 이에 대한 설명으로 옳은 것만을 〈보기〉에서 고른 것은? (단, (가)~(다)는 각각 남해안, 동해안, 서해안 중 하나임.) [3점]

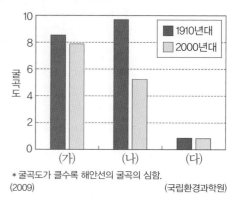

* 굴곡도가 클수록 해안선의 굴곡의 심함.
(2009)　　(국립환경과학원)

〈보기〉
ㄱ. (나) 굴곡도 변화의 가장 큰 요인은 간척 사업이다.
ㄴ. (나)는 (다)보다 해안의 평균 조차가 크다.
ㄷ. (가)는 남해안, (다)는 서해안이다.
ㄹ. 굴곡도 변화가 가장 큰 해안은 동해안이다.

① ㄱ, ㄴ　② ㄱ, ㄷ　③ ㄴ, ㄷ　④ ㄴ, ㄹ　⑤ ㄷ, ㄹ

20

다음 자료의 ㉠~㉤에 대한 설명으로 옳은 것은?

㉠ 영랑호에서는 맑은 호수에 비친 설악산 울산바위 등을 감상할 수 있다. 영금정은 ㉡ 해안 절벽 위에 있는 정자인데, 파도 소리가 거문고 소리와 같다고 하여 이름이 붙여졌다고 한다. ㉢ 청초호 너머 동해에 떠 있는 ㉣ 조도는 운치가 있는 일출을 담아낼 수 있는 촬영 포인트로 인기가 높다.

① ㉠의 물은 주로 농업용수로 이용된다.
② ㉡은 파랑의 침식 작용으로 형성된다.
③ ㉢의 면적은 시간이 지나면서 점차 넓어진다.
④ ㉣은 썰물 때 육지와 연결된다.
⑤ ㉤은 주로 조류에 의한 퇴적 작용으로 형성된다.

21

그림의 A~F에 대한 설명으로 옳은 것은?

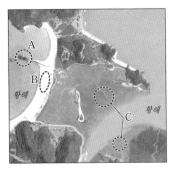
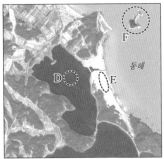

① D 호수는 후빙기 해수면 상승 이전에 형성되었다.
② B는 C보다 퇴적 물질의 평균 입자 크기가 크다.
③ E는 C보다 오염 물질의 정화 기능이 크다.
④ A와 F는 육계도이다.
⑤ C와 D는 파랑의 작용으로 규모가 확대된다.

22

지도의 A~E에 대한 설명으로 옳지 <u>않은</u> 것은? [3점]

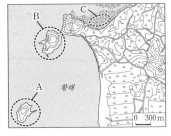
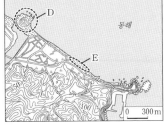

① A는 최종 빙기에 육지와 연결되어 있었다.
② C는 오염 물질을 정화하는 기능이 있다.
③ E는 주로 파랑과 연안류의 퇴적 작용으로 형성된다.
④ E는 C보다 퇴적물 중 점토의 비율이 높다.
⑤ B, D는 모두 사주에 의해 육지와 연결된 육계도이다.

23

다음은 지도에 표시된 지역의 해안 지형에 대한 답사 보고서의 일부이다. ㉠~㉣에 대한 옳은 설명만을 <보기>에서 있는 대로 고른 것은?

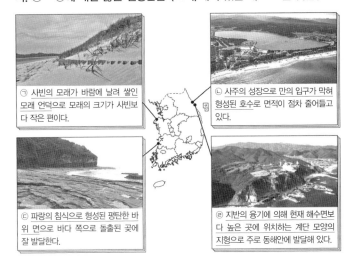

㉠ 사빈의 모래가 바람에 날려 쌓인 모래 언덕으로 모래의 크기가 사빈보다 작은 편이다.

㉡ 사주의 성장으로 만의 입구가 막혀 형성된 호수로 면적이 점차 줄어들고 있다.

㉢ 파랑의 침식으로 형성된 평탄한 바위 면으로 바다 쪽으로 돌출된 곳에 잘 발달한다.

㉣ 지반의 융기에 의해 현재 해수면보다 높은 곳에 위치하는 계단 모양의 지형으로 주로 동해안에 발달해 있다.

〈 보기 〉

ㄱ. ㉠의 밑에는 바닷물보다 염도가 낮은 지하수층이 형성되어 있다.
ㄴ. ㉡의 물은 주로 농업용수로 활용된다.
ㄷ. ㉢은 해식애가 후퇴하면 면적이 넓어진다.
ㄹ. ㉣에서는 과거 바닷가에 퇴적되었던 둥근 자갈을 볼 수 있다.

① ㄱ, ㄴ   ② ㄴ, ㄷ   ③ ㄷ, ㄹ
④ ㄱ, ㄴ, ㄹ   ⑤ ㄱ, ㄷ, ㄹ

24

사진의 A~E 지형에 대한 설명으로 옳은 것은? (단, A~E는 각각 사구, 사빈, 사주, 석호, 해식애 중 하나임.)

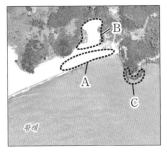
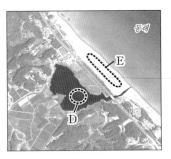

① A는 C보다 파랑의 에너지가 집중된다.
② B는 A보다 퇴적물의 평균 입자 크기가 크다.
③ A와 E는 주로 조류의 퇴적 작용으로 형성되었다.
④ B와 D는 파랑의 작용으로 규모가 확대되고 있다.
⑤ D와 E는 후빙기 해수면 상승 이후에 형성되었다.

25

그림의 A~E에 대한 설명으로 옳은 것은? [3점]

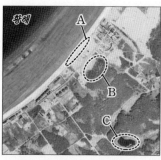

① A는 만보다 곶에 넓게 발달한다.
② D 호수는 파랑의 작용으로 규모가 확대되고 있다.
③ A는 B보다 퇴적물의 평균 입자 크기가 작다.
④ C 습지는 D 호수보다 물의 염도가 낮다.
⑤ A와 E는 주로 조류의 퇴적 작용으로 형성된다.

26

다음은 해안 지형에 관한 체험 학습 보고서의 일부이다. ㉠~㉤에 대한 설명으로 옳은 것은?

◎ ㉠ 의 형성 및 분포
• 파랑과 연안류에 의해 퇴적되어 형성된 ㉡ 의 모래가 바람에 날려 그 배후에 퇴적되어 형성됨.
• 서해안의 경우 북서 계절풍의 영향을 많이 받는 해안에서 두드러지게 나타남.
• 태풍이나 해일 피해를 완화해 주는 자연 방파제 역할을 함.

◎ ㉢ 의 형성 및 분포
• 과거 파랑의 침식으로 평탄해진 ㉣ (이)나, 해안 퇴적 지형이 지반 융기나 해수면 변동으로 인해 해발 고도가 높아지면서 형성됨.
• 전면에는 파랑의 침식으로 형성된 해안 절벽인 ㉤ 이/가 나타남.
• 지반 융기량이 많은 동해안에서 잘 관찰되며, 농경지로 이용되거나 취락이 입지함.

① ㉠은 담수를 저장하는 물 저장고 역할을 한다.
② ㉠은 ㉡보다 퇴적물의 평균 입자 크기가 크다.
③ ㉢과 ㉤은 주로 파랑 에너지가 분산되는 만(灣)에 발달한다.
④ ㉣은 ㉤이 육지 쪽으로 후퇴하면서 점점 좁아진다.
⑤ ㉠과 ㉣의 침식을 막기 위해 모래 포집기가 설치된다.

27

다음은 해안 지형에 대한 온라인 학습 장면의 일부이다. 답글의 내용이 옳은 학생만을 고른 것은? (단, A~D는 각각 사빈, 석호, 시 스택, 해식애 중 하나임.) [3점]

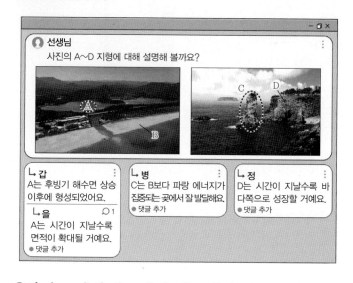

선생님
사진의 A~D 지형에 대해 설명해 볼까요?

ㄴ 갑
A는 후빙기 해수면 상승 이후에 형성되었어요.
ㄴ 을
A는 시간이 지날수록 면적이 확대될 거예요.

ㄴ 병
C는 B보다 파랑 에너지가 집중되는 곳에서 잘 발달해요.

ㄴ 정
D는 시간이 지날수록 바다쪽으로 성장할 거예요.

① 갑, 을 ② 갑, 병 ③ 을, 병 ④ 을, 정 ⑤ 병, 정

28

지도의 A~E에 대한 설명으로 옳지 <u>않은</u> 것은?

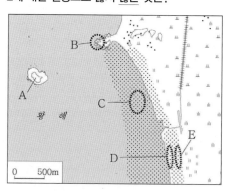

① A 섬은 최종 빙기에 육지와 연결되었다.
② B는 주로 파랑에 의한 침식 작용으로 형성된다.
③ C는 오염 물질을 정화하는 기능이 있다.
④ D는 주로 해수욕장으로 이용된다.
⑤ E는 D보다 퇴적 물질의 평균 입자 크기가 크다.

29

사진의 A∼E 지형에 대한 설명으로 옳지 <u>않은</u> 것은? (단, A∼E는 각각 갯벌, 사빈, 사주, 석호, 해식애 중 하나임.)

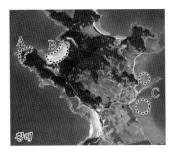 

① A는 파랑 에너지가 집중되는 곳에 주로 발달한다.
② C는 오염 물질을 정화하는 기능이 있다.
③ D는 후빙기 해수면 상승 이후에 형성되었다.
④ E는 파랑 및 연안류의 퇴적 작용으로 형성되었다.
⑤ C는 B보다 퇴적 물질의 평균 입자 크기가 크다.

31

사진의 A∼D 지형에 대한 설명으로 옳은 것은? (단, A∼D는 각각 갯벌, 사빈, 석호, 암석 해안 중 하나임.)

 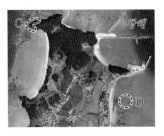

① A는 시간이 지남에 따라 면적이 점차 확대된다.
② B는 주로 조류의 퇴적 작용으로 형성된다.
③ C는 파랑 에너지가 분산되는 만에 잘 발달한다.
④ D는 동해안보다 서해안에 넓게 분포한다.
⑤ D는 B보다 퇴적 물질의 평균 입자 크기가 크다.

30

(가), (나) 지형의 특징을 그림과 같이 표현할 때, A∼D에 해당하는 질문을 〈보기〉에서 고른 것은? [3점]

  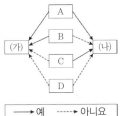

〈 보기 〉
ㄱ. 곶에 주로 발달합니까?
ㄴ. 서해안보다 동해안에 주로 분포합니까?
ㄷ. 조류에 의한 퇴적 작용으로 형성되었습니까?
ㄹ. 만의 입구에 사주가 발달하여 형성되었습니까?

	A	B	C	D
①	ㄱ	ㄷ	ㄴ	ㄹ
②	ㄴ	ㄹ	ㄱ	ㄷ
③	ㄴ	ㄹ	ㄷ	ㄱ
④	ㄹ	ㄴ	ㄱ	ㄷ
⑤	ㄹ	ㄴ	ㄷ	ㄱ

32

다음 자료는 지형에 관한 다큐멘터리 촬영을 위한 방송 대본이다. ㉠∼㉣에 대한 설명으로 옳은 것은?

송지호 — 과거 바다였던 이곳이 지금의 ㉠ 호수로 변모한 과정을 애니메이션으로 보여 준다.
호미곶 — ㉡ 해안과 평행하게 발달한 계단 모양의 지형을 따라 걸으며 전문가와 함께 퇴적층을 관찰한다.
월등도 — ㉢ 섬과 섬을 연결하는 좁고 긴 지형을 촬영하고 이 지형이 형성된 과정을 내레이션과 함께 보여 준다.
신두리 — ㉣ 바람에 의해 형성된 모래 언덕을 걸으며 이곳에 서식하는 다양한 동·식물의 모습을 촬영한다.

① ㉠의 물은 주변 농경지의 농업용수로 주로 이용된다.
② ㉡은 파랑 에너지가 집중되는 곳에 주로 발달한다.
③ ㉣은 지하수를 저장하는 기능이 있다.
④ ㉠은 ㉡보다 형성 시기가 이르다.
⑤ ㉠과 ㉣은 자연 상태에서 시간이 지남에 따라 규모가 확대된다.

한눈에 정리하는
평가원 기출 경향

주제 \ 학년도	2025	2024	2023

화산 지형
[7일차]

6월 모평 7번

3. 다음 자료는 제주도와 울릉도를 방문한 여행객이 사회 관계망 서비스(SNS)에 올린 내용이다. ㉠~㉣에 대한 설명으로 옳은 것은?

① ㉠은 점성이 작은 용암의 분출로 형성된 용암 대지이다.
② ㉡은 기반암의 차별 침식으로 형성되었다.
③ ㉢은 흐르는 용암의 표면과 내부 간 냉각 속도 차이로 형성되었다.
④ ㉣은 화구가 함몰되며 형성된 칼데라에 물이 고여 형성되었다.
⑤ ㉡은 ㉠보다 형성 시기가 이르다.

화산 지형과 카르스트 지형
[7일차]

9월 모평 19번

1. (가), (나) 지역에 대한 설명으로 옳은 것은? [3점]

① (가)의 A는 화구의 함몰로 형성된 칼데라이다.
② (가)의 B에는 석회암이 풍화된 붉은색의 토양이 널리 분포한다.
③ (가)의 C는 자유 곡류 하천이다.
④ (나)의 D는 현무암질 용암이 지각의 갈라진 틈을 따라 분출하여 형성된 용암 대지의 일부이다.
⑤ (나)의 한탄강은 비가 내릴 때만 일시적으로 물이 흐르는 하천이다.

수능 3번

2. 그림의 (가)~(라)에 해당하는 지역을 지도의 A~D에서 고른 것은? (단, A~D는 각각 단양, 울릉도, 제주도, 철원 중 하나임.)

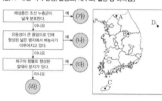

	(가)	(나)	(다)	(라)
①	B	A	C	D
②	B	A	D	C
③	B	D	A	C
④	C	A	B	D
⑤	C	B	D	A

수능 2번

7. 다음 자료는 국가지질공원에 대한 지역별 소개 내용의 일부이다. 해당 지역의 ㉠~㉤에 대한 설명으로 옳지 않은 것은? [3점]

지역	소개 내용
제주도	만장굴은 점성이 낮은 용암이 흐르면서 생긴 ㉠ 용암 동굴이며, 세계적으로 규모가 크고 보존 상태가 양호하다.
울릉도·독도	나리 분지는 ㉡ 칼데라이며, 분지 내에는 다시 화산이 분화하여 만들어진 알봉이 있다.
단양	어천리 카르스트 지형은 우묵한 ㉢ 돌리네가 밀집한 지역으로, ㉣ 붉은색 토양이 분포한다.
경북 동해안	성류굴의 내부에는 ㉤ 석순, 석주, 종유석과 같은 동굴 생성물이 있다.

① ㉠은 용암의 냉각 속도 차이에 의해 형성되었다.
② ㉡은 주로 기반암의 차별 침식에 의해 형성되었다.
③ ㉢은 배수가 양호하여 주로 밭으로 이용된다.
④ ㉣은 기반암이 용식된 후 남은 철분 등이 산화되어 형성되었다.
⑤ ㉤은 물에 녹아 있던 탄산칼슘이 침전되어 형성되었다.

지형 통합
[8일차]

수능 12번

19. 지도의 A~E에 대한 설명으로 옳은 것은? [3점]

① C는 둘 이상의 돌리네가 연결된 우발라이다.
② A와 E는 화구의 함몰로 형성된 칼데라이다.
③ D의 기반암은 B의 기반암보다 먼저 형성되었다.
④ D의 기반암은 E의 기반암보다 차별적 풍화·침식에 약하다.
⑤ 한반도에서 E의 기반암은 B의 기반암보다 분포 면적이 좁다.

수능 2번

3. 다음 자료의 ㉠~㉤에 대한 설명으로 옳은 것은? [3점]

평창군 황병산 일대에서는 해발 고도 800m가 넘는 곳에 넓은 ㉠ 평탄면을 볼 수 있다. 이 평탄면은 과거 오랜 기간 풍화와 침식을 받아 평탄해진 곳이나 ㉡ 경동성 요곡 운동으로 융기한 후에도 완만한 기복을 유지하고 있는 지형이며, 목초 재배에 유리하여 목축업이 발달하였다.

북한강 유역의 춘천은 주변이 산지로 둘러싸인 ㉢ 분지의 평탄면에 발달한 도시이다. 춘천 분지는 ㉣ 변성암과 ㉤ 화강암의 차별적인 풍화·침식 작용을 받아 형성된 지형으로, 용수 확보가 쉬워 일찍부터 농업 및 생활의 중심지로 이용되었다.

① ㉠에는 공룡 발자국 화석이 많이 분포한다.
② ㉣은 주로 시멘트 공업의 원료로 이용된다.
③ ㉢으로 한반도 전역에 ㉤이 관입되었다.
④ ㉠에서는 ㉢보다 바람이 강하여 풍력 발전에 유리하다.
⑤ ㉤은 ㉣보다 한반도 암석 분포에서 차지하는 비율이 높다.

6월 모평 10번

1. 지도의 A~C에 대한 설명으로 옳은 것만을 〈보기〉에서 고른 것은?

〈조건〉
ㄱ. A는 마그마가 분출하여 형성된 종 모양의 화산이다.
ㄴ. C는 오랫동안 침식을 받아 평탄해진 곳에 융기된 지형이다.
ㄷ. A의 기반암은 B의 기반암보다 풍화와 침식에 강하다.
ㄹ. C는 B보다 충적층이 발달하여 벼농사에 유리하다.

① ㄱ, ㄴ   ② ㄱ, ㄷ   ③ ㄴ, ㄷ   ④ ㄴ, ㄹ   ⑤ ㄷ, ㄹ

2022 ~ 2019

2021. 수능 7번

14. (가), (나) 지역에 대한 설명으로 옳은 것은? [3점]

(가)   (나)

① (가)의 분지는 지하수의 용식 작용으로 형성되었다.
② (가)와 (나)에서는 공룡 발자국 화석이 발견된다.
③ D는 화구의 함몰로 형성된 칼데라이다.
④ A는 C보다 점성이 낮은 현무암질 용암이 흘러 형성되었다.
⑤ B는 A가 형성된 이후 용암이 분출하여 만들어진 중앙 화구구이다.

2019. 수능 12번

6. 지도의 A~D 지역에 대한 설명으로 옳은 것은?

① A는 화산 쇄설물에 의해 형성된 화산체이다.
② B는 C보다 점성이 큰 용암이 분출하여 형성되었다.
③ C의 기반암은 A의 기반암보다 형성 시기가 이르다.
④ D는 C보다 먼저 형성되었다.
⑤ B와 D에서는 벼농사가 활발하게 이루어진다.

2022. 수능 6번

17. 다음은 천연기념물 소개 자료의 일부이다. ㉠~㉣에 대한 설명으로 옳은 것은? [3점]

○ 제260호 '평창의 백룡 동굴은 지하수의 용식 작용으로 형성된 ㉠ 석회 동굴로 종유석, 석순, 석주 등의 동굴 생성물을 관찰할 수 있으며…

○ 제440호 '정선 백복령 카르스트 지대'에서는 석회암이 빗물이나 지하수에 녹아 형성된 우묵한 모양의 ㉡ 돌리네가 나타나며 …

○ 제443호 '제주 중문·대포 해안 주상 절리대'는 화산 활동과 관련하여 용암이 형성된 ㉢ 다각형의 수직 절리로서 … 이후 파랑의 침식 작용을 받아 기둥 모양이 잘 드러나며…,

○ 제444호 '제주 선흘리 ㉣ 거문오름'은 한라산 기슭에 분포하는 화산체로 … 용암류가 지형 경사를 따라 해안까지 도달하면서 다수의 용암 동굴을 형성하였으며 ….

① ㉠의 주변 지역은 밭농사보다 논농사에 유리하다.
② ㉡이 분포하는 지역에서는 현무암 풍화토가 나타난다.
③ ㉢은 용암이 냉각되는 과정에서 수축되면서 형성되었다.
④ ㉣에는 분화구가 함몰되어 형성된 칼데라가 나타난다.
⑤ ㉡과 ㉣은 대체로 투수성이 낮아 지표수가 잘 형성된다.

2020. 수능 4번

19. 지도의 A~D에 대한 설명으로 옳은 것은? [3점]

① B는 현무암질 용암이 흘러서 형성되었다.
② D에서는 석회암이 풍화된 붉은색 토양이 나타난다.
③ C는 A보다 기반암의 형성 시기가 이르다.
④ A와 C 주변에는 기반암이 용식되어 형성된 동굴이 분포한다.
⑤ B와 D는 배수가 양호하여 밭농사에 유리하다.

2021. 6월 모평 3번

4. 다음은 문화재청의 명승 소개 자료이다. ㉠~㉤에 대한 설명으로 옳지 않은 것은?

○ 「영월 한반도 지형」은 굽이쳐 흐르는 ㉠ 하천의 침식 작용과 퇴적 작용에 의해 만들어진….

○ 「남해 금산」은 ㉡ 화강암으로 이루어진 기암괴석이 뛰어난 자연경관을 만들어내며….

○ 「단양 도담삼봉」은 ㉢ 석회암의 용식 작용으로 형성된 원추 모양의 봉우리로….

○ 「부산 채석강·적벽강 일원」은 변산반도에서 ㉣ 바다 쪽으로 돌출된 지역으로….

○ 「순천만」은 남해안에 발달한 ㉤ 연안 습지 중 우리나라를 대표할 만하며….

① ㉠은 칼데라를 형성하는 주요 요인이다.
② ㉡은 마그마가 관입하여 형성된 암석이다.
③ ㉢은 고생대 조선 누층군에 주로 분포한다.
④ ㉣은 파랑의 침식 작용이 퇴적 작용보다 활발한 곳이다.
⑤ ㉤은 육지와 바다의 점이 지대로서 생물 종 다양성이 높다.

2020. 9월 모평 3번

8. (가), (나) 지역에 대한 설명으로 옳은 것은? [3점]

(가)   (나)

① A에서는 붉은색의 석회암 풍화토가 나타난다.
② C는 D보다 형성 시기가 이르다.
③ B와 D는 현무암질 용암이 골짜기를 메워 형성되었다.
④ 기반암의 형성 시기가 오래된 순으로 나열하면 A, B, D이다.
⑤ (가), (나) 지역 분지는 모두 하천의 차별 침식에 의해 형성되었다.

2019. 6월 모평 6번

7. 지도의 A~D에 대한 설명으로 옳은 것은? [3점]

① A는 지하수의 용식 작용에 의해 형성된 지형이다.
② A와 B의 기반암은 신생대에 형성되었다.
③ B의 기반암은 A의 기반암보다 풍화와 침식에 약하다.
④ C는 A보다 풍력 발전 단지 조성에 유리하다.
⑤ 목축업은 C보다 D에서 주로 이루어진다.

기출 선지로 짚어 주는 **핵심 내용**

화산 지형과 카르스트 지형

1 화산 지형 모아 보기

백두산	화구의 함몰로 형성된 칼데라 호가 있다.
제주도	• 기반암(현무암)이 풍화되어 주로 흑갈색의 토양이 나타난다. 기억해 • 흐르는 용암의 굳는 속도 차이에 의해 형성된 용암동굴이 나타난다. • 용암의 냉각·수축으로 형성된 주상 절리가 관찰된다. • 산록부에는 소규모 용암 분출이나 화산 쇄설물로 형성된 오름(기생 화산)이 나타난다. • 한라산 정상에는 분화구에 물이 고여 형성된 호수(화구호)가 나타난다. • 제주도의 순상 화산체는 신생대 화성암이 기반을 이룬다.
울릉도	• 나리 분지: 화구의 함몰로 형성된 칼데라 분지이다. • 중앙 화구구: 화산 쇄설물에 의해 형성된 화산체이다. • 나리 분지(칼데라 분지)는 알봉(중앙 화구구)보다 먼저 형성되었다.
철원 지역	• 유동성이 큰 용암이 하곡을 메워 형성된 지형이 발달해 있다. • 현무암의 주상 절리가 나타난다. • 벼농사가 활발하게 이루어지고 있다. • 알봉(중앙 화구구)보다 점성이 큰 용암이 분출하여 형성되었다.

2 카르스트 지형

1 카르스트 지형: 석회암이 빗물이나 지하수에 용식되어 형성된 지형이다.

2 주요 카르스트 지형

돌리네	• 주변보다 낮고, 움푹하게 꺼진 형태이다. • 붉은색 계열의 토양이 주로 분포한다. 기억해 • 배수가 양호하여 논농사보다 밭농사에 유리하다. • 주요 기반암은 석회암이다. • 고생대 퇴적암이 기반암을 이룬다.
석회동굴	• 기반암(석회암)의 풍화로 형성된 붉은색 토양이 널리 분포한다. • 기반암이 용해된 물질이 침전되어 형성된 지형이 나타난다. • 종유석과 석순이 발달한 동굴이 형성되어 있다.

3 화산 지형과 카르스트 지형의 비교

구분	화산 지형	카르스트 지형
기반암	현무암 – 신생대에 형성되었다.	석회암 – 고생대에 형성되었다.
공통점	• 배수가 양호하여 논농사보다 밭농사가 주로 이루어진다. • 기반암의 특성으로 건천이 나타난다.	

▶ 기/출/선/지 모아 보기

25학년도 9월 모평 19번

 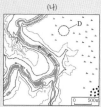

* (가)는 제주도 일부 지역, (나)는 한탄강 주변 지역이다. A는 기생화산(측화산), B는 제주도의 완만한 경사지, C는 제주도의 하천, D는 용암 대지의 일부이다.

① (가)의 A는 ~~화구의 함몰로 형성된 칼데라~~ 소규모 용암 분출이나 화산 쇄설물로 형성된 오름이다.
② (가)의 B에는 석회암이 풍화된 붉은색의 토양이 널리 ~~분포한다~~ 분포하지 않는다.
③ (가)의 C는 ~~자유 곡류 하천이다~~ 자유 곡류 하천이 아니다.
④ (나)의 D는 현무암질 용암이 지각의 갈라진 틈을 따라 분출하여 형성된 용암 대지의 일부이다.
⑤ (나)의 한탄강은 비가 내릴 때만 일시적으로 물이 흐르는 ~~하천이다~~ 하천이 아니다.

21 모평 ③ (가)에서 전통 취락은 해안 지역을 중심으로 발달하였다.
④ (나)에서는 수리 시설의 확충으로 대규모의 논농사가 가능해졌다.
⑤ (가), (나)에는 ~~회백색 흑갈색을 띠는 성대 토양~~ 간대토양이 주로 분포한다.

01 대표 문제

25학년도 9월 모평 19번

(가), (나) 지역에 대한 설명으로 옳은 것은? [3점]

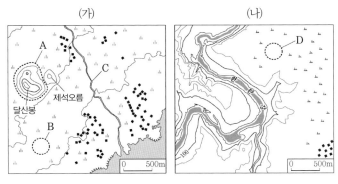

(가)   (나)

① (가)의 A는 화구의 함몰로 형성된 칼데라이다.
② (가)의 B에는 석회암이 풍화된 붉은색의 토양이 널리 분포한다.
③ (가)의 C는 자유 곡류 하천이다.
④ (나)의 D는 현무암질 용암이 지각의 갈라진 틈을 따라 분출하여 형성된 용암 대지의 일부이다.
⑤ (나)의 한탄강은 비가 내릴 때만 일시적으로 물이 흐르는 하천이다.

02

24학년도 수능 3번

그림의 (가)~(라)에 해당하는 지역을 지도의 A~D에서 고른 것은? (단, A~D는 각각 단양, 울릉도, 제주도, 철원 중 하나임.)

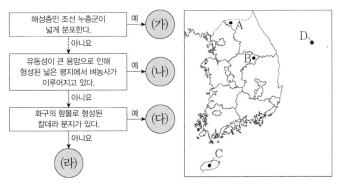

	(가)	(나)	(다)	(라)
①	B	A	C	D
②	B	A	D	C
③	B	D	A	C
④	C	A	B	D
⑤	C	B	D	A

03

25학년도 6월 모평 7번

다음 자료는 제주도와 울릉도를 방문한 여행객이 사회 관계망 서비스(SNS)에 올린 내용이다. ㉠~㉣에 대한 설명으로 옳은 것은?

용암이 분출하였던 이곳은 분지 형태를 보이고 있으며, 섬의 북쪽 중앙부에 위치하고 있어.
#㉠ 나리분지 #울릉도

분지 내 위치한 새알처럼 생긴 이 봉우리는 중앙 화구구이며, 해발 고도는 성인봉의 절반 정도야.
#㉡ 알봉 #울릉도

용암이 흐르면서 형성된 동굴로 규모가 크고 보존 상태가 양호하여 세계 자연 유산으로 지정되었어.
#㉢ 만장굴 #제주도

흰 사슴이 뛰어노는 연못이라는 뜻의 이 호수는 남한에서 가장 높은 산에 위치하고 있어.
#㉣ 백록담 #제주도

① ㉠은 점성이 작은 용암의 분출로 형성된 용암 대지이다.
② ㉡은 기반암의 차별 침식으로 형성되었다.
③ ㉢은 흐르는 용암의 표면과 내부 간 냉각 속도 차이로 형성되었다.
④ ㉣은 화구가 함몰되며 형성된 칼데라에 물이 고여 형성되었다.
⑤ ㉡은 ㉠보다 형성 시기가 이르다.

04

24학년도 9월 모평 16번

다음 글의 ㉠~㉣에 대한 설명으로 옳은 것만을 <보기>에서 고른 것은?

세계 자연 유산인 거문 오름 용암 동굴계는 ㉠ 만장굴, 김녕굴, 당처물 동굴 등 크고 작은 동굴들로 이루어져 있다. 이 중 당처물 동굴은 ㉡ 용암 동굴이지만 내부에는 ㉢ 석회 동굴에서 나타나는 지형이 발달하고 있다. 이 동굴에는 조개껍질이 부서져 만들어진 모래가 바람에 날려 동굴 위에 쌓인 후, 빗물에 ㉣ 용식되어 용암 동굴 내부로 흘러들어 형성된 종유석, 석순 등이 나타난다.

〈 보기 〉
ㄱ. ㉠ 주변에는 붉은색의 석회암 풍화토가 나타난다.
ㄴ. ㉡은 흐르는 용암 표면과 내부의 냉각 속도 차이로 형성된다.
ㄷ. ㉢이 가장 많이 분포하는 지역은 제주도이다.
ㄹ. ㉣은 화학적 풍화에 해당한다.

① ㄱ, ㄴ   ② ㄱ, ㄷ   ③ ㄴ, ㄷ   ④ ㄴ, ㄹ   ⑤ ㄷ, ㄹ

05

(가), (나) 지역에 대한 설명으로 옳지 <u>않은</u> 것은? [3점]

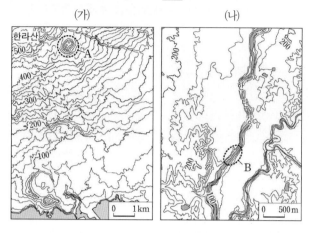

(가)   (나)

① A는 소규모 화산 활동으로 형성된 오름이다.
② B에서는 하천 침식으로 인해 형성된 협곡이 나타난다.
③ (가)에서 전통 취락은 주로 해안 지역을 중심으로 발달하였다.
④ (나)에서는 수리 시설의 확충으로 대규모의 논농사가 가능해졌다.
⑤ (가), (나)에는 회백색을 띠는 성대 토양이 주로 분포한다.

07

다음 자료는 국가지질공원에 대한 지역별 소개 내용의 일부이다. 해당 지역의 ㄱ~ㅁ에 대한 설명으로 옳지 <u>않은</u> 것은? [3점]

지역	소개 내용
제주도	만장굴은 점성이 낮은 용암이 흐르면서 생긴 ㉠ 용암 동굴이며, 세계적으로 규모가 크고 보존 상태가 양호하다.
울릉도·독도	나리 분지는 ㉡ 칼데라이며, 분지 내에는 다시 화산이 분화하여 만들어진 알봉이 있다.
단양	여천리 카르스트 지형은 우묵한 ㉢ 돌리네가 밀집한 지역으로, ㉣ 붉은색 토양이 분포한다.
경북 동해안	성류굴의 내부에는 ㉤ 석순, 석주, 종유석과 같은 동굴 생성물이 있다.

① ㉠은 용암의 냉각 속도 차이에 의해 형성되었다.
② ㉡은 주로 기반암의 차별 침식에 의해 형성되었다.
③ ㉢은 배수가 양호하여 주로 밭으로 이용된다.
④ ㉣은 기반암이 용식된 후 남은 철분 등이 산화되어 형성되었다.
⑤ ㉤은 물에 녹아 있던 탄산칼슘이 침전되어 형성되었다.

06

지도의 A~D 지형에 대한 설명으로 옳은 것은?

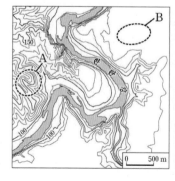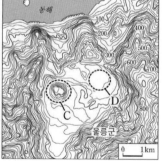

① A는 화산 쇄설물에 의해 형성된 화산체이다.
② B는 C보다 점성이 큰 용암이 분출하여 형성되었다.
③ C의 기반암은 A의 기반암보다 형성 시기가 이르다.
④ D는 C보다 먼저 형성되었다.
⑤ B와 D에서는 벼농사가 활발하게 이루어진다.

08

지도의 A~D에 대한 설명으로 옳은 것은? [3점]

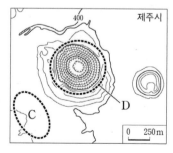

① A에서는 회백색을 띠는 성대 토양이 주로 분포한다.
② B는 화구의 함몰로 형성된 칼데라이다.
③ C에서는 공룡 발자국 화석이 발견된다.
④ D는 두 개 이상의 돌리네가 합쳐진 우발라이다.
⑤ A의 기반암은 C의 기반암보다 형성 시기가 이르다.

09

그림의 A~D에 대한 설명으로 옳은 것은? [3점]

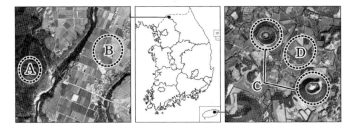

① A에는 종유석과 석순이 발달한 동굴이 형성되어 있다.
② B에는 붉은색의 간대토양이 주로 나타난다.
③ C는 화구의 함몰로 형성된 칼데라이다.
④ D는 신생대 경동성 요곡 운동으로 융기된 평탄면이다.
⑤ B와 D의 기반암은 유동성이 큰 용암이 굳어져서 형성되었다.

10

다음 글의 ㉠~㉣에 대한 옳은 설명만을 〈보기〉에서 고른 것은?

> 최근 3차원의 가상 세계에서 자신이 설정한 아바타가 현실 세계처럼 여행하는 메타버스(Metaverse) 여행이 주목받고 있다. 자신의 아바타가 가상 세계 속 제주도를 여행한다면, 한라산의 ㉠ 백록담에서 일출을 감상하거나 종 모양의 ㉡ 산방산을 등반할 수 있다. 또한 ㉢ 만장굴을 탐방하거나 ㉣ 현무암으로 만든 돌하르방과 노란 유채꽃을 배경으로 사진을 찍을 수도 있다. 이러한 메타버스 여행은 시공간의 제약이 없는 다양한 경험을 가능하게 하고 있다.

〈 보기 〉
ㄱ. ㉠은 분화구에 물이 고여 형성된 화구호이다.
ㄴ. ㉡은 주로 유동성이 큰 현무암질 용암의 분출로 형성되었다.
ㄷ. ㉢은 용암의 냉각 속도 차이로 형성되었다.
ㄹ. ㉣은 주로 마그마가 관입하여 형성된 암석이다.

① ㄱ, ㄴ   ② ㄱ, ㄷ   ③ ㄴ, ㄷ   ④ ㄴ, ㄹ   ⑤ ㄷ, ㄹ

11

(가), (나) 지역에 대한 설명으로 옳은 것은?

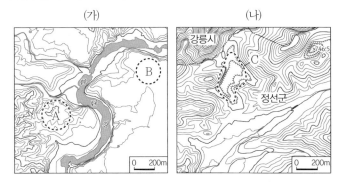

① (가)에는 종유석과 석순이 발달한 동굴이 나타난다.
② (나)는 지표수가 풍부하여 벼농사가 주로 이루어진다.
③ A는 용암이 분출하여 형성된 종 모양의 화산이다.
④ C에는 석회암이 풍화된 붉은색의 토양이 나타난다.
⑤ B의 기반암은 C의 기반암보다 형성 시기가 이르다.

12

다음은 한국지리 수업 중 학생이 작성한 노트이다. ㉠~㉤에 대한 설명으로 옳은 것은? [3점]

> 주제: 카르스트 지형과 인간 생활
> ○ 주요 카르스트 지형
>   • ㉠ 돌리네: ㉡ 용식 작용에 의해 형성된 깔때기 모양의 지형
>   • ㉢ 석회동굴: 내부에 종유석, 석순, 석주 등이 형성
>   • ㉣ 석회암 풍화토: 기반암의 성질이 반영된 간대 토양
> ○ 카르스트 지형을 활용한 인간 생활
>   • 농업: (㉤   )
>   • 제조업: 시멘트 공업 발달
>   • 서비스업: 동굴을 활용한 관광 산업 발달

① ㉠은 고생대 평안 누층군에서 주로 나타난다.
② ㉡은 물리적 풍화 작용에 해당한다.
③ ㉢은 용암의 냉각 속도 차이에 의해 형성된다.
④ ㉣은 석회암이 용식된 후 남은 철분 등이 산화하여 붉은색을 띤다.
⑤ ㉤에는 '배수가 불량하여 주로 논농사 발달'이 들어갈 수 있다.

13

다음은 어느 지역에 대한 야외 조사 활동지이다. ㉠~㉣에 들어갈 옳은 답변만을 〈보기〉에서 고른 것은?

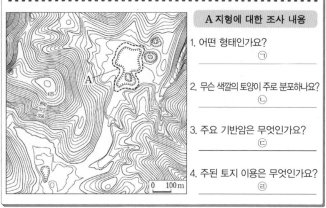

A 지형에 대한 조사 내용
1. 어떤 형태인가요? ㉠
2. 무슨 색깔의 토양이 주로 분포하나요? ㉡
3. 주요 기반암은 무엇인가요? ㉢
4. 주된 토지 이용은 무엇인가요? ㉣

〈 보기 〉

ㄱ. ㉠ - 주변보다 낮고, 움푹하게 꺼진 모습입니다.

ㄴ. ㉡ - 붉은색 계열입니다.

ㄷ. ㉢ - 현무암입니다.

ㄹ. ㉣ - 논으로 이용되고 있습니다.

① ㄱ, ㄴ　　② ㄱ, ㄷ　　③ ㄴ, ㄷ　　④ ㄴ, ㄹ　　⑤ ㄷ, ㄹ

14

(가), (나) 지역에 대한 설명으로 옳은 것은? [3점]

(가)

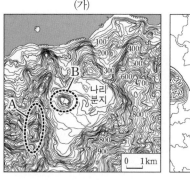

(나)

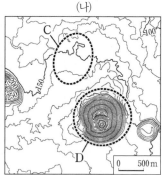

① (가)의 분지는 지하수의 용식 작용으로 형성되었다.

② (가)와 (나)에서는 공룡 발자국 화석이 발견된다.

③ D는 화구의 함몰로 형성된 칼데라이다.

④ A는 C보다 점성이 낮은 현무암질 용암이 흘러 형성되었다.

⑤ B는 A가 형성된 이후 용암이 분출하여 만들어진 중앙 화구구이다.

15

다음은 지도에 표시된 지역을 답사하며 촬영한 사진이다. A~D에 대한 설명으로 옳은 것은?

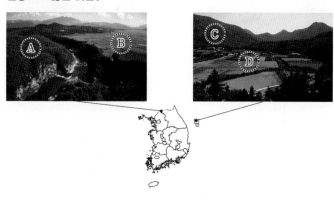

① B는 유동성이 큰 용암이 분출하여 형성되었다.

② C에는 붉은색의 간대 토양이 주로 분포한다.

③ D는 차별적인 풍화와 침식으로 형성된 분지이다.

④ A는 C보다 주된 기반암의 형성 시기가 늦다.

⑤ B에서는 밭농사, D에서는 논농사가 주로 이루어진다.

16

다음 글의 ㉠~㉣에 대한 옳은 설명만을 〈보기〉에서 고른 것은?

화산이나 카르스트 지형이 분포하는 지역을 개발할 때는 세심한 주의가 필요하다. 공사 과정에서 보존 가치가 높은 지형이 우연히 발견되기도 하기 때문이다. 예를 들어 천연기념물로 지정된 분덕재 동굴은 강원도 영월의 터널 공사 중에 발견되었다. ㉠ 석회암의 용식 및 침전 과정에서 형성된 종유석, 석순 등의 동굴 생성물이 ㉡ 석회 동굴의 특징을 잘 드러내고 있어 지형적 가치를 인정받았다. ㉢ 용암 동굴이지만 석회 동굴의 특징도 함께 나타나 세계 자연 유산으로 등재된 제주도의 용천동굴 역시 전신주 공사 과정에서 우연히 발견되었다. ㉣ 현무암으로 이루어진 동굴 내부에 종유석, 석주 등이 발달하여 매우 독특한 경관으로 학술적 가치가 높다.

〈 보기 〉

ㄱ. ㉠은 고생대 조선 누층군에 주로 분포한다.

ㄴ. ㉡의 주변 지역은 밭농사보다 논농사에 유리하다.

ㄷ. ㉢은 흐르는 용암 표면과 내부의 냉각 속도 차이에 의해 형성된다.

ㄹ. ㉣은 주로 마그마의 관입으로 형성된다.

① ㄱ, ㄴ　　② ㄱ, ㄷ　　③ ㄴ, ㄷ　　④ ㄴ, ㄹ　　⑤ ㄷ, ㄹ

17

22학년도 수능 6번

다음은 천연기념물 소개 자료의 일부이다. ㉠~㉣에 대한 설명으로 옳은 것은? [3점]

○ 제260호 '평창의 백룡 동굴'은 지하수의 용식 작용으로 형성된 ㉠ 석회 동굴로 종유석, 석순, 석주 등의 동굴 생성물을 관찰할 수 있으며 ….

○ 제440호 '정선 백복령 카르스트 지대'에서는 석회암이 빗물이나 지하수에 녹아 형성된 우묵한 모양의 ㉡ 돌리네가 나타나며 ….

○ 제443호 '제주 중문·대포 해안 주상 절리대'는 화산 활동과 관련하여 용암이 형성한 ㉢ 다각형의 수직 절리로서 … 이후 파랑의 침식 작용을 받아 기둥 모양이 잘 드러나며 ….

○ 제444호 '제주 선흘리 ㉣ 거문오름'은 한라산 기슭에 분포하는 화산체로 … 용암류가 지형 경사를 따라 해안까지 도달하면서 다수의 용암 동굴을 형성하였으며 ….

① ㉠의 주변 지역은 밭농사보다 논농사에 유리하다.
② ㉡이 분포하는 지역에서는 현무암 풍화토가 나타난다.
③ ㉢은 용암이 냉각되는 과정에서 수축되면서 형성되었다.
④ ㉣에는 분화구가 함몰되어 형성된 칼데라가 나타난다.
⑤ ㉡과 ㉣은 대체로 투수성이 낮아 지표수가 잘 형성된다.

18

22학년도 9월 모평 13번

다음 글은 국가지질공원의 지질 명소에 대한 소개 자료의 일부이다. ㉠~㉤에 대한 설명으로 옳지 않은 것은? [3점]

○ 강원고생대지질공원: 용연동굴 주변에는 탄산 칼슘이 제거된 잔류물이 산화되어 형성된 ㉠ 붉은색 토양이 발달하여 … (중략) … 평창군 미탄면에는 기반암이 ㉡ 빗물이나 지하수의 용식 작용을 받아 형성된 우묵한 지형이 나타나는데 ….

○ 울릉도·독도지질공원: 나리 분지는 화산 폭발로 마그마가 분출한 이후 ㉢ 분화구 주변이 붕괴·함몰되어 형성된 ….

○ 제주도지질공원: 천연 동굴 가운데 천연기념물로 처음 지정된 ㉣ 만장굴은 총길이가 약 7.4km에 이르는 … (중략) … ㉤ 산방산은 높이가 약 395m인 종 모양의 화산 지형으로 ….

① ㉠은 주로 물리적 풍화 작용으로 형성되었다.
② ㉡은 배수가 양호하여 논농사보다 밭농사에 유리하다.
③ ㉢은 칼데라를 형성하는 요인이다.
④ ㉣은 흐르는 용암의 굳는 속도 차이에 의해 형성되었다.
⑤ ㉤은 점성이 높은 용암의 분출로 형성되었다.

19

20학년도 수능 4번

지도의 A~D에 대한 설명으로 옳은 것은? [3점]

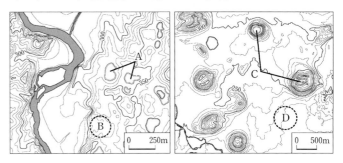

① B는 현무암질 용암이 흘러서 형성되었다.
② D에서는 석회암이 풍화된 붉은색의 토양이 나타난다.
③ C는 A 보다 기반암의 형성 시기가 이르다.
④ A와 C 주변에는 기반암이 용식되어 형성된 동굴이 분포한다.
⑤ B와 D는 배수가 양호하여 밭농사에 유리하다.

20

23학년도 9월 모평 11번

다음은 한국지리 온라인 수업의 한 장면이다. 교사의 질문에 옳게 답한 학생만을 고른 것은? [3점]

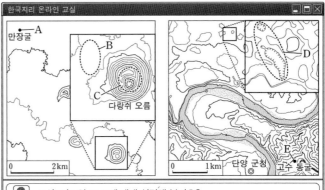

교사: 지도의 A~E에 대해 설명해 볼까요?

갑: A와 E는 기반암이 용식을 받아 형성된 동굴이에요.

을: B와 D는 주로 논보다 밭으로 이용되고 있어요.

병: C와 D는 차별 풍화·침식으로 형성된 분지 지형이에요.

정: D의 기반암은 B의 기반암보다 먼저 형성되었어요.

① 갑, 을   ② 갑, 병   ③ 을, 병   ④ 을, 정   ⑤ 병, 정

21

22학년도 4월 학평 5번

(가), (나)의 특징을 그림의 A~D에서 고른 것은?

(가) 고수 동굴 · (나) 만장굴

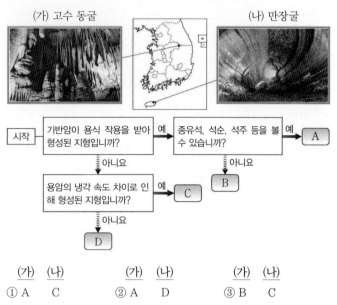

시작 → 기반암이 용식 작용을 받아 형성된 지형입니까? 예 → 종유석, 석순, 석주 등을 볼 수 있습니까? 예 → A

아니요 ↓ / 아니요 ↓ B

용암의 냉각 속도 차이로 인해 형성된 지형입니까? 예 → C

아니요 ↓

D

	(가)	(나)		(가)	(나)		(가)	(나)
①	A	C	②	A	D	③	B	C
④	B	D	⑤	C	A			

22

22학년도 7월 학평 8번

지도의 A~D에 대한 설명으로 옳은 것만을 〈보기〉에서 고른 것은?

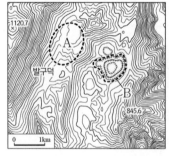

〈 보기 〉

ㄱ. A는 유동성이 큰 현무암질 용암이 분출하여 형성되었다.
ㄴ. B에는 기반암이 풍화된 붉은색의 토양이 나타난다.
ㄷ. C는 지표수가 풍부하여 논농사에 유리하다.
ㄹ. D는 소규모 화산 활동으로 형성된 기생 화산이다.

① ㄱ, ㄴ ② ㄱ, ㄷ ③ ㄴ, ㄷ ④ ㄴ, ㄹ ⑤ ㄷ, ㄹ

23

21학년도 10월 학평 7번

다음 자료의 ㉠~㉤에 대한 설명으로 옳은 것은?

㉠ 남한강 가운데 솟은 봉우리 3개는 단양 8경 중 으뜸인 '도담삼봉'이다. 도담삼봉은 ㉡ 석회암이 오랜 ㉢ 용식 작용을 받아 만들어진 지형이다. ㉣ 단양은 180여 개의 ㉤ 천연 동굴이 분포하는 등 지형학적 가치가 높아 13번째로 국가지질공원 인증을 받았다.

▲ 김홍도의 도담삼봉도

① ㉠의 하구에는 하굿둑이 건설되어 있다.
② ㉡은 시멘트 공업의 주원료로 이용된다.
③ ㉢은 물리적 풍화 작용에 해당한다.
④ ㉣에는 주로 흑갈색의 간대 토양이 분포한다.
⑤ ㉤은 용암이 냉각되는 과정에서 형성된다.

24

24학년도 10월 학평 3번

다음 자료는 제주특별자치도에서 사용되는 관광 우편 날짜 도장을 나타낸 것이다. (가)~(라)에 대한 설명으로 옳은 것은?

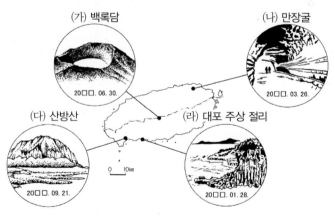

(가) 백록담 · (나) 만장굴 · (다) 산방산 · (라) 대포 주상 절리

① (가)는 분화구가 함몰되어 형성되었다.
② (나)는 지하수의 용식 작용으로 형성되었다.
③ (다)의 주변 지역에는 주로 붉은색 토양이 분포한다.
④ (라)는 화강암이 지표면에 노출되는 과정에서 형성되었다.
⑤ (다)는 (나)보다 점성이 큰 용암이 분출하여 형성되었다.

01 대표 문제

23학년도 6월 모평 10번

지도의 A~C에 대한 설명으로 옳은 것만을 〈보기〉에서 고른 것은?

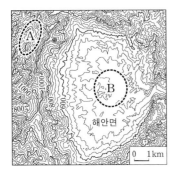

해안면

매봉산

0 1 km

0 250 m

─────── 〈 보기 〉 ───────

ㄱ. A는 마그마가 분출하여 형성된 종 모양의 화산이다.

ㄴ. C는 오랫동안 침식을 받아 평탄해진 곳이 융기한 지형이다.

ㄷ. A의 기반암은 B의 기반암보다 풍화와 침식에 강하다.

ㄹ. C는 B보다 충적층이 발달하여 벼농사에 유리하다.

① ㄱ, ㄴ ② ㄱ, ㄷ ③ ㄴ, ㄷ ④ ㄴ, ㄹ ⑤ ㄷ, ㄹ

02

21학년도 수능 10번

지도의 A~D에 대한 설명으로 옳은 것은? [3점]

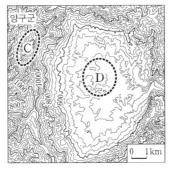

삼척시

양구군

0 200 m

0 1 km

① A에서는 충적층이 넓게 발달하여 벼농사가 주로 이루어진다.

② B에서는 회백색을 띠는 성대 토양이 주로 분포한다.

③ D는 신생대 경동성 요곡 운동으로 형성된 고위 평탄면이다.

④ C의 기반암은 B의 기반암보다 형성 시기가 이르다.

⑤ C의 기반암은 D의 기반암보다 풍화와 침식에 대한 저항력이 약하다.

03

24학년도 수능 2번

다음 자료의 ㉠~㉤에 대한 설명으로 옳은 것은? [3점]

평창군 황병산 일대에서는 해발 고도 800m가 넘는 곳에 넓은 ㉠ 평탄면을 볼 수 있다. 이 평탄면은 과거 오랜 기간 풍화와 침식을 받아 평탄해진 곳이 ㉡ 경동성 요곡 운동으로 융기한 후에도 완만한 기복을 유지하고 있는 지형이며, 목초 재배에 유리하여 목축업이 발달하였다.

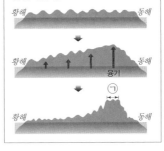

황해 동해

황해 동해
융기

황해 동해
㉠

북한강 유역의 춘천은 주변이 산지로 둘러싸인 ㉢ 분지의 평탄면에 발달한 도시이다. 춘천 분지는 ㉣ 변성암과 ㉤ 화강암의 차별적인 풍화·침식 작용을 받아 형성된 지형으로, 용수 확보가 쉬워 일찍부터 농업 및 생활의 중심지로 이용되었다.

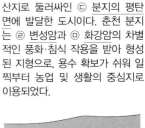
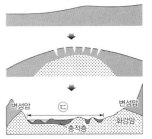

변성암 변성암
㉢
충적층 화강암

① ㉠에는 공룡 발자국 화석이 많이 분포한다.

② ㉣은 주로 시멘트 공업의 원료로 이용된다.

③ ㉡으로 한반도 전역에 ㉤이 관입되었다.

④ ㉢에서는 ㉠보다 바람이 강하여 풍력 발전에 유리하다.

⑤ ㉣은 ㉤보다 한반도 암석 분포에서 차지하는 비율이 높다.

04

21학년도 6월 모평 3번

다음은 문화재청의 명승 소개 자료이다. ㉠~㉤에 대한 설명으로 옳지 않은 것은?

○ 『영월 한반도 지형』은 굽이쳐 흐르는 ㉠ 하천의 침식 작용과 퇴적 작용에 의해 만들어진…

○ 『남해 금산』은 ㉡ 화강암으로 이루어진 기암괴석이 뛰어난 자연경관을 만들어내며…

○ 『단양 도담삼봉』은 ㉢ 석회암의 용식 작용으로 형성된 원추 모양의 봉우리로…

○ 『부안 채석강·적벽강 일원』은 변산반도에서 ㉣ 바다 쪽으로 돌출된 지역으로…

○ 『순천만』은 남해안에 발달한 ㉤ 연안 습지 중 우리나라를 대표할 만하며…

① ㉠은 칼데라를 형성하는 주요 요인이다.

② ㉡은 마그마가 관입하여 형성된 암석이다.

③ ㉢은 고생대 조선 누층군에 주로 분포한다.

④ ㉣은 파랑의 침식 작용이 퇴적 작용보다 활발한 곳이다.

⑤ ㉤은 육지와 바다의 점이 지대로서 생물 종 다양성이 높다.

05

다음은 지도에 표시된 지역을 답사하며 촬영한 사진이다. 세 지역의 A~D에 대한 설명으로 옳은 것만을 〈보기〉에서 고른 것은? [3점]

〈 보기 〉
ㄱ. A는 유동성이 큰 용암이 분출하여 형성된 평탄면이다.
ㄴ. B는 화구가 함몰되어 형성된 칼데라의 일부이다.
ㄷ. C의 기반암은 D의 기반암보다 풍화와 침식에 강하다.
ㄹ. A와 B에는 회백색을 띠는 성대 토양이 주로 분포한다.

① ㄱ, ㄴ   ② ㄱ, ㄷ   ③ ㄴ, ㄷ   ④ ㄴ, ㄹ   ⑤ ㄷ, ㄹ

06

다음 글의 ㉠~㉤에 대한 설명으로 옳은 것은? [3점]

○ ㉠ 침식 분지는 주위가 산지로 둘러싸인 평지를 말하며, 암석의 차별적인 풍화와 침식에 의해 형성된다. 우리나라에서는 주로 변성암이 ㉡ 화강암을 둘러싸고 있는 지역이나 하천의 합류 지점에서 발달한다.

○ ㉢ 카르스트 지형은 ㉣ 석회암이 이산화 탄소를 함유한 빗물과 지하수의 용식 작용을 받아 형성된다. 강원도 남부 및 충청북도 북동부 지역 등에 발달하였으며, 대표적인 지형으로 ㉤ 돌리네와 석회동굴 등이 있다.

① ㉠에서는 기온 역전 현상에 따른 안개가 잘 발생한다.
② ㉡은 주로 신생대에 마그마가 관입하여 형성되었다.
③ ㉢을 이루는 암석층에서는 공룡 발자국 화석이 많이 발견된다.
④ ㉣은 오랜 시간 동안 변성 작용을 받아 형성되었다.
⑤ ㉤은 주로 논으로 이용된다.

07

지도의 A~D에 대한 설명으로 옳은 것은? [3점]

① A는 지하수의 용식 작용에 의해 형성된 지형이다.
② A와 B의 기반암은 신생대에 형성되었다.
③ B의 기반암은 A의 기반암보다 풍화와 침식에 약하다.
④ C는 A보다 풍력 발전 단지 조성에 유리하다.
⑤ 목축업은 C보다 D에서 주로 이루어진다.

08

(가), (나) 지역에 대한 설명으로 옳은 것은? [3점]

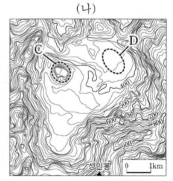

① A에서는 붉은색의 석회암 풍화토가 나타난다.
② C는 D보다 형성 시기가 이르다.
③ B와 D는 현무암질 용암이 골짜기를 메워 형성되었다.
④ 기반암의 형성 시기가 오래된 순으로 나열하면 A, B, D이다.
⑤ (가), (나) 지역 분지는 모두 하천의 차별 침식에 의해 형성되었다.

09

다음 자료는 우리나라 어느 지역의 지형도와 A–B 구간의 단면도이다. 이에 대한 설명으로 옳은 것만을 〈보기〉에서 고른 것은?

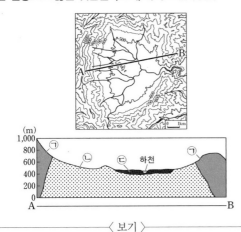

〈 보기 〉

ㄱ. ㉠의 기반암은 시·원생대의 변성암이 주를 이룬다.

ㄴ. ㉡은 경동성 요곡 운동으로 형성된 고위 평탄면이다.

ㄷ. ㉡의 기반암은 ㉣의 기반암보다 풍화와 침식에 대한 저항력이 약하다.

ㄹ. ㉡과 ㉢은 충적층이 넓게 발달하여 주로 벼농사가 이루어진다.

① ㄱ, ㄴ   ② ㄱ, ㄷ   ③ ㄴ, ㄷ   ④ ㄴ, ㄹ   ⑤ ㄷ, ㄹ

10

다음 자료의 ㉠~㉤에 대한 설명으로 옳지 <u>않은</u> 것은? [3점]

〈'국가 지질 공원의 지질 명소' 프로그램 제작 계획〉

• 촬영 지역 및 주요 촬영 장면

지각의 틈으로 분출한 용암이 기존의 하천을 메우면서 형성된 ㉠ 넓은 평지 형태의 지형	해발 고도가 ㉡ 낮은 평지를 ㉢ 높은 산지가 둘러싸고 있는 그릇 모양의 지형
한반도 모습과 비슷한 경관, 물이 하천 바닥을 깎아 ㉣ 산지 사이를 구불구불하게 흐르는 곡류 하천	기반암이 물에 의한 용식 작용을 받아 형성된 ㉤ 움푹 꺼진 모양의 지형

0 30km

① ㉠은 점성이 작은 현무암질 용암의 분출로 형성되었다.

② ㉣은 지반 융기의 영향을 반영한다.

③ ㉤의 지표에는 붉은색의 간대 토양이 주로 분포한다.

④ ㉡은 ㉢보다 주된 기반암의 형성 시기가 이르다.

⑤ ㉠의 주된 기반암은 화성암, ㉤의 주된 기반암은 퇴적암에 속한다.

11

다음 자료에 대한 설명으로 옳은 것은? (단, (가), (나)는 각각 여주, 평창 중 하나임.) [3점]

〈지역별 여행 정보와 관련 해시태그〉

지역	여행 정보	해시태그
영월	○ ㉠ 감입 곡류 하천이 만든 한반도 지형	#선암 마을
	○ 강에서 즐기는 레포츠의 메카, 동강	#래프팅
	○ 단종의 그리움이 깃든 나루터, 청령포	#하안 단구
(가)	○ 오감을 만족시키는 도자기 축제	#도자 체험 관광
	○ 대왕님표 쌀을 재배하는 넓은들 마을	#지리적 표시제
	○ ㉡ ○○강 자전거 길을 따라 떠나는 국토 여행	#여강길
(나)	○ 'HAPPY 700'에서 즐기는 눈꽃 축제	#대관령
	○ 청정 자연 속으로 풍덩, 어름치 마을	#자연 마을
	○ ㉢ 고위 평탄면에서 볼 수 있는 고랭지 배추와 풍력 발전기	#육백마지기

① (가)는 (나)보다 평균 해발 고도가 높다.

② (나)는 (가)보다 경지 중 논 면적 비율이 높다.

③ ㉠은 하천의 상류보다 하류에 잘 발달한다.

④ ㉡의 하구에는 하굿둑이 설치되어 있다.

⑤ ㉠, ㉢은 모두 신생대 지반 융기의 영향을 받았다.

12

밑줄 친 ㉠~㉢에 대한 옳은 설명만을 〈보기〉에서 고른 것은?

염해 방지를 위해 건설된 ㉠ 하굿둑이 있는 하천 하구 주변에서 철새 도래지를 볼 수 있음.

㉡ 사방이 산지로 둘러싸인 평지에는 농경지가 발달해 있고, 산지에서 보면 화채 그릇이 연상됨.

산지 사이의 계곡을 따라 ㉢ 굽이굽이 흐르는 하천에서 비경을 감상하며 래프팅을 즐길 수 있음.

〈 보기 〉

ㄱ. ㉠하구에는 대규모의 삼각주가 형성되어 있다.

ㄴ. ㉡은 암석의 차별적 풍화와 침식으로 형성된다.

ㄷ. ㉢은 측방 침식보다 하방 침식이 우세하다.

ㄹ. ㉢은 ㉠보다 평균 유량이 많다.

① ㄱ, ㄴ   ② ㄱ, ㄷ   ③ ㄴ, ㄷ   ④ ㄴ, ㄹ   ⑤ ㄷ, ㄹ

13

다음 글은 국립공원 소개 자료의 일부이다. ㉠~㉤에 대한 설명으로 옳은 것만을 〈보기〉에서 고른 것은? [3점]

> ○ ㉠ 북한산국립공원: 세계적으로 드문 대도시 속 자연공원으로 … (중략) … 지표에 드러난 암석이 오랜 세월에 걸쳐 풍화와 침식을 받아 형성된 인수봉 등의 ㉡ 바위 봉우리를 볼 수 있고 ….
>
> ○ ㉢ 지리산국립공원: 우리나라 최초의 국립공원인 지리산은 … (중략) … 산 전체가 흙으로 두텁게 덮여 있으며, 천왕봉과 노고단을 따라 여러 능선들이 완만하게 펼쳐져 있는데 ….
>
> ○ 한라산국립공원 : 사방이 바다로 둘러싸인 제주도, 그 한가운데 우뚝 솟은 한라산은 … (중략) … 산 정상의 ㉣ 백록담과 영실·병풍바위 등의 절경을 감상할 수 있으며 ….
>
> ○ 한려해상국립공원: 아름다운 바닷길 한려수도의 수역과 남해안 일부를 포함하는 … (중략) … 다양한 해안 지형과 중생대 ㉤ 경상 분지의 특징을 관찰할 수 있는 지질 학습의 장(場)으로 ….

〈 보기 〉
ㄱ. ㉠은 ㉢보다 산 정상부의 식생 밀도가 높다.
ㄴ. ㉡의 주된 기반암은 마그마가 관입하여 형성되었다.
ㄷ. ㉣은 화구가 함몰되어 형성된 칼데라호이다.
ㄹ. ㉤에는 공룡 발자국 화석이 분포한다.

① ㄱ, ㄴ   ② ㄱ, ㄷ   ③ ㄴ, ㄷ   ④ ㄴ, ㄹ   ⑤ ㄷ, ㄹ

14

표의 ㉠~㉤에 대한 설명으로 옳지 않은 것은? [3점]

〈지리 동아리 답사 계획〉

일정	답사 지역	활동 내용
4월	강원도 영월군	㉠ 산지 사이를 곡류하는 하천과 하천 주변에 발달한 ㉡ 하안 단구의 모습 사진 촬영하기
8월	충청북도 단양군	㉢ 석회 동굴 내부의 종유석, 석순, 석주 등 다양한 형태의 동굴 생성물 관찰하기
12월	전라남도 구례군	부채 모양의 ㉣ 선상지를 스케치하고 선정, 선앙, ㉤ 선단에 해당하는 곳을 표시하기

① ㉠은 하천의 하류보다 상류에서 주로 나타난다.
② ㉡에서는 둥근 모양의 자갈이 발견되기도 한다.
③ ㉢은 기반암이 지하에서 용식 작용을 받아 형성된다.
④ ㉣은 하천이 바다로 유입되는 하구에 잘 발달한다.
⑤ ㉤에서는 용천이 분포하여 취락이 입지한다.

15

다음 자료의 A~C에 대한 설명으로 옳은 것은? [3점]

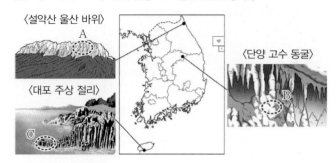

〈설악산 울산 바위〉 A
〈대포 주상 절리〉 C
〈단양 고수 동굴〉 B

① A의 주된 기반암은 조선 누층군에 주로 분포한다.
② B는 마그마가 관입하여 형성되었다.
③ C에서는 공룡 발자국 화석이 많이 발견된다.
④ A는 C보다 주된 기반암의 형성 시기가 이르다.
⑤ B는 화산 지형, C는 카르스트 지형이다.

16

다음 자료의 A~E에 대한 설명으로 옳은 것은?

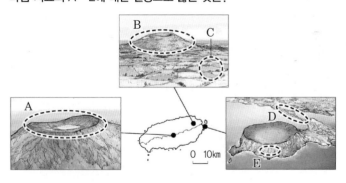

B   C
A
D
0 10km   E

① A는 화구의 함몰로 형성된 칼데라이다.
② B는 '오름' 등으로 불린다.
③ C에는 붉은색의 석회암 풍화토가 넓게 분포한다.
④ D는 주로 조류의 퇴적 작용으로 형성된다.
⑤ E는 시간이 지남에 따라 바다 쪽으로 성장한다.

17

다음 자료에 대한 옳은 설명만을 〈보기〉에서 고른 것은?

우리 조상들은 산줄기를 중심으로 국토를 인식 하였는데, 『산경표』에는 이러한 특징이 잘 드러 나 있다. 이를 지도로 표현한 산경도에는 □ □ 을 시작으로 대간(大幹)이 뻗어 나와 있 으며, 이 대간에서 1개의 정간(正幹)과 13개의 정맥(正脈)이 갈라져 나온다.

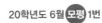

〈 보기 〉
ㄱ. ⊙은 백두산이다.
ㄴ. A와 B 지점은 서로 다른 하천 유역에 속한다.
ㄷ. 금강은 대간을 가로질러 흐른다.
ㄹ. 호남 지방과 호서 지방은 대간을 경계로 서로 구분된다.

① ㄱ, ㄴ　② ㄱ, ㄷ　③ ㄴ, ㄷ　④ ㄴ, ㄹ　⑤ ㄷ, ㄹ

18

(가), (나) 지역에 대한 설명으로 옳은 것은?

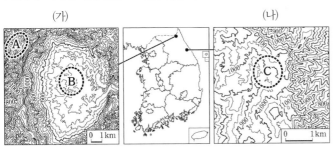

① (가)의 분지는 지하수의 용식 작용으로 형성되었다.
② (가)와 (나)에서는 공룡 발자국 화석이 발견된다.
③ C에서는 충적층이 넓게 발달하여 벼농사가 널리 이루어진다.
④ A의 기반암은 B의 기반암보다 형성 시기가 이르다.
⑤ C는 B보다 복사 냉각에 의한 기온 역전 현상이 자주 발생한다.

19

지도의 A~E에 대한 설명으로 옳은 것은? [3점]

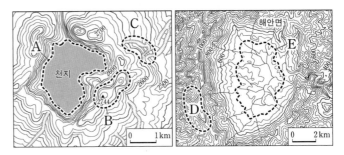

① C는 둘 이상의 돌리네가 연결된 우발라이다.
② A와 E는 화구의 함몰로 형성된 칼데라이다.
③ D의 기반암은 B의 기반암보다 먼저 형성되었다.
④ D의 기반암은 E의 기반암보다 차별적 풍화·침식에 약하다.
⑤ 한반도에서 E의 기반암은 B의 기반암보다 분포 면적이 좁다.

20

다음 글의 ⊙~ⓒ에 대한 설명으로 옳은 것만을 〈보기〉에서 있는 대로 고른 것은?

토양은 암석 풍화의 산물로 기후와 식생, 기반암, 시간 등에 따라 성질이 달라진다. 기후와 식생의 영향을 받아 형성된 토양으로 는 중부 및 남부 지방에 넓게 분포하는 ⊙ 갈색 삼림토, 개마고원 지역에 분포하는 회백색토가 대표적이다. 기반암(모암)의 성질이 많이 반영된 토양으로는 강원 남부, 충북 북동부 등에 분포하는 ⓒ 석회암 풍화토를 들 수 있다. 한편 토양 생성 기간이 비교적 짧 은 토양으로는 ⓒ 충적토, 염류토가 대표적이다.

〈 보기 〉
ㄱ. ⓒ의 기반암(모암)은 고생대 해성층에 주로 포함된다.
ㄴ. ⓒ은 주로 하천에 의해 운반된 물질이 퇴적되어 형성되었다.
ㄷ. ⊙은 간대토양, ⓒ은 성대 토양에 해당한다.

① ㄱ　② ㄴ　③ ㄱ, ㄴ　④ ㄴ, ㄷ　⑤ ㄱ, ㄴ, ㄷ

한눈에 정리하는
평가원 기출 경향

| 주제 \ 학년도 | **2025** | **2024** | **2023** |

기후 및 계절 특성
[9일차]
(빈출)

2025 — 9월 모평 15번

2. 다음 자료는 세 지역의 풍향을 나타낸 것이다. (가) 시기에 대한 (나) 시기의 상대적 특성으로 옳은 것만을 〈보기〉에서 고른 것은? (단, (가), (나)는 각각 1월, 7월 중 하나임.) [3점]

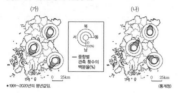

* 1991~2020년의 평년값임. (통계청)

〈보기〉
ㄱ. 평균 상대 습도가 높다.
ㄴ. 북풍 계열의 바람이 탁월하다.
ㄷ. 열대 저기압의 통과 횟수가 많다.
ㄹ. 시베리아 기단의 영향을 많이 받는다.

① ㄱ, ㄴ　② ㄱ, ㄷ　③ ㄴ, ㄷ　④ ㄴ, ㄹ　⑤ ㄷ, ㄹ

2024 — 수능 11번

4. 다음 자료는 네 계절에 개최되는 지역 축제를 나타낸 것이다. (가)~(라) 계절에 대한 설명으로 가장 적절한 것은? (단, (가)~(라)는 각각 봄, 여름, 가을, 겨울 중 하나임.) [3점]

① (나)에는 고랭지 채소 재배가 활발히 이루어진다.
② (다)에는 시베리아 기단의 확장으로 꽃샘추위가 발생한다.
③ (라)에는 월동을 대비해 김장을 한다.
④ (가)는 (나)보다 서고동저형의 기압 배치가 자주 나타난다.
⑤ (가)에는 (라)보다 평균 상대 습도가 높다.

2023 — 수능 4번

5. 다음 글의 (가)에 대한 (나)의 상대적 특성으로 옳은 것은? (단, (가), (나)는 각각 겨울과 여름 중 하나임.)

> 우리나라는 더위와 추위에 대비하여 대청마루와 온돌 같은 전통 가옥 시설이 발달하였다. 대청마루는 바람을 잘 통하게 하여 (가) 을 시원하게 지낼 수 있도록 설치되었다. 온돌은 아궁이의 열을 방으로 전달하여 (나) 을 따뜻하게 지낼 수 있도록 설치되었다. 대청마루는 중부 및 남부 지역에 발달한 한편, 온돌은 대부분의 지역에 발달하였다.

① 평균 상대 습도가 높다.
② 정오의 태양 고도가 높다.
③ 한파의 발생 일수가 많다.
④ 대류성 강수가 자주 발생한다.
⑤ 열대 저기압의 통과 횟수가 많다.

위도가 다른 지역의 기후 비교
[10일차]
(빈출)

2025 — 수능 13번

36. 그래프는 지도에 표시된 네 지역과 대전 간의 기후 값 차이를 나타낸 것이다. 이에 대한 설명으로 옳은 것은? (단, (가), (나) 시기는 각각 1월과 8월 중 하나임.)

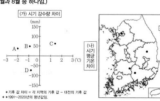

* 기후 값 차이 = 각 지역의 기후 값 − 대전의 기후 값
** 1991~2020년의 평년값임.

① C는 대전보다 기온의 연교차가 크다.
② A는 B보다 (가) 시기의 평균 기온이 높다.
③ C는 A보다 겨울 강수량이 많다.
④ A와 D의 위도 차이는 B와 C의 위도 차이보다 더 크다.
⑤ A~D 중 평균 열대야 일수가 가장 많은 곳은 B이다.

2024 — 수능 9번

4. 그래프의 (가)~(라)는 지도에 표시된 네 지역의 상대적 기후 특성을 나타낸 것이다. 이에 대한 설명으로 옳은 것은? [3점]

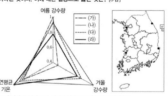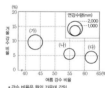

* 네 지역 중 가장 높은 지역의 값을 1로 했을 때의 상댓값임.
** 1991~2020년의 평년값임. (기상청)

① (가)는 (나)보다 최한월 평균 기온이 높다.
② (다)는 (나)보다 연 강수량이 많다.
③ (다)는 (라)보다 기온의 연교차가 크다.
④ (가)와 (라)는 서해안, (나)와 (다)는 동해안에 위치한다.
⑤ (가)~(라) 중 여름 강수 집중률이 가장 높은 곳은 (라)이다.

2023 — 수능 8번

7. 그래프는 지도에 표시된 세 지역의 기후 자료이다. (가)~(다)에 해당하는 지역을 지도의 A~C에서 고른 것은? [3점]

* 강수 비율은 원의 가운데 값임.
** 1991~2020년의 평년값임. (기상청)

	(가)	(나)	(다)			(가)	(나)	(다)
①	A	B	C		②	A	C	B
③	B	C	A		④	C	A	B
⑤	C	B	A					

위도가 비슷한 지역의 기후 비교
[10일차]

2023 — 6월 모평 9번

9. 표는 지도에 표시된 네 지역의 기후 값을 나타낸 것이다. (가)~(라) 지역에 대한 설명으로 옳은 것은? [3점]

구분	최난월 평균 기온 (℃)	강수 집중률(%)	
		여름 (6~9월)	겨울 (12월~2월)
(가)	19.7	51.2	8.1
(나)	23.8	31.6	22.8
(다)	25.6	59.5	5.2
(라)	25.0	45.8	9.2

* 1991~2020년의 평년값임. (기상청)

① (가)의 전통 가옥에는 우데기가 설치되어 있다.
② (나)는 (가)보다 연 강수량이 많다.
③ (다)는 (나)보다 기온의 연교차가 크다.
④ (라)는 (가)보다 해발 고도가 높다.
⑤ (다)는 동해안, (라)는 서해안에 위치해 있다.

2022 ~ 2019

---

9. 다음 자료는 네 지역의 풍향을 나타낸 것이다. (가), (나)에 대한 설명으로 옳은 것만을 〈보기〉에서 고른 것은? (단, (가), (나)는 각각 1월, 7월 중 하나임.)

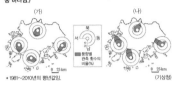

• 1981~2010년의 평년값임. (기상청)

〈보기〉
ㄱ. (가) 기후 특성에 대비하기 위해 관북 지방에서는 전통 가옥에 정주간을 설치하였다.
ㄴ. (나) 기후 특성에 대비하기 위해 남부 지방에서는 전통 가옥에 대청마루를 설치하였다.
ㄷ. (가)는 (나)보다 낮의 길이가 길다.
ㄹ. (나)는 (가)보다 시베리아 기단의 영향을 많이 받는다.

① ㄱ, ㄴ ② ㄱ, ㄷ ③ ㄴ, ㄷ ④ ㄴ, ㄹ ⑤ ㄷ, ㄹ

---

26. 다음은 세 지역의 축제를 나타낸 것이다. (가)~(다) 계절에 대한 설명으로 옳은 것은?

축제가 개최되는 계절	(가)	(나)	(다)
대표 축제			
축제 내용	서해안의 갯벌을 이용한 지역 축제로 매년 7월 충남 보령에서 개최된다.	농경 문화와 관련된 활동을 체험할 수 있는 축제로 매년 9월~10월 전북 김제에서 개최된다.	눈 조각 전시와 얼음 썰매 등의 체험을 할 수 있는 축제로 매년 1~2월 강원 태백에서 개최된다.

① (가)는 대륙성 기단의 영향을 주로 받는다.
② (나)는 이동성 고기압의 영향으로 맑은 날이 많다.
③ (다)는 남고북저형 기압 배치가 자주 나타난다.
④ (가)는 (다)보다 남북 간의 기온 차이가 크게 나타난다.
⑤ (나)는 (가)보다 열대야 발생 일수가 많다.

---

6. 다음은 기후 단원에 대한 한국 지리 수업 장면이다. 발표 내용이 가장 적절한 학생을 고른 것은?

3월 7일에 기온이 급격히 떨어진 이유에 대해 발표해 보세요.

① 갑 ② 을 ③ 병 ④ 정 ⑤ 무

---

23. 다음은 한국 지리 수업 시간에 제출한 수행 평가 과제물이다. ⊙~ⓒ에 대한 옳은 설명을 〈보기〉에서 고른 것은? [3점]

주제: 계절에 따라 나타나는 다양한 기후 현상

중국 내륙 건조 지역에서 발생하는 황사(黃沙)는 ⊙ 편서풍을 타고 우리나라에 사흘 이내에 도달한다. 기상청에 따르면 4~6월 국내에 유입되는 황사의 80% 정도가 이들 지역에서 발원한 것이라고 한다.

ⓒ 태풍이 강력한 기세로 한반도를 향해 북상함에 따라 경로와 규모에 주의를 기울이고 있다. 베란다 창문에 테이프를 붙이거나 젖은 신문지를 붙여 두면 강풍으로 인한 안전사고를 예방하는 데 도움이 된다.

오늘 낮 최고 기온은 서울 30.8℃, 홍천 31.5℃인 반면, 동해안 지역은 강릉 21.8℃, 속초 20.2℃로 동서 지역 간에 큰 기온 차를 보였다. 이는 늦봄에서 초여름 사이 영서 지방에 주로 나타나는 ⓒ 높새바람 때문이다.

〈보기〉
ㄱ. ⊙은 육지와 바다의 비열 차로 인해 발생한다.
ㄴ. ⓒ은 우리나라를 통과할 때 주로 대류성 강수를 동반한다.
ㄷ. ⓒ이 지속되면 영서 지방에 가뭄이 발생할 수 있다.
ㄹ. 우리나라 부근에서 ⓒ의 진행 방향은 ⊙의 영향을 받는다.

① ㄱ, ㄴ ② ㄱ, ㄷ ③ ㄴ, ㄷ ④ ㄴ, ㄹ ⑤ ㄷ, ㄹ

---

8. 그래프는 지도에 표시된 네 지역의 A, B 평균 기온 차이를 나타낸 것이다. 이에 대한 설명으로 옳은 것만을 〈보기〉에서 있는 대로 고른 것은? (단, A, B는 각각 겨울, 여름 중 하나임.) [3점]

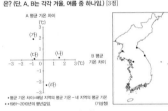

• 평균 기온 차이=해당 지역의 평균 기온 - 네 지역의 평균 기온
• 1981~2010년의 평년값임. (기상청)

〈보기〉
ㄱ. (가)는 (가)~(라) 중 가장 동쪽에 위치한다.
ㄴ. (나)와 (라) 간의 연 강수량 차이는 (가)와 (나)의 연 강수량 차이보다 크다.
ㄷ. (다)와 (라) 간의 겨울 평균 기온 차이는 (가)와 (나) 간의 겨울 평균 기온 차이보다 크다.
ㄹ. 기온의 연교차는 (라) > (가) > (나) > (다) 순으로 크다.

① ㄱ, ㄴ ② ㄴ, ㄹ ③ ㄷ, ㄹ
④ ㄱ, ㄴ, ㄷ ⑤ ㄱ, ㄷ, ㄹ

---

13. 그래프는 지도에 표시된 세 지역의 기후 자료이다. (가)~(다) 지역에 대한 설명으로 옳은 것은?

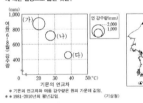

• 기온의 연교차와 여름 강수량은 원의 중심값임.
• 1981~2010년의 평년값임. (기상청)

① (가)의 최한월 평균 기온은 0℃ 미만이다.
② (나)의 전통 가옥에는 대부분 정주간이 있다.
③ (가)는 (다)보다 바다의 영향을 많이 받는다.
④ (다)는 (나)보다 봄꽃의 개화 시기가 이르다.
⑤ (가)~(다) 중 여름 강수 집중률이 가장 높은 곳은 (가)이다.

---

6. 그래프는 지도에 표시된 네 지역의 기후 자료이다. 이에 대한 설명으로 옳은 것은? (단, (가)~(라), A~D는 각각 지도에 표시된 지역 중 하나임.)

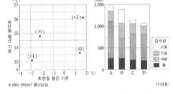

• 1981~2010년 평년값임.

강수량: 겨울 / 가을 / 여름 / 봄

① (가)는 A, (다)는 D이다.
② (가)는 (다)보다 고위도에 위치한다.
③ (나)는 (라)보다 겨울 강수량이 많다.
④ C는 A보다 기온의 연교차가 크다.
⑤ D는 B보다 최한월 평균 기온이 높다.

---

33. 그래프는 (가)~(다) 지역의 기후 특성을 나타낸 것이다. 이에 해당하는 지역을 지도의 A~D에서 고른 것은? [3점]

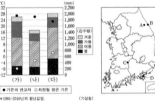

강수량: 겨울 / 가을 / 여름 / 봄

• 기온의 연교차 ● 최한월 평균 기온
• 1981~2010년의 평년값임. (기상청)

	(가)	(나)	(다)			(가)	(나)	(다)
①	A	B	C		②	A	C	D
③	C	A	B		④	C	B	D
⑤	D	C	B					

---

27. 표는 지도에 표시된 네 지역의 기후 특성을 나타낸 것이다. (가)~(라) 지역에 대한 설명으로 옳은 것은? [3점]

구분	(가)	(나)	(다)	(라)
최한월 평균 기온 (℃)	-1.5	-5.5	-7.7	1.4
기온의 연교차 (℃)	25.1	29.7	26.8	22.2
연 강수량 (mm)	826	1,405	1,898	1,383

• 1981~2010년의 평년값임. (기상청)

① (가)는 (다)보다 해발 고도가 높다.
② (가)는 (라)보다 겨울 강수량이 많다.
③ (나)는 (라)보다 바다의 영향을 많이 받는다.
④ (다)는 (나)보다 연평균 기온이 높다.
⑤ (라)는 (가)보다 일출 시각이 이르다.

---

31. 다음 글의 (가)~(라)에 해당하는 지역을 그래프의 A~D에서 고른 것은? (단, 그래프는 각각 (가)~(라) 지역과 강릉의 기후 값 차이를 나타낸 것임.) [3점]

(가) 강원도의 도청 소재지로 전형적인 분지이며, 댐 건설로 조성된 호수가 있어 '호반의 도시'로 불린다.
(나) 영동 지방과 영서 지방을 잇는 고개로 인근에 동계 올림픽 경기장과 풍력 발전 단지가 있으며, 고랭지 농업이 발달해 있다.
(다) 우리나라의 수위 도시로 중앙 정부 기관을 비롯하여 대기업의 본사, 금융 기관의 본점이 위치해 있다.
(라) 섬의 중앙에는 칼데라 분지가 있으며, 분지 내에는 중앙 화구구가 있어 전체적으로 이중 화산의 특징을 보이고 있다.

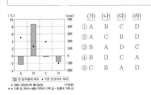

	(가)	(나)	(다)	(라)
①	A	B	C	D
②	A	C	B	D
③	B	A	D	C
④	B	D	C	A
⑤	C	B	A	D

---

14. 그래프는 지도에 표시된 네 지역의 기후 자료이다. (가)~(라) 지역에 대한 설명으로 옳은 것은? [3점]

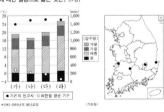

강수량: 겨울 / 가을 / 여름 / 봄
● 기온의 연교차 ○ 최한월 평균 기온
• 1981~2010년 평년값임. (기상청)

① (가)는 (나)보다 여름 강수 집중률이 높다.
② (가)는 (다)보다 연 평균 기온이 높다.
③ (다)는 (나)보다 최난월 평균 기온이 높다.
④ (나)는 (라)보다 해발 고도가 높다.
⑤ (가)는 서해안, (다)는 동해안에 위치한다.

기출 선지로 짚어 주는 **핵심 내용**

우리나라의 기후 특성

1 우리나라의 기후 특성

1 기온

(1) **기온의 지역 차**: 수륙 분포의 영향으로 해안 지역에서 내륙 지역으로 갈수록 기온이 낮아진다.

(2) **계절에 따른 기온 분포**: 1월이 8월보다 기온 분포의 지역 차가 크다.

(3) **기온의 연교차**

① 남해안에서 북부 내륙으로 갈수록 커진다.

② 내륙 지역이 해안 지역보다, 서해안 지역이 동해안 지역보다 연교차가 크다.

2 지역별 강수 분포

다우지	고온 다습한 남서 기류의 유입으로 바람받이 사면에서 지형성 강수 발생 → 제주도 남동 지역, 남해안 일부, 대관령, 한강 및 청천강 중·상류
소우지	• 바람그늘 지역 → 낙동강 중·상류 지역 • 해발 고도가 낮고 평탄한 지역
다설지	• 북서 계절풍의 영향 → 울릉도, 서해안과 소백산맥 서사면 지역 • 북동 기류의 영향 → 강원도 영동 산간 지역

3 바람 모아 보기

계절풍	• 여름 계절풍: 남풍 또는 남동풍이 탁월하다. • 겨울 계절풍: 북서풍 계열의 바람 빈도가 높다.
높새바람	• 늦봄에서 초여름 사이에 태백산맥을 넘어 영서 지방으로 부는 북동풍이다. 기억해 • 높새바람이 불 때 영서 지방은 영동 지방보다 기온이 높다. • 높새바람이 지속되면 영서 지방에 가뭄이 발생할 수 있다.
해륙풍	• 해안 지방에서 부는 바람으로, 흐린 날보다 맑은 날에 강하게 분다. • 낮에는 해풍(바다 → 육지)이, 밤에는 육풍(육지 → 바다)이 주로 분다.

2 우리나라의 계절 특성

봄	• 이동성 고기압과 저기압이 교대로 통과하고, 꽃샘추위가 나타난다. • 대기가 건조하여 산불 발생 빈도가 높고, 높새바람이 분다.
여름	• 장마 전선을 따라 다습한 남서 기류가 유입되면 집중 호우가 발생한다. • 고온 다습한 날씨가 지속되면서 열대야 및 열대일이 나타난다. • 겨울보다 해양성 기단의 영향을 많이 받는다.
가을	이동성 고기압의 영향으로 맑은 날이 많고 습도가 낮다.
겨울	• 시베리아 고기압의 주기적인 강약으로 기온 하강과 상승이 반복된다. • 북서 계절풍이나 북동 기류의 영향으로 일부 지역에 폭설이 발생한다. • 서고동저형 기압 배치가 주로 나타난다.

▶ 기/출/선/지 **모아** 보기

24학년도 수능 11번

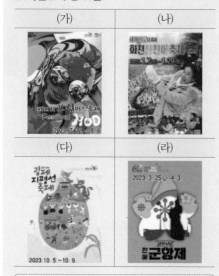

* (가)는 여름, (나)는 겨울, (다)는 가을, (라)는 봄에 해당된다.

① (나)에는 고랭지 채소 재배가 활발히 ~~이루어진~~ 다 이루어지지 않는다.

② ~~(바)~~ (라)에는 시베리아 기단의 확장으로 꽃샘추위가 발생한다.

③ ~~(바)~~ (다)에는 월동을 대비해 김장을 한다.

④ (가)에는 (나)보다 ~~서고동저형~~ 남고북저형 기압 배치가 자주 나타난다.

⑤ (가)에는 (라)보다 평균 상대 습도가 높다.

22 수능 ㄱ. ~~(바)~~ (나) 기후 특성에 대비하기 위해 관북 지방에서는 전통 가옥에 정주간을 설치하였다.

ㄴ. ~~(바)~~ (가) 기후 특성에 대비하기 위해 남부 지방에서는 전통 가옥에 대청마루를 설치하였다.

ㄷ. (가)는 (나)보다 낮의 길이가 길다.

22 모평 ㄴ. ⊕ (가)에는 주로 대류성 강수가 내린다.

21 모평 ① (가)는 ~~대류성~~ 해양성 기단의 영향을 주로 받는다.

② ~~(바)~~ (다)는 이동성 고기압의 영향으로 맑은 날이 많다.

④ (가)는 ~~(바)~~ (나)보다 남북 간의 기온 차이가 ~~크게~~ 작게 나타난다.

⑤ ~~(바)~~ (다)는 (가)보다 열대야 발생 일수가 ~~많다~~ 적다.

01 대표 문제

25학년도 9월 모평 12번

다음은 우리나라 여름 기후 현상에 대한 강의 장면이다. (가)~(라)에 해당하는 지역으로 옳은 것은?

〈우리나라 무더위 지표〉

여름 무더위 지표로 폭염 일수와 열대야 일수가 사용됩니다. 폭염일은 일 최고기온이 33℃ 이상인 날로, 맑은 날씨가 지속될 때 잘 발생합니다. 특히 바람이 약한 내륙 분지에서 빈번하게 관측됩니다. 열대야일은 야간에 일 최저기온이 25℃ 이상인 날로, 열을 저장하는 수증기가 많은 해안 지역에서 잘 발생합니다. 한편 산업화와 도시화의 영향으로 최근 대도시 지역에서도 열대야 일수가 증가했습니다. 비가 내리면 무더위가 사라지기도 합니다.

지역	폭염 일수(일)	열대야 일수(일)	여름 강수량(mm)
(가)	27.6	17.4	598.4
(나)	3.0	31.0	859.1
(다)	8.8	12.5	892.1
(라)	1.2	0.1	693.3

*1991~2020년의 평년값임.　　　　　(기상청)

	(가)	(나)	(다)	(라)
①	대구	서울	서귀포	태백
②	대구	서귀포	서울	태백
③	대구	태백	서귀포	서울
④	서귀포	서울	대구	태백
⑤	서귀포	태백	대구	서울

02

25학년도 9월 모평 15번

다음 자료는 세 지역의 풍향을 나타낸 것이다. (가) 시기에 대한 (나) 시기의 상대적 특성으로 옳은 것만을 〈보기〉에서 고른 것은? (단, (가), (나)는 각각 1월, 7월 중 하나임.) [3점]

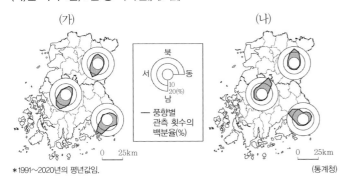

*1991~2020년의 평년값임.　　　　　(통계청)

─〈 보기 〉─
ㄱ. 평균 상대 습도가 높다.
ㄴ. 북풍 계열의 바람이 탁월하다.
ㄷ. 열대 저기압의 통과 횟수가 많다.
ㄹ. 시베리아 기단의 영향을 많이 받는다.

① ㄱ, ㄴ   ② ㄱ, ㄷ   ③ ㄴ, ㄷ   ④ ㄴ, ㄹ   ⑤ ㄷ, ㄹ

03

24학년도 6월 모평 6번

다음은 온라인 수업 장면이다. 답글 내용이 옳은 학생만을 있는 대로 고른 것은? (단, (가), (나)는 각각 1월, 7월 중 하나임.) [3점]

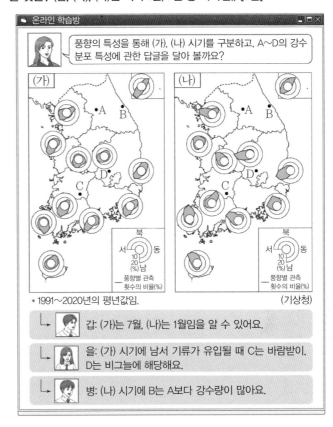

풍향의 특성을 통해 (가), (나) 시기를 구분하고, A~D의 강수 분포 특성에 관한 답글을 달아 볼까요?

*1991~2020년의 평년값임.　　　　　(기상청)

└ 갑: (가)는 7월, (나)는 1월임을 알 수 있어요.

└ 을: (가) 시기에 남서 기류가 유입될 때 C는 바람받이, D는 비그늘에 해당해요.

└ 병: (나) 시기에 B는 A보다 강수량이 많아요.

① 갑   ② 을   ③ 갑, 병   ④ 을, 병   ⑤ 갑, 을, 병

04

24학년도 수능 11번

다음 자료는 네 계절에 개최되는 지역 축제를 나타낸 것이다. (가)~(라) 계절에 대한 설명으로 가장 적절한 것은? (단, (가)~(라)는 각각 봄, 여름, 가을, 겨울 중 하나임.) [3점]

① (나)에는 고랭지 채소 재배가 활발히 이루어진다.
② (다)에는 시베리아 기단의 확장으로 꽃샘추위가 발생한다.
③ (라)에는 월동을 대비해 김장을 한다.
④ (가)에는 (나)보다 서고동저형의 기압 배치가 자주 나타난다.
⑤ (가)에는 (라)보다 평균 상대 습도가 높다.

23학년도 수능 4번

다음 글의 (가)에 대한 (나)의 상대적 특성으로 옳은 것은? (단, (가), (나)는 각각 겨울과 여름 중 하나임.)

우리나라는 더위와 추위에 대비하여 대청마루와 온돌 같은 전통 가옥 시설이 발달하였다. 대청마루는 바람을 잘 통하게 하여 (가) 을 시원하게 지낼 수 있도록 설치되었다. 온돌은 아궁이의 열을 방으로 전달하여 (나) 을 따뜻하게 지낼 수 있도록 설치되었다. 대청마루는 중부와 남부 지역에 발달한 한편, 온돌은 대부분의 지역에 발달하였다.

① 평균 상대 습도가 높다.
② 정오의 태양 고도가 높다.
③ 한파의 발생 일수가 많다.
④ 대류성 강수가 자주 발생한다.
⑤ 열대 저기압의 통과 횟수가 많다.

06

20학년도 9월 모평 11번

다음은 기후 단원에 대한 한국 지리 수업 장면이다. 발표 내용이 가장 적절한 학생을 고른 것은?

3월 7일에 기온이 급격히 떨어진 이유에 대해 발표해 보세요.

갑: 시베리아 기단이 일시적으로 확장하여 한반도에 영향을 주었기 때문입니다.

을: 열대 이동성 저기압이 한반도를 통과했기 때문입니다.

병: 바람이 산맥을 넘으면서 푄 현상이 나타났기 때문입니다.

정: 전선을 따라 남서 기류가 유입되었기 때문입니다.

무: 북태평양 고기압이 한반도 전역에 강한 영향을 주었기 때문입니다.

① 갑   ② 을   ③ 병   ④ 정   ⑤ 무

23학년도 9월 모평 14번

그래프는 지도에 표시된 네 지역과 서울 간의 (가), (나) 시기별 강수량 차이를 나타낸 것이다. 이에 대한 설명으로 옳은 것만을 〈보기〉에서 있는 대로 고른 것은? (단, (가), (나) 시기는 각각 겨울철(12~2월), 여름철(6~8월) 중 하나임.)

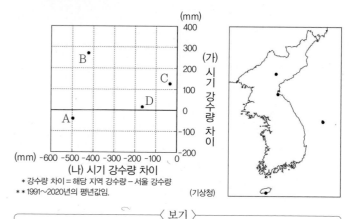

* 강수량 차이 = 해당 지역 강수량 - 서울 강수량
** 1991~2020년의 평년값임.
(기상청)

〈 보기 〉
ㄱ. (가) 시기는 겨울철, (나) 시기는 여름철이다.
ㄴ. A는 C보다 해발 고도가 높다.
ㄷ. B는 C보다 열대야 발생 일수가 많다.
ㄹ. D는 B보다 기온의 연교차가 크다.

① ㄱ, ㄴ   ② ㄱ, ㄷ   ③ ㄷ, ㄹ
④ ㄱ, ㄴ, ㄹ   ⑤ ㄴ, ㄷ, ㄹ

22학년도 6월 모평 7번

다음은 학생이 수업 시간에 정리한 내용의 일부이다. ㉠~㉢에 대한 옳은 설명만을 〈보기〉에서 고른 것은? [3점]

우리나라의 바람

○ 계절풍: 계절에 따라 풍향이 달라지는 바람이다. 여름에는 ㉠ 남서풍 혹은 남동풍이 주로 불며, ㉡ 겨울에는 북서풍이 탁월하다.
○ ㉢ 높새바람: 늦봄에서 초여름 사이에 북동풍이 태백산맥을 넘으면서 ㉣ 푄 현상을 동반할 때 영서 지방에 부는 바람이다.

〈 보기 〉
ㄱ. ㉠은 주로 서고동저의 기압 배치에 의해 나타난다.
ㄴ. ㉡에는 주로 대류성 강수가 내린다.
ㄷ. ㉢이 불 때 영서 지방에 이상 고온 현상이 나타난다.
ㄹ. ㉣이 발생할 때 바람받이 사면이 바람그늘 사면보다 습윤하다.

① ㄱ, ㄴ   ② ㄱ, ㄷ   ③ ㄴ, ㄷ   ④ ㄴ, ㄹ   ⑤ ㄷ, ㄹ

09

22학년도 수능 20번

다음 자료는 네 지역의 풍향을 나타낸 것이다. (가), (나)에 대한 설명으로 옳은 것만을 〈보기〉에서 고른 것은? (단, (가), (나)는 각각 1월, 7월 중 하나임.)

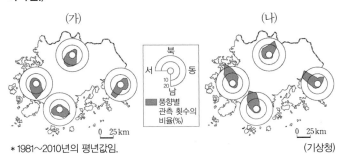

* 1981~2010년의 평년값임.

(기상청)

〈 보기 〉

ㄱ. (가) 기후 특성에 대비하기 위해 관북 지방에서는 전통 가옥에 정주간을 설치하였다.

ㄴ. (나) 기후 특성에 대비하기 위해 남부 지방에서는 전통 가옥에 대청마루를 설치하였다.

ㄷ. (가)는 (나)보다 낮의 길이가 길다.

ㄹ. (나)는 (가)보다 시베리아 기단의 영향을 많이 받는다.

① ㄱ, ㄴ ② ㄱ, ㄷ ③ ㄴ, ㄷ ④ ㄴ, ㄹ ⑤ ㄷ, ㄹ

10

23학년도 7월 학평 3번

다음은 한국지리 온라인 수업의 한 장면이다. 교사의 질문에 옳게 답한 학생만을 고른 것은?

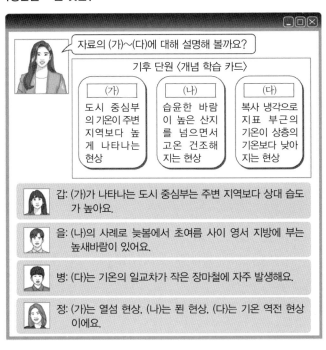

① 갑, 을 ② 갑, 병 ③ 을, 병 ④ 을, 정 ⑤ 병, 정

11

20학년도 6월 모평 2번

다음은 기후 단원에 대한 한국 지리 수업 장면의 일부이다. (가)에 들어갈 내용으로 옳은 것은? [3점]

교사: 다음에서 설명하는 용어에 해당하는 글자를 〈글자판〉에서 찾아 하나씩 지우세요.

• 도시 중심부의 기온이 주변부보다 높게 나타나는 현상
• 6~7월 정체 전선의 영향으로 장기간에 걸쳐 많은 비가 내리는 현상
• 겨울철 시베리아 기단의 주기적인 강약으로 기온의 상승과 하강이 반복되는 현상

〈글자판〉

마	온	높	바
섬	한	열	사
장	삼	새	람

교사: 남은 글자를 모두 활용하여 만들 수 있는 용어에 대해 설명해 보세요.

학생: _____(가)_____ 입니다.

① 하루 중 밤의 최저 기온이 25℃ 이상인 현상

② 지표면 가열에 의해 낮 동안 발생하는 대류성 강수

③ 북태평양 고기압의 영향으로 불어오는 고온 다습한 바람

④ 복사 냉각으로 지표 부근의 기온이 상층의 기온보다 낮아지는 현상

⑤ 늦봄에서 초여름 사이에 태백산맥을 넘어 영서 지방으로 부는 북동풍

12

23학년도 3월 학평 5번

다음 자료의 (가)~(다)에 대한 설명으로 옳은 것은? (단, (가)~(다)는 각각 겨울, 장마철, 한여름 중 하나임.)

〈계절별 냉·난방기 사용 안내〉

○ 황사와 미세 먼지가 잦은 봄·가을에는 공기 청정 기능을 이용해 깨끗하고 쾌적한 실내 공기를 유지해 보세요.

○ 잦은 비로 습기가 많은 (가) 에는 제습 기능을 사용하여 뽀송뽀송한 실내를 만들 수 있어요.

○ 무더운 (나) 에는 초강력 냉방 기능으로 더 빠르고 시원하게 더위를 식혀 보세요.

○ 한파가 이어지는 (다) 에는 난방 기능으로 실내 공기를 따뜻하게 데울 수 있어요.

① (가)에는 서고동저형의 기압 배치가 자주 나타난다.

② (나)의 무더위에 대비한 전통 가옥 시설에는 정주간이 있다.

③ (다)에는 강한 일사에 의한 대류성 강수가 자주 발생한다.

④ (가)는 (다)보다 평균 기온이 낮다.

⑤ (다)는 (나)보다 서리 일수가 많다.

13

다음은 학생이 작성한 지리 탐구 보고서의 일부이다. (나) 계절과 비교한 (가) 계절의 상대적 특징으로 옳은 것은? (단, (가), (나)는 각각 겨울, 여름 중 하나임.)

○ 탐구 목표 : 고전 문학 속 계절 특성 이해
○ 탐구 내용 : 사미인곡(思美人曲)에서의 (가), (나) 계절 특성

계절	내용 및 현대어 풀이
(가)	乾건坤곤이 閉폐塞식ᄒᆞ야 白빅雪셜이 흔 비친 제… 현대어 풀이 ⇒ 하늘과 땅이 추위에 얼어붙어 생기가 막히고 흰 눈으로 온통 덮여있을 때…
(나)	곳 디고 새닙 나니 綠녹陰음이 ᄭᆞᆯ렷ᄂᆞᆫᄃᆡ… 현대어 풀이 ⇒ 꽃이 지고 새 잎이 나니 푸른 잎이 우거진 수풀이 땅에 무성한데…

① 낮의 길이가 길다.
② 평균 상대 습도가 높다.
③ 한파 발생 일수가 많다.
④ 열대야 발생 일수가 많다.
⑤ 북서풍에 비해 남서풍이 주로 분다.

15

다음 자료의 (가) 지역에 대한 (나) 지역의 상대적 특성을 그림의 A~E에서 고른 것은?

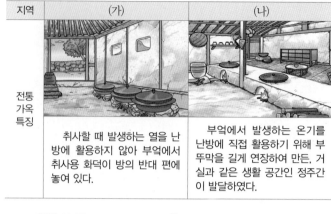

지역	(가)	(나)
전통 가옥 특징	취사할 때 발생하는 열을 난방에 활용하지 않아 부엌에서 취사용 화덕이 방의 반대 편에 놓여 있다.	부엌에서 발생하는 온기를 난방에 직접 활용하기 위해 부뚜막을 길게 연장하여 만든, 거실과 같은 생활 공간인 정주간이 발달하였다.

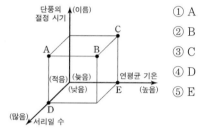

① A
② B
③ C
④ D
⑤ E

14

다음은 한국지리 온라인 학습 장면의 일부이다. 답글 ㉠~㉤ 중에서 가장 적절한 것은?

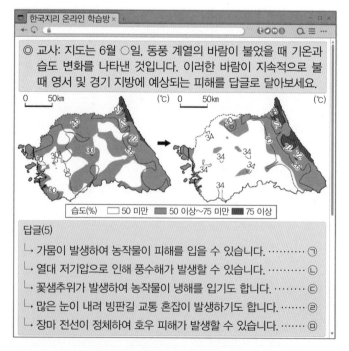

◎ 교사: 지도는 6월 ○일, 동풍 계열의 바람이 불었을 때 기온과 습도 변화를 나타낸 것입니다. 이러한 바람이 지속적으로 불 때 영서 및 경기 지방에 예상되는 피해를 답글로 달아보세요.

습도(%) □ 50 미만 ▨ 50 이상~75 미만 ▧ 75 이상

답글(5)
└ 가뭄이 발생하여 농작물이 피해를 입을 수 있습니다. ········ ㉠
└ 열대 저기압으로 인해 풍수해가 발생할 수 있습니다. ······· ㉡
└ 꽃샘추위가 발생하여 농작물이 냉해를 입기도 합니다. ···· ㉢
└ 많은 눈이 내려 빙판길 교통 혼잡이 발생하기도 합니다. ··· ㉣
└ 장마 전선이 정체하여 호우 피해가 발생할 수 있습니다. ··· ㉤

① ㉠   ② ㉡   ③ ㉢   ④ ㉣   ⑤ ㉤

16

다음 글의 (가), (나)에 대한 설명으로 옳은 것만을 <보기>에서 고른 것은? (단, (가), (나)는 각각 겨울과 여름 중 하나임.) [3점]

전통적으로 우리나라는 1년을 24절기로 구분하고 이를 농사의 기준으로 삼았다. 예를 들어 망종(芒種)은 곡식의 종자를 뿌리기에 적당한 시기라는 뜻으로 모내기에 알맞은 때이다. 망종 이후의 하지(夏至), 소서(小暑), 대서(大暑) 등은 농작물의 생장이 활발한 (가) 과 관련된 절기에 해당한다. 상강(霜降)은 서리가 내리는 시기라는 뜻으로 추수를 마무리하는 때이다. 상강이 지나고 들어서는 입동(立冬), 소설(小雪), 대설(大雪), 동지(冬至) 등이 (나) 과 관련된 절기에 해당한다.

〈 보기 〉
ㄱ. (가)에는 서고동저형의 기압 배치가 자주 나타난다.
ㄴ. (나)에는 강한 일사에 의한 대류성 강수가 자주 발생한다.
ㄷ. (가)는 (나)보다 하루 중 낮 길이가 길다.
ㄹ. (나)는 (가)보다 남북 간의 기온 차이가 크다.

① ㄱ, ㄴ   ② ㄱ, ㄷ   ③ ㄴ, ㄷ   ④ ㄴ, ㄹ   ⑤ ㄷ, ㄹ

17

다음은 (가)~(다) 시기의 기상 뉴스이다. 이에 대한 설명으로 옳은 것은?

(가) 전국이 ㉠ 장마 전선의 영향권에 들면서 많은 비가 이어지고 있습니다. 특히 밤사이 수증기의 유입으로 비구름이 발달하면서 새벽부터 중부 지방을 중심으로 집중 호우가 예상되니 피해에 주의해 주시기 바랍니다.

(나) 폭염의 기세가 꺾일 줄을 모르고 있습니다. 전국 대부분 지역에 폭염 특보가 계속되고 있으며, 낮 최고 기온이 35℃를 넘는 곳도 있겠습니다. 무더위 속 일부 지역에는 ㉡ 소나기가 내리겠습니다.

(다) 오늘은 옷장에 넣어 두었던 따뜻한 외투를 다시 챙겨 입고 나오셔야겠습니다. ㉢ 꽃샘추위가 찾아오면서 기온이 큰 폭으로 떨어져 내륙 곳곳에는 한파주의보가 내려졌습니다.

① (나) 시기에는 주로 서고동저형의 기압 배치가 나타난다.
② (가) 시기는 (다) 시기보다 대체로 기온의 일교차가 크다.
③ ㉠은 한대 기단과 열대 기단의 경계면을 따라 형성된다.
④ ㉡은 바람받이 사면을 따라 발생하는 지형성 강수에 해당한다.
⑤ ㉢은 북태평양 고기압이 한반도 전역에 영향을 미칠 때 주로 발생한다.

18

다음 글의 (가), (나) 지역에 해당하는 기후 그래프를 〈보기〉에서 고른 것은? [3점]

(가) 신생대의 화산 활동으로 형성된 경사가 급한 종 모양의 섬이다. 이 섬의 중앙부에는 나리 분지가 있고, 분지 안에는 우데기를 설치한 전통 가옥이 남아 있다.

(나) 영서 지방과 영동 지방의 명칭은 태백산맥에 위치한 이 지역의 서쪽과 동쪽이라는 데에서 유래하였다. 이 지역 일대에서는 고랭지 농업 및 목축업이 활발하게 이루어지고 있다.

〈 보기 〉

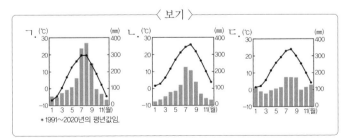

*1991~2020년의 평년값임.

  (가) (나)   (가) (나)   (가) (나)
① ㄱ ㄴ   ② ㄴ ㄱ   ③ ㄴ ㄷ
④ ㄷ ㄱ   ⑤ ㄷ ㄴ

19

다음 자료의 (가), (나) 지역을 지도의 A~C에서 고른 것은?

(가) 에서 사용되는 'HAPPY700'은 해발 고도가 높은 곳에 위치하여 여름에도 시원하다는 의미를 담고 있다. 이 지역에서는 양떼 목장, 풍력 발전기 등 색다른 경관도 즐길 수 있다.

(나) 은/는 풍향과 지형 등의 영향으로 강설량이 매우 많다. 이 지역 전통 가옥의 우데기는 많은 눈이 쌓였을 때 생활 공간을 확보하기 위해 설치한 것으로, 자연환경에 적응한 사례로 손꼽힌다.

   (가) (나)
① A   B
② A   C
③ B   A
④ C   A
⑤ C   B

20

다음 글의 (가)~(다) 계절에 대한 옳은 설명만을 〈보기〉에서 고른 것은? (단, (가)~(다)는 각각 봄, 한여름, 겨울 중 하나임.) [3점]

〈 계절에 따라 달라지는 편의점 제품 진열 전략 〉

(가) 꽃샘추위, 황사 현상이 나타나는 시기에 마스크, 구강 청결제, 렌즈 세정액 등 위생용품을 충분히 확보하고 진열 면적을 확대한다.

(나) 한파가 찾아오는 등 날씨가 추워지는 시기에 캔 커피, 쌍화차 등을 온장고에 진열하고, 찐빵, 어묵 등을 입구 가까운 곳으로 이동시킨다.

(다) 불볕더위가 지속되는 시기에 생수, 탄산음료 등의 진열 면적을 확대한다. 피서객이 급증하는 휴가철에는 여행용 세정 용품, 자외선 차단제 등을 눈에 띄는 곳에 진열한다.

〈 보기 〉

ㄱ. (가)는 열대 저기압에 의한 피해가 자주 발생한다.
ㄴ. (나)는 서고동저형의 기압 배치가 자주 나타난다.
ㄷ. (가)는 (다)보다 산불 발생 빈도가 높다.
ㄹ. (나)는 (다)보다 대류성 강수가 자주 발생한다.

① ㄱ, ㄴ   ② ㄱ, ㄷ   ③ ㄴ, ㄷ   ④ ㄴ, ㄹ   ⑤ ㄷ, ㄹ

21

다음은 기후와 관련된 고문헌 내용의 일부이다. 이에 대한 옳은 설명만을 〈보기〉에서 고른 것은?

○ 임금이 대신에게 이르기를, "겨울에는 추워야 마땅한데 일기가 따뜻하고, 눈이 와야 마땅한데 눈이 오지 아니하니, 이는 심히 상서롭지 못하다." 하니, 병조 판서 조말생이 아뢰기를, "겨울에 춥지 아니하면 반드시 ㉠ 봄 추위가 있고, 보리와 밀은 무성할 것입니다." 하였다.
　　　　　　　　　　　　　　　　　　　　　　　　　－ 『세종실록』 －
○ 인종 18년에 ㉡ 간풍(샛바람)이 5일이나 불어 백곡과 초목이 과반이나 말라 죽었고, 지렁이가 길 한가운데 나와 죽어 있는 것이 한줌가량 되었다.
　　　　　　　　　　　　　　　　　　　　　　　　　－ 『고려사』 －
○ "성주 지방은 6월 8일부터 13일까지 ㉢ 비가 내려 홍수가 났으며, 김해 지방은 6월 5일부터 11일까지 비가 내려 가옥 88채가 물에 잠겨 쓰러졌는데 … "
　　　　　　　　　　　　　　　　　　　　　　　　　－ 『중종실록』 －

〈 보기 〉
ㄱ. ㉠은 남고북저형 기압 배치가 우세할 때 주로 나타난다.
ㄴ. ㉡이 지속될 때 영서 지방에는 가뭄이 발생한다.
ㄷ. ㉢은 대류성 강수에 해당된다.
ㄹ. ㉢이 내리는 시기는 ㉠이 나타나는 시기보다 기온의 일교차가 작다.

① ㄱ, ㄴ　　② ㄱ, ㄷ　　③ ㄴ, ㄷ　　④ ㄴ, ㄹ　　⑤ ㄷ, ㄹ

22

그래프는 지도에 표시된 세 지역의 기온 변화를 나타낸 것이다. 이에 대한 분석으로 옳은 것만을 〈보기〉에서 고른 것은? [3점]

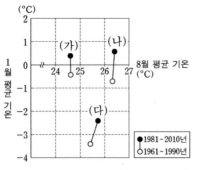

* 세 지점의 기온 값은 각 시기별 기온의 평년값임. (기상청)

〈 보기 〉
ㄱ. 평균 기온의 변화는 1월보다 8월이 더 뚜렷하다.
ㄴ. 8월 평균 기온 상승 폭이 가장 큰 곳은 서울이다.
ㄷ. 대구는 강릉보다 1월 평균 기온의 상승 폭이 더 크다.
ㄹ. (가)와 (다)의 위도 차이가 (가)와 (나)의 위도 차이보다 더 크다.

① ㄱ, ㄴ　　② ㄱ, ㄷ　　③ ㄴ, ㄷ　　④ ㄴ, ㄹ　　⑤ ㄷ, ㄹ

23

다음은 한국 지리 수업 시간에 제출한 수행 평가 과제물이다. ㉠~㉢에 대한 옳은 설명을 〈보기〉에서 고른 것은? [3점]

주제: 계절에 따라 나타나는 다양한 기후 현상

중국 내륙 건조 지역에서 발생하는 황사(黃沙)는 ㉠ 편서풍을 타고 우리나라에 사흘 이내에 도달한다. 기상청에 따르면 4~6월 국내에 유입되는 황사의 80% 정도가 이들 지역에서 발원한 것이라고 한다.

㉡ 태풍이 강력한 기세로 한반도를 향해 북상함에 따라 경로와 규모에 주의를 기울이고 있다. 베란다 창문에 테이프를 붙이거나 젖은 신문지를 붙여 두면 강풍에 의한 안전사고를 예방하는 데 도움이 된다.

오늘 낮 최고 기온은 서울 30.8℃, 홍천 31.5℃인 반면, 동해안 지역은 강릉 21.8℃, 속초 20.2℃로 동서 지역 간에 큰 기온 차를 보였다. 이는 늦봄에서 초여름 사이 영서 지방에 주로 나타나는 ㉢ 높새바람 때문이다.

〈 보기 〉
ㄱ. ㉠은 육지와 바다의 비열 차로 인해 발생한다.
ㄴ. ㉡은 우리나라를 통과할 때 주로 대류성 강수를 동반한다.
ㄷ. ㉢이 지속되면 영서 지방에 가뭄이 발생할 수 있다.
ㄹ. 우리나라 부근에서 ㉡의 진행 방향은 ㉠의 영향을 받는다.

① ㄱ, ㄴ　　② ㄱ, ㄷ　　③ ㄴ, ㄷ　　④ ㄴ, ㄹ　　⑤ ㄷ, ㄹ

24

다음 자료는 두 지역의 축제를 나타낸 것이다. (가), (나)의 기후 특징에 대한 설명으로 옳은 것은? (단, (가), (나)는 각각 겨울, 여름 중 하나임.)

개최 시기	(가)	(나)
축제 포스터	보령 머드 축제	❄대관령 눈꽃 축제

① (가)에는 서고동저형의 기압 배치가 전형적으로 나타난다.
② (나)에는 장마와 열대 저기압에 의해 피해가 발생한다.
③ (가)는 (나)보다 상대 습도가 높다.
④ (가)는 (나)보다 평균 풍속이 빠르다.
⑤ (나)는 (가)보다 남북 간의 기온 차이가 작다.

25

다음은 한국 지리 수업 시간에 작성한 학습 노트이다. ㉠~㉤에 대한 옳은 설명을 〈보기〉에서 고른 것은? [3점]

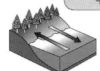

주제: 바람의 유형과 발생 원리

해안 지방에 부는 ㉠ 해륙풍은 하루 동안 교대로 분다. 지표면의 온도가 해수면보다 빨리 올라가서 육지는 저기압이 되고 바다는 고기압이 되면 ㉡ 해풍이, 그 반대가 되면 ㉢ 육풍이 분다.

습윤한 바람이 바람받이 사면을 타고 충분히 상승하면 수증기가 응결하면서 ㉣ 비가 내린다. 이후 산을 넘은 공기가 바람그늘 사면을 따라 하강할 때는 고온 건조한 성질의 바람으로 변화한다. 이러한 현상의 사례로 ㉤ 높새바람이 있다.

〈 보기 〉

ㄱ. ㉠은 흐린 날보다 맑은 날에 강하게 분다.

ㄴ. 낮에는 주로 ㉡이, 밤에는 주로 ㉢이 분다.

ㄷ. ㉣의 강수 유형은 대류성 강수이다.

ㄹ. ㉤이 불 때 영동 지방은 영서 지방보다 기온이 높다.

① ㄱ, ㄴ   ② ㄱ, ㄷ   ③ ㄴ, ㄷ   ④ ㄴ, ㄹ   ⑤ ㄷ, ㄹ

26

다음은 세 지역의 축제를 나타낸 것이다. (가)~(다) 계절에 대한 설명으로 옳은 것은?

축제가 개최되는 계절	(가)	(나)	(다)
대표 축제			
축제 내용	서해안의 갯벌을 이용한 지역 축제로 매년 7월 충남 보령에서 개최된다.	농경 문화와 관련된 활동을 체험할 수 있는 축제로 매년 9월~10월 전북 김제에서 개최된다.	눈 조각 전시와 얼음 썰매 등의 체험을 할 수 있는 축제로 매년 1~2월 강원 태백에서 개최된다.

① (가)는 대륙성 기단의 영향을 주로 받는다.

② (나)는 이동성 고기압의 영향으로 맑은 날이 많다.

③ (다)는 남고북저형 기압 배치가 자주 나타난다.

④ (가)는 (다)보다 남북 간의 기온 차이가 크게 나타난다.

⑤ (나)는 (가)보다 열대야 발생 일수가 많다.

27

지도는 두 시기의 평균 상대 습도를 나타낸 것이다. (가) 시기에 대한 (나) 시기의 상대적 특성을 그림의 A~E에서 고른 것은? (단, (가), (나)는 각각 1월, 7월 중 하나임.)

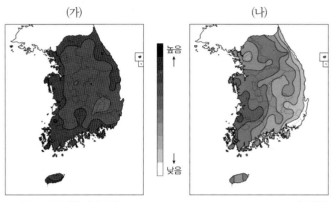

* 1991~2020년의 평년값임.   (기상청)

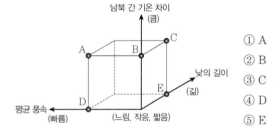

① A
② B
③ C
④ D
⑤ E

28

그래프는 세 지역의 계절별 기후 현상 일수를 나타낸 것이다. (가)~(다) 지역에 대한 설명으로 옳은 것은? (단, (가)~(다)는 각각 백령도, 서귀포, 울릉도 중 하나이고, A~C는 각각 눈, 열대야, 황사 중 하나임.) [3점]

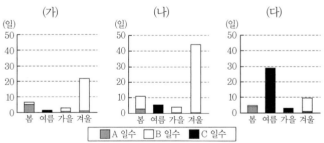

*1991~2020년의 평년값임.

① (가)의 전통 가옥에는 우데기가 있다.

② (가)는 (다)보다 고위도에 위치한다.

③ (나)는 (가)보다 연 황사 일수가 많다.

④ (다)는 (나)보다 겨울 강수 집중률이 높다.

⑤ (가)~(다) 중 연 강수량은 (나)가 가장 많다.

29

20학년도 수능 12번

다음은 한국 지리 수업 시간에 작성한 학습 노트이다. ㉠~㉣에 대한 설명으로 옳은 것만을 〈보기〉에서 있는 대로 고른 것은?

주제: 우리나라의 국지 기후

- ㉠ 기온 역전 현상: 분지에서는 복사 냉각이 활발하게 일어날 경우, 지표면이 식으면서 하층의 기온이 급격히 낮아지고 상층으로 갈수록 기온이 높아진다. ㉡ 기온 역전층이 형성되면 차가운 공기가 축적되어 저온에 따른 농작물 피해가 나타나기도 한다.

- 도시 기후: 건물과 도로로 덮인 도시 지역에서는 빗물이 땅속으로 제대로 흡수되지 못하고 대부분 지표로 유출되며, ㉢ 포장된 지표 면적이 넓어 주변 농촌에 비해 도시 내부의 기온이 많이 상승한다. 최근에는 ㉣ 도시 지역의 기후 환경을 개선하기 위한 노력이 이루어지고 있다.

〈 보기 〉

ㄱ. ㉠은 기온의 일교차가 크고 바람이 없는 맑은 날 밤에 잘 나타난다.

ㄴ. ㉡으로 인해 안개가 자주 발생한다.

ㄷ. ㉢으로 인해 도시는 주변 농촌보다 상대 습도가 높다.

ㄹ. ㉣은 바람길 조성, 건물 옥상 녹화 사업 등이 있다.

① ㄱ, ㄴ 　　② ㄱ, ㄷ 　　③ ㄷ, ㄹ
④ ㄱ, ㄴ, ㄹ 　　⑤ ㄴ, ㄷ, ㄹ

30

25학년도 수능 10번

다음은 ○월 ○일의 날씨와 관련한 방송 내용의 일부이다. 밑줄 친 기상 현상과 관련하여 그래프의 (가)~(다)에 해당하는 지역을 지도의 A~C에서 고른 것은? [3점]

오늘은 오호츠크해 기단이 세력을 확장하며 북동풍이 불어 아침 시간에 비해 낮 동안 지역 간 기온 차이가 컸습니다. 산간 지역은 가끔 비가 내렸으며 일부 지역은 때 이른 고온 현상이 나타나기도 하였습니다. 이러한 날씨는 당분간 계속될 것으로 예상됩니다.

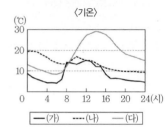

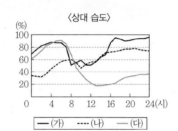

	(가)	(나)	(다)
①	A	B	C
②	A	C	B
③	B	A	C
④	B	C	A
⑤	C	B	A

0　25km

01 [대표]문제

그래프는 지도에 표시된 네 지역의 A, B 시기 평균 기온 차이를 나타낸 것이다. (가)~(라)에 대한 설명으로 옳은 것만을 〈보기〉에서 고른 것은? (단, A, B는 각각 1월, 8월 중 하나임.) [3점]

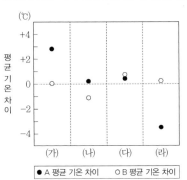

* 평균 기온 차이 = 해당 지역의 평균 기온－네 지역의 평균 기온의 평균
** 1991~2020년의 평년값임. (기상청)

─〈 보기 〉─

ㄱ. (가)와 (다)는 동해안에 위치한다.

ㄴ. (가)와 (다) 간의 1월 평균 기온 차이는 (나)와 (라) 간의 1월 평균 기온 차이보다 크다.

ㄷ. (다)는 (라)보다 연 강수량이 많다.

ㄹ. (라)는 (가)보다 기온의 연교차가 크다.

① ㄱ, ㄴ ② ㄱ, ㄷ ③ ㄴ, ㄷ ④ ㄴ, ㄹ ⑤ ㄷ, ㄹ

02

그래프는 (가)~(다) 지역의 기후 특성을 나타낸 것이다. 이에 해당하는 지역을 지도의 A~C에서 고른 것은? [3점]

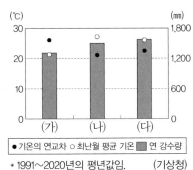 

* 1991~2020년의 평년값임. (기상청)

	(가)	(나)	(다)
①	A	B	C
②	A	C	B
③	B	A	C
④	B	C	A
⑤	C	A	B

03

그래프는 지도에 표시된 네 지역의 기후 값을 나타낸 것이다. (가)~(라) 지역에 대한 설명으로 옳은 것은? [3점]

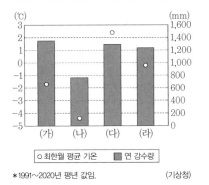 

* 1991~2020년 평년 값임. (기상청)

① (가)는 (다)보다 연평균 기온이 높다.

② (나)는 (가)보다 여름 강수량이 많다.

③ (다)는 (라)보다 기온의 연교차가 크다.

④ (가)와 (라)는 서해안, (나)와 (다)는 동해안에 위치한다.

⑤ (다)와 (라)의 겨울 강수량 합은 (가)와 (나)의 겨울 강수량 합보다 많다.

04

그래프의 (가)~(라)는 지도에 표시된 네 지역의 상대적 기후 특성을 나타낸 것이다. 이에 대한 설명으로 옳은 것은? [3점]

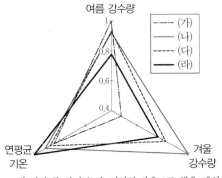 

* 네 지역 중 가장 높은 지역의 값을 1로 했을 때의 상댓값임.
** 1991~2020년의 평년값임. (기상청)

① (가)는 (나)보다 최한월 평균 기온이 높다.

② (다)는 (나)보다 연 강수량이 많다.

③ (다)는 (라)보다 기온의 연교차가 크다.

④ (가)와 (라)는 서해안, (나)와 (다)는 동해안에 위치한다.

⑤ (가)~(라) 중 여름 강수 집중률이 가장 높은 곳은 (라)이다.

05

(가)~(다) 도시에 해당하는 기후 그래프를 A~D에서 고른 것은? [3점]

> (가) 금강과 만경강 사이에 위치한 항구 도시로, 큰 조차를 극복
> 하여 선박을 접안하고자 만든 뜬다리 부두가 있으며, 새만금
> 간척지가 개발되고 있다.
> (나) 영남 내륙 지역에 위치한 광역시로, 과거 섬유 공업이 발달하
> 였고, 최근에는 첨단 의료 복합 단지 유치를 통해 고부가 가
> 치 산업의 비중을 높이고자 노력하고 있다.
> (다) 영동 지방에서 인구 규모가 가장 큰 도시로, 정동진 해안 단
> 구는 이 지역의 대표적인 관광 자원이며, 동계 올림픽 개최를
> 계기로 서울과의 접근성이 향상되었다.

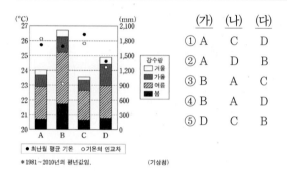

* 1981~2010년의 평년값임. (기상청)

	(가)	(나)	(다)
①	A	C	D
②	A	D	B
③	B	A	C
④	B	A	D
⑤	D	C	B

06

그래프는 지도에 표시된 네 지역의 기후 자료이다. 이에 대한 설명으로 옳은 것은? (단, (가)~(라), A~D는 각각 지도에 표시된 지역 중 하나임.)

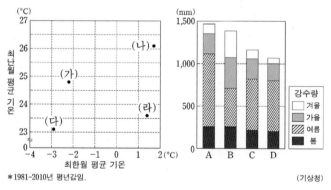

* 1981-2010년 평년값임. (기상청)

① (가)는 A, (다)는 D이다.
② (가)는 (다)보다 고위도에 위치한다.
③ (나)는 (라)보다 겨울 강수량이 많다.
④ C는 A보다 기온의 연교차가 크다.
⑤ D는 B보다 최한월 평균 기온이 높다.

07

그래프는 지도에 표시된 세 지역의 기후 자료이다. (가)~(다)에 해당하는 지역을 지도의 A~C에서 고른 것은? [3점]

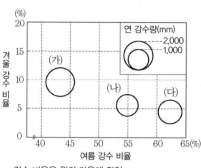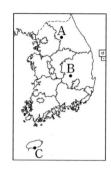

* 강수 비율은 원의 가운데 값임.
** 1991~2020년의 평년값임. (기상청)

	(가)	(나)	(다)			(가)	(나)	(다)
①	A	B	C		②	A	C	B
③	B	C	A		④	C	A	B
⑤	C	B	A					

08

그래프는 지도에 표시된 네 지역의 A, B 평균 기온 차이를 나타낸 것이다. 이에 대한 설명으로 옳은 것만을 〈보기〉에서 있는 대로 고른 것은? (단, A, B는 각각 겨울, 여름 중 하나임.) [3점]

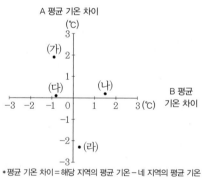

* 평균 기온 차이 = 해당 지역의 평균 기온 - 네 지역의 평균 기온
** 1981~2010년의 평년값임. (기상청)

> 〈 보기 〉
> ㄱ. (가)는 (가)~(라) 중 가장 동쪽에 위치한다.
> ㄴ. (나)와 (라) 간의 연 강수량 차이는 (가)와 (나) 간의 연 강수량 차이보다 크다.
> ㄷ. (다)와 (라) 간의 겨울 평균 기온 차이는 (가)와 (나) 간의 겨울 평균 기온 차이보다 크다.
> ㄹ. 기온의 연교차는 (라) > (가) > (나) > (다) 순으로 크다.

① ㄱ, ㄴ   ② ㄴ, ㄹ   ③ ㄷ, ㄹ
④ ㄱ, ㄴ, ㄷ   ⑤ ㄱ, ㄷ, ㄹ

09

표는 지도에 표시된 네 지역의 기후 값을 나타낸 것이다. (가)~(라) 지역에 대한 설명으로 옳은 것은? [3점]

구분	최난월 평균 기온 (℃)	강수 집중률(%)	
		여름 (6~8월)	겨울 (12월~2월)
(가)	19.7	51.2	8.1
(나)	23.8	31.6	22.8
(다)	25.6	59.5	5.2
(라)	25.0	45.8	9.2

* 1991~2020의 평년값임. (기상청)

① (가)의 전통 가옥에는 우데기가 설치되어 있다.

② (나)는 (가)보다 연 강수량이 많다.

③ (다)는 (나)보다 기온의 연교차가 크다.

④ (라)는 (가)보다 해발 고도가 높다.

⑤ (다)는 동해안, (라)는 서해안에 위치해 있다.

10

그래프는 (가)~(라)의 기후 특성을 나타낸 것이다. (가)~(라)에 해당하는 지역을 지도의 A~D에서 고른 것은? [3점]

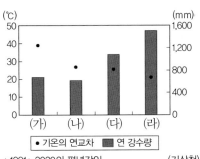

* 1991~2020의 평년값임. (기상청)

● 기온의 연교차 ■ 연 강수량

	(가)	(나)	(다)	(라)
①	A	B	C	D
②	A	C	B	D
③	B	D	C	A
④	C	A	D	B
⑤	C	B	D	A

11

그래프는 지도에 표시된 네 지역의 (가), (나) 계절별 강수량 차이를 나타낸 것이다. 이에 대한 설명으로 옳은 것은? (단, (가), (나)는 각각 겨울, 여름 중 하나임.) [3점]

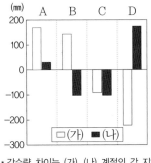

□(가) ■(나)

* 강수량 차이는 (가), (나) 계절의 각 지역 강수량에서 네 지역 평균 강수량을 뺀 값임.
**1991~2020년 평년값임. (기상청)

① (가)는 겨울, (나)는 여름이다.

② A는 B보다 최한월 평균 기온이 높다.

③ B는 C보다 저위도에 위치한다.

④ C는 D보다 바다의 영향을 많이 받는다.

⑤ D는 A보다 연 강수량이 많다.

12

그래프는 지도에 표시된 네 지역의 기후 특성을 나타낸 것이다. (가)~(라) 지역에 대한 설명으로 옳은 것은? [3점]

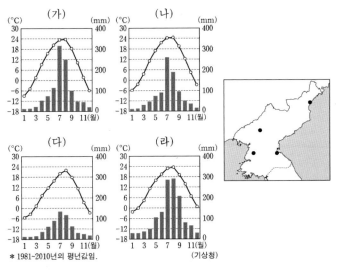

* 1981~2010년의 평년값임. (기상청)

① (나)와 (라)는 북한의 대표적인 항구 도시이다.

② (다)는 (나)보다 일출 시각이 이르다.

③ (가)~(라) 중 서리가 내리는 첫날이 가장 이른 곳은 (나)이다.

④ (가)~(라) 중 위도가 가장 높은 지역은 최한월 평균 기온이 가장 낮다.

⑤ (가)~(라) 중 기온의 연교차가 가장 큰 지역은 겨울 강수량이 가장 많다.

13

그래프는 지도에 표시된 세 지역의 기후 자료이다. (가)~(다) 지역에 대한 설명으로 옳은 것은?

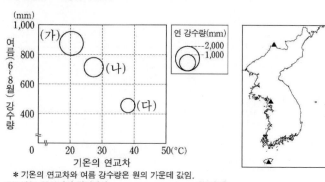

* 기온의 연교차와 여름 강수량은 원의 가운데 값임.
** 1981~2010년의 평년값임.　　　　　　　　　(기상청)

① (가)의 최한월 평균 기온은 0℃ 미만이다.
② (나)의 전통 가옥에는 대부분 정주간이 있다.
③ (가)는 (다)보다 바다의 영향을 많이 받는다.
④ (다)는 (나)보다 봄꽃의 개화 시기가 이르다.
⑤ (가)~(다) 중 여름 강수 집중률이 가장 높은 곳은 (가)이다.

14

그래프는 지도에 표시된 네 지역의 기후 자료이다. (가)~(라) 지역에 대한 설명으로 옳은 것은? [3점]

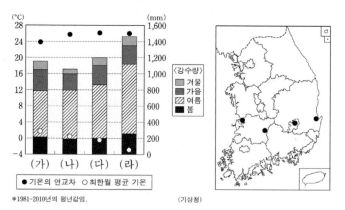

*1981~2010년의 평년값임.　　　　　　　　　(기상청)

① (가)는 (나)보다 여름 강수 집중률이 높다.
② (가)는 (다)보다 연 평균 기온이 높다.
③ (다)는 (나)보다 최난월 평균 기온이 높다.
④ (다)는 (라)보다 해발 고도가 높다.
⑤ (가)는 서해안, (다)는 동해안에 위치한다.

15

그래프는 지도에 표시된 세 지역의 기후 자료이다. (가)~(다) 지역에 대한 옳은 설명만을 〈보기〉에서 고른 것은? [3점]

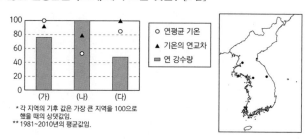

* 각 지역의 기후 값은 가장 큰 지역을 100으로
했을 때의 상댓값임.
** 1981~2010년의 평균값임.

〈 보기 〉
ㄱ. (가)는 (나)보다 해발 고도가 높다.
ㄴ. (나)는 (다)보다 겨울철 강수량이 많다.
ㄷ. (다)는 (가)보다 봄꽃의 개화 시기가 이르다.
ㄹ. (가), (나)는 남한, (다)는 북한에 위치한다.

① ㄱ, ㄴ　　② ㄱ, ㄷ　　③ ㄴ, ㄷ　　④ ㄴ, ㄹ　　⑤ ㄷ, ㄹ

16

그래프는 지도에 표시된 네 지역의 기후 자료이다. (가)~(라) 지역을 지도의 A~D에서 고른 것은? [3점]

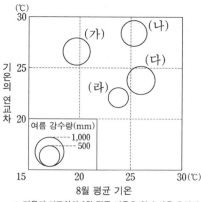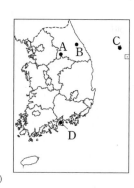

* 기온의 연교차와 8월 평균 기온은 원의 가운데 값임.
** 1991~2020년의 평년값임.　　　　　　　　(기상청)

	(가)	(나)	(다)	(라)
①	A	B	C	D
②	A	B	D	C
③	B	A	D	C
④	B	C	D	A
⑤	C	A	B	D

17

그래프는 지도에 표시된 네 지역의 기후 특성을 나타낸 것이다. (가)~(라) 지역에 대한 설명으로 옳은 것은? [3점]

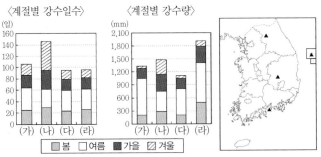

〈계절별 강수일수〉 〈계절별 강수량〉

■봄 □여름 ■가을 ▨겨울

*1991~2020년의 평년값임.

① (가)는 (라)보다 봄꽃의 개화 시기가 이르다.
② (나)는 (가)보다 연 강수일수 대비 연 강수량이 많다.
③ (다)는 (나)보다 기온의 연교차가 크다.
④ (라)는 (다)보다 최한월 평균 기온이 낮다.
⑤ (가)~(라) 중 여름철 강수 집중률은 (나)가 가장 높다.

18

그래프는 지도에 표시된 세 지역의 기후 자료이다. (가)~(다) 지역을 지도의 A~C에서 고른 것은?

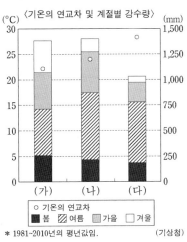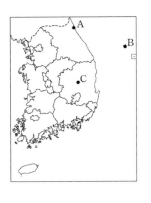

〈기온의 연교차 및 계절별 강수량〉

○ 기온의 연교차
■봄 ▨여름 ▨가을 □겨울

* 1981~2010년의 평년값임. (기상청)

	(가)	(나)	(다)
①	A	B	C
②	A	C	B
③	B	A	C
④	B	C	A
⑤	C	A	B

19

그래프는 지도에 표시된 네 지역의 기후 자료이다. (가)~(라)에 해당하는 지역을 지도의 A~D에서 고른 것은? [3점]

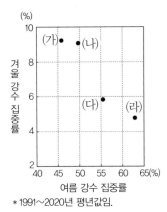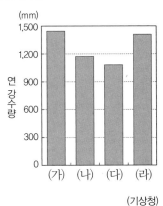

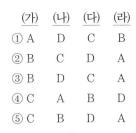

* 1991~2020년 평년값임. (기상청)

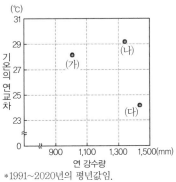

	(가)	(나)	(다)	(라)
①	A	D	C	B
②	B	C	D	A
③	B	D	C	A
④	C	A	B	D
⑤	C	B	D	A

20

그래프는 지도에 표시된 세 지역의 기후 자료이다. (가)~(다) 지역에 대한 설명으로 옳은 것은? [3점]

*1991~2020년의 평년값임.

① (가)는 (나)보다 고위도에 위치한다.
② (가)는 (다)보다 겨울 강수량이 많다.
③ (나)는 (다)보다 여름 강수 집중률이 높다.
④ (다)는 (가)보다 바다의 영향을 적게 받는다.
⑤ (다)는 (나)보다 최한월 평균 기온이 낮다.

21

그래프는 지도에 표시된 세 지역의 기후 특성을 나타낸 것이다. (가)~(다) 지역에 대한 설명으로 옳은 것은? [3점]

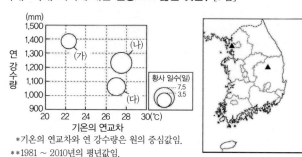

*기온의 연교차와 연 강수량은 원의 중심값임.
**1981 ~ 2010년의 평년값임.

① (가)의 전통 가옥에는 우데기가 설치되어 있다.
② (나)는 (가)보다 겨울 강수량이 많다.
③ (다)는 (가)보다 최한월 평균 기온이 높다.
④ (다)는 (나)보다 고위도에 위치한다.
⑤ 울릉도는 인천보다 황사 일수가 많다.

22

표의 (가)~(라) 지역에 대한 설명으로 옳은 것은? (단, (가)~(라)는 각각 지도에 표시된 네 지역 중 하나임.) [3점]

구분 지역	눈 일수 (일)	연 강수량 (mm)
(가)	57	1,898
(나)	25	1,405
(다)	8	1,073
(라)	7	1,839

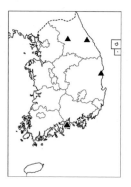

* 1981~2010년 평년값임.

① (가)는 (라)보다 연평균 기온이 높다.
② (나)는 (다)보다 기온의 연교차가 크다.
③ (다)는 (가)보다 고위도에 위치한다.
④ (다)는 (나)보다 여름 강수 집중률이 높다.
⑤ (라)는 (나)보다 단풍의 절정 시기가 이르다.

23

그래프는 지도에 표시된 네 지역의 기후 자료이다. (가)~(라) 지역에 대한 설명으로 옳은 것은? [3점]

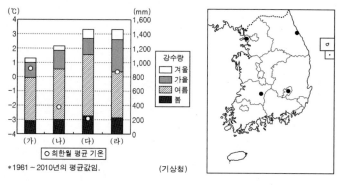

*1981 ~ 2010년의 평년값임.　　　　　(기상청)

① (가)는 (다)보다 해발 고도가 높다.
② (나)는 (다)보다 고위도에 위치한다.
③ (다)는 (라)보다 무상 기간이 길다.
④ (라)는 (나)보다 기온의 연교차가 크다.
⑤ (가), (다)는 모두 해안에 위치한다.

24

지도에 표시된 (가)~(다) 지역의 상대적 기후 특성이 그림과 같이 나타날 때, A, B에 해당하는 기후 지표로 옳은 것은? [3점]

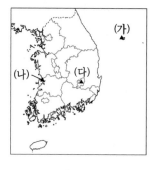
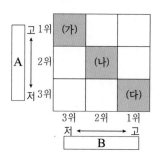

	A	B
①	기온의 연교차	연 강수량
②	기온의 연교차	최난월 평균 기온
③	겨울 강수량	연 강수량
④	겨울 강수량	최난월 평균 기온
⑤	최난월 평균 기온	기온의 연교차

25

그래프의 (가)~(라)에 해당하는 지역을 지도의 A~D에서 고른 것은? [3점]

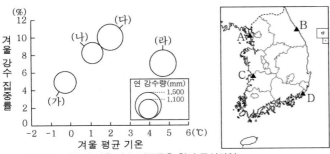

* 겨울 평균 기온과 겨울 강수 집중률은 원의 중심값임.
** 1981 ~ 2010년의 평년값임.

	(가)	(나)	(다)	(라)
①	A	B	C	D
②	A	B	D	C
③	A	C	B	D
④	B	C	A	D
⑤	B	D	C	A

26

그래프는 지도에 표시된 네 지역의 기후 값을 나타낸 것이다. (가)~(라) 지역에 대한 설명으로 옳은 것은? [3점]

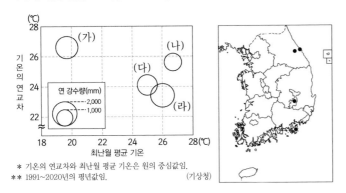

* 기온의 연교차와 최난월 평균 기온은 원의 중심값임.
** 1991~2020년의 평년값임. (기상청)

① (가)는 (나)보다 무상 기간이 길다.
② (나)는 (라)보다 바다의 영향을 많이 받는다.
③ (다)는 (가)보다 해발 고도가 높다.
④ (라)는 (다)보다 최한월 평균 기온이 높다.
⑤ (가)와 (나)는 강원 지방, (다)와 (라)는 영남 지방에 위치한다.

27

표는 지도에 표시된 네 지역의 기후 특성을 나타낸 것이다. (가)~(라) 지역에 대한 설명으로 옳은 것은? [3점]

구분	(가)	(나)	(다)	(라)
최한월 평균 기온 (℃)	-1.5	-5.5	-7.7	1.4
기온의 연교차 (℃)	25.1	29.7	26.8	22.2
연 강수량 (mm)	826	1,405	1,898	1,383

* 1981~2010년의 평년값임. (기상청)

① (가)는 (다)보다 해발 고도가 높다.
② (가)는 (라)보다 겨울 강수량이 많다.
③ (나)는 (라)보다 바다의 영향을 많이 받는다.
④ (다)는 (나)보다 연평균 기온이 높다.
⑤ (라)는 (가)보다 일출 시각이 이르다.

28

그래프는 지도에 표시된 네 지역의 기후 자료이다. (가)~(라) 지역에 대한 옳은 설명만을 〈보기〉에서 고른 것은? [3점]

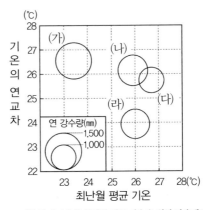

* 기온의 연교차와 최난월 평균 기온은 원의 가운뎃값임.
** 1991~2020년의 평년값임.

〈 보기 〉
ㄱ. (가)는 (나)보다 해발 고도가 높다.
ㄴ. (가)는 (다)보다 겨울 강수 집중률이 높다.
ㄷ. (나)는 (라)보다 최한월 평균 기온이 높다.
ㄹ. (다)는 (라)보다 바다의 영향을 많이 받는다.

① ㄱ, ㄴ ② ㄱ, ㄷ ③ ㄴ, ㄷ ④ ㄴ, ㄹ ⑤ ㄷ, ㄹ

29

그래프는 A~C 지역과 (가) 지역 간의 기후 값 차이를 나타낸 것이다. 이에 대한 설명으로 옳은 것은? (단, A~C, (가)는 각각 지도에 표시된 네 지역 중 하나임.) [3점]

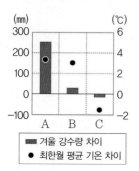 

* 기후 값 차이 = 해당 지역의 기후 값 − (가) 지역의 기후 값
** 1991~2020년의 평년값임.

① (가)는 네 지역 중 일출 시각이 가장 이르다.
② A는 겨울 강수량이 여름 강수량보다 많다.
③ B는 C보다 여름 강수 집중률이 높다.
④ C는 A보다 무상 기간이 길다.
⑤ (가)는 B보다 기온의 연교차가 크다.

30

그래프는 지도에 표시된 세 지역의 상대적 기후 특성을 나타낸 것이다. (가)~(다) 지역에 대한 옳은 설명만을 〈보기〉에서 고른 것은? [3점]

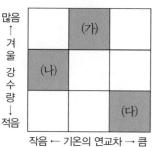 

*1991~2020년의 평년값임.

〈 보기 〉
ㄱ. (가)는 (나)보다 해발 고도가 높다.
ㄴ. (가)는 (다)보다 고위도에 위치한다.
ㄷ. (나)는 (다)보다 연평균 기온이 높다.
ㄹ. (가)~(다) 중 바다의 영향을 가장 크게 받는 곳은 (다)이다.

① ㄱ, ㄴ   ② ㄱ, ㄷ   ③ ㄴ, ㄷ   ④ ㄴ, ㄹ   ⑤ ㄷ, ㄹ

31

다음 글의 (가)~(라)에 해당하는 지역을 그래프의 A~D에서 고른 것은? (단, 그래프는 각각 (가)~(라) 지역과 강릉의 기후 값 차이를 나타낸 것임.) [3점]

(가) 강원도의 도청 소재지로 전형적인 분지이며, 댐 건설로 조성된 호수를 끼고 있어 '호반의 도시'로 불린다.
(나) 영동 지방과 영서 지방을 잇는 고개로 인근에 동계 올림픽 경기장과 풍력 발전 단지가 있으며, 고랭지 농업이 발달해 있다.
(다) 우리나라의 수위 도시로 중앙 정부 기관을 비롯하여 대기업의 본사, 금융 기관의 본점 등이 위치해 있다.
(라) 섬의 중앙에는 칼데라 분지가 있으며, 분지 내에는 중앙 화구구가 있어 전체적으로 이중 화산의 특징을 보이고 있다.

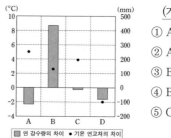

* 1981~2010년의 평년값임. (기상청)
** 기후 값 차이=해당 지역의 기후 값−강릉의 기후 값

	(가)	(나)	(다)	(라)
①	A	B	C	D
②	A	C	B	D
③	B	A	D	C
④	B	D	C	A
⑤	C	B	A	D

32

그래프는 지도에 표시된 세 지역의 연 강수량과 (가), (나) 시기 평균 풍속을 나타낸 것이다. 이에 대한 설명으로 옳은 것은? (단, (가), (나) 시기는 각각 1월, 8월 중 하나임.) [3점]

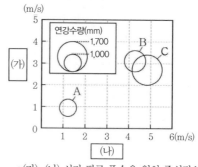 

*(가), (나) 시기 평균 풍속은 원의 중심값임.
**1991 ~ 2020년의 평년값임.

① A는 (가)보다 (나) 시기의 평균 기온이 높다.
② B는 A보다 무상 기간이 길다.
③ B는 C보다 해발 고도가 높다.
④ C는 B보다 최한월 평균 기온이 높다.
⑤ 목포는 대관령보다 1월 평균 풍속이 빠르다.

33

그래프는 지도에 표시된 네 지역의 (가), (나) 평균 기온 차이를 나타낸 것이다. 이에 대한 옳은 설명만을 〈보기〉에서 고른 것은? (단, (가), (나)는 각각 겨울, 여름 중 하나임.) [3점]

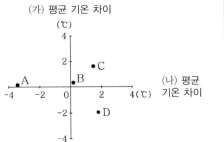
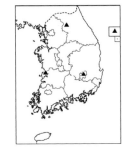

* 평균 기온 차이 = 해당 지역의 평균 기온 − 네 지역의 평균 기온
** 1991 ~ 2020년의 평년값임.

〈 보기 〉
ㄱ. (가)는 겨울, (나)는 여름이다.
ㄴ. A는 B보다 기온의 연교차가 작다.
ㄷ. B는 D보다 여름 강수 집중률이 높다.
ㄹ. C는 A보다 저위도에 위치한다.

① ㄱ, ㄴ　　　② ㄱ, ㄷ　　　③ ㄴ, ㄷ
④ ㄴ, ㄹ　　　⑤ ㄷ, ㄹ

34

그래프는 지도에 표시된 (가)~(다) 지역의 상대적 기후 특징을 나타낸 것이다. A, B 기후 지표로 옳은 것은? [3점]

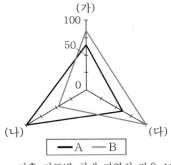
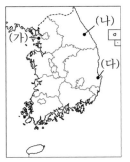

* 기후 지표별 최대 지역의 값을 100으로 했을 때의 상댓값임.
** 1981 ~ 2010년의 평년값임.

	A	B
①	연 강수량	연평균 기온
②	연 강수량	겨울 강수 집중률
③	연평균 기온	연 강수량
④	연평균 기온	겨울 강수 집중률
⑤	겨울 강수 집중률	연평균 기온

35

그래프는 (가)~(다) 지역의 기후 특성을 나타낸 것이다. 이에 해당하는 지역을 지도의 A~D에서 고른 것은? [3점]

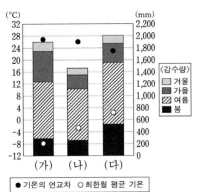
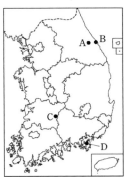

*1981~2010년의 평년값임.　　　(기상청)

	(가)	(나)	(다)		(가)	(나)	(다)
①	A	B	D	②	A	C	D
③	C	A	B	④	C	B	D
⑤	D	C	B				

36

그래프는 지도에 표시된 네 지역과 대전 간의 기후 값 차이를 나타낸 것이다. 이에 대한 설명으로 옳은 것은? (단, (가), (나) 시기는 각각 1월과 8월 중 하나임.)

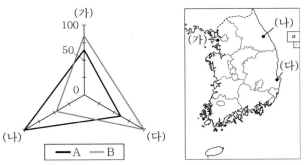

*기후 값 차이 = 각 지역의 기후 값 − 대전의 기후 값
**1991~2020년의 평년값임.

① C는 대전보다 기온의 연교차가 크다.
② A는 B보다 (가) 시기의 평균 기온이 높다.
③ C는 A보다 겨울 강수량이 많다.
④ A와 D의 위도 차이는 B와 C의 위도 차이보다 더 크다.
⑤ A~D 중 평균 열대야 일수가 가장 많은 곳은 B이다.

한눈에 정리하는
평가원 기출 경향

주제 \ 학년도	2025	2024	2023

자연재해의 특성

 빈출

자연재해의 특성_
두 가지 이상의 비교

6월 모평 11번

3. 다음은 기상 특보 발령 상황과 관련한 방송 내용의 일부이다. 이에 대한 설명으로 옳은 것만을 <보기>에서 있는 대로 고른 것은? (단, (가)~(다)는 각각 대설, 폭염, 황사 중 하나임.)

- 일 최고 체감 온도 35℃ 이상인 상태가 2일 이상 지속될 것으로 예상되어 (가) 경보가 발령되었습니다. 노약자분들은 가급적 실내에서 지내시고 외출할 때는 양산과 물을 휴대하시기 바랍니다.

- 오늘 (나) 경보가 발령되었습니다. (나) 경보는 24시간 신적설이 20cm 이상 예상될 때 발령됩니다. 시민 여러분은 자가용 대신 대중교통을 이용하여 출퇴근을 평소보다 조금 일찍 하시고, 농가에는 비닐하우스, 축사 등의 붕괴에 대비하시기 바랍니다.

- 중국 내륙 지역에서 발원한 (다) 이/가 유입되어 경보가 발령되었습니다. (다) 경보는 1시간 평균 미세먼지(PM10) 농도 800㎍/㎥ 이상이 2시간 이상 지속될 것으로 예상될 때 발령됩니다. 호흡기 질환자들은 외출을 삼가시고 야외 활동 시 마스크를 착용하시기 바랍니다.

<보기>
ㄱ. (가) 특보는 장마 이후 북태평양 고기압이 한반도로 확장했을 때 주로 발령된다.
ㄴ. (나)를 대비하기 위한 전통 가옥 시설로 우데기가 있다.
ㄷ. (다)는 주로 편서풍을 타고 우리나라 쪽으로 날아온다.

① ㄱ ② ㄴ ③ ㄱ, ㄷ ④ ㄴ, ㄷ ⑤ ㄱ, ㄴ, ㄷ

수능 6번

5. 다음 자료는 자연재해에 대한 온라인 수업 자료의 일부 내용이다. (가)~(다)에 해당하는 자연재해를 A~C에서 고른 것은? (단, (가)~(다)와 A~C는 각각 대설, 태풍, 호우 중 하나임.)

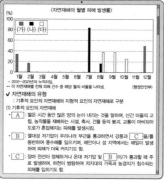

<자연재해의 월별 피해 발생률>
* 각 자연재해별 전체 피해 건수 중 해당 월의 비율을 나타냄.
* 2012~2021년의 누적치임.

✓ 자연재해의 유형
: 기후적 요인의 자연재해와 지형적 요인의 자연재해로 구분
(1) 기후적 요인의 자연재해
- A: 짧은 시간 동안 많은 양의 눈이 내리는 것을 말하며, 산간 마을의 고립, 농작물을 재배하는 시설, 축사, 건물 등의 붕괴, 교통이 마비되어 도로가 혼잡해지는 피해를 발생시킴.
- B: 열대성 저기압이 우리나라 부근을 통과하면서 강풍과 C 을/를 동반하여 풍수해를 일으키며, 해안이나 섬 지역에서는 해일이 발생하여 피해가 더욱 커지기도 함.
- C: 장마 전선이 정체하거나 온대 저기압 및 B 이/가 통과할 때 주로 발생하여, 하천이 범람하여 저지대의 가옥과 농경지가 침수되는 피해를 입히기도 함.

	(가)	(나)	(다)			(가)	(나)	(다)
①	A	B	C		②	A	C	B
③	B	A	C		④	B	C	A
⑤	C	A	B					

수능 18번

2. 그래프는 (가)~(다) 기상 현상에 관한 것이다. 이에 대한 설명으로 옳은 것만을 <보기>에서 있는 대로 고른 것은? (단, (가)~(다)는 각각 서리, 열대야, 황사 중 하나이며, A~C는 각각 서울, 안동, 포항 중 하나임.) [3점]

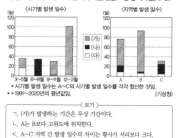

* 시기별 발생 일수는 A~C의 시기별 발생 일수를 각각 합산한 것임.
* 1991~2020년의 평년값임.
(기상청)

<보기>
ㄱ. (가)가 발생하는 기간은 무상 기간이다.
ㄴ. A는 B보다 고위도에 위치한다.
ㄷ. A~C 지역 간 발생 일수의 차이는 황사가 서리보다 크다.
ㄹ. 포항은 서울보다 열대야 일수가 많다.

① ㄱ, ㄴ ② ㄱ, ㄷ ③ ㄴ, ㄷ ④ ㄴ, ㄹ ⑤ ㄷ, ㄹ

기후 변화

2022 ~ 2019

27. 다음 자료의 (가)에 따른 영향으로 가장 적절한 것은?

> **○○신문** 2019년 3월 ○○일
>
> 봄에 접어들었지만 여전히 꽃샘추위가 기승을 부리고 있다. 곧 꽃샘추위가 물러가면 (가) 의 습격이 예상된다. (가) 은/는 중국 내륙 및 몽골에서 발생한 모래 먼지로, 편서풍을 타고 우리나라 쪽으로 날아온다. 과거에는 주로 봄철에 영향을 주었으나 최근에는 다른 계절에도 이 현상이 나타나고 있다.

① 하천이 범람하며 주변 저지대가 침수된다.
② 매우 심한 더위가 나타나며 전력 수요가 급증한다.
③ 감기 환자가 급증하며 수도관 동파 피해가 나타난다.
④ 교통 장애를 유발하며 비닐하우스가 붕괴되기도 한다.
⑤ 호흡기 환자가 증가하며 정밀 기계 고장의 원인이 되기도 한다.

30. 다음 자료의 (가) 자연재해에 대한 설명으로 가장 적절한 것은?

> **오늘의 날씨**
>
> 오늘 전국 대부분의 낮 최고 기온은 35℃를 웃돌겠고 특히 춘천은 41℃까지 오르겠습니다. 올해 일 최고 기온이 33℃ 이상인 (가) 은/는 당분간 계속될 것으로 보여 (가) 일수는 1973년 기상 관측 이후 최다 일수를 기록할 것으로 예상됩니다.

① (가)를 대비한 시설로 정주간이 있다.
② 장마 전선이 한반도에 장기간 정체될 때 발생한다.
③ 북서 계절풍이 한반도에 강하게 불 때 주로 발생한다.
④ 열대 이동성 저기압이 한반도를 통과할 때 주로 발생한다.
⑤ 북태평양 고기압이 한반도 전역에 강하게 영향을 미칠 때 주로 발생한다.

---

21. 그림은 (가), (나) 자연재해가 발생했을 때의 위성 영상을 나타낸 것이다. 이에 대한 설명으로 옳은 것은? (단, (가), (나)는 각각 대설, 태풍 중 하나임.)

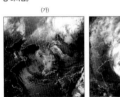

(가)　　　　(나)

① 제주의 최근 10년 동안 총피해액은 (나)가 (가)보다 많다.
② (가)는 저위도의 열대 해상에서 주로 발원한다.
③ (가)는 (나)보다 우리나라의 연 강수량에 미치는 영향이 크다.
④ (나)는 (가)보다 겨울철 발생 빈도가 높다.
⑤ (가)는 해일 피해, (나)는 빙판길 교통 장애를 유발한다.

10. 그래프는 시설별 자연재해 피해액 비율을 나타낸 것이다. (가)~(다) 자연재해로 옳은 것은?

〈농경지〉 〈건물〉 〈선박〉

* 2009~2018년 시설별 총 피해액(당해연도 가격 기준)에 대한 자연재해별 피해액 비율임.(재해연보)

	(가)	(나)	(다)		(가)	(나)	(다)
①	지진	태풍	호우	②	지진	호우	태풍
③	태풍	호우	지진	④	호우	지진	태풍
⑤	호우	태풍	지진				

16. 그래프는 월별 자연재해 기상 특보 발령 현황을 나타낸 것이다. (가)~(다)에 대한 설명으로 옳은 것은? (단, (가)~(다)는 각각 대설, 태풍, 호우 중 하나임.) [3점]

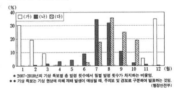

* 2007~2018년의 기상 특보별 총 발령 횟수에서 월별 발령 횟수가 차지하는 비율임.
** 기상 특보는 기상 현상에 의해 재해 발생이 예상될 때, 주의보 및 경보로 구분하여 발표하게 됨. (행정안전부)

① (가)는 장마 전선이 한반도에 장기간 정체될 때 발생한다.
② (나)는 시베리아 기단이 강하게 영향을 미칠 때 주로 발생한다.
③ (다)는 우리나라에서 대체로 진행 방향의 오른쪽이 왼쪽보다 바람 세기가 강하다.
④ (가)는 (나)보다 우리나라 연 강수량에서 차지하는 비율이 높다.
⑤ 터돋움집은 (가), 우데기는 (나)를 대비한 시설이다.

---

29. 다음은 기후 단원에 대한 한국 지리 수업 장면이다. 발표 내용이 가장 적절한 학생을 고른 것은?

〈기후 변화 전망〉

구 분	결빙 일수 (일)	식물 성장 가능 기간(일)
1981~2010년	21.0	245.2
2021~2040년	13.9	253.7
2041~2070년	8.8	257.3

* 식물 성장 가능 기간은 일 평균 기온이 0℃ 넘는 날이 6일 이상 지속되는 첫 날부터 일 평균 기온이 5℃ 미만인 날이 6일 이상 지속되는 첫 날이의 일수 (기상청)

한반도에 이와 같은 변화가 현실화될 때 예상되는 현상에 대해 발표해 보세요.

갑: 남부 지방에서 난대림의 분포 면적이 확대될 것입니다.
을: 한라산에서 고산 식물의 분포 고도가 하한선이 낮아질 것입니다.
병: 대도시 지역의 열대야 발생 일수가 줄어들 것입니다.
정: 내장산에서 단풍이 드는 시기가 빨라질 것입니다.
무: 중부 지방에서 첫 서리의 시작 일이 빨라질 것입니다.

① 갑　② 을　③ 병　④ 정　⑤ 무

자연재해와 기후 변화

1 자연재해별 특징 모아 보기

1 자연재해의 유형

기후적 요인의 자연재해	홍수, 가뭄, 대설, 태풍, 폭염, 한파 등
지형적 요인의 자연재해	지진, 화산 활동 등

2 기온과 관련된 자연재해

(1) 폭염: 일 최고 기온이 33℃ 이상인 날

발생	• 북태평양 고기압이 한반도 전역에 강하게 영향을 미칠 때 주로 발생한다. 기억해 • 남고북저형 기압 배치가 전형적으로 나타나는 계절에 주로 발생한다.
영향	• 매우 심한 더위가 나타나며 전력 수요가 급증한다. • 냉방용 전력 소비량의 급증을 야기한다.
대응 요령	• 야외 활동을 최대한 자제하고, 외출이 꼭 필요한 경우에는 물병을 휴대한다. • 냉방이 되지 않는 실내에서는 햇볕을 가리고 맞바람이 불도록 환기한다.

(2) 한파

발생	• 북서 계절풍이 한반도에 강하게 불 때 주로 발생한다. • 서고동저형 기압 배치가 전형적으로 나타나는 계절에 주로 발생한다.
영향	감기 환자가 급증하며 수도관 동파 피해가 나타난다.

3 강수와 관련된 자연재해

(1) 호우

발생	장마 전선이 한반도에 장기간 정체할 때 발생한다.
특징	• 우리나라 연 강수량에서 차지하는 비중은 호우가 대설보다 높다. • 우리나라의 산사태 피해는 대설보다 호우로 인해 주로 발생한다.
영향	하천이 범람하며 주변 저지대가 침수된다.

(2) 대설

발생	• 겨울철 찬 공기가 바다를 지나면서 형성된 눈구름에 의해 발생하는 경우가 많다. • 북서 계절풍의 영향으로 서해안에서 자주 발생한다. • 영동 지방의 경우 북동 기류의 유입과 밀접한 관계가 있다. • 태풍보다 서고동저형 기압 배치가 전형적으로 나타나는 계절에 자주 발생한다.
특징	대설을 대비한 전통 가옥 시설로 우데기가 있다.
영향	교통 장애를 유발하며 비닐하우스가 붕괴되기도 한다.
대응 요령	• 내 집 주변 빙판 길에는 염화 칼슘이나 모래 등을 뿌린다. • 붕괴가 우려되는 농작물 재배 시설은 사전에 점검, 받침대 보강 등을 실시한다.

▶ 기/출/선/지 모아 보기

25학년도 6월 모평 11번

 일 최고 체감 온도 35℃ 이상인 상태가 2일 이상 지속될 것으로 예상되어 (가) 경보가 발령되었습니다. 노약자분들은 가급적 실내에서 지내시고 외출할 때는 양산과 물을 휴대하시기 바랍니다.

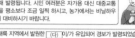 오늘 (나) 경보가 발령되었습니다. (나) 경보는 24시간 신적설이 20㎝ 이상 예상될 때 발령됩니다. 시민 여러분은 자가용 대신 대중교통을 이용하여 출퇴근을 평소보다 조금 일찍 하시고, 농가에서는 비닐하우스, 축사 등의 붕괴에 대비하시기 바랍니다.

 중국 내륙 지역에서 발원한 (다) 이/가 유입되어 경보가 발령되었습니다. (다) 경보는 1시간 평균 미세먼지(PM10) 농도 800㎍/㎥ 이상이 2시간 이상 지속될 것으로 예상될 때 발령됩니다. 호흡기 질환자는 외출을 삼가시고 야외 활동 시 마스크를 착용하시기 바랍니다.

* (가)는 폭염, (나)는 대설, (다)는 황사이다.

ㄱ. (가) 특보는 장마 이후 북태평양 고기압이 한반도로 확장했을 때 주로 발령된다.

ㄴ. (나)를 대비하기 위한 전통 가옥 시설로 우데기가 있다.

ㄷ. (다)는 주로 편서풍을 타고 우리나라 쪽으로 날아온다.

[24 모평] ㄱ. (가) 한파는 난방용 전력 소비량을 증가시킨다.

[23 모평] ㄱ. ~~(가)는 주로 북태평양 기단의 영향에 의해 발생한다.~~

[21 모평] ① (다)는 ~~여름~~ 봄보다 ~~봄~~ 여름에 자주 발생한다.

[20 모평] ① (나)는 북서 계절풍의 영향으로 서해안에서 자주 발생한다.

③ (나)는 ~~남고북저형~~ 서고동저형 기압 배치가 전형적으로 나타나는 계절에 주로 발생한다.

4 기타 자연재해

(1) 황사

발생	• 중국 내륙 및 몽골의 사막 지역에서 발생한 모래 먼지로, 편서풍을 타고 우리나라쪽으로 날아온다. • 과거에는 주로 봄철에 영향을 주었으나 최근에는 다른 계절에도 나타나고 있다.
특징	• 편서풍은 황사의 진행 방향에 영향을 준다. • 사막화 현상으로 발생 빈도가 증가하는 추세이다. • 우리나라에서 대체로 진행 방향의 오른쪽이 왼쪽보다 바람 세기가 강하다.
영향	• 가시거리를 짧아지게 하여 교통 장애를 유발하기도 한다. • 대기 중 미세 먼지 농도가 높아져 호흡기 질환 발병률을 증가시킨다. • 호흡기 환자가 증가하며 정밀 기계 고장의 원인이 되기도 한다.

(2) 태풍: 해수면 온도가 높은 열대 해상에서 주로 발생하는 열대성 저기압

발생	열대 해상에서 발생하여 고위도로 이동한다.
특징	• 봄보다 가을에 자주 내습한다. • 편서풍은 태풍의 진행 방향에 영향을 준다. 기억해
영향	• 강풍과 많은 비를 동반하여 풍수해를 유발한다. • 해일을 발생시켜 해안 저지대의 침수를 유발하기도 한다. • 산사태의 발생 위험을 증가시킨다. • 황사보다 농작물 재배에 큰 피해를 준다.
대응 요령	• 바람에 날아갈 위험이 있는 물건은 단단히 고정한다. • 저지대 및 상습 침수 지역에 거주하고 있다면 대피를 준비한다.

2 기후 변화

1 지구 온난화

(1) 발생 원인: 지구 온난화의 주요 원인은 대기 중 이산화 탄소의 농도 증가이다.

(2) 지구 온난화에 따른 우리나라의 변화

기후, 계절	• 겨울철 평균 기온이 높아질 것이다. • 여름의 시작일이 과거에 비해 빨라질 것이다. • 중부 지방에서 첫 서리 관측일(시작일)이 늦어질 것이다. 더 보기1 • 대도시 지역의 열대야 발생 일수가 늘어날 것이다.
개화 및 단풍 시기	• 봄꽃(벚꽃)의 개화 시기가 빨라질 것이다. • 내장산에서 단풍이 드는 시기가 늦어질 것이다.
식생	• 남부 지방에서 난대림의 분포 면적이 확대될 것이다. • 한라산에서 고산 식물의 분포 고도 하한선이 높아질 것이다. • 남부 지방에서 상록 활엽수보다 침엽수림의 분포 면적이 더 축소될 것이다. • 냉대림의 분포 면적이 축소될 것이다.
농업 활동	제주도를 중심으로 재배되는 감귤 재배의 북한계선이 북상할 것이다.
어업 활동	한류성 어족인 명태의 연근해 어획량이 감소할 것이다. 더 보기2

2 열섬 현상

(1) 열섬 현상의 주요 원인은 인공열의 방출 및 포장 면적 증가이다.

(2) 열섬 현상은 대도시의 열대야 발생 빈도를 증가시킨다.

▶ 기/출/표/현 더 보기

1 [19 모평] **중부 지방에서 첫 서리의 시작일이 늦어질 것이다.**
= 중부 지방에서 첫 서리 관측일이 늦어질 것이다.

2 [19 모평] **한류성 어족인 명태의 연근해 어획량이 감소할 것이다.**
= 동해의 총어획량 중 한류성 어족이 차지하는 비중이 감소할 것이다.

01 대표 문제

다음은 세 자연재해에 관한 재난 안전 문자 내용이다. (가)~(다)에 대한 설명으로 옳은 것만을 〈보기〉에서 고른 것은? (단, (가)~(다)는 각각 폭염, 한파, 호우 중 하나임.)

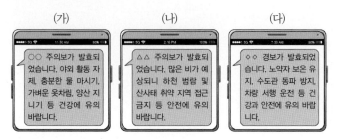

〈보기〉

ㄱ. (가)는 난방용 전력 소비량을 증가시킨다.

ㄴ. (나)는 강한 일사로 인한 대류성 강수가 나타날 때 주로 발생한다.

ㄷ. (다)는 시베리아 기단이 한반도에 강하게 영향을 미칠 때 주로 발생한다.

ㄹ. (나)는 강수, (다)는 기온과 관련된 재해이다.

① ㄱ, ㄴ ② ㄱ, ㄷ ③ ㄴ, ㄷ ④ ㄴ, ㄹ ⑤ ㄷ, ㄹ

02

그래프는 (가)~(다) 기상 현상에 관한 것이다. 이에 대한 설명으로 옳은 것만을 〈보기〉에서 고른 것은? (단, (가)~(다)는 각각 서리, 열대야, 황사 중 하나이며, A~C는 각각 서울, 안동, 포항 중 하나임.) [3점]

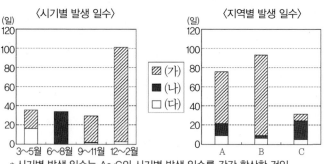

* 시기별 발생 일수는 A~C의 시기별 발생 일수를 각각 합산한 것임.
* * 1991~2020년의 평년값임. (기상청)

〈보기〉

ㄱ. (가)가 발생하는 기간은 무상 기간이다.

ㄴ. A는 B보다 고위도에 위치한다.

ㄷ. A~C 지역 간 발생 일수의 차이는 황사가 서리보다 크다.

ㄹ. 포항은 서울보다 열대야 일수가 많다.

① ㄱ, ㄴ ② ㄱ, ㄷ ③ ㄴ, ㄷ ④ ㄴ, ㄹ ⑤ ㄷ, ㄹ

03

다음은 기상 특보 발령 상황과 관련한 방송 내용의 일부이다. 이에 대한 설명으로 옳은 것만을 〈보기〉에서 있는 대로 고른 것은? (단, (가)~(다)는 각각 대설, 폭염, 황사 중 하나임.)

 일 최고 체감 온도 35℃ 이상인 상태가 2일 이상 지속될 것으로 예상되어 (가) 경보가 발령되었습니다. 노약자분들은 가급적 실내에서 지내시고 외출할 때는 양산과 물을 휴대하시기 바랍니다.

 오늘 (나) 경보가 발령되었습니다. (나) 경보는 24시간 신적설이 20㎝ 이상 예상될 때 발령됩니다. 시민 여러분은 자가용 대신 대중교통을 이용하여 출퇴근을 평소보다 조금 일찍 하시고, 농가에서는 비닐하우스, 축사 등의 붕괴에 대비하시기 바랍니다.

 중국 내륙 지역에서 발원한 (다) 이/가 유입되어 경보가 발령되었습니다. (다) 경보는 1시간 평균 미세먼지(PM10) 농도 800μg/㎥ 이상이 2시간 이상 지속될 것으로 예상될 때 발령됩니다. 호흡기 질환자들은 외출을 삼가시고 야외 활동 시 마스크를 착용하시기 바랍니다.

〈보기〉

ㄱ. (가) 특보는 장마 이후 북태평양 고기압이 한반도로 확장했을 때 주로 발령된다.

ㄴ. (나)를 대비하기 위한 전통 가옥 시설로 우데기가 있다.

ㄷ. (다)는 주로 편서풍을 타고 우리나라 쪽으로 날아온다.

① ㄱ ② ㄴ ③ ㄱ, ㄷ ④ ㄴ, ㄷ ⑤ ㄱ, ㄴ, ㄷ

04

다음 자료는 '자연재해'와 관련한 방송 내용의 일부이다. 이에 대한 설명으로 옳은 것만을 〈보기〉에서 고른 것은? (단, (가), (나)는 각각 태풍과 폭염 중 하나임.)

 오늘도 온종일 무더운 날씨가 이어졌는데요. ㉠ 열대야로 잠 못 드는 밤에 시민들은 더위를 피해 야외로 나가 있다고 합니다. 취재 기자 연결합니다.

 저는 지금 ○○공원에 나와 있습니다. 밤까지 지속되고 있는 무더위에 시민들은 집보다 공원을 택했습니다. …(중략)… 어제에 이어 오늘도 ○○지역은 낮 최고 기온이 40도 가까이 올라 올 들어 가장 더운 날씨를 보였고 (가) 경보가 발효됐습니다. (가) 의 기세를 한풀 꺾을 변수는 열대 해상에서 북상 중인 (나) 입니다. 다음 주 한반도를 향할 것으로 예측되는 만큼 (나) 로 인한 ㉡ 피해가 없도록 주의가 필요합니다.

〈보기〉

ㄱ. ㉠은 오호츠크해 기단이 세력을 확장할 때 주로 발생한다.

ㄴ. ㉡의 사례로 해일에 의한 해안 저지대의 침수를 들 수 있다.

ㄷ. (가)는 장마 이후 북태평양 고기압이 한반도로 확장할 때 주로 나타난다.

ㄹ. (나)는 서고동저형의 기압 배치가 전형적으로 나타나는 계절일 때 우리나라에 영향을 준다.

① ㄱ, ㄴ ② ㄱ, ㄷ ③ ㄴ, ㄷ ④ ㄴ, ㄹ ⑤ ㄷ, ㄹ

05

다음 자료는 자연재해에 대한 온라인 수업 자료의 일부 내용이다. (가)~(다)에 해당하는 자연재해를 A~C에서 고른 것은? (단, (가)~(다)와 A~C는 각각 대설, 태풍, 호우 중 하나임.)

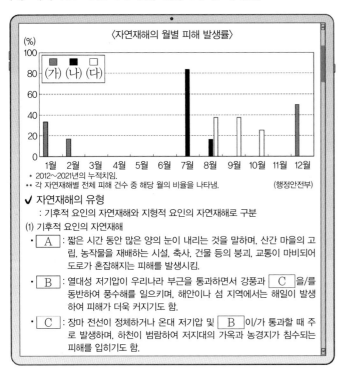

〈자연재해의 월별 피해 발생률〉

* 2012~2021년의 누적치임.
** 각 자연재해별 전체 피해 건수 중 해당 월의 비율을 나타냄.
(행정안전부)

✓ 자연재해의 유형
 : 기후적 요인의 자연재해와 지형적 요인의 자연재해로 구분
(1) 기후적 요인의 자연재해
 · ☐A : 짧은 시간 동안 많은 양의 눈이 내리는 것을 말하며, 산간 마을의 고립, 농작물을 재배하는 시설, 축사, 건물 등의 붕괴, 교통이 마비되어 도로가 혼잡해지는 피해를 발생시킴.
 · ☐B : 열대성 저기압이 우리나라 부근을 통과하면서 강풍과 ☐C 을/를 동반하여 풍수해를 일으키며, 해안이나 섬 지역에서는 해일이 발생하여 피해가 더욱 커지기도 함.
 · ☐C : 장마 전선이 정체되거나 온대 저기압 및 ☐B 이/가 통과할 때 주로 발생하며, 하천이 범람하여 저지대의 가옥과 농경지가 침수되는 피해를 입히기도 함.

	(가)	(나)	(다)		(가)	(나)	(다)
①	A	B	C	②	A	C	B
③	B	A	C	④	B	C	A
⑤	C	A	B				

06

다음은 자연재해에 관한 과거의 기록들이다. (가)~(다)에 대한 설명으로 옳은 것은? (단, (가)~(다)는 각각 지진, 태풍, 황사 중 하나임.)

(가) 하늘이 캄캄하게 흙비가 내렸는데 마치 티끌이 쏟아져 내리는 것 같았다.
 ― 『영조실록』 ―
(나) 경덕왕 22년 7월 경주에 큰 바람이 불어 기와가 날아가고 나무가 뽑혔다.
 원성왕 9년 8월에 큰 바람이 불어 나무가 부러지고 벼가 쓰러졌다.
 ― 『삼국사기』 ―
(다) 강원도에 재해가 있었는데, 소리가 우레와 같았고 담벽이 무너졌으며 기와가 날아가 떨어졌다. 양양에서는 바닷물이 요동쳤는데 마치 소리가 물이 끓는 것 같았고, …(중략)… 평창·정선에서도 산악이 크게 흔들려서 암석이 추락하는 변괴가 있었다.
 ― 『숙종실록』 ―

① (가)는 봄보다 여름에 자주 발생한다.
② (나)는 북서 계절풍이 한반도에 탁월하게 불 때 주로 발생한다.
③ (다)는 주로 장마 전선의 정체에 따라 발생한다.
④ (가)는 중국 내륙의 건조 지역에서, (나)는 열대 해상에서 발원한다.
⑤ (가)는 기후적 요인, (나), (다)는 지형적 요인에 의해 발생한다.

07

그래프의 (가)~(라) 자연재해에 대한 설명으로 옳은 것은? (단, (가)~(라)는 각각 대설, 지진, 태풍, 호우 중 하나임.) [3점]

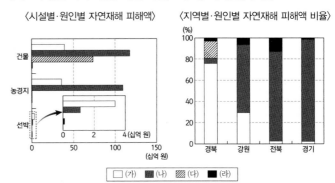

〈시설별·원인별 자연재해 피해액〉 〈지역별·원인별 자연재해 피해액 비율〉

☐(가) ■(나) ▨(다) ■(라)

* 지역별·원인별 자연재해 피해액 비율은 지역별 (가)~(라)의 합을 100%로 함.
** 2013~2022년의 누적 피해액이며, 2022년 환산 가격 기준임.
(재해연보)

① (가)는 주로 우리나라보다 저위도 해상에서 발원한다.
② (나)는 주로 지형적 요인에 의해 발생하는 자연재해이다.
③ (다)를 대비하기 위한 시설에는 울릉도의 우데기가 있다.
④ (라)는 (나)보다 우리나라의 연 강수량에 미치는 영향이 크다.
⑤ (가)는 빙판길 교통 장애, (라)는 해일 피해를 유발한다.

08

그래프는 A~C 기상 현상의 발생 빈도를 나타낸 것이다. 이에 대한 설명으로 옳은 것만을 〈보기〉에서 고른 것은? (단, A~C는 각각 태풍, 폭염, 황사 중 하나임.) [3점]

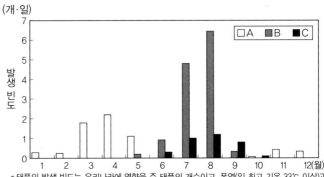

* 태풍의 발생 빈도는 우리나라에 영향을 준 태풍의 개수이고, 폭염(일 최고 기온 33℃ 이상)과 황사의 발생 빈도는 7개 관측 지점(강릉, 광주, 대구, 대전, 부산, 서울, 제주)의 평균 발생 일수임.
** 1991~2020년의 평년값임.
(기상청)

〈 보기 〉
 ㄱ. A는 주로 북태평양 기단의 영향에 의해 발생한다.
 ㄴ. B는 저위도 해상에서 발생하는 열대 저기압이다.
 ㄷ. A는 C보다 호흡기 및 안과 질환을 많이 유발한다.
 ㄹ. B는 폭염, C는 태풍이다.

① ㄱ, ㄴ ② ㄱ, ㄷ ③ ㄴ, ㄷ ④ ㄴ, ㄹ ⑤ ㄷ, ㄹ

09

지도는 두 자연재해의 지역별 피해액을 나타낸 것이다. (가), (나)에 대한 설명으로 옳은 것은? (단, (가), (나)는 각각 대설, 태풍 중 하나임.)

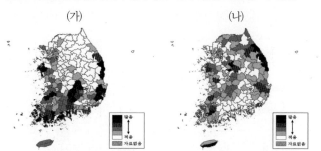

(가)　　　　(나)

* 2010~2019년 시군구별 총 피해액 합계이고 피해액은 2019년 환산가격 기준임.
(국민재난안전포털)

① (가)의 피해를 줄이기 위해 신속한 제설 작업이 필요하다.
② (나)는 열대 해상에서 발생해 우리나라에 영향을 준다.
③ (가)는 (나)보다 해일 피해를 유발하는 경우가 많다.
④ (나)는 (가)보다 농경지와 가옥에 침수 피해가 크다.
⑤ (가)는 겨울철, (나)는 여름철에 주로 피해를 준다.

11

그래프는 A~C 자연재해의 월별 발생 건수를 나타낸 것이다. (가)~(마)에 들어갈 내용으로 옳지 <u>않은</u> 것은? (단, A~C는 각각 대설, 태풍, 호우 중 하나임.) [3점]

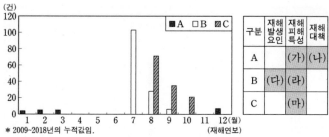

* 2009~2018년의 누적값임.　(재해연보)

구분	재해 발생 요인	재해 피해 특성	재해 대책
A		(가)	(나)
B	(다)	(라)	
C		(마)	

① (가) - 빙판길 교통 장애와 농업 시설물 붕괴를 유발함.
② (나) - 제설 장비를 갖추어 대비함.
③ (다) - 장마 전선에 남서 기류가 유입할 경우 잘 발생함.
④ (라) - 최근 10년간의 총피해액은 경북이 경기보다 큼.
⑤ (마) - 강한 바람으로 선박 및 항공기 운항에 지장을 줌.

10

그래프는 시설별 자연재해 피해액 비율을 나타낸 것이다. (가)~(다) 자연재해로 옳은 것은?

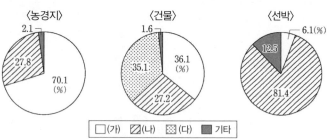

〈농경지〉　　〈건물〉　　〈선박〉

* 2009~2018년 시설별 총 피해액(당해연도 가격 기준)에 대한 자연재해별 피해액 비율임.(재해연보)

	(가)	(나)	(다)
①	지진	태풍	호우
②	지진	호우	태풍
③	태풍	호우	지진
④	호우	지진	태풍
⑤	호우	태풍	지진

12

다음 자료는 어느 기후 현상을 주제로 제작한 카드 뉴스의 일부이다. (가) 현상이 지속될 경우 우리나라에서 나타날 변화에 대한 추론으로 적절한 것은?

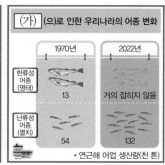

① 봄꽃의 개화 시기가 빨라질 것이다.
② 열대야 발생 일수가 감소할 것이다.
③ 서리가 내리지 않는 기간이 짧아질 것이다.
④ 해안 저지대의 침수 가능성이 낮아질 것이다.
⑤ 고산 식물의 분포 고도 하한선이 낮아질 것이다.

13

22학년도 10월 학평 2번

다음 자료의 (가)~(다)에 대한 설명으로 옳은 것은? (단, (가)~(다)는 각각 태풍, 폭염, 한파 중 하나임.)

〈자연재해와 경제 생활〉

(가)	○ 강한 비바람, 쓰러진 가로수, 무너진 광고판 ○ 유리창 파손 방지 안전 필름, 비상용품 등 구매 증가
(나)	○ 불볕더위, 열사병 환자 속출 ○ 얼음, 아이스크림, 냉방 용품 등 판매 증가
(다)	○ 급격한 기온 하강, 수도관 계량기 동파 ○ 감기약, 방한용품 등 수요 증가

① (가)는 2010~2019년 경기보다 전남의 피해액이 많다.
② (나)는 주로 서고동저형의 기압 배치가 나타나는 계절에 발생한다.
③ (다)는 장마 전선의 정체가 주요 원인이다.
④ (가)는 기온, (나)는 강수로 인한 자연재해이다.
⑤ 지구 온난화가 지속될 경우 (나) 일수는 감소하고, (다) 일수는 증가한다.

14

24학년도 3월 학평 6번

표는 세 도시의 시기별 A~C 기상 현상 발생 일수를 나타낸 것이다. 이에 대한 설명으로 옳은 것은? (단, A~C는 각각 열대야, 한파, 황사 중 하나임.) [3점]

(단위: 일)

구분 지역	3~5월			6~8월			9~11월			12~2월		
	A	B	C	A	B	C	A	B	C	A	B	C
부산	0	4.3	0	0	0	16.3	0	0.4	0.8	0.1	0.7	0
대전	0	5.7	0	0	0	10.7	0	0.4	0.1	2.6	1.1	0
인천	0	6.8	0	0	0	9.2	0	0.7	0	1.8	1.2	0

*1991~2020년의 평년값임.

① A는 주로 북태평양 기단의 영향에 의해 발생한다.
② B는 수도관 계량기 동파 등의 피해를 발생시킨다.
③ A는 C보다 난방용 에너지 소비량의 급증을 유발한다.
④ C는 B보다 호흡기 및 안과 질환을 많이 일으킨다.
⑤ 인천은 대전보다 한파 일수가 많다.

15

20학년도 9월 모평 8번

다음은 자연재해에 대한 수행 평가 활동지의 일부이다. (가)~(다)에 대한 설명으로 옳은 것은?

수행 평가 활동지

○ 주제: 자연재해 대응 국민 행동 요령

자연재해	국민 행동 요령
(가)	• 야외 활동을 최대한 자제하고, 외출이 꼭 필요한 경우에는 물병을 휴대합니다. • 냉방이 되지 않는 실내에서는 햇볕을 가리고 맞바람이 불도록 환기를 합니다.
(나)	• 바람에 날아갈 위험이 있는 물건은 단단히 고정합니다. • 저지대 및 상습 침수 지역에 거주하고 계신 주민은 대피를 준비합니다.
(다)	• 내 집 주변 빙판 길에는 염화 칼슘이나 모래 등을 뿌려서 사고를 예방합니다. • 붕괴가 우려되는 농작물 재배 시설은 사전에 점검, 받침대 보강 등을 실시합니다.

① (가)는 북서 계절풍의 영향으로 서해안에서 자주 발생한다.
② (나)는 중국 내륙에서 발원한 황사를 동반한다.
③ (다)는 남고북저형 기압 배치가 전형적으로 나타나는 계절에 주로 발생한다.
④ (나)는 (다)보다 해일을 발생시킬 가능성이 크다.
⑤ 정주간은 (가), 우데기는 (다)를 대비한 전통 가옥 시설이다.

16

20학년도 수능 13번

그래프는 월별 자연재해 기상 특보 발령 현황을 나타낸 것이다. (가)~(다)에 대한 설명으로 옳은 것은? (단, (가)~(다)는 각각 대설, 태풍, 호우 중 하나임.) [3점]

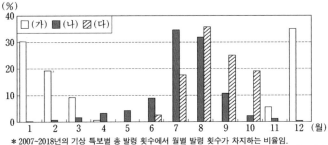

* 2007~2018년의 기상 특보별 총 발령 횟수에서 월별 발령 횟수가 차지하는 비율임.
** 기상 특보는 기상 현상에 의해 재해 발생이 예상될 때, 주의보 및 경보로 구분하여 발표하는 것임.
(행정안전부)

① (가)는 장마 전선이 한반도에 장기간 정체할 때 발생한다.
② (나)는 시베리아 기단이 강하게 영향을 미칠 때 주로 발생한다.
③ (다)는 우리나라에서 대체로 진행 방향의 오른쪽이 왼쪽보다 바람 세기가 강하다.
④ (가)는 (나)보다 우리나라 연 강수량에서 차지하는 비율이 높다.
⑤ 터돋움집은 (가), 우데기는 (나)를 대비한 시설이다.

17

다음 자료는 (가)~(다) 자연재해 발생 시 행동 요령을 나타낸 것이다. 이에 대한 설명으로 옳은 것은? (단, (가)~(다)는 각각 대설, 지진, 태풍 중 하나임.)

(가)	(나)	(다)

외출을 자제하고 집 근처와 지붕 위에 눈이 쌓이지 않도록 수시로 치워야 합니다.	건물 내에서 흔들림이 있을 경우 탁자 아래로 들어가 낙하물로부터 머리와 몸을 보호합니다.	출입문과 창문을 닫아 파손되지 않도록 하고, 유리창에서 되도록 떨어져 있도록 합니다.

① (가)는 열대 해상에서 발생하여 우리나라로 이동한다.
② (나)를 대비한 전통 가옥 시설로 우데기가 있다.
③ (다)는 겨울철보다 여름철에 주로 발생한다.
④ (가)는 (다)보다 해일 피해를 유발하는 경우가 많다.
⑤ (나)는 기후적 요인, (다)는 지형적 요인에 의해 발생한다.

19

그래프는 권역별 자연 재해 피해액 비중을 나타낸 것이다. 이에 대한 설명으로 옳은 것은? (단, (가)~(다)는 각각 대설, 태풍, 호우 중 하나임.) [3점]

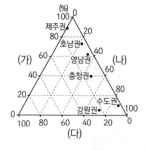

* 권역별 세 자연 재해 피해액의 합에서 각 자연 재해가 차지하는 비율임.
** 총 피해액은 2009~2018년 누적 피해액이며, 2018년도 환산 가격 기준임.

① (가)는 주로 장마 전선의 정체에 따라 발생한다.
② (나)를 대비한 전통 가옥 시설로 우데기가 있다.
③ (다)는 겨울철보다 여름철에 발생하는 빈도가 높다.
④ (나)는 (다)보다 연 강수량에서 차지하는 비중이 크다.
⑤ (가)~(다) 중 연평균 피해액 규모는 (다)가 가장 크다.

18

그래프는 세 권역의 기상 특보 발령 횟수를 나타낸 것이다. (가)~(다)에 대한 옳은 설명만을 〈보기〉에서 고른 것은? (단, (가)~(다)는 각각 대설, 태풍, 호우 중 하나임.)

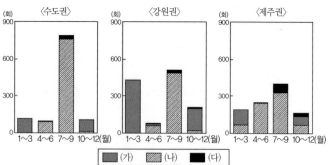

* 기상 특보 발령 횟수는 2010~2019년의 합계임.

〈 보기 〉
ㄱ. (가)는 장마 전선이 정체할 때 주로 발생한다.
ㄴ. (나)는 시베리아 기단이 강하게 영향을 미칠 때 주로 발생한다.
ㄷ. (다)는 강풍과 많은 비를 동반하여 풍수해를 유발한다.
ㄹ. (나)는 (가)보다 산사태의 발생 위험도를 증가시킨다.

① ㄱ, ㄴ　　② ㄱ, ㄷ　　③ ㄴ, ㄷ　　④ ㄴ, ㄹ　　⑤ ㄷ, ㄹ

20

다음 자료의 (가)~(다) 자연재해에 대한 설명으로 옳은 것은? (단, (가)~(다)는 각각 대설, 지진, 태풍 중 하나임.)

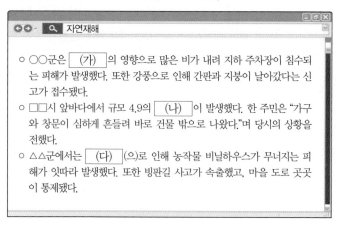

① (가)는 열대 해상에서 발생해 고위도로 이동한다.
② (나)는 2011~2020년에 수도권의 피해액이 영남권의 피해액보다 많았다.
③ (다)는 남고북저형 기압 배치가 전형적으로 나타나는 계절에 주로 발생한다.
④ (다)는 (가)보다 발생 1회당 피해액의 규모가 크다.
⑤ (가)와 (나)는 기후적 요인, (다)는 지형적 요인에 의해 발생한다.

21

그림은 (가), (나) 자연재해가 발생했을 때의 위성 영상을 나타낸 것이다. 이에 대한 설명으로 옳은 것은? (단, (가), (나)는 각각 대설, 태풍 중 하나임.)

(가)   (나)

① 제주의 최근 10년 동안 총피해액은 (나)가 (가)보다 많다.
② (가)는 저위도의 열대 해상에서 주로 발원한다.
③ (가)는 (나)보다 우리나라의 연 강수량에 미치는 영향이 크다.
④ (나)는 (가)보다 겨울철 발생 빈도가 높다.
⑤ (가)는 해일 피해, (나)는 빙판길 교통 장애를 유발한다.

22

다음 자료의 (가)~(다) 자연재해에 대한 설명으로 옳은 것은? (단, (가)~(다)는 각각 대설, 태풍, 황사 중 하나임.)

- 북동 기류의 영향으로 동해안에 　(가)　이/가 발생했다. 기상청은 빙판길이 생기는 곳이 많을 것이라며 교통 안전에 유의해 달라고 당부했다.
- 제9호 　(나)　 '마이삭'이 새벽 3시경 포항을 관통하면서 피해가 속출했다. 마이삭은 순간 최대 풍속 44.6 m/s에 달하는 강풍을 동반하였다.
- 중국 내륙 지역에서 발원한 　(다)　이/가 유입되었다. 이에 따라 미세먼지 농도는 수도권과 충청권은 '매우 나쁨', 호남권과 제주권은 '나쁨'으로 나타났다.

① (가)에 대비한 전통 가옥 시설로 터돋움집을 들 수 있다.
② (나)는 서고동저형 기압 배치가 나타날 때 주로 발생한다.
③ (다)는 서해안보다 동해안에서 연 발생 일수가 많다.
④ (가)는 (나)보다 발생 1회당 피해액 규모가 크다.
⑤ (나)는 (다)보다 산사태를 발생시킬 가능성이 높다.

23

다음 자료의 (가)가 지속될 경우 우리나라에서 나타날 현상에 대한 추론으로 적절한 것은?

> 배는 연평균 기온 11.5~15.5℃인 지역이 재배하기에 적합하다. 　(가)　 현상이 심화되어 연평균 기온이 상승하게 될 경우, 배의 재배 적합지가 크게 축소될 전망이다.
>
> 〈 배 재배 적합지 예상 변화 〉
>
> 1980~2010년   2070년대
>
> ■ 재배 적합지

① 무상 기간이 길어질 것이다.
② 봄꽃의 개화 시기가 늦어질 것이다.
③ 단풍의 절정 시기가 빨라질 것이다.
④ 침엽수림의 분포 면적이 넓어질 것이다.
⑤ 한류성 어족의 어획량이 증가할 것이다.

24

다음 자료의 (가), (나)에 들어갈 내용으로 가장 적절한 것은?

[앵커] 재난 방송 센터 연결합니다. ○○○ 기자, 태풍과 멀리 떨어져 있다고 안심할 게 아니군요!
[기자] 네, 현재 대형 태풍 □□은 제주도 서귀포 동쪽을 지나고 있는데, 태풍의 중심에서 멀리 떨어진 강원도 양양에 시간당 100mm가 넘는 폭우가 쏟아졌습니다. 그 이유는 　(가)　이 태풍의 바람받이 역할을 하여 영동 지방에 　(나)　가 발생했기 때문입니다.

	(가)	(나)
①	태백산맥	지형성 강수
②	태백산맥	전선성 강수
③	소백산맥	대류성 강수
④	소백산맥	지형성 강수
⑤	소백산맥	전선성 강수

25

그래프는 세 자연재해의 연도별 피해 복구비를 나타낸 것이다. A~C에 대한 옳은 설명만을 〈보기〉에서 고른 것은? (단, A~C는 각각 대설, 지진, 태풍 중 하나임.)

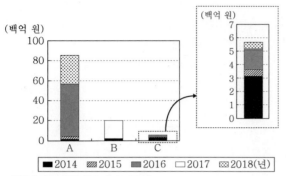

* 복구비는 2018년 환산 가격 기준임.

〈 보기 〉

ㄱ. A로 인한 피해액은 경기가 전남보다 많다.
ㄴ. B는 기후적 요인에 의해서 발생한다.
ㄷ. C의 발생 빈도는 겨울철이 여름철보다 높다.
ㄹ. A는 C보다 산사태를 유발하는 경우가 많다.

① ㄱ, ㄴ   ② ㄱ, ㄷ   ③ ㄴ, ㄷ   ④ ㄴ, ㄹ   ⑤ ㄷ, ㄹ

26

다음은 자연재해에 관한 안전 안내 문자 내용의 일부이다. 이에 대한 설명으로 옳은 것은? (단, (가)~(라)는 각각 대설, 지진, 태풍, 황사 중 하나임.)

 (가) 영향권에 들 것으로 전망되니 등산로 및 하천에 진입하지 마시고 간판 등의 낙하에 주의하십시오.

○○시 북쪽 지역에서 규모 5.5 (나) 이/가 발생하였으니 피해를 입지 않도록 대비하시기 바랍니다.

오늘 퇴근 시간대 (다) (으)로 교통 혼잡과 빙판길 안전사고가 우려되니 가급적 대중교통을 이용해 주시기 바랍니다.

현재 (라) 경보 발효 중이니 야외 활동 시 마스크를 착용하시기 바라며, 창문을 닫아 먼지 유입을 차단하십시오.

① (가)는 주로 우리나라보다 저위도 해상에서 발원한다.
② (나)는 기후적 요인에 의해 발생하는 자연재해이다.
③ (다)는 북태평양 고기압이 한반도 전역에 영향을 미칠 때 주로 발생한다.
④ 울릉도의 우데기는 (라)를 대비한 시설이다.
⑤ (다)는 (가)보다 선박에 주는 피해가 크다.

27

다음 자료의 (가)에 따른 영향으로 가장 적절한 것은?

○○ 신문   2019년 3월 △△일

봄에 접어들었지만 여전히 꽃샘추위가 기승을 부리고 있다. 곧 꽃샘추위가 물러가면 (가) 의 습격이 예상된다. (가) 은/는 중국 내륙 및 몽골에서 발생한 모래 먼지로, 편서풍을 타고 우리나라 쪽으로 날아온다. 과거에는 주로 봄철에 영향을 주었으나 최근에는 다른 계절에도 이 현상이 나타나고 있다.

① 하천이 범람하며 주변 저지대가 침수된다.
② 매우 심한 더위가 나타나며 전력 수요가 급증한다.
③ 감기 환자가 급증하며 수도관 동파 피해가 나타난다.
④ 교통 장애를 유발하며 비닐하우스가 붕괴되기도 한다.
⑤ 호흡기 환자가 증가하며 정밀 기계 고장의 원인이 되기도 한다.

28

그래프의 (가)~(라) 자연재해에 대한 설명으로 옳은 것은? (단, (가)~(라)는 각각 대설, 지진, 태풍, 호우 중 하나임.) [3점]

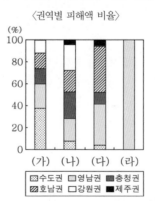

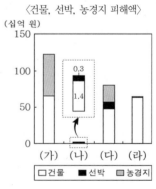

* 2009~2018년 누적 피해액이고, 2018년 환산 가격 기준임.

① (가)는 여름철보다 겨울철에 발생 빈도가 높다.
② (나)는 장마 전선이 정체할 때 주로 발생한다.
③ (라)는 강풍과 많은 비를 동반하여 풍수해를 유발한다.
④ (다)는 (나)보다 해일 피해를 유발하는 경우가 많다.
⑤ 우리나라 연 강수량에서 차지하는 비율은 (나)가 (가)보다 높다.

29

다음은 기후 단원에 대한 한국 지리 수업 장면이다. 발표 내용이 가장 적절한 학생을 고른 것은?

① 갑　　② 을　　③ 병　　④ 정　　⑤ 무

30

다음 자료의 (가) 자연재해에 대한 설명으로 가장 적절한 것은?

① (가)를 대비한 시설로 정주간이 있다.
② 장마 전선이 한반도에 장기간 정체할 때 발생한다.
③ 북서 계절풍이 한반도에 강하게 불 때 주로 발생한다.
④ 열대 이동성 저기압이 한반도를 통과할 때 주로 발생한다.
⑤ 북태평양 고기압이 한반도 전역에 강하게 영향을 미칠 때 주로 발생한다.

31

다음 자료는 세 도(道)의 A~D 자연재해 피해 현황을 나타낸 것이다. 이에 대한 설명으로 옳은 것은? (단, A~D는 각각 대설, 지진, 태풍, 호우 중 하나임.) [3점]

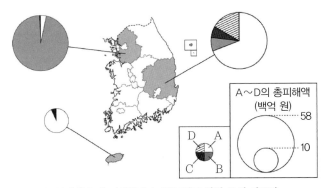

* 2011~2020년의 누적 피해액이며, 2020년도 환산 금액 기준임.

① 선박의 경우 A로 인한 피해액이 C로 인한 피해액보다 많다.
② C는 B보다 여름철에 발생하는 비율이 높다.
③ B는 지형적 요인, D는 기후적 요인에 의해 발생한다.
④ 2011~2020년에 경북은 지진보다 대설 피해액이 많다.
⑤ 2011~2020년에 제주는 경기보다 호우 피해액이 많다.

32

다음 자료에 대한 설명으로 옳은 것은? (단, (가)~(다)는 각각 폭염, 한파, 황사 중 하나이며, A~C는 각각 군산, 안동, 인천 중 하나임.) [3점]

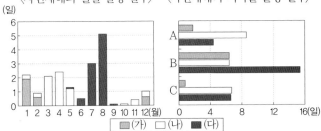

〈자연재해의 월별 발생 일수〉　〈자연재해의 지역별 발생 일수〉

* 월별 발생 일수는 세 지역(A~C)의 월별 발생 일수 평균값임.
** 1991~2020년 평년값임.　　　　　　　　　　　　　(기상청)

① (나)로 인해 저체온증과 동상 위험이 증가한다.
② (다)는 서고동저형 기압 배치가 전형적으로 나타나는 계절에 주로 발생한다.
③ (가)와 (다)는 기온과 관련된 자연재해이다.
④ A는 B보다 저위도에 위치한다.
⑤ 안동은 인천보다 황사 발생 일수가 많다.

33

다음 자료의 (가) 현상이 지속될 경우 우리나라에서 나타날 변화에 대한 추론으로 옳은 것은?

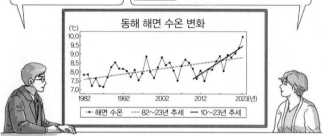

올해 봄철 동해 평균 해면 수온이 최근 40년 중 가장 높은 수치였다면서요?

네. 특히, 최근 10여 년간 해면 수온의 상승이 가파르게 나타나고 있는데요. 이러한 변화의 주요 원인으로는 (가) 현상이 꼽힙니다.

① 한강의 결빙 일수가 감소할 것이다.
② 귤의 재배 북한계선이 남하할 것이다.
③ 개마고원의 냉대림 분포 면적이 넓어질 것이다.
④ 치악산에서 단풍이 드는 시기가 빨라질 것이다.
⑤ 대구의 열대야와 열대일 발생 일수가 감소할 것이다.

34

다음 자료의 (가) 현상이 지속될 경우 한반도에 나타날 변화에 대한 추론으로 가장 적절한 것은?

최근 지구적 차원에서 해수면이 상승하고 있다. 해수면 상승 요인에는 (가) 에 따른 바닷물의 열팽창과 극지방에서 빙하가 녹아내리는 현상 등이 있다. 한편, 우리나라는 1989~2018년에 해수면이 매년 약 2.97mm 높아져, 지난 30년 동안 해수면이 약 89.1mm 높아졌다.

〈1989~2018년 해수면 상승 추이〉
3.50mm/년 동해안
2.48mm/년 서해안
2.44mm/년 남해안

① 난대림 북한계선이 북상한다.
② 하천의 결빙 일수가 증가한다.
③ 열대야 발생 일수가 감소한다.
④ 봄꽃의 개화 시기가 늦어진다.
⑤ 고산 식물 분포의 고도 하한선이 낮아진다.

35

다음 자료의 (가) 환경 문제가 지속될 경우 우리나라에 나타날 변화에 대한 추론으로 가장 적절한 것은?

코끼리를 삼킨 보아뱀? 북극곰을 삼킨 플러그!

플러그를 뽑으면, 지구를 구할 수 있습니다. 이제, 외출하기 전 안쓰는 플러그를 뽑아 주세요. 당신의 작은 실천으로 (가) 을/를 막을 수 있습니다. 북극곰을 살릴 수 있습니다.

− 2020년 기상청 공모전 최우수상 수상작 −

① 봄꽃의 개화 시기가 빨라진다.
② 열대야 발생 일수가 감소한다.
③ 하천의 결빙 일수가 증가한다.
④ 냉대림의 분포 면적이 넓어진다.
⑤ 사과 재배 적지가 저위도로 이동한다.

36

지도에 나타난 변화가 현실화될 때, 우리나라에서 나타날 현상에 대한 추론으로 옳은 것은?

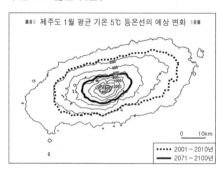

제주도 1월 평균 기온 5℃ 등온선의 예상 변화

2001~2010년
2071~2100년

① 봄꽃의 개화 시기가 빨라질 것이다.
② 냉대림의 분포 면적이 확대될 것이다.
③ 한류성 어종의 어획량이 증가할 것이다.
④ 해안 저지대의 침수 가능성이 낮아질 것이다.
⑤ 열대야와 열대일의 발생 일수가 감소할 것이다.

37

다음은 자연재해에 관한 재난 안전 문자 내용이다. 이에 대한 옳은 설명만을 〈보기〉에서 고른 것은? (단, (가)~(라)는 각각 대설, 지진, 태풍, 호우 중 하나임.)

강풍을 동반한 (가) 영향권 진입. 해안 지대 접근 금지 및 선박 대피 등 피해가 없도록 주의하시기를 바랍니다.	장마 전선의 정체에 따른 (나) 주의보 발령. 침수 우려 지역에서는 안전한 장소로 대피하시기를 바랍니다.
△△시 동남동쪽 19km 지역에 규모 4.3 (다) 발생. 진동이 멈춘 후 야외로 대피하시기를 바랍니다.	(라) 경보. 고립 우려 지역에서는 염화 칼슘과 삽을 준비하며, 차량 운전 시 저속으로 이동 하시기를 바랍니다.

〈 보기 〉

ㄱ. (가)는 여름철보다 겨울철에 발생 빈도가 높다.
ㄴ. (나)는 (라)보다 연 강수량에서 차지하는 비율이 높다.
ㄷ. (다)는 기후적 요인, (라)는 지형적 요인에 의해 발생한다.
ㄹ. 2013~2022년 경기의 누적 피해액은 (가)보다 (나)에 의한 것이 많다.

① ㄱ, ㄴ   ② ㄱ, ㄷ   ③ ㄴ, ㄷ
④ ㄴ, ㄹ   ⑤ ㄷ, ㄹ

38

다음 자료의 (가) 현상이 지속될 경우 한반도에 나타날 변화에 대한 추론으로 옳은 것은?

○○신문
2023년 ◇월 ◇일

'고래인 줄…', 초대형 참치 잡혀

강원특별자치도 ○○시에서 길이 1.8m, 무게 160kg에 달하는 초대형 참치(참다랑어)가 잡혔다. 참치는 주로 아열대 및 열대 바다에서 서식한다. 그런데 (가) 현상으로 인해 최근에는 우리나라 동해안에서도 참치를 어렵지 않게 볼 수 있다.

① 단풍이 드는 시기가 빨라질 것이다.
② 하천의 결빙 일수가 감소할 것이다.
③ 난대림의 북한계선이 남하할 것이다.
④ 열대야와 열대일 발생 일수가 감소할 것이다.
⑤ 고산 식물 분포의 고도 하한선이 낮아질 것이다.

한눈에 정리하는
평가원 기출 경향

주제 \ 학년도	2025	2024	2023

원교 촌락과 대도시 근교 지역

수능 14번

4. 표는 지도에 표시된 두 지역의 특성을 나타낸 것이다. (가)에 대한 (나)의 상대적 특성을 그림의 A~E에서 고른 것은? [3점]

구분	(가)	(나)
인구(명)	33,579	347,221
경지 면적(ha)	6,575	2,443
제조업 사업체 수(개)	374	4,373

(2019) (통계청)

농가 인구 비율

① A
② B
③ C
④ D
⑤ E

* (고)는 높음, 많음을, (저)는 낮음, 적음을 의미함.

도시 발달

(빈출)

수능 13번

3. 그래프에 대한 설명으로 옳은 것은? (단, (가)~(다)는 각각 영남권, 충청권, 호남권 중 하나임.) [3점]

〈인구 규모에 따른 도시 및 군(郡) 지역의 인구 비율〉
(단위: %)

(가)		13.2	8.6		46.7
(나)		18.7	8.8		38.5
(다)		15.1			40.2

■1위 ■2위 ■3위 ▨4위 □기타

* 상위 4개 도시만 표현하고, 나머지 도시 및 군 지역은 기타로 함.
* 광역시에 속한 군 지역의 인구는 광역시 인구에 포함함.
(2020) (통계청)

① (가)의 2위 도시는 광역시이다.
② (가)는 (나)보다 총인구가 많다.
③ (가)는 (다)보다 지역 내 총생산이 많다.
④ (나)의 2위 도시는 (다)의 1위 도시보다 인구가 많다.
⑤ (나)는 충청권, (다)는 영남권이다.

도시 체계

수능 17번

1. 표는 지도에 표시된 세 지역의 교육 기관 수를 나타낸 것이다. 이에 대한 설명으로 옳은 것만을 〈보기〉에서 고른 것은? (단, A~C는 각각 대학교, 고등학교, 초등학교 중 하나임.)

지역 \ 교육 기관	A	B	C
(가)	152	62	17
(나)	27	10	2
(다)	18	7	0

* 대학교는 전문대학을 포함함.
(2021) (통계청)

〈보기〉
ㄱ. (다)는 (가)보다 보유하고 있는 중심지 기능이 다양하다.
ㄴ. (가)와 (나)는 모두 세종특별자치시와 경계를 접하고 있다.
ㄷ. A는 B보다 학교 간 평균 거리가 멀다.
ㄹ. C는 A보다 학생들의 평균 통학권 범위가 넓다.

① ㄱ, ㄴ ② ㄱ, ㄷ ③ ㄴ, ㄷ ④ ㄴ, ㄹ ⑤ ㄷ, ㄹ

2022 ~ 2019

2021. 6월 모평 10번

20. 그래프의 (나) 지역에 대한 (가) 지역의 상대적 특성으로 옳은 것은? (단, (가), (나)는 각각 지도에 표시된 두 지역 중 하나임.)

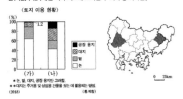

(토지 이용 현황)

* 논, 밭, 대지, 공장 용지만 고려함.
** 대지: 주거용 및 상업용 건물을 짓는 데 활용되는 땅임.
(2018) (통계청)

① 제조업 출하액이 많다.
② 아파트 거주 가구 비율이 높다.
③ 전체 가구 중 농가 비율이 높다.
④ 최근 10년 내 신축된 주택 수가 많다.
⑤ 부산으로 연결되는 버스 운행 횟수가 많다.

2019. 9월 모평 7번

5. 자료의 (가) 지역과 비교한 (나) 지역의 상대적 특성을 그림의 A~E에서 고른 것은? [3점]

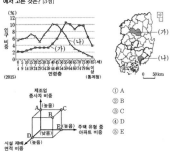

(2015) (통계청)

① A
② B
③ C
④ D
⑤ E

2022. 수능 11번

8. 그래프는 인구 규모에 따른 수도권 도시 순위 변화에 관한 것이다. 이에 대한 설명으로 옳은 것만을 〈보기〉에서 고른 것은? [3점]

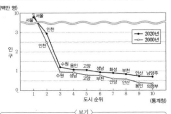

(통계청)

〈보기〉
ㄱ. 2000년 4~7위 도시에는 모두 수도권 1기 신도시가 있다.
ㄴ. 2000년 대비 2020년 인구 증가율은 용인이 인천보다 높다.
ㄷ. 2000년 대비 2020년에 새롭게 10위 안에 진입한 도시는 모두 서울과 행정 구역이 접해 있다.
ㄹ. 수도권 내 서울의 인구 집중률은 2020년이 2000년보다 높다.

① ㄱ, ㄴ ② ㄱ, ㄷ ③ ㄴ, ㄷ ④ ㄴ, ㄹ ⑤ ㄷ, ㄹ

2021. 수능 5번

9. 그래프에 대한 설명으로 옳은 것은? (단, (가)~(다)는 각각 수도권, 영남권, 호남권 중 하나임.) [3점]

(인구 규모에 따른 도시 및 군(郡) 지역 인구 비율)

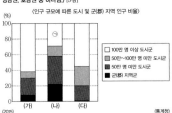

(2015) (통계청)

① (가)에는 우리나라 최상위 계층의 도시가 위치한다.
② (나)의 ㉠은 광역시이다.
③ (나)는 (가)보다 총인구가 많다.
④ (나)는 (다)보다 도시화율이 높다.
⑤ (나)와 (다)의 행정 구역 경계는 맞닿아 있다.

2020. 수능 20번

10. 그래프는 인구 규모에 따른 권역별 도시 분포에 관한 것이다. 이에 대한 설명으로 옳은 것만을 〈보기〉에서 고른 것은? (단, (가)~(라)는 각각 수도권, 영남권, 충청권, 호남권 중 하나임.)

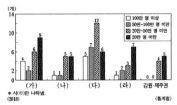

* 시(市)만 나타냄.
(2018) (통계청)

〈보기〉
ㄱ. (가)의 100만 명 이상의 도시들은 모두 광역시이다.
ㄴ. (다)는 (가)보다 지역 내 총생산이 많다.
ㄷ. (다)는 (라)보다 도시 거주 인구 비율이 높다.
ㄹ. (가)는 수도권, (나)는 충청권, (다)는 영남권, (라)는 호남권이다.

① ㄱ, ㄴ ② ㄱ, ㄷ ③ ㄴ, ㄷ ④ ㄴ, ㄹ ⑤ ㄷ, ㄹ

2019. 9월 모평 11번

12. 자료는 도시 순위와 인구 변화에 관한 것이다. 이에 대한 옳은 설명을 〈보기〉에서 고른 것은?

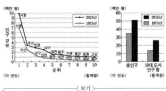

(각 연도) (통계청)

〈보기〉
ㄱ. 종주 도시로서 서울의 지위는 유지되었다.
ㄴ. 10대 도시 중 수도권에 위치한 도시의 수는 2015년이 1975년에 비해 많다.
ㄷ. 총인구에서 10대 도시 인구 합이 차지하는 비중은 2015년이 1975년에 비해 낮다.
ㄹ. 2015년 기준 6대 광역시 중 1975년에 비해 2015년 인구가 가장 많이 증가한 도시는 부산이다.

① ㄱ, ㄴ ② ㄱ, ㄷ ③ ㄴ, ㄷ ④ ㄴ, ㄹ ⑤ ㄷ, ㄹ

2020. 6월 모평 7번

17. 표는 지도에 표시된 세 지역의 의료 기관 수를 나타낸 것이다. 이에 대한 설명으로 옳은 것은? (단, (가), (나)는 의원, 종합 병원 중 하나임.) [3점]

의료기관 지역	(가)	병원	(나)
A	0	2	19
B	3	10	204
C	12	111	1,666

(2016) (통계청)

① A는 구미이다.
② B는 C보다 인구가 많다.
③ C는 A보다 중심지 기능의 수가 적다.
④ (나)는 병원보다 의료 기관당 서비스를 제공하는 공간 범위가 넓다.
⑤ (가)는 (나)보다 최소 요구치가 크다.

2019. 수능 5번

6. 표는 지도에 표시된 세 지역의 유형별 의료 기관 수를 나타낸 것이다. 이에 대한 설명으로 옳지 않은 것은?

(단위: 개)

의료기관 지역	A	B	의원	기타	합계
(가)	4	5	109	112	230
(나)	1	1	26	27	55
(다)	0	0	16	22	38

(2016) (통계청)

① (다)는 동계 올림픽 개최지이다.
② (가)는 (나)보다 중심지 기능이 다양하다.
③ (가)는 (다)보다 인구 규모가 크다.
④ A는 의원보다 서비스를 제공하는 공간적 범위가 넓다.
⑤ B는 의원보다 중심지 기능을 유지하기 위한 최소 요구치가 작다.

12
일차

촌락의 변화와 도시 발달

1 촌락의 형태와 변화

1 전통 촌락의 형태

집촌	산촌
• 특정 장소에 가옥이 밀집하여 분포하는 형태의 촌락이다. • 벼농사 지역, 혈연 중심의 동족촌에서 전형적으로 나타난다. • 산촌보다 협업 활동이 용이하다. • 산촌보다 가옥과 경지의 결합도가 낮다.	• 가옥이 서로 어느 정도 거리를 유지하면서 흩어져 분포하는 형태의 촌락이다. • 밭농사 지역이나 과수원 지역에서 주로 나타난다. • 집촌보다 가옥의 밀집도가 낮다.

2 촌락의 변화

(1) 촌락의 토지 이용 변화

과거	현재(최근)
• 경지율이 높다. • 전업농 비율이 높다. • 농업 종사자 비율이 높다. • 가구당 경지 면적이 넓다.	• 인구 밀도가 높다. • 정주 기반 시설이 많다. • 3차 산업 종사자가 많다. • 소득원의 다양성이 높다.

(2) 촌락의 기능 및 경관 변화

근교 촌락	• 토지 이용의 집약도가 높고, 주택 유형 중 아파트 비중이 높다. • 제조업 종사자 비중이 높고, 시설 재배 면적 비중이 높다.
원교 촌락	전업농가의 비율이 높다.

2 도시 체계

1 우리나라의 도시 발달 **모아** 보기

(1) 수도권에는 우리나라 최상위 계층의 도시가 위치한다.
(2) 수도권은 충청권보다 도시 거주 인구 비율이 높다.

2 도시(중심지)와 계층 구조

고차 중심지	저차 중심지
• 사례: 대도시 • 저차 중심지보다 중심지 기능이 다양하다. • 저차 중심지보다 (중심지 기능을 유지하기 위한) 최소 요구치가 크다. 기억해 • 고차 중심지 간 거리는 저차 중심지 간 거리보다 멀다.	• 사례: 소도시 • 고차 중심지보다 인구가 적다. • 고차 중심지보다 중심지 기능의 수가 적다. • 고차 중심지보다 서비스를 제공하는 공간 범위가 좁다.

▶ 기/출/선/지 **모아** 보기

23학년도 수능 13번

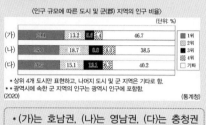

〈인구 규모에 따른 도시 및 군(郡) 지역의 인구 비율〉
(단위: %)

* 상위 4개 도시만 표현하고, 나머지 도시 및 군 지역은 기타로 함.
** 광역시에 속한 군 지역의 인구는 광역시 인구에 포함함.
(2020)   (통계청)

> * (가)는 호남권, (나)는 영남권, (다)는 충청권이다.

① (개) (나)의 2위 도시는 광역시이다.
② (가)는 (나)보다 총인구가 ~~많다~~ 적다.
③ (가)는 (다)보다 지역 내 총생산이 ~~많다~~ 적다.
④ (나)의 2위 도시는 (다)의 1위 도시보다 인구가 많다.
⑤ (나)는 ~~충청권~~ 영남권, (다)는 ~~영남권~~ 충청권이다.

[21 수능] ③ (개) (가)는 (개) (나)보다 총인구가 ~~많다~~ 적다.

[20 수능] ㄱ. (개) (나)의 100만 명 이상의 도시들은 ~~모두 광역시여라~~ 부산, 대구, 울산만 광역시이다.

01

24학년도 수능 17번

표는 지도에 표시된 세 지역의 교육 기관 수를 나타낸 것이다. 이에 대한 설명으로 옳은 것만을 〈보기〉에서 고른 것은? (단, A~C는 각각 대학교, 고등학교, 초등학교 중 하나임.)

지역 \ 교육 기관	A	B	C
(가)	152	62	17
(나)	27	10	2
(다)	18	7	0

* 대학교는 전문대학을 포함함.
(2021)　　　　　　　　　(통계청)

0　20km

〈 보기 〉
ㄱ. (다)는 (가)보다 보유하고 있는 중심지 기능이 다양하다.
ㄴ. (가)와 (나)는 모두 세종특별자치시와 경계를 접하고 있다.
ㄷ. A는 B보다 학교 간 평균 거리가 멀다.
ㄹ. C는 A보다 학생들의 평균 통학권 범위가 넓다.

① ㄱ, ㄴ　② ㄱ, ㄷ　③ ㄴ, ㄷ　④ ㄴ, ㄹ　⑤ ㄷ, ㄹ

03

23학년도 수능 13번

그래프에 대한 설명으로 옳은 것은? (단, (가)~(다)는 각각 영남권, 충청권, 호남권 중 하나임.) [3점]

〈인구 규모에 따른 도시 및 군(郡) 지역의 인구 비율〉
(단위: %)

(가)	29.1	13.2	5.6	5.4	46.7
(나)	26.0	18.7	8.8	8.0	38.5
(다)	26.3	15.1	12.1	6.3	40.2

■ 1위
▨ 2위
■ 3위
▧ 4위
□ 기타

* 상위 4개 도시만 표현하고, 나머지 도시 및 군 지역은 기타로 함.
** 광역시에 속한 군 지역의 인구는 광역시 인구에 포함함.
(2020)　　　　　　　　　(통계청)

① (가)의 2위 도시는 광역시이다.
② (가)는 (나)보다 총인구가 많다.
③ (가)는 (다)보다 지역 내 총생산이 많다.
④ (나)의 2위 도시는 (다)의 1위 도시보다 인구가 많다.
⑤ (나)는 충청권, (다)는 영남권이다.

02 대표 문제

23학년도 9월 모평 8번

(가)~(다) 지역에 대한 설명으로 옳은 것만을 〈보기〉에서 고른 것은? (단, (가)~(다)는 각각 지도에 표시된 세 지역 중 하나임.) [3점]

〈인구 규모에 따른 시·군 지역 인구 비율〉

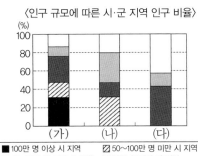

■ 100만 명 이상 시 지역
▨ 50~100만 명 미만 시 지역
■ 20~50만 명 미만 시 지역
▨ 20만 명 미만 시 지역
□ 군(郡) 지역
(2020)　　　　　　　　　(통계청)

〈 보기 〉
ㄱ. (나)의 도청 소재지는 '50만~100만 명 미만 시 지역'에 포함된다.
ㄴ. (가)는 (다)보다 시 지역 거주 인구 비율이 높다.
ㄷ. (나)는 (다)보다 지역 내 2차 산업 취업 인구 비율이 높다.
ㄹ. (가)는 충남, (나)는 경남이다.

① ㄱ, ㄴ　② ㄱ, ㄷ　③ ㄴ, ㄷ　④ ㄴ, ㄹ　⑤ ㄷ, ㄹ

04

23학년도 수능 14번

표는 지도에 표시된 두 지역의 특성을 나타낸 것이다. (가)에 대한 (나)의 상대적 특성을 그림의 A~E에서 고른 것은? [3점]

구분	(가)	(나)
인구(명)	33,579	347,221
경지 면적(ha)	6,575	2,443
제조업 사업체 수(개)	374	4,373

(2019)　　　　　　　　　(통계청)

0　50 km

농가 인구 비율
(고)

B　　　C

A

서비스업 종사자 수
(고)
(저)

D　　　E
(고)

인구 밀도
(고)

① A
② B
③ C
④ D
⑤ E

* (고)는 높음, 많음을, (저)는 낮음, 적음을 의미함.

05

19학년도 9월 모평 7번

자료의 (가) 지역과 비교한 (나) 지역의 상대적 특성을 그림의 A~E에서 고른 것은? [3점]

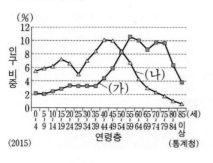 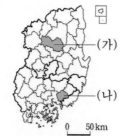

(2015) (통계청)

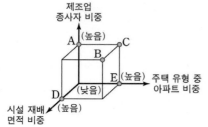

① A
② B
③ C
④ D
⑤ E

07

24학년도 3월 학평 7번

그래프는 세 권역의 인구 규모에 따른 도시 및 군(郡) 지역 인구 비율을 나타낸 것이다. (가)~(다) 권역에 대한 설명으로 옳은 것은? (단, (가)~(다)는 각각 수도권, 영남권, 호남권 중 하나임.) [3점]

* 해당 권역 총인구에서 지역별 인구가 차지하는 비율을 면적 크기로 나타낸 것임.
** 기타 도시는 인구 규모 1, 2위 도시를 제외한 도시임. (2022)

① (다)는 광역시가 3개이다.
② (가)의 1위 도시는 (다)의 1위 도시보다 인구가 많다.
③ (나)는 (가)보다 지역 내 총생산이 많다.
④ (가)는 영남권, (나)는 수도권, (다)는 호남권이다.
⑤ (가)~(다) 중 (나)의 총인구가 가장 많다.

06

19학년도 수능 5번

표는 지도에 표시된 세 지역의 유형별 의료 기관 수를 나타낸 것이다. 이에 대한 설명으로 옳지 않은 것은?

(단위: 개)

의료 기관 지역	A	B	의원	기타	합계
(가)	4	5	109	112	230
(나)	1	1	26	27	55
(다)	0	0	16	22	38

(2016) (통계청)

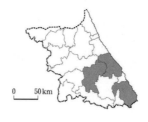

① (다)는 동계 올림픽 개최지이다.
② (가)는 (나)보다 중심지 기능이 다양하다.
③ (가)는 (다)보다 인구 규모가 크다.
④ A는 의원보다 서비스를 제공하는 공간적 범위가 넓다.
⑤ B는 의원보다 중심지 기능을 유지하기 위한 최소 요구치가 작다.

08

22학년도 수능 11번

그래프는 인구 규모에 따른 수도권 도시 순위 변화에 관한 것이다. 이에 대한 설명으로 옳은 것만을 〈보기〉에서 고른 것은? [3점]

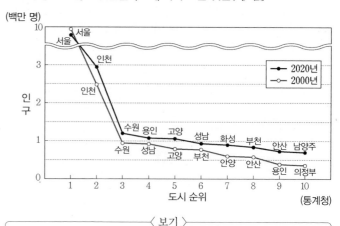

(통계청)

〈보기〉

ㄱ. 2000년 4~7위 도시에는 모두 수도권 1기 신도시가 있다.
ㄴ. 2000년 대비 2020년 인구 증가율은 용인이 인천보다 높다.
ㄷ. 2000년 대비 2020년에 새롭게 10위 안에 진입한 도시는 모두 서울과 행정 구역이 접해 있다.
ㄹ. 수도권 내 서울의 인구 집중률은 2020년이 2000년보다 높다.

① ㄱ, ㄴ ② ㄱ, ㄷ ③ ㄴ, ㄷ ④ ㄴ, ㄹ ⑤ ㄷ, ㄹ

해설편 152쪽

09

그래프에 대한 설명으로 옳은 것은? (단, (가)~(다)는 각각 수도권, 영남권, 호남권 중 하나임.) [3점]

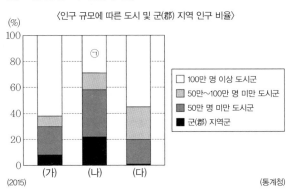

〈인구 규모에 따른 도시 및 군(郡) 지역 인구 비율〉

□ 100만 명 이상 도시군
50만~100만 명 미만 도시군
50만 명 미만 도시군
■ 군(郡) 지역군

① (가)에는 우리나라 최상위 계층의 도시가 위치한다.
② (나)의 ㉠은 광역시이다.
③ (나)는 (가)보다 총인구가 많다.
④ (나)는 (다)보다 도시화율이 높다.
⑤ (나)와 (다)의 행정 구역 경계는 맞닿아 있다.

10

그래프는 인구 규모에 따른 권역별 도시 분포에 관한 것이다. 이에 대한 설명으로 옳은 것만을 〈보기〉에서 고른 것은? (단, (가)~(라)는 각각 수도권, 영남권, 충청권, 호남권 중 하나임.)

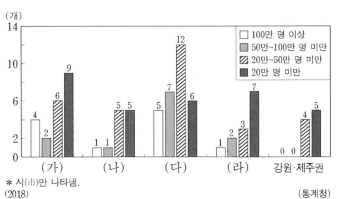

□ 100만 명 이상
50만~100만 명 미만
20만~50만 명 미만
■ 20만 명 미만

* 시(市)만 나타냄.
(2018) (통계청)

〈 보기 〉
ㄱ. (가)의 100만 명 이상의 도시들은 모두 광역시이다.
ㄴ. (다)는 (가)보다 지역 내 총생산이 많다.
ㄷ. (다)는 (라)보다 도시 거주 인구 비율이 높다.
ㄹ. (가)는 수도권, (나)는 충청권, (다)는 영남권, (라)는 호남권이다.

① ㄱ, ㄴ   ② ㄱ, ㄷ   ③ ㄴ, ㄷ   ④ ㄴ, ㄹ   ⑤ ㄷ, ㄹ

11

그래프는 우리나라의 인구 규모별 도시 수 변화를 나타낸 것이다. 이에 대한 설명으로 옳은 것만을 〈보기〉에서 고른 것은? [3점]

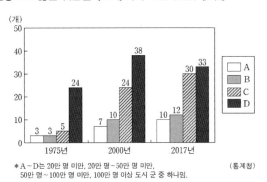

□ A
B
C
■ D

* A~D는 20만 명 미만, 20만 명~50만 명 미만,
50만 명~100만 명 미만, 100만 명 이상 도시 군 중 하나임. (통계청)

〈 보기 〉
ㄱ. 2017년 B에 속한 도시가 가장 많은 권역은 영남권이다.
ㄴ. A 도시들은 C 도시들보다 배후 지역의 평균 범위가 넓다.
ㄷ. A 도시들의 총인구는 D 도시들의 총인구보다 많다.
ㄹ. D 도시들은 B 도시들보다 도시 간 평균 거리가 멀다.

① ㄱ, ㄴ   ② ㄱ, ㄷ   ③ ㄴ, ㄷ   ④ ㄴ, ㄹ   ⑤ ㄷ, ㄹ

12

자료는 도시 순위와 인구 변화에 관한 것이다. 이에 대한 옳은 설명을 〈보기〉에서 고른 것은?

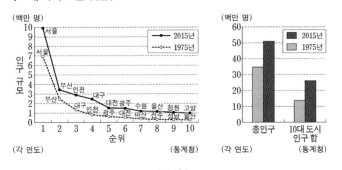

● 2015년
○ 1975년

(각 연도) (통계청)

■ 2015년
1975년

총인구   10대 도시 인구 합

(각 연도) (통계청)

〈 보기 〉
ㄱ. 종주 도시로서 서울의 지위는 유지되었다.
ㄴ. 10대 도시 중 수도권에 위치한 도시의 수는 2015년이 1975년에 비해 많다.
ㄷ. 총인구에서 10대 도시 인구 합이 차지하는 비중은 2015년이 1975년에 비해 낮다.
ㄹ. 2015년 기준 6대 광역시 중 1975년에 비해 2015년 인구가 가장 많이 증가한 도시는 부산이다.

① ㄱ, ㄴ   ② ㄱ, ㄷ   ③ ㄴ, ㄷ   ④ ㄴ, ㄹ   ⑤ ㄷ, ㄹ

13

사진은 수도권에 있는 ○○ 지역의 시기별 모습을 나타낸 것이다. 이 지역의 1997년과 비교한 2019년의 상대적 특성을 그림의 A~E에서 고른 것은?

〈1997년〉 〈2019년〉

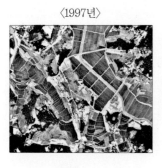

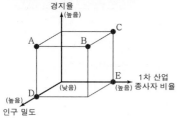

① A
② B
③ C
④ D
⑤ E

14

그래프에 대한 설명으로 옳은 것만을 〈보기〉에서 고른 것은? (단, A~C는 각각 20만 명 미만, 20만 명~50만 명 미만, 50만 명~100만 명 미만 도시군 중 하나임.)

〈인구 규모에 따른 도시군별 인구 및 도시 수 비율〉 〈인구 100만 명 이상 도시 현황〉

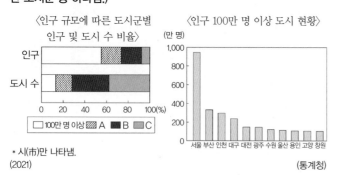

* 시(市)만 나타냄.
(2021)
(통계청)

〈 보기 〉
ㄱ. A도시들은 B도시들보다 배후 지역의 평균 범위가 좁다.
ㄴ. B도시들은 C도시들보다 중심지 기능이 다양하다.
ㄷ. 우리나라는 종주 도시화 현상이 나타난다.
ㄹ. 인구 100만 명 이상 도시는 50% 이상이 도(道)에 속한다.

① ㄱ, ㄴ ② ㄱ, ㄷ ③ ㄴ, ㄷ ④ ㄴ, ㄹ ⑤ ㄷ, ㄹ

15

그래프에 대한 설명으로 옳은 것은? (단, (가)~(다)와 A~C는 각각 수도권, 충청권, 호남권 중 하나임.) [3점]

〈인구 변화〉 〈인구 규모에 따른 도시 및 군(郡) 지역의 인구 비율(2020년)〉

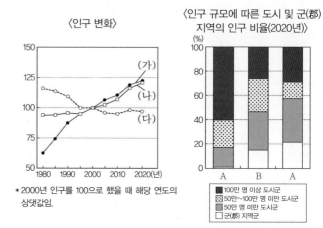

* 2000년 인구를 100으로 했을 때 해당 연도의 상댓값임.

(통계청)

① (가)는 (나)보다 총인구가 많다.
② (가)와 (다)는 행정 구역의 경계가 맞닿아 있다.
③ A는 B보다 100만 명 이상의 도시 수가 적다.
④ C는 A보다 도시화율이 높다.
⑤ (가)는 B, (나)는 A, (다)는 C이다.

16

표는 지도에 표시된 세 지역의 교육 기관 수를 나타낸 것이다. 이에 대한 설명으로 옳은 것은? (단, A~C는 각각 대학교, 고등학교, 초등학교 중 하나임.) [3점]

(단위: 개)

교육 기관 지역	A	B	C
(가)	20	6	1
(나)	68	28	4
(다)	241	98	13

* 대학교는 전문대학을 포함함. (2023)

① (가)는 광역시이다.
② (나)는 (다)보다 보유하고 있는 중심지 기능이 다양하다.
③ (가)~(다) 중 서울로의 고속버스 운행 횟수가 가장 많은 지역은 (다)이다.
④ A는 C보다 학생들의 평균 통학권 범위가 넓다.
⑤ A는 대학교, B는 고등학교, C는 초등학교이다.

17

표는 지도에 표시된 세 지역의 의료 기관 수를 나타낸 것이다. 이에 대한 설명으로 옳은 것은? (단, (가), (나)는 의원, 종합 병원 중 하나임.) [3점]

의료 기관 지역	(가)	병원	(나)
A	0	2	19
B	3	10	204
C	12	111	1,666

(2016) (통계청)

① A는 구미이다.

② B는 C보다 인구가 많다.

③ C는 A보다 중심지 기능의 수가 적다.

④ (나)는 병원보다 의료 기관당 서비스를 제공하는 공간 범위가 넓다.

⑤ (가)는 (나)보다 최소 요구치가 크다.

18

표는 지도에 표시된 세 지역의 유형별 의료 기관 수를 나타낸 것이다. 이에 대한 설명으로 옳은 것은? (단, A~C는 각각 병원, 의원, 종합병원 중 하나임.)

(단위: 개)

의료 기관 지역	A	B	C
(가)	6	24	518
(나)	2	4	128
(다)	0	1	26

(2022)

① (나)는 (가)보다 총인구가 많다.

② (다)는 (나)보다 중심지 기능이 다양하다.

③ (가), (다)는 모두 충청도라는 지명 유래가 된 지역이다.

④ A는 B보다 서비스를 제공하는 공간적 범위가 넓다.

⑤ C는 B보다 의료 기관당 일일 평균 방문 환자 수가 많다.

19

다음은 한국지리 수업 장면이다. 발표 내용이 옳은 학생만을 고른 것은? [3점]

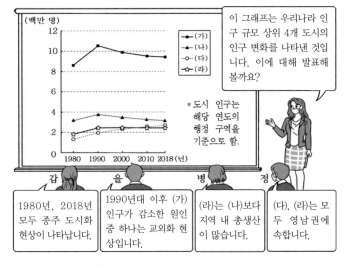

① 갑, 을   ② 갑, 정   ③ 을, 병   ④ 을, 정   ⑤ 병, 정

20

그래프의 (나) 지역에 대한 (가) 지역의 상대적 특성으로 옳은 것은? (단, (가), (나)는 각각 지도에 표시된 두 지역 중 하나임.)

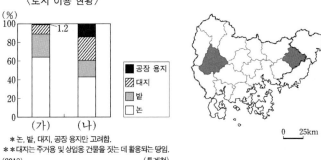

① 제조업 출하액이 많다.

② 아파트 거주 가구 비율이 높다.

③ 전체 가구 중 농가 비율이 높다.

④ 최근 10년 내 신축된 주택 수가 많다.

⑤ 부산으로 연결되는 버스 운행 횟수가 많다.

한눈에 정리하는
평가원 기출 경향

주제 \ 학년도	**2025**	**2024**	**2023**

빈출
도시 내부 구조
[13일차]

9월 모평 10번

1. 지도는 네 구(區)의 주간 인구 지수를 나타낸 것이다. A~D에 대한 설명으로 옳은 것은? [3점]

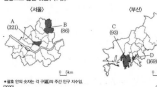

＊괄호 안의 숫자는 각 구(區)의 주간 인구 지수임.
(2020)

① A는 B보다 상주인구가 많다.
② B는 A보다 통근·통학 유입 인구가 많다.
③ C는 D보다 제조업 사업체 수가 많다.
④ D는 A보다 금융 및 보험업 사업체 수가 많다.
⑤ D는 C보다 초등학교 학생 수가 많다.

9월 모평 18번

3. 그래프는 지도에 표시된 부산광역시 세 구(區)의 용도별 토지 이용 비율을 나타낸 것이다. A~C 지역에 대한 설명으로 옳은 것은? [3점]

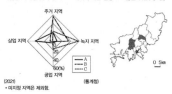

(2021)
＊미지정 지역은 제외함.
(통계청)

① B는 바다와 인접하고 있다.
② A는 B보다 주간 인구 지수가 높다.
③ A는 C보다 상주인구가 많다.
④ B는 C보다 제조업 사업체 수가 많다.
⑤ C는 A보다 전체 사업체 수 중 금융 및 보험업의 비율이 높다.

수능 7번

7. 다음은 한국지리 수업 장면의 일부이다. 교사의 질문에 옳게 답한 학생을 고른 것은?

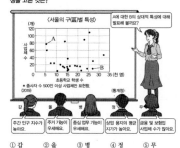

① 갑　② 을　③ 병　④ 정　⑤ 무

빈출
대도시권
[14일차]

수능 11번

24. 그래프는 지도에 표시된 네 지역군의 통근·통학 유입 및 유출 인구를 나타낸 것이다. (가)~(라) 지역군에 대한 설명으로 옳은 것만을 〈보기〉에서 고른 것은?

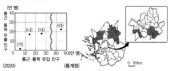

(2020)

〈보기〉
ㄱ. (가)는 (나)보다 서울로의 통근·통학자 수가 많다.
ㄴ. (다)는 (나)보다 주간 인구 지수가 높다.
ㄷ. (다)는 (라)보다 생산자 서비스업 종사자 비율이 높다.
ㄹ. (라)는 (가)보다 주택 유형 중 아파트 비율이 높다.

① ㄱ, ㄴ　② ㄱ, ㄷ　③ ㄴ, ㄷ　④ ㄴ, ㄹ　⑤ ㄷ, ㄹ

수능 18번

3. 다음 자료는 지도에 표시된 네 지역의 특성을 나타낸 것이다. (가)~(라)에 대한 설명으로 옳은 것은? [3점]

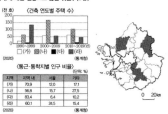

〈건축 연도별 주택 수〉

〈통근·통학지별 인구 비율〉 (단위: %)

지역	지역 내	서울	기타
(가)	70.9	12.0	17.1
(나)	56.8	15.7	27.5
(다)	83.4	6.4	10.2
(라)	60.1	24.5	15.4

(2020) (통계청)

① (가)는 (라)보다 지역 내 농가 인구 비율이 높다.
② (나)는 (다)보다 주간 인구 지수가 높다.
③ (다)는 (라)보다 주택 유형 중 아파트 비율이 높다.
④ (가)에는 수도권 1기 신도시, (나)에는 2기 신도시가 건설되었다.
⑤ (가)~(라) 중 생산자 서비스업 종사자 수는 (가)가 가장 많다.

수능 16번

7. 그래프는 지도에 표시된 네 지역의 서울로의 통근·통학 비율과 경지 면적을 나타낸 것이다. (가)~(라)에 대한 설명으로 옳은 것만을 〈보기〉에서 고른 것은? [3점]

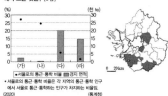

＊서울로의 통근·통학 비율은 각 지역의 통근·통학 인구에서 서울로 통근·통학하는 인구가 차지하는 비율임.
(2020)

〈보기〉
ㄱ. (가)에는 수도권 1기 신도시가 위치한다.
ㄴ. (나)는 (가)보다 주간 인구 지수가 높다.
ㄷ. (다)는 (나)보다 제조업 종사자 수가 많다.
ㄹ. (라)는 (다)보다 지역 내 주택 유형에서 아파트가 차지하는 비율이 높다.

① ㄱ, ㄴ　② ㄱ, ㄷ　③ ㄴ, ㄷ　④ ㄴ, ㄹ　⑤ ㄷ, ㄹ

빈출

도시 재개발과 지역 개발
[15일차]

수능 15번

22. 다음 자료는 두 시기의 국토 종합 (개발) 계획에 관한 것이다. (가), (나) 시행 시기의 특징을 그림과 같이 표현할 때, A~D에 들어갈 질문으로 옳은 것은 〈보기〉에서 고른 것은? (단, (가), (나)는 각각 제2차, 제4차 국토 종합 (개발) 계획 중 하나임.) [3점]

(가)	(나)
경제 성장과 지역 간 균형 개발의 조화를 꿈꾸다	새로운 도약을 위한 통합 국토를 지향하다
· 인구의 지방 정착 유도 · 개발 가능성의 전국적 확대 · 국토의 다핵 구조 형성과 지역 생활권 조성	· 개방형 통합 국토축 형성 · 지역별 경쟁력 고도화 · 건강하고 쾌적한 국토 환경 조성 · 남북 교류 협력 기반 조성

〈보기〉
ㄱ. 경부 고속 국도 전 구간이 개통되었습니까?
ㄴ. 이전 계획 시행 시기보다 전국에서 수도권이 차지하는 인구 비율이 증가하였습니까?
ㄷ. 수도권 정비 계획법이 최초로 제정되었습니까?
ㄹ. 행정 중심 복합 도시가 건설되었습니까?

	A	B	C	D		A	B	C	D
①	ㄴ	ㄹ	ㄷ	ㄱ	②	ㄷ	ㄴ	ㄹ	ㄱ
③	ㄷ	ㄹ	ㄱ	ㄴ	④	ㄹ	ㄷ	ㄱ	ㄴ
⑤	ㄹ	ㄷ	ㄴ	ㄱ					

9월 모평 3번

2. 다음 자료는 세 지역의 개발 사례이다. (가)~(다)에 대한 설명으로 옳은 것만을 〈보기〉에서 고른 것은?

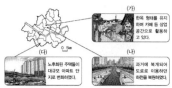

한옥 형태를 유지하여 카페 등 상업 공간으로 활용하고 있다.

노후화된 주택들이 대규모 아파트 단지로 변화하였다.

과거에 복개되어 도로로 이용하던 하천을 복원하였다.

〈보기〉
ㄱ. (나)의 개발로 하천 주변 휴식 공간이 증가하였다.
ㄴ. (다)의 개발은 보존 재개발의 사례이다.
ㄷ. (가)의 개발은 (다)의 개발보다 기존 건물의 활용도가 높다.
ㄹ. (가)~(다)의 개발은 모두 지역 주민 주도로 이루어졌다.

① ㄱ, ㄴ　② ㄱ, ㄷ　③ ㄴ, ㄷ　④ ㄴ, ㄹ　⑤ ㄷ, ㄹ

6월 모평 2번

4. 다음 글은 도시 재개발의 사례이다. (나)에 대한 (가)의 상대적 특성을 그림의 A~E에서 고른 것은?

(가) ◇◇시 △△마을 일대는 낙후 지역이었다. 그러나 2010년 '마을 미술 프로젝트 사업'의 일환으로 벽화를 그리고 조형물을 설치하였다. 그 결과 과거의 모습을 살리면서 마을 경관이 개선되었다.

(나) □□시 ○○동 일대는 낙후 지역이었다. 그러나 2001년부터 '○○ 지구 재개발 사업'이 추진되어 기존의 달동네 지역은 전면 철거되었다. 그 결과 새로운 대규모 아파트 단지가 건설되었다.

· (가)는 큰, 높음, 많음을, (나)는 작음, 낮음, 적음을 의미함.

① A　② B　③ C　④ D　⑤ E

2022 ~ 2019

9. 그래프는 지도에 표시된 세 지역군의 인구 특성을 나타낸 것이다. (가)~(다) 지역군에 대한 설명으로 옳은 것은? [3점]

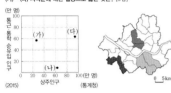

(2015) (통계청)

① (가)는 (나)보다 제조업 종사자 수가 많다.
② (가)는 (다)보다 용도 지역 중 상업 지역의 비율이 높다.
③ (나)는 (가)보다 생산자 서비스업 사업체 수가 많다.
④ (나)는 (다)보다 금융 기관 수가 많다.
⑤ (다)는 (가)보다 주간 인구 지수가 높다.

8. 표는 지도에 표시된 서울시 세 구(區)의 인구 특성을 나타낸 것이다. A~C 구(區)에 대한 설명으로 옳은 것만을 〈보기〉에서 고른 것은?

구분	상주인구 (천 명)	주간 인구 지수	초등학생 수 (천 명)
A	553	85	31
B	119	373	6
C	225	128	10

(2015) (통계청)

〈보기〉
ㄱ. A는 B보다 출근 시간대에 순 유입 인구가 많다.
ㄴ. A는 C보다 제조업체 수가 많다.
ㄷ. B는 A보다 상업 용지의 평균 지가가 높다.
ㄹ. B는 C보다 주간 인구가 많다.

① ㄱ, ㄴ ② ㄱ, ㄷ ③ ㄴ, ㄷ ④ ㄴ, ㄹ ⑤ ㄷ, ㄹ

17. (가)~(다) 지역에 대한 설명으로 옳은 것은? (단, (가)~(다)는 각각 지도에 표시된 세 지역 중 하나임.) [3점]

※ 통근·통학 유입 및 유출 인구는 원의 가운데 값임.
(통계청)

① (가)는 (나)보다 주간 인구 지수가 높다.
② (나)는 (다)보다 제조업체 수가 많다.
③ (나)는 (다)보다 시가지 형성 시기가 이르다.
④ (다)는 (가)보다 대형 마트 수가 많다.
⑤ (다)는 (나)보다 거주자의 평균 통근 거리가 멀다.

19. 그래프는 지도에 표시된 세 지역의 통근·통학 유입 및 유출 인구, 상주인구를 나타낸 것이다. A~C 지역에 대한 설명으로 옳은 것은? [3점]

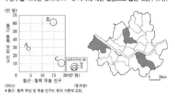

(2015) (통계청)

① A는 B보다 인구 밀도가 높다.
② B는 A보다 시가지 형성 시기가 이르다.
③ C는 A보다 상업지의 평균 지가가 높다.
④ C는 B보다 생산자 서비스업 사업체 수가 많다.
⑤ 주간 인구 지수는 A 〉 B 〉 C 순으로 높다.

4. 그래프는 지도에 표시된 세 지역의 특성을 나타낸 것이다. (가)~(다) 지역에 대한 설명으로 옳은 것만을 〈보기〉에서 고른 것은?

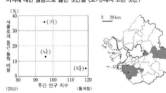

(2015) (통계청)

〈보기〉
ㄱ. (나)는 통근·통학 유출 인구가 유입 인구보다 많다.
ㄴ. (나)는 (가)보다 주택 유형 중 아파트 비율이 높다.
ㄷ. (다)는 (가)보다 청장년층 인구의 성비가 높다.
ㄹ. (다)는 (나)보다 인구 밀도가 낮다.

① ㄱ, ㄴ ② ㄱ, ㄷ ③ ㄴ, ㄷ ④ ㄴ, ㄹ ⑤ ㄷ, ㄹ

5. 그래프의 (가)~(라) 지역에 대한 설명으로 옳은 것만을 〈보기〉에서 고른 것은? (단, (가)~(라)는 각각 지도에 표시된 네 지역 중 하나임.)

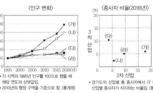

※ 각 지역의 1995년 인구를 100으로 했을 때 해당 연도의 상댓값임.
※ 2010년의 행정 구역을 기준으로 함. (통계청)

〈보기〉
ㄱ. (가)에는 조력 발전소가 위치해 있다.
ㄴ. (나)에는 수도권 2기 신도시가 위치해 있다.
ㄷ. (다)는 경기도청 소재지이다.
ㄹ. (라)는 남북한 접경 지역이다.

① ㄱ, ㄴ ② ㄱ, ㄷ ③ ㄴ, ㄷ ④ ㄴ, ㄹ ⑤ ㄷ, ㄹ

6. 그래프의 (가)~(다) 지역을 지도의 A~C에서 고른 것은?

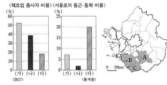

(2017) (통계청)

	(가)	(나)	(다)
①	A	B	C
②	A	C	B
③	B	A	C
④	B	C	A
⑤	C	B	A

17. 그래프는 지도에 표시된 네 지역의 인구 변화를 나타낸 것이다. (가)~(라) 지역에 대한 옳은 설명만을 〈보기〉에서 있는 대로 고른 것은?

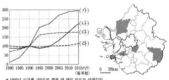

※ 1990년 인구를 100으로 했을 때 해당 연도의 상댓값임.
※※ 각 연도의 행정 구역(시, 군, 구)을 기준으로 함.

〈보기〉
ㄱ. (가)는 (라)보다 거주 외국인 수가 많다.
ㄴ. (나)는 (다)보다 지역 내 제조업 종사자 비율이 높다.
ㄷ. (나)는 (라)보다 주택 중 아파트 비율이 높다.
ㄹ. (가)와 (다)에는 수도권 1기 신도시가 위치해 있다.

① ㄱ, ㄷ ② ㄴ, ㄷ ③ ㄴ, ㄹ
④ ㄱ, ㄴ, ㄷ ⑤ ㄱ, ㄴ, ㄹ

10. 다음은 도시 단원의 수업 장면이다. 발표 내용이 가장 적절한 학생을 고른 것은?

① 갑 ② 을 ③ 병 ④ 정 ⑤ 무

7. 다음 글은 도시 재개발의 사례이다. (가), (나) 도시 재개발의 상대적 특성을 비교할 때, 그림의 A, B에 들어갈 항목으로 옳은 것은?

(가) ○○시 □□동 일대는 달동네였다. 그러나 재개발이 진행되면서 노후화된 주택들이 대규모 아파트 단지로 변화하였다. 현재는 과거의 흔적을 찾아보기가 어렵게 되었다.

(나) ◇◇시 △△동 일대는 달동네였다. 지금도 과거의 흔적이 남아 있지만 주민, 작가, 학생들이 합심하여 마을 담벼락에 그림을 그리고 조형물을 설치하여 마을을 변모시켰다.

	A	B
①	기존 건물 활용도	건물 평균 층수
②	기존 건물 활용도	자본 투입 규모
③	건물 평균 층수	자본 투입 규모
④	건물 평균 층수	기존 건물 활용도
⑤	자본 투입 규모	건물 평균 층수

*'고'는 큼, 높음, 많음을, '저'는 작음, 낮음, 적음을 의미함.

9. 다음 글은 도시 재개발의 사례이다. (가), (나)의 상대적 특성을 나타낸 것으로 옳은 것은? [3점]

(가) ◇◇시의 대표적인 달동네였던 '○○ 마을'은 본래의 마을 모습을 유지한 채 부분만 수리·개조하는 '마을 미술 프로젝트'를 시행하여 아름다운 벽화 마을로 변화하였다.

(나) □□시의 대표적인 낙후 지역이었던 △△동에서는 뉴타운 개발 사업이 진행되면서 노후화된 주택들이 대단지의 아파트로 변모하였다.

※ (고)는 높음. (제는 낮음을 의미함)

8. 다음 글의 (가), (나)는 도시 재개발의 사례이다. (나)에 대한 (가) 방식의 상대적 특성을 그림의 A~E에서 고른 것은?

(가) 대구 중구에서는 원도심 지역을 활성화하기 위하여 중구의 거리, 건축물 등이 지난 역사적 특성을 살려 근대 역사 문화 벨트를 조성하였다. 일제 강점기하의 항쟁을 살려 운동 정신을 느끼고 저항의 흔적을 찾아볼 수 있는 '근대 골목 관광' 프로그램을 진행하여 관광객들에게 역사적 의미를 알리고 있다.

(나) 서울 관악구는 2001년부터 ○○ 지역 재개발 사업을 추진하였다. 이 사업에서는 달동네 지역을 전면 철거하고 아파트 단지를 신축하는 방식을 채택하였다. 이 사업이 시행된 결과 주택의 유형만 바뀐 게 아니라 거주하는 주민들도 대부분 바뀌었다.

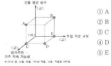

① A
② B
③ C
④ D
⑤ E

기출 선지로 짚어 주는 **핵심 내용**

도시 구조와 지역 개발

1 도시의 지역 분화와 도시 내부 구조

1 도시 내부의 기능 지역 분화

(1) 기능 지역 분화의 원인: 접근성과 지대의 차이에 따라 발생한다.

(2) 기능 지역 분화 과정: 지대 지불 능력의 차이에 따라 도심에서 외곽으로 갈수록 상업 지역, 공업 지역, 주거 지역 등으로 분화된다.

2 도심의 특성

(1) 대기업 본사나 금융 기관의 본점 등 중심 업무 기능이 집중한다.

(2) 주거 및 공업 기능의 이심 현상이 나타난다.

(3) 도심의 상주인구가 감소하고 주간 인구가 증가하는 인구 공동화 현상이 나타난다.

3 도심, 부도심과 주변 지역의 비교 모아 보기

도심	• 사례: 서울 종로구, 중구 • 도심은 주변 지역보다 생산자 서비스업체 수가 많다. • 도심은 통근·통학 유입 인구가 통근·통학 유출 인구보다 많다. • 도심은 주변 지역보다 상업지 평균 지가가 높다. 기억해 • 도심은 주변 지역보다 시가지의 형성 시기가 이르다. • 도심은 주변 지역보다 구내 상업 용지의 면적 비율이 높다. • 주간 인구 지수는 도심 > 부도심 > 주변 지역 순으로 높다.
부도심	• 사례: 서울 영등포구, 강남구 • 부도심은 도심보다 대형 마트 수가 많다. • 부도심은 도심보다 인구 밀도가 높다.
주변 지역	• 사례: 서울 노원구, 강서구, 도봉구 • 주변 지역은 도심보다 주간 인구 지수가 낮다. • 주변 지역의 주간 인구 지수는 100보다 낮다. • 주변 지역은 도심보다 인구 증가율이 높다. • 주변 지역은 도심보다 주거 기능이 우세하다. • 상주인구는 주변 지역, 부도심, 도심 순으로 많다.

2 대도시권의 공간 구조

대도시(중심 도시)와 가까운 지역	대도시(중심 도시)와 먼 지역
• 지역 내 제조업 종사자 비율이 높다. • 주택 중 아파트 (거주) 비율이 높다. • 단위 면적당 상업 시설 수가 많다. • 주간 인구 지수가 높다. • 상업지 평균 지가가 높다. • 겸업농가 비율이 높다. • 인구 밀도가 높다. 기억해	• 중심 도시(서울)로의 통근·통학률이 낮을 것이다. • 1차 산업 종사자 비율이 높다. • 유치원 수가 많다. • 경지 면적 비율이 높다. • 농업 종사자 비율이 높다.

▶ 기/출/선/지 **모아** 보기

24학년도 9월 모평 18번

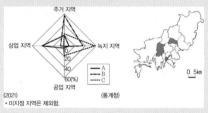

(2021)
• 미지정 지역은 제외함.

* 부산광역시 세 구의 용도별 토지 이용 비율을 나타낸 것이다. A는 중구, B는 동래구, C는 사상구이다.

① B는 바다와 인접하고 있지 않다.

② A는 B보다 주간 인구 지수가 높다.

③ A는 C보다 상주인구가 많다 적다.

④ B는 C보다 제조업 사업체 수가 많다 적다.

⑤ C는 A보다 전체 사업체 수 중 금융 및 보험업의 비율이 높다 낮다.

22모평 ③ (나) A는 (가) B보다 초등학생 수가 많다 적다.

3 도시 재개발과 지역 개발

1 도시 재개발의 구분

(1) 대상 지역에 따라: 도심 재개발, 산업 지역 재개발, 주거지 재개발로 나눌 수 있다.

(2) 시행 방법에 따라: 수복 재개발, 철거 재개발, 보전 재개발로 나눌 수 있다.

① 수복 재개발

의미	기존의 낡은 주택을 보수하고 부족한 생활 기반 시설을 보완하는 재개발 방식이다.
특징	• 철거(전면) 재개발 방식보다 기존 건물 활용도가 높다. • 철거(전면) 재개발 방식보다 개발 과정에서의 자본 투입 규모가 작다.

② 철거(전면) 재개발

의미	기존 건물을 완전히 철거하는 재개발 방식이다.
특징	• 수복 재개발 방식보다 원거주민 정착 비율이 낮다. **더 보기 1** • 수복 재개발 방식보다 인구 증가율이 높다. • 수복 재개발 방식보다 건물의 평균 층수가 높다. **더 보기 2** • 건물의 고층화로 토지 이용의 효율성이 높아진다.

③ 보전 재개발

의미	역사·문화적 가치가 있는 환경을 보존하는 재개발 방식이다.
특징	역사·문화적으로 보존이 필요한 지역에서 주로 이루어진다.

2 지역 개발과 공간 불평등

(1) 지역 개발 방법

① 거점 개발 방식

의미	성장 가능성이 큰 지역에 집중 투자하는 방식이다.
특징	• 주로 하향식 개발 방식으로 추진되었다. • 경제적 효율성에 중점을 둔다.

② 균형 개발 방식

의미	낙후 지역에 우선적으로 투자하는 방식이다.
특징	• 주로 상향식 개발 방식으로 추진되었다. • 경제적 효율성보다 지역 간 형평성을 강조한다.

(2) 우리나라의 국토 종합 개발 계획

구분	제1차 국토 종합 개발 계획 (1972~1981)	제2차 국토 종합 개발 계획 (1982~1991)	제3차 국토 종합 개발 계획 (1992~1999)	제4차 국토 종합 계획 (2000~2020)
개발 방식	거점 개발	광역 개발	균형 개발	
기본 목표	사회 간접 자본 확충	인구의 지방 정착 유도	지방 분산형 국토 골격 형성	균형·녹색·개방·통일 국토
개발 전략	• 고속 국도, 항만, 다목적 댐 등 건설 • 남동 임해 공업 지역 조성	지역 생활권 설정	수도권 집중 억제와 지방 육성	• 개방형 통합 국토 축 형성 • 혁신 도시와 기업 도시 지정 및 육성

▶ 기/출/표/현 **더 보기**

1 **철거 재개발 방식은 수복 재개발 방식보다 원거주민 정착 비율이 낮다.**

= 철거 재개발 방식은 수복 재개발 방식보다 원거주민 거주 지속 가능성이 낮다.

= 철거 재개발 방식은 수복 재개발 방식보다 원거주민의 이주율이 높다.

[24 모평] 철거 재개발 방식은 수복 재개발 방식보다 투입되는 자본의 규모가 크다.

= 철거 재개발 방식은 수복 재개발 방식보다 기존 시설물 활용도가 낮다.

2 [20 모평] **철거 재개발 방식은 수복 재개발 방식보다 건물의 평균 층수가 높다.**

= 철거 재개발 방식은 수복 재개발 방식보다 건물 고층화 정도가 높다.

01 대표 문제

지도는 네 구(區)의 주간 인구 지수를 나타낸 것이다. A~D에 대한 설명으로 옳은 것은? [3점]

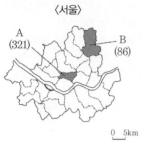

〈서울〉

〈부산〉

＊괄호 안의 숫자는 각 구(區)의 주간 인구 지수임.
(2020)   (통계청)

① A는 B보다 상주인구가 많다.

② B는 A보다 통근·통학 유입 인구가 많다.

③ C는 D보다 제조업 사업체 수가 많다.

④ D는 A보다 금융 및 보험업 사업체 수가 많다.

⑤ D는 C보다 초등학교 학생 수가 많다.

03

그래프는 지도에 표시된 부산광역시 세 구(區)의 용도별 토지 이용 비율을 나타낸 것이다. A~C 지역에 대한 설명으로 옳은 것은? [3점]

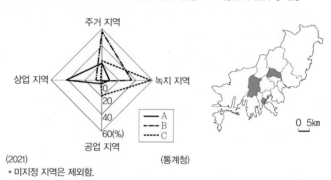

(2021)   (통계청)
* 미지정 지역은 제외함.

① B는 바다와 인접하고 있다.

② A는 B보다 주간 인구 지수가 높다.

③ A는 C보다 상주인구가 많다.

④ B는 C보다 제조업 사업체 수가 많다.

⑤ C는 A보다 전체 사업체 수 중 금융 및 보험업의 비율이 높다.

02

다음 자료의 (가)~(다)에 해당하는 지역을 지도의 A~C에서 고른 것은? [3점]

〈지역의 통근·통학 인구〉
(단위: 명)

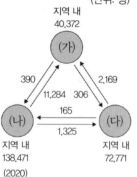

〈주요 업종별 종사자 수〉

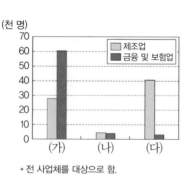

* 전 사업체를 대상으로 함.
(통계청)

	(가)	(나)	(다)
①	A	B	C
②	A	C	B
③	B	A	C
④	B	C	A
⑤	C	A	B

04

그래프는 지도에 표시된 세 구(區)의 특성을 나타낸 것이다. (가)~(다)에 대한 설명으로 옳은 것만을 〈보기〉에서 고른 것은?

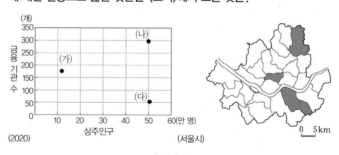

(2020)   (서울시)

〈보기〉

ㄱ. (가)는 (나)보다 초등학생 수가 많다.

ㄴ. (가)는 (나)보다 주간 인구 지수가 높다.

ㄷ. (가)는 (다)보다 중심 업무 기능이 우세하다.

ㄹ. (다)는 (나)보다 상업 지역의 평균 지가가 높다.

① ㄱ, ㄴ   ② ㄱ, ㄷ   ③ ㄴ, ㄷ   ④ ㄴ, ㄹ   ⑤ ㄷ, ㄹ

05

23학년도 9월 모평 4번

그래프는 지도에 표시된 대구광역시 두 지역의 인구 특성을 나타낸 것이다. (가), (나) 지역에 대한 설명으로 옳은 것만을 〈보기〉에서 고른 것은?

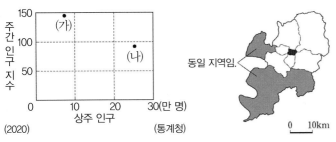

(2020)   (통계청)

〈보기〉

ㄱ. (가)는 (나)보다 금융 및 보험업 사업체 수가 많다.
ㄴ. (가)는 (나)보다 전체 면적 중 논·밭 비율이 높다.
ㄷ. (나)는 (가)보다 초등학생 수가 많다.
ㄹ. (나)는 (가)보다 통근·통학 유출 인구가 적다.

① ㄱ, ㄴ   ② ㄱ, ㄷ   ③ ㄴ, ㄷ   ④ ㄴ, ㄹ   ⑤ ㄷ, ㄹ

06

20학년도 6월 모평 11번

그래프는 지도에 표시된 두 지역의 상주인구와 주간 인구를 나타낸 것이다. (가), (나) 지역에 대한 옳은 설명만을 〈보기〉에서 고른 것은?

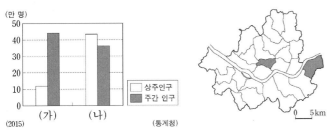

(2015)   (통계청)

〈보기〉

ㄱ. (가)는 통근·통학 유입 인구가 통근·통학 유출 인구보다 많다.
ㄴ. (나)의 주간 인구 지수는 100보다 높다.
ㄷ. (가)는 (나)보다 상업지의 평균 지가가 높다.
ㄹ. (나)는 (가)보다 시가지의 형성 시기가 이르다.

① ㄱ, ㄴ   ② ㄱ, ㄷ   ③ ㄴ, ㄷ   ④ ㄴ, ㄹ   ⑤ ㄷ, ㄹ

07

23학년도 수능 7번

다음은 한국지리 수업 장면의 일부이다. 교사의 질문에 옳게 답한 학생을 고른 것은?

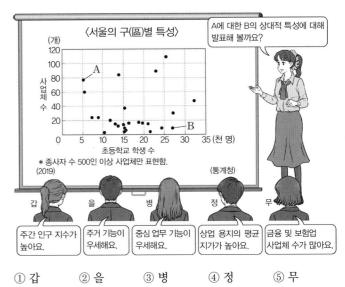

A에 대한 B의 상대적 특성에 대해 발표해 볼까요?

갑: 주간 인구 지수가 높아요.
을: 주거 기능이 우세해요.
병: 중심 업무 기능이 우세해요.
정: 상업 용지의 평균 지가가 높아요.
무: 금융 및 보험업 사업체 수가 많아요.

① 갑   ② 을   ③ 병   ④ 정   ⑤ 무

08

21학년도 수능 8번

표는 지도에 표시된 서울시 세 구(區)의 인구 특성을 나타낸 것이다. A~C 구(區)에 대한 설명으로 옳은 것만을 〈보기〉에서 고른 것은?

구분	상주인구 (천 명)	주간 인구 지수	초등학생 (천 명)
A	553	85	31
B	119	373	6
C	225	128	10

(2015)   (통계청)

〈보기〉

ㄱ. A는 B보다 출근 시간대에 순 유입 인구가 많다.
ㄴ. A는 C보다 제조업체 수가 많다.
ㄷ. B는 A보다 상업 용지의 평균 지가가 높다.
ㄹ. B는 C보다 주간 인구가 많다.

① ㄱ, ㄴ   ② ㄱ, ㄷ   ③ ㄴ, ㄷ   ④ ㄴ, ㄹ   ⑤ ㄷ, ㄹ

그래프는 지도에 표시된 세 지역군의 인구 특성을 나타낸 것이다. (가)~(다) 지역군에 대한 설명으로 옳은 것은? [3점]

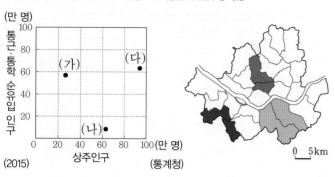

(2015)

① (가)는 (나)보다 제조업 종사자 수가 많다.

② (가)는 (다)보다 용도 지역 중 상업 지역의 비율이 높다.

③ (나)는 (가)보다 생산자 서비스업 사업체 수가 많다.

④ (나)는 (다)보다 금융 기관 수가 많다.

⑤ (다)는 (가)보다 주간 인구 지수가 높다.

그래프는 지도에 표시된 세 구(區)의 지역 내 총생산, 제조업과 금융 및 보험업 부가가치 생산액을 나타낸 것이다. (가)~(다)에 대한 옳은 설명만을 〈보기〉에서 고른 것은? [3점]

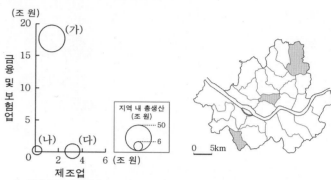

*제조업과 금융 및 보험업의 부가가치 생산액은 원의 가운데 값임. (2017년)

〈 보기 〉

ㄱ. (가)는 (나)보다 초등학교 학생 수가 많다.

ㄴ. (나)는 (가)보다 거주자의 평균 통근 거리가 멀다.

ㄷ. (나)는 (다)보다 주간 인구 지수가 높다.

ㄹ. (다)는 (가)보다 제조업 종사자가 많다.

① ㄱ, ㄴ　② ㄱ, ㄷ　③ ㄴ, ㄷ　④ ㄴ, ㄹ　⑤ ㄷ, ㄹ

그래프의 (가)~(다) 지역군에 대한 설명으로 옳은 것은? (단, (가)~(다)는 각각 지도에 표시된 세 지역군 중 하나임.) [3점]

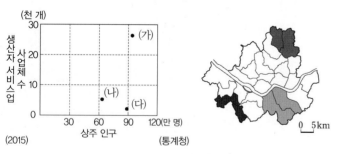

(2015)

① (나)는 (가)보다 상업지 평균 지가가 높다.

② (나)는 (다)보다 제조업체 수가 많다.

③ (다)는 (가)보다 통근·통학 유입 인구가 많다.

④ (다)는 (나)보다 주간 인구 지수가 높다.

⑤ 지역 내 총생산은 (가) 〉 (다) 〉 (나) 순으로 많다.

그래프는 부산시의 지역별 특성을 나타낸 것이다. (가)~(다) 지역에 대한 설명으로 옳은 것은?

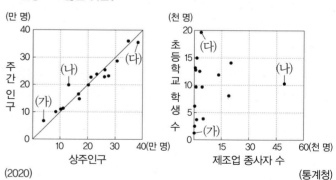

(2020)

① (가)는 통근·통학 유출 인구가 유입 인구보다 많다.

② (가)는 (나)보다 용도 지역 중 상업 지역의 비율이 높다.

③ (나)는 (다)보다 주민의 평균 통근·통학 소요 시간이 길다.

④ (다)는 (가)보다 주간 인구 지수가 높다.

⑤ (가)~(다) 중 중심 업무 기능은 (나)가 가장 우세하다.

13

23학년도 3월 학평 6번

표는 지도에 표시된 두 구(區)의 주요 지표를 비교한 것이다. (가), (나)에 대한 옳은 설명만을 〈보기〉에서 고른 것은?

(단위 : 명)

구(區) 구분	(가)	(나)
상주인구	118,450	555,402
초등학교당 학생 수	416	745
총사업체의 종사자 수	408,064	280,238

(2020년)

〈 보기 〉

ㄱ. (가)는 주간 인구가 상주인구보다 많다.

ㄴ. (나)는 인구 공동화 현상이 뚜렷하다.

ㄷ. (가)는 (나)보다 시가지의 형성 시기가 이르다.

ㄹ. (나)는 (가)보다 금융 기관 수가 많다.

① ㄱ, ㄴ ② ㄱ, ㄷ ③ ㄴ, ㄷ ④ ㄴ, ㄹ ⑤ ㄷ, ㄹ

14

21학년도 6월 모평 20번

그래프의 (가)~(다) 지역에 대한 설명으로 옳은 것만을 〈보기〉에서 고른 것은? (단, (가)~(다)는 각각 지도에 표시된 세 구(區) 중 하나임.)

[3점]

〈 통근·통학 현황 〉

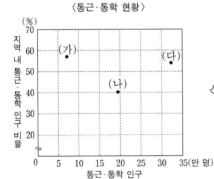

* 통근·통학 인구는 각 구(區)에 거주하는 전체 통근·통학 인구임.
** 지역 내 통근·통학 인구 비율은 각 구(區)의 통근·통학 인구 중 본인이 거주하는 구(區) 내로 통근·통학 하는 인구의 비율임.

〈 보기 〉

ㄱ. (가)는 (나)보다 주간 인구 지수가 높다.

ㄴ. (가)는 (나)보다 상업 지역의 평균 지가가 높다.

ㄷ. (가)는 (다)보다 초등학생 수가 많다.

ㄹ. (나)는 (다)보다 금융 기관 수가 많다.

① ㄱ, ㄴ ② ㄱ, ㄷ ③ ㄴ, ㄷ ④ ㄴ, ㄹ ⑤ ㄷ, ㄹ

15

21학년도 7월 학평 14번

그래프는 지도에 표시된 서울시 두 구(區)의 생활 인구를 나타낸 것이다. (가)와 비교한 (나) 구(區)의 상대적 특성으로 옳은 것은?

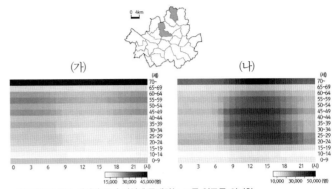

*생활 인구: 특정 시점에 특정 지역에 존재하는 모든 인구를 의미함.

(2019) (서울시)

① 주간 인구 지수가 낮다.

② 초등학교 학급 수가 적다.

③ 통근·통학 순 유입 인구가 적다.

④ 지대 지불 능력이 낮은 기능이 입지한다.

⑤ 생산자 서비스업 사업체 수의 비중이 낮다.

16

20학년도 10월 학평 15번

표는 지도에 표시된 세 지역 간 통근·통학 인구를 나타낸 것이다. A~C 지역에 대한 설명으로 옳은 것은? [3점]

(단위: 천 명)

통근· 통학지 현 거주지	A	B	C
A	(148.9)	18.8	15.0
B	1.7	(174.5)	10.5
C	0.5	4.9	(40.8)

* ( )안의 수치는 지역 내 통근·통학 인구임. (2015년)

① A에는 도심이 위치한다.

② B는 상주인구가 주간 인구보다 많다.

③ A는 C보다 상업지의 평균 지가가 높다.

④ B는 A보다 생산자 서비스업 사업체 수가 많다.

⑤ C는 B보다 시가지의 형성 시기가 늦다.

17

(가)~(다) 지역에 대한 설명으로 옳은 것은? (단, (가)~(다)는 각각 지도에 표시된 세 지역 중 하나임.) [3점]

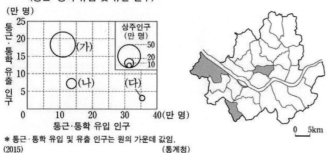

〈통근·통학 유입 및 유출 인구〉

* 통근·통학 유입 및 유출 인구는 원의 가운데 값임.
(2015)　　　　(통계청)

① (가)는 (나)보다 주간 인구 지수가 높다.
② (나)는 (다)보다 제조업체 수가 많다.
③ (나)는 (다)보다 시가지 형성 시기가 이르다.
④ (다)는 (가)보다 대형 마트 수가 많다.
⑤ (다)는 (나)보다 거주자의 평균 통근 거리가 멀다.

18

그래프는 지도에 표시된 세 지역의 인구 변화와 총사업체 수를 나타낸 것이다. 2015년의 (가)~(다) 지역에 대한 설명으로 옳은 것만을 〈보기〉에서 있는 대로 고른 것은? [3점]

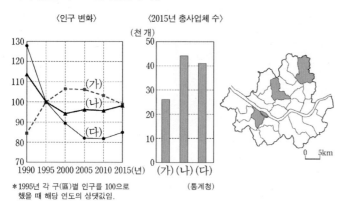

〈인구 변화〉　　〈2015년 총사업체 수〉

* 1995년 각 구(區)별 인구를 100으로 했을 때 해당 연도의 상댓값임.
(통계청)

─〈 보기 〉─
ㄱ. (가)는 (나)보다 생산자 서비스업체 수가 많다.
ㄴ. (가)는 (다)보다 주간 인구 지수가 높다.
ㄷ. (나)는 (다)보다 대형 마트 수가 많다.
ㄹ. 상주인구는 (가), (나), (다) 순으로 많다.

① ㄱ, ㄴ　　　② ㄱ, ㄹ　　　③ ㄷ, ㄹ
④ ㄱ, ㄴ, ㄷ　　　⑤ ㄴ, ㄷ, ㄹ

19

그래프는 지도에 표시된 세 지역의 통근·통학 유입 및 유출 인구, 상주인구를 나타낸 것이다. A~C 지역에 대한 설명으로 옳은 것은? [3점]

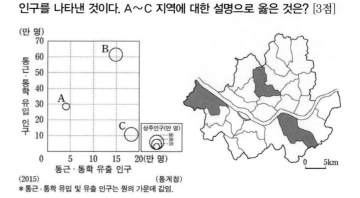

(2015)　　　　(통계청)
* 통근·통학 유입 및 유출 인구는 원의 가운데 값임.

① A는 B보다 인구 밀도가 높다.
② B는 A보다 시가지의 형성 시기가 이르다.
③ C는 A보다 상업지의 평균 지가가 높다.
④ C는 B보다 생산자 서비스업 사업체 수가 많다.
⑤ 주간 인구 지수는 A 〉 B 〉 C 순으로 높다.

20

그래프는 서울의 구(區)별 특성을 나타낸 것이다. (가)~(다)에 해당하는 지역을 A~C에서 고른 것은?

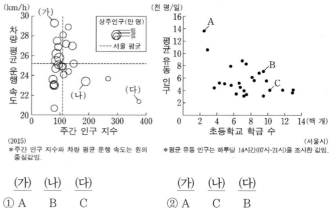

(2015)
* 주간 인구 지수와 차량 평균 운행 속도는 원의 중심값임.
* 평균 유동 인구는 하루당 14시간(07시-21시)을 조사한 값임.
(서울시)

　　(가)　(나)　(다)　　　　　　(가)　(나)　(다)
① A　　B　　C　　　② A　　C　　B
③ B　　C　　A　　　④ C　　A　　B
⑤ C　　B　　A

21

그래프는 지도에 표시된 부산시 세 구(區) 건축물 면적의 용도별 비율을 나타낸 것이다. (가)~(다) 구(區)에 대한 설명으로 옳은 것은? [3점]

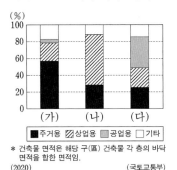

* 건축물 면적은 해당 구(區) 건축물 각 층의 바닥 면적을 합한 면적임.
(2020)   (국토교통부)

① (나)는 경남과 행정 구역이 접해 있다.
② (가)는 (다)보다 제조업 사업체 수가 많다.
③ (나)는 (가)보다 초등학생 수가 많다.
④ (나)는 (다)보다 시가지의 형성 시기가 이르다.
⑤ (다)는 (나)보다 인구 만 명당 금융 기관 수가 많다.

22

그래프는 지도에 표시된 세 지역의 특성을 나타낸 것이다. (가)~(다) 지역에 대한 설명으로 옳은 것은? [3점]

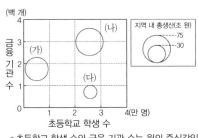

* 초등학교 학생 수와 금융 기관 수는 원의 중심값임.
** 지역 내 총생산은 2019년, 초등학교 학생 수와 금융 기관 수는 2020년 자료임.   (서울특별시)

① (가)는 (나)보다 상주인구가 많다.
② (가)는 (다)보다 출근 시간대 순 유출 인구가 많다.
③ (나)는 (다)보다 상업 용지의 평균 지가가 높다.
④ (다)는 (가)보다 인구 공동화 현상이 뚜렷하다.
⑤ 주간 인구 지수는 (나) > (다) > (가) 순으로 높다.

23

그래프는 지도에 표시된 네 지역의 용도별 전력 소비량과 지역 내 통근·통학 인구 비율을 나타낸 것이다. (가)~(라) 지역에 대한 설명으로 옳은 것만을 <보기>에서 고른 것은? [3점]

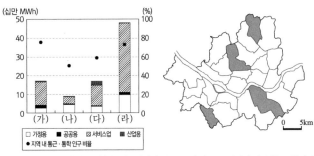

* 지역 내 통근·통학 인구 비율은 각 구(區)의 통근·통학 인구 중 본인이 거주하는 구(區) 내로 통근·통학하는 인구의 비율임.
(2022)   (서울시)

―――――〈 보기 〉―――――
ㄱ. (가)는 (나)보다 상업 지역의 평균 지가가 높다.
ㄴ. (나)는 (라)보다 거주자의 평균 통근 거리가 멀다.
ㄷ. (다)는 (가)보다 생산자 서비스업 사업체 수가 많다.
ㄹ. (라)는 (다)보다 지역 내 사업체 수에서 제조업이 차지하는 비율이 높다.

① ㄱ, ㄴ   ② ㄱ, ㄷ   ③ ㄴ, ㄷ   ④ ㄴ, ㄹ   ⑤ ㄷ, ㄹ

24

그래프는 지도에 표시된 네 지역의 특성을 나타낸 것이다. (가)~(라) 지역에 대한 설명으로 옳은 것만을 <보기>에서 고른 것은? [3점]

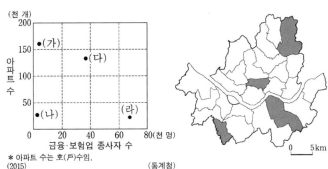

* 아파트 수는 호(戶)수임.
(2015)   (통계청)

―――――〈 보기 〉―――――
ㄱ. (가)는 (라)보다 주간 인구 지수가 높다.
ㄴ. (나)는 (가)보다 지역 내 제조업 종사자 비율이 높다.
ㄷ. (다)는 (가)보다 출근 시간대 순 유출 인구가 많다.
ㄹ. (다)는 (나)보다 상업지 평균 지가가 높다.

① ㄱ, ㄴ   ② ㄱ, ㄷ   ③ ㄴ, ㄷ   ④ ㄴ, ㄹ   ⑤ ㄷ, ㄹ

25

다음 자료는 서울의 세 구(區)에 대한 설명이다. (가)~(다)를 그래프의 A~C에서 고른 것은? [3점]

> ○ (가) 는 서울의 동북부에 있는 구(區)로, 1980년대에 대규모 아파트 단지를 건설하면서 인구가 급증하였으며 법정동이 5개뿐이지만 행정동은 현재 19개에 달한다.
>
> ○ (나) 는 서울의 동남부에 있는 구(區)로, 1960년대에 서울의 부도심으로 계획되어 대규모 주택 단지와 상업·업무 시설이 조성되었다.
>
> ○ (다) 는 서울의 중심부에 있는 구(區)로, 은행 본점, 시청 등의 중추 관리 기능이 집중되어 있으며 여러 지하철 노선이 통과하는 교통의 요충지이다.

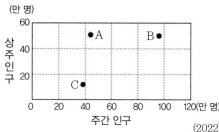

	(가)	(나)	(다)
①	A	B	C
②	A	C	B
③	B	A	C
④	C	A	B
⑤	C	B	A

26

그래프는 지도에 표시된 세 지역의 용도별 토지 이용 면적을 나타낸 것이다. (가)~(다) 지역에 대한 설명으로 옳은 것은? [3점]

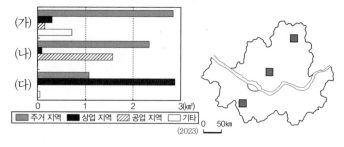

① (가)는 (나)보다 제조업체 수가 많다.
② (가)는 (다)보다 초등학생 수가 적다.
③ (나)는 (다)보다 중심 업무 기능이 우세하다.
④ (다)는 (가)보다 출근 시간대 유입 인구가 적다.
⑤ (다)는 (나)보다 상업 지역의 평균 지가가 높다.

27

자료는 광주광역시에 위치한 A~C 구(區)의 인구와 종사자를 나타낸 것이다. 이에 대한 옳은 설명을 〈보기〉에서 고른 것은? [3점]

구분	인구 지표		종사자 수(명)	
	상주인구 (명)	주간 인구 지수	전체 산업	제조업
A	398,859	99	148,222	47,511
B	450,874	92	152,692	19,572
C	101,980	132	65,089	2,214

(2015) (통계청)

> 〈 보기 〉
> ㄱ. A는 B보다 인구 밀도가 높다.
> ㄴ. B는 C보다 초등학교 학급 수가 많다.
> ㄷ. 통근·통학 유입 인구가 유출 인구보다 많은 곳은 C이다.
> ㄹ. 구(區)별 총종사자 대비 제조업 종사자 비중은 A~C 중 B가 가장 높다.

① ㄱ, ㄴ ② ㄱ, ㄷ ③ ㄴ, ㄷ ④ ㄴ, ㄹ ⑤ ㄷ, ㄹ

28

그래프는 지도에 표시된 세 구(區)의 상주인구 및 주간 인구 변화를 나타낸 것이다. (가)~(다) 지역에 대한 설명으로 옳은 것만을 〈보기〉에서 고른 것은? [3점]

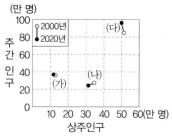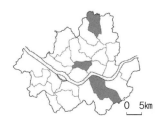

> 〈 보기 〉
> ㄱ. (가)는 (나)보다 상업지의 평균 지가가 높다.
> ㄴ. (나)는 (가)보다 출근 시간대에 순 유출 인구가 많다.
> ㄷ. (다)는 (가)보다 시가지의 형성 시기가 이르다.
> ㄹ. (나), (다)는 모두 2000년보다 2020년에 주간 인구 지수가 낮다.

① ㄱ, ㄴ ② ㄱ, ㄷ ③ ㄴ, ㄷ ④ ㄴ, ㄹ ⑤ ㄷ, ㄹ

해설편 172쪽

29

다음 자료는 세 지역의 심벌마크와 주요 특징을 나타낸 것이다. (가)~(다)를 그래프의 A~C에서 고른 것은? (단, (가)~(다)와 A~C는 각각 지도에 표시된 세 지역 중 하나임.) [3점]

(가)	(나)	(다)
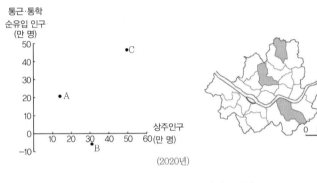		
○ 지역 명칭의 초성 등을 형상화함. ○ 상업·업무 기능과 주거 기능이 함께 발달함.	○ 도봉산의 선인봉, 자운봉, 만장봉 등을 표현함. ○ 도시 내 주변(외곽) 지역에 위치함.	○ 지역의 대표적인 상징인 '보신각종'을 표현함. ○ 주거, 교육 기능 등의 이심 현상이 있었음.

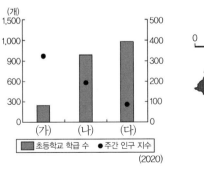

(2020년)

	(가)	(나)	(다)		(가)	(나)	(다)
①	A	B	C	②	A	C	B
③	B	C	A	④	C	A	B
⑤	C	B	A				

30

그래프는 지도에 표시된 서울시 세 구(區)의 특성을 나타낸 것이다. (가)~(다) 지역에 대한 설명으로 옳은 것은?

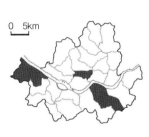

(2020)

① (가)는 (나)보다 시가지의 형성 시기가 늦다.
② (가)는 (다)보다 인구 공동화 현상이 뚜렷하다.
③ (나)는 (다)보다 상업용지의 평균 지가가 낮다.
④ (다)는 (가)보다 생산자 서비스업 사업체 수가 많다.
⑤ 상주인구는 (가) > (나) > (다) 순으로 많다.

31

그래프는 지도에 표시된 두 구(區)의 행정동별 인구 특성을 나타낸 것이다. (가), (나)에 대한 설명으로 옳은 것은?

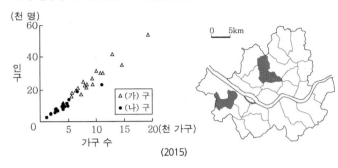

(2015)

① (가)에는 도심이 위치해 있다.
② (나)는 주간 인구보다 상주인구가 많다.
③ (가)는 (나)보다 금융 기관 수가 많다.
④ (나)는 (가)보다 초등학교 학급 수가 많다.
⑤ (나)는 (가)보다 상업용지의 평균 지가가 높다.

32

그래프는 지도에 표시된 네 지역의 특성을 나타낸 것이다. (가)~(라) 지역에 대한 옳은 설명만을 〈보기〉에서 고른 것은?

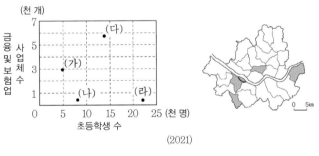

(2021)

〈 보기 〉
ㄱ. (가)는 (나)보다 시가지 형성 시기가 이르다.
ㄴ. (나)는 (라)보다 지역 내 제조업 종사자 비율이 낮다.
ㄷ. (다)는 (가)보다 상주인구가 많다.
ㄹ. (라)는 (다)보다 주간 인구 지수가 높다.

① ㄱ, ㄴ   ② ㄱ, ㄷ   ③ ㄴ, ㄷ
④ ㄴ, ㄹ   ⑤ ㄷ, ㄹ

01 대표 문제

그래프는 지도에 표시된 세 지역군의 인구 자료이다. (가)~(다) 지역군에 대한 설명으로 옳은 것만을 〈보기〉에서 고른 것은? [3점]

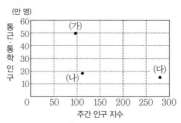
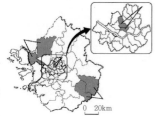

* 통근·통학 인구는 각 지역군에 거주하는 전체 통근·통학 인구임.
(2020)   (통계청)

〈 보기 〉

ㄱ. 서울로의 통근·통학 인구는 (나)가 (가)보다 많다.

ㄴ. (나)는 (가)보다 전체 가구 대비 농가 비율이 높다.

ㄷ. (나)는 (다)보다 상업지 평균 지가가 높다.

ㄹ. (다)는 (가)보다 생산자 서비스업 사업체 수가 많다.

① ㄱ, ㄴ   ② ㄱ, ㄷ   ③ ㄴ, ㄷ   ④ ㄴ, ㄹ   ⑤ ㄷ, ㄹ

02

그래프는 지도에 표시된 세 지역의 산업별 취업자 비율을 나타낸 것이다. (가)~(다) 지역에 대한 설명으로 옳은 것은?

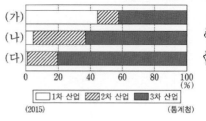
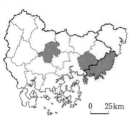

(2015)   (통계청)

① (가)는 (나)보다 인구 밀도가 높다.

② (가)는 (나)보다 대형 마트가 많다.

③ (나)는 (다)보다 유소년층 인구 비율이 높다.

④ (나)는 (다)보다 지역 내 총생산(GRDP)이 많다.

⑤ (다)로 통근·통학하는 인구는 (가)가 (나)보다 많다.

03

다음 자료는 지도에 표시된 네 지역의 특성을 나타낸 것이다. (가)~(라)에 대한 설명으로 옳은 것은? [3점]

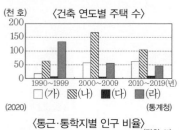
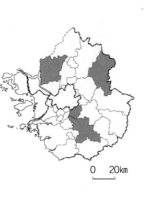

〈건축 연도별 주택 수〉

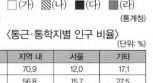

(2020)   (통계청)

〈통근·통학지별 인구 비율〉

(단위: %)

지역	지역 내	서울	기타
(가)	70.9	12.0	17.1
(나)	56.8	15.7	27.5
(다)	83.4	6.4	10.2
(라)	60.1	24.5	15.4

(2020)   (통계청)

① (가)는 (라)보다 지역 내 농가 인구 비율이 높다.

② (나)는 (다)보다 주간 인구 지수가 높다.

③ (다)는 (라)보다 주택 유형 중 아파트 비율이 높다.

④ (가)에는 수도권 1기 신도시, (나)에는 2기 신도시가 건설되었다.

⑤ (가)~(라) 중 생산자 서비스업 종사자 수는 (가)가 가장 많다.

04

그래프는 지도에 표시된 세 지역의 특성을 나타낸 것이다. (가)~(다) 지역에 대한 설명으로 옳은 것만을 〈보기〉에서 고른 것은?

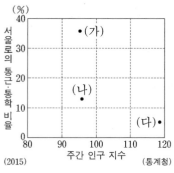

(2015)   (통계청)

〈 보기 〉

ㄱ. (나)는 통근·통학 유출 인구가 유입 인구보다 많다.

ㄴ. (나)는 (가)보다 주택 유형 중 아파트 비율이 높다.

ㄷ. (다)는 (가)보다 청장년층 인구의 성비가 높다.

ㄹ. (다)는 (나)보다 인구 밀도가 낮다.

① ㄱ, ㄴ   ② ㄱ, ㄷ   ③ ㄴ, ㄷ   ④ ㄴ, ㄹ   ⑤ ㄷ, ㄹ

05

21학년도 수능 18번

그래프의 (가)~(라) 지역에 대한 설명으로 옳은 것만을 〈보기〉에서 고른 것은? (단, (가)~(라)는 각각 지도에 표시된 네 지역 중 하나임.)

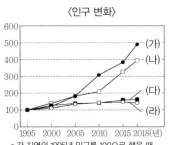
〈인구 변화〉

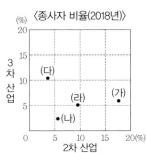
〈종사자 비율(2018년)〉

* 각 지역의 1995년 인구를 100으로 했을 때 해당 연도의 상댓값임.
** 2010년의 행정 구역을 기준으로 함. (통계청)

* 경기도의 산업별 총 종사자에서 각 지역의 산업별 종사자가 차지하는 비율임. (통계청)

〈 보기 〉

ㄱ. (가)에는 조력 발전소가 위치해 있다.

ㄴ. (나)에는 수도권 2기 신도시가 위치해 있다.

ㄷ. (다)는 경기도청 소재지이다.

ㄹ. (라)는 남북한 접경 지역이다.

① ㄱ, ㄴ   ② ㄱ, ㄷ   ③ ㄴ, ㄷ   ④ ㄴ, ㄹ   ⑤ ㄷ, ㄹ

06

20학년도 수능 6번

그래프의 (가)~(다) 지역을 지도의 A~C에서 고른 것은?

〈제조업 종사자 비율〉〈서울로의 통근·통학 비율〉

(2017)

(통계청)

0 20km

	(가)	(나)	(다)		(가)	(나)	(다)
①	A	B	C	②	A	C	B
③	B	A	C	④	B	C	A
⑤	C	B	A				

07

23학년도 수능 16번

그래프는 지도에 표시된 네 지역의 서울로의 통근·통학 비율과 경지 면적을 나타낸 것이다. (가)~(라)에 대한 설명으로 옳은 것만을 〈보기〉에서 고른 것은? [3점]

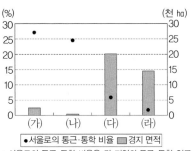

● 서울로의 통근·통학 비율   ▨ 경지 면적

* 서울로의 통근·통학 비율은 각 지역의 통근·통학 인구에서 서울로 통근·통학하는 인구가 차지하는 비율임.
(2020)   (통계청)

0 20 km

〈 보기 〉

ㄱ. (가)에는 수도권 1기 신도시가 위치한다.

ㄴ. (나)는 (가)보다 상주인구가 많다.

ㄷ. (다)는 (나)보다 제조업 종사자 수가 많다.

ㄹ. (라)는 (다)보다 지역 내 주택 유형에서 아파트가 차지하는 비율이 높다.

① ㄱ, ㄴ   ② ㄱ, ㄷ   ③ ㄴ, ㄷ   ④ ㄴ, ㄹ   ⑤ ㄷ, ㄹ

08

19학년도 9월 모평 8번

그래프는 수도권 내에서 서울과 32개 시·군 간의 통근·통학 양상을 나타낸 것이다. 이에 관한 옳은 설명을 〈보기〉에서 고른 것은? (단, A~D는 지도에 표시된 4개 시 중 하나임.)

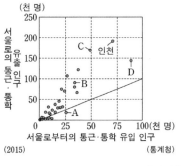
서울로의 통근·통학 유출 인구 (천 명)
서울로부터의 통근·통학 유입 인구
(2015)   (통계청)

0 20 km

〈 보기 〉

ㄱ. B와 D에는 수도권 1기 신도시가 위치해 있다.

ㄴ. A는 B보다 공장 용지의 면적이 넓다.

ㄷ. D는 C보다 주간 인구 지수가 높다.

ㄹ. A~D 모두 서울과의 통근·통학에서 순 유출을 보인다.

① ㄱ, ㄴ   ② ㄱ, ㄷ   ③ ㄴ, ㄷ   ④ ㄴ, ㄹ   ⑤ ㄷ, ㄹ

그래프는 지도에 표시된 세 지역의 용도별 토지 이용 비중을 나타낸 것이다. (가)~(다) 지역에 대한 추론으로 적절한 것을 <보기>에서 고른 것은? [3점]

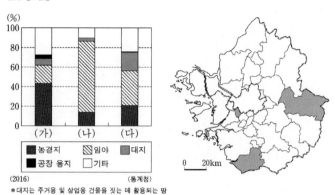

*대지는 주거용 및 상업용 건물을 짓는 데 활용되는 땅

〈 보기 〉

ㄱ. (가)는 (다)보다 서울로의 통근·통학률이 낮을 것이다.

ㄴ. (나)는 (가)보다 인구 밀도가 낮을 것이다.

ㄷ. (나)는 (가)보다 2차 산업 종사자 비율이 높을 것이다.

ㄹ. (다)는 (나)보다 주택 중 아파트 비율이 낮을 것이다.

① ㄱ, ㄴ   ② ㄱ, ㄷ   ③ ㄴ, ㄷ   ④ ㄴ, ㄹ   ⑤ ㄷ, ㄹ

다음 자료의 (가)~(다) 지역에 대한 설명으로 옳은 것은? (단, (가)~(다)는 각각 지도에 표시된 지역 중 하나임.) [3점]

〈주택 유형별 비율(%)〉

지역	단독주택	아파트	기타
(가)	12.7	69.8	17.5
(나)	15.2	67.0	17.8
(다)	67.6	17.1	15.3

(2020)   (통계청)

〈지역별 인구 변화〉

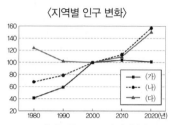

* 2000년 인구를 100으로 한 상댓값임.

** 2010년 이전 자료는 2010년 행정 구역을 기준으로 함.   (통계청)

① (가)는 수도권 정비 계획에 따른 자연 보전 권역에 속한다.

② (나)에는 수도권 1기 신도시가 있다.

③ (가)는 (나)보다 서울로 통근·통학하는 인구 비율이 높다.

④ (나)는 (다)보다 지역 내 총생산이 적다.

⑤ (다)는 (가)보다 인구 밀도가 높다.

그래프는 지도에 표시된 세 지역의 다른 시·도로의 통근·통학 비율과 농가 수를 나타낸 것이다. (가)~(다)에 대한 설명으로 옳은 것은? [3점]

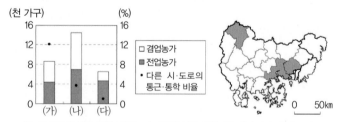

* 다른 시·도로의 통근·통학 비율은 각 지역의 통근·통학 인구에서 경남 외 다른 시·도로 통근·통학하는 인구가 차지하는 비율임. (2020)

① (가)는 (다)보다 지역 내 주택 유형 중 아파트 비율이 높다.

② (다)는 (가)보다 부산으로 연결되는 버스 운행 횟수가 많다.

③ (다)는 (나)보다 제조업 출하액이 많다.

④ (가)는 군(郡), (나)와 (다)는 시(市)이다.

⑤ (가)~(다) 중 지역 내 1차 산업 취업자 비율은 (나)가 가장 높다.

그래프는 지도에 표시된 세 지역의 용도별 토지 이용 비율을 나타낸 것이다. (가)~(다) 지역에 대한 설명으로 옳은 것은? [3점]

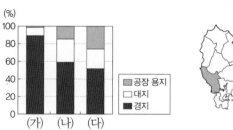

* 지역별 경지, 대지, 공장 용지 면적의 합을 100%로 나타낸 것임.

** 대지는 주거용 및 상업용 건물을 짓는데 활용되는 땅임.

(2021)   (통계청)

① (가)는 (나)보다 주택 유형 중 아파트 비율이 높다.

② (가)는 (다)보다 3차 산업 종사자 비율이 높다.

③ (나)는 (가)보다 지역 내 겸업농가 비율이 높다.

④ (다)는 (가)보다 중위 연령이 높다.

⑤ 부산으로의 통근·통학 비율은 (다)가 (나)보다 높다.

13

그래프는 지도에 표시된 세 지역의 특성을 나타낸 것이다. (가)~(다) 지역에 대한 설명으로 옳은 것은? [3점]

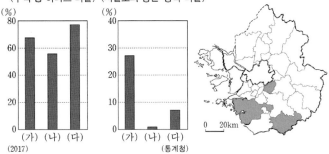

〈주택 중 아파트 비율〉 〈서울로의 통근·통학 비율〉

① (나)에는 공공 기관 이전을 위한 혁신 도시가 위치해 있다.
② (다)에는 수도권 1기 신도시가 조성되었다.
③ (가)는 (다)보다 전체 농가 중 겸업농가의 비율이 높다.
④ 총인구는 (가), (나), (다) 순으로 많다.
⑤ (가)~(다) 중 (가)의 제조업 종사자 비율이 가장 높다.

14

그래프는 경기도의 시·군별 인구 특성을 나타낸 것이다. (가)에 대한 (나) 지역군(群)의 상대적 특징으로 옳은 설명만을 〈보기〉에서 고른 것은?

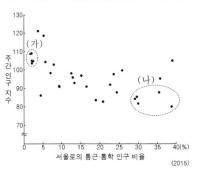

〈 보기 〉
ㄱ. 인구 밀도가 낮다.
ㄴ. 주택 중 아파트 비율이 높다.
ㄷ. 1차 산업 종사자 비율이 높다.
ㄹ. 출근 시간대 유출 인구가 많다.

① ㄱ, ㄴ   ② ㄱ, ㄷ   ③ ㄴ, ㄷ   ④ ㄴ, ㄹ   ⑤ ㄷ, ㄹ

15

그래프는 지도에 표시된 네 구(區)의 용도별 전력 사용량 비율과 구(區) 간 통근·통학 인구를 나타낸 것이다. (가)~(라)에 대한 설명으로 옳은 것은? [3점]

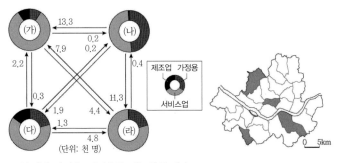

*구(區)별 가정용, 서비스업, 제조업의 전력 사용량 합을 100%로 함. (2020년)

① (가)는 (나)보다 거주자의 평균 통근 거리가 멀다.
② (나)는 (라)보다 상업지의 평균 지가가 높다.
③ (다)는 (가)보다 금융 기관 수가 많다.
④ (라)는 (다)보다 통근·통학 순유입 인구가 많다.
⑤ (가)~(라) 중 주간 인구 지수는 (나)가 가장 높다.

16

그래프의 (가)~(다) 지역을 지도의 A~C에서 고른 것은?

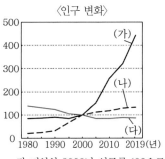

*각 지역의 2000년 인구를 100으로 했을 때 해당 연도의 상댓값임.
**2010년의 행정 구역을 기준으로 함.

〈통근 현황〉

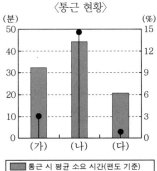

통근 시 평균 소요 시간(편도 기준)
전철·지하철을 이용한 통근 인구 비율
(2019년)

	(가)	(나)	(다)
①	A	B	C
②	B	A	C
③	B	C	A
④	C	A	B
⑤	C	B	A

17

그래프는 지도에 표시된 네 지역의 인구 변화를 나타낸 것이다. (가)~
(라) 지역에 대한 옳은 설명만을 〈보기〉에서 있는 대로 고른 것은?

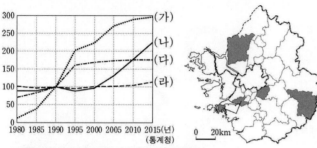

* 1990년 인구를 100으로 했을 때 해당 연도의 상댓값임.
** 각 해당 연도의 행정 구역(시, 군, 출장소)을 기준으로 함.

〈 보기 〉

ㄱ. (가)는 (라)보다 거주 외국인 수가 많다.

ㄴ. (나)는 (다)보다 지역 내 제조업 종사자 비율이 높다.

ㄷ. (나)는 (라)보다 주택 중 아파트 비율이 높다.

ㄹ. (가)와 (다)에는 수도권 1기 신도시가 위치해 있다.

① ㄱ, ㄷ   ② ㄴ, ㄷ   ③ ㄴ, ㄹ

④ ㄱ, ㄴ, ㄷ   ⑤ ㄱ, ㄴ, ㄹ

19

그래프에 대한 옳은 설명만을 〈보기〉에서 고른 것은? (단, (가)~(다)는
각각 가평, 성남, 화성 중 하나임.)

〈인구 변화〉   〈지역 특성〉

* 1990년 인구를 100으로 했을 때 해당 연도의 상댓값임.
** 각 해당 연도의 행정 구역(시·군)을 기준으로 함.

〈 보기 〉

ㄱ. 화성은 성남보다 서울로의 통근·통학 인구 비율이 높다.

ㄴ. (나)에는 수도권 1기 신도시가 위치하고 있다.

ㄷ. (가)는 (다)보다 주택 유형 중 아파트 비율이 높다.

ㄹ. (나)는 (다)보다 지역 내 1차 산업 종사자 비율이 높다.

① ㄱ, ㄴ   ② ㄱ, ㄷ   ③ ㄴ, ㄷ   ④ ㄴ, ㄹ   ⑤ ㄷ, ㄹ

18

그래프는 지도에 표시된 세 지역의 용도별 전력 사용량을 나타낸 것이
다. A~C 지역에 대한 설명으로 옳은 것은? [3점]

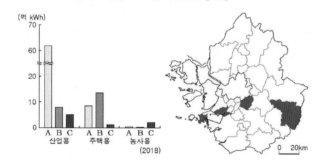

① A는 C보다 인구 밀도가 낮다.

② B는 A보다 2차 산업 종사자 비율이 높다.

③ B는 C보다 서울로의 통근·통학 인구가 많다.

④ C는 A보다 총경지 면적이 좁다.

⑤ C는 B보다 상업지의 평균 지가가 높다.

20

다음 자료는 수도권의 시·도 간 인구 이동 특성을 나타낸 것이다. 이에
대한 설명으로 옳은 것은? (단, (가)~(다), A~C는 각각 경기, 서울, 인
천 중 하나임.) [3점]

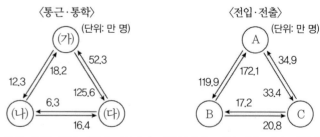

* 통근·통학 인구 이동은 2020년 평균치이며, 전입·전출 인구 이동은
2018~2022년 합계임.

① (가)는 주간 인구가 상주인구보다 많다.

② (다)는 전입 인구가 전출 인구보다 많다.

③ (가)는 (나)보다 외국인 근로자 수가 많다.

④ A는 B보다 통근·통학 순 유입이 많다.

⑤ C는 B보다 인구 밀도가 높다.

21

22학년도 4월 학평 15번

그래프는 지도에 표시된 세 지역의 기간별 아파트 건축 호수를 나타낸 것이다. (가)~(다) 지역에 대한 설명으로 옳은 것은? [3점]

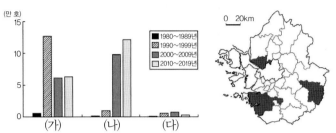

① (나)에는 수도권 1기 신도시가 위치해 있다.
② (가)는 (나)보다 제조업 종사자 비율이 높다.
③ (가)는 (다)보다 서울로의 통근·통학 인구 비율이 높다.
④ (나)는 (다)보다 1차 산업 종사자 비율이 높다.
⑤ (다)는 (가)보다 인구 밀도가 높다.

23

22학년도 7월 학평 15번

표는 지도에 표시된 세 지역의 인구 특성을 나타낸 것이다. (가)~(다) 지역에 대한 설명으로 옳은 것만을 〈보기〉에서 고른 것은? [3점]

구분		(가)	(나)	(다)
산업별 취업자 수 비율(%)	1차	46.3	3.1	7.2
	2차	3.4	40.6	23.0
	3차	50.3	56.3	69.8
순이동률(%)		−1.8	−3.0	1.9	9.2

* 산업별 취업자 수 비율은 2019년, 순이동률은 2016년 대비 2020년 값임. (통계청)

〈 보기 〉
ㄱ. (가)는 2016~2020년 전입 인구가 전출 인구보다 많다.
ㄴ. (가)는 (나)보다 아파트 거주 가구 비율이 높다.
ㄷ. (다)는 (가)보다 유소년층 인구 비율이 높다.
ㄹ. (가)~(다) 중 대구로의 통근·통학 인구는 (다)가 가장 많다.

① ㄱ, ㄴ ② ㄱ, ㄷ ③ ㄴ, ㄷ ④ ㄴ, ㄹ ⑤ ㄷ, ㄹ

22

22학년도 3월 학평 16번

표는 지도에 표시된 세 지역의 주요 특성을 나타낸 것이다. (가)~(다) 지역에 대한 설명으로 옳은 것은? [3점]

지역	2011~2020년에 건축된 주택 비율(%)	2020년 서울로의 통근·통학 인구 비율(%)
(가)	51.1	5.9
(나)	25.6	27.9
(다)	23.5	2.3

* 주택 비율은 각 지역의 총주택 수 대비 2011~2020년에 건축된 주택 수 비율임.

① (가)에는 수도권 1기 신도시가 있다.
② (가)는 (나)보다 청장년층 인구의 성비가 높다.
③ (나)는 (가)보다 주간 인구 지수가 높다.
④ (나)는 (다)보다 경지 면적이 넓다.
⑤ (다)는 (나)보다 아파트 수가 많다.

24

25학년도 수능 11번

그래프는 지도에 표시된 네 지역군의 통근·통학 유입 및 유출 인구를 나타낸 것이다. (가)~(라) 지역군에 대한 설명으로 옳은 것만을 〈보기〉에서 고른 것은?

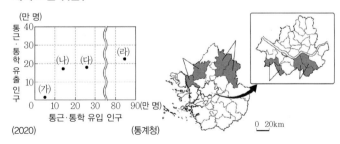

〈 보기 〉
ㄱ. (가)는 (나)보다 서울로의 통근·통학자 수가 많다.
ㄴ. (다)는 (나)보다 주간 인구 지수가 높다.
ㄷ. (다)는 (라)보다 생산자 서비스업 종사자 비율이 높다.
ㄹ. (라)는 (가)보다 주택 유형 중 아파트 비율이 높다.

① ㄱ, ㄴ ② ㄱ, ㄷ ③ ㄴ, ㄷ ④ ㄴ, ㄹ ⑤ ㄷ, ㄹ

01

25학년도 6월 모평 20번

다음 글은 우리나라의 국토 종합 (개발) 계획에 대한 것이다. ㉠~㉣에 대한 설명으로 옳은 것은?

> 정부는 장기적인 국토 개발 정책 방향과 전략을 제시하기 위해 1972년부터 국토 종합 (개발) 계획을 시행하고 있다. 이 계획은 대규모 공업 기반 구축을 강조한 ㉠ 1970년대의 거점 개발, 국토의 다핵 구조 형성과 지역 생활권 조성에 중점을 둔 ㉡ 1980년대의 광역 개발, 수도권 집중 억제에 중점을 둔 ㉢ 1990년대의 균형 개발, 자연 친화적이고 안전한 국토 공간 조성을 강조한 ㉣ 2000년대 이후의 균형 발전으로 추진되어 왔다. 국토 종합 (개발) 계획은 국토의 체계적이고 균형적인 발전을 위해 중요한 역할을 하고 있다.

① ㉠은 주민 참여가 강조되는 상향식 개발로 추진되었다.
② ㉡ 시기에 도농 통합시가 출범하였다.
③ ㉢ 시기에 경부고속국도가 개통되었다.
④ ㉣ 시기에 행정 중심 복합 도시인 세종특별자치시가 출범하였다.
⑤ ㉠ 시기에서 ㉣ 시기 동안에 전국에서 수도권이 차지하는 인구 비율이 낮아졌다.

02 대표 문제

24학년도 9월 모평 3번

다음 자료는 세 지역의 개발 사례이다. (가)~(다)에 대한 설명으로 옳은 것만을 〈보기〉에서 고른 것은?

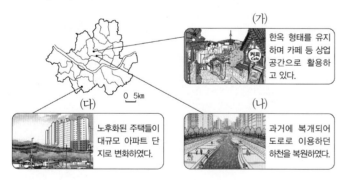

(가) 한옥 형태를 유지하며 카페 등 상업 공간으로 활용하고 있다.

(다) 노후화된 주택들이 대규모 아파트 단지로 변화하였다.

(나) 과거에 복개되어 도로로 이용하던 하천을 복원하였다.

〈 보기 〉
ㄱ. (나)의 개발로 하천 주변 휴식 공간이 증가하였다.
ㄴ. (다)의 개발은 보존 재개발의 사례이다.
ㄷ. (가)의 개발은 (다)의 개발보다 기존 건물의 활용도가 높다.
ㄹ. (가)~(다)의 개발은 모두 지역 주민 주도로 이루어졌다.

① ㄱ, ㄴ   ② ㄱ, ㄷ   ③ ㄴ, ㄷ   ④ ㄴ, ㄹ   ⑤ ㄷ, ㄹ

03

24학년도 6월 모평 15번

다음은 신문 기사의 일부이다. ㉠~㉣에 대한 설명으로 적절한 것만을 〈보기〉에서 있는 대로 고른 것은?

> △△신문   20○○년 ○월 ○일
>
> **"떠오르는 동네, 성수동은 지금..."**
>
> 서울 성동구 성수동은 중소 피혁 업체 등 도심 속 공장과 창고 밀집 지역에서 도시 재생 사업을 통해 서울의 새로운 '핫 플레이스'로 부상하고 있다.
> 노후 지역의 정비를 위해 도시 재개발을 하면서 ㉠ 기존의 낡은 공장을 허물고 새 건물을 짓는 방식 대신 ㉡ 기존 형태를 살리면서 필요한 부분만 개조하는 방식으로 개성을 살린 다양한 카페와 음식점, 갤러리 등이 들어서며 새로운 문화가 만들어지고 있다.
> 하지만 성수동에도 '뜨는' 동네에 어김없이 뒤따르는 ㉢ 젠트리피케이션이 발생하면서, 높아진 건물 임대료에 초기부터 이름을 알렸던 원조 가게들이 여럿 문을 닫게 되었다. 몇 년 전부터 추진된 상생 협약이 이러한 흐름을 바꾸고 ㉣ 지역의 다양성을 유지할 수 있을지 지켜볼 필요가 있다.

〈 보기 〉
ㄱ. ㉡은 철거 재개발의 대표적인 방식이다.
ㄴ. ㉢으로 인해 기존 주민과 상인들이 다른 지역으로 떠나게 되는 현상이 발생한다.
ㄷ. ㉣을 위해 대형 프랜차이즈 업체 위주의 상권으로 변화시킨다.
ㄹ. ㉠은 ㉡보다 투입되는 자본의 규모가 크다.

① ㄱ, ㄴ   ② ㄴ, ㄹ   ③ ㄷ, ㄹ
④ ㄱ, ㄴ, ㄷ   ⑤ ㄱ, ㄷ, ㄹ

04

23학년도 6월 모평 2번

다음 글은 도시 재개발의 사례이다. (나)에 대한 (가)의 상대적 특성을 그림의 A~E에서 고른 것은?

> (가) ◇◇시 △△마을 일대는 낙후 지역이었다. 그러나 2010년 '마을 미술 프로젝트 사업'의 일환으로 벽화를 그리고 조형물을 설치하였다. 그 결과 과거의 모습을 살리면서 마을 경관이 개선되었다.
> (나) □□시 ○○동 일대는 낙후 지역이었다. 그러나 2001년부터 '○○ 지구 재개발 사업'이 추진되어 기존의 달동네 지역은 전면 철거되었다. 그 결과 새로운 대규모 아파트 단지가 건설되었다.

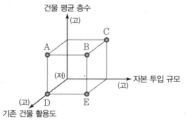

* (고)는 큼, 높음, 많음을. (저)는 작음, 낮음, 적음을 의미함.

① A   ② B   ③ C   ④ D   ⑤ E

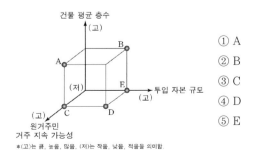
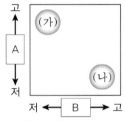

05

다음 글은 도시 재개발의 사례이다. (가), (나) 방식에 대한 설명으로 옳은 것만을 〈보기〉에서 고른 것은?

(가) ○○ 지역은 도심에서 산으로 떠밀려 온 사람들이 다닥다닥 집을 짓고 붙어살던 소외된 동네였다. 그러나 이곳은 전면 철거 후 대규모 아파트 단지가 들어설 예정이다.

(나) 6.25 전쟁 때 피난민들이 정착해 생긴 대표적 달동네인 □□ 지역은 공공미술 프로젝트를 통해 벽화마을로 재탄생했다. 이후 영화, 드라마 등의 촬영지로 알려지며 관광 명소가 되었다.

〈 보기 〉
ㄱ. (가)는 기존 마을의 모습을 간직한 채 환경을 개선한다.
ㄴ. (나)는 건물의 고층화로 토지 이용의 효율성을 높인다.
ㄷ. (가)는 (나)보다 투입 자본의 규모가 크다.
ㄹ. (나)는 (가)보다 원거주민의 재정착률이 높다.

① ㄱ, ㄴ   ② ㄱ, ㄷ   ③ ㄴ, ㄷ   ④ ㄴ, ㄹ   ⑤ ㄷ, ㄹ

06

다음 글은 도시 재개발의 사례이다. (가)와 비교한 (나) 재개발 방식의 상대적 특성에 대한 옳은 설명만을 〈보기〉에서 있는 대로 고른 것은?

(가) △△동에는 서울이 확장하는 과정에서 저소득층 가구가 밀집하면서 생긴 대표적인 '달동네'가 있었다. 그러나 2000년대 초반부터 재개발 사업이 추진되어, 지역의 건물들이 전면 철거되고 대규모 아파트 단지가 조성되면서 거주 여건이 개선되었다.

(나) 부산의 ◇◇◇ 마을은 2000년대에 선박 수리업이 쇠퇴하면서 지역 경제와 거주 환경이 악화되었다. 그러나 주민, 예술가 등이 중심이 되어 과거 산업 시설에 공공 예술품을 설치하고 문화 공간을 조성하면서 많은 관광객들이 찾는 지역으로 거듭났다.

〈 보기 〉
ㄱ. 투입 자본의 규모가 크다.
ㄴ. 기존 건물의 활용도가 높다.
ㄷ. 재개발 후 건물의 평균 층수가 많다.

① ㄱ   ② ㄴ   ③ ㄱ, ㄴ   ④ ㄱ, ㄷ   ⑤ ㄴ, ㄷ

07

다음 글은 도시 재개발의 사례이다. (가), (나) 도시 재개발의 상대적 특성을 비교할 때, 그림의 A, B에 들어갈 항목으로 옳은 것은?

(가) ○○시 □□동 일대는 달동네였다. 그러나 재개발이 진행되면서 노후화된 주택들이 대규모 아파트 단지로 변화하였다. 현재는 과거의 흔적을 찾아보기가 어렵게 되었다.

(나) ◇◇시 △△동 일대는 달동네였다. 지금도 과거의 흔적이 남아 있지만 주민, 작가, 학생들이 합심하여 마을 담벼락에 그림을 그리고 조형물을 설치하여 마을을 변모시켰다.

	A	B
①	기존 건물 활용도	건물 평균 층수
②	기존 건물 활용도	자본 투입 규모
③	건물 평균 층수	자본 투입 규모
④	건물 평균 층수	기존 건물 활용도
⑤	자본 투입 규모	건물 평균 층수

* '고'는 큼, 높음, 많음을.
  '저'는 작음, 낮음, 적음을 의미함.

08

다음 글의 (가), (나)는 도시 재개발의 사례이다. (나)에 대한 (가) 방식의 상대적 특성을 그림의 A～E에서 고른 것은?

(가) 대구 중구에서는 원도심 지역을 활성화하기 위하여 중구의 거리, 건축물 등이 지닌 역사적 특성을 살려 근대 역사 문화 벨트를 조성하였다. 일제 강점기하의 항일 운동 정신을 느끼고 저항의 흔적을 찾아 볼 수 있는 '근대 골목 관광' 프로그램을 진행하여 관광객들에게 역사적 의미를 알리고 있다.

(나) 서울 관악구에서는 2001년부터 ○○ 지역 재개발 사업을 추진하였다. 이 사업에서는 달동네 지역을 전면 철거하고 아파트 단지를 신축하는 방식을 채택하였다. 이 사업이 시행된 결과 주택의 유형만 바뀐 게 아니라 거주하는 주민들도 대부분 바뀌었다.

① A
② B
③ C
④ D
⑤ E

* (고)는 큼, 높음, 많음, (저)는 작음, 낮음, 적음을 의미함.

09

다음 글은 도시 재개발의 사례이다. (가), (나)의 상대적 특성을 나타낸 것으로 옳은 것은? [3점]

> (가) ◇◇시의 대표적인 달동네였던 '○○ 마을'은 본래의 마을 모습을 유지한 채 필요한 부분만 수리·개조하는 '마을 미술 프로젝트'를 시행하여 아름다운 벽화 마을로 변화하였다.
>
> (나) □□시의 대표적인 낙후 지역이었던 △△동에서는 뉴타운 개발 사업이 진행되면서 노후화된 주택들이 대단지의 아파트로 변모하였다.

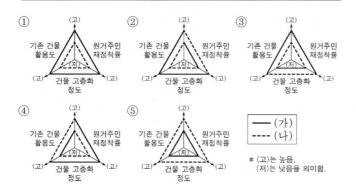

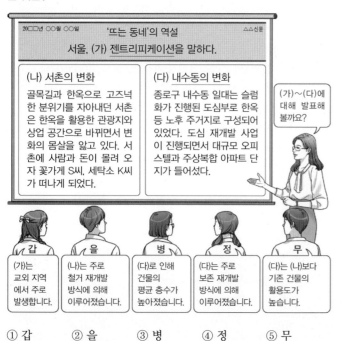

* (고)는 높음, (저)는 낮음을 의미함.

① 갑 ② 을 ③ 병 ④ 정 ⑤ 무

10

다음은 도시 단원의 수업 장면이다. 발표 내용이 가장 적절한 학생을 고른 것은?

11

다음 자료는 수업 시간에 사용된 게임이다. 게임을 통해 방에서 탈출할 수 있는 문을 게임판의 A~E에서 고른 것은?

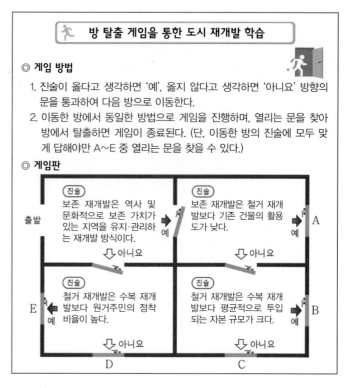

① A ② B ③ C ④ D ⑤ E

12

다음 글의 ㉠~㉤에 대한 옳은 설명만을 〈보기〉에서 고른 것은?

> 도시 재개발은 토지 이용 효율성 증대, ㉠ 도시 미관 개선 및 생활 기반 시설 확충, 지역 경제 활성화 등을 목적으로 한다. 도시 재개발 방법에는 ㉡ 지역에서 행해지는 보존 재개발, 기존의 건물을 유지하며 부족한 부분만 수리 및 개조하는 ㉢ ◇◇ 재개발, 기존의 시설을 완전히 철거하고 새로운 시설물로 대체하는 ㉣ □□ 재개발이 있다. 이와 같은 도시 재개발로 ㉤ 젠트리피케이션이 나타나기도 한다.

〈 보기 〉
ㄱ. ㉠은 쾌적한 주거 환경 조성과 관련된다.
ㄴ. ㉡에는 '역사·문화적 가치가 있는'이 들어갈 수 있다.
ㄷ. ㉢은 ㉣보다 투입되는 자본의 규모가 크다.
ㄹ. ㉤이 심화되면 지역 내 원거주민의 비율은 높아진다.

① ㄱ, ㄴ ② ㄱ, ㄷ ③ ㄴ, ㄷ ④ ㄴ, ㄹ ⑤ ㄷ, ㄹ

13

23학년도 4월 학평 9번

다음 자료는 한국지리 수업 시간에 사용된 게임의 일부이다. 게임 방법에 따라 잠금 화면을 풀 수 있는 패턴으로 옳은 것은?

◉게임을 통한 도시 재개발 학습◉

게임 방법

1. (가), (나) 도시 재개발에 대한 진술 A~C가 옳으면 왼쪽에서 오른쪽으로 '●—●', 틀리면 위에서 아래로 '●' 패턴 그리기

2. 진술 A~C의 순서대로 패턴을 한 칸씩 이어서 잠금 화면 풀기

잠금 해제 패턴을 그리세요.

구분	도시 재개발		
	방식	전	후
(가)	기존 건물을 최대한 유지하는 수준에서 필요한 부분만 수리·개조하는 방식		
(나)	기존 시설을 완전히 철거한 후 새로운 시설물로 대체하는 방식		

진술

○ A: (가)는 (나)보다 개발 후 원거주민의 재정착률이 높다.
○ B: (나)는 (가)보다 개발 후 기존 건물의 활용도가 높다.
○ C: (나)는 (가)보다 개발 과정에서 평균적으로 투입되는 자본의 규모가 크다.

① 시작   ② 시작   ③ 시작

④ 시작 ⑤ 시작

14

22학년도 수능 2번

다음은 우리나라 국토 종합 (개발) 계획 자료의 일부이다. ㉠, ㉡에 대한 설명으로 옳은 것은?

구분	주요 추진 과제
㉠ 제○차 계획	• 고도 경제 성장을 위한 기반 시설 조성 • 수도권과 남동 임해 공업 지구 중심의 개발 • 수출 주도형 공업화 추진
㉡ 제□차 계획	• 세계적 국토 경쟁력 강화 • 자연 친화적이고 안전한 국토 공간 조성 • 광역 경제권을 형성하여 지역별 특화 발전 추진

① ㉠ 시행 시기에 고속 철도(KTX)가 개통되었다.
② ㉡ 시행 시기에 개발 제한 구역이 처음 지정되었다.
③ ㉠은 ㉡보다 시행 시기가 이르다.
④ ㉡ 시행 시기는 ㉠ 시행 시기보다 수도권 인구 집중률이 낮다.
⑤ ㉠은 균형 개발, ㉡은 성장 거점 개발 방식을 추구한다.

15

23학년도 10월 학평 3번

다음 글의 ㉠~㉣에 대한 설명으로 옳은 것만을 〈보기〉에서 고른 것은?

[3점]

『난장이가 쏘아 올린 작은 공』은 ㉠ 급속한 도시화가 나타난 ㉡ 1970년대를 배경으로 하고 있다. 작품에서는 도시 재개발로 터전을 잃은 가족의 이야기를 통해 ㉢ 철거 재개발 방식의 어두운 면을 묘사하였다. 이후 원거주민의 재정착률을 높일 수 있는 ㉣ 수복 재개발 방식에 대한 사회적 관심이 높아졌다.

〈 보기 〉

ㄱ. ㉠으로 인해 주택 부족, 교통 혼잡 등의 문제가 발생하였다.
ㄴ. ㉡ 시기에 개발 제한 구역이 처음 지정되었다.
ㄷ. ㉢은 ㉣보다 기존 건물의 활용도가 높다.
ㄹ. ㉣은 ㉢보다 재개발에 투입되는 자본의 규모가 크다.

① ㄱ, ㄴ   ② ㄱ, ㄷ   ③ ㄴ, ㄷ   ④ ㄴ, ㄹ   ⑤ ㄷ, ㄹ

16

다음 자료에 대한 설명으로 옳은 것은? (단, (가), (나)는 각각 제1차 국토 종합 개발 계획, 제3차 국토 종합 개발 계획 중 하나임.)

구분	(가)	(나)
주요 과제	지방 분산형 국토골격 형성	대규모 공업 기반 구축
세부 내용	아산만, 목포 등의 서해안 일대를 중심으로 중부 및 서남부 지역에 신산업지대를 조성하여, 지역 특성에 맞는 산업을 육성	포항, 울산, 여수 등 동남 해안에 위치한 지역을 개발하여, 제철·정유·석유화학 등의 중화학 공업 단지를 조성

① (가)의 시행 시기에 경부 고속 국도가 건설되었다.
② (나)는 주로 상향식 개발로 추진되었다.
③ (가)는 (나)보다 시행 시기가 이르다.
④ (가)는 (나)보다 경제적 효율성을 추구하였다.
⑤ (가)의 시행 시기는 (나)의 시행 시기보다 인구의 수도권 집중도가 높다.

18

다음은 지역 개발에 대한 수업 장면의 일부이다. 발표 내용이 옳은 학생만을 고른 것은?

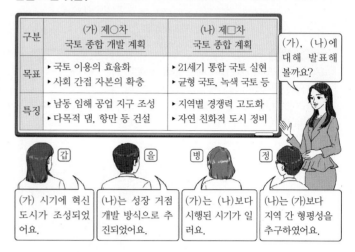

① 갑, 을   ② 갑, 병   ③ 을, 병   ④ 을, 정   ⑤ 병, 정

17

다음 글은 도시 재개발의 사례이다. (가)와 비교한 (나) 방식의 상대적 특징으로 옳은 것은?

(가) 인천시 ○○동의 달동네는 피난민들이 모여 만든 곳으로, 이후 저소득층이 유입되면서 확대되었다. 그러나 이곳은 1990년대 후반 '주거 환경 개선 사업'으로 대규모 아파트 단지가 조성되고 공원, 박물관 등이 들어서면서 과거의 모습이 사라지게 되었다.

(나) 부산시 □□동은 피난민들이 정착하면서 만들어진 달동네로 산자락에는 아직도 과거의 모습을 간직한 집들이 많이 남아 있다. 2009년 빈집과 골목길을 문화 공간으로 바꾸는 사업이 추진되어, 예술가와 주민들이 마을 담벼락에 그림을 그리고 조형물을 설치하면서 동네의 모습이 변화되었다.

① 인구 증가율이 높다.
② 건물의 평균 층수가 높다.
③ 기존 건물의 활용도가 낮다.
④ 원거주민 정착 비율이 낮다.
⑤ 개발 과정에서의 자본 투입 규모가 작다.

19

다음은 한국지리 수업 자료의 일부이다. 이에 대한 설명으로 옳은 것만을 <보기>에서 고른 것은?

주제: 우리나라의 주요 국토 종합 (개발) 계획

(가) 제○차 계획
• 기본 목표:
 - 국토 이용 관리 효율화
 - 사회 간접 자본의 확충
 - 국민 생활 환경의 개선
  ⋮

(나) 제□차 계획
• 기본 목표:
 - 경쟁력 있는 통합 국토
 - 지속 가능한 친환경 국토
 - 세계로 향한 열린 국토
  ⋮

〈 보기 〉
ㄱ. (가) 기간에 행정 중심 복합 도시가 건설되었다.
ㄴ. (나)는 성장 거점 개발 방식으로 추진되었다.
ㄷ. (가)는 (나)보다 시행 시기가 이르다.
ㄹ. (나)는 (가)보다 지역 간 형평성을 추구하였다.

① ㄱ, ㄴ   ② ㄱ, ㄷ   ③ ㄴ, ㄷ   ④ ㄴ, ㄹ   ⑤ ㄷ, ㄹ

20

24학년도 3월 학평 14번

다음 글의 ㉠~㉣에 대한 설명으로 옳은 것만을 〈보기〉에서 있는 대로 고른 것은?

> 행정 구역 개편은 국토 공간의 효율적인 활용을 위하여 ㉠ 새로운 행정 구역의 설치나 여러 행정 구역의 통합 등의 형태로 이루어진다. 예를 들어 ㉡ 경북 달성군과 경북 군위군은 ㉢ 대구광역시의 행정 구역에 통합되었다. 과거 달성군이 통합된 사례는 중앙 정부 주도로 추진된 측면이 강하다면 최근 군위군이 통합된 사례는 ㉣ 지방 자치 단체 간 합의에 의해 추진된 경우에 가깝다.

───〈 보기 〉───
ㄱ. ㉠의 사례로 세종특별자치시의 출범이 있다.
ㄴ. 독도는 행정 구역상 ㉡에 속한다.
ㄷ. ㉢은 군위군과 통합된 이후 노년층 인구 비율이 증가하였다.
ㄹ. ㉣은 성장 거점 개발 방식의 주요 특징이다.

① ㄱ, ㄴ   ② ㄴ, ㄹ   ③ ㄷ, ㄹ
④ ㄱ, ㄴ, ㄷ   ⑤ ㄱ, ㄷ, ㄹ

21

22학년도 4월 학평 20번

다음은 지역 개발에 대한 한국지리 수업 장면이다. 발표 내용이 옳은 학생만을 고른 것은?

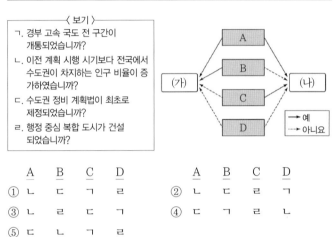

〈지역 개발 방법〉

구분	(가)	(나)
추진 방식	주로 상향식 개발	주로 하향식 개발
개발 목표	지역 간 형평성 추구	경제적 효율성 추구
개발 방법	낙후 지역에 우선적 투자	투자 효과가 큰 지역에 집중 투자

(가), (나)에 대해 발표해 볼까요?

갑: (가)는 제1차 국토 종합 개발 계획에서 채택되었어요.
을: (나)는 역류 효과가 클 경우 지역 격차가 심화되는 단점이 있어요.
병: (가)는 (나)보다 의사 결정 과정에서 지역 주민의 참여도가 높아요.
정: (가)는 성장 거점 (불균형) 개발, (나)는 균형 개발이에요.

① 갑, 을   ② 갑, 병   ③ 을, 병   ④ 을, 정   ⑤ 병, 정

22

25학년도 수능 15번

다음 자료는 두 시기의 국토 종합 (개발) 계획에 관한 것이다. (가), (나) 시행 시기의 특징을 그림과 같이 표현할 때, A~D에 들어갈 질문으로 옳은 것을 〈보기〉에서 고른 것은? (단, (가), (나)는 각각 제2차, 제4차 국토 종합 (개발) 계획 중 하나임.) [3점]

(가)	(나)
경제 성장과 지역 간 균형 개발의 조화를 꿈꾸다	새로운 도약을 위한 통합 국토를 지향하다
• 인구의 지방 정착 유도	• 개방형 통합 국토축 형성
• 개발 가능성의 전국적 확대	• 지역별 경쟁력 고도화
• 국토의 다핵 구조 형성과 지역 생활권 조성	• 건강하고 쾌적한 국토 환경 조성
	• 남북 교류 협력 기반 조성

───〈 보기 〉───
ㄱ. 경부 고속 국도 전 구간이 개통되었습니까?
ㄴ. 이전 계획 시행 시기보다 전국에서 수도권이 차지하는 인구 비율이 증가하였습니까?
ㄷ. 수도권 정비 계획법이 최초로 제정되었습니까?
ㄹ. 행정 중심 복합 도시가 건설되었습니까?

A─B─C─D 구조도: (가) → A, B, C, D → (나)
→ 예, ⇢ 아니요

	A	B	C	D		A	B	C	D
①	ㄴ	ㄷ	ㄱ	ㄹ	②	ㄴ	ㄷ	ㄹ	ㄱ
③	ㄴ	ㄹ	ㄷ	ㄱ	④	ㄷ	ㄱ	ㄹ	ㄴ
⑤	ㄷ	ㄴ	ㄱ	ㄹ					

주제 \ 학년도	**2025**	**2024**	**2023**

빈출

1차 에너지원별 특성

---

2. 다음 글은 주요 에너지 자원의 특성에 관한 것이다. (가)~(다)에 대한 설명으로 옳은 것은? (단, (가)~(다)는 각각 석유, 석탄, 천연가스 중 하나임.)

> (가) 무연탄은 주로 평안 누층군에 분포하며, 강원 남부 지역을 중심으로 생산이 활발하였으나, 에너지 소비 구조의 변화로 국내 생산량이 감소하였다. 한편 제철 공업에서 주로 사용되는 역청탄은 전량 수입에 의존하고 있다.
> (나) 1차 에너지 자원 중 현재 우리나라에서 가장 많이 소비되며, 주로 화학 공업의 원료 및 수송용 연료로 이용된다. 대부분 서남 아시아에서 수입되고 있어 수입 지역의 다변화가 필요하다.
> (다) 주로 가정·상업용 연료로 이용되며 수송 및 발전용 소비량이 증가하는 추세이다. 다른 화석 에너지보다 연소 시 대기 오염 물질 배출량이 적은 편이다.

① (나)의 1차 에너지 공급량이 가장 많은 지역은 경북이다.
② (다)의 최종 에너지 소비량이 가장 많은 지역은 경기이다.
③ (나)는 (가)보다 발전용으로 사용되는 비율이 높다.
④ (다)는 (가)보다 전력 생산에 이용된 시기가 이르다.
⑤ 전남은 (나)보다 (가)의 1차 에너지 공급량이 많다.

---

7. 그래프는 (가)~(라) 에너지원별 발전량 비율의 변화를 나타낸 것이다. 이에 대한 설명으로 옳은 것은? (단, (가)~(라)는 각각 석유, 석탄, 원자력, 천연가스 중 하나임.)

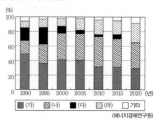

(에너지경제연구원)

① 2020년에 원자력 발전량은 석탄 화력 발전량보다 많다.
② 총발전량에서 석유가 차지하는 비율은 1990년보다 2020년이 높다.
③ (가)는 (다)보다 발전 시 대기 오염 물질 배출량이 많다.
④ (가)는 (라)보다 우리나라에서 전력 생산에 이용된 시기가 이르다.
⑤ (나)는 (다)보다 수송용으로 이용되는 비율이 높다.

전력 자원의 특성

---

36. 그래프는 지도에 표시된 네 지역의 신·재생 에너지 발전량 비율을 나타낸 것이다. 이에 대한 설명으로 옳은 것은? (단, A~D는 각각 수력, 조력, 태양광, 풍력 중 하나임.) [3점]

 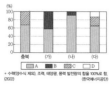

* 수력(양수식 제외), 조력, 태양광, 풍력 발전량의 합을 100%로 함.
(2022) (한국에너지공단)

① A의 발전량은 호남권이 충청권보다 많다.
② B의 발전량은 여름보다 겨울보다 많다.
③ D는 C보다 발전 시 기상 조건의 영향을 크게 받는다.
④ (가)는 (나)보다 신·재생 에너지 총발전량이 많다.
⑤ (나)는 제주권, (다)는 호남권에 위치한다.

---

9. (가)~(다)에 해당하는 신·재생 에너지로 옳은 것은?

《(가)~(다) 생산량 상위 5개 시·도》

순위 구분	(가)	(나)	(다)		(가)	(나)	(다)
1	강원	전남	경북	①	수력	태양광	풍력
2	충북	전북	강원	②	수력	풍력	태양광
3	경기	충남	제주	③	풍력	태양광	수력
4	경북	전북	전남	④	풍력	수력	태양광
5	경남	경남	전북	⑤	태양광	수력	풍력

* 수력은 양수식을 제외함.
(2019) (통계청)

빈출

신·재생 에너지의 특성

2022. 수능 17번

10. 그래프는 권역별 1차 에너지원의 공급 비율을 나타낸 것이다. (가)~(라)에 대한 설명으로 옳은 것은? (단, (가)~(라)는 각각 석유, 석탄, 원자력, 천연가스 중 하나임.) [3점]

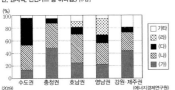
(2019) (에너지경제연구원)

① (가)는 전량 해외에서 수입한다.
② (가)는 (다)보다 상용화된 시기가 늦다.
③ (가)는 우리나라 총발전량에서 차지하는 비율이 높다.
④ (라)는 (가)보다 우리나라 1차 에너지 소비량에서 차지하는 비율이 높다.
⑤ (나)와 (라)는 화력 발전의 연료로 이용된다.

2021. 6월 모평 11번

16. 다음 글의 (가), (나)에 해당하는 지역으로 옳은 것은?

○ 화석 에너지 중에서 대기 오염 물질의 배출량이 상대적으로 적은 천연가스는 (가) 앞바다에서 2018년 기준 소량 생산된다.
○ 조력 발전은 조차가 큰 해안이 유리하며, (나) 의 시화호 조력 발전소가 대표적이다.

	(가)	(나)		(가)	(나)
①	강원	경기	②	경기	강원
③	경기	울산	④	울산	강원
⑤	울산	경기			

2020. 수능 3번

6. 그래프는 세 에너지의 지역별 생산 비율을 나타낸 것이다. 이에 대한 설명으로 옳은 것은? (단, (가)~(다)는 각각 수력, 원자력, 풍력 중 하나임.) [3점]

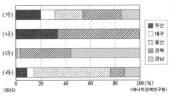
* 수력은 양수식을 제외함.
(2016) (에너지경제연구원)

① (가)는 (나)보다 상업용 발전에 이용된 시기가 이르다.
② (가)는 (다)보다 연간 발전량에서 겨울철 발전량이 차지하는 비율이 높다.
③ (다)는 (나)보다 총 발전량이 많다.
④ (가)~(다) 중 발전 시 기상 조건의 영향을 가장 크게 받는 것은 (나)이다.
⑤ A는 전북에 해당한다.

2019. 수능 14번

28. 그래프는 (가)~(라) 에너지원별 영남권 5개 시·도 공급 비율을 나타낸 것이다. 이에 대한 설명으로 옳은 것은? (단, (가)~(라)는 석유, 석탄, 원자력, 천연가스 중 하나임.) [3점]

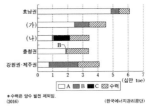
(2015) (에너지경제연구원)

① (가)는 우리나라에서 수송용보다 가정·상업용으로 사용되는 비율이 높다.
② (나)의 공급량이 가장 많은 지역은 충청권이다.
③ (다)는 우리나라에서 생산되지 않아 전량 수입에 의존한다.
④ (라)는 우리나라의 1차 에너지원별 발전량이 가장 많다.
⑤ (가), (나), (다)는 화력 발전소의 연료로 이용된다.

2022. 6월 모평 6번

18. 그래프는 지도에 표시된 세 지역의 발전 양식별 설비 용량 비율을 나타낸 것이다. 이에 대한 설명으로 옳은 것은? (단, A, B는 각각 원자력, 화력 중 하나임.)

* 수력은 양수식을 포함함.
(2019) (전력거래소)

① (가)는 우리나라에서 원자력 발전 설비 용량이 가장 많은 지역이다.
② (가), (나)는 영남 지방, (다)는 호남 지방에 해당한다.
③ B는 수력보다 자연적 입지 제약을 많이 받는다.
④ A는 B보다 우리나라에서 전력 생산에 이용된 시기가 이르다.
⑤ B는 A보다 우리나라에서 발전량이 많다.

2021. 9월 모평 7번

19. 지도는 주요 발전 설비의 분포를 나타낸 것이다. A~C에 대한 설명으로 옳은 것은? (단, A~C는 각각 수력, 원자력, 화력 중 하나임.) [3점]

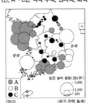
(한국 전력 통계)

① A는 B보다 발전 설비 용량당 발전소 건설 비용이 높다.
② A는 B보다 우리나라 총 발전량에서 차지하는 비율이 높다.
③ B는 C보다 계절별 발전량 변동 비율이 크다.
④ C는 A보다 발전 에너지원의 수입 의존도가 높다.
⑤ C는 B보다 발전 과정에서 발생하는 폐기물 처리 비용이 많이 든다.

2022. 수능 18번

21. 다음 글의 (가)~(다)에 해당하는 신·재생 에너지를 그래프의 A~C에서 고른 것은? (단, (가)~(다)는 각각 조력, 태양광, 풍력 중의 하나임.) [3점]

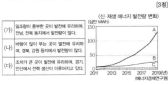
(에너지관리공단)

	(가)	(나)	(다)		(가)	(나)	(다)
①	A	B	C	②	A	C	B
③	B	A	C	④	B	C	A
⑤	C	B	A				

2021. 수능 14번

23. 그래프의 A~C에 대한 설명으로 옳은 것은? (단, A~C는 각각 수력, 태양광, 풍력 중 하나임.) [3점]

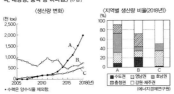
* 수력은 양수식을 제외함. (에너지경제연구원)

① A는 유량이 풍부하고 낙차가 큰 곳이 발전에 유리하다.
② B를 이용하는 발전소는 해안 지역에 주로 입지한다.
③ C를 이용하는 발전소는 일조 시수가 긴 지역에 주로 입지한다.
④ B는 C보다 우리나라에서 전력 생산에 이용된 시기가 이르다.
⑤ 2018년 전국 총 생산량은 수력 > 풍력 > 태양광 순으로 많다.

2020. 9월 모평 12번

32. 그래프는 지도에 표시된 네 지역의 신·재생 에너지 총생산량과 생산 비율을 나타낸 것이다. (가)~(라) 지역에 대한 설명으로 옳은 것을 <보기>에서 고른 것은? [3점]

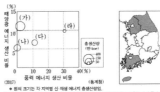
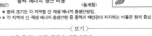
(2017) (통계청)
* 원의 크기는 각 지역별 신·재생 에너지 총생산량임.
** 각 지역의 신·재생 에너지 총생산량 중 풍력과 태양광이 차지하는 비율은 원의 중심 값임.

< 보기 >
ㄱ. (나)에서는 조력 발전이 이루어진다.
ㄴ. (다)에는 원자력 발전소가 있다.
ㄷ. (다)는 (나)보다 수력 발전에 의한 전력 생산량이 많다.
ㄹ. (라)는 (가)보다 태양광 에너지 생산량이 많다.

① ㄱ, ㄴ ② ㄱ, ㄷ ③ ㄴ, ㄷ ④ ㄴ, ㄹ ⑤ ㄷ, ㄹ

2019. 9월 모평 14번

27. 그래프는 권역별 신·재생 에너지 생산량을 나타낸 것이다. 이에 대한 설명으로 옳은 것은? (단, A~C는 각각 조력, 태양광, 풍력 중 하나임.)

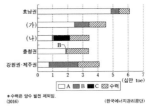
* 수력은 양수 발전 제외임.
(2016) (한국에너지관리공단)

① (가)는 수도권, (나)는 영남권이다.
② A는 일조 시수가 긴 곳이 입지에 유리하다.
③ B는 주로 대도시 지역에 입지한다.
④ C는 동해안이 서해안보다 유리하다.
⑤ A~C 중 생산량이 가장 많은 것은 B이다.

16
일차

자원의 분포와 특성

1 자원의 공간 분포와 이용

1 광물 자원

고령토	• 석회석과 함께 비금속 광물에 해당한다. • 주로 도자기 및 내화 벽돌, 종이, 화장품의 원료로 이용된다.
석회석	• 주로 고생대 조선 누층군에 분포한다. • 철광석보다 수입 의존도가 낮으며, 고령토보다 연간 국내 생산량이 많다.
철광석	금속 광물에 해당하며, 제철 공업의 주원료로 산업이 발달하면서 수요가 급증하였다.

2 에너지 자원

석유	• 주로 수송용 및 화학 공업의 원료로 이용된다. • 천연가스보다 상용화된 시기가 이르다.
석탄	• 우리나라의 1차 에너지원별 발전량이 가장 많다. • 석유, 천연가스와 함께 화력 발전소의 연료, 제철 공업의 원료로 이용된다.
천연가스	• 우리나라에서 수송용보다 가정·상업용으로 사용되는 비율이 높다. • 석유, 석탄보다 발전 시 대기 오염 물질의 배출량이 적다.

3 전력 자원

화력 발전	• 석탄 〉 천연가스 〉 석유 순으로 많이 이용된다. 기억해 • 연료의 해외 의존도가 높다.
수력 발전	• 낙차가 크고 유량이 풍부한 지역에서 생산이 유리하다. • 대기 오염 물질의 배출이 적은 편이다.
원자력 발전	• 발전소는 다량의 용수 확보가 가능한 해안 인근에 주로 입지한다. • 발전 과정에서 발생하는 폐기물을 처리하는 데 비용이 많이 든다.

4 신·재생 에너지 자원 모아 보기

풍력	• 바람이 지속적으로 많이 부는 지역에서 생산이 유리하다. • 태양광보다 에너지 생산 시 소음이 많이 발생한다.
조력	조차가 큰 서해안이 동해안보다 유리하다.
태양광	일조량이 많은 지역에서 생산이 유리하다.

2 자원의 특성

가변성	기술적, 경제적 상황에 따라 자원의 가치가 달라지는 특성
유한성	자원의 매장량이 한정되어 있어 고갈될 수밖에 없는 특성
편재성	자원이 일부 지역이나 국가에 치우쳐 분포하는 특성

▶ 기/출/선/지 **모아** 보기

25학년도 9월 모평 4번

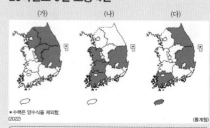

(가) (나) (다)

＊수력은 양수식을 제외함.
(2022) (통계청)

> ＊(가)는 수력, (나)는 태양광, (다)는 풍력이다.

① ~~(가)~~ (다)는 바람이 지속적으로 많이 부는 지역이 전력 생산에 유리하다.

② ~~(나)~~ (가)는 유량이 풍부하고 낙차가 큰 지역이 전력 생산에 유리하다.

③ ~~(다)~~ (나)는 일조 시간이 긴 지역에서 개발 잠재력이 높다.

④ (나)는 (가)보다 우리나라에서 전력 생산에 이용된 시기가 ~~이르다~~ 늦다.

⑤ (나)는 (다)보다 국내 총발전량이 많다.

25 수능 ① ☆ (나)의 발전량은 호남권이 충청권보다 많다.

② ₿ (다)의 발전량은 ~~여름~~ 겨울이 ~~겨울~~ 여름보다 많다.

22 모평 ⑤ ☆-ⓒ (가)~(다)의 총발전량은 제주가 강원보다 ~~많다~~ 적다.

01 대표문제

지도는 세 가지 신·재생 에너지의 생산량 상위 4개 시·도를 나타낸 것이다. (가)~(다)에 대한 설명으로 옳은 것은? (단, (가)~(다)는 각각 수력, 태양광, 풍력 중 하나임.) [3점]

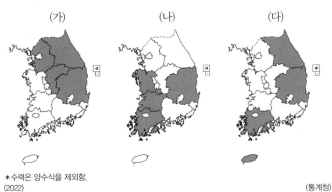

(가)　　　　(나)　　　　(다)

*수력은 양수식을 제외함.
(2022)　　　　　　　　　　　　　　　(통계청)

① (가)는 바람이 지속적으로 많이 부는 지역이 전력 생산에 유리하다.
② (나)는 유량이 풍부하고 낙차가 큰 지역이 전력 생산에 유리하다.
③ (다)는 일조 시간이 긴 지역에서 개발 잠재력이 높다.
④ (나)는 (가)보다 우리나라에서 전력 생산에 이용된 시기가 이르다.
⑤ (나)는 (다)보다 국내 총발전량이 많다.

02

다음 글은 주요 에너지 자원의 특성에 관한 것이다. (가)~(다)에 대한 설명으로 옳은 것은? (단, (가)~(다)는 각각 석유, 석탄, 천연가스 중 하나임.)

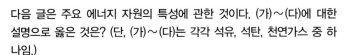

(가) 무연탄은 주로 평안 누층군에 분포하며, 강원 남부 지역을 중심으로 생산이 활발하였으나, 에너지 소비 구조의 변화로 국내 생산량이 감소하였다. 한편 제철 공업에서 주로 사용되는 역청탄은 전량 수입에 의존하고 있다.

(나) 1차 에너지 자원 중 현재 우리나라에서 가장 많이 소비되며, 주로 화학 공업의 원료 및 수송용 연료로 이용된다. 대부분 서남 아시아에서 수입되고 있어 수입 지역의 다변화가 필요하다.

(다) 주로 가정·상업용 연료로 이용되며 수송 및 발전용 소비량이 증가하는 추세이다. 다른 화석 에너지보다 연소 시 대기 오염 물질 배출량이 적은 편이다.

① (나)의 1차 에너지 공급량이 가장 많은 지역은 경북이다.
② (다)의 최종 에너지 소비량이 가장 많은 지역은 경기이다.
③ (나)는 (가)보다 발전용으로 사용되는 비율이 높다.
④ (다)는 (가)보다 전력 생산에 이용된 시기가 이르다.
⑤ 전남은 (나)보다 (가)의 1차 에너지 공급량이 많다.

03

다음은 신·재생 에너지와 관련한 신문 기사 내용의 일부이다. (가), (나)의 특징을 그림과 같이 표현할 때, A~D에 해당하는 질문을 <보기>에서 고른 것은? (단, (가), (나)는 각각 태양광, 풍력 중 하나임.) [3점]

△△ 신문 (○년 ○월 ○일)
바닷바람을 이용한 제주의 해상 (가) 단지가 성공적인 지역 상생 모델로 자리 잡고 있다. 발전 용량을 2배로 증대시키는 사업이 추진되고 있으며, 전기차 폐배터리로 조명을 설치하여 야간 관광 명소로 도약하고 있다.

○○ 신문 (○년 ○월 ○일)
에너지 자립 실현을 위해 주택 옥상, 지붕 등에 소규모 (나) 설비를 설치하여 가정에서 전기를 자체적으로 생산하는 데 드는 설비 비용을 서울시는 적극적으로 지원하겠다고 밝혔다.

〈보기〉
ㄱ. 강원권보다 호남권의 발전량이 많습니까?
ㄴ. 총발전량에서 차지하는 비율이 원자력보다 높습니까?
ㄷ. 발전소 가동 시 기상 조건의 영향을 받습니까?
ㄹ. 총발전량은 겨울철이 여름철보다 많습니까?

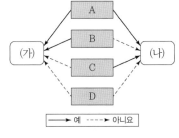

→ 예　-----→ 아니요

	A	B	C	D			A	B	C	D
①	ㄱ	ㄴ	ㄷ	ㄹ		②	ㄱ	ㄷ	ㄹ	ㄴ
③	ㄴ	ㄹ	ㄷ	ㄱ		④	ㄷ	ㄴ	ㄱ	ㄹ
⑤	ㄷ	ㄹ	ㄱ	ㄴ						

04

그래프는 지도에 표시된 네 지역의 최종 에너지 소비량 비율을 나타낸 것이다. (가)~(라) 지역에 대한 설명으로 옳은 것은? [3점]

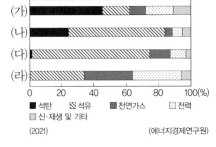 

■ 석탄　▨ 석유　▨ 천연가스　▨ 전력
▨ 신·재생 및 기타
(2021)　　　　　　　　　　(에너지경제연구원)

① 경북은 석유 소비량이 석탄 소비량보다 많다.
② 천연가스의 지역 내 소비 비율은 울산이 서울보다 높다.
③ 석유의 지역 내 소비 비율은 전남이 다른 세 지역보다 높다.
④ (가)와 (나)에는 대규모 제철소가 입지해 있다.
⑤ (나)와 (다)는 행정 구역 경계가 접해 있다.

05

그래프는 세 지역의 1차 에너지원별 공급 비율을 나타낸 것이다. 이에 대한 설명으로 옳은 것은? (단, A~C는 각각 석탄, 수력, 원자력 중 하나임.) [3점]

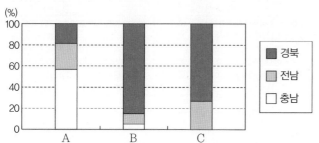

* 에너지원별 세 지역 에너지 공급량의 합을 100으로 했을 때의 값임.
(2020) (에너지경제연구원)

① A는 전량 해외에서 수입한다.
② C의 발전 시설은 해안보다 내륙에 입지하는 것이 유리하다.
③ B는 A보다 발전 시 대기 오염 물질의 배출량이 많다.
④ B는 C보다 상업용 발전에 이용된 시기가 이르다.
⑤ A~C를 이용한 발전 중 B를 이용한 발전량이 가장 많다.

06

그래프는 세 에너지의 지역별 생산 비율을 나타낸 것이다. 이에 대한 설명으로 옳은 것은? (단, (가)~(다)는 각각 수력, 원자력, 풍력 중 하나임.) [3점]

* 수력은 양수식을 제외함.
(2016) (에너지경제연구원)

① (가)는 (나)보다 상업용 발전에 이용된 시기가 이르다.
② (가)는 (다)보다 연간 발전량에서 겨울철 발전량이 차지하는 비율이 높다.
③ (다)는 (나)보다 총 발전량이 많다.
④ (가)~(다) 중 발전 시 기상 조건의 영향을 가장 크게 받는 것은 (나)이다.
⑤ A는 전북에 해당한다.

07

그래프는 (가)~(라) 에너지원별 발전량 비율의 변화를 나타낸 것이다. 이에 대한 설명으로 옳은 것은? (단, (가)~(라)는 각각 석유, 석탄, 원자력, 천연가스 중 하나임.)

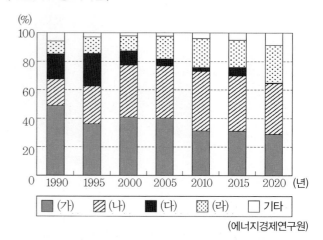

(에너지경제연구원)

① 2020년에 원자력 발전량은 석탄 화력 발전량보다 많다.
② 총발전량에서 석유가 차지하는 비율은 1990년보다 2020년이 높다.
③ (가)는 (다)보다 발전 시 대기 오염 물질 배출량이 많다.
④ (가)는 (라)보다 우리나라에서 전력 생산에 이용된 시기가 이르다.
⑤ (나)는 (다)보다 수송용으로 이용되는 비율이 높다.

08

그래프는 (가)~(다) 자원의 지역별 생산량 비율을 나타낸 것이다. (가)~(다)에 대한 설명으로 옳은 것은? (단, (가)~(다)는 각각 고령토, 석회석, 철광석 중 하나임.)

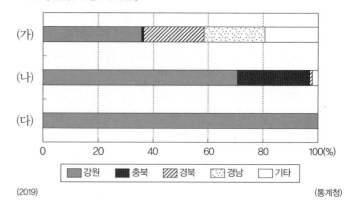

(2019) (통계청)

① (가)는 제철 공업의 주원료로 이용된다.
② (나)는 시멘트 공업의 주원료로 이용된다.
③ (가)는 (나)보다 연간 국내 생산량이 많다.
④ (나)는 (다)보다 수입 의존도가 높다.
⑤ (가)는 금속 광물, (나), (다)는 비금속 광물에 해당된다.

09

(가)~(다)에 해당하는 신·재생 에너지로 옳은 것은?

《(가)~(다) 생산량 상위 5개 시·도》

구분 순위	(가)	(나)	(다)
1	강원	전남	경북
2	충북	전북	강원
3	경기	충남	제주
4	경북	경북	전남
5	경남	경남	전북

* 수력은 양수식을 제외함.
(2019)　　　　　　　　(통계청)

	(가)	(나)	(다)
①	수력	태양광	풍력
②	수력	풍력	태양광
③	풍력	태양광	수력
④	풍력	수력	태양광
⑤	태양광	수력	풍력

11

(가)~(다) 에너지 자원에 대한 설명으로 옳은 것은? (단, (가)~(다)는 각각 석유, 석탄, 천연가스 중 하나임.) [3점]

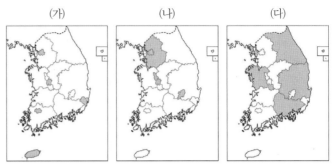

(가)　　　　　(나)　　　　　(다)

* 시·도별 지역 내 1차 에너지 총공급량에서 해당 에너지 자원이 차지하는 비율을 기준으로 상위 5개 지역을 나타낸 것임. (2019년)

① (가)는 우리나라에서 발전용 연료로 가장 많이 이용한다.
② (나)는 냉동 액화 기술의 발달로 소비량이 급증하였다.
③ (다)는 우리나라 1차 에너지 소비량에서 차지하는 비율이 가장 높다.
④ (가)는 (다)보다 상용화된 시기가 이르다.
⑤ (나)는 (다)보다 연소 시 대기 오염 물질의 배출량이 많다.

10

그래프는 권역별 1차 에너지원의 공급 비율을 나타낸 것이다. (가)~(라)에 대한 설명으로 옳은 것은? (단, (가)~(라)는 각각 석유, 석탄, 원자력, 천연가스 중 하나임.) [3점]

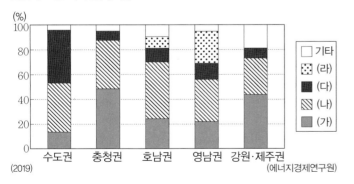

(2019)　　　　　　　　(에너지경제연구원)

① (가)는 전량 해외에서 수입한다.
② (가)는 (다)보다 상용화된 시기가 늦다.
③ (다)는 (나)보다 우리나라 총발전량에서 차지하는 비율이 높다.
④ (라)는 (가)보다 우리나라 1차 에너지 소비량에서 차지하는 비율이 높다.
⑤ (나)와 (라)는 화력 발전의 연료로 이용된다.

12

그래프는 (가)~(다) 지역의 1차 에너지원별 발전량을 나타낸 것이다. 이에 대한 설명으로 옳은 것은? (단, (가)~(다)는 각각 영남권, 충청권, 호남권 중 하나이며, A~C는 각각 석탄, 원자력, 천연가스 중 하나임.) [3점]

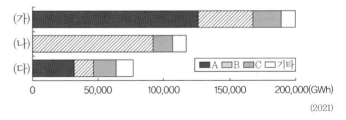

(2021)

① (가)는 충청권, (나)는 호남권에 해당한다.
② A는 냉동 액화 기술의 발달로 사용량이 증가하였다.
③ A는 B보다 발전 시 대기 오염 물질 배출량이 많다.
④ B는 C보다 상용화된 시기가 이르다.
⑤ C는 B보다 우리나라 1차 에너지 소비량에서 차지하는 비율이 높다.

13

그래프는 (가)~(다) 재생 에너지의 권역별 생산 현황을 나타낸 것이다. 이에 대한 설명으로 옳은 것만을 〈보기〉에서 고른 것은? (단, (가)~(다)는 각각 수력, 태양광, 풍력 중 하나임.)

* 수력은 양수식을 제외함.
** 생산량 상위 3개 권역만 표시함. (2021)

〈 보기 〉
ㄱ. (다)는 겨울보다 여름에 발전량이 많다.
ㄴ. (가)는 (다)보다 상용화된 시기가 이르다.
ㄷ. (나)는 (가)보다 발전 시 소음이 많이 발생한다.
ㄹ. 충청권의 재생 에너지 생산량은 태양광보다 수력이 많다.

① ㄱ, ㄴ   ② ㄱ, ㄷ   ③ ㄴ, ㄷ   ④ ㄴ, ㄹ   ⑤ ㄷ, ㄹ

14

그래프는 권역별 1차 에너지 공급 비율을 나타낸 것이다. (가)~(다)에 해당하는 화석 에너지를 그림의 A~C에서 고른 것은? (단, (가)~(다)와 A~C는 각각 석유, 석탄, 천연가스 중 하나임.)

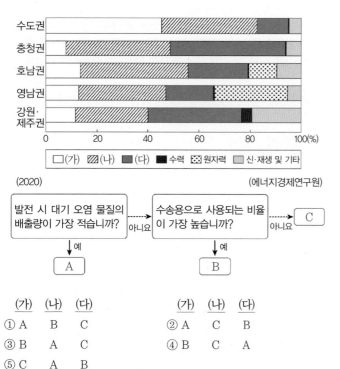

(2020)   (에너지경제연구원)

(가)	(나)	(다)
① A	B	C
③ B	A	C
⑤ C	A	B

(가)	(나)	(다)
② A	C	B
④ B	C	A

15

다음 글의 (가)~(다) 발전에 대한 설명으로 옳은 것은? (단, (가)~(다)는 각각 조력, 풍력, 태양광 중 하나임.)

○ 폐염전과 간척지가 있는 신안군에는 일조량이 풍부한 지역 특성을 바탕으로 햇빛을 이용해 전력을 생산하는 (가) 발전소가 건설되었다.
○ 방조제가 있는 시화호에는 조차가 큰 지역 특성을 바탕으로 밀물과 썰물을 이용해 전력을 생산하는 (나) 발전소가 건설되었다.
○ 산지 지형이 발달한 정선군에는 바람이 많은 지역 특성을 바탕으로 바람의 힘을 이용하여 전력을 생산하는 (다) 발전소가 건설되었다.

① (가)는 주간보다 야간에 발전량이 많다.
② (나)는 동해안이 서해안보다 발전소 입지에 유리하다.
③ (가)는 (나)보다 전력 생산 시 기상 조건의 영향을 많이 받는다.
④ (가)는 (다)보다 전력 생산 시 소음이 크게 발생한다.
⑤ (가)는 조력, (나)는 풍력, (다)는 태양광이다.

16

다음 글의 (가), (나)에 해당하는 지역으로 옳은 것은?

○ 화석 에너지 중에서 대기 오염 물질의 배출량이 상대적으로 적은 천연가스는 (가) 앞바다에서 2018년 기준 소량 생산된다.
○ 조력 발전은 조차가 큰 해안이 유리하며, (나) 의 시화호 조력 발전소가 대표적이다.

	(가)	(나)		(가)	(나)
①	강원	경기	②	경기	강원
③	경기	울산	④	울산	강원
⑤	울산	경기			

17

그래프는 주요 화석 에너지의 권역별 공급량 비율을 나타낸 것이다. (가)~(다)에 대한 설명으로 옳은 것은?

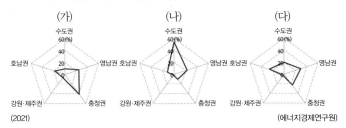

(2021)   (에너지경제연구원)

① (가)는 전량을 해외에서 수입한다.
② (다)는 주로 수송용 연료 및 화학 공업의 원료로 이용된다.
③ (가)는 (나)보다 연소 시 대기 오염 물질의 배출량이 적다.
④ (나)는 (다)보다 상용화된 시기가 이르다.
⑤ (다)는 (가)보다 우리나라 총발전량에서 차지하는 비율이 높다.

18

그래프는 지도에 표시된 세 지역의 발전 양식별 설비 용량 비율을 나타낸 것이다. 이에 대한 설명으로 옳은 것은? (단, A, B는 각각 원자력, 화력 중 하나임.)

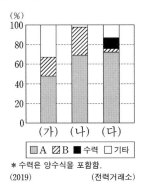 

* 수력은 양수식을 포함함.
(2019)   (전력거래소)

① (가)는 우리나라에서 원자력 발전 설비 용량이 가장 많은 지역이다.
② (가), (나)는 영남 지방, (다)는 호남 지방에 해당한다.
③ B는 수력보다 자연적 입지 제약을 많이 받는다.
④ A는 B보다 우리나라에서 전력 생산에 이용된 시기가 이르다.
⑤ B는 A보다 우리나라에서 발전량이 많다.

19

지도는 주요 발전 설비의 분포를 나타낸 것이다. A~C에 대한 설명으로 옳은 것은? (단, A~C는 각각 수력, 원자력, 화력 중 하나임.) [3점]

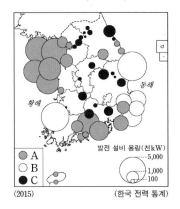

(2015)   (한국 전력 통계)

① A는 B보다 발전 설비 용량당 발전소 건설 비용이 높다.
② A는 B보다 우리나라 총 발전량에서 차지하는 비율이 높다.
③ B는 C보다 계절별 발전량 변동 비율이 크다.
④ C는 A보다 발전 에너지원의 수입 의존도가 높다.
⑤ C는 B보다 발전 과정에서 발생하는 폐기물 처리 비용이 많이 든다.

20

그래프는 세 지역의 신·재생 에너지원별 생산 비율을 나타낸 것이다. A~C에 대한 설명으로 옳은 것은? (단, A~C는 각각 수력, 조력, 태양광 중 하나임.)

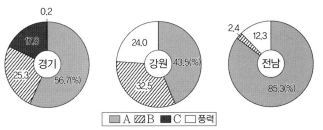

* 수력은 양수식을 제외함.
** 지역별 수력, 조력, 태양광, 풍력의 생산량 합을 100%로 나타낸 것임.
(2020)   (통계청)

① A는 유량이 풍부하고 낙차가 큰 곳이 발전에 유리하다.
② B는 조수 간만의 차를 이용하여 전력을 생산한다.
③ A는 B보다 주택에서의 발전 시설 설치 비율이 높다.
④ B는 C보다 상용화 시기가 늦다.
⑤ C는 A보다 발전 시 기상 조건의 영향을 많이 받는다.

21

다음 글의 (가)~(다)에 해당하는 신·재생 에너지를 그래프의 A~C에서 고른 것은? (단, (가)~(다)는 각각 조력, 태양광, 풍력 중의 하나임.) [3점]

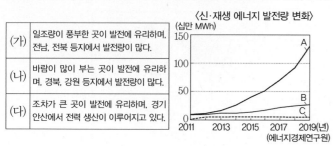

		〈신·재생 에너지 발전량 변화〉 (십만 MWh)
(가)	일조량이 풍부한 곳이 발전에 유리하며, 전남, 전북 등지에서 발전량이 많다.	
(나)	바람이 많이 부는 곳이 발전에 유리하며, 경북, 강원 등지에서 발전량이 많다.	
(다)	조차가 큰 곳이 발전에 유리하며, 경기 안산에서 전력 생산이 이루어지고 있다.	

(에너지경제연구원)

	(가)	(나)	(다)			(가)	(나)	(다)
①	A	B	C		②	A	C	B
③	B	A	C		④	B	C	A
⑤	C	B	A					

23

그래프의 A~C에 대한 설명으로 옳은 것은? (단, A~C는 각각 수력, 태양광, 풍력 중 하나임.) [3점]

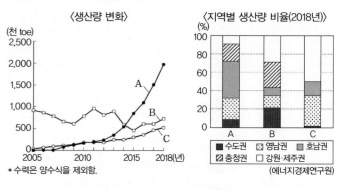

〈생산량 변화〉   〈지역별 생산량 비율(2018년)〉

* 수력은 양식을 제외함.

(에너지경제연구원)

① A는 유량이 풍부하고 낙차가 큰 곳이 발전에 유리하다.
② B를 이용하는 발전소는 해안 지역에 주로 입지한다.
③ C를 이용하는 발전소는 일조 시수가 긴 지역에 주로 입지한다.
④ B는 C보다 우리나라에서 전력 생산에 이용된 시기가 이르다.
⑤ 2018년 전국 총 생산량은 수력 〉 풍력 〉 태양광 순으로 많다.

22

그래프는 지도에 표시된 세 지역의 신·재생 에너지원별 발전량을 나타낸 것이다. 이에 대한 설명으로 옳은 것은? (단, A~C는 각각 수력, 태양광, 풍력 중 하나임.) [3점]

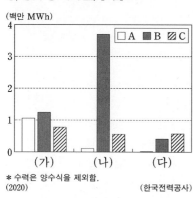 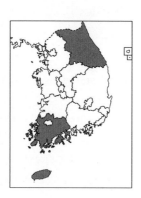

(백만 MWh)

* 수력은 양수식을 제외함.
(2020)   (한국전력공사)

① (다)에는 원자력 발전소가 위치한다.
② (가)는 (나)보다 A~C 발전량 중 수력의 비율이 높다.
③ C는 일조량이 풍부한 지역이 전력 생산에 유리하다.
④ B는 A보다 우리나라에서 전력 생산에 이용된 시기가 이르다.
⑤ A~C의 총발전량은 제주가 강원보다 많다.

24

다음 글의 (가), (나) 에너지에 대한 옳은 설명만을 〈보기〉에서 고른 것은? (단, (가), (나)는 각각 태양광, 풍력 중 하나임.)

홍성군 죽도는 '에너지 자립 섬'으로 맑은 날 [(가)]을 활용한 발전기를 3시간 정도 가동하면 필요한 전기를 모두 공급할 수 있다. 비가 오거나 흐린 날에는 [(나)] 발전을 보조적으로 활용하고 있다. 햇빛과 바람이 모두 없을 때도 에너지 저장 장치[ESS]를 이용해 전기를 공급할 수 있다.

〈 보기 〉
ㄱ. (가) 발전량은 수도권이 호남권보다 많다.
ㄴ. (나) 발전량은 여름철이 겨울철보다 많다.
ㄷ. (가)는 (나)보다 전국의 발전 설비 용량이 많다.
ㄹ. (나)는 (가)보다 발전 시 소음으로 인한 피해가 크다.

① ㄱ, ㄴ   ② ㄱ, ㄷ   ③ ㄴ, ㄷ   ④ ㄴ, ㄹ   ⑤ ㄷ, ㄹ

25

다음 자료는 세 지역의 신·재생 에너지원별 발전량 비율을 나타낸 것이다. (가)~(다)에 해당하는 에너지로 옳은 것은?

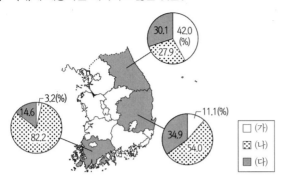

* 수력, 태양광, 풍력의 발전량 합을 100%로 하며, 수력은 양수식을 제외함.
(2018년)　　　　　　　　　　　　　　　　　　　　　(에너지경제연구원)

	(가)	(나)	(다)		(가)	(나)	(다)
①	수력	풍력	태양광	②	수력	태양광	풍력
③	풍력	수력	태양광	④	풍력	태양광	수력
⑤	태양광	수력	풍력				

26

그래프에 대한 설명으로 옳은 것만을 〈보기〉에서 있는 대로 고른 것은? (단, (가)~(다)는 각각 석유, 석탄, 천연가스 중 하나임.) [3점]

〈1차 에너지 (가)~(다)의 공급량〉

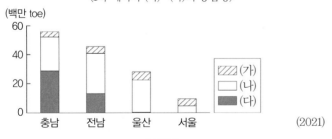

(2021)

〈 보기 〉

ㄱ. (가)는 (다)보다 발전 시 대기 오염 물질 배출량이 많다.
ㄴ. (나)는 (가)보다 상용화된 시기가 이르다.
ㄷ. (다)는 (나)보다 수송용으로 이용되는 비율이 높다.
ㄹ. 우리나라 1차 에너지 소비량에서 차지하는 비율은 (나) 〉 (다) 〉
　 (가) 순으로 높다.

① ㄱ, ㄴ　　　　② ㄱ, ㄷ　　　　③ ㄴ, ㄹ
④ ㄱ, ㄷ, ㄹ　　⑤ ㄴ, ㄷ, ㄹ

27

그래프는 권역별 신·재생 에너지 생산량을 나타낸 것이다. 이에 대한 설명으로 옳은 것은? (단, A~C는 각각 조력, 태양광, 풍력 중 하나임.)

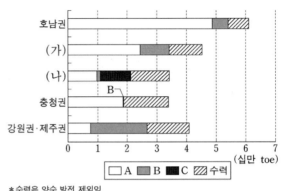

* 수력은 양수 발전 제외임.
(2016)　　　　　　　　　　　　　　　　　(한국에너지관리공단)

① (가)는 수도권, (나)는 영남권이다.
② A는 일조 시수가 긴 곳이 입지에 유리하다.
③ B는 주로 대도시 지역에 입지한다.
④ C는 동해안이 서해안보다 유리하다.
⑤ A~C 중 생산량이 가장 많은 것은 B이다.

28

그래프는 (가)~(라) 에너지원별 영남권 5개 시·도 공급 비율을 나타낸 것이다. 이에 대한 설명으로 옳은 것은? (단, (가)~(라)는 석유, 석탄, 원자력, 천연가스 중 하나임.) [3점]

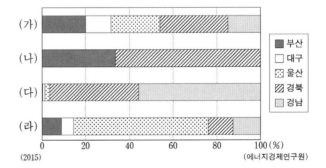

(2015)　　　　　　　　　　　　　　　　　(에너지경제연구원)

① (가)는 우리나라에서 수송용보다 가정·상업용으로 사용되는 비율이 높다.
② (나)의 공급량이 가장 많은 지역은 충청권이다.
③ (다)는 우리나라에서 생산되지 않아 전량 수입에 의존한다.
④ (라)는 우리나라의 1차 에너지원별 발전량이 가장 많다.
⑤ (가), (나), (다)는 화력 발전소의 연료로 이용된다.

그래프의 A~D 에너지에 대한 설명으로 옳은 것은? (단, A~D는 각각 수력, 조력, 태양광, 풍력 중 하나임.) [3점]

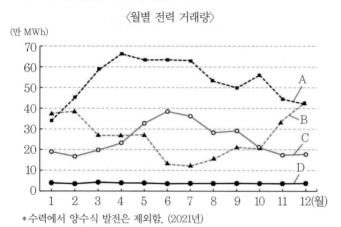

〈월별 전력 거래량〉

*수력에서 양수식 발전은 제외함. (2021년)

① A는 유량이 풍부하고 낙차가 큰 곳이 생산에 유리하다.
② B는 A보다 주간과 야간의 발전량 차이가 크다.
③ C는 B보다 제주에서 발전량이 많다.
④ C는 D보다 상용화된 시기가 이르다.
⑤ D는 A보다 발전 시 기상 조건의 영향을 크게 받는다.

다음 자료는 수업 시간에 진행한 지리 학습 게임이다. 출발지에서 도착지까지 옳게 이동한 경로를 고른 것은?

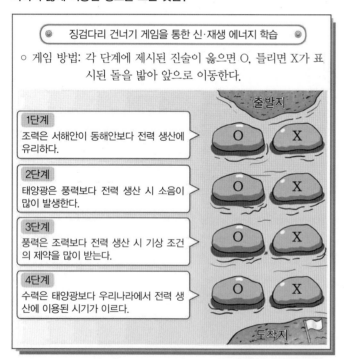

징검다리 건너기 게임을 통한 신·재생 에너지 학습

○ 게임 방법: 각 단계에 제시된 진술이 옳으면 O, 틀리면 X가 표시된 돌을 밟아 앞으로 이동한다.

1단계
조력은 서해안이 동해안보다 전력 생산에 유리하다.

2단계
태양광은 풍력보다 전력 생산 시 소음이 많이 발생한다.

3단계
풍력은 조력보다 전력 생산 시 기상 조건의 제약을 많이 받는다.

4단계
수력은 태양광보다 우리나라에서 전력 생산에 이용된 시기가 이르다.

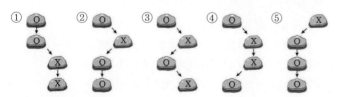

지도는 신·재생 에너지원별 생산량 상위 5개 지역을 나타낸 것이다. (가)~(다) 에너지에 대한 설명으로 옳은 것은? (단, (가)~(다)는 각각 수력, 태양광, 풍력 중 하나임.)

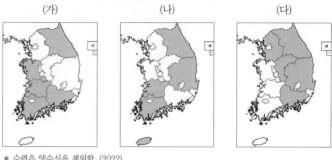

(가)　　　　　　(나)　　　　　　(다)

* 수력은 양수식을 제외함. (2022)

① (나)는 낙차가 크고 유량이 풍부한 곳이 발전에 유리하다.
② (다)는 일조 시수가 긴 지역에서 개발 잠재력이 높다.
③ (다)는 (가)보다 주간과 야간의 생산량 차이가 크다.
④ 전남은 (가)보다 (나)의 생산량이 많다.
⑤ 전국 총생산량은 (가)~(다) 중 (가)가 가장 많다.

그래프는 지도에 표시된 네 지역의 신·재생 에너지 총생산량과 생산 비율을 나타낸 것이다. (가)~(라) 지역에 대한 설명으로 옳은 것만을 〈보기〉에서 고른 것은? [3점]

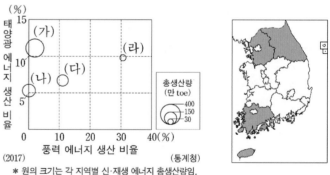

* 원의 크기는 각 지역별 신·재생 에너지 총생산량임.
** 각 지역의 신·재생 에너지 총생산량 중 풍력과 태양광이 차지하는 비율은 원의 중심 값임.

〈 보기 〉
ㄱ. (나)에서는 조력 발전이 이루어진다.
ㄴ. (다)에는 원자력 발전소가 있다.
ㄷ. (다)는 (나)보다 수력 발전에 의한 전력 생산량이 많다.
ㄹ. (라)는 (가)보다 태양광 에너지 생산량이 많다.

① ㄱ, ㄴ　　② ㄱ, ㄷ　　③ ㄴ, ㄷ　　④ ㄴ, ㄹ　　⑤ ㄷ, ㄹ

33

(가), (나) 자원을 A∼C 그래프에서 고른 것은? (단, 수력, 태양광, 풍력만 고려함.) [3점]

○○군의 상징인 매화 모양으로 만든 (가) 발전의 패널은 수면에 띄우는 방식으로 설치되었다. ○○군의 경우 ○○댐에서 생산하는 (나) 발전량과 ○○군에 설치된 (가) 발전량을 합치면, 연간 전력 사용량을 모두 재생 에너지로 생산할 수 있게 된다.

▲ ○○군 (가) 발전

〈A∼C의 시·도별 생산 현황〉

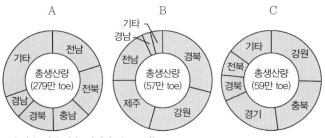

*수력은 양수식을 제외함. (2019년)

(가)	(나)		(가)	(나)
① A	B		② A	C
③ B	A		④ B	C
⑤ C	A			

34

그래프는 재생 에너지원별 세 지역의 발전량 비율을 나타낸것이다. (가)∼(다) 에너지에 대한 설명으로 옳은 것은? (단, (가)∼(다)는 각각 수력, 태양광, 풍력 중 하나이고, A, B는 각각 강원, 제주 중 하나임.) [3점]

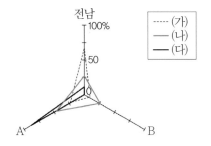

* 발전 양식별 세 지역의 발전량 합을 100%로 함.
** 수력은 양수식을 제외함.
(2021)

① (가)는 유량이 풍부하고 낙차가 큰 지역이 발전에 유리하다.
② (가)는 (나)보다 낮과 밤의 발전량 차이가 작다.
③ (나)는 (다)보다 제주에서의 발전량이 적다.
④ (다)는 (가)보다 우리나라에서 상용화된 시기가 이르다.
⑤ (가)∼(다) 중 전국 발전량은 (나)가 가장 많다.

35

그래프는 A∼D 에너지원별 발전량 비율의 변화를 나타낸 것이다. 이에 대한 설명으로 옳은 것은? (단, A∼D는 각각 석유, 석탄, 원자력, 천연가스 중 하나임.)

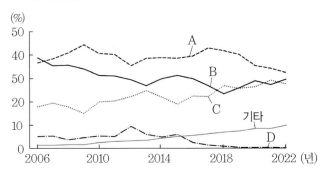

① A는 냉동 액화 기술의 발달로 소비량이 급증하였다.
② B는 화학 공업의 원료 및 수송용 연료로 이용된다.
③ C는 A보다 연소 시 대기 오염 물질 배출량이 많다.
④ D는 C보다 우리나라에서 상용화된 시기가 이르다.
⑤ 천연가스는 원자력보다 2010년의 발전량이 많다.

36

그래프는 지도에 표시된 네 지역의 신·재생 에너지 발전량 비율을 나타낸 것이다. 이에 대한 설명으로 옳은 것은? (단, A∼D는 각각 수력, 조력, 태양광, 풍력 중 하나임.) [3점]

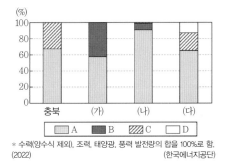

* 수력(양수식 제외), 조력, 태양광, 풍력 발전량의 합을 100%로 함.
(2022) (한국에너지공단)

① A의 발전량은 호남권이 충청권보다 많다.
② B의 발전량은 여름이 겨울보다 많다.
③ D는 C보다 발전 시 기상 조건의 영향을 크게 받는다.
④ (가)는 (나)보다 신·재생 에너지 총발전량이 많다.
⑤ (나)는 제주권, (다)는 호남권에 위치한다.

16
일차

한눈에 정리하는
평가원 기출 경향

주제 \ 학년도	**2025**	**2024**	**2023**

빈출

지역별 농업 특징
[17일차]

2025 — 수능 19번

32. 다음 자료의 A 지역에 대한 설명으로 옳은 것만을 〈보기〉에서 고른 것은?

※ (가), (나)에서 설명하는 지역을 지도에서 찾아 하나씩 지운 후, 남은 지역을 A로 쓰시오. (단, (가), (나), A는 각각 지도에 표시된 세 지역 중 하나임)

(가) 이 지역은 참외의 최대 재배 지역으로 전국 재배 면적의 70% 이상을 차지하고 있다. 다른 지역에 비해 육질이 단단하고 단맛이 강한 참외는 비닐하우스를 이용한 상업적 농업에 성공하면서 이 지역의 대표 과일로 자리를 잡았다.

(나) 이 지역은 카르스트 지형 분포 지역으로, 기온의 일교차가 크고 배수가 양호한 토질 특성을 활용하여 마늘 재배가 활발하다. 이 지역에서 생산된 육쪽마늘은 대표적인 특산물로 유명하다.

정답: (가), (나) 지역을 모두 지운 후 남은 지역은 A 이다.

〈보기〉
ㄱ. 채소 생산량보다 과실 생산량이 많다.
ㄴ. 경지 면적 중 밭보다 논이 차지하는 비율이 높다.
ㄷ. (가)보다 경지 면적 중 시설 재배 면적 비율이 높다.
ㄹ. 지도에 표시된 세 지역 중 맥류 생산량이 가장 많다.

① ㄱ, ㄴ ② ㄱ, ㄷ ③ ㄴ, ㄷ ④ ㄴ, ㄹ ⑤ ㄷ, ㄹ

2024 — 수능 10번

2. 그래프는 주요 농산물의 1인당 소비량 변화를 나타낸 것이다. (가)~(라)에 대한 설명으로 옳은 것은? (단, (가)~(라)는 각각 과실, 보리, 쌀, 채소 중 하나임)

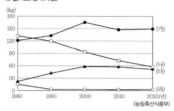

① (가)는 (나)보다 재배 면적이 넓다.
② (나)는 (가)보다 노지 재배 면적 비율이 높다.
③ 전남은 (다)보다 (라)의 생산량이 많다.
④ 제주는 (다)보다 (나)의 재배 면적이 넓다.
⑤ 강원은 전북보다 (라)의 생산량이 많다.

2023 — 수능 20번

15. 다음 자료는 도(道)별 농업 특성에 관한 것이다. 이에 대한 설명으로 옳은 것은? (단, (가)~(라)는 각각 A~D 중 하나임)

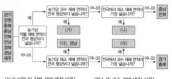

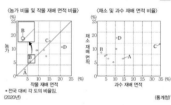

① A는 D보다 전업농가 수가 많다.
② (라)는 채소 재배 면적이 과수 재배 면적보다 넓다.
③ (다)는 (나)보다 농가당 작물 재배 면적이 넓다.
④ (라)는 (나)보다 경지율이 높다.
⑤ (가)는 A, (다)는 B이다.

빈출

주요 공업의 분포
[18일차]

2025 — 수능 9번

40. 그래프는 지도에 표시된 네 지역군의 제조업 업종별 출하액 비율을 나타낸 것이다. 이에 대한 설명으로 옳은 것은? (단, A~D는 각각 기타 운송 장비, 비금속 광물 제품, 자동차 및 트레일러, 전자 부품·컴퓨터·영상·음향 및 통신 장비 제조업 중 하나임.)

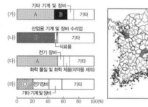

* 종사자 수 10인 이상 사업체를 대상으로 함.
** 각 지역군별 출하액 기준 상위 3개 제조업만 표현함.
(2022)   (통계청)

① D는 전국에서 영남권보다 수도권이 차지하는 출하액 비율이 높다.
② A는 B에서 생산된 최종 제품을 주요 재료로 이용한다.
③ C는 B보다 총매출액 대비 연구 개발비 비율이 높다.
④ D는 A보다 전국 종사자 수가 많다.
⑤ A~D 중 호남권 내에서 출하액이 가장 많은 것은 B이다.

2024 — 수능 14번

6. 그래프는 지도에 표시된 네 지역군의 제조업 종사자 수 변화를 나타낸 것이다. (가)~(라) 지역군에 대한 설명으로 옳은 것은?

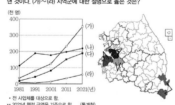

* 전 사업체를 대상으로 함.
** 2021년 행정 구역을 기준으로 함.   (통계청)

① (가)는 (나)보다 지역군 내 제조업 출하액에서 전자 부품·컴퓨터·영상·음향 및 통신 장비 제조업이 차지하는 비율이 높다.
② (다)는 (나)보다 전국 석유 정제품 제조업 종사자 수에서 차지하는 비율이 높다.
③ (다)는 (라)보다 1차 금속 제조업 출하액이 많다.
④ (라)는 (나)보다 대규모 국가 산업 단지 조성을 시작한 시기가 이르다.
⑤ (가)~(라) 중 2001년에 비해 2021년 제조업 종사자 수가 가장 많이 증가한 지역군은 영남 지방에 속한다.

2023 — 수능 15번

17. 그래프에 대한 설명으로 옳은 것은? (단, (가)~(다)는 각각 자동차 및 트레일러, 전자부품·컴퓨터·영상·음향 및 통신장비, 화학물질 및 화학제품 제조 중 하나임.) [3점]

* 종사자 수 100인 이상 사업체를 대상으로 함.
** 제조업 출하액의 시·도별 비율은 상위 3개 시·도만 표현하고, 나머지 지역은 기타로 함.
(2019)   (통계청)

① 종사자 수는 화학물질 및 화학제품 제조업이 자동차 및 트레일러 제조업보다 많다.
② 종사자당 부가가치는 자동차 및 트레일러 제조업이 전자부품·컴퓨터·영상·음향 및 통신장비 제조업보다 크다.
③ (가)는 원료를 해외에서 수입하는 적환지 지향형 제조업이다.
④ (다)는 한 가지 원료로 여러 제품을 생산하는 집적 지향형 제조업이다.
⑤ (가)는 (나)보다 최종 완제품의 무게가 무겁고 부피가 크다.

2022 ~ 2019

---

5. 그래프는 지도에 표시된 다섯 지역의 논·밭 비율 및 겸업 농가 비율을 나타낸 것이다. (가)~(마) 지역에 대한 설명으로 옳은 것은?

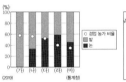

① (가)는 (나)보다 겸업 농가가 많다.
② (가)는 (마)보다 농가 인구가 많다.
③ (나)는 (다)보다 경지율이 높다.
④ (다)는 (나)보다 경지 면적 중 노지 채소 재배 면적 비율이 높다.
⑤ (마)는 (라)보다 과실 생산량이 많다.

---

14. 그래프에 대한 설명으로 옳은 것은? (단, (가)~(라)는 각각 강원, 경기, 경북, 전남 중 하나이며, A~C는 각각 맥류, 벼, 채소 중 하나임.) [3점]

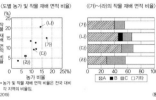

① (가)는 전남, (다)는 경기이다.
② 벼 재배 면적은 (다)가 (가)보다 넓다.
③ B는 C의 그루갈이 작물로 주로 재배된다.
④ 채소 재배 면적은 경북이 강원보다 넓다.
⑤ 농가당 작물 재배 면적은 경북이 전남보다 넓다.

---

10. 그래프는 세 작물의 지역별 재배 면적 비율을 나타낸 것이다. (가)~(라) 지역에 대한 설명으로 옳은 것만을 <보기>에서 고른 것은? (단, (가)~(라)는 각각 지도에 표시된 지역 중 하나임.) [3점]

<보기>
ㄱ. (나)는 (가)보다 농가당 경지 면적이 넓다.
ㄴ. (다)는 (라)보다 시설 재배 면적이 넓다.
ㄷ. (라)는 (가)보다 경지 면적 중 밭 비율이 높다.
ㄹ. (가)~(라) 중 농가 수는 (라)가 가장 많다.

① ㄱ, ㄴ ② ㄱ, ㄷ ③ ㄴ, ㄷ ④ ㄴ, ㄹ ⑤ ㄷ, ㄹ

---

19. (가)~(라) 지역에 대한 옳은 설명을 <보기>에서 고른 것은? (단, (가)~(라)는 경기, 강원, 전남, 제주 중 하나임.) [3점]

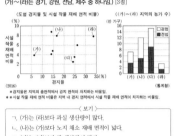

<보기>
ㄱ. (가)는 (라)보다 과실 생산량이 많다.
ㄴ. (나)는 (가)보다 노지 채소 재배 면적이 넓다.
ㄷ. (다)는 (나)보다 쌀 생산량이 많다.
ㄹ. (라)는 (라)보다 경지 면적 중 논 비율이 높다.

① ㄱ, ㄴ ② ㄱ, ㄷ ③ ㄴ, ㄷ ④ ㄴ, ㄹ ⑤ ㄷ, ㄹ

---

4. (가)~(라) 지역을 그래프의 A~D에서 고른 것은? (단, (가)~(라)와 A~D는 각각 지도에 표시된 네 지역 중 하나임.)

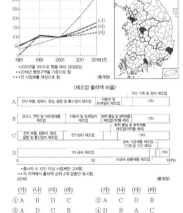

	(가)	(나)	(다)	(라)
①	A	B	D	C
②	A	C	D	B
③	A	D	C	B
④	D	B	A	C
⑤	D	C	A	B

---

24. (가)~(다) 제조업으로 옳은 것은? [3점]

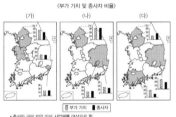

	(가)	(나)	(다)
①	자동차 및 트레일러	섬유 제품(의복 제외)	1차 금속
②	자동차 및 트레일러	1차 금속	섬유 제품(의복 제외)
③	섬유 제품(의복 제외)	1차 금속	자동차 및 트레일러
④	1차 금속	섬유 제품(의복 제외)	자동차 및 트레일러
⑤	1차 금속	자동차 및 트레일러	섬유 제품(의복 제외)

---

8. 다음은 한국 지리 퀴즈의 일부이다. A 도시의 제조업 업종별 출하액 비율 그래프로 옳은 것은?

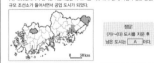

---

15. 다음 자료는 영남권 네 지역의 제조업 업종별 종사자 수 비율을 나타낸 것이다. A~D 제조업에 대한 옳은 설명을 <보기>에서 고른 것은? (단, A~D는 섬유 제품(의복 제외), 전자 부품·컴퓨터·영상·음향 및 통신 장비, 자동차 및 트레일러, 기타 운송 장비 제조업 중 하나임.) [3점]

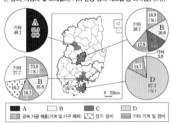

<보기>
ㄱ. B는 C보다 사업체당 종사자 수가 많다.
ㄴ. C는 A보다 2000년대 이후 수출액이 많다.
ㄷ. D는 A보다 전국에서 영남권이 차지하는 출하액 비율이 높다.
ㄹ. B와 D 모두 종사자 수가 가장 많은 지역은 수도권이다.

① ㄱ, ㄴ ② ㄱ, ㄷ ③ ㄴ, ㄷ ④ ㄴ, ㄹ ⑤ ㄷ, ㄹ

기출 선지로 짚어 주는 **핵심 내용**

농업의 변화와 공업의 발달

1 농업의 변화

1 주요 재배 작물

쌀(벼)	• 충남, 전남, 전북의 생산량이 많다. • 식생활 변화로 1인당 소비량이 감소하는 추세이다. • 과실보다 (전국) 재배 면적이 넓으며, 영농의 기계화에 유리하다.
맥류	• 전남, 전북의 재배 면적이 넓다. • 그루갈이 형태로 생산되며, 쌀보다 전국 생산량이 적다.
채소	• 경기는 비닐하우스, 온실과 같은 시설을 이용해 채소를 재배한다. • 강원은 노지 채소 재배 면적이 넓다.
과실	주로 시설 재배로 생산되며, 경북과 제주의 생산량이 많다. 기억해

2 시·도별 농업의 특징

경지 면적	전남, 경북의 면적이 넓고, 충북, 강원은 좁다.
논의 비율	평야가 발달한 충남이 가장 높고, 제주가 가장 낮다.
농가 수	경북은 전업농가의 비중이, 경기와 제주는 겸업농가의 비중이 높다.

2 공업의 발달 모아 보기

섬유 제품 (의복 제외)	• 자동차 제조업보다 우리나라 공업화를 주도한 시기가 이르다. → 1970년대 우리나라의 수출 주력 제조업이었다. • 자동차 제조업보다 생산비 중 노동비가 차지하는 비중이 높다.
자동차	• 섬유 제품 제조업보다 사업체 당 종사자 수가 많다. • 섬유 제품 제조업보다 최종 제품의 무게가 무겁고 부피가 크다. • 계열화된 공정이 필요한 집적 지향형 제조업이다.
1차 금속	• 1차 금속 제조업에서 생산된 최종 제품은 자동차 제조업의 주요 재료로 이용된다. • 대량의 원료를 수입하기 쉬운 해안에 주로 입지한다. • 전자 제조업보다 최종 제품의 무게가 무겁고 크다.
전자	• 운송비에 비해 부가 가치가 크며 입지가 자유로운 제조업이다. • 섬유 제품 제조업보다 2000년대 이후 수출액이 많다.
석유 화학	• 한 가지 원료로 여러 제품을 생산하는 계열화된 공업이다. 기억해 • 자동차 제조업보다 원자재의 해외 의존도가 높다.
정유	원료의 해외 의존도가 높아 주로 적환지에 입지한다.
기타 운송 장비	전자 제조업보다 전국에서 영남권이 차지하는 출하액 비율이 높다.

▶ 기/출/선/지 **모아** 보기

21학년도 6월 모평 7번

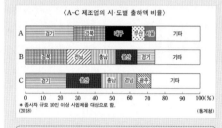

〈A~C 제조업의 시·도별 출하액 비율〉

* 종사자 규모 10인 이상 사업체를 대상으로 함.
(2018)　　　　　　　　　　　　　　　　　(통계청)

> * A는 섬유 제품(의복 제외) 제조업, B는 1차 금속 제조업, C는 자동차 및 트레일러 제조업임.

① ⊀ B는 대량의 원료를 수입하는 적환지 지향 공업이다.
② ㅂ A는 노동 집약적인 경공업이다.
③ C는 집적 이익이 중요한 조립형 공업이다.
④ ⊀ B는 ㅂ A보다 자본 집약적인 성격이 강하다.
⑤ ㅂ C는 ㅌ B에서 생산된 최종 제품을 주요 재료로 이용한다.

[21 모평] ③ ⊀ C는 ㅌ A보다 총 매출액 대비 연구 개발비 비율이 높다.

[19 수능] ㄱ. ㅂ C는 ㅌ A보다 사업체당 종사자 수가 많다.

01 대표 문제

다음 글은 주요 작물의 특성에 대한 것이다. (가)~(다)에 대한 설명으로 옳은 것은? (단, (가)~(다)는 각각 맥류, 쌀, 채소 중 하나임.)

> [(가)]은/는 우리나라에서 가장 많이 생산되는 곡물로 중·남부 지방의 평야 지역에서 주로 재배되고 있다. 식생활 변화와 농산물 시장 개방 등으로 [(가)]의 1인당 소비량과 재배 면적이 감소하였다. [(나)]은/는 주로 [(가)]의 그루갈이 작물로 남부 지방에서 재배되고 있다. 과거 [(가)]와/과 함께 대표적 주곡 작물로 인식되었으나, 1980년에 비해 [(나)]의 재배 면적과 생산량이 많이 감소하였다. [(다)]은/는 식생활 변화에 따른 소비 증가로 생산량이 증가하였고, 대도시 주변과 원교 농촌 지역에서도 상업적으로 재배되고 있다. 고위 평탄면과 같이 유리한 기후 조건을 가진 지역에서도 재배된다.

① (나)의 생산량은 영남권이 호남권보다 많다.
② (가)는 (다)보다 재배 면적이 넓다.
③ (나)는 (가)보다 식량 작물 중 자급률이 높다.
④ (나)는 (다)보다 생산량이 많다.
⑤ 제주에서는 (가) 재배 면적이 (다) 재배 면적보다 넓다.

02

그래프는 주요 농산물의 1인당 소비량 변화를 나타낸 것이다. (가)~(라)에 대한 설명으로 옳은 것은? (단, (가)~(라)는 각각 과실, 보리, 쌀, 채소 중 하나임.)

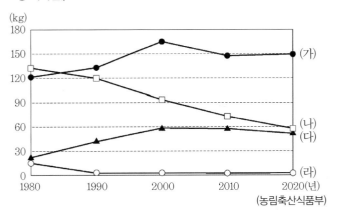

(농림축산식품부)

① (가)는 (나)보다 재배 면적이 넓다.
② (나)는 (가)보다 노지 재배 면적 비율이 높다.
③ 전남은 (가)보다 (다)의 생산량이 많다.
④ 제주는 (다)보다 (나)의 재배 면적이 넓다.
⑤ 강원은 전북보다 (라)의 생산량이 많다.

03

다음 글은 강원도 세 지역의 농산물에 대한 것이다. (가)~(다)에 대한 설명으로 옳은 것은? (단, (가)~(다)는 각각 배추, 쌀, 옥수수 중 하나임.)

> ○ 철원군은 철원 평야에서 냉해에 강하고 재배 기간이 짧은 품종으로 [(가)]을/를 생산한다. 한탄강 물을 이용하여 생산한 [(가)]을/를 지리적 표시제 농산물로 등록하였다.
> ○ 홍천군은 산지가 많아 [(나)] 재배 농가가 많다. 홍천의 [(나)]은/는 단맛이 풍부하고 껍질이 얇아 씹는 맛이 부드러워 인기가 많으며, 지리적 표시제 농산물로 등록되었다.
> ○ 평창군은 해발 고도가 높고 기온이 낮아 여름철 [(다)] 재배에 유리하다. 고위 평탄면에서 재배되는 [(다)]은/는 다른 지역과 출하 시기가 달라 시장 경쟁력이 높다.

① (가)의 생산량이 가장 많은 도(道)는 경북이다.
② (나)는 밭보다 논에서 주로 재배된다.
③ (다)는 노지 재배 비율보다 시설 재배 비율이 높다.
④ (가)는 (나)보다 국내 식량 자급률이 높다.
⑤ (다)는 (가)보다 우리나라에서 재배되는 면적이 넓다.

04

그래프는 세 작물의 시·도별 생산량 비율을 나타낸 것이다. (가)~(다)에 대한 설명으로 옳은 것은? (단, (가)~(다)는 각각 과실, 쌀, 채소 중 하나임.) [3점]

*생산량 기준 상위 4개 지역만 표현하며, 나머지 지역은 기타로 함.
(2022)   (농림축산식품부)

① (다)의 재배 면적은 제주가 가장 넓다.
② (가)는 논, (나)는 밭에서 주로 재배된다.
③ 전남은 (가)보다 (나)의 재배 면적이 넓다.
④ 강원은 (가)보다 (다)의 생산량이 많다.
⑤ (가)~(다) 중 시설 재배 면적 비율이 가장 높은 것은 (다)이다.

05

그래프는 지도에 표시된 다섯 지역의 논·밭 비율 및 겸업 농가 비율을 나타낸 것이다. (가)~(마) 지역에 대한 설명으로 옳은 것은?

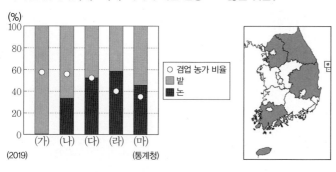

① (가)는 (나)보다 겸업 농가가 많다.
② (가)는 (마)보다 농가 인구가 많다.
③ (나)는 (라)보다 경지율이 높다.
④ (다)는 (나)보다 경지 면적 중 노지 채소 재배 면적 비율이 높다.
⑤ (마)는 (라)보다 과실 생산량이 많다.

06

다음 자료에 대한 설명으로 옳은 것은? (단, (가)~(다)와 A~C는 보리, 쌀, 옥수수 중 하나임.)

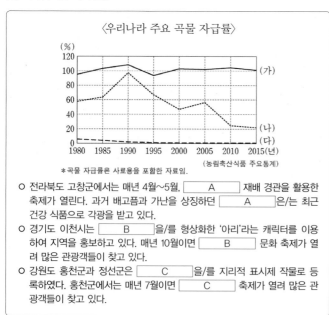

○ 전라북도 고창군에서는 매년 4월~5월   A   재배 경관을 활용한 축제가 열린다. 과거 배고픔과 가난을 상징하던   A   은/는 최근 건강 식품으로 각광을 받고 있다.
○ 경기도 이천시는   B   을/를 형상화한 '아리'라는 캐릭터를 이용하여 지역을 홍보하고 있다. 매년 10월이면   B   문화 축제가 열려 많은 관광객들이 찾고 있다.
○ 강원도 홍천군과 정선군은   C   을/를 지리적 표시제 작물로 등록하였다. 홍천군에서는 매년 7월이면   C   축제가 열려 많은 관광객들이 찾고 있다.

① (가)의 최대 생산지는 강원도이다.
② (다)는 (가)의 그루갈이 작물로 주로 재배된다.
③ (나)는 (다)보다 가축의 사료로 이용되는 비중이 높다.
④ B의 생산량이 가장 많은 도(道)는 경지율이 가장 높다.
⑤ A는 (나), B는 (가), C는 (다)이다.

07

그래프의 A~C에 대한 설명으로 옳은 것만을 〈보기〉에서 고른 것은? (단, A~C는 각각 과수, 쌀, 채소 중 하나임.) [3점]

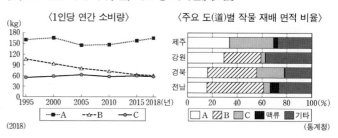

─〈 보기 〉─
ㄱ. A의 생산량은 제주가 가장 많다.
ㄴ. 전남에서 A는 C보다 생산량이 많다.
ㄷ. B는 A보다 노지 재배 비율이 높다.
ㄹ. 우리나라에서 C는 B보다 총 재배 면적이 넓다.

① ㄱ, ㄴ   ② ㄱ, ㄷ   ③ ㄴ, ㄷ   ④ ㄴ, ㄹ   ⑤ ㄷ, ㄹ

08

다음은 신문 기사의 일부이다. ㉠~㉣ 작물에 대한 설명으로 옳은 것은? [3점]

□□신문   2020○년 ○월 ○일

우리나라에서 가장 많이 생산되는 식량 작물인 ㉠ 쌀은 식생활 구조 변화와 농산물 시장 개방 등으로 1인당 소비량과 재배 면적이 감소하고 있다. 주로 쌀의 그루갈이 작물로 재배되는 ㉡ 보리 또한 재배 면적과 생산량이 감소하고 있다. 반면에 소비자의 기호 변화 등에 따라 ㉢ 채소 및 ㉣ 과일과 같은 원예 작물은 1970년에 비해 1인당 소비량이 크게 증가하였다.

① ㉠의 재배 면적은 시·도 중 경기도가 가장 넓다.
② ㉡은 식량 작물 중 자급률이 가장 높다.
③ ㉣은 주로 하천 주변의 충적 평야에서 재배된다.
④ ㉢은 ㉠보다 시설 재배에 의한 생산량이 많다.
⑤ 강원도는 제주도보다 ㉣의 생산량이 많다.

09

23학년도 3월 학평 13번

그래프는 도(道)별 농·어가 비율 및 경지 면적을 나타낸 것이다. (가)~(라)에 대한 설명으로 옳은 것은? (단, (가)~(라)는 각각 경북, 전남, 제주, 충북 중 하나임.) [3점]

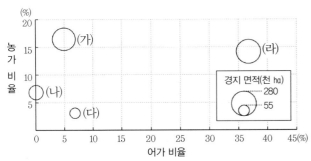

* 농·어가 비율은 원의 가운데 값임.
** 농·어가 비율은 전국에서 차지하는 비율임. (2021년)

① (가)는 전남이다.
② (다)는 논 면적이 밭 면적보다 넓다.
③ (가)는 (다)보다 전업농가 수가 많다.
④ (나)는 (라)보다 쌀 생산량이 많다.
⑤ (가)~(라) 중 과수 재배 면적은 (나)가 가장 넓다.

10

20학년도 수능 17번

그래프는 세 작물의 지역별 재배 면적 비율을 나타낸 것이다. (가)~(라) 지역에 대한 설명으로 옳은 것만을 〈보기〉에서 고른 것은? (단, (가)~(라)는 각각 지도에 표시된 지역 중 하나임.) [3점]

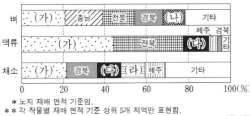

* 노지 재배 면적 기준임.
** 각 작물별 재배 면적 기준 상위 5개 지역만 표현함.
(2018)   (통계청)

──────〈 보기 〉──────
ㄱ. (나)는 (가)보다 농가당 경지 면적이 넓다.
ㄴ. (다)는 (라)보다 시설 재배 면적이 넓다.
ㄷ. (라)는 (가)보다 경지 면적 중 밭 비율이 높다.
ㄹ. (가)~(라) 중 농가 수는 (라)가 가장 많다.
──────────────────

① ㄱ, ㄴ   ② ㄱ, ㄷ   ③ ㄴ, ㄷ   ④ ㄴ, ㄹ   ⑤ ㄷ, ㄹ

11

23학년도 9월 모평 9번

그래프는 지도에 표시된 네 지역의 농업 특성을 나타낸 것이다. (가)~(라) 지역에 대한 설명으로 옳은 것은?

〈지역 내 겸업 농가 및 밭 면적 비율〉

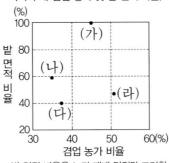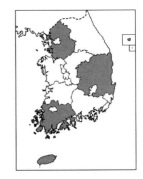

* 밭 면적 비율은 노지 재배 면적만 고려함.
(2021)   (통계청)

① (가)는 경북이다.
② (나)는 (라)보다 과수 재배 면적이 넓다.
③ (다)는 (나)보다 지역 내 전업 농가 비율이 높다.
④ (라)는 (다)보다 맥류 생산량이 많다.
⑤ (가)~(라) 중 전체 농가 수는 (가)가 가장 많다.

12

23학년도 6월 모평 13번

그래프의 A~C 작물에 대한 설명으로 옳은 것을 〈보기〉에서 고른 것은? (단, A~C는 각각 과수, 맥류, 채소 중 하나임.) [3점]

〈작물별 재배 면적〉

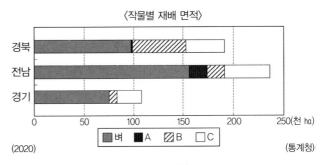

(2020)   (통계청)

──────〈 보기 〉──────
ㄱ. A는 벼보다 국내 생산량이 많다.
ㄴ. A는 B보다 벼의 그루갈이 작물로 재배되는 비율이 높다.
ㄷ. B는 C보다 경지 면적 대비 시설 재배 면적 비율이 높다.
ㄹ. A는 맥류, B는 과수, C는 채소이다.
──────────────────

① ㄱ, ㄴ   ② ㄱ, ㄷ   ③ ㄴ, ㄷ   ④ ㄴ, ㄹ   ⑤ ㄷ, ㄹ

13

그래프는 지도에 표시된 세 지역의 작물별 재배 면적 비율을 나타낸 것이다. (가)~(다) 작물에 대한 설명으로 옳은 것은? (단, (가)~(다)는 각각 과수, 벼, 채소 중 하나임.) [3점]

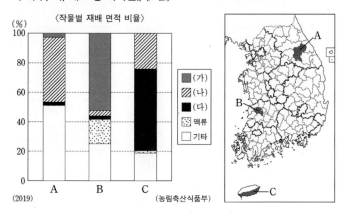

〈작물별 재배 면적 비율〉

① (가)는 주로 논보다 밭에서 많이 재배된다.
② (나)의 도내 재배 면적 비율은 제주가 전북보다 높다.
③ (다)는 국내 자급률이 가장 높은 작물이다.
④ (가)는 (나)보다 시설 재배 비율이 높다.
⑤ 우리나라에서 (다)는 (가)보다 총 재배 면적이 넓다.

14

그래프에 대한 설명으로 옳은 것은? (단, (가)~(라)는 각각 강원, 경기, 경북, 전남 중 하나이며, A~C는 각각 맥류, 벼, 채소 중 하나임.) [3점]

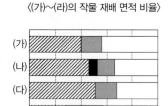

〈도별 농가 및 작물 재배 면적 비율〉　　〈(가)~(라)의 작물 재배 면적 비율〉

＊농가 및 작물 재배 면적 비율은 전국 대비 각 지역의 비율임.
(2019)　　　　　　　　　　　　　　　　　(통계청)

① (가)는 전남, (다)는 경기이다.
② 벼 재배 면적은 (다)가 (가)보다 넓다.
③ B는 C의 그루갈이 작물로 주로 재배된다.
④ 채소 재배 면적은 경북이 강원보다 넓다.
⑤ 농가당 작물 재배 면적은 경북이 전남보다 넓다.

15

다음 자료는 도(道)별 농업 특성에 관한 것이다. 이에 대한 설명으로 옳은 것은? (단, (가)~(라)는 각각 A~D 중 하나임.)

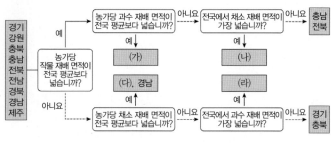

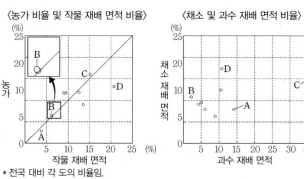

〈농가 비율 및 작물 재배 면적 비율〉　〈채소 및 과수 재배 면적 비율〉

＊전국 대비 각 도의 비율임.
(2020년)　　　　　　　　　　　　　　　　(통계청)

① A는 D보다 전업농가 수가 많다.
② (라)는 채소 재배 면적이 과수 재배 면적보다 넓다.
③ (다)는 (나)보다 농가당 작물 재배 면적이 넓다.
④ (라)는 (나)보다 경지율이 높다.
⑤ (가)는 A, (다)는 B이다.

16

다음 〈조건〉을 모두 만족하는 (가)~(다) 작물을 그래프의 A~C에서 고른 것은? (단, (가)~(다)는 각각 과수, 맥류, 벼(쌀) 중 하나임.) [3점]

〈 조건 〉
○ (가)는 (나)보다 국내 자급률이 높다.
○ (나)는 (다)보다 전국 생산량에서 제주권이 차지하는 비율이 높다.
○ (가)~(다) 중 (가)는 전국 재배 면적이 가장 넓다.

〈(가)~(다) 작물의 권역별 재배 면적 비율〉

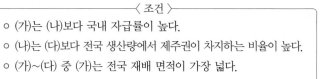

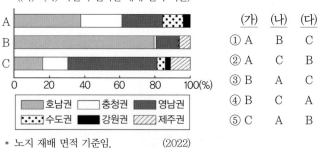

	(가)	(나)	(다)
①	A	B	C
②	A	C	B
③	B	A	C
④	B	C	A
⑤	C	A	B

＊ 노지 재배 면적 기준임.　　(2022)

17

그래프는 세 작물의 특성을 나타낸 것이다. 이에 대한 설명으로 옳은 것만을 〈보기〉에서 고른 것은? (단, (가)~(다)는 각각 과실, 쌀, 채소 중 하나임.) [3점]

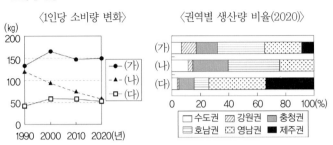

〈1인당 소비량 변화〉 〈권역별 생산량 비율(2020)〉

─〈 보기 〉─
ㄱ. (가)는 주로 논보다 밭에서 재배된다.
ㄴ. (나)는 쌀, (다)는 과실이다.
ㄷ. 과실의 1인당 소비량은 1990년이 2020년보다 많다.
ㄹ. 쌀의 권역별 생산량 비율이 가장 높은 곳은 영남권이다.

① ㄱ, ㄴ   ② ㄱ, ㄷ   ③ ㄴ, ㄷ   ④ ㄴ, ㄹ   ⑤ ㄷ, ㄹ

19

(가)~(라) 지역에 대한 옳은 설명을 〈보기〉에서 고른 것은? (단, (가)~(라)는 경기, 강원, 전남, 제주 중 하나임.) [3점]

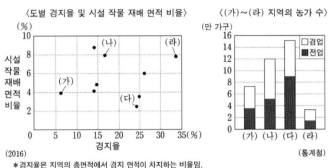

〈도별 경지율 및 시설 작물 재배 면적 비율〉 〈(가)~(라) 지역의 농가 수〉

* 경지율은 지역의 총면적에서 경지 면적이 차지하는 비율임.
** 시설 작물 재배 면적 비율은 지역 내 경지 면적에서 시설 작물 재배 면적이 차지하는 비율임.

─〈 보기 〉─
ㄱ. (가)는 (라)보다 과실 생산량이 많다.
ㄴ. (나)는 (가)보다 노지 채소 재배 면적이 넓다.
ㄷ. (다)는 (나)보다 쌀 생산량이 많다.
ㄹ. (다)는 (라)보다 경지 면적 중 논 비율이 높다.

① ㄱ, ㄴ   ② ㄱ, ㄷ   ③ ㄴ, ㄷ   ④ ㄴ, ㄹ   ⑤ ㄷ, ㄹ

18

그래프는 세 지역의 농업 특성을 나타낸 것이다. 이에 대한 설명으로 옳은 것은? (단, (가)~(다)와 A~C는 각각 경기, 전남, 제주 중 하나임.)
[3점]

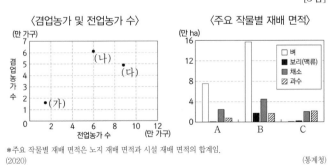

〈겸업농가 및 전업농가 수〉 〈주요 작물별 재배 면적〉

* 주요 작물별 재배 면적은 노지 재배 면적과 시설 재배 면적의 합계임.
(2020) (통계청)

① (가)는 (다)보다 쌀 생산량이 많다.
② (다)는 (나)보다 경지율이 높다.
③ A는 B보다 전업농가 수가 많다.
④ B는 C보다 지역 내 경지 면적 중 밭 면적 비율이 높다.
⑤ 전체 농가 수는 경기 > 전남 > 제주 순으로 많다.

20

그래프의 (가)~(라) 지역에 대한 설명으로 옳은 것은? (단, (가)~(라)는 각각 지도에 표시된 네 지역 중 하나임.)

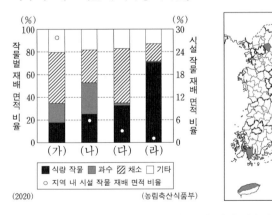

(2020) (농림축산식품부)

① (가)는 (나)보다 지역 내 경지 면적 중 밭 면적 비율이 높다.
② (나)는 (다)보다 고랭지 채소 재배 면적이 넓다.
③ (다)는 (라)보다 쌀 생산량이 많다.
④ (라)는 (가)보다 지역 내 전업농가 비율이 높다.
⑤ (가)는 수도권, (나)는 강원권에 위치한다.

21

(가)~(다) 지도에 표현된 농업 관련 지표로 옳은 것은? (단, (가)~(다)는 겸업농가 비율, 밭 면적 비율, 벼 재배 면적 비율 중 하나임.)

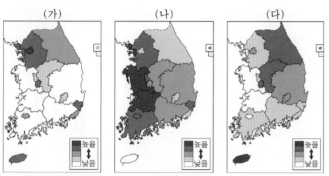

* 겸업농가 비율은 지역 내 전체 농가 중 겸업농가의 비율임.
** 밭 면적 비율은 지역 내 경지 면적 중 밭 면적의 비율임.
*** 벼 재배 면적 비율은 지역 내 작물 재배 면적 중 벼 재배 면적의 비율임.
(2015)   (통계청)

	(가)	(나)	(다)
①	겸업농가 비율	밭 면적 비율	벼 재배 면적 비율
②	겸업농가 비율	벼 재배 면적 비율	밭 면적 비율
③	밭 면적 비율	벼 재배 면적 비율	겸업농가 비율
④	벼 재배 면적 비율	겸업농가 비율	밭 면적 비율
⑤	벼 재배 면적 비율	밭 면적 비율	겸업농가 비율

22

그래프는 지도에 표시된 네 지역의 농업 특성을 나타낸 것이다. (가)~(라) 지역에 대한 설명으로 옳은 것은?

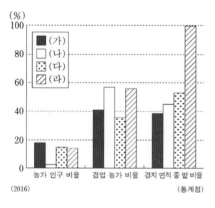

① (가)는 (나)보다 농가당 경지 면적이 좁다.
② (나)는 (다)보다 과수 재배 면적이 좁다.
③ (다)는 (라)보다 농가 인구가 적다.
④ (라)는 (가)보다 맥류 재배 면적이 넓다.
⑤ 쌀 생산량은 (나)〉(다)〉(가)〉(라) 순으로 많다.

23

그래프는 지도에 표시된 세 지역의 작물별 재배 면적 비율을 나타낸 것이다. 이에 대한 설명으로 옳은 것은? (단, A, B는 각각 과수, 벼 중 하나임.) [3점]

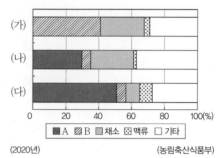

(2020년)   (농림축산식품부)

① (가)는 강원, (나)는 전북이다.
② (가)는 (나)보다 지역 내 과수 재배 면적 비율이 높다.
③ (다)는 (가)보다 지역 내 겸업 농가 비율이 높다.
④ B는 식량 작물로 국내 자급률이 가장 높다.
⑤ A는 B보다 시설 재배의 비율이 높다.

24

다음 자료의 (가)~(다) 작물로 옳은 것은?

〈작물별 재배 면적 비율〉

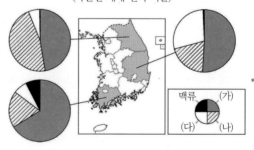

*네 작물 재배 면적의 합을 100%로 했을 때, 작물별 재배 면적 비율을 나타낸 것임.
(2020년)

	(가)	(나)	(다)		(가)	(나)	(다)
①	과수	벼	채소	②	과수	채소	벼
③	벼	과수	채소	④	벼	채소	과수
⑤	채소	벼	과수				

25

그래프는 지도에 표시된 세 지역의 농업 특성을 나타낸 것이다. (가)~(다) 지역에 대한 설명으로 옳은 것은? [3점]

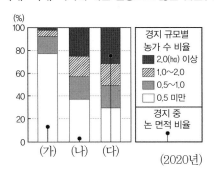

(2020년)

① (가)에서는 고랭지 농업이 활발하다.
② (나)에서는 지평선 축제가 열린다.
③ (가)는 (다)보다 쌀 생산량이 많다.
④ (나)는 (가)보다 노령화 지수가 높다.
⑤ (나)는 (다)보다 지역 내 전업 농가 비율이 높다.

26

그래프는 (가)~(다) 작물 생산량의 권역별 비중을 나타낸 것이다. 이에 대한 옳은 설명만을 <보기>에서 고른 것은? (단, (가)~(다)는 각각 과실, 맥류, 쌀 중 하나임.) [3점]

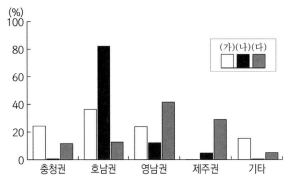

*(가)~(다) 작물 각각 전국 생산량에 대한 권역별 비중을 나타낸 것임.
(2019)   (통계청)

〈 보기 〉
ㄱ. (가)는 식생활 변화로 1인당 소비량이 감소하고 있다.
ㄴ. (나)는 우리나라에서 재배 면적이 가장 넓다.
ㄷ. (가)는 (다)보다 영농의 기계화 수준이 높다.
ㄹ. (나)는 (다)의 그루갈이 작물로 재배되고 있다.

① ㄱ, ㄴ   ② ㄱ, ㄷ   ③ ㄴ, ㄷ   ④ ㄴ, ㄹ   ⑤ ㄷ, ㄹ

27

그래프의 (가)~(다) 지역에 대한 설명으로 옳은 것만을 <보기>에서 고른 것은? (단, (가)~(다)는 각각 경북, 전남, 제주 중 하나임.) [3점]

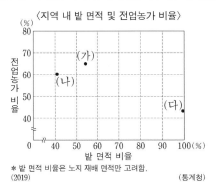

〈지역 내 밭 면적 및 전업농가 비율〉

* 밭 면적 비율은 노지 재배 면적만 고려함.
(2019)   (통계청)

〈 보기 〉
ㄱ. (가)는 (나)보다 과실 생산량이 많다.
ㄴ. (가)는 (다)보다 지역 내 겸업 농가 비율이 높다.
ㄷ. (나)는 (다)보다 전체 농가 수가 많다.
ㄹ. (가)~(다) 중 논 면적은 (다)가 가장 넓다.

① ㄱ, ㄴ   ② ㄱ, ㄷ   ③ ㄴ, ㄷ   ④ ㄴ, ㄹ   ⑤ ㄷ, ㄹ

28

그래프는 지도에 표시된 세 지역의 영농 형태별 농가 수 비율을 나타낸 것이다. (가)~(다)에 대한 설명으로 옳은 것은?

(가)   (나)   (다)
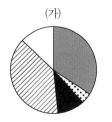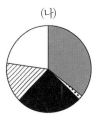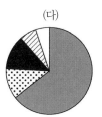

■벼 ⬚식량 작물(벼 제외) ■채소·산나물 ▨과수 □기타
(2019)

① (가)에서는 지평선 축제가 개최된다.
② (나)는 경상도라는 지명이 유래된 지역 중 하나이다.
③ (다)는 논 면적보다 밭 면적이 넓다.
④ (다)는 (나)보다 쌀과 맥류의 그루갈이가 활발하다.
⑤ 전체 농가 수는 (나) > (다) > (가) 순으로 많다.

29

그래프에 대한 설명으로 옳은 것은? (단, (가)~(다)는 각각 과수, 맥류, 벼 중 하나이며, A~C는 각각 경북, 전북, 제주 중 하나임.) [3점]

⟨지역별 재배 면적 비율⟩

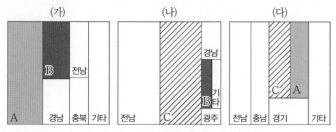

* 각 작물의 전국 재배 면적에서 각 지역이 차지하는 비율을 나타낸 것임.
** 각 작물별 재배 면적 비율 상위 5개 지역만 제시하고 나머지는 기타에 포함함.

⟨전업 농가 및 논 면적 비율⟩

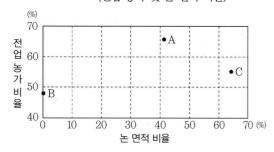

(2023)

① (가)는 우리나라의 주곡 작물이다.
② (다)는 노지 재배 면적보다 시설 재배 면적이 넓다.
③ (나)는 (가)보다 전국 총생산량이 많다.
④ C는 (나)보다 (다)의 재배 면적이 넓다.
⑤ A~C 중 전체 농가 수는 B가 가장 많다.

30

표는 네 지역의 작물별 재배 면적을 나타낸 것이다. (가)~(다) 작물에 대한 옳은 설명만을 ⟨보기⟩에서 고른 것은? (단, (가)~(다)는 각각 과수, 벼(쌀), 채소 중 하나임.)

작물 지역	(가)	보리계 (맥류)	(나)	(다)
강원	28.64	0.17	24.48	3.54
경북	97.47	1.20	31.16	53.83
전남	154.09	21.94	41.51	17.13
제주	0.05	2.56	18.65	16.77

* 노지 재배만 고려함(단위: 천 ha)　　　(2019, 통계청)

─── ⟨ 보기 ⟩ ───
ㄱ. (가)는 최근 1인당 소비량이 증가하는 추세이다.
ㄴ. (나)는 강원에서 시설 재배보다 노지 재배 면적이 넓다.
ㄷ. (다)는 식량 작물로 국내 자급률이 가장 높다.
ㄹ. (가)는 (다)보다 영농의 기계화가 유리하다.

① ㄱ, ㄴ　② ㄱ, ㄷ　③ ㄴ, ㄷ　④ ㄴ, ㄹ　⑤ ㄷ, ㄹ

31

그래프에 대한 설명으로 옳은 것은? (단, (가)~(라)는 각각 지도에 표시된 네 도(道) 중 하나이고, A, B는 각각 겸업농가, 전업농가 중 하나임.)

[3점]

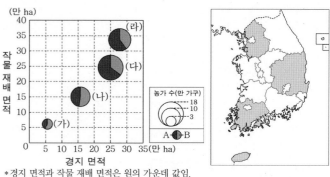

* 경지 면적과 작물 재배 면적은 원의 가운데 값임.

(2019년)

① A는 겸업농가, B는 전업농가이다.
② (가)는 (다)보다 겸업농가 수가 많다.
③ (나)는 (라)보다 경지 이용률이 높다.
④ (다)는 (가)보다 지역 내 경지 중 밭 면적의 비율이 높다.
⑤ (라)는 (나)보다 쌀 생산량이 많다.

32

다음 자료의 A 지역에 대한 설명으로 옳은 것만을 ⟨보기⟩에서 고른 것은?

※ (가), (나)에서 설명하는 지역을 지도에서 찾아 하나씩 지운 후, 남은 지역 A를 쓰시오. (단, (가), (나), A는 각각 지도에 표시된 세 지역 중 하나임.)

(가) 이 지역은 참외의 최대 재배 지역으로 전국 재배 면적의 70% 이상을 차지하고 있다. 다른 지역에 비해 육질이 단단하고 단맛이 강한 참외는 비닐하우스를 이용한 상업적 농업에 성공하면서 이 지역의 대표 과일로 자리를 잡았다.

(나) 이 지역은 카르스트 지형 분포 지역으로, 기온의 일교차가 크고 배수가 양호한 토질 특성을 활용하여 마늘 재배가 활발하다. 이 지역에서 생산된 육쪽마늘은 대표적인 특산품으로 유명하다.

정답: (가), (나) 지역을 모두 지운 후 남은 지역은 ▢A▢ 이다.

─── ⟨ 보기 ⟩ ───
ㄱ. 채소 생산량보다 과실 생산량이 많다.
ㄴ. 경지 면적 중 밭보다 논이 차지하는 비율이 높다.
ㄷ. (가)보다 경지 면적 중 시설 재배 면적 비율이 높다.
ㄹ. 지도에 표시된 세 지역 중 맥류 생산량이 가장 많다.

① ㄱ, ㄴ　② ㄱ, ㄷ　③ ㄴ, ㄷ　④ ㄴ, ㄹ　⑤ ㄷ, ㄹ

01 대표 문제

25학년도 9월 모평 20번

(가)~(라)에 대한 설명으로 옳은 것은? (단, (가)~(라)는 각각 구미, 당진, 여수, 화성 중 하나임.) [3점]

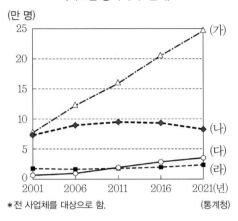

〈제조업 종사자 수 변화〉

* 전 사업체를 대상으로 함.

(통계청)

① 2021년 제조업 종사자 수는 구미가 화성보다 많다.
② (가)는 (다)보다 지역 내 제조업 종사자 수에서 1차 금속 제조업이 차지하는 비율이 높다.
③ (나)는 (가)보다 전국 자동차 및 트레일러 제조업 출하액에서 차지하는 비율이 높다.
④ (나)는 (라)보다 전자 부품·컴퓨터·영상·음향 및 통신 장비 제조업 사업체 수가 많다.
⑤ (가)~(라) 중 2001년에 비해 2021년 제조업 종사자 수가 가장 많이 증가한 지역은 영남권에 위치한다.

02

25학년도 9월 모평 18번

그래프는 네 지역의 산업별 취업자 수 비율을 나타낸 것이다. (가)~(라)에 대한 설명으로 옳은 것은? (단, (가)~(라)는 각각 강원, 대전, 울산, 충북 중 하나임.) [3점]

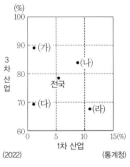

(2022)   (통계청)

① (가)는 (나)보다 숙박 및 음식점업의 종사자 수가 많다.
② (가)는 (다)보다 전문·과학 및 기술 서비스업의 매출액이 많다.
③ (나)는 (다)보다 1인당 지역 내 총생산(GRDP)이 많다.
④ (라)는 (다)보다 지역 내 2차 산업 취업자 수 비율이 높다.
⑤ (가)와 (나)는 모두 충청권에 포함된다.

03

24학년도 9월 모평 12번

다음은 우리나라 공업에 대한 퀴즈의 일부이다. A 도시 제조업의 업종별 출하액 비율 그래프로 옳은 것은? [3점]

※(가)~(다)에서 설명하는 도시를 지도에서 찾아 하나씩 지운 후 남은 도시 A를 쓰시오. (단, (가)~(다)와 A는 각각 지도에 표시된 도시 중 하나임.)
(가) 이 지역은 2004년 제철소가 입지하면서 철강 및 금속 공업이 발달하였고, 2012년에 시로 승격하였다.
(나) 이 지역은 고생대 조선 누층군에 매장된 석회석을 활용한 원료 지향 공업이 발달하여 지역의 주된 산업이 되었다.
(다) 이 지역에는 울산과 여수에 이어 세 번째로 조성된 석유 화학 단지가 입지하여 공업 도시로 발달하였다.

정답 : (가)~(다) 도시를 지운 후 남은 도시는 A 이다.

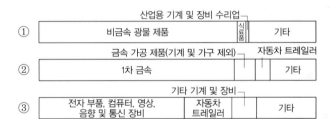

* 종사자 규모 10인 이상 업체를 대상으로 함.
** 각 지역별 출하액 기준 상위 3개 업종만 표시함.
(2020)   (통계청)

(가)~(라) 지역을 그래프의 A~D에서 고른 것은? (단, (가)~(라)와 A~D는 각각 지도에 표시된 네 지역 중 하나임.)

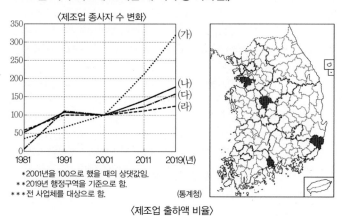

〈제조업 종사자 수 변화〉

*2001년을 100으로 했을 때의 상댓값임.
**2019년 행정구역을 기준으로 함.
***전 사업체를 대상으로 함.
(통계청)

〈제조업 출하액 비율〉

A	전자 부품, 컴퓨터, 영상, 음향 및 통신장비 제조업	자동차 및 트레일러 제조업	기타 기계 및 장비 제조업 / 기타
B	코크스, 연탄 및 석유정제품 제조업	자동차 및 트레일러 제조업	화학 물질 및 화학제품 제조업(의약품 제외) / 기타
C	전자 부품, 컴퓨터, 영상, 음향 및 통신장비 제조업	전기장비 제조업	화학 물질 및 화학제품 제조업(의약품 제외) / 기타
D	1차 금속 제조업		금속 가공제품 제조업(기계 및 가구 제외) / 비금속 광물제품 제조업 / 기타

0   50   100(%)

*종사자 수 10인 이상 사업체만 고려함.
**각 지역에서 출하액 상위 3개 업종만 표시함.
(2019)   (통계청)

	(가)	(나)	(다)	(라)		(가)	(나)	(다)	(라)
①	A	B	D	C	②	A	C	D	B
③	A	D	C	B	④	D	B	A	C
⑤	D	C	A	B					

그래프는 주요 제조업의 시·도별 출하액을 나타낸 것이다. 이에 대한 설명으로 옳은 것은? (단, (가), (나)는 각각 자동차 및 트레일러, 전자부품·컴퓨터·영상·음향 및 통신 장비 제조업 중 하나임.) [3점]

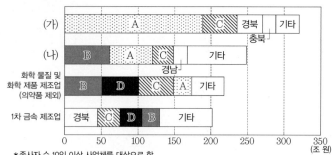

*종사자 수 10인 이상 사업체를 대상으로 함.
**제조업 출하액 기준 상위 4개 지역만 표현하며, 나머지 지역은 기타로 함.
(2022)   (통계청)

① 사업체 수 기준으로 (가)는 (나)보다 수도권 집중도가 높다.
② (가)는 (나)보다 최종 제품의 평균 중량이 무겁고 부피가 크다.
③ A는 B보다 제조업 종사자 1인당 출하액이 많다.
④ 대규모 국가 산업 단지 조성을 시작한 시기는 C가 B보다 이르다.
⑤ C와 D는 호남 지방에 속한다.

그래프는 지도에 표시된 네 지역군의 제조업 종사자 수 변화를 나타낸 것이다. (가)~(라) 지역군에 대한 설명으로 옳은 것은?

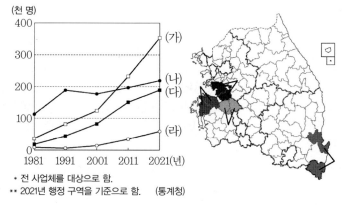

*전 사업체를 대상으로 함.
**2021년 행정 구역을 기준으로 함.   (통계청)

① (가)는 (나)보다 지역군 내 제조업 출하액에서 전자 부품·컴퓨터·영상·음향 및 통신 장비 제조업이 차지하는 비율이 높다.
② (다)는 (나)보다 전국 석유 정제품 제조업 종사자 수에서 차지하는 비율이 높다.
③ (다)는 (라)보다 1차 금속 제조업 출하액이 많다.
④ (라)는 (나)보다 대규모 국가 산업 단지 조성을 시작한 시기가 이르다.
⑤ (가)~(라) 중 2001년에 비해 2021년 제조업 종사자 수가 가장 많이 증가한 지역군은 영남 지방에 속한다.

07

다음 자료는 대구광역시청에서 출발해 지도에 표시된 세 도시의 시청으로 가는 길 찾기 안내의 일부이다. (가)~(다)에 대한 설명으로 옳은 것은? [3점]

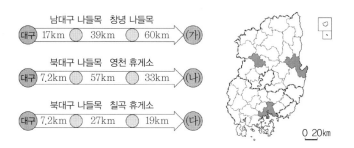

① (다)에서는 벚꽃으로 유명한 군항제가 열린다.

② (가)는 (나)보다 1차 금속 업종의 종사자 수가 많다.

③ (다)는 (가)보다 인구가 많다.

④ (나)와 (다)에는 세계 문화유산으로 등재된 전통 마을이 있다.

⑤ (가)와 (나)는 남동 임해 공업 지역, (다)는 영남 내륙 공업 지역에 해당한다.

08

다음은 한국 지리 퀴즈의 일부이다. A 도시의 제조업 업종별 출하액 비율 그래프로 옳은 것은?

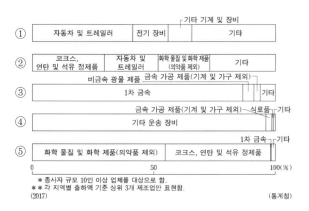

※ (가)~(다)에서 설명하는 도시를 지도에서 찾아 하나씩 지운 후 남은 도시 A를 쓰시오. (단, (가)~(다)와 A는 각각 지도에 표시된 도시 중 하나임.)
(가) 2012년에 세계 박람회가 개최되었던 이 도시에는 정유 공장을 중심으로 한 대규모 석유 화학 단지가 있다.
(나) 인접한 세 개의 시(市)가 통합되어 인구 100만이 넘은 이 도시에는 기계 공업 단지, 자동차 생산 공장이 있다.
(다) 1960년대까지 한적한 어촌이었던 이 도시는 석유 화학 단지, 자동차 생산 공장, 대규모 조선소가 들어서면서 공업 도시가 되었다.

정답:
(가)~(다) 도시를 지운 후 남은 도시는 [A]이다.

① | 자동차 및 트레일러 | 전기 장비 | 기타 기계 및 장비 | 기타 |

② | 코크스, 연탄 및 석유 정제품 | 자동차 및 트레일러 | 화학 물질 및 화학 제품 (의약품 제외) | 기타 |

③ 비금속 광물 제품 / 금속 가공 제품(기계 및 가구 제외) | 1차 금속 | 기타 |

④ 금속 가공 제품 (기계 및 가구 제외) / 식료품 / 기타 | 기타 운송 장비 |

⑤ 1차 금속 / 기타 | 화학 물질 및 화학 제품 (의약품 제외) | 코크스, 연탄 및 석유 정제품 |

0 ─────── 50 ─────── 100(%)

* 종사자 규모 10인 이상 업체를 대상으로 함.
** 각 지역별 출하액 기준 상위 3개 제조업만 표현함.
(2017)   (통계청)

09

그래프는 우리나라 주요 제조업의 특성을 나타낸 것이다. 이에 대한 설명으로 옳은 것은? (단, (가)~(다)는 각각 자동차 및 트레일러, 전자 부품·컴퓨터·영상·음향 및 통신 장비, 화학물질 및 화학제품 제조업 중 하나임.)

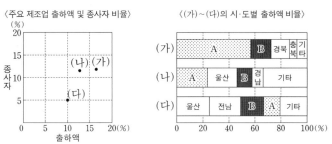

* 종사자 규모 10인 이상 사업체를 대상으로 함.   * 상위 4개 지역만 표시함.
(2019)   (통계청)

① A는 경기, B는 충남이다.

② (가)는 부피가 크거나 무거운 원료를 해외에서 수입하는 적환지 지향형 제조업이다.

③ (나)는 한 가지 원료로 여러 제품을 생산하는 계열화된 제조업이다.

④ (다)는 최종 제품 생산에 많은 부품이 필요한 조립형 제조업이다.

⑤ (가)는 (다)에 비해 종사자 1인당 출하액이 많다.

10

그래프는 세 지역의 제조업 업종별 종사자 수 비율을 나타낸 것이다. (가)~(다) 지역으로 옳은 것은? [3점]

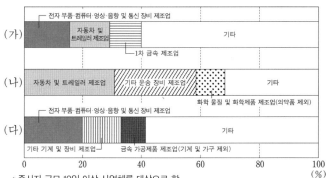

* 종사자 규모 10인 이상 사업체를 대상으로 함.
** 각 지역별 종사자 수 기준 상위 3개만 표시함.
(2019)   (통계청)

	(가)	(나)	(다)
①	경기	경북	울산
②	경기	울산	경북
③	경북	경기	울산
④	경북	울산	경기
⑤	울산	경기	경북

11

(가)~(라)에 해당하는 지역을 지도의 A~D에서 고른 것은? [3점]

〈제조업 출하액 비중〉

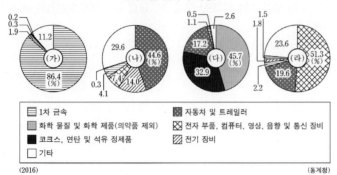

범례	
▨ 1차 금속	▨ 자동차 및 트레일러
▨ 화학 물질 및 화학 제품(의약품 제외)	▨ 전자 부품, 컴퓨터, 영상, 음향 및 통신 장비
■ 코크스, 연탄 및 석유 정제품	▨ 전기 장비
□ 기타	

(2016)　　　　　　　　　　　　　　　　　(통계청)

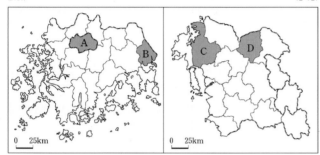

	(가)	(나)	(다)	(라)
①	B	A	C	D
②	B	C	D	A
③	C	A	B	D
④	C	A	D	B
⑤	C	D	B	A

12

지도는 세 제조업의 시·도별 출하액 상위 3개 지역을 나타낸 것이다. (가)~(다) 제조업에 대한 설명으로 옳은 것은? (단, (가)~(다)는 각각 1차 금속, 기타 운송 장비, 섬유 제품(의복 제외) 제조업 중 하나임.)

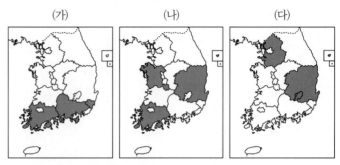

　(가)　　　　　　　(나)　　　　　　　(다)

*2021년 행정 구역을 기준으로 함.
**종사자 규모 10인 이상 사업체를 대상으로 함.
***기타 운송 장비는 선박 건조업 등을 포함함.　　(2021)

① (다)는 많은 부품을 필요로 하는 조립형 제조업이다.
② (가)에서 생산된 제품은 (나)의 주요 재료로 이용된다.
③ (가)는 (다)보다 최종 제품의 무게가 무겁고 부피가 크다.
④ (나)는 (다)보다 생산비에서 노동비가 차지하는 비율이 높다.
⑤ (다)는 (가)보다 사업체당 종사자 수가 많다.

13

그래프에 대한 설명으로 옳은 것은? (단, (가)~(다)는 각각 섬유 제품(의복 제외), 자동차 및 트레일러, 전자 부품·컴퓨터·영상·음향 및 통신 장비 제조업 중 하나이며, A, B는 각각 경북과 충남 중 하나임.) [3점]

〈(가)~(다)의 시·도별 출하액 비율〉

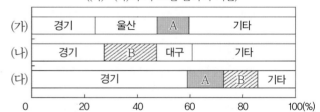

*종사자 규모 10인 이상 사업체를 대상으로 함.
**출하액 상위 3개 시·도만 표시함. (2021)

① (나)는 최종 제품 생산에 많은 부품이 필요한 종합 조립 공업이다.
② (가)는 (나)보다 우리나라 공업화를 주도한 시기가 이르다.
③ (다)는 (가)보다 대체로 최종 제품이 무겁고 부피가 크다.
④ A는 충남, B는 경북이다.
⑤ B는 (나) 출하액이 (다) 출하액보다 많다.

14

그래프는 세 제조업의 권역별 출하액 비율을 나타낸 것이다. (가)~(다) 제조업에 대한 옳은 설명만을 〈보기〉에서 고른 것은? (단, (가)~(다)는 각각 1차 금속, 기타 운송 장비, 전자 부품·컴퓨터·영상·음향 및 통신 장비 제조업 중 하나임.)

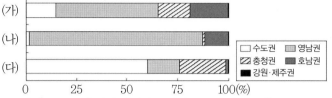

*종사자 규모 10인 이상 사업체를 대상으로 함. (2019년)

〈보기〉

ㄱ. (가)는 종합 조립 공업이다.
ㄴ. (나)의 최종 제품은 (가)의 주요 재료로 이용된다.
ㄷ. (나)는 (다)보다 최종 제품의 부피가 크다.
ㄹ. (다)는 (가)보다 전국 출하액이 많다.

① ㄱ, ㄴ   ② ㄱ, ㄷ   ③ ㄴ, ㄷ   ④ ㄴ, ㄹ   ⑤ ㄷ, ㄹ

16

그래프는 지도에 표시된 세 지역의 제조업 업종별 출하액 비율을 나타낸 것이다. A~C에 대한 설명으로 옳은 것은? (단, A~C는 각각 의복(액세서리, 모피 포함), 자동차 및 트레일러, 전기 장비 제조업 중 하나임.)

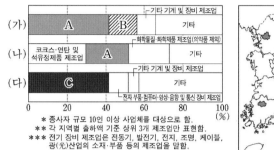

* 종사자 규모 10인 이상 사업체를 대상으로 함.
** 각 지역별 출하액 기준 상위 3개 제조업만 표현함.
*** 전기 장비 제조업은 전동기, 발전기, 전지, 조명, 케이블, 광(光)산업의 소재·부품 등의 제조업을 말함.
(2017)   (통계청)

① B는 대량의 원료를 수입하는 적환지 지향 공업이다.
② C는 제조 과정에서 원료의 무게나 부피가 감소하는 원료 지향 공업이다.
③ A는 C보다 총 매출액 대비 연구 개발비 비율이 높다.
④ C는 A보다 2000년대 이후 수출액이 많다.
⑤ (가)는 우리나라에서 A의 출하액이 가장 많은 지역이다.

15

다음 자료는 영남권 네 지역의 제조업 업종별 종사자 수 비율을 나타낸 것이다. A~D 제조업에 대한 옳은 설명을 〈보기〉에서 고른 것은? (단, A~D는 섬유 제품(의복 제외), 전자 부품·컴퓨터·영상·음향 및 통신 장비, 자동차 및 트레일러, 기타 운송 장비 제조업 중 하나임.) [3점]

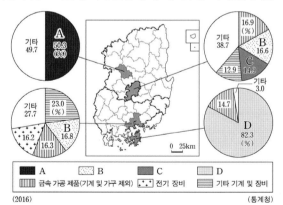

(2016)   (통계청)
*기타 운송 장비 제조업에는 선박 건조업, 철도 장비 제조업 등이 포함됨.
**각 지역에서 종사자 수 비율이 10% 이하인 업종은 기타에 포함됨.
***종사자 규모 10인 이상 사업체를 대상으로 함.

〈보기〉

ㄱ. B는 C보다 사업체당 종사자 수가 많다.
ㄴ. C는 A보다 2000년대 이후 수출액이 많다.
ㄷ. D는 A보다 전국에서 영남권이 차지하는 출하액 비율이 높다.
ㄹ. B와 D 모두 종사자 수가 가장 많은 지역은 수도권이다.

① ㄱ, ㄴ   ② ㄱ, ㄷ   ③ ㄴ, ㄷ   ④ ㄴ, ㄹ   ⑤ ㄷ, ㄹ

17

그래프에 대한 설명으로 옳은 것은? (단, (가)~(다)는 각각 자동차 및 트레일러, 전자부품·컴퓨터·영상·음향 및 통신장비, 화학물질 및 화학제품 제조업 중 하나임.) [3점]

〈제조업 업종별 부가가치 및 종사자〉

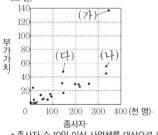

〈(가)~(다) 출하액의 시·도별 비율〉

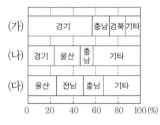

* 종사자 수 10인 이상 사업체를 대상으로 함.
** 제조업 출하액의 시·도별 비율은 상위 3개 시·도만 표현하고, 나머지 지역은 기타로 함.
(2019)   (통계청)

① 종사자 수는 화학물질 및 화학제품 제조업이 자동차 및 트레일러 제조업보다 많다.
② 종사자당 부가가치는 자동차 및 트레일러 제조업이 전자부품·컴퓨터·영상·음향 및 통신장비 제조업보다 크다.
③ (가)는 원료를 해외에서 수입하는 적환지 지향형 제조업이다.
④ (다)는 한 가지 원료로 여러 제품을 생산하는 집적 지향형 제조업이다.
⑤ (가)는 (나)보다 최종 완제품의 무게가 무겁고 부피가 크다.

18

표는 세 지역의 주요 제조업 출하액 비율을 나타낸 것이다. (가)~(다)에 해당하는 지역을 지도의 A~C에서 고른 것은?

순위	(가)		(나)		(다)	
	부문	비율(%)	부문	비율(%)	부문	비율(%)
1	기타 운송 장비	96.8	화학 물질 및 화학 제품	51.0	1차 금속	66.9
2	금속 가공 제품	1.8	코크스·연탄 및 석유정제품	46.4	금속 가공 제품	9.0
3	식료품	0.6	1차 금속	0.6	자동차 및 트레일러	5.2

* 종사자 규모 10인 이상 사업체를 대상으로 하며, 지역 내 출하액 상위 3개 제조업만 나타냄.
** 금속 가공 제품은 기계 및 가구 제외, 화학 물질 및 화학 제품은 의약품 제외함.
(2019) (통계청)

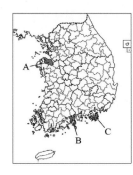

	(가)	(나)	(다)
①	A	B	C
②	A	C	B
③	B	A	C
④	C	A	B
⑤	C	B	A

19

(가)~(다)에 해당하는 제조업으로 옳은 것은?

《(가)~(다) 제조업 출하액 상위 5개 시·도》

제조업 순위	(가)	(나)	(다)
1	경기	경북	경기
2	경북	전남	울산
3	대구	충남	충남
4	부산	울산	경남
5	서울	경기	광주

(2019) (통계청)
* 종사자 규모 10인 이상 사업체를 대상으로 함.
** 섬유 제품 제조업에서 의복은 제외함.

	(가)	(나)	(다)
①	1차 금속	섬유 제품	자동차 및 트레일러
②	1차 금속	자동차 및 트레일러	섬유 제품
③	섬유 제품	1차 금속	자동차 및 트레일러
④	섬유 제품	자동차 및 트레일러	1차 금속
⑤	자동차 및 트레일러	1차 금속	섬유 제품

20

다음 자료에 대한 설명으로 옳은 것은? (단, (가), (나)는 각각 청주와 포항 중 하나이고, A~C는 각각 1차 금속, 자동차 및 트레일러, 전자 부품·컴퓨터·영상·음향 및 통신장비 제조업 중 하나임.) [3점]

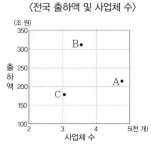

* 종사자 수 10인 이상 사업체를 대상으로 함.
(2021) (통계청)

① (가)는 해안에 위치하여 적환지 지향형 공업 발달에 유리하다.
② (가), (나)에는 모두 도청이 위치한다.
③ A는 B보다 최종 제품의 무게가 가볍고 부피가 작다.
④ C의 최종 제품은 A의 주요 재료로 이용된다.
⑤ A~C 중 사업체당 출하액이 가장 많은 것은 A이다.

21

그래프의 (가)~(다) 권역으로 옳은 것은?

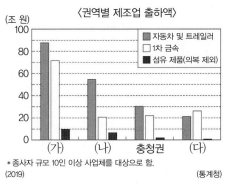

* 종사자 규모 10인 이상 사업체를 대상으로 함.
(2019) (통계청)

	(가)	(나)	(다)		(가)	(나)	(다)
①	수도권	영남권	호남권	②	수도권	호남권	영남권
③	영남권	수도권	호남권	④	영남권	호남권	수도권
⑤	호남권	수도권					

22

다음 자료는 영남권 세 지역의 제조업 업종별 종사자 수 비중을 나타낸 것이다. A~C에 해당하는 제조업으로 옳은 것은? [3점]

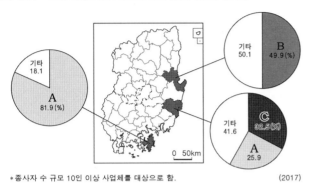

* 종사자 수 규모 10인 이상 사업체를 대상으로 함.
(2017)

	A	B	C
①	1차 금속	기타 운송 장비	자동차 및 트레일러
②	1차 금속	자동차 및 트레일러	기타 운송 장비
③	기타 운송 장비	1차 금속	자동차 및 트레일러
④	기타 운송 장비	자동차 및 트레일러	1차 금속
⑤	자동차 및 트레일러	1차 금속	기타 운송 장비

23

그래프는 네 지역의 주요 제조업 업종별 출하액 비율을 나타낸 것이다. (가)~(라)에 대한 설명으로 옳은 것은? (단, (가)~(라)는 각각 1차 금속, 의복(액세서리, 모피제품 포함), 자동차 및 트레일러, 전자 부품·컴퓨터·영상·음향 및 통신 장비 제조업 중 하나임.) [3점]

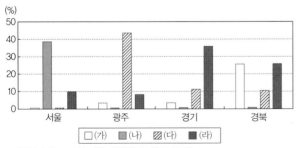

* 종사자 규모 10인 이상 사업체를 대상으로 함.
** 각 지역의 제조업 출하액에서 (가)~(라) 제조업이 각각 차지하는 비율을 나타냄.
(2019년)   (통계청)

① (가)는 제품 생산에 많은 부품이 필요한 조립 공업이다.
② (다)의 출하액이 전국에서 가장 많은 지역은 광주이다.
③ (가)에서 생산된 제품은 (다)의 주요 재료로 이용된다.
④ (나)는 (다)보다 최종 제품의 무게가 무겁고 부피가 크다.
⑤ (라)는 (나)보다 생산비에서 노동비가 차지하는 비율이 높다.

24

(가)~(다) 제조업으로 옳은 것은? [3점]

〈부가 가치 및 종사자 비율〉

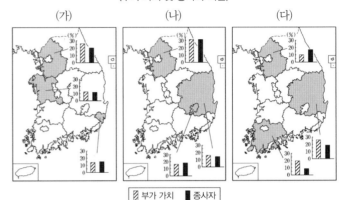

⬚ 부가 가치   ■ 종사자

* 종사자 규모 10인 이상 사업체를 대상으로 함.
** 제조업별 부가 가치 기준 상위 3개 지역만 표현함.
*** 부가 가치 및 종사자 비율은 전국 대비 각 지역의 비율임.
(2018)   (통계청)

	(가)	(나)	(다)
①	자동차 및 트레일러	섬유 제품(의복 제외)	1차 금속
②	자동차 및 트레일러	1차 금속	섬유 제품(의복 제외)
③	섬유 제품(의복 제외)	1차 금속	자동차 및 트레일러
④	1차 금속	섬유 제품(의복 제외)	자동차 및 트레일러
⑤	1차 금속	자동차 및 트레일러	섬유 제품(의복 제외)

25

그래프는 지도에 표시된 세 지역의 제조업 업종별 출하액 비율을 나타낸 것이다. (가)~(다)에 해당하는 지역을 지도의 A~C에서 고른 것은? [3점]

* 종사자 규모 10인 이상 사업체를 대상으로 함.
** 화학 물질 및 화학 제품은 의약품 제외임.
*** 기타 운송 장비 제조업은 선박 및 보트 건조업이 대부분임.
(2019)

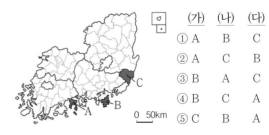

	(가)	(나)	(다)
①	A	B	C
②	A	C	B
③	B	A	C
④	B	C	A
⑤	C	B	A

그래프는 세 지역의 제조업 업종별 출하액 비율을 나타낸 것이다. A~C 제조업에 대한 설명으로 옳은 것은? (단, A~C는 각각 1차 금속, 자동차 및 트레일러, 전자 부품·컴퓨터·영상·음향 및 통신 장비 제조업 중 하나임.) [3점]

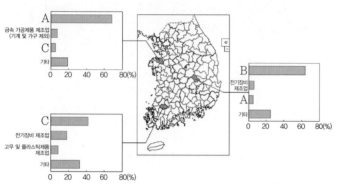

* 종사자 수 10인 이상 사업체를 대상으로 함.
** 각 지역의 제조업 업종별 출하액 비율 상위 3개만 표현하고, 나머지 업종은 기타로 함.
(2020)   (통계청)

① A는 최종 제품 생산에 많은 부품이 필요한 조립형 제조업이다.
② C는 1960년대 우리나라 공업화를 주도하였다.
③ A는 B보다 총 매출액 대비 연구 개발비 비율이 높다.
④ A의 최종 제품은 C의 주요 재료로 이용된다.
⑤ B는 C보다 최종 제품의 무게가 무겁고 부피가 크다.

그래프의 (가)~(다) 지역으로 옳은 것은?

* 종사자 규모 10인 이상 사업체를 대상으로 함.
** 출하액 상위 4개 시·도만 나타냄. (2020년)

	(가)	(나)	(다)		(가)	(나)	(다)
①	울산	충남	전남	②	전남	울산	충남
③	전남	충남	울산	④	충남	울산	전남
⑤	충남	전남	울산				

그래프의 A~C에 대한 설명으로 옳은 것은? (단, A~C는 각각 1차 금속, 섬유 제품(의복 제외), 자동차 및 트레일러 제조업 중 하나임.) [3점]

〈A~C 제조업의 시·도별 출하액 비율〉

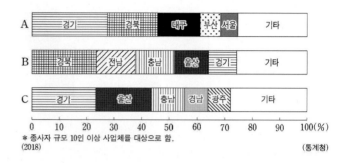

* 종사자 규모 10인 이상 사업체를 대상으로 함.
(2018)   (통계청)

① A는 대량의 원료를 수입하는 적환지 지향 공업이다.
② B는 노동 집약적인 경공업이다.
③ C는 집적 이익이 중요한 조립형 공업이다.
④ A는 B보다 자본 집약적인 성격이 강하다.
⑤ B는 C에서 생산된 최종 제품을 주요 재료로 이용한다.

그래프는 세 지역의 제조업 업종별 출하액 비율을 나타낸 것이다. A~D에 대한 설명으로 옳은 것은? (단, A~D는 각각 1차 금속, 의복(액세서리, 모피 포함), 자동차 및 트레일러, 전자 부품·컴퓨터·영상·음향 및 통신장비 제조업 중 하나임.) [3점]

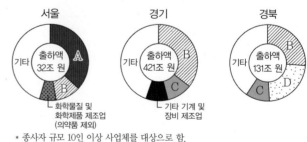

* 종사자 규모 10인 이상 사업체를 대상으로 함.
** 각 지역별 출하액 기준 상위 3개 제조업만 표현함.   (2020)

① A는 제조 과정에서 원료의 무게나 부피가 감소하는 원료 지향형 제조업이다.
② B는 부피가 크거나 무거운 원료를 해외에서 수입하는 적환지 지향형 제조업이다.
③ A는 B보다 종사자 1인당 출하액이 많다.
④ B는 C보다 최종 제품의 무게가 무겁고 부피가 크다.
⑤ D에서 생산된 제품은 C의 주요 재료로 이용된다.

30

다음 자료는 ○○ 공업에 관한 서로 다른 두 시기의 신문 기사이다. 이 공업에 대한 설명으로 옳은 것은?

□□일보 1979년 ◇월 ◇일	□□일보 2020년 △월 △일
○○ 공업 세계 10위권 생산 전망	**재도약의 발판을 마련한 ○○ 공업**
○○ 공업은 1960년대 수출 주도형 산업으로 육성되며 급성장하였다. 지난해에는 우리나라 전체 수출액의 31.3%를 차지하였고, 올해는 당초 수출 목표를 달성하며 세계 10위권 내의 생산국에 진입할 것으로 전망된다.	○○ 공업은 국내 인건비의 상승으로 1980년대부터 생산 공장이 해외로 이전하면서 쇠락의 길을 걸었다. 하지만 최근 땀 흡수와 통기성이 우수한 기능성 원단, 미세 먼지 흡착을 예방하는 특수 원단 등의 개발을 통해 재도약의 발판을 마련하였다.

① 계열화된 공정이 필요한 집적 지향 공업이다.
② 많은 부품을 필요로 하는 종합 조립 공업이다.
③ 원료의 해외 의존도가 높아 해안에 주로 입지한다.
④ 원료 산지에 입지하는 것이 유리한 원료 지향 공업이다.
⑤ 생산비에서 노동비가 차지하는 비중이 큰 노동 집약적 공업이다.

31

표는 세 제조업의 영남권 내 출하액 상위 4개 지역을 나타낸 것이다. (가)~(다)에 대한 설명으로 옳은 것은? (단, (가)~(다)는 각각 섬유 제품(의복 제외), 자동차 및 트레일러, 전자 부품·컴퓨터·영상·음향 및 통신 장비 제조업 중 하나임.) [3점]

순위	(가)		(나)		(다)	
	지역	비율(%)	지역	비율(%)	지역	비율(%)
1	대구	28.6	울산	51.4	구미	87.5
2	구미	16.3	창원	10.9	부산	3.1
3	부산	14.1	경주	8.3	창원	2.5
4	울산	7.8	부산	7.2	대구	2.1

* 종사자 규모 10인 이상 사업체를 대상으로 함.
** 영남권 내 제조업별 출하액에서 차지하는 비율임.　　　　(2019)

① (가)는 관련 산업이 집적하는 종합 조립형 공업이다.
② (나)는 1960년대 우리나라 공업화를 주도하였다.
③ (가)는 (나)보다 최종 제품의 무게가 무겁다.
④ (가)는 (다)보다 전국 출하액이 많다.
⑤ (다)의 최종 제품은 (나)의 최종 제품보다 항공기로 수출되는 비율이 높다.

32

표는 세 제조업의 출하액 상위 5개 지역을 나타낸 것이다. 이에 대한 설명으로 옳은 것은? (단, (가)~(다)는 각각 1차 금속, 자동차 및 트레일러, 전자 부품·컴퓨터·영상·음향 및 통신 장비 제조업 중 하나이고, A~C는 각각 아산, 울산, 화성 중 하나임.) [3점]

제조업 순위	(가)	(나)	(다)
1	A	포항	B
2	B	A	C
3	광주	광양	구미
4	C	당진	평택
5	창원	인천	이천

* 종사자 규모 10인 이상 사업체를 대상으로 함. (2019년)

① (가)의 최종 제품은 (나)의 주요 재료로 이용된다.
② (나)는 (다)보다 전국 종사자가 많다.
③ (다)는 (나)보다 전국 출하액에서 수도권이 차지하는 비율이 높다.
④ A는 영남권, B는 충청권, C는 수도권에 위치한다.
⑤ A는 (가)보다 (나)의 출하액이 많다.

33

(가)~(다)에 해당하는 지역을 지도의 A~C에서 고른 것은? [3점]

〈제조업 업종별 종사자 수 비율〉

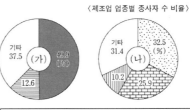

(가)	(나)	(다)
기타 37.5	기타 31.4	기타 27.2
(가) 49.9(%)	(나) 32.5(%)	(다) 23.4(%)
12.6	10.2　25.9	16.1　16.8　16.5

화학 물질 및 화학 제품(의약품 제외)　　1차 금속
금속 가공 제품(기계 및 가구 제외)　　전기 장비
기타 기계 및 장비　　자동차 및 트레일러
기타 운송 장비

* 각 지역에서 종사자 수 비율이 10% 이하인 업종은 기타에 포함됨.
** 종사자 규모 10인 이상 사업체를 대상으로 함.
(2017)　　　　　　　　　　　　　　　　(통계청)

0　25km

	(가)	(나)	(다)
①	A	B	C
②	A	C	B
③	B	A	C
④	B	C	A
⑤	C	B	A

21학년도 4월 학평 20번

지도는 세 제조업의 종사자 수 상위 3개 지역을 나타낸 것이다. (가)~(다) 제조업에 대한 설명으로 옳은 것은? (단, (가)~(다)는 각각 기타 운송 장비, 섬유 제품(의복 제외), 전자 부품·컴퓨터·영상·음향 및 통신 장비 제조업 중 하나임.) [3점]

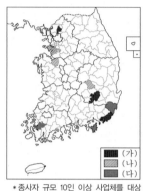

*종사자 규모 10인 이상 사업체를 대상으로 함.

**기타 운송 장비 제조업은 선박 및 보트 건조업이 대부분임.

(2019)

① (가)는 많은 부품을 필요로 하는 조립형 제조업이다.
② (나)는 공업 입지 유형 중 적환지 지향형에 해당된다.
③ (가)는 (나)보다 매출액 대비 연구 개발비 비중이 높다.
④ (나)는 (다)보다 최종 생산품의 무게가 무겁고 부피가 크다.
⑤ (다)는 (가)보다 우리나라 공업화를 선도한 시기가 늦다.

35

21학년도 3월 학평 18번

그래프는 세 제조업의 지역별 출하액 비율을 나타낸 것이다. (가)~(다)에 대한 설명으로 옳은 것은? (단, (가)~(다)는 각각 기타 운송 장비, 섬유 제품(의복 제외), 자동차 및 트레일러 제조업 중 하나임.) [3점]

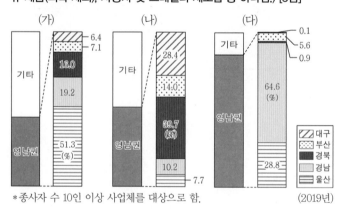

*종사자 수 10인 이상 사업체를 대상으로 함.

(2019년)

① (가)는 1960년대 우리나라 공업화를 주도하였다.
② (다)는 대량의 원료를 수입하는 적환지 지향 공업이다.
③ (나)는 (가)보다 사업체당 출하액이 많다.
④ (다)는 (나)보다 최종 제품의 무게가 무겁고 부피가 크다.
⑤ 제조업별 영남권의 출하액은 (다) > (나) > (가) 순으로 많다.

36

20학년도 10월 학평 8번

지도는 네 지역의 제조업 업종별 출하액 현황을 나타낸 것이다. A~D에 대한 설명으로 옳은 것은? (단, A~D는 각각 1차 금속, 자동차 및 트레일러, 화학 물질 및 화학 제품(의약품 제외), 전자 부품·컴퓨터·영상·음향 및 통신 장비 제조업 중 하나임.) [3점]

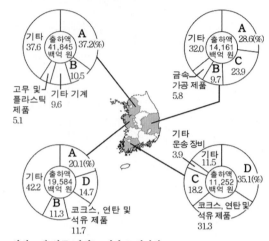

* 상위 4개 업종 이외는 기타로 처리함.

** 종사자 규모 10인 이상 사업체를 대상으로 함. (2018년)

① A는 적환지 지향형 공업이다.
② B의 출하액은 경기가 충남보다 많다.
③ A는 C보다 최종 제품의 무게가 무겁고 부피가 크다.
④ B는 D보다 종사자당 출하액이 많다.
⑤ C에서 생산된 제품은 D의 주요 재료로 이용된다.

37

20학년도 7월 학평 11번

그래프는 주요 제조업의 시·도별 출하액 비중을 상위 3개 지역만 나타낸 것이다. (가)~(라) 제조업에 대한 설명으로 옳은 것은? (단, (가)~(라)는 각각 1차 금속, 섬유 제품(의복 제외), 자동차 및 트레일러, 화학 물질 및 화학 제품(의약품 제외) 제조업 중 하나임.)

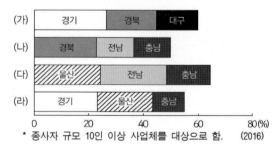

* 종사자 규모 10인 이상 사업체를 대상으로 함. (2016)

① (가)는 원료의 해외 의존도가 높은 기초 소재 공업이다.
② (나)는 총 생산비 중 노동비가 차지하는 비중이 가장 크다.
③ (다)는 조선 공업과 더불어 대표적인 조립형 공업이다.
④ (라)는 공업의 입지 유형 중 집적 지향형에 해당된다.
⑤ (라)는 (가)보다 우리나라 산업화를 주도한 시기가 이르다.

38

지도는 세 제조업의 출하액 상위 5개 지역을 나타낸 것이다. (가)~(다) 제조업에 대한 설명으로 옳은 것은? (단, (가)~(다)는 각각 1차 금속, 자동차 및 트레일러, 전자 부품·컴퓨터·영상·음향 및 통신 장비 제조업 중 하나임.) [3점]

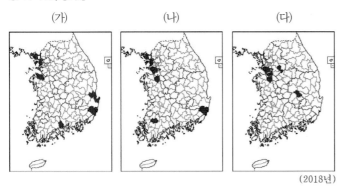

(2018년)

① (가)는 관련 산업이 집적하는 계열화된 조립형 공업이다.
② (나)는 운송비보다 부가 가치가 큰 입지 자유형 공업이다.
③ (가)는 (다)보다 적환지에 입지하는 경향이 크다.
④ (다)는 (나)보다 최종 제품의 평균 중량이 무겁다.
⑤ (나)에서 생산된 최종 제품은 (가)의 주요 재료로 이용한다.

39

그래프는 (가)~(라) 지역의 제조업 업종별 출하액 비율을 나타낸 것이다. 이에 대한 설명으로 옳은 것은? (단, (가)~(라)는 각각 아산, 원주, 청주, 화성 중 하나임.) [3점]

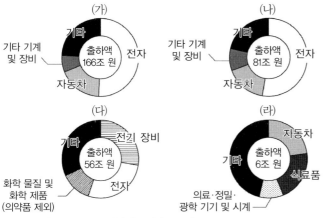

  * 종사자 수 10인 이상 사업체를 대상으로 함.
 ** 각 지역별 출하액 상위 3개 업종만 제시하고 나머지는 기타에 포함함.
*** 전자 부품·컴퓨터·영상·음향 및 통신 장비 제조업은 '전자'로, 자동차 및 트레일러 제조업은 '자동차'로 나타냄. (2022)

① (나)는 수도권과 전철로 연결되어 있다.
② (라)는 도청 소재지이다.
③ (나)는 (가)보다 자동차 및 트레일러 제조업의 출하액이 많다.
④ (가)는 화성, (다)는 아산이다.
⑤ (다)에는 기업 도시, (라)에는 혁신 도시가 조성되어 있다.

40

그래프는 지도에 표시된 네 지역군의 제조업 업종별 출하액 비율을 나타낸 것이다. 이에 대한 설명으로 옳은 것은? (단, A~D는 각각 기타 운송 장비, 비금속 광물 제품, 자동차 및 트레일러, 전자 부품·컴퓨터·영상·음향 및 통신 장비 제조업 중 하나임.)

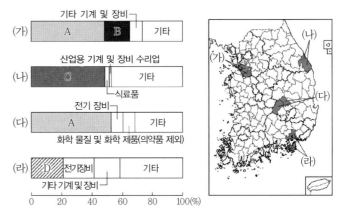

  * 종사자 수 10인 이상 사업체를 대상으로 함.
 ** 각 지역군별 출하액 기준 상위 3개 제조업만 표현함.
(2022)   (통계청)

① D는 전국에서 영남권보다 수도권이 차지하는 출하액 비율이 높다.
② A는 B에서 생산된 최종 제품을 주요 재료로 이용한다.
③ C는 B보다 총매출액 대비 연구 개발비 비율이 높다.
④ D는 A보다 전국 종사자 수가 많다.
⑤ A~D 중 호남권 내에서 출하액이 가장 많은 것은 B이다.

한눈에 정리하는
평가원 기출 경향

주제 \ 학년도	2025	2024	2023
다양한 상업 시설			
생산자 서비스업과 소비자 서비스업의 특징			
교통수단별 특징			

2023

수능 12번

3. 다음 글의 ㉠~㉢에 대한 설명으로 옳은 것만을 〈보기〉에서 고른 것은? [3점]

○ ㉠ 소비자 서비스업은 소비자가 일상생활을 영위하는 데 필요한 재화 또는 서비스를 제공한다. 이와 같은 서비스업은 소비자의 이동 거리를 최소화하고 동종 업체 간 경쟁을 감소시킬 수 있는 곳에 주로 입지한다.

○ ㉡ 생산자 서비스업은 기업이 재화나 서비스를 생산하고 유통하는 과정에 필요한 서비스를 제공한다. 이와 같은 서비스업은 주요 고객인 기업과의 접근성이 좋은 곳에 주로 입지한다. 최근 생산자 서비스업이 성장하게 된 주요 원인은 ㉢ 다양한 전문 서비스에 대한 기업의 수요가 증가하였기 때문이다.

〈보기〉
ㄱ. ㉠의 주요 고객은 개인이다.
ㄴ. ㉢으로 인해 관련 업무를 외부 업체에 맡기는 현상이 증가한다.
ㄷ. ㉠은 ㉡보다 대도시의 도심에서 주로 발달한다.
ㄹ. ㉡은 ㉠보다 총사업체 수가 많다.

① ㄱ, ㄴ ② ㄱ, ㄷ ③ ㄴ, ㄷ ④ ㄴ, ㄹ ⑤ ㄷ, ㄹ

2024

6월 모평 12번

1. 표는 각 지역에 입지한 교통 관련 시설을 나타낸 것이다. A~D에 대한 설명으로 옳은 것은? (단, A~D는 각각 고속 철도, 도로, 지하철, 해운 중 하나임.)

시설 \ 지역	대구	목포	부산	제주
A 이용 시설	○	○	○	○
B 이용 시설	○	○	○	×
C 이용 시설	×	○	○	○
D 이용 시설	○	×	○	×

* ○는 시설이 입지함을, ×는 시설이 입지하지 않음을 의미함.
** 이용 시설은 각각 고속 철도역, 지하철역, 버스 정류장, 항만을 의미함.

① B는 A보다 문전 연결성이 좋다.
② B는 C보다 국내 여객 수송 분담률이 높다.
③ D는 A보다 도입 시기가 이르다.
④ D는 C보다 화물의 장거리 수송에 유리하다.
⑤ 기종점 비용은 A 〉 B 〉 C 순으로 높다.

2022 ~ 2019

2. 표는 지도에 표시된 세 지역의 소매 업태별 사업체 수를 나타낸 것이다. 이에 대한 설명으로 옳은 것은? (단, A와 B는 각각 백화점, 슈퍼마켓 중 하나임.) [3점]

(단위: 개)

소매 업태 지역	A	대형 마트	B	편의점
(가)	3	12	433	1,116
(나)	1	4	83	193
(다)	0	0	10	13

(2019) (통계청)

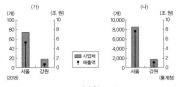

① (다)에는 국가 정원과 람사르 협약에 등록된 습지가 있다.
② 서울로 직접 연결되는 버스 운행 횟수는 (나)가 (가)보다 많다.
③ A는 B보다 소비자의 평균 이용 빈도가 높다.
④ A는 편의점보다 소비자의 평균 구매 이동 거리가 멀다.
⑤ B는 대형 마트보다 재화의 도달 범위가 넓다.

4. (가), (나) 소매 업태에 대한 설명으로 옳은 것만을 〈보기〉에서 고른 것은? (단, (가), (나)는 각각 대형 마트와 편의점 중 하나임.) [3점]

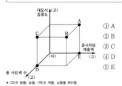

(2018) (통계청)

〈보기〉
ㄱ. 사업체당 매장 면적은 (가)가 (나)보다 넓다.
ㄴ. 소비자의 평균 구매 빈도는 (가)가 (나)보다 높다.
ㄷ. 상품 구매 시 소비자의 평균 이동 거리는 (가)가 (나)보다 길다.
ㄹ. (가), (나)의 최소 요구치 범위는 모두 서울이 강원보다 넓다.

① ㄱ, ㄴ ② ㄱ, ㄷ ③ ㄴ, ㄷ ④ ㄴ, ㄹ ⑤ ㄷ, ㄹ

16. 다음 글은 서비스업의 특성에 대한 것이다. (가)에 대한 (나)의 상대적 특성을 그림의 A~E에서 고른 것은?

> 서비스업은 수요 주체에 따라 크게 [(가)] 과 [(나)] 으로 분류한다. 서비스업의 비중이 커지면서 서비스업 내부에서 고도화 현상이 나타나고 있다. 산업 발전 초기에는 도·소매업, 음식·숙박업 등 [(가)] 이 주로 성장하지만, 산업 구조가 고도화되는 탈공업화 사회가 될수록 금융·보험·사업 서비스업 등 [(나)] 의 성장이 두드러지게 나타난다.

① A
② B
③ C
④ D
⑤ E

19 일차 서비스업의 변화와 교통의 발달

1 상업 및 서비스 산업의 특징

1 다양한 상업 시설 (모아 보기)

백화점	• 대형 마트보다 도심에 입지하는 경향이 강하다. 기억해 • 편의점보다 사업체 간 평균 거리가 멀다. • 편의점보다 고가 제품의 판매 비중이 높다.
대형 마트	• 편의점보다 최소 요구치가 크다. • 편의점보다 판매 제품의 종류가 다양하다. • 편의점보다 자가용 이용 고객의 비율이 높다.
편의점	• 대형 마트보다 1인당 평균 구매액이 작다. • 대형 마트보다 상점 간 평균 거리가 가깝다.
무점포 소매업체	• 소비자와 판매자 간 대면 접촉 빈도가 가장 낮다. • 대형 마트보다 입지의 공간적 제약이 작다.

2 소비자 서비스업과 생산자 서비스업

소비자 서비스업	• 생산자 서비스업보다 기업과의 거래 비중이 낮다. • 생산자 서비스업보다 사업체당 종사자 수가 적다.
생산자 서비스업	• 소비자 서비스업보다 지식 집약적 성격이 강하다. • 소비자 서비스업보다 대도시에 집중하는 경향이 크다.

2 다양한 교통수단

1 교통수단별 특징

도로	• 기종점 비용이 가장 저렴하다. • 국내 여객·화물 수송 분담률이 가장 높다. 기억해 • 철도보다 문전 연결성이 우수하다.
철도	• 해운보다 정시성과 안전성이 우수하다. • 지하철보다 장거리 여객 수송에 많이 이용된다.
해운	• 도로보다 장거리 대량 운송에 유리하다. • 철도보다 수송 시 기상 제약을 많이 받는다.
항공	해운보다 평균 운송 속도가 빠르다.

2 교통수단별 비교

(1) 기종점 비용: 항공 〉 해운 〉 철도 〉 도로 순으로 높다.

(2) 주행 비용 증가율: 도로 〉 철도 〉 해운 순으로 높다.

(3) 국내 여객(인 기준) 수송 분담률: 도로 〉 지하철 〉 철도 〉 항공 〉 해운 순으로 높다.

(4) 국내 화물(톤 기준) 수송 분담률: 도로 〉 해운 〉 철도 〉 항공 순으로 높다.

▶ 기/출/선/지 **모아** 보기

21학년도 수능 13번

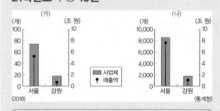

* (가)는 대형 마트, (나)는 편의점임.

ㄱ. 사업체당 매장 면적은 (가)가 (나)보다 넓다.

ㄴ. 소비자의 평균 구매 빈도는 (가)가 (나)보다 높다 낮다.

ㄷ. 상품 구매 시 소비자의 평균 이동 거리는 (가)가 (나)보다 길다.

ㄹ. (가), (나)의 최소 요구치 범위는 모두 서울이 강원보다 넓다 좁다.

01 대표 문제

24학년도 6월 모평 12번

표는 각 지역에 입지한 교통 관련 시설을 나타낸 것이다. A~D에 대한 설명으로 옳은 것은? (단, A~D는 각각 고속 철도, 도로, 지하철, 해운 중 하나임.)

시설＼지역	대구	목포	부산	제주
A 이용 시설	○	○	○	○
B 이용 시설	○	○	○	×
C 이용 시설	×	○	○	○
D 이용 시설	○	×	○	×

* ○는 시설이 입지함을, ×는 시설이 입지하지 않음을 의미함.
** 이용 시설은 각각 고속 철도역, 지하철역, 버스 정류장, 항만을 의미함.

① B는 A보다 문전 연결성이 좋다.
② B는 C보다 국내 여객 수송 분담률이 높다.
③ D는 A보다 도입 시기가 이르다.
④ D는 C보다 화물의 장거리 수송에 유리하다.
⑤ 기종점 비용은 A 〉 B 〉 C 순으로 높다.

02

22학년도 6월 모평 13번

표는 지도에 표시된 세 지역의 소매 업태별 사업체 수를 나타낸 것이다. 이에 대한 설명으로 옳은 것은? (단, A와 B는 각각 백화점, 슈퍼마켓 중 하나임.) [3점]

(단위: 개)

소매 업태＼지역	A	대형 마트	B	편의점
(가)	3	12	433	1,116
(나)	1	4	83	193
(다)	0	0	10	13

(2019)
(통계청)

0   25km

① (다)에는 국가 정원과 람사르 협약에 등록된 습지가 있다.
② 서울로 직접 연결되는 버스 운행 횟수는 (나)가 (가)보다 많다.
③ A는 B보다 소비자의 평균 이용 빈도가 높다.
④ A는 편의점보다 소비자의 평균 구매 이동 거리가 멀다.
⑤ B는 대형 마트보다 재화의 도달 범위가 넓다.

03

23학년도 수능 12번

다음 글의 ㉠~㉢에 대한 설명으로 옳은 것만을 〈보기〉에서 고른 것은? [3점]

○ ㉠ 소비자 서비스업은 소비자가 일상생활을 영위하는 데 필요한 재화 또는 서비스를 제공한다. 이와 같은 서비스업은 소비자의 이동 거리를 최소화하고 동종 업체 간 경쟁을 감소시킬 수 있는 곳에 주로 입지한다.

○ ㉡ 생산자 서비스업은 기업이 재화나 서비스를 생산하고 유통하는 과정에 필요한 서비스를 제공한다. 이와 같은 서비스업은 주요 고객인 기업과의 접근성이 좋은 곳에 주로 입지한다. 최근 생산자 서비스업이 성장하게 된 주요 원인은 ㉢ 다양한 전문 서비스에 대한 기업의 수요가 증가하였기 때문이다.

〈 보기 〉

ㄱ. ㉠의 주요 고객은 개인이다.
ㄴ. ㉢으로 인해 관련 업무를 외부 업체에 맡기는 현상이 증가한다.
ㄷ. ㉠은 ㉡보다 대도시의 도심에서 주로 발달한다.
ㄹ. ㉡은 ㉠보다 총사업체 수가 많다.

① ㄱ, ㄴ   ② ㄱ, ㄷ   ③ ㄴ, ㄷ   ④ ㄴ, ㄹ   ⑤ ㄷ, ㄹ

04

21학년도 수능 13번

(가), (나) 소매 업태에 대한 설명으로 옳은 것만을 〈보기〉에서 고른 것은? (단, (가), (나)는 각각 대형 마트와 편의점 중 하나임.) [3점]

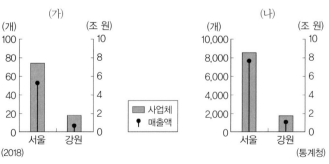

(2018)
(통계청)

〈 보기 〉

ㄱ. 사업체당 매장 면적은 (가)가 (나)보다 넓다.
ㄴ. 소비자의 평균 구매 빈도는 (가)가 (나)보다 높다.
ㄷ. 상품 구매 시 소비자의 평균 이동 거리는 (가)가 (나)보다 길다.
ㄹ. (가), (나)의 최소 요구치 범위는 모두 서울이 강원보다 넓다.

① ㄱ, ㄴ   ② ㄱ, ㄷ   ③ ㄴ, ㄷ   ④ ㄴ, ㄹ   ⑤ ㄷ, ㄹ

05

다음 자료는 교통수단의 특성을 나타낸 것이다. 이에 대한 설명으로 옳은 것만을 〈보기〉에서 고른 것은? (단, A~C는 각각 도로, 철도, 해운 중 하나임.) [3점]

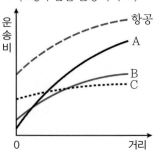

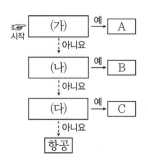

〈 보기 〉

ㄱ. (가)에는 "기종점 비용이 가장 저렴합니까?"가 들어갈 수 있다.

ㄴ. (나)에는 "평균 운행 속도가 가장 빠릅니까?"가 들어갈 수 있다.

ㄷ. (다)에는 "국제 화물 수송 분담률이 가장 높습니까?"가 들어갈 수 있다.

ㄹ. A ~ C 중 주행 비용 증가율은 C가 가장 높다.

① ㄱ, ㄴ   ② ㄱ, ㄷ   ③ ㄴ, ㄷ

④ ㄴ, ㄹ   ⑤ ㄷ, ㄹ

06

다음 글의 (가)~(다) 소매 업태에 대한 옳은 설명만을 〈보기〉에서 고른 것은? (단, (가)~(다)는 각각 백화점, 편의점, 무점포 소매업체 중 하나임.)

코로나19는 소매 업태별 판매액에 영향을 미쳤다. 오프라인 점포 없이 비대면으로 상품을 판매하는 (가) 은/는 판매액이 약 19.5% 증가하였다. 또한 소규모의 매장에서 일상 용품을 24시간 판매하기도 하는 (나) 도 판매액이 약 2.8% 증가하였다. 반면에 주로 대도시 도심의 넓은 매장에서 많은 직원과 고객들이 대면하는 (다) 은/는 판매액이 약 13.4% 감소하였다.

*판매액 증감율은 2019년 상반기 대비 2020년 상반기의 판매액 증감율임.

〈 보기 〉

ㄱ. (가)는 (나)보다 입지의 공간적 제약이 작다.

ㄴ. (나)는 (다)보다 최소 요구치가 크다.

ㄷ. (다)는 (가)보다 사업체당 매출액이 많다.

ㄹ. (가)~(다) 중 사업체 수는 (다)가 가장 많다.

① ㄱ, ㄴ   ② ㄱ, ㄷ   ③ ㄴ, ㄷ   ④ ㄴ, ㄹ   ⑤ ㄷ, ㄹ

07

다음 글의 (가), (나) 소매 업태에 대한 옳은 설명만을 〈보기〉에서 고른 것은? (단, (가), (나)는 각각 백화점, 무점포 소매업체 중 하나임.)

직장인 A씨는 그동안 도심이나 부도심에 주로 입지한 (가) 에서 쇼핑을 즐겼다. 그러나 최근에는 이곳에서 물건을 직접 살펴본 후 컴퓨터나 스마트폰을 이용해 (나) 에서 구매한다. 이와 같이 오프라인 매장을 전시실(showroom)로 이용하는 것을 쇼루밍 현상이라고 한다. 이와 같은 소비 행태의 변화로 인터넷 쇼핑몰과 같은 (나) 의 매출은 증가하고 있다. 한편 넓은 매장에서 고가의 제품을 주로 판매하는 (가) 은/는 오프라인 매장의 장점을 살리기 위해 노력하고 있다.

〈 보기 〉

ㄱ. (가)는 (나)보다 사업체 수가 많다.

ㄴ. (가)는 (나)보다 소비자와 판매자 간 대면 접촉 빈도가 높다.

ㄷ. (나)는 (가)보다 사업체당 매출액이 적다.

ㄹ. (나)는 (가)보다 입지의 공간적 제약이 크다.

① ㄱ, ㄴ   ② ㄱ, ㄷ   ③ ㄴ, ㄷ   ④ ㄴ, ㄹ   ⑤ ㄷ, ㄹ

08

그래프의 (가), (나) 소매 업태에 대한 설명으로 옳은 것은? (단, (가), (나)는 각각 백화점, 편의점 중 하나임.)

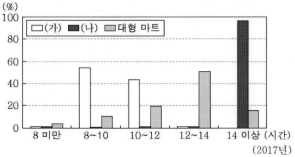

<소매 업태별 1일 평균 영업시간에 따른 사업체 수 비율>

① (가)는 대형 마트보다 고가 제품의 판매 비율이 낮다.

② (나)는 대형 마트보다 사업체당 매출액 규모가 크다.

③ (가)는 (나)보다 사업체 간 평균 거리가 멀다.

④ (가)는 (나)보다 사업체당 1일 이용자 수가 적다.

⑤ 전국 사업체 수는 (가) 〉 대형 마트 〉 (나) 순으로 많다.

09

다음 자료는 두 소매 업태의 할인 행사 광고이다. (가)와 비교한 (나)의 상대적 특성을 그림의 A~E에서 고른 것은? (단, (가), (나)는 각각 백화점, 편의점 중 하나임.)

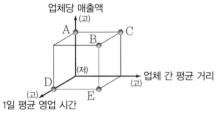

① A   ② B   ③ C   ④ D   ⑤ E

10

소매업태 (가)와 비교한 (나)의 상대적 특성을 그림의 A~E에서 고른 것은? (단, (가), (나)는 각각 무점포 소매업, 백화점 중 하나임.)

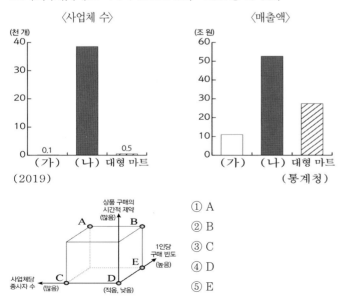

① A
② B
③ C
④ D
⑤ E

11

지도는 두 서비스업의 특성을 나타낸 것이다. (가), (나)에 대한 옳은 설명만을 〈보기〉에서 고른 것은? (단, (가), (나)는 각각 도매 및 소매업, 전문 서비스업 중 하나임.) [3점]

*2021년 행정 구역을 기준으로 함.
**시·도별 매출액 비율은 각 서비스업 전국 총 매출액에서 차지하는 비율임.   (2021)

〈 보기 〉
ㄱ. (가)는 (나)보다 지식 집약적 성격이 강하다.
ㄴ. (나)는 (가)보다 전국 종사자 수가 많다.
ㄷ. (나)는 (가)보다 대도시의 도심에서 주로 발달한다.
ㄹ. (가)는 소비자 서비스업, (나)는 생산자 서비스업에 해당한다.

① ㄱ, ㄴ   ② ㄱ, ㄷ   ③ ㄴ, ㄷ   ④ ㄴ, ㄹ   ⑤ ㄷ, ㄹ

12

다음 자료의 ㉠~㉤에 대한 설명으로 옳은 것은?

남파랑길 여행 경비 내역
○ 교통비
• ㉠ 철도: 10,300원
• ㉡ 항공: 43,500원
○ 숙식비
• 민박: 30,000원
• ㉢ 음식점: 56,000원
○ 물품 구입비
• 인터넷 쇼핑: 9,950원
• ㉣ 편의점: 1,700원
• ㉤ 대형 마트: 24,000원
○ 입장료: 5,000원

① ㉠은 도로보다 문전 연결성이 우수하다.
② ㉢은 생산자 서비스업에 해당한다.
③ ㉣은 백화점보다 일 평균 영업시간이 짧다.
④ ㉡은 ㉠보다 국내 여객 수송 분담률이 높다.
⑤ ㉣은 ㉤보다 소비자의 평균 이동 거리가 가깝다.

13

A~D에 해당하는 소매 업태로 옳은 것은? (단, A~D는 대형 마트, 무점포 소매업, 백화점, 편의점 중 하나임.)

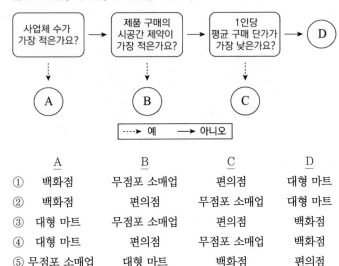

	A	B	C	D
①	백화점	무점포 소매업	편의점	대형 마트
②	백화점	편의점	무점포 소매업	대형 마트
③	대형 마트	무점포 소매업	편의점	백화점
④	대형 마트	편의점	무점포 소매업	백화점
⑤	무점포 소매업	대형 마트	백화점	편의점

15

그림은 두 소매 업태의 모습을 나타낸 것이다. (가)와 비교한 (나)의 상대적 특성으로 옳은 것은? (단, (가), (나)는 각각 대형 마트, 편의점 중 하나임.)

(가)   (나)

① 사업체당 종사자가 많다.
② 상점 간 평균 거리가 멀다.
③ 1인당 평균 구매액이 많다.
④ 1일 평균 영업시간이 길다.
⑤ 자가용 승용차 이용 고객의 비율이 높다.

14

다음 글의 (가), (나) 소매 업태에 대한 옳은 설명만을 〈보기〉에서 고른 것은? (단, (가), (나)는 각각 백화점, 편의점 중 하나임.) [3점]

> **인공지능이 도입되고 있는 소매 업태**
>
> (가) 은 주거지 인근에 주로 위치하며 조기·심야 영업, 연중무휴 등의 특징을 갖는 소매 업태로, 인공지능이 도입되고 있다. 예를 들면 인공지능이 날씨와 요일·시간대별 유동 인구 등으로 분석한 자료를 활용하여 제품 가격을 실시간으로 반영한다.
>
> (나) 은 도심 또는 부도심에 주로 위치하며 고가의 상품을 포함한 다양한 물품을 판매하는 소매 업태로, 인공지능 도입에 적극적이다. 예를 들면 육아용품을 자주 구입한 소비자의 구매 패턴을 인공지능이 분석하고, 그 결과를 활용하여 적절한 가전 및 문화 체험 일정 등을 안내한다.

〈 보기 〉
ㄱ. (가)는 (나)보다 사업체당 매장 면적이 넓다.
ㄴ. (가)는 (나)보다 소비자의 평균 이용 횟수가 많다.
ㄷ. (나)는 (가)보다 최소 요구치가 작다.
ㄹ. (나)는 (가)보다 사업체 간 평균 거리가 멀다.

① ㄱ, ㄴ   ② ㄱ, ㄷ   ③ ㄴ, ㄷ   ④ ㄴ, ㄹ   ⑤ ㄷ, ㄹ

16

다음 글은 서비스업의 특성에 대한 것이다. (가)에 대한 (나)의 상대적 특성을 그림의 A~E에서 고른 것은?

> 서비스업은 수요 주체에 따라 크게 (가) 과 (나) 으로 분류한다. 서비스업의 비중이 커지면서 서비스업 내부에서 고도화 현상이 나타나고 있다. 산업 발전 초기에는 도·소매업, 음식·숙박업 등 (가) 이 주로 성장하지만, 산업 구조가 고도화되는 탈공업화 사회가 될수록 금융·보험·사업 서비스업 등 (나) 의 성장이 두드러지게 나타난다.

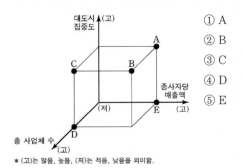

① A
② B
③ C
④ D
⑤ E

* (고)는 많음, 높음, (저)는 적음, 낮음을 의미함.

17

다음 자료는 직업 카드의 일부이다. ㉠, ㉡에 대한 옳은 설명만을 〈보기〉에서 고른 것은? [3점]

앞면
○ 분야: ㉠ 음식점업
○ 직업: 조리사

뒷면
○ 하는 일: 식자재를 가공하여 음식을 만듦.
○ 관련 학과: 식품 조리학과, 호텔 조리학과 등
○ 진출 분야: 호텔, 레스토랑 등

앞면
○ 분야: ㉡ 광고업
○ 직업: 광고 기획자

뒷면
○ 하는 일: 특정 상품이나 서비스에 대한 광고 기획 및 제작 등
○ 관련 학과: 광고 홍보학과, 언론 정보학과 등
○ 진출 분야: 광고 회사, 방송국 등

〈보기〉
ㄱ. ㉠은 ㉡보다 수도권 집중도가 높다.
ㄴ. ㉡은 ㉠보다 사업체당 매출액이 많다.
ㄷ. ㉡는 ㉠보다 전국의 종사자 수가 적다.
ㄹ. ㉠는 생산자 서비스업, ㉡은 소비자 서비스업에 해당한다.

① ㄱ, ㄴ ② ㄱ, ㄷ ③ ㄴ, ㄷ ④ ㄴ, ㄹ ⑤ ㄷ, ㄹ

18

그래프는 두 서비스업의 시·도별 사업체 수 비율을 나타낸 것이다. (가), (나)에 대한 설명으로 옳은 것은? (단, (가), (나)는 각각 음식·숙박업, 전문·과학 및 기술 서비스업 중 하나임.)

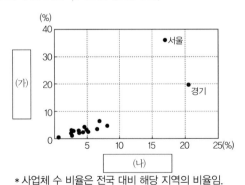

*사업체 수 비율은 전국 대비 해당 지역의 비율임.
(2019년)   (통계청)

① (가)는 (나)보다 전국 종사자 수가 많다.
② (가)는 (나)보다 기업체와의 거래 비율이 높다.
③ (나)는 (가)보다 사업체당 매출액이 많다.
④ (나)는 (가)보다 지식 집약적 성격이 강하다.
⑤ (가)는 소비자 서비스업, (나)는 생산자 서비스업에 속한다.

19

표는 교통수단별 국내 여객 수송에 관한 것이다. (가)~(라) 교통수단에 대한 설명으로 옳은 것은? (단, (가)~(라)는 각각 도로, 철도(지하철 포함), 항공, 해운 중 하나임.) [3점]

교통수단	평균 통행 거리 (km)	평균 통행 시간 (분)	여객 수송 분담률 (%)
(가)	11.9	21.9	84.57
(나)	17.2	44.3	15.30
(다)	74.5	136.4	0.04
(라)	376.8	59.5	0.09

*여객 수송 분담률은 인 기준임.   (2018)

① (가)는 (나)보다 문전 연결성이 우수하다.
② (가)는 (다)보다 대량 화물의 장거리 수송에 유리하다.
③ (나)는 (라)보다 기상 조건의 제약을 많이 받는다.
④ (다)는 (나)보다 주행 비용 증가율이 높다.
⑤ (라)는 (가)보다 기종점 비용이 저렴하다.

20

그래프는 두 서비스업의 권역(지역)별 사업체 수 비율을 나타낸 것이다. 이에 대한 설명으로 옳은 것은? (단, (가), (나)는 각각 숙박업, 사업 지원 서비스 중 하나임.) [3점]

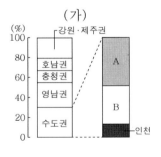
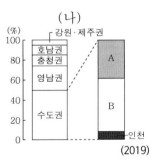

(2019)

① A는 경기, B는 서울이다.
② (가)는 (나)보다 기업과의 거래 비율이 높다.
③ (가)는 (나)보다 대도시 도심으로 집중하는 경향이 강하다.
④ (가), (나) 모두 충청권이 영남권보다 사업체 수가 많다.
⑤ (가)는 (나)보다 전국 사업체 수에서 B가 차지하는 비율이 높다.

한눈에 정리하는
평가원 기출 경향

주제 \ 학년도	**2025**	**2024**	**2023**

인구 관련 지표, 인구 문제
[20일차]

수능 4번

26. 다음은 지도에 표시된 세 지역에 대한 인구 관련 언론 보도 내용이다. (가)~(다) 지역에 대한 설명으로 옳은 것은? [3점]

(가) 은/는 인구가 약 3만 1천여 명까지 줄었는데도 심각한 주차난을 겪고 있습니다. 군부대가 많은 지역적 특성상 군인들을 포함해 사실상 이 지역에서 생활하는 인구는 약 5만여 명에 가깝기 때문입니다.

□□ 신문 2023년 ○월 ○일
지체의 인구는 꾸준히 늘고 있어 그 배경에 관심이 쏠린다. 공공 기관 입주, 신도시 조성 등으로 최근 10년간 내국인 인구가 약 3만 6천여 명이 증가했다.

(다) 은/는 탄광이 폐광되면서 근로자와 주민 약 2천여 명이 떠나고 그에 따라 지역 상권이 침체돼 존립 기반이 흔들리고 있다. 또한 여기에 있던 한 대학교의 폐교로 지역 경제에 대한 우려의 목소리가 더욱 커지고 있는 상황이다.

0 25km

① (가)는 (나)보다 인구가 많다.
② (가)는 (나)보다 외국인 주민 중 결혼 이민자 수가 많다.
③ (나)는 (다)보다 중위 연령이 높다.
④ (다)는 (나)보다 성비가 높다.
⑤ (다)는 (나)보다 총부양비가 높다.

수능 5번

2. 다음 〈조건〉만을 고려하여 아동 복지 시설의 입지를 선정하고자 할 때, 가장 적절한 곳을 지도의 A~E에서 고른 것은? [3점]

〈조건1〉: '시(市)' 단위 행정 구역인 곳
〈조건2〉: 유소년층 인구 비율이 10% 이상인 곳
〈조건3〉: 〈조건1〉과 〈조건2〉를 만족한 지역 중 총부양비가 가장 높은 곳

〈연령층별 인구 비율〉 (단위: %)

구분	0~14세	15~64세	65세 이상
A	12.8	70.7	16.5
B	8.9	60.5	30.6
C	8.4	61.8	29.8
D	8.9	63.8	27.3
E	14.5	져.4	11.1

(2020) (통계청)

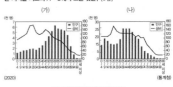
0 25km

① A ② B ③ C ④ D ⑤ E

6월 모평 19번

9. 그래프는 두 지역의 인구 특성을 나타낸 것이다. (가), (나)에 해당하는 지역을 지도의 A~C에서 고른 것은? [3점]

(가) / (나)
(2020) (통계청)

	(가)	(나)			(가)	(나)
①	A	B		②	B	A
③	B	C		④	C	A
⑤	C	B				

인구 이동, 다문화 공간
[20일차]

9월 모평 13번

1. 다음 자료는 지도에 표시된 세 지역의 유형별 외국인 주민 비율을 나타낸 것이다. (가)~(다)에 대한 설명으로 옳지 않은 것은? [3점]

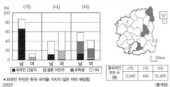

	(가)	(나)	(다)
총외국인 주민 수	2,048	443	15,468

■ 외국인 근로자 ▨ 결혼 이민자 ■ 유학생 ▨ 기타
*외국인 주민은 한국 국적을 가지지 않은 자만 해당함.
(2022) (통계청)

① 울진은 청송보다 총외국인 주민 수가 많다.
② 울진은 청송보다 외국인 근로자의 수가 많다.
③ 경산은 유학생의 수가 외국인 근로자의 수보다 많다.
④ 세 지역 중 외국인 근로자의 성비는 경산이 가장 높다.
⑤ 청송은 울진보다 지역 내 외국인 주민 중 결혼 이민자의 비율이 높다.

9월 모평 17번

5. 다음은 우리나라 인구에 대한 신문 기사의 일부이다. ⊙~@에 대한 설명으로 옳은 것만을 〈보기〉에서 고른 것은? [3점]

□□ 신문   2020년 ○○월 ○○일
"거주 외국인 200만 명 돌파"
최근 내국인의 인구 감소가 예견되는 상황에서 국내에 거주하는 외국인은 200만 명을 돌파했다. 외국인을 유형별로 살펴보면 ⊙ 외국인 근로자와 외국 국적 동포가 전체 외국인 주민의 약 47%를 차지하여, 이어 ⓒ 결혼 이민자, 유학생 등의 순이다. 외국인 근로자는 경기도 © 안산시, 수원시 등에 많이 거주하고, …(중략)… 결혼 이민자의 비율이 높은 일부 지역은 @ 함께 출산율이 높아 인구 문제에 시사점을 준다.

보기
ㄱ. ⊙은 경남이 전남보다 많다.
ㄴ. ⓒ은 우리나라 전체에서 시 지역보다 군 지역에 많이 거주한다.
ㄷ. ©에는 외국인 근로자가 결혼 이민자보다 많다.
ㄹ. 2020년 기준 우리나라의 @은 현재 인구를 유지할 수 있는 기준인 2.1명보다 높다.

① ㄱ, ㄴ ② ㄱ, ㄷ ③ ㄴ, ㄷ ④ ㄴ, ㄹ ⑤ ㄷ, ㄹ

9월 모평 5번

10. 다음 자료의 ⊙에 대한 ⓒ의 상대적 특성을 그림의 A~E에서 고른 것은?

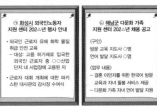
⊙ 화성시 외국인노동자 지원 센터 202△년 행사 안내
• 외국인 근로자 유해 화학 물질 취급 안전 교육
 - 대상: 고용 허가제로 입국한 외국인 근로자 중 ○○산업 단지 내 사업장에 고용된 자
• 근로자 대회 개최에 대한 파키스탄 대사관의 감사장 수여식

ⓒ 해남군 다문화 가족 지원 센터 202△년 채용 공고
• (구인)
 방문 교육 지도사 ○명
 언어 발달 지도사 ○명
• (업무 내용)
 - 결혼 이민자를 위한 한국어 방문 교육과 자녀 돌봄 서비스 제공
 - 다문화 가족 자녀 언어 발달 지원

지역 내 산업 취업 인구 비율
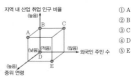
중위 연령

① A ② B ③ C ④ D ⑤ E

빈출

지역별 인구 특징 비교
[21일차]

9월 모평 16번

1. 다음 자료는 지도에 표시된 호남권 세 지역의 인구 특성에 대한 설명이다. (가)~(다)에 대한 설명으로 옳은 것은? [3점]

○ (가) 은/는 호남권에서 2023년 기준 총인구가 가장 많다.
○ (나) 은/는 호남권에서 2000년 대비 2023년 인구 증가율이 가장 높다.
○ (다) 은/는 호남권에서 2023년 기준 노년층 인구 비율이 가장 높다.
0 25km

① (가)는 (다)보다 청·장년층 성비가 높다.
② (나)는 (다)보다 출생아 수가 많다.
③ (나)는 (다)보다 노령화 지수가 높다.
④ (다)는 (나)보다 총인구 부양비가 높다.
⑤ (가)~(다) 중 인구 밀도는 (다)가 가장 높다.

6월 모평 9번

2. 그래프는 지도에 표시된 세 지역의 인구 특성을 나타낸 것이다. (가)~(다)에 대한 설명으로 옳은 것은? [3점]

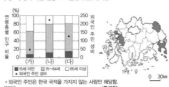

■ 15세 미만 ■ 15~64세 ■ 65세 이상
■ 외국인 주민 비율
*외국인 주민은 한국 국적을 가지지 않는 사람만 해당함.
(2021) (통계청)
0 30km

① (가)는 (다)보다 인구 밀도가 높다.
② (나)는 (가)보다 총부양비가 높다.
③ (나)는 (다)보다 제조업 종사자 수가 많다.
④ (다)는 (가)보다 노령화 지수가 높다.
⑤ (가)~(다) 중 (가)는 외국인 주민 수가 가장 많다.

수능 17번

13. 그래프는 세 지역의 인구 특성을 나타낸 것이다. (가)~(다)에 해당하는 지역을 지도의 A~C에서 고른 것은? [3점]

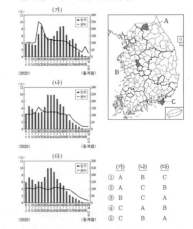
(가)
(2020) (통계청)
(나)
(2020) (통계청)
(다)
(2020) (통계청)

	(가)	(나)	(다)
①	A	B	C
②	A	C	B
③	B	C	A
④	C	A	B
⑤	C	B	A

2022 ~ 2019

2021. 6월 모평 4번

12. 다음 자료는 (가) 지역의 인구 특성에 대한 것이다. (가) 지역을 지도의 A~E에서 고른 것은? [3점]

구분	(가)	전국
성비	94.6	100.5
중위 연령(세)	59.6	42.7
유소년층 인구 비율(%)	7.2	12.7
순 이동(명)	-143	0

(2018)

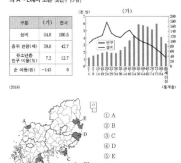

① A
② B
③ C
④ D
⑤ E

2022. 9월 모평 3번

20. 그래프의 (가)~(다) 지역을 지도의 A~C에서 고른 것은?

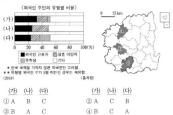

＜외국인 주민의 유형별 비율＞

* 한국 국적을 가지지 않은 외국인만 고려함.
** 유형별 외국인 수가 5명 미만인 경우는 제외함.

(2019)   (통계청)

	(가)	(나)	(다)			(가)	(나)	(다)
①	A	B	C		②	A	C	B
③	B	A	C		④	B	C	A
⑤	C	A	B					

2019. 9월 모평 20번

13. 그래프는 지도에 표시된 3개 시·도의 시기별 인구 변동을 나타낸 것이다. (가)~(다)에 대한 옳은 설명을 〈보기〉에서 고른 것은?

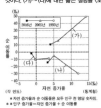

(각 연도)   (통계청)

* 자연 증가율과 순 이동률은 모두 전국 평균 숫자임.
** 인구 증가율=자연 증가율 + 순 이동률

〈보기〉

ㄱ. (가)와 (다)는 수도권에 위치해 있다.
ㄴ. 1995년에 인구가 증가한 시·도는 (가)와 (나)이다.
ㄷ. 2005년에 순 전출을 보이는 시·도는 (나)와 (다)이다.
ㄹ. 2016년에 출생자 수에 비해 사망자 수가 많은 시·도는 (다)이다.

① ㄱ, ㄴ   ② ㄱ, ㄷ   ③ ㄴ, ㄷ   ④ ㄴ, ㄹ   ⑤ ㄷ, ㄹ

2022. 수능 19번

3. 그래프는 지도에 표시된 세 지역군의 인구 구조를 나타낸 것이다. (가)~(다) 지역군에 대한 설명으로 옳은 것은? [3점]

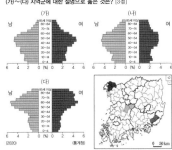

(2020)   (통계청)

① (가)는 (가)~(다) 중 중위 연령이 가장 높다.
② (나)는 (가)~(다) 중 총인구가 가장 많다.
③ (가)는 (나)보다 총부양비가 높다.
④ (나)는 (다)보다 성비가 높다.
⑤ (다)는 (가)보다 2차 산업 종사자 비율이 높다.

2021. 수능 6번

14. 그래프의 (가)~(다) 지역으로 옳은 것은? [3점]

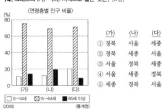

＜연령층별 인구 비율＞

(2018)   (통계청)

□ 0~14세 ▨ 15~64세 ■ 65세 이상

	(가)	(나)	(다)
①	경북	서울	세종
②	경북	세종	서울
③	서울	경북	세종
④	서울	세종	경북
⑤	세종	경북	서울

2020. 수능 15번

19. 그래프는 지도에 표시된 네 지역의 인구 특성을 나타낸 것이다. (가)~(라) 지역에 대한 설명으로 옳은 것은? [3점]

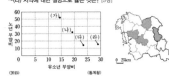

(2015)   (통계청)

① (가)는 (나)보다 총인구가 많다.
② (가)는 (라)보다 서비스업 종사자 수가 많다.
③ (나)는 (다)보다 청장년층 인구 비율이 높다.
④ (다)는 (나)보다 외국인 근로자 수가 많다.
⑤ (라)는 (다)보다 제조업 종사자 수가 많다.

2019. 수능 18번

7. 그래프는 시·도별 유소년층 및 노년층 인구 비율을 나타낸 것이다. 이에 대한 설명으로 옳은 것은? (단, (가)~(라)는 지도에 표시된 지역 중 하나임.)

(2015)

① (나)에는 공공 기관이 이전한 혁신 도시가 위치해 있다.
② (가)는 (다)보다 노령화 지수가 높다.
③ (나)는 (가)보다 유소년층 인구가 많다.
④ (다)는 (라)보다 총 부양비가 높다.
⑤ (다)는 호남권, (라)는 영남권에 해당한다.

기출 선지로 짚어 주는 **핵심 내용**

인구 변화와 다문화 공간

1 우리나라 인구 및 인구 구조의 변화

1 우리나라의 인구 구조 및 인구 부양비 변화

(1) 연령층별 인구 구조

① 출생률이 낮아지면서 유소년층 인구 비중이 감소하였다.

② 평균 수명이 증가하면서 노년층 인구 비중이 증가하였다.

③ 청장년층 인구 비중은 2010년대 중반까지 증가한 후 감소할 것이다.

(2) 시기별 인구 구조의 변화

1970년대	출생률이 높아 유소년층 인구 비중이 매우 높았다.
2010년대	낮은 출생률로 유소년층 인구 비중이 감소하고 노년층 인구 비중이 증가하고 있다.
2060년대	평균 수명 증가가 계속될 경우 노년층 인구 비중이 매우 높아질 것으로 예상된다.

2 도시와 촌락 지역의 인구 피라미드 비교

도시 (시 지역)	• 촌락에 비해 청장년층 인구 비중이 높고, 노년층 인구 비중이 낮다. • 촌락에 비해 생산 가능 인구 비중이 높다. • 촌락에 비해 총 부양비가 낮다.
촌락 (군 지역)	• 도시에 비해 청장년층 인구 비중이 낮고, 노년층 인구 비중이 높다. • 도시에 비해 노령화 지수가 높다. • 도시에 비해 중위 연령이 높다. • 도시에 비해 성비가 낮다.

3 주요 시·도별 인구 구조 특성(2015년 기준) 모아 보기

세종특별자치시	• 유소년층 인구 비율이 가장 높다. • 유소년 부양비가 가장 높다. 기억해
전라남도	• 노년층 인구 비율이 가장 높다. • 노년 부양비가 가장 높다.
울산광역시	• 노년층 인구 비율이 가장 낮다. • 노년 부양비가 가장 낮다.

2 인구 이동과 다문화 공간

1 인구 이동의 특징: 대도시와 주변 위성 도시 간의 인구 이동이 뚜렷하게 나타난다.

2 외국인의 유입과 다문화 공간

(1) 외국인 근로자: 주로 수도권에 거주하면서 제조업에 종사한다.

(2) 국제결혼 이민자: 인구 대비 국제결혼의 비중은 촌락이 높고, 총 국제결혼 건수는 도시가 많다.

▶ 기/출/선/지 **모아** 보기

24학년도 9월 모평 17번

□□ 신문	2020년 ○○월 ○○일

"거주 외국인 200만 명 돌파"

최근 내국인의 인구 감소가 예견되는 상황에서 국내에 거주하는 외국인은 200만 명을 돌파했다. 외국인을 유형별로 살펴보면 ⊙ 외국인 근로자와 외국 국적 동포가 전체 외국인 주민의 약 47%를 차지하며, 이어 ⓒ 결혼 이민자, 유학생 등의 순이다. 외국인은 경기도 ⓒ 안산시, 수원시 등에 많이 거주하고, …(중략)… 결혼 이민자의 비율이 높은 일부 지역은 ⓔ 합계 출산율이 높아 인구 문제에 시사점을 준다.

ㄱ. ⊙은 경남이 전남보다 많다.

ㄴ. ⓒ은 우리나라 전체에서 시 지역보다 군 지역에 많이 적게 거주한다.

ㄷ. ⓒ에는 외국인 근로자가 결혼 이민자보다 많다.

ㄹ. 2020년 기준 우리나라의 ⓔ은 현재 인구를 유지할 수 있는 기준인 2.1명보다 ~~높다~~ 낮다.

23 모평 ㄴ. 안산은 대전보다 지역 내 외국인 주민 중 결혼 이민자 비율이 ~~높다~~ 낮다.

ㄷ. 지역 내 외국인 주민 중 외국인 근로자 수는 안산 〉 대전 〉 예천 순으로 많다.

01 대표 문제

다음 자료는 지도에 표시된 세 지역의 유형별 외국인 주민 비율을 나타낸 것이다. (가)~(다)에 대한 설명으로 옳지 <u>않은</u> 것은? [3점]

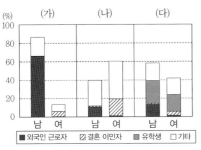

* 외국인 주민은 한국 국적을 가지지 않은 자만 해당함.
(2022)
(통계청)

총외국인 주민 수 (명)	(가)	(나)	(다)
	2,048	443	15,468

① 울진은 청송보다 총외국인 주민 수가 많다.
② 울진은 청송보다 외국인 근로자의 수가 많다.
③ 경산은 유학생의 수가 외국인 근로자의 수보다 많다.
④ 세 지역 중 외국인 근로자의 성비는 경산이 가장 높다.
⑤ 청송은 울진보다 지역 내 외국인 주민 중 결혼 이민자의 비율이 높다.

03

다음은 지도에 표시된 세 지역의 인구 관련 신문 기사 내용의 일부이다. (가)~(다) 지역에 대한 설명으로 옳은 것은? [3점]

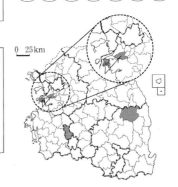

○○ 신문 (2024년 ○월 ○일)
청년 인구 비율 40.2%... 전국 시·도 중에서 가장 높다.
(가) 은/는 15세 이상 인구 중 청년(15세~39세) 비율이 40.2%로 전국 시·도 중에서 가장 높게 나타났다. 정부 기관 이전을 목적으로 조성된 이 지역은 유소년층 인구 비율 또한 19.2%(전국 평균 11.6%)로 전국에서 가장 높다.

□□ 신문 (2024년 ○월 ○일)
인구감소지역대응위원회 회의 개최
(나) 은/는 제1차 인구감소지역대응위원회를 열고 생활 인구 확대, 청장년 정착 촉진 방안 등을 심의·의결하였다. 이 지역은 인구 소멸 위험이 큰 곳으로 대표적인 인구 과소 지역이다.

△△ 신문 (2024년 ○월 ○일)
시·군·구 중에서 외국인 주민 가장 많이 사는 곳
(다) 은/는 외국인 주민이 가장 많이 거주하는 곳으로 외국인 주민 수가 10만 명을 넘어섰다. 이 지역은 외국인을 위한 커뮤니티 공간인 다문화 마을 특구가 조성되어 있다.

① (가)는 (나)보다 중위 연령이 높다.
② (나)는 (가)보다 인구 밀도가 높다.
③ (다)는 (가)보다 유소년 부양비가 높다.
④ (다)는 (나)보다 지역 내 외국인의 성비가 높다.
⑤ 총인구는 (다)〉(나)〉(가) 순으로 많다.

02

다음 〈조건〉만을 고려하여 아동 복지 시설의 입지를 선정하고자 할 때, 가장 적절한 곳을 지도의 A~E에서 고른 것은? [3점]

〈조건1〉: '시(市)' 단위 행정 구역인 곳
〈조건2〉: 유소년층 인구 비율이 10% 이상인 곳
〈조건3〉: 〈조건1〉과 〈조건2〉를 만족한 지역 중 총부양비가 가장 높은 곳

〈연령층별 인구 비율〉
(단위: %)

구분	0~14세	15~64세	65세 이상
A	12.8	70.7	16.5
B	8.9	60.5	30.6
C	8.4	61.8	29.8
D	8.9	63.8	27.3
E	14.5	74.4	11.1

(2020)
(통계청)

① A ② B ③ C ④ D ⑤ E

04

그래프는 지도에 표시된 세 지역의 인구 특성을 나타낸 것이다. A~C 지역에 대한 설명으로 옳은 것은? [3점]

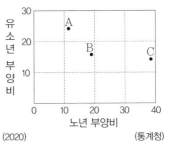

(2020)
(통계청)

① A는 B보다 서울로 통근·통학하는 인구 비율이 높다.
② A는 C보다 청장년층 인구 비율이 낮다.
③ B는 A보다 성비가 높다.
④ C는 A보다 인구 밀도가 높다.
⑤ C는 B보다 노령화 지수가 높다.

05

다음은 우리나라 인구에 대한 신문 기사의 일부이다. ㉠~㉣에 대한 설명으로 옳은 것만을 〈보기〉에서 고른 것은? [3점]

□□ 신문	2020년 ○○월 ○○일

"거주 외국인 200만 명 돌파"

최근 내국인의 인구 감소가 예견되는 상황에서 국내에 거주하는 외국인은 200만 명을 돌파했다. 외국인을 유형별로 살펴보면 ㉠ 외국인 근로자와 외국 국적 동포가 전체 외국인 주민의 약 47%를 차지하며, 이어 ㉡ 결혼 이민자, 유학생 등의 순이다. 외국인은 경기도 ㉢ 안산시, 수원시 등에 많이 거주하고, …(중략)… 결혼 이민자의 비율이 높은 일부 지역은 ㉣ 합계 출산율이 높아 인구 문제에 시사점을 준다.

〈 보기 〉
- ㄱ. ㉠은 경남이 전남보다 많다.
- ㄴ. ㉡은 우리나라 전체에서 시 지역보다 군 지역에 많이 거주한다.
- ㄷ. ㉢에는 외국인 근로자가 결혼 이민자보다 많다.
- ㄹ. 2020년 기준 우리나라의 ㉣은 현재 인구를 유지할 수 있는 기준인 2.1명보다 높다.

① ㄱ, ㄴ   ② ㄱ, ㄷ   ③ ㄴ, ㄷ   ④ ㄴ, ㄹ   ⑤ ㄷ, ㄹ

06

그래프는 우리나라 인구 특성의 변화 추이를 나타낸 것이다. 이에 대한 분석으로 옳은 것은? [3점]

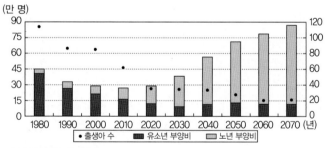

(만 명)

● 출생아 수   ■ 유소년 부양비   ▨ 노년 부양비

*2020년 이후는 추정치임.

① 1980년은 2000년보다 노령화 지수가 높다.
② 1990년은 2010년에 비해 출생아 수가 두 배 이상이다.
③ 2050년은 2020년에 비해 중위 연령이 낮을 것이다.
④ 2060년에는 유소년층 인구와 노년층 인구의 합이 청장년층 인구보다 많을 것이다.
⑤ 2070년에는 피라미드형 인구 구조가 나타날 것이다.

07

다음 자료는 (가)~(다) 지역의 외국인 주민 현황을 나타낸 것이다. 이에 대한 설명으로 옳은 것만을 〈보기〉에서 고른 것은? (단, (가)~(다)는 각각 대전, 안산, 예천 중 하나이며, A~C는 각각 결혼 이민자, 외국인 근로자, 유학생 중 하나임.) [3점]

〈외국인 주민 수 및 성비〉

지역	외국인	
	주민 수(명)	성비
(가)	22,928	84
(나)	79,498	129
(다)	779	67

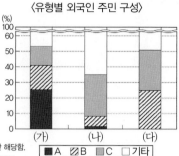

〈유형별 외국인 주민 구성〉

■A ▨B ▦C □기타

* 외국인 주민은 한국 국적을 가지지 않은 사람만 해당함.
** 유형별 외국인 주민 수가 5명 미만인 경우는 제외함.
(2020)   (통계청)

〈 보기 〉
- ㄱ. 예천은 대전보다 외국인 주민의 성비가 높다.
- ㄴ. 안산은 대전보다 지역 내 외국인 주민 중 결혼 이민자 비율이 높다.
- ㄷ. 지역 내 외국인 주민 중 외국인 근로자 수는 안산 〉대전 〉예천 순으로 많다.
- ㄹ. A는 유학생, B는 결혼 이민자, C는 외국인 근로자이다.

① ㄱ, ㄴ   ② ㄱ, ㄷ   ③ ㄴ, ㄷ   ④ ㄴ, ㄹ   ⑤ ㄷ, ㄹ

08

다음 자료의 A~C에 해당하는 지역으로 옳은 것은? [3점]

〈지역 간 순 이동 인구〉   (단위: 명)

A → (32,085) → 수도권
300 → B ← 수도권 (51,506)
수도권 → C (55,511)
A → C (108,856)
B → C (22,591)

* 화살표는 순 이동 흐름을 나타냄.
** 수치는 2013~2021년의 누적값임.

(통계청)

	A	B	C
①	대전	세종	충남
②	대전	충남	세종
③	세종	대전	충남
④	충남	대전	세종
⑤	충남	세종	대전

09

그래프는 두 지역의 인구 특성을 나타낸 것이다. (가), (나)에 해당하는 지역을 지도의 A~C에서 고른 것은? [3점]

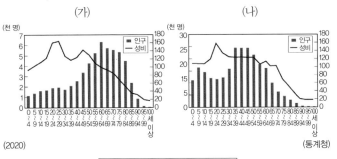

	(가)	(나)			(가)	(나)
①	A	B		②	B	A
③	B	C		④	C	A
⑤	C	B				

10

다음 자료의 ㉠에 대한 ㉡의 상대적 특성을 그림의 A~E에서 고른 것은?

㉠ 화성시 외국인노동자 지원 센터 202△년 행사 안내

• 외국인 근로자 유해 화학 물질 취급 안전 교육
 - 대상: 고용 허가제로 입국한 외국인 근로자 중 ○○산업 단지 내 사업장에 고용된 자
• 근로자 대회 개최에 대한 파키스탄 대사관의 감사장 수여식

㉡ 해남군 다문화 가족 지원 센터 202△년 채용 공고

〈구인〉
방문 교육 지도사 ○명
언어 발달 지도사 ○명

〈업무 내용〉
 - 결혼 이민자를 위한 한국어 방문 교육과 자녀 돌봄 서비스 제공
 - 다문화 가족 자녀 언어 발달 지원

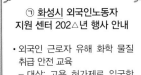

지역 내 산업 취업 인구 비율

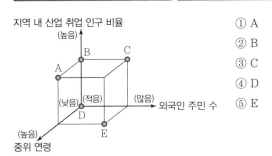

① A
② B
③ C
④ D
⑤ E

11

그래프는 지도에 표시된 세 지역의 외국인 주민 현황을 나타낸 것이다. (가)~(다)에 해당하는 지역을 지도의 A~C에서 고른 것은?

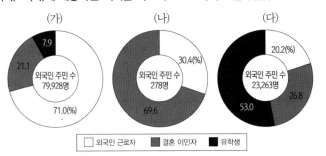

* 외국인 주민은 한국 국적을 가지지 않은 자만 해당하며, 유형별 외국인 주민수가 5명 미만인 경우는 제외함.
** 지역별 결혼 이민자, 외국인 근로자, 유학생 수의 합을 100%의 비율로 함.
(2021) (통계청)

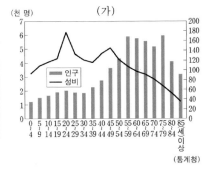

	(가)	(나)	(다)
①	A	B	C
②	A	C	B
③	B	A	C
④	B	C	A
⑤	C	A	B

12

다음 자료는 (가) 지역의 인구 특성에 대한 것이다. (가) 지역을 지도의 A~E에서 고른 것은? [3점]

구분	(가)	전국
성비	94.6	100.5
중위 연령(세)	59.6	42.7
유소년층 인구 비율(%)	7.2	12.7
순 이동(명)	-143	0

(2018) (통계청)

① A
② B
③ C
④ D
⑤ E

13

그래프는 지도에 표시된 3개 시·도의 시기별 인구 변동을 나타낸 것이다. (가)~(다)에 대한 옳은 설명을 〈보기〉에서 고른 것은?

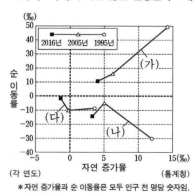 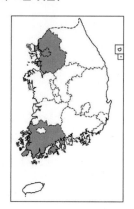

＊자연 증가율과 순 이동률은 모두 인구 천 명당 숫자임.
＊＊인구 증가율=자연 증가율＋순 이동률

〈 보기 〉

ㄱ. (가)와 (다)는 수도권에 위치해 있다.
ㄴ. 1995년에 인구가 증가한 시·도는 (가)와 (나)이다.
ㄷ. 2005년에 순 전출을 보이는 시·도는 (나)와 (다)이다.
ㄹ. 2016년에 출생자 수에 비해 사망자 수가 많은 시·도는 (다)이다.

① ㄱ, ㄴ ② ㄱ, ㄷ ③ ㄴ, ㄷ ④ ㄴ, ㄹ ⑤ ㄷ, ㄹ

14

그래프의 (가)~(다) 지역을 지도의 A~C에서 고른 것은?

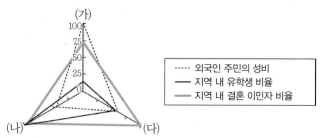

＊ 지표별 최대 지역의 값을 100으로 했을 때의 상댓값임.
＊＊ 한국 국적을 가지지 않은 외국인만 고려함. (2021년)

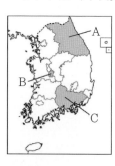

	(가)	(나)	(다)
①	A	B	C
②	A	C	B
③	B	C	A
④	C	A	B
⑤	C	B	A

15

그래프는 네 시·도의 산업 구조와 인구 이동을 나타낸 것이다. (가)~(라) 지역에 대한 설명으로 옳은 것은? (단, (가)~(라)는 각각 경기, 서울, 세종, 충남 중 하나임.) [3점]

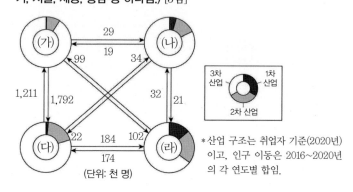

(단위: 천 명)

＊산업 구조는 취업자 기준(2020년)이고, 인구 이동은 2016~2020년의 각 연도별 합임.

① (가)에는 행정 중심 복합 도시가 있다.
② (라)의 경우 경기보다 서울로부터의 인구 유입이 많다.
③ (가)는 (다)보다 정보 통신 기술 서비스업 종사자 수가 많다.
④ (나)는 (라)보다 총인구가 많다.
⑤ (가)~(라) 중 유소년 부양비는 (다)가 가장 높다.

16

그래프는 세 지역의 외국인 주민 현황을 나타낸 것이다. (가)~(다) 지역에 대한 설명으로 옳은 것은? (단, (가)~(다)는 각각 경기, 경남, 전북 중 하나임.) [3점]

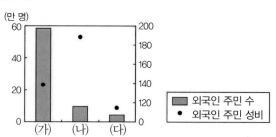

＊ 한국 국적을 가지지 않은 외국인만 고려함. (2020년)

① (나)는 전북이다.
② (가)는 (다)보다 외국인 유학생 수가 적다.
③ (나)는 (가)보다 지역 내 총생산이 많다.
④ (다)는 (가)보다 지역 내 외국인 중 결혼 이민자 비율이 높다.
⑤ (다)는 (나)보다 남성 외국인 주민 수가 많다.

17

(가)~(다)에 해당하는 지역으로 옳은 것은?

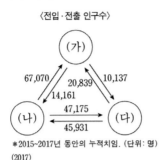

〈전입·전출 인구수〉

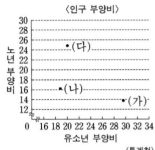

〈인구 부양비〉

*2015~2017년 동안의 누계치임. (단위: 명)
(2017)

(통계청)

	(가)	(나)	(다)		(가)	(나)	(다)
①	대전	세종	충남	②	대전	충남	세종
③	세종	대전	충남	④	세종	충남	대전
⑤	충남	대전	세종				

18

그래프는 지도에 표시된 세 지역의 외국인 주민의 수를 유형별로 나타낸 것이다. (가)~(다) 지역에 대한 설명으로 옳은 것만을 〈보기〉에서 고른 것은? [3점]

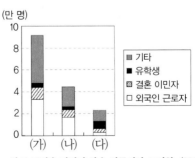

*한국 국적을 가지지 않은 외국인만 고려함. (2021)

─── 〈 보기 〉 ───

ㄱ. (나)는 (다)보다 노령화 지수가 높다.

ㄴ. (다)는 (가)보다 지역 내 농가 인구 비율이 높다.

ㄷ. (가)와 (나)는 행정 구역의 경계가 접해 있다.

ㄹ. 전남은 경남보다 결혼 이민자가 많다.

① ㄱ, ㄴ   ② ㄱ, ㄷ   ③ ㄴ, ㄷ   ④ ㄴ, ㄹ   ⑤ ㄷ, ㄹ

19

그래프는 지도에 표시된 세 지역의 외국인 주민 특성을 나타낸 것이다. (가)~(다)에 해당하는 지역을 지도의 A~C에서 고른 것은? [3점]

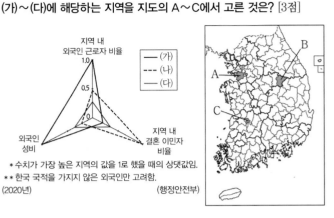

*수치가 가장 높은 지역의 값을 1로 했을 때의 상댓값임.
**한국 국적을 가지지 않은 외국인만 고려함.
(2020년)

(행정안전부)

	(가)	(나)	(다)		(가)	(나)	(다)
①	A	B	C	②	A	C	B
③	B	A	C	④	B	C	A
⑤	C	A	B				

20

그래프의 (가)~(다) 지역을 지도의 A~C에서 고른 것은?

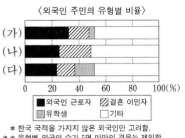

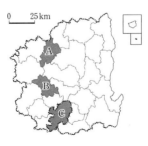

* 한국 국적을 가지지 않은 외국인만 고려함.
** 유형별 외국인 수가 5명 미만인 경우는 제외함.
(2019)

(통계청)

	(가)	(나)	(다)		(가)	(나)	(다)
①	A	B	C	②	A	C	B
③	B	A	C	④	B	C	A
⑤	C	A	B				

21

그래프의 A~C 권역에 대한 설명으로 옳은 것은? (단, A~C는 각각 수도권, 영남권, 충청권 중 하나임.) [3점]

〈권역별 인구 규모 1~3위 도시 인구 비율 및 권역 간 인구 이동〉

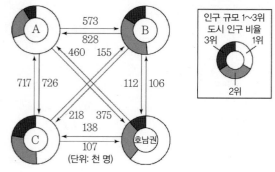

* 인구 규모 1~3위 도시 인구 비율은 2021년 값이고, 권역 간 인구 이동은 2017~2021년의 합계임.
** 권역별 인구 규모 1~3위 도시 인구 비율은 인구 규모 1~3위 도시 인구의 합을 100으로 하였을 때 인구 비율을 나타냄.

① A에는 혁신 도시가 있다.
② B의 인구 규모 1위 도시는 부산이다.
③ C는 A보다 도시 인구가 많다.
④ C는 B보다 광역시의 수가 많다.
⑤ 2017~2021년에 충청권에서 수도권으로의 인구 이동은 수도권에서 충청권으로의 인구 이동보다 많다.

22

그래프는 지도에 표시된 세 지역의 외국인 주민 현황을 나타낸 것이다. 이에 대한 설명으로 옳은 것만을 〈보기〉에서 고른 것은?

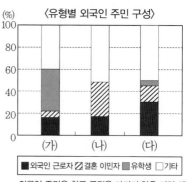

〈유형별 외국인 주민 구성〉

■ 외국인 근로자 ▨ 결혼 이민자 ▧ 유학생 □ 기타

* 외국인 주민은 한국 국적을 가지지 않은 자만 해당함.
(2020)   (통계청)

〈 보기 〉
ㄱ. 창원은 봉화보다 결혼 이민자 비율이 높다.
ㄴ. 경산은 창원보다 외국인 유학생 수가 많다.
ㄷ. (나)는 (가)보다 총 외국인 주민 수가 많다.
ㄹ. (다)는 (가)보다 외국인 근로자 수가 많다.

① ㄱ, ㄴ   ② ㄱ, ㄷ   ③ ㄴ, ㄷ   ④ ㄴ, ㄹ   ⑤ ㄷ, ㄹ

23

다음 글의 ㉠~㉤에 대한 설명으로 옳지 <u>않은</u> 것은? [3점]

㉠ 낮은 합계 출산율이 지속되면서 저출산 문제가 큰 사회적 이슈로 떠오르고 있다. ㉡ 저출산 현상의 원인 분석, 정부의 다양한 정책적 지원이 이루어지고 있지만, 상황은 반전되지 않고 있다. 또한, 기대 수명의 증가 등으로 ㉢ 노년층 인구 비율이 증가하면서 고령화 문제에 대응하는 정책의 필요성이 강조되고 있다. ㉣ 저출산·고령화 현상은 정주 여건의 차이로 인해 지역별로 다른 양상을 보이며, ㉤ 인구 분포의 공간적 불평등을 심화시킨다.

① ㉠은 장기적으로 생산 가능 인구와 총인구 감소를 초래한다.
② ㉡으로 자녀 양육 비용 증가, 고용 불안 등이 있다.
③ ㉢은 세종이 전남보다 높게 나타난다.
④ ㉣이 지속되면 노령화 지수는 증가한다.
⑤ ㉤의 사례로 수도권과 비수도권 간의 인구 격차가 있다.

24

표는 지도에 표시된 세 지역의 외국인 주민 현황을 나타낸 것이다. (가)~(다) 지역에 대한 설명으로 옳은 것은? [3점]

(단위: %)

구분	(가)	(나)	(다)
외국인 근로자	45.8	21.2	17.1
결혼 이민자	7.2	7.9	29.5
유학생	1.4	7.5	3.2
기타	45.6	63.4	50.2

* 외국인 주민은 한국 국적을 가지지 않은 자만 해당함.
(2020)   (통계청)

① (가)는 (나)보다 인구 밀도가 높다.
② (가)는 (다)보다 제조업 출하액이 많다.
③ (나)는 (다)보다 노년 부양비가 높다.
④ (다)는 (나)보다 총 외국인 주민 수가 많다.
⑤ (가)와 (다)는 행정 구역의 경계가 맞닿아 있다.

25

표는 세 지역의 인구 현황을 나타낸 것이다. (가)~(다) 지역으로 옳은 것은?

지역	총인구(명)	유소년 부양비	노년 인구 비율(%)	외국인 근로자 비율(%)
(가)	338,136	28.12	8.95	0.63
(나)	714,650	14.23	9.73	3.54
(다)	65,175	17.02	31.32	1.29

(2019) (통계청)

	(가)	(나)	(다)		(가)	(나)	(다)
①	세종	안산	해남	②	세종	해남	안산
③	안산	세종	해남	④	안산	해남	세종
⑤	해남	세종	안산				

26

다음은 지도에 표시된 세 지역에 대한 인구 관련 언론 보도 내용이다. (가)~(다) 지역에 대한 설명으로 옳은 것은? [3점]

(가) 은/는 인구가 약 3만 1천여 명까지 줄었는데도 심각한 주차난을 겪고 있습니다. 군부대가 많은 지역적 특성상 군인들을 포함해 사실상 이 지역에서 생활하는 인구는 약 7만여 명에 가깝기 때문입니다.

□□ 신문 (2023년 ○월 ○일)

지방의 인구 감소에도 불구하고 (나) 은/는 인구가 꾸준히 늘고 있어 그 배경에 관심이 쏠린다. 공공 기관 입주, 신도시 조성 등으로 최근 10년간 내국인 인구는 약 3만 6천여 명이 증가했다.

□□ 신문 (2023년 ○월 ○일)

(다) 은/는 탄광이 폐광되면서 근로자와 주민 약 2천여 명이 떠나고 그에 따라 지역 상권이 침체돼 존립 기반이 흔들리고 있다. 또한 여기에 있던 한 대학교의 폐교로 지역 경제에 대한 우려의 목소리가 더욱 커지고 있는 상황이다.

① (가)는 (나)보다 인구가 많다.
② (가)는 (나)보다 외국인 주민 중 결혼 이민자 수가 많다.
③ (나)는 (다)보다 중위 연령이 높다.
④ (다)는 (가)보다 성비가 높다.
⑤ (다)는 (나)보다 총부양비가 높다.

01 대표 문제

다음 자료는 지도에 표시된 호남권 세 지역의 인구 특성에 대한 설명이다. (가)~(다)에 대한 설명으로 옳은 것은? [3점]

- (가) 은/는 호남권에서 2023년 기준 총인구가 가장 많다.
- (나) 은/는 호남권에서 2000년 대비 2023년 인구 증가율이 가장 높다.
- (다) 은/는 호남권에서 2023년 기준 노년층 인구 비율이 가장 높다.

① (가)는 (다)보다 청·장년층 성비가 높다.
② (나)는 (가)보다 출생아 수가 많다.
③ (나)는 (다)보다 노령화 지수가 높다.
④ (다)는 (나)보다 총인구 부양비가 높다.
⑤ (가)~(다) 중 인구 밀도는 (다)가 가장 높다.

02

그래프는 지도에 표시된 세 지역의 인구 특성을 나타낸 것이다. (가)~(다)에 대한 설명으로 옳은 것은? [3점]

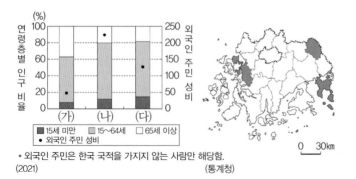

범례: 15세 미만 / 15~64세 / 65세 이상 / ● 외국인 주민 성비
* 외국인 주민은 한국 국적을 가지지 않는 사람만 해당함.
(2021) (통계청)

① (가)는 (다)보다 인구 밀도가 높다.
② (나)는 (가)보다 총부양비가 높다.
③ (나)는 (다)보다 제조업 종사자 수가 많다.
④ (다)는 (가)보다 노령화 지수가 높다.
⑤ (가)~(다) 중 (가)는 외국인 주민 수가 가장 많다.

03

그래프는 지도에 표시된 세 지역군의 인구 구조를 나타낸 것이다. (가)~(다) 지역군에 대한 설명으로 옳은 것은? [3점]

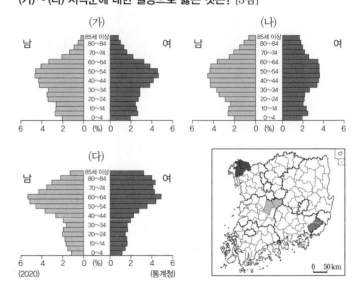

(2020) (통계청)

① (가)는 (가)~(다) 중 중위 연령이 가장 높다.
② (나)는 (가)~(다) 중 총인구가 가장 많다.
③ (가)는 (나)보다 총부양비가 높다.
④ (나)는 (다)보다 성비가 높다.
⑤ (다)는 (가)보다 2차 산업 종사자 비율이 높다.

04

그래프는 세 지역의 인구 밀도 변화를 나타낸 것이다. (가)~(다) 지역으로 옳은 것은?

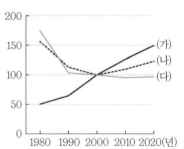

* 지역별 2000년 인구 밀도를 100으로 했을 때 해당 연도의 상댓값임.
** 해당 시기의 행정 구역 기준임.

	(가)	(나)	(다)		(가)	(나)	(다)
①	경기	경북	충남	②	경기	충남	경북
③	경북	경기	충남	④	경북	충남	경기
⑤	충남	경기	경북				

05

22학년도 9월 모평 15번

그래프는 지도에 표시된 세 지역의 시기별 인구 특성을 나타낸 것이다. (가)~(다) 지역에 대한 설명으로 옳은 것은? [3점]

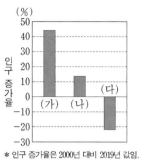
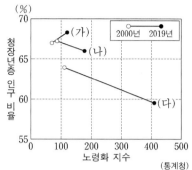

* 인구 증가율은 2000년 대비 2019년 값임.

0 25km

① (나)에는 대규모 제철소가 있다.
② (다)에는 내포 신도시가 위치한다.
③ (다)는 (가)보다 2019년 중위 연령이 높다.
④ 당진의 총부양비는 2019년이 2000년보다 높다.
⑤ 부여는 2019년에 유소년층 인구가 노년층 인구보다 많다.

06

20학년도 6월 모평 8번

그래프는 충청권의 시·도별 인구 특성을 나타낸 것이다. 이에 대한 설명으로 옳은 것은?

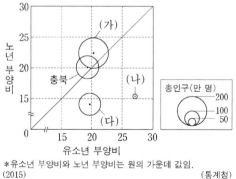

*유소년 부양비와 노년 부양비는 원의 가운데 값임.
(2015)   (통계청)

① (가)는 대전, (다)는 충남이다.
② (나)는 충북보다 청장년층 인구가 많다.
③ (다)는 총 부양비가 가장 높다.
④ 노령화 지수가 가장 높은 지역은 충남이다.
⑤ 세종은 노년층 인구가 유소년층 인구보다 많다.

07

19학년도 수능 18번

그래프는 시·도별 유소년층 및 노년층 인구 비율을 나타낸 것이다. 이에 대한 설명으로 옳은 것은? (단, (가)~(라)는 지도에 표시된 지역 중 하나임.)

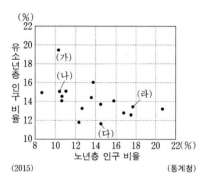

① (나)에는 공공 기관이 이전한 혁신 도시가 위치해 있다.
② (가)는 (다)보다 노령화 지수가 높다.
③ (나)는 (가)보다 유소년층 인구가 많다.
④ (다)는 (라)보다 총 부양비가 높다.
⑤ (다)는 호남권, (라)는 영남권에 해당한다.

08

23학년도 7월 학평 14번

그래프는 세 지역의 인구 구조 변화를 나타낸 것이다. (가)~(다)에 해당하는 지역을 지도의 A~C에서 고른 것은? [3점]

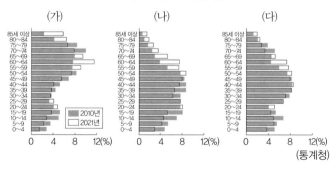

	(가)	(나)	(다)
①	A	B	C
②	A	C	B
③	B	A	C
④	B	C	A
⑤	C	A	B

09

그래프는 지도에 표시된 세 지역의 인구 특성을 나타낸 것이다. (가)~(다) 지역에 대한 설명으로 옳은 것은?

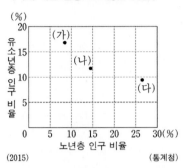

(2015)　　　　　　　　　　(통계청)

① (가)는 (나)보다 농가 인구 비율이 높다.
② (가)는 (다)보다 총 부양비가 높다.
③ (나)는 (가)보다 총인구가 적다.
④ (다)는 (나)보다 노령화 지수가 낮다.
⑤ (나)로 통근·통학하는 인구 비율은 (다)가 (가)보다 높다.

11

그래프는 지도에 표시된 네 지역의 인구 특성을 나타낸 것이다. (가)~(라) 지역에 대한 설명으로 옳은 것은?

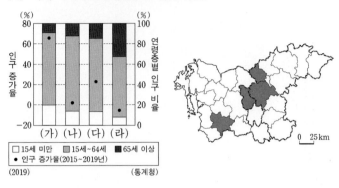

(2019)　　　　　　　　　　(통계청)

① (가)는 혁신 도시가 조성되어 공공 기관이 이전한 곳이다.
② (가)는 (라)보다 총부양비가 높다.
③ (라)는 (다)보다 성비가 높다.
④ (가)~(라) 중 총인구가 가장 많은 곳은 (나)이다.
⑤ (가)~(라) 중 중위 연령이 가장 높은 곳은 (다)이다.

10

그래프는 지도에 표시된 세 지역의 인구 특성을 나타낸 것이다. (가)~(다) 지역에 대한 설명으로 옳은 것은? [3점]

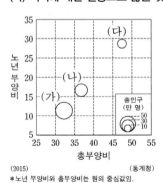

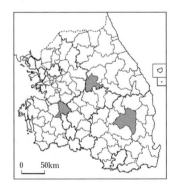

(2015)　　　　　　　　　　(통계청)
*노년 부양비와 총부양비는 원의 중심값임.

① (가)는 (나)보다 유소년층 인구가 적다.
② (나)는 (다)보다 노령화 지수가 높다.
③ (가)는 강원권, (나)는 충청권에 있다.
④ (나)에는 혁신 도시, (다)에는 도청이 위치해 있다.
⑤ 청장년층 인구의 비중은 (다) 〉 (나) 〉 (가) 순으로 높다.

12

그래프의 (가)~(다)는 지도에 표시된 A~C의 인구 특성을 나타낸 것이다. 이에 대한 설명으로 옳은 것은? [3점]

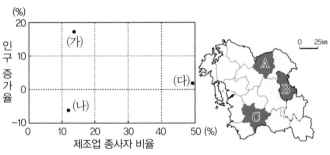

*제조업 종사자 비율은 2021년 기준임.
**인구 증가율은 2018년 대비 2021년 값임.

① (가)는 수도권과 전철로 연결되어 있다.
② (다)에는 행정 중심 복합 도시가 건설되었다.
③ (가)는 (나)보다 인구 밀도가 낮다.
④ A는 B보다 제조업 종사자 비율이 높다.
⑤ A는 (가), B는 (나), C는 (다)이다.

13

23학년도 수능 17번

그래프는 세 지역의 인구 특성을 나타낸 것이다. (가)~(다)에 해당하는 지역을 지도의 A~C에서 고른 것은? [3점]

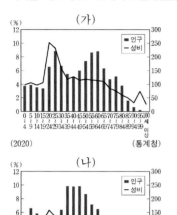

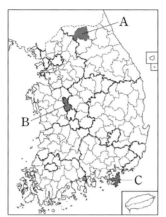

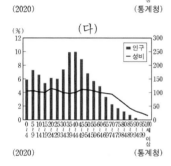

	(가)	(나)	(다)
①	A	B	C
②	A	C	B
③	B	C	A
④	C	A	B
⑤	C	B	A

15

24학년도 3월 학평 11번

그래프는 지도에 표시된 세 지역의 인구 특성을 나타낸 것이다. (가)~(다)에 해당하는 지역을 A~C에서 고른 것은? [3점]

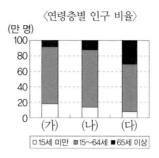

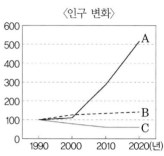

* 각 지역의 1990년 인구를 100으로 했을 때 해당 연도의 상댓값임.
** 2020년 행정 구역을 기준으로 함.

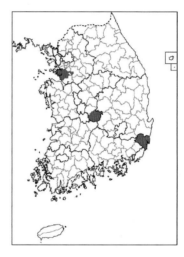

	(가)	(나)	(다)
①	A	B	C
②	A	C	B
③	B	A	C
④	B	C	A
⑤	C	B	A

14

21학년도 수능 6번

그래프의 (가)~(다) 지역으로 옳은 것은? [3점]

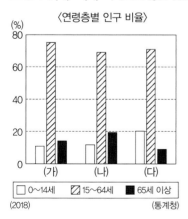

	(가)	(나)	(다)
①	경북	서울	세종
②	경북	세종	서울
③	서울	경북	세종
④	서울	세종	경북
⑤	세종	경북	서울

16

24학년도 7월 학평 14번

표는 세 지역의 인구 특성을 나타낸 것이다. (가)~(다) 지역의 특징을 그림과 같이 표현할 때, A~D의 내용으로 옳은 것만을 〈보기〉에서 고른 것은? (단, (가)~(다)는 각각 단양, 당진, 세종 중 하나임.) [3점]

구분	연령층별 인구 비율(%)			성비
	유소년층	청장년층	노년층	
(가)	13.2	67.4	19.4	116.3
(나)	6.6	58.4	35.0	102.2
(다)	18.9	71.1	10.0	100.9

(2022) (통계청)

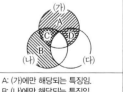

A: (가)에만 해당되는 특징임.
B: (나)에만 해당되는 특징임.
C: (가)와 (나)에만 해당되는 특징임.
D: (가)와 (다)에만 해당되는 특징임.

〈 보기 〉

ㄱ. A : 행정 중심 복합 도시가 위치함.

ㄴ. B : '군(郡)' 단위 행정 구역에 해당함.

ㄷ. C : 노령화 지수가 100 이상임.

ㄹ. D : 남성 인구가 여성 인구보다 많음.

① ㄱ, ㄴ   ② ㄱ, ㄷ   ③ ㄴ, ㄷ   ④ ㄴ, ㄹ   ⑤ ㄷ, ㄹ

17

그래프는 지도에 표시된 세 지역의 지역 내 외국인 주민의 유형별 비율에 관한 것이다. (가)~(다) 지역에 대한 설명으로 옳은 것은?

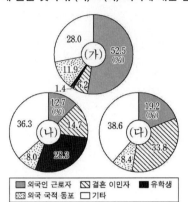
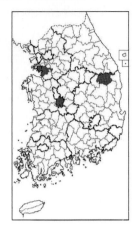

범례: 외국인 근로자 / 결혼 이민자 / 유학생 / 외국 국적 동포 / 기타

* 외국인 주민은 한국 국적을 가지지 않은 자만 해당함.
(2018)　(행정안전부)

① (가)는 (다)보다 성비가 높다.
② (나)는 (가)보다 2000년 이후 연평균 인구 증가율이 높다.
③ (나)는 (다)보다 총부양비가 높다.
④ (나)는 (다)보다 노령화 지수가 높다.
⑤ (다)는 (가)보다 유소년 부양비가 높다.

18

그래프는 네 지역의 인구 특성을 나타낸 것이다. 이에 대한 옳은 설명만을 〈보기〉에서 고른 것은? (단, (가)~(라)는 각각 경기, 서울, 전남, 충남 중 하나임.) [3점]

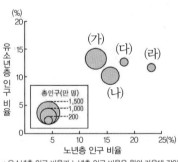
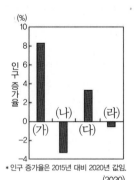

* 유소년층 인구 비율과 노년층 인구 비율은 원의 가운데 값임.
* 인구 증가율은 2015년 대비 2020년 값임.
(2020)

〈 보기 〉
ㄱ. (가)는 서울, (다)는 전남이다.
ㄴ. (가)는 (라)보다 노령화 지수가 높다.
ㄷ. (다)는 (라)보다 청장년층 인구 비율이 높다.
ㄹ. 2015년 대비 2020년에 인구가 가장 많이 감소한 지역은 서울이다.

① ㄱ, ㄴ　② ㄱ, ㄷ　③ ㄴ, ㄷ　④ ㄴ, ㄹ　⑤ ㄷ, ㄹ

19

그래프는 지도에 표시된 네 지역의 인구 특성을 나타낸 것이다. (가)~(라) 지역에 대한 설명으로 옳은 것은? [3점]

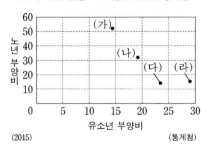
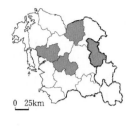

(2015)　(통계청)

① (가)는 (나)보다 총인구가 많다.
② (가)는 (라)보다 서비스업 종사자 수가 많다.
③ (나)는 (다)보다 청장년층 인구 비율이 높다.
④ (다)는 (나)보다 외국인 근로자 수가 많다.
⑤ (라)는 (다)보다 제조업 종사자 수가 많다.

20

그래프는 지도에 표시된 세 지역의 인구 특성을 나타낸 것이다. 이에 대한 설명으로 옳은 것은?

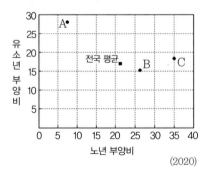
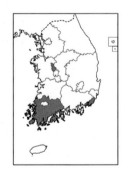

(2020)

① A는 호남권, C는 충청권에 속한다.
② A는 B보다 총인구가 많다.
③ A는 C보다 노령화 지수가 높다.
④ C는 B보다 총부양비가 높다.
⑤ 부산은 전국 평균보다 유소년 부양비가 높다.

21

그래프의 A~E 지역에 대한 설명으로 옳은 것은? (단, A~E는 각각 경기, 서울, 세종, 울산, 전남 중 하나임.) [3점]

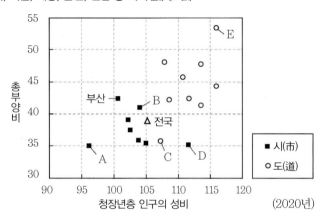

(2020년)

① A에는 행정 중심 복합 도시가 있다.
② B는 부산보다 유소년 부양비가 높다.
③ C는 E보다 지역 내 1차 산업 종사자 비율이 높다.
④ D는 A보다 총인구가 많다.
⑤ E는 D보다 1인당 지역 내 총생산이 많다.

22

그래프에 대한 설명으로 옳은 것은? (단, (가)~(다)는 각각 경기, 전남, 충남 중 하나임.) [3점]

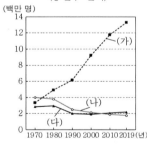

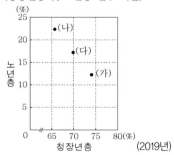

(2019년)

① (가)에는 혁신 도시가 있다.
② (나)는 전남, (다)는 충남이다.
③ 2019년 경기는 충남보다 총부양비가 높다.
④ 2019년 경기는 전남보다 노령화 지수가 높다.
⑤ 1970~2019년에 충남은 전남보다 인구가 많이 감소하였다.

23

그래프는 다섯 지역의 두 시기 인구 부양비와 총인구를 나타낸 것이다. 이에 대한 설명으로 옳은 것은? (단, A~D는 각각 경기, 서울, 전남, 제주 중 하나임.) [3점]

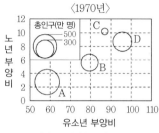

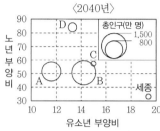

* 2040년 값은 추정치이며, 세종은 2040년에만 표시됨.
** 유소년 부양비와 노년 부양비는 원의 가운데 값임.

① B의 총부양비는 1970년보다 2040년이 높다.
② C와 D의 유소년 부양비 차이는 1970년보다 2040년이 크다.
③ A는 서울, D는 전남이다.
④ 2040년 세종의 노령화 지수는 100 미만이다.
⑤ 서울은 경기보다 1970~2040년의 인구 증가율이 높다.

한눈에 정리하는
평가원 기출 경향

학년도 주제	2025	2024	2023

빈출
**북한의
지리적 특성**
[22일차]

2025 — 9월 모평 7번

1. 다음 자료는 북한의 자연환경을 탐구한 보고서의 일부이다. (가), (나) 지역을 지도의 A~C에서 고른 것은?

〈북한의 자연환경〉

지형	탐구 주제	산지의 형성
	사례 지역	한반도에서 가장 높은 산이 있는 (가) 지역
기후	탐구 주제	기후가 주민 생활에 미친 영향
	사례 지역	한반도에서 기온의 연교차가 가장 큰 (나) 지역

	(가)	(나)		(가)	(나)
①	A	B	②	A	C
③	B	A	④	B	C
⑤	C	A			

2024 — 수능 16번

4. 다음은 한국지리 수업 장면이다. 발표 내용이 옳은 학생만을 있는 대로 고른 것은?

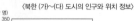
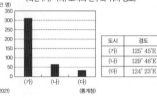

(가)에는 유엔 개발 계획(UNDP)의 지원을 계기로 지정된 북한 최초의 경제특구가 있어요.

(나)는 북한 최대 도시인 평양의 외항으로, 대동강 하구에 서해 갑문이 설치되어 있어요.

(다)와 (라) 모두 남북 합작으로 지정·운영된 관광특구가 있었으나, 2008년 이후 관광이 중단되었어요.

① 갑 ② 병 ③ 갑, 을 ④ 을, 병 ⑤ 갑, 을, 병

2023 — 9월 모평 6번

9. 다음 자료에 대한 설명으로 옳은 것만을 〈보기〉에서 고른 것은? (단, (가)~(다)는 각각 신의주, 청진, 평양 중 하나임.) [3점]

〈북한 (가)~(다) 도시의 인구와 위치 정보〉

도시	경도
(가)	125° 45'E
(나)	129° 46'E
(다)	124° 23'E

〈보기〉
ㄱ. (가)는 중국과의 접경 지대에 위치한다.
ㄴ. (나)는 북한 정치·경제·사회의 최대 중심지이다.
ㄷ. (다)는 관서 지방에 위치한다.
ㄹ. (나)는 (다)보다 나선 경제특구(경제 무역 지대)와의 직선 거리가 가깝다.

① ㄱ, ㄴ ② ㄱ, ㄷ ③ ㄴ, ㄷ ④ ㄴ, ㄹ ⑤ ㄷ, ㄹ

빈출
**수도권,
강원 지방**
[23일차]

2025 — 수능 18번

27. 그래프는 지도에 표시된 네 지역의 가구 수 변화를 나타낸 것이다. (가)~(라) 지역에 대한 설명으로 옳은 것은? [3점]

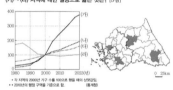

* 각 지역의 2000년 가구 수를 100으로 했을 때의 상댓값임.
** 2010년의 행정 구역을 기준으로 함.

① (나)는 (가)보다 인구 밀도가 높다.
② (다)는 (라)보다 지역 내 농가 비율이 높다.
③ (가)와 (나)에는 수도권 2기 신도시가 조성되어 있다.
④ (가)~(라)는 모두 수도권 전철이 연결되어 있다.
⑤ (가)와 (다)는 경기도, (나)와 (라)는 강원특별자치도에 속한다.

2024 — 6월 모평 13번

7. 그래프는 지도에 표시된 세 지역의 시기별 주택 수 증가량을 나타낸 것이다. (가)~(다)에 대한 설명으로 옳은 것은? [3점]

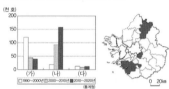

1990~2000년대 2000~2010년대 2010~2020년대

① (가)에는 수도권 1기와 2기 신도시가 건설되었다.
② (가)는 (다)보다 주간 인구 지수가 높다.
③ (나)는 (다)보다 정보서비스업 종사자 수가 많다.
④ (나)는 (다)보다 지역 내 농가 인구 비율이 높다.
⑤ (다)는 (나)보다 제조업 종사자 수가 많다.

2023 — 9월 모평 20번

8. 지도는 세 지표별 강원도 상위 5개 시·군을 나타낸 것이다. (가)~(다)에 해당하는 지표로 옳은 것은? [3점]

* 노년층 인구 비율, 숙박 및 음식점업 취업 인구 비율은 각 시·군 내에서 차지하는 값임.

	(가)	(나)	(다)
①	인구 밀도	노년층 인구 비율	숙박 및 음식점업 취업 인구 비율
②	인구 밀도	숙박 및 음식점업 취업 인구 비율	노년층 인구 비율
③	숙박 및 음식점업 취업 인구 비율	노년층 인구 비율	인구 밀도
④	숙박 및 음식점업 취업 인구 비율	인구 밀도	노년층 인구 비율
⑤	노년층 인구 비율	인구 밀도	숙박 및 음식점업 취업 인구 비율

빈출
**충청, 호남,
영남 지방**
[24일차]

2025 — 수능 5번

53. 다음 자료에서 설명하는 지역을 지도의 A~E에서 고른 것은? [3점]

이 지역은 1995년 상천모시와 사천군이 통합된 곳이다. 항공·우주 산업이 발달한 곳으로 항공 부품과 전자 장비 기계 업체가 입지한 산업 단지가 조성되어 있다. 이 지역에서는 비행기를 생산하는 한국항공우주산업(KAI)과 최근에 개정된 우주항공청이 연구·개발 업무를 주도하고 있다.

① A
② B
③ C
④ D
⑤ E

2024 — 수능 8번

9. 다음 자료는 지도에 표시된 네 도시의 시청에서 출발해 광주광역시청으로 가는 길 찾기 안내의 일부이다. (가)~(라) 도시에 대한 설명으로 옳은 것은? [3점]

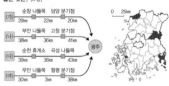

| (가) | 순창 나들목 → 담양 분기점 |
| 29km 22km |
| (나) | 부안 나들목 → 고창 분기점 |
| 38km 36km 41km |
| (다) | 순천 휴게소 → 곡성 나들목 |
| 39km 38km 43km |
| (라) | 무안 나들목 → 함평 분기점 |
| 30km 3km 38km |

① (가)에는 춘향전의 배경이 되는 광한루원이 있다.
② (라)에는 대규모 완성형 자동차 조립 공장이 입지해 있다.
③ (가)와 (다)에는 모두 람사르 협약에 등록된 습지가 있다.
④ (나)와 (라)에는 모두 하굿둑이 건설되어 있다.
⑤ (가)~(라)에는 모두 국제공항이 입지해 있다.

2023 — 9월 모평 12번

20. (가)~(다) 지역에 대한 설명으로 옳은 것은? (단, (가)~(다)는 각각 지도에 표시된 세 지역 중 하나임.) [3점]

〈연령층별 인구 비율 및 아파트 비율〉

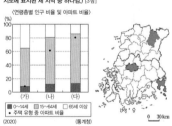

0~14세 15~64세 65세 이상
● 주택 유형 중 아파트 비율

① (가)는 전남에 위치한다.
② (가)는 (다)보다 인구 밀도가 높다.
③ (나)는 (가)보다 서울로의 고속버스 운행 횟수가 많다.
④ (다)는 (나)보다 노령화 지수가 높다.
⑤ 총부양비는 (다) > (나) > (가) 순으로 높다.

2022 ~ 2019

13. 다음은 북한의 개방 지역을 주제로 한 수업 장면이다. 발표 내용이 올바른 학생만을 고른 것은?

(가) 유엔 개발 계획의 지원을 계기로 경제특구로 지정
(라) 위화도 및 황금평 지역을 경제특구로 지정

1991 — 2002 — 2011 (년)

(나) 남한 정부와 민간 기업의 노력으로 관광특구로 지정
(다) 남한의 기술과 자본, 북한의 노동력이 결합된 공단 조성

(가)는 중국, 러시아와 인접한 지역이에요.

(가)는 금강산을 관광 자원으로 활용했어요.

(다)는 북한에서 인구가 가장 많은 도시에 위치해요.

(라)는 (다)와 경의선 철도로 직접 연결되어 있어요.

① 갑, 을 ② 갑, 병 ③ 을, 병 ④ 을, 정 ⑤ 병, 정

6. 다음은 한국지리 수업 장면이다. 발표 내용이 올바른 학생만을 고른 것은?

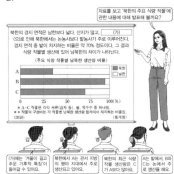

자료를 보고 '북한의 주요 식량 작물'에 관한 내용에 대해 발표해 볼까요?

북한의 경지 면적은 남한보다 넓다. 산지가 많고, (으)로 인해 북한에서는 논농사보다 밭농사가 주로 이루어진다. 경지 면적 중 밭이 차지하는 비율은 약 70% 정도이며, 그 결과 식량 작물별 생산에 있어 남북한의 차이가 나타난다.

〈주요 식량 작물별 남북한 생산 비율〉

A
B
C

0 25 50 75 100(%)

* A~C 작물은 각각 서류(감자 등), 쌀, 옥수수 중 하나임.
** 작물의 구분에서 각 작물별 남북한 생산량을 합계하여 100%로 나타낸 비율임.
(2018) (통계청)

(가)에는 '겨울이 길고 추운 기후적 특징'이 들어갈 수 있어요.

북한에서는 관서 지방의 평야 지대에서 주로 생산되고 있어요.

북한의 최근 식량 작물 생산량은 C가 A보다 많아요.

쌀은 남한에서, B와 C는 북한에서 주로 생산해요.

① 갑, 을 ② 갑, 병 ③ 을, 병 ④ 을, 정 ⑤ 병, 정

15. 다음은 북한 지역에 대한 한국 지리 수업 장면이다. 교사의 질문에 대한 학생의 발표 내용으로 올바른 것은?

(가)~(다)에서 설명하는 지역을 지도의 A~D 중에서 찾아 하나씩 지은 후, 남은 지역에 대해 설명해 볼까요?

(가) 유엔 개발 계획(UNDP)의 지원을 계기로
(나) 1998년 남한 정부와 민간 기업의 노력으로 개방된 후 2002년 관광특구로 지정, 남한 관광객이 많이 방문했으나 현재는 중단.
(다) 남한의 기술과 자본, 북한의 노동력이 결합된 공단 조성, 남북 경제 협력 활성화에 기여.

① 갑: 인접국의 투자 개발이 논의되었던 황금평이 있어요.
② 을: 중화학 공업의 중심지로 관북 지방에 위치해 있어요.
③ 병: 고려 시대 수도였던 곳으로 역사 문화 유적이 많아요.
④ 정: 대동강 유역에 위치해 북한 최대 공업 지역이에요.
⑤ 무: 기반암이 풍화 침식되어 형성된 일만이천봉의 명산이 있어요.

10. 다음 자료의 (가), (나)에 대한 설명으로 올바른 것은?

○○ 신문   2018년 9월 △△일

남북 정상 회담 결과 발표

2018년 9월 남과 북의 정상이 역사적 만남을 통하여 합의문을 발표하였습니다. 남과 북은 비핵화의 실현과 평화 체제 구축을 위하여 노력하기로 하였으며 경제적 교류와 협력을 더욱 증대하기로 하였다. 그 일환으로 2002년 관광 특구로 지정되었으나 2008년 이후 중단되어 왔던 (가) 관광 사업을 정상화하기 위하여 노력하기로 하였다. 이러한 합의문 발표 이후 남과 북의 정상은 (나) 에 올라 천지를 배경으로 기념 사진을 촬영하였다.

① (가)는 산경표에서 백두대간이 시작되는 곳이다.
② (가)의 정상부는 신·원생대에 형성된 편마암이 풍화 작용을 받아 형성된 흙산이다.
③ (나)의 정상부에는 분화구가 함몰되어 형성된 칼데라 호가 있다.
④ (가)는 (나)보다 정상의 해발 고도가 높다.
⑤ (가), (나)는 모두 관서 지방에 위치한다.

---

19. 지도의 A~F 지역에 대한 설명으로 올바른 것은?

0 25km

① A와 D에는 용암 대지가 발달해 있다.
② A와 E에는 기업도시가 조성되어 있다.
③ B와 E에는 도청이 위치해 있다.
④ B와 F에는 겨울철 눈을 주제로 한 지역 축제가 개최된다.
⑤ C와 D에서는 지리적 표시제에 등록된 쌀이 생산된다.

11. 다음은 강원도 답사 계획서의 일부이다. (가)~(다) 정차역이 있는 지역에서 답사할 수 있는 내용으로 적절한 것을 고른 것은?

〈KTX로 떠나는 강원도 답사〉

0 25km

답사 내용
A - 정동진 해안 단구 및 경포호 답사와 단오제 체험
B - 통계 올림픽이 열렸던 스키 점프대와 양떼 목장 견학
C - 강원도의 첨단 의료 기기 산업 클러스터 탐방

	(가)	(나)	(다)		(가)	(나)	(다)
①	A	B	C	②	B	A	C
③	B	C	A	④	C	A	B
⑤	C	B	A				

12. 다음은 강원 지방 답사 계획서의 일부이다. (가)~(다)에 해당하는 지역을 지도의 A~E에서 고른 것은? [3점]

〈강원 지방 답사 계획서〉

● 기간: 2019년 10월 ○일 ~ ○일
● 답사 지역 및 내용

답사 지역	답사 내용
(가)	열하 분출로 형성된 용암 대지와 그 사이를 흐르고 있는 한탄강이나 만든 현무암 협곡과 주상 절리
(나)	산지 사이를 굽이굽이 흘러가는 감입 곡류 하천이 동강과 한반도 지형으로 유명한 선암 마을
(다)	석탄 산업 합리화 정책 이후 침체된 지역을 되살리기 위해 조성한 고원 스포츠 타운, 스키장 등 각종 레저 시설과 석탄 박물관

0 50km

	(가)	(나)	(다)		(가)	(나)	(다)
①	A	B	C	②	A	C	E
③	A	D	E	④	C	C	D
⑤	B	D	E				

20. 다음 자료는 체험 학습 후 사회 관계망 서비스(SNS)에 올린 게시물이다. (가) 지역을 지도의 A~E에서 고른 것은?

0 50km

① A
② B
③ C
④ D
⑤ E

---

16. 다음 글에서 설명하는 지역을 지도의 A~E에서 고른 것은? [3점]

이 지역은 수도권 과밀화 해소와 지역 균형 발전의 일환으로 수도권으로부터 공업이 이전하면서 제조업이 꾸준히 성장하고 있으며, 전자 및 자동차 관련 산업들이 집적되어 있다. 2008년에 수도권과 전철로 연결되었으며, 오래된 역사를 지닌 온천을 활용하여 지역 마케팅을 시행하고 있다.

0 25km

① A
② B
③ C
④ D
⑤ E

21. 다음 자료는 답사 계획서의 일부이다. (가), (나) 지역을 지도의 A~E에서 고른 것은? (단, 일정별 답사 지역은 다른 지역임.)

〈충청 지방 답사 계획서〉

○ 기간: 20△△년 △△월 △일~△일
○ 답사 일정 및 지역 특성

일정	지역	지역 특성
1일 차	(가)	• 천연기념물로 지정된 신두리 해안 사구 • 해안에 화력 발전소 입지 • 관광 레저업 기업 도시 조성
2일 차	(나)	• 지리적 표시제에 등록된 사과 생산지 • 남한강 상류에 수력 발전소 입지 • 지식 기반형 기업 도시 조성

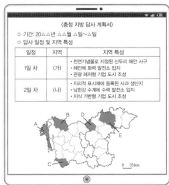

0 25km

	(가)	(나)		(가)	(나)
①	A	D	②	A	E
③	B	D	④	B	E
⑤	C	E			

33. 다음 자료에서 설명하는 지역을 지도의 A~E에서 고른 것은?

이 지역은 대나무를 가공해서 만든 죽세 공품의 대표적인 생산지이고, 해마다 대나무 축제가 개최되고 있다. 슬로 시티로 지정된 마을이 있으며, 전통 정원의 모습을 볼 수 있는 소쇄원이 유명하다.

① A
② B
③ C
④ D
⑤ E

31. 표는 지도에 표시된 네 지역의 답사 일정을 정리한 것이다. (가)에 해당하는 일정으로 가장 적절한 것은? (단, 하루에 한 지역만 답사하며, 각 날짜별 답사 지역은 다른 지역임.) [3점]

구분	주요 일정
1일 차	• 슬로 시티로 지정된 지역에서 전통 한옥 마을 탐방과 한지 박물관 견학
2일 차	• 벽골제 탐방과 지평선이 보이는 곡창 지대에서 벼농사 문화 체험
3일 차	• 죽녹원 탐방과 대나무로 만든 다양한 수공업 제품 제작 체험
4일 차	(가)

0 50km

① 친환경 농업 지역 방문과 나비 축제 체험
② 세계 문화유산으로 지정된 고인돌 유적지 탐방
③ 고추장의 본고장에서 장류를 주제로 한 축제 관람
④ 전통 공예품인 목기로 유명한 지역에서 춘향제 관람
⑤ 지리적 표시제 제1호인 녹차 재배지 방문과 다향제 참여

기출 선지로 짚어 주는 **핵심 내용**

우리나라의 지역 이해

1 북한의 지리적 특성 모아 보기

1 북한의 자연환경

지형	백두산은 화산 활동으로 형성된 산지이며, 정상부에는 칼데라 호가 있다.
기후	중강진은 우리나라에서 기온의 연교차가 가장 크다.

2 북한의 인문 환경

(1) 북한의 주요 도시

원산	경원선의 종착지로 일제 강점기부터 공업 도시로 성장하였다.
남포	• 큰 조차를 극복하기 위한 특수 항만 시설이 설치되어 있다. • 북한의 특별시이며 대표적인 공업 도시이다. • 갑문 설치 이후 물류 기능이 강화되었다.

(2) 산업

농업	• 북한은 남한보다 논 면적 대비 밭 면적의 비율이 높다. (2015년 기준) • 북한은 남한보다 옥수수 생산 비중이 높다. (2013년 기준) • 북한은 남한보다 재배 면적당 생산량이 적다. (2013년 기준)
공업	북한은 남한에 비해 중화학 공업 중심의 공업 구조가 나타난다.

(3) 자원

지하자원	• 석탄은 남한이 북한보다 자급률이 낮다. • 화력의 연료는 북한이 남한보다 해외 의존도가 낮다. (2014년 기준)
에너지 자원	북한의 1차 에너지 공급(소비) 비중은 석탄 〉 수력 〉 기타 〉 석유 순으로 높다. (2015년 기준)
전력	북한은 발전량 비중이 수력 〉 화력 순으로 높다. (2015년 기준)

(4) 교통
① 북한의 화물 수송 분담률은 철도를 이용하는 교통수단보다 도로를 이용하는 교통수단이 낮다. (2013년 기준)
② 도로의 여객 수송 분담률은 남한이 북한보다 높다. (2013년 기준)

2 북한의 주요 개방 지역

신의주	• 2002년에 외자 유치 및 교역 확대를 위해 특별 행정구로 지정되었다. • 홍콩식 경제 개발을 추진하여 자본주의 시장 경제 체제를 실험하기 위해 지정하였다.
나선	• 유엔 개발 계획(UNDP)의 지원을 받은 북한 최초의 경제특구이다. 기억해 • 금융 기반을 갖춘 국제 교류의 거점으로 구축하고 외자 유치를 계획하기 위해 지정하였다.

▶ 기/출/선/지 모아 보기

22학년도 6월 모평 18번

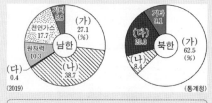

*그래프는 남·북한의 1차 에너지원별 공급 비율을 나타낸 것으로, (가)는 석탄, (나)는 석유, (다)는 수력임.

ㄱ. 북한에서 (가)를 이용한 발전소는 주로 평양 주변에 위치한다.
ㄴ. 총 전력 생산에서 (다)를 이용한 발전량 비율은 북한이 남한보다 높다.
ㄷ. 북한에서 (가)는 (나)보다 해외 의존도가 ~~높다~~ 낮다.
ㄹ. (다)는 (나)보다 발전 시 대기 오염 물질의 배출량이 ~~많다~~ 적다.
19 모평 ④ ㄷ (나)는 남한에서 발전용보다 수송용으로 많이 사용된다.

3 수도권, 강원 지방

1 수도권

(1) **수도권의 산업 구조 변화:** 2차 산업 생산액 비중은 감소하고, 3차 산업 생산액 비중이 증가하고 있다. → 수도권에서는 탈공업화 현상이 진행되고 있다. 기억해

(2) **수도권 지역의 특징** 모아 보기

서울	• 경기로 인구가 유출되고 있다. • 수도권 중 2차 산업 종사자 비율이 가장 낮고, 3차 산업 종사자 비율이 가장 높다. • 인천, 경기에 비해 1인당 지역 내 총생산과 주간 인구 지수가 높다.
경기	• 경기에서 서울로의 통근·통학자 수가 많다. • 인천, 서울에 비해 주간 인구 지수가 가장 낮다.

(3) **수도권 주요 도시의 특징**

고양, 성남	대규모 주택 공급 이후 서울로의 통근자 수가 증가하였다.
인천	우리나라 최대 규모의 국제공항과 서해안의 대표적 항구가 있다.
파주	• 남북한을 연결하는 경의선이 지나는 곳에 위치한다. • 수도권 2기 신도시가 위치하고 있으며 출판 단지가 입지하였다. • LCD 산업 클러스터와 남북 정상 회담이 열린 판문점이 있다.
이천	도자기 축제가 열리며, 이천 쌀이 지리적 표시제로 등록되었다.
안산	• 서울의 공업 시설과 인구의 분산을 위해 계획적으로 개발되었다. • 외국인 근로자의 유입으로 '국경 없는 마을'이 형성되었다.

2 강원 지방 주요 도시의 특징

강릉	• 정동진 해안 단구, 경포호가 위치해 있다. • 해마다 단오제가 개최된다.
철원	• 열하 분출로 형성된 용암 대지와 그 사이를 흐르고 있는 한탄강이 만든 현무암 협곡과 주상 절리를 볼 수 있다. • 철원 쌀이 지리적 표시제로 등록되었다.
춘천	• 강원도의 도청 소재지이다. → 강원도에서 공공 및 기타 행정 산업이 가장 발달하였다. • 수도권과 전철로 연결되면서 예전보다 접근성이 좋아졌다.
평창	• 고위 평탄면으로 이루어져 목축업과 고랭지 농업이 발달하였다. • 2018년에는 동계 올림픽이 개최되기도 하였다. • 풍력 발전이 많이 이루어진다.
원주	• 기업 도시와 혁신 도시로 지정되었다. • 첨단 의료 복합 도시로 성장하기 위해 노력하고 있다.
인제	• 람사르 습지로 등록된 대암산 용늪이 분포한다. • 내린천의 급류를 활용한 래프팅이 유명하다.
태백	• 해발 고도가 높아 경지 중 밭 면적 비중이 높다. • 폐광된 광산을 이용한 석탄 박물관이 위치해 있다. • 석탄 산업 합리화 정책 이후 침체된 지역을 되살리기 위해 조성한 고원 스포츠 타운, 스키장 등 각종 레저 시설이 있다.
영월	산지 사이를 굽이굽이 흘러가는 감입 곡류 하천인 동강과 한반도 지형으로 유명한 선암 마을이 있다.

▶ 기/출/선/지 모아 보기

24학년도 6월 모평 13번

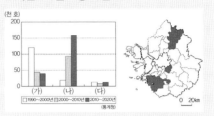

* 그래프는 지도에 표시된 포천, 성남, 화성의 주택 수 증가량을 나타낸 것이다. (가)는 성남, (나)는 화성, (다)는 포천이다.

① (가)에는 수도권 1기와 2기 신도시가 건설되었다.
② (가)는 (다)보다 주간 인구 지수가 높다 낮다.
③ (나)는 (가)보다 정보서비스업 종사자 수가 많다 적다.
④ (나)는 (다)보다 지역 내 농가 인구 비율이 높다 낮다.
⑤ (다)는 (나)보다 제조업 종사자 수가 많다 적다.
22 모평 ③ (바) (나)는 (가) (다)보다 유소년층 인구 비율이 높다.

22
일차

4 충청, 호남, 영남 지방

1 충청 지방 주요 도시의 특징 모아 보기

세종	• 국토의 균형 발전을 위해 행정 중심의 복합 도시로 조성되었다. • 청장년층의 인구 유입이 활발하여 유소년 부양비가 높다. • 충주보다 행정 및 공공 기관 종사자 수가 많다.
대전	전문·과학 및 기술 서비스업이 종사자 비중이 높다.
청주	• 충북 도청 소재지로, 생명 과학 단지와 국제공항이 있다. • 고속 철도 노선의 분기점으로 교통 기능이 강화되고 있다.
태안	천연기념물로 지정된 해안 사구와 화력 발전소가 위치해 있다.
보령	과거 탄광 지역이 관광지로 활용되고 있으며, 화력 발전소가 위치해 있다.
내포 신도시	홍성과 예산에 위치하며, 새로운 충남 도청이 입지하였다.
단양	• 우리나라의 대표적인 카르스트 지형이 분포한다. • 대표적인 관광지로 도담삼봉, 고수 동굴 등이 있다. • 지역 특산물로는 지리적 표시제로 등록된 마늘이 있다.
당진	대규모의 제철 공장이 분포한다.
서산	대규모 중화학 공업 단지를 볼 수 있다.

2 호남 지방 주요 도시의 특징

전주	• 전통 한옥 마을이 슬로 시티로 지정되었다. • 한지 박물관에서 한지 공예를 체험할 수 있다.
군산	• 일제 강점기에 항구 도시로 성장하였다. • 뜬다리 부두, 금강 하굿둑이 설치되어 있다.
김제	벽골제가 있으며, 지평선이 보이는 곡창 지대가 펼쳐져 있다.
함평	나비를 주제로 친환경적 생태 관광 축제가 열린다.
영광	원자력 발전소가 입지해 있고, 지역 특산물로는 법성포 굴비가 있다.
담양	대나무로 다양한 수공업 제품을 만들어 볼 수 있다.
순천	람사르 습지로 등록된 순천만에서 국제 정원 박람회가 개최되었다.
보성	보성에서 생산되는 녹차는 지리적 표시제 제1호로 등록되었다. 기억해
광양	대규모의 제철 공장이 분포한다.

3 영남 지방 주요 도시의 특징

안동	• 해마다 국제 탈춤 페스티벌이 개최된다. • 유네스코 세계 문화유산으로 등재된 역사마을(전통 마을)이 분포한다.
울산	완성차를 제조하는 대규모 생산 공장이 있다.
창녕	람사르 협약에 등록된 습지(우포늪)가 분포한다.
경주	유네스코 세계 문화유산과 원자력 발전소가 분포한다.
문경	과거 탄광 지역이 관광지로 활용되고 있다.
포항	대규모 제철 공장이 분포한다.

▶기/출/선/지 모아 보기

23학년도 9월 모평 14번

'충청'이라는 지명은 ☐A☐ 의 앞 글자인 '충(忠)'과 ☐B☐ 의 앞 글자인 '청(淸)'에서 유래하였다. ☐A☐ 와/과 ☐B☐ 은/는 모두 오늘날까지 충청북도의 핵심 도시 역할을 수행하고 있다. 또한 국가의 균형 발전을 위해 기업 도시와 혁신 도시도 충청북도에 조성되었다. 기업 도시는 ☐A☐ 에 입지하고, 혁신 도시는 ☐C☐ 와/과 음성의 경계에 걸쳐 위치해 있다.

> * A는 충주, B는 청주, C는 진천이다.

① ~~A~~ B는 충청북도의 도청 소재지이다.
② B에는 오송 생명 과학 단지가 위치한다.
③ C는 서울과 지하철로 ~~연결되어 있다~~ 연결되어 있지 않다.
④ C는 A보다 인구가 ~~많다~~ 적다.
⑤ ~~A와~~ B에는 ~~모두~~ 국제공항이 입지해 있다.

23 모평 ① ~~(가)~~ C에는 혁신 도시가 위치한다.
④ ~~E~~ B에는 고속 철도역과 생명 과학 단지가 입지해 있다.
⑤ ~~A~~ B는 C보다 광업·제조업 취업 인구가 많다.

21 모평 병: ~~C의 두 지역 모두~~ B에서 도청을 볼 수 있어요.
정: ~~B의 두 지역 모두~~ C에서 유네스코 세계 문화유산을 볼 수 ~~있었어요~~ 없어요.

01 대표 문제

25학년도 9월 모평 7번

다음 자료는 북한의 자연환경을 탐구한 보고서의 일부이다. (가), (나) 지역을 지도의 A~C에서 고른 것은?

〈북한의 자연환경〉		
지형	탐구 주제	산지의 형성
	사례 지역	한반도에서 가장 높은 산이 있는 (가) 지역
기후	탐구 주제	기후가 주민 생활에 미친 영향
	사례 지역	한반도에서 기온의 연교차가 가장 큰 (나) 지역

	(가)	(나)		(가)	(나)
①	A	B	②	A	C
③	B	A	④	B	C
⑤	C	A			

02

24학년도 9월 모평 15번

그래프는 지도에 표시된 네 지역의 (가), (나) 시기 평균 기온 차이를 나타낸 것이다. A~D 지역에 대한 설명으로 옳은 것은? (단, (가), (나)는 각각 1월, 8월 중 하나임.) [3점]

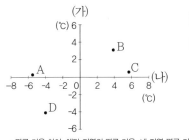

• 평균 기온 차이=해당 지역의 평균 기온−네 지역 평균 기온의 평균
•• 1991~2020년의 평년값임. (기상청)

① A는 D보다 기온의 연교차가 작다.
② B는 C보다 1월 평균 기온이 높다.
③ C는 B보다 연 강수량이 많다.
④ D는 A보다 해발 고도가 높다.
⑤ B는 관북 지방, C는 관서 지방에 위치한다.

03

24학년도 9월 모평 10번

다음 자료는 북한의 주요 도시와 철도에 대한 학생의 발표 내용이다. (가)~(라)에 대한 설명으로 옳은 것만을 〈보기〉에서 고른 것은? (단, (가)~(라)는 각각 지도에 표시된 네 지역 중 하나임.) [3점]

갑 : 북한 최대 도시인 (가) 에서 항구 도시인 (나) (으)로 이어진 평남선을 이와 유사한 서울-인천 간 경인선과 비교하며 철도가 도시 발달에 미친 영향을 조사했습니다.

을 : 중국 단둥과 마주하고 있는 국경 도시 (다) 은/는 현재 평의선의 종점으로, 베를린 올림픽에 참가한 손기정 선수가 경유하며 이곳에 남긴 흔적을 조사했습니다.

병 : 항구 도시 (라) 은/는 러시아와 국제 철도로 연결되는 평라선의 종점으로, 항만과 철도가 이 지역의 변화에 끼친 영향을 조사했습니다.

〈 보기 〉
ㄱ. (다)는 압록강 철교를 통해 중국과 연결된다.
ㄴ. (나)는 (가)의 외항이며 서해 갑문이 있다.
ㄷ. (다)에는 (라)보다 먼저 지정된 경제특구가 있다.
ㄹ. 분단 이전의 경의선 철도는 (가)와 (라)를 경유했다.

① ㄱ, ㄴ   ② ㄱ, ㄷ   ③ ㄴ, ㄷ   ④ ㄴ, ㄹ   ⑤ ㄷ, ㄹ

04

24학년도 수능 16번

다음은 한국지리 수업 장면이다. 발표 내용이 옳은 학생만을 있는 대로 고른 것은?

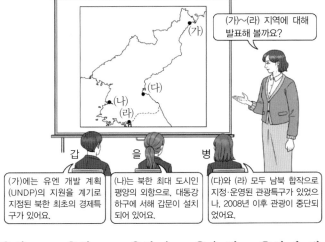

(가)~(라) 지역에 대해 발표해 볼까요?

갑: (가)에는 유엔 개발 계획(UNDP)의 지원을 계기로 지정된 북한 최초의 경제특구가 있어요.

을: (나)는 북한 최대 도시인 평양의 외항으로, 대동강 하구에 서해 갑문이 설치되어 있어요.

병: (다)와 (라) 모두 남북 합작으로 지정·운영된 관광특구가 있었으나, 2008년 이후 관광이 중단되었어요.

① 갑   ② 병   ③ 갑, 을   ④ 을, 병   ⑤ 갑, 을, 병

05

그래프는 남·북한의 1차 에너지원별 공급 비율을 나타낸 것이다. 이에 대한 옳은 설명만을 〈보기〉에서 고른 것은? (단, (가)~(다)는 각각 석유, 석탄, 수력 중 하나임.) [3점]

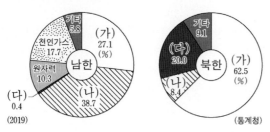

〈 보기 〉

ㄱ. 북한에서 (가)를 이용한 발전소는 주로 평양 주변에 위치한다.

ㄴ. 총 전력 생산에서 (다)를 이용한 발전량 비율은 북한이 남한보다 높다.

ㄷ. 북한에서 (가)는 (나)보다 해외 의존도가 높다.

ㄹ. (다)는 (나)보다 발전 시 대기 오염 물질의 배출량이 많다.

① ㄱ, ㄴ　② ㄱ, ㄷ　③ ㄴ, ㄷ　④ ㄴ, ㄹ　⑤ ㄷ, ㄹ

06

다음은 한국지리 수업 장면이다. 발표 내용이 옳은 학생만을 고른 것은?

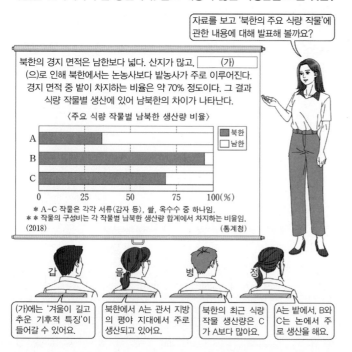

자료를 보고 '북한의 주요 식량 작물'에 관한 내용에 대해 발표해 볼까요?

북한의 경지 면적은 남한보다 넓다. 산지가 많고, _____(가)_____ (으)로 인해 북한에서는 논농사보다 밭농사가 주로 이루어진다. 경지 면적 중 밭이 차지하는 비율은 약 70% 정도이다. 그 결과 식량 작물별 생산에 있어 남북한의 차이가 나타난다.

〈주요 식량 작물별 남북한 생산량 비율〉

■ 북한　□ 남한

* A~C 작물은 각각 서류(감자 등), 쌀, 옥수수 중 하나임.
** 작물의 구성비는 각 작물별 남북한 생산량 합계에서 차지하는 비율임.
(2018)　(통계청)

갑: (가)에는 '겨울이 길고 추운 기후적 특징'이 들어갈 수 있어요.

을: 북한에서 A는 관서 지방의 평야 지대에서 주로 생산되고 있어요.

병: 북한의 최근 식량 작물 생산량은 C가 A보다 많아요.

정: A는 밭에서, B와 C는 논에서 주로 생산을 해요.

① 갑, 을　② 갑, 병　③ 을, 병　④ 을, 정　⑤ 병, 정

07

그래프는 지도에 표시된 네 지역의 기후 자료이다. (가)~(라)에 대한 설명으로 옳은 것은? [3점]

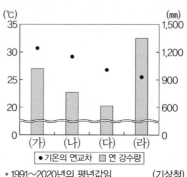

● 기온의 연교차　▨ 연 강수량

* 1991~2020년의 평년값임.　(기상청)

① (가)는 (다)보다 연평균 기온이 높다.

② (가)는 (라)보다 겨울 강수 집중률이 높다.

③ (나)는 (라)보다 최한월 평균 기온이 높다.

④ (다)는 (가)보다 여름 강수량이 많다.

⑤ (가)~(라) 중 (라)는 가장 동쪽에 위치한다.

08

그래프는 남북한의 농업 관련 자료를 나타낸 것이다. 이에 대한 옳은 설명만을 〈보기〉에서 고른 것은? (단, (가), (나)는 각각 쌀, 옥수수 중 하나이며, A, B는 각각 논, 밭 중 하나임.)

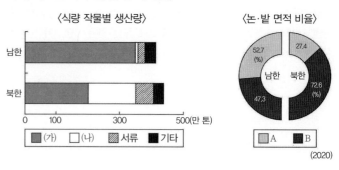

〈식량 작물별 생산량〉

■ (가)　□ (나)　▨ 서류　■ 기타

〈논·밭 면적 비율〉

□ A　■ B

(2020)

〈 보기 〉

ㄱ. (가)는 관북 지방보다 관서 지방의 생산량이 많다.

ㄴ. 남한은 (가)보다 (나)의 자급률이 높다.

ㄷ. (가)는 A, (나)는 B에서 주로 재배된다.

ㄹ. 북한은 남한보다 경지 면적 중 논 면적의 비율이 높다.

① ㄱ, ㄴ　② ㄱ, ㄷ　③ ㄴ, ㄷ　④ ㄴ, ㄹ　⑤ ㄷ, ㄹ

09

다음 자료에 대한 설명으로 옳은 것만을 〈보기〉에서 고른 것은? (단, (가)~(다)는 각각 신의주, 청진, 평양 중 하나임.) [3점]

〈북한 (가)~(다) 도시의 인구와 위치 정보〉

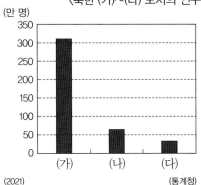

(2021)   (통계청)

도시	경도
(가)	125° 45′E
(나)	129° 46′E
(다)	124° 23′E

〈 보기 〉
ㄱ. (가)는 중국과의 접경 지대에 위치한다.
ㄴ. (나)는 북한 정치·경제·사회의 최대 중심지이다.
ㄷ. (다)는 관서 지방에 위치한다.
ㄹ. (나)는 (다)보다 나선 경제특구(경제 무역 지대)와의 직선 거리가 가깝다.

① ㄱ, ㄴ   ② ㄱ, ㄷ   ③ ㄴ, ㄷ   ④ ㄴ, ㄹ   ⑤ ㄷ, ㄹ

10

다음 자료의 (가), (나)에 대한 설명으로 옳은 것은?

○○ 신문
2018년 9월 △△일

남북 정상 회담 결과 발표

2018년 9월 남과 북의 정상이 역사적 만남을 통하여 합의문을 발표하였다. 남과 북은 비핵화의 실현과 평화 체제 구축을 위하여 노력하기로 하였으며 경제적 교류와 협력을 더욱 증대하기로 하였다. 그 일환으로 2002년 관광 특구로 지정되었으나 2008년 이후 중단되어 왔던 ___(가)___ 관광 사업을 정상화하기 위하여 노력하기로 하였다. 이러한 합의문 발표 이후 남과 북의 정상은 ___(나)___ 에 올라 천지를 배경으로 기념 사진을 촬영하였다.

① (가)는 산경표에서 백두대간이 시작되는 곳이다.
② (가)의 정상부는 시·원생대에 형성된 편마암이 풍화 작용을 받아 형성된 흙산이다.
③ (나)의 정상부에는 분화구가 함몰되어 형성된 칼데라 호가 있다.
④ (가)는 (나)보다 정상의 해발 고도가 높다.
⑤ (가), (나)는 모두 관서 지방에 위치한다.

11

(가)~(다)에 해당하는 지역을 그래프의 A~C에서 고른 것은? [3점]

○ ___(가)___ 은/는 2002년 중국의 홍콩식 경제 개방 정책을 모방한 특별 행정구로 지정되었다.
○ ___(나)___ 에는 남한의 기술과 자본, 북한의 노동력을 결합하여 남북한의 경제 협력 활성화를 위한 공업 지구가 조성되었다.
○ ___(다)___ 은/는 유엔 개발 계획의 지원을 계기로 1991년 나진과 함께 북한 최초의 경제특구로 지정되었다.

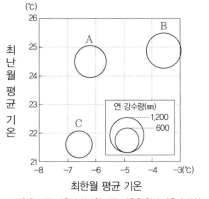

	(가)	(나)	(다)
①	A	B	C
②	A	C	B
③	B	A	C
④	B	C	A
⑤	C	A	B

* 최한월 평균 기온과 최난월 평균 기온은 원의 가운데 값임.
** 1991~2020년 평년값임.   (기상청)

12

그래프는 지도에 표시된 세 지역의 기후 특성을 나타낸 것이다. (가)~(다) 지역에 대한 설명으로 옳은 것은? [3점]

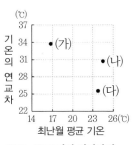

*1991~2020년의 평년값임.

① (가)는 동해안의 항구 도시이다.
② (나)는 관서 지방에 위치한다.
③ (가)는 (다)보다 저위도에 위치한다.
④ (나)는 (다)보다 겨울 강수량이 많다.
⑤ (다)는 (나)보다 연평균 황사일수가 많다.

13

다음은 북한의 개방 지역을 주제로 한 수업 장면이다. 발표 내용이 옳은 학생만을 고른 것은?

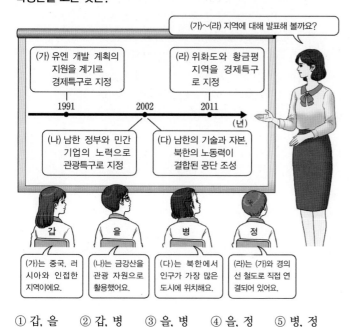

① 갑, 을   ② 갑, 병   ③ 을, 병   ④ 을, 정   ⑤ 병, 정

15

다음은 북한 지역에 대한 한국 지리 수업 장면이다. 교사의 질문에 대한 학생의 발표 내용으로 옳은 것은?

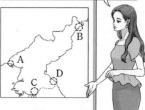

(가) 유엔 개발 계획(UNDP)의 지원을 계기로 1991년 경제특구로 지정.
(나) 1998년 남한 정부와 민간 기업의 노력으로 개발된 후 2002년 관광특구로 지정. 남한 관광객이 많이 방문했으나 현재는 중단.
(다) 남한의 기술과 자본, 북한의 노동력이 결합된 공단 조성, 남북 경제 협력 활성화에 기여.

① 갑: 인접국의 투자 개발이 논의되었던 황금평이 있어요.
② 을: 중화학 공업의 중심지로 관북 지방에 위치해 있어요.
③ 병: 고려 시대 수도였던 곳으로 역사 문화 유적이 많아요.
④ 정: 대동강 유역에 위치해 있으며 북한 최대 공업 지역이에요.
⑤ 무: 기반암이 풍화 침식되어 형성된 일만이천봉의 명산이 있어요.

14

지도의 A~E 지역에 대한 옳은 내용에만 있는 대로 ○ 표시한 학생을 고른 것은?

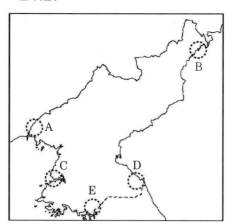

	학생				
	갑	을	병	정	무
A에는 경의선 철도의 종착역이 있다.	○		○		○
C에는 서해 갑문이 있다.		○		○	○
E에는 북한 최초의 경제 특구가 있다.	○			○	
B, D는 모두 관동 지방에 속한다.	○	○	○		

① 갑   ② 을   ③ 병   ④ 정   ⑤ 무

16

그림의 (가)~(마)에 해당하는 지역을 지도의 A~E에서 고른 것은?

[3점]

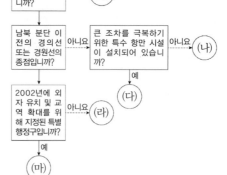

(가)	(나)	(다)	(라)	(마)
① A	B	C	D	E
② A	C	E	B	D
③ A	E	C	D	B
④ C	D	A	E	B
⑤ C	E	B	A	D

17

그래프는 남북한의 농업 관련 자료를 나타낸 것이다. 이에 대한 설명으로 옳지 않은 것은? (단, (가), (나)는 각각 남한, 북한 중 하나이며, A, B는 각각 쌀, 옥수수 중 하나임.)

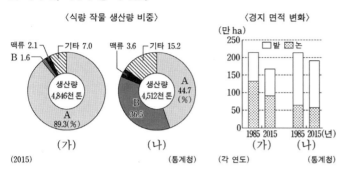

〈식량 작물 생산량 비중〉

(가) 맥류 2.1 기타 7.0 B 1.6 생산량 4,846천 톤 A 89.3(%)
(2015)

(나) 맥류 3.6 기타 15.2 생산량 4,512천 톤 A 44.7(%) B 36.5
(통계청)

〈경지 면적 변화〉
(만 ha) 밭 논
(가) 1985 2015 (나) 1985 2015(년)
(각 연도) (통계청)

① (가)는 남한, (나)는 북한이다.
② A는 논, B는 밭에서 주로 재배된다.
③ (가)에서 B는 주로 A의 그루갈이 작물로 재배된다.
④ 북한은 남한보다 논 면적 대비 밭 면적의 비율이 높다.
⑤ 두 연도 간에 남한은 북한보다 경지 면적의 감소 폭이 크다.

19

다음 자료의 (가)~(라) 지역에 대한 설명으로 옳은 것은? (단, (가)~(라)는 각각 지도에 표시된 지역 중 하나임.) [3점]

대동강 하류에 위치한 (가) 은/는 북한의 최대 인구 도시이자 정치·경제·사회의 중심지이다. (나) 은/는 압록강 하구에 위치하여 중국과의 교역 통로 역할을 하고 있다. 분단 이전에 경원선의 종착지였던 (다) 은/는 일제 강점기부터 성장한 공업 도시이다. 두만강 유역 개발의 거점이었던 (라) 은/는 중국, 러시아와 인접해 있다.

① (가)는 북한의 대표적인 항구 도시이다.
② (나)는 관북 지방에 위치한다.
③ (라)에는 경의선 철도의 종착역이 있다.
④ (가)는 (다)보다 겨울 강수량이 많다.
⑤ (라)는 (나)보다 경제 특구로 지정된 시기가 이르다.

18

다음은 한국 지리 수업 장면이다. 교사의 질문에 옳게 답한 학생만을 고른 것은?

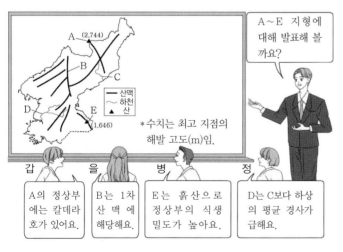

A~E 지형에 대해 발표해 볼까요?

A (2,744)
B
C
D E (1,646)
산맥 / 하천 ▲ 산
*수치는 최고 지점의 해발 고도(m)임.

갑: A의 정상부에는 칼데라호가 있어요.
을: B는 1차 산맥에 해당해요.
병: E는 흙산으로 정상부의 식생 밀도가 높아요.
정: D는 C보다 하상의 평균 경사가 급해요.

① 갑, 을   ② 갑, 병   ③ 을, 병   ④ 을, 정   ⑤ 병, 정

20

다음은 한국지리 온라인 수업 장면의 일부이다. 답글의 내용이 옳은 학생을 고른 것은? [3점]

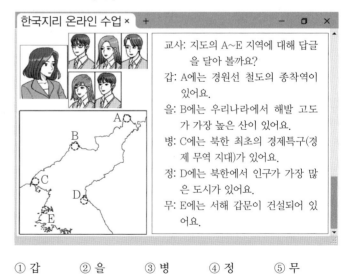

한국지리 온라인 수업

A
B
C
D
E

교사: 지도의 A~E 지역에 대해 답글을 달아 볼까요?
갑: A에는 경원선 철도의 종착역이 있어요.
을: B에는 우리나라에서 해발 고도가 가장 높은 산이 있어요.
병: C에는 북한 최초의 경제특구(경제 무역 지대)가 있어요.
정: D에는 북한에서 인구가 가장 많은 도시가 있어요.
무: E에는 서해 갑문이 건설되어 있어요.

① 갑   ② 을   ③ 병   ④ 정   ⑤ 무

21

21학년도 7월 학평 10번

지도의 A~D 지역에 대한 옳은 설명만을 있는 대로 고른 것은? [3점]

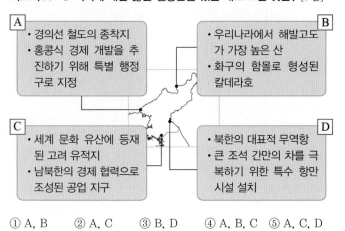

A
- 경의선 철도의 종착지
- 홍콩식 경제 개발을 추진하기 위해 특별 행정 구로 지정

B
- 우리나라에서 해발고도가 가장 높은 산
- 화구의 함몰로 형성된 칼데라호

C
- 세계 문화 유산에 등재된 고려 유적지
- 남북한의 경제 협력으로 조성된 공업 지구

D
- 북한의 대표적 무역항
- 큰 조석 간만의 차를 극복하기 위한 특수 항만 시설 설치

① A, B   ② A, C   ③ B, D   ④ A, B, C   ⑤ A, C, D

22

23학년도 4월 학평 20번

다음 자료의 (가), (나)에 해당하는 지역을 지도의 A~D에서 고른 것은? [3점]

〈 문학 작품에 나타난 북한의 지역 〉

개심대에 다시 올라 중향성을 바라보니
일만이천 봉을 충분히 헤아려 볼 수 있구나
– 정철 「관동별곡」 중 –

정철의 「관동별곡」에는 ___(가)___ 의 일만이천 봉우리를 바라본 감회가 나타나 있다. 예부터 조상들의 주요 여행지였던 이 지역은 2000년대에 남한과 외국인 관광객 유치를 위해 관광 지구로 지정되었으나, 현재는 남한 관광객의 방문이 중단된 상태이다.

흩날리는 눈송이 고려의 한이 서리고
차가운 종소리는 옛 나라 때 그대로네
– 황진이 「송도」 중 –

황진이의 「송도」에는 고려의 수도였던 ___(나)___ 의 몰락이 쓸쓸하게 표현되어 있다. 여러 문화 유적이 세계 문화유산에 등재된 이 지역은 2000년대에 남북한의 경제 협력으로 공업 지구가 조성되었으나, 현재는 운영이 중단된 상태이다.

	(가)	(나)
①	A	B
②	A	C
③	B	C
④	D	B
⑤	D	C

23

24학년도 10월 학평 12번

다음은 북한 지역에 대한 한국 지리 수업 장면이다. 교사의 질문에 대한 학생의 발표 내용으로 옳은 것은?

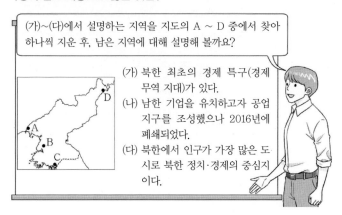

(가)~(다)에서 설명하는 지역을 지도의 A ~ D 중에서 찾아 하나씩 지운 후, 남은 지역에 대해 설명해 볼까요?

(가) 북한 최초의 경제 특구(경제 무역 지대)가 있다.
(나) 남한 기업을 유치하고자 공업 지구를 조성했으나 2016년에 폐쇄되었다.
(다) 북한에서 인구가 가장 많은 도시로 북한 정치·경제의 중심지이다.

① 갑 : 경의선 철도의 종착역이 있어요.
② 을 : 황해도 지명이 유래된 도시 중 하나예요.
③ 병 : 대동강 하구에 위치하며 서해 갑문이 있어요.
④ 정 : 한류의 영향으로 여름철 기온이 낮은 편이에요.
⑤ 무 : 기반암이 풍화되어 형성된 일만 이천 봉의 명산이 있어요.

01 대표 문제

다음 자료에서 설명하는 지역을 지도의 A~E에서 고른 것은?

이 지역은 주로 해발고도 700m 내외의 산지에 위치해 있다. 영동 고속 국도 개통 이후 고랭지 농업이 발달하였고, 최근 고속 철도가 개통되면서 접근성이 더욱 향상되었다. 지형과 기후의 특징을 살려 겨울 스포츠와 관련된 관광 산업이 발달해 있다. 또한 2018년 동계 올림픽 개최지로도 유명하다.

〈마스코트 '눈동이'〉

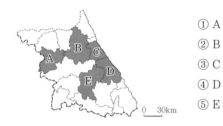

① A
② B
③ C
④ D
⑤ E

02

지도는 (가), (나) 지표의 경기도 내 상위 및 하위 5개 시·군을 나타낸 것이다. (가), (나) 지표로 옳은 것은? [3점]

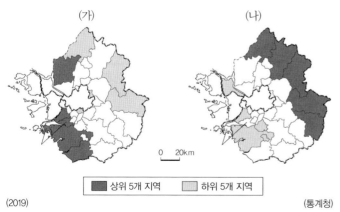

(2019)
(통계청)

	(가)	(나)
①	제조업 종사자 수	노령화 지수
②	노령화 지수	인구 밀도
③	노령화 지수	총부양비
④	인구 밀도	제조업 종사자 수
⑤	총부양비	제조업 종사자 수

03

다음은 지도에 표시된 A~F 지역에 대한 학생의 답변과 교사의 채점 결과이다. 이에 대한 설명으로 옳은 것만을 〈보기〉에서 고른 것은? [3점]

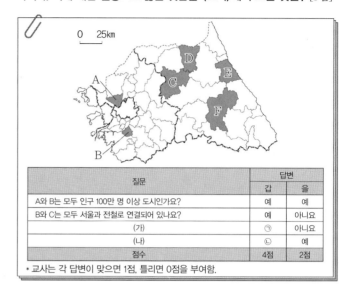

질문	답변	
	갑	을
A와 B는 모두 인구 100만 명 이상 도시인가요?	예	예
B와 C는 모두 서울과 전철로 연결되어 있나요?	예	아니요
(가)	㉠	아니요
(나)	㉡	예
점수	4점	2점

* 교사는 각 답변이 맞으면 1점, 틀리면 0점을 부여함.

〈 보기 〉

ㄱ. (가)가 'D와 F에는 모두 폐탄광을 활용한 석탄 박물관이 있나요?'이면, ㉡은 '예'이다.

ㄴ. (나)가 'D는 C보다 청장년층 인구의 성비가 높나요?'이면, ㉠은 '예'이다.

ㄷ. (가)가 'C에는 다목적 댐이 있나요?'이면, (나)에는 'B에는 유네스코에 등재된 세계 문화유산이 있나요?'가 들어갈 수 있다.

ㄹ. ㉠이 '예'이면, (나)에는 'C와 E의 지명에서 '강원'의 지명이 유래했나요?'가 들어갈 수 있다.

① ㄱ, ㄴ ② ㄱ, ㄷ ③ ㄴ, ㄷ ④ ㄴ, ㄹ ⑤ ㄷ, ㄹ

04

다음 글에서 설명하는 지역을 지도의 A~E에서 고른 것은? [3점]

이 지역의 고위 평탄면은 연평균 기온이 낮고 연 강수량은 많은 편이다. 이러한 지형 및 기후 환경을 바탕으로 목축업과 고랭지 농업이 발달하였다. 또한 이 지역은 적설량이 많고 적설 기간이 긴 기후 특성을 활용하여 동계 스포츠의 중심지로 성장해 왔으며, 2018년에는 동계 올림픽이 개최되기도 하였다.

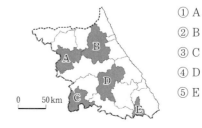

① A
② B
③ C
④ D
⑤ E

05

다음은 어느 모둠의 답사 일정을 나타낸 것이다. (가)~(다) 지역을 지도의 A~C에서 고른 것은?

답사 일정	답사 지역	답사 내용
1일차	(가)	의료 산업 클러스터 단지 견학
2일차	(나)	폐광 지역 산업 유산을 활용한 석탄 박물관 탐방
3일차	(다)	서울의 정동 쪽에 위치하고 있다는 기차역과 모래 해안 답사

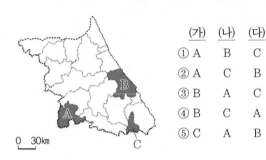

	(가)	(나)	(다)
①	A	B	C
②	A	C	B
③	B	A	C
④	B	C	A
⑤	C	A	B

06

그래프는 지도에 표시된 세 지역의 특성을 나타낸 것이다. (가)~(다) 지역에 대한 설명으로 옳은 것은? [3점]

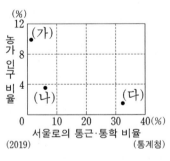

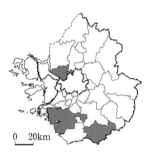

① (가)는 (나)보다 주택 중 아파트 비율이 높다.
② (가)는 (다)보다 전체 농가 중 겸업농가의 비율이 높다.
③ (나)는 (가)보다 유소년층 인구 비율이 높다.
④ (다)는 (나)보다 제조업 종사자 수가 많다.
⑤ (나)와 (다)에는 수도권 1기 신도시가 조성되어 있다.

07

그래프는 지도에 표시된 세 지역의 시기별 주택 수 증가량을 나타낸 것이다. (가)~(다)에 대한 설명으로 옳은 것은? [3점]

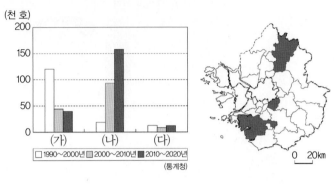

① (가)에는 수도권 1기와 2기 신도시가 건설되었다.
② (가)는 (다)보다 주간 인구 지수가 높다.
③ (나)는 (가)보다 정보서비스업 종사자 수가 많다.
④ (나)는 (다)보다 지역 내 농가 인구 비율이 높다.
⑤ (다)는 (나)보다 제조업 종사자 수가 많다.

08

지도는 세 지표별 강원도 상위 5개 시·군을 나타낸 것이다. (가)~(다)에 해당하는 지표로 옳은 것은? [3점]

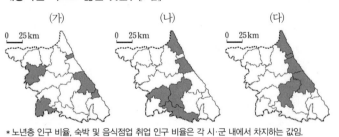

*노년층 인구 비율, 숙박 및 음식점업 취업 인구 비율은 각 시·군 내에서 차지하는 값임.
(2020) (통계청)

	(가)	(나)	(다)
①	인구 밀도	노년층 인구 비율	숙박 및 음식점업 취업 인구 비율
②	인구 밀도	숙박 및 음식점업 취업 인구 비율	노년층 인구 비율
③	숙박 및 음식점업 취업 인구 비율	노년층 인구 비율	인구 밀도
④	숙박 및 음식점업 취업 인구 비율	인구 밀도	노년층 인구 비율
⑤	노년층 인구 비율	인구 밀도	숙박 및 음식점업 취업 인구 비율

09

다음 글의 ㉠~㉣에 대한 옳은 설명만을 〈보기〉에서 고른 것은?

㉠ 수도권은 우리나라 면적의 11.8%를 차지하고 있으나, 인구의 50.0%(2019년 기준)가 거주하고 있는 인구 과밀 지역이다. 또한 국내 총생산의 절반을 차지할 정도로 산업 및 고용의 집중도가 높다. 이러한 ㉡ 수도권과 비수도권 간의 격차에 따른 ㉢ 국토 공간의 불균형을 해결하기 위해서 다양한 노력이 이루어지고 있다. 한편, 수도권 내에서 서울 중심의 공간 구조를 자립적 다핵 구조로 전환하기 위해 ㉣ 제3차 수도권 정비 계획을 실시하였다.

〈 보기 〉
ㄱ. ㉠은 행정 구역상 서울특별시, 인천광역시, 경기도를 포함한다.
ㄴ. ㉡은 수도권 신도시 건설로 인하여 크게 완화되고 있다.
ㄷ. ㉢을 위한 정책 중에는 수도권 공장 총량제, 과밀 부담금 제도가 있다.
ㄹ. ㉣에는 수도권에 기업 도시, 혁신 도시를 조성하는 내용이 포함되어 있다.

① ㄱ, ㄴ ② ㄱ, ㄷ ③ ㄴ, ㄷ ④ ㄴ, ㄹ ⑤ ㄷ, ㄹ

11

다음은 강원도 답사 계획서의 일부이다. (가)~(다) 정차역이 있는 지역에서 답사할 수 있는 내용으로 적절한 것을 고른 것은?

〈KTX로 떠나는 강원도 답사〉

답사 내용
A – 정동진 해안 단구 및 경포호 답사와 단오제 참가
B – 동계 올림픽이 열렸던 스키 점프대와 양떼 목장 견학
C – 강원도의 첨단 의료 기기 산업 클러스터 탐방

   (가) (나) (다)   (가) (나) (다)
① A   B   C   ② B   A   C
③ B   C   A   ④ C   A   B
⑤ C   B   A

10

그래프는 지도에 표시된 세 지역의 특성을 나타낸 것이다. (가)~(다) 지역을 지도의 A~C에서 고른 것은? [3점]

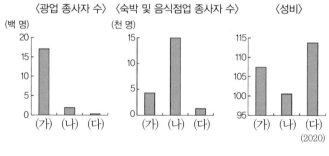

〈광업 종사자 수〉 〈숙박 및 음식점업 종사자 수〉 〈성비〉

   (가) (나) (다)
① A   B   C
② B   A   C
③ B   C   A
④ C   A   B
⑤ C   B   A

12

다음은 강원 지방 답사 계획서의 일부이다. (가)~(다)에 해당하는 지역을 지도의 A~E에서 고른 것은? [3점]

〈강원 지방 답사 계획서〉
● 기간: 2019년 10월 ○일 ~ ○일
● 답사 지역 및 내용

답사 지역	답사 내용
(가)	열하 분출로 형성된 용암 대지와 그 사이를 흐르고 있는 한탄강이 만든 현무암 협곡과 주상 절리
(나)	산지 사이를 굽이굽이 흘러가는 감입 곡류 하천인 동강과 한반도 지형으로 유명한 선암 마을
(다)	석탄 산업 합리화 정책 이후 침체된 지역을 되살리기 위해 조성한 고원 스포츠 타운. 스키장 등 각종 레저 시설과 석탄 박물관

   (가) (나) (다)   (가) (나) (다)
① A   B   C   ② A   C   E
③ A   D   E   ④ B   C   D
⑤ B   D   E

13

다음은 수도권과 강원 지방을 주제로 한 수업의 일부이다. (가)에 들어갈 내용으로 옳은 것은?

교사 : 〈도시 알아보기〉에 제시된 특징에 해당하는 도시 이름을 칠판에서 차례대로 떼어 내세요.

〈 도시 알아보기 〉

○ □□시 : 강원특별자치도 도청 소재지임. 막국수·닭갈비 축제, 마임 축제 등이 개최됨.

○ △△시 : 석탄 산업 합리화 정책으로 석탄 생산량이 감소함. 용연동굴, 석탄 박물관 등의 관광지가 있음.

○ ○○시 : 경기도 도청 소재지이자 특례시임. 정조가 주민의 거주 공간 마련 등을 이유로 축성한 세계 문화유산이 있음.

| 원 | 산 | 백 | 안 |
| 춘 | 태 | 천 | 수 |

교사 : 칠판에 남은 글자로 도시 이름을 만들어 보세요. 이 도시의 특징은 무엇일까요?

학생 : _____ (가)

① 슬로 시티로 지정된 마을이 있습니다.
② 수도권 1기 신도시가 조성되어 있습니다.
③ 우리나라 최초의 조력 발전소가 있습니다.
④ 동계 올림픽이 개최되었던 경기장이 있습니다.
⑤ 기업 도시와 혁신 도시가 모두 조성되어 있습니다.

14

다음 자료의 (가) 지역을 지도의 A~E에서 고른 것은?

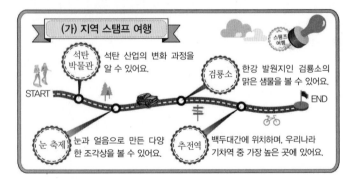

(가) 지역 스탬프 여행

석탄 박물관 석탄 산업의 변화 과정을 알 수 있어요.

검룡소 한강 발원지인 검룡소의 맑은 샘물을 볼 수 있어요.

START

END

눈 축제 눈과 얼음으로 만든 다양한 조각상을 볼 수 있어요.

추전역 백두대간에 위치하며, 우리나라 기차역 중 가장 높은 곳에 있어요.

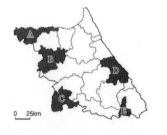

① A
② B
③ C
④ D
⑤ E

15

표는 지도에 표시된 세 지역의 특성을 나타낸 것이다. (가)~(다) 지역에 대한 설명으로 옳은 것은? [3점]

구분 지역	거주 기간별 주민 비율(%)			청장년층 인구의 성비
	10년 미만	10~ 20년	20년 이상	
(가)	14.1	19.3	66.6	130.9
(나)	25.8	28.5	45.7	98.7
(다)	44.0	36.0	20.0	117.5

0 20km

(2021년)

① (가)에는 수도권 1기 신도시가 있다.
② (다)는 남북한 접경 지역에 위치한다.
③ (가)는 (다)보다 제조업 출하액이 많다.
④ (나)는 (가)보다 주택 유형 중 아파트 비율이 높다.
⑤ (다)는 (나)보다 서울로의 통근 인구가 많다.

16

그래프는 지도에 표시된 세 지역의 인구 변화를 나타낸 것이다. (가)~(다) 지역에 대한 설명으로 옳은 것은?

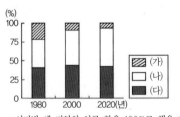
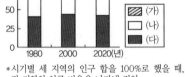

(%)

1980 2000 2020(년)

[범례] (가) (나) (다)

0 30km

*시기별 세 지역의 인구 합을 100%로 했을 때, 각 지역의 인구 비율을 나타낸 것임.
**2010년 행정 구역을 기준으로 함.

① (가)에는 석탄 박물관이 있다.
② (나)는 강원도의 도청 소재지이다.
③ (다)에는 혁신 도시와 기업 도시가 모두 있다.
④ (나)는 (가)보다 2020년에 중위 연령이 높다.
⑤ (다)는 (나)보다 1980~2020년의 인구 증가율이 높다.

17

21학년도 6월 모평 6번

다음은 수도권 도시에 대한 학습 노트의 일부이다. (가), (나)를 지도의 A~D에서 고른 것은?

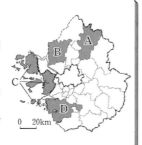

> **(가)** 의 특징
> ◦ 수도권의 관문 역할을 함.
> ◦ 우리나라 최대 규모의 국제공항과 서해안의 대표적 항구가 있음.
>
> **(나)** 의 특징
> ◦ 남북한을 연결하는 경의선이 지나는 곳에 위치함.
> ◦ 수도권 2기 신도시가 위치하고 있으며 출판단지가 입지함.

	(가)	(나)		(가)	(나)
①	B	A	②	B	C
③	C	A	④	C	B
⑤	D	B			

18

24학년도 5월 학평 20번

다음 자료의 (가)~(다) 지역을 지도의 A~D에서 고른 것은? [3점]

지역에 기부하면 답례품과 세액공제를 받는
고향사랑기부제의 사례

눈동이

> **(가)** 은/는 대관령 일대의 고위 평탄면에서 목축업과 고랭지 농업이 발달했어. 우리 지역에 기부하면 고랭지 배추로 담그는 김장 축제 체험권 등을 제공해.

> **(나)** 은/는 도청 소재지로 서울과 전철로 연결되어 접근성이 좋아졌어. 우리 지역에 기부하면 유명 음식인 닭갈비 등을 제공해.
소양강처녀

철루미
> **(다)** 은/는 한탄강을 따라 펼쳐진 용암 대지와 주상절리 등 수려한 자연 경관이 유명해. 우리 지역에 기부하면 지리적 표시제로 등록된 쌀 등을 제공해.

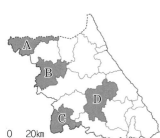

	(가)	(나)	(다)
①	A	B	C
②	B	A	D
③	B	C	A
④	D	B	A
⑤	D	C	B

19

22학년도 수능 9번

지도의 A~F 지역에 대한 설명으로 옳은 것은?

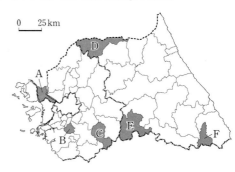

① A와 D에는 용암 대지가 발달해 있다.
② A와 E에는 기업도시가 조성되어 있다.
③ B와 E에는 도청이 위치해 있다.
④ B와 F에서는 겨울철 눈을 주제로 한 지역 축제가 개최된다.
⑤ C와 D에서는 지리적 표시제에 등록된 쌀이 생산된다.

20

19학년도 수능 6번

다음 자료는 체험 학습 후 사회 관계망 서비스(SNS)에 올린 게시물이다. (가) 지역을 지도의 A~E에서 고른 것은?

> geography ···
> 부모님과 **(가)** 도자 축제에 다녀왔다. 도자 물레 체험, 도자 순례 교실 등의 활동을 통해 우리나라 도자기의 역사를 배울 수 있었다.
> 좋아요 · 댓글 달기 · 공유하기

> geography ···
> 과거 임금님께 진상했다고 전해져 온 쌀로 지은 밥을 먹었다. 음식점 입구에 지리적 표시제에 등록된 **(가)** 쌀을 사용하고 있다는 안내문이 붙어 있었다.
> 좋아요 · 댓글 달기 · 공유하기

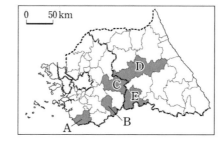

① A
② B
③ C
④ D
⑤ E

21

다음 자료는 답사 계획서의 일부이다. (가)~(다) 지역을 지도의 A~C에서 고른 것은? [3점]

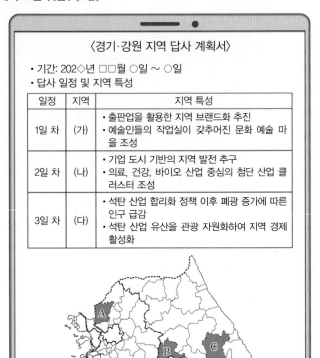

〈경기·강원 지역 답사 계획서〉

• 기간: 202◇년 □□월 ○일 ~ ○일
• 답사 일정 및 지역 특성

일정	지역	지역 특성
1일 차	(가)	• 출판업을 활용한 지역 브랜드화 추진 • 예술인들의 작업실이 갖추어진 문화 예술 마을 조성
2일 차	(나)	• 기업 도시 기반의 지역 발전 추구 • 의료, 건강, 바이오 산업 중심의 첨단 산업 클러스터 조성
3일 차	(다)	• 석탄 산업 합리화 정책 이후 폐광 증가에 따른 인구 급감 • 석탄 산업 유산을 관광 자원화하여 지역 경제 활성화

	(가)	(나)	(다)		(가)	(나)	(다)
①	A	B	C	②	A	C	B
③	B	A	C	④	B	C	A
⑤	C	B	A

22

지도의 A~E 지역에 대한 설명으로 옳지 <u>않은</u> 것은?

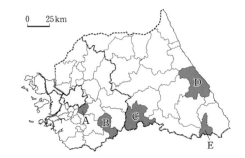

① A – 수도권 1기 신도시가 위치한다.
② B – 지리적 표시제로 등록된 쌀이 생산된다.
③ C – 강원도청 소재지이다.
④ D – 사주의 발달로 형성된 석호가 있다.
⑤ E – 폐광 시설을 관광 자원으로 활용하고 있다.

23

(가)~(다) 지역을 그래프의 A~C에서 고른 것은? (단, (가)~(다)와 A~C는 각각 지도에 표시된 세 지역 중 하나임.)

> (가) 수도권 시·군 중 2020년에 유소년 부양비가 가장 높은 곳으로, 수도권 2기 신도시가 있다. 지역 캐릭터는 이곳에 있는 공룡알 화석지와 관련 있다.
>
> (나) 수도권 1기 신도시가 있고, 문화·관광 복합 단지인 '한류 월드'가 있으며, 2022년에 특례시*가 되었다. 지역 캐릭터는 지역 이름과 관련 있다.
>
> (다) 수도권 시·군 중 2020년에 노령화 지수가 가장 높은 곳으로, 수도권 정비 계획의 자연 보전 권역에 위치한다. 지역 캐릭터는 이곳의 특산물인 잣과 관련 있다.
>
> *기초 자치 단체 중 인구 100만 명 이상의 도시임.

〈산업별 취업자 비율 및 총취업자 수〉

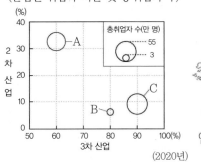 

(2020년)

*2, 3차 산업 취업자 비율은 원의 중심값임.

	(가)	(나)	(다)		(가)	(나)	(다)
①	A	B	C	②	A	C	B
③	B	A	C	④	B	C	A
⑤	C	A	B

24

22학년도 7월 학평 19번

다음 자료는 답사 계획서의 일부이다. (가)~(다)에 해당하는 지역을 지도의 A~C에서 고른 것은? (단, 일정별 답사 지역은 서로 다른 지역임.)

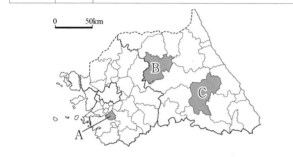

〈경기 및 강원 지역 답사 계획서〉

o 기간 : 2022년 7월 △일 ~ △일

o 답사 일정과 주제

일정	지역	답사 주제
1일 차	(가)	• 고위 평탄면의 형성 과정과 토지 이용 탐구 • 지역 브랜드 'HAPPY 700'을 활용한 마케팅 사례 분석
2일 차	(나)	• 북한강과 소양강의 합류 지점에 형성된 침식 분지 답사 • 수도권 전철 연결 이후 지역 상권 변화 탐구
3일 차	(다)	• 세계 문화유산으로 등재된 조선 시대 성곽 건축물 답사 • '특례시' 지정 이후 지역 개발 방향 탐구

	(가)	(나)	(다)		(가)	(나)	(다)
①	A	B	C	②	B	A	C
③	B	C	A	④	C	A	B
⑤	C	B	A				

26

24학년도 10월 학평 18번

지도는 (가), (나) 지표의 경기도 내 상위 및 하위 5개 시·군을 나타낸 것이다. (가), (나) 지표로 옳은 것은? [3점]

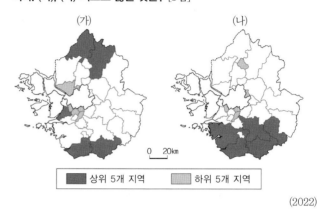

(2022)

	(가)	(나)		(가)	(나)
①	경지 면적	농가 인구	②	경지 면적	중위 연령
③	청장년 성비	농가 인구	④	청장년 성비	중위 연령
⑤	중위 연령	경지 면적			

25

25학년도 수능 8번

지도에 표시된 고속 국도가 지나가는 A~E 지역을 여행할 때, 각 지역에서 체험할 수 있는 활동으로 옳은 것은?

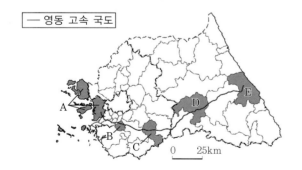

① A: 관광특구로 지정된 차이나타운에서 짜장면 먹기
② B: 동계 올림픽이 개최된 경기장에서 스케이트 타기
③ C: 세계 문화유산으로 등재된 화성에서 성곽 길 걷기
④ D: 폐광을 활용한 석탄 박물관에서 갱도 견학하기
⑤ E: 도자 박물관에서 도자기 만들기 체험하기

27

25학년도 수능 18번

그래프는 지도에 표시된 네 지역의 가구 수 변화를 나타낸 것이다. (가)~(라) 지역에 대한 설명으로 옳은 것은? [3점]

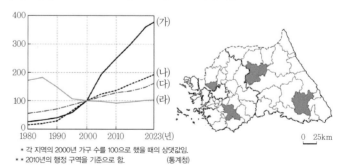

* 각 지역의 2000년 가구 수를 100으로 했을 때의 상댓값임.
** 2010년의 행정 구역을 기준으로 함. (통계청)

① (나)는 (가)보다 인구 밀도가 높다.
② (다)는 (라)보다 지역 내 농가 비율이 높다.
③ (가)와 (나)에는 수도권 2기 신도시가 조성되어 있다.
④ (가)~(라)는 모두 수도권 전철이 연결되어 있다.
⑤ (가)와 (다)는 경기도, (나)와 (라)는 강원특별자치도에 속한다.

01 대표 문제

지도는 두 지표의 경상남도 상위 및 하위 5개 시·군을 나타낸 것이다. (가), (나)에 해당하는 지표로 옳은 것은? [3점]

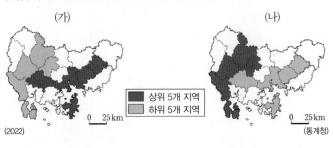

(가)   (나)

■ 상위 5개 지역
□ 하위 5개 지역

(2022)   (통계청)

	(가)	(나)
①	주택 유형 중 아파트 비율	중위 연령
②	주택 유형 중 아파트 비율	성비
③	전체 가구 중 농가 비율	주택 유형 중 아파트 비율
④	전체 가구 중 농가 비율	중위 연령
⑤	전체 가구 중 농가 비율	성비

02

다음 글은 충청북도에 대한 것이다. A~C 지역에 대한 설명으로 옳은 것은?

> '충청'이라는 지명은 │ A │의 앞 글자인 '충(忠)'과 │ B │의 앞 글자인 '청(淸)'에서 유래하였다. │ A │와/과 │ B │은/는 모두 오늘날까지 충청북도의 핵심 도시 역할을 수행하고 있다. 또한 국가의 균형 발전을 위해 기업 도시와 혁신 도시도 충청북도에 조성되었다. 기업 도시는 │ A │에 입지하고, 혁신 도시는 │ C │와/과 음성의 경계에 걸쳐 위치해 있다.

① A는 충청북도의 도청 소재지이다.
② B에는 오송 생명 과학 단지가 위치한다.
③ C는 서울과 지하철로 연결되어 있다.
④ C는 A보다 인구가 많다.
⑤ A와 B에는 모두 국제공항이 입지해 있다.

03

다음은 한국지리 수업 장면이다. 옳게 발표한 학생을 고른 것은?

(가)~(마) 지역에 대해 발표해 볼까요?

갑: (가)에는 슬로 시티로 지정된 마을이 있고, 질 좋은 죽세공품을 생산·판매하는 죽물 시장이 있었어요.

을: (나)에서는 녹차와 관련된 다향 대축제가 개최돼요.

병: (다)에는 우주 발사체 발사 기지가 있고, 지역 특산품으로 유명한 유자가 생산돼요.

정: (라)에는 람사르 협약에 등록된 습지가 있고, 전통 취락을 볼 수 있는 낙안 읍성이 있어요.

무: (마)에는 한반도 최남단 땅끝 마을이 있고, 지역 특산품으로 겨울 배추가 재배돼요.

① 갑   ② 을   ③ 병   ④ 정   ⑤ 무

04

다음 글은 (가)~(라) 지역에 대한 설명이다. (가)~(라)에 해당하는 지역을 지도의 A~D에서 고른 것은?

> • (가)와 (라)의 지명 첫 글자는 '경상도'라는 명칭의 유래가 되었다.
> • (나)와 (라)에는 원자력 발전소가 입지해 있다.
> • (다)와 (라)에는 유네스코 세계 유산에 등재된 역사 마을이 있다.

0 25km

	(가)	(나)	(다)	(라)		(가)	(나)	(다)	(라)
①	A	B	C	D	②	A	C	B	D
③	C	A	B	D	④	D	B	C	A
⑤	D	C	B	A					

05

다음 자료는 답사 계획서의 일부이다. 답사 일정에 해당하는 지역을 지도의 A~D에서 순서대로 옳게 고른 것은? (단, 하루에 한 지역만 답사하며, 각 일정별 답사 지역은 다른 지역임.)

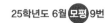

답사 일정	답사 내용
1일 차	석회암을 원료로 하는 대규모 시멘트 공장 방문
2일 차	지식 기반형 산업의 육성을 위해 민간 기업의 주도로 조성된 기업도시 방문
3일 차	지식 첨단 산업을 이끄는 대덕 연구 개발 특구 방문

	1일 차	2일 차	3일 차		1일 차	2일 차	3일 차
①	A	B	D	②	A	C	D
③	B	A	C	④	B	C	D
⑤	C	B	A				

06

다음 자료에서 설명하는 지역을 지도의 A~E에서 고른 것은?

이 지역은 섬진강 상류에 위치하며 천혜의 자연환경과 장류 문화의 역사가 살아 숨 쉬는 곳이다. 전통 장류를 소재로 한 장류 축제가 열리며 특히 이 지역의 고추장은 예로부터 기후 조건, 물맛 그리고 제조 기술이 어울려 내는 독특한 맛으로 유명하다.

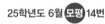

〈지역 캐릭터〉
고추장의 원료인 고추를 형상화한 어린 고추 도깨비

① A
② B
③ C
④ D
⑤ E

07

지도에 표시된 (가)~(다) 지역의 특징을 그림과 같이 표현할 때, A~D의 내용으로 옳은 것만을 〈보기〉에서 고른 것은? [3점]

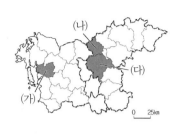

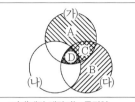

A: (가)에만 해당되는 특징임.
B: (다)에만 해당되는 특징임.
C: (가)와 (다)만의 공통 특징임.
D: (가), (나), (다) 모두의 특징임.

〈보기〉
ㄱ. A: 석탄 박물관이 있음.
ㄴ. B: 국제공항이 있음.
ㄷ. C: 도청이 입지하고 있음.
ㄹ. D: 혁신도시가 조성되어 있음.

① ㄱ, ㄴ ② ㄱ, ㄷ ③ ㄴ, ㄷ ④ ㄴ, ㄹ ⑤ ㄷ, ㄹ

08

지도에 표시된 (가)~(다) 지역의 특징을 그림과 같이 표현할 때, A~D의 내용으로 옳은 것만을 〈보기〉에서 고른 것은? [3점]

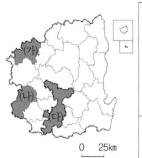

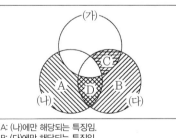

A: (나)에만 해당되는 특징임.
B: (다)에만 해당되는 특징임.
C: (가)와 (다)만의 공통 특징임.
D: (나)와 (다)만의 공통 특징임.

〈보기〉
ㄱ. A : 도청이 입지하고 있음.
ㄴ. B : 지하철이 운행되고 있음.
ㄷ. C : 천연기념물로 지정된 석회 동굴이 있음.
ㄹ. D : 혁신도시가 조성되어 있음.

① ㄱ, ㄴ ② ㄱ, ㄷ ③ ㄴ, ㄷ ④ ㄴ, ㄹ ⑤ ㄷ, ㄹ

다음 자료는 지도에 표시된 네 도시의 시청에서 출발해 광주광역시청으로 가는 길 찾기 안내의 일부이다. (가)~(라) 도시에 대한 설명으로 옳은 것은? [3점]

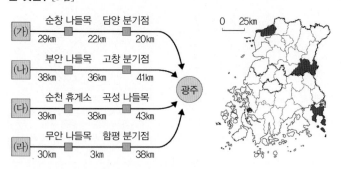

① (다)에는 춘향전의 배경이 되는 광한루원이 있다.
② (라)에는 대규모 완성형 자동차 조립 공장이 입지해 있다.
③ (가)와 (다)에는 모두 람사르 협약에 등록된 습지가 있다.
④ (나)와 (라)에는 모두 하굿둑이 건설되어 있다.
⑤ (가)~(라)에는 모두 국제공항이 입지해 있다.

다음 자료에서 설명하는 지역을 지도의 A~E에서 고른 것은?

이 지역은 한강 뱃길과 육로 교통의 길목으로 삼국 시대에는 각축을 벌이던 전략 요충지였다. 수자원 확보와 홍수 피해 경감 등을 목적으로 다목적댐이 건설되어 전력 생산과 관광 자원으로도 활용되고 있다. 또한 민간 기업이 주도적으로 개발하는 기업도시가 조성되어 지역 경제에 활력을 불어 넣고 있다.

태극 모양과 지명 영문 표기 첫 글자인 C와 J를 조화롭게 표현한 이 지역의 심벌 마크이다.

① A
② B
③ C
④ D
⑤ E

지도에 표시된 (가), (나) 지역의 특징을 그림과 같이 표현할 때, A~D의 내용으로 옳은 것만을 〈보기〉에서 고른 것은?

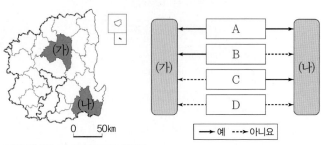

* 군위군은 2023년 대구광역시로 편입됨.

〈 보기 〉
ㄱ. A – 세계 문화유산으로 등재된 역사 마을이 있나요?
ㄴ. B – 원자력 발전소가 위치하고 있나요?
ㄷ. C – '경상도' 지명의 유래가 된 도시인가요?
ㄹ. D – 도청 소재지에 해당하나요?

① ㄱ, ㄴ ② ㄱ, ㄷ ③ ㄴ, ㄷ ④ ㄴ, ㄹ ⑤ ㄷ, ㄹ

지도에 표시된 (가), (나) 지역의 특징을 그림으로 표현할 때, A~D에 해당하는 옳은 내용만을 〈보기〉에서 고른 것은?

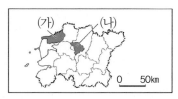

〈범례〉
A : (가)에만 해당되는 특징임.
B : (나)에만 해당되는 특징임.
C : (가)와 (나) 모두 해당되는 특징임.
D : (가)와 (나) 모두 해당되지 않는 특징임.

〈 보기 〉
ㄱ. A : 하굿둑이 건설됨.
ㄴ. B : 세계 소리 축제가 개최됨.
ㄷ. C : 원자력 발전소가 입지함.
ㄹ. D : 혁신 도시가 조성됨.

① ㄱ, ㄴ ② ㄱ, ㄷ ③ ㄴ, ㄷ ④ ㄴ, ㄹ ⑤ ㄷ, ㄹ

13

24학년도 6월 모평 20번

다음은 지도에 표시된 세 지역에 대한 두 학생의 답변과 교사의 채점 결과이다. 이에 대한 설명으로 옳은 것만을 〈보기〉에서 고른 것은?

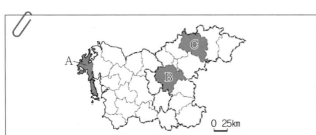

질문	답변	
	갑	을
A는 군(郡), B와 C는 시(市)에 해당하나요?	예	예
A에는 국제공항이 입지해 있나요?	아니요	예
(가)	㉠	아니요
(나)	㉡	아니요
점수	4점	2점

* 교사는 질문별로 채점하고, 각 질문에 대해 옳은 답변을 하면 1점, 틀린 답변을 하면 0점을 부여함.

〈 보기 〉

ㄱ. ㉠이 '예'일 경우, (가)에는 'B에는 석탄 화력 발전소가 입지해 있나요?'가 들어갈 수 있다.

ㄴ. ㉡이 '아니요'일 경우, (나)에는 'C는 현재 도청 소재지에 해당하나요?'가 들어갈 수 있다.

ㄷ. (가)가 'A와 C에는 모두 기업 도시가 조성되어 있나요?'일 경우, ㉠에는 '아니요'가 들어간다.

ㄹ. (나)가 'B와 C는 모두 충청도라는 지명의 유래가 된 도시인가요?'일 경우, ㉡에는 '예'가 들어간다.

① ㄱ, ㄴ ② ㄱ, ㄷ ③ ㄴ, ㄷ ④ ㄴ, ㄹ ⑤ ㄷ, ㄹ

14

24학년도 9월 모평 4번

다음 자료는 어느 학생의 호남권 답사 일정이다. 일정에 따라 답사 지역을 지도의 A~E에서 순서대로 고른 것은? [3점]

일정	주요 활동
1일 차	춘향전의 배경이 되는 광한루와 주변 지역 탐방
2일 차	람사르 협약 등록 습지와 국가 정원 견학
3일 차	나비 축제가 열렸던 하천 주변 유채 꽃밭과 나비곤충생태관 방문

① A → B → D ② A → C → E ③ B → C → E
④ B → E → D ⑤ C → D → A

15

23학년도 9월 모평 18번

다음 자료는 충청북도 세 지역의 인구 및 산업 특성을 나타낸 것이다. 이에 대한 설명으로 옳은 것은? (단, (가)~(다), A~C는 각각 보은, 진천, 청주 중 하나임.)

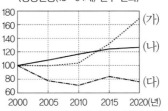

〈청장년층(15~64세) 인구 변화〉

* 각 지역의 2000년 인구를 100으로 했을 때 해당 연도의 상댓값임.
** 현재의 행정 구역을 기준으로 함. (통계청)

〈지역 내 주요 산업별 취업 인구 비율(%)〉

산업 \ 지역	사업·개인·공공 서비스 및 기타	광업·제조업
A	37	28
B	27	16
C	27	42

(2020) (통계청)

① (나)에는 혁신 도시가 위치한다.
② (가)는 (다)보다 지역 내 농·임·어업 취업 인구 비율이 높다.
③ (가)는 A, (다)는 B이다.
④ C에는 고속 철도역과 생명 과학 단지가 입지해 있다.
⑤ A는 C보다 광업·제조업 취업 인구가 많다.

16

22학년도 수능 3번

다음 글에서 설명하는 지역을 지도의 A~E에서 고른 것은? [3점]

이 지역은 수도권 과밀화 해소와 지역 균형 발전의 일환으로 수도권으로부터 공업이 이전하면서 제조업이 꾸준히 성장하고 있으며, 전자 및 자동차 관련 산업들이 집적되어 있다. 2008년에 수도권과 전철로 연결되었으며, 오래된 역사를 지닌 온천을 활용하여 지역 마케팅을 시행하고 있다.

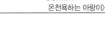

〈마스코트: 온천욕하는 아랑이〉

① A
② B
③ C
④ D
⑤ E

다음 자료에서 설명하는 (가) 지역을 지도의 A~E에서 고른 것은? [3점]

- (가) 지역의 마스코트는 젊은 도시, 성장하는 도시 이미지를 부각시키기 위해 (가)의 어린 시절 모습을 형상화했어.
- (가) 지역의 유소년 부양비는 전국에서 가장 높은 수준이야.
- (가) 지역에는 국토의 균형 발전을 위해 새롭게 조성된 행정 복합 도시가 있어.

〈 (가) 지역의 마스코트〉

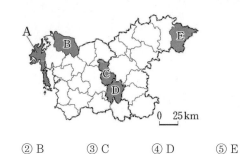

① A   ② B   ③ C   ④ D   ⑤ E

(가), (나) 지역을 지도의 A~D에서 고른 것은?

- (가) 은/는 평택, 화성 일대와 더불어 황해 경제 자유 구역으로 지정되어 대중국 전진 기지와 지식 창조형 경제 특구로 개발되고 있다. 그리고 제철 산업이 발달하여 충청권 내 1차 금속 제조업 출하액에서 (가) 이/가 차지하는 비율이 가장 높다.
- (나) 은/는 수도권과 인접하여 수도권의 제조업 기능을 일부 흡수하고 있다. 그리고 IT 업종과 자동차 산업이 발달하였으며, 충청권 내 전자 부품·컴퓨터·영상·음향 및 통신 장비 제조업 출하액에서 (나) 이/가 차지하는 비율이 가장 높다.

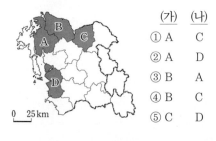

	(가)	(나)
①	A	C
②	A	D
③	B	A
④	B	C
⑤	C	D

다음 자료에서 설명하는 지역을 지도의 A~E에서 고른 것은?

이 지역의 심벌마크에 표현되어 있는 도담삼봉은 강 가운데에 있는 바위섬으로, 석회암으로 이루어져 있다. 섬에는 정자가 있어 운치를 더해 준다. 또한 석회암 산지 곳곳에는 노천 채굴 방식의 광산과 시멘트 공장이 있다. 특산물로는 지리적 표시제로 등록된 마늘이 유명하다.

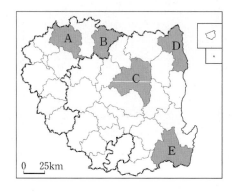

① A
② B
③ C
④ D
⑤ E

(가)~(다) 지역에 대한 설명으로 옳은 것은? (단, (가)~(다)는 각각 지도에 표시된 세 지역 중 하나임.) [3점]

〈연령층별 인구 비율 및 아파트 비율〉

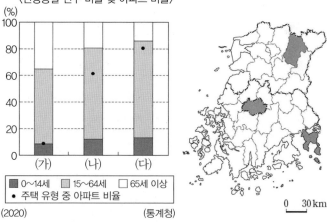

■ 0~14세 ■ 15~64세 □ 65세 이상
● 주택 유형 중 아파트 비율

(2020)   (통계청)

① (가)는 전남에 위치한다.
② (가)는 (다)보다 인구 밀도가 높다.
③ (나)는 (가)보다 서울로의 고속버스 운행 횟수가 많다.
④ (다)는 (나)보다 노령화 지수가 높다.
⑤ 총부양비는 (다) 〉 (나) 〉 (가) 순으로 높다.

21

21학년도 수능 2번

다음 자료는 답사 계획서의 일부이다. (가), (나) 지역을 지도의 A~E에서 고른 것은? (단, 일정별 답사 지역은 다른 지역임.)

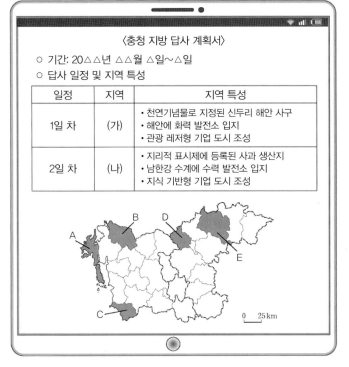

〈충청 지방 답사 계획서〉

○ 기간: 20△△년 △△월 △일~△일
○ 답사 일정 및 지역 특성

일정	지역	지역 특성
1일 차	(가)	• 천연기념물로 지정된 신두리 해안 사구 • 해안에 화력 발전소 입지 • 관광 레저형 기업 도시 조성
2일 차	(나)	• 지리적 표시제에 등록된 사과 생산지 • 남한강 수계에 수력 발전소 입지 • 지식 기반형 기업 도시 조성

	(가)	(나)		(가)	(나)
①	A	D	②	A	E
③	B	D	④	B	E
⑤	C	E			

22

21학년도 9월 모평 15번

다음은 지리 답사 동아리의 활동 장면이다. 발표 내용이 가장 적절한 학생을 고른 것은? [3점]

이번 답사는 충청 지방의 인접한 두 지역을 선정하여 진행할 예정입니다. A~E에 대해 발표해 볼까요?

갑	을	병	정	무
A의 두 지역 모두에서 대규모 중화학 공업 단지를 볼 수 있어요.	B의 두 지역 모두에서 공공기관 이전을 위해 조성된 혁신 도시를 볼 수 있어요.	C의 두 지역 모두에서 도청을 볼 수 있어요.	D의 두 지역 모두에서 유네스코 세계 문화유산을 볼 수 있어요.	E의 두 지역 모두에서 민간 기업이 주도적으로 개발하고 있는 기업 도시를 볼 수 있어요.

① 갑　② 을　③ 병　④ 정　⑤ 무

23

24학년도 5월 학평 4번

다음은 두 친구가 여행 중에 나눈 영상 통화의 일부이다. (가), (나) 지역을 지도의 A~D에서 고른 것은? [3점]

나는 황금빛 평야가 넓게 펼쳐진 (가) 의 지평선 축제에 왔어. 축제를 즐긴 후에는 벽골제를 둘러볼 거야.

나는 지리적 표시제 제1호로 등록된 녹차로 널리 알려진 (나) 의 차밭에 왔어. 녹차 시음 후에는 이 지역 명물인 꼬막 정식도 먹을 거야.

	(가)	(나)
①	A	C
②	A	D
③	B	C
④	B	D
⑤	C	A

24

21학년도 4월 학평 9번

그래프의 (가)~(다)에 해당하는 지역으로 옳은 것은? [3점]

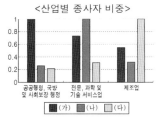

〈산업별 종사자 비중〉

■ (가)　□ (나)　□ (다)

* 수치는 가장 높은 지역의 값을 1로 했을 때의 상댓값임.

(2018)

	(가)	(나)	(다)
①	대전	세종	충남
②	대전	충남	세종
③	세종	대전	충남
④	세종	충남	대전
⑤	충남	대전	세종

(가), (나) 지역을 지도의 A~D에서 고른 것은?

- (가) 에는 우리나라 최초로 세계 문화유산에 등재된 '석굴암과 불국사'가 있다. 이후 역사 유적 지구, 역사 마을, 서원 등이 세계 문화유산에 잇달아 등재되며 역사 문화 도시로 자리잡았다.
- (나) 은/는 중생대 지층의 공룡 발자국 화석 산지로 널리 알려져 있다. 최근에는 '가야고분군'이 세계 문화유산에 등재되며 역사 유적지로서의 가치가 더해지고 있다.

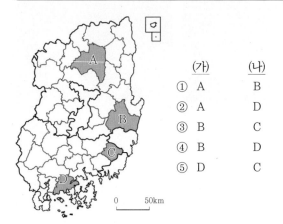

	(가)	(나)
①	A	B
②	A	D
③	B	C
④	B	D
⑤	D	C

다음 자료는 답사 계획서의 일부이다. 답사 일정에 해당하는 지역을 지도의 A~E에서 순서대로 옳게 고른 것은? (단, 하루에 한 지역만 답사하며, 각 날짜별 답사 지역은 다른 지역임.) [3점]

〈전남 지역 답사 계획서〉

답사 일정	답사 내용
1일 차	• 슬로시티로 지정된 마을 탐방 • 대표적 대나무 생산지에서 죽세공품 제작 체험
2일 차	• 람사르 협약에 등록된 국내 최초의 연안 습지 탐방 • 전통 취락을 볼 수 있는 낙안 읍성 방문
3일 차	• 지역 특산품인 유자 재배 농가 방문 • 국내 최초의 우주 발사체 발사 기지 견학

1일 차	2일 차	3일 차		1일 차	2일 차	3일 차
① A	→ B	→ C		② A	→ C	→ D
③ A	→ D	→ E		④ B	→ C	→ E
⑤ B	→ D	→ E				

다음은 한국지리 수업 장면의 일부이다. (가)에 들어갈 내용으로 옳은 것은?

교사: ㄱ~ㄷ에 해당하는 호남 지방의 지역을 〈글자 카드〉에서 찾아 모두 지워 보세요.

ㄱ 지역 특산품으로 유자가 있으며, 국내 최초의 우주 발사체 발사 기지가 있는 지역
ㄴ 굴비의 고장으로 유명하며, 국내에서 유일하게 서해안에 원자력 발전소가 있는 지역
ㄷ 농경 문화를 주제로 지평선 축제가 개최되며, 백제 시대에 축조된 저수지인 벽골제가 있는 지역

〈글자 카드〉

주	고	김	영
제	광	전	흥

교사: 〈글자 카드〉에서 남은 글자를 모두 활용하여 만들 수 있는 호남 지방의 지역에 대해 설명해 보세요.
학생: _____(가)_____ (으)로 유명한 지역입니다.

① 죽세공품과 대나무 축제
② 광한루원에서 개최되는 춘향제
③ 지리적 표시제에 등록된 고추장
④ 전통 한옥 마을이 있는 슬로시티
⑤ 큰 조차를 극복하기 위해 설치된 뜬다리 부두

지도는 충청권의 두 지표를 시·군별로 나타낸 것이다. (가), (나)에 해당하는 지표로 옳은 것은? [3점]

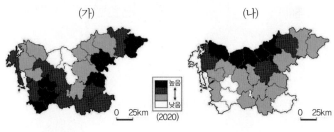

	(가)	(나)
①	인구 밀도	중위 연령
②	인구 밀도	제조업 취업자 수
③	중위 연령	인구 밀도
④	중위 연령	제조업 취업자 수
⑤	제조업 취업자 수	중위 연령

29

다음에서 설명하고 있는 지역을 지도의 A~E에서 고른 것은?

이 지역은 과거 유명했던 탄광 도시로 석탄 박물관, 폐광을 이용한 냉풍욕장 등이 잘 알려져 있다. 또한 매년 7월에 머드 축제가 개최되어 외국인을 비롯한 많은 관광객이 찾아오고 있다.

〈머드 이미지를 반영한 캐릭터〉

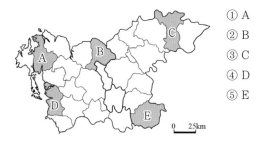

① A
② B
③ C
④ D
⑤ E

0 25km

30

다음 글에서 설명하는 지역을 지도의 A~E에서 고른 것은?

조선 시대 이 지역의 중심지였던 강경은 금강을 활용한 내륙 수운의 요충지로 가장 번성했던 시장 중 하나였다. 현재 이 지역은 특산물인 딸기를 활용한 '먹보딸기'와 국방 도시로서의 강인함을 표현한 '육군병장'을 주요 캐릭터로 활용하여 지역의 이미지를 나타내고 있다.

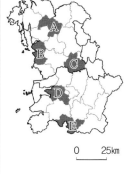

0 25km

① A   ② B   ③ C   ④ D   ⑤ E

31

표는 지도에 표시된 네 지역의 답사 일정을 정리한 것이다. (가)에 해당하는 일정으로 가장 적절한 것은? (단, 하루에 한 지역만 답사하며, 각 날짜별 답사 지역은 다른 지역임.) [3점]

구분	주요 일정
1일 차	슬로 시티로 지정된 지역에서 전통 한옥 마을 탐방과 한지 박물관 견학
2일 차	벽골제 탐방과 지평선이 보이는 곡창 지대에서 벼농사 문화 체험
3일 차	죽녹원 탐방과 대나무로 만든 다양한 수공업 제품 제작 체험
4일 차	(가)

0 50 km

① 친환경 농업 지역 방문과 나비 축제 체험
② 세계 문화유산으로 지정된 고인돌 유적지 탐방
③ 고추장의 본고장에서 장류를 주제로 한 축제 관람
④ 전통 공예품인 목기로 유명한 지역에서 춘향제 관람
⑤ 지리적 표시제 제1호인 녹차 재배지 방문과 다향제 참여

32

다음 자료의 (가), (나) 지역을 지도의 A~D에서 고른 것은?

(가) 의 심벌마크에 표현된 회전하는 타원은 제철소에서 생산되는 철판을 형상화하였다. 서해대교와 국제 무역항이 위치한 이 지역은 철강 관련 제품의 출하액이 지역 내 제조업 출하액의 절반 이상을 차지하고 있다.

(나) 의 심벌마크에 표현된 씨앗은 생명을 의미하는 형태로, 생명 과학 단지와 첨단 의료 복합 단지를 갖춘 도시의 이미지를 표현하였다. 이 지역은 고속 철도 분기점과 충청권 유일의 국제공항이 위치하고 있다.

0 25km

	(가)	(나)
①	A	B
②	A	C
③	B	C
④	B	D
⑤	D	A

33

20학년도 수능 5번

다음 자료에서 설명하는 지역을 지도의 A~E에서 고른 것은?

이 지역은 대나무를 가공해서 만든 죽 세공품의 대표적인 생산지이고, 해마다 대나무 축제가 개최되고 있다. 슬로 시티로 지정된 마을이 있으며, 전통 정원의 모습을 볼 수 있는 소쇄원이 유명하다.

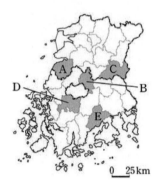

① A
② B
③ C
④ D
⑤ E

34

20학년도 6월 모평 5번

표는 호남 지방의 답사 일정을 정리한 것이다. (가)~(다)에 해당하는 지역을 지도의 A~E에서 고른 것은? [3점]

구분	지역	주요 활동
1일 차	(가)	• 슬로 시티로 지정된 지역의 전통 한옥 마을 탐방 • 한지 박물관에서 한지 공예 체험
2일 차	(나)	• 원자력 발전소 견학 • 법성포에서 지역 특산물인 굴비 시식
3일 차	(다)	• 람사르 습지로 등록된 연안 습지 방문 • 국제 정원 박람회가 열렸던 ○○만 국가 정원 방문

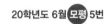

	(가)	(나)	(다)		(가)	(나)	(다)
①	A	B	C	②	A	C	E
③	A	D	E	④	B	C	D
⑤	B	E	D				

35

22학년도 4월 학평 18번

다음 글의 (가), (나) 지역을 지도의 A~C에서 고른 것은?

○ 『승정원일기』에 따르면 영조가 고추장을 좋아했으며, 특히 조○○ 집안에서 바친 (가) 의 고추장 맛이 좋아 이를 즐겨 먹었다고 한다. (가) 은/는 이러한 전통을 바탕으로 매년 가을이면 임금님께 고추장을 바치는 행렬을 재현하며 장류 축제를 개최하고, 이곳에서 생산된 고추장을 지리적 표시제에 등록하였다.

○ 『신증동국여지승람』에 따르면 예로부터 (나) 에서 차나무가 자생하여 그 잎으로 차를 만들어 음용하였는데, 차의 맛과 향이 좋아 조선에서 손꼽혔다고 한다. (나) 은/는 현재 국내 최대 녹차 생산지로 이곳에서 생산된 녹차는 지리적 표시제 제1호로 등록되었다.

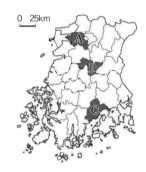

	(가)	(나)
①	A	B
②	A	C
③	B	A
④	B	C
⑤	C	A

36

22학년도 수능 13번

다음 자료는 답사 계획서의 일부이다. 답사 일정에 해당하는 지역을 지도의 A~E에서 고른 것은? (단, 일정별 답사 지역은 서로 다른 지역임.) [3점]

영남 지방 답사 계획서	
답사 일정	답사 내용
1일 차	• 혁신도시 방문 • 남강 유등 축제 개최 지역 탐방
2일 차	• 세계 문화유산에 등재된 전통 마을 탐방 • 신라 문화를 이해할 수 있는 역사 유적 지구 탐방
3일 차	• 조선 시대 영남의 관문인 조령 탐방 • 폐탄광을 활용하여 조성된 석탄 박물관 방문

	1일 차	2일 차	3일 차		1일 차	2일 차	3일 차
①	B	A	C	②	D	C	A
③	D	E	A	④	E	C	B
⑤	E	D	B				

37

다음 자료에서 설명하는 지역을 지도의 A~E에서 고른 것은? [3점]

이 지역은 기계 공업 발달과 경상남도청 이전을 바탕으로 성장하였고, 2010년 통합 시가 된 이후 인구 100만 명 이상의 대도시가 되었다. 마스코트 '피우미'는 벚꽃을 형상화한 것으로 이 지역에서는 우리나라의 대표적 벚꽃 축제인 군항제가 개최된다.

〈마스코트 '피우미'〉

① A
② B
③ C
④ D
⑤ E

38

다음 자료는 어느 모둠의 답사 계획서 일부이다. 이 모둠의 답사 지역을 지도의 A~F에서 순서대로 옳게 고른 것은? (단, 하루에 한 지역만 답사하며, 각 날짜별 답사 지역은 다른 지역임.) [3점]

〈영남 지방 답사 계획서〉

• 기간: 2019년 10월 ○월~○일
• 답사 일정 및 답사 내용

답사 일정	답사 내용
1일 차	세계 문화유산으로 등재된 역사 유적 지구 및 전통 역사 마을의 특징 파악
2일 차	람사르 협약 등록 습지에서 다양한 식물 및 동물 생태계 관찰
3일 차	남강 유등 축제 참여 및 공공 기관 이전에 다른 혁신 도시의 토지 이용 변화 조사

	1일 차	2일 차	3일 차		1일 차	2일 차	3일 차
①	A	→	D	→ F	②	A	→ F	→ E
③	C	→	D	→ E	④	C	→ E	→ F
⑤	C	→	F	→ B				

39

다음은 방송 프로그램 기획서 내용 중 일부이다. (가), (나) 지역을 지도의 A~D에서 고른 것은?

〈어서 왜! 전라도는 처음이지?〉

○ 기획 의도: 전라도에 처음 온 외국인들의 에피소드를 통해 여행의 즐거움과 우리나라의 문화를 알리고자 함.

○ 주요 일정과 내용

일정	지역	체험 내용
1일 차	(가)	슬로 시티로 지정된 도시에서 한옥 마을 탐방 및 지역 대표 음식인 비빔밥 시식
2일 차	(나)	지리적 표시 제1호로 등록된 녹차의 재배지에서 찻잎 따기 및 녹차 시음

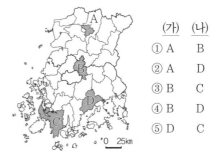

	(가)	(나)
①	A	B
②	A	D
③	B	C
④	B	D
⑤	D	C

40

다음 자료에서 설명하는 지역을 지도의 A~E에서 고른 것은?

이곳에는 혁신 도시가 있으며, 이 지역 캐릭터는 '배돌이'이다. 배돌이는 지리적 표시제에 등록된 지역 특산품인 배를 의인화해 표현한 것이다.

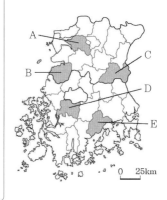

① A
② B
③ C
④ D
⑤ E

41

다음 자료의 여행 내용을 모두 경험할 수 있는 지역을 지도의 A∼E에서 고른 것은? [3점]

그윽한 향기, ○○ 차밭

우주로 가는 길, 나로 우주 센터

발길 따라 떠나는 여행과 지리

람사르 협약 등록 습지와 △△△ 국가 정원

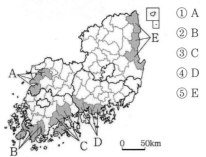

① A
② B
③ C
④ D
⑤ E

42

다음 자료는 어느 학생의 여행 일정이다. 이 학생의 여행 지역을 지도의 A∼C에서 순서대로 옳게 고른 것은? (단, 하루에 한 지역만 여행하며, 각 날짜별 여행 지역은 다른 지역임.)

〈남도 기행〉

여행 일정	여행 내용
1일 차	전통 마을인 낙안 읍성과 제1호로 지정된 국가 정원 견학
2일 차	겨울 배추 재배 지역의 기후 조사와 한반도 최남단 땅끝마을 탐방
3일 차	신비의 바닷길 축제와 명량대첩 전승지인 울돌목 방문

	1일 차	2일 차	3일 차		1일 차	2일 차	3일 차
①	A	B	C	②	A	C	B
③	B	A	C	④	B	C	A
⑤	C	B	A				

43

다음 자료의 (가)∼(다) 지역을 지도의 A∼E에서 고른 것은?

(가)	(나)	(다)
〈출사동이〉 영남 관문 도시의 마스코트로 과거 시험에 급제한 선비가 웃으며 조령을 넘어오는 모습을 표현함.	〈우포따오기〉 람사르 습지인 우포늪이 위치한 지역의 마스코트로 환경 보전의 중심 지역임을 상징하는 따오기를 표현함.	〈해울이〉 자동차, 조선 공업 등이 발달한 도시의 마스코트로 이 지역의 역사와 문화를 대표하는 고래를 표현함.

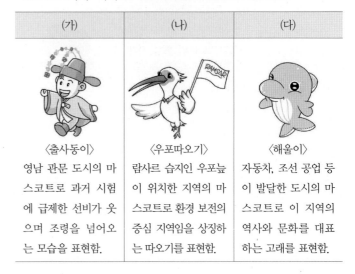

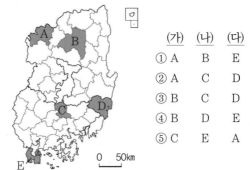

	(가)	(나)	(다)
①	A	B	E
②	A	C	D
③	B	C	D
④	B	D	E
⑤	C	E	A

44

자료에서 설명하는 지역을 지도의 A∼E에서 고른 것은?

○ 일제 강점기에 항구 도시로 성장하였고, 당시의 건축물들이 현재 관광 자원으로 활용되고 있음.
○ 수위 변화에 따라 오르내리게 만든 접안 시설인 뜬다리 부두가 설치되어 있음.
○ 미래형 신산업과 국제 해양 관광 레저 산업의 집중 육성을 위해 경제 자유 구역으로 지정되었음.

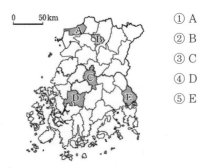

① A
② B
③ C
④ D
⑤ E

45

다음 자료는 소규모 테마형 교육 여행 안내문의 일부이다. (가)~(다)에 들어갈 가장 적절한 탐구 활동을 〈보기〉에서 고른 것은?

〈소규모 테마형 교육 여행 안내〉

학부모님 안녕하십니까? 우리 학교는 세 모둠으로 나누어 호남권으로 소규모 테마형 교육 여행을 가고자 합니다. 모둠별 여행 지역과 탐구 활동 내용을 확인하시길 바랍니다.

	○○ 모둠	△△ 모둠	□□ 모둠
여행 지역	A	B	C
탐구 활동	(가)	(나)	(다)

─────〈 보기 〉─────
ㄱ. 우리나라에서 가장 긴 방조제 및 뜬다리 부두 탐방
ㄴ. 원자력 발전소 견학 및 지역 특산물인 굴비 맛보기
ㄷ. 대규모 석유 화학 단지 견학 및 엑스포 해양 공원 방문

	(가)	(나)	(다)		(가)	(나)	(다)
①	ㄱ	ㄴ	ㄷ	②	ㄱ	ㄷ	ㄴ
③	ㄴ	ㄱ	ㄷ	④	ㄷ	ㄱ	ㄴ
⑤	ㄷ	ㄴ	ㄱ				

46

다음 자료에서 설명하는 지역을 지도의 A~E에서 고른 것은? [3점]

이 지역의 심벌마크는 첨단 산업 도시와 찬란한 문화를 나타내는 두 개의 핵을 뫼비우스의 띠로 연결하여 끝없는 발전을 표시하고 있다. 1970년대 국가 산업 단지의 성장은 읍에서 시(市), 도농 통합시로 외연적 확장을 유도했으며, 이 과정에서 전자 산업은 도시의 상징으로서 경제적 성과를 만들고, 도시의 확대까지 이르게 한 원동력이었다.

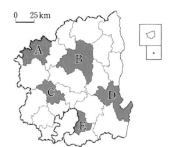

① A
② B
③ C
④ D
⑤ E

47

(가), (나) 지역을 지도의 A~C에서 고른 것은?

(가)	(나)

'호미곶 한민족 해맞이 축전'이 열리는 곳을 둘러보고, 대규모 제철 공장에서 철강 제품이 생산되는 모습도 살펴봤어.

우리나라 제1 무역항의 위상을 보여 주는 컨테이너 부두를 둘러보고, '감천 문화 마을'에서 도시 재생의 모습을 살펴봤어.

	(가)	(나)
①	A	B
②	A	C
③	B	A
④	B	C
⑤	C	B

48

다음 자료는 제주도의 자연환경 및 주민 생활 모습을 나타낸 것이다. 이에 대한 옳은 내용만을 A~D에서 고른 것은? [3점]

A - 지붕에 그물 모양으로 줄을 엮어 강풍에 대비한 전통 가옥
B - 밭농사가 주로 이루어지고, 귤 등을 재배하는 농민

C - 유동성이 큰 현무암질 용암 분출로 형성된 산방산
D - 세계 자연 유산에 등재된 한라산과 칼데라호인 백록담

① A, B   ② A, C   ③ B, C   ④ B, D   ⑤ C, D

49

다음 자료는 답사 일정의 일부이다. (가)에 들어갈 내용으로 가장 적절한 것은?

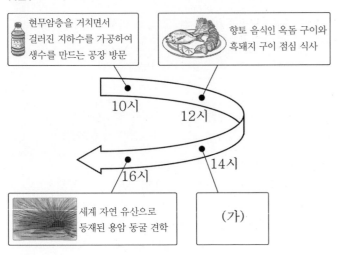

① 갯벌을 간척하여 조성한 대규모 농경지 답사
② 고팡이 설치된 전통 가옥들이 있는 민속 마을 답사
③ 공업 육성을 위해 조성된 석유 화학 공업 단지 답사
④ 지역의 탄광 문화를 체험할 수 있는 석탄 박물관 답사
⑤ 서늘한 여름철 기후를 이용해 배추를 재배하는 고랭지 답사

50

지도의 A~E 지역 특성을 활용한 탐구 주제로 가장 적절한 것은? [3점]

① A – 대규모 제철소 입지에 따른 지역 경제 변화
② B – 국제 영화제 개최에 따른 문화 산업 변화
③ C – 람사르 협약에 등록된 습지 보전 방안
④ D – 세계 문화유산을 활용한 관광 산업 육성 방안
⑤ E – 원자력 발전소 입지에 따른 환경 변화

51

그래프는 세 지역 간의 통근·통학 인구를 나타낸 것이다. (나)에 대한 (가)의 상대적 특성을 그림의 A ~ E에서 고른 것은? (단, (가), (나)는 각각 부산, 울산 중 하나임.) [3점]

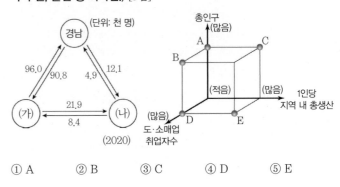

① A　　② B　　③ C　　④ D　　⑤ E

52

다음 자료에서 설명하는 지역을 지도의 A ~ E에서 고른 것은?

이 지역은 석회암이 널리 분포하며 '못밭'이라고 불리는 돌리네와 그 주변에서 밭농사가 주로 이루어진다. 지리적 표시제에 등록된 마늘이 특히 유명하여 매년 개최되는 지역 축제에서는 마늘을 활용한 다양한 음식을 맛볼 수 있다.

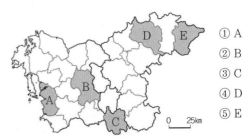

① A
② B
③ C
④ D
⑤ E

53

다음 자료에서 설명하는 지역을 지도의 A~E에서 고른 것은? [3점]

이 지역은 1995년 삼천포시와 사천군이 통합된 곳이다. 항공·우주 산업이 발달한 곳으로 항공 부품과 전자 정밀 기계 업체가 입지한 산업 단지가 조성되어 있다. 이 지역에서는 비행기를 생산하는 한국항공우주산업(KAI)과 최근에 개청한 우주항공청이 연구·개발 업무를 주도하고 있다.

① A
② B
③ C
④ D
⑤ E

54

지도에 표시된 네 지역의 특징을 그림과 같이 표현할 때, A~D의 내용으로 옳은 것만을 〈보기〉에서 고른 것은? (단, (가)~(라)는 각각 지도에 표시된 네 지역 중 하나임.) [3점]

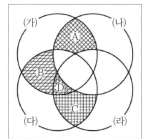

A: (가)와 (나)만의 공통 특징으로 '혁신도시가 조성되어 있음.'이 해당함.
B: (가)와 (다)만의 공통 특징으로 '지명의 첫 글자가 도 명칭의 유래가 됨.'이 해당함.
C: (다)와 (라)만의 공통 특징임.
D: (가)와 (다)와 (라)만의 공통 특징임.

〈 보기 〉

ㄱ. A : '슬로 시티로 지정된 한옥 마을이 있음.'이 해당함.
ㄴ. B : '국제공항이 있음.'이 해당함.
ㄷ. C : '경부선 고속 철도가 통과함.'이 해당함.
ㄹ. D : '도내 인구 규모 1위 도시임.'이 해당함.

① ㄱ, ㄴ   ② ㄱ, ㄷ   ③ ㄴ, ㄷ   ④ ㄴ, ㄹ   ⑤ ㄷ, ㄹ

01 대표 문제

그래프는 지도에 표시된 네 지역의 인구 변화를 나타낸 것이다. (가)~(라) 지역에 대한 설명으로 옳은 것만을 〈보기〉에서 고른 것은? [3점]

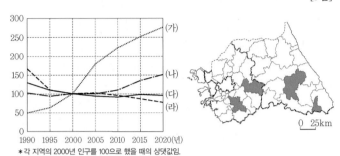

＊각 지역의 2000년 인구를 100으로 했을 때의 상댓값임.
＊＊2020년 행정 구역을 기준으로 함. (통계청)

〈 보기 〉

ㄱ. (다)는 동계 올림픽 개막식이 열렸던 곳이다.
ㄴ. (가)는 (나)보다 주택 유형 중 아파트 비율이 높다.
ㄷ. (가)와 (나)에는 수도권 2기 신도시가 조성되어 있다.
ㄹ. (가)와 (다)는 경기도에, (나)와 (라)는 강원도에 속한다.

① ㄱ, ㄴ ② ㄱ, ㄷ ③ ㄴ, ㄷ ④ ㄴ, ㄹ ⑤ ㄷ, ㄹ

02

다음 자료는 온라인 학습 장면의 일부이다. 답글 ㉠~㉤ 중에서 옳은 내용을 고른 것은? [3점]

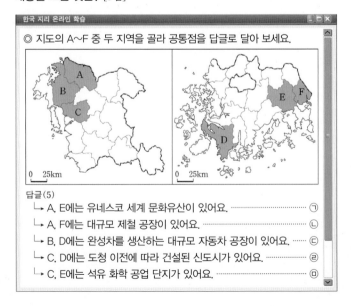

한국 지리 온라인 학습

◎ 지도의 A~F 중 두 지역을 골라 공통점을 답글로 달아 보세요.

답글(5)
└ A, E에는 유네스코 세계 문화유산이 있어요. ──── ㉠
└ A, F에는 대규모 제철 공장이 있어요. ──── ㉡
└ B, D에는 완성차를 생산하는 대규모 자동차 공장이 있어요. ─ ㉢
└ C, D에는 도청 이전에 따라 건설된 신도시가 있어요. ──── ㉣
└ C, E에는 석유 화학 공업 단지가 있어요. ──── ㉤

① ㉠ ② ㉡ ③ ㉢ ④ ㉣ ⑤ ㉤

03

다음은 답사 계획서의 일부이다. (가), (나) 지역을 지도의 A~D에서 고른 것은?

〈답사 계획서〉

• 기간: 20△△년 △△월 △일~△일
• 답사 지역 및 주요 활동

답사 지역 주요 활동	(가)	(나)
공공 기관 방문	○○○도청 방문	□□□도청 방문
전통 마을 탐방	슬로시티로 지정된 전통 한옥 마을 탐방	세계 문화유산으로 등재된 전통 마을 탐방
지역 축제 체험	세계 소리 축제 체험	국제 탈춤 페스티벌 체험

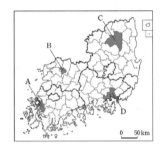

	(가)	(나)
①	A	B
②	B	C
③	B	D
④	C	A
⑤	D	C

04

(가), (나) 도시를 지도의 A~E에서 고른 것은? [3점]

○ (가) 은/는 전라도라는 지명의 유래가 된 도시 중 하나이다. 전라북도에서 인구가 가장 많으며 도청 소재지이기도 한 이 도시에는 한옥 마을과 같은 유명 관광지가 있다.

○ (나) 은/는 경상도라는 지명의 유래가 된 도시 중 하나이다. 신라의 천년 고도(古都)였던 이 도시에는 유네스코 세계 문화유산으로 등재된 불교 유적과 전통 마을 등이 있다.

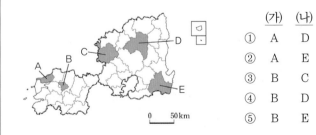

	(가)	(나)
①	A	D
②	A	E
③	B	C
④	B	D
⑤	B	E

05

22학년도 7월 학평 7번

다음은 온라인 학습 장면의 일부이다. 답글 ㉠~㉤ 중에서 옳지 않은 것은? [3점]

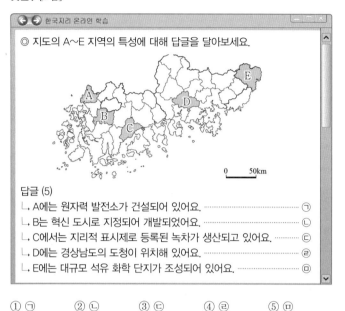

◎ 지도의 A~E 지역의 특성에 대해 답글을 달아보세요.

답글 (5)
ㄴ A에는 원자력 발전소가 건설되어 있어요. ····················· ㉠
ㄴ B는 혁신 도시로 지정되어 개발되었어요. ····················· ㉡
ㄴ C에서는 지리적 표시제로 등록된 녹차가 생산되고 있어요. ··· ㉢
ㄴ D에는 경상남도의 도청이 위치해 있어요. ····················· ㉣
ㄴ E에는 대규모 석유 화학 단지가 조성되어 있어요. ··········· ㉤

① ㉠　　② ㉡　　③ ㉢　　④ ㉣　　⑤ ㉤

06

20학년도 수능 11번

다음 자료는 온라인 학습 장면의 일부이다. 답글 ㉠~㉤ 중에서 옳은 내용을 고른 것은?

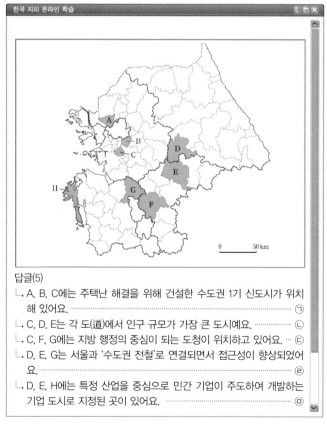

답글(5)
ㄴ A, B, C에는 주택난 해결을 위해 건설한 수도권 1기 신도시가 위치해 있어요. ······················· ㉠
ㄴ C, D, E는 각 도(道)에서 인구 규모가 가장 큰 도시예요. ··· ㉡
ㄴ C, F, G에는 지방 행정의 중심이 되는 도청이 위치하고 있어요. ··· ㉢
ㄴ D, E, G는 서울과 '수도권 전철'로 연결되면서 접근성이 향상되었어요. ······················· ㉣
ㄴ D, E, H에는 특정 산업을 중심으로 민간 기업이 주도하여 개발하는 기업 도시로 지정된 곳이 있어요. ··· ㉤

① ㉠　　② ㉡　　③ ㉢　　④ ㉣　　⑤ ㉤

07

23학년도 4월 학평 15번

지도에 표시된 A~E 지역의 특성을 활용한 탐구 주제로 적절하지 않은 것은?

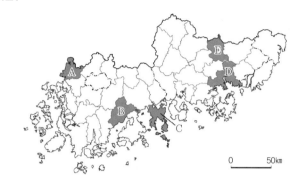

① A – 지역 특산물인 굴비를 활용한 장소 마케팅 효과
② B – 지리적 표시제 등록에 따른 녹차 생산량 변화
③ C – 석유 화학 공업의 성장에 따른 지역 내 산업 구조 변화
④ D – 원자력 발전소의 입지가 지역 경제에 끼친 영향
⑤ E – 람사르 협약에 등록된 습지를 보존하기 위한 노력

08

21학년도 6월 모평 18번

(가), (나) 지역을 지도의 A~E에서 고른 것은?

○ ___(가)___ 은/는 '강원'이라는 지명의 유래가 된 도시 중 하나로서 현재 강원도의 인구 1위 도시이다. 국토의 균형 발전을 목표로 최근 의료 기기 산업 클러스터가 조성되었다. 이곳은 다수의 고속 국도가 통과하며 고속 철도의 정차역이 있어 교통이 편리하다.

○ ___(나)___ 은/는 '충청'이라는 지명의 유래가 된 도시 중 하나로서 충북 도청 소재지이다. 이곳의 생명 과학 산업 단지에는 질병 관리 본부를 비롯한 관련 기관과 기업이 입지하여 클러스터를 이룬다. 이곳은 다수의 고속 국도가 교차하며 국제공항과 고속 철도역이 입지해 있다.

	(가)	(나)
①	A	D
②	B	D
③	B	E
④	C	D
⑤	C	E

09

다음 자료의 축제를 모두 경험할 수 있는 지역을 지도의 A∼E 에서 고른 것은?

신비로운 모래 언덕에서 즐기는
◇◇◇ 해안 사구 축제

머드에 풍덩! 축제에 활짝!
○○ 머드 축제

매력적인
자연환경
관련 축제

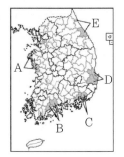

① A
② B
③ C
④ D
⑤ E

10

다음 자료의 ㉠∼㉢에 대한 옳은 설명만을 〈보기〉에서 고른 것은?

○ 제주도의 ㉠ 성산 일출봉은 일출봉이라는 이름이 붙었을 정도로 해돋이가 유명하다. 웅장한 경관과 어우러진 새해 첫날 일출을 보기 위해 매년 관광객들이 이곳을 찾는다.

○ ㉡ 에서는 새해 기원과 새 출발을 다짐하는 해맞이 축제가 열린다. 이곳의 지명은 조선 시대 한양의 광화문에서 볼 때 정(正) 동쪽에 위치한 곳이라는 것에서 유래되었다.

○ 해남군에는 ㉢ 한반도 육지의 가장 남쪽 끝 지점이 있다. 이곳에서는 일출과 일몰을 함께 볼 수 있는 지리적 특징을 활용해 12월 31일 일몰부터 1월 1일 일출 때까지 땅끝 해넘이·해맞이 축제가 열린다.

〈 보기 〉

ㄱ. ㉠은 영해 설정 시 직선 기선의 기점이 된다.
ㄴ. ㉢은 우리나라 영토의 최남단에 해당한다.
ㄷ. ㉡은 ㉠보다 기온의 연교차가 크다.
ㄹ. ㉢은 ㉡보다 일출 시각이 늦다.

① ㄱ, ㄴ ② ㄱ, ㄷ ③ ㄴ, ㄷ ④ ㄴ, ㄹ ⑤ ㄷ, ㄹ

11

그림의 (가)∼(라)에 해당하는 지역을 지도의 A∼F에서 고른 것은?

[3점]

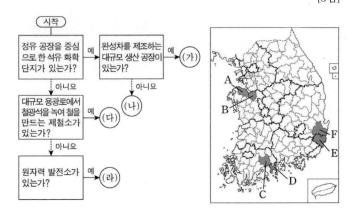

	(가)	(나)	(다)	(라)
①	D	A	C	E
②	D	B	A	F
③	E	B	C	F
④	E	D	A	F
⑤	E	D	B	C

12

다음 자료의 (가), (나) 지역을 지도의 A∼D에서 고른 것은?

오늘 소개할 지역은 어디인가요?

관광 레저형 기업 도시가 있는 (가) 입니다. 이곳의 신두리 해안에는 커다란 모래 언덕이 있어 장관을 이루고 있습니다.

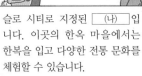

대한민국
구석구석

슬로 시티로 지정된 (나) 입니다. 이곳의 한옥 마을에서는 한복을 입고 다양한 전통 문화를 체험할 수 있습니다.

	(가)	(나)
①	A	B
②	A	C
③	B	D
④	D	A
⑤	D	C

13

다음 자료는 두 지역의 대표적인 축제를 나타낸 것이다. (가), (나)에 해당하는 지역을 지도의 A~D에서 고른 것은?

(가)	(나)

(가)	(나)
가을에 펼쳐지는 황금빛 갈대 물결과 수많은 철새를 만날 수 있는 대표 생태 관광지	탈놀이를 통해 희로애락이 담긴 서민들의 삶을 체험할 수 있는 국제 페스티벌

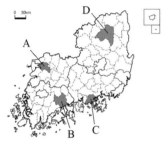

	(가)	(나)
①	A	B
②	B	C
③	B	D
④	C	A
⑤	C	D

14

다음 글은 문학작품에 표현된 지리적 서술 내용의 일부이다. 밑줄 친 ㉠~㉤에 대한 설명으로 옳은 것은? [3점]

○ 북위 42도와 한류(寒流)의 냉대에서는 ㉠ 봄은 3월이 아니라 6월부터 시작된다…. 단오 무렵은… ㉡ 안개 끼는 날이 많다. 안개는 바다에서 흘러와 벌판을 거치고 성 모퉁이를 돌아 마을을 싸고 골짝으로 오지로 들어 간다…. 해발 몇백 척의 산복(山腹)도 북방에서는 ㉢ 고원지대(高原地帶)의 양기이니 고원의 봄을 제일 먼저 꾸미는 꽃은 박새인듯 싶다.
　　　　– 「6월(月)에야 봄이 오는 북경성(北鏡城)의 춘정(春情)」 –

○ ㉣ 장백산맥(태백산맥)은 같은 도를 길이로 갈라 산맥의 동과 서는 생활과 풍습과 성벽이 심히 다르다. 대관령 동편 영동 사람들이 ㉤ 영서를 부러워 할 때가 있듯이 영서 사람들이 영동을… 영동은 해물과 감(柿)의 고장이므로… 영서는 산과 들과 수풀과 시내의 고장이요 자연은 더 한층 풍성하다.
　　　　– 「영서(嶺西)의 기억(記憶)」 –

① ㉠의 이유는 꽃샘추위 때문이다.
② ㉡의 이유는 한류의 영향이 크다.
③ ㉢은 밭농사보다 논농사의 비중이 크다.
④ ㉣은 중생대 대보 조산 운동으로 형성되었다.
⑤ ㉤은 봄철 북동풍이 불면 냉해를 입는다.

15

(가), (나) 지역을 지도의 A~D에서 고른 것은? [3점]

(가)	(나)
○ 서울의 위성 도시 ○ 1기 신도시 분당과 2기 신도시 판교 입지 ○ 경강선과 연결되는 월판선 2025년 개통 예정 ○ 정보 통신 기업과 연구소가 입지한 첨단 연구 개발 단지 '판교 테크노밸리' 조성	○ 충청북도 도청 소재지 ○ 도농 통합시 출범으로 광역 생활권 형성 ○ 호남 고속 철도와 경부 고속 철도의 분기점 ○ 국내 최초로 정부 주도형 바이오 메디컬 허브 '오송 생명 과학 단지' 조성

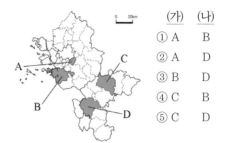

	(가)	(나)
①	A	B
②	A	D
③	B	D
④	C	B
⑤	C	D

16

자료는 한국지리 수업의 한 장면이다. 선정된 지역에 대한 발표 내용이 옳은 학생만을 고른 것은?

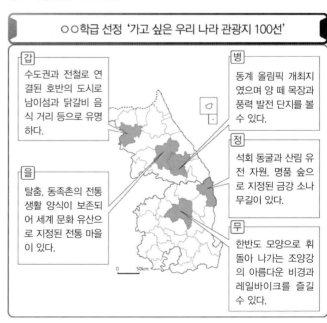

○○학급 선정 '가고 싶은 우리 나라 관광지 100선'

갑: 수도권과 전철로 연결된 호반의 도시로 남이섬과 닭갈비 음식 거리 등으로 유명하다.

을: 탈춤, 동족촌의 전통 생활 양식이 보존되어 세계 문화 유산으로 지정된 전통 마을이 있다.

병: 동계 올림픽 개최지였으며 양 떼 목장과 풍력 발전 단지를 볼 수 있다.

정: 석회 동굴과 산림 유전 자원, 명품 숲으로 지정된 금강 소나무길이 있다.

무: 한반도 모양으로 휘돌아 나가는 조양강의 아름다운 비경과 레일바이크를 즐길 수 있다.

① 갑, 을　② 갑, 정　③ 을, 병　④ 병, 무　⑤ 정, 무

17

지도에 표시된 A~H 중 두 지역의 공통점으로 옳은 것은?

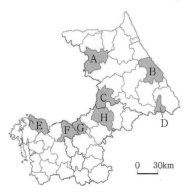

① A, F – 수도권 전철이 연결되어 있다.

② A, H – 도청이 위치해 있다.

③ B, G – 도(道) 이름의 유래가 된 지역이다.

④ C, H – 혁신 도시가 조성되어 있다.

⑤ D, E – 폐광을 활용한 석탄 박물관이 있다.

19

다음은 세 지역의 산업별 특성을 나타낸 것이다. (가)~(다)에 해당하는 지역으로 옳은 것은?

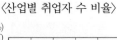
〈산업별 취업자 수 비율〉

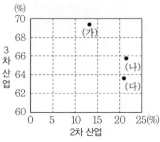

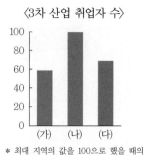
〈3차 산업 취업자 수〉

* 최대 지역의 값을 100으로 했을 때의 상댓값임. (2023)

	(가)	(나)	(다)		(가)	(나)	(다)
①	전북	경남	충남	②	전북	충남	경남
③	충남	경남	전북	④	충남	전북	경남
⑤	경남	전북	충남				

18

다음 자료의 (가), (나)에 해당하는 지역을 지도의 A~D에서 고른 것은? [3점]

〈우리나라의 걷고 싶은 길〉

지역	소개
(가)	굽이치는 낙동강을 따라 걸으며 세계 문화유산인 하회 마을, 병산 서원을 비롯한 유교 문화 유적들을 감상할 수 있습니다. 〈유교 문화길〉
(나)	람사르 협약에 등록된 습지의 넓은 갈대밭 사이를 걸으며 갯벌에 사는 여러 종류의 철새와 짱뚱어, 게 등을 관찰할 수 있습니다. 〈○○만 갈대길〉

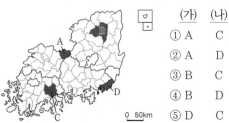

	(가)	(나)
①	A	C
②	A	D
③	B	C
④	B	D
⑤	D	C

20

다음 자료의 (가)에 들어갈 활동 내용으로 가장 적절한 것은? (단, 각 고등학교는 3일 동안 매일 한 지역씩 서로 다른 세 지역을 방문함.) [3점]

영·호남 교류를 위한 탐방 계획서

※ 지도에 표시된 지역 중 방문 지역을 선택하고, 선택된 영·호남 지역에서 공통으로 할 수 있는 활동 내용을 작성해 보세요.

일정	방문 지역에 대한 활동 내용	호남의 ○○고 영남 방문 지역	영남의 □□고 호남 방문 지역
1일 차	원자력 발전소를 견학하여 입지 요인을 파악하고 주변 지역 토지 이용의 변화 조사하기		
2일 차	도청이 있는 지역을 탐방하고 인구 유입 현황에 대해 조사하기		
3일 차	(가)		

① 기업도시를 답사하여 지역 주민의 이주 요인 설문하기

② 녹차 재배지를 방문하여 찻잎을 따서 녹차 만들어 보기

③ 대규모 자동차 조립 공장을 견학하여 생산 과정 파악하기

④ 염해 방지를 위해 건설된 하굿둑을 방문하여 갑문 기능 알아보기

⑤ 석유 화학 공장을 견학하여 지역 경제에 미치는 영향 조사하기

01 대표 문제

25학년도 9월 모평 17번

그래프는 권역별 도시 인구 순위를 나타낸 것이다. (가)~(다)에 대한 설명으로 옳은 것은? (단, (가)~(다)는 각각 강원권, 수도권, 영남권 중 하나임.)

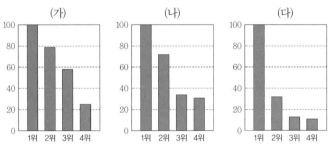

*권역별 2~4위 도시의 인구는 해당 권역 1위 도시의 인구를 100으로 했을 때의 상댓값임.
(2023)
(통계청)

① (가)의 1위 도시는 광역시이다.
② (가)는 (나)보다 총인구가 많다.
③ (가)는 (다)보다 1위 도시와 2위 도시 간의 인구 차가 크다.
④ (다)의 2위 도시 인구는 (나)의 2위 도시 인구보다 많다.
⑤ (나)와 (다)의 행정구역 경계는 맞닿아 있다.

02

23학년도 6월 모평 5번

표는 (가)~(다) 지역에 입지한 주요 시설의 현황을 나타낸 것이다. (가)~(다)에 해당하는 지역으로 옳은 것은?

시설＼지역	(가)	(나)	(다)
공항	O	O	O
항만	O	O	X
원자력 발전소	O	X	X

* 'O'는 시설이 입지함을, 'X'는 시설이 입지하지 않음을 의미함.

	(가)	(나)	(다)		(가)	(나)	(다)
①	대구	부산	인천	②	대구	인천	부산
③	부산	대구	인천	④	부산	인천	대구
⑤	인천	대구	부산				

03

24학년도 수능 15번

다음은 한국지리 온라인 수업의 한 장면이다. 답글의 내용이 적절한 학생만을 있는 대로 고른 것은?

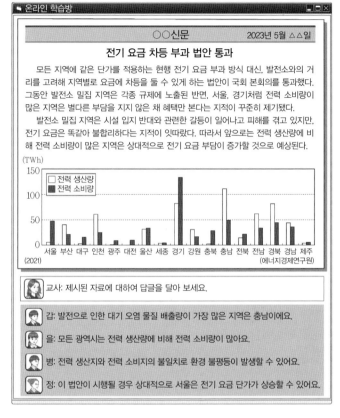

① 갑, 을
② 을, 병
③ 병, 정
④ 갑, 을, 병
⑤ 갑, 병, 정

04

24학년도 9월 모평 14번

그래프는 네 지역의 산업별 취업자 수 비율을 나타낸 것이다. (가)~(라) 지역에 대한 설명으로 옳은 것은? (단, (가)~(라)는 각각 경기, 서울, 제주, 충남 중 하나임.)

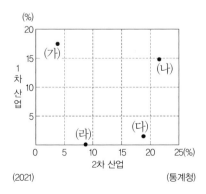

(2021)
(통계청)

① (가)는 제주, (나)는 경기이다.
② (가)는 (나)보다 지역 내 3차 산업 취업자 수 비율이 낮다.
③ (나)는 (다)보다 제조업 출하액이 많다.
④ (다)는 (라)보다 전문, 과학 및 기술 서비스업체 수가 많다.
⑤ (가)~(라) 중 1인당 지역 내 총생산은 (나)가 가장 많다.

05

지도는 (가), (나) 고속 국도 노선과 A~D 도시를 표시한 것이다. 이에 대한 설명으로 옳은 것만을 〈보기〉에서 있는 대로 고른 것은?

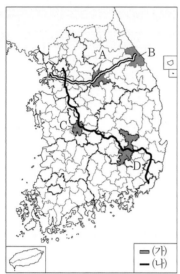

* 군위군은 2023년 대구광역시로 편입됨.

〈 보기 〉
ㄱ. (가)는 동계 올림픽 개최 지역을 지나간다.
ㄴ. A와 D에는 모두 지하철역이 위치한다.
ㄷ. B와 C에는 모두 공공 기관이 이전한 혁신 도시가 있다.

① ㄱ   ② ㄴ   ③ ㄱ, ㄷ   ④ ㄴ, ㄷ   ⑤ ㄱ, ㄴ, ㄷ

06

다음 글의 ㉠~㉢에 대한 설명으로 옳은 것만을 〈보기〉에서 고른 것은?
[3점]

〈부산·울산·경남의 초광역적 협력 사업에 모아지는 관심〉
2022년 ○월 ○일, 지방 자치 단체가 주도하는 '부산울산경남특별연합'의 협약식이 개최되었다. 이 연합은 시·도 경계를 넘어서는 교통망을 구축하고, ㉠ 부산·울산·경남의 산업 거점 간 연계를 강화하는 협력 사업 계획을 발표하였다. 이 계획이 예상대로 진행되면, ㉡ 수도권에 대응하는 단일 생활·경제권이 조성되어 ㉢ 지역 주도 균형 발전에 기여할 것으로 기대된다. 그러나 지역 간 이해 차이 등으로 인해 원활한 협력 가능성에 대한 회의적인 시각도 존재한다.

〈 보기 〉
ㄱ. ㉠의 전체 인구는 서울의 인구보다 많다.
ㄴ. ㉠ 중 1인당 지역 내 총생산은 울산이 가장 많다.
ㄷ. ㉢은 제1차 국토 종합 개발 계획의 핵심 목표였다.
ㄹ. ㉠은 ㉡보다 정보 통신업 사업체 수가 적다.

① ㄱ, ㄴ   ② ㄱ, ㄷ   ③ ㄴ, ㄷ   ④ ㄴ, ㄹ   ⑤ ㄷ, ㄹ

07

표는 (가)~(라) 지역에 입지한 주요 시설의 현황을 나타낸 것이다. (가)~(라)에 해당하는 지역으로 옳은 것은?

지역\시설	(가)	(나)	(다)	(라)
항만	×	×	×	○
지하철역	×	×	○	○
국제 공항	×	○	○	○
고속 철도역	○	○	○	○

* '○'는 시설이 입지함을, '×'는 시설이 입지하지 않음을 의미함.

	(가)	(나)	(다)	(라)
①	익산	청주	대구	부산
②	익산	청주	부산	대구
③	청주	대구	익산	부산
④	청주	익산	대구	부산
⑤	청주	익산	부산	대구

08

그래프는 지도에 표시된 네 지역의 산업별 취업자 수 비율을 나타낸 것이다. (가)~(라) 지역에 대한 설명으로 옳은 것은?

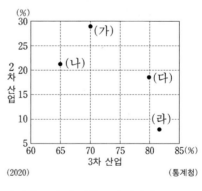

① (가)는 충남, (나)는 울산이다.
② (가)는 (다)보다 제조업 출하액이 많다.
③ (다)는 (라)보다 지역 내 1차 산업 취업자 수 비율이 높다.
④ (라)는 (나)보다 지역 내 총생산이 많다.
⑤ (가)~(라) 중 생산자 서비스업 사업체 수는 (다)가 가장 많다.

09

그래프는 지도에 표시된 네 지역의 산업 구조와 취업자 수를 나타낸 것이다. (가)~(라) 지역에 대한 설명으로 옳은 것은? [3점]

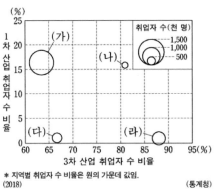
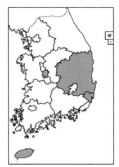

* 지역별 취업자 수 비율은 원의 가운데 값임.
(2018)　　　　　　　　　　　　　　　　(통계청)

① (가)는 (라)보다 제조업 출하액이 적다.
② (나)는 (가)보다 지역 내 총 발전량 중 화력 발전이 차지하는 비율이 높다.
③ (나)는 (다)보다 1인당 지역 내 총생산이 많다.
④ (다)는 광역시, (라)는 도(道)이다.
⑤ (가)~(라) 중 전문 서비스업체 수는 (나)가 가장 많다.

11

표는 지표별로 광역시의 순위를 나타낸 것이다. (가)에 해당하는 도시를 지도의 A~E에서 고른 것은?

지표　　　　　　순위	1위	2위	3위	4위	5위	6위
인구	○○	인천	□□	◇◇	△△	(가)
지역 내 총생산	○○	인천	(가)	□□	◇◇	△△
1인당 지역 내 총생산	(가)	인천	◇◇	△△	○○	□□

(2018)　　　　　　　　　　　　　　　　(통계청)

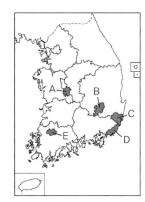

① A
② B
③ C
④ D
⑤ E

10

다음 자료의 (가)~(다) 지역에 대한 설명으로 옳은 것은? [3점]

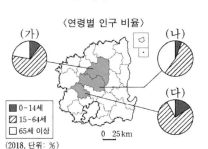

〈연령별 인구 비율〉

〈지역 내 주요 산업별 취업자 수 비율〉

지역	광업·제조업	사업·개인·공공 서비스 및 기타
(가)	5	37
(나)	4	20
(다)	39	24

■ 0~14세
▨ 15~64세
□ 65세 이상
0　25km
(2018, 단위: %)　　　　　　　　　　(통계청)

① (나)는 전자 산업이 발달한 공업 도시이다.
② (다)는 도청 소재지이다.
③ (나)는 (가)보다 노령화 지수가 높다.
④ (다)는 (나)보다 지역 내 1차 산업 취업자 수 비율이 높다.
⑤ (가)~(다) 중 총 부양비는 (다)가 가장 높다.

12

(가)~(다)에 해당하는 지역을 A~C에서 고른 것은? (단, (가)~(다)와 A~C는 각각 수도권, 영남권, 호남권 중 하나임.) [3점]

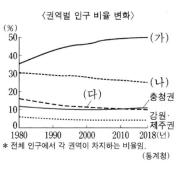
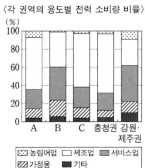

〈권역별 인구 비율 변화〉

* 전체 인구에서 각 권역이 차지하는 비율임.
(통계청)

〈각 권역의 용도별 전력 소비량 비율〉

▨ 농림어업　□ 제조업　■ 서비스업
▨ 가정용　■ 기타
(2018)　　　　　　　　　(에너지경제연구원)

	(가)	(나)	(다)		(가)	(나)	(다)
①	A	B	C	②	A	C	B
③	B	A	C	④	B	C	A
⑤	C	B	A				

13

24학년도 5월 학평 17번

다음 글의 (가), (나) 지역을 지도의 A~C에서 고른 것은?

> 우리나라에는 도(道)에 비해 높은 수준의 자치 행정이 가능한 3개의 특별자치도가 있다. 2006년에는 제주, 2023년에는 (가) , 2024년에는 (나) 이/가 각각 특별자치도가 되었다. 경기 및 경북 등과 행정 구역의 경계가 접해 있는 (가) 은/는 한강과 낙동강의 발원지가 위치하며, 면적에 비해 인구가 적다. 충남 및 전남 등과 행정 구역의 경계가 접해 있는 (나) 은/는 금강과 섬진강의 발원지가 위치하며, 우리나라에서 가장 넓은 간척지인 새만금이 있다.

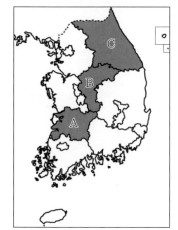

	(가)	(나)
①	A	B
②	A	C
③	B	A
④	C	A
⑤	C	B

15

23학년도 7월 학평 17번

그래프는 권역별 산업 구조의 변화를 나타낸 것이다. 이에 대한 설명으로 옳은 것은? (단, (가), (나)는 각각 2차 산업, 3차 산업 중 하나이고, A~D는 각각 수도권, 영남권, 충청권, 호남권 중 하나임.) [3점]

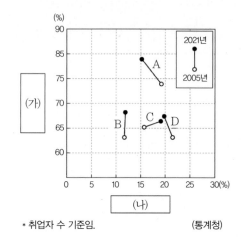

* 취업자 수 기준임.　　　　　　(통계청)

① (가)는 2차 산업, (나)는 3차 산업이다.
② A에는 행정 중심 복합 도시가 위치한다.
③ B는 C보다 지역 내 총생산이 많다.
④ C는 D보다 총인구가 많다.
⑤ D는 A보다 광역시의 수가 많다.

14

21학년도 6월 모평 12번

그래프는 (가)~(다) 권역별 인구 상위 3개 도시의 인구 규모를 상대적으로 나타낸 것이다. (가)~(다) 권역에 대한 설명으로 옳은 것은? (단, (가)~(다) 권역은 각각 수도권, 영남권, 충청권 중 하나임.) [3점]

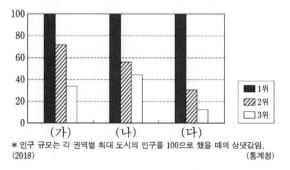

* 인구 규모는 각 권역별 최대 도시의 인구를 100으로 했을 때의 상댓값임.
(2018)　　　　　　　　　　　　(통계청)

① (나) 권역의 인구 규모 2위 도시는 광역시이다.
② (가) 권역은 (나) 권역보다 총인구가 많다.
③ (가) 권역과 (다) 권역의 행정 구역 경계는 맞닿아 있다.
④ (나) 권역은 (다) 권역보다 지역 내 총생산이 많다.
⑤ (가) 권역은 충청권, (나) 권역은 영남권, (다) 권역은 수도권이다.

16

24학년도 3월 학평 8번

지도는 (가), (나) 고속 철도 노선의 일부와 A~C 지역을 표시한 것이다. 이에 대한 설명으로 옳은 것은? [3점]

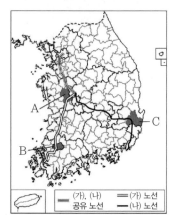

① (가)는 (나)보다 일평균 이용객 수가 많다.
② (가)와 (나)의 분기역은 평택에 있다.
③ A는 도(道) 이름의 유래가 된 지역이다.
④ B에는 원자력 발전소가 있다.
⑤ C에는 세계 문화유산에 등재된 역사 마을이 있다.

17

그래프의 (가)~(라) 지역에 대한 설명으로 옳은 것은? (단, (가)~(라)는 각각 서울, 세종, 울산, 전남 중 하나임.) [3점]

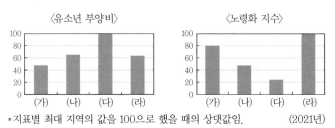

〈유소년 부양비〉 〈노령화 지수〉

*지표별 최대 지역의 값을 100으로 했을 때의 상댓값임. (2021년)

① (가)는 영남 지방에 위치한다.
② (다)에는 행정 중심 복합 도시가 있다.
③ (다)는 (가)보다 청장년층 인구가 많다.
④ (라)는 (나)보다 1인당 지역 내 총생산이 많다.
⑤ (가)~(라) 중 중위 연령은 (나)가 가장 높다.

18

그래프는 세 지역의 인구 특성을 나타낸 것이다. 이에 대한 설명으로 옳은 것은? (단, (가)~(다)와 A~C는 각각 강원, 경기, 경남 중 하나임.) [3점]

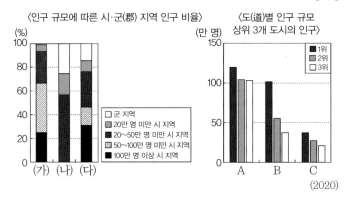

〈인구 규모에 따른 시·군(郡) 지역 인구 비율〉 〈도(道)별 인구 규모 상위 3개 도시의 인구〉

□ 군 지역
■ 20만 명 미만 시 지역
▨ 20~50만 명 미만 시 지역
▨ 50~100만 명 미만 시 지역
■ 100만 명 이상 시 지역

■ 1위
■ 2위
□ 3위

(2020)

① (가)는 (다)보다 인구 100만 명 이상의 도시 수가 많다.
② (나)는 (가)보다 총인구가 많다.
③ A와 B는 행정 구역의 경계가 맞닿아 있다.
④ B는 C보다 지역 내 군(郡) 지역 인구 비율이 높다.
⑤ (가)는 A, (나)는 B, (다)는 C이다.

19

그래프의 (가)~(라) 권역에 대한 설명으로 옳은 것은? (단, (가)~(라)는 각각 수도권, 영남권, 충청권, 호남권 중 하나임.) [3점]

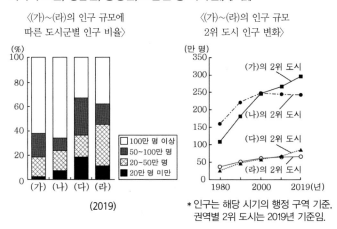

〈(가)~(라)의 인구 규모에 따른 도시군별 인구 비율〉 〈(가)~(라)의 인구 규모 2위 도시 인구 변화〉

□ 100만 명 이상
■ 50~100만 명
▨ 20~50만 명
■ 20만 명 미만

(2019)

(가)의 2위 도시
(나)의 2위 도시
(다)의 2위 도시
(라)의 2위 도시

*인구는 해당 시기의 행정 구역 기준. 권역별 2위 도시는 2019년 기준임.

① (라)의 인구 규모 2위 도시는 광역시이다.
② (가)는 (나)보다 총인구가 많다.
③ (나)는 (라)보다 권역 내 촌락 인구 비율이 높다.
④ (다)는 (가)보다 인구 규모 1위 도시의 인구가 많다.
⑤ (가)는 영남권, (나)는 수도권, (다)는 충청권이다.

20

그래프는 권역별 특성을 나타낸 것이다. 이에 대한 옳은 설명만을 〈보기〉에서 있는 대로 고른 것은? (단, (가), (나)는 각각 논벼 재배 면적 비율, 서비스업 사업체 수 비율 중 하나이며, A~C는 각각 수도권, 영남권, 충청권 중 하나임.) [3점]

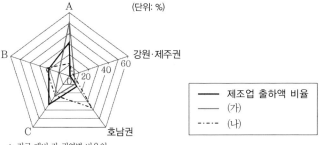

(단위: %)

제조업 출하액 비율
(가)
(나)

* 전국 대비 각 권역별 비율임.
** 제조업은 종사자 수 10인 이상 사업체를 대상으로 함. (2022)

〈 보기 〉
ㄱ. A는 C보다 천연가스 공급량이 많다.
ㄴ. A와 B는 황해와 접해 있다.
ㄷ. B와 C의 인구 1위 도시는 내륙에 위치한다.
ㄹ. (가)는 서비스업 사업체 수 비율, (나)는 논벼 재배 면적 비율이다.

① ㄱ, ㄴ   ② ㄱ, ㄷ   ③ ㄷ, ㄹ
④ ㄱ, ㄴ, ㄹ   ⑤ ㄴ, ㄷ, ㄹ

01 정답률 39%

다음은 도시 단원에 대한 한국 지리 수업 장면이다. 학생의 발표 내용으로 적절하지 <u>않은</u> 것은? [3점]

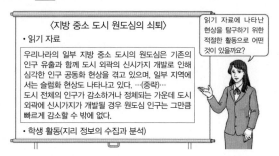

① 도시 내 시가지 확장 과정을 파악하기 위해 도시를 촬영한 여러 시기의 항공사진을 비교해요.

② 원도심의 인구 공동화 정도를 파악하기 위해 읍·면·동별 인구 증가율을 단계 구분도로 나타내요.

③ 원도심의 슬럼화를 파악하기 위해 현지를 방문해 빈집을 확인하고 생활 여건의 악화에 대해 주민과 면담을 해요.

④ 도시 총인구의 변화 추이를 파악하기 위해 최근 한 연도의 읍·면·동별 인구 밀도를 도형 표현도로 나타내요.

⑤ 외곽 신시가지 개발과 원도심 인구 공동화의 연관성을 파악하기 위해 읍·면·동 간 인구 이동 양상을 유선도로 나타내요.

02 정답률 38%

그래프는 지도에 표시된 네 지역과 서울 간의 (가), (나) 시기별 강수량 차이를 나타낸 것이다. 이에 대한 설명으로 옳은 것만을 〈보기〉에서 있는 대로 고른 것은? (단, (가), (나) 시기는 각각 겨울철(12~2월), 여름철(6~8월) 중 하나임.)

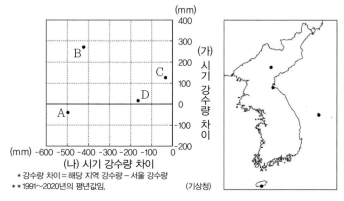

* 강수량 차이 = 해당 지역 강수량 - 서울 강수량
** 1991~2020년의 평년값임.

(기상청)

〈 보기 〉
ㄱ. (가) 시기는 겨울철, (나) 시기는 여름철이다.
ㄴ. A는 C보다 해발 고도가 높다.
ㄷ. B는 C보다 열대야 발생 일수가 많다.
ㄹ. D는 B보다 기온의 연교차가 크다.

① ㄱ, ㄴ   ② ㄱ, ㄷ   ③ ㄷ, ㄹ
④ ㄱ, ㄴ, ㄹ   ⑤ ㄴ, ㄷ, ㄹ

해설편 362쪽

03 정답률 26%

20학년도 6월 모평 15번

그래프는 지도에 표시된 네 지역의 기후 자료이다. 이에 대한 설명으로 옳은 것은? (단, (가)~(라), A~D는 각각 지도에 표시된 지역 중 하나임.)

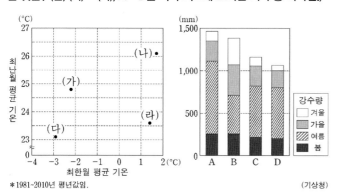

* 1981~2010년 평년값임.

(기상청)

① (가)는 A, (다)는 D이다.
② (가)는 (다)보다 고위도에 위치한다.
③ (나)는 (라)보다 겨울 강수량이 많다.
④ C는 A보다 기온의 연교차가 크다.
⑤ D는 B보다 최한월 평균 기온이 높다.

04 정답률 34%

21학년도 4월 학평 13번

그래프는 지도에 표시된 네 지역의 기후 자료이다. (가)~(라) 지역에 대한 설명으로 옳은 것은? [3점]

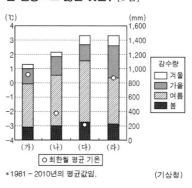

* 1981 ~ 2010년의 평균값임.

(기상청)

① (가)는 (다)보다 해발 고도가 높다.
② (나)는 (다)보다 고위도에 위치한다.
③ (다)는 (라)보다 무상 기간이 길다.
④ (라)는 (나)보다 기온의 연교차가 크다.
⑤ (가), (다)는 모두 해안에 위치한다.

다음 글의 (가)~(라)에 해당하는 지역을 그래프의 A~D에서 고른 것은? (단, 그래프는 각각 (가)~(라) 지역과 강릉의 기후 값 차이를 나타낸 것임.) [3점]

> (가) 강원도의 도청 소재지로 전형적인 분지이며, 댐 건설로 조성된 호수를 끼고 있어 '호반의 도시'로 불린다.
>
> (나) 영동 지방과 영서 지방을 잇는 고개로 인근에 동계 올림픽 경기장과 풍력 발전 단지가 있으며, 고랭지 농업이 발달해 있다.
>
> (다) 우리나라의 수위 도시로 중앙 정부 기관을 비롯하여 대기업의 본사, 금융 기관의 본점 등이 위치해 있다.
>
> (라) 섬의 중앙에는 칼데라 분지가 있으며, 분지 내에는 중앙 화구구가 있어 전체적으로 이중 화산의 특징을 보이고 있다.

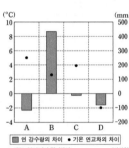

* 1981~2010년의 평년값임.　　　　(기상청)
** 기후 값 차이=해당 지역의 기후 값-강릉의 기후 값

	(가)	(나)	(다)	(라)
①	A	B	C	D
②	A	C	B	D
③	B	A	D	C
④	B	D	C	A
⑤	C	B	A	D

그래프의 (가)~(다) 지역에 대한 설명으로 옳은 것만을 〈보기〉에서 고른 것은? (단, (가)~(다)는 각각 지도에 표시된 세 구(區) 중 하나임.) [3점]

〈통근·통학 현황〉

* 통근·통학 인구는 각 구(區)에 거주하는 전체 통근·통학 인구임.
** 지역 내 통근·통학 인구 비율은 각 구(區)의 통근·통학 인구 중 본인이 거주하는 구(區) 내로 통근·통학하는 인구의 비율임.

〈보기〉

ㄱ. (가)는 (나)보다 주간 인구 지수가 높다.

ㄴ. (가)는 (나)보다 상업 지역의 평균 지가가 높다.

ㄷ. (가)는 (다)보다 초등학생 수가 많다.

ㄹ. (나)는 (다)보다 금융 기관 수가 많다.

① ㄱ, ㄴ　② ㄱ, ㄷ　③ ㄴ, ㄷ　④ ㄴ, ㄹ　⑤ ㄷ, ㄹ

해설편 363쪽

07 [정답률 34%]   23학년도 7월 학평 12번

그래프는 부산시의 지역별 특성을 나타낸 것이다. (가)~(다) 지역에 대한 설명으로 옳은 것은?

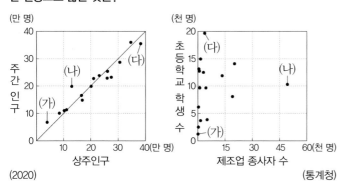

(2020)   (통계청)

① (가)는 통근·통학 유출 인구가 유입 인구보다 많다.
② (가)는 (나)보다 용도 지역 중 상업 지역의 비율이 높다.
③ (나)는 (다)보다 주민의 평균 통근·통학 소요 시간이 길다.
④ (다)는 (가)보다 주간 인구 지수가 높다.
⑤ (가)~(다) 중 중심 업무 기능은 (나)가 가장 우세하다.

08 [정답률 49%]   24학년도 6월 모평 6번

다음은 온라인 수업 장면이다. 답글 내용이 옳은 학생만을 있는 대로 고른 것은? (단, (가), (나)는 각각 1월, 7월 중 하나임.) [3점]

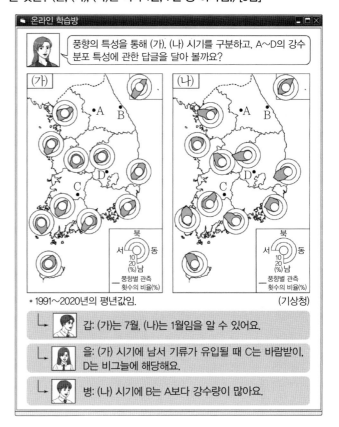

풍향의 특성을 통해 (가), (나) 시기를 구분하고, A~D의 강수 분포 특성에 관한 답글을 달아 볼까요?

* 1991~2020년의 평년값임.   (기상청)

갑: (가)는 7월, (나)는 1월임을 알 수 있어요.

을: (가) 시기에 남서 기류가 유입될 때 C는 바람받이, D는 비그늘에 해당해요.

병: (나) 시기에 B는 A보다 강수량이 많아요.

① 갑   ② 을   ③ 갑, 병   ④ 을, 병   ⑤ 갑, 을, 병

그래프의 (가)~(라) 지역에 대한 설명으로 옳은 것만을 〈보기〉에서 고른 것은? (단, (가)~(라)는 각각 지도에 표시된 네 지역 중 하나임.)

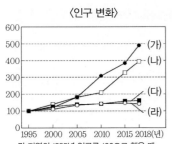

〈인구 변화〉

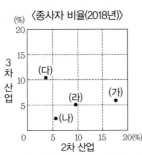

〈종사자 비율(2018년)〉

* 각 지역의 1995년 인구를 100으로 했을 때 해당 연도의 상댓값임.
** 2010년의 행정 구역을 기준으로 함. (통계청)

* 경기도의 산업별 총 종사자에서 각 지역의 산업별 종사자가 차지하는 비율임. (통계청)

─────〈 보기 〉─────

ㄱ. (가)에는 조력 발전소가 위치해 있다.

ㄴ. (나)에는 수도권 2기 신도시가 위치해 있다.

ㄷ. (다)는 경기도청 소재지이다.

ㄹ. (라)는 남북한 접경 지역이다.

① ㄱ, ㄴ   ② ㄱ, ㄷ   ③ ㄴ, ㄷ   ④ ㄴ, ㄹ   ⑤ ㄷ, ㄹ

그래프의 (가)~(다) 지역을 지도의 A~C에서 고른 것은?

〈인구 변화〉

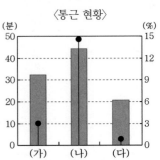

〈통근 현황〉

* 각 지역의 2000년 인구를 100으로 했을 때 해당 연도의 상댓값임.
** 2010년의 행정 구역을 기준으로 함.

통근 시 평균 소요 시간(편도 기준)
전철·지하철을 이용한 통근 인구 비율

(2019년)

	(가)	(나)	(다)
①	A	B	C
②	B	A	C
③	B	C	A
④	C	A	B
⑤	C	B	A

11 정답률 38%

19학년도 수능 15번

그래프는 지도에 표시된 네 지역의 인구 변화를 나타낸 것이다. (가)~(라) 지역에 대한 옳은 설명만을 〈보기〉에서 있는 대로 고른 것은?

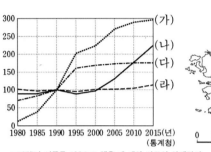

* 1990년 인구를 100으로 했을 때 해당 연도의 상댓값임.
** 각 해당 연도의 행정 구역(시, 군, 출장소)을 기준으로 함.

〈 보기 〉

ㄱ. (가)는 (라)보다 거주 외국인 수가 많다.

ㄴ. (나)는 (다)보다 지역 내 제조업 종사자 비율이 높다.

ㄷ. (나)는 (라)보다 주택 중 아파트 비율이 높다.

ㄹ. (가)와 (다)에는 수도권 1기 신도시가 위치해 있다.

① ㄱ, ㄷ ② ㄴ, ㄷ ③ ㄴ, ㄹ
④ ㄱ, ㄴ, ㄷ ⑤ ㄱ, ㄴ, ㄹ

12 정답률 43%

23학년도 수능 16번

그래프는 지도에 표시된 네 지역의 서울로의 통근·통학 비율과 경지 면적을 나타낸 것이다. (가)~(라)에 대한 설명으로 옳은 것만을 〈보기〉에서 고른 것은? [3점]

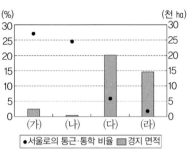

* 서울로의 통근·통학 비율은 각 지역의 통근·통학 인구에서 서울로 통근·통학하는 인구가 차지하는 비율임.
(2020) (통계청)

〈 보기 〉

ㄱ. (가)에는 수도권 1기 신도시가 위치한다.

ㄴ. (나)는 (가)보다 상주인구가 많다.

ㄷ. (다)는 (나)보다 제조업 종사자 수가 많다.

ㄹ. (라)는 (다)보다 지역 내 주택 유형에서 아파트가 차지하는 비율이 높다.

① ㄱ, ㄴ ② ㄱ, ㄷ ③ ㄴ, ㄷ ④ ㄴ, ㄹ ⑤ ㄷ, ㄹ

정답률 낮은 문제 **한 번 더!**

그래프는 지도에 표시된 세 지역의 인구 현황을 나타낸 것이다. 이에 대한 설명으로 옳지 <u>않은</u> 것은? (단, A, B는 각각 상주인구, 외국인 수 중 하나임.) [3점]

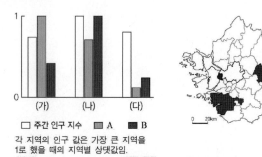

① (가)~(다) 중에서 (나)의 인구 밀도가 가장 높다.
② (가)는 (나)보다 서울로의 통근 비율이 높다.
③ (나)는 (다)보다 제조업 종사자 수 비율이 높다.
④ (다)는 (가)보다 지역 내 농가 수 비율이 높다.
⑤ A는 상주인구, B는 외국인 수이다.

그래프는 지도에 표시된 세 지역의 시기별 주택 수 증가량을 나타낸 것이다. (가)~(다)에 대한 설명으로 옳은 것은? [3점]

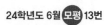
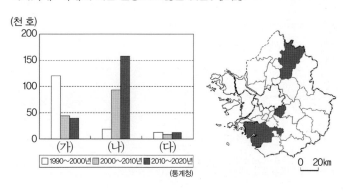

① (가)에는 수도권 1기와 2기 신도시가 건설되었다.
② (가)는 (다)보다 주간 인구 지수가 높다.
③ (나)는 (가)보다 정보서비스업 종사자 수가 많다.
④ (나)는 (다)보다 지역 내 농가 인구 비율이 높다.
⑤ (다)는 (나)보다 제조업 종사자 수가 많다.

15

정답률 34%

지도는 (가), (나) 지표의 경기도 내 상위 및 하위 5개 시·군을 나타낸 것이다. (가), (나) 지표로 옳은 것은? [3점]

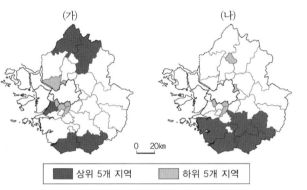

(2022)

	(가)	(나)		(가)	(나)
①	경지 면적	농가 인구	②	경지 면적	중위 연령
③	청장년 성비	농가 인구	④	청장년 성비	중위 연령
⑤	중위 연령	경지 면적			

16

정답률 20%

그래프는 지도에 표시된 세 지역의 발전 양식별 설비 용량 비율을 나타낸 것이다. 이에 대한 설명으로 옳은 것은? (단, A, B는 각각 원자력, 화력 중 하나임.)

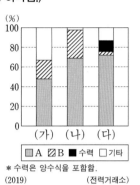
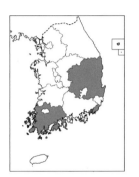

* 수력은 양수식을 포함함.
(2019)   (전력거래소)

① (가)는 우리나라에서 원자력 발전 설비 용량이 가장 많은 지역이다.

② (가), (나)는 영남 지방, (다)는 호남 지방에 해당한다.

③ B는 수력보다 자연적 입지 제약을 많이 받는다.

④ A는 B보다 우리나라에서 전력 생산에 이용된 시기가 이르다.

⑤ B는 A보다 우리나라에서 발전량이 많다.

다음 자료는 세 지역의 신·재생 에너지원별 발전량 비율을 나타낸 것이다. (가)~(다)에 해당하는 에너지로 옳은 것은?

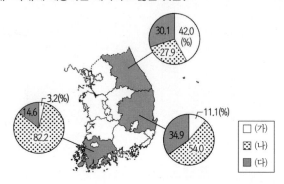

* 수력, 태양광, 풍력의 발전량 합을 100%로 하며, 수력은 양수식을 제외함.
(2018년)   (에너지경제연구원)

	(가)	(나)	(다)		(가)	(나)	(다)
①	수력	풍력	태양광	②	수력	태양광	풍력
③	풍력	수력	태양광	④	풍력	태양광	수력
⑤	태양광	수력	풍력				

그래프에 대한 설명으로 옳은 것은? (단, (가)~(라)는 각각 지도에 표시된 네 도(道) 중 하나이고, A, B는 각각 겸업농가, 전업농가 중 하나임.)

[3점]

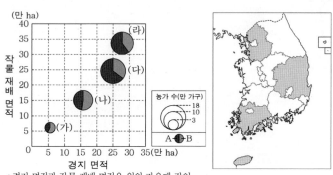

* 경지 면적과 작물 재배 면적은 원의 가운데 값임.
(2019년)

① A는 겸업농가, B는 전업농가이다.
② (가)는 (다)보다 겸업농가 수가 많다.
③ (나)는 (라)보다 경지 이용률이 높다.
④ (다)는 (가)보다 지역 내 경지 중 밭 면적의 비율이 높다.
⑤ (라)는 (나)보다 쌀 생산량이 많다.

19 정답률 37%

다음 자료는 도(道)별 농업 특성에 관한 것이다. 이에 대한 설명으로 옳은 것은? (단, (가)~(라)는 각각 A~D 중 하나임.)

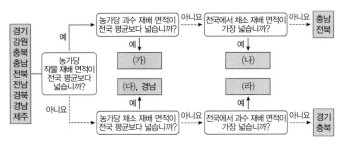

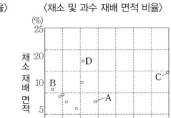

〈농가 비율 및 작물 재배 면적 비율〉   〈채소 및 과수 재배 면적 비율〉

* 전국 대비 각 도의 비율임.
(2020년)   (통계청)

① A는 D보다 전업농가 수가 많다.
② (라)는 채소 재배 면적이 과수 재배 면적보다 넓다.
③ (다)는 (나)보다 농가당 작물 재배 면적이 넓다.
④ (라)는 (나)보다 경지율이 높다.
⑤ (가)는 A, (다)는 B이다.

20 정답률 35%

자료는 교통수단별 국내 화물 수송 현황을 나타낸 것이다. A~C에 대한 설명으로 옳은 것은? (단, A~C는 각각 도로, 철도, 해운 중 하나임.)

[3점]

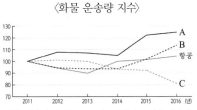

〈화물 운송량 지수〉

〈수송 분담률〉

교통수단	분담률(%)
A	91.1
B	7.2
C	1.6
항공	0.1

* 톤 기준임.   (2016)

* 화물 운송량 지수는 2011년 교통수단별 화물 운송량을 100으로 했을 때, 해당 연도의 상댓값임. (통계청)

① A는 정시성이 가장 우수하다.
② A는 B보다 기종점 비용이 높다.
③ B는 C보다 평균 수송 거리가 짧다.
④ C는 A보다 문전 연결성이 높다.
⑤ C는 B보다 기상 조건의 제약을 적게 받는다.

01 정답률 42%   22학년도 수능 12번

(가)~(라) 지역을 그래프의 A~D에서 고른 것은? (단, (가)~(라)와 A~D는 각각 지도에 표시된 네 지역 중 하나임.)

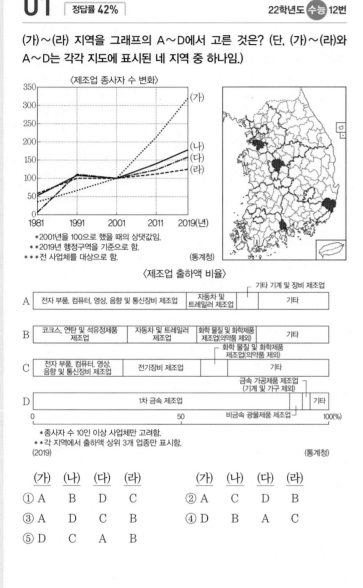

〈제조업 종사자 수 변화〉

*2001년을 100으로 했을 때의 상댓값임.
**2019년 행정구역을 기준으로 함.
***전 사업체를 대상으로 함.
(통계청)

〈제조업 출하액 비율〉

| A | 전자 부품, 컴퓨터, 영상, 음향 및 통신장비 제조업 | 자동차 및 트레일러 제조업 | 기타 기계 및 장비 제조업 | 기타 |

| B | 코크스, 연탄 및 석유정제품 제조업 | 자동차 및 트레일러 제조업 | 화학 물질 및 화학제품 제조업(의약품 제외) | 기타 |

| C | 전자 부품, 컴퓨터, 영상, 음향 및 통신장비 제조업 | 전기장비 제조업 | 화학 물질 및 화학제품 제조업(의약품 제외) | 기타 |

| D | 1차 금속 제조업 | 금속 가공제품 제조업(기계 및 가구 제외) / 비금속 광물제품 제조업 | 기타 |

0   50   100(%)

*종사자 수 10인 이상 사업체만 고려함.
**각 지역에서 출하액 상위 3개 업종만 표시함.
(2019)   (통계청)

	(가)	(나)	(다)	(라)		(가)	(나)	(다)	(라)
①	A	B	D	C	②	A	C	D	B
③	A	D	C	B	④	D	B	A	C
⑤	D	C	A	B					

02 정답률 39%   19학년도 6월 모평 10번

(가)~(라)에 해당하는 지역을 지도의 A~D에서 고른 것은? [3점]

〈제조업 출하액 비중〉

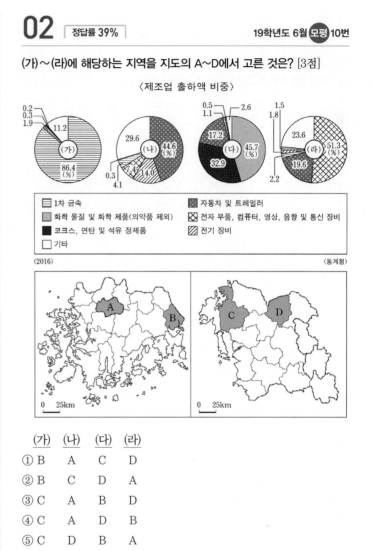

범례:
- 1차 금속
- 화학 물질 및 화학 제품(의약품 제외)
- 코크스, 연탄 및 석유 정제품
- 기타
- 자동차 및 트레일러
- 전자 부품, 컴퓨터, 영상, 음향 및 통신 장비
- 전기 장비

(2016)   (통계청)

0 25km   0 25km

	(가)	(나)	(다)	(라)
①	B	A	C	D
②	B	C	D	A
③	C	A	B	D
④	C	A	D	B
⑤	C	D	B	A

03

그래프는 세 지역의 제조업 업종별 출하액 비율을 나타낸 것이다. A~D에 대한 설명으로 옳은 것은? (단, A~D는 각각 1차 금속, 의복(액세서리, 모피 포함), 자동차 및 트레일러, 전자 부품·컴퓨터·영상·음향 및 통신장비 제조업 중 하나임.) [3점]

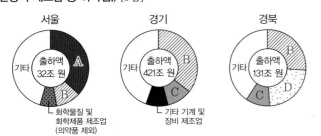

* 종사자 규모 10인 이상 사업체를 대상으로 함.
** 각 지역별 출하액 기준 상위 3개 제조업만 표현함.   (2020)

① A는 제조 과정에서 원료의 무게나 부피가 감소하는 원료 지향형 제조업이다.

② B는 부피가 크거나 무거운 원료를 해외에서 수입하는 적환지 지향형 제조업이다.

③ A는 B보다 종사자 1인당 출하액이 많다.

④ B는 C보다 최종 제품의 무게가 무겁고 부피가 크다.

⑤ D에서 생산된 제품은 C의 주요 재료로 이용된다.

04

다음은 우리나라 공업에 대한 퀴즈의 일부이다. A 도시 제조업의 업종별 출하액 비율 그래프로 옳은 것은? [3점]

※(가)~(다)에서 설명하는 도시를 지도에서 찾아 하나씩 지운 후 남은 도시 A를 쓰시오. (단, (가)~(다)와 A는 각각 지도에 표시된 도시 중 하나임.)

(가) 이 지역은 2004년 제철소가 입지하면서 철강 및 금속 공업이 발달하였고, 2012년에 시로 승격하였다.

(나) 이 지역은 고생대 조선 누층군에 매장된 석회석을 활용한 원료 지향 공업이 발달하여 지역의 주된 산업이 되었다.

(다) 이 지역에는 울산과 여수에 이어 세 번째로 조성된 석유화학 단지가 입지하여 공업 도시로 발달하였다.

정답 : (가)~(다) 도시를 지운 후 남은 도시는 [A] 이다.

* 종사자 규모 10인 이상 업체를 대상으로 함.
** 각 지역별 출하액 기준 상위 3개 업종만 표시함.
(2020)   (통계청)

그래프는 우리나라 주요 제조업의 특성을 나타낸 것이다. 이에 대한 설명으로 옳은 것은? (단, (가)~(다)는 각각 자동차 및 트레일러, 전자 부품·컴퓨터·영상·음향 및 통신 장비, 화학물질 및 화학제품 제조업 중 하나임.)

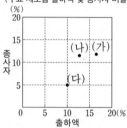

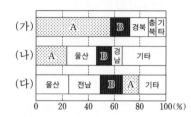

* 종사자 규모 10인 이상 사업체를 대상으로 함.   * 상위 4개 지역만 표시함.
(2019)   (통계청)

① A는 경기, B는 충남이다.
② (가)는 부피가 크거나 무거운 원료를 해외에서 수입하는 적환지 지향형 제조업이다.
③ (나)는 한 가지 원료로 여러 제품을 생산하는 계열화된 제조업이다.
④ (다)는 최종 제품 생산에 많은 부품이 필요한 조립형 제조업이다.
⑤ (가)는 (다)에 비해 종사자 1인당 출하액이 많다.

그래프의 (가)~(다) 지역을 지도의 A~C에서 고른 것은?

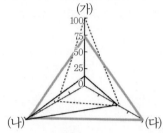

* 지표별 최대 지역의 값을 100으로 했을 때의 상댓값임.
** 한국 국적을 가지지 않은 외국인만 고려함. (2021년)

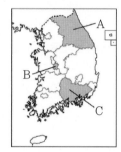

	(가)	(나)	(다)
①	A	B	C
②	A	C	B
③	B	C	A
④	C	A	B
⑤	C	B	A

07

정답률 41%

19학년도 9월 모평 20번

그래프는 지도에 표시된 3개 시·도의 시기별 인구 변동을 나타낸 것이다. (가)~(다)에 대한 옳은 설명을 〈보기〉에서 고른 것은?

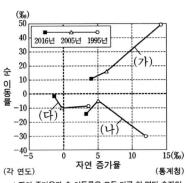

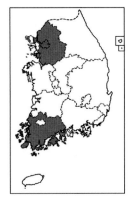

* 자연 증가율과 순 이동률은 모두 인구 천 명당 숫자임.
** 인구 증가율＝자연 증가율 ＋ 순 이동률

〈 보기 〉
ㄱ. (가)와 (다)는 수도권에 위치해 있다.
ㄴ. 1995년에 인구가 증가한 시·도는 (가)와 (나)이다.
ㄷ. 2005년에 순 전출을 보이는 시·도는 (나)와 (다)이다.
ㄹ. 2016년에 출생자 수에 비해 사망자 수가 많은 시·도는 (다)이다.

① ㄱ, ㄴ   ② ㄱ, ㄷ   ③ ㄴ, ㄷ   ④ ㄴ, ㄹ   ⑤ ㄷ, ㄹ

08

정답률 37%

21학년도 6월 모평 4번

다음 자료는 (가) 지역의 인구 특성에 대한 것이다. (가) 지역을 지도의 A~E에서 고른 것은? [3점]

구분	(가)	전국
성비	94.6	100.5
중위 연령(세)	59.6	42.7
유소년층 인구 비율(%)	7.2	12.7
순 이동(명)	−143	0

(2018)

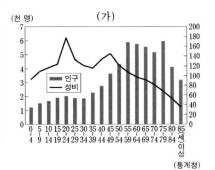

(통계청)

① A
② B
③ C
④ D
⑤ E

정답률 낮은 문제 한 번 더!

해설편 370쪽

249

그래프는 두 지역의 인구 특성을 나타낸 것이다. (가), (나)에 해당하는 지역을 지도의 A~C에서 고른 것은? [3점]

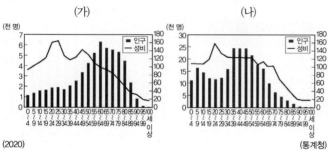

(2020)
(통계청)

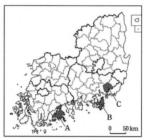

	(가)	(나)		(가)	(나)
①	A	B	②	B	A
③	B	C	④	C	A
⑤	C	B			

다음 자료의 A~C에 해당하는 지역으로 옳은 것은? [3점]

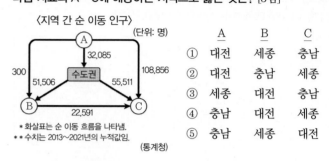

〈지역 간 순 이동 인구〉 (단위: 명)

* 화살표는 순 이동 흐름을 나타냄.
** 수치는 2013~2021년의 누적값임.
(통계청)

	A	B	C
①	대전	세종	충남
②	대전	충남	세종
③	세종	대전	충남
④	충남	대전	세종
⑤	충남	세종	대전

11 정답률 29%

그래프는 지도에 표시된 세 지역의 인구 특성을 나타낸 것이다. (가)~(다) 지역에 대한 설명으로 옳은 것은?

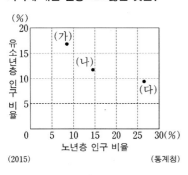 

① (가)는 (나)보다 농가 인구 비율이 높다.
② (가)는 (다)보다 총 부양비가 높다.
③ (나)는 (가)보다 총인구가 적다.
④ (다)는 (나)보다 노령화 지수가 낮다.
⑤ (나)로 통근·통학하는 인구 비율은 (다)가 (가)보다 높다.

12 정답률 22%

그래프는 지도에 표시된 네 지역의 인구 특성을 나타낸 것이다. (가)~(라) 지역에 대한 설명으로 옳은 것은?

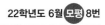 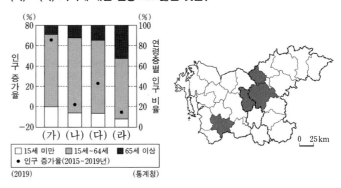

① (가)는 혁신 도시가 조성되어 공공 기관이 이전한 곳이다.
② (가)는 (라)보다 총부양비가 높다.
③ (라)는 (다)보다 성비가 높다.
④ (가)~(라) 중 총인구가 가장 많은 곳은 (나)이다.
⑤ (가)~(라) 중 중위 연령이 가장 높은 곳은 (다)이다.

그래프는 지도에 표시된 네 지역의 (가), (나) 시기 평균 기온 차이를 나타낸 것이다. A~D 지역에 대한 설명으로 옳은 것은? (단, (가), (나)는 각각 1월, 8월 중 하나임.) [3점]

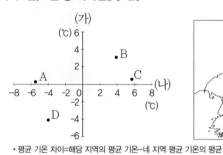 

* 평균 기온 차이=해당 지역의 평균 기온-네 지역 평균 기온의 평균
** 1991~2020의 평년값임.

(기상청)

① A는 D보다 기온의 연교차가 작다.
② B는 C보다 1월 평균 기온이 높다.
③ C는 B보다 연 강수량이 많다.
④ D는 A보다 해발 고도가 높다.
⑤ B는 관북 지방, C는 관서 지방에 위치한다.

그래프는 지도에 표시된 네 지역의 기후 자료이다. (가)~(라)에 대한 설명으로 옳은 것은? [3점]

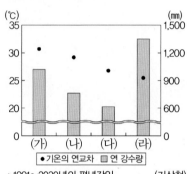 

* 1991~2020년의 평년값임.

(기상청)

① (가)는 (다)보다 연평균 기온이 높다.
② (가)는 (라)보다 겨울 강수 집중률이 높다.
③ (나)는 (라)보다 최한월 평균 기온이 높다.
④ (다)는 (가)보다 여름 강수량이 많다.
⑤ (가)~(라) 중 (라)는 가장 동쪽에 위치한다.

15

정답률 19%

23학년도 9월 모평 18번

다음 자료는 충청북도 세 지역의 인구 및 산업 특성을 나타낸 것이다. 이에 대한 설명으로 옳은 것은? (단, (가)~(다), A~C는 각각 보은, 진천, 청주 중 하나임.)

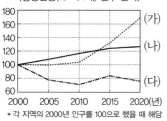

〈청장년층(15~64세) 인구 변화〉

* 각 지역의 2000년 인구를 100으로 했을 때 해당 연도의 상댓값임.
** 현재의 행정 구역을 기준으로 함. (통계청)

〈지역 내 주요 산업별 취업 인구 비율(%)〉

산업 지역	사업·개인·공공 서비스 및 기타	광업· 제조업
A	37	28
B	27	16
C	27	42

(2020) (통계청)

① (나)에는 혁신 도시가 위치한다.
② (가)는 (다)보다 지역 내 농·임·어업 취업 인구 비율이 높다.
③ (가)는 A, (다)는 B이다.
④ C에는 고속 철도역과 생명 과학 단지가 입지해 있다.
⑤ A는 C보다 광업·제조업 취업 인구가 많다.

16

정답률 32%

20학년도 7월 학평 18번

다음 글은 문학작품에 표현된 지리적 서술 내용의 일부이다. 밑줄 친 ㉠~㉤에 대한 설명으로 옳은 것은? [3점]

○ 북위 42도와 한류(寒流)의 냉대에서는 ㉠ 봄은 3월이 아니라 6월부터 시작된다…. 단오 무렵은… ㉡ 안개 끼는 날이 많다. 안개는 바다에서 흘러와 벌판을 거치고 성 모퉁이를 돌아 마을을 싸고 골짝으로 오지로 들어 간다…. 해발 몇백 척의 산복(山腹)도 북방에서는 ㉢ 고원지대(高原地帶)의 양기이니 고원의 봄을 제일 먼저 꾸미는 꽃은 박새인듯 싶다.
　　　　　　－「6월(月)에야 봄이 오는 북경성(北鏡城)의 춘정(春情)」 －

○ ㉣ 장백산맥(태백산맥)은 같은 도를 길로 갈라 산맥의 동과 서는 생활과 풍습과 성벽이 심히 다르다. 대관령 동편 영동 사람들이 ㉤ 영서를 부러워 할 때가 있듯이 영서 사람들이 영동을… 영동은 해물과 감(柿)의 고장이므로… 영서는 산과 들과 수풀과 시내의 고장이요 자연은 더 한층 풍성하다.
　　　　　　－「영서(嶺西)의 기억(記憶)」 －

① ㉠의 이유는 꽃샘추위 때문이다.
② ㉡의 이유는 한류의 영향이 크다.
③ ㉢은 밭농사보다 논농사의 비중이 크다.
④ ㉣은 중생대 대보 조산 운동으로 형성되었다.
⑤ ㉤은 봄철 북동풍이 불면 냉해를 입는다.

17
정답률 38%
20학년도 수능 7번

그래프는 지도에 표시된 네 지역의 산업 구조와 취업자 수를 나타낸 것이다. (가)~(라) 지역에 대한 설명으로 옳은 것은? [3점]

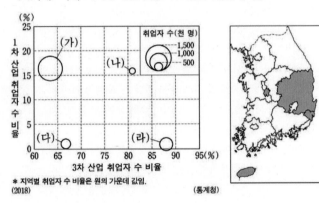

＊ 지역별 취업자 수 비율은 원의 가운데 값임.
(2018)   (통계청)

① (가)는 (라)보다 제조업 출하액이 적다.
② (나)는 (가)보다 지역 내 총 발전량 중 화력 발전이 차지하는 비율이 높다.
③ (나)는 (다)보다 1인당 지역 내 총생산이 많다.
④ (다)는 광역시, (라)는 도(道)이다.
⑤ (가)~(라) 중 전문 서비스업체 수는 (나)가 가장 많다.

18
정답률 49%
23학년도 7월 학평 17번

그래프는 권역별 산업 구조의 변화를 나타낸 것이다. 이에 대한 설명으로 옳은 것은? (단, (가), (나)는 각각 2차 산업, 3차 산업 중 하나이고, A~D는 각각 수도권, 영남권, 충청권, 호남권 중 하나임.) [3점]

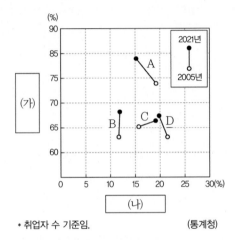

＊ 취업자 수 기준임.   (통계청)

① (가)는 2차 산업, (나)는 3차 산업이다.
② A에는 행정 중심 복합 도시가 위치한다.
③ B는 C보다 지역 내 총생산이 많다.
④ C는 D보다 총인구가 많다.
⑤ D는 A보다 광역시의 수가 많다.

19 정답률 36%

그래프는 지도에 표시된 네 지역의 산업별 취업자 수 비율을 나타낸 것이다. (가)~(라) 지역에 대한 설명으로 옳은 것은?

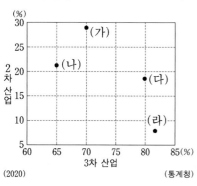

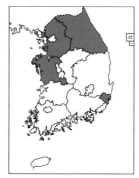

(2020)　　　　　　　　　　　　　(통계청)

① (가)는 충남, (나)는 울산이다.

② (가)는 (다)보다 제조업 출하액이 많다.

③ (다)는 (라)보다 지역 내 1차 산업 취업자 수 비율이 높다.

④ (라)는 (나)보다 지역 내 총생산이 많다.

⑤ (가)~(라) 중 생산자 서비스업 사업체 수는 (다)가 가장 많다.

20 정답률 31%

그래프는 네 지역의 산업별 취업자 수 비율을 나타낸 것이다. (가)~(라) 지역에 대한 설명으로 옳은 것은? (단, (가)~(라)는 각각 경기, 서울, 제주, 충남 중 하나임.)

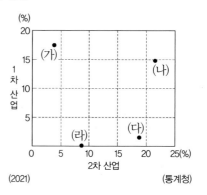

(2021)　　　　　　　　　　　　　(통계청)

① (가)는 제주, (나)는 경기이다.

② (가)는 (나)보다 지역 내 3차 산업 취업자 수 비율이 낮다.

③ (나)는 (다)보다 제조업 출하액이 많다.

④ (다)는 (라)보다 전문, 과학 및 기술 서비스업체 수가 많다.

⑤ (가)~(라) 중 1인당 지역 내 총생산은 (나)가 가장 많다.

Memo

1. 다음 자료에 관한 설명으로 옳은 것은?

〈영해 및 접속수역법〉
제1조 (⊙ **영해의 범위**) 대한민국의 영해는 기선으로부터 측정하여 그 바깥쪽 12해리의 선까지에 이르는 수역으로 한다. … (중략) …
제2조 (기선) 제1항: 영해의 폭을 측정하기 위한 ⓒ 통상의 기선은 대한민국이 공식적으로 인정한 대축척 해도에 표시된 … (중략) …
제2항: 지리적 특수사정이 있는 수역의 경우에는 대통령령으로 정하는 기점을 연결하는 직선을 기선으로 할 수 있다.
제3조 (ⓒ 내수) 영해의 폭을 측정하기 위한 기선으로부터 육지 쪽에 있는 수역을 내수로 한다.

〈영역과 배타적 경제 수역〉

① 울릉도와 독도는 ⊙ 설정에 직선 기선이 적용된다.
② ⓒ 설정에는 가장 낮은 수위가 나타나는 썰물 때의 해안선을 적용한다.
③ ⓒ에서 간척 사업이 이루어지면 ⊙은 확대된다.
④ 우리나라 (가)의 최남단은 이어도이다.
⑤ (나)는 영해 기선으로부터 그 바깥쪽 200해리의 선까지에 이르는 수역 전체를 말한다.

2. 다음은 지도에 표시된 두 지역의 하천 지형을 나타낸 위성 영상이다. (가), (나) 지역의 지형에 대한 설명으로 옳은 것만을 〈보기〉에서 고른 것은? [3점]

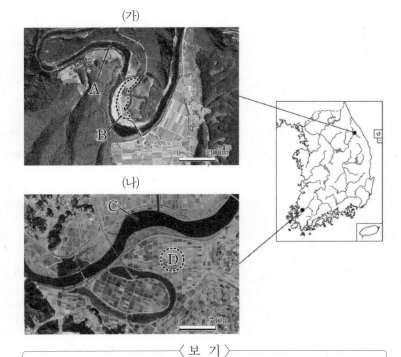

(가)

(나)

〈보기〉
ㄱ. (가)의 A 하천은 (나)의 C 하천보다 하상의 해발 고도가 높다.
ㄴ. (가)의 A 하천 범람원은 (나)의 C 하천 범람원보다 면적이 넓다.
ㄷ. B는 D보다 퇴적물의 평균 입자 크기가 크다.
ㄹ. B는 D보다 홍수 시 범람에 의한 침수 가능성이 높다.

① ㄱ, ㄴ ② ㄱ, ㄷ ③ ㄴ, ㄷ ④ ㄴ, ㄹ ⑤ ㄷ, ㄹ

3. 다음 〈조건〉만을 고려하여 공공 도서관을 추가로 건설하고자 할 때, 가장 적합한 후보지를 지도의 A~E에서 고른 것은?

〈조건 1〉: (유소년층 인구 ≥ 10,000명) And (초·중·고 학교 수 ≥ 60개) And (공공 도서관 수≤ 8개)
〈조건 2〉: 〈조건 1〉을 만족하는 지역 중 유소년층 인구 비율이 높은 곳을 선택함.

＊X And Y: X 조건과 Y 조건을 모두 만족하는 것을 의미함.

구분	유소년층 인구(명)	유소년층 인구 비율(%)	초·중·고 학교 수(개)	공공 도서관 수(개)
A	8,274	8.1	42	4
B	49,118	13.9	69	7
C	73,706	13.4	118	9
D	42,247	12.0	92	8
E	12,362	11.3	39	3

(2022) (통계청)

① A ② B ③ C ④ D ⑤ E

4. 지도의 A~E 지형에 대한 설명으로 옳은 것은?

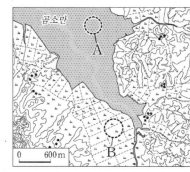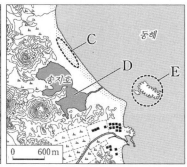

① A는 하루 종일 바닷물에 잠기는 곳이다.
② B에는 바람에 날려 퇴적된 모래 언덕이 나타난다.
③ C는 파랑과 연안류의 퇴적 작용으로 형성되었다.
④ D는 자연 상태에서 시간이 지남에 따라 규모가 확대된다.
⑤ E는 후빙기 해수면 상승 이후에 형성된 육계도이다.

5. 지도에 표시된 (가)~(다) 지역의 특징을 그림과 같이 표현할 때, A~D의 내용으로 옳은 것만을 〈보기〉에서 고른 것은? [3점]

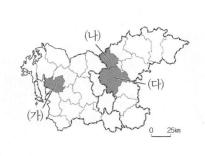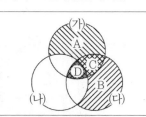

A: (가)에만 해당되는 특징임.
B: (다)에만 해당되는 특징임.
C: (가)와 (다)만의 공통 특징임.
D: (가), (나), (다) 모두의 특징임.

〈보기〉
ㄱ. A: 석탄 박물관이 있음.
ㄴ. B: 국제공항이 있음.
ㄷ. C: 도청이 입지하고 있음.
ㄹ. D: 혁신도시가 조성되어 있음.

① ㄱ, ㄴ ② ㄱ, ㄷ ③ ㄴ, ㄷ ④ ㄴ, ㄹ ⑤ ㄷ, ㄹ

사회탐구 영역

6. 다음은 지도에 표시된 세 지역의 인구 관련 신문 기사 내용의 일부이다. (가)~(다) 지역에 대한 설명으로 옳은 것은? [3점]

○○ 신문 (2024년 ○월 ○일)
**청년 인구 비율 40.2%...
전국 시·도 중에서 가장 높다.**
[가]은/는 15세 이상 인구 중 청년(15세~39세) 비율이 40.2%로 전국 시·도 중에서 가장 높게 나타났다. 정부 기관 이전을 목적으로 조성된 이 지역은 유소년층 인구 비율 또한 19.2%(전국 평균 11.6%)로 전국에서 가장 높다.

□□ 신문 (2024년 ○월 ○일)
인구감소지역대응위원회 회의 개최
[나]은/는 제1차 인구감소지역대응위원회를 열고 생활 인구 확대, 청장년 정착 촉진 방안 등을 심의·의결하였다. 이 지역은 인구 소멸 위험이 큰 곳으로 대표적인 인구 과소 지역이다.

△△ 신문 (2024년 ○월 ○일)
시·군·구 중에서 외국인 주민 가장 많이 사는 곳
[다]은/는 외국인 주민이 가장 많이 거주하는 곳으로 외국인 주민 수가 10만 명을 넘어섰다. 이 지역은 외국인을 위한 커뮤니티 공간인 다문화 마을 특구가 조성되어 있다.

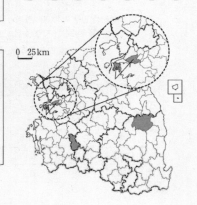

0 25km

① (가)는 (나)보다 중위 연령이 높다.
② (나)는 (가)보다 인구 밀도가 높다.
③ (다)는 (가)보다 유소년 부양비가 높다.
④ (다)는 (나)보다 지역 내 외국인의 성비가 높다.
⑤ 총인구는 (다)>(나)>(가) 순으로 많다.

7. 다음 자료는 제주도와 울릉도를 방문한 여행객이 사회 관계망 서비스(SNS)에 올린 내용이다. ㉠~㉣에 대한 설명으로 옳은 것은?

geography ...
용암이 분출하였던 이곳은 분지 형태를 보이고 있으며, 섬의 북쪽 중앙부에 위치하고 있어.
#㉠ 나리분지 #울릉도

geography ...
분지 내 위치한 새알처럼 생긴 이 봉우리는 중앙 화구구이며, 해발 고도는 성인봉의 절반 정도야.
#㉡ 알봉 #울릉도

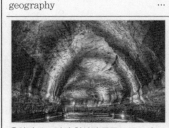

geography ...
용암이 흐르면서 형성된 동굴로 규모가 크고 보존 상태가 양호하여 세계 자연 유산으로 지정되었어.
#㉢ 만장굴 #제주도

geography ...
흰 사슴이 뛰어노는 연못이라는 뜻의 이 호수는 남한에서 가장 높은 산에 위치하고 있어.
#㉣ 백록담 #제주도

① ㉠은 점성이 작은 용암의 분출로 형성된 용암 대지이다.
② ㉡은 기반암의 차별 침식으로 형성되었다.
③ ㉢은 흐르는 용암의 표면과 내부 간 냉각 속도 차이로 형성되었다.
④ ㉣은 화구가 함몰되며 형성된 칼데라에 물이 고여 형성되었다.
⑤ ㉡은 ㉠보다 형성 시기가 이르다.

8. 그래프는 지도에 표시된 네 지역의 기후 값을 나타낸 것이다. (가)~(라) 지역에 대한 설명으로 옳은 것은? [3점]

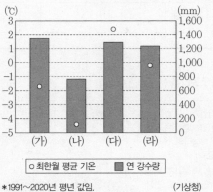

○ 최한월 평균 기온   ■ 연 강수량

*1991~2020년 평년 값임.   (기상청)

① (가)는 (다)보다 연평균 기온이 높다.
② (나)는 (가)보다 여름 강수량이 많다.
③ (다)는 (라)보다 기온의 연교차가 크다.
④ (가)와 (라)는 서해안, (나)와 (다)는 동해안에 위치한다.
⑤ (다)와 (라)의 겨울 강수량 합은 (가)와 (나)의 겨울 강수량 합보다 많다.

9. 다음 자료는 답사 계획서의 일부이다. 답사 일정에 해당하는 지역을 지도의 A~D에서 순서대로 옳게 고른 것은? (단, 하루에 한 지역만 답사하며, 각 일정별 답사 지역은 다른 지역임.)

〈충청 지방 답사 계획서〉

답사 일정	답사 내용
1일 차	석회암을 원료로 하는 대규모 시멘트 공장 방문
2일 차	지식 기반형 산업의 육성을 위해 민간 기업의 주도로 조성된 기업도시 방문
3일 차	지식 첨단 산업을 이끄는 대덕 연구 개발 특구 방문

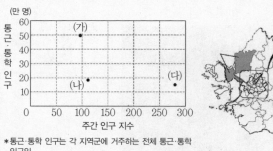

0 25km

	1일 차	2일 차	3일 차		1일 차	2일 차	3일 차
①	A	B	D	②	A	C	D
③	B	A	C	④	B	C	D
⑤	C	B	A				

10. 그래프는 지도에 표시된 세 지역군의 인구 자료이다. (가)~(다) 지역군에 대한 설명으로 옳은 것만을 〈보기〉에서 고른 것은? [3점]

(만 명)
통근·통학 인구

*통근·통학 인구는 각 지역군에 거주하는 전체 통근·통학 인구임.
(2020)   (통계청)

주간 인구 지수

〈보 기〉
ㄱ. 서울로의 통근·통학 인구는 (나)가 (가)보다 많다.
ㄴ. (나)는 (가)보다 전체 가구 대비 농가 비율이 높다.
ㄷ. (나)는 (다)보다 상업지 평균 지가가 높다.
ㄹ. (다)는 (가)보다 생산자 서비스업 사업체 수가 많다.

① ㄱ, ㄴ   ② ㄱ, ㄷ   ③ ㄴ, ㄷ   ④ ㄴ, ㄹ   ⑤ ㄷ, ㄹ

11. 다음은 기상 특보 발령 상황과 관련한 방송 내용의 일부이다. 이에 대한 설명으로 옳은 것만을 〈보기〉에서 있는 대로 고른 것은? (단, (가)~(다)는 각각 대설, 폭염, 황사 중 하나임.)

일 최고 체감 온도 35℃ 이상인 상태가 2일 이상 지속될 것으로 예상되어 (가) 경보가 발령되었습니다. 노약자분들은 가급적 실내에서 지내시고 외출할 때는 양산과 물을 휴대하시기 바랍니다.

오늘 (나) 경보가 발령되었습니다. (나) 경보는 24시간 신적설이 20cm 이상 예상될 때 발령됩니다. 시민 여러분은 자가용 대신 대중교통을 이용하여 출퇴근을 평소보다 조금 일찍 하시고, 농가에서는 비닐하우스, 축사 등의 붕괴에 대비하시기 바랍니다.

중국 내륙 지역에서 발원한 (다) 이/가 유입되어 경보가 발령되었습니다. (다) 경보는 1시간 평균 미세먼지(PM10) 농도 800μg/㎥ 이상이 2시간 이상 지속될 것으로 예상될 때 발령됩니다. 호흡기 질환자들은 외출을 삼가시고 야외 활동 시 마스크를 착용하시기 바랍니다.

〈 보 기 〉
ㄱ. (가) 특보는 장마 이후 북태평양 고기압이 한반도로 확장했을 때 주로 발령된다.
ㄴ. (나)를 대비하기 위한 전통 가옥 시설로 우데기가 있다.
ㄷ. (다)는 주로 편서풍을 타고 우리나라 쪽으로 날아온다.

① ㄱ   ② ㄴ   ③ ㄱ, ㄷ   ④ ㄴ, ㄷ   ⑤ ㄱ, ㄴ, ㄷ

12. 다음은 한국지리 온라인 수업 장면의 일부이다. 답글의 내용이 옳은 학생을 고른 것은? (단, (가)~(다)는 각각 시·원생대, 고생대, 신생대 중 하나이고, A~C는 각각 변성암류, 제3기 퇴적암, 조선 누층군 중 하나임.) [3점]

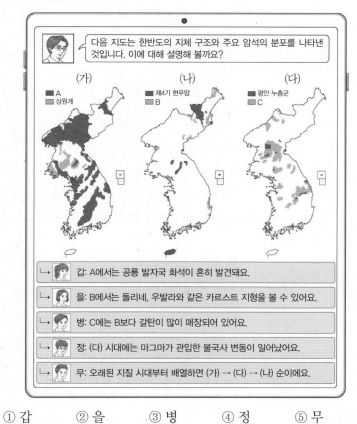

다음 지도는 한반도의 지체 구조와 주요 암석의 분포를 나타낸 것입니다. 이에 대해 설명해 볼까요?

(가) ■A ■상원계
(나) ■제4기 현무암 ■B
(다) ■평안 누층군 ■C

ㄴ 갑: A에서는 공룡 발자국 화석이 흔히 발견돼요.
ㄴ 을: B에서는 돌리네, 우발라와 같은 카르스트 지형을 볼 수 있어요.
ㄴ 병: C에는 B보다 갈탄이 많이 매장되어 있어요.
ㄴ 정: (다) 시대에는 마그마가 관입한 불국사 변동이 일어났어요.
ㄴ 무: 오래된 지질 시대부터 배열하면 (가) → (다) → (나) 순이에요.

① 갑   ② 을   ③ 병   ④ 정   ⑤ 무

13. 다음은 한국지리 수업 장면이다. 옳게 발표한 학생을 고른 것은?

(가)~(마) 지역에 대해 발표해 볼까요?

갑 을 병 정 무

① 갑
(가)에는 슬로 시티로 지정된 마을이 있고, 질 좋은 축세공품을 생산·판매하는 죽물 시장이 있었어요.

② 을
(나)에서는 녹차와 관련한 다향 대축제가 개최돼요.

③ 병
(다)에는 우주 발사체 발사 기지가 있고, 지역 특산물으로 유명한 유자가 생산돼요.

④ 정
(라)에는 람사르 협약에 등록된 습지가 있고, 전통 취락을 볼 수 있는 낙안 읍성이 있어요.

⑤ 무
(마)에는 한반도 최남단 땅끝 마을이 있고, 지역 특산물으로 겨울 배추가 재배돼요.

① 갑   ② 을   ③ 병   ④ 정   ⑤ 무

14. 다음 자료에서 설명하는 지역을 지도의 A~E에서 고른 것은?

이 지역은 섬진강 상류에 위치하며 천혜의 자연환경과 장류 문화의 역사가 살아 숨 쉬는 곳이다. 전통 장류를 소재로 한 장류 축제가 열리며 특히 이 지역의 고추장은 예로부터 기후 조건, 물맛 그리고 제조 기술이 어울려 내는 독특한 맛으로 유명하다.

〈지역 캐릭터〉
고추장의 원료인 고추를 형상화한 어린 고추 도깨비

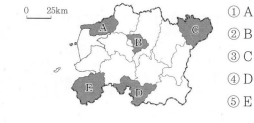
① A
② B
③ C
④ D
⑤ E

15. 그래프는 지도에 표시된 네 지역의 인구 변화를 나타낸 것이다. (가)~(라) 지역에 대한 설명으로 옳은 것만을 〈보기〉에서 고른 것은? [3점]

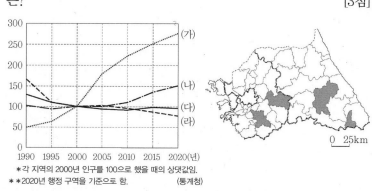
*각 지역의 2000년 인구를 100으로 했을 때의 상댓값임.
**2020년 행정 구역을 기준으로 함. (통계청)

〈 보 기 〉
ㄱ. (다)는 동계 올림픽 개막식이 열렸던 곳이다.
ㄴ. (가)는 (나)보다 주택 유형 중 아파트 비율이 높다.
ㄷ. (가)와 (나)에는 수도권 2기 신도시가 조성되어 있다.
ㄹ. (가)와 (다)는 경기도에, (나)와 (라)는 강원도에 속한다.

① ㄱ, ㄴ   ② ㄱ, ㄷ   ③ ㄴ, ㄷ   ④ ㄴ, ㄹ   ⑤ ㄷ, ㄹ

16. 그래프는 주요 제조업의 시·도별 출하액을 나타낸 것이다. 이에 대한 설명으로 옳은 것은? (단, (가), (나)는 각각 자동차 및 트레일러, 전자부품·컴퓨터·영상·음향 및 통신 장비 제조업 중 하나임.) [3점]

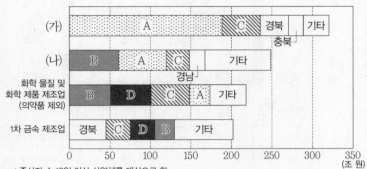

* 종사자 수 10인 이상 사업체를 대상으로 함.
** 제조업 출하액 기준 상위 4개 지역만 표현하며, 나머지 지역은 기타로 함.
(2022) 　　　　　　　　　　　　　　　　　　　 (통계청)

① 사업체 수 기준으로 (가)는 (나)보다 수도권 집중도가 높다.
② (가)는 (나)보다 최종 제품의 평균 중량이 무겁고 부피가 크다.
③ A는 B보다 제조업 종사자 1인당 출하액이 많다.
④ 대규모 국가 산업 단지 조성을 시작한 시기는 C가 B보다 이르다.
⑤ C와 D는 호남 지방에 속한다.

17. 그래프는 세 작물의 시·도별 생산량 비율을 나타낸 것이다. (가)~(다)에 대한 설명으로 옳은 것은? (단, (가)~(다)는 각각 과실, 쌀, 채소 중 하나임.) [3점]

* 생산량 기준 상위 4개 지역만 표현하며, 나머지 지역은 기타로 함.
(2022) 　　　　　　　　　　　　　　　　　　 (농림축산식품부)

① (다)의 재배 면적은 제주가 가장 넓다.
② (가)는 논, (나)는 밭에서 주로 재배된다.
③ 전남은 (가)보다 (나)의 재배 면적이 넓다.
④ 강원은 (가)보다 (다)의 생산량이 많다.
⑤ (가)~(다) 중 시설 재배 면적 비율이 가장 높은 것은 (다)이다.

18. 다음 글은 (가)~(라) 지역에 대한 설명이다. (가)~(라)에 해당하는 지역을 지도의 A~D에서 고른 것은?

- (가)와 (라)의 지명 첫 글자는 '경상도'라는 명칭의 유래가 되었다.
- (나)와 (라)에는 원자력 발전소가 입지해 있다.
- (다)와 (라)에는 유네스코 세계 유산에 등재된 역사 마을이 있다.

　　　(가) (나) (다) (라)　　　　 (가) (나) (다) (라)
① 　A 　B 　C 　D 　　② 　A 　C 　B 　D
③ 　C 　A 　B 　D 　　④ 　D 　B 　C 　A
⑤ 　D 　C 　B 　A

19. 다음은 신·재생 에너지와 관련한 신문 기사 내용의 일부이다. (가), (나)의 특징을 그림과 같이 표현할 때, A~D에 해당하는 질문을 〈보기〉에서 고른 것은? (단, (가), (나)는 각각 태양광, 풍력 중 하나임.) [3점]

△△ 신문 (○년 ○월 ○일)
바닷바람을 이용한 제주의 해상 (가) 단지가 성공적인 지역 상생 모델로 자리 잡고 있다. 발전 용량을 2배로 증대시키는 사업이 추진되고 있으며, 전기차 폐배터리로 조명을 설치하여 야간 관광 명소로 도약하고 있다.

○○ 신문 (○년 ○월 ○일)
에너지 자립 실현을 위해 주택 옥상, 지붕에 소규모 (나) 설비를 설치하여 가정에서 전기를 자체로 생산하는 데 드는 설비 비용을 서울시는 적극적으로 지원하겠다고 밝혔다.

〈보기〉
ㄱ: 강원권보다 호남권의 발전량이 많습니까?
ㄴ: 총발전량에서 차지하는 비율이 원자력보다 높습니까?
ㄷ: 발전소 가동 시 기상 조건의 영향을 받습니까?
ㄹ: 총발전량은 겨울철이 여름철보다 많습니까?

(가) →[A][B][C][D]→ (나)
　　　→ 예 ----→ 아니요

　A B C D　　　　　　　 A B C D
① ㄱ ㄴ ㄷ ㄹ　　　　 ② ㄱ ㄷ ㄹ ㄴ
③ ㄴ ㄹ ㄷ ㄱ　　　　 ④ ㄷ ㄴ ㄱ ㄹ
⑤ ㄷ ㄹ ㄱ ㄴ

20. 다음 글은 우리나라의 국토 종합 (개발) 계획에 대한 것이다. ㉠~㉢에 대한 설명으로 옳은 것은?

정부는 장기적인 국토 개발 정책 방향과 전략을 제시하기 위해 1972년부터 국토 종합 (개발) 계획을 시행하고 있다. 이 계획은 대규모 공업 기반 구축을 강조한 ㉠ 1970년대의 거점 개발, 국토의 다핵 구조 형성과 지역 생활권 조성에 중점을 둔 ㉡ 1980년대의 광역 개발, 수도권 집중 억제에 중점을 둔 ㉢ 1990년대의 균형 개발, 자연 친화적이고 안전한 국토 공간 조성을 강조한 ㉣ 2000년대 이후의 균형 발전으로 추진되어 왔다. 국토 종합 (개발) 계획은 국토의 체계적이고 균형적인 발전을 위해 중요한 역할을 하고 있다.

① ㉠은 주민 참여가 강조되는 상향식 개발로 추진되었다.
② ㉡ 시기에 도농 통합시가 출범하였다.
③ ㉢ 시기에 경부고속국도가 개통되었다.
④ ㉣ 시기에 행정 중심 복합 도시인 세종특별자치시가 출범하였다.
⑤ ㉠ 시기에서 ㉣ 시기 동안에 전국에서 수도권이 차지하는 인구 비율이 낮아졌다.

* 확인 사항
○ 답안지의 해당란에 필요한 내용을 정확히 기입(표기)했는지 확인하시오.

1. 다음 자료는 전주 일대를 나타낸 고지도와 지리지의 일부이다. (가), (나)에 대한 설명으로 옳은 것만을 <보기>에서 고른 것은?

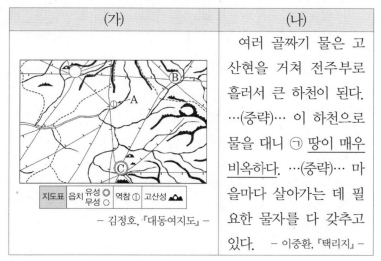

(가)	(나)
[고지도] 지도표: 읍치 유성○ 무성○, 역참①, 고산성▲ — 김정호, 『대동여지도』 —	여러 골짜기 물은 고산현을 거쳐 전주부로 흘러서 큰 하천이 된다. …(중략)… 이 하천으로 물을 대니 ⊙ 땅이 매우 비옥하다. …(중략)… 마을마다 살아가는 데 필요한 물자를 다 갖추고 있다. — 이중환, 『택리지』 —

<보 기>
ㄱ. (가)와 (나)는 모두 조선 전기에 제작되었다.
ㄴ. A는 교통·통신 등의 기능을 담당하던 시설을 표현한 것이다.
ㄷ. B에서 C까지의 거리는 40리 이상이다.
ㄹ. ⊙은 가거지(可居地) 조건 중 인심(人心)에 해당한다.

① ㄱ, ㄴ ② ㄱ, ㄷ ③ ㄴ, ㄷ ④ ㄴ, ㄹ ⑤ ㄷ, ㄹ

2. 다음은 지형 단원 수업 장면의 일부이다. 교사의 질문에 모두 옳게 답한 학생을 고른 것은?

A~C에 대한 질문에 답해 볼까요?

지리산 국립 공원 / 설악산 국립 공원 / 고성 공룡 발자국 화석지

질문	학생				
	갑	을	병	정	무
C에서는 중생대 퇴적암이 관찰되나요?	예	예	예	예	아니요
A는 B보다 식생 밀도가 높나요?	예	예	아니요	아니요	아니요
A는 C보다 기반암의 형성 시기가 이른가요?	예	아니요	예	아니요	아니요

① 갑 ② 을 ③ 병 ④ 정 ⑤ 무

3. 다음 자료는 온라인 게시판의 일부이다. (가), (나)에서 주로 나타나는 지형을 A~D에서 고른 것은? (단, A~D는 각각 사빈, 석호, 파식대, 해식동 중 하나임.)

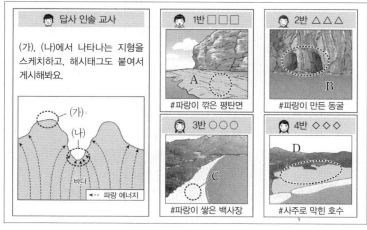

답사 인솔 교사: (가), (나)에서 나타나는 지형을 스케치하고, 해시태그도 붙여서 게시해보세요.

1반 □□□: A #파랑이 깎은 평탄면
2반 △△△: B #파랑이 만든 동굴
3반 ○○○: C #파랑이 쌓은 백사장
4반 ◇◇◇: D #사주로 막힌 호수

(가)	(나)		(가)	(나)
① A, B	C, D		② A, C	B, D
③ A, D	B, C		④ B, C	A, D
⑤ C, D	A, B			

4. 지도는 세 가지 신·재생 에너지의 생산량 상위 4개 시·도를 나타낸 것이다. (가)~(다)에 대한 설명으로 옳은 것은? (단, (가)~(다)는 각각 수력, 태양광, 풍력 중 하나임.) [3점]

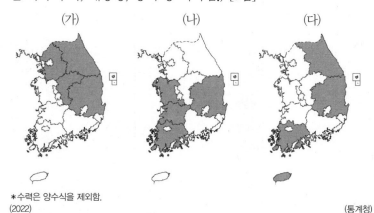

(가) (나) (다)

*수력은 양수식을 제외함.
(2022)   (통계청)

① (가)는 바람이 지속적으로 많이 부는 지역이 전력 생산에 유리하다.
② (나)는 유량이 풍부하고 낙차가 큰 지역이 전력 생산에 유리하다.
③ (다)는 일조 시간이 긴 지역에서 개발 잠재력이 높다.
④ (나)는 (가)보다 우리나라에서 전력 생산에 이용된 시기가 이르다.
⑤ (나)는 (다)보다 국내 총발전량이 많다.

5. 다음 글은 주요 작물의 특성에 대한 것이다. (가)~(다)에 대한 설명으로 옳은 것은? (단, (가)~(다)는 각각 맥류, 쌀, 채소 중 하나임.)

> ［(가)］은/는 우리나라에서 가장 많이 생산되는 곡물로 중·남부 지방의 평야 지역에서 주로 재배되고 있다. 식생활 변화와 농산물 시장 개방 등으로 ［(가)］의 1인당 소비량과 재배 면적이 감소하였다. ［(나)］은/는 주로 ［(가)］의 그루갈이 작물로 남부 지방에서 재배되고 있다. 과거 ［(가)］와/과 함께 대표적 주곡 작물로 인식되었으나, 1980년에 비해 ［(나)］의 재배 면적과 생산량이 많이 감소하였다. ［(다)］은/는 식생활 변화에 따른 소비 증가로 생산량이 증가하였고, 대도시 주변과 원교 농촌 지역에서도 상업적으로 재배되고 있다. 고위 평탄면과 같이 유리한 기후 조건을 가진 지역에서도 재배된다.

① (나)의 생산량은 영남권이 호남권보다 많다.
② (가)는 (다)보다 재배 면적이 넓다.
③ (나)는 (가)보다 식량 작물 중 자급률이 높다.
④ (나)는 (다)보다 생산량이 많다.
⑤ 제주에서는 (가) 재배 면적이 (다) 재배 면적보다 넓다.

6. 지도는 두 지표의 경상남도 상위 및 하위 5개 시·군을 나타낸 것이다. (가), (나)에 해당하는 지표로 옳은 것은? [3점]

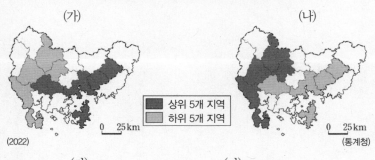

(가)　　　　　　(나)

| 상위 5개 지역 |
| 하위 5개 지역 |

0　25km
(2022)　　　　　　0　25km　(통계청)

	(가)	(나)
①	주택 유형 중 아파트 비율	중위 연령
②	주택 유형 중 아파트 비율	성비
③	전체 가구 중 농가 비율	주택 유형 중 아파트 비율
④	전체 가구 중 농가 비율	중위 연령
⑤	전체 가구 중 농가 비율	성비

7. 다음 자료는 북한의 자연환경을 탐구한 보고서의 일부이다. (가), (나) 지역을 지도의 A~C에서 고른 것은?

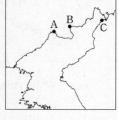

〈북한의 자연환경〉

지형	탐구 주제	산지의 형성
	사례 지역	한반도에서 가장 높은 산이 있는 ［(가)］ 지역
기후	탐구 주제	기후가 주민 생활에 미친 영향
	사례 지역	한반도에서 기온의 연교차가 가장 큰 ［(나)］ 지역

	(가)	(나)		(가)	(나)
①	A	B	②	A	C
③	B	A	④	B	C
⑤	C	A			

8. 다음 글의 ㉠~㉢에 대한 설명으로 옳은 것은? [3점]

> 〈2023년 올해의 섬 '가거도'〉
> 우리나라 영해의 기점은 총 ㉠ 23개로 ㉡ 영해의 폭을 측정하는 시작점이다. 해양 수산부는 2023년부터 ㉢ 영해 기점이 있는 섬의 영토적 가치를 알리기 위해 '올해의 섬'을 발표하는데, ㉣ '가거도'가 최초로 선정되었다. 전남 신안군에 속한 가거도의 북위 34° 02′ 49″, 동경 125° 07′ 22″ 지점에는 영해 기점이 표시된 첨성대 조형물이 있다. 가거도 서쪽 약 47km 해상에 있는 가거초에는 ㉤ 이어도에 이어 두 번째로 해양 과학 기지가 건설되어 해양 자원 확보와 기상 관련 정보 수집을 하고 있다.

① ㉠을 연결하는 직선은 통상 기선에 해당한다.
② 대한 해협에서 ㉡은 12해리이다.
③ ㉢을 연결한 기선으로부터 육지 쪽에 있는 수역은 내수(內水)로 한다.
④ ㉣은 우리나라 영토의 최남단(극남)에 해당한다.
⑤ ㉤은 ㉢ 중 하나이다.

9. 다음 자료에서 설명하는 지역을 지도의 A~E에서 고른 것은?

> 이 지역은 주로 해발고도 700 m 내외의 산지에 위치해 있다. 영동 고속 국도 개통 이후 고랭지 농업이 발달하였고, 최근 고속 철도가 개통되면서 접근성이 더욱 향상되었다. 지형과 기후의 특징을 살려 겨울 스포츠와 관련된 관광 산업이 발달해 있다. 또한 2018년 동계 올림픽 개최지로도 유명하다.

〈마스코트 '눈동이'〉

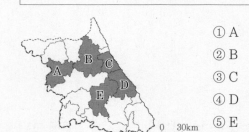

① A
② B
③ C
④ D
⑤ E

10. 지도는 네 구(區)의 주간 인구 지수를 나타낸 것이다. A~D에 대한 설명으로 옳은 것은? [3점]

〈서울〉　　　　　　〈부산〉

A(321)　B(86)　C(93)　D(169)

0　5km　　　　0　5km

＊괄호 안의 숫자는 각 구(區)의 주간 인구 지수임.
(2020)　　　　　　(통계청)

① A는 B보다 상주인구가 많다.
② B는 A보다 통근·통학 유입 인구가 많다.
③ C는 D보다 제조업 사업체 수가 많다.
④ D는 A보다 금융 및 보험업 사업체 수가 많다.
⑤ D는 C보다 초등학교 학생 수가 많다.

11. 그래프는 지도에 표시된 네 지역의 A, B 시기 평균 기온 차이를 나타낸 것이다. (가)~(라)에 대한 설명으로 옳은 것만을 〈보기〉에서 고른 것은? (단, A, B는 각각 1월, 8월 중 하나임.) [3점]

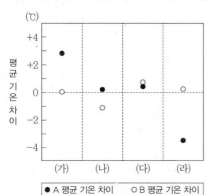

＊평균 기온 차이 = 해당 지역의 평균 기온-네 지역 평균 기온의 평균
＊＊1991~2020년의 평년값임.   (기상청)

〈 보 기 〉
ㄱ. (가)와 (다)는 동해안에 위치한다.
ㄴ. (가)와 (다) 간의 1월 평균 기온 차이는 (나)와 (라) 간의 1월 평균 기온 차이보다 크다.
ㄷ. (다)는 (라)보다 연 강수량이 많다.
ㄹ. (라)는 (가)보다 기온의 연교차가 크다.

① ㄱ, ㄴ   ② ㄱ, ㄷ   ③ ㄴ, ㄷ   ④ ㄴ, ㄹ   ⑤ ㄷ, ㄹ

12. 다음은 우리나라 여름 기후 현상에 대한 강의 장면이다. (가)~(라)에 해당하는 지역으로 옳은 것은?

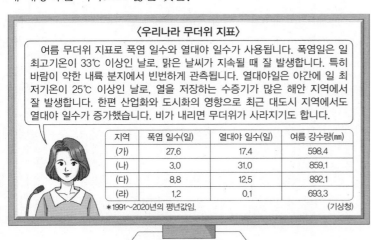

〈우리나라 무더위 지표〉
여름 무더위 지표로 폭염 일수와 열대야 일수가 사용됩니다. 폭염일은 일 최고기온이 33℃ 이상인 날로, 맑은 날씨가 지속될 때 잘 발생합니다. 특히 바람이 약한 내륙 분지에서 빈번하게 관측됩니다. 열대야일은 야간에 일 최저기온이 25℃ 이상인 날로, 열을 저장하는 수증기가 많은 해안 지역에서 잘 발생합니다. 한편 산업화와 도시화의 영향으로 최근 대도시 지역에서도 열대야 일수가 증가했습니다. 비가 내리면 무더위가 사라지기도 합니다.

지역	폭염 일수(일)	열대야 일수(일)	여름 강수량(mm)
(가)	27.6	17.4	598.4
(나)	3.0	31.0	859.1
(다)	8.8	12.5	892.1
(라)	1.2	0.1	693.3

＊1991~2020년의 평년값임.

	(가)	(나)	(다)	(라)
①	대구	서울	서귀포	태백
②	대구	서귀포	서울	태백
③	대구	태백	서귀포	서울
④	서귀포	서울	대구	태백
⑤	서귀포	태백	대구	서울

13. 다음 자료는 지도에 표시된 세 지역의 유형별 외국인 주민 비율을 나타낸 것이다. (가)~(다)에 대한 설명으로 옳지 않은 것은? [3점]

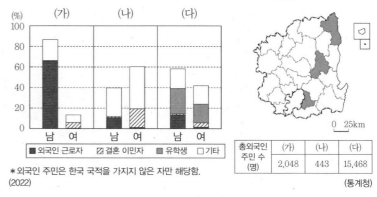

＊외국인 주민은 한국 국적을 가지지 않은 자만 해당함.
(2022)

총외국인 주민 수 (명)	(가)	(나)	(다)
	2,048	443	15,468

(통계청)

① 울진은 청송보다 총외국인 주민 수가 많다.
② 울진은 청송보다 외국인 근로자의 수가 많다.
③ 경산은 유학생의 수가 외국인 근로자의 수보다 많다.
④ 세 지역 중 외국인 근로자의 성비는 경산이 가장 높다.
⑤ 청송은 울진보다 지역 내 외국인 주민 중 결혼 이민자의 비율이 높다.

14. 다음 글은 충청북도에 대한 것이다. A~C 지역에 대한 설명으로 옳은 것은?

'충청'이라는 지명은 A 의 앞 글자인 '충(忠)'과 B 의 앞 글자인 '청(淸)'에서 유래하였다. A 와/과 B 은/는 모두 오늘날까지 충청북도의 핵심 도시 역할을 수행하고 있다. 또한 국가의 균형 발전을 위해 기업 도시와 혁신 도시가 충청북도에 조성되었다. 기업 도시는 A 에 입지하고, 혁신 도시는 C 와/과 음성의 경계에 걸쳐 위치해 있다.

① A는 충청북도의 도청 소재지이다.
② B에는 오송 생명 과학 단지가 위치한다.
③ C는 서울과 지하철로 연결되어 있다.
④ C는 A보다 인구가 많다.
⑤ A와 B에는 모두 국제공항이 입지해 있다.

15. 다음 자료는 세 지역의 풍향을 나타낸 것이다. (가) 시기에 대한 (나) 시기의 상대적 특성으로 옳은 것만을 〈보기〉에서 고른 것은? (단, (가), (나)는 각각 1월, 7월 중 하나임.) [3점]

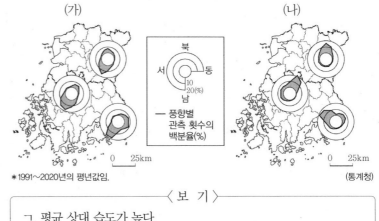

＊1991~2020년의 평년값임.

(통계청)

〈 보 기 〉
ㄱ. 평균 상대 습도가 높다.
ㄴ. 북풍 계열의 바람이 탁월하다.
ㄷ. 열대 저기압의 통과 횟수가 많다.
ㄹ. 시베리아 기단의 영향을 많이 받는다.

① ㄱ, ㄴ   ② ㄱ, ㄷ   ③ ㄴ, ㄷ   ④ ㄴ, ㄹ   ⑤ ㄷ, ㄹ

16. 다음 자료는 지도에 표시된 호남권 세 지역의 인구 특성에 대한 설명이다. (가)~(다)에 대한 설명으로 옳은 것은?

- ○ [(가)] 은/는 호남권에서 2023년 기준 총인구가 가장 많다.
- ○ [(나)] 은/는 호남권에서 2000년 대비 2023년 인구 증가율이 가장 높다.
- ○ [(다)] 은/는 호남권에서 2023년 기준 노년층 인구 비율이 가장 높다.

0 25km

① (가)는 (다)보다 청·장년층 성비가 높다.
② (나)는 (가)보다 출생아 수가 많다.
③ (나)는 (다)보다 노령화 지수가 높다.
④ (다)는 (나)보다 총인구 부양비가 높다.
⑤ (가)~(다) 중 인구 밀도는 (다)가 가장 높다.

17. 그래프는 권역별 도시 인구 순위를 나타낸 것이다. (가)~(다)에 대한 설명으로 옳은 것은? (단, (가)~(다)는 각각 강원권, 수도권, 영남권 중 하나임.)

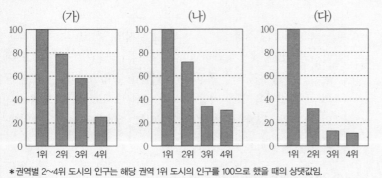

*권역별 2~4위 도시의 인구는 해당 권역 1위 도시의 인구를 100으로 했을 때의 상댓값임.
(2023)   (통계청)

① (가)의 1위 도시는 광역시이다.
② (가)는 (나)보다 총인구가 많다.
③ (가)는 (다)보다 1위 도시와 2위 도시 간의 인구 차가 크다.
④ (다)의 2위 도시 인구는 (나)의 2위 도시 인구보다 많다.
⑤ (나)와 (다)의 행정구역 경계는 맞닿아 있다.

18. 그래프는 네 지역의 산업별 취업자 수 비율을 나타낸 것이다. (가)~(라)에 대한 설명으로 옳은 것은? (단, (가)~(라)는 각각 강원, 대전, 울산, 충북 중 하나임.) [3점]

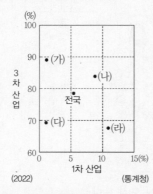

(2022)   (통계청)

① (가)는 (나)보다 숙박 및 음식점업의 종사자 수가 많다.
② (가)는 (다)보다 전문·과학 및 기술 서비스업의 매출액이 많다.
③ (나)는 (다)보다 1인당 지역 내 총생산(GRDP)이 많다.
④ (라)는 (다)보다 지역 내 2차 산업 취업자 수 비율이 높다.
⑤ (가)와 (나)는 모두 충청권에 포함된다.

19. (가), (나) 지역에 대한 설명으로 옳은 것은? [3점]

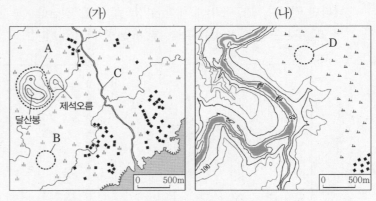

① (가)의 A는 화구의 함몰로 형성된 칼데라이다.
② (가)의 B에는 석회암이 풍화된 붉은색의 토양이 널리 분포한다.
③ (가)의 C는 자유 곡류 하천이다.
④ (나)의 D는 현무암질 용암이 지각의 갈라진 틈을 따라 분출하여 형성된 용암 대지의 일부이다.
⑤ (나)의 한탄강은 비가 내릴 때만 일시적으로 물이 흐르는 하천이다.

20. (가)~(라)에 대한 설명으로 옳은 것은? (단, (가)~(라)는 각각 구미, 당진, 여수, 화성 중 하나임.) [3점]

〈제조업 종사자 수 변화〉

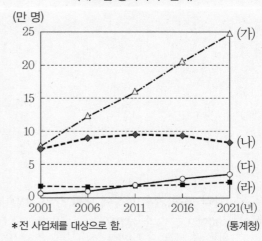

*전 사업체를 대상으로 함.   (통계청)

① 2021년 제조업 종사자 수는 구미가 화성보다 많다.
② (가)는 (다)보다 지역 내 제조업 종사자 수에서 1차 금속 제조업이 차지하는 비율이 높다.
③ (나)는 (가)보다 전국 자동차 및 트레일러 제조업 출하액에서 차지하는 비율이 높다.
④ (나)는 (라)보다 전자 부품·컴퓨터·영상·음향 및 통신 장비 제조업 사업체 수가 많다.
⑤ (가)~(라) 중 2001년에 비해 2021년 제조업 종사자 수가 가장 많이 증가한 지역은 영남권에 위치한다.

* 확인 사항
○ 답안지의 해당란에 필요한 내용을 정확히 기입(표기)했는지 확인하시오.

2025학년도 대학수학능력시험 문제지

사회탐구 영역 [한국지리]

3회

성명 [　　　　]　　수험 번호 [　　　　　] - [　　　]

---

1. 다음 자료의 (가)~(다) 섬에 대한 교사의 질문에 모두 옳게 답한 학생을 고른 것은?

구분	(가)	(나)	(다)
위성 영상			
기준점(△) 위·경도	39° 48' 10" N 124° 10' 47" E	37° 14' 22" N 131° 52' 08" E	33° 07' 03" N 126° 16' 10" E
면적	약 64.368km²	약 0.187km²	약 0.298km²

교사의 질문	갑	을	병	정	무
(나)의 기선으로부터 바깥쪽 12해리 이내에 종합 해양 과학 기지가 건설되어 있습니까?	아니요	예	아니요	아니요	예
(가)는 (나)보다 우리나라 표준 경선과의 최단 거리가 멉니까?	예	예	예	예	아니요
(나)와 (다)는 영해 설정에 직선 기선이 적용됩니까?	아니요	아니요	예	아니요	아니요
(가)~(다)는 모두 우리나라 영토의 4극 중 하나에 해당합니까?	예	예	예	아니요	예

① 갑　② 을　③ 병　④ 정　⑤ 무

---

2. 다음 자료는 지형에 관한 다큐멘터리 촬영을 위한 방송 대본이다. ㉠~㉣에 대한 설명으로 옳은 것은?

\# 송지호
과거 바다였던 이곳이 지금의 ㉠ 호수로 변모한 과정을 애니메이션으로 보여 준다.

\# 호미곶
㉡ 해안과 평행하게 발달한 계단 모양의 지형을 따라 걸으며 전문가와 함께 퇴적층을 관찰한다.

\# 월등도
㉢ 섬과 섬을 연결하는 좁고 긴 지형을 촬영하고 이 지형이 형성된 과정을 내레이션과 함께 보여 준다.

\# 신두리
㉣ 바람에 의해 형성된 모래 언덕을 걸으며 이곳에 서식하는 다양한 동·식물의 모습을 촬영한다.

① ㉠의 물은 주변 농경지의 농업용수로 주로 이용된다.
② ㉡은 파랑 에너지가 집중되는 곳에 주로 발달한다.
③ ㉣은 지하수를 저장하는 기능이 있다.
④ ㉠은 ㉡보다 형성 시기가 이르다.
⑤ ㉠과 ㉣은 자연 상태에서 시간이 지남에 따라 규모가 확대된다.

---

3. 다음 〈조건〉만을 고려하여 대형 마트를 새로 건설하고자 할 때, 가장 적합한 후보지를 고른 것은?

〈조건 1〉: [(면적당 도로 연장 > 0.7km/km²) AND (인구 밀도 > 150명/km²)]
〈조건 2〉: 〈조건 1〉을 만족하는 지역 중 [(전통 시장 수 < 3개) OR (1인당 지역 내 총생산 > 7천만 원)]인 곳을 선택함.

* X AND Y: X 조건과 Y 조건을 모두 만족하는 것을 의미함.
* * X OR Y: X 조건과 Y 조건 중 하나만 만족해도 되는 것을 의미함.

구분	면적당 도로 연장(km/km²)	인구 밀도 (명/km²)	전통 시장 수 (개)	1인당 지역 내 총생산(천만 원)
A	0.6	236.8	1	7.7
B	1.2	238.0	4	11.1
C	0.8	222.4	5	3.9
D	1.0	167.7	6	3.8
E	0.7	119.4	2	3.9

(2021)

(충청남도)
0　25km

① A　② B　③ C　④ D　⑤ E

---

4. 다음은 지도에 표시된 세 지역에 대한 인구 관련 언론 보도 내용이다. (가)~(다) 지역에 대한 설명으로 옳은 것은? [3점]

(가) 은/는 인구가 약 3만 1천여 명으로 줄었는데도 심각한 주차난을 겪고 있습니다. 군부대가 많은 지역적 특성상 군인들을 포함해 사실상 이 지역에서 생활하는 인구는 약 7만여 명에 가깝기 때문입니다.

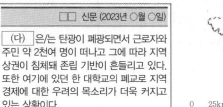
□□ 신문 (2023년 ○월 ○일)
지방의 인구 감소에도 불구하고 (나) 은/는 인구가 꾸준히 늘고 있어 그 배경에 관심이 쏠린다. 공공 기관 입주, 신도시 조성 등으로 최근 10년간 내국인 인구는 약 3만 6천여 명이 증가했다.

□□ 신문 (2023년 ○월 ○일)
(다) 은/는 탄광이 폐광되면서 근로자와 주민 약 2천여 명이 떠나고 그에 따라 지역 상권이 침체돼 존립 기반이 흔들리고 있다. 또한 여기에 있던 한 대학교의 폐교로 지역 경제에 대한 우려의 목소리가 더욱 커지고 있는 상황이다.

0　25km

① (가)는 (나)보다 인구가 많다.
② (가)는 (나)보다 외국인 주민 중 결혼 이민자 수가 많다.
③ (나)는 (다)보다 중위 연령이 높다.
④ (다)는 (가)보다 성비가 높다.
⑤ (다)는 (나)보다 총부양비가 높다.

---

5. 다음 자료에서 설명하는 지역을 지도의 A~E에서 고른 것은? [3점]

이 지역은 1995년 삼천포시와 사천군이 통합된 곳이다. 항공·우주 산업이 발달한 곳으로 항공 부품과 전자 정밀 기계 업체가 입지한 산업 단지가 조성되어 있다. 이 지역에서는 비행기를 생산하는 한국항공우주산업(KAI)과 최근에 개청한 우주항공청이 연구·개발 업무를 주도하고 있다.

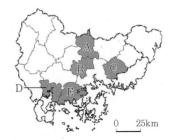
0　25km

① A
② B
③ C
④ D
⑤ E

6. 다음 자료에 대한 설명으로 옳은 것은?

〈한반도 주요 지질 계통과 지각 변동〉

지질 시대	고생대		중생대			신생대	
	캄브리아기 … 석탄기-페름기		트라이아스기	쥐라기	백악기	제3기	제4기
지질 계통	(가)	(결층)	평안 누층군	대동 누층군	경상 누층군	제3계	제4계
주요 지각 변동	조륙 운동 ↑		(나) ↑	(다) ↑	(라) ↑	(마) ↑	화산 활동

중생대 동안 발생하였던 세 번의 주요 지각 변동 중 초기에 발생한 [　(나)　]은/는 주로 한반도 북부 지방에 영향을 미쳤으며, 중기에는 [　(다)　] 이/가 발생해 중·남부 지방을 중심으로 영향을 주었다. 중생대 말기에는 [　(라)　] 이/가 주로 경상 분지 일대에서 일어났다.

① (가)에서는 공룡 발자국 화석이 흔히 발견된다.
② (나)가 발생한 시기에 길주·명천 지괴가 형성되었다.
③ (다)로 인해 중국 방향(북동—남서)의 지질 구조선이 형성되었다.
④ (라)로 인해 지리산을 이루는 주된 기반암이 형성되었다.
⑤ 한반도에 분포하는 대부분의 화강암은 (마)에 의해 형성되었다.

7. 다음은 지도에 표시된 세 지역의 하천 지형을 나타낸 위성 영상이다. 이에 대한 설명으로 옳은 것은? (단, A~C는 각각 배후 습지, 선상지, 하안 단구 중 하나임.) [3점]

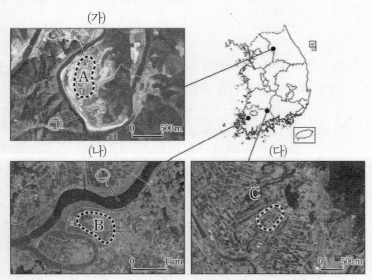

(가)
(나)　　(다)

① A는 기반암의 용식 작용으로 평탄화된 지형이다.
② B는 후빙기 이후 하천의 퇴적 작용이 활발해져 형성되었다.
③ B는 A보다 퇴적물의 평균 입자 크기가 크다.
④ B와 C에는 지하수가 솟아나는 용천대가 발달해 있다.
⑤ (가)의 ㉠ 하천 범람원은 (나)의 ㉡ 하천 범람원보다 면적이 넓다.

8. 지도에 표시된 고속 국도가 지나가는 A~E 지역을 여행할 때, 각 지역에서 체험할 수 있는 활동으로 옳은 것은?

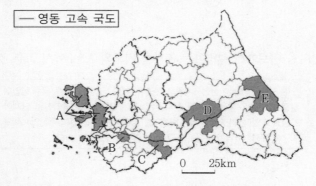

영동 고속 국도

① A: 관광특구로 지정된 차이나타운에서 짜장면 먹기
② B: 동계 올림픽이 개최된 경기장에서 스케이트 타기
③ C: 세계 문화유산으로 등재된 화성에서 성곽 길 걷기
④ D: 폐광을 활용한 석탄 박물관에서 갱도 견학하기
⑤ E: 도자 박물관에서 도자기 만들기 체험하기

9. 그래프는 지도에 표시된 네 지역군의 제조업 업종별 출하액 비율을 나타낸 것이다. 이에 대한 설명으로 옳은 것은? (단, A~D는 각각 기타 운송 장비, 비금속 광물 제품, 자동차 및 트레일러, 전자 부품·컴퓨터·영상·음향 및 통신 장비 제조업 중 하나임.)

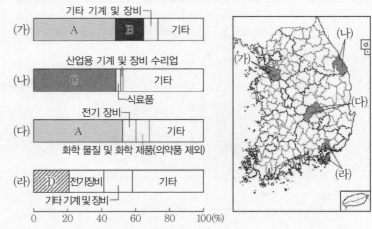

* 종사자 수 10인 이상 사업체를 대상으로 함.
** 각 지역군별 출하액 기준 상위 3개 제조업만 표현함.
(2022)　　　　　　　　　　　　　　　　　　(통계청)

① D는 전국에서 영남권보다 수도권이 차지하는 출하액 비율이 높다.
② A는 B에서 생산된 최종 제품을 주요 재료로 이용한다.
③ C는 B보다 총매출액 대비 연구 개발비 비율이 높다.
④ D는 A보다 전국 종사자 수가 많다.
⑤ A~D 중 호남권 내에서 출하액이 가장 많은 것은 B이다.

10. 다음은 ○월 ○일의 날씨와 관련한 방송 내용의 일부이다. 밑줄 친 기상 현상과 관련하여 그래프의 (가)~(다)에 해당하는 지역을 지도의 A~C에서 고른 것은? [3점]

오늘은 오호츠크해 기단이 세력을 확장하며 북동풍이 불어 아침 시간에 비해 낮 동안 지역 간 기온 차이가 컸습니다. 산간 지역은 가끔 비가 내렸으며 일부 지역은 때 이른 고온 현상이 나타나기도 하였습니다. 이러한 날씨는 당분간 계속될 것으로 예상됩니다.

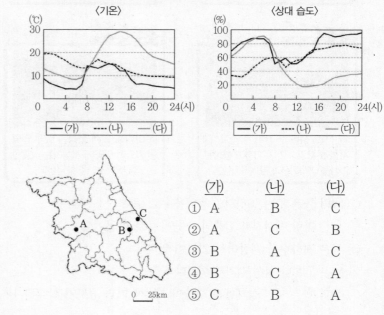

	(가)	(나)	(다)
①	A	B	C
②	A	C	B
③	B	A	C
④	B	C	A
⑤	C	B	A

사회탐구 영역

11. 그래프는 지도에 표시된 네 지역군의 통근·통학 유입 및 유출 인구를 나타낸 것이다. (가)~(라) 지역군에 대한 설명으로 옳은 것만을 〈보기〉에서 고른 것은?

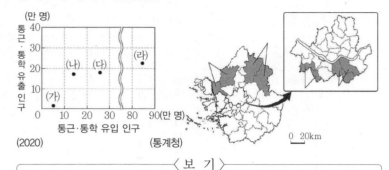

〈 보 기 〉

ㄱ. (가)는 (나)보다 서울로의 통근·통학자 수가 많다.
ㄴ. (다)는 (나)보다 주간 인구 지수가 높다.
ㄷ. (다)는 (라)보다 생산자 서비스업 종사자 비율이 높다.
ㄹ. (라)는 (가)보다 주택 유형 중 아파트 비율이 높다.

① ㄱ, ㄴ   ② ㄱ, ㄷ   ③ ㄴ, ㄷ   ④ ㄴ, ㄹ   ⑤ ㄷ, ㄹ

12. 지도의 A~E에 대한 설명으로 옳은 것은? [3점]

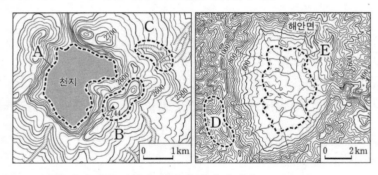

① C는 둘 이상의 돌리네가 연결된 우발라이다.
② A와 E는 화구의 함몰로 형성된 칼데라이다.
③ D의 기반암은 B의 기반암보다 먼저 형성되었다.
④ D의 기반암은 E의 기반암보다 차별적 풍화·침식에 약하다.
⑤ 한반도에서 E의 기반암은 B의 기반암보다 분포 면적이 좁다.

13. 그래프는 지도에 표시된 네 지역과 대전 간의 기후 값 차이를 나타낸 것이다. 이에 대한 설명으로 옳은 것은? (단, (가), (나) 시기는 각각 1월과 8월 중 하나임.)

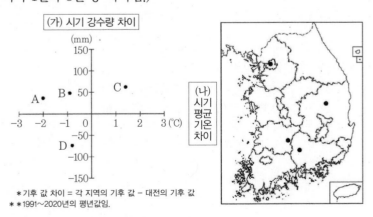

* 기후 값 차이 = 각 지역의 기후 값 − 대전의 기후 값
** 1991~2020년의 평년값임.

① C는 대전보다 기온의 연교차가 크다.
② A는 B보다 (가) 시기의 평균 기온이 높다.
③ C는 A보다 겨울 강수량이 많다.
④ A와 D의 위도 차이는 B와 C의 위도 차이보다 더 크다.
⑤ A~D 중 평균 열대야 일수가 가장 많은 곳은 B이다.

14. 다음 자료의 (가)에 들어갈 활동 내용으로 가장 적절한 것은? (단, 각 고등학교는 3일 동안 매일 한 지역씩 서로 다른 세 지역을 방문함.) [3점]

일정	방문 지역에 대한 활동 내용	호남의 ○○고 영남 방문 지역	영남의 □□고 호남 방문 지역
1일 차	원자력 발전소를 견학하여 입지 요인을 파악하고 주변 지역 토지 이용의 변화 조사하기		
2일 차	도청이 있는 지역을 탐방하고 인구 유입 현황에 대해 조사하기		
3일 차	(가)		

① 기업도시를 답사하여 지역 주민의 이주 요인 설문하기
② 녹차 재배지를 방문하여 찻잎을 따서 녹차 만들어 보기
③ 대규모 자동차 조립 공장을 견학하여 생산 과정 파악하기
④ 염해 방지를 위해 건설된 하굿둑을 방문하여 갑문 기능 알아보기
⑤ 석유 화학 공장을 견학하여 지역 경제에 미치는 영향 조사하기

15. 다음 자료는 두 시기의 국토 종합 (개발) 계획에 관한 것이다. (가), (나) 시행 시기의 특징을 그림과 같이 표현할 때, A~D에 들어갈 질문으로 옳은 것을 〈보기〉에서 고른 것은? (단, (가), (나)는 각각 제2차, 제4차 국토 종합 (개발) 계획 중 하나임.) [3점]

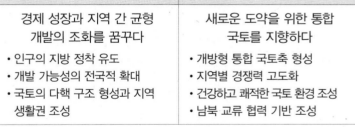

(가)	(나)
경제 성장과 지역 간 균형 개발의 조화를 꿈꾸다	새로운 도약을 위한 통합 국토를 지향하다
• 인구의 지방 정착 유도 • 개발 가능성의 전국적 확대 • 국토의 다핵 구조 형성과 지역 생활권 조성	• 개방형 통합 국토축 형성 • 지역별 경쟁력 고도화 • 건강하고 쾌적한 국토 환경 조성 • 남북 교류 협력 기반 조성

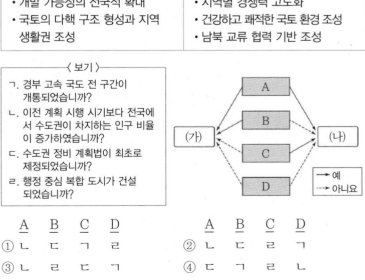

〈 보기 〉

ㄱ. 경부 고속 국도 전 구간이 개통되었습니까?
ㄴ. 이전 계획 시행 시기보다 전국에서 수도권이 차지하는 인구 비율이 증가하였습니까?
ㄷ. 수도권 정비 계획법이 최초로 제정되었습니까?
ㄹ. 행정 중심 복합 도시가 건설되었습니까?

	A	B	C	D			A	B	C	D
①	ㄴ	ㄷ	ㄱ	ㄹ		②	ㄴ	ㄷ	ㄹ	ㄱ
③	ㄴ	ㄹ	ㄷ	ㄱ		④	ㄷ	ㄱ	ㄹ	ㄴ
⑤	ㄷ	ㄴ	ㄱ	ㄹ						

16. 그래프는 지도에 표시된 네 지역의 신·재생 에너지 발전량 비율을 나타낸 것이다. 이에 대한 설명으로 옳은 것은? (단, A~D는 각각 수력, 조력, 태양광, 풍력 중 하나임.) [3점]

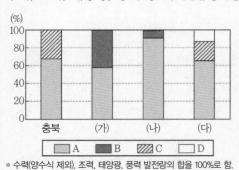 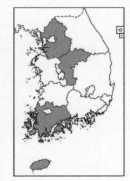

* 수력(양수식 제외), 조력, 태양광, 풍력 발전량의 합을 100%로 함.
(2022)   (한국에너지공단)

① A의 발전량은 호남권이 충청권보다 많다.
② B의 발전량은 여름이 겨울보다 많다.
③ D는 C보다 발전 시 기상 조건의 영향을 크게 받는다.
④ (가)는 (나)보다 신·재생 에너지 총발전량이 많다.
⑤ (나)는 제주권, (다)는 호남권에 위치한다.

17. 다음 글의 ㉠~㉢에 대한 설명으로 옳은 것만을 〈보기〉에서 있는 대로 고른 것은?

> 토양은 암석 풍화의 산물로 기후와 식생, 기반암, 시간 등에 따라 성질이 달라진다. 기후와 식생의 영향을 받아 형성된 토양으로는 중부 및 남부 지방에 넓게 분포하는 ㉠ 갈색 삼림토, 개마고원 지역에 분포하는 회백색토가 대표적이다. 기반암(모암)의 성질이 많이 반영된 토양으로는 강원 남부, 충북 북동부 등에 분포하는 ㉡ 석회암 풍화토를 들 수 있다. 한편 토양 생성 기간이 비교적 짧은 토양으로는 ㉢ 충적토, 염류토가 대표적이다.

〈보 기〉
ㄱ. ㉡의 기반암(모암)은 고생대 해성층에 주로 포함된다.
ㄴ. ㉢은 주로 하천에 의해 운반된 물질이 퇴적되어 형성되었다.
ㄷ. ㉠은 간대토양, ㉢은 성대 토양에 해당한다.

① ㄱ   ② ㄴ   ③ ㄱ, ㄴ   ④ ㄴ, ㄷ   ⑤ ㄱ, ㄴ, ㄷ

18. 그래프는 지도에 표시된 네 지역의 가구 수 변화를 나타낸 것이다. (가)~(라) 지역에 대한 설명으로 옳은 것은? [3점]

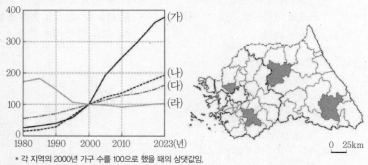

* 각 지역의 2000년 가구 수를 100으로 했을 때의 상댓값임.
** 2010년의 행정 구역을 기준으로 함.   (통계청)

① (나)는 (가)보다 인구 밀도가 높다.
② (다)는 (라)보다 지역 내 농가 비율이 높다.
③ (가)와 (나)에는 수도권 2기 신도시가 조성되어 있다.
④ (가)~(라)는 모두 수도권 전철이 연결되어 있다.
⑤ (가)와 (다)는 경기도, (나)와 (라)는 강원특별자치도에 속한다.

19. 다음 자료의 A 지역에 대한 설명으로 옳은 것만을 〈보기〉에서 고른 것은?

> ※ (가), (나)에서 설명하는 지역을 지도에서 찾아 하나씩 지운 후, 남은 지역 A를 쓰시오. (단, (가), (나), A는 각각 지도에 표시된 세 지역 중 하나임.)
> (가) 이 지역은 참외의 최대 재배 지역으로 전국 재배 면적의 70% 이상을 차지하고 있다. 다른 지역에 비해 육질이 단단하고 단맛이 강한 참외는 비닐하우스를 이용한 상업적 농업에 성공하면서 이 지역의 대표 과일로 자리를 잡았다.
> (나) 이 지역은 카르스트 지형 분포 지역으로, 기온의 일교차가 크고 배수가 양호한 토질 특성을 활용하여 마늘 재배가 활발하다. 이 지역에서 생산된 육쪽마늘은 대표적인 특산품으로 유명하다.

 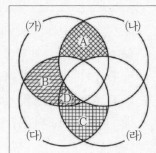

정답: (가), (나) 지역을 모두 지운 후 남은 지역은 [A] 이다.

〈보 기〉
ㄱ. 채소 생산량보다 과실 생산량이 많다.
ㄴ. 경지 면적 중 밭보다 논이 차지하는 비율이 높다.
ㄷ. (가)보다 경지 면적 중 시설 재배 면적 비율이 높다.
ㄹ. 지도에 표시된 세 지역 중 맥류 생산량이 가장 많다.

① ㄱ, ㄴ   ② ㄱ, ㄷ   ③ ㄴ, ㄷ   ④ ㄴ, ㄹ   ⑤ ㄷ, ㄹ

20. 지도에 표시된 네 지역의 특징을 그림과 같이 표현할 때, A~D의 내용으로 옳은 것만을 〈보기〉에서 고른 것은? (단, (가)~(라)는 각각 지도에 표시된 네 지역 중 하나임.) [3점]

A: (가)와 (나)만의 공통 특징으로 '혁신도시가 조성되어 있음.'이 해당함.
B: (가)와 (다)만의 공통 특징으로 '지명의 첫 글자가 도 명칭의 유래가 됨.'이 해당함.
C: (다)와 (라)만의 공통 특징임.
D: (가)와 (다)와 (라)만의 공통 특징임.

〈보 기〉
ㄱ. A : '슬로 시티로 지정된 한옥 마을이 있음.'이 해당함.
ㄴ. B : '국제공항이 있음.'이 해당함.
ㄷ. C : '경부선 고속 철도가 통과함.'이 해당함.
ㄹ. D : '도내 인구 규모 1위 도시임.'이 해당함.

① ㄱ, ㄴ   ② ㄱ, ㄷ   ③ ㄴ, ㄷ   ④ ㄴ, ㄹ   ⑤ ㄷ, ㄹ

* 확인 사항
○ 답안지의 해당란에 필요한 내용을 정확히 기입(표기)했는지 확인하시오.

Full수록

수능기출문제집

빠른 정답 확인

빠른 정답 확인을 펼쳐 놓고,
정답을 확인하면 편리합니다.

한국지리

visang

우리는 남다른 상상과 혁신으로
교육 문화의 새로운 전형을 만들어
모든 이의 행복한 경험과 성장에 기여한다.
https://book.visang.com

수능 준비 마무리 전략

☑ 새로운 것을 준비하기보다는 그동안 공부했던 내용들을 정리한다.

☑ 수능 시험일 기상 시간에 맞춰 일어나는 습관을 기른다.

☑ 수능 시간표에 생활 패턴을 맞춰 보면서 시험 당일 최적의 상태가 될 수 있도록 한다.

☑ 무엇보다 중요한 것은 체력 관리이다. 늦게까지 공부한다거나 과도한 스트레스를 받으면 집중력이 저하되어 몸에 무리가 올 수 있으므로 평소 수면 상태를 유지한다.

공부하고자 책을 잡았다면, 최소한 하루 1일차 학습은 마무리하자.

1일차
010쪽~015쪽

| 01 ③ | 03 ④ | 05 ④ | 07 ④ | 09 ③ | 11 ④ | 13 ① | 15 ⑤ | 17 ③ | 19 ⑤ | 21 ④ | 23 ② |
| 02 ② | 04 ④ | 06 ③ | 08 ③ | 10 ② | 12 ④ | 14 ① | 16 ④ | 18 ③ | 20 ④ | 22 ② | 24 ① |

2일차
016쪽~019쪽

| 01 ③ | 03 ① | 05 ③ | 07 ③ | 09 ④ | 11 ② | 13 ② | 15 ③ |
| 02 ④ | 04 ① | 06 ④ | 08 ③ | 10 ④ | 12 ② | 14 ① | 16 ③ |

3일차
020쪽~025쪽

| 01 ② | 03 ⑤ | 05 ④ | 07 ② | 09 ① | 11 ① | 13 ⑤ | 15 ③ | 16 ④ | 18 ③ | 20 ④ | 21 ② |
| 02 ⑤ | 04 ⑤ | 06 ④ | 08 ① | 10 ⑤ | 12 ⑤ | 14 ⑤ | | 17 ② | 19 ① | | |

4일차
030쪽~035쪽

| 01 ① | 03 ⑤ | 05 ⑤ | 06 ① | 08 ② | 10 ⑤ | 12 ② | 14 ⑤ | 16 ③ | 18 ⑤ | 19 ⑤ | 21 ④ |
| 02 ⑤ | 04 ⑤ | | 07 ④ | 09 ① | 11 ③ | 13 ① | 15 ④ | 17 ④ | | 20 ① | 22 ③ |

5일차
040쪽~047쪽

| 01 ② | 03 ② | 05 ① | 07 ① | 09 ② | 11 ① | 13 ① | 15 ⑤ | 17 ④ | 19 ② | 21 ⑤ | 23 ⑤ | 25 ⑤ | 27 ③ | 29 ⑤ | 31 ③ |
| 02 ③ | 04 ① | 06 ④ | 08 ⑤ | 10 ③ | 12 ⑤ | 14 ④ | 16 ③ | 18 ④ | 20 ⑤ | 22 ⑤ | 24 ② | 26 ③ | 28 ② | 30 ③ | 32 ② |

6일차
048쪽~055쪽

| 01 ⑤ | 03 ③ | 05 ③ | 07 ③ | 09 ⑤ | 11 ③ | 13 ④ | 15 ③ | 17 ② | 19 ① | 21 ② | 23 ③ | 25 ④ | 27 ③ | 29 ⑤ | 31 ④ |
| 02 ③ | 04 ① | 06 ⑤ | 08 ① | 10 ① | 12 ④ | 14 ② | 16 ④ | 18 ③ | 20 ② | 22 ④ | 24 ④ | 26 ① | 28 ⑤ | 30 ② | 32 ③ |

7일차
059쪽~064쪽

| | | 01 ④ | 03 ③ | 05 ⑤ | 07 ② | 09 ⑤ | 11 ④ | 13 ① | 15 ① | 17 ③ | 19 ⑤ | 21 ① | 23 ② |
| | | 02 ② | 04 ④ | 06 ④ | 08 ⑤ | 10 ② | 12 ④ | 14 ⑤ | 16 ① | 18 ① | 20 ④ | 22 ④ | 24 ⑤ |

8일차
065쪽~069쪽

| | | 01 ③ | 03 ⑤ | 05 ② | 07 ④ | 09 ② | 11 ⑤ | 13 ④ | 15 ④ | 17 ① | 19 ③ |
| | | 02 ④ | 04 ① | 06 ① | 08 ④ | 10 ② | 12 ④ | 14 ④ | 16 ② | 18 ④ | 20 ③ |

9일차
073쪽~080쪽

| | | 01 ② | 03 ⑤ | 05 ③ | 07 ④ | 09 ⑤ | 11 ⑤ | 13 ③ | 15 ① | 17 ③ | 19 ① | 21 ④ | 23 ⑤ | 25 ① | 27 ① |
| | | 02 ④ | 04 ⑤ | 06 ① | 08 ⑤ | 10 ④ | 12 ⑤ | 14 ① | 16 ⑤ | 18 ④ | 20 ③ | 22 ③ | 24 ④ | 26 ② | 28 ② |

29 ④	30 ④

10일차
081쪽~089쪽

| | | 01 ⑤ | 03 ④ | 05 ① | 07 ④ | 09 ④ | 11 ② | 13 ③ | 15 ⑤ | 17 ③ | 19 ② | 21 ① | 23 ② | 25 ③ | 27 ⑤ |
| | | 02 ② | 04 ③ | 06 ② | 08 ④ | 10 ① | 12 ② | 14 ② | 16 ③ | 18 ④ | 20 ③ | 22 ② | 24 ④ | 26 ④ | 28 ① |

| 29 ⑤ | 31 ① | 33 ⑤ | 35 ② |
| 30 ② | 32 ② | 34 ① | 36 ⑤ |

틀린 문제는 "공부할 거리가 생겼다."라는 긍정적인 마음으로 정복하기 위해 노력하자.

11일차 (094쪽~103쪽)

| 01 ⑤ | 03 ⑤ | 05 ② | 07 ① | 09 ③ | 11 ④ | 13 ① | 15 ④ | 17 ③ | 19 ④ | 21 ① | 23 ① | 25 ⑤ | 27 ⑤ | 29 ① | 31 ① |
| 02 ④ | 04 ③ | 06 ④ | 08 ⑤ | 10 ⑤ | 12 ① | 14 ③ | 16 ① | 18 ⑤ | 20 ① | 22 ⑤ | 24 ① | 26 ④ | 28 ④ | 30 ⑤ | 32 ③ |

| 33 ① | 35 ① | 37 ④ | 38 ② |
| 34 ① | 36 ① | | |

12일차 (107쪽~111쪽)

| 01 ④ | 03 ④ | 05 ② | 07 ③ | 09 ② | 11 ③ | 13 ④ | 15 ① | 17 ⑤ | 19 ① |
| 02 ③ | 04 ⑤ | 06 ⑤ | 08 ① | 10 ② | 12 ① | 14 ② | 16 ③ | 18 ④ | 20 ③ |

13일차 (116쪽~123쪽)

| 01 ③ | 03 ② | 05 ② | 07 ② | 09 ② | 11 ④ | 13 ③ | 15 ② | 17 ① | 19 ⑤ | 21 ④ | 23 ① | 25 ① | 27 ③ | 29 ⑤ | 31 ⑤ |
| 02 ③ | 04 ③ | 06 ② | 08 ⑤ | 10 ② | 12 ② | 14 ① | 16 ④ | 18 ③ | 20 ⑤ | 22 ③ | 24 ④ | 26 ⑤ | 28 ① | 30 ② | 32 ② |

14일차 (124쪽~129쪽)

| 01 ④ | 03 ① | 05 ③ | 07 ③ | 09 ① | 11 ③ | 13 ③ | 15 ④ | 17 ④ | 19 ③ | 21 ④ | 23 ⑤ |
| 02 ③ | 04 ② | 06 ④ | 08 ③ | 10 ① | 12 ④ | 14 ④ | 16 ⑤ | 18 ④ | 20 ③ | 22 ② | 24 ④ |

15일차 (130쪽~135쪽)

| 01 ④ | 03 ② | 05 ⑤ | 07 ④ | 09 ③ | 11 ③ | 13 ② | 14 ③ | 16 ⑤ | 18 ③ | 20 ② | 22 ② |
| 02 ② | 04 ④ | 06 ② | 08 ③ | 10 ③ | 12 ① | | 15 ① | 17 ④ | 19 ⑤ | 21 ③ | |

16일차 (139~147쪽)

| 01 ⑤ | 03 ⑤ | 05 ④ | 07 ④ | 09 ① | 11 ② | 13 ② | 15 ③ | 17 ③ | 19 ② | 21 ① | 23 ④ | 25 ② | 27 ② |
| 02 ④ | 04 ④ | 06 ① | 08 ④ | 10 ③ | 12 ④ | 14 ① | 16 ⑤ | 18 ⑤ | 20 ③ | 22 ② | 24 ⑤ | 26 ③ | 28 ① |

| 29 ④ | 31 ⑤ | 33 ② | 35 ④ |
| 30 ② | 32 ② | 34 ④ | 36 ① |

17일차 (151쪽~158쪽)

| 01 ② | 03 ④ | 05 ⑤ | 07 ③ | 09 ③ | 11 ② | 13 ② | 15 ⑤ | 17 ① | 19 ⑤ | 21 ② | 23 ② | 25 ④ | 27 ② |
| 02 ② | 04 ③ | 06 ⑤ | 08 ④ | 10 ③ | 12 ④ | 14 ④ | 16 ② | 18 ② | 20 ④ | 22 ② | 24 ④ | 26 ② | 28 ④ |

| 29 ④ | 31 ⑤ |
| 30 ④ | 32 ④ |

18일차 (159쪽~169쪽)

| 01 ④ | 03 ⑤ | 04 ② | 05 ① | 07 ⑤ | 09 ① | 11 ① | 12 ③ | 14 ④ | 16 ③ | 18 ⑤ | 20 ④ | 22 ③ | 24 ① |
| 02 ② | | | 06 ① | 08 ① | 10 ④ | | 13 ④ | 15 ② | 17 ④ | 19 ① | 21 ③ | 23 ③ | 25 ① |

| 26 ④ | 28 ③ | 30 ⑤ | 32 ③ | 34 ⑤ | 36 ② | 38 ③ | 40 ⑤ |
| 27 ① | 29 ④ | 31 ⑤ | 33 ① | 35 ④ | 37 ④ | 39 ① | |

19일차 (173쪽~177쪽)

| 01 ② | 03 ① | 05 ② | 07 ④ | 09 ③ | 11 ⑤ | 13 ① | 15 ④ | 17 ③ | 19 ① |
| 02 ④ | 04 ② | 06 ② | 08 ③ | 10 ⑤ | 12 ⑤ | 14 ④ | 16 ① | 18 ② | 20 ① |

→ 빠른 정답 확인 뒷면에 이어집니다.

공부하고자 책을 잡았다면, 최소한 하루 1일차 학습은 마무리하자.

20 일차
181~187쪽

01 ④ 03 ④ 05 ② 07 ⑤ 09 ① 11 ② 13 ⑤ 15 ③ 17 ③ 19 ① 21 ② 23 ③ 25 ① 26 ⑤
02 ① 04 ⑤ 06 ④ 08 ② 10 ① 12 ② 14 ④ 16 ④ 18 ④ 20 ① 22 ④ 24 ②

21 일차
188쪽~193쪽

01 ④ 03 ④ 05 ③ 07 ③ 09 ① 11 ④ 13 ② 15 ③ 17 ① 19 ④ 21 ③ 23 ③
02 ③ 04 ② 06 ④ 08 ② 10 ④ 12 ④ 14 ③ 16 ③ 18 ⑤ 20 ④ 22 ②

22 일차
199쪽~204쪽

01 ③ 03 ① 05 ① 07 ① 09 ⑤ 11 ① 13 ① 15 ① 17 ③ 19 ⑤ 21 ④ 23 ①
02 ④ 04 ③ 06 ① 08 ② 10 ① 12 ② 14 ⑤ 16 ③ 18 ① 20 ⑤ 22 ⑤

23 일차
205쪽~211쪽

01 ⑤ 03 ① 05 ② 07 ① 09 ④ 11 ① 13 ③ 15 ① 17 ④ 19 ① 21 ① 23 ② 24 ⑤ 26 ③
02 ① 04 ④ 06 ③ 08 ① 10 ⑤ 12 ② 14 ① 16 ① 18 ④ 20 ② 22 ③ 25 ① 27 ①

24 일차
212쪽~225쪽

01 ① 03 ① 05 ① 07 ③ 09 ④ 11 ② 13 ④ 15 ⑤ 17 ③ 19 ② 21 ② 23 ② 25 ④ 27 ④ 29 ④ 31 ⑤
02 ② 04 ② 06 ④ 08 ④ 10 ⑤ 12 ① 14 ④ 16 ① 18 ④ 20 ③ 22 ① 24 ① 26 ④ 28 ④ 30 ③ 32 ③

33 ② 35 ④ 37 ④ 39 ② 41 ③ 43 ② 45 ① 47 ④ 49 ② 51 ④ 53 ④ 54 ⑤
34 ② 36 ② 38 ③ 40 ④ 42 ① 44 ① 46 ③ 48 ① 50 ③ 52 ⑤

25 일차
226쪽~230쪽

01 ① 03 ② 05 ④ 07 ④ 09 ① 11 ④ 13 ③ 15 ② 17 ① 19 ①
02 ② 04 ⑤ 06 ⑤ 08 ⑤ 10 ⑤ 12 ② 14 ② 16 ⑤ 18 ③ 20 ②

26 일차
231쪽~235쪽

01 ④ 03 ⑤ 05 ① 07 ① 09 ② 11 ③ 13 ④ 15 ③ 17 ② 19 ②
02 ④ 04 ⑤ 06 ④ 08 ⑤ 10 ③ 12 ⑤ 14 ② 16 ⑤ 18 ① 20 ④

정답률 낮은 문제, 한 번 더!
236쪽~255쪽

1회 01 ④ 02 ④ 03 ② 04 ② 05 ① 06 ① 07 ② 08 ⑤ 09 ③ 10 ⑤ 11 ④ 12 ③ 13 ① 14 ① 15 ③ 16 ⑤ 17 ② 18 ⑤ 19 ⑤ 20 ⑤
2회 01 ② 02 ① 03 ⑤ 04 ⑤ 05 ① 06 ⑤ 07 ⑤ 08 ② 09 ① 10 ② 11 ① 12 ④ 13 ④ 14 ① 15 ⑤ 16 ② 17 ④ 18 ⑤ 19 ⑤ 20 ⑤

실전모의고사

1회 01 ② 02 ② 03 ② 04 ② 05 ③ 06 ④ 07 ② 08 ⑤ 09 ① 10 ④ 11 ② 12 ⑤ 13 ① 14 ④ 15 ① 16 ① 17 ⑤ 18 ① 19 ⑤ 20 ④
2회 01 ③ 02 ① 03 ⑤ 04 ⑤ 05 ② 06 ① 07 ③ 08 ③ 09 ⑤ 10 ③ 11 ⑤ 12 ③ 13 ④ 14 ① 15 ① 16 ④ 17 ④ 18 ② 19 ④ 20 ④
3회 01 ① 02 ③ 03 ② 04 ⑤ 05 ④ 06 ③ 07 ② 08 ① 09 ⑤ 10 ④ 11 ④ 12 ③ 13 ⑤ 14 ② 15 ② 16 ① 17 ③ 18 ① 19 ④ 20 ⑤

비상교육이 만든 수능기출 앱 "기출탭탭"
전과목 기출 문제, 프리미엄 해설이 무제한

▼ 태블릿PC로 지금, 다운로드하세요! ▼

Full수록 수·능·기·출·문·제·집 26일 내 완성, 평가원 기출 완전 정복 Full수록! 수능기출 완벽 마스터

비상교재
누리집에
방문해보세요

https://book.visang.com/

발간 이후에 발견되는 오류 고등교재 › 학습자료실 › 정오표
본 교재의 정답 고등교재 › 학습자료실 › 정답과해설

품질혁신코드 VS01QI25

2026

수능대비
814제 26일 완성!

정답 확인
해설 이해
개념 복습

한국 지리

visang

1일차　문제편 010쪽~015쪽

01 ③	02 ②	03 ④	04 ④	05 ④	06 ③
07 ④	08 ③	09 ③	10 ②	11 ④	12 ④
13 ①	14 ①	15 ③	16 ④	17 ③	18 ②
19 ③	20 ④	21 ④	22 ③	23 ②	24 ①

2일차　문제편 016쪽~019쪽

01 ③	02 ④	03 ①	04 ①	05 ③	06 ④
07 ③	08 ③	09 ④	10 ④	11 ②	12 ③
13 ①	14 ①	15 ③	16 ①		

3일차　문제편 020쪽~025쪽

01 ②	02 ⑤	03 ⑤	04 ⑤	05 ④	06 ④
07 ②	08 ①	09 ⑤	10 ⑤	11 ①	12 ⑤
13 ⑤	14 ⑤	15 ③	16 ④	17 ③	18 ③
19 ①	20 ④	21 ②			

4일차　문제편 030쪽~035쪽

01 ①	02 ⑤	03 ⑤	04 ①	05 ⑤	06 ①
07 ①	08 ②	09 ①	10 ③	11 ③	12 ②
13 ④	14 ⑤	15 ④	16 ③	17 ⑤	18 ③
19 ⑤	20 ④	21 ④	22 ③		

5일차　문제편 040쪽~047쪽

01 ②	02 ②	03 ②	04 ①	05 ①	06 ④
07 ①	08 ⑤	09 ②	10 ③	11 ①	12 ⑤
13 ①	14 ④	15 ④	16 ③	17 ⑤	18 ④
19 ②	20 ⑤	21 ⑤	22 ③	23 ⑤	24 ②
25 ⑤	26 ③	27 ④	28 ②	29 ⑤	30 ⑤
31 ③	32 ③				

6일차　문제편 048쪽~055쪽

01 ⑤	02 ⑤	03 ③	04 ①	05 ⑤	06 ⑤
07 ②	08 ①	09 ⑤	10 ①	11 ⑤	12 ④
13 ⑤	14 ②	15 ④	16 ②	17 ③	18 ⑤
19 ①	20 ②	21 ②	22 ④	23 ⑤	24 ⑤
25 ④	26 ①	27 ②	28 ⑤	29 ③	30 ②
31 ④	32 ③				

7일차　문제편 059쪽~064쪽

01 ④	02 ②	03 ③	04 ④	05 ⑤	06 ④
07 ②	08 ⑤	09 ⑤	10 ②	11 ④	12 ④
13 ①	14 ⑤	15 ①	16 ②	17 ③	18 ①
19 ⑤	20 ④	21 ④	22 ③	23 ②	24 ④

8일차　문제편 065쪽~069쪽

01 ③	02 ②	03 ⑤	04 ①	05 ②	06 ①
07 ④	08 ④	09 ②	10 ④	11 ⑤	12 ③
13 ④	14 ④	15 ④	16 ②	17 ①	18 ④
19 ③	20 ③				

9일차　문제편 073쪽~080쪽

01 ②	02 ④	03 ⑤	04 ⑤	05 ③	06 ①
07 ④	08 ⑤	09 ⑤	10 ④	11 ⑤	12 ②
13 ③	14 ①	15 ①	16 ⑤	17 ③	18 ④
19 ①	20 ③	21 ④	22 ③	23 ⑤	24 ②
25 ①	26 ②	27 ①	28 ②	29 ④	30 ④

10일차　문제편 081쪽~089쪽

01 ⑤	02 ②	03 ⑤	04 ③	05 ①	06 ②
07 ⑤	08 ④	09 ③	10 ①	11 ②	12 ②
13 ①	14 ②	15 ④	16 ③	17 ③	18 ③
19 ④	20 ③	21 ①	22 ②	23 ②	24 ④
25 ③	26 ④	27 ④	28 ④	29 ⑤	30 ④
31 ①	32 ②	33 ⑤	34 ①	35 ②	36 ⑤

11일차　문제편 094쪽~103쪽

01 ⑤	02 ④	03 ⑤	04 ③	05 ②	06 ④
07 ①	08 ⑤	09 ③	10 ⑤	11 ④	12 ①
13 ①	14 ①	15 ④	16 ③	17 ③	18 ⑤
19 ④	20 ①	21 ②	22 ⑤	23 ①	24 ①
25 ⑤	26 ①	27 ③	28 ④	29 ⑤	30 ⑤
31 ①	32 ③	33 ①	34 ①	35 ①	36 ①
37 ④	38 ②				

12일차　문제편 107쪽~111쪽

01 ②	02 ③	03 ④	04 ⑤	05 ⑤	06 ⑤
07 ①	08 ①	09 ②	10 ①	11 ③	12 ①
13 ④	14 ③	15 ①	16 ③	17 ⑤	18 ④
19 ①	20 ③				

13일차　문제편 116쪽~123쪽

01 ③	02 ③	03 ②	04 ③	05 ②	06 ②
07 ②	08 ⑤	09 ②	10 ②	11 ④	12 ⑤
13 ②	14 ①	15 ④	16 ④	17 ⑤	18 ③
19 ③	20 ⑤	21 ④	22 ⑤	23 ④	24 ④
25 ③	26 ⑤	27 ③	28 ①	29 ⑤	30 ②
31 ③	32 ②				

14일차　문제편 124쪽~129쪽

01 ④	02 ②	03 ①	04 ②	05 ③	06 ④
07 ③	08 ③	09 ①	10 ①	11 ③	12 ④
13 ③	14 ④	15 ④	16 ⑤	17 ④	18 ③
19 ③	20 ③	21 ④	22 ②	23 ⑤	24 ④

15일차　문제편 130쪽~135쪽

01 ④	02 ②	03 ④	04 ④	05 ⑤	06 ②
07 ⑤	08 ③	09 ③	10 ①	11 ②	12 ①
13 ②	14 ①	15 ①	16 ⑤	17 ⑤	18 ⑤
19 ⑤	20 ④	21 ③	22 ②		

16일차　문제편 139쪽~147쪽

01 ⑤	02 ②	03 ⑤	04 ④	05 ④	06 ①
07 ④	08 ②	09 ①	10 ③	11 ②	12 ④
13 ②	14 ①	15 ③	16 ⑤	17 ②	18 ⑤
19 ②	20 ③	21 ①	22 ⑤	23 ④	24 ⑤
25 ②	26 ③	27 ②	28 ①	29 ④	30 ②
31 ⑤	32 ②	33 ②	34 ④	35 ④	36 ①

17일차　문제편 151쪽~158쪽

01 ②	02 ②	03 ④	04 ③	05 ⑤	06 ⑤
07 ③	08 ④	09 ③	10 ⑤	11 ②	12 ④
13 ④	14 ①	15 ④	16 ②	17 ①	18 ②
19 ④	20 ①	21 ⑤	22 ①	23 ④	24 ①
25 ①	26 ②	27 ②	28 ④	29 ④	30 ④
31 ①	32 ④				

18일차　문제편 159쪽~169쪽

01 ④	02 ②	03 ⑤	04 ②	05 ①	06 ①
07 ②	08 ①	09 ①	10 ④	11 ①	12 ③
13 ④	14 ④	15 ②	16 ③	17 ④	18 ⑤
19 ④	20 ④	21 ③	22 ⑤	23 ③	24 ①
25 ①	26 ④	27 ①	28 ③	29 ⑤	30 ⑤
31 ④	32 ③	33 ①	34 ①	35 ④	36 ②
37 ④	38 ③	39 ①	40 ④		

19일차　문제편 173쪽~177쪽

01 ②	02 ④	03 ①	04 ②	05 ②	06 ②
07 ⑤	08 ③	09 ③	10 ⑤	11 ⑤	12 ⑤
13 ①	14 ②	15 ④	16 ①	17 ③	18 ②
19 ①	20 ①				

20일차　문제편 181쪽~187쪽

01 ②	02 ①	03 ④	04 ②	05 ③	06 ④
07 ⑤	08 ②	09 ①	10 ①	11 ②	12 ②
13 ⑤	14 ⑤	15 ③	16 ④	17 ①	18 ②
19 ①	20 ①	21 ②	22 ⑤	23 ③	24 ①
25 ①	26 ⑤				

21일차　문제편 188쪽~193쪽

01 ④	02 ③	03 ④	04 ②	05 ③	06 ④
07 ①	08 ②	09 ①	10 ④	11 ④	12 ④
13 ②	14 ③	15 ①	16 ③	17 ④	18 ⑤
19 ④	20 ③	21 ②	22 ②	23 ③	

22일차　문제편 199쪽~204쪽

01 ③	02 ④	03 ①	04 ②	05 ①	06 ①
07 ①	08 ②	09 ⑤	10 ③	11 ①	12 ②
13 ⑤	14 ⑤	15 ①	16 ③	17 ②	18 ①
19 ⑤	20 ④	21 ④	22 ⑤	23 ①	

23일차　문제편 205쪽~211쪽

01 ⑤	02 ①	03 ④	04 ④	05 ②	06 ③
07 ①	08 ②	09 ①	10 ⑤	11 ⑤	12 ③
13 ⑤	14 ⑤	15 ④	16 ①	17 ④	18 ④
19 ⑤	20 ②	21 ③	22 ③	23 ③	24 ⑤
25 ①	26 ③	27 ①			

24일차　문제편 212쪽~225쪽

01 ①	02 ②	03 ①	04 ②	05 ①	06 ④
07 ③	08 ④	09 ③	10 ⑤	11 ②	12 ①
13 ④	14 ③	15 ④	16 ①	17 ③	18 ④
19 ②	20 ③	21 ②	22 ①	23 ②	24 ④
25 ④	26 ④	27 ④	28 ④	29 ④	30 ⑤
31 ⑤	32 ④	33 ②	34 ②	35 ④	36 ④
37 ④	38 ⑤	39 ④	40 ④	41 ④	42 ①
43 ②	44 ①	45 ①	46 ③	47 ④	48 ①
49 ②	50 ③	51 ①	52 ⑤	53 ④	54 ⑤

25일차　문제편 226쪽~230쪽

01 ①	02 ②	03 ②	04 ⑤	05 ④	06 ⑤
07 ④	08 ⑤	09 ①	10 ⑤	11 ④	12 ②
13 ③	14 ②	15 ②	16 ②	17 ①	18 ③
19 ①	20 ②				

26일차　문제편 231쪽~235쪽

01 ④	02 ④	03 ⑤	04 ⑤	05 ①	06 ④
07 ①	08 ⑤	09 ②	10 ③	11 ③	12 ④
13 ④	14 ②	15 ⑤	16 ⑤	17 ②	18 ①
19 ②	20 ④				

정답률 낮은 문제, 한 번 더!　문제편 236쪽~255쪽

1회	01 ④	02 ②	03 ②	04 ②	05 ①
	06 ①	07 ②	08 ⑤	09 ③	10 ⑤
	11 ④	12 ③	13 ①	14 ①	15 ③
	16 ①	17 ②	18 ④	19 ③	20 ⑤
2회	01 ②	02 ①	03 ⑤	04 ⑤	05 ①
	06 ⑤	07 ⑤	08 ②	09 ①	10 ②
	11 ①	12 ④	13 ④	14 ①	15 ⑤
	16 ①	17 ⑤	18 ⑤	19 ④	20 ⑤

실전모의고사

1회	01 ②	02 ②	03 ②	04 ③	05 ③
	06 ④	07 ③	08 ⑤	09 ①	10 ④
	11 ⑤	12 ⑤	13 ①	14 ④	15 ①
	16 ①	17 ③	18 ②	19 ⑤	20 ④
2회	01 ①	02 ①	03 ⑤	04 ⑤	05 ②
	06 ①	07 ③	08 ③	09 ②	10 ②
	11 ⑤	12 ②	13 ④	14 ④	15 ④
	16 ④	17 ①	18 ②	19 ④	20 ④
3회	01 ①	02 ③	03 ②	04 ⑤	05 ④
	06 ③	07 ②	08 ②	09 ④	10 ④
	11 ④	12 ①	13 ⑤	14 ①	15 ②
	16 ④	17 ④	18 ①	19 ④	20 ⑤

1
일차

01 ③	02 ②	03 ④	04 ④	05 ④	06 ③	07 ④	08 ③	09 ③	10 ②	11 ④	12 ④
13 ①	14 ①	15 ③	16 ④	17 ③	18 ②	19 ⑤	20 ④	21 ④	22 ②	23 ②	24 ①

문제편 010~015쪽

---

01 우리나라의 영역 25학년도 9월 모평 8번
정답 ③ | 정답률 87%

다음 글의 ㉠~㉤에 대한 설명으로 옳은 것은? [3점]

> 〈2023년 올해의 섬 '가거도'〉 ← 일반적으로 12해리
> 우리나라 영해의 기점은 총 ㉠ 23개로 ㉡ 영해의 폭을 측정하는
> 시작점이다. 해양 수산부는 2023년부터 ㉢ 영해 기점이 있는 섬의
> 영토적 가치를 알리기 위해 '올해의 섬'을 발표하는데, ㉣ '가거도'
> 가 최초로 선정되었다. 전남 신안군에 속한 가거도의 북위 34°
> 02′ 49″, 동경 125° 07′ 22″ 지점에는 영해 기점이 표시된 첨성
> 대 조형물이 있다. 가거도 서쪽 약 47km 해상에 있는 가거초에는
> ㉤ 이어도에 이어 두 번째로 해양 과학 기지가 건설되어 해양 자
> 원 확보와 기상 관련 정보 수집을 하고 있다.   수중 암초 ←

① ㉠을 연결하는 직선은 통상 기선에 해당한다.
                                  직선
② 대한 해협에서 ㉡은 12해리이다.
                        3
✔ ③ ㉢을 연결한 기선으로부터 육지 쪽에 있는 수역은 내수(內水)로
한다. └ 직선 기선
④ ㉣은 우리나라 영토의 최남단(극남)에 해당한다.
                  └ 마라도   해당하지 않는다
⑤ ㉤은 ㉢ 중 하나이다.
            이 아니다

출제 경향

우리나라의 영역 중에서는 영토, 영해, 배타적 경제 수역과 관련된 문항이 주
로 출제되고 있다. 배타적 경제 수역의 특징, 해안선의 모양에 따라 다르게 적
용되는 영해 설정 방법과 내수에 대한 개념을 정리해 두어야 한다.

| 자료 분석 |

가거도는 전라남도 신안군 흑산면에 속한 섬으로 대흑산도에서 남서쪽으로 약
70km 지점에 위치한다. 가거도는 우리나라 최서남단의 섬으로 면적은 약 9㎢이다.

| 선지 해설 |

① 우리나라 영해 설정을 위한 기점은 총 ㉠ 23개로 대부분 황해와 남해에 위치
한 최외곽 도서이다. 이 기점을 연결하는 직선은 직선 기선에 해당한다.

② ㉡ 영해의 폭은 보통 12해리이지만, 일본과 거리가 가까운 대한 해협에서는
㉡ 영해의 폭이 직선 기선으로부터 3해리이다.

③ ㉢ 영해 기점을 연결한 직선 기선으로부터 육지 쪽에 있는 수역은 내수(內
水)로 한다. 내수(內水)는 한 국가의 영토 안에 있는 강, 호수, 운하 등을 의미
하며, 내수 역시 우리나라의 주권이 인정된다.

④ ㉣ 가거도는 우리나라 영토의 최남단(극남)에 해당하지 않는다. 우리나라 영
토의 최남단(극남)은 마라도이다.

⑤ ㉤ 이어도는 마라도에서 남서쪽으로 약 149km 지점에 위치한 수중 암초로 ㉢
영해 기점에 해당하지 않는다.

---

02 우리나라의 영역과 배타적 경제 수역 25학년도 6월 모평 1번
정답 ② | 정답률 69%

다음 자료에 관한 설명으로 옳은 것은?

> 〈영해 및 접속수역법〉
> **제1조 (㉠ 영해의 범위)** 대한민국의 영해는 기선
> 으로부터 측정하여 그 바깥쪽 12해리의 선까지
> 에 이르는 수역으로 한다. … (중략) …
> **제2조 (기선)** 제1항: 영해의 폭을 측정하기 위한
> ㉡ 통상의 기선은 대한민국이 공식적으로 인정
> 한 대축척 해도에 표시된 … (중략) …
> 제2항: 지리적 특수사정이 있는 수역의 경우에
> 는 대통령령으로 정하는 기점을 연결하는 직선
> 을 기선으로 할 수 있다.
> **제3조 (㉢ 내수)** 영해의 폭을 측정하기 위한 기
> 선으로부터 육지 쪽에 있는 수역은 내수로 한다.

〈영역과 배타적 경제 수역〉

① 울릉도와 독도는 ㉠ 설정에 직선 기선이 적용된다.
                          통상
✔ ② ㉡ 설정에는 가장 낮은 수위가 나타나는 썰물 때의 해안선을 적용
한다. └ 해안선이 가장 바깥으로
         확장됨
③ ㉢에서 간척 사업이 이루어지면 ㉠은 확대된다.
                              변화가 없다
④ 우리나라 (가)의 최남단은 이어도이다.
                      마라도
⑤ (나)는 영해 기선으로부터 그 바깥쪽 200해리의 선까지에 이르는
수역 전체를 말한다.
중 영해를 제외한 수역

| 자료 분석 |

자료는 영해 및 접속수역법의 일부로 영해에 대한 주권과 권리를 명시하고 있다.
해당 법 조항을 통해 대한민국 영해의 범위, 영해의 폭을 측정하기 위한 기선, 내
수 등에 대해 파악할 수 있다.

| 선지 해설 |

① 울릉도와 독도는 ㉠ 영해 설정에 연안의 최저 조위선에 해당하는 선인 통상
기선이 적용된다. 직선 기선은 영해 기점(주로 최외곽 도서)을 이은 직선으로
서·남해안, 동해안 일부(영일만, 울산만)에서 적용된다.

② ㉡ 통상의 기선은 해수면의 높이가 가장 낮았을 때 형성되는 해안선(최저 조
위선)이다. 따라서 가장 낮은 수위가 나타나는 썰물 때의 해안선을 통상 기선
설정에 적용한다.

③ ㉢ 내수는 영해의 폭을 측정하기 위한 기선으로부터 육지 쪽에 있는 수역으
로 간척 사업을 하더라도 영해의 기선은 변경되지 않는다. 따라서 ㉢ 내수에
서 간척 사업이 이루어진다고 해도 ㉠ 영해의 면적은 변화가 없다.

④ 우리나라 (가) 영토의 최남단은 제주특별자치도 서귀포시 마라도이다. 이어도
는 수중 암초이기 때문에 우리나라 영토에 포함되지 않는다.

⑤ (나) 배타적 경제 수역은 영해 기선으로부터 그 바깥쪽 200해리의 선까지에
이르는 수역 중에서 ㉠ 영해를 제외한 수역이다.

03 우리나라의 영역과 배타적 경제 수역 24학년도 수능 1번

정답 ④ | 정답률 83%

다음 자료의 (가)~(다) 섬에 대한 설명으로 옳은 것은?

구분	(가) 가거도	(나) 마라도	(다) 독도
섬	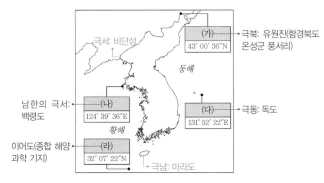		
기준점(▲) 위·경도	34° 04′ 32″N 125° 06′ 31″E	33° 07′ 03″N 126° 16′ 10″E	37° 14′ 22″N 131° 52′ 08″E ─ 우리나라의 가장 동쪽에 위치
특징	• 섬의 이름은 '사람이 살 수 있는 곳'이라는 뜻에서 유래. • 일제 강점기에 소흑산도로 불렸으나, 2008년에 현 지명으로 복원.	• 섬의 최고점이 약 39m로 해안 일부가 기암절벽으로 이루어진 화산섬. • 섬 전체가 남북으로 긴 고구마 모양으로 평탄한 초원이 있음.	• 섬의 이름은 돌섬이라는 뜻의 독섬에서 유래. '독'이 '홀로 독으로 한자화 됨. • 동도와 서도 외에 89개의 부속 도서로 구성.

① (가)는 우리나라 영토의 최서단(극서)에 위치한다.
　　비단섬

② (나)의 남서쪽 ~~우리나라 영해에~~ 이어도 종합 해양 과학 기지가 건설되어 있다.

③ (다)로부터 200해리까지 ~~전역은~~ 우리나라의 배타적 경제 수역에 ~~해당한다.~~ 하는 것은 아니다. 전역이

✓④ (나)와 (다)는 영해 설정에 통상 기선을 적용한다.

⑤ (가)~(다) 중 우리나라 표준 경선과의 최단 거리가 가장 가까운 곳은 ~~(나)~~이다.
　　└→ 135°E
　　(다)

| 자료 분석 |

자료의 (가)는 우리나라 영토 중 가장 서남쪽에 위치한 가거도로 '사람이 살 수 있는 곳'이라는 뜻에서 유래되었다. (나)는 33° 07′ 03″N에 위치해 있으므로 우리나라 영토 중 가장 남쪽에 위치한 마라도이다. (다)는 131° 52′ 08″E에 위치해 있으므로 우리나라 영토 중 가장 동쪽에 위치한 독도이며, 동도와 서도 외 89개의 부속 도서로 구성되어 있다.

| 선지 해설 |

① 우리나라 영토의 최서단(극서)은 평안북도 신도군 비단섬으로 압록강 하구에 위치해 있다.

② (나) 마라도에는 종합 해양 과학 기지가 건설되어 있지 않다. 마라도에서 남서쪽으로 약 149㎞ 떨어져 있는 이어도는 수중 암초로 종합 해양 과학 기지가 건설되어 있으며, 이 지역은 우리나라 영해에 해당하지 않는다.

③ (다) 독도는 통상 기선을 적용하여 12해리를 영해로 설정하지만, 200해리 전역이 우리나라 배타적 경제 수역에 해당하지는 않는다. 독도 주변에는 우리나라와 일본이 1998년 체결한 한·일 어업 협정으로 한·일 중간 수역이 설정되어 있다.

④ (나) 마라도와 (다) 독도는 영해 설정에 통상 기선을 적용한다. 우리나라에서 통상 기선이 적용되는 곳은 동해안, 울릉도, 독도, 마라도를 포함한 제주도 등이 있다. 그리고 (가) 가거도는 직선 기선의 영해 기점이다.

⑤ 우리나라의 표준 경선은 135°E로 최단 거리가 가장 가까운 곳은 우리나라 가장 동쪽에 위치한 (다) 독도이다.

---

04 우리나라의 위치 24학년도 6월 모평 1번

정답 ④ | 정답률 78%

지도의 (가)~(라)에 대한 설명으로 옳은 것은?

극서: 비단섬
극북: 유원진(함경북도 온성군 풍서리)
(가) 43° 00′ 36″N
동해
남한의 극서: 백령도
(나) 124° 39′ 36″E
황해
극동: 독도
(다) 131° 52′ 22″E
이어도(종합 해양 과학 기지)
(라) 32° 07′ 22″N
극남: 마라도

① ~~(나)~~에는 종합 해양 과학 기지가 건설되어 있다.
　(라)

② (다)에 위치한 섬은 영해 설정에 ~~직선 기선~~을 적용한다.
　　　　　　　　　　통상 기선

③ ~~(라)는 한·일 중간 수역에 위치한다.~~ → 우리나라와 일본이 공동으로 어족 자원을 보
　위치하지 않는다 존·관리하는 수역으로 우리나라와 일본의 배타
　　　　　　　　적 경제 수역이 겹치는 수역에 설정되어 있음

✓④ (다)는 (나)보다 우리나라 표준 경선과의 최단 거리가 가깝다.
　　└→ 동쪽일수록 가까움 → 최동단인 독도가 가장 가까움

⑤ (가)~(라)는 우리나라 영토의 4극에 해당한다.
　(가)와 (다)

| 자료 분석 |

지도의 (가)는 우리나라 최북단에 위치한 함경북도 온성군 풍서리 북단, (나)는 남한의 최서단에 위치한 인천광역시 옹진군 백령도, (다)는 우리나라 최동단에 위치한 경상북도 울릉군 독도 동단, (라)는 마라도에서 남서쪽으로 약 149km 떨어진 곳에 위치한 수중 암초인 이어도이다.

| 선지 해설 |

① 우리나라는 이어도, 소청초, 가거초 등에 종합 해양 과학 기지를 건설하여 주변 수역의 환경 및 기상 관련 자료를 수집하고 있다.

② (다) 독도를 비롯한 동해안 대부분, 제주도, 울릉도 등은 통상 기선으로부터 12해리까지의 수역을 영해로 설정한다. 직선 기선은 해안선이 복잡하거나 섬이 많은 서해안, 남해안, 동해안 일부(영일만, 울산만)에서 적용한다.

③ (라) 이어도는 우리나라와 일본의 배타적 경제 수역이 겹치는 수역이 아니며 한·일 중간 수역에 위치하지 않는다.

④ 우리나라의 표준 경선은 동경 135°로 우리나라 최동단인 독도보다 동쪽에 위치한다. (다) 독도는 우리나라 최동단으로 (나) 백령도보다 동쪽에 위치하므로 우리나라 표준 경선과의 최단 거리가 가깝다.

⑤ 우리나라 영토의 4극은 함경북도 온성군 풍서리 북단(극북), 평안북도 신도군 비단섬 서단(극서), 경상북도 울릉군 독도 동단(극동), 제주특별자치도 서귀포시 마라도 남단(극남)이다. (나) 백령도는 남한의 최서단으로 우리나라 영토의 4극이 아니며, (라) 이어도는 수중 암초로 우리나라 영토에 해당하지 않는다.

다음 자료는 수행 평가 내용에 대한 학생 답변과 교사의 채점 결과이다. 이에 대한 설명으로 옳은 것만을 〈보기〉에서 고른 것은?

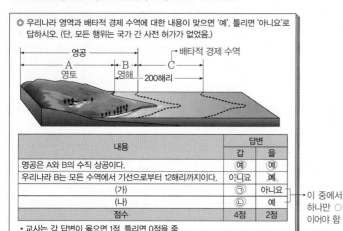

◎ 우리나라 영역과 배타적 경제 수역에 대한 내용이 맞으면 '예', 틀리면 '아니요'로 답하시오. (단, 모든 행위는 국가 간 사전 허가가 없었음.)

내용	답변	
	갑	을
영공은 A와 B의 수직 상공이다.	예	예
우리나라 B는 모든 수역에서 기선으로부터 12해리까지이다.	아니요	예
(가)	㉠	아니요
(나)	㉡	예
점수	4점	2점

• 교사는 각 답변이 옳으면 1점, 틀리면 0점을 줌.

→ 이 중에서 하나만 ○ 이어야 함

〈 보기 〉

ㄱ. (가)가 '이어도는 우리나라의 A에 포함된다.'이면, ㉡은 '예'이다. ~~아니요~~

ㄴ. (나)가 'C에서는 타국의 인공 섬 설치가 보장된다.'이면, ㉠은 '아니요'이다.

ㄷ. ㉠이 '예'이면, (나)에는 '제주도는 직선 기선을 설정하기 위한 기점 중 하나이다.'가 들어갈 수 있다. ~~없다~~

ㄹ. ㉡이 '아니요'이면, (가)에는 '우리나라 A의 최남단은 해남 땅끝 마을이다.'가 들어갈 수 있다.

① ㄱ, ㄴ　② ㄱ, ㄷ　③ ㄴ, ㄷ　✔④ ㄴ, ㄹ　⑤ ㄷ, ㄹ

| 자료 분석 |

자료의 A는 영토, B는 영해, C는 배타적 경제 수역이다. 자료에서 갑은 4개 내용에서 총 4점을 획득하였으므로 모든 내용에 옳은 답변을 하였다. 을은 4개의 내용에서 총 2점을 획득하였으므로 (가)와 (나) 중 하나에만 옳은 답변을 하였다.

| 보기 해설 |

ㄱ. '이어도는 우리나라의 A 영토에 포함된다.'는 옳지 않은 내용이다. 따라서 (가)에 이 문장이 들어가면 ㉠은 '아니요'이다. 을은 (가)에 옳은 답변을 하였으므로, (나)에 옳지 않은 답변을 해야 한다. 따라서 을이 '예'를 하였으므로, (나)에 대한 갑의 옳은 답변인 ㉡은 '아니요'이다.

ㄴ. 'C 배타적 경제 수역에서는 타국의 인공 섬 설치가 보장된다.'는 옳지 않은 내용이다. 따라서 (나)에 이 문장이 들어가면 ㉡은 '아니요'이고, 을은 (나)에 대해 옳지 않은 답변을 하였다. 을은 (가)에 옳은 답변을 해야 하며, (가)에서 '아니요'를 하였으므로, (가)에 대한 갑의 옳은 답변인 ㉠은 '아니요'이다.

ㄷ. ㉠이 '예'이면, 을은 (가)에 옳지 않은 답변을 한 것이다. 따라서 을은 (나)에 옳은 답변을 해야 하며, (나)에 대한 갑의 옳은 답변이 되려면 ㉡은 을과 같은 '예'이어야 한다. 즉, (나)에는 '예'에 해당하는 답변이 들어가야 하지만 '제주도는 직선 기선을 설정하기 위한 기점 중 하나이다.'는 '아니요'에 해당하는 내용이므로, (나)에는 이 문장이 들어갈 수 없다.

ㄹ. ㉡이 '아니요'이면, 을은 (나)에 옳지 않은 답변을 한 것이다. 따라서 을은 (가)에 옳은 답변을 하였으며, (가)에 대한 갑의 옳은 답변인 ㉠은 을과 같은 '아니요'이어야 한다. 즉, (가)에는 '아니요'에 해당하는 답변이 들어가야 한다. '우리나라 A 영토의 최남단은 해남 땅끝 마을이다.'는 '아니요'에 해당하는 내용이므로 (가)에는 이 문장이 들어갈 수 있다.

다음 자료는 우리나라 영해에 관한 것이다. 이에 대한 설명으로 옳은 것은? [3점]

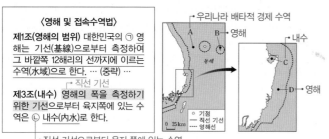

〈영해 및 접속수역법〉

제1조(영해의 범위) 대한민국의 ㉠ 영해는 기선(基線)으로부터 측정하여 그 바깥쪽 12해리의 선까지에 이르는 수역(水域)으로 한다. … (중략) …
└→ 직선 기선

제3조(내수) 영해의 폭을 측정하기 위한 기선으로부터 육지쪽에 있는 수역은 ㉡ 내수(内水)로 한다.
└→ 직선 기선으로부터 육지 쪽에 있는 수역

① ㉠은 우리나라 모든 수역에 ~~적용된다.~~
　　　　　　　　　　　C 　 적용되지 않는다

② ㉡에 해당되는 곳은 ~~A이다.~~

✔③ B는 우리나라의 주권이 미치는 수역이다.
　　└→ 내수와 영해

④ D는 우리나라의 ~~배타적 경제 수역이다.~~
　　　　　　　　영해

⑤ C와 D에서는 일본과 공동으로 어업 자원을 ~~관리한다.~~
　　　　　　　　　　　　　　관리하지 않는다

| 자료 분석 |

㉠ 영해 기선으로부터 12해리의 선까지 이르는 수역인 영해에 대한 설명이다. ㉡ 내수는 기선으로부터 육지 쪽에 있는 수역으로 우리나라의 주권이 인정된다. A는 우리나라의 배타적 경제 수역에 위치한 지점, B는 우리나라의 영해에 위치한 지점, C는 우리나라의 내수에 위치한 지점, D는 우리나라의 영해에 위치한 지점이다.

| 선지 해설 |

① 우리나라는 모든 수역에서 영해의 범위를 12해리의 선까지로 지정하지는 않는다. 일정 수역에 있어서는 대통령령으로 정하는 바에 따라 12해리 이내에서 영해의 범위를 따로 정할 수 있다. 우리나라의 대한 해협이 일본과의 거리가 가까워 직선 기선으로부터 3해리까지의 수역을 영해로 설정한다.

② ㉡ 내수에 해당하는 곳은 C이다. A는 영해선 바깥에 위치하는 지점으로 우리나라의 배타적 경제 수역에 해당한다.

③ B는 독도 기선으로부터 12해리까지의 수역 안에 위치한 지점이다. 따라서 B는 우리나라의 영해에 위치한 지점으로 우리나라의 주권이 미치는 수역이다.

④ D는 영해선 안쪽에 위치하므로 우리나라의 영해에 위치한 지점이다. 우리나라의 배타적 경제 수역은 영해선 바깥쪽이다.

⑤ 일본과 공동으로 어업 자원을 관리하는 수역은 한·일 중간 수역이다. C는 우리나라의 내수, D는 우리나라의 영해이므로 일본이 어업 자원을 관리할 수 없다.

지도의 A~D에 대한 설명으로 옳은 것은?

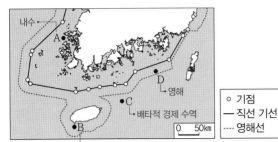

내수

A

D
영해

C

배타적 경제 수역

0   50km

B

└→ 마라도: 영토 최남단

○ 기점
— 직선 기선
⋯⋯ 영해선

① A에서 간척 사업이 이루어지면 영해의 범위는 ~~확대된다.~~
　　　　　　　 이루어져도　　　　　 변화되지 않는다
② ~~B~~에는 종합 해양 과학 기지가 건설되어 있다.
　 이어도
③ C는 한·일 중간 수역에 ~~위치한다.~~
　　　　　　　　　 위치하지 않는다
✔④ D는 직선 기선으로부터 12해리 이내에 위치한다.
⑤ ~~A~~~D의 수직 상공은 모두 우리나라의 영공이다.
　 A, B, D

| 자료 분석 |

지도의 A는 내수(內水), B는 우리나라 영토의 최남단인 마라도, C는 우리나라의 배타적 경제 수역, D는 직선 기선이 적용된 우리나라의 영해이다. 내수(內水)는 국가 안에 있는 호수, 하천, 운하 등을 의미하며, 영해 및 접속 수역법에 따라 영해의 폭을 측정하기 위한 기선으로부터 육지 쪽에 있는 수역은 내수(內水)에 포함된다.

| 선지 해설 |

① A 내수는 영해 설정의 기준이 되는 직선 기선으로부터 육지 쪽에 위치한 수역이다. 따라서, A에서 간척 사업이 이루어져도 영해의 범위는 확대되지 않는다.

② B 마라도에는 종합 해양 과학 기지가 건설되어 있지 않다. 우리나라의 종합 해양 과학 기지는 이어도에 건설되어 있다. 이어도는 암초로 우리나라의 영토에는 포함되지 않으며, 우리나라의 배타적 경제 수역 내에 위치한다.

③ C는 우리나라의 배타적 경제 수역으로 한·일 중간 수역에 위치하지 않는다.

④ D는 직선 기선이 적용된 우리나라의 영해이며, 직선 기선으로부터 12해리 이내에 위치한다.

⑤ A와 D는 우리나라의 영해, B는 우리나라의 영토에 해당하므로, A, B, D의 수직 상공은 모두 우리나라의 영공이다. 하지만, C는 우리나라의 영해에 포함되지 않으므로, C의 수직 상공 역시 우리나라의 영공이 아니다.

다음 글의 ㉠~㉤에 대한 설명으로 옳은 것은? (단, 타 국가의 행위는 우리나라의 사전 허가가 없었음.)

○ 전남 고흥군 나로 우주 센터는 누리호 발사 과정에서 생길 수 있는 안전 문제를 차단하기 위해 발사대 주변 해상과 상공에 대한 통제 구역을 발표하였다. 통제 내용은 해당 ㉠ 내수에서의 선박 운항 그리고 해당 내수와 ㉡ 영해의 수직 상공에서의 항공기 운항 등이다. └→ 최외곽 도서로 직선 기선의 영해 기점
　　　　　　　　　　　　　　　→ 기선으로부터 육지 쪽에 있는 수역
○ 충남 태안군 ㉢ 서격렬비도에는 태극기가 새겨진 첨성대 조형물에 영해 기점이 표시되어 있다. 이 기점에서 서쪽으로 약 90 km를 가면 ㉣ 한·중 잠정 조치 수역이 시작된다. ㉤ 서격렬비도를 지나는 직선 기선과 한·중 잠정 조치 수역 사이 해역에서는 주변국 어선의 불법 조업을 감시하는 활동이 이루어진다.

└→ 우리나라와 중국이 공동으로 조업 및 어족 자원 관리 가능
① ㉠에서 간척 사업이 이루어지면 영해가 ~~확대된다.~~
　　　　　　　　　　　　　　　　 확대되지 않는다
② ㉡에서는 중국 군용기의 통과가 ~~허용된다.~~
　　　　　　　　　　　　 허용되지 않는다
✔③ ㉢과 가장 가까운 육지 사이의 수역은 ㉠에 해당한다.
④ ~~㉣~~에서는 일본 국적 어선의 조업이 ~~허용된다.~~
　　　　　　　　　　　　　 허용되지 않는다
⑤ ~~㉤~~은 모두 우리나라의 배타적 경제 수역(EEZ)에 해당한다. 해당하지 않는다

└→ 영해 기선으로부터 200해리까지의 수역 중 영해를 제외한 수역

| 자료 분석 |

㉠ 내수는 기선으로부터 육지 쪽에 있는 수역으로 우리나라의 주권이 인정된다. ㉡ 영해의 수직 상공은 영공으로 당사국의 허가 없이 다른 국가의 비행기가 통과할 수 없으나 국가 간 상호 협의 하에 영공을 평화적으로 이용할 수 있다. ㉢ 서격렬비도는 직선 기선의 영해 기점에 해당하는 섬이다. 우리나라는 중국과 배타적 경제 수역이 겹치는데, 이를 조정하기 위해 중국과 어업 협정을 체결하고, ㉣ 한·중 잠정 조치 수역을 설정하였다.

| 선지 해설 |

① 간척 사업은 주로 직선 기선 내에 위치한 내수에서 이루어진다. 따라서 ㉠ 내수에서 간척 사업이 이루어지더라도 영해가 확대되지 않는다.

② 영해의 수직 상공은 영공에 해당한다. 다른 국가는 우리나라 영공에서 사전 허가 없이 군용기를 운항할 수 없다. 따라서 ㉡ 영해의 수직 상공에서는 사전 허가가 없었던 중국 군용기의 통과가 허용되지 않는다.

③ ㉢ 서격렬비도는 직선 기선의 영해 기점으로 최외곽에 위치한 도서이다. 따라서 이와 가장 가까운 육지 사이의 수역은 ㉠ 내수에 해당한다.

④ ㉣ 한·중 잠정 조치 수역에서의 조업은 우리나라와 중국 어선만 허용되며, 일본 국적 어선의 조업은 허용되지 않는다.

⑤ 서격렬비도를 지나는 직선 기선으로부터 바깥쪽 12해리까지의 바다는 우리나라의 영해이다. ㉤에는 배타적 경제 수역(EEZ)과 영해가 함께 포함된다. 따라서 틀린 선지이다.

다음 글은 위치와 관련한 우리나라의 명소에 대한 것이다. ㉠~㉢에 대한 설명으로 옳은 것은?

> └→4극을 기준으로 우리나라의 정중앙에 위치
>
> ○ 양구군에는 우리나라의 4극을 기준으로 정중앙을 상징하는 기념물이 ㉠ 동경 128° 02′ 02.5″, 북위 38° 03′ 37.5″ 지점에 세워져 있다. 국토 정중앙이라는 지역 특성을 알리기 위해 여름철에 '배꼽 축제'가 열린다. └→서울과 비슷한 위도의 동해안에 위치
>
> ○ ㉡ 정동진이라는 지명은 '한양의 광화문에서 정동쪽에 위치한 나루터가 있는 마을'이라는 뜻에서 유래되었다. 바다와 접한 기차역과 대형 모래시계, 조각 공원 등이 있어 많은 관광객이 찾고 있으며 전국적인 해돋이 관광 명소이다.
>
> ○ 해남군에는 ㉢ 한반도 육지의 가장 남쪽 끝 지점에 한반도의 땅끝임을 알리는 탑이 세워져 있다. 같은 장소에서 아름다운 일몰과 일출을 볼 수 있다는 특성을 활용하여 '땅끝 해넘이·해맞이 축제'가 열린다. └→한반도 육지의 남쪽

우리나라 최동단인 독도
① ㉡은 우리나라에서 일몰 시각이 가장 이르다.
                    └→동쪽에 위치한 지역일수록 이름
② ㉢은 우리나라 영토의 최남단에 위치한다.
 제주특별자치도 서귀포시 마라도
③ ㉡은 ㉠보다 우리나라 표준 경선과의 최단 거리가 가깝다.
             └→동경 135°
④ ㉠, ㉢은 모두 관계적 위치를 표현한 것이다. ┬→㉠: 수리적 위치
 └→최외곽에 위치한 섬   └→㉢: 지리적 위치
⑤ ㉡, ㉢ 주변 해안의 최저 조위선은 직선 기선으로 활용된다.
 └→통상 기선 적용   활용되지 않는다

출제 경향

우리나라의 위치와 관련된 문항은 우리나라의 4극의 특징을 묻는 문항이 주로 출제된다. 우리나라 4극의 특징뿐만 아니라 우리나라의 표준 경선, 영역, 기후 등에 대해 종합적으로 묻는 경우가 있기 때문에 기출 문제를 중심으로 자주 출제되는 우리나라 4극의 특징을 정리해 두어야 한다.

| 자료 분석 |

㉠은 우리나라의 4극을 기준으로 했을 때 정중앙에 위치한 지점이다. 강원도 강릉에 위치한 ㉡ 정동진은 서울과 비슷한 위도에 위치해 있다. ㉢은 한반도 육지의 가장 남쪽에 위치한 전라남도 해남군이다.

| 선지 해설 |

① 일출, 남중, 일몰 시각은 모두 동쪽에 위치한 지역일수록 이르다. 따라서 우리나라에서 일몰 시각이 가장 이른 곳은 우리나라 영토 중 가장 동쪽에 위치한 경상북도 울릉군 독도 동단(동경 131°52′)이다.

② 우리나라 영토의 최남단은 제주특별자치도 서귀포시 마라도 남단(북위 33° 06′)이다. ㉢은 육지부에서 가장 남쪽에 위치한 지점이다.

③ 우리나라의 표준 경선은 동경 135°이다. 따라서 동해안에 위치한 ㉡이 강원도 내륙에 위치한 ㉠보다 우리나라 표준 경선과의 최단 거리가 가깝다.

④ ㉠은 위도와 경도로 표현하는 위치인 수리적 위치이다. ㉢은 대륙, 해양, 반도 등의 지형지물을 기준으로 표현하는 위치인 지리적 위치이다.

⑤ ㉡은 동해안에 위치하므로 주변 해안의 최저 조위선은 통상 기선으로 활용된다. 해남군이 위치한 남해안은 최외곽에 위치한 섬을 직선으로 연결한 직선 기선을 영해 기선으로 적용한다. 따라서 ㉢ 해남 주변 해안의 최저 조위선은 영해 기준선으로 쓰이지 않는다.

다음은 우리나라 영해에 대한 온라인 수업의 한 장면이다. 답글의 내용이 옳은 학생만을 고른 것은? [3점]

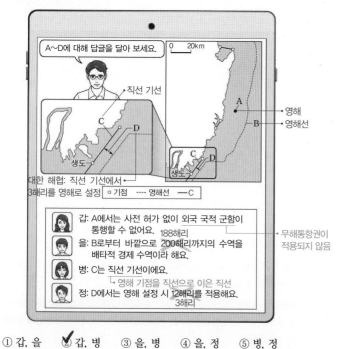

① 갑, 을   ② 갑, 병   ③ 을, 병   ④ 을, 정   ⑤ 병, 정

| 자료 분석 |

A는 육지와 영해선 사이에 위치하므로 우리나라의 영해, B는 영해선이다. C는 기점이 되는 최외곽 섬을 직선으로 연결한 직선 기선이다. D는 부산 앞바다에 설정된 직선 기선에서 영해선까지의 거리를 나타낸 것이다.

| 선지 해설 |

갑. 영해에서 외국 선박은 대한민국의 평화·공공질서 또는 안전보장을 해치지 아니하는 범위에서 대한민국의 영해를 무해통항(無害通航)할 수 있다. 하지만, 외국의 군함 또는 비상업용 정부 선박이 영해를 통항하려는 경우에는 대통령령으로 정하는 바에 따라 관계 당국에 미리 알려야 한다. 따라서 사전 허가 없는 외국 국적 군함은 A 우리나라 영해를 통항할 수 없다.

을. 배타적 경제 수역은 영해 기선으로부터 200해리까지 수역 중 영해를 제외한 수역이다. 따라서 B 영해선으로부터 바깥으로 188해리까지의 수역을 배타적 경제 수역이라고 한다.

병. C는 기점이 되는 최외곽 섬을 직선으로 연결한 직선 기선이다.

정. D 부산 앞바다에 설정된 직선 기선과 영해선 사이의 수역은 대한 해협에 속한다. 일본과 거리가 가까운 대한 해협에서는 직선 기선으로부터 3해리까지의 수역을 영해로 설정한다.

11 우리나라의 영역과 배타적 경제 수역 24학년도 7월 학평 3번

정답 ④ | 정답률 82%

지도의 A~E에 대한 설명으로 옳은 것은? (단, 타 국가의 행위는 우리나라의 사전 허가가 없었음.)

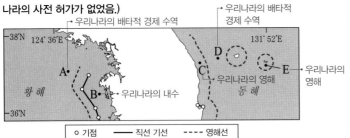

① A의 수직 상공은 우리나라의 주권이 미치는 영역이다.
　　　　　　　　　　　　　　　　　　　　영역이 아니다
② B에서는 중국 정부의 선박이 해저 자원을 탐사할 수 있다.
　　　　　　　　　　　　　　　　　　　　　　　없다
③ C는 우리나라의 배타적 경제 수역(EEZ)에 포함된다.
　　　　　　　　　　　　　　　　　포함되지 않는다
✔ E에서는 일본 국적의 어선이 조업을 할 수 없다.
⑤ C와 D의 최단 경로는 한·일 중간 수역을 지난다.
　　　　　　　　　　　　　　　　　지나지 않는다

| 자료 분석 |

지도의 A와 D는 우리나라의 영해선 바깥쪽에 위치하므로 우리나라의 배타적 경제 수역이다. B는 직선 기선 내에 위치해 있으므로 내수(內水)이고, C와 E는 우리나라의 영해이다.

| 선지 해설 |

① A 우리나라 배타적 경제 수역의 수직 상공은 우리나라의 주권이 미치는 영역이 아니다. 다만, 영토와 영해의 수직 상공은 영공으로 우리나라의 주권이 미치는 영역이다.

② B 우리나라의 내수(內水)에서는 중국 정부의 선박이 우리나라의 사전 허가 없이 해저 자원을 탐사할 수 없다.

③ C 우리나라 영해는 우리나라의 배타적 경제 수역(EEZ)에 포함되지 않는다. 배타적 경제 수역(EEZ)은 보통 영해 기선으로부터 200해리까지의 수역 중 영해를 제외한 수역이며, 연안국의 천연자원 탐사·개발·보존 및 관리, 어업 활동, 환경 보호, 인공 섬 설치 등과 같은 경제적 권리를 배타적으로 보장받는다.

④ E 우리나라 영해에서는 일본 국적의 어선이 우리나라의 사전 허가 없이 조업을 할 수 없다.

⑤ C는 우리나라 영해, D는 우리나라의 배타적 경제 수역이며, C와 D의 최단 경로는 한·일 중간 수역을 지나지 않는다.

12 독도와 가거도의 특징 24학년도 3월 학평 1번

정답 ④ | 정답률 85%

다음 글의 (가), (나) 섬에 대한 설명으로 옳은 것은?

(가) 동도와 서도 및 89개의 부속 도서로 이루어진 이곳은 돌섬이
독도 란 뜻의 '독섬'에서 이름이 유래하였다. 대한민국 영토임을 알리는 글자가 바위에 새겨져 있으며, 날씨가 맑은 날에는 가장 가까운 유인도인 울릉도에서 이곳을 육안으로 볼 수 있다.
　　└ 울릉도에서 약 87.4km 떨어진 곳에 위치함
(나) 대한민국 최서남단 표지석이 있는 이곳은 '가히 사람이 살 만
가거도 한 곳'에서 이름이 유래하였다. 목포 여객선 터미널에서 출발하는 배로 수 시간 내에 도달할 수 있으며, 해양 수산부는 우리 바다의 영역적 가치를 알리기 위해 이곳을 2023년 '올해의 섬'으로 선정하였다.
　　└ 한 국가의 주권이 미치는 공간적 범위

　　　　　　　　　　　　　　　　가(可 가히 가) 거(居 살 거)
① (가)는 영해 설정에 직선 기선을 적용한다.　도(島 섬 도)
　　　　　　　　　　통상
② (나)의 주변 12해리 수역은 모두 내수(內水)에 해당한다.
　　　　　　　　　　　　　　육지 쪽에 있는 수역만
③ (가)는 (나)보다 최한월 평균 기온이 높다.
　　　　　　　　　　　　　　　　낮다
✔ (나)는 (가)보다 일출 시각이 늦다.
　└ 우리나라 최동단에 위치한 독도가 가장 이름
⑤ (가), (나)는 모두 최종 빙기에 육지와 연결되어 있었다.
(가) 독도는 최종 빙기에 섬이었음

| 자료 분석 |

(가)는 동도와 서도 및 89개의 부속 도서로 이루어져 있으며, 날씨가 맑은 날에는 울릉도에서 육안으로 볼 수 있다는 내용으로 보아 우리나라 최동단에 위치한 독도이다. (나)는 대한민국 최서남단 표지석이 있는 곳이며 '가히 사람이 살만한 곳'이라는 의미에서 지명이 유래하였다는 것으로 보아 가거도이다.

| 선지 해설 |

① (가) 독도를 비롯한 동해안 대부분, 제주도, 울릉도 등은 통상 기선으로부터 12해리까지의 수역을 영해로 적용한다. 영해 설정에 직선 기선을 적용하는 수역은 서·남해안, 동해안 일부(영일만, 울산만)이다.

② (나) 가거도는 최서남단에 위치하여 직선 기선의 기점이 되는 곳으로 주변 12해리 수역에는 영해와 내수(內水)가 모두 있다. 직선 기선에서 바다 쪽에 있는 수역은 영해이며, 육지 쪽에 있는 수역은 내수(內水)이다.

③ 최한월 평균 기온은 대체로 저위도 해안으로 갈수록 높다. 따라서 상대적으로 고위도에 위치한 (가) 독도는 저위도에 위치한 (나) 가거도보다 최한월 평균 기온이 낮다.

④ 일출 및 일몰 시각은 대체로 동쪽에 위치한 곳이 이르고 서쪽에 위치한 곳이 늦다. (나) 가거도는 우리나라에서 가장 서남쪽에 위치하므로 우리나라에서 가장 동쪽에 위치한 (가) 독도보다 일출 시각이 늦다.

⑤ 최종 빙기 최성기에는 현재보다 해수면이 100m 이상 낮았다. 이 시기에 오늘날 황해는 육지로 드러나 있었고, 수심이 깊은 동해의 경우 호수의 형태로 존재하였기 때문에 울릉도, 독도는 이 시기에도 섬이었다.

(가)~(다) 지역에 대한 설명으로 옳은 것은?

우리나라 영토의 최동단 → | → 우리나라 영토의 최남단

지역	수리적 위치	특징
(가) 독도	37°14′N, 131°52′E	울릉도에서 남동쪽으로 약 87.4km 떨어져 있으며, 동도와 서도 및 89개의 부속 도서로 이루어져 있다.
(나) 이어도	32°07′N, 125°11′E	마라도에서 남서쪽으로 약 149km 떨어져 있는 수중 암초이며, 종합 해양 과학 기지가 건설 되어 있다. → 주변 해양의 환경 및 기상 관련 자료를 수집
(다) 백령도	37°57′N, 124°40′E	인천항에서 북서쪽으로 약 178km 떨어진 섬 이며, 주요 관광지로 해안 경관이 뛰어난 두 무진이 있다.

↳ 남한의 최서단

① (가)는 우리나라 영토의 최동단에 위치한다.
② (나)는 천연 보호 구역으로 지정되어 있다. → 한반도와 그 부속 도서
　(가) → 이어도는 수중 암초로 영토가 아님
　↳ 독도, 마라도 등
③ (다)의 주변 해역은 한·일 중간 수역에 포함된다.
　포함되지 않는다
④ (나)는 (가)보다 일출 시각이 이르다.
　늦다
⑤ (다)는 (나)보다 최한월 평균 기온이 높다.
　낮다

| 자료 분석 |

(가)는 우리나라 영토의 최동단에 위치한 독도, (나)는 수중 암초인 이어도, (다)는 남한의 최서단에 위치한 백령도이다.

| 선지 해설 |

① (가) 독도는 131°52′E에 위치하며, 이는 우리나라 영토의 최동단에 해당한다.

② (나) 이어도는 천연 보호 구역으로 지정되어 있지 않다. (가)~(다) 지역 중 천연 보호 구역으로 지정된 곳은 (가) 독도이다.

③ 우리나라와 일본이 어업 협정을 체결하여 설정한 한·일 중간 수역은 동해와 남해상에 위치한다. 따라서 황해에 위치한 (다) 백령도의 주변 해역은 한·일 중간 수역에 포함되지 않는다.

④ 일출·일몰·남중 시각은 대체로 동쪽에서 서쪽으로 갈수록 늦다. (나) 이어도는 우리나라 영토의 최동단에 위치한 (가) 독도보다 서쪽에 위치한다. 따라서 (나) 이어도는 (가) 독도보다 일출 시각이 늦다.

⑤ 최한월 평균 기온은 저위도에서 고위도로 갈수록 대체로 낮아진다. (다) 백령도는 (나) 이어도보다 고위도에 위치한다. 따라서 (다) 백령도는 (나) 이어도보다 최한월 평균 기온이 낮다.

연결형 문제로 개념 확인

(1) 독도 ·　　　　　· ㉠ 종합 해양 과학 기지가 건설되어 있다.
(2) 이어도 ·　　　　· ㉡ 우리나라에서 일몰 시각이 가장 이르다.
(3) 백령도 ·　　　　· ㉢ 황해에 위치하며 두무진을 관광할 수 있다.

(1) - ㉡　(2) - ㉠　(3) - ㉢

다음은 어느 노래 악보의 일부이다. ㉠~㉣에 대한 옳은 설명만을 〈보기〉에서 고른 것은?

산의 정상부에 화강암이 → | → 한반도·러시아·일본으로 둘러싸인 바다
많이 노출된 돌산 | → 우리나라의 표준 경선이 지나감

1. 저 - 멀 리 ㉠동해 바다 외 로 - 운 - - 섬　오 - 늘 도
2. ㉡금 - 강 산 맑은 물 은 동 해로흐 - 르 고　설 - 악 산 → 돌산
3. ㉢백 - 두 산 두만강에서 배 타고떠 - 나 라　한 - 라 산 → 화산

거센 바 람　불 어 오 겠 - 지　조 그 만 얼 굴 로
맑은 물 도　동 해 가 는 - 데　우 리 네 마음들 은
제주 에 서　배 타 고 간 - 다　가 다 가 홀로섬 에

바 람-맞-으 니　㉣독 도 야 간 밤 에 잘 - 잤느 냐
어디로-가 - 는 가　언 제 쯤 우 리 는 하 나 가될까
닻 을-내 - 리 고　떠 오 르 는 아침해 를 맞 이 해보자

지하 깊은 곳의 마그마가 지각의　→ 통상 기선으로부터 12해리까지의
틈을 통해 지표로 분출하는 과정　수역이 영해
에서 만들어진 화산 지형

〈 보기 〉

ㄱ. 우리나라의 표준 경선은 ㉠을 지난다.
　↳ 동경 135°
ㄴ. ㉣은 영해 설정에 통상 기선이 적용된다.
　↳ 최저 조위선
ㄷ. ㉡은 ㉢보다 주된 기반암의 형성 시기가 늦다. 이르다
　↳ ㉡ 금강산: 화강암(중생대)
　↳ ㉢ 백두산: 화산암(신생대)
ㄹ. ㉡, ㉢은 모두 2차 산맥에 위치한다.
　1차

① ㄱ, ㄴ　② ㄱ, ㄷ　③ ㄴ, ㄷ　④ ㄴ, ㄹ　⑤ ㄷ, ㄹ

| 자료 분석 |

우리나라의 표준 경선은 동경 135°로 이는 동해를 지난다. 표준 경선은 국가나 지역별 표준시의 기준이 되는 경선을 의미한다. 영해의 범위는 통상 기선과 직선 기선으로 구분하여 적용한다. 독도는 통상 기선에서 12해리까지를 영해로 설정한다. 백두산은 신생대에 형성된 화산이며, 금강산은 산의 정상부에 화강암이 노출된 돌산이다.

| 보기 해설 |

ㄱ. 우리나라는 경도상으로 동경 124°~132°에 위치하며, 우리나라의 표준 경선은 동경 135°로 ㉠ 동해를 지난다. 이로 인해 우리나라의 표준시는 본초 자오선이 지나는 영국보다 9시간 빠르다.

ㄴ. 영해 설정 시 해안선이 단조롭거나 섬이 해안에서 멀리 떨어져 있는 경우에 통상 기선이 영해의 기준선이 된다. 동해안, 제주도, 울릉도, ㉣ 독도 등은 통상 기선에서 12해리까지를 영해로 설정한다.

ㄷ. 금강산의 주된 기반암은 중생대에 관입한 화강암이고, 백두산의 주된 기반암은 신생대에 화산 활동으로 형성된 화산암이다. 따라서 ㉡ 금강산은 ㉢ 백두산보다 주된 기반암의 형성 시기가 이르다.

ㄹ. 금강산은 태백산맥에 위치하며, 백두산은 마천령산맥에 위치한다. 마천령산맥, 태백산맥, 함경산맥 등은 경동성 요곡 운동으로 융기한 산지인 1차 산맥이다. 따라서 ㉡ 금강산, ㉢ 백두산은 모두 1차 산맥에 위치한다.

15 우리나라의 영역과 배타적 경제 수역 21학년도 6월 모평 1번
정답 ③ | 정답률 79%

지도의 (가)~(마)에 대한 설명으로 옳은 것만을 〈보기〉에서 고른 것은?

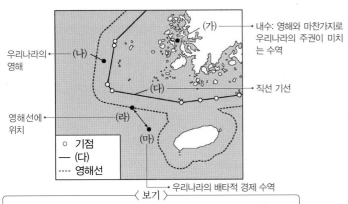

내수: 영해와 마찬가지로 우리나라의 주권이 미치는 수역
직선 기선
우리나라의 배타적 경제 수역

〈 보기 〉
ㄱ. (가)에서 간척 사업이 이루어지면 영해의 범위가 ~~확대된다.~~ 변함없다
ㄴ. (나)는 우리나라의 주권이 미치는 수역이다.
ㄷ. (다)는 직선 기선이다.
ㄹ. (라)와 (마)의 최단 경로는 한·일 중간 수역을 ~~지난다.~~ 지나지 않는다
   동해와 남해상에 위치

① ㄱ, ㄴ ② ㄱ, ㄷ ✔③ ㄴ, ㄷ ④ ㄴ, ㄹ ⑤ ㄷ, ㄹ

| 자료 분석 |

(가)는 직선 기선 내에 위치해 있으므로 내수(內水)이다. (나)는 직선 기선과 영해선 사이에 위치하므로 우리나라의 영해이다. (다)는 최외곽에 위치한 섬을 직선으로 연결한 직선 기선이다. (라)는 영해선에 위치해 있으며 (마)는 우리나라의 배타적 경제 수역에 위치한다.

| 보기 해설 |

ㄱ. 간척 사업은 주로 해안 또는 육지와 인접한 섬 지역, 즉 내수(內水)에서 이루어진다. 따라서 내수에 위치한 (가)에서 간척 사업이 이루어지더라도 직선 기선에서 외측으로 12해리까지인 영해의 범위에는 변화가 없다.

ㄴ. 영해는 연안국의 주권이 미치는 해양의 범위이다. (나)는 직선 기선과 영해선 사이에 위치해 있으므로 우리나라의 주권이 미치는 수역인 영해이다.

ㄷ. (다)는 기점이 되는 최외곽에 위치한 섬을 직선으로 연결한 직선 기선이다.

ㄹ. (라)와 (마) 사이의 최단 경로는 우리나라의 배타적 경제 수역에 해당한다. 우리나라와 일본이 어업 협정을 체결하여 설정한 한·일 중간 수역은 동해와 남해상에 위치한다. 따라서 (라)와 (마)의 최단 경로는 한·일 중간 수역을 지나지 않는다.

16 우리나라의 영역과 배타적 경제 수역 20학년도 수능 1번
정답 ④ | 정답률 74%

다음은 우리나라 영역에 대한 한국 지리 수업 장면이다. 발표 내용이 옳은 학생을 고른 것은?

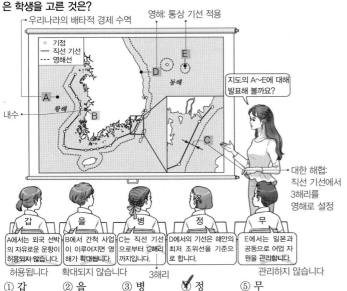

A에서는 외국 선박의 자유로운 운항이 허용되지 않습니다.
허용됩니다
B에서 간척 사업이 이루어지면 영해가 확대됩니다.
확대되지 않습니다
C는 직선 기선으로부터 12해리까지입니다.
3해리
D에서의 기선은 해안의 최저 조위선을 기준으로 합니다.
E에서는 일본과 공동으로 어업 자원을 관리합니다.
관리하지 않습니다

① 갑 ② 을 ③ 병 ✔④ 정 ⑤ 무

| 자료 분석 |

지도의 A는 우리나라의 배타적 경제 수역, B는 서해안에 위치한 내수(內水), C는 대한 해협에 위치한 우리나라의 영해, D는 동해안, E는 우리나라의 영해이다.

| 선지 해설 |

갑. A는 우리나라의 배타적 경제 수역으로 외국 선박의 자유로운 운항이 가능하다. 배타적 경제 수역은 해당 국가의 경제적 주권만 인정되는 수역으로 영해와 달리 외국 선박의 자유로운 통행은 허용된다.

을. 간척 사업은 서·남해안에서 이루어지는데 서·남해안은 영해 설정 시 직선 기선을 적용하며 직선 기선 내의 수역은 내수(內水)에 해당한다. 따라서 내수에 해당하는 B에서 간척 사업이 이루어지더라도 영해는 확대되지 않는다.

병. C는 대한 해협으로 우리나라와 일본의 영토인 쓰시마 섬이 가까이 위치해 있어 예외적으로 직선 기선에서 12해리가 아닌 3해리까지를 영해로 설정한다.

정. D는 동해안에 위치해 있으므로 통상 기선을 영해 기선으로 적용한다. 통상 기선은 해수면이 가장 낮았을 때의 해안선인 최저 조위선을 기준으로 한다.

무. E는 우리나라의 영해이므로 일본이 어업 자원을 관리할 수 없다. 우리나라와 일본이 공동으로 어업 자원을 관리하는 수역은 한·일 중간 수역이다.

선택형 문제로 개념 확인

(1) 영해는 일반적으로 기선으로부터 (12, 24)해리까지이다.

(2) 일본과 거리가 가까운 대한 해협에서는 (통상, 직선) 기선으로부터 3해리까지만 영해로 설정한다.

(1) 12 (2) 직선

17 제주도와 울릉도의 특징 23학년도 7월 학평 1번

정답 ③ | 정답률 85%

(가), (나) 섬에 대한 설명으로 옳은 것은?

우리나라의 남쪽 지역

구분	(가) 제주도	(나) 울릉도	
위치	33° 30′N, 126° 31′E	37° 29′N, 130° 54′E	← 우리나라의 동쪽 지역
면적	약 1,849.2㎢	약 72.9㎢	
대표 축제	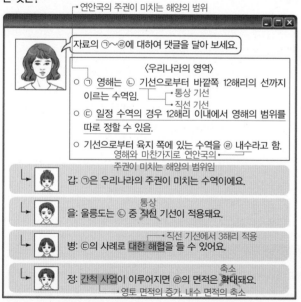○○ 해녀축제 2022. 9. 24.~9. 25.	오징어 축제 2022. 8. 27. ~ 8. 29.	← 동해안과 울릉도에서 주로 개최함

→ 제주도에서 열림

① (가)의 중앙에는 칼데라 분지가 있다.
　(나)
② (나)는 세계 자연 유산으로 등재되어 있다.
　(가)
③ (가)는 (나)보다 일출 시각이 늦다.
④ (나)는 (가)보다 최고 지점의 해발 고도가 높다.
　　　　　　　　　　　　　　　　　 낮다
⑤ (가)와 (나)는 모두 영해 설정 시 직선 기선을 적용한다.
　　　　　　　　　　　　　　　　 통상

자료 분석

(가)는 33° 30′N, 126° 31′E에 위치하고 면적이 약 1,849.2㎢이며, 해녀 축제로 유명한 제주도이다. (나)는 37° 29′N, 130° 54′E에 위치하고 면적이 72.9㎢이며, 오징어 축제로 유명한 울릉도이다.

선지 해설

① (가) 제주도의 중앙에는 한라산 백록담이 있다. 한라산 백록담은 화구호이며, (나) 울릉도에는 칼데라 분지인 나리 분지가 있다.

② (가) 제주도는 한라산, 거문오름 용암 동굴계, 성산 일출봉이 세계 자연 유산으로 등재되어 있다. (나) 울릉도는 세계 자연 유산으로 등재되어 있지 않다.

③ (가) 제주도는 126° 31′E에 위치하며, (나) 울릉도는 130° 54′E에 위치한다. (가) 제주도는 (나) 울릉도보다 서쪽에 위치하여 일출 및 일몰 시각이 늦다.

④ (나) 울릉도의 최고 지점은 성인봉이며, (나) 제주도의 최고 지점은 한라산이다. 제주도의 한라산은 남한에서 가장 해발 고도가 높은 산으로 (나) 울릉도는 (가) 제주도보다 최고 지점의 해발 고도가 낮다.

⑤ (가) 제주도와 (나) 울릉도는 모두 영해 설정 시 통상 기선을 적용한다. 동해안, 제주도, 울릉도, 독도 등은 통상 기선에서 12해리까지 영해로 설정한다.

---

18 우리나라의 영역과 배타적 경제 수역 21학년도 수능 3번

정답 ② | 정답률 87%

다음은 온라인 수업 장면의 일부이다. 댓글의 내용이 옳은 학생만을 고른 것은?

→ 연안국의 주권이 미치는 해양의 범위

자료의 ⊙~@에 대하여 댓글을 달아 보세요.

〈우리나라의 영역〉

○ ⊙ 영해는 ⊙ 기선으로부터 바깥쪽 12해리의 선까지 이르는 수역임. ┬ 통상 기선
　　　　　　　　　　　　　　　　　　　└ 직선 기선
○ © 일정 수역의 경우 12해리 이내에서 영해의 범위를 따로 정할 수 있음.
○ 기선으로부터 육지 쪽에 있는 수역을 @ 내수라고 함.
　영해와 마찬가지로 연안국의

주권이 미치는 해양의 범위

↳ 갑: ⊙은 우리나라의 주권이 미치는 수역이에요.

↳ 을: 울릉도는 ⊙ 중 직선 기선이 적용돼요.
　　　　　　　　　　　 통상

↳ 병: ©의 사례로 대한 해협을 들 수 있어요.
　　　　　　 └ 직선 기선에서 3해리 적용

↳ 정: 간척 사업이 이루어지면 @의 면적은 확대돼요.
　　　　　　　　　　　　　　　 축소
　└ 영토 면적의 증가, 내수 면적의 축소

① 갑, 을 ② 갑, 병 ③ 을, 병 ④ 을, 정 ⑤ 병, 정

선지 해설

갑. ⊙ 영해는 연안국의 주권이 미치는 해양의 범위이다.

을. 영해를 설정하는 © 기선은 통상 기선과 직선 기선이 있다. 동해안, 제주도, 울릉도, 독도 등은 통상 기선에서 12해리까지를 영해로 설정한다. 해안선이 복잡하고 섬이 많은 서·남해안은 최외곽 섬을 직선으로 연결한 직선 기선에서 12해리까지를 영해로 설정한다.

병. 대한 해협은 우리나라와 일본 규슈 사이에 위치한 바다이다. 대한 해협 중 부산과 대마도(쓰시마섬) 사이는 매우 가까워 12해리가 아닌 3해리를 영해 폭으로 설정하였다.

정. 간척 사업은 갯벌이 발달한 서·남해안 중에서도 해안과 가까운 곳에서 이루어진다. 따라서 간척 사업이 이루어지면 직선 기선과 육지 쪽에 있는 수역이 영토로 변하는 만큼 @ 내수의 면적은 축소되고 영해의 면적에는 변화가 없다.

19 양구와 해남의 위치 특성 23학년도 4월 학평 1번

정답 ⑤ | 정답률 75%

다음 자료의 ㉠, ㉡에 대한 옳은 설명만을 〈보기〉에서 고른 것은?

○○군에는 ㉠ 우리나라의 4극을 기준으로 국토 정중앙에 해당하는 지점이 있다. 이 지역에서는 이러한 위치적 특성을 살려 지역 상품권에 국토 정중앙을 상징하는 기념탑의 모습과 이 지역의 위치를 표시한 지도를 넣어 지역을 알리고 있다.

△△군에는 ㉡ 한반도 육지의 남쪽 끝 지점이 있다. 이 지역에서는 이러한 위치적 특성을 살려 지역의 마스코트 이름을 '땅끝이'로 정하였고, 지역 상품권에 마스코트인 '땅끝이'와 땅끝의 아름다운 봄의 모습을 넣어 지역을 알리고 있다.

〈보기〉

ㄱ. ㉠은 우리나라에서 일출 시각이 가장 이르다.
  └ 이르지 않다
ㄴ. ㉡은 우리나라 영토의 최남단에 위치한다.
  └ 한반도
ㄷ. ㉠은 ㉡보다 기온의 연교차가 크다.
  └ 고위도 〉 저위도, 내륙 〉 해안, 서해안 〉 동해안
ㄹ. ㉠은 ㉡보다 우리나라 표준 경선과의 최단 거리가 가깝다.
  └ 동쪽으로 갈수록 표준 경선과의 최단 거리가 가까움

① ㄱ, ㄴ ② ㄱ, ㄷ ③ ㄴ, ㄷ ④ ㄴ, ㄹ **⑤ ㄷ, ㄹ**

| 자료 분석 |

㉠은 우리나라의 4극을 기준으로 국토 정중앙에 해당하는 지점으로 강원도 양구군 국토정중앙면에 위치한다. ㉡은 한반도 육지의 남쪽 끝 지점으로 전라남도 해남군 땅끝 마을에 위치한다.

| 보기 해설 |

ㄱ. 일출 시각은 대체로 동쪽에 위치한 곳이 이르고 서쪽에 위치한 곳이 늦다. 따라서 ㉠ 국토 정중앙 지점이 동쪽에 위치한 지역보다 일출 시각이 늦다. 우리나라에서 일출 시각이 가장 이른 지역은 우리나라의 최동단에 위치한 독도이다.

ㄴ. ㉡ 한반도 육지 남쪽 끝 지점은 우리나라 영토의 최남단에 위치하지 않는다. 우리나라 영토는 헌법에서 '한반도와 그 부속 도서'로 규정하고 있으며, 영토의 최남단은 제주특별자치도 서귀포시 마라도 남단이다.

ㄷ. 기온의 연교차는 고위도로 갈수록 대체로 커진다. ㉠ 국토 정중앙 지점은 ㉡ 한반도 육지 남쪽 끝 지점보다 고위도에 위치한다. 따라서 ㉠ 국토 정중앙 지점은 ㉡ 한반도 육지 남쪽 끝 지점보다 기온의 연교차가 크다.

ㄹ. 우리나라는 표준 경선으로 동경 135°를 지나는 경선을 사용한다. 동경 135°를 지나는 경선은 독도보다 동쪽에 있으므로 우리나라 영토 내에서 동쪽으로 갈수록 표준 경선과의 최단 거리가 가깝다. ㉠ 국토 정중앙 지점은 ㉡ 한반도 육지의 남쪽 끝 지점보다 동쪽에 위치한다. 따라서 ㉠ 국토 정중앙 지점은 ㉡ 한반도 육지의 남쪽 끝 지점보다 우리나라 표준 경선과의 최단 거리가 가깝다.

20 독도와 마라도의 특징 23학년도 3월 학평 1번

정답 ④ | 정답률 68%

다음 자료의 (가), (나) 섬에 대한 설명으로 옳은 것은?

〈우리나라의 아름다운 등대 스탬프 투어〉

등대 소재지	(가) 독도	(나) 마라도
스탬프	독도 등대 ○○등대 SINCE 1954	마라도 등대 ◇◇◇등대 SINCE 1915
특징	○ 우리나라 국토 최동단 지역에 위치함. └131°52′22″E ○ 등대원이 상주하며 동해를 운항하는 선박의 안전에 기여함.	○ 우리나라 국토 최남단 지역에 위치함. └33°06′45″N ○ 제주도 남부 해안을 운항하는 선박의 길잡이 역할을 함.

① (가)는 최종 빙기에 육지와 연결되어 있었다.
  └ 연결되어 있지 않았다
② (나)에는 종합 해양 과학 기지가 있다.
  └ 없다
③ (가)는 (나)보다 일몰 시각이 늦다.
  └ 이르다
④ (가), (나)는 모두 신생대 화산 활동으로 형성되었다.
  └ 독도가 마라도보다 이른 시기에 형성됨
⑤ (가), (나)는 모두 영해 설정 시 직선 기선이 적용된다.
  └ 통상 기선

| 자료 분석 |

(가)는 우리나라 국토 최동단에 위치하며, 동해를 운항하는 선박의 안전에 기여한다는 내용으로 보아 독도이다. (나)는 우리나라 국토 최남단 지역에 위치하며, 제주도 남부 해안을 운항하는 선박의 길잡이 역할을 한다는 내용으로 보아 마라도이다.

| 선지 해설 |

① 최종 빙기에는 현재보다 해수면보다 100m 이상 낮았던 시기이다. 이 시기에 오늘날의 황해는 육지로 드러나 있었으나 동해 해저에서 용암이 분출하여 형성된 독도는 최종 빙기에도 섬으로 남아 있었다. 따라서 (가) 독도는 최종 빙기에 육지와 연결되어 있지 않았다.

② 종합 해양 과학 기지는 이어도, 소청초, 가거초 등에 건설되어 있다. (다) 마라도에는 종합 해양 과학 기지가 건설되어 있지 않다.

③ 일출·남중·일몰 시각은 모두 동쪽에 위치할수록 이른 편이다. 따라서 우리나라 국토 최동단에 위치한 (가) 독도는 (나) 마라도보다 일몰 시각이 이르다.

④ (가) 독도와 (나) 마라도는 모두 신생대 제3기 말 ~ 제4기에 화산 활동으로 형성된 화산섬이다.

⑤ 우리나라 동해안 대부분, 마라도를 포함한 제주도, 울릉도, 독도 등은 통상 기선으로부터 12해리까지의 수역을 영해로 설정한다. 따라서 (가) 독도와 (나) 마라도는 모두 영해 설정 시 통상 기선이 적용된다.

다음은 한국지리 온라인 수업 장면의 일부이다. 답글의 내용이 옳은 학생을 고른 것은?

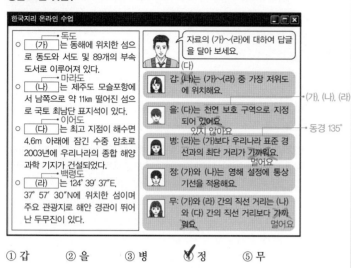

① 갑　　② 을　　③ 병　　✔④ 정　　⑤ 무

기존에는 우리나라 4극에 해당하는 독도와 마라도를 비교하는 문항이 출제되었지만 최근에는 이어도, 백령도 등과 함께 출제되고 있다. 따라서 경·위도를 보고 해당 지역이 어느 지역인지를 파악할 수 있어야 하며 각 지역의 주요 특징을 학습해 두어야 한다.

| 자료 분석 |

(가)는 독도, (나)는 마라도, (다)는 이어도, (라)는 백령도이다.

| 선지 해설 |

갑. (가)~(라) 중 가장 저위도에 위치한 곳은 (다) 이어도이다. 이어도는 우리나라 영토 중 가장 남쪽에 위치한 마라도에서 남서쪽으로 약 149km 떨어진 지점에 위치해 있다.

을. (다) 이어도는 수중 암초로 천연 보호 구역으로 지정되어 있지 않다. (가) 독도, (나) 마라도, (라) 백령도가 천연 보호 구역으로 지정되어 있다.

병. 우리나라 표준 경선은 135°E이다. 따라서 124°39′37″E에 위치한 (라) 백령도가 131°52′E에 위치한 (가) 독도보다 우리나라 표준 경선과의 최단 거리가 멀다.

정. (가) 독도와 (나) 마라도는 영해 설정에 최저 조위선을 기준으로 하는 통상 기선을 적용한다.

무. (가) 독도는 우리나라 영토 중 가장 동쪽에 위치해 있으며 (라) 백령도는 남한에서 최북서단에 위치해 있다. (나) 마라도와 (다) 이어도는 직선 거리로 약 149km 떨어져 있다. 따라서 (가)와 (라) 간의 직선 거리는 (나)와 (다) 간의 직선 거리보다 멀다.

다음 글의 (가)~(마)에 대한 설명으로 옳은 것은?

독도: 동경 131°52′

동해

○ (가) 는 한반도, 러시아의 연해주, 일본 열도로 둘러싸인 바다이다. 이 바다에는 우리나라 최동단에 위치한 섬인 (나) 가 있다. 이 섬과 가장 가까운 섬은 북서쪽 약 87.4km에 있는 (다) 이다. ← 울릉도

마라도: 북위 33°06′

○ 우리나라 최남단에 위치한 섬은 (라) 이다. 이 섬의 남서쪽 약 149km에는 종합 해양 과학 기지가 건설되어 있는 수중 암초인 (마) 가 있다. ← 이어도: 공해상에 위치

① 우리나라는 (가)에서 조력 발전을 하고 있다.
　　경기도 안산시
✔② (나)는 천연 보호 구역으로 지정되어 있다.
　　└ 독도와 마라도가 지정되어 있음
③ (다)는 현재 행정 구역상 강원도에 속한다.
　　　　　　　경상북도
④ (라)는 영해 설정에 직선 기선을 적용한다.
　　　　　　통상 기선
⑤ (마)는 한·일 중간 수역에 포함된다.
　　└ 동해와 남해상에 포함되지 않는다
　　　　위치

| 자료 분석 |

(가)는 동해, (나)는 독도, (다)는 울릉도이다. (라)는 마라도, (마)는 이어도이다.

| 선지 해설 |

① 우리나라는 경기도 안산시의 시화호에서 유일하게 조력 발전을 하고 있다.

② (나) 독도는 화산 지형이 발달해 있으며 다양한 동식물의 서식처로 천연 보호 구역(천연기념물 제336호)으로 지정되어 있다.

③ (다) 울릉도와 (나) 독도는 현재 행정 구역상 경상북도에 속한다.

④ (라) 마라도는 영해 설정에 최저 조위선을 기준으로 하는 통상 기선을 적용한다. 우리나라의 동해안, 울릉도와 독도, 제주도는 통상 기선을 영해 기선으로 적용하며, 서·남해안은 직선 기선을 영해 기선으로 적용한다.

⑤ (마) 이어도는 우리나라의 영해와 배타적 경제 수역, 한·일 중간 수역, 한·중 잠정 조치 수역 어디에도 포함되어 있지 않다.

| 개념 확인 | **독도의 특징**

구성	2개의 큰 섬(동도와 서도)과 89개의 부속 도서로 이루어짐 → 우리나라의 영토 중 가장 동쪽에 위치
형성	약 460만~250만 년 전에 해저에서 분출한 용암이 굳어져 형성된 화산섬
기후	기온이 온화한 편이며 일 년 내내 강수가 고름

23 우리나라의 영역과 배타적 경제 수역 24학년도 10월 학평 4번

정답 ② | 정답률 77%

지도의 A ~ E에 대한 설명으로 옳지 <u>않은</u> 것은? (단, 타 국가의 행위는 우리나라의 사전 허가가 없이 이루어짐.) [3점]

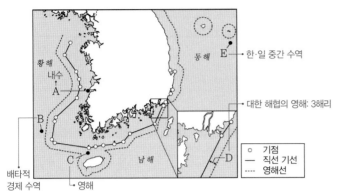

① A에서 간척 사업을 하더라도 영해의 범위는 변함이 없다.
　　└ 영해 범위는 변함 없음
✔ B에서는 중국 어선의 조업 활동이 <u>보장된다.</u>
　　　　　　　　　　　　　　　└ 보장되지 않는다
③ C에서는 통상적으로 민간 선박의 무해 통항권이 인정된다.
　　　　　　　　　　└ 군사적 목적, 어업 활동은 제한함
④ D의 범위는 직선 기선으로부터 3해리까지 인정된다.
　　└ 서·남해안, 동해안 일부(영일만, 울산만)
⑤ E에서는 일본과 공동으로 어족 자원을 관리한다.
　　└ 한·일 중간 수역

| 자료 분석 |

A는 직선 기선으로부터 육지 쪽에 있는 수역으로 내수(內水), B는 영해 바깥쪽에 있는 수역으로 배타적 경제 수역, C는 직선 기선과 영해선 사이에 위치한 영해, D는 직선 기선으로부터 3해리까지의 수역으로 대한 해협의 영해, E는 독도 주변 12해리 영해 바깥쪽에 위치한 한·일 중간 수역이다.

| 선지 해설 |

① A 내수는 육지와 직선 기선 사이의 바다로 영토가 추가·확대되더라도 직선 기선의 위치가 이동하지 않는다. 따라서 A에서 간척 사업을 하더라도 영해의 범위는 변함이 없다.

② B 배타적 경제 수역은 우리나라의 천연자원 탐사·개발·보존 및 관리, 어업 활동, 환경 보호, 인공 섬 설치 등과 같은 경제적 권리가 배타적으로 보장되고 타국의 조업 활동 등은 보장되지 않는다. 따라서 B 배타적 경제 수역에서는 중국 어선의 조업 활동이 보장되지 않는다.

③ C 영해에서는 통상적으로 민간 선박의 무해 통항권이 인정된다. 무해 통항권은 국제법상 다른 국가의 선박이 당사국의 안전과 질서, 재정적 이익을 해치지 않는 한 그 영해를 항해할 수 있는 권한이다.

④ D 대한 해협의 영해 범위는 직선 기선으로부터 3해리까지 인정된다.

⑤ E 한·일 중간 수역은 우리나라와 일본 간 어업 협정을 통해 설정되었으며 일본과 공동으로 어족 자원을 관리한다.

24 우리나라의 위치 25학년도 수능 1번

정답 ① | 정답률 51%

다음 자료의 (가)~(다) 섬에 대한 교사의 질문에 모두 옳게 답한 학생을 고른 것은?

구분	(가) 비단섬	(나) 독도	(다) 마라도
위성 영상		서도 동도	우리나라 최남단
기준점(△)	39° 48' 10" N	37° 14' 22" N	33° 07' 03" N
위·경도	124° 10' 47" E	131° 52' 08" E	126° 16' 10" E
면적	약 64.368㎢	약 0.187㎢	약 0.298㎢

└ 우리나라 최서단　└ 우리나라 최동단

교사의 질문	학생				
	갑	을	병	정	무
(나)의 기선으로부터 바깥쪽 12해리 이내에 종합 해양 과학 기지가 건설되어 있습니까? 아니요 └135°E	아니요	예	아니요	아니요	예
(가)는 (나)보다 우리나라 표준 경선과의 최단 거리가 멉니까? 예	예	예	예	예	아니요
(나)와 (다)는 영해 설정에 직선 기선이 적용됩니까? 아니요 통상	아니요	아니요	예	아니요	아니요
(가)~(다)는 모두 우리나라 영토의 4극 중 하나에 해당합니까? 예	예	예	예	아니요	예

✔ 갑　　② 을　　③ 병　　④ 정　　⑤ 무

| 자료 분석 |

우리나라는 북위 33°~43°, 동경 124°~132° 사이에 위치한다. 자료의 (가)는 기준점의 경도가 124° 10' 47" E이므로 우리나라 영토 중 가장 서쪽에 위치한 비단섬이다. (나)는 기준점의 경도가 131° 52' 08" E이므로 우리나라 영토 중 가장 동쪽에 위치한 독도이며, 위성 영상을 통해 서도와 동도가 위치함을 알 수 있다. (다)는 기준점의 위도가 33° 07' 03" N이므로 우리나라 영토 중 가장 남쪽에 위치한 마라도이며, 위성 영상을 통해 섬 전체가 남북으로 긴 고구마 모양임을 알 수 있다.

| 선지 해설 |

① 갑

• 첫 번째 질문: (나) 독도의 기선으로부터 바깥쪽 12해리 이내에는 종합 해양 과학 기지가 건설되어 있지 않다. 따라서 이에 해당하는 학생의 옳은 대답은 '아니요'이며, 옳은 대답을 한 학생은 갑, 병, 정이다. 참고로 우리나라의 종합 해양 과학 기지는 (다) 마라도에서 남서쪽으로 약 149km 떨어진 이어도에 건설되어 있으며, 소청도와 가거초에도 건설되어 있다.

• 두 번째 질문: (가) 비단섬은 (나) 독도보다 서쪽에 위치하기 때문에 우리나라 표준 경선(135°E)와의 최단 거리가 멀다. 따라서 이에 해당하는 학생의 옳은 대답은 '예'이며, 옳은 대답을 한 학생은 갑, 을, 병, 정이다.

• 세 번째 질문: 영해 설정에 직선 기선이 적용되는 지역은 서·남해안과 동해안 일부(영일만, 울산만)이며, (나) 독도와 (다) 마라도는 영해 설정 시 통상 기선이 적용된다. 따라서 이에 해당하는 학생의 옳은 대답은 '아니요'이며, 옳은 대답을 한 학생은 갑, 을, 정, 무이다.

• 네 번째 질문: (가) 비단섬은 우리나라의 최서단에 위치하며, (나) 독도는 우리나라의 최동단에 위치하고, (다) 마라도는 우리나라의 최남단에 위치한다. 따라서 (가)~(다)는 모두 우리나라 영토의 4극에 해당하며 이 질문에 대한 학생의 옳은 대답은 '예'이다. 그리고 이에 옳은 답변을 한 학생은 갑, 을, 병, 무이다.

모든 질문에 옳은 답변을 한 학생은 갑이다.

2 일차

01 ③ 02 ④ 03 ① 04 ① 05 ③ 06 ④ 07 ③ 08 ③ 09 ④ 10 ④ 11 ② 12 ③

13 ② 14 ① 15 ③ 16 ③

문제편 016~019쪽

01 　고지도와 고문헌에 나타난 국토관　25학년도 9월 모평 1번

정답 ③ | 정답률 93%

다음 자료는 전주 일대를 나타낸 고지도와 지리지의 일부이다. (가), (나)에 대한 설명으로 옳은 것만을 〈보기〉에서 고른 것은?

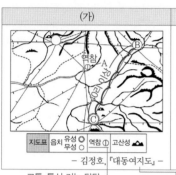

(가)	(나)
교통·통신 기능 담당	여러 골짜기 물은 고산현을 거쳐 전주부로 흘러서 큰 하천이 된다. …(중략)… 이 하천으로 물을 대니 ⊙ 땅이 매우 비옥하다. …(중략)… 마을마다 살아가는 데 필요한 물자를 다 갖추고 있다. - 이중환, 『택리지』 -

가거지 조건 중 생리

지도표: 읍치 유성○ 무성◎ 역참◎ 고산성▲

조선 후기에 제작

〈 보기 〉

ㄱ. (가)와 (나)는 모두 조선 전기에 제작되었다. → 후기
ㄴ. A는 교통·통신 등의 기능을 담당하던 시설을 표현한 것이다.
ㄷ. B에서 C까지의 거리는 40리 이상이다.
ㄹ. ⊙은 가거지(可居地) 조건 중 인심(人心)에 해당한다. → 생리(生利)

① ㄱ, ㄴ　② ㄱ, ㄷ　③✔ ㄴ, ㄷ　④ ㄴ, ㄹ　⑤ ㄷ, ㄹ

| 자료 분석 |

(가)는 김정호가 제작한 『대동여지도』이며, 지도의 A는 역참, B는 무성 읍치, C는 유성 읍치이다. (나)는 이중환이 저술한 『택리지』이다.

| 선지 해설 |

ㄱ. (가) 대동여지도는 1861년 김정호가 목판으로 제작한 지도이며, (나) 택리지는 1751년 이중환이 저술한 인문 지리서이다. (가) 대동여지도와 (나) 택리지는 모두 조선 후기에 제작되었다.

ㄴ. A 역참은 조선 시대 공공 업무를 수행하기 위해 설치된 교통·통신 기관이다.

ㄷ. 대동여지도에서 도로는 직선으로 표현되며, 10리마다 방점을 찍어 거리를 표시하였다. B에서 C까지는 방점이 4개이므로 B와 C 사이의 거리는 40리 이상이다.

ㄹ. ⊙은 땅이 비옥한 특성을 설명하고 있으며, 이는 가거지(可居地)의 조건 중 생리(生利)에 해당한다.

02 　고지도와 고문헌에 나타난 국토관　23학년도 수능 1번

정답 ④ | 정답률 93%

(가), (나)는 조선 시대에 제작된 지리지의 일부이다. 이에 대한 설명으로 옳은 것만을 〈보기〉에서 고른 것은? (단, (가), (나)는 각각 『세종실록지리지』, 『택리지』 중 하나임.)

(가) ⊙ 경주(慶州)부 ← 세종실록지리지: 조선 전기(관찬 지리지)
신라의 옛 도읍이다. … (중략) … 박혁거세가 나라를 창건하고 도읍을 세워서 이름을 서야벌(徐耶伐)이라 하였다. 호(戶) 수는 1천 5백 52호, 인구가 5천 8백 94명이며, … (중략) … 간전(墾田)은 1만 9천 7백 33결(結)이다. ← 백과사전식 서술

택리지: 조선 후기(사찬 지리지)

(나) ⓛ 상주(尙州)는 조령 밑에 있는 큰 도회지다. ⓒ 산이 웅장하고 들이 넓다. 북쪽으로는 조령과 가까워 충청도, 경기도와 통하고, 동쪽으로는 낙동강에 인접해 김해, 동래와 통한다.

〈 보기 〉

ㄱ. (나)는 (가)보다 제작된 시기가 이르다. → 늦다
ㄴ. (가)는 국가, (나)는 개인 주도로 제작하였다.
ㄷ. ⓒ은 가거지(可居地)의 조건 중 인심(人心)에 해당한다.
ㄹ. ⊙과 ⓛ은 경상도라는 지명의 유래가 된 지역이다. → 경주 + 상주

① ㄱ, ㄴ　② ㄱ, ㄷ　③ ㄴ, ㄷ　④✔ ㄴ, ㄹ　⑤ ㄷ, ㄹ

| 출제 경향 |

조선 시대 고문헌과 관련된 문항의 경우 대부분이 조선 전기에 제작된 『세종실록지리지』의 일부 내용과 조선 후기에 제작된 『택리지』의 일부 내용을 제시하고 있다. 따라서 조선 전기와 후기에 제작된 지리지의 특성을 파악하여 지리지의 제작 목적, 지역에 대한 기술 방식 등을 비교해 두어야 한다.

| 자료 분석 |

(가)는 건치 연혁, 호(戶) 수, 인구, 간전(墾田) 등 지역의 여러 정보가 백과사전식으로 서술되어 있으므로 조선 전기에 국가에서 편찬한 『세종실록지리지』이다. (나)는 '산이 웅장하고' 등과 같이 저자 개인의 지역에 대한 지리적 견해가 표현되어 있으므로 조선 후기에 이중환이 저술한 『택리지』이다.

| 선지 해설 |

ㄱ. (나) 택리지는 조선 후기에 제작되었으며, (가) 세종실록지리지는 조선 전기에 제작되었다. 따라서 (나) 택리지는 (가) 세종실록지리지보다 제작된 시기가 늦다.

ㄴ. (가) 세종실록지리지는 국가 통치에 필요한 자료를 수집하여 제작한 관찬 지리지이다. 반면 (나) 택리지는 이중환 개인이 실학의 영향을 받아 편찬한 사찬 지리지이다.

ㄷ. ⓒ 산이 웅장하고 들이 넓다는 표현은 지역의 풍습, 사람들의 생활 모습과 관련된 인심에 해당하지 않는다.

ㄹ. 경상도는 경주(慶州)와 상주(尙州)의 맨 앞 글자를 합쳐 지은 도(道) 행정 구역 명칭이다. 따라서 ⊙ 경주(慶州)와 ⓛ 상주(尙州)는 경상도(慶尙道)라는 지명의 유래가 된 지역이다.

다음 자료는 조선 시대에 제작된 지리지의 일부이다. 이에 대한 설명으로 옳은 것은? (단, (가), (나)는 각각 『신증동국여지승람』, 『택리지』 중 하나임.)

신증동국여지승람: 조선 전기(관찬 지리지)
→ 백과사전식 서술

(가)	[건치연혁] 본래 고구려의 저족현(猪足縣)이다. [관원] 현감(縣監)·훈도(訓導) 각 1인 [산천] 산 위에 성(城)이 있다. … (중략) … 원통역(圓通驛)으로부터 동쪽은 좌우 쪽이 다 큰 산이어서 동부(洞府)는 깊숙하고, ㉠ 산골 물은 가로 세로 흘러 건널목이 무려 36곳이나 된다. →감입 곡류 하천 →가거지의 조건 중 산수(山水)
(나)	태백산과 소백산 또한 토산이지만, ㉡ 흙빛이 모두 수려하다. 태백산에는 황지라는 훌륭한 곳이 있다. 이 산에 들이 펼쳐져 있어 두메 사람들이 제법 마을을 이루었다. 화전을 일구어 살고 있으나 지세가 높고 기후가 차가워서 서리가 일찍 내린다. 그러므로 주민들은 오직 조와 보리를 심는다.

→ 택리지: 조선 후기(사찬 지리지)

① (가)는 국가 통치의 목적으로 제작되었다.
→ 조선 전기 지리지의 특징
② (가)는 (나)보다 저자의 주관적 견해가 많이 반영되었다. 적게
③ (나)는 (가)보다 제작 시기가 이르다. 늦다
④ ㉠은 감조 구간의 특징을 나타낸다. 감입 곡류 구간
⑤ ㉡은 가거지 조건 중 인심(人心)에 해당하는 서술이다. 산수(山水)

│자료 분석│

(가)는 건치 연혁, 관원, 산천 등 다양한 정보를 백과사전식으로 서술하였으므로 조선 전기에 국가 주도로 제작된 『신증동국여지승람』이다. (나)는 해당 지역에 대한 저자의 지리적 견해가 들어가 있고, 특정 주제에 대한 정보를 설명식으로 서술하였으므로 조선 후기에 이중환이 저술한 『택리지』이다.

│선지 해설│

① (가) 신증동국여지승람은 조선 전기에 국가 통치의 목적으로 지역에 관한 여러 자료를 수집하여 제작되었다.

② (가) 신증동국여지승람은 국가 통치의 기초 자료를 확보하기 위해 관청의 주도로 제작된 관찬 지리지이다. 반면 (나) 택리지는 실학자인 이중환이 제작한 사찬 지리지이다. 따라서 (가) 신증동국여지승람은 (나) 택리지보다 저자의 주관적 견해가 적게 반영되었다.

③ (가) 신증동국여지승람은 조선 전기, (나) 택리지는 조선 후기에 제작되었다. 따라서 (나) 택리지는 (가) 신증동국여지승람보다 제작 시기가 늦다.

④ 감조 구간은 하천 수위가 밀물과 썰물의 영향을 받는 구간으로, 황해 및 남해로 흐르는 하천의 하구 부근에서 나타난다. ㉠ '산골 물은 가로 세로 흘러'라는 내용은 하천 중·상류에서 산지 사이를 곡류하는 감입 곡류 하천의 특징을 서술한 것이다.

⑤ ㉡ '흙빛이 모두 수려하다.'는 내용은 가거지의 네 가지 조건 중 산과 물이 조화를 이루며 경치가 좋아 풍류를 즐길 수 있는 곳을 서술한 '산수(山水)'와 관련이 깊다.

(가), (나)는 조선 시대에 제작된 지리지의 일부이다. 이에 대한 옳은 설명만을 <보기>에서 고른 것은? (단, (가), (나)는 각각 『신증동국여지승람』, 『택리지』 중 하나임.)
→신증동국여지승람: 조선 전기(관찬 지리지)

(가)	[건치연혁] 본래 탐라국인데 혹은 탁라라고도 한다. 전라도 남쪽 바다 가운데에 있는데 …. →제주도 →백과사전식 서술 [산천] 한라산은 주 남쪽 20리에 있는 진산(鎭山)이다. … 그 산꼭대기에 ㉠ 큰 못이 있는데 사람이 떠들면 구름과 안개가 일어나서 지척을 분별할 수가 없다. →백록담(화구호)
(나)	춘천은 옛 예맥이 천 년 동안이나 도읍했던 터로 소양강에 접해 있고, … 산속에는 평야가 넓게 펼쳐졌으며 두 강이 한복판으로 흘러간다. … 기후가 고요하고 강과 산이 맑고 환하며 ㉡ 땅이 기름져서 여러 대를 사는 사대부가 많다. →설명식 서술

→생리(生利)에 해당
→택리지: 조선 후기(사찬 지리지)

< 보기 >
ㄱ. (가)는 국가 통치에 필요한 자료를 수집하여 제작되었다.
→ 관찬 지리지
ㄴ. (나)는 (가)보다 제작 시기가 늦다.
→조선 후기 →조선 전기
ㄷ. ㉠은 분화구 함몰 후 물이 고여 형성된 칼데라호이다.
분화구에 화구호
ㄹ. ㉡은 가거지 조건 중 '인심(人心)'과 관련이 있다.
생리(生利)

① ㄱ, ㄴ   ② ㄱ, ㄷ   ③ ㄴ, ㄷ   ④ ㄴ, ㄹ   ⑤ ㄷ, ㄹ

│자료 분석│

(가)는 건치연혁, 산천 등의 정보가 백과사전식으로 나열되어 있는 것으로 보아 조선 전기에 국가에서 제작한 『신증동국여지승람』이다. (나)는 특정 주제를 설명식으로 서술하고 있는 것으로 보아 조선 후기에 이중환이 제작한 택리지이다.

│보기 해설│

ㄱ. (가)는 국가 통치의 기초 자료를 확보하기 위해 국가 주도로 제작된 관찬 지리지로 국가 통치에 필요한 자료를 수집하여 제작되었다.

ㄴ. (나) 택리지는 조선 후기에, (가) 신증동국여지승람은 조선 전기에 제작되었다. 따라서 (나) 택리지는 (가) 신증동국여지승람보다 제작 시기가 늦다.

ㄷ. 한라산 산꼭대기에 있는 큰 못인 ㉠은 백록담이다. 백록담은 분화구에 물이 고여 형성된 화구호이다. 분화 후 분화구 부근이 함몰되어 형성된 칼데라에 물이 고인 칼데라호는 백두산 천지이다.

ㄹ. 택리지에서는 가거지의 조건으로 지리(地理), 생리(生利), 인심(人心), 산수(山水) 네 가지를 제시하고 있다. ㉡은 땅이 기름져서 경제적으로 유리하다는 내용을 담고 있으므로 가거지의 조건 중 '생리(生利)'와 관련이 있다. 생리(生利)는 땅이 비옥하거나 물자 교류가 편리하여 경제로 유리한 특성을 의미한다. 인심(人心)은 당쟁이 없으며 이웃의 인심이 온순하고 순박한 곳을 의미한다.

다음 글에 대한 설명으로 옳은 것만을 〈보기〉에서 고른 것은? (단, (가),
(나)는 각각 『신증동국여지승람』, 『택리지』 중 하나임.)

┌───┐
│ 　┌ 신증동국여지승람: 조선 전기의 관찬 지리지　　　　　　　│
│ 　조선 시대 고문헌과 고지도를 통해 원주에 관한 내용을 찾아볼 │
│ 수 있다. (가) 은/는 건치 연혁, 산천 등의 항목별로 서술되어 │
│ 있다. 이를 통해 원주가 본래 고구려의 평원군이었다는 것과 치악 │
│ 　　　　　　　　　　　　　┌ 택리지: 조선 후기의 사찬 지리지 │
│ 산이 동쪽 25리에 위치해 있다는 것을 알 수 있다. (나) 에서 │
│ 　　　　　　　┌ 가거지 조건 중 생리(生利) 　　　　　　　│
│ 서는 "여기는 ㉠ 온 강원도에서 서울로 운송되는 물자가 모여드는 │
│ 곳이다. …(중략)… 배로 장사해서 부자가 된 자도 있다."라는 기 │
│ 록 등을 통해 저자의 견해를 엿볼 수 있다. 또한 ㉡ 대동여지도를 │
│ 통해서는 원주 주변의 산지와 하천, 도로 등의 다양한 정보를 찾 │
│ 아볼 수 있다. 　　　　　　　　　　조선 후기 김정호가 제작 ┘ │
└───┘

┌─────────────── 〈 보기 〉 ───────────────┐
│ 　　(가) │
│ ㄱ. (나)는 국가 통치의 목적으로 제작되었다. │
│ ㄴ. (가)는 (나)보다 제작된 시기가 이르다. │
│ ㄷ. ㉠은 가거지의 조건 중 생리(生利)에 해당한다. │
│ 　　　　　　　　　　　　　　　　　없다 │
│ ㄹ. ㉡을 통해 원주 주변 산지의 정확한 해발 고도를 알 수 있다. │
└───┘

① ㄱ, ㄴ　② ㄱ, ㄷ　✓③ ㄴ, ㄷ　④ ㄴ, ㄹ　⑤ ㄷ, ㄹ

| 자료 분석 |

(가)는 건치 연혁, 산천 등이 항목별로 서술되어 있는 『신증동국여지승람』이다.
신증동국여지승람은 조선 전기에 제작된 관찬 지리지이며, 지역의 건치 연혁, 산
천, 토지, 인구, 산업 등을 백과사전식으로 서술하였다. (나)는 저자의 견해가 포
함되어 있는 『택리지』이다. 택리지는 조선 후기 이중환에 의해 저술된 사찬 지리
지이다.

| 선지 해설 |

ㄱ. (나) 택리지는 이중환이 편찬한 사찬 지리지이며, 국가 통치의 목적으로 제작
된 지리지는 (가) 신증동국여지승람이다. 신증동국여지승람은 조선 전기 국
가 통치를 목적으로 제작된 관찬 지리지이다.

Ⓛ (가) 신증동국여지승람은 조선 전기에 제작되었으며, (나) 택리지는 조선 후기
에 제작되었다. 따라서 (가) 신증동국여지승람은 (나) 택리지보다 제작 시기가
이르다.

Ⓓ ㉠은 물자 교류가 편리하여 경제적으로 유리한 특성을 갖추고 있음을 설명
하고 있으며, 이는 가거지의 조건 중 생리(生利)에 해당한다.

ㄹ. ㉡ 대동여지도는 산줄기를 굵은 선으로 연결하여 표현하였으며, 선의 굵기를
통해 산지의 규모를 비교할 수 있다. 그러나 대동여지도를 통해 산지의 정확
한 해발 고도는 알 수 없다.

(가)와 (나)는 조선 시대에 제작된 고지도와 지리지의 일부이다. 이에 대
한 설명으로 옳은 것만을 〈보기〉에서 고른 것은?

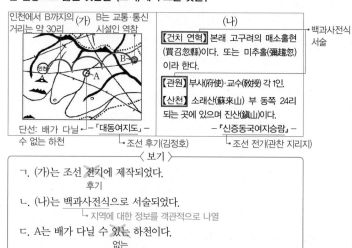

┌─────────────── 〈 보기 〉 ───────────────┐
│ ㄱ. (가)는 조선 전기에 제작되었다. │
│ 　　　　　　　　　후기 │
│ ㄴ. (나)는 백과사전식으로 서술되었다. │
│ 　　　└ 지역에 대한 정보를 객관적으로 나열 │
│ ㄷ. A는 배가 다닐 수 있는 하천이다. │
│ 　　　　　　　　　　　없는 │
│ ㄹ. 인천에서 B까지의 거리는 20리 이상이다. │
└───┘

① ㄱ, ㄴ　② ㄱ, ㄷ　③ ㄴ, ㄷ　✓④ ㄴ, ㄹ　⑤ ㄷ, ㄹ

출제 경향

조선 시대에 제작된 고지도와 지리지를 제시하고, 그 특징을 묻는 문항이 출
제된다. 조선 전기와 구별되는 조선 후기에 제작된 고지도와 지리지의 특징을
정리해 둘 필요가 있다.

| 자료 분석 |

(가) 『대동여지도』는 조선 후기 김정호가 제작한 지도, (나) 『신증동국여지승람』은
조선 전기 국가 통치 기초 자료 확보를 위해 국가 주도로 제작된 관찬 지리지이다.

| 보기 해설 |

ㄱ. (가) 대동여지도는 조선 후기인 1861년에 제작되었다. 조선 전기에 제작된 지
도로는 『혼일강리역대국도지도』, 『조선방역지도』 등이 있다.

Ⓛ (나) 신증동국여지승람은 지역의 건치 연혁, 관원, 산천 등에 대한 여러 지리
정보가 백과사전식으로 서술되어 있다.

ㄷ. 대동여지도에서는 배가 다닐 수 있는 가항 하천은 쌍선으로, 배가 다닐 수
없는 불가항 하천은 단선으로 표현하였다. 따라서 단선으로 그려져 있는 A는
배가 다닐 수 없는 하천이다.

Ⓡ 대동여지도에서는 10리마다 방점(눈금)을 찍어 대략적인 거리를 파악할 수
있다. 지도를 보면 인천과 B 사이에는 방점이 2개 이상 찍혀 있으므로 두 지
점 간의 거리는 20리 이상이다.

(가), (나)는 조선 시대에 제작된 고지도이다. 이에 대한 설명으로 옳은 것은?

• 조선 전기, 국가 주도 제작   • 조선 후기, 민간 주도 제작
(가) 혼일강리역대국도지도   (나) 대동여지도

① (가)는 민간 주도로 제작되었다.
            국가

② (나)는 산줄기의 굵기를 통해 정확한 해발 고도를 알 수 있다.
                                       없다

☑③ (가)는 (나)보다 제작 시기가 이르다.
    └• 현존하는 우리나라의 가장 오래된 세계 지도 → 혼일강리역대국도지도

④ A에서 B까지의 거리는 30리 미만이다.
                         이상

⑤ C는 배가 다닐 수 있는 하천이다.
                 없는

| 자료 분석 |

(가) 혼일강리역대국도지도는 현존하는 우리나라의 가장 오래된 세계 지도로 조선 전기에 제작되었다. 혼일강리역대국도지도의 중앙에 중국을 크게 배치하였으며 조선을 상대적으로 크게 표현해 국토에 대한 자긍심을 반영하였다. (나) 대동여지도는 김정호가 조선 후기까지 축적된 지도 제작 기술을 집대성하여 제작하였다. 대동여지도의 도로를 나타낸 선에는 10리마다 방점이 찍혀 있어 대략적인 거리 파악이 가능하며, 하천은 배가 다닐 수 있는 하천(쌍선)과 배가 다닐 수 없는 하천(단선)으로 구분하였다.

| 선지 해설 |

① (가) 혼일강리역대국도지도는 국가 주도로 제작된 지도이다. 조선 전기에는 새 왕조 성립 후 국가 통치를 위해 주로 국가 주도로 행정적·군사적 목적의 지도가 제작되었다.

② (나) 대동여지도는 산줄기의 굵기를 달리하여 산의 높낮이를 대략적으로 표현하였지만, 정확한 해발 고도를 제시하지 않으므로 정확한 해발 고도를 파악할 수 없다.

③ (가) 혼일강리역대국도지도는 조선 전기인 1402년에 제작된 반면, (나) 대동여지도는 조선 후기인 1861년에 제작되었다. 따라서 (가) 혼일강리역대국도지도는 (나) 대동여지도보다 제작 시기가 이르다.

④ A에서 B까지의 사이에는 방점이 4개 찍혀 있다. 방점 1개의 간격은 10리이므로, A에서 B까지의 거리는 약 50리로 30리 이상이다.

⑤ C는 단선으로 표현되어 있으므로 배가 다닐 수 없는 하천이다.

다음 자료는 지도에 표시된 두 지역에 관한 고문헌의 일부이다. 이에 대한 설명으로 옳은 것은? (단, (가), (나)는 각각 신증동국여지승람, 택리지 중 하나임.)

• 신증동국여지승람: 조선 전기(관찬 지리지)
           ┌ 김해
(가) ⓐ   동쪽으로 양산군 경계까지 42리, … 북쪽으로 밀양부 경계까지 44리이다.
               • 백과사전식 서술
   [건치 연혁] 시조 김수로왕으로부터 구해왕까지 무릇 10대, 4백 91을을 왕국으로 내려왔다.
   [군명] 가락(駕洛)·가야(伽倻)·금관(金官) …
   [토산] 철은 감물야촌에서 나온다.

• 택리지: 조선 후기(사찬 지리지)
(나) ⓑ   은/는 감사가 있는 곳이다. 산이 사방을 높게 막아 복판에 큰 들을 감추었으며, 들 복판에는 금호강이 동쪽에서 서쪽으로 흐르다가 낙동강에 합친다. … 팔공산은 동쪽과 서쪽의 시내와 산이 자못 아름답다.
       (ⓑ) 대구

*지도의 지역은 ⓐ, ⓑ의 현재 행정 구역임.
(지도 상 지명: 금호강, 대구, 낙동강, 김해, 0 25km)

① (가)는 조선 후기에 제작되었다.
     전기

② (나)는 통치의 목적으로 제작되었다.
     (가)

☑③ (나)는 (가)보다 저자의 주관적 해석이 많이 담겨 있다.
                    └• 가거지로서의 조건(지리, 생리, 인심, 산수) 제시

④ ⓐ은 영동 지방에 속한다.
   영남

⑤ ⓑ은 ⓐ보다 낙동강 하구로부터의 거리가 가깝다.
                          멀다

| 자료 분석 |

(가)는 건치 연혁, 군명, 토산 등 다양한 정보를 백과사전식으로 서술하고 있으므로 조선 전기에 편찬된 신증동국여지승람이다. (나)는 '서쪽의 시내와 산이 자못 아름답다'와 같은 저자의 견해가 들어가 있으며 특정 주제에 대해 설명식으로 서술하고 있으므로 조선 후기에 편찬된 이중환의 택리지이다. (가)의 ⓐ은 동쪽으로 양산, 북쪽으로 밀양이 위치한다. 이외에도 가락, 가야, 금관 등의 지명과 감물야촌에서 철이 나온다는 것으로 보아 김해임을 알 수 있다. (나)의 ⓑ은 금호강과 팔공산이라는 지명으로 보아 대구임을 알 수 있다. 제시된 지도에서도 대구에 금호강이 흐르고 있음을 확인할 수 있다.

| 선지 해설 |

① (가) 신증동국여지승람은 조선 전기에 제작되었다. 조선 전기에 제작된 지리지로는 신증동국여지승람, 세종실록지리지 등이 있다.

② (나) 택리지는 이중환이 저술하였으며 실학사상을 바탕으로 국토의 실제 모습을 해석하고 있다. 지방의 지리 정보를 국가 경영과 지방 통치의 기초 자료로 삼기 위해 제작된 것은 (가) 신증동국여지승람이다.

③ (나) 택리지는 사찬 지리지로 이중환의 주관적 견해가 많이 담겨 있는 반면 (가) 신증동국여지승람은 관찬 지리지로 한 지역의 특성을 비교적 객관적으로 기술하고 있다. 따라서 (나) 택리지는 (가) 신증동국여지승람보다 저자의 주관적 해석이 많이 담겨 있다.

④ ⓐ 김해와 ⓑ 대구는 모두 조령(문경 새재) 남쪽에 위치하므로 둘 다 영남 지방에 속한다. 영동 지방은 대관령 동쪽의 강원 지방으로 제시된 지도에서는 볼 수 없다.

⑤ 낙동강은 남해로 유입하는 하천으로 대구를 지나는 금호강은 낙동강의 지류이다. 따라서 낙동강 하구로부터의 거리는 남해에서 더 멀리 떨어져 있고 지류인 금호강이 흐르는 ⓑ 대구가 낙동강 하구 일대에 위치한 ⓐ 김해보다 멀다.

정답 ④ | 정답률 72%

다음 자료의 ㈀~㈃ 중 옳은 내용만을 고른 것은? [3점]

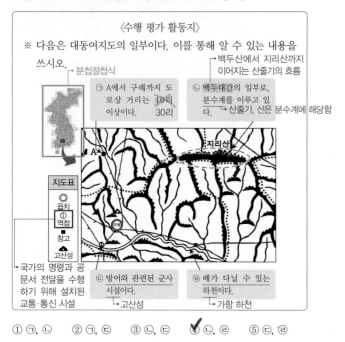

〈수행 평가 활동지〉

※ 다음은 대동여지도의 일부이다. 이를 통해 알 수 있는 내용을 쓰시오.

분첩절첩식

백두산에서 지리산까지 이어지는 산줄기의 흐름

㈀ A에서 구례까지 도로상 거리는 40리 이상이다. 30리

㈁ 백두대간의 일부로, 분수계를 이루고 있다. 산줄기, 산은 분수계에 해당함

지리산

지도표
읍치
㈁ 역참
창고
고산성

국가의 명령과 공문서 전달을 수행하기 위해 설치된 교통·통신 시설

㈂ 방어와 관련된 군사 시설이다. 고산성

㈃ 배가 다닐 수 있는 하천이다. 가항 하천

① ㈀, ㈁ ② ㈀, ㈂ ③ ㈁, ㈂ ✔④ ㈁, ㈃ ⑤ ㈂, ㈃

| 자료 분석 |

조선 후기 김정호가 제작한 「대동여지도」의 일부와 지도표가 제시되어 있다.

| 선지 해설 |

㈀ A에서 구례까지의 도로상에는 방점이 두 개 찍혀 있으므로 두 지점 간의 도로상 거리는 약 30리이다.

㈁ 백두대간은 백두산에서 지리산까지 이어지는 산줄기이다. 지리산은 백두대간의 일부를 이루는 산지로 하천이 흐르는 유역을 나누는 분수계를 이루고 있다.

㈂ 역참은 국가의 명령과 공문서 전달을 수행하기 위해 설치된 교통 및 통신 시설이다. 방어와 관련된 군사 시설은 고산성이다.

㈃ 대동여지도에서는 배가 다닐 수 있는 하천인 가항 하천은 쌍선으로, 배가 다닐 수 없는 하천은 단선으로 표시하였다. ㈃의 하천은 쌍선으로 그려져 있으므로 배가 다닐 수 있는 하천이다.

연결형 문제로 개념 확인

(1) 봉수 •
(2) 역참 •

• ㈀ 방어를 위한 통신 시설
• ㈁ 공문서 전달을 위해 설치한 교통 및 통신 시설

(1) – ㈀ (2) – ㈁

정답 ④ | 정답률 82%

다음 글은 조선 시대에 편찬된 지리지의 일부이다. (가), (나) 지리지에 대한 옳은 설명만을 〈보기〉에서 고른 것은? (단, (가), (나)는 각각 신증동국여지승람, 택리지 중 하나임.)

신증동국여지승람: 조선 전기에 편찬된 관찬 지리지
(가) 여주목 ┌백과사전식 서술

【건치연혁】 본래 고구려의 골내근현이다.
【관원】 목사·판관·교수 각 1인.
【토산】 실·쏘가리·누치.
【능묘】 영릉은 우리 세종 장헌대왕의 능이다. 소헌왕후를 합장했다.

택리지: 조선 후기 이중환이 쓴 사찬 지리지
(나) 여주읍은 강 남쪽에 위치하여 한양과의 거리는 물길이나 육로로 200리가 못 된다. …(중략)… 읍과 백애촌은 한 들로 통하여 동남쪽이 넓게 트이고 기후가 맑고 서늘하다. 이 두 곳에는 여러 대를 이어 사는 사대부 집이 많다. 그러나 백애촌은 주민이 농사 대신 오로지 배로 장사하는 데 의지하여 그 이익이 농사일을 하는 집보다 낫다. ┌가거지의 조건 중 생리(生利)와 관련 있음

〈 보기 〉
ㄱ. (가)는 조선 후기에 편찬되었다. 전기
ㄴ. (나)는 가거지의 조건을 제시하였다. ┌지리, 생리, 인심, 산수
ㄷ. (가)는 (나)보다 실학사상의 영향을 많이 받았다. (나) (가)
ㄹ. (가)는 국가 주도, (나)는 민간 주도로 만들어졌다. ┌관찬 ┌사찬

① ㄱ, ㄴ ② ㄱ, ㄷ ③ ㄴ, ㄷ ✔④ ㄴ, ㄹ ⑤ ㄷ, ㄹ

| 자료 분석 |

(가)는 지역의 건치연혁, 관원, 토산, 능묘 등의 정보가 백과사전식으로 나열되어 있으므로 조선 전기에 국가가 편찬한 지리지인 「신증동국여지승람」이다. (나)는 여주읍에 대한 저자의 지리적 견해가 서술되어 있으므로 조선 후기 실학자인 이중환이 저술한 「택리지」이다.

| 보기 해설 |

ㄱ. (가) 신증동국여지승람은 조선 전기, (나) 택리지는 조선 후기에 편찬되었다.

ㄴ. (나) 택리지에서 이중환은 사람이 살 만한 곳의 조건인 가거지의 조건으로 지리(地理), 생리(生利), 인심(人心), 산수(山水)의 네 가지를 제시하였다.

ㄷ. (나) 택리지에는 조건 후기에 국토를 객관적·실용적으로 파악하려는 실학사상이 반영되어 있다. 따라서 (나)가 (가)보다 실학사상의 영향을 많이 받았다.

ㄹ. (가) 신증동국여지승람은 국가 주도로 국가 통치에 필요한 자료를 수집하여 제작되었다. (나) 택리지는 이중환 개인(민간) 주도로 제작되었다.

11 고지도에 나타난 국토관 20학년도 10월 학평 1번

정답 ② | 정답률 90%

다음 자료는 사극 영화 대본의 일부이다. 주인공의 고향집이 있는 장소를 대동여지도의 A~E에서 고른 것은?

> 나그네 : 그쪽 고향집은 어떤 곳이요? → 배산임수에 해당함
> 주인공 : (눈을 지그시 감으며) 내 고향집은 읍치에서 도로를 따라 20리를 넘지 않는 곳에 있소. 뒤에 있는 산이 겨울철 차가운 북서풍을 막아 주는 양지바른 곳에 있다오. 집 앞에는 배가 다닐 수 있는 하천도 있소.

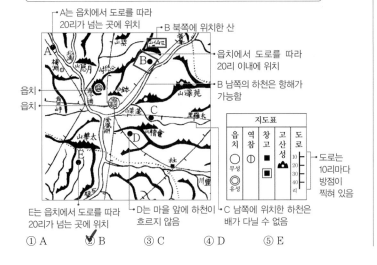

- A는 읍치에서 도로를 따라 20리가 넘는 곳에 위치
- B 북쪽에 위치한 산
- 읍치에서 도로를 따라 20리 이내에 위치
- B 남쪽의 하천은 항해가 가능함
- 읍치
- 읍치
- 지도표

읍치	역참	창고	고산성	도로
○ 무성	①	■	▲	10 20 30 40 리
◎ 유성		⊡	⛰	

- 도로는 10리마다 방점이 찍혀 있음
- E는 읍치에서 도로를 따라 20리가 넘는 곳에 위치
- D는 마을 앞에 하천이 흐르지 않음
- C 남쪽에 위치한 하천은 배가 다닐 수 없음

① A　✔② B　③ C　④ D　⑤ E

| 자료 분석 |

조선 후기에 김정호가 제작한 대동여지도의 일부에 제시된 A~E에서 배산임수에 입지한 주인공의 고향집을 찾는 문항이다.

| 선지 해설 |

① A는 읍치에서 도로를 따라 20리가 넘는 곳에 위치해 있다.

② B는 지도 가운데에 위치한 읍치에서 도로를 따라 20리 이내에 위치해 있다. 북쪽에는 삼선산이 위치해 있으며 B 남쪽에 위치한 하천은 쌍선으로 표시되어 있으므로 배가 다닐 수 있는 가항 하천이다. 따라서 주인공의 고향집은 B이다.

③ C는 읍치에서 도로를 따라 20리 이내에 위치해 있으며 북쪽에 산이 위치해 있다. C의 남쪽에 위치한 하천은 단선으로 표시되어 있으므로 배가 다닐 수 없는 하천이다.

④ D는 읍치에서 도로를 따라 20리 이내에 위치해 있으며 북쪽에 산이 위치해 있으나 마을 앞에 하천이 흐르지 않는다.

⑤ E는 읍치에서 도로를 따라 20리가 넘는 곳에 위치해 있다.

---

12 고문헌에 나타난 국토관 22학년도 3월 학평 6번

정답 ③ | 정답률 66%

(가), (나)는 조선 시대에 편찬된 지리지의 일부이다. 이에 대한 설명으로 옳은 것은? (단, (가), (나)는 각각 「세종실록지리지」, 「택리지」 중 하나임.)

- 택리지
- 함경도 안변군과 강원도 회양군 사이에 있는 고개
- 철령에 위치한 철령관을 기준으로 북쪽을 관북, 서쪽을 관서, 동쪽을 관동 지방으로 구분함

> (가) 온 나라의 물은 철령 밖 북쪽의 함흥에서 남쪽 동래에 이르기까지는 ⊙ 모두 동쪽으로 흘러 바다로 들어가고, 경상도의 물과 섬진강은 남쪽으로 흘러 바다로 들어간다. 철령 서쪽의 북쪽 의주에서 남쪽 나주까지의 물은 ⓒ 모두 서쪽으로 흘러 바다로 들어간다.
> — 동해
> — 남해
>
> (나) ⓒ 부(府)
> — 황해
> — 경주
> 부윤 1인, 판관 1인, 유학 교수관 1인이다. 바로 신라의 옛 도읍이다. … 사방 경계는 동쪽으로 감포에 이르기 59리, 서쪽으로 경산에 이르기 89리, 남쪽으로 언양에 이르기 49리, 북쪽으로 청송에 이르기 92리이다. 본부(本府)의 호수는 1천 5백 52호 …
> — 경주
> — 세종실록지리지

- 지리(地理), 생리(生利), 인심(人心), 산수(山水)

① (가)의 내용은 가거지 조건 중 '생리(生利)'에 해당한다.
　　　　　　　　　　　　　　산수(山水)
② (나)는 사찬 지리지이다.
　　　관찬
✔③ (가)는 (나)보다 실학의 영향을 많이 받았다.
④ ⓒ은 전라도라는 지명의 유래가 된 지역 중 하나이다.
　　　경상도
⑤ ⊙의 하천은 ⓒ의 하천보다 대체로 유역 면적이 넓다.
　하천으로 물이 모여드는 범위인 유역의 면적　좁다

| 자료 분석 |

(가)는 지역의 특성을 종합적으로 고찰하여 서술한 반면, (나)는 지역의 사방 경계, 호수 등을 항목별로 서술하고 있다. 따라서 (가)는 조선 후기에 실학사상을 바탕으로 국토의 실제 모습을 해석한 「택리지」, (나)는 조선 전기에 각 지방의 지리 정보를 항목별로 서술한 「세종실록지리지」이다.

| 선지 해설 |

① (가) 택리지의 복거총론에는 가거지의 조건으로 지리(地理), 생리(生利), 인심(人心), 산수(山水)를 제시하고 있다. (가)의 내용은 물줄기를 중심으로 우리나라의 특징을 서술하고 있으므로 가거지 조건인 생리(生利)와는 거리가 멀다.

② (나) 세종실록지리지는 국가 주도로 국가 통치에 필요한 자료를 수집하여 제작된 관찬 지리지이다. 관찬 지리지인 세종실록지리지에는 지역의 연혁, 토지, 성씨, 인구, 산업 등이 백과사전식으로 서술되어 있다.

③ (가) 택리지는 (나) 세종실록지리지보다 실학의 영향을 많이 받아 제작되었다. 조선 후기에는 국토의 실체를 객관적·실용적으로 파악하려는 실학자들에 의해 「택리지」, 「도로고」, 「아방강역고」 등의 사찬 지리지가 편찬되었다.

④ ⓒ은 신라의 옛 도읍이며 동쪽에 감포, 서쪽에 경산, 남쪽에 언양, 북쪽에 청송에 이른다는 내용을 통해 경주임을 알 수 있다. ⓒ 경주는 상주와 함께 경상도라는 지명의 유래가 된 곳이다.

⑤ ⊙은 동해로 흐르는 하천이며, ⓒ은 황해로 흐르는 하천이다. 우리나라는 동고서저의 경동 지형이 나타나며, ⊙ 동해로 흐르는 하천이 ⓒ 황해로 흐르는 하천보다 대체로 유역 면적이 좁다.

다음 자료는 온라인 학습 장면의 일부이다. 정답에 들어갈 후보지로 옳은 것은?

① A   ② B   ③ C   ④ D   ⑤ E

| 자료 분석 |

대동여지도는 지도표(범례)를 활용하여 각종 지리 정보를 좁은 지면에 효과적으로 표현하였다. 지도표에는 읍치, 고현, 역참, 고산성, 봉수 등 다양한 지리 정보가 담겨져 있다. 대동여지도에서 하천은 쌍선과 단선으로 구분하였으며, 산줄기는 굵은 선으로 표현하였다. 또한 대동여지도는 도로상에 10리마다 방점을 찍어 거리를 표현하였다.

| 선지 해설 |

② B

- 배가 다닐 수 있는 하천과 인접할 것: 후보지 A~E 중 인접한 하천이 배가 다닐 수 있는 쌍선으로 표현된 지점은 A, B, C이다. D와 E는 인접한 하천이 배가 다닐 수 없는 단선으로 표현되어 있다.
- 읍치로부터 도로상의 거리가 20리 이내에 위치할 것: 읍치로부터 도로상의 거리가 20리 이내에 위치하기 위해서는 읍치와 해당 지점 사이에 방점이 1개만 있어야 한다. B, C, D, E는 읍치와의 사이에 방점이 1개만 있어 읍치에서 20리 이내에 위치한 반면, A는 읍치와의 사이에 방점이 2개가 있어 읍치에서 20리 밖에 위치한다.
- 읍치에서 곡식 창고까지 도로를 이용해 이동할 때, 고개를 넘지 않는 곳에 위치할 것: 고개는 산줄기에 위치한다. 고개를 넘지 않기 위해서는 읍치와 곡식 창고 사이의 도로가 산줄기를 넘지 않아야 한다. 이를 만족하는 지점은 A, B, D, E이다. C는 읍치와 연결된 도로 사이에 산줄기가 위치하므로 고개를 넘어야 한다.

따라서 모든 조건을 만족하는 곡식 창고의 후보지는 B이다.

(가)와 (나)는 조선 시대에 제작된 고지도와 지리지의 일부이다. 이에 대한 설명으로 옳은 것은?

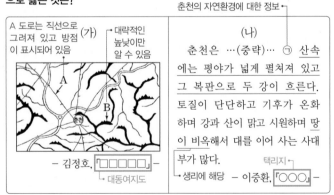

① (가)는 조선 후기에 제작되었다.
② (가)에서 A는 하천을 표현한 것이다. [도로]
③ (가)를 통해 B의 정확한 해발 고도를 알 수 있다. [없다]
④ (가)와 (나)는 모두 국가 통치의 목적으로 제작되었다. [조선 전기의 지도와 지리지]
⑤ ㉠은 이중환이 제시한 가거지 조건 중 인심(人心)에 해당한다. [해당되지 않는다] [지리, 생리, 인심, 산수]

| 자료 분석 |

(가)는 조선 후기에 김정호가 제작한 『대동여지도』의 일부이다. (나)는 조선 후기에 실학자인 이중환이 저술한 『택리지』의 일부이다.

| 선지 해설 |

① (가) 대동여지도는 조선 후기에 김정호가 제작하였다.

② (가) 대동여지도에서 도로는 직선으로 나타내었으며 도로에 10리마다 방점을 찍어 대략적인 거리 계산이 가능하다. 따라서 직선으로 표시되어 있고 방점이 찍혀 있는 A는 도로이다. 하천은 곡선으로 나타내었으며 산줄기 사이를 흐른다.

③ (가) 대동여지도는 오늘날의 지도와 달리 B와 같은 산의 정확한 해발 고도를 표시하지 않았다.

④ 조선 전기에 제작된 지리지와 지도는 국가 통치를 목적으로 제작되었으며, 조선 후기에 제작된 지리지와 지도는 국토에 대한 관심이 증대되면서 제작되었다. (가)와 (나)는 모두 조선 후기의 실학사상이 반영되어 있다.

⑤ 이중환은 택리지에서 가거지의 조건으로 지리(地理), 생리(生利), 인심(人心), 산수(山水)를 제시하였다. 인심(人心)은 이웃의 인심이 온순하고 당쟁이 없는 곳을 의미한다. ㉠은 해당 지역의 자연환경에 대한 설명이다.

15 고지도에 나타난 국토관 21학년도 7월 학평 1번

정답 ③ | 정답률 81%

다음 자료는 우리나라 두 섬을 표현한 고지도와 지리 정보를 나타낸 것이다. (가), (나) 섬에 대한 옳은 설명만을 〈보기〉에서 고른 것은?

구분 섬	(가)→제주도 →한라산	(나)→울릉도 →성인봉
고지도	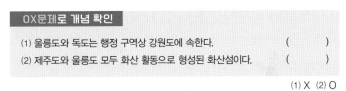	
위치 정보	126°31′E 33°29′N →남해에 위치	130°54′E →동해에 위치 37°29′N
면적	약 1,849.2㎢	약 72.9㎢

*위치 정보는 섬 지역 내 주요 지점의 경위도 좌표임.
→조선 후기 김정호가 제작한 대동여지도
→우리나라에서 가장 큰 섬

〈 보기 〉
ㄱ. (가)는 행정 구역상 경상북도에 속한다.
  (나)
ㄴ. (나) 고지도의 A 하천은 북에서 남으로 흐른다.
  →저위도에서 고위도로 갈수록 낮아짐
ㄷ. (가)는 (나)보다 연평균 기온이 높다.
  →동쪽에 위치할수록 이름
ㄹ. (나)는 (가)보다 일출 시각이 늦다.
  이르다

① ㄱ, ㄴ   ② ㄱ, ㄷ   ③ ㄴ, ㄷ ✓   ④ ㄴ, ㄹ   ⑤ ㄷ, ㄹ

| 자료 분석 |

제시된 고지도는 조선 후기 김정호가 제작한 「대동여지도」의 일부이다. (가)는 북위 33°에 위치한 제주도이다. 제주도는 우리나라에서 가장 큰 섬이다. (나)는 동경 131° 부근에 위치한 울릉도이다. 제주도와 울릉도 모두 신생대 제3기 말~제 4기 초의 화산 활동으로 형성되었다.

| 보기 해설 |

ㄱ. (가) 제주도는 행정 구역상 제주특별자치도에 속한다. (나) 울릉도는 행정 구역상 경상북도에 속한다. 울릉도와 인접한 독도 역시 행정 구역상 경상북도에 속한다.

ㄴ. 하천은 상 정상에서 흐르기 시작해 낮은 곳을 따라 흐르다 바다로 유입된다. 따라서 (나) 고지도의 A 하천은 울릉도의 가운데에 위치한 산(성인봉)에서 흐른 후 남쪽에 위치한 동해로 유입된다.

ㄷ. (가)는 (나)보다 저위도에 위치해 있으므로 연평균 기온이 높다.

ㄹ. 동쪽에 위치한 지역일수록 일출, 일중, 일몰 시각이 이르다. 따라서 동해상에 위치한 (나) 울릉도가 (가) 제주도보다 일출 시각이 이르다.

OX문제로 개념 확인

(1) 울릉도와 독도는 행정 구역상 강원도에 속한다.   (   )
(2) 제주도와 울릉도 모두 화산 활동으로 형성된 화산섬이다. (   )

(1) X (2) O

16 고지도에 나타난 국토관 24학년도 10월 학평 1번

정답 ③ | 정답률 94%

지도는 대동여지도의 일부이다. 이에 대한 옳은 설명만을 〈보기〉에서 고른 것은?

→단선(배가 다닐 수 없는 하천) → 상대적으로 좁은 하폭, 적은 유량
→해발 고도 수치가 없음

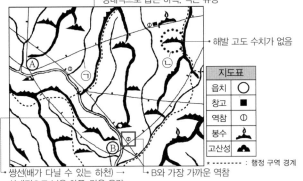

지도표	
읍치	○
창고	■
역참	◐
봉수	🔥
고산성	⛰

*····· : 행정 구역 경계

←쌍선(배가 다닐 수 있는 하천) → 상대적으로 넓은 하폭, 많은 유량
→B와 가장 가까운 역참

〈 보기 〉
ㄱ. B와 가장 가까운 역참은 20리 이상 떨어져 있다.
  10리 미만
ㄴ. A에서 B까지 이동할 때 배를 이용할 수 있다.
  →방점 3개 → 약 40리
ㄷ. ㉠ 하천은 대체로 북쪽에서 남쪽으로 흐른다.
  →상류(유량 적음, 평균 하폭 좁음) → 하류(유량 많음, 평균 하폭 넓음)
ㄹ. ㉡의 해발 고도를 정확하게 알 수 있다.
  없다

① ㄱ, ㄴ   ② ㄱ, ㄷ   ③ ㄴ, ㄷ ✓
④ ㄴ, ㄹ   ⑤ ㄷ, ㄹ

| 자료 분석 |

대동여지도에는 지도표(범례)가 수록되어 있어 한정된 지면에 각종 지리 정보가 효과적으로 표현되어 있으며, 도로를 나타낸 선에는 10리마다 방점이 찍혀 있어 대략적인 거리 파악이 가능하다. 하천은 배가 다닐 수 있는 하천은 쌍선으로, 배가 다닐 수 없는 하천은 단선으로 구분하였다. 산줄기는 굵은 선으로 연결하여 전통적인 산줄기 인식 체계를 반영하였다.

| 선지 해설 |

ㄱ. B와 가장 가까운 역참은 동북쪽에 위치한다. B와 역참 사이의 도로에는 방점이 없으므로 B와 역참 사이의 거리는 10리 미만이다. 따라서 B와 가장 가까운 역참은 20리 이상 떨어져 있지 않다.

ㄴ. A에서 B 사이에는 쌍선인 곡선이 있다. 대동여지도에서는 배가 다닐 수 있는 하천을 쌍선으로 표현하였다. 따라서 A에서 B 사이를 이동할 때 배를 이용할 수 있다. 한편, A와 B 사이는 직선으로 연결되어 있으므로 육로를 이용할 수도 있다.

ㄷ. 하천은 상류에서 하류로 이동하며 하류로 갈수록 평균 하폭이 넓어지고 유량이 많아진다. ㉠ 하천은 단선으로 표현된 하천으로 평균 하폭이 좁거나 유량이 적어 배가 다닐 수 없는 하천이다. 반면 남쪽에 위치한 쌍선으로 표현된 하천은 상대적으로 평균 하폭이 넓고 유량이 많아 배가 다닐 수 있는 하천이다. 따라서 ㉠ 하천은 상대적으로 평균 하폭이 넓고 유량이 많은 남쪽의 하천으로 유입하므로, 하천은 대체로 북쪽에서 남쪽으로 흐른다.

ㄹ. 대동여지도는 산줄기를 굵은 선으로 연결하여 대략적인 크기를 비교할 수 있으나 해발 고도 수치를 제시하지 않았다. 따라서 ㉡의 해발 고도를 정확하게 파악할 수 없다.

3
일차

01 ② 02 ⑤ 03 ⑤ 04 ⑤ 05 ④ 06 ④ 07 ② 08 ① 09 ① 10 ⑤ 11 ① 12 ⑤
13 ⑤ 14 ⑤ 15 ③ 16 ④ 17 ② 18 ③ 19 ① 20 ④ 21 ②

문제편 020~025쪽

---

01 최적 입지 선정 25학년도 6월 모평 3번

정답 ② | 정답률 87%

다음 〈조건〉만을 고려하여 공공 도서관을 추가로 건설하고자 할 때, 가장 적합한 후보지를 지도의 A~E에서 고른 것은?

〈조건 1〉: (유소년층 인구 ≥ 10,000명) And (초·중·고 학교 수 ≥ 60개) And (공공 도서관 수 ≤ 8개)
〈조건 2〉: 〈조건 1〉을 만족하는 지역 중 유소년층 인구 비율이 높은 곳을 선택함.

＊X And Y: X 조건과 Y 조건을 모두 만족하는 것을 의미함.

구분	유소년층 인구(명)	유소년층 인구 비율(%)	초·중·고 학교 수(개)	공공 도서관 수(개)
A	8,274	8.1	42	4
B	49,118	13.9	69	7
C	73,706	13.4	118	9
D	42,247	12.0	92	8
E	12,362	11.3	39	3

(2022) (통계청)

① A ② B ③ C ④ D ⑤ E

| 자료 분석 |

지도의 A는 밀양, B는 양산, C는 김해, D는 진주, E는 사천이다. 공공 도서관을 추가로 건설할 때 가장 적합한 후보지는 〈조건 1〉과 〈조건 2〉를 모두 만족하는 지역이다.

| 선지 해설 |

②B

• 조건 1: 유소년층 인구 10,000명 이상을 만족하는 지역은 B 양산, C 김해, D 진주, E 사천으로 총 4개 지역이다. 초·중·고 학교 수 60개 이상을 만족하는 지역은 B 양산, C 김해, D 진주로 총 3개 지역이다. 공공 도서관 수 8개 이하를 만족하는 지역은 A 밀양, B 양산, D 진주, E 사천으로 총 4개 지역이다.
따라서 〈조건 1〉을 모두 만족하는 지역은 B 양산과 D 진주이다.
• 조건 2: 〈조건 1〉에서 B 양산과 D 진주 중 유소년층 인구 비율이 높은 곳은 B 양산이다.
따라서 공공 도서관을 추가로 건설하고자 할 때 가장 적합한 후보지는 B 양산이다.

---

02 지리 정보의 유형과 수집 방법 24학년도 6월 모평 3번

정답 ⑤ | 정답률 91%

다음은 지리 정보에 관한 수업 장면이다. ㉠~㉤에 대한 설명으로 가장 적절한 것은?

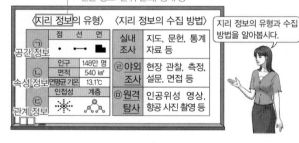

① ㉠의 예로 '대전광역시 연령층별 인구 비율'을 들 수 있다.
② ㉡은 어떤 장소나 현상의 위치나 형태를 나타내는 정보이다.
③ ㉢을 표현한 예로 36° 21′ 04″N, 127° 23′ 06″E가 있다.
④ ㉣은 조사 지역을 직접 방문하여 정보를 수집하는 활동이다.
⑤ ㉣은 ㉤보다 지리 정보 수집 방법으로 도입된 시기가 이르다.

전통적 방법: 지도, 문헌, 통계 자료 등의 실내 조사 및 관찰, 측정, 설문, 면담 등 야외 조사
최근 방법: 항공 사진 및 인공 위성 영상을 활용한 원격 탐사

| 자료 분석 |

㉠ 공간 정보는 공간 속에 분포하는 어떤 장소나 현상의 위치나 형태에 대한 정보로 점, 선, 면 등으로 표현된다. ㉡ 속성 정보는 장소나 현상의 특성을 나타낸 정보로 인구, 면적, 교통량 등을 들 수 있다. ㉢ 관계 정보는 다른 장소나 지역과의 상호 작용 및 관계를 나타내는 정보로 인접성, 계층성, 연결성 등으로 표현된다. ㉣ 야외 조사는 조사 지역을 직접 방문하여 관찰, 측정, 면담, 설문, 촬영 등으로 정보를 수집하는 조사 방법이며, ㉤ 원격 탐사는 원거리에서 대상의 정보를 얻어 내는 기술로, 항공기나 인공위성 등을 통해 정보를 얻는 것이 대표적이다.

| 선지 해설 |

① ㉠ 공간 정보의 예로는 위도, 경도 등을 들 수 있다. '대전광역시 연령층별 인구 비율'은 인문적 특성을 나타낸 정보로 속성 정보에 해당한다.

② ㉡ 인구, 면적, 연평균 기온 등은 장소나 현상의 인문적·자연적 특성을 나타낸 속성 정보이다. 어떤 장소나 현상의 위치나 형태를 나타내는 정보는 공간 정보이다.

③ ㉢ 관계 정보는 다른 장소나 지역과의 상호 작용 및 관계를 나타낸다. 36° 21′ 04″N, 127° 23′ 06″E는 위도와 경도로 표현한 위치로 공간 정보에 해당한다.

④ ㉤ 원격 탐사는 관측 대상과의 접촉 없이 먼 거리에서 대상의 정보를 얻어 내는 정보 수집 활동이다. 조사 지역을 직접 방문하여 정보를 수집하는 활동은 현장 관찰, 측정, 설문, 촬영 등과 같이 조사 지역을 직접 방문하여 정보를 수집하는 야외 조사에 해당한다.

⑤ ㉤ 원격 탐사는 항공기나 인공 위성 등을 활용하며 첨단 기술이 적용된 최근의 지리 정보 수집 방법이다. 따라서 전통적인 지리 정보 수집 방법인 ㉣ 야외 조사는 ㉤ 원격 탐사보다 지리 정보 수집 방법으로 도입된 시기가 이르다.

03 최적 입지 선정 23학년도 6월 모평 1번   정답 ⑤ | 정답률 91%

다음 〈조건〉만을 고려하여 ○○ 시설의 입지를 선정하고자 할 때 가장 적절한 곳을 후보지 A~E에서 고른 것은?

────〈 조건 〉────

○ 평균 고도가 40m 이상인 지역을 선정함.
○ 평균 경사도가 25° 이하인 지역을 선정함.
○ 주거 지역 및 도로로부터 200m 이상 떨어진 지역을 선정함.
○ 산림 보호 지역은 제외함.

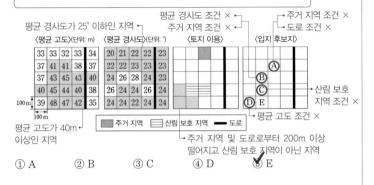

① A   ② B   ③ C   ④ D   ⑤ E

| 선지 해설 |

 E

• 평균 고도가 40m 이상인 지역: 〈평균 고도〉 자료에서 A, B, C, E는 평균 고도가 40m 이상으로 ○○ 시설의 후보지에 해당한다. D는 평균 고도가 40m 미만으로 ○○ 시설의 후보지에서 제외된다.

• 평균 경사도가 25° 이하인 지역: 〈평균 경사도〉 자료에서 A, C, D, E는 평균 경사도가 25° 이하로 ○○ 시설의 후보지에 해당한다. B는 평균 경사도가 25° 이상으로 ○○ 시설의 후보지에서 제외된다.

• 주거 지역 및 도로로부터 200m 이상 떨어진 지역: 〈토지 이용〉 자료에서 주거 지역으로부터 200m 이상 떨어진 지역은 C, D, E이며, 도로로부터 200m 이상 떨어진 지역은 B, C, D, E이다. 따라서 C, D, E가 ○○ 시설의 후보지에 해당한다.

• 산림 보호 지역이 아닌 지역: 〈토지 이용〉 자료에서 A, B, D, E는 산림 보호 지역에 해당하지 않아 ○○ 시설의 후보지에 해당한다. C는 산림 보호 지역으로 ○○ 시설의 후보지에서 제외된다.

따라서 네 가지 조건을 모두 만족하는 ○○ 시설의 후보지는 E이다.

주어진 조건을 후보지 A~E에 각각 적용할 경우 결과는 아래의 표와 같다.

조건 \ 후보지	A	B	C	D	E
평균 고도가 40m 이상인 지역	○	○	○	×	○
평균 경사도가 25° 이하인 지역	○	×	○	○	○
주거 지역으로부터 200m 이상 떨어진 지역	×	×	○	○	○
도로로부터 200m 이상 떨어진 지역	×	○	○	○	○
산림 보호 지역이 아닌 지역	○	○	×	○	○

(○: 조건을 만족함, ×: 조건을 만족하지 못함)

04 최적 입지 선정 20학년도 수능 16번   정답 ⑤ | 정답률 81%

다음의 〈조건〉만을 고려하여 홍수를 대비하기 위한 시설의 입지를 선정하려고 할 때, 가장 적절한 곳을 후보지 A~E에서 고른 것은?

────〈 조건 〉────

평가 항목별 배점 기준은 다음과 같으며, 점수의 합이 가장 큰 지역을 선정함.

점수	일 최대 강수량(mm)	해발 고도(m)	불투수 포장률(%)
1점	280 미만	60 이상	20 미만
2점	280~300 미만	30~60 미만	20~40 미만
3점	300 이상	30 미만	40 이상

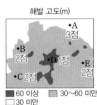

① A   ② B   ③ C   ④ D   ⑤ E

출제 경향

최적 입지 지점을 찾는 문항의 경우는 제시된 조건을 정확히 파악해야 한다. 특히 평가 항목 점수의 합이 동일한 두 지역 중 최종적으로 한 지역을 선정하는 형태로 출제되고 있으므로 어떤 조건에 따라 최적 입지 지점을 선정하는지를 문항에서 정확히 파악해야 한다.

| 자료 분석 |

제시된 세 가지의 〈조건〉만을 고려하여 홍수를 대비하기 위한 시설의 최적 입지를 찾는 문항이다. 일 최대 강수량은 등치선도, 해발 고도와 불투수 포장률은 단계 구분도로 제시되었다.

| 선지 해설 |

 E

홍수를 대비하기 위한 시설의 입지 후보지인 A~E의 평가 항목별 점수 및 점수의 합은 아래의 표와 같다.

평가 항목 \ 후보지	A	B	C	D	E
일 최대 강수량	3	2	1	3	3
해발 고도	3	2	2	1	2
불투수 포장률	1	1	2	3	3
평가 항목 점수의 합	7	5	5	7	8

〈조건〉에서 평가 항목 점수의 합이 가장 큰 지역을 선정한다고 하였으므로 후보지 E가 홍수를 대비하기 위한 시설의 최적 입지 지역에 해당한다.

다음 〈조건〉만을 고려하여 유치원의 입지를 선정하고자 할 때, 가장 적절한 곳을 후보지 A~E에서 고른 것은?

〈 조건 〉

1. 청소년 유해업소 중심으로부터 200m 이상 떨어진 곳에 입지함.
2. 기존 유치원 중심으로부터 400m 이상 떨어진 곳에 입지함.
3. 간선 도로로부터 200m 이내에 입지함.
4. 주거 용지에 입지함.

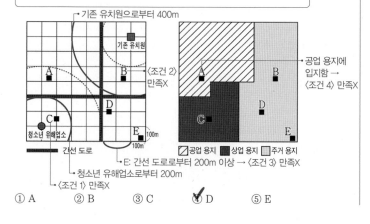

① A　　② B　　③ C　　✔ D　　⑤ E

| 자료 분석 |

제시된 네 가지 〈조건〉을 고려하여 유치원의 최적 후보지를 찾는 문항이다.

| 선지 해설 |

④ D

- 〈조건 1〉에서 청소년 유해업소 중심으로부터 200m 이상 떨어진 곳에 입지한다고 하였으므로 청소년 유해업소로부터 100m에 위치한 C는 후보지에서 제외된다.
- 〈조건 2〉에서 기존 유치원 중심으로부터 400m 이상 떨어진 곳에 입지한다고 하였으므로 기존 유치원으로부터 300m 이내에 위치한 B는 후보지에서 제외된다.
- 〈조건 3〉에서 간선 도로로부터 200m 이내에 입지한다고 하였으므로 간선 도로로부터 200m 이상 떨어진 E는 후보지에서 제외된다.
- 〈조건 1〉~〈조건 3〉까지 제외되지 않은 후보지인 A와 D 중 A는 공업 용지에 입지하므로 후보지에서 제외된다. 따라서 주거 용지에 입지한 D가 유치원의 최적 후보지이다.

---

06 최적 입지 선정 20학년도 9월 모평 16번

정답 ④ | 정답률 78%

다음 〈조건〉만을 고려하여 노인 의료 복지 시설의 입지를 선정하고자 할 때, 가장 적절한 곳을 후보지 A~E에서 고른 것은?

〈 조건 〉

1. 평가 항목별 배점 기준은 다음과 같으며, 점수의 합이 가장 큰 지역을 선정함.
   → A와 D가 5점으로 점수의 합이 가장 큼
2. 평가 항목 점수의 합이 같을 경우 기존 노인 의료 복지 시설의 수가 적은 지역을 선정함.

노인 인구 수(천 명)	점수
10 미만	1
10 이상~20 미만	2
20 이상	3

노인 1인 가구 비율(%)	점수
15 미만	1
15 이상~20 미만	2
20 이상	4

D는 A보다 기존 노인 의료 복지 시설 수가 적음

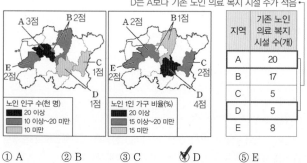

① A　　② B　　③ C　　✔ D　　⑤ E

| 선지 해설 |

④ D

〈조건 1〉에 따라 평가 항목별 점수 및 항목 점수의 합을 표로 나타내면 다음과 같으며 A와 D의 평가 항목 점수의 합으로 5점으로 같다.

평가 항목　　　　　후보지	A	B	C	D	E
노인 인구 수	3	2	1	1	2
노인 1인 가구 비율	2	1	2	4	2
평가 항목 점수의 합	5	3	3	5	4

〈조건 2〉에서 평가 항목 점수의 합이 같을 경우 기존 노인 의료 복지 시설의 수가 적은 지역을 선정한다고 하였다. A 지역은 기존 노인 의료 복지 시설 수가 20개, D 지역은 5개이다. 따라서 D가 노인 의료 복지 시설의 최적 입지 지점이다.

07 지리 정보 수집 방법 24학년도 5월 학평 1번

정답 ② | 정답률 94%

다음은 누리집 게시글의 일부이다. ㉠~㉣에 대한 옳은 설명만을 〈보기〉에서 고른 것은?

〈보기〉

ㄱ. ㉠은 직접 접근하기 어려운 지역의 지리 정보 수집에 유리하다.
└ 북극 및 남극, 사막 지역, 화산 지역 등

ㄴ. ㉡은 공간 정보에 해당한다.
속성

ㄷ. ㉢은 각각의 지리 정보를 표현한 여러 장의 지도를 겹쳐서 분석하는 방법이다.
└ 공간 정보, 속성 정보, 관계 정보 등

ㄹ. ㉣을 통계 지도로 표현할 때 등치선도가 가장 적절하다.
유선도

① ㄱ, ㄴ ✔② ㄱ, ㄷ ③ ㄴ, ㄷ ④ ㄴ, ㄹ ⑤ ㄷ, ㄹ

| 자료 분석 |

지리 정보 시스템(GIS)은 다양한 지리 정보를 수치화하여 컴퓨터에 입력·저장하고, 이용자의 요구에 따라 가공·분석·처리하여 다양하게 표현해 주는 종합 정보 시스템이다. 지리 정보 시스템은 중첩 분석 등을 활용하여 복잡한 지리 정보를 빠르고 정확하게 처리할 수 있으며, 합리적인 공간적 의사 결정 수립이 가능하다. 한편 지리 정보는 장소나 현상의 위치 및 형태에 관한 공간 정보, 장소나 현상의 인문적·자연적 특성을 나타내는 속성 정보, 다른 장소나 지역과의 상호 작용 및 관계를 나타내는 관계 정보로 구분한다.

| 선지 해설 |

(ㄱ) ㉠ 원격 탐사는 관측 대상과의 접촉 없이 항공기, 인공위성 등을 통해 지역의 정보를 얻는 기술이다. 원격 탐사는 직접 접근하기 어려운 지역이나 넓은 지역의 지리 정보를 수집하기에 유리하다.

ㄴ. ㉡ 가구 수는 장소나 현상의 인문적 특성을 나타낸 정보로 속성 정보에 해당한다. 공간 정보는 장소나 현상의 위치 및 형태에 관한 정보이다.

(ㄷ) ㉢ 중첩 분석은 각각의 지리 정보를 표현한 여러 장의 지도를 겹쳐서 분석하는 방법이다. 중첩 분석은 주로 여러 조건을 동시에 만족하는 지역을 선정하는 데 사용된다.

ㄹ. ㉣ 출·퇴근 이동 경로와 이동량은 지역 간 통계값의 이동량과 이동 방향을 화살표 등으로 나타낸 유선도로 표현하는 것이 가장 적절하다. 등치선도는 같은 통계값을 지닌 지점을 선으로 연결하여 나타내며 봄꽃 개화 시기, 폭염 발생 일수 등을 나타낼 때 적절하다.

OX문제로 개념 확인

(1) 원격 탐사를 이용하여 조사 지역의 속성 정보를 파악할 수 있다. (   )
(2) 원격 탐사를 통해 해당 지역의 토지 이용 변화를 주기적으로 파악할 수 있다. (   )

(1) O (2) O

---

08 최적 입지 선정 20학년도 3월 학평 5번

정답 ① | 정답률 76%

다음 자료를 토대로 하나의 지역을 선택하여 어린이 의료 지원 센터를 만들고자 한다. 가장 적합한 지역을 지도의 A~E에서 고른 것은? (단, 합산 점수가 가장 높은 지역을 선택함.) [3점]

└ 점수 배점을 잘 확인해야 함

유소년층 인구 비율(%)	점수	의료 기관 수(개)	점수	1인당 지역 내 총생산(백만 원)	점수
13 이상	2	50 이상	1	40 이상	1
13 미만	1	50 미만	2	40 미만	2

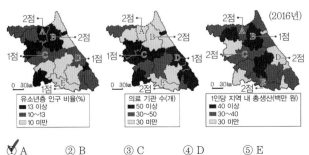

✔① A ② B ③ C ④ D ⑤ E

| 자료 분석 |

제시된 세 가지 조건을 고려하여 어린이 의료 지원 센터의 최적 입지 지역을 찾는 문항이다. 세 가지 항목이 단계 구분도로 제시되어 있다. 강원도에 위치한 A는 양구군, B는 인제군, C는 홍천군, D는 강릉시, E는 영월군이다.

| 선지 해설 |

① A

어린이 의료 지원 센터의 입지 후보지인 A~E의 평가 항목별 점수 및 평가 항목 점수의 합은 아래의 표와 같으며 합산 점수가 가장 높은 A가 최적 입지 지역이다.

평가 항목 후보지	A	B	C	D	E
유소년층 인구 비율	2	2	1	1	1
의료 기관 수	2	2	1	1	2
1인당 지역 내 총생산	2	1	2	2	2
항목별 점수 합	6	5	4	4	5

다음 조건만을 고려하여 ○○ 리조트 입지 지역을 선정하려고 할 때, 가장 적절한 곳을 후보지 A~E에서 고른 것은?

< 조건 >

A는 9점임

평가 항목별 배점 기준은 다음과 같으며 점수의 합이 가장 큰 지역을 선정함.

여름 강수량(mm)	점수	지가 (천 원/m²)	점수	겨울 평균 기온(℃)	점수
750 미만	3	50 미만	3	0 이상	3
750 이상 ~850 미만	2	50 이상 ~150 미만	2	−2 이상 ~0 미만	2
850 이상	1	150 이상	1	−2 미만	1

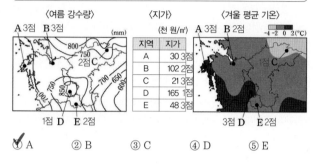

① A　　② B　　③ C　　④ D　　⑤ E

자료 분석

제시된 세 가지 〈조건〉을 토대로 ○○ 리조트의 입지 지역을 찾는 문항으로 〈여름 강수량〉은 등치선도, 〈지가〉는 표, 〈겨울 평균 기온〉은 단계 구분도로 제시되어 있다.

선지 해설

① A

○○ 리조트의 입지 후보지인 A~E의 항목별 평가 점수 및 항목별 점수의 합은 아래의 표와 같다.

평가 항목　　　　후보지	A	B	C	D	E
여름 강수량	3	3	2	1	2
지가	3	2	3	1	3
겨울 평균 기온	3	2	1	3	2
항목별 점수의 합	9	7	6	5	7

〈조건〉에서 점수의 합이 가장 큰 지역을 선정한다고 하였으므로 A가 ○○ 리조트의 최적 입지 지역에 해당한다.

다음 〈조건〉을 고려하여 ○○ 시설의 입지를 선정하려고 할 때, 가장 적절한 곳을 후보지 A~E에서 고른 것은?

< 조건 >

1. 도로와의 거리가 100m 이내인 주거 용지
2. 후보지에 접한 8개 면과 후보지와의 해발 고도 차이가 모두 10m 미만인 곳

조건이 두 가지 제시되어 있음

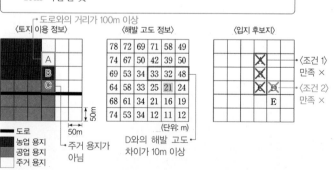

① A　　② B　　③ C　　④ D　　⑤ E

선지 해설

⑤ E

〈조건 1〉을 보면 도로와의 거리가 100m 이내라고 하였으므로 도로로부터 100m 이상 떨어진 A는 후보지에서 제외된다. 〈조건 1〉을 보면 도로와의 거리가 100m 이내인 주거 용지라고 하였으므로 농업 용지에 위치한 B와 공업 용지에 위치한 C는 후보지에서 제외된다.

〈조건 1〉을 만족하는 D와 E 중 D는 후보지에 접한 8개 면 중 후보지와의 해발 고도 차이가 10m 이상인 면이 3개나 있으므로 후보지에서 제외된다. E는 후보지에 접한 8개 면 모두 후보지와의 해발 고도 차이가 10m 미만이므로 조건을 만족한다. 따라서 모든 조건을 만족하는 ○○ 시설의 최적 입지 지점은 E이다.

(○: 조건을 만족함, ×: 조건을 만족하지 못함)

조건　　　　후보지	A	B	C	D	E
도로와의 거리가 100m 이내	×	○	○	○	○
주거 용지	○	×	×	○	○
접한 8개 면과의 해발 고도 차이 10m 미만	×	×	○	×	○

11 최적 입지 선정 19학년도 6월 모평 16번

다음 〈조건〉만을 고려하여 ○○ 리조트의 입지를 선정하고자 할 때, 가장 적절한 곳을 후보지 A~E에서 고른 것은? [3점]

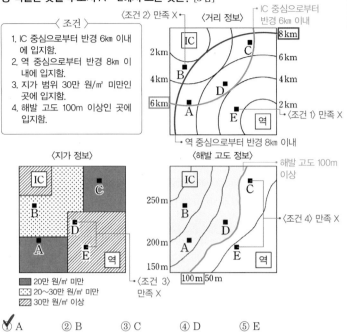

〈 조건 〉
1. IC 중심으로부터 반경 6km 이내에 입지함.
2. 역 중심으로부터 반경 8km 이내에 입지함.
3. 지가 범위 30만 원/㎡ 미만인 곳에 입지함.
4. 해발 고도 100m 이상인 곳에 입지함.

20만 원/㎡ 미만
20~30만 원/㎡ 미만
30만 원/㎡ 이상

① A　　② B　　③ C　　④ D　　⑤ E

| 자료 분석 |

제시된 〈조건〉 네 가지를 고려하여 ○○ 리조트의 최적 입지 지역을 찾는 문항이다. 〈거리 정보〉에서 조건 1과 조건 2를, 〈지가 정보〉에서 조건 3을, 〈해발 고도 정보〉에서 조건 4를 파악하면 된다.

| 선지 해설 |

① A

제시된 네 가지 〈조건〉을 만족하는 지역은 아래의 표와 같으며, 모든 조건을 만족하는 ○○ 리조트의 최적 입지 지점은 후보지 A이다.

(○: 조건을 만족함, ×: 조건을 만족하지 못함)

조건　　　　　　　　　　　　　후보지	A	B	C	D	E
1. IC 중심으로부터 반경 6km 이내	○	○	○	○	×
2. 역 중심으로부터 반경 8km 이내	○	×	○	○	○
3. 지가 범위 30만 원/㎡ 미만인 곳	○	○	○	×	×
4. 해발 고도 100m 이상인 곳	○	○	×	○	×

12 최적 입지 선정 20학년도 7월 학평 3번

자료는 공간 의사 결정 과정의 사례이다. 학생이 가장 선호하는 학교를 지도의 A~E에서 고른 것은? (단, 의사 결정은 화살표 방향을 따라 이루어지며, 각 항목 점수의 합이 가장 큰 곳을 선택함.) [3점]

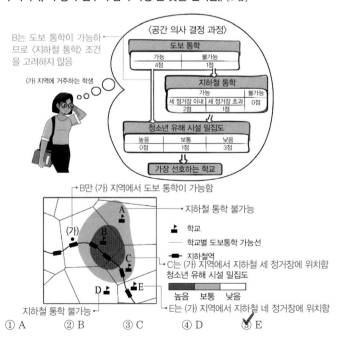

① A　　② B　　③ C　　④ D　　⑤ E

| 자료 분석 |

제시된 〈공간 의사 결정 과정〉에 따라 (가) 지역에 거주하는 학생이 가장 선호하는 학교를 찾는 문항이다.

| 선지 해설 |

⑤ E

• 도보 통학: 지도에 표시되어 있는 실선인 학교별 도보 통학 가능선을 보면 A~E 학교 중 B 학교만 (가) 지역에서 도보 통학이 가능하며 나머지 학교는 도보 통학이 불가능하다.

• 지하철 통학: 도보 통학이 가능한 B를 제외하고 도보 통학이 불가능한 네 후보지 중 지하철역과 인접해 있어 지하철로 통학이 가능한 학교는 C, E이다. 이 중 C는 (가) 지역으로부터 세 정거장 이내이므로 2점, E는 (가) 지역으로부터 세 정거장을 초과해 위치해 있으므로 1점이다. B는 첫 번째 의사 결정 과정인 〈도보 통학〉에서 도보 통학이 가능하므로 〈지하철 통학〉의 조건을 고려하지 않고 바로 〈청소년 유해 시설 밀집도〉를 고려하면 된다.

• 청소년 유해 시설 밀집도: 청소년 유해 시설 밀집도는 세 단계의 음영으로 표시되어 있다. D, E는 낮음으로 3점, A, C는 보통으로 1점, B는 높음으로 0점이다. 따라서 (가) 지역에 거주하는 학생이 가장 선호하는 학교는 항목별 점수의 합이 가장 큰 E이다.

평가 항목　　　　　　　후보지	A	B	C	D	E
도보 통학	1	4	1	1	1
지하철 통학	0	-	2	0	1
청소년 유해 시설 밀집도	1	0	1	3	3
항목별 점수 합	2	4	4	4	5

다음 자료의 ㉠~㉣에 대한 옳은 설명만을 〈보기〉에서 고른 것은?

〈 재난 상황 발생 시 정보 수집·분석 과정 〉

 재난 발생
- 산불
- 풍수해
- 항만 피해
- 사면 붕괴
- 도로 유실 등

 원격 탐사
드론 항공기 인공위성

 수치 지도
재난 시설 분포
구역별 산림 비율
⋮
피해 지역 최신 영상

피해 발생 범위
피해 규모 산정

국토지리정보원은 재난 발생 시 신속한 피해 대응과 복구를 위해 ㉠ 원격 탐사 자료를 수집한다. 수집된 자료는 재난 시설 분포, ㉡ 구역별 산림 비율 등의 ㉢ 속성 정보와 함께 ㉣ 지리 정보 시스템(GIS)으로 중첩 분석된다. 이후 국토지리정보원은 피해 발생 범위, 지점별 피해 규모 등의 분석 데이터를 관계 기관에 제공한다.

└ 넓은 지역의 지리 정보를 주기적으로 얻을 수 있음

└ 다양한 조건을 층으로 만든 후 이를 중첩하여 분석
→ 각 지역의 특성을 종합적으로 파악 가능

〈 보기 〉
ㄱ. ㉠의 주요 방법으로는 면담, 설문 조사가 있다.
　　　　　항공기나 인공 위성을 통한 조사
ㄴ. ㉡을 통계 지도로 표현할 때 유선도가 가장 적절하다.
　　　　　단계 구분도
ㄷ. ㉢은 장소의 인문 및 자연 특성을 나타내는 정보이다.
　　└ 인구, 교통, 기온 등 → 수치로 표현되는 경우가 많음
ㄹ. ㉣은 지리 정보의 수정 및 보완이 용이하다.
　　└ 공간 정보, 속성 정보, 관계 정보 등이 있음

① ㄱ, ㄴ　② ㄱ, ㄷ　③ ㄴ, ㄷ　④ ㄴ, ㄹ　⑤ ㄷ, ㄹ

자료 분석

재난 발생 시 신속한 피해 대응과 복구를 위해 지리 정보 시스템(GIS)이 활용된다. 지리 정보 시스템은 지표면의 다양한 지리 정보를 컴퓨터를 활용하여 입력·저장하고 사용 목적에 따라 이를 가공·처리·활용할 수 있도록 만든 종합 정보 시스템으로, 다양한 재난 상황이 발생하였을 때 신속한 피해 대응과 복구를 가능하게 한다.

선지 해설

ㄱ. ㉠ 원격 탐사는 관측해야 할 대상과 직접적인 접촉 없이 원거리에서 대상의 정보를 얻어 내는 기술로 항공기나 인공 위성을 통해 정보를 얻는다. 면담, 설문 조사는 주로 야외 조사로 이루어지며 전통적인 지리 정보 수집 방법이다.

ㄴ. 유선도는 지리적 현상의 이동 방향과 이동량을 화살표의 방향과 굵기로 표현하는 것으로 ㉡ 구역별 산림 비율을 나타내기에는 적절하지 않다. ㉡ 구역별 산림 비율을 나타내기에 적절한 것은 통계 값을 여러 단계로 구분해 다른 색이나 무늬를 이용해 표현하는 단계 구분도이다.

ㄷ. ㉢ 속성 정보는 장소나 현상의 인문적·자연적 특성을 나타내는 정보에 해당한다. 속성 정보가 시간을 두고 오랫동안 수집될 경우 지역 변화를 파악하는 데 유리하다.

ㄹ. ㉣ 지리 정보 시스템(GIS)은 컴퓨터를 활용하여 지표의 복잡한 지리 정보를 디지털화한다. 이를 통해 지리 정보 시스템(GIS)은 지리 정보를 체계적으로 관리하고 변화된 정보를 신속하게 수정하여 반영할 수 있다. 따라서 ㉣ 지리 정보 시스템(GIS)은 지리 정보의 수정 및 보완이 용이하다.

다음은 한국지리 수업 시간에 작성한 수업 노트이다. ㉠~㉤에 대한 설명으로 옳은 것만을 〈보기〉에서 있는 대로 고른 것은?

└ 관찰, 측정, 면담, 설문, 촬영

〈주제: 지리 정보의 수집·표현과 GIS〉
○ 지리 정보의 수집 및 표현　　└ 항공기나 인공위성을 이용
　· 수집: 문헌 조사, ㉠ 현지 조사, ㉡ 원격 탐사 등
　· 표현: 도표, 그래프, 지형도, 수치 지도, 통계 지도 등
　　– 통계 지도 유형: 점묘도, 등치선도, ㉢ 유선도, 단계
　　　구분도, 도형 표현도 등　└ 이동에 대한 통곗값을 화살
○ ㉣ 지리 정보 시스템(GIS)　　표의 방향과 굵기로 표현
　· 지표 공간의 다양한 지리 정보를 컴퓨터에 입력·저장하고,
　　사용 목적에 따라 가공·분석·처리하여 다양하게 표현해 주는
　　종합 정보 시스템
　· ㉤ 중첩 분석: 다양한 지리 정보를 데이터층으로 만들고 이를
　　결합하여 분석
└ 복잡한 지리 정보를 신속하게 처리함

〈 보기 〉
등치선도
ㄱ. ㉢은 같은 통곗값을 지닌 지점을 선으로 연결하여 표현한 것이다.
　　　└ 자동차 내비게이션에 주로 쓰임
ㄴ. ㉣은 인터넷과 GPS 등의 발달로 개인의 실생활에 필요한 다양한 지리 정보를 편리하게 얻을 수 있도록 해 준다.
ㄷ. ㉤은 최적 입지나 경로 선정 등의 공간 의사 결정에 활용할 수 있다.
ㄹ. ㉡은 ㉠보다 직접 접근하기 어려운 지역 또는 넓은 지역의 정보를 수집하는 데 유리하다.
　　　└ 사막이나 극지방

① ㄱ, ㄷ　② ㄱ, ㄹ　③ ㄴ, ㄷ
④ ㄱ, ㄴ, ㄹ　⑤ ㄴ, ㄷ, ㄹ

자료 분석

지리 정보의 수집 방법으로는 현지 조사, 원격 탐사 등이 있다. 지리 정보 시스템(GIS)은 컴퓨터를 이용하여 지리 정보를 가공·분석·처리하는 방법이다.

보기 해설

ㄱ. ㉢ 유선도는 사람, 물자 등의 이동에 대한 통곗값을 화살표의 방향과 굵기를 이용하여 표현한 것이다. 같은 통곗값을 지닌 지점을 선으로 연결하여 표현한 통계 지도는 등치선도이다.

ㄴ. ㉣ 지리 정보 시스템(GIS)은 인터넷과 GPS(Global Positioning System) 등의 발달로 개인의 실생활에도 도움을 주고 있다.

ㄷ. ㉤ 중첩 분석은 다양한 조건을 담고 있는 데이터 층을 출력하고 이를 결합하여 분석하는 과정으로 복잡한 지리 정보를 신속하게 처리하여 최적 입지나 경로 선정 등에 활용되고 있다.

ㄹ. ㉠ 현지 조사는 조사 지역을 직접 방문하여 관찰, 측정, 면담, 설문, 촬영 등을 통해 정보를 수집한다. ㉡ 원격 탐사는 관측 대상과의 직접적인 접촉 없이 먼 거리에서 정보를 얻는 방법으로 항공기나 인공위성을 이용하여 정보를 수집한다. 따라서 ㉡ 원격 탐사는 ㉠ 현지 조사에 비해 사막, 극지방처럼 직접 접근하기 어려운 지역 또는 넓은 지역의 정보를 수집하는 데 유리하다.

연결형 문제로 개념 확인

(1) 원격 탐사 •　　• ㉠ 여러 데이터 층을 출력하고 결합하여 분석함
(2) 중첩 분석 •　　• ㉡ 직접적인 접촉 없이 관측 대상의 정보를 수집함

(1) – ㉡　(2) – ㉠

15 지역 조사 24학년도 3월 학평 12번

정답 ③ | 정답률 82%

다음은 학생이 작성한 지역 조사 보고서의 일부이다. ㉠~㉤에 대한 설명으로 옳은 것은?

---

1. 주제 : ┌→나주 ㉠ 지역의 과거와 현재

2. 조사 방법 및 분석 내용

가. ㉡ 문헌 분석을 통한 과거의 지역 이해
　　└→실내 조사

┌──────────────────────────────────────┐
│ ┌→나주 ㉠ 은/는 노령 아래의 도회지로서 북쪽에는 금성 │
│ 산이 있고, 남쪽으로는 영산강에 닿아 있다. …(중 │
│ 략)… 서남쪽으로는 강과 바다를 통해 물자를 실어 나 │
│ 르는 이로움이 있어서, 광주와 아울러 이름난 고을이 │
│ 라고 일컫는다.　　　　　　　　 － 이중환, 「택리지」 － │
└──────────────────────────────────────┘

　┌→지리(地理), 생리(生利), 인심(人心), 산수(山水)
　　　　　　　　　┌→생리(生利)
○ 가거지의 조건 중 ㉢ 에 해당하는 내용을 확인함.

나. ㉣ 위성 사진 분석을 통한 지역의 변화 탐색
　　└→실내 조사

〈2008년〉　　　　　　〈2021년〉

○ 혁신 도시 조성 전후 토지 이용의 변화 비교

→ 혁신 도시 조성 후 ＿＿＿＿＿＿㉤＿＿＿＿＿＿.

　　　　　　→ 경지율 감소, 건물 밀집도
　　　　　　　　증가, 시가지 발달 등

① ㉠은 영동 지방에 속한다.
　　　　호남
② ㉢은 '인심(人心)'이다.
　　　　생리(生利)
✓③ ㉤에는 '경지율이 감소함'이 들어갈 수 있다.
④ ㉡과 ㉣은 주로 야외 조사 단계에서 이용된다.
　　　　　　　　　실내
⑤ ㉣은 ㉡보다 지리 정보 수집에 도입된 시기가 이르다.
　　　　　　　　　　　　　　　　　　　　늦다

출제 경향

구체적인 지리 조사 주제 사례를 제시한 다음 이를 조사하기 위해 어떤 정보가 필요한지를 파악하는 문항이 출제되고 있다. 지역 조사 과정, 지리 정보의 유형, 다양한 통계 지도의 유형 등을 함께 정리해 두어야 한다.

자료 분석

㉠은 노령 아래의 도회지로 영산강 유역에 위치하며 혁신 도시가 조성되어 있는 도시로 나주이다. 지역 조사는 지역에 대한 정보를 수집·분석·종합하여 지역성을 파악하는 활동으로 문헌·인터넷 등으로 지리 정보를 수집하는 실내 조사와 조사 지역을 직접 방문하여 지리 정보를 수집하는 야외 조사로 구분된다. 한편 최근에는 위성 사진과 같은 원격 탐사를 활용한 지리 정보 수집 방법이 활용되고 있다.

선지 해설

① ㉠은 노령 아래에 위치한 지역으로 호남 지방에 해당한다. 노령은 전북특별자치도 정읍시와 전라남도 장성군 사이에 있는 고개로 두 도를 연결하는 주요 교통로이다. 한편 노령은 호강(금강)의 남쪽에 위치하므로 호남 지방에 해당한다. 영동 지방은 대관령을 기준으로 한 동쪽 일대로 강원도 일대이다.

② 제시문 중 서남쪽으로는 강과 바다를 통해 물자를 실어 나르는 이로움이 있다는 문구를 통해 가거지의 조건 중 물자 교류가 편리하여 경제적으로 유리한 곳을 의미하는 '생리(生利)'를 서술했음을 알 수 있다. 인심(人心)은 당쟁이 없으며 이웃의 인심이 온순하고 순박한 곳을 의미한다.

③ ㉤에는 혁신 도시 조성 후 '경지율이 감소함'이 들어갈 수 있다. 2008년 위성 사진에서는 농업 중심의 경관을 확인할 수 있으나 혁신 도시 조성 이후인 2021년 위성 사진에서는 건물들이 많이 들어섰으며 도로와 건물이 체계적으로 배치되는 등의 모습을 보였다. 따라서 혁신 도시 조성 후 '건물 밀집도 증가', '시가지 발달', '경지율 감소' 등의 내용이 들어갈 수 있다.

④ ㉡ 문헌 분석은 기존의 연구나 자료, 서적 등을 주로 실내에서 분석하는 활동이며 ㉣ 위성 사진 분석도 주로 실내에서 컴퓨터를 통해 위성 이미지를 해석하는 과정으로 진행된다. 따라서 ㉡ 문헌 분석과 ㉣ 위성 사진 분석은 모두 주로 실내 조사 단계에서 이용된다.

⑤ ㉣ 위성 사진 분석은 20세기 중반 이후 인공위성 발사 이후 도입된 비교적 최근의 기술인 반면 ㉡ 문헌 분석은 고대부터 사용되었으며 수천 년 동안 활용된 방식이다. 따라서 ㉣ 위성 사진 분석은 ㉡ 문헌 분석보다 지리 정보 수집에 도입된 시기가 늦다.

16 지리 정보 21학년도 10월 학평 1번

정답 ④ | 정답률 89%

다음 글의 ㉠~㉤에 대한 옳은 설명만을 〈보기〉에서 고른 것은?

└ 어떤 장소나 현상의 위치 및 형태에 대한 정보

지리 정보는 지표 공간에 나타나는 다양한 지리적 현상과 관련된 정보로 ㉠ 공간 정보, 속성 정보, 관계 정보로 구성된다. 지리 정보는 지도, 문헌, ㉡ 현지 답사 등을 통해 수집하며, 최근에는 ㉢ 원격 탐사를 통한 수집도 활발해졌다. 지리 정보를 효과적으로 표현하기 위해 도표, 그래프, 통계 지도 등이 활용된다. 통계 지도에는 ㉣ 점묘도, 등치선도, 유선도 등이 있다. 최근 지리 정보 시스템(GIS)이 보편화되면서 최적 입지 결정에 ㉤ 중첩 분석이 활용되고 있다.
└ 어떤 현상의 분포를 표현하기 좋음

└ 항공기나 인공 위성을 이용함

〈 보기 〉

ㄱ. ㉠은 장소의 인문 및 자연 특성을 나타내는 정보이다.
　　속성 정보
ㄴ. ㉡이 어려운 지역의 경우 ㉢을 통해 지리 정보를 수집할 수 있다.
　└ 극 지방, 사막 지역
ㄷ. ㉣은 '우리나라 연평균 기온 분포'를 표현하기에 적합하다.
　　등치선도
ㄹ. ㉤은 각각의 지리 정보를 표현한 여러 장의 지도를 겹쳐서 분석하는 방법이다. └ 여러 조건을 동시에 만족하는 지역을 추출함

① ㄱ, ㄴ　② ㄱ, ㄷ　③ ㄴ, ㄷ　✔④ ㄴ, ㄹ　⑤ ㄷ, ㄹ

| 자료 분석 |

지리 정보는 공간 정보, 속성 정보, 관계 정보로 구성된다. 지리 정보는 전통적으로 지도, 문헌, 현지 답사 등을 통해 수집하였으며 최근에는 원격 탐사 기술이 활용되고 있다.

| 보기 해설 |

ㄱ. ㉠ 공간 정보는 어떤 장소나 현상의 위치 및 형태에 대한 정보이다. 장소의 인문 및 자연 특성을 나타내는 정보는 속성 정보이다.

ㄴ. 극 지방, 사막 지역처럼 인간의 접근, 즉 ㉡ 현지 답사가 어려운 지역의 경우 항공기나 인공위성을 이용하는 ㉢ 원격 탐사를 통해 지리 정보를 수집할 수 있다.

ㄷ. '우리나라 연평균 기온 분포'는 ㉣ 점묘도보다는 등치선도로 표현하기에 적합하다. 점묘도는 통계 값을 일정 단위의 점으로 찍어 표현한 지도로 어떤 현상의 분포를 표현하기에 좋다. 등치선도는 같은 통계 값을 지닌 지점을 선으로 연결하여 표현한 지도로 기온, 강수량, 해발 고도처럼 자연 현상을 표현하기에 좋다.

ㄹ. ㉤ 중첩 분석은 다양한 조건을 담고 있는 데이터 층을 출력하고 이를 결합하여 분석하는 과정으로, 여러 조건을 동시에 만족하는 지역을 추출하는 데 활용된다.

---

17 지역 조사 22학년도 4월 학평 2번

정답 ② | 정답률 64%

다음 자료는 지역 조사 과정을 나타낸 것이다. ㉠~㉣에 대한 옳은 설명만을 〈보기〉에서 고른 것은? └ 조사 지역을 직접 방문하여 지리 정보를 수집함

┌─────────────┐
│ 조사 주제 및 │　　ㅇ △△시의 ㉠ 전통 시장 상권을 조사한다.
│ 지역 선정 │　　　　　　　　　　└ 기능 지역
└─────────────┘
　　↓
　　┌─ 실내 조사 : 지도·문헌·인터넷 등 활용
　　└─ 야외 조사 : 관찰, 측정, 면담, 설문, 촬영 등 ─ 공간 정보
┌─────────┐
│ 지리 정보 │　ㅇ 인터넷 지도를 통해 ㉡ 전통 시장들의 위치를 파악한다.
│ 수집 │　ㅇ 각 전통 시장을 방문하여 이용객을 대상으로 거주지와 월별 이용 횟수 등에 대한 ㉢ 설문 조사 및 면담을 실시한다.
└─────────┘
　　↓
┌─────────┐
│ 지리 정보 │　ㅇ 수집한 지리 정보를 분석한 후 통계 처리한다.
│ 분석 │　ㅇ ㉣ 전통 시장들의 분포와 재화의 도달 범위를 지도로 표현한다.
└─────────┘　　└ 중심지 기능이 영향을 미치는 최대한의 공간 범위
　　↓
┌─────────┐
│ 보고서 │　ㅇ △△시의 전통 시장 상권 현황에 대한 보고서를 작성한다.
│ 작성 │
└─────────┘

〈 보기 〉

ㄱ. ㉠은 지역 구분의 유형 중 기능 지역에 해당한다.
　└ 동질 지역: 기후 지역, 농업 지역, 문화권 등
　└ 기능 지역: 상권, 통학권, 통근권 등
ㄴ. ㉡은 지리 정보의 유형 중 속성 정보에 해당한다.
　　　　　　　　　　　공간 정보
ㄷ. ㉢은 주로 야외 조사 단계에서 실시한다.
　　└ 조사 지역을 직접 방문하여 지리 정보 수집
ㄹ. ㉣을 통계 지도로 표현할 때 유선도가 가장 적절하다.
　　　　　　　　　　　　　점묘도

① ㄱ, ㄴ　✔② ㄱ, ㄷ　③ ㄴ, ㄷ　④ ㄴ, ㄹ　⑤ ㄷ, ㄹ

| 자료 분석 |

지역 조사는 지역에 대한 정보를 수집·분석·종합하여 지역성을 파악하는 활동이다. 지역 조사 과정에는 지리 정보의 수집 및 분석이 이루어진다. 여기에서 지리 정보는 장소나 현상의 위치 및 형태에 대한 공간 정보, 장소나 현상의 인문적·자연적 특성을 나타내는 속성 정보, 다른 장소나 지역과의 상호 작용 및 관계를 나타내는 관계 정보로 구분할 수 있다. 한편, 지리 정보의 수집은 실내 조사와 야외 조사를 통해 이루어지며, 지리 정보의 분석 단계에서는 다양한 통계 지도를 활용하기도 한다.

| 보기 해설 |

ㄱ. 지역은 동질 지역과 기능 지역으로 구분할 수 있다. 기능 지역은 중심지와 그 기능이 영향을 미치는 배후지가 기능적으로 결합된 공간 범위를 말하며, ㉠ 전통 시장 상권이 지역 구분의 유형 중 기능 지역에 해당한다.

ㄴ. ㉡ 전통 시장들의 위치는 지리 정보의 유형 중 장소나 현상의 위치 및 형태에 대한 정보인 공간 정보에 해당한다. 속성 정보는 장소나 현상의 인문적·자연적 특성을 나타내는 정보로 인구, 연평균 기온 등이 대표적이다.

ㄷ. ㉢ 설문 조사 및 면담은 조사 지역을 직접 방문하여 이루어지는 활동으로 야외 조사 단계에서 실시한다.

ㄹ. ㉣ 전통 시장들의 분포를 통계 지도로 표현할 때는 통계값을 일정 단위의 점으로 찍어 표현한 점묘도가 적합하다. 유선도는 지역 간 이동에 대한 통계값을 화살표의 방향과 굵기로 표현한 지도로, 인구 이동이나 자원 이동을 나타내기에 적합하다.

18 지리 정보 수집 방법 22학년도 수능 10번

정답 ③ | 정답률 95%

다음은 지리 정보 수집 방법을 주제로 한 수업 장면이다. 교사의 질문에 옳은 대답을 한 학생만을 고른 것은?

① 갑, 을 ② 갑, 병 ③ 을, 병 ④ 을, 정 ⑤ 병, 정

출제 경향

제시된 설명을 통해 원격 탐사와 야외 조사를 구분하고, 다양한 지리 정보 사례에 맞는 적절한 지리 정보 수집 방법을 묻는 문항이 출제된다. 따라서 지리 정보 수집 방법의 특징을 정리해 두어야 한다.

자료 분석

(가)는 인공위성, 항공기 등을 이용해 관측 대상과의 직접적인 접촉 없이 먼 거리에서 지리 정보를 수집하는 원격 탐사이다. (나)는 지역을 직접 방문하여 관찰, 설문, 면담 등을 통해 지리 정보를 수집하는 야외 조사이다.

선지 해설

갑. 대전의 청장년층 취업률은 문헌, 인터넷 등을 활용해 자료를 수집하는 실내 조사를 통해 파악하는 것이 적합하다. (가) 원격 탐사는 극지방이나 사막처럼 인간의 접근이 어렵고 넓은 지역의 정보를 수집하기에 적합하다.

을. 농산물 유통 정책에 대한 만족도는 설문 조사와 같은 (나) 야외 조사를 통해 조사하는 것이 적합하다.

병. 경기도의 토지 이용 변화 정보를 주기적으로 제공하기에 용이한 지리 정보 수집 방법은 (가) 원격 탐사이다. 원격 탐사는 인공위성이 지구 주위를 주기적으로 관측하기 때문에 정보를 주기적으로 수집할 수 있어 토지 이용과 같은 속성 정보를 파악하기에 용이하다.

정. 북한 전역 인공조명의 빛 에너지 양을 실시간으로 측정하기에는 (나) 야외 조사보다는 (가) 원격 탐사가 용이하다. 인공위성에 장착된 센서는 빛 에너지 양을 측정할 수 있기 때문이다.

개념 확인 지리 정보의 수집 방법

실내 조사	지도, 문헌, 통계 자료 등을 통해 지리 정보를 수집하며 야외 조사의 경로와 일정 등을 계획함
야외 조사	조사 지역을 직접 방문해 관찰, 측정, 면담, 설문, 촬영 등을 통해 지리 정보를 수집함

---

19 지리 정보 표현 21학년도 6월 모평 2번

정답 ① | 정답률 83%

(가), (나) 통계 자료를 각각 한 장의 지도로 표현할 때, 가장 적합한 통계 지도 유형을 〈보기〉에서 고른 것은?

(가) 인구 증가율이 높을수록 진한 음영으로 나타냄
(단위: %)

지역	인구 증가율
○○군	-2
△△군	2
□□시	4
⋮	⋮

(나) 인구 이동량이 많을수록 화살표의 굵기를 굵게 표현함
(단위: 명)

전입 전출	○○군	△△군	□□시	⋯
○○군	–	124	320	⋯
△△군	32	–	250	⋯
□□시	10	5	–	⋯
⋮	⋮	⋮	⋮	–

〈보기〉
ㄱ.→단계 구분도 ㄴ.→유선도 ㄷ.→점지도 ㄹ.→등치선도

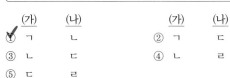

	(가)	(나)			(가)	(나)
①	ㄱ	ㄴ		②	ㄱ	ㄷ
③	ㄴ	ㄷ		④	ㄴ	ㄹ
⑤	ㄷ	ㄹ				

자료 분석

ㄱ은 단계 구분도, ㄴ은 유선도, ㄷ은 점지도(점묘도), ㄹ은 등치선도이다. 점지도는 통계 값을 일정 단위의 점으로 찍어 표현한 지도이다. 등치선도는 같은 통계 값을 지닌 점을 선으로 연결하여 표현한다.

보기 해설

① (가) – ㄱ, (나) – ㄴ

• (가)는 행정구역별 인구 증가율을 나타냈으므로 통계 값을 몇 단계로 구분하고 음영이나 패턴을 달리하여 표현한 지도인 단계 구분도로 표현하는 것이 적합하다. 인구 증가율이 낮은 경우는 옅은 음영으로, 인구 증가율이 높은 경우는 진한 음영으로 표현하게 된다.

• (나)는 행정구역 간 전출 인구와 전입 인구를 나타낸 통계 수치이므로 지역 간 인구 또는 물자의 이동에 대한 통계 값을 화살표의 방향과 굵기를 이용하여 나타내는 유선도가 적합하다. 화살표의 방향은 전출 지역에서 전입 지역으로 표현하게 되며, 인구 이동량이 많을수록 화살표의 굵기를 굵게 표현하게 된다.

정답 ④ | 정답률 93%

다음은 한국지리 수업 장면의 일부이다. ㉠~㉤에 대한 설명으로 옳지 **않은** 것은?

> ┌ 지역성 파악 가능
>
> 교사: 도시화에 따른 △△시 □□동의 변화를 ㉠ 지역 조사 순서 에 맞춰 탐구해볼까요?
>
> ┌ 공간 정보
>
> 갑: 조사 지역으로 선정된 ㉡ △△시 □□동의 위치를 찾아보고, 과거와 현재의 경관 변화를 ㉢ 항공 사진과 인터넷 지도를 이 용하여 조사하겠습니다. └ 원격 탐사 기술 활용
>
> 을: 도시화로 인한 지역의 인구 변화를 살펴보고, 지역 변화에 대 한 ㉣ 주민들의 인식을 조사하겠습니다. └ 실내 및 야외 조사 활용
>
> 병: 수집한 지리 정보를 정리해 그래프와 ㉤ 통계 지도로 표현하 고 보고서로 작성하겠습니다.
> └ 지리 정보 특성 반영 → 주제도

① ㉠은 지리 정보를 수집하고 분석해 지역성을 파악하는 활동이다.
└ 자연환경+인문 환경 → 지역의 고유한 성격

② ㉡은 지리 정보의 유형 중 공간 정보에 해당한다.
└ 공간 정보, 속성 정보, 관계 정보

③ ㉢은 지역 조사 과정 중 실내 조사에 해당한다.
└ 야외 조사를 준비하는 단계

✓④ ㉣은 주로 원격 탐사를 통해 수집한다.
수집하지 않는다

⑤ 단계 구분도, 도형 표현도, 유선도는 ㉤에 해당한다.
└ 통계 값을 여러 단계로 구분해 다른 색이나 무늬를 이용해 표현
→ 인구 밀도, 경지율 등

| 자료 분석 |

지리 정보는 공간 정보, 속성 정보, 관계 정보 등이 있다. 지리 정보는 지도, 문헌, 통계 자료 등을 활용하거나 현지 답사로 수집할 수 있으며 최근에는 원격 탐사 기술도 활용하고 있다. 지리 정보는 도표, 그래프, 수치 지도, 통계 지도 등 다양한 방법으로 표현할 수 있다. 한편 수집된 지리 정보를 통해 지역성을 파악하는 활동인 지역 조사를 할 수 있다.

| 선지 해설 |

① ㉠ 지역 조사는 지역에 대한 정보를 수집·분석·종합하여 해당 지역의 고유한 성격인 지역성을 파악하는 활동이다.

② ㉡ △△시 □□동의 위치는 장소나 현상의 위치 및 형태에 대한 정보를 점, 선, 면 등으로 표현하는 공간 정보에 해당한다.

③ ㉢ 항공 사진과 인터넷 지도를 이용하여 조사하는 방법은 실내에서 이루어지는 활동으로 지역 조사 과정 중 실내 조사에 해당한다.

④ 원격 탐사는 접근하기 어려운 지역이나 넓은 지역의 지리 정보를 주기적으로 수집하기에 용이하다. 하지만 원격 탐사를 통해 ㉣ 주민들의 인식이나 구체적인 속성 정보 등을 수집하기는 어렵다. ㉣ 주민들의 인식은 문헌, 인터넷 등의 실내 조사나 면담, 설문 등 야외 조사를 통해 수집할 수 있다.

⑤ 단계 구분도, 도형 표현도, 유선도는 통계 자료를 시각적으로 잘 보여 주기 위해 작성한 주제도이다. 따라서 단계 구분도, 도형 표현도, 유선도는 지리 정보의 특성을 반영한 ㉤ 통계 지도에 해당한다.

정답 ② | 정답률 93%

다음 〈조건〉만을 고려하여 대형 마트를 새로 건설하고자 할 때, 가장 적합한 후보지를 고른 것은?

> 〈조건 1〉: [(면적당 도로 연장 > 0.7km/km²) AND (인구 밀도 > 150명/km²)]
> └ B, C, D 만족
>
> 〈조건 2〉: 〈조건 1〉을 만족하는 지역 중 [(전통 시장 수 < 3개) OR (1인당 지역 내 총생산 > 7천만 원)]인 곳을 선택함.
> └ B 선택
>
> * X AND Y: X 조건과 Y 조건을 모두 만족하는 것을 의미함.
> ** X OR Y: X 조건과 Y 조건 중 하나만 만족해도 되는 것을 의미함.

구분	면적당 도로 연장(km/km²)	인구 밀도 (명/km²)	전통 시장 수 (개)	1인당 지역 내 총생산(천만 원)
A	0.6	236.8	1	7.7
B	1.2	238.0	4	11.1
C	0.8	222.4	5	3.9
D	1.0	167.7	6	3.8
E	0.7	119.4	2	3.9

(2021) (충청남도)
└ 〈조건 1〉 만족 지역

① A ✓② B ③ C ④ D ⑤ E

| 자료 분석 |

지도의 A는 당진, B는 서산, C는 홍성, D는 보령, E는 공주이다. 대형 마트를 새로 건설할 때 가장 적합한 후보지는 〈조건 1〉과 〈조건 2〉를 모두 만족하는 지역이다.

| 선지 해설 |

② B

• 조건 1: 면적당 도로 연장 0.7km/km² 초과 지역은 B 서산과 C 홍성, D 보령이다. 그리고 인구 밀도 150명/km² 초과 지역은 A 당진과 B 서산, C 홍성과 D 보령이다. 따라서 〈조건 1〉을 모두 만족하는 지역은 B 서산, C 홍성, D 보령이다.

• 조건 2: 〈조건 1〉을 만족하는 B 서산, C 홍성, D 보령 중 전통 시장 수가 3개 미만인 지역은 없으며, 1인당 지역 내 총생산이 7천만 원을 초과하는 지역은 B 서산뿐이다. 따라서 대형 마트를 새로 건설할 때 가장 적합한 후보지는 B 서산이다.

당진 / 서산 / 공주 / 홍성 / 보령 / 0 25km
〈조건 2〉 만족 지역

4
일차

01 ①　02 ⑤　03 ⑤　04 ⑤　05 ⑤　06 ①　07 ④　08 ②　09 ①　10 ③　11 ③　12 ②

13 ④　14 ⑤　15 ⑤　16 ③　17 ④　18 ⑤　19 ⑤　20 ③　21 ④　22 ③

문제편 030~035쪽

01　암석 분포 25학년도 9월 모평 2번

정답 ① | 정답률 83%

다음은 지형 단원 수업 장면의 일부이다. 교사의 질문에 모두 옳게 답한 학생을 고른 것은?

질문	학생				
	갑	을	병	정	무
C에서는 중생대 퇴적암이 관찰되나요?	예	예	예	예	아니요
A는 B보다 식생 밀도가 높나요?	예	예	아니요	아니요	아니요
A는 C보다 기반암의 형성 시기가 이른가요?	예	아니요	예	아니요	아니요

① 갑　② 을　③ 병　④ 정　⑤ 무

출제 경향

우리나라의 산지 지형 특성을 암석의 특징과 연관지어서 복합적으로 묻는 문항이 출제되고 있다. 돌산과 흙산의 특징을 구분해서 알아두고 기반암의 특성까지도 함께 정리해 두어야 한다.

| 자료 분석 |

지도의 A는 지리산 국립공원의 일부이며 주된 기반암은 시·원생대에 형성된 변성암이다. B는 설악산 국립공원의 일부이며 주된 기반암은 중생대에 관입하여 형성된 화강암이다. C는 고성 공룡 발자국 화석지의 일부이며, 주된 기반암은 중생대에 형성된 퇴적암이다.

| 선지 해설 |

① 갑

• C 고성 공룡 발자국 화석지는 중생대 말기에 형성된 경상 누층군에 분포한다. 따라서 C 고성 공룡 발자국 화석지에서는 퇴적암이 관찰되며, 첫 번째 질문에 대한 옳은 답변은 '예'이다.

• A 지리산은 주로 흙산을 이루며, B 설악산은 주로 돌산을 이룬다. 흙산은 돌산보다 식생 밀도가 높으며, 두 번째 질문에 대한 옳은 답변은 '예'이다.

• A 지리산의 주된 기반암은 시·원생대에 형성된 변성암이며, C 고성 공룡 발자국 화석지의 주된 기반암은 중생대에 형성된 퇴적암이다. 따라서 A는 C보다 기반암의 형성 시기가 이르며, 세 번째 질문에 대한 옳은 답변은 '예'이다.

02　암석 분포 23학년도 수능 3번

정답 ⑤ | 정답률 83%

다음 자료의 (가), (나) 암석의 종류와 형성 시기를 표의 A~C에서 고른 것은?

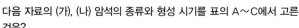

〈한탄강 주상절리〉 〈설악산 울산바위〉

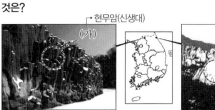

형성 시기 종류	고생대	중생대	신생대
석회암	A		
화강암		B	
현무암			C

석회 동굴 형성　돌산 형성　주상절리 형성

	(가)	(나)
①	A	B
②	A	C
③	B	A
④	C	A
⑤	C	B

| 자료 분석 |

(가)는 한탄강 양안에 발달한 주상 절리이다. 주상 절리는 다각형 모양의 수직 절리로 용암이 식는 과정에서 수축하여 형성된다. (나)는 설악산 정상부에 발달한 울산바위이다. 울산바위는 지하에 관입한 화강암이 지표로 노출되어 형성되었다.

| 선지 해설 |

⑤ (가) - C, (나) - B

• (가) 한탄강 주상 절리는 점성이 작은 현무암질 용암이 식으면서 형성된 다각형 기둥 모양의 절리이다. 따라서 한탄강 주상 절리의 주된 기반암은 현무암이다. 현무암은 주로 신생대에 있었던 화산 활동으로 형성되었으므로 (가) 한탄강 주상절리의 암석 종류와 형성 시기는 A~C 중 C 신생대 현무암에 해당한다.

• (나) 설악산 울산바위는 설악산 정상부에 기반암이 많이 노출된 산지의 일부분으로 주된 기반암은 화강암이다. 설악산 울산바위는 중생대에 마그마가 관입하여 형성된 화강암이 지표로 노출되어 형성되었다. 따라서 (나) 설악산 울산바위의 암석 종류와 형성 시기는 A~C 중 B 중생대 화강암에 해당한다.

다음은 한국지리 온라인 수업 장면의 일부이다. 답글의 내용이 옳은 학생을 고른 것은? (단, (가)~(다)는 각각 시·원생대, 고생대, 신생대 중 하나이고, A~C는 각각 변성암류, 제3기 퇴적암, 조선 누층군 중 하나임.) [3점]

(가) 시·원생대 → (다) 고생대 → (나) 신생대

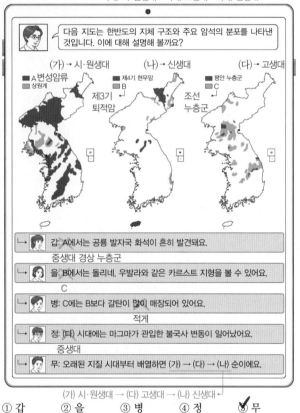

다음 지도는 한반도의 지체 구조와 주요 암석의 분포를 나타낸 것입니다. 이에 대해 설명해 볼까요?

(가) → 시·원생대   (나) → 신생대   (다) → 고생대

■A변성암류   ■제4기 현무암   평안 누층군
■상원계   B   C
제3기 퇴적암   조선 누층군

└ 갑: A에서는 공룡 발자국 화석이 흔히 발견돼요.
    중생대 경상 누층군
└ 을: B에서는 돌리네, 우발라와 같은 카르스트 지형을 볼 수 있어요.
    C
└ 병: C에는 B보다 갈탄이 많이 매장되어 있어요.
    적게
└ 정: (다) 시대에는 마그마가 관입한 불국사 변동이 일어났어요.
    중생대
└ 무: 오래된 지질 시대부터 배열하면 (가) → (다) → (나) 순이에요.

(가) 시·원생대 → (다) 고생대 → (나) 신생대

① 갑   ② 을   ③ 병   ④ 정   ✔⑤ 무

│ 자료 분석 │

(가)는 시·원생대, (나)는 신생대, (다)는 고생대의 지층과 암석 분포를 나타낸 것이다. A는 시·원생대의 변성암류, B는 신생대 퇴적암, C는 고생대 조선 누층군이다.

│ 선지 해설 │

갑. A 변성암류에는 공룡 발자국 화석이 흔히 발견되지 않는다. 공룡 발자국 화석은 중생대의 육성층인 경상 누층군에서 흔히 발견된다.

을. B 제3기 퇴적암에서는 석회암이 용식 작용을 받아 형성된 카르스트 지형을 볼 수 없다. 카르스트 지형은 석회암이 널리 분포하는 C 조선 누층군에서 볼 수 있다.

병. C 조선 누층군에서는 주로 석회암이 분포하며, B 신생대 퇴적암에는 주로 갈탄이 매장되어 있다. 따라서 C 조선 누층군에는 B 신생대 퇴적암보다 갈탄이 적게 매장되어 있다.

정. (다) 고생대에는 마그마가 관입한 불국사 변동이 일어나지 않았다. 마그마가 관입한 불국사 변동은 중생대 말 영남 지방 중심의 지각 변동이다.

무. (가)는 시·원생대, (나)는 신생대, (다)는 고생대이다. 따라서 오래된 지질 시대부터 배열하면 (가) 시·원생대 → (다) 고생대 → (나) 신생대 순이다.

개념 확인   우리나라의 주요 암석

변성암	• 시·원생대에 형성되었으며 한반도에서 분포 면적이 가장 넓음 • 흙산의 기반암을 이룸, 침식 분지의 주변 산지를 이룸
화강암	• 중생대에 형성되었으며 변성암 다음으로 한반도에서 분포 면적이 넓음 • 돌산의 기반암을 이룸, 침식 분지의 바닥을 이룸

다음 자료의 A~C 기반암에 대한 대화 내용이 옳은 학생을 고른 것은? (단, A~C는 각각 변성암, 현무암, 화강암 중 하나임.)

화강암: 돌산

836m 북한산
지리산
1,915m
1,947m
한라산 ▲산
• 수치는 최고 지점의 해발 고도임.

변성암: 흙산

현무암: 화산

변성암(시·원생대) → 석회암(고생대) → 화강암(중생대) → 현무암(신생대) 순서임.

중생대 퇴적암   석회암   C

C
A에는 다각형의 주상 절리가 발달해 있어.
공룡 발자국 화석은 주로 B에서 발견되고 있어.
C는 시멘트의 주원료로 이용되고 있어.
A, B는 모두 화산 활동으로 형성되었어.
형성 시기는 B, A, C 순으로 오래되었어.

갑   을   병   정   무

① 갑   ② 을   ③ 병   ④ 정   ✔⑤ 무

│ 자료 분석 │

지도에 표시된 산은 북한산, 지리산, 한라산이다. A는 북한산 정상부에 노출된 암석이다. 북한산 암봉은 중생대에 관입한 화강암이 오랜 침식과 풍화를 받아 드러난 것이므로 A는 화강암이다. B는 지리산의 우거진 숲을 형성하는 흙산의 기반암이다. 흙산은 주로 변성암이 풍화되어 토양층이 발달하여 형성되므로 B는 변성암이다. C는 한라산의 산록 부분을 구성하는 암석이다. 한라산은 정상부를 제외한 대부분의 주된 기반암이 현무암이다. 따라서 C는 현무암이다.

│ 선지 해설 │

갑. 다각형의 주상 절리는 분출된 용암이 냉각 및 수축되는 과정에서 형성되며 주된 기반암이 C 현무암인 지역에서 발달한다.

을. 공룡 발자국 화석은 중생대 퇴적암이 분포하는 경상 분지에 나타난다. B 지리산은 시·원생대에 형성된 암석이 주로 분포한다.

병. 시멘트의 주원료로 이용되는 암석은 석회암이다. C 현무암은 다공질(多孔質)의 암석으로 제주도 전통 가옥 돌담의 주요 재료로 사용된다.

정. A 화강암은 중생대에 관입하여 형성된 화성암이며, B 변성암은 시·원생대에 열과 압력에 의해 본래의 성질이 변한 암석이다.

무. A 화강암은 중생대, B 변성암은 시·원생대, C 현무암은 신생대에 형성된 암석이다. 따라서 B 변성암, A 화강암, C 현무암 순으로 오래되었다.

05 지체 구조와 지각 변동 23학년도 9월 모평 3번

정답 ⑤ | 정답률 79%

다음 자료에 대한 설명으로 옳은 것만을 〈보기〉에서 고른 것은? (단, A~C는 각각 변성암, 퇴적암, 화강암 중 하나임.) [3점]

화강암(화성암): 대보 조산 운동으로 주로 형성

〈북한산 국립 공원〉

퇴적암: 경상 누층군에 분포

〈고성 공룡 발자국 화석지〉

변성암: 시·원생대에 형성

〈지리산 국립 공원〉

〈한반도의 주요 지질 계통과 지각 변동〉

지질 시대	고생대			중생대			신생대		
	캄브리아기 ⋯ 석탄기 — 페름기			트라이 아스기	쥐라기	백악기	제3기	제4기	
지질 계통	(가)	(결층)	평안 누층군	대동 누층군	(다)		제3계	제4계	경상 누층군
주요 지각 변동		조륙 운동		송림 변동	(나)	불국사 변동	(라)	화산 활동	

조선 누층군: 석회암 분포
대보 조산 운동: 화강암 관입
경동성 요곡 운동

〈 보기 〉
ㄱ. B는 (나)에 의해 관입되어 형성되었다.
　　A
ㄴ. A는 (가), C는 (다)에 포함된다.
　　　석회암
ㄷ. (나)에 의해 중국 방향(북동 – 남서)의 지질 구조선이 형성되었다.
ㄹ. (라)에 의해 동고서저의 경동 지형이 형성되었다.

① ㄱ, ㄴ　② ㄱ, ㄷ　③ ㄴ, ㄷ　④ ㄴ, ㄹ　✓⑤ ㄷ, ㄹ

| 자료 분석 |

A는 북한산 국립 공원의 기반암으로 중생대에 주로 형성된 화강암이다. B는 지리산 국립 공원의 기반암으로 시·원생대에 주로 형성된 변성암이다. C는 고성 공룡 발자국 화석지의 기반암으로 중생대에 주로 형성된 경상 누층군의 퇴적암이다. 〈한반도의 주요 지질 계통과 지각 변동〉 자료에서 (가)는 고생대 초기에 형성된 해성층인 조선 누층군이다. (나)는 중생대 중기 한반도 전역에 영향을 미친 지각 변동인 대보 조산 운동이다. (다)는 중생대에 호수(또는 습지)에서 퇴적된 육성층으로 두꺼운 수평층을 이루는 경상 누층군이다. (라)는 신생대 제3기에 이루어진 경동성 요곡 운동이다.

| 보기 해설 |

ㄱ. B 변성암은 오랜 기간 열과 압력에 의해 성질이 변화된 암석이다. (나) 대보 조산 운동에 의해 마그마가 관입되어 형성된 것은 A 화강암이다.

ㄴ. A 화강암은 중생대에 지하 깊은 곳에서 관입된 마그마가 서서히 식으면서 형성되었다. 따라서 A 화강암은 고생대 초기에 얕은 바다에서 퇴적된 해성층인 (가) 조선 누층군에 포함되지 않는다. (가) 조선 누층군에는 석회암이 주로 분포한다. 반면 C 퇴적암은 중생대 중기~말기에 거대한 호수였던 지역을 중심으로 퇴적된 육성층인 (다) 경상 누층군에 포함된다.

(ㄷ) (나) 대보 조산 운동에 의해 중남부 지방을 중심으로 중국 방향(북동–남서)의 지질 구조선이 형성되었다.

(ㄹ) 신생대 제3기에는 동해안을 중심으로 (라) (경동성) 요곡 운동이 일어나 동고서저의 경동 지형이 형성되었다.

| 개념 확인 | 암석의 종류 |

퇴적암	• 운반 작용에 의해 운반된 광물이 퇴적 작용을 거쳐 만들어진 암석 • 고생대에 형성된 석회암이 대표적임
화성암	• 마그마나 용암이 식어 형성된 암석 • 중생대에 형성된 화강암과 신생대에 형성된 현무암이 대표적임
변성암	• 오랜 기간 동안 고온과 고압에 의해 성질이 변해 만들어진 암석 • 우리나라는 변성암 중 편마암이 넓게 분포함

06 산지 지형의 특성 23학년도 7월 학평 13번

정답 ① | 정답률 70%

다음은 한국지리 수업 시간에 작성한 수업 노트이다. ⊙~㉣에 대한 설명으로 옳은 것을 〈보기〉에서 고른 것은? [3점]

〈주제: 우리나라 산지의 형성〉

○ 산지의 구분 ← 동해안을 중심으로 지각이 융기

	1차 산맥	2차 산맥
형성 과정	⊙ 경동성 요곡 운동의 영향을 받아 형성	ⓒ 지질 구조선을 따라 차별적인 풍화와 침식 작용을 받아 형성
대표 산맥	낭림산맥, ⓒ 태백산맥 등	멸악산맥, 차령산맥 등

지각 운동으로 형성. 지각에 벌어진 틈이 길게 연결되어 발달

○ 산맥의 방향에 따라 랴오둥 방향, ㉣ 중국 방향, 한국 방향의 산맥으로 분류함.
　　　　　　　　　　　　　　　　북동~남서

〈 보기 〉
ㄱ. ⊙은 고위평탄면의 형성에 영향을 주었다.
ㄴ. ⊙과 ⓒ의 영향으로 대하천의 대부분이 서·남해로 유입된다.
ㄷ. ⓒ의 서쪽 사면은 동쪽 사면보다 경사가 급하다.
　　　　　　　　　　　　　　　　　　　　완만
ㄹ. 중생대 송림 변동에 의해 ㉣의 지질 구조선이 형성되었다.
　　대보 조산 운동

✓① ㄱ, ㄴ　② ㄱ, ㄷ　③ ㄴ, ㄷ　④ ㄴ, ㄹ　⑤ ㄷ, ㄹ

| 자료 분석 |

우리나라의 산지는 경동성 요곡 운동을 받아 형성된 1차 산맥과 지질 구조선을 따라 차별적인 풍화와 침식 작용을 받아 형성된 2차 산맥으로 구분한다. 1차 산맥은 신생대 제3기 이후 경동성 요곡 운동의 영향을 받아 형성된 것으로 해발 고도가 높고 연속성이 뚜렷하다. 2차 산맥은 지질 구조선을 따라 차별적인 풍화와 침식 과정을 거쳐 형성된 것으로 1차 산맥보다 고도가 낮고 연속성이 뚜렷하지 않다. 또한 산맥의 방향에 따라 랴오둥 방향(동북동~서남서), 중국 방향(북동~남서), 한국 방향(북북서~남남동) 산맥으로 분류한다.

| 선지 해설 |

(ㄱ) ⊙ 경동성 요곡 운동은 융기축이 동해안에 치우친 비대칭 융기 운동으로 고위평탄면, 감입 곡류 하천과 하안 단구, 해안 단구 형성에 영향을 주었다.

(ㄴ) ⊙ 경동성 요곡 운동의 영향으로 한반도는 동고서저의 지형을 이루게 되었으며, ⓒ의 지질 구조선을 따라 하천 유로가 형성되었다. 그 결과 우리나라 대하천의 대부분은 서·남해로 유입된다.

ㄷ. 한반도는 대체로 동고서저의 지형 골격을 이루며, ⓒ 태백산맥의 서쪽 사면은 동쪽 사면보다 경사가 완만하다.

ㄹ. 중생대 송림 변동으로 랴오둥 방향의 지질 구조선이 형성되었으며, ㉣ 중국 방향의 지질 구조선은 중생대 대보 조산 운동으로 형성되었다.

정답 ④ | 정답률 76%

다음 글의 ㉠~㉣에 대한 설명으로 옳은 것은? (단, ㉠, ㉢, ㉣은 각각 금강산, 지리산, 한라산 중 하나임.)

> 세상에서는 금강산을 봉래산, 지리산을 방장산, 한라산을 영주산으로 여기니 이른바 삼신산이다.
>
> 지리산
> ○ ㉠ 은 ㉡ 흙이 두텁게 쌓인 산으로 토질이 비옥하므로 온 산 어디나 사람이 살기에 알맞다. 높은 산봉우리의 땅에 기장흙산이나 조를 뿌려도 어디든 무성하게 잘 자란다.
>
> 금강산
> ○ ㉢ 은 순전히 바위로 된 봉우리와 골짜기, 냇물, 폭포로 이루어졌다. 만 길의 고개와 백 길의 연못까지 전체 바탕이 하돌산나의 바윗덩어리이니 천하에 둘도 없는 산이다.
>
> 한라산
> ○ ㉣ 정상부에는 큰 못이 있어 사람들이 시끄럽게 떠들어 대면 갑자기 구름과 안개가 크게 일어난다. └ 백록담
>
> – 이중환, 『택리지』 –

① ㉡으로 분류되는 사례로 북한산이 있다.
  └ 덕유산
② ㉢의 기반암은 모든 침식 분지의 배후 산지를 이룬다.
  울릉도 └ 화강암   바닥을
③ ㉣에는 백두산의 천지처럼 화구가 함몰되어 형성된 움푹한 와지가 발달해 있다.
✓④ ㉠의 기반암은 ㉢의 기반암보다 형성 시기가 이르다.
    └ 변성암   └ 화강암
⑤ ㉢과 ㉣은 마그마가 지표로 분출하여 형성되었다.

| 자료 분석 |

㉠은 흙이 두텁게 쌓인 흙산(㉡)에 해당하는 지리산, ㉢은 바위로 된 봉우리로 이루어진 돌산에 해당하는 금강산이다. ㉣은 정상부에 큰 못이 있는 백록담이 위치한 한라산이다.

| 선지 해설 |

① ㉡ 흙산으로 분류되는 사례로는 지리산, 덕유산 등이 있다. 북한산은 돌산으로 분류된다.

② ㉢ 금강산의 기반암은 화강암이다. 화강암은 주로 침식 분지의 바닥을 이룬다. 침식 분지의 배후 산지는 변성암으로 이루어져 있다.

③ ㉣ 한라산에는 화구호인 백록담이 있으며, 화구가 함몰되어 형성된 칼데라는 발달하지 않았다. 화구가 함몰되어 형성된 움푹한 와지인 칼데라 분지에는 울릉도의 나리 분지가 있다.

④ ㉠ 지리산의 기반암은 시·원생대에 형성된 변성암이며, ㉢ 금강산의 기반암은 중생대에 형성된 화강암이다. 따라서 ㉠의 기반암은 ㉢의 기반암보다 형성 시기가 이르다.

⑤ ㉣ 한라산은 마그마가 지표로 분출하여 형성된 화산이지만, ㉢ 금강산은 마그마가 지표로 분출하여 형성된 화산이 아니다.

정답 ② | 정답률 78%

그림은 지도에 표시된 세 구간의 지형 단면을 나타낸 것이다. (가)~(다)에 해당하는 구간을 지도의 A~C에서 고른 것은? [3점]

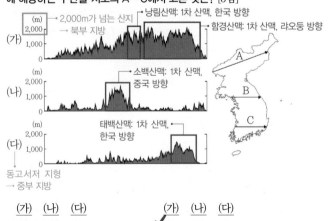

(가)	(나)	(다)		(가)	(나)	(다)
① A	B	C		✓② A	C	B
③ B	A	C		④ B	C	A
⑤ C	A	B				

| 자료 분석 |

지도의 A는 낭림산맥과 함경산맥 등이 있는 북부 지방을 지나는 구간이며, B는 태백산맥이 위치한 중부 지방을 지나는 구간이고, C는 소백산맥이 위치한 남부 지방을 지나는 구간이다.

| 선지 해설 |

② (가) – A, (나) – C, (다) – B

• (가)는 해발 고도 2,000m를 넘는 산지가 나타나는 지형 단면이다. 우리나라에서 해발 고도 2,000m가 넘는 산지는 북부 지방에 위치한다. 또한 전반적으로 높은 산지를 이동하고 있으므로 1차 산맥의 구간을 지나고 있음을 알 수 있다. 따라서 (가)는 낭림산맥과 함경산맥 등 1차 산맥을 지나는 A 구간의 지형 단면이다.

• (나)는 해발 고도가 높은 구간이 전체 구간 중 중간에 있다. 따라서 (나)는 전반적으로 낮고 평탄한 지역을 지나고 있으며, 구간 중간에 높은 1차 산맥인 소백산맥이 위치한 C 구간의 지형 단면이다.

• (다)는 해발 고도가 높은 산맥이 동쪽에 치우쳐져 있다. 이는 신생대 제3기 경동성 요곡 운동으로 중부 지방을 중심으로 동고서저의 경동 지형이 형성된 지역임을 알 수 있다. 따라서 (다)는 서쪽은 완경사를 이루고 동쪽으로 태백산맥이 있어 동해안 쪽으로는 급경사를 이루는 B 구간의 지형 단면이다.

09 지체 구조와 지각 변동 21학년도 7월 학평 7번
정답 ① | 정답률 56%

다음 글의 ⊙~⑩에 대한 설명으로 옳지 않은 것은? [3점]

┌─ 북부 지방을 중심으로 랴오둥 방향의 지질 구조선 형성

┌─ 남부 지방을 중심으로 중국 방향의 지질 구조선 형성
└─ 화강암 관입

한반도는 중생대에 여러 차례 지각 운동을 겪었다. 초기에는 ⊙ 송림 변동, 중기에는 ⓒ 대보 조산 운동, 말기에는 불국사 변동이 일어나 지형 형성과 변화에 커다란 영향을 주었다. 신생대에 ⓒ 경동성 요곡 운동이 일어나 ⓐ 태백산맥, 함경산맥 등이 형성되었고, 제4기의 ⑩ 후빙기 해수면 상승에 따라 해안선이 변화되었다.

┌─ 영남 지방을 중심으로 화강암 관입

└─ 동고서저의 경동 지형

✓① ⊙으로 인해 중국 방향의 지질 구조선이 형성되었다.
   └ 랴오둥

② ⓒ의 영향으로 화강암이 관입되었다.

③ ⓒ은 감입 곡류 하천 형성에 영향을 주었다.
   └ 자유 곡류하던 하천이 지반의 융기로 하방 침식 강화

④ ⓐ은 해발고도가 높고 연속성이 강한 1차 산맥이다.
   └ 융기로 형성

⑤ ⑩에 의해 서해안의 리아스 해안이 형성되었다.
   └ 하천이 침식한 하곡이 침수된 복잡한 해안선

자료 분석
중생대와 신생대에 발생한 지각 운동에 관한 글이 제시되었다. 중생대에는 송림 변동, 대보 조산 운동, 불국사 변동이 일어났다. 중생대 말기에 발생한 불국사 변동은 영남 지방을 중심으로 발생한 지각 변동으로 불국사 화강암이 관입하였다. 신생대 제3기에는 경동성 요곡 운동이 일어났으며 제4기에는 기후 변동이 발생하였다.

선지 해설
①중생대 초기에 발생한 ⊙ 송림 변동으로 인해 북부 지방을 중심으로 랴오둥 방향의 지질 구조선이 형성되었다.

② ⓒ 대보 조산 운동의 영향으로 지하 깊은 곳에서 마그마가 관입하면서 화강암이 형성되었다. 또한 남부 지방을 중심으로 중국 방향의 지질 구조선이 형성되었다.

③ ⓒ 경동성 요곡 운동으로 자유 곡류하던 하천이 지반의 융기로 하방 침식이 강화되면서 감입 곡류 하천이 형성되었다.

④ ⓐ 태백산맥, 함경산맥은 ⓒ 경동성 요곡 운동에 의한 융기로 형성된 1차 산맥으로 해발 고도가 높고 연속성이 강하다.

⑤ ⑩ 후빙기 해수면 상승으로 서·남해안에는 해안선이 복잡한 리아스 해안과 섬이 형성되었다.

10 지체 구조와 지각 변동 19학년도 9월 모평 2번
정답 ③ | 정답률 60%

자료에 대한 설명으로 옳은 것은?

〈우리나라의 지질 시대별 주요 지각 운동〉

┌─ 조선 누층군: 석회암 분포

지질시대	시·원생대		고생대			중생대		신생대	
	시생대	원생대	캄브리아기 … 석탄기~페름기		트라이아스기	쥐라기	백악기	제3기	제4기
지질계통	변성암 복합체		(가)	(결층)	평안 누층군	대동 누층군	경상 누층군	제3계	제4계
주요 지각 운동	변성 작용		조륙 운동			송림 변동	(나)	불국사 변동	(다)

└─ 라오둥 방향의 지질 구조선 형성

┌─ 대보 조산 운동: 화강암 관입

└─ (다) 신생대 제3기 경동성 요곡 운동

〈충주 분지의 지질 단면〉

┌─ 침식 분지: 하천의 차별 침식

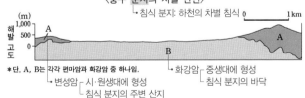

0 ────── 1km

*단, A, B는 각각 편마암과 화강암 중 하나임.

A ┐ 변성암 ─ 시·원생대에 형성
  └ 침식 분지의 주변 산지

B ┐ 화강암 ─ 중생대에 형성
  └ 침식 분지의 바닥

① A로 구성된 산은 정상부가 주로 돌산의 경관을 보인다.
   └ 석회암   └ 흙산

② B는 (가)의 대부분을 차지한다.

✓③ A는 B보다 형성 시기가 이르다.

④ 제주도의 화산체는 (나)에 의해 형성되었다.
   └ 신생대 제3기 말~제4기 초의 화산 활동

⑤ 대보 화강암은 (다)에 의해 형성되었다.
   └ (나) 대보 조산 운동

자료 분석
〈우리나라의 지질 시대별 주요 지각 운동〉에서 (가)는 조선 누층군, (나)는 대보 조산 운동, (다)는 경동성 요곡 운동이다.
〈충주 분지의 지질 단면〉에서 침식 분지의 산지에 해당하는 A의 기반암은 변성암, 침식 분지의 바닥에 해당하는 B의 기반암은 화강암이다.

선지 해설
① A는 시·원생대에 형성된 변성암으로 침식 분지의 둘러싼 산지의 주요 기반암이다.

② B는 중생대에 마그마가 관입하여 형성된 화강암으로 침식 분지 바닥에 해당하는 지역의 주요 기반암이다.

③A 변성암은 시·원생대에 주로 형성되었으며, B 화강암은 중생대에 주로 형성되었다. 따라서 A는 B보다 형성 시기가 이르다.

④ 제주도의 화산체는 신생대 제3기 말~제4기 초의 화산 활동에 의해 형성되었다. (나)는 중생대 중기에 일어난 대보 조산 운동으로 남부 지방을 중심으로 중국 방향의 지질 구조선이 형성되었으며 곳곳에 마그마가 관입하여 화강암이 형성되었다.

⑤ 대보 화강암은 중생대 중기에 일어난 (나) 대보 조산 운동으로 인해 지하 깊은 곳에서 마그마가 관입되면서 형성되었다. (다)는 신생대 제3기 경동성 요곡 운동이다.

다음 자료의 (가)~(라)에 대한 설명으로 옳은 것은? (단, (가)~(라)는 각각 변성암, 석회암, 중생대 퇴적암, 화강암 중 하나임.) [3점]

○ '고성 덕명리 공룡 발자국과 새 발자국 화석 산지'는 화석의 양과 다양성에 있어서 세계적으로 손꼽히는 곳으로, 주된 기반암은 (가) 이다. 해안의 기묘한 바위와 괴상하게 생긴 돌, 해식동 등의 경치 또한 뛰어나다.
　└ 중생대 퇴적암
　└ 주로 곶에서 파랑의 침식 작용으로 형성된 동굴

○ '영월 고씨굴'은 남한강 상류에 위치하며, 임진왜란 때 고씨 일가족이 이곳에 숨어 난을 피하였다고 하여 붙여진 이름이다. 동굴의 총길이는 약 3km이고, (나) 으로 이루어져 있으며, 동굴 안에는 종유석과 석순 등이 분포한다.
　└ 석회암
　└ 석회 동굴의 천장에 달린 고드름 모양의 탄산 칼슘 덩어리

○ '대암산·대우산 천연 보호 구역'은 양구 펀치볼 분지와 그 주변을 에워싸고 있는 지역을 말한다. 펀치볼 지대는 침식 분지로, 분지 주변의 산지는 주로 (다) 으로 되어있고 분지 바닥은 (라) 으로 되어 있다.
　└ 변성암
　└ 화강암
　└ 암석이 차별적인 풍화와 침식을 받아 형성

① (가)는 고생대 조선 누층군에 주로 분포한다.
　(나)
② (나)는 마그마가 관입하여 형성되었다.
　(라)　└ 마그마가 기존의 암석을 뚫고 들어가는 것
✓③ (라)로 구성된 산은 정상부가 주로 돌산의 경관을 보인다.
　　└ 식생 밀도가 낮으며, 암석 노출이 많음
④ (가)는 (다)보다 우리나라 암석 분포에서 차지하는 비율이 높다.
　　└ 변성암(42.6%) > 화강암(34.8%) > 퇴적암(22.6%)　낮다
⑤ (가)는 해성층, (나)는 육성층에 해당한다.
　　육성층　　　해성층

| 자료 분석 |

공룡 발자국과 새 발자국 화석 산지의 주된 기반암인 (가)는 중생대 퇴적암이다. 종유석과 석순 등이 분포하는 카르스트 지형의 주요 기반암인 (나)는 석회암이다. 침식 분지 주변의 산지에 주로 분포하는 (다)는 변성암이고, 분지 바닥에 주로 분포하는 (라)는 화강암이다.

| 선지 해설 |

① (가) 중생대 퇴적암은 중생대 중기~말기에 거대한 호수였던 경상 분지를 중심으로 분포한다. 고생대 조선 누층군에 주로 분포하는 것은 (나) 석회암이다.

② (나) 석회암은 고생대 전기에 얕은 바다에서 퇴적되어 형성되었다. 마그마가 관입하여 형성된 암석은 (라) 화강암이다.

③ 화강암은 지하 깊은 곳에서 관입한 마그마가 굳어 형성된 암석으로, 돌산은 화강암이 오랜 세월 동안 침식을 받으면서 지표에 모습을 드러낸 것이다. 따라서 (라) 화강암으로 구성된 산은 정상부가 주로 돌산의 경관을 보인다.

④ (가) 중생대 퇴적암은 한반도 지각의 약 13%, (다) 변성암은 한반도 지각의 약 43%를 차지한다. 따라서 (가) 중생대 퇴적암은 (다) 변성암보다 우리나라 암석 분포에서 차지하는 비율이 낮다.

⑤ (가) 중생대 퇴적암은 중생대 경상 분지의 호수에서 형성된 육성층, (나) 석회암은 고생대 초기에 바다에서 형성된 해성층에 해당한다.

OX문제로 개념 확인

(1) 화강암은 변성암보다 형성 시기가 이르다. 　　　　(　)
(2) 석회암은 고생대 말기에 형성된 육성층에 주로 분포한다. 　(　)
(3) 우리나라에서 분포 면적이 가장 넓은 암석은 변성암이다. 　(　)

(1) X　(2) X　(3) O

그림은 (가), (나) 지역에서 나타나는 지형 단면도이다. 이에 대한 설명으로 옳은 것은?

- 강원도 철원군
(가)　- 한탄강의 퇴적 작용으로 형성
충적층
- 신생대 화산 활동으로 형성된 현무암
한탄강　A

(나) - 강원도 춘천시
- 시·원생대에 형성된 변성암: 경암으로 산지를 이루고 있음
북한강
B　충적층
- 중생대에 형성된 화강암: 연암으로 바닥을 이루고 있음

① A 암석은 중생대에 마그마의 관입으로 형성되었다.
　　　　C
✓② B 암석은 시·원생대에 형성된 암석이다.
　　　　　　　　　발견되지 않는다
③ C 암석에서는 공룡 발자국 화석이 발견된다.
　　└ 중생대 말기에 형성된 경상 누층군에 분포
④ (나)에서 C 암석은 B 암석보다 풍화와 침식에 강하다.
　　　　　　　　　　　　　　　약하다
⑤ (가)와 (나)의 충적층은 주로 밭으로 이용된다.
　　　　　　　　　　　　　논

| 자료 분석 |

(가)는 강원도 철원으로 현무암이 열하 분출하여 형성된 용암 대지가 발달해 있다. (나)는 강원도 춘천으로 하천의 차별 침식 작용으로 형성된 침식 분지가 발달해 있다. A는 현무암, B는 변성암, C는 화강암이다.

| 선지 해설 |

① A는 현무암으로 신생대에 형성되었다. 중생대에 마그마의 관입으로 형성된 암석은 C 화강암이다.

② 침식 분지의 주변 산지를 주로 이루고 있는 B는 변성암으로 시·원생대에 형성되었다.

③ 침식 분지의 바닥을 주로 이루고 있는 C는 화강암으로 중생대 중기의 대보 조산 운동으로 형성되었다. 공룡 발자국 화석은 중생대 말기에 형성된 육성 퇴적층인 경상 누층군에 주로 분포한다. 따라서 C 암석에서는 공룡 발자국 화석이 거의 분포하지 않는다.

④ (나)에서 C 화강암은 B 변성암보다 풍화와 침식에 약해 침식 분지의 바닥을 이루고 있다. 반면 B 변성암은 풍화와 침식에 강해 침식 분지의 주변 산지를 이루고 있다.

⑤ (가)와 (나)에 분포하는 충적층은 하천의 퇴적 작용으로 형성된 것으로 주로 논으로 이용된다.

다음 자료는 우리나라 산지의 형성 과정을 모식적으로 나타낸 것이다. ㉠~㉤에 대한 옳은 설명만을 〈보기〉에서 고른 것은? [3점]

┌ 송림 변동: 랴오둥 방향의 지질 구조선 형성
├ 대보 조산 운동: 중국 방향의 지질 구조선 형성
└ 불국사 변동: 영남 지방 지각 변동

ㄱ 중생대 지각 변동으로 인해 형성된 지질 구조선을 따라 마그마가 관입하였다. — 마그마 관입

중생대 지각 변동 이후 오랜 기간 침식 작용을 받아 한반도가 평탄해졌다. — 화강암

1차 산맥 / 융기 / 화강암

㉢ 신생대 제3기 경동성 요곡 운동으로 ㉣ 1차 산맥이 형성되었고, 이후 지질 구조선을 따라 하천이 흘러 하곡이 발달하였다.

└ 하천이 흐르는 골짜기

2차 산맥

하곡을 따라 차별 침식이 일어나 ㉤ 2차 산맥을 이루었고, 지속적인 침식으로 땅속의 ㉤ 화강암이 지표로 드러났다.

───〈 보기 〉───
ㄱ. ㉠에 의해 한국 방향의 산맥이 형성되었다.
　　㉡　└ 마천령산맥, 낭림산맥, 태백산맥
ㄴ. ㉡은 고위 평탄면과 하안 단구 형성에 영향을 주었다.
ㄷ. ㉣은 ㉢보다 산줄기의 연속성이 뚜렷하다.
　　　　　　　　　　　　미약하다
ㄹ. ㉤이 산 정상부를 이루는 경우 주로 돌산의 경관을 보인다.
　　　　　└ 금강산, 설악산, 북한산 등

① ㄱ, ㄴ　② ㄱ, ㄷ　③ ㄴ, ㄷ　④ ㄴ, ㄹ　⑤ ㄷ, ㄹ

| 자료 분석 |

1차 산맥은 신생대 제3기 경동성 요곡 운동의 영향을 받아 형성된 것으로 해발 고도가 높고 연속성이 뚜렷하여 한반도의 골격을 이룬다. 함경산맥, 낭림산맥, 태백산맥 등이 이에 속한다. 1차 산맥에서 뻗어나간 남서 방향의 산맥을 2차 산맥이라고 한다. 2차 산맥은 지질 구조선을 따라 차별적인 풍화와 침식 작용을 거쳐 형성된 것으로 1차 산맥에 비해 대체로 해발 고도가 낮고 산줄기의 연속성이 미약하다.

| 보기 해설 |

ㄱ. 중생대 초기에 일어난 송림 변동으로 랴오둥 방향(동북동-서남서), 중생대 중기에 일어난 대보 조산 운동으로 중국 방향(북동-남서)의 지질 구조선이 형성되었다. 한국 방향의 산맥은 ㉡ 신생대 제3기 경동성 요곡 운동에 의해 형성되었다.

ㄴ. ㉡ 신생대 제3기 경동성 요곡 운동으로 지반이 융기함에 따라 습곡의 영향을 덜 받은 채 솟아오른 고위 평탄면과 감입 곡류 하천 주변에 계단 모양의 지형인 하안 단구가 형성되었다.

ㄷ. 차별적인 풍화와 침식 작용을 거쳐 형성된 ㉤ 2차 산맥은 지각 운동의 직접적인 영향을 받은 ㉣ 1차 산맥에 비해 대체로 해발 고도가 낮고 산줄기의 연속성이 미약하다.

ㄹ. ㉤ 화강암이 산 정상부를 이루는 경우 주로 식생 밀도가 낮으며 바위가 많이 노출된 돌산의 경관을 보인다.

OX문제로 개념 확인

(1) 1차 산맥은 2차 산맥보다 산줄기의 연속성이 뚜렷하다. 　　(　　)
(2) 변성암이 산 정상부를 이루는 경우 주로 돌산의 경관을 보인다. 　(　　)

(1) O (2) X

다음 자료의 A~D 암석에 대한 설명으로 옳은 것만을 〈보기〉에서 고른 것은? (단, A~D는 각각 석회암, 중생대 퇴적암, 현무암, 화강암 중 하나임.) [3점]

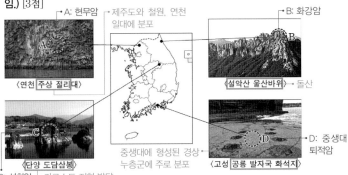

A: 현무암 — 제주도와 철원, 연천 일대에 분포 — 〈연천 주상 절리대〉

B: 화강암 — 〈설악산 울산바위〉 → 돌산

C: 석회암 → 카르스트 지형 발달 — 〈단양 도담삼봉〉

중생대에 형성된 경상 누층군에 주로 분포

D: 중생대 퇴적암 — 〈고성 공룡 발자국 화석지〉

───〈 보기 〉───
ㄱ. C는 대보 조산 운동으로 형성되었다.
　　B　　└ 마그마가 지하 깊은 곳에서 관입되면서 식어 형성됨
ㄴ. D는 주로 시멘트 공업의 원료로 이용된다.
　　C　　└ 삼척, 동해, 단양에 발달해 있음
ㄷ. C는 D보다 형성 시기가 이르다.
ㄹ. A, B는 모두 화성암에 해당한다.
　　　　┌ A 현무암: 화산암
　　　　└ B 화강암: 심성암

① ㄱ, ㄴ　② ㄱ, ㄷ　③ ㄴ, ㄷ　④ ㄴ, ㄹ　⑤ ㄷ, ㄹ

| 자료 분석 |

주상 절리대를 이루고 있는 A는 현무암이다. 설악산의 울산바위는 대표적인 돌산으로 B는 화강암이다. 단양 도담삼봉을 이루고 있는 C는 석회암이다. 공룡 발자국 화석지가 분포하는 D는 중생대에 형성된 퇴적암이다.

| 선지 해설 |

ㄱ. 중생대의 대보 조산 운동으로 형성된 암석은 B 화강암이다. 단양은 도담삼봉, 고수 동굴 등 석회암이 용식 작용을 받아 형성된 카르스트 지형이 발달해 있다. C 석회암은 고생대 초기에 형성된 조선 누층군에 분포한다.

ㄴ. 주로 시멘트 공업의 원료로 이용되는 암석은 C 석회암이다. 삼척, 동해, 단양 등지에는 시멘트 공업이 발달해 있다.

ㄷ. C 석회암은 고생대 초기에 형성된 조선 누층군에 주로 분포하며, 공룡 화석이 분포하는 D 퇴적암은 중생대 말기에 형성된 경상 누층군에 주로 분포한다. 따라서 C는 D보다 형성 시기가 이르다.

ㄹ. 화성암은 마그마나 용암이 식어 형성된 암석으로 심성암과 화산암이 대표적이다. A 현무암은 용암이 지표 또는 지하의 얕은 곳에서 식어 형성된 화산암이며, B 화강암은 마그마가 지하 깊은 곳에서 관입되면서 식어 형성된 심성암이다.

15 주요 산지와 암석의 특성 20학년도 6월 모평 4번

다음 자료의 A~D에 대한 옳은 설명만을 〈보기〉에서 고른 것은? [3점]

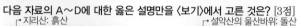

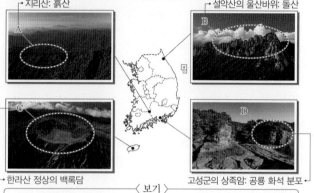

- 지리산: 흙산
- 설악산의 울산바위: 돌산
- 한라산 정상의 백록담
- 고성군의 상족암: 공룡 화석 분포

〈 보기 〉

ㄱ. C는 분화구의 함몰로 형성된 칼데라 호이다.
　　└ 백두산 정상의 천지
ㄴ. D는 고생대에 형성된 퇴적암이다.
　　　　└ 중생대
ㄷ. A는 B보다 식생 밀도가 높다.
　　└ 중생대　　└ 토층이 두꺼울수록 높음
ㄹ. B는 C보다 기반암의 형성 시기가 이르다.
　　　　　　　　└ 신생대

① ㄱ, ㄴ　② ㄱ, ㄷ　③ ㄴ, ㄷ　④ ㄴ, ㄹ　✔⑤ ㄷ, ㄹ

| 자료 분석 |

A는 지리산의 일부이다. 지리산은 흙산으로 기반암은 시·원생대에 형성된 변성암이다. B는 설악산의 울산바위로 대표적인 돌산에 해당하며 기반암은 중생대에 형성된 화강암이다. C는 한라산 정상의 백록담으로 화구호이다. D는 경상남도 고성군의 상족암으로 공룡 화석이 분포한다.

| 보기 해설 |

ㄱ. C 한라산 정상의 백록담은 화구에 물이 고여 형성된 화구호이다. 분화구의 함몰로 형성된 칼데라 호에 해당하는 곳은 백두산 정상의 천지이다.

ㄴ. D는 중생대에 형성된 퇴적층인 경상 누층군의 일부이다. 경상 누층군에는 중생대에 번성했던 공룡 화석이 분포한다.

ㄷ. A 지리산은 흙산으로 토층이 두꺼운 반면, B 설악산(울산바위)은 돌산으로 토층이 얇다. 식생 밀도는 흙산이 돌산보다 높으므로 A는 B보다 식생 밀도가 높다.

ㄹ. B의 기반암은 화강암으로 주로 중생대의 대보 조산 운동과 불국사 변동으로 형성되었다. C는 화산 활동에 의한 지형으로 기반암은 신생대 제3기 말~제4기 초에 형성되었다. 따라서 B의 기반암은 C의 기반암보다 형성 시기가 이르다.

개념 확인 돌산과 흙산의 특징

돌산	흙산
• 화강암이 기반암임	• 변성암이 기반암임
• 토층 발달이 미약함	• 토층이 발달되어 있음
• 식생 밀도가 낮음	• 식생 밀도가 높음
• 금강산, 설악산, 북한산 등이 대표적임	• 지리산, 덕유산 등이 대표적임

16 산지 지형의 특성 24학년도 5월 학평 9번

다음은 학생이 작성한 학습 노트이다. 이에 대한 옳은 설명만을 〈보기〉에서 고른 것은? (단, (가), (나)는 각각 설악산, 지리산 중 하나임.) [3점]

구분	(가) → 지리산: 흙산	(나) → 설악산: 돌산
특징	○ ㉠ 소백산맥을 이루고 있는 산 중 가장 높음. ○ ㉡ 변성암의 풍화로 형성된 토양층이 두꺼워 숲이 울창함. ← 시·원생대 ○ 국내 최초의 국립 공원으로 지정됨. ○ 등산 명소로 천왕봉, 노고단 등이 있음.	○ ㉢ 태백산맥을 이루고 있는 산 중 가장 높음. ○ ㉣ 화강암으로 이루어진 울산바위 등 암반 경관이 아름다움. ← 중생대 ○ 유네스코 생물권 보전 지역으로 선정됨. ○ 등산 명소로 대청봉, 공룡 능선 등이 있음.

└ 1차 산맥

〈 보기 〉

ㄱ. (가)는 (나)보다 고위도에 위치한다.
　　　　　　　└ 저위도
ㄴ. (가)는 흙산, (나)는 돌산으로 분류된다.
　　└ 지리산, 덕유산 등 └ 설악산, 금강산, 북한산 등
ㄷ. ㉠과 ㉢은 해발 고도가 높고 연속성이 강한 1차 산맥이다.
ㄹ. ㉣은 ㉡보다 대체로 형성 시기가 이르다.
　　　　　　　　　　　└ 주로 경동성 요곡 운동으로 융기한 산
　　　　　　　　　└ 늦다

① ㄱ, ㄴ　② ㄱ, ㄷ　✔③ ㄴ, ㄷ　④ ㄴ, ㄹ　⑤ ㄷ, ㄹ

| 자료 분석 |

(가)는 소백산맥을 이루며 국내 최초로 국립 공원으로 지정된 것으로 보아 지리산이다. 지리산은 사면과 정상부까지 기반암인 변성암이 풍화된 토양(풍화층)이 나타나는 흙산이다. (나)는 태백산맥을 이루며 울산바위, 대청봉, 공룡 능선 등이 있다는 것으로 보아 설악산이다. 설악산은 사면과 정상부에 기반암인 화강암이 많이 노출된 돌산이다.

| 선지 해설 |

ㄱ. (가) 지리산은 전남, 전북, 경남에 걸쳐 있는 산으로 우리나라 남부 지방에 위치하는 반면 (나) 설악산은 강원에 위치한 산으로 우리나라 중부 지방에 위치한다. 따라서 (가) 지리산은 (나) 설악산보다 저위도에 위치한다.

ㄴ. (가) 지리산은 기반암이 풍화된 토양(풍화층)이 두꺼워 흙이 많은 흙산으로 분류하며 (나) 설악산은 기반암이 많이 노출되어 있어 기암괴석과 암벽이 두드러진 산으로 돌산으로 분류한다.

ㄷ. ㉠ 소백산맥은 백두대간의 남쪽 끝을 이루는 산맥으로 소백산, 속리산 등 높은 산지가 나타나며 연속성이 강한 편이다. ㉢ 태백산맥은 한반도를 남북으로 가로지르는 등줄기 산맥으로 설악산, 태백산 등 높은 산지가 나타나며 연속성이 강하다. 따라서 ㉠ 소백산맥과 ㉢ 태백산맥은 해발 고도가 높고 연속성이 강한 1차 산맥이다.

ㄹ. ㉣ 화강암은 마그마가 관입하여 형성된 암석으로 주로 중생대 지층에서 발견되며, ㉡ 변성암은 열과 압력에 의해 본래의 성질이 변한 암석으로 주로 시·원생대에 형성되었다. 따라서 ㉣ 화강암은 ㉡ 변성암보다 대체로 형성 시기가 늦다.

그림의 (가)~(라)에 해당하는 지역을 지도의 A~D에서 고른 것은? [3점]

- 중생대 대보 조산 운동으로 주로 형성
- 지하 깊은 곳에서 마그마가 관입되면서 형성된 심성암

```
┌─────────────┐        ┌─────────────┐
│ 주된 기반암이 │  예   │ 마그마가 관입하여 형성된 │  예   ┌────┐
│ 화성암으로 구성 ├──────▶│ 화강암으로 이루어진 돌산 ├──────▶│ (가) │
│ 되어 있습니까?│        │ 이 있습니까?           │        └────┘
└─────────────┘        └─────────────┘
   │ 조선 누층군          ↓ 아니요                    - 석회석이 주원료
   │                                                   - 원료 지향형 공업
┌──────────────────────────┐  예   ┌────┐
│ 고생대에 형성된 해성층이 주로 나타나며 시멘트 공업 ├──────▶│ (나) │
│ 이 발달해 있습니까?       │        └────┘
└──────────────────────────┘
   │ 경상 누층군          ↓ 아니요
┌──────────────────────────┐  예   ┌────┐
│ 중생대 백악기에 퇴적된 육성층이 있는 곳으로 공룡 ├──────▶│ (다) │
│ 발자국 화석이 발견됩니까? │        └────┘
└──────────────────────────┘
   │ 길주·명천 지괴        ↓ 아니요
┌──────────────────────────┐  예   ┌────┐
│ 신생대 제3기에 퇴적층이 형성된 곳으로 갈탄이 매장 ├──────▶│ (라) │
│ 되어 있습니까?            │        └────┘
└──────────────────────────┘
```

- 길주: 갈탄 분포
- A
- B 금강산: 돌산
- 단양: 카르스트 지형 발달
- D
- 고성: 공룡 화석 분포

	(가)	(나)	(다)	(라)
①	A	C	B	D
②	A	D	C	B
③	B	A	C	D
④	B	C	D	A
⑤	C	B	D	A

출제 경향

우리나라의 지체 구조를 묻는 문항이 출제된다. 지도에서 각 지질 시대에 형성된 지체 구조의 분포를 확인해 두어야 한다. 또한 각 지질 시대에 형성된 주요 암석과 자원의 분포 등을 정리해 두어야 한다.

| 자료 분석 |

지도의 A는 함경북도 길주, B는 금강산, C는 충북 단양, D는 경남 고성이다.

| 선지 해설 |

④ (가) – B, (나) – C, (다) – D, (라) – A

- (가)는 주된 기반암이 화성암으로 구성되어 있고, 마그마가 관입하여 형성된 화강암으로 이루어진 돌산이 있으므로 B 금강산이다.
- (나)는 고생대에 형성된 해성층인 조선 누층군이 주로 나타나며 석회석을 원료로 하는 시멘트 공업이 발달해 있으므로 C 충북 단양이다. 단양은 석회암이 용식 작용을 받아 형성된 카르스트 지형과 시멘트 공업이 발달해 있다.
- (다)는 중생대 백악기에 퇴적된 육성층인 경상 누층군이 있고 공룡 발자국 화석이 발견되므로 D 경남 고성이다. 고성에서는 해마다 공룡 엑스포 축제가 개최되고 있다.
- (라)는 신생대 제3기에 퇴적층이 형성된 곳으로 갈탄이 매장되어 있으므로 길주·명천 지괴에 위치한 A 함경북도 길주이다.

---

18 지체 구조와 지각 변동 24학년도 7월 학평 18번

정답 ⑤ | 정답률 54%

다음 자료는 수행 평가 내용에 대한 학생의 답변과 교사의 채점 결과이다. 이에 대한 설명으로 옳은 것만을 〈보기〉에서 고른 것은? [3점]

◎ 한반도의 지질 계통과 주요 지각 변동에 대한 내용이 맞으면 '예', 틀리면 '아니요'로 답하시오.

지질 시대	고생대		중생대			신생대	
	캄브리아기…석탄기·페름기	트라이아스기	쥐라기	백악기	제3기	제4기
지질 계통	─A─ (결층)	─B─	대동 누층군	경상 누층군	제3계	제4계
주요 지각 변동	조륙 운동		송림 변동	─C─ 불국사 변동	─D─	화산 활동

- 조선 누층군
- 평안 누층군
- 대보 조산 운동
- 요곡·단층 운동

	답변	
내용	갑	을
A는 얕은 바다에서 퇴적된 지층이다.	예	예
B는 대부분 변성암으로 구성되어 있다.	아니요	예
(가)	㉠	아니요
(나)	㉡	예
(점수)	4점	2점

* 교사는 각 답변이 맞으면 1점, 틀리면 0점을 부여함.

둘 중 한 개만 옳은 답변

〈 보기 〉

ㄱ. (가)가 'C에 의해 랴오둥 방향의 지질 구조선이 형성되었다.'이면, ㉠은 '예'이다. → 틀린 내용 아니요

ㄴ. (나)가 'D에 의해 넓은 범위에 걸쳐 대보 화강암이 관입하였다.'이면, ㉡은 '예'이다. → 틀린 내용 아니요

ㄷ. ㉠이 '예'이면, (나)에는 'D에 의해 태백산맥, 함경산맥 등의 높은 산지가 형성되었다.'가 들어갈 수 있다. → 옳은 내용

ㄹ. ㉡이 '아니요'이면, (가)에는 'A에는 무연탄, B에는 석회암이 매장되어 있다.'가 들어갈 수 있다. → 틀린 내용

① ㄱ, ㄴ ② ㄱ, ㄷ ③ ㄴ, ㄷ ④ ㄴ, ㄹ ⑤ ㄷ, ㄹ

| 자료 분석 |

A는 고생대 초기의 지질 계통인 조선 누층군이며, B는 고생대 말기~중생대 초기의 지질 계통인 평안 누층군이다. C는 중생대 중기의 주요 지각 변동인 대보 조산 운동이며, D는 신생대 제3기의 요곡·단층 운동이다. 수행 평가에서 A 조선 누층군은 얕은 바다에서 퇴적된 지층이며, B 평안 누층군은 대부분 변성암으로 구성되어 있지 않다. 변성암은 주로 시·원생대에 형성된 암석이다. 점수를 보면 갑은 4점으로 네 가지 내용에 모두 옳은 답변을 하였고, 을은 2점으로 두 가지 내용만 옳은 답변을 하였다.

| 선지 해설 |

ㄱ. C 대보 조산 운동에 의해 중국 방향의 지질 구조선이 형성되었다. 랴오둥 방향의 지질 구조선은 중생대 초기 송림 변동에 의해 형성된 것이다. 따라서 'C에 의해 랴오둥 방향의 지질 구조선이 형성되었다.'에 대한 옳은 답변은 '아니요'이다. 따라서 ㉠은 '아니요'이다.

ㄴ. 신생대 제3기의 D 요곡·단층 운동에 의해 태백산맥과 함경산맥 등의 높은 산지가 형성되었으며 동고서저의 비대칭적인 지형 골격이 만들어졌다. 대보 화강암이 관입한 것은 C 대보 조산 운동의 결과이다. 따라서 'D에 의해 넓은 범위에 걸쳐 대보 화강암이 관입하였다.'에 대한 옳은 답변은 '아니요'이다. 따라서 ㉡은 '아니요'이다.

ㄷ. 신생대 제3기의 D 요곡·단층 운동으로 태백산맥과 함경산맥이 형성되었다. 따라서 'D에 의해 태백산맥, 함경산맥 등의 높은 산지가 형성되었다.'에 대한 옳은 답변은 '예'이다. (나)에 이 내용이 들어간다면 갑의 옳은 답변인 ㉡은 '예'이다. 그리고 을도 이 내용에 옳은 답변인 '예'를 하였으므로, 을은 (가)에 틀린 답변을 하였을 것이다. 을이 (가)에 대해 '아니요'라는 틀린 답변을 하였으므로, (가)에 해당하는 갑의 옳은 답변인 ㉠은 '예'이다.

ㄹ. A 조선 누층군에는 석회암, B 평안 누층군에는 무연탄이 매장되어 있다. 따라서 'A에는 무연탄, B에는 석회암이 매장되어 있다.'에 대한 옳은 답변은 '아니요'이다. (가)에 이 내용이 들어간다면 갑의 옳은 답변인 ㉠은 '아니요'이다. 그리고 을도 이 내용에 옳은 답변인 '아니요'를 하였으므로, 을은 (나)에 틀린 답변을 하였을 것이다. 을이 (나)에 대해 '예'라는 틀린 답변을 하였으므로, (나)에 해당하는 갑의 옳은 답변인 ㉡은 '아니요'이다.

지도는 (가), (나) 암석의 분포 지역을 나타낸 것이다. 이에 대해 옳게 설명한 내용에만 있는 대로 ○ 표시한 학생을 고른 것은? (단, (가), (나)는 각각 석회암, 신생대 화산암 중 하나임.)

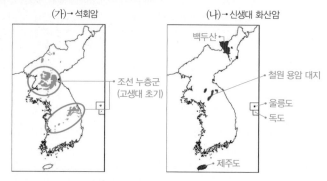

(가)→석회암   (나)→신생대 화산암

조선 누층군 (고생대 초기)

백두산

철원 용암 대지

울릉도

독도

제주도

내용	학생				
	갑	을	병	정	무
(가)의 용식 작용으로 형성된 동굴에는 종유석, 석순 등이 발달한다. └석회 동굴	○	○	○		○
(나)는 마그마가 분출한 후 굳어져 형성되었다. └화산암	○		○	○	○
(나)는 (가)보다 형성 시기가 이르다. 늦다		○	○	○	
(가), (나) 분포 지역은 밭보다 논의 면적 비율이 높다. 낮다	○				○

① 갑   ② 을   ③ 병   ④ 정   ✔⑤ 무

| 자료 분석 |

(가)는 고생대 초기에 얕은 바다에서 퇴적된 해성층인 조선 누층군에 분포하는 암석으로 석회암이다. (나)는 신생대 제3기 말~제4기의 화산 활동에 의해 형성된 백두산, 개마고원 일대, 철원 용암 대지, 울릉도와 독도 등에 분포하는 암석으로 신생대 화산암이다.

| 선지 해설 |

⑤ 무

- 첫 번째 내용: (가) 석회암의 용식 작용으로 형성된 동굴에는 종유석, 석순 등이 발달한다. 석회암 지대에서 지하수의 용식 작용으로 석회 동굴이 형성되며, 동굴 내부에는 종유석, 석순, 석주 등이 발달한다. 따라서 ○를 표시한 갑, 을, 병, 무가 옳게 표시한 학생이다.
- 두 번째 내용: (나) 신생대 화산암은 마그마가 지각의 틈을 통해 지표로 분출한 후 굳어져 형성된 암석이다. 따라서 ○를 표시한 갑, 병, 정, 무가 옳게 표시한 학생이다.
- 세 번째 내용: (가) 석회암은 고생대 초기에 얕은 바다에서 퇴적된 해성층인 반면 (나) 신생대 화산암은 신생대 제3기 말~제4기에 화산 분출로 형성되었으므로 (나) 신생대 화산암은 (가) 석회암보다 형성 시기가 늦다. 따라서 ○를 표시하지 않은 갑과 무가 옳게 표시한 학생이다.
- 네 번째 내용: (가) 석회암과 (나) 신생대 화산암은 기반암에 갈라진 틈인 절리가 발달해 물이 지하로 잘 스며들어 지표수가 부족하다. 지표수가 부족한 (가) 석회암과 (나) 신생대 화산암 분포 지역은 밭보다 논의 면적 비율이 낮다. 따라서 ○를 표시하지 않은 을, 병, 무가 옳게 표시한 학생이다.

네 조건을 모두 만족하는 학생은 무이다.

다음 자료의 ㉠~㉢에 대한 설명으로 옳은 것은? →제주 화산섬과 용암 동굴 →한국의 갯벌

㉠ ○○산 한라산 (1,947 m)	산 정상부에 ㉡ 백록담이 있고, 독특한 화산 지형의 가치를 인정받아 세계 자연 유산으로 등재됨.
㉢ △△산 설악산 (1,708 m)	수많은 고개와 대청봉, 울산바위 등의 명소가 있으며 국립공원 및 생물권 보전 지역으로 지정됨.
㉣ ○○산 지리산 (1,915 m)	영호남의 경계에 위치하며 천왕봉을 주봉으로 거대한 산악군을 이루고 국립공원 제1호로 지정됨.

└설악산, 제주도, 신안 다도해, 광릉숲, 고창, 순천, 강원 생태 평화, 연천 임진강, 완도 등 총 9개 지역

① ㉠은 중생대 이전에 형성되었다.
   신생대 이후
② ㉡은 분화구의 함몰로 형성된 칼데라호이다.
   백두산 천지
✔③ ㉢이 속한 산맥은 1차 산맥에 해당한다.
   └신생대 경동성 요곡 운동으로 융기한 산지
④ ㉣의 주된 기반암은 시멘트 공업의 주원료로 이용된다.
   석회암
⑤ ㉠은 ㉣보다 고위도에 위치한다.
   저위도

| 자료 분석 |

㉠은 백록담이 위치하였으며 정상의 해발 고도가 1,947m로 남한에서 가장 높은 산인 한라산이다. ㉡ 백록담은 한라산 정상부에 위치한 화구호이다. ㉢은 대청봉, 울산바위, 국립공원 및 생물권 보전 지역 등으로 보아 정상부에 돌산이 발달한 설악산이다. ㉣은 영호남의 경계에 위치하며 국립공원 제1호로 지정되었다는 것으로 보아 경남, 전남, 전북에 걸쳐 있는 흙산인 지리산이다.

| 선지 해설 |

① ㉠은 한라산은 신생대 제3기 말~제4기에 형성된 화산 지형이다. 중생대 이전에 형성된 산지로는 주로 시·원생대에 형성된 변성암이 주된 기반암인 지리산, 덕유산 등이 있다.

② ㉡ 백록담은 분화구에 물이 고인 화구호이다. 분화 후 화구가 함몰되어 형성된 칼데라에 물이 고인 칼데라호는 백두산 천지이다.

③ ㉢ 설악산이 속한 산맥은 태백산맥이다. 태백산맥은 신생대 제3기 경동성 요곡 운동으로 융기한 산지로 1차 산맥이다. 따라서 ㉢ 설악산이 속한 산맥은 1차 산맥에 해당한다.

④ ㉣ 지리산의 주된 기반암은 주로 변성암(편마암)이다. 변성암은 특이한 형태의 줄무늬가 있어 공원이나 정원 등의 조경석으로 많이 이용된다. 시멘트 공업의 주원료로 이용되는 암석은 탄산 칼슘이 주성분을 이루는 석회암이다.

⑤ ㉠ 한라산은 남해상의 제주도에 위치하며 ㉣ 지리산은 한반도 내 영호남의 경계에 위치하므로 ㉠ 한라산은 ㉣ 지리산보다 남쪽에 위치한다. 따라서 ㉠ 한라산은 ㉣ 지리산보다 저위도에 위치한다.

21 암석 분포 24학년도 3월 학평 17번

정답 ④ | 정답률 58%

다음 자료의 (가)~(다) 암석에 대한 설명으로 옳은 것은? (단, (가)~(다)는 각각 석회암, 중생대 퇴적암, 화강암 중 하나임.)

답사 사진전

작품명: 도담삼봉의 절경
촬영지: 충북 단양

작품명: 공룡 발자국 화석
촬영지: 경남 고성

작품명: 기암괴석의 위용
촬영지: 강원 속초

① (가)는 주로 호수에서 퇴적된 육성층에 분포한다.
　　무연탄
② (나)는 마그마가 관입하여 형성되었다.
　　(다)
③ (다)는 주로 시멘트 공업의 원료로 이용된다.
　　(가)
✔ (가)는 (나)보다 형성 시기가 이르다.
　　└→ 석회암(고생대)이 중생대 퇴적암(중생대)보다 형성 시기가 이름
⑤ (가), (다)는 모두 퇴적암에 해당한다.
　　(다)는 화성암

| 자료 분석 |

(가)는 석회암의 용식 지형인 도담삼봉을 통해 주로 고생대 조선 누층군에 분포하는 석회암임을 알 수 있다. (나)는 공룡 발자국 화석을 통해 주로 경상 분지에 분포하는 중생대 퇴적암임을 알 수 있다. (다)는 기암괴석이 나타나는 돌산을 통해 대보 조산 운동, 불국사 변동과 같은 중생대의 지각 변동으로 형성된 화강암임을 알 수 있다.

| 선지 해설 |

① (가) 석회암은 주로 고생대 조선 누층군에 분포한다. 조선 누층군은 고생대 초기 얕은 바다에서 퇴적된 해성층으로 석회암이 주로 분포한다. 주로 호수에서 퇴적된 육성층에 분포하는 것은 무연탄이다.

② (나) 중생대 퇴적암은 중생대 중기~말기 거대한 호수였던 경상 분지를 중심으로 분포한다. 마그마가 관입하여 형성된 것은 (다) 화강암이다.

③ (다) 화강암은 단단하고 색이 밝아 궁궐이나 사찰의 석탑, 석등의 재료로 널리 쓰인다. 주로 시멘트 공업의 원료로 이용되는 것은 (가) 석회암이다.

④ (가) 석회암은 고생대 초기에 형성되었고 (나) 중생대 퇴적암은 중생대 중기~말기에 형성되었다. 따라서 (가) 석회암은 (나) 중생대 퇴적암보다 형성 시기가 이르다.

⑤ (가) 석회암은 퇴적암이지만, (다) 화강암은 마그마가 관입하여 형성된 암석으로 화성암에 속한다.

22 지체 구조와 지각 변동 25학년도 수능 6번

정답 ③ | 정답률 83%

다음 자료에 대한 설명으로 옳은 것은?

〈한반도 주요 지질 계통과 지각 변동〉

지질 시대	고생대			중생대			신생대	
	캄브리아기 … 석탄기-페름기		트라이아스기	쥐라기	백악기	제3기	제4기
지질 계통	(가)	(결층)	평안 누층군	대동 누층군	경상 누층군	제3계	제4계
주요 지각 변동	조선 누층군 조륙 운동			(나)	(다)	(라)	(마)	화산 활동

송림 변동　대보 조산 운동 └불국사 변동

요곡·단층 운동
송림 변동
대보 조산 운동

중생대 동안 발생하였던 세 번의 주요 지각 변동 중 초기에 발생한 (나) 은/는 주로 한반도 북부 지방에 영향을 미쳤으며, 중기에는 (다) 이/가 발생해 중·남부 지방을 중심으로 영향을 주었다. 중생대 말기에는 (라) 이/가 주로 경상 분지 일대에서 일어났다.
　　└→ 불국사 변동

① (가)에서는 공룡 발자국 화석이 흔히 ~~발견된다~~.
　　　　　　　　　　발견되지 않는다
② (나)가 발생한 시기에 길주·명천 지괴가 형성되었다.
　　신생대
✔ (다)로 인해 중국 방향(북동-남서)의 지질 구조선이 형성되었다.
④ (라)로 인해 지리산을 이루는 주된 기반암이 형성되었다.
　　시·원생대에　　　　　　　　　　└변성암
⑤ 한반도에 분포하는 대부분의 화강암은 (마)에 의해 형성되었다.
　　　　　　　　　　　　　　　　중생대에

| 자료 분석 |

한반도의 지질 계통과 주요 지각 변동을 정리한 자료에서 (가)는 고생대 초기의 지질 계통인 조선 누층군이며, (나)는 중생대 초기의 주요 지각 변동으로 주로 한반도 북부 지방에 영향을 미친 송림 변동이다. (다)는 중생대 중기의 주요 지각 변동으로 중·남부 지방을 중심으로 영향을 준 대보 조산 운동이며, (라)는 중생대 말기의 주요 지각 변동으로 주로 경상 분지 일대에서 일어난 불국사 변동이다. (마)는 신생대 제3기의 요곡·단층 운동이다.

| 선지 해설 |

① (가) 조선 누층군은 공룡이 살기 전인 고생대에 형성된 해성층으로 공룡 발자국 화석이 흔히 발견되지 않는다. 우리나라에서 공룡 발자국 화석은 주로 중생대에 형성된 경상 누층군에서 주로 발견된다.

② (나) 송림 변동이 발생한 시기는 중생대 초기이며, 길주·명천 지괴가 형성된 시기는 신생대이다.

③ (다) 대보 조산 운동은 매우 격렬했던 지각 변동으로 한반도 전역에 영향을 미쳤으며, 이로 인해 중국 방향(북동-남서)의 지질 구조선이 형성되었고 넓은 범위에 걸쳐 대보 화강암이 형성되었다.

④ (라) 불국사 변동은 영남 지방 중심의 지각 변동이며 이로 인해 화강암이 형성되었다. 지리산은 흙산이며 지리산을 이루는 주된 기반암인 변성암은 주로 시·원생대에 형성되었다.

⑤ 한반도에 분포하는 대부분의 화강암은 중생대 지각 변동에 의해 형성되었다. (마) 요곡·단층 운동은 신생대 제3기에 나타난 지각 변동으로 태백산맥과 함경산맥 등의 1차 산맥을 형성하였다.

5
일차

01 ②	02 ③	03 ②	04 ①	05 ①	06 ④	07 ①	08 ⑤	09 ②	10 ③	11 ①	12 ⑤
13 ①	14 ①	15 ⑤	16 ③	17 ④	18 ④	19 ②	20 ⑤	21 ⑤	22 ③	23 ⑤	24 ②
25 ⑤	26 ③	27 ③	28 ②	29 ③	30 ③	31 ⑤	32 ②				

문제편 040~047쪽

01 하천의 상류와 하류 비교 24학년도 9월 모평 7번

정답 ② | 정답률 89%

다음은 하천 지형에 대한 수업 장면의 일부이다. 교사의 질문에 옳게 답한 학생만을 있는 대로 고른 것은? [3점]

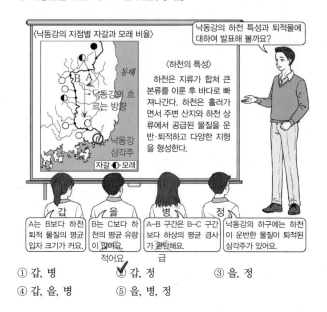

① 갑, 병 　✔② 갑, 정 　③ 을, 정
④ 갑, 을, 병 　⑤ 을, 병, 정

출제 경향

제시된 지도에서 하천의 상류 지점과 하류 지점을 구분한 후 그 특징을 비교하는 문항이 자주 출제된다. 따라서 하천을 상류와 하류로 구분하는 기준을 알아야 하며, 상류와 하류의 특징(평균 유량, 하천 경사 등)을 정리해 두어야 한다.

│ 자료 분석 │

자료는 낙동강의 지점별 자갈과 모래 비율, 하천의 특성을 나타낸 것으로 상류로 갈수록 자갈의 비율이 많고, 하류로 갈수록 모래의 비율이 많다. A~C를 상류에서 하류 순으로 배열하면 A, B, C 순이다.

│ 선지 해설 │

갑. A는 상대적으로 하류에 위치한 B보다 상류에 위치해 있어 하천 퇴적 물질의 평균 입자 크기가 크다. 하천 퇴적물의 평균 입자 크기는 상류에서 하류로 갈수록 작아진다.

을. B는 상대적으로 하류에 위치한 C보다 하천의 평균 유량이 적다. 하천 상류에서 하류로 갈수록 평균 유량은 많아진다.

병. A - B 구간은 상대적으로 하류에 위치한 B - C 구간보다 하상의 평균 경사가 급하다. 하천 바닥인 하상의 평균 경사는 상류가 급하고 하류가 완만하다.

정. 낙동강 하구에는 하천 운반 물질이 퇴적되어 형성된 삼각주가 있다.

02 다양한 하천 지형 24학년도 6월 모평 10번

정답 ③ | 정답률 75%

지도의 A~D에 대한 설명으로 옳은 것은? [3점]

→ 선정
　선상지의 정상부
　└ 곡구 취락 분포

→ 자연 제방
　모래질 토양 → 배수 양호
　└ 밭, 과수원, 취락 발달

선단
선상지의 말단부
└ 용천 분포 → 취락 입지, 논농사

배후 습지
점토질 토양 → 배수 불리
└ 배수 시설 설치 후 논농사

① B는 하천의 퇴적 작용으로 형성된 ~~범람원~~이다.
　└ 선상지의 선단

② C의 퇴적물은 주로 ~~최종 빙기~~에 퇴적되었다.
　└ 후빙기

✔③ A는 B보다 퇴적물의 평균 입자 크기가 크다.
　└ 선정 〉 선앙 〉 선단 순

④ C는 D보다 해발 고도가 ~~높다~~.
　└ 낮다

⑤ ~~A와 D~~에는 지하수가 솟아나는 용천대가 발달해 있다.
　└ B

│ 자료 분석 │

왼쪽 지도는 하천 중·상류 일대의 퇴적 지형인 선상지, 오른쪽 지도는 하천 중·하류 일대의 퇴적 지형인 범람원을 나타낸 것이다. A는 선상지의 선정, B는 선상지의 선단, C는 범람원의 배후 습지, D는 범람원의 자연 제방이다.

│ 선지 해설 │

① 하천의 퇴적 작용으로 형성된 범람원은 C 배후 습지와 D 자연 제방으로 구성되어 있다. B 선단은 하천의 계곡 입구에 형성된 부채 모양의 퇴적 지형인 선상지의 일부이다.

② C 배후 습지는 후빙기 해수면 상승 이후 하천의 범람에 의해 장기간에 걸쳐 퇴적물이 쌓여 형성된 지형이다. 따라서 C 배후 습지의 퇴적물은 주로 후빙기에 퇴적되었다.

③ A 선정은 선상지의 정상부로 퇴적물의 평균 입자 크기가 가장 크며, 선앙과 B 선단으로 갈수록 퇴적물의 평균 입자 크기는 작아진다. 따라서 A 선정은 B 선단보다 퇴적물의 평균 입자 크기가 크다.

④ C 배후 습지는 D 자연 제방보다 해발 고도가 낮다.

⑤ A 선정과 D 자연 제방은 모두 투수성이 큰 토양으로 구성되어 있어 지하수가 솟아나는 용천대가 잘 발달하지 않는다. 용천대가 발달해 있는 곳은 B 선단이다.

03 감입 곡류 하천과 자유 곡류 하천 25학년도 6월 모평 2번

정답 ② | 정답률 86%

다음은 지도에 표시된 두 지역의 하천 지형을 나타낸 위성 영상이다. (가), (나) 지역의 지형에 대한 설명으로 옳은 것만을 〈보기〉에서 고른 것은? [3점]

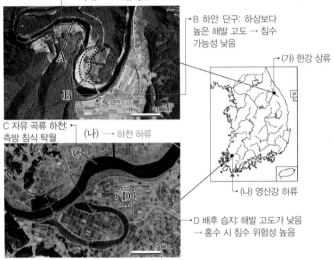

A 감입 곡류 하천: 하방 침식 탁월
(가) → 하천 상류
B 하안 단구: 하상보다 높은 해발 고도 → 침수 가능성 낮음
(가) 한강 상류
C 자유 곡류 하천: 측방 침식 탁월
(나) → 하천 하류
(나) 영산강 하류
D 배후 습지: 해발 고도가 낮음 → 홍수 시 침수 위험성 높음

〈 보기 〉
ㄱ. (가)의 A 하천은 (나)의 C 하천보다 하상의 해발 고도가 높다.
  └ 하천 바닥
ㄴ. (가)의 A 하천 범람원은 (나)의 C 하천 범람원보다 면적이 넓다.
  └ 좁다
ㄷ. B는 D보다 퇴적물의 평균 입자 크기가 크다.
  └ 대체로 상류 > 하류
ㄹ. B는 D보다 홍수 시 범람에 의한 침수 가능성이 높다.
  └ 낮다

① ㄱ, ㄴ   ✔② ㄱ, ㄷ   ③ ㄴ, ㄷ   ④ ㄴ, ㄹ   ⑤ ㄷ, ㄹ

| 자료 분석 |

(가)는 한강 상류에 해당하는 지역으로 A는 산지 사이를 곡류하는 하천인 감입 곡류 하천, B는 하천 주변에 분포하는 계단 모양의 지형인 하안 단구이다. (나)는 영산강 하류에 해당하는 지역으로 C는 평야 위를 곡류하는 자유 곡류 하천, D는 하천에서 다소 떨어져 있는 것으로 보아 범람원의 배후 습지에 해당한다.

| 선지 해설 |

ㄱ (가) 한강 상류의 A 감입 곡류 하천은 해발 고도가 높은 산지 사이를 곡류하는 하천인 반면 (나) 영산강 하류의 C 자유 곡류 하천은 해발 고도가 낮은 평야를 곡류한다. 따라서 (가) 한강 상류의 A 감입 곡류 하천은 (나) 영산강 하류의 C 자유 곡류 하천보다 하상의 해발 고도가 높다.

ㄴ. 일반적으로 범람원은 홍수 시 하천의 범람 면적에 비례한다. 하천 주변의 경사가 큰 (가) 한강 상류의 A 감입 곡류 하천은 하천 주변이 대체로 평탄한 (나) 영산강 하류의 C 자유 곡류 하천보다 홍수 시 범람 면적이 좁으므로 범람원의 면적도 좁다.

ㄷ 일반적으로 하천의 상류에서 하류로 갈수록 침식과 마모로 인해 퇴적물의 평균 입자 크기가 점점 작아진다. 따라서 (가) 한강 상류에 위치한 B 하안 단구는 (나) 영산강 하류에 발달한 D 배후 습지보다 퇴적물의 평균 입자 크기가 크다.

ㄹ. B 하안 단구는 과거 하천 바닥이나 범람원이 지반 융기 또는 해수면 하강에 따른 하천 침식으로 형성된 지형으로, 주변 하천보다 해발 고도가 높은 곳에 위치한다. 반면 D 배후 습지는 하천의 범람에 의해 운반된 물질이 장기간 퇴적되어 형성된 지형으로 해발 고도가 낮아 홍수 시 침수 위험성이 크다. 따라서 B 하안 단구는 D 배후 습지보다 홍수 시 범람에 의한 침수 가능성이 낮다.

04 감입 곡류 하천과 자유 곡류 하천 23학년도 수능 5번

정답 ① | 정답률 83%

지도의 A~D에 대한 설명으로 옳은 것만을 〈보기〉에서 고른 것은?

감입 곡류 하천   자유 곡류 하천
A   D
B   C
0 500m   0 500m
구하도   하안 단구   배후 습지   자연 제방

〈 보기 〉
ㄱ. A는 과거에 하천이 흘렀던 구하도이다.
  └ 과거 하천의 유로
  └ 둥근 모양의 자갈이나 모래 등 발견
ㄴ. B의 퇴적층에서는 둥근 자갈이나 모래 등이 발견된다.
  └ 하안 단구
ㄷ. C의 퇴적물은 주로 최종 빙기에 퇴적되었다.
  └ 후빙기
ㄹ. C는 D보다 퇴적물의 평균 입자 크기가 크다.
  └ 작다

✔① ㄱ, ㄴ   ② ㄱ, ㄷ   ③ ㄴ, ㄷ   ④ ㄴ, ㄹ   ⑤ ㄷ, ㄹ

| 자료 분석 |

왼쪽 지도에 제시된 하천은 하천 중·상류 지역의 산지 사이를 굽이쳐 흐르는 감입 곡류 하천이다. 오른쪽 지도에 제시된 하천은 하천 중·하류 지역의 평야 위를 흐르는 자유 곡류 하천이다. A는 구하도, B는 하안 단구, C는 범람원의 배후 습지, D는 범람원의 자연 제방이다.

| 선지 해설 |

ㄱ A는 등고선의 모양으로 보아 감입 곡류 하천의 측방 침식으로 유로가 변경되는 과정에서 형성된 구하도이다.

ㄴ B는 감입 곡류 하천 주변에 주로 나타나는 계단 모양의 지형인 하안 단구이다. 하안 단구는 과거 하천이 흐른 구하도라는 증거로 둥근 모양의 자갈이나 모래 등이 발견된다.

ㄷ. 논농사가 주로 이루어지는 C는 주로 점토와 같은 미립질 토사로 구성되어 있는 배후 습지이다. 배후 습지는 범람원을 구성하는 지형으로 범람원은 주로 후빙기에 해수면 상승 이후 침식 기준면이 높아져 퇴적 작용이 활발해지면서 형성된다. 따라서 C 배후 습지의 퇴적물은 주로 후빙기에 퇴적되었다.

ㄹ. C 배후 습지는 주로 점토와 같은 미립질로 구성되어 있는 반면 D 자연 제방은 주로 모래와 같은 조립질로 이루어져 있다. 따라서 C 배후 습지는 D 자연 제방보다 퇴적물의 평균 입자 크기가 작다.

다음은 지도에 표시된 세 지역의 하천 지형을 나타낸 사진이다. 이에 대한 설명으로 옳은 것은? (단, A~D는 각각 배후 습지, 삼각주, 자연 제방, 하안 단구 중 하나임.) [3점]

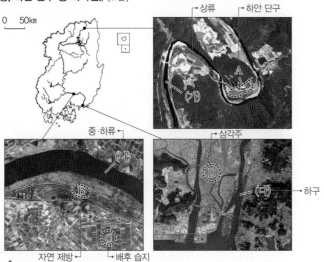

① (가)는 (다)보다 하방 침식이 활발하다. ✔

② (나)는 (가)보다 하상의 해발 고도가 높다.
                                낮다

③ D는 하천 퇴적물의 공급량이 적고, 조차가 큰 하구에서 잘 발달
                                많고   작은
  한다.

④ A는 C보다 홍수 시 범람에 의한 침수 위험이 높다.
                                       낮다

⑤ B는 C보다 토양 배수가 불량하다.
                                  양호

| 자료 분석 |

지도의 하천은 영남 지방을 흐르는 낙동강으로 (가)는 하천 상류, (나)는 하천 중·하류, (다)는 하천 하구이다. A는 융기와 하천의 침식으로 형성된 하안 단구, B는 범람원의 자연 제방, C는 범람원의 배후 습지, D는 하천의 퇴적으로 형성된 삼각주이다.

| 선지 해설 |

① (가) 상류는 (다) 하구보다 상류 지역으로 하방 침식이 활발하게 나타난다.

② (나) 중·하류는 (가) 상류보다 하상의 해발 고도가 낮다.

③ D 삼각주는 하천 퇴적물의 공급량이 많고, 조차가 작은 하구에서 잘 발달한다. 큰 조차로 인해 하천 퇴적물의 공급량보다 조류에 의해 침식되는 양이 더 많으면 삼각주는 발달하기 어렵다.

④ A 하안 단구는 C 배후 습지보다 홍수 시 범람에 의한 침수 위험이 낮다. A 하안 단구는 일반적으로 홍수의 피해 지역보다 고도가 높고 퇴적물의 입자 크기가 크기 때문에 배수가 양호하여 침수 위험이 낮다. 반면 C 배후 습지는 고도가 낮고 퇴적물의 입자 크기가 작아 배수가 불량하여 침수 위험이 높다.

⑤ B 자연 제방은 C 배후 습지에 비해 퇴적물의 입자 크기가 크기 때문에 토양 배수가 양호하다.

(가), (나) 지역의 지형에 대한 설명으로 옳은 것은?

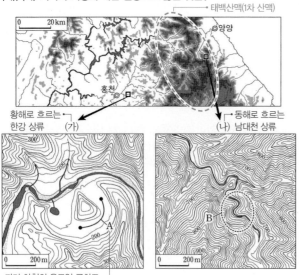

① (가)의 하천은 (나)의 하천보다 하상의 평균 해발 고도가 높다.
                                             낮다

② (가)의 하천과 (나)의 하천은 동일한 유역에 속한다.
                                            속하지 않는다

③ (가)의 하천과 (나)의 하천은 모두 2차 산맥에서 발원한다.
                                 1차 산맥

④ A 구간은 과거에 하천 유로의 일부였다. ✔
            └ 구하도로 둥근 자갈이나 모래가 분포함

⑤ B에는 자연 제방과 배후 습지가 넓게 나타난다.
                                       나타나지 않는다

| 자료 분석 |

(가)의 하천은 황해로 흐르는 한강 상류에 해당하고, (나)의 하천은 동해로 흐르는 남대천의 상류에 해당한다. (가)의 A는 과거에 하천이 흐르던 구하도이고, B는 경사가 급한 산지 사이를 곡류하는 감입 곡류 하천 일대이다.

| 선지 해설 |

① (가)의 하천 주변 산지의 해발 고도는 (나)의 하천 주변 산지의 해발 고도보다 낮다. 이를 통해 (가)의 하천은 (나)의 하천보다 하상의 평균 해발 고도가 낮음을 추론할 수 있다.

② (가)의 하천은 황해로 유입되고, (나)의 하천은 동해로 유입된다. 따라서 (가)의 하천과 (나)의 하천은 동일한 유역에 속하지 않는다.

③ 두 하천 사이에 위치한 산지는 1차 산맥인 태백산맥이며, 태백산맥에 의해 분수계가 나뉘고 있다. 따라서 (가)의 하천과 (나)의 하천은 모두 1차 산맥인 태백산맥에서 발원한다.

④ A 구간은 주변 산지보다 해발 고도가 낮은 곳으로 과거 하천 유로의 일부였다. A 구간을 흐르던 하천의 유로 변경으로 A 구간에는 더 이상 하천이 흐르지 않는다.

⑤ B는 하천 상류 일대로 경사가 급한 산지와 감입 곡류 하천이 나타난다. 자연 제방과 배후 습지가 넓게 형성되는 곳은 하천의 범람이 잦은 하천 중·하류이며, B에는 나타나지 않는다.

07 하천의 상류와 하류 비교 24학년도 3월 학평 2번

정답 ① | 정답률 52%

다음 자료는 지도의 하천에 표시된 두 지점에 있는 다리에 관한 것이다. (가) 지점에 대한 (나) 지점의 상대적 특성을 그림의 A~E에서 고른 것은?

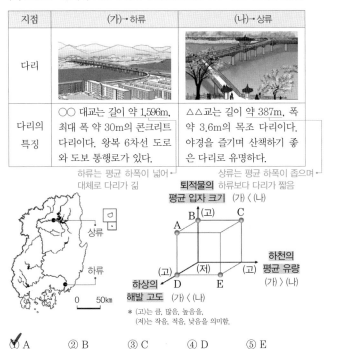

지점	(가) → 하류	(나) → 상류
다리		
다리의 특징	○○ 대교는 길이 약 1,596m, 최대 폭 약 30m의 콘크리트 다리이다. 왕복 6차선 도로와 도보 통행로가 있다.	△△교는 길이 약 387m, 폭 약 3.6m의 목조 다리이다. 야경을 즐기며 산책하기 좋은 다리로 유명하다.

하류는 평균 하폭이 넓어 대체로 다리가 긺
상류는 평균 하폭이 좁으며 하류보다 다리가 짧음

퇴적물의 평균 입자 크기 (가) < (나)
하상의 해발 고도 (가) < (나)
하천의 평균 유량 (가) > (나)

* (고)는 큼, 많음, 높음을, (저)는 작음, 적음, 낮음을 의미함.

① A ② B ③ C ④ D ⑤ E

| 자료 분석 |

(가) 지점은 길이가 약 1,596m인 ○○ 대교가 설치되어 있는 것으로 보아 하천 폭이 넓은 지점임을 알 수 있다. 또한 주변의 낮고 평평한 땅에 건물들이 건설되어 있는 것으로 보아 하류이다. (나) 지점은 (가) 지점보다 다리의 길이가 짧은 것으로 보아 하천 폭이 좁은 상류이다.

| 선지 해설 |

① A

- 하천의 퇴적물은 상류에서 하류로 운반되는 과정에서 분해되고 잘게 부서지기 때문에 평균 입자 크기는 작아진다. 따라서 퇴적물의 평균 입자 크기는 (나) 상류 지점이 (가) 하류 지점보다 크다(A, B, C).
- 하천은 하류로 갈수록 여러 지류와 합류하여 물의 양이 증가한다. 따라서 하천의 평균 유량은 (나) 상류 지점이 (가) 하류 지점보다 적다(A, B, D).
- 하천 상류는 해발 고도가 높은 지역에서 물이 흘러내리는 구간으로 주로 산지 등의 해발 고도가 높은 지역에 위치한다. 반면, 하천 하류는 하천의 마지막 구간으로 주로 평야 등의 해발 고도가 낮은 지역에 위치한다. 따라서 하천의 바닥인 하상의 해발 고도는 (나) 상류 지점이 (가) 하류 지점보다 높다(A, D, E). 따라서 세 조건을 모두 만족하는 것은 A이다.

08 감입 곡류 하천과 자유 곡류 하천 24학년도 5월 학평 12번

정답 ⑤ | 정답률 67%

(가), (나) 지역에 대한 설명으로 옳은 것은? (단, (가), (나)의 하천은 동일한 하계망에 속함.) [3점]

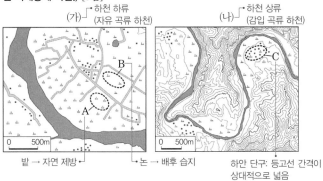

밭 → 자연 제방 논 → 배후 습지
하안 단구: 등고선 간격이 상대적으로 넓음

① (가)의 하천은 (나)의 하천보다 하상의 평균 해발 고도가 높다. → 낮다

② (나)의 하천은 (가)의 하천보다 평균 유량이 많다. → 적다

③ A의 퇴적물은 주로 최종 빙기에 퇴적되었다. → 후빙기

④ B는 A보다 배수가 양호하다. → 불량

⑤ C는 B보다 홍수 시 범람에 의한 침수 가능성이 낮다.
→ 하안 단구 < 배후 습지

| 자료 분석 |

(가)는 평야 위를 곡류하는 하천인 자유 곡류 하천이 위치하는 것으로 보아 하천 하류 지역이다. A는 하천 가까이에 위치하며 밭으로 이용되는 것으로 보아 범람원의 자연 제방, B는 A 자연 제방 배후에 입지하며 논으로 이용되는 것으로 보아 범람원의 배후 습지이다. (나)는 산지 사이를 곡류하는 하천인 감입 곡류 하천이 위치하는 것으로 보아 하천 상류 지역이다. C는 감입 곡류 하천 주변에 위치하며 등고선 간격이 상대적으로 넓은 것으로 보아 하천 주변의 계단 모양의 지형인 하안 단구이다.

| 선지 해설 |

① 하상은 하천 바닥으로 하상의 평균 해발 고도는 상류에서 하류로 갈수록 낮아진다. 따라서 (가) 하천 하류 지역은 (나) 하천 상류 지역보다 하상의 평균 해발 고도가 낮다.

② (나)의 하천은 하천 상류의 감입 곡류 하천인 반면 (가)의 하천은 하천 하류의 자유 곡류 하천이다. 하천은 하류로 갈수록 여러 지류가 합류되기 때문에 상류보다 평균 유량이 많다. 따라서 하천 상류에 위치한 (나)의 하천은 하천 하류에 위치한 (가)의 하천보다 평균 유량이 적다.

③ A 자연 제방의 퇴적물은 하천의 범람에 의해 형성되는 지형으로 주로 후빙기에 퇴적되었다. 후빙기는 최종 빙기보다 온난 습윤하며 강수량이 많아 하천의 범람이 최종 빙기보다 탁월하다.

④ B 배후 습지는 주로 배수가 불량한 점토질 토양으로 구성되어 있는 반면, A 자연 제방은 주로 배수가 양호한 모래질 토양으로 구성되어 있다. 따라서 B 배후 습지는 A 자연 제방보다 배수가 불량하다.

⑤ C 하안 단구면은 하상보다 해발 고도가 높아 집중 호우 시에도 침수 가능성이 낮다. 반면, B 배후 습지는 해발 고도가 낮아 홍수 시 침수 위험성이 크다. 따라서 C 하안 단구는 B 배후 습지보다 홍수 시 범람에 의한 침수 가능성이 낮다.

다음은 한국지리 수업 시간에 학생이 정리한 내용의 일부이다. ㉠~㉤에 대한 설명으로 옳은 것은? [3점]

감조 하천의 염해 방지 및 교통로로 쓰임

금강, 영산강, 낙동강 하구에 건설되어 있음

주제: 하천의 이용과 변화

자유 곡류 하천 발달

○ 하천의 이용 → 감입 곡류 하천 발달
 • ㉠ 하천의 중·상류: 물 자원 확보, 전력 생산, 홍수 예방을 위해 댐을 건설
 • ㉡ 하천의 중·하류: 농경지 확보를 위해 습지를 개간
 • 하구: 농경지 염해 방지 및 홍수 예방을 위해 ㉢ 하굿둑을 건설
○ 하천의 변화 하천 위를 도로나 아스팔트로 덮어버림
 • 도시 내 하천: ㉣ 도시화가 진행되면서 대부분 복개되어 교통로로 이용
 • 하천 보존을 위한 노력: 최근 생태적 가치를 인식하여 ㉤ 생태 하천으로의
  복원 사업을 진행

녹지 면적 감소, 포장 면적 증가

직강화된 하천의 유로를 이전처럼 자연스럽게 흐르도록 함

① ㉠에는 삼각주가 넓게 형성되어 있다.
 하천과 바다가 만나는 하구
✓② ㉡에는 감입 곡류 하천보다 자유 곡류 하천이 발달되어 있다.
③ ㉢은 동해로 유입하는 하천에 주로 건설되어 있다.
 황·남해
④ ㉣ 이후 녹지 면적의 감소로 우천시 하천 최고 수위가 낮아진다.
 ㉣ 도시화   빗물이 토양에 흡수되지 못함   높아진다
⑤ ㉤은 주로 콘크리트를 사용한 직강화 공사로 이루어진다.

| 선지 해설 |

① 삼각주는 하천과 바다가 만나는 하구에서 하천의 유속 감소로 점토와 같은 미립 물질이 퇴적되면서 형성된 지형이다. 따라서 ㉠ 하천의 중·상류에는 삼각주가 넓게 형성되어 있지 않다. 하천 중·상류에는 감입 곡류 하천과 하안 단구가 발달해 있다.

②㉡ 하천의 중·하류에는 평야 위를 곡류하면서 측방 침식이 우세하여 유로 변경이 잘 이루어지는 자유 곡류 하천이 발달되어 있다.

③ ㉢ 하굿둑은 밀물 때 바닷물이 유입되어 주변 농경지에 염해가 발생하는 감조 하천의 하구에 주로 건설된다. 조차가 거의 없는 동해로 유입하는 하천은 하굿둑이 건설되어 있지 않다. 반면 조차가 큰 황·남해로 유입하는 하천은 감조 하천인 경우가 많아 하굿둑이 건설되어 있다.

④ ㉣ 도시화로 자연 상태의 녹지 면적이 감소하고 포장 면적이 증가하면서 우천시 토양에 흡수되지 못한 빗물이 하천으로 유입되면서 하천의 최고 수위는 높아진다.

⑤ 도시화로 콘크리트를 사용한 직강화 공사가 이루어지면서 하천의 홍수 위험이 증가하였으며 생태계의 다양성이 감소하였다. 이러한 문제점을 해결하기 위해 최근 ㉤ 생태 하천으로의 복원 사업이 이루어지고 있다.

다음 자료는 (가), (나) 하천의 유역과 하계망을 나타낸 것이다. 이에 대한 설명으로 옳은 것은? [3점]

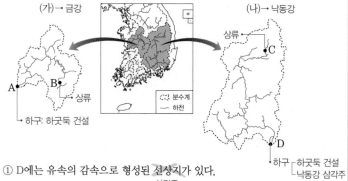

(가)→금강   (나)→낙동강
상류
C
A B
상류
분수계
하천
하구: 하굿둑 건설
D
하구┬하굿둑 건설
  └낙동강 삼각주

① D에는 유속의 감속으로 형성된 선상지가 있다.
        삼각주
② A는 B보다 하천 퇴적 물질의 평균 입자 크기가 크다.
              작다
✓③ C는 D보다 하상의 평균 해발 고도가 높다.
④ A에 하굿둑 건설 이후 (가) 하천의 감조 구간이 길어졌다.
                    짧아졌다
⑤ (가), (나) 하천 모두 태백산맥의 일부가 분수계에 포함된다.

| 자료 분석 |

자료의 (가)는 금강의 유역과 하계망을 나타낸 것이며, (나)는 낙동강의 유역과 하계망을 나타낸 것이다. (가)에서 A는 서해안에 위치한 금강의 하구이며, B는 금강의 상류 지점이다. (나)에서 C는 낙동강의 상류 지점이며, D는 남해안에 위치한 낙동강의 하구이다.

| 선지 해설 |

① D 낙동강 하구에는 유속의 감속으로 형성된 삼각주가 있다. 낙동강 하구는 하천 퇴적 물질의 양이 바다에 의해 침식되는 물질의 양보다 많아 삼각주가 발달한다. 하천 유속의 감속으로 형성되는 선상지는 대체로 하천 상류에 발달한다.

② A 금강의 하구 지점은 B 금강의 상류 지점보다 하천 퇴적 물질의 평균 입자 크기가 작다. 하천 퇴적 물질의 평균 입자 크기는 하천 상류에서 하류로 갈수록 대체로 작아진다.

③ C 낙동강의 상류 지점은 D 낙동강의 하구 지점보다 하상의 평균 해발 고도가 높다. 하상의 평균 해발 고도는 하천 상류에서 하류로 갈수록 대체로 낮아진다.

④ 하굿둑은 밀물이 하천으로 역류하는 것을 방지하기 위해 건설한다. 따라서 A 금강의 하구에 하굿둑이 건설된 이후에는 (가) 하천의 감조 구간이 짧아졌다. 감조 구간은 밀물 때 바닷물이 하천으로 역류하는 구간을 말한다.

⑤ (나) 낙동강은 태백산맥의 일부가 동쪽 분수계에 포함된다. 하지만 (가) 금강은 태백산맥의 일부가 분수계에 포함되지 않으며, 소백산맥의 일부가 분수계에 포함된다.

11 하천의 상류와 하류 비교 21학년도 6월 모평 13번

정답 ① | 정답률 55%

다음 자료는 (가) 하천의 유역 분지와 ㉠, ㉡ 지점의 상대적 특성을 나타낸 것이다. A~C에 들어갈 내용으로 옳은 것은? [3점]

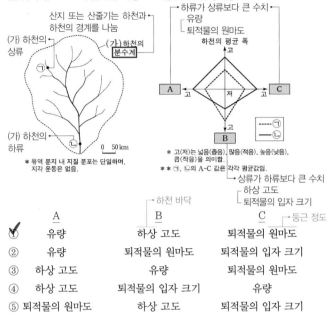

	A	B	C
✓①	유량	하상 고도	퇴적물의 원마도
②	유량	퇴적물의 원마도	퇴적물의 입자 크기
③	하상 고도	유량	퇴적물의 원마도
④	하상 고도	퇴적물의 입자 크기	유량
⑤	퇴적물의 원마도	하상 고도	퇴적물의 입자 크기

| 자료 분석 |

㉠은 (가) 하천의 분수계인 산지에서 흐르기 시작하고 있으므로 상류이다. ㉡은 (가) 하천의 분수계에서 흐른 상류의 하천이 합쳐 하나의 물줄기로 흐르고 있으므로 하류이다.

| 선지 해설 |

①A – 유량, B – 하상 고도, C – 퇴적물의 원마도

• A와 C는 ㉡ 하류가 ㉠ 상류보다 높게 나타나는 수치이다. 하천 상류에서 하류로 갈수록 하천의 유량은 많아진다. 하천 퇴적물의 둥근 정도인 퇴적물의 원마도 역시 상류에서 하류로 갈수록 높아진다. 자갈, 모래와 같은 퇴적 물질은 하천에 의해 운반되는 과정에서 서로 부딪치면서 모서리 부분이 깎여 둥글게 변한다. 따라서 A, C에 해당하는 것은 유량, 퇴적물의 원마도이다.

• B는 ㉠ 상류가 ㉡ 하류보다 높게 나타나는 수치이다. 상류에서 하류로 갈수록 하천의 바닥인 하상 고도가 낮아진다. 상류에서 하류로 갈수록 하천 퇴적물이 하상을 따라 마모되면서 입자 크기는 작아진다. 따라서 B에 해당하는 것은 하상 고도, 퇴적물의 입자 크기이다.

12 우리나라 하천의 특색 22학년도 4월 학평 13번

정답 ⑤ | 정답률 78%

그래프는 지도에 표시된 세 하천 유역의 용도별 물 자원 이용량을 나타낸 것이다. (가)~(다) 하천에 대한 설명으로 옳은 것은? [3점]

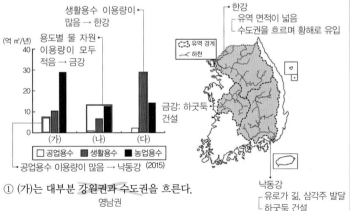

① (가)는 대부분 강원권과 수도권을 흐른다.
  영남권

② (나)는 남해로 유입되는 하천이다.
  황해

③ (다)의 하구에는 삼각주가 넓게 형성되어 있다.
  (가)

④ (나)는 (다)보다 유역 면적이 넓다.
  좁다

✓⑤ (가)와 (나)의 하구에는 모두 하굿둑이 건설되어 있다.
  ┌ 낙동강, 금강, 영산강 하구에 건설
  └ 염해 방지, 용수 확보 등을 위함

| 자료 분석 |

지도에 표시된 세 하천은 한강, 금강, 낙동강에 해당한다. (가)는 세 하천 중 공업용수 이용량이 가장 많으므로 낙동강이다. 낙동강이 흐르는 영남 지방은 제조업이 발달해 있어 공업용수 이용량이 많다. (나)는 세 하천 중 용도별 물 자원의 총 이용량이 가장 적으므로 세 하천 유역 내 인구가 가장 적은 금강이다. (다)는 세 하천 중 생활용수 이용량이 가장 많으므로 한강이다. 한강 유역은 우리나라 인구의 절반 이상이 밀집한 수도권을 포함하고 있어 생활용수 이용량이 많다.

| 선지 해설 |

① (가) 낙동강은 주로 영남권 중심으로 흐르며, 낙동강 유역은 강원도, 경상북도 대구광역시, 경상남도, 부산광역시에 걸쳐 있다. 대부분 강원권과 수도권을 흐르는 하천은 (다) 한강이다.

② (나) 금강은 한반도의 중앙부에서 시작하여 북쪽과 남서쪽 방향으로 흐르는 강으로, 금강 하굿둑을 끝으로 황해로 유입된다. 남해로 유입되는 하천은 (가) 낙동강이다.

③ (다) 한강 하구에는 삼각주 형성되어 있지 않다. 하구에 삼각주가 넓게 형성되어 있는 하천은 (가) 낙동강이다.

④ (다) 한강의 유역 면적은 25,953㎢(북한 지역 포함 35,770㎢)로 우리나라에서 가장 넓다. 따라서 (나) 금강은 (다) 한강보다 유역 면적이 좁다.

⑤(가) 낙동강과 (나) 금강의 하구에는 모두 하굿둑이 건설되어 있다. 우리나라 하천 중 하굿둑이 건설되어 있는 하천은 금강, 영산강, 낙동강이다.

지도는 우리나라 주요 하천 유역과 금강 하계망을 나타낸 것이다. 이에 대한 옳은 설명만을 〈보기〉에서 고른 것은? [3점]

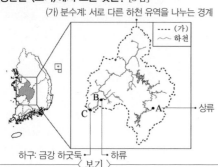

(가) 분수계: 서로 다른 하천 유역을 나누는 경계

---- (가)
~~ 하천

남

상류

B

C

A

하구: 금강 하굿둑   하류

〈보기〉

ㄱ. (가)는 분수계이다.
    └→ 산맥, 산의 능선

ㄴ. A는 B보다 <mark>하상의 평균 경사도</mark>가 크다.
    └→ 하천 바닥   └→ 상류에서 하류로 갈수록 작아짐

ㄷ. B는 A보다 퇴적물의 평균 입자 크기가 크다. 작다
    └→ 상류에서 하류로 갈수록 작아짐

ㄹ. C에는 삼각주가 형성되어 있다.
    └→ 낙동강 삼각주   있지 않다

① ㄱ, ㄴ   ② ㄱ, ㄷ   ③ ㄴ, ㄷ   ④ ㄴ, ㄹ   ⑤ ㄷ, ㄹ

| 자료 분석 |

(가)는 분수계이다. A~C 중 A가 가장 상류에 위치해 있으며 C는 금강이 황해로 유입하는 하구에 해당한다.

| 선지 해설 |

ㄱ. (가)는 서로 다른 하천의 유역을 나누는 경계인 분수계이다. 산맥, 산의 능선이 분수계의 역할을 한다.

ㄴ. 하천의 바닥인 하상의 평균 경사도는 상류가 크고, 하류로 갈수록 작아진다. 따라서 상류인 A는 상대적으로 하류에 위치한 B보다 하상의 평균 경사도가 크다.

ㄷ. 하천 퇴적물의 평균 입자 크기는 상류에서 하류로 갈수록 작아진다. 따라서 하류에 위치한 B는 상류에 위치한 A보다 퇴적물의 평균 입자 크기가 작다.

ㄹ. C에는 금강 하굿둑이 위치해 있으며 삼각주는 형성되어 있지 않다. 금강 하구는 조차가 크기 때문에 하천 운반 물질이 하구에 퇴적되는 양보다 바다에 의해 제거되는 양이 크기 때문이다. 우리나라에서는 낙동강 하구에 삼각주가 발달해 있다.

개념 확인   하천 상류와 하류의 특성 비교

구분	하천 상류	하천 하류
유량	적음	많음
하폭	좁음	넓음
하천 바닥의 경사	급함	완만함
퇴적물의 평균 입자 크기	큼	적음

(가)~(라) 지점에 관한 설명으로 옳은 것은?

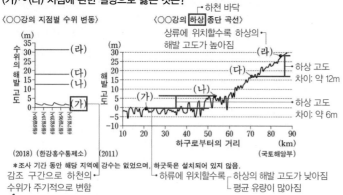

〈○○강의 지점별 수위 변동〉

하천 바닥

〈○○강의 하상 종단 곡선〉
상류에 위치할수록 하상의 해발 고도가 높아짐

(라)
(다)
(나)
(가)

하상 고도 차이: 약 12m
하상 고도 차이: 약 6m

하구로부터의 거리

(2018) (한강홍수통제소) (2011)   (국토해양부)

＊조사 기간 동안 해당 지역에 강수는 없었으며, 하굿둑은 설치되어 있지 않음.

감조 구간으로 하천의 수위가 주기적으로 변함

└→ 하류에 위치할수록 하상의 해발 고도가 낮아짐 평균 유량이 많아짐

① (가)에서의 수위 변동은 조차로 인한 것이다.
    └→ 밀물 때 수위 상승

② 하폭은 (라)에서 가장 넓다. (가)

③ 하천 퇴적물의 평균 입자 크기는 (가)가 (다)보다 크다. 작다

④ 평균 유량은 (라)가 (가)보다 많다. 적다

⑤ (가)와 (나)의 하상 고도 차이는 (다)와 (라)의 하상 고도 차이보다 크다. 작다

| 자료 분석 |

하천 상류에서 하류로 갈수록 하천 바닥인 하상의 해발 고도는 낮아진다. 따라서 ○○강에 위치한 (가)~(라) 지점을 상류에서 하류 순으로 배열하면 (라)-(다)-(나)-(가) 순이다.

| 선지 해설 |

① (가)는 (나)~(라)와 달리 하천의 수위가 주기적으로 변화하므로 감조 구간에 해당한다. 조차가 큰 황·남해로 유입하는 하천은 밀물 때는 바닷물이 역류하여 수위가 높아지고 썰물 때에는 수위가 낮아진다.

② 하천 상류에서 하류로 갈수록 하폭은 넓어지므로 (가)~(라) 중 가장 하류에 위치한 (가)가 하폭이 가장 넓다.

③ 하천 상류에서 하류로 갈수록 하천 퇴적물의 평균 입자 크기는 작아진다. 따라서 하류에 위치한 (가)는 상류에 위치한 (다)보다 하천 퇴적물의 평균 입자 크기가 작다.

④ 하천 상류에서 하류로 갈수록 평균 유량은 많아진다. 따라서 상류에 위치한 (라)가 하류에 위치한 (가)보다 평균 유량은 적다.

⑤ 〈○○강의 하상 종단 곡선〉 그래프에서 보면 (가)와 (나)의 하상 고도 차이는 약 6m, (다)와 (라)의 하상 고도 차이는 약 12m이다. 따라서 (가)와 (나)의 하상 고도 차이는 (다)와 (라)의 하상 고도 차이보다 작다.

15 하천의 상류와 하류 비교 22학년도 3월 학평 5번

정답 ⑤ | 정답률 59%

다음 자료에 대한 옳은 설명만을 〈보기〉에서 고른 것은? (단, A, B 지점은 각각 지도에 표시된 (가), (나) 지점 중 하나임.)

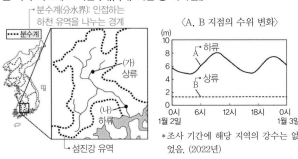

분수계(分水界): 인접하는 하천 유역을 나누는 경계

•••• 분수계

(가) 상류

(나) 하류

섬진강 유역

〈A, B 지점의 수위 변화〉

(m)
하류
A
상류
B

0시 6시 12시 18시 0시
1월 2일   1월 3일

*조사 기간에 해당 지역의 강수는 없었음. (2022년)

〈보기〉

밀물과 썰물 때의 수위의 차
ㄱ. (가)는 (나)보다 조차의 영향을 크게 받는다. → 작게
ㄴ. A는 B보다 하천의 평균 폭이 좁다. → 넓다
ㄷ. B는 A보다 하천 퇴적물의 평균 입자 크기가 크다.
ㄹ. (가)는 B, (나)는 A이다.

① ㄱ, ㄴ   ② ㄱ, ㄷ   ③ ㄴ, ㄷ   ④ ㄴ, ㄹ   ✔⑤ ㄷ, ㄹ

| 자료 분석 |

지도는 섬진강 유역을 나타낸 것이다. (가)는 하구에서 멀리 떨어져 있으며 (나)에 합류하는 지류로 섬진강의 상류에 위치한다. 반면 (나)는 하구에 가까이 위치한 본류로 섬진강의 하류에 위치한다. 〈A, B 지점의 수위 변화〉 그래프를 보면 A 지점은 수위가 주기적으로 변하는 곳으로 밀물과 썰물의 영향을 받는 감조 구간에 위치한 하류 지역임을 유추할 수 있다. 반면, B 지점은 수위가 일정한 곳으로 밀물과 썰물의 영향을 받지 않는 상류 지역임을 유추할 수 있다. 따라서 (가)와 B는 하천 상류, (나)와 A는 하천 하류에 위치한 지점이다.

| 보기 해설 |

ㄱ. 그래프를 보면 하천 상류에 있는 B는 조차의 영향을 받지 않아 수위가 일정하다. 반면, 하천 하류에 있는 A는 조차에 의해 주기적인 수위 변화가 나타난다. 따라서 하천 상류에 있는 (가)는 하천 하류에 있는 (나)보다 조차의 영향을 작게 받는다.

ㄴ. 하천 상류에서 하천 하류로 갈수록 하천의 평균 폭은 넓어진다. 따라서 하천 하류에 있는 A는 하천 상류에 있는 B보다 하천의 평균 폭이 넓다.

ⓒ 하천 상류에서 하천 하류로 갈수록 하천 퇴적물의 평균 입자 크기는 작아지며, 퇴적물의 둥근 정도인 원마도는 높아진다. 따라서 하천 상류에 있는 B는 하천 하류에 있는 A보다 하천 퇴적물의 평균 입자가 크다.

ⓔ (가)는 하천 상류에 있는 지점으로 B에 해당하며, (나)는 하천 하류에 있는 지점으로 A에 해당한다.

16 우리나라 하천의 특색 22학년도 9월 모평 6번

정답 ③ | 정답률 51%

다음 자료에 대한 설명으로 옳은 것만을 〈보기〉에서 고른 것은? (단, A~C 지점은 각각 지도의 (가), (나) 하천에 표시된 세 지점 중 하나임.)

[3점]

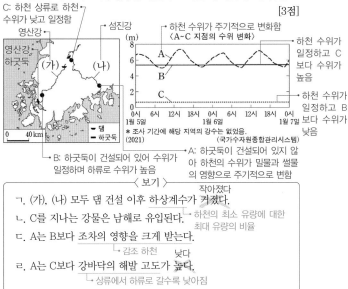

C: 하천 상류로 하천 수위가 낮고 일정함

영산강

영산강 하굿둑

(가) (나)

섬진강

0 40km
━ 댐
•••• 하굿둑

B: 하굿둑이 건설되어 있어 수위가 일정하며 하류로 수위가 높음

하천 수위가 주기적으로 변화함
〈A-C 지점의 수위 변화〉
(m)
A
B
C

0시 6시 12시 18시 0시 6시 12시 18시 0시
1월 5일   1월 6일   1월 7일
* 조사 기간에 해당 지역의 강수는 없었음. (2021)
(국가수자원종합관리시스템)

하천 수위가 일정하고 C보다 수위가 높음

하천 수위가 일정하고 B보다 수위가 낮음

A: 하굿둑이 건설되어 있지 않아 하천의 수위가 밀물과 썰물의 영향으로 주기적으로 변함

〈보기〉

작아졌다
ㄱ. (가), (나) 모두 댐 건설 이후 하상계수가 커졌다.
                          → 하천의 최소 유량에 대한
ㄴ. C를 지나는 강물은 남해로 유입된다. 최대 유량의 비율
ㄷ. A는 B보다 조차의 영향을 크게 받는다.
                          → 감조 하천
ㄹ. A는 C보다 강바닥의 해발 고도가 높다. → 낮다
                          → 상류에서 하류로 갈수록 낮아짐

① ㄱ, ㄴ   ② ㄱ, ㄷ   ✔③ ㄴ, ㄷ   ④ ㄴ, ㄹ   ⑤ ㄷ, ㄹ

| 자료 분석 |

지도에서 (가)는 영산강, (나)는 섬진강이다. 그래프에서 A는 B, C와 달리 하천 수위가 주기적으로 변하므로 섬진강 하구 부근이다. 섬진강은 하굿둑이 건설되어 있지 않아 밀물과 썰물의 영향으로 하구 부근에서는 하천의 수위가 주기적으로 변한다. 수위 변동이 거의 없는 B와 C 중에서 B는 하천 수위가 높으므로 B는 영산강 하류에 해당한다. C는 하천 수위가 낮으므로 섬진강 상류에 해당한다. 상류는 하천 수위가 낮고 하류는 하천 수위가 높다. 영산강은 하굿둑이 건설되어 있어 하구 부근의 하천 수위의 변동이 거의 없다.

| 보기 해설 |

ㄱ. 댐은 유량을 조절하는 기능이 있다. 따라서 (가), (나) 모두 댐 건설 이후 하천의 최소 유량에 대한 하천의 최대 유량의 비율인 하상계수가 작아졌다.

ⓛ C는 (나) 섬진강 상류이므로 C를 지나는 강물은 섬진강 하구에 이른 다음 남해로 유입된다.

ⓒ A는 하굿둑이 건설되어 있지 않은 섬진강 하구 부근에 위치해 있어 조차의 영향을 크게 받는다. B는 하굿둑이 건설되어 있는 영산강 하구 부근에 위치해 있어 조차의 영향을 적게 받는다. 따라서 A는 B보다 조차의 영향을 크게 받는다.

ㄹ. 강바닥(하상)의 해발 고도는 상류에 위치한 C가 하류에 위치한 A보다 높다.

개념 확인	**감조 하천**
특징	조차가 커 밀물과 썰물의 흐름이 강한 황·남해로 유입되는 하천에 잘 나타나며 조차가 작은 동해안에는 거의 분포하지 않음
피해	여름철 집중 호우와 만조가 겹칠 때에는 홍수 피해 범위가 확대됨
대책	금강, 영산강, 낙동강 하구에는 하굿둑이 건설되어 있음 → 염해 방지, 용수 확보, 교통로 건설 등

다음은 우리나라 하천에 대한 다큐멘터리 대본이다. 밑줄 친 ㉠, ㉡과 지도의 A, B에 대한 설명으로 옳은 것만을 〈보기〉에서 고른 것은? [3점]

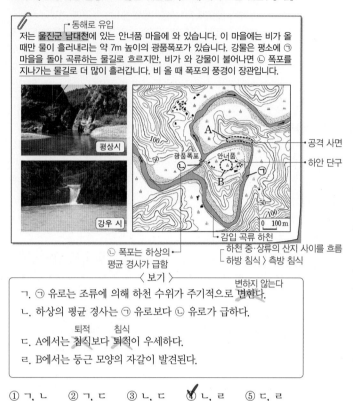

저는 울진군 남대천에 있는 안녀품 마을에 와 있습니다. 이 마을에는 비가 올 때만 물이 흘러내리는 약 7m 높이의 광품폭포가 있습니다. 강물은 평소에 ㉠ 마을을 돌아 곡류하는 물길로 흐르지만, 비가 와 강물이 불어나면 ㉡ 폭포를 지나가는 물길로 더 많이 흘러갑니다. 비 올 때 폭포의 풍경이 장관입니다.

〈보기〉

ㄱ. ㉠ 유로는 조류에 의해 하천 수위가 주기적으로 ~~변한다.~~ 변하지 않는다

ㄴ. 하상의 평균 경사는 ㉠ 유로보다 ㉡ 유로가 급하다.

ㄷ. A에서는 ~~침식~~ 퇴적보다 ~~퇴적~~ 침식이 우세하다.

ㄹ. B에서는 둥근 모양의 자갈이 발견된다.

① ㄱ, ㄴ   ② ㄱ, ㄷ   ③ ㄴ, ㄷ   ✔④ ㄴ, ㄹ   ⑤ ㄷ, ㄹ

｜자료 분석｜

㉠은 지도를 보면 급경사의 산지 사이를 흐르므로 하천 중·상류의 산지 사이를 흐르는 감입 곡류 하천이다. ㉡은 비가 올 때만 물이 흘러내리는 폭포이다. A는 하천의 침식 작용이 활발한 공격 사면이다. B는 하안 단구이다.

｜보기 해설｜

ㄱ. 조류에 의해 하천의 수위가 주기적으로 변하는 하천을 감조 하천이라고 한다. 조차가 큰 황·남해로 유입하는 하천 대부분은 감조 하천에 해당하지만 조차가 작은 동해로 유입하는 하천은 감조 하천인 경우가 드물다. 제시문을 보면 ㉠은 울진군 남대천에 해당하므로 동해로 유입된다. 따라서 ㉠ 유로는 조류에 의해 하천 수위가 주기적으로 변하지 않는다.

ㄴ. 하천 바닥을 하상이라고 한다. 제시문에 보면 ㉡ 폭포의 높이는 약 7m에 달하며 폭포는 물이 수직으로 떨어진다. 따라서 하상의 평균 경사는 ㉠ 유로보다 ㉡ 유로가 급하다.

ㄷ. A는 하천의 측방 침식 작용을 받아 형성된 수심이 깊고, 급경사가 나타나는 공격 사면이다. 따라서 A에서는 퇴적보다 침식이 우세하다.

ㄹ. B는 감입 곡류 하천 주변에 주로 나타나는 계단 모양의 지형인 하안 단구이다. 하안 단구는 과거 하천이 흐른 구하도라는 증거로 둥근 모양의 자갈과 모래가 발견된다.

OX문제로 개념 확인

(1) 감입 곡류 하천의 유로는 조류에 의해 하천 수위가 주기적으로 변한다. ( )

(2) 하안 단구에는 과거 물이 흐른 구하도라는 증거로 둥근 모양의 자갈, 모래가 발견된다. ( )

(1) X (2) O

A~D에 대한 옳은 설명만을 〈보기〉에서 있는 대로 고른 것은? [3점]

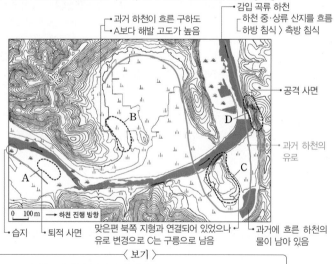

〈보기〉

ㄱ. A는 하천에 의한 퇴적 지형이다.

ㄴ. C는 하천에 의해 절단되고 남은 구릉이다.
    └ 측방 침식에 의한 유로 변경

ㄷ. D는 하천의 측방 침식으로 형성된 급사면이다.
    └ 공격 사면

ㄹ. B는 A보다 범람에 의한 침수 가능성이 ~~높다.~~ 낮다
    └ A보다 해발 고도가 높음

① ㄱ, ㄴ   ② ㄱ, ㄷ   ③ ㄴ, ㄷ
✔④ ㄱ, ㄴ, ㄷ   ⑤ ㄱ, ㄷ, ㄹ

｜자료 분석｜

제시된 지도의 하천은 하천 중·상류의 산지 사이를 흐르는 감입 곡류 하천이다. A는 하천의 퇴적 사면에 형성된 습지, B는 과거 하천이 흐른 구하도, C는 하천의 유로 변경으로 남게 된 구릉, D는 하천의 침식 작용이 활발한 공격 사면이다.

｜보기 해설｜

ㄱ. A에는 습지가 분포해 있다. A는 하천의 유속 감소로 인해 하천 운반 물질이 퇴적되면서 형성된 하천 퇴적 지형이다.

ㄴ. C는 원래 C 맞은편의 북쪽 지형과 연결된 곳이었으나 하천의 침식 작용으로 유로가 절단되면서 북쪽 지형과 분리되어 남게 된 구릉이다. 자유 곡류 하천은 하천의 측방 침식에 의한 유로 변경이 활발해 우각호, 구하도 등의 지형이 발달해 있으며, 감입 곡류 하천 역시 측방 침식에 의한 유로 변경으로 형성된 구하도가 분포한다.

ㄷ. D는 하천의 측방 침식 작용을 받아 형성된 수심이 깊고 급경사가 나타나는 공격 사면이다.

ㄹ. B는 과거 하천이 흐른 구하도의 일부에 해당하며, 하천 주변에 위치한 A보다 해발 고도가 높다. 따라서 B는 하천 주변에 위치해 있으며 하천과 해발 고도 차가 거의 나지 않는 A보다 범람에 의한 침수 가능성이 낮다.

19 다양한 하천 지형 23학년도 6월 모평 11번

정답 ② | 정답률 75%

다음 글의 ⑤~⑩에 대한 설명으로 옳은 것은? [3점]

> 하방 침식 > 측방 침식

하천은 흐르면서 하천 바닥을 깎아 협곡을 만들기도 하고, 하천 양안을 깎아 물길을 바꾸기도 한다. ⑤ 감입 곡류 하천은 우리나라 하천의 중·상류 지역에 주로 발달해 있으며, 주변에는 과거의 하천 바닥이나 범람원이었던 ⑥ 계단 모양의 지형이 분포하기도 한다. 자유 곡류 하천은 하천의 중·하류 지역과 지류에서 주로 발달해 있으며, 하천 양안에는 ⑥ 자연 제방과 ② 배후 습지로 이루어진 범람원이 발달하기도 한다. 하천의 하구 지역에서는 밀물과 썰물의 영향으로 수위가 주기적으로 오르내리는 ⑩ 감조 구간이 나타나기도 한다.

- 측방 침식 > 하방 침식
- 하안 단구
- 주로 모래질 토양
- 주로 점토질 토양
- 조차가 큰 해안에서 발달

① ⑤은 자유 곡류 하천보다 유로 변경이 ~~활발하다.~~
   활발하지 않다

✔② ⑥의 퇴적층에는 둥근 자갈이나 모래가 분포한다.
   └ 하천 바닥이나 범람원에 주로 분포함

③ ⑩은 ~~황해~~보다 ~~동해~~로 흘러드는 하천에서 길게 나타난다.
   동해   황해

④ ⑥은 ②보다 범람에 의한 침수 가능성이 ~~높다.~~
   낮다

⑤ ⑥은 ②보다 퇴적 물질 중 점토질 구성 비율이 ~~높다.~~
   낮다

자료 분석

곡류 하천은 산지 지역에 발달하는 감입 곡류 하천과 평야 위를 곡류하는 자유 곡류 하천으로 구분할 수 있다. 감입 곡류 하천 주변에는 계단 모양의 지형인 하안 단구가 분포하기도 하며, 자유 곡류 하천의 양안에는 자연 제방과 배후 습지로 이루어진 범람원이 발달하기도 한다.

선지 해설

① 감입 곡류 하천은 자유 곡류 하천보다 하방 침식 작용이 우세하며, 측방 침식 작용은 미약하다. 따라서 ⑤ 감입 곡류 하천은 자유 곡류 하천보다 유로 변경이 활발하지 않다.

②⑥은 하안 단구로, 이는 과거의 하천 바닥이나 범람원이 지반 융기 또는 해수면 하강에 따른 하천 침식 작용으로 형성된다. 따라서 ⑥의 퇴적층에는 과거 하천의 바닥이었음을 알려주는 둥근 자갈이나 모래가 분포한다.

③ 감조 구간은 조차가 큰 해안으로 유입하는 하천에서 잘 발달하며, 우리나라는 동해보다 황해의 조차가 크다. 따라서 ⑩ 감조 구간은 동해로 흘러드는 하천보다 황해로 흘러드는 하천에서 길게 나타난다.

④ ⑥ 하안 단구는 ② 배후 습지보다 인근 하천과의 해발 고도 차이가 크다. 따라서 하안 단구면은 집중 호우 시에도 침수 가능성이 낮고 경사가 완만하여 농경지, 주거지 등으로 이용된다.

⑤ 자연 제방은 퇴적 물질 중 조립질에 해당하는 모래의 구성 비율이 높고, 배후 습지는 퇴적 물질 중 미립질에 해당하는 점토의 구성 비율이 높다. 따라서 ⑥ 자연 제방은 ② 배후 습지보다 퇴적 물질 중 점토질 구성 비율이 낮다.

20 감입 곡류 하천과 자유 곡류 하천 22학년도 수능 16번

정답 ⑤ | 정답률 74%

(가), (나) 지역에 대한 설명으로 옳은 것만을 〈보기〉에서 있는 대로 고른 것은? (단, (가), (나)의 하천은 동일한 하계망에 속함.)

하천 중·상류의 감입 곡류 하천
(가)

하천 중·하류의 자유 곡류 하천
(나)

자연 제방
├ 조립질 → 배수 양호
└ 취락, 밭, 과수원

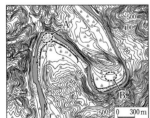

퇴적 사면: 수심이 얕고 하천 퇴적 물질이 쌓여 있음

하안 단구
├ 하천보다 해발 고도가 높음
└ 구하도라는 증거: 둥근 자갈, 모래 발견

배후 습지
├ 미립질 → 배수 불량
└ 논

〈보기〉

ㄱ. (가)의 하천은 (나)의 하천보다 하상의 평균 해발 고도가 높다.
   상류에서 하류로 갈수록 낮아짐 └ 퇴적되지 않았다
ㄴ. A의 퇴적물은 주로 최종 빙기 때 ~~퇴적되었다.~~
ㄷ. C는 D보다 퇴적 물질의 평균 입자 크기가 크다.
ㄹ. D는 B보다 홍수 시 범람에 의한 침수 가능성이 높다.

① ㄱ, ㄴ   ② ㄴ, ㄷ   ③ ㄷ, ㄹ
④ ㄱ, ㄴ, ㄹ   ✔⑤ ㄱ, ㄷ, ㄹ

출제 경향

제시된 지형도에서 감입 곡류 하천과 자유 곡류 하천을 구분하고, 그 특징을 묻는 문항이 자주 출제된다. 따라서 이들 하천 주변에 나타나는 지형의 특징과 하천 상류와 하류의 특징을 비교해서 알아두어야 한다.

자료 분석

(가)는 하천 중·상류의 산지 사이를 흐르는 감입 곡류 하천이다. (나)는 하천 중·하류의 평지 사이를 흐르는 자유 곡류 하천이다. A는 하천의 퇴적 사면, B는 하안 단구, C는 자연 제방, D는 배후 습지이다.

보기 해설

ㄱ 하천 바닥인 하상의 평균 해발 고도는 상류에서 하류로 갈수록 낮아진다. 따라서 상대적으로 상류에 위치한 (가)의 하천은 (나)의 하천보다 하상의 평균 해발 고도가 높다.

ㄴ. A의 퇴적물은 현재 하천의 퇴적 작용에 의해 형성된 것이다. 따라서 A의 퇴적물은 최종 빙기 때 퇴적되지 않았다.

ㄷ C 자연 제방은 주로 모래와 같은 조립질로 구성되어 있고, D 배후 습지는 점토와 같은 미립질로 구성되어 있다. 따라서 C는 D보다 퇴적 물질의 평균 입자 크기가 크다.

ㄹ B 하안 단구는 현재의 하천보다 해발 고도가 높으며, D 배후 습지는 해발 고도가 낮고 미립질로 구성되어 있어 배수가 불량하다. 따라서 D는 B보다 홍수 시 범람에 의한 침수 가능성이 높다.

지도의 A~E 지형에 대한 설명으로 옳은 것만을 〈보기〉에서 고른 것은? [3점]

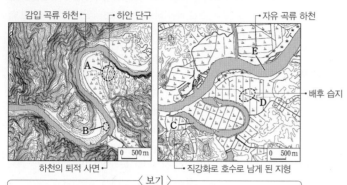

〈 보기 〉
ㄱ. A는 하천의 퇴적 작용으로 형성된 범람원이다.
　　└ D
ㄴ. B의 퇴적물은 주로 ~~최종 빙기~~ 때 퇴적되었다.
　　　　　　후빙기
ㄷ. C는 과거에 E 하천의 일부였다.
　　└ 직강화가 이루어짐
ㄹ. B는 D보다 퇴적물의 평균 입자 크기가 크다.
　　└ 상류에서 하류로 갈수록 작아짐

① ㄱ, ㄴ　② ㄱ, ㄷ　③ ㄴ, ㄷ　④ ㄴ, ㄹ　✓⑤ ㄷ, ㄹ

| 자료 분석 |

왼쪽 지도에 제시된 하천은 하천 중·상류의 산지 사이를 흐르는 감입 곡류 하천이다. 오른쪽 지도에 제시된 하천은 하천 중·하류의 평지 사이를 흐르는 자유 곡류 하천이다.

| 보기 해설 |

ㄱ. A는 과거 하천 퇴적 지형이 지반의 융기 또는 해수면의 하강으로 인해 해발 고도가 상승하면서 형성된 계단 모양의 언덕인 하안 단구이다. 하천의 퇴적 작용으로 형성된 범람원은 주로 자유 곡류 하천 주변에 발달해 있으며 D는 범람원의 배후 습지에 해당한다.

ㄴ. B는 하천의 퇴적 사면에 위치해 있으며 반대쪽에는 하천의 침식 작용이 활발한 공격 사면이 위치해 있다. B의 퇴적물은 후빙기에 하천의 유량이 증가하면서 하천의 퇴적 작용으로 형성되었다.

(ㄷ) C는 과거에 곡류하던 E 하천이 직강화 공사로 유로가 직선화되면서 현재 호수로 남게 된 지형이다.

(ㄹ) B는 감입 곡류 하천의 퇴적 사면에 형성된 하천 퇴적 지형이며, D는 자유 곡류 하천 주변의 배후 습지이다. 하천 상류에서 하류로 갈수록 퇴적물의 평균 입자 크기는 작아지므로 B는 D보다 퇴적물의 평균 입자 크기가 크다.

| 개념 확인 | 자연 제방과 배후 습지 |

구분	자연 제방	배후 습지
해발 고도	비교적 높음	비교적 낮음
구성 물질	조립질의 비율이 높음	미립질의 비율이 높음
배수	양호함	불량함
토지 이용	취락, 밭, 과수원	논

(가), (나) 지역에 대한 설명으로 옳은 것은? (단, (가), (나)의 하천은 동일한 하계망에 속함.)

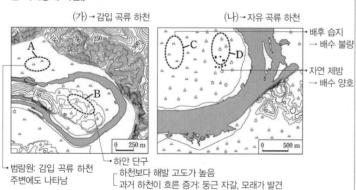

→ 범람원: 감입 곡류 하천 주변에도 나타남
하안 단구
└ 하천보다 해발 고도가 높음
└ 과거 하천이 흐른 증거: 둥근 자갈, 모래가 발견

① (가)의 하천은 (나)의 하천보다 평균 유량이 ~~많다.~~
　　　　　　　　　　　　　　　적다
② (나)의 하천은 (가)의 하천보다 하상의 해발 고도가 ~~높다.~~
　　　　　　　　　　　　　　　　　　　　낮다
✓③ B에서는 둥근 모양의 자갈이 발견된다.
④ B는 A보다 범람에 의한 침수 가능성이 ~~높다.~~
　　　　　　　　　　　　　　　　　낮다
⑤ C의 토양은 D의 토양보다 배수가 ~~양호하다.~~
　　　　　　　　　　　　　　　불량

| 자료 분석 |

(가)는 하천 중·상류의 산지 사이를 흐르는 감입 곡류 하천이다. (나)는 하천 중·하류의 평지 사이를 흐르는 자유 곡류 하천이다. A는 하천의 퇴적 작용으로 형성된 범람원이다. B는 하안 단구, C는 배후 습지, D는 자연 제방이다.

| 선지 해설 |

① 하천 상류에서 하류로 갈수록 평균 유량은 많아진다. 따라서 하천 중·상류를 흐르는 (가) 감입 곡류 하천은 하천 중·하류를 흐르는 (나) 자유 곡류 하천보다 평균 유량이 적다.

② 하천 상류에서 하류로 갈수록 하천 바닥인 하상의 해발 고도가 낮아진다. 따라서 하천 중·하류를 흐르는 (나) 자유 곡류 하천은 하천 중·상류를 흐르는 (가) 감입 곡류 하천보다 하상의 해발 고도가 낮다.

(③) B는 감입 곡류 하천 주변에 주로 나타나는 계단 모양의 지형인 하안 단구이다. 하안 단구는 과거 하천이 흐른 증거로 둥근 모양의 자갈과 모래가 발견된다.

④ A는 하천 퇴적 작용으로 형성된 범람원이며 B는 하안 단구이다. A는 하천과의 해발 고도 차이 거의 나타나지 않는 반면, B는 하천보다 해발 고도가 높은 곳에 위치해 있다. 따라서 B는 A보다 범람에 의한 침수 가능성이 낮다.

⑤ C 배후 습지는 주로 점토와 같은 미립질로 구성되어 있어 배수가 불량하며, D 자연 제방은 주로 모래와 같은 조립질로 구성되어 있어 배수가 양호하다.

23 다양한 하천 지형 22학년도 6월 모평 4번

정답 ⑤ | 정답률 43%

지도의 A~D에 대한 옳은 설명만을 〈보기〉에서 고른 것은? [3점]

- 낙동강 삼각주
- 나동
- A
- B
- 하굿둑
- 0 2km
- 낙동강 하굿둑
- 우각호
- 배후 습지: 퇴적물 중 점토질 토양의 비율이 높음
- C
- D
- 인공 제방
- 0 500m
- 자연 제방: 퇴적물 중 모래질 토양의 비율이 높음

───〈 보기 〉───

ㄱ. A는 유속의 감소로 형성된 선상지이다.
　　　　　　　　　　　　삼각주

ㄴ. B에서는 하굿둑 건설 이후 하천의 수위 변동 폭이 증가하였
　　다.
　　└ 감조 하천이 큼　　　감소

ㄷ. D는 C보다 퇴적물의 평균 입자 크기가 크다.

ㄹ. A와 C의 퇴적물은 후빙기에 퇴적되었다.
　　└ 후빙기 해수면 상승으로 하곡 주변에 퇴적 작용이 일어남

① ㄱ, ㄴ　② ㄱ, ㄷ　③ ㄴ, ㄷ　④ ㄴ, ㄹ　✔️ ㄷ, ㄹ

| 자료 분석 |

A는 낙동강 삼각주, B는 낙동강, C는 범람원의 배후 습지, D는 범람원의 자연 제방이다.

| 보기 해설 |

ㄱ. A는 삼각주로 하천 하구에서 유속의 감소로 하천이 운반하던 토사가 쌓여 형성된 퇴적 지형이다. 선상지는 주로 하천의 상류에 발달해 있다.

ㄴ. B의 남쪽에는 낙동강 하굿둑이 건설되어 있다. 하굿둑은 밀물 때 수문을 닫아 바닷물이 역류하는 것을 막고, 썰물 때는 수문을 열어 하천수를 바다로 방류한다. 따라서 하굿둑이 건설되면 하천의 수위 변동 폭은 감소하게 된다.

ⓒ D는 자연 제방으로 퇴적물 중 모래질 토양의 비율이 높다. C는 배후 습지로 퇴적물 중 점토질 토양의 비율이 높다. 따라서 D는 C보다 퇴적물의 평균 입자 크기가 크다.

ⓔ A 삼각주와 C 범람원의 퇴적물은 모두 후빙기 해수면 상승으로 하곡 주변에 퇴적 작용이 일어나 형성되었다.

개념 확인	**후빙기의 하천 지형 형성**
후빙기 상류	후빙기에는 강수량이 많아 하천 유량 또한 많아지면서 빙기에 퇴적되었던 물질이 제거되었다.
후빙기 하류	하천 하류부는 해수면이 상승하면서 침식 기준면이 높아져 퇴적 작용이 활발하였다. 이 시기 하천 퇴적 작용으로 하류를 중심으로 범람원, 삼각주 등의 지형이 형성되었다.

24 감입 곡류 하천과 자유 곡류 하천 20학년도 4월 학평 5번

정답 ② | 정답률 70%

(가), (나) 지역에 대한 설명으로 옳지 않은 것은? [3점]

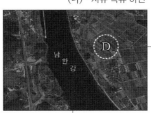

- 공격 사면
- 퇴적 사면
- (가)→감입 곡류 하천
- A
- B
- 남한강
- C
- 하안 단구
- 산지 사이를 흐름
- (나)→자유 곡류 하천
- 남한강
- D
- 범람원 (배후 습지)
- 평지 사이를 흐름

① (가)의 하천은 (나)의 하천보다 하상의 해발 고도가 높다.
　　　　　　　　　　　└ 상류가 하류보다 높음

✔️ (나)의 하천은 (가)의 하천보다 평균 유량이 적다.
　　　　　　└ 하류로 갈수록 많아짐　　　　　많다

③ A − B 구간의 하천 바닥 단면은 대략 '　　'와 같은 형태로 나타
　난다.　　　　　　　　　　└ 공격 사면은 침식 작용
　　　　　　　　　　　　　　으로 수심이 깊음

④ C 지형에서는 둥근 모양의 자갈이 발견된다.
　　　　　　└ 과거 하천이 흐른 증거

⑤ D 지형은 주로 하천의 퇴적 작용으로 형성된다.

| 자료 분석 |

(가)는 하천 중·상류의 산지 사이를 흐르는 감입 곡류 하천이다. (나)는 하천 중·하류의 평지 사이를 흐르는 자유 곡류 하천이다. A는 하천의 공격 사면, B는 하천의 퇴적 사면, C는 하안 단구, D는 범람원이다.

| 선지 해설 |

① 하천 바닥인 하상의 해발 고도는 상류에서 하류로 갈수록 낮아진다. (가)는 남한강의 상류, (나)는 남한강의 하류에 해당하므로 (가)의 하천이 (나)의 하천보다 하상의 해발 고도가 높다.

② 하천의 평균 유량은 상류에서 하류로 갈수록 많아진다. 따라서 하류에 위치한 (나)의 하천은 상류에 위치한 (가)의 하천보다 평균 유량이 많다.

③ 급경사를 이루고 있는 A는 하천의 침식 작용이 활발한 공격 사면으로 유속이 빠르며 하천 수심이 깊다. B는 하천의 퇴적 작용이 활발한 퇴적 사면으로 경사가 완만하며 유속이 느리고 하천 수심이 얕다.

④ C는 감입 곡류 하천 주변에 주로 나타나는 계단 모양의 언덕인 하안 단구이다. 하안 단구는 과거 하천의 바닥인 경우가 많아 둥근 자갈이나 모래가 분포한다.

⑤ D는 하천의 범람에 의해 운반된 물질이 장기간에 걸쳐 퇴적되어 형성된 범람원이다. 범람원은 감입 곡류 하천보다는 자유 곡류 하천 주변에 발달해 있다.

5
일차

다음 자료의 ⊙~ⓒ에 대한 설명으로 옳은 것은? [3점]

① ⊙에는 대규모의 삼각주가 형성되어 있다.
    있지 않다

② ⓒ에서는 조류의 영향으로 하천 수위가 주기적으로 변한다.
        ⊙

③ ⊙은 ⓒ보다 퇴적물의 평균 입자 크기가 크다.
            작다

④ ⓒ은 ⓒ보다 하방 침식이 우세하다.
    ⓒ   ⓒ

✔⑤ ⓒ은 ⊙보다 하천의 평균 유량이 적다.

| 자료 분석 |

한강은 강원도 아우라지(ⓒ)에서 경기도의 두물머리(ⓒ)를 지나 연미정에서 조망할 수 있는 ⊙ 지점으로 흘러간다. 따라서 ⊙~ⓒ을 상류에서 하류 순으로 배열하면 ⓒ – ⓒ – ⊙ 순이다.

| 선지 해설 |

① ⊙은 조차가 큰 지역으로 하천이 공급하는 토사의 양보다 조류에 의해 제거되는 토사의 양이 많아 대규모의 삼각주가 형성되어 있지 않다. 낙동강 하구에서는 비교적 조류의 힘이 약하기 때문에 하천이 공급하는 토사의 양이 조류에 의해 제거되는 토사의 양보다 많아 삼각주 발달하였다.

② ⓒ은 하천 중류에 위치한 지점이며 조류의 영향으로 하천 수위가 주기적으로 변하는 감조 구간에 속하지 않는다. ⊙ 하천 하류 구간에서 밀물과 썰물의 영향으로 수위가 주기적으로 오르내린다.

③ ⊙은 ⓒ보다 하천 하류에 위치하여 퇴적물의 평균 입자 크기가 작다. 하천 퇴적물의 평균 입자 크기는 상류에서 하류로 갈수록 작아진다.

④ 하천의 하방 침식은 하천 상류에 위치한 ⓒ이 ⓒ보다 우세하다. 하천의 하방 침식은 하천 중·상류 산지 사이를 흐르는 감입 곡류 하천에서 활발하다.

⑤ ⓒ은 ⊙보다 하천 상류에 위치하여 하천의 평균 유량이 적다. 하천 상류에서 하류로 갈수록 평균 유량은 많아진다.

다음 자료에 대한 옳은 설명만을 <보기>에서 고른 것은? (단, A~C 지점은 각각 지도에 표시된 (가)~(다) 지점 중 하나임.) [3점]

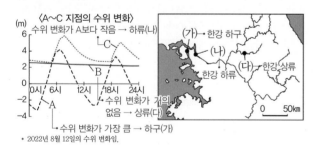

━ 보기 ━

ㄱ. (가)는 A, (다)는 C이다.
                    B

ㄴ. A는 B보다 물의 염도가 높다.
    └ 상류에서 하구로 갈수록 염도가 높아짐

ㄷ. B는 C보다 퇴적물의 평균 입자 크기가 크다.
    └ 상류에서 하류로 갈수록 작아짐

ㄹ. C는 B보다 하구로부터의 거리가 멀다.
                        가깝다

① ㄱ, ㄴ   ② ㄱ, ㄷ   ✔③ ㄴ, ㄷ   ④ ㄴ, ㄹ   ⑤ ㄷ, ㄹ

| 자료 분석 |

지도의 (가)는 한강 하구, (나)는 한강 하류, (다)는 한강 상류 일대이다. 한강은 밀물과 썰물의 영향을 받는 감조 하천으로 하천의 하류 구간에서 수위가 주기적으로 오르내린다. A는 수위 변화가 가장 크게 나타나며 해수면 아래까지 수위가 내려가는 것으로 보아 한강 하구 일대로 (가)이다. B는 수위 변화가 거의 없으므로 한강 상류에 위치한 (다)이다. C는 A보다는 수위 변화가 작지만 주기적으로 수위가 오르내리는 것으로 보아 한강 하류에 위치한 (나)이다.

| 선지 해설 |

ㄱ. (가)는 한강 하구 일대로 수위 변화가 가장 큰 지점인 반면, (다)는 한강 상류로 수위 변화가 거의 없는 지점이다. 따라서 (가)는 A, (다)는 B이다.

ㄴ. 물의 염도는 바닷물 유입의 영향이 크며, 감조 구간에서 물의 염도가 높다. A는 하구에 위치해 바닷물의 영향을 가장 많이 받는 반면, B는 상류에 위치해 바닷물의 영향이 거의 없다. 따라서 A 한강 하구는 B 한강 상류보다 물의 염도가 높다.

ㄷ. 퇴적물의 평균 입자 크기는 상류에서 하류로 갈수록 크기가 작아진다. 따라서 B 한강 상류는 C 한강 하류보다 퇴적물의 평균 입자 크기가 크다.

ㄹ. 하구로부터의 거리는 하구로부터 멀리 떨어져 있는 하천 상류가 하천 하류보다 멀다. C 한강 하류는 B 한강 상류보다 하구로부터의 거리가 가깝다.

27 다양한 하천 지형 22학년도 10월 학평 15번

정답 ③ | 정답률 75%

그림의 A~E 지형에 대한 설명으로 옳지 <u>않은</u> 것은? [3점]

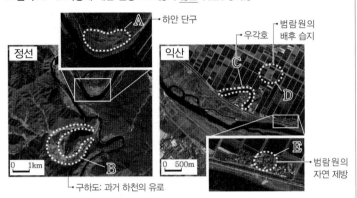

① A의 퇴적층에는 둥근 자갈이 발견된다.
  └ 과거 하천이 흐른 증거
② D는 하천의 범람으로 형성되었다.
  └ 범람원: 자연 제방, 배후 습지
③ A는 D보다 홍수 시 침수 위험이 <s>크다</s>.
  └ 작다
④ E는 D보다 배수가 양호하다.
  └ 모래질 토양이 점토질 토양보다 배수 양호
⑤ B와 C는 모두 과거 하천 유로의 일부였다.
  └ 구하도, 우각호

| 자료 분석 |

A는 감입 곡류 하천 주변에 주로 분포하는 하안 단구, B는 감입 곡류 하천 주변에 유로 변동으로 형성된 구하도, C는 자유 곡류 하천 주변에 측방 침식으로 형성된 우각호, D는 범람원의 배후 습지, E는 범람원의 자연 제방이다.

| 선지 해설 |

① A 하안 단구는 하천 주변에 분포하는 계단 모양의 지형이다. 하안 단구는 과거 하천 바닥이나 범람원이 지반 융기나 해수면 하강에 따른 하천 침식으로 형성된다. 따라서 A의 하안 단구의 퇴적층에는 하천의 영향으로 형성된 둥근 자갈이나 모래가 발견된다.

② D 배후 습지는 하천의 범람에 의해 운반된 물질이 장기간에 걸쳐 퇴적되어 형성된 지형이다.

③ A 하안 단구는 하상보다 해발 고도가 높아 집중 호우 시에도 침수 가능성이 낮고 경사가 완만하여 취락, 농경지 등으로 이용된다. 반면 D의 배후 습지는 비교적 해발 고도가 낮아 홍수 위험이 크다. 따라서 A 하안 단구는 D 배후 습지보다 홍수 시 침수 위험이 작다.

④ E 자연 제방은 모래질 토양으로 구성되어 있어 배수가 양호한 반면, D 배후 습지는 점토질 토양으로 구성되어 있어 배수가 불량하다. 따라서 E 자연 제방은 D 배후 습지보다 배수가 양호하다.

⑤ B 구하도는 감입 곡류 하천의 측방 침식으로 유로가 변경되는 과정에서 형성된 구하도이며, C 우각호는 자유 곡류 하천의 측방 침식에 의한 유로 변경 과정에서 형성된 우각호이다. 따라서 B 구하도와 C 우각호는 모두 과거 곡류 하천 유로의 일부였다.

28 도시 하천의 특징 20학년도 9월 모평 2번

정답 ② | 정답률 74%

그래프는 하천 수위 변화를 나타낸 것이다. (나)와 비교한 (가)의 상대적 특성을 그림의 A~E에서 고른 것은? (단, (가), (나)는 도시화 이전과 도시화 이후 중 하나임.) [3점]

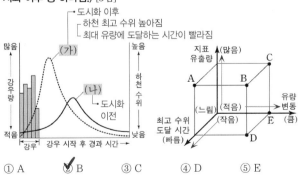

① A   ② B   ③ C   ④ D   ⑤ E

| 자료 분석 |

(가)는 (나)에 비해 하천 최고 수위가 높으며 최대 유량에 도달하는 시간이 빠르므로 도시화 이후이다. (나)는 도시화 이전이다.

| 선지 해설 |

② B

도시화 이전에는 삼림이나 녹지 면적이 넓어 비가 내리면 대부분의 빗물이 지하로 흡수되어 직접 하천으로 유입되는 양이 적다. 그러나 도시화가 진행되면서 아스팔트 등의 포장 면적이 늘어나면 빗물이 지하로 흡수되지 못하고 하천으로 빠르게 유입되어 하천 최고 수위가 높아지게 되며 하천 최고 수위에 도달하는 시간이 빨라지게 된다. 따라서 (나) 도시화 이전에 비해 (가) 도시화 이후에는 지표 유출량은 많고, 최고 수위 도달 시간은 빠르며 유량 변동은 크다.

개념 확인 도시화 이전과 이후의 하천 변화

구분	도시화 이전	도시화 이후
빗물 유출량	적다	많다
하천 수위	낮다	높다
최고 수위 도달 시간	길다	짧다

지도는 낙동강 유역을 나타낸 것이다. ㉠~㉣에 대한 설명으로 옳은 것은? [3점]

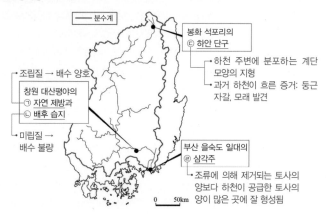

① ㉣은 조차가 큰 지역에서 잘 발달한다.
　　　　　　　작은
② ㉠은 ㉡보다 평균 해발 고도가 낮다.
　　　　　　　　　　　　　높다
③ ㉡은 ㉠보다 전통 취락 입지에 유리하였다.
　　　　　　　　　　　　　불리
④ ㉢은 ㉣보다 지반 융기의 영향을 적게 받았다.
　　　　　　　　　　　　　　크게
　└ 신생대 제3기 경동성 요곡 운동
✓⑤ ㉣은 ㉢보다 홍수 시 침수 가능성이 크다.
　└ ㉢ 보다 해발 고도가 낮음

| 자료 분석 |

㉠ 자연 제방은 하천 가까이에 상대적으로 입자 크기가 큰 조립질 토사가 주로 퇴적된 지형이다. ㉡ 배후 습지는 자연 제방 배후에 상대적으로 입자 크기가 작은 미립질 토사가 주로 퇴적된 지형이다. ㉢ 하안 단구는 하천 주변에 분포하는 계단 모양의 지형으로, 과거 하상이나 범람원이 지반의 융기 또는 해수면 하강에 따른 하천의 침식에 의해 형성된다. ㉣ 삼각주는 하천 하구에서 유속의 감소로 토사가 쌓여 형성된 퇴적 지형이다.

| 선지 해설 |

① 하천이 조차가 큰 바다로 유입되면 하구에서 조류에 의해 퇴적 물질이 제거되기 때문에 삼각주가 발달하기 어렵다. 따라서 ㉣ 삼각주는 조차가 작은 지역에서 잘 발달한다.

② ㉠ 자연 제방은 주로 입자가 큰 조립질 토사로 이루어져 있으며, 주로 입자가 작은 미립질 토사로 이루어진 ㉡ 배후 습지보다 평균 해발 고도가 높다.

③ ㉡ 배후 습지는 ㉠ 자연 제방보다 비교적 해발 고도가 낮고 점토와 같은 미립질 토사의 비중이 높아 배수가 불량하기 때문에 하천 범람에 의한 피해가 크다. 따라서 ㉡ 배후 습지는 ㉠ 자연 제방보다 전통 취락 입지에 불리하였다.

④ ㉢ 하안 단구는 과거 하천 바닥이나 범람원이 지반의 융기나 해수면 하강에 따른 하천의 하방 침식 작용으로 형성된다. 반면 하천 하구에서 유속 감소로 토사가 쌓여 형성된 ㉣ 삼각주는 지반 융기의 영향과 직접적인 관련이 없다.

⑤ ㉣ 삼각주는 해발 고도가 낮아 홍수 시 하천이 범람할 가능성이 큰 반면, ㉢ 하안 단구는 하천보다 해발 고도가 높아 홍수 시 침수 가능성이 작다. 따라서 ㉣ 삼각주는 ㉢ 하안 단구보다 홍수 시 침수 가능성이 크다.

다음은 하천 특성에 대한 수업 장면의 일부이다. 교사의 질문에 옳게 답한 학생을 고른 것은?

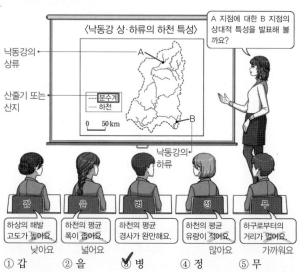

① 갑　② 을　③ 병　④ 정　⑤ 무

| 자료 분석 |

A 지점은 하천의 분수계인 산지에서 흐르기 시작한 작은 하천이 합류하고 있으므로 낙동강의 상류이다. B는 하천의 분수계에서 흐른 상류의 많은 하천이 합쳐서 흐르고 있으므로 낙동강의 하류이다.

| 선지 해설 |

갑. 하천의 바닥인 하상의 해발 고도는 상류에서 하류로 갈수록 낮아지므로 B 지점은 A 지점보다 하상의 해발 고도가 낮다.

을. 하천 상류에서 하류로 갈수록 하천의 평균 폭이 넓어지므로 B 지점은 A 지점보다 하천의 평균 폭이 넓다.

병. 하천 상류에서 하류로 갈수록 하천의 평균 경사는 완만해지므로 B 지점은 A 지점보다 하천의 평균 경사가 완만하다.

정. 하천 상류에서 하류로 갈수록 하천의 평균 유량은 많아지므로 B 지점은 A 지점보다 하천의 평균 유량이 많다.

무. 하구로부터의 거리는 상류에서 하류로 갈수록 가까우므로 B 지점은 A 지점보다 하구로부터의 거리가 가깝다.

31 우리나라 하천의 특색 24학년도 10월 학평 5번

정답 ③ | 정답률 74%

다음 글의 (가)~(다)에 대한 설명으로 옳은 것은? (단, (가)~(다)는 각각 금강, 섬진강, 한강 중 하나임.) [3점]

> ┌→금강
> ┌→황해
> [(가)]은 장수의 뜬봉샘에서 발원해 대전, 서천 등을 지나 바다로 유입된다. [(나)]은 진안의 데미샘에서 발원해 구례, 하동 등을 지나 바다로 유입된다. [(다)]은 태백의 검룡소에서 발원하며 그 지류 중 하나는 북한에서 시작한다.
> └→섬진강 └→한강 └→남해

① (나)의 하구에는 삼각주가 넓게 형성되어 있다.
　　　　　　　　　　　　　　　　　　있지 않다

② (나)는 (다)보다 유역 면적이 넓다.
　　　　　　　　　　좁다

✔③ (다)는 (가)보다 생활용수로 이용되는 양이 많다.
　　└→한강>낙동강>금강>영산강>섬진강

④ (가)와 (나)는 모두 황해로 유입된다.
　　　(가)

⑤ (가)와 (다)에는 모두 하굿둑이 건설되어 있다.
　　　(가)

자료 분석

(가)는 장수의 뜬봉샘에서 발원해 대전, 서천을 지난다는 것으로 보아 한반도의 중앙부에서 시작하여 북쪽과 남서쪽 방향으로 흐르는 금강이다. (나)는 진안의 데미샘에서 발원해 구례, 하동 등을 지난다는 것으로 보아 한반도의 남부에 위치하며 남쪽 방향으로 흐르는 섬진강이다. (다)는 태백의 검룡소에서 발원하며 그 지류 중 하나는 북한에서 시작한다는 것으로 보아 한반도의 중부 지방을 동서 방향으로 흐르는 한강이다.

선지 해설

① (나) 섬진강의 하구에는 삼각주가 넓게 형성되지 않는다. 섬진강 하구는 경사가 급해 토사가 많이 쌓이지 않고 바다로 유입하여 넓은 삼각주가 형성되어 있지 않다.

② (나) 섬진강의 유역 면적은 약 4,911㎢이며, (다) 한강의 유역 면적은 25,953㎢ (북한 지역 포함 35,770㎢)이다. 따라서 (나) 섬진강은 (다) 한강보다 유역 면적이 좁다.

③ (다) 한강 유역에는 서울, 경기, 인천 등 인구가 밀집되어 있어 생활용수로 이용되는 양이 많은 반면, 금강 유역은 한강 유역보다 인구가 적어 생활용수로 이용되는 양이 상대적으로 적다. 따라서 (다) 한강은 (가) 금강보다 생활용수로 이용되는 양이 많다.

④ (가) 금강은 황해로 유입되는 강이지만 (나) 섬진강은 남해로 유입되는 강이다.

⑤ (가) 금강에는 하굿둑이 건설되어 있으나 (다) 한강에는 하굿둑이 건설되어 있지 않다. 하굿둑은 금강, 낙동강, 영산강 하구에 건설되어 있다.

32 다양한 하천 지형 25학년도 수능 7번

정답 ② | 정답률 81%

다음은 지도에 표시된 세 지역의 하천 지형을 나타낸 위성 영상이다. 이에 대한 설명으로 옳은 것은? (단, A~C는 각각 배후 습지, 선상지, 하안 단구 중 하나임.) [3점]

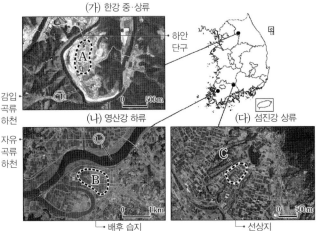

① A는 기반암의 용식 작용으로 평탄화된 지형이다.
　└→카르스트 지형은

✔② B는 후빙기 이후 하천의 퇴적 작용이 활발해져 형성되었다.

③ B는 A보다 퇴적물의 평균 입자 크기가 크다.
　　　　　　　　　　　　　　　　　작다

④ B와 C에는 지하수가 솟아나는 용천대가 발달해 있다.
　└→선상지의 선단

⑤ (가)의 ㉠ 하천 범람원은 (나)의 ㉡ 하천 범람원보다 면적이 넓다.
　　　　　　　　　　　　　　　　　　　　　　　좁다

자료 분석

(가)는 한강 중·상류에 해당하는 지역으로 ㉠은 산지 사이를 곡류하는 감입 곡류 하천, A는 하천 주변에 분포하는 계단 모양의 지형인 하안 단구이다. (나)는 영산강 하류에 해당하는 지역으로 ㉡은 평야 위를 곡류하는 자유 곡류 하천, B는 ㉡ 자유 곡류 하천에서 다소 떨어져 위치한 범람원의 배후 습지이다. (다)는 섬진강의 상류에 해당하는 지역으로 C는 하천 운반 물질이 부채 모양으로 퇴적된 선상지이다.

선지 해설

① A 하안 단구는 과거 하천 바닥이나 범람원의 지반 융기 또는 해수면 하강에 따른 하천 침식으로 형성된 지형이다. 기반암의 용식 작용으로 형성되는 지형은 석회암의 용식 작용으로 형성되는 카르스트 지형이 대표적이다.

② B 배후 습지는 후빙기 이후 해수면 상승과 함께 침식 기준면이 높아지고 이로 인해 하천의 퇴적 작용이 활발해져 형성된 지형이다.

③ (나) 영산강 하류에 위치한 B 배후 습지는 (가) 한강 중·상류에 위치한 A 하안 단구보다 퇴적물의 평균 입자 크기가 작다. 일반적으로 하천 상류에서 하류로 갈수록 침식과 마모로 인해 퇴적물의 평균 입자 크기는 점차 작아지고, 퇴적물의 평균 원마도는 점차 높아진다.

④ C 선상지의 말단부인 선단은 지하수가 솟아나는 용천대가 발달하여 주로 주거지와 논으로 이용된다. 반면 B 배후 습지에는 용천대가 발달하지 않는다.

⑤ (가) 한강 중·상류 지역에 위치한 ㉠ 감입 곡류 하천의 범람원은 (나) 영산강 하류 지역에 위치한 ㉡ 자유 곡류 하천의 범람원보다 면적이 좁다. 범람원은 하천의 범람에 의해 운반된 물질이 장기간에 걸쳐 퇴적되어 형성된 지형이며, 감입 곡류 하천 주변보다 상대적으로 넓고 평탄한 지형이 펼쳐져 홍수 시 넓은 면적이 침수되는 자유 곡류 하천 주변에 범람원이 넓게 나타난다.

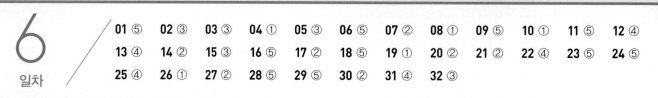

6 일차	01 ⑤	02 ③	03 ③	04 ①	05 ③	06 ⑤	07 ②	08 ①	09 ⑤	10 ①	11 ⑤	12 ④
	13 ④	14 ②	15 ①	16 ⑤	17 ②	18 ⑤	19 ①	20 ②	21 ②	22 ④	23 ⑤	24 ⑤
	25 ④	26 ①	27 ②	28 ⑤	29 ⑤	30 ②	31 ④	32 ③				

문제편 048~055쪽

---

01 주요 해안 지형의 특징 25학년도 9월 모평 3번   정답 ⑤ | 정답률 76%

다음 자료는 온라인 게시판의 일부이다. (가), (나)에서 주로 나타나는 지형을 A~D에서 고른 것은? (단, A~D는 각각 사빈, 석호, 파식대, 해식동 중 하나임.)

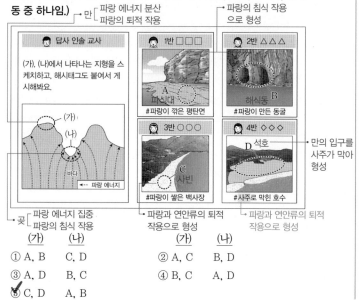

(가)	(나)		(가)	(나)
① A, B	C, D		② A, C	B, D
③ A, D	B, C		④ B, C	A, D
✓⑤ C, D	A, B			

| 자료 분석 |

자료의 (가)는 파랑 에너지가 분산되어 파랑의 퇴적 작용이 활발한 만(灣)이며, (나)는 파랑 에너지가 집중되어 파랑의 침식 작용이 활발한 곶(串)이다. 자료의 A는 파랑이 깎은 평탄면인 파식대, B는 파랑이 만든 동굴인 해식동이다. C는 파랑의 퇴적 작용에 의해 형성된 백사장인 사빈, D는 만의 입구가 사주로 막혀 형성된 호수인 석호이다.

| 선지 해설 |

⑤ (가) – C, D, (나) – A, B

- (가)는 파랑의 퇴적 작용이 활발한 만(灣)으로 해안 퇴적 지형이 주로 발달한다. A~D 중 만에 발달하는 퇴적 지형으로는 파랑과 연안류의 퇴적 작용으로 형성된 C 사빈이 있다. 그리고 만의 입구를 파랑과 연안류의 퇴적 작용으로 형성된 사주가 가로 막아 형성된 D 석호가 있다.

- (나)는 파랑의 침식 작용이 활발한 곶(串)으로 해안 침식 지형이 주로 발달한다. A~D 중 곶에 발달하는 침식 지형으로는 파랑의 침식 작용으로 형성된 A 파식대와 B 해식동, 해식애, 시 스택, 시 아치 등이 있다.

---

02 주요 해안 지형의 특징 25학년도 6월 모평 4번   정답 ③ | 정답률 80%

지도의 A~E 지형에 대한 설명으로 옳은 것은?

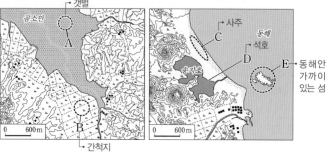

① A는 하루 종일 바닷물에 잠기는 곳이다.
　　└ 밀물 때에만
② B에는 바람에 날려 퇴적된 모래 언덕이 나타난다.
　　└ 해안 사구　　　　　　└ 나타나지 않는다
✓③ C는 파랑과 연안류의 퇴적 작용으로 형성되었다.
　　└ 해안을 따라 한 방향으로 이동하는 해수의 흐름 → 해안 퇴적물 운반
④ D는 자연 상태에서 시간이 지남에 따라 규모가 확대된다.
　　　　　　　　　　　　　　　　　└ 축소
⑤ E는 후빙기 해수면 상승 이후에 형성된 육계도이다.
　　　　　　　　　　　　　　└ 동해안 가까이 있는 섬

출제 경향

해안 지역의 지형도나 사진을 제시하고, 각 해안 지형의 특징을 묻는 문제가 자주 출제된다. 자료에서 사빈, 해안 사구, 갯벌을 구분할 수 있어야 하며, 지형의 형성 작용과 퇴적물의 입자 크기 등을 비교하여 정리해 두어야 한다.

| 자료 분석 |

지도의 A는 조류의 퇴적 작용으로 형성된 갯벌, B는 반듯하게 구획된 간척지에 조성된 논, C는 석호의 입구에 발달한 사주, D는 만의 입구에 사주가 발달하여 바다와 분리된 석호, E는 동해안 가까이에 있는 섬이다.

| 선지 해설 |

① A 갯벌은 밀물 때 바닷물에 잠기고, 썰물 때는 육지로 드러나는 지형이다.

② B는 간척지에 조성된 논으로 평탄한 지형이다. 바람에 날려 퇴적된 모래 언덕은 해안 사구이다. 해안 사구는 퇴적물이 모래로 이루어져 빗물이 지하로 잘 스며들기 때문에 논을 조성하기 어렵다.

③ C 사주는 파랑과 연안류의 퇴적 작용으로 형성되는 좁고 긴 모래 지형으로 해안 퇴적 지형에 해당한다.

④ D 석호는 자연 상태에서 시간이 지남에 따라 호수 내로 유입되는 하천의 퇴적 물질이 쌓이면서 규모가 축소된다.

⑤ E는 육계 사주에 의해 육지와 연결되어 있지 않으므로 육계도가 아니며, 동해안 가까이 있는 섬이다.

다음은 지형 단원 온라인 수업 장면의 일부이다. 교사의 질문에 옳지 않게 답한 학생은?

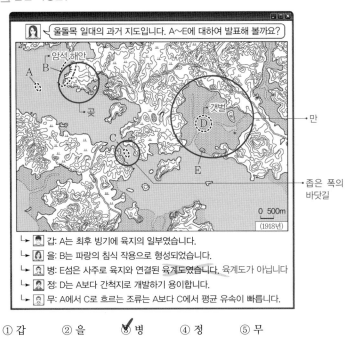

울돌목 일대의 과거 지도입니다. A~E에 대하여 발표해 볼까요?

┗ 📷 갑: A는 최후 빙기에 육지의 일부였습니다.
┗ 📷 을: B는 파랑의 침식 작용으로 형성되었습니다.
┗ 📷 병: E섬은 사주로 육지와 연결된 육계도였습니다. 육계도가 아닙니다
┗ 📷 정: D는 A보다 간척지로 개발하기 용이합니다.
┗ 📷 무: A에서 C로 흐르는 조류는 A보다 C에서 평균 유속이 빠릅니다.

① 갑 ② 을 ✔③ 병 ④ 정 ⑤ 무

| 자료 분석 |

지도는 울돌목 일대의 과거 지도이며, 지도의 A와 C는 바다, B는 암석 해안, D는 갯벌, E는 섬이다. 바다 쪽으로 돌출한 곳에서는 파랑의 영향으로 침식 작용이 활발해 암석 해안이 발달하고, 바다가 육지 쪽으로 들어간 만에서는 퇴적 작용이 활발해 갯벌 해안이나 모래 해안이 발달한다.

| 선지 해설 |

갑. A를 비롯한 울돌목 일대의 바다는 모두 최후 빙기에 육지의 일부였다. 빙기에는 지구 평균 기온이 현재보다 낮고, 해수면도 현재보다 약 100m 정도 낮아서 이때 황·남해 대부분은 육지로 이어져 있었다.

을. B 암석 해안은 파랑의 침식 작용으로 형성되었다.

병. E 섬은 사주로 육지와 연결된 육계도가 아니었다. 다만 썰물 시에는 갯벌을 통해 육지와 연결되었을 것이다.

정. D 갯벌은 A보다 간척지로 개발하기 용이하다.

무. A에서 C로 흐르는 조류는 A보다 C에서 평균 유속이 빠르다. 이는 조류가 좁은 폭의 바닷길을 통과하며 유속이 빨라지기 때문이다.

다음 자료는 국가지질공원의 지형 명소를 소개한 내용의 일부이다. ⊙~⊜에 대한 설명으로 옳지 않은 것은?

지질공원	소개 내용	
강원 평화지역	고성 화진포에서는 만의 입구에 사주가 발달하여 바다와 분리된 ⊙ 호수를 관찰할 수 있는데… ┗파랑과 연안류에 의한 퇴적 지형	석호
경북 동해안	호미곶 해안에서는 동해안의 지반이 융기하여 만들어진 ⓒ 계단 모양의 지형을 관찰할 수 있는데… ┗신생대 제3기 경동성 요곡 운동	해안 단구
백령·대청	대청도 옥죽동 해안에서는 사빈의 모래가 바다로부터 불어오는 바람에 날려 형성된 ⓒ 모래 언덕을 관찰할 수 있는데… ┗해안 사구	해안 사구
전북 서해안	채석강 해안에서는 파랑의 침식 작용으로 형성된 급경사의 ⓔ 해안 절벽과 그 전면에 파랑의 침식으로 평탄해진 지형을 관찰할 수 있는데…	해식애

✔① ⊙은 바닷물보다 염도가 높다.
  ┗낮다
② ⓒ의 퇴적층에는 둥근 자갈이나 모래가 분포한다.
  ┗자갈이 물 속에서 서로 부딪치면서 모서리 부분이 마모되면서 형성
③ ⓒ은 해일 피해를 완화해 주는 자연 방파제 역할을 한다.
  ┗해안 사구, 갯벌 등
④ ⓔ은 시간이 지나면서 육지 쪽으로 후퇴한다.
  ┗해식애가 후퇴하면서 파식대가 점점 넓어짐
⑤ ⊙과 ⓒ은 모두 후빙기 해수면 상승 이후에 형성되었다.
  ┗사빈, 사주, 석호, 갯벌, 파식대 등

| 자료 분석 |

⊙은 사주가 발달하여 바다와 분리된 호수인 석호, ⓒ은 동해안에서 볼 수 있는 계단 모양의 지형인 해안 단구, ⓒ은 바람에 날려 형성된 모래 언덕인 해안 사구, ⓔ은 파랑의 침식 작용으로 형성된 급경사의 해안 절벽인 해식애이다.

| 선지 해설 |

① ⊙ 석호는 사주가 발달하여 바다와 분리되었으나 바다와 완벽하게 분리되어 있지 않아 해수와 담수가 섞이는 기수호에 해당한다. 기수호인 석호는 바닷물의 영향으로 염분이 섞여 있으나 호수로 흘러드는 하천의 영향으로 염도가 바닷물보다 낮다.

② ⓒ 해안 단구는 과거의 파식대나 해안 퇴적 지형이 지반의 융기에 의해 해수면보다 높은 곳에 위치하게 된 계단 모양의 지형이다. 해안 단구의 평탄면에는 과거 파랑의 영향을 받아 형성된 둥근 자갈이나 모래가 분포한다.

③ ⓒ 해안 사구는 상대적으로 해발 고도가 높아 태풍이나 해일 피해를 완화해 주는 자연 방파제 역할을 한다.

④ ⓔ 해식애는 파랑의 침식 작용으로 형성된 급경사의 해안 절벽으로 시간이 지날수록 파랑의 침식 작용에 의해 점차 육지 쪽으로 후퇴한다.

⑤ ⊙ 석호는 후빙기 해수면 상승으로 해안의 골짜기가 침수된 후 형성된 만의 입구에 사주가 발달하여 형성된 호수이다. ⓒ 해안 사구는 후빙기 해수면 상승 이후에 형성된 사빈의 모래가 바람에 날려와 쌓여 형성되었다. 따라서 ⊙ 석호와 ⓒ 해안 사구는 모두 후빙기 해수면 상승 이후에 형성되었다.

지도의 A~E 지형에 대한 설명으로 옳은 것은? [3점]

사빈: 파랑과 연안류의 퇴적 작용으로 형성
사빈: 파랑과 연안류의 퇴적 작용으로 형성

해안 사구 내 습지
해안 사구: 사빈의 모래가 바람에 의해 퇴적되어 형성
석호: 만의 입구를 사주가 가로막아 형성

① B에는 지반 융기로 형성된 해안 단구가 있다.
　　　　　　　　　　　　　　　　　　　　없다

② C 습지는 D 호수보다 물의 염도가 높다.
　　　　　　　　　　　　　　　　　　　낮다

✔③ E는 B보다 퇴적 물질의 평균 입자 크기가 크다.

④ A와 E는 주로 조류의 퇴적 작용으로 형성되었다.
　　　　　　　　　파랑과 연안류

⑤ B와 D는 후빙기 해수면 상승 이전에 형성되었다.
　　　　　　　　　　　　　　　　　이후

출제 경향

해안 지형 관련 문항은 거의 매해 출제되고 있다. 지형도뿐만 아니라 위성 사진, 모식도 등이 자료로 제시되고 있다. 제시된 자료를 통해 해안 퇴적 지형과 해안 침식 지형을 구분할 수 있어야 한다.

│ 자료 분석 │

왼쪽 지도는 충남 태안의 신두리 지역을 나타낸 것이며, A는 사빈, B는 해안 사구, C는 해안 사구 내에 발달한 습지이다. 오른쪽 지도는 강원 양양의 일부 지역을 나타낸 것이며, D는 석호, E는 사빈이다.

│ 선지 해설 │

① B는 사빈의 모래가 바람에 날려 사빈 배후에 퇴적되어 만들어진 해안 사구이다. 지반 융기로 형성된 해안 단구는 서해안보다 동해안에서 주로 발달한다.

② C 해안 사구 내에 발달한 습지는 D 석호보다 물의 염도가 낮다. D 석호는 바다였던 만 입구에 사주가 발달하여 만들어졌으며, 바다와 연결되어 있어 바닷물이 지하나 수로를 통해 유입되기 때문에 염도가 C보다 높다. C는 해안 사구 지대에 담수(민물)가 고여 형성된 습지이다.

③ E 사빈은 B 해안 사구보다 퇴적 물질의 입자 크기가 크다. B 해안 사구는 사빈의 가는 모래가 바람에 날려 퇴적되어 만들어진 지형으로 퇴적물의 평균 입자 크기가 E 사빈보다 작다.

④ A와 E는 주로 파랑과 연안류의 퇴적 작용으로 형성된 사빈이다. 주로 조류의 퇴적 작용으로 형성되는 해안 지형은 갯벌이다.

⑤ B 해안 사구와 D 석호는 모두 후빙기 해수면 상승 이후에 형성된 지형이다.

다음 글의 ㉠~㉣에 대한 설명으로 옳은 것만을 〈보기〉에서 고른 것은?

사빈: 주로 만(灣)에 형성되는 모래 해안
해안 사구: 풍부한 양의 담수 지하수 저장

지구 온난화에 따른 해수면 상승과 무분별한 해안 개발로 ㉠ 사빈과 ㉡ 해안 사구가 크게 훼손되고 있다. 해안에 설치한 콘크리트 옹벽은 사빈과 해안 사구의 퇴적물 순환을 방해하고 해안 침식을 더욱 가속화시키기도 한다. 최근에는 해안을 보호하기 위해 ㉢ 모래 포집기, ㉣ 그로인 등 구조물을 설치하기도 한다.

모래를 모으기 위해 해안에 설치한 인공 구조물
침식 작용에 의한 해안 모래의 유실을 방지하기 위해 설치한 인공 구조물

〈보기〉

ㄱ. ㉠은 파랑 에너지가 집중되는 곳(串)에 잘 발달한다.
　　　　　　　　　　　　　　분산되는 만(灣)　　낮다

ㄴ. ㉡의 지하수는 바닷물보다 염분 농도가 높다.

ㄷ. ㉢은 모래의 퇴적을 유도하여 해안 사구의 침식을 방지한다.
　　　　　　　　　　　　　　　사빈 배후에 형성

ㄹ. ㉣은 파랑이나 연안류 등에 의한 사빈의 침식을 막기 위해 설치한다.
　　　　　　　　　　　　　　해안에 도로, 제방, 휴양 시설 등 건설로 모래 침식 활발

① ㄱ, ㄴ　② ㄱ, ㄷ　③ ㄴ, ㄷ　④ ㄴ, ㄹ　✔⑤ ㄷ, ㄹ

│ 자료 분석 │

제시된 지문은 인간 활동에 의한 해안 지형의 변화와 관련이 있다. ㉠ 사빈은 하천 또는 주변의 암석 해안으로부터 공급되어 온 모래가 파랑 및 연안류의 퇴적 작용을 받아 형성된 지형이며, ㉡ 해안 사구는 사빈의 모래가 바다로부터 불어오는 바람에 날려 퇴적되어 형성된 모래 언덕이다. ㉠ 사빈과 ㉡ 해안 사구를 보호하기 위한 구조물로는 사구에 울타리 같이 설치한 인공 구조물인 ㉢ 모래 포집기와 일정한 간격을 두고 바다 쪽으로 축조한 인공 구조물인 ㉣ 그로인 등의 시설이 있다.

│ 선지 해설 │

ㄱ. ㉠ 사빈은 파랑 에너지가 분산되어 퇴적 작용이 활발한 만에서 잘 발달한다. 만은 바다가 육지 쪽으로 들어간 해안으로, 조차가 작은 지역에서는 주로 사빈과 같은 모래 해안이 발달한다. 파랑 에너지가 집중되는 곳에 잘 발달하는 지형은 기반암이 노출된 암석 해안이다.

ㄴ. ㉡ 해안 사구는 투수성이 높은 모래로 이루어져 있어 빗물이 지하수층대로 스며들기도 하고, 유역 하천의 담수가 해양으로 이동하면서 지하수층대로 스며들기도 한다. 따라서 ㉡ 해안 사구의 지하수는 바닷물보다 염분 농도가 낮다.

ㄷ. ㉢ 모래 포집기는 울타리같이 설치한 인공 구조물로, 모래의 퇴적을 유도하여 해안 사구의 침식을 방지한다.

ㄹ. ㉣ 그로인은 일정한 간격을 두고 바다 쪽으로 축조한 구조물로, 파랑이나 연안류 등에 의해 사빈이 침식되는 것을 막기 위해 설치한다.

정답 ② | 정답률 78%

사진은 우리나라 해안을 촬영한 것이다. A~D 지형에 대한 적절한 탐구 주제만을 <보기>에서 고른 것은? [3점]

석호: 만의 입구를 사주가 가로 막아 형성

해식애 ┌ 파랑의 침식 작용
     └ 시간이 지나면서 육지
       쪽으로 후퇴

사주
파랑과 연안류의 퇴적 작용
주요 구성 물질은 모래

파식대
파랑의 침식 작용
해식애가 후퇴하면서 면적 확대

〈 보기 〉

ㄱ. A – 하천으로부터 공급된 퇴적물로 인한 호수 면적의 변화
   └ 석호는 염분이 포함되어 있어 농업용수나 식수로 이용할 수 없음

ㄴ. B – 조류의 퇴적 작용이 갯벌 형성에 미친 영향
   파랑과 연안류   사주

ㄷ. C – 파랑의 침식 작용이 절벽 형성에 미친 영향
   └ 해식애, 파식대, 해식동굴, 시 스택, 시 아치 등 형성

ㄹ. D – 방풍림 조성으로 인한 주민 생활의 변화
   해안 사구 └ 주로 바람의 퇴적 작용으로 형성된 해안 사구에 조성함

① ㄱ, ㄴ ✔② ㄱ, ㄷ ③ ㄴ, ㄷ ④ ㄴ, ㄹ ⑤ ㄷ, ㄹ

| 자료 분석 |

사진의 A는 만의 입구에 사주가 발달하여 형성된 석호, B는 모래가 퇴적되어 형성된 좁고 긴 퇴적 지형인 사주, C는 해안에 형성된 절벽인 해식애, D는 해식애가 후퇴하면서 해식애 앞쪽에 발달하는 완경사의 평탄면인 파식대이다.

| 보기 해설 |

ㄱ. A 석호는 하천으로부터 공급된 퇴적물이 석호 내에 쌓이면서 시간이 지날수록 수심이 얕아지고 규모가 축소된다.

ㄴ. B는 만의 전면부에 발달한 사주이다. 사주는 주로 모래로 이루어진 좁고 긴 모습의 지형으로 파랑과 연안류의 퇴적 작용에 의해 형성된다. 조류의 퇴적 작용이 갯벌 형성에 미친 영향은 서·남해안에서 살펴볼 수 있다.

ㄷ. C 해식애는 파랑의 침식 작용으로 형성된 해안 절벽으로 파랑 에너지가 집중하는 곳에 잘 발달한다.

ㄹ. D 파식대는 해식애가 무너지는 과정을 통해 육지 쪽으로 후퇴하면 해식애 전면부에 형성되는 완경사의 평탄면이다. 파식대에는 방풍림 등이 조성되어 있지 않다. 방풍림이 조성된 곳은 해안 사구이다.

OX문제로 개념 확인

(1) 석호는 호수 면적이 지속적으로 증가하고 있다.   (   )
(2) 파랑의 침식 지형으로는 해식애, 파식대, 시 스택 등이 있다.   (   )

(1) X (2) O

정답 ① | 정답률 78%

그림의 A~C 지형에 대한 설명으로 옳은 것은? (단, A~C는 각각 석호, 파식대, 해식애 중 하나임.)

해식애 ┌ 곶에 발달
      └ 파랑의 침식 작용으로 형성

석호 ┌ 만의 입구를 사주가 가로막아 형성
    └ 바닷물보다는 염도가 낮음

〈전북서해안권 국가지질공원: 채석강〉 〈강원평화지역 국가지질공원: 화진포〉

파식대 ┌ 곶에 발달
      └ 파랑의 침식 작용으로 형성

✔① A는 만보다 곶에 주로 발달한다.

② B는 주로 조류의 퇴적 작용으로 형성되었다.
        파랑의 침식 작용

③ C의 물은 바닷물보다 염도가 높다.
                        낮다

④ A, C 모두 파랑의 작용으로 규모가 확대되고 있다.
   C   하천의 퇴적   축소

⑤ B, C 모두 후빙기 해수면 상승 이전에 형성되었다.
                              이후

| 자료 분석 |

그림의 A는 파랑의 침식 작용으로 형성된 해안 절벽인 해식애, B는 파랑의 침식 작용으로 형성된 완경사의 평탄면인 파식대, C는 사주가 만의 입구를 가로막아 형성된 석호이다.

| 선지 해설 |

① A는 파랑의 침식 작용으로 형성된 해식애로, 파랑 에너지가 분산되는 만보다 파랑 에너지가 집중되는 곳에 주로 발달한다.

② B 파식대는 주로 파랑의 침식 작용으로 형성된 지형이다. 주로 조류의 퇴적 작용으로 형성되는 해안 지형은 갯벌이다.

③ C 석호는 만의 입구에 사주가 발달하여 형성된 호수이다. 따라서 C 석호의 물은 사주로 바닷물이 분리된 이후 지속적으로 하천수가 유입되어 바닷물보다 염도가 낮다.

④ A 해식애는 파랑의 침식 작용으로 시간이 지나면서 점차 육지 쪽으로 후퇴하며, C 석호는 호수 내부로 유입되는 하천의 퇴적 작용으로 인해 규모가 점차 축소된다.

⑤ B 파식대, C 석호는 모두 후빙기 해수면 상승 이후에 형성된 지형이다.

개념 확인 곶과 만의 특징

구분	곶	만
형태	육지가 바다 쪽으로 돌출한 해안	바다가 육지 쪽으로 들어간 해안
특징	파랑 에너지 집중 → 침식 작용 활발	파랑 에너지 분산 → 퇴적 작용 활발
주요 지형	해식애, 파식대, 시 스택, 해안 단구 등	사빈, 갯벌, 해안 사구 등

지도의 A~E 해안 지형에 대한 설명으로 옳은 것은? (단, A~E는 각각 갯벌, 사빈, 사주, 석호, 해식애 중 하나임.)

→ 갯벌: 조류의 퇴적 작용, 미립질 퇴적물(점토)의 비율이 높음

→ 사빈: 파랑과 연안류의 퇴적 작용, 조립질 퇴적물(모래)의 비율이 높음

→ 사주: 파랑과 연안류의 퇴적 작용

해식애: 파랑의 침식 작용

① A는 주로 파랑의 퇴적 작용으로 형성된다.
　　　　　조류
② D의 물은 주로 농업용수로 사용된다.
　　　　　　　　사용되지 않는다
③ A는 C보다 퇴적물의 평균 입자 크기가 크다.
　　　　　　　　　　　　　　　작다
④ 파랑 에너지가 분산되는 곳에는 C보다 B가 잘 발달한다.
　　　　집중
✔ ⑤ D와 E는 모두 후빙기 해수면 상승 이후에 형성되었다.

| 자료 분석 |

지도의 A는 남해안의 만(灣)에 발달한 갯벌, B는 암석 해안에 발달한 해식애, C는 파랑과 연안류의 퇴적 작용으로 형성된 사빈이다. D는 사주가 만의 입구를 막아 형성된 호수인 석호이며, E는 파랑과 연안류의 퇴적 작용으로 형성된 사주이다.

| 선지 해설 |

① A 갯벌은 주로 조류의 퇴적 작용으로 형성된다. 주로 파랑의 퇴적 작용으로 형성되는 해안 지형으로는 사빈, 사주 등이 있다.

② D 석호의 물은 염도가 높아 농업용수로 사용되기 어렵다. 석호의 물은 민물과 바닷물이 혼합되어 민물보다 염도가 높다.

③ A 갯벌은 주로 점토와 같은 미립질 퇴적물의 비율이 높으며, C 사빈은 주로 모래와 같은 조립질 퇴적물의 비율이 높다. 따라서 A 갯벌은 C 사빈보다 퇴적물의 평균 입자 크기가 작다.

④ 파랑 에너지가 분산되는 곳은 만(灣)이며, 만(灣)에는 파랑의 퇴적 작용이 활발하여 B 해식애보다 C 사빈이 잘 발달한다. 반면 파랑 에너지가 집중되는 곳(串)에는 파랑의 침식 작용이 활발하며, C 사빈보다 B 해식애가 잘 발달한다.

⑤ D 석호와 E 사주는 모두 후빙기 해수면 상승 이후에 형성되었다. D 석호는 후빙기 해수면 상승 이후 파랑과 연안류의 퇴적 작용으로 형성된 E 사주가 만의 입구를 막아 형성된 호수이다.

다음 자료는 해안 지형을 활용한 포토존에 대한 설명이다. ㉠~㉣ 지형에 대한 옳은 설명만을 〈보기〉에서 고른 것은? [3점]

→ 사빈의 모래가 바람에 날려 퇴적되어 형성

포토존의 사례	사진 찍는 팁
	㉠ 해안 사구에 설치된 낙타 조형물 앞에서 모래 위를 걷는 포즈를 추천함. 스카프를 머리에 두르면 ㉡ 사빈의 모래가 바람에 날려 형성된 대규모 모래 언덕과 잘 어우러져 마치 모래 사막에 온 것 같은 이국적인 분위기의 사진을 찍을 수 있음.
	㉢ 해안 단구 끝부분에 설치된 유리 전망대에 서서 두 팔을 벌리면 마치 바다 한 가운데 서 있는 듯한 모습을 연출할 수 있음. 유리 바닥을 통해 가파른 ㉣ 해식애를 볼 수 있어 긴장감 넘치는 표정의 사진을 찍을 수 있음.

→ 파랑 및 연안류의 작용으로 모래가 퇴적되어 형성

→ 파랑의 침식 작용으로 형성된 급경사의 해안 절벽

→ 해수면보다 높은 곳에 위치하는 계단 모양의 지형

〈 보기 〉
ㄱ. ㉠의 침식을 막기 위해 모래 포집기를 설치하기도 한다.
　→ 신생대 제3기 경동성 요곡 운동 → 모래를 모아주는 인공 구조물
ㄴ. ㉢은 지반의 융기나 해수면 변동으로 형성된다.
　　　　　　　　　　　→ 해수면 하강
ㄷ. ㉠은 ㉡보다 퇴적물의 평균 입자 크기가 크다.
　　　　　　　　　　　　　　　　　작다
　만　　　곳
ㄹ. ㉡은 곳, ㉣은 만에서 주로 형성된다.

✔ ① ㄱ, ㄴ ② ㄱ, ㄷ ③ ㄴ, ㄷ ④ ㄴ, ㄹ ⑤ ㄷ, ㄹ

| 자료 분석 |

㉠ 해안 사구는 사빈의 모래가 바다로부터 불어오는 바람에 날려 퇴적되어 형성된다. ㉡ 사빈은 하천 또는 주변 암석 해안으로부터 공급되어 온 모래가 파랑 및 연안류의 퇴적 작용으로 형성된다. ㉢ 해안 단구는 해수면보다 높은 곳에 위치하는 계단 모양의 지형이다. ㉣ 해식애는 파랑의 침식 작용으로 형성된 급경사의 해안 절벽이다.

| 보기 해설 |

ㄱ. ㉠ 해안 사구의 침식을 방지하기 위해 모래를 모아주는 기능을 하는 인공 구조물인 모래 포집기를 설치하기도 한다.

ㄴ. ㉢ 해안 단구는 과거의 파식대나 해안 퇴적 지형이 지반의 융기 또는 해수면 하강에 의해 형성된다. 해안 단구는 신생대 제3기 경동성 요곡 운동으로 지반 융기량이 많은 동해안에 주로 발달해 있다.

ㄷ. ㉠ 해안 사구는 ㉡ 사빈의 모래가 바다로부터 불어오는 바람에 날려 퇴적되어 형성되므로, 사빈의 모래 중 입자 크기가 작아 바람에 쉽게 날리는 물질로 이루어져 있다. 따라서 ㉠은 ㉡보다 퇴적물의 평균 입자 크기가 작다.

ㄹ. ㉠ 해안 사구와 ㉡ 사빈은 주로 파랑의 퇴적 작용이 활발한 만에서 형성되며, ㉣ 해식애는 주로 파랑의 침식 작용이 활발한 곳에서 형성된다.

지도의 A~E에 대한 설명으로 옳지 않은 것은? [3점]

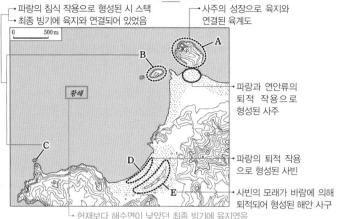

┌→ 파랑의 침식 작용으로 형성된 시 스택
└→ 최종 빙기에 육지와 연결되어 있었음

┌→ 사주의 성장으로 육지와
   연결된 육계도

→ 파랑과 연안류의
   퇴적 작용으로
   형성된 사주

→ 파랑의 퇴적 작용
   으로 형성된 사빈

→ 사빈의 모래가 바람에 의해
   퇴적되어 형성된 해안 사구

└→ 현재보다 해수면이 낮았던 최종 빙기에 육지였음

① A는 사주에 의해 육지와 연결된 육계도이다.

② B는 최종 빙기에 육지와 연결되어 있었다.

③ C는 파랑에 의한 차별 침식의 결과로 형성되었다.
     └ 침식에 강한 경암부가 남음

④ D는 주로 파랑과 연안류의 퇴적 작용으로 형성된다.

⑤ E는 D보다 퇴적물의 평균 입자 크기가 ~~크다.~~
                              작다

｜자료 분석｜

A는 사주의 성장으로 육지와 연결된 육계도, B와 C는 파랑의 침식 작용으로 형성된 시 스택, D는 파랑의 퇴적 작용으로 형성된 사빈, E는 사빈의 모래가 바람에 의해 퇴적되어 형성된 해안 사구이다.

｜선지 해설｜

① A의 남쪽(아래쪽)에 파랑과 연안류의 퇴적 작용으로 형성된 사주가 발달되어 있다. 따라서 A는 사주에 의해 육지와 연결된 육계도이다.

② 최종 빙기에는 해수면이 현재보다 약 100m 정도 낮아 황해와 남해는 바다가 아닌 육지였다. 따라서 B는 최종 빙기에 육지와 연결되어 있었다.

③ C는 시 스택으로 파랑에 의한 차별 침식의 결과로 형성된 돌기둥 또는 작은 바위섬이다. 파랑의 침식에 의해 해식애가 후퇴하는 과정에서 침식에 약한 부분은 제거되고 침식에 강한 부분은 남아 시 스택이 형성된다.

④ D 사빈은 파랑과 연안류의 퇴적 작용으로 형성되며 주로 모래와 같은 조립질로 구성되어 있다.

⑤ E 해안 사구는 사빈의 구성 물질 중 입자 크기가 작아 바람에 날아가기 쉬운 물질이 이동하여 형성된다. 따라서 E 해안 사구는 D 사빈보다 퇴적물의 평균 입자 크기가 작다.

다음은 서해안 ○○섬에서 촬영한 사진이다. A~D 지형에 대한 옳은 설명만을 〈보기〉에서 고른 것은? [3점]

┌→ 조류의 퇴적 작용
└→ 미립질로 구성

┌→ 파랑의 퇴적 작용
└→ 조립질로 구성

┌→ 곶에 발달
└→ 파랑의 침식 작용

┌→ 바람의 퇴적 작용
└→ 사빈보다 퇴적물의 평균 입자 크기가 작음

〈 보기 〉

ㄱ. A는 현재보다 ~~해수면이 낮았던~~ 빙기에 형성되었다.
        후빙기 해수면 상승 이후

ㄴ. C는 B의 모래가 바람에 의해 운반·퇴적되어 형성되었다.

ㄷ. D는 수심이 ~~얕고~~ 파랑 에너지가 ~~분산되는~~ 곳에서 주로 형성
    된다. 깊고   집중
         └ 미립질 비중이 높음

ㄹ. B는 A보다 퇴적물의 평균 입자 크기가 크다.
        └ 조립질 비중이 높음

① ㄱ, ㄴ   ② ㄱ, ㄷ   ③ ㄴ, ㄷ   ✔④ ㄴ, ㄹ   ⑤ ㄷ, ㄹ

｜자료 분석｜

A는 조류의 퇴적 작용으로 형성된 갯벌, B는 파랑의 퇴적 작용으로 형성된 사빈, C는 B 사빈의 모래가 바람에 의해 퇴적되어 형성된 해안 사구, D는 파랑의 침식 작용으로 형성된 해식애이다.

｜보기 해설｜

ㄱ. 빙기(최종 빙기)에는 해수면이 하강하였으며 이 때 황·남해 대부분은 육지였다. 따라서 현재 서해안에 해당하는 지역은 빙기에 육지였으므로 조류나 파랑의 작용을 받지 않았다. 이후 후빙기에 해수면 상승으로 현재의 해안선에 이르면서 A 갯벌이나 B 사빈과 같은 해안 지형이 형성되었다.

ㄴ. C 해안 사구는 B 사빈의 모래가 바람에 의해 운반·퇴적되어 형성된다.

ㄷ. D 해식애는 수심이 깊고 파랑 에너지가 집중하는 곳에 주로 형성된다. 수심이 얕고 파랑 에너지가 분산되는 곳인 만에서 주로 형성되는 지형은 사빈, 갯벌과 같은 퇴적 지형이다.

ㄹ. B 사빈은 주로 모래와 같은 조립질 퇴적 물질의 비율이 높고, A 갯벌은 주로 점토와 같은 미립질 퇴적 물질의 비율이 높다. 따라서 B는 A보다 퇴적물의 평균 입자 크기가 크다.

6
일차

다음은 사회 관계망 서비스(SNS)에 올라온 게시물 중 일부이다. ㉠~㉣
에 대한 설명으로 옳지 <u>않은</u> 것은?

I, love. Geo. travel ···

발걸음을 이끄는 ㉠ 육계도와 썰
물 때에 드러나는 광활한 ㉡ 갯벌
이 매력적이었어!
#인천 #선재도 #목성

I, love. Geo. travel ···

㉢ 해안 사구에 있는 가로등이 파
묻힌 건 ㉣ 사빈에서 모래가 날아
와 쌓였기 때문이래.
#신안 #우이도 #돈목해변

→ 모래 해안

① ㉠은 사주에 의해 육지와 연결된다.
　　└→ 육계 사주

② ㉡은 동해안보다 서해안에 넓게 분포한다.
　　　　　　└→ 서해안: 갯벌 해안 발달
　　　　　　└→ 동해안: 모래 해안 발달

③ ㉣은 곶보다 만에 주로 발달한다.
　　　　└→ 곶: 파랑 에너지 집중 → 침식 작용 활발
　　　　└→ 만: 파랑 에너지 분산 → 퇴적 작용 활발

✔④ ㉡과 ㉣은 주로 파랑의 침식 작용으로 형성된다.
　　조류의 퇴적 작용(㉡ 갯벌)과 파랑 및 연안류의 퇴적 작용(㉣ 사빈)

⑤ ㉢은 ㉣보다 퇴적 물질의 평균 입자 크기가 작다.
　　└→ 사빈 > 해안 사구

| 자료 분석 |

해안은 파랑, 연안류, 조류, 바람 등의 힘이 지속적으로 영향을 주는 곳으로 침
식·퇴적 작용에 의해 다양한 해안 지형이 형성된다. 해안의 침식 지형으로는 해
식애, 해식동, 시 아치, 시 스택 등이 있으며 해안의 퇴적 지형으로는 사빈, 해안
사구, 육계도, 석호, 갯벌 등이 있다.

| 선지 해설 |

① ㉠ 육계도는 사주에 의해 육지와 연결된 섬이다. 사주는 파랑 및 연안류에 의
해 운반된 모래가 퇴적되어 형성된 좁고 긴 모래 지형인데, 섬과 육지 사이에
사주가 발달하면 육지와 연결된 섬인 육계도가 형성된다.

② ㉡ 갯벌은 조류의 퇴적 작용으로 형성되는 지형으로 밀물 때는 침수되고 썰
물 때는 드러난다. 갯벌은 하천에 의한 토사 공급량이 많고 조차가 크며 수
심이 얕은 곳에서 잘 발달한다. 우리나라 서해안은 동해안보다 조차가 크고,
대부분의 큰 하천은 황해로 흘러가기 때문에 육지에서 많은 퇴적물이 공급
된다. 따라서 갯벌은 동해안보다 서해안에 넓게 분포한다.

③ ㉣ 사빈은 하천 또는 주변의 암석 해안으로부터 공급되어 온 모래가 파랑 및
연안류의 퇴적 작용을 받아 형성된 해안 퇴적 지형이다. 해안의 퇴적 지형은
육지가 바다 쪽으로 돌출한 곳보다 바다가 육지 쪽으로 들어간 만에 주로 발
달한다.

④ ㉡ 갯벌은 주로 조류의 퇴적 작용으로 형성되며, ㉣ 사빈은 파랑 및 연안류의
퇴적 작용으로 형성된다. 주로 파랑의 침식 작용으로 형성되는 것은 해안 침
식 지형인 해식애, 해식동, 시 아치, 파식대 등이다.

⑤ ㉢ 해안 사구는 사빈의 모래가 바다로부터 불어오는 바람에 날려 퇴적되어
형성된 모래 언덕으로 ㉣ 사빈보다 퇴적 물질의 평균 입자 크기가 작다.

지도의 A~D 지형에 대한 설명으로 옳은 것은?

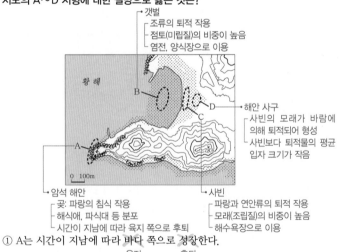

갯벌
－조류의 퇴적 작용
－점토(미립질)의 비중이 높음
－염전, 양식장으로 이용

황해

해안 사구
－사빈의 모래가 바람에
　의해 퇴적되어 형성
－사빈보다 퇴적물의 평균
　입자 크기 작음

암석 해안
－곶: 파랑의 침식 작용
－해식애, 파식대 등 분포
－시간이 지남에 따라 육지 쪽으로 후퇴

사빈
－파랑과 연안류의 퇴적 작용
－모래(조립질)의 비중이 높음
－해수욕장으로 이용

① A는 시간이 지남에 따라 ~~바다~~ 쪽으로 ~~성장한다~~.
　　　　　　　　　　　　　　육지　　　　후퇴

✔② B는 주로 조류의 퇴적 작용으로 형성된다.

③ D는 염전이나 양식장으로 이용된다.
　　B

④ C에서는 A에서보다 파랑의 ~~침식~~ 작용이 활발하다.
　　　　　　　　　　　　　　퇴적

⑤ D는 C보다 퇴적 물질의 평균 입자 크기가 ~~크다~~.
　　　　　　　　　　　　　　　　　　작다

| 자료 분석 |

A는 파랑의 침식 작용으로 형성된 암석 해안, B는 조류의 퇴적 작용으로 형성된
갯벌, C는 파랑의 퇴적 작용으로 형성된 사빈, D는 사빈의 모래가 바람에 의해
퇴적되어 형성된 해안 사구이다.

| 선지 해설 |

① 파랑의 침식 작용이 지속되면 파식대의 면적은 점차 확대되고 해식애는 육지
쪽으로 후퇴한다. 따라서 A 암석 해안은 시간이 지남에 따라 육지 쪽으로 후
퇴한다.

② B는 조류의 퇴적 작용으로 형성된 갯벌로 주로 점토와 같은 미립질로 이루어
져 있다.

③ D는 해안 사구이다. 염전이나 양식장으로 이용되는 지형은 B 갯벌이다.

④ C는 파랑의 퇴적 작용으로 형성된 사빈이다. C와 같은 만에서는 파랑의 퇴적
작용이 활발하며 A와 같은 곶에서는 파랑의 침식 작용이 활발하다.

⑤ C 사빈의 모래 중에서 입자 크기가 비교적 작은 모래가 바람에 날려 퇴적된
지형이 D 해안 사구이다. 따라서 D는 C보다 퇴적 물질의 평균 입자 크기가
작다.

15 주요 해안 지형의 특징 23학년도 3월 학평 4번

정답 ③ | 정답률 65%

지도의 A~E에 대한 설명으로 옳은 것은? (단, A~E는 각각 갯벌, 사빈, 암석 해안, 해안 단구, 해안 사구 중 하나임.) [3점]

→ 갯벌 — 조류의 퇴적 작용
점토(미립질)의 비중이 높음
염전이나 양식장으로 이용

→ 암석 해안: 파랑의 침식 작용으로 형성

남해 A

D 동해

E

B

C

0 250m
0 250m

사빈: 파랑 및 연안류의 퇴적 작용으로 형성

해안 사구: 사빈의 모래가 바람에 의해 퇴적되어 형성

해안 단구: 지반의 융기나 해수면 변동에 의해 형성

① A는 주로 파랑의 침식 작용으로 형성되었다.
　　　조류의 퇴적 작용

② B는 염전이나 양식장으로 이용된다.
　　　A

✓③ E의 퇴적층에서는 둥근 자갈이 나타난다.
　　└ 과거 파랑의 침식 작용으로 둥글게 마모된 둥근 자갈이 나타남

④ B는 C보다 퇴적 물질의 평균 입자 크기가 크다.
　　　　　　　　　　　　　　　　　작다

⑤ A는 곶, D는 만에 주로 발달한다.
　　　만　　곶

자료 분석

A는 조류의 퇴적 작용으로 형성된 갯벌, B는 사빈의 모래가 바람에 날려 퇴적되어 형성된 해안 사구, C는 파랑 및 연안류의 퇴적 작용으로 형성된 사빈, D는 파랑의 침식 작용으로 형성된 암석 해안이다. E는 과거의 파식대나 해안 퇴적 지형이 지반의 융기 또는 해수면 하강에 의해 형성된 계단 모양의 지형인 해안 단구이다.

선지 해설

① A는 갯벌이다. 갯벌은 수심이 얕고 조차가 큰 해안에서 주로 조류의 퇴적 작용으로 형성된다. 파랑의 침식 작용으로 형성되는 해안 지형은 해식애, 파식대 등이다.

② B는 해안 사구이다. 해안 사구는 태풍이나 해일 피해를 완화해주는 자연 방파제 역할을 한다. 염전이나 양식장으로 이용되는 지형은 A 갯벌이다.

③ E 해안 단구의 퇴적층에서는 과거 바닷물의 영향을 받아 퇴적된 둥근 자갈이 나타난다.

④ B 해안 사구는 C 사빈의 모래가 날려 쌓여 형성된다. 따라서 B 해안 사구는 C 사빈보다 퇴적 물질의 평균 입자 크기가 작다.

⑤ 곶은 파랑 에너지가 집중되어 침식 작용이 활발해 암석 해안이 발달하며, 만은 파랑 에너지가 분산되어 퇴적 작용이 활발해 모래 해안이나 갯벌이 발달한다. 따라서 조류의 퇴적 지형인 A 갯벌은 만, 파랑의 침식 지형인 D 암석 해안은 곶에 주로 발달한다.

---

16 주요 해안 지형의 특징 23학년도 7월 학평 7번

정답 ⑤ | 정답률 65%

사진의 A~C 지형에 대한 설명으로 옳은 것만을 〈보기〉에서 고른 것은? (단, A~C는 각각 사빈, 해식애, 해안 사구 중 하나임.)

〈부산 태종대〉

사빈 〈태안 신두리〉 해안 사구

〈 보기 〉
ㄱ. A는 곶보다 만에 주로 발달한다.
　　　　　만　　곶
ㄴ. B는 주로 조류의 퇴적 작용으로 형성되었다.
　　　　　　파랑과 연안류
ㄷ. C는 파도나 해일 피해를 완화해주는 역할을 한다.
ㄹ. B는 C보다 퇴적물의 평균 입자 크기가 크다.

① ㄱ, ㄴ　② ㄱ, ㄷ　③ ㄴ, ㄷ　④ ㄴ, ㄹ　✓⑤ ㄷ, ㄹ

자료 분석

사진의 A는 파랑의 침식 작용으로 형성된 해식애, B는 파랑과 연안류의 퇴적 작용으로 형성된 사빈, C는 바람의 퇴적 작용으로 사빈의 모래가 바람에 날려 쌓여 형성된 해안 사구이다.

선지 해설

ㄱ. A 해식애는 파랑 에너지가 집중되는 곶에 주로 발달한다. 만은 바다가 육지 쪽으로 들어간 해안으로, 파랑 에너지가 분산되어 퇴적 작용이 활발해 사빈과 같은 모래 해안이 발달한다.

ㄴ. B 사빈은 주로 파랑과 연안류의 퇴적 작용으로 형성되었다. 조류의 퇴적 작용으로 형성되는 지형은 갯벌이다.

ㄷ. C 해안 사구는 파도나 해일 피해를 완화해주는 자연 방파제 역할을 한다.

ㄹ. 파랑과 연안류의 퇴적 작용으로 형성된 B 사빈은 사빈의 모래가 바람에 날려 형성된 C 해안 사구보다 퇴적물의 평균 입자 크기가 크다.

다음은 온라인 수업 장면의 일부이다. (가) 지형에 대한 답글의 내용이
옳은 학생만을 고른 것은?

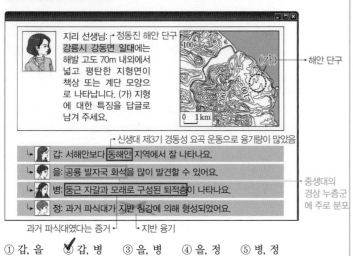

① 갑, 을   ✔②갑, 병   ③ 을, 병   ④ 을, 정   ⑤ 병, 정

| 자료 분석 |

(가)는 해안에서 나타나는 넓고 평탄한 지형면이 책상 또는 계단 모양으로 나타
나는 지형이므로 해안 단구이다. 강릉시 강동면 일대에는 천연기념물로 지정된
정동진 해안 단구가 위치해 있다.

| 선지 해설 |

㉮ 갑. 해안 단구는 과거의 파식대나 해안 퇴적 지형이 주로 지반의 융기에 의해 해
수면보다 높은 곳에 위치하게 된 지형이다. 신생대 제3기 경동성 요곡 운동으
로 동해안이 서해안보다 융기량이 더 많아 해안 단구는 동해안 지역에서
잘 나타난다.

을. 공룡 발자국 화석은 중생대에 형성된 육성층인 경상 누층군에서 주로 발견
된다. 경상 누층군은 영남 지방과 남해안 일대에 분포하며 경남 고성, 전남
해남이 특히 공룡 발자국 화석지로 유명하다.

㉯ 병. 해안 단구는 과거 바닷물의 영향을 직접 받았던 파식대인 경우가 많아 파랑
에 의해 둥글게 마모된 둥근 자갈과 모래로 구성된 퇴적층이 나타난다.

정. 해안 단구는 파랑의 침식 작용으로 형성된 파식대가 지반 융기에 의해 해수
면보다 높은 곳에 위치하면서 형성되었다.

개념 확인	해안 단구	
형성 과정	과거의 파식대나 해안 퇴적 지형이 지반의 융기나 해수면 변동에 의해 해수면보다 높은 곳에 위치하게 된 지형
특징	• 과거 파식대라는 증거로 둥근 자갈, 모래가 발견됨 • 서·남해안보다는 융기량이 많은 동해안에 발달해 있음
토지 이용	취락, 농경지, 도로 등으로 이용됨

그림은 해안 지형의 모식도이다. A~E 지형에 대한 설명으로 옳은 것만
을 〈보기〉에서 있는 대로 고른 것은?

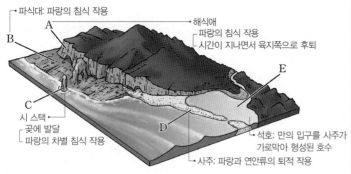

〈 보기 〉

ㄱ. A는 침식에 의해 육지 쪽으로 후퇴한다.
ㄴ. B는 연안류의 퇴적 작용으로 형성된다.
ㄷ. C는 D보다 파랑 에너지의 집중도가 높다.
ㄹ. E는 D의 성장으로 형성된 호수이다.

① ㄱ, ㄴ   ② ㄴ, ㄷ   ③ ㄷ, ㄹ
④ ㄱ, ㄴ, ㄹ   ✔⑤ ㄱ, ㄷ, ㄹ

| 자료 분석 |

A는 파랑의 침식 작용으로 형성된 해식애, B는 파랑의 침식 작용으로 형성된 파
식대, C는 파랑의 침식 작용으로 형성된 시 스택이다. D는 파랑과 연안류의 퇴적
작용으로 형성된 사주, E는 사주가 만의 입구를 가로막아 형성된 석호이다.

| 보기 해설 |

㉠ A는 파랑의 침식 작용으로 형성된 급경사의 해안 절벽인 해식애이다. 파랑의
침식 작용이 계속되면 A 해식애는 육지 쪽으로 후퇴하며 이 과정에서 B 파
식대의 면적은 점차 확대된다.

ㄴ. B는 파랑의 침식 작용으로 형성된 파식대이다. 연안류의 퇴적 작용으로 형성
되는 지형으로는 사빈, 사주 등이 있다.

㉢ C는 시 스택으로 원래 육지의 일부였으나 파랑의 침식에 의해 해식애가 후
퇴하면서 육지에서 분리된 돌기둥 또는 바위섬이다. C와 같은 암석 해안은
파랑 에너지가 집중하는 곳에 주로 분포한다. D는 파랑과 연안류의 퇴적 작
용으로 형성된 사주로 파랑 에너지가 분산되는 만에 주로 분포한다. 따라서
C는 D보다 파랑 에너지의 집중도가 높다.

㉣ E는 후빙기 해수면 상승으로 형성된 만의 입구를 D 사주가 가로막아 형성된
석호이다. 석호는 시간이 지남에 따라 하천에 의해 유입되는 퇴적 물질이 쌓
여 수심이 얕아지고 규모가 축소된다.

19 우리나라 해안의 특성 23학년도 9월 모평 15번

정답 ① | 정답률 86%

그래프는 우리나라의 해안선 굴곡도 변화를 나타낸 것이다. 이에 대한 설명으로 옳은 것만을 〈보기〉에서 고른 것은? (단, (가)~(다)는 각각 남해안, 동해안, 서해안 중 하나임.) [3점]

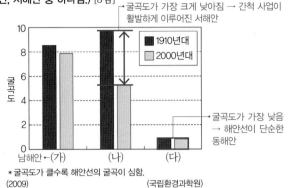

└ 굴곡도가 가장 크게 낮아짐 → 간척 사업이 활발하게 이루어진 서해안

└ 굴곡도가 가장 낮음 → 해안선이 단순한 동해안

* 굴곡도가 클수록 해안선의 굴곡이 심함.
(2009) (국립환경과학원)

─〈 보기 〉─

ㄱ. (나) 굴곡도 변화의 가장 큰 요인은 간척 사업이다.
ㄴ. (나)는 (다)보다 해안의 평균 조차가 크다.
　　└ 방조제를 건설하여 갯벌을 농경지, 공업 용지 등으로 이용 → 해안선이 단순해짐
ㄷ. (가)는 남해안, (다)는 서해안이다.
　　　　　　　　　　　　　동해안
ㄹ. 굴곡도 변화가 가장 큰 해안은 동해안이다.
　　　　　　　　　　　　　　　　서해안

① ㄱ, ㄴ　② ㄱ, ㄷ　③ ㄴ, ㄷ　④ ㄴ, ㄹ　⑤ ㄷ, ㄹ

자료 분석

우리나라는 서해안과 남해안에 비해 동해안의 해안선이 단순하므로 굴곡도는 동해안이 가장 낮다. 따라서 그래프에서 두 시기 모두 굴곡도가 가장 낮은 (다)가 동해안이다. 해안선이 복잡한 서해안은 간척 사업이 활발하게 이루어졌다. 따라서 1910년대에 비해 2000년대의 해안선 굴곡도가 크게 낮아진 (나)는 서해안이며, (가)는 남해안이다.

보기 해설

ㄱ (나) 서해안의 굴곡도가 크게 낮아진 주요 요인은 간척 사업이다. 서해안은 부안군 계화도, 영산강 하구, 새만금 일대 등에서 대규모 간척 사업이 추진되면서 굴곡도가 크게 낮아졌다.

ㄴ (나) 서해안의 평균 조차는 우리나라에서 가장 크다. 서해안에서도 조차가 가장 큰 곳은 아산만으로 평균 조차가 8m 이상일 정도로 매우 크다. (다) 동해안의 조차는 0.2~0.3m 정도로 매우 작다. 따라서 해안의 평균 조차는 (나) 서해안 > (가) 남해안 > (다) 동해안 순으로 크다.

ㄷ. 2000년대 굴곡도가 가장 높은 (가)는 남해안이며, 두 시기 모두 굴곡도가 가장 낮은 (다)는 동해안이다.

ㄹ. 굴곡도 변화가 가장 큰 해안은 (나) 서해안이다. 서해안은 간척 사업의 영향으로 굴곡도가 크게 낮아졌다.

20 동해안 여러 해안 지형의 특색 22학년도 3월 학평 8번

정답 ② | 정답률 67%

다음 자료의 ㉠~㉤에 대한 설명으로 옳은 것은?

　　　　　└ 병풍처럼 우뚝 솟은 화강암 덩어리

┌ 육지가 바다 쪽으로 돌출한 곳 → 파랑의 침식 작용 탁월

㉠ 영랑호에서는 맑은 호수에 비친 설악산 울산바위 등을 감상할 수 있다. 영금정은 ㉡ 해안 절벽 위에 있는 정자인데, 파도 소리가 거문고 소리와 같다고 하여 이름이 붙여졌다고 한다. ㉢ 청초호 너머 동해에 떠 있는 ㉣ 조도는 운치가 있는 일출을 담아낼 수 있는 촬영 포인트로 인기가 높다.

┌ 사주가 발달하여 석호가 형성됨

└ 하천을 통해 퇴적 물질이 석호에 유입됨

┌ 석호의 물은 민물과 바닷물이 혼합됨

① ㉠의 물은 주로 농업용수로 이용된다.
　　　　　　　　　　　이용되기 어렵다
② ㉡은 파랑의 침식 작용으로 형성된다.
　　└ 해식애, 해식동, 시 스택, 파식대 등이 형성됨
③ ㉢의 면적은 시간이 지나면서 점차 넓어진다.
　　　　　　　　　　　　　　좁아진다
④ ㉣은 썰물 때 육지와 연결된다.
　　　　　　　　연결되지 않는다
⑤ ㉤은 주로 조류에 의한 퇴적 작용으로 형성된다.
　　　　　파랑 및 연안류

자료 분석

우리나라 동해안에서는 파랑과 연안류의 퇴적 작용과 파랑의 침식 작용에 의한 다양한 지형을 살펴볼 수 있다. ㉠ 영랑호와 ㉢ 청초호는 만의 입구에 사주가 발달하여 형성된 석호이며, ㉡ 해안 절벽은 육지가 바다 쪽으로 돌출한 곳에 형성된 해안 침식 지형이다. ㉣ 조도는 동해에 위치한 섬이다. ㉤은 파랑 및 연안류의 퇴적 작용으로 형성된 사빈이다.

선지 해설

① 석호인 ㉠ 영랑호는 오늘날 하천에서 지속적으로 민물이 유입되고 있지만, 영랑호의 물은 민물보다 염도가 높아 식수 및 농업용수로 이용되기 어렵다.

② ㉡ 해안 절벽은 곶에서 파랑의 침식 작용으로 형성된 해식애이다. 육지가 바다 쪽으로 돌출한 곳은 파랑 에너지가 집중하여 침식 작용이 활발하다.

③ ㉢ 청초호는 석호이다. 석호는 자연 상태에서 시간이 지나면서 하천에 의한 퇴적 작용으로 그 면적이 점차 좁아진다.

④ 썰물 때 육지와 연결되는 곳은 갯벌에 위치한 섬이다. 갯벌은 서·남해안에 주로 분포하며 지형도에서 바다에 점으로 표현된다. ㉣ 조도와 육지 사이 바다에는 갯벌이 없으므로 조도는 썰물 때 육지와 연결되지 않고 섬으로 남아 있다.

⑤ ㉤ 사빈은 하천 또는 주변 암석 해안으로부터 공급되어 온 모래가 파랑 및 연안류의 퇴적 작용으로 형성된다. 주로 조류에 의한 퇴적 작용으로 형성되는 것은 갯벌이다.

그림의 A~F에 대한 설명으로 옳은 것은?

육계도: 사주의 성장으로
육지와 연결된 섬　　육계 사주
섬
┌F

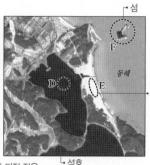

A

B

황해

D

E

동해

C

황해

사빈: 파랑과 연안류의
퇴적 작용

갯벌: 조류의 퇴적 작용

사주: 파랑과
연안류의
퇴적 작용

석호
┌ 만의 입구를 사주가 가로막아 형성
├ 하천 퇴적 물질이 석호 내에 쌓임
→ 석호 면적 축소

① D 호수는 후빙기 해수면 상승 이전에 형성되었다.
　　└ 만이 형성됨　　이후

✓② B는 C보다 퇴적 물질의 평균 입자 크기가 크다.
　　C　E

③ E는 C보다 오염 물질의 정화 기능이 크다.
　　　　A만 육계도임

④ A와 F는 육계도이다.
　　　　　　　　　　D는 점차 면적이 축소됨

⑤ C와 D는 파랑의 작용으로 확대된다.

| 자료 분석 |

A는 육계도, B는 사빈, C는 갯벌이다. D는 E 사주가 만의 입구를 가로막아 형성된 석호이다. F는 A와 달리 사주와 연결되지 않은 섬이다.

| 선지 해설 |

① D 호수는 석호로 후빙기 해수면 상승으로 만이 형성되고 만의 입구를 사주가 가로막아 형성되었다. 따라서 D 호수는 후빙기 해수면 상승 이후에 형성되었다.

②B 사빈은 주로 모래와 같은 조립질 퇴적 물질의 비율이 높고, C 갯벌은 주로 점토, 실트와 같은 미립질 퇴적 물질의 비율이 높다. 따라서 B는 C보다 퇴적 물질의 평균 입자 크기가 크다.

③ C 갯벌은 오염 물질의 정화, 태풍 피해 완화 등의 기능이 있다. 반면 E 사주는 오염 물질의 정화 기능이 크지 않다.

④ A는 사주의 성장으로 육지와 연결되어 있지만 F는 섬으로 육지와 연결되어 있지 않다.

⑤ C 갯벌은 조류의 퇴적 작용으로 형성된 지형이다. D 석호는 하천 퇴적 물질이 석호 내에 쌓이면서 점차 면적이 축소된다. 따라서 C와 D 모두 파랑의 작용으로 규모가 확대되지 않는다.

지도의 A~E에 대한 설명으로 옳지 않은 것은? [3점]

사주의 성장으
로 육지와 연결
된 육계도

갯벌
┌ 조류의 퇴적 작용으로 형성
├ 퇴적물 중 점토의 비율이 높음
└ 오염 물질 정화, 생태계의 보고

육계도
육계 사주

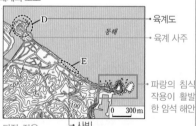

B

C

D

동해

A

황해

E

0 300m

0 300m

파랑의 침식
작용이 활발
한 암석 해안

사빈
┌ 파랑의 퇴적 작용으로 형성
├ 퇴적물 중 모래의 비율이 높음
└ 해수욕장으로 이용

최종 빙기에 육지와
연결되어 있었음

파랑과 연안류의 퇴적 작용
으로 형성된 사주(육계 사주)

① A는 최종 빙기에 육지와 연결되어 있었다.
　　└ 해수면이 현재보다 낮았음

② C는 오염 물질을 정화하는 기능이 있다.

③ E는 주로 파랑과 연안류의 퇴적 작용으로 형성된다.

✓④ E는 C보다 퇴적물 중 점토의 비율이 높다.
　　　　　　　　　　　　　낮다

⑤ B, D는 모두 사주에 의해 육지와 연결된 육계도이다.

| 자료 분석 |

A는 황해에 위치한 섬, B와 D는 사주의 성장으로 육지와 연결된 육계도, C는 조류의 퇴적 작용으로 형성된 갯벌, E는 파랑의 퇴적 작용으로 형성된 사빈이다.

| 선지 해설 |

① 최종 빙기 때는 해수면이 현재보다 약 100m 정도 낮아 수심이 얕은 황해와 남해는 육지였다. 따라서 A는 최종 빙기에 육지와 연결되어 있었다.

② C 갯벌은 오염 물질을 정화하는 기능이 있으며, 생태계의 보고로 다양한 생물 종의 서식처이다.

③ E 사빈은 하천 또는 주변 암석 해안으로부터 공급되어 온 모래가 파랑 및 연안류의 퇴적 작용으로 형성된다. 사빈은 여름철에 주로 해수욕장으로 이용된다.

④ E 사빈은 퇴적물 중 모래의 비율이 높고 C 갯벌은 퇴적물 중 점토의 비율이 높다. 따라서 E는 C보다 퇴적물 중 점토의 비율이 낮다.

⑤ B와 D는 모두 파랑과 연안류의 퇴적 작용으로 형성된 사주의 발달로 육지와 연결된 섬인 육계도이다.

23 | 동해안과 서해안 해안 지형의 특색 22학년도 6월 모평 2번

정답 ⑤ | 정답률 45%

다음은 지도에 표시된 지역의 해안 지형에 대한 답사 보고서의 일부이다. ⑤~⑧에 대한 옳은 설명만을 〈보기〉에서 있는 대로 고른 것은?

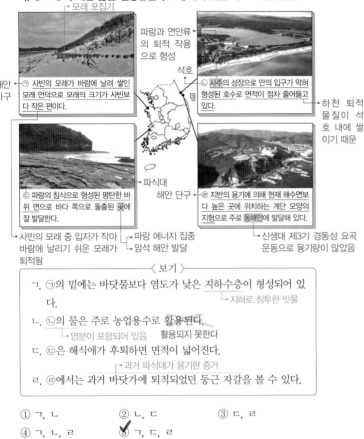

모래 포집기

파랑과 연안류의 퇴적 작용으로 형성

석호

ⓒ 사주의 성장으로 만의 입구가 막혀 형성된 호수로 면적이 점차 줄어들고 있다.

하천 퇴적 물질이 석호 내에 쌓이기 때문

해안 사구

③ 사빈의 모래가 바람에 날려 쌓인 모래 언덕으로 모래의 크기가 사빈보다 작은 편이다.

ⓒ 파랑의 침식으로 형성된 평탄한 바위 면으로 바다 쪽으로 돌출된 곳에 잘 발달한다.

파식대

해안 단구

ⓔ 지반의 융기에 의해 현재 해수면보다 높은 곳에 위치하는 계단 모양의 지형으로 주로 동해안에 발달한다.

사빈의 모래 중 입자가 작아 바람에 날리기 쉬운 모래가 퇴적됨

파랑 에너지 집중 암석 해안 발달

신생대 제3기 경동성 요곡 운동으로 융기량이 많았음

〈보기〉

ㄱ. ③의 밑에는 바닷물보다 염도가 낮은 지하수층이 형성되어 있다.
　　　지하로 침투한 빗물

ㄴ. ⓒ의 물은 주로 농업용수로 활용된다.
　　염분이 포함되어 있음　활용되지 못한다

ㄷ. ⓒ은 해식애가 후퇴하면 면적이 넓어진다.
　　　　　　　　과거 파식대가 융기한 증거

ㄹ. ⓔ에서는 과거 바닷가에 퇴적되었던 둥근 자갈을 볼 수 있다.

① ㄱ, ㄴ　　　② ㄴ, ㄷ　　　③ ㄷ, ㄹ
④ ㄱ, ㄴ, ㄹ　　✔⑤ ㄱ, ㄷ, ㄹ

자료 분석

③은 해안 사구, ⓒ은 석호, ⓒ은 파식대, ⓔ은 해안 단구이다.

보기 해설

ㄱ.　③ 해안 사구 밑에는 지하수층이 형성되어 있는데, 이는 침투한 빗물로 주로 이루어져 있어 바닷물보다 염도가 낮다.

ㄴ.　ⓒ의 석호의 물은 과거 바닷물이었으며 지금도 바닷물이 유입되는 경우가 많아 염분이 포함되어 있다. 이로 인해 석호의 물은 농업용수나 식수로 활용되지 못한다.

ㄷ.　ⓒ 파식대는 사진에서 보듯이 대체로 해식애와 연결되어 있다. 해식애가 파랑의 침식을 지속적으로 받으면 해식애는 육지쪽으로 후퇴하고, 그 과정에서 파식대의 면적은 점차 넓어진다.

ㄹ.　ⓔ 해안 단구는 파랑의 침식 작용으로 형성된 파식대나 해안 퇴적 지형이 지반 융기 또는 해수면 하강에 의해 형성된다. 해안 단구면은 과거 바닷물의 영향을 직접적으로 받았기 때문에 과거 바닷가에서 퇴적되었던 둥근 자갈이 발견되기도 한다.

OX문제로 개념 확인

(1) 파랑의 침식 작용이 지속되면 파식대의 면적은 축소된다.　　(　　)
(2) 사구 밑에 형성된 지하수와 석호의 물 모두 염분이 포함되어 있다. (　　)

(1) X　(2) O

24 | 동해안과 서해안 해안 지형의 특색 21학년도 수능 12번

정답 ⑤ | 정답률 58%

사진의 A~E 지형에 대한 설명으로 옳은 것은? (단, A~E는 각각 사구, 사빈, 사주, 석호, 해식애 중 하나임.)

사빈의 모래가 바람에 날려 퇴적되어 형성된 사구

파랑과 연안류의 퇴적 작용으로 형성된 사주

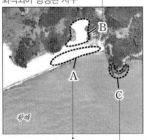

파랑의 퇴적 작용으로 형성된 사빈

파랑의 침식 작용으로 형성된 해식애

후빙기 해수면 상승으로 형성된 만의 입구를 E 사주가 막아 형성된 석호

곶: 집중 → 침식 지형
만: 분산 → 퇴적 지형

① A는 C보다 파랑의 에너지가 집중된다.
　　　　　　　　　　　　분산

② B는 A보다 퇴적물의 평균 입자 크기가 크다.
　　　　　　　　　　　　　　　　작다

③ A와 E는 주로 조류의 퇴적 작용으로 형성되었다.
　　　　　　　　파랑

④ B와 D는 파랑의 작용으로 규모가 확대되고 있다.
　　　　　　　　　　　　　　확대되지 않는다.
　하천 퇴적 물질이 쌓여 축소됨

✔⑤ D와 E는 후빙기 해수면 상승 이후에 형성되었다.

자료 분석

사진의 A는 사빈, B는 사구, C는 해식애, D는 석호, E는 사주이다.

선지 해설

① A 사빈은 파랑 에너지가 분산되는 만에, C 해식애는 파랑 에너지가 집중되는 곳에 주로 분포한다. 따라서 A는 C보다 파랑의 에너지가 분산된다.

② B 사구는 A 사빈의 구성 물질 중 입자 크기가 작아 바람에 날아가기 쉬운 물질이 이동하면서 형성된다. 따라서 B 사구는 A 사빈보다 퇴적물의 평균 입자 크기가 작다.

③ A 사빈과 E 사주는 주로 파랑의 퇴적 작용으로 형성된다. 주로 조류의 퇴적 작용으로 형성되는 지형은 갯벌이다.

④ B 사구는 바람에 의한 퇴적 작용으로 형성된다. D 석호는 석호로 흘러 들어가는 하천 퇴적물이 석호 내에 쌓이면서 시간이 지날수록 규모가 축소된다. 따라서 B 사구와 D 석호는 파랑의 작용으로 규모가 확대되지 않는다.

⑤ 후빙기 해수면 상승으로 동해안의 낮은 곳이 침수되면서 만이 형성되었으며 이후 파랑과 연안류의 퇴적 작용으로 형성된 E 사주가 만의 입구를 막으면서 D 석호가 형성되었다. 따라서 D와 E는 후빙기 해수면 상승 이후에 형성되었다.

그림의 A~E에 대한 설명으로 옳은 것은? [3점]

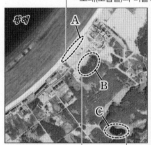
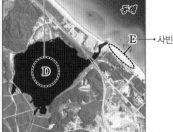

- 사빈
  └ 파랑과 연안류의 퇴적 작용
  └ 모래(조립질)의 비율이 높음

- 석호
  └ 만의 입구를 사주가 가로막아 형성
  └ 염분이 있음

A

E → 사빈

B

D

C

해안 사구
└ 사빈의 모래가 바람에 의해 퇴적되어 형성
└ 사빈보다 퇴적물의 평균 입자 크기가 작음

사구 습지: 민물로 지하수 저장 기능이 있음

① A는 만보다 곶에 넓게 발달한다.
　　　　곶　　　만
② D 호수는 파랑의 작용으로 규모가 확대되고 있다.
　　　　하천의 퇴적 작용　　　축소
③ A는 B보다 퇴적물의 평균 입자 크기가 작다.
　　　　　　　　　　　　　크다
✔ ④ C 습지는 D 호수보다 물의 염도가 낮다.
⑤ A와 E는 주로 조류의 퇴적 작용으로 형성된다.
　　　　　파랑과 연안류

| 자료 분석 |

A는 파랑의 퇴적 작용으로 형성된 사빈, B는 사빈의 모래가 바람에 의해 퇴적되어 형성된 해안 사구, C는 사구 내에 위치한 사구 습지, D는 사주가 만의 입구를 가로막아 형성된 석호, E는 파랑의 퇴적 작용으로 형성된 사빈이다.

| 선지 해설 |

① A는 파랑과 연안류의 퇴적 작용으로 형성된 사빈으로, 파랑 에너지가 집중되는 곳보다 파랑 에너지가 분산되는 만에 넓게 발달한다.

② D는 후빙기 해수면 상승으로 형성된 만의 입구를 사주가 가로막아 형성된 석호이다. 석호는 석호로 흘러 들어가는 하천 퇴적 물질이 석호 내에 쌓이면서 규모가 축소되고 수심이 얕아진다.

③ B는 A 사빈의 모래가 바람에 의해 사빈 배후에 퇴적된 해안 사구이다. 사빈의 구성 물질 중 입자 크기가 커 바람에 날아가기 어려운 물질은 사빈에 그대로 남아 있고, 입자 크기가 작아 바람에 날아가기 어려운 물질이 해안 사구로 이동한다. 따라서 A 사빈은 B 해안 사구보다 퇴적물의 평균 입자 크기가 크다.

④ C는 사구 습지로 해안에서 유입된 바닷물과 배후 산지에서 유입된 지하수(민물)의 밀도 차에 의해 민물이 고여 형성된다. D 석호는 바닷물과 민물이 섞여 있어 염분이 포함되어 있다. 따라서 C 습지는 D 호수보다 물의 염도가 낮다.

⑤ A와 E 모두 사빈으로 파랑과 연안류의 퇴적 작용으로 형성된다. 조류의 퇴적 작용으로 형성되는 지형은 갯벌이다.

다음은 해안 지형에 관한 체험 학습 보고서의 일부이다. ㉠~㉤에 대한 설명으로 옳은 것은?

해안 사구

◎ ㉠ 의 형성 및 분포
- 파랑과 연안류에 의해 퇴적되어 형성된 ㉡ 의 모래가 바람에 날려 그 배후에 퇴적되어 형성됨. └ 사빈
- 서해안의 경우 북서 계절풍의 영향을 많이 받는 해안에서 두드러지게 나타남.
- 태풍이나 해일 피해를 완화해 주는 자연 방파제 역할을 함.

해안 단구
◎ ㉢ 의 형성 및 분포
- 과거 파랑의 침식으로 평탄해진 ㉣ 파식대
(이)나, 해안 퇴적 지형이 지반 융기나 해수면 변동으로 인해 해발 고도가 높아지면서 형성됨. └ 해식애
- 전면에는 파랑의 침식으로 형성된 해안 절벽인 ㉤ 이/가 나타남.
- 지반 융기량이 많은 동해안에서 잘 관찰되며, 농경지로 이용되거나 취락이 입지함.

㉠

㉡

㉢

㉤

㉣

✔ ① ㉠은 담수를 저장하는 물 저장고 역할을 한다.
② ㉠은 ㉡보다 퇴적물의 평균 입자 크기가 크다.
　　　　　　　　　　　　　　　　　작다
③ ㉢과 ㉤은 주로 파랑 에너지가 분산되는 만(灣)에 발달한다.
　　　　　　　　　　　　집중　　　곶
④ ㉣은 ㉤이 육지 쪽으로 후퇴하면서 점점 좁아진다.
　　　　　　　　　　　　　　　　　넓어진다
⑤ ㉠과 ㉣의 침식을 막기 위해 모래 포집기가 설치된다.
　　　└ 모래를 모아 주는 인공 구조물

| 자료 분석 |

파랑과 연안류에 의해 퇴적되어 형성된 ㉡은 사빈, 사빈의 모래가 바람에 날려 퇴적되어 형성된 ㉠은 해안 사구이다. 과거 파랑의 침식으로 평탄해진 ㉣은 파식대, 파랑의 침식으로 형성된 해안 절벽인 ㉤은 해식애, 파식대가 지반 융기나 해수면 변동으로 인해 해발 고도가 높아지면서 형성된 ㉢은 해안 단구이다.

| 선지 해설 |

① ㉠ 해안 사구는 바닷물과 민물이 지하에서 밀도 차에 의해 분리되면서 민물이 고여 형성된 사구 습지가 발달된 경우가 많아 담수를 저장하는 물 저장고 역할을 한다. 국내 최대의 해안 사구인 신두리 해안 사구에는 사구 습지에 해당하는 두웅 습지가 위치해 있다.

② ㉡ 사빈의 구성 물질 중 입자 크기가 작아 바람에 날아가기 쉬운 물질이 ㉠ 해안 사구로 이동한다. 따라서 ㉠ 해안 사구는 ㉡ 사빈보다 퇴적물의 평균 입자 크기가 작다.

③ ㉢ 해안 단구, ㉣ 파식대, ㉤ 해식애 모두 파랑의 침식 작용으로 형성된 암석 해안으로 파랑 에너지가 집중되는 곶(串)에 주로 발달한다. 파랑 에너지가 분산되는 만(灣)에는 ㉠ 해안 사구, ㉡ 사빈, 갯벌과 같은 지형이 주로 발달한다.

④ 시간이 지나면서 파랑의 침식 작용이 계속되면 ㉤ 해식애는 육지 쪽으로 후퇴하며 그 과정에서 ㉣ 파식대의 면적은 점점 넓어진다.

⑤ 최근 댐, 방조제 건설, 휴양 시설 건설 등으로 해안으로 공급되는 모래의 양이 감소하면서 사빈과 사구가 파괴되고 있다. 모래 포집기는 모래를 모으기 위해 나무 막대를 촘촘하게 엮어 만든 인공 구조물로 ㉠ 해안 사구의 침식을 막기 위해 설치되나 ㉣ 파식대의 침식과는 상관이 없다.

27 해안 지형의 특징 23학년도 4월 학평 14번

정답 ② | 정답률 83%

다음은 해안 지형에 대한 온라인 학습 장면의 일부이다. 답글의 내용이 옳은 학생만을 고른 것은? (단, A~D는 각각 사빈, 석호, 시 스택, 해식애 중 하나임.) [3점]

① 갑, 을 ✔②갑, 병 ③ 을, 병 ④ 을, 정 ⑤ 병, 정

> 해안 침식 지형 발달: 해식애, 해식 동굴, 파식대, 시 스택, 시 아치 등

자료 분석

A는 사주가 발달하여 형성된 해안 퇴적 지형인 석호, B는 파랑 및 연안류의 퇴적 작용으로 형성된 해안 퇴적 지형인 사빈, C는 해안 침식의 결과 단단한 암석 부분이 남아 형성된 돌기둥으로 해안 침식 지형인 시 스택, D는 파랑의 침식 작용으로 형성된 해안 절벽으로 해안 침식 지형인 해식애이다.

선지 해설

갑. A 석호는 후빙기 해수면 상승으로 형성된 만의 입구에 사주가 발달하여 형성된 호수이다. 따라서 A 석호는 후빙기 해수면 상승 이후에 형성되었다.

을. A 석호는 자연 상태에서 시간이 지남에 따라 호수로 유입되는 하천 퇴적물에 의해 수심이 얕아지고 면적이 축소된다.

병. 곶은 육지가 바다로 돌출된 해안으로 파랑 에너지가 집중되어 침식 작용이 활발하며 파랑의 침식 지형이 발달한다. 따라서 파랑의 침식 지형인 C 시 스택은 파랑의 퇴적 지형인 B 사빈보다 곶에서 잘 발달한다.

정. D 해식애는 해안의 산지나 구릉이 파랑의 침식을 받아 형성된 해안 절벽으로, 시간이 지날수록 파랑의 침식 작용에 의해 점차 육지 쪽으로 후퇴한다.

개념 확인 석호

형성 과정	후빙기 해수면 상승으로 형성된 만의 입구를 파랑과 연안류의 퇴적 작용으로 성장한 사주가 가로막아 형성된 호수
특징	• 석호로 유입하는 하천의 퇴적 물질이 석호 내에 쌓이면서 석호의 면적은 점차 축소되고 수심은 얕아짐 • 석호는 염분이 포함되어 있어 농업용수와 식수로 사용되지 못함
분포 지역	서·남해안에는 거의 분포하지 않으며 동해안에 주로 발달해 있음

---

28 주요 해안 지형의 특징 22학년도 10월 학평 6번

정답 ⑤ | 정답률 91%

지도의 A~E에 대한 설명으로 옳지 않은 것은?

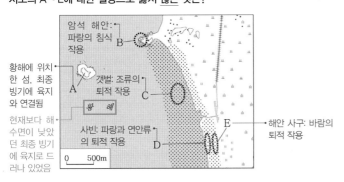

① A 섬은 최종 빙기에 육지와 연결되었다.
> 우리나라, 일본, 중국이 모두 육지로 연결되었음

② B는 주로 파랑에 의한 침식 작용으로 형성된다.
> 암석 해안은 육지가 바다로 돌출된 곳에 잘 발달함

③ C는 오염 물질을 정화하는 기능이 있다.
> 육지에서 배출된 오염 물질 정화

④ D는 주로 해수욕장으로 이용된다.

✔⑤ E는 D보다 퇴적 물질의 평균 입자 크기가 크다. ← 작다

자료 분석

A 섬은 황해에 위치한 섬이며, B는 파랑의 침식 작용으로 형성된 암석 해안, C는 조류의 퇴적 작용으로 형성된 갯벌, D는 파랑과 연안류의 퇴적 작용으로 형성된 사빈, E는 바람의 퇴적 작용으로 형성된 해안 사구이다.

선지 해설

① 최종 빙기에는 현재보다 해수면이 100m 이상 낮았으며 오늘날의 황해는 육지로 드러나 있었다. 따라서 A 섬은 최종 빙기에 육지와 연결되었다.

② B 암석 해안에는 해식애, 파식대, 시 스택, 시 아치와 같은 해안 침식 지형이 발달한다. 해안 침식 지형은 주로 파랑에 의한 침식 작용으로 형성된다.

③ C 갯벌은 육지에서 바다 쪽으로 배출되는 오염 물질을 정화하는 기능이 있다. 이외에도 갯벌은 다양한 생물 종의 서식처 기능, 어민들의 생활 터전 제공, 태풍 피해 완화 기능 등이 있다.

④ D 사빈은 파랑과 연안류의 퇴적 작용으로 형성되며 주로 해수욕장으로 이용된다.

⑤ 해안 사구는 사빈의 모래가 바다로부터 불어오는 바람에 날려 퇴적되어 형성된 모래 언덕으로, 사빈의 구성 물질 중 입자 크기가 작아 바람에 날아가기 쉬운 물질이 이동하여 형성된다. 따라서 E 해안 사구는 D 사빈보다 퇴적 물질의 평균 입자 크기가 작다.

6 일차

사진의 A~E 지형에 대한 설명으로 옳지 <u>않은</u> 것은? (단, A~E는 각각 갯벌, 사빈, 사주, 석호, 해식애 중 하나임.)

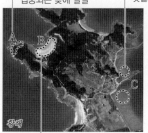
· 해식애: 파랑 에너지가 집중되는 곳에 발달
· 갯벌: 조류의 퇴적 작용

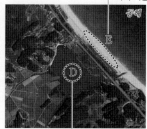
· 사주: 파랑 및 연안류의 퇴적 작용

· 사빈: 파랑 에너지가 분산되는 만에 발달
· 석호: 해수면 상승 이후에 형성

① A는 파랑 에너지가 집중되는 곳에 주로 발달한다.

② C는 오염 물질을 정화하는 기능이 있다.

③ D는 후빙기 해수면 상승 이후에 형성되었다.

④ E는 파랑 및 연안류의 퇴적 작용으로 형성되었다.
└ 해안을 따라 한 방향으로 이동하며 퇴적 물질을 운반함

✔⑤ C는 B보다 퇴적 물질의 평균 입자 크기가 ~~크다.~~
                                        작다

| 자료 분석 |

A는 파랑의 침식 작용으로 형성된 해식애, B는 파랑의 퇴적 작용으로 형성된 사빈, C는 조류의 퇴적 작용으로 형성된 갯벌, D는 사주가 만의 입구를 가로막아 형성된 석호, E는 파랑 및 연안류의 퇴적 작용으로 형성된 사주이다.

| 선지 해설 |

① 육지가 바다로 돌출된 해안인 곶은 파랑의 영향으로 침식 작용이 활발하여 해식애, 파식대 등이 발달한다. 따라서 A 해식애는 파랑 에너지가 집중되는 곳에 주로 발달한다.

② 갯벌의 미생물과 갯지렁이, 게 등이 오염 물질 속의 유기물을 분해하여 갯벌은 '지구의 콩팥'이라고 불린다. 따라서 C 갯벌은 오염 물질을 정화하는 기능이 있다. 갯벌은 오염 물질 정화 이외에도 다양한 생물의 서식처, 어민들의 생활 터전 제공, 태풍 피해 완화 등의 기능이 있다.

③ D 석호는 후빙기 해수면 상승으로 형성된 만의 입구에 사주가 발달하여 형성된 호수이다.

④ E 사주는 파랑 및 연안류에 의해 운반된 사빈의 모래가 길게 퇴적되어 형성되었다.

⑤ B 사빈은 퇴적 물질 중 모래의 비율이 높고, C 갯벌은 퇴적 물질 중 점토의 비율이 높다. 따라서 C 갯벌은 B 사빈보다 퇴적 물질의 평균 입자 크기가 작다.

(가), (나) 지형의 특징을 그림과 같이 표현할 때, A~D에 해당하는 질문을 〈보기〉에서 고른 것은? [3점]

석호
(가)
0 250m

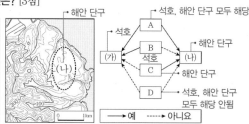
해안 단구
(나)
0 1km
석호, 해안 단구 모두 해당
A
석호 ─ B 석호 ─ 해안 단구
(가) ─ C ─ (나)
해안 단구
D ─ 석호, 해안 단구 모두 해당 안됨
→ 예   -----→ 아니요

───〈 보기 〉───
ㄱ. 곶에 주로 발달합니까? C
└ 해식애, 파식대, 시 스택, 해안 단구 등
ㄴ. 서해안보다 동해안에 주로 분포합니까? A
└ 석호, 해안 단구 등
ㄷ. 조류에 의한 퇴적 작용으로 형성되었습니까? D
└ 갯벌
ㄹ. 만의 입구에 사주가 발달하여 형성되었습니까? B
└ 파랑 및 연안류의 퇴적 작용

	A	B	C	D
①	ㄱ	ㄷ	ㄴ	ㄹ
✔②	ㄴ	ㄹ	ㄱ	ㄷ
③	ㄴ	ㄷ	ㄹ	ㄱ
④	ㄹ	ㄴ	ㄱ	ㄷ
⑤	ㄹ	ㄴ	ㄷ	ㄱ

| 자료 분석 |

(가)는 사주가 만의 입구를 막으면서 만들어진 호수인 석호, (나)는 현재의 해수면보다 높은 곳에 위치하게 된 계단 모양의 평탄면인 해안 단구이다. A는 (가) 석호와 (나) 해안 단구가 모두 '예'인 질문, B는 (가) 석호만 '예'인 질문, C는 (나) 해안 단구만 '예'인 질문, D는 (가) 석호와 (나) 해안 단구가 모두 '아니요'인 질문이다.

| 선지 해설 |

② A – ㄴ, B – ㄹ, C – ㄱ, D – ㄷ

ㄱ. 곶은 육지가 바다 쪽으로 돌출한 해안으로 파랑 에너지가 집중하여 침식 작용이 활발하며 (나) 해안 단구가 발달한다. (가) 석호는 바다가 육지 쪽으로 들어간 만에 발달한다. 따라서 '곶에 주로 발달합니까?'는 (나) 해안 단구만 '예'인 질문으로 C에 해당한다.

ㄴ. (가) 석호는 조차가 큰 서해안에서는 잘 발달하지 않으며 주로 동해안에 발달한다. (나) 해안 단구는 지반 융기나 해수면 하강으로 형성되며 지반 융기량이 많은 동해안 일대에서 주로 형성된다. 따라서 '서해안보다 동해안에 주로 분포합니까?'는 (가) 석호와 (나) 해안 단구가 모두 '예'인 질문으로 A에 해당한다.

ㄷ. (가) 석호는 파랑과 연안류의 퇴적 작용으로 사주가 발달하면서 형성되었으며, (나) 해안 단구는 과거 파식대나 해안 퇴적 지형의 지반 융기 또는 해수면 하강으로 형성되었다. 따라서 '조류에 의한 퇴적 작용으로 형성되었습니까?'는 (가) 석호와 (나) 해안 단구 모두 '아니요'인 질문으로 D에 해당한다.

ㄹ. (가) 석호는 만의 입구에 사주가 발달하여 형성된 지형이지만, (나) 해안 단구는 사주의 발달과 관련이 없다. 따라서 '만의 입구에 사주가 발달하여 형성되었습니까?'는 (가) 석호만 '예'인 질문으로 B에 해당한다.

따라서 A는 ㄴ, B는 ㄹ, C는 ㄱ, D는 ㄷ이다.

31 주요 해안 지형의 특징 23학년도 10월 학평 17번 정답 ④ | 정답률 87%

사진의 A~D 지형에 대한 설명으로 옳은 것은? (단, A~D는 각각 갯벌, 사빈, 석호, 암석 해안 중 하나임.)

사빈: 파랑 및 연안류의 퇴적 작용
으로 형성, 주로 모래로 구성

암석 해안: 파랑의 침식 작용으로 형성
→ 곶에 위치하며 해식애, 파식대 등 분포

석호: 만의 입구를 사주가 가로막아 형성.
하천 퇴적 작용으로 면적이 축소됨

갯벌: 조류의 퇴적 작용으로
형성. 점토의 비율이 높음

① A는 시간이 지남에 따라 면적이 점차 확대된다.
　　　　　　　　　　　　　　　　축소

② B는 주로 조류의 퇴적 작용으로 형성된다.
　　　　　파랑 및 연안류

③ C는 파랑 에너지가 분산되는 만에 잘 발달한다.
　　B와 D

✓ D는 동해안보다 서해안에 넓게 분포한다.
　　└ 해안선이 단순하며 사빈, 석호, 해안 단구 등 발달

⑤ D는 B보다 퇴적 물질의 평균 입자 크기가 크다.
　　　　　　　　　　　　　　　　　　작다

자료 분석

A는 후빙기 해수면 상승으로 형성된 만의 입구에 사주가 발달하여 형성된 석호, B는 하천 또는 주변의 암석 해안으로부터 공급되어 온 모래가 파랑 및 연안류의 퇴적 작용을 받아 형성된 사빈, C는 육지가 바다로 돌출된 해안에 파랑의 침식 작용으로 형성된 암석 해안, D는 조류의 퇴적 작용으로 형성된 갯벌이다.

선지 해설

① A 석호는 자연 상태에서 시간이 지남에 따라 석호로 유입되는 하천 퇴적물에 의해 석호 내 퇴적 물질이 계속 쌓인다. 그 결과 석호는 시간이 지남에 따라 점차 면적이 축소되고 수심이 얕아진다.

② B 사빈은 주로 파랑과 연안류의 퇴적 작용에 의해 형성되는 지형이다. 주로 조류의 퇴적 작용으로 형성되는 지형은 D 갯벌이다.

③ C 암석 해안은 파랑 에너지가 집중되어 침식 작용이 활발한 곳에 주로 발달한다. 파랑 에너지가 분산되는 만은 퇴적 작용이 활발하며 조차가 작은 곳은 주로 모래 해안, 조차가 큰 곳은 주로 갯벌이 발달한다.

④ D 갯벌은 서·남해안에 발달하는 해안 지형이다. 서·남해안은 한강, 금강 등 큰 하천에서 운반 물질이 많으며 수심이 얕고 조차가 커서 갯벌 해안이 발달한다. 반면에 동해안은 수심이 깊고 조차가 작아 모래 해안이 발달한다. 따라서 갯벌은 동해안보다 서해안에 넓게 분포한다.

⑤ D 갯벌은 주로 점토와 같은 입자가 작은 토사로 구성되어 있으며, B 사빈은 주로 모래와 같은 입자가 비교적 큰 토사로 구성되어 있다. 따라서 D 갯벌은 B 사빈보다 퇴적 물질의 평균 입자 크기가 작다.

32 주요 해안 지형의 특징 25학년도 수능 2번 정답 ③ | 정답률 78%

다음 자료는 지형에 관한 다큐멘터리 촬영을 위한 방송 대본이다. ㉠~㉣에 대한 설명으로 옳은 것은?

① ㉠의 물은 주변 농경지의 농업용수로 주로 이용된다. 이용되지 않는다

② ㉢은 파랑 에너지가 집중되는 곳에 주로 발달한다.
　　　　　　　　　　분산

✓ ㉣은 지하수를 저장하는 기능이 있다.

④ ㉠은 ㉡보다 형성 시기가 이르다. 늦다

⑤ ㉠과 ㉣은 자연 상태에서 시간이 지남에 따라 규모가 확대된다.

자료 분석

과거 바다였으나 만(灣)의 입구에 사주가 형성되면서 만들어진 ㉠은 석호이고, 송지호는 이 호수의 이름이다. 호미곶에서 볼 수 있는 ㉡은 해안 단구이며, 월등도에서 볼 수 있는 ㉢은 육계 사주, 신두리에서 볼 수 있는 ㉣은 해안 사구이다.

선지 해설

① ㉠ 석호는 사주가 발달하여 바다와 분리되었으나 바다와 완벽하게 분리되어 있지 않아 해수와 담수가 섞여 있다. 이로 인해 석호는 염분의 농도가 상대적으로 높다. 따라서 ㉠ 석호의 물은 주변 농경지의 농업용수로 이용되지 않는다.

② ㉢ 육계 사주는 파랑과 연안류의 퇴적 작용으로 형성되는 지형으로, 주로 파랑 에너지가 분산되는 곳에 주로 발달한다.

③ ㉣ 해안 사구의 땅속에서는 바닷물과 민물이 밀도 차에 의해 분리되어 민물이 지하에 저장된다. 이를 통해 ㉣ 해안 사구는 담수를 저장하는 지하수 저장고 역할을 한다고 볼 수 있다.

④ ㉠ 석호는 후빙기 해수면 상승 이후 사주가 만의 입구를 막아 형성된 지형이며, ㉡ 해안 단구는 신생대 제3기 경동성 요곡 운동으로 지반이 융기하여 형성된 지형이다. 따라서 ㉠ 석호는 ㉡ 해안 단구보다 형성 시기가 늦다.

⑤ ㉠ 석호는 자연 상태에서 시간이 지남에 따라 호수로 흘러드는 하천의 퇴적 물질로 인해 호수의 규모가 축소된다. ㉣ 해안 사구는 자연 상태에서 바람에 의한 퇴적 작용이 지속되면 시간이 지남에 따라 그 규모가 확대될 수 있다. 다만, 최근 하천과 해안에 인공 구조물이 증가하면서 해안으로 공급되는 모래의 양이 줄어들고 기후 변화로 해수면이 상승하면서 사빈과 해안 사구가 파괴되는 경우가 증가하고 있다.

7 일차

| 01 ④ | 02 ② | 03 ③ | 04 ④ | 05 ⑤ | 06 ④ | 07 ② | 08 ⑤ | 09 ⑤ | 10 ② | 11 ④ | 12 ④ |
| 13 ① | 14 ⑤ | 15 ① | 16 ② | 17 ③ | 18 ① | 19 ⑤ | 20 ④ | 21 ① | 22 ④ | 23 ② | 24 ⑤ |

문제편 059~064쪽

01 화산 지형 25학년도 9월 모평 19번 정답 ④ | 정답률 65%

(가), (나) 지역에 대한 설명으로 옳은 것은? [3점]

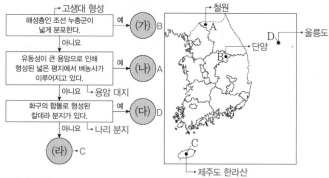

① (가)의 A는 화구의 함몰로 형성된 칼데라이다.
　소규모 용암 분출이나 화산 쇄설물로 형성된 오름
② (가)의 B에는 석회암이 풍화된 붉은색의 토양이 널리 분포한다.
　└ 석회암 풍화토　　　　분포하지 않는다
③ (가)의 C는 자유 곡류 하천이다.
　　　　　　　이 아니다
④ (나)의 D는 현무암질 용암이 지각의 갈라진 틈을 따라 분출하여 형성된 용암 대지의 일부이다.
⑤ (나)의 한탄강은 비가 내릴 때만 일시적으로 물이 흐르는 하천이다.
　　　　　　└ 건천　　　　　　　　　이 아니다

| 자료 분석 |

(가)는 오름이 분포하는 제주도 지역, (나)는 용암 대지가 나타나는 한탄강 주변 지역이다. (가)의 A는 오름이며, B는 제주도의 완만한 경사지, C는 제주도의 하천이다. (나)의 D는 용암 대지의 일부이다.

| 선지 해설 |

① (가) 제주도 지역의 A 오름은 소규모 용암 분출이나 화산 쇄설물에 의해 형성되었다. 우리나라에서 화구의 함몰로 형성된 칼데라에는 백두산의 천지, 울릉도의 나리 분지가 있다.

② 석회암이 풍화된 붉은색의 토양은 고생대에 형성된 조선 누층군에 주로 분포한다. (가) 제주도 지역의 B에 간대토양이 분포한다면 현무암이 풍화된 흑갈색의 토양일 가능성이 높다.

③ 자유 곡류 하천은 충적층이 발달한 지역에서 측방 침식을 받아 하천의 유로가 구불구불한 하천이다. 따라서 (가) 제주도 지역의 C는 자유 곡류 하천이 아니다.

④ (나) 한탄강 주변 지역의 D는 현무암질 용암이 지각의 갈라진 틈을 따라 틈새(열하) 분출하여 형성된 용암 대지의 일부이다.

⑤ (나)의 한탄강은 비가 내릴 때만 일시적으로 물이 흐르는 건천이 아니다. (가)의 C 하천에서 건천이 발달한다. 제주도의 기반암인 현무암은 절리가 발달되어 있어 빗물이 땅 속으로 스며들기 때문에 평상시에는 거의 흐르지 않는 건천이 나타난다.

02 화산 지형과 카르스트 지형 24학년도 수능 3번 정답 ② | 정답률 83%

그림의 (가)~(라)에 해당하는 지역을 지도의 A~D에서 고른 것은? (단, A~D는 각각 단양, 울릉도, 제주도, 철원 중 하나임.)

	(가)	(나)	(다)	(라)
①	B	A	C	D
②	B	A	D	C
③	B	D	A	C
④	C	A	B	D
⑤	C	B	D	A

| 자료 분석 |

지도의 A는 용암 대지가 분포하는 철원, B는 고생대에 형성된 해성층인 조선 누층군이 분포하는 단양, C는 제주도에 위치한 한라산, D는 칼데라 분지인 나리 분지가 위치한 울릉도이다.

| 선지 해설 |

② (가) – B, (나) – A , (다) – D (라) – C

· (가)는 해성층인 조선 누층군이 넓게 분포하는 지역인 것으로 보아 충청북도 단양인 B이다. 단양은 석회암이 풍부하게 매장되어 있어서 시멘트 공업이 발달하였다.

· (나)는 유동성이 큰 용암으로 인해 형성된 넓은 평지에서 벼농사가 이루어지고 있는 것으로 보아 강원도 철원인 A이다.

· (다)는 화구의 함몰로 형성된 칼데라 분지가 있다는 것으로 보아 칼데라 분지인 나리 분지가 위치한 D 울릉도이다.

· (라)는 제주도의 한라산에 해당하는 C이다. 제주도의 한라산 정상에 위치한 백록담은 분화구에 물이 고여 형성된 화구호이다.

03 화산 지형 25학년도 6월 모평 7번

정답 ③ | 정답률 79%

다음 자료는 제주도와 울릉도를 방문한 여행객이 사회 관계망 서비스(SNS)에 올린 내용이다. ㉠~㉣에 대한 설명으로 옳은 것은?

geography ...
용암이 분출하였던 이곳은 분지 형태를 보이고 있으며, 섬의 북쪽 중앙부에 위치하고 있어. → 칼데라 분지
#㉠ 나리분지 #울릉도

geography ...
분지 내 위치한 새알처럼 생긴 이 봉우리는 중앙 화구구이며, 해발 고도는 성인봉의 절반 정도야. → 중앙 화구구
#㉡ 알봉 #울릉도

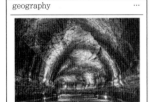

geography ...
용암이 흐르면서 형성된 동굴로 규모가 크고 보존 상태가 양호하여 세계 자연 유산으로 지정되었어.
#㉢ 만장굴 #제주도
↳ 용암 동굴

geography ...
흰 사슴이 뛰어노는 연못이라는 뜻의 이 호수는 남한에서 가장 높은 산에 위치하고 있어.
#㉣ 백록담 #제주도
↳ 화구호

① ㉠은 점성이 작은 용암의 분출로 형성된 용암 대지이다.
  철원·평강 일대
② ㉡은 기반암의 차별 침식으로 형성되었다.
  화산 활동
✓③ ㉢은 흐르는 용암의 표면과 내부 간 냉각 속도 차이로 형성되었다.
  ↳ 표면이 내부보다 빠르게 냉각됨
④ ㉣은 화구가 함몰되며 형성된 칼데라에 물이 고여 형성되었다.
  백두산 천지
⑤ ㉡은 ㉠보다 형성 시기가 이르다.
  늦다

화산 지형에 대한 문항은 주로 제주도, 울릉도 일대의 지형도나 사진을 통해 출제되는 경우가 대부분이다. 제시된 지형도나 사진을 보고 해당 지형이 화산 지형임을 파악할 수 있는 연습이 필요하다.

| 자료 분석 |

㉠은 칼데라 분지인 울릉도의 나리분지, ㉡은 중앙 화구구인 울릉도의 알봉, ㉢은 용암 동굴인 제주도의 만장굴, ㉣은 화구호인 제주도의 백록담이다.

| 선지 해설 |

① ㉠ 나리분지는 화산 분출로 만들어진 화구가 함몰하여 형성된 칼데라 분지이다. 점성이 작은 용암의 분출로 형성된 용암 대지는 철원·평강 일대에 있다.

② ㉡ 알봉은 칼데라 분지 내에 있는 화구에서 새로운 분화가 일어나 용암이 분출하여 형성된 중앙 화구구로 화산 활동과 관련이 있다. 기반암의 차별 침식으로 형성된 지형으로는 침식 분지가 있다.

③ ㉢ 용암 동굴인 만장굴은 유동성이 큰 용암이 분출하여 사면을 따라 흘러내리는 과정에서 용암의 표면과 내부 간 냉각 속도 차이로 형성되었다. 유동성이 큰 용암이 흐를 때 표면은 공기와 맞닿아 상대적으로 빠르게 냉각되지만, 내부는 고온의 상태를 유지하며 계속 흐른다. 시간이 지나면 내부 용암이 모두 흘러 나가고, 표면은 이미 굳어져 있어 내부에 빈 공간인 용암 동굴이 만들어진다.

④ ㉣ 백록담은 화구에 물이 고여 형성된 화구호이다. 화구가 함몰되어 형성된 칼데라에 물이 고여 형성된 것은 백두산 천지이다.

⑤ ㉡ 알봉은 칼데라 분지인 ㉠ 나리분지가 형성된 이후에 새로운 분화로 형성된 중앙 화구구이다. 따라서 ㉡ 알봉은 ㉠ 나리분지보다 형성 시기가 늦다.

04 화산 지형과 카르스트 지형 24학년도 9월 모평 16번

정답 ④ | 정답률 89%

다음 글의 ㉠~㉣에 대한 설명으로 옳은 것만을 〈보기〉에서 고른 것은?
  용암이 분출할 때 상층의 용암은 고화되고 하층 내부의 용암이 흘러가면서 틈을 만들어 형성

세계 자연 유산인 거문 오름 용암 동굴계는 ㉠ 만장굴, 김녕굴, 당처물 동굴 등 크고 작은 동굴들로 이루어져 있다. 이 중 당처물 동굴은 ㉡ 용암 동굴이지만 내부에는 ㉢ 석회 동굴에서 나타나는 지형이 발달하고 있다. 이 동굴에는 조개껍질이 부서져 만들어진 모래가 바람에 날려 동굴 위에 쌓인 후, 빗물에 ㉣ 용식되어 용암 동굴 내부로 흘러들어 형성된 종유석, 석순 등이 나타난다.
  → 지하수의 용식 작용으로 형성

〈 보기 〉
ㄱ. ㉠ 주변에는 붉은색의 석회암 풍화토가 나타난다.
  ㉢
ㄴ. ㉡은 흐르는 용암 표면과 내부의 냉각 속도 차이로 형성된다.
ㄷ. ㉢이 가장 많이 분포하는 지역은 제주도이다.
ㄹ. ㉣은 화학적 풍화에 해당한다.
  강원 남부와 충북 북동부

① ㄱ, ㄴ ② ㄱ, ㄷ ③ ㄴ, ㄷ ✓④ ㄴ, ㄹ ⑤ ㄷ, ㄹ

화산 지형과 카르스트 지형에 대한 글을 제시하고 각 지형이 형성된 과정과 토지 이용의 특징을 묻는 문항이 자주 출제된다. 두 지형의 공통점과 차이점을 명확하게 구분하여 정리해야 한다.

| 자료 분석 |

제시된 글은 제주도의 세계 자연 유산인 거문 오름 용암 동굴계에 대한 것으로 일부 용암 동굴 내부에 석회 동굴에서 볼 수 있는 종유석, 석순 등이 나타나는 이유를 설명하고 있다. 조개껍질이 부서져 만들어진 모래가 쌓인 후 빗물에 용식되어 동굴 내부에 흘러들어 종유석, 석순 등의 지형이 형성되었다.

| 선지 해설 |

ㄱ. ㉠ 만장굴은 용암 동굴이며, 붉은색의 석회암 풍화토는 석회 동굴 주변에서 주로 나타난다.

ㄴ. ㉡ 용암 동굴은 점성이 작은 용암이 흘러내릴 때 용암의 표면과 내부의 냉각 속도 차이로 형성된다.

ㄷ. ㉢ 석회 동굴은 우리나라의 강원 남부와 충북 북동부에 주로 분포한다. 제주도에는 주로 용암 동굴이 분포한다.

ㄹ. ㉣ 용식은 빗물이나 지하수가 암석을 용해하여 침식하는 현상을 말하는데, 이는 화학적 풍화에 해당한다.

정답 ⑤ | 정답률 63%

(가), (나) 지역에 대한 설명으로 옳지 않은 것은? [3점]

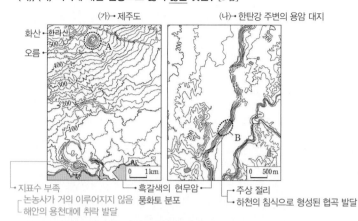

┗ 지표수 부족
┗ 논농사가 거의 이루어지지 않음 풍화토 분포
┗ 해안의 용천대에 취락 발달

흑갈색의 현무암
┗ 주상 절리
┗ 하천의 침식으로 형성된 협곡 발달

① A는 소규모 화산 활동으로 형성된 오름이다.

② B에서는 하천 침식으로 인해 형성된 협곡이 나타난다.

③ (가)에서 전통 취락은 주로 해안 지역을 중심으로 발달하였다.
　　　　　　　　　　　　　　┗ 용천대

④ (나)에서는 수리 시설의 확충으로 대규모의 논농사가 가능해졌다.
　　　　　　　　　　　　　┗ 철원 오대쌀: 지리적 표시제

✔️ ⑤ (가), (나)에는 회백색을 띠는 성대 토양이 주로 분포한다.
　　　　　　　　흑갈색　　　　간대토양

| 자료 분석 |

(가) 지역은 한라산이 있으므로 화산 지형이 발달한 제주도이다. (나) 지역은 한탄강이 있고, 등고선 간의 간격을 통해 용암 대지가 발달한 지역임을 알 수 있다.

| 선지 해설 |

① A는 등고선 간격이 좁은 것으로 보아 한라산 산록 곳곳에 분포하는 오름(기생 화산)이다. 오름(기생 화산)은 소규모 화산 활동이나 화산 쇄설물에 의해 형성된 작은 화산체이다.

② B는 현무암질 용암이 식으면서 형성된 다각형 기둥 모양의 절리인 주상 절리가 하천 양쪽에 수직 절벽을 이루고 있다. 과거 용암 대지 위를 흐르던 한탄강이 하방 침식을 하면서 용암 대지 아래로 흐르는 과정에서 하천 양쪽이 수직의 절벽을 이루는 협곡이 만들어졌다.

③ (가) 제주도는 절리가 발달한 현무암이 기반암을 이루고 있어 대부분의 물이 지하로 스며들어 지표수가 부족하다. 지하로 흐른 물은 해안에서 지표면 위로 솟아 나오기 때문에 전통 취락은 해안의 용천대를 따라 발달하였다.

④ (나) 한탄강 주변의 용암 대지는 한탄강이 퇴적해 놓은 하천 충적층이 형성되어 있고, 각종 수리 시설을 통해 한탄강의 물을 끌어올려 논농사가 활발하다. 철원 오대쌀은 지리적 표시제로 지정되어 있다.

⑤ (가) 제주도와 (나) 한탄강 주변의 용암 대지의 기반암은 현무암으로, 흑갈색의 현무암 풍화토가 분포한다. 현무암 풍화토는 암석의 영향을 반영하는 간대토양이다. 회백색을 띠는 성대 토양은 기후가 한랭한 개마고원 주변에 주로 분포한다.

정답 ④ | 정답률 67%

지도의 A~D 지형에 대한 설명으로 옳은 것은?

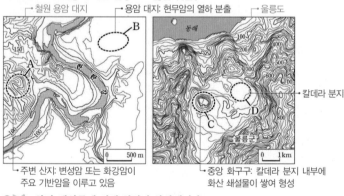

┗ 철원 용암 대지　┗ 용암 대지: 현무암의 열하 분출　┗ 울릉도

칼데라 분지

┗ 주변 산지: 변성암 또는 화강암이 주요 기반암을 이루고 있음
┗ 중앙 화구구: 칼데라 분지 내부에 화산 쇄설물이 쌓여 형성

① A는 화산 쇄설물에 의해 형성된 화산체이다.
　C

② B는 C보다 점성이 큰 용암이 분출하여 형성되었다.
　　　　　　　　　작은

③ C의 기반암은 A의 기반암보다 형성 시기가 이르다.
　┗ 신생대　　　┗ 시·원생대 또는 중생대　　늦다

✔️ ④ D는 C보다 먼저 형성되었다.

⑤ B와 D에서는 벼농사가 활발하게 이루어진다.
　┗ 철원 오대쌀: 지리적 표시제로 등록되어 있음

| 자료 분석 |

왼쪽에 제시된 지역은 철원 용암 대지로 A는 용암 대지 형성 이전부터 존재하던 산지, B는 용암 대지이다. 오른쪽에 제시된 지역은 울릉도로 C는 중앙 화구구, D는 화구의 함몰로 형성된 칼데라 분지이다.

| 선지 해설 |

① A는 신생대에 용암 대지가 형성되기 이전부터 존재하던 산지로 화산 쇄설물에 의해 형성된 화산체가 아니다. A는 주로 변성암 또는 화강암으로 이루어져 있다. 화산 쇄설물에 의해 형성된 화산체는 중앙 화구구인 C이다.

② B는 점성이 작은(유동성이 큰) 현무암질 용암이 열하 분출하여 형성된 용암 대지이다. C는 점성이 큰(유동성이 작은) 조면암질 용암이 분출하여 형성된 중앙 화구구(알봉)이다. 따라서 B는 C보다 점성이 작은 용암이 분출하여 형성되었다.

③ C의 기반암은 신생대 제3기 말~제4기 초의 화산 활동으로 형성된 화산암이다. A의 기반암은 시·원생대에 형성된 변성암 또는 중생대에 형성된 화강암이다. 따라서 C의 기반암은 A의 기반암보다 형성 시기가 늦다.

④ 울릉도에는 섬 중앙부의 정상에 화구가 함몰하여 형성된 칼데라 분지(나리 분지)인 D가 위치해 있다. 칼데라 분지가 함몰한 이후 분지 내부에서 화산 쇄설물이 쌓여 중앙 화구구(알봉)인 C가 형성되었다. 따라서 D는 C보다 먼저 형성되었다.

⑤ 철원의 B 용암 대지는 각종 수리 시설을 이용해 벼농사가 활발하게 이루어지고 있다. 철원 오대쌀은 지리적 표시제로 지정되어 있다. 그러나 울릉도의 칼데라 분지인 D 지역은 주로 밭농사가 주로 이루어지고 있다.

07 화산 지형과 카르스트 지형 23학년도 수능 2번

정답 ② | 정답률 81%

다음 자료는 국가지질공원에 대한 지역별 소개 내용의 일부이다. 해당 지역의 ㉠~㉤에 대한 설명으로 옳지 <u>않은</u> 것은? [3점]

┌ 용암의 냉각 속도 차이로 형성

지역	소개 내용
제주도	만장굴은 점성이 낮은 용암이 흐르면서 생긴 ㉠ 용암 동굴이며, 세계적으로 규모가 크고 보존 상태가 양호 하다.
울릉도·독도	나리 분지는 ㉡ 칼데라이며, 분지 내에는 다시 화산 이 분화하여 만들어진 알봉이 있다.
단양	여천리 카르스트 지형은 우묵한 ㉢ 돌리네가 밀집한 지역으로, ㉣ 붉은색 토양이 분포한다.
경북 동해안	성류굴의 내부에는 ㉤ 석순, 석주, 종유석과 같은 동 굴 생성물이 있다.

현무암질 용암 ┐   ┌ 소개 내용

분화구 부근이 함몰되어 형성 ┐
중앙 화구구 ┐
배수 양호: 밭농사 발달 ┐
간대토양: 석회암 풍화토 ┐
석회동굴 ┐
석회질이 바닥에 쌓여 만들어짐 ┐

① ㉠은 용암의 냉각 속도 차이에 의해 형성되었다.
　　　└ 표층부가 하층부보다 먼저 냉각됨
✓② ㉡은 주로 기반암의 차별 침식에 의해 형성되었다.
　　　분화구 부근의 함몰
③ ㉢은 배수가 양호하여 주로 밭으로 이용된다.
④ ㉣은 기반암이 용식된 후 남은 철분 등이 산화되어 형성되었다.
　　└ 석회암
⑤ ㉤은 물에 녹아 있던 탄산칼슘이 침전되어 형성되었다.
　　　　└ 석회암의 주성분

| 선지 해설 |

① ㉠ 용암동굴은 점성이 낮은 용암이 흘러내릴 때 주로 표층부와 하층부의 냉 각 속도 차이에 의해 형성된다.

②㉡ 칼데라는 마그마가 분출한 이후 분화구 부근이 함몰되어 형성된 커다란 분지이다. 주로 기반암의 차별 침식에 의해 형성되는 것은 침식 분지이다.

③ ㉢ 돌리네는 석회암 지대에서 빗물이 스며드는 배수구의 주변이 빗물에 용식 되어 형성된 깔때기 모양의 우묵한 지형이다. ㉢ 돌리네는 배수가 잘 되어 주 로 밭으로 이용된다.

④ ㉣ 석회암이 용식된 후 남은 철분 등이 산화되어 형성된 토양은 붉은색의 석 회암 풍화토이다.

⑤ ㉤ 석순은 동굴 천장에서 떨어진 물에 녹아 있던 탄산칼슘이 바닥에 쌓여 만 들어진 지형이다.

08 화산 지형과 카르스트 지형 23학년도 6월 모평 16번

정답 ⑤ | 정답률 71%

지도의 A~D에 대한 설명으로 옳은 것은? [3점]

┌ 석회암의 용식 작용으로 형성된 돌리네

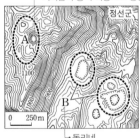
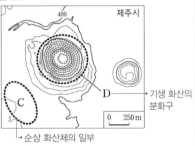

정선군
제주시
기생 화산의 분화구
순상 화산체의 일부
돌리네

① A에서는 회백색을 띠는 성대 토양이 주로 분포한다.
　　　　붉은색　　　　간대
② B는 화구의 함몰로 형성된 칼데라이다.
　　석회암의 용식 작용으로 형성된 돌리네
③ C에서는 공룡 발자국 화석이 발견된다.
　경상 누층군
④ D는 두 개 이상의 돌리네가 합쳐진 우발라이다.
　　　　　　기생 화산의 분화구
✓⑤ A의 기반암은 C의 기반암보다 형성 시기가 이르다.
　└ 석회암: 고생대 형성　　└ 화산암: 신생대 형성

| 자료 분석 |

정선군 일대에는 카르스트 지형이 발달해 있다. 정선군 일대 지형도의 B 저하 등 고선은 돌리네를 나타낸 것이다. 제주시 일대에는 화산 지형이 발달해 있다. 제 주시 일대 지형도의 D 저하 등고선은 기생 화산의 분화구를 나타낸 것이다. 등고 선의 간격이 넓게 표현된 C는 주로 현무암질 용암의 분출로 형성된 순상 화산체 이다.

| 선지 해설 |

① A는 카르스트 지형으로 석회암 풍화토가 나타난다. 석회암 풍화토는 석회암 이 용식된 후 남은 철분 등이 산화되어 형성된 붉은색 토양이다. 따라서 기반 암의 특성이 많이 반영된 간대토양이다. 회백색을 띠는 성대 토양은 기온이 낮은 개마고원 일대에 주로 분포한다.

② B는 타원형으로 움푹하게 꺼진 돌리네이다. 돌리네는 석회암 지대에서 빗물 이 지하로 스며드는 배수구 주변이 빗물에 용식되어 형성된다. 화구의 함몰 로 형성된 칼데라의 사례로는 울릉도의 나리 분지가 있다.

③ C의 기반암은 신생대의 화산암이다. 제주도는 신생대 제3기 말~제4기에 걸 친 화산 활동에 의해 형성되었다. 따라서 중생대에 서식했던 공룡 발자국 화 석이 발견되지 않는다. 공룡 발자국 화석은 주로 경상 누층군에서 발견되며, 경남 고성은 대표적인 공룡 화석 분포지이다.

④ D는 기생 화산 정상부에 형성된 분화구이다. 두 개 이상의 돌리네가 합쳐진 우발라는 카르스트 지형에서 살펴볼 수 있다.

⑤ A의 기반암은 고생대 조선 누층군에 분포하는 석회암이며, C의 기반암은 신 생대 지층에 분포하는 화산암이다. 따라서 A의 기반암은 C의 기반암보다 형 성 시기가 이르다.

정답 ⑤ | 정답률 54%

그림의 A~D에 대한 설명으로 옳은 것은? [3점]

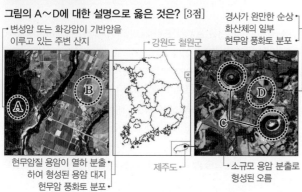

→변성암 또는 화강암이 기반암을 이루고 있는 주변 산지

├강원도 철원군

경사가 완만한 순상 화산체의 일부
현무암 풍화토 분포

현무암질 용암이 열하 분출 하여 형성된 용암 대지 현무암 풍화토 분포

제주도

→소규모 용암 분출로 형성된 오름

① A에는 종유석과 석순이 발달한 동굴이 형성되어 ~~있다.~~ 있지 않다

② B에는 ~~붉은색의~~ 간대토양이 주로 나타난다.
흑갈색

→현무암 풍화토: 흑갈색
→석회암 풍화토: 붉은색

③ C는 ~~화구의 함몰로 형성된 칼데라이다.~~ 오름

④ D는 ~~신생대 경동성 요곡 운동으로 융기된 평탄면이다.~~ 순상 화산체 일부

✔ ⑤ B와 D의 기반암은 유동성이 큰 용암이 굳어져서 형성되었다.
└현무암

| 자료 분석 |

왼쪽 사진은 강원도 철원군, 오른쪽 사진은 제주도로 두 지역 모두 화산 지형이 발달해 있다. A는 용암 대지 형성 이전에 분포하던 산지, B는 용암 대지이다. C는 오름, D는 경사가 완만한 순상 화산체의 일부이다.

| 선지 해설 |

① A는 용암 대지가 형성되기 이전부터 존재하던 산지이다. 종유석과 석순이 발달한 동굴은 석회동굴로 강원도 남부 및 충청북도 북동부에 분포한다.

② B는 현무암이 열하 분출하여 형성된 용암 대지로 흑갈색의 간대토양인 현무암 풍화토가 주로 나타난다. 붉은색의 간대토양인 석회암 풍화토는 주로 카르스트 지형이 발달한 곳에 분포한다.

③ C는 오름이다. 제주도는 소규모 용암 분출이나 화산 쇄설물이 화구를 중심으로 쌓여 형성된 작은 화산인 오름이 360여 개 있다.

④ D는 오름 주변의 경사가 완만한 순상 화산체의 일부이다. 제주도는 유동성이 큰 현무암질 용암이 주로 분출하여 전체적으로 경사가 완만한 순상 화산체를 이루고 있다. 신생대 경동성 요곡 운동으로 융기된 고위 평탄면은 태백산맥과 소백산맥 일대에 주로 발달해 있다.

⑤ B와 D의 기반암 모두 현무암으로 유동성이 큰 현무암질 용암이 굳어져서 형성되었다.

정답 ② | 정답률 72%

다음 글의 ⊙~② 에 대한 옳은 설명만을 〈보기〉에서 고른 것은?

최근 3차원의 가상 세계에서 자신이 설정한 아바타가 현실 세계처럼 여행하는 메타버스(Metaverse) 여행이 주목받고 있다. 자신의 아바타가 가상 세계 속 제주도를 여행한다면, 한라산의 ⊙ 백록담에서 일출을 감상하거나 종 모양의 ⓒ 산방산을 등반할 수 있다. 또한 ⓒ 만장굴을 탐방하거나 ② 현무암으로 만든 돌하르방과 노란 유채꽃을 배경으로 사진을 찍을 수도 있다. 이러한 메타버스 여행은 시공간의 제약이 없는 다양한 경험을 가능하게 하고 있다.

→기생 화산

→신생대의 화산암

→세계 자연 유산으로 등재된 거문오름 용암 동굴계에 속함

〈 보기 〉

ㄱ. ⊙은 분화구에 물이 고여 형성된 화구호이다.
└한라산 정상부에 위치

ㄴ. ⓒ은 주로 유동성이 큰 현무암질 용암의 분출로 형성되었다.
작은 조면암질

ㄷ. ⓒ은 용암의 냉각 속도 차이로 형성되었다.
└표층부와 하층부의 냉각 속도 차이 발생

ㄹ. ②은 주로 마그마가 ~~관입하여~~ 형성된 암석이다.
분출 후 식으면서

① ㄱ, ㄴ ✔② ㄱ, ㄷ ③ ㄴ, ㄷ ④ ㄴ, ㄹ ⑤ ㄷ, ㄹ

| 자료 분석 |

제주도의 화산 활동은 신생대 제3기 말~제4기에 진행되었으며, 오늘날 제주도에서는 다양한 화산 지형을 볼 수 있다. ⊙ 백록담은 한라산 산정부 분화구에 물이 고인 화구호이며, ⓒ 산방산은 해발 고도 약 395m인 종 모양의 화산 지형으로 주로 점성이 큰 조면암질 용암의 분출로 형성되었다. ⓒ 만장굴은 제주도의 용암 동굴 중 거문오름 용암 동굴계에 속하는 동굴로 세계 자연 유산으로 등재되어 있다. 용암 동굴은 용암의 표면이 공기와 만나 굳으면서 외층을 형성하고, 외층이 열을 가둔 탓에 용암의 중심부는 경사를 따라 계속 흘러가면서 동굴이 형성된다. ② 현무암은 신생대 화산 활동에 의해 형성된 화산암이다. 제주도는 주된 기반암이 현무암이기 때문에 물이 지하로 잘 스며들어 하천 발달이 미약하다.

| 선지 해설 |

ㄱ ⊙ 백록담은 한라산 정상부에 있는 호수로 분화구에 물이 고여 형성된 화구호이다.

ㄴ. ⓒ 산방산은 주로 점성이 큰 용암이 분출하여 형성된 종 모양의 화산이다. 산방산의 주된 기반암을 형성한 용암은 점성이 크고 유동성이 작은 조면암질 용암이다.

ㄷ ⓒ 만장굴은 유동성이 큰 용암이 사면을 따라 흘러내리는 과정에서 표층부와 하층부의 냉각 속도 차이로 인해 형성되었다.

ㄹ. ② 현무암은 마그마가 지표 위로 분출한 후 굳어 형성된 다공질(多孔質)의 암석이다. 주로 마그마가 관입하여 형성된 암석은 화강암이다.

11 화산 지형과 카르스트 지형 23학년도 7월 학평 11번

정답 ④ | 정답률 76%

(가), (나) 지역에 대한 설명으로 옳은 것은?

① (가)에는 종유석과 석순이 발달한 동굴이 나타난다.
  └(나)
② (나)는 지표수가 풍부하여 벼농사가 주로 이루어진다.
       부족   밭
③ A는 용암이 분출하여 형성된 종 모양의 화산이다.
           분출하기 이전에 형성된 산지
✔④ C에는 석회암이 풍화된 붉은색의 토양이 나타난다.
⑤ B의 기반암은 C의 기반암보다 형성 시기가 이르다.
  └신생대 현무암 └고생대 석회암   늦다

| 자료 분석 |

(가)는 한탄강 유역, (나)는 정선군 일대의 지형도이다. 한탄강 유역에서는 화산 지형인 용암 대지를 볼 수 있으며, 정선군 일대에 와지가 있는 것으로 보아 돌리네가 분포하는 카르스트 지형임을 알 수 있다. A는 용암 대지 주변 산지, B는 용암 대지, C는 돌리네이다. 돌리네는 석회암의 용식 작용으로 형성된 움푹 파인 와지이다.

| 선지 해설 |

① (가) 한탄강 유역은 용암 대지를 비롯한 화산 지형이 나타나는 지역이다. 종유석과 석순이 발달한 석회 동굴은 (나)와 같이 주로 석회암이 분포하는 지역에서 나타난다.

② (나) 정선군 일대는 석회암이 주로 분포한 지역이며, 석회암은 절리 밀도가 높아 석회암 분포 지역은 대체로 배수가 양호하다. 따라서 (나)는 지표수가 부족하여 밭농사가 주로 이루어진다.

③ A 용암 대지 주변 산지는 용암이 분출하기 이전에 형성되었다. 용암 대지는 유동성이 큰 현무암질 용암이 지각 운동으로 갈라진 지표면의 틈새를 따라 분출하여 기존 평야와 하천을 메워 형성되었다.

④ C 돌리네에는 석회암이 용식되면서 석회암에 포함된 불순물이 녹지 않고 산화되어 붉은 색을 띠는 토양이 만들어진다.

⑤ B 용암 대지의 기반암은 신생대에 형성된 현무암이며, C 돌리네의 기반암은 고생대에 형성된 석회암이다. 따라서 신생대에 형성된 B의 기반암인 현무암은 고생대에 형성된 C의 기반암인 석회암보다 형성 시기가 늦다.

12 카르스트 지형 22학년도 6월 모평 5번

정답 ④ | 정답률 74%

다음은 한국지리 수업 중 학생이 작성한 노트이다. ㉠~㉤에 대한 설명으로 옳은 것은? [3점]

┌→내부에 싱크홀(배수구) 분포
└→배수가 양호하여 주로 밭으로 이용

주제: 카르스트 지형과 인간 생활
○ 주요 카르스트 지형 →물이 암석을 화학적으로 용해하는 화학적 풍화 작용
 • 돌리네: ㉡ 용식 작용에 의해 형성된 깔때기 모양의 지형
 • ㉢ 석회동굴: 내부에 종유석, 석순, 석주 등이 형성
 • ㉣ 석회암 풍화토: 기반암의 성질이 반영된 간대 토양
○ 카르스트 지형을 활용한 인간 생활   ┌→기반암의 성질이
 • 농업: (㉤   )   많이 반영된 토양
 • 제조업: 시멘트 공업 발달
 • 서비스업: 동굴을 활용한 관광 산업 발달

└지하의 석회암이 용식 └원료 지향형 공업
 작용을 받아 형성
① ㉠은 고생대 평안 누층군에서 주로 나타난다.
         조선
② ㉡은 물리적 풍화 작용에 해당한다.
       화학적
③ ㉢은 용암의 냉각 속도 차이에 의해 형성된다.
              └용암동굴
✔④ ㉣은 석회암이 용식된 후 남은 철분 등이 산화하여 붉은색을 띤다.
⑤ ㉤에는 '배수가 불량하여 주로 논농사 발달'이 들어갈 수 있다.
         양호하여   밭농사

| 자료 분석 |

㉠ 돌리네는 석회암의 ㉡ 용식 작용으로 형성된 깔때기 모양의 우묵한 지형이다. ㉢ 석회동굴은 석회암 지대에서 지하수의 용식 작용을 받아 형성된 동굴이다. ㉣ 석회암 풍화토는 붉은색의 간대 토양이다. 카르스트 지형이 발달한 지역은 지표수의 부족으로 주로 ㉤ 밭농사가 이루어진다.

| 선지 해설 |

① ㉠ 돌리네는 석회암이 용식 작용을 받아 형성된 지형이다. 석회암은 고생대 조선 누층군에서 주로 나타난다. 고생대 평안 누층군에는 무연탄이 주로 매장되어 있다.

② ㉡ 용식 작용은 화학적 풍화 작용에 해당한다.

③ 용암의 냉각 속도 차이에 의해 형성되는 지형은 용암동굴이다. ㉢ 석회동굴은 카르스트 지형에 해당한다.

④ ㉣ 석회암 풍화토는 석회암이 용식된 후 남은 철분 등이 산화되어 형성된 붉은색의 토양이다.

⑤ ㉤에는 '배수가 양호하여 주로 밭농사 발달'이 들어갈 수 있다.

OX문제로 개념 확인

(1) 석회암 풍화토는 철이 산화되어 붉은색을 띤다. (   )
(2) 석회동굴의 기반암은 주로 고생대 평안 누층군에 분포한다. (   )

(1) O (2) X

다음은 어느 지역에 대한 야외 조사 활동지이다. ㉠~㉣에 들어갈 옳은
답변만을 <보기>에서 고른 것은?

↳ 카르스트 지형 분포

┌── 돌리네

A 지형에 대한 조사 내용

1. 어떤 형태인가요?
   ㉠→ 와지

2. 무슨 색깔의 토양이 주로 분포하나요?
   ㉡→ 석회암
   풍화토

3. 주요 기반암은 무엇인가요?
   ㉢→ 석회암

4. 주된 토지 이용은 무엇인가요?
   ㉣→ 밭

0 ┣━━━━━┫ 100 m

─────〈 보기 〉─────

ㄱ. ㉠ - 주변보다 낮고, 움푹하게 꺼진 모습입니다.

ㄴ. ㉡ - 붉은색 계열입니다.

ㄷ. ㉢ - ~~현무암~~입니다. (석회암)

ㄹ. ㉣ - ~~논~~으로 이용되고 있습니다. (밭)

① ㄱ, ㄴ   ② ㄱ, ㄷ   ③ ㄴ, ㄷ   ④ ㄴ, ㄹ   ⑤ ㄷ, ㄹ

┃ 자료 분석 ┃

야외 조사 활동지의 A 지형은 석회암이 빗물과 지하수의 용식 작용을 받아 형성된 움푹 파인 땅인 돌리네이다.

┃ 보기 해설 ┃

ㄱ. ㉠ - 돌리네는 석회암이 빗물과 지하수의 용식 작용을 받아 형성된 주변 지역보다 낮고 타원형으로 움푹하게 꺼진 와지(窪地)이다.

ㄴ. ㉡ - 돌리네에는 석회암의 성분 중 탄산 칼슘은 빗물과 지하수에 용해되고 철, 알루미늄과 같은 불용성 물질이 산화되면서 붉은색을 띠는 석회암 풍화토가 분포한다.

ㄷ. ㉢ - 돌리네의 주요 기반암은 고생대 전기에 해저에서 형성된 해성층인 조선 누층군에 주로 분포하는 석회암이다. 현무암은 신생대 제3기 말~제4기 초의 화산 활동에 의해 형성된 화성암이다.

ㄹ. ㉣ - 돌리네는 지하로 연결된 배수구(싱크홀)가 있어 배수가 양호해 논보다 주로 밭으로 이용된다.

개념 확인	**카르스트 지형과 주민 생활**
형성	석회암의 주성분인 탄산 칼슘이 빗물이나 지하수의 용식 작용을 받아 형성
분포	고생대 조선 누층군에 발달 → 평안남도, 강원도 남부, 충청북도 북동부, 경상북도 북부 등
주민 생활	석회동굴의 독특한 경관을 관광 자원으로 활용, 석회석을 시멘트 공업의 원료로 이용, 배수가 양호한 토양을 활용한 밭농사 등

(가), (나) 지역에 대한 설명으로 옳은 것은? [3점]

알봉: 중앙 화구구 (가)→울릉도   (나)→제주도

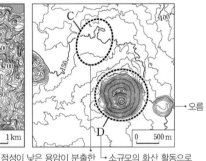

┌ 오름

점성이 높은 용암이 분출한 종상 화산체의 일부

점성이 낮은 용암이 분출한 순상 화산체의 일부

소규모의 화산 활동으로 형성된 오름

화구의 함몰

① (가)의 분지는 지하수의 용식 작용으로 형성되었다.

② (가)와 (나)에서는 공룡 발자국 화석이 ~~발견된다~~. (경상 누층군에 주로 분포 / 발견되지 않는다)

③ D는 ~~화구의 함몰로 형성된 칼데라~~이다. (오름)

④ A는 ~~C~~보다 점성이 낮은 현무암질 용암이 흘러 형성되었다. (C) (A)

⑤ B는 A가 형성된 이후 용암이 분출하여 만들어진 중앙 화구구이다.

┃ 자료 분석 ┃

(가)는 정상에 나리 분지가 위치해 있으므로 울릉도이다. (나)는 곳곳에 작은 산지가 위치해 있으며 저하 등고선이 그려져 있는 것으로 보아 제주도이다.

┃ 선지 해설 ┃

① (가) 울릉도 정상의 나리 분지는 화구가 함몰하여 형성된 칼데라 분지이다. 지하수의 용식 작용을 받아 형성되는 지형은 카르스트 지형이다.

② 공룡 발자국 화석은 중생대에 형성된 경상 누층군에 분포하며, (가), (나)는 모두 신생대에 형성되었으므로 중생대에 번성했던 공룡 화석이 발견되지 않는다.

③ D는 화구를 중심으로 화산 쇄설물이 쌓이거나 소규모의 화산 폭발로 형성된 오름이다. D의 정상에는 저하 등고선이 표시되어 있는데, 이는 화산 활동에 의해 형성된 화구이다.

④ A는 점성이 높고 유동성이 낮은 조면암질 용암이 흘러 형성되었다. C는 점성이 낮고 유동성이 큰 현무암질 용암이 흘러 형성되었다.

⑤ B는 알봉으로 정상의 화구가 함몰한 이후 칼데라 분지 내부에서 화산 쇄설물이 쌓여 형성된 중앙 화구구이다. 따라서 B는 종상 화산체의 일부인 A가 형성된 이후 형성되었다.

15 화산 지형 24학년도 7월 학평 10번

정답 ① | 정답률 57%

다음은 지도에 표시된 지역을 답사하며 촬영한 사진이다. A~D에 대한 설명으로 옳은 것은?

용암 대지: 용암의 틈새
(열하) 분출로 형성

칼데라 분지를
둘러싼 외륜산

용암 대지 주변 산지

철원

울릉도

칼데라 분지: 화구가
함몰되어 형성

✔ B는 유동성이 큰 용암이 분출하여 형성되었다.
└ 틈새(열하) 분출
② C에는 붉은색의 간대 토양이 주로 분포한다.
└ 석회암 풍화토   분포하지 않는다
③ D는 차별적인 풍화와 침식으로 형성된 분지이다.
침식 분지
④ A는 C보다 주된 기반암의 형성 시기가 늦다.
이르다
⑤ B에서는 밭농사, D에서는 논농사가 주로 이루어진다.
논   밭

| 자료 분석 |

지도에 표시된 지역은 철원과 울릉도이다. 사진의 A는 철원 용암 대지 주변의 산지이며, B는 철원의 용암 대지이다. 사진의 C는 울릉도의 칼데라 분지를 둘러싼 급경사의 화산체인 외륜산이며, D는 칼데라 분지인 울릉도의 나리 분지이다.

| 선지 해설 |

① B 철원 용암 대지는 유동성이 크고 점성이 작은 현무암질 용암이 틈새(열하) 분출하여 형성된 지형으로, 용암 대지는 개마고원과 철원에 발달해 있다.

② C 칼데라 분지의 외륜산에는 붉은색의 간대 토양이 주로 분포하지 않는다. 붉은색의 간대 토양은 석회암 풍화토이며, 석회암이 주요 기반암을 이루는 지역에 주로 분포한다.

③ D 울릉도 나리 분지는 화산 폭발 이후 화구가 함몰되어 형성된 칼데라 분지이다. 차별적인 풍화와 침식으로 형성된 분지는 침식 분지이다.

④ A 용암 대지 주변 산지는 신생대 화산이 틈새 분출하기 전에 형성되었으며, C 칼데라 분지의 외륜산은 신생대 화산 활동으로 형성되었다. 따라서 A 용암 대지 주변 산지는 C 칼데라 분지의 외륜산보다 주된 기반암의 형성 시기가 이르다.

⑤ B 철원 용암 대지에서는 수리 시설을 갖춘 이후 논농사가 주로 이루어지며, D 울릉도 나리 분지에서는 배수가 잘 되는 토양을 활용한 밭농사가 주로 이루어진다.

16 화산 지형과 카르스트 지형 24학년도 5월 학평 2번

정답 ② | 정답률 70%

다음 글의 ㉠~㉢에 대한 옳은 설명만을 〈보기〉에서 고른 것은?

└ 석회암이 빗물이나 지하수의 용식 작용을 받아 형성

화산이나 카르스트 지형이 분포하는 지역을 개발할 때는 세심한 주의가 필요하다. 공사 과정에서 보존 가치가 높은 지형이 우연히 발견되기도 하기 때문이다. 예를 들어 천연기념물로 지정된 분덕재 동굴은 강원도 영월의 터널 공사 중에 발견되었다. ㉠ 석회암의 용식 및 침전 과정에서 형성된 종유석, 석순 등의 동굴 생성물이 ㉡ 석회 동굴의 특징을 잘 드러내고 있어 지형적 가치를 인정받았다. ㉢ 용암 동굴이지만 석회 동굴의 특징도 함께 나타나 세계 자연 유산으로 등재된 제주도의 용천동굴 역시 전신주 공사 과정에서 우연히 발견되었다. ㉣ 현무암으로 이루어진 동굴 내부에 종유석, 석주 등이 발달하여 매우 독특한 경관으로 학술적 가치가 높다.

└ 고드름 모양
의 탄산 칼슘
덩어리

└ 독특한 경관으로 학술적 가치가 높다.
└ 화성암(화산암)

─〈 보기 〉─

ㄱ. ㉠은 고생대 조선 누층군에 주로 분포한다.
└ 고생대 초기 해성층 → 석회암
ㄴ. ㉡의 주변 지역은 밭농사보다 논농사에 유리하다.
불리
ㄷ. ㉢은 흐르는 용암 표면과 내부의 냉각 속도 차이에 의해 형성된다.
└ 용암 동굴: 주로 유동성이 큰(점성이 작은) 용암으로 형성
ㄹ. ㉣은 주로 마그마의 관입으로 형성된다.
분출

① ㄱ, ㄴ   ✔② ㄱ, ㄷ   ③ ㄴ, ㄷ   ④ ㄴ, ㄹ   ⑤ ㄷ, ㄹ

| 자료 분석 |

화산이나 카르스트 지형에서 살펴볼 수 있는 지형으로는 각각 석회 동굴과 용암 동굴이 있다. 석회 동굴은 석회암 지대에서 지하수의 용식 작용을 받아 형성된 동굴로 절리 밀도가 높은 지역에서 잘 발달하며 동굴 내부에 종유석, 석순, 석주 등이 발달한다. 용암 동굴은 점성이 작은 용암이 흘러내릴 때 주로 냉각 속도 차이에 의해 형성된다. 석회 동굴과 용암 동굴은 독특한 경관으로 보존 가치가 높다.

| 선지 해설 |

ㄱ. ㉠ 석회암은 주로 고생대 초기 얕은 바다에서 퇴적된 해성층인 고생대 조선 누층군에 주로 분포한다.

ㄴ. ㉡ 석회 동굴의 주변 지역은 석회암 지대로 투수성이 높아서 지표수가 부족해 논농사를 하기에는 불리하다. 따라서 석회 동굴의 주변 지역은 논농사보다 밭농사가 유리하다.

ㄷ. ㉢ 용암의 표면은 공기와 접촉하며 식는데, 이로 인해 용암 표면은 딱딱하게 굳는다. 그러나 내부의 용암은 여전히 뜨겁고 유동성이 있어 흐름을 계속 유지한 채 내부 용암이 빠져나가 빈 공간인 용암 동굴이 형성된다. 즉, 용암 동굴은 용암 표면과 내부의 냉각 속도 차이에 의해 형성된다.

ㄹ. ㉣ 현무암은 마그마가 지표 위로 분출한 후 굳어 형성된다. 주로 마그마의 관입으로 형성되는 암석은 화강암이다. 화강암은 관입한 마그마가 지하에서 천천히 식으면서 굳어 형성된다.

다음은 천연기념물 소개 자료의 일부이다. ㉠~㉣에 대한 설명으로 옳은 것은? [3점]
┗석회암 지대에서 지하수의 용식 작용을 받아 형성

- 제260호 '평창의 백룡 동굴'은 지하수의 용식 작용으로 형성된 ㉠ 석회 동굴로 종유석, 석순, 석주 등의 동굴 생성물을 관찰할 수 있으며 ….
- 제440호 '정선 백복령 카르스트 지대'에서는 석회암이 빗물이나 지하수에 녹아 형성된 우묵한 모양의 ㉡ 돌리네가 나타나며 ….
  ┗배수 양호 → 밭으로 주로 이용 / 석회암 풍화토 분포
- 제443호 '제주 중문·대포 해안 주상 절리대'는 화산 활동과 관련하여 용암이 형성한 ㉢ 다각형의 수직 절리로서 … 이후 파랑의 침식 작용을 받아 기둥 모양이 잘 드러나며 …. ┗주상 절리
- 제444호 '제주 선흘리 ㉣ 거문오름'은 한라산 기슭에 분포하는 화산체로 … 용암류가 지형 경사를 따라 해안까지 도달하면서 다수의 용암 동굴을 형성하였으며 ….

① ㉠의 주변 지역은 밭농사보다 논농사에 유리하다. (논농사 / 밭농사)
② ㉡이 분포하는 지역에서는 현무암 풍화토가 나타난다. (석회암 풍화토)
✔③ ㉢은 용암이 냉각되는 과정에서 수축되면서 형성되었다.
④ ㉣에는 분화구가 함몰되어 형성된 칼데라가 나타난다. (나타나지 않는다)
⑤ ㉡과 ㉣은 대체로 투수성이 낮아 지표수가 잘 형성된다. (높아 / 형성되지 않는다)

| 자료 분석 |
㉢ 다각형의 수직 절리는 화산 지형인 주상 절리이다. ㉣ 거문오름은 소규모 용암 분출이나 화산 쇄설물에 의해 형성된 작은 화산이다.

| 선지 해설 |
① ㉠ 석회 동굴의 주변 지역은 절리의 발달로 배수가 양호해 논농사보다 밭농사에 유리하다.
② ㉡ 돌리네가 분포하는 지역에서는 붉은색의 간대 토양인 석회암 풍화토가 나타난다. 현무암 풍화토는 제주도, 철원 용암 대지 등지에서 나타난다.
③ ㉢ 다각형의 수직 절리인 주상 절리는 분출된 용암이 냉각되는 과정에서 형성된 다각형 기둥 형태의 절리이다.
④ ㉣ 거문오름에는 칼데라가 나타나지 않는다. 제주도의 오름 정상에는 화구가 있는 경우가 많다.
⑤ ㉡ 돌리네는 배수구(싱크홀)가 발달되어 있다. ㉣ 거문오름이 분포하는 제주도의 기반암은 현무암으로 절리가 발달되어 있다. 따라서 ㉡과 ㉣은 대체로 투수성이 높아 지표수가 잘 형성되지 않는다.

다음 글은 국가지질공원의 지질 명소에 대한 소개 자료의 일부이다. ㉠~㉤에 대한 설명으로 옳지 않은 것은? [3점]
┗석회암이 용식 작용을 받아 형성된 석회동굴

- 강원고생대지질공원: 용연동굴 주변에는 탄산 칼슘이 제거된 잔류물이 산화되어 형성된 ㉠ 붉은색 토양이 발달하여 … (중략) … 평창군 미탄면에는 기반암이 ㉡ 빗물이나 지하수의 용식 작용을 받아 형성된 우묵한 지형이 나타나는데 …. ┗(불용성 물질 / 석회암 풍화토 / 돌리네)
- 울릉도·독도지질공원: 나리 분지는 화산 폭발로 마그마가 분출한 이후 ㉢ 분화구 주변이 붕괴·함몰되어 형성된 …. ┗칼데라 분지
- 제주도지질공원: 천연 동굴 가운데 천연기념물로 처음 지정된 ㉣ 만장굴은 총길이 약 7.4km에 이르는 … (중략) … ㉤ 산방산은 높이 약 395m인 종 모양의 화산 지형으로 …. ┗(용암동굴 / 종상 화산)

✔① ㉠은 주로 물리적 풍화 작용으로 형성되었다. (화학적)
② ㉡은 배수가 양호하여 논농사보다 밭농사에 유리하다.
③ ㉢은 칼데라를 형성하는 요인이다.
④ ㉣은 흐르는 용암의 굳는 속도 차이에 의해 형성되었다.
⑤ ㉤은 점성이 높은 용암의 분출로 형성되었다. ┗유동성이 작은 용암

| 자료 분석 |
용연동굴은 석회암이 용식 작용을 받아 형성된 석회동굴이다. 그 주변에 분포하는 ㉠은 석회암 풍화토, 석회암의 용식 작용으로 형성된 우묵한 지형인 ㉡은 돌리네이다. ㉢은 분화구가 함몰하여 형성된 칼데라 분지이다. ㉣ 만장굴은 용암 동굴이다. ㉤ 산방산은 종 모양의 화산인 종상 화산이다.

| 선지 해설 |
① ㉠ 붉은색 토양은 석회암의 성분 중 탄산 칼슘이 제거된 잔류물 중 특히 철이 산화되어 형성된 석회암 풍화토로 주로 화학적 풍화 작용으로 형성되었다.
② ㉡ 돌리네는 빗물이 지하로 스며드는 배수구(싱크홀)가 있어 배수가 양호하여 논농사보다는 밭농사에 유리하다.
③ 울릉도의 나리 분지는 ㉢ 분화구 주변이 붕괴·함몰되어 형성된 칼데라 분지이다.
④ ㉣ 만장굴은 점성이 작은 용암이 흘러내릴 때 표층부와 하층부의 냉각 속도 차이에 의해 형성된 용암동굴이다.
⑤ ㉤ 산방산은 종 모양의 화산으로 점성이 높은(유동성이 작은) 용암의 분출로 형성되었다.

19 화산 지형과 카르스트 지형 20학년도 수능 4번

정답 ⑤ | 정답률 57%

지도의 A~D에 대한 설명으로 옳은 것은? [3점]

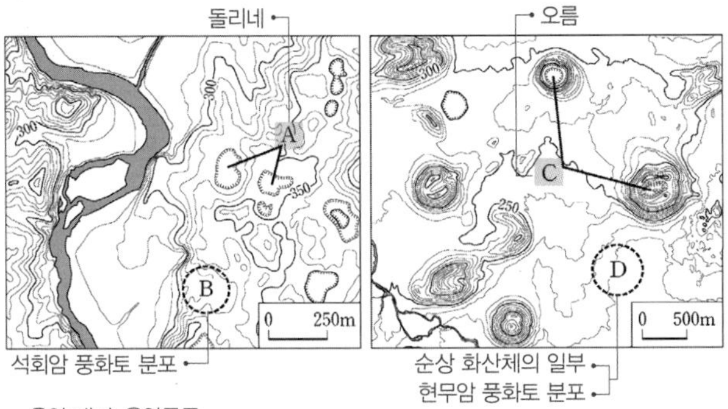
돌리네
오름
A
C
B
D
300
350
250
0 250m
0 500m
석회암 풍화토 분포
순상 화산체의 일부
현무암 풍화토 분포

용암 대지, 용암동굴

① B는 현무암질 용암이 흘러서 형성되었다.

현무암 흑갈색

② D에서는 석회암이 풍화된 붉은색의 토양이 나타난다.

늦다

③ C는 A 보다 기반암의 형성 시기가 이르다.

석회동굴

④ A와 C 주변에는 기반암이 용식되어 형성된 동굴이 분포한다.

⑤ B와 D는 배수가 양호하여 밭농사에 유리하다.

| 자료 분석 |

A는 석회암이 용식 작용을 받아 움푹하게 파인 와지(窪地)인 돌리네이다. C는 오름, D는 순상 화산체의 일부이다.

| 선지 해설 |

① 현무암질 용암이 흘러서 형성된 지형은 용암 대지 또는 용암동굴과 같은 화산 지형으로 B에는 화산 지형이 나타나지 않는다.

② D에서는 현무암이 풍화된 흑갈색의 현무암 풍화토가 나타난다. 석회암이 풍화된 붉은색의 토양은 카르스트 지형이 나타나는 A와 B에서 나타난다.

③ C는 화산 활동에 의해 형성된 오름으로 기반암은 신생대의 화산 활동에 의해 형성되었다. A 돌리네의 기반암은 석회암으로 고생대 초기에 형성된 조선 누층군에 주로 분포한다. 따라서 C는 A보다 기반암의 형성 시기가 늦다.

④ A 주변에는 기반암이 용식되어 형성된 석회동굴이 분포하지만 C 주변에는 석회동굴이 분포하지 않는다. C 주변에는 용암동굴이 분포한다.

⑤ 주요 기반암이 석회암인 B와 주요 기반암이 현무암인 D에는 절리가 발달되어 있다. 따라서 B와 D는 배수가 양호해 밭농사에 유리하다.

20 화산 지형과 카르스트 지형 23학년도 9월 모평 11번

정답 ④ | 정답률 72%

다음은 한국지리 온라인 수업의 한 장면이다. 교사의 질문에 옳게 답한 학생만을 고른 것은? [3점]

순상 화산체의 일부
용암동굴
오름: 화산 쇄설물이 분화구를 중심으로 쌓여 형성
돌리네: 석회암의 용식 작용으로 형성

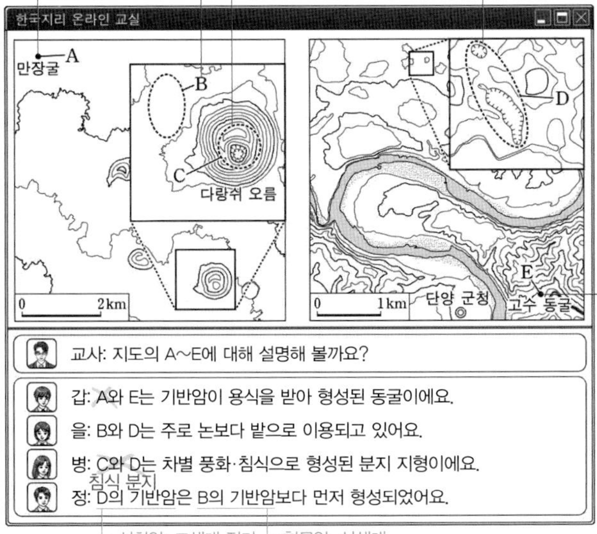
한국지리 온라인 교실
A
만장굴
B
C
다랑쉬 오름
0 2km
D
E
0 1km
단양 군청
고수 동굴
석회 동굴
교사: 지도의 A~E에 대해 설명해 볼까요?
갑: A와 E는 기반암이 용식을 받아 형성된 동굴이에요.
을: B와 D는 주로 논보다 밭으로 이용되고 있어요.
병: C와 D는 차별 풍화·침식으로 형성된 분지 지형이에요.
침식 분지
정: D의 기반암은 B의 기반암보다 먼저 형성되었어요.

석회암: 고생대 전기 현무암: 신생대

① 갑, 을 ② 갑, 병 ③ 을, 병 ④ 을, 정 ⑤ 병, 정

| 자료 분석 |

왼쪽에 제시된 지역은 제주도로 A 만장굴은 용암동굴, B는 순상 화산체의 일부, C는 오름의 분화구이다. 오른쪽에 제시된 지역은 단양군 일대로 D는 석회암의 용식 작용으로 형성된 돌리네, E 고수 동굴은 석회암 지대에서 지하수의 용식 작용을 받아 형성된 석회동굴이다.

| 선지 해설 |

갑. E 고수 동굴은 기반암인 석회암이 용식을 받아 형성된 동굴이지만, A 만장굴은 점성이 작은 용암이 흘러내릴 때 표층부와 하층부의 냉각 속도 차이에 의해 형성된 용암동굴이다.

을. 제주도는 기반암의 특성상 논농사가 불리하여 경지 대부분이 밭으로 이용되며, 제주도에 위치한 B 순상 화산체의 일부도 주로 논보다 밭으로 이용된다. D 돌리네는 빗물이 지하로 스며드는 배수구가 있어 주로 밭으로 이용된다.

병. C의 와지는 용암의 분출로 형성된 오름의 분화구이고, D의 와지는 석회암이 물의 용식 작용을 받아 형성된 돌리네이다. 차별 풍화·침식으로 형성된 분지 지형은 침식 분지이다.

정. D의 기반암은 석회암으로 고생대 전기에 형성되었고, B의 기반암은 현무암으로 신생대에 형성되었다. 따라서 D의 기반암은 B의 기반암보다 먼저 형성되었다.

(가), (나)의 특징을 그림의 A~D에서 고른 것은?

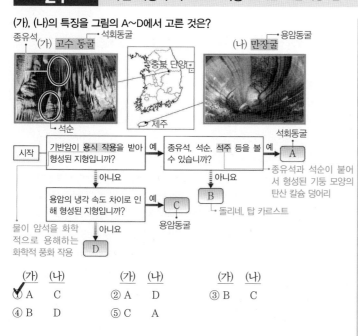

(가)	(나)		(가)	(나)		(가)	(나)
① A	C		② A	D		③ B	C
④ B	D		⑤ C	A			

자료 분석

(가)는 충북 단양에 위치한 고수 동굴이다. 강원도 남부, 충청북도 북동부, 경상북도 북부 일대는 고생대 조선 누층군에 분포하는 석회암이 용식되어 형성된 석회동굴이 분포한다. (나)는 제주에 위치한 만장굴이다. 제주도에는 용암의 냉각 속도 차이로 형성된 용암동굴이 분포한다.

선지 해설

① (가) – A, (나) – C

· (가) 고수 동굴은 기반암인 석회암이 용식 작용을 받아 형성된 지형이다. 고수 동굴 내부에서는 종유석, 석순, 석주 등을 볼 수 있다. 따라서 (가)의 특징은 A이다.

· (나) 만장굴은 용암이 분출한 후 식는 과정에서 표층부와 하층부의 냉각 속도 차이에 의해 형성되었다. 따라서 (나)의 특징은 C이다.

개념 확인 석회동굴과 용암동굴

구분	석회동굴	용암동굴
형성 작용	용식 작용	화산 활동
기반암	고생대에 형성된 석회암	신생대에 형성된 현무암
특징	지하수의 양과 절리 밀도가 동굴 형성에 큰 영향	석회동굴보다 내부 구조가 단순한 편
사례	고수 동굴(단양), 고씨굴(영월), 환선굴(삼척) 등	제주에 분포 → 만장굴, 김녕굴, 협재굴 등

지도의 A~D에 대한 설명으로 옳은 것만을 〈보기〉에서 고른 것은?

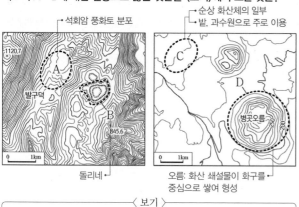

돌리네

오름: 화산 쇄설물이 화구를
중심으로 쌓여 형성

〈 보기 〉

ㄱ. A는 유동성이 큰 현무암질 용암이 분출하여 형성되었다.
　　　C

ㄴ. B에는 기반암이 풍화된 붉은색의 토양이 나타난다.
　　　　　　　　　　　　　↳ 석회암 풍화토

ㄷ. C는 지표수가 풍부하여 논농사에 유리하다.
　　　　　　　부족　　　　　　　불리

ㄹ. D는 소규모 화산 활동으로 형성된 기생 화산이다.

① ㄱ, ㄴ　② ㄱ, ㄷ　③ ㄴ, ㄷ　④ ㄴ, ㄹ　⑤ ㄷ, ㄹ

자료 분석

왼쪽 지도는 둥글게 움푹 파인 곳을 의미하는 '발구덕'이라는 지명과 저하 등고선 등으로 보아 카르스트 지형과 관련이 있다. B는 돌리네이다. 오른쪽 지도는 '병곳오름'이라는 지명으로 보아 제주도의 지형도이다. C는 등고선 간격이 넓은 곳으로 유동성이 큰 현무암질 용암이 분출하여 형성된 순상 화산체의 일부이다. D는 병곳오름이라는 지명과 등고선이 조밀한 것으로 보아 기생 화산(오름)이다.

보기 해설

ㄱ. 유동성이 큰 현무암질 용암이 분출하여 형성된 곳은 C이다. A는 오랜 풍화와 침식으로 평탄해진 지형이 경동성 요곡 운동으로 융기한 이후에도 평탄한 기복을 유지한 고위 평탄면이다.

ㄴ. B는 석회암 분포 지역에서 발달하는 돌리네이다. 석회암 분포 지역에서는 기반암이 풍화되어 석회암 풍화토가 나타난다. 석회암 풍화토는 토양의 형성 과정에서 석회암이 용식된 후 남은 철분 등이 산화되어 주로 붉은색을 띤다.

ㄷ. C의 주된 기반암은 현무암으로 절리가 발달하여 투수성이 매우 좋다. 이로 인해 C는 지표수가 부족하여 논농사에 불리하다.

ㄹ. 제주도에서는 기생 화산을 '오름' 또는 '악'이라고 부른다. 따라서 D 병곳오름은 기생 화산이다. 한편 기생 화산은 소규모 화산 활동으로 형성된 작은 화산체이다.

23 카르스트 지형 21학년도 10월 학평 7번

정답 ② | 정답률 88%

다음 자료의 ⊙~⊕에 대한 설명으로 옳은 것은?

→ 조선 누층군에 주로 분포

⊙ 남한강 가운데 솟은 봉우리 3개는 단양 8경 중 으뜸인 '도담삼봉'이다. 도담삼봉은 ⓒ 석회암이 오랜 ⓒ 용식 작용을 받아 만들어진 지형이다. ⓔ 단양은 180여 개의 ⓜ 천연 동굴이 분포하는 등 지형학적 가치가 높아 13번째로 국가지질공원 인증을 받았다.

▲ 김홍도의 도담삼봉도
→ 석회동굴

→ 석회암이 용식 작용을 받아 카르스트 지형이 형성됨

① ⊙의 하구에는 하굿둑이 건설되어 있다.
　└→ 금강, 영산강, 낙동강 있지 않다
✓② ⓒ은 시멘트 공업의 주원료로 이용된다.
③ ⓒ은 물리적 풍화 작용에 해당한다.
　　　　　　화학적
④ ⓔ에는 주로 흑갈색의 간대 토양이 분포한다.
　　　　　붉은색
⑤ ⓜ은 용암이 냉각되는 과정에서 형성된다.
　　용암동굴

| 자료 분석 |

⊙ 남한강이 흐르는 ⓔ 단양은 고생대에 형성된 조선 누층군에 주로 분포하는 ⓒ 석회암이 ⓒ 용식 작용을 받아 형성된 ⓜ 천연 동굴인 석회동굴을 비롯하여 카르스트 지형이 발달해 있다.

| 선지 해설 |

① 우리나라에는 금강, 영산강, 낙동강에 하굿둑이 건설되어 있으며 ⊙ 남한강에는 하굿둑이 건설되어 있지 않다.

②ⓒ 석회암은 시멘트 공업의 주원료이다. 시멘트 공업은 대표적인 원료 지향형 공업으로 강원도 삼척, 동해, 충북 단양 등지에 시멘트 공업이 발달해 있다.

③ ⓒ 용식 작용은 물이 암석을 화학적으로 용해하는 화학적 풍화 작용이다.

④ ⓔ 단양에는 석회암이 용식된 후 남은 철분 등이 산화되어 형성된 붉은색의 간대 토양인 석회암 풍화토가 주로 분포한다.

⑤ 용암이 냉각되는 과정에서 형성되는 천연 동굴은 용암동굴로 제주도에 분포한다. ⓜ 천연 동굴은 석회암 지대에서 지하수의 용식 작용을 받아 형성된 석회동굴이다.

24 화산 지형 24학년도 10월 학평 3번

정답 ⑤ | 정답률 68%

다음 자료는 제주특별자치도에서 사용되는 관광 우편 날짜 도장을 나타낸 것이다. (가)~(라)에 대한 설명으로 옳은 것은?

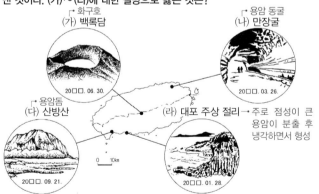

→ 주로 점성이 큰 용암이 분출 후 냉각하면서 형성

① (가)는 분화구가 함몰되어 형성되었다.
　백두산의 천지
② (나)는 지하수의 용식 작용으로 형성되었다.
　　　　용암의 냉각 속도 차이
③ (다)의 주변 지역에는 주로 붉은색 토양이 분포한다.
　　　　　　　　　　흑갈색
④ (라)는 화강암이 지표면에 노출되는 과정에서 형성되었다.
　침식 분지
✓⑤ (다)는 (나)보다 점성이 큰 용암이 분출하여 형성되었다.
　└→ 조면암질 용암 〉 현무암질 용암

| 자료 분석 |

(가) 한라산의 백록담은 분화구에 물이 고인 화구호이다. (나) 만장굴은 점성이 작은 용암이 흘러내릴 때 주로 표층부와 하층부의 냉각 속도 차이에 의해 형성된 용암 동굴이다. (다) 산방산은 주로 점성이 큰 용암이 분출된 후 멀리 퍼지지 않고 굳으면서 돔 형태의 지형을 이룬 화산 지형이다. (라) 대포 주상 절리는 용암이 냉각되는 과정에서 수축하면서 형성된 다각형의 기둥 모양의 절리이다.

| 선지 해설 |

① (가)는 분화구에 물이 고인 화구호이다. 분화구가 함몰되어 형성된 지형은 칼데라이다. 칼데라에 물이 고인 칼데라호는 백두산의 천지이다.

② (나) 만장굴은 화산 활동으로 형성되는 동굴이다. 점성이 작은 용암이 흘러내릴 때 표층부는 공기와 접촉하면서 상대적으로 빠르게 냉각되어 굳지만, 하층부는 용암이 계속 흘러 나가면서 용암 동굴이 형성된다. 지하수의 용식 작용으로 형성되는 것은 석회 동굴이다.

③ (다) 산방산은 화산 지형으로 주변 지역에는 흑갈색 토양이 분포한다. 주변 지역에 주로 붉은색 토양이 분포하는 지형은 석회암이 용식되어 형성된 카르스트 지형이다.

④ (라)는 주로 현무암질 용암이 분출한 후 냉각되어 형성된다. 화강암이 지표면에 노출되는 과정에서 형성되는 지형으로는 침식 분지가 있다.

⑤(다) 산방산은 주로 점성이 크고 유동성이 작은 용암이 분출하여 형성되며, (나) 만장굴은 주로 점성이 작고 유동성이 큰 용암이 분출하여 형성된다. 따라서 (다) 산방산은 (나) 만장굴보다 점성이 큰 용암이 분출하여 형성되었다.

8
일차

| 01 ③ | 02 ④ | 03 ⑤ | 04 ① | 05 ② | 06 ① | 07 ④ | 08 ④ | 09 ② | 10 ④ | 11 ⑤ | 12 ③ |
| 13 ④ | 14 ④ | 15 ④ | 16 ② | 17 ① | 18 ④ | 19 ③ | 20 ③ | | | | |

문제편 065~069쪽

---

01 | 지형 통합 23학년도 6월 모평 10번

정답 ③ | 정답률 59%

지도의 A~C에 대한 설명으로 옳은 것만을 〈보기〉에서 고른 것은?

- 침식 분지의 주변 산지
- 기반암: 변성암(풍화와 침식에 강함)

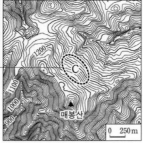
- 고위 평탄면: 오랜 풍화와 침식으로 평탄해진 곳이 융기한 후에도 남아 있는 지형

- 침식 분지의 바닥
- 기반암: 화강암(상대적으로 풍화와 침식에 약함)

〈 보기 〉
ㄱ. A는 마그마가 분출하여 형성된 종 모양의 화산이다.
 └ 울릉도, 독도, 한라산의 정상부 등
ㄴ. C는 오랫동안 침식을 받아 평탄해진 곳이 융기한 지형이다.
 └ 신생대 제3기 경동성 요곡 운동
ㄷ. A의 기반암은 B의 기반암보다 풍화와 침식에 강하다.
 └ 변성암 └ 화강암
ㄹ. C는 B보다 충적층이 발달하여 벼농사에 유리하다.
 └ 발달하지 않아 └ 불리

① ㄱ, ㄴ ② ㄱ, ㄷ ✓③ ㄴ, ㄷ ④ ㄴ, ㄹ ⑤ ㄷ, ㄹ

출제 경향
지도와 사진을 통해 지형의 특징을 통합적으로 묻는 문제는 해마다 출제된다. 지형의 분포 지역 뿐만 아니라 지형의 특징을 꼼꼼히 정리해 두어야 한다.

| 자료 분석 |
왼쪽 지도는 강원도 양구군의 침식 분지, 오른쪽 지도는 강원도 태백시의 고위 평탄면을 나타낸 것이다. 지도의 A는 침식 분지의 주변 산지, B는 침식 분지의 바닥, C는 고위 평탄면 일대를 나타낸 것이다.

| 보기 해설 |
ㄱ. A는 기반암이 변성암인 침식 분지의 주변 산지이다. 마그마가 분출하여 형성된 종 모양의 화산은 울릉도, 독도, 한라산의 정상부 등에서 볼 수 있다.

ㄴ. C 고위 평탄면은 오랫동안 침식을 받아 평탄해진 곳이 경동성 요곡 운동으로 융기한 이후에도 평탄한 기복을 유지하는 지형이다.

ㄷ. A의 기반암은 시·원생대에 형성된 변성암이며, B의 기반암은 중생대에 형성된 화강암이다. 이 중에서 A의 기반암인 변성암은 B의 기반암인 화강암보다 풍화와 침식에 강해 산지로 남게 되었다.

ㄹ. B 침식 분지의 바닥은 주변 산지로부터 하천이 모여들어 충적층이 발달해 벼농사에 유리하다. 반면, C 고위 평탄면은 해발 고도가 높고 주변 낮은 지역으로 하천이 흘러가기 때문에 충적층의 발달이 미약하다. 따라서 C 고위 평탄면은 B 침식 분지의 바닥보다 충적층의 발달이 미약하여 벼농사에 불리하다.

---

02 | 지형 통합 21학년도 수능 10번

정답 ④ | 정답률 62%

지도의 A~D에 대한 설명으로 옳은 것은? [3점]

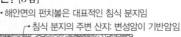
- 대리 동굴 지대: 석회동굴 분포
- 시멘트 공업 발달
- 돌리네
- 해안면의 펀치볼은 대표적인 침식 분지임
- 침식 분지의 주변 산지: 변성암이 기반암임

- 삼척시
- 양구군

- 지표수 부족으로 밭농사가 주로 이루어짐
- 붉은색의 간대토양인 석회암 풍화토 분포
- 침식 분지의 바닥: 화강암이 기반암임

① A에서는 충적층이 넓게 발달하여 벼농사가 주로 이루어진다.
 └ 북부 지방 └ 밭농사
② B에서는 회백색을 띠는 성대 토양이 주로 분포한다.
 └ 침식 분지 바닥
③ D는 신생대 경동성 요곡 운동으로 형성된 고위 평탄면이다.
✓④ C의 기반암은 B의 기반암보다 형성 시기가 이르다.
 └ 시·원생대 └ 고생대
⑤ C의 기반암인 D의 기반암보다 풍화와 침식에 대한 저항력이 약하다.
 └ 경암 └ 연암

| 자료 분석 |
왼쪽에 제시된 지도는 삼척시 대이리 동굴 지대 일대에 해당하며, B는 저하 등고선이 표시되어 있으므로 돌리네이다. 오른쪽에 제시된 지도는 양구군 해안면 일대에 해당하며, 등고선의 간격으로 보아 C는 침식 분지의 산지, D는 침식 분지의 바닥이다.

| 선지 해설 |
① 카르스트 지형이 발달한 곳은 절리가 발달되어 있어 빗물이 지하로 스며들어 지표수가 부족하기 때문에 주로 밭농사가 이루어진다. 따라서 A에서는 벼농사가 주로 이루어지지 않는다.

② B 돌리네에는 석회암의 성분 중 탄산 칼슘은 용해되고 철, 알루미늄과 같은 불용성 물질이 산화되면서 붉은색을 띠는 석회암 풍화토가 분포한다. 회백색을 띠는 성대 토양은 냉대 기후가 나타나는 북부 지방에 주로 분포한다.

③ D는 하천의 차별 침식으로 형성된 침식 분지의 바닥이다. 고위 평탄면은 태백산맥 또는 소백산맥 일대에 주로 분포한다.

④ C의 기반암은 시·원생대에 형성된 변성암이며 B의 기반암은 고생대에 형성된 석회암이다. 따라서 C의 기반암은 B의 기반암보다 형성 시기가 이르다.

⑤ C의 기반암인 변성암은 D의 기반암인 화강암보다 풍화와 침식에 대한 저항력이 강해 주변 산지를 이루고 있다.

03 지형 통합 24학년도 수능 2번

다음 자료의 ㉠~㉤에 대한 설명으로 옳은 것은? [3점]

> ┌─고위 평탄면
> 평창군 황병산 일대에서는 해발 고도 800m가 넘는 곳에 넓은 ㉠ 평탄면을 볼 수 있다. 이 평탄면은 과거 오랜 기간 풍화와 침식을 받아 평탄해진 곳이 ㉡ 경동성 요곡 운동으로 융기한 후에도 완만한 기복을 유지하고 있는 지형이며, 목초 재배에 유리하여 목축업이 발달하였다.

> 북한강 유역의 춘천은 주변이 산지로 둘러싸인 ㉢ 분지의 ←침식 분지
> 평탄면에 발달한 도시이다. 춘천 분지는 ㉣ 변성암과 ㉤ 화 ←중생대 관입
> 강암의 차별적인 풍화·침식 작용을 받아 형성된 지형으로, 용수 확보가 쉬워 일찍부터 농업 및 생활의 중심지로 이용되었다.

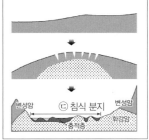

┌─신생대 제3기

① ㉠에는 공룡 발자국 화석이 많이 분포한다.
   경상 분지
② ㉣은 주로 시멘트 공업의 원료로 이용된다.
   석회암
③ ㉡으로 한반도 전역에 ㉤이 관입되었다.
   대보 조산 운동
④ ㉢에서는 ㉠보다 바람이 강하여 풍력 발전에 유리하다.
   ㉠   ㉢
⑤ ㉣은 ㉤보다 한반도 암석 분포에서 차지하는 비율이 높다.

| 자료 분석 |

㉠ 평탄면은 융기에 의해 형성된 고위 평탄면으로 목초 재배에 유리하여 목축업이 발달하였으며, 여름철 고랭지 농업이 주로 이루어진다. 또한 이 지역은 강한 바람이 불기 때문에 풍력 발전에도 유리하다. ㉡ 경동성 요곡 운동은 신생대 제3기에 발생한 비대칭 융기 작용으로 동고서저의 지형을 형성하였다. ㉢ 분지의 평탄면은 하천의 침식 작용에 의해 형성된 침식 분지를 말한다. 침식 분지의 주변 산지는 주로 ㉣ 변성암으로 구성되어 있으며, ㉤ 화강암은 주로 침식 분지의 바닥을 형성하고 있다.

| 선지 해설 |

① ㉠ 평탄면이 위치한 평창군 황병산 일대는 공룡 발자국 화석이 분포하는 지역이 아니다. 공룡 발자국 화석은 중생대 퇴적층이 분포하는 경상 분지 지역에서 주로 발견된다.

② ㉣ 변성암은 주로 시·원생대에 형성된 암석이며, 시멘트 공업의 원료로 이용되지 않는다. 시멘트 공업의 원료로 주로 이용되는 것은 고생대에 형성된 석회암이다.

③ ㉤ 화강암이 한반도 전역에 관입된 지각 변동은 중생대에 발생한 대보 조산 운동이다. ㉡ 경동성 요곡 운동은 신생대에 발생한 비대칭 융기 작용으로 동고서저의 지형을 형성하였다.

④ ㉢ 춘천의 침식 분지와 ㉠ 황병산 일대의 평탄면 중 바람이 강하여 풍력 발전이 유리한 곳은 ㉠ 황병산 일대의 평탄면이다.

⑤ ㉣ 변성암의 한반도 암석 분포 비율은 약 42.6%이고, ㉤ 화강암이 포함된 화성암은 한반도 암석 분포 비율이 약 34.8%이다. 따라서 ㉣ 변성암은 ㉤ 화강암보다 한반도 암석 분포에서 차지하는 비율이 높다.

04 지형 통합 21학년도 6월 모평 3번

다음은 문화재청의 명승 소개 자료이다. ㉠~㉤에 대한 설명으로 옳지 않은 것은?

> ┌─감입 곡류 하천 주변에 발달한 한반도 모양의 지형
> ○ 『영월 한반도 지형』은 굽이쳐 흐르는 ㉠ 하천의 침식 작용과 퇴적 작용에 의해 만들어진…
>   ┌─돌산
> ○ 『남해 금산』은 ㉡ 화강암으로 이루어진 기암괴석이 뛰어난 자연경관을 만들어내며…
>   └─중생대에 주로 형성
> ○ 『단양 도담삼봉』은 ㉢ 석회암의 용식 작용으로 형성된 원추 모양의 봉우리로…
> ○ 『부안 채석강·적벽강 일원』은 변산반도에서 ㉣ 바다 쪽으로 돌출된 지역으로…
>   └─해식애와 파식대 발달 └─곶
> ○ 『순천만』은 남해안에 발달한 ㉤ 연안 습지 중 우리나라를 대표할 만하며…
>   └─갯벌이 대표적임

  화산 활동
① ㉠은 칼데라를 형성하는 주요 요인이다.
② ㉡은 마그마가 관입하여 형성된 암석이다.
              └─화강암
③ ㉢은 고생대 조선 누층군에 주로 분포한다.
              └─전기에 형성된 해성층
④ ㉣은 파랑의 침식 작용이 퇴적 작용보다 활발한 곳이다.
⑤ ㉤은 육지와 바다의 점이 지대로서 생물 종 다양성이 높다.
              └─바닷물이 드나듦

| 자료 분석 |

『영월 한반도 지형』은 감입 곡류 하천 주변에 발달한 한반도 모양의 지형이다. 『남해 금산』은 돌산이며, 『단양 도담삼봉』은 석회암으로 이루어진 봉우리이다. 『부안 채석강·적벽강 일원』에는 해식애와 파식대가 발달되어 있다. 『순천만』은 조류의 퇴적 작용으로 형성된 갯벌(연안 습지)이 발달해 있다.

| 선지 해설 |

① 칼데라는 화구가 함몰되어 형성된 분지 모양의 지형으로, ㉠ 하천의 침식 작용이 아니라 화산 활동에 의해 형성된다.

② ㉡ 화강암은 중생대 대보 조산 운동 및 불국사 변동으로 지하 깊은 곳에서 마그마가 관입하여 형성된 암석이다.

③ ㉢ 석회암은 고생대 전기에 해저에서 형성된 조선 누층군에 주로 분포한다. 석회암이 용식 작용을 받으면 석회동굴과 같은 카르스트 지형이 형성된다.

④ ㉣ 바다 쪽으로 돌출된 지역은 곶(串)으로 파랑 에너지가 집중되어 파랑의 퇴적 작용보다 침식 작용이 활발해 파식대와 같은 암석 해안이 발달해 있다.

⑤ ㉤ 연안 습지는 해안에 발달한 습지로 갯벌이 대표적이다. 갯벌은 밀물 때는 물에 잠기고 썰물 때는 물 위로 노출되는 지형으로 육지와 바다의 점이 지대로서 생물 종 다양성이 높다.

다음은 지도에 표시된 지역을 답사하며 촬영한 사진이다. 세 지역의
A~D에 대한 설명으로 옳은 것만을 〈보기〉에서 고른 것은? [3점]

용암 대지: 현무암질 용암의 → 돌리네: 석회암의 용식
열하 분출로 형성 작용으로 형성

철원
단양
양구

→ 화강암: 중생대에 형성, → 변성암: 시·원생대에 형성,
침식 분지의 바닥 부분 침식 분지의 주변 산지

〈 보기 〉
ㄱ. A는 유동성이 큰 용암이 분출하여 형성된 평탄면이다.
└ 현무암질 용암
ㄴ. B는 화구가 함몰되어 형성된 칼데라의 일부이다.
└ 돌리네
ㄷ. C의 기반암은 D의 기반암보다 풍화와 침식에 강하다.
└ 변성암: 시·원생대 └ 화강암: 중생대
ㄹ. A와 B에는 회백색을 띠는 성대 토양이 주로 분포한다.
A: 흑갈색, B: 붉은색 간대토양

① ㄱ, ㄴ ✓② ㄱ, ㄷ ③ ㄴ, ㄷ ④ ㄴ, ㄹ ⑤ ㄷ, ㄹ

| 자료 분석 |

지도의 세 지점은 철원, 양구, 단양이다. A는 철원 용암 대지로 현무암질 용암의
열하 분출로 형성되었다. B는 단양 돌리네로 석회암이 용식 작용을 받아 형성된
움푹 파인 구덩이다. C와 D는 양구군 해안면의 침식 분지로 암석이 차별적인 풍
화와 침식 작용을 받아 형성되었다. 침식 분지는 변성암이 화강암을 둘러싸고 있
는 지역에서 주로 발달하며 C는 침식 분지의 주변 산지로 변성암, D는 침식 분
지의 바닥 부분으로 화강암이 주요 기반암이다.

| 선지 해설 |

ㄱ A 용암 대지는 신생대 화산 활동으로 유동성이 큰 현무암질 용암이 열하 분
출(틈새 분출)하여 당시의 골짜기나 분지를 메워 형성된 평탄면이다.

ㄴ. B 돌리네는 석회암 지대에서 빗물이 지하로 스며드는 배수구(싱크홀)의 주변
이 빗물에 용식되어 형성된 깔때기 모양의 오목한 지형이다. 화구가 함몰되
어 형성된 칼데라와 관련된 지형을 볼 수 있는 지역으로는 백두산 천지(칼데
라호), 울릉도 나리 분지(칼데라 분지)가 있다.

ㄷ C는 침식 분지의 주변 산지로 주된 기반암은 시·원생대에 형성된 변성암이
다. D는 침식 분지의 바닥 부분으로 주된 기반암은 중생대에 형성된 화강암
이다. 화강암은 변성암보다 풍화와 침식에 약해 쉽게 제거되는 반면 변성암
은 화강암보다 풍화와 침식에 강해 산지로 남게 되면서 침식 분지를 형성한
다. 따라서 C의 기반암인 변성암은 D의 기반암인 화강암보다 풍화와 침식에
강하다.

ㄹ. A 용암 대지의 주된 기반암은 현무암으로 흑갈색의 현무암 풍화토가 주로
분포하며, B 돌리네의 주된 기반암은 석회암으로 붉은색의 석회암 풍화토가
주로 분포한다. 현무암 풍화토와 석회암 풍화토는 둘 다 기반암의 특성에 영
향을 받는 간대토양에 해당한다. 한편 회백색을 띠는 성대 토양은 냉대 기후
지역의 포드졸 등이 있다.

다음 글의 ㉠~㉢에 대한 설명으로 옳은 것은? [3점]

┌ 하천의 차별 침식으로 형성 ┌ 변성암 ┌ 화강암
○ ㉠ 침식 분지는 주위가 산지로 둘러싸인 평지를 말하며, 암석
의 차별적인 풍화와 침식에 의해 형성된다. 우리나라에서는 주
로 변성암이 ㉡ 화강암을 둘러싸고 있는 지역이나 하천의 합류
지점에서 발달한다. ┌ 예 춘천

○ ㉢ 카르스트 지형은 ㉣ 석회암이 이산화 탄소를 함유한 빗물
과 지하수의 용식 작용을 받아 형성된다. 강원도 남부 및 충청
북도 북동부 지역 등에 발달하였으며, 대표적인 지형으로 ㉤
돌리네와 석회동굴 등이 있다. ┌ 석회암의 용식 작용으로 형성

┌ 밤에 산풍이 산 사면을 타고 내려와 분지 바닥에 쌓임
✓①㉠에서는 기온 역전 현상에 따른 안개가 잘 발생한다.
중생대
②㉡은 주로 신생대에 마그마가 관입하여 형성되었다.
┌ 경상 누층군에 분포
③㉢을 이루는 암석층에서는 공룡 발자국 화석이 많이 발견된다.
퇴적
④㉣은 오랜 시간 동안 변성 작용을 받아 형성되었다.
밭
⑤㉤은 주로 논으로 이용된다.

| 자료 분석 |

하천의 차별 침식으로 형성된 ㉠ 침식 분지의 주변 산지는 변성암이 기반암을
이루고 있으며, 분지 바닥은 ㉡ 화강암이 기반암을 이룬다. ㉢ 카르스트 지형은
고생대에 형성된 ㉣ 석회암이 용식 작용을 받아 형성된다. ㉤ 돌리네는 석회암이
물에 용식 작용을 받아 형성된 움푹 파인 땅이다.

| 선지 해설 |

① 기온 역전 현상은 지표면의 냉각으로 지표 부근의 기온이 상공의 기온보다
더 낮은 기후 현상이다. 침식 분지에서는 밤에 산 정상의 냉각된 공기가 밀도
차이에 의해 산 사면을 타고 내려와 분지 바닥에 쌓이면서 기온 역전 현상이
나타나며 이로 인해 안개가 잘 발생한다.

② ㉡ 화강암은 주로 중생대의 대보 조산 운동과 불국사 변동에 의해 지하 깊은
곳에서 마그마가 관입하여 형성된 화성암이다.

③ ㉢ 카르스트 지형은 석회암이 용식 작용을 받아 형성된 지형으로 석회암이
기반암을 이루는 곳에서 주로 발달해 있다. 공룡 발자국 화석은 중생대 말에
형성된 육성층인 경상 누층군에서 주로 발견된다.

④ ㉣ 석회암은 고생대 전기에 해저에서 형성된 대표적인 퇴적암이다. 오랜 시간
동안 변성 작용을 받아 형성되는 암석은 변성암이다.

⑤ ㉤ 돌리네는 지하로 연결된 배수구(싱크홀)가 있어 배수가 양호하며 논보다
주로 밭으로 이용된다.

07 지형 통합 19학년도 6월 모평 6번 　　　　　　　　　정답 ④ | 정답률 80%

지도의 A~D에 대한 설명으로 옳은 것은? [3점]

↑춘천: 북한강과 소양강이 합류함　　　↑평창 대관령　↑고위 평탄면　↑고위 평탄면
　　　　　　　　　　　　　　　　　　　　　　　　　　　　　　　주변의 급경사 사면

침식 분지의 바닥:　　　　　↑침식 분지의 주변 산지:
화강암이 기반암임　　　　　변성암이 기반암임

① A는 <u>지하수의 용식 작용에 의해 형성된 지형</u>이다.
　　　 └하천의 차별 침식
② A와 B의 기반암은 <u>신생대</u>에 형성되었다.
　　　　　　　　　　　　└시·원생대
　　　　　　　　　└중생대
③ B의 기반암은 A의 기반암보다 풍화와 침식에 <u>약하다.</u>
　　　　　　　　　　　　　　　　　　　　　　강하다
✓ C는 A보다 풍력 발전 단지 조성에 유리하다.
　　　└풍속이 강하고 풍향이 일정한 곳이 유리
⑤ 목축업은 C보다 D에서 주로 이루어진다.
　　　　　　D　　C

| 자료 분석 |

왼쪽 지도에 제시된 지역은 북한강과 소양강이 합류하는 춘천이다. 춘천에는 하천의 차별 침식 작용으로 형성된 침식 분지가 발달해 있다. 침식 분지는 춘천처럼 하천이 합류하는 지역 또는 하천의 중·상류 지역에서 주로 발달한다. 오른쪽 지도에 제시된 지역은 평창군으로 C 고위 평탄면이 발달해 있다. D는 고위 평탄면 주변에 분포하는 급경사의 사면이다.

| 선지 해설 |

① A는 하천의 차별 침식 작용으로 형성된 침식 분지의 바닥이다. 지하수의 용식 작용으로 형성되는 지형은 카르스트 지형이다.

② A는 침식 분지의 바닥으로 주요 기반암은 중생대 대보 조산 운동에 의해 형성된 화강암이다. B는 침식 분지의 주변 산지로 주요 기반암은 시·원생대에 형성된 변성암이다.

③ B의 기반암인 변성암은 A의 기반암인 화강암보다 풍화와 침식에 강해 침식 분지의 주변 산지를 이루고 있다.

④ 풍력 발전은 풍속이 강하고 풍향이 일정한 곳에서 주로 이루어진다. C 고위 평탄면은 해발 고도가 높으며, A 침식 분지의 바닥은 비교적 해발 고도가 낮다. 따라서 C가 A보다 풍력 발전 단지 조성에 유리하며 현재 평창군 대관령 일대에는 풍력 발전이 활발히 이루어지고 있다.

⑤ 목축업은 해발 고도가 높고 지형이 대체로 평탄한 C 고위 평탄면에서 이루어진다. D는 사면의 경사가 급해 목축업 발달에 불리하다.

---

08 지형 통합 20학년도 9월 모평 3번 　　　　　　　　　정답 ④ | 정답률 60%

(가), (나) 지역에 대한 설명으로 옳은 것은? [3점]

↑침식 분지의 주변 산지:　　　↑중앙 화구구: 칼데라 분지 내부에
변성암이 기반암임　　　　　　화산 쇄설물이 쌓여 형성
　　　　(가) →춘천: 침식 분지　　(나) →울릉도: 화산 지형

침식 분지의 바닥: 화강암이 기반암임↑　　칼데라 분지: 화구가
　　　　　　　　　　　　　　　　　　　　　함몰하여 형성

① A에서는 붉은색의 석회암 풍화토가 <u>나타난다.</u>
　　　　　　　　　　　　　　　나타나지 않는다
② C는 D보다 형성 시기가 <u>이르다.</u>
　　늦다
　용암 대지
③ <u>B와</u> D는 현무암질 용암이 골짜기를 메워 형성되었다.
　　　　　　　　　　　　　　　　　　　┌A: 시·원생대
　　　　　　　　　　　　　　　　　　　├B: 중생대
　　　　　　　　　　　　　　　　　　　└D: 신생대
✓ 기반암의 형성 시기가 오래된 순으로 나열하면 A, B, D이다.
　　화구의 함몰로 형성
⑤ (가), <u>(나)</u> 지역 분지는 모두 하천의 차별 침식에 의해 형성되었다.

| 자료 분석 |

(가) 지역은 북한강과 소양강이 합류하는 춘천이며 하천의 차별 침식으로 형성된 침식 분지가 발달해 있다. A는 침식 분지의 주변 산지, B는 침식 분지의 바닥이다. (나) 지역은 울릉도의 정상 부근이다. 울릉도는 전체적으로 종상 화산체를 이루고 있다. C는 중앙 화구구(알봉), D는 칼데라 분지(나리 분지)이다.

| 선지 해설 |

① A는 침식 분지의 주변 산지로 주요 기반암은 시·원생대 형성된 변성암이다. 붉은색의 석회암 풍화토는 카르스트 지형이 발달한 곳에서 주로 나타난다.

② 울릉도는 화산 활동에 의해 형성된 화구가 함몰한 칼데라 분지(나리 분지)가 형성된 이후 칼데라 분지에서 용암이 분출하여 형성된 중앙 화구구(알봉)로 구성된 이중 화산체이다. C는 중앙 화구구, D는 칼데라 분지이므로 C는 D보다 형성 시기가 늦다.

③ B는 침식 분지의 바닥으로 하천의 차별 침식 작용에 의해 형성되었다. D는 칼데라 분지로 화구가 함몰되어 형성되었다. 유동성이 큰 현무암질 용암이 골짜기를 메워 형성되는 지형은 용암 대지이다. 철원 용암 대지와 개마고원은 열하 분출에 의해 형성된 용암 대지가 발달되어 있다.

④ A의 기반암은 시·원생대에 형성된 변성암, B의 기반암은 중생대에 형성된 화강암, D의 기반암은 신생대에 형성된 화산암이다. 따라서 기반암의 형성 시기가 오래된 순으로 나열하면 A, B, D이다.

⑤ (가) 지역의 분지는 하천의 차별 침식으로 형성되었으나 (나) 지역의 분지는 화구가 함몰하여 형성되었다.

다음 자료는 우리나라 어느 지역의 지형도와 A-B 구간의 단면도이다. 이에 대한 설명으로 옳은 것만을 〈보기〉에서 고른 것은?

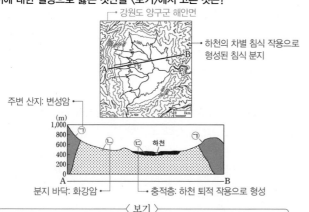

강원도 양구군 해안면

하천의 차별 침식 작용으로 형성된 침식 분지

주변 산지: 변성암

분지 바닥: 화강암 — 충적층: 하천 퇴적 작용으로 형성

〈 보기 〉
ㄱ. ㉠의 기반암은 시·원생대의 변성암이 주를 이룬다.
ㄴ. ㉡은 경동성 요곡 운동으로 형성된 고위 평탄면이다.
ㄷ. ㉡의 기반암은 ㉠의 기반암보다 풍화와 침식에 대한 저항력이 약하다. └ 중생대에 형성된 화강암
ㄹ. ㉡과 ㉢은 충적층이 넓게 발달하여 주로 벼농사가 이루어진다.

① ㄱ, ㄴ ✓② ㄱ, ㄷ ③ ㄴ, ㄷ ④ ㄴ, ㄹ ⑤ ㄷ, ㄹ

| 자료 분석 |

지도에 제시된 지역은 강원도 양구군 해안면 일대로 하천의 차별 침식 작용으로 형성된 침식 분지가 발달되어 있다. 지도의 A-B 구간의 단면도에 제시된 ㉠은 침식 분지의 주변 산지, ㉡은 침식 분지의 바닥, ㉢은 하천의 퇴적 작용으로 형성된 충적층이다.

| 보기 해설 |

ㄱ ㉠은 침식 분지를 둘러싸고 있는 산지로 기반암은 시·원생대에 형성된 변성암이 주를 이룬다.

ㄴ. ㉡은 하천의 침식 작용으로 형성된 침식 분지의 바닥이다. 경동성 요곡 운동으로 형성된 고위 평탄면은 태백산맥과 소백산맥 일대를 중심으로 분포하며 태백산맥이 위치한 강원도 평창군의 대관령이 대표적이다.

ㄷ ㉠의 기반암은 시·원생대에 형성된 변성암으로 비교적 하천 침식에 강해 침식 분지의 주변 산지를 이루고 있다. ㉡의 기반암은 중생대에 형성된 화강암으로 비교적 하천 침식에 약해 침식 분지의 바닥을 이루고 있다. 따라서 ㉡의 기반암은 ㉠의 기반암보다 풍화와 침식에 대한 저항력이 약하다.

ㄹ. ㉢은 하천의 퇴적 작용으로 형성된 비옥한 충적층이다. 충적층은 평지이나 ㉡은 하천 충적층에 해당하지 않는다. 침식 분지의 내부의 평지는 ㉢과 같은 비옥한 충적층이 있어 벼농사하기에 유리하여 일찍부터 농경 생활의 중심지로 이용되었으며, 한강 유역의 춘천과 양구, 낙동강 유역의 거창처럼 내륙 지방의 중심 도시로 발달한 경우가 많다.

다음 자료의 ㉠~㉤에 대한 설명으로 옳지 않은 것은? [3점]

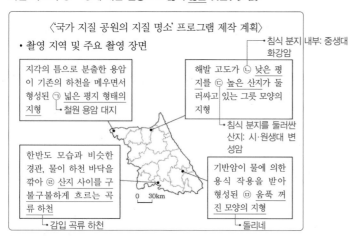

〈'국가 지질 공원의 지질 명소' 프로그램 제작 계획〉
• 촬영 지역 및 주요 촬영 장면

지각의 틈으로 분출한 용암이 기존의 하천을 메우면서 형성된 ㉠ 넓은 평지 형태의 지형 └ 철원 용암 대지

해발 고도가 ㉡ 낮은 평지를 ㉢ 높은 산지가 둘러싸고 있는 그릇 모양의 지형

침식 분지 내부: 중생대 화강암

침식 분지를 둘러싼 산지: 시·원생대 변성암

한반도 모습과 비슷한 경관, 물이 하천 바닥을 깎아 ㉣ 산지 사이를 구불구불하게 흐르는 곡류 하천 └ 감입 곡류 하천

기반암이 물에 의한 용식 작용을 받아 형성된 ㉤ 움푹 꺼진 모양의 지형 └ 돌리네

0 30km

① ㉠은 점성이 작은 현무암질 용암의 분출로 형성되었다. └ 유동성이 큰
② ㉣은 지반 융기의 영향을 반영한다. └ 신생대 제3기 경동성 요곡 운동
③ ㉤의 지표에는 붉은색의 간대 토양이 주로 분포한다. └ 기반암의 성질이 많이 반영된 토양
✓④ ㉡은 ㉢보다 주된 기반암의 형성 시기가 이르다. └ 늦다
⑤ ㉠의 주된 기반암은 화성암, ㉤의 주된 기반암은 퇴적암에 속한다. └ 현무암 └ 석회암

| 자료 분석 |

㉠은 철원에 위치하며 현무암질 용암의 열하 분출로 형성된 용암 대지이다. ㉡과 ㉢은 양구에 위치한다. ㉡ 낮은 평지는 침식 분지 내부이며, ㉢ 높은 산지는 침식 분지를 둘러싼 산지이다. ㉣은 영월에 위치하며, 산지 사이를 구불구불하게 흐르는 곡류 하천으로 감입 곡류 하천이다. ㉤은 정선에 위치하며 움푹 꺼진 모양의 지형으로 석회암이 물에 의한 용식 작용을 받아 형성된 돌리네이다.

| 선지 해설 |

① ㉠ 넓은 평지 형태의 지형은 용암 대지로 점성이 작은(유동성이 큰) 현무암질 용암이 열하 분출(틈새 분출)하여 당시의 골짜기나 분지를 메워 형성되었다.

② ㉣ 감입 곡류 하천은 과거의 자유 곡류 하천이 지반 융기 이후에 하방 침식이 활발해지는 과정에서 형성된다. 따라서 ㉣ 감입 곡류 하천은 지반 융기의 영향을 반영한다.

③ ㉤ 돌리네는 석회암 지대에서 용식 작용으로 형성된 지형이다. ㉤ 돌리네가 나타나는 석회암 지대에서는 석회암이 용식된 후 남은 철분 등이 산화되어 형성된 붉은색의 간대 토양이 주로 분포한다.

④ ㉡ 낮은 평지는 침식 분지 내부로 중생대에 형성된 화강암이 주된 기반암이며, ㉢ 높은 산지는 침식 분지를 둘러싼 산지로 시·원생대에 형성된 변성암이 주된 기반암이다. 따라서 ㉡ 낮은 평지는 ㉢ 높은 산지보다 주된 기반암의 형성 시기가 늦다.

⑤ ㉠ 용암 대지의 주된 기반암인 현무암은 신생대 화성암에 속하며, ㉤의 주된 기반암인 석회암은 고생대 퇴적암에 속한다. 따라서 ㉠의 주된 기반암은 화성암, ㉤의 주된 기반암은 퇴적암에 속한다.

11 지형 통합 23학년도 3월 학평 10번

정답 ⑤ | 정답률 59%

다음 자료에 대한 설명으로 옳은 것은? (단, (가), (나)는 각각 여주, 평창 중 하나임.) [3점]

〈지역별 여행 정보와 관련 해시태그〉

하천 주변에 분포하는 계단 모양의 지형

지역	여행 정보	해시태그
영월	○ ㉠ 감입 곡류 하천이 만든 한반도 지형	#선암 마을
	○ 강에서 즐기는 레포츠의 메카, 동강	#래프팅
	○ 단종의 그리움이 깃든 나루터, 청령포	#하안 단구
(가) 여주	○ 오감을 만족시키는 도자기 축제	#도자 체험 관광
	○ 대왕님표 쌀을 재배하는 넓은들 마을	#지리적 표시제
	○ ㉡ ○○강 자전거 길을 따라 떠나는 국 토 여행	#여강길
(나) 평창	○ 'HAPPY 700'에서 즐기는 눈꽃 축제	#대관령
	○ 청정 자연 속으로 풍덩, 어름치 마을	#자연 마을
	○ ㉢ 고위 평탄면에서 볼 수 있는 고랭지 배추와 풍력 발전기	#육백마지기

→ 여주 도자기 축제

→ 고원이나 산지 등 여름철 서늘한 곳에서 재배함

① (가)는 (나)보다 평균 해발 고도가 높다.
　　　　　　　　　　　　　　낮다
② (나)는 (가)보다 경지 중 논 면적 비율이 높다.
　　　　　　　　　　　　　　　　　　낮다
③ ㉠은 하천의 상류보다 하류에 잘 발달한다.
　　　　　　하류　　　상류
④ ㉡의 하구에는 하굿둑이 설치되어 있다.
　　　　　　　　　　　　　　있지 않다
⑤ ㉠, ㉢은 모두 신생대 지반 융기의 영향을 받았다. ✔
　└→ 경동성 요곡 운동 → 고위 평탄면, 하안 단구, 해안 단구 등 형성

자료 분석
(가)는 '도자기 축제', '대왕님표 쌀' 등으로 보아 여주이다. (나)는 'HAPPY 700', '고위 평탄면', '풍력 발전기' 등으로 보아 평창이다. ㉠ 감입 곡류 하천은 산지 사이를 곡류하는 하천으로 주변에 하안 단구가 분포한다. ㉡ ○○강은 여주에 위치한 남한강이다. ㉢ 고위 평탄면은 태백산맥, 소백산맥 등의 일부 지역에 분포하는 고도가 높고 경사가 완만한 사면이다.

선지 해설
① (가) 여주는 넓은 들이 펼쳐져 있는 지역이고, (나) 평창은 평균 해발 고도 약 700m에 위치한 지역이다. 따라서 (가) 여주는 (나) 평창보다 평균 해발 고도가 낮다.

② 산지가 발달한 (나) 평창은 밭농사 비율이 높으나 평야가 발달한 (가) 여주는 논 면적 비율이 높다. 따라서 (나) 평창은 (가) 여주보다 경지 면적 중 논 면적 비율이 낮다.

③ ㉠ 감입 곡류 하천은 산지 사이를 곡류하는 하천이다. 감입 곡류 하천은 신생대 지각 변동의 영향으로 지반 융기량이 많았던 대하천 중·상류의 산지 지역에 발달하므로 하천의 하류보다 상류에 잘 발달한다.

④ ㉡ 남한강 하구에는 하굿둑이 설치되어 있지 않다. 하굿둑은 염해 방지, 용수 확보 등을 위해 건설한 시설물로 낙동강, 금강, 영산강 하구에 건설되어 있다.

⑤ 하천 중·상류에 발달한 ㉠ 감입 곡류 하천과 태백산맥, 소백산맥 등 일부 지역에 형성되어 있는 ㉢ 고위 평탄면은 모두 신생대 지반 융기의 영향으로 형성된 지형이다.

---

12 지형 통합 20학년도 7월 학평 5번

정답 ③ | 정답률 49%

밑줄 친 ㉠~㉢에 대한 옳은 설명만을 〈보기〉에서 고른 것은?

강원도 양구군 해안면의 침식 분지 ┐　　　변성암이 기반암
감조 하천은 바닷물이 역류 하면서 염해가 발생함
㉡ 사방이 산지로 둘러싸인 평지에는 농경지가 발달해 있고, 산지에서 보면 화채 그릇이 연상됨.
염해 방지를 위해 건설된 ㉠ 하굿둑이 있는 하천 하구 주변에서 철새 도래지를 볼 수 있음.
군산시에 위치한 금강 하굿둑
화강암이 기반암
펀치볼이라 부름
산지 사이의 계곡을 따라 ㉢ 굽이굽이 흐르는 하천에서 비경을 감상하며 래프팅을 즐길 수 있음.
강원도 영월군을 흐르는 감입 곡류 하천

〈 보기 〉
ㄱ. ㉠하구에는 대규모의 삼각주가 형성되어 있다.
　└→ 낙동강 삼각주　　　　　있지 않다
ㄴ. ㉡은 암석의 차별적 풍화와 침식으로 형성된다.
ㄷ. ㉢은 측방 침식보다 하방 침식이 우세하다.
　　　　㉢　　　└→ 상류에서 하류로 갈수록 많아짐
ㄹ. ㉢은 ㉠보다 평균 유량이 많다.

① ㄱ, ㄴ　② ㄱ, ㄷ　③ ㄴ, ㄷ ✔　④ ㄴ, ㄹ　⑤ ㄷ, ㄹ

자료 분석
㉠은 군산시의 금강 하구에 위치한 금강 하굿둑이다. ㉡은 강원도 양구군 해안면에 위치한 침식 분지로 화채 그릇처럼 생겨 펀치볼이라 부른다. ㉢은 강원도 영월군을 흐르는 감입 곡류 하천이다.

보기 해설
ㄱ. ㉠ 금강 하구에는 대규모의 삼각주가 형성되어 있지 않다. 우리나라 하천 대부분은 조차가 큰 서·남해안으로 유입되어 하천 퇴적 물질이 바다에 의해 제거되므로 삼각주의 발달이 미약하다. 삼각주는 낙동강 하구에 위치한 부산광역시와 김해시 부근에 대규모로 발달되어 있다.

ㄴ. ㉡ 사방이 산지로 둘러싸인 평지는 하천의 차별 침식에 의해 형성된 침식 분지이다. 침식 분지를 둘러싼 주변 산지의 기반암은 변성암으로 비교적 하천 침식에 강한 반면, 침식 분지 바닥의 기반암인 화강암은 비교적 하천 침식에 약하다.

ㄷ. 산지 사이의 계곡을 따라 ㉢ 굽이굽이 흐르는 하천인 감입 곡류 하천은 측방 침식보다는 하방 침식이 우세하다. 하천 중·하류의 자유 곡류 하천은 하방 침식보다 측방 침식이 우세하다.

ㄹ. ㉢은 하천 중·상류에 해당하며 ㉠은 하천과 바다가 만나는 하구이다. 하천 상류에서 하류로 갈수록 평균 유량이 많으므로 ㉠이 ㉢보다 평균 유량이 많다.

다음 글은 국립공원 소개 자료의 일부이다. ㉠~㉤에 대한 설명으로 옳은 것만을 <보기>에서 고른 것은? [3점]

┌───┐
│　　　　　　　　　　↱돌산
│ ○ ㉠ 북한산국립공원: 세계적으로 드문 대도시 속 자연공원으로
│　… (중략) … 지표에 드러난 암석이 오랜 세월에 걸쳐 풍화와 침
│　식을 받아 형성된 인수봉 등의 ㉡ 바위 봉우리를 볼 수 있고 … .
│　　　　　　　　　　　　　　　　　　　　　　　　　→화강암
│ ○ ㉢ 지리산국립공원: 우리나라 최초의 국립공원인 지리산은 …
│ ↱흙산 (중략) … 산 전체가 흙으로 두텁게 덮여 있으며, 천왕봉과 노
│　고단을 따라 여러 능선들이 완만하게 펼쳐져 있는데 … .
│　　　　　　　　　　　　　　　　　　　　　　→산록부:
│　　　　　　　　　　　　　　　　　　　　　　순상 화산
│ ○ 한라산국립공원 : 사방이 바다로 둘러싸인 제주도, 그 한가운　　↱정상부:
│　데 우뚝 솟은 한라산은 … (중략) … 산 정상의 ㉣ 백록담과　　종상 화산
│　영실·병풍바위 등의 절경을 감상할 수 있으며 … .
│　　　　　　　　　　　　　　　　↳화구호
│ ○ 한려해상국립공원: 아름다운 바닷길 한려수도의 수역과 남해
│　안 일부를 포함하는 … (중략) … 다양한 해안 지형과 중생대
│　㉤ 경상 분지의 특징을 관찰할 수 있는 지질 학습의 장(場)으
│　로 … .
│　↳육성층: 공룡 발자국 화석 분포
└───┘

┌─────────────────〈 보기 〉─────────────────┐
│ ㄱ. ㉠은 ㉢보다 산 정상부의 식생 밀도가 높다.
│　　　　　　　　　　　　　　　　　　↳낮다
│ ㄴ. ㉡의 주된 기반암은 마그마가 관입하여 형성되었다.
│ ㄷ. ㉣은 화구가 함몰되어 형성된 칼데라호이다.
│ 　백두산 천지
│ ㄹ. ㉤에는 공룡 발자국 화석이 분포한다.
└───┘

① ㄱ, ㄴ　② ㄱ, ㄷ　③ ㄴ, ㄷ　✔ㄴ, ㄹ　⑤ ㄷ, ㄹ

ㅣ자료 분석ㅣ

㉠ 북한산은 산의 정상부에 기반암이 많이 노출된 돌산으로, 북한산에서는 다양한 기암괴석을 볼 수 있다. ㉢ 지리산은 산의 정상부에 기반암이 풍화된 토양이 주로 나타나는 흙산이다. ㉣ 백록담은 한라산 정상부에 위치한 호수이다. ㉤ 경상 분지는 중생대 중기~말기에 거대한 호수였던 지역을 중심으로 퇴적된 육성층이다.

ㅣ보기 해설ㅣ

ㄱ. ㉠ 북한산은 산 정상부에 기반암이 많이 노출되어 토양층이 불규칙하고 식생 밀도가 낮은 반면, ㉢ 지리산은 산 정상부에 기반암이 풍화된 토양층이 두껍게 쌓여 있고 식생 밀도가 높다. 따라서 ㉠ 북한산은 ㉢ 지리산보다 산 정상부의 식생 밀도가 낮다.

ㄴ. 인수봉과 같은 ㉡ 바위 봉우리의 주된 기반암은 화강암이다. 화강암은 중생대 지각 변동이 일어날 때 마그마가 관입한 후 굳어져 형성되었다.

ㄷ. ㉣ 백록담은 화산 분화로 형성된 산 정상부에 물이 고인 화구호이다. 화구가 함몰되어 형성된 칼데라호는 백두산 정상에 있는 천지가 대표적이다.

ㄹ. 한반도에서 공룡이 가장 번성하였던 지질 시대는 중생대이다. ㉤ 경상 분지는 중생대에 경상 누층군이 두껍게 형성된 지역으로, 이곳에서는 공룡 발자국 화석이 다수 발견된다.

표의 ㉠~㉤에 대한 설명으로 옳지 않은 것은? [3점]

〈지리 동아리 답사 계획〉 →하천 중·상류의 감입 곡류 하천

일정	답사 지역	활동 내용	
4월	강원도 영월군	㉠ 산지 사이를 곡류하는 하천과 하천 주변에 발달한 ㉡ 하안 단구의 모습 사진 촬영하기 ↳계단 모양의 언덕	
8월	충청북도 단양군	㉢ 석회 동굴 내부의 종유석, 석순, 석주 등 다양한 형태의 동굴 생성물 관찰하기	석회암이 용식 작용을 받아 형성된 동굴
12월	전라남도 구례군	부채 모양의 ㉣ 선상지를 스케치하고 선정, 선앙, ㉤ 선단에 해당되는 곳을 표시하기 ↳선상지의 말단부로 용천 분포	하천의 퇴적 작용으로 형성된 부채 모양의 지형

① ㉠은 하천의 하류보다 상류에서 주로 나타난다.
　↳측방 침식이 활발한 자유 곡류 하천
② ㉡에서는 둥근 모양의 자갈이 발견되기도 한다.
　↳과거에 하천이 흘렀던(구하도) 증거
③ ㉢은 기반암이 지하에서 용식 작용을 받아 형성된다.
　↳고생대에 형성된 석회암
✔㉣은 하천이 바다로 유입되는 하구에 잘 발달한다.
　삼각주
⑤ ㉤에서는 용천이 분포하여 취락이 입지한다.
　↳선앙에서 복류하던 하천이 용천함

ㅣ자료 분석ㅣ

㉠은 산지 사이를 곡류하는 감입 곡류 하천, ㉡은 감입 곡류 하천 주변에 나타나는 계단 모양의 언덕인 하안 단구이다. ㉢ 석회동굴은 석회암이 용식 작용을 받아 형성된 동굴이다. ㉣ 선상지는 하천의 퇴적 작용으로 형성된 부채 모양의 지형이다. ㉤ 선단은 선상지의 말단부이다.

ㅣ선지 해설ㅣ

① ㉠ 감입 곡류 하천은 하천 중·상류에서 주로 나타나며 자유 곡류 하천은 하천 중·하류에서 주로 나타난다.

② ㉡ 하안 단구는 신생대의 경동성 요곡 운동으로 과거의 하천 바닥이나 범람원이 지반의 융기 또는 해수면 하강에 따른 하천 침식에 의해 형성된다. 이 때문에 하안 단구에서는 과거에 하천이 흘렀던 흔적인 둥근 자갈이 발견된다.

③ ㉢ 석회동굴은 고생대에 형성된 석회암이 지하수의 용식 작용을 받아 형성된 동굴로 내부에 종유석, 석순, 석주가 발달해 있다.

④ ㉣ 선상지는 대체로 하천 상류에 발달한다. 하천이 바다로 유입되는 하구에 잘 발달하는 지형은 삼각주이다.

⑤ ㉤ 선단은 선앙에서 복류하던 하천이 솟아오르는 용천이 분포하여 취락이 입지한다.

다음 자료의 A~C에 대한 설명으로 옳은 것은? [3점]

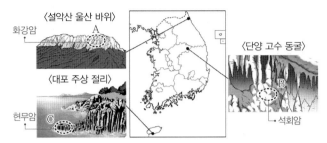

〈설악산 울산 바위〉
화강암
A

〈단양 고수 동굴〉
B
└ 석회암

〈대포 주상 절리〉
현무암 C

① A의 주된 기반암은 조선 누층군에 주로 분포한다.
　　B　　　　　　└ 석회암 분포
② B는 마그마가 관입하여 형성되었다.
　　A　　　　　　└ 화강암
③ C에서는 공룡 발자국 화석이 많이 발견된다.
　　　　　└ 경상 누층군에 분포　└ 발견되지 않는다
✓④ A는 C보다 주된 기반암의 형성 시기가 이르다.
　　중생대　신생대
⑤ B는 화산 지형, C는 카르스트 지형이다.
　　　　카르스트　　　　　　화산

| 자료 분석 |

A는 설악산 울산 바위의 일부이다. 설악산 울산 바위는 돌산으로 기반암은 중생대에 형성된 화강암이다. B는 단양 고수 동굴 내부의 종유석, 석순, 석주 등의 동굴 생성물이다. 단양 고수 동굴은 석회암 지대에서 형성된 동굴로 B의 주된 기반암은 고생대에 형성된 석회암이다. C는 제주도 대포 주상 절리의 일부이다. 주상 절리의 기반암은 신생대에 형성된 현무암이다.

| 선지 해설 |

① A의 주된 기반암은 화강암이다. 화강암은 중생대에 마그마가 관입하여 형성되었으며, 중생대 대보 조산 운동으로 넓은 범위에 걸쳐 화강암이 관입되었다. 조선 누층군에 주로 분포하는 것은 B 석회암이다.

② B는 석회암 지대의 동굴 생성물로 석회암 지대에서 용해와 침전의 반복으로 인해 동굴 내부 지형이 만들어진다. 마그마가 관입하여 형성된 것은 A 화강암이다.

③ 공룡 발자국 화석은 중생대 말기에 형성된 육성 퇴적층인 경상 누층군에 주로 분포한다. C는 신생대에 형성된 지층으로 공룡 발자국 화석이 분포하지 않는다.

④ A 울산 바위의 주된 기반암은 중생대에 마그마의 관입으로 형성된 화강암이며, C 대포 주상 절리의 주된 기반암은 신생대에 화산 활동으로 형성된 현무암이다. 따라서 A 울산 바위의 주된 기반암은 C 대포 주상 절리의 주된 기반암보다 형성 시기가 이르다.

⑤ B 고수 동굴의 동굴 생성물은 석회암이 화학적 풍화 작용(용식 작용)을 받아 형성된 카르스트 지형이며, C 주상 절리는 용암 분출 과정에서 형성된 다각형의 돌기둥으로 화산 지형이다.

다음 자료의 A~E에 대한 설명으로 옳은 것은?

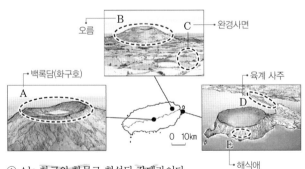

B 오름
C 완경사면
백록담(화구호) A
육계 사주
D
0　10km
E 해식애

① A는 화구의 함몰로 형성된 칼데라이다.
　　분화구에 물이 고여　화구호
✓② B는 '오름' 등으로 불린다.
　　　└ 제주도에는 약 360여 개의 오름이 있음
③ C에는 붉은색의 석회암 풍화토가 넓게 분포한다.
　　　흑갈색의 현무암 풍화토
④ D는 주로 조류의 퇴적 작용으로 형성된다.
　　　파랑과 연안류
⑤ E는 시간이 지남에 따라 바다 쪽으로 성장한다.
　　　　　　　　　　육지 쪽으로 후퇴

| 자료 분석 |

A는 한라산 정상부에 있는 호수로 백록담이며, 백록담은 화구호이다. B는 한라산의 완만한 사면에 형성된 작은 화산체인 오름이다. C는 오름 주변부의 완경사면에 해당한다. D는 육계도인 성산 일출봉과 연결된 사주로 육계 사주이다. E는 파랑의 침식 작용으로 형성된 급경사의 해안 절벽으로 해식애이다.

| 선지 해설 |

① A 백록담은 화산이 분출하면서 생긴 분화구에 물이 고인 호수로 화구호이다. 화구의 함몰로 형성된 칼데라 분지로는 울릉도의 나리 분지가 있으며, 칼데라에 물이 고인 호수인 칼데라호에는 백두산 천지가 있다.

② B는 제주도에 형성된 작은 화산체로 '오름' 등으로 불린다. 오름은 제주도 전역에 산재해 있다.

③ C 오름 주변의 완경사면은 유동성이 큰 현무암질 용암이 주된 기반암을 형성하므로 흑갈색의 현무암 풍화토가 넓게 분포한다. 붉은색의 석회암 풍화토가 넓게 분포하는 지역은 고생대 조선 누층군이 분포하는 강원도 남부, 충청북도 북동부, 경상북도 북부 일대이다.

④ D 육계 사주는 주로 파랑과 연안류에 의해 운반된 모래가 퇴적되어 형성된 좁고 긴 모래 지형이다. 주로 조류의 퇴적 작용으로 형성되는 해안 지형은 갯벌이다.

⑤ E 해식애는 시간이 지남에 따라 파랑의 침식 작용에 의해 육지 쪽으로 후퇴한다.

정답 ① | 정답률 87%

다음 자료에 대한 옳은 설명만을 〈보기〉에서 고른 것은?

우리 조상들은 산줄기를 중심으로 국토를 인식하였는데, 『산경표』에는 이러한 특징이 잘 드러나 있다. 이를 지도로 표현한 산경도에는 ⓐ 을 시작으로 대간(大幹)이 뻗어 나와 있으며, 이 대간에서 1개의 정간(正幹)과 13개의 정맥(正脈)이 갈라져 나온다.

산경도 — 백두산
한강 상류
낙동강 상류
백두대간

―――〈 보기 〉―――
ㄱ. ⓐ은 백두산이다.
    └ 낙동강 상류
ㄴ. A와 B 지점은 서로 다른 하천 유역에 속한다.
    └ 한강 상류
ㄷ. 금강은 대간을 가로질러 ~~흐른다.~~
    └ 하천은 대간과 같은 산줄기를 가로질러 흐를 수 없음
ㄹ. 호남 지방과 호서 지방은 대간을 경계로 서로 구분된다.
        금강

✓① ㄱ, ㄴ　②ㄱ, ㄷ　③ㄴ, ㄷ　④ㄴ, ㄹ　⑤ㄷ, ㄹ

| 자료 분석 |

『산경도』에서 ⓐ은 백두대간의 시작점이므로 백두산이다. 백두대간은 백두산에서 지리산에 이르는 가장 큰 산줄기이며, 여기에서 1개의 정간과 13개의 정맥이 갈라져 나온다.

| 보기 해설 |

ㄱ ⓐ은 백두대간의 시작점인 백두산이다.

ㄴ A는 한강(남한강)의 상류이며, B는 낙동강의 상류에 해당하여 서로 다른 하천 유역에 속한다. 백두대간을 분수계로 하여 A 한강은 황해로 흐르며, B 낙동강은 남해로 흐른다.

ㄷ. 대간, 정간, 정맥과 같은 산줄기는 분수계이기 때문에 기본적으로 하천이 가로질러 흐를 수 없다. 금강은 백두대간, 한남 금북정맥, 금북정맥, 금남정맥으로 이어지는 분수계의 내부를 흘러 황해로 유입된다.

ㄹ. 호남 지방과 호서 지방의 경계는 금강이다. 호남 지방과 대간을 경계로 구분되는 지역은 영남 지방이다.

정답 ④ | 정답률 68%

(가), (나) 지역에 대한 설명으로 옳은 것은?

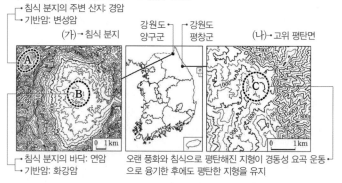

침식 분지의 주변 산지: 경암
기반암: 변성암
(가) 침식 분지
강원도 양구군
강원도 평창군
(나) 고위 평탄면
침식 분지의 바닥: 연암
기반암: 화강암
오랜 풍화와 침식으로 평탄해진 지형이 경동성 요곡 운동으로 융기한 후에도 평탄한 지형을 유지

① (가)의 분지는 ~~지하수의 용식 작용으로~~ 형성되었다.
    하천의 차별 침식
② (가)와 (나)에서는 공룡 발자국 화석이 ~~발견된다.~~
                   발견되지 않는다
③ C에서는 ~~충적층이 넓게 발달하여 벼농사가 널리 이루어진다.~~
                              이루어지지 않는다
✓④ A의 기반암은 B의 기반암보다 형성 시기가 이르다.
      ┌ 시·원생대　　┌ 중생대
      B　　C
⑤ ~~C는 B보다~~ 복사 냉각에 의한 기온 역전 현상이 자주 발생한다.

| 자료 분석 |

(가)는 강원도 양구군 해안면에 위치한 침식 분지이다. A는 침식 분지의 주변 산지, B는 침식 분지의 바닥이다. (나)는 강원도 평창군 대관령면 일대이다. C는 해발 고도가 높고 등고선 간의 간격이 넓은 것으로 보아 고위 평탄면에 해당한다.

| 선지 해설 |

① (가)의 분지는 하천의 차별 침식에 의해 형성되었다. 침식 분지는 변성암이 화강암을 둘러싸고 있는 지역이나 하천의 합류 지점에서 주로 발달한다. 지하수의 용식 작용으로 형성된 지형으로는 돌리네, 석회동굴과 같은 카르스트 지형이 대표적이다.

② 공룡 발자국 화석은 중생대 말기에 형성된 퇴적층인 경상 누층군에서 주로 볼 수 있다. 따라서 (가)와 (나)에서는 공룡 발자국 화석이 발견되기 어렵다.

③ C는 해발 고도가 높아 여름철에 서늘하고 겨울철에 한랭해 벼농사보다는 고랭지 농업이 주로 이루어진다.

④ A의 기반암은 변성암으로 시·원생대에 형성되었으며, B의 기반암은 화강암으로 중생대에 형성되었다. 따라서 A의 기반암은 B의 기반암보다 형성 시기가 이르다.

⑤ 복사 냉각에 의한 기온 역전 현상은 주로 침식 분지에서 발생하므로 B가 C보다 기온 역전 현상이 자주 발생한다.

개념 확인　침식 분지의 주요 암석

변성암	· 시·원생대에 형성, 한반도에서 분포 면적이 가장 넓음 · 흙산의 기반암을 이룸 · 침식 분지의 주변 산지를 이룸
화강암	· 중생대에 형성, 변성암 다음으로 한반도에서 분포 면적이 넓음 · 돌산의 기반암을 이룸 · 침식 분지의 바닥을 이룸(변성암보다 풍화와 침식에 약함)

19 지형 통합 25학년도 수능 12번

지도의 A~E에 대한 설명으로 옳은 것은? [3점]

칼데라호(천지)   빙하 침식 지형   침식 분지 내부 (화강암)

백두산 정상 부근   침식 분지를 둘러싼 산지(변성암)

① C는 둘 이상의 돌리네가 연결된 우발라이다.
└→ 빙하의 침식 작용으로 형성된 지형
② A와 E는 화구의 함몰로 형성된 칼데라이다.
└→ A만
③ ✓ D의 기반암은 B의 기반암보다 먼저 형성되었다.
└→ D 변성암(시원생대) → E 화강암(중생대) → B 화산암(신생대) 순
④ D의 기반암은 E의 기반암보다 차별적 풍화·침식에 약하다.
└→ 강하다
⑤ 한반도에서 E의 기반암은 B의 기반암보다 분포 면적이 좁다.
└→ 넓다

자료 분석

A는 칼데라호인 천지이다. 천지는 화산 활동 후 분화구 부근이 함몰되어 형성된 칼데라에 물이 고인 칼데라호이다. B는 백두산 정상 부근이다. 백두산의 최고봉은 높이가 약 2,744m로 우리나라에서 해발 고도가 가장 높은 산이다. C는 저하 등고선이 표현된 것으로 보아 백두산 정상 주변의 빙하 침식 지형이다. 백두산은 과거 빙하가 산 정상과 주변 지역을 침식하면서 빙하 침식 지형이 형성되었다. D는 침식 분지를 둘러싼 산지로, 침식 분지를 둘러싼 산지는 주로 변성암으로 구성되어 있다. E는 침식 분지 내부의 평지이다. 침식 분지 내부 평지의 기반암은 주로 주변 산지의 기반암인 변성암보다 풍화와 침식에 약한 화강암이다.

선지 해설

① C는 높이가 낮아지는 지형을 따라 표시된 저하 등고선이 표현된 것으로 보아 주변보다 고도가 낮은 지역이다. 백두산 정상 주변에서는 과거 빙하의 침식 작용으로 형성된 빙하 침식 지형을 볼 수 있다. 둘 이상의 돌리네가 연결된 우발라는 카르스트 지형에서 볼 수 있다.

② A 칼데라호인 천지는 화구의 함몰로 형성된 칼데라에 물이 고인 지형이다. E 침식 분지 내부의 평지는 산지로 둘러싸인 저지대로 암석이 차별적인 풍화와 침식 작용을 받아 형성된 지형이다.

③ D의 기반암은 시·원생대에 형성된 변성암, B의 기반암은 신생대에 형성된 화산암이다. 따라서 D의 기반암은 B의 기반암보다 먼저 형성되었다.

④ D 침식 분지를 둘러싼 산지의 기반암은 주로 변성암, E 침식 분지 내부 평지의 기반암은 주로 화강암이다. D의 기반암인 변성암은 E의 기반암인 화강암보다 차별적 풍화·침식에 강하다.

⑤ E의 기반암인 화강암은 변성암 다음으로 분포 면적이 넓다. 반면 신생대 화산암인 B의 기반암은 한반도에서 분포 면적이 약 4.8% 미만이다. 따라서 E의 기반암인 화강암은 B의 기반암인 화산암보다 한반도에서 분포 면적이 넓다.

20 지형 통합 25학년도 수능 17번

다음 글의 ㉠~㉢에 대한 설명으로 옳은 것만을 〈보기〉에서 있는 대로 고른 것은?

> 토양은 암석 풍화의 산물로 기후와 식생, 기반암, 시간 등에 따라 성질이 달라진다. 기후와 식생의 영향을 받아 형성된 토양으로는 중부 및 남부 지방에 넓게 분포하는 ㉠ 갈색 삼림토, 개마고원 지역에 분포하는 회백색토가 대표적이다. 기반암(모암)의 성질이 많이 반영된 토양으로는 강원 남부, 충북 북동부 등에 분포하는 ㉡ 석회암 풍화토를 들 수 있다. 한편 토양 생성 기간이 비교적 짧은 토양으로는 ㉢ 충적토, 염류토가 대표적이다.

└ 성숙토(성대 토양)
└ 성숙토(간대토양)
└ 미성숙토

〈 보기 〉
ㄱ. ㉡의 기반암(모암)은 고생대 해성층에 주로 포함된다.
   └→ 평남 분지와 옥천 습곡대에 분포
ㄴ. ㉢은 주로 하천에 의해 운반된 물질이 퇴적되어 형성되었다.
   └→ 충적토 → 비옥하여 농경에 활용
ㄷ. ㉠은 간대토양, ㉢은 성대 토양에 해당한다.
      성대 토양   미성숙토

① ㄱ   ② ㄴ   ③ ✓ ㄱ, ㄴ   ④ ㄴ, ㄷ   ⑤ ㄱ, ㄴ, ㄷ

자료 분석

제시된 자료는 토양의 구분과 관련된 내용이다. 토양은 성숙토와 미성숙토로 구분되며 성숙토는 다시 기후와 식생의 영향을 받아 형성된 성대 토양과 기반암(모암)의 성질이 많이 반영된 간대토양으로 구분한다. 한편 토양 생성 기간이 짧은 미성숙토에는 하천 주변의 충적지에 분포하는 충적토와 서·남해안 일대의 간척지와 하구 부근에 주로 분포하는 염류토 등이 있다.

선지 해설

ㄱ. ㉡ 석회암 풍화토의 기반암(모암)은 석회암이다. 석회암은 고생대 초기 얕은 바다에서 퇴적된 해성층인 조선 누층군에 주로 분포한다. 따라서 ㉡ 석회암 풍화토의 기반암(모암)은 고생대 해성층에 주로 포함된다.

ㄴ. ㉢ 충적토는 주로 하천에 의해 운반된 물질이 퇴적되어 형성되는 토양이다. ㉢ 충적토는 유기물이 풍부하고 비옥하여 농경에 주로 활용한다.

ㄷ. ㉠ 갈색 삼림토는 우리나라 중부 및 남부 지방에서 오랫동안 물리적·화학적 작용의 영향으로 갈색의 토양층이 발달한 토양이며 성대 토양에 해당한다. 간대토양으로는 석회암 분포 지역에 주로 분포하는 석회암 풍화토와 화산 활동에 의해 형성된 화산회토 등이 있다. ㉢ 충적토는 주로 하천의 범람에 의해 형성되며 하천이 운반하는 토사가 계속적으로 쌓여 토양층의 발달이 미약한 미성숙토이다. 성대 토양에는 기후와 식생의 성질이 많이 반영된 회백색토·갈색 삼림토·적색토 등이 있다.

8 일차

9 일차	01 ②	02 ④	03 ⑤	04 ⑤	05 ③	06 ①	07 ④	08 ⑤	09 ⑤	10 ④	11 ⑤	12 ⑤
	13 ③	14 ①	15 ①	16 ⑤	17 ③	18 ④	19 ①	20 ③	21 ④	22 ③	23 ⑤	24 ③
	25 ①	26 ②	27 ①	28 ②	29 ④	30 ④						

문제편 073~080쪽

---

01 기후 및 계절 특성 25학년도 9월 모평 12번   정답 ② | 정답률 69%

다음은 우리나라 여름 기후 현상에 대한 강의 장면이다. (가)~(라)에 해당하는 지역으로 옳은 것은?

〈우리나라 무더위 지표〉

여름 무더위 지표로 폭염 일수와 열대야 일수가 사용됩니다. 폭염일은 일 최고기온이 33℃ 이상인 날로, 맑은 날씨가 지속될 때 잘 발생합니다. 특히 바람이 약한 내륙 분지에서 빈번하게 관측됩니다. 열대야일은 야간에 일 최저기온이 25℃ 이상인 날로, 열을 저장하는 수증기가 많은 해안 지역에서 잘 발생합니다. 한편 산업화와 도시화의 영향으로 최근 대도시 지역에서도 열대야 일수가 증가했습니다. 비가 내리면 무더위가 사라지기도 합니다.

→ 폭염 일수가 가장 많고 여름 강수량이 가장 적음 → 대구

지역	폭염 일수(일)	열대야 일수(일)	여름 강수량(mm)
대구 (가)	27.6	17.4	598.4
서귀포 (나)	3.0	31.0	859.1
서울 (다)	8.8	12.5	892.1
태백 (라)	1.2	0.1	693.3

*1991~2020년의 평년값임. (기상청)

→ 열대야 일수가 가장 많음 → 서귀포
폭염 일수와 열대야 일수가 가장 적음 → 태백 →

	(가)	(나)	(다)	(라)
①	대구	서울	서귀포	태백
✓②	대구	서귀포	서울	태백
③	대구	태백	서귀포	서울
④	서귀포	서울	대구	태백
⑤	서귀포	태백	대구	서울

| 자료 분석 |

강의 장면에서는 〈우리나라 무더위 지표〉에 대해 설명하고 있다. 폭염일은 일 최고기온이 33℃ 이상인 날이며, 열대야일은 야간에 일 최저기온이 25℃ 이상인 날이다. 상대적으로 폭염은 바람이 약한 내륙 분지에서 빈번하게 관측되며, 열대야는 열을 저장하는 수증기가 많은 해안 지역에서 잘 발생한다.

| 선지 해설 |

② (가) – 대구, (나) – 서귀포, (다) – 서울, (라) – 태백

(가)는 네 지역 중 폭염 일수가 가장 많고, 여름 강수량이 가장 적으므로 영남 내륙의 분지에 위치한 대구이다. (나)는 네 지역 중 열대야 일수가 가장 많고 여름 강수량이 많은 편에 속하므로 남부 지방의 해안 지역에 위치한 서귀포이다. (라)는 (다)보다 폭염 일수와 열대야 일수가 모두 적으므로 해발 고도가 높아 평균 기온이 낮은 태백이다. 나머지 (다)는 서울이다.

---

02 기후 및 계절 특성 25학년도 9월 모평 15번   정답 ④ | 정답률 78%

다음 자료는 세 지역의 풍향을 나타낸 것이다. (가) 시기에 대한 (나) 시기의 상대적 특성으로 옳은 것만을 〈보기〉에서 고른 것은? (단, (가), (나)는 각각 1월, 7월 중 하나임.) [3점]

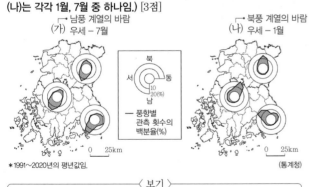

→ 남풍 계열의 바람
(가) 우세 – 7월

→ 북풍 계열의 바람
(나) 우세 – 1월

1991~2020의 평년값임.   (통계청)

〈 보기 〉

ㄱ. 평균 상대 습도가 높다. *낮다*
ㄴ. 북풍 계열의 바람이 탁월하다.
ㄷ. 열대 저기압의 통과 횟수가 많다. *적다*   *└ 태풍*
ㄹ. 시베리아 기단의 영향을 많이 받는다.

① ㄱ, ㄴ   ② ㄱ, ㄷ   ③ ㄴ, ㄷ   ✓④ ㄴ, ㄹ   ⑤ ㄷ, ㄹ

출제 경향

바람장미를 통해 여름 계절풍과 겨울 계절풍을 구분한 후 이에 따른 여름과 겨울의 계절 특성, 지역별 강수 특징 등을 묻는 문항이 출제된다. 계절풍이 부는 원리를 이해하고, 계절별 기단의 특징 등을 정리해 두어야 한다.

| 자료 분석 |

(가)는 세 지역 모두 남서풍의 비율이 높은 것으로 보아 7월이며, (나)는 세 지역 모두 북풍 계열의 비율이 높은 것으로 보아 1월이다.

| 선지 해설 |

ㄱ. (가) 7월보다 (나) 1월은 평균 상대 습도가 낮고 대기가 건조하다.

ㄴ. (가) 7월보다 (나) 1월은 북풍 계열의 바람이 탁월하다.

ㄷ. (가) 7월보다 (나) 1월은 열대 저기압의 통과 횟수가 적다. 우리나라의 열대 저기압은 태풍이며, 태풍은 주로 여름~초가을에 우리나라를 통과한다.

ㄹ. (가) 7월은 북태평양 기단의 영향을 많이 받아 남고북저형의 기압 배치가 주로 나타나며, (나) 1월은 시베리아 기단의 영향을 많아 서고동저형의 기압 배치가 주로 나타난다. 따라서 (가) 7월보다 (나) 1월은 시베리아 기단의 영향을 많이 받는다.

03   기후 및 계절 특성   24학년도 6월 모평 6번   정답 ⑤ | 정답률 47%

다음은 온라인 수업 장면이다. 답글 내용이 옳은 학생만을 있는 대로 고른 것은? (단, (가), (나)는 각각 1월, 7월 중 하나임.) [3점]

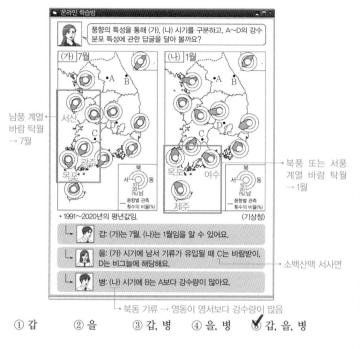

① 갑   ② 을   ③ 갑, 병   ④ 을, 병   ✔⑤ 갑, 을, 병

| 자료 분석 |

지도의 A는 홍천, B는 강릉, C는 남원, D는 칠곡이다. (가)는 목포, 광주, 서산 등에서 주풍향이 남풍 계열로 나타나므로 북태평양 기단의 영향으로 남풍 계열의 바람이 탁월한 7월이다. (나)는 제주, 목포, 여수 등에서 주풍향이 북풍 또는 서풍 계열로 나타나므로 시베리아 기단의 영향으로 북풍 또는 서풍 계열의 바람이 탁월한 1월이다.

| 선지 해설 |

갑. (가)는 주풍향이 남풍 계열로 태평양에서 유라시아 대륙으로 계절풍이 부는 7월이다. (나)는 주풍향이 북풍 또는 서풍 계열로 나타나므로 유라시아 대륙에서 태평양으로 계절풍이 부는 1월이다.

을. (가) 7월에 남서 기류가 유입되면 소백산맥 서사면에 위치한 C 남원은 바람받이 사면에 해당하며 지형성 강수로 인해 강수량이 많다. 반면 D 칠곡은 남서 기류가 넘어가는 비그늘에 해당하며 상대적으로 고온 건조해진다.

병. (나) 1월에 북동 기류가 유입되면 태백산맥 동쪽에 위치한 영동 지방이 바람받이 사면에 해당해 강수량이 많다. 반면 태백산맥 서쪽에 위치해 비그늘 지역인 영서 지방은 상대적으로 강수량이 적다. 따라서 태백산맥 동쪽에 위치한 B 강릉은 태백산맥 서쪽에 위치한 A 홍천보다 (나) 1월 강수량이 많다.

---

04   기후 및 계절 특성   24학년도 수능 11번   정답 ⑤ | 정답률 83%

다음 자료는 네 계절에 개최되는 지역 축제를 나타낸 것이다. (가)~(라) 계절에 대한 설명으로 가장 적절한 것은? (단, (가)~(라)는 각각 봄, 여름, 가을, 겨울 중 하나임.) [3점]

① (나)에는 고랭지 채소 재배가 활발히 이루어진다.
     이루어지지 않는다
② (다)에는 시베리아 기단의 확장으로 꽃샘추위가 발생한다.
     (라)
③ (라)에는 월동을 대비해 김장을 한다.
     (다)
④ (가)에는 (나)보다 서고동저형의 기압 배치가 자주 나타난다.
     남고북저형
✔⑤ (가)에는 (라)보다 평균 상대 습도가 높다.

| 자료 분석 |

보령 머드 축제는 해수욕과 함께 즐길 수 있는 머드를 활용한 다양한 행사가 열리며 매년 7월 말~8월 초에 개최되므로 (가)는 여름이다. 화천 산천어 축제는 얼음 낚시를 비롯하여 얼음과 눈을 이용한 행사가 열리며 매년 1월에 개최되므로 (나)는 겨울이다. 김제 지평선 축제는 벼농사 문화를 비롯한 다양한 농경 문화를 즐길 수 있으며 벼가 수확되는 기간인 매년 10월에 개최되므로 (다)는 가을이다. 진해 군항제는 벚꽃을 활용한 축제로 진해에서 벚꽃이 피는 매년 3월 말~4월 초에 개최되므로 (라)는 봄이다.

| 선지 해설 |

① 고위 평탄면에서의 고랭지 채소 재배는 주변 지역에 비해 해발 고도가 높아 평균 기온이 낮다는 점을 이용한 것이다. 그러나 평균 기온이 영하권으로 떨어지는 (나) 겨울에는 고랭지 채소 재배가 활발히 이루어지지 않는다.

② 시베리아 기단의 확장으로 꽃샘추위가 발생하는 계절은 (라) 봄이다.

③ 월동(겨울나기)에 대비해 김장을 하는 계절은 (다) 가을이다.

④ (가) 여름에는 (나) 겨울보다 남고북저형의 기압 배치가 자주 나타난다. 서고동저형의 기압 배치는 주로 (나) 겨울에 자주 나타난다.

⑤ (가) 여름에는 (라) 봄보다 평균 상대 습도가 높으며, 평균 상대 습도가 낮은 (라) 봄에는 가뭄이나 산불이 자주 발생한다.

05 기후 및 계절 특성 23학년도 수능 4번

다음 글의 (가)에 대한 (나)의 상대적 특성으로 옳은 것은? (단, (가), (나)는 각각 겨울과 여름 중 하나임.)

> 우리나라는 더위와 추위에 대비하여 대청마루와 온돌 같은 전통 가옥 시설이 발달하였다. 대청마루는 바람을 잘 통하게 하여 __(가)__ 을 시원하게 지낼 수 있도록 설치되었다. 온돌은 아궁이의 열을 방으로 전달하여 __(나)__ 을 따뜻하게 지낼 수 있도록 설치되었다. 대청마루는 중부와 남부 지역에 발달한 한편, 온돌은 대부분의 지역에 발달하였다.

(가) 여름 ─ 더위에 대비
(나) 추위에 대비
남부 지역 ─ 겨울

① 평균 상대 습도가 <s>높다.</s> 낮다
② 정오의 태양 고도가 <s>높다.</s> 낮다
✔③ 한파의 발생 일수가 많다. └ 겨울철 시베리아 기단의 영향
④ 대류성 강수가 자주 <s>발생한다.</s> 발생하지 않는다
⑤ 열대 저기압의 통과 횟수가 <s>많다.</s> 적다

| 자료 분석 |

대청마루와 관련이 깊은 (가)는 여름이다. 대청마루는 외벽이 열려 있어 통풍에 유리하다. 전통 가옥에 대청마루를 설치한 이유는 무더운 여름과 관련이 깊다. 온돌과 관련이 깊은 (나)는 겨울이다. 온돌은 아궁이에서 생성된 열기를 머금은 뜨거운 온기를 활용한 난방 시설이다. 전통 가옥에 온돌을 설치한 이유는 추운 겨울과 관련이 깊다. 따라서 (나)는 겨울이다.

| 선지 해설 |

① 우리나라는 (가) 여름이 (나) 겨울보다 강수량이 많아 평균 상대 습도가 높다. 따라서 (가) 여름보다 (나) 겨울의 평균 상대 습도가 낮다.

② 정오의 태양 고도는 사계절 중 여름에 가장 높으며, 겨울에 가장 낮다. 따라서 (가) 여름보다 (나) 겨울에 정오의 태양 고도가 낮다.

③ 한파는 기온이 급격히 내려가는 현상으로 주로 겨울철에 시베리아 기단이 확장할 때 발생한다. 따라서 한파의 발생 일수는 (가) 여름보다 (나) 겨울이 많다.

④ 대류성 강수는 지표면의 가열에 의한 대기 상승으로 내리는 강수이므로 여름에 자주 발생한다. 따라서 대류성 강수는 (가) 여름보다 (나) 겨울에 자주 발생하지 않는다.

⑤ 저위도의 열대 해상에서 발생하여 고위도로 이동하는 열대 저기압은 주로 여름에서 초가을 사이에 우리나라를 지나간다. 따라서 열대 저기압의 통과 횟수는 (가) 여름보다 (나) 겨울에 적다.

06 기후 및 계절 특성 20학년도 9월 모평 11번

다음은 기후 단원에 대한 한국 지리 수업 장면이다. 발표 내용이 가장 적절한 학생을 고른 것은?

✔① 갑 ② 을 ③ 병 ④ 정 ⑤ 무

| 자료 분석 |

〈광주광역시 3월 기온 분포〉 그래프에서 3월 7일 광주광역시의 일 최저 기온을 보면 영하에 머물러 있으며 일 평균 기온 역시 5℃ 이하로 낮다. 이를 통해 3월 7일에는 꽃샘추위가 나타났음을 알 수 있다.

| 선지 해설 |

갑. 봄철에 일시적으로 기온이 하강하는 꽃샘추위는 시베리아 기단이 일시적으로 확장하여 나타난다.

을. 적도 부근의 열대 해상에서 발생한 이동성 저기압은 태풍으로 강한 바람과 많은 비를 동반하며 주로 여름철에서 가을 사이에 우리나라에 영향을 준다.

병. 푄 현상에 의해 습윤한 바람이 산맥을 타고 올라가는 지역에서는 강수 현상에 의해 비나 눈이 내리며 바람이 산맥을 따라 내려가는 지역에서는 고온 건조한 바람이 분다.

정. 오호츠크해 기단과 북태평양 기단 사이에서 전선이 형성되면 장기간 비가 내리는 장마가 시작되며 이 때 전선을 따라 남서 기류가 유입되면 집중 호우의 발생 가능성이 더욱 높아진다.

무. 고온 다습한 북태평양 고기압이 한반도 전역에 강한 영향을 주면 폭염이 주로 발생하며 대기가 불안정해져 대류성 강수인 소나기가 자주 발생한다.

개념 확인 | 우리나라에 영향을 주는 기단

기단	발달 시기	성질	영향
시베리아 기단	겨울	한랭 건조	한파, 꽃샘추위
오호츠크해 기단	늦봄~초여름	한랭 습윤	높새바람, 장마 전선 형성
북태평양 기단	여름	고온 다습	무더위, 장마 전선 형성
적도 기단	여름	고온 다습	태풍

07 기후 및 계절 특성 23학년도 9월 모평 14번 정답 ④ | 정답률 38%

그래프는 지도에 표시된 네 지역과 서울 간의 (가), (나) 시기별 강수량 차이를 나타낸 것이다. 이에 대한 설명으로 옳은 것만을 〈보기〉에서 있는 대로 고른 것은? (단, (가), (나) 시기는 각각 겨울철(12~2월), 여름철(6~8월) 중 하나임.)

네 지역 중 서울과의 겨울철 강수량 차이가 가장 큼 → 울릉도

서울과 여름철 강수량 차이가 가장 적음 → 서귀포

서울과의 강수량 차이에서 세 지역이 양(+)의 값을 가짐 → 겨울철

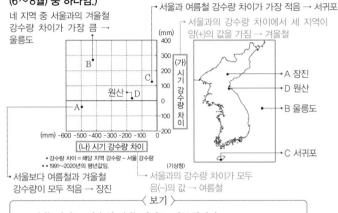

* 강수량 차이 = 해당 지역 강수량 - 서울 강수량
* 1991~2020년의 평년값임. (기상청)

서울보다 여름철과 겨울철 강수량이 모두 적음 → 장진

서울과의 강수량 차이가 모두 음(-)의 값 → 여름철

A 장진
D 원산
B 울릉도
C 서귀포

〈 보기 〉
ㄱ. (가) 시기는 겨울철, (나) 시기는 여름철이다.
ㄴ. A는 C보다 해발 고도가 높다.
ㄷ. B는 C보다 열대야 발생 일수가 ~~많다~~ 적다
ㄹ. D는 B보다 기온의 연교차가 크다. ←대체로 위도가 낮을수록, 해양의 영향을 많이 받을수록 작음

① ㄱ, ㄴ ② ㄱ, ㄷ ③ ㄷ, ㄹ
④ ㄱ, ㄴ, ㄹ ⑤ ㄴ, ㄷ, ㄹ

| 자료 분석 |

지도에 표시된 네 지역은 장진, 원산, 울릉도, 서귀포이다. 한강 유역에 위치한 서울은 제시된 네 지역보다 여름철 강수 집중률이 높으므로 그래프에서 네 지역이 모두 음(-)의 값이 나오는 (나) 시기가 여름철이다. 한편 겨울철에는 서울보다 겨울철 강수량이 적은 장진을 제외하고 나머지 세 지역은 양(+)의 값을 갖는다. 따라서 그래프에서 세 지역에서 양(+)의 값이 나오는 (가) 시기가 겨울철이다. A는 서울보다 여름철과 겨울철의 강수량이 모두 적어 두 시기 모두 음(-)의 값을 갖는 곳이므로 장진이다. B는 A~D 중 (가) 겨울철에 서울과의 강수량 차이가 가장 큰 곳이므로 겨울철 강수량이 많은 울릉도이다. C와 D 중에서 (나) 여름철과 (가) 겨울철 모두 서귀포가 원산보다 강수량이 많으므로 C는 서귀포, D는 원산이다.

| 보기 해설 |

ㄱ 서울은 여름철 강수 집중률이 높아 지도의 네 지역보다 여름철 강수량이 많다. (가) 시기는 서울보다 겨울 강수량이 적은 A 장진을 제외한 나머지 세 지역 모두 양(+)의 값을 가지므로 겨울철이다. (나) 시기는 네 지역 모두에서 음(-)의 값을 가지므로 여름철이다.

ㄴ 낭림산맥과 함경산맥이 만나는 부분에 위치한 A 장진은 해안에 위치한 C 서귀포보다 해발 고도가 높다.

ㄷ. 열대야 발생 일수는 동해상에 위치한 B 울릉도가 상대적으로 위도가 낮은 제주도 남쪽 해안에 위치한 C 서귀포보다 적다.

ㄹ 동해안에 위치한 D 원산은 동해상에 위치한 B 울릉도보다 기온의 연교차가 크다.

개념 확인	울릉도의 기후 특성
기온	해양의 영향으로 여름이 서늘하고 겨울이 온난함 → 비슷한 위도의 다른 지역에 비해 기온의 연교차가 작음
강수량	• 우리나라 최다설지 • 연중 고른 강수 → 겨울 강수 집중률 높음

08 기후 및 계절 특성 22학년도 6월 모평 7번 정답 ⑤ | 정답률 63%

다음은 학생이 수업 시간에 정리한 내용의 일부이다. ㉠~㉢에 대한 옳은 설명만을 〈보기〉에서 고른 것은? [3점]

우리나라의 바람
─ 고온 건조한 바람
─ 남고북저형의 기압 배치
• 계절풍: 계절에 따라 풍향이 달라지는 바람이다. 여름에는 ㉠ 남서풍 혹은 남동풍이 주로 불며, ㉡ 겨울에는 북서풍이 탁월하다. ─고온 다습
─ ㉢ 높새바람: 늦봄에서 초여름 사이에 북동풍이 태백산맥을 넘으면서 ㉣ 푄 현상을 동반할 때 영서 지방에 부는 바람이다.

오호츠크해 기단의 영향
서고동저형의 기압 배치
한랭 건조

〈 보기 〉
ㄱ. ㉠은 주로 ~~서고동저~~의 기압 배치에 의해 나타난다. 남고북저
ㄴ. ㉡에는 주로 대류성 강수가 내린다. 여름 ─소나기
ㄷ. ㉢이 불 때 영서 지방에 이상 고온 현상이 나타난다. ─농작물의 가뭄 피해 발생
ㄹ. ㉣이 발생할 때 바람받이 사면이 바람그늘 사면보다 습윤하다. 강수 현상 ─고온 건조해짐

① ㄱ, ㄴ ② ㄱ, ㄷ ③ ㄴ, ㄷ ④ ㄴ, ㄹ ⑤ ㄷ, ㄹ

| 보기 해설 |

ㄱ. ㉠ 남서풍 혹은 남동풍은 주로 남고북저형의 기압 배치에 의해 나타난다. 여름에는 북태평양 부근에 고기압이 형성되어 주로 남고북저형의 기압 배치가 나타나며, 겨울에는 시베리아 부근에 고기압이 형성되어 서고동저형의 기압 배치가 나타난다.

ㄴ. 강한 일사로 인한 대류 현상으로 주로 발생하는 대류성 강수는 주로 여름에 내린다. 일사량이 적은 ㉡ 겨울에는 대류성 강수가 거의 발생하지 않는다.

ㄷ 오호츠크해 기단이 영향을 주는 늦봄에서 초여름 사이에 부는 북동풍이 태백산맥을 타고 내려가는 영서 지방에서는 고온 건조해지는데 이를 높새바람이라고 한다. 이때 영서 지방에서는 이상 고온 현상과 농작물의 가뭄 피해가 나타난다.

ㄹ ㉣ 푄 현상은 습윤한 바람이 산지를 넘어 불 때 바람이 산을 타고 올라가는 바람받이 사면에서 강수 현상이 발생하며, 바람이 산을 타고 내려가는 바람그늘 사면에서는 공기가 고온 건조해지는 현상이다. 따라서 ㉣ 푄 현상이 발생할 때 바람받이 사면이 바람그늘 사면보다 습윤하다.

다음 자료는 네 지역의 풍향을 나타낸 것이다. (가), (나)에 대한 설명으로 옳은 것만을 〈보기〉에서 고른 것은? (단, (가), (나)는 각각 1월, 7월 중 하나임.)

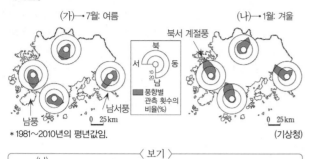

(가)→7월: 여름   (나)→1월: 겨울

북서 계절풍

* 1981~2010년의 평년값임.   (기상청)

── 〈보기〉 ──
(나)
ㄱ. (가) 기후 특성에 대비하기 위해 관북 지방에서는 전통 가옥에 정주간을 설치하였다.
　└→ 부엌과 방 사이에 벽이 없는 공간 (가)
ㄴ. (나) 기후 특성에 대비하기 위해 남부 지방에서는 전통 가옥에 대청마루를 설치하였다. └→ 여름이 겨울보다 길
ㄷ. (가)는 (나)보다 낮의 길이가 길다.
ㄹ. (나)는 (가)보다 시베리아 기단의 영향을 많이 받는다.

① ㄱ, ㄴ ② ㄱ, ㄷ ③ ㄴ, ㄷ ④ ㄴ, ㄹ ✔⑤ ㄷ, ㄹ

| 자료 분석 |

(가)는 남풍, 남동 및 남서풍이 우세하므로 여름에 해당하는 7월이다. (나)는 북서풍, 북풍이 우세하므로 겨울에 해당하는 1월이다.

| 보기 해설 |

ㄱ. 관북 지방(함경도)의 전통 가옥에 나타나는 정주간은 기온이 낮은 (나) 1월의 기후 특성에 대비하기 위한 시설이다.

ㄴ. 남부 지방의 전통 가옥에 나타나는 대청마루는 기온이 높은 (가) 7월의 기후 특성에 대비하기 위한 시설이다.

ㄷ. 낮의 길이는 여름에 길고 겨울에 짧다. 따라서 (가) 7월은 (나) 1월보다 낮의 길이가 길다.

ㄹ. (가) 7월은 북태평양 기단의 영향을 많이 받으며, (나) 1월은 시베리아 기단의 영향을 많이 받는다.

연결형 문제로 개념 확인

(1) 여름 •　　　　• ㉠ 서고동저형의 기압 배치가 주로 나타난다.
(2) 겨울 •　　　　• ㉡ 남고북저형의 기압 배치가 주로 나타난다.

(1) - ㉡ (2) - ㉠

다음은 한국지리 온라인 수업의 한 장면이다. 교사의 질문에 옳게 답한 학생만을 고른 것은?

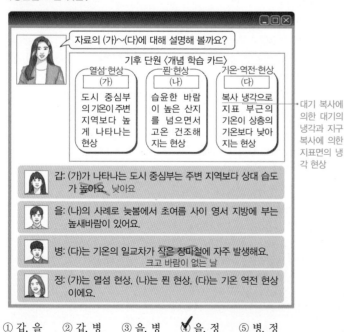

자료의 (가)~(다)에 대해 설명해 볼까요?

기후 단원 〈개념 학습 카드〉

열섬 현상	푄 현상	기온 역전 현상
(가)	(나)	(다)
도시 중심부의 기온이 주변 지역보다 높게 나타나는 현상	습윤한 바람이 높은 산지를 넘으면서 고온 건조해지는 현상	복사 냉각으로 지표 부근의 기온이 상층의 기온보다 낮아지는 현상

→ 대기 복사에 의한 대기의 냉각과 지구 복사에 의한 지표면의 냉각 현상

갑: (가)가 나타나는 도시 중심부는 주변 지역보다 상대 습도가 높아요. 낮아요

을: (나)의 사례로 늦봄에서 초여름 사이 영서 지방에 부는 높새바람이 있어요.

병: (다)는 기온의 일교차가 작은 장마철에 자주 발생해요. 크고 바람이 없는 날

정: (가)는 열섬 현상, (나)는 푄 현상, (다)는 기온 역전 현상이에요.

① 갑, 을 ② 갑, 병 ③ 을, 병 ✔④ 을, 정 ⑤ 병, 정

| 자료 분석 |

(가)는 도시 중심부의 기온이 주변 지역보다 높게 나타나는 것으로 보아 열섬 현상, (나)는 습윤한 바람이 높은 산지를 넘으면서 고온 건조해지는 것으로 보아 푄 현상, (다)는 복사 냉각으로 지표 부근의 기온이 상층 기온보다 낮아지는 것으로 보아 기온 역전 현상이다.

| 선지 해설 |

갑. (가) 열섬 현상이 나타나는 도시에서는 중심부가 주변 지역보다 평균 기온이 높고 상대 습도가 낮다. 일반적으로 열섬 현상이 나타나는 곳은 상대 습도와 평균 풍속은 감소하는 데 반해 기온, 강수, 운량은 증가하는 경향을 보인다.

을. (나) 푄이란 습윤한 공기가 산지를 타고 넘어갈 때 바람받이 사면에 강수를 발생시키고, 바람그늘 사면에서는 고온 건조한 공기로 변하는 현상이다. 푄 현상의 사례로 늦봄에서 초여름 사이 영동 지방에서 영서 지방으로 부는 높새바람이 있다. 늦봄에서 초여름 사이 높새바람이 불 때, 푄 현상으로 영서 지방은 영동 지방보다 고온 건조한 날씨가 나타나 이상 고온 현상이나 가뭄이 발생하기도 한다.

병. (다) 기온 역전 현상은 기온의 일교차가 크고 바람이 없는 날 야간에 분지에서 자주 발생한다. 이때 분지 내의 농작물이 냉해를 입을 수 있다.

정. (가)는 열섬 현상, (나)는 푄 현상, (다)는 기온 역전 현상이다.

11 기후 및 계절 특성 20학년도 6월 모평 2번　　　　정답 ⑤ | 정답률 78%

다음은 기후 단원에 대한 한국 지리 수업 장면의 일부이다. (가)에 들어갈 내용으로 옳은 것은? [3점]

> 교사: 다음에서 설명하는 용어에 해당하는 글자를 〈글자판〉에서 찾아 하나씩 지우세요.
>
> - 도시 중심부의 기온이 주변부보다 높게 나타나는 현상 → 열섬
> - 6~7월 정체 전선의 영향으로 장기간에 걸쳐 많은 비가 내리는 현상 — → 장마
> - 겨울철 시베리아 기단의 주기적인 강약으로 기온의 상승과 하강이 반복되는 현상 → 삼한 사온
>
> 〈글자판〉
>
> | 마 | 온 | 높 | 바 |
> |---|---|---|---|
> | 섬 | 한 | 열 | 사 |
> | 장 | 삼 | 새 | 람 |
>
> 교사: 남은 글자를 모두 활용하여 만들 수 있는 용어에 대해 설명해 보세요.
>
> 학생: _____(가) → 높새바람_____ 입니다.

① 하루 중 밤의 최저 기온이 25℃ 이상인 현상 → 열대야
② 지표면 가열에 의해 낮 동안 발생하는 대류성 강수 → 소나기
③ 북태평양 고기압의 영향으로 불어오는 고온 다습한 바람 → 여름 계절풍
④ 복사 냉각으로 지표 부근의 기온이 상층의 기온보다 낮아지는 현상 → 기온 역전
✓⑤ 늦봄에서 초여름 사이에 태백산맥을 넘어 영서 지방으로 부는 북동풍

| 자료 분석 |

도시 중심부의 기온이 주변부보다 높게 나타나는 현상은 열섬 현상으로, 주로 여름철 대도시의 도심에서 잘 발생한다. 6~7월 정체 전선의 영향으로 장기간에 걸쳐 많은 비가 발생하는 현상은 장마이다. 장마철에는 흐리거나 비가 내리는 날이 많으며, 집중 호우가 발생하기도 한다. 겨울철 한랭 건조한 시베리아 기단의 주기적인 강약으로 기온의 상승과 하강이 반복되는 현상은 삼한 사온이다.
따라서 〈글자판〉에서 해당 용어에 해당하는 글자를 지우면 〈높, 바, 새, 람〉의 네 글자가 남는데, 조합할 수 있는 용어는 높새바람이다. 높새바람은 늦봄에서 초여름 사이 오호츠크해 기단의 영향으로 발생한 북동풍이 태백산맥을 넘어 영서 지방에 부는 고온 건조한 바람을 말한다.

| 선지 해설 |

① 하루 중 밤의 최저 기온이 25℃ 이상인 현상은 열대야이다.
② 여름철 낮 동안 지표면의 가열된 고온 다습한 공기가 상승하면서 응결하여 발생하는 대류성 강수는 소나기이다.
③ 북태평양 고기압의 영향으로 불어오는 고온 다습한 바람은 여름철 남서·남동 계절풍이다.
④ 복사 냉각으로 지표 부근의 기온이 상층의 기온보다 낮아지면서 대기가 안정되는 현상을 기온 역전이라 하는데, 특히 산으로 둘러싸인 분지에서 잘 발생한다.
⑤ 늦봄에서 초여름 사이에 오호츠크해 기단의 영향으로 태백산맥을 넘어 영서 지방으로 부는 북동풍은 높새바람이다.

---

12 계절별 기후 특색 23학년도 3월 학평 5번　　　　정답 ⑤ | 정답률 83%

다음 자료의 (가)~(다)에 대한 설명으로 옳은 것은? (단, (가)~(다)는 각각 겨울, 장마철, 한여름 중 하나임.)

> 〈계절별 냉·난방기 사용 안내〉
>
> ○ 황사와 미세 먼지가 잦은 봄·가을에는 공기 청정 기능을 이용해 깨끗하고 쾌적한 실내 공기를 유지해 보세요.
> → 장마 전선의 영향
> ○ 잦은 비로 습기가 많은 [(가)]에는 제습 기능을 사용하여 뽀송뽀송한 실내를 만들 수 있어요. → 장마철
> ○ 무더운 [(나)]에는 초강력 냉방 기능으로 더 빠르고 시원하게 더위를 식혀 보세요. → 한여름
> → 기온이 급격히 내려가는 현상
> ○ 한파가 이어지는 [(다)]에는 난방 기능으로 실내 공기를 따뜻하게 데울 수 있어요. → 겨울

① (가)에는 서고동저형의 기압 배치가 자주 나타난다. → (다)
② (나)의 무더위에 대비한 전통 가옥 시설에는 정주간이 있다. → 대청마루
③ (다)에는 강한 일사에 의한 대류성 강수가 자주 발생한다. → (나) → 소나기
④ (가)는 (다)보다 평균 기온이 낮다. → 높다
✓⑤ (다)는 (나)보다 서리 일수가 많다. → 겨울이 길수록 서리 일수가 긺 → 고위도 내륙으로 갈수록 대체로 서리 일수가 긺

| 자료 분석 |

(가)는 잦은 비로 습기가 많다는 내용으로 보아 장마철이다. (나)는 무더위가 나타난다는 내용으로 보아 한여름이다. (다)는 한파가 이어지고 난방 기능이 필요하다는 내용으로 보아 겨울이다.

| 선지 해설 |

① (가) 장마철에는 한대 기단과 열대 기단의 경계면을 따라서 정체 전선인 장마 전선이 형성된다. 서고동저형의 기압 배치가 자주 나타나는 계절은 (다) 겨울철이다.
② (나) 한여름의 무더위에 대비한 전통 가옥 시설은 대청마루이다. 대청마루는 바람을 잘 통하게 하여 시원하게 지낼 수 있도록 설치되었다. 정주간은 부엌과 방 사이에 벽이 없고 부뚜막과 방바닥이 하나로 연결된 넓은 공간으로 겨울이 추운 북부 지방의 가옥 구조이다.
③ (다) 겨울에는 서고동저형의 기압 배치로 강한 북서풍에 의해 한랭 건조한 기후가 나타난다. 강한 일사에 의한 대류성 강수가 자주 발생하는 계절은 (나) 한여름이다.
④ (가) 장마철은 대체로 6월 하순을 전후하여 남부 지방에서 시작되며, (다) 겨울보다 평균 기온이 높다.
⑤ 서리는 대체로 늦가을 ～ 겨울에 첫서리가 내리고, 봄철에 마지막 서리가 내린다. 따라서 (다) 겨울은 (나) 한여름보다 서리 일수가 많다.

13 기후 및 계절 특성 23학년도 6월 모평 3번

정답 ③ | 정답률 97%

다음은 학생이 작성한 지리 탐구 보고서의 일부이다. (나) 계절과 비교한 (가) 계절의 상대적 특징으로 옳은 것은? (단, (가), (나)는 각각 겨울, 여름 중 하나임.)

○ 탐구 목표 : 고전 문학 속 계절 특성 이해
○ 탐구 내용 : 사미인곡(思美人曲)에서의 (가), (나) 계절 특성

계절	내용 및 현대어 풀이
겨울 (가)	乾건坤곤이 閉폐塞식ᄒᆞ야 白빅雪셜이 흔 비친 제… 현대어 풀이 ⇒ 하늘과 땅이 추위에 얼어붙어 생기가 막히고 흰 눈으로 온통 덮여있을 때…
여름 (나)	곳 디고 새닙 나니 綠녹陰음이 ᄭᆞᆯ렷ᄂ듸… 현대어 풀이 ⇒ 꽃이 지고 새 잎이 나니 푸른 잎이 우거진 수풀이 땅에 무성한데…

┌─ 사계절 중 낮의 길이는 여름이 가장 길고, 겨울이 가장 짧음
① 낮의 길이가 길다. 짧다
② 평균 상대 습도가 높다. 낮다
✔③ 한파 발생 일수가 많다. ─── 일정 기준 이상의 기온 하강으로 인명 및 재산
④ 열대야 발생 일수가 많다. 적다   피해 유발 → 감기 환자 급증. 수도관 동파 등
⑤ 북서풍에 비해 남서풍이 주로 분다.
    남서풍   북서풍

| 자료 분석 |

(가)는 '추위에 얼어붙어', '흰 눈으로 온통 덮여' 등의 표현으로 보아 겨울임을 알 수 있다. (나)는 '푸른 잎', '우거진 수풀' 등의 표현으로 보아 여름임을 알 수 있다.

| 선지 해설 |

① 태양 주위를 공전하는 지구는 자전축이 기울어져 있기 때문에 계절별로 낮과 밤의 길이가 달라진다. 사계절 중 낮의 길이는 여름이 가장 길고, 밤의 길이는 겨울이 가장 길다. 따라서 (가) 겨울은 (나) 여름보다 낮의 길이가 짧다.

② (가) 겨울은 한랭 건조한 시베리아 기단의 영향을 주로 받는 반면, (나) 여름은 고온 다습한 북태평양 기단의 영향을 주로 받는다. 따라서 (가) 겨울은 (나) 여름보다 평균 상대 습도가 낮다.

③ 한랭한 공기가 유입되어 기온이 급격히 내려가는 한파는 주로 (가) 겨울에 발생한다. 따라서 (가) 겨울은 (나) 여름보다 한파 발생 일수가 많다.

④ 일 최저 기온이 25℃ 이상인 열대야는 주로 (나) 여름에 나타난다. 따라서 (가) 겨울은 (나) 여름보다 열대야 발생 일수가 적다.

⑤ (가) 겨울은 시베리아 고기압의 영향으로 북서풍이 많이 불고, (나) 여름은 북태평양 고기압의 영향으로 남서 혹은 남동풍이 많이 분다. 따라서 (가) 겨울은 (나) 여름보다 남서풍에 비해 북서풍이 주로 분다.

---

14 기후 및 계절 특성 24학년도 5월 학평 7번

정답 ① | 정답률 78%

다음은 한국지리 온라인 학습 장면의 일부이다. 답글 ㉠~㉤ 중에서 가장 적절한 것은?

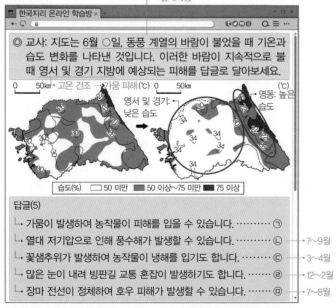

┌─ 높새바람
🖥 한국지리 온라인 학습방 ✕

◎ 교사: 지도는 6월 ○일, 동풍 계열의 바람이 불었을 때 기온과 습도 변화를 나타낸 것입니다. 이러한 바람이 지속적으로 불 때 영서 및 경기 지방에 예상되는 피해를 답글로 달아보세요.

0   50㎞ 고온 건조 ─ 가뭄 피해 (℃) 0   50㎞   (℃)
                                              영동: 높은
      영서 및 경기: 습도
      낮은 습도

습도(%) ☐ 50 미만 ▨ 50 이상~75 미만 ▩ 75 이상

답글(5)
└ 가뭄이 발생하여 농작물이 피해를 입을 수 있습니다. ……… ㉠
└ 열대 저기압으로 인해 풍수해가 발생할 수 있습니다. ……… ㉡   ─ 7~9월
└ 꽃샘추위가 발생하여 농작물이 냉해를 입기도 합니다. …… ㉢ ─ 3~4월
└ 많은 눈이 내려 빙판길 교통 혼잡이 발생하기도 합니다. …… ㉣ ─ 12~2월
└ 장마 전선이 정체하여 호우 피해가 발생할 수 있습니다. …… ㉤ ─ 7~8월

✔① ㉠   ② ㉡   ③ ㉢   ④ ㉣   ⑤ ㉤

| 자료 분석 |

제시된 자료는 6월 동풍 계열의 바람이라는 내용으로 보아 높새바람과 관련된 것이다. 늦봄에서 초여름 사이에 주로 오호츠크해 기단이 세력을 확장하면 우리나라에 북동풍이 자주 부는데, 이 바람이 태백산맥을 넘으면 푄 현상으로 고온 건조해진다. 이때 영서 및 경기 지방에 부는 고온 건조한 바람을 높새바람이라고 한다.

| 선지 해설 |

① ㉠ 높새바람이 불면 푄 현상에 의해 영서 및 경기 지방이 고온 건조해진다. 이로 인해 가뭄이 발생하여 농작물이 피해를 입을 수 있다. 영서 지방의 농민들은 높새바람이 농작물을 말린다고 하여 살곡풍(殺穀風)이라고 부르기도 한다.

② ㉡ 열대 저기압으로 인한 풍수해는 태풍과 관련이 있으며 우리나라에서는 주로 7~9월에 영향을 준다. 태풍은 중심 부근의 최대 풍속이 17m/s 이상으로 폭풍우를 동반하는 열대 저기압으로 풍수해를 일으킨다.

③ ㉢ 꽃샘추위는 초봄인 3~4월에 시베리아 기단의 일시적인 확장으로 나타나는 추위이다.

④ ㉣ 많은 눈이 내려 빙판길 교통 혼잡이 발생하는 자연재해는 대설이다. 대설은 겨울철인 12~2월에 주로 발생한다.

⑤ ㉤ 장마 전선이 정체하여 호우 피해가 발생하는 시기는 여름철인 7~8월이다.

15　기후와 주민 생활　22학년도 6월 모평 9번

정답 ① | 정답률 54%

다음 자료의 (가) 지역에 대한 (나) 지역의 상대적 특성을 그림의 A~E 에서 고른 것은?

지역	제주도 (가)	관북 지방 (나)

전통 가옥 특징

(가): 취사할 때 발생하는 열을 난방에 활용하지 않아 부엌에서 취사용 화덕이 방의 반대 편에 놓여 있다.
→ 겨울철에 온난하기 때문

(나): 부엌에서 발생하는 온기를 난방에 직접 활용하기 위해 부뚜막을 길게 연장하여 만든, 거실과 같은 생활 공간인 정주간이 발달하였다.
→ 정주간
→ 추운 겨울 실내에서 활동할 수 있는 공간

- 고위도 지역이 저위도 지역보다 이름
→ 단풍의 절정 시기
→ (적음)(높음) (낮음) (높음) 연평균 기온
→ (많음) 서리일 수

① A ✓
② B
③ C → 고위도 지역이 저위도 지역보다 낮음
④ D
⑤ E → 고위도 지역이 저위도 지역보다 많음

| 자료 분석 |

(가)는 취사와 난방이 분리되어 있으므로 저위도에 위치해 겨울이 온난한 제주도 이다. (나)는 정주간이 발달해 있으므로 고위도에 위치해 겨울이 한랭한 관북 지방이다.

| 선지 해설 |

① A

(나) 관북 지방은 (가) 제주도보다 고위도에 위치해 있어 연평균 기온이 낮고 일 년 중 서리가 내린 날의 수인 서리일수가 많다. 단풍의 절정 시기는 겨울철이 한랭할수록 이르므로 (나) 관북 지방이 (가) 제주도보다 단풍의 절정 시기가 이르다. 따라서 (가) 제주도와 비교한 (나) 관북 지방의 상대적 특징을 그림에서 찾으면 A이다.

개념 확인	전통 가옥 구조	
관북형	'田'자형의 겹집, 폐쇄적인 구조, 정주간
남부형	'一'자형의 홑집, 개방적인 구조, 대청
울릉도형	방설 및 방풍 기능을 하는 우데기
제주도형	곡물 저장 창고인 고팡, 지붕을 새끼줄로 엮음

16　기후 및 계절 특성　24학년도 3월 학평 4번

정답 ⑤ | 정답률 78%

다음 글의 (가), (나)에 대한 설명으로 옳은 것만을 〈보기〉에서 고른 것은? (단, (가), (나)는 각각 겨울과 여름 중 하나임.) [3점]

→ 태양의 움직임을 기준으로 1년을 24개로 나누어 정한 날임

전통적으로 우리나라는 1년을 24절기로 구분하고 이를 농사의 기준으로 삼았다. 예를 들어 망종(芒種)은 곡식의 종자를 뿌리기에 적당한 시기라는 뜻으로 모내기에 알맞은 때이다. 망종 이후의 하지(夏至), 소서(小暑), 대서(大暑) 등은 농작물의 생장이 활발한 (가) 과 관련된 절기에 해당한다. 상강(霜降)은 서리가 내리는 시기라는 뜻으로 추수를 마무리하는 때이다. 상강이 지나고 들어서는 입동(立冬), 소설(小雪), 대설(大雪), 동지(冬至) 등이 (나) 과 관련된 절기에 해당한다.

(가): 여름
→ 일 년 중 낮의 길이가 가장 길고 밤의 길이가 가장 짧음

(나): 겨울
→ 일 년 중 낮의 길이가 가장 짧고 밤의 길이가 가장 짧

〈 보기 〉

ㄱ. (가)에는 서고동저형의 기압 배치가 자주 나타난다.
　　남고북저형
ㄴ. (나)에는 강한 일사에 의한 대류성 강수가 자주 발생한다.
　　발생하지 않는다
ㄷ. (가)는 (나)보다 하루 중 낮 길이가 길다.
　　→ 하지(여름) 〉 춘분·추분(봄·가을) 〉 동지(겨울)
ㄹ. (나)는 (가)보다 남북 간의 기온 차이가 크다.
　　→ 겨울 〉 여름

① ㄱ, ㄴ　② ㄱ, ㄷ　③ ㄴ, ㄷ　④ ㄴ, ㄹ　⑤ ㄷ, ㄹ ✓

| 자료 분석 |

(가)는 일 년 중 태양의 남중 고도가 가장 높은 하지(夏至), 작은 더위라는 의미를 갖고 있는 소서(小暑), 큰 더위라는 의미를 갖고 있는 대서(大暑) 등과 관련된 계절로 여름이다. (나)는 서리가 내리는 시기인 상강(霜降), 겨울이 시작된다는 의미의 입동(立冬), 일 년 중 눈이 가장 많이 내린다는 의미의 대설(大雪), 일 년 중 태양의 남중 고도가 가장 낮은 동지(冬至) 등과 관련된 계절로 겨울이다.

| 선지 해설 |

ㄱ. (가) 여름에는 북태평양에서 발달한 고기압의 영향으로 남고북저형의 기압 배치가 자주 나타난다. 서고동저형의 기압 배치가 자주 나타나는 계절은 시베리아에서 발달한 고기압의 영향을 받는 겨울이다.

ㄴ. 강한 일사에 의해 대류 현상이 발생하여 나타나는 대류성 강수의 대표적인 사례는 소나기이며, 이러한 대류성 강수가 자주 발생하는 계절은 여름이다. 겨울에는 시베리아 고기압의 주기적인 확장과 약화로 기온의 하강과 상승이 반복되는 삼한 사온 현상이 발생한다.

ㄷ. 지구의 자전축은 기울어진 상태로 공전하기 때문에 계절에 따라 낮 길이가 변한다. 낮 길이는 여름의 하지 때 가장 길며, 봄과 가을의 춘분과 추분에는 낮과 밤의 길이가 12시간으로 같고, 겨울의 동지 때 가장 짧아진다. 따라서 (가) 여름은 (나) 겨울보다 하루 중 낮 길이가 길다.

ㄹ. 우리나라는 여름에는 따뜻하고 습한 바다에서 불어오는 바람의 영향으로 고온 다습한 반면, 겨울에는 차고 건조한 대륙에서 불어오는 바람의 영향으로 한랭 건조하다. 이 때문에 겨울에는 북쪽으로 갈수록 기온이 낮아지고 남쪽은 상대적으로 온화한 반면 여름에는 남북 간의 기온 차이가 상대적으로 작다. 따라서 (나) 겨울은 (가) 여름보다 남북 간의 기온 차이가 크다.

9 일차

다음은 (가)~(다) 시기의 기상 뉴스이다. 이에 대한 설명으로 옳은 것은?

↳6월 하순을 전후하여 대체로 남부 지방부터 시작

(가) 전국이 ㉠ 장마 전선의 영향권에 들면서 많은 비가 이어지고 장마철입니다. 특히 밤사이 수증기의 유입으로 비구름이 발달하면서 새벽부터 중부 지방을 중심으로 집중 호우가 예상되니 피해에 주의해 주시기 바랍니다.
↳일 최고 기온이 33℃를 넘는 고온 현상

(나) 폭염의 기세가 꺾일 줄을 모르고 있습니다. 전국 대부분 지역 한여름에 폭염 특보가 계속되고 있으며, 낮 최고 기온이 35℃를 넘는 곳도 있겠습니다. 무더위 속 일부 지역에는 ㉡ 소나기가 내리겠습니다.
↳시베리아 고기압의 일   ↳대류성 강수 시적인 확장으로 발생

(다) 오늘은 옷장에 넣어 두었던 따뜻한 외투를 다시 챙겨 입고 초봄 나오셔야겠습니다. ㉢ 꽃샘추위가 찾아오면서 기온이 큰 폭으로 떨어져 내륙 곳곳에는 한파주의보가 내려졌습니다.
↳기온이 급격히 내려가는 현상

① (나) 시기에는 주로 서고동저형의 기압 배치가 나타난다.
↳남고북저형

② (가) 시기는 (다) 시기보다 대체로 기온의 일교차가 크다.
↳작다

✓③ ㉠은 한대 기단과 열대 기단의 경계면을 따라 형성된다.
↳오호츠크해 기단   ↳북태평양 기단

④ ㉡은 바람받이 사면을 따라 발생하는 지형성 강수에 해당한다.
↳강한 일사로 데워진 공기가 상승하여 비가 내리는 대류성 강수

⑤ ㉢은 북태평양 고기압이 한반도 전역에 영향을 미칠 때 주로 발생한다.
↳시베리아

| 자료 분석 |

(가)는 전국이 장마 전선의 영향권에 들고 집중 호우가 예상되므로 장마철, (나)는 폭염 특보가 계속되고 무더위 속 일부 지역에 소나기가 내리므로 한여름, (다)는 꽃샘추위가 찾아와 한파주의보가 내려졌으므로 초봄이다.

| 선지 해설 |

① (나) 한여름에는 북태평양 고기압이 발달하여 남고북저형의 기압 배치가 나타난다. 주로 서고동저형의 기압 배치가 나타나는 시기는 겨울이다.

② 기온의 일교차는 건조하고 일사량이 많은 봄과 가을에 크고, 상대적으로 구름이 많고 습도가 높으며 강수가 잦은 장마철에 작다. 따라서 (가) 장마철은 (다) 초봄보다 대체로 기온의 일교차가 작다.

③ 생량 습윤한 오호츠크해 기단과 고온 다습한 북태평양 기단이 만나 장마 전선을 형성하면 장기간 비가 내리는 장마가 시작된다. 따라서 ㉠ 장마 전선은 한대 기단과 열대 기단의 경계면을 따라 형성된다.

④ ㉡ 소나기는 강한 일사로 데워진 공기가 상승하여 구름이 만들어지고 비가 내리는 대류성 강수에 해당한다. 바람받이 사면을 따라 발생하는 지형성 강수는 지역 간 강수량 차이에 영향을 준다.

⑤ ㉢ 꽃샘추위는 초봄에 시베리아 고기압의 일시적인 확장으로 나타나는 반짝 추위이다. 북태평양 고기압이 한반도 전역에 영향을 미칠 때 주로 발생하는 것은 무더위이다.

다음 글의 (가), (나) 지역에 해당하는 기후 그래프를 〈보기〉에서 고른 것은? [3점]
↳주로 점성이 작고 유동성이 큰 조면암질 용암 분출로 형성

↳울릉도
(가) 신생대의 화산 활동으로 형성된 경사가 급한 종 모양의 섬이다. 이 섬의 중앙부에는 나리 분지가 있고, 분지 안에는 우데기를 설치한 전통 가옥이 남아 있다.
↳분화구가 함몰되어 형성 ↳칼데라 분지

↳대관령
(나) 영서 지방과 영동 지방의 명칭은 태백산맥에 위치한 이 지역의 서쪽과 동쪽이라는 데에서 유래하였다. 이 지역 일대에서는 고랭지 농업 및 목축업이 활발하게 이루어지고 있다.

↳침식 분지 발달 → 춘천, 원주 등   ↳태백산맥과 수심이 깊은 동해의 영향 → 영서
↳여름철 남서 기류 유입 → 지형성   지방보다 겨울이 온화
    강수 많음   ↳겨울철 북동 기류의 영향 → 강설량이 많음

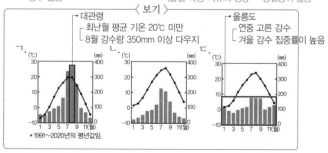

〈보기〉

ㄱ. 대관령 최난월 평균 기온 20℃ 미만 8월 강수량 350mm 이상 다우지

ㄴ.

ㄷ. 울릉도 연중 고른 강수 겨울 강수 집중률이 높음

* 1991~2020년의 평년값임.

	(가)	(나)		(가)	(나)		(가)	(나)
①	ㄱ	ㄴ	②	ㄴ	ㄱ	③	ㄴ	ㄷ
✓④	ㄷ	ㄱ	⑤	ㄷ	ㄴ			

| 자료 분석 |

(가)는 신생대의 화산 활동으로 형성된 종 모양의 섬이며, 나리 분지가 있고 우데기를 설치한 전통 가옥이 남아 있다는 것으로 보아 울릉도이다. 울릉도는 우리나라의 최다설지로, 전통 가옥에서 방설 및 방풍 기능을 하는 우데기를 볼 수 있다. (나)는 영서 지방과 영동 지방 명칭의 유래와 관련된 지역으로 고랭지 농업 및 목축업이 활발하다는 것으로 보아 대관령이다. 대관령 일대는 해발 고도가 높아 연평균 기온이 낮다. 이 지역의 고위 평탄면에서는 여름철에 서늘한 기후를 활용한 고랭지 농업이 발달하였다.

| 보기 해설 |

④ (가) - ㄷ, (나) - ㄱ

· (가) 울릉도는 동해상에 위치하여 기온의 연교차가 작고 월별 강수량의 차이가 작은 편이다. 특히 울릉도는 겨울철 북서 계절풍의 영향으로 눈이 많이 내리기 때문에 겨울 강수량이 많고 겨울 강수 집중률이 높게 나타난다. 따라서 〈보기〉 ㄱ~ㄷ 중 월별 강수량의 차이가 가장 작고 겨울 강수량이 가장 많은 ㄷ이 (가) 울릉도의 기후 그래프이다.

· (나) 대관령은 해발 고도가 높아 여름철에 서늘하며 연평균 기온이 낮다. 또한 지형성 강수의 영향으로 연 강수량이 많은 편이다. 따라서 〈보기〉 ㄱ~ㄷ 중 여름철 기온이 가장 낮고 연 강수량이 가장 많은 ㄱ이 (나) 대관령의 기후 그래프이다.

19 기후와 주민 생활 23학년도 4월 학평 5번

정답 ① | 정답률 81%

다음 자료의 (가), (나) 지역을 지도의 A~C에서 고른 것은?

평창
(가) 에서 사용되는 'HAPPY700'
은 해발 고도가 높은 곳에 위치하여 여
름에도 시원하다는 의미를 담고 있다. 이
지역에서는 양떼 목장, 풍력 발전기 등
색다른 경관도 즐길 수 있다.

평창군 표어

→ 해발 고도가
높으나 경사
가 완만함

울릉도
(나) 은/는 풍향과 지형 등의 영향
으로 강설량이 매우 많다. 이 지역 전통
가옥의 우데기는 많은 눈이 쌓였을 때
생활 공간을 확보하기 위해 설치한 것으
로, 자연환경에 적응한 사례로 손꼽힌다.

→ 지형성 강수
→ 다설지

→ 울릉도의
방설 및
방풍벽

→ 우데기

평창: 고위 평탄면

울릉도:
다설지

안동:
하회 마을

	(가)	(나)
①	A	B
②	A	C
③	B	A
④	C	A
⑤	C	B

자료 분석

지도의 A는 평창, B는 울릉도, C는 안동이다. A 평창에는 고위 평탄면이 발달해 있다. 고위 평탄면은 해발 고도가 높아 여름철에 서늘하고 수분 증발량이 적어 목초 재배에 유리해 목축업이 발달하였으며, 바람이 강하여 풍력 발전 단지 조성에도 유리하다. B 울릉도는 우리나라 최다설지로 겨울에 눈이 많이 내리고 바람이 세다. 이 때문에 울릉도 전통 가옥에 우데기라는 방설(防雪) 및 방풍(防風) 기능을 갖춘 시설을 설치하였다. C 안동은 영남 내륙에 위치한 지역으로 연 강수량이 적다. 안동은 세계 문화유산으로 등재된 하회 마을 등의 전통 문화유산을 중심으로 관광 산업을 육성하고 있다.

선지 해설

① (가) – A, (나) – B

- (가)의 'HAPPY700'은 해발 700m 지점이 가장 행복한 고도라는 의미를 가진 평창군의 표어이다. 고위 평탄면은 목초 재배에 유리하여 목장으로 이용되며, 바람의 특성이 풍력 발전에 유리하여 전기를 생산하기 위한 풍력 발전기가 설치되어 있다. 따라서 (가)는 A 평창이다.
- (나)의 우데기는 울릉도의 전통 가옥에 설치된 방설(防雪) 및 방풍(防風) 기능을 갖춘 외벽이다. 울릉도는 동해상에 위치한 섬으로 북서 계절풍과 지형의 영향으로 겨울철에 눈이 많이 내린다. 따라서 (나)는 B 울릉도이다.

개념 확인 | 울릉도의 기후 특성

기온	해양의 영향으로 여름이 서늘하고 겨울이 온난함 → 비슷한 위도의 다른 지역에 비해 기온의 연교차가 작음
강수량	• 우리나라 최다설지 • 연중 고른 강수 → 겨울 강수 집중률 높음

20 기후 및 계절 특성 21학년도 4월 학평 19번

정답 ③ | 정답률 77%

다음 글의 (가)~(다) 계절에 대한 옳은 설명만을 〈보기〉에서 고른 것은? (단, (가)~(다)는 각각 봄, 한여름, 겨울 중 하나임.) [3점]

→ 시베리아 기단의 일시적 확장
→ 중국 서부의 모래가 편서풍을 타고 이동

〈 계절에 따라 달라지는 편의점 제품 진열 전략 〉

봄
(가) 꽃샘추위, 황사 현상이 나타나는 시기에 마스크, 구강 청결제, 렌즈 세정액 등 위생용품을 충분히 확보하고 진열 면적을 확대한다.

→ 시베리아 고기압의 확장

겨울
(나) 한파가 찾아오는 등 날씨가 추워지는 시기에 캔 커피, 쌍화차 등을 온장고에 진열하고, 찐빵, 어묵 등을 입구 가까이 곳으로 이동시킨다.

한여름
(다) 불볕더위가 지속되는 시기에 생수, 탄산음료 등의 진열 면적을 확대한다. 피서객이 급증하는 휴가철에는 여행용 세정 용품, 자외선 차단제 등을 눈에 띄는 곳에 진열한다.

→ 북태평양 고기압의 영향

〈 보기 〉
ㄱ. (가)는 열대 저기압에 의한 피해가 자주 발생한다.
　　한여름에서 가을 사이
ㄴ. (나)는 서고동저형의 기압 배치가 자주 나타난다.
ㄷ. (가)는 (다)보다 산불 발생 빈도가 높다.
　　→ 봄철에는 대기가 건조해 가뭄이 자주 발생함
ㄹ. (나)는 (다)보다 대류성 강수가 자주 발생한다.
　　(다)　(나)　→ 소나기

① ㄱ, ㄴ　② ㄱ, ㄷ　③ ㄴ, ㄷ　④ ㄴ, ㄹ　⑤ ㄷ, ㄹ

자료 분석

(가)는 꽃샘추위와 황사 현상이 나타나므로 봄, (나)는 한파가 발생하므로 겨울, (다)는 불볕더위가 나타나므로 한여름이다. 꽃샘추위는 초봄에 시베리아 기단의 일시적인 확장으로 나타나는 반짝 추위이다.

보기 해설

ㄱ. 열대 해상에서 발생하여 폭풍우를 동반하는 열대 저기압인 태풍은 (다) 한여름에서 가을 사이에 주로 발생한다.

ㄴ. (나) 겨울철에는 시베리아에 고기압이 확장하면서 서고동저형의 기압 배치가 나타나며 한랭 건조한 북서풍이 강하게 분다. (다) 한여름에는 북태평양에 고기압이 형성되면서 남고북저형의 기압 배치가 나타나며 고온 다습한 남서 및 남동풍이 주로 분다.

ㄷ. (가) 봄은 대기가 건조하여 산불 발생 빈도가 높고, 가뭄이 자주 발생한다. 반면 (다) 한여름에는 소나기와 태풍, 장마 등의 영향으로 봄에 비해 대기가 건조하지 않다. 따라서 (가)는 (다)보다 산불 발생 빈도가 높다.

ㄹ. 강한 일사로 인해 대류 현상이 발생하여 나타나는 강수 현상인 대류성 강수는 일사량이 많은 (다) 한여름에 자주 발생한다. 한여름의 소나기는 대류성 강수에 해당한다.

다음은 기후와 관련된 고문헌 내용의 일부이다. 이에 대한 옳은 설명만을 〈보기〉에서 고른 것은?

> └ 시베리아 기단
>
> ○ 임금이 대신에게 이르기를, "겨울에는 추위야 마땅한데 일기가 따뜻하고, 눈이 와야 마땅한데 눈이 오지 아니하니, 이는 심히 상서롭지 못하다." 하니, 병조 판서 조말생이 아뢰기를, "겨울에 춥지 아니하면 반드시 ㉠ 봄 추위가 있고, 보리와 밀은 무성할 것입니다." 하였다.
> └ 꽃샘추위
>
> └ 높새바람　　　　　　　　　　　　　　－『세종실록』 －
>
> ○ 인종 18년에 ㉡ 간풍(샛바람)이 5일이나 불어 백곡과 초목이 과반이나 말라 죽었고, 지렁이가 길 한가운데 나와 죽어 있는 것이 한줌가량 되었다.　　　└ 농작물의 가뭄 피해
>
> 장마는 6월 초순부터 시작됨 └　└ 장맛비　－『고려사』 －
>
> ○ "성주 지방은 6월 8일부터 13일까지 ㉢ 비가 내려 홍수가 났으며, 김해 지방은 6월 5일부터 11일까지 비가 내려 가옥 88채가 물에 잠겨 쓰러졌는데 … "
> └ 가옥 침수 피해　　　　　　　　　　　－『중종실록』 －

〈 보기 〉
ㄱ. ㉠은 남고북저형 기압 배치가 우세할 때 주로 나타난다.
　　시베리아 기단이 일시적으로 확장할
ㄴ. ㉡이 지속될 때 영서 지방에는 가뭄이 발생한다.
　　└ 이상 고온 현상, 농작물 가뭄 피해
ㄷ. ㉢은 대류성 강수에 해당된다.
　　전선성
ㄹ. ㉢이 내리는 시기는 ㉠이 나타나는 시기보다 기온의 일교차가 작다.
　　└ 봄, 가을: 큼
　　└ 장마철: 작음

① ㄱ, ㄴ　② ㄱ, ㄷ　③ ㄴ, ㄷ　✔④ ㄴ, ㄹ　⑤ ㄷ, ㄹ

| 자료 분석 |

㉠은 봄에 발생한 추위이므로 꽃샘추위이다. ㉡ 샛바람이 불면서 백곡(농작물)과 초목의 가뭄 피해가 나타났으므로 ㉡은 높새바람이다. ㉢은 6월에 장기간 발생하여 가옥이 침수되었으므로 장맛비이다.

| 보기 해설 |

ㄱ. ㉠ 봄 추위는 초봄에 시베리아 기단의 일시적인 확장으로 나타나는 반짝 추위이다. 남고북저형의 기압 배치는 여름철에 주로 나타난다.

Ⓛ ㉡은 늦봄에서 초여름에 오호츠크해 기단에서 불어오는 북동풍이 태백산맥을 넘으면서 푄 현상에 의해 영서 지방에 부는 고온 건조한 바람이다. 영서와 경기 지방에 높새바람이 불면 이상 고온 현상이 나타나고 농작물의 가뭄 피해가 나타난다.

ㄷ. ㉢ 장마는 전선성 강수에 해당한다. 6월 하순을 전후하여 발생하는 장마는 한대 기단에 해당하는 오호츠크해 기단과 열대 기단에 해당하는 북태평양 기단의 경계면을 따라 형성되는 정체 전선에서 발생하는 전선성 강수이다. 대류성 강수는 한여름에 주로 발생하며 소나기가 대표적이다.

Ⓡ ㉢ 장마 기간에는 기온의 일교차가 작은 반면 ㉠ 꽃샘추위가 나타나는 봄철에는 기온의 일교차가 크다. 일 최고 기온과 일 최저 기온의 차이인 일교차는 봄과 가을철에 크고 장마철에 작다.

개념 확인	강수의 유형
대류성 강수	한여름에 주로 발생하며 소나기가 대표적임
지형성 강수	푄 현상에 의해 바람받이 사면에서 강수 현상이 나타남
전선성 강수	성질이 다른 기단 사이에서 형성되는 경계면에서 주로 발생함. 장마가 대표적임
저기압성 강수	열대 해상에서 발생하는 태풍이 대표적임

그래프는 지도에 표시된 세 지역의 기온 변화를 나타낸 것이다. 이에 대한 분석으로 옳은 것만을 〈보기〉에서 고른 것은? [3점]

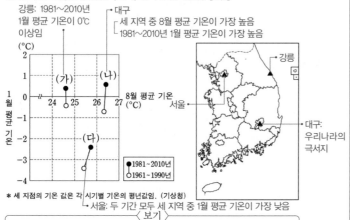

강릉: 1981~2010년 1월 평균 기온이 0℃ 이상임

대구 세 지역 중 8월 평균 기온이 가장 높음 1981~2010년 1월 평균 기온이 가장 높음

8월 평균 기온 (℃)

강릉
서울
대구: 우리나라의 극서지

● 1981~2010년
○ 1961~1990년

* 세 지점의 기온 값은 각 시기별 기온의 평년값임. (기상청)
└ 서울: 두 기간 모두 세 지역 중 1월 평균 기온이 가장 낮음

〈 보기 〉
ㄱ. 평균 기온의 변화는 1월보다 8월이 더 뚜렷하다.
　　　　　　　　　　　8월　　1월
ㄴ. 8월 평균 기온 상승 폭이 가장 큰 곳은 서울이다.
ㄷ. 대구는 강릉보다 1월 평균 기온의 상승 폭이 더 크다.
ㄹ. (가)와 (다)의 위도 차이가 (가)와 (나)의 위도 차이보다 더 크다. 작다
　　└ 비슷한 위도에 위치

① ㄱ, ㄴ　② ㄱ, ㄷ　✔③ ㄴ, ㄷ　④ ㄴ, ㄹ　⑤ ㄷ, ㄹ

| 자료 분석 |

지도에 표시된 지역은 서울, 강릉, 대구이다. (나)는 세 지역 중 1981~2010년에 1월 평균 기온과 8월 평균 기온이 가장 높으므로 저위도에 위치한 대구이다. 대구는 우리나라의 극서지로 세 지역 중 8월 평균 기온이 가장 높다. (다)는 세 지역 중 제시된 연도 모두에서 1월 평균 기온이 가장 낮으므로 강릉과 비슷한 위도에 위치해 있지만 내륙에 위치한 서울이다. 1981~2010년 1월 평균 기온이 0℃ 이상인 (가)는 강릉이다. 강릉은 서울과 비슷한 위도에 위치해 있지만 동해안에 위치해 있어 서울보다 1월 평균 기온이 높다.

| 보기 해설 |

ㄱ. (가)~(다) 지역은 모두 1월 평균 기온이 1℃ 이상씩 상승하였으나 8월 평균 기온의 상승 폭은 1℃ 이하이다. 따라서 평균 기온의 변화는 8월보다 1월이 더 뚜렷하다.

Ⓛ 8월 평균 기온 상승 폭이 가장 큰 곳은 (다) 서울이다. (가) 강릉과 (나) 대구는 8월 평균 기온의 변화가 거의 없다.

Ⓒ 1961~1990년에 (나) 대구는 (가) 강릉보다 1월 평균 기온이 낮았으나 1981~2010년에는 1월 평균 기온이 더 높다. 따라서 대구는 강릉보다 1월 평균 기온의 상승 폭이 더 크다.

ㄹ. (가) 강릉과 (다) 서울은 비슷한 위도에 위치해 있는 반면 (가) 강릉에 비해 (나) 대구는 저위도에 위치해 있다. 따라서 (가)와 (다)의 위도 차이는 (가)와 (나)의 위도 차이보다 더 작다.

23 기후 및 계절 특성 19학년도 9월 모평 4번

정답 ⑤ | 정답률 49%

다음은 한국 지리 수업 시간에 제출한 수행 평가 과제물이다. ㉠~㉢에 대한 옳은 설명을 〈보기〉에서 고른 것은? [3점]

주제: 계절에 따라 나타나는 다양한 기후 현상

• 중위도에서 부는 바람
중국 내륙 건조 지역에서 발생하는 황사(黃沙)는 ㉠ 편서풍을 타고 우리나라에 사흘 이내에 도달한다. 기상청에 따르면 4~6월 국내에 유입되는 황사의 80% 정도가 이들 지역에서 발원한 것이라고 한다.

• 열대 이동성 저기압
㉡ 태풍이 강력한 기세로 한반도를 향해 북상함에 따라 경로와 규모에 주의를 기울이고 있다. 베란다 창문에 테이프를 붙이거나 젖은 신문지를 붙여 두면 강풍에 의한 안전사고를 예방하는 데 도움이 된다.

• 영서 지방   • 영동 지방
오늘 낮 최고 기온은 서울 30.8℃, 홍천 31.5℃인 반면, 동해안 지역은 강릉 21.8℃, 속초 20.2℃로 동서 지역 간에 큰 기온 차를 보였다. 이는 늦봄에서 초여름 사이 영서 지방에 주로 나타나는 ㉢ 높새바람 때문이다.
• 고온 건조한 바람

〈 보기 〉

ㄱ. ㉠은 육지와 바다의 비열 차로 인해 발생한다.
　　　대기 대순환으로
ㄴ. ㉡은 우리나라를 통과할 때 주로 대류성 강수를 동반한다.
　　　　　　　　　　　　　저기압성
ㄷ. ㉢이 지속되면 영서 지방에 가뭄이 발생할 수 있다.
ㄹ. 우리나라 부근에서 ㉡의 진행 방향은 ㉠의 영향을 받는다.

① ㄱ, ㄴ ② ㄱ, ㄷ ③ ㄴ, ㄷ ④ ㄴ, ㄹ ⑤ ㄷ, ㄹ

보기 해설

ㄱ. ㉠ 편서풍은 지구의 대기 대순환에 의해 중위도 지역에서 서쪽에서 동쪽으로 부는 항상풍이다. 편서풍은 황사, 태풍의 진로에 영향을 준다. 육지와 바다의 비열 차로 인해 발생하는 바람에는 계절풍, 해륙풍 등이 있다.

ㄴ. ㉡ 태풍은 적도 부근의 열대 해상에서 발생하여 북상하는 열대 이동성 저기압으로 우리나라를 통과할 때 주로 저기압성 강수를 동반한다. 태풍은 강한 바람과 많은 비를 동반하여 풍수해를 일으킨다. 대류성 강수는 지면이 가열되면 대류 현상에 의해 강한 상승 기류가 형성되는데 이때 나타나는 강수 현상을 말한다. 주로 여름철 국지적인 소나기 형태로 나타나는 경우가 많다.

ㄷ. ㉢ 높새바람은 오호츠크해 기단에서 불어온 북동풍이 태백산맥을 타고 넘으면서 영서 지방에 부는 고온 건조한 바람이다. 늦봄에서 초여름에 높새바람이 불면 영서 지방에서는 이상 고온 현상과 가뭄 등이 나타나 농작물 피해가 발생하기도 한다.

ㄹ. ㉡ 태풍은 적도 부근 열대 해상에서 발생하여 고위도로 이동한다. 적도와 북위 30° 사이에는 북동 무역풍이 불어 태풍은 북서진한 후 북위 30° 지점에서 ㉠ 편서풍의 영향을 받아 북동진하여 우리나라로 접근한다.

개념 확인	높새바람	
의미	늦봄에서 초여름 사이에 오호츠크해 기단이 확장할 때 부는 북동풍. 태백산맥을 넘을 때 푄 현상에 의해 고온 건조한 성질로 변화함	
영향	기온과 습도의 동서 차를 유발함 → 영서·경기 지방에 이상 고온 현상, 가뭄 피해를 일으킴	

24 기후 및 계절 특성 23학년도 10월 학평 6번

정답 ③ | 정답률 95%

다음 자료는 두 지역의 축제를 나타낸 것이다. (가), (나)의 기후 특징에 대한 설명으로 옳은 것은? (단, (가), (나)는 각각 겨울, 여름 중 하나임.)

개최 시기	(가)→여름	(나)→겨울
축제 포스터		

① (가)에는 서고동저형의 기압 배치가 전형적으로 나타난다.
　　　　　남고북저
② (나)에는 장마와 열대 저기압에 의해 피해가 발생한다.
　　　　　　　　　　　　　　　　　　　　(가)
③ (가)는 (나)보다 상대 습도가 높다.
④ (가)는 (나)보다 평균 풍속이 빠르다.
　　　　　　　　　　　　느리다
⑤ (나)는 (가)보다 남북 간의 기온 차이가 작다.
　　　　　　　　　　　　　　　　　　크다

자료 분석

보령 머드 축제는 여름에 해수욕과 함께 머드를 즐기는 유형의 축제이며, 보령 머드 축제가 개최되는 (가)는 여름이다. 대관령 눈꽃 축제는 한겨울의 눈을 활용한 축제이며, 대관령 눈꽃 축제가 개최되는 (나)는 겨울이다.

선지 해설

① (가) 여름에는 북태평양 고기압이 발달하여 남고북저형의 기압 배치가 전형적으로 나타난다. 서고동저형의 기압 배치가 전형적으로 나타나는 계절은 시베리아 고기압이 확장하는 겨울이다.

② (나) 겨울에는 폭설과 한파에 의한 피해가 주로 발생한다. 장마와 열대 저기압에 의한 피해가 발생하는 계절은 여름이다.

③ (가) 여름은 고온 다습한 기후가 나타나며, (나) 겨울은 한랭 건조한 기후가 나타난다. 따라서 (가) 여름은 (나) 겨울보다 평균 기온이 높고 상대 습도 또한 높다.

④ (가) 여름은 (나) 겨울보다 평균 풍속이 느리다. 이로 인해 풍력 발전의 전력 생산량 역시 (가) 여름이 (나) 겨울보다 적다.

⑤ (나) 겨울에는 남북 간의 기온 차가 최대 20℃를 넘을 정도로 큰 편이지만, (가) 여름에는 남북 간의 기온 차가 최대 약 10℃ 정도로 크지 않은 편이다. 따라서 (나) 겨울은 (가) 여름보다 남북 간의 기온 차이가 크다.

다음은 한국 지리 수업 시간에 작성한 학습 노트이다. ㉠~㉤에 대한 옳은 설명을 〈보기〉에서 고른 것은? [3점]

주제: 바람의 유형과 발생 원리

─ 육풍

─ 해풍

해안 지방에 부는 ㉠ 해륙풍은 하루 동안 교대로 분다. 지표면의 온도가 해수면보다 빨리 올라가서 육지는 저기압이 되고 바다는 고기압이 되면 ㉡ 해풍이, 그 반대가 되면 ㉢ 육풍이 분다.

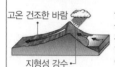

고온 건조한 바람

지형성 강수

습윤한 바람이 바람받이 사면을 타고 충분히 상승하면 수증기가 응결하면서 ㉣ 비가 내린다. 이후 산을 넘은 공기가 바람그늘 사면을 따라 하강할 때는 고온 건조한 성질의 바람으로 변화한다. 이러한 현상의 사례로 ㉤ 높새바람이 있다.

─〈 보기 〉─

　　　　　　　　　　　육지와 바다의 기압 차가 큼

ㄱ. ㉠은 흐린 날보다 맑은 날에 강하게 분다.

ㄴ. 낮에는 주로 ㉡이, 밤에는 주로 ㉢이 분다.

　　　　　　지형성

ㄷ. ㉣의 강수 유형은 대류성 강수이다.

　　　　　　　　　　　　　　　　낮다

ㄹ. ㉤이 불 때 영동 지방은 영서 지방보다 기온이 높다.

① ㄱ, ㄴ   ② ㄱ, ㄷ   ③ ㄴ, ㄷ   ④ ㄴ, ㄹ   ⑤ ㄷ, ㄹ

| 보기 해설 |

ㄱ. 흐린 날보다 맑은 날에 바다와 육지의 기온 차가 커지고, 기온 차가 커지면서 기압 차도 크게 나타난다. 따라서 바다와 육지의 기압 차에 의해 발생하는 ㉠ 해륙풍은 흐린 날보다 맑은 날에 강하게 분다.

ㄴ. 햇볕이 강한 낮에 육지는 바다보다 먼저 가열되기 때문에 상승 기류에 의한 저기압이 되고, 상대적으로 바다는 고기압이 된다. 따라서 낮에는 바다에서 육지로 바람이 부는 ㉡ 해풍이 발생하고, 밤에는 육지에서 바다로 바람이 부는 ㉢ 육풍이 발생한다.

ㄷ. 습윤한 바람이 바람받이 사면을 타고 충분히 상승하게 되면 수증기가 응결하면서 발생하는 ㉣ 비를 지형성 강수라고 한다. 대류성 강수는 지표면이 강한 일사로 가열되어 공기가 상승하여 내리는 비를 말하며, 소나기가 대표적이다.

ㄹ. 오호츠크해 기단에서 불어오는 북동풍의 바람받이 사면은 영동 지방이며, 바람이 태백산맥을 타고 넘어가면 푄 현상이 발생하여 바람그늘 사면 지역인 영서 지방은 고온 건조해진다. 따라서 ㉤ 높새바람이 불 때 영동 지방은 영서 지방보다 기온이 낮다.

다음은 세 지역의 축제를 나타낸 것이다. (가)~(다) 계절에 대한 설명으로 옳은 것은?

축제가 개최되는 계절	여름 (가)	가을 (나)	겨울 (다)
대표 축제	MUD Festival	김제 지평선 축제	태백산 눈축제
축제 내용	서해안의 **갯벌**을 이용한 지역 축제로 매년 7월 충남 보령에서 개최된다.	농경 문화와 관련된 활동을 체험할 수 있는 축제로 매년 9월~10월 전북 김제에서 개최된다.	눈 조각 전시와 얼음 썰매 등의 체험을 할 수 있는 축제로 매년 1월~2월 강원 **태백**에서 개최된다.

　　　조류의 퇴적 작용으로 형성   └해발 고도가 높고 다설지임

① (가)는 대륙성 기단의 영향을 주로 받는다.
　　　해양성

② (나)는 이동성 고기압의 영향으로 맑은 날이 많다.
　　　　　　　　　　　　└농작물의 수확과 결실에 유리

③ (다)는 남고북저형 기압 배치가 자주 나타난다.
　　　서고동저형

④ (가)는 (다)보다 남북 간의 기온 차이가 크게 나타난다.
　(가)　(나)　　　　　　　　　　　　　작게

⑤ (나)는 (가)보다 열대야 발생 일수가 많다.

| 자료 분석 |

보령 머드 축제는 7월에 개최되므로 (가)는 여름이다. 김제 지평선 축제는 9월~10월에 개최되므로 (나)는 가을이다. 태백산 눈축제는 1월~2월에 개최되므로 (다)는 겨울이다.

| 선지 해설 |

① (가) 여름은 해양성 기단인 북태평양 기단의 영향을 주로 받는다. 대륙성 기단의 영향을 주로 받는 계절은 (다) 겨울이다.

② (나) 가을은 이동성 고기압의 영향으로 맑은 날이 많아 농작물의 결실과 수확에 유리하다.

③ (다) 겨울에는 서고동저형의 기압 배치가 자주 나타난다. 남고북저형의 기압 배치는 (가) 여름철에 주로 나타난다.

④ (가) 여름철에는 남북 간의 기온 차가 크지 않지만 (다) 겨울철에는 남북 간의 기온 차가 크다.

⑤ 일 최저 기온이 25℃ 이상인 열대야는 (나) 가을보다 (가) 여름에 발생 일수가 많다.

| 개념 확인 | **여름과 겨울의 계절 특징** |

여름	• 북태평양 기단의 영향을 받으며 남고북저형의 기압 배치가 주로 나타남 • 열대일, 열대야 현상 발생으로 냉방 수요 증가
겨울	• 시베리아 기단의 영향을 받으며 서고동저형의 기압 배치가 주로 나타남 • 한파로 난방 수요 증가, 대설 피해 발생

27 기후 및 계절 특성 24학년도 7월 학평 19번 정답 ① | 정답률 75%

지도는 두 시기의 평균 상대 습도를 나타낸 것이다. (가) 시기에 대한 (나) 시기의 상대적 특성을 그림의 A~E에서 고른 것은? (단, (가), (나) 는 각각 1월, 7월 중 하나임.)

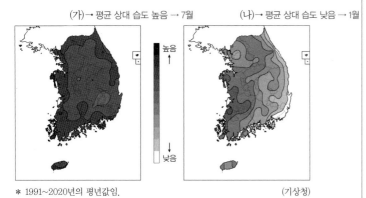

(가)→평균 상대 습도 높음→7월   (나)→평균 상대 습도 낮음→1월

* 1991~2020년의 평년값임. (기상청)

남북 간 기온 차이 (가) < (나)

① A
② B
③ C
④ D
⑤ E

| 자료 분석 |

(가)는 (나)보다 평균 상대 습도가 높은 7월이며, (나)는 (가)보다 평균 상대 습도가 낮은 1월이다.

| 선지 해설 |

① A

- 우리나라는 여름철보다 겨울철의 남북 간 기온 차이가 크게 나타난다. 따라서 (가) 7월보다 (나) 1월은 남북 간 기온 차이가 크다(A, B, C).
- 겨울에는 시베리아 고기압이 확장하면서 서고동저형의 기압 배치가 나타나 한랭 건조한 북서풍이 강하게 분다. 따라서 (가) 7월보다 (나) 1월의 평균 풍속이 빠르며, 이로 인해 우리나라의 풍력에 의한 전력 생산량은 겨울이 여름보다 많다(A, D).
- 북반구에서 낮이 가장 긴 날은 보통 하지(6월 23일경)이며, 낮이 가장 짧은 날은 동지(12월 23일경)이다. 따라서 (가) 7월보다 (나) 1월의 낮 길이가 짧다(A, B, D). 따라서 공통 조건을 만족하는 것은 A이다.

28 기후 및 계절 특성 22학년도 10월 학평 20번 정답 ② | 정답률 56%

그래프는 세 지역의 계절별 기후 현상 일수를 나타낸 것이다. (가)~(다) 지역에 대한 설명으로 옳은 것은? (단, (가)~(다)는 각각 백령도, 서귀포, 울릉도 중 하나이고, A~C는 각각 눈, 열대야, 황사 중 하나임.) [3점]

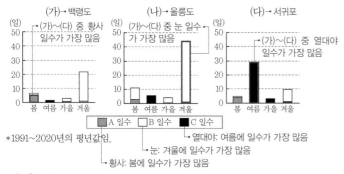

*1991~2020년의 평년값임.

→ 열대야: 여름에 일수가 가장 많음
→ 눈: 겨울에 일수가 가장 많음
→ 황사: 봄에 일수가 가장 많음

① (가)의 전통 가옥에는 우데기가 있다. (나)
② (가)는 (다)보다 고위도에 위치한다.
③ (나)는 (가)보다 연 황사 일수가 많다. 적다
④ (다)는 (나)보다 겨울 강수 집중률이 높다. 낮다
⑤ (가)~(다) 중 연 강수량은 (나)가 가장 많다. (다)

| 자료 분석 |

A는 (가)~(다)에서 모두 봄에 기후 현상 일수가 가장 많으므로 황사이고, B는 (가)~(다)에서 모두 겨울에 기후 현상 일수가 가장 많으므로 눈, C는 (가)~(다)에서 모두 여름에 기후 현상 일수가 가장 많으므로 열대야이다. (가)는 세 지역 중 A 황사 일수가 가장 많고 여름에 열대야 일수가 가장 적으므로 세 지역 중 위도가 가장 높고 황해에 위치한 백령도이다. (나)는 세 지역 중 B 눈 일수가 가장 많고 A 황사 일수가 가장 적으므로 동해에 위치한 다설지인 울릉도이다. (다)는 여름에 C 열대야 일수가 가장 높으므로 세 지역 중 위도가 가장 낮은 서귀포이다.

| 선지 해설 |

① 눈이 많이 내리는 울릉도에서는 방설 및 방풍 기능을 하는 우데기가 전통 가옥에 설치되어 있다. 한편 (가) 백령도의 전통 가옥에는 우데기가 없다.

② 중부 지방인 (가) 백령도는 남부 지방인 (다) 서귀포보다 고위도에 위치한다.

③ 황사는 중국 서부의 타커라마간(타클라마칸) 사막, 몽골·중국의 고비 사막 등지에서 발생하며 편서풍을 타고 우리나라로 이동한다. 황사 일수는 대체로 황사가 발생하는 지역과 위도가 비슷하고 중국과 가까운 서해안 일대에서 발생 일수가 많다. 따라서 동해에 위치한 (나) 울릉도가 황해에 위치한 (가) 백령도보다 연 황사 일수가 적다.

④ 우리나라에서 겨울 강수 집중률이 가장 높은 지역은 (나) 울릉도이다. 따라서 (다) 서귀포는 (나) 울릉도보다 겨울 강수 집중률이 낮다.

⑤ (가)~(다) 연 강수량은 (다) 서귀포 > (나) 울릉도 > (가) 백령도 순으로 많다. 따라서 (가)~(다) 중 연 강수량은 (다) 서귀포가 가장 많다.

다음은 한국 지리 수업 시간에 작성한 학습 노트이다. ㉠~㉣에 대한 설명으로 옳은 것만을 〈보기〉에서 있는 대로 고른 것은?

주제: 우리나라의 국지 기후

• ㉠ 기온 역전 현상: 분지에서는 복사 냉각이 활발하게 일어날 경우, 지표면이 식으면서 하층의 기온이 급격히 낮아지고 상층으로 갈수록 기온이 높아진다. ㉡ 기온 역전층이 형성되면 차가운 공기가 축적되어 저온에 따른 농작물 피해가 나타나기도 한다.

• 도시 기후: 건물과 도로로 덮인 도시 지역에서는 빗물이 땅속으로 제대로 흡수되지 못하고 대부분 지표로 유출되며, ㉢ 포장된 지표 면적이 넓어 주변 농촌에 비해 도시 내부의 기온이 많이 상승한다. → 열섬 현상
최근에는 ㉣ 도시 지역의 기후 환경을 개선하기 위한 노력이 이루어지고 있다.

〈 보기 〉

ㄱ. ㉠은 기온의 일교차가 크고 바람이 없는 맑은 날 밤에 잘 나타난다.

ㄴ. ㉡으로 인해 안개가 자주 발생한다.

ㄷ. ㉢으로 인해 도시는 주변 농촌보다 상대 습도가 ~~높다~~ 낮다.

ㄹ. ㉣은 바람길 조성, 건물 옥상 녹화 사업 등이 있다.

① ㄱ, ㄴ　　　　② ㄱ, ㄷ　　　　③ ㄷ, ㄹ

④ ㄱ, ㄴ, ㄹ　　　⑤ ㄴ, ㄷ, ㄹ

| 자료 분석 |

기온 역전 현상은 지면의 냉각으로 지표 부근의 기온이 상공의 기온보다 더 낮은 현상이다. 도시는 인공 열의 발생이 많아 도시 내부의 기온이 주변의 교외 지역보다 높게 나타나는 열섬 현상이 나타나며 포장 면적 증가로 빗물의 유출량이 많다.

| 보기 해설 |

ㄱ ㉠ 기온 역전 현상은 주로 침식 분지에서 발생하며 일교차가 크고 바람이 없는 맑은 날 밤에 산 정상에서 냉각된 산풍이 산 사면을 타고 내려오면서 잘 나타난다.

ㄴ 지표 부근에서 고도가 낮은 지역이 고도가 높은 지역보다 기온이 낮은 ㉡ 기온 역전층이 형성되면 공기 중의 수증기가 응결되어 안개가 자주 발생하며 농작물의 냉해가 나타나기도 한다.

ㄷ. 도시는 ㉢ 포장된 지표 면적이 넓어 지표에 흡수되지 못한 빗물이 하천으로 유출되기 때문에 상대 습도가 주변 지역보다 낮다. 반면 농촌은 포장된 지표 면적이 도시에 비해 좁고 대신 녹지 면적이 넓어 빗물이 토양으로 흡수되면서 상대 습도가 높다. 따라서 ㉢으로 인해 도시는 주변 농촌보다 상대 습도가 낮다.

ㄹ 최근에는 도시의 열섬 현상을 개선하기 위한 노력으로 도시 내부의 열이 쉽게 주변 지역으로 방출되도록 바람길을 조성하고 있으며 옥상 녹화 사업을 통해 녹지를 조성하고 있다.

---

30 기후 및 계절 특성 25학년도 수능 10번　　　　　정답 ④ | 정답률 57%

다음은 ○월 ○일의 날씨와 관련한 방송 내용의 일부이다. 밑줄 친 기상 현상과 관련하여 그래프의 (가)~(다)에 해당하는 지역을 지도의 A~C에서 고른 것은? [3점]

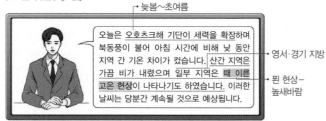

오늘은 오호츠크해 기단이 세력을 확장하며 북동풍이 불어 아침 시간에 비해 낮 동안 지역 간 기온 차이가 컸습니다. 산간 지역은 가끔 비가 내렸으며 일부 지역은 때 이른 고온 현상이 나타나기도 하였습니다. 이러한 날씨는 당분간 계속될 것으로 예상됩니다.

→ 늦봄~초여름
→ 영서·경기 지방
→ 푄 현상 – 높새바람

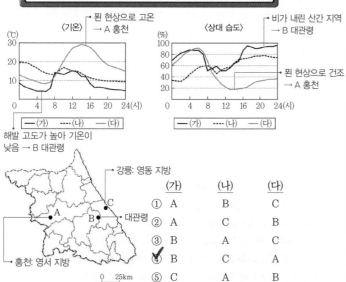

〈기온〉
푄 현상으로 고온 → A 홍천

〈상대 습도〉
비가 내린 산간 지역 → B 대관령
푄 현상으로 건조 → A 홍천

해발 고도가 높아 기온이 낮음 → B 대관령

강릉: 영동 지방
대관령
홍천: 영서 지방
0 25km

	(가)	(나)	(다)
①	A	B	C
②	A	C	B
③	B	A	C
④	B	C	A
⑤	C	A	B

| 자료 분석 |

늦봄에서 초여름 사이에 오호츠크해 기단이 세력을 확장하며 북동풍이 불면 영동 지방은 바다에서 불어오는 바람으로 인해 습윤해지며, 습윤한 바람이 태백산맥을 넘는 과정에서 푄 현상이 나타나 영서 및 경기 지방은 고온 건조해진다. 이때 영서 및 경기 지방에 부는 고온 건조한 바람을 높새바람이라고 한다. 제시된 지도는 강원 지방의 백지도이며, A는 홍천, B는 대관령, C는 강릉이다.

| 선지 해설 |

④ (가) – B, (나) – C, (다) – A

(가)는 세 지역 중 오후 시간대 기온이 가장 낮으며 16시 이후 상대 습도가 가장 높다. A~C 중 B 대관령은 해발 고도가 가장 높아 평균 기온이 낮다. 따라서 (가)는 B이다. 또한 날씨와 관련한 방송 내용에서 산간 지역은 가끔 비가 내렸다는 내용을 통해 (가)는 산간 지역에 속하는 B 대관령임을 알 수 있다. (다)는 세 지역 중 오후 시간대 기온이 가장 높으며, 오후 시간대 상대 습도가 가장 낮다. 따라서 (다)는 오호츠크해 기단이 확장하면서 분 북동풍이 태백산맥을 지나 고온 건조해지는 푄 현상의 영향을 받는 A 홍천이다. A 홍천은 태백산맥의 서쪽에 위치하며 영서 지방에 속한다. 나머지 (나)는 태백산맥의 동쪽에 위치하며 영동 지방에 속하는 C 강릉이다.

10 일차

01 ⑤	02 ②	03 ⑤	04 ③	05 ①	06 ②	07 ⑤	08 ④	09 ③	10 ①	11 ②	12 ②
13 ③	14 ②	15 ④	16 ③	17 ③	18 ①	19 ②	20 ③	21 ①	22 ②	23 ②	24 ④
25 ③	26 ④	27 ⑤	28 ①	29 ⑤	30 ②	31 ①	32 ②	33 ⑤	34 ①	35 ②	36 ⑤

문제편 081~089쪽

10 일차

---

01 위도가 다른 지역의 기후 비교 25학년도 9월 모평 11번

정답 ⑤ | 정답률 75%

그래프는 지도에 표시된 네 지역의 A, B 시기 평균 기온 차이를 나타낸 것이다. (가)~(라)에 대한 설명으로 옳은 것만을 〈보기〉에서 고른 것은? (단, A, B는 각각 1월, 8월 중 하나임.) [3점]

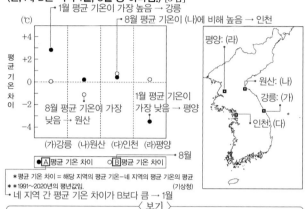

- 1월 평균 기온이 가장 높음 → 강릉
- 8월 평균 기온이 (나)에 비해 높음 → 인천
- 평양: (라)
- 원산: (나)
- 강릉: (가)
- 인천: (다)
- 8월 평균 기온이 가장 낮음 → 원산
- 1월 평균 기온이 가장 낮음 → 평양
- (가)강릉 (나)원산 (다)인천 (라)평양
- ● A 평균 기온 차이 ○ B 평균 기온 차이
- * 평균 기온 차이 = 해당 지역의 평균 기온 − 네 지역의 평균 기온의 평균
- ** 1991~2020년의 평년값임. (기상청)
- 네 지역 간 평균 기온 차이가 B보다 큼 → 1월

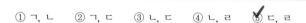

〈 보기 〉
ㄱ. (가)와 (다)는 동해안에 위치한다.
ㄴ. (가)와 (다) 간의 1월 평균 기온 차이는 (나)와 (라) 간의 1월 평 균 기온 차이보다 ~~크다.~~ 작다
ㄷ. (다)는 (라)보다 연 강수량이 많다.
ㄹ. (라)는 (가)보다 기온의 연교차가 크다.

① ㄱ, ㄴ ② ㄱ, ㄷ ③ ㄴ, ㄷ ④ ㄴ, ㄹ **✓⑤ ㄷ, ㄹ**

출제 경향
우리나라 주요 지역의 기온, 강수 등 기후 요소 특징을 비교하는 문항은 해마다 출제된다. 고위도와 저위도, 내륙과 해안에 따른 기후 특징의 차이를 정리해 두어야 한다.

| 자료 분석 |
지도에 표시된 네 지역은 평양, 원산, 인천, 강릉이다. 우리나라는 여름보다 겨울의 지역 간 평균 기온 차이가 크므로 A와 B 중 네 지역 간 평균 기온 차이가 큰 A는 1월이며, 네 지역 간 평균 기온 차이가 작은 B는 8월이다. (가)는 네 지역 중 1월 평균 기온이 가장 높은 강릉이며, (라)는 네 지역 중 1월 평균 기온이 가장 낮은 평양이다. (나)와 (다) 중 8월 평균 기온이 더 높은 (다)는 인천이며, 나머지 (나)는 원산이다. 따라서 (가)는 강릉, (나)는 원산, (다)는 인천, (라)는 평양이다.

| 선지 해설 |
ㄱ. (가) 강릉과 (나) 원산은 동해안에 위치하며, (다) 인천은 서해안에 위치한다.

ㄴ. (가)와 (다) 간의 1월(A) 평균 기온 차이는 약 2.4℃이며, (나)와 (라) 간의 1월 (A) 평균 기온 차이는 약 3.7℃이다. 따라서 (가)와 (다) 간의 1월 평균 기온 차이는 (나)와 (라) 간의 1월 평균 기온 차이보다 작다.

ㄷ. (다) 인천은 우리나라의 소우지에 해당하는 (라) 평양보다 연 강수량이 많다.

ㄹ. (라) 평양은 (가) 강릉보다 높은 위도에 위치하며, (라) 평양은 내륙, (가) 강릉은 해안에 위치한다. 따라서 (라) 평양은 (가) 강릉보다 기온의 연교차가 크다.

---

02 위도가 다른 지역의 기후 비교 24학년도 9월 모평 8번

정답 ② | 정답률 67%

그래프는 (가)~(다) 지역의 기후 특성을 나타낸 것이다. 이에 해당하는 지역을 지도의 A~C에서 고른 것은? [3점]

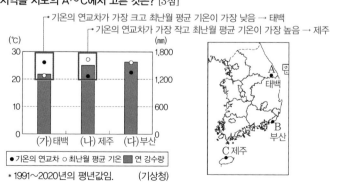

- 기온의 연교차가 가장 크고 최난월 평균 기온이 가장 낮음 → 태백
- 기온의 연교차가 가장 작고 최난월 평균 기온이 가장 높음 → 제주
- (가)태백 (나)제주 (다)부산
- ● 기온의 연교차 ○ 최난월 평균 기온 ▨ 연 강수량
- * 1991~2020년의 평년값임. (기상청)

	(가)	(나)	(다)		(가)	(나)	(다)
①	A	B	C	✓②	A	C	B
③	B	A	C	④	B	C	A
⑤	C	A	B				

| 자료 분석 |
지도에 표시된 A는 태백, B는 부산, C는 제주이다. 그래프에서 기온의 연교차는 (가)−(다)−(나) 순서로 높으며, 최난월 평균 기온은 (나)−(다)−(가) 순서로 높으며, 연 강수량은 (다)−(나)−(가) 순서로 많다. 기온의 연교차는 고위도가 저위도보다 높고, 최난월 평균 기온은 저위도가 고위도보다 높으며, 연 강수량은 저위도가 고위도보다 많은 편이다.

| 선지 해설 |
② (가) − A, (나) − C, (다) − B

- (가)는 세 지역 중 기온의 연교차가 가장 크고, 최난월 평균 기온이 가장 낮다. 따라서 (가)는 세 지역 중 가장 고위도에 위치하며, 해발 고도가 높은 A 태백이다.
- (나)는 세 지역 중 기온의 연교차가 가장 작고, 최난월 평균 기온이 가장 높다. 따라서 (나)는 세 지역 중 가장 저위도에 위치한 C 제주이다.
- (다)는 세 지역 중 최난월 평균 기온이 두 번째로 높은 B 부산이다.

그래프는 지도에 표시된 네 지역의 기후 값을 나타낸 것이다. (가)~(라) 지역에 대한 설명으로 옳은 것은? [3점]

네 지역 중 최한월 평균 기온이 가장 높음 → 울산

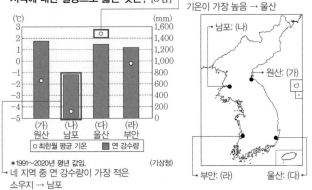

남포: (나)
원산: (가)
부안: (라)   울산: (다)

*1991~2020년 평년 값임.   (기상청)

네 지역 중 연 강수량이 가장 적은 소우지 → 남포

① (가)는 (다)보다 연평균 기온이 높다.
　　　　　　　　　　　　　　 낮다

② (나)는 (가)보다 여름 강수량이 많다.
　　　　　　　　　　　　　　 적다

③ (다)는 (라)보다 기온의 연교차가 크다.
　　　　　　　　　　　　　　 작다

④ (가)와 (라)는 서해안, (나)와 (다)는 동해안에 위치한다.
　 (나)　　　　　　 (가)

✓⑤ (다)와 (라)의 겨울 강수량 합은 (가)와 (나)의 겨울 강수량 합보다 많다.

| 자료 분석 |

지도에 표시된 네 지역은 왼쪽부터 반시계 방향으로 남포, 부안, 울산, 원산이다. 그래프의 (나)는 네 지역 중 연 강수량이 가장 적고 최한월 평균 기온이 가장 낮으므로 위도가 높고 소우지인 대동강 하류 지역에 위치한 남포이다. 네 지역 중 최한월 평균 기온이 가장 높은 (다)는 위도가 가장 낮고 동해안에 위치한 울산이다. (가)와 (라) 중 상대적으로 연 강수량이 많은 (가)는 북부 동해안에 위치한 원산이고, 상대적으로 최한월 평균 기온이 높은 (라)는 남부 서해안에 위치한 부안이다. 따라서 (가)는 원산, (나)는 남포, (다)는 울산, (라)는 부안이다.

| 선지 해설 |

① 연평균 기온은 대체로 위도가 높을수록 낮다. 따라서 북부 동해안에 위치한 (가) 원산은 남부 동해안에 위치한 (다) 울산보다 연평균 기온이 낮다.

② (나) 남포는 대동강 하류 지역에 위치한 소우지인 반면, (가) 원산은 다우지이다. (나) 남포(약 440.8mm)는 (가) 원산(약 800.2mm)보다 여름 강수량이 적다.

③ 기온의 연교차는 비슷한 위도에서 동해안이 서해안보다 작다. 따라서 남부 동해안에 위치한 (다) 울산은 남부 서해안에 위치한 (라) 부안보다 기온의 연교차가 작다.

④ (나) 남포와 (라) 부안은 서해안, (가) 원산과 (다) 울산은 동해안에 위치한다.

⑤ 남부 지방에 위치한 (다) 울산과 (라) 부안의 겨울 강수량 합은 약 217.4mm이고 북부 지방에 위치한 (가) 원산과 (나) 남포의 겨울 강수량 합은 약 125.3mm이다. 따라서 (다)와 (라)의 겨울 강수량 합은 (가)와 (나)의 겨울 강수량 합보다 많다.

그래프의 (가)~(라)는 지도에 표시된 네 지역의 상대적 기후 특성을 나타낸 것이다. 이에 대한 설명으로 옳은 것은? [3점]

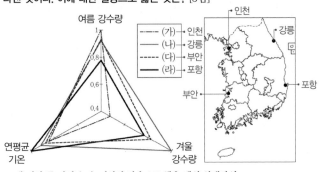

인천
강릉
부안
포항

* 네 지역 중 가장 높은 지역의 값을 1로 했을 때의 상댓값임.
** 1991~2020년의 평년값임.   (기상청)

① (가)는 (나)보다 최한월 평균 기온이 높다.
　　　　　　　　　　　　　　　　 낮다

② (다)는 (나)보다 연 강수량이 많다.
　　　　　　　　　　　　 적다

✓③ (다)는 (라)보다 기온의 연교차가 크다.

④ (가)와 (라)는 서해안, (나)와 (다)는 동해안에 위치한다.
　　　　 (다)　　　　　　　　 (라)

⑤ (가)~(라) 중 여름 강수 집중률이 가장 높은 곳은 (라)이다.
　　　　　　　　　　　　　　　　　　　　　 (가)

| 자료 분석 |

지도에 표시된 지역은 위쪽부터 동해안에 위치한 강릉, 서해안에 위치한 인천, 동해안에 위치한 포항, 서해안에 위치한 부안이다. 그래프에서 연평균 기온이 가장 높은 곳인 (라)는 네 지역 중 저위도 동해안에 위치한 포항이다. 겨울 강수량이 가장 많은 곳인 (나)는 동해안에 위치하여 겨울철 북동 기류의 영향을 받는 강릉이다. 여름 강수량이 가장 많은 곳인 (가)는 남서 기류의 영향을 받는 인천이다. 나머지 (다)는 부안이며, 부안은 호남 지방에 위치해 겨울철 강수량이 강릉 다음으로 많다.

| 선지 해설 |

① (가) 인천은 (나) 강릉보다 최한월 평균 기온이 낮다. 동해안에 위치한 강릉은 난류와 태백산맥의 북서풍 차단 등의 영향으로 최한월 평균 기온이 인천보다 높다.

② (다) 부안은 (나) 강릉보다 연 강수량이 적다. 부안은 연 강수량이 약 1,238mm이며, 강릉은 1,444.9mm이다.

③ 서해안에 위치한 (다) 부안은 비슷한 위도의 동해안에 위치한 (라) 포항보다 기온의 연교차가 크다.

④ (가) 인천과 (다) 부안은 서해안, (나) 강릉과 (라) 포항은 동해안에 위치한다.

⑤ (가)~(라) 중 여름 강수 집중률이 가장 높은 곳은 (가) 인천이다.

(가)~(다) 도시에 해당하는 기후 그래프를 A~D에서 고른 것은? [3점]

> (가) 금강과 만경강 사이에 위치한 항구 도시로, 큰 조차를 극복하여 선박을 접안하고자 만든 뜬다리 부두가 있으며, 새만금 간척지가 개발되고 있다.
>
> (나) 영남 내륙 지역에 위치한 광역시로, 과거 섬유 공업이 발달하였고, 최근에는 첨단 의료 복합 단지 유치를 통해 고부가 가치 산업의 비중을 높이고자 노력하고 있다.
>
> (다) 영동 지방에서 인구 규모가 가장 큰 도시로, 정동진 해안 단구는 이 지역의 대표적인 관광 자원이며, 동계 올림픽 개최를 계기로 서울과의 접근성이 향상되었다.

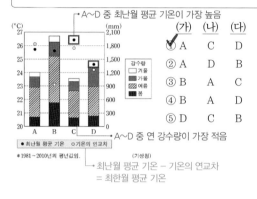

A~D 중 최난월 평균 기온이 가장 높음

	(가)	(나)	(다)
①	A	C	D
②	A	D	B
③	B	A	C
④	B	A	D
⑤	D	C	B

A~D 중 연 강수량이 가장 적음

● 최난월 평균 기온 ○ 기온의 연교차
*1981~2010년의 평년값임.

최난월 평균 기온 − 기온의 연교차
= 최한월 평균 기온

| 자료 분석 |

(가)는 뜬다리 부두가 있으며 새만금 간척 사업이 이루어지고 있으므로 전북 군산이다. (나)는 과거 섬유 공업이 발달한 영남 내륙 지역에 위치한 광역시이므로 대구이다. (다)는 영동 지방의 중심 도시이며 정동진 해안 단구가 위치해 있으므로 강원도 강릉이다. B는 연 강수량이 1,900mm에 달하며 최한월 평균 기온은 2.5℃(25.5−23)이므로 남해안에 위치한 지역(경남 거제)이다.

| 선지 해설 |

① **(가) − A, (나) − C, (다) − D**
- (가) 군산은 (다) 강릉보다 저위도에 위치해 있지만 서해안에 접해 있어 최한월 평균 기온이 강릉보다 낮으며 저평한 지형으로 연 강수량이 비교적 적다. 최한월 평균 기온은 최난월 평균 기온에서 기온의 연교차를 뺀 값으로 A의 최한월 평균 기온은 −0.4℃이다. A는 B, D에 비해 연 강수량이 적다. 따라서 (가)는 A이다.
- (나) 대구는 우리나라의 극서지이며 태백산맥과 소백산맥으로 둘러싸여 있어 연 강수량이 적다. C는 A~D 중 최난월 평균 기온이 가장 높고 연 강수량이 가장 적다. 따라서 (나)는 C이다.
- (다) 강릉은 동해안에 위치해 있어 최한월 평균 기온이 영상이며 북동 기류에 의한 다설지에 해당한다. D는 최한월 평균 기온이 0.4℃이고 B 다음으로 연 강수량이 많으며 겨울 강수량이 비교적 많다. 따라서 (다)는 D이다.

10
일차

그래프는 지도에 표시된 네 지역의 기후 자료이다. 이에 대한 설명으로 옳은 것은? (단, (가)~(라), A~D는 각각 지도에 표시된 지역 중 하나임.)

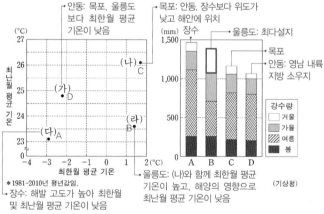

*1981~2010년 평년값임.
· 장수: 해발 고도가 높아 최한월 및 최난월 평균 기온이 낮음

울릉도−(라)−B
안동−(가)−D
장수−(다)−A
목포−(나)−C

① (가)는 A, (다)는 D이다. → (가)는 D, (다)는 A
② **(가)는 (다)보다 고위도에 위치한다.**
③ (나)는 (라)보다 겨울 강수량이 많다. → 적다
④ C는 A보다 기온의 연교차가 크다. → 작다
⑤ D는 B보다 최한월 평균 기온이 높다. → 낮다

| 자료 분석 |

지도에 표시된 네 지역은 울릉도, 안동, 장수, 목포이다. 왼쪽 그래프에서 (나)는 네 지역 중 최난월 평균 기온과 최한월 평균 기온이 가장 높으므로 가장 저위도에 위치한 목포이다. (다)는 네 지역 중 최난월 평균 기온과 최한월 평균 기온이 가장 낮으므로 해발 고도가 높은 장수이다. (라)는 (가)에 비해 최난월 평균 기온이 낮고, 최한월 평균 기온이 0℃ 이상인 것으로 보아 해양의 영향을 주로 받는 울릉도이다. (가)는 최난월 평균 기온은 높지만 최한월 평균 기온이 낮은 것으로 보아 내륙에 위치한 안동이다. 오른쪽 그래프에서 A는 네 지역 중 연 강수량과 여름 강수량이 가장 많으므로 여름철 남서 기류의 바람받이 사면에 해당하는 장수이다. B는 네 지역 중 겨울 강수량이 가장 많고, 계절별 강수량이 고르게 분포하므로 울릉도이다. D는 네 지역 중 연 강수량이 가장 적은 소우지로 영남 내륙 지방에 위치한 안동이다. C는 D 안동 다음으로 연 강수량이 적은 소우지로 해발 고도가 낮은 평평한 지대에 위치해 있어 상승 기류가 만들어지기 어려운 목포이다. 따라서 (가)와 D는 안동, (나)와 C는 목포, (다)와 A는 장수, (라)와 B는 울릉도이다.

| 선지 해설 |

① (가) 안동은 영남 내륙에 위치하여 연 강수량이 가장 적은 D, (다) 장수는 여름철 남서 기류의 바람받이 사면에 위치하여 연 강수량이 가장 많은 A이다.

② **(가) 안동은 (다) 장수보다 고위도에 위치하고 있다.**

③ (나) 목포는 (라) 울릉도보다 겨울 강수량이 적다. 울릉도는 겨울철 북서 계절풍과 해양의 영향으로 많은 눈이 내리는 최다설지이다.

④ 기온의 연교차는 최난월 평균 기온과 최한월 평균 기온의 차이이다. C 목포는 기온의 연교차가 약 24.5℃, A 장수는 기온의 연교차가 약 26℃이다. 따라서 C 목포는 A 장수보다 기온의 연교차가 작다.

⑤ D 안동의 최한월 평균 기온은 약 −2.2℃, B 울릉도의 최한월 평균 기온은 약 1.4℃이다. 따라서 D 안동은 B 울릉도보다 최한월 평균 기온이 낮다.

그래프는 지도에 표시된 세 지역의 기후 자료이다. (가)~(다)에 해당하
는 지역을 지도의 A~C에서 고른 것은? [3점]

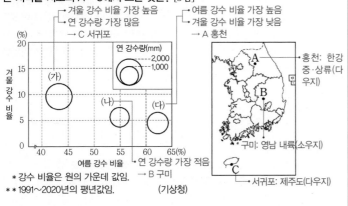

＊강수 비율은 원의 가운데 값임.
＊＊1991~2020년의 평년값임.   (기상청)

(가)	(나)	(다)		(가)	(나)	(다)
① A	B	C		② A	C	B
③ B	C	A		④ C	A	B
⑤ C	B	A				

| 선지 해설 |

⑤ (가) - C, (나) - B, (다) - A

• (가)는 세 지역 중에서 겨울 강수 비율이 가장 높고 연 강수량도 가장 많다. A~C 중에서 연 강수량이 가장 많은 지역은 C 서귀포이다. 바다에 둘러싸인 제주도는 내륙에 위치한 A 홍천, B 구미보다 겨울 강수 비율이 높으며 습윤한 남서풍의 바람받이 지역으로 연 강수량도 많다.

• (나)는 세 지역 중에서 연 강수량이 가장 적고 여름 강수 비율과 겨울 강수 비율이 모두 두 번째로 높다. 따라서 (나)는 영남 내륙에 위치한 소우지인 B 구미이다. B 구미는 높은 산지로 둘러싸인 비그늘 지역으로 소우지에 해당한다.

• (다)는 세 지역 중에서 여름 강수 비율이 가장 높은 지역이며, 연 강수량은 두 번째로 많다. 여름 강수 비율은 습윤한 남서 기류의 바람받이 지역인 한강 중·상류 일대에서 대체로 높다. 따라서 여름 강수 비율이 가장 높은 (다)는 한강 중·상류에 위치한 A 홍천이다.

그래프는 지도에 표시된 네 지역의 A, B 평균 기온 차이를 나타낸 것이
다. 이에 대한 설명으로 옳은 것만을 〈보기〉에서 있는 대로 고른 것은?
(단, A, B는 각각 겨울, 여름 중 하나임.) [3점]

겨울
Ⓐ평균 기온 차이

원산: 남포보다 겨울 평균 기온이 높음

남포

속초: 네 지역 중 겨울 평균 기온이 가장 높음

여름
Ⓑ평균 기온 차이

서울: 네 지역 중 여름 평균 기온이 가장 높음

＊평균 기온 차이 = 해당 지역의 평균 기온 － 네 지역의 평균 기온
＊＊1981~2010년의 평년값임.   (기상청)

〈 보기 〉

ㄱ. (가)는 (가)~(라) 중 가장 동쪽에 위치한다.

ㄴ. (나)와 (라) 간의 연 강수량 차이는 (가)와 (나) 간의 연 강수량 차이보다 크다.

ㄷ. (다)와 (라) 간의 겨울 평균 기온 차이는 (가)와 (나) 간의 겨울 평균 기온 차이보다 크다.(다)   (가)

ㄹ. 기온의 연교차는 (라) 〉 (가) 〉 (나) 〉 (다) 순으로 크다.
↳ 최한월 평균 기온이 낮을수록 대체로 큼

① ㄱ, ㄴ   ② ㄴ, ㄹ   ③ ㄷ, ㄹ
④ ㄱ, ㄴ, ㄷ   ⑤ ㄱ, ㄷ, ㄹ

| 자료 분석 |

지도에 제시된 지역은 남포, 원산, 서울, 속초이다. 우리나라는 여름보다 겨울에 기온의 지역 차이가 크다. A 평균 기온 차이는 (가)와 (라) 간의 차이가 4℃ 이상인 반면, B 평균 기온 차이는 (가)와 (나) 간의 차이가 3℃ 이하이다. 따라서 A가 겨울, B가 여름이다. (가)는 A 겨울 평균 기온 차이의 (+)값이 가장 크므로 네 지역 중 겨울 평균 기온이 가장 높은 속초이다. 속초는 서울과 위도가 비슷하지만 동해안에 위치해 있어 겨울 평균 기온이 높다. (라)는 A 겨울 평균 기온 차이의 (－)값이 가장 크므로 네 지역 중 겨울 평균 기온이 가장 낮은 남포이다. 남포와 원산은 위도가 비슷하지만 원산은 동해안에, 남포는 서해안에 위치해 있어 남포가 원산보다 겨울 평균 기온이 낮다. (나)는 B 여름 평균 기온 차이의 (+)값이 가장 크므로 네 지역 중 여름 평균 기온이 가장 높은 서울이다. 서울은 열섬 현상이 나타나 속초보다 여름 평균 기온이 높다. (다)는 원산이다.

| 보기 해설 |

ㄱ (가)~(라) 중 가장 동쪽에 위치한 지역은 (가) 속초이다.

ㄴ (라) 남포는 저평한 지형으로 연 강수량이 적고, (가) 속초와 (나) 서울은 연 강수량이 비슷하므로 (나) 서울과 (라) 남포 간의 연 강수량의 차이는 (나) 서울과 (가) 속초 간의 연 강수량의 차이보다 크다.

ㄷ 제시된 그래프에서 A 겨울 평균 기온 차이는 (다) 원산과 (라) 남포 간은 2℃ 이상, (가) 속초와 (나) 서울 간은 2℃ 이하이다. 따라서 (다)와 (라) 간의 겨울 평균 기온 차이는 (가)와 (나) 간의 겨울 평균 기온 차이보다 크다.

ㄹ 최한월 평균 기온이 낮을수록 또는 겨울 평균 기온이 낮을수록 기온의 연교차는 대체로 크다. 따라서 기온의 연교차는 (라) 남포 〉 (다) 원산 〉 (나) 서울 〉 (가) 속초 순으로 크다.

09 위도가 비슷한 지역의 기후 비교 23학년도 6월 모평 9번

정답 ③ | 정답률 64%

표는 지도에 표시된 네 지역의 기후 값을 나타낸 것이다. (가)~(라) 지역에 대한 설명으로 옳은 것은? [3점]

→ 최난월 평균 기온이 가장 낮음 → 대관령

구분	최난월 평균 기온 (℃)	강수 집중률(%)	
		여름 (6~8월)	겨울 (12월~2월)
(가)	19.7	51.2	8.1
(나)	23.8	31.6	22.8
(다)	25.6	59.5	5.2
(라)	25.0	45.8	9.2

· 1991~2020의 평년값임.

→ 위도가 비슷한 지역의 최난월 평균 기온: 서해안(인천) > 동해안(강릉)

→ 겨울 강수 집중률이 울릉도 다음으로 높음 → 강릉

(다) 인천 (라) 강릉

(나) 울릉도

(가) 대관령

겨울 강수 집중률이 가장 높음 → 울릉도

(기상청)

① (가)의 전통 가옥에는 우데기가 설치되어 있다. →(나)

② (나)는 (가)보다 연 강수량이 많다. → 적다

✓③ (다)는 (나)보다 기온의 연교차가 크다.
→ 기온의 연교차가 클수록 대체로 최한월 평균 기온이 낮음

④ (라)는 (가)보다 해발 고도가 높다. → 낮다

⑤ (다)는 동해안, (라)는 서해안에 위치해 있다.
→ 서해안   동해안

자료 분석

지도에 표시된 네 지역은 인천, 대관령, 강릉, 울릉도이다. (가)는 네 지역 중에서 최난월 평균 기온이 가장 낮다. 비슷한 위도에서 해발 고도가 높을수록 최난월 평균 기온이 낮아지므로 (가)는 해발 고도가 높은 대관령이다. (나)는 네 지역 중에서 겨울 강수 집중률이 가장 높으므로 울릉도이다. 울릉도는 우리나라의 최다 설지로 겨울 강수 집중률이 높다. (다)는 네 지역 중에서 최난월 평균 기온과 여름 강수 집중률이 가장 높다. 최난월 평균 기온은 비슷한 위도에서 동해안보다 서해안에서 높게 나타나므로 (다)는 서해안에 위치한 인천이다. (라)는 겨울 강수 집중률이 (나) 울릉도 다음으로 높고 최난월 평균 기온이 (다) 인천보다 낮으므로 동해안에 위치한 강릉이다.

선지 해설

① 우데기는 (나) 울릉도의 전통 가옥에 설치된 방설벽이다. 겨울에 눈이 많이 내리는 울릉도에서는 전통 가옥에 방풍, 방설 기능을 하는 우데기를 설치하여 통로와 작업 공간을 확보하였다.

② 해발 고도가 높은 대관령은 비구름이 상승하는 바람받이 지역으로, 지형성 강수가 많이 내려 다우지를 이룬다. 따라서 (나) 울릉도는 (가) 대관령보다 연 강수량이 적다.

③ 서해안에 위치한 (다) 인천은 동해상에 위치하여 바다의 영향을 상대적으로 더 많이 받는 (나) 울릉도보다 기온의 연교차가 크다.

④ (라) 강릉은 태백산맥에 위치한 (가) 대관령보다 해발 고도가 낮다.

⑤ (다) 인천은 서해안, (라) 강릉은 동해안에 위치해 있다.

10 위도가 다른 지역의 기후 비교 23학년도 6월 모평 15번

정답 ① | 정답률 65%

그래프는 (가)~(라)의 기후 특성을 나타낸 것이다. (가)~(라)에 해당하는 지역을 지도의 A~D에서 고른 것은? [3점]

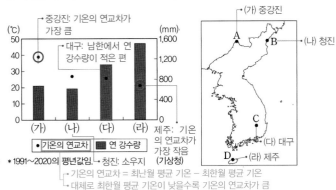

* 1991~2020의 평년값임.

→ 기온의 연교차 = 최난월 평균 기온 - 최한월 평균 기온
→ 대체로 최한월 평균 기온이 낮을수록 기온의 연교차 큼

중강진: 기온의 연교차 가장 큼

대구: 남한에서 연 강수량이 적은 편

제주: 기온의 연교차가 가장 작음

청진: 소우지

(기상청)

(가) 중강진
(나) 청진
(다) 대구
(라) 제주

	(가)	(나)	(다)	(라)
✓①	A	B	C	D
②	A	C	B	D
③	B	D	C	A
④	C	A	D	B
⑤	C	B	D	A

자료 분석

(가)는 (가)~(라) 중 기온의 연교차가 가장 크고, (나)는 (가)~(라) 중 연 강수량이 가장 적다. (다)는 (라)보다 기온의 연교차가 크지만, 연 강수량은 적다. (라)는 (가)~(라) 중 기온의 연교차가 가장 작고, 연 강수량이 가장 많다. 지도의 A는 중강진, B는 청진, C는 대구, D는 제주이다.

선지 해설

① (가) – A, (나) – B, (다) – C, (라) – D

· (가)는 네 지역 중에서 기온의 연교차가 가장 크므로 A 중강진이다. 기온의 연교차는 일반적으로 남해안에서 북부 내륙으로 갈수록 커지고, 해안 지역보다 내륙 지역이, 동해안 지역보다 서해안 지역이 크다. A 중강진은 고위도의 내륙 지역에 위치하여 기온의 연교차가 크게 나타난다.

· (나)는 네 지역 중 연 강수량이 가장 적으므로 B 청진이다. 연 강수량은 남쪽에서 북쪽으로 갈수록 대체로 줄어든다. 관북 해안 지역에 위치한 B 청진은 개마고원에 위치한 혜산, 풍산 다음으로 연 강수량이 적다.

· (다)는 (라)보다 기온의 연교차는 크지만 연 강수량은 적다. C 대구와 D 제주 중 기온의 연교차가 큰 지역은 내륙에 위치한 C 대구이다. 비그늘 지역에 위치한 C 대구는 소우지에 해당한다. 따라서 (다)는 C 대구이다.

· (라)는 네 지역 중에서 기온의 연교차가 가장 작고 연 강수량이 가장 많으므로 D 제주이다. D 제주는 저위도의 해안에 위치하여 기온의 연교차가 작고 연 강수량이 많은 편이다.

10
일차

그래프는 지도에 표시된 네 지역의 (가), (나) 계절별 강수량 차이를 나타낸 것이다. 이에 대한 설명으로 옳은 것은? (단, (가), (나)는 각각 겨울, 여름 중 하나임.) [3점]

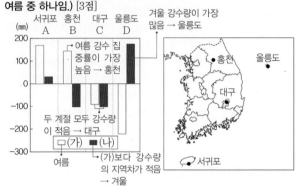

* 강수량 차이는 (가), (나) 계절의 각 지역 강수량에서 네 지역 평균 강수량을 뺀 값임.
** 1991~2020년의 평년값임. (기상청)

① (가)는 겨울, (나)는 여름이다.
　　(나)　　(가)
✓ ② A는 B보다 최한월 평균 기온이 높다.
③ B는 C보다 저위도에 위치한다.
　　　　　고위도
④ C는 D보다 바다의 영향을 많이 받는다.
　　　　　　　　　　적게
⑤ D는 A보다 연 강수량이 많다.
　　　　　　　　　적다

자료 분석

지도에 표시된 네 지역은 홍천, 울릉도, 대구, 서귀포이다. 그래프에서 (가)는 (나)보다 지역 간 계절별 강수량 차이가 큰 여름이며, (나)는 겨울이다. A는 여름과 겨울 강수량이 모두 네 지역 평균보다 많은 서귀포이다. B는 여름 강수량은 네 지역 평균보다 많지만, 겨울 강수량은 네 지역 평균보다 적은 홍천이다. 한강 중·상류에 위치한 홍천은 다른 지역에 비해 여름 강수 비율이 높다. C는 여름과 겨울 강수량이 모두 네 지역 평균보다 적은 대구이다. D는 네 지역 중 겨울 강수량이 가장 많은 울릉도이다.

선지 해설

① (가)는 여름, (나)는 겨울이다. 우리나라의 경우 겨울보다 여름의 지역별 강수량의 차이가 크며, 울릉도를 제외하면 겨울 강수량이 대체로 적다.

②A 서귀포는 B 홍천보다 저위도에 위치하며, 최한월 평균 기온이 높다.

③ B 홍천은 C 대구보다 고위도에 위치한다.

④ C 대구는 내륙에 위치해 있어 D 울릉도보다 바다의 영향을 적게 받는다.

⑤ D 울릉도는 A 서귀포보다 연 강수량이 적다. 서귀포는 여름과 겨울 모두 평균보다 많아 연 강수량이 많고, 울릉도는 겨울 강수량은 많지만 여름 강수량이 평균보다 적어 서귀포보다 연 강수량이 적다.

그래프는 지도에 표시된 네 지역의 기후 특성을 나타낸 것이다. (가)~(라) 지역에 대한 설명으로 옳은 것은? [3점]

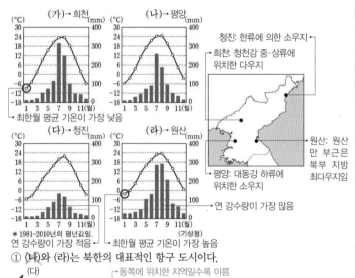

* 1981~2010년의 평년값임.

① (나)와 (라)는 북한의 대표적인 항구 도시이다.
　　(다)
✓ ② (다)는 (나)보다 일출 시각이 이르다.
　　　　　　　　└ 동쪽에 위치한 지역일수록 이름
③ (가)~(라) 중 서리가 내리는 첫날이 가장 이른 곳은 (나)이다.
　　　　└ 최한월 평균 기온이 낮을수록 이름　　(가)
④ (가)~(라) 중 위도가 가장 높은 지역은 최한월 평균 기온이 가장 낮다.
　　(다) 청진　　　　　　　　　　　　　　(가) 희천
⑤ (가)~(라) 중 기온의 연교차가 가장 큰 지역은 겨울 강수량이 가장 많다.
　　(가) 희천　　　　　　　　　　　　　　(라) 원산

자료 분석

지도에 표시된 지역은 청진, 희천, 평양, 원산이다. (가)는 네 지역 중 최한월 평균 기온이 가장 낮고, (라) 다음으로 연 강수량이 많으므로 희천이다. 희천은 청진보다 저위도에 위치해 있지만 내륙에 있어 최한월 평균 기온이 낮다. 또한 희천이 위치한 청천강 중·상류 지역은 남서 계절풍이 낭림산맥에 부딪쳐 연 강수량이 많다. (다)는 네 지역 중 연 강수량이 가장 적으므로 청진이다. 청진 부근은 한류가 흘러 대기가 안정되어 연 강수량이 적은 소우지에 해당한다. (라)는 네 지역 중 최한월 평균 기온이 가장 높고, 연 강수량이 가장 많으므로 동해안에 위치한 원산이다. 원산이 위치한 원산만 부근은 북동 기류에 의한 북부 지방 최다우지이다. (나)는 (다), (라)에 비해 기온의 연교차가 크고 (다) 다음으로 연 강수량이 적으므로 평양이다. 평양은 내륙에 있어 기온의 연교차가 크며 저평한 지형으로 연 강수량이 적은 대동강 하류에 위치해 있다.

선지 해설

① 북한의 대표적인 항구 도시는 (다) 청진과 (라) 원산이다.

②동쪽에 위치할수록 일출 시각이 이르므로 (다) 청진이 (나) 평양보다 일출 시각이 이르다.

③ (가)~(라) 중 서리가 내리는 첫날이 가장 이른 곳은 최한월 평균 기온이 가장 낮은 (가) 희천이다.

④ (가)~(라) 중 위도가 가장 높은 지역은 (다) 청진이지만, 최한월 평균 기온이 가장 낮은 곳은 (가) 희천이다.

⑤ (가)~(라) 중 기온의 연교차가 가장 큰 지역은 (가) 희천이지만, 겨울 강수량이 가장 많은 곳은 (라) 원산이다.

그래프는 지도에 표시된 세 지역의 기후 자료이다. (가)~(다) 지역에 대한 설명으로 옳은 것은?

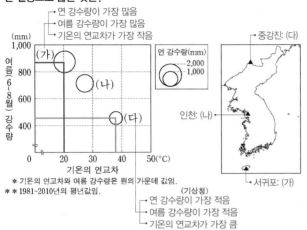

* 기온의 연교차와 여름 강수량은 원의 가운데 값임.
** 1981~2010년의 평년값임.

① (가)의 최한월 평균 기온은 0℃ 미만이다.
　(다)　　　　　　　　　　　이상
② (나)의 전통 가옥에는 대부분 정주간이 있다.
✓③ (가)는 (다)보다 바다의 영향을 많이 받는다.
　(나)　(다)
④ (다)는 (나)보다 봄꽃의 개화 시기가 이르다.
⑤ (가)~(다) 중 여름 강수 집중률이 가장 높은 곳은 (가)이다.
　　　　　　　　　　　　　　　　　　　낮은

| 자료 분석 |

지도에 표시된 세 지역은 중강진, 인천, 서귀포이다. (가)는 세 지역 중 연 강수량과 여름 강수량이 가장 많고, 기온의 연교차는 가장 작으므로 서귀포이다. 서귀포는 세 지역 중 가장 저위도에 위치해 있으며 해양의 영향으로 최한월 평균 기온이 높아 기온의 연교차가 작다. 또한 서귀포는 우리나라에서 연 강수량과 여름 강수량이 많은 지역이다. (다)는 세 지역 중 연 강수량과 여름 강수량이 가장 적고, 기온의 연교차는 가장 크므로 중강진이다. 중강진은 고위도의 내륙에 위치해 있어 우리나라에서 최한월 평균 기온이 가장 낮고, 기온의 연교차가 가장 크다. 또한 중강진은 함경산맥과 낭림산맥이 수증기의 공급을 막으면서 연 강수량이 적다. (나)는 인천이다.

| 선지 해설 |

① (가) 서귀포의 최한월 평균 기온은 0℃ 이상이며, (나) 인천과 (다) 중강진의 최한월 평균 기온은 0℃ 이하이다.

② 정주간은 겨울이 한랭하고 긴 관북 지방의 전통 가옥 구조이므로 (나) 인천이 아닌, (다) 중강진의 전통 가옥에 있다.

③ 남해의 영향을 받는 (가) 서귀포가 내륙에 위치한 (다) 중강진보다 바다의 영향을 많이 받는다.

④ (나) 인천이 (다) 중강진보다 겨울철이 온난하므로 봄꽃의 개화 시기가 이르다.

⑤ (가) 서귀포는 여름 강수량이 (나) 인천, (다) 중강진보다 많지만 연 강수량 또한 많아 세 지역 중에서 여름 강수 집중률이 가장 낮다.

그래프는 지도에 표시된 네 지역의 기후 자료이다. (가)~(라) 지역에 대한 설명으로 옳은 것은? [3점]

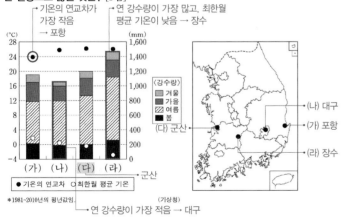

* 1981~2010년의 평년값임.

　　　　　　　　　　　　낮다
① (가)는 (나)보다 여름 강수 집중률이 높다.
　　　　　　　　여름 강수량
　　　　　　　　──────── ×100
✓② (가)는 (다)보다 연평균 기온이 높다.　연 강수량
　　　　　　　　　　　　　낮다
③ (다)는 (나)보다 최난월 평균 기온이 높다.
　　　　　　　　　　　　　낮다
④ (다)는 (라)보다 해발 고도가 높다.
　동해안　　　서해안
⑤ (가)는 서해안, (다)는 동해안에 위치한다.

| 자료 분석 |

지도에 표시된 지역은 군산, 장수, 대구, 포항이다. (가)는 네 지역 중 기온의 연교차가 가장 작고, 최한월 평균 기온이 가장 높으므로 동해안에 위치한 포항이다. (나)는 네 지역 중 연 강수량이 가장 적으므로 대구이다. 대구는 태백산맥과 소백산맥으로 둘러싸인 내륙 분지로 연 강수량이 적은 소우지에 해당한다. (라)는 네 지역 중 연 강수량이 가장 많고, 최한월 평균 기온이 가장 낮으므로 장수이다. 장수는 해발 고도가 높아 최한월 평균 기온이 낮고, 소백산맥 서사면 일대에 위치해 북서 계절풍이 소백산맥을 타고 가면서 많은 눈이 내리는 다설지에 해당한다. (다)는 (라) 다음으로 최한월 평균 기온이 낮으므로 서해안에 위치한 군산이다.

| 선지 해설 |

① (가) 포항과 (나) 대구의 여름 강수량은 비슷하지만 포항의 연 강수량이 더 많으므로, 여름 강수 집중률은 (가) 포항이 (나) 대구보다 낮다.

② 비슷한 위도에서 동해안이 서해안보다 최한월 기온이 높으므로 연평균 기온도 높게 나타난다. 따라서 동해안에 위치한 (가) 포항은 서해안에 위치한 (다) 군산에 비해 연평균 기온이 높다.

③ 비슷한 위도에서 최난월 평균 기온은 해안 지역보다 내륙 지역이 더 높게 나타난다. 따라서 (다) 군산은 (나) 대구보다 최난월 평균 기온이 낮다.

④ 서해안에 위치한 (다) 군산은 소백산맥 지역에 위치한 (라) 장수에 비해 해발 고도가 낮다.

⑤ (가) 포항은 동해안, (다) 군산은 서해안에 위치한다.

그래프는 지도에 표시된 세 지역의 기후 자료이다. (가)~(다) 지역에 대한 옳은 설명만을 〈보기〉에서 고른 것은? [3점]

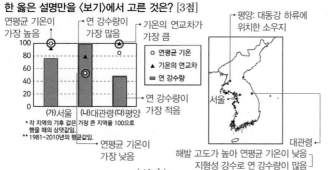

* 각 지역의 기후 값을 같은 가장 큰 지역을 100으로 했을 때의 상댓값임.
** 1981-2010년의 평균값임.

〈 보기 〉

ㄱ. (가)는 (나)보다 해발 고도가 높다. ~~낮다~~

ㄴ. (나)는 (다)보다 겨울철 강수량이 많다.
  └ 대관령은 겨울철 북동 기류에 의한 다설지임

ㄷ. (다)는 (가)보다 봄꽃의 개화 시기가 이르다.
  └ 겨울철이 온화할수록 이름┘ ~~늦다~~

ㄹ. (가), (나)는 남한, (다)는 북한에 위치한다.

① ㄱ, ㄴ   ② ㄱ, ㄷ   ③ ㄴ, ㄷ   ④ ㄴ, ㄹ   ⑤ ㄷ, ㄹ

| 자료 분석 |

지도에 표시된 지역은 평양, 서울, 대관령이다. (가)는 세 지역 중 연평균 기온이 가장 높으므로 서울이다. 평양은 서울보다 고위도에 위치해 있고, 대관령은 서울과 비슷한 위도에 위치해 있지만 해발 고도가 높아 서울보다 연평균 기온이 낮다. (나)는 세 지역 중 연 강수량이 가장 많고, 연평균 기온이 가장 낮으므로 대관령이다. 대관령은 태백산맥에 남서 기류, 북동 기류가 부딪치면서 푄 현상이 발생해 연 강수량이 많다. 또한 대관령은 해발 고도가 높아 여름에는 서늘하고 겨울에는 한랭해 연평균 기온이 낮다. (다)는 세 지역 중 연 강수량이 가장 적고, 기온의 연교차가 가장 크므로 평양이다. 대동강 하류에 위치한 평양은 저평한 지형으로 인해 푄 현상이 거의 발생하지 않아 연 강수량이 적다. 대관령이 평양보다 기온의 연교차가 작은 이유는 대관령은 해발 고도가 높아 여름철에도 서늘하기 때문이다.

| 보기 해설 |

ㄱ. (가) 서울은 (나) 대관령보다 해발 고도가 낮다.

ㄴ. (나) 대관령은 겨울철 북동 기류가 태백산맥에 부딪치면서 많은 눈이 내리는 반면, 연 강수량이 적은 평양은 겨울철에도 강수량이 적다. 따라서 (나) 대관령은 (다) 평양보다 겨울철 강수량이 많다.

ㄷ. 봄꽃의 개화 시기는 겨울철이 온난할수록 이르다. 따라서 (다) 평양은 (가) 서울보다 봄꽃의 개화 시기가 늦다.

ㄹ. (가) 서울, (나) 대관령은 남한, (다) 평양은 북한에 위치한다.

그래프는 지도에 표시된 네 지역의 기후 자료이다. (가)~(라) 지역을 지도의 A~D에서 고른 것은? [3점]

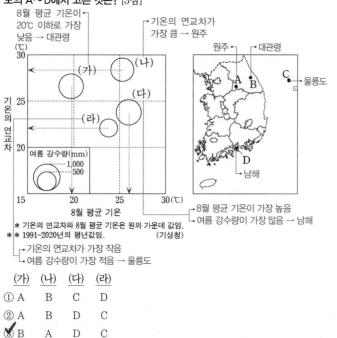

* 기온의 연교차와 8월 평균 기온은 원의 가운데 값임.
** 1991-2020년의 평년값임. (기상청)

└ 기온의 연교차가 가장 작음
└ 여름 강수량이 가장 적음 → 울릉도

	(가)	(나)	(다)	(라)
①	A	B	C	D
②	A	B	D	C
③	B	A	D	C
④	B	C	D	A
⑤	C	A	B	D

| 자료 분석 |

지도에 표시된 A는 원주, B는 대관령, C는 울릉도, D는 남해이다.

| 선지 해설 |

③ (가) - B, (나) - A, (다) - D, (라) - C

• (가)는 네 지역 중 8월 평균 기온이 가장 낮으므로 태백산맥에 위치해 해발 고도가 높은 B 대관령이다. (가)는 (나)인 A 원주보다 기온의 연교차가 작다. 기온의 연교차는 최한월 평균 기온이 낮을수록 대체로 크다. 대관령은 원주보다 최한월 평균 기온이 낮지만 최난월 평균 기온도 낮아 기온의 연교차가 원주보다 작다.

• (나)는 네 지역 중 기온의 연교차가 가장 크므로 고위도의 내륙에 위치한 A 원주이다. 기온의 연교차는 대체로 고위도로 갈수록, 비슷한 위도의 해안에서 내륙으로 갈수록 커진다.

• (다)는 네 지역 중 8월 평균 기온이 가장 높고 기온의 연교차는 (라) 다음으로 낮으며 여름 강수량이 가장 많으므로 남해안에 위치한 D 남해이다. 남해는 네 지역 중 가장 저위도에 위치해 있어 8월 평균 기온이 가장 높다. D 남해가 위치한 남해안 일대는 연 강수량이 많다.

• (라)는 네 지역 중 기온의 연교차가 가장 작고 여름 강수량이 가장 적으므로 C 울릉도이다. 울릉도는 다른 지역과 달리 계절별로 강수량이 고르게 내리며 수심이 깊은 동해의 영향으로 기온의 연교차가 작다.

그래프는 지도에 표시된 네 지역의 기후 특성을 나타낸 것이다. (가)~(라) 지역에 대한 설명으로 옳은 것은? [3점]

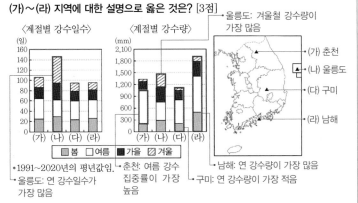

〈계절별 강수일수〉　〈계절별 강수량〉

울릉도: 겨울철 강수량이 가장 많음

(가) 춘천
(나) 울릉도
(다) 구미
(라) 남해

*1991~2020년의 평년값임.
·울릉도: 연 강수일수가 가장 많음
·춘천: 여름 강수 집중률이 가장 높음
·구미: 연 강수량이 가장 적음
·남해: 연 강수량이 가장 많음

■봄 □여름 ■가을 ▨겨울

① (가)는 (라)보다 봄꽃의 개화 시기가 이르다. → 늦다

② (나)는 (가)보다 연 강수일수 대비 연 강수량이 많다. → 적다

✓③ (다)는 (나)보다 기온의 연교차가 크다. → 동위도 내륙이 해안보다 큼

④ (라)는 (다)보다 최한월 평균 기온이 낮다. → 높다

⑤ (가)~(라) 중 여름철 강수 집중률은 (나)가 가장 높다. → 여름 강수량/연 강수량 ×100 → (가)

| 자료 분석 |

지도에 표시된 지역은 춘천, 울릉도, 구미, 남해이다. (가)는 네 지역 중 여름 강수 집중률이 가장 높으므로 한강 중·상류에 위치한 춘천이다. (나)는 네 지역 중 연 강수일수와 겨울철 강수량이 많고, 연 강수량이 계절별로 고르게 분포하며 특히 겨울철 강수 비율이 높은 것으로 보아 울릉도이다. (다)는 네 지역 중 연 강수량이 가장 적은 것으로 보아 낙동강 중·상류에 위치한 구미이다. (라)는 네 지역 중 연 강수량이 가장 많으므로 남해안 일대에 위치한 남해이다.

| 선지 해설 |

① 봄꽃 개화 시기는 대체로 저위도 지역이 고위도 지역보다 이르다. (가) 춘천은 (라) 남해보다 고위도에 위치하므로 봄꽃의 개화 시기가 늦다.

② (나) 울릉도의 연 강수일수는 146.3일이고 연 강수량은 1480.6mm로 연 강수일수 대비 연 강수량은 약 10.1mm/일이다. 반면 (가) 춘천의 연 강수일수는 106.1일이고, 연 강수량은 1341.5mm로 연 강수일수 대비 연 강수량은 약 12.6mm/일이다. 따라서 (나) 울릉도는 (가) 춘천보다 연 강수일수 대비 연 강수량이 적다.

③ (다) 구미는 영남 내륙에 위치한 지역으로 기온의 연교차가 26.2℃인 반면, 동해에 위치한 (나) 울릉도는 기온의 연교차가 22.1℃이다. 따라서 기온의 연교차는 (다) 구미가 (나) 울릉도보다 크다.

④ 최한월 평균 기온은 대체로 저위도 지역이 고위도 지역보다 높으므로 두 지역 중 위도가 낮은 (라) 남해는 위도가 높은 (다) 구미보다 최한월 평균 기온이 높다.

⑤ (가)~(라) 중 여름철 강수 집중률은 (가) 춘천이 가장 높다. (가) 춘천은 습윤한 남서 기류의 바람받이 지역인 한강 중·상류에 위치해 여름 강수 집중률이 높다.

그래프는 지도에 표시된 세 지역의 기후 자료이다. (가)~(다) 지역을 지도의 A~C에서 고른 것은?

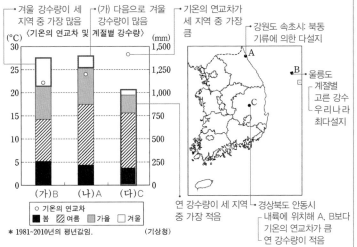

겨울 강수량이 세 지역 중 가장 많음

(가) 다음으로 겨울 강수량이 많음

기온의 연교차가 세 지역 중 가장 큼

〈기온의 연교차 및 계절별 강수〉

강원도 속초시: 북동 기류에 의한 다설지

울릉도
계절별 고른 강수 우리나라 최다설지

○ 기온의 연교차
■봄 ▨여름 ▨가을 □겨울

*1981~2010년의 평년값임.　(기상청)

연 강수량이 세 지역 중 가장 적음

경상북도 안동시
내륙에 위치해 A, B보다 기온의 연교차가 큼 연 강수량이 적음

	(가)	(나)	(다)
①	A	B	C
②	A	C	B
✓③	B	A	C
④	B	C	A
⑤	C	A	B

| 자료 분석 |

지도에 표시된 A는 강원도 속초시, B는 울릉도, C는 경상북도 안동시이다.

| 선지 해설 |

③ (가) – B, (나) – A, (다) – C

· (가)는 계절별 강수량이 고르고 세 지역 중 겨울 강수량이 가장 많으므로 우리나라 최다설지인 B 울릉도이다. 우리나라 대부분 지역은 연 강수량에서 여름 강수량이 차지하는 여름 강수 집중률이 높으나 울릉도는 수심이 깊은 동해의 영향으로 계절별로 강수량이 비교적 고르다.

· (나)는 세 지역 중 연 강수량이 가장 많고 기온의 연교차가 (다)보다는 작으므로 동해안에 위치한 A 속초시이다. (나)는 (가)보다는 겨울철 강수량이 적지만 (다)보다는 많다. 속초, 강릉과 같은 영동 지방은 겨울철 북동 기류가 태백산맥을 넘어가면서 푄 현상에 의해 겨울철에 많은 눈이 내린다.

· (다)는 세 지역 중 연 강수량이 가장 적고, 기온의 연교차가 가장 크므로 경상북도 내륙 지방에 위치한 C 안동시이다. 경상북도 내륙 지방은 태백산맥과 소백산맥으로 둘러쌓여 연 강수량이 비교적 적다. C는 A와 B보다는 저위도에 위치해 있지만 내륙에 위치해 있어 최한월 평균 기온이 낮아 기온의 연교차가 크다. 기온의 연교차는 대체로 최한월 평균 기온이 낮을수록 크다.

그래프는 지도에 표시된 네 지역의 기후 자료이다. (가)~(라)에 해당하는 지역을 지도의 A~D에서 고른 것은? [3점]

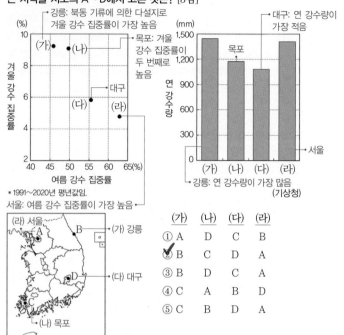

	(가)	(나)	(다)	(라)
①	A	D	C	B
②	B	C	D	A
③	B	D	C	A
④	C	A	B	D
⑤	C	B	D	A

| 자료 분석 |

지도의 A는 서울, B는 강릉, C는 목포, D는 대구이다.

| 선지 해설 |

② (가) – B, (나) – C, (다) – D, (라) – A

• (가)는 네 지역 중에서 겨울 강수 집중률이 가장 높고 연 강수량도 가장 많으므로 B 강릉이다. 동해안에 위치한 강릉은 겨울철 북동 기류가 태백산맥에 부딪치면서 많은 눈이 내리는 다설지로 다른 지역보다 겨울 강수 집중률이 높다.

• (나)는 네 지역 중에서 겨울 강수 집중률이 두 번째로 높고 연 강수량이 두 번째로 적으므로 C 목포이다. 해안에 위치한 목포는 북서 계절풍의 영향으로 겨울 강수 집중률이 상대적으로 높지만 연 강수량은 적은 편이다.

• (다)는 네 지역 중에서 연 강수량이 가장 적으므로 D 대구이다. 영남 내륙 지역에 위치한 대구는 비그늘에 해당하여 연 강수량이 적은 소우지에 해당한다.

• (라)는 네 지역 중에서 연 강수량이 두 번째로 많고 여름 강수 집중률이 가장 높으므로 A 서울이다. 한강 유역에 위치한 서울은 남서풍에 의해 여름철에 강수가 집중되어 네 지역 중에서 여름 강수 집중률이 가장 높다.

그래프는 지도에 표시된 세 지역의 기후 자료이다. (가)~(다) 지역에 대한 설명으로 옳은 것은? [3점]

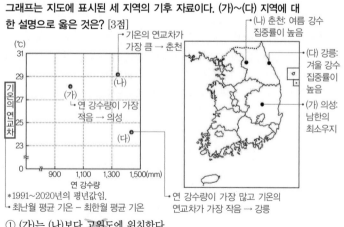

① (가)는 (나)보다 고위도에 위치한다.
   저위도

② (가)는 (다)보다 겨울 강수량이 많다.
   적다

✓③ (나)는 (다)보다 여름 강수 집중률이 높다.
   여름 강수량 / 연 강수량 ×100

④ (다)는 (가)보다 바다의 영향을 적게 받는다.
   많이

⑤ (다)는 (나)보다 최한월 평균 기온이 낮다.
   대체로 기온의 연교차가 클수록 낮음 → 높다

| 자료 분석 |

지도에 표시된 세 지역은 춘천, 강릉, 의성이다. (가)는 세 지역 중 연 강수량이 가장 적으므로 의성이다. 경상북도 내륙 지방에 위치한 의성은 태백산맥과 소백산맥으로 둘러싸여 있어 연 강수량이 적은 소우지이다. (나)는 세 지역 중 기온의 연교차가 가장 크다. 기온의 연교차는 남에서 북으로 갈수록, 해안에서 내륙으로 갈수록 대체로 커지므로 (나)는 춘천임을 알 수 있다. (다)는 세 지역 중 연 강수량이 가장 많고, 기온의 연교차가 가장 작으므로 동해안에 위치한 강릉이다.

| 선지 해설 |

① (가) 의성은 (나) 춘천보다 저위도에 위치한다.

② 강릉은 겨울철 북동 기류에 의해 눈이 많이 내리는 다설지이다. 따라서 (가) 의성은 (다) 강릉보다 겨울 강수량이 적다.

③ 한강 중·상류 지역에 위치한 (나) 춘천은 여름철 지형성 강수가 많이 발생하여 (다) 강릉보다 여름 강수 집중률이 높다.

④ (가) 의성은 내륙에 위치하며, (다) 강릉은 동해안에 위치한다. 따라서 (다) 강릉은 (가) 의성보다 바다의 영향을 많이 받는다.

⑤ 최한월 평균 기온은 고위도에서 저위도로 갈수록 높아지고, 비슷한 위도에서는 해양의 영향을 많이 받을수록 높다. 따라서 동해안에 위치한 (다) 강릉은 내륙에 위치한 (나) 춘천보다 최한월 평균 기온이 높다.

21 위도가 다른 지역의 기후 비교 22학년도 3월 학평 3번 정답 ① | 정답률 61%

그래프는 지도에 표시된 세 지역의 기후 특성을 나타낸 것이다. (가)~(다) 지역에 대한 설명으로 옳은 것은? [3점]

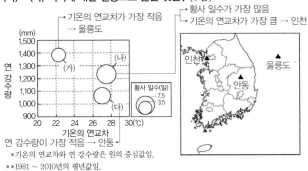

┌─ 기온의 연교차가 가장 작음
│ → 울릉도
└─ 황사 일수가 가장 많음
   기온의 연교차가 가장 큼 → 인천

연 강수량이 가장 적음 → 안동

*기온의 연교차와 연 강수량은 원의 중심값임.
**1981 ~ 2010년의 평년값임.

✔ (가)의 전통 가옥에는 우데기가 설치되어 있다.
② (나)는 (가)보다 겨울 강수량이 ~~많다.~~ 적다
③ (다)는 (가)보다 최한월 평균 기온이 ~~높다.~~ 낮다
④ (다)는 (나)보다 ~~고위도에~~ 위치한다. 저위도
⑤ 울릉도는 인천보다 황사 일수가 ~~많다.~~ 적다
   └ 중국 내륙의 흙먼지가 편서풍을 타고 이동하면서 발생

자료 분석

지도에 표시된 세 지역은 인천, 안동, 울릉도이다. (가)는 세 지역 중 기온의 연교차가 가장 작으며 황사 일수가 가장 적은 것으로 볼 때 울릉도이다. 울릉도는 동해에 위치하여 비슷한 위도의 다른 지역보다 기온의 연교차가 작고, 황사 일수가 적은 편이다. (나)는 세 지역 중 황사 일수가 가장 많고 기온의 연교차가 가장 큰 것으로 볼 때 인천이다. 서해안에 위치한 인천은 황사가 발원하는 중국과 가까워 세 지역 중 황사 일수가 가장 많다. (다)는 세 지역 중 연 강수량이 가장 적은 것으로 볼 때 영남 내륙에 위치한 안동이다. 영남 내륙 지역은 지형의 영향으로 비그늘이 형성되어 소우지를 이룬다.

선지 해설

① 겨울철에 눈이 많이 내리는 울릉도에서는 생활 공간을 확보하기 위해 전통 가옥에 방설 및 방풍 기능을 하는 우데기를 설치하였다. 우데기와 가옥 사이의 공간은 통로와 작업 공간으로 활용된다.

② 울릉도는 북서 계절풍의 영향으로 겨울철에 눈이 많이 내린다. 따라서 (나) 인천은 (가) 울릉도보다 겨울 강수량이 적다.

③ 수륙 분포의 영향으로 비슷한 위도에서 해안 지역은 내륙 지역보다 겨울 기온이 높다. 따라서 (다) 안동은 (가) 울릉도보다 저위도에 있지만, 내륙에 위치하여 최한월 평균 기온이 낮다.

④ 위도는 적도를 기준으로 남북으로 얼마나 떨어져 있는지를 나타낸 값으로 북반구에 위치한 우리나라는 북쪽으로 갈수록 위도가 높다. 따라서 (다) 안동은 (나) 인천보다 저위도에 위치한다.

⑤ 중국에서 발원한 황사는 대체로 우리나라의 서쪽에서 동쪽으로 갈수록 발생 일수가 줄어든다. 따라서 황사 일수는 동해에 위치한 울릉도가 서해안에 위치한 인천보다 적다.

22 위도가 다른 지역의 기후 비교 21학년도 3월 학평 5번 정답 ② | 정답률 46%

표의 (가)~(라) 지역에 대한 설명으로 옳은 것은? (단, (가)~(라)는 각각 지도에 표시된 네 지역 중 하나임.) [3점]

구분 지역	눈 일수 (일)	연 강수량 (mm)
(가)	57	1,898
(나)	25	1,405
(다)	8	1,073
(라)	7	1,839

눈 일수가 가장 많음 → (가)
(가) 다음으로 눈 일수가 많음 → (나) 25
연 강수량이 가장 적음 → (다) 1,073
연 강수량이 (가) 다음으로 많음 → (라) 1,839

(나) 홍천, (가) 대관령, (다) 영덕, (라) 남해

*1981~2010년 평년값임.

① (가)는 (라)보다 연평균 기온이 ~~높다.~~ 낮다
✔ (나)는 (다)보다 기온의 연교차가 크다.
   └ 최한월 평균 기온이 낮을수록 큼
③ (다)는 (가)보다 ~~고위도에~~ 위치한다. 저위도
④ (다)는 (나)보다 여름 강수 집중률이 ~~높다.~~ 낮다
   └ 한강 중·상류 일대가 높음
⑤ (라)는 (나)보다 단풍의 절정 시기가 ~~이르다.~~ 늦다

자료 분석

지도에 표시된 네 지역은 홍천, 대관령, 영덕, 남해이다. (가)는 네 지역 중 눈 일수가 가장 많고 연 강수량 또한 가장 많으므로 지형성 강수의 영향으로 연 강수량이 많고 북동 기류가 태백산맥에 부딪히면서 눈이 많이 내리는 대관령이다. (나)는 (가) 다음으로 눈 일수가 많으므로 홍천이다. (라)는 (가) 다음으로 연 강수량이 많으므로 남해안에 위치한 남해이다. (다)는 네 지역 중 연 강수량이 가장 적으므로 영덕이다.

선지 해설

① (가) 대관령은 (라) 남해보다 고위도에 위치해 있으며 해발 고도가 높아 연평균 기온이 낮다.

② (나) 홍천은 (다) 영덕보다 고위도의 내륙에 위치해 있으므로 기온의 연교차가 크다.

③ (다) 영덕은 (가) 대관령보다 저위도에 위치한다.

④ 우리나라에서 여름 강수 집중률이 높은 한강 중·상류 지역에 위치한 (나) 홍천이 (다) 영덕보다 여름 강수 집중률이 높다.

⑤ 겨울 기온이 낮은 지역일수록 단풍의 절정 시기가 이르므로 단풍의 절정 시기는 (나) 홍천이 (라) 남해보다 이르다.

그래프는 지도에 표시된 네 지역의 기후 자료이다. (가)~(라) 지역에 대한 설명으로 옳은 것은? [3점]

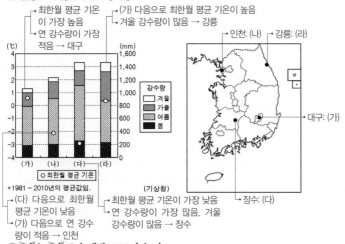

최한월 평균 기온이 가장 높음
연 강수량이 가장 적음 → 대구

(가) 다음으로 최한월 평균 기온이 높음
겨울 강수량이 많음 → 강릉

인천: (나)   강릉: (라)

강수량
□ 겨울
■ 가을
▨ 여름
■ 봄

○ 최한월 평균 기온

*1981~2010년의 평균값임.

(기상청)

(다) 다음으로 최한월 평균 기온이 낮음
(가) 다음으로 연 강수량이 적음 → 인천

최한월 평균 기온이 가장 낮음
연 강수량이 가장 많음, 겨울 강수량이 많음 → 장수

대구: (가)

장수: (다)

① (가)는 (다)보다 해발 고도가 높다.
    (다)   (가)

② (나)는 (다)보다 고위도에 위치한다.

③ (다)는 (라)보다 무상 기간이 길다.   짧다
   └─ 일 년 동안 서리가 내리지 않은 기간

④ (라)는 (나)보다 기온의 연교차가 크다.
                            작다

⑤ (가), (다)는 모두 해안에 위치한다.
                     내륙

| 자료 분석 |

지도에 표시된 지역은 인천, 강릉, 장수, 대구이다. (가)는 네 지역 중 최한월 평균 기온이 가장 높고 연 강수량이 가장 적으므로 대구이다. 대구는 영남 내륙 지방에 위치한 소우지이다. (다)는 네 지역 중 최한월 평균 기온이 가장 낮고 연 강수량이 가장 많으며 겨울 강수량이 많으므로 장수이다. 장수는 소백산맥에 위치해 해발 고도가 높아 최한월 평균 기온이 낮다. 장수는 북서 계절풍이 소백산맥에 부딪치는 다설지로 겨울 강수량이 많다. (라)는 (나)보다 연 강수량이 많으며 겨울 강수량이 많고 최한월 평균 기온이 높으므로 강릉이다. 강릉은 인천과 비슷한 위도에 위치해 있지만 수심이 깊은 동해의 영향으로 최한월 평균 기온이 인천보다 높다. 강릉은 북동 기류가 태백산맥에 부딪치면서 많은 눈이 내리는 다설지이다. (나)는 인천이다.

| 선지 해설 |

① (가) 대구보다 소백산맥에 위치한 (다) 장수가 해발 고도가 높다.

② (나) 인천은 (다) 장수보다 고위도에 위치한다.

③ 무상 기간은 최한월 평균 기온이 낮을수록 대체로 짧으므로 (다) 장수가 (라) 강릉보다 무상 기간이 짧다. 최한월 평균 기온이 낮을수록 대체로 일 년 동안 서리가 내린 날의 수인 서리 일수가 길고 무상 기간은 짧다.

④ 비슷한 위도의 동해안에 위치한 (라) 강릉이 서해안에 위치한 (나) 인천보다 기온의 연교차가 작다.

⑤ (가) 대구와 (다) 장수는 내륙에, (나) 인천과 (라) 강릉은 해안에 위치한다.

지도에 표시된 (가)~(다) 지역의 상대적 기후 특성이 그림과 같이 나타날 때, A, B에 해당하는 기후 지표로 옳은 것은? [3점]

전라북도 군산시: 북서 계절풍에 의한 다설지

경상북도 울릉군: 우리나라 최다설지

고 1위 (가)
A   2위 (나)
저 3위 (다)

겨울 강수량   3위   2위   1위
          저 ←──→ 고
          B

최난월 평균 기온

대구광역시
우리나라 극서지
소우지

A

B

① 기온의 연교차   연 강수량
    └ 울릉도가 가장 작음   └ 대구가 가장 적음

② 기온의 연교차   최난월 평균 기온

③ 겨울 강수량   연 강수량

④ 겨울 강수량   최난월 평균 기온

⑤ 최난월 평균 기온   기온의 연교차

| 자료 분석 |

지도에서 (가)는 경상북도 울릉군, (나)는 전라북도 군산시, (다)는 대구광역시이다.

| 선지 해설 |

④ A – 겨울 강수량, B – 최난월 평균 기온

[A – 겨울 강수량] 울릉도는 우리나라에서 눈이 가장 많이 내리는 최다설지이다. 그리고 겨울철 북서 계절풍이 황해를 통과하면서 눈구름을 형성해 전라북도와 전라남도의 서해안 일대에 많은 눈이 내린다. 따라서 (가) 울릉군, (나) 군산시, (다) 대구광역시 순으로 기후 값이 높게 나타나는 A는 겨울 강수량이다.

[B – 최난월 평균 기온] 대구는 우리나라에서 최난월(8월) 평균 기온이 가장 높은 극서지이다. 울릉도는 수심이 깊은 동해의 영향으로 최난월 평균 기온이 다른 지역에 비해 높지 않다. 따라서 (다) 대구광역시, (나) 군산시, (가) 울릉군 순으로 기후 값이 높게 나타나는 B는 최난월 평균 기온이다.

[기온의 연교차] 울릉도는 수심이 깊은 동해의 영향으로 여름철이 서늘하고 겨울철이 비교적 온화해 세 지역 중 기온의 연교차가 가장 작다.

[연 강수량] 대구는 태백산맥과 소백산맥으로 둘러싸여 있는 분지 지형으로 세 지역 중 연 강수량이 가장 적다.

25 위도가 다른 지역의 기후 비교 21학년도 10월 학평 9번 　정답 ③ | 정답률 66%

그래프의 (가)~(라)에 해당하는 지역을 지도의 A~D에서 고른 것은?

[3점]

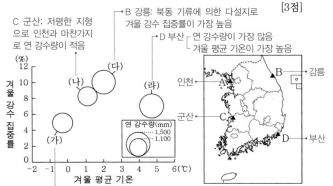

C 군산: 저평한 지형으로 인천과 마찬가지로 연 강수량이 적음

B 강릉: 북동 기류에 의한 다설지로 겨울 강수 집중률이 가장 높음

D 부산: 연 강수량이 가장 많음 겨울 평균 기온이 가장 높음

* 겨울 평균 기온과 겨울 강수 집중률은 원의 중심값임.
** 1981 ~ 2010년의 평년값임.

A 인천: 겨울 평균 기온이 가장 낮음 겨울 강수 집중률이 가장 낮음

	(가)	(나)	(다)	(라)
①	A	B	C	D
②	A	B	D	C
③	A	C	B	D
④	B	C	A	D
⑤	B	D	C	A

| 자료 분석 |

지도의 A는 인천, B는 강릉, C는 군산, D는 부산이다.

| 선지 해설 |

③ (가) – A, (나) – C, (다) – B, (라) – D

- (가)는 네 지역 중 겨울 평균 기온이 가장 낮고 겨울 강수 집중률이 가장 낮으므로 A 인천이다. 인천은 군산, 부산보다 고위도에 위치해 있다. 비슷한 위도에 위치한 지역 중 서해안에 위치한 지역이 동해안에 위치한 지역보다 겨울 평균 기온이 대체로 낮아 인천이 강릉보다 겨울 평균 기온이 낮다. 인천은 저평한 지형으로 푄 현상의 발생이 어려워 연 강수량이 적다.

- (나)는 (가) 다음으로 겨울 평균 기온이 낮고 연 강수량이 가장 적으므로 C 군산이다. 군산 역시 인천과 마찬가지로 저평한 지형으로 푄 현상의 발생이 어려워 연 강수량이 적다.

- (다)는 네 지역 중 겨울 강수 집중률이 가장 높고 (라) 다음으로 겨울 평균 기온이 높으므로 B 강릉이다. 강릉은 북동 기류가 태백산맥을 타고 올라가면서 푄 현상이 발생하면서 눈이 많이 내리는 다설지이다. 강릉은 C 군산보다 고위도에 위치해 있지만 동해안에 위치해 있어 군산보다 겨울 평균 기온이 높다.

- (라)는 네 지역 중 겨울 평균 기온이 가장 높고 연 강수량이 가장 많으므로 D 부산이다. 부산은 네 지역 중 가장 저위도에 위치해 있으며 해안에 위치해 연 강수량이 많고 겨울 평균 기온이 높다.

26 위도가 다른 지역의 기후 비교 24학년도 7월 학평 11번 　정답 ④ | 정답률 72%

그래프는 지도에 표시된 네 지역의 기후 값을 나타낸 것이다. (가)~(라) 지역에 대한 설명으로 옳은 것은? [3점]

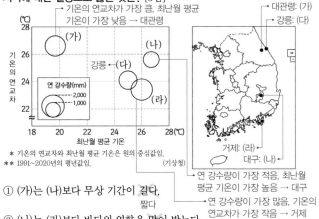

기온의 연교차가 가장 큼, 최난월 평균 기온이 가장 낮음 → 대관령

* 기온의 연교차와 최난월 평균 기온은 원의 중심값임.
** 1991~2020년의 평년값임.　(기상청)

연 강수량이 가장 적음, 최난월 평균 기온이 가장 높음 → 대구

연 강수량이 가장 많음, 기온의 연교차가 가장 작음 → 거제

① (가)는 (나)보다 무상 기간이 ~~길다.~~ 짧다.

② (나)는 (라)보다 바다의 영향을 ~~많이~~ 받는다. 적게

③ (다)는 (가)보다 해발 고도가 ~~높다.~~ 낮다.

✓④ (라)는 (다)보다 최한월 평균 기온이 높다.
└ 최난월 평균 기온 – 기온의 연교차

⑤ (가)와 (나)는 강원 지방, (다)와 (라)는 영남 지방에 위치한다.
　　　　(다)　　　　　(나)

| 자료 분석 |

지도에 표시된 네 지역은 대관령, 강릉, 대구, 거제이다. 그래프의 (가)는 네 지역 중 기온의 연교차가 가장 크고, 최난월 평균 기온이 20℃ 이하로 가장 낮으며 연 강수량이 많은 대관령이다. 대관령은 네 지역 중 해발 고도가 가장 높고 최난월 평균 기온이 가장 낮다. (나)는 네 지역 중 최난월 평균 기온이 가장 높고 연 강수량이 가장 적은 대구이다. 대구는 영남 내륙 지방에 위치하여 최난월 평균 기온이 높고 연 강수량이 적은 소우지에 해당한다. (다)와 (라) 중에서 상대적으로 최난월 평균 기온이 높고, 기온의 연교차가 작으며 연 강수량이 많은 (라)는 거제이다. 거제는 강릉보다 저위도에 위치하여 최난월 평균 기온이 높고 기온의 연교차가 작다. 나머지 (다)는 강릉이다.

| 선지 해설 |

① (가) 대관령은 (나) 대구보다 최한월 평균 기온이 낮으며, 서리가 내리지 않는 기간인 무상 기간이 짧다.

② 내륙에 위치한 (나) 대구는 해안에 위치한 (라) 거제보다 바다의 영향을 적게 받는다.

③ 해안에 위치한 (다) 강릉은 태백 산맥에 위치한 (가) 대관령보다 해발 고도가 낮다.

④ (라) 거제는 (다) 강릉보다 저위도에 위치하여 최한월 평균 기온이 높다. 한편 그래프에서 최한월 평균 기온은 최난월 평균 기온에서 기온의 연교차를 뺀 값으로 구할 수 있다. (라) 거제는 (다) 강릉보다 최난월 평균 기온이 높고 기온의 연교차가 작은 것을 통해 (라) 거제가 (다) 강릉보다 최한월 평균 기온이 높음을 알 수 있다.

⑤ (가) 대관령과 (다) 강릉은 강원 지방에 위치하며, (나) 대구와 (라) 거제는 영남 지방에 위치한다.

표는 지도에 표시된 네 지역의 기후 특성을 나타낸 것이다. (가)~(라) 지역에 대한 설명으로 옳은 것은? [3점]

(나)는 (가)~(라) 중 기온의 연교차가 가장 크므로 홍천임

(라)는 (가)~(라) 중 최한월 평균 기온이 가장 높으므로 울릉도임

구분	(가)	(나)	(다)	(라)
최한월 평균 기온 (℃)	-1.5	-5.5	-7.7	1.4
기온의 연교차 (℃)	25.1	29.7	26.8	22.2
연 강수량 (mm)	826	1,405	1,898	1,383

* 1981~2010년의 평년값임.   (기상청)

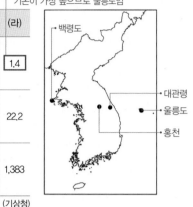
백령도 / 대관령 / 울릉도 / 홍천

(가)는 (가)~(라) 중 연 강수량이 가장 적으므로 백령도임

(다)는 (가)~(라) 중 최한월 평균 기온이 가장 낮고 연 강수량이 가장 많으므로 대관령임

① (가)는 (다)보다 해발 고도가 높다. → 낮다

② (가)는 (라)보다 겨울 강수량이 많다. → 적다

③ (나)는 (라)보다 바다의 영향을 많이 받는다. → 적게

④ (다)는 (나)보다 연평균 기온이 높다. → 낮다

⑤ (라)는 (가)보다 일출 시각이 이르다.

출제 경향

위도가 비슷한 지역의 기후 특성을 나타낸 그래프를 제시한 다음 지도에 제시된 지역과 연결하는 문항이 출제된다. 따라서 비슷한 위도에 위치한 서안, 내륙, 내륙에 위치한 산지 및 분지, 동안 지역의 최한월 평균 기온, 기온의 연교차, 연 강수량 등을 비교하여 정리해 두어야 한다.

| 자료 분석 |

비슷한 위도에 위치한 지도의 네 지역은 백령도, 홍천, 대관령, 울릉도이다. (가)는 네 지역 중 연 강수량이 가장 적으므로 백령도이다. (나)는 (다) 다음으로 최한월 평균 기온이 낮고 네 지역 중 기온의 연교차가 가장 크므로 홍천이다. (다)는 네 지역 중 최한월 평균 기온이 가장 낮고 연 강수량이 가장 많으므로 대관령이다. 대관령은 해발 고도가 높아 최한월 평균 기온이 낮고 지형성 강수로 인해 연 강수량이 많다. (라)는 네 지역 중 최한월 평균 기온이 가장 높고 기온의 연교차가 가장 작으므로 동해에 위치한 울릉도이다.

| 선지 해설 |

① 네 지역 중 해발 고도는 (다) 대관령이 가장 높다. 따라서 (가)는 (다)보다 해발 고도가 낮다.

② (라) 울릉도는 우리나라에서 겨울 강수량이 가장 많다. 따라서 (가)는 (라)보다 겨울 강수량이 적다.

③ (나) 홍천은 내륙에 위치해 (라) 울릉도보다 바다의 영향을 적게 받는다.

④ (다) 대관령은 해발 고도가 높아 (나) 홍천보다 연평균 기온이 낮다.

⑤ 동쪽에 위치한 지역일수록 일출 시각이 이르다. 따라서 (라) 울릉도가 (가) 백령도보다 일출 시각이 이르다.

그래프는 지도에 표시된 네 지역의 기후 자료이다. (가)~(라) 지역에 대한 옳은 설명만을 〈보기〉에서 고른 것은? [3점]

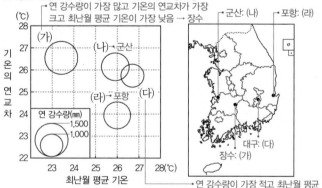

연 강수량이 가장 많고 기온의 연교차가 가장 크고 최난월 평균 기온이 가장 낮음 → 장수

군산: (나) / 포항: (라) / 대구: (다) / 장수: (가)

연 강수량이 가장 적고 최난월 평균 기온이 가장 높음 → 대구

* 기온의 연교차와 최난월 평균 기온은 원의 가운뎃값임. 기온이 가장 높음 → 대구
* 1991~2020년의 평년값임.

〈 보기 〉

ㄱ. (가)는 (나)보다 해발 고도가 높다.
   → 장수: 진안 고원 → 해발 고도 높음

ㄴ. (가)는 (다)보다 겨울 강수 집중률이 높다.
   → (라) 포항 〉 (나) 군산 〉 (가) 장수 〉 (다) 대구

ㄷ. (나)는 (라)보다 최한월 평균 기온이 높다. → 낮다

ㄹ. (다)는 (라)보다 바다의 영향을 많이 받는다. → 적게

① ㄱ, ㄴ   ② ㄱ, ㄷ   ③ ㄴ, ㄷ   ④ ㄴ, ㄹ   ⑤ ㄷ, ㄹ

| 자료 분석 |

지도의 네 지역은 왼쪽부터 군산, 장수, 대구, 포항이다. 그래프의 네 지역을 비교할 때 (가)는 연 강수량이 가장 많고 기온의 연교차가 가장 크고 최난월 평균 기온이 가장 낮은 지역으로 진안 고원에 위치한 장수이다. (다)는 연 강수량이 가장 적고 최난월 평균 기온이 가장 높으므로 대구이다. (라)는 기온의 연교차가 가장 작으므로 동해안에 위치한 포항이다. 나머지 (나)는 (라) 포항보다 기온의 연교차가 상대적으로 크고 (다) 대구보다 최난월 평균 기온이 낮으므로 서해안에 위치한 군산이다.

| 선지 해설 |

ㄱ. (가) 장수는 해발 고도가 높은 진안 고원에 위치한 지역인 반면 (나) 군산은 서해안에 위치한 지역이다. 따라서 (가) 장수는 (나) 군산보다 해발 고도가 높다.

ㄴ. (가) 장수는 소백산맥 서사면 진안 고원에 위치하여 북서풍이 불 때 많은 눈이 내리지만 (다) 대구는 내륙 분지에 위치하여 겨울 강수량이 적다. 따라서 (가) 장수는 (다) 대구보다 겨울 강수 집중률이 높다.

ㄷ. 비슷한 위도에서 수심이 깊은 동해의 영향을 받는 동해안 지역이 수심이 얕은 황해의 영향을 받는 서해안 지역보다 최한월 평균 기온이 높다. 따라서 서해안에 위치한 (나) 군산은 동해안에 위치한 (라) 포항보다 최한월 평균 기온이 낮다.

ㄹ. (다) 대구는 내륙에 위치한 반면 (라) 포항은 해안에 위치한다. 따라서 (다) 대구는 (라) 포항보다 바다의 영향을 적게 받는다.

29 위도가 비슷한 지역의 기후 비교 23학년도 10월 학평 11번 정답 ⑤ | 정답률 57%

그래프는 A~C 지역과 (가) 지역 간의 기후 값 차이를 나타낸 것이다. 이에 대한 설명으로 옳은 것은? (단, A~C, (가)는 각각 지도에 표시된 네 지역 중 하나임.) [3점]

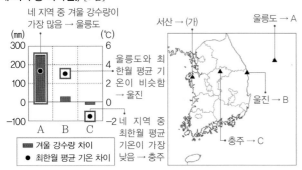

* 기후 값 차이 = 해당 지역의 기후 값 − (가) 지역의 기후 값
** 1991~2020년의 평년값임.

① (가)는 네 지역 중 일출 시각이 가장 이르다.
　　A
② A는 겨울 강수량이 여름 강수량보다 많다.
　　　　　　　　　　　　　　　　　적다
③ B는 C보다 여름 강수 집중률이 높다.
　　　　　　　　　　　　　　　낮다
④ C는 A보다 무상 기간이 길다.
　　　　　　　　　　짧다
✔⑤ (가)는 B보다 기온의 연교차가 크다.
　　　└ 고위도(북) 〉 저위도(남)
　　　└ 내륙 〉 해안
　　　└ 서해안 〉 동해안

| 자료 분석 |

지도에 표시된 네 지역은 서산, 충주, 울진, 울릉도이다. 네 지역 중 겨울 강수량이 가장 많은 곳은 울릉도이므로 A는 울릉도이다. B는 최한월 평균 기온이 울릉도와 비슷하게 나타난다. 또한 최한월 평균 기온의 차이가 양(+)의 값이므로 (가) 지역보다 최한월 평균 기온이 높은 지역이다. 네 지역 중에서 겨울철 기온이 울릉도 다음으로 높고 상대적으로 겨울철이 따뜻한 지역은 동해안에 위치한 울진이므로 B는 울진이다. C는 최한월 평균 기온의 차이가 음(−)의 값이 나타나는 유일한 지역으로 네 지역 중 최한월 평균 기온이 가장 낮은 지역이다. 따라서 C는 내륙에 위치해 최한월 평균 기온이 가장 낮은 충주이다.

| 선지 해설 |

① 일출 시각은 비슷한 위도에서 동쪽으로 갈수록 이르고 서쪽으로 갈수록 늦다. 따라서 (가) 서산은 네 지역 중 일출 시각이 가장 가장 늦은 지역이며, 네 지역 중 일출 시각이 가장 이른 지역은 A 울릉도이다.

② A 울릉도는 우리나라에서 겨울 강수량이 가장 많은 지역이지만, 겨울 강수량(338.0mm)이 여름 강수량(468.5mm)보다 적다. 한편, 우리나라 전 지역은 여름 강수량이 겨울 강수량보다 많다.

③ C 충주는 한강 중·상류 지역에 속하여 여름 강수 집중률이 높은 반면, B 울진은 동해안에 위치해 북동 기류가 유입할 때 많은 눈이 내려서 겨울 강수량이 많은 편이다. 따라서 B 울진은 C 충주보다 여름 강수 집중률이 낮다.

④ 무상 기간은 마지막 서리일부터 첫 서리일까지의 기간이다. 내륙에 위치한 C 충주는 동해상에 위치한 A 울릉도보다 겨울철 기온이 낮으며 무상 기간이 짧다. 따라서 C 충주는 A 울릉도보다 무상 기간이 짧다.

⑤ 비슷한 위도의 조건에서 서해안은 동해안보다 기온의 연교차가 크다. 따라서 서해안에 위치한 (가) 서산은 동해안에 위치한 B 울진보다 기온의 연교차가 크다.

30 위도가 다른 지역의 기후 비교 23학년도 4월 학평 16번 정답 ② | 정답률 56%

그래프는 지도에 표시된 세 지역의 상대적 기후 특성을 나타낸 것이다. (가)~(다) 지역에 대한 옳은 설명만을 〈보기〉에서 고른 것은? [3점]

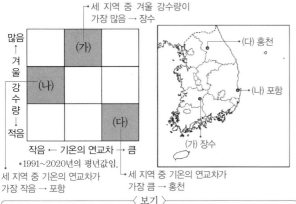

* 1991~2020년의 평년값임.
세 지역 중 기온의 연교차가　　세 지역 중 기온의 연교차가
가장 작음 → 포항　　　　　　　가장 큼 → 홍천

〈 보기 〉

ㄱ. (가)는 (나)보다 해발 고도가 높다.
　　└ 진안고원에 위치한 장수 → 해발 고도가 높음
ㄴ. (가)는 (다)보다 고위도에 위치한다.
　　　　　　　　　　저위도
ㄷ. (나)는 (다)보다 연평균 기온이 높다.
　　　　　　　　　고위도 〈 저위도
ㄹ. (가)~(다) 중 바다의 영향을 가장 크게 받는 곳은 (다)이다.
　　　　　　　　　　　　　　　　　　　　　　　　　(나)

① ㄱ, ㄴ ✔② ㄱ, ㄷ ③ ㄴ, ㄷ ④ ㄴ, ㄹ ⑤ ㄷ, ㄹ

| 자료 분석 |

지도의 세 지역은 홍천, 포항, 장수이다. (가)는 세 지역 중 겨울 강수량이 가장 많은 지역이면서 기온의 연교차가 두 번째로 큰 장수이다. 진안고원에 위치한 장수는 북서 계절풍과 높은 산지의 영향으로 상대적으로 겨울철 강수량이 많다. (나)는 세 지역 중 기온의 연교차가 가장 작고 겨울 강수량이 두 번째로 많은 포항이다. 동해안에 위치한 포항은 비슷한 위도의 장수보다 기온의 연교차가 작다. (다)는 기온의 연교차가 가장 크고 겨울 강수량이 가장 적은 홍천이다. 홍천은 세 지역 중 가장 고위도 내륙에 위치해 기온의 연교차가 크다.

| 선지 해설 |

ㄱ (가) 장수는 진안고원에 위치해 해발 고도가 높은 반면, (나) 포항은 해안에 위치해 해발 고도가 낮다.

ㄴ. (가) 장수는 (다) 홍천보다 저위도에 위치해 있다.

ㄷ 연평균 기온은 위도가 낮을수록, 내륙에서 해안으로 갈수록 대체로 높아진다. (나) 포항은 (다) 홍천보다 위도가 낮고 해안에 가까이 위치한다. 따라서 (나) 포항은 (다) 홍천보다 연평균 기온이 높다.

ㄹ. (가)~(다) 중 해안에 위치한 지역은 (나) 포항이다. 따라서 바다의 영향을 가장 크게 받는 곳은 (나) 포항이다.

다음 글의 (가)~(라)에 해당하는 지역을 그래프의 A~D에서 고른 것은? (단, 그래프는 각각 (가)~(라) 지역과 강릉의 기후 값 차이를 나타낸 것임.) [3점]

> (가) 강원도의 도청 소재지로 전형적인 분지이며, 댐 건설로 조성된 호수를 끼고 있어 '호반의 도시'로 불린다.→춘천
>
> (나) 영동 지방과 영서 지방을 잇는 고개로 인근에 동계 올림픽 경기장과 풍력 발전 단지가 있으며, 고랭지 농업이 발달해 있다.→대관령
>
> (다) 우리나라의 수위 도시로 중앙 정부 기관을 비롯하여 대기업의 본사, 금융 기관의 본점 등이 위치해 있다.→서울 —알봉
>
> (라) 섬의 중앙에는 칼데라 분지가 있으며, 분지 내에는 중앙 화구구가 있어 전체적으로 이중 화산의 특징을 보이고 있다.→울릉도

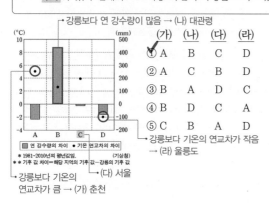

강릉보다 연 강수량이 많음 → (나) 대관령

	(가)	(나)	(다)	(라)
①	A	B	C	D
②	A	C	B	D
③	B	A	D	C
④	B	D	C	A
⑤	C	B	A	D

□ 연 강수량의 차이 ● 기온 연교차의 차이
* 1981-2010년의 평년값임. (기상청)
** 기후 값 차이=해당 지역의 기후 값－강릉의 기후 값

강릉보다 기온의 연교차가 큼 → (가) 춘천

(다) 서울

강릉보다 기온의 연교차가 작음 → (라) 울릉도

| 자료 분석 |

(가)는 춘천, (나)는 대관령, (다)는 서울, (라)는 울릉도이다.

| 선지 해설 |

① (가) – A, (나) – B, (다) – C, (라) – D

- B는 나머지 세 지역과 달리 연 강수량의 차이가 (+)이므로 강릉보다 연 강수량이 많은 지역이다. 따라서 B는 해발 고도가 높아 지형성 강수가 자주 발생해 연 강수량이 많은 (나) 대관령이다.
- D는 기온 연교차의 차이가 (–)이므로 강릉보다 연교차가 작은 지역이다. 따라서 D는 수심이 깊은 동해의 영향으로 여름철에는 비슷한 위도의 다른 지역보다 서늘하고 겨울철에는 온난해 연교차가 작은 (라) 울릉도이다.
- A는 A~D 중 기온의 연교차가 가장 큰 지역으로 (가) 춘천이다. 춘천은 강릉과 비슷한 위도에 위치해 있지만 내륙에 있어 지형과 해양의 영향으로 겨울이 온난한 강릉에 비해 겨울이 한랭해 최한월 평균 기온이 낮아 연교차가 크다.
- C는 A 다음으로 기온의 연교차가 크며 B 다음으로 연 강수량이 많으므로 (다) 서울이다. 서울은 내륙에 위치해 있어 강릉보다 연교차가 크다. 또한 서울은 남서 계절풍과 지형의 영향으로 연 강수량이 비교적 많다.

그래프는 지도에 표시된 세 지역의 연 강수량과 (가), (나) 시기 평균 풍속을 나타낸 것이다. 이에 대한 설명으로 옳은 것은? (단, (가), (나) 시기는 각각 1월, 8월 중 하나임.) [3점]

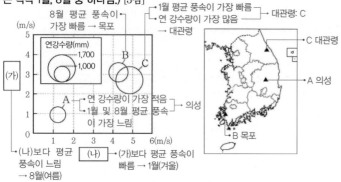

1월 평균 풍속이 가장 빠름 → 대관령: C
연 강수량이 가장 많음 → 대관령

8월 평균 풍속이 가장 빠름 → 목포

연강수량(mm) 1,700 / 1,000

연 강수량이 가장 적음 1월 및 8월 평균 풍속이 가장 느림 → 의성

C 대관령
A 의성
B 목포

(나)보다 평균 풍속이 느림 → 8월(여름)

(가)보다 평균 풍속이 빠름 → 1월(겨울)

*(가), (나) 시기 평균 풍속은 원의 중심값임.
**1991 ~ 2020년의 평년값임.

① A는 (가)보다 (나) 시기의 평균 기온이 ~~높다.~~ 낮다.

✓② B는 A보다 무상 기간이 길다.

③ B는 C보다 해발 고도가 ~~높다.~~ 낮다.
└ 마지막 서리일 다음날부터 첫서리일 전날까지의 기간

④ C는 B보다 최한월 평균 기온이 ~~높다.~~ 낮다.

⑤ 목포는 대관령보다 1월 평균 풍속이 ~~빠르다.~~ 느리다.

| 자료 분석 |

지도의 세 지역은 위로부터 대관령, 의성, 목포이다. 평균 풍속은 겨울인 1월이 여름인 8월보다 빠르다. 따라서 (가), (나) 중 평균 풍속이 느린 (가)는 8월, 평균 풍속이 빠른 (나)는 1월이다. 세 지역 중 연 강수량이 가장 적고 1월 및 8월 평균 풍속이 가장 느린 A는 영남 내륙에 위치한 의성이다. 세 지역 중 8월 평균 풍속이 가장 빠른 B는 서남부 해안에 위치한 목포이다. 세 지역 중 연 강수량이 가장 많고 1월 평균 풍속이 가장 빠른 C는 대관령이다.

| 선지 해설 |

① 우리나라는 여름인 (가) 8월보다 겨울인 (나) 1월의 평균 기온이 낮다. 따라서 A 의성은 (가) 8월보다 (나) 1월의 평균 기온이 낮다.

② 무상 기간은 대체로 최한월 평균 기온이 높은 지역에서 길다. 남부 지방에 위치한 B 목포는 중부 지방에 위치한 A 의성보다 저위도에 위치해 최한월 평균 기온이 높다. 따라서 B 목포는 A 의성보다 무상 기간이 길다.

③ B 목포는 서해안에 위치하며, C 대관령은 1차 산맥인 태백산맥에 위치한다. 따라서 B 목포는 C 대관령보다 해발 고도가 낮다.

④ C 대관령은 B 목포보다 고위도에 위치하며 해발 고도도 높다. 최한월 평균 기온은 대체로 위도가 높고 해발 고도가 높을수록 낮다. 따라서 C 대관령은 B 목포보다 최한월 평균 기온이 낮다.

⑤ 1월 평균 풍속은 B 목포가 4.3m/s이며, C 대관령은 4.8m/s이다. 따라서 B 목포는 C 대관령보다 1월 평균 풍속이 느리다.

33 위도가 다른 지역의 기후 비교 24학년도 10월 학평 20번

정답 ⑤ | 정답률 71%

그래프는 지도에 표시된 네 지역의 (가), (나) 평균 기온 차이를 나타낸 것이다. 이에 대한 옳은 설명만을 〈보기〉에서 고른 것은? (단, (가), (나)는 각각 겨울, 여름 중 하나임.) [3점]

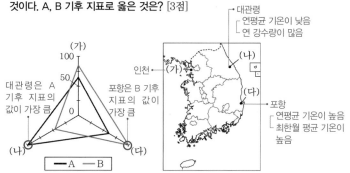

→ 겨울 평균 기온 차이가 가장 낮음 → 내륙에 위치한 춘천
(가) 평균 기온 차이
D 울릉
A 춘천
B 군산
C 대구
(나) 평균 기온 차이
→ 겨울 평균 기온 차이가 가장 높고
여름 평균 기온 차이가 가장 낮음
→ 기온의 연교차가 작은 울릉

＊ 평균 기온 차이 = 해당 지역의 평균 기온 − 네 지역의 평균 기온
＊＊ 1991 ~ 2020년의 평년값임.

〈 보기 〉

ㄱ. (가)는 겨울, (나)는 여름이다.
　　　여름　　　겨울
ㄴ. A는 B보다 기온의 연교차가 작다.
　　　　　　　　　　　　크다
ㄷ. B는 D보다 여름 강수 집중률이 높다.
　　└→ 군산 > 울릉
ㄹ. C는 A보다 저위도에 위치한다.
　　└→ 남쪽일수록 저위도

① ㄱ, ㄴ　　② ㄱ, ㄷ　　③ ㄴ, ㄷ
④ ㄴ, ㄹ　　⑤ ㄷ, ㄹ

| 자료 분석 |

지도의 네 지역은 춘천, 울릉, 군산, 대구이다. (가)는 A~D 평균 기온 차이가 최대 4℃, (나)는 A~D 평균 기온 차이가 최대 6℃이다. 따라서 A~D 평균 기온 차이가 작은 (가)는 여름, 평균 기온 차이가 큰 (나)는 겨울이다. A는 (나) 겨울 평균 기온 차이가 가장 낮으므로 위도가 높은 내륙에 위치한 춘천이다. C는 (가) 여름 평균 기온 차이가 가장 높으므로 네 지역 중 여름 기온이 가장 높은 대구이다. D는 (나) 겨울 평균 기온 차이가 가장 높고 (가) 여름 평균 기온 차이가 가장 낮으므로 네 지역 중 겨울 기온이 가장 높고 여름 기온이 가장 낮은 울릉이다. 나머지 B는 군산이다.

| 선지 해설 |

ㄱ. (가)는 A~D 평균 기온 차이가 작은 여름, (나)는 A~D 평균 기온 차이가 큰 겨울이다.

ㄴ. A 춘천과 B 군산은 여름 평균 기온 차이는 크게 차이가 나지 않지만 (나) 겨울 평균 기온 차이는 A 춘천이 B 군산보다 더 낮다. 따라서 기온의 연교차는 A 춘천이 B 군산보다 크다.

ㄷ. B 군산은 여름철에 강수가 집중하는데 반해, D 울릉은 연중 비교적 강수가 고르며 겨울 강수 집중률이 상대적으로 높다. 따라서 B 군산은 D 울릉보다 여름 강수 집중률이 높다.

ㄹ. 남부 지방에 위치한 C 대구는 중부 지방에 위치한 A 춘천보다 저위도에 위치한다.

34 위도가 다른 지역의 기후 비교 20학년도 3월 학평 7번

정답 ① | 정답률 44%

그래프는 지도에 표시된 (가)~(다) 지역의 상대적 기후 특징을 나타낸 것이다. A, B 기후 지표로 옳은 것은? [3점]

대관령
─ 연평균 기온이 낮음
─ 연 강수량이 많음

인천 → (가)
(나)
(다)

포항
─ 연평균 기온이 높음
─ 최한월 평균 기온이 높음

(가)
100
50
0
대관령은 A 기후 지표의 값이 가장 큼
포항은 B 기후 지표의 값이 가장 큼
(나)　(다)
━ A ━ B

＊ 기후 지표별 최대 지역의 값을 100으로 했을 때의 상댓값임.
＊＊ 1981 ~ 2010년의 평년값임.

　　A　　　　　　B
① 연 강수량　　　연평균 기온
② 연 강수량　　　겨울 강수 집중률
③ 연평균 기온　　연 강수량
④ 연평균 기온　　겨울 강수 집중률
⑤ 겨울 강수 집중률　연평균 기온
　　└→ 겨울 강수량／연 강수량 ×100

| 자료 분석 |

지도에 표시된 (가)는 인천, (나)는 대관령, (다)는 포항이다.

| 선지 해설 |

① A – 연 강수량, B – 연평균 기온

• A는 (나) 대관령의 값이 가장 높고, (다) 포항의 값이 가장 낮다. A의 (가) 인천과 (다) 포항의 값 차이는 크지 않으며 (나) 대관령은 (가) 인천, (다) 포항에 비해 A의 값이 매우 크다. 따라서 A는 연 강수량이다. 대관령은 여름철에 남서 기류가, 겨울에는 북동 기류가 태백산맥에 부딪치면서 푄 현상이 발생해 연 강수량이 많다.

• B는 (다) 포항의 값이 가장 높고, (나) 대관령의 값이 가장 낮다. 포항은 (가) 인천, (다) 대관령보다 저위도에 위치해 있으며 동해안에 접해 있어 연평균 기온이 세 지역 중 가장 높다. 따라서 B는 연평균 기온이다. 반면 (나) 대관령은 (가) 인천과 비슷한 위도에 위치해 있지만 해발 고도가 높아 인천보다 연평균 기온이 낮다.

그래프는 (가)~(다) 지역의 기후 특성을 나타낸 것이다. 이에 해당하는 지역을 지도의 A~D에서 고른 것은? [3점]

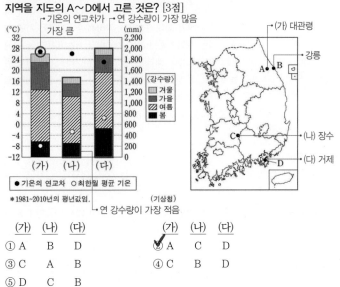

(가)	(나)	(다)		(가)	(나)	(다)
① A	B	D		② A	C	D
③ C	A	B		④ C	B	D
⑤ D	C	B				

| 자료 분석 |

지도의 A는 대관령, B는 강릉, C는 장수, D는 거제이다. 동해안에 위치한 B 강릉은 겨울철 난류와 깊은 수심 등의 영향으로 최한월 평균 기온이 0℃ 이상이다.

| 선지 해설 |

② (가) – A, (나) – C, (다) – D

- (가)는 (가)~(다) 지역 중 기온의 연교차가 가장 크고, 최한월 평균 기온이 가장 낮다. 또한 연 강수량이 (다) 지역 다음으로 많으므로 A 대관령이다. 대관령은 해발 고도가 높아 최한월 평균 기온이 낮고, 여름철 남서 기류와 겨울철 북동 기류의 바람받이 사면에 해당하여 연 강수량이 많다.

- (나)는 (가) 지역 다음으로 기온의 연교차가 크고, 연 강수량이 (가)~(다) 지역 중 가장 적으므로 C 장수이다. 장수는 소백산맥 지역에 위치하여 해발 고도가 높아 최한월 평균 기온이 낮다. 또한 장수는 겨울철 북서 계절풍이 소백산맥의 서사면에 부딪치면서 많은 눈이 내린다. 따라서 연 강수량이 적지만 겨울 강수 비율이 높다.

- (다)는 (가)~(다) 지역 중 기온의 연교차가 가장 작고, 최한월 평균 기온이 가장 높으며, 연 강수량이 가장 많으므로 D 거제이다. 거제는 남해안에 위치해 있어 최한월 평균 기온이 높고 연 강수량이 2,000mm에 이른다.

그래프는 지도에 표시된 네 지역과 대전 간의 기후 값 차이를 나타낸 것이다. 이에 대한 설명으로 옳은 것은? (단, (가), (나) 시기는 각각 1월과 8월 중 하나임.)

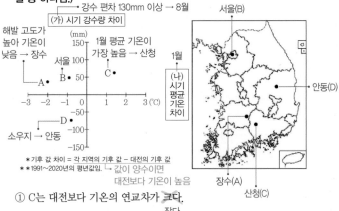

① C는 대전보다 기온의 연교차가 <s>크다</s>. → 작다

② A는 B보다 (가) 시기의 평균 기온이 <s>높다</s>. → 낮다

③ C는 A보다 겨울 강수량이 <s>많다</s>. → 적다

④ A와 D의 위도 차이는 B와 C의 위도 차이보다 더 <s>크다</s>. → 작다

✓⑤ A~D 중 평균 열대야 일수가 가장 많은 곳이 B이다. → 해안 지역이나 대도시에서 많음

| 자료 분석 |

지도의 네 지역은 서울, 안동, 장수, 산청이다. (가) 시기는 강수량 차이의 최댓값을 갖는 C와 최솟값을 갖는 D의 차이가 약 130mm 이상이다. 우리나라의 강수량은 8월이 1월보다 많고 강수량의 지역별 편차도 8월이 1월보다 크다. 또한 남한에서 1월 강수량이 100mm가 넘는 지역은 울릉도(117.4mm)가 유일하므로 1월 강수량의 지역별 편차는 130mm 이상이 될 수 없다. 따라서 (가)는 8월이고, 나머지 (나)는 1월이다. A는 네 지역 중 1월 평균 기온이 가장 낮은 것으로 보아 해발 고도가 높은 장수이다. C는 네 지역 중 1월 평균 기온이 가장 높고 8월 강수량이 가장 많은 것으로 보아 저위도에 위치한 산청이다. D는 네 지역 중 8월 강수량이 가장 적은 것으로 보아 영남 내륙에 위치한 소우지인 안동이다. 나머지 B는 서울이다.

| 선지 해설 |

① 기온의 연교차는 대체로 저위도로 갈수록 작아지며, C 산청은 대전보다 위도가 낮은 곳에 위치하므로 기온의 연교차가 작다. 한편 기온의 연교차는 대체로 최한월 평균 기온에 반비례하는데, 그래프에서 C 산청이 대전보다 1월 평균 기온이 높은 것으로 보아 기온의 연교차가 작음을 유추할 수 있다.

② A 장수는 해발 고도가 높은 진안 고원에 위치하며, 네 지역 중 평균 기온이 가장 낮다. 따라서 A 장수는 B 서울보다 (가) 시기인 8월의 평균 기온이 낮다.

③ 네 지역 중 겨울 강수량이 가장 많은 지역은 소백산맥 서사면에 위치한 A 장수이다. A 장수는 겨울철 북서풍이 강하게 불어올 때 소백산맥의 바람받이에 해당해 강수량이 많다. 따라서 C 산청은 A 장수보다 겨울 강수량이 적다.

④ A 장수와 D 안동의 위도 차이는 B 서울과 C 산청의 위도 차이보다 작다.

⑤ 열대야 일은 야간에 일 최저 기온이 25℃ 이상인 날로, 수증기가 많은 해안 지역이나 대도시 지역에서 열대야가 잘 발생한다. A~D 네 지역은 모두 내륙에 위치하며, 이 중 평균 열대야 일수가 가장 많은 곳은 인공열의 발생량이 많은 대도시인 B 서울이다.

11
일차

01 ⑤	02 ④	03 ⑤	04 ③	05 ②	06 ④	07 ①	08 ⑤	09 ③	10 ⑤	11 ④	12 ①
13 ①	14 ③	15 ④	16 ③	17 ③	18 ⑤	19 ④	20 ①	21 ①	22 ⑤	23 ①	24 ①
25 ⑤	26 ①	27 ⑤	28 ④	29 ①	30 ①	31 ①	32 ③	33 ①	34 ①	35 ①	36 ①
37 ④	38 ②										

문제편 094~103쪽

01 | 폭염과 한파, 호우 24학년도 9월 모평 6번   정답 ⑤ | 정답률 87%

다음은 세 자연재해에 관한 재난 안전 문자 내용이다. (가)~(다)에 대한 설명으로 옳은 것만을 〈보기〉에서 고른 것은? (단, (가)~(다)는 각각 폭염, 한파, 호우 중 하나임.)

(가) 폭염   (나) 호우   (다) 한파

○○ 주의보가 발효되었습니다. 야외 활동 자제, 충분한 물 마시기, 가벼운 옷차림, 양산 지니기 등 건강에 유의 바랍니다.

△△ 주의보가 발효되었습니다. 많은 비가 예상되니 하천 범람 및 산사태 취약 지역 접근 금지 등 안전에 유의 바랍니다.

◇◇ 경보가 발효되었습니다. 노약자 보온 유지, 수도관 동파 방지, 차량 서행 운전 등 건강과 안전에 유의 바랍니다.

〈보기〉
ㄱ. (가)는 난방용 전력 소비량을 증가시킨다.
(다)
ㄴ. (나)는 강한 일사로 인한 대류성 강수가 나타날 때 주로 발생한다. 전선성 강수인 장마나 열대 저기압의 영향을 받음
ㄷ. (다)는 시베리아 기단이 한반도에 강하게 영향을 미칠 때 주로 발생한다.
ㄹ. (나)는 강수, (다)는 기온과 관련된 재해이다.

① ㄱ, ㄴ ② ㄱ, ㄷ ③ ㄴ, ㄷ ④ ㄴ, ㄹ ✓⑤ ㄷ, ㄹ

출제 경향

태풍, 대설 등 다양한 자연재해와 관련된 자료를 제시한 후 자연재해를 구분하고, 그 자연재해의 특징을 묻는 문항이 자주 출제되고 있다. 자연재해별로 주요 발생 시기, 피해 특성 등을 정리해 두어야 한다.

| 자료 분석 |

(가) 재난 안전 문자는 야외 활동 자제, 충분한 물 마시기, 가벼운 옷차림, 양산 지니기 등의 유의 사항이 담긴 폭염이다. (나) 재난 안전 문자는 많은 비로 하천 범람 및 산사태에 유의해야 하는 호우라고 볼 수 있다. (다) 재난 안전 문자는 노약자 보온 유지, 수도관 동파 방지 등에 유의해야 하는 한파이다.

| 선지 해설 |

ㄱ. (가) 폭염은 냉방용 전력 소비량을 증가시킨다. 난방용 전력 소비량을 증가시키는 자연재해는 (다) 한파이다.

ㄴ. (나) 호우는 주로 전선성 강수인 장마나 열대 저기압인 태풍의 영향으로 나타난다. 강한 일사로 인한 대류성 강수는 소나기이다.

ㄷ.(다) 한파는 시베리아 기단이 한반도에 강하게 영향을 미치는 겨울철에 주로 발생한다. 겨울에는 시베리아 고기압의 확장으로 북서풍이 강하게 불어와 한파가 발생한다.

ㄹ.(나) 호우는 강수, (다) 한파는 기온과 관련된 자연재해이다.

02 | 자연재해의 특성 23학년도 수능 18번   정답 ④ | 정답률 63%

그래프는 (가)~(다) 기상 현상에 관한 것이다. 이에 대한 설명으로 옳은 것만을 〈보기〉에서 고른 것은? (단, (가)~(다)는 각각 서리, 열대야, 황사 중 하나이며, A~C는 각각 서울, 안동, 포항 중 하나임.) [3점]

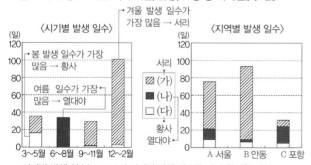

〈시기별 발생 일수〉
겨울 발생 일수 가장 많음 → 서리
봄 발생 일수가 가장 많음 → 황사
여름 일수가 가장 많음 → 열대야
〈지역별 발생 일수〉
서리
황사
열대야
3~5월 6~8월 9~11월 12~2월
A 서울 B 안동 C 포항
* 시기별 발생 일수는 A~C의 시기별 발생 일수를 각각 합산한 것임.
** 1991~2020년의 평년값임.
(기상청)

〈보기〉
발생하지 않는
ㄱ. (가)가 발생하는 기간은 무상 기간이다.
ㄴ. A는 B보다 고위도에 위치한다.
작다
ㄷ. A~C 지역 간 발생 일수의 차이는 황사가 서리보다 크다.
ㄹ. 포항은 서울보다 열대야 일수가 많다.

① ㄱ, ㄴ ② ㄱ, ㄷ ③ ㄴ, ㄷ ✓④ ㄴ, ㄹ ⑤ ㄷ, ㄹ

| 자료 분석 |

(가)는 겨울인 12~2월에 발생 일수가 가장 많은 서리이며, (나)는 여름인 6~8월에 발생 일수가 가장 많은 열대야이다. (다)는 봄인 3~5월에 발생 일수가 가장 많은 황사이다. A는 A~C 중 (가) 서리 발생 일수와 (나) 열대야 발생 일수가 두 번째로 많으며, (다) 황사 일수가 가장 많은 서울이다. 황사는 중국 내륙 및 몽골에서 편서풍을 타고 우리나라 쪽으로 이동하기 때문에 중국과 가까운 서쪽 지역에서의 발생 일수가 대체로 많다. B는 A~C 중 (가) 서리 발생 일수가 가장 많으며 (나) 열대야 발생 일수가 가장 적은 안동이다. C는 A~C 중 (가) 서리 발생 일수가 가장 적으며, (나) 열대야 발생 일수가 가장 많은 포항이다. 포항은 세 지역 중 가장 저위도에 위치하며, 해안에 위치하기 때문에 최한월 평균 기온이 가장 높아 서리 발생 일수가 가장 적다.

| 선지 해설 |

ㄱ. (가) 서리가 발생하는 기간은 서리 기간이며, 무상 기간은 서리가 발생하지 않는 기간이다.

ㄴ.A 서울은 B 안동보다 고위도에 위치한다.

ㄷ. 〈지역별 발생 일수〉 그래프에서 A~C 지역 간 발생 일수의 차이는 (다) 황사가 (가) 서리보다 작음을 알 수 있다.

ㄹ.〈지역별 발생 일수〉 그래프에서 C 포항은 A 서울보다 (나) 열대야 일수가 많음을 알 수 있다.

다음은 기상 특보 발령 상황과 관련한 방송 내용의 일부이다. 이에 대한 설명으로 옳은 것만을 〈보기〉에서 있는 대로 고른 것은? (단, (가)~(다)는 각각 대설, 폭염, 황사 중 하나임.)

→ 폭염
일 최고 체감 온도 35℃ 이상인 상태가 2일 이상 지속될 것으로 예상되어 (가) 경보가 발령되었습니다. 노약자분들은 가급적 실내에서 지내시고 외출할 때는 양산과 물을 휴대하시기 바랍니다.

대설 →
오늘 (나) 경보가 발령되었습니다. (나) 경보는 24시간 신적설이 20cm 이상 예상될 때 발령됩니다. 시민 여러분은 자가용 대신 대중교통을 이용하여 출퇴근을 평소보다 조금 일찍 하시고, 농가에서는 비닐하우스, 축사 등의 붕괴에 대비하시기 바랍니다.

중국 내륙 지역에서 발원한 (다) 이/가 유입되어 경보가 발령되었습니다. (다) 경보는 1시간 평균 미세먼지(PM10) 농도 800μg/㎥ 이상이 2시간 이상 지속될 것으로 예상될 때 발령됩니다. 호흡기 질환자들은 외출을 삼가시고 야외 활동 시 마스크를 착용하시기 바랍니다.
→ 황사

〈 보기 〉

→ 폭염
ㄱ. (가) 특보는 장마 이후 북태평양 고기압이 한반도로 확장했을 때 주로 발령된다. → 장마 전선, 무더위에 영향

→ 대설
ㄴ. (나)를 대비하기 위한 전통 가옥 시설로 우데기가 있다.

→ 황사
ㄷ. (다)는 주로 편서풍을 타고 우리나라 쪽으로 날아온다. → 서쪽에서 동쪽으로 부는 탁월풍

① ㄱ ② ㄴ ③ ㄱ, ㄷ ④ ㄴ, ㄷ ⑤ ㄱ, ㄴ, ㄷ

| 자료 분석 |

(가)는 일 최고 체감 온도가 35℃ 이상인 상태가 2일 이상 지속된다고 했으므로 폭염이다. 열사병 발생 위험이 증가하고 전력 소비량이 급증하는 (가) 폭염의 대책으로는 야외 행사 자제, 물 많이 마시기 등을 들 수 있다. (나)는 24시간 신적설이 20cm 이상이라고 했으므로 대설이다. 비닐하우스·축사 등의 붕괴, 교통 장애를 유발하는 대설의 대책으로는 신속한 제설 작업, 자가용 이용 자제 등을 들 수 있다. (다)는 1시간 평균 미세먼지(PM10) 농도 800μg/㎥ 이상이 2시간 이상 지속된다고 했으므로 황사이다. 황사가 우리나라로 이동해 오면 호흡기 및 안과 질환, 항공기 결항, 정밀 기계 및 전자 기기 등의 피해를 발생시킬 수 있다.

| 선지 해설 |

ㄱ. (가) 폭염 특보는 장마 이후 북태평양 고기압이 확장하는 한여름에 주로 발령된다. 북태평양 고기압은 고온 다습한 공기를 한반도에 머물게 하여 폭염의 원인이 된다.

ㄴ. (나) 대설을 대비하기 위해 울릉도의 전통 가옥에는 우데기가 설치되어 있다. 눈이 많이 내리는 울릉도에서는 겨울에 실내 공간을 확보하기 위해 전통 가옥에 방설벽인 우데기를 설치하였다.

ㄷ. (다) 황사는 중국 내륙에서 발원하여 주로 편서풍을 타고 우리나라로 유입된다. 황사는 주로 봄철에 우리나라에 영향을 주는 현상이다.

다음 자료는 '자연재해'와 관련한 방송 내용의 일부이다. 이에 대한 설명으로 옳은 것만을 〈보기〉에서 고른 것은? (단, (가), (나)는 각각 태풍과 폭염 중 하나임.)

→ 밤 최저 기온이 25℃ 이상인 현상
오늘도 온종일 무더운 날씨가 이어졌는데요. ㉠ 열대야로 잠 못 드는 밤에 시민들은 더위를 피해 야외로 나가 있다고 합니다. 취재 기자 연결합니다.

→ 낮 최고 기온이 30℃ 이상 → 열대일
저는 지금 ○○공원에 나와 있습니다. 밤까지 지속되고 있는 무더위에 시민들은 집보다 공원을 택했습니다. …(중략)… 어제에 이어 오늘도 ○○지역은 낮 최고 기온이 40도 가까이 올라 올 여름 가장 더운 날씨를 보였고 (가) 경보가 발효됐습니다. (가) 의 기세를 한풀 꺾을 변수는 폭염 (나) 입니다. 다음 주 한반도를 향할 것으로 예측되는 만큼 (나) 로 인한 ㉡ 피해가 없도록 주의가 필요합니다.
폭염은 열대 해상에서 북상 중인 (나) 입니다.
태풍

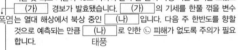

〈 보기 〉

ㄱ. ㉠은 오호츠크해 기단이 세력을 확장할 때 주로 발생한다. 북태평양

ㄴ. ㉡의 사례로 해일에 의한 해안 저지대의 침수를 들 수 있다. → 바다에서 높은 파도가 밀려오는 현상 → 지진에 의한 지진 해일, 태풍에 의한 폭풍 해일

ㄷ. (가)는 장마 이후 북태평양 고기압이 한반도로 확장할 때 주로 나타난다. → (가) 폭염으로 열대야 및 열대일이 나타남
한파
ㄹ. (나)는 서고동저형의 기압 배치가 전형적으로 나타나는 계절일 때 우리나라에 영향을 준다.

① ㄱ, ㄴ ② ㄱ, ㄷ ③ ㄴ, ㄷ ④ ㄴ, ㄹ ⑤ ㄷ, ㄹ

| 자료 분석 |

자료는 자연재해와 관련된 내용이다. ㉠ 열대야는 밤 최저 기온이 25℃ 이상인 현상이며, (가)는 낮 최고 기온이 40도 가까이 오른 날 경보가 발효된 것으로 보아 낮 기온이 35℃ 이상인 상태가 2일 이상 지속될 것으로 예상될 때 기상청에서 발표하는 폭염 경보와 관련된 폭염이다. (나)는 폭염의 기세를 꺾고 열대 해상에서 북상 중인 것으로 보아 태풍임을 알 수 있다.

| 선지 해설 |

ㄱ. ㉠ 열대야는 밤 최저 기온이 25℃ 이상인 날로 무더위와 관련이 깊다. 우리나라의 무더위는 여름철 고온 다습한 상황에서 북태평양 기단이 강하게 영향을 줄 때 주로 발생한다. 한편 오호츠크해 기단이 세력을 확장할 때 주로 발생하는 현상으로는 동해안 일대의 냉해와 영서 및 경기 지방의 높새바람 등이 있다.

ㄴ. ㉡ 태풍은 중심 부근 최대 풍속이 17m/s 이상의 폭풍우를 동반하는 열대 저기압으로 다양한 피해를 일으킨다. 특히 태풍으로 인한 해일이 만조와 겹치는 경우 해안 저지대의 침수 피해가 더 커진다.

ㄷ. 장마 이후 한여름에는 열대 해양성 기단인 북태평양 기단이 발달하면서 남고북저형의 기압 배치가 나타난다. 북태평양 기단이 영향을 미치는 한여름에는 고온 다습한 날씨가 지속되면서 열대야 및 열대일 등에 영향을 주는 폭염이 나타난다. 따라서 (가) 폭염이 주로 나타나는 시기는 장마 이후 북태평양 고기압이 한반도로 확장할 때이다.

ㄹ. (나) 태풍에 영향을 주는 기단은 적도 기단으로 우리나라에는 대체로 여름~초가을에 영향을 준다. 서고동저형의 기압 배치가 전형적으로 나타나는 계절은 겨울이며 겨울에는 시베리아 고기압이 확장하면서 북서풍이 강하게 불어와 한랭 건조하며 한파 피해가 발생한다.

05 태풍과 호우, 대설 24학년도 수능 6번

정답 ② | 정답률 83%

다음 자료는 자연재해에 대한 온라인 수업 자료의 일부 내용이다. (가)~(다)에 해당하는 자연재해를 A~C에서 고른 것은? (단, (가)~(다)와 A~C는 각각 대설, 태풍, 호우 중 하나임.)

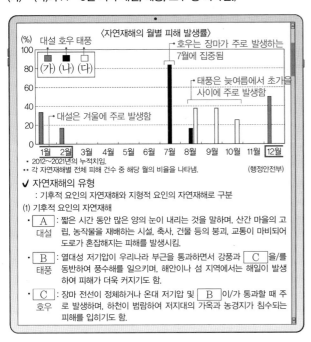

✔ 자연재해의 유형
: 기후적 요인의 자연재해와 지형적 요인의 자연재해로 구분
(1) 기후적 요인의 자연재해
• A 대설 : 짧은 시간 많은 양의 눈이 내리는 것을 말하며, 산간 마을의 고립, 농작물을 재배하는 시설, 축사, 건물 등의 붕괴, 교통이 마비되어 도로가 혼잡해지는 피해를 발생시킴.
• B 태풍 : 열대성 저기압이 우리나라 부근을 통과하면서 강풍과 C 을/를 동반하여 풍수해를 일으키며, 해안이나 섬 지역에서는 해일이 발생하여 피해가 더욱 커지기도 함.
• C 호우 : 장마 전선이 정체하거나 온대 저기압 및 B 이/가 통과할 때 주로 발생하며, 하천이 범람하여 저지대의 가옥과 농경지가 침수되는 피해를 입히기도 함.

	(가)	(나)	(다)		(가)	(나)	(다)
①	A	B	C	②✔	A	C	B
③	B	A	C	④	B	C	A
⑤	C	A	B				

| 자료 분석 |

그래프에서 (가)는 주로 12~2월 사이에 피해 발생률이 높은 것으로 보아 겨울에 발생하는 자연재해인 대설이다. (나)는 7~8월에 피해 발생률이 높은 것으로 보아 장마철에 주로 발생하는 호우이다. (다)는 8~10월에 피해 발생률이 높은 것으로 보아 여름에서 가을철에 주로 발생하는 태풍이다.

| 선지 해설 |

②(가) – A, (나) – C, (다) – B
• A는 대설로 짧은 시간 동안 많은 양의 눈이 내려 산간 마을 고립, 농작물 재배 시설, 축사 등의 붕괴, 교통 마비 등의 피해를 발생시킨다. 따라서 그래프의 (가)에 해당된다.
• B는 태풍으로 적도 부근에서 발생한 열대성 저기압이 우리나라 부근을 통과하면서 강풍과 호우 등을 동반하여 풍수해를 일으킨다. 따라서 그래프의 (다)에 해당된다.
• C는 호우로 장마 전선이 정체하거나 온대 저기압 및 태풍 등이 통과할 때 주로 발생하여 하천의 범람과 침수 피해를 입힌다. 따라서 그래프의 (나)에 해당된다.

06 황사와 태풍, 지진 21학년도 9월 모평 6번

정답 ④ | 정답률 92%

다음은 자연재해에 관한 과거의 기록들이다. (가)~(다)에 대한 설명으로 옳은 것은? (단, (가)~(다)는 각각 지진, 태풍, 황사 중 하나임.)

황사 →(가) 하늘이 캄캄하게 흙비가 내렸는데 마치 티끌이 쏟아져 내리는 것 같았다. → 흙먼지가 날아옴 ―「영조실록」―
태풍 →(나) 경덕왕 22년 7월 경주에 큰 바람이 불어 기와가 날아가고 나무가 뽑혔다. → 태풍은 강한 바람과 많은 비를 동반함
원성왕 9년 8월에 큰 바람이 불어 나무가 부러지고 벼가 쓰러졌다.
지진 해일 ―「삼국사기」―
지진 →(다) 강원도에 재해가 있었는데, 소리가 우레와 같았고 담벼락이 무너졌으며 기와가 날아가 떨어졌다. 양양에서는 바닷물이 요동쳤는데 마치 소리가 물이 끓는 것 같았고, …(중략)… 평창·정선에서도 산악이 크게 흔들려서 암석이 추락하는 변괴가 있었다. ―「숙종실록」―
→ 진동 유발로 건물, 땅이 흔들거림

여름 봄
① (가)는 봄보다 여름에 자주 발생한다.
남동·남서 계절풍
② (나)는 북서 계절풍이 한반도에 탁월하게 불 때 주로 발생한다.
호우
③ (다)는 주로 장마 전선의 정체에 따라 발생한다.
④✔ (가)는 중국 내륙의 건조 지역에서, (나)는 열대 해상에서 발원한다.
→ 저기압성 강수
⑤ (가)는 기후적 요인, (나), (다)는 지형적 요인에 의해 발생한다.
(가), (나)

| 자료 분석 |

(가)는 흙비가 내렸다는 내용으로 보아 황사이다. (나)는 큰 바람이 불었다는 내용으로 보아 태풍이다. (다)는 담벽이 무너지고 산악이 크게 흔들렸다는 내용으로 보아 지진이다.

| 선지 해설 |

① (가) 황사는 여름보다 봄에 자주 발생한다.
② (나) 태풍은 여름에서 가을 사이에 주로 발생한다. 여름에는 남동·남서 계절풍이 주로 분다. 북서 계절풍이 한반도에 탁월하게 불 때 주로 발생하는 자연재해로는 대설과 한파가 있다.
③ 주로 장마 전선의 정체에 따라 발생하는 자연재해는 호우이다.
④ (가) 황사는 중국 내륙의 건조 지역의 흙먼지가 편서풍을 타고 날아오는 현상이다. (나) 태풍은 적도 주변의 열대 해상에서 발생하여 고위도로 이동하는 열대 저기압으로, 주로 중위도에 피해를 준다.
⑤ (가) 황사와 (나) 태풍은 기후적 요인, (다) 지진은 지형적 요인에 의해 발생한다.

선택형 문제로 개념 확인

(1) (태풍, 호우)은/는 저기압성 강수에 해당한다.
(2) 지진은 (기후적, 지형적) 요인에 의해 발생한다.

(1) 태풍 (2) 지형적

그래프의 (가)~(라) 자연재해에 대한 설명으로 옳은 것은? (단, (가)~(라)는 각각 대설, 지진, 태풍, 호우 중 하나임.) [3점]

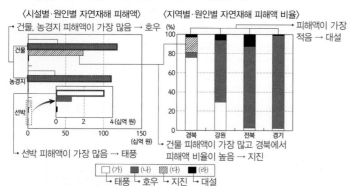

〈시설별·원인별 자연재해 피해액〉
- 건물, 농경지 피해액이 가장 많음 → 호우
- 선박 피해액이 가장 많음 → 태풍

〈지역별·원인별 자연재해 피해액 비율〉
- 피해액이 가장 적음 → 대설
- 건물 피해액이 가장 많고 경북에서 피해액 비율이 높음 → 지진

□(가) ■(나) ▨(다) ■(라)
태풍　호우　지진　대설

* 지역별·원인별 자연재해 피해액 비율은 지역별 (가)~(라)의 합을 100%로 함.
** 2013~2022년의 누적 피해액이며, 2022년 환산 가격 기준임.　(재해연보)

✓ (가)는 주로 우리나라보다 저위도 해상에서 발원한다.

② (나)는 주로 ~~지형적~~ 요인에 의해 발생하는 자연재해이다.
　　　　　　기후적

③ ~~(다)~~를 대비하기 위한 시설에는 울릉도의 우데기가 있다.
　(라)

④ (라)는 (나)보다 우리나라의 연 강수량에 미치는 영향이 ~~크다.~~
　　　　　　　　　　　　　　　　　　　　　　작다

⑤ ~~(가)~~는 빙판길 교통 장애, ~~(라)~~는 해일 피해를 유발한다.
　(라)　　　　　　　　　　　　　(가)

| 자료 분석 |

(가)는 다른 자연재해에 비해 선박 피해액의 규모가 크며, 경북 내에서의 자연재해 피해액 비율이 높은 태풍이다. (나)는 건물과 농경지 등의 피해액 규모가 가장 크며, 경기와 전북, 강원 등에서 지역 내 자연재해 피해액 비율이 가장 높은 호우이다. 호우는 우리나라에서 가장 많은 재산 피해를 유발하는 자연재해이다. (다)는 농경지나 선박의 피해는 거의 없이 건물 피해액 규모만 큰 편에 속하고 네 지역 중 경북에서만 피해액이 발생한 지진이다. 우리나라에서는 2016년과 2017년 경북의 경주와 포항 등지에서 큰 지진이 발생하였다. (라)는 상대적으로 전북과 강원의 지역 내 자연재해 피해액 비율이 높은 대설이다.

| 선지 해설 |

①(가) 태풍은 적도 부근의 열대 해상에서 발원하여 우리나라를 비롯한 중위도 지역으로 이동하며 풍수해를 유발한다.

② (나) 호우는 주로 기후적 요인에 의해 발생하는 자연재해이며, (가) 태풍과 (라) 대설 역시 기후적 요인에 의해 발생한다. (다) 지진은 주로 지형적 요인에 의해 발생하는 자연재해이다.

③ (다) 지진에 대비하기 위해서 건축물에 내진 설계를 한다. 울릉도의 우데기는 (라) 대설에 대비하기 위한 시설이다. 우데기는 눈이 많이 내리는 울릉도에서 대설 이후 실내 활동 공간을 확보하기 위해 설치하는 일종의 방설벽이다.

④ (라) 대설은 (나) 호우보다 우리나라의 연 강수량에 미치는 영향이 작다. 우리나라는 주로 강우가 집중되는 여름에 (나) 호우 피해가 발생하므로 (나) 호우가 (라) 대설보다 우리나라의 연 강수량이 미치는 영향이 크다.

⑤ 빙판길 교통 장애를 유발하는 자연재해는 (라) 대설이며, 해일 피해를 유발하는 자연재해는 (가) 태풍이다.

그래프는 A~C 기상 현상의 발생 빈도를 나타낸 것이다. 이에 대한 설명으로 옳은 것만을 〈보기〉에서 고른 것은? (단, A~C는 각각 태풍, 폭염, 황사 중 하나임.) [3점]

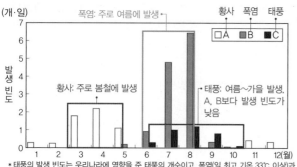

(개·일)
- 폭염: 주로 여름에 발생
- 황사: 주로 봄철에 발생
- 태풍: 여름~가을 발생, A, B보다 발생 빈도가 낮음

범례: □A ■B ■C

세로축: 발생 빈도
가로축: 1 2 3 4 5 6 7 8 9 10 11 12(월)

* 태풍의 발생 빈도는 우리나라에 영향을 준 태풍의 개수이고, 폭염(일 최고 기온 33℃ 이상)과 황사의 발생 빈도는 7개 관측 지점(강릉, 광주, 대구, 대전, 부산, 서울, 제주)의 평균 발생 일수임.
** 1991~2020년의 평년값임.　(기상청)

〈 보기 〉
ㄱ. ~~A~~는 주로 북태평양 기단의 영향에 의해 발생한다.
　　B　　　　　　　　└ 고온 다습한 여름철

ㄴ. ~~B~~는 저위도 해상에서 발생하는 열대 저기압이다.
　　C　　　　　　　　　　　└ 태풍

ㄷ. A는 C보다 호흡기 및 안과 질환을 많이 유발한다.

ㄹ. B는 폭염, C는 태풍이다.

① ㄱ, ㄴ　② ㄱ, ㄷ　③ ㄴ, ㄷ　④ ㄴ, ㄹ　✓⑤ ㄷ, ㄹ

| 자료 분석 |

A는 봄에 해당하는 3~5월에 주로 발생하는 것으로 보아 황사이다. B는 여름에 해당하는 6~8월에 주로 발생하는 것으로 보아 폭염이다. 일 최고 기온이 33℃ 이상인 현상을 뜻하는 폭염은 고온 다습한 북태평양 고기압의 영향을 크게 받는 여름철에 주로 발생한다. C는 여름에 해당하는 6~8월뿐만 아니라 가을에 해당하는 9~10월에 우리나라에 영향을 주고, A, B보다 발생 빈도가 낮은 것으로 보아 태풍이다.

| 보기 해설 |

ㄱ. A 황사는 중국 내륙·몽골의 건조한 지역에서 흙먼지와 미세 먼지가 편서풍을 타고 우리나라로 이동하는 현상이다. 주로 북태평양 기단의 영향에 의해 발생하는 것은 B 폭염이다.

ㄴ. B 폭염은 고온 다습한 북태평양 기단의 영향을 받는 여름철에 주로 발생한다. 저위도 해상에서 발생하는 열대 저기압은 C 태풍이다.

ㄷ.A 황사가 발생하면 대기 중 미세 먼지 농도가 높아져 호흡기 및 안과 질환, 항공기 결항 등을 유발한다. C 태풍은 강한 바람과 많은 비를 동반하여 해일 피해를 유발한다. 따라서 A 황사는 C 태풍보다 호흡기 및 안과 질환을 많이 유발한다.

ㄹ.여름에 주로 발생하는 B는 폭염, 여름~가을에 주로 발생하는 C는 태풍이다.

09 태풍과 대설 21학년도 7월 학평 11번 정답 ③ | 정답률 94%

지도는 두 자연재해의 지역별 피해액을 나타낸 것이다. (가), (나)에 대한 설명으로 옳은 것은? (단, (가), (나)는 각각 대설, 태풍 중 하나임.)

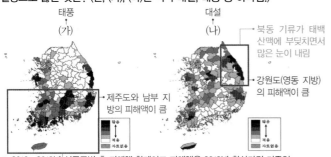

태풍
(가)

→ 제주도와 남부 지방의 피해액이 큼

대설
(나)

→ 북동 기류가 태백 산맥에 부딪치면서 많은 눈이 내림

→ 강원도(영동 지방)의 피해액이 큼

* 2010~2019년 시군구별 총 피해액 합계이고 피해액은 2019년 환산가격 기준임. (국민재난안전포털)

└ 태풍은 제주도와 남해안 일대에 제일 먼저 상륙함

① (가)의 피해를 줄이기 위해 신속한 제설 작업이 필요하다.
　(나)

② (나)는 열대 해상에서 발생해 우리나라에 영향을 준다.
　(가)　　　　└ 저기압성 강수

③ (가)는 (나)보다 해일 피해를 유발하는 경우가 많다.

④ (나)는 (가)보다 농경지와 가옥에 침수 피해가 크다.
　(가)　(나)　└ 많은 비로 저지대가 침수됨

⑤ (가)는 겨울철, (나)는 여름철에 주로 피해를 준다.
　여름~가을철　　겨울철

| 자료 분석 |

(가)는 제주도와 남부 지방의 피해액이 크므로 열대 해상에서 발생하여 고위도로 이동하면서 강한 바람과 많은 비에 의한 피해를 일으키는 태풍이다. (나)는 태백 산맥의 동쪽에 위치한 영동 지방과 서해안 지역의 피해액이 크므로 주로 겨울철에 짧은 시간에 많은 눈이 내리는 대설이다.

| 선지 해설 |

① 신속한 제설 작업은 (나) 대설의 피해를 줄이기 위한 대책에 해당한다.

② 열대 해상에서 발생해 우리나라에 영향을 주는 자연재해는 (가) 태풍이다.

③ (가) 태풍은 중심 부근의 최대 풍속이 17m/s 이상으로 강한 바람과 비를 동반한다. 이로 인해 해안에서는 해일 피해가 나타나는 경우가 많다. (나) 대설은 비닐하우스·축사 등의 붕괴와 교통 장애 피해가 주로 나타난다.

④ (가) 태풍은 많은 비를 동반하여 저지대가 침수되면서 농경지와 가옥의 침수 피해가 주로 나타난다.

⑤ (가) 태풍은 여름에서 가을 사이, (나) 대설은 겨울철에 주로 피해를 준다.

| 개념 확인 | 태풍과 대설의 특징 |

구분	태풍	대설
발생	주로 여름에서 가을에 저위도의 열대 해상에서 발생하여 고위도로 이동	서해안 지역은 북서 계절풍이 불 때, 영동 지방은 북동 기류가 유입될 때 발생
영향	산사태, 해일 발생으로 해안 저지대 침수, 적조 현상 해소	도로 및 항공 교통의 마비, 축사나 비닐하우스 등의 시설물 붕괴

10 태풍과 호우, 지진 21학년도 수능 15번 정답 ⑤ | 정답률 69%

그래프는 시설별 자연재해 피해액 비율을 나타낸 것이다. (가)~(다) 자연재해로 옳은 것은?

(가)는 농경지의 침수 피해액이 크므로 호우임 →

←(다)는 건물의 피해액이 크므로 지진임

→ (가) 호우는 많은 비로 저지대가 침수되면서 건물에 피해를 줌

〈농경지〉
2.1
27.8
70.1 (%)

〈건물〉
1.6
35.1
36.1 (%)
27.2

〈선박〉
6.1(%)
12.5
81.4

└ (나)는 선박의 피해액이 크므로 강한 바람을 동반하는 태풍임

[□(가) ▨(나) ▥(다) ■기타]

* 2009~2018년 시설별 총 피해액(당해연도 가격 기준)에 대한 자연재해별 피해액 비율임.(재해연보)
└ (나) 태풍은 비를 동반하여 농경지 침수를 유발함

	(가)	(나)	(다)		(가)	(나)	(다)
①	지진	태풍	호우	②	지진	호우	태풍
③	태풍	호우	지진	④	호우	지진	태풍
⑤	호우	태풍	지진				

| 선지 해설 |

⑤ (가) – 호우, (나) – 태풍, (다) – 지진

• (가)는 농경지 피해액의 약 70.1%를 차지하고, 건물 피해액의 약 36.1%를 차지하고 있으므로 호우이다. 단시간에 많은 비가 내리는 호우는 저지대 및 농경지 침수, 산사태 등의 피해를 유발한다.

• (나)는 선박 피해액의 약 81.4%를 차지하고 있으므로 태풍이다. 태풍은 강한 바람을 동반하는데, 특히 해안 지역에서는 풍랑과 해일을 일으켜 많은 선박이 파손된다. 또한 태풍은 많은 비를 동반해 농경지 침수 피해도 일으킨다.

• (다)는 농경지, 선박에 끼치는 피해는 없으나 건물 피해액 비율이 약 35.1%로 (가) 다음으로 높다. 따라서 (다)는 지진이다. 지진은 진동으로 인해 건물 붕괴를 유발하며, 화재 및 가스 누출 등의 2차 피해도 일으킨다.

정답 ④ | 정답률 70%

그래프는 A~C 자연재해의 월별 발생 건수를 나타낸 것이다. (가)~(마)에 들어갈 내용으로 옳지 <u>않은</u> 것은? (단, A~C는 각각 대설, 태풍, 호우 중 하나임.) [3점]

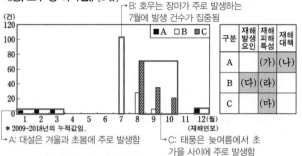

B: 호우는 장마가 주로 발생하는 7월에 발생 건수가 집중됨

A: 대설은 겨울과 초봄에 주로 발생함

C: 태풍은 늦여름에서 초가을 사이에 주로 발생함

구분	재해 발생 요인	재해 피해 특성	재해 대책
A		(가)	(나)
B	(다)	(라)	
C		(마)	

① (가) – 빙판길 교통 장애와 <u>농업 시설물 붕괴</u>를 유발함.
　　눈의 하중 때문

② (나) – <u>제설 장비</u>를 갖추어 대비함.
　　눈을 제거하는 장비

③ (다) – 장마 전선에 남서 기류가 유입할 경우 잘 발생함.

✔④ (라) – 최근 10년간의 총피해액은 <u>경북이 경기</u>보다 큼.
　　경기　경북

⑤ (마) – 강한 바람으로 선박 및 항공기 운항에 지장을 줌.

| 자료 분석 |

A는 주로 겨울철인 12, 1, 2월에 발생하므로 대설, B는 장마가 주로 발생하는 7월에 발생 건수가 집중되므로 호우, C는 늦여름에서 초가을 사이에 주로 발생하므로 태풍이다.

| 선지 해설 |

① (가)에 들어갈 내용은 A 대설의 피해 특성이다. 대설은 눈이 얼면서 빙판길이 형성되어 교통 장애를 유발한다. 또한 눈이 쌓이면서 비닐하우스 등의 농업 시설물이 눈의 하중으로 붕괴된다.

② (나)에 들어갈 내용은 A 대설의 대책이다. 대설로 인한 피해를 줄이기 위해서는 염화칼슘과 같은 제설제를 사용하거나 특수 장비를 갖춘 차량과 같은 제설 장비를 갖추어 대비해야 한다.

③ (다)에 들어갈 내용은 B 호우의 발생 요인이다. 호우는 오호츠크해 기단과 북태평양 기단이 만나는 경계인 장마 전선에 남서 기류가 유입할 경우 잘 발생한다.

④ (라)에 들어갈 내용은 B 호우의 피해 특성이다. 호우의 최근 10년간의 총피해액은 한강 중·상류에 위치해 여름 강수량이 많은 경기가 경북보다 크다.

⑤ (마)에 들어갈 내용은 C 태풍의 피해 특성이다. 태풍은 강한 바람과 많은 비를 동반하여 선박 및 항공기의 운항에 지장을 준다. 또한 농경지나 주택의 침수 및 선박의 파손을 야기한다.

정답 ① | 정답률 93%

다음 자료는 어느 기후 현상을 주제로 제작한 카드 뉴스의 일부이다. (가) 현상이 지속될 경우 우리나라에서 나타날 변화에 대한 추론으로 적절한 것은?

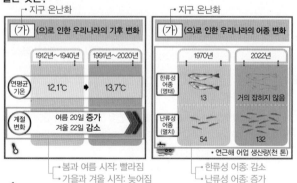

지구 온난화

(가) (으)로 인한 우리나라의 기후 변화

1912년~1940년	1991년~2020년
연평균 기온 12.1℃	➡ 13.7℃
계절 변화	여름 20일 증가 겨울 22일 감소

봄과 여름 시작: 빨라짐
가을과 겨울 시작: 늦어짐

지구 온난화

(가) (으)로 인한 우리나라의 어종 변화

	1970년	2022년
한류성 어종 (명태)	13	거의 잡히지 않음
난류성 어종 (멸치)	54	132

• 연근해 어업 생산량(천 톤)

한류성 어종: 감소
난류성 어종: 증가

✔① 봄꽃의 개화 시기가 빨라질 것이다.
　　벚꽃, 개나리, 진달래 등

② 열대야 발생 일수가 <u>감소</u>할 것이다.
　　증가

③ 서리가 내리지 않는 기간이 <u>짧아질</u> 것이다.
　　길어질

④ 해안 저지대의 침수 가능성이 <u>낮아질</u> 것이다.
　　높아질

⑤ 고산 식물의 분포 고도 하한선이 <u>낮아질</u> 것이다.
　　높아질

| 자료 분석 |

(가)는 연평균 기온 상승, 여름 일수 증가, 겨울 일수 감소, 한류성 어종 감소, 난류성 어종의 증가 등으로 보아 지구 온난화이다. 지구 온난화는 대기 중 온실가스의 농도가 증가하면서 지구의 평균 기온이 상승하는 현상이다. 그리고 지구 온난화는 기후 변화, 동식물의 서식지 변화와 같은 생태계 변화, 해수면 상승, 농작물 수확량 변화에 따른 식량 공급 문제 등 다양한 분야에 걸쳐 영향을 준다.

| 선지 해설 |

① 겨울이 짧아지고 봄이 일찍 찾아오면 식물의 성장 주기도 앞당겨진다. 따라서 봄꽃의 개화 시기가 빨라질 것이다.

② 열대야는 밤 최저 기온이 25℃ 이상인 날로 연평균 기온이 높아지면 열대야 발생 일수가 더 증가할 것이다.

③ 서리는 주로 기온이 영하로 내려갈 때 형성된다. 따라서 연평균 기온이 상승하고 겨울 일수가 감소하면 서리가 내리지 않는 기간인 무상일수는 길어질 것이다.

④ 지구 온난화로 평균 기온이 상승하면 극지 및 고산 지역의 빙하가 감소하고, 해수 온도 상승에 따른 바닷물의 열팽창 현상이 나타난다. 이로 인해 해수면은 상승하여 해안 저지대의 침수 가능성이 높아질 것이다.

⑤ 고산 식물은 해발 고도가 높은 지역에 분포하며 저지대보다 낮은 기온에 적응한 식물들이다. 평균 기온이 상승하게 되면 서식 환경이 악화된 고산 식물은 더 높은 지역으로 서식지를 옮긴다. 따라서 고산 식물의 분포 고도 하한선이 높아질 것이다.

13 태풍과 폭염, 한파 22학년도 10월 학평 2번

정답 ① | 정답률 75%

다음 자료의 (가)~(다)에 대한 설명으로 옳은 것은? (단, (가)~(다)는 각각 태풍, 폭염, 한파 중 하나임.)

〈자연재해와 경제 생활〉

(가) 태풍	○ 강한 비바람, 쓰러진 가로수, 무너진 광고판 ○ 유리창 파손 방지 안전 필름, 비상용품 등 구매 증가
(나) 폭염	○ 불볕더위, 열사병 환자 속출 ○ 얼음, 아이스크림, 냉방 용품 등 판매 증가
(다) 한파	○ 급격한 기온 하강, 수도관 계량기 동파 ○ 감기약, 방한용품 등 수요 증가

✔ ① (가)는 2010~2019년 경기보다 전남의 피해액이 많다.
(다)   ↳ 태풍 피해액: 남부 지방>중부 지방
② (나)는 주로 서고동저형의 기압 배치가 나타나는 계절에 발생한다.
호우
③ (다)는 장마 전선의 정체가 주요 원인이다.
강수, 바람   기온
④ (가)는 기온, (나)는 강수로 인한 자연재해이다.
            증가   감소
⑤ 지구 온난화가 지속될 경우 (나) 일수는 감소하고, (다) 일수는 증가한다.

| 자료 분석 |

(가)는 강한 비바람, 쓰러진 가로수 등으로 보아 강풍과 호우를 동반하는 태풍이다. (나)는 불볕더위, 열사병 환자 속출 등으로 보아 한여름 고온 다습한 날씨가 지속되면서 나타나는 폭염이다. (다)는 급격한 기온 하강, 수도관 계량기 동파 등으로 보아 겨울철 한랭한 공기의 유입으로 기온이 급격하게 내려가는 한파이다.

| 선지 해설 |

① 저위도 해상에서 발생한 (가) 태풍은 우리나라에서 제주도에 가장 먼저 상륙한 다음 북상하면서 세력이 약화된다. 태풍에 의한 피해는 태풍의 영향을 먼저 받는 남부 지방이 중부 지방보다 크다. 따라서 (가) 태풍은 2010~2019년 경기보다 전남의 피해액이 많다.

② (나) 폭염은 한여름에 주로 발생한다. 한여름에는 북태평양 고기압의 영향을 받아 주로 남고북저형의 기압 배치가 나타난다. 주로 서고동저형의 기압 배치가 나타나는 계절인 겨울에 발생하는 것은 (다) 한파이다.

③ (다) 한파는 겨울철 한랭 건조한 시베리아 기단이 강하게 확장될 때 발생한다. 장마 전선의 정체가 주요 원인인 자연재해는 호우이다.

④ (가) 태풍은 강수와 바람으로 인한 자연재해이며, (나) 폭염은 기온으로 인한 자연재해이다.

⑤ 지구 온난화는 지구의 평균 기온이 상승하는 현상이다. 지구 온난화가 지속될 경우 (나) 폭염 일수는 증가하고, (다) 한파 일수는 감소한다.

14 다양한 자연재해 24학년도 3월 학평 6번

정답 ③ | 정답률 82%

표는 세 도시의 시기별 A~C 기상 현상 발생 일수를 나타낸 것이다. 이에 대한 설명으로 옳은 것은? (단, A~C는 각각 열대야, 한파, 황사 중 하나임.) [3점]

3~5월에 발생 일수가 많음 → 황사
6~8월에 발생 일수가 많음 → 열대야
12~2월에 발생 일수가 많음 → 한파
(단위: 일)

구분 지역	3~5월			6~8월			9~11월			12~2월		
	A	B	C	A	B	C	A	B	C	A	B	C
부산	0	4.3	0	0	0	16.3	0	0.4	0.8	0.1	0.7	0
대전	0	5.7	0	0	0	10.7	0	0.4	0.1	2.6	1.1	0
인천	0	6.8	0	0	0	9.2	0	0.7	0	1.8	1.2	0

*1991~2020년의 평년값임.

① A는 주로 북태평양 기단의 영향에 의해 발생한다.
        시베리아
② B는 수도관 계량기 동파 등의 피해를 발생시킨다.
    A
✔ ③ A는 C보다 난방용 에너지 소비량의 급증을 유발한다.
       ↳ A 한파가 발생할 때 급증함
④ C는 B보다 호흡기 및 안과 질환을 많이 일으킨다.
   B   C
⑤ 인천은 대전보다 한파 일수가 많다.
               적다

| 자료 분석 |

A는 세 도시 모두에서 12~2월에만 발생하며, 내륙에 위치한 대전에서 발생 일수가 많은 것으로 보아 한파이다. 한파는 기온이 급격하게 내려가는 현상으로 한랭한 공기의 유입으로 발생한다. B는 세 도시 모두에서 3~5월에 가장 많이 발생하고 세 지역 중 가장 서쪽에 위치한 인천에서 발생 일수가 많은 것으로 보아 황사이다. 황사는 중국 내륙의 흙먼지가 편서풍을 타고 이동해 오는 현상이다. 황사의 발생 일수는 대체로 이들 황사의 발원지와 가까울수록 많다. C는 세 도시 모두에서 6~8월에 가장 많이 발생하고 세 지역 중 가장 남쪽에 위치하며 대도시인 부산에서 발생 일수가 많은 것으로 보아 열대야이다. 열대야는 밤(오후6시~다음 날 오전 9시) 최저 기온이 25℃ 이상인 날로 주로 여름에 발생한다.

| 선지 해설 |

① A 한파는 주로 북서 계절풍이 강하게 부는 겨울철에 발생하며, 시베리아 기단의 영향에 의해 발생한다. 주로 북태평양 기단의 영향에 의해 발생하는 자연재해는 한여름에 자주 발생하는 폭염이다.

② B 황사는 호흡기 및 안과 질환, 항공기 결항, 정밀 기계 및 전자 기기 고장 등의 피해를 발생시킨다. 수도관 계량기 동파 등의 피해를 발생시키는 자연재해는 A 한파이다.

③ A 한파는 기온이 급격하게 내려가는 현상으로 C 열대야보다 난방용 에너지 소비량의 급증을 유발한다.

④ 호흡기 및 안과 질환을 많이 일으키는 자연재해는 B 황사이다. C 열대야는 수면 장애, 열사병 및 탈수, 심혈관계 질환 증가 등과 같은 문제를 야기할 수 있다.

⑤ 한파 일수는 서해안에 위치해 바다의 영향을 더 많이 받는 인천(1.8일)이 내륙에 위치한 대전(2.6일)보다 적다.

다음은 자연재해에 대한 수행 평가 활동지의 일부이다. (가)~(다)에 대한 설명으로 옳은 것은?

수행 평가 활동지

○ 주제: 자연재해 대응 국민 행동 요령

자연재해	국민 행동 요령
폭염 (가)	• 야외 활동을 최대한 자제하고, 외출이 꼭 필요한 경우에는 물병을 휴대합니다. • 냉방이 되지 않는 실내에서는 햇볕을 가리고 맞바람이 불도록 환기를 합니다.
태풍 (나)	• 바람에 날아갈 위험이 있는 물건은 단단히 고정합니다. • 저지대 및 상습 침수 지역에 거주하고 계신 주민은 대피를 준비합니다.
대설 (다)	• 내 집 주변 빙판 길에는 염화 칼슘이나 모래 등을 뿌려서 사고를 예방합니다. └→제설 작업 • 붕괴가 우려되는 농작물 재배 시설은 사전에 점검, 받침대 보강 등을 실시합니다.

(다)
① ~~(가)는 북서 계절풍의 영향으로 서해안에서 자주 발생한다.~~

동반하지 않는다
② ~~(나)는 중국 내륙에서 발원한 황사를 동반한다.~~

서고동저형
③ ~~(다)는 남고북저형 기압 배치가 전형적으로 나타나는 계절에 주로 발생한다.~~

✓④ (나)는 (다)보다 해일을 발생시킬 가능성이 크다.

겨울의 한랭한 기후
⑤ ~~정주간은 (가), 우데기는 (다)를 대비한 전통 가옥 시설이다.~~

| 자료 분석 |

(가)는 폭염이다. 폭염이 발생할 때에는 강한 일사와 높은 기온에 의해 일사병이 발생할 수 있으므로 야외 활동을 자제해야 한다. (나)는 태풍이다. 태풍은 많은 비와 강풍을 동반하므로 침수와 강풍에 의한 피해에 대비해야 한다. (다)는 대설이다. 대설이 발생할 때는 눈의 무게로 시설물이 붕괴되지 않도록 정비해야 한다.

| 선지 해설 |

① 북서 계절풍의 영향으로 서해안에서 자주 발생하는 자연재해는 (다) 대설이다. 북서 계절풍이 황해를 지나면서 온도 차에 의해 서해안에 많은 눈이 내린 다음 소백산맥 서사면을 타고 가면서 무주, 장수 일대에도 많은 눈이 내린다.

② (나) 태풍은 적도 부근의 열대 해상에서 발생하는 열대성 저기압으로 중국 내륙에서 발원한 황사를 동반하지 않는다.

③ (다) 대설은 서고동저형의 기압 배치가 전형적으로 나타나는 겨울철에 주로 발생한다. (가) 폭염은 남고북저형의 기압 배치가 전형적으로 나타나는 여름철에 주로 발생한다.

④ (나) 태풍은 강한 바람을 동반하기 때문에 (다) 대설보다 바다의 큰 물결이 육지로 넘쳐오는 해일을 발생시킬 가능성이 크다.

⑤ 정주간은 겨울철 추위를 대비하기 위한 관북 지방의 전통 가옥 구조이다. 우데기는 우리나라에서 눈이 가장 많이 내리는 울릉도의 전통 가옥 구조이다. 따라서 정주간은 (가) 폭염을 대비한 전통 가옥 시설에 해당하지 않으며, 우데기는 (다) 대설을 대비한 전통 가옥 시설에 해당한다.

개념 확인 기온과 관련된 자연재해

폭염	• 여름철 북태평양 기단의 영향을 받을 때 나타나는 매우 심한 더위 • 일사병이나 열사병에 걸릴 위험이 있음
한파	• 겨울철 찬 공기의 유입으로 기온이 급격히 내려가는 현상 • 보일러나 수도관이 얼어서 터질 수 있음

그래프는 월별 자연재해 기상 특보 발령 현황을 나타낸 것이다. (가)~(다)에 대한 설명으로 옳은 것은? (단, (가)~(다)는 각각 대설, 태풍, 호우 중 하나임.) [3점]

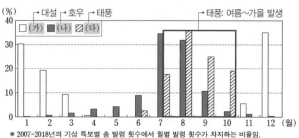

* 2007~2018년의 기상 특보별 총 발령 횟수에서 월별 발령 횟수가 차지하는 비율임.
** 기상 특보는 기상 현상에 의해 재해 발생이 예상될 때, 주의보 및 경보로 구분하여 발표하는 것임.
(행정안전부)

(나)
① ~~(가)는 장마 전선이 한반도에 장기간 정체할 때 발생한다.~~

(가)   └→겨울철
② ~~(나)는 시베리아 기단이 강하게 영향을 미칠 때 주로 발생한다.~~

✓③ (다)는 우리나라에서 대체로 진행 방향의 오른쪽이 왼쪽보다 바람 세기가 강하다. └→위험 반원

낮다
④ ~~(가)는 (나)보다 우리나라 연 강수량에서 차지하는 비율이 높다.~~

(나)   (가)
⑤ ~~터돋움집은 (가), 우데기는 (나)를 대비한 시설이다.~~

| 자료 분석 |

(가)는 겨울에 해당하는 12, 1, 2월의 기상 특보 발령 횟수의 비율이 높으므로 대설이다. (나)는 여름에 해당하는 6~8월의 기상 특보 발령 횟수의 비율이 높으므로 호우이다. (다)는 여름에 해당하는 7, 8월뿐만 아니라 가을에 해당하는 9, 10월에도 기상 특보가 발령되므로 태풍이다.

| 선지 해설 |

① 오호츠크해 기단과 북태평양 기단의 경계면을 따라 형성되는 장마 전선이 한반도에 장기간 정체할 때 주로 발생하는 자연재해는 (나) 호우이다.

② 시베리아 기단이 강하게 영향을 미칠 때는 겨울로 (가) 대설이 주로 발생한다. (나) 호우는 북태평양 기단이 영향을 미치는 여름에 주로 발생한다.

③ 열대성 저기압인 (다) 태풍은 중심을 향해 바람이 반시계 방향으로 불어 들어와 진행 방향의 오른쪽이 왼쪽보다 바람의 세기가 강해 오른쪽을 위험 반원, 왼쪽을 가항 반원이라고 한다.

④ 우리나라는 계절풍, 호우, 태풍 등의 영향으로 연 강수량의 절반 이상이 여름철에 집중되어 여름 강수 집중률이 높다. 따라서 (가) 대설은 (나) 호우보다 우리나라 연 강수량에서 차지하는 비율이 낮다.

⑤ 터돋움집은 (나) 호우, 우데기는 (가) 대설을 대비한 시설이다. 터돋움집은 범람원이 나타나는 지역에서 (나) 호우로 인해 가옥이 침수되는 것을 막기 위해 주변 지역보다 터를 돋운 후 지은 집이다. 우데기는 우리나라 최다설지인 울릉도의 전통 가옥으로 방설벽의 역할을 한다.

17 태풍과 대설, 지진 22학년도 7월 학평 14번

정답 ③ | 정답률 95%

다음 자료는 (가)~(다) 자연재해 발생 시 행동 요령을 나타낸 것이다. 이에 대한 설명으로 옳은 것은? (단, (가)~(다)는 각각 대설, 지진, 태풍 중 하나임.)

(가)→대설

외출을 자제하고 집 근처와 지붕 위에 눈이 쌓이지 않도록 수시로 치워야 합니다.
└→ 가옥 붕괴 방지

(나)→지진

건물 내에서 흔들림이 있을 경우 탁자 아래로 들어가 낙하물로부터 머리와 몸을 보호합니다.

(다)→태풍

출입문과 창문을 닫아 파손되지 않도록 하고, 유리창에서 되도록 떨어져 있도록 합니다.

① (가)는 열대 해상에서 발생하여 우리나라로 이동한다.
   (다)
② (나)를 대비한 전통 가옥 시설로 우데기가 있다.
   (가)   └→ 울릉도 전통 가옥의 방설벽
③ (다)는 겨울철보다 여름철에 주로 발생한다.
④ (가)는 (다)보다 해일 피해를 유발하는 경우가 많다.
                                         적다
⑤ (나)는 기후적 요인, (다)는 지형적 요인에 의해 발생한다.
        지형적   기후적

자료 분석

(가)는 지붕 위에 눈이 쌓이지 않도록 수시로 치워야 한다는 행동 요령으로 보아 대설이다. (나)는 건물 내에서 흔들림이 있을 경우 낙하물로부터 머리를 보호해야 한다는 행동 요령으로 보아 지진이다. (다)는 출입문과 창문을 닫아 파손되지 않도록 한다는 행동 요령으로 보아 태풍임을 알 수 있다.

선지 해설

① (가) 대설은 겨울철 북서 계절풍이나 북동 기류가 바다를 지나면서 형성된 눈구름에 의해 발생하는 경우가 많다. 열대 해상에서 발생하여 우리나라로 이동하는 것은 (다) 태풍이다.

② 우데기는 (가) 대설을 대비한 전통 가옥 시설이다. 눈이 많이 내리는 울릉도에서는 전통 가옥에 방설 및 방풍 기능을 하는 우데기를 설치하였다. (나) 지진을 대비하기 위해서는 건축물의 내진 설계를 강화한다.

③ 태풍은 주로 늦여름에서 초가을에 주로 발생한다. 따라서 (다) 태풍은 겨울철보다 여름철에 주로 발생한다.

④ 태풍은 강한 바람과 많은 비를 동반하며, 해안 지역에서는 갑자기 바닷물이 크게 일어서 육지로 넘쳐 들어오는 해일 피해를 유발하는 경우가 많다. 따라서 짧은 시간에 많은 눈이 내리는 현상인 (가) 대설은 (다) 태풍보다 해일 피해를 유발하는 경우가 적다.

⑤ (나) 지진은 지각판이 충돌하거나 분리되면서 나타나는 현상으로 지형적 요인에 의해 발생하며, (다) 태풍은 폭풍우를 동반하는 열대 저기압으로 기후적 요인에 의해 발생한다.

18 태풍과 호우, 대설 22학년도 4월 학평 8번

정답 ⑤ | 정답률 84%

그래프는 세 권역의 기상 특보 발령 횟수를 나타낸 것이다. (가)~(다)에 대한 옳은 설명만을 〈보기〉에서 고른 것은? (단, (가)~(다)는 각각 대설, 태풍, 호우 중 하나임.)

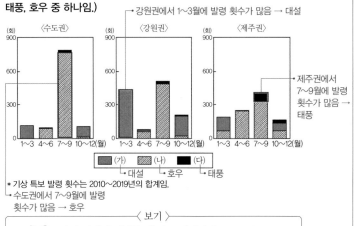

┌→ 강원권에서 1~3월에 발령 횟수가 많음 → 대설

제주권에서 7~9월에 발령 횟수가 많음 → 태풍

* 기상 특보 발령 횟수는 2010~2019년의 합계임.
└→수도권에서 7~9월에 발령 횟수가 많음 → 호우

〈 보기 〉
ㄱ. (가)는 장마 전선이 정체할 때 주로 발생한다.
   (나) └→6월 하순을 전후하여 남부 지방부터 시작되고 북상과 남하를 반복함
ㄴ. (나)는 시베리아 기단이 강하게 영향을 미칠 때 주로 발생한다.
   (가) └→ 한랭 건조하며 한파, 대설, 심한 사온, 꽃샘추위 등에 영향을 줌
ㄷ. (다)는 강풍과 많은 비를 동반하여 풍수해를 유발한다.
ㄹ. (나)는 (가)보다 산사태의 발생 위험도를 증가시킨다.

① ㄱ, ㄴ   ② ㄱ, ㄷ   ③ ㄴ, ㄷ   ④ ㄴ, ㄹ   ⑤ ㄷ, ㄹ

자료 분석

(가)는 1~3월에 강원권에서 기상 특보 발령 횟수가 많으므로 대설이다. 대설은 많은 눈이 내리면서 교통 마비, 비닐하우스와 같은 시설 붕괴 등의 피해를 유발한다. (나)는 7~9월에 수도권을 비롯한 강원권, 제주권에서 기상 특보 발령 횟수가 많으므로 호우이다. 호우는 장마 전선이 정체할 때 주로 발생한다. (다)는 7~9월에 제주권에서 기상 특보 발령 횟수가 많으므로 태풍이다. 태풍은 여름에서 초가을에 저위도 해상의 수온이 높을 때 주로 발생하며 많은 비와 함께 강풍을 동반하여 풍수해를 유발한다.

보기 해설

ㄱ. (가) 대설은 시베리아 고기압이 한반도 전역에 영향을 미치는 겨울철과 초봄에 주로 발생한다. 장마 전선이 정체할 때 주로 발생하는 것은 (나) 호우이다.

ㄴ. 시베리아 기단이 강하게 영향을 미칠 때는 겨울이며, 이 시기에 주로 발생하는 것은 (가) 대설이다. (나) 호우는 오호츠크해 기단과 북태평양 기단이 만나는 경계인 장마 전선에 남서 기류가 유입하는 여름에 주로 발생한다.

ㄷ. (다) 태풍은 최대 풍속이 17m/s 이상 폭풍우를 동반하는 열대 저기압으로 강풍과 많은 비를 동반하여 풍수해를 유발한다.

ㄹ. (가) 대설은 짧은 시간에 많은 눈이 내리는 자연재해로 비닐하우스·축사 등의 붕괴, 교통 장애 등의 피해를 유발한다. (나) 호우로 단시간에 많은 비가 내리면 물을 머금어 무거워진 경사지의 흙덩어리가 미끄러지는 산사태가 발생할 가능성이 커진다. 따라서 (나) 호우가 (가) 대설보다 산사태의 발생 위험도를 증가시킨다.

그래프는 권역별 자연 재해 피해액 비중을 나타낸 것이다. 이에 대한 설명으로 옳은 것은? (단, (가)~(다)는 각각 대설, 태풍, 호우 중 하나임.)

[3점]

우리나라에서 태풍이 가장 먼저 상륙함

(%)
100
제주권 80
태풍 60 호남권 40
(가) 40 영남권 (나) → 호우
충청권 60
20 80
강원권 100
0 수도권 20 0
100 80 60 40 20 0
대설 ← (다)

(나)

* 권역별 세 자연 재해 피해액의 합에서 각 자연 재해가 차지하는 비율임.
** 총 피해액은 2009~2018년 누적 피해액이며, 2018년도 환산 가격 기준임.

한강 중·상류 지역은 여름 강수 집중률이 높은 다우지임

① (가)는 주로 장마 전선의 정체에 따라 발생한다.
    (다)

② (나)를 대비한 전통 가옥 시설로 우데기가 있다.   ← 울릉도의 전통 가옥 시설
     (다)

③ (다)는 겨울철보다 여름철에 발생하는 빈도가 높다.
    여름철   겨울철

④ (나)는 (다)보다 연 강수량에서 차지하는 비중이 크다.
    └ 여름 강수량 > 겨울 강수량

⑤ (가)~(다) 중 연평균 피해액 규모는 (다)가 크다.
                               작다

| 자료 분석 |

그래프는 권역별 대설, 태풍, 호우의 피해액의 합에서 각 자연재해가 차지하는 비중을 나타낸 것이다. 제주권은 (가)의 피해액 비중이 약 90%에 달하므로 태풍이다. 제주도는 우리나라에서 태풍이 가장 먼저 상륙하는 곳이다. (나)는 수도권과 강원권의 피해액 비중이 높으므로 호우이다. 한강 중·상류 지역은 여름 강수 집중률이 높고, 장마 전선이 정체하는 경우가 많아 호우 피해가 크다. (다)는 강원권과 충청권의 피해 비중이 다른 권역보다 높으며 (가), (나)에 비해 피해액 비중 자체가 낮으므로 대설이다. 우리나라는 여름철에 연 강수량의 대부분이 집중되어 (다) 대설로 인한 피해액이 (가) 태풍, (나) 호우로 인한 피해액보다 적다.

| 선지 해설 |

① 주로 장마 전선의 정체에 따라 발생하는 자연재해는 (나) 호우이다.

② 울릉도의 전통 가옥 시설인 우데기는 (다) 대설을 대비한 것이다.

③ (다) 대설은 겨울철에 주로 발생하며, (가) 태풍과 (나) 호우는 주로 여름철에 발생한다.

④ 우리나라는 여름철에 대류성 강수인 소나기, 호우, 태풍이 발생해 연 강수량에서 여름철 강수량이 차지하는 비중이 높은 반면 겨울철 강수량이 차지하는 비중은 낮다.

⑤ (가)~(다) 중 연평균 피해액 규모는 (다) 대설이 가장 작다.

OX문제로 개념 확인

(1) 태풍은 주로 장마 전선의 정체에 따라 발생한다.   (   )
(2) 호우는 대설보다 연 강수량에서 차지하는 비율이 크다.   (   )

(1) X (2) O

다음 자료의 (가)~(다) 자연재해에 대한 설명으로 옳은 것은? (단, (가)~(다)는 각각 대설, 지진, 태풍 중 하나임.)

◄► 🔍 자연재해

태풍 ┐ ┌ 중심 부근의 최대 풍속이 17m/s 이상
○ ○○군은 (가) 의 영향으로 많은 비가 내려 지하 주차장이 침수되는 피해가 발생했다. 또한 강풍으로 인해 간판과 지붕이 날아갔다는 신고가 접수됐다. ← 지진의 세기를 나타내는 척도
○ □□시 앞바다에서 규모 4.9의 (나) 이 발생했다. 한 주민은 "가구와 창문이 심하게 흔들려 바로 건물 밖으로 나왔다."며 당시의 상황을 전했다. └ 지진
○ △△군에서는 (다) (으)로 인해 농작물 비닐하우스가 무너지는 피해가 잇따라 발생했다. 또한 빙판길 사고가 속출했고, 마을 도로 곳곳이 통제됐다. ← 대설

① (가)는 열대 해상에서 발생해 고위도로 이동한다.
    └ 저기압성 강수

② (나)는 2011~2020년에 수도권의 피해액이 영남권의 피해액보다 많았다.
    적었다   └ 서울, 경기, 인천   └ 부산, 대구, 울산, 경북, 경남
          서고동저형
③ (다)는 남고북저형 기압 배치가 전형적으로 나타나는 계절에 주로 발생한다.
    └ 여름: 남고북저형
    └ 겨울: 서고동저형
④ (다)는 (가)보다 발생 1회당 피해액의 규모가 크다.
                                    작다
⑤ (가)와 (나)는 기후적 요인, (다)는 지형적 요인에 의해 발생한다.
    (다)   (나)

| 자료 분석 |

(가)는 많은 비로 지하 주차장이 침수되고 강풍으로 간판과 지붕이 날아갔다는 내용으로 볼 때 태풍이다. (나)는 가구와 창문이 심하게 흔들렸다는 내용으로 볼 때 지진이다. (다)는 농작물 비닐하우스가 무너지고 빙판길 사고가 속출했다는 내용으로 볼 때 대설이다.

| 선지 해설 |

① (가) 태풍은 폭풍우를 동반하는 열대 저기압으로 저위도의 열대 해상에서 발생하여 고위도로 이동한다.

② 최근 우리나라에서 규모가 큰 지진은 경북 경주(2016년), 경북 포항(2017년)에서 발생하였다. 따라서 (나) 지진은 2011~2020년에 수도권의 피해액이 영남권의 피해액보다 적었다.

③ (다) 대설은 짧은 시간 동안 많은 눈이 내리는 현상으로, 서고동저형 기압 배치가 전형적으로 나타나는 겨울에 주로 발생한다.

④ (다) 대설은 짧은 시간 동안 강한 바람과 많은 비를 동반하는 (가) 태풍보다 발생 1회당 피해액의 규모가 작다.

⑤ (가) 태풍과 (다) 대설은 기후적 요인, (나) 지진은 지형적 요인에 의해 발생한다.

21　태풍과 대설 22학년도 수능 4번

정답 ① | 정답률 91%

그림은 (가), (나) 자연재해가 발생했을 때의 위성 영상을 나타낸 것이다. 이에 대한 설명으로 옳은 것은? (단, (가), (나)는 각각 대설, 태풍 중 하나임.)

(가)→대설　　　　(나)→태풍

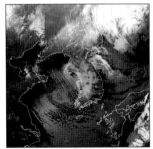 

┗→우리나라에서 태풍이 가장 먼저 통과
✔① 제주의 최근 10년 동안 총피해액은 (나)가 (가)보다 많다.
　　　(나)
② (가)는 저위도의 열대 해상에서 주로 발원한다.
　　┗→저기압성 강수
　　　　　　　　　　　　　　　　　　　작다
③ (가)는 (나)보다 우리나라의 연 강수량에 미치는 영향이 크다.
　(가)　(나)　┗→여름 강수 집중률이 높음
④ (나)는 (가)보다 겨울철 발생 빈도가 높다.
　(나)　　　(가)
⑤ (가)는 해일 피해, (나)는 빙판길 교통 장애를 유발한다.

| 자료 분석 |

(가)는 황해에 북서–남동 방향의 구름이 발달한 것으로 볼 때 대설이 발생했을 때의 위성 영상이다. 겨울철에 북서 계절풍이 상대적으로 온도가 높은 황해를 지나면서 눈구름이 발달해 서해안에 많은 눈이 내린다. (나)는 남부 지방을 중심으로 시계 반대 방향으로 회전하는 모습으로 둥근 구름이 발달한 것으로 볼 때 태풍이 발생했을 때의 위성 영상이다.

| 선지 해설 |

① 제주는 우리나라에서 태풍이 가장 먼저 통과하는 지역으로, (가) 대설보다 (나) 태풍에 의한 자연재해 피해액이 많다.

② 저위도의 열대 해상에서 주로 발원하는 자연재해는 (나) 태풍이다. 태풍은 중심 부근의 최대 풍속이 17m/s 이상으로 폭풍우를 동반하는 열대 저기압이다.

③ 우리나라는 호우, 태풍, 장마 등의 영향으로 연 강수량의 절반 이상이 여름에 집중된다. 반면 연 강수량에서 차지하는 겨울 강수량의 비율은 낮다. 따라서 (가) 대설은 (나) 태풍보다 우리나라의 연 강수량에 미치는 영향이 작다.

④ (가) 대설은 주로 겨울철에, (나) 태풍은 주로 여름에서 가을 사이에 발생한다. 따라서 (가) 대설이 (나) 태풍보다 겨울철 발생 빈도가 높다.

⑤ (가) 대설은 빙판길 교통 장애, 항공 교통 장애, 농업 시설물 및 축사 붕괴를 유발한다. (나) 태풍은 강풍과 많은 비로 도로·농경지·가옥의 침수, 해일로 해안 저지대 침수를 유발하며 선박 및 항공기 운항에 피해를 주기도 한다.

22　대설과 태풍, 황사 21학년도 10월 학평 11번

정답 ⑤ | 정답률 88%

다음 자료의 (가)~(다) 자연재해에 대한 설명으로 옳은 것은? (단, (가)~(다)는 각각 대설, 태풍, 황사 중 하나임.)

┏→대설
○ 북동 기류의 영향으로 동해안에 　(가)　이/가 발생했다. 기상청은 빙판길이 생기는 곳이 많을 것이라며 교통 안전에 유의해 달라고 당부했다. ┗→대책: 제설 작업
　　　　　　　　　　　　　　　　　　　　　┏→태풍
○ 제9호 　(나)　'마이삭'이 새벽 3시경 포항을 관통하면서 피해가 속출했다. 마이삭은 순간 최대 풍속 44.6 m/s에 달하는 강풍을 동반하였다.　┌→선박 파손, 농 경지와 가옥 침수
　　　　　　　　　　┏→황사
○ 중국 내륙 지역에서 발원한 　(다)　이/가 유입되었다. 이에 따라 미세먼지 농도는 수도권과 충청권은 '매우 나쁨', 호남권과 제주권은 '나쁨'으로 나타났다.
┗→사막 분포

① (가)에 대비한 전통 가옥 시설로 터돋움집을 들 수 있다.
　홍수
② (나)는 서고동저형 기압 배치가 나타날 때 주로 발생한다.
　　　남고북저형
③ (다)는 서해안보다 동해안에서 연 발생 일수가 많다.
　┗→황사는 편서풍의 영향을 받기 때문　　적다
④ (가)는 (나)보다 발생 1회당 피해액 규모가 크다.
　　　　　　　　　　　　　　작다
✔⑤ (나)는 (다)보다 산사태를 발생시킬 가능성이 높다.
　┗→많은 비로 산 사면의 토양이 흘러내림

| 자료 분석 |

(가)는 북동 기류가 태백산맥을 타고 올라가면서 푄 현상에 의해 동해안 지역에 많은 눈이 내리는 대설이다. (나)는 강풍과 많은 비를 동반하는 태풍이다. (다)는 중국 내륙 지역의 모래가 편서풍을 타고 우리나라로 이동해 피해를 주는 황사이다.

| 선지 해설 |

① 터돋움집은 여름철 홍수에 가옥이 침수되는 것을 방지하기 위해 땅(터)을 돋은 후 그 위에 지은 집이다. (가) 대설에 대비한 전통 가옥 시설로는 울릉도의 우데기가 있다.

② (나) 태풍은 여름에서 가을 사이에 주로 발생하는데 여름에는 남고북저형의 기압 배치가 주로 나타난다. 서고동저형의 기압 배치는 겨울철에 뚜렷하게 나타난다.

③ (다) 황사는 중국 내륙 지역의 모래가 중위도 지역에서 서쪽에서 동쪽으로 부는 편서풍을 타고 이동하는 만큼 동해안보다 서해안에서 연 발생 일수가 많다.

④ 발생 1회당 피해액 규모는 (가) 대설보다 (나) 태풍이 크다.

⑤ (나) 태풍은 강한 바람과 함께 많은 비를 동반하여 산 사면의 토양이 흘러내리는 산사태를 발생시키는 경우가 많다. (다) 황사는 호흡기 질환, 교통 장애, 정밀 기계 손상의 피해를 일으키며 산사태는 거의 유발하지 않는다.

다음 자료의 (가)가 지속될 경우 우리나라에서 나타날 현상에 대한 추론으로 적절한 것은?

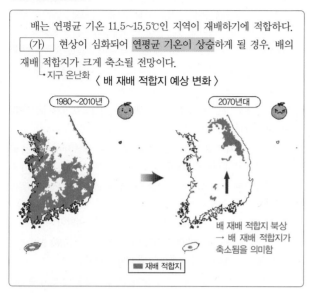

배는 연평균 기온 11.5~15.5℃인 지역이 재배하기에 적합하다. (가) 현상이 심화되어 연평균 기온이 상승하게 될 경우, 배의 재배 적합지가 크게 축소될 전망이다.
└ 지구 온난화

〈 배 재배 적합지 예상 변화 〉

1980~2010년 → 2070년대

배 재배 적합지 북상
→ 배 재배 적합지가
축소됨을 의미함

■ 재배 적합지

✔ 무상 기간이 길어질 것이다.
└→ 서리가 발생하지 않는 기간 → 연평균 기온이 높아질수록 길어짐
② 봄꽃의 개화 시기가 늦어질 것이다.
                 빨라질
③ 단풍의 절정 시기가 빨라질 것이다.
                 늦어질
④ 침엽수림의 분포 면적이 넓어질 것이다.
                  좁아질
⑤ 한류성 어족의 어획량이 증가할 것이다.
    난류성

자료 분석

(가)는 지구의 연평균 기온의 상승으로 배의 재배 적합지가 축소되는 지구 온난화이다.

선지 해설

① 무상 기간은 마지막 서리가 내린 후부터 첫 서리가 내릴 때까지 서리가 내리지 않는 기간이다. 지구 온난화로 연평균 기온이 높아지면 서리가 발생하지 않는 기간인 무상 기간은 길어질 것이다.

② 지구 온난화로 연평균 기온이 상승해 겨울이 짧아지면 봄꽃의 개화 시기가 빨라질 것이다.

③ 단풍은 가을철에 기온이 낮아지면서 시작된다. 지구 온난화로 여름이 길어지고 가을철 기온이 낮아지는 시기가 늦어지면 단풍의 절정 시기가 늦어질 것이다.

④ 지구 온난화가 지속되면 난대림의 분포 면적은 넓어지지만, 냉대림을 주로 구성하고 있는 침엽수림의 분포 면적은 좁아질 것이다.

⑤ 지구 온난화가 지속되면 해수 온도 상승으로 난류성 어족의 어획량은 증가하지만, 한류성 어족의 어획량이 감소할 것이다.

다음 자료의 (가), (나)에 들어갈 내용으로 가장 적절한 것은?

┌→ 적도 주변 열대 해상에서 발생
├→ 강풍 및 호우로 인한 피해
└→ 진행 방향의 오른쪽은 위험 반원

[앵커] 재난 방송 센터 연결합니다. ○○○ 기자, 태풍과 멀리 떨어져 있다고 안심할 게 아니군요!
└→ 우리나라에서 태풍이 가장 먼저 통과
[기자] 네, 현재 대형 태풍 □□은 제주도 서귀포 동쪽을 지나고 있는데, 태풍의 중심에서 멀리 떨어진 강원도 양양에 시간당 100mm가 넘는 폭우가 쏟아졌습니다. 그 이유는 (가) 이 태풍의 바람받이 역할을 하여 영동 지방에 (나) 가 발생했기 때문입니다.
└→ 바람이 산지를 타고 올라가는 사면

      (가)   (나)
✔ 태백산맥   지형성 강수
                       → 성질이 다른 두 기단 사이에서 생기는
② 태백산맥   전선성 강수   전선을 따라 내리는 강수 현상
③ 소백산맥   대류성 강수
                       → 강한 일사로 인해 대류 현상이 발생
④ 소백산맥   지형성 강수   하여 나타나는 강수 현상
⑤ 소백산맥   전선성 강수

자료 분석

적도 주변의 해상에서 발생한 태풍은 제주도를 지나 고위도로 이동한다. 태풍은 진행 방향의 오른쪽이 왼쪽보다 피해가 큰데, 이는 태풍이 우리나라를 통과할 때 태풍의 진행 방향과 편서풍의 방향이 일치하기 때문이다.

선지 해설

① 태풍이 강원도를 이동할 때 습기를 포함한 바람이 태풍의 진행 방향인 오른쪽으로 유입이 된 후 태백산맥을 타고 올라가면서 지형성 강수가 발생한다. 이로 인해 태백산맥의 동쪽에 위치한 양양, 강릉, 속초와 같은 영동 지방에는 강한 바람과 함께 폭우가 내릴 때가 많다.

② 성질이 다른 두 기단 사이에서 생기는 경계면인 전선을 따라 내리는 강수 현상을 전선성 강수라고 한다. 우리나라는 한대 기단인 오호츠크해 기단과 열대 기단인 북태평양 기단의 경계면을 따라 장마 전선이 6월 하순을 전후하여 형성된다.

③ 강한 일사로 인해 대류 현상이 발생하여 나타나는 강수 현상을 대류성 강수라고 하며 한여름의 소나기가 대류성 강수에 해당한다.

④ 여름철 남서 또는 남동 계절풍이 소백산맥에 부딪치게 되면서 남해안과 지리산 일대에 많은 비가 내리게 된다.

⑤ 장마 전선에 유입한 다습한 남서 기류가 소백산맥에 부딪치게 되면서 남해안과 지리산 일대에 집중 호우가 자주 발생한다.

25 태풍과 대설, 지진 20학년도 10월 학평 2번 　　정답 ⑤ | 정답률 54%

그래프는 세 자연재해의 연도별 피해 복구비를 나타낸 것이다. A~C에 대한 옳은 설명만을 〈보기〉에서 고른 것은? (단, A~C는 각각 대설, 지진, 태풍 중 하나임.)

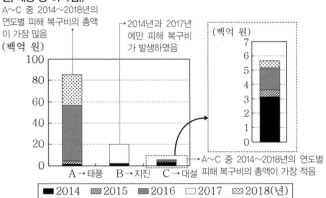

A~C 중 2014~2018년의 연도별 피해 복구비의 총액이 가장 많음

2014년과 2017년에만 피해 복구비가 발생하였음

A~C 중 2014~2018년의 연도별 피해 복구비의 총액이 가장 적음

A→태풍　B→지진　C→대설

■2014 ▨2015 ■2016 □2017 ▨2018(년)

* 복구비는 2018년 환산 가격 기준임.

〈 보기 〉

　　　　중부 지방보다 남부 지방이 큼
ㄱ. A로 인한 피해액은 경기가 전남보다 많다.
　　　　　　　전남　　경기
ㄴ. B는 기후적 요인에 의해서 발생한다.
　　　　지형적
ㄷ. C의 발생 빈도는 겨울철이 여름철보다 높다.
　　　　　　　　　　태풍은 많은 비를 동반함
ㄹ. A는 C보다 산사태를 유발하는 경우가 많다.

① ㄱ, ㄴ　② ㄱ, ㄷ　③ ㄴ, ㄷ　④ ㄴ, ㄹ　✓⑤ ㄷ, ㄹ

| 자료 분석 |

A는 A~C 중 2014~2018년의 연도별 피해 복구비의 총액이 가장 많으므로 태풍이다. B는 2014년과 2017년에만 피해 복구비가 발생하였으므로 지진이다. C는 2014~2018년 모든 연도에서 피해 복구비가 발생하였으나 A~C 중 2014~2018년의 연도별 피해 복구비의 총액이 가장 적으므로 대설이다.

| 보기 해설 |

ㄱ. A 태풍은 적도 주변의 해상에서 발생해 편서풍을 타고 우리나라로 이동하여 피해를 주는데 태풍이 먼저 통과하는 남부 지방이 중부 지방보다 피해액이 많다. 따라서 A 태풍으로 인한 피해액은 전남이 경기보다 많다.

ㄴ. 기후적 요인에 의해서 발생하는 자연재해는 A 태풍과 C 대설이다. B 지진은 지형적 요인에 의해서 발생한다.

ㄷ. C 대설의 발생 빈도는 겨울철이 여름철보다 높다. A 태풍의 발생 빈도는 여름철이 겨울철보다 높다.

ㄹ. A 태풍은 강풍과 함께 많은 비를 동반하여 산사태를 유발하는 경우가 많다. C 대설은 주로 비닐하우스, 축사, 가옥 등의 붕괴 피해를 유발한다.

개념 확인	자연재해의 유형	
기후적 요인	홍수, 가뭄, 대설(폭설), 폭염, 한파, 냉해, 태풍 등
지형적 요인	지진, 화산 활동 등
복합적 요인	산사태 등

26 다양한 자연재해 22학년도 9월 모평 4번 　　정답 ① | 정답률 83%

다음은 자연재해에 관한 안전 안내 문자 내용의 일부이다. 이에 대한 설명으로 옳은 것은? (단, (가)~(라)는 각각 대설, 지진, 태풍, 황사 중 하나임.)

　태풍　　강풍에 의한 피해　　많은 비에 의한 침수 피해
🔊 (가) 영향권에 들 것으로 전망되니 등산로 및 하천에 진입하지 마시고 간판 등의 낙하에 주의하십시오.

🔊 ○○시 북쪽 지역에서 규모 5.5 (나) 이/가 발생하였으니 피해를 입지 않도록 대비하시기 바랍니다. → 지진　→ 리히터　→ 건물 붕괴

🔊 오늘 퇴근 시간대 (다) (으)로 교통 혼잡과 빙판길 안전사고가 우려되니 가급적 대중교통을 이용해 주시기 바랍니다. → 대설

🔊 현재 (라) 경보 발효 중이니 야외 활동 시 마스크를 착용하시기 바라며, 창문을 닫아 먼지 유입을 차단하십시오. → 호흡기 질환 유발 → 황사

✓① (가)는 주로 우리나라보다 저위도 해상에서 발원한다.
② (나)는 기후적 요인에 의해 발생하는 자연재해이다.
　　　　지형적
③ (다)는 북태평양 고기압이 한반도 전역에 영향을 미칠 때 주로 발생한다. 시베리아
④ 울릉도의 우데기는 (라)를 대비한 시설이다.
　　　　　　　　　　　(다)
⑤ (다)는 (가)보다 선박에 주는 피해 복구 크다.
　　(가)　(다)　　　 태풍은 해안 지역에 풍랑과 해일을 일으킴

| 자료 분석 |

(가)는 등산로 및 하천으로의 진입 금지와 간판 등의 낙하 주의를 통해 태풍임을 알 수 있다. (나)는 규모 5.5라는 것을 통해 지진임을 알 수 있다. (다)는 교통 혼잡과 빙판길 안전사고 우려 등을 통해 대설임을 알 수 있다. (라)는 마스크 착용, 먼지 유입 차단을 통해 황사임을 알 수 있다.

| 선지 해설 |

①(가) 태풍은 적도 부근 해상의 수온 상승으로 발생한 다음 고위도로 이동한다. 따라서 (가)는 주로 우리나라보다 저위도 해상에서 발원한다.

② (나) 지진은 지형적 요인에 의해 발생하는 자연재해이다. 기후적 요인에 의해 발생하는 자연재해로는 홍수, 가뭄, 대설, 태풍 등이 있다.

③ (다) 대설은 시베리아 고기압이 한반도 전역에 영향을 미치는 겨울철과 봄철에 주로 발생한다. 북태평양 고기압은 주로 여름철에 우리나라에 영향을 미친다.

④ 울릉도는 전통적으로 가옥에 방설(防雪) 및 방풍(防風) 기능을 하는 우데기를 설치하여 통로와 작업 공간을 확보하였다. 따라서 울릉도의 우데기는 (다) 대설을 대비한 시설이다.

⑤ (가) 태풍은 많은 비와 함께 강한 바람을 동반하여 선박의 파손과 항공기 결항을 유발한다. (다) 대설은 농업 시설물 및 축사 붕괴를 일으킨다. 따라서 선박에 주는 피해는 (가)가 (다)보다 크다.

다음 자료의 (가)에 따른 영향으로 가장 적절한 것은?

> 황사 ○○ 신문 2019년 3월 △△일
>
> 봄에 접어들었지만 여전히 꽃샘추위가 기승을 부리고 있다. 곧 꽃샘추위가 물러가면 （가）의 습격이 예상된다. （가）은/는 중국 내륙 및 몽골에서 발생한 모래 먼지로, 편서풍을 타고 우리나라 쪽으로 날아온다. 과거에는 주로 봄철에 영향을 주었으나 최근에는 다른 계절에도 이 현상이 나타나고 있다.

① 하천이 범람하며 주변 저지대가 침수된다. → 호우
② 매우 심한 더위가 나타나며 전력 수요가 급증한다. → 폭염
③ 감기 환자가 급증하며 수도관 동파 피해가 나타난다. → 한파
④ 교통 장애를 유발하며 비닐하우스가 붕괴되기도 한다. → 대설
✔ ⑤ 호흡기 환자가 증가하며 정밀 기계 고장의 원인이 되기도 한다.

│자료 분석│

중국 내륙 및 몽골에서 발생하여 편서풍을 타고 우리나라 쪽으로 불어오는 모래 먼지인 (가)는 황사이다. 황사는 주로 봄철에 영향을 주었으나 최근에는 중국 내 사막화 현상의 확대로 가을, 겨울에도 발생하고 있다.

│선지 해설│

① 하천이 범람하며 주변 저지대가 침수되는 것은 집중 호우 또는 태풍의 영향이다. 주로 여름철 장마 기간이나 태풍 시기에 발생한다.

② 매우 심한 더위가 나타나며 전력 수요가 급증하는 것은 여름철 폭염이다.

③ 감기 환자가 급증하며 수도관 동파 피해가 나타나는 것은 한파의 영향이다.

④ 교통 장애를 유발하며 비닐하우스가 붕괴되는 현상은 겨울철 짧은 시간 동안 많은 눈이 내리는 대설에 의해 발생한다.

⑤ 황사 현상이 발생하면 대기 중 미세 먼지 농도가 높아져 호흡기 환자가 증가한다. 또한 반도체와 같은 정밀 기계 고장의 원인이 된다.

개념 확인	황사의 특징
의미	중국과 몽골 내륙의 사막에서 발생한 모래 먼지가 편서풍을 타고 우리나라 쪽으로 날아오는 현상
발생 시기	과거에는 주로 봄에 나타났으나, 최근 중국 내 사막화 현상의 확대로 가을, 겨울에도 발생함
영향	미세 먼지 농도 증가, 호흡기 및 안과 질환 발병률 증가, 정밀 기기 등의 오작동 증가 등

그래프의 (가)~(라) 자연재해에 대한 설명으로 옳은 것은? (단, (가)~(라)는 각각 대설, 지진, 태풍, 호우 중 하나임.) [3점]

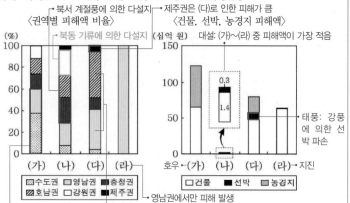

*2009~2018년 누적 피해액이고, 2018년 환산 가격 기준임.

① (가)는 여름철보다 겨울철에 발생 빈도가 높다.
　　　　　겨울철　　　여름철
② (나)는 장마 전선이 정체할 때 주로 발생한다.
　　　(가)
③ (라)는 강풍과 많은 비를 동반하여 풍수해를 유발한다.
　　　(다)
✔ ④ (다)는 (나)보다 해일 피해를 유발하는 경우가 많다.
⑤ 우리나라 연 강수량에서 차지하는 비율은 (나)가 (가)보다 높다.
　　└ 여름 > 겨울　　　　　　　　　　　낮다

│자료 분석│

(가)는 수도권의 피해액이 가장 많고 (가)~(라) 중 건물, 선박, 농경지 피해액을 합한 총 피해액이 가장 많으므로 호우이다. (나)는 (가)~(라) 중 건물, 선박, 농경지 피해액을 합한 총 피해액이 가장 적고 북동 기류에 의해 많은 눈이 내리는 강원권의 피해액 비율이 높고 북서 계절풍에 의해 많은 눈이 내리는 충청권과 호남권의 피해액 비율 역시 높으므로 대설이다. (다)는 남부 지방에 위치한 영남권과 호남권의 피해액 비율이 높으며 선박의 피해액이 (가)~(라) 중 가장 많으므로 태풍이다. (라)는 영남권에서만 피해액 비율이 나타났으며 건물의 피해액이 대부분이므로 지진이다.

│선지 해설│

① (가) 호우는 여름철 장마 전선이 정체되었을 때 많은 비가 내리면서 발생한다. 겨울철에 발생 빈도가 높은 자연재해는 (나) 대설이다.

② 장마 전선이 정체할 때 주로 발생하는 자연재해는 (가) 호우이다.

③ 강풍과 많은 비를 동반하여 풍수해를 유발하는 자연재해는 (다) 태풍이다.

④ (다) 태풍은 많은 비와 함께 강풍을 동반하여 (나) 대설보다 해일 피해를 유발하는 경우가 많다.

⑤ 우리나라 연 강수량의 대부분은 여름철에 집중된다. 따라서 (나) 대설은 (가) 호우보다 우리나라 연 강수량에서 차지하는 비율이 낮다.

29 기후 변화 19학년도 6월 모평 7번

정답 ① | 정답률 80%

다음은 기후 단원에 대한 한국 지리 수업 장면이다. 발표 내용이 가장 적절한 학생을 고른 것은?

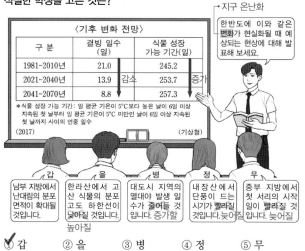

① 갑 ② 을 ③ 병 ④ 정 ⑤ 무

| 자료 분석 |

〈기후 변화 전망〉 표에서 하천이 어는 날인 결빙 일수(일)는 점차 감소하고, 식물 성장 가능 기간(일)은 점차 증가할 것으로 예상된다. 이는 지구 온난화가 발생하면서 나타나는 현상이다.

| 선지 해설 |

① 지구 온난화로 기온 상승이 지속되면 남부 지방의 난대림 분포 면적은 점차 확대될 것이다. 반면 냉대림 분포 면적은 축소될 것이다.

② 기온이 상승하면 한라산에서 고산 식물이 분포하는 고도 하한선은 높아질 것이다.

③ 기온이 상승하면 대도시 지역의 열대야 발생 일수는 증가할 것이다.

④ 기온이 상승하면 겨울 시작일이 늦어져 내장산에서 단풍이 드는 시기는 늦어질 것이다.

⑤ 기온이 상승하면 겨울 시작일이 늦어져 중부 지방에서 첫 서리의 시작일은 늦어질 것이다.

30 폭염의 특성 19학년도 수능 20번

정답 ⑤ | 정답률 61%

다음 자료의 (가) 자연재해에 대한 설명으로 가장 적절한 것은?

추운 겨울철
① (가)를 대비한 시설로 정주간이 있다.
② 장마 전선이 한반도에 장기간 정체할 때 발생한다. →호우
③ 북서 계절풍이 한반도에 강하게 불 때 주로 발생한다. →한파, 대설
④ 열대 이동성 저기압이 한반도를 통과할 때 주로 발생한다. →태풍
⑤ 북태평양 고기압이 한반도 전역에 강하게 영향을 미칠 때 주로 발생한다. └고온 다습

| 자료 분석 |

일 최고 기온이 33℃ 이상인 (가)는 폭염이다. 폭염은 여름철 고온 다습한 북태평양 기단이 발달하는 한여름에 잘 나타나며, 특히 도시는 열섬 현상으로 폭염이 더 심한 편이다.

| 선지 해설 |

① 정주간은 추운 겨울철을 대비하기 위한 관북 지방의 전통 가옥 구조이다.

② 장마 전선이 한반도에 장기간 정체할 때 발생하는 자연재해는 호우이며, 호우가 지속되면 홍수가 발생하기도 한다.

③ 한랭 건조한 북서 계절풍이 한반도에 강하게 불 때 주로 발생하는 자연재해는 한파와 대설이다.

④ 열대 이동성 저기압은 태풍을 의미하며, 태풍이 한반도를 통과할 때 강한 바람과 많은 강수로 인해 풍수해가 발생한다.

⑤ 일 최고 기온이 33℃ 이상인 폭염은 고온 다습한 북태평양 고기압이 한반도 전역에 강하게 영향을 미칠 때 주로 발생한다.

31 다양한 자연재해 23학년도 3월 학평 15번 정답 ① | 정답률 63%

다음 자료는 세 도(道)의 A~D 자연재해 피해 현황을 나타낸 것이다. 이에 대한 설명으로 옳은 것은? (단, A~D는 각각 대설, 지진, 태풍, 호우 중 하나임.) [3점]

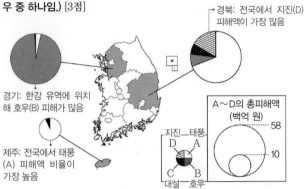

경북: 전국에서 지진(D) 피해액이 가장 많음

경기: 한강 유역에 위치해 호우(B) 피해가 많음

제주: 전국에서 태풍 (A) 피해액 비율이 가장 높음

A~D의 총피해액 (백억 원) 58 / 10

지진_태풍 D A C B 대설 호우

* 2011~2020년의 누적 피해액이며, 2020년도 환산 금액 기준임.

✔ ① 선박의 경우 A로 인한 피해액이 C로 인한 피해액보다 많다.
　태풍　　　　　　　　 C 대설은 비닐하우스·축사 등 붕괴로 인한 건물 피해액이 많음

② C는 B보다 여름철에 발생하는 비율이 높다.
　대설 호우　　　　　　　　적다

③ B는 지형적 요인, D는 기후적 요인에 의해 발생한다.
　호우 기후　　지진 지형

④ 2011~2020년에 경북은 지진보다 대설 피해액이 많다.
　　　　　　　　　　　　　　적다

⑤ 2011~2020년에 제주는 경기보다 호우 피해액이 많다.
　　　　　　　　　　　　　　　적다

| 자료 분석 |

지도의 세 지역은 경기, 경북, 제주이다. A는 제주와 경북이 속한 남부 지방에서 피해액이 많으므로 태풍이다. B는 경기에서 피해액이 가장 많은 자연재해이다. 경기는 여름 강수 집중률이 높은 한강 유역에 위치해 호우로 인한 피해액 비중이 높으므로 B는 호우이다. D는 세 지역 중 경북에서만 피해액이 나타나는 자연재해이다. 2016년 경북 경주와 2017년 경북 포항에서 규모가 큰 지진이 발생하였으므로 D는 지진이다. 나머지 C는 대설이다.

| 선지 해설 |

① 선박의 경우 강한 바람을 동반하는 태풍에 의해 파손 피해를 많이 입는다. 따라서 선박의 경우 A 태풍으로 인한 피해액이 C 대설로 인한 피해액보다 많다.

② C 대설은 짧은 시간에 많은 눈이 내리는 현상으로 주로 겨울철에 발생하는 반면 B 호우는 많은 비로 인한 피해로 여름철에 발생하는 비율이 높다. 따라서 C 대설은 B 호우보다 여름철에 발생하는 비율이 낮다.

③ 기후적 요인의 자연재해로는 폭염, 한파, 냉해, 호우, 대설, 태풍 등이 있으며 지형적 요인의 자연재해로는 지진, 화산 활동 등이 있다. 따라서 B 호우는 기후적 요인, D 지진은 지형적 요인에 의해 발생한다.

④ 2011~2020년에 경북은 지진(D)보다 대설(C) 피해액 비율이 적다. 따라서 2011~2020년에 경북은 지진보다 대설 피해액이 적다.

⑤ 2011~2020년에 제주는 호우 피해액 비율이 상당히 낮은 반면, 경기는 경북, 제주보다 호우 피해액 비율이 가장 높다. 또한 제주는 경기보다 A~D 총 피해액이 적다. 따라서 2011~2020년에 제주는 경기보다 호우 피해액이 적다.

---

32 폭염과 한파, 황사 23학년도 7월 학평 10번 정답 ③ | 정답률 90%

다음 자료에 대한 설명으로 옳은 것은? (단, (가)~(다)는 각각 폭염, 한파, 황사 중 하나이며, A~C는 각각 군산, 안동, 인천 중 하나임.) [3점]

〈자연재해의 월별 발생 일수〉 〈자연재해의 지역별 발생 일수〉

7~8월에 주로 발생 → 폭염 / 황사 일수가 가장 많음 → 인천 / 3~5월에 주로 발생 → 황사 / 폭염 일수가 가장 많음 → 안동 / 12~2월에 주로 발생 → 한파

(가) 한파 (나) 황사 (다) 폭염

* 월별 발생 일수는 세 지역(A~C)의 월별 발생 일수 평균값임.
** 1991~2020년 평년값임. (기상청)

① (나)로 인해 저체온증과 동상 위험이 증가한다.
　(가)

② (다)는 서고동저형 기압 배치가 전형적으로 나타나는 계절에 주로 발생한다. 남고북저

✔ ③ (가)와 (다)는 기온과 관련된 자연재해이다.

④ A는 B보다 저위도에 위치한다.
　　　　　　고위도

⑤ 안동은 인천보다 황사 발생 일수가 많다.
　　　　　　　　　　　　　적다

| 자료 분석 |

〈자연재해의 월별 발생 일수〉에서 주로 12~2월에 발생하는 (가)는 한파, 주로 3~5월에 발생하는 (나)는 황사, 주로 7~8월에 발생하는 (다)는 폭염이다. 〈자연재해의 지역별 발생 일수〉에서 (나) 황사 일수가 가장 많은 A는 서해안에 위치한 인천이며, (다) 폭염 일수가 가장 많은 B는 영남 내륙 지방에 위치한 안동이다. 나머지 C는 인천보다 폭염 일수가 많고, 안동보다 폭염 일수가 적은 군산이다.

| 선지 해설 |

① (나) 황사는 주로 호흡기 및 안과 질환을 유발하며, 저체온증 및 동상 위험을 증가시키는 자연재해는 (가) 한파이다.

② (다) 폭염은 북태평양 기단의 영향을 크게 받아 남고북저형 기압 배치가 전형적으로 나타나는 한여름에 주로 발생한다. 서고동저형 기압 배치가 전형적으로 나타나는 겨울에 주로 발생하는 자연재해는 (가) 한파이다.

③ (가) 한파와 (다) 폭염은 모두 기온과 관련된 자연재해이다.

④ A 인천은 B 안동보다 고위도에 위치한다.

⑤ B 안동은 A 인천보다 (나) 황사 발생 일수가 적다.

146

33 기후 변화 23학년도 10월 학평 4번

정답 ① | 정답률 89%

다음 자료의 (가) 현상이 지속될 경우 우리나라에서 나타날 변화에 대한 추론으로 옳은 것은?

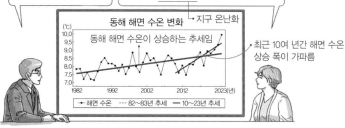

> 올해 봄철 동해 평균 해면 수온이 최근 40년 중 가장 높은 수치였다면서요?

> 네, 특히, 최근 10여 년간 해면 수온의 상승이 가파르게 나타나고 있는데요. 이러한 변화의 주요 원인으로는 (가) 현상이 꼽힙니다.

동해 해면 수온 변화 → 지구 온난화

동해 해면 수온이 상승하는 추세임

최근 10여 년간 해면 수온 상승 폭이 가파름

1982 1992 2002 2012 2023(년)

← 해면 수온 ··· 82~83년 추세 — 10~23년 추세

☑ ① 한강의 결빙 일수가 감소할 것이다.

② 귤의 재배 북한계선이 남하할 것이다.
　　　　　　　　　　　　 북상

③ 개마고원의 냉대림 분포 면적이 넓어질 것이다.
　　　　　　　　　　　　　　　 좁아질

④ 치악산에서 단풍이 드는 시기가 빨라질 것이다.
　　　　　　　　　　　　　　 늦어질

⑤ 대구의 열대야 열대일 발생 일수가 감소할 것이다.
　　　　　　　　　　　　　　　　 증가

| 자료 분석 |

제시된 그래프는 최근 40년간 봄철 동해 평균 해면 수온 변화를 나타낸 것이다. 그래프를 보면 최근 40년 중 2023년의 해면 수온이 가장 높고, 최근 10여 년간 해면 수온의 상승이 가파르게 나타남을 알 수 있다. 이와 같은 현상의 주요 원인인 (가) 현상은 지구 온난화이다.

| 선지 해설 |

① 지구 온난화 현상이 지속될 경우 겨울 평균 기온이 높아져 한강이 얼어붙는 결빙 일수가 감소할 것이다.

② 지구 온난화 현상이 지속될 경우 귤의 재배 북한계선은 북상할 것이며, 우리나라에서의 귤 재배 면적은 넓어질 것이다.

③ 지구 온난화 현상이 지속될 경우 개마고원 냉대림의 분포 고도 하한선이 높아질 것이며, 개마고원에서 냉대림의 분포 면적은 좁아질 것이다.

④ 지구 온난화 현상이 지속될 경우 평균 기온 상승으로 여름 기간이 길어지고 겨울 기간이 짧아져 치악산에서 단풍이 드는 시기는 늦어질 것이다.

⑤ 지구 온난화 현상이 지속될 경우 여름 평균 기온이 높아져 열대야와 열대일 발생 일수는 증가할 것이다.

34 기후 변화 20학년도 3월 학평 3번

정답 ① | 정답률 70%

다음 자료의 (가) 현상이 지속될 경우 한반도에 나타날 변화에 대한 추론으로 가장 적절한 것은?

최근 지구적 차원에서 해수면이 상승하고 있다. 해수면 상승 요인에는 (가) 에 따른 바닷물의 열 팽창과 극지방에서 빙하가 녹아내리는 현상 등이 있다. 한편, 우리나라는 1989~2018에 해수면이 매년 약 2.97mm 높아져, 지난 30년 동안 해수면이 약 89.1mm 높아졌다.

→ 해안 저지대가 침수되고 있음

→ 지구 온난화

〈1989~2018년 해수면 상승 추이〉

3.50mm/년 동해안

2.48mm/년 서해안

2.44mm/년 남해안

→ 상록 활엽수림: 귤, 차, 동백나무

☑ ① 난대림 북한계선이 북상한다.
　　　　　　　　　　 감소
② 하천의 결빙 일수가 증가한다.
　　　　　　　　　　 증가
③ 열대야 발생 일수가 감소한다.
　　　　　　　　 빨라진다
④ 봄꽃의 개화 시기가 늦어진다. 높아진다
⑤ 고산 식물 분포의 고도 하한선이 낮아진다.
　→ 한라산의 고산 식물은 서식 환경이 악화됨

| 자료 분석 |

지구적 차원에서 해수면이 상승하고 있으며 우리나라 또한 해수면이 상승하고 있다. 이의 원인인 (가)는 지구의 평균 기온이 상승하는 지구 온난화 현상이다. 지구의 평균 기온이 상승하면서 북극과 남극 지역, 고산 지역의 빙하가 녹아 해수면이 상승하고 있다.

| 선지 해설 |

① 겨울철이 온화한 지역에 주로 서식하는 난대림은 평균 기온 상승으로 분포 면적이 확대되면서 북한계선이 북상한다.

② 하천이 얼기 위해서는 일평균 기온이 0℃ 이하로 내려가야 한다. 지구 온난화로 겨울철 기온이 상승하고, 겨울 기간이 짧아지면서 하천의 결빙 일수가 감소한다.

③ 지구 온난화로 여름 기간이 길어지고 있으며 평균 기온이 상승하고 있다. 따라서 일 최저 기온이 25℃ 이상인 날인 열대야 발생 일수는 증가한다.

④ 평균 기온 상승으로 겨울 기간이 짧아지고 봄의 시작일이 빨라지고 있다. 따라서 봄꽃의 개화 시기는 빨라진다.

⑤ 한라산과 같은 기온이 낮은 고산 지역에 서식하는 고산 식물은 성장 환경이 악화된다. 따라서 고산 식물 분포의 고도 하한선은 높아진다.

다음 자료의 (가) 환경 문제가 지속될 경우 우리나라에 나타날 변화에 대한 추론으로 가장 적절한 것은?

코끼리를 삼킨 보아뱀? 북극곰을 삼킨 플러그!

플러그를 뽑으면, 지구를 구할 수 있습니다. 이제, 외출하기 전 안쓰는 플러그를 뽑아 주세요. 당신의 작은 실천으로   (가)   을/를 막을 수 →지구 온난화 있습니다. 북극곰을 살릴 수 있습니다.

– 2020년 기상청 공모전 최우수상 수상작 –

└극 지방의 빙하 감소로 북극곰의 서식 환경 악화

✔ 봄꽃의 개화 시기가 빨라진다.
           증가
② 열대야 발생 일수가 감소한다.
└ 일 최저 기온 25℃ 이상인 날
③ 하천의 결빙 일수가 증가한다.
              감소
④ 냉대림의 분포 면적이 넓어진다.
                  좁아진다
⑤ 사과 재배 적지가 저위도로 이동한다.
                고위도

출제 경향

결빙 일수, 식물 성장 가능 기간 등과 같이 지구 온난화를 파악할 수 있는 자료를 제시하고 지구 온난화로 인해 한반도에 나타나는 변화를 찾는 문항이 주로 출제된다. 기온 상승으로 나타나는 변화를 정리해 두어야 한다.

| 자료 분석 |

(가)는 지구의 연평균 기온 상승으로 북극과 남극, 고산 지역의 빙하가 감소하는 지구 온난화이다.

| 선지 해설 |

① 지구 온난화로 연평균 기온이 높아지면서 벚꽃, 개나리, 진달래와 같은 봄꽃의 개화 시기가 빨라지고 있다.

② 지구 온난화로 일 최저 기온이 25℃가 넘는 열대야 발생 일수가 증가하고 있다.

③ 지구 온난화로 겨울이 짧아지고 있으며 하천이나 호수의 결빙 일수가 감소하고 있다.

④ 지구 온난화로 침엽수림으로 이루어진 냉대림의 분포 면적은 좁아지고 상록 활엽수림으로 이루어진 난대림의 분포 면적은 넓어지고 있다.

⑤ 냉량성 작물인 사과의 재배 적지는 고위도로 이동하고 있으며 귤, 포도 등의 주요 과일의 재배 북한계선 역시 고위도로 이동(북상)하고 있다.

지도에 나타난 변화가 현실화될 때, 우리나라에서 나타날 현상에 대한 추론으로 옳은 것은?

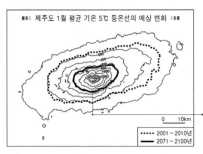

■■■ 제주도 1월 평균 기온 5℃ 등온선의 예상 변화 ■■■

0   10km
•••• 2001~2010년
— 2071~2100년

→2001~2010년에 비해 2071~2100년에는 해발 고도가 높은 지점에서 1월 평균 기온이 5℃임

✔ 봄꽃의 개화 시기가 빨라질 것이다.
② 냉대림의 분포 면적이 확대될 것이다.
                  축소될
③ 한류성 어종의 어획량이 증가할 것이다.
                    감소할
④ 해안 저지대의 침수 가능성이 낮아질 것이다.
                          높아질
⑤ 열대야와 열대일의 발생 일수가 감소할 것이다.
└ 일 최저 기온 └ 일 최고 기온이   증가할
  25℃ 이상인 날   30℃ 이상인 날

| 자료 분석 |

2001~2010년에는 해발 고도가 200m인 지점에서 1월 평균 기온이 5℃이나 2071~2100년에는 해발 고도가 600m인 지점의 1월 평균 기온이 5℃이다. 이는 지구 온난화에 따른 연평균 기온의 상승 때문이다.

| 선지 해설 |

① 연평균 기온이 상승하고 겨울 기간이 짧아지면서 봄꽃의 개화 시기는 빨라질 것이다.

② 냉대림의 분포 면적은 축소되고 난대림의 분포 면적은 확대될 것이다.

③ 지구 온난화로 바닷물의 온도가 상승하면서 명태, 대구와 같은 한류성 어족의 어획량은 감소하고 오징어와 같은 난류성 어족의 어획량은 증가하게 될 것이다.

④ 지구 온난화로 극지방과 고산 지역의 빙하가 녹으면서 해수면이 상승해 해안 저지대의 침수 가능성이 높아질 것이다.

⑤ 일 최저 기온이 25℃ 이상인 열대야와 일 최고 기온이 30℃ 이상인 열대일의 발생 일수가 증가할 것이다.

37 다양한 자연재해 24학년도 10월 학평 2번

정답 ④ | 정답률 97%

다음은 자연재해에 관한 재난 안전 문자 내용이다. 이에 대한 옳은 설명만을 〈보기〉에서 고른 것은? (단, (가)~(라)는 각각 대설, 지진, 태풍, 호우 중 하나임.)

←태풍

강풍을 동반한 (가) 영향권 진입. 해안 지대 접근 금지 및 선박 대피 등 피해가 없도록 주의하시기를 바랍니다.

←호우

장마 전선의 정체에 따른 (나) 주의보 발령. 침수 우려 지역에서는 안전한 장소로 대피하시기를 바랍니다.

지진→
△△시 동남동쪽 19km 지역에 규모 4.3 (다) 발생. 진동이 멈춘 후 야외로 대피하시기를 바랍니다.

(라) 경보. 고립 우려 지역에서는 염화 칼슘과 삽을 준비하며, 차량 운전 시 저속으로 이동 하시기를 바랍니다. →대설

주로 제설 작업에 사용되는 화학 물질로 눈을 빨리 녹이는 데 사용됨→

〈보기〉
ㄱ. (가)는 여름철보다 겨울철에 발생 빈도가 높다. → 낮다
ㄴ. (나)는 (라)보다 연 강수량에서 차지하는 비율이 높다. → 호우(여름철) 〉 대설(겨울철)
ㄷ. (다)는 기후적 요인, (라)는 지형적 요인에 의해 발생한다. → 지형적 / 기후적
ㄹ. 2013~2022년 경기의 누적 피해액은 (가)보다 (나)에 의한 것이 많다. → 호우 〉 태풍 〉 대설

① ㄱ, ㄴ ② ㄱ, ㄷ ③ ㄴ, ㄷ
④ ㄴ, ㄹ ⑤ ㄷ, ㄹ

| 자료 분석 |

자연재해는 자연환경 요소들이 인간 생활에 피해를 주는 현상이다. (가)는 강풍을 동반하고 해안 지대에서의 피해를 주의하라는 내용으로 보아 태풍이다. 태풍은 중심 부근의 최대 풍속이 17m/s 이상으로 폭풍우를 동반하는 열대 저기압이며 강풍 및 호우 피해를 유발한다. (나)는 장마 전선의 정체에 따른 주의보 발령, 침수 우려 지역 등의 내용으로 보아 호우이다. 호우는 짧은 시간에 많은 양의 비가 집중적으로 내리는 현상으로 홍수, 산사태 등의 자연재해로 이어질 수 있다. (다)는 규모 4.3의 진동이 나타난다는 내용으로 보아 지진이다. 지진은 지구 내부에서 발생하는 갑작스러운 지각 변동으로 건물 붕괴, 산사태 등에 영향을 준다. (라)는 염화 칼슘을 준비하고 차량을 저속으로 이동한다는 내용으로 보아 대설이다. 대설은 짧은 시간에 많은 눈이 내리는 현상이다. 대설은 비닐하우스 붕괴, 교통 장애 등의 피해를 유발한다.

| 선지 해설 |

ㄱ. (가) 태풍은 주로 8~10월에 발생하는 현상으로 여름철보다 겨울철에 발생 빈도가 낮다.

ㄴ. (나) 호우는 주로 여름철에 내리는 많은 양의 비로 강수량이 상대적으로 많다. 반면 (라) 대설은 겨울철에 내리는 많은 양의 눈으로 눈이 녹으면서 강수량에 포함되지만, 눈은 비에 비해 강수량으로 환산되는 양이 적다. 따라서 (나) 호우는 (라) 대설보다 연 강수량에서 차지하는 비율이 높다.

ㄷ. (다) 지진은 지구 내부의 지각 변동에 의해 발생하는 자연 현상으로 지형적 요인에 의해 발생한다. (라) 대설은 겨울철에 많은 눈이 내리는 현상으로 기후적 요인에 의해 발생한다.

ㄹ. (가) 태풍은 전남, 경북, 경남 등 남부 지방에서 누적 피해액이 많으며 (나) 호우는 충북, 전남, 경기 등에서 피해액이 많다. 경기는 (가) 태풍의 직접적인 피해가 적은 지역이며, 장마철이나 집중 호우로 인한 (나) 호우 피해가 더 크다. 따라서 2013~2022년 경기의 누적 피해액은 (가) 태풍보다 (나) 호우에 의한 것이 많다.

---

38 기후 변화 24학년도 10월 학평 10번

정답 ② | 정답률 88%

다음 자료의 (가) 현상이 지속될 경우 한반도에 나타날 변화에 대한 추론으로 옳은 것은?

○○신문 2023년 ◇월 ◇일

'고래인 줄…', 초대형 참치 잡혀

강원특별자치도 ○○시에서 길이 1.8m, 무게 160kg에 달하는 초대형 참치(참다랑어)가 잡혔다. 참치는 주로 아열대 및 열대 바다에서 서식한다. 그런데 (가) 현상으로 인해 최근에는 우리나라 동해안에서도 참치를 어렵지 않게 볼 수 있다.

→ 난류성 어족 → 어획량 증가   지구 온난화

① 단풍이 드는 시기가 빨라질 것이다. → 늦어질
② 하천의 결빙 일수가 감소할 것이다.
③ 난대림의 북한계선이 남하할 것이다. → 북상
④ 열대야와 열대일 발생 일수가 감소할 것이다. → 증가
⑤ 고산 식물 분포의 고도 하한선이 낮아질 것이다. → 높아질

| 자료 분석 |

(가)는 아열대 및 열대 바다에서 서식하는 초대형 참치(참다랑어)가 우리나라 동해안에서도 볼 수 있게 되었다는 내용으로 보아 지구 온난화이다. 과거 100년간 우리나라의 연평균 기온은 1℃ 이상 상승하였다. 지구 온난화가 나타나면 극지 및 고산 식물의 서식지 축소, 열대 및 아열대 식물의 서식지 확대, 동식물의 서식 환경 급변에 따른 생물종 다양성 감소 등의 생태계 변화가 나타난다.

| 선지 해설 |

① 단풍은 기온이 낮아지는 가을철에 나타난다. 지구 온난화로 기온이 낮아지는 시기가 늦어지면 단풍이 드는 시기가 늦어질 것이다.

② 지구 온난화로 겨울철 평균 기온이 상승하면 하천의 결빙 일수가 감소할 것이다.

③ 지구 온난화로 인해 평균 기온이 상승하면 난대림의 식물 분포가 북쪽으로 확장한다. 따라서 난대림의 북한계선은 북상할 것이다.

④ 지구 온난화가 지속될 경우 여름철에 열대야(일 최저 기온이 25℃ 이상)와 열대일(일 최고 기온이 30° 이상인 날)의 발생 일수는 증가할 것이다.

⑤ 고산 식물은 상대적으로 기온이 낮은 기후에 분포하는 식물로 기온이 상승하면 고산 식물은 해발 고도가 더 높은 곳으로 이동한다. 따라서 고산 식물 분포의 고도 하한선이 높아질 것이다.

12
일차

문제편 107~111쪽

01　도시 체계　24학년도 수능 17번

정답 ④ | 정답률 83%

표는 지도에 표시된 세 지역의 교육 기관 수를 나타낸 것이다. 이에 대한 설명으로 옳은 것을 〈보기〉에서 고른 것은? (단, A~C는 각각 대학교, 고등학교, 초등학교 중 하나임.)

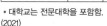

교육 기관　지역	초등학교 A	고등학교 B	대학교 C
(가) 대전	152	62	17
(나) 공주	27	10	2
(다) 서천	18	7	0

* 대학교는 전문대학을 포함함.
(2021)　(통계청)

지도: 공주시(나), 세종특별자치시, 대전광역시(가), 서천군(다)
0　20km

〈보기〉

ㄱ. (다)는 (가)보다 보유하고 있는 중심지 기능이 ~~다양하다.~~ → 다양하지 않다

ㄴ. (가)와 (나)는 모두 세종특별자치시와 경계를 접하고 있다.

ㄷ. A는 B보다 학교 간 평균 거리가 ~~멀다.~~ → 가깝다

ㄹ. C는 A보다 학생들의 평균 통학권 범위가 넓다.

① ㄱ, ㄴ　② ㄱ, ㄷ　③ ㄴ, ㄷ　✔④ ㄴ, ㄹ　⑤ ㄷ, ㄹ

| 자료 분석 |

지도에 표시된 지역은 서천, 공주, 대전이다. 세 지역 중 교육 기관의 수가 가장 많은 (가)는 대전광역시, 두 번째로 많은 (나)는 공주시이며, 교육 기관의 수가 가장 적은 (다)는 서천군이다. 세 지역 중 광역시에 해당하는 대전이 가장 고차 중심지이며, 군(郡)에 해당하는 서천이 가장 저차 중심지이다. 교육 기관 A~C 중 교육 기관 수가 가장 많은 A는 초등학교, 두 번째로 많은 B는 고등학교이며, 교육 기관 수가 가장 적은 C는 대학교이다.

| 선지 해설 |

ㄱ. (다) 서천은 (가) 대전보다 보유하고 있는 중심지 기능이 다양하지 않다. 광역시에 해당하는 (가) 대전이 군(郡) 지역에 해당하는 (다) 서천보다 보유하고 있는 중심지 기능이 다양하다.

ㄴ. (가) 대전과 (나) 공주는 세종특별자치시와 경계를 접하고 있으며, (다) 서천은 세종특별자치시와 경계를 접하고 있지 않다.

ㄷ. A 초등학교는 B 고등학교보다 학교 수가 많으며, 학교 간 평균 거리가 가깝다.

ㄹ. C 대학교는 A 초등학교보다 학교 수가 적으며, 학생들의 평균 통학권 범위가 넓다.

02　도시 발달　23학년도 9월 모평 8번

정답 ③ | 정답률 74%

(가)~(다) 지역에 대한 설명으로 옳은 것만을 〈보기〉에서 고른 것은? (단, (가)~(다)는 각각 지도에 표시된 세 지역 중 하나임.) [3점]

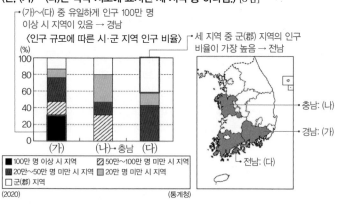

(가)~(다) 중 유일하게 인구 100만 명 이상 시 지역이 있음 → 경남

〈인구 규모에 따른 시·군 지역 인구 비율〉

세 지역 중 군(郡) 지역의 인구 비율이 가장 높음 → 전남

지도: 충남: (나), 경남: (가), 전남: (다)

■ 100만 명 이상 시 지역　▨ 50만~100만 명 미만 시 지역
▨ 20만~50만 명 미만 시 지역　▨ 20만 명 미만 시 지역
□ 군(郡) 지역
(2020)　(통계청)

〈보기〉

ㄱ. (나)의 도청 소재지는 ~~50만~100만 명 미만 시 지역~~에 포함된다. → 군(郡) 지역

ㄴ. (가)는 (다)보다 시 지역 거주 인구 비율이 높다.

ㄷ. (나)는 (다)보다 지역 내 2차 산업 취업 인구 비율이 높다. → 제조업이 발달한 지역일수록 높음

ㄹ. (가)는 ~~충남,~~ (나)는 ~~경남~~이다. → 경남 / 충남

① ㄱ, ㄴ　② ㄱ, ㄷ　✔③ ㄴ, ㄷ　④ ㄴ, ㄹ　⑤ ㄷ, ㄹ

| 출제 경향 |

인구 규모에 따른 관련 그래프를 제시하고 이를 분석하여 해당 권역의 특징을 묻는 문항이 출제된다. 권역별 주요 도시의 대략적인 인구 규모를 알고 있으면 문제 풀기가 용이해지므로, 이를 정리해 둘 필요가 있다.

| 자료 분석 |

지도의 세 지역은 충남, 경남, 전남이다. (가)는 유일하게 인구 100만 명 이상 시 지역이 있다. 충남, 경남, 전남에서 인구 100만 명 이상의 도시는 경남 창원이 유일하다. 따라서 (가)는 경남이다. (나)는 (다)보다 군(郡) 지역의 인구 비율이 낮고, 50만~100만 명 미만 시 지역의 인구 비율이 높으므로 도시화율이 높음을 알 수 있다. 충남과 전남 중에서 도시화율이 높은 지역은 충남이므로 (나)는 충남이다. (다)는 (가)~(다) 중 군(郡) 지역의 인구 비율이 가장 높으므로 전남이다.

| 보기 해설 |

ㄱ. (나) 충남의 도청 소재지는 내포 신도시로 이전하였으며, 도청이 위치한 도청 소재지는 홍성군이다. 홍성군은 군(郡) 지역이며 인구 50만~100만 명 미만 시 지역에 포함되지 않는다. 2020년 기준 홍성군의 인구는 약 10만 명이다.

ㄴ. (가) 경남은 (다) 전남보다 군(郡) 지역 거주 인구 비율이 낮고, 시 지역 거주 인구 비율이 높다.

ㄷ. 지역 내 2차 산업 취업 인구 비율은 수도권과 인접하고 제조업이 발달한 (나) 충남이 (다) 전남보다 높다.

ㄹ. (가)~(다) 중 100만 명 이상 시 지역의 인구 비율이 높은 (가)는 경남, 50만~100만 명 미만 시 지역의 인구 비율이 높은 (나)는 충남이다.

그래프에 대한 설명으로 옳은 것은? (단, (가)~(다)는 각각 영남권, 충청권, 호남권 중 하나임.) [3점]

〈인구 규모에 따른 도시 및 군(郡) 지역의 인구 비율〉
(단위: %)

호남권 (가)	광주 29.1	전주 13.2	익산 5.6	순천 5.4	46.7
영남권 (나)	부산 26.0	대구 18.7	울산 8.8	창원 8.0	38.5
충청권 (다)	대전 26.3	청주 15.1	천안 12.1	세종 6.3	40.2

■ 1위 ▨ 2위 ■ 3위 ▨ 4위 □ 기타

* 상위 4개 도시만 표현하고, 나머지 도시 및 군 지역은 기타로 함.
** 광역시에 속한 군 지역의 인구는 광역시 인구에 포함함.
(2020)   (통계청)

(나)
① (가)의 2위 도시는 광역시이다.

② (가)는 (나)보다 총인구가 많다.   적다

③ (가)는 (다)보다 지역 내 총생산이 많다.   적다

✔④ (나)의 2위 도시는 (다)의 1위 도시보다 인구가 많다.
     └ 대구광역시(약 242만 명)   └ 대전광역시(약 146만 명)

⑤ (나)는 충청권, (다)는 영남권이다.
    영남권   충청권

| 자료 분석 |

(가)는 인구 규모 1위 도시인 광주광역시의 인구 비율이 가장 높고, 3위 도시와 4위 도시의 인구 비율이 다른 지역권에 비해 낮은 호남권이다. 2020년 기준 호남권 인구 1위 도시는 광주(약 145만 명), 2위 도시는 전주(약 65만 명), 3위 도시는 익산(약 28만 명), 4위 도시는 순천(약 27만 명)이다. (나)는 인구 규모 2위 도시의 인구 비율이 다른 지역에 비해 상대적으로 높고, 3위 도시와 4위 도시의 인구 비율 간 차이가 적은 영남권이다. 영남권의 인구 2위 도시는 대구광역시(약 242만 명)로 (가), (다)의 2위 도시에 비해 인구가 많다. 영남권의 인구 3위 도시 울산광역시(약 113만 명)와 인구 4위 도시 창원(약 104만 명)은 인구 규모가 비슷하다. 나머지 (다)는 충청권이며 충청권의 인구 1위 도시는 대전(약 146만 명), 2위 도시는 청주(약 84만 명), 3위 도시는 천안(약 66만 명), 4위 도시는 세종(약 35만 명)이다.

| 선지 해설 |

① (가) 호남권의 2위 도시는 전북 전주로, 광역시가 아니다. 인구 2위 도시가 광역시인 지역은 (나) 영남권이다.

② (가) 호남권은 (나) 영남권보다 총인구가 적다.

③ (가) 호남권은 (다) 충청권보다 지역 내 총생산이 적다.

④ (나) 영남권의 2위 도시는 대구광역시이며, (다) 충청권의 1위 도시는 대전광역시이다. 대구는 인구 약 242만 명으로 인구 약 146만 명의 대전보다 인구가 많다.

⑤ (나)는 영남권, (다)는 충청권이다.

표는 지도에 표시된 두 지역의 특성을 나타낸 것이다. (가)에 대한 (나)의 상대적 특성을 그림의 A~E에서 고른 것은? [3점]

인구가 적고 경지 면적이 넓으며 제조업 사업체 수가 적은 산청 →
인구가 많고 경지 면적이 좁으며 제조업 사업체 수가 많은 양산 →

┌ (가) 산청군   ┌ (나) 양산시

구분	(가)	(나)
인구(명)	33,579	347,221
경지 면적(ha)	6,575	2,443
제조업 사업체 수(개)	374	4,373

(2019)   (통계청)

0   50 km

농가 인구 비율
(고)
① A
② B
③ C
④ D
✔⑤ E

(저) ← → (고)
서비스업 종사자 수
인구 밀도
(고)   (저)

* (고)는 높음, 많음을, (저)는 낮음, 적음을 의미함.

| 자료 분석 |

지도에 표시된 두 지역은 경남 산청군과 양산시이다. (가)는 (나)보다 인구가 적고 경지 면적이 넓으며 제조업 사업체 수가 적은 산청군이다. (나)는 (가)보다 인구가 많고 경지 면적이 좁으며 제조업 사업체 수가 많은 양산시이다.

| 선지 해설 |

⑤ E

[농가 인구 비율] (가) 산청군보다 (나) 양산시는 인구는 많지만 경지 면적은 좁다. 부산의 위성 도시 중 하나인 (나) 양산시는 촌락인 (가) 산청군보다 농가 인구 비율이 낮다.

[인구 밀도] (가) 산청군과 (나) 양산시의 면적은 비슷하지만, 인구는 (가) 산청군보다 (나) 양산시가 많다. 따라서 (나) 양산시는 (가) 산청군보다 인구 밀도가 높다.

[서비스업 종사자 수] 촌락인 (가) 산청군보다 도시인 (나) 양산시는 인구가 많고, 3차 산업 종사자 비율 또한 높다. 따라서 (나) 양산시는 (가) 산청군보다 서비스업 종사자 수가 많다.

자료의 (가) 지역과 비교한 (나) 지역의 상대적 특성을 그림의 A~E에서 고른 것은? [3점]

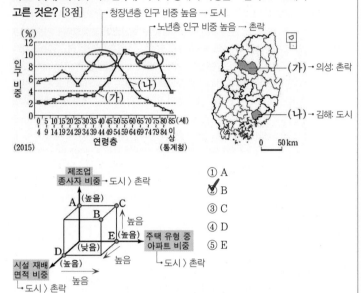

청장년층 인구 비중 높음 → 도시
노년층 인구 비중 높음 → 촌락

(나)
(가)

(가) 의성: 촌락
(나) → 김해: 도시

(2015) 연령층 (통계청)

제조업 종사자 비중 → 도시 〉 촌락

A (높음)
B
C
E (높음)
D (낮음)
높음

주택 유형 중 아파트 비중 → 도시 〉 촌락

시설 재배 면적 비중 (높음) → 도시 〉 촌락

① A
② B ✓
③ C
④ D
⑤ E

자료 분석

지도에 표시된 (가)는 경북 의성, (나)는 경남 김해이다. (가) 의성은 대도시로부터 거리가 먼 촌락으로 청장년층의 인구 유출로 인구 고령화 현상이 뚜렷하게 나타나는 지역이다. (나) 김해는 대도시 근교 지역으로 교외화에 따른 부산 인구의 분산과 제조업의 발달로 청장년층을 중심으로 많은 인구가 유입된 지역이다. 대도시 주변의 농촌은 지가 상승과 대도시의 시장 확대로 원예 작물이나 특용 작물 등 고소득 작물을 상업적으로 재배하며 시설 재배를 많이 하기 때문에 원교 농촌에 비해 토지 이용의 집약도가 높다.

선지 해설

② B

[주택 유형 중 아파트 비중] 대도시 근교 지역에 해당하는 (나) 김해는 원교 농촌에 해당하는 (가) 의성에 비해 주택 유형 중 아파트 비중이 높다.
[제조업 종사자 비중] (나) 김해는 제조업이 발달하였으므로, (가) 의성에 비해 제조업 종사자 비중이 높다.
[시설 재배 면적 비중] 비닐하우스와 같은 시설을 이용한 시설 재배 면적의 비중은 원교 농촌 지역보다 대도시 근교 지역에서 높게 나타난다. 따라서 시설 재배 면적 비중은 (나) 김해가 (가) 의성에 비해 높다.

개념 확인	근교 농촌과 원교 농촌
근교 농촌	• 전입 인구 증가로 지가 상승 • 집약적·상업적 토지 이용, 시설 원예 작물 재배 활발
원교 농촌	• 청장년층 인구의 유출로 인구 고령화 심화 • 조방적 토지 이용

표는 지도에 표시된 세 지역의 유형별 의료 기관 수를 나타낸 것이다. 이에 대한 설명으로 옳지 않은 것은?

종합 병원
병원
(단위: 개)

의료 기관 지역	A	B	의원	기타	합계
(가)→강릉	4	5	109	112	230
(나)→삼척	1	1	26	27	55
(다)→평창	0	0	16	22	38

(2016) (통계청)

의료 기관 수가 가장 많음
의료 기관 수가 가장 적음

(가) 강릉
(나) 삼척
(다) 평창

① (다)는 동계 올림픽 개최지이다. ← 평창
② (가)는 (나)보다 중심지 기능이 다양하다. ← 고차 중심지일수록 다양함
③ (가)는 (다)보다 인구 규모가 크다.
④ A는 의원보다 서비스를 제공하는 공간적 범위가 넓다.
⑤ B는 의원보다 중심지 기능을 유지하기 위한 최소 요구치가 작다. ✓ 크다

자료 분석

지도에 표시된 지역은 강릉, 평창, 삼척이다. 인구 규모가 클수록 의료 기관 수가 많으므로 의료 기관 수의 합계가 가장 많은 (가)는 인구가 가장 많은 강릉, (나)는 강릉 다음으로 인구가 많은 삼척, 의료 기관 수가 가장 적은 (다)는 인구가 가장 적은 평창이다. 또한 의료 기관 중 수가 가장 적은 A는 고차 중심지인 종합 병원에 해당하고, 종합 병원보다는 수가 많고 의원보다는 수가 적은 B는 병원에 해당한다.

선지 해설

① (다) 평창은 2018년 동계 올림픽이 개최된 곳이다.

② (가) 강릉은 (나) 삼척에 비해 인구 규모가 큰 고차 중심지이므로 종합 병원 등의 의료 기관이 많고 중심지 기능도 다양하다.

③ 고차 중심지인 (가) 강릉은 저차 중심지인 (다) 평창보다 인구 규모가 크다. 2018년 현재 강릉의 인구는 약 22만 명이고, 평창은 약 4만 3천 명이다.

④ A 종합 병원은 의원보다 고차 중심지로, 넓은 배후지를 가지기 때문에 서비스를 제공하는 공간적 범위가 넓다.

⑤ 최소 요구치란 중심지 기능을 유지하기 위한 최소한의 수요 또는 인구를 말하는 것으로, 고차 중심지는 저차 중심지보다 최소 요구치가 크다. 따라서 의원보다 고차 중심지인 B 병원은 의원보다 중심지 기능을 유지하기 위한 최소 요구치가 크다.

그래프는 세 권역의 인구 규모에 따른 도시 및 군(郡) 지역 인구 비율을 나타낸 것이다. (가)~(다) 권역에 대한 설명으로 옳은 것은? (단, (가)~(다)는 각각 수도권, 영남권, 호남권 중 하나임.) [3점]

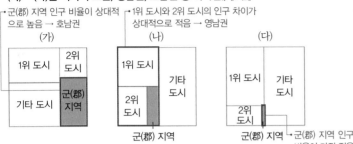

군(郡) 지역 인구 비율이 상대적으로 높음 → 호남권
1위 도시와 2위 도시의 인구 차이가 상대적으로 적음 → 영남권

•해당 권역 총인구에서 지역별 인구가 차지하는 비율을 면적 크기로 나타낸 것임.
••기타 도시는 인구 규모 1, 2위 도시를 제외한 도시임. (2022)

군(郡) 지역 인구 비율이 가장 적음 → 수도권

① (다)는 광역시가 3개이다.
              1개

② (가)의 1위 도시는 (다)의 1위 도시보다 인구가 많다.
                                            적다

✓③ (나)는 (가)보다 지역 내 총생산이 많다.
       └→ 수도권 〉 영남권 〉 충청권 〉 호남권 〉 강원권 〉 제주권 순

④ (가)는 영남권, (나)는 수도권, (다)는 호남권이다.
       호남권   영남권   수도권

⑤ (가)~(다) 중 (나)의 총인구가 가장 많다.
               (다)

| 자료 분석 |

(가)~(다) 중 군(郡) 지역 인구 비율이 가장 높은 (가)는 호남권이다. (나)는 세 지역 중 1위 도시와 2위 도시의 인구 비율 차이가 가장 적은 것으로 보아 부산, 대구와 같은 대도시가 발달한 영남권이다. (다)는 세 지역 중 군(郡) 지역 인구 비율이 가장 적은 지역으로 수도권이다. 수도권은 우리나라에서 군(郡) 지역 인구 비율이 가장 적다.

| 선지 해설 |

① (다) 수도권의 광역시는 인천 1개이다. 광역시가 3개인 권역은 영남권이다. 영남권에 위치한 광역시로는 부산, 대구, 울산이 있다.

② (다) 수도권의 1위 도시는 우리나라 시·군 중 가장 인구가 많은 서울이고, (가) 호남권의 1위 도시는 광주이다. 따라서 (가) 호남권의 1위 도시인 광주(약 147만 명)는 (다) 수도권의 1위 도시인 서울(약 942만 명)보다 인구가 적다(2022년 기준).

③ (나) 영남권은 (가) 호남권보다 인구가 많고 제조업이 발달하였다. 따라서 (나) 영남권(약 517조 원)은 (가) 호남권(약 206조 원)보다 지역 내 총생산이 많다 (2022년 기준).

④ (가)는 군(郡) 지역 인구 비율이 높은 호남권, (나)는 1위 도시와 2위 도시의 인구 비율 차이가 적은 영남권, (다)는 군(郡) 지역 인구 비율이 적은 수도권이다.

⑤ (가)~(다) 중 (다) 수도권의 총인구가 가장 많다. 2022년 기준 총인구는 수도권 〉 영남권 〉 충청권 〉 호남권 〉 강원권 〉 제주권 순으로 많다.

그래프는 인구 규모에 따른 수도권 도시 순위 변화에 관한 것이다. 이에 대한 설명으로 옳은 것만을 〈보기〉에서 고른 것은? [3점]

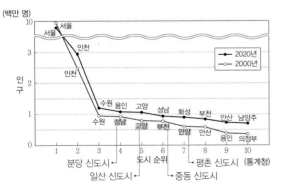

〈 보기 〉
ㄱ. 2000년 4~7위 도시에는 모두 수도권 1기 신도시가 있다.
              1990년대 조성┘   ┌→2배 이상 증가
ㄴ. 2000년 대비 2020년 인구 증가율은 용인이 인천보다 높다.
ㄷ. 2000년 대비 2020년에 새롭게 10위 안에 진입한 도시는 모두
    서울과 행정 구역이 접해 있다.   화성: 접하지 않음
                  └→ 화성, 남양주   낮음
ㄹ. 수도권 내 서울의 인구 집중률은 2020년이 2000년보다 높다.

✓① ㄱ, ㄴ   ② ㄱ, ㄷ   ③ ㄴ, ㄷ   ④ ㄴ, ㄹ   ⑤ ㄷ, ㄹ

출제 경향

수도권 도시의 인구 규모와 순위 변화를 그래프로 제시하고 수도권 도시의 발달 과정을 묻는 문항이 출제된다. 위성 도시, 신도시를 비롯하여 수도권에서 발달하고 있는 도시를 정리해 두어야 한다.

| 보기 해설 |

ㄱ. 2000년 인구 4위인 성남에는 분당 신도시, 5위인 고양에는 일산 신도시, 6위인 부천에는 중동 신도시, 7위인 안양에는 평촌 신도시가 위치해 있다. 이들 신도시는 모두 1990년대에 조성된 수도권 1기 신도시이다.

ㄴ. 용인은 2000년 대비 2020년 인구가 50만 명 이하에서 100만 명 이상으로 두 배 이상 증가하였다. 인천은 2000년 대비 2020년 인구가 약 250만 명에서 300만 명으로 두 배 이하로 증가하였다. 따라서 2000년 대비 2020년 인구 증가율은 용인이 인천보다 높다.

ㄷ. 2000년 대비 2020년에 새롭게 10위 안에 진입한 도시 중 남양주는 서울과 행정 구역이 접해 있으나 화성은 서울과 행정 구역이 접해 있지 않다.

ㄹ. 수도권의 다른 도시는 인구가 증가한 반면, 서울은 2000년에 비해 2020년 인구가 오히려 감소하였다. 따라서 수도권 내 서울의 인구 집중률은 2020년이 2000년보다 낮다.

그래프에 대한 설명으로 옳은 것은? (단, (가)~(다)는 각각 수도권, 영남권, 호남권 중 하나임.) [3점]

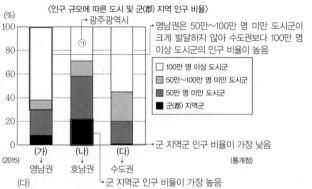

〈인구 규모에 따른 도시 및 군(郡) 지역 인구 비율〉

영남권은 50만~100만 명 미만 도시군이 크게 발달하지 않아 수도권보다 100만 명 이상 도시군의 인구 비율이 높음

- □ 100만 명 이상 도시군
- ▨ 50만~100만 명 미만 도시군
- ▩ 50만 명 미만 도시군
- ■ 군(郡) 지역군

군 지역군 인구 비율이 가장 낮음

(2015) (가) 영남권 (나) 호남권 (다) 수도권 (통계청)

군 지역군 인구 비율이 가장 높음

(다)
① (가)에는 우리나라 최상위 계층의 도시가 위치한다.
  └→ 서울특별시
✓② (나)의 ㉠은 광역시이다.
        적다
③ (나)는 (가)보다 총인구가 많다.
        낮다
④ (나)는 (다)보다 도시화율이 높다. 있지 않다
⑤ (나)와 (다)의 행정 구역 경계는 맞닿아 있다.

| 자료 분석 |

(가)는 세 권역 중 100만 명 이상 도시군의 인구 비율이 가장 높으므로 영남권이다. 영남권은 부산·대구·울산광역시와 창원시가 인구 100만 명을 넘는다. 하지만 그 외 50만~100만 명 미만 도시는 크게 발달하지 않아 100만 명 이상 도시군의 인구 비율이 수도권보다 높다. (나)는 세 권역 중 군(郡) 지역군의 인구 비율이 가장 높으므로 촌락의 비율이 높은 호남권이다. (다)는 세 권역 중 군(郡) 지역군의 인구 비율이 가장 낮으므로 우리나라에서 도시가 가장 발달한 수도권이다.

| 선지 해설 |

① 우리나라 최상위 계층의 도시는 서울특별시로 (다) 수도권에 위치한다.
②(나) 호남권에서 인구 100만 명 이상의 도시에 해당하는 ㉠은 광주광역시이다.
③ 총인구는 (다) 수도권 〉(가) 영남권 〉(나) 호남권 순으로 많다. (나) 호남권은 (가) 영남권보다 총인구가 적다.
④ 우리나라 권역 중 도시화율은 (다) 수도권이 가장 높다. 반면 (나) 호남권은 촌락 지역이 많아 (다) 수도권보다 도시화율이 낮다.
⑤ (다) 수도권은 강원권, 충청권과 행정 구역 경계가 맞닿아 있다. (나) 호남권과 (다) 수도권의 행정 구역 경계는 맞닿아 있지 않다.

그래프는 인구 규모에 따른 권역별 도시 분포에 관한 것이다. 이에 대한 설명으로 옳은 것만을 〈보기〉에서 고른 것은? (단, (가)~(라)는 각각 수도권, 영남권, 충청권, 호남권 중 하나임.)

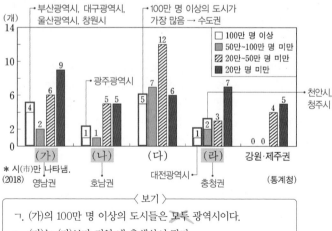

부산광역시, 대구광역시, 울산광역시, 창원시

100만 명 이상의 도시가 가장 많음 → 수도권

- □ 100만 명 이상
- ▨ 50만~100만 명 미만
- ▨ 20만~50만 명 미만
- ■ 20만 명 미만

광주광역시

천안시, 청주시

* 시(市)만 나타냄.
(2018) (가) 영남권 (나) 호남권 (다) 대전광역시 (라) 충청권 강원·제주권 (통계청)

〈 보기 〉
ㄱ. (가)의 100만 명 이상의 도시들은 모두 광역시이다.
ㄴ. (다)는 (가)보다 지역 내 총생산이 많다.
ㄷ. (다)는 (라)보다 도시 거주 인구 비율이 높다.
  └→(다) 수도권이 가장 높음
ㄹ. (가)는 수도권, (나)는 충청권, (다)는 영남권, (라)는 호남권이다.
       영남권   호남권   수도권   충청권

① ㄱ, ㄴ ② ㄱ, ㄷ ✓③ ㄴ, ㄷ ④ ㄴ, ㄹ ⑤ ㄷ, ㄹ

| 자료 분석 |

(다)는 우리나라 권역 중 100만 명 이상의 도시가 5개로 가장 많으므로 우리나라 인구의 절반 이상이 분포하며 도시가 가장 발달한 수도권이다. (가)는 (다) 수도권 다음으로 100만 명 이상의 도시가 많으므로 영남권이다. (나)와 (라) 모두 100만 명 이상의 도시가 1개로 동일하지만 (라)는 (나)보다 50만~100만 명 미만의 도시가 많으며 20만 명 미만의 도시 역시 더 많다. 따라서 (라)는 충청권, (나)는 호남권이다.

| 보기 해설 |

ㄱ. (가) 영남권 중 부산광역시, 대구광역시, 울산광역시, 창원시는 인구가 100만 명 이상인 도시에 해당하는데 이 중 창원시는 광역시가 아니다.
ㄴ 지역 내 총생산은 대체로 인구가 많을수록 많다. 지역 내 총생산은 (다) 수도권 〉(가) 영남권 〉(라) 충청권 〉(나) 호남권 〉 강원·제주권 순으로 많다.
ㄷ 해당 권역의 총인구에서 도시 인구가 차지하는 비율인 도시 거주 인구 비율은 (다) 수도권이 우리나라 권역 중 가장 높다. 따라서 (다) 수도권은 (라) 충청권보다 도시 거주 인구 비율이 높다.
ㄹ. (가)는 영남권, (나)는 호남권, (다)는 수도권, (라)는 충청권이다.

그래프는 우리나라의 인구 규모별 도시 수 변화를 나타낸 것이다. 이에 대한 설명으로 옳은 것만을 〈보기〉에서 고른 것은? [3점]

(개)
└ 고차 계층의 도시군일수록 도시 수가 적음

C: 20만 명~50만 명 미만 도시군　D: 20만 명 미만 도시군

*A~D는 20만 명 미만, 20만 명~50만 명 미만, 50만 명~100만 명 미만, 100만 명 이상 도시 군 중 하나임

A: 100만 명 이상 도시군　B: 50만 명~100만 명 미만 도시군

(통계청)

〈보기〉

수도권
ㄱ. 2017년 B에 속한 도시가 가장 많은 권역은 영남권이다.

ㄴ. A 도시들은 C 도시들보다 배후 지역의 평균 범위가 넓다.

ㄷ. A 도시들의 총인구는 D 도시들의 총인구보다 많다.

가깝다
ㄹ. D 도시들은 B 도시들보다 도시 간 평균 거리가 멀다.

① ㄱ, ㄴ　② ㄱ, ㄷ　✔③ ㄴ, ㄷ　④ ㄴ, ㄹ　⑤ ㄷ, ㄹ

| 자료 분석 |

고차 계층의 도시군은 도시 수는 적은 반면 인구수는 많고, 저차 계층의 도시군은 도시 수는 많은 반면 인구수는 적다. 따라서 2017년 기준 도시 수가 가장 적은 A는 100만 명 이상 도시군, B는 50만 명~100만 명 미만 도시군, C는 20만 명~50만 명 미만 도시군, 도시 수가 가장 많은 D는 20만 명 미만 도시군이다.

| 보기 해설 |

ㄱ. 2017년 50만 명~100만 명 미만 도시군인 B에 속한 도시가 가장 많은 권역은 인구의 절반 이상이 분포하는 수도권이다.

ㄴ. 중심지로부터 중심 기능을 제공받는 공간 범위인 배후 지역의 범위는 고차 계층의 도시가 저차 계층의 도시보다 넓다. 따라서 100만 명 이상 도시군인 A는 20만 명~50만 명 미만 도시군인 C보다 배후 지역의 평균 범위가 넓다.

ㄷ. 100만 명 이상 도시군인 A는 도시 수는 적지만, 우리나라 인구 순위 1위에 해당하는 서울특별시와 인구 순위 2위에 해당하는 부산광역시를 포함하고 있으므로, A는 모든 시기에 20만 명 미만 도시군인 D보다 총인구가 많다.

ㄹ. 저차 계층의 도시일수록 도시 수가 많아 도시 간 평균 거리가 가깝다. 따라서 20만 명 미만 도시군인 D 도시들은 50만 명~100만 명 미만 도시군인 B 도시들보다 도시 간 평균 거리가 가깝다.

12 일차

자료는 도시 순위와 인구 변화에 관한 것이다. 이에 대한 옳은 설명을 〈보기〉에서 고른 것은?

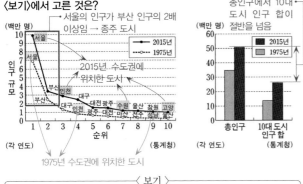

서울의 인구가 부산 인구의 2배 이상임 → 종주 도시
2015년 수도권에 위치한 도시
(백만 명)
(각 연도)　순위　(통계청)
1975년 수도권에 위치한 도시

총인구에서 10대 도시 인구 합이 절반을 넘음
(백만 명)
총인구　10대 도시 인구 합
(각 연도)　(통계청)

〈보기〉

ㄱ. 종주 도시로서 서울의 지위는 유지되었다.
└ 부산 인구의 2배 이상

ㄴ. 10대 도시 중 수도권에 위치한 도시의 수는 2015년이 1975년에 비해 많다.
└ 4개　└ 3개

ㄷ. 총인구에서 10대 도시 인구 합이 차지하는 비중은 2015년이 1975년에 비해 낮다.
높다 └ 부산, 인천, 대구, 대전, 광주, 울산

ㄹ. 2015년 기준 6대 광역시 중 1975년에 비해 2015년 인구가 가장 많이 증가한 도시는 부산이다.
인천

✔① ㄱ, ㄴ　② ㄱ, ㄷ　③ ㄴ, ㄷ　④ ㄴ, ㄹ　⑤ ㄷ, ㄹ

| 자료 분석 |

제시된 그래프를 보면 서울 인구는 1960년 이후로 부산 인구의 2배 이상으로 종주 도시화 현상이 나타나고 있다. 또한 1975년에 비해 2015년에 수도권에 위치한 도시의 수가 많아졌으며, 총인구에서 10대 도시 인구 합이 차지하는 비중도 높아졌음을 알 수 있다. 2015년 기준 우리나라 인구 순위 10대 도시에는 서울과 6대 광역시에 수원, 창원, 고양이 포함된다.

| 보기 해설 |

ㄱ. 종주 도시는 1위 도시의 인구수가 2위 도시 인구수의 2배 이상인 도시를 의미한다. 인구 규모 1위 도시인 서울은 2위 도시인 부산에 비해 1975년과 2015년 모두 인구수가 두 배 이상이므로 종주 도시로서 서울의 지위는 유지되고 있다.

ㄴ. 10대 도시 중 수도권에 위치한 도시는 1975년에는 서울, 인천, 성남으로 총 3개이며, 2015년에는 서울, 인천, 수원, 고양으로 총 4개이다. 따라서 10대 도시 중 수도권에 위치한 도시의 수는 2015년이 1975년에 비해 많다.

ㄷ. 1975년에 총인구에서 10대 도시 인구 합이 차지하는 비중이 절반을 넘지 않는다. 반면 2015년에 총인구에서 10대 도시 인구 합이 차지하는 비중이 절반을 넘는다. 따라서 총인구에서 10대 도시 인구 합이 차지하는 비중은 2015년이 1975년에 비해 높다.

ㄹ. 2015년 기준 6대 광역시 중 1975년에 비해 2015년에 인구가 가장 많이 증가한 도시는 부산이 아니라 약 200만 명이 증가한 인천이다.

사진은 수도권에 있는 ○○ 지역의 시기별 모습을 나타낸 것이다. 이 지역의 1997년과 비교한 2019년의 상대적 특성을 그림의 A~E에서 고른 것은?

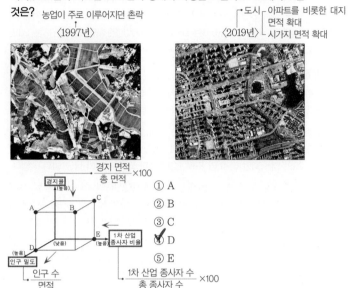

농업이 주로 이루어지던 촌락
〈1997년〉

도시 ┌아파트를 비롯한 대지 면적 확대
〈2019년〉└시가지 면적 확대

경지 면적 / 총 면적 ×100

① A
② B
③ C
④ D
⑤ E

1차 산업 종사자 수 / 총 종사자 수 ×100

| 자료 분석 |

지도에 제시된 ○○ 지역의 〈1997년〉 사진을 보면 농업이 주로 이루어지던 촌락 지역이었다. 〈2019년〉 지도를 보면 경지는 거의 사라지고 아파트를 비롯해 시가지의 면적이 확대되면서 도시적 경관이 나타나고 있다.

| 선지 해설 |

④ D

[경지율] 전체 면적에서 경지가 차지하는 비율인 경지율은 1997년이 높고 2019년이 낮다.

[1차 산업 종사자 비율] 종사자 수에서 1차 산업 종사자가 차지하는 비율인 1차 산업 종사자 비율은 농업이 주로 이루어지던 1997년이 높고 2019년이 낮다. 2019년에는 1997년보다 1차 산업 종사자 비율이 낮아지고, 2·3차 산업 종사자 비율이 증가하였을 것이다.

[인구 밀도] 인구 밀도는 도시가 촌락보다 높다. 1997년은 시가지의 면적이 넓지 않은 반면, 2019년은 시가지의 면적이 넓으므로 인구 밀도는 2019년이 1997년보다 높다.

그래프에 대한 설명으로 옳은 것만을 〈보기〉에서 고른 것은? (단, A~C 는 각각 20만 명 미만, 20만 명~50만 명 미만, 50만 명~100만 명 미만 도시군 중 하나임.)

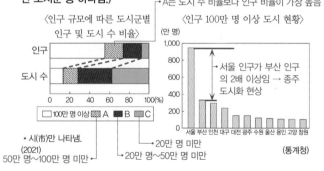

A는 도시 수 비율보다 인구 비율이 가장 높음
〈인구 규모에 따른 도시군별 인구 및 도시 수 비율〉

인구
도시 수

□100만 명 이상 ▨A ■B ▨C

•시(市)만 나타냄.
(2021)
50만 명~100만 명 미만
20만 명~50만 명 미만
20만 명 미만

〈인구 100만 명 이상 도시 현황〉
(만 명)
1,000
800
600
400
200
0
서울 부산 인천 대구 대전 광주 수원 울산 용인 고양 창원

서울 인구가 부산 인구의 2배 이상임 → 종주 도시화 현상

(통계청)

〈 보기 〉

ㄱ. A도시들은 B도시들보다 배후 지역의 평균 범위가 좁다.
ㄴ. B도시들은 C도시들보다 중심지 기능이 다양하다. 넓다
ㄷ. 우리나라는 종주 도시화 현상이 나타난다.
ㄹ. 인구 100만 명 이상 도시는 50% 이상이 도(道)에 속한다. 특별시 및 광역시

① ㄱ, ㄴ ② ㄱ, ㄷ ③ ㄴ, ㄷ ④ ㄴ, ㄹ ⑤ ㄷ, ㄹ

| 자료 분석 |

〈인구 규모에 따른 도시군별 인구 및 도시 수 비율〉 그래프에서 도시 수 비율보다 인구 비율이 가장 높은 A는 50만 명~100만 명 미만 도시군이다. 도시 수 비율 대비 인구 비율이 가장 낮은 C는 20만 명 미만 도시군이다. 나머지 B는 20만 명~50만 명 미만 도시군이다.

| 선지 해설 |

ㄱ. A 50만 명~100만 명 미만 도시군의 도시들은 B 20만 명~50만 명 미만 도시군의 도시들보다 고차 계층의 도시이므로 배후 지역의 평균 범위가 넓다.

ㄴ. B 20만 명~50만 명 미만 도시군의 도시들은 C 20만 명 미만 도시군의 도시들보다 고차 계층의 도시이며 중심지 기능이 다양하다.

ㄷ. 우리나라 인구 1위 도시인 서울은 인구 2위 도시인 부산보다 인구가 2배 이상 많다. 따라서 우리나라는 종주 도시화 현상이 나타난다. 우리나라는 산업화 과정에서 많은 인구가 대도시로 유입되었으며, 특히 서울의 과도한 인구 집중으로 종주 도시화 현상이 나타났다.

ㄹ. 2021년 기준 우리나라의 100만 명 이상 도시는 총 11개이며, 이 중 도(道)에 속하는 도시는 수원, 용인, 고양, 창원 포함 총 4개이다. 따라서 인구 100만 명 이상 도시 중 도(道)에 속하는 비율은 50% 미만이다.

15 도시 발달 22학년도 7월 학평 20번

정답 ① | 정답률 56%

그래프에 대한 설명으로 옳은 것은? (단, (가)~(다)와 A~C는 각각 수도권, 충청권, 호남권 중 하나임.) [3점]

B 충청권: 수도권과 인접하여 1990년대 이후 인구 증가

〈인구 변화〉

A 수도권: 인구가 (가) 지속적으로 증가

100만 명 이상 도시군의 인구 비율이 가장 높음 → (가) 수도권

〈인구 규모에 따른 도시 및 군(郡) 지역의 인구 비율(2020년)〉

(나) 충청권

전주

청주, 천안

군(郡) 지역군의 인구 비율이 가장 높음 → (다) 호남권

* 2000년 인구를 100으로 했을 때 해당 연도의 상댓값임.

C 호남권: 이촌 향도 현상으로 인구 감소

- 100만 명 이상 도시군
- 50만~100만 명 미만 도시군
- 50만 명 미만 도시군
- 군(郡) 지역군

(통계청)

✓① (가)는 (나)보다 총인구가 많다.

② (가)와 (다)는 행정 구역의 경계가 맞닿아 있다.
　　　　　　　　　　　　　　　　　　있지 않다

③ A는 B보다 100만 명 이상의 도시 수가 적다.
　　　　　　　　　　　　　　　　　　　많다

④ C는 A보다 도시화율이 높다.
　　　　　　　　　　낮다
　┌ 특별시: 서울
　├ 광역시: 부산, 대구, 인천, 광주, 대전, 울산
　└ 특례시: 수원, 용인, 고양, 창원

⑤ (가)는 B, (나)는 A, (다)는 C이다.
　　　　A　　　　B

| 자료 분석 |

〈인구 변화〉 그래프에서 (가)는 1980년 이후 인구가 지속적으로 증가하였으므로 수도권이다. (나)는 1995년부터 인구가 증가하였으므로 수도권에 인접한 충청권이다. (다)는 1980년 이후 인구가 감소하였으므로 호남권이다. 〈인구 규모에 따른 도시 및 군(郡) 지역의 인구 비율(2020년)〉 그래프에서 A는 A~C 중에서 100만 명 이상 도시군의 인구 비율이 가장 높으므로 수도권이다. B는 C보다 군(郡) 지역군의 인구 비율이 낮으므로 충청권이다. C는 A~C 중에서 군(郡) 지역군의 인구 비율이 가장 높으므로 호남권이다.

| 선지 해설 |

① 서울, 경기, 인천으로 구성된 수도권에는 우리나라 인구의 약 50%가 집중해 있다. 따라서 (가) 수도권은 (나) 충청권보다 총인구가 많다.

② (가) 수도권은 강원권, 충청권과 행정 구역의 경계가 맞닿아 있으며, (다) 호남권은 충청권, 영남권과 행정 구역의 경계가 맞닿아 있다. 따라서 (가) 수도권과 (다) 호남권은 행정 구역의 경계가 맞닿아 있지 않다.

③ 100만 명 이상 도시의 수는 A 수도권이 5개(서울, 인천, 수원, 용인, 고양), B 충청권이 1개(대전)이다. 따라서 A 수도권은 B 충청권보다 100만 명 이상 도시군의 인구 비율이 높으며, 100만 명 이상 도시 수도 많다.

④ 군(郡) 지역군의 인구 비율이 높을수록 촌락적 성격이 강하며 도시화율이 낮다. 따라서 군(郡) 지역군의 인구 비율이 높은 C 호남권은 A 수도권보다 도시화율이 낮다.

⑤ 수도권인 (가)는 A이며, 충청권인 (나)는 B이고, 호남권인 (다)는 C이다.

16 도시 체계 24학년도 5월 학평 13번

정답 ③ | 정답률 87%

표는 지도에 표시된 세 지역의 교육 기관 수를 나타낸 것이다. 이에 대한 설명으로 옳은 것은? (단, A~C는 각각 대학교, 고등학교, 초등학교 중 하나임.) [3점]

교육 기관 수
ㄴ 인구 규모에 대체로 비례함
ㄴ 대구 > 포항 > 문경

교육 기관 수: 초등학교 > 고등학교 > 대학교
평균 통학권 범위: 대학교 > 고등학교 > 초등학교

(단위: 개)

교육 기관 지역	A 초등 학교	B 고등 학교	C 대학교
(가) 문경	20	6	1
(나) 포항	68	28	4
(다) 대구	241	98	13

* 대학교는 전문대학을 포함함. (2023)

0　20km

문경: (가)

포항: (나)

대구: (다)

① (가)는 광역시이다.
　(다)

② (나)는 (다)보다 보유하고 있는 중심지 기능이 다양하다.
　(다)　　(나)

✓③ (가)~(다) 중 서울로의 고속버스 운행 횟수가 가장 많은 지역은 (다)이다.
　　　　└ 대체로 인구 규모가 클수록 많음

④ A는 C보다 학생들의 평균 통학권 범위가 넓다.
　　　　　　　　　　　　　　　　　좁다

⑤ A는 대학교, B는 고등학교, C는 초등학교이다.
　초등학교　　　　　　　　　　대학교

| 자료 분석 |

지도의 세 지역은 왼쪽부터 문경, 대구, 포항이다. (가)는 세 지역 중 교육 기관의 수가 가장 적으므로 세 지역 중 인구 규모가 가장 작은 문경이다. (다)는 세 지역 중 교육 기관 수가 가장 많으므로 세 지역 중 인구 규모가 가장 큰 대구이다. 나머지 (나)는 포항이다. 교육 기관 수는 초등학교 > 고등학교 > 대학교 순으로 많으므로 교육 기관 수가 가장 많은 A는 초등학교, 두 번째로 많은 B는 고등학교, 가장 적은 C는 대학교이다.

| 선지 해설 |

① (가) 문경은 시(市)이다. 지도에서 광역시는 (다) 대구이다.

② (나) 포항은 제철 공업을 중심으로 발달한 도시이지만 (다) 대구에 비해 행정, 문화 등의 중심 기능은 다소 제한적이다. 반면, (다) 대구는 광역시로 경제, 교육, 의료, 행정 등 다양한 분야에서 중심 기능을 수행하고 있다. 따라서 (다) 대구는 (나) 포항보다 보유하고 있는 중심지 기능이 다양하다.

③ 서울로의 고속버스 운행 횟수는 인구 규모가 큰 지역일수록 많은 경향이 있다. 따라서 (가)~(다) 중 서울로의 고속버스 운행 횟수가 가장 많은 지역은 세 지역 중 인구 규모가 가장 큰 (다) 대구이다.

④ A 초등학교는 학생들이 일반적으로 거주지 근처의 학교로 통학하므로 평균 통학 거리가 짧은 반면, C 대학교는 학생들이 거주하는 곳과 학교가 멀리 떨어진 경우가 많아 평균 통학 거리가 상대적으로 길다. 따라서 A 초등학교는 C 대학교보다 학생들의 평균 통학권 범위가 좁다.

⑤ A는 교육 기관 수가 가장 많은 초등학교, B는 교육 기관 수가 중간인 고등학교, C는 교육 기관 수가 가장 적은 대학교이다.

17 도시 체계 20학년도 6월 모평 7번

정답 ⑤ | 정답률 71%

표는 지도에 표시된 세 지역의 의료 기관 수를 나타낸 것이다. 이에 대한 설명으로 옳은 것은? (단, (가), (나)는 의원, 종합 병원 중 하나임.) [3점]

의료 기관 지역	종합 병원 (가)	병원	의원 (나)
A→의성	0	2	19
B→구미	3	10	204
C→대구	12	111	1,666

(2016) (통계청)

(가) → 중심지 수가 적은 고차 중심지
(나) → 중심지 수가 많은 저차 중심지

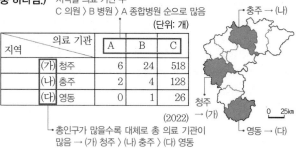

① A는 ~~구미이다.~~ 의성
② B는 C보다 인구가 ~~많다.~~ 적다
③ C는 A보다 중심지 기능의 수가 ~~적다.~~ 많다
④ (나)는 병원보다 의료 기관당 서비스를 제공하는 공간 범위가 ~~넓다.~~ 좁다
  └ 고차 중심지일수록 넓음
✔ ⑤ (가)는 (나)보다 최소 요구치가 크다.
  └ 고차 중심지일수록 큼

출제 경향

도시(중심지)의 계층에 따라 형성되는 고차 중심지와 저차 중심지를 구분하고, 그 차이점을 비교하는 문항이 출제되고 있다. 도시 간 상호 작용은 도시 간 거리가 가까울수록, 인구 규모가 클수록 많아진다는 사실을 이용하여 도시 체계를 파악하는 연습이 필요하다.

자료 분석

지도에 표시된 세 지역은 대구광역시, 경북 구미, 경북 의성이다. 의료 기관의 수가 많을수록 인구 규모가 큰 지역이므로 의료 기관 수가 가장 많은 C는 인구 규모가 가장 큰 대구, B는 구미, 의료 기관 수가 가장 적은 A는 인구 규모가 가장 작은 의성이다. 또한 고차 중심지일수록 더 많은 최소 요구치를 요구하므로 인구 규모가 큰 지역에 주로 분포하며 중심지 수도 적다. 따라서 주로 대도시인 대구에 분포하며 그 수가 적은 고차 중심지인 (가)는 종합 병원, 그 수가 많은 저차 중심지인 (나)는 의원이다.

선지 해설

① A는 의성, B는 구미, C는 대구이다.

② 지역의 인구 규모는 C 대구 〉 B 구미 〉 A 의성 순으로 크다. 따라서 B 구미는 C 대구보다 인구가 적다.

③ C 대구는 A 의성보다 고차 중심지이기 때문에 중심지 기능의 수가 더 많다.

④ 저차 중심지인 (나) 의원은 상대적으로 고차 중심지인 병원보다 의료 기관당 서비스를 제공하는 공간 범위가 좁다.

⑤ 고차 중심지인 (가) 종합 병원은 저차 중심지인 (나) 의원보다 중심지의 기능 유지를 위한 최소 요구치가 크다.

---

18 도시 체계 23학년도 10월 학평 13번

정답 ④ | 정답률 81%

표는 지도에 표시된 세 지역의 유형별 의료 기관 수를 나타낸 것이다. 이에 대한 설명으로 옳은 것은? (단, A~C는 각각 병원, 의원, 종합병원 중 하나임.)

지역별 의료 기관 수
C 의원 〉 B 병원 〉 A 종합병원 순으로 많음

(단위: 개)

의료 기관 지역	A	B	C
(가) 청주	6	24	518
(나) 충주	2	4	128
(다) 영동	0	1	26

(2022)

총인구가 많을수록 대체로 총 의료 기관이 많음 → (가) 청주 〉 (나) 충주 〉 (다) 영동

① (나)는 (가)보다 총인구가 ~~많다.~~ 적다
② (다)는 (나)보다 중심지 기능이 ~~다양하다.~~ 다양하지 않다
③ (가), (다)는 모두 충청도라는 지명 유래가 된 지역이다. (나) 충주
✔ ④ A는 B보다 서비스를 제공하는 공간적 범위가 넓다.
  └ 고차 중심지 〉 저차 중심지
⑤ C는 B보다 의료 기관당 일일 평균 방문 환자 수가 ~~많다.~~ 적다

자료 분석

지도에 표시된 세 지역은 충주, 청주, 영동이다. 지역의 유형별 의료 기관 수 합계는 인구가 많은 도시일수록 높다. 따라서 지역의 유형별 의료 기관 합계가 가장 많은 (가)는 세 지역 중 인구가 가장 많은 청주이며, 두 번째로 유형별 의료 기관의 합계가 가장 많은 (나)는 충주이다. 나머지인 (다)는 유형별 의료 기관의 합계가 가장 적은 지역으로 세 지역 중 인구가 가장 적은 영동이다. 한편 A~C 중 각 지역에서 의료 기관 수가 가장 적은 A는 종합병원, 두 번째로 적은 B는 병원, 가장 많은 C는 의원이다.

선지 해설

① 충북에서 인구가 가장 많은 도시는 청주이다. (가)~(다)는 청주〉충주〉영동 순으로 인구가 많다. 따라서 (나) 충주는 (가) 청주보다 총인구가 적다.

② 도시 인구수가 많을수록 대체로 고차 계층 도시로 도시의 중심지 기능이 다양하다. (다) 영동은 (나) 충주보다 인구가 적은 도시로 상대적으로 저차 계층 도시이며 도시의 기능이 다양하지 않다.

③ 충청도라는 지명 유래는 (나) 충주와 (가) 청주의 앞 글자에서 유래하였다. 따라서 (다) 영동은 충청도라는 지명 유래가 된 지역이 아니다.

④ A 종합병원은 B 병원보다 고차 중심지이다. 일반적으로 고차 중심지일수록 중심지가 영향을 끼치는 재화의 도달 범위가 넓게 나타난다. 따라서 A 종합병원은 B 병원보다 서비스를 제공하는 공간적 범위가 넓다.

⑤ C 의원은 B 병원보다 저차 중심지이다. 일반적으로 저차 중심지일수록 중심지가 유지되기 위한 최소한의 수요인 최소 요구치가 적으므로 의료 기관당 일일 평균 방문 환자 수가 적다. 따라서 C 의원은 B 병원보다 의료 기관당 일일 평균 방문 환자 수가 적다.

19 도시 발달 20학년도 10월 학평 9번

정답 ① | 정답률 67%

다음은 한국지리 수업 장면이다. 발표 내용이 옳은 학생만을 고른 것은? [3점]

(가) 서울 ┐─ 우리나라에서 인구가 가장 많음
└─ 1990년대 이후 교외화 현상으로 인구 감소

(백만 명)

이 그래프는 우리나라 인구 규모 상위 4개 도시의 인구 변화를 나타낸 것입니다. 이에 대해 발표해 볼까요?

(다) 인천광역시: 2018년 기준 대구광역시보다 인구 많음.

(나) 부산광역시

＊도시 인구는 해당 연도의 행정 구역을 기준으로 함.

(라) 대구광역시

1980 1990 2000 2010 2018 (년)

갑 / 을 / 병 / 정

갑: 1980년, 2018년 모두 종주 도시화 현상이 나타납니다.
└ 1위 도시 인구 > 2위 도시 인구×2

을: 1990년대 이후 (가) 인구가 감소한 원인 중 하나는 교외화 현상입니다.
└ 대도시의 인구가 주변의 위성 도시로 이동함

병: (라)는 (나)보다 지역 내 총생산이 많습니다.
적다

정: (나), (다), (라)는 모두 영남권에 속합니다.

① 갑, 을 ② 갑, 정 ③ 을, 병 ④ 을, 정 ⑤ 병, 정

자료 분석

(가)는 우리나라에서 인구가 가장 많은 도시로 2018년 기준 약 1,000만 명이 되지 않으므로 서울특별시이다. (나)는 서울 다음으로 인구가 많으므로 부산광역시이다. (다)는 1980년에는 (라)보다 인구가 적었으나 2018년 기준 우리나라에서 인구가 세 번째로 많으므로 인천광역시이다. 2018년 기준 인천광역시 다음으로 인구가 많은 (라)는 대구광역시이다.

선지 해설

갑. 종주 도시화 현상은 1위 도시의 인구수가 2위 도시의 인구수의 2배보다 많은 현상이다. 1980년 (가)의 인구는 (나)의 두 배 이상이며 2018년 역시 두 배 이상이므로 두 연도 모두 종주 도시화 현상이 나타난다.

을. 1990년대 이후 (가) 서울특별시의 인구가 감소한 원인 중 하나는 경기도의 위성 도시와 인천광역시로 인구가 이동하는 교외화 현상 때문이다.

병. 지역 내 총생산은 대체로 인구가 많은 지역일수록 많으므로 (라) 대구광역시는 (나) 부산광역시보다 지역 내 총생산이 적다.

정. (가) 서울특별시와 (다) 인천광역시는 수도권에 속하며 (나) 부산광역시와 (라) 대구광역시는 영남권에 속한다.

20 원교 촌락과 대도시 근교 지역 21학년도 6월 모평 10번

정답 ③ | 정답률 84%

그래프의 (나) 지역에 대한 (가) 지역의 상대적 특성으로 옳은 것은? (단, (가), (나)는 각각 지도에 표시된 두 지역 중 하나임.)

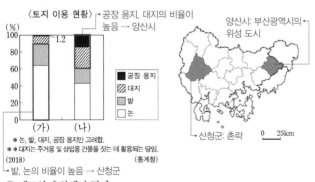

〈토지 이용 현황〉→ 공장 용지, 대지의 비율이 높음 → 양산시

(%)

양산시: 부산광역시의 위성 도시

■ 공장 용지
▨ 대지
▤ 밭
□ 논

(가) (나)

＊논, 밭, 대지, 공장 용지만 고려함.
＊＊대지는 주거용 및 상업용 건물을 짓는 데 활용되는 땅임.
(2018) (통계청)
└ 밭, 논의 비율이 높음 → 산청군

산청군: 촌락
0 25km

① 제조업 출하액이 많다.
적다
② 아파트 거주 가구 비율이 높다.
낮다
③ 전체 가구 중 농가 비율이 높다.
└ 촌락 > 도시
④ 최근 10년 내 신축된 주택 수가 많다.
└ 인구 유입, 도시 발달 시 많음   적다
⑤ 부산으로 연결되는 버스 운행 횟수가 많다.
└ 도시 간 상호 작용이 많을수록 버스 운행 횟수가 많음

자료 분석

지도에 표시된 지역은 경상남도 산청군과 양산시이다. (가)는 논, 밭의 토지 이용 비율이 (나)보다 높으므로 촌락인 산청군이다. (나)는 공장 용지와 대지의 토지 이용 비율이 (가)보다 높으므로 도시인 양산시이다.

선지 해설

① 〈토지 이용 현황〉 그래프에서 (가)는 공장 용지의 비율이 1.2%인 반면 (나)는 15%를 넘는다. 촌락인 (가) 산청군은 공업이 크게 발달하지 않아 (나) 양산시보다 제조업 출하액이 적다.

② 아파트 거주 가구 비율은 도시가 촌락보다 높다. 따라서 (가) 산청군은 (나) 양산시보다 아파트 거주 가구 비율이 낮다.

③ 전체 가구 중 농가 비율은 촌락인 (가) 산청군이 (나) 양산시보다 높다.

④ (나) 양산시는 부산광역시의 대표적인 위성 도시로 최근에도 청장년층을 중심으로 인구가 유입되고 있다. 반면 촌락인 (가) 산청군은 이촌 향도 현상에 따른 인구 유출이 나타나고 있다. 따라서 최근 10년 내 신축된 주택 수는 (가) 산청군이 (나) 양산시보다 적다.

⑤ 도시 간 상호 작용이 많을수록 버스 운행 횟수가 많다. 따라서 부산으로 연결되는 버스 운행 횟수는 부산과 인접해 있으며 (가) 산청군보다 인구가 많은 (나) 양산시가 많다.

13
일차

01 ③	02 ③	03 ②	04 ③	05 ②	06 ②	07 ②	08 ⑤	09 ②	10 ②	11 ④	12 ②
13 ②	14 ①	15 ②	16 ④	17 ②	18 ③	19 ⑤	20 ⑤	21 ④	22 ③	23 ①	24 ④
25 ①	26 ⑤	27 ③	28 ①	29 ⑤	30 ②	31 ⑤	32 ②				

문제편 116~123쪽

---

01 도시 내부 구조 25학년도 9월 모평 10번

정답 ③ | 정답률 78%

지도는 네 구(區)의 주간 인구 지수를 나타낸 것이다. A~D에 대한 설명으로 옳은 것은? [3점]

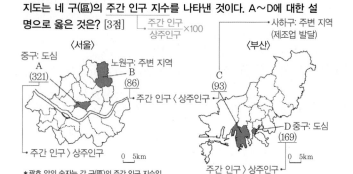

* 괄호 안의 숫자는 각 구(區)의 주간 인구 지수임.
(2020)

① A는 B보다 상주인구가 많다. ~~적다.~~
② B는 A보다 통근·통학 유입 인구가 많다. ~~적다.~~
✓③ C는 D보다 제조업 사업체 수가 많다.
④ D는 A보다 금융 및 보험업 사업체 수가 많다. ~~적다~~
⑤ D는 C보다 초등학교 학생 수가 많다. ~~적다~~ ~~적다~~

| 자료 분석 |

〈서울〉 지도의 A는 도심이 위치하여 주간 인구 지수가 300 이상으로 높은 서울 중구이며, B는 주거 기능이 발달한 주변 지역에 해당하여 주간 인구 지수가 100 이하인 서울 노원구이다. 〈부산〉 지도의 C는 부산의 주변 지역에 해당하여 주간 인구 지수가 100 이하인 부산 사하구이며, D는 도심이 위치하여 주간 인구 지수가 100 이상인 부산 중구이다.

| 선지 해설 |

① A 서울 중구는 주거 기능이 발달한 B 서울 노원구보다 상주인구가 적다.

② 주거 기능이 발달한 B 서울 노원구는 상업·업무 기능이 발달한 A 서울 중구보다 통근·통학 유출 인구가 많고, 통근·통학 유입 인구는 적다.

③ 주변 지역에 해당하는 C 부산 사하구는 상업·업무 기능이 발달한 D 부산 중구보다 제조업 사업체 수가 많다. 부산의 사상구와 사하구 등의 서부 지역에는 제조업 기능이 집중되어 있다.

④ 부산의 도심이 위치한 D 부산 중구는 서울의 도심이 위치한 A 서울 중구보다 금융 및 보험업 사업체 수가 적다. 서울은 부산보다 도시 규모가 크며, 금융 및 보험업 사업체 수 또한 많다.

⑤ 도심이 위치한 D 부산 중구는 주변 지역에 해당하는 C 부산 사하구보다 초등학교 학생 수가 적다.

---

02 도시 내부 구조 24학년도 6월 모평 19번

정답 ③ | 정답률 77%

다음 자료의 (가)~(다)에 해당하는 지역을 지도의 A~C에서 고른 것은? [3점]

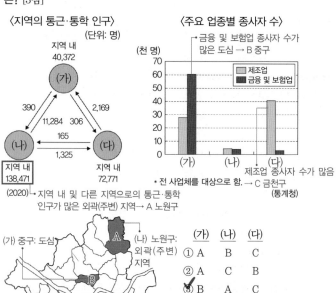

	(가)	(나)	(다)
①	A	B	C
②	A	C	B
③	B	A	C
④	B	C	A
⑤	C	A	B

출제 경향

도심, 부도심, 주변 지역을 대표하는 구(區)를 지도에 표시하고 용도별 토지 이용의 특징이나 인구 특성을 통해서 각 구별 특징을 비교하는 문제가 출제된다.

| 자료 분석 |

지도에 표시된 세 지역은 A 노원구, B 중구, C 금천구이다.

| 선지 해설 |

③ (가) – B (나) – A, (다) – C

• (가)는 세 지역 중 지역 내 통근·통학 인구가 가장 적은 지역으로 상주인구가 상대적으로 적음을 유추할 수 있다. 또한 (나)와 (다) 지역으로부터 통근·통학 유입 인구가 유출 인구보다 많은 지역으로 주간 인구 지수가 높은 도심에 해당한다. 따라서 (가)는 도심인 B 중구이다.

• (나)는 세 지역 중 지역 내 통근·통학 인구가 가장 많은 지역으로 상주인구가 상대적으로 많음을 유추할 수 있다. 또한 (가), (다) 지역으로의 유출 인구가 유입 인구보다 많고 제조업 및 금융 및 보험업 종사자 수가 적은 것으로 보아 주거 기능이 발달한 외곽(주변) 지역임을 알 수 있다. 따라서 (나)는 외곽(주변) 지역인 A 노원구이다.

• (다)는 세 지역 중 제조업 종사자 수가 가장 많은 곳이다. 세 지역 중 제조업은 디지털 산업 단지가 조성되어 있는 금천구에 발달해 있다. 따라서 (다)는 제조업이 발달한 외곽(주변) 지역인 C 금천구이다.

03 도시 내부 구조 24학년도 9월 모평 18번

정답 ② | 정답률 81%

그래프는 지도에 표시된 부산광역시 세 구(區)의 용도별 토지 이용 비율을 나타낸 것이다. A~C 지역에 대한 설명으로 옳은 것은? [3점]

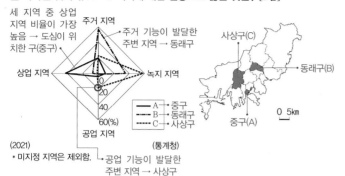

(2021)
• 미지정 지역은 제외함.

① B는 바다와 인접하고 있다.
　　　　　　　　있지 않다
✓② A는 B보다 주간 인구 지수가 높다.
③ A는 C보다 상주인구가 많다.
　　　　　　　　　　적다
④ B는 C보다 제조업 사업체 수가 많다.
　　　　　　　　　　　　　적다
⑤ C는 A보다 전체 사업체 수 중 금융 및 보험업의 비율이 높다.
　　　　　　　　　　　　　　　　　　　낮다

| 자료 분석 |

지도에 표시된 부산의 세 구(區)는 사상구, 동래구, 중구이다. A는 상업 지역의 토지 이용 비율이 가장 높고, 녹지 지역의 토지 이용 비율이 가장 낮은 중구이다. 중구는 도심이 위치한 지역으로 상업 지역의 토지 이용 비율이 높다. B는 주거 지역의 토지 이용 비율이 가장 높은 동래구이다. 동래구는 주거 기능이 발달한 주변 지역에 해당한다. C는 세 구(區) 중 공업 지역의 토지 이용 비율이 가장 높은 사상구이다. 사상구는 공업 기능이 발달한 주변 지역에 해당한다.

| 선지 해설 |

① B 동래구는 바다와 인접하고 있지 않다. 바다와 인접한 지역은 A 중구이다.

② 상업 및 업무 기능이 발달한 A 중구는 주거 기능이 발달한 B 동래구보다 주간 인구 지수가 높다.

③ A 중구는 C 사상구보다 주거 지역 토지 이용 비율이 낮으며, 상주인구가 적다.

④ B 동래구는 공업 기능이 발달한 C 사상구보다 제조업 사업체 수가 적다.

⑤ C 사상구는 상업 및 업무 기능이 발달한 A 중구보다 전체 사업체 수 중 금융 및 보험업의 비율이 낮다.

---

04 도시 내부 구조 23학년도 6월 모평 6번

정답 ③ | 정답률 78%

그래프는 지도에 표시된 세 구(區)의 특성을 나타낸 것이다. (가)~(다)에 대한 설명으로 옳은 것만을 〈보기〉에서 고른 것은?

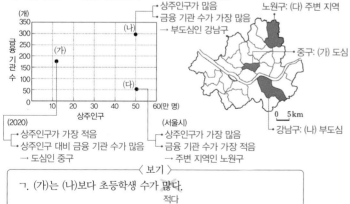

(2020)
┌→ 상주인구가 가장 적음
└→ 상주인구 대비 금융 기관 수가 많음
　→ 도심인 중구

(서울시)
┌→ 상주인구가 가장 많음
└→ 금융 기관 수가 가장 적음
　→ 주변 지역인 노원구

〈보기〉
ㄱ. (가)는 (나)보다 초등학생 수가 많다.
　　　　　　　　　　　　　　　적다
ㄴ. (가)는 (나)보다 주간 인구 지수가 높다.
　　　　　　　　　　　　주간 인구 / 상주인구 ×100
ㄷ. (가)는 (다)보다 중심 업무 기능이 우세하다.
　　　　　　└→ 대기업 본사나 금융 기관의 본점 등 입지
ㄹ. (다)는 (나)보다 상업 지역의 평균 지가가 높다.
　　접근성이 높은 도심이나 부도심이┘　　낮다
　　주변 지역보다 높음

① ㄱ, ㄴ　② ㄱ, ㄷ　✓③ ㄴ, ㄷ　④ ㄴ, ㄹ　⑤ ㄷ, ㄹ

| 자료 분석 |

지도에 표시된 세 구(區)는 노원구, 중구, 강남구이다. (가)는 세 구(區) 중에서 상주인구가 가장 적고, 상주인구 대비 금융 기관 수가 많은 지역이므로 중추 관리 기능이 발달한 도심인 중구이다. (나)는 상주인구가 많고, 세 구(區) 중에서 금융 기관 수가 가장 많으므로 업무 및 상업 기능과 주거 기능이 함께 발달한 부도심인 강남구이다. (다)는 세 지역 중 상주인구가 가장 많고, 금융 기관 수가 가장 적으므로 주거 기능이 발달한 주변 지역인 노원구이다.

| 보기 해설 |

ㄱ. 초등학생 수는 대체로 상주인구가 많을수록 많다. 따라서 상주인구가 적은 도심인 (가) 중구는 상주인구가 많은 부도심인 (나) 강남구보다 초등학생 수가 적다.

ㄴ. 도심인 (가) 중구는 중추 관리 기능이 발달하여 주간 인구가 상주인구보다 많다. 부도심인 (나) 강남구는 업무 및 상업 기능과 더불어 주거 기능이 발달하여 (가) 중구보다 주간 인구 지수가 낮다. 실제로 통계청의 조사 결과에 따르면 2020년 중구의 주간 인구 지수는 321, 강남구의 주간 인구 지수는 192.7로 (가) 중구는 (나) 강남구보다 주간 인구 지수가 높다.

ㄷ. 도심이 형성되어 있는 (가) 중구는 주변 지역에 해당하는 (다) 노원구보다 중심 업무 기능이 우세하다.

ㄹ. 주변 지역에 해당하는 (다) 노원구는 부도심이 형성되어 상대적으로 접근성이 높고 업무 및 상업 기능이 발달한 (나) 강남구보다 상업 지역의 평균 지가가 낮다.

05 도시 내부 구조 23학년도 9월 모평 4번

정답 ② | 정답률 91%

그래프는 지도에 표시된 대구광역시 두 지역의 인구 특성을 나타낸 것이다. (가), (나) 지역에 대한 설명으로 옳은 것만을 〈보기〉에서 고른 것은?

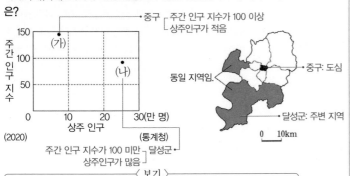

〈보기〉

ㄱ. (가)는 (나)보다 금융 및 보험업 사업체 수가 많다.
　└ 생산자 서비스업으로 주로 도심에 입지함
ㄴ. (가)는 (나)보다 전체 면적 중 논·밭 비율이 ~~높다~~.
　　　　　　　　　　　　　　　　　　　　낮다
ㄷ. (나)는 (가)보다 초등학생 수가 많다.
　└ 도심 〈 주변 지역
ㄹ. (나)는 (가)보다 통근·통학 유출 인구가 ~~적다~~.
　　　　　　　　　　　　　　　　　　많다

① ㄱ, ㄴ　✓② ㄱ, ㄷ　③ ㄴ, ㄷ　④ ㄴ, ㄹ　⑤ ㄷ, ㄹ

| 자료 분석 |

지도에 표시된 지역은 대구광역시의 도심인 중구와 주변 지역인 달성군이다. 지도의 가운데에 면적이 좁은 지역이 중구이며, 주변에 상대적으로 면적이 넓은 지역이 달성군이다. 도심인 중구는 주변 지역인 달성군보다 주간 인구 지수가 높으며, 상주인구가 적다. 따라서 (가)는 중구, (나)는 달성군이다.

| 보기 해설 |

㉠ 생산자 서비스업인 금융 및 보험업 사업체는 대도시의 도심에 입지하려는 경향이 뚜렷하다. 따라서 도심인 (가) 중구는 주변 지역인 (나) 달성군보다 금융 및 보험업 사업체 수가 많다.

ㄴ. 전체 면적 중 논·밭 비율은 시가지 비율이 높은 지역에서 대체로 낮다. 따라서 도심인 (가) 중구는 주변 지역인 (나) 달성군보다 전체 면적 중 논·밭 비율이 낮다.

㉢ 초등학생 수는 대체로 상주인구가 많을수록 많다. 따라서 상주인구가 많은 (나) 달성군이 상주인구가 적은 (가) 중구보다 초등학생 수가 많다.

ㄹ. 통근·통학 유출 인구는 상주인구 대비 주간 인구 지수를 통해 파악할 수 있다. 주간 인구 지수는 상주인구에 대한 주간 인구의 비율이므로 주간 인구 지수가 100 이상이면 통근·통학 유출 인구가 통근·통학 유입 인구보다 적다. 반면 주간 인구 지수가 100 미만이면 통근·통학 유출 인구가 통근·통학 유입 인구가 많다. 따라서 상주인구가 많고 주간 인구 지수가 낮은 (나) 달성군이 (가) 중구보다 통근·통학 유출 인구가 많다.

---

06 도시 내부 구조 20학년도 6월 모평 11번

정답 ② | 정답률 74%

그래프는 지도에 표시된 두 지역의 상주인구와 주간 인구를 나타낸 것이다. (가), (나) 지역에 대한 옳은 설명만을 〈보기〉에서 고른 것은?

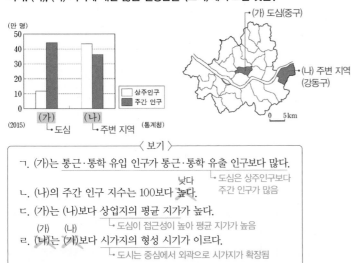

〈보기〉

ㄱ. (가)는 통근·통학 유입 인구가 통근·통학 유출 인구보다 많다.
　　　　　　　　　　　　　낮다　　└ 도심은 상주인구보다
ㄴ. (나)의 주간 인구 지수는 100보다 ~~높다~~.　주간 인구가 많음
ㄷ. (가)는 (나)보다 상업지의 평균 지가가 높다.
　　(가)　(나)　└ 도심이 접근성이 높아 평균 지가가 높음
ㄹ. (나)는 (가)보다 시가지의 형성 시기가 이르다.
　　　　　　　　　└ 도시는 중심에서 외곽으로 시가지가 확장됨

① ㄱ, ㄴ　✓② ㄱ, ㄷ　③ ㄴ, ㄷ　④ ㄴ, ㄹ　⑤ ㄷ, ㄹ

| 자료 분석 |

(가)는 주간 인구가 상주인구에 비해 훨씬 더 많으므로 도심에 해당하는 중구이다. (나)는 상주인구보다 주간 인구가 적으므로 주거 기능이 발달한 주변 지역인 강동구이다.

| 보기 해설 |

㉠ (가) 중구는 주간 인구가 상주인구보다 약 4배 정도 많으므로, 통근·통학 유입 인구가 통근·통학 유출 인구보다 많다.

ㄴ. 주간 인구 지수는 (주간 인구/상주인구)×100으로 구할 수 있다. (나) 주변 지역은 상주인구에 비해 주간 인구가 적으므로 주간 인구 지수는 100보다 낮다.

㉢ 도심인 (가)는 주변 지역인 (나)보다 접근성이 높아 평균 지가가 높게 나타난다.

ㄹ. 도시는 대체로 중심에서 외곽으로 시가지가 확장된다. (가) 도심은 (나) 주변 지역에 비해 시가지의 형성 시기가 이르다.

OX문제로 개념 확인

(1) 주간 인구 지수는 도심이 주변 지역보다 높다.　　　　(　　)
(2) 상업 용지의 평균 지가는 주변 지역이 도심보다 높다.　(　　)

(1) ○ (2) X

07 도시 내부 구조 23학년도 수능 7번

다음은 한국지리 수업 장면의 일부이다. 교사의 질문에 옳게 답한 학생을 고른 것은?

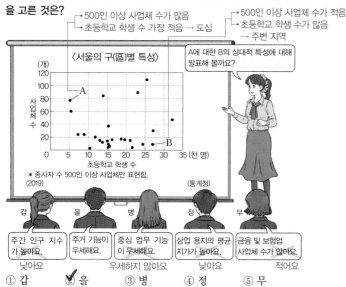

・500인 이상 사업체 수가 많음
・초등학교 학생 수 가장 적음 → 도심

・500인 이상 사업체 수가 적음
・초등학교 학생 수가 많음 → 주변 지역

〈서울의 구(區)별 특성〉

A에 대한 B의 상대적 특성에 대해 발표해 볼까요?

(개)
사업체 수
* 종사자 수 500인 이상 사업체만 표현함.
(2019)
초등학교 학생 수
(통계청)

갑   을   병   정   무

갑	을	병	정	무
주간 인구 지수가 높아요.	주거 기능이 우세해요.	중심 업무 기능이 우세해요.	상업 용지의 평균 지가가 높아요.	금융 및 보험업 사업체 수가 많아요.
낮아요		우세하지 않아요	낮아요	적어요

① 갑   ✔② 을   ③ 병   ④ 정   ⑤ 무

| 자료 분석 |

A는 종사자 수 500인 이상 사업체 수가 많은 반면 초등학교 학생 수는 가장 적으므로 서울의 도심이다. B는 초등학교 학생 수는 많으나 종사자 수 500인 이상 사업체 수가 적으므로 서울의 주변 지역이다.

| 선지 해설 |

갑. 상주인구에 대한 주간 인구의 비율인 주간 인구 지수는 A 도심보다 B 주변 지역이 낮다.

을. A 도심은 상업·업무 기능이 발달하였으며, 주거 기능은 A 도심보다 B 주변 지역에서 우세하게 나타난다.

병. 중심 업무 기능은 접근성과 지대가 높은 도심에 주로 집중되어 있다. 따라서 중심 업무 기능은 A 도심보다 B 주변 지역이 우세하지 않다.

정. 상업 용지의 평균 지가는 도시 중심부에 위치하여 접근성이 높은 도심이 주변 지역보다 높다. 따라서 상업 용지의 평균 지가는 A 도심보다 B 주변 지역이 낮다.

무. 금융 및 보험업은 기업을 대상으로 하는 생산자 서비스업에 해당한다. 생산자 서비스업은 기업의 본사가 분포하는 도심이나 부도심에 주로 입지한다. 따라서 금융 및 보험업 사업체 수는 A 도심보다 B 주변 지역이 적다.

---

08 도시 내부 구조 21학년도 수능 8번

표는 지도에 표시된 서울시 세 구(區)의 인구 특성을 나타낸 것이다. A~C 구(區)에 대한 설명으로 옳은 것만을 〈보기〉에서 고른 것은?

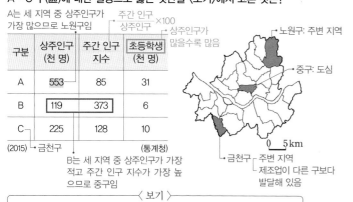

A는 세 지역 중 상주인구가 가장 많으므로 노원구임

주간 인구 지수
= 주간 인구 / 상주인구 ×100
상주인구가 많을수록 많음

구분	상주인구 (천 명)	주간 인구 지수	초등학생 (천 명)
A	553	85	31
B	119	373	6
C	225	128	10

(2015) ← 금천구   (통계청)

B는 세 지역 중 상주인구가 가장 적고 주간 인구 지수가 가장 높으므로 중구임

・노원구: 주변 지역
・중구: 도심
・금천구: 주변 지역, 제조업이 다른 구보다 발달해 있음

0 5km

───────〈 보기 〉───────

ㄱ. A는 B보다 출근 시간대에 순 유입 인구가 많다.
  C   A   유출
ㄴ. A는 C보다 제조업체 수가 많다.
  ↑ 도심이 주변 지역보다 높음
ㄷ. B는 A보다 상업 용지의 평균 지가가 높다.
  ↑ 상주인구와 주간 인구 지수로 구함
ㄹ. B는 C보다 주간 인구가 많다.

① ㄱ, ㄴ   ② ㄱ, ㄷ   ③ ㄴ, ㄷ   ④ ㄴ, ㄹ   ✔⑤ ㄷ, ㄹ

| 자료 분석 |

서울특별시에 표시된 구(區)는 북쪽에서부터 노원구, 중구, 금천구이다. A는 세 지역 중 상주인구가 가장 많으므로 주거 기능이 발달한 주변 지역에 해당하는 노원구이다. B는 세 지역 중 상주인구가 가장 적고 이로 인해 초등학생 수가 가장 적으며 상주인구에 대한 주간 인구의 비율인 주간 인구 지수가 가장 높으므로 도심인 중구이다. C는 금천구이다.

| 보기 해설 |

ㄱ. 주거 기능이 발달한 A 노원구는 상업·업무 기능이 발달한 B 중구보다 출근 시간대에 유출 인구가 유입 인구보다 많아 순 유출 인구가 많다.

ㄴ. C 금천구는 서울의 구(區) 중에서 제조업체가 가장 많다. 따라서 제조업체 수는 C가 A보다 많다.

ㄷ. 상업 용지의 평균 지가는 도심이 주변 지역보다 높다. 따라서 B 중구는 A 노원구보다 상업 용지의 평균 지가가 높다.

ㄹ. B의 주간 인구 지수는 373이며 상주인구는 119천 명이므로 B의 주간 인구는 상주인구의 3.73배인 약 443천 명이다. C의 주간 인구 지수는 128이며 상주인구는 225천 명이므로 C의 주간 인구는 상주인구의 1.28배인 288천 명이다. 따라서 주간 인구는 B가 C보다 많다.

그래프는 지도에 표시된 세 지역군의 인구 특성을 나타낸 것이다. (가)~(다) 지역군에 대한 설명으로 옳은 것은? [3점]

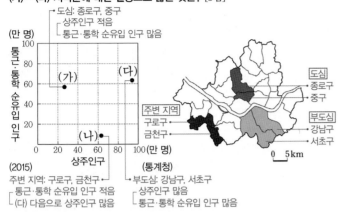

도심: 종로구, 중구
　상주인구 적음
　통근·통학 순유입 인구 많음

주변 지역: 구로구, 금천구
통근·통학 순유입 인구 적음
(다) 다음으로 상주인구 많음

부도심: 강남구, 서초구
상주인구 많음
통근·통학 순유입 인구 많음

① (가)는 (나)보다 제조업 종사자 수가 많다.
　(나)　(가)
　　　　　　도심 > 부도심 > 주변 지역
② (가)는 (다)보다 용도 지역 중 상업 지역의 비율이 높다. ✓
③ (나)는 (가)보다 생산자 서비스업 사업체 수가 많다.
　(가)　(나)
　　　　　　　　　　　적다
④ (나)는 (다)보다 금융 기관 수가 많다.
　　　　　　　　　　　　낮다
⑤ (다)는 (가)보다 주간 인구 지수가 높다.

| 자료 분석 |

지도에 표시된 세 지역군 중 가장 북쪽에 위치한 두 구(區)는 종로구와 중구로 도심이다. 서울특별시의 남서쪽에 위치한 두 구(區)는 구로구와 금천구로 주변 지역이다. 나머지 두 구(區)는 강남구와 서초구로 부도심이다. 그래프에서 (가)는 세 지역군 중에서 상주인구가 가장 적고 통근·통학 순유입 인구는 많으므로 도심인 종로구와 중구이다. (다)는 세 지역군 중 통근·통학 순유입 인구가 가장 많고 상주인구 또한 가장 많으므로 부도심인 강남구와 서초구이다. (나)는 세 지역군 중 통근·통학 순유입 인구가 가장 적으므로 주변 지역인 구로구와 금천구이다.

| 선지 해설 |

① 금천구는 서울의 구 중에서 제조업이 가장 발달해 있으며 구로구 또한 제조업이 발달해 있다. 따라서 제조업 종사자 수는 (나)가 (가)보다 많다.

② (가)와 (다)는 모두 상업 기능이 발달해 있으나 (다)는 주거지 면적이 넓게 분포한다. 따라서 (가)는 (다)보다 용도 지역 중 상업 지역의 비율이 높다.

③ 생산자 서비스업 사업체 수는 기업이 밀집해 있는 도심과 부도심이 주변 지역보다 많다. 따라서 생산자 서비스업 사업체 수는 (가)가 (나)보다 많다.

④ 금융 기관 수는 도심과 부도심이 주변 지역보다 많다. 따라서 금융 기관 수는 (나)가 (다)보다 적다.

⑤ 주간 인구 지수는 상주인구에 대한 주간 인구의 비율이다. (가)와 (다)의 통근·통학 순유입 인구는 비슷하지만 (다)는 (가)보다 상주인구가 월등히 많다. 따라서 (다)는 (가)보다 주간 인구 지수가 낮다.

그래프의 (가)~(다) 지역군에 대한 설명으로 옳은 것은? (단, (가)~(다)는 각각 지도에 표시된 세 지역군 중 하나임.) [3점]

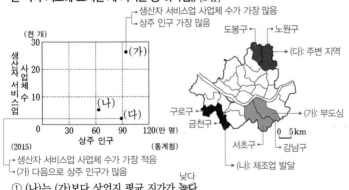

생산자 서비스업 사업체 수가 가장 많음
상주 인구 가장 많음

생산자 서비스업 사업체 수가 가장 적음
(가) 다음으로 상주 인구 많음

　　　　　　　　　　　　낮다
① (나)는 (가)보다 상업지 평균 지가가 높다.
　　도심 > 부도심 > 주변 지역
② (나)는 (다)보다 제조업체 수가 많다. ✓
　　산업 단지 위치
　　　　　　　　　　　　　적다
③ (다)는 (가)보다 통근·통학 유입 인구가 많다.
　　　　　　　　　　　주간 인구
　　　　　　　　　　　－－－－ ×100
　　　　　　　　　　　상주인구
　　　　　　　　　　　낮다
④ (다)는 (나)보다 주간 인구 지수가 높다.
⑤ 지역 내 총생산은 (가) > (다) > (나) 순으로 많다.
　　　　　　　　　　　　　(나)　(다)

| 자료 분석 |

(가)는 세 지역군 중 생산자 서비스업 사업체 수가 가장 많고 상주 인구 또한 가장 많으므로 상업 및 업무 기능뿐만 아니라 주거 기능도 발달해 있는 부도심인 서초구와 강남구이다. (나)는 (다)보다 상주 인구가 적고 생산자 서비스업 사업체 수는 많으므로 산업 단지가 위치한 구로구와 금천구이다. (다)는 세 지역군 중 생산자 서비스업 사업체 수가 가장 적으므로 주변 지역인 도봉구와 노원구이다.

| 선지 해설 |

① 상업지의 평균 지가는 도심>부도심>주변 지역 순으로 높다. 따라서 (나)는 부도심인 (가)보다 상업지 평균 지가가 낮다.

② (나) 구로구와 금천구는 산업 단지가 위치해 있어 제조업체 수가 많다. 따라서 (나)는 주변 지역인 (다)보다 제조업체 수가 많다.

③ 도심과 부도심은 통근·통학 유입 인구가 많고, 주변 지역은 통근·통학 유출 인구가 많다. 따라서 (다)는 (가)보다 통근·통학 유입 인구가 적다.

④ 주변 지역인 (다)는 주간 인구 지수가 100 이하이나 제조업이 발달한 (나)는 통근·통학 유입 인구가 유출 인구보다 많아 주간 인구 지수가 100 이상이다. 따라서 (다)는 (나)보다 주간 인구 지수가 낮다.

⑤ 지역 내 총생산은 세 지역 중 상주 인구가 가장 많고 상업 및 업무 기능이 발달한 부도심인 (가)가 가장 많으며 그 다음으로 제조업이 발달해 있는 (나)가 많다. (다)는 세 지역 중 지역 내 총생산이 가장 적다.

11   도시 내부 구조   21학년도 3월 학평 7번

정답 ④ | 정답률 74%

그래프는 지도에 표시된 세 구(區)의 지역 내 총생산, 제조업과 금융 및 보험업 부가가치 생산액을 나타낸 것이다. (가)~(다)에 대한 옳은 설명만을 〈보기〉에서 고른 것은? [3점]

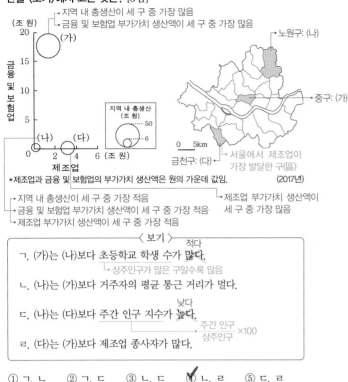

* 제조업과 금융 및 보험업의 부가가치 생산액은 원의 가운데 값임.

〈보기〉

ㄱ. (가)는 (나)보다 초등학교 학생 수가 많다. 적다
    └ 상주인구가 많은 구일수록 많음
ㄴ. (나)는 (가)보다 거주자의 평균 통근 거리가 멀다.
ㄷ. (나)는 (다)보다 주간 인구 지수가 높다. 낮다
    └ 주간 인구 / 상주인구 ×100
ㄹ. (다)는 (가)보다 제조업 종사자가 많다.

① ㄱ, ㄴ   ② ㄱ, ㄷ   ③ ㄴ, ㄷ   ✔④ ㄴ, ㄹ   ⑤ ㄷ, ㄹ

| 자료 분석 |

서울특별시의 지도에 표시된 세 구(區)는 북쪽에서부터 노원구, 중구, 금천구이다. 그래프에서 (가)는 세 구 중에서 지역 내 총생산이 가장 많고 금융 및 보험업 부가가치 생산액이 가장 많으므로 도심인 중구이다. (나)는 세 구 중에서 지역 내 총생산이 가장 적고 금융 및 보험업과 제조업 부가가치 생산액이 가장 적으므로 중추 관리 기능과 제조업이 모두 발달하지 않은 주변 지역인 노원구이다. (다)는 세 구 중에서 제조업 부가가치 생산액이 가장 많으므로 서울에서 제조업이 가장 발달한 구인 금천구이다.

| 보기 해설 |

ㄱ. 초등학교 학생 수는 상주인구가 많을수록 많다. 따라서 상주인구가 적은 도심인 (가) 중구는 상주인구가 많은 주변 지역인 (나) 노원구보다 초등학교 학생 수가 적다.

ㄴ. 도심의 거주자는 대체로 직장이 가까워 평균 통근 거리가 가깝다. 반면 주변 지역의 거주자는 도심이나 부도심으로 통근을 해야 하므로 도심이나 부도심에 거주하는 사람들보다 평균 통근 거리가 멀다. 따라서 (나) 노원구는 (가) 중구보다 거주자의 평균 통근 거리가 멀다.

ㄷ. (나) 주변 지역은 상주인구는 많은 반면 주간 인구가 적어 주간 인구 지수가 대체로 100 이하로 낮다. 반면 (다) 금천구는 제조업이 발달해 있어 상주인구에 비해 주간 인구가 많다. 따라서 (나) 노원구는 (다) 금천구보다 주간 인구 지수가 낮다.

ㄹ. 제조업 종사자 수는 제조업이 발달한 (다) 금천구가 도심인 (가) 중구보다 많다.

12   도시 내부 구조   23학년도 7월 학평 12번

정답 ② | 정답률 34%

그래프는 부산시의 지역별 특성을 나타낸 것이다. (가)~(다) 지역에 대한 설명으로 옳은 것은?

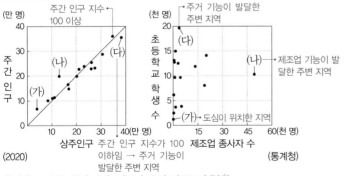

① (가)는 통근·통학 유출 인구가 유입 인구보다 많다.
                                      적다
✔② (가)는 (나)보다 용도 지역 중 상업 지역의 비율이 높다.
③ (나)는 (다)보다 주민의 평균 통근·통학 소요 시간이 길다.
                                         짧다
④ (다)는 (가)보다 주간 인구 지수가 높다.
                          낮다
⑤ (가)~(다) 중 중심 업무 기능은 (나)가 가장 우세하다.
                                               (가)

| 자료 분석 |

주간 인구 지수는 '주간 인구/상주인구×100'이므로, 주간 인구가 상주인구보다 많으면, 왼쪽 그래프에서 대각선 윗 부분에 표시된다. 따라서 (가)는 상주인구가 가장 적고 주간 인구가 상주인구보다 많은 도심이 위치한 지역이다. (나)는 주간 인구가 상주인구보다 많고 제조업 종사자 수가 가장 많은 제조업 기능이 발달한 주변 지역이다. (다)는 상주인구가 주간 인구보다 많고 초등학교 학생 수가 가장 많은 주거 기능이 발달한 주변 지역이다.

| 선지 해설 |

① (가)는 주간 인구가 상주인구보다 많으므로 통근·통학 유출 인구가 유입 인구보다 적다.

② (가) 도심이 위치한 지역은 (나) 제조업 기능이 발달한 주변 지역보다 용도 지역 중 상업 지역의 비율이 높다.

③ (나) 제조업 기능이 발달한 주변 지역은 (다) 주거 기능이 발달한 주변 지역보다 주민의 평균 통근·통학 소요 시간이 짧다.

④ (다)는 상주인구가 주간 인구보다 많으므로 주간 인구 지수가 100 미만이며, (가)는 주간 인구가 상주인구보다 많으므로 주간 인구 지수가 100보다 크다. 따라서 (다)는 (가)보다 주간 인구 지수가 낮다.

⑤ (가)~(다) 중 중심 업무 기능은 도심이 위치한 (가)가 가장 우세하다.

표는 지도에 표시된 두 구(區)의 주요 지표를 비교한 것이다. (가), (나)에 대한 옳은 설명만을 〈보기〉에서 고른 것은?

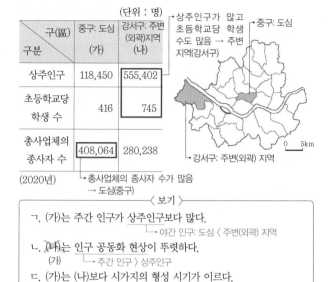

구(區) 구분	중구: 도심 (가)	강서구: 주변 (외곽)지역 (나)
상주인구	118,450	555,402
초등학교당 학생 수	416	745
총사업체의 종사자 수	408,064	280,238

(2020년)

상주인구가 많고 초등학교당 학생 수도 많음 → 주변 지역(강서구)
중구: 도심
강서구: 주변(외곽) 지역
0 ─ 5km
총사업체의 종사자 수가 많음 → 도심(중구)

〈 보기 〉
ㄱ. (가)는 주간 인구가 상주인구보다 많다.
  └ 야간 인구: 도심 < 주변(외곽) 지역
ㄴ. (나)는 인구 공동화 현상이 뚜렷하다.
  (가) └ 주간 인구 > 상주인구
ㄷ. (가)는 (나)보다 시가지의 형성 시기가 이르다.
  └ 도심이 가장 이름
ㄹ. (나)는 (가)보다 금융 기관 수가 많다. 적다
  └ 도심, 부도심 > 주변(외곽) 지역

① ㄱ, ㄴ ✔② ㄱ, ㄷ ③ ㄴ, ㄷ ④ ㄴ, ㄹ ⑤ ㄷ, ㄹ

| 자료 분석 |
지도에 표시된 구(區)는 중구, 강서구이다. (가)는 (나)에 비해 상주인구와 초등학교당 학생 수가 적고, 총사업체의 종사자 수는 많으므로 도심에 해당하는 중구이다. 도심은 주거 기능의 이심 현상이 나타나는 반면 높은 지대를 지불할 수 있는 상업·업무 기능이 집중한다. (나)는 (가)에 비해 상주인구와 초등학교당 학생 수가 많고 총사업체의 종사자 수가 적으므로 주변(외곽) 지역인 강서구이다. 주변(외곽) 지역은 상대적으로 지대가 낮아 주택·학교 등이 입지하며, 신흥 주택 지역이 형성되기도 한다.

| 선지 해설 |
ㄱ (가) 중구는 접근성, 지대, 지가가 높은 도심으로 상업·업무 기능 등이 집중하며 주간 인구가 상주인구보다 많다.

ㄴ. 인구 공동화 현상은 주거 기능의 이심 현상으로 도심의 상주인구가 감소하는 현상이다. (나) 강서구는 주변(외곽) 지역으로 인구 공동화 현상이 뚜렷하지 않다.

ㄷ 시가지는 도시의 큰 길거리를 이루는 지역으로 도심에 시가지가 형성되고 이후 도시가 확장되면서 주변(외곽) 지역에도 시가지가 형성된다. 따라서 도심인 (가) 중구는 주변(외곽) 지역인 (나) 강서구보다 시가지의 형성 시기가 이르다.

ㄹ. 금융 기관은 기업을 대상으로 하는 생산자 서비스업에 해당한다. 생산자 서비스업은 기업의 본사가 분포하는 도심이나 부도심에 주로 입지한다. 따라서 주변(외곽) 지역인 (나) 강서구는 도심인 (가) 중구보다 금융 기관 수가 적다.

그래프의 (가)~(다) 지역에 대한 설명으로 옳은 것만을 〈보기〉에서 고른 것은? (단, (가)~(다)는 각각 지도에 표시된 세 구(區) 중 하나임.) [3점]

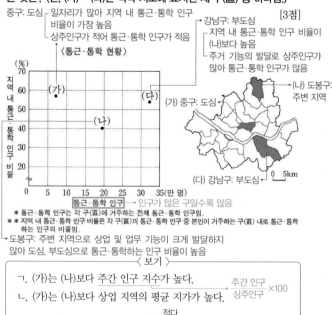

중구: 도심 ─ 일자리가 많아 지역 내 통근·통학 인구 비율이 가장 높음
─ 상주인구가 적어 통근·통학 인구가 적음

강남구: 부도심
─ 지역 내 통근·통학 인구 비율이 (나)보다 높음
─ 주거 기능의 발달로 상주인구가 많아 통근·통학 인구가 많음

〈통근·통학 현황〉
(나) 도봉구: 주변 지역
(가) 중구: 도심
(다) 강남구: 부도심
0 ─ 5km

통근·통학 인구가 많을수록 구일수록 많음
* 통근·통학 인구는 각 구(區)에 거주하는 전체 통근·통학 인구임.
** 지역 내 통근·통학 인구 비율은 각 구(區)의 통근·통학 인구 중 본인이 거주하는 구(區) 내로 통근·통학하는 인구의 비율임.
· 도봉구: 주변 지역으로 상업 및 업무 기능이 크게 발달하지 않아 도심, 부도심으로 통근·통학하는 인구 비율이 높음

〈 보기 〉
ㄱ. (가)는 (나)보다 주간 인구 지수가 높다.
  주간 인구 ─── ×100
  상주인구
ㄴ. (가)는 (나)보다 상업 지역의 평균 지가가 높다.
ㄷ. (가)는 (다)보다 초등학생 수가 많다. 적다
ㄹ. (나)는 (다)보다 금융 기관 수가 많다. 적다

✔① ㄱ, ㄴ ② ㄱ, ㄷ ③ ㄴ, ㄷ ④ ㄴ, ㄹ ⑤ ㄷ, ㄹ

| 자료 분석 |
서울특별시 지도에 표시된 구(區)는 북쪽에서부터 도봉구, 중구, 강남구이다. (가)는 세 지역 중 통근·통학 인구가 가장 적으므로 상주인구가 가장 적은 구이다. 상주인구가 많을수록 통근·통학 인구 또한 대체로 많다. (가)는 지역 내 통근·통학 인구 비율이 세 지역 중 가장 높은데 도심은 상업 및 업무 기능이 발달해 있어 지역 내 통근·통학이 이루어지는 경우가 많다. 따라서 (가)는 도심인 중구이다. (나)는 세 지역 중 지역 내 통근·통학 인구 비율이 가장 낮으므로 상업 및 업무 기능이 크게 발달하지 않아 도심, 부도심으로 통근해야 하는 주변 지역인 도봉구이다. (다)는 (가)와 마찬가지로 지역 내 통근·통학 인구 비율이 높고 통근·통학 인구가 가장 많으므로 부도심인 강남구이다.

| 보기 해설 |
ㄱ 도심은 상주인구보다 주간 인구가 많아 주간 인구 지수가 높다. 따라서 주간 인구 지수는 도심인 (가)가 주변 지역인 (나)보다 높다.

ㄴ 상업 지역의 평균 지가는 접근성이 높은 도심인 (가)가 주변 지역인 (나)보다 높다.

ㄷ. 초등학생 수는 상주인구가 많을수록 많다. 따라서 도심인 (가)는 주거 기능이 발달한 부도심인 (다)보다 초등학생 수가 적다.

ㄹ. 주변 지역인 (나)는 상업 및 업무 기능이 발달한 부도심인 (다)보다 금융 기관 수가 적다.

15 | 도시 내부 구조 21학년도 7월 학평 14번

정답 ② | 정답률 66%

그래프는 지도에 표시된 서울시 두 구(區)의 생활 인구를 나타낸 것이다. (가)와 비교한 (나) 구(區)의 상대적 특성으로 옳은 것은?

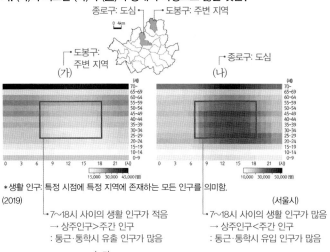

*생활 인구: 특정 시점에 특정 지역에 존재하는 모든 인구를 의미함.
(2019)   (서울시)

└ 7~18시 사이의 생활 인구가 적음   └ 7~18시 사이의 생활 인구가 많음
→ 상주인구>주간 인구   → 상주인구<주간 인구
: 통근·통학시 유출 인구가 많음   : 통근·통학시 유입 인구가 많음

                                                    높다
① 주간 인구 지수가 낮다.   주간 인구 ×100
                                        상주인구
✔ ② 초등학교 학급 수가 적다.
       └→ 주변 지역>도심
                                              많다
③ 통근·통학 순 유입 인구가 적다.
                                   높은
④ 지대 지불 능력이 낮은 기능이 입지한다.
                                                          높다
⑤ 생산자 서비스업 사업체 수의 비중이 낮다.
   └→ 기업이 주로 이용하는 서비스

자료 분석

지도의 두 구(區)는 도봉구, 종로구이다. 도봉구는 주변 지역, 종로구는 도심에 해당한다. (가)의 생활 인구를 보면 7시~18시 사이에 20~59세의 생활 인구가 적으므로 통근·통학 시 유출 인구가 많은 도봉구이다. (나)의 생활 인구를 보면 7시~18시 사이에 20~59세의 생활 인구가 많으므로 통근·통학 시 유입 인구가 많은 중구이다.

선지 해설

① (나) 도심은 (가) 주변 지역보다 주간 인구 지수가 높다. 상주인구에 대한 주간 인구의 비율인 주간 인구 지수는 대체로 도심이 100 이상, 주변 지역이 100 이하이다.

② 초등학교 학급 수와 학생 수는 상주인구가 많은 주변 지역이 상주인구가 적은 도심보다 많다. 따라서 (나) 도심은 (가) 주변 지역보다 초등학교 학급 수가 적다.

③ (나) 도심은 통근·통학 순 유입 인구가 많고, (나) 주변 지역은 통근·통학 순 유출 인구가 많다.

④ (나) 도심은 접근성이 높아 지대 지불 능력이 높은 고급 상점, 중추 관리 기능 등이 입지한다. (가) 주변 지역은 접근성이 낮아 지대 지불 능력이 낮은 주택, 학교 등이 입지한다.

⑤ (나) 도심은 대기업이 주로 밀집해 있어 기업이 이용하는 생산자 서비스업 역시 집중되어 있다. 따라서 (나) 도심은 (가) 주변 지역보다 생산자 서비스업 사업체 수의 비중이 높다.

16 | 도시 내부 구조 20학년도 10월 학평 15번

정답 ④ | 정답률 47%

표는 지도에 표시된 세 지역 간 통근·통학 인구를 나타낸 것이다. A~C 지역에 대한 설명으로 옳은 것은? [3점]

┌ B는 A와 마찬가지로 상주인구가 많지만 A보다 통근·통학 유출 인구가 적으므로 부도심인 강남구임

A는 B에 비해 다른 구로의 통근·통학 유출 인구가 많으므로 주변 지역인 노원구임

(단위: 천 명)

통근·통학지 / 현 거주지	A	B	C
A	(148.9)	18.8	15.0
B	1.7	(174.5)	10.5
C	0.5	4.9	(40.8)

*( )안의 수치는 지역 내 통근·통학 인구임. (2015년)
└ C는 A, B에 비해 통근·통학 인구가 적으므로 상주인구가 적은 도심인 중구임

                     C
① A에는 도심이 위치한다.

② B는 상주인구가 주간 인구보다 많다.
   └→ 주간 인구 지수 100 이상   적다
                                                낮다
③ A는 C보다 상업지의 평균 지가가 높다.

✔ ④ B는 A보다 생산자 서비스업 사업체 수가 많다.
   └→ 기업이 주로 입지한 도심, 부도심이 주변 지역보다 많음

⑤ C는 B보다 시가지의 형성 시기가 늦다.
                                          이르다

자료 분석

서울특별시 지도에 표시된 세 구(區)는 북쪽에서부터 노원구, 중구, 강남구이다. 상주인구가 많은 구(區)일수록 통근·통학 인구가 많다. A와 B는 C에 비해 통근·통학 인구가 많으므로 상주인구가 많은 구이다. A는 다른 구인 B와 C로의 통근·통학 인구가 33.8천 명이며 B는 다른 구인 A와 C로의 통근·통학 인구가 12.2천 명이다. A는 B에 비해 다른 구로의 통근·통학 유출 인구가 많으므로 주거 기능이 발달한 주변 지역인 노원구이다. B는 A에 비해 다른 구로의 통근·통학 유출 인구가 적으므로 각종 기능이 발달해 일자리가 풍부한 부도심인 강남구이다. A~C 중 통근·통학 인구가 가장 적은 C는 상주인구가 적은 도심인 중구이다.

선지 해설

① 도심이 위치하는 곳은 C 중구이다.

② B 강남구는 부도심으로 상주인구보다 주간 인구가 많아 주간 인구 지수가 100 이상이다.

③ 상업지의 평균 지가는 도심과 부도심이 주변 지역보다 높다. 따라서 A 노원구는 C 중구보다 상업지의 평균 지가가 낮다.

④ 기업이 이용하는 생산자 서비스업 사업체 수는 기업이 밀집한 도심과 부도심이 주변 지역보다 많다. 따라서 부도심인 B 강남구는 주변 지역인 A 노원구보다 생산자 서비스업 사업체 수가 많다.

⑤ 도시는 대체로 중심 지역에서 외곽으로 시가지가 확장되면서 성장한다. 따라서 C 중구는 B 강남구보다 시가지의 형성 시기가 이르다.

13
일차

(가)~(다) 지역에 대한 설명으로 옳은 것은? (단, (가)~(다)는 각각 지도에 표시된 세 지역 중 하나임.) [3점]

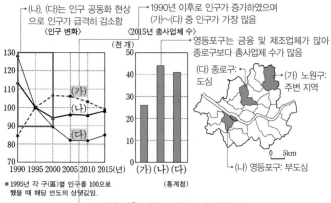

〈통근·통학 유입 및 유출 인구〉

주변 지역
├ 상주인구가 많음
└ 통근·통학 유출 인구 〉통근·통학 유입 인구

(가) 강서구: 주변 지역
(다) 중구: 도심
(나) 금천구: 주변 지역

* 통근·통학 유입 및 유출 인구는 원의 가운데 값임.
(2015)

금천구: 첨단 산업이 집중되어 있음
→ 통근·통학 유입 인구 〉 통근·통학 유출 인구

도심
├ 상주인구가 적음
└ 통근·통학 유입 인구 〉 통근·통학 유출 인구

① (가)는 (나)보다 주간 인구 지수가 ~~높다.~~ 낮다

✔ ② (나)는 (다)보다 제조업체 수가 많다.

③ (나)는 (다)보다 시가지 형성 시기가 ~~이르다.~~ 늦다

④ (다)는 (가)보다 대형 마트 수가 ~~많다.~~ 적다

⑤ (다)는 (나)보다 거주자의 평균 통근 거리가 ~~멀다.~~ 가깝다

| 자료 분석 |

지도에 표시된 구(區)는 강서구, 금천구, 중구이다. (가)는 (가)~(다) 중 상주인구가 가장 많고 통근·통학 유입 인구는 가장 적은 반면 통근·통학 유출 인구가 가장 많으므로 주변 지역에 해당하는 강서구이다. (다)는 (가)~(다) 중 상주인구가 가장 적고 통근·통학 유출 인구보다 통근·통학 유입 인구가 많으므로 도심인 중구이다. (나)는 주변 지역에 해당하는 금천구이다. 금천구는 (가) 강서구와 마찬가지로 주변 지역에 위치해 있지만 디지털 산업 단지를 비롯한 각종 첨단 산업이 집중되어 있어 (가)와 달리 통근·통학 유입 인구가 통근·통학 유출 인구보다 많다.

| 선지 해설 |

① (가) 강서구는 통근·통학 유출 인구가 통근·통학 유입 인구보다 많으므로 주간 인구 지수는 100 이하이다. 반면 (나) 금천구는 통근·통학 유입 인구가 통근·통학 유출 인구보다 많으므로 주간 인구 지수는 100 이상이다.

② (나) 금천구는 디지털 산업 단지를 비롯한 각종 첨단 산업이 집중되어 있어 도심에 해당하는 (다) 중구보다 제조업체 수가 많다.

③ 시가지는 도시의 중심에 위치한 도심이 먼저 형성되어 (나) 금천구는 (다) 중구보다 시가지 형성 시기가 늦다.

④ 생필품을 대량으로 취급하는 대형 마트 수는 상주인구가 많은 주변 지역이 도심보다 많다. 따라서 (다) 중구는 (가) 강서구보다 대형 마트 수가 적다.

⑤ 거주자의 평균 통근 거리는 도심에 해당하는 (다) 중구가 주변 지역에 해당하는 (나) 금천구보다 가깝다.

그래프는 지도에 표시된 세 지역의 인구 변화와 총사업체 수를 나타낸 것이다. 2015년의 (가)~(다) 지역에 대한 설명으로 옳은 것만을 〈보기〉에서 있는 대로 고른 것은? [3점]

(나), (다)는 인구 공동화 현상으로 인구가 급격히 감소함
〈인구 변화〉

1990년 이후로 인구가 증가하였으며 (가)~(다) 중 인구가 가장 많음
〈2015년 총사업체 수〉
(천 개)

영등포구는 금융 및 제조업체가 많아 종로구보다 총사업체 수가 많음

(다) 종로구: 도심
(가) 노원구: 주변 지역
(나) 영등포구: 부도심

* 1995년 각 구(區)별 인구를 100으로 했을 때 해당 연도의 상댓값임.
(통계청)

1990년대 이후로 인구가 급격히 감소하였으며 (가)~(다) 중 인구가 가장 적음

〈 보기 〉

ㄱ. (가)는 (나)보다 생산자 서비스업체 수가 ~~많다.~~ 적다

ㄴ. (가)는 (다)보다 주간 인구 지수가 ~~높다.~~ 낮다
도심, 부도심 〉 주변 지역

ㄷ. (나)는 (다)보다 대형 마트 수가 많다.
도심 〉 주변 지역

ㄹ. 상주인구는 (가), (나), (다) 순으로 많다.

① ㄱ, ㄴ 　　② ㄱ, ㄹ 　　✔ ③ ㄷ, ㄹ
④ ㄱ, ㄴ, ㄷ 　　⑤ ㄴ, ㄷ, ㄹ

| 자료 분석 |

지도에 표시된 세 지역은 왼쪽에서부터 서울 영등포구, 종로구, 노원구이다. (가)는 1990년 이후로 인구가 급격히 증가하다가 최근 다소 줄어들고 있으며 (가)~(다) 중 총사업체 수가 가장 적으므로 주거 기능이 강한 주변 지역인 노원구이다. (나)는 2000년까지 인구가 감소하다가 2000년 이후 인구가 유지되고 있으며 (가)~(다) 중 총사업체 수가 가장 많으므로 부도심에 해당하는 영등포구이다. 영등포구는 중·소규모의 공장들이 많아 총사업체 수가 많고 영등포구에 위치한 여의도에는 금융 지구가 조성되어 있다. (다)는 2010년까지 인구가 급격히 감소하였고 (가)~(다) 중 인구가 가장 적으며 (나) 다음으로 총사업체 수가 많으므로 도심에 해당하는 종로구이다.

| 보기 해설 |

ㄱ. 생산자 서비스는 기업이 주로 이용하므로 생산자 서비스업체 수는 기업이 집중해 있는 도심 및 부도심 지역이 주변 지역보다 많다. 따라서 (가) 주변 지역은 (나) 부도심보다 생산자 서비스업체 수가 적다.

ㄴ. 주변 지역은 상주인구는 많은 반면 통근·통학 유출 인구가 유입 인구보다 많아 주간 인구 지수가 100 이하이다. 도심은 상주인구는 적은 반면 통근·통학 유입 인구가 유출 인구보다 많아 주간 인구 지수가 100 이상이다. 따라서 주변 지역인 (가)는 도심인 (다)보다 주간 인구 지수가 낮다.

ㄷ. 생필품을 대량으로 취급하는 대형 마트는 상주인구가 많을수록 대체로 그 수가 많다. (나) 영등포구는 (다) 종로구보다 2015년 기준 상주인구가 많으므로 대형 마트 수가 많다.

ㄹ. 상주인구는 2015년 기준 (가) 노원구(약 58만 명), (나) 영등포구(약 42만 명), (다) 종로구(약 16만 명) 순으로 많다.

19 도시 내부 구조 19학년도 수능 8번

정답 ⑤ | 정답률 48%

그래프는 지도에 표시된 세 지역의 통근·통학 유입 및 유출 인구, 상주
인구를 나타낸 것이다. A~C 지역에 대한 설명으로 옳은 것은? [3점]

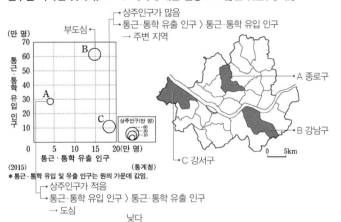

① A는 B보다 인구 밀도가 높다. (낮다)
② B는 A보다 시가지의 형성 시기가 이르다. (늦다)
③ C는 A보다 상업지의 평균 지가가 높다. (낮다)
④ C는 B보다 생산자 서비스업 사업체 수가 많다. (적다)
   └ 기업을 대상으로 하는 서비스업
⑤ 주간 인구 지수는 A 〉 B 〉 C 순으로 높다.

| 자료 분석 |

그래프의 A는 상주인구가 가장 적고 통근·통학 시 유입 인구가 유출 인구보다
많으므로, 도심인 종로구이다. B는 상주인구가 많고 통근·통학 시 유입 인구와
유출 인구가 모두 많으므로 부도심인 강남구이다. 강남구는 상업 및 업무 기능
뿐만 아니라 주거 기능도 발달해 있다. C는 상주인구는 많지만, 통근·통학 시 유
입 인구는 적고 유출 인구는 많으므로 주변 지역인 강서구이다.

| 선지 해설 |

① A 종로구와 B 강남구의 면적은 크게 차이나지 않지만 B 강남구는 A 종로구
에 비해 상주인구가 3배 이상 많다. 따라서 A 종로구는 B 강남구보다 인구
밀도가 낮다.

② 도심인 A 종로구는 서울의 전통적 중심지로서 오래 전부터 시가지가 형성된
반면, B 강남구는 1970년대 이후 개발이 시작되었다. 따라서 B 강남구는 A
종로구보다 시가지의 형성 시기가 늦다.

③ 주변 지역인 C 강서구는 도심인 A 종로구에 비해 접근성이 낮기 때문에 상업
지의 평균 지가가 낮다.

④ 생산자 서비스업은 기업의 생산 활동과 관련한 서비스업으로 기업이 집중해
있는 도심과 부도심이 주변 지역보다 사업체 수가 많다. 따라서 C 강서구는
부도심인 B 강남구보다 생산자 서비스업 사업체 수가 적다.

⑤ 주간 인구 지수는 '주간 인구(상주인구+통근·통학 유입 인구−통근·통학 유
출 인구)÷상주인구 × 100'으로 구할 수 있다. 세 지역의 주간 인구 지수는
A 종로구(268) 〉 B 강남구(188) 〉 C 강서구(87) 순으로 높다.

20 도시 내부 구조 19학년도 6월 모평 18번

정답 ⑤ | 정답률 56%

그래프는 서울의 구(區)별 특성을 나타낸 것이다. (가)~(다)에 해당하는
지역을 A~C에서 고른 것은?

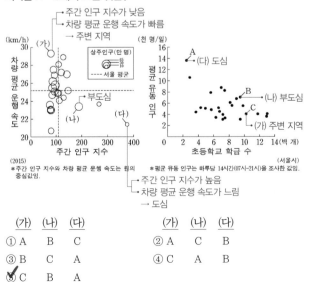

	(가)	(나)	(다)			(가)	(나)	(다)
①	A	B	C		②	A	C	B
③	B	C	A		④	C	A	B
⑤	C	B	A					

| 자료 분석 |

(가)는 (가)~(다) 중 주간 인구 지수가 100 이하로 가장 낮고 차량 평균 운행 속
도가 가장 빠르므로 주거 기능이 발달한 주변 지역이다. (나)는 주간 인구 지수
가 서울 평균 이상으로 높고, 차량 평균 운행 속도는 서울 평균 이하로 느리므로
상업·업무 기능과 주거 기능이 모두 발달한 부도심이다. (다)는 (가)~(다) 중 주간
인구 지수가 가장 높고 차량 평균 운행 속도가 가장 느리므로 상업·업무 기능이
강한 도심이다. 도심은 상업·업무 기능이 발달해 있어 유동 인구가 많아 차량의
통행량이 많다. 따라서 도심은 차량 평균 운행 속도가 느리다.

| 선지 해설 |

⑤ (가) − C, (나) − B, (다) − A

• A는 A~C 중 평균 유동 인구가 가장 많고 초등학교 학급 수는 가장 적으므
로 주간 인구가 많은 반면 상주인구가 적은 도심이다. 따라서 A는 (다) 도심에
해당한다.

• B는 A~C 중 평균 유동 인구와 초등학교 학급 수가 두 번째로 많으므로 상
주인구와 주간 인구가 모두 많은 부도심이다. 따라서 B는 (나) 부도심에 해당
한다.

• C는 A~C 중 초등학교 학급 수가 가장 많고 평균 유동 인구가 가장 적으므
로 상주인구가 많은 반면 주간 인구가 적은 주변 지역이다. 따라서 C는 (가)
주변 지역에 해당한다.

그래프는 지도에 표시된 부산시 세 구(區) 건축물 면적의 용도별 비율을 나타낸 것이다. (가)~(다) 구(區)에 대한 설명으로 옳은 것은? [3점]

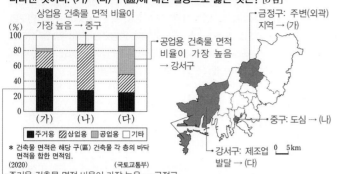

상업용 건축물 면적 비율이 가장 높음 → 중구

공업용 건축물 면적 비율이 가장 높음 → 강서구

금정구: 주변(외곽) 지역 → (가)

중구: 도심 → (나)

강서구: 제조업 발달 → (다)

0   5km

* 건축물 면적은 해당 구(區) 건축물 각 층의 바닥 면적을 합한 면적임.
(2020)   (국토교통부)

주거용 건축물 면적 비율이 가장 높음 → 금정구

① (나)는 경남과 행정 구역이 접해 있다.
 (가), (다)

② (가)는 (다)보다 제조업 사업체 수가 많다.
                              적다 적다

③ (나)는 (가)보다 초등학생 수가 많다.
  → 주변 지역이 도심보다 많음

✓④ (나)는 (다)보다 시가지의 형성 시기가 이르다.
  → 도심이 주변 지역보다 이름

⑤ (다)는 (나)보다 인구 만 명당 금융 기관 수가 많다.
                                        적다
  → 도심에 주로 입지

│ 자료 분석 │

부산광역시에 위치한 세 구(區)는 금정구, 중구, 강서구이다. (가)는 세 구 중 주거용 건축물 면적 비율이 가장 높으므로 주거 기능이 발달한 부산의 주변(외곽) 지역인 금정구이다. (나)는 상업용 건축물 면적 비율이 세 구 중 가장 높으므로 상업 및 업무 기능이 발달한 부산의 도심인 중구이다. (다)는 공업용 건축물 면적 비율이 세 구 중 가장 높으므로 제조업이 발달한 강서구이다.

│ 선지 해설 │

① 경남과 행정 구역이 접해 있는 구(區)는 (가) 금정구와 (다) 강서구이다.

② 제조업 사업체 수는 제조업이 발달한 (다) 강서구가 (가) 금정구보다 많다.

③ 초등학교 학생 수는 주거 기능이 발달한 주변(외곽) 지역이 도심보다 많으므로 (나) 중구는 (가) 금정구보다 초등학생 수가 적다.

④ 시가지의 형성 시기는 도시 중심에 위치한 도심이 주변 지역보다 이르다. 따라서 (나) 중구는 (다) 강서구보다 시가지의 형성 시기가 이르다.

⑤ 인구 만 명당 금융 기관 수는 상업 및 업무 기능이 발달한 도심인 (나) 중구가 제조업이 발달한 (다) 강서구보다 많다.

그래프는 지도에 표시된 세 지역의 특성을 나타낸 것이다. (가)~(다) 지역에 대한 설명으로 옳은 것은? [3점]

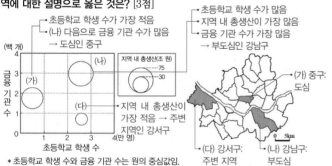

초등학교 학생 수가 가장 적음
(나) 다음으로 금융 기관 수가 많음 → 도심인 중구

초등학교 학생 수가 많음
지역 내 총생산이 가장 많음
금융 기관 수가 가장 많음 → 부도심인 강남구

지역 내 총생산(조 원)
75
30

지역 내 총생산이 가장 적음 → 주변 지역인 강서구

(가) 중구: 도심
(나) 강남구: 부도심
(다) 강서구: 주변 지역

0   5km

* 초등학교 학생 수와 금융 기관 수는 원의 중심값임.
** 지역 내 총생산은 2019년, 초등학교 학생 수와 금융 기관 수는 2020년 자료임.
(서울특별시)

① (가)는 (나)보다 상주인구가 많다.
                          적다

② (가)는 (다)보다 출근 시간대 순 유출 인구가 많다.
  (다)   (가)   → 주변 지역 > 도심

✓③ (나)는 (다)보다 상업 용지의 평균 지가가 높다.

④ (다)는 (가)보다 인구 공동화 현상이 뚜렷하다.
  (가)   (다)
  → 주거 기능의 이심 현상으로 도심의 상주인구가 감소하는 현상

⑤ 주간 인구 지수는 (나) 〉 (다) 〉 (가) 순으로 높다.
  (가) 〉 (나) 〉 (다)

│ 자료 분석 │

지도에 표시된 세 지역은 중구, 강서구, 강남구이다. (가)는 (가)~(다) 지역 중 초등학교 학생 수가 가장 적지만 지역 내 총생산과 금융 기관 수가 두 번째로 많으므로 도심인 중구이다. (나)는 (가)~(다) 지역 중 금융 기관 수, 지역 내 총생산, 초등학교 학생 수가 모두 많으므로 부도심인 강남구이다. 강남구는 주거 기능과 함께 상업·업무 기능이 발달하여 금융 기관 수와 초등학교 학생 수가 많다. (다)는 (가)~(다) 지역 중 초등학교 학생 수는 많지만 지역 내 총생산과 금융 기관 수가 가장 적으므로 주변 지역인 강서구이다.

│ 선지 해설 │

① 도심인 (가) 중구는 부도심인 (나) 강남구보다 주거 기능이 약해 상주인구가 적다.

② 도심과 부도심은 출근 시간대 순 유입 인구가 많으며 주변 지역은 출근 시간대 순 유출 인구가 많다. 따라서 주변 지역인 (다) 강서구는 도심인 (가) 중구보다 출근 시간대 순 유출 인구가 많다.

③ 상업 용지의 평균 지가는 접근성이 높은 도심과 부도심이 주변 지역보다 높다. 따라서 부도심인 (나) 강남구는 주변 지역인 (다) 강서구보다 상업 용지의 평균 지가가 높다.

④ 인구 공동화 현상은 도심에서 뚜렷하게 나타난다. 도심인 (가) 중구는 상주인구가 적어 야간에 인구 밀도가 매우 낮으므로, 주변 지역인 (다) 강서구에 비해 인구 공동화 현상이 뚜렷하다.

⑤ 상주인구에 대한 주간 인구의 비율인 주간 인구 지수는 도심인 (가) 중구가 높고 주변 지역인 (다) 강서구가 낮다. 따라서 주간 인구 지수는 (가) 〉 (나) 〉 (다) 순으로 높다.

23 도시 내부 구조 24학년도 7월 학평 8번

정답 ① | 정답률 75%

그래프는 지도에 표시된 네 지역의 용도별 전력 소비량과 지역 내 통근·통학 인구 비율을 나타낸 것이다. (가)~(라) 지역에 대한 설명으로 옳은 것만을 〈보기〉에서 고른 것은? [3점]

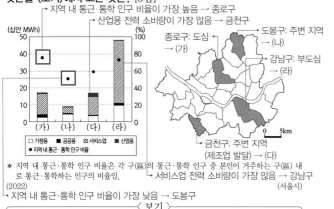

지역 내 통근·통학 인구 비율이 가장 높음 → 종로구
산업용 전력 소비량이 가장 많음 → 금천구
종로구: 도심 → (가)
도봉구: 주변 지역 → (나)
강남구: 부도심 → (라)
금천구: 주변 지역 (제조업 발달) → (다)
서비스업 전력 소비량이 가장 많음 → 강남구
(서울시)

* 지역 내 통근·통학 인구 비율은 각 구(區)의 통근·통학 인구 중 본인이 거주하는 구(區) 내로 통근·통학하는 인구의 비율임.
(2022)
지역 내 통근·통학 인구 비율이 가장 낮음 → 도봉구

〈 보기 〉

ㄱ. (가)는 (나)보다 상업 지역의 평균 지가가 높다.

ㄴ. (나)는 (라)보다 거주자의 평균 통근 거리가 멀다.

ㄷ. (다)는 (가)보다 생산자 서비스업 사업체 수가 많다. 적다

ㄹ. (라)는 (다)보다 지역 내 사업체 수에서 제조업이 차지하는 비율이 높다. 낮다

① ㄱ, ㄴ   ② ㄱ, ㄷ   ③ ㄴ, ㄷ   ④ ㄴ, ㄹ   ⑤ ㄷ, ㄹ

| 자료 분석 |

지도에 표시된 네 지역은 서울의 도봉구, 종로구, 강남구, 금천구이다. (가)는 네 지역 중 지역 내 통근·통학 인구 비율이 가장 높으며, 지역 내 전력 소비량 중 서비스업 전력 소비량이 많은 종로구이다. 종로구는 도심이 위치하여 지역 내 통근·통학 인구 비율이 높고 서비스업 전력 소비량이 많다. (나)는 네 지역 중 지역 내 통근·통학 인구 비율이 가장 낮으며, 지역 내 용도별 전력 소비량 중 가정용 소비량이 많은 도봉구이다. 도봉구는 주거 기능이 발달한 주변 지역으로 지역 내 통근·통학 인구 비율이 낮고 가정용 전력 소비량이 많다. (다)는 네 지역 중 산업용 전력 소비량이 가장 많은 금천구이다. 금천구는 제조업 기능이 발달한 주변 지역으로, 다른 지역에 비해 산업용 전력 소비량이 많다. (라)는 네 지역 중 전력 총 소비량과 서비스업 전력 소비량이 가장 많고, 지역 내 통근·통학 인구 비율이 두 번째로 높은 강남구이다. 강남구는 부도심이 위치하여 다양한 서비스업이 발달하였으며, 주거 기능도 발달하여 가정용 전력 소비량 또한 많다.

| 선지 해설 |

ㄱ 도심이 위치하고 접근성과 지대가 높은 (가) 종로구는 주변 지역에 해당하는 (나) 도봉구보다 상업 지역의 평균 지가가 높다.

ㄴ 주변 지역에 해당하는 (나) 도봉구는 부도심이 위치한 (라) 강남구보다 지역 내 통근·통학 인구 비율이 낮고, 거주자의 평균 통근 거리가 멀다.

ㄷ. 주변 지역에 해당하는 (다) 금천구는 도심이 위치한 (가) 종로구보다 생산자 서비스업 사업체 수가 적다.

ㄹ. (라) 강남구는 제조업 기능이 발달한 주변 지역인 (다) 금천구보다 산업용 전력 사용량이 적고, 지역 내 사업체 수에서 제조업이 차지하는 비율이 낮다.

24 도시 내부 구조 21학년도 9월 모평 11번

정답 ④ | 정답률 67%

그래프는 지도에 표시된 네 지역의 특성을 나타낸 것이다. (가)~(라) 지역에 대한 설명으로 옳은 것만을 〈보기〉에서 고른 것은? [3점]

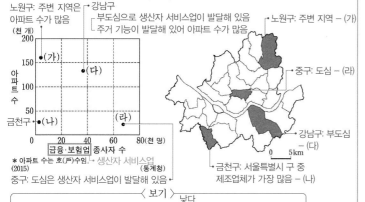

노원구: 주변 지역은 아파트 수가 많음
강남구 부도심으로 생산자 서비스업이 발달해 있음 주거 기능이 발달해 있어 아파트 수가 많음
노원구: 주변 지역 – (가)
중구: 도심 – (라)
강남구: 부도심 – (다)
금천구: 서울특별시 구 중 제조업체가 가장 많음 – (나)

* 아파트 수는 호(戸)수임.
(2015)
생산자 서비스업
(통계청)
중구: 도심은 생산자 서비스업이 발달해 있음

〈 보기 〉

ㄱ. (가)는 (라)보다 주간 인구 지수가 높다. 낮다

ㄴ. (나)는 (가)보다 지역 내 제조업 종사자 비율이 높다.

ㄷ. (다)는 (가)보다 출근 시간대 순 유출 인구가 많다. 도심, 부도심이 주변 지역보다 높음 유입

ㄹ. (다)는 (나)보다 상업지 평균 지가가 높다.

① ㄱ, ㄴ   ② ㄱ, ㄷ   ③ ㄴ, ㄷ   ④ ㄴ, ㄹ   ⑤ ㄷ, ㄹ

| 자료 분석 |

서울특별시 지도에 표시된 지역은 노원구, 중구, 강남구, 금천구이다. (가)는 네 지역 중 아파트 수가 가장 많지만 금융·보험업 종사자 수가 적으므로 주거 기능이 발달한 주변 지역인 노원구이다. (라)는 네 지역 중 아파트 수가 가장 적지만 금융·보험업 종사자 수가 가장 많으므로 도심인 중구이다. (다)는 (가) 다음으로 아파트 수가 많고 (라) 다음으로 금융·보험업 종사자 수가 많으므로 부도심인 강남구이다. 강남구는 도심과 마찬가지로 상업 및 업무 기능이 발달해 있으며 주거 기능 또한 발달해 있어 상주인구가 많다. (나)는 네 지역 중 아파트 수와 금융·보험업 종사자 수 모두 적으므로 금천구이다.

| 보기 해설 |

ㄱ. 도심과 부도심은 주변 지역보다 주간 인구 지수가 높다. 따라서 (가) 노원구는 (라) 중구보다 주간 인구 지수가 낮다.

ㄴ (나) 금천구는 서울특별시의 구(區) 중에서 제조업체가 가장 많은 곳이다. 따라서 (나) 금천구는 (가) 노원구보다 지역 내 제조업 종사자 비율이 높다.

ㄷ. 도심과 부도심은 출근 시간대 순 유입 인구가 많으며 주변 지역은 출근 시간대 순 유출 인구가 많다. 따라서 (다) 강남구는 (가) 노원구보다 출근 시간대 순 유입 인구가 많다.

ㄹ 상업지 평균 지가는 부도심인 (다) 강남구가 주변 지역인 (나) 금천구보다 높다.

OX문제로 개념 확인

(1) 상업 지역의 평균 지가는 주변 지역이 도심보다 높다. (   )

(2) 주간 인구 지수는 대체로 도심 〉부도심 〉주변 지역 순으로 높다. (   )

(1) X (2) O

다음 자료는 서울의 세 구(區)에 대한 설명이다. (가)~(다)를 그래프의 A~C에서 고른 것은? [3점]

> ○ ┌노원구┐
>   (가) 는 서울의 동북부에 있는 구(區)로, 1980년대에 대규모 아파트 단지를 건설하면서 인구가 급증하였으며 법정동이 5개뿐이지만 행정동은 현재 19개에 달한다.
>   └상주인구 증가 → 행정동 증가
>
> ○ ┌강남구┐
>   (나) 는 서울의 동남부에 있는 구(區)로, 1960년대에 서울의 부도심으로 계획되어 대규모 주택 단지와 상업·업무 시설이 조성되었다.
>   └도심의 일부 기능을 분담
>
> ○ ┌중구┐
>   (다) 는 서울의 중심부에 있는 구(區)로, 은행 본점, 시청 등의 중추 관리 기능이 집중되어 있으며 여러 지하철 노선이 통과하는 교통의 요충지이다.
>   └높은 지대를 지불할 수 있음

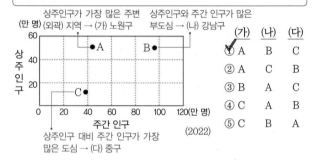

상주인구가 가장 많은 주변(외곽) 지역 → (가) 노원구

상주인구와 주간 인구가 많은 부도심 → (나) 강남구

상주인구 대비 주간 인구가 가장 많은 도심 → (다) 중구

	(가)	(나)	(다)
①	A	B	C
②	A	C	B
③	B	A	C
④	C	A	B
⑤	C	B	A

│ 자료 분석 │

A는 세 지역 중 상주인구가 가장 많은 구(區)로 주변(외곽) 지역에 위치한 구(區)에 해당한다. 서울의 주변(외곽) 지역에 위치하며 상주인구가 많은 구로는 노원구, 강동구, 관악구 등이 있다. B는 상주인구가 많으며 주간 인구가 세 지역 중 가장 많은 지역이며 상주인구 대비 주간 인구 비율인 주간 인구 지수가 100 이상인 부도심인 지역이다. 상주인구가 많은 지역으로는 강남구가 대표적이다. C는 상주인구 대비 주간 인구가 가장 많은 지역으로 주간 인구 지수가 가장 높은 도심이다. 서울의 도심으로는 중구, 종로구 등이 있다.

│ 선지 해설 │

①(가) – A, (나) – B, (다) – C

- (가)는 서울 동북부에 있는 구(區)로 대규모 아파트 단지를 건설하면서 인구가 급증한 노원구이다. 노원구는 주변(외곽) 지역에 해당하는 지역으로 지대가 낮아 주택·학교 등이 입지하며, 1980년대 대규모 아파트 단지 건설로 상주인구가 급증하였다. 따라서 (가) 노원구는 A~C 중에서 상주인구가 가장 많은 A이다.

- (나)는 서울 동남부에 있는 구(區)로 부도심으로 계획되어 대규모 주택 단지와 상업·업무 시설이 조성된 강남구이다. 강남구는 부도심으로 주간 인구가 많으며, 대규모 아파트 단지도 조성되어 있어 상주인구도 많다. 따라서 (나) 강남구는 상주인구와 주간 인구가 많은 B이다.

- (다) 는 서울의 중심부에 있는 구(區)로 은행 본점, 시청 등 중추 관리 기능이 집중된 중구이다. 중구는 서울 전체 구(區) 중에서 주간 인구 지수가 가장 높다. 따라서 (다) 중구는 A~C 중에서 상주인구 대비 주간 인구 비율인 주간 인구 지수가 가장 높은 C이다.

그래프는 지도에 표시된 세 지역의 용도별 토지 이용 면적을 나타낸 것이다. (가)~(다) 지역에 대한 설명으로 옳은 것은? [3점]

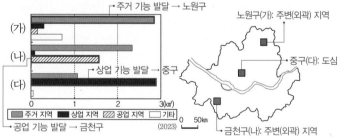

주거 기능 발달 → 노원구

상업 기능 발달 → 중구

공업 기능 발달 → 금천구

노원구(가): 주변(외곽) 지역
중구(다): 도심
금천구(나): 주변(외곽) 지역

① (가)는 (나)보다 제조업체 수가 <del>많다.</del> 적다

② (가)는 (다)보다 초등학생 수가 <del>적다.</del> 많다

③ <del>(나)</del>는 <del>(다)</del>보다 중심 업무 기능이 우세하다.
   (다)   (나)

④ (다)는 (가)보다 출근 시간대 유입 인구가 <del>적다.</del> 많다

✔ ⑤ (다)는 (나)보다 상업 지역의 평균 지가가 높다.
   └도심 〉주변(외곽) 지역

│ 자료 분석 │

지도의 세 지역은 위에서부터 노원구, 중구, 금천구에 위치한다. 그래프에서 (가)는 주거 지역, (나)는 공업 지역, (다)는 상업 지역의 면적이 다른 지역에 비해 넓다. 따라서 (가)는 주거 기능이 발달한 노원구, (나)는 공업 기능이 발달한 금천구, (다)는 상업 기능이 발달한 중구이다.

│ 선지 해설 │

① (가) 노원구는 주로 주거 지역으로 구성되어 있으며, 공업 지역의 면적이 상대적으로 좁고 제조업체 수도 적다. 반면 (나) 금천구는 서울 내에서 제조업이 상대적으로 발달한 지역으로 제조업체 수가 많고 공업 지역의 면적이 상대적으로 넓다. 따라서 (가)는 (나)보다 제조업체 수가 적다.

② (가) 노원구는 (다) 중구보다 주거 기능이 발달하였으며 상주인구가 많다. 따라서 (가) 노원구는 (다) 중구보다 초등학생 수가 많다.

③ (나) 금천구는 공업 기능이 발달한 지역인 반면 (다) 중구는 상업 기능이 발달하였으며 중추 관리 기능, 고급 상가, 전문 서비스업 등 고차 중심 기능이 입지한다. 따라서 (다)는 (나)보다 중심 업무 기능이 우세하다.

④ (다) 중구는 중심 업무 지구가 위치하며 출근 시간대에 많은 인구가 유입한다. 반면 (가) 노원구는 주거 기능이 발달한 지역으로 출근 시간대에 많은 인구가 유출한다. 따라서 (다)는 (가)보다 출근 시간대 유입 인구가 많다.

⑤(다) 중구는 도심으로 접근성, 지대 및 지가가 높으며 상업 지역의 평균 지가가 높다. 반면, (나) 노원구는 주변(외곽) 지역에 위치해 지대 및 지가가 상대적으로 낮다. 따라서 (다)는 (나)보다 상업 지역의 평균 지가가 높다.

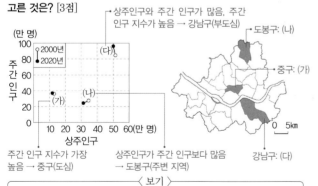

27 도시 내부 구조 19학년도 9월 모평 12번

정답 ③ | 정답률 73%

자료는 광주광역시에 위치한 A~C 구(區)의 인구와 종사자를 나타낸 것이다. 이에 대한 옳은 설명을 〈보기〉에서 고른 것은? [3점]

광산구 / 북구 / A / B / C / 동구
0 5km

상주인구가 많고, 주간 인구 지수가 100 이하 → 주변 지역

제조업 종사자가 많음 → 제조업이 발달한 주변 지역

구분	인구 지표		종사자 수(명)	
	상주인구 (명)	주간 인구 지수	전체 산업	제조업
A	398,859	99	148,222	47,511
B	450,874	92	152,692	19,572
C	101,980	132	65,089	2,214

(2015) 상주인구가 적고, 주간 인구 지수가 100 이상 → 도심 (통계청)

〈보기〉

ㄱ. A는 B보다 인구 밀도가 높다.
   상주인구/면적   낮다
ㄴ. B는 C보다 초등학교 학급 수가 많다.
ㄷ. 통근·통학 유입 인구가 유출 인구보다 많은 곳은 C이다.
   주간 인구 지수 100 이상
ㄹ. 구(區)별 총종사자 대비 제조업 종사자 비중은 A~C 중 B가   A
   가장 높다.

① ㄱ, ㄴ   ② ㄱ, ㄷ   ③ ㄴ, ㄷ   ④ ㄴ, ㄹ   ⑤ ㄷ, ㄹ

자료 분석

제시된 표에서 A와 B는 상주인구가 많고 주간 인구 지수가 100 이하이므로 주변 지역에 해당한다. A는 B, C에 비해 전체 산업 종사자 수 대비 제조업 종사자 수가 많으므로 제조업이 발달한 주변 지역이다. B는 A~C 구(區) 중에서 상주인구가 가장 많고 주간 인구 지수가 가장 낮으므로 주거 기능이 발달한 주변 지역이다. C는 A~C 구(區) 중에서 상주인구가 가장 적고 주간 인구 지수가 가장 높다. 또한 전체 산업 종사자 수 대비 제조업 종사자 수가 매우 적으므로 상업·업무 기능이 발달한 도심이다.

보기 해설

ㄱ. A는 B보다 면적은 넓지만 상주인구가 적으므로 인구 밀도가 낮다.

ㄴ 상주인구가 많을수록 초등학교 학급 수가 많다. 따라서 주변 지역인 B는 도심인 C보다 상주인구가 약 4.5배 많으므로, 초등학교 학급 수가 많다.

ㄷ 통근·통학 유입 인구는 주간 인구 지수로 파악할 수 있다. 주간 인구 지수는 상주인구에 대한 주간 인구의 비율로 나타내는데, 100 이상이면 주간 인구가 더 많고 100 이하이면 상주인구가 더 많음을 뜻한다. 따라서 통근·통학 유입 인구가 유출 인구보다 많은 곳은 A~C 중 유일하게 주간 인구 지수가 132로 100을 초과한 C이다.

ㄹ. 구(區)별 총 종사자 대비 제조업 종사자 비중은 (제조업 종사자 수/전체 산업 종사자 수)×100으로 구할 수 있다. 구(區)별 총 종사자 대비 제조업 종사자 비중은 A가 약 32%, B가 약 13%, C가 약 3%이므로, A~C 중 A가 가장 높다.

28 도시 내부 구조 24학년도 3월 학평 10번

정답 ① | 정답률 61%

그래프는 지도에 표시된 세 구(區)의 상주인구 및 주간 인구 변화를 나타낸 것이다. (가)~(다) 지역에 대한 설명으로 옳은 것만을 〈보기〉에서 고른 것은? [3점]

상주인구와 주간 인구가 많음. 주간 인구 지수가 높음 → 강남구(부도심)

(만 명) 주간 인구 세로축 100/80/60/40/20/0, 가로축 상주인구 10 20 30 40 50 60(만 명)
2000년 / 2020년
(다) / (나) / (가)

도봉구: (나) / 중구: (가) / 강남구: (다)
0 5km

주간 인구 지수가 가장 높음 → 중구(도심)
상주인구가 주간 인구보다 많음 → 도봉구(주변 지역)

〈보기〉

ㄱ. (가)는 (나)보다 상업지의 평균 지가가 높다.
   도심 > 주변 지역
ㄴ. (나)는 (가)보다 출근 시간대에 순 유출 인구가 많다.
   주변 지역 > 도심
ㄷ. (다)는 (가)보다 시가지의 형성 시기가 이르다.
   늦다
ㄹ. (나), (다)는 모두 2000년보다 2020년에 주간 인구 지수가 낮다.
   (다)는 주간 인구 지수 증가

① ㄱ, ㄴ   ② ㄱ, ㄷ   ③ ㄴ, ㄷ   ④ ㄴ, ㄹ   ⑤ ㄷ, ㄹ

자료 분석

지도에 표시된 서울의 세 구는 도봉구, 중구, 강남구이다. 그래프에서 (가)는 상주인구 대비 주간 인구가 가장 많으므로 주간 인구 지수가 높은 도심인 중구이다. (나)는 상주인구보다 주간 인구가 적으므로 주거 기능이 발달한 주변 지역인 도봉구이다. (다)는 세 지역 중 상주인구와 주간 인구가 가장 많으며, 상주인구 대비 주간 인구도 많은 지역으로 강남구이다.

선지 해설

ㄱ 도심인 (가) 중구는 대기업 본사, 금융 기관 본점, 백화점 등이 입지하는 등 상업·업무 기능이 발달하였으나, 주변 지역인 (나) 도봉구는 주거 기능이 발달하였다. 따라서 상업지의 평균 지가는 (가) 중구가 (나) 도봉구보다 높다.

ㄴ (나) 도봉구는 상주인구가 주간 인구보다 많으므로 출근 시간대 순 유출 지역이나, (가) 중구는 상주인구보다 주간 인구가 많으므로 출근 시간대 순 유입 지역에 해당한다. 따라서 (나) 도봉구는 (가) 중구보다 출근 시간대에 순 유출 인구가 많다.

ㄷ. 부도심인 (다) 강남구는 도심인 (가) 중구보다 시가지의 형성 시기가 늦다. 부도심은 일반적으로 도심의 일부 기능을 분담하는 지역으로 도시가 성장함에 따라 도심과 주변(외곽) 지역을 연결하는 교통의 결절에 형성된다. 실제로 (가) 중구는 조선 시대부터 중요한 행정 및 상업 지역이었으나 강남구는 1960년대 서울로 편입된 이후 개발되었다.

ㄹ. 2000년 대비 2020년 (나) 도봉구는 2000년보다 2020년에 상주인구가 감소하고 주간 인구도 감소하여 주간 인구 지수는 감소하였다(약 80 → 78.1). 한편, (다) 강남구는 상주인구가 감소한 반면 주간 인구가 증가하여 주간 인구 지수가 증가하였다(약 161.5 → 192.7).

다음 자료는 세 지역의 심벌마크와 주요 특징을 나타낸 것이다. (가)~(다)를 그래프의 A~C에서 고른 것은? (단, (가)~(다)와 A~C는 각각 지도에 표시된 세 지역 중 하나임.) [3점]

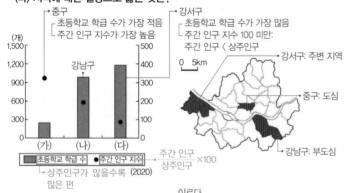

강남구(부도심) (가)	도봉구(주변 지역) (나)	종로구(도심) (다)
○ 지역 명칭의 초성 등을 형상화함. ○ 상업·업무 기능과 주거 기능이 함께 발달함.	○ 도봉산의 선인봉, 자운봉, 만장봉 등을 표현함. ○ 도시 내 주변(외곽) 지역에 위치함.	○ 지역의 대표적인 상징인 '보신각종'을 표현함. ○ 주거, 교육 기능 등의 이심 현상이 있었음.

주거·교육·공업 기능 등이 도심에서 주변(외곽) 지역으로 이동하는 현상

통근·통학 순유입 인구 (만 명)

강남구(부도심)
C 통근·통학 순유입 인구 (+)
상주인구가 가장 많음

종로구(도심)
A 통근·통학 순유입 인구 (+)
상주인구가 가장 적음

(나) 도봉구(주변 지역)
(다) 종로구(도심)
(가) 강남구(부도심)

도봉구(주변 지역)
B 통근·통학 순유입 인구 (−)
상주인구가 상대적으로 많음
(2020년)

	(가)	(나)	(다)		(가)	(나)	(다)
①	A	B	C	②	A	C	B
③	B	C	A	④	C	A	B
⑤	C	B	A				

자료 분석

지도에 표시된 세 지역은 도봉구, 종로구, 강남구이다. (가)는 심벌마크에 지역 명칭의 초성인 ㄱ과 ㄴ을 형상화하였으며, 상업·업무 기능과 주거 기능이 함께 발달한 것을 보아 강남구이다. (나)는 도시 내 주변(외곽) 지역에 위치하며 심벌마크에 도봉산의 선인봉, 자운봉, 만장봉 등을 표현한 것으로 보아 도봉구이다. (다)는 심벌마크에 지역의 대표적인 상징인 보신각종을 형상화하였으며, 주거, 교육 기능 등의 이심 현상이 나타나는 것으로 보아 종로구이다.

선지 해설

⑤ (가) − C, (나) − B, (다) − A

• A는 통근·통학 순유입 인구가 양(+)의 값이며, A~C 중 상주인구가 가장 적으므로 도심인 (다) 종로구이다. 도심은 주로 도시 중심부에 형성되며 높은 지대를 지불할 수 있는 중추 관리 기능, 고급 상가, 전문 서비스업 등 고차 중심 기능이 입지하여 통근·통학 순유입 인구가 많다. 한편 주거, 교육 기능 등의 이심 현상으로 상주인구가 적다.

• B는 상주인구가 약 30만 명으로 상대적으로 많고, 통근·통학 순유입 인구가 음(−)의 값이 나타나므로 주변(외곽) 지역인 (나) 도봉구이다.

• C는 A~C 중 통근·통학 순유입 인구가 가장 많은 동시에 상주인구도 많으므로 부도심인 (가) 강남구이다. 강남구는 상업·업무 기능과 주거 기능이 함께 발달하여 통근·통학 순유입 인구가 많고 상주인구도 많다.

그래프는 지도에 표시된 서울시 세 구(區)의 특성을 나타낸 것이다. (가)~(다) 지역에 대한 설명으로 옳은 것은?

중구
초등학교 학급 수가 가장 적음
주간 인구 지수가 가장 높음

강서구
초등학교 학급 수가 가장 많음
주간 인구 지수 100 미만:
주간 인구 < 상주인구

강남구

강서구: 주변 지역
중구: 도심
강남구: 부도심

초등학교 학급 수   주간 인구 지수

주간 인구 상주인구 ×100
상주인구가 많을수록 많은 편 (2020)

이르다
① (가)는 (나)보다 시가지의 형성 시기가 ~~늦다.~~

도시의 큰 길거리를 이루는 지역
✓ (가)는 (다)보다 인구 공동화 현상이 뚜렷하다.

주거 기능의 이심 현상으로 도심의 상주인구가 감소하는 현상
높다
③ (나)는 (다)보다 상업용지의 평균 지가가 ~~낮다.~~

적다
④ (다)는 (가)보다 생산자 서비스업 사업체 수가 ~~많다.~~

주로 도심이나 부도심에 위치
(다) > (나) > (가)
⑤ 상주인구는 (가) > (나) > (다) 순으로 많다.

자료 분석

지도에 표시된 구는 강서구, 중구, 강남구이다. (가)는 (가)~(다) 지역 중 초등학교 학급 수가 가장 적고, 주간 인구 지수가 가장 높으므로 중구이다. 중구는 도심으로 고차 중심 기능이 입지하는 동시에 주거 기능의 이심 현상이 나타나 주간 인구 지수가 높다. (나)는 (가)~(다) 지역 중 초등학교 학급 수와 주간 인구 지수 순위가 두 번째로 높으므로 부도심인 강남구에 해당한다. (다)는 (가)~(다) 지역 중 초등학교 학급 수가 가장 많고, 주간 인구 지수가 100 미만으로 주간 인구보다 상주인구가 많으므로 주변 지역인 강서구이다.

선지 해설

① 도시는 대체로 도시 중심부에서 외곽 지역으로 시가지가 확장된다. 따라서 도심인 (가) 중구는 부도심인 (나) 강남구보다 시가지의 형성 시기가 이르다.

② 인구 공동화 현상은 도심에서 뚜렷하게 나타난다. 도심인 (가) 중구는 상주인구가 적어 야간에 인구 밀도가 매우 낮으므로, 주변 지역인 (다) 강서구에 비해 인구 공동화 현상이 뚜렷하다.

③ 상업용지의 평균 지가는 주거 기능과 상업·업무 기능이 함께 발달한 부도심인 (나) 강남구가 주거 기능은 탁월하지만 상업·업무 기능은 미약한 주변 지역인 (다) 강서구보다 높다.

④ 기업 활동을 지원하는 생산자 서비스업은 기업과의 접근성이 높고, 관련 정보 획득에 유리한 지역에 집중하려는 경향이 커 주로 도심이나 부도심에 입지한다. 따라서 (다) 강서구는 (가) 중구보다 생산자 서비스업 사업체 수가 적다.

⑤ 상주인구는 초등학교 학급 수가 많은 곳일수록 대체로 많은 편이다. 따라서 상주인구는 (다) 강서구 > (나) 강남구 > (가) 중구 순으로 많다.

31 도시 내부 구조 21학년도 10월 학평 13번

정답 ⑤ | 정답률 75%

그래프는 지도에 표시된 두 구(區)의 행정동별 인구 특성을 나타낸 것이다. (가), (나)에 대한 설명으로 옳은 것은?

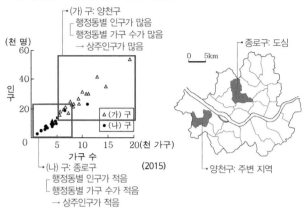

(가) 구: 양천구
행정동별 인구가 많음
행정동별 가구 수가 많음
→ 상주인구가 많음

종로구: 도심
양천구: 주변 지역

(나) 구: 종로구
행정동별 인구가 적음
행정동별 가구 수가 적음
→ 상주인구가 적음

① (가)에는 도심이 위치해 있다.
　(나)

② (나)는 주간 인구보다 상주인구가 많다.
　└ 주간 인구 지수 100 이상　적다

③ (가)는 (나)보다 금융 기관 수가 많다.
　　　　　　　　　　　　　적다

④ (나)는 (가)보다 초등학교 학급 수가 많다.
　　　　　　　　　　　　　적다

✔⑤ (나)는 (가)보다 상업용지의 평균 지가가 높다.
　　└ 도심이 주변 지역보다 높음

자료 분석

서울특별시에 위치한 두 구(區)는 주변 지역인 양천구와 도심인 종로구이다. (가) 구는 (나) 구에 속한 행정동보다 인구가 많고 가구 수 또한 많으므로 상주인구가 많은 주변 지역인 양천구이다. (나) 구는 (가) 구에 속한 행정동보다 인구가 적고 가구 수 또한 적으므로 상주인구가 적은 도심인 종로구이다.

선지 해설

① (가) 구는 양천구로 주변 지역에 해당한다. 도심이 위치한 구는 (나) 종로구이다.

② (나) 종로구는 도심으로 주간 인구가 상주인구보다 많다.

③ 금융 기관 수는 접근성이 높은 도심인 (나) 종로구가 주변 지역인 (가) 양천구보다 많다.

④ 초등학교 학급 수는 상주인구가 많은 주변 지역이 상주인구가 적은 도심보다 많으므로 (나) 종로구는 (가) 양천구보다 초등학교 학급 수가 적다.

⑤ 상업용지의 평균 지가는 도심이 주변 지역보다 높으므로 (나) 종로구가 (가) 양천구보다 상업용지의 평균 지가가 높다.

32 도시 내부 구조 24학년도 10월 학평 13번

정답 ② | 정답률 70%

그래프는 지도에 표시된 네 지역의 특성을 나타낸 것이다. (가)~(라) 지역에 대한 옳은 설명만을 〈보기〉에서 고른 것은?

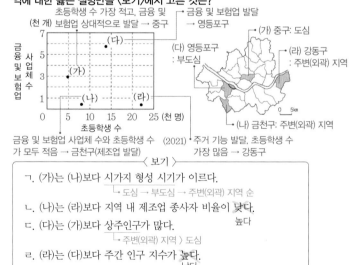

초등학생 수 가장 적고, 금융 및 보험업 상대적으로 발달 → 중구

금융 및 보험업 발달 → 영등포구

(가) 중구: 도심
(다) 영등포구: 부도심
(라) 강동구: 주변(외곽) 지역
(나) 금천구: 주변(외곽) 지역

금융 및 보험업 사업체 수와 초등학생 수가 모두 적음 → 금천구(제조업 발달)

주거 기능 발달, 초등학생 수 가장 많음 → 강동구

〈보기〉

ㄱ. (가)는 (나)보다 시가지 형성 시기가 이르다.
　└ 도심 → 부도심 → 주변(외곽) 지역 순

ㄴ. (나)는 (라)보다 지역 내 제조업 종사자 비율이 낮다.
　　　　　　　　　　　　　　　　　　　높다

ㄷ. (다)는 (가)보다 상주인구가 많다.
　　└ 주변(외곽) 지역 > 도심

ㄹ. (라)는 (다)보다 주간 인구 지수가 높다.
　　　　　　　　　　　　　　　낮다

① ㄱ, ㄴ　　✔② ㄱ, ㄷ　　③ ㄴ, ㄷ
④ ㄴ, ㄹ　　⑤ ㄷ, ㄹ

자료 분석

지도에 표시된 서울의 네 구는 영등포구, 금천구, 중구, 강동구이다. (가)는 네 지역 중 초등학생 수가 가장 적으나 금융 및 보험업 사업체 수가 상대적으로 많은 지역으로 도심인 중구이다. (나)는 네 지역 중 금융 및 보험업 사업체 수가 가장 적은 지역으로 상대적으로 제조업이 발달한 주변(외곽) 지역인 금천구이다. (다)는 네 지역 중 금융 및 보험업 사업체 수가 가장 많은 지역으로 여의도 등이 위치한 부도심인 영등포구이다. (라)는 네 지역 중 초등학생 수가 가장 많지만 금융 및 보험업 사업체 수는 적은 것으로 보아 주거 기능이 발달한 주변(외곽) 지역인 강동구이다.

선지 해설

ㄱ. (가) 중구는 도심으로 조선 시대부터 서울의 중심지로 발전해 왔으며 시가지 형성 시기가 상당히 이르다. 반면 서울의 남서쪽에 위치한 (나) 금천구는 1960~1970년대 산업화로 많은 공장이 생기면서 시가지가 형성되었다. 따라서 (가) 중구는 (나) 금천구보다 시가지 형성 시기가 이르다.

ㄴ. (나) 금천구는 가산 디지털단지를 중심으로 한 산업 단지가 많고 제조업이 발달한 지역이며, (라) 강동구는 대규모 아파트 단지가 들어선 지역으로 제조업보다 주거 기능이 발달하였다. 따라서 (나) 금천구는 (라) 강동구보다 지역 내 제조업 종사자 비율이 높다.

ㄷ. (다) 영등포구는 부도심으로 여의도 같은 금융 기능이 발달한 지역뿐만 아니라 주거 지역도 비교적 넓게 분포되어 있어 상주인구가 많으며 초등학생 수도 (가) 중구보다 많다. 반면 (가) 중구는 도심으로 상업·업무 기능이 발달하였고 상대적으로 주거 지역이 좁아 상주인구가 적으며 초등학생 수도 네 지역 중 가장 적다. 따라서 (다) 영등포구는 (가) 중구보다 상주인구가 많다.

ㄹ. 주간 인구 지수는 주간 인구를 상주인구로 나눠서 계산할 수 있다. (라) 강동구는 주거 기능이 발달한 주변(외곽) 지역으로 주간 인구보다 상주인구가 많으나, (다) 영등포구는 금융 및 보험업이 발달한 부도심으로 주간 인구가 상주인구보다 많다. 따라서 (라) 강동구는 (다) 영등포구보다 주간 인구 지수가 낮다.

14
일차

| 01 ④ | 02 ③ | 03 ① | 04 ② | 05 ③ | 06 ④ | 07 ③ | 08 ⑤ | 09 ① | 10 ① | 11 ③ | 12 ③ |
| 13 ③ | 14 ④ | 15 ④ | 16 ⑤ | 17 ④ | 18 ③ | 19 ③ | 20 ⑤ | 21 ⑤ | 22 ② | 23 ⑤ | 24 ④ |

문제편 124~129쪽

---

01 대도시권 25학년도 6월 모평 10번
정답 ④ | 정답률 77%

그래프는 지도에 표시된 세 지역군의 인구 자료이다. (가)~(다) 지역군에 대한 설명으로 옳은 것만을 〈보기〉에서 고른 것은? [3점]

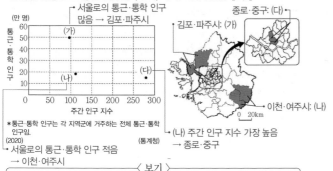

→ 서울로의 통근·통학 인구 많음 → 김포·파주시
종로·중구: (다)
김포·파주시: (가)
(나) 주간 인구 지수 가장 높음 → 종로·중구
이천·여주시: (나)
*통근·통학 인구는 각 지역군에 거주하는 전체 통근·통학 인구임.
(2020) (통계청)
→ 서울로의 통근·통학 인구 적음 → 이천·여주

〈보기〉

ㄱ. 서울로의 통근·통학 인구는 (나)가 (가)보다 많다.
    적다
ㄴ. (나)는 (가)보다 전체 가구 대비 농가 비율이 높다.
    └ (나) 이천·여주시 〉 (가) 김포·파주시 〉 (다) 종로·중구
ㄷ. (나)는 (다)보다 상업지 평균 지가가 높다.
    낮다
ㄹ. (다)는 (가)보다 생산자 서비스업 사업체 수가 많다.
    └ 대도시 도심 〉 주변 도시

① ㄱ, ㄴ ② ㄱ, ㄷ ③ ㄴ, ㄷ ④ ㄴ, ㄹ ⑤ ㄷ, ㄹ

출제 경향

수도권 주요 지역의 주간 인구 지수, 서울로의 통근·통학 비율 그래프를 제시하고, 해당 지역의 특징을 묻는 문항이 출제된다. 수도권에서 도시별 특징을 구분할 수 있어야 한다.

| 자료 분석 |

지도에 표시된 지역군은 경기도의 김포·파주시, 이천·여주시와 서울의 종로·중구이다. 그래프에서 주간 인구 지수가 가장 높은 (다)는 서울의 도심이 위치한 종로·중구이다. (가)와 (나) 중 상대적으로 통근·통학 인구가 많은 (가)는 서울에 인접해 총인구가 상대적으로 많은 김포·파주시이다. 상대적으로 통근·통학 인구가 적은 (나)는 (가)보다 서울에서 멀리 떨어져 있는 이천·여주시이다. 따라서 (가)는 김포·파주시, (나)는 이천·여주시, (다)는 종로·중구이다.

| 선지 해설 |

ㄱ. 서울로의 통근·통학 인구는 서울에서 멀리 떨어져 있고 상대적으로 총인구가 적은 (나) 이천·여주시가 서울에 인접해 있으며 상대적으로 총인구가 많은 (가) 김포·파주시보다 적다.

ㄴ. (나) 이천·여주시는 서울에서 멀리 떨어져 있어 서울에 인접해 있는 (가) 김포·파주시보다 상대적으로 촌락의 성격이 강하다. 따라서 (나) 이천·여주시는 (가) 김포·파주시보다 전체 가구 대비 농가 비율이 높다.

ㄷ. (나) 이천·여주시는 서울에서 멀리 떨어져 있어 촌락의 성격이 강한 반면, (다) 종로·중구는 서울의 도심에 위치해 상업·업무 기능이 발달하였다. 따라서 (나) 이천·여주시는 (다) 종로·중구보다 상업지 평균 지가가 낮다.

ㄹ. 생산자 서비스업은 기업과의 접근성이 높고 관련 정보 획득에 유리한 대도시 도심에 집중하는 경향이 있다. 따라서 서울 도심이 위치한 (다) 종로·중구는 서울 주변에 위치한 (가) 김포·파주시보다 생산자 서비스업 사업체 수가 많다.

---

02 대도시권 21학년도 9월 모평 3번
정답 ③ | 정답률 59%

그래프는 지도에 표시된 세 지역의 산업별 취업자 비율을 나타낸 것이다. (가)~(다) 지역에 대한 설명으로 옳은 것은?

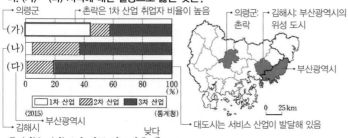

의령군
촌락은 1차 산업 취업자 비율이 높음
(가)
(나)
(다)
의령군: 촌락
김해시: 부산광역시의 위성 도시
부산광역시
1차 산업 2차 산업 3차 산업
(2015) 부산광역시 (통계청)
→ 김해시
→ 대도시는 서비스 산업이 발달해 있음
0 25km

① (가)는 (나)보다 인구 밀도가 높다.
    낮다
② (가)는 (나)보다 대형 마트가 많다.
    적다
③ (나)는 (다)보다 유소년층 인구 비율이 높다.
    └ 청장년층 인구 비율이 높을수록 높음
④ (나)는 (다)보다 지역 내 총생산(GRDP)이 많다.
    적다
⑤ (다)로 통근·통학하는 인구는 (가)가 (나)보다 많다.
    적다

| 자료 분석 |

지도에 표시된 지역은 왼쪽부터 의령군, 김해시, 부산광역시이다. (가)는 세 지역 중 1차 산업 취업자 비율이 가장 높으므로 촌락인 의령군이다. (나)는 세 지역 중 2차 산업 취업자 비율이 가장 높으므로 공업이 발달하고 있는 김해시이다. (다)는 세 지역 중 3차 산업 취업자 비율이 가장 높으므로 대도시인 부산광역시이다.

| 선지 해설 |

① 인구 밀도는 촌락인 (가) 의령군이 도시인 (나) 김해시보다 낮다.

② 대형 마트는 인구가 적은 (가) 의령군이 (나) 김해시보다 적다.

③ (나) 김해시는 부산광역시의 위성 도시로 대규모 택지 개발이 이루어지면서 인구가 많이 증가하였으며 특히 청장년층의 유입이 많다. 따라서 유소년층 인구 비율은 (나) 김해시가 (다) 부산광역시보다 높다.

④ 지역 내 총생산(GRDP)은 대체로 인구가 많은 지역일수록 많다. 따라서 (나) 김해시는 (다) 부산광역시보다 지역 내 총생산이 적다.

⑤ (다) 부산광역시로 통근·통학하는 인구는 인구가 많고 부산광역시와 인접해 있는 (나) 김해시가 (가) 의령군보다 많다.

다음 자료는 지도에 표시된 네 지역의 특성을 나타낸 것이다. (가)~(라)
에 대한 설명으로 옳은 것은? [3점]

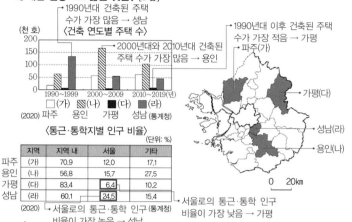

1990년대 건축된 주택 수가 가장 많음 → 성남
〈건축 연도별 주택 수〉

2000년대와 2010년대 건축된 주택 수가 가장 많음 → 용인

1990년대 이후 건축된 주택 수가 가장 적음 → 가평 파주(가)

가평(다)
성남(라)
용인(나)

〈통근·통학지별 인구 비율〉
(단위: %)

지역		지역 내	서울	기타
파주	(가)	70.9	12.0	17.1
용인	(나)	56.8	15.7	27.5
가평	(다)	83.4	6.4	10.2
성남	(라)	60.1	24.5	15.4

(2020) (통계청)

서울로의 통근·통학 인구 비율이 가장 낮음 → 가평

서울로의 통근·통학 인구 비율이 가장 높음 → 성남

✓ ① (가)는 (라)보다 지역 내 농가 인구 비율이 높다.
② (나)는 (다)보다 주간 인구 지수가 높다.
   낮다
③ (다)는 (라)보다 주택 유형 중 아파트 비율이 높다.
   낮다
④ (가)에는 수도권 1기 신도시, (나)에는 2기 신도시가 건설되었다.
   (라) 성남   (가) 파주
⑤ (가)~(라) 중 생산자 서비스업 종사자 수는 (가)가 가장 많다.
   (라) 성남

| 자료 분석 |

지도에 표시된 네 지역은 파주, 가평, 용인, 성남이다. (라)는 네 지역 중 1990년대 건축된 주택 수가 가장 많으며, 서울로의 통근·통학 인구 비율이 가장 높은 성남이다. (나)는 네 지역 중 2000년대와 2010년대 건축된 주택 수가 가장 많으며, 지역 내 통근·통학 인구 비율이 가장 낮고 서울로의 통근·통학 인구 비율이 두 번째로 높은 용인이다. (다)는 네 지역 중 1990년대, 2000년대, 2010년대 건축된 주택 수가 가장 적으며, 지역 내 통근·통학 인구 비율이 가장 높고 서울로의 통근·통학 인구 비율이 가장 낮은 가평이다. (가)는 1990년대보다 2000년대와 2010년대 건축된 주택이 많으며, 지역 내 통근·통학 인구 비율이 (다) 가평 다음으로 높은 파주이다.

| 선지 해설 |

① (가) 파주는 (라) 성남보다 지역 내 농가 인구 비율이 높다.

② (나) 용인은 (다) 가평보다 주간 인구 지수가 낮다. (나) 용인은 지역 내 통근·통학 인구 비율이 네 지역 중 가장 낮아 주간 유출 인구가 많으며 주간 인구 지수가 상대적으로 낮다.

③ (다) 가평은 (라) 성남보다 주택 유형 중 아파트 비율이 낮다. 군(郡)에 해당하는 (다) 가평은, 시(市)에 해당하며 수도권 1기 신도시와 수도권 2기 신도시가 위치한 (라) 성남보다 아파트 수가 적고 주택 유형 중 아파트 비율이 낮다.

④ (가) 파주에는 수도권 2기 신도시 운정이 위치하며, (나) 용인에는 2기 신도시인 광교 신도시의 일부가 건설되어 있다. (라) 성남에는 수도권 1기 신도시 분당과 2기 신도시 판교와 위례가 위치한다.

⑤ (가)~(라) 중 생산자 서비스업 종사자 수는 (라) 성남이 가장 많다.

그래프는 지도에 표시된 세 지역의 특성을 나타낸 것이다. (가)~(다) 지역에 대한 설명으로 옳은 것만을 〈보기〉에서 고른 것은?

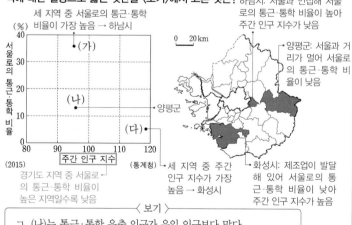

세 지역 중 서울로의 통근·통학 비율이 가장 높음 → 하남시

하남시: 서울과 인접해 서울로의 통근·통학 비율이 높아 주간 인구 지수가 낮음

양평군: 서울과 거리가 멀어 서울로의 통근·통학 비율이 낮음

양평군

(2015) (통계청)
경기도 지역 중 서울로의 통근·통학 비율이 높은 지역일수록 낮음

세 지역 중 주간 인구 지수가 가장 높음 → 화성시

화성시: 제조업이 발달해 있어 서울로의 통근·통학 비율이 낮아 주간 인구 지수가 높음

〈 보기 〉
ㄱ. (나)는 통근·통학 유출 인구가 유입 인구보다 많다.
   주간 인구 지수 100 이하   낮다
ㄴ. (나)는 (가)보다 주택 유형 중 아파트 비율이 높다.
   주거 기능의 위성 도시가 대체로 높음
ㄷ. (다)는 (가)보다 청장년층 인구의 성비가 높다.
   중화학 공업이 발달한 도시가 대체로 높음
ㄹ. (다)는 (나)보다 인구 밀도가 낮다.
   높다

① ㄱ, ㄴ   ✓② ㄱ, ㄷ   ③ ㄴ, ㄷ   ④ ㄴ, ㄹ   ⑤ ㄷ, ㄹ

| 자료 분석 |

지도의 세 지역은 경기도 화성시, 하남시, 양평군이다. 그래프에서 서울로의 통근·통학 비율이 세 지역 중 가장 높으며 주간 인구 지수가 100 이하인 (가)는 하남시이다. 하남시는 서울과 인접해 있어 서울로의 통근·통학 비율이 높다. (다)는 세 지역 중 서울로의 통근·통학 비율이 가장 낮고 주간 인구 지수가 100 이상이다. 따라서 (다)는 자동차 및 트레일러 제조업이 발달한 화성시이다. (나)는 양평군이다.

| 보기 해설 |

ㄱ. (나) 양평군은 주간 인구 지수가 100 이하이므로 통근·통학 유출 인구가 유입 인구보다 많다.

ㄴ. 서울의 주거 기능을 분담하는 (가) 하남시는 주택 유형 중 아파트 비율이 높다. 서울과 거리가 먼 촌락인 (나) 양평군은 주택 유형 중 아파트 비율이 낮다.

ㄷ. (다) 화성시는 자동차 및 트레일러 제조업을 비롯한 중화학 공업이 발달하여 청장년층 인구의 성비가 (가) 하남시보다 높다.

ㄹ. (다) 화성시보다 (나) 양평군의 면적이 다소 넓으나 화성시의 총인구는 약 88만 명, 양평군의 총인구는 약 11만 명이다. 따라서 (다) 화성시는 (나) 양평군보다 인구 밀도가 높다.

14
일차

그래프의 (가)~(라) 지역에 대한 설명으로 옳은 것만을 〈보기〉에서 고른 것은? (단, (가)~(라)는 각각 지도에 표시된 네 지역 중 하나임.)

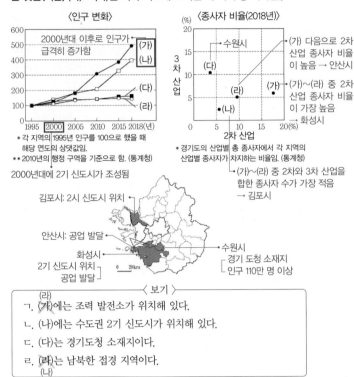

〈인구 변화〉

2000년대 이후로 인구가 급격히 증가함 (가)(나)
(다)
(라)

1995 2000 2005 2010 2015 2018(년)
* 각 지역의 1995년 인구를 100으로 했을 때 해당 연도의 상댓값임.
** 2010년의 행정 구역을 기준으로 함. (통계청)
2000년대에 2기 신도시가 조성됨

〈종사자 비율(2018년)〉
3차 산업
수원시
(다)
(라) (가)
(나)
2차 산업
(가) 다음으로 2차 산업 종사자 비율이 높음 → 안산시
(가)~(라) 중 2차 산업 종사자 비율이 가장 높음 → 화성시
* 경기도의 산업별 총 종사자에서 각 지역의 산업별 종사자가 차지하는 비율임. (통계청)
(가)~(라) 중 2차와 3차 산업을 합한 종사자 수가 가장 적음 → 김포시

김포시: 2기 신도시 위치
안산시: 공업 발달
화성시
2기 신도시 위치
공업 발달
수원시
경기 도청 소재지
인구 110만 명 이상
0 20km

〈보기〉
ㄱ. (가)[라]에는 조력 발전소가 위치해 있다.
ㄴ. (나)에는 수도권 2기 신도시가 위치해 있다.
ㄷ. (다)는 경기도청 소재지이다.
ㄹ. (라)[나]는 남북한 접경 지역이다.

① ㄱ, ㄴ   ② ㄱ, ㄷ   ③ ㄴ, ㄷ   ④ ㄴ, ㄹ   ⑤ ㄷ, ㄹ

| 자료 분석 |

지도에 표시된 지역은 경기도 김포시, 안산시, 수원시, 화성시이다. (가)는 1995년 인구에 비해 2018년 인구가 약 5배 증가하였고, 네 지역 중 2차 산업 종사자 비율이 가장 높으므로 화성시이다. 화성시는 자동차 및 트레일러 제조업을 비롯한 각종 공업이 발달해 있다. 또한 화성시는 2기 신도시인 동탄 신도시가 조성되면서 인구가 급증하고 있다. (나)는 (가)와 마찬가지로 1995년 인구에 비해 2018년 인구가 급격히 증가하였으며 네 지역 중 2차와 3차 산업 종사자 수를 합한 인구가 가장 적다. 따라서 (나)는 네 지역 중 인구가 가장 적은 김포시이다. 김포시 역시 화성시와 마찬가지로 2기 신도시가 조성되면서 인구가 급증하고 있지만 네 지역 중 2018년 기준 인구수는 가장 적다. (다)는 네 지역 중 3차 산업 종사자 비율이 가장 높으므로 인구가 많아 서비스 산업이 발달한 수원시이다. (가) 다음으로 2차 산업 종사자 비율이 높은 (라)는 각종 공업이 발달한 안산시이다.

| 보기 해설 |

ㄱ. 조력 발전소가 위치한 곳은 (라) 안산시이다. 안산시의 시화호 조력 발전소는 우리나라에서 유일하게 가동 중인 조력 발전소이다.

Ⓛ (나) 김포시에는 2000년대에 조성된 2기 신도시가 위치해 있다.

Ⓒ (다) 수원시는 경기도의 도청 소재지이다.

ㄹ. 남북한 접경 지역인 곳은 (나) 김포시이다.

개념 확인	수도권 내 지역별 특징
신도시	• 위치: 서울과 인접함 • 인구가 많음, 서울로의 통근·통학률이 높음
공업 도시	• 위치: 안산, 평택, 화성 등 서해안에 위치함 • 제조업 비중이 높음, 신도시에 비해 주간 인구 지수가 높음, 서울로의 통근·통학률이 낮음
배후 농촌	• 위치: 서울에서 멀리 떨어짐 • 1차 산업 종사자 비율이 높음, 주간 인구 지수가 높음, 서울로의 통근·통학률이 낮음

그래프의 (가)~(다) 지역을 지도의 A~C에서 고른 것은?

주거 기능의 위성 도시는 서울로의 통근·통학 비율이 높음 → A 용인

〈제조업 종사자 비율〉 〈서울로의 통근·통학 비율〉
B 화성
(가) (나) (다)
(2017)
제조업이 발달해 있음
(가) (나) (다)
(통계청)
서울과의 거리가 멀어 서울로의 통근·통학 비율이 낮음 → C 평택

화성 B A 용인
C
평택
0 20km

(가) (나) (다)
① A B C
② A C B
③ B A C
④ B C A
⑤ C B A

| 선지 해설 |

④ (가) – B, (나) – C, (다) – A

• (가): 화성과 평택은 모두 자동차 및 트레일러 제조업이 발달해 있어 제조업 종사자 비율이 높다. 제조업 종사자 비율이 높은 (가), (나) 중 (가)는 (나)보다 서울로의 통근·통학 비율이 높은데 이는 (가)가 (나)보다 서울과 가깝기 때문이다. 또한 화성에는 2기 신도시인 동탄 신도시가 조성되면서 서울로의 통근·통학 비율이 높아지고 있다. 따라서 (나)보다 제조업 종사자 비율과 서울로의 통근·통학 비율이 높은 (가)는 B 화성이다.

• (나): (나)는 (가)와 마찬가지로 제조업 종사자 비율이 높으나 (가)~(다) 중 서울로의 통근·통학 비율이 낮으므로 C 평택이다. 평택은 서울과의 거리가 멀기 때문에 서울로의 통근·통학 비율이 세 지역 중 가장 낮다.

• (다): (다)는 (가)~(다) 중 제조업 종사자 비율이 가장 낮으며 서울로의 통근·통학 비율이 가장 높으므로 서울의 주거 기능을 분담하기 위해 대규모의 주택(아파트) 단지를 조성한 2기 신도시가 위치한 A 용인이다.

07 대도시권 23학년도 수능 16번

정답 ③ | 정답률 43%

그래프는 지도에 표시된 네 지역의 서울로의 통근·통학 비율과 경지 면적을 나타낸 것이다. (가)~(라)에 대한 설명으로 옳은 것만을 〈보기〉에서 고른 것은? [3점]

서울로의 통근·통학 비율이 높고 (나)보다 경지 면적이 넓음 → 남양주

서울로의 통근·통학 비율이 가장 낮음 → 안성

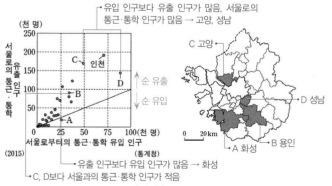

● 서울로의 통근·통학 비율 ▨ 경지 면적

*서울로의 통근·통학 비율은 각 지역의 통근·통학 인구에서 서울로 통근·통학하는 인구가 차지하는 비율임.

(2020) (통계청)

서울로의 통근·통학 비율이 높고 경지 면적이 매우 적음 → 성남

(라)보다 서울로의 통근·통학 비율이 높음 → 화성

〈보기〉

ㄱ. (가)(나)에는 수도권 1기 신도시가 위치한다.

ㄴ. (나)는 (가)보다 상주인구가 많다.
  └ (나) 성남: 약 94만 명, (가) 남양주: 약 70만 명

ㄷ. (다)는 (나)보다 제조업 종사자 수가 많다.

ㄹ. (라)는 (다)보다 지역 내 주택 유형에서 아파트가 차지하는 비율이 높다. 낮다

① ㄱ, ㄴ ② ㄱ, ㄷ ③✔ ㄴ, ㄷ ④ ㄴ, ㄹ ⑤ ㄷ, ㄹ

출제 경향

대도시권 문항은 우리나라의 주요 대도시권에 해당하는 수도권이 사례 지역으로 출제된다. 특히 수도권에서 서울 인근의 교외 지역과 서울과 거리가 먼 배후 농촌 지역을 비교하는 문항이 주로 출제되므로 두 지역 간의 서울로의 통근·통학 인구 비율, 아파트 수, 겸업농가 비율 등의 지표를 비교하여 정리해 두어야 한다.

| 자료 분석 |

지도에 표시된 네 지역은 위에서부터 남양주, 성남, 화성, 안성이다. (가)는 (가)~(라) 중 서울로의 통근·통학 비율이 가장 높으며, 경지 면적이 (나)보다 넓은 남양주이다. (나)는 (가)~(라) 중 서울로의 통근·통학 비율이 두 번째로 높으며, 경지 면적이 가장 좁은 성남이다. (다)는 (라)보다 서울로의 통근·통학 비율이 높은 화성이다. (라)는 (가)~(라) 중 서울로의 통근·통학 비율이 가장 낮은 안성이다.

| 선지 해설 |

ㄱ. (가) 남양주에는 수도권 1기 신도시가 위치하지 않는다. (가)~(라) 중 수도권 1기 신도시가 위치한 곳은 (나) 성남이다.

ㄴ. (나) 성남은 (가) 남양주보다 상주인구가 많다. 2020년 기준 (나) 성남의 인구는 약 94만 명이며, (가) 남양주의 인구는 약 70만 명이다.

ㄷ. (다) 화성은 전자부품·컴퓨터·영상 및 통신장비 제조업과 자동차 및 트레일러 제조업이 모두 발달한 도시로 (나) 성남보다 제조업 종사자 수가 많다.

ㄹ. (라) 안성은 수도권 2기 신도시인 동탄이 위치한 (다) 화성보다 지역 내 주택 유형에서 아파트가 차지하는 비율이 낮다.

---

08 대도시권 19학년도 9월 모평 8번

정답 ③ | 정답률 51%

그래프는 수도권 내에서 서울과 32개 시·군 간의 통근·통학 양상을 나타낸 것이다. 이에 관한 옳은 설명을 〈보기〉에서 고른 것은? (단, A~D는 지도에 표시된 4개 시 중 하나임.)

유입 인구보다 유출 인구가 많음, 서울로의 통근·통학 인구가 많음 → 고양, 성남

C 고양 / 인천 / D

↑ 순 유출 ↓ 순 유입

(2015) (통계청)

유출 인구보다 유입 인구가 많음 → 화성

C, D보다 서울과의 통근·통학 인구가 적음

D 성남 / B 용인 / A 화성

〈보기〉

ㄱ. B와 D(C)에는 수도권 1기 신도시가 위치해 있다.

ㄴ. A는 B보다 공장 용지의 면적이 넓다.

ㄷ. D는 C보다 주간 인구 지수가 높다.

ㄹ. A~D B, C, D 모두 서울과의 통근·통학에서 순 유출을 보인다.

① ㄱ, ㄴ ② ㄱ, ㄷ ③✔ ㄴ, ㄷ ④ ㄴ, ㄹ ⑤ ㄷ, ㄹ

| 자료 분석 |

지도에 표시된 지역은 고양, 성남, 용인, 화성이다. A는 서울로의 통근·통학 유출 인구와 유입 인구를 합한 서울과의 통근·통학 인구가 가장 적으므로 공업이 발달한 화성이다. B, C, D는 서울로의 통근·통학 유입 인구보다 서울로의 통근·통학 유출 인구가 많다. B는 C, D에 비해 서울과의 통근·통학 인구가 적으므로 서울과의 거리가 먼 용인이다. C와 D는 서울의 인구 분산을 위해 대규모 주택 지역이 건설된 성남과 고양 중 하나이다. 성남은 2000년대 이후 정보 통신 산업이 발달하면서 판교 테크노 밸리를 중심으로 다양한 기업이 들어섰다. 따라서 성남은 서울로의 통학·통근 유출 인구가 고양에 비해 적으므로 C는 고양이고, D는 성남이다.

| 보기 해설 |

ㄱ. 수도권 1시 신도시는 성남(분당), 부천(중동), 안양(평촌), 고양(일산), 군포(산본)의 5개 지역이다. B 용인에는 1기 신도시가 위치해 있지 않다.

ㄴ. A 화성은 자동차 및 트레일러 제조업 등 중화학 공업이 발달한 지역으로 상대적으로 주거 기능이 발달한 B 용인보다 공장 용지의 면적이 넓다.

ㄷ. D 성남은 C 고양에 비해 서울로의 통근·통학 유입 인구는 많은 반면, 유출 인구는 적다. 따라서 D 성남이 C 고양보다 주간 인구 지수가 높다.

ㄹ. 순 유출은 유출 인구에서 유입 인구를 뺀 값이다. B~D는 서울로의 통근·통학 유입 인구보다 유출 인구가 많아 순 유출을 보인다. 반면, A 화성은 서울로의 통근·통학 유출 인구보다 유입 인구가 더 많아 순 유입을 보인다.

14 일차

그래프는 지도에 표시된 세 지역의 용도별 토지 이용 비중을 나타낸 것이다. (가)~(다) 지역에 대한 추론으로 적절한 것을 〈보기〉에서 고른 것은? [3점]

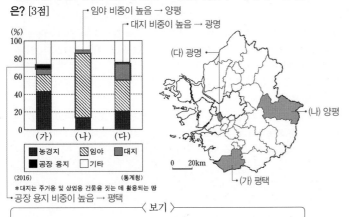

→임야 비중이 높음 → 양평
→대지 비중이 높음 → 광명

(다) 광명
(나) 양평
(가) 평택

*대지는 주거용 및 상업용 건물을 짓는 데 활용되는 땅

→공장 용지 비중 높음 → 평택

〈 보기 〉

ㄱ. (가)는 (다)보다 서울로의 통근·통학률이 낮을 것이다.

ㄴ. (나)는 (가)보다 인구 밀도가 낮을 것이다.

ㄷ. (나)는 (가)보다 2차 산업 종사자 비율이 ~~낮을~~ 높을 것이다.

ㄹ. (다)는 (나)보다 주택 중 아파트 비율이 ~~높을~~ 낮을 것이다.

✔① ㄱ, ㄴ   ② ㄱ, ㄷ   ③ ㄴ, ㄷ   ④ ㄴ, ㄹ   ⑤ ㄷ, ㄹ

| 자료 분석 |

지도에 제시된 지역은 광명, 양평, 평택이다. 서울 주변의 경기도는 서울과의 접근성에 따라 기능과 특성이 달라지는데, 서울과 인접한 도시들은 서울의 주거 기능을 분담하는 위성 도시인 경우가 많고 서울에서 멀어질수록 근교 촌락의 특징이 나타난다. 특히 서울의 동부 지역은 대부분 상수원 보호 구역으로 지정되어 있어 촌락의 특성이 더욱 잘 나타나고, 서해안의 안산이나 평택, 화성은 제조업이 발달한 공업 도시이다. 왼쪽 그래프에서 (가)는 (나), (다)에 비해 공장 용지의 비중이 높으므로 제조업이 발달한 평택이다. (나)는 (가)~(다) 중 임야의 면적 비중이 가장 높고 공장 용지 면적 비중이 거의 없으므로 상수원 보호 구역으로 지정된 양평이다. (다)는 주거용·상업용 건물을 짓는 데 활용되는 대지의 비중이 가장 높으므로 광명이다.

| 보기 해설 |

ㄱ (가) 평택은 (다) 광명보다 서울에서 멀리 떨어져 있으므로 서울로의 통근·통학률이 낮을 것이다.

ㄴ (나) 양평은 임야의 비중이 높은 근교 촌락이고, (가) 평택은 공업 용지의 비중이 높은 공업 도시이다. 따라서 (나) 양평은 (가) 평택에 비해 인구 밀도가 낮을 것이다.

ㄷ. 임야가 많은 (나) 양평은 공업이 발달한 (가) 평택보다 2차 산업 종사자 비중이 낮을 것이다.

ㄹ. 서울과 가까운 (다) 광명은 서울의 주거 기능을 분담하는 도시이므로, (나) 양평보다 주택 중 아파트 비율이 높을 것이다.

그래프는 지도에 표시된 세 지역의 다른 시·도로의 통근·통학 비율과 농가 수를 나타낸 것이다. (가)~(다)에 대한 설명으로 옳은 것은? [3점]

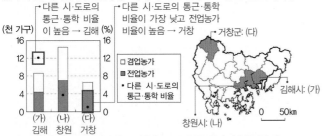

→다른 시·도로의 통근·통학 비율이 높음 → 김해
→다른 시·도로의 통근·통학 비율이 가장 낮고 전업농가 비율이 높음 → 거창

거창군: (다)
김해시: (가)
창원시: (나)

겸업농가
전업농가
● 다른 시·도로의 통근·통학 비율

* 다른 시·도로의 통근·통학 비율은 각 지역의 통근·통학 인구에서 경남 외 다른 시·도로 통근·통학하는 인구가 차지하는 비율임. (2020)

✔① (가)는 (다)보다 지역 내 주택 유형 중 아파트 비율이 높다.
   └ 시(市) > 군(郡)

② (다)는 (가)보다 부산으로 연결되는 버스 운행 횟수가 ~~많다.~~ 적다

③ (다)는 (나)보다 제조업 출하액이 ~~많다.~~ 적다

④ ~~(가)~~ (다)는 군(郡), ~~(나)와 (다)~~ (나)와 (가)는 시(市)이다.

⑤ (가)~(다) 중 지역 내 1차 산업 취업자 비율은 ~~(나)~~ (다)가 가장 높다.

| 자료 분석 |

지도의 세 지역은 왼쪽부터 거창, 창원, 김해이다. 그래프의 (가)는 세 지역 중 다른 시·도로의 통근·통학 비율이 가장 높고 겸업농가 비율도 비교적 높다. 이를 통해 (가)는 대도시인 부산의 교외화로 성장하였으며 부산으로의 통근·통학 비율이 높은 김해임을 알 수 있다. (나)는 세 지역 중 총 농가 수가 가장 많은 지역이며 겸업농가 비율이 높은 지역으로 세 지역 중 인구가 가장 많은 창원이다. (다)는 세 지역 중 전업농가 비율이 가장 높고 다른 시·도로의 통근·통학 비율이 가장 낮은 것으로 보아 거창이다.

| 선지 해설 |

① 부산과 인접해 있는 (가) 김해는 교통과 산업이 발달하고 인구 유입이 활발해 상대적으로 지역 내 주택 유형 중 아파트 비율이 높다. 반면, (다) 거창은 인구가 상대적으로 적고 단독 주택이나 저층 건물의 비율이 높다. 따라서 (가) 김해는 (다) 거창보다 지역 내 주택 유형 중 아파트 비율이 높다.

② (다) 거창은 (가) 김해보다 부산과 지리적으로 멀리 떨어져 있고 농촌 지역으로 부산으로의 교통 수요가 상대적으로 적다. 따라서 (다) 거창은 (가) 김해보다 부산으로 연결되는 버스 운행 횟수가 적다.

③ (다) 거창은 농업이 발달한 지역인 반면 (나) 창원은 기계, 전자, 자동차 부품 등 다양한 제조업 분야가 발달하였다. 따라서 (다) 거창은 (나) 창원보다 제조업 출하액이 적다.

④ (가) 김해와 (나) 창원은 시(市), (다) 거창은 군(郡)이다.

⑤ 시(市)인 (가) 김해와 (나) 창원은 군(郡)인 (다) 거창보다 지역 내 2·3차 산업 취업자 비율이 높고 1차 산업 취업자 비율이 낮다. 따라서 (가)~(다) 중 지역 내 1차 산업 취업자 비율은 (다) 거창이 가장 높다.

다음 자료의 (가)~(다) 지역에 대한 설명으로 옳은 것은? (단, (가)~(다)는 각각 지도에 표시된 지역 중 하나임.) [3점]

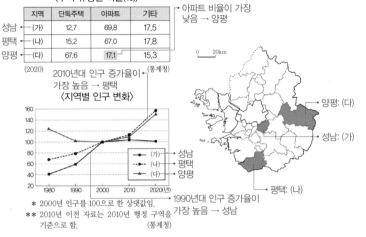

〈주택 유형별 비율(%)〉

지역	단독주택	아파트	기타
성남 (가)	12.7	69.8	17.5
평택 (나)	15.2	67.0	17.8
양평 (다)	67.6	17.1	15.3

(2020)

• 아파트 비율이 가장 낮음 → 양평

• 2010년대 인구 증가율이 가장 높음 → 평택

〈지역별 인구 변화〉 (통계청)

• 1990년대 인구 증가율이 가장 높음 → 성남

* 2000년 인구를 100으로 한 상댓값임.
** 2010년 이전 자료는 2010년 행정 구역을 기준으로 함.

① (가)는 수도권 정비 계획에 따른 자연 보전 권역에 속한다.
　(다)
② (나)에는 수도권 1기 신도시가 있다.
　(가)
③ (가)는 (나)보다 서울로 통근·통학하는 인구 비율이 높다.
④ (나)는 (다)보다 지역 내 총생산이 적다.
　　　　　　　　　　　　　　　　많다
⑤ (다)는 (가)보다 인구 밀도가 높다.
　　　　　　　　　　　　낮다

자료 분석

수도권 지도에 표시된 세 지역은 성남, 양평, 평택이다. 〈주택 유형별 비율〉 표와 〈지역별 인구 변화〉 그래프에서 (가)는 세 지역 중 지역 내 주택 유형 중 아파트 비율이 가장 높으며 1990년~2000년 사이 인구 증가가 두드러진 경기 성남이다. (나)는 세 지역 중 지역 내 주택 유형 중 아파트 비율이 두 번째로 높으며 1990년대보다 2010년~2020년 인구 성장이 두드러지는 경기 평택이다. (다)는 세 지역 중 지역 내 주택 유형 중 아파트 비율이 가장 낮고 단독 주택 비율이 가장 높은 경기 양평이다.

선지 해설

① (가) 성남은 수도권 정비 계획에 따른 자연 보전 권역에 속하지 않는다. (가) 성남은 수도권 정비 권역 중 과밀 억제 권역에 속하며, 수도권 정비 권역 중 자연 보전 권역에 속하는 지역은 (다) 양평이다.

② (나) 평택에는 수도권 1기 신도시가 없으며, (나) 평택의 고덕 국제신도시는 수도권 2기 신도시에 해당한다. (가) 성남에는 수도권 1기 신도시에 해당하는 분당이 있다.

③ 서울과의 접근성이 높은 (가) 성남은 상대적으로 서울과 거리가 먼 (나) 평택보다 서울로 통근·통학하는 인구 비율이 높다.

④ 제조업이 발달한 (나) 평택은 상대적으로 인구가 적고 촌락의 특성이 강한 (다) 양평보다 지역 내 총생산이 많다.

⑤ (다) 양평은 (가) 성남보다 주택 유형 중 아파트 비율이 낮고 인구가 적으며 인구 밀도 또한 낮다.

그래프는 지도에 표시된 세 지역의 용도별 토지 이용 비율을 나타낸 것이다. (가)~(다) 지역에 대한 설명으로 옳은 것은? [3점]

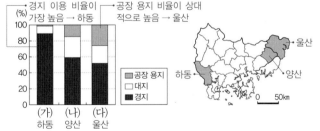

• 경지 이용 비율이 가장 높음 → 하동
• 공장 용지 비율이 상대적으로 높음 → 울산

(가) 하동 (나) 양산 (다) 울산

• 지역별 경지, 대지, 공장 용지 면적의 합을 100%로 나타낸 것임.
•• 대지는 주거용 및 상업용 건물을 짓는데 활용되는 땅임.

(2021) (통계청)

① (가)는 (나)보다 주택 유형 중 아파트 비율이 높다.
　　　　　　　　　　　　　　　　　　　　　낮다
② (가)는 (다)보다 3차 산업 종사자 비율이 높다.
　　　　　　　　　　　　　　　　　　　　낮다
③ (나)는 (가)보다 지역 내 겸업농가 비율이 높다.
④ (다)는 (가)보다 중위 연령이 높다.
　　　　　　　　　　　　낮다
⑤ 부산으로의 통근·통학 비율은 (다)가 (나)보다 높다. 낮다

자료 분석

지도에 표시된 지역은 하동, 양산, 울산이다. 그래프에서 (가)는 세 지역 중 상대적으로 농업이 발달해 경지 이용 비율이 가장 높은 하동이며, (나)는 세 지역 중 대지 이용 비율이 가장 높으므로 부산의 위성 도시인 양산이다. (다)는 세 지역 중 공업이 발달해 공장 용지의 비율이 가장 높은 울산이다.

선지 해설

① (가) 하동은 (나) 양산보다 주택 유형 중 아파트 비율이 낮다. 양산은 부산의 위성 도시로 성장하여 하동보다 주택 유형 중 아파트 비율이 높다.

② (가) 하동은 (다) 울산보다 3차 산업 종사자 비율이 낮다. 하동은 군(君) 지역으로 촌락의 성격이 강하고 울산보다 3차 산업 종사자 비율이 낮다.

③ 부산의 근교에 위치한 (나) 양산은 촌락의 성격이 강한 (가) 하동보다 지역 내 겸업농가 비율이 높다.

④ (다) 울산은 (가) 하동보다 중위 연령이 낮다. 하동은 촌락의 성격이 강하여 노년층 인구 비율이 높아 중위 연령이 높다.

⑤ 부산으로의 통근·통학 비율은 (다) 울산이 (나) 양산보다 낮다. 양산은 부산의 위성 도시로 부산으로의 통근·통학 비율이 울산보다 높다.

정답 ③ | 정답률 55%

그래프는 지도에 표시된 세 지역의 특성을 나타낸 것이다. (가)~(다) 지역에 대한 설명으로 옳은 것은? [3점]

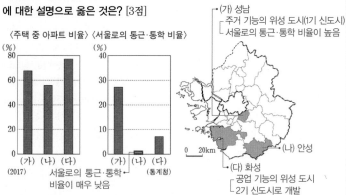

〈주택 중 아파트 비율〉〈서울로의 통근·통학 비율〉

(가) 성남
┌ 주거 기능의 위성 도시(1기 신도시)
└ 서울로의 통근·통학 비율이 높음

(나) 안성

(다) 화성
┌ 공업 기능의 위성 도시
└ 2기 신도시로 개발

(가) 서울로의 통근·통학 비율이 매우 낮음

① (나)에는 공공 기관 이전을 위한 혁신 도시가 위치해 있다.
　(가) 수도권에는 위치해 있지 않음 　　　　　있지 않다
② (다)에는 수도권 1기 신도시가 조성되었다.
　　　　└ 1990년대에 조성
③ (가)는 (다)보다 전체 농가 중 겸업농가의 비율이 높다.
　(다) (나) └ 대도시와 인접해 있을수록 높음
④ 총인구는 (가), (나), (다) 순으로 많다.
　　　　(다)
⑤ (가)~(다) 중 (가)의 제조업 종사자 비율이 가장 높다.
　　　　　　(다)

│ 자료 분석 │

지도에 표시된 지역은 위에서부터 성남, 화성, 안성이다. (가)는 서울로의 통근·통학 비율이 (가)~(다) 중 가장 높으므로 서울과 인접한 주거 기능의 위성 도시에 해당하는 성남이다. (나)는 (가)~(다) 중 주택 중 아파트 비율이 가장 낮고 서울로의 통근·통학 비율이 매우 낮으므로, 서울과의 거리가 멀어 서울의 영향을 비교적 적게 받는 안성이다. (다)는 (가)~(다) 중 주택 중 아파트 비율이 가장 높지만 (가)에 비해 서울로의 통근·통학 비율이 낮으므로 화성이다. 화성은 2기 신도시(동탄)가 위치해 있어 주택 중 아파트 비율이 높게 나타나며 (가) 성남에 비해 서울과의 거리가 멀어 서울로의 통근·통학 비율은 낮다.

│ 선지 해설 │

① 공공 기관 이전을 위한 혁신 도시는 수도권과 비수도권의 격차를 줄이기 위한 것으로 (나) 안성을 포함한 수도권에는 위치해 있지 않다.

② 수도권의 1기 신도시는 비교적 서울과 인접한 지역에 1990년대에 건설되었으며 (가) 성남시 분당이 대표적이다. 이후 2000년대에 추가로 2기 신도시가 지정되었으며 (다) 화성시 동탄이 대표적이다.

③ 겸업농가의 비중은 대도시와 인접해 있을수록 높게 나타난다. 따라서 (가) 성남이 (다) 화성보다 서울에 인접해 있어 겸업농가의 비율이 높다.

④ 2017년 기준 총인구는 (가) 성남이 약 94만 명, (다) 화성이 약 70만 명, (나) 안성이 약 19만 명이므로, (가), (다), (나) 순으로 많다.

⑤ (가)~(다) 중 제조업 종사자 비율이 가장 높은 지역은 자동차 및 트레일러 공업을 비롯해 각종 공업이 발달한 (다) 화성이다.

정답 ④ | 정답률 76%

그래프는 경기도의 시·군별 인구 특성을 나타낸 것이다. (가)에 대한 (나) 지역군(群)의 상대적 특징으로 옳은 설명만을 〈보기〉에서 고른 것은?

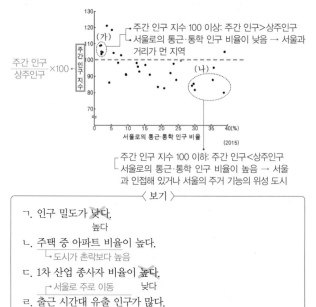

주간 인구 / 상주인구 ×100

주간 인구 지수 100 이상: 주간 인구>상주인구
서울로의 통근·통학 인구 비율이 낮음 → 서울과 거리가 먼 지역

주간 인구 지수 100 이하: 주간 인구<상주인구
서울로의 통근·통학 인구 비율이 높음 → 서울과 인접해 있거나 서울의 주거 기능의 위성 도시

〈 보기 〉
ㄱ. 인구 밀도가 낮다.
　　　　　　높다
ㄴ. 주택 중 아파트 비율이 높다.
　└ 도시가 촌락보다 높음
ㄷ. 1차 산업 종사자 비율이 높다.
　└ 서울로 주로 이동 　낮다
ㄹ. 출근 시간대 유출 인구가 많다.

① ㄱ, ㄴ ② ㄱ, ㄷ ③ ㄴ, ㄷ ④ ㄴ, ㄹ ⑤ ㄷ, ㄹ

│ 자료 분석 │

그래프에서 (가) 지역군(群)은 (나) 지역군(群)보다 서울로의 통근·통학 인구 비율이 낮고, 주간 인구 지수가 높은 것으로 볼 때 서울과의 거리가 먼 지역에 해당한다. (나) 지역군(群)은 (가) 지역군(群)보다 서울로의 통근·통학 인구 비율이 높고, 주간 인구 지수가 낮은 것으로 볼 때 서울과 인접해 있거나 서울의 주거 기능을 담당하는 위성 도시에 해당한다. 서울과 거리가 멀거나 화성, 평택처럼 제조업이 발달한 공업 도시는 대체로 서울로의 통근·통학 인구 비율이 낮고 주간 인구 지수가 높다. 서울과 인접해 있거나 서울의 주거 기능의 위성 도시에 해당하는 지역은 서울로의 통근·통학 인구 비율이 높고 상주인구에 대한 주간 인구의 비율인 주간 인구 지수가 낮다.

│ 보기 해설 │

ㄱ. (나)는 서울과 인접한 지역, (가)는 서울과 거리가 먼 지역이다. 서울과 인접한 성남시, 고양시와 같은 주거 기능의 위성 도시는 인구 밀도가 높다. 따라서 (나) 지역군(群)은 (가) 지역군(群)보다 인구 밀도가 높다.

ㄴ. 도시는 대체로 주택 중 아파트 비율이 높고, 촌락은 주택 중 아파트 비율이 낮다. 특히 주거 기능의 위성 도시는 주택 중 아파트의 비율이 높다. 따라서 (나) 지역군(群)은 (가) 지역군(群)보다 주택 중 아파트 비율이 높다.

ㄷ. 1차 산업 종사자 비율은 촌락이 도시보다 높으므로 (나) 지역군(群)은 (가) 지역군(群)보다 1차 산업 종사자 비율이 낮다.

ㄹ. 서울과 인접해 서울로의 통근·통학 인구 비율이 높은 지역일수록 출근 시간대 유출 인구가 많다. 따라서 (나) 지역군(群)은 (가) 지역군(群)보다 출근 시간대 유출 인구가 많다.

15 도시 내부 구조 22학년도 10월 학평 18번 정답 ④ | 정답률 81%

그래프는 지도에 표시된 네 구(區)의 용도별 전력 사용량 비율과 구(區) 간 통근·통학 인구를 나타낸 것이다. (가)~(라)에 대한 설명으로 옳은 것은? [3점]

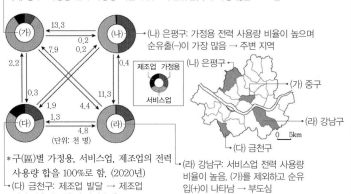

→(가) 중구: 가정용 전력 사용량 비율이 낮으며 순유입(+)이 가장 많음 → 도심

→(나) 은평구: 가정용 전력 사용량 비율이 높으며 순유출(-)이 가장 많음 → 주변 지역

13.3
0.2
0.2
7.9
2.2
0.4
0.3
11.3
1.9
4.4
1.3
4.8

(단위: 천 명)

*구(區)별 가정용, 서비스업, 제조업의 전력 사용량 합을 100%로 함. (2020년)

→(다) 금천구: 제조업 발달 → 제조업 전력 사용량 비율이 가장 높음

→(라) 강남구: 서비스업 전력 사용량 비율이 높음, (가)를 제외하고 순유입(+)이 나타남 → 부도심

① (가)는 (나)보다 거주자의 평균 통근 거리가 멀다.
　　　　　　　　　　　　　　　　가깝다
② (나)는 (라)보다 상업지의 평균 지가가 높다.
　　　　　　　　　　　　　　　　낮다
③ (다)는 (가)보다 금융 기관 수가 많다.
　　　　　　　　　　　　　적다
④ (라)는 (다)보다 통근·통학 순유입 인구가 많다.
　　→ 유입 인구 - 유출 인구
⑤ (가)~(라) 중 주간 인구 지수는 (나)가 가장 높다.
　　　　　　　　　　　　　　　　　낮다

자료 분석

지도의 네 지역은 위로부터 은평구, 중구, 강남구, 금천구이다. (가)는 지역 내 가정용 전력 사용량 비율이 가장 낮고 나머지 세 지역과의 구(區) 간 통근·통학 인구에서 모두 순유입(+)이 나타나므로 도심인 중구이다. (나)는 지역 내 가정용 전력 사용량 비율이 가장 높고 구(區)간 통근·통학 인구에서 모두 순유출(-)이 나타나므로 주거 기능이 발달한 은평구이다. (다)는 지역 내 제조업 전력 사용량 비율이 가장 높으므로 제조업 기능이 발달한 금천구이다. (라)는 지역 내 전력 사용량 비율에서 제조업 전력 사용량 비율은 낮고 서비스업과 가정용 전력 사용량 비율이 높으며, 나머지 세 지역과의 구(區)간 통근·통학 인구에서 (가) 중구를 제외하고 순유입(+)이 나타나므로 부도심인 강남구이다.

선지 해설

① 도심인 (가) 중구는 상업·업무 기능이 발달한 반면, 주변 지역인 (나) 은평구는 주거 기능이 발달하여 다른 지역으로 통근·통학하는 인구가 많다. 따라서 (가) 중구는 (나) 은평구보다 거주자의 평균 통근 거리가 가깝다.

② 상업지의 평균 지가는 접근성이 좋은 도심과 부도심에서 높다. 따라서 주변 지역인 (나) 은평구는 부도심인 (라) 강남구보다 상업지의 평균 지가가 낮다.

③ 상업·업무 기능이 발달한 도심은 금융 기관 수가 많다. 따라서 (다) 금천구는 도심인 (가) 중구보다 금융 기관 수가 적다.

④ 부도심인 (라) 강남구는 제조업이 발달한 (다) 금천구보다 통근·통학 순유입 인구가 많다.

⑤ 주간 인구 지수는 도심이 형성되어 있는 (가) 중구가 가장 높고, 부도심이 형성되어 있는 (라) 강남구가 다음으로 높으며, 주거 기능이 발달한 (나) 은평구가 가장 낮다.

16 대도시권 21학년도 3월 학평 11번 정답 ⑤ | 정답률 29%

그래프의 (가)~(다) 지역을 지도의 A~C에서 고른 것은?

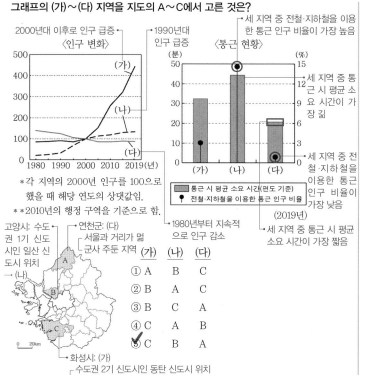

2000년대 이후로 인구 급증
〈인구 변화〉
500
400
300
200
100
0
1980 1990 2000 2010 2019(년)

1990년대 인구 급증

세 지역 중 전철·지하철을 이용한 통근 인구 비율이 가장 높음

〈통근 현황〉
(분)
50
40
30
20
10
0
(%)
15
12
9
6
3
0

세 지역 중 통근 시 평균 소요 시간이 가장 길

세 지역 중 전철·지하철을 이용한 통근 인구 비율이 가장 낮음

*각 지역의 2000년 인구를 100으로 했을 때 해당 연도의 상댓값임.
**2010년의 행정 구역을 기준으로 함.

□ 통근 시 평균 소요 시간(편도 기준)
● 전철·지하철을 이용한 통근 인구 비율
(2019년)

1980년부터 지속적으로 인구 감소

세 지역 중 통근 시 평균 소요 시간이 가장 짧음

고양시: 수도권 1기 신도시인 일산 신도시 위치 → (나)

연천군: (다) 서울과 거리 멀 군사 주둔 지역

화성시: (가) 수도권 2기 신도시인 동탄 신도시 위치 제조업 발달

	(가)	(나)	(다)
①	A	B	C
②	B	A	C
③	B	C	A
④	C	A	B
⑤	C	B	A

자료 분석

지도에 표시된 A 연천군은 서울과의 거리가 멀고 북한과의 접경 지역으로 군사 주둔 지역이다. 서울과 인접한 B 고양시는 1990년대에 개발된 수도권 1기 신도시인 일산 신도시가 위치해 있다. C 화성시는 2000년대에 개발된 수도권 2기 신도시인 동탄 신도시가 위치해 있다. 〈인구 변화〉 그래프는 2000년의 인구를 100으로 했을 때의 상댓값인데 (가)는 2000년대 이후로 인구가 급증하였으며 (나)는 1990년대에 인구가 급증하였다. 고양시는 1기 신도시가 위치해 있어 1990년대 이후로 인구가 급증하였으며 화성시는 2기 신도시가 위치해 있어 2000년대 이후로 인구가 급증하였다. 따라서 (나)가 고양시이며, (가)가 화성시이다.

선지 해설

⑤ (가) - C, (나) - B, (다) - A

• (가)는 2000년대 이후로 인구가 급증하였으므로 화성시이다. 화성시는 수도권 2기 신도시인 동탄 신도시가 위치해 있어 2000년대 이후 인구가 급증하였다.

• (나)는 1990년대 이후 인구가 급증하였으나 2000년대 이후로는 인구가 급증하지 않고 있으므로 수도권 1기 신도시인 일산 신도시가 위치한 고양시이다. 고양시는 서울의 대표적인 주거 기능의 위성 도시로 서울로의 통근 인구 비율이 높으며 주로 전철·지하철을 이용하는 경우가 많다. 따라서 세 지역 중 전철·지하철을 이용한 통근 인구 비율이 가장 높다.

• (다)는 1980년부터 2019년까지 인구가 지속적으로 감소하고 있으므로 촌락인 연천군이다. 연천군은 서울과의 거리가 멀어 서울로의 통근 인구 비율이 낮고 지역 내 통근 인구 비율이 낮아 세 지역 중 전철·지하철을 이용한 통근 인구 비율이 가장 낮다.

정답 ④ | 정답률 38%

그래프는 지도에 표시된 네 지역의 인구 변화를 나타낸 것이다. (가)~(라) 지역에 대한 옳은 설명만을 〈보기〉에서 있는 대로 고른 것은?

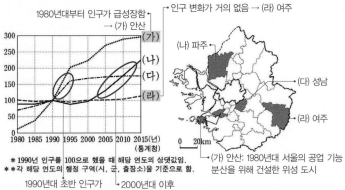

1980년대부터 인구가 급성장함 → (가) 안산

인구 변화가 거의 없음 → (라) 여주

* 1990년 인구를 100으로 했을 때 해당 연도의 상댓값임.
** 각 해당 연도의 행정 구역(시, 군, 출장소)를 기준으로 함.

1990년대 초반 인구가 급성장함 → (다) 성남

2000년대 이후 인구가 급성장함 → (나) 파주

(가) 안산: 1980년대 서울의 공업 기능 분산을 위해 건설한 위성 도시

〈보기〉
ㄱ. (가)는 (라)보다 거주 외국인 수가 많다.
ㄴ. (나)는 (다)보다 지역 내 제조업 종사자 비율이 높다.
ㄷ. (나)는 (라)보다 주택 중 아파트 비율이 높다.
ㄹ. (가)와 (다)에는 수도권 1기 신도시가 위치해 있다.

① ㄱ, ㄷ
② ㄴ, ㄷ
③ ㄴ, ㄹ
④ ㄱ, ㄴ, ㄷ
⑤ ㄱ, ㄴ, ㄹ

| 자료 분석 |

(가)는 1980년부터 인구가 급증하고 있으므로 안산이다. 안산은 서울의 공업 기능 분산으로 인구가 급격히 증가하였다. (나)는 2000년 이후로 인구가 증가하였으므로 파주이다. 파주는 수도권 2기 신도시가 조성되고 출판 단지 등이 들어서면서 최근 인구가 급성장하고 있다. (다)는 1990년대 초반 인구가 급증하였으나 최근에는 인구 변화가 거의 없으므로 수도권 1기 신도시로 조성된 성남이다. (라)는 1980년부터 인구 변화가 거의 없으므로 촌락의 성격이 뚜렷한 여주이다.

| 보기 해설 |

ㄱ. 제조업이 발달한 (가) 안산은 외국인의 유입이 많아 (라) 여주보다 거주 외국인 수가 많다. 안산은 대표적인 공업 도시로 2017년 기준 전체 인구 약 73만 명 중 등록된 외국인은 약 8만 6천명으로 안산 총인구의 10%가 넘는다.

ㄴ. (나) 파주는 2000년대 대규모 디스플레이 산업 단지와 인쇄·출판 단지 등의 건설로 제조업이 발달한 반면, (다) 성남은 공업 기능보다 주거 기능이 강하며 판교를 중심으로 입지한 IT 산업체들은 대부분 소프트웨어 개발 등 3차 산업에 해당한다. 따라서 (나) 파주는 (다) 성남보다 지역 내 제조업 종사자 비율이 높다.

ㄷ. 수도권 2기 신도시로 개발된 (나) 파주는 서울과 멀리 떨어진 촌락인 (라) 여주보다 주택 중 아파트 비율이 높다.

ㄹ. 수도권 1기 신도시는 성남(분당), 부천(중동), 안양(평촌), 고양(일산), 군포(산본)로 대부분 서울에서 가까운 지역에 건설되었다. (가) 안산은 서울의 공업 기능을 분산하기 위해 계획적으로 조성된 위성 도시로서 수도권 1기 신도시가 위치해 있지 않다.

정답 ③ | 정답률 88%

그래프는 지도에 표시된 세 지역의 용도별 전력 사용량을 나타낸 것이다. A~C 지역에 대한 설명으로 옳은 것은? [3점]

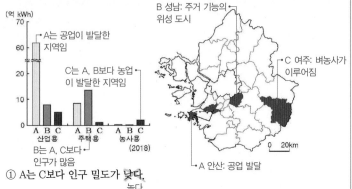

A는 공업이 발달한 지역임

C는 A, B보다 농업이 발달한 지역임

B는 A, C보다 인구가 많음

B 성남: 주거 기능의 위성 도시

C 여주: 벼농사가 이루어짐

A 안산: 공업 발달

① A는 C보다 인구 밀도가 낮다.
   → 높다
② B는 A보다 2차 산업 종사자 비율이 높다.
   → A B
③ B는 C보다 서울로의 통근·통학 인구가 많다.
④ C는 A보다 총경지 면적이 좁다.
   → 넓다
⑤ C는 B보다 상업지의 평균 지가가 높다.
   → 낮다

| 자료 분석 |

지도에 표시된 지역은 경기도 안산, 성남, 여주이다. A는 A~C 지역 중 산업용 전력 사용량이 가장 많으므로 공업이 발달한 안산이다. B는 A~C 지역 중 주택용 전력 사용량이 많으므로 주거 기능의 위성 도시로 2020년 기준 인구가 90만 명이 넘는 성남이다. C는 산업용, 주택용, 농사용을 합한 전력 사용량 자체가 A, B보다 적으므로 세 지역 중 인구가 가장 적고 상대적으로 각종 산업이 크게 발달하지 않은 여주이다. 여주는 인접한 이천시와 함께 벼농사가 주로 이루어져 세 지역 중 농사용 전력 사용량이 가장 많다.

| 선지 해설 |

① A 안산은 C 여주보다 면적은 좁지만 인구는 더 많으므로 인구 밀도가 높다.

② 2차 산업 종사자 비율은 공업이 발달한 A 안산이 B 성남보다 높다.

③ B 성남은 C 여주보다 서울과의 거리가 가까워 서로로의 통근·통학 인구 비율이 높으며 총 통근·통학 인구 또한 많다. 따라서 B 성남은 C 여주보다 서울로의 통근·통학 인구가 많다.

④ C 여주는 A 안산보다 농업이 발달해 있으며 면적 또한 넓다. 따라서 C 여주는 A 안산보다 총경지 면적이 넓다.

⑤ 서울과의 거리가 먼 C 여주는 서울과 인접한 B 성남보다 상업지의 평균 지가가 낮다.

그래프에 대한 옳은 설명만을 〈보기〉에서 고른 것은? (단, (가)~(다)는 각각 가평, 성남, 화성 중 하나임.)

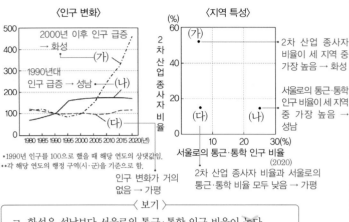

〈인구 변화〉

2000년 이후 인구 급증 → 화성
(가)
1990년대 인구 급증 → 성남
(나)
(다)

*1990년 인구를 100으로 했을 때 해당 연도의 상댓값임.
**각 해당 연도의 행정 구역(시·군)을 기준으로 함.
인구 변화가 거의 없음 → 가평

〈지역 특성〉

(가)
(다)   (나)

서울로의 통근·통학 인구 비율
(2020)

2차 산업 종사자 비율이 세 지역 중 가장 높음 → 화성

서울로의 통근·통학 인구 비율이 세 지역 중 가장 높음 → 성남

2차 산업 종사자 비율과 서울로의 통근·통학 비율 모두 낮음 → 가평

〈보기〉

ㄱ. 화성은 성남보다 서울로의 통근·통학 인구 비율이 높다.
　　　　　　　　　　　　　　　　　　　　　　낮다

ㄴ. (나)에는 수도권 1기 신도시가 위치하고 있다.
　└ 고양(일산), 군포(산본), 부천(중동), 성남(분당), 안양(평촌) 5개

ㄷ. (가)는 (다)보다 주택 유형 중 아파트 비율이 높다.
　　　└ 화성 〉 성남 〉 가평(2022년 기준)

ㄹ. (나)는 (다)보다 지역 내 1차 산업 종사자 비율이 높다.
　　　　　　　　　　　　　　　　　　　　　　낮다

① ㄱ, ㄴ　② ㄱ, ㄷ　✔③ ㄴ, ㄷ　④ ㄴ, ㄹ　⑤ ㄷ, ㄹ

| 자료 분석 |

(가)는 세 지역 중 2000년 이후 인구 증가율이 가장 높고, 지역 내 2차 산업 종사자 비율이 가장 높은 지역으로 화성이다. 화성은 2000년대 수도권 2기 신도시가 입지한 이후 인구가 급증하였으며, 전자 부품 및 컴퓨터 제조업과 자동차 및 트레일러 제조업 등이 발달하였다. (나)는 1995년까지 인구가 증가한 이후 정체가 나타나고 있으며, 서울로의 통근·통학 인구 비율이 가장 높은 지역으로 성남이다. 성남은 1990년대 1기 신도시가 위치하면서 성장하였으며, 서울에 인접해 서울로의 통근·통학 인구 비율이 높다. (다)는 1990년 기준 인구가 크게 변화가 없으며 서울로의 통근·통학 인구 비율과 2차 산업 종사자 비율이 모두 낮은 것으로 보아 가평이다.

| 선지 해설 |

ㄱ. 서울로의 통근·통학 인구 비율은 서울과 가깝고 신도시가 건설된 지역일수록 높은 편이다. (가) 화성과 (나) 성남은 모두 수도권 신도시가 건설되어 있으나 서울과의 거리는 서울에 인접한 성남이 더 가깝다. 따라서 (가) 화성은 (나) 성남보다 서울로의 통근·통학 비율이 낮다.

(ㄴ) (나) 성남에는 수도권 1기 신도시인 분당 신도시가 위치하고 있다.

(ㄷ) 주택 유형 중 아파트 비율은 수도권 신도시가 위치한 지역에서 높게 나타난다. 수도권 2기 신도시가 위치한 (가) 화성은 촌락 비율이 높은 (다) 가평보다 주택 유형 중 아파트 비율이 높다.

ㄹ. 지역 내 1차 산업 종사자 비율은 세 지역 중 촌락 비율이 높은 (다) 가평이 가장 높다. 따라서 (나) 성남은 (다) 가평보다 지역 내 1차 산업 종사자 비율이 낮다.

다음 자료는 수도권의 시·도 간 인구 이동 특성을 나타낸 것이다. 이에 대한 설명으로 옳은 것은? (단, (가)~(다), A~C는 각각 경기, 서울, 인천 중 하나임.) [3점]

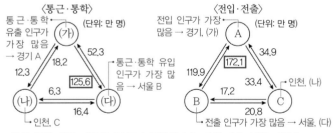

〈통근·통학〉
(단위: 만 명)

통근·통학 유출 인구가 가장 많음 → 경기 A
(가)
52.3
18.2
12.3
(나) 6.3 (다)
16.4
└ 인천, C

통근·통학 유입 인구가 가장 많음 → 서울 B

125.6

〈전입·전출〉
(단위: 만 명)

전입 인구가 가장 많음 → 경기, (가)
A
172.1
34.9
119.9
33.4 인천, (나)
B 17.2 C
20.8
└ 전출 인구가 가장 많음 → 서울, (다)

*통근·통학 인구 이동은 2020년 평균치이며, 전입·전출 인구 이동은 2018~2022년 합계임.

① (가)는 주간 인구가 상주인구보다 많다.
　　　　　　　　　　　　　　　　적다

② (다)는 전입 인구가 전출 인구보다 많다.
　　　　　　　　　　　　　　　　적다

✔③ (가)는 (나)보다 외국인 근로자 수가 많다.

④ A는 B보다 통근·통학 순 유입이 많다.
　　　　　　　　　　　　　　유출

⑤ C는 B보다 인구 밀도가 높다.
　　　　　　　　　　　　낮다

| 자료 분석 |

수도권의 시·도 간 〈통근·통학〉 그래프에서 통근·통학 유입 인구가 가장 많은 (다)는 서울이며, 통근·통학 유출 인구가 가장 많은 (가)는 경기이다. 나머지 (나)는 인천이다. 수도권의 시·도 간 〈전입·전출〉 그래프에서 전입 인구가 가장 많은 A는 경기, 전출 인구가 가장 많은 B는 서울이다. 나머지 C는 인천이다.

| 선지 해설 |

① (가) 경기는 (다) 서울로 통근·통학하는 인구가 많으며, 〈통근·통학〉 그래프에서도 통근 유출 인구가 통근 유입 인구보다 많다. 따라서 (가) 경기는 주간 인구가 상주인구보다 적다.

② (다) 서울은 〈전입·전출〉 그래프의 B이다. 〈전입·전출〉 그래프를 보면 B 서울은 수도권 내 인구 이동에서 전입 인구가 전출 인구보다 적음을 알 수 있다.

③ (가) 경기는 인구가 많고 제조업 기능이 발달하여 (나) 인천보다 외국인 근로자 수가 많다.

④ A 경기는 〈통근·통학〉 그래프에서 (가)이며, B 서울은 〈통근·통학〉 그래프에서 (다)이다. 〈통근·통학〉 그래프를 보면 (가) 경기가 (다) 서울보다 수도권 내 인구 이동에서 통근·통학 순 유출이 많음을 알 수 있다.

⑤ C 인천은 B 서울보다 인구가 적고 인구 밀도 또한 낮다.

21 대도시권 22학년도 4월 학평 15번 정답 ③ | 정답률 77%

그래프는 지도에 표시된 세 지역의 기간별 아파트 건축 호수를 나타낸 것이다. (가)~(다) 지역에 대한 설명으로 옳은 것은? [3점]

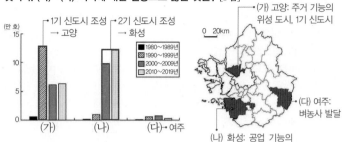

(가) 고양: 주거 기능의 위성 도시, 1기 신도시
1기 신도시 조성 → 고양
2기 신도시 조성 → 화성
(다) 여주: 벼농사 발달
(나) 화성: 공업 기능의 위성 도시, 2기 신도시

① (나)에는 수도권 1기 신도시가 위치해 있다. → 2기
② (가)는 (나)보다 제조업 종사자 비율이 높다. → 낮다
✓③ (가)는 (다)보다 서울로의 통근·통학 인구 비율이 높다.
④ (나)는 (다)보다 1차 산업 종사자 비율이 높다. → 낮다
⑤ (다)는 (가)보다 인구 밀도가 높다. → 상주인구/면적 → 낮다

자료 분석

지도에 표시된 세 지역은 고양, 화성, 여주이다. (가)는 1990~1999년에 아파트 건축 호수가 급증한 것으로 보아 수도권 1기 신도시가 위치한 고양이다. (나)는 2000년 이후 아파트 건축 호수가 급증한 것으로 보아 수도권 2기 신도시가 위치한 화성이다. (다)는 세 지역 중 아파트 건축 호수가 가장 적은 여주이다.

선지 해설

① (나) 화성에는 2000년대 조성된 수도권 2기 신도시(동탄 신도시)가 위치해 있다. 수도권 1기 신도시가 위치한 지역은 (가) 고양이다.

② 주거 기능을 분담하는 도시의 성격이 강한 (가) 고양은 전자 부품, 컴퓨터, 영상, 음향 및 통신 장비 제조업과 자동차 및 트레일러 제조업이 발달한 (나) 화성보다 제조업 종사자 비율이 낮다.

③ 서울과 인접한 (가) 고양은 서울과 거리가 먼 (다) 여주보다 서울로의 통근·통학 인구 비율이 높다.

④ 공업 기능이 발달한 (나) 화성은 상대적으로 촌락의 성격이 뚜렷한 (다) 여주보다 1차 산업 종사자 비율이 낮다.

⑤ (다) 여주는 인구 100만 명이 넘는 (가) 고양보다 상주인구는 적지만 면적이 넓다. 따라서 (다) 여주는 (가) 고양보다 인구 밀도가 낮다.

개념 확인	신도시
의미	인구 집중을 완화시키기 위해 중심 도시 외곽에 건설한 도시로 침상 도시의 성격이 뚜렷함
1기 신도시	분당, 평촌, 산본, 중동, 일산 등
2기 신도시	판교, 광교, 동탄, 위례, 양주, 교하, 김포, 검단 등

---

22 대도시권 22학년도 3월 학평 16번 정답 ② | 정답률 47%

표는 지도에 표시된 세 지역의 주요 특성을 나타낸 것이다. (가)~(다) 지역에 대한 설명으로 옳은 것은? [3점]

지역	2011~2020년에 건축된 주택 비율(%)	2020년 서울로의 통근·통학 인구 비율(%)
(가) → 화성	51.1	5.9
(나) → 고양	25.6	27.9
(다) → 여주	23.5	2.3

* 주택 비율은 각 지역의 총주택 수 대비 2011~2020년에 건축된 주택 수 비율임.

(나) 고양 ┌ 1기 신도시 조성
└ 서울로의 통근·통학 인구 비율이 높음
(다) 여주
(가) 화성: 2기 신도시 조성

① (가)에는 수도권 1기 신도시가 있다. → 2기
✓② (가)는 (나)보다 청장년층 인구의 성비가 높다.
③ (나)는 (가)보다 주간 인구 지수가 높다. → 상주인구에 대한 주간 인구의 비율 → 낮다
④ (나)는 (다)보다 경지 면적이 넓다. → 좁다
⑤ (다)는 (나)보다 아파트 수가 많다. → 적다

자료 분석

지도에 표시된 세 지역은 경기도 고양시, 여주시, 화성시이다. (가)는 세 지역 중 2011~2020년에 건축된 주택 비율이 가장 높으므로 수도권 2기 신도시가 있는 화성이다. (나)는 세 지역 중 2020년 서울로의 통근·통학 인구 비율이 가장 높으므로 서울과 인접하고, 수도권 1기 신도시가 있는 고양이다. (다)는 세 지역 중 2011~2020년에 건축된 주택 비율과 2020년 서울로의 통근·통학 인구 비율이 가장 낮으므로 서울과 거리가 먼 여주이다.

선지 해설

① (가) 화성에는 수도권 2기 신도시가 있다. 수도권 1기 신도시는 성남(분당), 고양(일산), 부천(중동), 안양(평촌), 군포(산본) 등에 있다.

② (가) 화성은 자동차 공업을 비롯한 제조업이 발달하였다. 제조업이 발달한 지역은 대체로 청장년층 인구의 성비가 높다. 따라서 (가) 화성은 (나) 고양보다 청장년층 인구의 성비가 높다.

③ (나) 고양은 2020년 서울로의 통근·통학 인구 비율이 (가) 화성보다 4배 이상 높다. 다른 지역으로의 통근·통학 인구 비율이 높을수록 주간 인구 지수는 낮아진다. 따라서 (나) 고양은 (가) 화성보다 주간 인구 지수가 낮다.

④ 경지 면적은 대도시와 인접해 있을수록 대체로 좁게 나타난다. 따라서 서울과 인접한 (나) 고양은 서울과 멀리 떨어진 (다) 여주보다 경지 면적이 좁다. 여주는 평야를 중심으로 쌀 등의 재배가 활발하다.

⑤ 서울과 멀리 떨어져 있는 (다) 여주는 수도권 1기 신도시가 있는 (나) 고양보다 아파트 수가 적다.

23 대도시권 22학년도 7월 학평 15번   정답 ⑤ | 정답률 75%

표는 지도에 표시된 세 지역의 인구 특성을 나타낸 것이다. (가)~(다) 지역에 대한 설명으로 옳은 것만을 〈보기〉에서 고른 것은? [3점]

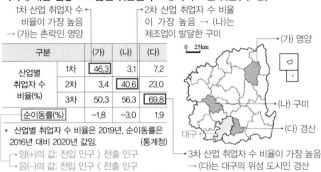

1차 산업 취업자 수 비율이 가장 높음 → (가)는 촌락인 영양

2차 산업 취업자 수 비율이 가장 높음 → (나)는 제조업이 발달한 구미

구분		(가)	(나)	(다)
산업별 취업자 수 비율(%)	1차	46.3	3.1	7.2
	2차	3.4	40.6	23.0
	3차	50.3	56.3	69.8
순이동률(%)		-1.8	-3.0	1.9

• 산업별 취업자 수 비율은 2019년, 순이동률은 2016년 대비 2020년 값임. (통계청)
└ 양(+)의 값: 전입 인구 > 전출 인구
└ 음(-)의 값: 전입 인구 < 전출 인구

(가) 영양
(나) 구미
(다) 경산
대구

3차 산업 취업자 수 비율이 가장 높음 → (다)는 대구의 위성 도시인 경산

〈 보기 〉

ㄱ. (가)는 2016~2020년 전입 인구가 전출 인구보다 많다. 적다

ㄴ. (가)는 (나)보다 아파트 거주 가구 비율이 높다. 낮다

ㄷ. (다)는 (가)보다 유소년층 인구 비율이 높다. └ 도시 > 촌락

ㄹ. (가)~(다) 중 대구로의 통근·통학 인구는 (다)가 가장 많다. └ 대구로의 통근·통학 인구가 많을수록 주간 인구 지수는 낮아짐

① ㄱ, ㄴ ② ㄱ, ㄷ ③ ㄴ, ㄷ ④ ㄴ, ㄹ ⑤ ㄷ, ㄹ

| 자료 분석 |

지도에 표시된 세 지역은 경상북도 영양군, 경상북도 구미시, 경상북도 경산시이다. (가)는 (가)~(다) 지역 중 1차 산업 취업자 수 비율이 가장 높으므로 촌락인 영양군이다. (나)는 (가)~(다) 지역 중 2차 산업 취업자 수 비율이 가장 높으므로 제조업이 발달한 구미시이다. (다)는 (가)~(다) 지역 중 3차 산업 취업자 수 비율이 가장 높고, 순이동률이 양(+)의 값을 나타내므로 대구광역시의 위성 도시인 경산시이다.

| 보기 해설 |

ㄱ. (가) 영양은 2016~2020년 순이동률이 음(-)의 값을 갖는 지역이다. 따라서 (가) 영양은 2016~2020년 전입 인구가 전출 인구보다 적다.

ㄴ. 아파트 거주 가구 비율은 촌락인 (가) 영양이 제조업이 발달한 도시인 (나) 구미보다 낮다.

ㄷ. 대구광역시의 교외화에 따라 인구가 증가하고 있는 도시인 (다) 경산은 인구가 감소하고 있는 촌락인 (가) 영양보다 유소년층 인구 비율이 높다.

ㄹ. (가)~(다) 중 대구로의 통근·통학 인구는 대구와 인접하고 대구의 기능 일부를 분담하는 위성 도시로 성장한 (다) 경산이 가장 많다.

24 대도시권 25학년도 수능 11번   정답 ④ | 정답률 83%

그래프는 지도에 표시된 네 지역군의 통근·통학 유입 및 유출 인구를 나타낸 것이다. (가)~(라) 지역군에 대한 설명으로 옳은 것만을 〈보기〉에서 고른 것은?

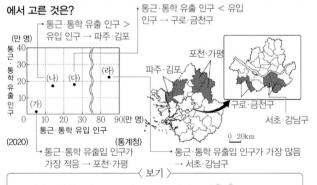

통근·통학 출 인구 < 유입 인구 → 구로·금천구

통근·통학 유출 인구 > 유입 인구 → 파주·김포

통근·통학 유출입 인구가 가장 적음 → 포천·가평

통근·통학 유출입 인구가 가장 많음 → 서초·강남구

〈 보기 〉

ㄱ. (가)는 (나)보다 서울로의 통근·통학자 수가 많다. 적다

ㄴ. (다)는 (나)보다 주간 인구 지수가 높다. └ 주간 인구 / 상주인구 × 100

ㄷ. (다)는 (라)보다 생산자 서비스업 종사자 비율이 높다. 낮다

ㄹ. (라)는 (가)보다 주택 유형 중 아파트 비율이 높다. └ 서초·강남구 > 포천·가평

① ㄱ, ㄴ ② ㄱ, ㄷ ③ ㄴ, ㄷ ④ ㄴ, ㄹ ⑤ ㄷ, ㄹ

| 자료 분석 |

지도의 네 지역군은 경기의 파주·김포, 포천·가평, 서울의 구로·금천구, 서초·강남구이다. (가)는 네 지역군 중 통근·통학 유출입 인구가 가장 적으므로 인구가 적고 서울과의 접근성이 상대적으로 낮은 포천·가평이다. 반면 (라)는 네 지역군 중 통근·통학 유출입 인구가 가장 많으므로 서울의 부도심이 위치하며 업무 기능이 발달한 서초·강남구이다. (나)는 통근·통학 유입 인구보다 통근·통학 유출 인구가 많은 지역으로, 수도권 2기 신도시가 위치하며 서울로의 통근·통학 유출 인구가 많은 김포·파주이다. (다)는 통근·통학 유출 인구보다 통근·통학 유입 인구가 많은 지역으로 서울 내에서 제조업이 발달한 구로·금천구이다.

| 선지 해설 |

ㄱ. (가) 포천·가평은 수도권 2기 신도시가 위치한 (나) 파주·김포보다 인구가 적고 상대적으로 서울로의 접근성이 낮다. 따라서 (가) 포천·가평은 (나) 파주·김포보다 서울로의 통근·통학자 수가 적다.

ㄴ. (다) 구로·금천구는 (나) 파주·김포와 통근·통학 유출 인구는 비슷하지만 통근·통학 유입 인구가 더 많다. 따라서 상주인구 대비 주간 인구의 비율인 주간 인구 지수는 통근·통학 유입 인구가 많은 (다) 구로·금천구가 (나) 파주·김포보다 높다.

ㄷ. 생산자 서비스업은 기업과의 접근성이 높고 관련 정보 획득에 유리한 지역에 집중하려는 경향이 크며 주로 대도시의 도심 또는 부도심에 입지한다. 따라서 서울의 주변 지역인 (다) 구로·금천구는 상대적으로 금융업, 보험업 등이 발달한 (라) 서초구·강남구보다 생산자 서비스업 종사자 비율이 낮다.

ㄹ. 서울의 부도심이 위치한 (라) 서초·강남구는 수도권의 배후 농촌 지역이 위치한 (가) 포천·가평보다 지대 및 지가가 높고 인구 밀도가 높다. 따라서 (라) 서초·강남구는 (가) 포천·가평보다 주택 유형 중 아파트 비율이 높다.

15

일차

| 01 ④ | 02 ② | 03 ② | 04 ④ | 05 ⑤ | 06 ② | 07 ④ | 08 ③ | 09 ③ | 10 ③ | 11 ② | 12 ① |
| 13 ② | 14 ③ | 15 ① | 16 ⑤ | 17 ⑤ | 18 ⑤ | 19 ⑤ | 20 ④ | 21 ③ | 22 ② | | |

문제편 130~135쪽

---

01 우리나라의 국토 개발 계획 25학년도 6월 모평 20번

정답 ④ | 정답률 71%

다음 글은 우리나라의 국토 종합 (개발) 계획에 대한 것이다. ㉠~㉣에 대한 설명으로 옳은 것은?

> 정부는 장기적인 국토 개발 정책 방향과 전략을 제시하기 위해 1972년부터 국토 종합 (개발) 계획을 시행하고 있다. 이 계획은 대규모 공업 기반 구축을 강조한 ㉠ 1970년대의 거점 개발, 국토의
> 　　　　　　　　　　　　　제1차 국토 종합 개발 계획
> 다핵 구조 형성과 지역 생활권 조성에 중점을 둔 ㉡ 1980년대의 광
> 　　　　　　　　　　　　　　　　제2차 국토 종합 개발 계획
> 역 개발, 수도권 집중 억제에 중점을 둔 ㉢ 1990년대의 균형 개발,
> 　　　　　　　　　　　　　　　　제3차 국토 종합 개발 계획
> 자연 친화적이고 안전한 국토 공간 조성을 강조한 ㉣ 2000년대 이
> 　　　　　　　　　　　　　제4차 국토 종합 계획, 제5차 국토 종합 계획
> 후의 균형 발전으로 추진되어 왔다. 국토 종합 (개발) 계획은 국토
> 의 체계적이고 균형적인 발전을 위해 중요한 역할을 하고 있다.

① ㉠은 주민 참여가 강조되는 ~~상향식~~ 개발로 추진되었다.
　　　　　　　　　　　　하향식

② ~~㉡~~ 시기에 도농 통합시가 출범하였다.
　　㉢

③ ~~㉢~~ 시기에 경부고속국도가 개통되었다.
　　㉠ 시기 이전

✓④ ㉣ 시기에 행정 중심 복합 도시인 세종특별자치시가 출범하였다.
　　　　　　　　　　　　　　　　　　　└ 2012년 출범

⑤ ㉠ 시기에서 ㉣ 시기 동안에 전국에서 수도권이 차지하는 인구 비율이 ~~낮아졌다.~~ 높아졌다

자료 분석

제시된 글은 우리나라의 국토 종합(개발) 계획에 대한 것이다. ㉠은 1970년대 거점 개발로 제1차 국토 종합 개발 계획(1972~1981년)이다. 제1차 국토 종합 개발 계획은 국력 신장과 공업화 추진을 위해 대규모 공업 기반을 구축하였다. ㉡은 1980년대의 광역 개발로 제2차 국토 종합 개발 계획(1982~1991년)이다. 제2차 국토 종합 개발 계획은 국민 생활 환경의 개선, 수도권 과밀 완화를 위해 국토의 다핵 구조 형성과 지역 생활권 조성에 중점을 두었다. ㉢은 1990년대의 균형 개발로 제3차 국토 종합 개발 계획(1992~2001년)이다. 제3차 국토 종합 개발 계획은 사회 간접 자본 시설 미흡에 따른 경쟁력 약화 개선, 자율적 지역 개발 전개를 위해 지방 육성과 수도권 집중 억제를 추진하였다. ㉣은 2000년대 이후의 균형 발전으로 제4차 국토 종합 계획(2000~2020년)과 제5차 국토 종합 계획(2020~2040년)이다. 제4차 국토 종합 계획 이후 우리나라는 국토의 체계적이고 균형적인 발전을 추진하고 있다.

선지 해설

① ㉠ 1970년대의 거점 개발은 중앙 정부가 주도하는 하향식 개발로 추진되었다.

② 도농 통합시는 1990년대의 ㉢ 균형 개발 시기인 1995년에 출범하였다.

③ 경부고속국도는 1970년에 전 구간이 개통되었다.

④ 행정 중심 복합 도시인 세종특별자치시는 ㉣ 2000년대 이후의 균형 발전 시기인 2012년에 출범하였다.

⑤ ㉠ 1970년대의 거점 개발 시기 이후 지금까지 전국에서 수도권이 차지하는 인구 비율은 지속적으로 높아졌다.

---

02 도시 재개발의 유형 24학년도 9월 모평 3번

정답 ② | 정답률 96%

다음 자료는 세 지역의 개발 사례이다. (가)~(다)에 대한 설명으로 옳은 것만을 〈보기〉에서 고른 것은?

- 북촌의 한옥 보존 지구 지정에 따른 재개발 (가)
- 한옥 형태를 유지하며 카페 등 상업 공간으로 활용하고 있다.
- 난곡 철거 재개발 (다)
- 노후화된 주택들이 대규모 아파트 단지로 변화하였다.
- 청계천 복원 사업 (나)
- 과거에 복개되어 도로로 이용하던 하천을 복원하였다.
- 0 5km

〈 보기 〉

ㄱ. (나)의 개발로 하천 주변 휴식 공간이 증가하였다.

ㄴ. (다)의 개발은 ~~보존~~ 재개발의 사례이다.
　　　　　　　　철거

ㄷ. (가)의 개발은 (다)의 개발보다 기존 건물의 활용도가 높다.

ㄹ. (가)~(다)의 개발은 모두 지역 주민 주도로 ~~이루어졌다.~~
　　　　　　　　　　　　　이　　　이루어진 것은 아니다

① ㄱ, ㄴ　✓② ㄱ, ㄷ　③ ㄴ, ㄷ　④ ㄴ, ㄹ　⑤ ㄷ, ㄹ

출제 경향

도시 재개발의 사례를 제시하고 철거 재개발 방식과 수복(보전) 재개발 방식의 상대적 특징을 비교하는 문항이 자주 출제되고 있다. 사례를 중심으로 재개발 방식의 특징을 바로 연관 시킬 수 있도록 정리해 두어야 한다.

자료 분석

(가)는 한옥 형태를 유지하며 상업 공간의 활용이 이루어진 북촌의 한옥 보존 지구 지정에 따른 재개발이며, (나)는 과거 복개 도로인 청계천로, 청계고가로를 다시 하천으로 복원한 형태의 청계천 복원 사업이다. (다)는 달동네였던 난곡 지역의 노후화된 주택들이 대규모 아파트 단지로 변화한 난곡의 철거 재개발이다.

선지 해설

ㄱ. (나)의 개발은 복개 도로를 하천으로 복원한 형태의 개발이며, 이를 통해 친환경적인 도시 공간이 조성되어 하천 주변 휴식 공간은 증가하였다.

ㄴ. 노후화된 주택들이 전면 철거되고 새로운 대규모 아파트 단지가 건설된 것이므로, (다)의 개발은 철거 재개발의 사례이다.

ㄷ. (가)의 개발은 한옥 형태를 유지한다고 하였으므로 (다)의 개발보다 기존 건물의 활용도가 높다.

ㄹ. (가)~(다)의 개발이 모두 지역 주민 주도로 이루어진 것은 아니다. 특히, (가), (나)의 개발은 모두 지방 자치 단체의 주도로 이루어졌다.

03 도시 재개발의 유형 24학년도 6월 모평 15번

정답 ② | 정답률 84%

다음은 신문 기사의 일부이다. ㉠~㉣에 대한 설명으로 적절한 것만을
〈보기〉에서 있는 대로 고른 것은?

△△신문 　20○○년 ○월 ○일

"떠오르는 동네, 성수동은 지금..."

서울 성동구 성수동은 중소 피혁 업체 등 도심 속 공장과 창고 밀집 지역에서 도시 재생 사업을 통해 서울의 새로운 '핫 플레이스'로 부상하고 있다.

노후 지역의 정비를 위해 도시 재개발을 하면서 ㉠ 기존의 낡은 공장을 허물고 새 건물을 짓는 방식 대신 ㉡ 기존 형태를 살리면서 필요한 부분만 개조하는 방식으로 개성을 살린 다양한 카페와 음식점, 갤러리 등이 들어서며 새로운 문화가 만들어지고 있다.

하지만 성수동에도 '뜨는' 동네에 어김없이 뒤따르는 ㉢ 젠트리피케이션이 발생하면서, 높아진 건물 임대료에 초기부터 이름을 알렸던 원조 가게들이 여럿 문을 닫게 되었다. 몇 년 전부터 추진된 상생 협약이 이러한 흐름을 바꾸고 ㉣ 지역의 다양성을 유지할 수 있을지 지켜볼 필요가 있다.

→ 철거 재개발

→ 수복 재개발

→ 낙후된 지역이 주거, 여가·문화 공간으로 재개발 → 도심 재활성화 → 대규모 상업 자본 유입 → 원거주민 유출

〈보기〉

ㄱ. ㉡은 철거 재개발의 대표적인 방식이다.
　　　㉠

ㄴ. ㉢으로 인해 기존 주민과 상인들이 다른 지역으로 떠나게 되는 현상이 발생한다.
　　└ 대규모 상업 자본 유입 → 임대료 상승

ㄷ. ㉣을 위해 대형 프랜차이즈 업체 위주의 상권으로 변화시킨다.
　　└ 철거 재개발 〉 수복 재개발　변화시키지 않는다

ㄹ. ㉠은 ㉡보다 투입되는 자본의 규모가 크다.

① ㄱ, ㄴ　　　✓② ㄴ, ㄹ　　　③ ㄷ, ㄹ
④ ㄱ, ㄴ, ㄷ　　⑤ ㄱ, ㄷ, ㄹ

| 자료 분석 |

㉠은 기존의 건물을 허물고 새 건물을 짓는 방식으로 철거 재개발이고, ㉡은 기존 건물의 형태를 살리면서 필요한 부분만 개조하는 방식으로 수복 재개발이다. ㉢ 젠트리피케이션은 쇠락한 공업 지역이나 저소득층이 거주하던 낙후된 지역에 고급 주택 단지나 상업 및 문화 시설 등이 유입되면서 원거주민이 다른 지역으로 빠져 나가는 것을 의미한다. ㉣ 지역의 다양성은 획일화된 지역 경관에서 벗어나 다양한 지역 생활양식을 반영하는 다양한 경관의 유지를 통해 이루어질 수 있다.

| 선지 해설 |

ㄱ. ㉡은 기존 형태를 살리는 방식으로 수복 재개발의 대표적인 방식이다. 철거 재개발의 대표적인 방식은 기존의 건물을 허무는 ㉠이다.

Ⓛ ㉢ 젠트리피케이션으로 인해 대규모 상업 자본이 유입되면 높은 임대료를 감당할 수 없는 기존 주민과 상인들이 다른 지역으로 떠나게 되는 현상이 발생하게 된다.

ㄷ. 지역 상권이 대형 프랜차이즈 업체 위주의 상권으로 변화하게 되면 지역의 다양성은 약화된다. 따라서 지역의 다양성을 위해서는 대형 프랜차이즈 업체 위주의 상권으로 변화시키기는 것보다 지역의 특성을 반영한 업체를 중심으로 상권으로 만들어 나가는 것이 더 적절하다.

Ⓡ 기존의 건물을 허물고 새 건물을 짓는 ㉠ 철거 재개발은 필요한 부분만 개조하는 ㉡ 수복 재개발보다 재개발 추진 과정에서 투입되는 자본의 규모가 더 크다.

개념 확인　도시 재개발의 특징 비교

철거(전면) 재개발이 높은 항목	• 투입 자본 규모 • 건물의 평균 층수	• 원거주민 이주율
수복(보존) 재개발이 높은 항목	• 기존 건물 활용도 • 지역 주민의 참여도	• 원거주민 재정착률

---

04 도시 재개발의 유형 23학년도 6월 모평 2번

정답 ④ | 정답률 90%

다음 글은 도시 재개발의 사례이다. (나)에 대한 (가)의 상대적 특성을 그림의 A~E에서 고른 것은?

(가) ◇◇시 △△마을 일대는 낙후 지역이었다. 그러나 2010년 '마을 미술 프로젝트 사업'의 일환으로 벽화를 그리고 조형물을 설치하였다. 그 결과 과거의 모습을 살리면서 마을 경관이 개선되었다.
← 수복 재개발

(나) □□시 ○○동 일대는 낙후 지역이었다. 그러나 2001년부터 '○○ 지구 재개발 사업'이 추진되어 기존의 달동네 지역은 전면 철거되었다. 그 결과 새로운 대규모 아파트 단지가 건설되었다.
← 철거 재개발

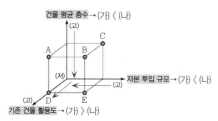

• (고)는 큼, 높음, 많음을. (저)는 작음, 낮음, 적음을 의미함.

① A　　② B　　③ C　　✓④ D　　⑤ E

| 자료 분석 |

(가)는 과거의 모습을 살리면서 마을 경관이 개선되었다는 내용을 통해 수복 재개발임을 알 수 있다. (나)는 기존의 달동네 지역이 전면 철거되고 새로운 대규모 아파트 단지가 건설되었다는 내용을 통해 철거 재개발임을 알 수 있다.

| 선지 해설 |

④ D

[건물 평균 층수] (가) 수복 재개발은 기존 건물을 대부분 유지하기 때문에 건물 평균 층수가 낮다. 반면, (나) 철거 재개발은 대규모 아파트 단지를 조성하므로 건물 평균 층수가 높다. 따라서 (가) 수복 재개발이 (나) 철거 재개발에 비해 건물 평균 층수가 낮다. (D, E)
[자본 투입 규모] (가) 수복 재개발은 필요한 부분만 수리·개조하여 부족한 점을 보완하기 때문에 자본 투입 규모가 작다. 반면, (나) 철거 재개발은 기존의 시설물을 전면 철거하고 새로운 시설물로 대체하기 때문에 자본 투입 규모가 크다. 따라서 (가) 수복 재개발이 (나) 철거 재개발에 비해 자본 투입 규모가 작다. (A, D)
[기존 건물 활용도] (가) 수복 재개발은 기존 건물을 최대한 유지하므로 기존 건물 활용도가 높다. 반면, (나) 철거 재개발은 기존 건물을 완전히 철거하기 때문에 기존 건물 활용도가 낮다. 따라서 (가) 수복 재개발이 (나) 철거 재개발에 비해 기존 건물 활용도가 높다. (A, B, D, E)
따라서 세 가지 항목을 모두 만족하는 것은 그림의 D이다.

다음 글은 도시 재개발의 사례이다. (가), (나) 방식에 대한 설명으로 옳은 것만을 〈보기〉에서 고른 것은?

(가) ○○ 지역은 도심에서 산으로 떠밀려 온 사람들이 다닥다닥 집을 짓고 붙어살던 소외된 동네였다. 그러나 이곳은 전면 철거 후 대규모 아파트 단지가 들어설 예정이다. └→철거 재개발

(나) 6.25 전쟁 때 피난민들이 정착해 생긴 대표적 달동네인 □□ 지역은 공공미술 프로젝트를 통해 벽화마을로 재탄생했다. 이후 영화, 드라마 등의 촬영지로 알려지며 관광 명소가 되었다. └→수복 재개발

〈 보기 〉

ㄱ. (가)는 기존 마을의 모습을 간직한 채 환경을 개선한다. (나)

ㄴ. (나)는 건물의 고층화로 토지 이용의 효율성을 높인다. (가)

ㄷ. (가)는 (나)보다 투입 자본의 규모가 크다.

ㄹ. (나)는 (가)보다 원거주민의 재정착률이 높다.

① ㄱ, ㄴ ② ㄱ, ㄷ ③ ㄴ, ㄷ ④ ㄴ, ㄹ ⑤ ㄷ, ㄹ

| 자료 분석 |

(가)는 전면 철거 후 대규모 아파트 단지가 들어서게 된다는 것으로 보아 철거 재개발이다. (나)는 공공미술 프로젝트를 통해 벽화마을로 재탄생하였다는 것으로 보아 수복 재개발이다.

| 선지 해설 |

ㄱ. (가) 철거 재개발은 기존 마을이 철거된 후 이루어지므로 기존 마을의 모습을 간직하기 어렵다. 기존 마을의 모습을 간직한 채 환경을 개선하는 것은 (나) 수복 재개발이다.

ㄴ. 건물의 고층화로 토지 이용의 효율성을 높이는 재개발 방식은 (가) 철거 재개발이다. 철거 재개발은 기존 건물을 철거하고 아파트 등을 건설하기 때문에 토지 이용의 효율성이 높다.

ㄷ. (가) 철거 재개발은 기존의 시설을 완전히 철거하고 새로운 시설물로 대체하기 때문에 (나) 수복 재개발보다 투입 자본의 규모가 크다.

ㄹ. (나) 수복 재개발은 기존 건물을 최대한 유지하기 때문에 (가) 철거 재개발보다 원거주민의 재정착률이 높다.

다음 글은 도시 재개발의 사례이다. (가)와 비교한 (나) 재개발 방식의 상대적 특성에 대한 옳은 설명만을 〈보기〉에서 있는 대로 고른 것은?

(가) △△동에는 서울이 확장하는 과정에서 저소득층 가구가 밀집하면서 생긴 대표적인 '달동네'가 있었다. 그러나 2000년대 초반부터 재개발 사업이 추진되어, 지역의 건물들이 전면 철거되고 대규모 아파트 단지가 조성되면서 거주 여건이 개선되었다. (철거 재개발)

(나) 부산의 ◇◇◇ 마을은 2000년대에 선박 수리업이 쇠퇴하면서 지역 경제와 거주 환경이 악화되었다. 그러나 주민, 예술가 등이 중심이 되어 과거 산업 시설에 공공 예술품을 설치하고 문화 공간을 조성하면서 많은 관광객들이 찾는 지역으로 거듭났다. (수복 재개발)

〈 보기 〉

ㄱ. 투입 자본의 규모가 크다. 작다

ㄴ. 기존 건물의 활용도가 높다. └→자본 투입 규모가 작고 건물 평균 층수가 적음

ㄷ. 재개발 후 건물의 평균 층수가 많다. 적다 └→아파트 〉 기존 건물

① ㄱ ② ㄴ ③ ㄱ, ㄴ ④ ㄱ, ㄷ ⑤ ㄴ, ㄷ

| 자료 분석 |

(가)는 지역의 기존 건축물을 전면 철거하고 대규모 아파트 단지를 조성하는 철거 재개발 방식의 사례에 해당한다. (나)는 과거 산업 시설에 공공 예술품을 설치하고 문화 공간을 조성하였다는 내용으로 보아 수복 재개발 방식의 사례에 해당한다.

| 선지 해설 |

ㄱ. (나) 수복 재개발은 기존 건물을 최대한 유지하는 수준에서 필요한 부분만 수리·개조하여 부족한 점을 보완하기 때문에 개발 과정에서 투입 자본의 규모가 작다. 반면 (가) 철거 재개발은 기존의 시설을 완전히 철거하고 새로운 시설물로 대체하기 때문에 투입 자본의 규모가 크다. 따라서 (나) 수복 재개발은 (가) 철거 재개발보다 투입 자본의 규모가 작다.

ㄴ. (나) 수복 재개발은 기존 건물을 유지·관리하기 때문에 상대적으로 기존 건물의 활용도가 높다. 반면 (가) 철거 재개발은 기존 건물을 철거하므로 기존 건물을 활용하지 않는다. 따라서 (나) 수복 재개발은 (가) 철거 재개발보다 기존 건물의 활용도가 높다.

ㄷ. (나) 수복 재개발은 기존 건물을 활용하기 때문에 재개발 후 건물의 평균 층수는 거의 변화가 없다. 반면, (가) 철거 재개발은 기존 건물을 철거하고 아파트 등을 건설하기 때문에 재개발 후 건물의 평균 층수가 많아진다. 따라서 (나) 수복 재개발은 (가) 철거 재개발보다 재개발 후 건물의 평균 층수가 적다.

07 도시 재개발의 유형 21학년도 수능 4번

정답 ④ | 정답률 97%

다음 글은 도시 재개발의 사례이다. (가), (나) 도시 재개발의 상대적 특성을 비교할 때, 그림의 A, B에 들어갈 항목으로 옳은 것은?

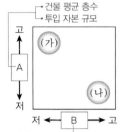

┌─ 철거(전면) 재개발
(가) ○○시 □□동 일대는 달동네였다. 그러나 재개발이 진행되면서 노후화된 주택들이 대규모 아파트 단지로 변화하였다. 현재는 과거의 흔적을 찾아보기가 어렵게 되었다. └─ 건물 평균 층수가 높아짐

┌─ 수복 재개발
(나) ◇◇시 △△동 일대는 달동네였다. 지금도 과거의 흔적이 남아 있지만 주민, 작가, 학생들이 합심하여 마을 담벼락에 그림을 그리고 조형물을 설치하여 마을을 변모시켰다.
└─ 기존 건물 활용도가 높음   └─ 지역 주민 참여도가 높음

┌ 건물 평균 층수
├ 투입 자본 규모

(그림: 고~저 세로축 A, 저~고 가로축 B, (가) 좌상단, (나) 우하단)

	A	B
①	기존 건물 활용도	건물 평균 층수
②	기존 건물 활용도	자본 투입 규모
③	건물 평균 층수	자본 투입 규모
④✓	건물 평균 층수	기존 건물 활용도
⑤	자본 투입 규모	건물 평균 층수

* '고'는 큼. 높음. 많음.
'저'는 작음. 낮음. 적음을 의미함.
└ 기존 건물 활용도

자료 분석

(가)는 노후화된 주택 대부분을 철거하고 대규모의 아파트 단지를 조성하였으므로 철거(전면) 재개발의 사례에 해당한다. (나)는 기존의 달동네의 모습을 유지한 채 필요한 만큼만 개조하고 수리하였으므로 수복 재개발의 사례에 해당한다.

선지 해설

④ A – 건물 평균 층수, B – 기존 건물 활용도

• A에 해당하는 항목은 (가) 철거(전면) 재개발이 (나) 수복 재개발보다 높게 나타나는 수치이다. 철거(전면) 재개발은 대규모의 아파트 단지를 조성하므로 수복 재개발보다 건물 평균 층수가 높다. 또한 기존 건물을 철거하고 새로운 시설물을 세우기 때문에 수복 재개발보다 자본 투입 규모가 크다.

• B에 해당하는 항목은 (나) 수복 재개발이 (가) 철거(전면) 재개발보다 높게 나타나는 수치이다. 수복 재개발은 기존 건물 대부분을 유지하기 때문에 철거(전면) 재개발보다 기존 건물 활용도가 높다.

OX문제로 개념 확인

(1) 수복(보전) 재개발은 철거(전면) 재개발에 비해 기존 건물의 활용도가 낮다.
(   )

(2) 철거(전면) 재개발은 수복(보전) 재개발에 비해 원거주민의 거주 지속 가능성이 낮다.
(   )

(1) X (2) O

---

08 도시 재개발의 유형 19학년도 6월 모평 20번

정답 ③ | 정답률 74%

다음 글의 (가), (나)는 도시 재개발의 사례이다. (나)에 대한 (가) 방식의 상대적 특성을 그림의 A~E에서 고른 것은?
┌ 보전 재개발

(가) 대구 중구에서는 원도심 지역을 활성화하기 위하여 중구의 거리, 건축물 등이 지닌 역사적 특성을 살려 근대 역사 문화 벨트를 조성하였다. 일제 강점기하의 항일 운동 정신을 느끼고 저항의 흔적을 찾아 볼 수 있는 '근대 골목 관광' 프로그램을 진행하여 관광객들에게 역사적 의미를 알리고 있다.

(나) 서울 관악구에서는 2001년부터 ○○ 지역 재개발 사업을 추진하였다. 이 사업에서는 달동네 지역을 전면 철거하고 아파트 단지를 신축하는 방식을 채택하였다. 이사업이 시행된 결과 주택의 유형만 바뀐 게 아니라 거주하는 주민들도 대부분 바뀌었다.
└ 철거(전면) 재개발

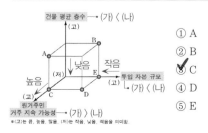

①	A
②	B
③✓	C
④	D
⑤	E

자료 분석

(가)는 역사적 특성을 살려 근대 역사 문화 벨트를 조성하였으므로 보전 재개발의 사례에 해당한다. (나)는 달동네 지역을 전면 철거하고 아파트 단지를 신축하였으므로 철거(전면) 재개발의 사례에 해당한다.

선지 해설

③ C

[투입 자본 규모] (가) 보전 재개발은 기존 건물을 유지·관리하기 때문에 개발 과정에서 투입 자본 규모가 작다. (나) 철거 재개발은 기존 건물을 철거하고 새로운 시설물을 세우므로 투입 자본 규모가 크다. 따라서 (가) 보전 재개발이 (나) 철거 재개발에 비해 투입 자본 규모가 작다.

[건물 평균 층수] (가) 보전 재개발은 기존 건물을 대부분 유지하기 때문에 건물의 평균 층수가 낮다. (나) 철거 재개발은 대규모의 아파트 단지를 조성하므로 건물의 평균 층수가 높다. 따라서 (가) 보전 재개발이 (나) 철거 재개발에 비해 건물 평균 층수가 낮다.

[원거주민 거주 지속 가능성] (가) 보전 재개발은 다른 지역으로 이주하는 비율이 낮아 원거주민 정착 비율이 높다. (나) 철거 재개발은 원거주민에게 철거에 따른 보상이 주어지더라도 높은 추가 부담금을 내지 못해 재개발 지역에 정착하기 어려워 원거주민 정착 비율이 낮다. 따라서 (가) 보전 재개발이 (나) 철거 재개발에 비해 원거주민 거주 지속 가능성이 높다.

다음 글은 도시 재개발의 사례이다. (가), (나)의 상대적 특성을 나타낸 것으로 옳은 것은? [3점]

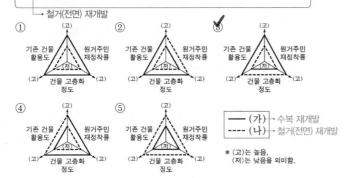

┌─ 수복 재개발
(가) ◇◇시의 대표적인 달동네였던 '○○ 마을'은 본래의 마을 모습을 유지한 채 필요한 부분만 수리·개조하는 '마을 미술 프로젝트'를 시행하여 아름다운 벽화 마을로 변화하였다.

(나) □□시의 대표적인 낙후 지역이었던 △△동에서는 뉴타운 개발 사업이 진행되면서 노후화된 주택들이 대단지의 아파트로 변모하였다.

┌─ 철거(전면) 재개발

① ② ③✔ ④ ⑤

(고) 기존 건물 활용도 / 원거주민 재정착률 / (고) 건물 고층화 정도

── (가) → 수복 재개발
---- (나) → 철거(전면) 재개발

* (고)는 높음,
(저)는 낮음을 의미함.

│ 자료 분석 │

(가)는 기존의 마을 모습을 유지한 채 필요한 만큼만 수리·개조하므로 수복 재개발의 사례에 해당한다. (나)는 노후화된 주택을 허물고 대단지의 아파트를 건설하므로 철거(전면) 재개발의 사례에 해당한다.

│ 선지 해설 │

③

[기존 건물 활용도] (가) 수복 재개발은 기존 건물을 대부분 유지하는 반면, (나) 철거(전면) 재개발은 기존 건물을 철거한다. 따라서 기존 건물 활용도는 (가) 수복 재개발이 (나) 철거(전면) 재개발에 비해 높다.

[건물 고층화 정도] (가) 수복 재개발은 기존 건물을 최대한 보존하는 반면, (나) 철거(전면) 재개발은 대규모 아파트 단지를 조성하므로 건물 고층화 정도가 높아진다. 따라서 건물 고층화 정도는 (가) 수복 재개발이 (나) 철거(전면) 재개발에 비해 낮다.

[원거주민 재정착률] (가) 수복 재개발은 원주민이 다른 지역으로 이주하는 비율이 낮다. (나) 철거(전면) 재개발은 원거주민에게 철거에 따른 보상이 주어지더라도 높은 추가 부담금을 내지 못해 원거주민이 재개발 지역에 정착하기 어렵다. 따라서 원거주민 재정착률은 (가) 수복 재개발이 (나) 철거(전면) 재개발에 비해 높다.

다음은 도시 단원의 수업 장면이다. 발표 내용이 가장 적절한 학생을 고른 것은?

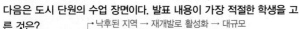

낙후된 지역 → 재개발로 활성화 → 대규모 상업 자본 유입 → 원거주민의 유출

20○○년 ○○월 ○○일 △△신문
'뜨는 동네'의 역설
서울, (가) 젠트리피케이션을 말하다.

(나) 서촌의 변화 ┌ 보존 재개발
골목길과 한옥으로 고즈넉한 분위기를 자아내던 서촌은 한옥을 활용한 관광지와 상업 공간으로 바뀌면서 변화의 몸살을 앓고 있다. 서촌에 사람과 돈이 몰려 오자 꽃가게 S씨, 세탁소 K씨가 떠나게 되었다.

(다) 내수동의 변화
종로구 내수동 일대는 슬럼화가 진행된 도심부로 한옥 등 노후 주거지로 구성되어 있었다. 도심 재개발 사업이 진행되면서 대규모 오피스텔과 주상복합 아파트 단지가 들어섰다. └ 철거 재개발

(가)~(다)에 대해 발표해 볼까요?

갑: (가)는 교외 지역에서 주로 발생합니다. └ 도심
을: (나)는 주로 철거 재개발 방식에 의해 이루어졌습니다. └ 보존
병: (다)로 인해 건물의 평균 층수가 높아졌습니다.
정: (다)는 주로 보존 재개발 방식에 의해 이루어졌습니다. └ 철거
무: (다)는 (나)보다 기존 건물의 활용도가 높습니다. └ 낮습니다

젠트리피케이션

① 갑 ② 을 ③✔ 병 ④ 정 ⑤ 무

│ 자료 분석 │

(가) 젠트리피케이션은 낙후된 지역이 재개발로 활성화된 이후 대규모 상업 자본이 유입되면서 원거주민이 다른 지역으로 빠져 나가는 현상이다. (나)는 한옥이 보존되어 있던 서촌이 관광지와 상업 공간으로 바뀌면서 지가가 상승하자 원거주민이 다른 지역으로 빠져 나가는 젠트리피케이션의 사례이다. (다)는 노후 시설 등이 입지한 지역을 상업·업무 지역 등으로 개발하는 도심 재개발의 사례이다.

│ 선지 해설 │

갑. (가) 젠트리피케이션은 주로 낙후된 도심에서 발생한다.

을. (나)는 서촌의 한옥을 철거하지 않고 한옥을 활용하거나 한옥을 상업 공간으로 이용하고 있다. 따라서 (나)는 역사·문화적으로 보존할 가치가 있는 지역의 환경 악화를 예방하고 유지·관리하는 방법인 보존 재개발 방식이 적용되었다.

병. (다)는 노후화된 주거지 대신 대규모 오피스텔과 주상복합 아파트 단지가 들어서면서 건물의 평균 층수가 높아졌다.

정. (다)는 노후화된 주거지가 재개발을 통해 대규모 오피스텔과 주상복합 아파트 단지로 변화하였다. 따라서 (다)는 기존의 시설을 완전히 철거하고 새로운 시설물로 대체하는 방법인 철거 재개발 방식이 적용되었다.

무. 철거 재개발을 적용한 (다)는 보존 재개발을 적용한 (나)보다 기존 건물의 활용도가 낮다.

11 도시 재개발의 유형 21학년도 4월 학평 2번   정답 ② | 정답률 81%

다음 자료는 수업 시간에 사용된 게임이다. 게임을 통해 방에서 탈출할 수 있는 문을 게임판의 A~E에서 고른 것은?

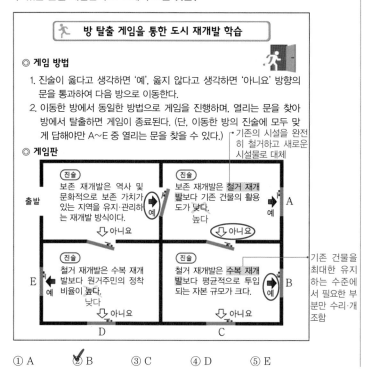

① A   ② B   ③ C   ④ D   ⑤ E

| 자료 분석 |

방 탈출 게임을 통해 도시 재개발의 방법에 해당하는 보존 및 수복 재개발과 철거 재개발의 특징을 비교하는 문항이다.

| 선지 해설 |

② B

[첫 번째 출발의 진술 – 예] 보존 재개발은 한옥 마을처럼 역사·문화적으로 보존할 가치가 있는 지역의 환경 악화를 예방하고 유지·관리하는 재개발 방식이다.

[두 번째 진술 – 아니요] 보존 재개발은 기존 건물을 유지·관리하는 방식인 만큼 기존 건물의 활용도가 높다. 반면 철거 재개발은 기존의 시설을 완전히 철거하고 새로운 시설물로 대체하는 방식이므로 기존 건물의 활용도가 낮다.

[세 번째 진술 – 예] 철거 재개발은 기존의 시설을 완전히 철거하고 새로운 시설물로 대체하기 때문에 투입되는 자본의 규모가 대체로 크고 자원 낭비 등의 문제점이 있다. 반면 수복 재개발은 기존 건물을 최대한 유지하는 수준에서 필요한 부분만 수리·개조하므로 철거 재개발보다 투입되는 자본 규모가 대체로 작다.

12 도시 재개발의 유형 22학년도 10월 학평 11번   정답 ① | 정답률 65%

다음 글의 ㉠~㉤에 대한 옳은 설명만을 <보기>에서 고른 것은?

도시 재개발은 토지 이용 효율성 증대, ㉠ 도시 미관 개선 및 생활 기반 시설 확충, 지역 경제 활성화 등을 목적으로 한다. 도시 재개발 방법에는 ㉡ 지역에서 행해지는 보존 재개발, 기 ← 역사·문화적 가치가 있는 존의 건물을 유지하며 부족한 부분만 수리 및 개조하는 ㉢ ◇◇ → 수복 재개발 재개발, 기존의 시설을 완전히 철거하고 새로운 시설물로 대체하 → 원거주민의 낮은 재 는 ㉣ □□ 재개발이 있다. 이와 같은 도시 재개발로 ㉤ 젠트리피 정착률 → 철거 재개발 케이션이 나타나기도 한다.

낙후된 지역 → 재개발로 활성화 → 대규모 상업 자본 유입 → 원거주민 유출

< 보기 >

ㄱ. ㉠은 쾌적한 주거 환경 조성과 관련된다.
└→ 도로와 주차 공간, 수도 시설, 정보 통신망 등 개선 → 주민의 삶의 질 높아짐

ㄴ. ㉡에는 '역사·문화적 가치가 있는'이 들어갈 수 있다.

ㄷ. ㉢은 ㉣보다 투입되는 자본의 규모가 <s>크다</s>. 작다

ㄹ. ㉤이 심화되면 지역 내 원거주민의 비율은 <s>높아진다</s>. 낮아진다

① ㄱ, ㄴ   ② ㄱ, ㄷ   ③ ㄴ, ㄷ   ④ ㄴ, ㄹ   ⑤ ㄷ, ㄹ

| 자료 분석 |

도시 재개발의 방법으로는 보존 재개발, ㉢ 수복 재개발, ㉣ 철거 재개발이 있다. 이와 같은 도시 재개발로 낙후된 지역이 재개발로 활성화된 이후 대규모 상업 자본이 유입되면서 원거주민이 다른 지역으로 빠져나가는 ㉤ 젠트리피케이션 현상이 나타나기도 한다.

| 보기 해설 |

ㄱ. 오늘날 소득 수준이 향상되면서 쾌적한 주거 환경 및 생활 환경에 대한 요구가 증대되고 있다. 이에 도시 재개발은 도시 미관 개선 및 생활 기반 시설 확충을 목적으로 설정하고 있다. 따라서 ㉠ 도시 미관 개선 및 생활 기반 시설 확충은 쾌적한 주거 환경 조성과 관련된다.

ㄴ. 보존 재개발은 역사·문화적으로 보존할 가치가 있는 지역의 환경 악화를 예방하고자 유지·관리하는 방법으로, ㉡에는 '역사·문화적 가치가 있는'이 들어갈 수 있다.

ㄷ. ㉢ 수복 재개발은 기존 건물을 최대한 유지하는 수준에서 필요한 부분만 수리·개조하는 반면, ㉣ 철거 재개발은 기존의 시설을 완전히 철거하고 새로운 시설물로 대체한다. 따라서 ㉢ 수복 재개발은 ㉣ 철거 재개발보다 투입되는 자본의 규모가 작다.

ㄹ. ㉤ 젠트리피케이션이 심화되면 다른 지역으로 빠져나가는 원거주민이 증가한다. 따라서 ㉤ 젠트리피케이션이 심화되면 지역 내 원거주민의 비율은 낮아진다.

다음 자료는 한국지리 수업 시간에 사용된 게임의 일부이다. 게임 방법에 따라 잠금 화면을 풀 수 있는 패턴으로 옳은 것은?

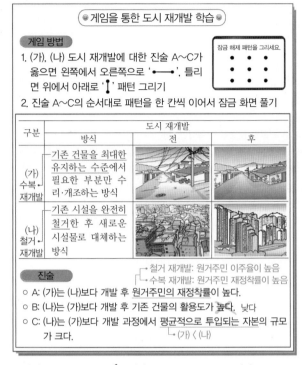

◉ 게임을 통한 도시 재개발 학습 ◉

게임 방법

1. (가), (나) 도시 재개발에 대한 진술 A~C가 옳으면 왼쪽에서 오른쪽으로 '●—●', 틀리면 위에서 아래로 '●┃●' 패턴 그리기
2. 진술 A~C의 순서대로 패턴을 한 칸씩 이어서 잠금 화면 풀기

잠금 해제 패턴을 그리세요

구분	도시 재개발		
	방식	전	후
(가) 수복 재개발	기존 건물을 최대한 유지하는 수준에서 필요한 부분만 수리·개조하는 방식		
(나) 철거 재개발	기존 시설을 완전히 철거한 후 새로운 시설물로 대체하는 방식		

진술

○ A: (가)는 (나)보다 개발 후 원거주민의 재정착률이 높다. ┈ 철거 재개발: 원거주민 이주율이 높음
○ B: (나)는 (가)보다 개발 후 기존 건물의 활용도가 ~~높다.~~ 낮다 ┈ 수복 재개발: 원거주민 재정착률이 높음
○ C: (나)는 (가)보다 개발 과정에서 평균적으로 투입되는 자본의 규모가 크다. ┈ (가) 〈 (나)

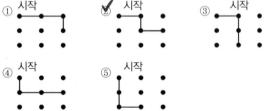

① 시작
② ✔ 시작
③ 시작
④ 시작
⑤ 시작

┃자료 분석┃

(가)는 기존 건물을 최대한 유지하는 수준에서 필요한 부분만 수리·개조하는 방식인 수복 재개발이다. 수복 재개발은 기존 건물을 최대한 유지·보수하여 이용하기 때문에 지역 공동체가 유지될 수 있다는 장점이 있다. 하지만 거주 환경 개선의 효과가 낮고 관광지화되는 경우 주민 사생활 침해, 지나친 상업화의 위험 가능성 증대 등의 단점이 있다. (나)는 기존 시설을 완전히 철거한 후 새로운 시설물로 대체하는 방식으로 철거 재개발이다. 철거 재개발은 토지 이용의 효율성이 높아 수익성과 경제성이 좋다는 장점은 있으나 원거주민의 재정착률이 낮고 공동체가 해체될 위험이 크다는 단점이 있다.

┃선지 해설┃

A. (가) 수복 재개발은 기존 건물을 최대한 유지하기 때문에 원거주민이 다른 지역으로 이주하는 비율이 낮다. 반면 (나) 철거 재개발은 재개발 과정에서 원거주민이 강제로 이주해야 하거나 철거에 따른 보상이 주어지더라도 추가적으로 발생하는 높은 입주 부담금으로 인해 원거주민의 재정착률이 낮아진다. 따라서 (가) 수복 재개발은 (나) 철거 재개발보다 개발 후 원거주민의 재정착률이 높다. (●—●)

B. (가) 수복 재개발은 필요한 부분만 수리·개조하는 방식으로 기존 건물의 활용도가 높다. 반면 (나) 철거 재개발은 기존 시설을 완전히 철거하기 때문에 기존 건물의 활용도가 낮다. 따라서 (나) 철거 재개발은 (가) 수복 재개발보다 기존 건물의 활용도가 낮다. (●┃●)

C. (가) 수복 재개발은 기존 건물을 유지·관리하기 때문에 개발 과정에서 투입 자본 규모가 작다. (나) 철거 재개발은 기존의 시설물을 완전히 철거하고 새로운 시설물로 대체하기 때문에 평균적으로 투입되는 자본의 규모가 크다. 따라서 (나) 철거 재개발은 (가) 수복 재개발보다 개발 과정에서 평균적으로 투입되는 자본의 규모가 크다. (●—●)

다음은 우리나라 국토 종합 (개발) 계획 자료의 일부이다. ⊙, ⓒ에 대한 설명으로 옳은 것은?

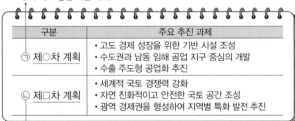

제1차 국토 종합 개발 계획

구분	주요 추진 과제
⊙ 제○차 계획	· 고도 경제 성장을 위한 기반 시설 조성 · 수도권과 남동 임해 공업 지구 중심의 개발 · 수출 주도형 공업화 추진
ⓒ 제□차 계획	· 세계적 국토 경쟁력 강화 · 자연 친화적이고 안전한 국토 공간 조성 · 광역 경제권을 형성하여 지역별 특화 발전 추진

제4차 국토 종합 계획

① ⊙ 시행 시기에 고속 철도(KTX)가 ~~개통되었다.~~ 개통되지 않았다
② ⓒ 시행 시기에 개발 제한 구역이 처음 ~~지정되었다.~~ 지정되지 않았다
✔ ⊙은 ⓒ보다 시행 시기가 이르다.
④ ⓒ 시행 시기는 ⊙ 시행 시기보다 수도권 인구 집중률이 ~~낮다.~~ 높다
⑤ ⊙은 ~~균형~~ 성장 거점 개발, ⓒ은 ~~성장 거점~~ 균형 개발 방식을 추구한다.

┃자료 분석┃

⊙은 제1차 국토 종합 개발 계획(1972~1981년)이다. ⓒ은 제4차 국토 종합 계획(2000~2020년)이다.

┃선지 해설┃

① 우리나라에서 처음으로 고속 철도(KTX)가 개통된 것은 2004년으로, 이 시기는 제4차 국토 종합 계획 시행 시기에 해당한다.

② 우리나라는 1971년에 대도시의 무질서한 팽창을 방지하기 위해 개발 제한 구역을 처음으로 지정하였다.

③ ⊙ 제1차 국토 종합 개발 계획은 ⓒ 제4차 국토 종합 계획보다 시행 시기가 이르다.

④ 수도권 인구 집중률은 1970년대 이후로 지속적으로 높아져 2018년 기준 우리나라 전체 인구의 절반 이상이 수도권에 거주하고 있다. 따라서 ⓒ 시행 시기는 ⊙ 시행 시기보다 수도권 인구 집중률이 높다.

⑤ ⊙ 제1차 국토 종합 개발 계획은 성장 가능성이 높은 지역에 우선적으로 집중 투자하는 개발 방식인 성장 거점 개발 방식을, ⓒ 제4차 국토 종합 계획은 낙후 지역에 우선적으로 투자하는 균형 개발 방식을 적용하였다.

15 도시 재개발의 유형 23학년도 10월 학평 3번

정답 ① | 정답률 96%

다음 글의 ㉠~㉣에 대한 설명으로 옳은 것만을 <보기>에서 고른 것은?

[3점]

┌─ 도시 문제 발생

『난장이가 쏘아 올린 작은 공』은 ㉠ <u>급속한 도시화가 나타난</u> ㉡ <u>1970년대</u>를 배경으로 하고 있다. 작품에서는 도시 재개발로 터전을 잃은 가족의 이야기를 통해 ㉢ <u>철거 재개발 방식</u>의 어두운 면을 묘사하였다. 이후 원거주민의 재정착률을 높일 수 있는 ㉣ <u>수복 재개발 방식</u>에 대한 사회적 관심이 높아졌다.

┌─ 기존 건물을 최대한 유지하는 수준에서
│ 필요한 부분만 수리·개조하는 방식

┌─ 기존 시설을 완전히 철거하고
│ 새로운 시설물로 대체하는 방식

< 보기 >

ㄱ. ㉠으로 인해 주택 부족, 교통 혼잡 등의 문제가 발생하였다.

ㄴ. ㉡ 시기에 개발 제한 구역이 처음 지정되었다.

ㄷ. ㉢은 ㉣보다 기존 건물의 활용도가 ~~높다.~~ 낮다

ㄹ. ㉣은 ㉢보다 재개발에 투입되는 자본의 규모가 ~~크다.~~ 작다

✓① ㄱ, ㄴ   ② ㄱ, ㄷ   ③ ㄴ, ㄷ   ④ ㄴ, ㄹ   ⑤ ㄷ, ㄹ

| 자료 분석 |

제시된 글은 『난장이가 쏘아 올린 작은 공』이라는 소설을 소개하며, 도시 재개발에 대해 이야기하고 있다. 우리나라의 1970년대에는 이촌 향도 현상으로 급속한 도시화가 나타나는 과정에서 여러 가지 도시 문제가 발생하였다. 도시 재개발 방식에는 기존 시설을 완전히 철거하는 철거 재개발, 역사·문화적으로 보존할 가치가 있는 지역의 환경을 유지·관리하는 보존 재개발, 필요한 부분만 수리·개조하는 수복 재개발이 있다.

| 선지 해설 |

ⓖ ㉠ 급속한 도시화로 많은 인구가 도시로 이동하였으며, 이로 인해 주택 부족, 교통 혼잡 등의 도시 문제가 발생하였다.

ⓛ ㉡ 1970년대 도시의 무질서한 팽창을 막기 위해 개발 제한 구역(Green Belt)이 처음 지정되었다.

ㄷ. ㉢ 철거 재개발 방식은 기존 건물을 철거하고 새로운 시설물로 대체하는 재개발 방식으로 ㉣ 수복 재개발 방식보다 기존 건물의 활용도가 낮다.

ㄹ. ㉣ 수복 재개발 방식은 기존 건물을 최대한 유지하는 수준에서 필요한 부분만 수리·개조하는 재개발 방식으로 ㉢ 철거 재개발 방식보다 재개발에 투입되는 자본의 규모가 작다.

16 우리나라의 국토 개발 계획 24학년도 7월 학평 9번

정답 ⑤ | 정답률 66%

다음 자료에 대한 설명으로 옳은 것은? (단, (가), (나)는 각각 제1차 국토 종합 개발 계획, 제3차 국토 종합 개발 계획 중 하나임.)

┌─ 제3차 국토 종합 개발 계획   ┌─ 제1차 국토 종합 개발 계획

구분	(가)	(나)
주요 과제	지방 분산형 국토골격 형성 └ 경제적 형평성 우선시	대규모 공업 기반 구축 └ 경제적 효율성 우선시
세부 내용	아산만, 목포 등의 서해안 일대를 중심으로 중부 및 서남부 지역에 신산업지대를 조성하여, 지역 특성에 맞는 산업을 육성	포항, 울산, 여수 등 동남 해안에 위치한 지역을 개발하여, 제철·정유·석유화학 등의 중화학 공업 단지를 조성

① (가)의 시행 시기에 경부 고속 국도가 건설되었다.
　　　　1970년

② (나)는 주로 ~~상향식~~ 개발로 추진되었다.
　　　　　하향식

③ (가)는 (나)보다 시행 시기가 ~~이르다.~~
　　　　　　　　　　　　늦다

④ (가)는 (나)보다 경제적 ~~효율성~~을 추구하였다.
　　　　　　　　　　형평성

✓⑤ (가)의 시행 시기는 (나)의 시행 시기보다 인구의 수도권 집중도가 높다.

| 자료 분석 |

(가)는 지방 분산형 국토골격 형성으로 경제적 효율성보다 경제적 형평성을 강조하며, 서해안 일대를 중심으로 한 신산업 지대 조성을 세부 내용으로 삼고 있는 제3차 국토 종합 개발 계획이다. (나)는 대규모 공업 기반 구축으로 경제적 형평성보다 경제적 효율성을 강조하며, 동남 해안 일대에 중화학 공업 단지 조성을 세부 내용으로 삼고 있는 제1차 국토 종합 개발 계획이다.

| 선지 해설 |

① (가) 제3차 국토 종합 개발 계획은 1992년부터 1999년까지 시행되었으며, 경부 고속 국도는 (가) 제3차 국토 종합 개발 계획 시행 시기 이전인 1970년에 완공되었다.

② (나) 제1차 국토 종합 개발 계획은 경제적 효율성을 보다 강조하였으며 주로 하향식 개발로 추진되었다.

③ (가) 제3차 국토 종합 개발 계획은 1992년부터 1999년까지 시행되었으며, (나) 제1차 국토 종합 개발 계획은 1972년부터 1981년까지 시행되었다. 따라서 (가) 제3차 국토 종합 개발 계획은 (나) 제1차 국토 종합 개발 계획보다 시행 시기가 늦다.

④ (가) 제3차 국토 종합 개발 계획은 (나) 제1차 국토 종합 개발 계획보다 경제적 형평성을 추구하였다. 이에 당시 상대적으로 개발이 덜 진행된 서해안의 중부 및 서남부 지역에 산업 단지를 조성하는 계획을 수립 및 추진하였다.

⑤ (가) 제3차 국토 종합 개발 계획 시행 시기는 (나) 제1차 국토 종합 개발 계획 시기보다 인구의 수도권 집중도가 높으며, 1960년대 이후 인구의 수도권 집중도는 계속해서 높아지고 있다.

정답 ⑤ | 정답률 90%

다음 글은 도시 재개발의 사례이다. (가)와 비교한 (나) 방식의 상대적 특징으로 옳은 것은?

→ 철거(전면) 재개발

(가) 인천시 ○○동의 달동네는 피난민들이 모여 만든 곳으로, 이후 저소득층이 유입되면서 확대되었다. 그러나 이곳은 1990년대 후반 '주거 환경 개선 사업'으로 대규모 아파트 단지가 조성되고 공원, 박물관 등이 들어서면서 과거의 모습이 사라지게 되었다.

(나) 부산시 □□동은 피난민들이 정착하면서 만들어진 달동네로 산자락에는 아직도 과거의 모습을 간직한 집들이 많이 남아 있다. 2009년 빈집과 골목길을 문화 공간으로 바꾸는 사업이 추진되어, 예술가와 주민들이 마을 담벼락에 그림을 그리고 조형물을 설치하면서 동네의 모습이 변화되었다.

→ 수복(보전) 재개발

① 인구 증가율이 높다.
└→ (가) > (나)
② 건물의 평균 층수가 높다.
└→ (가) > (나)
③ 기존 건물의 활용도가 낮다.
└→ (가) < (나)
④ 원거주민 정착 비율이 낮다.
└→ (가) < (나)
⑤ 개발 과정에서의 자본 투입 규모가 작다.
└→ (가) > (나)

| 자료 분석 |

(가)에서는 기존의 주거지를 철거한 후 대규모 아파트 단지를 건설하므로 철거(전면) 재개발의 사례에 해당한다. (나)에서는 기존의 시설물을 최대한 보전하고 마을의 일부를 문화 공간으로 개조하므로 수복(보전) 재개발의 사례에 해당한다.

| 선지 해설 |

① (나) 수복(보전) 재개발은 인구가 크게 증가하지 않는 반면 (가) 철거(전면) 재개발은 기존의 노후화된 주택을 철거하고 대규모의 아파트 단지를 조성하는 경우가 많아 인구가 유입되므로, 인구 증가율은 (나)가 (가)보다 낮다.

② (가) 철거(전면) 재개발은 대규모의 아파트 단지를 조성하는 반면 (나) 수복(보전) 재개발은 기존 건물을 유지하기 때문에 건물의 평균 층수는 (나)가 (가)보다 낮다.

③ (나) 수복(보전) 재개발은 기존 건물을 유지하는 반면 (가) 철거(전면) 재개발은 기존 건물을 완전히 철거하므로 기존 건물의 활용도는 (나)가 (가)보다 높다.

④ (나) 수복(보전) 재개발에 비해 (가) 철거(전면) 재개발은 원거주민에게 철거에 따른 보상이 주어지더라도 높은 추가 부담금을 내지 못해 원거주민이 재개발 지역에 정착하기 어렵다. 따라서 원거주민의 정착 비율은 (나)가 (가)보다 높다.

⑤ (가) 철거(전면) 재개발은 기존의 건물을 철거하고 새로운 시설물이 들어서므로 개발 과정에서 자본 투입 규모가 크지만, (나) 수복(보전) 재개발은 기존의 마을 형태를 남겨두므로 개발 과정에서의 자본 투입 규모가 작다.

정답 ⑤ | 정답률 75%

다음은 지역 개발에 대한 수업 장면의 일부이다. 발표 내용이 옳은 학생만을 고른 것은?

→ 제1차 국토 종합 개발 계획 (1972~1981년)　→ 제4차 국토 종합 계획 (2000~2020년)

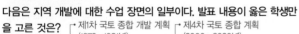

구분	(가) 제○차 국토 종합 개발 계획	(나) 제□차 국토 종합 계획
목표	▶국토 이용의 효율화 ▶사회 간접 자본의 확충	▶21세기 통합 국토 실현 ▶균형 국토, 녹색 국토 등
특징	▶남동 임해 공업 지구 조성 ▶다목적 댐, 항만 등 건설	▶지역별 경쟁력 고도화 ▶자연 친화적 도시 정비

(가), (나)에 대해 발표해 볼까요?

(가) 시기에 혁신 도시가 조성되었어요. ← (나)

(나)는 성장 거점 개발 방식으로 추진되었어요. ← 균형

(가)는 (나)보다 시행된 시기가 일러요.

(나)는 (가)보다 지역 간 형평성을 추구하였어요.
→ 지역 주민의 의사 결정 존중

① 갑, 을　② 갑, 병　③ 을, 병　④ 을, 정　⑤ 병, 정

| 자료 분석 |

(가)는 사회 간접 자본의 확충을 목표로 남동 임해 공업 지구를 조성한 것으로 보아 제1차 국토 종합 개발 계획이다. 제1차 국토 종합 개발 계획은 1972~1981년 실시되었으며 대규모 공업 기반 구축, 교통·통신망, 수자원 및 에너지 공급망 정비 등이 주요 정책 과제였다. (나)는 21세기 통합 국토 실현, 균형 국토, 녹색 국토 등을 목표로 한 것으로 보아 제4차 국토 종합 계획이다. 제4차 국토 종합 계획은 2000~2020년에 실시되었으며 지역별 경쟁력 고도화, 자연 친화적 도시 정비 등이 주요 정책 과제였다.

| 선지 해설 |

갑. (가) 제1차 국토 종합 개발 계획 시기에는 혁신 도시가 조성되지 않았다. 혁신 도시는 수도권의 과밀 문제를 해소하고 지방의 자립적·혁신적 발전 역량을 확충하기 위한 균형 발전 정책으로 제4차 국토 종합 계획 수정 계획(2006~2020년) 시기에 조성되었다.

을. (나) 제4차 국토 종합 계획은 지역 간 균형 발전과 경제적 형평성을 추구하는 균형 개발 방식으로 추진되었다. 성장 거점 개발 방식으로 추진된 것은 (가) 제1차 국토 종합 개발 계획이다.

병. (가) 제1차 국토 종합 개발 계획은 1972~1981년 실시되었으며, (나) 제4차 국토 종합 계획은 2000~2020년에 실시되었다. 따라서 (가) 제1차 국토 종합 개발 계획은 (나) 제4차 국토 종합 계획보다 시행된 시기가 이르다.

정. (나) 제4차 국토 종합 계획은 균형 개발 방식으로 추진되어 지역 간 형평성을 추구한 반면 (가) 제 1차 국토 종합 개발 계획은 성장 거점 개발(불균형 개발)로 추진되어 경제 성장의 극대화와 경제적 효율성을 추구하였다. 따라서 (나) 제4차 국토 종합 계획은 (가) 제1차 국토 종합 개발 계획보다 지역 간 형평성을 추구하였다.

19 우리나라의 국토 개발 계획 22학년도 9월 모평 7번

정답 ⑤ | 정답률 61%

다음은 한국지리 수업 자료의 일부이다. 이에 대한 설명으로 옳은 것만을 〈보기〉에서 고른 것은?

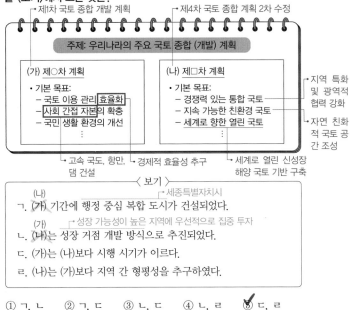

제1차 국토 종합 개발 계획 ┐   ┌ 제4차 국토 종합 계획 2차 수정

주제: 우리나라의 주요 국토 종합 (개발) 계획

(가) 제○차 계획
• 기본 목표:
 - 국토 이용 관리 [효율화]
 - [사회 간접 자본의 확충]
 - 국민 생활 환경의 개선
   ⋮

(나) 제□차 계획
• 기본 목표:
 - 경쟁력 있는 통합 국토
 - 지속 가능한 친환경 국토
 - 세계로 향한 열린 국토
   ⋮

┌ 지역 특화 및 광역적 협력 강화
└ 자연 친화적 국토 공간 조성

↓ 고속 국도, 항만, 경제적 효율성 추구   ↓ 세계로 열린 신성장
댐 건설   해양 국토 기반 구축

〈 보기 〉
              ┌ 세종특별자치시
ㄱ. (가) 기간에 행정 중심 복합 도시가 건설되었다.
      (가) ┌ 성장 가능성이 높은 지역에 우선적으로 집중 투자
ㄴ. (나)는 성장 거점 개발 방식으로 추진되었다.
ㄷ. (가)는 (나)보다 시행 시기가 이르다.
ㄹ. (나)는 (가)보다 지역 간 형평성을 추구하였다.
      균형

① ㄱ, ㄴ   ② ㄱ, ㄷ   ③ ㄴ, ㄷ   ④ ㄴ, ㄹ   ✓⑤ ㄷ, ㄹ

│ 자료 분석 │

(가)는 국토 이용 관리 효율화와 사회 간접 자본의 확충을 기본 목표로 설정하였으므로 제1차 국토 종합 개발 계획이다. (나)는 제4차 국토 종합 계획 2차 수정 계획이다. 제4차 국토 종합 계획은 2006년에 1차 수정 계획이 이루어졌으며, 2011년에 2차 수정 계획이 이루어졌다.

│ 보기 해설 │

ㄱ. 행정 중심 복합 도시인 세종특별자치시의 건설은 국토의 균형 개발과 관련되어 시행된 정책으로 (나) 제4차 국토 종합 계획 시행 시기에 건설되었다.

ㄴ. (나) 제4차 국토 종합 계획 2차 수정 계획은 균형 개발 방식을 채택하였다. 성장 거점 개발 방식으로 추진된 것은 (가) 제1차 국토 종합 개발 계획이다.

ㄷ. (가) 제1차 국토 종합 개발 계획은 1972년부터 1981년까지 시행되었으며, (나) 제4차 국토 종합 계획 2차 수정 계획은 2011년부터 2020년까지 시행되었다. 따라서 (가)는 (나)보다 시행 시기가 이르다.

ㄹ. (나) 제4차 국토 종합 계획 2차 수정 계획은 지역 간 형평성을 추구하였다. (가) 제1차 국토 종합 개발 계획은 경제적 효율성을 추구하였다.

개념 확인   제4차 국토 종합 계획
• 제4차 국토 종합 계획은 국내외 여건 변화에 대응하기 위해 두 차례의 수정 과정을 거쳤음
• 2차 수정 계획(2011~2020년)에서는 경쟁력 있는 통합 국토, 지속 가능한 친환경 국토, 품격 있는 매력 국토, 세계로 향한 열린 국토를 목표로 함

---

20 지역 개발 방법 24학년도 3월 학평 14번

정답 ④ | 정답률 70%

다음 글의 ㉠~㉣에 대한 설명으로 옳은 것만을 〈보기〉에서 있는 대로 고른 것은?

                              ┌ 예 세종특별자치시 출범
 행정 구역 개편은 국토 공간의 효율적인 활용을 위하여 ㉠ 새로운 행정 구역의 설치나 여러 행정 구역의 통합 등의 형태로 이루어진다. 예를 들어 ㉡ 경북 달성군과 경북 군위군은 ㉢ 대구광역시의 행정 구역에 통합되었다. 과거 달성군이 통합된 사례는 중앙 정부 주도로 추진된 측면이 강하다면 최근 군위군이 통합된 사례는 ㉣ 지방 자치 단체 간 합의에 의해 추진된 경우에 가깝다.
      └ 예 군위군+대구광역시 → 대구광역시

〈 보기 〉
ㄱ. ㉠의 사례로 세종특별자치시의 출범이 있다.
   └ 행정 중심 복합 도시로 정부세종청사 입지
ㄴ. 독도는 행정 구역상 ㉡에 속한다.
   └ 경상북도 울릉군 울릉읍 독도리
ㄷ. ㉢은 군위군과 통합된 이후 노년층 인구 비율이 증가하였다.
   └ 2023년 7월 1일 대구광역시에 편입
ㄹ. ㉣은 성장 거점 개발 방식의 주요 특징이다.
   균형

① ㄱ, ㄴ   ② ㄴ, ㄹ   ③ ㄷ, ㄹ
✓④ ㄱ, ㄴ, ㄷ   ⑤ ㄱ, ㄷ, ㄹ

│ 자료 분석 │

제시문은 행정 구역 개편이 국토의 효율적 활용을 목적으로 진행되는 과정에서 발생한 두 가지 사례를 제시하고 있다. 우선 경북 달성군이 대구광역시에 통합된 것은 중앙 정부의 주도로 이루어진 측면이 크다. 이는 당시 국가 발전과 행정 효율성 증대를 목표로 중앙 정부가 개입한 행정 구역 개편 사례로 성장 거점 개발 방식에 해당한다. 다음으로 경북 군위군이 대구광역시에 통합된 사례는 중앙 정부가 주도하기보다는 지방 자치 단체 간 협의에 의해 이루어진 것으로, 최근 지방 자치가 강화되면서 등장한 새로운 형태의 행정 구역 개편을 나타나고 있으며 이는 균형 개발 방식에 해당한다.

│ 선지 해설 │

ㄱ. ㉠ 새로운 행정 구역의 설치 사례로 세종특별자치시의 출범이 있다. 세종특별자치시는 수도권 집중 완화와 국가 균형 발전을 위해 추진되어 설립되었다. 세종특별자치시는 국무총리실과 여러 중앙 정부 부처가 이전하였으며, 특별자치시로서 독자적인 자치권을 보유하고 있다.

ㄴ. 독도는 행정 구역상 경상북도 울릉군에 속한다. 따라서 ㉡ 경북에 속한다.

ㄷ. 군위군은 대구광역시보다 노년층 인구 비율이 높다. 이에 따라 ㉢ 대구광역시는 ㉢ 군위군과 통합된 이후 노년층 인구 비율이 증가하였다.

ㄹ. ㉣ 지방 자치 단체 간 합의에 의해 추진된 경우는 중앙 정부의 강제적인 개입 없이 지방 자치 단체들이 지역의 이해 관계를 고려해 합의한 것으로 균형 개발 방식의 주요 특징이다. 성장 거점 개발은 주로 하향식 개발로 지방 자치 단체의 참여도가 낮다.

선택형 문제로 개념 확인

(1) 성장 거점(불균형) 개발은 주로 (상향식, 하향식) 개발로 추진된다.
(2) (균형 개발, 성장 거점(불균형) 개발)은 경제적 효율성보다 지역 간 형평성을 추구한다.

(1) 하향식 (2) 균형 개발

다음은 지역 개발에 대한 한국지리 수업 장면이다. 발표 내용이 옳은 학생만을 고른 것은?

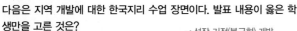
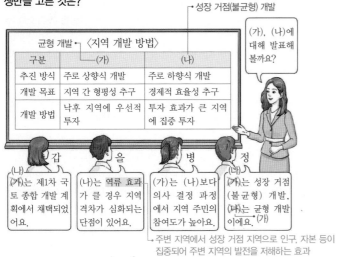

성장 거점(불균형) 개발

(가), (나)에 대해 발표해 볼까요?

구분	(가)	(나)
추진 방식	주로 상향식 개발	주로 하향식 개발
개발 목표	지역 간 형평성 추구	경제적 효율성 추구
개발 방법	낙후 지역에 우선적 투자	투자 효과가 큰 지역에 집중 투자

균형 개발 〈지역 개발 방법〉

갑: (가)는 제1차 국토 종합 개발 계획에서 채택되었어요.

을: (나)는 역류 효과가 클 경우 지역 간 격차가 심화되는 단점이 있어요.

병: (가)는 (나)보다 의사 결정 과정에서 지역 주민의 참여도가 높아요.

정: (가)는 성장 거점(불균형) 개발, (나)는 균형 개발이에요.

→ 주변 지역에서 성장 거점 지역으로 인구, 자본 등이 집중되어 주변 지역의 발전을 저해하는 효과

① 갑, 을 ② 갑, 병 ③✓ 을, 병 ④ 을, 정 ⑤ 병, 정

｜자료 분석｜

지역 개발 방식에는 성장 거점(불균형) 개발과 균형 개발이 있다. (가)는 주로 상향식 개발로 추진되며, 지역 간 형평성을 추구하기 위해 낙후 지역에 우선적으로 투자하는 것으로 볼 때 균형 개발이다. (나)는 주로 하향식 개발로 추진되며, 경제적 효율성을 추구하기 위해 투자 효과가 큰 지역에 집중 투자하는 것으로 볼 때 성장 거점(불균형) 개발이다.

｜선지 해설｜

갑. 제1차 국토 종합 개발 계획(1972~1981년)은 수도권과 남동 임해 지역을 중심으로 투자 효과가 큰 지역을 집중 투자하는 방식으로 진행되었다. 따라서 (나) 성장 거점(불균형) 개발은 제1차 국토 종합 개발 계획에서 채택되었다.

(을) (나) 성장 거점(불균형) 개발은 파급 효과보다 역류 효과가 클 경우 지역 격차가 심화될 수 있다.

(병) (가) 균형 개발은 지역 주민이나 지방 자치 단체가 주도하는 상향식 개발로 추진된다. 반면 (나) 성장 거점(불균형) 개발은 중앙 정부가 주도하는 하향식 개발로 추진된다. 따라서 (가) 균형 개발은 (나) 성장 거점(불균형) 개발보다 의사 결정 과정에서 지역 주민의 참여도가 높다.

정. (가)는 균형 개발, (나)는 성장 거점(불균형) 개발이다.

다음 자료는 두 시기의 국토 종합 (개발) 계획에 관한 것이다. (가), (나) 시행 시기의 특징을 그림과 같이 표현할 때, A~D에 들어갈 질문으로 옳은 것을 〈보기〉에서 고른 것은? (단, (가), (나)는 각각 제2차, 제4차 국토 종합 (개발) 계획 중 하나임.) [3점]

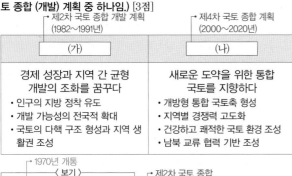
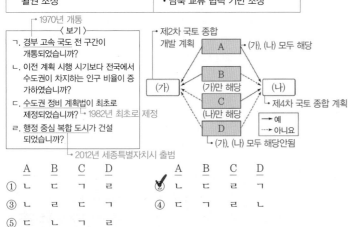

제2차 국토 종합 개발 계획 (1982~1991년)

제4차 국토 종합 계획 (2000~2020년)

(가)

경제 성장과 지역 간 균형 개발의 조화를 꿈꾸다
• 인구의 지방 정착 유도
• 개발 가능성의 전국적 확대
• 국토의 다핵 구조 형성과 지역 생활권 조성

(나)

새로운 도약을 위한 통합 국토를 지향하다
• 개방형 통합 국토축 형성
• 지역별 경쟁력 고도화
• 건강하고 쾌적한 국토 환경 조성
• 남북 교류 협력 기반 조성

→ 1970년 개통

〈보기〉
ㄱ. 경부 고속 국도 전 구간이 개통되었습니까?
ㄴ. 이전 계획 시행 시기보다 전국에서 수도권이 차지하는 인구 비율이 증가하였습니까?
ㄷ. 수도권 정비 계획법이 최초로 제정되었습니까? → 1982년 최초로 제정
ㄹ. 행정 중심 복합 도시가 건설되었습니까?

→ 2012년 세종특별자치시 출범

제2차 국토 종합 개발 계획

A → (가), (나) 모두 해당
B → (가)만 해당
C → (나)만 해당
D → (가), (나) 모두 해당안됨

→ 예 → 아니요

제4차 국토 종합 계획

	A	B	C	D		A	B	C	D
①	ㄴ	ㄷ	ㄱ	ㄹ	④✓	ㄴ	ㄷ	ㄹ	ㄱ
③	ㄴ	ㄹ	ㄷ	ㄱ	④	ㄷ	ㄱ	ㄹ	ㄴ
⑤	ㄷ	ㄴ	ㄱ	ㄹ					

｜자료 분석｜

(가)는 국토의 다핵 구조 형성과 지역 생활권 조성이 특징인 것으로 보아 제2차 국토 종합 개발 계획이다. 제2차 국토 종합 개발 계획은 수도권 과밀화 완화와 국민 생활 환경의 개선을 목표로 국토의 다핵 구조 형성, 지역 생활권 조성과 더불어 서울, 부산 양대 도시의 성장 억제 및 관리를 주요 정책 과제로 삼았다. (나)는 통합 국토를 지향한다는 것으로 보아 제4차 국토 종합 계획이다. 제4차 국토 종합 계획은 21세기 여건 변화에 주도적으로 대응하기 위해 수립되었으며, 개방형 국토축 형성, 지역별 경쟁력 고도화, 건강하고 쾌적한 국토 환경 조성, 남북 교류 협력 기반 조성 등을 주요 정책 과제로 삼았다.

｜선지 해설｜

② A - ㄴ, B - ㄷ, C - ㄹ, D - ㄱ

ㄱ. 경부 고속 국도 전 구간은 1970년에 개통되었다. 경부 고속 국도 전 구간이 개통된 시기는 (가) 제2차 국토 종합 개발 계획(1982~1991년)과 (나) 제4차 국토 종합 계획(2000~2020년) 이전이다. 따라서 (가), (나) 두 시기 모두 해당하지 않으므로 모두 '아니요'인 그림의 D이다.

ㄴ. 전국에서 수도권이 차지하는 인구 비율은 1950년대 이후 오늘날까지 지속적으로 증가하였으므로 (가), (나)가 시행된 시기는 모두 이전 계획 시행 시기보다 전국에서 수도권이 차지하는 인구 비율이 증가하였다. 따라서 (가), (나) 모두 '예'인 그림의 A이다.

ㄷ. 수도권 정비 계획법은 수도권의 과도한 인구 및 산업 집중을 억제하고 지역 간 균형을 도모하기 위해 제정된 법률로 1980년대 초반 최초로 제정되었다. 따라서 (가) 시기에만 '예'인 그림의 B이다.

ㄹ. 행정 중심 복합 도시는 제4차 국토 종합 계획이 실시된 시기인 2010년대에 건설되었으므로 (나) 시기에만 '예'인 그림의 C이다.

따라서 그림의 A, B, C, D에는 각각 ㄴ, ㄷ, ㄹ, ㄱ이 들어간다.

16 일차

01 ⑤	02 ②	03 ⑤	04 ④	05 ④	06 ①	07 ④	08 ②	09 ①	10 ③	11 ②	12 ④
13 ②	14 ①	15 ③	16 ⑤	17 ②	18 ⑤	19 ②	20 ③	21 ①	22 ②	23 ④	24 ⑤
25 ②	26 ③	27 ②	28 ①	29 ④	30 ②	31 ⑤	32 ②	33 ②	34 ④	35 ④	36 ①

문제편 139~147쪽

---

01 신·재생 에너지의 특성　25학년도 9월 모평 4번　　정답 ⑤ | 정답률 79%

지도는 세 가지 신·재생 에너지의 생산량 상위 4개 시·도를 나타낸 것이다. (가)~(다)에 대한 설명으로 옳은 것은? (단, (가)~(다)는 각각 수력, 태양광, 풍력 중 하나임.) [3점]

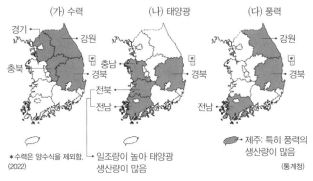

(가) 수력　(나) 태양광　(다) 풍력

*수력은 양수식을 제외함.
(2022)

일조량이 높아 태양광 생산량이 많음

제주: 특히 풍력의 생산량이 많음
(통계청)

① (가)는 바람이 지속적으로 많이 부는 지역이 전력 생산에 유리하다.
　(다)
② (나)는 유량이 풍부하고 낙차가 큰 지역이 전력 생산에 유리하다.
　(가)
③ (다)는 일조 시간이 긴 지역에서 개발 잠재력이 높다.
　(나)
④ (나)는 (가)보다 우리나라에서 전력 생산에 이용된 시기가 이르다.
　　　　　　　　　　　　　　　　　　　　　　　　　　늦다
⑤ (나)는 (다)보다 국내 총발전량이 많다.

출제 경향

제시된 자료를 분석해 신·재생 에너지의 종류를 파악하는 문항이 출제된다. 따라서 수력, 풍력, 태양광, 조력 등 주요 신·재생 에너지원별로 입지 특성과 발전량과 생산량 비중이 높은 지역을 정리해 두어야 한다.

자료 분석

(가)는 생산량 상위 4개 시·도에 경기, 강원, 충북, 경북이 포함된 수력이다. 수력은 주요 하천의 중·상류 지역에서 에너지 생산량이 많다. (나)는 생산량 상위 4개 시·도에 충남, 경북, 전북, 전남이 포함된 태양광이다. (다)는 생산량 상위 4개 시·도에 강원, 경북, 전남, 제주 등이 포함된 풍력이다. 풍력은 바람이 많이 부는 산지나 해안 지역에서 에너지 생산량이 많다.

선지 해설

① (가) 수력은 유량이 풍부하고 낙차가 큰 지역이 전력 생산에 유리하다. 바람이 지속적으로 많이 부는 지역이 전력 생산에 유리한 것은 (다) 풍력이다.

② (나) 태양광은 일조 시간이 긴 지역에서 개발 잠재력이 높다. 유량이 풍부하고 낙차가 큰 지역이 전력 생산에 유리한 것은 (가) 수력이다.

③ (다) 풍력은 바람이 지속적으로 많이 부는 지역이 전력 생산에 유리하다. 일조 시간이 긴 지역에서 개발 잠재력이 높은 것은 (나) 태양광이다.

④ (나) 태양광은 (가) 수력보다 우리나라에서 전력 생산에 이용된 시기가 늦다. 신·재생 에너지 중 우리나라에서 전력 생산에 이용된 시기가 가장 이른 에너지는 (가) 수력이다.

⑤ (나) 태양광은 (다) 풍력보다 국내 총발전량이 많다. 2022년 기준 신·재생 에너지 중 국내 총발전량이 가장 많은 에너지는 (나) 태양광이다.

---

02 1차 에너지원별 특성　24학년도 수능 19번　　정답 ② | 정답률 83%

다음 글은 주요 에너지 자원의 특성에 관한 것이다. (가)~(다)에 대한 설명으로 옳은 것은? (단, (가)~(다)는 각각 석유, 석탄, 천연가스 중 하나임.)

(가) 무연탄은 주로 평안 누층군에 분포하며, 강원 남부 지역을 중심으로 생산이 활발하였으나, 에너지 소비 구조의 변화로 국내 생산량이 감소하였다. 한편 제철 공업에서 주로 사용되는 역청탄은 전량 수입에 의존하고 있다.
석탄

(나) 1차 에너지 자원 중 현재 우리나라에서 가장 많이 소비되며, 주로 화학 공업의 원료 및 수송용 연료로 이용된다. 대부분 서남 아시아에서 수입되고 있어 수입 지역의 다변화가 필요하다.
석유

(다) 주로 가정·상업용 연료로 이용되며 수송 및 발전용 소비량이 증가하는 추세이다. 다른 화석 에너지보다 연소 시 대기 오염 물질 배출량이 적은 편이다.
천연가스

① (나)의 1차 에너지 공급량이 가장 많은 지역은 경북이다.
　　　　　　　　　　　　　　　　　　　　충남
② (다)의 최종 에너지 소비량이 가장 많은 지역은 경기이다.
③ (나)는 (가)보다 발전용으로 사용되는 비율이 높다.
　　　　　　　　　　　　　　　　　　　낮다
④ (다)는 (가)보다 전력 생산에 이용된 시기가 이르다.
　　　　　　　　　　　　　　　　　　늦다
⑤ 전남은 (나)보다 (가)의 1차 에너지 공급량이 많다.
　　　　　　　　　　　　　　　　　　적다

자료 분석

(가)는 평안 누층군에 분포하는 무연탄과 전량 수입에 의존하는 역청탄 등을 포함한 석탄이다. (나)는 1차 에너지 자원 중 현재 우리나라에서 가장 많이 소비되며, 주로 화학 공업의 원료 및 수송용 연료로 이용되는 석유이다. (다)는 주로 가정·상업용 연료로 이용되며, 다른 화석 에너지보다 연소 시 대기 오염 물질 배출량이 적은 천연가스이다.

선지 해설

① (나) 석유의 1차 에너지 공급량이 가장 많은 지역은 충남이다(2020년 기준). 석유 화학 공업이 발달한 충남, 울산, 전남은 다른 시·도에 비해 (나) 석유의 1차 에너지 공급량이 많다.

② (다) 천연가스의 최종 에너지 소비량이 가장 많은 지역은 경기이다(2020년 기준). (다) 천연가스는 주로 가정·상업용 연료로 이용되며, 인구가 많고 도시가스 공급망이 잘 갖춰진 경기에서의 소비량이 가장 많다.

③ (나) 석유는 (가) 석탄보다 발전용으로 사용되는 비율이 낮다.

④ (다) 천연가스는 (가) 석탄보다 전력 생산에 이용된 시기가 늦다. (다) 천연가스는 우리나라에서 1986년 이후 보급되기 시작하였다.

⑤ 전남은 (나) 석유보다 (가) 석탄의 1차 에너지 공급량이 적다.

다음은 신·재생 에너지와 관련한 신문 기사 내용의 일부이다. (가), (나)의 특징을 그림과 같이 표현할 때, A~D에 해당하는 질문을 〈보기〉에서 고른 것은? (단, (가), (나)는 각각 태양광, 풍력 중 하나임.) [3점]

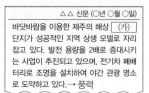

△△ 신문 [○년 ○월 ○일]
바닷바람을 이용한 제주의 해상 (가) 단지가 성공적인 지역 상생 모델로 자리 잡고 있다. 발전 용량을 2배로 증대시키는 사업이 추진되고 있으며, 전기차 폐배터리로 조명을 설치하여 야간 관광 명소로 도약하고 있다. → 풍력

○○ 신문 [○년 ○월 ○일]
에너지 자립 실현을 위해 주택 옥상, 지붕 등에 소규모 (나) 설비를 설치하여 가정에서 전기를 자체적으로 생산하는 데 드는 설비 비용을 서울시는 적극적으로 지원하겠다고 밝혔다. → 태양광

〈보기〉
ㄱ: 강원권보다 호남권의 발전량이 많습니까? └→ 태양광 〉 풍력
ㄴ: 총발전량에서 차지하는 비율이 원자력보다 높습니까?
ㄷ: 발전소 가동 시 기상 조건의 영향을 받습니까?
ㄹ: 총발전량은 겨울철이 여름철보다 많습니까? 태양광 〈 풍력

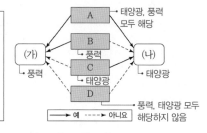

태양광, 풍력 모두 해당
A
B 풍력
(가) C (나)
풍력 태양광 태양광
D
풍력, 태양광 모두 해당하지 않음
→ 예 ----→ 아니요

	A	B	C	D		A	B	C	D
①	ㄱ	ㄴ	ㄷ	ㄹ	②	ㄱ	ㄷ	ㄹ	ㄴ
③	ㄴ	ㄹ	ㄷ	ㄱ	④	ㄷ	ㄴ	ㄱ	ㄹ
⑤	ㄷ	ㄹ	ㄱ	ㄴ					

자료 분석

(가)는 바람을 이용한 신·재생 에너지로 풍력, (나)는 주택 옥상, 지붕 등에 설치해 에너지를 얻는 신·재생 에너지로 태양광이다. A는 (가) 풍력과 (나) 태양광 모두 해당하는 질문, B는 (가) 풍력에만 해당하는 질문, C는 (나) 태양광에만 해당하는 질문, D는 (가) 풍력, (나) 태양광 모두 해당하지 않는 질문이다.

선지 해설

⑤ A - ㄷ, B - ㄹ, C - ㄱ, D - ㄴ

ㄱ. 강원권보다 호남권의 발전량이 많은 것은 (나) 태양광이다. 태양광은 호남권(전남, 전북)의 생산량 비율이 높은 것이 특징이다. 따라서 ㄱ은 태양광에만 해당하는 특징인 C와 관련된 질문이다.

ㄴ. 총발전량에서 차지하는 비율은 신·재생 에너지가 원자력보다 낮으므로 (가) 풍력과 (나) 태양광 모두 총발전량에서 차지하는 비율이 원자력보다 낮다. 따라서 ㄴ은 (가) 풍력과 (나) 태양광 모두 해당하지 않는 D와 관련된 질문이다.

ㄷ. 발전소 가동 시 기상 조건의 영향을 받는 것은 (가) 풍력과 (나) 태양광 모두에 해당한다. (가) 풍력 발전은 기상 조건 중 바람의 영향을, (나) 태양광은 일사량의 영향을 받는다. 따라서 ㄷ은 (가) 풍력과 (나) 태양광 모두 해당하는 특징인 A와 관련된 질문이다.

ㄹ. 겨울철 발전량이 여름철 발전량보다 많은 것은 (가) 풍력이다. (나) 태양광은 겨울철 발전량이 여름철 발전량보다 적다. 따라서 ㄹ은 (가) 풍력에만 해당하는 특징인 B와 관련된 질문이다.

그래프는 지도에 표시된 네 지역의 최종 에너지 소비량 비율을 나타낸 것이다. (가)~(라) 지역에 대한 설명으로 옳은 것은? [3점]

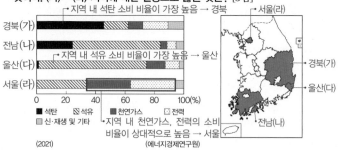

지역 내 석탄 소비 비율이 가장 높음 → 경북
서울(라)
경북(가)
전남(나)
울산(다) ┌ 지역 내 석유 소비 비율이 가장 높음 → 울산
서울(라)
0 20 40 60 80 100(%)
■석탄 ■석유 ■천연가스 ▨전력
▨신·재생 및 기타 지역 내 천연가스, 전력의 소비 비율이 상대적으로 높음 → 서울
(2021) (에너지경제연구원)

경북(가) 울산(다) 전남(나)

① 경북은 석유 소비량 비율이 석탄 소비량보다 ~~많다.~~
    적다

② 천연가스의 지역 내 소비 비율은 울산이 서울보다 ~~높다.~~
    낮다

③ 석유의 지역 내 소비 비율은 ~~전남이~~ 다른 세 지역보다 높다.
    울산

✔ ④ (가)와 (나)에는 대규모 제철소가 입지해 있다.

⑤ (나)와 (다)는 행정 구역 경계가 접해 ~~있다.~~
    있지 않다

자료 분석

지도에 표시된 네 지역은 서울, 경북, 울산, 전남이다. (가)는 지역 내에서 석탄의 최종 에너지 소비량 비율이 가장 높은 경북이며, (나)는 지역 내에서 석탄과 석유의 최종 에너지 소비량 비율이 상대적으로 높은 전남이다. (다)는 네 지역 중 석유의 최종 에너지 소비량 비율이 가장 높은 울산이며, (라)는 네 지역 중 천연가스와 전력의 소비량 비율이 가장 높은 서울이다.

선지 해설

① (가) 경북은 석유 소비량 비율이 석탄 소비량 비율보다 적음을 알 수 있다. 경북은 포항에 대규모 제철소가 입지하여 다른 지역에 비해 연료로 사용되는 석탄 소비량이 상대적으로 많다.

② 천연가스의 지역 내 소비 비율은 (다) 울산이 (라) 서울보다 낮다. 인구가 많은 서울은 천연가스의 소비량이 다른 지역에 비해 상대적으로 많다.

③ 석유의 지역 내 소비 비율은 (다) 울산이 다른 세 지역보다 높다. 울산은 정유 공업이 발달하여 다른 지역에 비해 석유 소비량 비율이 상대적으로 높다.

④ (가) 경북 포항과 (나) 전남 광양에는 대규모 제철소가 입지해 있어 석탄의 소비량이 상대적으로 많다.

⑤ (나) 전남과 (다) 울산은 행정 구역 경계가 접해 있지 않다.

그래프는 세 지역의 1차 에너지원별 공급 비율을 나타낸 것이다. 이에 대한 설명으로 옳은 것은? (단, A~C는 각각 석탄, 수력, 원자력 중 하나임.) [3점]

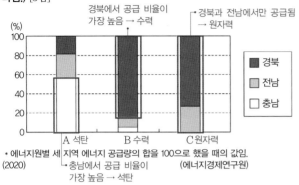

경북에서 공급 비율이 가장 높음 → 수력
경북과 전남에서만 공급됨 → 원자력

* 에너지원별 세 지역 에너지 공급량의 합을 100으로 했을 때의 값임.
(2020)

충남에서 공급 비율이 가장 높음 → 석탄

(에너지경제연구원)

① A는 전량 해외에서 ~~수입한다.~~
  수입하지 않는다
② C의 발전 시설은 ~~해안보다 내륙에~~ 입지하는 것이 유리하다.
  내륙   해안
③ B는 A보다 발전 시 대기 오염 물질의 배출량이 ~~많다.~~
  적다
④ B는 C보다 상업용 발전에 이용된 시기가 이르다. ✓
⑤ A~C를 이용한 발전 중 ~~B를~~ 이용한 발전량이 가장 많다.
  A

│ 출제 경향 │

자료를 보고 지역별 에너지 소비량 비율에 따른 특성을 파악해서 지역을 지도에서 고르는 복합적인 문제가 출제된다. 지역별 에너지 소비의 특징에 대해서 정리해 두고, 자료를 보고 바르게 해석하는 연습을 해 두어야 한다.

│ 자료 분석 │

A는 세 지역 중 충남에서 공급 비율이 가장 높은 석탄, B는 세 지역 중 경북에서 공급 비율이 가장 높은 수력, C는 경북과 전남에서만 공급되는 원자력이다.

│ 선지 해설 │

① A 석탄은 강원과 전남에서 생산되고 있다. 따라서 전량 해외에서 수입하지는 않는다.

② C 원자력 발전을 위해서는 지속적인 냉각수 공급이 필수적이다. 따라서 C 원자력 발전 시설은 내륙보다는 냉각수를 쉽게 구할 수 있는 해안에 입지하는 것이 유리하다.

③ B 석탄은 발전 시 대기 오염 물질을 많이 배출하는 반면 A 수력은 대기 오염 물질 배출이 거의 없다. 따라서 B 수력은 A 석탄보다 발전 시 대기 오염 물질의 배출량이 적다.

④ B 수력은 1900년대 초반 전력 생산에 이용되기 시작하였으며, C 원자력은 1978년부터 시설이 가동되기 시작하였다. 따라서 B 수력은 C 원자력보다 상업용 발전에 이용된 시기가 이르다.

⑤ A~C를 이용한 발전 중 발전 설비 및 발전량이 가장 많은 에너지원은 A 석탄이다.

그래프는 세 에너지의 지역별 생산 비율을 나타낸 것이다. 이에 대한 설명으로 옳은 것은? (단, (가)~(다)는 각각 수력, 원자력, 풍력 중 하나임.) [3점]

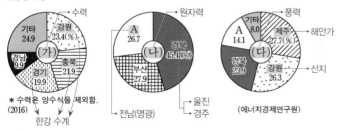

* 수력은 양수식을 제외함.
(2016)

한강 수계

(에너지경제연구원)

① (가)는 (나)보다 상업용 발전에 이용된 시기가 이르다. ✓
② (가)는 (다)보다 연간 발전량에서 겨울철 발전량이 차지하는 비율이 ~~높다.~~
  낮다
③ (다)는 (나)보다 총 발전량이 ~~많다.~~
  적다
  ↳ (나) 원자력 〉 (가) 수력 〉 (다) 풍력
④ (가)~(다) 중 발전 시 기상 조건의 영향을 가장 ~~크게~~ 받는 것은 (나)이다.
  적게
⑤ A는 ~~전북에~~ 해당한다.
  전남

│ 자료 분석 │

(가)는 한강 수계에 해당하는 강원, 충북, 경기의 생산 비율이 높으므로 수력이다. (나)는 경북, 부산, A에서만 생산되고 있으므로 원자력이다. (다)는 강원, 제주의 생산 비율이 높으므로 풍력이다.

│ 선지 해설 │

① (나) 원자력은 1980년대부터 생산이 이루어졌다. 따라서 (가) 수력은 (나) 원자력보다 상업용 발전에 이용된 시기가 이르다.

② (가) 수력은 강수량이 풍부한 여름철에 전력 생산량이 많고 (다) 풍력은 풍속이 강하고 풍향이 일정한 겨울철에 전력 생산량이 많다. 따라서 (가)는 (다)보다 연간 발전량에서 겨울철 발전량이 차지하는 비율이 낮다.

③ 총 발전량은 (나) 원자력 〉 (가) 수력 〉 (다) 풍력 순으로 많다.

④ (나) 원자력은 우라늄을 이용하여 전력을 생산하기 때문에 발전 시 기상 조건의 영향을 거의 받지 않는다.

⑤ 원자력 발전소는 경북 울진, 경북 경주, 부산광역시, 전남 영광에 위치해 있으므로 A는 전남에 해당한다.

그래프는 (가)~(라) 에너지원별 발전량 비율의 변화를 나타낸 것이다. 이에 대한 설명으로 옳은 것은? (단, (가)~(라)는 각각 석유, 석탄, 원자력, 천연가스 중 하나임.)

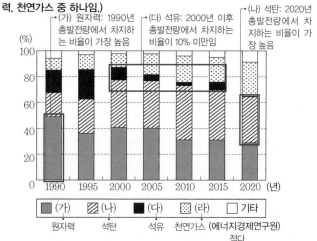

(가) 원자력: 1990년에 총발전량에서 차지하는 비율이 가장 높음
(다) 석유: 2000년 이후 총발전량에서 차지하는 비율이 10% 미만임
(나) 석탄: 2020년 총발전량에서 차지하는 비율이 가장 높음

(가) (나) (다) (라) 기타
원자력 석탄 석유 천연가스 (에너지경제연구원)

① 2020년에 원자력 발전량은 석탄 화력 발전량보다 ~~많다.~~ 적다
② 총발전량에서 석유가 차지하는 비율은 1990년보다 2020년이 ~~높다.~~ 낮다
③ (가)는 (다)보다 발전 시 대기 오염 물질 배출량이 ~~많다.~~ 적다
✔④ (가)는 (라)보다 우리나라에서 전력 생산에 이용된 시기가 이르다.
     (가) 원자력: 1970년대 말
     (라) 천연가스: 1980년대 말
⑤ (나)는 (다)보다 수송용으로 이용되는 비율이 ~~높다.~~ 낮다

| 자료 분석 |

(가)는 총발전량에서 차지하는 비율이 1990년에는 가장 높았으나 2020년에는 (나) 다음으로 높은 원자력이다. (나)는 총발전량에서 차지하는 비율이 2020년에 가장 높은 석탄이다. (다)는 총발전량에서 차지하는 비율이 2000년 이후 줄어들다 2020년에는 가장 낮은 석유이다. 마지막으로 (라)는 총발전량에서 차지하는 비율이 1990년에는 가장 낮았으나 점차 증가한 천연가스이다.

| 선지 해설 |

① 2020년 총발전량 비율은 (나) 석탄 〉 (가) 원자력 〉 (라) 천연가스 〉 기타 〉 (다) 석유 순으로 높다. 따라서 2020년에 원자력 발전량은 석탄 화력 발전량보다 적다.

② 총발전량에서 (다) 석유가 차지하는 비율은 1990년보다 2020년이 낮다.

③ 석유와 석탄과 같은 화석 연료는 발전하는 과정에서 미세 먼지를 비롯한 대기 오염 물질의 배출이 많다. 반면 원자력은 발전 시 대기 오염 물질 배출량이 적다. 따라서 (가) 원자력은 (다) 석유보다 발전 시 대기 오염 물질 배출량이 적다.

④ (가) 원자력 발전은 1978년 상업 운전을 개시한 이래 전력 생산에 사용되었으나 (라) 천연가스는 1986년부터 전력 생산에 이용되었다. 따라서 (가) 원자력이 (라) 천연가스보다 우리나라에서 전력 생산에 이용된 시기가 이르다.

⑤ 우리나라에서 주로 수송용으로 이용되는 에너지원은 (다) 석유이다. (나) 석탄은 주로 산업용으로 이용된다. 따라서 (나) 석탄은 (다) 석유보다 수송용으로 이용되는 비율이 낮다.

그래프는 (가)~(다) 자원의 지역별 생산량 비율을 나타낸 것이다. (가)~(다)에 대한 설명으로 옳은 것은? (단, (가)~(다)는 각각 고령토, 석회석, 철광석 중 하나임.)

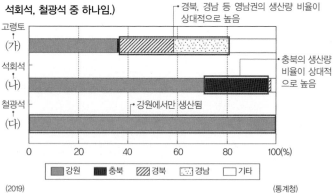

경북, 경남 등 영남권의 생산량 비율이 상대적으로 높음
충북의 생산량 비율이 상대적으로 높음
강원에서만 생산됨

강원 충북 경북 경남 기타
(2019) (통계청)

① ~~(가)~~ 는 제철 공업의 주원료로 이용된다.
     (다)
✔② (나)는 시멘트 공업의 주원료로 이용된다.
     원료 지향형 공업
③ (가)는 (나)보다 연간 국내 생산량이 ~~많다.~~ 적다
④ (나)는 (다)보다 수입 의존도가 ~~높다.~~ 낮다
⑤ ~~(가)~~ 는 금속 광물, ~~(나), (다)~~ 는 비금속 광물에 해당된다.
     (다) (가), (나)
     철광석, 텅스텐 등 석회석, 고령토 등

| 자료 분석 |

(가)~(다)는 모두 강원에서의 생산량 비율이 가장 높다. 이 중 (가)는 상대적으로 경북, 경남 등 영남권에서 생산량 비율이 높으므로 고령토이다. (나)는 상대적으로 충북에서 생산량 비율이 높으므로 석회석이다. (다)는 강원에서만 생산되므로 철광석이다.

| 선지 해설 |

① (가) 고령토는 도자기 및 내화 벽돌, 화장품의 원료 등으로 이용된다. 제철 공업의 주원료로 이용되는 것은 (다) 철광석이다.

② (나) 석회석은 시멘트 공업의 주원료로 이용된다. 이 밖에도 석회석은 제철 공업의 첨가물로 이용되기도 한다.

③ 석회석은 국내에서 생산되는 광물 자원 중에서 매장량이 풍부해 연간 국내 생산량이 가장 많다. 따라서 (가) 고령토는 (나) 석회석보다 연간 국내 생산량이 적다.

④ (나) 석회석은 우리나라에 풍부하게 매장되어 있는 반면 (다) 철광석은 강원도에 소량 매장되어 있어 대부분을 오스트레일리아 등에서 수입하고 있다. 따라서 (나) 석회석은 (다) 철광석보다 수입 의존도가 낮다.

⑤ (다) 철광석은 금속 광물, (가) 고령토와 (나) 석회석은 비금속 광물에 해당된다.

개념 확인   광물 자원의 분포와 특징

철광석	• 분포: 강원도 양양, 홍천 등에 매장 • 특징: 제철 및 철강 공업의 원료로 이용
고령토	• 분포: 강원도와 하동, 산청 등 경상남도 서부 지역 등 • 특징: 도자기 공업 및 종이, 화장품, 도료 등의 원료로 이용
석회석	• 분포: 고생대 조선 누층군이 분포하는 강원도 남부, 충청북도 북부 • 특징: 시멘트 공업의 원료로 이용, 매장량이 풍부한 편

09 신·재생 에너지의 특성 23학년도 9월 모평 13번

정답 ① | 정답률 74%

(가)~(다)에 해당하는 신·재생 에너지로 옳은 것은?

┌ 한강 유역으로 수력 생산량
  순위가 높음

《(가)~(다) 생산량 상위 5개 시·도》

┌ 강한 바람이 많이 부는 지역으로
  풍력 생산량 순위가 높음

구분 순위	수력 (가)	태양광 (나)	풍력 (다)
1	강원	전남	경북
2	충북	전북	강원
3	경기	충남	제주
4	경북	경북	전남
5	경남	경남	전북

* 수력은 양수식을 제외함.
(2019)   (통계청)

┌ 일조량이 풍부한 지역으로
  태양광 생산량 순위가 높음

	(가)	(나)	(다)
✓①	수력	태양광	풍력
②	수력	풍력	태양광
③	풍력	태양광	수력
④	풍력	수력	태양광
⑤	태양광	수력	풍력

| 자료 분석 |

수력은 하천 유량이 많고 낙차가 큰 곳이 생산에 유리하고, 태양광은 일조량이 풍부한 지역이 생산에 유리하다. 풍력은 바람이 많이 부는 해안이나 산지 지역이 생산에 유리하다.

| 선지 해설 |

①(가) – 수력, (나) – 태양광, (다) – 풍력

- (가)는 한강 유역에 위치한 강원, 충북, 경기의 생산량 순위가 높으므로 수력이다. 하천 유역별 수력 생산량은 하천 유량이 풍부한 한강 유역(강원, 충북, 경기)이 가장 많고, 그다음은 낙동강 유역(경북, 경남)이 많다.
- (나)는 전남과 전북을 중심으로 한 호남권의 생산량 순위가 높으므로 태양광이다. 전남, 전북과 함께 경북, 경남은 일조량이 풍부한 지역으로 태양광 발전이 많이 이루어진다.
- (다)는 경북, 강원, 제주의 생산량 순위가 높으므로 풍력이다. 바람이 많이 부는 경북, 강원, 제주 등의 해안이나 산지 지역에서는 풍력 발전소를 쉽게 찾아볼 수 있다.

---

10 1차 에너지원별 특성 22학년도 수능 17번

정답 ③ | 정답률 47%

그래프는 권역별 1차 에너지원의 공급 비율을 나타낸 것이다. (가)~(라)에 대한 설명으로 옳은 것은? (단, (가)~(라)는 각각 석유, 석탄, 원자력, 천연가스 중 하나임.) [3점]

┌ 수도권은 인구가 많아 가정용으로 주로
  소비되는 천연가스 공급 비율이 높음

경북 울진,
경북 경주,
부산, 울산

충남(서산), 전남(여수),
울산 → 정유 및 석유
화학 공업 발달

전남
영광

□ 기타
▦ (라) 원자력
■ (다) 천연가스
▨ (나) 석유
▒ (가) 석탄

(2019)
수도권 / 충청권 / 호남권 / 영남권 / 강원·제주권
(에너지경제연구원)

└ 대규모의 화력 발전소와 제철소 위치
  → 석탄 공급 비율 높음

① (가)는 전량 해외에서 수입한다.
   └ 일부 국내 생산

② (가)는 (다)보다 상용화된 시기가 늦다.
   └ 이르다

✓③ (다)는 (나)보다 우리나라 총발전량에서 차지하는 비율이 높다.
   └ (가) 석탄 > (라) 원자력 > (다) 천연가스 > (나) 석유

④ (라)는 (가)보다 우리나라 1차 에너지 소비량에서 차지하는 비율이 높다.
   └ (나) 석유 > (가) 석탄 > (다) 천연가스 > (라) 원자력
   낮다

⑤ (나)와 (라)는 화력 발전의 연료로 이용된다.
   (가), (다)

출제 경향

자원 단원에서 1차 에너지와 관련된 문항은 자주 출제되는 주제 중 하나이다. 1차 에너지원별 생산량, 소비량, 공급량 등을 에너지별, 시·도별, 권역별 등으로 다양하게 정리해 두어야 한다.

| 자료 분석 |

충청권에서 1차 에너지원의 공급 비율이 가장 높은 (가)는 석탄이다. (나)는 대부분의 권역에서 1차 에너지원의 공급 비율이 높으므로 석유이다. (다)는 다른 권역에 비해 수도권에서 1차 에너지원의 공급 비율이 높으므로 천연가스이다. (라)는 호남권과 영남권에만 공급되고 있으므로 원자력이다.

| 선지 해설 |

① (가) 석탄 중 역청탄은 전량 해외에서 수입하지만 무연탄은 일부 국내 광산에서 생산되고 있다.

② 석탄 중 무연탄은 1960년대부터 주요 에너지원으로 이용된 반면, 천연가스는 1990년대 이후 본격적으로 사용되었다. 따라서 (가) 석탄은 (다) 천연가스보다 상용화된 시기가 이르다.

③ 우리나라 총발전량에서 차지하는 비율은 석탄 > 원자력 > 천연가스 > 석유 순으로 높다. 따라서 (다) 천연가스는 (나) 석유보다 우리나라 총발전량에서 차지하는 비율이 높다.

④ 우리나라 1차 에너지 소비량에서 차지하는 비율은 석유 > 석탄 > 천연가스 > 원자력 순으로 높다. 따라서 (라) 원자력은 (가) 석탄보다 우리나라 1차 에너지 소비량에서 차지하는 비율이 낮다.

⑤ 화력 발전의 연료로 이용되는 1차 에너지는 화석 에너지인 (가) 석탄, (나) 석유, (다) 천연가스이다.

(가)~(다) 에너지 자원에 대한 설명으로 옳은 것은? (단, (가)~(다)는 각각 석유, 석탄, 천연가스 중 하나임.) [3점]

인천, 충남(당진), 경북(포항) 등은 제철 공업이 발달하였음

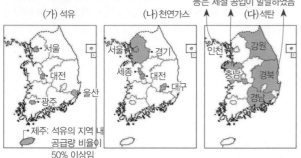

(가) 석유 (나) 천연가스 (다) 석탄

*제주: 석유의 지역 내 공급량 비율이 50% 이상임

* 시·도별 지역 내 1차 에너지 총공급량에서 해당 에너지 자원이 차지하는 비율을 기준으로 상위 5개 지역을 나타낸 것임. (2019년)

① (가)는 우리나라에서 발전용 연료로 가장 많이 이용한다.
  └ (다)

② (나)는 냉동 액화 기술의 발달로 소비량이 급증하였다. ✔
  └ 천연가스의 수송 및 저장이 이전보다 편리해졌음

③ (다)는 우리나라 1차 에너지 소비량에서 차지하는 비율이 가장 높다.
  └ (가) └ 석유 〉 석탄 〉 천연가스 〉 원자력 〉 신·재생 및 기타 〉 수력

④ (가)는 (다)보다 상용화된 시기가 이르다.
  └ 늦다 └ 화석 연료의 상용화 시기: 석탄 → 석유 → 천연가스

⑤ (나)는 (다)보다 연소 시 대기 오염 물질의 배출량이 많다.
  └ 적다

| 자료 분석 |

(가)는 서울, 대전, 울산, 광주, 제주에서 지역 내 공급 비율이 높은 에너지 자원이다. 정유 및 석유 화학 공업이 발달해 지역 내 석유 공급 비율이 높은 울산, 수송용 에너지원으로 석유의 지역 내 공급 비율이 높은 서울, 천연가스와 석탄의 소비 비율이 낮아 상대적으로 석유의 지역 내 공급 비율이 높은 제주 등을 통해 (가)는 석유임을 알 수 있다. (나)는 서울, 경기, 세종, 대전, 대구 등 대도시 및 신도시에서 지역 내 공급 비율이 높은 에너지 자원이다. 대도시 및 신도시는 도시가스 공급망이 잘 갖추어져 있으며, 천연가스를 가정용 연료로 이용하는 비율이 높다. 따라서 (나)는 천연가스이다. (다)는 강원, 인천, 충남, 경북, 경남에서 지역 내 공급 비율이 높은 에너지 자원이다. 화력 발전소가 많이 위치해 있거나 제철 공업과 같은 중화학 공업이 발달한 경북, 충남, 인천 등에서 지역 내 공급량 비율이 높으므로 (다)는 석탄이다.

| 선지 해설 |

① 우리나라에서 발전용 연료로 가장 많이 이용하는 에너지 자원은 (다) 석탄이다. (가) 석유는 주로 석유 제품 등의 산업용 원료 및 수송용 연료로 이용된다.

② (나) 천연가스는 냉동 액화 기술의 발달로 수송이 원활해졌으며 이후 소비량이 급증하였다.

③ 우리나라 1차 에너지 소비량에서 차지하는 비율이 가장 높은 것은 (가) 석유이다.

④ (가) 석유는 우리나라에서 일제 강점기 때부터 사용한 (다) 석탄보다 상용화된 시기가 늦다.

⑤ (나) 천연가스는 화석 연료 중 연소 시 대기 오염 물질 배출량이 가장 적어 주로 가정용으로 이용된다. 따라서 (나) 천연가스는 (다) 석탄보다 연소 시 대기 오염 물질의 배출량이 적다.

그래프는 (가)~(다) 지역의 1차 에너지원별 발전량을 나타낸 것이다. 이에 대한 설명으로 옳은 것은? (단, (가)~(다)는 각각 영남권, 충청권, 호남권 중 하나이며, A~C는 각각 석탄, 원자력, 천연가스 중 하나임.) [3점]

영남권: 우리나라 권역 중 원자력 발전량이 가장 많음

권역별 총발전량: 영남권 〉 수도권 〉 충청권 〉 호남권 〉 강원·제주권

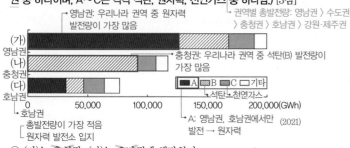

충청권: 우리나라 권역 중 석탄(B) 발전량이 가장 많음

석탄 천연가스

A: 영남권, 호남권에서만 발전 → 원자력 (2021)

호남권 총발전량이 가장 적음 원자력 발전소 입지

① (가)는 충청권, (나)는 호남권에 해당한다.
  └ 영남권 └ 충청권

② A는 냉동 액화 기술의 발달로 사용량이 증가하였다.
  └ C

③ A는 B보다 발전 시 대기 오염 물질 배출량이 많다.
  └ 적다

④ B는 C보다 상용화된 시기가 이르다. ✔
  └ 화석 연료의 상용화 시기: 석탄 → 석유 → 천연가스 순

⑤ C는 B보다 우리나라 1차 에너지 소비량에서 차지하는 비율이 높다.
  └ 낮다 └ 석유 〉 석탄 〉 천연가스 〉 원자력 〉 신·재생 및 기타 〉 수력 순

| 자료 분석 |

(가)는 세 권역 중 총발전량이 가장 많은 (가)는 영남권이다. (다)는 세 권역 중 총발전량이 가장 적으므로 호남권이고 나머지 (나)는 충청권이다. A는 (가) 영남권과 (다) 호남권에서만 발전량이 나타나므로 영남권과 호남권에만 위치한 원자력이다. B는 충청권에서 가장 많이 사용하는 에너지원으로 석탄이다. 나머지인 C는 세 권역 중 인구 규모가 큰 영남권에서 발전량이 가장 많은 천연가스이다.

| 선지 해설 |

① (가)는 세 권역 중 총발전량과 원자력 발전량이 가장 많은 영남권, (나)는 세 권역 중 총발전량이 두 번째로 많고, 석탄 발전량이 가장 많은 충청권이다. 따라서, (가)는 영남권, (나)는 충청권에 해당한다.

② 냉동 액화 기술은 기체 상태의 천연가스를 액체로 응축하는 기술이다. 따라서 냉동 액화 기술의 발달로 사용량이 증가한 에너지원은 C 천연가스이다.

③ 발전 시 대기 오염 물질의 배출량은 B 석탄이 가장 많으며, A 원자력은 B 석탄보다 발전 시 대기 오염 물질 배출량이 적다.

④ 화석 연료별로 상용화된 시기는 석탄이 가장 이르며 천연가스가 가장 늦으므로 B 석탄은 C 천연가스보다 상용화된 시기가 이르다.

⑤ 우리나라 1차 에너지 소비량에서 차지하는 비율은 C 천연가스가 B 석탄보다 낮다.

13 신·재생 에너지의 특성 24학년도 3월 학평 9번 정답 ② | 정답률 54%

그래프는 (가)~(다) 재생 에너지의 권역별 생산 현황을 나타낸 것이다. 이에 대한 설명으로 옳은 것만을 〈보기〉에서 고른 것은? (단, (가)~(다)는 각각 수력, 태양광, 풍력 중 하나임.)

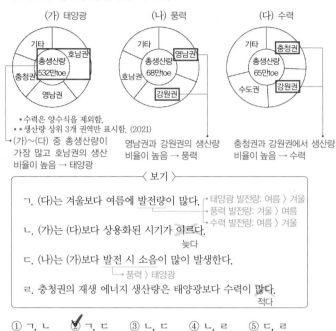

(가) 태양광 / (나) 풍력 / (다) 수력

• 수력은 양수식을 제외함.
• 생산량 상위 3개 권역만 표시함. (2021)

→(가)~(다) 중 총생산량이 가장 많고 호남권의 생산 비율이 높음 → 태양광

영남권과 강원권의 생산량 비율이 높음 → 풍력

충청권과 강원권에서 생산량 비율이 높음 → 수력

─〈 보기 〉─
ㄱ. (다)는 겨울보다 여름에 발전량이 많다.
  태양광 발전량: 여름 〉 겨울
  풍력 발전량: 겨울 〉 여름
  수력 발전량: 여름 〉 겨울
ㄴ. (가)는 (다)보다 상용화된 시기가 이르다. → 늦다
ㄷ. (나)는 (가)보다 발전 시 소음이 많이 발생한다. → 풍력 〉 태양광
ㄹ. 충청권의 재생 에너지 생산량은 태양광보다 수력이 많다. → 적다

① ㄱ, ㄴ　✔② ㄱ, ㄷ　③ ㄴ, ㄷ　④ ㄴ, ㄹ　⑤ ㄷ, ㄹ

│ 자료 분석 │

(가)는 (가)~(다) 중 총생산량이 가장 많은 재생 에너지이며, 호남권에서 총생산량이 가장 많은 것으로 보아 태양광이다. 태양광은 우리나라 재생 에너지 중에서 총생산량이 가장 많다. (나)는 영남권과 강원권에서 생산량 비율이 높은 것으로 보아 풍력이다. 우리나라에서는 태백산맥과 동해안 지역을 중심으로 풍력 발전이 활발하다. (다)는 충청권과 강원권에서 상대적으로 생산량 비율이 높은 것으로 보아 수력이다. 수력은 한강 유역인 충북, 강원, 경기 등에서 발전량이 많아 충청권, 강원권에서 생산량 비율이 높다.

│ 선지 해설 │

(ㄱ) (다) 수력은 유량이 풍부한 계절에 발전량이 많으므로 강수량이 적은 겨울보다 강수량이 많은 여름에 발전량이 많다.

ㄴ. (다) 수력은 우리나라에서 1900년대 초반 도입된 후 상용화된 반면 태양광 발전은 1980년대 도입된 이후 상용화되었다. 따라서 (가) 태양광은 (다) 수력보다 상용화된 시기가 늦다.

(ㄷ) (나) 풍력은 풍차(터빈)의 날개가 바람을 받으며 회전하는 과정에서 소음이 발생하지만, (가) 태양광은 태양광 패널이 빛을 받아 전기를 생산하는 방식으로 소음이 거의 없다. 따라서 (나) 풍력 발전은 (가) 태양광 발전보다 발전 시 소음이 많이 발생한다.

ㄹ. 태양광과 수력에서 충청권이 차지하는 비율은 수력이 높다. 그러나 총생산량에 비율을 적용했을 때 태양광 총생산량은 수력 총생산량의 8배 이상이므로 충청권의 재생 에너지 생산량은 태양광보다 수력이 적다.

14 1차 에너지원별 특성 23학년도 7월 학평 19번 정답 ① | 정답률 67%

그래프는 권역별 1차 에너지 공급 비율을 나타낸 것이다. (가)~(다)에 해당하는 화석 에너지를 그림의 A~C에서 고른 것은? (단, (가)~(다)와 A~C는 각각 석유, 석탄, 천연가스 중 하나임.)

→수도권의 공급 비율이 가장 높음 → 천연가스

충청권 내 공급 비율이 가장 높음 → 석탄

권역: 수도권, 충청권, 호남권, 영남권, 강원·제주권

범례: □(가) ▨(나) ■(다) ■수력 ⬚원자력 ▨신·재생 및 기타

(2020) (가)천연가스 (나)석유 (다)석탄 (에너지경제연구원)

[순서도]
발전 시 대기 오염 물질의 배출량이 가장 적습니까? → 예 → A 천연가스 / 아니요 → 수송용으로 사용되는 비율이 가장 높습니까? → 예 → B 석유 / 아니요 → C 석탄

(가) (나) (다)
✔① A　B　C
② A　C　B
③ B　A　C
④ B　C　A
⑤ C　A　B

│ 자료 분석 │

그래프에서 (가)는 모든 권역 중 수도권에서의 1차 에너지 공급 비율이 가장 높으므로 천연가스이다. 천연가스는 가정용 연료로 이용하는 비율이 높은데, 대도시나 신도시에는 도시가스 공급망이 잘 갖추어져 있다. (나)는 모든 권역에서 1차 에너지 공급 비율이 높은 편에 속하며 특히 호남권과 영남권 내에서 1차 에너지 공급 비율이 가장 높으므로 석유이다. 전남 여수와 영남권 내 울산에서는 석유 화학 공업이 발달해 있어 석유의 공급량이 많다. (다)는 충청권 내에서 1차 에너지 공급 비율이 가장 높으므로 석탄이다. 충청권에는 당진, 태안, 보령에 화력 발전소가 위치해 있고, 당진에 대규모 제철소가 위치해 있어 연료로 이용되는 석탄의 공급량이 가장 많다.

│ 선지 해설 │

① (가) – A, (나) – B, (다) – C

• (가) 천연가스는 세 화석 에너지 중 발전 시 대기 오염 물질의 배출량이 가장 적다. 따라서 (가)는 A이다.
• (나) 석유는 세 화석 에너지 중 수송용으로 사용되는 비율이 가장 높다. 따라서 (나)는 B이다.
• (다) 석탄은 발전 시 대기 오염 물질의 배출량이 많으며 주로 산업용으로 이용된다. 따라서 (다)는 C이다.

다음 글의 (가)~(다) 발전에 대한 설명으로 옳은 것은? (단, (가) ~(다)는 각각 조력, 풍력, 태양광 중 하나임.)

○ 폐염전과 간척지가 있는 신안군에는 일조량이 풍부한 지역 특성을 바탕으로 햇빛을 이용해 전력을 생산하는 [(가)] 발전소가 건설되었다.
— 전남 → 태양광 생산량 많음 └ 태양광

○ 방조제가 있는 시화호에는 조차가 큰 지역 특성을 바탕으로 밀물과 썰물을 이용해 전력을 생산하는 [(나)] 발전소가 건설되었다.
— 경기 안산(시화호 조력 └ 조력
발전소)

○ 산지 지형이 발달한 정선군에는 바람이 많은 지역 특성을 바탕으로 바람의 힘을 이용하여 전력을 생산하는 [(다)] 발전소가 건설되었다.
└ 풍력

① (가)는 주간보다 야간에 발전량이 <s>많다.</s>
적다.

② (나)는 <s>동해안</s>이 <s>서해안</s>보다 발전소 입지에 유리하다.
서해안   동해안

✓③ (가)는 (나)보다 전력 생산 시 기상 조건의 영향을 많이 받는다.
└ 태양광(햇빛), 풍력(바람)

④ (가)는 (다)보다 전력 생산 시 소음이 <s>크게</s> 발생한다.
작게

⑤ (가)는 <s>조력</s>, (나)는 <s>풍력</s>, (다)는 <s>태양광</s>이다.
태양광   조력   풍력

| 자료 분석 |

(가)는 햇빛을 이용해 전력을 생산하는 태양광, (나)는 밀물과 썰물을 이용해 전력을 생산하는 조력, (다)는 바람의 힘을 이용하여 전력을 생산하는 풍력 발전이다.

| 선지 해설 |

① (가) 태양광은 태양의 빛을 활용하기 때문에 낮 동안 햇빛이 강할 때 전력을 많이 생산하며, 밤에는 발전을 거의 하지 않는다. 따라서 (가) 태양광은 주간보다 야간에 발전량이 적다.

② (나) 조력은 밀물과 썰물의 차이를 이용해 전력을 생산하는 방식으로 조수 간만의 차이가 큰 지역에 적합하다. 서해안은 동해안에 비해 조수 간만의 차이가 크므로 (나) 조력은 서해안이 동해안보다 발전소 입지에 유리하다.

③ (가) 태양광은 햇빛을 직접 이용하는 방식으로 기상 조건의 영향이 크다. 구름이 끼거나 비가 오는 날이나 겨울철 낮 시간이 짧은 기간에는 발전량이 적다. 반면, (나) 조력은 밀물과 썰물의 주기적인 움직임을 이용해 전력을 생산하므로 상대적으로 기상 조건의 영향이 적다. 따라서 (가) 태양광은 (나) 조력보다 전력 생산 시 기상 조건의 영향을 많이 받는다.

④ (가) 태양광은 전력 생산 과정에서 거의 소음이 발생하지 않는다. 반면 (다) 풍력은 바람을 이용해 터빈을 돌려 전력을 생산하는 방식으로 터빈이 회전할 때 소음이 발생한다. 따라서 (가) 태양광은 (다) 풍력보다 전력 생산 시 소음이 작게 발생한다.

⑤ (가)는 태양광, (나)는 조력, (다)는 풍력이다.

다음 글의 (가), (나)에 해당하는 지역으로 옳은 것은?

┌ 석유, 석탄, 천연가스

○ 화석 에너지 중에서 대기 오염 물질의 배출량이 상대적으로 적은 천연가스는 [(가)] 앞바다에서 2018년 기준 소량 생산된다.
└ 울산   └ 동해–1, 2 가스전

○ 조력 발전은 조차가 큰 해안이 유리하며, [(나)]의 시화호 조력 발전소가 대표적이다.
└ 서해안은 남해안, 동해안 └ 경기도 안산
└ 방조제를 건설해야 함   보다 조차가 큼

	(가)	(나)		(가)	(나)
①	강원	경기	②	경기	강원
③	경기	울산	④	울산	강원
✓⑤	울산	경기			

| 선지 해설 |

⑤ (가) – 울산, (나) – 경기

• (가)는 천연가스가 생산되고 있는 지역이다. 우리나라에서는 유일하게 울산광역시 앞바다의 동해 가스전에서 천연가스가 생산되고 있으며 천연가스는 대부분을 수입에 의존하고 있다. 천연가스는 석유, 석탄에 비해 대기 오염 물질의 배출량이 상대적으로 적다.

• (나)는 시화호 조력 발전소가 위치한 지역이므로 경기도 안산이다. 조력 발전은 밀물과 썰물로 인해 발생하는 해수면 높이의 차이를 전력으로 변환하는 발전 방식으로 방조제를 건설해야 한다. 우리나라에서는 2020년 기준 유일하게 경기도 안산에서만 조력 발전이 이루어지고 있다.

OX문제로 개념 확인

(1) 천연가스는 석탄보다 연소 시 대기 오염 물질 배출량이 많다. (   )

(2) 석유는 우리나라 1차 에너지 소비 구조에서 차지하는 비중이 가장 높다.
(   )

(1) X (2) O

17 1차 에너지원별 특성 24학년도 7월 학평 7번

정답 ② | 정답률 63%

그래프는 주요 화석 에너지의 권역별 공급량 비율을 나타낸 것이다.
(가)~(다)에 대한 설명으로 옳은 것은?

① (가)는 전량을 해외에서 ~~수입한다.~~
　　　　　　　　　　　수입하지 않는다
✓② (다)는 주로 수송용 연료 및 화학 공업의 원료로 이용된다.
③ (가)는 (나)보다 연소 시 대기 오염 물질의 배출량이 ~~적다.~~
　└ 석탄 〉 석유 〉 천연가스　　　　　　　　　　　많다
④ (나)는 (다)보다 상용화된 시기가 ~~이르다.~~
　└ 석탄 – 석유 – 천연가스　　　　　　　늦다
⑤ (다)는 (가)보다 우리나라 총발전량에서 차지하는 비율이 ~~높다.~~
　└ 석탄 〉 천연가스 〉 석유　　　　　　　　　　　　낮다

자료 분석

(가)는 충청권과 영남권, 호남권의 권역별 공급량 비율이 높은 석탄이다. 충청권은 화력 발전소와 제철소가 입지하여 권역별 탄 공급량 비율이 가장 높으며, 제철소가 입지한 영남권과 호남권의 석탄 공급량 비율도 높은 편이다. (나)는 수도권과 영남권의 권역별 공급량 비율이 높은 천연가스이다. 특히 수도권은 인구가 밀집해 있고 아파트의 비율이 높아 권역별 천연가스 공급량 비율이 가장 높다. (다)는 영남권과 호남권, 충청권의 권역별 공급량 비율이 높은 석유이다. 이 세 권역은 모두 대규모 정유 공장이 위치하여 권역별 석유 공급량 비율이 높다.

선지 해설

① (가) 석탄은 전량을 해외에서 수입하지 않는다. 우리나라의 강원과 전남에서는 석탄이 생산되고 있다.

②(다) 석유는 주로 수송용 연료 및 화학 공업의 원료로 이용된다. 석유는 주로 산업용 원료 및 수송용 연료로 이용되며, 석탄은 발전용 연료로 가장 많이 이용된다.

③ (가) 석탄은 (나) 천연가스보다 연소 시 대기 오염 물질의 배출량이 많다. (가) 석탄은 연소 시 대기 오염 물질의 배출량이 많은 편이며 주로 산업용으로 이용된다.

④ (나) 천연가스는 (다) 석유보다 상용화된 시기가 늦다. (나) 천연가스는 냉동 액화 기술의 발달로 소비가 급증하였으며, (가)~(다) 중 상용화된 시기가 가장 늦다.

⑤ (다) 석유는 (가) 석탄보다 우리나라 총발전량에서 차지하는 비율이 낮다. 우리나라 총발전량에서 차지하는 화석 에너지의 비율은 (가) 석탄 〉 (나) 천연가스 〉 (다) 석유 순으로 높다.

18 전력 자원의 특성 22학년도 6월 모평 6번

정답 ⑤ | 정답률 20%

그래프는 지도에 표시된 세 지역의 발전 양식별 설비 용량 비율을 나타낸 것이다. 이에 대한 설명으로 옳은 것은? (단, A, B는 각각 원자력, 화력 중 하나임.)

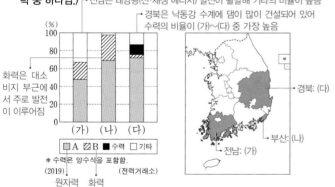

① ~~(가)~~는 우리나라에서 원자력 발전 설비 용량이 가장 많은 지역이다.
　(다)　　　　　　　　　　울진, 경주 두 지역에 위치
② ~~(가)~~, (나)는 영남 지방, ~~(다)~~는 호남 지방에 해당한다.
　(다)　　　　　　　　　　　　　(가)
③ B는 수력보다 자연적 입지 제약을 ~~많이~~ 받는다.
　　　　　　　　　　　　　　　　적게
④ A는 B보다 우리나라에서 전력 생산에 이용된 시기가 ~~이르다.~~
　　　　　　　　　　　　　　　　　　　　　　늦다
✓⑤ B는 A보다 우리나라에서 발전량이 많다.
　└ 화력〉원자력〉수력

자료 분석

지도에 표시된 세 지역은 경상북도, 전라남도, 부산광역시이다. 세 지역 모두 원자력 발전소가 위치해 있으며 원자력 발전은 대용량의 발전이 이루어진다. 따라서 (가)~(다) 세 지역 모두에서 발전 설비 용량 비율이 가장 높은 A가 원자력이고, B는 화력이다. (다)는 (가), (나)에 비해 수력의 발전 설비 용량 비율이 높으므로 낙동강 수계에 댐이 많이 건설되어 있는 경북이다. 화력은 대소비지 부근에서 주로 발전이 이루어지므로 (가)보다 B 화력의 발전 설비 용량 비율이 높은 (나)는 부산이다. (가)는 기타에 해당하는 신·재생 에너지의 발전 설비 용량 비율이 높으므로 태양광 발전이 활발한 전남이다.

선지 해설

① 우리나라에서 원자력 발전 설비 용량이 가장 많은 지역은 울진과 경주에 원자력 발전소가 위치한 (다) 경북이다.

② (가) 전남은 호남 지방, (나) 부산과 (다) 경북은 영남 지방에 해당한다.

③ 수력은 유량이 풍부하고 낙차가 큰 곳에 입지해야 하므로 자연적 입지 제약을 많이 받는다. 반면 B 화력은 자연적 입지 제약이 적어 대소비지와 가까운 지역에 주로 입지한다.

④ 수력은 1900년대부터 이루어졌으며 화력은 1930년대에 처음으로 발전이 이루어졌다. 원자력은 1970년대 석유 파동을 겪은 이후 발전소가 건설되기 시작하여 1980년대부터 발전이 이루어졌다. 따라서 A 원자력은 B 화력보다 우리나라에서 전력 생산에 이용된 시기가 늦다.

⑤우리나라에서 발전량은 B 화력이 가장 많고 다음으로 A 원자력이 많다.

지도는 주요 발전 설비의 분포를 나타낸 것이다. A~C에 대한 설명으로
옳은 것은? (단, A~C는 각각 수력, 원자력, 화력 중 하나임.) [3점]

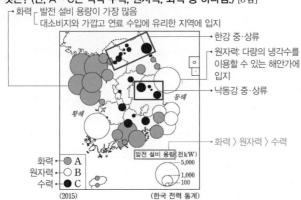

화력┌ 발전 설비 용량이 가장 많음
   └ 대소비지와 가깝고 연료 수입에 유리한 지역에 입지

→ 한강 중·상류

→ 원자력: 다량의 냉각수를
  이용할 수 있는 해안가에
  입지

→ 낙동강 중·상류

황해 / 동해

→ 화력 > 원자력 > 수력

화력 ● A
원자력 ○ B
수력 ● C

발전 설비 용량(천kW)
─5,000
─1,000
─100

(2015)   (한국 전력 통계)

① A는 B보다 발전 설비 용량당 발전소 건설 비용이 높다.
   B A   └ 화력은 저렴, 원자력은 폐기물 처리 비용이 비쌈
✓② A는 B보다 우리나라 총 발전량에서 차지하는 비율이 높다.
      └ 화력 > 원자력 > 수력   작다
③ B는 C보다 계절별 발전량 변동 비율이 크다. 낮다
④ C는 A보다 발전 에너지원의 수입 의존도가 높다. 적게
⑤ C는 B보다 발전 과정에서 발생하는 폐기물 처리 비용이 많이 든다.

| 자료 분석 |

A는 A~C 중 발전 설비 용량이 가장 많고 충남, 경남에 많이 분포해 있으므로
화력이다. B는 경북 울진과 경주, 부산광역시, 전남 영광 등지에 분포해 있으므
로 원자력이다. C는 A~C 중 발전 설비 용량이 가장 적고 한강과 낙동강 중·상
류에 주로 분포해 있으므로 수력이다.

| 선지 해설 |

① B 원자력은 방사능 유출 문제로 지반이 견고한 곳에 건설해야 한다. 따라서
발전 설비 용량당 발전소 건설 비용은 B 원자력이 A 화력보다 높다.

②우리나라 총 발전량은 A 화력 > B 원자력 > C 수력 순으로 많다. 따라서 A 화
력은 B 원자력보다 우리나라 총 발전량에서 차지하는 비율이 높다.

③ C 수력은 강수량이 많아 유량이 풍부한 여름에는 발전에 유리하지만 강수량
이 적어 유량이 적은 계절에는 발전에 불리하다. 반면 B 원자력은 발전 시 기
후 조건의 영향을 거의 받지 않는다. 따라서 B 원자력은 C 수력보다 계절별
발전량 변동 비율이 작다.

④ A 화력은 발전 에너지원인 석탄, 천연가스, 석유 등을 대부분 수입에 의존한
다. 반면 C 수력은 국내 하천에 댐을 건설하여 전력을 생산한다. 따라서 C 수
력은 A 화력보다 발전 에너지원의 수입 의존도가 낮다.

⑤ B 원자력은 발전 후 핵 폐기물을 처리해야 한다. 따라서 C 수력은 B 원자력
보다 발전 과정에서 발생하는 폐기물 처리 비용이 적게 든다.

개념 확인	**전력 자원의 분포와 특징**
화력 발전	• 분포: 전력 소비가 많은 대도시나 공업 단지에 입지 • 특징: 대기 오염 물질 배출량이 많음
원자력 발전	• 분포: 지반이 단단하고 냉각수 확보가 쉬운 해안가에 입지 • 특징: 방사능 유출의 위험이 있음
수력 발전	• 분포: 유량이 풍부하고 낙차가 큰 곳에 입지 • 특징: 대기 오염 물질 배출이 거의 없음

그래프는 세 지역의 신·재생 에너지원별 생산 비율을 나타낸 것이다.
A~C에 대한 설명으로 옳은 것은? (단, A~C는 각각 수력, 조력, 태양
광 중 하나임.)

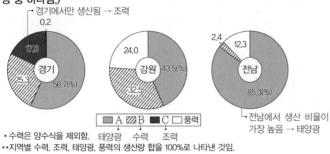

경기에서만 생산됨 → 조력
0.2

17.8
경기
56.7(%)
25.3

24.0
강원
43.5(%)
32.5

2.4 12.3
전남
85.3(%)

■ A ▨ B ■ C □ 풍력
태양광 수력 조력

→ 전남에서 생산 비율이
  가장 높음 → 태양광

• 수력은 양수식을 제외함.
** 지역별 수력, 조력, 태양광, 풍력의 생산량 합을 100%로 나타낸 것임.
(2020)   (통계청)

① A는 유량이 풍부하고 낙차가 큰 곳 발전에 유리하다.
   B
② B는 조수 간만의 차를 이용하여 전력을 생산한다.
   C
✓③ A는 B보다 주택에서의 발전 시설 설치 비율이 높다.
④ B는 C보다 상용화 시기가 늦다.
                        이르다
⑤ C는 A보다 발전 시 기상 조건의 영향을 많이 받는다.
                                  적게

| 자료 분석 |

그래프의 A는 전남에서의 생산 비율이 가장 높으므로 태양광이다. 태양광은 일
사량이 풍부한 지역이 전력 생산에 유리하며, 전남, 전북, 경북 등에서 생산 비율
이 높다. B는 강원과 경기에서의 생산 비율이 상대적으로 높으므로 수력이다. 강
원, 경기는 한강 수계에 해당하는 지역으로 유량이 풍부하고 낙차가 커 수력 발
전에 유리하다. C는 경기에서만 생산되므로 조력이다. 우리나라는 경기 안산 시
화호에서 유일하게 조력 발전이 이루어지고 있다.

| 선지 해설 |

① A 태양광은 일조량이 많은 지역이 발전에 유리하다. 유량이 풍부하고 낙차가
큰 곳이 발전에 유리한 것은 B 수력이다.

② B 수력은 하천의 낙차를 이용하여 전력을 생산한다. 조수 간만의 차를 이용
하여 전력을 생산하는 것은 C 조력이다.

③A 태양광은 B 수력보다 주택에서의 발전 시설 설치 비율이 높다.

④ B 수력은 C 조력보다 상용화 시기가 이르다. 수력은 1900년대부터 상용화가
이루어진 반면 조력은 2011년부터 발전이 이루어졌다.

⑤ C 조력은 조수 간만의 차를 이용하여 전력을 생산하므로 A 태양광보다 발전
시 기상 조건의 영향을 적게 받는다.

정답 ① | 정답률 77%

다음 글의 (가)~(다)에 해당하는 신·재생 에너지를 그래프의 A~C에서
고른 것은? (단, (가)~(다)는 각각 조력, 태양광, 풍력 중의 하나임.) [3점]

→ 우리나라 도 중 태양광
발전량이 가장 많음

(가) A 태양광	일조량이 풍부한 곳이 발전에 유리하며, 전남, 전북 등지에서 발전량이 많다.
(나) B 풍력	바람이 많이 부는 곳이 발전에 유리하며, 경북, 강원 등지에서 발전량이 많다.
(다) C 조력	조차가 큰 곳이 발전에 유리하며, 경기 안산에서 전력 생산이 이루어지고 있다.

〈신·재생 에너지 발전량 변화〉
(십만 MWh)

→ 2019년 기준 신·
재생 에너지 중
발전량이 가장
많음 → 태양광

A → 태양광
B → 풍력
C → 조력

2011 2013 2015 2017 2019(년)
(에너지경제연구원)

→ 시화호 조력 발전: 우리나라에서
유일하게 가동 중인 조력 발전

	(가)	(나)	(다)		(가)	(나)	(다)
①	A	B	C	②	A	C	B
③	B	A	C	④	B	C	A
⑤	C	B	A				

| 선지 해설 |

① (가) – A, (나) – B, (다) – C

제시된 설명에서 (가)는 태양광, (나)는 풍력, (다)는 조력에 해당한다. 〈신·재생 에
너지 발전량 변화〉 그래프에서 A는 2019년 기준 우리나라 신·재생 에너지 중 발
전량이 가장 많고, 발전량이 빠르게 증가하고 있으므로 태양광이다. B는 발전량
이 완만하게 증가하고 있으므로 풍력이다. C는 발전량에 큰 차이가 없으므로 조
력이다. 우리나라에서는 경기도 안산시의 시화호에서 유일하게 조력 발전이 이루
어지고 있다. 따라서 (가)는 A, (나)는 B, (다)는 C에 해당한다.

| **개념 확인** | **신·재생 에너지 자원의 입지와 분포** |

풍력	• 입지: 바람이 강한 산지나 해안가가 입지에 유리함 • 분포: 강원, 제주의 생산량 비중이 높음
태양광	• 입지: 일사량이 풍부한 지역이 입지에 유리함 • 분포: 전남, 경북, 전북, 충남의 생산량 비중이 높음
조력	• 입지: 조차가 큰 지역이 입지에 유리함 • 분포: 경기 안산 시화호에서만 생산됨

16
일차

정답 ② | 정답률 52%

그래프는 지도에 표시된 세 지역의 신·재생 에너지원별 발전량을 나타
낸 것이다. 이에 대한 설명으로 옳은 것은? (단, A~C는 각각 수력, 태양
광, 풍력 중 하나임.) [3점]

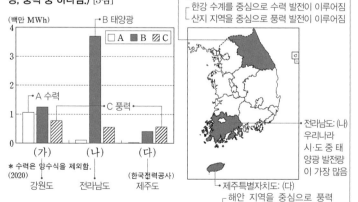

→ 강원도: (가)
─ 한강 수계를 중심으로 수력 발전이 이루어짐
└ 산지 지역을 중심으로 풍력 발전이 이루어짐

(백만 MWh)
B 태양광
□ A ■ B ▨ C
A 수력
C 풍력

(가) (나) (다)
* 수력은 양수식을 제외함.
(2020)
(한국전력공사)
강원도 전라남도 제주도

→ 전라남도: (나)
우리나라
시·도 중 태
양광 발전량
이 가장 많음

→ 제주특별자치도: (다)
─ 해안 지역을 중심으로 풍력
발전이 이루어짐
└ 지표수 부족으로 수력 발전이
거의 이루어지지 않음

① (다)에는 원자력 발전소가 위치한다.
(나) → 경북 울진, 경주, 부산, 울산, 전남 영광
② (가)는 (나)보다 A~C 발전량 중 수력의 비율이 높다.
③ C는 일조량이 풍부한 지역이 전력 생산에 유리하다.
   B
④ B는 A보다 우리나라에서 전력 생산에 이용된 시기가 이르다.
                                              늦다
⑤ A~C의 총발전량은 제주가 강원보다 많다.
                    적다

| 자료 분석 |

지도에 표시된 세 지역은 강원도, 전라남도, 제주특별자치도이다. 제주는 절리가
발달한 기반암의 특성으로 수력이 거의 이루어지지 않는다. 따라서 (다)는 제주,
A는 수력이다. 강원은 수력 발전의 생산량이 많으므로 A 수력의 발전량이 세 지
역 중 가장 많은 (가)에 해당한다. 전남은 우리나라 시·도 중 태양광의 발전량이
가장 많으므로 (나)에 해당하며, B는 태양광이다. C는 (가) 강원과 (다) 제주의 발
전량이 많으므로 풍력이다.

| 선지 해설 |

① 경북 울진, 경주, 부산, 울산, 전남 영광에 원자력 발전소가 위치해 있다. 따라
서 세 지역 중 원자력 발전소가 위치한 곳은 (나) 전남이다.

② (나) 전남은 B 태양광의 발전량이 월등히 많아 A~C 발전량 중 A 수력의 발
전량 비율이 낮다. 반면 (가) 강원은 A, B, C의 발전량이 큰 차이가 없다. 따
라서 (가) 강원은 (나) 전남보다 A~C 발전량 중 수력의 비율이 높다.

③ 일조량이 풍부한 지역이 전력 생산에 유리한 것은 B 태양광이다. C 풍력은
풍속이 강하고 풍향이 일정하게 부는 해안이나 산지 지역이 전력 생산에 유
리하다.

④ 우리나라에서 전력 생산에 이용된 시기는 A 수력이 B 태양광보다 이르다.

⑤ A~C의 총발전량은 (가) 강원이 (다) 제주보다 많다.

그래프의 A~C에 대한 설명으로 옳은 것은? (단, A~C는 각각 수력, 태양광, 풍력 중 하나임.) [3점]

A는 A~C 중 생산량이 가장 많고 생산량이 급격히 증가하므로 태양광임

한강 수계에 해당하는 강원권은 수력의 생산량이 많음

전남은 우리나라 시·도 중 태양광 생산량이 가장 많음

〈생산량 변화〉

〈지역별 생산량 비율(2018년)〉

B는 생산량이 대체로 감소하고 있으므로 수력임

* 수력은 양수식을 제외함.

C는 A~C 중 생산량이 가장 적으나 생산량이 증가하고 있으므로 풍력임

(에너지경제연구원)

산지가 발달한 강원권과 해안의 바람이 강한 제주권은 풍력의 생산량이 많음

① A는 유량이 풍부하고 낙차가 큰 곳이 발전에 유리하다.
　　B

② B를 이용하는 발전소는 해안 지역에 주로 입지한다.
　　　　　　　　　　　내륙의 하천 중·상류

③ C를 이용하는 발전소는 일조 시수가 긴 지역에 주로 입지한다.
　　A

✔④ B는 C보다 우리나라에서 전력 생산에 이용된 시기가 이르다.

　　　　　　　　태양광 〉 수력 〉 풍력
⑤ 2018년 전국 총 생산량은 수력 〉 풍력 〉 태양광 순으로 많다.

｜자료 분석｜

A는 A~C 중 생산량이 가장 많고 생산량이 급증하고 있으며 호남권과 영남권의 생산량 비율이 높으므로 태양광이다. B는 2005년 이후 생산량이 대체로 감소하고 있으며 강원·제주권의 생산량 비율이 높으므로 수력이다. 한강 수계에 해당하는 강원권은 수력 생산량이 많지만 제주권은 지표수의 부족으로 수력 발전이 거의 이루어지지 않는다. C는 2005년 이후 생산량이 꾸준히 증가하고 있으며 강원·제주권에서 상대적으로 생산량 비율이 높으므로 풍력이다.

｜선지 해설｜

① 유량이 풍부하고 낙차가 큰 곳이 발전에 유리한 것은 B 수력이다.

② B 수력은 하천 중·상류에서 주로 이루어지므로 B를 이용하는 발전소는 내륙 지역에 주로 입지한다.

③ 주로 일조 시수가 긴 지역에 발전소가 입지하는 것은 A 태양광이다.

④ B 수력은 1900년대부터 상용화가 이루어졌으며 태양광과 풍력은 최근 들어 본격적으로 상용화가 이루어졌다. 따라서 B 수력은 C 풍력보다 우리나라에서 전력 생산에 이용된 시기가 이르다.

⑤ 2018년 기준 전국 총 생산량은 A 태양광 〉 B 수력 〉 C 풍력 순으로 많다.

다음 글의 (가), (나) 에너지에 대한 옳은 설명만을 〈보기〉에서 고른 것은? (단, (가), (나)는 각각 태양광, 풍력 중 하나임.)

태양광

　홍성군 죽도는 '에너지 자립 섬'으로 맑은 날 (가) 을 활용한 발전기를 3시간 정도 가동하면 필요한 전기를 모두 공급할 수 있다. 비가 오거나 흐린 날에는 (나) 발전을 보조적으로 활용하고 있다. 햇빛과 바람이 모두 없을 때도 에너지 저장 장치[ESS]를 이용해 전기를 공급할 수 있다.

풍력 → 남은 전력을 저장해 두었다가 사용함

〈보기〉

ㄱ. (가) 발전량은 수도권이 호남권보다 많다.
　　└ 호남권에서 발전량 비율 높음　　적다

ㄴ. (나) 발전량은 여름철이 겨울철보다 많다.
　　　　　　　　　　　　　　　　　적다

ㄷ. (가)는 (나)보다 전국의 발전 설비 용량이 많다.
　　└ 신·재생 에너 발전 설비 용량: 태양광 〉 풍력 〉 수력 순

ㄹ. (나)는 (가)보다 발전 시 소음으로 인한 피해가 크다.

① ㄱ, ㄴ　　② ㄱ, ㄷ　　③ ㄴ, ㄷ　　④ ㄴ, ㄹ　　✔⑤ ㄷ, ㄹ

｜자료 분석｜

(가)는 맑은 날에 발전이 이루어지므로 햇빛을 활용한 신·재생 에너지 중에서 태양광이다. (나)는 비가 오거나 흐린 날에 보조적으로 활용하고 있는 에너지로 풍력이다.

｜선지 해설｜

ㄱ. (가) 태양광 발전은 일사량이 풍부한 지역에서 유리하다. 우리나라에서는 해남, 고흥, 영광, 무안, 신안 등 호남권에서의 발전량 비율이 가장 높다. 따라서 (가) 태양광 발전량은 수도권이 호남권보다 적다.

ㄴ. (나) 풍력은 북서 계절풍의 영향으로 풍속이 강한 겨울철에 발전량이 많다. 따라서 (나) 풍력 발전량은 여름철이 겨울철보다 적다.

ㄷ. (가) 태양광은 우리나라 신·재생 에너지 중에서 발전 설비 용량이 가장 많다. 따라서 (가) 태양광은 (나) 풍력보다 전국의 발전 설비 용량이 많다.

ㄹ. (나) 풍력은 바람의 힘으로 거대한 날개가 돌아가는 과정에서 많은 소음을 발생시킨다. 따라서 (나) 풍력은 (가) 태양광보다 발전 시 소음으로 인한 피해가 크다.

OX문제로 개념 확인

(1) 풍력은 조력보다 상용화된 시기가 이르다.　　　　(　)

(2) 태양광은 여름이 겨울보다 발전에 유리하다.　　　(　)

(3) 2020년 기준 풍력은 태양광보다 전국 발전량이 많다.　(　)

(1) O　(2) O　(3) X

25 신·재생 에너지의 특성 22학년도 7월 학평 17번

정답 ② | 정답률 31%

다음 자료는 세 지역의 신·재생 에너지원별 발전량 비율을 나타낸 것이다. (가)~(다)에 해당하는 에너지로 옳은 것은?

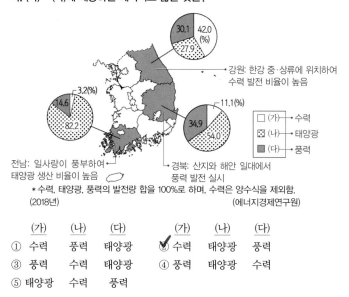

강원: 한강 중·상류에 위치하여 수력 발전 비율이 높음

전남: 일사량이 풍부하여 태양광 생산 비율이 높음

경북: 산지와 해안 일대에서 풍력 발전 실시

* 수력, 태양광, 풍력의 발전량 합을 100%로 하며, 수력은 양수식을 제외함.
(2018년)   (에너지경제연구원)

	(가)	(나)	(다)
①	수력	풍력	태양광
③	풍력	수력	태양광
⑤	태양광	수력	풍력

	(가)	(나)	(다)
②	수력	태양광	풍력
④	풍력	태양광	수력

| 자료 분석 |

지도의 세 지역은 강원도, 경상북도, 전라남도이다.

| 선지 해설 |

② (가) – 수력, (나) – 태양광, (다) – 풍력

- (가)는 세 지역 중 강원에서 발전량 비율이 가장 높으므로 수력이다. 강원은 한강 중·상류에 위치하여 수력의 발전량 비율이 높다.
- (나)는 세 지역 중 전남에서 발전량 비율이 가장 높으므로 태양광이다. 태양광은 일사량이 풍부한 지역에서 전력 생산에 유리하며 전남, 전북, 경북 등에서 발전량 비율이 높다.
- (다)는 경북, 강원 등에서 발전량 비율이 높은 것으로 보아 풍력이다. 풍력은 바람이 많은 산지와 해안 지역이 있는 경북, 강원, 제주 등에서 발전량 비율이 높다.

---

26 1차 에너지원별 특성 23학년도 10월 학평 10번

정답 ③ | 정답률 83%

그래프에 대한 설명으로 옳은 것만을 〈보기〉에서 있는 대로 고른 것은? (단, (가)~(다)는 각각 석유, 석탄, 천연가스 중 하나임.) [3점]

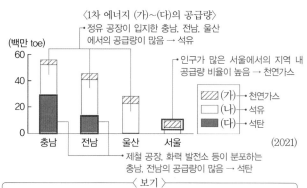

정유 공장이 입지한 충남, 전남, 울산에서의 공급량이 많음 → 석유

인구가 많은 서울에서의 지역 내 공급량 비율이 높음 → 천연가스

제철 공장, 화력 발전소 등이 분포하는 충남, 전남의 공급량이 많음 → 석탄

〈 보기 〉
ㄱ. (가)는 (다)보다 발전 시 대기 오염 물질 배출량이 많다. [적다]
ㄴ. (나)는 (가)보다 상용화된 시기가 이르다.
ㄷ. (다)는 (나)보다 수송용으로 이용되는 비율이 높다. [낮다]
ㄹ. 우리나라 1차 에너지 소비량에서 차지하는 비율은 (나)〉(다)〉(가) 순으로 높다.

① ㄱ, ㄴ   ② ㄱ, ㄷ   ③ ㄴ, ㄹ
④ ㄱ, ㄷ, ㄹ   ⑤ ㄴ, ㄷ, ㄹ

| 자료 분석 |

제시된 〈1차 에너지 (가)~(다)의 공급량〉 그래프에서 제철 공장과 화력 발전소가 입지한 충남과 전남에서의 공급량이 많은 (다)는 석탄이다. 충남 당진과 전남 광양에는 대규모의 제철소가 위치하며, 충남의 해안가에는 화력 발전소가 다수 위치한다. 정유 공업이 발달한 충남, 전남, 울산에서의 공급량이 많은 (나)는 석유이다. 충남 서산, 전남 여수, 울산에는 대규모의 정유 공장이 위치한다. 서울에서의 지역 내 공급량 비율은 높으나 충남, 전남, 울산에서의 공급량 비율이 상대적으로 낮은 (가)는 천연가스이다.

| 선지 해설 |

ㄱ. (가) 천연가스는 (다) 석탄보다 발전 시 대기 오염 물질 배출량이 적다. (가)~(다) 중 발전 시 대기 오염 물질 배출량이 가장 많은 에너지는 (다) 석탄이다.

ㄴ. (나) 석유는 (가) 천연가스보다 상용화된 시기가 이르다. (가) 천연가스는 우리나라에서 1980년대 말부터 상용화되었다. 천연가스는 냉동 액화 기술의 발달 이후 상용화가 시작되어 (가)~(다) 중 상용화된 시기가 가장 늦다.

ㄷ. (다) 석탄은 (나) 석유보다 수송용으로 이용되는 비율이 낮다. (가)~(다) 중 수송용으로 이용되는 비율이 가장 높은 에너지는 (나) 석유이다.

ㄹ. 우리나라 1차 에너지 소비량에서 차지하는 비율은 (나) 석유 〉 (다) 석탄 〉 (가) 천연가스 순으로 높다.

개념 확인 1차 에너지 자원별 특징

석탄	무연탄	• 고생대 평안 누층군 일대, 강원도 남부 일대 등에 매장 • 1980년대 후반 석탄 산업 합리화 정책으로 현재 생산량 급감
	역청탄	• 제철 공업 및 화력 발전 원료로 이용 • 오스트레일리아, 인도네시아 등에서 전량 수입
석유		• 대부분 수입에 의존 • 화학 공업의 원료 및 수송용 연료로 이용
천연가스		• 울산 앞바다의 가스전에서 소량 생산됨 • 가정용 및 발전용 연료로 이용 • 다른 화석 연료에 비해 연소 시 대기 오염 물질 배출량이 적음

정답 ② | 정답률 71%

그래프는 권역별 신·재생 에너지 생산량을 나타낸 것이다. 이에 대한 설명으로 옳은 것은? (단, A~C는 각각 조력, 태양광, 풍력 중 하나임.)

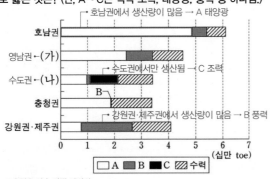

┌ 호남권에서 생산량이 많음 → A 태양광
┌ 수도권에서만 생산됨 → C 조력
┌ 강원권·제주권에서 생산량이 많음 → B 풍력

* 수력은 양수 발전 제외임.
(2016)   (한국에너지관리공단)

　　영남권　　　수도권
① (가)는 ~~수도권~~, (나)는 ~~영남권~~이다.
✔② A는 일조 시수가 긴 곳이 입지에 유리하다.
　　　　　　바람이 강한 해안가나 산지
③ B는 ~~주로 대도시 지역에 입지한다.~~
　　서해안　　　동해안
④ C는 ~~동해안이 서해안보다 유리하다.~~
　　　　　　　　　　　　A
⑤ A~C 중 생산량이 가장 많은 것은 ~~B~~이다.

| 자료 분석 |

A는 호남권에서 생산량이 가장 많으므로 태양광이다. B는 강원권·제주권에서 생산량이 가장 많으므로 풍력이다. C는 권역 중 (나)에서만 생산되므로 조력이다. 경기도 안산시의 시화호 조력 발전소는 우리나라에서 유일하게 조석 간만의 차를 이용하여 전력을 생산하는 조력 발전이 이루어지고 있다. 따라서 조력이 생산되는 (나)는 수도권이며, 나머지 (가)는 영남권이다.

| 선지 해설 |

① (가)는 태양광의 생산 비중이 가장 높은 영남권이며, (나)는 조력 발전소가 위치한 수도권이다.

②A 태양광은 일조 시수가 긴 곳이 입지에 유리하다.

③ B 풍력은 바람이 강한 해안가나 산지에 주로 입지한다. 풍력은 발전 시 소음이 발생하기 때문에 인구가 집중된 대도시에 입지하기에 적절하지 않다.

④ C 조력은 조차를 활용하여 에너지를 생산하는 발전 방식으로 조수 간만의 차가 큰 서해안이 동해안보다 유리하다.

⑤ 2015년 기준 A~C 중 생산량이 가장 많은 것은 A 태양광이다.

정답 ① | 정답률 57%

그래프는 (가)~(라) 에너지원별 영남권 5개 시·도 공급 비율을 나타낸 것이다. 이에 대한 설명으로 옳은 것은? (단, (가)~(라)는 석유, 석탄, 원자력, 천연가스 중 하나임.) [3점]

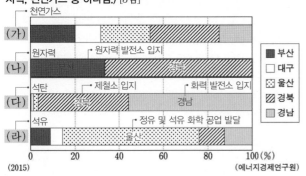

(2015)   (에너지경제연구원)

✔①(가)는 우리나라에서 수송용보다 가정·상업용으로 사용되는 비율이 높다.
　　　　　　　　　　　　영남권
② (나)의 공급량이 가장 많은 지역은 ~~충청권~~이다.
　　　　　　　　소량 생산되어　　　　의존하지 않는다
③ (다)는 우리나라에서 ~~생산되지 않아 전량 수입에 의존한다.~~
　　(다)
④ ~~(라)~~는 우리나라의 1차 에너지원별 발전량이 가장 많다.
⑤ (가), ~~(나)~~, (다)는 화력 발전소의 연료로 이용된다.
　　　(라)

| 자료 분석 |

(가)는 경북, 울산, 부산에서의 공급 비율이 높고, 다른 에너지에 비해 특히 대구의 공급 비율이 높다. 따라서 (가)는 주로 대도시에서 가정용 연료로 이용되는 비중이 높은 천연가스이다. (나)는 부산과 경북에서만 공급되고 있으므로(2015년 기준) 원자력이다. (다)는 화력 발전소가 많은 경남과 대규모의 제철소가 입지한 경북의 공급 비율이 높으므로 석탄이다. (라)는 석유 화학 산업 단지가 입지한 울산의 공급 비율이 가장 높으므로 석유이다.

| 선지 해설 |

①(가) 천연가스는 주로 가정·상업용으로 이용된다.

② (나) 원자력의 공급량이 가장 많은 지역은 영남권이며, 그 다음으로 호남권이다. 충청권에는 원자력 발전소가 입지해 있지 않다.

③ (다) 석탄 중 제철 공업의 원료로 이용되는 역청탄은 전량 수입에 의존하고 있지만, 무연탄은 강원과 충북, 경북에서 소량 생산되고 있다. 따라서 (다) 석탄은 우리나라에서 소량 생산되어 전량 수입에 의존하지 않는다.

④ 우리나라의 1차 에너지원별 발전량은 석탄 〉 원자력 〉 천연가스 〉 석유 순으로 많다. 따라서 (다) 석탄은 우리나라의 1차 에너지원별 발전량이 가장 많다.

⑤ 화력 발전은 (가) 천연가스, (다) 석탄, (라) 석유 등의 화석 에너지를 연료로 이용한다.

그래프의 A ~ D 에너지에 대한 설명으로 옳은 것은? (단, A~D는 각각 수력, 조력, 태양광, 풍력 중 하나임.) [3점]

〈월별 전력 거래량〉

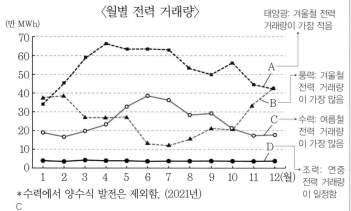

태양광: 겨울철 전력 거래량이 가장 적음

A → 풍력: 겨울철 전력 거래량이 가장 많음

B

C → 수력: 여름철 전력 거래량이 가장 많음

D → 조력: 연중 전력 거래량이 일정함

* 수력에서 양수식 발전은 제외함. (2021년)

C
① A는 유량이 풍부하고 낙차가 큰 곳이 생산에 유리하다.

② B는 A보다 주간과 야간의 발전량 차이가 ~~크다~~. 작다

③ C는 B보다 제주에서 발전량이 ~~많다~~. 적다

✓ ④ C는 D보다 상용화된 시기가 이르다.

⑤ D는 A보다 발전 시 기상 조건의 영향을 ~~크게~~ 받는다. 적게

│ 자료 분석 │

A는 A~D 중 총전력 거래량이 가장 많고, 일사량이 적은 겨울철(12~2월) 거래량이 가장 적으므로 일사량의 영향을 많이 받는 태양광이다. B는 12월 전력 거래량이 가장 많은 에너지로 바람이 많이 부는 시기에 유리한 풍력이다. C는 유량이 비교적 풍부한 6~7월에 전력 거래량이 많고 유량이 부족한 겨울철에 상대적으로 전력 거래량이 적은 수력이다. D는 A~D 중 총 전력 거래량이 가장 적고 월별 전력 거래량이 큰 차이를 보이지 않는 조력이다.

│ 선지 해설 │

① A 태양광은 일사량이 풍부한 지역에서 생산에 유리하며 일사량이 많은 전남, 전북 등에서 발전량 비율이 높다. 유량이 풍부하고 낙차가 큰 곳이 생산에 유리한 것은 C 수력이다.

② 주간과 야간의 발전량 차이는 태양의 빛 에너지를 이용하는 태양광 발전이 가장 크다. 따라서 B 풍력은 A 태양광보다 주간과 야간의 발전량 차이가 작다.

③ 제주는 바람이 많은 지역으로 풍력 발전량이 많은 반면 수력 발전량은 적다. 따라서 C 수력은 B 풍력보다 제주에서 발전량이 적다.

④ 우리나라에서 C 수력은 20세기 초반, D 조력은 2011부터 전력 생산에 이용되었다. 따라서 C 수력은 D 조력보다 상용화된 시기가 이르다.

⑤ D 조력은 조수 간만의 차를 이용한 발전 방식으로 기상 조건의 영향을 크게 받지 않는다. 따라서 D 조력은 A 태양광보다 발전 시 기상 조건의 영향을 적게 받는다.

다음 자료는 수업 시간에 진행한 지리 학습 게임이다. 출발지에서 도착지까지 옳게 이동한 경로를 고른 것은?

신에너지: 기존 화석 에너지를 변환
재생 에너지: 햇빛·물·지열·강수·생물 유기체 등을 활용

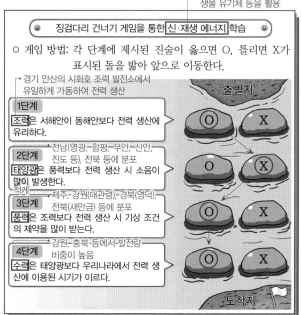

① ② ③ ④ ⑤

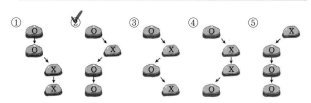

│ 자료 분석 │

신·재생 에너지는 에너지를 얻기 쉬운 곳에 입지하는 경향이 크다. 조력은 조수 간만의 차가 큰 해안 지역에, 태양광은 일사량이 풍부한 지역에, 풍력은 바람이 많은 해안이나 산지 지역에 주로 입지한다. 수력은 유량이 풍부하고 낙차가 큰 곳에서 주로 입지한다.

│ 선지 해설 │

② 1단계(O) → 2단계(X) → 3단계(O) → 4단계(O)

- 1단계(O): 조력은 밀물과 썰물로 인해 발생하는 해수면 높이의 차를 전력으로 변환하는 발전 방식으로, 조수 간만의 차가 큰 서해안이 동해안보다 전력 생산에 유리하다.

- 2단계(X): 풍력은 풍력 발전기의 날개가 바람에 의해 돌 때 소음이 발생한다. 반면, 태양광은 발전 시 소음 피해가 거의 없다. 따라서 태양광은 풍력보다 전력 생산 시 소음이 적게 발생한다.

- 3단계(O): 풍력은 바람의 힘으로 풍차를 돌려 전력을 생산하므로 바람이 많이 부는 곳이 유리하다. 따라서 풍력은 조력보다 전력 생산 시 기상 조건의 제약을 많이 받는다.

- 4단계(O): 수력은 일제 강점기 때부터 전력 생산에 이용되었고, 태양광은 1980년대 이후 전력 생산에 이용되기 시작하였다. 따라서 수력은 태양광보다 우리나라에서 전력 생산에 이용된 시기가 이르다.

선택형 문제로 개념 확인

(1) 경기도 안산의 시화호에는 조수 간만의 차를 이용하는 (조력, 풍력) 발전소가 있다.

(2) (수력, 태양광)은 신·재생 에너지 중 총발전량이 가장 많으며, 일사량이 많은 전남, 전북 등에서 발전량 비율이 높다.

(1) 조력 (2) 태양광

지도는 신·재생 에너지원별 생산량 상위 5개 지역을 나타낸 것이다. (가)~(다) 에너지에 대한 설명으로 옳은 것은? (단, (가)~(다)는 각각 수력, 태양광, 풍력 중 하나임.)

┌ 태양광: 일사량이   ┌ 풍력: 제주가 상위 5개   ┌ 수력: 한강,
(가) 풍부한 전북, 전남 등 (나) 지역에 포함   (다) 낙동강 유역

＊ 수력은 양수식을 제외함. (2022)

① (나)는 낙차가 크고 유량이 풍부한 곳이 발전에 유리하다.
    (다)

② (다)는 일조 시수가 긴 지역에서 개발 잠재력이 높다.
    (가)

③ (다)는 (가)보다 주간과 야간의 생산량 차이가 <del>크다</del>.
                                        작다

④ 전남은 (가)보다 (나)의 생산량이 많다.
           (나)   (가)

✔ ⑤ 전국 총생산량은 (가)~(다) 중 (가)가 가장 많다.
    └ (가) 태양광 〉(다) 수력 〉(나) 풍력 순(2020년 기준)

｜자료 분석｜

(가)는 강원, 충남, 전북, 전남, 경남이 신·재생 에너지원별 생산량 상위 5개 지역이므로 주로 일사량이 풍부한 지역에서 생산량이 많은 태양광이다. (나)는 강원, 경북, 전북, 전남, 제주가 상위 5개 지역이므로 해안이나 산지 지역에서 생산량이 많은 풍력이다. (다)는 강원, 경기, 충북, 경북, 경남이 상위 5개 지역이므로 한강 유역과 낙동강 유역에서 생산량이 많은 수력이다.

｜선지 해설｜

① (나) 풍력은 주로 바람이 많은 해안이나 산지 지역에서 발전에 유리해 제주(제주), 대관령(강원), 태백(강원), 영덕(경북) 등에 주로 분포한다. 낙차가 크고 유량이 풍부한 곳이 발전에 유리한 것은 (다) 수력이다.

② (다) 수력은 유량이 풍부하고 낙차가 큰 곳에서 발전에 유리해 한강(강원, 충북, 경기), 낙동강(경북, 경남) 유역에 주로 분포한다. 일조 시수가 긴 지역에서 개발 잠재력이 높은 것은 (가) 태양광이다.

③ (다) 수력은 일정한 물 공급이 있으면 24시간 안정적인 전력 생산이 가능하므로 주간과 야간에 큰 생산량 차이가 없지만, (가) 태양광은 일사량의 영향으로 주간에만 전력 생산이 가능하고 야간에는 전력 생산이 어렵다. 따라서 (다) 수력은 (가) 태양광보다 주간과 야간의 생산량 차이가 작다.

④ 전국 총생산량은 (가) 태양광이 (나) 풍력보다 많으며 일사량이 풍부한 전남은 지역 내 에너지 생산량이 차지하는 비율에서 (가) 태양광이 (나) 풍력보다 높다. 따라서 전남은 (가) 태양광이 (나) 풍력보다 생산량이 많다.

⑤ 전국 신·재생 에너지 총생산량 중 가장 많은 것은 (가) 태양광이다. 따라서 전국 총생산량은 (가)~(다) 중 (가) 태양광이 가장 많다.

그래프는 지도에 표시된 네 지역의 신·재생 에너지 총생산량과 생산 비율을 나타낸 것이다. (가)~(라) 지역에 대한 설명으로 옳은 것만을 〈보기〉에서 고른 것은? [3점]

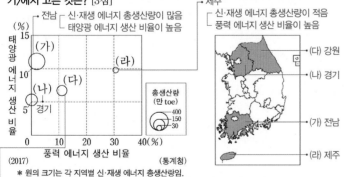

┌ 전남 ┌ 신·재생 에너지 총생산량이 많음
         └ 태양광 에너지 생산 비율이 높음

┌ 제주
┌ 신·재생 에너지 총생산량이 적음
└ 풍력 에너지 생산 비율이 높음

(다) 강원
(나) 경기
(가) 전남
(라) 제주

＊ 원의 크기는 각 지역별 신·재생 에너지 총생산량임.
＊＊ 각 지역의 신·재생 에너지 총생산량 중 풍력과 태양광이 차지하는 비율은 원의 중심 값임.
└ 강원: (라)보다 풍력 에너지 생산 비율이 낮음

〈보기〉

ㄱ. (나)에서는 조력 발전이 이루어진다.
    (가) └ 전남 영광
ㄴ. (다)에는 원자력 발전소가 있다.
ㄷ. (다)는 (나)보다 수력 발전에 의한 전력 생산량이 많다.
                              적다
ㄹ. (라)는 (가)보다 태양광 에너지 생산량이 <del>많다</del>.

① ㄱ, ㄴ ✔②ㄱ, ㄷ ③ ㄴ, ㄷ ④ ㄴ, ㄹ ⑤ ㄷ, ㄹ

｜자료 분석｜

(가)는 (가)~(라) 지역 중 신·재생 에너지 총생산량이 가장 많고 태양광 에너지 생산 비율이 가장 높으므로 전남이다. (라)는 (가)~(라) 중 해당 지역의 신·재생 에너지 총생산량 중 풍력 에너지가 차지하는 비중이 가장 높고 신·재생 총생산량이 가장 적으므로 제주이다. (다)는 (라)보다 풍력 에너지 생산 비율이 낮으므로 강원이다. 강원도는 제주도와 함께 풍력 발전이 활발히 이루어지지만 수력 발전에 의한 생산량 또한 많아 제주도에 비해 풍력 에너지 생산 비율은 낮고 신·재생 에너지 총생산량은 많다. (나)는 경기이다.

｜보기 해설｜

ㄱ. 우리나라에서 유일하게 조력 발전이 이루어지고 있는 곳은 경기도 안산 시화호이다. 따라서 (나) 경기에서는 조력 발전이 이루어진다.

ㄴ. (다) 강원에는 원자력 발전소가 위치해 있지 않으며, (가) 전남에 위치해 있다. 우리나라의 원자력 발전소는 경북 울진과 경주, 부산 기장, 전남 영광에 위치해 있다.

ㄷ. 수력 발전은 유량이 풍부하고 낙차가 큰 지역일수록 유리하다. 따라서 (다) 강원은 (나) 경기보다 수력 발전에 의한 전력 생산량이 많다.

ㄹ. (가) 전남은 우리나라에서 태양광 에너지 생산량과 신·재생 에너지 총생산량이 가장 많다. 따라서 (라) 제주는 (가) 전남보다 태양광 에너지 생산량이 적다.

33 신·재생 에너지의 특성 22학년도 3월 학평 20번 정답 ② | 정답률 52%

(가), (나) 자원을 A~C 그래프에서 고른 것은? (단, 수력, 태양광, 풍력만 고려함.) [3점]

○○군의 상징인 매화 모양으로 만든 (가) 발전의 패널은 수면에 띄우는 방식으로 설치되었다. ○○군의 경우 ○○댐에서 생산하는 (나) 발전량과 ○○군에 설치된 (가) 발전량을 합치면, 연간 전력 사용량을 모두 재생 에너지로 생산할 수 있게 된다. 햇빛·물·지열·강수·생물 유기체 등을 활용하여 얻는 에너지 → 태양열·태양광, 풍력, 수력, 지열, 조력 등

▲ ○○군 (가) 발전
(가) 태양광 / (나) 수력

〈A~C의 시·도별 생산 현황〉 2019년 기준 생산량: 태양광〉수력〉풍력

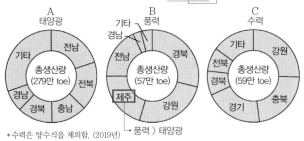

A 태양광 — 총생산량 (279만 toe) / 전남, 전북, 충남, 경북, 경남, 기타
B 풍력 — 총생산량 (57만 toe) / 경북, 강원, 제주, 전남, 경남, 기타 — 풍력〉태양광
C 수력 — 총생산량 (59만 toe) / 강원, 충북, 경기, 경북, 전북, 기타

*수력은 양수식을 제외함. (2019년)

(가)	(나)		(가)	(나)
① A	B		② A	C
③ B	A		④ B	C
⑤ C	A			

자료 분석
(가)는 패널을 활용하여 전력을 생산하는 태양광이다. (나)는 댐을 이용하여 전력을 생산하는 수력이다. 경남 합천에서는 합천의 상징인 매화 형태의 수상 태양광 발전과 합천댐의 수력 발전을 병행하여 재생 에너지를 생산하고 있다.

선지 해설
② (가) – A, (나) – C

- A는 A~C 중 총생산량이 가장 많으며 전남, 전북 등에서 생산 비율이 높다. 수력, 태양광, 풍력 중에서 총생산량이 가장 많은 것은 태양광이며, 태양광은 일사량이 많은 전남, 전북 등에서 생산 비율이 높다. 따라서 A는 (가) 태양광이다.
- B는 A~C 중 경북, 강원, 제주 등에서 생산 비율이 높다. 이들 지역은 강한 바람이 많이 부는 해안이나 산지 지역을 중심으로 풍력 발전이 발달하였다. 따라서 B는 풍력이다.
- C는 강원, 충북, 경기 등에서 생산 비율이 높다. 강원, 충북, 경기 등은 한강 및 낙동강 중·상류가 위치하는 곳으로, 이들 지역은 비교적 큰 낙차를 이용한 수력 발전이 발달하였다. 따라서 C는 (나) 수력이다.

34 신·재생 에너지의 특성 23학년도 10월 학평 12번 정답 ④ | 정답률 75%

그래프는 재생 에너지원별 세 지역의 발전량 비율을 나타낸 것이다. (가)~(다) 에너지에 대한 설명으로 옳은 것은? (단, (가)~(다)는 각각 수력, 태양광, 풍력 중 하나이고, A, B는 각각 강원, 제주 중 하나임.) [3점]

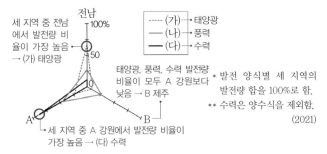

세 지역 중 전남에서 발전량 비율이 가장 높음 → (가) 태양광

(가) → 태양광 / (나) → 풍력 / (다) → 수력

태양광, 풍력, 수력 발전량 비율이 모두 A 강원보다 낮음 → B 제주

* 발전 양식별 세 지역의 발전량 합을 100%로 함.
** 수력은 양수식을 제외함. (2021)

세 지역 중 A 강원에서 발전량 비율이 가장 높음 → (다) 수력

① (가)는 유량이 풍부하고 낙차가 큰 지역이 발전에 유리하다. (다) 수력
② (가)는 (나)보다 낮과 밤의 발전량 차이가 작다. 크다
③ (나)는 (다)보다 제주에서의 발전량이 적다. 많다
④ (다)는 (가)보다 우리나라에서 상용화된 시기가 이르다. 수력, 태양광, 풍력 중 수력이 상용화된 시기가 가장 이름
⑤ (가)~(다) 중 전국 발전량은 (나)가 가장 많다. (가)

자료 분석
제시된 세 지역은 전남, 강원, 제주이다. A, B 중 (가)~(다) 에너지 모두 발전량 비율이 높은 A는 강원이며, 나머지 B는 제주이다. (가)는 전남에서 발전량 비율이 가장 높은 것으로 보아 태양광 발전이다. (다)는 제주에서 발전량 비율이 매우 낮고 강원에서 발전량 비율이 가장 높으므로 수력이다. 나머지인 (나)는 풍력으로 강원에서 발전량 비율이 가장 높고 전남과 제주의 발전량 비율이 비슷하다.

선지 해설
① (가) 태양광은 일사량이 풍부한 지역에서 유리한 발전 양식이다. 유량이 풍부하고 낙차가 큰 지역이 발전에 유리한 것은 (다) 수력 발전이다.

② (가) 태양광은 밤에는 에너지 생산이 어렵게 때문에 밤의 발전량 대비 낮의 발전량 비율이 매우 높은 반면, (나) 풍력은 낮과 밤이 에너지 생산에 미치는 영향이 작으므로 낮과 밤의 발전량 차이가 작다. 따라서 (가) 태양광은 (나) 풍력보다 낮과 밤의 발전량 차이가 크다.

③ 제주는 기반암의 특성으로 인하여 지표수가 부족하기 때문에 수력 발전을 하기에 불리하다. 반면 바람이 많은 해안의 특성을 활용하여 풍력 발전이 발달하였다. 따라서 (나) 풍력은 (다) 수력보다 제주에서의 발전량이 많다.

④ (다) 수력은 1900년대부터 상용화된 반면 (가) 태양광은 1990년대 이후 상용화되었다. 따라서 (다) 수력은 (가) 태양광보다 우리나라에서 상용화된 시기가 이르다.

⑤ 우리나라 신·재생 에너지 에너지원 중 발전량이 가장 많은 것은 (가) 태양광이다. 따라서 (가)~(다) 중 전국 발전량은 (가) 태양광이 가장 많다.

그래프는 A ~ D 에너지원별 발전량 비율의 변화를 나타낸 것이다. 이에 대한 설명으로 옳은 것은? (단, A ~ D는 각각 석유, 석탄, 원자력, 천연가스 중 하나임.)

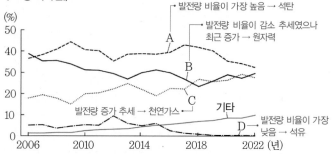

- 발전량 비율이 가장 높음 → 석탄
- 발전량 비율이 감소 추세였으나 최근 증가 → 원자력
- 발전량 증가 추세 → 천연가스
- 발전량 비율이 가장 낮음 → 석유

① A는 냉동 액화 기술의 발달로 소비량이 급증하였다.
　 C

② B는 화학 공업의 원료 및 수송용 연료로 이용된다.
　 D

③ C는 A보다 연소 시 대기 오염 물질 배출량이 많다.
　 　 　 　 　 　 　 　 　 　 　 　 　 적다

✔④ D는 C보다 우리나라에서 상용화된 시기가 이르다.
　 └ 석탄 → 수력 → 석유 → 원자력 → 천연가스 순

⑤ 천연가스는 원자력보다 2010년의 발전량이 많다.
　 　 　 　 　 　 　 　 　 　 　 적다

| 자료 분석 |

A는 발전량 비율이 가장 높은 석탄, B는 발전량 비율이 감소 추세였으나 최근 발전량 비율이 증가해 석탄 다음으로 발전량 비율이 높은 원자력, C는 발전량 비율이 지속적으로 증가 추세인 천연가스, D는 발전량 비율이 가장 낮은 석유이다.

| 선지 해설 |

① A 석탄은 산업화 초기 주요 에너지 자원이었으며 냉동 액화 기술과는 관련이 없다. 냉동 액화 기술의 발달로 운반과 사용이 편리해지면서 소비량이 급증한 에너지원은 C 천연가스이다.

② B 원자력은 주로 전력 생산용 연료로 이용된다. 화학 공업의 원료 및 수송용 연료로 이용되는 대표적인 에너지원은 D 석유이다.

③ C 천연가스는 다른 에너지원보다 연소 시 대기 오염 물질을 적게 배출한다. 주요 화석 에너지 중 대기 오염 물질 배출량은 석탄, 석유, 천연가스 순으로 많다. 따라서 C 천연가스는 A 석유보다 연소 시 대기 오염 물질 배출량이 적다.

④ C 천연가스는 1980년대부터 상용화되었으며 D 석유보다 우리나라에서 상용화된 시기가 늦다. 따라서 D 석유는 C 천연가스보다 우리나라에서 상용화된 시기가 이르다.

⑤ 그래프에서 2010년 발전량 비율은 석탄 〉원자력 〉천연가스 〉석유 〉기타 순으로 높다. 따라서 천연가스는 원자력보다 2010년의 발전량이 적다.

그래프는 지도에 표시된 네 지역의 신·재생 에너지 발전량 비율을 나타낸 것이다. 이에 대한 설명으로 옳은 것은? (단, A~D는 각각 수력, 조력, 태양광, 풍력 중 하나임.) [3점]

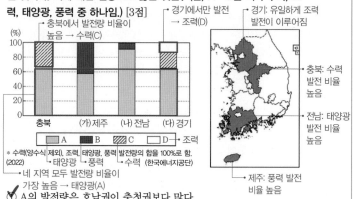

- 충북에서 발전량 비율이 높음 → 수력(C)
- 경기에서만 발전 → 조력(D)
- 경기: 유일하게 조력 발전이 이루어짐
- 네 지역 모두 발전량 비율이 가장 높음 → 태양광(A)
- 충북: 수력 발전 비율 높음
- 전남: 태양광 발전 비율 높음
- 제주: 풍력 발전 비율 높음

* 수력(양수식 제외), 조력, 태양광, 풍력 발전량의 합을 100%로 함. (2022) (한국에너지공단)

✔① A의 발전량은 호남권이 충청권보다 많다.
　 └ 호남권 〉영남권 〉충청권 〉강원·제주권 〉수도권 순

② B의 발전량은 여름이 겨울보다 많다.
　 　 　 　 　 　 　 　 　 　 적다

③ D는 C보다 발전 시 기상 조건의 영향을 크게 받는다.
　 　 　 　 　 　 　 　 　 　 　 　 작게

④ (가)는 (나)보다 신·재생 에너지 총발전량이 많다.
　 　 　 　 　 　 　 　 　 　 　 　 　 적다

⑤ (나)는 제주권, (다)는 호남권에 위치한다.
　 　 호남권 　 　 수도권

| 자료 분석 |

지도의 네 지역은 경기, 충북, 전남, 제주이다. 그래프에서 A~D 중 유일하게 (다)에서만 발전이 이루어지는 D는 조력이고, (다)는 경기이다. A~C 중 네 지역에서 모두 발전량 비율이 가장 높은 A는 태양광이고, (다) 경기에서 발전량 비율이 두 번째로 높은 C는 수력, 나머지 B는 풍력이다. (가), (나) 중 상대적으로 태양광(A) 발전량 비율이 높은 (나)는 전남이고, 나머지 (가)는 제주이다.

| 선지 해설 |

① A 태양광 발전량은 호남권에 속한 전남, 전북이 각각 1위, 2위로 호남권에서 발전량 비율이 높다. 따라서 A 태양광 발전량은 호남권(약 1,230만 MWh)이 충청권(약 565.3만 MWh)보다 많다(2022년 기준).

② B 풍력 발전은 바람의 운동 에너지를 사용하여 전기를 생산하는 발전 양식으로 풍속이 강하고 풍향이 일정한 겨울철에 전력 생산량이 가장 많다. 따라서 B 풍력 발전량은 여름이 겨울보다 적다.

③ D 조력 발전은 달과 태양의 중력 작용에 의해 생성되는 조수 간만의 차이를 이용하며, 바다의 조류는 기상 조건의 변화와 상관없이 일정하기 움직인다. 반면 C 수력 발전은 강수량과 같은 지역의 기상 조건에 따라 그 효율성이 크게 변동될 수 있다. 따라서 D 조력은 C 수력보다 발전 시 기상 조건의 영향을 작게 받는다.

④ (가) 제주(약 299.6만 MWh)는 (나) 전남(약 748.1만 MWh)보다 신·재생 에너지 총발전량이 적다(2022년 기준).

⑤ (나) 전남은 호남권, (다) 경기는 수도권에 위치한다.

17
일차

01 ②	02 ②	03 ④	04 ③	05 ⑤	06 ⑤	07 ③	08 ④	09 ③	10 ③	11 ②	12 ④
13 ②	14 ④	15 ⑤	16 ②	17 ①	18 ②	19 ⑤	20 ④	21 ②	22 ②	23 ②	24 ④
25 ④	26 ②	27 ②	28 ④	29 ④	30 ④	31 ⑤	32 ④				

문제편 151~158쪽

01 주요 작물의 특징 25학년도 9월 모평 5번

정답 ② | 정답률 90%

다음 글은 주요 작물의 특성에 대한 것이다. (가)~(다)에 대한 설명으로 옳은 것은? (단, (가)~(다)는 각각 맥류, 쌀, 채소 중 하나임.)

> (가) 은/는 우리나라에서 가장 많이 생산되는 곡물로 중·남부 지방의 평야 지역에서 주로 재배되고 있다. 식생활 변화와 농산물 시장 개방 등으로 (가) 의 1인당 소비량과 재배 면적이 감소하였다. (나) 은/는 주로 (가) 의 그루갈이 작물로 남부 지방에서 재배되고 있다. 과거 (가) 와/과 함께 대표적 주곡 작물로 인식되었으나, 1980년에 비해 (나) 의 재배 면적과 생산량이 많이 감소하였다. (다) 은/는 식생활 변화에 따른 소비 증가로 생산량이 증가하였고, 대도시 주변과 원교 농촌 지역에서도 상업적으로 재배되고 있다. 고위 평탄면과 같이 유리한 기후 조건을 가진 지역에서도 재배된다.

(가) → 쌀
(나) → 맥류
(다) → 채소
고위 평탄면과 같이 유리한 기후 조건 → 여름철 서늘한 기후
호남권에서 재배되는 양이 많음

① (나)의 생산량은 영남권이 호남권보다 많다. 적다
✔ ② (가)는 (다)보다 재배 면적이 넓다.
③ (나)는 (가)보다 식량 작물 중 자급률이 높다. 낮다
④ (나)는 (다)보다 생산량이 많다. 적다
⑤ 제주에서는 (가) 재배 면적이 (다) 재배 면적보다 넓다. 좁다
  └ 제주에서는 벼농사가 거의 이루어지지 않음

| 자료 분석 |

(가)는 우리나라에서 가장 많이 생산되고 있으며 식생활 변화와 농산물 시장 개방 등으로 1인당 소비량과 재배 면적이 감소한 쌀이다. (나)는 (가) 쌀의 그루갈이 작물로 남부 지방에서 재배되며 1980년에 비해 재배 면적과 생산량이 많이 감소한 맥류이다. (다)는 식생활에 따른 소비 증가로 생산량이 증가하였고, 대도시 주변과 원교 농촌 지역에서도 상업적으로 재배되고 있는 채소이다.

| 선지 해설 |

① (나) 맥류의 생산량은 영남권이 호남권보다 적다. (나) 맥류는 쌀의 그루갈이 작물로 전남과 전북에서 주로 생산되며, 우리나라 맥류의 약 80%가 호남권에서 생산된다.

②(가) 쌀은 (다) 채소보다 재배 면적이 넓다. (가) 쌀은 우리나라에서 재배 면적이 가장 넓은 작물로, 쌀의 재배 면적은 우리나라 전체 작물 재배 면적의 40% 이상을 차지한다.

③ (나) 맥류는 (가) 쌀보다 식량 작물 중 자급률이 낮다. 식량 작물 중 자급률이 가장 높은 작물은 (가) 쌀이며, 쌀의 자급률은 90% 이상으로 높다.

④ (나) 맥류는 (다) 채소보다 생산량이 적다. 우리나라 작물 중 생산량이 가장 많은 작물은 (다) 채소이다.

⑤ 제주에서는 (가) 쌀 재배 면적이 (다) 채소 재배 면적보다 좁다. 제주는 기반암의 특성상 빗물이 지하로 잘 스며들고 지표수가 부족하여 벼농사가 거의 이루어지지 않는다.

02 주요 작물의 특징 24학년도 수능 10번

정답 ② | 정답률 83%

그래프는 주요 농산물의 1인당 소비량 변화를 나타낸 것이다. (가)~(라)에 대한 설명으로 옳은 것은? (단, (가)~(라)는 각각 과실, 보리, 쌀, 채소 중 하나임.)

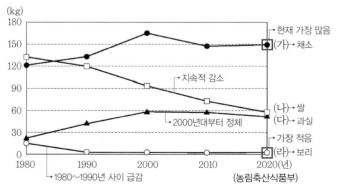

현재 가장 많음 → (가) 채소
지속적 감소
2000년대부터 정체
가장 적음
(나) 쌀
(다) 과실
(라) 보리
1980~1990년 사이 급감
(농림축산식품부)

① (가)는 (나)보다 재배 면적이 넓다. 좁다
✔ ② (나)는 (가)보다 노지 재배 면적 비율이 높다.
③ 전남은 (가)보다 (다)의 생산량이 많다. 적다
④ 제주는 (다)보다 (나)의 재배 면적이 넓다. 좁다
⑤ 강원은 전북보다 (라)의 생산량이 많다. 적다

| 자료 분석 |

그래프에서 2020년 1인당 소비량이 가장 많은 (가)는 채소이며, 1980년 1인당 소비량이 가장 많았지만 지속적으로 1인당 소비량이 감소하고 있는 (나)는 쌀이다. 2000년부터 1인당 소비량이 정체되어 있는 (다)는 과실이며, 1인당 소비량이 가장 적은 (라)는 보리이다.

| 선지 해설 |

① (가) 채소는 (나) 쌀보다 재배 면적이 좁다. 우리나라에서 재배 면적이 가장 넓은 농산물은 쌀이다.

②(나) 쌀은 (가) 채소보다 노지 재배 면적 비율이 높다. 채소는 비닐하우스 등 시설 재배를 통해 작물을 재배하기도 하지만 쌀은 주로 노지에서 재배한다.

③ 전남은 (다) 과실보다 (가) 채소의 생산량이 많다. 경북과 제주 등지는 과실의 생산량이 채소의 생산량보다 많다.

④ 제주는 (나) 쌀보다 (다) 과실의 재배 면적이 넓다. 제주에서는 쌀이 거의 재배되지 않는다.

⑤ 강원은 전북보다 (라) 보리의 생산량이 적다. 보리는 쌀의 그루갈이 형태로 재배되는데 주로 기온이 온화한 남부 지역에서의 생산량이 많다.

03 주요 작물의 특징 24학년도 9월 모평 9번

정답 ④ | 정답률 87%

다음 글은 강원도 세 지역의 농산물에 대한 것이다. (가)~(다)에 대한 설명으로 옳은 것은? (단, (가)~(다)는 각각 배추, 쌀, 옥수수 중 하나임.)

> ○ 철원군은 **철원 평야**에서 냉해에 강하고 재배 기간이 짧은 품종 ←쌀
> 으로 [(가)] 을/를 생산한다. 한탄강 물을 이용하여 생산한
> [(가)] 을/를 지리적 표시제 농산물로 등록하였다.
> ○ 홍천군은 **산지가 많아** [(나)] 재배 농가가 많다. 홍천의 ←옥수수
> [(나)]은/는 단맛이 풍부하고 껍질이 얇아 씹는 맛이 부드러
> 워 인기가 많으며, **지리적 표시제 농산물로 등록되었다**. ←배추
> ○ 평창군은 해발 고도가 높고 기온이 낮아 여름철 [(다)] 재배
> 에 유리하다. **고위 평탄면에서 재배되는** [(다)]은/는 다른 지
> 역과 출하 시기가 달라 시장 경쟁력이 높다.

① (가)의 생산량이 가장 많은 도(道)는 경북이다.
　　　　　　　　　　　　　　　　　　전남
② (나)는 밭보다 논에서 주로 재배된다.
　(가)
③ (다)는 노지 재배 비율보다 시설 재배 비율이 높다.
　　　　　　　　　　　　　　　　　　낮다
✓④ (가)는 (나)보다 국내 식량 자급률이 높다.
⑤ (다)는 (가)보다 우리나라에서 재배되는 면적이 넓다.
　　　　　　　　　　　　　　　　　　　　좁다

| 자료 분석 |

(가)는 평야에서 재배되고 한탄강 물을 이용하여 생산한다고 하였으므로, 철원의 지리적 표시제 농산물로 등록된 쌀이다. (나)는 산지에서 재배되고 단맛이 풍부하고 껍질이 얇다고 하였으므로, 홍천의 지리적 표시제 농산물로 등록된 옥수수이다. (다)는 평창의 고위 평탄면에서 여름철에 주로 재배되는 배추이다. 배추는 고위 평탄면의 여름철 서늘한 기후를 이용해 노지에서 재배가 이루어진다.

| 선지 해설 |

① (가) 쌀의 생산량이 가장 많은 도(道)는 전남(2022년 기준)이다.

② (나) 옥수수는 논보다 밭에서 주로 재배된다. 밭보다 논에서 주로 재배되는 작물은 (가) 쌀이다.

③ (다) 배추는 노지 재배 비율보다 시설 재배 비율이 낮다.

④ (가) 쌀은 (나) 옥수수보다 국내 식량 자급률이 높다. 쌀은 우리나라의 식량 작물 중 국내 식량 자급률이 가장 높다.

⑤ (다) 배추는 (가) 쌀보다 우리나라에서 재배되는 면적이 좁다.

---

04 지역별 농업 특징 25학년도 6월 모평 17번

정답 ③ | 정답률 55%

그래프는 세 작물의 시·도별 생산량 비율을 나타낸 것이다. (가)~(다)에 대한 설명으로 옳은 것은? (단, (가)~(다)는 각각 과실, 쌀, 채소 중 하나임.) [3점]

*생산량 기준 상위 4개 지역만 표현하며, 나머지 지역은 기타로 함.
(2022) ↑강원의 비율이 상대적으로 높음 → 채소
↑전북의 비율이 상대적으로 높음 → 쌀
(농림축산식품부) ↑제주의 비율이 상대적으로 높음 → 과실

① (다)의 재배 면적은 제주가 가장 넓다.
　　　　　　　　　　　경북이
② (가)는 논, (나)는 밭에서 주로 재배된다.
　　　　밭　　　　논
✓③ 전남은 (가)보다 (나)의 재배 면적이 넓다.
　↳ 논 면적 > 밭 면적
④ 강원은 (가)보다 (다)의 생산량이 많다.
　　　　　　　　　　　　　적다
⑤ (가)~(다) 중 시설 재배 면적 비율이 가장 높은 것은 (다)이다.
　　　　　　　　　　　　　　　　　　　　　　　　(가)

출제 경향

우리나라의 지역별 농업 특성이 나타난 자료를 제시하고 이를 통해 지역의 농업 특성을 비교하는 문항이 주로 출제된다. 벼, 채소, 과수 등 주요 작물이 어느 지역에서 주로 재배되는지를 자연환경과 연결시켜 정리해 두어야 한다.

| 자료 분석 |

(가)는 전남에서 가장 많이 생산되고 강원에서도 다른 작물에 비해 생산량 비율이 높으므로 채소이다. (나)는 전남, 충남, 전북 등 주로 평야가 넓게 발달한 지역에서 생산량이 많으므로 쌀이다. (다)는 경북에서 생산량이 가장 많고, 다음으로 제주에서 생산량이 많으므로 과실이다.

| 선지 해설 |

① (다) 과실의 재배 면적은 경북이 가장 넓다.

② (가) 채소는 밭, (나) 쌀은 논에서 주로 재배된다.

③ 전남은 평야가 발달한 지역으로 논 면적이 밭 면적보다 넓다. 따라서 전남은 (가) 채소보다 (나) 쌀의 재배 면적이 넓다.

④ 강원은 해발 고도가 높은 지역으로 과일 재배가 제한적이다. 반면 여름철 서늘한 기후를 이용한 고랭지 채소 재배가 활발하다. 따라서 강원은 (가) 채소보다 (다) 과실 생산량이 적다.

⑤ 시설 재배는 비닐하우스, 온실 등 인공적인 구조물에서 작물을 재배하는 방식이다. (가) 채소는 기후와 계절의 영향을 많이 받는 작물로 시설 재배의 비율이 다른 작물에 비해 높다. 반면 (나) 쌀은 대부분 노지에서 재배하며, (다) 과실 역시 대부분 노지에서 재배된다. 따라서 (가)~(다) 세 작물 중 시설 재배 면적 비율은 (가) 채소가 가장 높다.

05 지역별 농업 특성 22학년도 수능 14번

정답 ⑤ | 정답률 60%

그래프는 지도에 표시된 다섯 지역의 논·밭 비율 및 겸업 농가 비율을 나타낸 것이다. (가)~(마) 지역에 대한 설명으로 옳은 것은?

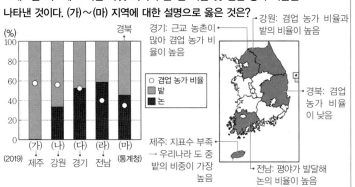

경북

범례:
○ 겸업 농가 비율
▨ 밭
■ 논

(2019) (가)제주 (나)강원 (다)경기 (라)전남 (마)경북 (통계청)

경기: 근교 농촌이 많아 겸업 농가 비율이 높음

강원: 겸업 농가 비율과 밭의 비율이 높음

경북: 겸업 농가 비율이 낮음

제주: 지표수 부족 → 우리나라 도 중 밭의 비중이 가장 높음

전남: 평야가 발달해 논의 비율이 높음

① (가)는 (나)보다 겸업 농가가 많다.
　　　　　　　　　　　　　 └ 적다
② (가)는 (마)보다 농가 인구가 많다.
　　　　　　　　　　　　　 └ 적다
③ (나)는 (라)보다 경지율이 높다.
　　　　　　　　　　　 └ 낮다
④ (다)는 (나)보다 경지 면적 중 노지 채소 재배 면적 비율이 높다.
　 └ 고랭지 농업 발달　　　　　　　　　　　　　　　 └ 낮다
⑤ (마)는 (라)보다 과실 생산량이 많다.
　　 └ 도 중 경북이 가장 많음

자료 분석

지도에 표시된 도(道)는 경기, 강원, 경북, 전남, 제주이다. (가)는 경지 면적의 대부분이 밭이므로 제주이다. (라)는 (가)~(마) 중 논의 비율이 가장 높으므로 전남이다. (마)는 (가)~(마) 중 겸업 농가 비율이 가장 낮으므로 전업 농가 비율이 높은 경북이다. (나)와 (다) 중 밭의 비율이 높은 (나)는 강원, (다)는 경기이다.

선지 해설

① (가) 제주는 (나) 강원보다 겸업 농가 비율이 높지만 총 농가 수가 우리나라 도 중에서 가장 적다. 따라서 (가)는 (나)보다 겸업 농가가 적다.

② 우리나라 도 중에서 (가) 제주는 농가 인구가 가장 적고, (마) 경북은 농가 인구가 가장 많다. 따라서 (가)는 (마)보다 농가 인구가 적다.

③ (나) 강원은 산지가 발달해 있는 반면, (라) 전남은 평야가 발달해 있다. 따라서 (나)는 (라)보다 해당 도의 면적에서 경지 면적이 차지하는 비율인 경지율이 낮다.

④ (나) 강원은 고랭지 농업이 이루어져 노지 채소 재배 면적 비율이 높은 반면, (다) 경기는 시설을 이용한 채소 재배 면적 비율이 높다. 따라서 (다)는 (나)보다 경지 면적 중 노지 채소 재배 면적 비율이 낮다.

⑤ 우리나라 도 중 (마) 경북이 과실 생산량이 가장 많으므로 (마)는 (라)보다 과실 생산량이 많다.

06 주요 작물의 특징 20학년도 9월 모평 5번

정답 ⑤ | 정답률 58%

다음 자료에 대한 설명으로 옳은 것은? (단, (가)~(다)와 A~C는 보리, 쌀, 옥수수 중 하나임.)

〈우리나라 주요 곡물 자급률〉

(나) 보리: 1990년 이후로 곡물 자급률이 급격히 낮아짐

(가) → 쌀: 곡물 자급률이 100% 내외로 높음

(나)
(다) → 옥수수: 곡물 자급률이 매우 낮음

1980 1985 1990 1995 2000 2005 2010 2015(년)
(농림축산식품 주요통계)

＊곡물 자급률은 사료용을 포함한 자료임.

○ 전라북도 고창군에서는 매년 4월~5월, [A] 재배 경관을 활용한 축제가 열린다. 과거 배고픔과 가난을 상징하던 [A]은/는 최근 건강 식품으로 각광을 받고 있다.
　　　　　　　　　　└ (나) 보리

○ 경기도 이천시는 [B]을/를 형상화한 '아리'라는 캐릭터를 이용하여 지역을 홍보하고 있다. 매년 10월이면 [B] 문화 축제가 열려 많은 관광객들이 찾고 있다.
　　　　　　　　　　　　　　　└ (가) 쌀

○ 강원도 홍천군과 정선군은 [C]을/를 지리적 표시제 작물로 등록하였다. 홍천군에서는 매년 7월이면 [C] 축제가 열려 많은 관광객들이 찾고 있다.
　　　　　　　　　　　　　　　 └ (다) 옥수수

　　　└ 전라남도
① (가)의 최대 생산지는 강원도이다.
　　(나)
② (다)는 (가)의 그루갈이 작물로 주로 재배된다.
　 (다)　　(나)
③ (나)는 (다)보다 가축의 사료로 이용되는 비중이 높다.
　　　└ 전남　　　　　　└ 제주도
④ B의 생산량이 가장 많은 도(道)는 경지율이 가장 높다.
⑤ A는 (나), B는 (가), C는 (다)이다.

자료 분석

〈우리나라 주요 곡물 자급률〉 그래프에서 곡물 자급률이 100% 내외로 높은 자급률을 유지하는 (가)는 쌀이다. (나)는 1990년대 이후로 곡물 자급률이 급격히 떨어진 것으로 보아 식생활 변화로 소비가 감소하여 재배 역시 감소한 보리이다. (다)는 곡물 자급률이 매우 낮으므로 대부분 수입에 의존하고 있는 옥수수이다. A는 과거 쌀의 그루갈이 작물로 전남, 전북 등과 같은 남부 지방에서 주로 재배된 보리이다. 경기도 이천시의 쌀은 지리적 표시제로 등록되어 있으며 해마다 쌀 문화 축제가 열리고 있다. 따라서 B는 쌀이다. C는 강원도의 산지 지역에서 주로 재배되는 옥수수이다.

선지 해설

① (가) 쌀은 기후가 온화하고 평야가 발달한 남서부에 위치한 충남, 전북, 전남의 생산량이 많다. 강원도는 (다) 옥수수의 최대 생산지이다.

② (가) 쌀의 그루갈이 작물로 주로 재배되는 것은 (나) 보리이며, (다) 옥수수는 그루갈이 작물로 거의 재배되지 않는다.

③ 가축의 사료로 주로 이용되는 작물은 (다) 옥수수이다. 따라서 (다) 옥수수는 (나) 보리보다 가축의 사료로 이용되는 비중이 높다.

④ B 쌀의 생산량이 가장 많은 도(道)는 전남이다. 제주도는 평지와 완경사지가 많아 경지율이 우리나라 도(道) 중에서 가장 높다. 따라서 B의 생산량이 가장 많은 도(道)는 경지율이 가장 높지 않다.

⑤ 전라북도 고창군에서는 해마다 보리 축제가 개최되고 있다. 따라서 A는 (나) 보리이다. 경기도 이천시는 지리적 표시제로 등록된 쌀로 유명하다. 따라서 B는 (가) 쌀이다. 강원도 홍천군은 산지가 많아 주로 옥수수를 재배하며 해마다 옥수수 축제가 열리고 있다. 따라서 C는 (다) 옥수수이다.

그래프의 A~C에 대한 설명으로 옳은 것만을 〈보기〉에서 고른 것은?
(단, A~C는 각각 과수, 쌀, 채소 중 하나임.) [3점]

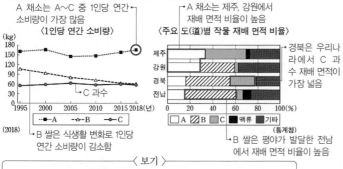

A 채소는 A~C 중 1인당 연간 소비량이 가장 많음
〈1인당 연간 소비량〉

A 채소는 제주, 강원에서 재배 면적 비율이 높음
〈주요 도(道)별 작물 재배 면적 비율〉

경북은 우리나라에서 C 과수 재배 면적이 가장 넓음

B 쌀은 식생활 변화로 1인당 연간 소비량이 감소함

B 쌀은 평야가 발달한 전남에서 재배 면적 비율이 높음

─────〈 보기 〉─────
ㄱ. A의 생산량은 제주가 가장 많다.
　　　　　　　　　　전남
ㄴ. 전남에서 A는 C보다 생산량이 많다.
　　A 채소는 시설 재배가 이루어지는 경우가 많음
ㄷ. B는 A보다 노지 재배 비율이 높다.
ㄹ. 우리나라에서 C는 B보다 총 재배 면적이 넓다.
　　　　　　　　　　　B　　C

① ㄱ, ㄴ　② ㄱ, ㄷ　✔③ ㄴ, ㄷ　④ ㄴ, ㄹ　⑤ ㄷ, ㄹ

| 자료 분석 |

A는 A~C 중 1인당 연간 소비량이 가장 많고 제주와 강원의 작물 재배 면적 비율에서 높게 나타나므로 채소이다. B는 1인당 연간 소비량이 해마다 감소하고 있으며 전남의 작물 재배 면적 비율에서 가장 높으므로 쌀이다. C는 A~C 중 1인당 연간 소비량이 가장 적지만 제주와 경북의 작물 재배 면적 비율에서 가장 높으므로 과수이다.

| 보기 해설 |

ㄱ. 제주는 전남보다 도(道)별 작물 재배 면적 비율에서 A 채소가 차지하는 비율이 높다. 하지만 제주는 전남보다 작물 재배 면적 자체가 좁아 채소 재배 면적과 채소 생산량이 적다. 우리나라 도(道) 중 채소 생산량은 전남이 가장 많다.

ㄴ. 전남의 도(道)별 작물 재배 면적 비율에서 A 채소가 C 과수보다 재배 면적 비율이 높으므로 생산량 역시 A가 C보다 많다.

ㄷ. A 채소는 여름철 서늘한 기후를 이용해 고랭지 농업으로 재배되기도 하지만 경기도, 경상남도처럼 대도시 주변의 근교 농촌에서는 시설 재배를 통해 재배가 이루어진다. B 쌀은 주로 여름철의 고온 다습한 기후를 이용해 노지에서 재배된다. 따라서 B 쌀은 A 채소보다 노지 재배 비율이 높다.

ㄹ. B 쌀의 재배 면적은 지속적으로 감소하고 있지만 현재 우리나라에서 재배되는 작물 중 총 재배 면적이 가장 넓다.

다음은 신문 기사의 일부이다. ㉠~㉣ 작물에 대한 설명으로 옳은 것은? [3점]

종류가 다른 작물을 같은 경지에서 1년 중 다른 시기에 재배함 → 주로 남부 지방

□□신문　　　　　　2020년 ○월 ○일

우리나라에서 가장 많이 생산되는 식량 작물인 ㉠ 쌀은 식생활 구조 변화와 농산물 시장 개방 등으로 1인당 소비량과 재배 면적이 감소하고 있다. 주로 쌀의 그루갈이 작물로 재배되는 ㉡ 보리 또한 재배 면적과 생산량이 감소하고 있다. 반면에 소비자의 기호 변화 등에 따라 ㉢ 채소 및 ㉣ 과일과 같은 원예 작물은 1970년에 비해 1인당 소비량이 크게 증가하였다.

채소 〉쌀 〉과일 〉축산육류(2020년 기준)

① ㉠의 재배 면적은 시·도 중 경기도가 가장 넓다.
　　　　　　　　　　　전라남도
② ㉡은 식량 작물 중 자급률이 가장 높다.
　　┗ ㉠ 쌀
③ ㉣은 주로 하천 주변의 충적 평야에서 재배된다.
　　┗ ㉠ 쌀
✔④ ㉢은 ㉠보다 시설 재배에 의한 생산량이 많다.
　　　　　　┗ 서울과 인접한 경기에서 활발
⑤ 강원도는 제주도보다 ㉣의 생산량이 많다.
　　　　　　　　　　　　　　적다

| 자료 분석 |

㉠ 쌀은 우리나라에서 가장 많이 생산되는 주식 작물로 중부와 남부 지방의 평야 지역에서 주로 재배되고 있다. 쌀은 식생활 변화와 농산물 시장 개방으로 재배 면적과 1인당 소비량이 점차 감소하고 있다. ㉡ 보리는 주로 벼의 그루갈이 작물로 남부 지방에서 재배되고 있으나 식생활 변화로 소비량이 감소하고 있다. ㉢ 채소와 ㉣ 과일은 식생활 변화, 소득 증대, 교통 발달 등으로 1인당 소비량이 증가하였으며 재배 면적 비율도 증가하였다. 한편 채소와 과일 등은 대도시와 가까운 지역에서 시설 재배 면적 비율이 높은 편이다.

| 선지 해설 |

① ㉠ 쌀의 재배 면적은 시·도 중 전라남도가 가장 넓다. 쌀 재배 면적은 전남 〉충남 〉전북 〉경기 〉경남 순으로 넓다.

② 식량 작물 중 자급률이 가장 높은 작물은 ㉠ 쌀이다. 식량 작물 자급률은 ㉠ 쌀(약 92.9%) 〉㉡ 보리(약 38.2%) 〉콩(약 30.4%) 순으로 높다(2020년 기준).

③ ㉣ 과일은 주로 임야나 밭 등에서 재배된다. 하천 주변의 충적 평야에서 주로 재배되는 작물은 ㉠ 쌀이다.

④ ㉢ 채소는 대도시 근교에서 비닐하우스 등의 시설을 통해 많이 재배되는 반면 ㉠ 쌀은 노지에서 재배된다. 따라서 ㉢ 채소는 ㉠ 쌀보다 시설 재배에 의한 생산량이 많다.

⑤ ㉣ 과일 생산량은 제주도가 강원도보다 많다. 제주도는 감귤 생산량이 많으며 우리나라 시·도 중 두 번째로 과일 생산량이 많다. 한편 우리나라 시·도별 과일 생산량은 경북 〉제주 〉경남 〉전남 〉충북 순으로 많다(2021년 기준).

09 지역별 농업과 어업 특징 23학년도 3월 학평 13번

정답 ③ | 정답률 57%

그래프는 도(道)별 농·어가 비율 및 경지 면적을 나타낸 것이다. (가)~(라)에 대한 설명으로 옳은 것은? (단, (가)~(라)는 각각 경북, 전남, 제주, 충북 중 하나임.) [3점]

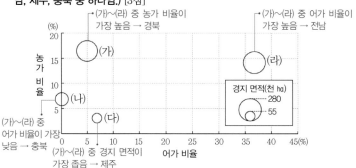

* 농·어가 비율은 원의 가운데 값임.
** 농·어가 비율은 전국에서 차지하는 비율임. (2021년)

① (가)는 전남이다.
　경북

② (다)는 논 면적이 밭 면적보다 넓다.
　　　　　　　　　　　　좁다

③ (가)는 (다)보다 전업농가 수가 많다.
　└→ 경북 〉 전남 〉 충남 〉 경남 〉 전북 순

④ (나)는 (라)보다 쌀 생산량이 많다.
　　　　　　　　　　　적다

⑤ (가)~(라) 중 과수 재배 면적은 (나)가 가장 넓다.
　　　　　　　　　　　　　　　(가)
　└→ 경북 〉 제주 〉 경남 〉 전남 〉 충북 순(2021년 기준)

자료 분석

(가)는 (가)~(라) 중에서 전국에서 차지하는 농가 비율이 가장 높으므로 농가가 가장 많은 지역을 의미한다. 경북은 우리나라에서 농가가 가장 많은 지역이므로 (가)는 경북이다. (나)는 어가 비율이 매우 낮은 지역이다. 어가 비율은 내륙에 위치한 지역에서 낮으므로 (나)는 충북이다. (다)는 경지 면적을 나타낸 원의 크기가 (가)~(라) 중에서 가장 작다. 제주는 우리나라에서 경지 면적이 가장 좁으므로 (다)는 제주이다. 나머지 (라)는 (가)~(라) 중에서 어가 비율이 가장 높은 지역이다. 전남은 우리나라에서 어가가 가장 많은 지역이므로 (라)는 전남이다.

선기 해설

① (가)는 (가)~(라) 중 농가가 가장 많고 경지 면적은 전남 다음으로 넓은 경북이다. 전남은 (라)이다.

② (다) 제주는 절리가 발달한 기반암의 특성으로 지표수가 부족해 논이 거의 분포하지 않으며 경지 면적 대부분은 밭으로 이용된다. 따라서 (다) 제주는 논 면적이 밭 면적보다 좁다.

③ (가) 경북은 우리나라에서 농가 수가 가장 많은 지역인 동시에 전업농가 수 및 비율이 가장 높은 지역이다. 반면 (다) 제주는 경북보다 농가 수도 적고 관광 산업과 관련된 서비스업에 종사하는 주민들이 상대적으로 많아 전업농가 수가 적다. 따라서 (가) 경북은 (다) 제주보다 전업농가 수가 많다.

④ (라) 전남은 우리나라에서 쌀 생산량이 가장 많은 지역이다. 따라서 (나) 충북은 (라) 전남보다 쌀 생산량이 적다.

⑤ (가)~(라) 중 과수 재배 면적은 (가)가 가장 넓다. 경북은 일조량이 풍부해 과수 재배가 활발하며, 과수의 생산량이 많다.

10 지역별 농업 특징 20학년도 수능 17번

정답 ③ | 정답률 65%

그래프는 세 작물의 지역별 재배 면적 비율을 나타낸 것이다. (가)~(라) 지역에 대한 설명으로 옳은 것만을 〈보기〉에서 고른 것은? (단, (가)~(라)는 각각 지도에 표시된 지역 중 하나임.) [3점]

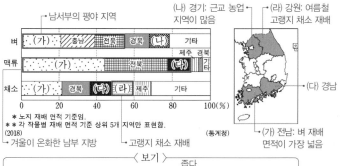

* 노지 재배 면적 기준임.
** 각 작물별 재배 면적 기준 상위 5개 지역만 표현함.
(2018)　　　　　　　　　　　　　　　　　(통계청)

─────〈 보기 〉─────
　　　　　　　　　　　　　　좁다
ㄱ. (나)는 (가)보다 농가당 경지 면적이 넓다.
ㄴ. (다)는 (라)보다 시설 재배 면적이 넓다.
ㄷ. (라)는 (가)보다 경지 면적 중 밭 비율이 높다.
　　　　　　　　　　　　　　(가)
ㄹ. (가)~(라) 중 농가 수는 (라)가 가장 많다.

① ㄱ, ㄴ　② ㄱ, ㄷ　③ ㄴ, ㄷ　④ ㄴ, ㄹ　⑤ ㄷ, ㄹ

자료 분석

벼는 평야가 발달한 남서부에 위치한 충남, 전북, 전남의 재배 면적이 넓다. 따라서 (가)는 전남이다. 보리를 포함하는 맥류는 평야가 발달되어 있으며 겨울철이 온난한 남부 지방에서 주로 재배되므로 (가) 전남, 전북 다음으로 재배 면적 비율이 높은 (다)는 경남이다. 채소는 겨울이 온난한 (가) 전남과 (다) 경남의 재배 면적 비율이 높고 해발 고도가 높아 여름철이 서늘한 강원도에서는 고랭지 채소 재배가 활발히 이루어진다. 따라서 (라)는 강원이다. (나)는 경기이다.

보기 해설

ㄱ. 근교 농업 지역이 많은 (나) 경기는 지가가 높아 농가당 경지 면적이 좁다. 반면 전통 농업 지역이 많은 (가) 전남은 지가가 낮아 농가당 경지 면적이 넓다. 따라서 (나) 경기는 (가) 전남보다 농가당 경지 면적이 좁다.

ㄴ. 시설 재배는 대도시 주변의 근교 농업 지역에서 주로 이루어진다. (다) 경남은 김해평야를 중심으로 화훼 작물 등을 비닐하우스 및 유리 온실을 이용하여 대규모로 재배하고 있다. 반면 (라) 강원은 시설 재배보다는 노지 재배가 주로 이루어지고 있다. 따라서 (다) 경남은 (라) 강원보다 시설 재배 면적이 넓다.

ㄷ. (라) 강원은 산지가 차지하는 비율이 높아 경지 면적 중 밭 비율이 높다. (가) 전남은 평야가 발달되어 있어 경지 면적 중 논 비율이 높다. 따라서 (라) 강원은 (가) 전남보다 경지 면적 중 밭 비율이 높다.

ㄹ. (가)~(라) 중 농가 수는 (가) 전남이 가장 많다.

11 지역별 농업 특징 23학년도 9월 모평 9번

그래프는 지도에 표시된 네 지역의 농업 특성을 나타낸 것이다. (가)~(라) 지역에 대한 설명으로 옳은 것은?

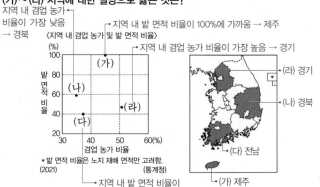

지역 내 겸업 농가 비율이 가장 낮음 → 경북

〈지역 내 겸업 농가 및 밭 면적 비율〉

지역 내 밭 면적 비율이 100%에 가까움 → 제주

지역 내 겸업 농가 비율이 가장 높음 → 경기

(라) 경기
(나) 경북
(다) 전남
(가) 제주

* 밭 면적 비율은 노지 재배 면적만 고려함.
(2021) (통계청)

지역 내 밭 면적 비율이 가장 낮음 → 전남

① (가)는 경북이다.
　　　　제주

✔② (나)는 (라)보다 과수 재배 면적이 넓다.
　　└ (나) 경북 〉 (가) 제주 〉 (다) 전남 〉 (라) 경기

③ (다)는 (나)보다 지역 내 전업 농가 비율이 높다.
　　　　　　　　　　　　　　　　　　낮다

④ (라)는 (다)보다 맥류 생산량이 많다.
　　　　　　　　　　　　　　적다

⑤ (가)~(라) 중 전체 농가 수는 (가)가 가장 많다.
　　　　　　　　　　　　　　　　(나)

자료 분석

지도에 표시된 네 지역은 경기, 경북, 전남, 제주이다. 〈지역 내 겸업 농가 및 밭 면적 비율〉 그래프에서 (가)는 지역 내 밭 면적 비율이 100%에 가까우므로 제주이다. (나)는 (가)~(라) 지역 중 지역 내 겸업 농가 비율이 가장 낮고, 지역 내 밭 면적 비율이 두 번째로 높으므로 경북이다. (다)는 (가)~(라) 지역 중 지역 내 밭 면적 비율이 가장 낮으므로 평야가 발달한 전남이다. (라)는 (가)~(라) 지역 중 겸업 농가 비율이 가장 높으므로 대도시와의 접근성이 높은 경기이다.

선지 해설

① 제주는 기반암에 절리가 발달하여 빗물이 지하로 잘 스며들어 경지 대부분이 밭으로 이용된다. 따라서 밭 면적 비율이 100%에 가까운 (가)는 제주이다.

② (나) 경북은 일조량이 풍부하여 우리나라에서 과수 재배 면적이 가장 넓다. 따라서 (나) 경북은 (라) 경기보다 과수 재배 면적이 넓다.

③ 지역 내 전업 농가 비율은 '100-지역 내 겸업 농가 비율'이므로 지역 내 겸업 농가 비율이 높을수록 낮다. 지역 내 겸업 농가 비율이 더 높은 (다) 전남이 (나) 경북보다 지역 내 전업 농가 비율이 낮다.

④ 맥류는 벼를 재배한 후의 그루갈이 작물로 많이 재배되며 전남, 전북, 경남, 제주 등에서 주로 생산된다. 따라서 (라) 경기는 (다) 전남보다 맥류 생산량이 적다.

⑤ (가)~(라) 중 전체 농가 수는 (나) 경북 〉 (다) 전남 〉 (라) 경기 〉 (가) 제주 순으로 많다.

개념 확인 　주요 지역의 농업 특징

경기	겸업농가의 비율이 높음
경북	• 전업농가의 비율이 높음 • 과수 재배가 활발하게 이루어짐
전북	총 경지 면적 대비 논 면적 비율이 높음
제주	• 겸업농가의 비율이 높음 • 총 경지 면적 대비 논 면적 비율이 낮음

---

12 주요 작물의 특징 23학년도 6월 모평 13번

그래프의 A~C 작물에 대한 설명으로 옳은 것만을 〈보기〉에서 고른 것은? (단, A~C는 각각 과수, 맥류, 채소 중 하나임.) [3점]

경북은 우리나라에서 B 과수 재배 면적이 가장 넓음

〈작물별 재배 면적〉

경북
전남
경기

전남은 A 맥류 재배 면적이 넓음

경기는 B 과수 재배 면적보다 C 채소 재배 면적이 넓음

0　50　100　150　200　250(천 ha)

■벼　■A　▨B　□C
(2020)　└맥류　└과수　└채소　(통계청)

〈보기〉

ㄱ. A는 벼보다 국내 생산량이 많다.
　　　　　　　　　　　　적다

ㄴ. A는 B보다 벼의 그루갈이 작물로 재배되는 비율이 높다.
　　└ 겨울이 온화한 전남, 전북, 경남 등에서 주로 실시

ㄷ. B는 C보다 경지 면적 대비 시설 재배 면적 비율이 높다.
　　　　　　　　　　　　　　　　　　　　낮다

ㄹ. A는 맥류, B는 과수, C는 채소이다.

① ㄱ, ㄴ　② ㄱ, ㄷ　③ ㄴ, ㄷ　✔④ ㄴ, ㄹ　⑤ ㄷ, ㄹ

자료 분석

A는 세 지역 중 전남에서 재배 면적이 가장 넓으며 경기에서는 재배되지 않는 것으로 보아 맥류이다. B는 세 지역 중 경북에서 재배 면적이 가장 넓은 것으로 보아 과수이다. C는 경기와 전남에서 B 과수보다 재배 면적이 넓은 것으로 보아 채소이다.

보기 해설

ㄱ. A 맥류는 식생활 변화와 외국 농산물의 수입 확대로 재배 면적과 생산량이 많이 감소하였다. 반면 벼는 우리나라에서 가장 많이 생산되는 식량 작물이다. 따라서 A 맥류는 벼보다 국내 생산량이 적다.

ㄴ. 벼의 그루갈이 작물로 재배되는 것은 A 맥류이다. 따라서 A 맥류는 B 과수보다 벼의 그루갈이 작물로 재배되는 비율이 높다.

ㄷ. C 채소는 여름철 서늘한 기후를 이용해 고랭지 농업으로도 재배되기도 하지만 대도시 주변의 근교 농촌에서는 시설 재배를 통해 재배가 이루어진다. 한편 B 과수는 주로 노지에서 재배된다. 따라서 B 과수는 C 채소보다 경지 면적 대비 시설 재배 면적 비율이 낮다.

ㄹ. A는 세 지역 중 전남에서 재배 면적이 가장 넓은 맥류, B는 세 지역 중 경북에서 재배 면적이 가장 넓은 과수, C는 경기에서 과수보다 재배 면적이 넓은 채소이다.

13 지역별 농업 특징 22학년도 6월 모평 19번
정답 ② | 정답률 47%

그래프는 지도에 표시된 세 지역의 작물별 재배 면적 비율을 나타낸 것이다. (가)~(다) 작물에 대한 설명으로 옳은 것은? (단, (가)~(다)는 각각 과수, 벼, 채소 중 하나임.) [3점]

강원도 평창군: 고위 평탄면을 중심으로 고랭지 농업 발달

제주도는 지표수 부족으로 벼농사가 거의 이루어지지 않음

(나) 채소

(가) 벼

〈작물별 재배 면적 비율〉

(다) 과수

(2019) (농림축산식품부)

전라북도 김제시: 평야가 발달되어 있어 벼농사 발달

전북, 전남은 벼의 그루갈이 작물로 맥류를 주로 재배함

제주도 서귀포시: 기후가 온화해 감귤과 같은 과수 재배가 활발함

① (가)는 주로 ~~논~~ 밭에서 많이 재배된다.
 밭   논

✔② (나)의 도내 재배 면적 비율은 제주가 전북보다 높다.
 └ 겨울철이 온화해 채소 재배가 활발함

③ ~~(다)~~는 국내 자급률이 가장 높은 작물이다.
 (가)

④ (가)는 (나)보다 시설 재배 비율이 ~~높다.~~
       비닐 하우스, 유리 온실   낮다

⑤ 우리나라에서 ~~(다)~~는 ~~(가)~~보다 총 재배 면적이 넓다.
       (가)   (다)

| 자료 분석 |

지도의 A는 강원도 평창군, B는 전라북도 김제시, C는 제주도 서귀포시이다. A 평창에서 재배 면적 비율이 높은 (나)는 채소이다. 평창은 고위 평탄면인 대관령을 중심으로 고랭지 농업이 활발히 이루어진다. B 김제에서 재배 면적 비율이 높은 (가)는 벼이다. 김제는 평야가 발달하고 기후가 온화하여 벼농사가 활발하다. C 서귀포에서 재배 면적 비율이 높은 (다)는 과수이다. 서귀포는 겨울철이 온화해 감귤을 주로 재배한다.

| 선지 해설 |

① (가) 벼는 주로 밭보다 논에서 많이 재배된다.

②(나) 채소의 도내 재배 면적 비율은 제주가 전북보다 높다. 제주는 겨울철이 온화해 당근, 감자를 비롯한 채소 재배가 활발하다.

③ 국내 자급률이 가장 높은 작물은 (가) 벼이다.

④ (가) 벼는 시설보다는 노지에서 주로 재배되며, (나) 채소는 비닐하우스, 유리 온실과 같은 시설을 이용해 겨울철에 주로 재배되기도 한다. 따라서 (가)는 (나)보다 시설 재배 비율이 낮다.

⑤ 우리나라에서 총 재배 면적이 가장 넓은 작물은 벼이다. 따라서 우리나라에서 (가) 벼가 (다) 과수보다 총 재배 면적이 넓다.

14 지역별 농업 특징 21학년도 수능 20번
정답 ④ | 정답률 41%

그래프에 대한 설명으로 옳은 것은? (단, (가)~(라)는 각각 강원, 경기, 경북, 전남 중 하나이며, A~C는 각각 맥류, 벼, 채소 중 하나임.) [3점]

(나)는 전국에서 작물 재배 면적 비율이 가장 높으므로 전남임

〈도별 농가 및 작물 재배 면적 비율〉

〈(가)~(라)의 작물 재배 면적 비율〉

농가 비율

A 벼는 대부분 지역에서 재배 면적이 넓음

B 맥류는 기후가 온화한 전남에서 주로 재배됨

C 채소는 여름철이 서늘한 강원에서 고랭지 농업으로 재배됨

ZZA ■B ▨C □기타

*농가 및 작물 재배 면적 비율은 전국 대비 각 지역의 비율임. (가)는 전국에서 농가 비율이 (2019) 가장 높으므로 경북임

(라)는 네 지역 중 농가 비율이 가장 낮으므로 강원임

① (가)는 ~~전남~~, (다)는 경기이다.
       경북

② 벼 재배 면적은 (다)가 (가)보다 ~~넓다.~~
                      좁다

③ B는 C의 그루갈이 작물로 주로 재배된다.
   A

✔④ 채소 재배 면적은 경북이 강원보다 넓다.
 └ 경북은 강원에 비해 작물 재배 면적이 훨씬 넓음

⑤ 농가당 작물 재배 면적은 경북이 전남보다 ~~넓다.~~
   ┌ 작물 재배 면적   좁다
   농가 수

| 자료 분석 |

(가)는 우리나라 도 중에서 농가 비율이 가장 높으므로 경북이다. (나)는 우리나라 도 중에서 작물 재배 면적 비율이 가장 높으므로 전남이다. (라)는 (다)보다 작물 재배 면적 비율과 농가 비율이 낮으므로 강원이다. (다)는 경기이다. A는 (가)~(라) 모두에서 재배 면적 비율이 높으므로 벼이다. B는 다른 도에서는 거의 재배되지 않으며 (나) 전남에서 재배되고 있으므로 맥류이다. C는 채소로, 산지가 발달한 (라) 강원에서는 고랭지 농업으로 주로 재배된다.

| 선지 해설 |

① (가)는 경북, (다)는 경기이다.

② 벼 재배 면적 비율은 (다) 경기가 (가) 경북보다 높지만, (가) 경북이 (다) 경기보다 작물 재배 면적이 넓다. 따라서 벼 재배 면적은 (다)가 (가)보다 좁다.

③ B 맥류는 A 벼의 그루갈이 작물로 주로 재배된다.

④채소 재배 면적 비율은 (라) 강원이 (가) 경북보다 높지만 (가) 경북은 (라) 강원에 비해 작물 재배 면적이 훨씬 넓다. 따라서 채소 재배 면적은 경북이 강원보다 넓다.

⑤ (가) 경북에 비해 (나) 전남은 농가 수는 적은 반면 작물 재배 면적이 넓다. 따라서 농가당 작물 재배 면적은 전남이 경북보다 넓다.

다음 자료는 도(道)별 농업 특성에 관한 것이다. 이에 대한 설명으로 옳은 것은? (단, (가)~(라)는 각각 A~D 중 하나임.)

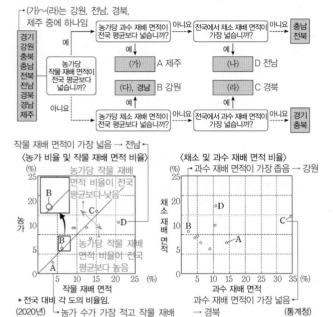

① A는 D보다 전업농가 수가 ~~많다.~~ 적다

② (라)는 채소 재배 면적이 과수 재배 면적보다 ~~넓다.~~ 좁다

③ (다)는 (나)보다 농가당 작물 재배 면적이 ~~넓다.~~ 좁다

④ (라)는 (나)보다 경지율이 ~~높다.~~ 낮다

✔⑤ (가)는 A, (다)는 B이다.

| 자료 분석 |

아래 그래프에서 A는 전국 도 중에서 농가 수가 가장 적고 작물 재배 면적이 가장 좁으며, 과수 재배 면적이 두 번째로 넓은 제주이다. 〈농가 비율 및 작물 재배 면적 비율〉 그래프에서 A 제주는 농가당 작물 재배 면적이 전국 평균보다 넓음을 알 수 있다. 따라서 A 제주는 (가), (나) 중 하나이고, 농가당 과수 재배 면적이 전국 평균보다 넓은 (가)가 제주이다. C는 전국 도 중에서 농가 수가 가장 많고, 작물 재배 면적이 두 번째로 넓으며, 과수 재배 면적이 가장 넓은 경북이다. 〈농가 비율 및 작물 재배 면적 비율〉 그래프에서 C 경북은 농가당 작물 재배 면적이 전국 평균보다 낮음을 알 수 있다. 따라서 C 경북은 (다), (라) 중 하나이고, 전국에서 과수 재배 면적이 가장 넓은 (라)가 경북이다. D는 전국 도 중에서 작물 재배 면적과 채소 재배 면적이 가장 넓으며, 농가 수가 두 번째로 많은 전남이다. 〈농가 비율 및 작물 재배 면적 비율〉 그래프에서 D 전남은 농가당 작물 재배 면적이 전국 평균보다 넓음을 알 수 있으며, 전국에서 채소 재배 면적이 가장 넓은 (나)가 전남이다. 나머지 B와 (다)는 강원이다.

| 선지 해설 |

① 상대적으로 관광 산업이 발달한 A 제주는 D 전남보다 겸업농가 비율이 높으며, 전체 농가 수는 전남의 약 1/5에 불과하다. 따라서 A 제주는 D 전남보다 전체 농가 수에서 겸업농가 수를 뺀 전업농가 수가 적다.

② (라) 경북은 우리나라에서 과수 재배 면적이 가장 넓은 지역으로 채소 재배 면적이 과수 재배 면적보다 좁다.

③ 〈농가 비율 및 작물 재배 면적 비율〉 그래프를 보면 (다) 강원에 해당하는 B는 농가 비율 대비 작물 재배 면적 비율이 1 이하이며, (나) 전남에 해당하는 D는 농가 비율 대비 작물 재배 면적 비율이 1 이상임을 알 수 있다. 따라서 (다) 강원은 (나) 전남보다 농가당 작물 재배 면적이 좁다.

④ 경지율은 총면적 중 농경지 면적의 비율로 상대적으로 산지가 많은 (라) 경북이 (나) 전남보다 낮다.

⑤ (가)와 A는 모두 제주이며, (다)와 B는 모두 강원이다.

다음 〈조건〉을 모두 만족하는 (가)~(다) 작물을 그래프의 A~C에서 고른 것은? (단, (가)~(다)는 각각 과수, 맥류, 벼(쌀) 중 하나임.) [3점]

〈 조건 〉

○ (가)는 (나)보다 국내 자급률이 높다.
  벼(쌀) 과수 ↳벼(쌀) > 과실 > 맥류 순으로 높음

○ (나)는 (다)보다 전국 생산량에서 제주권이 차지하는 비율이 높다.
  맥류 ↳시·도별 과수 생산량: 경북 > 제주 > 경남 순으로 높음
       ↳시·도별 맥류 생산량: 전남 > 전북 > 경남 순으로 높음

○ (가)~(다) 중 (가)는 전국 재배 면적이 가장 넓다.
  ↳벼(쌀) > 과실 > 맥류 순으로 높음

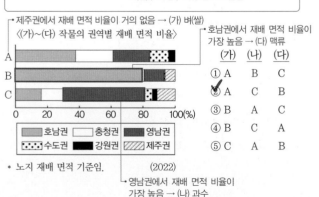

	(가)	(나)	(다)
①	A	B	C
✔②	A	C	B
③	B	A	C
④	B	C	A
⑤	C	A	B

* 노지 재배 면적 기준임. (2022)

| 자료 분석 |

그래프의 A는 강원권에서 재배 면적 비율이 낮고, 제주권에서의 재배 면적 비율이 거의 없으므로 벼(쌀)이다. B는 호남권에서 재배 면적 비율이 가장 높으며 다음으로 영남권, 제주권 등 상대적으로 겨울철 기온이 온화한 지역에서 재배되는 작물로 맥류이다. C는 영남권에서 재배 면적 비율이 가장 높은 작물로 과수이다.

| 선지 해설 |

②(가) – A, (나) – C, (다) – B

• (가)는 (나)보다 국내 자급률이 높으며, (가)~(다) 중 전국 재배 면적이 가장 넓은 작물이다. 벼(쌀)는 우리나라에서 국내 자급률이 가장 높으며 전국에서 재배 면적이 가장 넓고, 제주권에서 거의 재배되지 않는다. 따라서 (가)는 A 벼(쌀)이다.

• 과수와 맥류 중에서 (나)는 (가) 벼(쌀)보다 국내 자급률이 낮으며, 전국 생산량에서 제주권이 차지하는 비율이 (다)보다 높은 작물이다. 제주는 전국에서 과수 생산량 비율이 맥류 생산량 비율보다 높다. 따라서 (나)는 C 과수이다.

• (다)는 전국 생산량에서 제주권이 차지하는 비율이 (나) 과수보다 낮은 작물로 나머지인 B 맥류이다.

17 주요 작물의 특징 24학년도 3월 학평 18번

정답 ① | 정답률 70%

그래프는 세 작물의 특성을 나타낸 것이다. 이에 대한 설명으로 옳은 것만을 〈보기〉에서 고른 것은? (단, (가)~(다)는 각각 과실, 쌀, 채소 중 하나임.) [3점]

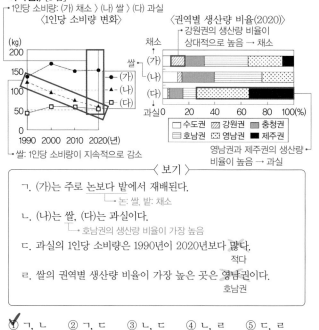

1인당 소비량: (가) 채소 〉 (나) 쌀 〉 (다) 과실
〈1인당 소비량 변화〉
쌀: 1인당 소비량이 지속적으로 감소

〈권역별 생산량 비율(2020)〉
강원권의 생산량 비율이 상대적으로 높음 → 채소
영남권과 제주권의 생산량 비율이 높음 → 과실

― 〈보기〉 ―
ㄱ. (가)는 주로 논보다 밭에서 재배된다.
 └ 논: 쌀, 밭: 채소
ㄴ. (나)는 쌀, (다)는 과실이다.
 └ 호남권의 생산량 비율이 가장 높음
ㄷ. 과실의 1인당 소비량은 1990년이 2020년보다 많다.
 └ 적다
ㄹ. 쌀의 권역별 생산량 비율이 가장 높은 곳은 영남권이다.
 └ 호남권

① ㄱ, ㄴ ② ㄱ, ㄷ ③ ㄴ, ㄷ ④ ㄴ, ㄹ ⑤ ㄷ, ㄹ

자료 분석

〈1인당 소비량 변화〉 (가)는 1990년에서 2020년 모든 기간에 세 작물 중 1인당 소비량이 가장 높은 것으로 보아 채소이다. (나)는 지속적으로 1인당 소비량이 감소한 작물로 쌀이다. (다)는 1990년 이후 1인당 소비량이 증가하였으나 채소보다 1인당 소비량이 적은 과실이다.

〈권역별 생산량 비율〉 (가)는 다른 식량 작물과 비교할 때 강원권의 생산량 비율이 상대적으로 높은 것으로 보아 채소이다. (나)는 제주권을 제외한 나머지 권역에서 대부분 생산하는 것으로 보아 쌀이다. 제주는 기반암의 영향으로 쌀 재배가 불리하다. (다)는 영남권과 제주권의 생산량 비율이 높은 과실이다.

선지 해설

ㄱ. (가) 채소는 대부분 물 빠짐이 좋은 밭에서 재배하기에 유리하다. 따라서 (가) 채소는 주로 논보다 밭에서 재배된다.

ㄴ. (나)는 1인당 소비량이 감소하고 제주권을 제외한 나머지 권역에서 대부분 생산하는 작물로 쌀이며, (다)는 영남권과 제주권에서 생산되는 비율이 높은 과실이다.

ㄷ. 과실의 1인당 소비량은 1990년에는 50kg 미만이었으나, 2020년에는 50kg 이상이다. 따라서 과실의 1인당 소비량은 1990년이 2020년보다 적다.

ㄹ. 쌀의 권역별 생산량 비율이 가장 높은 곳은 호남권이다. 호남권은 평야가 넓어 벼농사가 발달한 반면, 영남권은 산지가 많은 지형적 특성으로 평야가 상대적으로 적어 호남권보다 쌀 생산량 비율이 적다.

18 지역별 농업 특징 24학년도 7월 학평 13번

정답 ② | 정답률 69%

그래프는 세 지역의 농업 특성을 나타낸 것이다. 이에 대한 설명으로 옳은 것은? (단, (가)~(다)와 A~C는 각각 경기, 전남, 제주 중 하나임.) [3점]

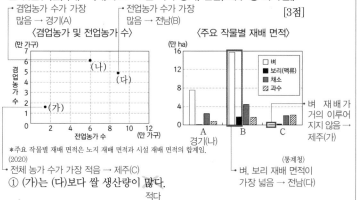

겸업농가 수가 가장 많음 → 경기(A)
전업농가 수가 가장 많음 → 전남(B)
전체 농가 수가 가장 적음 → 제주(C)
벼 재배가 거의 이루어지지 않음 → 제주(가)
벼, 보리 재배 면적이 가장 넓음 → 전남(다)
*주요 작물별 재배 면적은 노지 재배 면적과 시설 재배 면적의 합계임.

① (가)는 (다)보다 쌀 생산량이 많다. → 적다
② (다)는 (나)보다 경지율이 높다. → 경지 면적/전체 면적 ×100
③ A는 B보다 전업농가 수가 많다. → 적다
④ B는 C보다 지역 내 경지 면적 중 밭 면적 비율이 높다. → 낮다
⑤ 전체 농가 수는 경기 〉 전남 〉 제주 순으로 많다. → 전남 경기, 겸업농가 수 + 전업농가 수

자료 분석

〈겸업농가 및 전업농가 수〉 그래프에서 (가)는 총인구가 적어 전체 농가 수가 가장 적고, 관광 산업이 발달하여 상대적으로 지역 내 겸업농가 비율이 높은 제주이다. (나)는 (가)~(다) 중 겸업농가 수가 가장 많은 경기이며, (다)는 (가)~(다) 중 전업농가 수가 가장 많은 전남이다. 〈주요 작물별 재배 면적〉 그래프에서 A~C 중 벼와 보리를 재배하는 면적이 가장 넓은 B는 전남이다. 벼를 재배하는 면적이 매우 좁으며 A~C 중 과수 재배 면적이 가장 넓은 C는 제주이다. 나머지 A는 경기이다.

선지 해설

① (가) 제주는 기반암의 특성상 빗물이 지하로 잘 스며들고 지표수가 부족하여 쌀 생산이 거의 이루어지지 않는 반면, (다) 전남은 넓은 평야가 발달하여 쌀 생산량이 많다. 따라서 (가) 제주는 (다) 전남보다 벼 재배 면적이 좁고 쌀 생산량이 적다.

② 경지율은 전체 총면적에서 경지가 차지하는 면적의 비율이며, 촌락의 특성이 강한 (다) 전남이 도시화율이 높은 (나) 경기보다 경지 면적이 넓고 경지율 또한 높다.

③ A 경기는 B 전남보다 전업농가 수가 적다. 이는 〈겸업농가 및 전업농가 수〉 그래프에서 (나) 경기가 (다) 전남보다 전업농가 수가 적은 것을 통해 알 수 있다.

④ B 전남은 C 제주보다 지역 내 경지 면적 중 밭 면적 비율이 낮고, 논 면적 비율이 높다.

⑤ 전체 농가 수는 겸업농가 수와 전업농가 수의 합으로 알 수 있으며, (다) 전남 〉 (나) 경기 〉 (가) 제주 순으로 많다.

(가)~(라) 지역에 대한 옳은 설명을 〈보기〉에서 고른 것은? (단, (가)~(라)는 경기, 강원, 전남, 제주 중 하나임.) [3점]

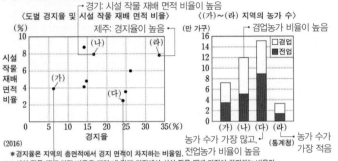

- 경기: 시설 작물 재배 면적 비율이 높음
〈도별 경지율 및 시설 작물 재배 면적 비율〉　　〈(가)~(라) 지역의 농가 수〉
제주: 경지율이 높음 → 　　　겸업농가 비율이 높음 →

(2016)
* 경지율은 지역의 총면적에서 경지 면적이 차지하는 비율임.
** 시설 작물 재배 면적 비율은 지역 내 경지 면적에서 시설 작물 재배 면적이 차지하는 비율임.

- 전남: 시설 작물 재배 면적 비율이 낮음
- 강원: 산지가 많아 경지율이 가장 낮음
- 농가 수가 가장 많고, 전업농가 비율이 높음
- 농가 수가 가장 적음

〈보기〉
ㄱ. (가)는 (라)보다 과실 생산량이 ~~많다.~~ 적다
ㄴ. (나)는 (가)보다 노지 채소 재배 면적이 ~~넓다.~~ 좁다
ㄷ. (다)는 (나)보다 쌀 생산량이 많다.
ㄹ. (다)는 (라)보다 경지 면적 중 논 비율이 높다.

① ㄱ, ㄴ ② ㄱ, ㄷ ③ ㄴ, ㄷ ④ ㄴ, ㄹ ✓⑤ ㄷ, ㄹ

| 자료 분석 |

(가)는 우리나라 도(道) 중 경지율이 가장 낮으므로 산지가 많은 강원이다. (나)는 (가)~(라) 중 시설 작물 재배 면적 비율과 겸업농가 비율이 가장 높으므로 경기이다. (다)는 (가)~(라) 중 시설 작물 재배 면적 비율이 가장 낮으며 농가 수가 가장 많고 전업농가 비율이 높으므로 전남이다. (라)는 (가)~(라) 중 경지율이 가장 높고 농가 수가 가장 적으므로 제주이다.

| 보기 해설 |

ㄱ. 우리나라에서 과실 생산량이 가장 많은 곳은 경북이며, 제주가 그 다음으로 과실 생산량이 많다. 따라서 (가) 강원은 (라) 제주보다 과실 생산량이 적다.

ㄴ. 강원은 고위 평탄면을 중심으로 노지에서 고랭지 채소 재배가 이루어진다. 대도시와 가까운 경기는 비닐하우스나 유리온실 등에서 채소를 재배하는 시설 재배 면적이 넓게 나타난다. 따라서 (나) 경기는 (가) 강원보다 노지 채소 재배 면적이 좁다.

ⓓ (다) 전남은 기후가 온화하고 호남평야 등을 중심으로 벼농사가 발달하여 우리나라 도(道) 중에서 쌀 생산량이 가장 많다. 따라서 (다) 전남은 (나) 경기보다 쌀 생산량이 많다.

ⓡ (다) 전남은 평야가 발달해 있어 경지 면적 중 논 비율이 높다. (라) 제주는 배수가 양호한 기반암의 특성상 지표수가 부족하여 논농사가 거의 이루어지지 않으며 우리나라 도(道) 중에서 경지 면적 중 밭 비율이 높다. 따라서 (다) 전남은 (라) 제주보다 경지 면적 중 논 비율이 높다.

OX문제로 개념 확인

(1) 강원은 제주보다 과실 생산량이 많다.	(　　)
(2) 전남은 제주보다 경지 면적 중 논 비율이 높다.	(　　)
(3) 경기는 강원보다 시설 작물 재배 면적 비율이 높다.	(　　)

(1) X (2) O (3) O

그래프의 (가)~(라) 지역에 대한 설명으로 옳은 것은? (단, (가)~(라)는 각각 지도에 표시된 네 지역 중 하나임.)

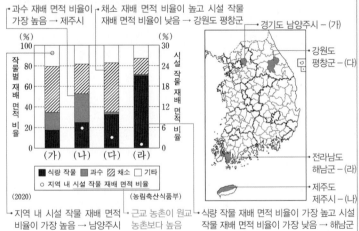

- 과수 재배 면적 비율이 가장 높음 → 제주시
- 채소 재배 면적 비율이 높고 시설 작물 재배 면적 비율이 낮음 → 강원도 평창군
- 경기도 남양주시 - (가)
- 강원도 평창군 - (다)
- 전라남도 해남군 - (라)
- 제주도 제주시 - (나)

(2020)　(농림축산식품부)

■ 식량 작물 ■ 과수 ▨ 채소 □ 기타
○ 지역 내 시설 작물 재배 면적 비율

- 지역 내 시설 작물 재배 면적 비율이 가장 높음 → 남양주시
- 근교 농촌이 원교 농촌보다 높음
- 식량 작물 재배 면적 비율이 가장 높고 시설 작물 재배 면적 비율이 가장 낮음 → 해남군

① (가)는 (나)보다 지역 내 경지 면적 중 밭 면적 비율이 ~~높다.~~ 낮다
② (나)는 (다)보다 고랭지 채소 재배 면적이 ~~넓다.~~ 좁다
③ (다)는 (라)보다 쌀 생산량이 ~~많다.~~ 적다
✓④ (라)는 (가)보다 지역 내 전업농가 비율이 높다.
└ 원교 농촌이 근교 농촌보다 높음
⑤ (가)는 수도권, (나)는 ~~강원권에~~ 위치한다. 제주권

| 자료 분석 |

지도에 표시된 지역은 경기도 남양주시, 강원도 평창군, 전라남도 해남군, 제주특별자치도 제주시이다. (가)는 지역 내 시설 작물 재배 면적 비율이 네 지역 중 가장 높고 식량 작물의 재배 면적 비율이 가장 낮으므로 대도시와 인접한 경기도 남양주시이다. (나)는 과수 재배 면적 비율이 네 지역 중 가장 높으므로 귤과 같은 난대성 과실을 주로 재배하는 제주시이다. (다)는 채소 재배 면적 비율이 높으나 시설 작물 재배 면적 비율은 낮으므로 강원도 평창군이다. (라)는 시설 작물 재배 면적 비율이 네 지역 중 가장 낮고 식량 작물 재배 면적 비율이 가장 높으므로 전라남도 해남군이다. 해남은 벼농사가 주로 이루어지며 온화한 기후로 인해 겨울철에도 노지에서 채소를 재배하는 경우가 많다.

| 선지 해설 |

① 제주도는 지표수의 부족으로 지역 내 경지 면적 중 논 면적 비율이 거의 없고 밭 면적 비율이 거의 대부분을 차지한다. 따라서 (가) 남양주는 (나) 제주보다 지역 내 경지 면적 중 밭 면적 비율이 낮다.

② 고랭지 농업은 주로 강원도의 고위 평탄면을 중심으로 이루어진다. 따라서 고랭지 채소 재배 면적은 (다) 평창이 (나) 제주보다 넓다.

③ 쌀 생산량은 (라) 해남이 (다) 평창보다 많다.

④ 지역 내 전업농가 비율은 수도권과 거리가 멀고 식량 작물 재배가 활발한 (라) 해남이 수도권에 위치한 (가) 남양주보다 높다.

⑤ (가)는 수도권, (나)는 제주권에 위치한다.

21 지역별 농업 특징 20학년도 6월 모평 17번

정답 ② | 정답률 81%

(가)~(다) 지도에 표현된 농업 관련 지표로 옳은 것은? (단, (가)~(다)는 겸업농가 비율, 밭 면적 비율, 벼 재배 면적 비율 중 하나임.)

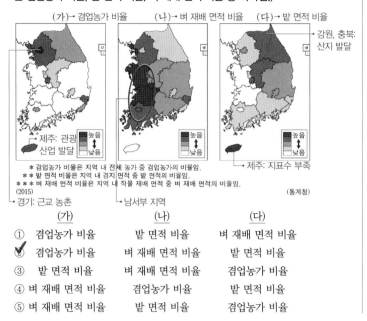

* 겸업농가 비율은 지역 내 전체 농가 중 겸업농가의 비율임.
** 밭 면적 비율은 지역 내 경지 면적 중 밭 면적의 비율임.
*** 벼 재배 면적 비율은 지역 내 작물 재배 면적 중 벼 재배 면적의 비율임.

(통계청)

	(가)	(나)	(다)
①	겸업농가 비율	밭 면적 비율	벼 재배 면적 비율
②	겸업농가 비율	벼 재배 면적 비율	밭 면적 비율
③	밭 면적 비율	벼 재배 면적 비율	겸업농가 비율
④	벼 재배 면적 비율	겸업농가 비율	밭 면적 비율
⑤	벼 재배 면적 비율	밭 면적 비율	겸업농가 비율

출제 경향

우리나라의 시·도별 농업 관련 지표가 표현된 지도나 표를 보고, 표현된 지표의 내용을 추론하는 문항이 출제된다. 따라서 시도별 주요 통계 자료에서 수치가 가장 큰 지역과 수치가 가장 작은 지역을 꼭 정리해 두어야 한다.

| 선지 해설 |

②(가) – 겸업농가 비율, (나) – 벼 재배 면적 비율, (다) – 밭 면적 비율

• (가)는 서울, 대전, 울산 등 특별·광역시에서의 비율이 높다. 또한 경기와 제주의 비율이 높게 나타난다. 따라서 이에 해당하는 지표는 겸업농가 비율이다. 겸업농가는 세대 구성원 중에 농업 이외의 업종에 종사하는 사람이 1명 이상 있는 농가이다. 따라서 겸업농가 비율은 서울과 가까운 근교 농촌이 포함된 경기, 관광 산업이 발달한 제주에서 그 수치가 높게 나타난다.

• (나)는 충남과 전북, 인천에서의 비율이 높다. 따라서 이에 해당하는 지표는 벼 재배 면적 비율이다. 넓은 평야가 발달한 충남과 전북에서는 지역 내 작물 재배 면적 중 벼 재배 면적의 비율이 높게 나타난다.

• (다)는 제주, 강원, 충북에서의 비율이 높다. 따라서 이에 해당하는 지표는 밭 면적 비율이다. 제주는 배수가 양호한 기반암의 특성으로 벼 재배 면적이 매우 적으며, 밭 면적 비율이 높다. 강원은 산지가 많은 지리적 특성으로 밭 면적 비율이 높다.

22 지역별 농업 특징 19학년도 6월 모평 17번

정답 ② | 정답률 52%

그래프는 지도에 표시된 네 지역의 농업 특성을 나타낸 것이다. (가)~(라) 지역에 대한 설명으로 옳은 것은?

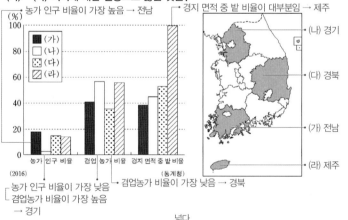

(2016) (통계청)

① (가)는 (나)보다 농가당 경지 면적이 좁다. [넓다]
② (나)는 (다)보다 과수 재배 면적이 좁다.
③ (다)는 (라)보다 농가 인구가 적다. [많다]
④ (라)는 (가)보다 맥류 재배 면적이 넓다. [좁다]
⑤ 쌀 생산량은 (나) > (다) > (가) > (라) 순으로 많다. [(가) > (다) > (나) > (라)]

| 자료 분석 |

지도에 표시된 네 지역은 경기, 경북, 전남, 제주이다. (가)는 농가 인구 비율이 가장 높은 반면 경지 면적 중 밭 비율이 낮으므로 전남이다. (나)는 농가 인구 비율이 매우 낮고 겸업농가 비율이 가장 높으므로 경기이다. 경기는 근교 농촌이 많아 농업과 다른 일을 겸하는 겸업농가의 비중이 높다. 또한 경기는 전체 종사자 수에서 농업 종사자가 차지하는 비중이 낮지만 인구 규모가 커 농가 수는 많다. (다)는 겸업농가 비율이 가장 낮고, 경지 면적 중 밭 비율이 (가) 전남과 (나) 경기보다 높으므로 경북이다. 경북은 전업농가 수와 겸업농가 수를 합한 전체 농가 수가 우리나라 도(道) 중에서 가장 많다. (라)는 경지 면적 중 밭 비율이 100%에 가까우므로 제주이다.

| 선지 해설 |

① (가) 전남은 (나) 경기보다 지가가 비교적 낮아 농가당 경지 면적이 넓다.
②(나) 경기는 (다) 경북보다 과수 재배 면적이 좁다. 경북은 우리나라에서 과수 재배 면적이 가장 넓고, 과수 생산량이 가장 많은 도(道)이다.
③ (다) 경북은 (라) 제주보다 전체 인구가 많으며, 농가 인구 또한 많다.
④ 맥류는 겨울철이 온화한 전남과 제주에서 주로 재배된다. 경지 면적이 좁은 (라) 제주는 경지 면적이 넓은 (가) 전남보다 맥류 재배 면적이 좁다.
⑤ 쌀 생산량은 (가) 전남 > (다) 경북 > (나) 경기 > (라) 제주 순으로 많다.

OX문제로 개념 확인

(1) 이촌 향도 현상으로 농가 수는 점차 감소하고 있다. (   )
(2) 농가당 경지 면적이 증가하는 이유는 경지 면적이 감소하는 것보다 농가 수가 더 빠르게 감소하기 때문이다. (   )

(1) ○ (2) ○

그래프는 지도에 표시된 세 지역의 작물별 재배 면적 비율을 나타낸 것이다. 이에 대한 설명으로 옳은 것은? (단, A, B는 각각 과수, 벼 중 하나임.) [3점]

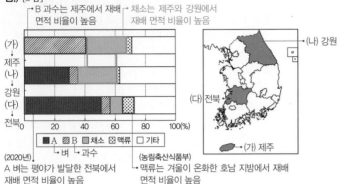

B 과수는 제주에서 재배 면적 비율이 높음
채소는 제주와 강원에서 재배 면적 비율이 높음

(나) 강원

(다) 전북

(가) 제주

(2020년)
A 벼는 평야가 발달한 전북에서 재배 면적 비율이 높음
맥류는 겨울이 온화한 호남 지방에서 재배 면적 비율이 높음

A B 채소 맥류 기타
벼 과수
(농림축산식품부)

① (가)는 ~~강원~~, (나)는 ~~전북~~이다.
제주   강원

✔② (가)는 (나)보다 지역 내 과수 재배 면적 비율이 높다.

③ (다)는 (가)보다 지역 내 겸업 농가 비율이 ~~높다~~.
낮다

④ ~~B~~는 식량 작물로 국내 자급률이 가장 높다.
A

⑤ A는 B보다 시설 재배의 비율이 ~~높다~~.
낮다

자료 분석

지도에 표시된 세 지역은 강원, 전북, 제주이다. (가)는 B와 채소의 재배 면적 비율이 높다. 하지만 (가)에서는 (나)와 (다)에서 재배 면적 비율이 높은 A가 거의 재배되지 않는 것으로 보아 (가)는 제주, A는 벼임을 알 수 있다. 따라서 B는 과수이다. 제주는 기반암의 특성상 논농사가 불리하다. (나)는 채소의 재배 면적 비율이 비교적 높은 것으로 보아 강원이다. 강원은 서늘한 여름철 기후를 이용해 고랭지 채소 재배가 활발하다. (다)는 (가)~(다) 중 A 벼와 맥류의 재배 면적 비율이 가장 높은 것으로 보아 전북이다. 전북은 평야가 발달하여 벼농사가 활발하며, 겨울이 온화하여 쌀의 그루갈이 작물로 주로 재배되는 맥류의 생산량이 많다. 따라서 (가)는 제주, (나)는 강원, (다)는 전북이며, A는 벼, B는 과수이다.

선지 해설

① (가)는 제주, (나)는 강원이다.

②(가) 제주의 지역 내 B 과수 재배 면적 비율은 약 40%, (나) 강원의 지역 내 B 과수 재배 면적 비율은 10% 미만이다. 따라서 (가) 제주는 (나) 강원보다 지역 내 과수 재배 면적 비율이 높다.

③ 겸업 농가 비율은 관광 산업이 발달한 지역이나 대도시와 인접한 지역에서 높다. 따라서 농업이 발달한 (다) 전북은 관광 산업이 발달한 (가) 제주보다 지역 내 겸업 농가 비율이 낮다.

④ A 벼, 맥류 등이 식량 작물에 해당하며, B 과수는 상품 작물에 해당한다. 식량 작물로 국내 자급률이 가장 높은 것은 A 벼이다.

⑤ A 벼는 주로 노지에서 재배되며, 비닐하우스 등에서도 재배가 활발한 B 과수보다 시설 재배의 비율이 낮다.

다음 자료의 (가)~(다) 작물로 옳은 것은?

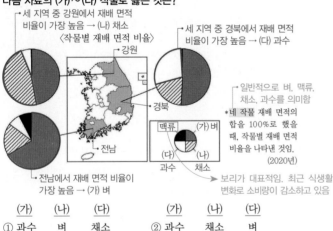

세 지역 중 강원에서 재배 면적 비율이 가장 높음 → (나) 채소
〈작물별 재배 면적 비율〉
강원
세 지역 중 경북에서 재배 면적 비율이 가장 높음 → (다) 과수

경북

일반적으로 벼, 맥류, 채소, 과수를 의미함
*네 작물 재배 면적의 합을 100%로 했을 때, 작물별 재배 면적 비율을 나타낸 것임. (2020년)

맥류 (가)벼
(다) (나)
과수 채소

전남

전남에서 재배 면적 비율이 가장 높음 → (가) 벼

보리가 대표적임. 최근 식생활 변화로 소비량이 감소하고 있음

	(가)	(나)	(다)		(가)	(나)	(다)
①	과수	벼	채소	②	과수	채소	벼
③	벼	과수	채소	✔④	벼	채소	과수
⑤	채소	벼	과수				

자료 분석

지도에 표시된 도(道)는 강원, 경북, 전남이다.

선지 해설

④ (가) – 벼, (나) – 채소, (다) – 과수

- (가)는 다른 작물에 비해 전남, 경북, 강원에서 고르게 재배 면적 비율이 높은 것은 것으로 볼 때 벼이다. 벼는 중부와 남부 지방의 평야 지역에서 주로 재배되며 특히 전남, 전북, 충남 등에서 재배 면적 비율이 높다.

- (나)는 강원에서 재배 면적 비율이 높은 것으로 볼 때 채소이다. 채소는 논농사 비율이 낮은 강원, 제주 등에서 재배 면적 비율이 상대적으로 높다. 강원은 영동 고속 국도의 개통으로 대소비지인 수도권으로의 접근성이 향상되었고, 유리한 기후 조건을 활용한 고랭지 농업이 발달하였다.

- (다)는 경북에서 재배 면적 비율이 높은 것으로 볼 때 과수이다. 경북은 강수량이 적고 일조량이 풍부해 과수 재배가 활발하다.

개념 확인 주요 작물의 재배 특성

벼	• 평야가 발달한 중부 및 남부 지방에서 재배 면적 비율이 높음 • 지표수가 부족한 제주도는 재배 면적 비율이 매우 낮음
맥류	• 주로 벼의 그루갈이 작물로 재배 • 전북, 전남에서 재배 면적 비율이 높은 편임
채소	대소비지와 인접해 있거나 기후 조건이 유리한 경기, 강원, 제주 등에서 재배 면적 비율이 상대적으로 높음
과수	제주와 경북 등에서 재배 면적 비율이 높음

25 지역별 농업 특징 22학년도 10월 학평 14번

정답 ④ | 정답률 95%

그래프는 지도에 표시된 세 지역의 농업 특성을 나타낸 것이다.
(가)~(다) 지역에 대한 설명으로 옳은 것은? [3점]

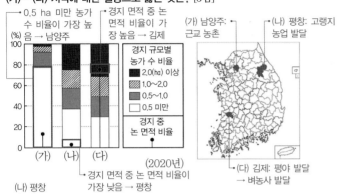

┌ 0.5 ha 미만 농가
│ 수 비율이 가장 높
│ 음 → 남양주
│ 경지 면적 중 논
│ 면적 비율이 가
│ 장 높음 → 김제
(가) 남양주:
근교 농촌
(나) 평창: 고랭지
농업 발달

경지 규모별
농가 수 비율
■ 2.0(ha) 이상
▨ 1.0~2.0
▤ 0.5~1.0
□ 0.5 미만

경지 중
논 면적 비율

(2020년)
└ 경지 면적 중 논 면적 비율이
가장 낮음 → 평창

(다) 김제: 평야 발달
→ 벼농사 발달

(나) 평창
① (가)에서는 고랭지 농업이 활발하다.

(다) 김제
② (나)에서는 지평선 축제가 열린다.

   적다
③ (가)는 (다)보다 쌀 생산량이 많다.

노년층 인구 비율
───────────── ×100
유소년층 인구 비율

✓④ (나)는 (가)보다 노령화 지수가 높다.

   낮다
⑤ (나)는 (다)보다 지역 내 전업 농가 비율이 높다.

자료 분석

지도의 세 지역은 위로부터 남양주, 평창, 김제이다. (가)는 0.5 ha 미만 농가 수 비율이 가장 높고, 경지 중 논 면적 비율이 (가)~(다) 중 두 번째로 높으므로 수도권에 위치한 남양주이다. (나)는 경지 중 논 면적 비율이 (가)~(다) 중 가장 낮으므로 고위 평탄면을 중심으로 고랭지 농업이 발달한 평창이 있다. (다)는 2.0 ha 이상 농가 수 비율이 가장 높고, 경지 중 논 면적 비율이 (가)~(다) 중 가장 높으므로 벼농사가 발달한 김제이다.

선지 해설

① 고랭지 농업은 고원이나 산지와 같이 여름철이 서늘한 곳에서 이루어진다. 우리나라에서 고랭지 농업이 발달한 지역으로는 (나) 평창이다. (가) 남양주는 대도시인 서울에 인접한 근교 농촌으로 온실, 비닐하우스 등을 활용한 시설 재배가 활발하다.

② (다) 김제에서는 우리나라에서 유일하게 지평선을 볼 수 있는 지역 특성을 활용하여 지평선 축제가 열린다. (나) 평창에서는 겨울철 눈이 많은 기후적 특성을 활용한 대관령 눈꽃 축제가 열린다.

③ 대도시와 지역 주민을 상대로 상업적 농업이 발달한 (가) 남양주는 벼농사가 활발한 (다) 김제보다 쌀 생산량이 적다.

④ 노령화 지수는 (노년층 인구 비율/유소년층 인구 비율)×100이며, 대체로 촌락이 도시보다 높다. (다) 김제는 촌락인 군(郡)이며, (가) 남양주는 도시인 시(市)이다. 따라서 (다) 김제는 (가) 남양주보다 노령화 지수가 높다.

⑤ ⑤ 넓은 평야를 바탕으로 1차 산업이 발달한 (다) 김제에 비해 평창 올림픽 등을 계기로 최근 서비스업이 발달한 (나) 평창의 겸업 농가 비율이 높다. 따라서 전업 농가 비율은 (다) 김제가 높다.

26 지역별 농업 특징 21학년도 7월 학평 19번

정답 ② | 정답률 54%

그래프는 (가)~(다) 작물 생산량의 권역별 비중을 나타낸 것이다. 이에 대한 옳은 설명만을 〈보기〉에서 고른 것은? (단, (가)~(다)는 각각 과실, 맥류, 쌀 중 하나임.) [3점]

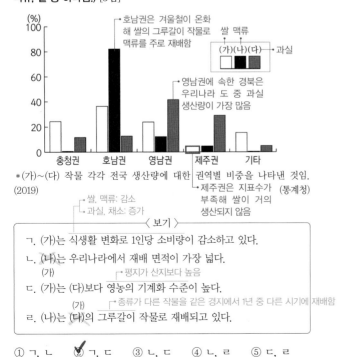

호남권은 겨울철이 온화
해 쌀의 그루갈이 작물로
맥류를 주로 재배함

쌀 맥류
(가)(나)(다) ┐ 과실

영남권에 속한 경북은
우리나라 도 중 과실
생산량이 가장 많음

*(가)~(다) 작물 각각 전국 생산량에 대한
권역별 비중을 나타낸 것임.

(2019) (통계청)

쌀, 맥류: 감소
과실, 채소: 증가

제주권은 지표수가
부족해 쌀이 거의
생산되지 않음

──〈 보기 〉──

ㄱ. (가)는 식생활 변화로 1인당 소비량이 감소하고 있다.

ㄴ. (나)는 우리나라에서 재배 면적이 가장 넓다.
   (가)   평지가 산지보다 높음

ㄷ. (가)는 (다)보다 영농의 기계화 수준이 높다.
   (가)   종류가 다른 작물을 같은 경지에서 1년 중 다른 시기에 재배함
ㄹ. (나)는 (다)의 그루갈이 작물로 재배되고 있다.

① ㄱ, ㄴ ✓② ㄱ, ㄷ ③ ㄴ, ㄷ ④ ㄴ, ㄹ ⑤ ㄷ, ㄹ

자료 분석

(가)는 제주권을 제외한 모든 권역에서 생산이 이루어지고 있으며 호남권의 생산량 비중이 가장 높으므로 쌀이다. 제주권은 절리가 발달한 기반암의 특성으로 지표수가 부족해 쌀이 거의 재배되지 않는다. 호남권은 평야가 발달되어 있으며 기후가 온화해 쌀 생산량이 많다. (나)는 호남권, 영남권, 제주권에 주로 생산이 이루어지고 있으므로 쌀의 그루갈이 작물로 주로 재배되는 맥류이다. (다)는 영남권과 제주권의 생산량 비율이 높으므로 과실이다. 경북은 우리나라 도 중에서 과실 생산량이 가장 많고 제주는 겨울철이 온화한 기후 특성을 이용해 귤과 같은 난대성 과실의 생산량이 많다.

보기 해설

ㄱ (가) 쌀과 (나) 맥류는 식생활 변화로 1인당 소비량이 감소하고 있다. 반면, (다) 과실은 1인당 소비량이 증가하고 있다.

ㄴ. 우리나라에서 재배 면적이 가장 넓은 작물은 (가) 쌀이다.

ㄷ (가) 쌀은 주로 평지의 논에서 생산되는 반면, (다) 과실은 주로 밭이나 산지에서도 재배된다. 영농의 기계화는 산지보다 평지가 유리하므로 (가)는 (다)보다 영농의 기계화 수준이 높다.

ㄹ. (나) 맥류는 (가) 쌀의 그루갈이 작물로 재배되고 있다.

그래프의 (가)~(다) 지역에 대한 설명으로 옳은 것만을 〈보기〉에서 고른 것은? (단, (가)~(다)는 각각 경북, 전남, 제주 중 하나임.) [3점]

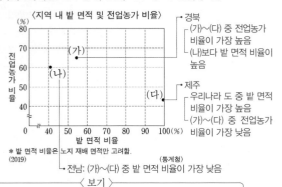

〈지역 내 밭 면적 및 전업농가 비율〉

→ 경북
- (가)~(다) 중 전업농가 비율이 가장 높음
- (나)보다 밭 면적 비율이 높음

→ 제주
- 우리나라 도 중 밭 면적 비율이 가장 높음
- (가)~(다) 중 전업농가 비율이 가장 낮음

* 밭 면적 비율은 노지 재배 면적만 고려함.
(2019)　　　　　(통계청)

→ 전남: (가)~(다) 중 밭 면적 비율이 가장 낮음

〈 보기 〉

ㄱ. (가)는 (나)보다 과실 생산량이 많다.
　　└→ 우리나라 도 중 경북이 가장 많음
ㄴ. (가)는 (다)보다 지역 내 겸업 농가 비율이 높다. ~~높다~~ 낮다
ㄷ. (나)는 (다)보다 전체 농가 수가 많다.
　　└→ 우리나라 도 중 제주가 가장 적음
ㄹ. (가)~(다) 중 논 면적은 (다)가 가장 넓다. ~~넓다~~ 좁다

① ㄱ, ㄴ　✓② ㄱ, ㄷ　③ ㄴ, ㄷ　④ ㄴ, ㄹ　⑤ ㄷ, ㄹ

| 자료 분석 |

(가)는 (가)~(다) 지역 중 전업농가 비율이 가장 높고, (나)보다는 밭 면적 비율이 높으므로 경북이다. 경북은 강원과 마찬가지로 산지가 많아 밭 면적 비율이 높으며 특히 과수 생산량이 많다. (나)는 (가)~(다) 지역 중 밭 면적 비율이 가장 낮으므로 평야가 발달하여 논 면적 비율이 높은 전남이다. (다)는 (가)~(다) 지역 중 전업농가 비율이 가장 낮고, 밭 면적 비율이 거의 100%에 육박하므로 기반암이 현무암으로 지표수가 부족해 벼농사가 불리한 제주이다.

| 보기 해설 |

ㄱ 과실 생산량은 우리나라 도(道) 중 경북이 가장 많다. 따라서 (가) 경북은 (나) 전남보다 과실 생산량이 많다.

ㄴ. 지역 내 겸업농가 비율은 (다) 제주가 (가) 경북보다 높다. 제주는 관광 산업이 발달해서 농업과 관광업을 겸하는 가구 수의 비율이 높아 지역 내 겸업농가 비율이 (가)~(다) 중 가장 높다.

ㄷ (나) 전남은 (다) 제주보다 전체 농가 수가 많다. 제주는 우리나라 도(道) 중에서 인구가 가장 적어 농가 수 또한 가장 적다.

ㄹ. (가)~(다) 중 (다) 제주는 총 경지 면적이 가장 좁고 논 면적 비율이 거의 0%에 가까워 논 면적이 가장 좁다.

그래프는 지도에 표시된 세 지역의 영농 형태별 농가 수 비율을 나타낸 것이다. (가)~(다)에 대한 설명으로 옳은 것은?

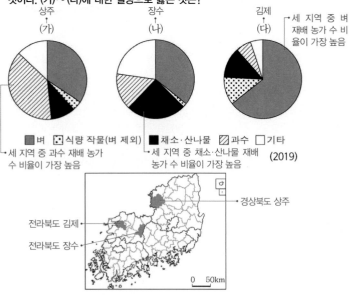

상주　　　　장수　　　　김제
(가)　　　　(나)　　　　(다)
→ 세 지역 중 벼 재배 농가 수 비율이 가장 높음

■ 벼　□ 식량 작물(벼 제외)　■ 채소·산나물　▨ 과수　□ 기타

└ 세 지역 중 과수 재배 농가 수 비율이 가장 높음
└ 세 지역 중 채소·산나물 재배 농가 수 비율이 가장 높음
(2019)

경상북도 상주
전라북도 김제
전라북도 장수
0　50km

① (가)에서는 지평선 축제가 개최된다.
　(다)　└→ 하늘과 땅이 맞닿아 있음
② (나)는 경상도라는 지명이 유래된 지역 중 하나이다.
　(가)　└→ 경주, 상주
③ (다)는 논 면적보다 밭 면적이 넓다. ~~넓다~~ 좁다
✓④ (다)는 (나)보다 쌀과 맥류의 그루갈이가 활발하다.
　　└→ 겨울철이 온화한 전북, 전남, 경남에서 주로 이루어짐
⑤ 전체 농가 수는 (나) 〉 (다) 〉 (가) 순으로 많다.
　└→ (가) 상주가 가장 많음

| 자료 분석 |

지도에 표시된 세 지역은 경상북도 상주, 전라북도 김제, 전라북도 장수이다. (가)는 세 지역 중 과수 재배 농가 수 비율이 가장 높으므로 상주이다. 경상북도에 속한 지역들 대부분은 연 강수량이 적어 일조량이 풍부해 농가 중 과수 재배 농가 비율이 높다. (나)는 세 지역 중 채소·산나물 재배 농가 수 비율이 가장 높으므로 장수이다. 장수는 소백산맥에 위치해 산나물을 재배하는 농가 수 비율이 높다. (다)는 세 지역 중 벼 재배 농가 수 비율이 가장 높으므로 평야가 발달한 김제이다.

| 선지 해설 |

① 지평선 축제는 (다) 김제에서 개최된다. 김제는 우리나라에서 하늘과 땅이 맞닿아 있는 지평선을 볼 수 있는 곳으로 전통 농업이 주로 이루어져 이를 활용해 해마다 지평선 축제가 개체된다.

② 경상도라는 지명은 경주와 (가) 상주에서 유래되었다.

③ (다) 김제는 평야가 발달되어 있어 밭 면적보다 논 면적이 넓다.

④ 쌀과 맥류의 그루갈이는 평야가 발달되어 있고 겨울철 기온이 비교적 온화한 전라북도, 전라남도, 경상남도에서 주로 이루어진다. 장수는 소백산맥에 위치해 해발 고도가 높아 그루갈이에 불리하다. 따라서 (다) 김제는 (나) 장수보다 쌀과 맥류의 그루갈이가 활발하다.

⑤ 인구가 많은 지역일수록 대체로 전체 농가 수가 많으므로 세 지역 중 전체 농가 수는 (가) 상주가 가장 많다.

29 지역별 농업 특징 24학년도 10월 학평 6번
정답 ④ | 정답률 70%

그래프에 대한 설명으로 옳은 것은? (단, (가)~(다)는 각각 과수, 맥류, 벼 중 하나이며, A~C는 각각 경북, 전북, 제주 중 하나임.) [3점]

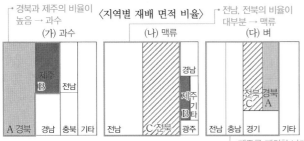

〈지역별 재배 면적 비율〉
- 경북과 제주의 비율이 높음 → 과수 (가) 과수
- 전남, 전북의 비율이 대부분 → 맥류 (나) 맥류
- 제주를 제외한 나머지 지역이 상위 5개 지역 → 벼 (다) 벼

* 각 작물의 전국 재배 면적에서 각 지역이 차지하는 비율을 나타낸 것임.
** 각 작물별 재배 면적 비율 상위 5개 지역만 제시하고 나머지는 기타에 포함함.

〈전업 농가 및 논 면적 비율〉
- 전업 농가 비율이 가장 높음 → 경북 (A)
- 논 면적 비율이 가장 높음 → 전북 (C)
- 논 면적 비율이 가장 낮음 → 제주 (B)

(2023)

① (가)는 우리나라의 주곡 작물이다. (다)
② (다)는 노지 재배 면적보다 시설 재배 면적이 넓다. 좁다
③ (나)는 (가)보다 전국 총생산량이 많다. 적다
④ ✔ C는 (나)보다 (다)의 재배 면적이 넓다.
  └ 제주를 제외한 전 지역: 벼 > 맥류
⑤ A~C 중 전체 농가 수는 B가 가장 많다. A

자료 분석
〈전업 농가 및 논 면적 비율〉 그래프에서 A는 세 지역 중 전업 농가 비율이 가장 높고 논 면적 비율이 두 번째로 높은 지역이므로 경북이며, B는 논 면적 비율이 거의 없고, 전업 농가 비율이 세 지역 중 가장 낮은 지역으로 제주이다. 제주는 기반암의 영향으로 주로 밭농사가 이루어진다. C는 세 지역 중 논 면적 비율이 가장 높고 전업 농가 비율이 두 번째로 높은 지역으로 평야가 발달한 전북이다. 〈지역별 재배 면적 비율〉 그래프에서 (가)는 A 경북과 B 제주의 재배 면적 비율이 높은 과수이다. (나)는 전남과 C 전북의 재배 면적 비율이 높으며 B 제주가 재배 면적 상위 4위인 맥류이다. 맥류는 벼보다 내건성과 내한성이 높아 겨울철 논에서 벼의 그루갈이 작물로 재배되거나 밭에서 재배된다. (다)는 전남, 충남, C 전북, A 경북, 경기 등에서 재배 면적 비율이 높은 벼이다.

선지 해설
① (가) 과수는 주곡 작물이 아니다. 우리나라의 주곡 작물은 (다) 벼이다.

② 노지 재배는 농작물을 논, 밭 등에서 재배하는 방식으로 벼, 보리 등은 주로 노지에서 재배한다. 시설 재배는 비닐하우스, 온실 등 인공적인 환경을 조성하여 농작물을 재배하는 방식으로 주로 채소, 과수 등을 시설에서 재배한다. (다) 벼는 대부분 노지에서 재배되므로 노지 재배 면적보다 시설 재배 면적이 좁다.

③ 1980년대에는 (나) 맥류가 (가) 과수보다 재배 면적이 넓었으나 식생활의 변화로 (나) 맥류는 소비량 및 생산량도 감소한 반면 (가) 과수는 소비량 및 생산량이 증가하였다. 그 결과 2023년 기준 전국 총 생산량은 (나) 맥류가 (가) 과수보다 적다.

④ C 전북은 (나) 맥류 재배 면적이 약 1.4만 ha, (다) 벼 재배 면적이 약 10.7만 ha이다(2023년 기준). 따라서 C 전북은 (나) 맥류보다 (다) 벼 재배 면적이 넓다.

⑤ A~C 중 전체 농가 수는 A 경북이 가장 많으며, B 제주가 가장 적다.

30 지역별 농업 특징 20학년도 7월 학평 15번
정답 ④ | 정답률 68%

표는 네 지역의 작물별 재배 면적을 나타낸 것이다. (가)~(다) 작물에 대한 옳은 설명만을 〈보기〉에서 고른 것은?(단, (가)~(다)는 각각 과수, 벼(쌀), 채소 중 하나임.)

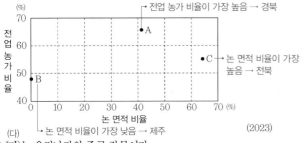

작물 지역	(가) 벼(쌀)	보리계 (맥류)	(나) 채소	(다) 과수
강원	28.64	0.17	24.48	3.54
경북	97.47	1.20	31.16	53.83
전남	154.09	21.94	41.51	17.13
제주	0.05	2.56	18.65	16.77

* 노지 재배만 고려함(단위: 천 ha) (2019, 통계청)

- 전남은 평야가 발달되어 있고, 기후가 온화해 벼 재배가 활발함
- 벼의 그루갈이로 재배됨
- 여름철 서늘한 기후를 이용한 고랭지 농업
- 제주는 지표수 부족으로 벼 재배가 거의 이루어지지 않음
- 겨울철 온화한 기후를 이용함
- 연 강수량이 적어 일조량이 풍부해 과수 생산이 가장 많고 재배 면적도 가장 넓음

〈 보기 〉
ㄱ. (가)는 최근 1인당 소비량이 증가하는 추세이다. 감소
ㄴ. (나)는 강원에서 시설 재배보다 노지 재배 면적이 넓다. └ 지가가 높은 경기도에서 주로 이루어짐
ㄷ. (다)는 식량 작물로 국내 자급률이 가장 높다. (가) └ 산지보다 평야가 유리함
ㄹ. (가)는 (다)보다 영농의 기계화가 유리하다.

① ㄱ, ㄴ　② ㄱ, ㄷ　③ ㄴ, ㄷ　④ ✔ ㄴ, ㄹ　⑤ ㄷ, ㄹ

자료 분석
제주에서 거의 재배되지 않으며, 전남의 재배 면적이 가장 넓은 (가)는 벼(쌀)이다. 벼(쌀)는 식생활 변화로 재배 면적이 감소하고 있지만 우리나라에서 재배 면적이 가장 넓은 작물이다. 제주는 지표수의 부족으로 벼농사가 거의 이루어지지 않는다. (나)는 강원에서 (가) 다음으로 재배 면적이 넓고 제주에서는 재배 면적이 가장 넓으므로 채소이다. 강원은 여름철 서늘한 기후를 이용해, 전남과 제주는 겨울철 온화한 기후를 이용해 채소 재배가 활발히 이루어진다. (다)는 제시된 지역 중 경북의 재배 면적이 가장 넓으므로 과수이다. 경북은 연 강수량이 적어 일조량이 풍부한 지역이 많아 우리나라에서 과수 생산량이 가장 많다.

보기 해설
ㄱ. (가) 벼(쌀)는 식생활 변화로 최근 1인당 소비량이 감소하는 추세이다.

ㄴ. 강원은 해발 고도가 높아 여름철이 서늘한 지역을 중심으로 노지에서 고랭지 농업으로 (나) 채소를 재배한다.

ㄷ. 식량 작물로 국내 자급률이 가장 높은 작물은 (가) 벼(쌀)이다. (다) 과수는 식량 작물에 해당하지 않는다.

ㄹ. (가) 벼(쌀)는 주로 평지에서 재배되는 반면 (다) 과수는 밭에서 재배된다. 따라서 영농의 기계화는 (가)가 (다)보다 유리하다.

연결형 문제로 개념 확인

(1) 경북 •　• 우리나라 도(道) 중 쌀 재배 면적이 가장 넓다
(2) 전남 •　• 우리나라 도(道) 중 과수 재배 면적이 가장 넓다.

(1) ─ ㉡　(2) ─ ㉠

그래프에 대한 설명으로 옳은 것은? (단, (가)~(라)는 각각 지도에 표시된 네 도(道) 중 하나이고, A, B는 각각 겸업농가, 전업농가 중 하나임.)

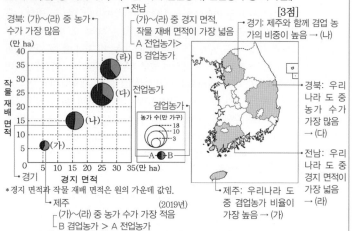

경북: (가)~(라) 중 농가 수가 가장 많음

전남
(가)~(라) 중 경지 면적, 작물 재배 면적이 가장 넓음
A 전업농가>
B 겸업농가

경기: 제주와 함께 겸업 농가의 비중이 높음 → (나)

[3점]

경북: 우리 나라 도 중 농가 수가 가장 많음 → (다)

전남: 우리 나라 도 중 경지 면적이 가장 넓음 → (라)

제주: 우리나라 도 중 겸업농가 비율이 가장 높음 → (가)

*경지 면적과 작물 재배 면적은 원의 가운데 값임.

제주 (2019년)
(가)~(라) 중 농가 수가 가장 적음
B 겸업농가 > A 전업농가

① A는 겸업농가, B는 전업농가이다. 　전업　겸업

② (가)는 (다)보다 겸업농가 수가 많다. 　　적다
　└ 농가 수×겸업 농가 비율

③ (나)는 (라)보다 경지 이용률이 높다. 　　　낮다

④ (다)는 (가)보다 지역 내 경지 중 밭 면적의 비율이 높다. 　　　낮다

✔⑤ (라)는 (나)보다 쌀 생산량이 많다.

│ 자료 분석 │

지도에 표시된 네 도(道)는 경기, 경북, 전남, 제주이다. 그래프에서 (가)는 네 지역 중 농가 수가 가장 적고 경지 면적과 작물 재배 면적이 모두 가장 좁으므로 제주이다. (다)는 네 지역 중 농가 수가 가장 많으므로 경북이다. (라)는 네 지역 중 경지 면적과 작물 재배 면적이 가장 넓으므로 평야가 발달한 전남이다. (나)는 경기이다. 전남과 경북은 전업농가가 겸업농가보다 많다. 따라서 A는 전업농가, B는 겸업농가이다.

│ 선지 해설 │

① A는 전업농가, B는 겸업농가이다.

② (가)는 (다)보다 B 겸업농가의 비율이 높지만 농가 수가 매우 적다. 따라서 (가)는 (다)보다 겸업농가 수가 적다.

③ (라) 전남은 겨울철이 온화해 쌀과 보리를 재배하는 그루갈이가 다른 지역보다 활발하다. 따라서 전체 경지 면적에 대해 1년 동안 실제로 농작물을 재배한 면적의 비율인 경지 이용률은 (라) 전남이 (나) 경기보다 높다.

④ (가) 제주도는 절리가 발달한 기반암의 특성으로 지표수가 부족해 논이 거의 분포하지 않아 밭 면적의 비율이 우리나라 도 중에서 가장 높다. 따라서 (다) 경북은 (가) 제주보다 지역 내 경지 중 밭 면적의 비율이 낮다.

⑤ 쌀 생산량은 평야가 발달해 있으며 겨울철이 온화한 (라) 전남이 (나) 경기보다 많다.

다음 자료의 A 지역에 대한 설명으로 옳은 것만을 〈보기〉에서 고른 것은?

※ (가), (나)에서 설명하는 지역을 지도에서 찾아 하나씩 지운 후, 남은 지역 A를 쓰시오. (단, (가), (나), A는 각각 지도에 표시된 세 지역 중 하나임.)
　└ 성주 참외
(가) 이 지역은 참외의 최대 재배 지역으로 전국 재배 면적의 70% 이상을 차지하고 있다. 다른 지역에 비해 육질이 단단하고 단맛이 강한 참외는 비닐하우스를 이용한 상업적 농업에 성공하면서 이 지역의 대표 과일로 자리를 잡았다.
(나) 이 지역은 카르스트 지형 분포 지역으로, 기온의 일교차가 크고 배수가 양호한 토질 특성을 활용하여 마늘 재배가 활발하다. 이 지역에서 생산된 육쪽마늘은 대표적인 특산품으로 유명하다. 　　└ 단양 육쪽마늘

단양: 단양 마늘 축제

정답: (가), (나) 지역을 모두 지운 후 남은 지역은 　A　이다.

0　50km

성주: 성주 참외·생명문화 축제
김제: 지평선 축제

〈 보기 〉

ㄱ. 채소 생산량보다 과실 생산량이 많다. 　　　적다

ㄴ. 경지 면적 중 밭보다 논이 차지하는 비율이 높다. 　└ 평야 지역 > 산간 지역

ㄷ. (가)보다 경지 면적 중 시설 재배 면적 비율이 높다. 　　　낮다

ㄹ. 지도에 표시된 세 지역 중 맥류 생산량이 가장 많다. 　└ 전북 > 전남 > 경남 > 광주 > 제주 순 (2023년 기준)

① ㄱ, ㄴ　② ㄱ, ㄷ　③ ㄴ, ㄷ　④ ㄴ, ㄹ　⑤ ㄷ, ㄹ

│ 자료 분석 │

지도에 표시된 세 지역은 충북 단양, 전북 김제, 경북 성주이다. (가)는 참외의 최대 재배 지역으로 전국 재배 면적의 70% 이상을 차지한다는 것으로 보아 성주이다. 성주에서는 참외를 주제로 한 성주 참외·생명문화 축제가 매년 봄에 개최되고 있다. (나)는 카르스트 지형이 분포하고 육쪽마늘이 지역의 대표적인 특산품인 단양이다. 단양에서는 단양 마늘의 우수성을 알리고 지역 농산물의 판매를 촉진하기 위해 마늘 축제를 매년 개최하고 있다. 지도에서 (가), (나) 지역을 모두 지우고 남는 지역은 김제(A)이다.

│ 선지 해설 │

ㄱ. A 김제는 평야가 발달한 지역으로 과실 생산량보다 채소 생산량이 많다. 우리나라는 전체적으로 작물별 생산량은 채소가 과실보다 월등히 많으며 대부분 지역에서 과실 생산량보다 채소 생산량이 많다.

ㄴ. A 김제는 호남평야에 위치하여 평야가 넓게 펼쳐져 있으며, 경지 면적 중 밭보다 논이 차지하는 비율이 높다. 한편 김제에서는 넓은 평야와 농경문화를 중심으로 한 지평선 축제가 매년 열리고 있다.

ㄷ. (가) 성주는 비닐하우스 등 시설 재배를 활용한 작물 재배가 활발한 지역이지만, A 김제는 평야에서 노지 재배가 활발한 지역이다. 따라서 (가) 성주보다 A 김제는 경지 면적 중 시설 재배 면적 비율이 낮다.

ㄹ. 맥류는 벼를 재배한 후의 그루갈이 작물로 많이 재배되며 호남 지방인 전북, 전남 등에서 주로 생산된다. 지도에 표시된 세 지역 중에서는 전북에 위치한 A 김제의 맥류 생산량이 가장 많다.

18 일차

01 ④	02 ②	03 ⑤	04 ②	05 ①	06 ①	07 ⑤	08 ①	09 ①	10 ④	11 ①	12 ③
13 ④	14 ⑤	15 ②	16 ③	17 ④	18 ⑤	19 ②	20 ④	21 ③	22 ③	23 ③	24 ①
25 ①	26 ④	27 ①	28 ③	29 ⑤	30 ①	31 ⑤	32 ③	33 ①	34 ⑤	35 ④	36 ②
37 ④	38 ③	39 ①	40 ⑤								

01 주요 공업의 분포 25학년도 9월 모평 20번

정답 ④ | 정답률 73%

(가)~(라)에 대한 설명으로 옳은 것은? (단, (가)~(라)는 각각 구미, 당진, 여수, 화성 중 하나임.) [3점]

〈제조업 종사자 수 변화〉

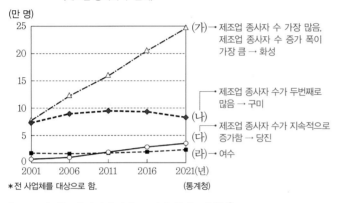

* 전 사업체를 대상으로 함.

(통계청)

① 2021년 제조업 종사자 수는 구미가 화성보다 ~~많다.~~ 적다
② (가)는 (다)보다 지역 내 제조업 종사자 수에서 1차 금속 제조업이 차지하는 비율이 ~~높다.~~ 낮다 └→ (다) 당진에서 발달
③ (나)는 (가)보다 전국 자동차 및 트레일러 제조업 출하액에서 차지하는 비율이 ~~높다.~~ 낮다 └→ (가) 화성에서 발달
✔④ (나)는 (라)보다 전자 부품·컴퓨터·영상·음향 및 통신 장비 제조업 사업체 수가 많다. └→ (가) 화성, (나) 구미에서 발달
⑤ (가)~(라) 중 2001년에 비해 2021년 제조업 종사자 수가 가장 많이 증가한 지역은 ~~영남권~~에 위치한다. └→ (가) 화성
수도권

자료 분석

〈제조업 종사자 수 변화〉 그래프의 (가)는 네 지역 중 2001년 이후 제조업 종사자 수의 증가 폭이 가장 크며, 2021년 제조업 종사자 수가 가장 많은 화성이다. (나)는 2021년 제조업 종사자 수가 두 번째로 많은 구미이다. (다)와 (라) 중 2001년 이후 제조업 종사자 수 증가율이 더 높은 (다)는 당진이며, 나머지 (라)는 여수이다.

선지 해설

① 2021년 제조업 종사자 수는 (나) 구미가 (가) 화성보다 적다.

② (가) 화성은 (다) 당진보다 지역 내 제조업 종사자 수에서 1차 금속 제조업이 차지하는 비율이 낮다. (다) 당진에는 대규모 제철소가 위치하여 (가) 화성보다 지역 내 1차 금속 제조업 종사자 비율이 높다.

③ (나) 구미는 (가) 화성보다 전국 자동차 및 트레일러 제조업 출하액에서 차지하는 비율이 낮다. (가) 화성에는 자동차 생산 공장이 위치하여 (나) 구미보다 자동차 및 트레일러 제조업 출하액이 많다.

④ (나) 구미는 (라) 여수보다 전자 부품·컴퓨터·영상·음향 및 통신 장비 제조업 사업체 수가 많다. (나) 구미는 전자 공업이 특화된 지역이며, (라) 여수는 정유 및 석유 화학 공업이 특화된 지역이다.

⑤ (가)~(라) 중 2001년에 비해 2021년 제조업 종사자 수가 가장 많이 증가한 지역은 (가) 화성이며, (가) 화성은 수도권에 위치한다.

02 주요 공업의 분포 25학년도 9월 모평 18번

정답 ② | 정답률 62%

그래프는 네 지역의 산업별 취업자 수 비율을 나타낸 것이다. (가)~(라)에 대한 설명으로 옳은 것은? (단, (가)~(라)는 각각 강원, 대전, 울산, 충북 중 하나임.) [3점]

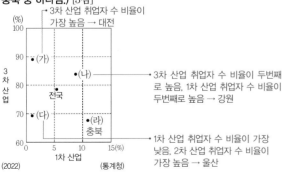

(2022)

1차 산업 (통계청)

① (가)는 (나)보다 숙박 및 음식점업의 종사자 수가 ~~많다.~~ 적다
✔② (가)는 (다)보다 전문·과학 및 기술 서비스업의 매출액이 많다.
③ (나)는 (다)보다 1인당 지역 내 총생산(GRDP)이 ~~많다.~~ 적다
④ (라)는 (다)보다 지역 내 2차 산업 취업자 수 비율이 ~~높다.~~ 낮다
⑤ (가)와 (나)는 모두 충청권에 포함된다.
(라)

자료 분석

그래프의 (가)는 네 지역 중 3차 산업 취업자 수 비율이 가장 높은 대전이며, (나)는 1차 산업 취업자 수 비율과 3차 산업 취업자 수 비율이 두 번째로 높으며, 전체 취업자 수 비율인 100%에서 1차 산업 취업자 수 비율(8%)과 3차 산업 취업자 수 비율(84%)을 뺀 값인 2차 산업 취업자 수 비율(8%)이 상대적으로 낮은 강원이다. (다)는 1차 산업 취업자 수 비율(1.5%)이 가장 낮고, 2차 산업 취업자 수 비율(29.5%)이 가장 높은 울산이며, 나머지 (라)는 충북이다.

선지 해설

① (가) 대전은 (나) 강원보다 숙박 및 음식점업 종사자 수가 적다. 숙박 및 음식점업 종사자 수는 관광 산업이 발달한 (나) 강원이 (가) 대전보다 많다.

② 대덕 연구 개발 특구가 조성되어 있으며 전문·과학 및 기술 서비스업이 발달한 (가) 대전은 (다) 울산보다 전문·과학 및 기술 서비스업의 매출액이 많다.

③ (나) 강원은 (다) 울산보다 1인당 지역 내 총생산(GRDP)이 적다. 제조업이 발달한 (다) 울산은 우리나라 시·도 중 1인당 지역 내 총생산(GRDP)이 가장 많다.

④ (라) 충북은 (다) 울산보다 지역 내 2차 산업 취업자 수 비율이 낮다. 2차 산업 취업자 수 비율을 구하면 (라) 충북은 20%, (다) 울산은 29.5%이다.

⑤ (가) 대전과 (라) 충북은 충청권에 포함되며, (나) 강원은 강원권에 포함된다.

다음은 우리나라 공업에 대한 퀴즈의 일부이다. A 도시 제조업의 업종별 출하액 비율 그래프로 옳은 것은? [3점]

※(가)~(다)에서 설명하는 도시를 지도에서 찾아 하나씩 지운 후 남은 도시 A를 쓰시오. (단, (가)~(다)와 A는 각각 지도에 표시된 도시 중 하나임.)

(가) 이 지역은 2004년 제철소가 입지하면서 철강 및 금속 공업이 발달하였고, 2012년에 시로 승격하였다. →당진

(나) 이 지역은 고생대 조선 누층군에 매장된 석회석을 활용한 원료 지향 공업이 발달하여 지역의 주된 산업이 되었다. →시멘트 공업 →단양

(다) 이 지역에는 울산과 여수에 이어 세 번째로 조성된 석유 화학 단지가 입지하여 공업 도시로 발달하였다. →서산

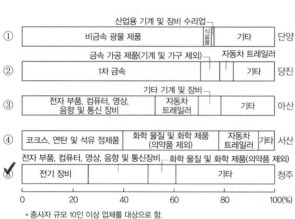

정답 : (가)~(다) 도시를 지운 후 남은 도시는 [A] 이다. 청주

0 25km

---

① | 산업용 기계 및 장비 수리업
비금속 광물 제품 | 식료품 | 기타 | 단양

② | 금속 가공 제품(기계 및 가구 제외) | 자동차 트레일러
1차 금속 | 기타 | 당진

③ | 기타 기계 및 장비
전자 부품, 컴퓨터, 영상, 음향 및 통신 장비 | 자동차 트레일러 | 기타 | 아산

④ 코크스, 연탄 및 석유 정제품 | 화학 물질 및 화학 제품(의약품 제외) | 자동차 트레일러 | 기타 | 서산

⑤ 전자 부품, 컴퓨터, 영상, 음향 및 통신장비 | 화학 물질 및 화학 제품(의약품 제외)
전기 장비 | 기타 | 청주

0   20   40   60   80   100(%)

• 종사자 규모 10인 이상 업체를 대상으로 함.
•• 각 지역별 출하액 기준 상위 3개 업종만 표시함.
(2020)   (통계청)

출제 경향

제시된 자료를 통해 도시를 유추할 수 있어야 하고, 찾아낸 도시의 제조업 업종별 출하액 그래프를 찾아내야 하는 문제이다. 선택지에서 업종별 출하액 그래프를 찾는 문제는 난이도가 높으므로 도시별 제조업의 특징을 반드시 구분해서 알아 두어야 한다.

| 자료 분석 |

지도에 표시된 네 지역은 서산, 당진, 청주, 단양이다. (가)는 제철소가 입지해 철강 및 금속 공업이 발달하였다고 하였으므로 네 지역 중 당진이다. (나)는 고생대 조선 누층군에 매장된 석회석을 활용한 원료 지향 공업이 발달하였다고 하였으므로 시멘트 공업이 발달한 단양이다. (다)는 울산과 여수에 이어 세 번째로 석유 화학 단지가 입지하였다고 하였으므로 석유 화학 공업이 발달한 서산이다. 따라서 (가)~(다) 도시를 지운 후 남은 도시 A는 청주이다.

| 선지 해설 |

① 비금속 광물 제품 제조업의 출하액 비율이 가장 높은 것으로 보아 이는 시멘트 공업이 발달한 (나) 단양의 그래프이다.

② 1차 금속 제조업의 출하액 비율이 가장 높은 것으로 보아 이는 제철 공업이 발달한 (가) 당진의 그래프이다.

③ 전자 부품, 컴퓨터, 영상, 음향 및 통신 장비 제조업과 자동차 및 트레일러 제조업의 출하액 비율이 높은 것으로 보아 이는 전자 공업과 자동차 공업이 발달한 아산의 그래프이다.

④ 코크스, 연탄 및 석유 정제품 제조업과 화학 물질 및 화학 제품 제조업의 출하액 비율이 높은 것으로 보아 이는 정유 공업과 석유 화학 공업이 발달한 (다) 서산의 그래프이다.

⑤ 전기 장비 제조업, 전자 부품, 컴퓨터, 영상, 음향 및 통신 장비 제조업의 출하액 비율이 높은 것으로 보아 이는 청주의 업종별 출하액 비율 그래프이다.

04 주요 공업의 분포 22학년도 수능 12번

(가)~(라) 지역을 그래프의 A~D에서 고른 것은? (단, (가)~(라)와
A~D는 각각 지도에 표시된 네 지역 중 하나임.)

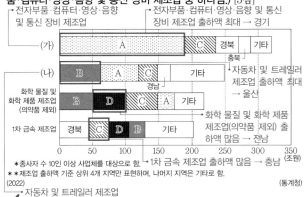

2000년대 이후 제조업 종사자 수 증가
〈제조업 종사자 수 변화〉

경기도 화성시
충청북도 청주시: 최근 첨단 산업 발달

350
300
250
200
150
100
50

2000년대 이후 제조업 종사자 수 급증 ────── (가)
(나)
(다)
(라)

1981 1991 2001 2011 2019(년)

* 2001년을 100으로 했을 때의 상댓값임.
** 2019년 행정구역을 기준으로 함.
*** 전 사업체를 대상으로 함. (통계청)

2000년대 이후 제조업 종사자 수
증가율이 (가)~(라) 중 가장 낮음

울산광역시
전라남도 광양시: 대규모 제철소 위치

〈제조업 출하액 비율〉

화성시
A: 전자 부품, 컴퓨터, 영상, 음향 및 통신장비 제조업 | 자동차 및 트레일러 제조업 | 기타 기계 및 장비 제조업 | 기타

울산광역시
B: 코크스, 연탄 및 석유정제품 제조업 | 자동차 및 트레일러 제조업 | 화학 물질 및 화학제품 제조업(의약품 제외) | 기타

청주시
C: 전자 부품, 컴퓨터, 영상, 음향 및 통신장비 제조업 | 전기장비 제조업 | 화학 물질 및 화학제품 제조업(의약품 제외) | 기타

광양시
D: 1차 금속 제조업 | 금속 가공제품 제조업(기계 및 가구 제외) | 기타

0   50   비금속 광물제품 제조업   100(%)

* 종사자 수 10인 이상 사업체만 고려함.
** 각 지역에서 출하액 상위 3개 업종만 표시함.
(2019) (통계청)

	(가)	(나)	(다)	(라)			(가)	(나)	(다)	(라)
①	A	B	D	C		②✓	A	C	D	B
③	A	D	C	B		④	D	B	A	C
⑤	D	C	A	B						

출제 경향

제조업 종사자 수 변화 자료를 그래프로 제시하고, 공업 도시에 해당하는 제조업 출하액 비율을 찾는 문항이 출제되었다. 공업 도시별·업종별로 출하액 비율이 높거나 종사자 수가 많은 지역의 순위 등을 정리해 두어야 한다.

│ 자료 분석 │

지도에 제시된 지역은 화성, 청주, 울산, 광양이다. 울산과 광양은 1970년대부터 제조업이 발달하면서 제조업 종사자 수가 증가하였으나 최근에는 제조업 종사자 수가 급증하지 않고 있다. 반면 화성과 청주는 최근 첨단 산업이 발달함과 동시에 제조업 종사자 수가 증가하고 있다.

│ 선지 해설 │

② (가) – A, (나) – C, (다) – D, (라) – B

• (가)는 2001년 대비 2019년 제조업 종사자 수가 3배 이상 증가하였으므로 화성시이다. 화성시는 전자 부품·컴퓨터·영상·음향 및 통신 장비 제조업과 자동차 및 트레일러 제조업이 발달하였다. 〈제조업 출하액 비율〉 그래프에서 A와 C 모두 전자 부품, 컴퓨터, 영상, 음향 및 통신장비 제조업이 발달해 있는데 이 중 자동차 및 트레일러 제조업 출하액 비율이 C보다 높은 A가 화성시이다.

• (나)는 2001년 이후 (가) 다음으로 제조업 종사자 수 증가율이 높으므로 청주시이다. 청주시는 오송을 중심으로 바이오 산업이 발달하고 있다. 따라서 〈제조업 출하액 비율〉 그래프에서 전자 부품, 컴퓨터, 영상, 음향 및 통신장비 제조업과 전기장비 제조업의 출하액 비율이 높은 C가 청주시이다.

• (다)는 1981년에서 1991년까지는 제조업 종사자 수 증가율이 높았으나 2001년 이후로는 증가율이 둔화되었으므로 광양시이다. 따라서 〈제조업 출하액 비율〉 그래프에서 1차 금속 제조업의 출하액 비율이 매우 높은 D가 광양시이다.

• (라)는 2001년에 대한 1981년의 제조업 종사자 수의 상댓값이 가장 높으므로 울산광역시이다. 따라서 〈제조업 출하액 비율〉 그래프에서 코크스, 연탄 및 석유정제품 제조업, 자동차 및 트레일러 제조업, 화학 물질 및 화학제품 제조업(의약품 제외)의 출하액 비율이 고르게 나타나는 B가 울산광역시이다.

---

05 주요 공업의 분포 25학년도 6월 모평 16번

그래프는 주요 제조업의 시·도별 출하액을 나타낸 것이다. 이에 대한 설명으로 옳은 것은? (단, (가), (나)는 각각 자동차 및 트레일러, 전자부품·컴퓨터·영상·음향 및 통신 장비 제조업 중 하나임.) [3점]

전자부품·컴퓨터·영상·음향 및 통신 장비 제조업

전자부품·컴퓨터·영상·음향 및 통신 장비 제조업 출하액 최대 → 경기

(가) A C 경북 기타
충북

(나) B A C 기타
경남

자동차 및 트레일러 제조업 출하액 최대 → 울산

화학 물질 및 화학 제품 제조업(의약품 제외) B D C A 기타

1차 금속 제조업 경북 C D B 기타

0   50   100   150   200   250   300   350 (조원)

* 종사자 수 10인 이상 사업체를 대상으로 함.
** 제조업 출하액 기준 상위 4개 지역만 표현하며, 나머지 지역은 기타로 함.
(2022) (통계청)

자동차 및 트레일러 제조업

화학 물질 및 화학 제품 제조업(의약품 제외) 출하액 많음 → 전남
1차 금속 제조업 출하액 많음 → 충남

①✓ 사업체 수 기준으로 (가)는 (나)보다 수도권 집중도가 높다.

② (가)는 (나)보다 최종 제품의 평균 중량이 무겁고 부피가 크다.
   (가볍고) (작다)

③ A는 B보다 제조업 종사자 1인당 출하액이 많다.
   (적다)

④ 대규모 국가 산업 단지 조성을 시작한 시기는 C가 B보다 이르다.
   (늦다)

⑤ C와 D는 호남 지방에 속한다.

│ 자료 분석 │

(가)는 네 제조업 중 출하액이 가장 많으므로 제조업 중에서 출하액이 가장 많은 전자부품·컴퓨터·영상·음향 및 통신 장비 제조업이다. 나머지 (나)는 자동차 및 트레일러 제조업이다. A는 (가) 전자부품·컴퓨터·영상·음향 및 통신 장비 제조업 출하액이 가장 많으므로 경기이다. B는 (나) 자동차 및 트레일러 제조업 출하액이 가장 많으므로 울산이다. C는 경기 다음으로 (가) 전자부품·컴퓨터·영상·음향 및 통신 장비 제조업 출하액이 많으며, 경북 다음으로 1차 금속 제조업 출하액이 많으므로 충남이다. D는 B 울산 다음으로 화학 물질 및 화학 제품 제조업(의약품 제외) 출하액이 많으므로 전남이다.

│ 선지 해설 │

① (가) 전자부품·컴퓨터·영상·음향 및 통신 장비 제조업은 지식·정보 기반 산업으로 수도권에 사업체가 집중한다. 따라서 (가) 전자부품·컴퓨터·영상·음향 및 통신 장비 제조업은 (나) 자동차 및 트레일러 제조업보다 수도권 집중도가 높다.

② (가) 전자부품·컴퓨터·영상·음향 및 통신 장비 제조업은 (나) 자동차 및 트레일러 제조업보다 최종 제품의 평균 중량이 가볍고 부피가 작다.

③ A 경기는 중화학 공업이 발달한 B 울산보다 제조업 종사자 1인당 출하액이 적다.

④ 대규모 국가 산업 단지 조성을 시작한 시기는 충청 공업 지역이 있는 C 충남이 남동 임해 공업 지역에 속한 B 울산보다 늦다.

⑤ C 충남은 충청 지방, D 전남은 호남 지방에 속한다.

그래프는 지도에 표시된 네 지역군의 제조업 종사자 수 변화를 나타낸 것이다. (가)~(라) 지역군에 대한 설명으로 옳은 것은?

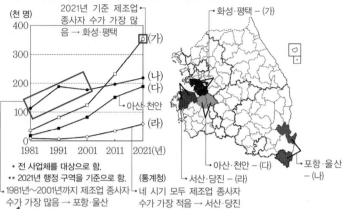

(천 명)
2021년 기준 제조업
종사자 수가 가장 많
음 → 화성·평택

화성·평택 – (가)

(가)
(나)
(다)
아산·천안
(라)

1981 1991 2001 2011 2021(년)

* 전 사업체를 대상으로 함.
* 2021년 행정 구역을 기준으로 함.

(통계청)

1981년~2001년까지 제조업 종사자
수가 가장 많음 → 포항·울산

네 시기 모두 제조업 종사자
수가 가장 적음 → 서산·당진

아산·천안 – (다)
서산·당진 – (라)
포항·울산 – (나)

✔ (가)는 (나)보다 지역군 내 제조업 출하액에서 전자 부품·컴퓨터·영상·음향 및 통신 장비 제조업이 차지하는 비율이 높다.

② (다)는 (나)보다 전국 석유 정제품 제조업 종사자 수에서 차지하는 비율이 ~~높다.~~ 낮다

③ (다)는 (라)보다 1차 금속 제조업 출하액이 ~~많다.~~ 적다

④ (라)는 (나)보다 대규모 국가 산업 단지 조성을 시작한 시기가 ~~이르다.~~ 늦다

⑤ (가)~(라) 중 2001년에 비해 2021년 제조업 종사자 수가 가장 많이 증가한 지역군은 ~~영남 지방~~에 속한다. 수도권

| 자료 분석 |

지도에 표시된 네 지역군은 각각 경기의 화성·평택, 충남의 서산·당진, 충남의 아산·천안, 경북 포항·울산광역시이다. (가)는 네 지역 중 2021년 제조업 종사자 수가 가장 많으며, 2001년 이후 제조업 종사자 수가 2배 이상 급증한 화성·평택이다. (나)는 네 지역 중 1981년, 1991년, 2001년 제조업 종사자 수가 가장 많고, 2021년 제조업 종사자 수가 두 번째 많은 포항·울산이다. 포항·울산은 1970년대 이후 우리나라 중화학 공업의 발달을 이끈 남동 임해 공업 지역에 속해 있다. (다)는 네 지역 중 1981년~2021년 제조업 종사자 수가 세 번째로 많은 아산·천안이며, (라)는 네 지역 중 1981년~2021년 제조업 종사자 수가 가장 적은 서산·당진이다.

| 선지 해설 |

① (가) 화성·평택은 (나) 포항·울산보다 지역군 내 제조업 출하액에서 전자 부품·컴퓨터·영상·음향 및 통신 장비 제조업이 차지하는 비율이 높다. (가) 화성·평택에서 2001년 이후 제조업 종사자 수가 급증한 것은 지역군 내 전자 부품·컴퓨터·영상·음향 및 통신 장비 제조업의 발달과 관계가 깊다. 반면 (나) 포항·울산은 1차 금속 제조업, 자동차 및 트레일러 제조업, 기타 운송 장비 제조업, 화학 물질 및 화학 제품 제조업 등의 중화학 공업이 발달하였다.

② (다) 아산·천안은 (나) 포항·울산보다 전국 석유 정제품 제조업 종사자 수에서 차지하는 비율이 낮다. 울산은 석유 화학 공업이 발달하여 (나) 포항·울산이 (다) 아산·천안보다 석유 정제품 제조업 종사자 수가 많다.

③ 충남 당진에는 대규모 제철소가 위치해 있다. 따라서 (다) 아산·천안은 (라) 서산·당진보다 1차 금속 제조업 출하액이 적다.

④ (라) 서산·당진은 남동 임해 공업 지역에 속한 (나) 포항·울산보다 대규모 국가 산업 단지 조성을 시작한 시기가 늦다. 남동 임해 공업 지역은 1970년대 이후 우리나라의 중화학 공업 성장을 이끈 공업 지역이다.

⑤ (가)~(라) 중 2001년에 비해 2021년 제조업 종사자 수가 가장 많이 증가한 지역군은 (가) 화성·평택이며, (가) 화성·평택은 수도권에 속한다. (가)~(라) 중 영남 지방에 속한 지역군은 (라) 포항·울산이다.

다음 자료는 대구광역시청에서 출발해 지도에 표시된 세 도시의 시청으로 가는 길 찾기 안내의 일부이다. (가)~(다)에 대한 설명으로 옳은 것은? [3점]

세 지역 중 대구 남쪽에 위치한 지역은 창원임

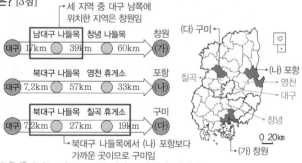

남대구 나들목 창녕 나들목 창원
대구 17km 39km 60km (가)

북대구 나들목 영천 휴게소 포항
대구 7.2km 57km 33km (나)

북대구 나들목 칠곡 휴게소 구미
대구 7.2km 27km 19km (다)

북대구 나들목에서 (나) 포항보다 가까운 곳이므로 구미임

(다) 구미
(나) 포항
영천
칠곡
대구
창녕
(가) 창원

0 20km

① (다)에서는 벚꽃으로 유명한 군항제가 열린다. (가)

② (가)는 (나)보다 1차 금속 업종의 종사자 수가 ~~많다.~~ 적다

③ (다)는 (가)보다 인구가 ~~많다.~~ 적다

④ (나)와 (다)에는 세계 문화유산으로 등재된 전통 마을이 있다. 없다

✔ (가)와 (나)는 남동 임해 공업 지역, (다)는 영남 내륙 공업 지역에 해당한다. 대구(섬유), 구미(전자) 등

| 자료 분석 |

지도에 표시된 세 지역은 경북의 구미와 포항, 경남 창원이다. (가)는 대구에서 남대구, 창녕을 지나는 것으로 보아 세 지역 중 대구 남쪽에 위치한 창원이다. (나)는 북대구, 영천을 지나며 (다)보다 거리가 먼 것으로 보아 대구의 북동쪽에 위치한 포항이다. (다)는 북대구, 칠곡을 지나며 (나)보다 거리가 가까운 것으로 보아 대구의 북서쪽에 위치한 구미이다.

| 선지 해설 |

① 벚꽃으로 유명한 군항제가 열리는 지역은 (가) 창원이다. 진해 군항제는 매년 4월 경상남도 창원시 진해구에서 충무공 이순신 장군의 호국 정신을 이어가고 향토 문화 예술의 발전을 위해 개최하는 문화 축제이다.

② 제철소가 위치한 포항은 우리나라에서 1차 금속 제조업 종사자 수가 가장 많다. 따라서 (가) 창원은 (나) 포항보다 1차 금속 업종의 종사자 수가 적다.

③ (가) 창원은 2010년에 마산, 진해와 통합하여 인구 100만 명이 넘는 대도시가 되었으며 2022년에는 창원 특례시로 지정되었다. 이에 반해 구미의 인구는 약 41만 명이다. 따라서 (다) 구미는 (가) 창원보다 인구가 적다.

④ (나) 포항과 (다) 구미에는 세계 문화유산으로 등재된 전통 마을이 없다. 세계 문화유산으로 등재된 전통 마을은 안동의 하회 마을, 경주의 양동 마을이다.

⑤ 남동 임해 공업 지역은 포항, 창원, 광양, 울산, 거제, 여수 등 남동 해안에 위치한 공업 지역이며, 영남 내륙 공업 지역은 대구, 구미 등 영남 내륙에 위치한 공업 지역이다. 따라서 (가) 창원과 (나) 포항은 남동 임해 공업 지역, (다) 구미는 영남 내륙 공업 지역에 해당한다.

08 주요 공업의 분포 20학년도 수능 9번

정답 ① | 정답률 61%

다음은 한국 지리 퀴즈의 일부이다. A 도시의 제조업 업종별 출하액 비율 그래프로 옳은 것은?

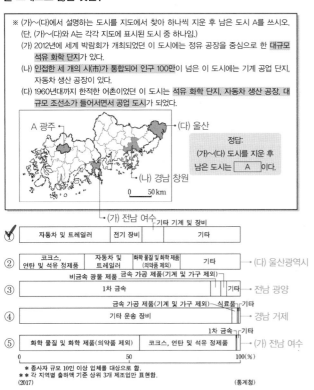

※ (가)~(다)에서 설명하는 도시를 지도에서 찾아 하나씩 지운 후 남은 도시 A를 쓰시오. (단, (가)~(다)와 A는 각각 지도에 표시된 도시 중 하나임.)
(가) 2012년에 세계 박람회가 개최되었던 이 도시에는 정유 공장을 중심으로 한 대규모 석유 화학 단지가 있다.
(나) 인접한 세 개의 시(市)가 통합되어 인구 100만이 넘은 이 도시에는 기계 공업 단지, 자동차 생산 공장이 있다.
(다) 1960년대까지 한적한 어촌이었던 이 도시는 석유 화학 단지, 자동차 생산 공장, 대규모 조선소가 들어서면서 공업 도시가 되었다.

정답: (가)~(다) 도시를 지운 후 남은 도시는 [A]이다.

* 종사자 규모 10인 이상 업체를 대상으로 함.
** 각 지역별 출하액 기준 상위 3개 제조업만 표현함.
(2017) (통계청)

자료 분석

(가)는 2012년 세계 박람회가 개최되었으며 정유 및 석유 화학 공업이 발달한 곳이므로 전라남도 여수시이다. (나)는 인접한 마산시, 진해시, 창원시가 통합되어 인구 100만이 넘는 경상남도 창원시로 경상남도의 도청 소재지이며 기계 공업이 발달해 있다. (다)는 우리나라 최대의 공업 도시인 울산광역시이다. 지도에서 (가)~(다) 도시를 지운 후 남은 도시인 A는 광주광역시이다.

선지 해설

① 광주광역시는 자동차 및 트레일러 제조업이 발달해 있다.

② 울산광역시는 자동차 및 트레일러 제조업, 기타 운송 장비 제조업, 정유 공업, 화학 물질 및 화학 제품 제조업이 발달해 있다.

③ 전라남도 광양시는 1차 금속 제조업이 발달해 있어 출하액의 대부분을 1차 금속이 차지하고 있다.

④ 경상남도 거제시는 기타 운송 장비 제조업이 발달해 있어 출하액의 대부분을 기타 운송 장비가 차지하고 있다.

⑤ 전라남도 여수시는 정유 공업이 발달해 있어 코크스, 연탄 및 석유 정제품의 출하액 비중이 높고 석유 화학 공업이 발달해 있어 화학 물질 및 화학 제품(의약품 제외)의 출하액 비중이 높다.

09 주요 공업의 분포 22학년도 6월 모평 17번

정답 ① | 정답률 40%

그래프는 우리나라 주요 제조업의 특성을 나타낸 것이다. 이에 대한 설명으로 옳은 것은? (단, (가)~(다)는 각각 자동차 및 트레일러, 전자 부품·컴퓨터·영상·음향 및 통신 장비, 화학 물질 및 화학 제품 제조업 중 하나임.)

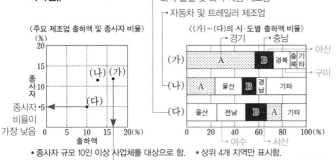

* 종사자 규모 10인 이상 사업체를 대상으로 함. * 상위 4개 지역만 표시함.
(2019) (통계청)

→ (가)는 출하액 비율이 가장 높음
→ 전자 부품·컴퓨터·영상·음향 및 통신 장비 제조업

✓① A는 경기, B는 충남이다.

② (가)는 부피가 크거나 무거운 원료를 해외에서 수입하는 적환지 지향형 제조업이다. (입지 자유형)

③ (나)는 한 가지 원료로 여러 제품을 생산하는 계열화된 제조업이다. (다)

④ (다)는 최종 제품 생산에 많은 부품이 필요한 조립형 제조업이다. (나)

⑤ (가)는 (다)에 비해 종사자 1인당 출하액이 많다. (출하액/종사자 수 — 적다)

자료 분석

(가)는 (가)~(다) 중 출하액 비율이 가장 높으므로 전자 부품·컴퓨터·영상·음향 및 통신 장비 제조업이다. 따라서 전자 부품·컴퓨터·영상·음향 및 통신 장비 제조업 출하액 비율이 가장 높은 A는 경기, 다음으로 높은 B는 충남이다. 경기와 충남 아산, 경북 구미는 전자 부품·컴퓨터·영상·음향 및 통신 장비 제조업이 발달해 있다. (나)는 오른쪽 표에서 경기, 울산, 충남의 출하액 비율이 높으므로 자동차 및 트레일러 제조업이다. (다)는 (가)~(다) 중 종사자 비율이 가장 낮고 울산, 전남, 충남의 출하액 비율이 높으므로 화학 물질 및 화학 제품 제조업이다. 울산, 전남 여수, 충남 서산은 석유 화학 공업이 발달해 있다.

선지 해설

① 전자 부품·컴퓨터·영상·음향 및 통신 장비 제조업 출하액 비율이 가장 높은 A는 경기, 다음으로 높은 B는 충남이다.

② (가) 전자 부품·컴퓨터·영상·음향 및 통신 장비 제조업은 입지 자유형 제조업이다. 1차 금속 제조업과 석유 정제 제조업이 적환지 지향형 제조업에 해당한다.

③ 한 가지 원료로 여러 제품을 생산하는 계열화된 제조업은 여러 석유 화학 제품을 생산하는 (다) 화학 물질 및 화학 제품 제조업이다.

④ 최종 제품 생산에 많은 부품이 필요한 조립형 제조업은 (나) 자동차 및 트레일러 제조업이다.

⑤ 종사자 1인당 출하액은 출하액을 종사자 수로 나눈 수치이다. 따라서 종사자 1인당 출하액은 (가)가 (다)보다 적다.

18 일차

그래프는 세 지역의 제조업 업종별 종사자 수 비율을 나타낸 것이다. (가)~(다) 지역으로 옳은 것은? [3점]

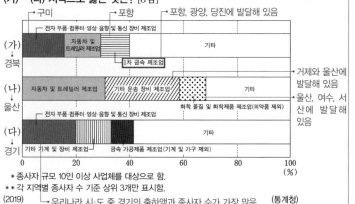

	(가)	(나)	(다)
①	경기	경북	울산
②	경기	울산	경북
③	경북	경기	울산
✓④	경북	울산	경기
⑤	울산	경기	경북

| 자료 분석 |

경북은 구미를 중심으로 첨단 산업이 발달해 있으며 포항은 광양, 당진과 함께 대규모의 제철소가 위치해 있어 1차 금속 제조업이 발달해 있다. 울산은 자동차 및 트레일러 제조업, 기타 운송 장비 제조업, 정유 및 석유 화학 제조업이 발달해 있다. 경기는 우리나라에서 전자 부품 등 첨단 산업의 종사자 수와 출하액이 가장 많다.

| 선지 해설 |

④ (가) – 경북, (나) – 울산, (다) – 경기

• (가)는 세 지역 중 1차 금속 제조업 종사자 비율이 가장 높고, 전자 부품·컴퓨터·영상·음향 및 통신 장비 제조업 종사자 수 비율이 (다) 다음으로 높다. 따라서 (가)는 경북이다. 경북 포항에는 대규모의 제철소가 위치해 있으며 구미는 첨단 산업이 발달해 있다.

• (나)는 세 지역 중 자동차 및 트레일러 제조업, 기타 운송 장비 제조업, 화학 물질 및 화학제품 제조업(의약품 제외)의 종사자 수 비율이 가장 높으므로 울산이다.

• (다)는 세 지역 중 전자 부품·컴퓨터·영상·음향 및 통신 장비 제조업 종사자 수 비율이 가장 높으므로 경기이다.

(가)~(라)에 해당하는 지역을 지도의 A~D에서 고른 것은? [3점]

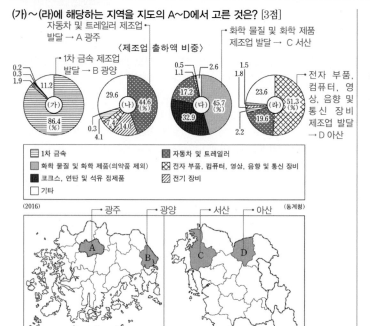

	(가)	(나)	(다)	(라)			(가)	(나)	(다)	(라)
✓①	B	A	C	D		②	B	C	D	A
③	C	A	B	D		④	C	A	D	B
⑤	C	D	B	A						

| 자료 분석 |

지도의 A는 광주, B는 광양, C는 서산, D는 아산이다.

| 선지 해설 |

① (가) – B, (나) – A, (다) – C, (라) – D

• (가)는 1차 금속 제조업의 출하액 비중이 80% 이상으로 제조업 출하액의 대부분을 차지하고 있으므로 B 광양이다. 전남 광양, 경북 포항, 충남 당진에는 대규모의 제철소가 입지해 있어 1차 금속 제조업의 출하액 비중이 높다.

• (나)는 자동차 및 트레일러 제조업의 출하액 비중이 40% 이상을 차지하므로 A 광주이다. 광주는 경기도의 평택 및 화성, 충남 아산, 울산과 함께 대규모의 완성차 조립 공장이 위치해 있어 자동차 및 트레일러 제조업이 발달해 있다. 또한 광주는 광(光) 산업이 발달하여 전기 장비 제조업의 출하액 비중도 높다.

• (다)는 화학 물질 및 화학 제품(의약품 제외) 제조업과 코크스, 연탄 및 석유 정제품 제조업의 출하액 비중이 높으므로 C 서산이다. 충남 서산은 울산, 전남 여수와 함께 석유를 이용해 다양한 화학 제품을 생산하는 화학 물질 및 화학 제품(의약품 제외) 제조업이 발달해 있다.

• (라)는 전자 부품, 컴퓨터, 영상, 음향 및 통신 장비 제조업과 자동차 및 트레일러 제조업의 출하액 비중이 높으므로 D 아산이다. 첨단 산업에 해당하는 전자 부품, 컴퓨터, 영상, 음향 및 통신 장비 제조업은 부가 가치가 커서 출하액이 많다. 아산은 자동차 관련 산업들이 모여 있어 자동차 및 트레일러 제조업의 출하액 비중도 높다.

지도는 세 제조업의 시·도별 출하액 상위 3개 지역을 나타낸 것이다.
(가)~(다) 제조업에 대한 설명으로 옳은 것은? (단, (가)~(다)는 각각
1차 금속, 기타 운송 장비, 섬유 제품(의복 제외) 제조업 중 하나임.)

(가)→기타 운송 장비 제조업 (나)→1차 금속 제조업   (다)→섬유(의복 제외) 제조업

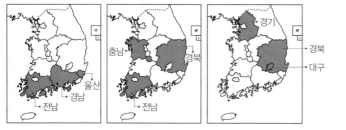

- 2021년 행정 구역을 기준으로 함.
- 종사자 규모 10인 이상 사업체를 대상으로 함.
- 기타 운송 장비는 선박 건조업 등을 포함함.   (2021)

① (다)는 많은 부품을 필요로 하는 조립형 제조업이다.
　　(가)

② (가)에서 생산된 제품은 (나)의 주요 재료로 이용된다.
　　　　　　　　　　　　 (나)　　　　　 (가)

✔③ (가)는 (다)보다 최종 제품의 무게가 무겁고 부피가 크다.
　　└ 중화학 공업(철강, 자동차, 조선 등) > 경공업(섬유, 의류 등)

④ (나)는 (다)보다 생산비에서 노동비가 차지하는 비율이 높다.
　　　　　　　　　　　　　　　　　　　　　　　　　　 낮다

⑤ (다)는 (가)보다 사업체당 종사자 수가 많다.
　　　　　　　　　　　　　　　　　　 적다

| 자료 분석 |

(가)는 출하액 상위 3개 지역이 전남, 경남, 울산으로 기타 운송 장비 제조업이다.
(나)는 충남, 경북, 전남에서 출하액이 많으므로 1차 금속 제조업이다. (다)는 경기, 경북, 대구에서 출하액이 많으므로 섬유 제품(의복 제외) 제조업이다.

| 선지 해설 |

① (다) 섬유 제품(의복 제외) 제조업은 생산비에서 노동비가 차지하는 비율이 높은 공업이다. 많은 부품을 필요로 하는 조립형 제조업으로는 (가) 기타 운송 장비 제조업이 있다.

② (가) 기타 운송 장비 제조업에서 생산된 선박과 같은 제품은 (나) 1차 금속 제조업에서 생산된 철강과 같은 제품을 주요 재료로 이용한다. 따라서 (나) 1차 금속 제조업에서 생산된 제품이 (가) 기타 운송 장비 제조업의 주요 재료로 이용된다.

③ (가) 기타 운송 장비 제조업은 중화학 공업이며 (다) 섬유 제품(의복 제외) 제조업은 경공업이다. 따라서 (가) 기타 운송 장비 제조업은 (다) 섬유 제품(의복 제외) 제조업보다 최종 제품의 무게가 무겁고 부피가 크다.

④ (나) 1차 금속 제조업은 대규모 공장과 설비를 필요로 하는 자본 집약적 산업인 반면, (다) 섬유 제품(의복 제외) 제조업은 수작업이 많이 필요한 노동 집약적 산업이다. 따라서 (나) 1차 금속 제조업은 (다) 섬유 제품(의복 제외) 제조업보다 생산비에서 노동비가 차지하는 비율이 낮다.

⑤ (다) 섬유 제품(의복 제외) 제조업은 (가) 기타 운송 장비 제조업보다 규모가 작은 사업체들이 많아 사업체 수는 많지만 종사자 수가 적다. 따라서 (다) 섬유 제품(의복 제외) 제조업은 (가) 기타 운송 장비 제조업보다 사업체당 종사자 수가 적다.

그래프에 대한 설명으로 옳은 것은? (단, (가)~(다)는 각각 섬유 제품
(의복 제외), 자동차 및 트레일러, 전자 부품·컴퓨터·영상·음향 및 통신
장비 제조업 중 하나이며, A, B는 각각 경북과 충남 중 하나임.) [3점]

- 종사자 규모 10인 이상 사업체를 대상으로 함.
- 출하액 상위 3개 시·도만 표시함. (2021)

① (나)는 최종 제품 생산에 많은 부품이 필요한 종합 조립 공업이다.
　　(가)

② (가)는 (나)보다 우리나라 공업화를 주도한 시기가 이르다.
　　　　　　　　　　　　　　　　　　　　　　　　　　 늦다

③ (다)는 (가)보다 대체로 최종 제품이 무겁고 부피가 크다.
　　(가)　　 (다)

✔④ A는 충남, B는 경북이다.

⑤ B는 (나) 출하액이 (다) 출하액보다 많다.
　　　　　　　　　　　　　　　　　　 적다

| 자료 분석 |

(가)는 경기, 울산에서 출하액 비율이 높은 것으로 보아 자동차 및 트레일러 제조업이다. (나)는 경기, 대구 등에서 출하액 비율이 높은 것으로 보아 섬유 제품(의복 제외) 제조업이다. (다)는 경기의 출하액 비율이 50% 이상인 것으로 보아 전자 부품·컴퓨터·영상·음향 및 통신 장비 제조업이다. A는 자동차 및 트레일러 제조업, 전자 부품·컴퓨터·영상·음향 및 통신 장비 제조업이 발달한 지역으로 경북과 충남 중 충남이다. B는 섬유 제품(의복 제외) 제조업과 전자 부품·컴퓨터·영상·음향 및 통신 장비 제조업이 발달한 지역으로 경북이다.

| 선지 해설 |

① (나) 섬유 제품(의복 제외) 제조업은 생산비에서 노동비가 차지하는 비율이 높은 노동 지향형 공업이다. 최종 제품 생산에 많은 부품이 필요한 종합 조립 공업으로는 (가) 자동차 및 트레일러 제조업이 해당된다.

② (가) 자동차 및 트레일러 제조업은 자본·기술 집약적 중화학 공업으로 1970년대 이후 발달하기 시작한 반면 (나) 섬유 제품(의복 제외) 제조업은 1960년대 풍부한 노동력을 활용하여 발달하였다. 따라서 (가) 자동차 및 트레일러 제조업은 (나) 섬유 제품 제조업보다 우리나라 공업화를 주도한 시기가 늦다.

③ (다) 전자 부품·컴퓨터·영상·음향 및 통신 장비 제조업은 (가) 자동차 및 트레일러 제조업보다 대체로 최종 제품이 가볍고 부피가 작다.

④ A는 자동차 및 트레일러 제조업, 전자 부품·컴퓨터·영상·음향 및 통신 장비 제조업이 발달한 충남, B는 섬유 제품(의복 제외) 제조업, 전자 부품·컴퓨터·영상·음향 및 통신 장비 제조업이 발달한 경북이다.

⑤ (나), (다)의 출하액에서 B 경북이 차지하는 비율은 (나)가 높지만, 전체 출하액은 (다) 전자 부품·컴퓨터·영상·음향 및 통신 장비 제조업이 (나) 섬유 제품(의복 제외)보다 15배 이상으로 월등히 많다(2022년 기준). 따라서 경북은 (나) 출하액이 (다) 출하액보다 적다.

18
일차

그래프는 세 제조업의 권역별 출하액 비율을 나타낸 것이다. (가)~(다) 제조업에 대한 옳은 설명만을 〈보기〉에서 고른 것은? (단, (가)~(다)는 각각 1차 금속, 기타 운송 장비, 전자 부품·컴퓨터·영상·음향 및 통신 장비 제조업 중 하나임.)

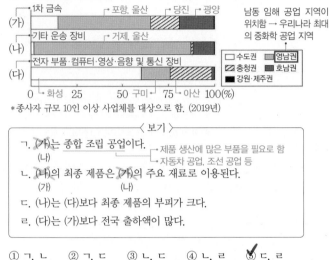

남동 임해 공업 지역이 위치함 → 우리나라 최대의 중화학 공업 지역

범례: 수도권 / 영남권 / 충청권 / 호남권 / 강원·제주권

*종사자 규모 10인 이상 사업체를 대상으로 함. (2019년)

〈보기〉
ㄱ. (가)는 종합 조립 공업이다.
　→ (나) 제품 생산에 많은 부품을 필요로 함 / 자동차 공업, 조선 공업 등
ㄴ. (나)의 최종 제품은 (가)의 주요 재료로 이용된다.
　(가)　　　　(나)
ㄷ. (나)는 (다)보다 최종 제품의 부피가 크다.
ㄹ. (다)는 (가)보다 전국 출하액이 많다.

① ㄱ, ㄴ　② ㄱ, ㄷ　③ ㄴ, ㄷ　④ ㄴ, ㄹ　✓⑤ ㄷ, ㄹ

| 자료 분석 |

(가)는 영남권의 출하액 비율이 가장 높고, 수도권과 충청권, 호남권의 출하액 비율도 비교적 높은 것으로 보아 1차 금속 제조업이다. 1차 금속 제조업은 경북 포항, 울산, 전남 광양, 충남 당진, 인천 등에서 발달하였다. (나)는 권역별 출하액의 대부분을 영남권이 차지하는 것으로 보아 기타 운송 장비 제조업이다. 기타 운송 장비 제조업은 조선 공업이 포함되며, 조선 공업은 경남 거제를 중심으로 발달하였다. (다)는 수도권의 출하액 비율이 약 60% 이상을 차지하고, 그다음으로 충청권, 영남권의 출하액 비율이 높은 것으로 보아 전자 부품·컴퓨터·영상·음향 및 통신 장비 제조업이다. 전자 부품·컴퓨터·영상·음향 및 통신 장비 제조업은 경기 화성·용인·이천, 경북 구미, 충남 아산 등에서 발달하였다.

| 보기 해설 |

ㄱ. (가) 1차 금속 제조업은 원료인 철광석과 석탄을 대량으로 수입하는 적환지 지향형 공업이다. 많은 부품이 필요한 계열화된 종합 조립 공업은 (나) 기타 운송 장비 제조업이 대표적이다.

ㄴ. (가) 1차 금속 제조업에서 생산된 최종 제품인 철강은 (나) 기타 운송 장비 제조업의 주요 재료로 이용된다.

Ⓒ ㄷ. 선박 등을 제조하는 (나) 기타 운송 장비 제조업은 (다) 전자 부품·컴퓨터·영상·음향 및 통신 장비 제조업보다 최종 제품의 무게가 무겁고 부피가 크다.

Ⓒ ㄹ. (다) 전자 부품·컴퓨터·영상·음향 및 통신 장비 제조업은 (가) 1차 금속 제조업보다 전국 출하액이 많다. 우리나라는 1990년대 이후 반도체, 컴퓨터 등 기술·지식 집약적 첨단 산업이 발달하였으며, 반도체는 우리나라의 주요 수출 품목이다.

다음 자료는 영남권 네 지역의 제조업 업종별 종사자 수 비율을 나타낸 것이다. A~D 제조업에 대한 옳은 설명을 〈보기〉에서 고른 것은? (단, A~D는 섬유 제품(의복 제외), 전자 부품·컴퓨터·영상·음향 및 통신 장비, 자동차 및 트레일러, 기타 운송 장비 제조업 중 하나임.) [3점]

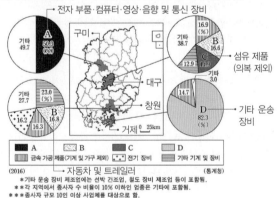

전자 부품·컴퓨터·영상·음향 및 통신 장비

A 기타 49.7 / 50.3 (%) 구미

기타 38.7 / B 16.9(%) / B 16.6 / C 12.9 / 11.0 / 기타 3.0 섬유 제품 (의복 제외)

기타 27.7 / 23.0(%) / B 16.8 / 16.2 / 16.3

14.7 / D 82.3(%) 기타 운송 장비

대구 / 창원 / 거제 0 25km

범례: A / B / C / D / 금속 가공 제품(기계 및 가구 제외) / 전기 장비 / 기타 기계 및 장비

(2016) 자동차 및 트레일러 (통계청)
*기타 운송 장비 제조업에는 선박 건조업, 철도 장비 제조업 등이 포함됨.
**각 지역에서 종사자 수 비율이 10% 이하인 업종은 기타에 포함됨.
***종사자 규모 10인 이상 사업체를 대상으로 함.

〈보기〉
ㄱ. B는 C보다 사업체당 종사자 수가 많다.
　→ 중화학 공업 〉 경공업
ㄴ. C는 A보다 2000년대 이후 수출액이 많다.
　　　　　　　　　　　　　→ 적다
ㄷ. D는 A보다 전국에서 영남권이 차지하는 출하액 비율이 높다.
ㄹ. B와 D 모두 종사자 수가 가장 많은 지역은 수도권이다.
　수도권 / 영남권

① ㄱ, ㄴ　✓②ㄱ, ㄷ　③ ㄴ, ㄷ　④ ㄴ, ㄹ　⑤ ㄷ, ㄹ

| 자료 분석 |

A는 구미에서 종사자 수 비율이 매우 높게 나타나므로 전자 부품·컴퓨터·영상·음향 및 통신 장비 제조업이다. B는 대구와 창원에서 두 번째로 높은 종사자 수 비율이 나타나므로 자동차 및 트레일러 제조업이다. C는 대구에서만 종사자 수 비율이 높게 나타나므로 섬유 제품(의복 제외) 제조업이다. D는 거제에서 종사자 수 비율의 80% 이상을 차지하므로 선박 건조업, 철도 장비 제조업 등이 포함된 기타 운송 장비 제조업이다.

| 보기 해설 |

Ⓒ ㄱ. 사업체당 종사자 수는 중화학 공업이 경공업보다 많다. 따라서 중화학 공업에 해당하는 B 자동차 및 트레일러 제조업은 경공업에 해당하는 C 섬유 제품(의복 제외) 제조업에 비해 사업체당 종사자 수가 많다.

ㄴ. 우리나라는 공업 구조의 고도화로 A 전자 부품·컴퓨터·영상·음향 및 통신 장비 제조업이 C 섬유 제품(의복 제외) 제조업보다 2000년대 이후 수출액이 많다.

Ⓒ ㄷ. D 기타 운송 장비 제조업은 영남권에 해당하는 울산과 경남 거제 등에 집중된 반면 A 전자 부품·컴퓨터·영상·음향 및 통신 장비 제조업은 영남권에 해당하는 경북 구미를 비롯하여 수도권과 충청권에도 발달되어 있다. 따라서 D 기타 운송 장비 제조업은 A 전자 부품·컴퓨터·영상·음향 및 통신 장비 제조업보다 전국에서 영남권이 차지하는 출하액 비율이 높다.

ㄹ. B 자동차 및 트레일러 제조업의 종사자 수가 가장 많은 지역은 수도권이며, 반면, D 기타 운송 장비 제조업의 종사자 수가 가장 많은 지역은 영남권이다.

그래프는 지도에 표시된 세 지역의 제조업 업종별 출하액 비율을 나타낸 것이다. A~C에 대한 설명으로 옳은 것은? (단, A~C는 각각 의복(액세서리, 모피 포함), 자동차 및 트레일러, 전기 장비 제조업 중 하나임.)

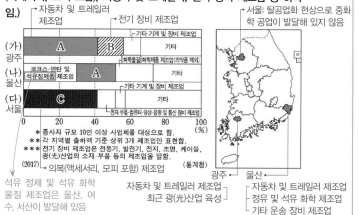

① B는 대량의 원료를 수입하는 적환지 지향 공업이다.
　시멘트 공업
② C는 제조 과정에서 원료의 무게나 부피가 감소하는 원료 지향 공업이다.
③ A는 C보다 총 매출액 대비 연구 개발비 비율이 높다.
④ C는 A보다 2000년대 이후 수출액이 많다.
　A　　　C
⑤ (가)는 우리나라에서 A의 출하액이 가장 많은 지역이다.
　경기도

| 자료 분석 |

지도에 표시된 지역은 서울특별시, 광주광역시, 울산광역시이다. (나)는 코크스·연탄 및 석유 정제 제조업과 화학 물질·화학 제품 제조업(의약품 제외)이 발달해 있으므로 석유를 활용한 정유 및 석유 화학 공업이 발달한 울산광역시이다. 울산광역시에서 두 번째로 출하액 비율이 높은 A는 자동차 및 트레일러 제조업이다. (가)는 A 자동차 및 트레일러 제조업의 출하액 비율이 가장 높으므로 광주광역시이며, B는 전기 장비 제조업이다. 광주는 최근 광(光)산업을 육성하면서 전기 장비 제조업이 발달하고 있다. (다)는 서울특별시이며, 서울특별시에서 출하액이 가장 많은 C는 의복(액세서리, 모피 포함) 제조업이다. 서울은 중화학 공업이 거의 발달하지 않았으며 노동 집약적 공업인 의복 제조업이 발달해 있다.

| 선지 해설 |

① B는 적환지 지향 공업에 해당하지 않으며 철광석과 석탄을 수입하는 1차 금속 제조업과 원유를 수입하는 석유 정제품 제조업이 적환지 지향 공업에 해당한다.

② 제조 과정에서 원료의 무게나 부피가 감소하는 원료 지향 공업으로는 시멘트 공업이 있다.

③ 총 매출액 대비 연구 개발비 비율은 A 자동차 및 트레일러 제조업이 C 의복(액세서리, 모피 포함) 제조업보다 높다. 자동차 및 트레일러는 성능 향상, 디자인 개발 등 연구 개발이 필요한 대표적인 공업이다.

④ C 의복(액세서리, 모피 포함) 제조업과 같은 경공업은 인건비가 저렴한 해외로 대부분 이전되었다. 반면 A 자동차 및 트레일러 제조업은 우리나라의 대표적인 수출 품목이다. 따라서 2000년대 이후 수출액은 A가 C보다 많다.

⑤ 우리나라에서 A 자동차 및 트레일러 제조업의 출하액이 가장 많은 지역은 경기도이다. 경기도는 화성시, 평택시에 완제품을 조립하는 대규모의 업체와 각종 부품을 생산하는 소규모의 업체가 위치해 있다.

그래프에 대한 설명으로 옳은 것은? (단, (가)~(다)는 각각 자동차 및 트레일러, 전자부품·컴퓨터·영상·음향 및 통신장비, 화학물질 및 화학제품 제조업 중 하나임.) [3점]

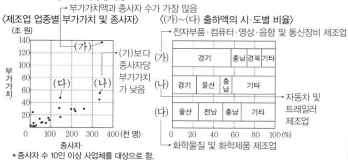

① 종사자 수는 화학물질 및 화학제품 제조업이 자동차 및 트레일러 제조업보다 많다. 적다

② 종사자당 부가가치는 자동차 및 트레일러 제조업이 전자부품·컴퓨터·영상·음향 및 통신장비 제조업보다 크다. 작다

③ (가)는 원료를 해외에서 수입하는 적환지 지향형 제조업이다. 이 아니다
　└ 제철 공업, 정유 공업 등
④ (다)는 한 가지 원료로 여러 제품을 생산하는 집적 지향형 제조업이다.
　└ 석유 화학 공업
⑤ (가)는 (나)보다 최종 완제품의 무게가 무겁고 부피가 크다. 가볍고　작다

| 자료 분석 |

(가)는 부가가치액과 종사자 수가 가장 많으며, 경기의 출하액 비율이 50% 이상이고, 충남과 경북의 출하액 비율이 높은 전자부품·컴퓨터·영상·음향 및 통신장비 제조업이다. (나)는 부가가치액과 종사자 수가 두 번째로 많으며, 경기, 울산, 충남의 출하액 비율이 높은 자동차 및 트레일러 제조업이다. (다)는 (나) 자동차 및 트레일러 제조업과 부가가치액은 비슷하지만 부가 가치 대비 종사자 수는 (나) 자동차 및 트레일러 제조업보다 훨씬 적고, 울산, 전남, 충남의 출하액 비율이 높은 화학물질 및 화학제품 제조업이다.

| 선지 해설 |

① (다) 화학물질 및 화학제품 제조업이 (나) 자동차 및 트레일러 제조업보다 종사자 수가 적음을 알 수 있다.

② (가) 전자부품·컴퓨터·영상·음향 및 통신장비 제조업과 (나) 자동차 및 트레일러 제조업의 종사자 수는 비슷하지만 부가가치액은 (가) 전자부품·컴퓨터·영상·음향 및 통신장비 제조업이 (나) 자동차 및 트레일러 제조업보다 두 배 이상 크다. 따라서 (나) 자동차 및 트레일러 제조업은 (가) 전자부품·컴퓨터·영상·음향 및 통신장비 제조업보다 종사자당 부가가치가 작다.

③ (가) 전자부품·컴퓨터·영상·음향 및 통신장비 제조업은 적환지 지향형 제조업에 속하지 않는다.

④ 석유 화학 공업에 속하는 (다) 화학물질 및 화학제품 제조업은 한 가지 원료로 여러 제품을 생산하는 집적 지향형 제조업이다.

⑤ (가) 전자부품·컴퓨터·영상·음향 및 통신장비 제조업의 최종 완제품은 (나) 자동차 및 트레일러 제조업의 최종 완제품보다 무게가 가볍고 부피가 작다.

18
일차

표는 세 지역의 주요 제조업 출하액 비율을 나타낸 것이다. (가)~(다)에 해당하는 지역을 지도의 A~C에서 고른 것은?

순위	거제시 (가)		여수시 (나)		당진시 (다)	
	부문	비율(%)	부문	비율(%)	부문	비율(%)
1	기타 운송 장비	96.8	화학 물질 및 화학 제품	51.0	1차 금속	66.9
2	금속 가공 제품	1.8	코크스·연탄 및 석유정제품	46.4	금속 가공 제품	9.0
3	식료품	0.6	1차 금속	0.6	자동차 및 트레일러	5.2

→ 포항시, 광양시, 당진시

* 종사자 규모 10인 이상 사업체를 대상으로 하며, 지역 내 출하액 상위 3개 제조업만 나타냄.

** 금속 가공 제품은 기계 및 가구 제외, 화학 물질 및 화학 제품은 의약품 제외함.

(2019)

→ 울산광역시, 거제시 → 울산광역시, 여수시, 서산시 (통계청)

→ (가) 지역 출하액의 대부분을 차지함

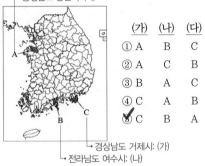

→ 충청남도 당진시: (다)

	(가)	(나)	(다)
①	A	B	C
②	A	C	B
③	B	A	C
④	C	A	B
⑤	C	B	A

→ 경상남도 거제시: (가)
→ 전라남도 여수시: (나)

| 자료 분석 |

지도에 표시된 A는 충청남도 당진시, B는 전라남도 여수시, C는 경상남도 거제시이다.

| 선지 해설 |

⑤ (가) – C, (나) – B, (다) – A

- (가)는 기타 운송 장비 출하액 비율이 총 출하액의 대부분을 차지하므로 울산과 함께 기타 운송 장비 제조업이 발달한 C 거제이다.

- (나)는 화학 물질 및 화학 제품과 코크스·연탄 및 석유정제품의 비중이 대부분이므로 울산, 서산과 함께 정유 및 석유 화학 제조업이 발달한 B 여수이다. 울산, 여수, 서산 모두 원유를 정제하는 정유 공업과 석유를 이용해 각종 화학 제품을 생산하는 석유 화학 제조업이 동시에 발달해 있다.

- (다)는 1차 금속 출하액 비중이 높으므로 포항, 광양과 함께 대규모의 제철소가 위치한 A 당진이다. 1차 금속 제조업은 철광석과 석탄을 수입해야 하며 부피가 크고 무거운 철강 제품을 수출해야 하므로 적환지인 항구에 주로 입지해 있다.

개념 확인 주요 공업이 발달한 도시

자동차 및 트레일러 제조업	울산광역시, 광주광역시, 경기도 화성시, 경기도 평택시, 충청남도 아산시 등
1차 금속 제조업	경상북도 포항시, 전라남도 광양시, 충청남도 당진시 등
화학 물질 및 화학 제품 제조업	울산광역시, 전라남도 여수시, 충청남도 서산시 등
기타 운송 장비 제조업	울산광역시, 경상남도 거제시 등

(가)~(다)에 해당하는 제조업으로 옳은 것은?

《(가)~(다) 제조업 출하액 상위 5개 시·도》

→ 대규모 제철소 입지: 경북 포항, 전남 광양, 충남 당진

순위 제조업	(가)	(나)	(다)
1	경기	경북	경기
2	경북	전남	울산
3	대구	충남	충남
4	부산	울산	경남
5	서울	경기	광주

(2019) → 영남 내륙 공업 지역 입지 (통계청)

* 종사자 규모 10인 이상 사업체를 대상으로 함.

** 섬유 제품 제조업에서 의복은 제외함.

→ 자동차 공업 발달: 경기 화성, 울산, 충남 아산

	(가)	(나)	(다)
①	1차 금속	섬유 제품	자동차 및 트레일러
②	1차 금속	자동차 및 트레일러	섬유 제품
③	섬유 제품	1차 금속	자동차 및 트레일러
④	섬유 제품	자동차 및 트레일러	1차 금속
⑤	자동차 및 트레일러	1차 금속	섬유 제품

| 선지 해설 |

③ (가) – 섬유 제품, (나) – 1차 금속, (다) – 자동차 및 트레일러

- (가)는 경기, 경북, 대구, 부산, 서울 순으로 출하액이 많다. 노동력이 풍부한 경기와 영남 내륙 공업 지역이 위치한 경북, 대구 등에서 출하액이 많은 것으로 보아 (가)는 섬유 제품(의복 제외) 제조업임을 알 수 있다.

- (나)는 경북, 전남, 충남, 울산, 경기 순으로 출하액이 많다. 경북 포항, 전남 광양, 충남 당진 등에는 대규모 제철소가 위치하고 있다. 따라서 (나)는 1차 금속 제조업임을 알 수 있다.

- (다)는 경기, 울산, 충남, 경남, 광주 순으로 출하액이 많다. 경기 화성, 울산, 충남 아산 등에는 대규모의 완성차 조립 공장이 위치해 있다. 따라서 (다)는 자동차 및 트레일러 제조업임을 알 수 있다.

다음 자료에 대한 설명으로 옳은 것은? (단, (가), (나)는 각각 청주와 포항 중 하나이고, A~C는 각각 1차 금속, 자동차 및 트레일러, 전자 부품·컴퓨터·영상·음향 및 통신장비 제조업 중 하나임.) [3점]

광주광역시 내에서 출하액 비율이 가장 높음 – 자동차 및 트레일러 제조업

전국 출하액이 가장 많음 – 전자 부품·컴퓨터·영상·음향 및 통신장비 제조업

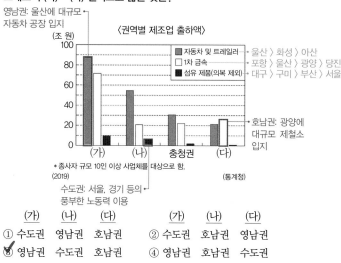

＊ 종사자 수 10인 이상 사업체를 대상으로 함.
(2021)   (통계청)

포항 – 1차 금속 제조업 비율이 가장 높음

① (가)는 해안에 위치하여 적환지 지향형 공업 발달에 유리하다.
    (나)

② (가), (나)에는 모두 도청이 위치한다.

③ A는 B보다 최종 제품의 무게가 가볍고 부피가 작다.
                         무겁고   크고

✔ C의 최종 제품은 A의 주요 재료로 이용된다.

⑤ A~C 중 사업체당 출하액이 가장 많은 것은 A이다.
                                             B

18
일차

┃ 자료 분석 ┃

〈제조업 업종별 출하액 비율〉과 〈전국 출하액 사업체 수〉 그래프를 보면 광주광역시에서 제조업 업종별 출하액 비율이 가장 높고, 전국 사업체 수가 가장 많은 A는 자동차 및 트레일러 제조업이다. 〈전국 출하액 및 사업체 수〉 그래프에서 세 제조업 중 전국 출하액이 가장 많은 B는 전자 부품·컴퓨터·영상·음향 및 통신장비 제조업이며, 나머지 C는 1차 금속 제조업이다. 〈제조업 업종별 출하액 비율〉 그래프에서 지역 내 B 전자 부품·컴퓨터·영상·음향 및 통신장비 제조업 비율이 가장 높은 (가)는 청주이며, 지역 내에서 C 1차 금속 제조업 비율이 가장 높은 (나)는 포항이다.

┃ 선지 해설 ┃

① (가) 청주는 내륙에 위치한 도시이며, 해안에 위치하여 적환지 지향형 공업이 발달한 도시는 (나) 포항이다. 제철 공업은 원료를 수입하여 제품을 수출하는 적환지 지향형 공업의 대표적 사례 중 하나이다.

② (가) 청주에는 충청북도의 도청이 위치하지만, (나) 포항에는 경상북도의 도청이 위치하지 않는다. 경상북도의 도청은 안동에 위치한다.

③ 중화학 공업에 속하는 A 자동차 및 트레일러 제조업은 B 전자 부품·컴퓨터·영상·음향 및 통신장비 제조업보다 최종 제품의 무게가 무겁고 부피가 크다.

④ C 1차 금속 제조업의 최종 제품인 철강 등은 A 자동차 및 트레일러 제조업의 주요 재료로 이용된다.

⑤ 사업체당 출하액은 출하액을 사업체 수로 나누어 구할 수 있으며 A~C 중 사업체당 출하액이 가장 많은 것은 B 전자 부품·컴퓨터·영상·음향 및 통신장비 제조업이고, 사업체당 출하액이 가장 적은 것은 A 자동차 및 트레일러 제조업이다.

그래프의 (가)~(다) 권역으로 옳은 것은?

영남권: 울산에 대규모 자동차 공장 입지

〈권역별 제조업 출하액〉

울산 〉 화성 〉 아산 — 자동차 및 트레일러
포항 〉 울산 〉 광양 〉 당진 — 1차 금속
대구 〉 구미 〉 부산 〉 서울 — 섬유 제품(의복 제외)

호남권: 광양에 대규모 제철소 입지

＊종사자 규모 10인 이상 사업체를 대상으로 함.
(2019)   (통계청)

수도권: 서울, 경기 등의 풍부한 노동력 이용

	(가)	(나)	(다)		(가)	(나)	(다)
①	수도권	영남권	호남권	②	수도권	호남권	영남권
③	영남권	수도권	호남권	④	영남권	호남권	수도권
⑤	호남권	수도권	영남권				

┃ 자료 분석 ┃

자동차 및 트레일러 제조업이 발달한 대표적인 지역은 울산, 경기 화성, 충남 아산 등이며 자동차 및 트레일러 제조업의 출하액은 영남권 〉 수도권 〉 충청권 〉 호남권 순으로 많다. 1차 금속 제조업이 발달한 지역은 경북 포항, 울산, 전남 광양, 충남 당진 등이며 1차 금속 제조업의 출하액은 영남권 〉 호남권 〉 충청권 〉 수도권 순으로 많다. 섬유 제품(의복 제외) 제조업이 발달한 지역은 대구, 경북 구미, 부산, 서울 등이며 섬유 제품(의복 제외) 제조업의 출하액은 영남권 〉 수도권 〉 충청권 〉 호남권 순으로 많다.

┃ 선지 해설 ┃

③ (가) – 영남권, (나) – 수도권, (다) – 호남권

• (가)는 (가)~(다) 권역 중 자동차 및 트레일러 제조업, 1차 금속 제조업, 섬유 제품(의복 제외) 제조업의 출하액이 가장 많으므로 영남권이다. 영남권은 1960년대 대구를 중심으로 섬유 공업이 발달하였으며, 1970년대 이후 남동 해안 지역에 산업 단지가 조성되면서 중화학 공업을 중심으로 급성장하였다.

• (나)는 (가)~(다) 권역 중 자동차 및 트레일러, 섬유 제품(의복 제외) 제조업의 출하액이 두 번째로 많으므로 수도권이다. 수도권은 풍부한 노동력을 바탕으로 섬유 제품(의복 제외) 제조업이 발달하였다.

• (다)는 (가)~(다) 권역 중 자동차 및 트레일러 제조업 출하액이 가장 적지만 1차 금속 제조업 출하액이 두 번째로 많으므로 호남권이다. 호남권은 전남 광양에 대규모 제철소가 입지하여 1차 금속 제조업의 출하액이 영남권 다음으로 많다.

다음 자료는 영남권 세 지역의 제조업 업종별 종사자 수 비중을 나타낸 것이다. A~C에 해당하는 제조업으로 옳은 것은? [3점]

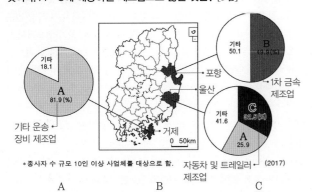

*종사자 수 규모 10인 이상 사업체를 대상으로 함.

	A	B	C
①	1차 금속	기타 운송 장비	자동차 및 트레일러
②	1차 금속	자동차 및 트레일러	기타 운송 장비
③✓	기타 운송 장비	1차 금속	자동차 및 트레일러
④	기타 운송 장비	자동차 및 트레일러	1차 금속
⑤	자동차 및 트레일러	1차 금속	기타 운송 장비

| 자료 분석 |

영남권의 대표적인 공업 도시인 경북 포항, 울산, 경남 거제가 지도에 표시되어 있다.

| 선지 해설 |

③ A – 기타 운송 장비 제조업, B – 1차 금속 제조업, C – 자동차 및 트레일러 제조업

- A는 거제에서 제조업 종사자 수 비중의 대부분을 차지하고 있으며, 울산에서도 역시 제조업 종사자 수 비중이 높으므로 기타 운송 장비 제조업이다. 기타 운송 장비 제조업은 제품(선박)의 특성상 적환지인 항구에 주로 입지해 있다.
- B는 포항에서 제조업 종사자 수 비중의 절반 정도를 차지하고 있으므로 1차 금속 제조업이다. 경북 포항, 전남 광양, 충남 당진에는 대규모의 제철소가 위치해 있다.
- C는 울산에서 제조업 종사자 수 비중의 약 1/3을 차지하고 있으며 거제와 포항에서는 종사자가 거의 없으므로 자동차 및 트레일러 제조업이다. 울산, 경기 화성, 충남 아산, 광주는 대규모의 완성차 조립 공장이 위치해 있다.

연결형 문제로 개념 확인

(1) 거제 •
(2) 포항 •

• ㉠ 1차 금속 제조업이 발달함
• ㉡ 기타 운송 장비 제조업이 발달함

(1) – ㉡ (2) – ㉠

그래프는 네 지역의 주요 제조업 업종별 출하액 비율을 나타낸 것이다. (가)~(라)에 대한 설명으로 옳은 것은? (단, (가)~(라)는 각각 1차 금속, 의복(액세서리, 모피제품 포함), 자동차 및 트레일러, 전자 부품·컴퓨터·영상·음향 및 통신 장비 제조업 중 하나임.) [3점]

광주에 대규모 완성차 조립 공장 위치 → (다) 자동차 및 트레일러 제조업

경기 화성·이천·평택, 경북 구미는 전자 조립 산업 발달 → (라) 전자 부품·컴퓨터·영상·음향 및 통신 장비 제조업

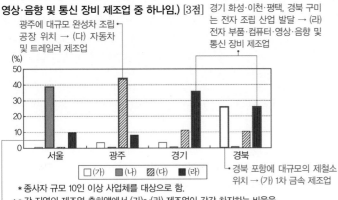

경북 포항에 대규모의 제철소 위치 → (가) 1차 금속 제조업

*종사자 규모 10인 이상 사업체를 대상으로 함.
**각 지역의 제조업 출하액에서 (가)~(라) 제조업이 각각 차지하는 비율을 나타냄.
(2019년) (통계청)

→ 서울은 노동 집약적 공업 발달 → (나) 의복(액세서리, 모피제품 포함) 제조업

① (가)는 제품 생산에 많은 부품이 필요한 조립 공업이다.
   (다) └ 자동차, 조선 공업 등
② (다)의 출하액이 전국에서 가장 많은 지역은 광주이다.
                                     경기
✓③ (가)에서 생산된 제품은 (다)의 주요 재료로 이용된다.
④ (나)는 (다)보다 최종 제품의 무게가 무겁고 부피가 크다.
                                가볍고   작다
⑤ (라)는 (나)보다 생산비에서 노동비가 차지하는 비율이 높다.
                                              낮다

| 자료 분석 |

(가)는 경북에서 지역 내 출하액 비율이 가장 높으므로 1차 금속 제조업이다. (나)는 서울에서 지역 내 출하액 비율이 가장 높고 다른 세 지역에서는 지역 내 출하액 비율이 낮으므로 의복(액세서리, 모피제품 포함) 제조업이다. (다)는 광주에서 지역 내 출하액 비율이 가장 높으므로 자동차 및 트레일러 제조업이다. (라)는 경기에서 지역 내 출하액 비율이 가장 높고 경북, 광주, 서울 등에서도 지역 내 출하액 비율이 상대적으로 높으므로 전자 부품·컴퓨터·영상·음향 및 통신 장비 제조업이다.

| 선지 해설 |

① 제품 생산에 많은 부품이 필요한 조립 공업은 (다) 자동차 및 트레일러 제조업이다. (가) 1차 금속 제조업은 무거운 원료와 제품의 수출입에 유리한 항만에 주로 입지하는 적환지 지향 공업이다.

② (다) 자동차 및 트레일러 제조업의 지역 내 출하액 비율은 광주가 경기보다 높지만, 출하액이 전국에서 가장 많은 지역은 경기이다. 2019년 기준 자동차 및 트레일러 제조업의 출하액은 경기 > 울산 > 충남 > 경남 > 광주 순으로 많다.

③ (가) 1차 금속 제조업에서 생산된 각종 철강 제품은 (다) 자동차 및 트레일러 제조업의 주요 재료로 이용된다.

④ 경공업인 (나) 의복(액세서리, 모피제품 포함) 제조업은 중공업인 (다) 자동차 및 트레일러 제조업보다 최종 제품의 무게가 가볍고 부피가 작다.

⑤ (라) 전자 부품·컴퓨터·영상·음향 및 통신 장비 제조업은 노동력 지향 공업인 (나) 의복(액세서리, 모피제품 포함) 제조업보다 생산비에서 노동비가 차지하는 비율이 낮다.

(가)~(다) 제조업으로 옳은 것은? [3점]

경기도 화성시와 평택시

〈부가 가치 및 종사자 비율〉

(가)→자동차 및 트레일러 　(나)→섬유 제품(의복 제외)　(다)→1차 금속

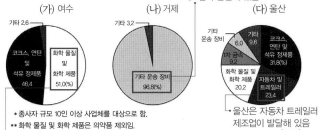

경상북도 포항시

전라남도 광양시

충청남도 아산시

울산광역시

〈범례〉 〖 〗부가 가치 ■ 종사자

대구광역시: 전통적인 섬유 공업의 중심지

노동력이 풍부함

*종사자 규모 10인 이상 사업체를 대상으로 함.
**제조업별 부가 가치 기준 상위 3개 지역만 표현함.
***부가 가치 및 종사자 비율은 전국 대비 각 지역의 비율임.
(2018)
(통계청)

	(가)	(나)	(다)
✔①	자동차 및 트레일러	섬유 제품(의복 제외)	1차 금속
②	자동차 및 트레일러	1차 금속	섬유 제품(의복 제외)
③	섬유 제품(의복 제외)	1차 금속	자동차 및 트레일러
④	1차 금속	섬유 제품(의복 제외)	자동차 및 트레일러
⑤	1차 금속	자동차 및 트레일러	섬유 제품(의복 제외)

| **선지 해설** |

① (가) – 자동차 및 트레일러, (나) – 섬유 제품(의복 제외), (다) – 1차 금속

• (가)는 시·도 중 경기도, 충청남도, 울산광역시의 부가 가치가 높으므로 자동차 및 트레일러 제조업이다. 경기도 화성시와 평택시, 충청남도 아산시, 울산광역시는 대규모의 완성차 조립 공장이 위치해 있다.

• (나)는 경기도, 대구광역시, 경상북도 순으로 부가 가치가 높으므로 섬유 제품(의복 제외) 제조업이다. 섬유 제품(의복 제외) 제조업은 노동력이 풍부한 대도시에서 주로 이루어지며 대구광역시는 전통적인 섬유 공업의 중심지이다.

• (다)는 경상북도의 부가 가치가 가장 높고 그 다음으로 전라남도와 경기도의 부가 가치가 높으므로 1차 금속 제조업이다. 경상북도 포항시, 전라남도 광양시에는 대규모의 제철소가 입지해 있다. 경기도는 전라남도보다 1차 금속 제조업 종사자 비율은 높지만 부가 가치 비율이 낮은데, 이는 경기도에는 전라남도와 달리 대규모의 제철소가 아닌 소규모의 제철소가 많기 때문이다.

그래프는 지도에 표시된 세 지역의 제조업 업종별 출하액 비율을 나타낸 것이다. (가)~(다)에 해당하는 지역을 지도의 A~C에서 고른 것은?

거제는 기타 운송 장비 제조업이 발달해 있음 [3점]

(가) 여수

기타 2.6
코크스, 연탄 및 석유 정제품 46.4
화학 물질 및 화학 제품 51.0(%)

(나) 거제

기타 3.2
기타 운송 장비 96.8(%)

(다) 울산

기타 6.0
코크스, 연탄 및 석유 정제품 31.8(%)
기타 운송 장비 9.6
화학 물질 및 화학 제품 20.2
자동차 및 트레일러 23.4

울산은 자동차 트레일러 제조업이 발달해 있음
(2019)

*종사자 규모 10인 이상 사업체를 대상으로 함.
**화학 물질 및 화학 제품은 의약품 제외임.
***기타 운송 장비 제조업은 선박 및 보트 건조업이 대부분임.
여수는 화학 물질 및 화학 제품 제조업이 발달해 있음

C울산
B 거제
A 여수
0　50km

	(가)	(나)	(다)
✔①	A	B	C
②	A	C	B
③	B	A	C
④	B	C	A
⑤	C	B	A

| **자료 분석** |

지도에 표시된 세 지역 중 A는 전라남도 여수시, B는 경상남도 거제시, C는 울산광역시이다.

| **선지 해설** |

① (가) – A, (나) – B, (다) – C

• (가)는 화학 물질 및 화학 제품과 코크스, 연탄 및 석유 정제품 등의 출하액 비율이 높으므로 A 전라남도 여수시이다. 여수는 1970년대 대규모 석유 화학 단지가 건설된 이후 정유 및 석유 화학 공업 등 석유 관련 산업이 발달하였다.

• (나)는 출하액 비율의 대부분을 기타 운송 장비가 차지하고 있으므로 B 경상남도 거제시이다. 선박 및 보트 건조업이 포함된 기타 운송 장비 제조업은 대규모 조선소가 입지해 있는 경남 거제, 울산 등에서 발달하였다.

• (다)는 코크스, 연탄 및 석유 정제품, 자동차 및 트레일러, 화학 물질 및 화학 제품의 출하액 비율이 고르게 나타나고 있으므로 C 울산광역시이다. 울산은 정유 및 석유 화학 공업, 자동차 공업, 조선 공업이 발달하였다.

| **개념 확인** | **주요 공업이 발달한 도시** |

자동차 및 트레일러 제조업	울산광역시, 광주광역시, 경기도 화성시, 경기도 평택시, 충청남도 아산시 등
1차 금속 제조업	경상북도 포항시, 전라남도 광양시, 충청남도 당진시 등
화학 물질 및 화학 제품 제조업	울산광역시, 전라남도 여수시, 충청남도 서산시 등
기타 운송 장비 제조업	울산광역시, 경상남도 거제시 등

18
일차

그래프는 세 지역의 제조업 업종별 출하액 비율을 나타낸 것이다. A~C 제조업에 대한 설명으로 옳은 것은? (단, A~C는 각각 1차 금속, 자동차 및 트레일러, 전자 부품·컴퓨터·영상·음향 및 통신 장비 제조업 중 하나임.) [3점]

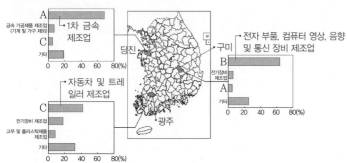

* 종사자 수 10인 이상 사업체를 대상으로 함.
** 각 지역의 제조업 업종별 출하액 비율 상위 3개만 표현하고, 나머지 업종은 기타로 함.
(2020) (통계청)

① A는 최종 제품 생산에 많은 부품이 필요한 조립형 제조업이다.
  C

② C는 1960년대 우리나라 공업화를 주도하였다.
  섬유 제품 제조업

③ A는 B보다 총 매출액 대비 연구 개발비 비율이 높다.
                                          낮다

④ A의 최종 제품은 C의 주요 재료로 이용된다.

⑤ B는 C보다 최종 제품의 무게가 무겁고 부피가 크다.
                        가볍고   작다

| 자료 분석 |

지도에 표시된 지역은 각각 충남 당진, 경북 구미, 광주광역시이다. A는 제철 공업이 발달한 충남 당진에서의 출하액 비율이 가장 높은 1차 금속 제조업이다. B는 전자 공업이 발달한 경북 구미에서의 출하액 비율이 가장 높은 전자 부품, 컴퓨터, 영상, 음향 및 통신 장비 제조업이다. C는 자동차 공업이 발달한 광주광역시에서의 출하액 비율이 가장 높은 자동차 및 트레일러 제조업이다.

| 선지 해설 |

① 최종 제품 생산에 많은 부품이 필요한 조립형 제조업은 C 자동차 및 트레일러 제조업이다.

② 1960년대 우리나라 공업화를 주도한 제조업은 섬유 제품 제조업이다. C 자동차 및 트레일러 제조업은 1970년대 이후 성장하기 시작하여 1980년대 이후에 국제 경쟁력을 갖추게 되었다.

③ A 1차 금속 제조업은 B 전자 부품, 컴퓨터, 영상, 음향 및 통신 장비 제조업보다 총 매출액 대비 연구 개발비 비율이 낮다.

④ A 1차 금속 제조업의 최종 제품은 C 자동차 및 트레일러 제조업의 주요 재료로 이용된다.

⑤ B 전자 부품, 컴퓨터, 영상, 음향 및 통신 장비 제조업은 C 자동차 및 트레일러 제조업보다 최종 제품의 무게가 가볍고 부피가 작다.

그래프의 (가)~(다) 지역으로 옳은 것은?

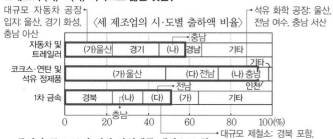

* 종사자 규모 10인 이상 사업체를 대상으로 함.
** 출하액 상위 4개 시·도만 나타냄. (2020년)

	(가)	(나)	(다)		(가)	(나)	(다)
①	울산	충남	전남	②	전남	울산	충남
③	전남	충남	울산	④	충남	울산	전남
⑤	충남	전남	울산				

| 선지 해설 |

① (가) – 울산, (나) – 충남, (다) – 전남

• (가)는 자동차 및 트레일러 제조업과 코크스·연탄 및 석유 정제품 제조업의 출하액 비율이 우리나라에서 가장 높으며 1차 금속 제조업 출하액 비율도 네 번째로 높다. 따라서 (가)는 자동차, 석유 화학, 조선 산업 등이 발달한 우리나라 최대의 중화학 공업 도시인 울산이다.

• (나)는 1차 금속 제조업 출하액이 우리나라에서 경북 다음으로 높으며, 자동차 및 트레일러 제조업과 코크스·연탄 및 석유 정제품 제조업 비율도 세 번째로 높다. 충남은 당진에 대규모 제철소가 입지해 1차 금속 제조업 출하액이 높다. 또한 아산에는 대규모 자동차 공장, 서산에는 석유 화학 공장 등이 입지해 있어 상대적으로 자동차 및 트레일러 제조업과 코크스·연탄 및 석유 정제품 제조업도 발달해 있다. 따라서 (나)는 충남이다.

• (다)는 코크스·연탄 및 석유 정제품 제조업 출하액 비율이 우리나라에서 두 번째로 높으며, 1차 금속 제조업 출하액이 세 번째로 높다. 반면에 자동차 및 트레일러 순위에는 들어가지 않는다. 전남 여수에는 석유를 이용해 다양한 화학 제품을 생산하는 석유 화학 공장이 위치해 있으며, 전남 광양에는 대규모 제철소가 입지해 있다. 따라서 (다)는 전남이다.

그래프의 A~C에 대한 설명으로 옳은 것은? (단, A~C는 각각 1차 금속, 섬유 제품(의복 제외), 자동차 및 트레일러 제조업 중 하나임.) [3점]

┌ 섬유 제품(의복 제외) 제조업

⟨A~C 제조업의 시·도별 출하액 비율⟩

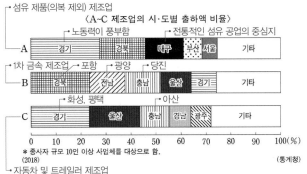

┌ 1차 금속 제조업 ┌ 포항 ┌ 광양 ┌ 당진

* 종사자 규모 10인 이상 사업체를 대상으로 함.
(2018) (통계청)

┌ 자동차 및 트레일러 제조업

① A는 대량의 원료를 수입하는 적환지 지향 공업이다.
　　B　　　　　　　　　　　　　　└ 항구

② B는 노동 집약적인 경공업이다.
　　A　　└ 최종 조립 공장을 중심으로 부품 공장들이 집적

✓③ C는 집적 이익이 중요한 조립형 공업이다.

④ A는 B보다 자본 집약적인 성격이 강하다.
　　B　　A

⑤ B는 C에서 생산된 최종 제품을 주요 재료로 이용한다.
　　C　　B　　　　　　└ 철강

| 자료 분석 |

A는 대구, 부산, 서울과 같은 대도시와 경기, 경북의 출하액 비율이 높으므로 노동 집약형 공업인 섬유 제품(의복 제외) 제조업이다. B는 경북, 전남, 충남의 출하액 비율이 높으므로 1차 금속 제조업이다. 경북 포항, 전남 광양, 충남 당진에는 대규모의 제철소가 위치해 있다. C는 경기, 울산, 충남과 광주의 출하액 비율이 높으므로 자동차 및 트레일러 제조업이다.

| 선지 해설 |

① 대량의 원료를 수입하는 적환지 지향 공업은 원료인 철광석, 석탄을 수입해야 하는 B 1차 금속 제조업이다.

② 생산비에서 노동비가 차지하는 비중이 높은 노동 집약적인 경공업은 A 섬유 제품(의복 제외) 제조업이다.

③ C 자동차 및 트레일러 제조업은 종합 조립형 공업으로, 최종 조립 공장을 중심으로 많은 부품 공장들이 집적해 있다.

④ 넓은 부지와 대규모의 설비를 필요로 하는 B 1차 금속 제조업은 A 섬유 제품(의복 제외) 제조업보다 자본 집약적인 성격이 강하다.

⑤ C 자동차 및 트레일러 제조업은 B 1차 금속 제조업에서 최종 생산된 철강 제품을 주요 재료로 이용한다.

그래프는 세 지역의 제조업 업종별 출하액 비율을 나타낸 것이다. A~D에 대한 설명으로 옳은 것은? (단, A~D는 각각 1차 금속, 의복(액세서리, 모피 포함), 자동차 및 트레일러, 전자 부품·컴퓨터·영상·음향 및 통신장비 제조업 중 하나임.) [3점]

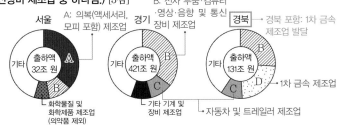

* 종사자 규모 10인 이상 사업체를 대상으로 함.
** 각 지역별 출하액 기준 상위 3개 제조업만 표현함.　(2020)

┌ 시멘트 공업

① A는 제조 과정에서 원료의 무게나 부피가 감소하는 원료 지향형 제조업이다.

1차 금속 제조업(D)
② B는 부피가 크거나 무거운 원료를 해외에서 수입하는 적환지 지향형 제조업이다.

③ A는 B보다 종사자 1인당 출하액이 <del>많다</del>. 적다
　　　　　　　　　└ 총출하액 / 종사자 수

④ B는 C보다 최종 제품의 무게가 무겁고 부피가 크다.
　　C　B

✓⑤ D에서 생산된 제품은 C의 주요 재료로 이용된다.

| 자료 분석 |

A는 서울에서 지역 내 제조업 업종별 출하액 비율이 가장 높으므로 의복(액세서리, 모피 포함) 제조업이며, B는 경기에서 지역 내 제조업 업종별 출하액 비율이 가장 높으므로 전자 부품·컴퓨터·영상·음향 및 통신장비 제조업이다. C는 경기와 경북에서 각각 지역 내 제조업 업종별 출하액 비율이 두 번째와 세 번째로 높은 제조업이므로 자동차 및 트레일러 제조업이다. 마지막으로 D는 경북에서 지역 내 제조업 업종별 출하액 비율이 두 번째로 높으며 다른 지역에서는 상위 3개에 포함되지 않으므로 1차 금속 제조업이다.

| 선지 해설 |

① A 의복(액세서리, 모피 포함) 제조업은 소비자와 잦은 접촉을 필요로 하며 소비 시장에 입지하는 특성이 나타나므로 시장 지향형 제조업이다. 제조 과정에서 원료의 무게나 부피가 감소하는 원료 지향형 제조업으로는 시멘트 공업이 대표적이다.

② B 전자 부품·컴퓨터·영상·음향 및 통신장비 제조업은 운송비에 비해 부가 가치가 큰 제조업으로 입지가 비교적 자유로운 입지 자유형 제조업이다. 부피가 크거나 무거운 원료를 해외에서 수입하는 적환지 지향형 제조업으로는 D 1차 금속 제조업이 있다.

③ B 전자 부품·컴퓨터·영상·음향 및 통신장비 제조업은 부가 가치가 상당히 높아 종사자 대비 출하액이 많다. 따라서 A 의복(액세서리, 모피 포함) 제조업은 B 전자 부품·컴퓨터·영상·음향 및 통신장비 제조업보다 종사자 1인당 출하액이 적다.

④ B 전자 부품·컴퓨터·영상·음향 및 통신장비 제조업은 C 자동차 및 트레일러 제조업보다 최종 제품의 무게가 가볍고 부피가 작다.

⑤ D 1차 금속 제조업은 철강이나 비철 금속 등을 제조하는 공업이다. 1차 금속 제조업에서 생산된 제품은 C 자동차 및 트레일러 제조업의 주요 재료로 이용된다.

다음 자료는 ○○ 공업에 관한 서로 다른 두 시기의 신문 기사이다. 이 공업에 대한 설명으로 옳은 것은?

□□일보	1979년 ◇월 ◇일

○○ 공업 세계 10위권 생산 전망
　·섬유 공업　　·경공업 발달
　○○ 공업은 1960년대 수출 주도형 산업으로 육성되며 급성장하였다. 지난해에는 우리나라 전체 수출액의 31.3%를 차지하였고, 올해는 당초 수출 목표를 달성하며 세계 10위권 내의 생산국에 진입할 것으로 전망된다.

□□일보	2020년 △월 △일

재도약의 발판을 마련한 ○○ 공업
　○○ 공업은 국내 인건비의 상승으로 1980년대부터 생산 공장이 해외로 이전하면서 쇠락의 길을 걸었다. 하지만 최근 땀 흡수와 통기성이 우수한 기능성 원단, 미세 먼지 흡착을 예방하는 특수 원단 등의 개발을 통해 재도약의 발판을 마련하였다.
→ 산업 공동화 현상

① 계열화된 공정이 필요한 집적 지향 공업이다. → 석유 화학 공업
② 많은 부품을 필요로 하는 종합 조립 공업이다. → 자동차 및 트레일러 공업
③ 원료의 해외 의존도가 높아 해안에 주로 입지한다. → 제철 공업
④ 원료 산지에 입지하는 것이 유리한 원료 지향 공업이다. → 시멘트 공업
☑ 생산비에서 노동비가 차지하는 비중이 큰 노동 집약적 공업이다.
→ 저임금 노동력

| 자료 분석 |

1979년 발간된 신문의 '1960년대 수출 주도형 산업으로 육성', '지난해에는 우리나라 전체 수출액의 31.3%를 차지'라는 내용으로 보아 ○○ 공업은 섬유 공업임을 알 수 있다. 섬유 공업은 대표적인 경공업으로 1960년대에 수출 주도형 공업으로 육성되었다. 하지만 2020년 발간된 신문에서 보듯이 국내 인건비의 상승으로 대부분의 생산 공장이 해외로 이전되면서 국내에서는 산업 공동화 현상이 나타나고 있다.

| 선지 해설 |

① 계열화된 공정이 필요한 집적 지향 공업에 해당하는 대표적인 공업은 석유 화학 공업이다.

② 섬유 공업은 많은 부품을 필요로 하지 않으며, 자동차 및 트레일러 공업이 많은 부품을 필요로 한다.

③ 원료의 해외 의존도가 높아 해안에 주로 입지하는 공업은 제철 공업(1차 금속 제조업)이다. 제철 공업은 원료인 철광석과 석탄을 거의 대부분 수입에 의존하고 있다.

④ 시멘트 공업은 원료인 석회석이 주로 분포하는 곳에 입지하는 대표적인 원료 지향 공업이다.

⑤ 섬유 공업은 생산비에서 노동비가 차지하는 비중이 큰 노동 집약적 공업으로 과거 노동력이 풍부한 서울, 부산, 대구와 같은 대도시에 입지하였다.

표는 세 제조업의 영남권 내 출하액 상위 4개 지역을 나타낸 것이다. (가)~(다)에 대한 설명으로 옳은 것은? (단, (가)~(다)는 각각 섬유 제품(의복 제외), 자동차 및 트레일러, 전자 부품·컴퓨터·영상·음향 및 통신 장비 제조업 중 하나임.) [3점]

순위	섬유 제품(의복 제외) 제조업 (가)		자동차 및 트레일러 제조업 (나)		전자 부품·컴퓨터·영상·음향 및 통신 장비 제조업 (다)	
	지역	비율(%)	지역	비율(%)	지역	비율(%)
1	대구	28.6	울산	51.4	구미	87.5
2	구미	16.3	창원	10.9	부산	3.1
3	부산	14.1	경주	8.3	창원	2.5
4	울산	7.8	부산	7.2	대구	2.1

*종사자 규모 10인 이상 사업체를 대상으로 함.
**영남권 내 제조업별 출하액에서 차지하는 비율임. (2019)
→ 전통적인 섬유 공업의 중심지
→ 아산과 함께 첨단 산업이 발달해 있음
→ 화성, 평택, 아산, 광주와 함께 자동차 및 트레일러 제조업이 발달해 있음

① (가)는 관련 산업이 집적하는 종합 조립형 공업이다.
　(나)　　　→ 수많은 부품을 조립함
② (나)는 1960년대 우리나라 공업화를 주도하였다.
　(가)　→ 대도시를 중심으로 경공업 발달
③ (가)는 (나)보다 최종 제품의 무게가 무겁다.
　　　　　　　가볍다
④ (가)는 (다)보다 전국 출하액이 많다.
　　　　　　　적다
☑ (다)의 최종 제품은 (나)의 최종 제품보다 항공기로 수출되는 비율이 높다. → 무게가 가볍고 부가 가치가 큼 → 입지 자유형 공업

| 자료 분석 |

(가)는 영남권 중에서 대구의 출하액 비율이 높으므로 섬유 제품(의복 제외) 제조업이다. (나)는 영남권 중에서 울산의 출하액 비율이 매우 높으므로 자동차 및 트레일러 제조업이다. (다)는 영남권 중에서 구미의 출하액 비율이 매우 높으므로 전자 부품·컴퓨터·영상·음향 및 통신 장비 제조업이다. 전자 부품·컴퓨터·영상·음향 및 통신 장비 제조업은 경기도, 충남 아산, 경북 구미의 출하액 비율이 높다.

| 선지 해설 |

① (가) 섬유 제품(의복 제외) 제조업은 노동 지향형 공업이다. 관련 산업이 집적하는 종합 조립형 공업은 수많은 부품을 조립해야 하는 (나) 자동차 및 트레일러 제조업이다.

② 1960년대 우리나라 공업화를 주도한 공업은 대표적인 경공업인 (가) 섬유 제품(의복 제외) 제조업이다. 우리나라는 1960년대에 서울, 부산, 대구 등 대도시를 중심으로 섬유, 의복, 신발 등의 노동 집약적인 공업이 발달하였다.

③ (가) 섬유 제품(의복 제외) 제조업은 최종 제품의 무게가 가벼운 대표적인 경공업이다. (나) 자동차 및 트레일러 제조업은 최종 제품의 무게가 무거운 대표적인 중공업이다.

④ 전국 출하액은 (다) 전자 부품·컴퓨터·영상·음향 및 통신 장비 제조업이 (가) 섬유 제품(의복 제외) 제조업보다 많다. 섬유 제품(의복 제외) 제조업은 노동비가 저렴한 동남아시아 등지로 이전되어 산업 공동화 현상이 나타나 전국 출하액이 다른 제조업에 비해 적다.

⑤ (다)의 최종 제품은 무게가 가볍고 부피가 작아 주로 항공기로 수출된다. (나) 자동차 및 트레일러 제조업은 거의 대부분 해운을 통해 수출된다.

32 주요 공업의 분포 22학년도 10월 학평 16번

정답 ③ | 정답률 79%

표는 세 제조업의 출하액 상위 5개 지역을 나타낸 것이다. 이에 대한 설명으로 옳은 것은? (단, (가)~(다)는 각각 1차 금속, 자동차 및 트레일러, 전자 부품·컴퓨터·영상·음향 및 통신 장비 제조업 중 하나이고, A~C는 각각 아산, 울산, 화성 중 하나임.) [3점]

제조업 순위	(가) 자동차 및 트레일러 제조업	(나) 1차 금속 제조업	(다) 전자 부품·컴퓨터·영상·음향 및 통신 장비 제조업
1	A	포항	B
2	B	A	C 아산
3	광주	광양	구미
4	C 아산	당진	평택
5	창원	인천	이천

* 종사자 규모 10인 이상 사업체를 대상으로 함. (2019년)

울산: 자동차 및 트레일러 제조업, 1차 금속 제조업 발달

화성: 우리나라에서 전자 부품·컴퓨터·영상·음향 및 통신 장비 제조업 출하액이 가장 많음

① (가)의 최종 제품은 (나)의 주요 재료로 이용된다.
  (나)   (가)
② (나)는 (다)보다 전국 종사자가 많다.
                        적다
③ ✔ (다)는 (나)보다 전국 출하액에서 수도권이 차지하는 비율이 높다.
④ A는 영남권, B는 충청권, C는 수도권에 위치한다.
                    수도권   충청권
⑤ A는 (가)보다 (나)의 출하액이 많다.
                            적다

자료 분석

(가)는 광주, 창원 등에서 발달한 자동차 및 트레일러 제조업이며, (나)는 포항, 광양, 당진, 인천 등에서 발달한 1차 금속 제조업이다. (다)는 구미, 평택, 이천 등에서 발달한 전자 부품·컴퓨터·영상·음향 및 통신 장비 제조업이다. A는 자동차 및 트레일러 제조업과 1차 금속 제조업이 발달한 울산이다. B는 전자 부품·컴퓨터·영상·음향 및 통신 장비 제조업 출하액이 가장 많고, 자동차 및 트레일러 제조업 출하액도 두 번째로 많은 화성이다. C는 자동차 및 트레일러 제조업과 전자 부품·컴퓨터·영상·음향 및 통신 장비 제조업이 발달한 아산이다.

선지 해설

① (나) 1차 금속 제조업에서 최종 생산된 철강 제품이 (가) 자동차 및 트레일러 제조업의 주요 재료로 이용된다.

② (나) 1차 금속 제조업 전국 종사자는 약 14만 명이며, (다) 전자 부품·컴퓨터·영상·음향 및 통신 장비 제조업 전국 종사자는 약 35만 명이다. 따라서 (나) 1차 금속 제조업은 (다) 전자 부품·컴퓨터·영상·음향 및 통신 장비 제조업보다 전국 종사자가 적다.

③ (다) 전자 부품·컴퓨터·영상·음향 및 통신 장비 제조업은 고급 기술 인력이 풍부한 지역에 입지하려는 경향이 있으며 경기도에서의 출하액 비율이 가장 높다. (나) 1차 금속 제조업은 원료 수입과 제품 수출에 유리한 항구 지역에 입지하려는 경향이 있으며 경북에서의 출하액 비율이 높다. 따라서 (다) 전자 부품·컴퓨터·영상·음향 및 통신 장비 제조업은 (나) 1차 금속 제조업보다 전국 출하액에서 수도권이 차지하는 비율이 높다.

④ A 울산은 영남권, B 화성은 수도권, C 아산은 충청권에 위치한다.

⑤ A 울산의 출하액 비율은 코크스·연탄 및 석유 정제품 제조업 〉 자동차 및 트레일러 제조업 〉 화학물질 및 화학제품 제조업(의약품 제외) 〉 1차 금속 제조업 순(2019년 기준)으로 높다. 따라서 A 울산은 (가) 자동차 및 트레일러 제조업보다 (나) 1차 금속 제조업의 출하액이 적다.

33 주요 공업의 분포 20학년도 6월 모평 14번

정답 ① | 정답률 58%

(가)~(다)에 해당하는 지역을 지도의 A~C에서 고른 것은? [3점]

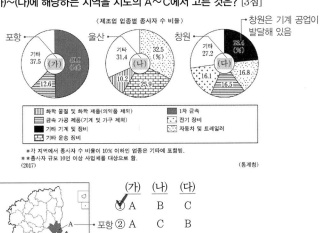

〈제조업 업종별 종사자 수 비율〉

포항   울산   창원   창원은 기계 공업이 발달해 있음

1차 금속
금속 가공 제품(기계 및 가구 제외)
전기 장비
기타 기계 및 장비
자동차 및 트레일러
화학 물질 및 화학 제품(의약품 제외)
기타 운송 장비

* 각 지역에서 종사자 수 비율이 10% 이하인 업종은 기타에 포함됨.
** 종사자 규모 10인 이상 사업체를 대상으로 함.
(2017)   (통계청)

	(가)	(나)	(다)
①✔	A	B	C
②	A	C	B
③	B	A	C
④	B	C	A
⑤	C	B	A

포항 → A
울산 → B
창원 25km

자료 분석

지도의 A는 포항, B는 울산, C는 창원이다.

선지 해설

① (가) - A, (나) - B, (다) - C

• (가)는 전체 제조업 종사자 중에서 절반가량이 1차 금속 제조업에 종사하는 것으로 보아 A 포항이다. 포항은 전남 광양, 충남 당진과 함께 대규모의 제철소가 위치해 있어 1차 금속 제조업이 발달해 있다.

• (나)는 자동차 및 트레일러 제조업 종사자 비율이 가장 높고 그 다음으로 기타 운송 장비 제조업, 화학 물질 및 화학 제품(의약품 제외) 제조업 종사자 비율이 높으므로 B 울산이다. 울산은 자동차 및 조선 공업이 발달해 있으며 정유 및 석유 화학 공업 역시 발달해 있다.

• (다)는 기타 기계 및 장비 제조업 종사자 비율이 가장 높고 그 다음으로 자동차 및 트레일러 제조업, 금속 가공 제품(기계 및 가구 제외) 제조업, 전기 장비 제조업의 종사자 비율이 서로 비슷하게 높으므로 C 창원이다. 2010년 마산·진해와 통합된 창원은 기계 공업 단지가 조성되어 있어 제조업이 높은 비중을 차지하고 있으며, 지식 기반 기계 산업을 중심으로 발전하고 있다.

지도는 세 제조업의 종사자 수 상위 3개 지역을 나타낸 것이다. (가)~(다) 제조업에 대한 설명으로 옳은 것은? (단, (가)~(다)는 각각 기타 운송 장비, 섬유 제품(의복 제외), 전자 부품·컴퓨터·영상·음향 및 통신 장비 제조업 중 하나임.) [3점]

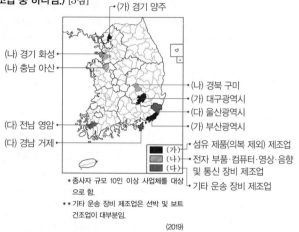

(2019)

* 종사자 규모 10인 이상 사업체를 대상으로 함.

** 기타 운송 장비 제조업은 선박 및 보트 건조업이 대부분임.

① (가)는 많은 부품을 필요로 하는 조립형 제조업이다.
　　자동차 및 트레일러 제조업

② (나)는 공업 입지 유형 중 적환지 지향형에 해당된다.
　　　　　　　　　　　　　　입지 자유형

③ (가)는 (나)보다 매출액 대비 연구 개발비 비중이 높다.
　　　　　　　　　　　　　　　　　　　　낮다

④ (나)는 (다)보다 최종 생산품의 무게가 무겁고 부피가 크다.
　　　(다)　　(나)

⑤ (다)는 (가)보다 우리나라 공업화를 선도한 시기가 늦다.
　　└ 1960년대 경공업이 가장 이름

| 자료 분석 |

(가)는 경기 양주, 대구광역시, 부산광역시의 종사자 수가 많으므로 섬유 제품(의복 제외) 제조업이다. (나)는 경기 화성, 충남 아산, 경북 구미의 종사자 수가 많으므로 전자 부품·컴퓨터·영상·음향 및 통신 장비 제조업이다. (다)는 울산광역시, 경남 거제, 전남 영암의 종사자 수가 많으므로 기타 운송 장비 제조업이다.

| 선지 해설 |

① 많은 부품을 필요로 하는 조립형 제조업은 자동차 및 트레일러 제조업이다.

② (나)는 공업의 입지 유형 중 입지 자유형에 해당한다. 적환지 지향형에 해당하는 공업은 1차 금속 제조업과 정유 제조업이다.

③ (가)는 대표적인 경공업으로 매출액 대비 노동비의 비중이 높다. (나)는 대표적인 첨단 산업으로 기술 개발이 중요한 만큼 매출액 대비 연구 개발비 비중이 높다. 따라서 (가)는 (나)보다 매출액 대비 연구 개발비 비중이 낮다.

④ (나)는 첨단 산업으로 중화학 공업에 해당하는 (다)보다 최종 생산품의 무게가 가볍고 부피가 작다.

⑤ 우리나라 공업은 1960년대에 경공업이 먼저 발달하였으며 1970년대에 중화학 공업이 발달하고 1990년대 이후 반도체, 컴퓨터 등의 첨단 산업이 발달하였다. 따라서 (다)는 (가)보다 우리나라 공업화를 선도한 시기가 늦다.

그래프는 세 제조업의 지역별 출하액 비율을 나타낸 것이다. (가)~(다)에 대한 설명으로 옳은 것은? (단, (가)~(다)는 각각 기타 운송 장비, 섬유 제품(의복 제외), 자동차 및 트레일러 제조업 중 하나임.) [3점]

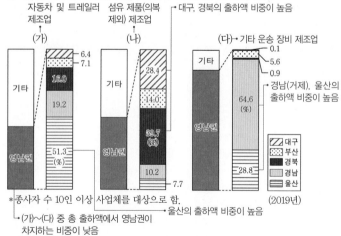

*종사자 수 10인 이상 사업체를 대상으로 함.

(2019년)

① (가)는 1960년대 우리나라 공업화를 주도하였다.
　　(나)

② (다)는 대량의 원료를 수입하는 적환지 지향 공업이다.
　　1차 금속 제조업, 정유 및 석유 화학 제조업

③ (나)는 (가)보다 사업체당 출하액이 많다.
　　　　　　　　　　　　　　　　　적다

④ (다)는 (나)보다 최종 제품의 무게가 무겁고 부피가 크다.

⑤ 제조업별 영남권의 출하액은 (다) > (나) > (가) 순으로 많다.
　　　　　　　　　　　　　└ (나)가 가장 적음

| 자료 분석 |

(가)는 (나), (다)에 비해 총 출하액에서 영남권이 차지하는 비율이 낮으며 영남권에서는 울산의 비율이 높으므로 자동차 및 트레일러 제조업이다. 자동차 및 트레일러 제조업은 경기의 출하액 비중이 높아 총 출하액에서 차지하는 영남권의 비율이 낮다. (나)는 영남권 중 대구와 경북의 출하액 비율이 매우 높으므로 섬유 제품(의복 제외) 제조업이다. 대구는 전통적으로 섬유 제품(의복 제외) 제조업이 발달한 도시이다. (다)는 해당 제조업에서 영남권이 차지하는 비율이 높고 경남과 울산의 출하액이 영남권 출하액의 대부분을 차지하고 있으므로 기타 운송 장비 제조업이다. 기타 운송 장비 제조업은 울산, 거제의 출하액이 우리나라 출하액의 대부분을 차지한다.

| 선지 해설 |

① 1960년대 우리나라 공업화를 주도한 제조업은 (나) 섬유 제품(의복 제외) 제조업이다.

② (다) 기타 운송 장비 제조업의 주요 원료는 국내에서 주로 생산된 철강 제품이다. 대량의 원료를 수입하는 적환지 지향 공업은 1차 금속 제조업과 정유 및 석유 화학 제조업이다.

③ 사업체당 출하액은 대체로 경공업보다 중화학 공업이 많다. 따라서 (나) 섬유 제품(의복 제외) 제조업은 (가) 자동차 및 트레일러 제조업보다 사업체당 출하액이 적다.

④ 중화학 공업인 (다) 기타 운송 장비 제조업이 경공업인 (나) 섬유 제품(의복 제외) 제조업보다 최종 제품의 무게가 무겁고 부피가 크다.

⑤ (가)~(다) 중 제조업별 영남권의 출하액이 가장 적은 제조업은 (나) 섬유 제품(의복 제외) 제조업이다.

지도는 네 지역의 제조업 업종별 출하액 현황을 나타낸 것이다. A~D에 대한 설명으로 옳은 것은? (단, A~D는 각각 1차 금속, 자동차 및 트레일러, 화학 물질 및 화학 제품(의약품 제외), 전자 부품·컴퓨터·영상·음향 및 통신 장비 제조업 중 하나임.) [3점]

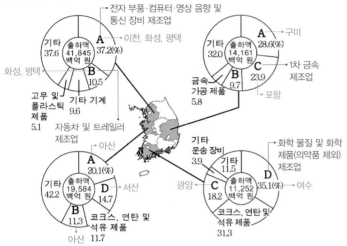

* 상위 4개 업종 이외는 기타로 처리함.
** 종사자 규모 10인 이상 사업체를 대상으로 함. (2018년)

C 1차 금속 제조업
① A는 적환지 지향형 공업이다.
→ 총 출하액×B 출하액 비중
✔ ② B의 출하액은 경기가 충남보다 많다.
③ A는 C보다 최종 제품의 무게가 무겁고 부피가 크다.
    C A
                          적다
④ B는 D보다 종사자당 출하액이 많다.
⑤ C에서 생산된 제품은 D의 주요 재료로 이용된다.
    └→ 철강 B

| 자료 분석 |

A는 경기, 경북, 충남의 제조업 출하액에서 가장 높은 비중을 차지하므로 전자 부품·컴퓨터·영상·음향 및 통신 장비 제조업이다. 경기도 이천시, 화성시, 평택시와 경북 구미시, 충남 아산시는 전자 부품·컴퓨터·영상·음향 및 통신 장비 제조업이 발달해 있다. C는 경북과 전남에서만 출하액 비중이 나타나므로 경북 포항시와 전남 광양시에서 발달한 1차 금속 제조업이다. D는 충남과 전남에서만 출하액 비중이 나타나므로 충남 서산시와 전남 여수시에서 발달한 화학 물질 및 화학 제품(의약품 제외) 제조업이다. B는 자동차 및 트레일러 제조업으로 경기도 화성시와 평택시, 충남 아산시가 발달해 있다.

| 선지 해설 |

① 적환지 지향형 공업에 해당하는 것은 C 1차 금속 제조업이다. 1차 금속 제조업은 철광석과 석탄을 수입해야 하며 완제품인 철강의 무게와 부피가 커 적환지인 항구에 주로 입지한다.

② B의 출하액 비중은 총 출하액과 B의 출하액 비중을 곱해서 구할 수 있다. 경기의 B 출하액은 총 출하액인 41,845백억 원의 10.5%이며, 충남의 B 출하액은 총 출하액인 19,584백억 원의 11.3%이다. 따라서 B의 출하액은 경기가 충남보다 많다.

③ C 1차 금속 제조업이 A 전자 부품·컴퓨터·영상·음향 및 통신 장비 제조업보다 최종 제품의 무게가 무겁고 부피가 크다.

④ 종사자당 출하액은 D 화학 물질 및 화학 제품(의약품 제외) 제조업이 B 자동차 및 트레일러 제조업보다 많다.

⑤ C 1차 금속 제조업에서 생산된 철강 제품은 B 자동차 및 트레일러 제조업의 주요 재료로 이용된다.

그래프는 주요 제조업의 시·도별 출하액 비중을 상위 3개 지역만 나타낸 것이다. (가)~(라) 제조업에 대한 설명으로 옳은 것은? (단, (가)~(라)는 각각 1차 금속, 섬유 제품(의복 제외), 자동차 및 트레일러, 화학 물질 및 화학 제품(의약품 제외) 제조업 중 하나임.)

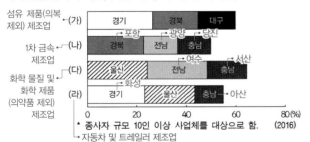

* 종사자 규모 10인 이상 사업체를 대상으로 함. (2016)
└→ 자동차 및 트레일러 제조업
① (가)는 원료의 해외 의존도가 높은 기초 소재 공업이다.
   (나) └→철광석 수입 └→자동차, 선박의 주요 소재 제공
② (나)는 총 생산비 중 노동비가 차지하는 비중이 가장 크다.
   (가)
③ (다)는 조선 공업과 더불어 대표적인 조립형 공업이다.
   (라)
✔ ④ (라)는 공업의 입지 유형 중 집적 지향형에 해당된다.
   └→ 부품 업체들이 집적해 있음
⑤ (라)는 (가)보다 우리나라 산업화를 주도한 시기가 이르다.
   (가) (라) └→경공업이 먼저 발달함

| 자료 분석 |

(가)는 경기, 경북, 대구의 출하액 비중이 높으므로 섬유 제품(의복 제외) 제조업이다. (나)는 대규모의 제철소가 입지한 경북(포항), 전남(광양), 충남(당진)의 출하액 비중이 높으므로 1차 금속 제조업이다. (다)는 울산의 출하액 비중이 가장 높으므로 화학 물질 및 화학 제품(의약품 제외) 제조업이다. 울산, 전남 여수, 충남 서산은 석유 화학 제조업이 발달해 있다. (라)는 경기(화성), 울산, 충남(아산)의 출하액 비중이 높으므로 자동차 및 트레일러 제조업이다.

| 선지 해설 |

① 원료의 해외 의존도가 높은 기초 소재 공업은 (나) 1차 금속 제조업이다. 1차 금속 제조업은 원료인 철광석의 해외 의존도가 높다.

② 총 생산비 중 노동비가 차지하는 비중은 노동 지향 공업인 (가) 섬유 제품(의복 제외) 제조업이 가장 크다.

③ 조선 공업은 선박에 필요한 수많은 부품을 조립해야 하며 (라) 자동차 및 트레일러 역시 각종 부품을 조립해야 한다. 반면 (다) 화학 물질 및 화학 제품(의약품 제외) 제조업은 석유로 여러 화학 제품을 생산하는 계열화된 공업이다.

④ (라) 자동차 및 트레일러 제조업은 수많은 부품을 조립해야 하므로 관련 업체들이 집적해 있다.

⑤ (가) 섬유 제품(의복 제외) 제조업은 1960년대에 우리나라의 공업화를 주도하여 1970년대부터 발달한 (라) 자동차 및 트레일러 제조업보다 산업화를 주도한 시기가 이르다.

18
일차

지도는 세 제조업의 출하액 상위 5개 지역을 나타낸 것이다. (가)~(다) 제조업에 대한 설명으로 옳은 것은? (단, (가)~(다)는 각각 1차 금속, 자동차 및 트레일러, 전자 부품·컴퓨터·영상·음향 및 통신 장비 제조업 중 하나임.) [3점]

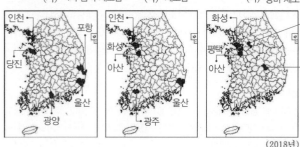

(가)→1차 금속 제조업   (나) 자동차 및 트레일러 제조업   (다) 전자 부품·컴퓨터·영상·음향 및 통신 장비 제조업

(2018년)

① (나) (가)는 관련 산업이 집적하는 계열화된 조립형 공업이다.
   └ 많은 부품을 조립하기 때문

② (다) (나)는 운송비보다 부가 가치가 큰 입지 자유형 공업이다.

③ (가)는 (다)보다 적환지에 입지하는 경향이 크다.
   └ 항구

④ (다)는 (나)보다 최종 제품의 평균 중량이 무겁다.
   (나)   (다)

⑤ (가) (나)에서 생산된 최종 제품은 (가)의 주요 재료로 이용한다.
   (나)   └ 철강

| 자료 분석 |

(가)는 경북 포항, 전남 광양, 충남 당진, 인천광역시, 울산광역시의 출하액이 많으므로 1차 금속 제조업이다. (나)는 울산광역시, 경기 화성, 충남 아산, 광주광역시, 인천광역시의 출하액이 많으므로 자동차 및 트레일러 제조업이다. (다)는 충남 아산, 경북 구미와 경기 이천, 화성, 평택의 출하액이 많으므로 전자 부품·컴퓨터·영상·음향 및 통신 장비 제조업이다.

| 선지 해설 |

① 관련 산업이 집적하는 계열화된 조립형 공업은 (나) 자동차 및 트레일러 제조업이다. 자동차 및 트레일러 제조업은 수많은 부품을 조립해야 하므로 관련 업체들이 집적해 있는 집적 지향형 공업이다.

② 운송비보다 부가 가치가 큰 입지 자유형 공업은 첨단 산업에 해당하는 (다) 전자 부품·컴퓨터·영상·음향 및 통신 장비 제조업이다.

③ (가) 1차 금속 제조업은 원료인 철광석과 석탄을 수입해야 하며 완제품인 철강의 무게와 부피가 커 적환지인 항구에 입지하는 경향이 크다. 반면 (다) 전자 부품·컴퓨터·영상·음향 및 통신 장비 제조업은 입지가 자유로운 입지 자유형 공업이다.

④ 최종 제품의 평균 중량은 (나) 자동차 및 트레일러 제조업이 (다) 전자 부품·컴퓨터·영상·음향 및 통신 장비 제조업보다 무겁다.

⑤ (가) 1차 금속 제조업에서 생산된 철강 제품은 (나) 자동차 및 트레일러 제조업의 주요 재료로 이용한다.

그래프는 (가)~(라) 지역의 제조업 업종별 출하액 비율을 나타낸 것이다. 이에 대한 설명으로 옳은 것은? (단, (가)~(라)는 각각 아산, 원주, 청주, 화성 중 하나임.) [3점]

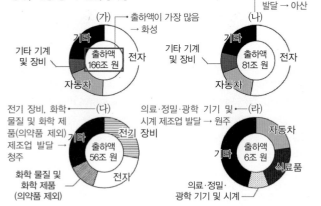

* 종사자 수 10인 이상 사업체를 대상으로 함.
** 각 지역별 출하액 상위 3개 업종만 제시하고 나머지는 기타에 포함함.
*** 전자 부품·컴퓨터·영상·음향 및 통신 장비 제조업은 '전자'로, 자동차 및 트레일러 제조업은 '자동차'로 나타냄. (2022)

① (나)는 수도권과 전철로 연결되어 있다.
   └ 천안, 아산

② (라)는 도청 소재지이다.
   (다)

③ (나)는 (가)보다 자동차 및 트레일러 제조업의 출하액이 많다.
                                   적다

④ (가)는 화성, (다)는 아산이다.
                     청주

⑤ (다)에는 기업 도시, (라)에는 혁신 도시가 조성되어 있다.
   (라)

| 자료 분석 |

(가)는 네 지역 중 출하액이 가장 많고 전자 부품·컴퓨터·영상·음향 및 통신 장비 제조업과 자동차 및 트레일러 제조업이 발달한 화성이고, (나)는 (가) 화성보다 출하액은 적으나 전자 부품·컴퓨터·영상·음향 및 통신 장비 제조업과 자동차 및 트레일러 제조업이 발달한 아산이다. (다)는 전기 장비와 전자 부품·컴퓨터·영상·음향 및 통신 장비 제조업, 화학 물질 및 화학 제품(의약품 제외)의 출하액 비중이 높은 청주이고, (라)는 네 지역 중 출하액이 가장 적으며 의료·정밀·광학 기기 및 시계 제조업이 상대적으로 발달한 원주이다.

| 선지 해설 |

① (나) 아산은 수도권 전철 1호선과 연결되어 있어 서울을 비롯한 수도권으로의 출퇴근이 용이하다.

② (라) 원주는 강원특별자치도의 주요 도시 중 하나지만 도청 소재지는 아니다. 강원특별자치도의 도청 소재지는 춘천이다. 네 지역 중 도청 소재지는 (다) 청주로 충청북도청이 위치한다.

③ (나) 아산은 자동차 출하액 비율이 (가) 화성과 비슷하지만, 제조업 총출하액은 (가) 화성의 약 1/2 정도이다. 따라서 (나) 아산은 (가) 화성보다 자동차 및 트레일러 제조업의 출하액이 적다.

④ (가)는 네 지역 중 제조업 출하액이 가장 많은 화성이다. 화성의 제조업 출하액은 울산 다음으로 많다. (다)는 전기 장비, 전자, 화학 물질 및 화학 제품(의약품 제외)의 출하액 비율이 높은 것으로 보아 청주이다.

⑤ 기업 도시는 민간 기업의 주도로 개발이 이루어지는 도시로 원주, 충주, 영암·해남, 태안 등이 지정되었다. (라) 혁신 도시는 수도권에 소재하였던 공공 기관이 이전하면서 조성된 도시로 제시된 네 지역 중에서는 (라) 원주에 조성되어 있다. (라) 원주에는 기업 도시와 혁신 도시가 모두 조성되어 있다. 따라서 (다) 청주에는 기업 도시가 없으며, (라) 원주에만 혁신 도시가 조성되어 있다.

그래프는 지도에 표시된 네 지역군의 제조업 업종별 출하액 비율을 나타낸 것이다. 이에 대한 설명으로 옳은 것은? (단, A~D는 각각 기타 운송 장비, 비금속 광물 제품, 자동차 및 트레일러, 전자 부품·컴퓨터·영상·음향 및 통신 장비 제조업 중 하나임.)

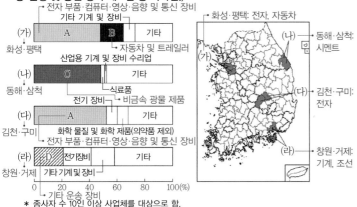

* 종사자 수 10인 이상 사업체를 대상으로 함.
** 각 지역군별 출하액 기준 상위 3개 제조업만 표현함.
(2022)   (통계청)

① D는 전국에서 영남권보다 수도권이 차지하는 출하액 비율이 ~~높다.~~ 낮다

② A는 ~~B~~에서 생산된 최종 제품을 주요 재료로 이용한다.
    B → A

③ C는 B보다 총매출액 대비 연구 개발비 비율이 ~~높다.~~ 낮다

④ D는 A보다 전국 종사자 수가 ~~많다.~~ 적다

⑤ A~D 중 호남권 내에서 출하액이 가장 많은 것은 B이다. ✓

| **자료 분석** |

지도에 표시된 (가)는 화성·평택, (나)는 동해·삼척, (다)는 김천·구미, (라)는 창원·거제이다. (가) 화성·평택과 (다) 김천·구미에서 출하액 비율이 가장 높은 A는 전자 부품·컴퓨터·영상·음향 및 통신 장비 제조업이다. 화성과 평택에는 반도체 공장, 구미에는 전자 부품 생산 공장 등이 입지하고 있다. 또한 (가) 화성·평택에는 자동차 공장이 입지하고 있으므로, (가) 화성·평택에서 두 번째로 출하액 비율이 높은 B는 자동차 및 트레일러 제조업이다. (나) 동해·삼척에는 시멘트 공장이 입지하고 있으므로, (나) 동해·삼척에서 출하액 비율이 가장 높은 C는 비금속 광물 제품 제조업이다. (라) 창원·거제에서 출하액 비율이 가장 높은 D는 기타 운송 장비 제조업이다. 거제에는 대규모 조선소가 입지하고 있다.

| **선지 해설** |

① D 기타 운송 장비 제조업은 조선업이 발달한 울산과 거제 등이 포함된 영남권의 출하액 비율이 우리나라 권역 중 가장 높다. 따라서 전국에서 차지하는 D 기타 운송 장비 제조업 출하액 비율은 영남권보다 수도권이 낮다.

② A 전자 부품·컴퓨터·영상·음향 및 통신 장비 제조업은 B 자동차 및 트레일러 제조업에서 생산된 최종 제품인 자동차나 트레일러를 주요 재료로 이용하지 않는다. 오히려 A 전자 부품·컴퓨터·영상·음향 및 통신 장비 제조업의 최종 제품인 반도체나 전자 기기 등이 B 자동차 및 트레일러 제조업의 주요 재료로 이용된다.

③ C 비금속 광물 제품 제조업은 B 자동차 및 트레일러 제조업보다 총매출액 대비 연구 개발비 비율이 낮다.

④ D 기타 운송 장비 제조업은 A 전자 부품·컴퓨터·영상·음향 및 통신 장비 제조업보다 전국 종사자 수가 적다. 우리나라 제조업 중 A 전자 부품·컴퓨터·영상·음향 및 통신 장비 제조업은 전국 종사자 수가 가장 많다(2022년 기준).

⑤ A~D 중 호남권 내에서 출하액이 가장 많은 것은 B 자동차 및 트레일러 제조업이다. 호남권의 광주에는 자동차 생산 공장이 입지하고 있으며, 전북의 여러 도시에는 자동차 부품을 생산하는 공장이 입지하고 있다.

19 일차

문제편 173~177쪽

01 교통수단별 특징 24학년도 6월 모평 12번

정답 ②ㅣ정답률 76%

표는 각 지역에 입지한 교통 관련 시설을 나타낸 것이다. A~D에 대한 설명으로 옳은 것은? (단, A~D는 각각 고속 철도, 도로, 지하철, 해운 중 하나임.)

→ 대구는 내륙 도시로 해운이 없음

시설＼지역	대구	목포	부산	제주
도로 ─ A 이용 시설	○	○	○	○
고속 철도 ─ B 이용 시설	○	○	○	×
해운 ─ C 이용 시설	×	○	○	○
지하철 ─ D 이용 시설	○	×	○	×

→ 도로는 네 지역 모두에 입지함

→ 제주는 고속 철도 역이 없음

→ 지하철은 대구, 부산 등 대도시에 입지

* ○는 시설이 입지함을, ×는 시설이 입지하지 않음을 의미함.
** 이용 시설은 각각 고속 철도역, 지하철역, 버스 정류장, 항만을 의미함.

→ 문 앞에서 문 앞을 연결하는 특성

① B는 A보다 문전 연결성이 좋다.
　　　　　　　　　좋지 않다

✓② B는 C보다 국내 여객 수송 분담률이 높다.
　　　　└ 도로가 가장 높고 해운이 가장 낮음

③ D는 A보다 도입 시기가 이르다.
　　　　　　　　　　　늦다

④ D는 C보다 화물의 장거리 수송에 유리하다.
　　　　　　　　　　　　　불리하다

⑤ 기종점 비용은 A＞B＞C 순으로 높다.
　　　　　　　C＞B＞A

출제 경향

자료를 통해 교통수단이 무엇인지 파악하고 선택지에서 교통수단별 특성을 비교하는 문제가 출제된다. 교통수단별 국내 여객 수송 분담률, 화물 수송 분담률 크기 비교, 기종점 비용의 특징을 정리해 두어야 한다.

ㅣ자료 분석ㅣ

A는 네 지역 모두에서 이용할 수 있는 교통 관련 시설이므로 도로이다. B는 네 지역 중 제주에서만 이용할 수 없는 시설로 고속 철도이다. C는 내륙에 위치한 대구에서 이용할 수 없는 시설로 해운이며, D는 인구 규모가 큰 대구와 부산에서만 입지한 시설로 지하철이다.

ㅣ선지 해설ㅣ

① 교통수단 중에서 도로의 문전 연결성이 가장 좋다. 따라서 B 고속 철도는 A 도로보다 문전 연결성이 좋지 않다.

② 해운은 국내 여객 수송 분담률 중 가장 낮은 비율을 차지한다. 따라서 B 고속 철도는 C 해운보다 국내 여객 수송 분담률이 높다.

③ D 지하철은 1970년대 후반에 처음 도입된 반면 도로는 이전부터 널리 사용되었던 교통 시설이다. 따라서 D 지하철은 A 도로보다 도입 시기가 늦다.

④ 화물의 장거리 수송은 대규모 화물을 운반할 수 있는 C 해운이 가장 유리하다. 반면 D 지하철은 화물을 운반하지 않는다. 따라서 D 지하철은 C 해운보다 화물의 장거리 수송에 불리하다.

⑤ 기종점 비용은 주행 거리와 관계없이 일정하게 소요되는 비용으로 보험료, 터미널 유지비, 하역비 등의 고정 비용이다. 기종점 비용은 C 해운 ＞ B 고속 철도 ＞ C 도로 순으로 높다.

02 다양한 상업 시설 22학년도 6월 모평 13번

정답 ④ㅣ정답률 81%

표는 지도에 표시된 세 지역의 소매 업태별 사업체 수를 나타낸 것이다. 이에 대한 설명으로 옳은 것은? (단, A와 B는 각각 백화점, 슈퍼마켓 중 하나임.) [3점]

백화점 →　　　　← 슈퍼마켓

→ (가)는 소매 업태 수가 가장 많음

소매 업태＼지역	A	대형 마트	B	편의점
(가)	3	12	433	1,116
(나)	1	4	83	193
(다)	0	0	10	13

(2019)　(단위: 개)　(통계청)

→ (가) 광주광역시
→ (다) 구례군
→ (나) 순천시

0　25km

→ (다)는 소매 업태 수가 가장 적음

① (다)에는 국가 정원과 람사르 협약에 등록된 습지가 있다.
　(나)　　　　　└ 갯벌 발달

② 서울로 직접 연결되는 버스 운행 횟수는 (나)가 (가)보다 많다.
　　└ 고차 도시일수록 많음　　　(가)　　(나)

③ A는 B보다 소비자의 평균 이용 빈도가 높다.
　　└ 고차 소매 업태일수록 낮음　낮다

✓④ A는 편의점보다 소비자의 평균 구매 이동 거리가 멀다.

⑤ B는 대형 마트보다 재화의 도달 범위가 넓다.
　　　　　　　　└ 고차 소매 업태일수록 넓음　좁다

ㅣ자료 분석ㅣ

지도에 표시된 세 지역은 광주광역시, 도시인 순천시, 촌락인 구례군이다. A는 세 지역 모두에서 사업체 수가 가장 적으므로 고차 소매 업태인 백화점이다. B는 슈퍼마켓이다. (가)는 세 지역 중 네 종류의 소매 업태의 수가 가장 많으므로 광주광역시이다. (다)는 세 지역 중 네 종류의 소매 업태의 수가 가장 적으므로 촌락인 구례군이다. (나)는 순천시이다.

ㅣ선지 해설ㅣ

① 국가 정원과 람사르 협약에 등록된 습지가 있는 지역은 (나) 순천시이다.

② 고차 도시일수록 우리나라 최고차 도시인 서울로 직접 연결되는 버스 운행 횟수가 많다. 따라서 서울로 직접 연결되는 버스 운행 횟수는 (나) 순천시가 (가) 광주광역시보다 적다.

③ 소비자의 평균 이용 빈도는 고차 소매 업태가 낮고 저차 소매 업태가 높다. 따라서 A 백화점은 B 슈퍼마켓보다 소비자의 평균 이용 빈도가 낮다.

④ A 백화점은 편의점보다 동일한 공간에서 소매 업태 수가 적어 소비자의 평균 구매 이동 거리가 멀다.

⑤ 재화의 도달 범위는 고차 소매 업태가 저차 소매 업태보다 넓으므로 B 슈퍼마켓은 대형 마트보다 재화의 도달 범위가 좁다.

03 | 생산자 서비스업과 소비자 서비스업의 특징 23학년도 수능 12번

정답 ① | 정답률 87%

다음 글의 ⊙~ⓒ에 대한 설명으로 옳은 것만을 〈보기〉에서 고른 것은? [3점]

┌─ 사례: 소매업, 숙박 및 음식점업 등

o ⊙ 소비자 서비스업은 소비자가 일상생활을 영위하는 데 필요한 재화 또는 서비스를 제공한다. 이와 같은 서비스업은 소비자의 이동 거리를 최소화하고 동종 업체 간 경쟁을 감소시킬 수 있는 곳에 주로 입지한다.

o ⓒ 생산자 서비스업은 기업이 재화나 서비스를 생산하고 유통하는 과정에 필요한 서비스를 제공한다. 이와 같은 서비스업은 주요 고객인 기업과의 접근성이 좋은 곳에 주로 입지한다. 최근 생산자 서비스업이 성장하게 된 주요 원인은 ⓒ 다양한 전문 서비스에 대한 기업의 수요가 증가하였기 때문이다.

└─ 사례: 금융업, 보험업, 부동산업, 전문 서비스업 등

〈보기〉

ㄱ. ⊙의 주요 고객은 개인이다.
  └─ 수요 주체가 소비자임

ㄴ. ⓒ으로 인해 관련 업무를 외부 업체에 맡기는 현상이 증가한다.
  └ ⓒ └ ⊙ └─ 서비스업의 외부화(Outsourcing)

ㄷ. ⊙은 ⓒ보다 대도시의 도심에서 주로 발달한다.

ㄹ. ⓒ은 ⊙보다 총사업체 수가 ~~많다.~~ 적다

① ㄱ, ㄴ ② ㄱ, ㄷ ③ ㄴ, ㄷ ④ ㄴ, ㄹ ⑤ ㄷ, ㄹ

| 자료 분석 |

⊙ 소비자 서비스업은 주로 소비자가 일상생활을 영위하는 데 필요한 재화 또는 서비스를 제공하며 소매업, 숙박 및 음식점업 등이 이에 해당한다. ⓒ 생산자 서비스업은 주로 기업이 재화나 서비스를 생산하고 유통하는 과정에 필요한 서비스를 제공하며 금융업, 보험업, 부동산업, 전문 서비스업 등이 이에 해당한다.

| 선지 해설 |

ㄱ ⊙ 소비자 서비스업의 수요 주체는 주로 개인 소비자이다.

ㄴ ⓒ 다양한 전문 서비스업에 대한 기업의 수요가 증가하며 관련 업무를 외부 업체에 맡기는 현상이 증가하며, 이를 생산자 서비스업의 외부화(Outsourcing)라 한다.

ㄷ. 금융업, 보험업, 전문 서비스업 등을 포함한 ⓒ 생산자 서비스업이 소매업, 숙박 및 음식점업 등을 포함한 ⊙ 소비자 서비스업보다 대도시 도심에 주로 발달한다. 생산자 서비스업은 소비자 서비스업보다 기업과의 접근성이 높고 관련 정보 획득에 유리한 대도시 도심에 입지하려는 경향이 강하다.

ㄹ. 금융업, 보험업, 전문 서비스업 등을 포함한 ⓒ 생산자 서비스업은 소매업, 숙박 및 음식점업 등을 포함한 ⊙ 소비자 서비스업보다 총사업체 수가 적다.

04 | 다양한 상업 시설 21학년도 수능 13번

정답 ② | 정답률 83%

(가), (나) 소매 업태에 대한 설명으로 옳은 것만을 〈보기〉에서 고른 것은? (단, (가), (나)는 각각 대형 마트와 편의점 중 하나임.) [3점]

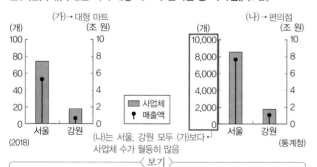

(가)→대형 마트 (나)→편의점
(2018) | 사업체 ■ | 매출액 ● | (통계청)
(나)는 서울, 강원 모두 (가)보다 사업체 수가 월등히 많음

〈보기〉

ㄱ. 사업체당 매장 면적은 (가)가 (나)보다 넓다.
  └─ 고차 소매 업태일수록 넓음

ㄴ. 소비자의 평균 구매 빈도는 (가)가 (나)보다 ~~높다.~~ 낮다

ㄷ. 상품 구매 시 소비자의 평균 이동 거리는 (가)가 (나)보다 길다.
  └─ 사업체 수가 적은 고차 소매 업태가 긺

ㄹ. (가), (나)의 최소 요구치 범위는 모두 서울이 강원보다 ~~넓다.~~ 좁다
  └─ 인구 밀도가 높을수록 좁음

① ㄱ, ㄴ ② ㄱ, ㄷ ③ ㄴ, ㄷ ④ ㄴ, ㄹ ⑤ ㄷ, ㄹ

출제 경향

주요 소매 업태별 종사자와 사업체 수, 매출액 등을 그래프로 제시한 다음 해당 소매 업태 종류와 상대적 특징을 찾는 문항이 주로 출제된다. 소매 업태별 특징을 정확하게 정리해야 한다.

| 자료 분석 |

(가)는 (나)보다 서울과 강원 모두 사업체 수가 적다. 사업체 수는 고차 소매 업태일수록 적으므로 (가)는 대형 마트, (나)는 편의점이다.

| 보기 해설 |

ㄱ 사업체당 매장 면적은 고차 소매 업태일수록 넓으므로 (가) 대형 마트가 (나) 편의점보다 사업체당 매장 면적이 넓다.

ㄴ. 편의점은 일상 생활 용품을 주로 취급하며 대체로 24시간 영업이 이루어진다. 따라서 소비자의 평균 구매 빈도는 (가) 대형 마트가 (나) 편의점보다 낮다.

ㄷ 고차 소매 업태일수록 사업체 수가 적어 상품 구매 시 소비자의 평균 이동 거리가 길다. 따라서 상품 구매 시 소비자의 평균 이동 거리는 (가) 대형 마트가 (나) 편의점보다 길다.

ㄹ. 최소 요구치 범위는 상점이 유지되기 위해 필요한 최소한의 수요를 충족시킬 수 있는 범위이다. 인구 밀도가 높은 지역이 인구 밀도가 낮은 지역보다 최소 요구치의 범위가 좁다. 서울은 강원보다 인구 밀도가 높으므로, (가) 대형 마트, (나) 편의점의 최소 요구치 범위는 모두 서울이 강원보다 좁다.

05 교통수단별 특징 23학년도 10월 학평 20번

정답 ② | 정답률 76%

다음 자료는 교통수단의 특성을 나타낸 것이다. 이에 대한 설명으로 옳은 것만을 〈보기〉에서 고른 것은? (단, A~C는 각각 도로, 철도, 해운 중 하나임.) [3점]

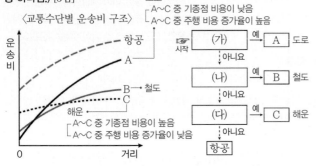

〈교통수단별 운송비 구조〉

도로
A~C 중 기종점 비용이 낮음
A~C 중 주행 비용 증가율이 높음

해운
A~C 중 기종점 비용이 높음
A~C 중 주행 비용 증가율이 낮음

시작 → (가) — 예 → A 도로
↓ 아니요
(나) — 예 → B 철도
↓ 아니요
(다) — 예 → C 해운
↓ 아니요
항공

───〈 보기 〉───

ㄱ. (가)에는 "기종점 비용이 가장 저렴합니까?"가 들어갈 수 있다.
  └ 기종점 비용: 항공 〉해운 〉철도 〉도로 순으로 비쌈
ㄴ. (나)에는 "평균 운행 속도가 가장 빠릅니까?"가 들어갈 수 있다.
  없다
ㄷ. (다)에는 "국제 화물 수송 분담률이 가장 높습니까?"가 들어갈 수 있다. └ 국제 화물 수송 분담률: 해운 〉항공 순으로 높음
ㄹ. A~C 중 주행 비용 증가율은 C가 가장 높다.
  A 도로

① ㄱ, ㄴ   ✓② ㄱ, ㄷ   ③ ㄴ, ㄷ
④ ㄴ, ㄹ   ⑤ ㄷ, ㄹ

| 자료 분석 |

교통수단별 운송비 구조 그래프에서 A는 A~C 중 기종점 비용이 가장 낮고 주행 비용 증가율이 가장 높으므로 도로이다. B는 A보다 기종점 비용이 높고 주행 비용 증가율이 A보다 낮으므로 철도이다. C는 A~C 중 기종점 비용이 가장 높고 주행 비용 증가율이 가장 낮으므로 해운이다. 따라서 (가)에는 도로에 해당하는 내용이, (나)에는 철도에 해당하는 내용이, (다)에는 해운에 해당하는 내용이 들어가야 한다.

| 선지 해설 |

ㄱ (가)에는 A 도로의 특성과 관련된 내용이 들어갈 수 있다. 도로는 주행 거리와 관계없이 일정한 비용인 기종점 비용이 교통수단 중 가장 저렴한 운송 수단이다. 따라서 (가)에는 "기종점 비용이 가장 저렴합니까?"가 들어갈 수 있다.

ㄴ. (나)에는 A 도로의 특성은 해당하지 않고 B 철도의 특성과 관련된 내용이 들어가야 한다. 그러나 교통수단 중에서 가장 빠른 것은 항공이므로 (나)에는 "평균 운행 속도가 가장 빠릅니까?"가 들어갈 수 없다.

ㄷ (다)에는 A 도로와 B 철도의 특성에는 해당하지 않고, C 해운의 특성과 관련된 내용이 들어가야 한다. 국제 화물 수송 분담률은 해운이 가장 높으므로 (다)에는 "국제 화물 수송 분담률이 가장 높습니까?"가 들어갈 수 있다.

ㄹ. 주행 비용 증가율은 주행 거리에 따라 비용이 증가하는 비율을 나타낸 것이다. 주행 비용 증가율은 그래프의 기울기가 급할수록 높다. 따라서 주행 비용 증가율은 A~C 중 기울기가 가장 급한 A 도로가 가장 높다.

---

06 다양한 상업 시설 21학년도 4월 학평 14번

정답 ② | 정답률 89%

다음 글의 (가)~(다) 소매 업태에 대한 옳은 설명만을 〈보기〉에서 고른 것은? (단, (가)~(다)는 각각 백화점, 편의점, 무점포 소매업체 중 하나임.)

무점포 소매업체
코로나19는 소매 업태별 판매액에 영향을 미쳤다. 오프라인 점포 없이 비대면으로 상품을 판매하는 (가) 은/는 판매액이 약 19.5% 증가하였다. 또한 소규모의 매장에서 일상 용품을 24시간 판매하기도 하는 (나) 도 판매액이 약 2.8% 증가하였다. 반면에 주로 대도시 도심의 넓은 매장에서 많은 직원과 고객들이 대면하는 (다) 은/는 판매액이 약 13.4% 감소하였다.
└ 백화점
*판매액 증감율은 2019년 상반기 대비 2020년 상반기의 판매액 증감율임.

입지의 공간적 제약이 작음
편의점
접근성이 좋음

───〈 보기 〉───

ㄱ. (가)는 (나)보다 입지의 공간적 제약이 작다.
ㄴ. (나)는 (다)보다 최소 요구치가 크다. 작다
  └ 고차 소매 업태일수록 큼
ㄷ. (다)는 (가)보다 사업체당 매출액이 많다. 매출액
                                           사업체 수
ㄹ. (가)~(다) 중 사업체 수는 (다)가 가장 많다.
                              (나)

① ㄱ, ㄴ   ✓② ㄱ, ㄷ   ③ ㄴ, ㄷ   ④ ㄴ, ㄹ   ⑤ ㄷ, ㄹ

| 자료 분석 |

(가)는 오프라인 점포 없이 비대면으로 상품을 판매하므로 무점포 소매업체, (나)는 소규모의 매장에서 일상 용품을 24시간 판매하므로 편의점, (다)는 주로 대도시의 도심에 위치하고 매장이 넓으므로 고차 소매 업태인 백화점이다.

| 보기 해설 |

ㄱ (나) 편의점과 달리 (가) 무점포 소매업체는 점포나 매장 없이 상품을 판매하므로 입지의 공간적 제약이 작고 시간적 제약 역시 작다.

ㄴ. 최소 요구치는 저차 소매 업태일수록 작고, 고차 소매 업태일수록 크다. 따라서 (나) 편의점은 (다) 백화점보다 최소 요구치가 작다.

ㄷ 사업체당 매출액은 고차 소매 업태가 저차 소매 업태보다 많다. 따라서 (다) 백화점은 (가) 무점포 소매업체보다 사업체당 매출액이 많다.

ㄹ. 사업체 수는 저차 소매 업태일수록 많고, 고차 소매 업태일수록 적다. 따라서 (가)~(다) 중 사업체 수는 (나) 편의점이 가장 많다. 2018년 기준 사업체 수는 무점포 소매업체 〉편의점 〉대형 마트 〉백화점 순으로 많다.

07 다양한 상업 시설 20학년도 4월 학평 3번

정답 ③ | 정답률 80%

다음 글의 (가), (나) 소매 업태에 대한 옳은 설명만을 〈보기〉에서 고른 것은? (단, (가), (나)는 각각 백화점, 무점포 소매업체 중 하나임.)

→ 백화점   → 접근성이 높음   → 무점포 소매업체

직장인 A씨는 그동안 도심이나 부도심에 주로 입지한 (가) 에서 쇼핑을 즐겼다. 그러나 최근에는 이곳에서 물건을 직접 살펴본 후 컴퓨터나 스마트폰을 이용해 (나) 에서 구매한다. 이와 같이 오프라인 매장을 전시실(showroom)로 이용하는 것을 쇼루밍 현상이라고 한다. 이와 같은 소비 행태의 변화로 인터넷 쇼핑몰과 같은 (나) 의 매출은 증가하고 있다. 한편 넓은 매장에서 고가의 제품을 주로 판매하는 (가) 은/는 오프라인 매장의 장점을 살리기 위해 노력하고 있다.

→ 정보 통신의 발달
→ 고차 소매 업태

〈 보기 〉
→ 편의점 〉 무점포 상거래 〉 대형 마트 〉 백화점

ㄱ. (가)는 (나)보다 사업체 수가 ~~많다.~~ 적다

ㄴ. (가)는 (나)보다 소비자와 판매자 간 대면 접촉 빈도가 높다.

ㄷ. (나)는 (가)보다 사업체당 매출액이 적다.
→ 고차 소매 업태일수록 많음

ㄹ. (나)는 (가)보다 입지의 공간적 제약이 ~~크다.~~ 작다

① ㄱ, ㄴ   ② ㄱ, ㄷ   ✔③ ㄴ, ㄷ   ④ ㄴ, ㄹ   ⑤ ㄷ, ㄹ

| 자료 분석 |

(가)는 접근성이 높은 도심이나 부도심에 주로 위치해 있으므로 고차 소매 업태인 백화점이다. (나)는 컴퓨터나 스마트폰 등을 통해 물건을 구입하므로 무점포 소매업체이다.

| 보기 해설 |

ㄱ. 고차 소매 업태인 (가) 백화점은 소매 업태 중 사업체 수가 가장 적다. 2017년 기준 사업체 수는 편의점 〉 무점포 상거래 〉 대형 마트 〉 백화점 순이다. 따라서 (가)는 (나)보다 사업체 수가 적다.

ⓛ (나) 무점포 소매업체는 다른 소매 업태와 달리 점포 없이 소비자에게 상품을 판매하기 때문에 소비자와 판매자 간 대면 접촉 빈도가 매우 낮다. 따라서 (가) 백화점은 (나) 무점포 소매업체보다 소비자와 판매자 간 대면 접촉 빈도가 높다.

ⓒ 사업체당 매출액은 매출액을 사업체 수로 나눈 수치로 대체로 고차 소매 업태일수록 사업체당 매출액이 많다. 2017년 기준 매출액은 무점포 소매업체가 백화점에 비해 많으나 사업체 수는 백화점에 비해 무점포 소매업체가 월등히 많다. 따라서 (나) 무점포 소매업체는 (가) 백화점보다 사업체당 매출액이 적다.

ㄹ. (나) 무점포 소매업체는 (가) 백화점과 달리 점포 없이 상품을 판매하므로 시·공간적 제약이 작다.

---

08 다양한 상업 시설 20학년도 3월 학평 15번

정답 ③ | 정답률 72%

그래프의 (가), (나) 소매 업태에 대한 설명으로 옳은 것은? (단, (가), (나)는 각각 백화점, 편의점 중 하나임.)

<소매 업태별 1일 평균 영업시간에 따른 사업체 수 비율>

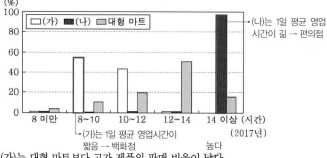

→ (나)는 1일 평균 영업 시간이 길 → 편의점

→ (가)는 1일 평균 영업시간이 짧음 → 백화점

① (가)는 대형 마트보다 고가 제품의 판매 비율이 ~~낮다.~~ 높다

② (나)는 대형 마트보다 사업체당 매출액 규모가 ~~크다.~~ 작다
→ 매출액 / 사업체 수

✔③ (가)는 (나)보다 사업체 간 평균 거리가 멀다.

④ (가)는 (나)보다 사업체당 1일 이용자 수가 ~~적다.~~
→ 고차 중심지일수록 많음   많다

⑤ 전국 사업체 수는 (가) 〉 대형 마트 〉 (나) 순으로 많다.
     (나)   (가)

| 자료 분석 |

(가)는 1일 평균 영업시간이 8~10시간, 10~12시간인 사업체 수 비율이 높으므로 백화점이다. (나)는 사업체 대부분이 1일 평균 영업시간이 14시간 이상이므로 일상생활 용품을 대체로 24시간 판매하는 편의점이다.

| 선지 해설 |

① (가) 백화점은 귀금속과 같은 고가 제품의 판매 비율이 대형 마트보다 높다. 대형 마트는 생필품을 대량으로 판매한다.

② 고차 중심지일수록 사업체당 매출액 규모가 크므로 (나) 편의점은 대형 마트보다 사업체당 매출액 규모가 작다.

③ (가) 백화점은 고차 중심지로 사업체 수가 적어 사업체 간 평균 거리가 멀다. 반면 (나) 편의점은 저차 중심지로 사업체 수가 많아 사업체 간 평균 거리가 가깝다.

④ 고차 중심지일수록 사업체당 1일 이용자 수가 많다. 따라서 (가) 백화점은 (나) 편의점보다 사업체당 1일 이용자 수가 많다.

⑤ 일반적으로 저차 중심지일수록 사업체 수가 많다. 2017년 기준 전국 사업체 수는 (나) 편의점 〉 대형 마트 〉 (가) 백화점 순으로 많다.

선택형 문제로 개념 확인

(1) 편의점은 대형 마트보다 업체당 평균 면적이 (넓다, 좁다).

(2) 백화점은 편의점보다 소비자의 평균 이동 거리가 (멀다, 가깝다).

(1) 좁다   (2) 멀다

다음 자료는 두 소매 업태의 할인 행사 광고이다. (가)와 비교한 (나)의 상대적 특성을 그림의 A~E에서 고른 것은? (단, (가), (나)는 각각 백화점, 편의점 중 하나임.)

① A　　② B　　③ C　　④ D　　⑤ E

│ 자료 분석 │

(가)는 아이스크림, 컵라면, 콜라 등 식품을 소량으로 판매하는 소매 업태인 편의점이다. (나)는 남성복, 여성복 등 비식품을 판매하며 상대적으로 고가의 물품을 판매하는 소매업태인 백화점이다.

│ 선지 해설 │

③ C

[업체당 매출액] 업체당 매출액은 매출액을 업체 수로 나누어 구할 수 있다. 따라서 (나) 백화점은 (가) 편의점보다 업체당 매출액이 많다.(A, B, C)
[업체 간 평균 거리] 고차 중심지일수록 업체 수가 적고 업체 간 평균 거리는 멀다. 따라서 (나) 백화점은 (가) 편의점보다 고차 중심지에 해당하여 업체 간 평균 거리가 멀다.(B, C, E)
[1일 평균 영업 시간] (가) 편의점은 일상생활에 필요한 기본 상품을 대체로 24시간 판매한다. 반면 (나) 백화점은 소매 업태 중 1일 평균 영업 시간이 짧은 편이다. 따라서 (나) 백화점은 (가) 편의점보다 1일 평균 영업 시간이 짧다.(A, C)
따라서 그래프에서 세 조건을 모두 만족하는 것은 C이다.

개념 확인	**저차 중심지와 고차 중심지의 상대적 특징**	
구분	편의점(저차 중심지)	백화점(고차 중심지)
업체 수	많음	적음
업체 간 평균 거리	가까움	멂
최소 요구치	작음	큼
재화의 도달 범위	좁음	넓음
소비자의 평균 이용 빈도	높음	낮음

소매업태 (가)와 비교한 (나)의 상대적 특성을 그림의 A~E에서 고른 것은? (단, (가), (나)는 각각 무점포 소매업, 백화점 중 하나임.)

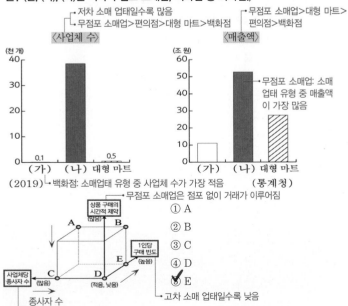

① A　② B　③ C　④ D　⑤ E

│ 자료 분석 │

(가)는 제시된 소매업태 중 사업체 수가 가장 적고 총 사업체 수가 약 100개에 불과하므로 고차 소매업태인 백화점이다. (나)는 제시된 소매업태 중 사업체 수가 가장 많고 매출액 또한 가장 많으므로 무점포 소매업이다.

│ 선지 해설 │

⑤ E

[상품 구매의 시간적 제약] (나) 무점포 소매업은 소비자가 전자 상거래에서 상품을 구매하는 방식으로 이루어져 점포가 필요 없어 제품 구매의 공간적 제약이 없으며 24시간 구매가 가능해 시간 제약 역시 없다. 반면 (가) 백화점은 실제 상점에서 판매가 이루어져 상품 구매의 시공간적 제약이 크다. 따라서 (나)는 (가)에 비해 상품 구매의 시간적 제약이 적다.
[1인당 구매 빈도] 저차 소매업태일수록 1인당 구매 빈도가 높으므로 (나) 무점포 소매업은 (가) 백화점보다 1인당 구매 빈도가 높다. 무점포 소매업은 제품 구매의 시공간 제약이 가장 적어 최근에 매출액이 급증하였다.
[사업체당 종사자 수] 사업체당 종사자 수는 종사자 수를 사업체 수로 나눈 값이다. (가) 백화점은 소매업태 중 사업체 수가 가장 적어 사업체당 종사자 수가 많다. 무점포 소매업은 대형 인터넷 쇼핑몰부터 1인이 운영하는 인터넷 쇼핑몰까지 그 규모가 다양하다. 따라서 (나) 무점포 소매업은 (가) 백화점보다 사업체당 종사자 수가 적다.

11 생산자 서비스업과 소비자 서비스업의 특징 24학년도 5월 학평 8번

정답 ⑤ | 정답률 73%

지도는 두 서비스업의 특성을 나타낸 것이다. (가), (나)에 대한 옳은 설명만을 〈보기〉에서 고른 것은? (단, (가), (나)는 각각 도매 및 소매업, 전문 서비스업 중 하나임.) [3점]

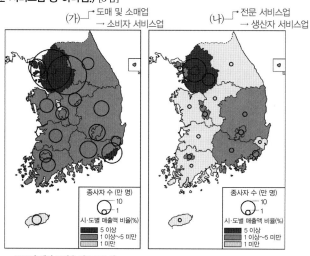

(가) ┌ 도매 및 소매업
  └ 소비자 서비스업

(나) ┌ 전문 서비스업
  └ 생산자 서비스업

종사자 수 (만 명)
┌─ 10
└─ 1

시·도별 매출액 비율(%)
■ 5 이상
▨ 1 이상~5 미만
□ 1 미만

*2021년 행정 구역을 기준으로 함.
**시·도별 매출액 비율은 각 서비스업 전국 총 매출액에서 차지하는 비율임. (2021)

─〈 보기 〉─

ㄱ. (가)는 (나)보다 지식 집약적 성격이 강하다.
  (나)   (가)

ㄴ. (나)는 (가)보다 전국 종사자 수가 많다.
                        적다

ㄷ. (나)는 (가)보다 대도시의 도심에서 주로 발달한다.
  └ 기업 본사 집중 → 생산자 서비스업 발달

ㄹ. (가)는 소비자 서비스업, (나)는 생산자 서비스업에 해당한다.
  └ 도매 및 소매업, 숙박 └ 금융업, 보험업, 부동산업,
    및 음식점업 등   전문 서비스업 등

① ㄱ, ㄴ ② ㄱ, ㄷ ③ ㄴ, ㄷ ④ ㄴ, ㄹ ✔⑤ ㄷ, ㄹ

자료 분석

(가)는 인구에 비례하여 시·도별 종사자 수와 매출액 비율이 나타나는 것으로 보아 소비자 서비스업에 속하는 도매 및 소매업이다. 소비자 서비스업은 개인 소비자가 이용하는 서비스업이다. (나)는 (가)보다 다른 지역에 비해 수도권에서 종사자 수가 많고 매출액 비율도 높은 것으로 보아 생산자 서비스업에 속하는 전문 서비스업이다. 생산자 서비스업은 기업의 생산 활동을 지원하는 서비스업으로 기업과의 접근성이 높고 관련 정보 획득에 유리한 지역에 집중하는 경향이 크며 수도권에 많이 분포한다.

선지 해설

ㄱ. (가) 도매 및 소매업은 주로 물품의 유통과 판매를 다루는 산업으로 특정 상품을 구매자에게 전달하는 물류가 중요한 역할을 한다. 반면, (나) 전문 서비스업은 법률, 회계, 컨설팅 등 전문 지식과 기술을 필요로 하는 산업이다. 따라서 (나) 전문 서비스업은 (가) 도매 및 소매업보다 지식 집약적 성격이 강하다.

ㄴ. (나) 전문 서비스업은 특정 분야의 전문 지식을 요구하는 산업으로 종사자 수가 한정되어 있으나, (가) 도매 및 소매업은 인구에 비례하여 종사자 수가 나타난다. 따라서 (나) 전문 서비스업은 (가) 도매 및 소매업보다 전국 종사자 수가 적다.

ⓒ. (나) 전문 서비스업은 기업과의 접근성이 높고 관련 정보 획득에 유리한 대도시의 도심에 집중하는 반면, (가) 도매 및 소매업은 대도시 뿐만 아니라 중소도시에 이르기까지 광범위한 지역에서 발달한다. 따라서 (나) 전문 서비스업은 (가) 도매 및 소매업보다 대도시의 도심에서 주로 발달한다.

ⓔ. (가) 도매 및 소매업은 개인 소비자가 이용하는 소비자 서비스업, (나) 전문 서비스업은 기업의 생산 활동을 지원하는 생산자 서비스업에 해당한다.

12 상업 시설, 교통수단별 특징 22학년도 10월 학평 7번

정답 ⑤ | 정답률 57%

다음 자료의 ㉠~㉤에 대한 설명으로 옳은 것은?

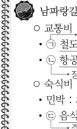

┌ 일상 생활용품을
  소량으로 구매함

남파랑길 여행 경비 내역

○ 교통비
 ┌ 중·장거리 수송에 유리
 • ㉠ 철도: 10,300원
 • ㉡ 항공: 43,500원
  └ 장거리 여객 수송에 유리

○ 숙식비
 • 민박: 30,000원
 • ㉢ 음식점: 56,000원
  └ 주요 고객이 개인 소비자임

○ 물품 구입비
 • 인터넷 쇼핑: 9,950원
 • ㉣ 편의점: 1,700원
 • ㉤ 대형 마트: 24,000원
  └ 생필품을 대량으로 구매함

 • 입장료: 5,000원

            우수하지 않다
① ㉠은 도로보다 문전 연결성이 우수하다.

  소비자
② ㉢은 생산자 서비스업에 해당한다.

              길다
③ ㉣은 백화점보다 일 평균 영업시간이 짧다.

                    낮다
④ ㉡은 ㉠보다 국내 여객 수송 분담률이 높다.

✔⑤ ㉣은 ㉤보다 소비자의 평균 이동 거리가 가깝다.
  └ 백화점 〉 대형 마트 〉 편의점 순으로 멀다

자료 분석

㉠ 철도는 지형적 제약이 많으나 정시성과 안전성이 우수하며, ㉡ 항공은 기상 조건의 제약이 많으나 신속한 수송에 유리하다. ㉢ 음식점은 개인이 주로 이용하는 소비자 서비스업이며, ㉣ 편의점은 일상생활에서 필요한 기본적인 생필품을 판매하는 소매 업태이다. ㉤ 대형 마트는 주로 주거 기능이 집중된 도시 주변(외곽) 지역에 입지한다.

선지 해설

① 문전 연결성이 우수한 교통 수단은 도로이다. ㉠ 철도는 철도역이 위치한 곳에서만 이용이 가능하므로 도로보다 문전 연결성이 우수하지 않다.

② 서비스업은 수요 주체에 따라 소비자 서비스업과 생산자 서비스업으로 구분한다. ㉢ 음식점은 서비스 수요 대상이 개인 소비자이므로 소비자 서비스업에 해당한다.

③ ㉣ 편의점은 일상생활에 필요한 기본적인 상품을 대체로 24시간 판매하므로 백화점보다 일 평균 영업시간이 길다.

④ 국내 여객 수송 분담률(인 기준)은 도로 〉 지하철 〉 철도 〉 항공 〉 해운 순으로 높다. 따라서 ㉡ 항공은 ㉠ 철도보다 국내 여객 수송 분담률이 낮다.

⑤ 주요 소매 업태별 사업체 수(2019년 기준)는 편의점 〉 대형 마트 〉 백화점 순이다. 오프라인에서 상품 구매 시 소비자의 평균 이동 거리는 소매업태의 사업체 수가 많을수록 짧다. 따라서 ㉣ 편의점은 ㉤ 대형 마트보다 소비자의 평균 이동 거리가 가깝다.

A~D에 해당하는 소매 업태로 옳은 것은? (단, A~D는 대형 마트, 무점포 소매업, 백화점, 편의점 중 하나임.)

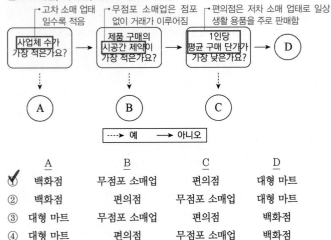

	A	B	C	D
✓①	백화점	무점포 소매업	편의점	대형 마트
②	백화점	편의점	무점포 소매업	대형 마트
③	대형 마트	무점포 소매업	편의점	백화점
④	대형 마트	편의점	무점포 소매업	백화점
⑤	무점포 소매업	대형 마트	백화점	편의점

| 선지 해설 |

① A – 백화점, B – 무점포 소매업, C – 편의점, D – 대형 마트

- A는 제시된 소매 업태 중 사업체 수가 가장 적으므로 고차 소매 업태인 백화점이다. 2017년 기준 사업체 수는 편의점 〉 무점포 소매업 〉 대형 마트 〉 백화점 순으로 많다.
- 무점포 소매업은 인터넷 쇼핑, 방문 판매 등 점포 없이 상거래가 이루어져 시공간 제약이 가장 적으므로 B는 무점포 소매업이다. 백화점, 대형 마트, 편의점은 상점을 통해 거래가 이루어지므로 제품 구매의 시공간 제약이 있다.
- 소매 업태 중 저차 소매 업태에 해당하는 편의점은 일상생활에 필요한 기본적인 상품을 판매하면서 1인당 평균 구매 단가가 가장 낮다. 따라서 C는 편의점이다. 반대로 1인당 평균 구매 단가가 가장 높은 소매 업태는 고급 상품을 판매하는 백화점이다.
- 제품 구매의 시공간 제약이 있으며 1인당 평균 구매 단가가 편의점보다 높은 D는 대형 마트이다.

다음 글의 (가), (나) 소매 업태에 대한 옳은 설명만을 〈보기〉에서 고른 것은? (단, (가), (나)는 각각 백화점, 편의점 중 하나임.) [3점]

> ┌→ 편의점　　　인공지능이 도입되고 있는 소매 업태　　┌→ 대체로 24시간 운영
>
> [(가)]은 주거지 인근에 주로 위치하며 조기·심야 영업, 연중 무휴 등의 특징을 갖는 소매 업태로, 인공지능이 도입되고 있다. 예를 들면 인공지능이 날씨와 요일·시간대별 유동 인구 등으로 분석한 자료를 활용하여 제품 가격을 실시간으로 반영한다.
>
> ┌→ 백화점　　　　　┌→ 접근성, 지가, 지대가 높음
>
> [(나)]은 도심 또는 부도심에 주로 위치하며 고가의 상품을 포함한 다양한 물품을 판매하는 소매 업태로, 인공지능 도입에 적극적이다. 예를 들면 육아용품을 자주 구입한 소비자의 구매 패턴을 인공지능이 분석하고, 그 결과를 활용하여 적절한 가전 및 문화 체험 일정 등을 안내한다.

〈 보기 〉

ㄱ. (가)는 (나)보다 사업체당 매장 면적이 넓다.
　　　　　　　　　　　　　　　　└→ 좁다
ㄴ. (가)는 (나)보다 소비자의 평균 이용 횟수가 많다.
　　└→ 고차 소매 업태일수록 낮음
ㄷ. (나)는 (가)보다 최소 요구치가 작다.
　　　　　　　　　　　　└→ 크다
ㄹ. (나)는 (가)보다 사업체 간 평균 거리가 멀다.
　　└→ 사업체 수 적은 고차 소매 업태일수록 멈

① ㄱ, ㄴ　② ㄱ, ㄷ　③ ㄴ, ㄷ　✓④ ㄴ, ㄹ　⑤ ㄷ, ㄹ

| 자료 분석 |

(가)는 주거지 인근에 주로 위치하며 조기·심야 영업·연중 무휴 등의 특징을 갖고 있으므로 저차 소매 업태인 편의점이다. 편의점은 일상생활에 필요한 기본적인 상품을 대체로 24시간 판매하는 특징을 갖고 있다. (나)는 도심 또는 부도심에 주로 위치하며 고가의 상품을 포함한 다양한 물품을 판매하므로 고차 소매 업태인 백화점이다. 백화점은 주요 소매 업태 중에서 사업체 수가 가장 적으나 최소 요구치와 사업체당 매출액이 크다는 특징을 갖고 있다.

| 선지 해설 |

ㄱ. 사업체당 매장 면적은 고차 소매 업태일수록 넓다. (가) 편의점은 저차 소매 업태, (나) 백화점은 고차 소매 업태이므로 (가) 편의점은 (나) 백화점보다 사업체당 매장 면적이 좁다.

ㄴ. 소비자의 평균 이용 횟수는 고차 소매 업태가 적고 저차 소매 업태가 많다. 따라서 (가) 편의점은 (나) 백화점보다 소비자의 평균 이용 횟수가 많다.

ㄷ. 최소 요구치는 중심지 기능이 유지되는 데 필요한 최소한의 수요이다. 일반적으로 최소 요구치는 고차 소매 업태일수록 크다. 따라서 (나) 백화점은 (가) 편의점보다 최소 요구치가 크다.

ㄹ. 고차 소매 업태일수록 사업체 수가 적어 사업체 간 평균 거리가 멀다. 따라서 (나) 백화점은 (가) 편의점보다 사업체 간 평균 거리가 멀다.

15 다양한 상업 시설 21학년도 3월 학평 13번
정답 ④ | 정답률 88%

그림은 두 소매 업태의 모습을 나타낸 것이다. (가)와 비교한 (나)의 상대적 특성으로 옳은 것은? (단, (가), (나)는 각각 대형 마트, 편의점 중 하나임.)

┌ 고차 소매 업태 ┐ ┌ 저차 소매 업태 ┐

(가)→대형 마트   (나)→편의점

└→생필품을 대량으로 구매함   └→일상 생활용품을 소량으로 구매함

① 사업체당 종사자가 ~~많다.~~ 적다
　└→고차 소매 업태일수록 많음
② 상점 간 평균 거리가 ~~멀다.~~ 가깝다
　└→저차 소매 업태일수록 상점 수가 많아 상점 간 거리가 가까움
③ 1인당 평균 구매액이 ~~많다.~~
　　　　　　　　　　　　적다
✔④ 1일 평균 영업시간이 길다.
　└→편의점은 대체로 24시간 영업함
⑤ 자가용 승용차 이용 고객의 비율이 ~~높다.~~
　└→고차 소매 업태일수록 높음　　　낮다

| 자료 분석 |

(가)는 생필품을 대량으로 구매할 수 있는 대형 마트, (나)는 일상생활에 필요한 기본적인 상품을 주로 판매하는 편의점이다.

| 선지 해설 |

① 사업체당 종사자 수는 고차 소매 업태가 저차 소매 업태보다 많으므로 (나) 편의점이 (가) 대형 마트보다 사업체당 종사자 수가 적다.

② 상점 간 평균 거리는 상점 수가 많은 저차 소매 업태가 상점 수가 적은 고차 소매 업태보다 가깝다. 따라서 (나) 편의점이 (가) 대형 마트보다 상점 간 평균 거리가 가깝다.

③ 1인당 평균 구매액은 고차 소매 업태가 저차 소매 업태보다 많으므로 (나) 편의점이 (가) 대형 마트보다 1인당 평균 구매액이 적다.

④ 편의점은 일상생활에 필요한 기본적인 상품을 24시간 판매한다. 따라서 1일 평균 영업시간은 (나) 편의점이 (가) 대형 마트보다 길다.

⑤ (나) 편의점은 상점의 수가 많아 주로 이용 고객이 도보로 이동하며, (가) 대형 마트는 상점의 수가 적어 자가용을 이용하는 고객의 비율이 높다. 따라서 (나) 편의점은 (가) 대형 마트보다 자가용 승용차 이용 고객의 비율이 낮다.

16 생산자 서비스업과 소비자 서비스업의 특징 21학년도 9월 모평 20번
정답 ① | 정답률 60%

다음 글은 서비스업의 특성에 대한 것이다. (가)에 대한 (나)의 상대적 특성을 그림의 A~E에서 고른 것은?

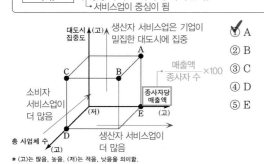

　　　　　　　　　　　┌ 소비자 서비스업 ┌ 생산자 서비스업
서비스업은 수요 주체에 따라 크게 (가) 과 (나) 으로 분류한다. 서비스업의 비중이 커지면서 서비스업 내부에서 고도화 현상이 나타나고 있다. 산업 발전 초기에는 도·소매업, 음식·숙박업 등 (가) 이 주로 성장하지만, 산업 구조가 고도화되는 탈공업화 사회가 될수록 금융·보험·사업 서비스업 등 (나) 의 성장이 두드러지게 나타난다.
　　　　　　└→서비스업이 중심이 됨
　　　　　　　┌ 소비자(개인)가 이용
　　　　　　　└ 생산자(기업)가 이용

　　　　　　　　　　　　　✔① A
　　　　　　　　　　　　　② B
　　　　　　　　　　　　　③ C
　　　　　　　　　　　　　④ D
　　　　　　　　　　　　　⑤ E

대도시 집중도 (고)／생산자 서비스업은 기업이 밀집한 대도시에 집중

소비자 서비스업이 더 많음　매출액／종사자 수 ×100　종사자당 매출액

총 사업체 수 (고)　생산자 서비스업이 더 많음

＊(고)는 많음, 높음, (저)는 적음, 낮음을 의미함.

출제 경향

제시된 자료에서 생산자 서비스업과 소비자 서비스업을 구분하고, 그 특징을 비교하는 문제가 출제된다. 따라서 생산자 서비스업이 소비자 서비스업에 비해 상대적으로 어떤 특징을 가지고 있는지 정리해 두어야 한다.

| 자료 분석 |

(가)는 도·소매업 등 소비자(개인)가 주로 이용하는 소비자 서비스업이다. (나)는 금융·보험·사업 서비스업 등 생산자(기업)가 주로 이용하는 생산자 서비스업이다.

| 선지 해설 |

① A

[대도시 집중도] (가) 소비자 서비스업은 소비자(개인)가 이용하기 때문에 대도시뿐만 아니라 대부분의 도시에 발달해 있다. 반면 (나) 생산자 서비스업은 주로 기업이 이용하므로 기업이 밀집해 있는 대도시에 위치해 있다. 따라서 (나) 생산자 서비스업은 (가) 소비자 서비스업에 비해 대도시 집중도가 높다.

[종사자당 매출액] (가) 소비자 서비스업은 음식업처럼 영세 업체에 의해 이루어지는 경우가 많다. 반면 (나) 생산자 서비스업은 소비자 서비스업에 비해 대규모의 기업에 의해 이루어지는 경우가 많다. 따라서 (나) 생산자 서비스업은 (가) 소비자 서비스업에 비해 종사자당 매출액이 많다.

[총 사업체 수] 총 사업체 수는 소비자(개인)가 이용하는 (가) 소비자 서비스업이 (나) 생산자 서비스업보다 더 많다.

다음 자료는 직업 카드의 일부이다. ㉠, ㉡에 대한 옳은 설명만을 〈보기〉에서 고른 것은? [3점] →개인 소비자가 이용하는 소비자 서비스업

앞면 ○ 분야: ㉠ 음식점업
○ 직업: 조리사

뒷면 ○ 하는 일: 식자재를 가공하여 음식을 만듦.
○ 관련 학과: 식품 조리학과, 호텔 조리학과 등
○ 진출 분야: 호텔, 레스토랑 등

앞면 ○ 분야: ㉡ 광고업
○ 직업: 광고 기획자

뒷면 ○ 하는 일: 특정 상품이나 서비스에 대한 광고 기획 및 제작 등
○ 관련 학과: 광고 홍보학과, 언론 정보학과 등
○ 진출 분야: 광고 회사, 방송국 등

→기업의 생산 활동을 지원하는 생산자 서비스업

〈 보기 〉
ㄱ. ㉠은 ㉡보다 수도권 집중도가 높다. 낮다
ㄴ. ㉡은 ㉠보다 사업체당 매출액이 많다.
ㄷ. ㉡는 ㉠보다 전국의 종사자 수가 적다. 총매출액을 사업체 수로 나눈 값으로, 총매출액에 비례하고 사업체 수에 반비례함 ㉡ ㉠
ㄹ. ㉠는 생산자 서비스업, ㉡은 소비자 서비스업에 해당한다.

① ㄱ, ㄴ　② ㄱ, ㄷ　✔③ ㄴ, ㄷ　④ ㄴ, ㄹ　⑤ ㄷ, ㄹ

| 자료 분석 |

㉠ 음식점업은 주로 개인 소비자가 이용하는 서비스업으로 소비자 서비스업에 해당한다. 반면 ㉡ 광고업은 기업의 생산 활동을 지원하는 서비스업으로 생산자 서비스업에 해당한다. 소비자 서비스업은 소비자의 이동 거리를 최소화하기 위해 분산 입지하려는 경향이 크다. 이와 달리 생산자 서비스업은 기업과의 접근성이 높고 관련 정보 획득에 유리한 대도시의 도심 또는 부도심에 입지하려는 경향이 크다.

| 보기 해설 |

ㄱ. 음식점업 등 소비자 서비스업은 인구에 비례하여 지역별로 분산되어 분포하는 편이다. 반면에 광고업 등 생산자 서비스업은 기업과의 접근성이 높고 관련 정보 획득에 유리한 수도권에 입지하려는 경향이 있다. 따라서 ㉠ 음식점업은 ㉡ 광고업보다 수도권 집중도가 낮다.

Ⓛ 주 고객이 기업인 생산자 서비스업은 주 고객이 개인인 소비자 서비스업보다 사업체당 매출액이 많다. 따라서 ㉡ 광고업은 ㉠ 음식점업보다 사업체당 매출액이 많다.

Ⓒ ㉡ 광고업은 ㉠ 음식점업보다 전국의 종사자 수가 적다.

ㄹ. ㉠ 음식점업은 소비자 서비스업, ㉡ 광고업은 생산자 서비스업에 해당한다.

연결형 문제로 개념 확인

(1) 소비자 서비스업 •　　• ㉠ 소매업, 숙박 및 음식점업
(2) 생산자 서비스업 •　　• ㉡ 금융업, 보험업, 부동산업, 전문 서비스업

(1) – ㉠　(2) – ㉡

그래프는 두 서비스업의 시·도별 사업체 수 비율을 나타낸 것이다. (가), (나)에 대한 설명으로 옳은 것은? (단, (가), (나)는 각각 음식·숙박업, 전문·과학 및 기술 서비스업 중 하나임.)

→소비자 서비스업
→생산자 서비스업

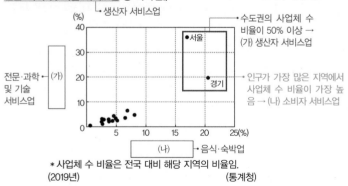

→수도권의 사업체 수 비율이 50% 이상 → (가) 생산자 서비스업
→인구가 가장 많은 지역에서 사업체 수 비율이 가장 높음 → (나) 소비자 서비스업

(가) 전문·과학 및 기술 서비스업
(나) →음식·숙박업

* 사업체 수 비율은 전국 대비 해당 지역의 비율임.
(2019년)　　　　　　　　　　　(통계청)

① (가)는 (나)보다 전국 종사자 수가 많다. 적다
✔② (가)는 (나)보다 기업체와의 거래 비율이 높다.
③ (나)는 (가)보다 사업체당 매출액이 많다. 적다
④ (나)는 (가)보다 지식 집약적 성격이 강하다. 약하다
⑤ (가)는 소비자 서비스업, (나)는 생산자 서비스업에 속한다. 생산자 / 소비자

| 자료 분석 |

(가)는 수도권의 사업체 수 비율이 50% 이상 차지하고 있으므로 기업이 이용하는 생산자 서비스업에 해당하는 전문·과학 및 기술 서비스업이다. (나)는 우리나라에서 인구가 가장 많은 경기에서 사업체 수 비율이 가장 높으므로 개인이 이용하는 소비자 서비스업에 해당하는 음식·숙박업이다.

| 선지 해설 |

① (가) 전문·과학 및 기술 서비스업은 (나) 음식·숙박업보다 전국 종사자 수가 적다.

② 기업의 생산 활동을 지원하는 생산자 서비스업인 (가) 전문·과학 및 기술 서비스업은 개인이 이용하는 소비자 서비스업인 (나) 음식·숙박업보다 기업체와의 거래 비율이 높다.

③ 사업체당 매출액은 대체로 소비자 서비스업보다 생산자 서비스업이 많다. 따라서 (나) 음식·숙박업은 (가) 전문·과학 및 기술 서비스업보다 사업체당 매출액이 적다.

④ (나) 음식·숙박업은 (가) 전문·과학 및 기술 서비스업보다 지식 집약적 성격이 약하다.

⑤ (가) 전문·과학 및 기술 서비스업은 생산자 서비스업에 속하며, (나) 음식·숙박업은 소비자 서비스업에 속한다.

19 교통수단별 특징 22학년도 4월 학평 3번

정답 ① | 정답률 60%

표는 교통수단별 국내 여객 수송에 관한 것이다. (가)~(라) 교통수단에 대한 설명으로 옳은 것은? (단, (가)~(라)는 각각 도로, 철도(지하철 포함), 항공, 해운 중 하나임.) [3점]

인 기준: 도로 〉 지하철 〉 철도 〉 항공 〉 해운
인·km 기준: 도로 〉 철도 〉 지하철 〉 항공 〉 해운

교통수단	평균 통행 거리 (km)	평균 통행 시간 (분)	여객 수송 분담률 (%)
(가)→도로	11.9	21.9	84.57
(나)→철도(지하철 포함)	17.2	44.3	15.30
(다)→해운	74.5	136.4	0.04
(라)→항공	376.8	59.5	0.09

*여객 수송 분담률은 인 기준임.   (2018)

평균 통행 거리에 비해 평균 통행 시간이 가장 짧음 → 신속한 수송에 유리함

문 앞에서 문 앞을 연결하는 특성
└ 도로 〉 철도 〉 해운

✔ ① (가)는 (나)보다 문전 연결성이 우수하다.

② (가)는 (다)보다 대량 화물의 장거리 수송에 ~~유리하다.~~ 불리하다

③ (나)는 (라)보다 기상 조건의 제약을 많이 ~~받는다.~~ 받지 않는다

④ (다)는 (나)보다 주행 비용 증가율이 ~~높다.~~ 낮다
주행 거리에 따라 증가하는 비용의 증가율
└ 도로 〉 철도 〉 해운

⑤ (라)는 (가)보다 기종점 비용이 ~~저렴하다.~~ 비싸다
창고비, 하역비, 보험료 등 운송 업무에 관련된 비용
└ 항공 〉 해운 〉 철도 〉 도로

자료 분석

(가)는 (가)~(라) 중 평균 통행 거리와 평균 통행 시간이 가장 짧고, 여객 수송 분담률이 가장 높으므로 도로이다. (나)는 (가)~(라) 중 평균 통행 거리와 평균 통행 시간이 두 번째로 짧고, 여객 수송 분담률이 두 번째로 높으므로 철도(지하철 포함)이다. 철도(지하철 포함)는 평균 통행 거리에 비해 평균 통행 시간이 긴 것이 특징이다. (다)는 (가)~(라) 중 평균 통행 시간이 가장 길고, 여객 수송 분담률이 가장 낮으므로 해운이다. (라)는 (가)~(라) 중 평균 통행 거리가 가장 길고, 평균 통행 거리에 비해 평균 통행 시간이 가장 짧으므로 항공이다.

선지 해설

① 교통수단 중에서는 도로가 출발지에서 도착지까지 연결하는 문전 연결성이 가장 우수하다. 따라서 (가) 도로는 (나) 철도(지하철 포함)보다 문전 연결성이 우수하다.

② (가) 도로는 (다) 해운보다 대량 화물의 장거리 수송에 불리하며, (다) 해운은 국제 화물 수송의 대부분을 담당한다.

③ 철로를 활용하는 (나) 철도(지하철 포함)는 기상 조건의 제약이 적으며 정시성과 안전성이 뛰어나다. 따라서 (나) 철도(지하철 포함)는 (라) 항공보다 기상 조건의 제약을 많이 받지 않는다.

④ (다) 해운은 (나) 철도(지하철 포함)보다 주행 비용 증가율이 낮아 대량 화물의 장거리 수송에 유리하다.

⑤ 기종점 비용은 운행 거리와 상관없이 일정하게 지불되는 비용으로 (라) 항공이 (가) 도로보다 비싸다.

20 생산자 서비스업과 소비자 서비스업의 특징 21학년도 10월 학평 16번

정답 ① | 정답률 78%

그래프는 두 서비스업의 권역(지역)별 사업체 수 비율을 나타낸 것이다. 이에 대한 설명으로 옳은 것은? (단, (가), (나)는 각각 숙박업, 사업 지원 서비스 중 하나임.) [3점]

숙박업: 소비자 서비스
사업 지원 서비스: 생산자 서비스

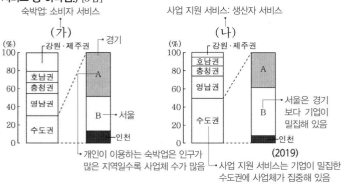

개인이 이용하는 숙박업은 인구가 많은 지역일수록 사업체 수가 많음
사업 지원 서비스는 기업이 밀집한 수도권에 사업체가 집중해 있음

✔ ① A는 경기, B는 서울이다.

② (가)는 (나)보다 기업과의 거래 비율이 높다.
(나) (가)   └ 생산자 서비스가 높음

③ (가)는 (나)보다 대도시 도심으로 집중하는 경향이 강하다.
(나) (가)   └ 기업이 주로 밀집해 있음

④ (가), (나) 모두 충청권이 영남권보다 사업체 수가 ~~많다.~~ 적다

⑤ (가)는 (나)보다 전국 사업체 수에서 B가 차지하는 비율이 ~~높다.~~ 낮다

자료 분석

(가)는 권역별 사업체 수 비율이 큰 차이가 나지 않으며 인구가 많은 권역일수록 사업체 수 비율이 높으므로 개인이 이용하는 소비자 서비스업에 해당하는 숙박업이다. (나)는 수도권의 사업체 수 비율이 50% 가량 차지하고 있으므로 기업이 이용하는 생산자 서비스업에 해당하는 사업 지원 서비스이다.

선지 해설

① (가) 숙박업은 인구가 많은 지역일수록 대체로 사업체 수 역시 많으므로 수도권 지역 중 사업체 수 비율이 가장 높은 A가 경기, B가 서울이다. (나) 사업 지원 서비스업은 기업이 이용하는 만큼 기업이 주로 입지한 B 서울이 A 경기보다 사업체 수 비율이 높다.

② 기업과의 거래 비율은 기업이 이용하는 생산자 서비스업이 개인이 이용하는 소비자 서비스업보다 높다. 따라서 기업과의 거래 비율은 (나) 사업 지원 서비스가 (가) 숙박업보다 높다.

③ 생산자 서비스업은 기업과의 접근성이 높고 관련 정보 획득에 유리한 지역에 집중하려는 경향이 커 대도시의 도심 또는 부도심에 주로 입지한다. 따라서 (나) 사업 지원 서비스는 (가) 숙박업보다 대도시 도심으로 집중하는 경향이 강하다.

④ (가), (나) 모두 영남권이 충청권보다 권역별 사업체 수 비율이 높으므로 사업체 수가 많다.

⑤ (가)는 수도권의 사업체 수 비율이 약 30%이며 그 중 B가 절반 이하를 차지한다. (나)는 수도권의 사업체 수 비율이 약 50%이며 그 중 B가 2/3 가량을 차지한다. 따라서 (가)는 (나)보다 전국 사업체 수에서 B가 차지하는 비율이 낮다.

20 일차

01 ④	02 ①	03 ④	04 ⑤	05 ②	06 ④	07 ⑤	08 ②	09 ①	10 ①	11 ②	12 ②
13 ⑤	14 ⑤	15 ③	16 ④	17 ③	18 ②	19 ①	20 ②	21 ②	22 ④	23 ③	24 ②
25 ①	26 ⑤										

문제편 181~187쪽

01 외국인 이주와 다문화 공간 25학년도 9월 모평 13번

정답 ④ | 정답률 79%

다음 자료는 지도에 표시된 세 지역의 유형별 외국인 주민 비율을 나타낸 것이다. (가)~(다)에 대한 설명으로 옳지 않은 것은? [3점]

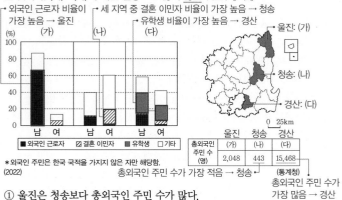

* 외국인 주민은 한국 국적을 가지지 않은 자만 해당함.
(2022)

① 울진은 청송보다 총외국인 주민 수가 많다.
② 울진은 청송보다 외국인 근로자의 수가 많다.
③ 경산은 유학생의 수가 외국인 근로자의 수보다 많다.
④ 세 지역 중 외국인 근로자의 성비는 ~~경산~~이 가장 높다. →울진
⑤ 청송은 울진보다 지역 내 외국인 주민 중 결혼 이민자의 비율이 높다.

출제 경향

최근 다문화 가정 증가로 인해 우리나라로의 외국인 이주 현황, 외국인 분포 지역의 특성을 묻는 문제가 출제된다. 지역별 외국인 주민 현황 특성에 대해 꼼꼼히 정리해 두어야 한다.

자료 분석

지도에 표시된 세 지역은 경북 울진, 청송, 경산이다. 그래프에서 (가)는 세 지역 중 외국인 주민의 성비가 높고 외국인 근로자 비율이 가장 높은 울진이다. (나)는 세 지역 중 총외국인 주민 수가 가장 적고 지역 내 결혼 이민자 비율이 가장 높은 청송이다. (다)는 세 지역 중 총외국인 주민 수가 가장 많고 유학생 비율이 가장 높은 경산이다.

선지 해설

① (가) 울진은 총외국인 주민 수가 2,048명이며, (나) 청송은 총외국인 주민 수가 443명이다. 따라서 (가) 울진은 (나) 청송보다 총외국인 주민 수가 많다.

② (가) 울진은 (나) 청송보다 총외국인 주민 수가 많으며, 외국인 근로자 비율 또한 높다. 따라서 (가) 울진은 (나) 청송보다 외국인 근로자 수가 많다.

③ (다) 경산은 유학생 비율이 외국인 근로자 비율보다 높다. 따라서 (다) 경산은 유학생 수가 외국인 근로자 수보다 많다.

④ 세 지역 중 외국인 근로자 성비가 가장 높은 곳은 외국인 근로자의 남녀 간 비율 차이가 가장 큰 (가) 울진이다.

⑤ (나) 청송은 (가) 울진보다 지역 내 외국인 주민 중 결혼 이민자의 비율이 높다.

02 인구 구조 24학년도 수능 5번

정답 ① | 정답률 83%

다음 〈조건〉만을 고려하여 아동 복지 시설의 입지를 선정하고자 할 때, 가장 적절한 곳을 지도의 A~E에서 고른 것은? [3점]

〈조건1〉: '시(市)' 단위 행정 구역인 곳 →진주시, 밀양시, 김해시
〈조건2〉: 유소년층 인구 비율이 10% 이상인 곳 →진주시, 김해시
〈조건3〉: 〈조건1〉과 〈조건2〉를 만족한 지역 중 총부양비가 가장 높은 곳 청장년층(15~64세) 인구 비율에 반비례→

〈연령층별 인구 비율〉
(단위: %)

구분	0~14세	15~64세	65세 이상
A	12.8	70.7	16.5
B	8.9	60.5	30.6
C	8.4	61.8	29.8
D	8.9	63.8	27.3
E	14.5	74.4	11.1

(2020)   (통계청)
└ 유소년층 인구 비율 10% 이상

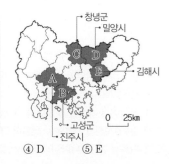

① A   ② B   ③ C   ④ D   ⑤ E

자료 분석

지도는 경상남도와 부산, 울산 지역을 나타낸 것으로, A는 진주시, B는 고성군, C는 창녕군, D는 밀양시, E는 김해시이다. 연령층별 인구 비율에서 0~14세의 인구는 유소년층, 15~64세 인구는 청·장년층, 65세 이상 인구는 노년층을 나타낸 것이다.

선지 해설

① A

• 〈조건1〉에서 '시(市)' 단위 행정 구역에 해당하는 지역은 A 진주시, D 밀양시, E 김해시이다.
• 〈조건2〉에서 유소년층 인구 비율이 10% 이상인 곳은 A 진주시와 E 김해시이다.
• 〈조건3〉에서 〈조건1〉과 〈조건2〉를 만족한 지역은 A 진주시와 E 김해시이다. 총부양비는 '(유소년층 인구 비율+노년층 인구 비율)/청장년층 인구 비율×100'으로 구할 수 있는데, 이는 총부양비가 청장년층 인구 비율에 반비례함을 나타낸다. 따라서 A 진주시와 E 김해시 중 총부양비가 높은 곳은 청장년층 인구 비율이 낮은 A 진주시이다.

03 외국인 이주와 다문화 공간 25학년도 6월 모평 6번

정답 ④ | 정답률 89%

다음은 지도에 표시된 세 지역의 인구 관련 신문 기사 내용의 일부이다. (가)~(다) 지역에 대한 설명으로 옳은 것은? [3점]

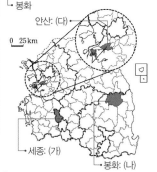

세종 ──
○○ 신문 (2024년 ○월 ○일)
**청년 인구 비율 40.2%...
전국 시·도 중에서 가장 높다.**
(가) 은/는 15세 이상 인구 중 청년(15세~39세) 비율이 40.2%로 전국 시·도 중에서 가장 높게 나타났다. 정부 기관 이전을 목적으로 조성된 이 지역은 유소년층 비율 또한 19.2%(전국 평균 11.6%)로 전국에서 가장 높다.

□□신문 (2024년 ○월 ○일)
인구감소지역대응위원회 회의 개최
(나) 은/는 제1차 인구감소지역대응위원회를 열고 생활 인구 확대, 청장년 정착 촉진 방안 등을 심의·의결하였다. 이 지역은 인구 소멸 위험이 큰 곳으로 대표적인 인구 과소 지역이다.

안산 ──
△△신문 (2024년 ○월 ○일)
**시·군·구 중에서 외국인 주민
가장 많이 사는 곳**
(다) 은/는 외국인 주민이 가장 많이 거주하는 곳으로 외국인 주민 수가 10만 명을 넘어섰다. 이 지역은 외국인을 위한 커뮤니티 공간인 다문화 마을 특구가 조성되어 있다.

① (가)는 (나)보다 중위 연령이 ~~높다.~~ → 낮다

② (나)는 (가)보다 인구 밀도가 ~~높다.~~ → 낮다

③ (다)는 (가)보다 유소년 부양비가 ~~높다.~~ → 낮다

✓④ (다)는 (나)보다 지역 내 외국인의 성비가 높다.
└─ 외국인 근로자 > 결혼 이민자

⑤ 총인구는 ~~(다) 〉(나) 〉(가)~~ 순으로 많다.
(다)〉(가)〉(나)

| 자료 분석 |

지도에 표시된 세 지역은 안산, 세종, 봉화이다. 안산은 제조업이 발달하였으며, 세종은 특별자치시로 행정 중심 복합 도시가 위치한다. 봉화는 군(郡) 지역으로 인구 감소가 나타나고 있다. (가)는 2024년 기준 15세 이상 인구 중 청년(15~39세) 비율이 전국 시·도 중에서 가장 높은 지역이므로 세종이다. 세종은 정부 기관 이전을 목적으로 조성되어 청년 인구 유입이 많다. (나)는 인구 소멸 위험이 큰 곳으로 대표적인 인구 과소 지역인 봉화이다. (다)는 외국인 주민이 가장 많이 거주하는 곳으로 다문화 마을 특구가 조성되어 있는 것으로 보아 제조업이 발달한 안산이다.

| 선지 해설 |

① (가) 세종은 청년 인구 비율이 높은 지역으로 노년층 인구 비율이 높은 (나) 봉화보다 중위 연령이 낮다. 2022년 기준 (가) 세종의 중위 연령은 39세, (나) 봉화의 중위 연령은 61.3세이다.

② (나) 봉화는 (가) 세종보다 면적은 넓지만, 총인구는 적다. 따라서 (나) 봉화는 (가) 세종보다 인구 밀도가 낮다.

③ (다) 안산은 유소년층 인구 비율이 전국에서 가장 높은 (가) 세종보다 유소년 부양비가 낮다. 2022년 기준 (다) 안산의 유소년 부양비는 13.1, (가) 세종의 유소년 부양비는 26.50이다.

④ (다) 안산은 제조업이 발달한 지역으로 외국인 주민 중 외국인 근로자 비율이 높아 외국이 성비가 높은 반면, (나) 봉화는 군(郡) 지역으로 외국인 주민 중 결혼 이민자의 비율이 높아 외국인 성비가 낮다. 따라서 지역 내 외국인의 성비는 (다) 안산이 (나) 봉화보다 높다.

⑤ 2022년 기준 (가) 세종의 총인구는 약 38만 명, (나) 봉화의 총인구는 약 3만 명, (다) 안산의 총인구는 약 72만 명이다. 따라서 총인구는 (다) 안산 〉(가) 세종 〉(나) 봉화 순으로 많다.

04 인구 구조 24학년도 9월 모평 5번

정답 ⑤ | 정답률 83%

그래프는 지도에 표시된 세 지역의 인구 특성을 나타낸 것이다. A~C 지역에 대한 설명으로 옳은 것은? [3점]

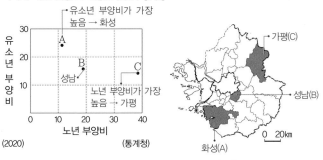

① A는 B보다 서울로 통근·통학하는 인구 비율이 ~~높다.~~ → 낮다

② A는 C보다 청장년층 인구 비율이 ~~낮다.~~ → 높다

③ B는 A보다 성비가 ~~높다.~~ → 낮다

④ C는 A보다 인구 밀도가 ~~높다.~~ → 낮다

✓⑤ C는 B보다 노령화 지수가 높다.

| 자료 분석 |

지도에 표시된 지역은 가평, 성남, 화성이다. 그래프에서 A는 세 지역 중 유소년 부양비가 가장 높고, 노년 부양비가 가장 낮으므로 화성이다. 화성은 제조업이 발달해 있으며 청장년층 인구 유입이 많다. C는 세 지역 중 노년 부양비가 가장 높고, 유소년 부양비가 가장 낮은 지역으로 촌락의 성격이 강한 가평이다. 따라서 나머지 B는 성남이다.

| 선지 해설 |

① A 화성은 서울과 경계를 접하고 있는 B 성남보다 서울로 통근·통학하는 인구 비율이 낮다.

② A 화성은 군(郡) 지역으로 촌락의 성격이 강한 C 가평보다 청장년층 인구 비율이 높다.

③ B 성남은 제조업이 발달한 A 화성보다 성비가 낮다. 화성은 제조업이 발달해 남성 인구가 많아 성비가 높다. 2020년 기준, 성남의 성비는 97.7, 화성의 성비는 111.60이다.

④ C 가평은 A 화성보다 촌락의 성격이 강해 인구가 적고 인구 밀도가 낮다. 2020년 기준, 가평 인구는 약 6만 명, 화성 인구는 88만 명이다.

⑤ C 가평은 B 성남보다 촌락의 성격이 강하며 노령화 지수가 높다.

다음은 우리나라 인구에 대한 신문 기사의 일부이다. ㉠~㉣에 대한 설명으로 옳은 것만을 〈보기〉에서 고른 것은? [3점]

□□ 신문   2020년 ○○월 ○○일

"거주 외국인 200만 명 돌파"

최근 내국인의 인구 감소가 예견되는 상황에서 국내에 거주하는 외국인은 200만 명을 돌파했다. 외국인을 유형별로 살펴보면 ㉠ 외국인 근로자와 외국 국적 동포가 전체 외국인 주민의 약 47%를 차지하며, 이어 ㉡ 결혼 이민자, 유학생 등의 순이다. 외국인은 경기도 ㉢ 안산시, 수원시 등에 많이 거주하고, …(중략)… 결혼 이민자의 비율이 높은 일부 지역은 ㉣ 합계 출산율이 높아 인구 문제에 시사점을 준다.

→ 결혼 이민자 비율: 촐락 〉 도시
└→ 제조업 발달

〈 보기 〉

ㄱ. ㉠은 경남이 전남보다 많다.
ㄴ. ㉡은 우리나라 전체에서 시 지역보다 군 지역에 많이 거주한다. 적게
ㄷ. ㉢에는 외국인 근로자가 결혼 이민자보다 많다. 적게
ㄹ. 2020년 기준 우리나라의 ㉣은 현재 인구를 유지할 수 있는 기준인 2.1명보다 높다. 낮다
      └→ 대체 출산율

① ㄱ, ㄴ   ✓② ㄱ, ㄷ   ③ ㄴ, ㄷ   ④ ㄴ, ㄹ   ⑤ ㄷ, ㄹ

| 자료 분석 |

제시된 자료는 2020년 우리나라 거주 외국인이 200만 명을 돌파했음을 알려주는 신문 기사의 일부이다. 1990년대 이후 급격히 증가한 국내 체류 외국인은 대다수가 서울을 포함한 수도권과 도시 지역에 거주하고 있다. 그리고 2000년대부터 국제결혼이 증가하면서 국내에 거주하는 결혼 이민자가 급증하고 있다.

| 선지 해설 |

(ㄱ) 우리나라에서 ㉠ 외국인 근로자는 제조업이 발달한 도시들이 많은 경남이 전남보다 많다.

ㄴ. ㉡ 결혼 이민자는 우리나라 전체에서 시 지역보다 군 지역에 적게 거주한다. 외국인 중 결혼 이민자 비율은 군 지역이 시 지역보다 높다. 그러나 결혼 이민자 수는 전체 외국인 인구가 많은 군 지역보다 시 지역에 많이 거주한다.

(ㄷ) ㉢ 안산시에는 제조업이 발달해 있어서 외국인 근로자가 결혼 이민자보다 많다.

ㄹ. 2020년 기준 우리나라의 ㉣ 합계 출산율은 현재 인구를 유지할 수 있는 기준이 되는 대체 출산율 2.1명보다 낮다.

그래프는 우리나라 인구 특성의 변화 추이를 나타낸 것이다. 이에 대한 분석으로 옳은 것은? [3점]

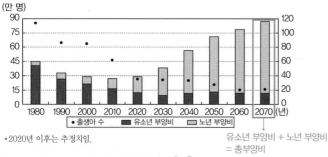

•2020년 이후는 추정치임.

① 1980년은 2000년보다 노령화 지수가 높다. 낮다

② 1990년은 2010년에 비해 출생아 수가 두 배 이상이다. 미만

③ 2050년은 2020년에 비해 중위 연령이 낮을 것이다. 높을

✓④ 2060년에는 유소년층 인구와 노년층 인구의 합이 청장년층 인구보다 많을 것이다.
└→ 총부양비
    ━ 100 초과: 유소년층 인구 + 노년층 인구 〉 청장년층 인구
    ━ 100 미만: 유소년층 인구 + 노년층 인구 〈 청장년층 인구

⑤ 2070년에는 피라미드형 인구 구조가 나타날 것이다. 방추형

| 자료 분석 |

[출생아 수] 1980년 80만 명 이상이었던 출생아 수가 2020년 30만 명 미만으로 감소하였고 2070년까지 지속적으로 감소할 것으로 예상된다.

[유소년 부양비] 청장년층 인구에 대한 유소년층 인구의 비율인 유소년 부양비는 1980년 이후 지속적으로 감소하였으며, 2030년까지 지속적으로 감소할 것으로 예상되고 있다.

[노년 부양비] 청장년층 인구에 대한 노년층 인구의 비율인 노년 부양비는 1980년 이후 지속적으로 증가하였으며, 2070년까지 지속적으로 증가할 것으로 예상된다.

| 선지 해설 |

① 노령화 지수는 유소년층에 대한 노년층의 비율로 유소년 부양비에 대한 노년 부양비로 계산할 수도 있다. 1980년은 2020년보다 유소년 부양비가 높고 노년 부양비는 낮다. 따라서 노령화 지수는 1980년이 2020년보다 낮다.

② 1990년의 출생아 수는 약 65만 명, 2010년의 출생아 수는 약 47만 명이다. 따라서 1990년은 2010년에 비해 출생아 수가 두 배 미만이다.

③ 2050년은 2020년에 비해 출생아 수는 적고 유소년 부양비는 비슷하므로 청장년층 비율도 낮을 것이다. 또한 2050년은 2020년에 비해 노년 부양비가 높으므로 노년층 비율이 높을 것이다. 따라서 2050년은 2020년에 비해 유소년층 인구 비율과 청장년층 인구 비율은 감소하고 노년층 인구 비율은 증가하므로 중위 연령이 높을 것이다.

(④) 2060년에는 유소년층 부양비와 노년 부양비의 합인 총부양비가 100 초과이다. 총부양비는 청장년층 인구 비율에 반비례하며 100 초과인 경우는 청장년층 인구 비율이 유소년층 인구와 노년층 인구의 합보다 낮다.

⑤ 2070년에는 노년층 비율이 높고 유소년층 인구 비율이 낮은 방추형 피라미드 인구 구조가 나타날 것이다. 피라미드형 인구 구조는 출생률과 사망률이 모두 높은 시기에 나타난다.

07 외국인 이주와 다문화 공간 23학년도 6월 모평 20번

정답 ⑤ | 정답률 57%

다음 자료는 (가)~(다) 지역의 외국인 주민 현황을 나타낸 것이다. 이에 대한 설명으로 옳은 것만을 〈보기〉에서 고른 것은? (단, (가)~(다)는 각각 대전, 안산, 예천 중 하나이며, A~C는 각각 결혼 이민자, 외국인 근로자, 유학생 중 하나임.) [3점]

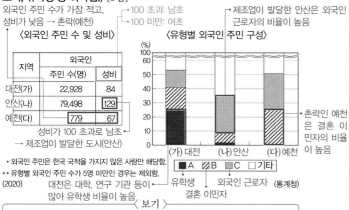

외국인 주민 수 가장 적고, 성비가 낮음 → 촌락(예천)
→ 100 초과: 남초
→ 100 미만: 여초
제조업이 발달한 안산은 외국인 근로자의 비율이 높음

〈외국인 주민 수 및 성비〉

지역	외국인	
	주민 수(명)	성비
대전(가)	22,928	84
안산(나)	79,498	129
예천(다)	779	67

성비가 100 초과로 남초 → 제조업이 발달한 도시(안산)

* 외국인 주민은 한국 국적을 가지지 않은 사람만 해당함.
** 유형별 외국인 주민 수가 5명 미만인 경우는 제외함.
(2020)

대전은 대학, 연구 기관 등이 많아 유학생 비율이 높음

〈유형별 외국인 주민 구성〉
촌락인 예천은 결혼 이민자의 비율이 높음
유학생
외국인 근로자
결혼 이민자
(통계청)
■A ▨B ▦C □기타

〈 보기 〉

ㄱ. 예천은 대전보다 외국인 주민의 성비가 ~~높다.~~
낮다

ㄴ. 안산은 대전보다 지역 내 외국인 주민 중 결혼 이민자 비율이 ~~높다.~~
낮다

ㄷ. 지역 내 외국인 주민 중 외국인 근로자 수는 안산 > 대전 > 예천 순으로 많다.
→ 총 국제결혼 건수는 도시가 많지만, 국제결혼 비율은 촌락이 높음

ㄹ. A는 유학생, B는 결혼 이민자, C는 외국인 근로자이다.

① ㄱ, ㄴ ② ㄱ, ㄷ ③ ㄴ, ㄷ ④ ㄴ, ㄹ ✔⑤ ㄷ, ㄹ

자료 분석

〈외국인 주민 수 및 성비〉 자료에서 (나)는 (가)~(다) 지역 중 외국인 주민 수가 가장 많고, 남초 현상이 나타나므로 안산이다. 안산은 기초 자치 단체 중에서 외국인 주민 수가 가장 많고, 제조업이 발달하여 남성 외국인 근로자의 비율이 높다. (다)는 (가)~(다) 지역 중 외국인 주민 수가 가장 적고, 성비가 가장 낮으므로 촌락인 예천이다. 촌락 지역은 결혼 적령기의 성비 불균형으로 외국인 여성과의 국제결혼이 활발하여 결혼 이민자의 비율이 높고, 외국인 주민의 여초 현상이 나타난다. 나머지 (가)는 대전이다. 〈유형별 외국인 주민 구성〉 자료를 보면 (가) 대전에서 상대적으로 높은 비율을 보이는 A는 유학생이다. 대전에는 대학, 연구 기관이 많아 외국인 유학생 비율이 다른 지역에 비해 높게 나타난다. 제조업이 발달한 (나) 안산에서 가장 높은 비율을 보이는 C는 외국인 근로자이다. (다) 예천에서 상대적으로 높은 비율을 보이는 B는 결혼 이민자이다.

보기 해설

ㄱ. 외국인 주민 유형 중 결혼 이민자 비율이 높은 예천은 상대적으로 외국인 성비에서 여초 현상이 두드러진다. 따라서 예천은 대전보다 외국인 주민의 성비가 낮다.

ㄴ. 외국인 주민 중 결혼 이민자 비율은 (나) 안산에서는 10% 미만이지만, (가) 대전에서는 10% 이상이다. 따라서 (나) 안산은 (가) 대전보다 지역 내 외국인 주민 중 결혼 이민자 비율이 낮다.

ⓒ ㄷ. 지역 내 외국인 주민 중 외국인 근로자 수는 외국인 주민 수가 가장 많고 외국인 근로자 비율도 가장 높은 안산이 세 지역 중 가장 많다. 따라서 지역 내 외국인 주민 중 외국인 근로자 수는 (나) 안산 〉 (가) 대전 〉 (다) 예천 순으로 많다.

ⓔ ㄹ. A는 (가)~(다) 중 (가) 대전에서 가장 비율이 높은 유학생, B는 촌락인 (다) 예천에서 가장 비율이 높은 결혼 이민자, C는 제조업이 발달한 (나) 안산에서 비율이 높은 외국인 근로자이다.

08 인구 이동 23학년도 9월 모평 7번

정답 ② | 정답률 37%

다음 자료의 A~C에 해당하는 지역으로 옳은 것은? [3점]

수도권과 B, C 지역으로 인구 순 유출 → 대전

〈지역 간 순 이동 인구〉 (단위: 명)

A
│32,085
300 수도권 108,856
51,506 55,511
B 22,591 C

* 화살표는 순 이동 흐름을 나타냄.
** 수치는 2013~2021년의 누적값임.
(통계청)

→ C 지역으로 인구 순 유출. 수도권과 A 지역으로부터 인구 순 유입 → 충남

→ 수도권과 A, B 지역으로 부터 인구 순 유입 → 행정 중심 복합 도시인 세종

	A	B	C
①	대전	세종	충남
✔②	대전	충남	세종
③	세종	대전	충남
④	충남	대전	세종
⑤	충남	세종	대전

선지 해설

② A – 대전, B – 충남, C – 세종

• A는 수도권과 B, C 지역으로 인구가 순 유출되고 있으므로 대전이다. 대전은 충청남도 도청이 내포 신도시로 이전하고, 인접한 지역에 행정 중심 복합 도시인 세종특별자치시가 건설되면서 인구가 감소하고 있다.

• B는 수도권과 A 지역에서 인구가 순 유입되고, C 지역으로 인구가 순 유출되고 있으므로 충남이다. 충남은 수도권과 인접한 천안·아산, 제조업이 발달한 당진·서산 등의 북서부 지역을 중심으로 인구가 증가하고 있다.

• C는 수도권과 A, B 지역에서 인구가 순 유입되고 있으므로 세종이다. 행정 중심 복합 도시인 세종은 중앙 정부의 여러 행정 기능이 이전하면서 인구가 빠르게 증가하고 있다.

그래프는 두 지역의 인구 특성을 나타낸 것이다. (가), (나)에 해당하는 지역을 지도의 A~C에서 고른 것은? [3점]

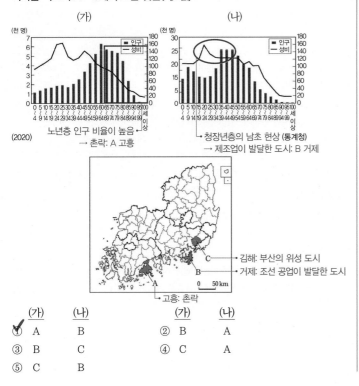

(가)
(천 명)
노년층 인구 비율이 높음
→ 촌락: A 고흥
(2020)

(나)
(천 명)
청장년층의 남초 현상 (통계청)
→ 제조업이 발달한 도시: B 거제

C ── 김해: 부산의 위성 도시
B ── 거제: 조선 공업이 발달한 도시
A
0 50 km
고흥: 촌락

	(가)	(나)			(가)	(나)
✔①	A	B		②	B	A
③	B	C		④	C	A
⑤	C	B				

| 자료 분석 |

지도의 A는 촌락인 고흥, B는 중화학 공업이 발달한 거제, C는 부산의 위성 도시인 김해이다. C 김해는 부산의 위성 도시로, 유소년층과 청장년층의 인구 비율이 비교적 높은 편이다. 이외에도 총인구가 약 55만 명으로 경상남도에서 창원 다음으로 인구가 많다.

| 선지 해설 |

① (가) – A, (나) – B

• (가)는 (나)에 비해 총인구가 적고, 노년층 인구 비율이 매우 높은 것으로 보아 촌락인 A 고흥이다. A 고흥은 청장년층에서 남초 현상이 나타나는데, 이는 촌락의 젊은 여성들이 일자리를 찾아 도시로 떠났기 때문이다.

• (나)는 (가)에 비해 총인구가 많고, 청장년층 인구 비율이 높으며, 청장년층에서 남초 현상이 나타나는 것으로 보아 B 거제이다. B 거제는 조선 공업을 비롯한 중화학 공업이 발달하여 청장년층 남성의 비율이 높다.

다음 자료의 ㉠에 대한 ㉡의 상대적 특성을 그림의 A~E에서 고른 것은?

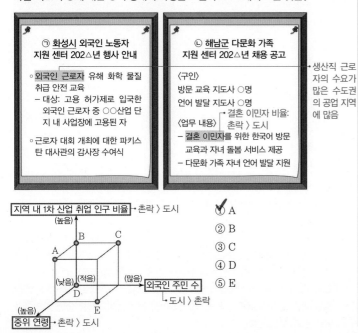

㉠ 화성시 외국인 노동자 지원 센터 202△년 행사 안내

○외국인 근로자 유해 화학 물질 취급 안전 교육
– 대상: 고용 허가제로 입국한 외국인 근로자 중 ○○산업 단지 내 사업장에 고용된 자
○근로자 대회 개최에 대한 파키스탄 대사관의 감사장 수여식

㉡ 해남군 다문화 가족 지원 센터 202△년 채용 공고

〈구인〉
방문 교육 지도사 ○명
언어 발달 지도사 ○명
〈업무 내용〉
○결혼 이민자를 위한 한국어 방문 교육과 자녀 돌봄 서비스 제공
– 다문화 가족 자녀 언어 발달 지원

• 생산직 근로자의 수요가 많은 수도권의 공업 지역에 많음
• 결혼 이민자 비율: 촌락 〉도시

지역 내 1차 산업 취업 인구 비율 → 촌락 〉도시
(높음)
B   C
A
(낮음)(적음)   (많음) 외국인 주민 수
D ── 도시 〉촌락
(높음)
E
중위 연령 → 촌락 〉도시

 ① A
② B
③ C
④ D
⑤ E

| 자료 분석 |

경기 남서부에 위치한 ㉠ 화성시는 제조업이 발달하였으며, 수도권 2기 신도시가 위치하여 청장년층 인구의 유입이 많다. 전라남도 남서부에 위치한 ㉡ 해남군은 대도시와 멀리 떨어져 있어 ㉠ 화성시에 비해 인구, 산업 등의 측면에서 촌락의 특성이 뚜렷하게 나타난다. 해남군에서는 최근 인구의 자연적 감소와 사회적 감소가 함께 나타나고 있다.

| 선지 해설 |

① A

[지역 내 1차 산업 취업 인구 비율] 지역 내 1차 산업 취업 인구 비율은 상대적으로 촌락의 특성이 뚜렷하게 나타나는 지역에서 높게 나타난다. 따라서 촌락인 ㉡ 해남군이 도시인 ㉠ 화성시보다 지역 내 1차 산업 취업 인구 비율이 높다. (A, B, C)
[외국인 주민 수] 외국인 주민 수는 제조업이 발달하고 인구가 많은 지역일수록 대체로 많다. 따라서 제조업 발달이 미약한 ㉡ 해남군이 제조업이 발달한 ㉠ 화성시보다 외국인 주민 수가 적다. (A, B, D)
[중위 연령] 총인구를 나이순으로 줄 세웠을 때 중간에 있는 사람의 나이인 중위 연령은 노년층 비율이 높을수록 높다. 따라서 상대적으로 노년층 비율이 높은 ㉡ 해남군이 청장년층의 인구 유입이 많은 ㉠ 화성시보다 중위 연령이 높다. (A, E)
따라서 ㉠ 화성시에 대한 ㉡ 해남군의 상대적 특성은 그림의 A에 해당한다.

11 외국인 이주와 다문화 공간 24학년도 7월 학평 15번

정답 ② | 정답률 76%

그래프는 지도에 표시된 세 지역의 외국인 주민 현황을 나타낸 것이다. (가)~(다)에 해당하는 지역을 지도의 A~C에서 고른 것은?

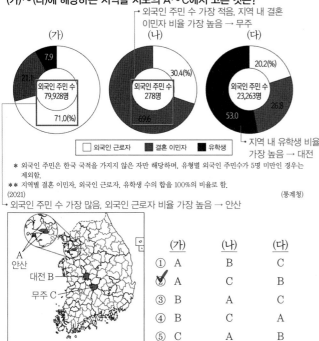

┌ 외국인 주민 수 가장 적음, 지역 내 결혼 이민자 비율 가장 높음 → 무주

┌ 지역 내 유학생 비율 가장 높음 → 대전

* 외국인 주민은 한국 국적을 가지지 않은 자만 해당하며, 유형별 외국인 주민수가 5명 미만인 경우는 제외함.
** 지역별 결혼 이민자, 외국인 근로자, 유학생 수의 합을 100%의 비율로 함.
(2021) (통계청)

┌ 외국인 주민 수 가장 많음, 외국인 근로자 비율 가장 높음 → 안산

	(가)	(나)	(다)
①	A	B	C
②	A	C	B
③	B	A	C
④	B	C	A
⑤	C	A	B

| 자료 분석 |

지도의 A는 경기도 안산시, B는 대전광역시, C는 전라북도 무주군이다.

| 선지 해설 |

② (가) – A, (나) – C, (다) – B

• (가)는 외국인 주민 수가 약 8만 명으로 세 지역 중 외국인 주민 수가 가장 많고, 외국인 주민 중 외국인 근로자 비율이 가장 높은 A 경기 안산이다. 안산은 제조업이 발달하여 남성 외국인 근로자의 비율이 높다.

• (나)는 외국인 주민 수가 약 280명으로 세 지역 중 외국인 주민 수가 가장 적고, 외국인 주민 중 결혼 이민자 비율이 가장 높은 C 전북 무주이다. 무주는 결혼 적령기 성비 불균형으로 외국인 여성과의 국제결혼이 활발하여 결혼 이민자의 비율이 높다.

• (다)는 외국인 주민 중 유학생 비율이 가장 높은 B 대전이다. 대전에는 대학, 연구 기관이 많아 외국인 유학생 비율이 높게 나타난다.

12 인구 구조 21학년도 6월 모평 4번

정답 ② | 정답률 37%

다음 자료는 (가) 지역의 인구 특성에 대한 것이다. (가) 지역을 지도의 A~E에서 고른 것은? [3점]

┌ 전국 평균보다 높음

┌ 성비가 100 이하로 여성이 남성보다 많음

┌ 유소년층 비중이 낮음

┌ 노년층 비중이 높음

구분	(가)	전국
성비	94.6	100.5
중위 연령(세)	59.6	42.7
유소년층 인구 비율(%)	7.2	12.7
순 이동(명)	−143	0

(2018) └ 전입 인구 − 전출 인구

└ 전출 인구 > 전입 인구

┌ 청장년층 비중이 낮음 (통계청)
└ 청장년층에서 남초 현상이 나타남

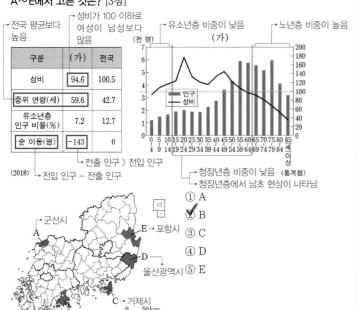

① A
② B
③ C
④ D
⑤ E

| 자료 분석 |

지도에 표시된 A는 전북 군산시, B는 전남 고흥군, C는 경남 거제시, D는 울산광역시, E는 경북 포항시이다.

| 선지 해설 |

② B

왼쪽에 제시된 표를 보면 (가) 지역은 성비가 100 이하로 남성보다 여성이 많으며, 중위 연령은 59.6세로 전국 평균인 42.7세에 비해 매우 높다. 또한 (가)는 전입 인구에서 전출 인구를 뺀 순 이동이 (−)이므로, 전입 인구보다 전출 인구가 많은 인구 순 유출이 나타나는 지역이다. 오른쪽에 제시된 인구 피라미드를 보면 (가) 지역은 유소년층과 청장년층 인구 비중이 낮고, 노년층 인구 비중이 높다. 특히 청장년층의 성비가 100 이상으로 청장년층에서의 남초 현상 즉, 성비 불균형이 극심하게 나타난다. 이를 종합해 보면 (가)는 청장년층 인구 유출에 따른 인구의 고령화 현상이 나타나는 촌락이므로 B 고흥군이다.

그래프는 지도에 표시된 3개 시·도의 시기별 인구 변동을 나타낸 것이다. (가)~(다)에 대한 옳은 설명을 〈보기〉에서 고른 것은?

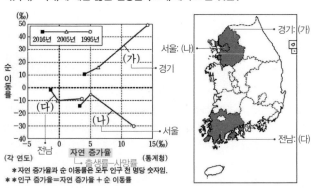

＊자연 증가율과 순 이동률은 모두 인구 천 명당 숫자임.
＊＊인구 증가율＝자연 증가율＋순 이동률

〈 보기 〉
ㄱ. (가)와 (다)는 수도권에 위치해 있다.
ㄴ. 1995년에 인구가 증가한 시·도는 (가)와 (나)이다.
ㄷ. 2005년에 순 전출을 보이는 시·도는 (나)와 (다)이다.
　└ 순 이동률이 (－)임　　└ 자연 증가율이 (－)임
ㄹ. 2016년에 출생자 수에 비해 사망자 수가 많은 시·도는 (다)이다.

① ㄱ, ㄴ　② ㄱ, ㄷ　③ ㄴ, ㄷ　④ ㄴ, ㄹ　✔⑤ ㄷ, ㄹ

│ 자료 분석 │

순 이동률이 (＋)인 것은 전입 인구가 전출 인구보다 많음을, 순 이동률이 (－)인 것은 전출 인구가 전입 인구보다 많음을 의미한다. 한편 자연 증가율이 (＋)인 것은 출생률이 사망률보다 높음을, 자연 증가율이 (－)인 것은 사망률이 출생률보다 높음을 의미한다. 그래프에서 (가)는 세 시기 모두 순 이동률이 (＋)이므로 다른 시·도 지역에서 유입되는 인구가 많은 경기이다. (나)는 세 시기 모두 순 이동률이 (－), 자연 증가율이 (＋)이다. 따라서 (나)는 1990년대 이후 교외화 현상이 나타나는 서울이다. (다)는 세 시기 모두 순 이동률이 (－), 자연 증가율은 (＋)에서 2005년 이후 (－)이다. 따라서 (다)는 이촌 향도 현상으로 청장년층 중심으로 인구가 유출되며 청장년층이 적어 출생률은 낮고 노년층이 많아 사망률은 높은 전남이다.

│ 보기 해설 │

ㄱ. 세 지역 중 수도권에 위치해 있는 지역은 (가) 경기와 (나) 서울이다.

ㄴ. 1995년에 (가) 경기는 순 이동률과 자연 증가율이 모두 (＋)이므로 인구가 증가하였다. 그러나 (나) 서울은 1995년 인구 증가율이 －18%이므로 인구가 감소하였다.

ㄷ. 순 전출을 보이는 지역은 순 이동률이 (－)이다. 2005년에 순 이동률이 (－)인 시·도는 (나) 서울과 (다) 전남이다. (가) 경기는 2005년에 순 이동률이 (＋)이다.

ㄹ. 출생자 수에 비해 사망자 수가 많은 시·도는 자연 증가율이 (－)이다. 2016년에 자연 증가율이 (－)인 시·도는 (다) 전남이다.

그래프의 (가)~(다) 지역을 지도의 A~C에서 고른 것은?

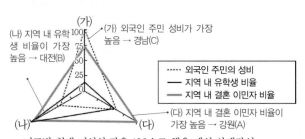

* 지표별 최대 지역의 값을 100으로 했을 때의 상댓값임.
** 한국 국적을 가지지 않은 외국인만 고려함. (2021년)

　(가)　(나)　(다)
① A　B　C
② A　C　B
③ B　C　A
④ C　A　B
✔⑤ C　B　A

│ 자료 분석 │

지도에서 A는 강원, B는 대전, C는 경남이다. A 강원은 촌락 비율이 높은 지역으로 결혼 이민자의 비율이 높게 나타나는데, 이는 젊은 여성 인구가 도시로 이주함에 따라 결혼 적령기의 성비 불균형이 나타났기 때문이다. B 대전은 대학과 연구 단지가 위치하여 지역 내 유학생 비율이 높다. 이는 유학생들이 대도시나 대학과 연구 단지가 있는 지역에 거주하는 경우가 많기 때문이다. C 경남은 지역 내 외국인 주민의 성비가 높게 나타나는데, 이는 중화학 공업이 발달한 지역에서는 여성보다 남성의 이주자 비율이 높기 때문이다.

│ 선지 해설 │

⑤ (가) – C, (나) – B, (다) – A

• (가)는 세 지역 중 외국인 주민 성비가 가장 높고, 지역 내 유학생 비율이 가장 낮다. 중화학 공업이 발달한 경남 지역은 우리나라에서 외국인 주민의 성비가 가장 높은 반면 외국인 유학생 비율은 가장 낮다(2021년 기준). 따라서 (가)는 C 경남이다.

• (나)는 세 지역 중 지역 내 유학생 비율이 가장 높고 외국인 주민 성비가 가장 낮다. 대전은 대학과 연구 단지가 발달한 도시로 지역 내 유학생 비율이 높으며, 광역시인 대도시로 지역 내 외국인 주민 중 여성 비율이 높다. 따라서 세 지역 중 지역 내 유학생 비율이 가장 높고 외국인 주민 성비가 낮은 (나)는 B 대전이다.

• (다)는 세 지역 중 지역 내 결혼 이민자 비율이 가장 높다. 강원은 촌락 비율이 높은 지역으로 결혼 이민자 비율이 높다. 강원은 2021년 기준 우리나라에서 지역 내 결혼 이민자 비율이 가장 높은 지역이다. 따라서 (다)는 A 강원이다.

15 인구 이동 22학년도 3월 학평 18번   정답 ③ | 정답률 55%

그래프는 네 시·도의 산업 구조와 인구 이동을 나타낸 것이다. (가)~(라) 지역에 대한 설명으로 옳은 것은? (단, (가)~(라)는 각각 경기, 서울, 세종, 충남 중 하나임.) [3점]

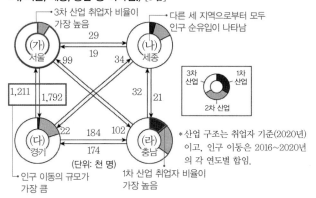

① (가)에는 행정 중심 복합 도시가 있다.
(나) ─ 중앙 행정 기관과 국책 연구 기관이 이전함
② (라)의 경우 경기보다 서울로부터의 인구 유입이 <s>많다.</s>
적다
③ (가)는 (다)보다 정보 통신 기술 서비스업 종사자 수가 많다.
─ 정보 통신 기술 서비스업 종사자 수: 서울 〉 경기
─ 정보 통신 기술 제조업 종사자 수: 경기 〉 서울
④ (나)는 (라)보다 총인구가 <s>많다.</s>
적다
⑤ (가)~(라) 중 유소년 부양비는 <s>(다)</s>가 가장 높다. ─ (유소년층 인구 비율/청장년층 인구 비율)×100
(나)

자료 분석

(가)는 (가)~(라) 지역 중 3차 산업 취업자 비율이 가장 높고 1차 산업 취업자 비율이 가장 낮으므로 서울이다. (나)는 다른 세 지역으로부터 모두 인구 순유입이 나타나므로 세종이다. 세종은 행정 중심 복합 도시 출범으로 청장년층 인구의 유입이 많아 인구 순유입이 나타난다. (다)는 (가)~(라) 지역 중 인구 이동의 규모가 가장 크고 2차 산업 취업자 비율이 상대적으로 높으므로 경기이다. (라)는 (가)~(라) 지역 중 1차 산업 취업자 비율이 가장 높으므로 충남이다.

선지 해설

① 수도권 집중에 따른 부작용을 줄이고 국토의 균형적인 발전을 위해 (나) 세종에 행정 중심 복합 도시가 조성되었다.

② (라) 충남의 (다) 경기로부터의 인구 유입은 184천 명이며, 서울로부터의 인구 유입은 102천 명이다. 따라서 (라) 충남은 (다) 경기보다 (가) 서울로부터의 인구 유입이 적다.

③ (가) 서울은 (다) 경기보다 3차 산업인 서비스업 취업자 비율이 높으며, 정보 통신 기술 서비스업 종사자 수도 많다.

④ (나) 세종은 (라) 충남보다 총인구가 적다. 2020년 기준 세종의 총인구는 약 35만 명, 충남의 총인구는 약 2,176만 명으로 6배 이상 차이가 난다.

⑤ 유소년 부양비는 (유소년층 인구 비율/청장년층 인구 비율)×100이다. (나) 세종은 청장년층을 중심으로 인구 유입이 활발하여 유소년층 인구 비율이 상대적으로 높아 (가)~(라) 지역 중 유소년 부양비가 가장 높다.

16 외국인 이주와 다문화 공간 22학년도 3월 학평 15번   정답 ④ | 정답률 58%

그래프는 세 지역의 외국인 주민 현황을 나타낸 것이다. (가)~(다) 지역에 대한 설명으로 옳은 것은? (단, (가)~(다)는 각각 경기, 경남, 전북 중 하나임.) [3점]

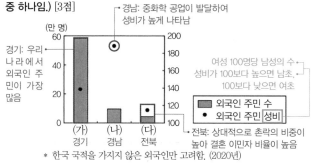

① (나)는 <s>전북</s>이다.
경남
② (가)는 (다)보다 외국인 유학생 수가 <s>적다.</s>
많다
③ (나)는 (가)보다 지역 내 총생산이 <s>많다.</s>
적다
④ (다)는 (가)보다 지역 내 외국인 중 결혼 이민자 비율이 높다.
⑤ (다)는 (나)보다 남성 외국인 주민 수가 <s>많다.</s>
적다

자료 분석

(가)는 세 지역 중 외국인 주민 수가 가장 많은 것으로 볼 때 경기이다. 우리나라에 체류하는 외국인은 일자리를 구하기 쉬운 경기를 포함한 수도권에 주로 분포하고 있다. (나)는 세 지역 중 외국인 주민 성비가 가장 높은 것으로 볼 때 경남이다. 경남은 중화학 공업이 발달하여 외국인 주민 중 남성의 비율이 여성보다 상대적으로 높게 나타난다. (다)는 세 지역 중 외국인 주민 수가 가장 적고, 외국인 주민 성비가 가장 낮은 것으로 볼 때 전북이다. 상대적으로 촌락의 비중이 높은 전북은 젊은 여성 인구의 유출로 결혼 적령기의 성비 불균형이 심화되었다. 그 결과 외국인 여성과의 국제결혼이 증가하면서 외국인 주민 성비가 낮은 편이다.

선지 해설

① (나)는 세 지역 중 외국인 주민 성비가 가장 높은 지역으로 중화학 공업이 발달한 경남이다.

② 외국인 유학생은 서울, 경기, 부산 등 대학이나 연구 기관이 많은 대도시에 많이 분포한다. 따라서 (가) 경기가 (다) 전북보다 외국인 유학생 수가 많다.

③ 지역 내 총생산은 대체로 인구가 많은 지역일수록 많으므로 (나) 경남은 (가) 경기보다 지역 내 총생산이 적다. 경기는 우리나라 시·도 중 인구가 가장 많고, 제조업이 발달하여 지역 내 총생산이 많다.

④ (가) 경기는 제조업이 발달하여 지역 내 외국인 근로자 비율이 높고, (다) 전북은 결혼 적령기의 성비 불균형으로 국제결혼이 증가하면서 지역 내 결혼 이민자 비율이 높다. 따라서 (다) 전북은 (가) 경기보다 지역 내 외국인 중 결혼 이민자 비율이 높다.

⑤ (다) 전북은 (나) 경남보다 외국인 주민 수가 적고 외국인 주민 성비가 낮다. 따라서 (다) 전북은 (나) 경남보다 남성 외국인 주민 수가 적다.

(가)~(다)에 해당하는 지역으로 옳은 것은?

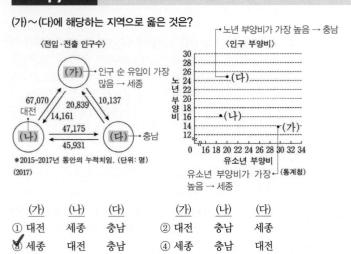

① 대전 세종 충남   ② 대전 충남 세종
③ 세종 대전 충남   ④ 세종 충남 대전
⑤ 충남 대전 세종

| 선지 해설 |

③ (가) – 세종, (나) – 대전, (다) – 충남

• (가)는 〈전입·전출 인구수〉 그래프에서 (나), (다)와의 인구 이동에서 전입 인구가 전출 인구보다 많아 인구의 순 유입이 나타나고 있다. 〈인구 부양비〉 그래프에서 (가)는 (가)~(다) 중 유소년 부양비가 가장 높고 년 부양비가 가장 낮다. 따라서 (가)는 행정 중심의 복합 도시로 출범한 이후 인구 유입이 활발한 세종이다. 세종은 청장년층의 인구 유입이 활발하며 이로 인해 우리나라 시·도 중 유소년층 비중과 유소년 부양비가 가장 높다.

• (나)는 〈전입·전출 인구수〉 그래프에서 (가), (다)에서 유입되는 인구보다 (가), (다)로 유출되는 인구가 많고 인구 이동량이 많으므로 대전이다. 대전은 서울, 부산과 마찬가지로 주변 지역으로 인구가 이동하는 교외화 현상으로 충남으로 인구가 유출되고 있으며 세종특별자치시의 출범 이후 세종특별자치시로도 인구가 유출되고 있다. 〈인구 부양비〉 그래프에서 (나)는 (가)~(다) 중 유소년 부양비와 노년 부양비를 합한 총 부양비가 가장 낮으므로 청장년층의 비중이 가장 높다는 것을 알 수 있다.

• (다)는 〈인구 부양비〉 그래프에서 노년 부양비가 (가), (나)에 비해 높으므로 충남이다. 충남은 군 지역에 해당하는 촌락을 포함하고 있어 노년층의 비중과 노년 부양비가 세종, 대전에 비해 높다.

단답형 문제로 개념 확인

(1) 청장년층 인구에 대한 노년층 인구의 비는 ( )이다.
(2) 청장년층 인구에 대한 유소년층 인구의 비는 ( )이다.

(1) 노년 부양비 (2) 유소년 부양비

그래프는 지도에 표시된 세 지역의 외국인 주민의 수를 유형별로 나타낸 것이다. (가)~(다) 지역에 대한 설명으로 옳은 것만을 〈보기〉에서 고른 것은? [3점]

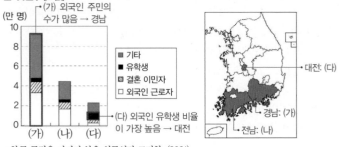

*한국 국적을 가지지 않은 외국인만 고려함. (2021)

〈보기〉

ㄱ. (나)는 (다)보다 노령화 지수가 높다.
                  (노년층 인구÷유소년층 인구) × 100
ㄴ. (다)는 (가)보다 지역 내 농가 인구 비율이 높다.
                                  낮다
ㄷ. (가)와 (나)는 행정 구역의 경계가 접해 있다.
ㄹ. 전남은 경남보다 결혼 이민자가 많다.
                                적다

① ㄱ, ㄴ   ② ㄱ, ㄷ   ③ ㄴ, ㄷ   ④ ㄴ, ㄹ   ⑤ ㄷ, ㄹ

| 자료 분석 |

지도에 표시된 세 지역은 대전광역시, 전라남도, 경상남도이다. 그래프에서 (가)는 세 지역 중 외국인 주민의 수가 가장 많은 것으로 보아 제조업이 발달한 경남이다. (다)는 세 지역 중 외국인 주민의 수가 가장 적고 유학생 비율이 가장 높은 것으로 보아 대학교가 많고 연구 기능이 발달한 대전이다. 나머지 (나)는 전남이다.

| 선지 해설 |

ㄱ 노령화 지수는 유소년층 인구에 대한 노년층 인구의 비율이다. (나) 전남은 (다) 대전보다 촌락의 성격이 강해 노년층 인구 비율이 높고 유소년층 인구 비율이 낮다. 따라서 (나) 전남은 (다) 대전보다 노령화 지수가 높다.

ㄴ. (다) 대전은 광역시로 주로 도시 지역이며, 농업보다는 서비스업, 제조업 등이 발달하였다. 반면, (가) 경남은 상대적으로 농업이 발달한 지역이다. 따라서 (다) 대전은 (가) 경남보다 지역 내 농가 인구 비율이 낮다.

ㄷ (가) 경남과 (나) 전남은 행정 구역의 경계가 접해 있다.

ㄹ. 전남과 경남은 각각 지역 내 결혼 이민자의 비율이 비슷하지만, 외국인 주민의 수는 전남이 경남보다 약 4만 명 정도 적다. 따라서 전남은 경남보다 결혼 이민자가 적다.

19 외국인 이주와 다문화 공간 22학년도 7월 학평 10번

정답 ① | 정답률 46%

그래프는 지도에 표시된 세 지역의 외국인 주민 특성을 나타낸 것이다.
(가)~(다)에 해당하는 지역을 지도의 A~C에서 고른 것은? [3점]

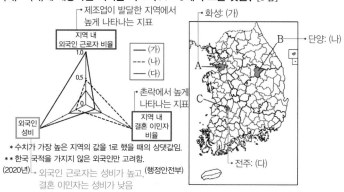

	(가)	(나)	(다)
①	A	B	C
③	B	A	C
⑤	C	A	B

	(가)	(나)	(다)
②	A	C	B
④	B	C	A

| 자료 분석 |

지도의 A는 경기도 화성시, B는 충청북도 단양군, C는 전라북도 전주시이다.

| 선지 해설 |

① (가) - A, (나) - B, (다) - C

• (가)는 (가)~(다) 지역 중 지역 내 외국인 근로자 비율과 외국인 성비가 가장 높고, 지역 내 결혼 이민자 비율이 가장 낮다. 외국인 근로자 비율과 외국인 성비는 제조업이 발달한 지역에서 대체로 높다. 한편 제조업이 발달한 지역은 촌락에 비해 대체로 지역 내 결혼 이민자 비율이 낮다. 따라서 (가)는 제조업이 발달한 A 화성이다.

• (나)는 (가)~(다) 지역 중 지역 내 결혼 이민자 비율이 가장 높고, 지역 내 외국인 근로자 비율과 외국인 성비가 상대적으로 낮다. 지역 내 결혼 이민자 비율은 결혼 적령기 여성 인구의 유출에 따른 남초 현상이 나타나는 촌락에서 대체로 높다. 따라서 (나)는 촌락의 성격이 비교적 강한 군(郡) 지역인 B 단양이다.

• (다)는 (가)~(다) 지역 중 지역 내 외국인 근로자 비율이 가장 낮고, 외국인 성비와 지역 내 결혼 이민자 비율이 두 번째로 높다. 따라서 (다)는 제조업의 발달이 상대적으로 미약하며, 청장년층 인구 유출이 비교적 적어 상대적으로 지역 내 외국인 근로자 비율이 가장 낮은 C 전주이다.

20 외국인 이주와 다문화 공간 22학년도 9월 모평 3번

정답 ③ | 정답률 63%

그래프의 (가)~(다) 지역을 지도의 A~C에서 고른 것은?

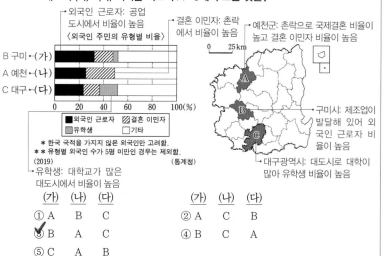

	(가)	(나)	(다)
①	A	B	C
③	B	A	C
⑤	C	A	B

	(가)	(나)	(다)
②	A	C	B
④	B	C	A

| 자료 분석 |

A는 경상북도 예천군, B는 경상북도 구미시, C는 대구광역시이다.

| 선지 해설 |

③ (가) - B, (나) - A, (다) - C

• (가)는 세 지역 중 외국인 근로자의 비중이 가장 높으므로 전자 부품·컴퓨터·영상·음향 및 통신 장비 제조업이 발달한 B 구미시이다. 제조업이 발달한 도시는 외국인 주민 중에서 외국인 근로자가 차지하는 비중이 높다.

• (나)는 세 지역 중 결혼 이민자의 비중이 가장 높으므로 촌락인 A 예천군이다. 촌락은 결혼 적령기의 남초 현상으로 국제결혼 비율이 높고 외국인 주민 중에서 결혼 이민자가 차지하는 비중이 높다.

• (다)는 세 지역 중 유학생의 비중이 가장 높으므로 대학이 많은 C 대구광역시이다. 서울, 부산, 대구처럼 대학이 많은 대도시는 외국인 주민 중에서 유학생이 차지하는 비중이 높다.

그래프의 A~C 권역에 대한 설명으로 옳은 것은? (단, A~C는 각각 수도권, 영남권, 충청권 중 하나임.) [3점]

〈권역별 인구 규모 1~3위 도시 인구 비율 및 권역 간 인구 이동〉

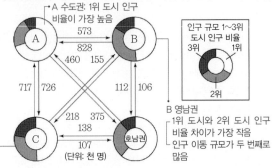

A 수도권: 1위 도시 인구 비율이 가장 높음

인구 규모 1~3위 도시 인구 비율
3위 1위
2위

B 영남권
1위 도시와 2위 도시 인구 비율 차이가 가장 작음
인구 이동 규모가 두 번째로 많음

(단위: 천 명)

*인구 규모 1~3위 도시 인구 비율은 2021년 값이고, 권역 간 인구 이동은 2017~2021년의 합계임.
**권역별 인구 규모 1~3위 도시 인구 비율은 인구 규모 1~3위 도시 인구의 합을 100으로 하였을 때 인구 비율을 나타냄.

C 충청권: 세 권역으로부터 인구가 순 유입됨

① A에는 혁신 도시가 있다. 없다
→ 수도권 과밀 문제를 해소하고 지방의 자립적 역량을 확충하기 위해 조성
✔ B의 인구 규모 1위 도시는 부산이다.
③ C는 A보다 도시 인구가 많다. 적다
④ C는 B보다 광역시의 수가 많다. 적다
⑤ 2017~2021년에 충청권에서 수도권으로의 인구 이동은 수도권에서 충청권으로의 인구 이동보다 많다. 적다

자료 분석

A는 인구 규모 1위 도시의 인구 비율이 가장 높고 다른 세 권역과의 인구 이동 규모도 가장 많다. 따라서 A는 수위 도시인 서울이 있는 수도권이다. B는 인구 규모 1위 도시와 2위 도시의 인구 비율 차이가 가장 작고, 다른 세 권역과의 인구 이동 규모는 A 수도권 다음으로 많다. 따라서 B는 부산과 대구가 있는 영남권이다. C는 세 권역으로부터 인구가 순 유입되는 권역이다. 충청권은 최근 교통 발달과 수도권 과밀화에 따른 분산 정책의 시행으로 인구 순 유입이 나타나고 있다. 따라서 인구가 순 유입되는 C는 충청권이다.

선지 해설

① 혁신 도시는 수도권에 집중된 공공 기관을 지방으로 이전시켜 조성하는 도시이다. 따라서 A 수도권에는 혁신 도시가 없으며, 비수도권에 혁신 도시가 건설되고 있다.

② B 영남권의 인구 규모 1위 도시는 부산이다. 영남권에는 인구 백만 명이 넘는 도시의 수는 4개이며, 부산 〉 대구 〉 울산 〉 창원 순으로 인구가 많다.

③ 수도권은 우리나라에서 인구가 가장 많은 권역이다. 수도권에는 우리나라 인구의 약 50.4%(2021년)가 거주하고 있다. 따라서 C 충청권은 A 수도권보다 도시 인구가 적다.

④ C 충청권의 광역시로는 대전이 유일하다. 반면, B 영남권의 광역시는 부산, 대구, 울산으로 총 3개가 있다. 따라서 C 충청권은 B 영남권보다 광역시의 수가 적다.

⑤ 2017~2021년에 충청권에서 수도권으로의 인구 이동은 71만 7천 명이지만, 수도권에서 충청권으로의 인구 이동은 72만 6천 명이다. 따라서 충청권에서 수도권으로의 인구 이동은 수도권에서 충청권으로의 인구 이동보다 적다.

그래프는 지도에 표시된 세 지역의 외국인 주민 현황을 나타낸 것이다. 이에 대한 설명으로 옳은 것만을 〈보기〉에서 고른 것은?

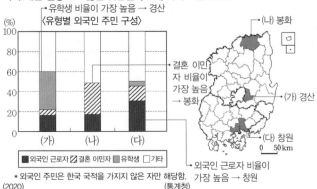

유학생 비율이 가장 높음 → 경산
〈유형별 외국인 주민 구성〉

(나) 봉화
(가) 경산
(다) 창원
0 50km

결혼 이민자 비율이 가장 높음 → 봉화

■ 외국인 근로자 ▨ 결혼 이민자 □ 유학생 □ 기타

외국인 근로자 비율이 가장 높음 → 창원

*외국인 주민은 한국 국적을 가지지 않은 자만 해당함.
(2020)   (통계청)

〈보기〉

ㄱ. 창원은 봉화보다 결혼 이민자 비율이 높다. 낮다
ㄴ. 경산은 창원보다 외국인 유학생 수가 많다.
ㄷ. (나)는 (가)보다 총 외국인 주민 수가 많다. 적다
ㄹ. (다)는 (가)보다 외국인 근로자 수가 많다.

① ㄱ, ㄴ   ② ㄱ, ㄷ   ③ ㄴ, ㄷ   ✔ ㄴ, ㄹ   ⑤ ㄷ, ㄹ

자료 분석

지도에 표시된 세 지역은 경북 봉화군, 경북 경산시, 경남 창원시이다. (가)는 (가)~(다) 중 외국인 유학생 비율이 가장 높은 경북 경산이다. 경산은 대구광역시의 위성 도시로 다른 지역에 비해 외국인 유학생 비율이 높다. (나)는 (가)~(다) 중 결혼 이민자 비율이 가장 높은 경북 봉화이다. 촌락에 해당하는 경북 봉화는 청장년층 여성의 인구 유출로 결혼 적령기 인구의 남초 현상이 뚜렷하며, 이에 결혼 여성 이민자의 비율이 상대적으로 높다. (다)는 (가)~(다) 중 외국인 근로자 비율이 가장 높은 경남 창원이다. 창원은 기계 공업 등 제조업이 발달한 도시로 다른 지역에 비해 외국인 근로자 비율이 상대적으로 높다.

보기 해설

ㄱ. 〈유형별 외국인 주민 구성〉 그래프를 보면 (다) 창원은 (나) 봉화보다 결혼 이민자 비율이 낮음을 알 수 있다.

ㄴ. (가) 경산은 대구의 위성 도시로, 대구로 통학하는 외국인 유학생의 수가 많다. 따라서 공업이 발달하여 외국인 주민 중 근로자의 수가 많은 (다) 창원에 비해 (가) 경산의 외국인 유학생 수가 더 많다.

ㄷ. (나) 봉화는 (가) 경산보다 총 외국인 주민 수가 적다.

ㄹ. (다) 창원은 (가) 경산보다 외국인 근로자 비율이 높으며, 외국인 주민 수 또한 많다. 따라서 (다) 창원은 (가) 경산보다 외국인 근로자 수가 많다.

23 인구 문제 23학년도 10월 학평 8번

다음 글의 ㉠~㉤에 대한 설명으로 옳지 않은 것은? [3점]

> ㉠ 낮은 합계 출산율이 지속되면서 저출산 문제가 큰 사회적 이슈로 떠오르고 있다. ㉡ 저출산 현상의 원인 분석, 정부의 다양한 정책적 지원이 이루어지고 있지만, 상황은 반전되지 않고 있다. 또한, 기대 수명의 증가 등으로 ㉢ 노년층 인구 비율이 증가하면서 고령화 문제에 대응하는 정책의 필요성이 강조되고 있다. ㉣ 저출산·고령화 현상은 정주 여건의 차이로 인해 지역별로 다른 양상을 보이며, ㉤ 인구 분포의 공간적 불평등을 심화시킨다.

=(노년층 인구/전체 인구)×100◀

① ㉠은 장기적으로 생산 가능 인구와 총인구 감소를 초래한다.

② ㉡으로 자녀 양육 비용 증가, 고용 불안 등이 있다.

✔③ ㉢은 세종이 전남보다 높게 나타난다.
　　　　　　　　　　　　낮게

④ ㉣이 지속되면 노령화 지수는 증가한다.

⑤ ㉤의 사례로 수도권과 비수도권 간의 인구 격차가 있다.

자료 분석

제시된 글은 낮은 합계 출산율이 지속되어 발생하는 저출산 문제와 기대 수명 증가 등으로 발생하는 고령화 문제에 대해 서술하고 있다.

선지 해설

① ㉠ 낮은 합계 출산율이 지속되면 장기적으로 청장년층 인구에 해당하는 생산 가능 인구가 줄고, 총인구 또한 감소하게 된다.

② ㉡ 저출산 현상의 원인으로 자녀 양육 비용 증가, 고용 불안, 결혼과 자녀에 대한 가치관의 변화 등이 있다.

③ ㉢ 노년층 인구 비율은 세종이 전남보다 낮게 나타난다. 세종은 행정 중심 복합 도시의 건설로 청장년층 인구가 대거 유입되어 노년층 인구 비율이 낮다. 반면, 전남은 촌락 기능이 주를 이루는 지역이 많아 노년층 인구 비율이 높게 나타난다.

④ ㉣ 저출산·고령화 현상이 지속되면, (노년층 인구 비율/유소년층 인구 비율×100)으로 구하는 노령화 지수가 증가한다.

⑤ ㉤ 인구 분포의 공간적 불평등 사례로 수도권과 비수도권 간의 인구 격차가 있다. 이러한 수도권과 비수도권 간의 인구 격차는 문화, 의료, 교육 분야 등의 격차로도 이어진다.

개념 확인　우리나라의 저출산 현상

원인	• 결혼과 가족에 대한 가치관 변화로 인한 초혼 연령 상승 및 무자녀 부부 증가에 따른 출생률 감소 • 여성의 사회 진출 확대, 자녀 양육비 증가, 고용 불안 등
영향	• 장기적으로 미래 생산 가능 인구와 총인구 감소 초래 • 경제 활동에 필요한 노동력 부족, 소비와 투자 위축에 따른 국가 경쟁력 약화

24 외국인 이주와 다문화 공간 23학년도 7월 학평 15번

표는 지도에 표시된 세 지역의 외국인 주민 현황을 나타낸 것이다. (가)~(다) 지역에 대한 설명으로 옳은 것은? [3점]

▶외국인 근로자 비율
이 높음 → 화성 (단위: %)

구분	(가)화성	(나)수원	(다)가평
외국인 근로자	45.8	21.2	17.1
결혼 이민자	7.2	7.9	29.5
유학생	1.4	7.5	3.2
기타	45.6	63.4	50.2

• 외국인 주민은 한국 국적을 가지지 않은 자만 해당함.
(2020)　　　　(통계청)

결혼 이민자 비율이 높음 → 가평

▶유학생 비율이 상대적으로 높음 → 수원

① (가)는 (나)보다 인구 밀도가 높다.
　　　　　　　　　　　　　낮다

✔② (가)는 (다)보다 제조업 출하액이 많다.

③ (나)는 (다)보다 노년 부양비가 높다.
　　　　　　　　　　　　　　낮다

④ (다)는 (나)보다 총 외국인 주민 수가 많다.
　　　　　　　　　　　　　　　　적다

⑤ (가)와 (다)는 행정 구역의 경계가 맞닿아 있다.
　　　　　　　　　　　　　　　　있지 않다

자료 분석

지도에 표시된 지역은 가평, 수원, 화성이다. 표에서 (가)는 세 지역 중 외국인 근로자 비율이 가장 높으므로 제조업이 발달한 화성이다. (나)는 세 지역 중 유학생 비율이 가장 높으므로 대도시인 수원이다. (다)는 세 지역 중 결혼 이민자 비율이 가장 높으므로 촌락의 성격이 강한 가평이다. 촌락의 성격이 강한 곳은 젊은 여성 인구의 유출로 결혼 적령기의 성비 불균형이 심화되었다. 그 결과 외국인 여성과의 국제결혼이 증가하여 결혼 이민자 비율이 높다.

선지 해설

① (가) 화성은 (나) 수원보다 면적은 넓지만 인구가 적어 인구 밀도가 낮다.

② (가) 화성은 (다) 가평보다 제조업 기능이 발달하였으며, 제조업 출하액이 많다.

③ (나) 수원은 (다) 가평보다 노년 부양비가 낮다. 가평은 군(郡) 지역으로 촌락의 성격이 강하며 대도시인 수원보다 노년층 인구 비율과 노년 부양비가 높게 나타난다.

④ (다) 가평은 (나) 수원보다 총 외국인 주민 수가 적다. 인구 100만 명 이상의 대도시인 수원이 가평보다 총 외국인 주민 수가 많다.

⑤ (가) 화성과 (다) 가평은 행정 구역의 경계가 맞닿아 있지 않다.

표는 세 지역의 인구 현황을 나타낸 것이다. (가)~(다) 지역으로 옳은 것은?

우리나라 시·도 중 세종이 가장 높음

촌락이 도시보다 높음

공업이 발달한 도시가 대체로 높음

지역	총인구(명)	유소년 부양비	노년 인구 비율(%)	외국인 근로자 비율(%)
세종 → (가)	338,136	28.12	8.95	0.63
안산 → (나)	714,650	14.23	9.73	3.54
해남 → (다)	65,175	17.02	31.32	1.29

(2019)

세 지역 중 총인구가 가장 많음

유소년 부양비가 세 지역 중 가장 높음

외국인 근로자 비율이 세 지역 중 가장 높음

(통계청)

	(가)	(나)	(다)		(가)	(나)	(다)
✓①	세종	안산	해남	②	세종	해남	안산
③	안산	세종	해남	④	안산	해남	세종
⑤	해남	세종	안산				

│선지 해설│

① (가) – 세종, (나) – 안산, (다) – 해남

- (가)는 세 지역 중 유소년 부양비가 가장 높으므로 우리나라 시·도 중 유소년 인구 비율과 유소년 부양비가 가장 높은 세종이다. 세종은 행정 중심의 복합 도시로 출범하면서 각종 기관이 이전해 오고 이에 따라 청장년층 인구와 유소년층 인구가 유입되면서 유소년층 인구 비중이 높다.
- (나)는 세 지역 중 총인구가 가장 많고 외국인 근로자 비율이 가장 높으므로 공업이 발달한 안산이다. 안산은 외국인 근로자가 많이 거주하면서 '국경 없는 마을'이 조성되어 있다.
- (다)는 세 지역 중 총인구가 가장 적고 노년 인구 비율이 가장 높으므로 촌락에 해당하는 해남이다.

다음은 지도에 표시된 세 지역에 대한 인구 관련 언론 보도 내용이다. (가)~(다) 지역에 대한 설명으로 옳은 것은? [3점]

인제

(가) 은/는 인구가 약 3만 1천여 명까지 줄었는데도 심각한 주차난을 겪고 있습니다. 군부대가 많은 지역적 특성상 군인들을 포함해 사실상 이 지역에서 생활하는 인구는 약 7만여 명에 가깝기 때문입니다.

□□ 신문 2023년 ○월 ○일 / 원주
지방의 인구 감소에도 불구하고 (나) 은/는 인구가 꾸준히 늘고 있어 그 배경에 관심이 쏠린다. 공공 기관 입주, 신도시 조성 등으로 최근 10년간 내국인 인구는 약 3만 6천여 명이 증가했다.
혁신 도시

석탄 합리화 정책 이후

태백 □□ 신문 2023년 ○월 ○일
(다) 은/는 탄광이 폐광되면서 근로자와 주민 약 2천여 명이 떠나고 그에 따라 지역 상권이 침체돼 존립 기반이 흔들리고 있다. 또한 여기에 있던 한 대학교의 폐교로 지역 경제에 대한 우려의 목소리가 더욱 커지고 있는 상황이다.

0 25km

인제 / 원주 / 태백

① (가)는 (나)보다 인구가 많다. → 적다
② (가)는 (나)보다 외국인 주민 중 결혼 이민자 수가 많다. → 적다
③ (나)는 (다)보다 중위 연령이 높다. → 낮다
④ (다)는 (가)보다 성비가 높다. → 낮다
✓⑤ (다)는 (나)보다 총부양비가 높다. → 청장년층 인구 비율에 반비례

│자료 분석│

지도에 표시된 세 지역은 인제, 원주, 태백이다. (가)는 인구가 줄었음에도 군부대가 많은 지역 특성상 군인들을 포함한 생활 인구가 총인구의 2배 이상이라고 하였다. 세 지역 중 휴전선 부근에 위치하여 군부대가 많은 지역은 인제이다. (나)는 공공 기관 입주, 신도시 조성 등으로 최근 인구가 꾸준히 증가하고 있는 원주이다. (다)는 탄광 폐광으로 인구 감소와 상권 침체 문제가 나타나고 있는 태백이다.

│선지 해설│

① (가) 인제는 (나) 원주보다 인구가 적다. (나) 원주는 강원특별자치도 내에서 인구가 가장 많은 시(市)이다. 2024년 기준 (가) 인제는 인구가 약 3만 명이며, (나) 원주는 인구가 약 36만 명이다.

② (가) 인제는 (나) 원주보다 외국인 주민 중 결혼 이민자 수가 적다. 외국인 주민 중 결혼 이민자 비율은 촌락의 성격이 강한 군(郡) 지역이 도시의 성격이 강한 시(市) 지역보다 대체로 높다. 그러나 외국인 주민 중 결혼 이민자 수는 총인구가 많은 시(市) 지역이 총인구가 적은 군(郡) 지역보다 대체로 많다.

③ (나) 원주는 (다) 태백보다 청장년층의 인구 유입이 활발하여 (다) 태백보다 중위 연령이 낮다.

④ (다) 태백은 군부대가 많은 (가) 인제보다 성비가 낮다. 일반적으로 군부대가 많은 지역이나 중화학 공업이 발달한 지역은 다른 지역에 비해 성비가 높게 나타난다.

⑤ (다) 태백은 인구 유입이 활발한 (나) 원주보다 청장년층 인구 비율이 낮고 총부양비는 높다. 총부양비는 (유소년층 인구+노년층 인구)/청장년층 인구×100으로 구하며, 청장년층 인구 비율에 반비례한다.

21 / 일차

01 ④ **02** ③ **03** ④ **04** ② **05** ③ **06** ④ **07** ③ **08** ② **09** ① **10** ④ **11** ④ **12** ④
13 ② **14** ③ **15** ① **16** ③ **17** ① **18** ⑤ **19** ④ **20** ④ **21** ② **22** ② **23** ③

문제편 188~193쪽

---

01 지역별 인구 특성 비교 25학년도 9월 모평 16번   정답 ④ | 정답률 63%

다음 자료는 지도에 표시된 호남권 세 지역의 인구 특성에 대한 설명이다. (가)~(다)에 대한 설명으로 옳은 것은?

- ○ (가) 은/는 호남권에서 2023년 기준 총인구가 가장 많다.
- ○ (나) 은/는 호남권에서 2000년 대비 2023년 인구 증가율이 가장 높다.
- ○ (다) 은/는 호남권에서 2023년 기준 노년층 인구 비율이 가장 높다.

① (가)는 (다)보다 청·장년층 성비가 <u>높다.</u> 낮다
② (나)는 (가)보다 출생아 수가 <u>많다.</u> 적다
③ (나)는 (다)보다 노령화 지수가 <u>높다.</u> 낮다 └ 노년층 인구 비율 ×100 유소년층 인구 비율
✔ (다)는 (나)보다 총인구 부양비가 높다. └ 청장년층 인구 비율에 반비례
⑤ (가)~(다) 중 인구 밀도는 <u>(다)</u>가 가장 높다. (가)

| 자료 분석 |

지도에 표시된 세 지역은 무안, 광주, 고흥이다. 2023년 기준 호남권에서 가장 인구가 많은 (가)는 광주이며, 2000년 대비 2023년 인구 증가율이 호남권에서 가장 높은 (나)는 무안이다. 2023년 기준 호남권에서 노년층 인구 비율이 가장 높은 (다)는 고흥이다.

| 선지 해설 |

① 대도시에 해당하는 (가) 광주는 촌락의 특성이 강한 (다) 고흥보다 청장년층 성비가 낮다. 촌락 지역의 경우 청년층의 여성 인구가 도시로 이주하는 경우가 많아 도시 지역보다 대체로 청장년층의 성비가 높게 나타난다.

② (나) 무안은 총인구가 많은 (가) 광주보다 출생아 수가 적다.

③ 노령화 지수는 노년층 인구 비율을 유소년층 인구 비율로 나눈 후 100을 곱한다. (나) 무안은 노년층 인구 비율이 높은 (다) 고흥보다 노령화 지수가 낮다.

④ 총인구 부양비는 유소년층 인구와 노년층 인구의 합을 청장년층 인구로 나눈 후 100을 곱한 값으로 청장년층 인구 비율에 반비례한다. (다) 고흥은 촌락의 성격이 강한 곳으로 청장년층 인구 비율이 낮고 노년층 인구 비율이 높은 반면, (나) 무안은 전라남도 도청의 이전으로 청장년층 인구의 전입이 이루어져 (다) 고흥보다 지역 내 청장년층 인구 비율이 높다. 따라서 (다) 고흥은 상대적으로 지역 내 청장년층 인구 비율이 높은 (나) 무안보다 총인구 부양비가 높다.

⑤ (가)~(다) 중 인구 밀도는 총인구가 가장 많은 (가) 광주가 가장 높다.

---

02 지역별 인구 특성 비교 24학년도 6월 모평 9번   정답 ③ | 정답률 83%

그래프는 지도에 표시된 세 지역의 인구 특성을 나타낸 것이다. (가)~(다)에 대한 설명으로 옳은 것은? [3점]

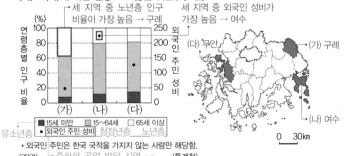

세 지역 중 노년층 인구 비율이 가장 높음 → 구례
세 지역 중 외국인 성비가 가장 높음 → 여수
(다) 무안
(가) 구례
(나) 여수

■ 15세 미만 ▨ 15~64세 □ 65세 이상
● 외국인 주민 성비
유소년층 청장년층 노년층
0 30km

• 외국인 주민은 한국 국적을 가지지 않는 사람만 해당함.
(2021) └ 중화학 공업 발달 지역 → (통계청) 외국인 주민 성비가 높음

① (가)는 (다)보다 인구 밀도가 <u>높다.</u> 낮다
② (나)는 (가)보다 총부양비가 <u>높다.</u> 낮다
✔ (나)는 (다)보다 제조업 종사자 수가 많다. └ 전남: 여수 > 영암 > 광양 순으로 많음
④ (다)는 (가)보다 노령화 지수가 <u>높다.</u> 낮다 └ 유소년층(15세 미만)에 대한
⑤ (가)~(다) 중 <u>(가)</u>는 외국인 주민 수가 가장 많다. (나) 노년층(65세 이상)의 비율 └ 전남: 여수 > 영암 > 목포 순으로 많음

| 자료 분석 |

지도의 세 지역은 구례, 무안, 여수이다. 그래프의 (가)는 노년층(65세 이상) 인구 비율이 높은 지역으로 촌락의 성격이 강한 구례이다. (나)와 (다)는 연령층별 인구 구조가 비슷하나 외국인 주민 성비에서 큰 차이가 난다. 외국인 주민 성비가 높은 (나)는 석유 화학 공업 등 중화학 공업이 발달한 여수이다. 여수는 외국인 남성이 외국인 여성보다 많은 남초 지역에 해당한다. 나머지 (다)는 무안이다.

| 선지 해설 |

① (가) 구례는 전남에서 인구가 가장 적은 지역인 반면, (다) 무안은 전남 도청의 소재지로 최근 인구가 증가하고 있는 지역으로 구례보다 총인구가 세 배 이상 많다. 한편 지도를 살펴보면 (가) 구례와 (다) 무안은 면적이 크게 차이가 나지 않는다. 따라서 (가) 구례는 (다) 무안보다 인구 밀도가 낮다.

② 총부양비는 노년 부양비와 유소년 부양비를 합한 값으로 청장년층 인구 비율에 반비례한다. 그래프에서 (나) 여수는 (가) 구례보다 청장년층(15~64세) 비율이 높다. 따라서 (나) 여수는 (가) 구례보다 총부양비가 낮다.

③ 여수에는 대단위 석유 화학 공업 단지가 조성되어 있으며, 전남에서 제조업 종사자 수가 가장 많다. 따라서 (나) 여수는 (다) 무안보다 제조업 종사자 수가 많다.

④ (다) 무안은 (가) 구례보다 유소년층 비율은 높으나, 노년층 비율은 낮다. 따라서 (다) 무안은 (가) 구례보다 노령화 지수가 낮다.

⑤ (나) 여수는 외국인 노동자가 많은 지역으로 전남에서 외국인 주민 수가 가장 많다. 따라서 (가)~(다) 중 외국인 주민 수는 (나) 여수가 가장 많다.

그래프는 지도에 표시된 세 지역군의 인구 구조를 나타낸 것이다. (가)~(다) 지역군에 대한 설명으로 옳은 것은? [3점]

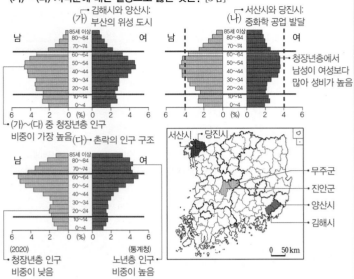

① (가)는 (가)~(다) 중 중위 연령이 가장 높다.
　　(다)
② (나)는 (가)~(다) 중 총인구가 가장 많다.
　　(가)
③ (가)는 (나)보다 총부양비가 높다. 낮다
　　　　　　　　　(나)는 중화학 공업이 발달해 성비가 높음
✓ (나)는 (다)보다 성비가 높다.
　　　　　　　도시가 촌락보다 높음 낮다
⑤ (다)는 (가)보다 2차 산업 종사자 비율이 높다.

출제 경향

지역별 인구 특성을 비교하는 문항은 그래프를 통해 제시된 인구 관련 지표가 어느 지역에 해당하는지를 파악할 수 있어야 한다. 또한 지도를 함께 출제하는 경우가 많으므로 지도에서 정확한 시·도명을 파악하는 연습을 해야 한다.

│ 자료 분석 │

지도에 표시된 세 지역군 중 충청남도 서산시와 당진시는 중화학 공업이 발달해 있다. 전라북도 무주군과 진안군은 산지가 많으며 촌락에 해당한다. 경상남도 양산시와 김해시는 부산광역시의 위성 도시이다. (가)는 (가)~(다) 중 청장년층 인구 비중이 가장 높고 노년층 인구 비중이 가장 낮으므로 부산광역시의 위성 도시에 해당하는 양산시와 김해시이다. (나)는 (가)에 비해 청장년층에서 남성이 여성보다 많아 성비가 높으므로 중화학 공업이 발달한 서산시와 당진시이다. (다)는 (가)~(다) 중 청장년층 인구 비중이 가장 낮고 노년층 인구 비중이 가장 높으므로 촌락에 해당하는 전라북도 무주군과 진안군이다.

│ 선지 해설 │

① 중위 연령은 청장년층 인구 비중이 낮고 노년층 인구 비중이 높은 촌락이 도시보다 높다. 따라서 (가)~(다) 중 중위 연령은 (다)가 가장 높다.

② 총인구는 부산광역시의 위성 도시에 해당하는 (가)가 가장 많고 촌락인 (다)가 가장 적다.

③ 총부양비는 청장년층 인구 비중이 낮을수록 높다. 세 지역군 중 (가)가 청장년층 인구 비중이 가장 높으므로 총부양비가 가장 낮다.

④ (나)는 중화학 공업이 발달해 있어 청장년층 인구 비중이 높고 청장년층에서 성비가 높다. (다)는 노년층 인구 비중이 높고 노년층에서 성비가 낮다. 따라서 (나)는 (다)보다 성비가 높다.

⑤ 2차 산업 종사자 비율은 도시가 촌락보다 높으므로 (다)는 (가)보다 2차 산업 종사자 비율이 낮다.

그래프는 세 지역의 인구 밀도 변화를 나타낸 것이다. (가)~(다) 지역으로 옳은 것은?

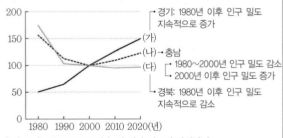

*지역별 2000년 인구 밀도를 100으로 했을 때 해당 연도의 상댓값임.
**해당 시기의 행정 구역 기준임.

	(가)	(나)	(다)		(가)	(나)	(다)
①	경기	경북	충남	✓②	경기	충남	경북
③	경북	경기	충남	④	경북	충남	경기
⑤	충남	경기	경북				

│ 자료 분석 │

그래프는 지역별 2000년 인구 밀도를 100으로 했을 때 해당 연도의 상댓값을 나타낸 것이다. (가)는 1980년 이후 인구 밀도가 지속적으로 증가하는 지역, (나)는 1980년 이후 인구 밀도가 감소하였으나 2000년 이후 인구 밀도가 증가하는 지역, (다)는 1980년 이후 지속적으로 인구 밀도가 감소하는 지역이다.

│ 선지 해설 │

② (가) – 경기, (나) – 충남, (다) – 경북

• (가)는 1980년 이후 인구 밀도가 지속적으로 증가한 지역으로, 경기이다. 경기는 서울의 배후지 역할을 담당하는 지역이다. 우리나라는 서울의 주택 문제를 해결하기 위해 1990년대에 1기 신도시, 2000년대에 2기 신도시를 건설하였으며, 수도권 신도시 개발 이후 경기의 인구 밀도가 크게 증가하였다.

• (나)는 1980년 이후 인구 밀도가 감소하였으나 2000년 이후 인구 밀도가 증가하는 지역이다. 비수도권에 위치한 충남은 1980년 이후 2000년까지 인구 밀도가 감소하였다. 한편, 2000년 이후 수도권 전철 연장, 고속 철도 개통으로 수도권으로의 접근성이 향상되었고, 수도권 과밀화에 따른 분산 정책의 시행으로 수도권의 행정, 산업, 교육 등 다양한 기능이 이전하고 있다. 그 결과 2000년 이후 충남의 인구 밀도는 지속적으로 증가하고 있다.

• (다)는 1980년 이후 지속적으로 인구 밀도가 감소하는 지역이다. 경북은 비수도권에 위치한 지역이며 촌락의 성격이 상대적으로 강하다. 따라서 1980년 이후 지속적으로 인구 밀도가 감소한 (다)는 경북이다.

05 지역별 인구 특성 비교 22학년도 9월 모평 15번

정답 ③ | 정답률 69%

그래프는 지도에 표시된 세 지역의 시기별 인구 특성을 나타낸 것이다.
(가)~(다) 지역에 대한 설명으로 옳은 것은? [3점]

┌ 세 지역 중 인구 증가
│ 율이 가장 높음
┌ 청장년층 인구 비율이 가장 높음
│ 청장년층 인구 비율이 증가함
└ 노령화 지수가 가장 낮음

(%)
50
40
30
인 20
구 10
증
가 0 (가) (나)
율 -10 (다)
-20
-30

* 인구 증가율은 2000년 대비 2019년 값임.
세 지역 중 인구 증가율이 가장
낮고 인구가 감소하고 있음

(%)
70
청
장 65
년
층 60
인
구
비 55
율
100 200 300 400 500
노령화 지수

(가) (나) [2000년 — 2019년]
(다)

┌ 당진시: 1차 금속 제조업이 발달해(통계청)
│ 있으며 수도권과 인접해 있음 → (가)

┌ 청장년층 인구 비율이 가장 낮음
│ 청장년층 인구 비율이 감소함
└ 노령화 지수가 가장 높음

홍성군: 충청남도청이
위치한 내포 신도시가
있음 → (나)

0 25km

┌ 부여군: 세 지역 중 수도권에서 가장
│ 멀리 떨어져 있으며 촌락임 → (다)

① (나)에는 대규모 제철소가 있다.
  (가)
② (다)에는 내포 신도시가 위치한다.
  (나) └ 홍성군과 예산군의 경계에 위치
③ (다)는 (가)보다 2019년 중위 연령이 높다.
  └ 촌락이 도시보다 높음
④ 당진의 총부양비는 2019년이 2000년보다 ~~높다.~~ 낮다
  └ 청장년층 인구 비율이 높아지면서 낮아짐
⑤ 부여는 2019년에 유소년층 인구가 노년층 인구보다 ~~많다.~~
  └ 노령화 지수 100 이상   적다

자료 분석

지도에 표시된 지역은 충청남도 당진시, 홍성군, 부여군이다. 이 중 당진시는 1차 금속 제조업이 발달하면서 최근 인구가 많이 증가하였다. 따라서 (가)~(다) 중 인구 증가율과 청장년층 인구 비율이 가장 높고 노령화 지수가 가장 낮은 (가)가 당진시이다. 부여군은 세 지역 중 수도권에서 가장 멀리 위치한 촌락으로 이촌 향도에 따른 인구 감소 현상이 나타나고 있다. 따라서 (가), (나)와 달리 인구 증가율이 (−)로 인구가 감소하고 있으며 세 지역 중 청장년층 인구 비율이 가장 낮고 노령화 지수가 가장 높은 (다)가 부여군이다. (나)는 홍성군이다.

선지 해설

① 대규모의 제철소는 (가) 당진시에 있다.

② (나) 홍성군과 예산군의 경계에 조성된 내포 신도시에는 충청남도청이 위치한다.

③ 중위 연령은 청장년층 인구 비율이 낮고 노년층 인구 비율이 높은 지역이 높다. 따라서 (다) 부여군은 (가) 당진시보다 2019년 중위 연령이 높다.

④ 총부양비는 청장년층 인구 비율이 높을수록 낮다. (가) 당진시는 2000년에 비해 2019년 청장년층 인구 비율이 높아졌으므로 당진시의 총부양비는 2019년이 2000년보다 낮다.

⑤ (다) 부여군의 2019년 노령화 지수는 400 이상이다. 노령화 지수가 100 이상이면 유소년층 인구보다 노년층 인구가 많은 경우이다. 따라서 (다) 부여군은 2019년에 유소년층 인구가 노년층 인구보다 적다.

06 지역별 인구 특성 비교 20학년도 6월 모평 8번

정답 ④ | 정답률 51%

그래프는 충청권의 시·도별 인구 특성을 나타낸 것이다. 이에 대한 설명으로 옳은 것은?

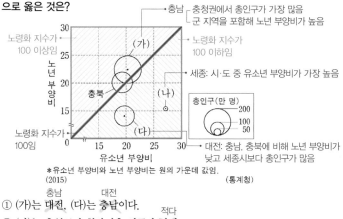

┌ 충남 — 충청권에서 총인구가 가장 많음
│ └ 군 지역을 포함해 노년 부양비가 높음

노령화 지수가 → (%)
100 이상임   30
         노 25
노령화 지수가 년
100 이하임   부 20
         양
         비 15

(가)
충북   (나)
(다)

┌ 세종: 시·도 중 유소년 부양비가 가장 높음

총인구(만 명)
⬤ 200
● 100
• 50

0   15   20   25   30
     유소년 부양비

노령화 지수가 ↙
100임

┌ 대전: 충남, 충북에 비해 노년 부양비가
│ 낮고 세종시보다 총인구가 많음

*유소년 부양비와 노년 부양비는 원의 가운데 값임.
(2015)   (통계청)

충남   대전
① (가)는 ~~대전~~, (다)는 ~~충남~~이다.
                  적다
② (나)는 충북보다 청장년층 인구가 ~~많다.~~
  (가) └ 총인구×청장년층 인구 비중
③ (다)는 총 부양비가 가장 높다.
  └ 유소년 부양비+노년 부양비
④ 노령화 지수가 가장 높은 지역은 충남이다.
              노년 부양비
              ─────── ×100
        적다 유소년 부양비
⑤ 세종은 노년층 인구가 유소년층 인구보다 ~~많다.~~

자료 분석

(가)는 충청권의 시·도 중 총인구가 가장 많으며 노년 부양비가 가장 높으므로 충남이다. (나)는 (다)보다 총인구가 적으며 유소년 부양비가 높으므로 우리나라 시·도 중 유소년층 인구 비중과 유소년 부양비가 가장 높은 세종이다. (다)는 (가) 충남, 충북에 비해 노년 부양비가 낮고 인구가 100만 명 이상이므로 광역시인 대전이다.

선지 해설

① (가)는 충남, (다)는 대전이다.

② 청장년층 인구는 총인구에서 청장년층 인구가 차지하는 비중을 곱하면 된다. (나) 세종은 충북보다 총 부양비가 높으므로 청장년층 인구 비중이 낮고, 총인구는 월등히 적으므로 청장년층 인구는 (나) 세종이 충북보다 적다.

③ 총 부양비는 유소년 부양비와 노년 부양비를 합한 값으로, (가) 충남 〉(나) 세종 〉 충북 〉 (다) 대전 순으로 높다.

④ 노령화 지수는 (노년 부양비/유소년 부양비)×100으로도 구할 수 있다. 제시된 그래프를 통해 노령화 지수를 구하면 (가) 충남과 충북은 노령화 지수가 100 이상이고, (나) 세종과 (다) 대전은 노령화 지수가 100 이하이다. 따라서 노령화 지수는 (가) 충남 〉 충북 〉 (다) 대전 〉 (나) 세종 순으로 높다.

⑤ 세종은 노년 부양비가 유소년 부양비보다 낮다. 따라서 노년층 인구가 유소년층 인구보다 적다.

그래프는 시·도별 유소년층 및 노년층 인구 비율을 나타낸 것이다. 이에 대한 설명으로 옳은 것은? (단, (가)~(라)는 지도에 표시된 지역 중 하나임.)

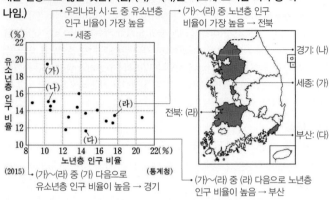

→우리나라 시·도 중 유소년층 인구 비율이 가장 높음 → 세종

(가)~(라) 중 노년층 인구 비율이 가장 높음 → 전북

(가)~(라) 중 (가) 다음으로 유소년층 인구 비율이 높음 → 경기

(가)~(라) 중 (라) 다음으로 노년층 인구 비율이 높음 → 부산

경기: (나)
세종: (가)
전북: (라)
부산: (다)

① (나)에는 공공 기관이 이전한 혁신 도시가 위치해 있다.

② (가)는 (다)보다 노령화 지수가 높다.
노년층 인구 비율／유소년층 인구 비율 ×100
낮다

✔③ (나)는 (가)보다 유소년층 인구가 많다.
유소년층 인구 비율은 (가)가 높지만 (나)는 (가)보다 총인구가 월등히 많음

④ (다)는 (라)보다 총 부양비가 높다.
청장년층 비중이 높을수록 낮음
낮다

⑤ (다)는 호남권, (라)는 영남권에 해당한다.
영남권 / 호남권

| 자료 분석 |

지도에 표시된 지역은 경기, 세종, 전북, 부산이다. (가)는 우리나라 시·도 중 유소년층 인구 비율이 가장 높으므로 세종이다. (나)는 (가) 다음으로 유소년층 인구 비율이 높고 노년층 인구 비율이 낮으므로 청장년층의 인구 유입이 많은 경기이다. (다)는 (가)~(라) 중 유소년층 인구 비율이 가장 낮고 (라) 다음으로 노년층 인구 비율이 높으므로 부산이다. 부산에는 촌락의 특성이 강한 기장군이 포함되어 있고, 교외화 현상으로 청장년층의 유출이 활발하다. (라)는 (가)~(라) 중 이촌향도 현상으로 청장년층 인구 비율이 낮고 노년층 인구 비율이 높은 전북이다.

| 선지 해설 |

① (나) 경기에는 공공 기관이 이전한 혁신 도시가 위치해 있지 않다.

② (가) 세종은 (다) 부산보다 유소년층 인구 비율이 높고 노년층 인구 비율이 낮으므로 노령화 지수가 낮다.

③ 유소년층 인구 비율은 (나) 경기가 (가) 세종보다 낮다. 그러나 총인구는 (나) 경기가 약 1,300만 명, (가) 세종이 약 30만 명으로 (나) 경기가 (가) 세종보다 많다. 따라서 (나) 경기는 (가) 세종보다 유소년층 인구가 많다.

④ 총 부양비는 청장년층 인구 비율이 높을수록 낮다. (다) 부산은 (라) 전북보다 유소년층 인구 비율과 노년층 인구 비율이 모두 낮으므로 청장년층 인구 비율이 높다. 따라서 (다) 부산은 (라) 전북보다 총 부양비가 낮다.

⑤ (다) 부산은 영남권, (라) 전북은 호남권에 해당한다.

그래프는 세 지역의 인구 구조 변화를 나타낸 것이다. (가)~(다)에 해당하는 지역을 지도의 A~C에서 고른 것은? [3점]

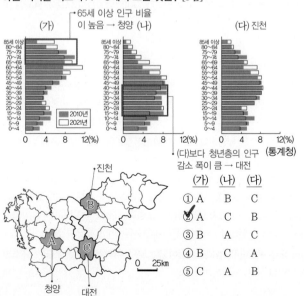

65세 이상 인구 비율이 높음 → 청양 (나)

(다)보다 청년층의 인구 감소 폭이 큼 → 대전

	(가)	(나)	(다)
①	A	B	C
②✔	A	C	B
③	B	A	C
④	B	C	A
⑤	C	A	B

| 자료 분석 |

제시된 지도는 충청권을 나타낸 것이며, 지도의 A는 충남 청양, B는 충북 진천, C는 대전광역시이다.

| 선지 해설 |

② (가) – A, (나) – C, (다) – B

· (가)는 세 지역 중 65세 이상 노년층 인구 비율이 가장 높은 A 청양이다. 청양은 세 지역 중 촌락의 성격이 가장 강한 지역으로 65세 이상의 노년층 인구 비율이 높고, 15~64세 미만의 청장년층 인구 비율이 상대적으로 낮다.

· (나)는 (다)보다 15~64세 미만 청장년층 인구 비율의 감소 폭이 상대적으로 큰 C 대전이다. 대전은 교외화 현상과 인근에 조성된 세종시로의 인구 유출로 인해 청장년층 인구 비율이 감소하는 추세가 나타난다.

· (다)는 (가)보다 65세 이상 노년층 인구 비율이 낮으며, (나)보다 15~64세 미만 청장년층 인구 비율의 감소 폭이 작은 B 진천이다. 진천은 혁신 도시 건설로 2010년 이후 일부 연령층에서 인구 유입이 나타났다.

09 지역별 인구 특성 비교 20학년도 9월 모평 18번   정답 ① | 정답률 29%

그래프는 지도에 표시된 세 지역의 인구 특성을 나타낸 것이다. (가)~(다) 지역에 대한 설명으로 옳은 것은?

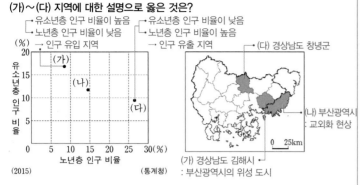

✔ ① (가)는 (나)보다 농가 인구 비율이 높다.
— 대도시일수록 낮음

② (가)는 (다)보다 총 부양비가 높다. 낮다

③ (나)는 (가)보다 총인구가 적다. 많다
— 청장년층 인구 비율이 높을수록 낮음

④ (다)는 (나)보다 노령화 지수가 낮다. 높다
— 노년층 인구 비율 / 유소년층 인구 비율 ×100

⑤ (나)로 통근·통학하는 인구 비율은 (다)가 (가)보다 높다.
(가)   (다)

│ 자료 분석 │

지도에 표시된 지역은 부산광역시, 경상남도 김해시, 경상남도 창녕군이다. (가)는 (가)~(다) 중 유소년층 인구 비율이 가장 높고 노년층 인구 비율이 가장 낮으므로, 부산광역시의 위성 도시인 경상남도 김해시이다. (나)는 (가) 경상남도 김해시보다 유소년층 인구 비율이 낮고 노년층 인구 비율이 높으므로, 교외화 현상으로 청장년층 인구가 유출되는 부산광역시이다. (다)는 (가)~(다) 중 유소년층 인구 비율이 가장 낮고 노년층 인구 비율이 가장 높으므로, 촌락에 해당하는 경상남도 창녕군이다.

│ 선지 해설 │

① (나) 부산광역시는 (가) 김해시보다 대도시에 해당하므로 전체 인구에서 차지하는 농가 인구 비율이 낮다.

② 총 부양비는 청장년층 인구 비율이 높을수록 낮고, 청장년층 인구 비율은 유소년층 인구 비율과 노년층 인구 비율의 합이 작을수록 높다. (가) 김해시는 (다) 창녕군보다 청장년층 인구 비율이 높으므로, 총 부양비는 낮다.

③ (나) 부산광역시는 (가) 김해시보다 총인구가 많다.

④ (다) 창녕군은 (나) 부산광역시보다 유소년층 인구 비율은 조금 높지만 노년층 인구 비율은 10% 이상 높으므로 노령화 지수가 높다.

⑤ (나) 부산광역시로 통근·통학하는 인구 비율은 부산광역시에 더 인접한 (가) 김해시가 (다) 창녕군보다 높다.

10 지역별 인구 특성 비교 19학년도 6월 모평 13번   정답 ④ | 정답률 52%

그래프는 지도에 표시된 세 지역의 인구 특성을 나타낸 것이다. (가)~(다) 지역에 대한 설명으로 옳은 것은? [3점]

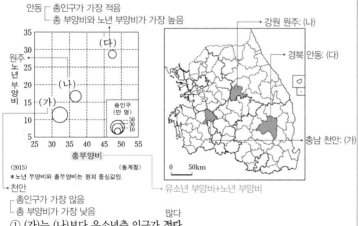

① (가)는 (나)보다 유소년층 인구가 적다. 많다

② (나)는 (다)보다 노령화 지수가 높다. 낮다
— 노년 부양비 / 유소년 부양비 ×100
(나)   (가)

③ (가)는 강원권, (나)는 충청권에 있다.

✔ ④ (나)에는 혁신 도시, (다)에는 도청이 위치해 있다.
— 안동: 경상북도 도청 소재지
— 원주: 혁신 도시, 기업 도시

⑤ 청장년층 인구의 비중은 (다) > (나) > (가) 순으로 높다.
(가)   (다)

│ 자료 분석 │

지도에 표시된 지역은 충남 천안, 강원 원주, 경북 안동이다. (가)는 세 지역 중 총인구가 가장 많으며 총 부양비가 가장 낮으므로 청장년층 인구 비중이 가장 높다. 또한 노년 부양비가 가장 낮으므로 노년층이 차지하는 비중이 가장 낮다. 따라서 (가)는 충남 천안이다. 천안은 수도권과 전철로 연결되어 있고 각종 공업이 발달해 있어 청장년층을 중심으로 인구가 유입되고 있다. (다)는 세 지역 중 총인구가 가장 적으며 총 부양비가 가장 높으므로 청장년층 인구 비중이 가장 낮다. 또한 노년 부양비가 가장 높으므로 노년층이 차지하는 비중이 가장 높다. 따라서 (다)는 경북 안동이다. 안동은 천안, 원주에 비해 농업에 종사하는 인구 비중이 높고 노년층이 차지하는 비중이 높다. 나머지 (나)는 강원 원주이다.

│ 선지 해설 │

① 유소년층 인구 비중은 유소년 부양비를 통해 비교할 수 있으며, 유소년 부양비는 총 부양비에서 노년 부양비를 뺀 값이다. (가) 천안은 (나) 원주보다 총인구가 월등히 많고 유소년층 인구 비중은 다소 낮다. 따라서 (가) 천안은 (나) 원주보다 유소년층 인구가 많다.

② 노령화 지수는 (노년 부양비/유소년 부양비)×100으로도 구할 수 있다. (나) 원주는 (다) 안동에 비해 노년 부양비는 월등히 작고 유소년 부양비는 크다. 따라서 (나) 원주는 (다) 안동보다 노령화 지수가 낮다.

③ (나) 원주는 강원권에 위치해 있고, (가) 천안은 충청권에 위치해 있다.

④ (나) 원주에는 혁신 도시와 기업 도시가 모두 위치해 있으며, (다) 안동은 경상북도의 도청 소재지이다.

⑤ 청장년층 인구 비중이 높을수록 총 부양비는 낮아지므로 청장년층 인구 비중은 (가) > (나) > (다) 순으로 높다.

그래프는 지도에 표시된 네 지역의 인구 특성을 나타낸 것이다. (가)~(라) 지역에 대한 설명으로 옳은 것은?

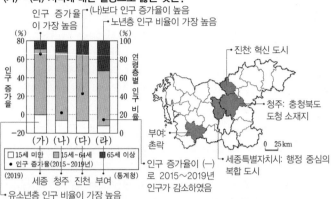

인구 증가율이 가장 높음
(나)보다 인구 증가율이 높음
노년층 인구 비율이 가장 높음

15세 미만 / 15세~64세 / 65세 이상 / ● 인구 증가율 (2015~2019년)

(2019) 세종 청주 진천 부여 (통계청)

유소년층 인구 비율이 가장 높음
인구 증가율이 (-)로 2015~2019년 인구가 감소하였음

진천: 혁신 도시
청주: 충청북도 도청 소재지
부여: 촌락
세종특별자치시: 행정 중심의 복합 도시

① (가)는 혁신 도시가 조성되어 공공 기관이 이전한 곳이다.
  └ (다)

② (가)는 (라)보다 총부양비가 높다. 낮다
  └ 청장년층 인구 비율이 높을수록 낮음

③ (라)는 (다)보다 성비가 높다.
  └ 낮다

✔④ (가)~(라) 중 총인구가 가장 많은 곳은 (나)이다.

⑤ (가)~(라) 중 중위 연령이 가장 높은 곳은 (다)이다.
  └ 촌락이 도시보다 높음 (라)

| 자료 분석 |

지도에 표시된 네 지역은 혁신 도시로 지정된 진천, 충청북도의 도청 소재지인 청주, 행정 중심의 복합 도시인 세종특별자치시, 촌락인 부여이다. 그래프에서 (가)는 네 지역 중 유소년층 인구 비율과 인구 증가율이 가장 높으므로 최근 청장년층을 중심으로 인구 유입이 활발한 세종특별자치시이다. (라)는 인구 증가율이 (-)로 인구가 감소하고 있으므로 촌락인 부여이다. (다)는 (나)보다 인구 증가율이 높으므로 혁신 도시로 지정되면서 인구가 유입되고 있는 진천이다. 청주는 진천보다 2019년 기준 인구는 더 많지만 인구가 정체되고 있다. 반면 진천은 인구는 적지만 혁신 도시 조성으로 인구가 유입되면서 인구 증가율이 높다. 따라서 (나)는 청주이다.

| 선지 해설 |

① 혁신 도시가 조성되어 공공 기관이 이전한 곳은 (다) 진천이다.

② 총부양비는 청장년층 인구 비율이 낮을수록 높다. 따라서 도시인 (가)가 촌락인 (라)보다 청장년층 인구 비율이 높아 총부양비가 낮다.

③ (라) 부여는 (다) 진천보다 성비가 낮다. 촌락은 도시에 비해 노년층의 인구 비중이 높으며 노년층에서는 여초 현상이 주로 나타나 성비가 대체로 낮다.

④ (가)~(라) 중 총인구가 가장 많은 곳은 (나) 청주이다.

⑤ 촌락으로 유소년층 비중이 가장 낮고 노년층의 비중이 가장 높은 (라) 부여가 (가)~(라) 중 중위 연령이 가장 높다.

그래프의 (가)~(다)는 지도에 표시된 A~C의 인구 특성을 나타낸 것이다. 이에 대한 설명으로 옳은 것은? [3점]

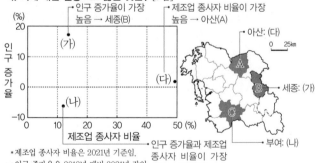

인구 증가율이 가장 높음 → 세종(B)
제조업 종사자 비율이 가장 높음 → 아산(A)

아산: (다)
세종: (가)
부여: (나)

인구 증가율과 제조업 종사자 비율이 가장 낮음 → 부여(C)

* 제조업 종사자 비율은 2021년 기준임.
* 인구 증가율은 2018년 대비 2021년 값임.

① (가)는 수도권과 전철로 연결되어 있다.
  └ (다)

② (다)에는 행정 중심 복합 도시가 건설되었다.
  └ (가)

③ (가)는 (나)보다 인구 밀도가 낮다.
  └ 높다

✔④ A는 B보다 제조업 종사자 비율이 높다.
  └ A 아산 〉 B 세종

⑤ A는 (가), B는 (나), C는 (다)이다.
  └ (다) (가) (나)

| 자료 분석 |

지도에 표시된 A는 아산, B는 세종, C는 부여이다. 그래프의 (가)는 세 지역 중 인구 증가율이 가장 높은 지역으로 B 세종이다. (나)는 인구 증가율이 가장 낮고 제조업 종사자 비율도 가장 낮으므로 C 부여이다. (다)는 세 지역 중 제조업 종사자 비율이 가장 높은 A 아산이다. 따라서 (가)는 B 세종, (나)는 C 부여, (다)는 A 아산이다.

| 선지 해설 |

① (가) 세종은 수도권과 전철로 연결되어 있지 않다. (가)~(다) 중 수도권과 전철로 연결된 지역은 (다) 아산이다. (다) 아산은 수도권 전철 1호선이 연결되어 있다.

② (다) 아산에는 행정 중심 복합 도시가 건설되어 있지 않다. 행정 중심 복합 도시는 (가) 세종에 건설되었다.

③ (가) 세종은 특별자치시로 인구가 약 39만 명이지만 (나) 부여는 군(郡)으로 인구가 약 6만 명으로 인구가 6배 이상 차이가 난다(2024년 기준). 그러나 면적은 (가) 세종이 (나) 부여보다 좁으므로, (가) 세종은 (나) 부여보다 인구 밀도가 높다.

④ A 아산은 전자, 자동차, 기계 등 제조업 등이 발달하였으나 B 세종은 행정 중심 복합 도시가 위치하여 주로 공공 기관이 입지한 도시이다. 따라서 A 아산은 B 세종보다 제조업 종사자 비율이 높다.

⑤ A는 (다) 아산, B는 (가) 세종, C는 (나) 부여이다.

13 지역별 인구 특성 비교 23학년도 수능 17번

정답 ② | 정답률 64%

그래프는 세 지역의 인구 특성을 나타낸 것이다. (가)~(다)에 해당하는 지역을 지도의 A~C에서 고른 것은? [3점]

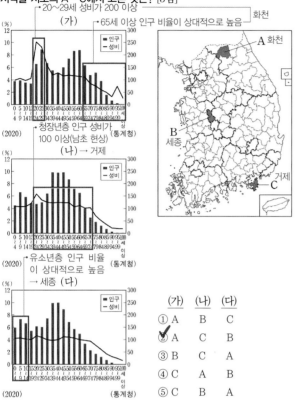

	(가)	(나)	(다)
①	A	B	C
②	A	C	B
③	B	C	A
④	C	A	B
⑤	C	B	A

출제 경향

연령층별 인구 비율 그래프를 분석하여 해당 지역을 연결하는 문항이 출제된다. 시도별로 다양한 인구 관련 지표가 가장 높은 지역과 가장 낮은 지역을 정리해 두어야 한다.

선지 해설

② (가)– A, (나)– C, (다)– B

- (가)는 (가)~(다) 중 65세 이상 인구 비율이 가장 높다. 그리고 20~30세 인구의 성비가 200 이상으로 매우 높은 것을 보아 휴전선 부근에 위치하고 촌락의 특징이 뚜렷한 A 화천이다.
- (나)는 청장년층 인구의 성비가 100 이상으로 남초 현상이 나타나는 지역이다. 따라서 (나)는 중화학 공업이 발달하여 청장년층 남성 인구의 비율이 상대적으로 높은 C 거제이다.
- (다)는 (가)~(다) 중 유소년층 인구 비율이 가장 높으며, (나)보다 청장년층 인구의 성비가 낮은 지역이다. 따라서 (다)는 행정 중심 복합 도시가 건설된 이후 청장년층 인구 유입이 활발하였고, 유소년 부양비가 가장 높은 B 세종이다.

14 지역별 인구 특성 비교 21학년도 수능 6번

정답 ③ | 정답률 79%

그래프의 (가)~(다) 지역으로 옳은 것은? [3점]

(가)~(다) 중 청장년층 인구 비율이 가장 높음 → (가)~(다) 중 노년층 인구 비율이 가장 높음

〈연령층별 인구 비율〉

(가)→서울 (나)→경북 (다)→세종

(가)~(다) 중 유소년층 인구 비율이 가장 높음

□ 0~14세 ▨ 15~64세 ■ 65세 이상
(2018) (통계청)

	(가)	(나)	(다)
①	경북	서울	세종
②	경북	세종	서울
③	서울	경북	세종
④	서울	세종	경북
⑤	세종	경북	서울

선지 해설

③ (가) – 서울, (나) – 경북, (다) – 세종

- (가)는 세 지역 중에서 15~64세에 해당하는 청장년층 인구 비율이 가장 높으므로 서울이다. 서울은 각종 기능이 발달해 있어 일자리가 풍부해 경제 활동 인구(생산 가능 인구)에 해당하는 청장년층의 유입이 많아 청장년 인구 비율이 높다.
- (나)는 세 지역 중에서 65세 이상의 노년층 인구 비율이 가장 높으므로 촌락 지역의 인구 비율이 높은 도(道) 지역인 경북이다. 경북은 태백산맥과 소백산맥이 지나가는 지역으로 산간 내륙에 위치한 촌락이 많아 노년층 인구 비율이 높다.
- (다)는 세 지역 중에서 0~14세의 유소년층 인구 비율이 가장 높으므로 세종이다. 세종은 우리나라 시·도 중 유소년층 인구 비율이 가장 높다.

그래프는 지도에 표시된 세 지역의 인구 특성을 나타낸 것이다.
(가)~(다)에 해당하는 지역을 A~C에서 고른 것은? [3점]

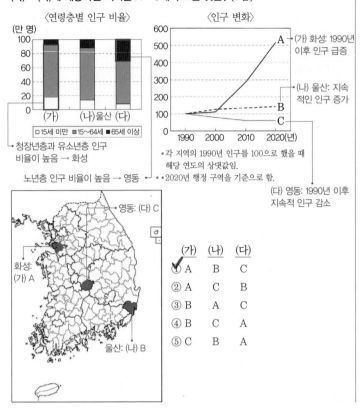

〈연령층별 인구 비율〉

청장년층과 유소년층 인구 비율이 높음 → 화성

노년층 인구 비율이 높음 → 영동

화성: (가) A

영동: (다) C

울산: (나) B

〈인구 변화〉

(가) 화성: 1990년 이후 인구 급증

(나) 울산: 지속적인 인구 증가

• 각 지역의 1990년 인구를 100으로 했을 때 해당 연도의 상댓값임.
• 2020년 행정 구역을 기준으로 함.

(다) 영동: 1990년 이후 지속적 인구 감소

	(가)	(나)	(다)
①	A	B	C
②	A	C	B
③	B	A	C
④	B	C	A
⑤	C	B	A

| 자료 분석 |

지도에 표시된 세 지역은 화성, 영동, 울산이다. 〈연령층별 인구 비율〉에서 (가)는 세 지역 중 15세 미만의 유소년층 인구 비율과 15~64세 청장년층 인구 비율이 가장 높은 것으로 보아 산업이 발달하거나 신도시 건설 등으로 인구가 유입하는 지역임을 유추할 수 있다. 반면, (다)는 세 지역 중 65세 이상의 노년층 인구 비율이 가장 높은 지역으로 촌락 지역임으로 유추할 수 있다. 1990년 대비 2020년 인구 변화에서 A는 2000년 이후 인구가 급증한 지역이고, B는 1990년 이후 지속적으로 인구가 증가한 지역이다. 반면 C는 인구가 지속적으로 감소한 지역이다.

| 선지 해설 |

① (가) – A, (나) – B, (다) – C

• (가)는 세 지역 중 유소년층 인구 비율이 가장 높은 지역이다. 지도의 세 지역 중 화성은 제조업이 발달한 도시로 인구가 지속적으로 증가하였으며, 2000년대 수도권 2기 신도시가 조성된 이후 인구가 급증하였다. 따라서 (가)는 화성이며 그래프의 A에 해당한다.

• (나)는 세 지역 중 노년층 인구 비율과 유소년층 인구 비율이 두 번째인 도시이다. (가)와 (다)보다 인구 지수 변화 폭이 적은 지역으로, 그래프의 B에 해당하는 지역이다. 한편 지도의 세 지역 중 인구 변화 지수 폭이 가장 적은 지역은 울산이다. 따라서 (나)는 울산이며 그래프의 B이다.

• (다)는 세 지역 중 노년층 인구 비율이 가장 높은 지역이다. 지도의 세 지역 중 영동은 농업이 발달한 촌락으로 청장년층의 대도시 유출 등으로 인하여 고령화 현상이 심화되고 있는 지역이다. 영동군은 지속적인 인구 유출과 저출산·고령화 현상의 영향으로 인하여 1990년 대비 2020년 인구가 지속적으로 감소하였으므로 그래프의 C에 해당한다. 따라서 (다)는 영동이며 그래프의 C이다.

표는 세 지역의 인구 특성을 나타낸 것이다. (가)~(다) 지역의 특징을 그림과 같이 표현할 때, A~D의 내용으로 옳은 것만을 〈보기〉에서 고른 것은? (단, (가)~(다)는 각각 단양, 당진, 세종 중 하나임.) [3점]

성비가 가장 높음 → 당진

구분	연령층별 인구 비율(%)			성비
	유소년층	청장년층	노년층	
(가)	13.2	67.4	19.4	116.3
(나)	6.6	58.4	35.0	102.2
(다)	18.9	71.1	10.0	100.9

(2022)

유소년층 인구 비율이 가장 높음 → 세종

노년층 인구 비율이 가장 높음 → 단양

당진

A: (가)에만 해당되는 특징임.
B: (나)에만 해당되는 특징임.
C: (가)와 (나)에만 해당되는 특징임.
D: (가)와 (다)에만 해당되는 특징임.

단양 → (나)   (다) → 세종

(통계청)

〈보기〉

ㄱ. A: 행정 중심 복합 도시가 위치함.
  (다)

ㄴ. B: '군(郡)' 단위 행정 구역에 해당함.
  └ 단양

ㄷ. C: 노령화 지수가 100 이상임.
  노년층 인구 비율 / 유소년층 인구 비율 ×100

ㄹ. D: 남성 인구가 여성 인구보다 많음.
  (가), (나), (다) 모두

① ㄱ, ㄴ   ② ㄱ, ㄷ   ③ ㄴ, ㄷ   ④ ㄴ, ㄹ   ⑤ ㄷ, ㄹ

| 자료 분석 |

(가)는 단양, 당진, 세종 중 성비가 가장 높은 충남 당진이다. 당진은 중화학 공업에 해당하는 제철 공업이 발달하였으며, 남성 노동자 비율이 높아 성비 또한 높게 나타난다. (나)는 세 지역 중 유소년층 인구 비율이 가장 낮고 노년층 인구 비율이 가장 높은 충북 단양이다. 세 지역 중 촌락의 성격이 가장 강한 충북 단양은 유소년층 인구 비율이 가장 낮고, 노년층 인구 비율이 가장 높다. (다)는 세 지역 중 유소년층 인구 비율이 가장 높은 세종이다. 세종은 행정 중심 복합 도시의 건설 이후 청년층의 인구 유입이 활발하였으며 우리나라 시·도 중 유소년층 인구 비율이 가장 높다.

| 선지 해설 |

ㄱ. A는 (가) 당진에만 해당되는 특징이며, 행정 중심 복합 도시는 (다) 세종에만 위치한다.

ㄴ. B는 (나) 단양에만 해당되는 특징이며, 세 지역 중 '군(郡)' 단위 행정 구역에 해당하는 지역은 (나) 단양뿐이다. (가) 당진과 (다) 세종은 모두 시에 해당한다.

ㄷ. C는 (가) 당진과 (나) 단양에만 해당되는 특징이다. 노령화 지수는 노년층 인구 비율을 유소년층 인구 비율로 나눈 후 100을 곱하여 구할 수 있다. (가) 당진과 (나) 단양은 모두 노년층 인구 비율이 유소년층 인구 비율보다 높아 노령화 지수가 100 이상이다. (다) 세종은 노년층 인구 비율이 유소년층 인구 비율보다 낮아 노령화 지수가 100 미만이다.

ㄹ. D는 (가) 당진과 (다) 세종에만 해당되는 특징이다. 성비는 여성 100명당 남성의 수로 나타내며, 성비가 100을 초과하는 (가) 당진, (나) 단양, (다) 세종은 모두 남성 인구가 여성 인구보다 많다.

17　지역별 인구 특성 비교　21학년도 9월 모평 16번

정답 ① | 정답률 53%

그래프는 지도에 표시된 세 지역의 지역 내 외국인 주민의 유형별 비율에 관한 것이다. (가)~(다) 지역에 대한 설명으로 옳은 것은?

경북 봉화군: 촌락으로 결혼 적령기 연령에서 성비 불균형이 나타남

(가)~(다) 중 외국인 근로자 비율이 가장 높음: 화성시

경기도 화성시: 제조업 발달

(가) 52.5(%) 28.0 11.9 1.4 6.2

(나) 12.7(%) 36.3 14.7 8.0 28.3

(다) 19.2(%) 38.6 33.8 8.4

■ 외국인 근로자　▨ 결혼 이민자　▩ 유학생
▧ 외국 국적 동포　□ 기타
* 외국인 주민은 한국 국적을 가지지 않은 자만 해당함.
(2018)
(행정안전부)

대전광역시
└ 대학이 많음
└ 대덕 연구 단지 위치

(가)~(다) 중 유학생 비율이 가장 높음: 대전광역시
(가)~(다) 중 결혼 이민자 비율이 가장 높음: 봉화군

✔① (가)는 (다)보다 성비가 높다.
　　　공업 도시: 남초
　　　노년층 비중이 높은 촌락: 여초
② (나)는 (가)보다 2000년 이후 연평균 인구 증가율이 높다. → 낮다
③ (나)는 (다)보다 총부양비가 높다. → 낮다
　　　→ 청장년층 인구 비중이 낮을수록 높음
④ (나)는 (다)보다 노령화 지수가 높다. → 낮다
⑤ (다)는 (가)보다 유소년 부양비가 높다. → 낮다

| 자료 분석 |

지도에 표시된 지역은 왼쪽부터 경기도 화성시, 대전광역시, 경상북도 봉화군이다. (가)는 세 지역 중 외국인 근로자의 비율이 가장 높으므로 제조업이 발달한 화성시이다. (나)는 세 지역 중 유학생의 비율이 가장 높으므로 대학교가 많고 대덕 연구 단지가 위치한 대전광역시이다. (다)는 세 지역 중 결혼 이민자의 비율이 가장 높으므로 촌락에 해당하는 봉화군이다. 촌락은 결혼 적령기 여성 인구의 유출에 따른 성비 불균형으로 지역 내 외국인 주민 유형 중 결혼 이민자의 비율이 높게 나타난다.

| 선지 해설 |

① (가) 화성시는 자동차 및 트레일러 제조업을 비롯한 각종 공업이 발달해 있어 노년층 비율이 높은 촌락인 (다) 봉화군보다 성비가 높다.

② 2000년 이후 연평균 인구 증가율은 (가) 화성시가 (나) 대전광역시보다 높다. 화성시는 신도시 건설로 인구 유입이 많은 반면, 대전광역시는 교외화 현상이 나타나고 있다.

③ 총부양비는 청장년층 인구 비중이 낮을수록 높다. 따라서 (나) 대전광역시는 청장년층 인구 비중이 낮은 (다) 봉화군보다 총부양비가 낮다.

④ 노령화 지수는 촌락이 도시보다 높으므로 (나) 대전광역시는 (다) 봉화군보다 노령화 지수가 낮다.

⑤ 유소년 부양비는 유소년층 비율이 높은 도시가 촌락보다 대체로 높다. 따라서 (가) 화성시가 (다) 봉화군보다 유소년 부양비가 높다.

18　지역별 인구 특성 비교　22학년도 4월 학평 16번

정답 ⑤ | 정답률 71%

그래프는 네 지역의 인구 특성을 나타낸 것이다. 이에 대한 옳은 설명만을 〈보기〉에서 고른 것은? (단, (가)~(라)는 각각 경기, 서울, 전남, 충남 중 하나임.) [3점]

전남: 노년층 인구 비율이 가장 높음

경기: 총인구가 가장 많음

충남: 인구 증가율이 네 지역 중 두 번째로 높음

총인구(만 명)
----- 1,500
----- 1,000
----- 200

* 유소년층 인구 비율과 노년층 인구 비율은 원의 가운데 값임.
* 인구 증가율은 2015년 대비 2020년 값임. (2020)

서울: 총인구가 두 번째로 많고, 인구 증가율이 가장 낮음

〈 보기 〉
ㄱ. (가)는 서울, (다)는 전남이다. → 경기, 충남
ㄴ. (가)는 (라)보다 노령화 지수가 높다. → 낮다
　　노년층 인구 비율／유소년층 인구 비율 ×100
ㄷ. (다)는 (라)보다 청장년층 인구 비율이 높다.
　　→ 100 − (유소년층 인구 비율 + 노년층 인구 비율)
ㄹ. 2015년 대비 2020년에 인구가 가장 많이 감소한 지역은 서울이다.

① ㄱ, ㄴ　② ㄱ, ㄷ　③ ㄴ, ㄷ　④ ㄴ, ㄹ　✔⑤ ㄷ, ㄹ

| 자료 분석 |

(가)는 네 지역 중 총인구가 가장 많고 인구 증가율이 가장 높으므로 경기이다. (나)는 총인구가 두 번째로 많지만 인구 증가율이 가장 낮으므로 인구가 감소하고 있는 서울이다. (다)는 두 번째로 인구 증가율이 높은 충남이다. (라)는 네 지역 중 노년층 인구 비율이 가장 높고 인구가 감소한 지역으로 촌락의 성격이 가장 뚜렷한 전남이다.

| 보기 해설 |

ㄱ. (가)는 경기, (다)는 충남이다.

ㄴ. 노령화 지수는 (노년층 인구 비율/유소년층 인구 비율)×100으로 구할 수 있다. (가) 경기는 (라) 전남보다 유소년층 인구 비율이 높지만, 노년층 인구 비율은 낮다. 따라서 (가) 경기는 (라) 전남보다 노령화 지수가 낮다.

ㄷ. 청장년층 인구 비율은 100−(유소년층 인구 비율+노년층 인구 비율)로 구할 수 있다. (다) 충남은 (라) 전남과 유소년층 인구 비율이 비슷하지만, (다) 충남이 (라) 전남에 비해 노년층 인구 비율이 훨씬 낮다. 따라서 (다) 충남은 (라) 전남보다 청장년층 인구 비율이 높다.

ㄹ. 네 지역 중 2015년 대비 2020년에 인구가 감소한 지역은 인구 증가율이 (−)인 (나) 서울과 (라) 전남이다. (나) 서울은 (라) 전남에 비해 인구 증가율의 (−)의 값이 크며, 총인구가 많다. 따라서 네 지역 중 2015년 대비 2020년에 인구가 가장 많이 감소한 지역은 (나) 서울이다.

그래프는 지도에 표시된 네 지역의 인구 특성을 나타낸 것이다. (가)~
(라) 지역에 대한 설명으로 옳은 것은? [3점]

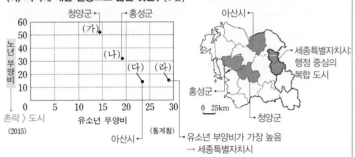

① (가)는 (나)보다 총인구가 ~~많다~~. 적다

② (가)는 (라)보다 서비스업 종사자 수가 ~~많다~~. 적다

③ (나)는 (다)보다 청장년층 인구 비율이 ~~높다~~. 낮다
└→ 청장년층 인구 비율이 높을수록 총 부양비가 낮음

✔④ (다)는 (나)보다 외국인 근로자 수가 많다.

⑤ (라)는 (다)보다 제조업 종사자 수가 ~~많다~~. 적다

| 자료 분석 |

지도에 표시된 지역은 세종특별자치시, 아산시, 홍성군, 청양군이다. 세종특별자
치시는 우리나라 시·도 중 유소년층 비중과 유소년 부양비가 가장 높다. 따라서
(가)~(라) 중 유소년 부양비가 가장 높은 (라)는 세종특별자치시이다. 인구 유입
이 활발한 도시는 촌락에 비해 유소년 부양비가 높다. 반면 인구 유출이 일어나
는 촌락은 도시에 비해 노년 부양비가 높다. 따라서 (가), (나)에 비해 노년 부양비
가 낮고 유소년 부양비가 높은 (다)는 아산시이다. (가)는 (가)~(라) 중 유소년 부
양비가 가장 낮고 노년 부양비가 가장 높으므로 제시된 지역 중 인구 규모가 가
장 작은 청양군이며 (가) 다음으로 노년 부양비가 높은 (나)는 홍성군이다.

| 선지 해설 |

① 2015년 기준으로 총인구는 (다) 아산시 > (라) 세종특별자치시 > (나) 홍성군 >
(가) 청양군 순으로 많다. 따라서 (가) 청양군은 (나) 홍성군보다 총인구가 적다.

② 총인구가 많을수록 대체로 서비스업 종사자 수 역시 많다. 따라서 (가) 청양군
은 (라) 세종특별자치시보다 서비스업 종사자 수가 적다.

③ 청장년층 인구 비율이 높을수록 총 부양비는 낮다. (나) 홍성군은 (다) 아산시
보다 유소년 부양비와 노년 부양비를 합한 총 부양비가 높다. 따라서 (나) 홍
성군은 (다) 아산시보다 청장년층 인구 비율이 낮다.

④ (다) 아산시는 자동차 및 트레일러 제조업을 비롯한 공업이 발달해 있다. 따라
서 (다) 아산시가 (나) 홍성군보다 외국인 근로자 수가 많다.

⑤ 세종특별자치시는 행정 중심의 복합 도시로 제조업은 크게 발달해 있지 않
다. 따라서 (라) 세종특별자치시는 (다) 아산시보다 제조업 종사자 수가 적다.

그래프는 지도에 표시된 세 지역의 인구 특성을 나타낸 것이다. 이에 대
한 설명으로 옳은 것은?

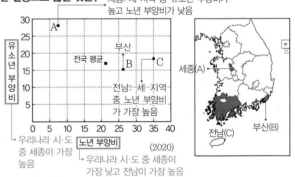

① A는 ~~호남권~~, C는 ~~충청권~~에 속한다.
  충청권   호남권

② A는 B보다 총인구가 ~~많다~~. 적다

③ A는 C보다 노령화 지수가 ~~높다~~. 낮다
  └→ 노년층 인구/유소년층 인구×100
     = 노년 부양비/유소년 부양비×100

✔④ C는 B보다 총부양비가 높다.
  └→ 유소년 부양비+노년 부양비

⑤ 부산은 전국 평균보다 유소년 부양비가 ~~높다~~. 낮다

| 자료 분석 |

지도의 세 지역은 세종, 전남, 부산이다. A는 세 지역 중 유소년 부양비가 가장
높고 노년 부양비가 가장 낮다. 행정 중심 복합 도시인 세종은 청장년층 인구가
유입하는 도시로 우리나라 시·도 중 유소년 부양비가 가장 높고 노년 부양비가
가장 낮으므로 A는 세종이다. C는 세 지역 중 노년 부양비가 가장 높다. 전남은
촌락의 비율이 높은 지역으로 청장년층 인구 유출이 나타나고 노년층 인구 비율
이 높아 노년 부양비가 우리나라 시·도 중 가장 높다. 따라서 C는 전남이다. 나머
지 B는 전국 평균보다 유소년 부양비가 낮고 노년 부양비는 높은 부산이다.

| 선지 해설 |

① 충청권은 대전, 세종, 충북, 충남이며, 호남권은 광주, 전북, 전남이다. 따라서
A 세종은 충청권, C 전남은 호남권에 속한다.

② A 세종은 우리나라 시·도 중 인구가 가장 적으며 B 전남은 호남권에서 인구
가 가장 많은 시·도이다. 따라서 A 세종은 B 전남보다 총인구가 적다.

③ 노령화 지수는 유소년층 인구에 대한 노년층 인구의 비율로 노년 부양비를
유소년 부양비로 나누어서 구할 수도 있다. A 세종은 유소년 부양비가 약 28
이고 노년 부양비가 약 7.5이므로 노령화 지수는 약 27이다. C 전남은 유소년
부양비가 약 17.9이고 노년 부양비가 35.0이므로 노령화 지수는 약 195.5이
다. 따라서 A 세종은 C 전남보다 노령화 지수가 낮다.

④ 총부양비는 유소년 부양비와 노년 부양비의 합으로 구할 수 있다. B 부산은
유소년 부양비가 약 15.2이고, 노년 부양비가 약 26.5이므로 총부양비는 약
41.7이다. C 전남은 유소년 부양비가 약 17.9이고, 노년 부양비가 35.0이므로
총부양비는 약 52.9이다. 따라서 C 전남은 B 부산보다 총부양비가 높다.

⑤ 전국의 유소년 부양비는 약 16.9이지만 부산의 유소년 부양비는 약 15.2이다.
따라서 부산은 전국 평균보다 유소년 부양비가 낮다.

21 지역별 인구 특성 비교 22학년도 10월 학평 13번

정답 ② | 정답률 70%

그래프의 A~E 지역에 대한 설명으로 옳은 것은? (단, A~E는 각각 경기, 서울, 세종, 울산, 전남 중 하나임.) [3점]

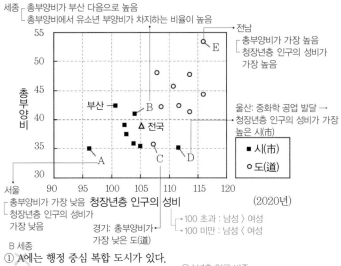

세종 ┌ 총부양비가 부산 다음으로 높음
└ 총부양비에서 유소년 부양비가 차지하는 비율이 높음

전남 → ┌ 총부양비가 가장 높음
└ 청장년층 인구의 성비가 가장 높음

울산: 중화학 공업 발달 → 청장년층 인구의 성비가 가장 높은 시(市)

■ 시(市)
○ 도(道)

서울 ┌ 총부양비가 가장 낮음
└ 청장년층 인구의 성비가 가장 낮음

경기: 총부양비가 가장 낮은 도(道)

┌ 100 초과 : 남성 〉 여성
└ 100 미만 : 남성 〈 여성

(2020년)

B 세종

① A에는 행정 중심 복합 도시가 있다.

유소년층 인구 비중 / 청장년층 인구 비중 ×100

✔ ② B는 부산보다 유소년 부양비가 높다.

③ C는 E보다 지역 내 1차 산업 종사자 비율이 ~~높다.~~ 낮다

④ D는 A보다 총인구가 ~~많다.~~ 적다

⑤ E는 D보다 1인당 지역 내 총생산이 ~~많다.~~ 적다

| 자료 분석 |

A는 총부양비가 가장 낮고 청장년층 인구의 성비가 100 미만이다. 총부양비는 청장년층 인구 비중이 높을수록 낮으며 청장년층 인구의 성비가 100 미만인 것은 청장년층에서 여성이 남성보다 많음을 의미한다. 이와 같은 현상은 우리나라에서 인구가 가장 많은 시·도인 서울에서 나타난다. 따라서 A는 서울이다. B는 D보다 총부양비는 높고 청장년층 인구의 성비가 낮은 시(市)로 세종이다. C는 도(道) 중에서 총부양비와 청장년층 인구의 성비가 가장 낮은 경기이다. D는 시(市) 중에서 청장년층 인구의 성비가 가장 높은 지역으로 중화학 공업이 발달한 울산이다. 총부양비와 청장년층 인구의 성비가 가장 높은 E는 이촌향도 현상으로 청장년층 인구 유출이 많았던 도(道)인 전남이다.

| 선지 해설 |

① A 서울은 우리나라의 수도로서 정치·경제·문화의 중심지 역할을 하는 지역으로 행정 구역상 특별시이다. 수도권의 기능을 분산하기 위해 행정 중심 복합 도시로 출범한 지역은 특별자치시인 B 세종이다.

② B 세종은 우리나라 시·도 중 유소년층 인구 비율이 가장 높으며, 청장년층 인구에 대한 유소년층 인구의 비율을 나타내는 인구 지표인 유소년 부양비도 가장 높다. 따라서 B 세종은 부산보다 유소년 부양비가 높다.

③ 지역 내 1차 산업 종사자 비율은 지역 내 농림어업 종사자 비율이 높은 제주 〉 전남(E) 〉 전북 순(2020년 기준)으로 높다. 따라서 C 경기는 E 전남보다 지역 내 1차 산업 종사자 비율이 낮다.

④ A 서울은 우리나라에서 총인구가 가장 많은 도시이다. 따라서 D 울산은 A 서울보다 총인구가 적다.

⑤ 우리나라에서 1인당 지역 내 총생산이 가장 많은 지역은 D 울산이다. 따라서 E 전남은 D 울산보다 1인당 지역 내 총생산이 적다.

---

22 지역별 인구 특성 비교 21학년도 3월 학평 14번

정답 ② | 정답률 61%

그래프에 대한 설명으로 옳은 것은? (단, (가)~(다)는 각각 경기, 전남, 충남 중 하나임.) [3점]

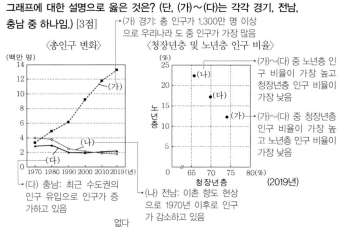

〈총인구 변화〉

(가) 경기: 총 인구가 1,300만 명 이상으로 우리나라 도 중 인구가 가장 많음

〈청장년층 및 노년층 인구 비율〉

(가)~(다) 중 노년층 인구 비율이 가장 높고 청장년층 인구 비율이 가장 낮음

(가)~(다) 중 청장년층 인구 비율이 가장 높고 노년층 인구 비율이 가장 낮음

(다) 충남: 최근 수도권의 인구 유입으로 인구가 증가하고 있음

(나) 전남: 이촌 향도 현상으로 1970년 이후로 인구가 감소하고 있음

(2019년)

① (가)에는 혁신 도시가 ~~있다.~~ 없다
└ 수도권의 공공 기관을 지방으로 이전

✔ ② (나)는 전남, (다)는 충남이다.

③ 2019년 경기는 충남보다 총부양비가 ~~높다.~~ 낮다
└ 청장년층 인구 비율이 높을수록 낮음

④ 2019년 경기는 전남보다 노령화 지수가 ~~높다.~~ 낮다

⑤ 1970~2019년에 ~~충남~~ 전남은 ~~전남~~ 충남보다 인구가 많이 감소하였다.

| 자료 분석 |

(가)는 1970년 이후로 인구가 가장 많이 증가하여 2019년 기준 총인구가 약 1,300만 명 이상이므로 우리나라에서 인구가 가장 많은 도인 경기이다. 청장년층을 중심으로 인구 유입이 많은 경기는 우리나라 도 중 청장년층 인구 비율이 가장 높다. (나)는 1970년 이후 인구가 지속적으로 감소하고 있으며 세 도 중에서 노년층 인구 비율이 가장 높으므로 이촌 향도 현상이 활발한 전남이다. (다)는 1970년 이후 인구가 감소하였으나 2000년 이후로 인구가 증가하고 있으므로 최근 수도권의 인구가 유입되고 있는 충남이다.

| 선지 해설 |

① 혁신 도시를 통해 수도권의 과밀 문제를 해소하고 지방의 자립적·혁신적 발전 역량을 확충하기 위해 수도권에 집중되어 있는 공공 기관을 비수도권 지방으로 이전하는 정책을 추진하고 있다. 따라서 수도권에 해당하는 (가) 경기에는 혁신 도시가 위치해 있지 않다.

② (가)는 경기, (나)는 전남, (다)는 충남이다.

③ 청장년층 인구 비율이 높을수록 총부양비가 낮다. 2019년 경기가 충남보다 청장년층 인구 비율이 높으므로 총부양비가 낮다.

④ 2019년 경기는 전남보다 청장년층 인구의 비율이 높고 노년층 인구 비율이 낮다. 따라서 유소년층 인구에 대한 노년층 인구의 비율인 노령화 지수는 2019년 경기가 전남보다 낮다.

⑤ (나) 전남은 1970년에 (다) 충남보다 인구가 더 많았으나 2019년 충남보다 인구가 적다. 따라서 1970~2019년에 전남이 충남보다 인구가 더 많이 감소하였다.

21 일차

287

그래프는 다섯 지역의 두 시기 인구 부양비와 총인구를 나타낸 것이다. 이에 대한 설명으로 옳은 것은? (단, A~D는 각각 경기, 서울, 전남, 제주 중 하나임.) [3점]

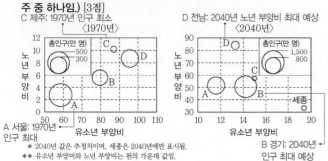

C 제주: 1970년 인구 최소
〈1970년〉

D 전남: 2040년 노년 부양비 최대 예상
〈2040년〉

A 서울: 1970년 인구 최대

B 경기: 2040년 인구 최대 예상

* 2040년 값은 추정치이며, 세종은 2040년에만 표시됨.
** 유소년 부양비와 노년 부양비는 원의 가운데 값임.

① B의 총부양비는 1970년보다 2040년이 ~~높다.~~ 낮다

② C와 D의 유소년 부양비 차이는 1970년보다 2040년이 ~~크다.~~ 작다

☑③ A는 서울, D는 전남이다.

④ 2040년 세종의 노령화 지수는 100 ~~미만이다.~~ 이상

⑤ 서울은 경기보다 1970~2040년의 인구 증가율이 ~~높다.~~ 낮다

| 자료 분석 |

A는 네 지역 중 1970년에 총인구가 가장 많고 총부양비가 가장 낮으나 2040년에는 총인구가 두 번째로 많을 것으로 예상되는 서울이다. B는 1970년에 총인구가 D보다 적으나 2040년에는 네 지역 중 총인구가 가장 많을 것으로 예상되는 경기이다. C는 1970년에 네 지역 중 총인구가 가장 적고 2040년에도 가장 적을 것으로 예상되는 제주이다. D는 1970년 대비 2040년 인구가 감소하고 노년 부양비가 가장 높을 것으로 예상되는 전남이다.

| 선지 해설 |

① 총부양비는 유소년 부양비와 노년 부양비의 합으로 구할 수 있다. 1970년에 B 경기는 유소년 부양비가 약 79.4, 노년 부양비가 약 5.6으로 총부양비가 85.0이며, 2040년에는 유소년 부양비가 약 14.2, 노년 부양비가 약 50.6으로 총부양비가 약 64.80이다. 따라서 총부양비는 1970년보다 2040년이 낮다.

② C 제주와 D 전남의 유소년 부양비 차이는 1970년에 약 8.1(C 제주 약 86.9, D 전남 약 95)이며, 2040년에 약 1.8(C 제주 약 15, D 전남 약 13.2)이다. 따라서 C 제주와 D 전남의 유소년 부양비 차이는 1970년보다 2040년이 작다.

③ A는 1970년 전국에서 총인구가 가장 많은 서울, D는 2040년 전국에서 노년 부양비가 가장 높을 것으로 예상되는 전남이다.

④ 노령화 지수는 노년 부양비를 유소년 부양비로 나누어서 계산할 수 있으며 노년 부양비가 유소년 부양비보다 크거나 같으면 100 이상, 노년 부양비가 유소년 부양비보다 작으면 100 미만이다. 2040년 세종은 노년 부양비가 유소년 부양비보다 크므로 노령화 지수가 100 이상이다.

⑤ 1970~2040년 총인구를 나타낸 원의 크기에서 서울은 작아진 반면 경기는 커졌다. 따라서 1970~2040년 인구 증가율은 서울이 경기보다 낮다.

22
일차

| 01 ③ | 02 ④ | 03 ① | 04 ③ | 05 ① | 06 ① | 07 ① | 08 ② | 09 ⑤ | 10 ③ | 11 ① | 12 ② |
| 13 ① | 14 ⑤ | 15 ① | 16 ③ | 17 ③ | 18 ① | 19 ⑤ | 20 ⑤ | 21 ④ | 22 ⑤ | 23 ① | |

01 　북한의 자연환경　25학년도 9월 모평 7번

정답 ③ | 정답률 74%

다음 자료는 북한의 자연환경을 탐구한 보고서의 일부이다. (가), (나) 지역을 지도의 A~C에서 고른 것은?

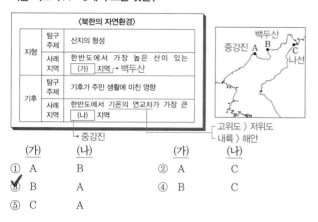

(가)	(나)		(가)	(나)
① A	B	② A	C
③ B	A	④ B	C
⑤ C	A		

출제 경향

북한의 지형 특징과 기후 특징을 묻는 문제가 북한 주요 도시와 연계되어 출제될 수 있다. 특히 백두산과 중강진은 위치와 특징을 함께 정리해 두어야 한다.

| 자료 분석 |

지도의 A는 압록강 중·상류에 위치한 중강진, B는 우리나라 최고봉이 위치한 백두산, C는 1991년 북한 최초의 경제특구가 지정된 나선이다.

| 선지 해설 |

③ (가) – B, (나) – A

• 한반도에서 가장 높은 산이 있는 (가) 지역은 지도의 B 백두산이다. 백두산은 최고봉의 높이가 약 2,744m로 우리나라에서 해발 고도가 가장 높은 산이다.

• 한반도에서 기온의 연교차가 가장 큰 (나) 지역은 고위도의 내륙에 위치한 A 중강진이다. 기온의 연교차는 위도가 높을수록 대체로 크며, 동위도 상에서는 해안보다 바다의 영향을 적게 받는 내륙에서 대체로 크게 나타난다.

02 　북한의 자연환경　24학년도 9월 모평 15번

정답 ④ | 정답률 34%

그래프는 지도에 표시된 네 지역의 (가), (나) 시기 평균 기온 차이를 나타낸 것이다. A~D 지역에 대한 설명으로 옳은 것은? (단, (가), (나)는 각각 1월, 8월 중 하나임.) [3점]

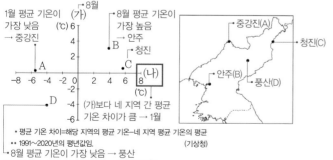

• 평균 기온 차이=해당 지역의 평균 기온-네 지역 평균 기온의 평균
• 1991~2020년의 평년값임. (기상청)

① A는 D보다 기온의 연교차가 ~~작다.~~ 크다

② B는 C보다 1월 평균 기온이 ~~높다.~~ 낮다

③ C는 B보다 연 강수량이 ~~많다.~~ 적다

④ D는 A보다 해발 고도가 높다.

⑤ B는 ~~관북~~ 지방, C는 ~~관서~~ 지방에 위치한다.
　　관서　　　　　관북

| 자료 분석 |

지도에 표시된 네 지역은 중강진, 청진, 풍산, 안주이다. (가)는 네 지역 간 평균 기온 차이가 상대적으로 적은 8월이며, (나)는 네 지역 간 평균 기온 차이가 상대적으로 큰 1월이다. 그래프의 A는 1월 평균 기온이 가장 낮은 중강진이다. 중강진은 고위도의 내륙 지역에 위치하여 네 지역 중 1월 평균 기온이 가장 낮다. B는 8월 평균 기온이 가장 높은 안주이다. 안주는 네 지역 중 가장 저위도에 위치하여 8월 평균 기온이 가장 높다. C는 1월 평균 기온이 가장 높은 청진이다. 청진은 동해안에 위치하여 바다와 지형의 영향으로 1월 평균 기온이 상대적으로 가장 높다. D는 8월 평균 기온이 가장 낮은 풍산이다. 풍산은 해발 고도가 높은 곳에 위치하여 8월 평균 기온이 가장 낮다.

| 선지 해설 |

① 그래프에서 A 중강진은 0.5℃-(-5.5℃)=5.5℃이고, D 풍산은 -4℃-(-4℃)=0℃이므로 A 중강진은 D 풍산보다 기온의 연교차가 크다.

② 그래프를 보면 B 안주는 C 청진보다 (나) 1월 평균 기온이 낮다.

③ C 청진은 B 안주보다 연 강수량이 적다. 청진은 우리나라의 대표적 소우지인 관북 해안 지역에 위치한다.

④ D 풍산은 A 중강진보다 해발 고도가 높아 8월 평균 기온이 낮다.

⑤ B 안주는 관서 지방, C 청진은 관북 지방에 위치한다.

다음 자료는 북한의 주요 도시와 철도에 대한 학생의 발표 내용이다. (가)~(라)에 대한 설명으로 옳은 것만을 〈보기〉에서 고른 것은? (단, (가)~(라)는 각각 지도에 표시된 네 지역 중 하나임.) [3점]

갑 : 북한 최대 도시인 [(가)]에서 항구 도시인 [(나)](으)로 이어진 평남선을 이와 유사한 서울 – 인천 간 경인선과 비교하며 철도가 도시 발달에 미친 영향을 조사했습니다.

을 : 중국 단둥과 마주하고 있는 국경 도시 [(다)]은/는 현재 평의선의 종점으로, 베를린 올림픽에 참가한 손기정 선수가 경유하며 이곳에 남긴 흔적을 조사했습니다.

병 : 항구 도시 [(라)]은/는 러시아와 국제 철도로 연결되는 평라선의 종점으로, 항만과 철도가 이 지역의 변화에 끼친 영향을 조사했습니다.

〈 보기 〉

ㄱ. (다)는 압록강 철교를 통해 중국과 연결된다.
ㄴ. (나)는 (가)의 외항이며 서해 갑문이 있다.
ㄷ. (다)에는 (라)보다 먼저 지정된 경제특구가 있다.
ㄹ. 분단 이전의 경의선 철도는 (가)와 (라)를 경유했다.

① ㄱ, ㄴ   ② ㄱ, ㄷ   ③ ㄴ, ㄷ   ④ ㄴ, ㄹ   ⑤ ㄷ, ㄹ

자료 분석

지도에 표시된 네 지역은 나진, 신의주, 평양, 남포이다. (가)는 북한 최대 도시라고 하였으므로 평양이며, (나)는 평양과 남포를 연결하는 평남선이 이어져 있다고 하였으므로 남포이다. (다)는 중국 단둥과 마주하고 있는 국경 도시라고 하였으므로 신의주, (라)는 러시아와 국제 철도로 연결된 도시라고 하였으므로 나진이다.

선지 해설

ㄱ (다) 신의주는 압록강 철교를 통해 중국과 연결되는데, 중국과의 교역 통로 역할을 하고 있다.

ㄴ (나) 남포는 (가) 평양의 외항이며, 큰 조차에 대비하기 위해 설치한 서해 갑문이 있다.

ㄷ. (다) 신의주의 경제특구는 (라) 나진의 경제특구보다 경제특구로 지정된 시기가 늦다. 나진과 선봉의 경제특구는 북한에서 가장 먼저 경제특구로 지정되었다. 따라서 (라) 나진에는 (다) 신의주보다 먼저 지정된 경제특구가 있다.

ㄹ. 분단 이전의 경의선 철도는 서울에서 신의주를 연결하는 노선으로 (가) 평양은 경유했지만, (라) 나진은 경유하지 않았다. (가) 평양과 (다) 신의주를 경유하였다.

다음은 한국지리 수업 장면이다. 발표 내용이 옳은 학생만을 있는 대로 고른 것은?

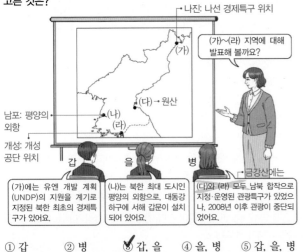

(가)에는 유엔 개발 계획(UNDP)의 지원을 계기로 지정된 북한 최초의 경제특구가 있어요.

(나)는 북한 최대 도시인 평양의 외항으로, 대동강 하구에 서해 갑문이 설치되어 있어요.

(다)와 (라) 모두 남북 합작으로 지정·운영된 관광특구가 있었으나, 2008년 이후 관광이 중단되었어요.

① 갑   ② 병   ③ 갑, 을   ④ 을, 병   ⑤ 갑, 을, 병

자료 분석

지도의 (가)는 북한 최초의 개방 지역인 나선 경제특구가 위치한 나진, (나)는 평양의 외항 기능을 담당하는 남포이다. (다)는 일제 강점기부터 성장한 공업 도시인 원산, (라)는 남북 합작의 공업 단지가 조성되었던 개성이다.

선지 해설

갑. (가) 나진에는 유엔 개발 계획(UNDP)의 지원을 계기로 1991년 지정된 북한 최초의 경제특구가 있다. 북한은 이 지역을 수출 가공 및 금융 기반을 갖춘 동북아시아의 거점으로 개발하고자 하였으나 제도적 미비와 사회 기반 시설의 부족 등으로 큰 성과를 거두지는 못하였다.

을. (나) 남포는 북한 최대 도시인 평양의 외항으로 대동강 하구에 위치하며, 서해안의 큰 조차를 극복하기 위한 시설물인 서해 갑문이 설치되어 있다.

병. 남북 합작으로 지정·운영된 관광특구는 금강산 관광특구이다. 금강산 관광특구는 금강산의 아름다운 자연 경관을 이용하여 남한과 일본 등의 관광객을 유치할 목적으로 조성되었으나, 2008년 관광객 피격 사건 이후 남한의 금강산 관광이 중단되었다. (다) 원산에는 남북 합작으로 추진된 특구가 없으며, (라) 개성에는 남한의 기술과 자본, 북한의 노동력이 결합된 형태의 개성 공업 지구가 조성되었으나 2016년 이후 폐쇄되었다.

05 북한의 인문 환경 22학년도 6월 모평 18번

정답 ① | 정답률 50%

그래프는 남·북한의 1차 에너지원별 공급 비율을 나타낸 것이다. 이에 대한 옳은 설명만을 〈보기〉에서 고른 것은? (단, (가)~(다)는 각각 석유, 석탄, 수력 중 하나임.) [3점]

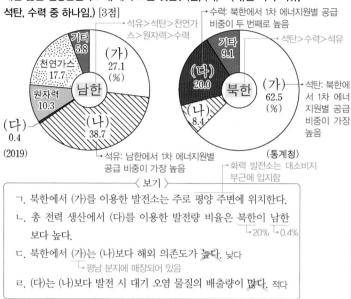

석유>석탄>천연가스>원자력>수력

수력: 북한에서 1차 에너지원별 공급 비중이 두 번째로 높음

석탄>수력>석유

석탄: 북한에서 1차 에너지원별 공급 비중이 가장 높음

석유: 남한에서 1차 에너지원별 공급 비중이 가장 높음

화력 발전소는 대소비지 부근에 입지함

(통계청)

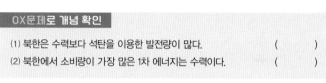

──〈보기〉──
ㄱ. 북한에서 (가)를 이용한 발전소는 주로 평양 주변에 위치한다.
ㄴ. 총 전력 생산에서 (다)를 이용한 발전량 비율은 북한이 남한보다 높다. → 20% → 0.4%
ㄷ. 북한에서 (가)는 (나)보다 해외 의존도가 높다. 낮다 → 평남 분지에 매장되어 있음
ㄹ. (다)는 (나)보다 발전 시 대기 오염 물질의 배출량이 많다. 적다

✓① ㄱ, ㄴ   ② ㄱ, ㄷ   ③ ㄴ, ㄷ   ④ ㄴ, ㄹ   ⑤ ㄷ, ㄹ

| 자료 분석 |

남한의 1차 에너지원 공급 비율은 석유 〉 석탄 〉 천연가스 〉 원자력 〉 수력 순으로 높다. 북한의 1차 에너지원 공급 비율은 석탄 〉 수력 〉 석유 순으로 높다. 따라서 (가)는 석탄, (나)는 석유, (다)는 수력이다.

| 보기 해설 |

ㄱ. (가) 석탄을 이용한 발전소는 화력 발전소로 북한에서 전력 소비량이 많은 평양과 그 주변 지역에 위치해 있다.

ㄴ. 총 전력 생산에서 (다) 수력을 이용한 발전량 비율은 북한이 20.0%, 남한이 0.4%로 북한이 남한보다 높다.

ㄷ. 북한은 (가) 석탄 중 무연탄이 평남 분지에 매장되어 있는 반면, (나) 석유는 거의 생산되지 않는다. 따라서 북한에서 (가) 석탄은 (나) 석유보다 해외 의존도가 낮다.

ㄹ. (다) 수력은 물의 낙차와 풍부한 유량을 이용하므로 발전 시 대기 오염 물질의 배출이 거의 없다. 반면 (가) 석탄, (나) 석유를 이용하는 화력 발전은 발전 시 대기 오염 물질의 배출량이 많다. 따라서 (다)는 (나)보다 발전 시 대기 오염 물질의 배출량이 적다.

OX문제로 개념 확인

(1) 북한은 수력보다 석탄을 이용한 발전량이 많다. (   )
(2) 북한에서 소비량이 가장 많은 1차 에너지는 수력이다. (   )

(1) X (2) X

06 북한의 인문 환경 21학년도 6월 모평 17번

정답 ① | 정답률 47%

다음은 한국지리 수업 장면이다. 발표 내용이 옳은 학생만을 고른 것은?

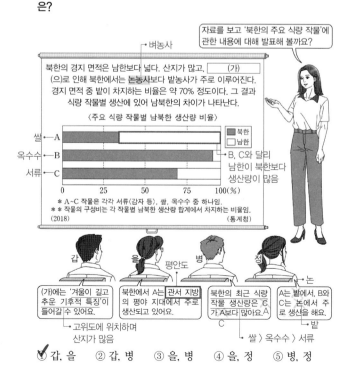

✓① 갑, 을   ② 갑, 병   ③ 을, 병   ④ 을, 정   ⑤ 병, 정

| 자료 분석 |

A는 남한이 북한에 비해 생산량이 많으므로 기후가 온화하고 평야가 발달한 지역에서 주로 재배되는 쌀이다. B는 북한이 남한에 비해 생산량이 매우 많으므로 옥수수이다. 남한은 옥수수를 주로 사료용으로 사용하며 수입량이 많다. 반면 북한은 옥수수를 주로 식량으로 사용한다. C는 북한이 남한에 비해 생산량이 많으나 B보다는 남한과 북한의 생산량 차이가 크지 않으므로 서류이다.

| 선지 해설 |

갑. 북한에서 논농사보다 밭농사가 주로 이루어지는 이유인 (가)에는 '겨울이 길고 추운 기후적 특징'이 들어갈 수 있다. 북한은 남한보다 고위도에 위치해 있으며 해발 고도가 높은 산지가 많아 겨울이 한랭하다.

을. 북한에서 A 쌀이 주로 생산되는 지역은 산지가 많은 관북 지방에 비해 평야가 발달해 있는 관서 지방이다.

병. 북한 역시 남한과 마찬가지로 식량 작물 중에서 A 쌀의 생산량이 가장 많고 다음으로 B 옥수수의 생산량이 많다.

정. A 쌀은 논, B 옥수수와 C 서류는 밭에서 주로 생산한다.

그래프는 지도에 표시된 네 지역의 기후 자료이다. (가)~(라)에 대한 설명으로 옳은 것은? [3점]

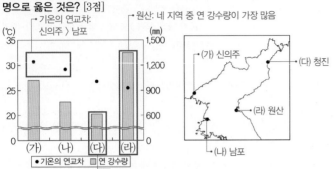

・기온의 연교차: 신의주 〉 남포
・원산: 네 지역 중 연 강수량이 가장 많음

* 1991~2020년의 평년값임. (기상청)

청진: 네 지역 중 연 강수량이 가장 적음 → 소우지(관북 해안)

✔ ① (가)는 (다)보다 연평균 기온이 높다.
　┗ 남에서 북으로 갈수록, 한류의 영향이 적을수록 높음
② (가)는 (라)보다 겨울 강수 집중률이 ~~높다~~. 낮다
③ (나)는 (라)보다 최한월 평균 기온이 ~~높다~~. 낮다
④ (다)는 (가)보다 여름 강수량이 ~~많다~~. 적다
⑤ (가)~(라) 중 ~~(라)~~는 가장 동쪽에 위치한다. (다)

| 자료 분석 |

지도에 표시된 네 지역은 청진, 신의주, 원산, 남포이다. (라)는 그래프에서 네 지역 중 연 강수량이 가장 많고 기온의 연교차가 가장 낮으므로 지형과 바다의 영향으로 연 강수량이 많고 최난월 평균 기온이 가장 높은 원산이며, 연 강수량이 가장 적은 (다)는 관북 해안에 위치한 청진이다. (가), (나) 중 기온의 연교차가 큰 (가)는 두 지역 중 위도가 높은 신의주, 기온의 연교차가 작고 연 강수량이 적은 (나)는 두 지역 중 위도가 낮으며 대동강 하류에 위치한 남포이다.

| 선지 해설 |

① (다) 청진은 (가) 신의주보다 위도가 높고 관북 해안에 위치해 한류의 영향을 받아 연평균 기온이 상대적으로 낮다. 반면 (가) 신의주는 (다) 청진보다 위도가 낮아 연평균 기온이 상대적으로 높다. 따라서 (가) 신의주는 (다) 청진보다 연평균 기온이 높다.

② 동해안의 원산은 겨울철 북동 기류에 의해 강수량이 많다. 반면에 (가) 신의주는 대륙의 영향을 받는 지역으로 겨울철 강수량이 적다. 따라서 (가) 신의주는 (라) 원산보다 겨울 강수 집중률이 낮다.

③ 최한월 평균 기온은 겨울에 차가운 북서 계절풍의 영향을 강하게 받는 (나) 남포가 동해안에 위치한 (라) 원산보다 낮다. 따라서 (나) 남포는 (라) 원산보다 최한월 평균 기온이 낮다.

④ 여름 강수량은 연 강수량이 상대적으로 많고 여름에 남서 기류의 영향을 받는 (가) 신의주가, 관북 해안에 위치해 한류의 영향 등으로 강수량이 적은 (다) 청진보다 많다. 따라서 (다) 청진은 (가) 신의주보다 여름 강수량이 적다.

⑤ (가)~(라) 중 가장 동쪽에 위치한 지역은 (다) 청진이다.

그래프는 남북한의 농업 관련 자료를 나타낸 것이다. 이에 대한 옳은 설명만을 〈보기〉에서 고른 것은? (단, (가), (나)는 각각 쌀, 옥수수 중 하나이며, A, B는 각각 논, 밭 중 하나임.)

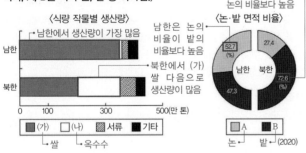

・남한에서 생산량이 가장 많음
・남한은 논의 비율이 밭의 비율보다 높음
・북한에서 (가) 쌀 다음으로 생산량이 많음
・북한은 밭의 비율이 논의 비율보다 높음

〈논·밭 면적 비율〉

〈식량 작물별 생산량〉
(가) 쌀　(나) 옥수수　서류　기타

─〈 보기 〉─
ㄱ. (가)는 관북 지방보다 관서 지방의 생산량이 많다.
　　┗ 함경도　　　┗ 평안도
ㄴ. 남한은 (가)보다 (나)의 자급률이 ~~높다~~. 낮다
ㄷ. (가)는 A, (나)는 B에서 주로 재배된다.
　　・총 경지 면적: 북한 〉 남한
　　・논 면적: 남한 〉 북한
　　・밭 면적: 북한 〉 남한
ㄹ. 북한은 남한보다 경지 면적 중 논 면적의 비율이 ~~높다~~. 낮다

① ㄱ, ㄴ　✔② ㄱ, ㄷ　③ ㄴ, ㄷ　④ ㄴ, ㄹ　⑤ ㄷ, ㄹ

출제 경향

남한과 북한의 식량 작물 생산량 비중, 경지 면적 변화 등의 자료를 통해 농업 특징을 비교하는 문항이 출제되고 있다. '남한은 북한보다 경지 면적은 좁지만 식량 작물 생산량은 많다. 북한은 쌀 다음으로 옥수수 생산량이 많다.' 등의 핵심 내용을 미리 정리해야 한다.

| 자료 분석 |

〈식량 작물별 생산량〉 그래프에서 (가)는 남한과 북한에서 모두 생산량이 가장 많으므로 쌀이다. (나)는 북한에서 쌀 다음으로 생산량이 많으므로 옥수수이다. 〈논·밭 면적 비율〉 그래프에서 A는 남한 경지 면적에서 차지하는 비율이 B보다 높은 것으로 볼 때 논이다. B는 북한 경지 면적에서 차지하는 비율이 A보다 높은 것으로 볼 때 밭이다.

| 보기 해설 |

ㄱ 북한에서 쌀은 주로 서해안의 평야 지대에서 생산된다. 따라서 (가) 쌀은 산지가 많은 관북 지방보다 평야가 발달한 관서 지방의 생산량이 많다.

ㄴ. 남한은 옥수수, 밀 등의 식량 작물을 대부분 수입에 의존하므로 옥수수의 자급률이 매우 낮다. 반면, 쌀의 자급률은 100% 내외로 자급률이 매우 높은 편이다. 따라서 남한은 (가) 쌀보다 (나) 옥수수의 자급률이 낮다.

ㄷ (가) 쌀은 A 논, (나) 옥수수는 B 밭에서 주로 재배된다.

ㄹ. 북한은 남한보다 고위도에 위치하여 연평균 기온이 낮고, 해발 고도가 높은 산지가 많아 논농사에 불리하다. 따라서 북한은 남한보다 경지 면적 중 논 면적의 비율이 낮다.

09 북한의 인문 환경 23학년도 9월 모평 6번

정답 ⑤ | 정답률 83%

다음 자료에 대한 설명으로 옳은 것만을 〈보기〉에서 고른 것은? (단, (가)~(다)는 각각 신의주, 청진, 평양 중 하나임.) [3점]

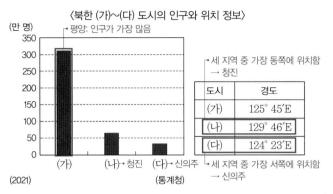

〈북한 (가)~(다) 도시의 인구와 위치 정보〉

평양: 인구가 가장 많음

세 지역 중 가장 동쪽에 위치함 → 청진

도시	경도
(가)	125° 45′E
(나)	129° 46′E
(다)	124° 23′E

세 지역 중 가장 서쪽에 위치함 → 신의주

(가) (나)·청진 (다)·신의주
(2021) (통계청)

─〈 보기 〉─
ㄱ. (가)는 중국과의 접경 지대에 위치한다.
    (다)
ㄴ. (나)는 북한 정치·경제·사회의 최대 중심지이다.
    (가)
ㄷ. (다)는 관서 지방에 위치한다.
    └ 철령관 서쪽을 의미함
ㄹ. (나)는 (다)보다 나선 경제특구(경제 무역 지대)와의 직선 거리가 가깝다.
    └ 북한 최초(1991년)로 지정된 경제특구

① ㄱ, ㄴ ② ㄱ, ㄷ ③ ㄴ, ㄷ ④ ㄴ, ㄹ ✔⑤ ㄷ, ㄹ

출제 경향
북한의 인구와 위치 정보를 제시하여 해당 지역의 특성을 파악하는 형태로 문항이 출제된다. 북한 주요 지역의 위치를 지도에서 파악해 두고, 주요 도시와 주요 개방 지역의 지리적·인문적 특성 등을 정리해 두어야 한다.

자료 분석
(가)는 (가)~(다) 중 인구가 가장 많으므로 평양이다. 평양은 인구 300만 명이 넘는 북한 최대의 도시로 북한의 정치·경제·사회의 중심지이다. (나)는 (다)에 비해 인구가 많고 경도상 동쪽에 있다. 따라서 (나)는 함경북도 해안에 위치한 청진이다. (다)는 (가)~(다) 중 인구가 가장 적고, 경도상 가장 서쪽에 있다. 따라서 (다)는 압록강 하구에 있는 신의주이다.

보기 해설
ㄱ. (가) 평양은 대동강 하류에 위치하며 중국과의 접경 지대에 위치하지 않는다. (가)~(다) 중 중국과의 접경지대에 위치한 곳은 (다) 신의주이다.

ㄴ. (나) 청진은 일제 강점기부터 풍부한 지하자원을 바탕으로 공업이 발달하였다. 북한 정치·경제·사회의 최대 중심지는 관서 지방에 위치한 (가) 평양이다.

ㄷ. 관서 지방은 철령관을 기준으로 서쪽을 의미하며 평안남도와 평안북도가 이에 해당한다. 따라서 평안북도에 속한 (다) 신의주는 관서 지방에 위치한다.

ㄹ. 나선 경제특구(경제 무역 지대)는 중국, 러시아와 인접한 나진·선봉 지역에 조성되었으며, 나진·선봉 지역은 함경북도 북동부 해안에 위치한다. 따라서 함경북도 해안에 위치한 (나) 청진은 관서 지방에 위치한 (다) 신의주보다 나선 경제특구(경제 무역 지대)와의 직선 거리가 가깝다.

10 북한의 자연환경 19학년도 수능 17번

정답 ③ | 정답률 87%

다음 자료의 (가), (나)에 대한 설명으로 옳은 것은?

○○ 신문
2018년 9월 △△일

남북 정상 회담 결과 발표

2018년 9월 남과 북의 정상이 역사적 만남을 통하여 합의문을 발표하였다. 남과 북은 비핵화의 실현과 평화 체제 구축을 위하여 노력하기로 하였으며 경제적 교류와 협력을 더욱 증대하기로 하였다. 그 일환으로 2002년 관광 특구로 지정되었으나 2008년 이후 중단되어 왔던 ___(가)___ 관광 사업을 정상화하기 위하여 노력하기로 하였다. 이러한 합의문 발표 이후 남과 북의 정상은 ___(나)___ 에 올라 천지를 배경으로 기념 사진을 촬영하였다.
└ 금강산   └ 백두산   └ 칼데라 호

(나) 백두산
① (가)는 산경표에서 백두대간이 시작되는 곳이다.
                중생대   화강암
② (가)의 정상부는 지·원생대에 형성된 편마암이 풍화 작용을 받아 형성된 흙산이다.
                돌산
✔③ (나)의 정상부에는 분화구가 함몰되어 형성된 칼데라 호가 있다.
                        낮다
④ (가)는 (나)보다 정상의 해발 고도가 높다.
                위치하지 않는다
⑤ (가), (나)는 모두 관서 지방에 위치한다.
    └ 관북 지방
    └ 관동 지방

자료 분석
(가)는 2002년 관광 특구로 지정되었으나 2008년 이후 중단된 금강산이다. (나)는 분화구가 함몰되어 형성된 칼데라에 물이 고여 형성된 칼데라 호인 천지가 있는 백두산이다.

선지 해설
① 산경표는 조선 후기 실학자 신경준이 저술하였으며, 우리나라 산줄기(분수계)를 1대간 1정간 13정맥으로 나눈 책이다. 산경표에서 백두대간이 시작되는 곳은 (나) 백두산이며, 끝나는 곳은 지리산이다.

② (가) 금강산의 정상부는 중생대에 형성된 화강암이 풍화 작용을 받아 형성된 돌산이다. 화강암은 중생대에 관입한 후 오랜 기간 동안 풍화 작용을 받아 지표에 드러난 암석이다. 반면, 시·원생대에 형성된 편마암이 풍화 작용을 받아 형성된 산은 주로 흙으로 되어 있으며, 대표적으로 지리산이 있다.

③ (나) 백두산 정상부의 천지는 분화구가 함몰되어 형성된 칼데라에 물이 고여 형성된 칼데라 호이다.

④ (가) 금강산 정상의 해발 고도는 1,638m, (나) 백두산 정상의 해발 고도는 2,744m이다. 따라서 (가) 금강산이 (나) 백두산보다 정상의 해발 고도가 낮다.

⑤ (가) 금강산은 철령관 동쪽의 관동 지방, (나) 백두산은 철령관 북쪽의 관북 지방에 위치한다.

22
일차

(가)~(다)에 해당하는 지역을 그래프의 A~C에서 고른 것은? [3점]

○ 신의주
  (가) 은/는 2002년 중국의 홍콩식 경제 개방 정책을 모방한 특별 행정구로 지정되었다.

○ 개성
  (나) 에는 남한의 기술과 자본, 북한의 노동력을 결합하여 남북한의 경제 협력 활성화를 위한 공업 지구가 조성되었다.

○ 선봉
  (다) 은/는 유엔 개발 계획의 지원을 계기로 1991년 나진과 함께 북한 최초의 경제특구로 지정되었다.

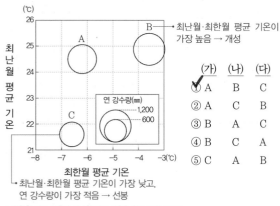

B → 최난월·최한월 평균 기온이 가장 높음 → 개성

최한월·최한월 평균 기온이 가장 낮고, 연 강수량이 가장 적음 → 선봉

	(가)	(나)	(다)
①	A	B	C
②	A	C	B
③	B	A	C
④	B	C	A
⑤	C	A	B

* 최한월 평균 기온과 최난월 평균 기온은 원의 가운데 값임.
** 1991~2020년 평년값임. (기상청)

| 자료 분석 |

(가)는 2002년 중국의 홍콩식 경제 개방 정책을 모방한 특별 행정구로 지정된 신의주이다. (나)는 남한의 기술과 자본, 북한의 노동력을 결합한 형태의 공업 지구가 조성되었던 개성이다. (다)는 1991년 나진과 함께 북한 최초의 경제 특구로 지정된 선봉이다.

| 선지 해설 |

① (가) – A, (나) – B, (다) – C

• (가) 신의주는 (나) 개성보다 고위도에 위치하고, (다) 선봉보다 저위도에 위치한다. 따라서 신의주는 최난월 평균 기온과 최한월 평균 기온이 모두 두 번째로 높은 A이다.

• (나) 개성은 세 지역 중 가장 저위도에 위치한다. 따라서 개성은 최난월 평균 기온과 최한월 평균 기온이 가장 높은 B이다.

• 관북 해안의 (다) 선봉은 세 지역 중 가장 고위도에 위치한다. 따라서 선봉은 최난월 평균 기온과 최한월 평균 기온이 가장 낮고, 연 강수량이 가장 적은 C이다.

그래프는 지도에 표시된 세 지역의 기후 특성을 나타낸 것이다. (가)~(다) 지역에 대한 설명으로 옳은 것은? [3점]

세 지역 중 기온의 연교차가 가장 큼 → 삼지연

세 지역 중 최난월 평균 기온이 가장 높음 → 신의주

삼지연(가) → 세 지역 중 기온의 연교차가 가장 큼 → 관북 지방

신의주(나) → 관서 지방 → 경의선 철도 종착지

세 지역 중 기온의 교차가 가장 작음 → 원산

원산(다) → 세 지역 중 기온의 연교차가 가장 작음 → 경원선 철도 종착지

* 1991~2020년의 평년값임.

① (가)는 동해안의 항구 도시이다. → (다)

② (나)는 관서 지방에 위치한다. → 철령관 서쪽 지역을 의미함 ✓

③ (가)는 (다)보다 저위도에 위치한다. → 고위도

④ (나)는 (다)보다 겨울 강수량이 많다. → 적다

⑤ (다)는 (나)보다 연평균 황사일수가 많다. → 적다

| 자료 분석 |

지도의 세 지점은 삼지연, 신의주, 원산이다. (가)는 세 지역 중 기온의 연교차가 가장 크고 최난월 평균 기온이 가장 낮다. 따라서 (가)는 세 지역 중 가장 위도가 높고 내륙에 위치한 삼지연이다. (다)는 세 지역 중에서 기온의 연교차가 작은 지역이므로 세 지역 중 위도가 가장 낮고 동해안에 위치한 원산이다. (나)는 세 지역 중 최난월 평균 기온은 가장 높으며 기온의 연교차는 (다)보다 높으므로 신의주이다.

| 선지 해설 |

① (가) 삼지연은 북부 내륙에 위치한 도시이다. 동해안의 항구 도시는 (다) 원산이다.

② (나) 신의주는 관서 지방에 위치한다. 관서 지방은 철령관 서쪽 지역을 의미하며 평안도 일대를 지칭한다. 관서 지방의 주요 도시로는 평양, 남포, 신의주 등이 있다.

③ (가) 삼지연은 (다) 원산보다 고위도에 위치한다.

④ 동해안에 위치한 (다) 원산은 겨울철 북동 기류의 바람받이 지역에 위치해 강수량이 많다. 따라서 (나) 신의주는 (다) 원산보다 겨울 강수량이 적다.

⑤ 연평균 황사일수는 대체로 황사의 발원지인 중국 내륙의 사막과 가까울수록 많다. (다) 원산은 (나) 신의주보다 중국 내륙의 사막과의 최단 거리가 멀기 때문에 연평균 황사일수가 적다.

연결형 문제로 개념 확인

(1) 청진 •		• ㉠ 북부 지방에서 연 강수량이 가장 많은 다우지
(2) 원산 •		• ㉡ 북부 지방에서 연 강수량이 가장 적은 소우지
(3) 중강진 •		• ㉢ 우리나라에서 최한월 평균 기온이 가장 낮은 지역

(1) – ㉡ (2) – ㉠ (3) – ㉢

13 북한의 개방 지역 22학년도 9월 모평 14번

정답 ① | 정답률 45%

다음은 북한의 개방 지역을 주제로 한 수업 장면이다. 발표 내용이 옳은 학생만을 고른 것은?

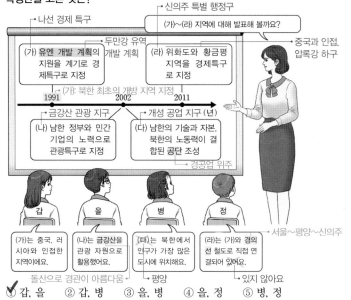

① 갑, 을　② 갑, 병　③ 을, 병　④ 을, 정　⑤ 병, 정

| 자료 분석 |

(가)는 나선 경제 특구, (나)는 금강산 관광 지구, (다)는 개성 공업 지구, (라)는 신의주 특별 행정구이다.

| 선지 해설 |

갑. (가)는 중국, 러시아와 인접한 나진·선봉 지역으로 유엔 개발 계획의 지원을 계기로 1991년 북한 최초의 경제 특구로 지정되었다.

을. (나) 금강산 관광 지구는 돌산인 금강산의 자연경관을 이용하여 남한 정부와 민간 기업의 노력으로 2002년 관광특구로 지정되면서 남북 회담 및 이산가족 상봉 등 남북 화합과 협력의 장으로 활용되었으나, 현재는 중단된 상태이다.

병. 북한에서 인구가 가장 많은 도시는 (다) 개성 공업 지구가 위치한 개성이 아니라 평양이다.

정. 경의선 철도는 서울~평양~신의주에 이르는 철도이므로 (라) 신의주 특별 행정구는 (가) 나선 경제 특구와 철도로 직접 연결되어 있지 않다. (라) 신의주 특별 행정구는 외자 유치 및 교역 확대를 위해 지정되었다. 중국과의 마찰 등을 이유로 사업이 중단되었다가 최근 신의주와 인접한 압록강 하구의 황금평·위화도를 중국과 함께 개발하기로 하면서 다시 주목받고 있다.

14 북한의 주요 지역 24학년도 3월 학평 15번

정답 ⑤ | 정답률 52%

지도의 A~E 지역에 대한 옳은 내용에만 ○ 표시한 학생을 고른 것은?

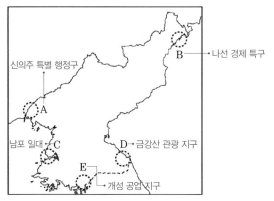

	학생				
	갑	을	병	정	무
A에는 경의선 철도의 종착역이 있다. 서울(경)과 신의주(의)를 잇는 철도임	○		○		○
C에는 서해 갑문이 있다. 대동강 하구의 수위를 조절함		○		○	○
E에는 북한 최초의 경제 특구가 ~~있다.~~ 없다	○			○	
B, D는 모두 관동 지방에 속한다. D는	○	○	○		

① 갑　② 을　③ 병　④ 정　⑤ 무

| 자료 분석 |

지도의 A는 신의주 특별 행정구, B는 나선 경제 특구, C는 남포 일대, D는 금강산 관광 지구, E는 개성 공업 지구이다. A 신의주 특별 행정구는 외자 유치 및 교역 확대를 위해 경제 특구로 지정되었으나 중국과의 마찰 등을 이유로 사업이 중단되었다. B 나선 경제 특구는 중국, 러시아와 인접해 있다. 북한은 이 지역을 수출 가공 및 금융 기반을 갖춘 동북아시아의 거점으로 개발하고자 하였으나 큰 성과를 거두지 못하였다. C 남포 일대는 대동강 하구에 서해 갑문이 설치된 이후 평양의 외항 기능이 강화된 지역이다. D 금강산 관광 지구는 금강산의 아름다운 자연 경관을 이용하여 남한과 일본 등의 관광객을 유치할 목적으로 조성되었으나, 2008년 관광객 피격 사건 이후 남한의 금강산 관광이 중단되었다. E 개성 공업 지구는 수도권과 지리적으로 인접하여 남한의 기업을 유치할 목적으로 조성되었다. 그러나 2016년 남북 간 마찰 심화로 사업이 전면 중단되었다.

| 선지 해설 |

⑤ 무

- A 신의주 특별 행정구에는 경의선 철도의 종착역이 있다. 경의선은 서울, 개성, 평양, 신의주를 연결하는 철도 노선으로 종착역은 신의주역이다(갑, 병, 무).
- C 남포에는 농업 용수 확보, 홍수 방지, 선박 운항 등의 목적으로 축조된 서해 갑문이 위치한다. 남포 일대는 서해 갑문이 설치된 이후 평양의 외항 기능이 강화되었다(을, 정, 무).
- E 개성 공업 지구는 2000년대 초반 설치되었다. 북한 최초의 경제 특구는 유엔 개발 계획의 지원을 계기로 1991년 경제 특구로 지정된 나선 경제 특구이다(을, 병, 무).
- B 나선 경제 특구는 철령관 이북에 위치하므로 관북 지방이며, D 금강산 관광 지구는 철령관 동쪽에 위치한 관동 지방이다. 따라서 D만 관동 지방에 속한다(정, 무).

따라서 A~E 지역에 대한 옳은 내용에만 ○ 표시한 학생은 무이다.

다음은 북한 지역에 대한 한국 지리 수업 장면이다. 교사의 질문에 대한 학생의 발표 내용으로 옳은 것은?

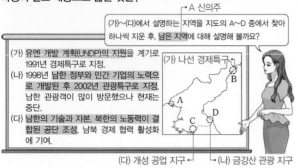

(가)~(다)에서 설명하는 지역을 지도의 A~D 중에서 찾아 하나씩 지운 후, 남은 지역에 대해 설명해 볼까요?

(가) 유엔 개발 계획(UNDP)의 지원을 계기로 1991년 경제특구로 지정.
(나) 1998년 남한 정부와 민간 기업의 노력으로 개발된 후 2002년 관광특구로 지정. 남한 관광객이 많이 방문했으나 현재는 중단.
(다) 남한의 기술과 자본, 북한의 노동력이 결합된 공단 조성. 남북 경제 협력 활성화에 기여.

(가) 나선 경제특구
(다) 개성 공업 지구
(나) 금강산 관광 지구

✓① 갑: 인접국의 투자 개발이 논의되었던 황금평이 있어요.
 └ 압록강 하구에 위치
② 을: 중화학 공업의 중심지로 관북 지방에 위치해 있어요. → 함흥, 청진
③ 병: 고려 시대 수도였던 곳으로 역사 문화 유적이 많아요. → 개성
 └ 세계 문화유산으로 지정
④ 정: 대동강 유역에 위치해 있으며 북한 최대 공업 지역이에요. → 평양, 남포
⑤ 무: 기반암이 풍화 침식되어 형성된 일만이천봉의 명산이 있어요. → 금강산
 └ 중생대에 형성된 화강암 └ 돌산

| 자료 분석 |

(가)는 북한 최초의 개방 지역인 나선 경제 특구이다. 나선 경제 특구는 유엔 개발 계획(UNDP)의 주관으로 우리나라, 중국, 러시아, 일본 등의 국가가 참여하였다. (나)는 금강산 관광 지구로, 금강산은 화강암이 기반암을 이루고 있는 돌산이다. 1998년 남한 정부와 민간 기업의 노력으로 개방되었으나 2008년 이후 중단되었다. (다)는 개성 공업 지구이다. 2002년부터 조성이 시작된 개성 공업 지구는 남한의 기술과 자본, 북한의 노동력을 결합하여 주로 경공업 제품을 생산하였으나 2016년 이후 폐쇄되었다. (가)는 B, (나)는 D, (다)는 C이므로 지도에서 (가)~(다)에 해당하는 지역을 지우고 남은 지역은 A로, 신의주 특별 행정구이다.

| 선지 해설 |

① A는 신의주 특별 행정구로 2002년 독립적인 개방 지역으로 지정되었으나 2004년 이후 추진이 중단되었다. 최근 압록강 하구에 위치한 황금평을 경제 특구로 개발할 예정이었으나 2011년 이후 다시 중단된 상태이다.

② 일제 강점기부터 중화학 공업의 중심지로 관북 지방에 위치한 도시는 함흥과 청진이 대표적이다.

③ 고려 시대 수도였던 곳으로 역사 문화 유적이 많은 곳은 개성이다. 개성의 고구려 고분군과 개성 역사 유적 지구는 세계 문화유산으로 지정되어 있다.

④ 대동강 유역에 위치해 있으며 북한 최대의 공업 지역에 해당하는 곳은 평양과 남포이다. 평양은 북한의 정치 및 행정 중심지이며, 남포는 평양의 외항으로 큰 조차를 극복하기 위한 특수 항만 시설인 서해 갑문이 위치해 있다.

⑤ 기반암인 화강암이 풍화 침식되어 형성된 일만이천봉으로 유명한 명산은 금강산이다. 금강산은 돌산으로, 중생대에 관입한 화강암이 오랫동안 침식 작용을 받아 지표에 드러나면서 형성되었다.

그림의 (가)~(마)에 해당하는 지역을 지도의 A~E에서 고른 것은? [3점]

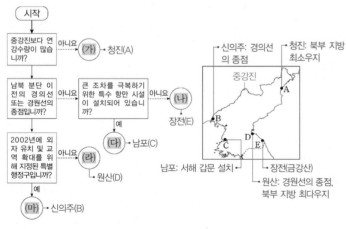

	(가)	(나)	(다)	(라)	(마)
①	A	B	C	D	E
②	A	C	E	B	D
③	A	E	C	D	B
④	C	D	A	E	B
⑤	C	E	B	A	D

| 자료 분석 |

지도의 A는 북부 지방 최소우지인 청진, B는 경의선의 종점인 신의주, C는 서해 갑문이 설치된 남포, D는 경원선의 종점이며 북부 지방 최다우지인 원산, E는 장전(금강산)이다.

| 선지 해설 |

③ (가) - A, (나) - E, (다) - C, (라) - D, (마) - B

· (가): 중강진의 연 강수량은 726.4mm로, 중강진보다 연 강수량이 적은 지역은 북부 지방에서 가장 비가 적게 내리는 A 청진이다. 따라서 (가)는 연 강수량이 622.2mm인 A 청진이다.

· (라), (마): 남북 분단 이전의 서울에서 출발하는 경의선의 종점은 B 신의주이며, 경원선의 종점은 D 원산이다. 이 두 지역 중 2002년 외자 유치 및 교역 확대를 위해 지정된 특별 행정구는 B 신의주이다. 따라서 (마)는 B 신의주이며, (라)는 D 원산이다.

· (나), (다): 큰 조차를 극복하기 위한 특수 항만은 서해안 지역에 위치한 C 남포에 설치되어 있다. 따라서 (다)는 C 남포, (나)는 E 장전이다.

개념 확인	북한의 주요 도시	
평양	북한의 정치 및 행정 중심지
남포	평양의 외항으로 서해 갑문 설치 이후 물류 기능이 강화됨
신의주	다리를 통해 중국과 연결되어 있어 중국 교역의 중요 통로
원산·청진·함흥	일제 강점기에 공업 도시로 성장함

17 북한의 인문 환경 19학년도 9월 모평 6번

정답 ③ | 정답률 81%

그래프는 남북한의 농업 관련 자료를 나타낸 것이다. 이에 대한 설명으로 옳지 <u>않은</u> 것은? (단, (가), (나)는 각각 남한, 북한 중 하나이며, A, B는 각각 쌀, 옥수수 중 하나임.)

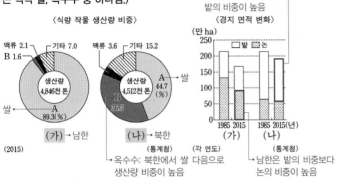

① (가)는 남한, (나)는 북한이다.
② A는 논, B는 밭에서 주로 재배된다.
③ (가)에서 B는 주로 A의 그루갈이 작물로 재배된다.
  맥류 ← 동일한 경지에서 두 가지 작물을 번갈아 심음
④ 북한은 남한보다 논 면적 대비 밭 면적의 비율이 높다.
  → 북한은 평야보다 산지가 많음
⑤ 두 연도 간에 남한은 북한보다 경지 면적의 감소 폭이 크다.

| 자료 분석 |

〈경지 면적 변화〉 그래프에서 (가)는 논이 차지하는 비중이 밭보다 높은 것으로 보아 남한, (나)는 경지 면적에서 밭이 차지하는 비중이 논보다 높은 것으로 보아 북한이다.

〈식량 작물 생산량 비중〉 그래프에서 (가) 남한과 (나) 북한 모두 식량 작물 중 쌀의 생산량 비중이 높기 때문에 A는 쌀이며, (나) 북한에서 쌀 다음으로 비중이 높은 B는 옥수수이다.

| 선지 해설 |

① (가)는 경지 면적에서 논의 비중이 밭보다 높고, A 쌀의 생산량 비중이 다른 작물에 비해 매우 높으므로 남한이다. (나)는 경지 면적에서 밭의 비중이 논보다 높고, A 쌀 다음으로 B 옥수수의 생산량 비중이 높으므로 북한이다.

② (가) 남한과 (나) 북한에서 생산량 비중이 가장 높은 A는 논에서 주로 재배되는 쌀, B는 밭에서 주로 재배되는 옥수수이다.

③ (가) 남한에서 맥류는 주로 A 쌀의 그루갈이 작물로 재배된다. 그루갈이는 한 해 동안 동일한 경지에서 두 가지 작물을 번갈아 심어 수확하는 농업 방식이다.

④ 북한은 평야보다 산지의 비중이 높고, 주로 냉대 기후가 나타나 남한보다 논 면적 대비 밭 면적의 비율이 높다.

⑤ 1985년 남한과 북한의 총 경지 면적은 약 210만 ha로 비슷하나 2015년 남한의 경지 면적은 약 160만 ha로 50만 ha가 감소하였고, 2015년 북한의 경지 면적은 약 190만 ha로 20만 ha가 감소하였다. 따라서 두 연도 간에 남한은 북한보다 경지 면적의 감소 폭이 크다.

18 북한의 자연환경 22학년도 10월 학평 8번

정답 ① | 정답률 76%

다음은 한국 지리 수업 장면이다. 교사의 질문에 옳게 답한 학생만을 고른 것은?

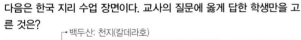

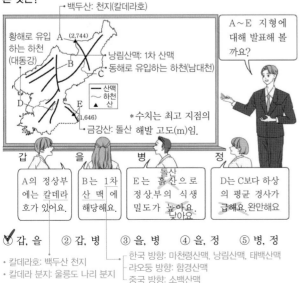

① 갑, 을 ② 갑, 병 ③ 을, 병 ④ 을, 정 ⑤ 병, 정

· 칼데라호: 백두산 천지
· 칼데라 분지: 울릉도 나리 분지
· 한국 방향: 마천령산맥, 낭림산맥, 태백산맥
  랴오둥 방향: 함경산맥
  중국 방향: 소백산맥

| 자료 분석 |

지도의 A는 화산인 백두산, B는 한국 방향의 산맥인 낭림산맥, C는 동해로 유입하는 하천, D는 황해로 유입하는 하천인 대동강, E는 돌산인 금강산이다.

| 선지 해설 |

갑. A 백두산은 화산 활동으로 형성된 화산이다. 백두산 정상에 있는 천지는 화구가 함몰되어 넓어진 분지(칼데라)에 물이 고여 형성된 칼데라호이다. 따라서 A 백두산의 정상부에는 칼데라호가 있다.

을. 1차 산맥은 경동성 요곡 운동으로 융기한 산지로 해발 고도가 높고 연속성이 강한 산맥이다. 한국 방향의 산맥인 마천령산맥, 낭림산맥, 태백산맥은 1차 산맥에 해당한다. 따라서 B 낭림산맥은 1차 산맥에 해당한다.

병. E 금강산은 주된 기반암이 화강암으로 산의 정상부에 기반암이 많이 노출되어 식생 밀도가 낮은 돌산이다. 산의 정상부에 기반암이 풍화된 토양이 주로 나타나고 식생 밀도가 높은 흙산으로는 지리산, 덕유산 등이 있다.

정. 우리나라 하천은 두만강을 제외하면 대체로 황해로 흐르는 하천이 동해로 흐르는 하천보다 유로가 길고 하상의 평균 경사가 완만하다. 따라서 황해로 유입하는 D 대동강은 C 동해로 유입하는 하천인 남대천보다 하상의 평균 경사가 완만하다.

다음 자료의 (가)~(라) 지역에 대한 설명으로 옳은 것은? (단, (가)~(라)는 각각 지도에 표시된 지역 중 하나임.) [3점]

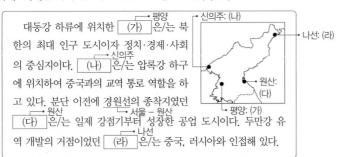

대동강 하류에 위치한 [(가) → 평양]은/는 북한의 최대 인구 도시이자 정치·경제·사회의 중심지이다. [(나) → 신의주]은/는 압록강 하구에 위치하여 중국과의 교역 통로 역할을 하고 있다. 분단 이전에 경원선의 종착지였던 [(다) → 원산 서울 - 원산]은/는 일제 강점기부터 성장한 공업 도시이다. 두만강 유역 개발의 거점이었던 [(라) → 나선]은/는 중국, 러시아와 인접해 있다.

① (가)는 북한의 대표적인 항구 도시이다.
   남포
② (나)는 관북 지방에 위치한다.
       관서
③ (라)에는 경의선 철도의 종착역이 있다.
       (나)
④ (가)는 (다)보다 겨울 강수량이 많다.
                 적다
✔ ⑤ (라)는 (나)보다 경제 특구로 지정된 시기가 이르다.
    └ 북한 최초의 경제 특구

| 자료 분석 |

지도에 표시된 네 지역은 신의주, 나선, 평양, 원산이다. 대동강 하류에 위치하며 북한 최대 인구 도시이자 정치·경제·사회의 중심지인 (가)는 평양이다. 압록강 하구에 위치하여 중국과의 교역 통로 역할을 하고 있는 (나)는 신의주이다. 경원선의 종착지였으며 일제 강점기부터 공업 도시로 성장한 (다)는 원산이다. 중국, 러시아와 인접해 있으며 두만강 유역 개발의 거점이었던 (라)는 나선이다.

| 선지 해설 |

① (가) 평양은 대동강 하류에 위치한 도시이지만 항구 도시는 아니다. 대동강 하구에 발달한 항구 도시로는 평양의 외항 역할을 담당하는 남포가 있다.

② (나) 신의주는 관서 지방에 위치한다. 낭림산맥의 서쪽에 해당하는 평안도 일대는 관서 지방에 속한다. 관북 지방에 위치한 지역은 (라) 나선이다.

③ 경의선 철도는 분단 이전에 서울과 의주를 연결하던 철도이며, 경의선 철도의 종착역은 (나) 신의주에 있다.

④ (가) 평양은 (다) 원산보다 겨울 강수량이 적다. (가) 평양은 우리나라의 대표적인 소우지 중 하나이며, (다) 원산은 북동 기류의 바람받이 사면에 위치하여 겨울 강수량이 (가) 평양보다 많다.

⑤ (라) 나선은 1991년 북한 최초의 경제 특구로 지정되어 (나) 신의주보다 경제 특구로 지정된 시기가 이르다. (나) 신의주는 2002년에 홍콩을 거울삼아 경제 특구로 지정되었으며, 2011년에는 신의주와 인접한 황금평, 위화도를 중국과 함께 개발하기로 합의하였다.

개념 확인	북한의 주요 개방 지역
나선 경제특구	유엔 개발 계획(UNDP)의 지원을 계기로 경제특구로 지정, 북한 최초의 개방 지역, 중국·러시아와의 국경 지대, 태평양 진출 유리
신의주 특별 행정구	홍콩을 개발 모델로 삼았으나 외국 자본의 유치가 미비하여 개발과 개발 중단이 반복됨, 현재 중단된 상태
개성 공업 지구	남한의 수도권과의 접근성이 좋고, 임금이 저렴해 주로 노동 지향형 공업이 입지해 있었음, 현재 중단된 상태
금강산 관광 지구	아름다운 자연 경관을 이용한 남한과 외국인 관광객 유치가 목적임, 현재 중단된 상태

다음은 한국지리 온라인 수업 장면의 일부이다. 답글의 내용이 옳은 학생을 고른 것은? [3점]

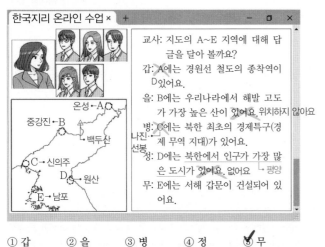

교사: 지도의 A~E 지역에 대해 답글을 달아 볼까요?
갑: A에는 경원선 철도의 종착역이 있어요. → D
을: B에는 우리나라에서 해발 고도가 가장 높은 산이 있어요. 위치하지 않아요
병: C에는 북한 최초의 경제특구(경제 무역 지대)가 있어요. → 나진·선봉
정: D에는 북한에서 인구가 가장 많은 도시가 있어요. 없어요 → 평양
무: E에는 서해 갑문이 건설되어 있어요.

① 갑   ② 을   ③ 병   ④ 정   ✔ ⑤ 무

| 자료 분석 |

수업 장면에는 북한의 지도가 표현되어 있으며, 지도의 A는 온성, B는 중강진, C는 신의주, D는 원산, E는 남포 일대이다.

| 선지 해설 |

갑. 경원선 철도는 서울에서 D 원산을 연결하는 철도이며, D 원산에 경원선 철도의 종착역이 있다. A 온성은 우리나라의 최북단에 해당하는 지역이다.

을. 우리나라에서 해발 고도가 가장 높은 산은 백두산이며, 백두산은 현재 북한 행정 구역상 삼지연에 위치한다.

병. 북한 최초의 경제특구(경제 무역 지대)는 1991년 유엔 개발 계획(UNDP)의 지원을 계기로 지정된 나선 경제특구이다. C 신의주는 외자 유치 및 교역 확대를 위해 2002년 특별 행정구로 지정되었다.

정. 북한에서 인구가 가장 많은 도시는 평양이다. 평양은 북한에서 인구가 가장 많을 뿐 아니라 정치·경제·문화의 중심지 역할을 한다. D 원산은 일제 강점기부터 성장한 북한의 대표적인 공업 도시이며, 연 강수량이 많은 편이다.

무. E 남포에는 서해안의 큰 조차를 극복하기 위한 특수 항만 시설인 서해 갑문이 있다. 서해 갑문이 건설된 이후 남포는 평양의 외항으로서 그 기능이 강화되었다.

21 북한의 주요 지역 21학년도 7월 학평 10번

정답 ④ | 정답률 66%

지도의 A~D 지역에 대한 옳은 설명만을 있는 대로 고른 것은? [3점]

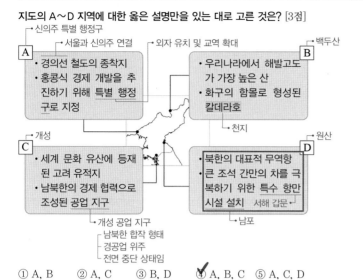

┌ 신의주 특별 행정구
│   ┌ 서울과 신의주 연결   ┌ 외자 유치 및 교역 확대   백두산 ┐
│ A   B
│ • 경의선 철도의 종착지   • 우리나라에서 해발고도
│ • 홍콩식 경제 개발을 추   가 가장 높은 산
│   진하기 위해 특별 행정   • 화구의 함몰로 형성된
│   구로 지정   칼데라호
│   └ 천지
│ ┌ 개성   원산 ┐
│ C   D
│ • 세계 문화 유산에 등재   • 북한의 대표적 무역항
│   된 고려 유적지   • 큰 조석 간만의 차를 극
│ • 남북한의 경제 협력으로   복하기 위한 특수 항만
│   조성된 공업 지구   시설 설치 서해 갑문
└ 개성 공업 지구   └ 남포
  └ 남북한 합작 형태
    경공업 위주
    전면 중단 상태임

① A, B   ② A, C   ③ B, D   ④ A, B, C   ⑤ A, C, D

자료 분석
북부 지방(북한)의 지도에 표시된 A는 신의주, B는 백두산, C는 개성, D는 원산이다.

선지 해설
Ⓐ. 신의주는 서울과 신의주를 연결하는 경의선 철도의 종착지이다. 신의주는 2002년 중국의 홍콩을 거울삼아 외자 유치 및 교역 확대를 위해 신의주 특별 행정구로 지정되었다.

Ⓑ. 백두산은 우리나라에서 해발 고도가 가장 높은 산으로 정상에 위치한 천지는 화구의 함몰로 형성된 칼데라에 물이 고여 형성된 칼데라호이다.

Ⓒ. 개성은 과거 고려의 수도로 세계 문화 유산에 등재된 유적지가 풍부하다. 개성은 수도권과 지리적으로 인접해 있어 개성 공업 지구로 지정되어 남한 기업이 부지의 개발과 이용을 맡고 북한이 노동력을 제공하는 형태로 합작이 이루어졌으나 2016년 이후 전면 중단된 상태이다.

D. 원산은 일제 강점기부터 함흥, 청진과 함께 제조업이 발달한 북한의 대표적인 공업 도시이다. 북한의 대표적인 무역항으로 조차를 극복하기 위한 특수 항만 시설인 서해 갑문이 위치한 도시는 대동강 하류에 위치한 남포이다.

22 북한의 주요 지역 23학년도 4월 학평 20번

정답 ⑤ | 정답률 54%

다음 자료의 (가), (나)에 해당하는 지역을 지도의 A~D에서 고른 것은? [3점]

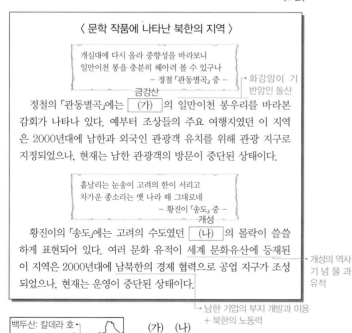

〈 문학 작품에 나타난 북한의 지역 〉

개심대에 다시 올라 중향성을 바라보니
일만이천 봉을 충분히 헤아려 볼 수 있구나
- 정철 「관동별곡」 중 -
┌ 금강산   └ 화강암이 기
반암인 돌산

정철의 「관동별곡」에는 (가) 의 일만이천 봉우리를 바라본 감회가 나타나 있다. 예부터 조상들의 주요 여행지였던 이 지역은 2000년대에 남한과 외국인 관광객 유치를 위해 관광 지구로 지정되었으나, 현재는 남한 관광객의 방문이 중단된 상태이다.

흩날리는 눈송이 고려의 한이 서리고
차가운 종소리는 옛 나라 때 그대로네
- 황진이 「송도」 중 -
└ 개성

황진이의 「송도」에는 고려의 수도였던 (나) 의 몰락이 쓸쓸하게 표현되어 있다. 여러 문화 유적이 세계 문화유산에 등재된 이 지역은 2000년대에 남북한의 경제 협력으로 공업 지구가 조성되었으나, 현재는 운영이 중단된 상태이다.
└ 개성의 역사
기념 물과
유적
└ 남한 기업의 부지 개발과 이용
+ 북한의 노동력

백두산: 칼데라 호 ┐
A
평양: 북한 최대 도시 ┐
B   (가) 금강산 ┐
D
C   └ (나) 개성

	(가)	(나)
①	A	B
②	A	C
③	B	C
④	D	B
⑤	D	C

자료 분석
지도의 A는 백두산, B는 평양, C는 개성, D는 금강산이다. A 백두산은 한반도에서 해발 고도가 가장 높은 산(2,744m)으로 신생대 화산 활동에 의해 형성되었다. 백두산에서는 칼데라 호(천지)를 비롯한 화산 지형을 살펴볼 수 있다. B 평양은 대동강 하류에 위치한 도시로 북한에서 인구가 가장 많고 정치·경제의 중심지이며, 관서 지방에 해당한다. C 개성은 수도권과 지리적으로 인접한 지역으로 남한의 기업을 유치할 목적으로 개성 공업 지구를 조성하였다. D 금강산은 정상부에 기반암이 많이 노출된 돌산과 관련이 깊으며 기반암은 주로 화강암이다. 금강산 관광 지구는 금강산의 아름다운 자연 경관을 이용하여 남한과 외국인 관광객을 유치할 목적으로 조성되었으나 남한 관광객 피격 사건 이후 현재는 중단된 상태이다.

선지 해설
⑤ (가) - D, (나) - C

• (가)는 관동별곡, 일만이천 봉우리 등을 통해 금강산임을 유추할 수 있다. 관동별곡은 조선 중기 정철이 금강산과 관동팔경을 유람하면서 남긴 가사이다. 돌산으로 암석 노출이 많은 금강산은 과거 금강산 관광 지구로 개발되었으나 현재는 남한 관광객의 방문이 중단된 상태이다. 따라서 (가)는 D 금강산이다.

• (나)는 고려의 수도, 세계 문화유산에 등재된 지역, 남북한의 경제 협력 등으로 개성임을 알 수 있다. 개성은 개경(開京), 송악(松岳), 송도(松都), 송경(松京) 등 여러 가지 이름으로도 불렸으며, 고려 왕조와 관련된 다양한 문화유산(만월대와 개성 첨성대, 개성 성곽, 개성 남대문, 고려 성균관, 숭양서원, 선죽교와 표충사, 왕건릉과 7개 왕릉과 명릉, 공민왕릉 등)이 있다. 2000년대 남한 기업이 부지 개발과 이용을 맡고 북한이 노동력을 제공하는 형태로 개성 공업 지구가 조성되었으나, 2016년 남북 간 마찰이 심화되면서 전면 중단되었다.

다음은 북한 지역에 대한 한국 지리 수업 장면이다. 교사의 질문에 대한 학생의 발표 내용으로 옳은 것은?

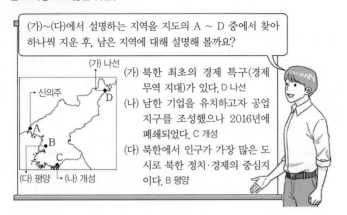

(가)~(다)에서 설명하는 지역을 지도의 A ~ D 중에서 찾아 하나씩 지운 후, 남은 지역에 대해 설명해 볼까요?

(가) 북한 최초의 경제 특구(경제 무역 지대)가 있다. D 나선
(나) 남한 기업을 유치하고자 공업 지구를 조성했으나 2016년에 폐쇄되었다. C 개성
(다) 북한에서 인구가 가장 많은 도시로 북한 정치·경제의 중심지이다. B 평양

✓ 갑 : 경의선 철도의 종착역이 있어요.
② 을 : 황해도 지명이 유래된 도시 중 하나예요.
　　황주, 해주
③ 병 : 대동강 하구에 위치하며 서해 갑문이 있어요.
　　남포
④ 정 : 한류의 영향으로 여름철 기온이 낮은 편이에요.
　　청진
⑤ 무 : 기반암이 풍화되어 형성된 일만 이천 봉의 명산이 있어요.
　　금강산

| 자료 분석 |

지도의 A는 신의주, B는 평양, C는 개성, D는 나선이다. (가)는 북한 최초의 경제 특구(경제 무역 지대)인 것으로 보아 중국, 러시아와 인접한 D 나선이다. (나)는 남한 기업을 유치하고자 공업 지구를 조성한 곳인 것으로 보아 수도권과 지리적으로 인접한 C 개성이다. (다)는 북한에서 인구가 가장 많은 도시로 북한 정치·경제의 중심지이므로 B 평양이다. 따라서 남은 지역은 A 신의주이다.

| 선지 해설 |

갑. 경의선 철도는 서울에서 출발하여 북한의 평양과 신의주까지 연결되는 철도 노선이다. 따라서 경의선 철도의 종착역은 신의주에 있다.

을. 황해도 지명이 유래된 도시는 황주와 해주이다. 신의주는 평안도에 위치한 지역으로 황해도 지명과는 관련이 없다. 한편 신의주가 위치한 평안도 지명의 유래가 된 도시는 평양, 안주이다.

병. 대동강 하구에 위치하며 서해 갑문이 있는 지역은 남포이다. 서해 갑문은 1980년대에 건설된 대규모 갑문(수문)으로, 대동강 하구에 위치한 남포에 설치되어 있다. 신의주는 압록강 하구에 위치해 있다.

정. 한류의 영향으로 여름철 기온이 낮은 지역은 청진 등 관북 지역의 동해안에 위치한 도시들이다. 한반도 북서쪽에 위치한 신의주는 대륙의 영향으로 동일한 위도의 동해안보다 여름철 기온이 높은 편이다.

무. 기반암이 풍화되어 형성된 일만 이천 봉의 명산은 금강산이다. 강원도에 위치한 금강산은 평안도에 위치한 신의주와 멀리 떨어져 있다.

23 일차

01 ⑤　02 ①　03 ③　04 ④　05 ②　06 ③　07 ①　08 ①　09 ②　10 ⑤　11 ⑤　12 ③
13 ③　14 ⑤　15 ④　16 ①　17 ④　18 ④　19 ⑤　20 ②　21 ①　22 ③　23 ② 24 ⑤
25 ①　26 ③　27 ①

문제편 205~211쪽

01　강원 지방　25학년도 9월 모평 9번

정답 ⑤ | 정답률 87%

다음 자료에서 설명하는 지역을 지도의 A~E에서 고른 것은?

평창

이 지역은 주로 해발고도 700m 내외의 산지에 위치해 있다. 영동 고속 국도 개통 이후 고랭지 농업이 발달하였고, 최근 고속 철도가 개통되면서 접근성이 더욱 향상되었다. 지형과 기후의 특징을 살려 겨울 스포츠와 관련된 관광 산업이 발달해 있다. 또한 2018년 동계 올림픽 개최지로도 유명하다.

'HAPPY 700'이라는 지역 브랜드 사용

〈마스코트 '눈동이'〉

① A
② B
③ C
④ D
✓⑤ E

출제 경향

강원 지방 주요 도시의 특징과 관련된 문항이 출제되고 있다. 강원 지방의 특색에 맞게 관광 산업, 고랭지 농업, 동계 스포츠, 석탄 산업 등의 주제와 관련 있는 해당 도시를 지도에서 찾을 수 있도록 학습해야 한다.

| 자료 분석 |

지도의 A는 춘천, B는 인제, C는 양양, D는 강릉, E는 평창이다.

| 선지 해설 |

① A 춘천은 강원도 도청 소재지이며, 하천의 차별 침식 작용으로 형성된 침식 분지가 발달해 있다. 춘천호, 의암호, 소양호와 같은 인공 호수가 많아 호반의 도시로 불리기도 하며, 닭갈비와 막국수 등의 음식이 유명하다.

② B 인제는 우리나라의 람사르 습지 1호인 대암산 용늪과 감입 곡류 하천인 내린천의 급류를 이용한 래프팅 등이 유명하다.

③ C 양양은 하조대 해수욕장, 죽도 해수욕장 등으로 유명하며, 최근에는 우리나라에서 서핑을 즐기는 사람들이 많이 찾고 있는 지역이다.

④ D 강릉은 '강원'이라는 명칭의 유래가 된 지역이며, 석호인 경포호와 계단 모양의 정동진 해안 단구 등의 지형이 유명하다. 또한 유네스코 인류 문화유산으로 등재된 강릉 단오제가 매년 개최된다.

⑤ E 평창은 주로 해발 고도 700m 내외의 산지에 위치하며 고랭지 농업이 발달하였다. 지형과 기후의 특징을 살려 겨울 스포츠와 관련된 관광 산업이 발달하였으며, 2018년 동계 올림픽 개최지로 유명하다.

02　수도권　23학년도 6월 모평 18번

정답 ① | 정답률 75%

지도는 (가), (나) 지표의 경기도 내 상위 및 하위 5개 시·군을 나타낸 것이다. (가), (나) 지표로 옳은 것은? [3점]

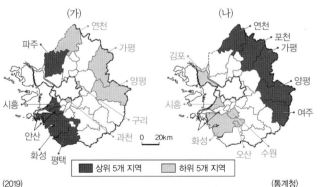

(2019)　(통계청)

	(가)	(나)
✓	제조업 종사자 수	노령화 지수 ─── 노년층 인구 / 유소년층 인구 ×100
②	노령화 지수	인구 밀도 ─── 도시 지역이 농촌 지역보다 높음
③	노령화 지수	총부양비
④	인구 밀도	제조업 종사자 수 ─── 청장년층 인구 비율이 높을수록 낮아짐
⑤	총부양비	제조업 종사자 수

| 자료 분석 |

(가) 지표의 상위 5개 시·군은 파주, 시흥, 안산, 화성, 평택이고 하위 5개 시·군은 연천, 가평, 양평, 구리, 과천이다. (나) 지표의 상위 5개 시·군은 연천, 포천, 가평, 양평, 여주이고, 하위 5개 지역은 김포, 시흥, 화성, 수원, 오산이다. 인구 밀도는 서울에 인접하거나 가까운 부천, 수원, 안양, 광명, 군포 등에서 높게 나타나고, 촌락적 성격이 강한 연천, 포천, 가평, 양평, 여주 등에서 낮게 나타난다. 총부양비는 촌락적 성격이 강하거나 서울에서 멀리 떨어진 연천, 양평, 가평, 동두천, 여주 등에서 높게 나타나고, 서울에 인접하면서도 인구 규모가 큰 수원, 고양, 용인, 성남, 부천 등에서 낮게 나타난다.

| 선지 해설 |

① (가) – 제조업 종사자 수, (나) – 노령화 지수

• (가) 지표가 높은 지역은 파주와 수도권 서남부 일대의 시흥, 안산, 화성, 평택으로, 이들 지역은 제조업이 발달하였다. (가) 지표가 낮은 지역은 과천, 구리와 같이 서울과 인접하여 있는 곳과 연천, 가평, 양평과 같이 촌락의 특성이 나타나는 곳이다. 따라서 (가) 지표는 제조업 종사자 수에 해당된다.

• (나) 지표 상위 지역인 연천, 포천, 가평, 양평, 여주는 촌락의 특성이 나타난다. 그리고 (나) 지표 하위 지역인 김포, 시흥, 화성, 오산, 수원은 도시의 특성이 나타난다. 따라서 (나) 지표는 촌락의 특성이 나타나는 지역에서 높게 나타나고, 도시의 특성이 나타나는 지역에서 낮게 나타나므로 노령화 지수에 해당한다.

03 수도권과 강원 지방 24학년도 수능 20번

다음은 지도에 표시된 A~F 지역에 대한 학생의 답변과 교사의 채점 결과이다. 이에 대한 설명으로 옳은 것만을 〈보기〉에서 고른 것은? [3점]

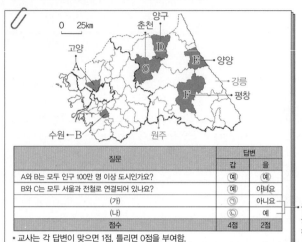

질문	답변	
	갑	을
A와 B는 모두 인구 100만 명 이상 도시인가요?	예	예
B와 C는 모두 서울과 전철로 연결되어 있어요?	예	아니요
(가)	㉠	아니요
(나)	㉡	예
점수	4점	2점

둘 중 하나에 옳은 답변을 해야 함

* 교사는 각 답변이 맞으면 1점, 틀리면 0점을 부여함.

〈 보기 〉

ㄱ. (가)가 'D와 F에는 모두 폐탄광을 활용한 석탄 박물관이 있나요?'이면, ㉡은 '예'이다. <u>아니요</u>

ㄴ. (나)가 'D는 C보다 청장년층 인구의 성비가 높나요?'이면, ㉠은 '예'이다.

ㄷ. (가)가 'C에는 다목적 댐이 있나요?'이면, (나)에는 'B에는 유네스코에 등재된 세계 문화유산이 있나요?'가 들어갈 수 있다.

ㄹ. ㉠이 '예'이면, (나)에는 'C와 E의 지명에서 '강원'의 지명이 유래했나요?'가 들어갈 수 <s>있다.</s> 없다

① ㄱ, ㄴ   ② ㄱ, ㄷ   ✔③ ㄴ, ㄷ   ④ ㄴ, ㄹ   ⑤ ㄷ, ㄹ

| 자료 분석 |

지도의 A는 고양, B는 수원, C는 춘천, D는 양구, E는 양양, F는 평창이다. 자료에서 갑은 4개 질문에서 총 4점을 획득하였으므로 모든 질문에 옳은 답변을 하였다. 을은 4개의 내용에서 총 2점을 획득하였으므로 첫 번째 질문에 옳은 답변을 하였고 (가)와 (나) 중 하나에만 옳은 답변을 하였다.

| 선지 해설 |

ㄱ. 'D 양구와 F 평창에는 모두 폐탄광을 활용한 석탄 박물관이 있나요?'라는 질문에 대한 옳은 답변은 '아니요'이다. D 양구와 F 평창에는 모두 폐탄광을 활용한 석탄 박물관이 있지 않기 때문이다. 따라서 (가)에 이 질문이 들어가면 갑의 옳은 답변인 ㉠은 '아니요'이고, 을은 (가)에 옳은 답변을 하였다. 을은 (나)에 옳지 않은 답변을 해야 하는데 (나)에서 '예'를 하였으므로, (나)에 대한 갑의 옳은 답변인 ㉡은 '아니요'이다.

Ⓛ 'D 양구는 C 춘천보다 청장년층 인구의 성비가 높나요?'라는 질문에 대한 옳은 답변은 '예'이다. D 양구는 군사 분계선과 인접한 지역으로 청장년층의 인구 성비가 C 춘천보다 높기 때문이다. 따라서 (나)에 이 질문이 들어가면 갑의 옳은 답변인 ㉡은 '예'이고, 을은 (나)에 옳은 답변을 하였다. 을은 (가)에 옳지 않은 답변을 해야 하는데, (가)에서 '아니요'를 하였으므로, (가)에 대한 갑의 옳은 답변인 ㉠은 '예'이다.

Ⓒ 'C 춘천에는 다목적 댐이 있나요?'라는 질문에 대한 옳은 답변은 '예'이다. C 춘천에는 다목적 댐인 소양강댐이 있기 때문이다. 따라서 (가)에 이 질문이 들어가면 갑의 옳은 답변인 ㉠은 '예'이고, 을은 (가)에 옳지 않은 답변을 하였다. 대신 을은 (나)에 옳은 답변을 해야 하므로, (나)에는 '예'에 해당하는 질문이 들어갈 수 있다. B 수원에는 유네스코에 등재된 세계 문화유산인 수원 화성이 있으므로, (나)에는 'B 수원에는 유네스코에 등재된 세계 문화유산이 있나요?'가 들어갈 수 있다.

ㄹ. ㉠이 '예'이면, 을은 (가)에 옳지 않은 답변을 한 것이다. 대신 을은 (나)에 옳은 답변을 해야 하므로 (나)에 대한 갑의 옳은 답변인 ㉡은 을과 같은 '예'이다. 즉, (나)에는 '예'에 해당하는 질문이 들어갈 수 있다. '강원'이라는 지명의 유래가 된 지역은 강릉과 원주이며, C 춘천과 E 양양은 '강원'이라는 지명의 유래가 된 지역이 아니다. 따라서 (나)에는 'C 춘천과 E 양양의 지명에서 '강원'의 지명이 유래했나요?'가 들어갈 수 없다.

---

04 강원 지방 20학년도 6월 모평 10번

다음 글에서 설명하는 지역을 지도의 A~E에서 고른 것은? [3점]

이 지역의 고위 평탄면은 연평균 기온이 낮고 연 강수량은 많은 편이다. 이러한 지형 및 기후 환경을 바탕으로 목축업과 고랭지 농업이 발달하였다. 또한 이 지역은 적설량이 많고 적설 기간이 긴 기후 특성을 활용하여 동계 스포츠의 중심지로 성장해 왔으며, 2018년에는 동계 올림픽이 개최되기도 하였다. → 평창

① A
② B
③ C
✔④ D
⑤ E

| 자료 분석 |

목축업과 고랭지 농업이 발달하였으며 2018년에 동계 올림픽이 개최된 지역은 평창이다. 지도의 A는 춘천, B는 인제, C는 원주, D는 평창, E는 태백이다.

| 선지 해설 |

① A는 춘천이다. 춘천은 강원도의 도청 소재지로 소양강과 북한강이 만나 여러 개의 댐이 있어 호수가 곳곳에 발달해 있기 때문에 '호반의 도시'로도 불리고 닭갈비로도 유명하다.

② B는 인제로, 감입 곡류 하천인 내린천에서의 래프팅이 유명하다.

③ C는 원주이다. 강원도에서 인구가 가장 많은 도시로 혁신 도시와 기업 도시 모두 지정되어 있다.

④ D는 평창이다. 고위 평탄면이 분포해 있으며 여름의 서늘한 기후를 이용해 목축업과 고랭지 농업이 이루어진다. 또한 2018년에 동계 올림픽이 개최된 곳이기도 하다.

⑤ E 태백은 1989년 석탄 산업 합리화 정책으로 폐광된 광산을 이용한 석탄 박물관이 위치해 있다.

05 강원 지방 24학년도 6월 모평 4번

다음은 어느 모둠의 답사 일정을 나타낸 것이다. (가)~(다) 지역을 지도의 A~C에서 고른 것은?

→ 첨단 의료 기기를 연구하고 생산함

답사 일정	답사 지역	답사 내용
1일차	(가)	의료 산업 클러스터 단지 견학
2일차	(나)	폐광 지역 산업 유산을 활용한 석탄 박물관 탐방
3일차	(다)	서울의 정동 쪽에 위치하고 있다는 기차역과 모래 해안 답사

1989년 석탄 산업 합리화 ↗ 강릉시 정동진
정책으로 대규모 폐광

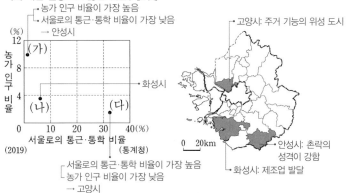

(다) 강릉: 정동진, 단오제

(가) 원주: 의료 산업 클러스터 강원도에서 인구 규모 최대

(나) 태백: 석탄 박물관, 눈 축제

0 30km

	(가)	(나)	(다)
①	A	B	C
✓②	A	C	B
③	B	A	C
④	B	C	A
⑤	C	A	B

출제 경향

지역을 여행한 답사기 또는 지역에 대한 설명 내용을 제시한 다음 백지도에서 해당 지역을 찾는 문항이 출제된다. 우리나라 지도를 펼쳐놓고 시험에 자주 출제되는 지역의 특산물, 축제 등을 정리해 두어야 한다.

| 자료 분석 |

A는 원주, B는 강릉, C는 태백이다. A 원주는 강원도에서 인구가 가장 많은 도시로 기업 도시와 혁신 도시가 위치하며, 의료 산업 클러스터 단지가 조성되어 있다. B 강릉은 석호인 경포호 및 해수욕장 등 다양한 관광 자원을 활용한 관광 산업이 발달하였다. C 태백에는 석탄 박물관이 있다.

| 선지 해설 |

②(가) – A, (나) – C, (다) – B

- (가)는 의료 산업 클러스터 단지가 건설되어 있는 원주이다. 원주는 의료 산업과 같은 첨단 산업 중심으로 산업 구조 고도화를 추진하고 있다.

- (나)는 폐광 지역 산업 유산을 활용한 석탄 박물관과 관련이 있는 지역으로 태백이다. 태백은 1980년대까지 석탄 산업으로 호황을 누렸으나 1989년 석탄 산업 합리화 정책 및 에너지 소비 구조 변화로 쇠퇴하였다. 이러한 어려움을 극복하기 위해 폐광 지역에 석탄 박물관을 건설하고 각종 행사와 축제를 개최하는 등 관광 상품을 개발하여 지역 경제를 활성화하기 위해 노력하고 있다.

- (다)는 서울의 정동 쪽에 위치하고 있는 정동진역과 모래 해안을 볼 수 있는 지역으로 강릉이다. 강릉에는 정동진이 위치하며, 경포호와 향호 등의 석호와 경포대 해수욕장과 같은 사빈이 발달하여 관광 자원으로 활용되고 있다.

06 수도권 22학년도 6월 모평 16번

그래프는 지도에 표시된 세 지역의 특성을 나타낸 것이다. (가)~(다) 지역에 대한 설명으로 옳은 것은? [3점]

┌ 농가 인구 비율이 가장 높음
├ 서울로의 통근·통학 비율이 가장 낮음
└ → 안성시

(세로축) 농가 인구 비율 (%) 12, 8 ...
(가)
(나) (다)
(가로축) 서울로의 통근·통학 비율 (%) 0 10 20 30 40
(2019) (통계청)

┌ 서울로의 통근·통학 비율이 가장 높음
├ 농가 인구 비율이 가장 낮음
└ → 고양시

고양시: 주거 기능의 위성 도시

0 20km

안성시: 촌락의 성격이 강함
화성시: 제조업 발달

① (가)는 (나)보다 주택 중 아파트 비율이 높다.
   └ 도시가 촌락보다 높음 → 낮다

② (가)는 (다)보다 전체 농가 중 겸업농가의 비율이 높다.
   └ 도시가 촌락보다 높음 → 낮다

✓③ (나)는 (가)보다 유소년층 인구 비율이 높다.

④ (다)는 (나)보다 제조업 종사자 수가 많다.
   └ 적다

⑤ (나)와 (다)에는 수도권 1기 신도시가 조성되어 있다.
   ├ (나): 2기 신도시(동탄 신도시)
   └ (다): 1기 신도시(일산 신도시)

| 자료 분석 |

지도에 표시된 지역은 경기도 고양시, 화성시, 안성시이다. 그래프에서 (가)는 세 지역 중 농가 인구 비율이 가장 높으므로 촌락의 성격이 강한 안성시이다. (다)는 세 지역 중 농가 인구 비율이 가장 낮고 서울로의 통근·통학 비율이 가장 높으므로 서울과 인접해 서울로의 통근·통학이 용이한 고양시이다. (나)는 자동차 및 트레일러 제조업을 비롯한 제조업이 발달해 있고 서울과 인접해 있지 않아 (다)보다 서울로의 통근·통학 비율이 낮은 화성시이다.

| 선지 해설 |

① (나) 화성시에는 2기 신도시인 동탄 신도시가 위치해 있으며 (가) 안성시는 촌락의 성격이 강하다. 따라서 주택 중 아파트 비율은 (나)가 (가)보다 높다.

② 대도시와 인접한 지역일수록 겸업농가의 비율이 높다. 따라서 (다) 고양시가 (가) 안성시보다 전체 농가 중 겸업농가의 비율이 높다.

③ 유소년층 인구 비율은 도시가 촌락보다 높으므로 (나) 화성시가 (가) 안성시보다 유소년층 인구 비율이 높다.

④ 제조업 종사자 수는 공업이 발달한 (나) 화성시가 주거 기능의 위성 도시인 (다) 고양시보다 많다.

⑤ (나) 화성시에는 수도권 2기 신도시인 동탄 신도시가 위치해 있으며, (다) 고양시에는 수도권 1기 신도시인 일산 신도시가 위치해 있다.

그래프는 지도에 표시된 세 지역의 시기별 주택 수 증가량을 나타낸 것이다. (가)~(다)에 대한 설명으로 옳은 것은? [3점]

성남: 1990년대 주택 급증(1기 신도시), 이후에도-주택-증가(2기 신도시)

화성: 2기 신도시 → 2000년대 이후 인구 급증

포천: 세·시기 모두 인구 증가·미약

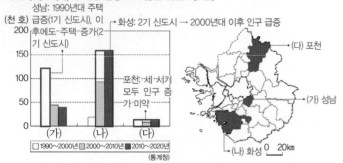

(다) 포천
(가) 성남
(나) 화성 0   20km

□ 1990~2000년 □ 2000~2010년 ■ 2010~2020년
(통계청)

✔① (가)에는 수도권 1기와 2기 신도시가 건설되었다.
　　└ 주택 유형 중 아파트 비율이 상대적으로 높음

② (가)는 (다)보다 주간 인구 지수가 높다.
　　　　　　　　　　　　　　낮다

③ (나)는 (가)보다 정보서비스업 종사자 수가 많다.
　　　　　　　　　　　　　　　　적다

④ (나)는 (다)보다 지역 내 농가 인구 비율이 높다.
　　　　　　　　　　　　　　　　　낮다

⑤ (다)는 (나)보다 제조업 종사자 수가 많다.
　　　　　　　　　　　　　　적다

| 자료 분석 |

지도에 표시된 세 지역은 수도권이며 경기 북부의 포천, 서울과 접해 있는 성남, 서해안에 위치한 화성이다. 그래프의 시기별 주택 수 증가량을 통해 세 지역의 시기별 인구 증가를 유추할 수 있다. (가)는 1990년대 인구 증가로 주택 수가 빠르게 증가한 성남, (나)는 2000년대 이후 공업 발달과 수도권 2기 신도시 건설로 인구 및 주택 수가 빠르게 증가한 화성이다. (다)는 세 시기 모두 상대적으로 인구 증가가 미약한 포천이다.

| 선지 해설 |

①(가) 성남은 1990년대 1기 신도시인 성남 분당 신도시와 2000년대 2기 신도시인 성남 판교 신도시 및 위례 신도시(서울 송파·경기 성남·경기 하남)가 건설되었다. 따라서 (가) 성남에는 수도권 1기와 2기 신도시가 건설되었다.

② 주간 인구 지수는 중심 도시로 통근·통학하는 인구의 비율이 높은 지역일수록 낮다. (가) 성남은 중심 도시인 서울과 인접한 지역으로 서울로 통근·통학하는 인구의 비율이 높다. 반면 (다) 포천은 군사 시설 및 소규모 공장이 밀집한 지역으로 서울로의 통근·통학 인구가 상대적으로 적다. 따라서 (가) 성남은 (다) 포천보다 주간 인구 지수가 낮다.

③ 정보서비스업 종사자 수는 IT 산업이 발달한 지역일수록 높다. 성남은 수도권 2기 신도시인 판교를 중심으로 IT 산업이 발달하였다. 따라서 (나) 화성은 (가) 성남보다 정보서비스업 종사자 수가 적다.

④ 지역 내 농가 인구 비율은 촌락의 특성이 강한 지역일수록 높으며, (나) 화성보다는 (다) 포천이 촌락의 특성이 강하다. 따라서 (나) 화성은 (다) 포천보다 지역 내 농가 인구 비율이 낮다.

⑤ 제조업 종사자 수는 세 지역 중 (나) 화성이 가장 많다. 따라서 (다) 포천은 (나) 화성보다 제조업 종사자 수가 적다.

지도는 세 지표별 강원도 상위 5개 시·군을 나타낸 것이다. (가)~(다)에 해당하는 지표로 옳은 것은? [3점]

* 노년층 인구 비율, 숙박 및 음식점업 취업 인구 비율은 각 시·군 내에서 차지하는 값임.
(2020)
(통계청)

	(가)	(나)	(다)
✔①	인구 밀도	노년층 인구 비율	숙박 및 음식점업 취업 인구 비율
②	인구 밀도	숙박 및 음식점업 취업 인구 비율	노년층 인구 비율
③	숙박 및 음식점업 취업 인구 비율	노년층 인구 비율	인구 밀도
④	숙박 및 음식점업 취업 인구 비율	인구 밀도	노년층 인구 비율
⑤	노년층 인구 비율	인구 밀도	숙박 및 음식점업 취업 인구 비율

| 자료 분석 |

제시된 세 지표는 인구 밀도, 노년층 인구 비율, 숙박 및 음식점업 취업 인구 비율이다. 이 중 인구 밀도는 대체로 도시가 촌락보다 높게 나타나며, 노년층 인구 비율은 대체로 도시가 촌락보다 낮게 나타난다. 마지막으로 숙박 및 음식점업 취업 인구 비율은 대체로 관광 산업이 발달한 지역에서 높게 나타난다.

| 선지 해설 |

①(가) - 인구 밀도, (나) - 노년층 인구 비율, (다) - 숙박 및 음식점업 취업 인구 비율

• (가) 지표의 상위 5개 시·군은 속초, 춘천, 강릉, 동해, 원주이다. 이들 지역은 모두 시(市) 지역으로 도시에 해당한다. 따라서 (가)는 도시에서 지표가 높게 나타나는 인구 밀도이다.

• (나) 지표의 상위 5개 시·군은 고성, 양양, 평창, 횡성, 영월이다. 이들 지역은 모두 군(郡) 지역으로 촌락에 해당한다. 따라서 (나)는 촌락에서 지표가 높게 나타나는 노년층 인구 비율이다.

• (다) 지표의 상위 5개 시·군은 고성, 속초, 양양, 강릉, 평창이다. 이 중 고성, 속초, 양양, 강릉은 동해안에 위치하여 관광 산업이 발달하였다. 평창은 여름철 서늘한 기후와 겨울철 많은 눈을 활용한 관광 산업이 발달하였다. 따라서 (다)는 관광 산업이 발달할수록 대체로 높아지는 지표인 숙박 및 음식점업 취업 인구 비율이다.

09 수도권 22학년도 6월 모평 20번

다음 글의 ㉠~㉢에 대한 옳은 설명만을 〈보기〉에서 고른 것은?

> └ 서울을 중심으로 대도시권을 이룸
> ㉠ 수도권은 우리나라 면적의 11.8%를 차지하고 있으나, 인구의 50.0%(2019년 기준)가 거주하고 있는 인구 과밀 지역이다. 또한 국내 총생산의 절반을 차지할 정도로 산업 및 고용의 집중도가 높다. 이러한 ㉡ 수도권과 비수도권 간의 격차에 따른 ㉢ 국토 공간의 불균형을 해결하기 위해서 다양한 노력이 이루어지고 있다. 한편, 수도권 내에서 서울 중심의 공간 구조를 자립적 다핵 구조로 전환하기 위해 ㉣ 제3차 수도권 정비 계획을 실시하였다.

└ 최근 혁신 도시, 기업 도시를 조성하고 있음

└ 수도권을 질서 있게 정비하고 균형 있게 발전시키기 위한 종합적인 계획

─〈 보기 〉─

ㄱ. ㉠은 행정 구역상 서울특별시, 인천광역시, 경기도를 포함한다.

ㄴ. ㉡은 수도권 신도시 건설로 인하여 ~~크게 완화되고~~ 있다. (심화)

ㄷ. ㉢을 위한 정책 중에는 수도권 공장 총량제, 과밀 부담금 제도가 있다. (공장 건축 면적 총량을 설정해 건축을 제한하는 제도 / 신규 시설에 부담금을 부과하는 제도)

ㄹ. ㉣에는 수도권에 기업 도시, 혁신 도시를 조성하는 내용이 포함되어 ~~있다.~~ (있지 않다)

① ㄱ, ㄴ ②✔ ㄱ, ㄷ ③ ㄴ, ㄷ ④ ㄴ, ㄹ ⑤ ㄷ, ㄹ

보기 해설

㉠ ㉠ 수도권은 행정 구역상 서울특별시, 인천광역시, 경기도를 포함하는 권역이다.

ㄴ. 우리나라는 1980년대 이후 서울의 주택 문제를 해결하기 위해 1990년대에 1기 신도시, 2000년대에 2기 신도시를 건설하였다. 수도권의 신도시 건설로 비수도권 인구의 수도권 수용에 영향을 미치면서 수도권과 비수도권의 격차가 심화되고 있다.

㉢ 수도권으로의 제조업의 과도한 집중을 억제하기 위해 매년 공장 건축 면적을 총량으로 설정하고 기준을 초과할 경우 공장의 신설을 제한하는 제도인 수도권 공장 총량제와, 인구 집중을 유발하는 업무 및 상업 시설이 들어설 때 부담금을 부과하는 제도인 과밀 부담금 제도는 국토 공간의 불균형을 해결하기 위한 노력에 해당한다.

ㄹ. 수도권 정비 계획은 수도권을 질서 있게 정비하고 균형 있게 발전시키기 위한 수도권 정비에 관한 종합적인 계획이다. 기업 도시와 혁신 도시는 수도권에는 조성되어 있지 않으므로 ㉣에 기업 도시, 혁신 도시 조성 내용은 포함되어 있지 않다.

개념 확인	제3차 수도권 정비 계획
과밀 억제 권역	인구와 산업이 집중되어 있어 이전 및 정비가 필요한 지역
성장 관리 권역	과밀 억제 권역으로부터 인구와 산업을 유치하고 산업 및 도시 개발의 적정한 관리가 필요한 지역
자연 보전 권역	한강 수계의 수질 및 자연환경의 보전이 필요한 지역

10 강원 지방 23학년도 4월 학평 18번

그래프는 지도에 표시된 세 지역의 특성을 나타낸 것이다. (가)~(다) 지역을 지도의 A~C에서 고른 것은? [3점]

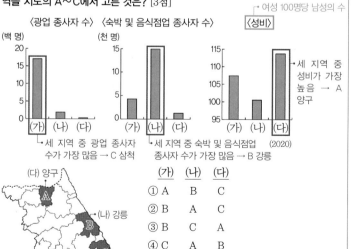

└ 여성 100명당 남성의 수
〈광업 종사자 수〉 〈숙박 및 음식점업 종사자 수〉 〈성비〉

└ 세 지역 중 성비가 가장 높음 → A 양구

└ 세 지역 중 광업 종사자 수가 가장 많음 → C 삼척

└ 세 지역 중 숙박 및 음식점업 종사자 수가 가장 많음 → B 강릉 (2020)

(다) 양구 / (나) 강릉 / (가) 삼척

	(가)	(나)	(다)
①	A	B	C
②	B	A	C
③	B	C	A
④	C	A	B
⑤✔	C	B	A

자료 분석

지도의 A는 양구, B는 강릉, C는 삼척이다. A 양구는 군사 분계선에 인접한 지역이며, 해발 고도가 높은 곳에 둘러싸여 있는 침식 분지를 볼 수 있다. B 강릉은 관동팔경 중 하나인 경포대가 있고, 신사임당과 율곡 이이가 태어난 오죽헌이 있으며 유네스코 인류 무형 문화유산으로 등재된 단오제가 열린다. 최근 강릉은 고속 철도 강릉선 개통으로 서울과의 접근성이 향상되면서 관광객들이 증가하였다. 동해안에 위치한 C 삼척은 석회석 생산량이 많다. 삼척은 강원도에서 광업 종사자 수가 많은 상위 3개 지역(삼척, 태백, 영월) 중 하나이다.

선지 해설

⑤ (가) – C, (나) – B, (다) – A

- (가)는 세 지역 중 광업 종사자 수가 가장 많은 지역이다. 삼척은 석회석과 석탄을 생산하는 지역으로 지역 내 광업 종사자 수가 세 지역 중 가장 많다. 따라서 (가)는 C 삼척이다.
- (나)는 세 지역 중 숙박 및 음식점업 종사자 수가 가장 많은 지역이다. 강릉은 경포호, 해수욕장, 오죽헌 등 다양한 관광 자원이 발달한 관광 도시이다. 관광 도시에서는 숙박 및 음식점업이 발달하므로 (나)는 B 강릉이다.
- (다)는 세 지역 중 성비가 가장 높은 지역이다. 양구는 군사 분계선에 인접한 지역으로 군부대가 많으며 남초 현상이 두드러진다. 따라서 다른 지역에 비해 성비가 높은 특징을 보이므로 (다)는 A 양구이다.

다음은 강원도 답사 계획서의 일부이다. (가)~(다) 정차역이 있는 지역에서 답사할 수 있는 내용으로 적절한 것을 고른 것은?

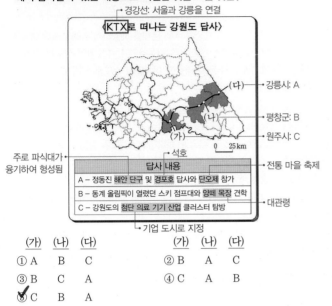

→ 경강선: 서울과 강릉을 연결

〈KTX로 떠나는 강원도 답사〉

(다) → 강릉시: A
(나) → 평창군: B
(가) → 원주시: C

→ 석호

주로 파식대가 융기하여 형성됨

답사 내용
A – 정동진 해안 단구 및 경포호 답사와 단오제 참가
B – 동계 올림픽이 열렸던 스키 점프대와 양떼 목장 견학
C – 강원도의 첨단 의료 기기 산업 클러스터 탐방

→ 전통 마을 축제
→ 대관령

→ 기업 도시로 지정

	(가)	(나)	(다)		(가)	(나)	(다)
①	A	B	C	②	B	A	C
③	B	C	A	④	C	A	B
✔⑤	C	B	A				

| 자료 분석 |

제시된 지도의 (가)는 원주, (나)는 평창, (다)는 강릉이다.

| 선지 해설 |

⑤ (가) – C, (나) – B, (다) – A

- (가) – C: (가)는 원주에 위치한 만종역이다. 원주는 강원도에서 인구가 가장 많으며 강원도의 다른 도시가 제조업이 크게 발달하지 않은 것과 달리 첨단 의료 기기를 중심으로 제조업이 발달해 있다. 이를 바탕으로 원주시는 기업 도시로 지정되어 있으며 공공 기관을 이전하는 혁신 도시로도 지정되어 있다.
- (나) – B: (나)는 평창 진부역이다. 평창은 2018년 동계 올림픽이 열렸던 곳이다. 또한 신생대 제3기 경동성 요곡 운동으로 형성된 고위 평탄면인 대관령이 위치해 있으며 대관령은 양떼 목장으로 유명하다.
- (다) – A: (다)는 강릉에 위치한 강릉역이다. 강릉은 정동진 해안 단구와 석호인 경포호가 위치해 있다. 강릉은 매년 전통 마을 축제인 단오제가 열린다.

다음은 강원 지방 답사 계획서의 일부이다. (가)~(다)에 해당하는 지역을 지도의 A~E에서 고른 것은? [3점]

〈강원 지방 답사 계획서〉

● 기간: 2019년 10월 ○일 ~ ○일
● 답사 지역 및 내용 → 유동성이 큰 현무암질 용암 분출

답사 지역	답사 내용
(가) 철원	열하 분출로 형성된 용암 대지와 그 사이를 흐르고 있는 한탄강이 만든 현무암 협곡과 주상 절리
(나) 영월	산지 사이를 굽이굽이 흘러가는 감입 곡류 하천인 동강과 한반도 지형으로 유명한 선암 마을
(다) 태백	석탄 산업 합리화 정책 이후 침체된 지역을 되살리기 위해 조성한 고원 스포츠 타운. 스키장 등 각종 레저 시설과 석탄 박물관

→ 폐광을 이용
→ 태백, 문경, 보령에 위치

(가) 철원
양구
A B
홍천
C
D E
0 50km (나) 영월 (다) 태백

	(가)	(나)	(다)		(가)	(나)	(다)
①	A	B	C	②	A	C	E
✔③	A	D	E	④	B	C	D
⑤	B	D	E				

| 자료 분석 |

지도의 A는 철원, B는 양구, C는 홍천, D는 영월, E는 태백이다. B 양구는 변성암과 화강암의 차별 침식 작용으로 형성된 하천 침식 지형인 침식 분지가 발달해 있다.

| 선지 해설 |

③ (가) – A, (나) – D, (다) – E

- (가)는 유동성이 큰 현무암질 용암이 열하 분출하여 형성된 용암 대지와 용암이 급격히 식으면서 형성된 육각기둥 모양의 절리인 주상 절리가 위치한 A 철원이다.
- (나)는 감입 곡류 하천인 동강이 흐르며 한반도 지형으로 유명한 선암 마을이 위치한 D 영월이다. 동강은 산지 사이를 곡류하면서 흐르는 감입 곡류 하천으로 유속이 빨라 래프팅으로 유명하다. 영월 선암 마을에는 한반도 모양과 유사한 지형이 나타나 많은 관광객이 방문하고 있다.
- (다)는 1989년 석탄 산업 합리화 정책 이후 무연탄을 생산하는 탄광이 폐광되면서 지역이 침체되자 이후 각종 레저 시설, 석탄 박물관 건설 등으로 관광 산업을 육성하고 있는 E 태백이다.

13 수도권과 강원 지방 24학년도 3월 학평 3번

정답 ③ | 정답률 53%

다음은 수도권과 강원 지방을 주제로 한 수업의 일부이다. (가)에 들어갈 내용으로 옳은 것은?

> 석탄 산업의 채산성 약화에 따라 1989년에 경제성이 낮은 탄광의 폐광 및 생산량 감축을 추진한 정책임

교사 : 〈도시 알아보기〉에 제시된 특징에 해당하는 도시 이름을 칠판에서 차례대로 떼어 내세요.

─〈 도시 알아보기 〉─

○ □□시 : 강원특별자치도 도청 소재지임. 막국수·닭갈비 축제, 마임 축제 등이 개최됨.

○ △△시 : 석탄 산업 합리화 정책으로 석탄 생산량이 감소함. 용연동굴, 석탄 박물관 등의 관광지가 있음.

○ ○○시 : 경기도 도청 소재지이자 특례시임. 정조가 주민의 거주 공간 마련 등을 이유로 축성한 세계 문화유산이 있음.

> 수원시에 위치한 성곽으로 역사적·문화적 가치가 높아 1997년에 유네스코 세계 문화유산에 등재됨

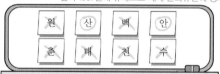

교사 : 칠판에 남은 글자로 도시 이름을 만들어 보세요. 이 도시의 특징은 무엇일까요?

학생 : _____(가)_____

① 슬로 시티로 지정된 마을이 있습니다. → 전주
② 수도권 1기 신도시가 조성되어 있습니다. → 고양, 군포, 부천, 성남, 안양
✓③ 우리나라 최초의 조력 발전소가 있습니다.
   └ 조수 간만의 차를 이용하여 전기를 생산하는 발전소
④ 동계 올림픽이 개최되었던 경기장이 있습니다. → 평창
⑤ 기업 도시와 혁신 도시가 모두 조성되어 있습니다. → 원주

| 자료 분석 |

□□시는 강원특별자치도 도청 소재지이며 막국수·닭갈비 축제가 열리는 것으로 보아 춘천이다. △△시는 과거 석탄으로 도시가 성장했으며 용연동굴, 석탄 박물관 등의 관광지가 있는 것으로 보아 태백이다. ○○시는 경기도 도청 소재지이자 특례시이며, 세계 문화유산인 수원 화성이 있는 수원이다. 따라서 칠판에서 춘천, 태백, 수원 이름을 떼어 낸 후 칠판에 남은 글자는 '산'과 '안'이다. 두 글자로 만들 수 있는 도시 이름은 '안산'이다. 안산은 경기도에 위치한 도시로 제조업이 발달하였다.

| 선지 해설 |

① 슬로 시티는 느리고 여유 있는 삶을 지향하며 지역의 자연환경 보전과 전통 문화 보존을 바탕으로 지역을 매력적인 장소로 만들고자 하는 운동이다. 우리나라에서는 전라남도 완도 청산도, 전라북도 전주 한옥 마을 등이 슬로 시티로 지정되었다. 2024년 기준 안산시를 비롯하여 경기도에는 슬로 시티로 지정된 마을이 없다.

② 수도권 1기 신도시는 수도권 주택 시장 안정과 주택 부족 문제 해결을 위해 건설되었다. 수도권 1기 신도시는 서울 근교의 고양(일산), 군포(산본), 부천(중동), 성남(분당), 안양(평촌)에 조성되었다. 안산에는 수도권 1기 신도시는 물론 수도권 2기 신도시도 조성되어 있지 않다.

③ 우리나라 최초의 조력 발전소인 시화호 조력 발전소는 안산에 위치한다. 시화호 조력 발전소는 조수 간만의 차이를 이용하여 전기를 생산하는 시설로 2011년 8월부터 전력 생산을 시작하였다.

④ 우리나라에서 동계 올림픽이 개최되었던 경기장이 있는 지역은 평창군이다. 평창군에서는 2018년 평창 동계 올림픽이 개최되었다.

⑤ 기업 도시와 혁신 도시는 제4차 국토 종합 계획(2000~2020년) 시기에 지역 균형 개발 정책의 일환으로 조성되었다. 우리나라에서 기업 도시와 혁신 도시가 모두 조성되어 있는 도시는 강원도 원주시이다.

14 강원 지방 22학년도 4월 학평 11번

정답 ⑤ | 정답률 57%

다음 자료의 (가) 지역을 지도의 A~E에서 고른 것은?

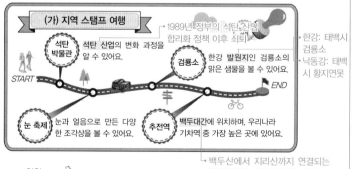

① A
② B
③ C
④ D
✓⑤ E

| 자료 분석 |

지도의 A는 철원, B는 춘천, C는 원주, D는 강릉, E는 태백이다.

| 선지 해설 |

① A 철원은 현무암질 용암이 열하 분출하여 형성된 용암 대지가 발달해 있으며, 용암 대지에서 재배한 철원 오대쌀은 지리적 표시제로 지정되어 있다.

② B 춘천은 강원도 도청 소재지로 하천의 차별 침식 작용으로 형성된 침식 분지가 발달되어 있다. 춘천호, 의암호, 소양호와 같은 인공 호수가 많아 호반의 도시로 불리기도 한다.

③ C 원주는 공공 기관을 이전하는 혁신 도시와 특정 산업을 중심으로 민간 기업이 주도적으로 개발하는 기업 도시로 지정되어 있다. 의료 기기 산업을 중심으로 강원도에서 제조업이 가장 발달한 도시이다.

④ D 강릉에서는 석호인 경포호를 볼 수 있으며, 강릉의 정동진에서는 계단 모양의 지형인 정동진 해안 단구를 볼 수 있다. 강릉에서는 유네스코 인류 무형 문화유산으로 등재된 강릉 단오제가 매년 열린다.

⑤ E 태백에는 국내 최대 규모의 석탄 박물관이 있다. 태백은 눈 축제, 한강의 발원지인 검룡소, 우리나라 기차역 중 가장 높은 곳에 위치한 추전역 등을 관광 산업 육성에 활용하고 있다.

15 수도권 23학년도 3월 학평 11번

정답 ④ | 정답률 52%

표는 지도에 표시된 세 지역의 특성을 나타낸 것이다. (가)~(다) 지역에 대한 설명으로 옳은 것은? [3점]

→ 20년 이상 거주 주민 비율이 가장 높음
→ 청장년층 인구 성비가 높음(남초 현상)
→ 군사 주둔 지역인 연천

구분	거주 기간별 주민 비율(%)			청장년층
	10년	10~	20년	인구의
지역	미만	20년	이상	성비
연천(가)	14.1	19.3	66.6	130.9
고양(나)	25.8	28.5	45.7	98.7
화성(다)	44.0	36.0	20.0	117.5

(2021년)

→ (가) 연천: 남북한
→ (나) 고양: 수도권 1기 신도시
0 20km
→ (다) 화성: 수도권 2기 신도시

└ 10년 미만 거주 주민 비율이 가장 높음 → 2기 신도시인 화성

① (가)에는 수도권 1기 신도시가 있다.
   (나) └ 성남, 고양, 군포, 부천, 안양

② (다)는 남북한 접경 지역에 위치한다.
   (가) └ 고성, 인제, 양구, 화천, 철원, 연천, 파주, 강화 등 휴전선을 따라 인접한 지역

③ (가)는 (다)보다 제조업 출하액이 많다.
                              적다

✔ (나)는 (가)보다 주택 유형 중 아파트 비율이 높다.

⑤ (다)는 (나)보다 서울로의 통근 인구가 많다.
                                  적다

| 자료 분석 |

지도에 표시된 세 지역은 연천, 고양, 화성이다. (가)는 20년 이상 거주한 주민의 비율이 높고, 청장년층 인구의 성비가 높은 지역으로 연천이다. 촌락인 연천은 주민들의 평균 거주 기간이 길다. 또한 남북한 접경 지역으로 청장년층 남성 인구가 청장년층 여성 인구보다 많아 성비가 높다. (다)는 10년 미만 거주한 주민의 비율이 높은 것으로 보아 수도권 2기 신도시가 있는 화성이다. 화성은 2000년대 수도권 2기 신도시 중 하나인 동탄 신도시가 개발되면서 인구가 집중하였다. (나)는 촌락인 (가) 연천보다는 20년 이상 거주 기간별 주민 비율이 작고, 제조업이 발달한 (다) 화성보다는 청장년층 인구의 성비가 낮은 것으로 보아 고양이다.

| 선지 해설 |

① 수도권 1기 신도시는 성남, 고양, 군포, 부천, 안양에 위치한다. (가) 연천은 수도권 1기 신도시와 관련이 없다.

② (다) 화성은 수원, 용인, 오산, 평택, 안산 등과 접하지만 남북한 접경 지역은 아니다. 남북한 접경 지역은 (가) 연천이다.

③ (가) 연천은 촌락으로 제조업 출하액이 적다. 반면에 (다) 화성은 수도권에서 제조업 출하액 1위 도시로 전자 부품·컴퓨터·영상·음향 및 통신 장비 제조업이 발달하였다. 따라서 (가) 연천은 (다) 화성보다 제조업 출하액이 적다.

④ (나) 고양은 수도권 1기 신도시로 주택 유형 중 아파트 비율이 높다. 반면, (가) 연천은 주택 유형 중 단독 주택의 비율이 상대적으로 높다. 따라서 (나) 고양은 (가) 연천보다 주택 유형 중 아파트 비율이 높다.

⑤ (다) 화성은 (나) 고양보다 서울과의 거리가 멀기 때문에 서울로의 통근 인구 비율이 적으며, 총인구도 (다) 화성은 (나) 고양보다 적다. 따라서 (다) 화성은 (나) 고양보다 서울로의 통근 인구가 적다.

16 강원 지방 22학년도 3월 학평 14번

정답 ① | 정답률 48%

그래프는 지도에 표시된 세 지역의 인구 변화를 나타낸 것이다. (가)~(다) 지역에 대한 설명으로 옳은 것은?

→ 춘천 - 강원도 도청 소재지 └ 수도권 전철 연결
→ 인구 증가율이 가장 높음
(가) 태백
(나) 원주
(다) 춘천

*시기별 세 지역의 인구 합을 100%로 했을 때, 각 지역의 인구 비율을 나타낸 것임.
** 2010년 행정 구역을 기준으로 함.

0 30km

원주: 기업 도시, 혁신 도시 지정
태백: 석탄 산업 쇠퇴로 인구 감소

✔ (가)에는 석탄 박물관이 있다.
   └ 강원 태백, 경북 문경, 충남 보령

② (나)는 강원도의 도청 소재지이다.
   (다)

③ (다)에는 혁신 도시와 기업 도시가 모두 있다.
   (나) └ 원주, 충주, 태안, 영암·해남
   └ 수도권에 소재하던 공공 기관이 이전하면서 조성되는 도시

④ (나)는 (가)보다 2020년에 중위 연령이 높다.
                                     낮다

⑤ (다)는 (나)보다 1980~2020년의 인구 증가율이 높다.
                                            낮다

| 자료 분석 |

지도에 표시된 세 지역은 춘천, 원주, 태백이다. (가)는 인구 비율이 지속적으로 감소하는 것으로 볼 때 태백이다. 1989년 정부의 석탄 산업 합리화 정책으로 석탄 산업이 쇠퇴하면서, 태백은 지역 경제가 침체되고 인구가 빠르게 감소하였다. (나)는 1980년대 이후 지속적으로 인구 비율이 증가하고, 세 지역 중 2020년 인구 비율이 가장 높은 것으로 볼 때 원주이다. (다)는 인구 비율의 변동 폭이 작은 것으로 볼 때 강원도의 도청 소재지가 위치한 춘천이다.

| 선지 해설 |

① (가) 태백에는 석탄 박물관이 있다. 강원 태백, 경북 문경, 충남 보령에는 폐탄광을 활용한 석탄 박물관이 있다.

② 강원도의 도청 소재지는 (다) 춘천이다. (나) 원주는 강원도 지명의 어원이 된 도시로, 강원도에서 인구가 가장 많다.

③ (다) 춘천에는 혁신 도시와 기업 도시가 모두 없다. 전국에서 유일하게 혁신 도시와 기업 도시가 함께 조성되어 있는 도시는 (나) 원주이다.

④ 중위 연령은 총인구를 나이순으로 줄 세웠을 때 중간에 있는 사람의 나이로, 대체로 노년층 인구 비율이 높을수록 높게 나타난다. (나) 원주는 인구가 지속적으로 증가하는 지역으로, 인구가 지속적으로 감소하는 (가) 태백보다 노년층 인구 비율과 중위 연령이 낮다.

⑤ 1980~2020년 (다) 춘천의 인구 비율 증가 폭보다 (나) 원주의 인구 비율 증가 폭이 크다. 따라서 (다) 춘천은 (나) 원주보다 1980~2020년의 인구 증가율이 낮다.

17 수도권 21학년도 6월 모평 6번

정답 ④ | 정답률 68%

다음은 수도권 도시에 대한 학습 노트의 일부이다. (가), (나)를 지도의 A~D에서 고른 것은?

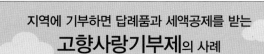

┌─ C 인천
┌─ 포천: 군사 주둔 지역

(가)의 특징
◦ 수도권의 관문 역할을 함. ─ 인천 국제공항
◦ 우리나라 최대 규모의 국제공항과 서해안의 대표적 항구가 있음. ─ 인천항

(나)의 특징 ─ B 파주
◦ 남북한을 연결하는 경의선이 지나는 곳에 위치함. ─ 서울과 신의주를 연결하는 철도
◦ 수도권 2기 신도시가 위치하고 있으며 출판 단지가 입지함. ─ 교하 신도시

0 20km

└─ 화성: 자동차 및 트레일러 제조업 발달

	(가)	(나)		(가)	(나)
①	B	A	②	B	C
③	C	A	④	C	B
⑤	D	B			

자료 분석

지도에 표시된 A는 포천, B는 파주, C는 인천, D는 화성이다. A 포천은 휴전선과 인접한 군사 주둔 지역이다. D 화성은 자동차 및 트레일러 제조업을 비롯한 각종 공업이 발달해 있다.

선지 해설

④ (가) – C, (나) – B

• (가)는 C 인천이다. 인천광역시는 인천항이 위치해 있어 부산광역시와 함께 우리나라의 대표적인 항구 도시이다. 또한 인천광역시에는 우리나라 최대 규모의 국제공항인 인천 국제공항이 위치해 있어 수도권의 관문 역할을 한다. 인천은 1차 금속 제조업을 비롯한 각종 공업이 발달해 있으며 송도·청라·영종 지구는 경제 자유 구역으로 지정되어 있다.

• (나)는 B 파주이다. 파주시는 서울과 북한의 신의주를 연결하는 철도인 경의 선이 지나는 곳에 위치하여 남한과 북한을 연결하는 교통 요충지이다. 파주 교하 신도시는 수도권 2기 신도시에 해당한다. 파주시는 출판 단지가 입지해 있으며 디스플레이 클러스터가 조성되고 있다.

---

18 강원 지방 24학년도 5월 학평 20번

정답 ④ | 정답률 79%

다음 자료의 (가)~(다) 지역을 지도의 A~D에서 고른 것은? [3점]

지역에 기부하면 답례품과 세액공제를 받는
고향사랑기부제의 사례

눈동이

(가) 은/는 대관령 일대의 고위 평탄면에서 목축업과 고랭지 농업이 발달했어. 우리 지역에 기부하면 고랭지 배추로 담그는 김장 축제 체험권 등을 제공해. 평창

신생대 제3기 경동성 요곡 운동으로 형성

소양강처녀

(나) 은/는 도청 소재지로 서울과 전철로 연결되어 접근성이 좋아졌어. 우리 지역에 기부하면 유명 음식인 닭갈비 등을 제공해. 춘천 ─ 경춘선

철루미

(다) 은/는 한탄강을 따라 펼쳐진 용암 대지와 주상 절리 등 수려한 자연 경관이 유명해. 우리 지역에 기부하면 지리적 표시제로 등록된 쌀 등을 제공해. 철원

└─ 철원 오대쌀

철원: (다)
평창: (가)
춘천: (나)
0 20km
원주

	(가)	(나)	(다)
①	A	B	C
②	B	A	D
③	B	C	A
④	D	B	A
⑤	D	C	B

자료 분석

지도에서 A는 철원, B는 춘천, C는 원주, D는 평창이다. A 철원은 용암 대지가 발달해 있고 그 사이를 흐르는 한탄강 연안에서는 주상 절리를 볼 수 있다. 겨울철에는 얼어붙은 한탄강에서 트레킹을 즐기는 철원 한탄강 얼음 트레킹 축제가 열린다. 한편 철원에는 청정 자연과 비옥한 평야에서 자란 고품질 쌀이 지리적 표시제로 등록되어 있다. B 춘천은 강원특별자치도 도청 소재지이며 북한강과 소양강이 합류하는 지점에 위치해 호반의 도시로도 널리 알려져 있고 닭갈비, 막국수 등이 유명하다. 또한 춘천과 서울은 경춘선 철도와 ITX–청춘 철도가 연결되어 접근성이 높아졌다. C 원주는 강원특별자치도에서 인구가 가장 많은 지역이며 기업 도시와 혁신 도시가 함께 조성되어 있어 도시 발전의 중심축 역할을 하고 있다. D 평창은 2018년 평창 동계 올림픽 개최지이며, 해발 700m 이상의 고랭지에서 재배되는 고랭지 채소가 유명하다. 이외에도 바람이 강한 지리적 특성을 활용하여 풍력 발전이 이루어지고 있다.

선지 해설

④ (가) – D, (나) – B, (다) – A

• (가)는 대관령 일대의 고위 평탄면에서 목축업과 고랭지 농업을 하며, 고랭지 배추로 담그는 김장 축제를 하는 것으로 보아 D 평창이다.

• (나)는 도청 소재지로 서울과 전철로 연결되어 접근성이 좋아진 지역이며 닭갈비가 유명한 지역이므로 B 춘천이다.

• (다)는 한탄강을 따라 펼쳐진 용암 대지와 주상 절리 등 수려한 자연 경관과 지리적 표시제로 등록된 쌀이 있는 지역이므로 A 철원이다.

연결형 문제로 개념 확인

(1) 원주 •   • ㉠ 강원도의 도청 소재지이다.

(2) 춘천 •   • ㉡ 혁신 도시와 기업 도시로 지정되어 있다.

(1) – ㉡ (2) – ㉠

지도의 A~F 지역에 대한 설명으로 옳은 것은?

① A와 D에는 용암 대지가 발달해 있다.
　현무암질 용암의 열하 분출로 형성
② A와 E에는 기업도시가 조성되어 있다.
　춘천: 강원도 도청 소재지
③ B와 E에는 도청이 위치해 있다.
④ B와 F에서는 겨울철 눈을 주제로 한 지역 축제가 개최된다.
　오대쌀
⑤ C와 D에서는 지리적 표시제에 등록된 쌀이 생산된다.
　임금님표 쌀

| 자료 분석 |

지도의 A는 경기도 김포시, B는 경기도 수원시, C는 경기도 이천시, D는 강원도 철원군, E는 강원도 원주시, F는 강원도 태백시이다.

| 선지 해설 |

① A 김포에는 용암 대지가 발달해 있지 않다. D 철원에는 현무암질 용암이 열하 분출하여 형성된 용암 대지가 발달해 있다.

② A 김포에는 기업도시가 조성되어 있지 않다. E 원주는 기업도시와 혁신 도시가 모두 조성되어 있다.

③ B 수원은 경기도의 도청이 위치해 있으며 E 원주는 강원도의 도청이 위치해 있지 않다. 강원도의 도청이 위치한 곳은 수도권과 전철로 연결되어 있으며 침식 분지가 발달한 춘천이다.

④ B 수원은 겨울철에 눈이 많이 내리는 지역이 아니어서 겨울철 눈을 주제로 한 지역 축제가 개최되지 않는다. 반면 F 태백은 겨울철에 눈이 많이 내려 해마다 '태백 눈꽃 축제'가 개최된다.

⑤ C 이천은 임금님표 쌀이, D 철원은 철원 오대쌀이 지리적 표시제로 등록되어 있다. 지리적 표시제는 농산물 및 그 가공품의 특징이 지리적 특성에 기인하는 경우 그 지역의 특산품임을 인증하는 제도이다.

다음 자료는 체험 학습 후 사회 관계망 서비스(SNS)에 올린 게시물이다. (가) 지역을 지도의 A~E에서 고른 것은?

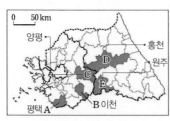

① A
② B
③ C
④ D
⑤ E

| 자료 분석 |

지도의 A는 경기도 평택, B는 경기도 이천, C는 경기도 양평, D는 강원도 홍천, E는 강원도 원주이다. 도자기 축제가 개최되며, 지리적 표시제에 등록된 쌀이 있는 (가)는 이천이다.

| 선지 해설 |

① A 평택은 자동차 공업이 발달하였다.

② B 이천은 해마다 도자기 축제가 개최되고 있으며, 지리적 표시제로 등록된 쌀이 유명하다.

③ C 양평은 남한강과 북한강이 합류하는 두물머리가 관광지로 유명하다.

④ D 홍천은 인천, 강릉 등과 비슷한 위도에 위치한 내륙 지역으로 해안에 위치한 인천과 강릉에 비해 기온의 연교차가 크다.

⑤ E 원주는 기업 도시와 혁신 도시로 지정되었다.

21 수도권과 강원 지방 22학년도 6월 모평 10번

정답 ① | 정답률 58%

다음 자료는 답사 계획서의 일부이다. (가)~(다) 지역을 지도의 A~C 에서 고른 것은? [3점]

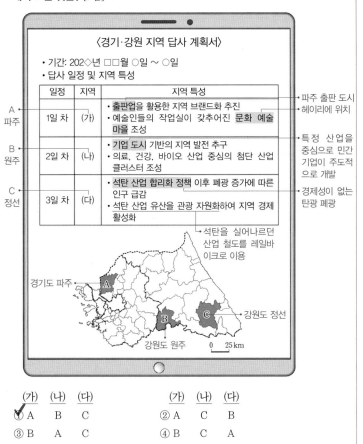

〈경기·강원 지역 답사 계획서〉

• 기간: 202◇년 □□월 ○일 ~ ○일
• 답사 일정 및 지역 특성

일정	지역	지역 특성	
A 파주			
1일 차	(가)	• 출판업을 활용한 지역 브랜드화 추진 • 예술인들의 작업실이 갖추어진 문화 예술 마을 조성	→ 파주 출판 도시 헤이리에 위치
B 원주			
2일 차	(나)	• 기업 도시 기반의 지역 발전 추구 • 의료, 건강, 바이오 산업 중심의 첨단 산업 클러스터 조성	→ 특정 산업을 중심으로 민간 기업이 주도적으로 개발
C 정선			
3일 차	(다)	• 석탄 산업 합리화 정책 이후 폐광 증가에 따른 인구 급감 • 석탄 산업 유산을 관광 자원화하여 지역 경제 활성화	→ 경제성이 없는 탄광 폐광

→ 석탄을 실어나르던 산업 철도를 레일바 이크로 이용

경기도 파주 — A
강원도 정선 — C
B 강원도 원주
0 25 km

	(가)	(나)	(다)		(가)	(나)	(다)
①	A	B	C	②	A	C	B
③	B	A	C	④	B	C	A
⑤	C	B	A				

| 자료 분석 |

지도에 제시된 A는 경기도 파주, B는 강원도 원주, C는 강원도 정선이다.

| 선지 해설 |

① (가) – A, (나) – B, (다) – C

• (가)는 출판업이 발달해 있으며 문화 예술 마을이 조성되어 있으므로 A 파주이다. 파주에는 주요 출판사와 인쇄소가 밀집한 파주 출판 도시가 위치해 있으며 헤이리를 중심으로 예술인들의 작업실이 밀집한 파주 문화 예술 마을이 조성되어 있다. 파주는 디스플레이 클러스터가 조성되어 있으며 수도권 2기 신도시인 교하 신도시가 위치해 있다. 또한 휴전선과 인접한 군사 주둔 지역으로 남북 정상 회담이 열린 판문점이 위치해 있다.

• (나)는 의료 기기를 비롯해 첨단 산업이 발달해 있으며 기업 도시로 지정되어 있으므로 B 원주이다. 원주는 강원도에서 제조업이 가장 발달해 있으며 공공 기관을 이전하는 혁신 도시와 특정 산업을 중심으로 민간 기업이 주도적으로 개발하는 기업 도시로 지정되어 있다.

• (다)는 1989년 석탄 산업 합리화 정책으로 무연탄 광산이 폐광하면서 인구가 급감하였으나 석탄을 실어 나르던 산업 철도를 레일바이크로 이용하는 등 관광 산업의 발달로 지역 경제를 활성화하기 위한 노력이 이루어지는 C 정선이다. 인접한 태백시 역시 석탄 폐광 지역에 석탄 박물관을 건설하여 관광 자원으로 활용하고 있다.

22 수도권과 강원 지방 22학년도 9월 모평 17번

정답 ③ | 정답률 54%

지도의 A~E 지역에 대한 설명으로 옳지 않은 것은?

강원도 원주시 — 강원도에서 인구가 가장 많음
혁신 도시와 기업 도시로 지정

강원도 강릉시
석호인 경포호 위치
정동진 해안 단구 위치
강릉 단오제

경기도 성남시:
1기 신도시인 분당 신도시 위치

0 25 km

경기도 이천시: 지리적 표시제로 등록된 쌀
도자기 축제가 개최됨

E — 강원도 태백시:
석탄 박물관 위치

① A – 수도권 1기 신도시가 위치한다.
  └→ 1990년대에 조성

② B – 지리적 표시제로 등록된 쌀이 생산된다.

③ C – 강원도청 소재지이다.
  └→ 춘천시

④ D – 사주의 발달로 형성된 석호가 있다.
  └→ 경포호

⑤ E – 폐광 시설을 관광 자원으로 활용하고 있다.
  └→ 석탄 박물관

| 자료 분석 |

지도의 A는 경기도 성남시, B는 경기도 이천시, C는 강원도 원주시, D는 강원도 강릉시, E는 강원도 태백시이다.

| 선지 해설 |

① A 성남에는 수도권 1기 신도시인 분당 신도시가 위치한다. 고양시 일산, 군포시 산본, 부천시 중동, 안양시의 평촌은 성남시 분당과 함께 1990년대에 조성된 수도권 1기 신도시에 해당한다.

② B 이천에서는 지리적 표시제로 등록된 이천쌀(지리적 표시제 제12호)이 생산된다.

③ 강원도청 소재지는 C 원주가 아니라 춘천이다. 원주는 강원도에서 인구가 가장 많은 도시이며 혁신 도시와 기업 도시로 지정되어 있다.

④ D 강릉에는 사주의 발달로 형성된 석호인 경포호가 있다.

⑤ E 태백은 광부들이 무연탄을 캐고 실어 나른 폐갱도와 옛 기차역을 관광 자원으로 활용하고 있다. 태백, 문경, 보령은 폐광을 활용한 석탄 박물관이 위치해 있다.

(가)~(다) 지역을 그래프의 A~C에서 고른 것은? (단, (가)~(다)와 A~C는 각각 지도에 표시된 세 지역 중 하나임.)

(가) 수도권 시·군 중 2020년에 ──→ 동탄(화성시): 2000년대 이후 개발   유소년 부양비가

화성시 가장 높은 곳으로, 수도권 2기 신도시가 있다. 지역 캐릭터는 이곳에 있는 공룡알 화석지와 관련 있다. ──→ 코리요: 공룡인 코리아케라톱스와 연관됨

──→ 일산(고양시): 1990년대 이후 개발

(나) 수도권 1기 신도시가 있고, 문화·관광 복합 고양시 단지인 '한류 월드'가 있으며, 2022년에 특례시*가 되었다. 지역 캐릭터는 지역 이름과 관련 있다. ──→ 고양이

(다) 수도권 시·군 중 2020년에 노령화 지수가 가장 가평군 높은 곳으로, 수도권 정비 계획의 자연 보전 권역에 위치한다. 지역 캐릭터는 이곳의 특산물인 잣과 관련 있다. ──→ 잣돌이

──→ 한강 수계의 수질 및 자연환경의 보전

• 기초 자치 단체 중 인구 100만 명 이상의 도시임.

──→ (가) 화성시: 제조업(2차 산업) 발달 → 2차 산업 취업자 수 비율 높음

〈산업별 취업자 비율 및 총취업자 수〉

(나) 고양시: 총취업자 수 가장 많음, 3차 산업 취업자 수 비율 높음

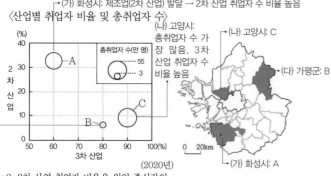

(나) 고양시: C
(다) 가평군: B
(가) 화성시: A

*2, 3차 산업 취업자 비율은 원의 중심값임.
(다) 가평군: 총취업자 수 가장 적음. 1차 산업 취업자 수 비율이 높음.

	(가)	(나)	(다)			(가)	(나)	(다)
①	A	B	C		②✔	A	C	B
③	B	A	C		④	B	C	A
⑤	C	A	B					

| 자료 분석 |

지도의 세 지역은 위로부터 가평군, 고양시, 화성시이다. (가)는 수도권 시·군 중 2020년에 유소년 부양비가 가장 높은 지역, 수도권 2기 신도시, 공룡알 화석지 등으로 보아 화성시이다. (나)는 수도권 1기 신도시, 한류 월드, 특례시 등으로 보아 지역 이름과 관련된 고양이를 지역 캐릭터를 사용하는 고양시이다. (다)는 수도권 시·군 중 2020년에 노령화 지수가 가장 높은 지역, 자연 보전 권역, 특산물인 잣 등으로 보아 가평군이다. A는 A~C 중 2차 산업 취업자 비율이 가장 높다. B는 A~C 중 총취업자 수가 가장 적으며 1차 산업 취업자 비율이 가장 높다. C는 A~C 중 총취업자 수가 가장 많으며 3차 산업 취업자 비율이 가장 높다.

| 선지 해설 |

② (가) - A, (나) - C, (다) - B

• (가) 화성시는 자동차 및 트레일러 제조업이 발달하였으며, 최근 전자 부품·컴퓨터·영상·음향 및 통신 장비 제조업을 중심으로 성장하는 등 2차 산업이 발달한 지역이다. 따라서 A~C 중 2차 산업 취업자 비율이 가장 높은 A는 (가) 화성시이다.

• (나) 고양시는 서울의 주택 부족 문제 해결을 위한 수도권 1기 신도시인 일산 신도시가 개발된 이후 인구가 급증하였다. 2022년에는 특례시로 지정되었으며 A~C 중 3차 산업이 가장 발달하였다. 따라서 A~C 중 총취업자 수가 가장 많고 3차 산업 취업자 비율이 높은 C는 (나) 고양시이다.

• (다) 가평군은 (가)~(다) 중 인구 규모가 가장 작은 군(郡) 지역이다. 수도권 정비 계획의 자연 보전 권역에 위치하여 제조업 발달이 미약한 가평군은 (가)~(다) 중 중 1차 산업 취업자 비율이 높다. 따라서 A~C 중 총취업자 수가 가장 적고 1차 산업 취업자 비율이 높은 B는 (다) 가평이다.

24 | 수도권과 강원 지방 22학년도 7월 학평 19번

정답 ⑤ | 정답률 78%

다음 자료는 답사 계획서의 일부이다. (가)~(다)에 해당하는 지역을 지도의 A~C에서 고른 것은? (단, 일정별 답사 지역은 서로 다른 지역임.)

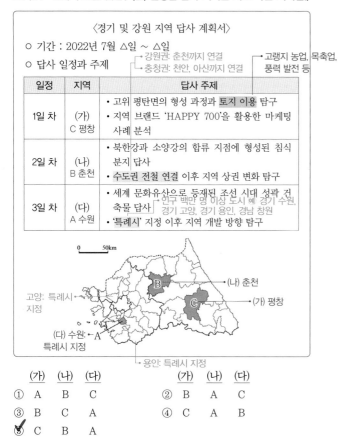

〈경기 및 강원 지역 답사 계획서〉
○ 기간 : 2022년 7월 △일 ~ △일
○ 답사 일정과 주제

강원권 : 춘천까지 연결
충청권 : 천안, 아산까지 연결
고랭지 농업, 목축업, 풍력 발전 등

일정	지역	답사 주제
1일 차	(가) C 평창	• 고위 평탄면의 형성 과정과 토지 이용 탐구 • 지역 브랜드 'HAPPY 700'을 활용한 마케팅 사례 분석
2일 차	(나) B 춘천	• 북한강과 소양강의 합류 지점에 형성된 침식 분지 답사 • 수도권 전철 연결 이후 지역 상권 변화 탐구
3일 차	(다) A 수원	• 세계 문화유산으로 등재된 조선 시대 성곽 건축물 답사 • '특례시' 지정 이후 지역 개발 방향 탐구

인구 백만 명 이상 도시 예 경기 수원, 경기 고양, 경기 용인, 경남 창원

고양: 특례시 지정
(나) 춘천
(가) 평창
(다) 수원: A 특례시 지정
용인: 특례시 지정

	(가)	(나)	(다)		(가)	(나)	(다)
①	A	B	C	②	B	A	C
③	B	C	A	④	C	A	B
⑤	C	B	A				

| 자료 분석 |

지도의 A는 경기도 수원시, B는 강원도 춘천시, C는 강원도 평창군이다.

| 선지 해설 |

⑤ (가) – C, (나) – B, (다) – A

- (가)는 고위 평탄면이 나타나며 지역 브랜드 'HAPPY 700'을 활용한 마케팅을 하고 있으므로 C 평창이다. 평창의 고위 평탄면에서는 여름의 서늘한 기후를 이용하여 고랭지 농업이 활발하게 이루어지고 있다. 또한 이곳은 평지보다 기온이 낮고 습도가 높아 목초 재배에 유리하여 목장이 많이 분포한다. 한편 평창은 해발 고도 700m 이상의 고지대에 위치하였음을 강조한 'HAPPY 700'을 활용하여 다양한 마케팅 행사를 하고 있다.
- (나)는 북한강과 소양강의 합류 지점에 형성된 침식 분지이며, 수도권 전철 연결 이후 지역 상권이 변화하였으므로 B 춘천이다. 소양강과 북한강이 만나는 춘천은 여러 개의 댐이 있어 호수가 곳곳에 발달해 있기 때문에 '호반의 도시'로도 불린다.
- (다)는 세계 문화유산으로 등재된 조선 시대 성곽 건축물이 있고, 특례시로 지정되었으므로 A 수원이다. 경기도에서 인구가 가장 많은 수원은 2022년 고양, 용인, 창원 등과 함께 특례시로 지정되었다.

연결형 문제로 개념 확인

(1) 철원 •   • ㉠ 수도권 1기 신도시 위치, 특례시 지정
(2) 원주 •   • ㉡ 용암의 열하 분출로 형성된 용암 대지 분포
(3) 파주 •   • ㉢ 출판 도시 및 문화 예술 마을이 조성되어 있음
(4) 고양 •   • ㉣ 기업 도시 및 혁신 도시로 지정, 의료 기기 산업 발달

(1) – ㉡ (2) – ㉣ (3) – ㉢ (4) – ㉠

25 | 수도권과 강원 지방 25학년도 수능 8번

정답 ① | 정답률 85%

지도에 표시된 고속 국도가 지나가는 A~E 지역을 여행할 때, 각 지역에서 체험할 수 있는 활동으로 옳은 것은?

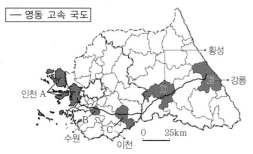

— 영동 고속 국도

횡성
강릉
인천 A
E
B
D
수원
C
이천
0   25km

① A: 관광특구로 지정된 차이나타운에서 짜장면 먹기
② B: 동계 올림픽이 개최된 경기장에서 스케이트 타기 (E)
③ C: 세계 문화유산으로 등재된 화성에서 성곽 길 걷기 (B)
④ D: 폐광을 활용한 석탄 박물관에서 갱도 견학하기 (태백)
⑤ E: 도자 박물관에서 도자기 만들기 체험하기 (C)

| 자료 분석 |

영동 고속 국도는 수도권과 강원의 영동 지방을 연결하는 고속 국도이며, 영동 고속 국도가 지나가는 A는 인천, B는 수원, C는 이천, D는 횡성, E는 강릉이다.

| 선지 해설 |

① A 인천에서는 관광특구로 지정된 차이나타운에서 짜장면 먹기를 체험할 수 있다. 인천은 개항 이후 중국인(화교)의 유입으로 차이나타운이 형성되었으며, 이곳 차이나타운에서 우리나라식 짜장면이 유래한 것으로 알려져 있다.

② B 수원은 세계 문화유산으로 등재된 수원 화성이 유명하며 이곳에서 성곽 길 걷기 체험을 할 수 있으며, 매년 개최되는 지역 축제인 수원 화성 문화제를 즐길 수 있다. 동계 올림픽이 개최된 경기장에서 스케이트를 탈 수 있는 지역은 E 강릉이다.

③ C 이천에서는 도자 박물관에서 도자기 만들기를 체험할 수 있다. 이천은 쌀과 도자기로 유명하며 매년 도자기 축제와 쌀문화 축제가 열린다. 세계 문화유산으로 등재된 화성에서 성곽 길 걷기 체험을 할 수 있는 지역은 B 수원이다.

④ D 횡성은 지리적 표시제로 등록된 횡성 한우고기가 유명하며 횡성 한우 축제가 개최된다. 하지만 횡성에 석탄 박물관은 위치하지 않으며, 우리나라에서 석탄 박물관은 강원 태백, 충남 보령, 경북 문경에 위치한다.

⑤ E 강릉에는 2018년 개최된 평창 동계 올림픽의 스케이트 경기장이 건설되어 있으며 이곳에서 스케이트 타기 체험을 할 수 있다. 하지만 강릉에는 도자 박물관이 위치하지 않으며, 도자기를 활용한 박물관은 경기 이천, 광주, 여주 등에 위치한다.

지도는 (가), (나) 지표의 경기도 내 상위 및 하위 5개 시·군을 나타낸 것이다. (가), (나) 지표로 옳은 것은? [3점]

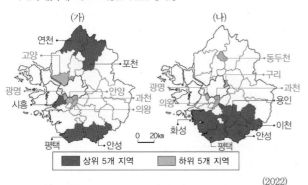

(2022)

■ 상위 5개 지역 □ 하위 5개 지역

	(가)	(나)		(가)	(나)
①	경지 면적	농가 인구	②	경지 면적	중위 연령
✓③	청장년 성비	농가 인구	④	청장년 성비	중위 연령
⑤	중위 연령	경지 면적			

| 자료 분석 |

(가)는 연천, 포천, 시흥, 평택, 안성이 상위 5개 시·군이며, 고양, 광명, 안양, 과천, 의왕이 하위 5개 시·군이다. (나)는 화성, 평택, 용인, 안성, 이천이 상위 5개 시·군이며, 동두천, 구리, 광명, 과천, 의왕이 하위 5개 시·군이다.

| 선지 해설 |

③ (가) – 청장년 성비, (나) – 농가 인구

• (가)는 접경 지역인 연천, 포천과 제조업이 발달한 시흥, 평택, 안성에서 수치가 높게 나타나고 고양, 광명, 안양, 과천, 의왕 등 서울과 인접한 지역에서 수치가 낮게 나타나는 지표이다. 접경 지역과 제조업이 발달한 지역에서는 청장년 성비가 높으며 서울과 인접한 지역에서는 청장년 성비가 낮으므로 (가)는 청장년 성비이다.

• (나)는 경기 남부의 화성, 평택, 안성, 용인, 이천 등 평야가 넓게 펼쳐진 지역에서 수치가 높게 나타나고 서울과 인접한 구리, 광명, 과천, 의왕과 경기 북부 군사적 요충지인 동두천에서 수치가 낮게 나타나는 지표이다. 평야가 발달한 지역에서는 농가 인구가 많으며 서울과 인접한 지역에서는 농가 인구가 적으므로 (나)는 농가 인구이다.

그래프는 지도에 표시된 네 지역의 가구 수 변화를 나타낸 것이다. (가)~(라) 지역에 대한 설명으로 옳은 것은? [3점]

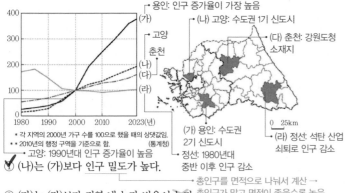

• 각 지역의 2000년 가구 수를 100으로 했을 때의 상댓값임.
•• 2010년의 행정 구역을 기준으로 함. (통계청)
• 고양: 1990년대 인구 증가율이 높음

✓① (나)는 (가)보다 인구 밀도가 높다.

② (다)는 (라)보다 지역 내 농가 비율이 높다. 낮다

③ (가)와 (나)에는 수도권 2기 신도시가 조성되어 있다. (가)에만

④ (가)~(라)는 모두 수도권 전철이 연결되어 있다. (가), (나), (다)에만

⑤ (가)와 (다)는 경기도, (나)와 (라)는 강원특별자치도에 속한다. (나) (다)

용안: 인구 증가율이 가장 높음
(나) 고양: 수도권 1기 신도시
(다) 춘천: 강원도청 소재지

(가) 용안: 수도권 2기 신도시
(라) 정선: 석탄 산업 쇠퇴로 인구 감소
정선: 1980년대 중반 이후 인구 감소

→ 총인구를 면적으로 나눠서 계산 → 총인구가 많고 면적이 좁을수록 높음

| 자료 분석 |

지도의 네 지역은 수도권의 고양, 용인, 강원 지방의 춘천, 정선이다. (가)는 2000년 이후 인구가 크게 증가한 용인이다. 용인은 2000년대 수도권 2기 신도시인 광교 신도시가 조성되면서 인구가 급증하였다. (라)는 1980년대 중반부터 1990년대 중반까지 인구가 감소하고 이후 인구가 정체된 정선이다. 정선은 석탄 산업 쇠퇴로 1980년 중반부터 인구가 감소하였다. (나), (다)는 인구가 대체로 증가 추세에 있는데 1990년대 인구 증가율이 더 높은 (나)는 1990년대 수도권 1기 신도시인 일산 신도시가 조성된 고양이다. 나머지 (다)는 강원도청 소재지인 춘천이다.

| 선지 해설 |

① (나) 고양(104.7만 명), (가) 용인(106.6만 명)의 총인구는 비슷하지만(2023년 기준), 면적은 (가) 용인이 (나) 고양보다 2배 이상 넓으므로 인구 밀도는 (나) 고양이 (가) 용인보다 높다.

② (다) 춘천은 강원도청 소재지이며 수도권 전철이 연결되어 있는 도시적 성격이 강한 시(市)인 반면, (라) 정선은 촌락적 성격이 강한 군(郡) 지역이다. 따라서 (다) 춘천은 (라) 정선보다 지역 내 농가 비율이 낮다.

③ (가) 용인에는 수도권 2기 신도시인 광교 신도시가 조성되어 있으며, (나) 고양에는 수도권 1기 신도시인 일산 신도시가 조성되어 있다. (나) 고양에는 수도권 2기 신도시는 조성되어 있지 않다.

④ (가)~(라) 중 수도권 전철은 (가) 용인, (나) 고양, (다) 춘천에만 연결되어 있다. (라) 정선에는 수도권 전철이 연결되어 있지 않다.

⑤ (가) 용인과 (나) 고양은 경기도, (다) 춘천과 (라) 정선은 강원특별자치도에 속한다.

24

일차

01 ①	02 ②	03 ①	04 ②	05 ①	06 ④	07 ③	08 ④	09 ④	10 ⑤	11 ②	12 ①
13 ④	14 ③	15 ⑤	16 ①	17 ③	18 ④	19 ②	20 ③	21 ②	22 ①	23 ③	24 ③
25 ④	26 ④	27 ④	28 ④	29 ④	30 ③	31 ③	32 ③	33 ②	34 ②	35 ④	36 ②
37 ④	38 ③	39 ②	40 ④	41 ③	42 ①	43 ②	44 ①	45 ①	46 ③	47 ④	48 ①
49 ②	50 ③	51 ②	52 ⑤	53 ④	54 ⑤						

문제편 212~225쪽

---

01 영남 지방 25학년도 9월 모평 6번

정답 ① | 정답률 78%

지도는 두 지표의 경상남도 상위 및 하위 5개 시·군을 나타낸 것이다. (가), (나)에 해당하는 지표로 옳은 것은? [3점]

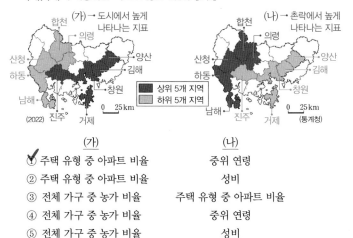

(가)	(나)
✓ 주택 유형 중 아파트 비율	중위 연령
② 주택 유형 중 아파트 비율	성비
③ 전체 가구 중 농가 비율	주택 유형 중 아파트 비율
④ 전체 가구 중 농가 비율	중위 연령
⑤ 전체 가구 중 농가 비율	성비

└ 중화학 공업 발달 지역에서 높게 나타남

출제 경향

지도를 통해 표시된 지역들의 지표를 찾는 문제가 출제되고 있다. 특징이 비슷한 지역군을 함께 연결해서 알아두어야 한다.

자료 분석

(가) 지표의 상위 5개 지역은 진주, 창원, 거제, 김해, 양산이며, 하위 5개 지역은 합천, 의령, 산청, 하동, 남해이다. (나) 지표는 이와 정반대로 상위 5개 지역은 합천, 의령, 산청, 하동, 남해이며, 하위 5개 지역은 진주, 창원, 거제, 김해, 양산이다.

선지 해설

① (가) – 주택 유형 중 아파트 비율, (나) – 중위 연령

- (가) 지표는 진주, 창원, 거제, 김해, 양산 등 도시의 성격이 강한 시(市) 지역에서 높게 나타나며, 합천, 의령, 산청, 하동, 남해 등 촌락의 성격이 강한 군(郡) 지역에서 낮게 나타나는 지표인 주택 유형 중 아파트 비율이다. 전체 가구 중 농가 비율은 촌락의 성격이 강한 군(郡) 지역에서 높게 나타나는 지표이다.

- (나) 지표는 합천, 의령, 산청, 하동, 남해 등 촌락의 성격이 강한 군(郡) 지역에서 높게 나타나며, 진주, 창원, 거제, 김해, 양산 등 도시의 성격이 강한 시(市) 지역에서 낮게 나타나는 지표인 중위 연령이다. 성비는 주로 중화학 공업이 발달한 지역에서 대체로 높게 나타나는 지표이다. 지도에 표시된 10개 지역 중에서는 조선 공업이 발달한 거제의 성비가 가장 높다.

---

02 충청 지방 25학년도 9월 모평 14번

정답 ② | 정답률 74%

다음 글은 충청북도에 대한 것이다. A~C 지역에 대한 설명으로 옳은 것은?

> ┌→충주 ┌→충주 ┌→청주 ┌→청주
> '충청'이라는 지명은 [A]의 앞 글자인 '충(忠)'과 [B]의 앞 글자인 '청(淸)'에서 유래하였다. [A]와/과 [B]은/는 모두 오늘날까지 충청북도의 핵심 도시 역할을 수행하고 있다. 또한 국가의 균형 발전을 위해 기업 도시와 혁신 도시도 충청북도에 조성되었다. 기업 도시는 [A]에 입지하고, 혁신 도시는 [C]와/과 음성의 경계에 걸쳐 위치해 있다.
> └→충주
> [C]
> └→진천

① A는 충청북도의 도청 소재지이다.
B
✓ B에는 오송 생명 과학 단지가 위치한다.
③ C는 서울과 지하철로 연결되어 있다.
있지 않다
④ C는 A보다 인구가 많다.
적다
⑤ A와 B에는 모두 국제공항이 입지해 있다.

출제 경향

충청 지방의 특징을 소개하는 다양한 자료를 제시한 다음 해당 지역의 위치를 지도에서 찾는 문항이 주로 출제된다. 특히, 충청 지방의 경우 수도권의 기능이 이전함으로써 발생하는 지역 변화, 기업 도시와 혁신 도시 등과 관련된 문항이 자주 출제된다.

자료 분석

'충청'이라는 지명에서 '충(忠)'의 유래가 된 A는 충주이며, '청(淸)'의 유래가 된 B는 청주이다. 음성과의 경계에 혁신 도시가 위치한 C는 진천이다.

선지 해설

① 충청북도의 도청 소재지는 B 청주이다.

② B 청주에는 오송 생명 과학 단지와 오창 과학 산업 단지가 위치한다.

③ A 충주와 B 청주, C 진천은 모두 서울과 지하철로 연결되어 있지 않다.

④ C 진천은 A 충주보다 인구가 적다. 2023년 기준 진천의 인구는 약 9만 4천 명이며, 충주의 인구는 약 22만 명이다.

⑤ B 청주에는 국제공항이 입지해 있지만, A 충주에는 국제공항이 입지해 있지 않다.

정답 ① | 정답률 53%

다음은 한국지리 수업 장면이다. 옳게 발표한 학생을 고른 것은?

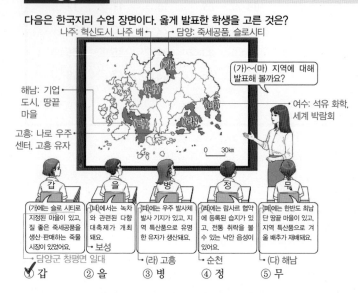

| **자료 분석** |

지도의 (가)는 담양, (나)는 나주, (다)는 해남, (라)는 고흥, (마)는 여수이다. (가) 담양은 슬로 시티로 지정된 마을이 있으며 대나무 숲으로 유명한 죽녹원, 떡갈비와 대통밥 등의 음식 문화, 다양한 죽세공품 생산지로 널리 알려져 있다. (나) 나주는 혁신도시가 조성되어 있으며 지역 특산물인 배가 지리적 표시제에 등록되어 있다. (다) 해남은 기업도시가 조성되어 있으며 한반도 최남단인 땅끝마을이 있다. (라) 고흥은 나로 우주 센터가 있으며 지역 특산물로는 지리적 표시제로 지정된 유자가 있다. (마) 여수는 대규모 석유 화학 단지가 건설되어 있으며, 2012년 세계 박람회를 개최하였으며 최근 관광 산업이 발달하고 있다.

| **선지 해설** |

갑. (가) 담양의 창평면 일대는 슬로 시티로 지정되어 있으며, 담양읍 일대에는 우리나라 유일의 죽세공품을 생산·판매하는 죽물 시장이 있었다.

을. 녹차와 관련된 다향 대축제가 개최되는 지역은 보성이다. (나) 나주에서는 지역 특산물인 배를 활용한 나주 배 축제가 열린다.

병. 우주 발사체 발사 기지가 있고, 지역 특산품으로 유자가 생산되는 지역은 (라) 고흥이다. (다) 해남은 겨울철에 노지에서 배추 재배가 활발하다.

정. 람사르 협약에 등록된 습지가 있고, 전통 취락을 볼 수 있는 낙안 읍성이 있는 지역은 순천이다.

무. 한반도 최남단 땅끝 마을이 있고, 지역 특산품으로 겨울 배추가 재배되는 지역은 (다) 해남이다. (마) 여수는 석유 화학 공업이 발달한 지역이다.

정답 ② | 정답률 78%

다음 글은 (가)~(라) 지역에 대한 설명이다. (가)~(라)에 해당하는 지역을 지도의 A~D에서 고른 것은?

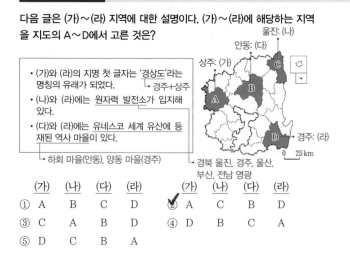

| **자료 분석** |

지도의 A는 상주, B는 안동, C는 울진, D는 경주이다. A 상주는 슬로 시티로 지정된 마을이 있으며, 지역 특산물로는 곶감이 있다. 한편 경상도는 경주와 상주의 앞 글자를 따서 붙인 것이다. B 안동은 경상북도청 소재지로 유네스코 세계 유산에 등재된 역사 마을인 하회 마을이 있으며 탈놀이를 바탕으로 국제 탈춤 페스티벌이 열리는 곳이다. C 울진은 원자력 발전소가 입지해 있으며 지역 특산물로는 대게가 있다. D 경주는 세계 문화유산인 경주 역사 유적 지구, 불국사와 석굴암, 양동 마을 등이 있으며, 원자력 발전소가 위치하고 있다.

| **선지 해설** |

② (가) – A, (나) – C, (다) – B, (라) – D

- 첫 번째 항목에서 (가)와 (라)의 지명 첫 글자가 '경상도'라는 명칭의 유래가 된 지역이므로 (가)와 (라)는 각각 A 상주, D 경주 중 하나이다. 두 번째 항목에서 (라)에는 원자력 발전소가 입지해 있으므로 (가)는 원자력 발전소가 입지하지 않은 A 상주이다.

- 두 번째 항목에서 (나)와 (라)는 원자력 발전소가 입지해 있는 지역이므로 (나)와 (라)는 각각 원자력 발전소가 입지한 C 울진과 D 경주 중 하나이다. 이 중 (라)는 지명 첫 글자가 '경상도'라는 명칭의 유래, 유네스코 세계 유산에 등재된 역사 마을이 있는 곳이므로 이 두 가지 항목에 해당하지 않는 (나)는 C 울진이다.

- 세 번째 항목에서 (다)와 (라)에는 유네스코 세계 유산에 등재된 역사 마을이 있는 지역이므로 각각 B 안동과 D 경주 중 하나이다. 이 중 (다)는 경상도라는 명칭의 유래와 관계가 없고, 원자력 발전소도 없는 지역이므로 B 안동이다.

- (라)는 경상도라는 명칭의 유래가 되고, 원자력 발전소가 입지해 있으며, 유네스코 세계 유산에 등재된 역사 마을이 있는 지역으로 D 경주이다.

05 충청 지방 25학년도 6월 모평 9번

다음 자료는 답사 계획서의 일부이다. 답사 일정에 해당하는 지역을 지도의 A~D에서 순서대로 옳게 고른 것은? (단, 하루에 한 지역만 답사하며, 각 일정별 답사 지역은 다른 지역임.)

〈충청 지방 답사 계획서〉

답사 일정	답사 내용
1일 차	석회암을 원료로 하는 대규모 시멘트 공장 방문
2일 차	지식 기반형 산업의 육성을 위해 민간 기업의 주도로 조성된 기업도시 방문
3일 차	지식 첨단 산업을 이끄는 대덕 연구 개발 특구 방문

↙ 원주, 충주, 태안, 영암·해남

	1일 차	2일 차	3일 차		1일 차	2일 차	3일 차
✓①	A	B	D	②	A	C	D
③	B	A	C	④	B	C	D
⑤	C	B	A				

| 자료 분석 |

지도의 A는 단양, B는 충주, C는 음성, D는 대전이다. A 단양은 석회암이 매장되어 있는 조선 누층군이 넓게 분포한다. 이에 고수 동굴과 같은 석회 동굴을 살펴볼 수 있으며, 석회암을 원료로 하는 대규모 시멘트 공장을 볼 수 있다. B 충주에는 민간 기업이 주도하여 개발하는 도시인 기업도시가 조성되어 있다. 충주 기업도시는 지식 기반형 기업도시로 이를 통해 자족적 복합 기능을 갖추고자 노력하고 있다. C 음성은 수도권에서 이전한 공공기관이 입지한 혁신도시가 조성되어 있는 지역이다. D 대전은 대덕 연구 개발 특구를 중심으로 지식 첨단 산업이 발달하였으며 과학과 연구의 중심지로 알려져 있다.

| 선지 해설 |

① 1일 차 – A, 2일 차 – B, 3일 차 – D
- 1일차: 석회암을 원료로 하는 대규모 시멘트 공장이 있는 곳은 A 단양이다. 단양은 조선 누층군이 넓게 분포하여 석회암을 원료로 하는 시멘트 공업이 발달했다.
- 2일차: 지식 기반형 기업도시가 조성된 곳은 B 충주이다.
- 3일차: 지식 첨단 산업을 이끄는 대덕 연구 개발 특구가 있는 곳은 과학의 도시로 불리는 D 대전이다.

따라서 1일 차 답사 지역은 A 단양, 2일 차 답사 지역은 B 충주, 3일 차 답사 지역은 D 대전이다.

06 호남 지방 25학년도 6월 모평 14번

다음 자료에서 설명하는 지역을 지도의 A~E에서 고른 것은?

↙ 순창

이 지역은 섬진강 상류에 위치하며 천혜의 자연환경과 장류 문화의 역사가 살아 숨 쉬는 곳이다. 전통 장류를 소재로 한 장류 축제가 열리며 특히 이 지역의 고추장은 예로부터 기후 조건, 물맛 그리고 제조 기술이 어울려 내는 독특한 맛으로 유명하다.

〈지역 캐릭터〉
고추장의 원료인 고추를 형상화한 어린 고추 도깨비

① A
② B
③ C
✓④ D
⑤ E

군산: 뜬다리 부두, 새만금 간척지
무주: 반딧불 축제
전주: 한옥 마을, 세계 소리 축제
고창: 고인돌 유적
순창: 고추장 마을, 장류 축제

| 자료 분석 |

지도의 A는 군산, B는 전주, C는 무주, D는 순창, E는 고창이다. 자료에서 설명하는 지역은 섬진강 상류에 위치하며 장류 문화의 역사가 살아 숨 쉬는 순창이다.

| 선지 해설 |

① A 군산은 일제 강점기 때 주요 쌀 수출항이었던 흔적을 볼 수 있으며, 근대 건축물들이 잘 보존되어 있는 근대 문화 거리가 형성되어 있다. 또한 뜬다리 부두와 새만금 간척지를 살펴볼 수 있다.

② B 전주는 전북도청 소재지로 전통 한옥 마을에서 한지 만들기 체험을 할 수 있다. 국제 슬로 시티로 지정되었으며 지역의 대표 음식으로는 비빔밥이 있다.

③ C 무주는 반딧불을 소재로 한 지역 축제가 개최되고 있으며 스키장 및 리조트가 개발되어 있다.

④ D 순창은 지리적 표시제로 등록된 고추장이 생산되며, 고추장 마을이 있다. 또한 전통 장류를 소재로 한 장류 축제가 개최된다.

⑤ E 고창에는 세계 문화유산에 등재된 고인돌 유적이 있다.

지도에 표시된 (가)~(다) 지역의 특징을 그림과 같이 표현할 때, A~D의 내용으로 옳은 것만을 〈보기〉에서 고른 것은? [3점]

- 홍성: 도청 소재지, 혁신 도시, 내포 신도시
- 진천: 혁신도시
- (나)
- (다)
- (가)
- 청주: 도청 소재지, 국제공항, 오송 바이오 산업 단지

0 25km

A: (가)에만 해당되는 특징임.
B: (다)에만 해당되는 특징임.
C: (가)와 (다)만의 공통 특징임.
D: (가), (나), (다) 모두의 특징임.

─〈보기〉─

ㄱ. A : 석탄 박물관이 있음. 없음
ㄴ. B : 국제공항이 있음.
└ 인천, 서울(김포), 부산, 대구, 제주, 청주, 양양 등
ㄷ. C : 도청이 입지하고 있음.
└ 수원(경기), 춘천(강원), 청주(충북), 홍성(충남), 전주(전북), 무안(전남), 안동(경북), 창원(경남), 제주(제주)
ㄹ. D : 혁신도시가 조성되어 있음. ✗
└ (다)에는 없음

① ㄱ, ㄴ   ② ㄱ, ㄷ   ✓③ ㄴ, ㄷ   ④ ㄴ, ㄹ   ⑤ ㄷ, ㄹ

출제 경향

지역의 특징을 모식도나 순서도, 퀴즈 등의 형태로 다양하게 묻는 형태가 출제된다. 지역의 특징을 지도를 통해 파악해 두는 연습이 늘 필요하다.

| 자료 분석 |

지도의 (가)는 홍성, (나)는 진천, (다)는 청주이다. (가) 홍성과 예산의 경계에는 충청남도의 균형 발전을 위해 조성된 내포 신도시가 건설되어 있다. 내포 신도시에는 혁신도시가 조성되어 있으며, 홍성군 내 내포 신도시에 충청남도청이 위치하고 있다. (나) 진천과 음성의 경계에는 혁신도시가 조성되어 있으며 여러 공공 기관이 이전해 진천의 경제와 인구 성장에 중요한 역할을 하고 있다. (다) 청주는 충청북도청 소재지이며 오송 바이오 산업 단지가 입지하고 있다. 국제공항이 입지한 청주는 충청북도에서 인구가 가장 많은 도시이다.

| 선지 해설 |

ㄱ. A는 (가) 홍성에만 해당되는 특징이다. (가) 홍성에는 석탄 박물관이 없다. 충청 지방에서 석탄 박물관은 보령에 있다.

ㄴ. B는 (다) 청주에만 해당하는 특징이다. 세 지역 중 국제공항은 청주에만 있다. 청주 국제공항은 충청권의 유일한 국제공항으로 충북뿐만 아니라 대전, 세종, 충남, 경기 남부 지역 주민들까지 청주 국제공항을 이용하고 있다.

ㄷ. C는 (가) 홍성과 (다) 청주만의 공통 특징이다. (가) 홍성에는 충청남도청이 입지해 있고, (다) 청주에는 충청북도청이 입지해 있다. 따라서 (가) 홍성과 (다) 청주만의 공통 특징으로 도청이 입지하고 있음을 들 수 있다.

ㄹ. D는 (가) 홍성, (나) 진천, (다) 청주 모두의 공통 특징이다. 세 지역 중 혁신도시가 조성되어 있는 지역은 (가) 홍성과 (나) 진천이다. (다) 청주에는 혁신도시가 조성되어 있지 않다.

─────────────────

지도에 표시된 (가)~(다) 지역의 특징을 그림과 같이 표현할 때, A~D의 내용으로 옳은 것만을 〈보기〉에서 고른 것은? [3점]

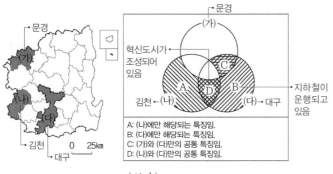

- 문경
- (가)
- 혁신도시가 조성되어 있음
- (나) 김천
- 대구
- 문경
- (가)
- C
- A D B
- 김천 (나)
- (다) → 대구
- 지하철이 운행되고 있음

0 25km

A: (나)에만 해당되는 특징임.
B: (다)에만 해당되는 특징임.
C: (가)와 (다)만의 공통 특징임.
D: (나)와 (다)만의 공통 특징임.

─〈보기〉─

ㄱ. A : 도청이 입지하고 있음.
(가)~(다) 모두 해당없음
ㄴ. B : 지하철이 운행되고 있음.
ㄷ. C : 천연기념물로 지정된 석회 동굴이 있음.
(가)~(다) 모두 해당없음
ㄹ. D : 혁신도시가 조성되어 있음.

① ㄱ, ㄴ   ② ㄱ, ㄷ   ③ ㄴ, ㄷ   ✓④ ㄴ, ㄹ   ⑤ ㄷ, ㄹ

| 자료 분석 |

지도의 (가)는 경북 문경, (나)는 경북 김천, (다)는 대구이다. 이 지도는 2023년 7월 1일부로 경북 군위군이 대구광역시에 편입된 것을 반영하였다.

| 선지 해설 |

ㄱ. A에는 (나) 김천에만 해당되는 특징이 들어가야 한다. 경상북도의 도청은 안동에 입지하고 있다. 따라서 '도청이 입지하고 있음.'은 (가)~(다)에 모두 해당하지 않으며, A의 내용으로 옳지 않다.

ㄴ. B에는 (다) 대구에만 해당하는 특징이 들어가야 한다. 세 지역 중 지하철은 (다) 대구에서만 운행되고 있으므로 '지하철이 운행되고 있음.'은 B의 내용으로 적절하다.

ㄷ. C에는 (가) 문경과 (다) 대구에 해당하는 공통 특징이 들어가야 한다. 천연기념물로 지정된 석회 동굴은 (가)~(다)에 모두 위치하지 않는다. 따라서 '천연기념물로 지정된 석회 동굴이 있음.'은 (가)~(다)에 모두 해당하지 않으며, C의 내용으로 옳지 않다.

ㄹ. D에는 (나) 김천과 (다) 대구에 해당하는 공통 특징이 들어가야 한다. (나) 김천은 선진형 교통 인프라의 물류 거점, 친환경·첨단 과학 기술을 접목한 미래형 첨단 도시로의 혁신도시가 조성되어 있다. (다) 대구는 대구·경북권 산업 클러스터 중추 도시, 고급 인력 배출의 교육 도시로의 혁신도시가 조성되어 있다. 따라서 '혁신도시가 조성되어 있음.'은 (나) 김천과 (다) 대구에 해당하는 공통 특징이며, D의 내용으로 적절하다.

정답 ④ | 정답률 83%

다음 자료는 지도에 표시된 네 도시의 시청에서 출발해 광주광역시청으로 가는 길 찾기 안내의 일부이다. (가)~(라) 도시에 대한 설명으로 옳은 것은? [3점]

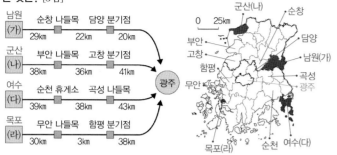

① (다)에는 춘향전의 배경이 되는 광한루원이 있다.
　　(가)
② (라)에는 대규모 완성형 자동차 조립 공장이 입지해 있다.
　　(나)
③ (가)와 (다)에는 모두 람사르 협약에 등록된 습지가 있다.
　　　　┌─• 영산강 하굿둑
④ (나)와 (라)에는 모두 하굿둑이 건설되어 있다.
　　　　└─• 낙동강 하굿둑
⑤ (가)~(라)에는 모두 국제공항이 입지해 있다.
　　　　　　　　　　　　　　　　　　있지 않다

| 자료 분석 |

지도에 표시된 지역은 전북 군산, 전북 남원, 전남 목포, 전남 여수이다. (가)는 남원으로 광주광역시까지 이동하기 위해서 전북 순창과 전남 담양을 지난다. (나)는 군산으로 광주광역시까지 이동하기 위해 전북 부안과 전북 고창을 지난다. (다)는 여수로 광주광역시까지 이동하기 위해 전남 순천과 전남 곡성을 지난다. (라)는 목포로 광주광역시까지 이동하기 위해 전남 무안과 전남 함평을 지난다.

| 선지 해설 |

① 춘향전의 배경이 되는 광한루원이 위치한 지역은 (가) 남원이다.

② 대규모 완성형 자동차 조립 공장이 입지한 지역은 (나) 군산이다.

③ (가) 남원에는 람사르 협약에 등록된 습지가 없다. (다) 여수는 람사르 협약에 등록된 순천만 습지에 접해 있다.

④ (나) 군산에는 금강 하굿둑이, (라) 목포에는 영산강 하굿둑이 건설되어 있다.

⑤ (가)~(라) 모두 국제공항이 입지해 있지 않다. 우리나라에는 인천, 서울(김포), 김해, 제주, 대구, 청주, 양양, 무안 국제공항이 있다.

정답 ⑤ | 정답률 83%

다음 자료에서 설명하는 지역을 지도의 A~E에서 고른 것은?

┌─────────────────────────────┐
│ 　　　　　　　　　　　┌→ 남한강
│ 　이 지역은 한강 뱃길과 육로 교통의 길목으
│ 로 삼국 시대에는 각축을 벌이던 전략 요충지
│ 였다. 수자원 확보와 홍수 피해 경감 등을 목
│ 적으로 다목적댐이 건설되어 전력 생산과 관
│ 광 자원으로도 활용되고 있다. 또한 민간 기
│ 업이 주도적으로 개발하는 기업도시가 조성
│ 되어 지역 경제에 활력을 불어 넣고 있다.
│ └→ 충주댐
└─────────────────────────────┘

태극 모양과 지명 영문 표기 첫 글자인 C와 J를 조화롭게 표현한 이 지역의 심벌 마크이다. ──• 충주

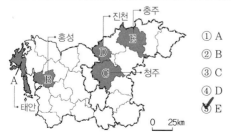

① A
② B
③ C
④ D
⑤ E

| 자료 분석 |

지도는 충청남도와 충청북도의 시·군을 나타낸 것이다. A는 태안, B는 홍성, C는 청주, D는 진천, E는 충주이다. 지역의 심벌 마크에서 지역명의 영문 첫 글자가 C와 J인 것으로 보아 지역명이 ㅊ, ㅈ으로 된 지역임을 알 수 있다. A~E 중 지역명에 ㅊ과 ㅈ이 들어간 지역은 C 청주 또는 E 충주이다.

| 선지 해설 |

① A 태안은 관광 레저형 기업도시가 조성되어 있으나 다목적댐이 건설되어 있지 않다.

② B 홍성은 내포 신도시가 위치해 있으나 기업도시는 아니며, 다목적댐 또한 건설되어 있지 않다.

③ C 청주에는 대청댐이 건설되어 있으나 한강이 아닌 금강 유역에 위치하고 있다. 청주에는 오송 생명 과학 단지가 위치해 있다.

④ D 진천에는 혁신 도시가 위치해 있으며, 다목적댐은 건설되어 있지 않다.

⑤ E 충주는 남한강을 이용한 한강 뱃길과 육로 교통의 길목으로, 삼국 시대 전략 요충지였으며, 다목적댐(충주댐)이 건설되어 있고, 기업도시가 조성되어 있다.

지도에 표시된 (가), (나) 지역의 특징을 그림과 같이 표현할 때, A~D의 내용으로 옳은 것만을 〈보기〉에서 고른 것은?

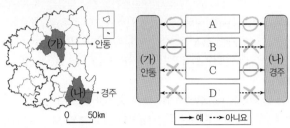

* 군위군은 2023년 대구광역시로 편입됨.

─── 〈보기〉 ───
ㄱ. A – 세계 문화유산으로 등재된 역사 마을이 있나요?
ㄴ. B̶ – 원자력 발전소가 위치하고 있나요?
    C
ㄷ. C – '경상도' 지명의 유래가 된 도시인가요?
    └→ 경주+상주
ㄹ. D̶ – 도청 소재지에 해당하나요?
    B

① ㄱ, ㄴ   ✔②ㄱ, ㄷ   ③ ㄴ, ㄷ   ④ ㄴ, ㄹ   ⑤ ㄷ, ㄹ

| 자료 분석 |

지도는 경상북도의 시·군과 대구광역시의 경계가 표현된 것이며, 지도의 (가)는 안동, (나)는 경주이다.

| 선지 해설 |

ㄱ A에는 (가) 안동과 (나) 경주에 모두 '예'에 해당하는 내용이 들어가야 한다. 안동과 경주에는 각각 세계 문화유산으로 등재된 역사 마을인 하회 마을과 양동 마을이 있다. 따라서 '세계 문화유산으로 등재된 역사 마을이 있나요?'는 A에 적합한 내용이다.

ㄴ. B에는 (가) 안동에만 '예'에 해당하는 내용이 들어가야 한다. 원자력 발전소는 경주에만 위치하고 있다. 따라서 '원자력 발전소가 위치하고 있나요?'는 B에 적합하지 않은 내용이다.

ㄷ C에는 (나) 경주에만 '예'에 해당하는 내용이 들어가야 한다. '경상도' 지명의 유래가 된 도시는 경주와 상주이다. 따라서 '경상도 지명의 유래가 된 도시인가요?'는 C에 적합한 내용이다.

ㄹ. D에는 (가) 안동과 (나) 경주에 모두 '아니요'에 해당하는 내용이 들어가야 한다. 경상북도의 도청 소재지는 안동이므로 '도청 소재지에 해당하나요?'는 D에 적합하지 않은 내용이다.

지도에 표시된 (가), (나) 지역의 특징을 그림으로 표현할 때, A~D에 해당하는 옳은 내용만을 〈보기〉에서 고른 것은?

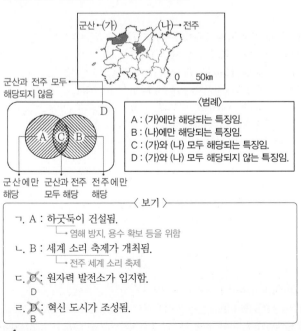

〈범례〉
A : (가)에만 해당되는 특징임.
B : (나)에만 해당되는 특징임.
C : (가)와 (나) 모두 해당되는 특징임.
D : (가)와 (나) 모두 해당되지 않는 특징임.

─── 〈보기〉 ───
ㄱ. A : 하굿둑이 건설됨.
    └→ 염해 방지, 용수 확보 등을 위함
ㄴ. B : 세계 소리 축제가 개최됨.
    └→ 전주 세계 소리 축제
ㄷ. C̶ : 원자력 발전소가 입지함.
    D
ㄹ. D̶ : 혁신 도시가 조성됨.
    B

✔①ㄱ, ㄴ   ②ㄱ, ㄷ   ③ ㄴ, ㄷ   ④ ㄴ, ㄹ   ⑤ ㄷ, ㄹ

| 선지 해설 |

ㄱ 하굿둑은 낙동강, 금강, 영산강 하구에 건설되어 있다. 이 중 금강 하굿둑은 금강 하구인 (가) 전북 군산과 충남 서천 사이에 건설되어 있다. (나) 전주는 내륙에 위치한 지역으로 하굿둑 건설과 관계가 없다. 따라서 하굿둑이 건설됨은 (가) 군산에만 해당되는 특징으로 A에 해당하는 내용이다.

ㄴ 세계 소리 축제는 판소리를 근간으로 세계 음악을 한 자리에서 즐기는 음악 예술제로 매년 (나) 전주에서 열리며 공식 명칭은 전주 세계 소리 축제이다. 따라서 세계 소리 축제가 개최됨은 (나) 전주에만 해당하는 특징으로 B에 해당하는 내용이다.

ㄷ. 우리나라에서 원자력 발전소는 경북 울진·경주, 울산, 부산, 전남 영광에 건설되어 있다. 따라서 원자력 발전소가 입지함은 (가) 군산과 (나) 전주 모두 해당되지 않는 특징으로 D에 해당하는 내용이다.

ㄹ. 혁신 도시는 수도권에서 이전한 공공 기관이 입지하는 도시이다. (나) 전주에는 혁신 도시가 조성되어 있으나 (가) 군산에는 혁신 도시가 조성되어 있지 않다. 따라서 (나) 전주에만 해당되는 특징인 B에 해당하는 내용이다.

13 충청 지방 24학년도 6월 모평 20번

정답 ④ | 정답률 53%

다음은 지도에 표시된 세 지역에 대한 두 학생의 답변과 교사의 채점 결과이다. 이에 대한 설명으로 옳은 것만을 〈보기〉에서 고른 것은?

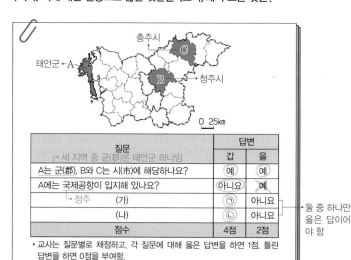

질문 → 세 지역 중 군(郡)은 태안군 하나임	답변	
	갑	을
A는 군(郡), B와 C는 시(市)에 해당하나요?	예	예
A에는 국제공항이 입지해 있나요?	아니요	예
→청주 (가)	㉠	아니요
(나)	㉡	아니요
점수	4점	2점

둘 중 하나만 옳은 답이어야 함

• 교사는 질문별로 채점하고, 각 질문에 대해 옳은 답변을 하면 1점, 틀린 답변을 하면 0점을 부여함.

〈보기〉

ㄱ. ㉠이 '예'일 경우, (가)에는 'B에는 석탄 화력 발전소가 입지해 있나요?'가 들어갈 수 있다. 없다

ㄴ. ㉡이 '아니요'일 경우, (나)에는 'C는 현재 도청 소재지에 해당하나요?'가 들어갈 수 있다. →청주: 충북 도청 소재지

ㄷ. (가)가 'A와 C에는 모두 기업 도시가 조성되어 있나요?'일 경우, ㉠에는 '아니요'가 들어간다. 예

ㄹ. (나)가 'B와 C는 모두 충청도라는 지명의 유래가 된 도시인가요?'일 경우, ㉡에는 '예'가 들어간다. 충주+청주

① ㄱ, ㄴ ② ㄱ, ㄷ ③ ㄴ, ㄷ ✔④ ㄴ, ㄹ ⑤ ㄷ, ㄹ

| 자료 분석 |

지도에 표시된 A는 태안, B는 청주, C는 충주이다. 자료에서 교사의 채점 결과로 살펴볼 때 갑은 4점이므로 모두 옳은 답변을 하였으며, 을은 2점이므로 (가), (나)의 질문 중에서 하나만 옳은 답변을 하였음을 알 수 있다.

| 선지 해설 |

ㄱ. ㉠이 '예'일 경우, (가)에는 옳은 진술이 들어가야 하므로 'B 청주에는 석탄 화력 발전소가 입지해 있나요?'는 옳은 답변이어야 한다. 하지만 B 청주에는 석탄 화력 발전소가 입지하지 않았으므로 옳지 않은 진술이 된다. 따라서 ㉠이 '예'일 경우 (가)에는 'B에는 석탄 화력 발전소가 입지해 있나요?'가 들어갈 수 없다.

Ⓛ. ㉡이 '아니요'일 경우, (나)에는 옳지 않은 진술이 들어가야 하므로 'C는 현재 도청 소재지에 해당하나요?'는 옳지 않은 답변이어야 한다. 그런데 C 충주에는 도청이 없기 때문에 '아니요'가 옳은 진술이 된다. 따라서 (나)에는 'C는 현재 도청 소재지에 해당하나요?'가 들어갈 수 있다.

ㄷ. ㉠이 '아니요'일 경우, (가)에는 옳지 않은 진술이 들어가야 하므로 (가)가 'A와 C에는 모두 기업 도시가 조성되어 있나요?'는 옳지 않은 답변이어야 한다. A 태안과 C 충주에는 모두 기업 도시가 조성되어 있기 때문에 ㉠에는 '예'가 들어가야 한다.

Ⓛ. ㉡에 '예'가 들어갈 경우, (나)에는 옳은 진술이 들어가야 하므로 'B와 C는 모두 충청도라는 지명의 유래가 된 도시인가요?'는 옳은 답변이어야 한다. B 청주와 C 충주는 충청도라는 지명의 유래가 된 도시이기 때문에 ㉡에는 '예'가 들어가는 것이 옳다.

---

14 호남 지방 24학년도 9월 모평 4번

정답 ③ | 정답률 74%

다음 자료는 어느 학생의 호남권 답사 일정이다. 일정에 따라 답사 지역을 지도의 A~E에서 순서대로 고른 것은? [3점]

일정	주요 활동
1일 차	춘향전의 배경이 되는 광한루와 주변 지역 탐방 →남원(B)
2일 차	람사르 협약 등록 습지와 국가 정원 견학 →순천(C)
3일 차	나비 축제가 열렸던 하천 주변 유채 꽃밭과 나비곤충생태관 방문 →함평(E)

① A→B→D ② A→C→E ✔③ B→C→E
④ B→E→D ⑤ C→D→A

출제 경향

호남 지방의 특징을 소개하는 다양한 자료를 제시한 다음 해당 지역의 위치를 지도에서 찾는 문항이 주로 출제된다. 호남 지방의 경우 특히 지역 축제, 지리적 표시제 등과 관련된 문항이 출제되기 때문에 이에 대한 대비가 필요하다.

| 자료 분석 |

지도의 A는 전북 김제, B는 전북 남원, C는 전남 순천, D는 전남 해남, E는 전남 함평이다. A 김제는 지평선 축제로 유명하며, D 해남은 땅끝 마을로 유명하다.

| 선지 해설 |

③ B → C → E

• 1일 차에 해당하는 지역은 춘향전의 배경이 되는 광한루가 유명한 지역이므로 B 남원이다.

• 2일 차에 해당하는 지역은 람사르 협약 등록 습지인 순천만 갯벌과 국가 정원으로 유명한 지역인 C 순천이다.

• 3일 차에 해당하는 지역은 나비 축제와 나비곤충생태관으로 유명한 지역인 E 함평이다.

다음 자료는 충청북도 세 지역의 인구 및 산업 특성을 나타낸 것이다. 이에 대한 설명으로 옳은 것은? (단, (가)~(다), A~C는 각각 보은, 진천, 청주 중 하나임.)

혁신 도시 및 산업 단지 조성으로 ┐
2010년 이후 인구 급증 → 진천
⟨청장년층(15~64세) 인구 변화⟩

```
180
160
140 ┄┄┄┄┄┄┄┄┄┄┄┄┄┄┄┄┄┄ (가)
120 ┄┄┄┄┄┄┄┄┄┄┄┄┄┄┄┄┄┄ (나)
100
80 ┄┄┄┄┄┄┄┄┄┄┄┄┄┄┄┄┄┄ (다)
60
  2000 2005 2010 2015 2020(년)
```
* 각 지역의 2000년 인구를 100으로 했을 때 해당 연도의 상댓값임.
** 현재의 행정 구역을 기준으로 함. (통계청)

인구 감소   인구가 지속적으로 증가
→ 보은   → 청주

인구가 많은 대도시일수록
서비스업 발달 → (나) 청주

⟨지역 내 주요 산업별 취업 인구 비율(%)⟩

산업 지역	사업·개인·공공 서비스 및 기타	광업· 제조업
A	37	28
B	27	16
C	27	42

→ (다) 보은

(2020)   (통계청)

수도권과 인접한 위치를 활용한
제조업 발달 → (가) 진천

① (나)에는 혁신 도시가 위치한다.
  (가)
② (가)는 (다)보다 지역 내 농·임·어업 취업 인구 비율이 높다.
                                            낮다
③ (가)는 A, (다)는 B이다.
                   C
④ C에는 고속 철도역과 생명 과학 단지가 입지해 있다.
  A   └오송역: 청주 └오송 생명 과학 단지: 청주
✔⑤ A는 C보다 광업·제조업 취업 인구가 많다.

| 자료 분석 |

⟨청장년층(15~64세) 인구 변화⟩ 그래프에서 (가)는 2010년 이후 청장년층 인구가 급증하였으므로 진천이다. 진천과 음성 일대는 혁신 도시로 조성되고 있고, 수도권과 인접한 위치를 활용한 제조업의 발달로 인구가 빠르게 증가하였다. (나)는 2000년 이후 청장년층 인구가 점진적으로 증가한 것으로 보아 충청북도에서 인구가 가장 많은 청주이다. (다)는 2000년 대비 2020년의 청장년층 인구가 감소한 것으로 보아 촌락의 특색이 뚜렷하게 나타나는 보은이다. ⟨지역 내 주요 산업별 취업 인구 비율(%)⟩ 표에서 A는 지역 내 사업·개인·공공 서비스 및 기타 취업 인구 비율이 가장 높으므로 (나) 청주이다. 청주에는 충북도청이 입지해 있고, 생명 과학 단지가 조성되어 있다. B는 C보다 지역 내 광업·제조업 취업 인구 비율이 낮으므로 촌락인 (다) 보은이다. C는 (가) 진천이다.

| 선지 해설 |

① (나) 청주에는 혁신 도시가 위치해 있지 않다. (가)~(다) 중 혁신 도시가 위치한 곳은 (가) 진천이다.

② (다) 보은은 전형적인 촌락의 성격이 강하게 나타나 지역 내 산업별 취업자 중 농·임·어업 취업 인구 비율이 높다. 따라서 (가) 진천은 (다) 보은보다 지역 내 농·임·어업 취업 인구 비율이 낮다.

③ (다) 보은에 해당하는 곳은 B이지만, (가) 진천에 해당하는 지역은 광업·제조업 취업 인구 비율이 높은 C이다.

④ C 진천에는 고속 철도역이 없다. 고속 철도역(오송역)과 생명 과학 단지가 입지해 있는 곳은 A 청주이다.

⑤ 2022년 6월 기준 청주 인구는 약 85만 명이고, 진천 인구는 8.5만 명으로 약 10배 차이가 난다. 지역 내 광업·제조업 취업 인구 비율은 청주보다 진천이 높지만, 인구는 진천보다 청주가 훨씬 많다. 따라서 A 청주는 C 진천보다 광업·제조업 취업 인구가 많다.

다음 글에서 설명하는 지역을 지도의 A~E에서 고른 것은? [3점]

┌전자 부품·컴퓨터·영상·음향 ┌자동차 및 트레일러
│ 및 통신 장비 제조업 │ 제조업

이 지역은 수도권 과밀화 해소와 수도권으로부터 공업이 이전하면서 지역 균형 발전의 일환으로 제조업이 꾸준히 성장하고 있으며, 전자 및 자동차 관련 산업들이 집적되어 있다. 2008년에 수도권과 전철로 연결되었으며, 오래된 역사를 지닌 온천을 활용하여 지역 마케팅을 시행하고 있다.

⟨마스코트:
온천욕하는 아랑이⟩
→ 아산 도고 온천

충청남도 천안, 아산이 수도권과 전철로 연결되어 있음

제천시 ┌단양군: 시멘트 공업, 석회 동굴

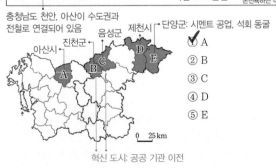

   ✔① A
   ② B
   ③ C
   ④ D
   ⑤ E

혁신 도시: 공공 기관 이전

| 자료 분석 |

제시된 지역은 전자 및 자동차 공업이 발달해 있으며 수도권과 전철로 연결된 충청남도 아산시이다. 아산시는 도고 온천을 활용한 지역 마케팅을 시행하고 있다.

| 선지 해설 |

① A는 충청남도 아산시로 수도권과 전철로 연결되어 있으며 전자 부품·컴퓨터·영상·음향 및 통신 장비 제조업과 자동차 및 트레일러 제조업이 발달해 있다.

② B는 충청북도 진천군으로 인접한 C인 음성군과 함께 수도권에 집중되어 있는 공공 기관을 지방으로 이전시켜 조성되는 미래형 도시인 혁신 도시로 지정되어 있다.

③ C는 충청북도 음성군으로 B 진천군과 함께 혁신 도시로 지정되어 있다.

④ D는 충청북도 제천시로 인접한 단양군과 마찬가지로 석회암이 분포해 시멘트 공업이 발달해 있다.

⑤ E는 충청북도 단양군으로 석회암이 용식 작용을 받아 형성된 카르스트 지형이 발달해 있으며 고수 동굴은 석회 동굴로 주요 관광지로 활용되고 있다. 단양군 역시 제천시와 마찬가지로 시멘트 공업이 발달해 있다.

17 충청 지방 23학년도 6월 모평 8번

다음 자료에서 설명하는 (가) 지역을 지도의 A~E에서 고른 것은? [3점]

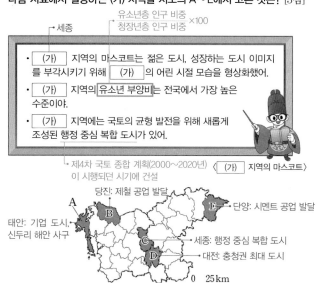

① A   ② B   ③ C   ④ D   ⑤ E

| 자료 분석 |

제시된 지역은 국토의 균형 발전을 위해 새롭게 조성된 행정 중심 복합 도시가 있는 세종특별자치시이다. 지도의 A는 충남 태안, B는 충남 당진, C는 세종, D는 대전, E는 충북 단양이다.

| 선지 해설 |

① A 태안에는 기업 도시가 개발되고 있으며, 천연기념물인 신두리 해안 사구를 비롯한 다양한 해안 지형이 발달하였다.

② B 당진은 대규모 제철소가 입지해 있다. 제철 공업을 비롯한 제조업의 성장으로 인구가 증가하여 2012년 군에서 시로 승격되었다.

③ C 세종은 지역의 마스코트로 세종대왕의 어린 시절을 형상화한 이미지를 사용하고 있다. 세종은 유소년층 인구 비율이 상대적으로 높아 전국에서 유소년층 부양비가 가장 높은 수준이다.

④ D 대전은 충청권의 최대 도시로 광역시이다. 대전은 철도역 건설이 도시 발달에 큰 영향을 끼쳤으며, 1970년대 국가 주도의 과학 연구 단지가 조성되었다.

⑤ E 단양에는 고생대 전기에 형성된 조선 누층군이 분포한다. 이로 인해 석회암이 주요 기반암인 단양에서는 석회암이 용식 작용을 받아 형성된 돌리네, 석회동굴과 같은 카르스트 지형을 볼 수 있다. 또한 풍부한 석회석을 바탕으로 시멘트 공업이 발달하였다.

연결형 문제로 개념 확인

(1) 세종 •   • ㉠ 첨단 과학 기술 관련 대학과 연구소 집중

(2) 음성 •   • ㉡ 공공 기관 이전을 핵심으로 하는 혁신 도시

(3) 대전 •   • ㉢ 행정 중심 복합 도시 건설로 정부 기관 이전

(1) − ㉢ (2) − ㉡ (3) − ㉠

18 충청 지방 22학년도 6월 모평 11번

(가), (나) 지역을 지도의 A~D에서 고른 것은?

○ (가) 은/는 평택, 화성 일대와 더불어 황해 경제 자유 구역으로 지정되어 대중국 전진 기지와 지식 창조형 경제 특구로 개발되고 있다. 그리고 제철 산업이 발달하여 충청권 내 1차 금속 제조업 출하액에서 (가) 이/가 차지하는 비율이 가장 높다.

- 경북 포항
- 전남 광양
- 충남 당진

○ (나) 은/는 수도권과 인접하여 수도권의 제조업 기능을 일부 흡수하고 있다. 그리고 IT 업종과 자동차 산업이 발달하였으며, 충청권 내 전자 부품·컴퓨터·영상·음향 및 통신 장비 제조업 출하액에서 (나) 이/가 차지하는 비율이 가장 높다.

- 경기 수원
- 경북 구미
- 충남 아산

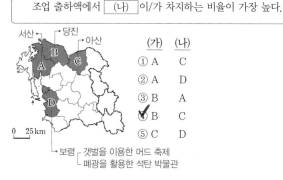

	(가)	(나)
①	A	C
②	A	D
③	B	A
④	B	C
⑤	C	D

- 보령 - 갯벌을 이용한 머드 축제
- 폐광을 활용한 석탄 박물관

| 자료 분석 |

충청남도 지도에 표시된 A는 서산, B는 당진, C는 아산, D는 보령이다. A 서산은 울산광역시, 전남 여수와 함께 화학 물질 및 화학 제품 제조업이 발달해 있다. D 보령은 서산, 당진, 아산에 비해 제조업의 발달이 미약하다. 보령은 갯벌을 이용해 해마다 머드 축제가 개최되고 있으며 폐광을 활용한 석탄 박물관이 위치해 있다.

| 선지 해설 |

④ (가) − B, (나) − C

- (가)는 황해 경제 자유 구역으로 지정되어 있으며 1차 금속 제조업이 발달해 있으므로 B 당진이다. 경북 포항, 전남 광양, 충남 당진은 대규모의 제철소가 위치해 있어 1차 금속 제조업 출하액이 높다.

- (나)는 IT 업종과 자동차 산업 모두 발달한 지역이므로 C 아산이다. 아산은 경북 구미와 함께 전자 부품·컴퓨터·영상·음향 및 통신 장비 제조업이 발달해 있다.

다음 자료에서 설명하는 지역을 지도의 A~E에서 고른 것은?

단양
이 지역의 심벌마크에 표현되어 있는 도담삼봉은 강 가운데에 있는 바위섬으로, 석회암으로 이루어져 있다. 섬에는 정자가 있어 운치를 더해 준다. 또한 석회암 산지 곳곳에는 노천 채굴 방식의 광산과 시멘트 공장이 있다. 특산물로는 지리적 표시제로 등록된 마늘이 유명하다.

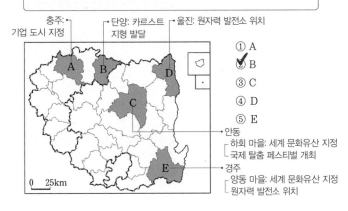

충주: 기업 도시 지정
단양: 카르스트 지형 발달
울진: 원자력 발전소 위치
안동
하회 마을: 세계 문화유산 지정
국제 탈춤 페스티벌 개최
경주
양동 마을: 세계 문화유산 지정
원자력 발전소 위치

① A
② B
③ C
④ D
⑤ E

0   25km

| 자료 분석 |

지도의 A는 충북 충주, B는 충북 단양, C는 경북 안동, D는 경북 울진, E는 경북 경주이다.

| 선지 해설 |

① A 충주는 민간 투자를 촉진하고 지역 경제에 기여하려는 목적으로 기업 도시로 지정되어 있으며, 지식 기반형 산업이 발달하고 있다.

② B 단양은 카르스트 지형이 발달한 곳으로 도담삼봉뿐만 아니라 고수 동굴과 같은 석회동굴로 유명하다. 지역 특산물인 마늘은 지리적 표시제로 지정되어 있다.

③ C 안동은 경상북도의 도청 소재지이며 하회 마을은 전통 마을이 보존된 지역으로 세계 문화유산으로 지정되어 있다. 경상북도 안동에서는 해마다 국제 탈춤 페스티벌이 개최된다.

④ D 울진은 원자력 발전소가 위치해 있다. 울진에서는 해마다 대게 축제가 열린다.

⑤ E 경주는 신라 천 년의 고도(古都)로 석굴암, 불국사, 경주 역사 유적 지구, 양동 마을은 세계 문화유산으로 지정되어 있다. 경주에는 원자력 발전소가 위치해 있다.

(가)~(다) 지역에 대한 설명으로 옳은 것은? (단, (가)~(다)는 각각 지도에 표시된 세 지역 중 하나임.) [3점]

65세 이상 인구 비율이 가장 높음
주택 유형 중 아파트 비율이 가장 낮음 → 촌락인 진안군

15~64세 인구 비율이 가장 높음
주택 유형 중 아파트 비율이 가장 높음 → 대도시인 광주광역시

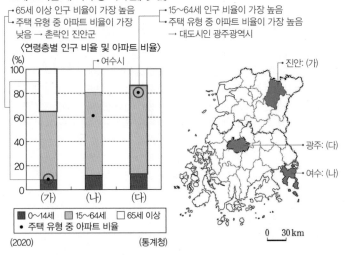

⟨연령층별 인구 비율 및 아파트 비율⟩

여수시

진안: (가)
광주: (다)
여수: (나)

■ 0~14세   ▨ 15~64세   □ 65세 이상
● 주택 유형 중 아파트 비율

0   30km

(2020)   (통계청)

① (가)는 전남에 위치한다.   전북
② (가)는 (다)보다 인구 밀도가 높다.   낮다
③ (나)는 (가)보다 서울로의 고속버스 운행 횟수가 많다.
④ (다)는 (나)보다 노령화 지수가 높다.   낮다
   (가) 〉 (나) 〉 (다)
⑤ 총부양비는 (다) 〉 (나) 〉 (가) 순으로 높다.
   청장년층 인구 비율이 낮을수록 높음
   인구 규모가 클수록 대체로 고속버스 운행 횟수가 많음

| 자료 분석 |

지도에 표시된 세 지역은 전라북도 진안군, 광주광역시, 전라남도 여수시이다. ⟨연령층별 인구 비율 및 아파트 비율⟩ 그래프에서 (가)는 (가)~(다) 중 65세 이상 인구 비율이 가장 높고, 주택 유형 중 아파트 비율이 가장 낮으므로 촌락인 진안군이다. (나)와 (다) 중에서 15~64세 인구 비율과 주택 유형 중 아파트 비율이 높은 (다)는 대도시인 광주광역시이다. 따라서 (나)는 여수시이다.

| 선지 해설 |

① (가) 진안군은 전북에 위치한다.

② 촌락인 (가) 진안군은 대도시인 (다) 광주광역시보다 인구 밀도가 낮다.

③ 도시인 (나) 여수시는 고차 중심지이며, 촌락인 (가) 진안군은 저차 중심지에 해당한다. 따라서 (나) 여수시는 (가) 진안군보다 서울로의 고속버스 운행 횟수가 많다.

④ 노령화 지수는 유소년층(0~14세) 인구에 대한 노년층(65세 이상) 인구의 비율이다. 유소년층 인구 비율은 (나) 여수시와 (다) 광주광역시가 비슷하지만, 노년층 인구 비율은 (나) 여수시가 (다) 광주광역시보다 높다. 따라서 (다) 광주광역시는 (나) 여수시보다 노령화 지수가 낮다.

⑤ 총부양비는 유소년 부양비와 노년 부양비를 합한 값으로 청장년층(15~64세) 인구 비율과 반비례한다. 따라서 총부양비는 청장년층 인구 비율이 가장 높은 (다) 광주광역시가 가장 낮고, (가) 진안군이 가장 높으므로 (가) 〉 (나) 〉 (다) 순으로 높다.

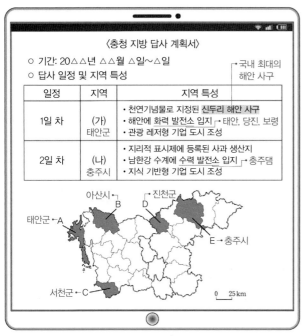

21 충청 지방 21학년도 수능 2번

정답 ② | 정답률 75%

다음 자료는 답사 계획서의 일부이다. (가), (나) 지역을 지도의 A~E에서 고른 것은? (단, 일정별 답사 지역은 다른 지역임.)

〈충청 지방 답사 계획서〉

○ 기간: 20△△년 △△월 △일~△일
○ 답사 일정 및 지역 특성

일정	지역	지역 특성
1일 차	(가) 태안군	• 천연기념물로 지정된 신두리 해안 사구 → 국내 최대의 해안 사구 • 해안에 화력 발전소 입지 → 태안, 당진, 보령 • 관광 레저형 기업 도시 조성
2일 차	(나) 충주시	• 지리적 표시제에 등록된 사과 생산지 • 남한강 수계에 수력 발전소 입지 → 충주댐 • 지식 기반형 기업 도시 조성

(가)	(나)		(가)	(나)
① A	D		② A	E
③ B	D		④ B	E
⑤ C	E			

| 자료 분석 |

지도의 A는 충청남도 태안군, B는 충청남도 아산시, C는 충청남도 서천군, D는 충청북도 진천군, E는 충청북도 충주시이다. B 아산시는 자동차 및 트레일러 제조업, 전자 부품·컴퓨터·영상·음향 및 통신 장비 제조업이 발달해 있으며 수도권과 전철로 연결되어 있다. C 서천군은 한산세모시와 감이 유명하다. D 진천군은 인접한 음성군과 함께 혁신 도시로 지정되어 있다.

| 선지 해설 |

② (가) – A, (나) – E

• (가)는 지도의 A인 충청남도 태안군이다. 태안군에는 바람에 의해 사빈의 모래가 날려 퇴적된 해안 사구가 발달되어 있다. 태안의 신두리 해안 사구는 국내 최대의 해안 사구이다. 태안은 충청남도의 당진, 보령과 함께 화력 발전소가 입지해 있으며 기업 도시 유형 중 관광 레저형으로 조성되고 있다.

• (나)는 지도의 E인 충주시이다. 충주 사과는 지리적 표시제에 등록되어 있다. 남한강 수계에 위치한 충주에는 충주댐이 건설되어 있다. 충주는 기업 도시 유형 중 지식 기반형으로 조성되고 있다.

개념 확인 기업 도시

의미	특정 산업을 중심으로 민간 기업이 주도적으로 개발하는 도시
유형	• 지식 기반형: 원주시, 충주시 • 관광 레저형: 태안군, 영암·해남군

22 충청 지방 21학년도 9월 모평 15번

정답 ① | 정답률 51%

다음은 지리 답사 동아리의 활동 장면이다. 발표 내용이 가장 적절한 학생을 고른 것은? [3점]

① 갑 ② 을 ③ 병 ④ 정 ⑤ 무

| 자료 분석 |

지도에 표시된 A는 충남 당진과 서산, B는 충남 예산과 홍성, C는 충남 천안과 충북 청주, D는 충북 진천과 음성, E는 충북 제천과 단양이다.

| 선지 해설 |

갑. A에 해당하는 당진은 1차 금속 제조업이 발달해 있으며, 서산은 화학 물질 및 화학 제품 제조업이 발달해 있다. 따라서 A의 두 지역 모두에서 대규모 중화학 공업 단지를 볼 수 있다.

을. B에 해당하는 예산과 홍성은 충청남도의 도청 소재지인 내포 신도시가 위치해 있지만 혁신 도시는 조성되어 있지 않다.

병. C 중 청주는 충청북도 도청 소재지이지만, 천안은 도청이 위치해 있지 않다.

정. D에 해당하는 진천과 음성은 공공 기관 이전을 위해 조성된 혁신 도시가 위치해 있지만 세계 문화유산은 없다.

무. E에 해당하는 제천과 단양 모두 기업 도시로 지정되어 있지 않다. 충청권에서 기업 도시로 지정된 곳은 충주와 태안이다.

다음은 두 친구가 여행 중에 나눈 영상 통화의 일부이다. (가), (나) 지역을 지도의 A~D에서 고른 것은? [3점]

┌─ 김제
나는 황금빛 평야가 넓게 펼쳐진 (가) 의 지평선 축제에 왔어. 축제를 즐긴 후에는 벽골제를 둘러볼 거야.

┌─ 보성
나는 지리적 표시제 제1호로 등록된 녹차로 널리 알려진 (나) 의 차밭에 왔어. 녹차 시음 후에는 이 지역 명물인 꼬막 정식도 먹을 거야.

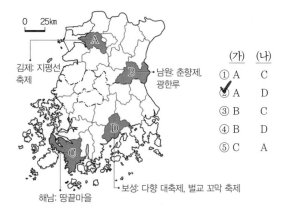

0 25km

김제: 지평선 축제

남원: 춘향제, 광한루

해남: 땅끝마을

보성: 다향 대축제, 벌교 꼬막 축제

	(가)	(나)
①	A	C
②	A	D
③	B	C
④	B	D
⑤	C	A

| 자료 분석 |

지도의 A는 김제, B는 남원, C는 해남, D는 보성이다. A 김제는 넓은 평야를 바탕으로 농업이 발달한 지역이다. 김제에서는 김제평야의 넓은 지평선을 기념하여 농업과 관련된 지평선 축제가 열린다. 지평선이라는 이름은 김제평야가 끝없이 펼쳐져 마치 하늘과 맞닿아 있는 모습을 연상시키기 때문에 붙여진 것으로 알려져 있다. B 남원은 지역의 남동부에 지리산 국립공원이 위치하여 지리산을 찾는 등산객과 관광객들의 방문이 많다. 또한 춘향전의 배경이 되는 도시로 광한루와 같은 대표 관광지가 있으며 매년 춘향제가 개최되고 있다. C 해남에는 한반도 육지의 가장 남쪽 끝임을 알리는 표지석이 있는 땅끝마을이 있다. D 보성은 전국적으로 유명한 녹차 산지로 녹차를 주제로 한 축제인 다향 대축제가 개최된다. 한편 보성군의 벌교읍은 꼬막 양식과 채취가 활발하며, 벌교에서 열리는 꼬막을 주제로 한 벌교 꼬막축제가 열린다.

| 선지 해설 |

② (가) – A, (나) – D

• (가)는 지평선 축제가 열리며 벽골제가 있는 김제이다. 김제에는 벽골제라는 삼국시대에 만들어진 저수지가 있다. 벽골제는 김제의 농업 발전에 중요한 역할을 해왔으며, 호남 지방이라는 명칭은 금강(호강) 하류의 남쪽 또는 김제의 벽골제 남쪽이라는 의미이다. 따라서 지평선 축제가 열리고 벽골제가 있는 (가)는 A 김제이다.

• (나)는 지리적 표시제 제1호로 등록된 녹차와 꼬막 정식을 먹을 수 있는 지역인 보성이다. 보성은 대표적인 녹차 생산지로 보성 녹차밭과 보성 다향 대축제로 유명하다. 또한 벌교의 꼬막이 유명한 지역으로 벌교 꼬막 축제도 많은 관광객이 찾는 주요 행사이다. 따라서 (나)는 D 보성이다.

그래프의 (가)~(다)에 해당하는 지역으로 옳은 것은? [3점]

세종: 행정 중심의 복합 도시

충남 아산, 서산, 당진, 천안: 제조업 발달

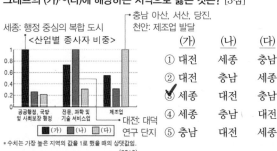

〈산업별 종사자 비중〉

공공행정, 국방 및 사회보장 행정 / 전문, 과학 및 기술 서비스업 / 제조업

■(가) ■(나) □(다)

대전: 대덕 연구 단지

* 수치는 가장 높은 지역의 값을 1로 했을 때의 상댓값임.
(2018)

	(가)	(나)	(다)
①	대전	세종	충남
②	대전	충남	세종
③	세종	대전	충남
④	세종	충남	대전
⑤	충남	대전	세종

| 선지 해설 |

③ (가) – 세종, (나) – 대전, (다) – 충남

• (가)는 세 지역 중 공공행정, 국방 및 사회 보장 행정 종사자 비중이 가장 높으므로 세종이다. 세종은 행정 중심의 복합 도시로 출범하여 각종 행정 기관이 이전하여 공공 행정과 관련된 종사자 비중이 높다.

• (나)는 세 지역 중 전문, 과학 및 기술 서비스업 종사자 비중이 가장 높으므로 대전이다. 대전은 대덕 연구 단지가 위치해 있어 생산자 서비스업이 발달해 있다.

• (다)는 세 지역 중 제조업 종사자 비중이 가장 높으므로 충남이다. 충남 아산은 전자 부품·컴퓨터·영상·음향 및 통신 장비 제조업과 자동차 및 트레일러 제조업이 발달해 있으며, 서산은 석유 화학 제조업, 당진은 1차 금속 제조업이 발달해 있다.

25 영남 지방 24학년도 7월 학평 5번

다음은 사회 관계망 서비스(SNS)에 올라온 게시물 중 일부이다. ㉠~㉣에 대한 설명으로 옳지 <u>않은</u> 것은?

┌→ 양동 마을
• ┌→ 경주
  (가) 에는 우리나라 최초로 세계 문화유산에 등재된 '석굴암과 불국사'가 있다. 이후 역사 유적 지구, 역사 마을, 서원 등이 세계 문화유산에 잇달아 등재되며 역사 문화 도시로 자리잡았다. └→ 옥산 서원
  ┌→ 고성   ┌→ 매년 공룡 세계 엑스포 개최
• (나) 은/는 중생대 지층의 공룡 발자국 화석 산지로 널리 알려져 있다. 최근에는 '가야고분군'이 세계 문화유산에 등재되며 역사 유적지로서의 가치가 더해지고 있다. └→ 송학동 고분군

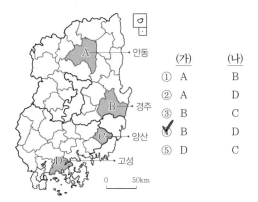

	(가)	(나)
①	A	B
②	A	D
③	B	C
✓④	B	D
⑤	D	C

| 자료 분석 |

지도의 A는 경북 안동, B는 경북 경주, C는 경남 양산, D는 경남 고성이다. 경북 안동은 경상북도의 도청 소재지이며, 매년 국제 탈춤 페스티벌이 열리고, 역사 마을(하회 마을)과 서원(도산 서원, 병산 서원), 산사(봉정사) 등이 세계 문화유산으로 등재되었다. 경남 양산은 부산의 주거 기능을 분담하는 위성 도시로 발달한 지역이며, 산사(통도사)가 세계 문화유산으로 등재되었다.

| 선지 해설 |

④ (가) – B, (나) – D

• (가)는 우리나라 최초로 세계 문화유산에 등재된 '석굴암과 불국사'가 있으며, 이후 경주 역사 유적 지구, 역사 마을(양동 마을), 서원(옥산 서원) 등이 세계 문화유산에 잇달아 등재되어 역사 문화 도시로 자리잡았다고 하였으므로 B 경주이다.

• (나)는 중생대 지층의 공룡 발자국 화석 산지로 널리 알려져 있으며, 2023년에 '가야고분군'이 세계 문화유산에 등재되었다고 하였으므로 D 고성이다. 고성의 상족암은 공룡 발자국 화석 산지로 유명하며, 해마다 공룡 세계 엑스포가 개최된다. 또한 고성의 송학동 고분군은 '가야고분군' 중 하나로 세계 문화유산에 등재되었다.

---

26 호남 지방 22학년도 9월 모평 11번

다음 자료는 답사 계획서의 일부이다. 답사 일정에 해당하는 지역을 지도의 A~E에서 순서대로 옳게 고른 것은? (단, 하루에 한 지역만 답사하며, 각 날짜별 답사 지역은 다른 지역임.) [3점]

┌→ 영광군
│ ┌→ 원자력 발전소 위치
│ └→ 굴비로 유명
┌→ 대나무를 이용한 공예품
┌→ 창평 삼지내 마을

〈전남 지역 답사 계획서〉

답사 일정	답사 내용
B 담양 → 1일 차	• 슬로시티로 지정된 마을 탐방 • 대표적 대나무 생산지에서 죽세공품 제작 체험
C 순천 → 2일 차	• 람사르 협약에 등록된 국내 최초의 연안 습지 탐방 • 전통 취락을 볼 수 있는 낙안 읍성 방문
E 고흥 → 3일 차	• 지역 특산품인 유자 재배 농가 방문 • 국내 최초의 우주 발사체 발사 기지 견학 └→ 나로 우주 센터

┌→ 갯벌: 2021년 보성, 순천 갯벌이 세계 자연유산으로 지정됨   └→ 난대성 작물

	1일 차	2일 차	3일 차		1일 차	2일 차	3일 차
①	A	→	B → C	②	A →	C →	D
③	A	→	D → E	✓④	B →	C →	E
⑤	B	→	D → E				

| 자료 분석 |

전라남도에 위치한 A는 영광군, B는 담양시, C는 순천시, D는 강진군, E는 고흥군이다. A 영광군은 원자력 발전소가 위치해 있으며 굴비로 유명하다. D 강진군은 조선 후기 실학자인 정약용의 유배지였던 곳으로 유명하다.

| 선지 해설 |

④ 1일 차 – B, 2일 차 – C, 3일 차 – E

• 1일 차에 해당하는 지역은 대나무를 이용한 죽세공품이 발달해 있으며 슬로시티로 지정된 마을이 있으므로 B 담양시이다. 담양 창평 삼지내 마을은 슬로시티로 지정되어 있다.

• 2일 차에 해당하는 지역은 람사르 협약에 등록된 국내 최초의 연안 습지와 낙안 읍성이 위치해 있으므로 C 순천시이다. 순천은 인근의 보성군과 함께 조류의 퇴적 작용으로 형성된 갯벌이 발달해 있다. 2021년 보성·순천 갯벌은 유네스코 세계 자연 유산으로 지정되었다.

• 3일 차에 해당하는 지역은 유자로 유명하며 국내 최초의 우주 발사체 발사 기지인 나로 우주 센터가 위치해 있으므로 E 고흥군이다.

다음은 한국지리 수업 장면의 일부이다. (가)에 들어갈 내용으로 옳은 것은?

교사: ㉠~㉢에 해당하는 호남 지방의 지역을 〈글자 카드〉에서 찾아 모두 지워 보세요.

㉠ 지역 특산품으로 유자가 있으며, 국내 최초의 우주 발사체 발사 기지가 있는 지역 → 고흥

㉡ 굴비의 고장으로 유명하며, 국내에서 유일하게 서해안에 원자력 발전소가 있는 지역 → 영광

㉢ 농경 문화를 주제로 지평선 축제가 개최되며, 백제 시대에 축조된 저수지인 벽골제가 있는 지역 → 김제

〈글자 카드〉

| 주 | 고 | 김 | 영 |
| 제 | 광 | 전 | 흥 |

교사: 〈글자 카드〉에서 남은 글자를 모두 활용하여 만들 수 있는 호남 지방의 지역에 대해 설명해 보세요.

학생: _____ (가) _____(으)로 유명한 지역입니다.

① 죽세공품과 대나무 축제 → 담양
② 광한루원에서 개최되는 춘향제 → 남원
③ 지리적 표시제에 등록된 고추장 → 순창
✓ 전통 한옥 마을이 있는 슬로시티
⑤ 큰 조차를 극복하기 위해 설치된 뜬다리 부두 → 군산

| 자료 분석 |

지리적 표시제로 등록된 유자가 지역 특산품이며, 국내 최초의 우주 발사 기지가 위치한 ㉠은 고흥이다. 굴비의 고장으로 유명하며, 원자력 발전소가 있고 서해안에 위치한 ㉡은 영광이다. 농경 문화를 주제로 매년 지평선 축제가 개최되며, 백제 시대에 축조된 저수지인 벽골제가 위치한 ㉢은 김제이다. 8개의 〈글자 카드〉에서 '고'와 '흥', '영'과 '광', '김'과 '제'를 제외하고 남는 〈글자 카드〉는 '주'와 '전'이다. 따라서 남은 〈글자 카드〉를 활용하여 만들 수 있는 호남 지방의 지역은 전주이다.

| 선지 해설 |

① 대나무를 가공하여 만든 죽세공품이 유명하고 매년 대나무 축제가 개최되는 지역은 전북 담양이다. 또한 전북 담양은 창평면 일대가 슬로시티로 지정되어 있다.

② 소설 춘향전의 배경이 되는 광한루원에서 해마다 춘향제가 개최되는 지역은 전북 남원이다.

③ 고추장을 비롯한 장류가 지리적 표시제에 등록되어 있으며 매년 장류 축제가 개최되는 지역은 전북 순창이다.

④ 전통 한옥 마을이 위치하며 슬로시티로 유명한 지역은 전북 전주이다. 따라서 (가)에는 '전통 마을이 있는 슬로시티'가 들어갈 수 있다. 전북 전주는 전라북도의 도청 소재지이며, 전통 한옥 마을 이외에도 전주 대사습놀이와 세계 소리 축제, 비빔밥 등으로 유명하다.

⑤ 큰 조차를 극복하기 위해 설치된 뜬다리 부두가 위치한 항구 도시는 전북 군산이다.

지도는 충청권의 두 지표를 시·군별로 나타낸 것이다. (가), (나)에 해당하는 지표로 옳은 것은? [3점]

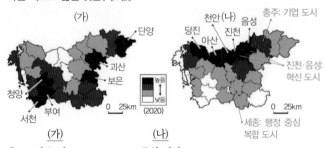

	(가)	(나)
①	인구 밀도	중위 연령
②	인구 밀도	제조업 취업자 수
③	중위 연령	인구 밀도
✓	중위 연령	제조업 취업자 수
⑤	제조업 취업자 수	중위 연령

└ 노년층 인구 비율이 높을수록 대체로 중위 연령이 높아짐

| 자료 분석 |

충청 지방은 수도권 전철 연장, 고속 철도 개통 등으로 수도권으로의 접근성이 향상되었으며, 수도권의 행정·산업·교육 등 다양한 기능을 이전하는 정책이 실시되면서 인구가 많이 증가하였다. 충청 지방의 인구 증가는 행정 중심 복합 도시로 출범한 세종특별자치시와 수도권 전철이 연장된 천안·아산, 제조업이 발달한 당진·서산, 혁신 도시로 개발되고 있는 진천·음성 등의 북부 지역에서 두드러진다. 반면, 서천·부여 등 충남 서남부 지역과 단양·괴산·보은 등 경북에 인접한 지역에서는 인구가 감소하고 있다.

| 선지 해설 |

④ (가) – 중위 연령, (나) – 제조업 취업자 수

• (가)에서 지표가 높은 지역은 단양, 괴산, 보은, 청양, 부여, 서천 등이다. 이들은 주요 교통로와 거리가 먼 지역으로 촌락의 성격이 뚜렷하게 나타나는 지역이다. 반면, (가)에서 지표가 낮은 지역은 아산, 천안, 세종 등이다. 이들은 주요 교통로에 위치해 있고, 도시적인 특성이 나타나는 지역이다. 따라서 (가)는 상대적으로 촌락에서 높게 나타나는 지표인 중위 연령이 해당된다.

• (나)에서 지표가 높은 지역은 당진, 아산, 천안, 진천, 음성 등이다. 이들은 수도권과 인접한 지역으로 제조업이 발달하였다. 따라서 (나)는 제조업 취업자 수 비율이 해당된다. (나)가 인구 밀도가 되려면 충청 지방의 최고차 중심지인 대전에서 지표가 높게 나와야 한다. 그러나 대전에서 (나)의 지표는 오히려 낮음에 해당한다. 따라서 인구 밀도는 (나)에 해당되지 않는다.

29 충청 지방 22학년도 7월 학평 3번

정답 ④ | 정답률 78%

다음에서 설명하고 있는 지역을 지도의 A~E에서 고른 것은?

↳충남 보령

이 지역은 과거 유명했던 탄광 도시로 석탄 박물관, 폐광을 이용한 냉풍욕장 등이 잘 알려져 있다. 또한 매년 7월에 머드 축제가 개최되어 외국인을 비롯한 많은 관광객이 찾아오고 있다.

⟨머드 이미지를 반영한 캐릭터⟩

↳대천 해수욕장 일대에서 개최

↳서산: 석유 화학 공업 발달
↳천안: 수도권 전철 연장
제천: 카르스트 지형 발달
보령
영동: 포도 축제 개최
0 25km

① A
② B
③ C
✓ D
⑤ E

| 자료 분석 |

지도의 A는 충남 서산, B는 충남 천안, C는 충북 제천, D는 충남 보령, E는 충북 영동이다.

| 선지 해설 |

① A 서산에는 울산, 여수와 함께 대규모 석유 화학 단지가 입지해 있다. 서산의 대산 석유 화학 단지에는 정유 및 석유 화학 공장이 위치한다.

② B 천안은 충청남도에서 인구가 가장 많은 도시이다. 수도권 전철이 천안까지 연장되면서 천안에서 수도권으로의 통근·통학 인구가 증가하였다.

③ C 제천은 고생대 전기에 형성된 조선 누층군이 발달해 석회암이 주요 기반암을 이루고 있다. 따라서 석회암이 용식 작용을 받아 형성된 카르스트 지형이 분포하며, 시멘트 공업이 발달해 있다.

④ D 보령은 과거 석탄 산업이 발달하였던 곳으로, 보령에는 석탄 산업의 역사를 체험할 수 있는 석탄 박물관과 폐광을 이용한 냉풍욕장이 있다. 또한 대천 해수욕장 일대에서는 머드를 소재로 한 머드 축제가 열리고 있다.

⑤ E 영동에서는 지리적 표시제에 등록된 포도인 영동 포도(지리적 표시제 제60호)가 생산된다. 영동에서는 포도를 주제로 한 포도 축제가 개최된다.

30 충청 지방과 호남 지방 24학년도 3월 학평 13번

정답 ③ | 정답률 61%

다음 글에서 설명하는 지역을 지도의 A~E에서 고른 것은?

조선 시대 이 지역의 중심지였던 강경은 금강을 활용한 내륙 수운의 요충지로 가장 번성했던 시장 중 하나였다. 현재 이 지역은 특산물인 딸기를 활용한 '먹보딸기'와 국방 도시로서의 강인함을 표현한 '육군병장'을 주요 캐릭터로 활용하여 지역의 이미지를 나타내고 있다.

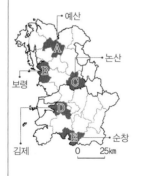

예산
논산
보령
순창
김제
0 25km

① A ② B ✓③ C ④ D ⑤ E

↳과거 황해로 흘러가는 금강을 활용한 내륙 수운이 발달하였으나, 철도 및 도로 교통 등 육상 교통이 발달하고 금강 하굿둑이 건설되면서 쇠퇴하였음

| 자료 분석 |

지도의 A는 충남 예산, B는 충남 보령, C는 충남 논산, D는 전북 김제, E는 전북 순창이다. 제시된 지문에서 금강을 활용한 내륙 수운 발달, 강경이라는 지명, 딸기를 활용한 먹보딸기, 국방 도시라는 내용 등을 종합하였을 때 충남 논산에 대한 설명임을 알 수 있다.

| 선지 해설 |

① A 예산과 홍성의 경계부에는 내포 신도시가 조성되어 있다. 내포 신도시에는 충남도청이 위치하는데, 충청남도의 균형 발전을 위해 2013년 대전에서 이전하였다. 한편 내포 신도시는 수도권의 공공 기관을 지방으로 이전하여 조성하는 혁신 도시로 지정되기도 하였다.

② B 보령은 과거 석탄을 생산하던 탄광이 폐광된 후 이를 활용한 석탄 박물관이 있고, 대천 해수욕장 등이 있어 매년 여름 많은 피서객이 방문한다. 보령의 대표적인 축제로는 풍부한 진흙을 주제로 한 머드 축제, 바닷길이 열리는 현상을 주제로 한 무창포 신비의 바닷길 축제가 개최된다.

③ C 논산은 금강 유역에 위치하며 조선 시대에 논산의 강경은 내륙 수운의 요충지로 번성하였다. 오늘날 특산물인 딸기를 활용한 축제를 개최하고 있으며, 육군 훈련소가 위치하고 있어 매년 많은 훈련병들이 이곳에서 기초 군사 교육을 받는 등 군사 기능이 발달해 있다.

④ D 김제는 넓은 김제평야를 중심으로 한 농업 축제인 지평선 축제가 열리는 지역이다. 이외에도 벽골제라는 저수지 등 역사적·문화적 자원을 활용한 관광 산업이 발달하였다.

⑤ E 순창은 장류로 유명한 지역으로 지리적 표시제에 등록된 고추장이 생산된다. 고추장 마을이 있고 장류 축제가 개최되는 등 전통적인 장류 산업과 농업을 중심으로 발달한 지역이다.

표는 지도에 표시된 네 지역의 답사 일정을 정리한 것이다. (가)에 해당하는 일정으로 가장 적절한 것은? (단, 하루에 한 지역만 답사하며, 각 날짜별 답사 지역은 다른 지역임.) [3점]

구분	주요 일정
1일 차	슬로 시티로 지정된 지역에서 전통 한옥 마을 탐방과 한지 박물관 견학 → 전주
2일 차	벽골제 탐방과 지평선이 보이는 곡창 지대에서 벼농사 문화 체험 → 김제
3일 차	죽녹원 탐방과 대나무로 만든 다양한 수공업 제품 제작 체험 → 담양
4일 차	(가) → 보성

① 친환경 농업 지역 방문과 나비 축제 체험 → 함평
② 세계 문화유산으로 지정된 고인돌 유적지 탐방 → 고창, 화순
③ 고추장의 본고장에서 장류를 주제로 한 축제 관람 → 순창
④ 전통 공예품인 목기로 유명한 지역에서 춘향제 관람 → 남원
✓⑤ 지리적 표시제 제1호인 녹차 재배지 방문과 다향제 참여

| 자료 분석 |

지도에 표시된 호남 지방 네 지역은 각각 김제, 전주, 담양, 보성이다. 슬로 시티로 지정된 전통 한옥 마을과 한지 박물관이 위치한 1일 차 답사 지역은 전주이다. 삼한 시대의 저수지인 벽골제가 위치하며, 지평선이 보이는 곡창 지대에서 벼농사 문화 체험을 할 수 있는 2일 차 답사 지역은 김제이다. 죽녹원을 탐방하고 대나무로 만든 다양한 수공업 제품 제작 체험을 할 수 있는 3일 차 답사 지역은 담양이다. 따라서 4일 차 답사 지역은 위의 세 지역을 제외한 보성이며, (가)에는 보성에서의 답사 일정이 들어가야 한다.

| 선지 해설 |

① 친환경 농업 지역을 방문하고 나비 축제를 체험할 수 있는 지역은 함평이다.

② 호남 지방에서 세계 문화유산으로 지정된 고인돌 유적지를 탐방할 수 있는 지역은 고창과 화순이다.

③ 고추장의 본고장에서 장류를 주제로 한 축제를 관람할 수 있는 지역은 순창이다.

④ 전통 공예품인 목기로 유명하며, 춘향제를 관람할 수 있는 지역은 남원이다.

⑤ 지리적 표시제 제1호인 녹차 재배지를 방문할 수 있으며 다향제에 참여할 수 있는 지역은 보성이다. 따라서 (가)에 들어갈 내용으로 적절하다.

개념 확인 전라북도의 주요 도시별 특징

전주	• 슬로 시티로 지정된 한옥 마을 • 한지 박물관과 한지 공예 체험, 판소리
군산	금강 하굿둑 건설, 새만금 간척 사업
무주	다설지, 래프팅, 양수식 수력 발전
김제	벽골제 탐방, 지평선 축제 개최, 간척지

다음 자료의 (가), (나) 지역을 지도의 A~D에서 고른 것은?

> **B 당진**
> (가) 의 심벌마크에 표현된 회전하는 타원은 제철소에서 생산되는 철판을 형상화하였다. 서해대교와 국제 무역항이 위치한 이 지역은 철강 관련 제품의 출하액이 지역 내 제조업 출하액의 절반 이상을 차지하고 있다.
> → 대규모 제철소: 경북 포항, 전남 광양, 충남 당진
> → 서해대교: 경기 평택과 충남 당진을 잇는 교량
>
> **C 청주**
> (나) 의 심벌마크에 표현된 씨앗은 생명을 의미하는 형태로, 생명 과학 단지와 첨단 의료 복합 단지를 갖춘 도시의 이미지를 표현하였다. 이 지역은 고속 철도 분기점과 충청권 유일의 국제공항이 위치하고 있다.
> → 청주시 오송읍
> → 청주 오송역: 경부선 고속 철도와 호남선 고속 철도의 분기점

당진: 제철 공업 발달 / 단양: 시멘트 공업 발달 / 서산: 석유 화학 공업 발달 / 청주: 충북 도청 소재지

	(가)	(나)
①	A	B
②	A	C
✓③	B	C
④	B	D
⑤	D	A

| 자료 분석 |

지도의 A는 충남 서산, B는 충남 당진, C는 충북 청주, D는 충북 단양이다. A 충남 서산에는 대규모 석유 화학 단지가 조성되어 있어 석유 화학 공업과 정유 공업의 출하액이 높다. B 충남 당진은 대규모 제철소가 조성되어 있어 철강 관련 공업의 출하액이 높다. C 충북 청주는 충북 도청 소재지이며, 오송 생명 과학 단지, 오창 과학 산업 단지 등이 입지하여 첨단 산업이 발달하고 있다. D 단양은 석회석을 이용한 시멘트 공업이 발달한 지역으로 지역 내 제조업 전체 출하액에서 비금속 광물 제품 제조업이 차지하는 비율이 가장 높다.

| 선지 해설 |

③ (가) – B, (나) – C

• (가)는 서해대교와 국제 무역항이 위치하며, 철강 관련 제품의 출하액이 지역 내 제조업 출하액의 절반 이상을 차지하는 지역이다. 따라서 (가)는 대규모 제철소가 있는 B 당진이다.

• (나)는 생명 과학 단지와 첨단 의료 복합 단지를 갖추었으며, 충청권 유일의 국제 공항과 고속 철도 분기점이 위치하는 지역이다. 따라서 (나)는 충북 도청이 위치한 C 청주이다.

33 호남 지방 20학년도 수능 5번

다음 자료에서 설명하는 지역을 지도의 A~E에서 고른 것은?

┌─── 전남 담양

이 지역은 대나무를 가공해서 만든 죽세공품의 대표적인 생산지이고, 해마다 대나무 축제가 개최되고 있다. 슬로 시티로 지정된 마을이 있으며, 전통 정원의 모습을 볼 수 있는 소쇄원이 유명하다.

└─── 담양 창평면

┌─ 고창: 세계 문화유산 → 고인돌 유적
┌─ 남원: 춘향전의 배경지

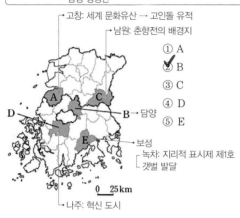

① A
✓② B
③ C
④ D
⑤ E

B ─ 담양

보성
녹차: 지리적 표시제 제1호
갯벌 발달

나주: 혁신 도시

| 자료 분석 |

자료에 제시된 지역은 '대나무를 가공해서 만든 죽세공품', '대나무 축제', '슬로 시티', '소쇄원'을 통해 전남 담양임을 알 수 있다. 지도의 A는 전북 고창, B는 전남 담양, C는 전북 남원, D는 전남 나주, E는 전남 보성이다.

| 선지 해설 |

① A는 전북 고창이다. 고창은 세계 문화유산으로 등재된 고인돌 유적이 유명하다.

②B는 전남 담양이다. 담양은 대나무를 가공해서 만든 전통 공업인 죽세공품과 대나무가 우거져 있는 전통 정원인 소쇄원으로 유명하다. 이를 이용해 담양은 해마다 대나무 축제가 개최되고 있다. 전남 담양 창평면은 슬로 시티로 지정되어 있다.

③ C는 전북 남원이다. 남원은 춘향전의 배경이 된 광한루가 위치해 있으며 나무를 이용해서 만든 목기의 대표적인 생산지이다.

④ D는 전남 나주로 예로부터 호남 지방의 중심지로 전라도라는 명칭의 '라'는 나주의 지명을 따온 것이다. 나주는 혁신 도시로 지정되어 있다.

⑤ E는 전남 보성이다. 보성은 남해안에 위치해 있어 기후가 온화해 녹차의 재배에 적합하다. 보성 녹차는 지리적 표시제 제1호로 등록되어 있다.

34 호남 지방 20학년도 6월 모평 5번

표는 호남 지방의 답사 일정을 정리한 것이다. (가)~(다)에 해당하는 지역을 지도의 A~E에서 고른 것은? [3점]

구분	지역	주요 활동
1일차	(가) 전주	• 슬로 시티로 지정된 지역의 전통 한옥 마을 탐방 • 한지 박물관에서 한지 공예 체험
2일차	(나) 영광	• 원자력 발전소 견학 • 법성포에서 지역 특산물인 굴비 시식
3일차	(다) 순천	• 람사르 습지로 등록된 연안 습지 방문 • 국제 정원 박람회가 열렸던 ○○만 국가 정원 방문

전주
고창
영광
C B A
D E 순천
해남
0   25km

(가)	(나)	(다)		(가)	(나)	(다)
① A	B	C		✓② A	C	E
③ A	D	E		④ B	C	D
⑤ B	E	D				

| 자료 분석 |

지도에서 A는 전북 전주, B는 전북 고창, C는 전남 영광, D는 전남 해남, E는 전남 순천이다. B 고창은 고인돌 유적지가 있으며, D 해남은 땅끝 마을로 유명하다.

| 선지 해설 |

②(가) - A, (나) - C, (다) - E

• (가): 슬로 시티로 지정된 전통 한옥 마을을 탐방할 수 있는 지역은 A 전주이다. 전주의 한옥 마을은 슬로 시티로 지정되어 있으며, 전주에는 한지 박물관이 위치한다. 또한 전주 비빔밥도 대표적인 음식이다.

• (나): 호남 지방에서 원자력 발전소가 위치한 지역은 C 영광이다. 영광의 지역 특산물로는 굴비가 유명하다.

• (다): 국제 정원 박람회가 열렸던 국가 정원이 위치한 지역은 E 순천이다. 순천에는 순천만 국가 정원이 위치하며, 람사르 습지로 등록된 순천만·보성 갯벌이 있다.

35 호남 지방 22학년도 4월 학평 18번

다음 글의 (가), (나) 지역을 지도의 A~C에서 고른 것은?

> ○ 『승정원일기』에 따르면 영조가 고추장을 좋아했으며, 특히 조
> ○○ 집안에서 바친 (가) 의 고추장 맛이 좋아 이를 즐겨
> 먹었다고 한다. (가) 은/는 이러한 전통을 바탕으로 매년
> 가을이면 임금님께 고추장을 바치는 행렬을 재현하며 장류 축
> 제를 개최하고, 이곳에서 생산된 고추장을 지리적 표시제에 등록
> 하였다.
> ○ 『신증동국여지승람』에 따르면 예로부터 (나) 에서 차나무가
> 자생하여 그 잎으로 차를 만들어 음용하였는데, 차의 맛과 향
> 이 좋아 조선에서 손꼽혔다고 한다. (나) 은/는 현재 국내
> 최대 녹차 생산지로 이곳에서 생산된 녹차는 지리적 표시제
> 제1호로 등록되었다.

순창

농수산물 또는 농수산 가공품이 특정
지역에서 생산된 특산품임을 표시

보성

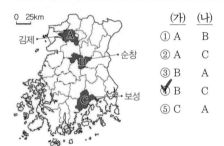

	(가)	(나)
①	A	B
②	A	C
③	B	A
✓④	B	C
⑤	C	A

자료 분석

지도에 표시된 A는 전북 김제, B는 전북 순창, C는 전남 보성이다. A 김제는 넓은 평야와 함께 간척지까지 펼쳐져 있어 하늘과 땅이 맞닿은 지평선을 볼 수 있다. 이를 활용해 김제시에서는 해마다 지평선 축제가 열리고 있다. B 순창은 고추장으로 유명하며, 순창 고추장의 가치와 전통을 보존하기 위해 민속 마을을 조성하였다. C 보성은 남해안에 위치하여 기후가 온화해 녹차 재배에 적합하다. 보성은 산비탈을 따라 펼쳐진 녹차밭과 녹차를 활용한 다양한 먹을거리로 유명하며, 보성에서는 녹차를 이용한 다향제가 열려 해마다 많은 관광객이 찾고 있다.

선지 해설

④ (가) - B, (나) - C

- (가)는 고추장으로 유명하며, 매년 가을 장류 축제를 개최하고 이곳에서 생산된 고추장을 지리적 표시제에 등록한 것으로 보아 B 순창이다.
- (나)는 차나무가 자생하며, 현재 국내 최대 녹차 생산지로 이곳에서 생산된 녹차가 지리적 표시제 제1호로 등록되었다는 것으로 보아 C 보성이다.

연결형 문제로 개념 확인

(1) 김제 •	• ㉠ 다향 대축제, 지리적 표시제 제1호
(2) 순창 •	• ㉡ 장류 박물관, 장류 축제 등 장소 마케팅
(3) 보성 •	• ㉢ 벽골제 탐방, 지평선 축제 개최, 간척지 조성

(1) - ㉢ (2) - ㉡ (3) - ㉠

---

36 영남 지방 22학년도 수능 13번

다음 자료는 답사 계획서의 일부이다. 답사 일정에 해당하는 지역을 지도의 A~E에서 고른 것은? (단, 일정별 답사 지역은 서로 다른 지역임.) [3점]

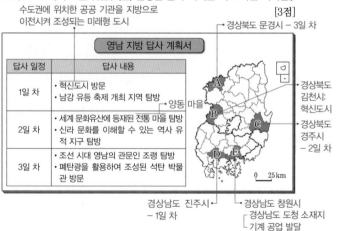

수도권에 위치한 공공 기관을 지방으로 이전시켜 조성되는 미래형 도시

답사 일정	답사 내용
1일 차	· 혁신도시 방문 · 남강 유등 축제 개최 지역 탐방
2일 차	· 세계 문화유산에 등재된 전통 마을 탐방 · 신라 문화를 이해할 수 있는 역사 유적 지구 탐방
3일 차	· 조선 시대 영남의 관문인 조령 탐방 · 폐탄광을 활용하여 조성된 석탄 박물관 방문

경상북도 문경시 - 3일 차
양동 마을
경상북도 김천시: 혁신도시
경상북도 경주시 - 2일 차
경상남도 진주시 - 1일 차
경상남도 창원시 / 경상남도 도청 소재지 / 기계 공업 발달

	1일 차	2일 차	3일 차			1일 차	2일 차	3일 차
①	B	A	C		✓②	D	C	A
③	D	E	A		④	E	C	B
⑤	E	D	B					

출제 경향

영남 지방의 특징을 소개하는 다양한 자료를 제시한 다음 해당 지역을 파악하고, 해당 지역의 위치를 지도에서 찾는 문제가 주로 출제된다. 특히, 영남 지방의 경우 혁신도시, 세계 문화유산 등과 관련된 문항이 자주 출제된다.

자료 분석

지도의 A는 경상북도 문경시, B는 경상북도 김천시, C는 경상북도 경주시, D는 경상남도 진주시, E는 경상남도 창원시이다. B 김천은 혁신도시로 지정되어 있다. E 창원은 경상남도의 도청 소재지로 기계 공업이 발달해 있다.

선지 해설

② 1일 차 - D, 2일 차 - C, 3일 차 - A

- 1일 차에 해당하는 곳은 혁신도시로 지정되어 있고, 남강 유등 축제가 개최되는 D 진주이다. 영남 지방에서 혁신도시로 지정된 곳은 B 김천, D 진주, 부산광역시, 대구광역시, 울산광역시이다.
- 2일 차에 해당하는 곳은 C 경주이다. 경주는 신라의 천년 고도(古都)로 각종 역사 유적이 많은데 이 중 경주 역사 유적 지구, 불국사와 석굴암이 세계 문화유산으로 등재되어 있다. 또한 안동의 하회 마을과 함께 경주의 양동 마을은 전통 문화가 잘 보존된 마을로 세계 문화유산으로 지정되어 있다.
- 3일 차에 해당하는 곳은 영남의 관문으로 소백산맥에 위치한 고개인 조령이 있는 A 문경이다. 강원 태백, 경북 문경, 충남 보령에는 모두 폐탄광을 활용한 석탄 박물관이 위치해 있다.

37 영남 지방 22학년도 9월 모평 8번

정답 ④ | 정답률 59%

다음 자료에서 설명하는 지역을 지도의 A~E에서 고른 것은? [3점]

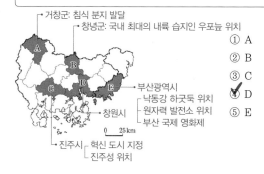

기타 기계 장비 제조업 발달 / 창원시, 마산시, 진해시 통합

이 지역은 **기계 공업 발달**과 경상남도청 이전을 바탕으로 성장하였고, 2010년 **통합 시가**된 이후 인구 100만 명 이상의 대도시가 되었다. 마스코트 '피우미'는 벚꽃을 형상화한 것으로 이 지역에서는 우리나라의 **대표적 벚꽃 축제**인 군항제가 개최된다.

〈마스코트 '피우미'〉

└진해

거창군: 침식 분지 발달
창녕군: 국내 최대의 내륙 습지인 우포늪 위치
① A
② B
③ C
④ D
⑤ E
부산광역시
낙동강 하굿둑 위치
원자력 발전소 위치
부산 국제 영화제
창원시
진주시 ┬ 혁신 도시 지정
　　　└ 진주성 위치
0 25 km

선지 해설

① A는 경상남도 거창군으로 침식 분지가 발달해 있다.

② B는 경상남도 창녕군으로 하천의 범람에 의해 형성된 배후 습지인 우포늪이 발달해 있다. 우포늪은 국내 최대의 내륙 습지로 람사르 협약에 등록되어 있다.

③ C는 경상남도 진주시로 수도권에 위치한 공공 기관을 지방으로 이전시켜 조성되는 미래형 도시인 혁신 도시로 지정되어 있다. 진주는 진주성과 남강으로 유명하다.

④ D는 경상남도 창원시로 기계 공업이 발달해 있으며 경상남도청의 소재지이다. 창원시는 마산시, 진해시, 창원시를 통합하였으며 현재 인구 100만 명이 넘는다.

⑤ E는 부산광역시이다. 부산광역시에는 낙동강 하굿둑과 원자력 발전소가 위치해 있으며 해마다 부산 국제 영화제가 개최되고 있다.

24
일차

38 영남 지방 20학년도 수능 8번

정답 ③ | 정답률 45%

다음 자료는 어느 모둠의 답사 계획서 일부이다. 이 모둠의 답사 지역을 지도의 A~F에서 순서대로 옳게 고른 것은? (단, 하루에 한 지역만 답사하며, 각 날짜별 답사 지역은 다른 지역임.) [3점]

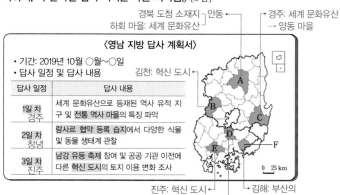

경북 도청 소재지┬안동
하회 마을: 세계 문화유산┘
경주: 세계 문화유산
→ 양동 마을

〈영남 지방 답사 계획서〉
• 기간: 2019년 10월 ○월~○일
• 답사 일정 및 답사 내용

김천: 혁신 도시

답사 일정	답사 내용
1일 차 경주	세계 문화유산으로 등재된 역사 유적 지구 및 전통 역사 마을의 특징 파악
2일 차 창녕	람사르 협약 등록 습지에서 다양한 식물 및 동물 생태계 관찰
3일 차 진주	남강 유등 축제 참여 및 공공 기관 이전에 다른 혁신 도시의 토지 이용 변화 조사

0 25 km

진주: 혁신 도시
창녕: 국내 최대의 내륙 습지 → 우포늪
김해: 부산의 위성 도시

	1일 차	2일 차	3일 차		1일 차	2일 차	3일 차
①	A	→ D	→ F	②	A	→ F	→ E
③	C	→ D	→ E	④	C	→ E	→ F
⑤	C	→ F	→ B				

자료 분석

지도의 A는 경북 안동, B는 경북 김천, C는 경북 경주, D는 경남 창녕, E는 경남 진주, F는 경남 김해이다. A 경북 안동은 경상북도의 도청 소재지이다. 안동의 하회 마을은 전통 마을로 세계 문화유산으로 등재되어 있으며 해마다 국제 탈춤 페스티벌이 개최된다. B 경북 김천은 혁신 도시로 지정되어 있다. F 경남 김해는 부산광역시의 위성 도시이다.

선지 해설

③ 1일 차 – C, 2일 차 – D, 3일 차 – E

• 1일 차: 1일 차에 해당하는 곳은 C인 경북 경주이다. 경주는 신라의 천년 고도(古都)로 불교와 관련된 각종 유적이 풍부하다. 경주의 역사 유적 지구, 불국사, 석굴암은 세계 문화유산으로 등재되어 있다. 또한 경주의 양동 마을은 전통 마을로 세계 문화유산으로 등재되어 있다.

• 2일 차: 2일 차에 해당하는 곳은 D인 경남 창녕이다. 경남 창녕의 우포늪은 하천의 퇴적 작용으로 형성된 배후 습지로 람사르 협약으로 지정된 국내 최대의 내륙 습지이다.

• 3일 차: 3일 차에 해당하는 곳은 E인 경남 진주이다. 진주는 남강 유등 축제가 해마다 열리고 있으며 정부 주도로 공공 기관을 이전하는 혁신 도시로 지정되어 있다.

연결형 문제로 개념 확인

(1) 김제 •　　　　• ㉠ 지평선 축제, 삼한 시대에 축조된 벽골제

(2) 남원 •　　　　• ㉡ 춘향제, 지리산 북서쪽에 위치하며 목기로 유명

(3) 보성 •　　　　• ㉢ 녹차 대축제, 지리적 표시제 제1호로 등록된 녹차

(1) – ㉠ (2) – ㉡ (3) – ㉢

333

다음은 방송 프로그램 기획서 내용 중 일부이다. (가), (나) 지역을 지도의 A~D에서 고른 것은?

〈어서 와! 전라도는 처음이지?〉

○ 기획 의도: 전라도에 처음 온 외국인들의 에피소드를 통해 여행의 즐거움과 우리나라의 문화를 알리고자 함.

○ 주요 일정과 내용

일정	지역	체험 내용	
1일 차	(가) 전주	슬로 시티로 지정된 도시에서 한옥 마을 탐방 및 지역 대표 음식인 비빔밥 시식	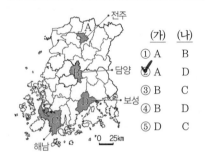
2일 차	(나) 보성	지리적 표시 제1호로 등록된 녹차의 재배지에서 찻잎 따기 및 녹차 시음	

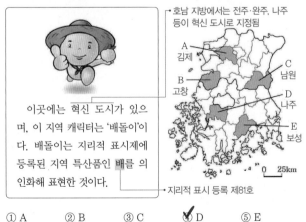

	(가)	(나)
①	A	B
✓②	A	D
③	B	C
④	B	D
⑤	D	C

자료 분석

지도에 표시된 A는 전북 전주, B는 전남 담양, C는 전남 해남, D는 전남 보성이다. A 전북 전주는 한옥 마을과 비빔밥으로 유명하며, 전주 국제 영화제, 전주 한지 문화 축제, 전주 소리 축제 등을 개최하고 있다. B 전남 담양은 대나무를 이용한 죽세공품이 발달해 있으며 슬로시티로 지정된 마을이 있다. C 전남 해남은 섬을 제외한 한반도 육지에서 가장 남쪽에 위치한 땅끝 마을로 유명하다. D 전남 보성은 녹차 재배지로 유명한데, 보성 녹차는 지리적 표시제 제1호로 등록되었다.

선지 해설

② (가) – A, (나) – D

• (가): 슬로 시티로 지정되었으며, 한옥 마을 탐방 및 비빔밥으로 유명한 지역은 A 전주이다.

• (나): 지리적 표시 제1호로 등록된 녹차 재배지와 녹차를 활용한 축제로 유명한 지역은 D 보성이다.

다음 자료에서 설명하는 지역을 지도의 A~E에서 고른 것은?

이곳에는 혁신 도시가 있으며, 이 지역 캐릭터는 '배돌이'이다. 배돌이는 지리적 표시제에 등록된 지역 특산품인 배를 의인화해 표현한 것이다.

호남 지방에서는 전주·완주, 나주 등이 혁신 도시로 지정됨

A 김제
B 고창
C 남원
D 나주
E 보성

지리적 표시 등록 제81호

① A   ② B   ③ C   ✓④ D   ⑤ E

자료 분석

지도는 호남 지방을 나타낸 것이다. 호남 지방은 한반도의 서남쪽에 위치하며 광주광역시, 전라북도, 전라남도를 포함한다. 지도의 A는 김제, B는 고창, C는 남원, D는 나주, E는 보성이다.

선지 해설

① A 김제는 우리나라 최대의 곡창 지대인 호남평야의 중심에 위치한다. 김제에서는 지평선을 테마로 농경 문화 축제인 김제 지평선 축제가 개최된다.

② B 고창은 고인돌 유적 분포로 널리 알려진 지역이다. 고창에는 수백 기 이상의 고인돌이 밀집하여 분포하고 있으며 이를 통해 거석문화 발전의 역사를 살펴볼 수 있다. 전북 고창, 전남 화순, 인천 강화의 고인돌 유적은 그 가치를 인정받아 유네스코 세계 문화유산으로 등재되었다.

③ C 남원에서는 춘향전을 기반으로 한 축제인 춘향제가 열린다. 춘향제는 광한루와 시내 곳곳에서 열리는 축제로, 행사 기간 동안 춘향묘 참배, 춘향 제향, 창극 춘향전 등 다채로운 행사가 펼쳐진다.

④ D 나주 일대는 혁신 도시로 지정되어 지역 개발이 추진되고 있다. 나주의 주요 특산물로는 지리적 표시제에 등록된 나주 배가 있으며, 지역 캐릭터로는 나주 배를 의인화해 표현한 '배돌이'가 있다.

⑤ E 보성의 주요 특산물로는 녹차가 있다. 보성에서는 녹차 관련 지역 축제인 보성 다향 대축제가 열린다.

41 호남 지방과 영남 지방 22학년도 10월 학평 4번

정답 ③ | 정답률 64%

다음 자료의 여행 내용을 모두 경험할 수 있는 지역을 지도의 A~E에서 고른 것은? [3점]

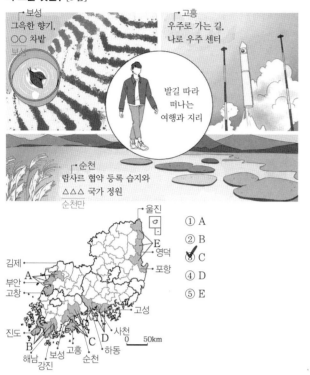

① A
② B
③ C ✓
④ D
⑤ E

| 자료 분석 |

지도의 A는 위로부터 김제, 부안, 고창이며, B는 왼쪽으로부터 진도, 해남, 강진이다. C는 왼쪽으로부터 보성, 고흥, 순천이며, D는 왼쪽으로부터 하동, 사천, 고성이다. 마지막으로 E는 위로부터 울진, 영덕, 포항이다.

| 선지 해설 |

① A의 김제에서는 매년 지평선을 소재로 한 농경 문화 체험 축제인 김제 지평선 축제가 열리며, 변산반도에 위치한 부안은 해안 침식 지형인 채석강이 유명하다. 고창은 세계 문화유산으로 등재된 고인돌 유적이 유명하다.

② B의 진도는 조수 간만의 차가 큰 해안의 특성을 활용한 신비의 바닷길 축제와 명량대첩 축제가 유명하며, 해남은 한반도의 육지에서 가장 남쪽에 위치한 땅끝 마을로 유명하며 땅끝 해넘이 축제가 열린다. 강진은 다산 정약용이 유배되어 머물던 다산 초당이 위치하며 도자기 문화 예술 축제인 강진 청자 축제가 열린다.

③ C의 보성은 제1호 지리적 표시제로 등록된 보성 녹차의 생산지로 차밭이 넓게 펼쳐져 있으며, 녹차를 이용한 지역 축제인 다향(茶香) 대축제가 개최된다. 고흥은 국내 최초의 우주 발사체 발사 기지인 나로 우주 센터가 위치해 있다. 순천은 람사르 습지로 등록된 순천만·보성 갯벌이 있으며 국제 정원 박람회가 열렸던 국가 정원이 위치한다.

④ D의 하동은 섬진강 유역에 위치하며, 제2호 지리적 표시제로 등록된 하동 녹차로 유명하다. 사천은 항공 관련 제조업이 발달하였으며, 고성에서는 중생대 경상 누층군에 분포하는 공룡 화석을 활용한 공룡 엑스포 축제가 열린다.

⑤ E의 울진은 석회 동굴인 성류굴이 관광 자원으로 활용되고 있으며 원자력 발전소가 위치해 있다. 영덕은 지역 특산물인 대게로 유명하며 풍력 발전 단지가 위치해 있다. 포항은 대규모의 제철소가 위치해 있어 1차 금속 제조업이 발달해 있으며 호미곶 해맞이 축제로 유명하다.

42 호남 지방 21학년도 9월 모평 4번

정답 ① | 정답률 80%

다음 자료는 어느 학생의 여행 일정이다. 이 학생의 여행 지역을 지도의 A~C에서 순서대로 옳게 고른 것은? (단, 하루에 한 지역만 여행하며, 각 날짜별 여행 지역은 다른 지역임.)

국가가 조성하고
운영하는 정원

읍성 안에 위치한 마을로
보존이 잘 되어 있음

〈남도 기행〉

여행 일정	여행 내용
1일 차	전통 마을인 낙안 읍성과 제1호로 지정된 국가 정원 견학
2일 차	겨울 배추 재배 지역의 기후 조사와 한반도 최남단 땅끝마을 탐방
3일 차	신비의 바닷길 축제와 명량대첩 전승지인 울돌목 방문

순천시

해남은 겨울이 온화해 겨울철 노지에서 채소를 재배함
조류의 흐름이 강함
진도군   해남군

0 25km

	1일 차	2일 차	3일 차		1일 차	2일 차	3일 차
① ✓	A	B	C	②	A	C	B
③	B	A	C	④	B	C	A
⑤	C	B	A				

| 자료 분석 |

지도에 표시된 A는 전남 순천, B는 전남 해남, C는 전남 진도이다.

| 선지 해설 |

① 1일 차 – A, 2일 차 – B, 3일 차 – C

• 1일 차 – A: 순천시의 낙안 읍성은 읍성 안에 위치한 전통 마을로 보존이 잘 되어 있다. 순천시는 우리나라에서 처음으로 국가 정원으로 지정된 순천만 국가 정원이 위치해 있다. 국가 정원은 국가가 조성하고 운영하는 정원으로 순천만 국가 정원과 울산 태화강 국가 정원이 대표적이다.

• 2일 차 – B: 해남군은 섬을 제외한 한반도의 육지에서 가장 남쪽에 위치한 땅끝 마을로 유명하며 해마다 '땅끝 해넘이 해맞이 축제'가 열린다. 해남군은 저위도에 위치해 겨울철에 노지에서 배추 재배가 가능하다.

• 3일 차 – C: 진도군의 회동과 모도 사이에는 매년 음력 3월이 되면 약 2.8km에 이르는 바닷길이 열리며 이를 이용한 '신비의 바닷길 축제'가 열린다. 진도의 울돌목(명량)은 조류의 흐름이 강하며 이를 이용해 이순신은 명량대첩에서 왜적을 대파하였다.

다음 자료의 (가)~(다) 지역을 지도의 A~E에서 고른 것은?

(가)→문경	(나)→창녕	(다)→울산
〈출사동이〉	〈우포따오기〉	〈해울이〉
영남 관문 도시의 마스코트로 과거 시험에 급제한 선비가 웃으며 조령을 넘어오는 모습을 표현함.	람사르 습지인 우포늪이 위치한 지역의 마스코트로 환경 보전의 중심 지역임을 상징하는 따오기를 표현함.	자동차, 조선 공업 등이 발달한 도시의 마스코트로 이 지역의 역사와 문화를 대표하는 고래를 표현함.

문경 새재

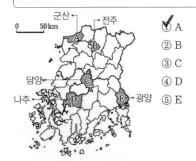

문경 ─ A   ┌ 안동
            B
        C   D ─ 울산
            └ 창녕
남해 ─ E   0 50km

	(가)	(나)	(다)
①	A	B	E
②✓	A	C	D
③	B	C	D
④	B	D	E
⑤	C	E	A

┃자료 분석┃

영남권 지도에 표시된 A는 경북 문경, B는 경북 안동, C는 경남 창녕, D는 울산, E는 경남 남해이다. B 안동은 유네스코 세계 유산으로 지정된 하회 마을과 병산 서원, 도산 서원 등이 유명하며, E 남해는 다랭이논과 다랭이 마을로 유명하다.

┃선지 해설┃

② (가) – A, (나) – C, (다) – D

- (가): 영남의 관문 도시이며, 조령을 넘어오는 선비 모습의 출사동이를 마스코트로 하고 있는 지역은 A 문경이다. 문경에는 문경 새재(조령)가 위치하며, 폐탄광을 활용한 석탄 박물관이 위치해 있다.

- (나): 람사르 습지인 우포늪이 위치하며, 환경 보전의 중심 지역임을 상징하는 우포따오기를 마스코트로 하고 있는 지역은 C 창녕이다. 창녕에는 하천의 범람으로 형성된 배후 습지인 우포늪이 발달해 있으며, 우포늪은 국내 최대의 내륙 습지로 람사르 협약에 등록되었다.

- (다): 자동차 공업과 조선 공업이 발달한 도시이며, 지역의 역사와 문화를 대표하는 고래 해울이를 마스코트로 하고 있는 지역은 D 울산이다. 울산은 공업 도시로 성장하여 광역시로 승급된 도시이며, 우리나라 시·도 중 1인당 국내 총생산이 가장 큰 광역시이다.

자료에서 설명하는 지역을 지도의 A~E에서 고른 것은?

- 일제 강점기에 항구 도시로 성장하였고, 당시의 건축물들이 현재 관광 자원으로 활용되고 있음. ─ 군산, 목포
- 수위 변화에 따라 오르내리게 만든 접안 시설인 **뜬다리 부두**가 설치되어 있음. ─ 군산
- 미래형 신산업과 국제 해양 관광 레저 산업의 집중 육성을 위해 **경제 자유 구역**으로 지정되었음. ─ 새만금·군산과 광양만권

군산 ─   ┌ 전주
      A
        B
담양 ─   C
나주 ─   D   E ─ 광양
      0 50km

① A ✓
② B
③ C
④ D
⑤ E

┃자료 분석┃

지도의 A는 전북 군산, B는 전북 전주, C는 전남 담양, D는 전남 나주, E는 전남 광양이다.

┃선지 해설┃

① 일제 강점기에 항구 도시로 성장하였고, 당시의 건축물들이 현재 관광 자원으로 활용되고 있는 지역은 군산과 목포이다. 이들 도시 중 수위 변화에 따라 오르내리게 만든 접안 시설인 뜬다리 부두가 설치되어 있는 도시는 A 군산이다. 군산은 서해안에 위치해 있어 큰 조차를 극복하기 위한 항만 시설인 뜬다리 부두가 설치되어 있다. 또한, 군산에서는 국내 최대의 간척 사업인 새만금 간척 사업이 이루어지고 있다. 그리고 호남 지방에서 경제 자유 구역으로 지정된 지역은 새만금·군산과 광양만권이 있다.

② B 전주는 전라북도의 도청 소재지로 슬로 시티로 지정된 한옥 마을과 한지 박물관이 위치해 있다.

③ C 담양은 죽녹원과 대나무를 이용한 수공예품인 죽세공품으로 유명하다. 담양 창평면은 슬로 시티로 지정되어 있다.

④ D 나주는 인접한 광주광역시와 함께 혁신 도시로 지정되어 있다.

⑤ E 광양은 경상북도 포항시, 충청남도 당진시와 함께 대규모의 제철소가 위치해 있다. 또한 광양에서는 해마다 섬진강 매화 축제가 열리고 있다.

다음 자료는 소규모 테마형 교육 여행 안내문의 일부이다. (가)~(다)에 들어갈 가장 적절한 탐구 활동을 〈보기〉에서 고른 것은?

〈소규모 테마형 교육 여행 안내〉

학부모님 안녕하십니까? 우리 학교는 세 모둠으로 나누어 호남 권으로 소규모 테마형 교육 여행을 가고자 합니다. 모둠별 여행 지역과 탐구 활동 내용을 확인하시길 바랍니다.

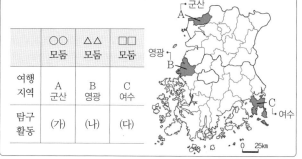

	○○ 모둠	△△ 모둠	□□ 모둠
여행 지역	A 군산	B 영광	C 여수
탐구 활동	(가)	(나)	(다)

〈보기〉

ㄱ. 우리나라에서 가장 긴 방조제 및 뜬다리 부두 탐방
ㄴ. 원자력 발전소 견학 및 지역 특산물인 굴비 맛보기
ㄷ. 대규모 석유 화학 단지 견학 및 엑스포 해양 공원 방문

	(가)	(나)	(다)			(가)	(나)	(다)
①	ㄱ	ㄴ	ㄷ		②	ㄱ	ㄷ	ㄴ
③	ㄴ	ㄱ	ㄷ		④	ㄷ	ㄱ	ㄴ
⑤	ㄷ	ㄴ	ㄱ					

| 자료 분석 |

호남권 테마형 교육 여행 지역에서 ○○ 모둠이 여행하는 A는 전북 군산이며, △△ 모둠이 여행하는 B는 전남 영광, □□ 모둠이 여행하는 C는 전남 여수이다.

| 선지 해설 |

① (가) - ㄱ, (나) - ㄴ, (다) - ㄷ

• (가): A 군산에는 우리나라에서 가장 긴 방조제인 새만금 방조제가 있으며, 큰 조차를 극복하기 위해 설치된 뜬다리 부두가 있다. 따라서 ○○ 모둠의 탐구 활동으로는 '우리나라에서 가장 긴 방조제 및 뜬다리 부두 탐방'이 적절하다. 군산은 일제 강점기에 항구 도시로 성장하여 당시의 건축물들이 현재 관광 자원으로 활용되고 있으며, 국내 최대의 간척 사업인 새만금 간척 사업이 이루어지고 있다.

• (나): B 영광에는 원자력 발전소가 위치하며, 지역 특산물인 영광 굴비가 유명하다. 따라서 △△ 모둠의 탐구 활동으로는 '원자력 발전소 견학 및 지역 특산물인 굴비 맛보기'가 적절하다. 영광은 호남 지방에서 유일하게 원자력 발전소가 위치하며, 이 밖에도 우리나라에서 원자력 발전소는 영남 지방의 울진, 경주, 부산과 울산에 위치한다.

• (다): C 여수는 정유 및 석유 화학 공업이 발달한 도시이며, 2012년 여수 엑스포가 개최되기도 하였다. 따라서 □□ 모둠의 탐구 활동으로는 '대규모 석유 화학 단지 견학 및 엑스포 해양 공원 방문'이 적절하다. 여수 이외에도 정유 및 석유 화학 공업이 발달한 곳으로는 영남 지방의 울산, 충청 지방의 서산이 있다.

다음 자료에서 설명하는 지역을 지도의 A~E에서 고른 것은? [3점]

이 지역의 심벌마크는 첨단 산업 도시와 찬란한 문화를 나타내는 두 개의 핵을 뫼비우스의 띠로 연결하여 끝없는 발전을 표시하고 있다. 1970년대 국가 산업 단지의 성장은 읍에서 시(市), 도농 통합시로 외연적 확장을 유도했으며, 이 과정에서 전자 산업은 도시의 상징으로서 경제적 성과를 만들고, 도시의 확대까지 이르게 한 원동력이었다.

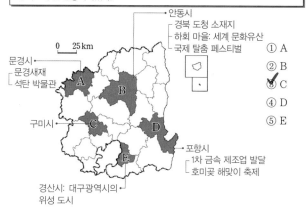

① A
② B
③ C
④ D
⑤ E

| 자료 분석 |

지도에 표시된 A는 경북 문경, B는 경북 안동, C는 경북 구미, D는 경북 포항, E는 경북 경산이다.

| 선지 해설 |

① A 문경시에는 문경새재와 폐광을 이용한 석탄 박물관이 위치해 있다.

② B 안동시는 경상북도의 도청 소재지이며, 안동 하회 마을은 세계 문화유산으로 지정되어 있다. 안동에서는 해마다 국제 탈춤 페스티벌이 열린다.

③ C 구미시는 과거 섬유 공업이 발달하였으나 1970년대 중화학 공업 육성 정책에 따라 국가 산업 단지가 위치하면서 반도체, 휴대 전화, 디스플레이 등 첨단 산업이 발달해 있다.

④ D 포항시는 대규모의 제철소가 위치해 있어 1차 금속 제조업이 발달해 있으며 호미곶은 해맞이 축제로 유명하다.

⑤ E 경산시는 대구광역시와 인접한 위성 도시로 인구가 지속적으로 증가하고 있다.

(가), (나) 지역을 지도의 A~C에서 고른 것은?

(가) → 포항

'호미곶 한민족 해맞이 축전'이 열리는 곳을 둘러보고, 대규모 제철 공장에서 철강 제품이 생산되는 모습도 살펴봤어.

1970년대 수출 위주의 공업화 정책으로 조성됨

(나) → 부산

우리나라 제1 무역항의 위상을 보여 주는 컨테이너 부두를 둘러보고, '감천 문화 마을'에서 도시 재생의 모습을 살펴봤어.

낙후된 도시에 새로운 기능을 부여함으로 사회·경제·환경적으로 부흥시키는 것

A 울진
B 포항
C 부산
0 50km

	(가)	(나)
①	A	B
②	A	C
③	B	A
✓④	B	C
⑤	C	B

┃자료 분석┃

지도의 A는 경북 울진, B는 경북 포항, C는 부산이다. A 울진은 원자력 발전소가 위치한 곳이며, 최근 청장년층의 인구 유출로 노동력이 부족한 지역이다.

┃선지 해설┃

④ (가) – B, (나) – C

· (가): 호미곶, 대규모 제철 공장 등과 관련 있는 지역은 B 포항이다. 포항은 제철 공업으로 도시가 발전하였으며, 호미곶의 해돋이가 유명하다.

· (나): 우리나라 제 1무역항, 감천 문화 마을의 도시 재생 등과 관련 있는 지역은 C 부산이다. 부산은 우리나라에서 인구 규모로 두 번째로 큰 도시로, 제 1무역항을 중심으로 수출입이 활발히 이루어지고 있다.

개념 확인	영남 지방의 주요 도시별 특징
부산	· 우리나라 최대의 항구 도시 · 원자력 발전소 위치
울산	· 자동차, 석유 화학, 조선, 정유 공업 발달 · 1인당 지역 내 총생산 많음 · 원자력 발전소 위치
포항	· 대규모 제철소 위치
울진	· 원자력 발전소 위치

다음 자료는 제주도의 자연환경 및 주민 생활 모습을 나타낸 것이다. 이에 대한 옳은 내용만을 A~D에서 고른 것은? [3점]

강풍에 의한 지붕 날림을 대비하여 지붕이 낮고 유선형임

배수가 양호한 지역에서 주로 실시
카르스트 지형, 자연 제방 등에서 발달

A – 지붕에 그물 모양으로 줄을 엮어 강풍에 대비한 전통 가옥

B – 밭농사가 주로 이루어지고, 귤 등을 재배하는 농민

작은 조면암질

C – 유동성이 큰 현무암질 용암 분출로 형성된 산방산

D – 세계 자연 유산에 등재된 한라산과 칼데라호인 백록담 화구호

제주 화산섬과 용암동굴
한국의 갯벌

| ✓① A, B | ② A, C | ③ B, C | ④ B, D | ⑤ C, D |

┃자료 분석┃

제주도는 신생대 화산 활동으로 형성되었으며 다양하고 독특한 화산 지형이 많다. 섬 중앙부에는 한라산이 자리 잡고 있으며, 산기슭 곳곳에는 소규모 화산 폭발로 형성된 오름이 있다. 이 밖에도 용암동굴과 주상 절리 등 특색 있는 화산 지형이 발달하였다. 특히 제주 화산섬과 용암동굴은 유네스코 세계 자연 유산으로 지정되었다. 제주도에는 저지대의 난대성 식물부터 한라산 정상부의 고산 식물까지 다양한 식생이 분포하고, 독특한 전통 가옥 구조를 비롯한 다양한 볼거리가 있다.

┃선지 해설┃

A. 제주도에서는 강한 바람에 지붕이 날아가지 않도록 전통 가옥의 지붕을 유선형으로 만들었으며, 지붕에 그물 모양으로 줄을 엮어 단단하게 고정하였다.

B. 제주도는 현무암이 주요 기반암을 이루는데 절리가 많은 현무암의 특성상 빗물이 땅속으로 잘 스며들어 논농사보다는 밭농사가 발달하였다. 또한 제주도는 저위도에 위치하여 최한월 평균 기온이 높아 난대성 작물인 귤 등을 재배하기에 유리하다.

C. 산방산은 주로 유동성이 작은(점성이 높은) 조면암질 용암이 분출하여 형성된 종 모양의 화산이다.

D. 백록담은 분화구에 물이 고인 화구호이다. 칼데라호는 분화 후 화구가 함몰되어 형성된 칼데라에 물이 고여 형성된 호수로, 대표적으로 백두산 천지가 있다.

49 제주 지방 20학년도 10월 학평 17번

정답 ② | 정답률 88%

다음 자료는 답사 일정의 일부이다. (가)에 들어갈 내용으로 가장 적절한 것은?

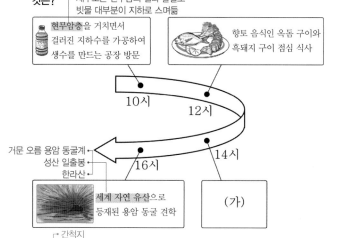

→ 제주도는 현무암의 절리 발달로 빗물 대부분이 지하로 스며듦

현무암층을 거치면서 걸러진 지하수를 가공하여 생수를 만드는 공장 방문

향토 음식인 옥돔 구이와 흑돼지 구이 점심 식사

10시   12시

거문 오름 용암 동굴계
성산 일출봉
한라산   16시   14시

세계 자연 유산으로 등재된 용암 동굴 견학

(가)

┌ 간척지
① 갯벌을 간척하여 조성한 대규모 농경지 답사
┌ 곡물 저장 창고
✔ ② 고팡이 설치된 전통 가옥들이 있는 민속 마을 답사
┌ 울산광역시, 여수시, 서산시
③ 공업 육성을 위해 조성된 석유 화학 공업 단지 답사
┌ 태백시, 문경시, 보령시
④ 지역의 탄광 문화를 체험할 수 있는 석탄 박물관 답사
┌ 해발 고도가 높은 태백산맥과 소백산맥의 고위 평탄면
⑤ 서늘한 여름철 기후를 이용해 배추를 재배하는 고랭지 답사

자료 분석

답사 일정을 보면 현무암이 넓게 분포하고 옥돔과 흑돼지로 유명하며 세계 자연 유산으로 등재된 용암동굴이 분포하므로 제주도에 해당된다. 따라서 (가)에는 제주도와 관련된 내용이 들어가야 한다. 제주도는 유동성이 큰 현무암질 용암이 분출하여 전체적으로 순상 화산체를 이루고 있다. 제주도의 거문 오름 용암 동굴계는 성산 일출봉, 한라산과 함께 세계 자연 유산으로 등재되어 있다.

선지 해설

① 제주도에는 갯벌을 간척하여 조성한 대규모의 간척지가 분포하지 않는다. 간척지는 주로 갯벌이 발달한 서·남해안에 분포한다.

② 제주도의 전통 가옥에는 곡물 저장 창고로 쓰이는 고팡이라는 공간이 있다.

③ 제주도는 석유 화학 공업과 같은 대규모의 중화학 공업이나 경공업 등 공업이 크게 발달해 있지 않다.

④ 석탄 박물관은 강원도 태백시, 경상북도 문경시, 충청남도 보령시에 위치해 있으며 제주도에는 위치해 있지 않다.

⑤ 제주도는 저위도에 위치해 있어 여름철 서늘하지 않다. 서늘한 여름철 기후를 이용한 고랭지 농업은 태백산맥과 소백산맥에 위치한 고위 평탄면에서 주로 이루어진다.

50 영남 지방 21학년도 3월 학평 17번

정답 ③ | 정답률 61%

지도의 A~E 지역 특성을 활용한 탐구 주제로 가장 적절한 것은? [3점]

경북 안동
경북 포항
경남 창녕
부산광역시
경남 거제
0 50km

┌ B
① A - 대규모 제철소 입지에 따른 지역 경제 변화
┌ D   ┌ 부산 국제 영화제
② B - 국제 영화제 개최에 따른 문화 산업 변화
┌ 우포늪: 국내 최대의 배후 습지
✔ ③ C - 람사르 협약에 등록된 습지 보전 방안
┌ A   ┌ 안동 하회 마을
④ D - 세계 문화유산을 활용한 관광 산업 육성 방안
┌ 울진, 경주, 울산, 부산, 영광
⑤ E - 원자력 발전소 입지에 따른 환경 변화

자료 분석

지도의 A는 경북 안동, B는 경북 포항, C는 경남 창녕, D는 부산광역시, E는 경남 거제이다.

선지 해설

① A 안동에는 대규모의 제철소가 위치해 있지 않다. 대규모의 제철소는 B 포항에 위치해 있다.

② 국제 영화제가 해마다 개최되는 곳은 D 부산광역시이다. 부산은 해마다 부산 국제 영화제가 개최된다.

③ C 창녕의 우포늪은 하천의 퇴적 작용으로 형성된 범람원 중 배후 습지가 발달해 있다. 창녕 우포늪은 습지를 보호하기 위한 국제 협약인 람사르 협약에 등록되어 있다.

④ D 부산에는 세계 문화유산으로 지정된 유적지나 문화재가 없다. 영남권 지역 중 A 안동의 하회 마을과 경주 양동 마을이 세계 문화유산으로 지정되어 있다. 경주의 석굴암, 불국사, 경주 역사 유적 지구가 세계 문화유산으로 지정되어 있으며 합천 해인사 장경판전 역시 세계 문화유산으로 지정되어 있다.

⑤ E 거제시에는 원자력 발전소가 입지해 있지 않다. 2021년 기준 원자력 발전소는 경북 울진, 경북 경주, 부산광역시, 울산광역시, 전남 영광에 입지해 있다.

그래프는 세 지역 간의 통근·통학 인구를 나타낸 것이다. (나)에 대한 (가)의 상대적 특성을 그림의 A ~ E에서 고른 것은? (단, (가), (나)는 각각 부산, 울산 중 하나임.) [3점]

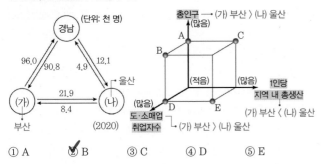

① A   ② B   ③ C   ④ D   ⑤ E

│ 자료 분석 │

(가)는 경남으로의 통근·통학 인구가 96천 명, 경남에서 들어오는 통근·통학 인구가 90.8천 명이며, (나)로의 통근·통학 인구가 21.9천 명, (나)에서 들어오는 통근·통학 인구가 8.4천 명으로 세 지역 중 전체 통근·통학 인구는 (가)가 가장 많다. 따라서 (가)는 우리나라 인구 순위 2위 대도시인 부산이다. (나)는 경남과 (가) 부산보다 전체 통근·통학 인구가 적은 것으로 보아 울산이다.

│ 선지 해설 │

② B

• (가) 부산은 우리나라 인구 순위 2위 도시로 총인구는 약 340만 명이며, (나) 울산의 총인구는 부산보다 적은 약 110만명이다. 따라서 총인구는 (가) 부산이 (나) 울산보다 많다(A, B, C).

• 울산은 우리나라에서 1인당 지역 내 총생산이 가장 많은 지역이다. 따라서 (가) 부산은 (나) 울산보다 1인당 지역 내 총생산이 적다(A, B, D).

• 도·소매업 취업자 수는 대체로 인구가 많고 상업 활동이 활발하게 이루어지는 대도시에서 많다. 따라서 우리나라에서 인구 순위 2위 도시인 (가) 부산은 (나) 울산보다 도·소매업 취업자 수가 많다(B, D, E).

따라서 세 조건을 모두 만족하는 것은 그림의 B이다.

다음 자료에서 설명하는 지역을 지도의 A ~ E에서 고른 것은?

이 지역은 석회암이 널리 분포하며 '못밭'이라고 불리는 돌리네와 그 주변에서 밭농사가 주로 이루어진다. 지리적 표시제에 등록된 마늘이 특히 유명하여 매년 개최되는 지역 축제에서는 마늘을 활용한 다양한 음식을 맛볼 수 있다. ← 카르스트 지형

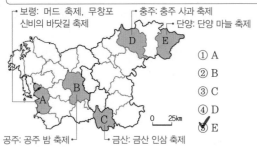

보령: 머드 축제, 무창포 신비의 바닷길 축제
충주: 충주 사과 축제
단양: 단양 마늘 축제
공주: 공주 밤 축제
금산: 금산 인삼 축제

① A
② B
③ C
④ D
⑤ E

0 ___ 25km

│ 자료 분석 │

지도의 A는 머드 축제로 유명한 보령, B는 백제 역사 유적 지구, 한국의 산사(마곡사) 등 유네스코 세계 문화유산이 있는 공주, C는 지리적 표시제로 등록된 인삼으로 유명한 금산, D는 기업 도시가 입지한 충주, E는 카르스트 지형이 발달한 단양이다.

│ 선지 해설 │

① A 보령은 과거 석탄을 생산하던 탄광이 폐광된 후 이를 활용한 석탄 박물관이 있으며, 대규모 화력 발전소가 입지해 있다. 매년 여름 대천 해수욕장 등에 많은 피서객이 방문하고 있으며, 지역의 풍부한 진흙을 주제로 한 축제(머드 축제)와 무창포 신비의 바닷길 축제가 열리고 있다.

② B 공주는 공산성, 무령왕릉과 왕릉원 등이 백제 역사 유적 지구로 지정되었고, 마곡사가 한국의 산사로 유네스코 세계 문화유산으로 등재되었다. 지역 특산물로는 지리적 표시제로 등록된 밤이 유명하며 매년 공주 밤 축제가 열리고 있다.

③ C 금산은 농업이 발달한 지역이며 지역 특산물로는 지리적 표시제로 등록된 인삼이 유명하다. 금산은 인삼의 대표적인 생산지로 매년 가을 금산 인삼 축제가 열리고 있다.

④ D 충주는 충청도 지명의 유래가 된 도시로 기업 도시가 입지해 있다. 충주의 특산물로는 지리적 표시제로 등록된 사과가 유명하다. 충주에서는 매년 가을 대표적인 농산물인 사과를 주제로 한 충주 사과 축제가 열리고 있다.

⑤ E 단양은 석회암이 널리 분포하며 돌리네와 같은 카르스트 지형이 발달하였다. 지리적 표시제에 등록된 마늘이 유명하며 매년 마늘 축제가 열리고 있다.

53 영남 지방 25학년도 수능 5번

정답 ④ | 정답률 66%

다음 자료에서 설명하는 지역을 지도의 A∼E에서 고른 것은? [3점]

이 지역은 1995년 삼천포시와 사천군이 통합된 곳이다. 항공·우주 산업이
발달한 곳으로 항공 부품과 전자 정밀 기계 업체가 입지한 산업 단지가
조성되어 있다. 이 지역에서는 비행기를 생산하는 한국항공우주산업(KAI)과
최근에 개청한 우주항공청이 연구·개발 업무를 주도하고 있다.

→ 사천
→ 도농 복합시

→ 김해: 부산의 위성 도시

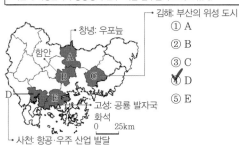

창녕: 우포늪

고성: 공룡 발자국 화석

사천: 항공·우주 산업 발달

① A
② B
③ C
④ D
⑤ E

자료 분석

경상남도 지도에서 A는 창녕, B는 함안, C는 김해, D는 사천, E는 고성이다. 자료에서 설명하는 지역은 1995년 삼천포시와 사천군이 통합된 도농 복합시이며, 한국항공우주산업(KAI)과 우주항공청이 연구·개발 업무를 주도하고 있는 사천이다.

선지 해설

① A는 우포늪이 위치한 창녕이다. 우포늪은 우리나라 최대의 내륙 습지이며 람사르 습지로 등록되어 있다.

② B는 가야고분군 중 하나인 말이산 고분군이 있는 함안이다. 경남 함안의 말이산 고분군은 경남 김해의 대성동 고분군, 경남 합천의 옥전 고분군, 경북 고령의 지산동 고분군, 경남 고성의 송학동 고분군, 전북 남원의 유곡리와 두락리 고분군, 경남 창녕의 교동과 송현동 고분군과 함께 2023년 '가야고분군'으로 유네스코 세계유산에 등재되었다.

③ C는 부산의 주거 기능을 분담하는 위성 도시로 성장한 김해이다.

④ D는 삼천포시와 사천군이 통합된 도농 복합시인 사천이며, 항공·우주 산업이 발달하였다.

⑤ E는 공룡 발자국 화석지로 유명한 고성이며, 고성에서는 지역 축제로 매년 공룡 세계 엑스포가 개최된다.

54 충청 지방과 호남 지방 25학년도 수능 20번

정답 ⑤ | 정답률 68%

지도에 표시된 네 지역의 특징을 그림과 같이 표현할 때, A∼D의 내용으로 옳은 것만을 〈보기〉에서 고른 것은? (단, (가)∼(라)는 각각 지도에 표시된 네 지역 중 하나임.) [3점]

→ (라) 천안: 경부선 고속 철도 통과
→ (나) 진천: 혁신도시
→ (다) 청주: 충청북도청 소재지, 경부선 고속 철도(오송역)

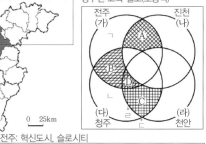

(가) 전주: 혁신도시, 슬로시티

A: (가)와 (나)만의 공통 특징으로 '혁신도시가 조성되어 있음.'이 해당함.
B: (가)와 (다)만의 공통 특징으로 '지명의 첫 글자가 도 명칭의 유래가 됨.'이 해당함.
C: (다)와 (라)만의 공통 특징임.
D: (가)와 (다)와 (라)만의 공통 특징임.

→ 진천, 전주
→ 청주(충청도), 전주(전라도)

〈 보기 〉

ㄱ. A : '슬로 시티로 지정된 한옥 마을이 있음.'이 해당함.
　(가)만 해당
ㄴ. B : '국제공항이 있음.'이 해당함.
　(다)만 해당
ㄷ. C : '경부선 고속 철도가 통과함.'이 해당함.
　→ 서울, 천안, 청주, 부산 등 통과
ㄹ. D : '도내 인구 규모 1위 도시임.'이 해당함.
　→ 경기(수원), 강원(원주), 충북(청주), 충남(천안), 전북(전주), 전남(순천), 경북(포항), 경남(창원), 제주(제주) (2023년 기준)

① ㄱ, ㄴ　② ㄱ, ㄷ　③ ㄴ, ㄷ　④ ㄴ, ㄹ　⑤ ㄷ, ㄹ

자료 분석

지도의 네 지역은 충청권의 천안, 진천, 청주와 호남권의 전주이다. A는 혁신도시가 조성되어 있는 지역으로 (가)와 (나)는 진천과 전주이다. B는 지명의 첫 글자가 도 명칭의 유래가 된 지역으로 (가)와 (다)는 전라도의 유래가 된 전주와 충청도의 유래가 된 청주이다. 따라서 A와 B에 모두 해당하는 (가)는 전주, A 내용에 해당하는 (나)는 진천이다. 따라서 B 내용에 해당하는 (다)는 청주이고, 나머지 (라)는 천안이다.

선지 해설

ㄱ. 슬로 시티로 지정된 한옥 마을이 있는 지역은 (가) 전주만 해당하므로 제시된 그림에서 다른 지역이 중첩되지 않는 (가) 부분이다. 따라서 (가)와 (나)가 중첩된 A에는 해당되지 않는 내용이다.

ㄴ. 국제공항이 있는 지역은 (다) 청주만 해당하므로 제시된 그림에서 다른 지역이 중첩되지 않는 (다) 부분이다. 따라서 (가)와 (다)가 중첩된 B에는 해당되지 않는 내용이다.

ㄷ. (다) 청주와 (라) 천안은 모두 경부선 고속 철도가 통과한다. 경부선 고속 철도는 서울에서 부산을 잇는 고속 철도로 (라) 천안을 통과하며, (다) 청주에는 경부 고속 철도의 정차역인 오송역이 있다. 따라서 (다) 청주와 (라) 천안만의 공통 특징인 C에 해당한다.

ㄹ. (가) 전주는 전북도청 소재지로 전북특별자치도의 인구 규모 1위 도시이며, (다) 청주는 충북도청 소재지로 충청북도의 인구 규모 1위 도시이다. (라) 천안은 도청 소재지는 아니지만 수도권과 인접한 지역으로 충청남도의 인구 규모 1위 도시이다. 따라서 (가) 전주, (다) 청주, (라) 천안만의 공통 특징인 D에 해당한다.

25일차

01 ①　02 ②　03 ②　04 ⑤　05 ④　06 ⑤　07 ④　08 ⑤　09 ①　10 ⑤　11 ④　12 ②
13 ③　14 ②　15 ②　16 ②　17 ①　18 ③　19 ①　20 ②

문제편 226~230쪽

01　지역 통합　25학년도 6월 모평 15번

정답 ①｜정답률 58%

그래프는 지도에 표시된 네 지역의 인구 변화를 나타낸 것이다. (가)~(라) 지역에 대한 설명으로 옳은 것만을 〈보기〉에서 고른 것은? [3점]

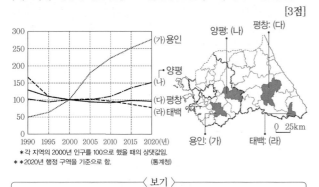

〈 보기 〉

ㄱ. (다)는 동계 올림픽 개막식이 열렸던 곳이다.
　└ 고속 철도 등 교통망과 숙박 시설 확충 → 관광 산업 발달
ㄴ. (가)는 (나)보다 주택 유형 중 아파트 비율이 높다.
　└ (가) 용인 > (나) 양평
ㄷ. (가)와 (나)에는 수도권 2기 신도시가 조성되어 있다.
　(가) 용인에만
ㄹ. (가)와 (다)는 경기도에, (나)와 (라)는 강원도에 속한다.
　　　(나)　　　　　　(다)

✔① ㄱ, ㄴ　② ㄱ, ㄷ　③ ㄴ, ㄷ　④ ㄴ, ㄹ　⑤ ㄷ, ㄹ

┃자료 분석┃

지도에 표시된 네 지역은 왼쪽부터 용인, 양평, 평창, 태백이다. (가)는 1990년 이후 2020년까지 인구가 꾸준히 증가한 지역으로 용인이다. 용인은 2000년에 대규모 택지 개발로 아파트 단지가 늘어나면서 인구가 급증하였다. (나)는 2005년 이전에는 인구의 큰 변화가 없다가 2005년 이후 인구가 증가하는 지역으로 양평이다. 양평은 서울에서 가까운 전원 주택지로 인기를 끌고 있다. (다)는 1990년 이후 인구가 꾸준히 감소 또는 보합 양상을 보이는 평창이다. (라)는 1990~1995년에 인구가 급격히 감소하였고 2020년까지 지속적인 인구 감소 양상을 보이는 지역으로 태백이다. 태백은 석탄 산업 쇠퇴로 인해 인구가 크게 감소하였다.

┃선지 해설┃

ⓖ (다) 평창에서는 2018년 동계 올림픽 개막식이 열렸다.

ⓛ (가) 용인은 대규모 택지 개발로 아파트가 많이 늘어난 지역이지만, (나) 양평은 상대적으로 전원 주택이 많이 지어진 지역이다. 따라서 (가) 용인은 (나) 양평보다 주택 유형 중 아파트 비율이 높다.

ㄷ. (가) 용인에는 수도권 2기 신도시가 조성되어 있지만, (나) 양평에는 수도권 2기 신도시가 조성되어 있지 않다.

ㄹ. (가) 용인과 (나) 양평은 경기도에, (다) 평창과 (라) 태백은 강원도에 속한다.

02　지역 통합　20학년도 9월 모평 19번

정답 ②｜정답률 62%

다음 자료는 온라인 학습 장면의 일부이다. 답글 ㉠~㉤ 중에서 옳은 내용을 고른 것은? [3점]

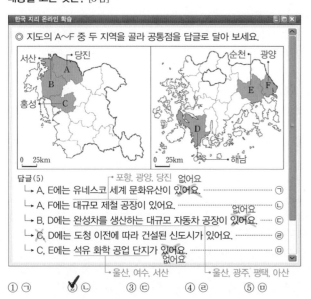

답글(5)
　└ A, E에는 유네스코 세계 문화유산이 있어요. ········ ㉠
　　　└ 포항, 광양, 당진　없어요
　└ A, F에는 대규모 제철 공장이 있어요. ·········· ㉡
　└ B, D에는 완성차를 생산하는 대규모 자동차 공장이 있어요. ·· ㉢
　　　　　　　　　　　　　없어요
　└ C, D에는 도청 이전에 따라 건설된 신도시가 있어요. ···· ㉣
　└ C, E에는 석유 화학 공업 단지가 있어요. ········ ㉤
　　　　　　　　　　　　없어요
　└ 울산, 여수, 서산　　　└ 울산, 광주, 평택, 아산

① ㉠　✔② ㉡　③ ㉢　④ ㉣　⑤ ㉤

┃자료 분석┃

지도의 A는 충남 당진, B는 충남 서산, C는 충남 홍성, D는 전남 해남, E는 전남 순천, F는 전남 광양이다.

┃선지 해설┃

① A 당진과 E 순천에는 유네스코 세계 문화유산이 위치해 있지 않다. 충청남도에서 세계 문화유산이 위치한 곳은 공주와 부여로 백제 역사 유적 지구가 지정되어 있다. 전라남도에서 세계 문화유산이 위치한 곳은 화순으로 고인돌 유적이 지정되어 있다.

② 대규모 제철 공장이 위치한 곳은 경상북도 포항, 전라남도 광양, 충청남도 당진이다. 따라서 A 당진과 F 광양에는 대규모 제철 공장이 있다.

③ B 서산과 D 해남에는 완성차를 생산하는 대규모 자동차 공장이 없다. 울산광역시, 광주광역시, 경기도 평택, 충청남도 아산 등지에 완성차를 생산하는 대규모 자동차 공장이 위치해 있다.

④ C 홍성은 충청남도의 도청 이전에 따라 건설된 신도시인 내포 신도시가 위치해 있다. 그러나 D 해남은 도청 소재지가 아니다.

⑤ C 홍성과 E 순천에는 석유 화학 공업 단지가 없다. 석유 화학 공업 단지는 울산광역시, 전라남도 여수, 충청남도 서산 등지에 위치해 있다.

다음은 답사 계획서의 일부이다. (가), (나) 지역을 지도의 A～D에서 고른 것은?

〈답사 계획서〉

• 기간: 20△△년 △△월 △일～△일
• 답사 지역 및 주요 활동

주요 활동 ＼ 답사 지역	(가)→전주	(나)→안동
공공 기관 방문	○○○도청 방문	□□□도청 방문
전통 마을 탐방	슬로시티로 지정된 전통 한옥 마을 탐방	세계 문화유산으로 등재된 전통 마을 탐방
지역 축제 체험	세계 소리 축제 체험	국제 탈춤 페스티벌 체험

전통문화를 보존하고 자연을 보전하면서 느림의 철학을 체험할 수 있는 마을

└ 안동 하회마을
└ 경주 양동마을

안동←C
B→전주
무안
D→창원
0 50km

	(가)	(나)
①	A	B
②	B	C
③	B	D
④	C	A
⑤	D	C

호남 지방, 영남 지방을 연계하여 주요 시·군의 특성과 축제 등 공통점과 차이점을 비교하는 문항이 출제되고 있다. 공업 발달, 도청 소재지 등 시험에 자주 출제되는 항목에 해당하는 지역을 종합적으로 정리해 두어야 한다.

| 자료 분석 |

지도의 A는 전라남도 무안군, B는 전라북도 전주시, C는 경상북도 안동시, D는 경상남도 창원시이다. A 무안에는 전라남도청이 있다. 무안은 일사량이 풍부해 태양광 발전소가 많이 분포하며, 무안 갯벌은 2008년 람사르 협약에 등록되었다. D 창원에는 경상남도청이 있다. 창원은 마산과 진해, 창원이 통합되어 만들어진 도시이다. 창원은 기계 공업이 발달하였으며 기타 기계 및 장비 제조업과 전기 장비 제조업의 출하액 비중이 높다.

| 선지 해설 |

②(가) – B, (나) – C

• (가)는 '○○○도청', '슬로시티로 지정된 전통 한옥 마을', '세계 소리 축제' 등으로 보아 B 전주임을 알 수 있다. 전주에는 전라북도청이 있으며, 슬로시티로 지정된 한옥 마을을 포함하여 많은 관광 자원이 있다. 이외에도 전주에서는 우리나라의 전통 음악인 판소리를 근간으로 세계 음악을 한자리에서 즐기는 세계 소리 축제가 열린다.

• (나)는 '□□□도청', '세계 문화유산으로 등재된 전통 마을', '국제 탈춤 페스티벌' 등으로 보아 C 안동임을 알 수 있다. 안동에는 경상북도청이 있으며, 세계 문화유산으로 등재된 안동 하회마을이 있다. 이외에도 안동에서는 탈춤 및 민속 공연을 주제로 하는 축제인 안동 국제 탈춤 페스티벌이 열린다.

---

04 지역 통합 21학년도 수능 11번 　　　　정답 ⑤ | 정답률 71%

(가), (나) 도시를 지도의 A～E에서 고른 것은? [3점]

┌ B 전주시　┌ 전주+나주　　┌ 전북 도청 소재지

○ (가) 은/는 전라도라는 지명의 유래가 된 도시 중 하나이다. 전라북도에서 인구가 가장 많으며 도청 소재지이기도 한 이 도시에는 한옥 마을과 같은 유명 관광지가 있다.

┌ E 경주시　┌ 경주+상주

○ (나) 은/는 경상도라는 지명의 유래가 된 도시 중 하나이다. 신라의 천년 고도(古都)였던 이 도시에는 유네스코 세계 문화유산으로 등재된 불교 유적과 전통 마을 등이 있다.

석굴암, 불국사, 경주 역사 유적 지구┘　└ 양동 마을

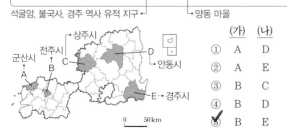

상주시
전주시
군산시
C
B
A
D
안동시
E→경주시
0 50km

	(가)	(나)
①	A	D
②	A	E
③	B	C
④	B	D
⑤	B	E

| 자료 분석 |

지도의 A는 전라북도 군산시, B는 전라북도 전주시이다. C는 경상북도 상주시, D는 경상북도 안동시, E는 경상북도 경주시이다. A 군산시는 새만금 방조제가 위치해 있으며 금강 하굿둑이 위치해 있다. 또한 조차를 극복하기 위한 뜬다리 부두를 볼 수 있다. C 상주시는 경상도라는 지명의 유래가 된 도시 중 하나이며 곶감으로 유명하다. 상주의 함창읍과 이안·공검면은 슬로 시티로 지정되어 있다. D 안동시는 경상북도의 도청 소재지이며 국제 탈춤 페스티벌로 유명하다. 안동의 하회 마을은 세계 문화유산으로 등재되어 있다.

| 선지 해설 |

⑤(가) – B, (나) – E

• (가)는 B 전주시이다. 전라도는 전주와 나주의 첫 글자를 딴 지명이다. 전주시는 전라북도의 도청 소재지이다. 전주시는 전통문화가 잘 보존되어 있어 한옥 마을, 한지, 판소리, 비빔밥 등으로 유명하며 전주시의 한옥 마을은 슬로 시티로 지정되어 있다.

• (나)는 E 경주시이다. 경상도는 경주와 상주의 첫 글자를 딴 지명이다. 경주는 신라의 천년 고도(古都)로 각종 유적이 풍부한데 석굴암, 불국사, 경주 역사 유적 지구는 유네스코 세계 문화유산으로 등재되어 있다. 전통 마을 중 보존이 잘 되어 있는 양동 마을 역시 세계 문화유산으로 등재되어 있다.

정답 ④ | 정답률 57%

다음은 온라인 학습 장면의 일부이다. 답글 ㉠~㉤ 중에서 옳지 않은 것은? [3점]

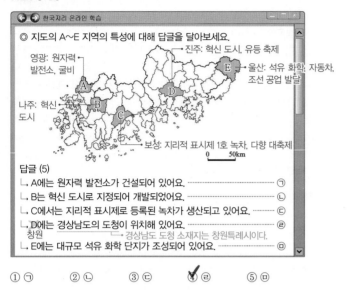

◎ 지도의 A~E 지역의 특성에 대해 답글을 달아보세요.

진주: 혁신 도시, 유등 축제

영광: 원자력 발전소, 굴비

울산: 석유 화학, 자동차, 조선 공업 발달

나주: 혁신 도시

보성: 지리적 표시제 1호 녹차, 다향 대축제

0   50km

답글 (5)
└ A에는 원자력 발전소가 건설되어 있어요. ─────── ㉠
└ B는 혁신 도시로 지정되어 개발되었어요. ─────── ㉡
└ C에서는 지리적 표시제로 등록된 녹차가 생산되고 있어요. ── ㉢
└ D에는 경상남도의 도청이 위치해 있어요. ─────── ㉣
  창원 → 경상남도 도청 소재지는 창원특례시이다.
└ E에는 대규모 석유 화학 단지가 조성되어 있어요. ──── ㉤

① ㉠   ② ㉡   ③ ㉢   ✔④ ㉣   ⑤ ㉤

| 자료 분석 |

지도의 A는 전라남도 영광군, B는 전라남도 나주시, C는 전라남도 보성군, D는 경상남도 진주시, E는 울산광역시이다.

| 선지 해설 |

① 우리나라의 원자력 발전소는 경북 울진·경주, 부산, 울산, 전남 영광에 위치한다. 호남 지방에서는 A 영광에 유일하게 원자력 발전소가 건설되어 있다.

② 혁신 도시는 수도권 과밀 문제를 해소하고 지방의 자립적·혁신적 발전 역량을 확충하기 위해 조성되었다. B 나주는 혁신 도시로 지정되어 전력 산업, 정보 통신, 농업 기반 등과 관련된 공공 기관이 이전하고 있다.

③ C 보성에서는 국내 1호 지리적 표시제로 등록된 보성 녹차가 생산되고 있다.

④ D 진주에는 혁신 도시가 위치한다. 경상남도의 도청은 창원에 위치해 있다.

⑤ E 울산에는 대규모 석유 화학 단지가 조성되어 있다. 대규모 석유 화학 단지는 울산, 여수, 서산 등에 조성되어 있다.

선택형 문제로 개념 확인

(1) 경상남도의 도청은 (진주, 창원)에 위치해 있다.
(2) 진주와 나주는 (기업 도시, 혁신 도시)로 지정되어 개발되었다.

(1) 창원 (2) 혁신 도시

정답 ⑤ | 정답률 46%

다음 자료는 온라인 학습 장면의 일부이다. 답글 ㉠~㉤ 중에서 옳은 내용을 고른 것은?

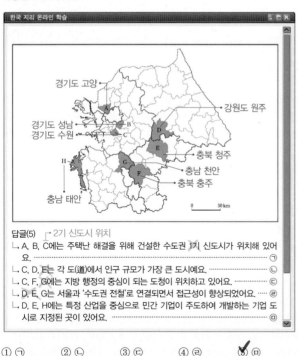

한국 지리 온라인 학습

경기도 고양
경기도 성남
경기도 수원
강원도 원주
충북 청주
충남 천안
충북 충주
충남 태안

0   50km

답글(5) ┌ 2기 신도시 위치
└ A, B, C에는 주택난 해결을 위해 건설한 수도권 1기 신도시가 위치해 있어요. ─────── ㉠
└ C, D, E는 각 도(道)에서 인구 규모가 가장 큰 도시예요. ── ㉡
└ C, F, G에는 지방 행정의 중심이 되는 도청이 위치하고 있어요. ── ㉢
└ D, E, G는 서울과 '수도권 전철'로 연결되면서 접근성이 향상되었어요. ── ㉣
└ D, E, H에는 특정 산업을 중심으로 민간 기업이 주도하여 개발하는 기업 도시로 지정된 곳이 있어요. ── ㉤

① ㉠   ② ㉡   ③ ㉢   ④ ㉣   ✔⑤ ㉤

| 자료 분석 |

지도에 표시된 A는 경기 고양, B는 경기 성남, C는 경기 수원, D는 강원 원주, E는 충북 충주, F는 충북 청주, G는 충남 천안, H는 충남 태안이다.

| 선지 해설 |

① 수도권 1기 신도시는 A 고양(일산 신도시)과 B 성남(분당 신도시)에 위치해 있다. C 수원은 2기 신도시(광교 신도시)가 위치해 있다.

② 경기도에서 인구 규모가 가장 큰 도시는 C 수원이다. 강원도에서 인구 규모가 가장 큰 도시는 D 원주이다. 충북에서 인구 규모가 가장 큰 도시는 F 청주이다. 충남에서 인구 규모가 가장 큰 도시는 G 천안이다.

③ C 수원은 경기도의 도청 소재지이며 F 청주는 충청북도의 도청 소재지이다. 그러나 G 천안은 충청남도의 도청 소재지가 아니다. 충청남도의 도청 소재지는 홍성군과 예산군에 조성한 내포 신도시에 위치해 있다.

④ G 천안은 서울과 수도권 전철로 연결되어 있으며, D 원주와 E 충주는 수도권 전철로 서울과 연결되어 있지 않다.

⑤ 특정 산업을 중심으로 민간 기업이 주도적으로 개발하는 도시를 기업 도시라고 한다. 기업 도시는 D 원주, E 충주, H 태안이 지정되어 개발되고 있다.

개념 확인 도청 소재지

경기도	수원	강원도	춘천	충청북도	청주
충청남도	홍성	경상북도	안동	경상남도	창원
전라북도	전주	전라남도	무안	제주특별자치도	제주

07 지역 통합 23학년도 4월 학평 15번

정답 ④ | 정답률 56%

지도에 표시된 A~E 지역의 특성을 활용한 탐구 주제로 적절하지 <u>않은</u>
것은?

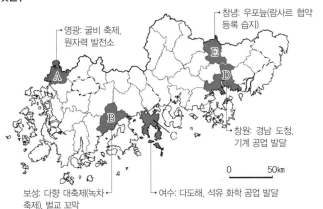

- 영광: 굴비 축제, 원자력 발전소
- 창녕: 우포늪(람사르 협약 등록 습지)
- 창원: 경남 도청, 기계 공업 발달
- 보성: 다향 대축제(녹차 축제), 벌교 꼬막
- 여수: 다도해, 석유 화학 공업 발달

① A – 지역 특산물인 굴비를 활용한 장소 마케팅 효과
┗━ 특정 장소를 하나의 상품으로 인식하고, 이미지와 시설 등을 개발하는 전략

② B – 지리적 표시제 등록에 따른 녹차 생산량 변화
┗━ 특정 지역에서 생산·가공되었음을 증명하고 표시함

③ C – 석유 화학 공업의 성장에 따른 지역 내 산업 구조 변화
┗━ 울산, 여수, 서산 등에 대규모 석유 화학 공장 입지

✔④ D – 원자력 발전소의 입지가 지역 경제에 끼친 영향 → 원자력 발전소 없음

⑤ E – 람사르 협약에 등록된 습지를 보존하기 위한 노력
┗━ 철새 및 물새 서식지로서 중요한 습지 보호를 위한 국제 협약

자료 분석

A는 전남 영광, B는 전남 보성, C는 전남 여수, D는 경남 창원, E는 경남 창녕이다. A 전남 영광은 지역 특산물인 굴비가 유명하다. 또한 호남 지방에서는 유일하게 원자력 발전소가 있다. B 전남 보성은 녹차를 주제로 한 축제인 다향 대축제가 개최되며, 벌교 꼬막으로도 유명하다. 이외에도 세계 자연 유산으로 등재된 한국의 갯벌 중 보성–순천 갯벌의 일부가 위치한다. C 전남 여수는 석유 화학 및 정유 공업이 발달하였다. 이외에도 2003년 전남 광양·순천·여수, 경남 하동 일대는 '광양만권 경제 자유 구역'으로 지정되기도 하였다. D 경남 창원은 중화학 공업 육성 정책에 따른 기계 공업 발달과 1980년대 도청 이전을 계기로 크게 성장하였으며, 인구 100만 명이 넘는 지역으로 2022년 특례시로 지정되었다. E 경남 창녕은 람사르 협약에 등록(1998년)된 습지인 우포늪이 있다. 우포늪은 우리나라 최대 규모의 자연 내륙 습지이다.

선지 해설

① A – 영광의 지역 특산물은 조기를 소금으로 간해 말린 굴비이다. 영광에서는 지역 특산물인 굴비를 활용한 장소 마케팅을 실시하고 있다.

② B – 보성 녹차는 국내 1호 지리적 표시제로 등록되었다. 지리적 표시제 등록 이후 보성군의 녹차 재배 면적, 재배 농가, 녹차 생산량 등이 증가하였다.

③ C – 여수는 1970년대 여수 석유 화학 산업 단지가 건설된 이후 제조업을 중심으로 지역 성장을 이루었으며, 지역 내 산업 구조도 석유 화학과 관련된 화학 물질 및 화학 제품의 출하액이 가장 많다.

④ D – 우리나라 원자력 발전소는 부산, 울산, 경북, 울진·경주, 전남 영광에 위치한다. 창원에는 원자력 발전소가 없다.

⑤ E – 창녕 우포늪은 다양한 수생 생태계를 유지하고 있으며 1998년 람사르 협약에 등록되었다.

08 지역 통합 21학년도 6월 모평 18번

정답 ⑤ | 정답률 40%

(가), (나) 지역을 지도의 A~E에서 고른 것은?

```
          ┌ C 원주      ┌ 강릉+원주
○ [ (가) ]은/는 '강원'이라는 지명의 유래가 된 도시 중 하나
로서 현재 강원도의 인구 1위 도시이다. 국토의 균형 발전을
목표로 최근 의료 기기 산업 클러스터가 조성되었다. 이곳은
다수의 고속 국도가 통과하며 고속 철도의 정차역이 있어 교통
이 편리하다.                    └ 경강선
          ┌ E 청주  ┌ 충주+청주
○ [ (나) ]은/는 '충청'이라는 지명의 유래가 된 도시 중 하나
로서 충북 도청 소재지이다. 이곳의 생명 과학 산업 단지에는
질병 관리 본부를 비롯한 관련 기관과 기업이 입지하여 클러
스터를 이룬다. 이곳은 다수의 고속 국도가 교차하며 국제공
항과 고속 철도역이 입지해 있다.
                   └ 오송역
```

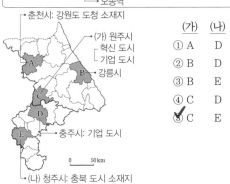

- 춘천시: 강원도 도청 소재지
- (가) 원주시 혁신 도시 기업 도시
- 강릉시
- 충주시: 기업 도시
- (나) 청주시: 충북 도시 소재지

	(가)	(나)
①	A	D
②	B	D
③	B	E
④	C	D
✔⑤	C	E

자료 분석

강원도에 위치한 A는 춘천, B는 강릉, C는 원주이다. 충청북도에 위치한 D는 충주, E는 청주이다. A 춘천은 강원도의 도청 소재지로 침식 분지가 발달해 있으며 전철로 수도권과 연결되어 있다. B 강릉은 영동 지방의 핵심 도시로 정동진 해안 단구, 경포대와 같은 해안 지형이 발달해 있다.

선지 해설

⑤ (가) – C, (나) – E

- '강원'이라는 지명은 B 강릉과 C 원주에서 유래되었다. 현재 강원도의 인구 1위 도시인 (가)는 C 원주이다. 강원도 대부분 도시는 공업이 크게 발달하지 않았으나 원주는 의료 기기 산업이 발달해 혁신 도시와 기업 도시로 지정되었다.

- '충청'이라는 지명은 D 충주와 E 청주에서 유래되었다. 충북 도청 소재지인 (나)는 E 청주이다. 청주의 오송은 생명 과학 단지가 조성되어 있다. 청주는 청주 국제공항이 위치해 있으며 고속 철도가 지나는 오송역이 있어 교통 기능이 강화되고 있다.

개념 확인	조선 시대 도(道) 명칭 부여		
함경도	함흥, 경성	경기도	서울 주변
평안도	평양, 안주	충청도	충주, 청주
황해도	황주, 해주	전라도	전주, 나주
강원도	강릉, 원주	경상도	경주, 상주

다음 자료의 축제를 모두 경험할 수 있는 지역을 지도의 A~E 에서 고른 것은?

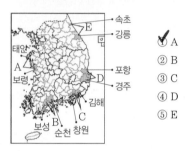

✓① A
② B
③ C
④ D
⑤ E

| 자료 분석 |

지도의 A는 태안과 보령, B는 보성과 순천, C는 창원과 김해, D는 포항과 경주, E는 속초와 강릉이다. A의 태안에서는 신두리 해안 사구 축제, 보령에서는 머드 축제가 열리며, B의 보성에서는 녹차를 활용한 다향 대축제, 순천에서는 순천만 국제 정원 박람회가 열린다. C 창원에서는 진해 군항제, 김해에서는 가야 문화 축제가 열리고, D 포항에서는 국제 불빛 축제, 경주에서는 신라 문화제가 열린다. E 속초에서는 설악 문화제, 강릉에서는 강릉 단오제가 열린다.

| 선지 해설 |

① A

- 첫 번째 여행지는 해안 사구 축제가 열리는 곳이다. 사구 축제로는 국내 최대 해안 사구인 태안 신두리 해안 사구 축제가 대표적이다. 따라서 첫 번째 여행지는 A에 위치한 태안이다.
- 두 번째 여행지는 머드 축제가 열리는 곳이다. 머드는 진흙을 일컫는 말로 갯벌 해안에 분포한다. 우리나라의 갯벌 해안은 서해안과 남해안 일대에 주로 분포한다. 이 중 갯벌 해안에서 매년 머드 축제가 열리는 곳은 보령이다. 따라서 두 번째 여행지는 A에 위치한 보령이다.

따라서 두 가지 조건을 모두 충족하는 여행지는 A이다.

다음 자료의 ㄱ~ㄷ에 대한 옳은 설명만을 〈보기〉에서 고른 것은?

> ┌ 제주도의 육계도
> ○ 제주도의 ㉠ 성산 일출봉은 일출봉이라는 이름이 붙었을 정도로 해돋이가 유명하다. 웅장한 경관과 어우러진 새해 첫날 일출을 보기 위해 매년 관광객들이 이곳을 찾는다.
> ○ ┌─㉡─┐에서는 새해 기원과 새 출발을 다짐하는 해맞이 축제가 열린다. 이곳의 지명은 조선 시대 한양의 광화문에서 볼 때 └ 정동진
> 정(正) 동쪽에 위치한 곳이라는 것에서 유래되었다.
> ○ 해남군에는 ㉢ 한반도 육지의 가장 남쪽 끝 지점이 있다. 이곳에서는 일출과 일몰을 함께 볼 수 있는 지리적 특징을 활용해 12월 31일 일몰부터 1월 1일 일출 때까지 땅끝 해넘이·해맞이 축제가 열린다. └ 해남 땅끝 마을

〈 보기 〉

ㄱ. ㉠은 영해 설정 시 직선 기선의 기점이 된다.
    └ 아니다
ㄴ. ㉢은 우리나라 영토의 최남단에 해당한다.
    마라도   ┌ 북부 〉 남부, 내륙 〉 해안, 서해안 〉 동해안
ㄷ. ㉡은 ㉠보다 기온의 연교차가 크다.
      └ 대체로 동쪽에서 서쪽으로 갈수록 늦음
ㄹ. ㉢은 ㉡보다 일출 시각이 늦다.

① ㄱ, ㄴ ② ㄱ, ㄷ ③ ㄴ, ㄷ ④ ㄴ, ㄹ ✓⑤ ㄷ, ㄹ

| 자료 분석 |

㉠ 성산 일출봉은 제주도와 연결된 육계도이며, ㉡은 광화문에서 볼 때 정(正) 동쪽에 위치한 곳이라는 유래로 보아 정동진임을 알 수 있다. ㉢ 한반도 육지의 가장 남쪽 끝 지점에 위치한 해남군 땅끝 마을은 한반도 가장 남쪽에 위치하며 한반도의 땅끝임을 알리는 탑이 세워져 있다.

| 보기 해설 |

ㄱ. ㉠ 성산 일출봉은 제주도에 위치한다. 제주도는 통상 기선으로부터 12해리까지의 수역을 영해로 설정하므로 영해 설정 시 연안의 최저 조위선에 해당하는 선이 기준이 된다. 따라서 ㉠ 성산 일출봉은 영해 설정시 직선 기선의 기점이 아니다. 영해 설정 시 직선 기선의 기점이 되는 곳은 서·남해안, 동해안 일부(영일만, 울산만)에 위치한다.

ㄴ. 우리나라 영토는 헌법에서 '한반도와 그 부속 도서'로 규정하고 있다. 따라서 영토의 최남단은 제주특별자치도 서귀포시 마라도 남단이다. ㉢ 한반도 육지의 가장 남쪽 끝 지점인 땅끝 마을은 한반도 육지의 가장 남쪽 끝이며, 영토의 최남단은 아니다.

ㄷ. 기온의 연교차는 대체로 북쪽으로 갈수록 커진다. 서울과 비슷한 위도로 중부 지방에 위치한 ㉡ 정동진은 남부 지방인 제주도에 위치한 ㉠ 성산 일출봉보다 기온의 연교차가 크다.

ㄹ. 일출 시각은 대체로 서쪽으로 갈수록 늦다. 해남군에 위치한 ㉢ 한반도 육지의 남쪽 끝 지점은 동해안에 위치한 ㉡ 정동진보다 서쪽에 위치한다. 따라서 ㉢ 한반도 육지의 남쪽 끝 지점은 ㉡ 정동진보다 일출 시각이 늦다.

11 지역 통합 19학년도 수능 19번

정답 ④ | 정답률 69%

그림의 (가)~(라)에 해당하는 지역을 지도의 A~F에서 고른 것은?

[3점]

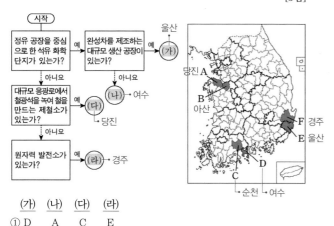

	(가)	(나)	(다)	(라)
①	D	A	C	E
②	D	B	A	F
③	E	B	C	F
④✔	E	D	A	F
⑤	E	D	B	C

| 자료 분석 |

지도의 A는 충남 당진, B는 충남 아산, C는 전남 순천, D는 전남 여수, E는 울산 광역시, F는 경북 경주이다. B 아산은 대규모 완성차 생산 공장이 위치해 있으며 전자 부품·컴퓨터·영상·음향 및 통신 장비 제조업이 발달해 있다. C 순천은 제시된 공업 모두 발달해 있지 않으며 원자력 발전소 또한 위치해 있지 않다.

| 선지 해설 |

④ (가) – E, (나) – D, (다) – A, (라) – F

- (가)는 정유 공장 및 석유 화학 단지와 대규모 완성차 생산 공장이 위치해 있으므로 E 울산이다.
- (나)는 정유 공장 및 석유 화학 단지는 위치해 있으나 대규모 자동차 공장은 위치해 있지 않으므로 D 여수이다.
- (다)는 정유 공장 및 석유 화학 공장은 없으며 대규모의 제철소가 위치해 있으므로 A 당진이다.
- (라)는 정유 공장 및 석유 화학 단지, 대규모의 제철소가 위치해 있지 않으며 원자력 발전소가 위치해 있으므로 F 경주이다.

12 지역 통합 21학년도 3월 학평 20번

정답 ② | 정답률 66%

다음 자료의 (가), (나) 지역을 지도의 A~D에서 고른 것은?

	(가)	(나)
①	A	B
②✔	A	C
③	B	D
④	D	A
⑤	D	C

| 자료 분석 |

지도의 A는 충남 태안, B는 충북 충주, C는 전북 전주, D는 전남 순천이다. B 충주는 기업 도시로 지정되어 있다. D 전남 순천은 람사르 협약에 등록된 갯벌이 발달되어 있으며 순천만 국가 정원이 위치해 있다.

| 선지 해설 |

② (가) – A, (나) – C

- (가)는 기업 도시 중에서도 관광 레저형으로 지정되어 있으며 국내 최대의 해안 사구인 신두리 해안 사구가 위치해 있으므로 A 충남 태안이다.
- (나)는 슬로 시티로 지정되어 있으며 한옥과 같은 전통 문화가 보존되어 있으므로 C 전북 전주이다. 전주는 전라북도의 도청 소재지이며 비빔밥, 판소리로 유명하다.

개념 확인 기업 도시

- 특정 산업을 중심으로 민간 기업이 주도적으로 개발하는 도시
- 기업 도시는 관광과 레저 기능을 중심으로 하는 관광 레저형과 연구 개발을 위주로 하는 지식 기반형 기업 도시가 있음
- 강원도 원주시, 충청북도 충주시, 충청남도 태안군, 전라남도 영암군과 해남군이 지정되어 개발되고 있음

다음 자료는 두 지역의 대표적인 축제를 나타낸 것이다. (가), (나)에 해당하는 지역을 지도의 A~D에서 고른 것은?

(가)•순천시

순천만: 갯벌 발달

갯벌에서 주로 자람

가을에 펼쳐지는 황금빛 갈대 물결과 수많은 철새를 만날 수 있는 대표 생태 관광지

(나)•안동시

탈놀이를 통해 희로애락이 담긴 서민들의 삶을 체험할 수 있는 국제 페스티벌

국제 탈춤 페스티벌

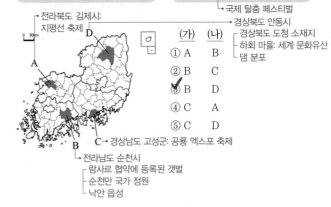

전라북도 김제시: 지평선 축제

경상북도 안동시
경상북도 도청 소재지
하회 마을: 세계 문화유산
댐 분포

	(가)	(나)
①	A	B
②	B	C
③	B	D
④	C	A
⑤	C	D

C•경상남도 고성군: 공룡 엑스포 축제

전라남도 순천시
- 람사르 협약에 등록된 갯벌
- 순천만 국가 정원
- 낙안 읍성

자료 분석

지도의 A는 전라북도 김제시, B는 전라남도 순천시, C는 경상남도 고성군, D는 경상북도 안동시이다. A 김제시는 평야와 간척지가 발달해 있어 벼농사가 활발한 곳으로 해마다 지평선 축제가 열린다. C 고성군은 중생대 경상 누층군에 분포하는 공룡 화석을 이용해 해마다 공룡 엑스포 축제가 열린다.

선지 해설

③ (가) - B (나) - D

• (가)는 주로 갯벌에서 자라는 갈대를 이용한 갈대 축제가 열리고 철새가 많은 생태 관광지인 순천시이다. 순천은 조류의 퇴적 작용으로 형성된 갯벌이 발달되어 있으며 람사르 협약에 의해 보존되고 있다. 순천은 국가가 지정한 순천만 국가 정원이 위치해 있으며 전통마을인 낙안 읍성이 위치해 있다.

• (나)는 국제 탈춤 페스티벌이 개최되므로 안동시이다. 경상북도의 도청 소재지인 안동은 유교 문화를 비롯해 전통 문화가 잘 보존되어 있다. 전통마을인 하회 마을은 경주 양동 마을과 함께 세계 문화유산으로 지정되어 있으며 탈놀이 문화를 이용한 국제 탈춤 페스티벌이 열린다. 안동은 낙동강 수계에 안동댐, 임하댐이 건설되어 있다.

다음 글은 문학작품에 표현된 지리적 서술 내용의 일부이다. 밑줄 친 ㉠~㉤에 대한 설명으로 옳은 것은? [3점]

함경북도 경성

한류가 흐르는 해안에 따뜻한 공기가 지나면서 기온 차에 의해 발생

○ 북위 42도와 한류(寒流)의 냉대에서는 ㉠ 봄은 3월이 아니라 6월부터 시작된다…. 단오 무렵엔… ㉡ 안개 끼는 날이 많다. 안개는 바다에서 흘러와 벌판을 거치고 성 모퉁이를 돌아 마을을 싸고 골짝으로 오지로 들어 간다…. 해발 몇백 척의 산복(山腹)도 북방에서는 ㉢ 고원지대(高原地帶)의 양기이니 고원의 봄을 제일 먼저 꾸미는 꽃은 박새인듯 싶다.

해발 고도가 높아 여름철이 서늘함

- 「6월(月)에야 봄이 오는 북경성(北鏡城)의 춘정(春情)」 -

강원 지방

융기에 의한 1차 산맥

○ ㉣ 장백산맥(태백산맥)은 같은 도를 길이로 갈라 산맥의 동과 서는 생활과 풍습과 성벽이 심히 다르다. 대관령 동편 영동 사람들이 ㉤ 영서를 부러워 할 때가 있듯이 영서 사람들이 영동을… 영동은 해물과 감(柿)의 고장이므로… 영서는 산과 들과 수풀과 시내의 고장이요 자연은 더 한층 풍성하다.

영동과 영서의 경계

- 「영서(嶺西)의 기억(記憶)」 -

위도와 한류의 영향

① ㉠의 이유는 꽃샘추위 때문이다.

② ㉡의 이유는 한류의 영향이 크다.

논농사 / 밭농사
③ ㉢은 밭농사보다 논농사의 비중이 크다.

신생대 / 경동성 요곡 운동
④ ㉣은 중생대 대보 조산 운동으로 형성되었다.

가뭄 피해
⑤ ㉤은 봄철 북동풍이 불면 냉해를 입는다.

영서 지방: 고온 건조한 높새바람

자료 분석

제시된 위의 글에 해당하는 지역은 북위 42도의 동해안에 위치한 함경북도 경성이다. 아래의 글에 해당하는 지역은 태백산맥의 대관령을 경계로 영서와 영동 지방으로 나눠지는 강원 지방이다.

선지 해설

① '북위 42도와 한류(寒流)의 냉대에서는'이라는 내용이 글에 제시되어 있듯이 해당 지역에서 봄이 6월에 늦게 시작되는 것은 고위도에 위치해 있으며 한류의 영향을 받기 때문이다. 꽃샘추위는 봄철에 시베리아 고기압이 확장될 때 일시적으로 기온이 낮아지는 현상으로 해당 지역뿐만 아니라 우리나라 대부분 지역에서 봄철에 일반적으로 나타나는 현상이다.

② 한류가 흐르는 해안에 따뜻한 공기가 지나가면 기온 차에 의해 안개가 자주 발생하게 된다. 함경도의 동해안 주변 지역은 한류의 영향으로 대기가 안정되어 연 강수량이 적으며 여름철이 서늘하다.

③ ㉢ 고원지대는 해발 고도가 높아 여름철이 서늘하여 고온 다습한 환경에서 주로 재배되는 논농사에 불리해 밭농사가 주로 이루어진다.

④ ㉣ 장백산맥(태백산맥)은 신생대 제3기 경동성 요곡 운동으로 융기하여 형성된 1차 산맥으로 해발 고도가 높고 연속성이 강하다.

⑤ 태백산맥의 서쪽에 위치한 ㉤ 영서 지방은 늦봄에서 초여름에 오호츠크해 기단에서 불어오는 북동풍이 태백산맥을 타고 내려가면서 고온 건조한 높새바람이 분다. 높새바람이 불면 영서 지방은 이상 고온 현상이 나타나며 가뭄 피해를 입는다.

15 지역 통합 21학년도 7월 학평 2번

(가), (나) 지역을 지도의 A~D에서 고른 것은? [3점]

A 경기도 성남시   D 충청북도 청주시

(가) → 2000년대 조성   **(나)**

○ 서울의 위성 도시
○ 1기 신도시 분당과 2기 신도시 판교 입지 → 1990년대 조성
○ 경강선과 연결되는 월판선 2025년 개통 예정
○ 정보 통신 기업과 연구소가 입지한 첨단 연구 개발 단지 '판교 테크노밸리' 조성

○ 충청북도 도청 소재지
○ 도농 통합시 출범으로 광역 생활권 형성 ┐ 생활권이 같은 도시와 농어촌이 합쳐진 도시
○ 호남 고속 철도와 경부 고속 철도의 분기점 → 오송역
○ 국내 최초로 정부 주도형 바이오 메디컬 허브 '오송 생명 과학 단지' 조성

→ 서울~강릉

→ 경강선의 일부: 월곶~판교

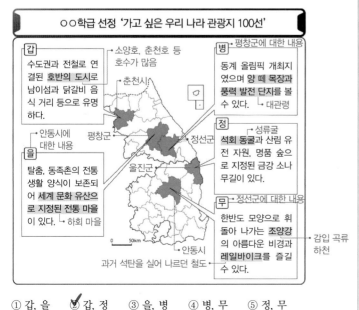

	(가)	(나)
①	A	B
②	A	D
③	B	D
④	C	B
⑤	C	D

| 자료 분석 |

지도의 A는 경기도 성남시, B는 경기도 화성시, C는 충청북도 충주시, D는 충청북도 청주시이다. B 화성시는 인접한 평택시와 함께 자동차 및 트레일러 제조업이 발달해 있다. C 충주시는 특정 산업을 중심으로 민간 기업이 주도적으로 개발하는 도시인 기업 도시로 지정되어 있다.

| 선지 해설 |

② (가) – A, (나) – D

· (가)는 1990년대에 조성된 1기 신도시 분당과 2000년대에 조성된 2기 신도시인 판교가 입지해 있으며 첨단 연구 개발 단지인 판교 테크노밸리가 위치해 있으므로 A 경기도 성남시이다. 성남시는 서울과 인접한 대표적인 주거 기능의 위성 도시로 최근에는 각종 산업 또한 발달하고 있다.

· (나)는 충청북도의 도청 소재지이며 호남 고속 철도와 경부 고속 철도의 분기점인 오송역과 오송 생명 과학 단지가 위치해 있으므로 D 충청북도 청주시이다. 청주시는 인접한 청원군과 행정 구역이 통합되어 광역 생활권을 형성하였다. 도농 통합시는 생활권이 같은 도시와 농어촌이 합쳐져 하나의 광역 생활권이 된 도시이다.

16 지역 통합 20학년도 7월 학평 19번

자료는 한국지리 수업의 한 장면이다. 선정된 지역에 대한 발표 내용이 옳은 학생만을 고른 것은?

○○학급 선정 '가고 싶은 우리 나라 관광지 100선'

갑
수도권과 전철로 연결된 호반의 도시로 남이섬과 닭갈비 음식 거리 등으로 유명하다.
← 소양호, 춘천호 등 호수가 많음
← 춘천시

병 평창군에 대한 내용
동계 올림픽 개최지였으며 양 떼 목장과 풍력 발전 단지를 볼 수 있다. └ 대관령

을
탈춤, 동족촌의 전통 생활 양식이 보존되어 세계 문화 유산으로 지정된 전통 마을이 있다. ← 하회 마을
← 안동시에 대한 내용
← 평창군

정
석회 동굴과 산림 유전 자원, 명품 숲으로 지정된 금강 소나무길이 있다.
← 정선군
← 울진군
← 성류굴

무 정선군에 대한 내용
한반도 모양으로 휘돌아 나가는 조양강의 아름다운 비경과 레일바이크를 즐길 수 있다.
← 과거 석탄을 실어 나르던 철도
← 안동시
← 감입 곡류 하천

① 갑, 을   ② 갑, 정   ③ 을, 병   ④ 병, 무   ⑤ 정, 무

| 선지 해설 |

갑. 갑이 선정한 지역은 강원도의 도청 소재지인 춘천시이다. 춘천시는 수도권과 전철로 연결되어 있으며 소양호, 춘천호 등의 호수가 많은 호반의 도시이다. 춘천시의 남이섬은 대표적인 관광지이며 춘천시는 닭갈비로 유명하다.

을. 을이 선정한 지역은 강원도 평창군으로, 병이 발표한 내용이 평창군에 해당한다. 평창군에 위치한 대관령은 양 떼 목장과 풍력 발전 단지로 유명하다. 평창은 2018년 동계 올림픽 개최지였다.

병. 병이 선정한 지역은 강원도 정선군으로, 무가 발표한 내용이 정선군에 해당한다. 정선군을 흐르는 조양강은 하천 중·상류의 산지 사이를 흐르는 감입 곡류 하천이다. 정선군은 과거 석탄을 실어 날랐던 산업 철도를 레일바이크로 이용하면서 관광 산업이 발달하고 있다.

정. 정이 선정한 지역은 경상북도 울진군이다. 울진군은 석회동굴인 성류굴이 위치해 있다. 울진군은 금강송을 비롯한 삼림 자원이 풍부하며 소나무 지역에서 자라는 송이버섯의 주산지이다.

무. 무가 선정한 지역은 경상북도 도청 소재지인 안동시로, 을이 발표한 내용이 안동시에 해당한다. 안동은 해마다 국제 탈춤 페스티벌이 열리고 있으며 하회 마을은 전통 생활 양식이 잘 보존된 동족촌으로 경주의 양동 마을과 함께 세계 문화유산으로 지정되어 있다.

지도에 표시된 A~H 중 두 지역의 공통점으로 옳은 것은?

원주: 혁신 도시, 기업도시
춘천: 강원도청 소재지
천안: 수도권 전철 연결
강릉: 강원도 지명 유래
당진: 제철 공업
진천: 혁신 도시
청주
충주: 기업 도시
태백: 석탄 박물관
청주: 충북도청 소재지
내포 신도시: 충남도청 소재지
보령: 석탄 박물관
0   30km

✔ ① A, F – 수도권 전철이 연결되어 있다.

② A, H – 도청이 위치해 있다.   H 충주

③ B, G – 도(道) 이름의 유래가 된 지역이다.   G 진천

④ C, H – 혁신 도시가 조성되어 있다.

충남 보령, 경북 문경
⑤ D, E – 폐광을 활용한 석탄 박물관이 있다.

자료 분석

지도의 A~D는 강원도, E와 F는 충청남도, G와 H는 충청북도에 위치한다. A는 춘천, B는 강릉, C는 원주, D는 태백, E는 당진, F는 천안, G는 진천, H는 충주이다.

선지 해설

① 수도권 전철은 서울, 인천, 경기의 수도권 이외에도 강원 춘천과 충남 천안·아산까지 연장되었다. 따라서 A 춘천, F 천안은 수도권 전철이 연결되어 있다.

② 강원도의 도청은 A 춘천에 위치하며 충청북도의 도청은 청주, 충청남도의 도청은 내포 신도시에 위치한다. 따라서 H 충주에는 도청이 위치해 있지 않다.

③ 강원도의 도(道) 이름의 유래는 B 강릉과 C 원주이며, 충청도의 도(道) 이름은 H 충주와 청주이다. 따라서 G 진천은 도(道) 이름의 유래가 된 지역이 아니다.

④ 혁신 도시로 지정된 곳으로는 강원권에서는 C 원주, 충청권에서는 대전, 내포, 진천·음성이 있다. 따라서 C 원주에는 혁신 도시가 조성되어 있고, H 충주에는 기업 도시가 조성되어 있으나 혁신 도시는 조성되어 있지 않다.

⑤ 폐광을 활용한 석탄 박물관은 D 강원 태백, 충남 보령, 경북 문경에 위치한다. E 당진에는 석탄 박물관이 없다.

개념 확인	호남 지방과 영남 지방 주요 시·군별 공통점	
구분	호남 지방	영남 지방
하굿둑 입지	군산, 목포–영암	부산
원자력 발전소 입지	영광	부산, 경주, 울진
제철 공장 입지	광양	포항
석유 화학 공장 입지	여수	울산
람사르 협약 등록 습지	순천	창녕

다음 자료의 (가), (나)에 해당하는 지역을 지도의 A~D에서 고른 것은?

[3점]

〈우리나라의 걷고 싶은 길〉

지역	소개	
경북 안동 (가)		굽이치는 낙동강을 따라 걸으며 세계 문화유산인 하회 마을, 병산 서원을 비롯한 유교 문화 유적들을 감상할 수 있습니다.
	〈유교 문화길〉	전통 마을
전남 순천 (나)		람사르 협약에 등록된 습지의 넓은 갈대밭 사이를 걸으며 갯벌에 사는 여러 종류의 철새와 짱뚱어, 게 등을 관찰할 수 있습니다.
	〈○○만 갈대길〉	조류의 퇴적 작용으로 형성

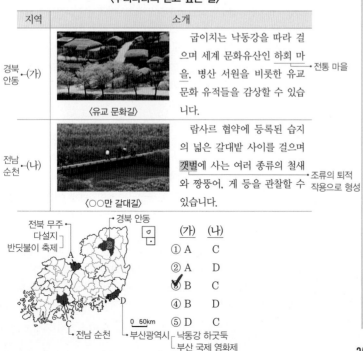

전북 무주 다설지 반딧불이 축제
경북 안동
전남 순천
부산광역시 낙동강 하굿둑
부산 국제 영화제
0   50km

       (가)   (나)
①   A   C
②   A   D
✔③   B   C
④   B   D
⑤   D   C

자료 분석

지도의 A는 전북 무주, B는 경북 안동, C는 전남 순천, D는 부산광역시이다. 전북 무주는 겨울철 북서 계절풍이 소백산맥에 부딪치는 다설지이며 반딧불이를 주제로 한 축제가 열리고 있다. 부산광역시는 낙동강 하굿둑이 위치해 있으며 해마다 국제 영화제가 개최된다.

선지 해설

③ (가) – B, (나) – C

• (가)는 낙동강이 흐르고 경주 양동 마을과 함께 세계 문화유산으로 지정된 하회 마을이 위치해 있으며 유교 문화가 잘 보존된 지역이므로 B 안동이다. 안동은 경상북도의 도청 소재지이며 해마다 국제 탈춤 페스티벌이 열린다. 안동은 안동댐, 임하댐 등 낙동강 유역에 댐이 많이 건설되어 있다.

• (나)는 람사르 협약에 등록된 습지가 발달되어 있으며 생태계가 잘 보존되어 있으므로 C 순천이다. 순천은 전통 마을인 낙안 읍성과 순천만 국가 정원이 위치해 있다.

19 지역 통합 24학년도 10월 학평 9번

정답 ① | 정답률 59%

다음은 세 지역의 산업별 특성을 나타낸 것이다. (가)~(다)에 해당하는 지역으로 옳은 것은?

(가)는 3차 산업 취업자 수 비율이 가장 높으나 3차 산업 취업자 수는 가장 적음 → 세 지역 중 인구가 가장 적음 → 전북

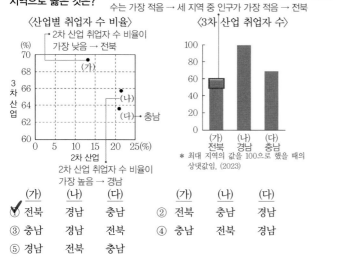

〈산업별 취업자 수 비율〉

2차 산업 취업자 수 비율이 가장 낮음 → 전북

2차 산업 취업자 수 비율이 가장 높음 → 경남

〈3차 산업 취업자 수〉

* 최대 지역의 값을 100으로 했을 때의 상댓값임. (2023)

	(가)	(나)	(다)
✓①	전북	경남	충남
②	전북	충남	경남
③	충남	경남	전북
④	충남	전북	경남
⑤	경남	전북	충남

| 자료 분석 |

(가)~(다)는 전북, 경남, 충남 중 하나이다. (가)는 3차 산업 취업자 수 비율이 가장 높고, 2차 산업 취업자 수 비율이 가장 낮은 지역이다. (나)는 2차 산업 취업자 수 비율이 가장 높은 지역으로 제조업이 발달한 지역이다. (다)는 (나) 다음으로 2차 산업 취업자 수 비율이 높으며 3차 산업 취업자 수 비율이 가장 낮은 지역이다.

| 선지 해설 |

① (가) – 전북, (나) – 경남, (다) – 충남

- (가)는 세 지역 중 3차 산업 취업자 수 비율이 가장 높으나 3차 산업 취업자 수는 가장 적은 것으로 보아 세 지역 중 인구가 가장 적다. 또한 2차 산업 취업자 수 비율이 세 지역 중 가장 낮은 것으로 보아 제조업과 건설업이 차지하는 비율이 다른 지역보다 낮은 지역이다. 따라서 (가)는 세 지역 중 인구가 가장 적고 2차 산업이 차지하는 비율이 낮은 전북이다.

- (나)는 세 지역 중 2차 산업 취업자 수 비율이 가장 높고 3차 산업 취업자 수 비율은 (가)보다 낮지만 3차 산업 취업자 수가 가장 많다. 또한 3차 산업 취업자 수 비율이 (다)와 약 2% 정도 차이가 나지만 3차 산업 취업자 수는 (다)와 약 30% 정도 차이가 나는 지역으로 (가), (다)보다 인구가 많다. 따라서 (나)는 세 지역 중 제조업이 가장 발달하고 인구가 가장 많은 경남이다.

- (다)는 2차 산업 취업자 수 비율이 (나) 경남 다음으로 높다. 따라서 (다)는 (나) 경남보다는 인구가 적고 (가) 전북보다는 인구가 많으며 2차 산업이 상대적으로 발달한 충남이다.

20 지역 통합 25학년도 수능 14번

정답 ② | 정답률 74%

다음 자료의 (가)에 들어갈 활동 내용으로 가장 적절한 것은? (단, 각 고등학교는 3일 동안 매일 한 지역씩 서로 다른 세 지역을 방문함.) [3점]

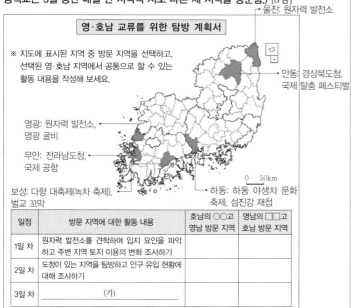

영·호남 교류를 위한 탐방 계획서

※ 지도에 표시된 지역 중 방문 지역을 선택하고, 선택된 영·호남 지역에서 공통으로 할 수 있는 활동 내용을 작성해 보세요.

울진: 원자력 발전소

안동: 경상북도청, 국제 탈춤 페스티벌

영광: 원자력 발전소, 영광 굴비

무안: 전라남도청, 국제 공항

보성: 다향 대축제(녹차 축제), 벌교 꼬막

하동: 하동 야생차 문화 축제, 섬진강 재첩

0 50km

일정	방문 지역에 대한 활동 내용	호남의 ○○고 영남 방문 지역	영남의 □□고 호남 방문 지역
1일 차	원자력 발전소를 견학하여 입지 요인을 파악하고 주변 지역 토지 이용의 변화 조사하기		
2일 차	도청이 있는 지역을 팀방하고 인구 유입 현황에 대해 조사하기		
3일 차	(가)		

① 기업도시를 답사하여 지역 주민의 이주 요인 설문하기
  └ 강원 원주, 충북 충주, 충남 태안, 전남 영암·해남

✓② 녹차 재배지를 방문하여 찻잎을 따서 녹차 만들어 보기
  └ 보성 녹차(지리적 표시제 1호), 하동 녹차(지리적 표시제 2호)

③ 대규모 자동차 조립 공장을 견학하여 생산 과정 파악하기
  └ 울산, 경기 화성, 광주 등

④ 염해 방지를 위해 건설된 하굿둑을 방문하여 갑문 기능 알아보기
  └ 금강, 영산강, 낙동강 하구에 건설

⑤ 석유 화학 공장을 견학하여 지역 경제에 미치는 영향 조사하기
  └ 울산, 전남 여수, 충남 서산, 인천 등

| 자료 분석 |

지도의 여섯 지역은 영남 지방인 경북 울진, 경북 안동, 경남 하동과 호남 지방인 전남 영광, 전남 무안, 전남 보성이다. 1일 차 원자력 발전소 견학이 가능한 지역은 호남의 영광, 영남의 울진이다. 2일 차 도청이 있는 지역 탐방이 가능한 지역은 전라남도청이 위치한 호남의 무안과 경상북도청이 위치한 영남의 안동이다. 따라서 (가)에 들어갈 내용은 3일 차에는 1일차와 2일차에서 방문하지 않은 영남 지방의 하동과 호남의 보성에서 공통으로 할 수 있는 활동 내용이다.

| 선지 해설 |

① 기업도시는 민간 기업이 주도적으로 개발한 특정 산업 중심의 자급자족형 도시로 호남에는 영암·해남에 기업도시가 있으며, 영남에는 기업도시가 없다. 따라서 제시된 지역에서 기업도시를 방문하기 어렵다.

② 3일 차에 남은 지역은 호남의 보성과 영남의 하동으로 두 지역에서 공통으로 할 수 있는 활동은 녹차 재배지 방문이 있다. 보성과 하동은 모두 녹차로 유명한 지역이며 보성 녹차와 하동 녹차는 모두 지리적 표시제 농산물로 지정되었다.

③ 우리나라의 대규모 자동차 조립 공장은 영남의 울산, 호남의 광주 등에 있다. 영남의 하동과 호남의 보성에는 대규모 자동차 조립 공장이 위치하지 않는다.

④ 우리나라 하굿둑은 금강, 영산강, 낙동강 하구에 위치하며, 금강 하굿둑은 호남의 군산–충남 서천, 영산강 하굿둑은 호남의 목포–영암, 낙동강 하굿둑은 영남의 부산에 건설되어 있다. 제시된 지역에서는 하굿둑을 살펴보기 어렵다.

⑤ 영·호남 지역 중 석유 화학 공장은 영남의 울산, 호남의 여수 등에 있다. 영남의 하동과 호남의 보성에서는 석유 화학 공장을 견학하기 어렵다.

26

| 01 ④ | 02 ④ | 03 ⑤ | 04 ⑤ | 05 ① | 06 ④ | 07 ① | 08 ⑤ | 09 ② | 10 ③ | 11 ③ | 12 ④ |
| 13 ④ | 14 ② | 15 ⑤ | 16 ⑤ | 17 ② | 18 ① | 19 ② | 20 ④ | | | | |

문제편 231~235쪽

---

01 우리나라 여러 지역의 특성 25학년도 9월 모평 17번 | 정답 ④ | 정답률 63%

그래프는 권역별 도시 인구 순위를 나타낸 것이다. (가)~(다)에 대한 설명으로 옳은 것은? (단, (가)~(다)는 각각 강원권, 수도권, 영남권 중 하나임.)

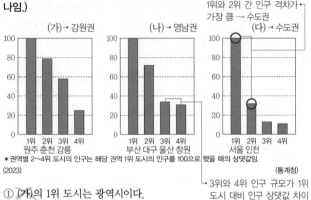

1위와 2위 간 인구 격차가 가장 큼 → 수도권
(다)→ 수도권

* 권역별 2~4위 도시의 인구는 해당 권역 1위 도시의 인구를 100으로 했을 때의 상댓값.
(2023) (통계청)

→ 3위와 4위 인구 규모가 1위 도시 대비 인구 상댓값 차이가 (다)보다 작음 → 영남권

① (가)의 1위 도시는 광역시이다.
  └(나)
② (가)는 (나)보다 총인구가 ~~많다~~.
                          적다
③ (가)는 (다)보다 1위 도시와 2위 도시 간의 인구 차가 ~~크다~~.
                                                        작다
✔④ (다)의 2위 도시 인구는 (나)의 2위 도시 인구보다 많다.
      └인천   └대구
⑤ (나)와 (다)의 행정구역 경계는 ~~맞닿아 있다~~.
                              있지 않다

출제 경향

우리나라 여러 지역의 도시 인구 순위, 산업별 취업자 수 비율, 1인당 지역 내 총생산과 지역 내 총생산 등의 특징을 자료로 제시한 다음 해당 지역의 특징을 비교하는 문항이 주로 출제된다.

| 자료 분석 |

인구 규모 1위와 2위 도시의 인구 차이가 가장 큰 (다)는 수도권이다. 수도권 인구 규모 1위 도시인 서울의 인구는 2위 도시인 인천의 약 3배 정도이다. (가)와 (나) 중 인구 규모 3위 4위 도시 인구 규모가 1위 도시와 비교했을 때 인구 상댓값의 차이가 (다)보다 작은 (나)는 영남권이다. 영남권의 인구 규모 1위 도시는 부산, 2위 도시는 대구이며, 3위 도시는 울산, 4위 도시는 창원이다. 나머지 (가)는 강원권이다.

| 선지 해설 |

① (가) 강원권의 인구 1위 도시는 원주이며, 원주는 광역시가 아니다.

② (가) 강원권은 (나) 영남권보다 총인구가 적다. 우리나라 권역 중 총인구가 가장 많은 권역은 (다) 수도권이며, 총인구가 두 번째로 많은 권역은 (나) 영남권이다.

③ (가) 강원권의 인구 1위 도시는 원주, 인구 2위 도시는 춘천이며, (다) 수도권의 인구 1위 도시는 서울, 인구 2위 도시는 인천이다. 따라서 (가) 강원권은 (다) 수도권보다 1위 도시와 2위 도시 간의 인구 차가 작다.

④ (다) 수도권의 인구 2위 도시는 인천이며, (나) 영남권의 인구 2위 도시는 대구이다. 우리나라의 도시 인구는 서울 〉 부산 〉 인천 〉 대구 순으로 많으므로, (다) 수도권의 인천은 (나) 영남권의 대구보다 인구가 많다.

⑤ (나) 영남권과 (다) 수도권의 행정구역 경계는 맞닿아 있지 않다.

---

02 우리나라 여러 지역의 특성 23학년도 6월 모평 5번 | 정답 ④ | 정답률 90%

표는 (가)~(다) 지역에 입지한 주요 시설의 현황을 나타낸 것이다. (가)~(다)에 해당하는 지역으로 옳은 것은?

→ 대구, 청주, 원주 등 내륙 지역

시설＼지역	(가)부산	(나)인천	(다)대구
공항	O	O	O
항만	O	O	X
원자력 발전소	O	X	X

* 'O'는 시설이 입지함, 'X'는 시설이 입지하지 않음을 의미함.

→ 지반이 견고하고 다량의 냉각수를 확보할 수 있는 곳에 입지
→ 경북 울진·경주, 부산, 울산(영남권), 전남 영광(호남권)에 위치
→ 국제공항+항만: 인천, 제주 등
→ 국내공항+항만: 군산, 여수, 사천, 울산, 포항 등

	(가)	(나)	(다)		(가)	(나)	(다)
①	대구	부산	인천	②	대구	인천	부산
③	부산	대구	인천	✔④	부산	인천	대구
⑤	인천	대구	부산				

| 자료 분석 |

우리나라의 대표적인 거점 공항은 서울, 부산, 제주, 대구, 청주, 무안 등에 있다. 항만은 선박의 출입, 승선과 화물의 하역, 보관 및 처리 등을 위한 시설이 있으며 해안에 입지한다. 우리나라의 대표적인 항만으로는 부산항, 인천항, 울산항 등이 있다. 원자력 발전소는 경북 울진, 경주, 부산, 울산, 전남 영광 등에 있다.

| 선지 해설 |

④ (가) – 부산, (나) – 인천, (다) – 대구

• (가)는 공항, 항만, 원자력 발전소가 모두 입지한 지역이다. 부산에는 김해 국제공항과 무역항인 부산항이 있다. 또한 부산 기장에는 고리 원자력 발전소가 있는데, 이는 우리나라 최초의 원자력 발전소이다. 따라서 공항, 항만, 원자력 발전소가 모두 입지한 (가)는 부산이다.

• (나)는 공항, 항만은 입지하였지만 원자력 발전소는 입지하지 않은 지역이다. 인천에는 인천 국제공항과 무역항인 인천항이 있다. 한편 인천에는 원자력 발전소가 없다. 따라서 공항과 항만이 입지한 (나)는 인천이다.

• (다)는 공항만 입지하였으며, 항만과 원자력 발전소는 입지하지 않은 지역이다. 대구에는 대구 국제공항이 있다. 한편 내륙에 위치한 대구에는 항만과 원자력 발전소가 없다. 따라서 공항만 입지한 (다)는 대구이다.

다음은 한국지리 온라인 수업의 한 장면이다. 답글의 내용이 적절한 학생만을 있는 대로 고른 것은?

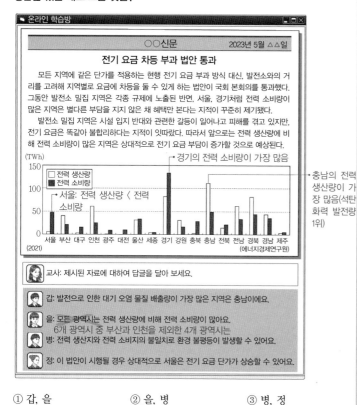

① 갑, 을   ② 을, 병   ③ 병, 정
④ 갑, 을, 병   ✔⑤ 갑, 병, 정

| 자료 분석 |

제시된 자료는 전력 생산량과 전력 소비량의 지역 차이로 발생하는 환경 불평등에 관한 것이다. 그래프를 보면 서울과 경기는 전력 생산량에 비해 전력 소비량이 많지만, 부산, 인천, 강원, 충남, 전남, 경북, 경남 등은 전력 소비량에 비해 전력 생산량이 많음을 알 수 있다. 또한 전력 생산량은 충남 〉 경기 〉 경북 순으로 많으며, 전력 소비량은 경기 〉 충남 〉 서울 순으로 많음을 알 수 있다.

| 선지 해설 |

㉮ 발전으로 인한 대기 오염 물질 배출량이 가장 많은 지역은 충남이다. 충남은 전국 시·도 중 전력 생산량이 가장 많으며 화력 발전이 활발하게 이루어져 발전으로 인한 대기 오염 물질 배출량이 가장 많다.

을. 광역시 중 전력 생산량에 비해 전력 소비량이 많은 지역은 대구, 광주, 대전, 울산이다. 반면, 부산과 인천은 전력 생산량에 비해 전력 소비량이 적다. 따라서 모든 광역시가 전력 생산량에 비해 전력 소비량이 많은 것은 아니다.

㉯ 전력을 생산하는 과정에서 대기 오염 물질 배출량 증가와 같은 환경 문제가 발생하며, 전력 생산지와 전력 소비지의 불일치에 따른 환경 불평등이 발생할 수 있다.

㉰ 전기 요금 차등 부과 법안이 시행될 경우 전력 생산량보다 전력 소비량이 많은 서울은 상대적으로 전기 요금 단가가 상승할 수 있다.

그래프는 네 지역의 산업별 취업자 수 비율을 나타낸 것이다. (가)~(라) 지역에 대한 설명으로 옳은 것은? (단, (가)~(라)는 각각 경기, 서울, 제주, 충남 중 하나임.)

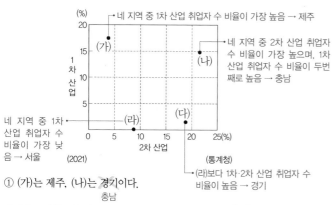

① (가)는 제주, (나)는 경기이다.
   충남

② (가)는 (나)보다 지역 내 3차 산업 취업자 수 비율이 낮다.
   높다

③ (나)는 (다)보다 제조업 출하액이 많다.
   적다

④ (다)는 (라)보다 전문, 과학 및 기술 서비스업체 수가 많다.
   적다

✔⑤ (가)~(라) 중 1인당 지역 내 총생산은 (나)가 가장 많다.

| 자료 분석 |

그래프의 (가)는 네 지역 중 1차 산업 취업자 수 비율이 가장 높고, 2차 산업 취업자 수 비율이 가장 낮으므로 제주이다. 제주는 경기, 서울, 충남에 비해 제조업이 덜 발달해 있다. (나)는 네 지역 중 2차 산업 취업자 수 비율이 가장 높고, 1차 산업 취업자 수 비율이 제주 다음으로 높은 충남이다. 경기와 서울 중 2차 산업 취업자 수 비율이 높은 (다)가 경기이며, 나머지 (라)는 서울이다.

| 선지 해설 |

① (가)는 2차 산업 취업자 수 비율이 가장 낮은 제주, (나)는 2차 산업 취업자 수 비율이 가장 높은 충남이다.

② (가) 제주는 (나) 충남보다 지역 내 3차 산업 취업자 수 비율이 높다. 3차 산업 취업자 수 비율은 전체 100%에서 1차 산업 취업자 수 비율과 2차 산업 취업자 수 비율을 빼면 구할 수 있다. 제주는 100−(17.5+4)=78.5%, 충남은 100−(14.5+22)=63.5%이다.

③ (나) 충남은 (다) 경기보다 제조업 출하액이 적다. 2차 산업 취업자 수 비율은 충남이 경기보다 높지만, 2차 산업 취업자 수와 제조업 출하액은 경기가 충남보다 많다.

④ (다) 경기는 (라) 서울보다 전문, 과학 및 기술 서비스업체 수가 적다.

⑤ (가)~(라) 중 1인당 지역 내 총생산은 (나) 충남이 가장 많다.

26
일차

지도는 (가), (나) 고속 국도 노선과 A~D 도시를 표시한 것이다. 이에 대한 설명으로 옳은 것만을 〈보기〉에서 있는 대로 고른 것은?

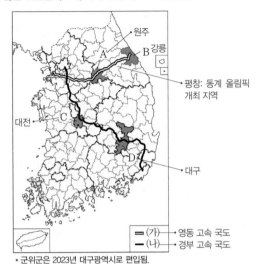

원주

B 강릉

A

평창: 동계 올림픽 개최 지역

대전

C

D

대구

━ (가) → 영동 고속 국도
━ (나) → 경부 고속 국도

• 군위군은 2023년 대구광역시로 편입됨.

〈 보기 〉

ㄱ. (가)는 동계 올림픽 개최 지역을 지나간다.
└ 평창

ㄴ. A와 D에는 모두 지하철역이 위치한다.

ㄷ. B와 C에는 모두 공공 기관이 이전한 혁신 도시가 있다. 없다

✓① ㄱ   ② ㄴ   ③ ㄱ, ㄷ   ④ ㄴ, ㄷ   ⑤ ㄱ, ㄴ, ㄷ

| 자료 분석 |

지도의 (가)는 영동 고속 국도, (나)는 경부 고속 국도이다. A는 강원 원주, B는 강원 강릉, C는 대전광역시, D는 대구광역시이다. 강원 원주는 강원도에서 인구가 가장 많은 도시이며, 기업 도시와 혁신 도시로 지정되어 있으며, 의료 산업 클러스터 단지가 조성되어 있다. 강원 강릉은 정동진이 유명하며 경포호와 같은 석호와 경포대 해수욕장 등의 사빈이 발달해 있다. 대전광역시에는 국가 주도의 과학 연구 단지가 조성되어 있다. 대구는 섬유 공업의 첨단화와 첨단 의료 복합 단지의 유치를 통해 고부가 가치 산업에 비중을 두고 있다.

| 선지 해설 |

ⓞ (가) 영동 고속 국도는 동계 올림픽 개최 지역인 강원 평창을 지나간다.

ㄴ. D 대구에는 지하철역이 위치하지만, 2023년 기준 A 원주에는 지하철역이 위치하지 않는다.

ㄷ. 2023년 기준 B 강릉과 C 대전에는 모두 공공 기관이 이전한 혁신 도시가 없다. 다만, C 대전은 2020년에 혁신 도시로 지정되어 대전역 인근에 혁신 도시가 건설 예정이다.

다음 글의 ㉠~㉢에 대한 설명으로 옳은 것만을 〈보기〉에서 고른 것은?
┌ 서울을 중심으로 한 대도시권으로 우리나라   [3점]
인구의 약 50%가 집중되어 있음

〈부산·울산·경남의 초광역적 협력 사업에 모아지는 관심〉
2022년 ○월 ○일, 지방 자치 단체가 주도하는 '부산울산경남특별연합'의 협약식이 개최되었다. 이 연합은 시·도 경계를 넘어서는 교통망을 구축하고, ㉠ 부산·울산·경남의 산업 거점 간 연계를 강화하는 협력 사업 계획을 발표하였다. 이 계획이 예상대로 진행되면, ㉡ 수도권에 대응하는 단일 생활·경제권이 조성되어 ㉢ 지역 주도 균형 발전에 기여할 것으로 기대된다. 그러나 지역 간 이해 차이 등으로 인해 원활한 협력 가능성에 대한 회의적인 시각도 존재한다.
┌ 지역 격차 완화를 위해 제4차 국토 종합 계획
때 채택된 정책임

〈 보기 〉

ㄱ. ㉠의 전체 인구는 서울의 인구보다 많다.
                            적다

ㄴ. ㉠ 중 1인당 지역 내 총생산은 울산이 가장 많다.

ㄷ. ㉢은 제1차 국토 종합 개발 계획의 핵심 목표였다.
              제4차 국토 종합 계획

ㄹ. ㉠은 ㉡보다 정보 통신업 사업체 수가 적다.
       └ 수도권에 약 71% 집중(2019년 기준)

① ㄱ, ㄴ   ② ㄱ, ㄷ   ③ ㄴ, ㄷ   ✓④ ㄴ, ㄹ   ⑤ ㄷ, ㄹ

| 보기 해설 |

ㄱ. 2021년 기준 부산의 인구는 약 339.6만 명, 울산의 인구는 약 113.8만 명, 경남의 인구는 337.7만 명으로, 부산·울산·경남의 전체 인구는 약 791.1만 명이다. 반면 서울의 인구는 약 973.6만 명이다. 2021년 기준 부산·울산·경남의 인구는 서울보다 약 182.5만 명 적다. 따라서 ㉠ 부산·울산·경남의 전체 인구는 서울의 인구보다 적다.

ⓛ 2020년 기준 ㉠ 부산·울산·경남 중 1인당 지역 내 총생산(GRDP)은 울산 〉 경남 〉 부산 순으로 많다.

ㄷ. 제1차 국토 종합 개발 계획(1972~1981년)은 효율성을 강조한 성장 거점 개발 방식을 채택하였다. 지역 간 균형 발전 및 경제적 형평성을 추구한 ㉢ 지역 주도 균형 발전 방식은 제4차 국토 종합 계획(2000~2020년)에 해당한다.

ⓡ 2019년 기준 정보 통신업 사업체 수는 ㉠ 부산·울산·경남이 3,579개이며 ㉡ 수도권이 32,196개이다. 따라서 ㉠ 부산·울산·경남은 ㉡ 수도권보다 정보 통신업 사업체 수가 적다.

07 지역 통합 23학년도 수능 11번

정답 ① | 정답률 82%

표는 (가)~(라) 지역에 입지한 주요 시설의 현황을 나타낸 것이다. (가)~(라)에 해당하는 지역으로 옳은 것은?

→ 익산, 청주, 대구는 모두 내륙에 위치

→ 우리나라의 모든 광역시에서는 지하철(전철)역이 입지함

시설＼지역	(가)	(나)	(다)	(라)
항만	×	×	×	○
지하철역	×	×	○	○
국제 공항	×	○	○	○
고속 철도역	○	○	○	○

* '○'는 시설이 입지함을, '×'는 시설이 입지하지 않음을 의미함.
우리나라 국제공항: 인천, 서울(김포 국제 공항), 제주, 부산(김해 국제 공항), 청주, 대구, 양양, 무안

	(가)	(나)	(다)	(라)
✓①	익산	청주	대구	부산
②	익산	청주	부산	대구
③	청주	대구	익산	부산
④	청주	익산	대구	부산
⑤	청주	익산	부산	대구

선지 해설

① (가)– 익산, (나)– 청주, (다)– 대구, (라)– 부산

• (가)는 고속 철도역만 입지하였으며, 항만, 지하철역, 국제 공항은 입지하지 않은 지역이다. 전북 익산은 고속철도 호남선이 지나는 곳으로 익산역이 입지해 있다. 반면 내륙에 위치하여 항만이 입지할 수 없으며 또 지하철역과 국제 공항도 입지하지 않았다.

• (나)는 고속 철도역과 국제 공항은 입지하였지만 항만과 지하철역은 입지하지 않은 지역이다. 충북 청주에는 고속 철도역인 오송역과 청주 국제 공항이 입지해 있다. 반면 내륙에 위치하여 항만이 입지할 수 없으며 지하철역 또한 입지하지 않았다.

• (다)는 고속 철도역과 국제 공항, 지하철역은 입지하였지만 항만은 입지하지 않은 지역이다. 대구는 대구 국제 공항과 고속 철도역인 동대구역과 서대구역이 입지해 있으며, 지하철이 운행한다. 반면 내륙에 위치하여 항만이 입지할 수 없다.

• (라)는 고속 철도역, 국제 공항, 지하철역, 항만이 모두 입지한 지역이다. (가)~(라) 중 유일하게 해안에 위치한 부산에는 무역항인 부산항이 입지해 있다. 또한 고속 철도역인 부산역과 구포역, 국제 공항인 김해 국제 공항이 입지하며, 지하철이 운행한다.

08 우리나라 여러 지역의 특성 22학년도 9월 모평 9번

정답 ⑤ | 정답률 36%

그래프는 지도에 표시된 네 지역의 산업별 취업자 수 비율을 나타낸 것이다. (가)~(라) 지역에 대한 설명으로 옳은 것은?

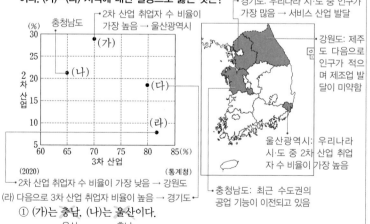

→ 경기도: 우리나라 시·도 중 인구가 가장 많음 → 서비스 산업 발달

→ 2차 산업 취업자 수 비율이 가장 높음→ 울산광역시

충청남도

→ 강원도: 제주도 다음으로 인구가 적으며 제조업 발달이 미약함

→ 울산광역시: 우리나라 시·도 중 2차 산업 취업자 수 비율이 가장 높음

→ 충청남도: 최근 수도권의 공업 기능이 이전되고 있음

→ 2차 산업 취업자 수 비율이 가장 낮음 → 강원도
(라) 다음으로 3차 산업 취업자 비율이 높음 → 경기도

① (가)는 충남, (나)는 울산이다.
　　울산　　　충남

② (가)는 (다)보다 제조업 출하액이 많다.
　　　　　　　　　　적다

③ (다)는 (라)보다 지역 내 1차 산업 취업자 수 비율이 높다.
　　　　　　　　　　　　　　　　　　　　낮다

④ (라)는 (나)보다 지역 내 총생산이 많다. 적다
　　→ 인구가 많은 지역일수록 많음

✓⑤ (가)~(라) 중 생산자 서비스업 사업체 수는 (다)가 가장 많다.
　　→ 기업이 밀집해 있음

자료 분석

지도에 표시된 네 지역은 경기도, 강원도, 충청남도, 울산광역시이다. (가)는 네 지역 중 2차 산업 취업자 수 비율이 가장 높으므로 우리나라에서 제조업이 가장 발달한 도시인 울산광역시이다. (라)는 네 지역 중 2차 산업 취업자 수 비율이 가장 낮으므로 제조업이 크게 발달하지 않은 강원도이다. (나), (다) 중에서 상대적으로 3차 산업 취업자 수 비율이 높은 (다)는 우리나라 시·도 중 인구가 가장 많아 서비스 산업이 발달한 경기도이다. (나)는 충청남도이다.

선지 해설

① (가)는 울산, (나)는 충남이다.

② 울산광역시는 자동차 및 트레일러 제조업, 화학 물질 및 화학 제품(의약품 제외) 제조업 등이 발달한 우리나라 최대의 공업 도시로, 경기도보다 제조업 출하액이 많다고 생각할 수 있다. 경기도는 섬유 제품(의복 제외) 제조업, 자동차 및 트레일러 제조업, 전자부품·컴퓨터·영상·음향 및 통신 장비 제조업의 출하액이 우리나라 시·도 중 가장 높은 높으며 그 외 여러 공업이 발달해 있다. 따라서 (가) 울산은 (다) 경기도보다 제조업 출하액이 적다.

③ (다) 경기도는 (라) 강원도보다 지역 내 1차 산업 취업자 수 비율이 낮다.

④ 인구가 많은 지역일수록 대체로 지역 내 총생산이 많다. 따라서 제주도 다음으로 우리나라 도 중에서 인구가 적으며 제조업이 크게 발달하지 않은 (라) 강원도는 (나) 충청남도보다 지역 내 총생산이 적다.

⑤ 기업이 이용하는 생산자 서비스업 사업체 수는 (가)~(라) 중 (다) 경기가 가장 많다.

그래프는 지도에 표시된 네 지역의 산업 구조와 취업자 수를 나타낸 것이다. (가)~(라) 지역에 대한 설명으로 옳은 것은? [3점]

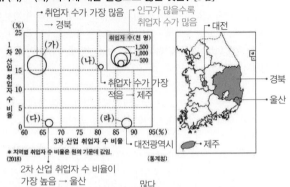

① (가)는 (라)보다 제조업 출하액이 적다. 많다

✓② (나)는 (가)보다 지역 내 총 발전량 중 화력 발전이 차지하는 비율이 높다.

③ (나)는 (다)보다 1인당 지역 내 총생산이 많다. 적다

④ (다)는 광역시, (라)는 도(道)이다. 광역시 └ 시·도 중 울산이 가장 많음

⑤ (가)~(라) 중 전문 서비스업체 수는 (나)가 가장 많다. (라)

| 자료 분석 |

지도에 제시된 지역은 대전, 울산, 경북, 제주이다. (가)는 (가)~(라) 중 취업자 수가 가장 많으므로 네 지역 중 인구가 가장 많은 경북이다. (나)는 (가)~(라) 중 취업자 수가 가장 적으므로 우리나라 시·도 중 인구가 가장 적은 제주이다. (다)는 3차 산업 취업자 수 비율이 낮으므로 2차 산업 취업자 수 비율이 높음을 알 수 있다. 따라서 (다)는 우리나라 최대의 공업 도시인 울산이다. (라)는 (다)에 비해 3차 산업 취업자 수 비율이 높으므로 대전이다.

| 선지 해설 |

① (가) 경북은 (라) 대전보다 제조업 출하액이 많다. 경북 포항은 1차 금속 제조업이, 구미는 전자 부품·컴퓨터·영상·음향 및 통신 장비 제조업이 발달해 있다.

②(나) 제주는 기반암의 특성상 수력 발전에 불리해 지역 내 총 발전량 중 화력 발전이 차지하는 비율이 높다. 반면 (가) 경북은 울진과 경주에 원자력 발전소가 위치해 있어 화력의 비중이 (나)보다 낮다.

③ (나) 제주는 (다) 울산보다 1인당 지역 내 총생산이 적다. 울산은 중화학 공업이 발달해 있어 시·도 중 1인당 지역 내 총생산이 가장 많다.

④ (다) 울산과 (라) 대전 모두 광역시에 해당한다.

⑤ 기업이 이용하는 전문 서비스업체 수는 (라) 대전이 가장 많다. 대전은 대덕 연구 단지가 위치해 있어 기업이 이용하는 생산자 서비스업이 발달해 있다.

다음 자료의 (가)~(다) 지역에 대한 설명으로 옳은 것은? [3점]

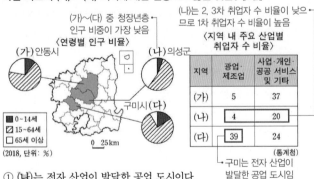

① (나)는 전자 산업이 발달한 공업 도시이다. (다)

② (다)는 도청 소재지이다. (가)

✓③ (나)는 (가)보다 노령화 지수가 높다. 노년층 인구 비율 / 유소년층 인구 비율 ×100

④ (다)는 (나)보다 지역 내 1차 산업 취업자 수 비율이 높다. 낮다

⑤ (가)~(다) 중 총 부양비는 (다)가 가장 높다. (나) └ 청장년층 인구 비중이 낮을수록 높음

| 자료 분석 |

지도에 표시된 (가)는 안동시, (나)는 의성군, (다)는 구미시이다.

| 선지 해설 |

① 전자 산업이 발달한 공업 도시는 (다) 구미시이다. 구미는 아산과 함께 전자 부품·컴퓨터·영상·음향 및 통신 장비 제조업이 발달해 있다.

② 경상북도의 도청 소재지는 (가) 안동시이다.

③노령화 지수는 (노년층 인구 비율/유소년층 인구 비율)×100이다. (나) 의성군은 (가) 안동시보다 유소년층 비중은 낮고 노년층 비중은 높으므로 노령화 지수가 높다.

④ 〈지역 내 주요 산업별 취업자 수 비율〉 표를 보면 (다) 구미시는 (나) 의성군보다 지역 내 광업·제조업(2차) 취업자 수 비율과 사업·개인·공공 서비스 및 기타(3차) 취업자 수 비율을 합한 값이 높으므로 지역 내 1차 산업 취업자 수 비율이 낮다. 따라서 지역 내 1차 산업 취업자 수 비율은 도시인 (다) 구미시가 촌락인 (나) 의성군보다 낮다.

⑤ 총 부양비는 청장년층 인구 비중이 낮을수록 높다. (가)~(다) 중 청장년층 인구 비중이 가장 낮은 지역은 (나) 의성군이다. 따라서 (가)~(다) 중 총 부양비는 (나)가 가장 높다.

표는 지표별로 광역시의 순위를 나타낸 것이다. (가)에 해당하는 도시를 지도의 A~E에서 고른 것은?

지표 ＼ 순위	1위	2위	3위	4위	5위	6위
	대체로 인구수와 비례함 → D 부산		B 대구	A 대전	┌ E 광주	
인구	○○	인천	□□	◇◇	△△	(가)
지역 내 총생산	○○	인천	(가)	□□	◇◇	△△
1인당 지역 내 총생산	(가)	인천	◇◇	△△	○○	□□

(2018) ┌ 지역 내 총생산 / 인구 　　울산은 우리나라 최대의 공업 도시로 인구에 비해 지역 내 총생산이 많음 　(통계청)

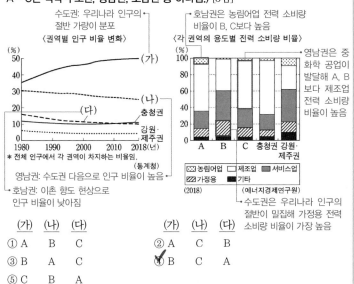

① A
② B
③ C
④ D
⑤ E

| **자료 분석** |

지도에 표시된 A는 대전광역시, B는 대구광역시, C는 울산광역시, D는 부산광역시, E는 광주광역시이다. 2018년 기준 우리나라 광역시의 인구는 부산 〉 인천 〉 대구 〉 대전 〉 광주 〉 울산 순으로 많다. 따라서 우리나라 광역시 중에서 인구 1위 광역시는 D 부산, 3위 광역시는 B 대구, 4위 광역시는 A 대전, 5위 광역시는 E 광주이다.

| **선지 해설** |

③ C

(가)는 우리나라 광역시 중 인구가 가장 적다. 인구가 많은 도시일수록 대체로 지역 내 총생산이 많은데 (가)는 광역시 중 인구가 가장 적지만 지역 내 총생산은 3위이며 1인당 지역 내 총생산은 1위이다. 따라서 (가)는 C 울산이다. 울산은 자동차 및 트레일러 제조업, 정유 및 석유 화학 제조업이 발달해 있어 인구는 적지만 지역 내 총생산이 많다. 지역 내 총생산을 지역의 인구로 나눈 1인당 지역 내 총생산은 울산이 광역시 중에서 가장 많다.

(가)~(다)에 해당하는 지역을 A~C에서 고른 것은? (단, (가)~(다)와 A~C는 각각 수도권, 영남권, 호남권 중 하나임.) [3점]

수도권: 우리나라 인구의 절반 가량이 분포 →
〈권역별 인구 비율 변화〉

(가) / (나) / (다) / 충청권 / 강원·제주권
1980 1990 2000 2010 2018(년)
＊ 전체 인구에서 각 권역이 차지하는 비율임.　(통계청)

영남권: 수도권 다음으로 인구 비율이 높음
호남권: 이촌 향도 현상으로 인구 비율이 낮아짐

← 호남권은 농림어업 전력 소비량 비율이 B, C보다 높음
〈각 권역의 용도별 전력 소비량 비율〉

A / B / C / 충청권 / 강원·제주권

영남권은 중화학 공업이 발달해 A, B보다 제조업 전력 소비량 비율이 높음 →

■ 농림어업 　□ 제조업 　■ 서비스업
▨ 가정용 　■ 기타
(2018) 　(에너지경제연구원)

← 수도권은 우리나라 인구의 절반이 밀집해 가정용 전력 소비량 비율이 가장 높음

	(가)	(나)	(다)		(가)	(나)	(다)
①	A	B	C	②	A	C	B
③	B	A	C	④	B	C	A
⑤	C	B	A				

| **자료 분석** |

(가)는 우리나라 인구의 절반가량이 분포하므로 수도권이다. (나)는 2018년 기준 (가) 다음으로 인구 비율이 높으므로 영남권이다. (다)는 이촌 향도 현상으로 1980년대 이후로 인구 비율이 감소한 호남권이다.

| **선지 해설** |

④ (가) – B, (나) – C, (다) – A

• (가) 수도권은 우리나라 인구의 절반가량이 분포해 있으며 다른 권역에 비해 제조업은 발달해 있는 반면 농림어업은 크게 발달해 있지 않다. 따라서 권역 중 가정용 전력 소비량 비율이 가장 높고 농림어업 전력 소비량 비율이 가장 낮은 B가 수도권이다.

• (나) 영남권은 울산광역시, 포항시, 거제시 등 대규모의 중화학 공업이 발달한 도시가 많다. 따라서 A~C 중 제조업 전력 소비량 비율이 가장 높은 C가 영남권이다.

• (다) 호남권은 평야가 발달해 있으며 기후가 온화해 다른 권역에 비해 농업이 발달해 있다. 따라서 강원·제주권 다음으로 농림어업 전력 소비량 비율이 높은 A가 호남권이다.

357

13 우리나라 여러 지역의 특성 24학년도 5월 학평 17번

정답 ④ | 정답률 80%

다음 글의 (가), (나) 지역을 지도의 A~C에서 고른 것은?

┌─ 강원특별자치도

> 우리나라에는 도(道)에 비해 높은 수준의 자치 행정이 가능한 3개의 특별자치도가 있다. 2006년에는 제주, 2023년에는 [(가)], 2024년에는 [(나)]이/가 각각 특별자치도가 되었다. 경기 및 경북 등과 행정 구역의 경계가 접해 있는 [(가)]은/는 한강과 낙동강의 발원지가 위치하며, 면적에 비해 인구가 적다. 충남 및 전남 등과 행정 구역의 경계가 접해 있는 [(나)]은/는 금강과 섬진강의 발원지가 위치하며, 우리나라에서 가장 넓은 간척지인 새만금이 있다.

태백 검룡소(한강), 태백 너덜샘(낙동강)

장수 뜬봉샘(금강), 진안 데미샘(섬진강)

전북특별자치도

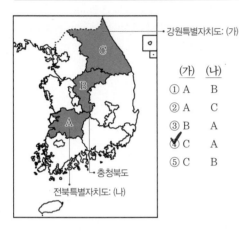

→ 강원특별자치도: (가)

	(가)	(나)
①	A	B
②	A	C
③	B	A
④	C	A
⑤	C	B

충청북도

전북특별자치도: (나)

| 자료 분석 |

지도의 A는 전북특별자치도, B는 충청북도, C는 강원특별자치도이다. 한편 우리나라는 도(道)에 비해 높은 수준의 자치 행정이 가능한 3개의 특별자치도가 있다. 특별자치도는 중앙 정부의 직접적인 통제에서 벗어나 지역 특성에 맞는 자율적인 정책을 펼칠 수 있는 자치권을 가지고 있으며, 이를 통해 지역 경제와 행정을 효율적으로 운영하고자 한다.

| 선지 해설 |

④ (가) - C, (나) - A

- (가)는 경기 및 경북 등과 행정 구역의 경계가 접해 있으며, 한강과 낙동강의 발원지가 위치하고, 면적에 비해 인구가 적은 C 강원특별자치도이다. 한편 C 강원특별자치도는 2023년 특별자치도로 지정된 이후 환경을 보호하면서도 지역 특성에 맞는 지속 가능한 개발 정책을 추진하고자 노력하고 있다. 또한 접경 지역의 특수성을 고려한 개발 정책을 추진하고, 평화와 안보를 유지하면서도 지역 경제 활성화를 도모하는 다양한 정책을 시행하고자 노력하고 있다.

- (나)는 충남 및 전남 등과 행정 구역의 경계가 접해 있으며, 금강과 섬진강의 발원지가 위치하고, 우리나라에서 가장 넓은 간척지인 새만금이 있는 A 전북특별자치도이다. 한편 A 전북특별자치도는 2024년 특별자치도로 지정된 이후 각종 규제 완화와 외국인 투자 유치 등을 통해 새로운 성장 동력을 확보하고자 노력하고 있으며, 특히 새만금과 같은 대규모 개발 사업에 있어 자치권을 행사할 수 있는 계기를 마련하게 되었다.

---

14 우리나라 여러 지역의 특성 21학년도 6월 모평 12번

정답 ② | 정답률 56%

그래프는 (가)~(다) 권역별 인구 상위 3개 도시의 인구 규모를 상대적으로 나타낸 것이다. (가)~(다) 권역에 대한 설명으로 옳은 것은? (단, (가)~(다) 권역은 각각 수도권, 영남권, 충청권 중 하나임.) [3점]

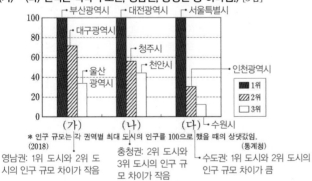

* 인구 규모는 각 권역별 최대 도시의 인구를 100으로 했을 때의 상댓값임.
(2018) (통계청)

영남권: 1위 도시와 2위 도시의 인구 규모 차이가 작음

충청권: 2위 도시와 3위 도시의 인구 규모 차이가 작음

수도권: 1위 도시와 2위 도시의 인구 규모 차이가 큼

① (나) 권역의 인구 규모 2위 도시는 광역시이다.
└ 청주시 └ 광역시가 아니다

✓② (가) 권역은 (나) 권역보다 총인구가 많다.
└ 수도권 > 영남권 > 충청권

③ (가) 권역과 (다) 권역의 행정 구역 경계는 맞닿아 있다.
└ 있지 않다

④ (나) 권역은 (다) 권역보다 지역 내 총생산이 많다.
└(다) └(나)

⑤ (가) 권역은 충청권, (나) 권역은 영남권, (다) 권역은 수도권이다.
└ 영남권 └ 충청권

| 자료 분석 |

2018년 기준 수도권의 인구 1위 도시는 서울특별시로 약 970만 명, 2위 도시는 인천광역시로 약 290만 명, 3위 도시는 수원시로 약 120만 명이다. 수도권에는 우리나라에서 인구가 가장 많은 서울특별시가 위치해 있어 인구 1위 도시와 2위 도시의 인구 수 차이가 매우 크다. 따라서 (다)가 수도권이다. 세 광역시가 위치한 영남권의 인구 1위 도시는 부산광역시로 약 340만 명, 2위 도시는 대구광역시로 약 250만 명, 3위 도시는 울산광역시로 약 120만 명으로 1위 도시와 2위 도시의 인구 수 차이가 크지 않다. 따라서 (가)가 영남권이다. 충청권의 인구 1위 도시는 대전광역시로 약 150만 명, 2위 도시는 청주시로 약 84만 명, 3위 도시는 천안시로 약 65만 명이다. 따라서 2위 도시와 3위 도시의 인구 수 차이가 크지 않은 (나)가 충청권이다.

| 선지 해설 |

① (나) 충청권의 인구 규모 2위 도시는 청주시로 광역시가 아니다.

② (가) 영남권은 (나) 충청권보다 총인구가 많다. 권역별 인구수는 수도권 > 영남권 > 충청권 순으로 많다.

③ (가) 영남권과 (다) 수도권의 행정 구역 경계는 맞닿아 있지 않다.

④ 지역 내 총생산은 대체로 인구가 많은 지역일수록 많다. 따라서 지역 내 총생산은 인구가 가장 많은 권역인 (다) 수도권이 (나) 충청권보다 많다.

⑤ (가) 권역은 영남권, (나) 권역은 충청권, (다) 권역은 수도권이다.

358

15 우리나라 여러 지역의 특성 23학년도 7월 학평 17번

정답 ⑤ | 정답률 49%

그래프는 권역별 산업 구조의 변화를 나타낸 것이다. 이에 대한 설명으로 옳은 것은? (단, (가), (나)는 각각 2차 산업, 3차 산업 중 하나이고, A~D는 각각 수도권, 영남권, 충청권, 호남권 중 하나임.) [3점]

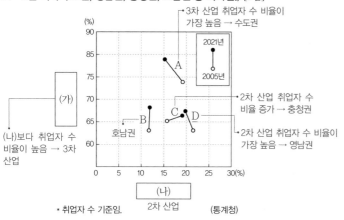

• 3차 산업 취업자 수 비율이 가장 높음 → 수도권

2차 산업 취업자 수 비율 증가 → 충청권

2차 산업 취업자 수 비율이 가장 높음 → 영남권

(나)보다 취업자 수 비율이 높음 → 3차 산업

• 취업자 수 기준임. (통계청)

① (가)는 2차 산업, (나)는 3차 산업이다.
   ↳(나)   ↳(가)

② A에는 행정 중심 복합 도시가 위치한다.
   ↳C

③ B는 C보다 지역 내 총생산이 많다.
   ↳적다

④ C는 D보다 총인구가 많다.
   ↳적다

⑤ D는 A보다 광역시의 수가 많다.
   ↳3개 ↳1개

| 자료 분석 |

(가)는 권역별 취업자 수 비율이 모두 50% 이상으로 나타나므로 2차 산업과 3차 산업 중 3차 산업이며, (나)는 권역별 취업자 수 비율이 (가)보다 낮으므로 2차 산업이다. A는 3차 산업 취업자 수 비율이 가장 높은 수도권이며, B는 3차 산업과 2차 산업 취업자 수 비율이 낮은 호남권이다. C는 2005년 대비 2021년 2차 산업 취업자 수 비율이 높아진 충청권, D는 두 시기 모두 2차 산업 취업자 수 비율이 가장 높으며, 2005년 대비 2021년 2차 산업 취업자 수 비율이 낮아진 영남권이다.

| 선기 해설 |

① (가)는 3차 산업, (나)는 2차 산업이다. 우리나라는 2차 산업 취업자 수보다 3차 산업 취업자 수가 많다.

② A 수도권에는 행정 중심 복합 도시가 위치하지 않는다. 행정 중심 복합 도시인 세종이 위치한 권역은 C 충청권이다.

③ B 호남권은 C 충청권보다 지역 내 총생산이 적다.

④ C 충청권은 D 영남권보다 총인구가 적다.

⑤ D 영남권은 A 수도권보다 광역시의 수가 많다. 영남권의 광역시는 부산, 대구, 울산이며, 수도권의 광역시는 인천이다.

---

16 우리나라 여러 지역의 특성 24학년도 3월 학평 8번

정답 ⑤ | 정답률 59%

지도는 (가), (나) 고속 철도 노선의 일부와 A~C 지역을 표시한 것이다. 이에 대한 설명으로 옳은 것은? [3점]

공주: 백제 역사 유적 지구의 일부

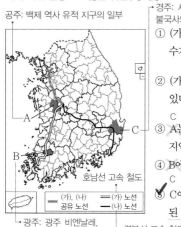

광주: 광주 비엔날레, 자동차 공업

경주: 세계 문화유산(경주 역사 유적 지구, 불국사와 석굴암, 양동 마을), 원자력 발전소

① (가)는 (나)보다 일평균 이용객 수가 많다.
   ↳적다

② (가)와 (나)의 분기역은 평택에 있다.
   ↳청주

③ A는 도(道) 이름의 유래가 된 지역이다.
   ↳C

④ B에는 원자력 발전소가 있다.
   ↳C

⑤ C에는 세계 문화유산에 등재된 역사 마을이 있다.
   ↳경주 양동 마을, 안동 하회 마을

| 자료 분석 |

(가)는 서울과 호남 지방이 연결되는 호남선 고속 철도 노선이며, (나)는 서울과 부산이 연결되는 경부선 고속 철도 노선의 일부이다. 지도의 A는 공주로 백제 역사와 관련된 문화유산이 풍부한 지역이며 (가) 호남선 고속 철도가 지난다. B는 광주로 현대 미술 축제인 광주 비엔날레가 열리는 곳이며 호남권의 유일한 광역시이다. C는 경주로 석굴암과 불국사, 역사 유적 지구, 역사 마을(양동 마을) 등이 세계 문화유산에 등재되어 있다.

| 선기 해설 |

① (가) 호남선 고속 철도가 연결되는 호남권은 (나) 경부선 고속 철도가 연결되는 영남권보다 상대적으로 인구가 적다. 따라서 일평균 이용객 수는 (가) 호남선 고속 철도가 (나) 경부선 고속 철도보다 상대적으로 적다.

② (가) 호남선 고속 철도와 (나) 경부선 고속 철도의 분기역은 청주(오송역)에 있다. 참고로 경부선과 호남선 철도의 분기역은 대전에 있다.

③ A 공주는 도(道) 이름의 유래가 된 지역이 아니다. 영남권에서 A~C 중 도(道) 이름의 유래가 된 지역은 C 경주이다. 경상북도와 경상남도의 '경상'은 경주와 상주의 앞 글자를 따서 붙인 것이다.

④ B 광주에는 원자력 발전소가 없다. A~C 중 원자력 발전소가 있는 지역은 C 경주이다.

⑤ C 경주에는 세계 문화유산에 등재된 역사 마을인 양동 마을이 있다.

그래프의 (가)~(라) 지역에 대한 설명으로 옳은 것은? (단, (가)~(라)는 각각 서울, 세종, 울산, 전남 중 하나임.) [3점]

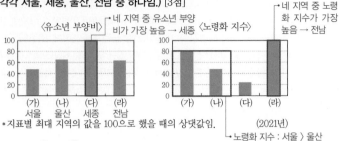

〈유소년 부양비〉 → 네 지역 중 유소년 부양비가 가장 높음 → 세종

〈노령화 지수〉 → 네 지역 중 노령화 지수가 가장 높음 → 전남

(가) 서울 (나) 울산 (다) 세종 (라) 전남

*지표별 최대 지역의 값을 100으로 했을 때의 상댓값임.

(2021년)
└ 노령화 지수 : 서울 〉울산

① (가)는 ~~영남 지방~~에 위치한다.
   └ 수도권

✔ ② (다)에는 행정 중심 복합 도시가 있다.

③ (다)는 (가)보다 청장년층 인구가 ~~많다.~~
   └ 적다

④ (라)는 (나)보다 1인당 지역 내 총생산이 ~~많다.~~
   └ 적다

⑤ (가)~(라) 중 중위 연령은 ~~(나)~~가 가장 높다.
   └ (라)
   └ 총인구를 나이순으로 줄세웠을 때 중간에 있는 사람의 나이

| 자료 분석 |

(다)는 네 지역 중에서 유소년 부양비가 가장 높고 노령화 지수가 가장 낮은 지역이므로 세종이다. 세종은 세종특별자치시 출범 이후 인구 유입이 많은 지역으로 유소년 부양비가 높고 노령화 지수가 낮다. (라)는 네 지역 중 노령화 지수가 가장 높은 지역이므로 전남이다. 전남은 유소년층 대비 노년층의 비율이 높은 지역으로 노령화 지수가 높다. (가)와 (나)는 서울과 울산 중 하나인데 공업이 발달한 울산은 서울보다 유소년 부양비가 높고 노령화 지수가 낮다. 따라서 (가)는 서울, (나)는 울산이다.

| 선지 해설 |

① (가) 서울은 수도권에 위치한다. 영남 지방에 위치하는 지역은 (나) 울산이다.

②(다) 세종은 행정 중심 복합 도시이다. 세종은 중앙 행정 기능을 분담하기 위해 2012년 세종특별자치시로 출범한 행정 중심 복합 도시이다.

③ (다) 세종은 (가) 서울보다 청장년층 인구 비율은 높으나, 총인구가 적기 때문에 청장년층 인구는 (다) 세종(약 27만 명)이 (가) 서울(약 689만 명)보다 적다 (2022년 기준).

④ 울산은 공업이 발달한 도시로 우리나라 시·도 중에서 1인당 지역 내 총생산이 가장 많다. 따라서 (라) 전남은 (나) 울산보다 1인당 지역 내 총생산이 적다.

⑤ (가)~(라) 중 중위 연령은 노년층 비율이 가장 높은 (라) 전남이 가장 높다. 전남은 우리나라 시·도 중 중위 연령이 가장 높다.

그래프는 세 지역의 인구 특성을 나타낸 것이다. 이에 대한 설명으로 옳은 것은? (단, (가)~(다)와 A~C는 각각 강원, 경기, 경남 중 하나임.) [3점]

경기: 세 지역 중 군(郡) 지역 인구 비율이 가장 낮음

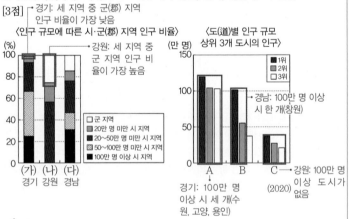

〈인구 규모에 따른 시·군(郡) 지역 인구 비율〉

강원: 세 지역 중 군 지역 인구 비율이 가장 높음

□ 군 지역
▨ 20만 명 미만 시 지역
■ 20~50만 명 미만 시 지역
▨ 50~100만 명 미만 시 지역
■ 100만 명 이상 시 지역

(가) 경기 (나) 강원 (다) 경남

〈도(道)별 인구 규모 상위 3개 도시의 인구〉

■ 1위
▨ 2위
□ 3위

경남: 100만 명 이상 시 한 개(창원)

A B C → 강원: 100만 명 이상 도시가 없음

경기: 100만 명 이상 시 세 개(수원, 고양, 용인)

(2020)

✔ ① (가)는 (다)보다 인구 100만 명 이상의 도시 수가 많다.
   └ 서울, 부산, 인천, 대구, 대전, 광주, 수원, 울산, 용인, 고양, 창원

② (나)는 (가)보다 총인구가 ~~많다.~~
   └ 적다

③ A와 B는 행정 구역의 경계가 맞닿아 ~~있다.~~
   └ 있지 않다

④ B는 C보다 지역 내 군(郡) 지역 인구 비율이 ~~높다.~~
   └ 낮다

⑤ (가)는 A, ~~(나)는 B,~~ ~~(다)는 C~~이다.
   └ C   └ B

| 자료 분석 |

(가)는 인구 규모 100만 명 이상의 시 지역이 있고, 군(郡) 지역의 인구 비율이 세 지역 중 가장 낮다. (가)는 수도권에 위치해 인구 규모가 큰 시(市)가 많고 인구 규모가 작은 군(郡)이 총 세 지역(양평, 연천, 가평)인 경기이다. (나)는 세 지역 중 군(郡) 지역의 인구 비율이 가장 높은 지역으로 촌락 비율이 상대적으로 높은 강원이다. (다)는 100만 명 이상 시 지역이 있고 군(郡) 비율도 (가) 경기보다 높은 것으로 보아 나머지인 경남이다. A는 인구 규모 상위 3개 도시의 인구가 모두 100만 명 이상으로 수원, 고양, 용인이 있는 경기이다. B는 인구 100만 명 이상 도시가 한 개 있는 지역으로 창원이 위치한 경남이다. C는 인구 100만 명 이상 도시가 없는 지역으로 강원이다.

| 선지 해설 |

①(가) 경기의 100만 명 이상의 도시는 수원, 고양, 용인으로 총 세 개이며, (다) 경남의 100만 명 이상 도시는 창원으로 총 한 개이다. 따라서 (가) 경기는 (다) 경남보다 인구 100만 명 이상의 도시 수가 많다.

② (가) 경기는 수도권을 구성하고 있는 지역으로 우리나라에서 인구가 가장 많은 시·도이다. 실제로 2022년 기준 (가) 경기의 총인구는 13,681천 명이며, (나) 강원의 총인구는 1,526천 명이다. 따라서 (나) 강원은 (가) 경기보다 총인구가 적다.

③ A 경기와 맞닿아 있는 행정 구역은 서울, 인천, 강원, 충남, 충북이며, B 경북과 맞닿아 있는 행정 구역으로는 대구, 부산, 울산, 경북, 전북, 전남이 있다. A 경기와 B 경남은 행정 구역의 경계가 맞닿아 있지 않다.

④ B 경남은 인구 규모에 따른 시·군(郡) 지역 인구 비율 그래프의 (다)에 해당하며, C 강원은 (나)에 해당한다. 촌락 비율이 높은 강원은 경남보다 군(郡) 지역 인구 비율이 높게 나타난다. 따라서 B 경남은 C 강원보다 지역 내 군(郡) 지역 인구 비율이 낮다.

⑤ (가)는 A 경기, (나)는 C 강원, (다)는 B 경남이다.

19 | 우리나라 여러 지역의 특성 21학년도 10월 학평 19번

정답 ② | 정답률 57%

그래프의 (가)~(라) 권역에 대한 설명으로 옳은 것은? (단, (가)~(라)는 각각 수도권, 영남권, 충청권, 호남권 중 하나임.) [3점]

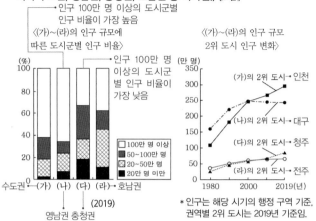

- 인구 100만 명 이상의 도시군별 인구 비율이 가장 높음
- 《(가)~(라)의 인구 규모에 따른 도시군별 인구 비율》
- 《(가)~(라)의 인구 규모 2위 도시 인구 변화》
- 인구 100만 명 이상의 도시군별 인구 비율이 가장 낮음

* 인구는 해당 시기의 행정 구역 기준, 권역별 2위 도시는 2019년 기준임.

① (라)의 인구 규모 2위 도시는 ~~광주광역시이다.~~
    └ 전주시

✔② (가)는 (나)보다 총인구가 많다.
    └ 수도권＞영남권＞충청권＞호남권

③ (나)는 (라)보다 권역 내 촌락 인구 비율이 ~~높다.~~
                                                낮다

④ (다)는 (가)보다 인구 규모 1위 도시의 인구가 ~~많다.~~
                                                      적다

⑤ (가)는 ~~영남권,~~ (나)는 ~~수도권,~~ (다)는 충청권이다.
    수도권   영남권

| 자료 분석 |

(가)는 인구 2위 도시의 인구가 네 권역 중 가장 많고 20만 명 미만의 도시군별 인구 비율이 가장 낮으므로 수도권이다. (가) 수도권의 인구 2위 도시는 인천이다. (나)는 인구 100만 명 이상의 도시군별 인구 비율이 가장 높으므로 부산, 울산, 대구, 창원을 포함하는 영남권이다. (나) 영남권의 인구 2위 도시는 대구이다. (다)는 인구 100만 명 이상 도시군별 인구 비율이 가장 낮으므로 충청권이다. (다) 충청권의 인구 2위 도시는 청주이다. (라)는 인구 2위 도시의 인구가 네 권역 중 가장 적으므로 호남권이다.

| 선기 해설 |

① (라) 호남권에서 인구 1위 도시는 광주광역시, 다음으로 인구가 많은 2위 도시는 전주시이다.

②(가) 수도권은 (나) 영남권보다 총인구가 많다. 수도권은 우리나라 총 인구의 절반 가량을 차지한다.

③ (나) 영남권은 (라) 호남권보다 권역 내 촌락 인구 비율이 낮다.

④ (다) 충청권의 인구 규모 1의 도시는 대전광역시, (가) 수도권의 인구 규모 1위 도시는 서울특별시이다. 따라서 (다)는 (가)보다 인구 규모 1위 도시의 인구가 적다.

⑤ (가)는 수도권, (나)는 영남권, (다)는 충청권이다.

---

20 | 우리나라 여러 지역의 특성 24학년도 10월 학평 11번

정답 ④ | 정답률 87%

그래프는 권역별 특성을 나타낸 것이다. 이에 대한 옳은 설명만을 〈보기〉에서 있는 대로 고른 것은? (단, (가), (나)는 각각 논벼 재배 면적 비율, 서비스업 사업체 수 비율 중 하나이며, A~C는 각각 수도권, 영남권, 충청권 중 하나임.) [3점]

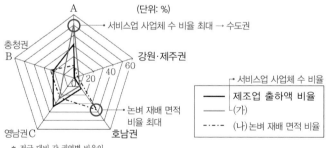

- 서비스업 사업체 수 비율 최대 → 수도권
- 논벼 재배 면적 비율 최대

* 전국 대비 각 권역별 비율임.
** 제조업은 종사자 수 10인 이상 사업체를 대상으로 함. (2022)

〈 보기 〉
ㄱ. A는 C보다 천연가스 공급량이 많다.
    └ 수도권 ＞ 영남권 ＞ 충청권 ＞ 호남권 ＞ 강원·제주권 순
ㄴ. A와 B는 황해와 접해 있다.
    └ 수도권, 충청권, 호남권
ㄷ. B와 ~~C의~~ 인구 1위 도시는 내륙에 위치한다.
        C는 해안
ㄹ. (가)는 서비스업 사업체 수 비율, (나)는 논벼 재배 면적 비율이다.
    호남권 ＞ 충청권 ＞ 영남권 ＞ 수도권 ＞ 강원·제주권

① ㄱ, ㄴ   ② ㄱ, ㄷ   ③ ㄷ, ㄹ
✔④ ㄱ, ㄴ, ㄹ   ⑤ ㄴ, ㄷ, ㄹ

| 자료 분석 |

(나)는 벼농사가 발달한 호남권에서 비율이 가장 높으므로 논벼 재배 면적 비율이며, 나머지 (가)는 서비스업 사업체 수 비율이다. (가) 서비스업 사업체 비율은 대체로 인구에 비례하는 경향이 있다. 인구가 많은 지역에서는 상업, 교육, 의료, 관광 등 다양한 서비스에 대한 수요가 높으며, 우리나라 권역 중 인구가 가장 많은 수도권은 서비스업 사업체 수 비율이 가장 높다. 따라서 서비스업 사업체 수 비율이 가장 높은 A는 수도권이다. C는 제조업 출하액 비율이 수도권과 비슷하지만 서비스업 사업체 수 비율은 낮은 것으로 보아 제조업이 발달하였으나 인구는 수도권보다 적은 영남권이다. 나머지 B는 논벼 재배 면적 비율이 C 영남권과 비슷하지만 제조업 출하액 비율이 영남권보다 낮은 충청권이다.

| 선기 해설 |

ㄱ.천연가스는 주로 난방 등 가정용 연료로 이용되며 많은 인구가 거주하는 수도권에서의 공급량이 가장 많다. 따라서 A 수도권은 C 영남권보다 천연가스 공급량이 많다.

ㄴ.A 수도권의 인천, 경기는 황해에 접해 있으며, B 충청권의 충남도 황해와 접해 있다. 따라서 A 수도권과 B 충청권은 황해와 접해 있다.

ㄷ. B 충청권의 1위 도시인 대전은 내륙에 위치하고 있으나 C 영남권의 인구 1위 도시인 부산은 우리나라 남동부에 위치한 항구 도시로 동해와 남해에 접해 있으므로 해안에 위치한다.

ㄹ.(가)는 우리나라에서 인구가 가장 많은 수도권의 비율이 높으므로 서비스업 사업체 수 비율이고, (나)는 평야가 펼쳐져 있어 벼농사가 발달한 호남권의 비율이 가장 높으므로 논벼 재배 면적 비율이다.

01 ④	02 ④	03 ②	04 ②	05 ①	06 ①
07 ②	08 ⑤	09 ③	10 ⑤	11 ④	12 ③
13 ①	14 ①	15 ③	16 ⑤	17 ②	18 ⑤
19 ⑤	20 ⑤				

01 지역 조사   정답 ④

선택 비율	① 16%	② 14%	③ 19%	④ 39%	⑤ 12%

오답 피하기

정답인 ④를 제외하고 오답인 ①, ②, ③, ⑤를 선택한 비율이 고르게 나타났다. 이는 '지리 정보의 수집과 활용' 단원에서 그동안 출제되지 않았던 새로운 유형의 문항이었기 때문에 정답률이 낮았던 것으로 보인다. 특히 도시 단원과 관련된 〈지방 중소 도시 원도심의 쇠퇴〉 읽기 자료의 내용이 조금 어려웠을 것이다. 지역 조사 과정을 정확히 알고 있으면 풀이가 쉬워지므로, 지역 조사 순서에 따라 해당 조사 과정에서 이루어져야 하는 활동 내용을 숙지할 필요가 있다.

선지 해설

① 도시 내 시가지 확장 과정을 파악하기 위해 과거의 도시 사진과 현재의 도시 사진을 비교해 보면 시가지가 얼마나 확대되었는지 알 수 있다.

② 원도심의 인구 공동화 정도는 읍·면·동과 같은 행정 구역별 인구 증가율을 단계 구분도로 나타내면 원도심에 해당하는 행정 구역의 상주인구가 감소한 것을 통해 파악할 수 있다.

③ 원도심의 슬럼화를 파악하기 위해서는 실제 원도심의 슬럼 지역에 거주하는 주민과의 면담을 실시해 슬럼 지역에 거주하면서 불편한 점이나 문제점 등을 조사할 수 있다.

④ 도시 총인구의 변화 추이를 파악하기 위해서는 한 연도가 아니라 최소한 두 개 연도의 읍·면·동별 인구 밀도를 조사해야 한다. 또한 읍·면·동별 인구 밀도를 나타내기 위해서는 도형 표현도보다는 단계 구분도가 더 적합하다.

⑤ 외곽 신시가지 개발과 원도심 인구 공동화의 연관성을 파악하기 위해 읍·면·동 간 인구 이동 양상을 유선도로 나타내면 신시가지와 원도심 간의 인구 이동을 쉽게 파악할 수 있다.

02 위도가 다른 지역의 기후 비교   정답 ④

선택 비율	① 9%	② 11%	③ 14%	④ 38%	⑤ 25%

오답 피하기

오답인 ⑤의 선택률이 높았던 것은 (가) 시기가 겨울철이며, (나) 시기가 여름철인 것을 옳게 구분하지 못하였기 때문이다. (가) 시기에는 가장 강수량이 많은 B와 가장 강수량이 적은 A와의 강수량 차이가 약 300mm이지만, (나) 시기에는 가장 강수량이 많은 서울과 가장 강수량이 적은 A와의 강수량 차이가 약 500mm이다. 우리나라의 지역 간 기온 분포 차이는 여름보다 겨울이 대체로 크지만, 강수량 분포 차이는 겨울보다 여름이 대체로 크게 나타남을 알고 있으면, 문항에 좀 더 쉽게 접근할 수 있다.

자료 분석

지도에 표시된 네 지역은 장진, 원산, 울릉도, 서귀포이다. 한강 유역에 위치한 서울은 제시된 네 지역보다 여름철 강수 집중률이 높으므로 그래프에서 네 지

역이 모두 음(−)의 값이 나오는 (나) 시기가 여름철이다. 한편 겨울철에는 서울보다 겨울철 강수량이 적은 장진을 제외하고 나머지 세 지역은 양(+)의 값을 갖는다. 따라서 그래프에서 세 지역에서 양(+)의 값이 나오는 (가) 시기가 겨울철이다. A는 서울보다 여름철과 겨울철의 강수량이 모두 적어 두 시기 모두 음(−)의 값을 갖는 곳이므로 장진이다. B는 A~D 중 (가) 겨울철에 서울과의 강수량 차이가 가장 큰 곳이므로 겨울철 강수량이 많은 울릉도이다. C와 D 중에서 (나) 여름철과 (가) 겨울철 모두 서귀포가 원산보다 강수량이 많으므로 C는 서귀포, D는 원산이다.

보기 해설

ㄱ 서울은 여름철 강수 집중률이 높아 지도의 네 지역보다 여름철 강수량이 많다. (가) 시기는 서울보다 겨울 강수량이 적은 A 장진을 제외한 나머지 세 지역 모두 양(+)의 값을 가지므로 겨울철이다. (나) 시기는 네 지역 모두에서 음(−)의 값을 가지므로 여름철이다.

ㄴ 낭림산맥과 함경산맥이 만나는 부분에 위치한 A 장진은 해안에 위치한 C 서귀포보다 해발 고도가 높다.

ㄷ 열대야 발생 일수는 동해상에 위치한 B 울릉도가 상대적으로 위도가 낮은 제주도 남쪽 해안에 위치한 C 서귀포보다 적다.

ㄹ 동해안에 위치한 D 원산은 동해상에 위치한 B 울릉도보다 기온의 연교차가 크다.

03 위도가 다른 지역의 기후 비교   정답 ②

선택 비율	① 8%	② 26%	③ 20%	④ 22%	⑤ 24%

오답 피하기

정답은 ②인데 오답인 ③, ④, ⑤를 선택한 비율이 고르게 높았다. 이는 지도에 표시된 네 지역의 기후 특성을 그래프를 통해 제대로 구분하지 못했기 때문일 것이다. 위도가 다른 지역의 기후 자료를 분석할 때는 저위도에서 고위도로 갈수록 기온이 낮아진다는 점을 기억하고, 제시된 기후 자료에서 기후 지표 값이 가장 크거나 가장 작은 지역부터 하나씩 찾아야 한다.

자료 분석

지도에 표시된 네 지역은 울릉도, 안동, 장수, 목포이다. 왼쪽 그래프에서 (나)는 네 지역 중 최난월 평균 기온과 최한월 평균 기온이 가장 높으므로 가장 저위도에 위치한 목포이다. (다)는 네 지역 중 최난월 평균 기온과 최한월 평균 기온이 가장 낮으므로 해발 고도가 높은 장수이다. (라)는 (가)에 비해 최난월 평균 기온이 낮고, 최한월 평균 기온이 0℃ 이상인 것으로 보아 해양의 영향을 주로 받는 울릉도이다. (가)는 최난월 평균 기온은 높지만 최한월 평균 기온이 낮은 것으로 보아 내륙에 위치한 안동이다. 오른쪽 그래프에서 A는 네 지역 중 연 강수량과 여름 강수량이 가장 많으므로 여름철 남서 기류의 바람받이 사면에 해당하는 장수이다. B는 네 지역 중 겨울 강수량이 가장 많고, 계절별 강수량이 고르게 분포하므로 울릉도이다. D는 네 지역 중 연 강수량이 가장 적은 소우지로 영남 내륙 지방에 위치한 안동이다. C는 D 안동 다음으로 연 강수량이 적은 소우지로 해발 고도가 낮은 평탄한 지대에 위치해 있어 상승 기류가 만들어지기 어려운 목포이다. 따라서 (가)와 D는 안동, (나)와 C는 목포, (다)와 A는 장수, (라)와 B는 울릉도이다.

선지 해설

① (가) 안동은 영남 내륙에 위치하여 연 강수량이 가장 적은 D, (다) 장수는 여름철 남서 기류의 바람받이 사면에 위치하여 연 강수량이 가장 많은 A이다.

② (가) 안동은 (다) 장수보다 고위도에 위치하고 있다.

③ (나) 목포는 (라) 울릉도보다 겨울 강수량이 적다. 울릉도는 겨울철 북서 계절풍과 해양의 영향으로 많은 눈이 내리는 최다설지이다.

④ 기온의 연교차는 최난월 평균 기온과 최한월 평균 기온의 차이이다. C 목포는 기온의 연교차가 약 24.5℃, A 장수는 기온의 연교차가 약 26℃이다. 따라서 C 목포는 A 장수보다 기온의 연교차가 작다.

⑤ D 안동의 최한월 평균 기온은 약 −2.2℃, B 울릉도의 최한월 평균 기온은 약 1.4℃이다. 따라서 D 안동은 B 울릉도보다 최한월 평균 기온이 낮다.

---

04 위도가 다른 지역의 기후 비교   정답 ②

선택 비율 | ① 10% | ②34% | ③ 20% | ④ 20% | ⑤ 7%

오답 피하기

오답인 ③과 ④의 선택률이 높았던 문항이다. 우선 오답인 ③을 선택한 이유는 (다) 장수와 (라) 강릉을 옳게 구분하였지만, (다) 장수가 (라) 강릉보다 저위도에 위치하여 평균 기온이 높을 것이라 잘못 판단하였기 때문이다. 이는 (다) 장수의 해발 고도가 높다는 점을 간과한 것이다. (다) 장수는 인접한 무주, 진안과 함께 소백산맥에 위치하여 해발 고도가 높아 비슷한 위도의 다른 지역에 비해 평균 기온이 낮고 서리가 없는 기간인 무상 기간이 짧게 나타난다. 또한 그래프를 보면 (다)는 (라)보다 최한월 평균 기온이 낮음을 확인할 수 있으므로 문항에 주어진 그래프를 꼼꼼하게 살펴보는 것 역시 중요하다. 오답인 ④를 선택한 이유는 비슷한 위도의 서해안과 동해안 중 어느 지역이 기온의 연교차가 큰가를 파악하지 못하였기 때문이다. 비슷한 위도에서 수심이 깊은 동해의 영향을 크게 받는 동해안이 서해안보다 대체로 최한월 평균 기온이 높고 최난월 평균 기온은 낮으며 기온의 연교차는 작음을 인지한 상태에서 문항에 접근하도록 한다.

자료 분석

지도에 표시된 지역은 인천, 강릉, 장수, 대구이다. (가)는 네 지역 중 최한월 평균 기온이 가장 높고 연 강수량이 가장 적으므로 대구이다. 대구는 영남 내륙 지방에 위치한 소우지이다. (다)는 네 지역 중 최한월 평균 기온이 가장 낮고 연 강수량이 가장 많으며 겨울 강수량이 많으므로 장수이다. 장수는 소백산맥에 위치해 해발 고도가 높아 최한월 평균 기온이 낮다. 장수는 북서 계절풍이 소백산맥에 부딪치는 다설지로 겨울 강수량이 많다. (라)는 (나)보다 연 강수량이 많으며 겨울 강수량이 많고 최한월 평균 기온이 높으므로 강릉이다. 강릉은 인천과 비슷한 위도에 위치해 있지만 수심이 깊은 동해의 영향으로 최한월 평균 기온이 인천보다 높다. 강릉은 북동 기류가 태백산맥에 부딪치면서 많은 눈이 내리는 다설지이다. (나)는 인천이다.

선지 해설

① (가) 대구보다 소백산맥에 위치한 (다) 장수가 해발 고도가 높다.

②(나) 인천은 (다) 장수보다 고위도에 위치한다.

③ 무상 기간은 최한월 평균 기온이 낮을수록 대체로 짧으므로 (다) 장수가 (라) 강릉보다 무상 기간이 짧다. 최한월 평균 기온이 낮을수록 대체로 일 년 동안 서리가 내린 날의 수인 서리 일수가 길고 무상 기간은 짧다.

④ 비슷한 위도의 동해안에 위치한 (라) 강릉이 서해안에 위치한 (나) 인천보다 기온의 연교차가 작다.

⑤ (가) 대구와 (다) 장수는 내륙에, (나) 인천과 (라) 강릉은 해안에 위치한다.

---

05 위도가 비슷한 지역의 기후 비교   정답 ①

선택 비율 | ①39% | ② 20% | ③ 12% | ④ 16% | ⑤ 13%

정답은 ①인데 오답인 ②의 선택률도 높았다. 대부분의 학생들이 (가) 춘천과 (라) 울릉도에 해당하는 지역을 그래프에서 어렵지 않게 파악할 수 있었을 것이다. 그러나 많은 학생들이 (나) 대관령과 (다) 서울에 해당하는 지역을 그래프에서 정확히 파악하지 못하였다. (나) 대관령은 겨울철 눈이 많이 내리는 다설지이기도 하지만 바람받이에 해당하여 여름철 고온 다습한 남서 기류가 우리나라에 유입되면 지형성 강수가 발생하기 쉬워 여름철 강수량이 많은 다우지이기도 하다. 대관령은 지역별 기후를 비교하는 문항에 자주 출제되는 지역이므로, 대관령의 기후 특성을 숙지할 필요가 있다.

자료 분석

(가)는 춘천, (나)는 대관령, (다)는 서울, (라)는 울릉도이다.

선지 해설

①(가) – A, (나) – B, (다) – C, (라) – D

• B는 나머지 세 지역과 달리 연 강수량의 차이가 (+)이므로 강릉보다 연 강수량이 많은 지역이다. 따라서 B는 해발 고도가 높아 지형성 강수가 자주 발생해 연 강수량이 많은 (나) 대관령이다.

• D는 기온 연교차의 차이가 (−)이므로 강릉보다 연교차가 작은 지역이다. 따라서 D는 수심이 깊은 동해의 영향으로 여름철에는 비슷한 위도의 다른 지역보다 서늘하고 겨울철에는 온난해 연교차가 작은 (라) 울릉도이다.

• A는 A~D 중 기온의 연교차가 가장 큰 지역으로 (가) 춘천이다. 춘천은 강릉과 비슷한 위도에 위치해 있지만 내륙에 있어 지형과 해양의 영향으로 겨울이 온난한 강릉에 비해 겨울이 한랭해 최한월 평균 기온이 낮아 연교차가 크다.

• C는 A 다음으로 기온의 연교차가 크며 B 다음으로 연 강수량이 많으므로 (다) 서울이다. 서울은 내륙에 위치해 있어 강릉보다 연교차가 크다. 또한 서울은 남서 계절풍과 지형의 영향으로 연 강수량이 비교적 많다.

---

06 도시 내부 구조   정답 ①

선택 비율 | ①39% | ② 12% | ③ 12% | ④ 17% | ⑤ 20%

오답 피하기

정답은 ①인데 오답인 ⑤의 선택률도 높게 나타났다. ⑤의 선택률이 높았던 것은 (나), (다) 지역이 도시 내부 구조 중 어디에 해당하는지를 혼동하였기 때문일 것이다. (나)가 세 지역 중 지역 내 통근·통근 인구 비율이 가장 낮으므로 상주인구가 적은 중구(도심), (다)가 세 지역 중 통근·통학 인구가 가장 많으므로 주거 기능이 발달한 도봉구(주변 지역)라고 잘못 파악하였기 때문이다. 중구는 일자리가 많아 지역 내 통근·통근 인구 비율이 가장 높음을 기억해야 한다. 또한 강남구는 중구와 마찬가지로 상업 및 업무 기능이 발달해 있어 지역 내 통근·통학 인구 비율이 높다. 게다가 주변 지역과 마찬가지로 주거 기능 또한 발달해 있어 상주인구가 많다. 이러한 강남구의 특성은 이미 도시 내부 구조 문제에서 고난도로 출제된 만큼 정확히 파악해 두어야 한다.

자료 분석

서울특별시 지도에 표시된 구(區)는 북쪽에서부터 도봉구, 중구, 강남구이다. (가)는 세 지역 중 통근·통학 인구가 가장 적으므로 상주인구가 가장 적은 구이다. 상주인구가 많을수록 통근·통학 인구 또한 대체로 많다. (가)는 지역 내 통근·통학 인구 비율이 세 지역 중 가장 높은데 도심은 상업 및 업무 기능이 발달해 있어 지역 내 통근·통학이 이루어지는 경우가 많다. 따라서 (가)는 도심인 중구이다. (나)는 세 지역 중 역 내 통근·통학 인구 비율이 가장 낮으므로 상업 및 업무 기능이 크게 발달하지 않아 도심, 부도심으로 통근해야 하는 주변 지역인 도봉구이다. (다)는 (가)와 마찬가지로 지역 내 통근·통학 인구 비율이 높고 통근·통학 인구가 가장 많으므로 부도심인 강남구이다.

ㄱ 도심은 상주인구보다 주간 인구가 많아 주간 인구 지수가 높다. 따라서 주간 인구 지수는 도심인 (가)가 주변 지역인 (나)보다 높다.

ㄴ 상업 지역의 평균 지가는 접근성이 높은 도심인 (가)가 주변 지역인 (나)보다 높다.

ㄷ. 초등학생 수는 상주인구가 많을수록 많다. 따라서 도심인 (가)는 주거 기능이 발달한 부도심인 (다)보다 초등학생 수가 적다.

ㄹ. 주변 지역인 (나)는 상업 및 업무 기능이 발달한 부도심인 (다)보다 금융 기관 수가 적다.

07　도시 내부 구조　　정답 ②

선택 비율	① 7%	②34%	③ 16%	④ 14%	⑤ 26%

정답은 ②인데 오답인 ⑤의 선택률도 높았다. 이는 (가)와 (나) 중 도심이 위치한 지역이 어느 지역인지를 찾지 못했기 때문이다. (가), (나) 모두 주간 인구 지수가 100보다 크지만, (나)는 제조업 종사자 수가 많은 지역이다. 서비스업이나 제조업 기능이 발달한 지역은 통근·통학 유입 인구가 유출 인구보다 많아 주간 인구 지수가 100보다 크다. (가)는 제조업 종사자 수가 0에 가까움에도 주간 인구 지수가 100보다 큰 지역으로 서비스업이 발달한 도심이다. (나)는 제조업 종사자 수가 가장 많은 지역으로 제조업 기능이 발달한 주변 지역이다. 따라서 주간 인구 지수뿐만 아니라 그 지역에 발달한 산업을 통해 서비스업 기능이 발달한 도심과 제조업 기능이 발달한 주변 지역을 구분할 수 있어야 한다.

| 자료 분석 |

주간 인구 지수는 '주간 인구/상주인구×100'이므로, 주간 인구가 상주인구보다 많으면, 왼쪽 그래프에서 대각선 윗 부분에 표시된다. 따라서 (가)는 상주인구가 가장 적고 주간 인구가 상주인구보다 많은 도심이 위치한 지역이다. (나)는 주간 인구가 상주인구보다 많고 제조업 종사자 수가 가장 많은 제조업 기능이 발달한 주변 지역이다. (다)는 상주인구가 주간 인구보다 많고 초등학교 학생 수가 가장 많은 주거 기능이 발달한 주변 지역이다.

| 선지 해설 |

① (가)는 주간 인구가 상주인구보다 많으므로 통근·통학 유출 인구가 유입 인구보다 적다.

② (가) 도심이 위치한 지역은 (나) 제조업 기능이 발달한 주변 지역보다 용도 지역 중 상업 지역의 비율이 높다.

③ (나) 제조업 기능이 발달한 주변 지역은 (다) 주거 기능이 발달한 주변 지역보다 주민의 평균 통근·통학 소요 시간이 짧다.

④ (다)는 상주인구가 주간 인구보다 많으므로 주간 인구 지수가 100 미만이며, (가)는 주간 인구가 상주인구보다 많으므로 주간 인구 지수가 100보다 크다. 따라서 (다)는 (가)보다 주간 인구 지수가 낮다.

⑤ (가)~(다) 중 중심 업무 기능은 도심이 위치한 (가)가 가장 우세하다.

08　기후 및 계절 특성　　정답 ⑤

선택 비율	① 10%	② 7%	③ 22%	④ 12%	⑤49%

정답은 ⑤번인데 학생들이 오답인 ③번을 선택한 경우가 많았다. 이는 소백산맥의 위치를 제대로 파악하지 못한 것이 큰 원인으로 여겨진다. 소백산맥은 영남 지방과 다른 지역을 구분하는 자연적 경계로, 소백산맥을 기준으로 행정 구역이 나눠진다. 전북에 위치한 C 남원은 소백산맥 서사면에 위치하며, 경북에 위치한 D 칠곡은 소백산맥 동쪽 내륙에 위치한다. 강수의 지역 차는 지형과 풍향의 영향을 크게 받으며 남서 기류가 유입할 때 소백산맥 서사면인 C는 바람받이, 소백산맥 동쪽 내륙인 D는 비그늘에 해당한다. 오답을 선택한 경우 D 칠곡의 위치와 소백산맥의 위치를 제대로 파악하지 못함으로 여겨진다. 이외에도 남서쪽에서 불어오는 남서 기류의 방향을 정확하게 파악하지 못함으로 여겨진다. 따라서 해당 문항의 풀이를 위해서는 소백산맥의 위치를 제대로 파악하고 지역별 강수량의 차이에 영향을 주는 풍향과 지형의 특징을 반드시 파악해 두어야 한다.

| 자료 분석 |

지도의 A는 홍천, B는 강릉, C는 남원, D는 칠곡이다. (가)는 목포, 광주, 서산 등에서 주풍향이 남풍 계열로 나타나므로 북태평양 기단의 영향으로 남풍 계열의 바람이 탁월한 7월이다. (나)는 제주, 목포, 여수 등에서 주풍향이 북풍 또는 서풍 계열로 나타나므로 시베리아 기단의 영향으로 북풍 또는 서풍 계열 바람이 탁월한 1월이다.

| 선지 해설 |

갑 (가)는 주풍향이 남풍 계열로 태평양에서 유라시아 대륙으로 계절풍이 부는 7월이다. (나)는 주풍향이 북풍 또는 서풍 계열로 나타나므로 유라시아 대륙에서 태평양으로 계절풍이 부는 1월이다.

을 (가) 7월에 남서 기류가 유입되면 소백산맥 서사면에 위치한 C 남원은 바람받이 사면에 해당하며 지형성 강수로 인해 강수량이 많다. 반면 D 칠곡은 남서 기류가 넘어가는 비그늘에 해당하며 상대적으로 고온 건조해진다.

병 (나) 1월에 북동 기류가 유입되면 태백산맥 동쪽에 위치한 영동 지방이 바람받이 사면에 해당해 강수량이 많다. 반면 태백산맥 서쪽에 위치해 비그늘 지역인 영서 지방은 상대적으로 강수량이 적다. 따라서 태백산맥 동쪽에 위치한 B 강릉은 태백산맥 서쪽에 위치한 A 홍천보다 (나) 1월 강수량이 많다.

09　대도시권　　정답 ③

선택 비율	① 17%	② 21%	③34%	④ 15%	⑤ 10%

오답인 ②의 선택률이 높았던 것은 (가)를 안산으로 잘못 판단하였기 때문이다. (가)를 안산으로 잘못 판단한 것은 〈종사자 비율〉 그래프에서 (가)가 2차 산업 종사자 비율이 가장 높았기 때문이다. 제시된 〈종사자 비율〉 그래프의 '*'를 읽어 보면 제시된 종사자 비율은 경기도의 산업별 총 종사자 중 2차 산업과 3차 산업 종사자 비율을 나타낸 것임을 알 수 있다. 화성과 안산은 모두 제조업이 발달한 도시이며, 화성이 안산보다 인구가 많아 경기도 내 2차 산업 종사자 비율 또한 높다. 따라서 (가)는 안산이 아닌 화성이다. (가)가 안산이 아닌 화성이라는 근거는 〈인구 변화〉 그래프를 통해서도 확인할 수 있다. 주어진 인구 변화는 1995년 인구를 100으로 했을 때의 상댓값을 나타낸 것으로 화성이 안산보다 1995년 이후 인구 변화 폭이 크므로 (가)는 화성이다. 문항을 풀 때는 '*' 이나 '**' 등의 단서 조항 또한 꼼꼼히 읽어 보고, 그래프 내 자료가 의미하는 바가 무엇인지를 정확히 분석할 수 있어야 한다.

| 자료 분석 |

지도에 표시된 지역은 경기도 김포시, 안산시, 수원시, 화성시이다. (가)는 1995년 인구에 비해 2018년 인구가 약 5배 증가하였고, 네 지역 중 2차 산업 종사자 비율이 가장 높으므로 화성시이다. 화성시는 자동차 및 트레일러 제조업을 비롯한 각종 공업이 발달해 있다. 또한 화성시는 2기 신도시인 동탄 신도시가

조성되면서 인구가 급증하고 있다. (나)는 (가)와 마찬가지로 1995년 인구에 비해 2018년 인구가 급격히 증가하였으며 네 지역 중 2차와 3차 산업 종사자 수를 합한 인구가 가장 적다. 따라서 (나)는 네 지역 중 인구가 가장 적은 김포시이다. 김포시 역시 화성시와 마찬가지로 2기 신도시가 조성되면서 인구가 급증하고 있지만 네 지역 중 2018년 기준 인구수는 가장 적다. (다)는 네 지역 중 3차 산업 종사자 비율이 가장 높으므로 인구가 많아 서비스 산업이 발달한 수원시이다. (가) 다음으로 2차 산업 종사자 비율이 높은 (라)는 각종 공업이 발달한 안산시이다.

| 보기 해설 |

ㄱ. 조력 발전소가 위치한 곳은 (라) 안산시이다. 안산시의 시화호 조력 발전소는 우리나라에서 유일하게 가동 중인 조력 발전소이다.

ㄴ (나) 김포시에는 2000년대에 조성된 2기 신도시가 위치해 있다.

ㄷ (다) 수원시는 경기도의 도청 소재지이다.

ㄹ. 남북한 접경 지역인 곳은 (나) 김포시이다.

10	대도시권				정답 ⑤
선택 비율	① 5%	② 18%	③ 26%	④ 22%	⑤29%

오답 피하기

정답은 ⑤인데 오답인 ③의 선택률이 높았다. ③의 선택률이 높았던 것은 〈인구 변화〉 그래프에서 세 지역 중 2000년에 비해 인구가 가장 급증한 (가)를 B 고양시로 생각한 학생들이 많았기 때문일 것이다. (가)는 고양시가 아니라 화성시이다. 제시된 〈인구 변화〉 그래프는 2000년의 인구를 100으로 했을 때의 상댓값인데 (가)는 2000년대 이후로 인구가 급증하였으며 (나)는 1990년대에 인구가 급증하였다. 고양시는 1기 신도시가 위치해 있어 1990년대 이후로 인구가 급증하였으며 화성시는 2기 신도시가 위치해 있어 2000년대 이후로 인구가 급증하였다. 따라서 1990년대에 인구가 급증한 (나)가 고양시이며, 2000년대에 인구가 급증한 (가)가 화성시이다.

| 자료 분석 |

지도에 표시된 A 연천군은 서울과의 거리가 멀고 북한과의 접경 지역으로 군사 주둔 지역이다. 서울과 인접한 B 고양시는 1990년대에 개발된 수도권 1기 신도시인 일산 신도시가 위치해 있다. C 화성시는 2000년대에 개발된 수도권 2기 신도시인 동탄 신도시가 위치해 있다. 〈인구 변화〉 그래프는 2000년의 인구를 100으로 했을 때의 상댓값인데 (가)는 2000년대 이후로 인구가 급증하였으며 (나)는 1990년대에 인구가 급증하였다. 고양시는 1기 신도시가 위치해 있어 1990년대 이후로 인구가 급증하였으며 화성시는 2기 신도시가 위치해 있어 2000년대 이후로 인구가 급증하였다. 따라서 (나)가 고양시이며, (가)가 화성시이다.

| 선지 해설 |

⑤ (가) – C, (나) – B, (다) – A

- (가)는 2000년대 이후로 인구가 급증하였으므로 화성시이다. 화성시는 수도권 2기 신도시인 동탄 신도시가 위치해 있어 2000년대 이후 인구가 급증하였다.
- (나)는 1990년대 이후 인구가 급증하였으나 2000년대 이후로는 인구가 급증하지 않고 있으므로 수도권 1기 신도시인 일산 신도시가 위치한 고양시이다. 고양시는 서울의 대표적인 주거 기능의 위성 도시로 서울로의 통근 인구 비율이 높으며 주로 전철·지하철을 이용하는 경우가 많다. 따라서 세 지역 중 전철·지하철을 이용한 통근 인구 비율이 가장 높다.

- (다)는 1980년부터 2019년까지 인구가 지속적으로 감소하고 있으므로 촌락인 연천군이다. 연천군은 서울과의 거리가 멀어 서울로의 통근 인구 비율이 낮고 지역 내 통근 인구 비율이 낮아 세 지역 중 전철·지하철을 이용한 통근 인구 비율이 가장 낮다.

11	대도시권				정답 ④
선택 비율	① 25%	② 19%	③ 9%	④38%	⑤ 9%

오답 피하기

정답은 ④인데 오답인 ①, ②를 선택한 학생도 많았다. 정답인 ④와 선택률이 높은 오답인 ①, ②에 공통으로 포함된 보기 ㄷ이 옳은 설명이라는 사실은 어렵지 않게 파악할 수 있었던 것으로 보인다. 그래프에서 인구가 가장 적은 (라)가 여주인 건 어렵지 않게 찾을 수 있었을 것이다. 수도권의 경우 공업 기능의 위성 도시는 인구가 꾸준하게 증가하고, 주거 기능의 위성 도시는 특정 시기에 인구가 급증함을 알아두어야 한다. 따라서 인구가 꾸준하게 증가하고 있는 (가)는 안산, 수도권 1기 신도시로 조성되어 1990년대에 인구가 급증한 (다)는 성남, 수도권 2기 신도시로 조성되어 2000년대에 인구수가 급증한 (나)는 파주임을 알 수 있다. 서울의 인구 분산을 위해 조성된 수도권 1기, 2기 신도시를 알아두고, 이들 지역의 위치를 지도에서 반드시 파악해 두어야 한다.

| 자료 분석 |

(가)는 1980년부터 인구가 급증하고 있으므로 안산이다. 안산은 서울의 공업 기능 분산으로 인구가 급격히 증가하였다. (나)는 2000년 이후로 인구가 증가하였으므로 파주이다. 파주는 수도권 2기 신도시가 조성되고 출판 단지 등이 들어서면서 최근 인구가 급성장하고 있다. (다)는 1990년대 초반 인구가 급증하였으나 최근에는 인구 변화가 거의 없으므로 수도권 1기 신도시로 조성된 성남이다. (라)는 1980년부터 인구 변화가 거의 없으므로 촌락의 성격이 뚜렷한 여주이다.

| 보기 해설 |

ㄱ 제조업이 발달한 (가) 안산은 외국인의 유입이 많아 (라) 여주보다 거주 외국인 수가 많다. 안산은 대표적인 공업 도시로 2017년 기준 전체 인구 약 73만 명 중 등록된 외국인은 약 8만 6천명으로 안산 총인구의 10%가 넘는다.

ㄴ (나) 파주는 2000년대 대규모 디스플레이 산업 단지와 인쇄·출판 단지 등의 건설로 제조업이 발달한 반면, (다) 성남은 공업 기능보다 주거 기능이 강하며 판교를 중심으로 입지한 IT 산업체들은 대부분 소프트웨어 개발 등 3차 산업에 해당한다. 따라서 (나) 파주는 (다) 성남보다 지역 내 제조업 종사자 비율이 높다.

ㄷ 수도권 2기 신도시로 개발된 (나) 파주는 서울과 멀리 떨어진 촌락인 (라) 여주보다 주택 중 아파트 비율이 높다.

ㄹ. 수도권 1기 신도시는 성남(분당), 부천(중동), 안양(평촌), 고양(일산), 군포(산본)로 대부분 서울에서 가까운 지역에 건설되었다. (가) 안산은 서울의 공업 기능을 분산하기 위해 계획적으로 조성된 위성 도시로서 수도권 1기 신도시가 위치해 있지 않다.

12	대도시권				정답 ③
선택 비율	① 7%	② 22%	③43%	④ 20%	⑤ 8%

정답은 ③번인데 학생들이 오답인 ②번을 선택한 경우가 많았다. 이는 남양주, 성남, 화성, 안성의 인구 특징을 제대로 파악하지 못한 것이 큰 원인으로 여겨진다. 수도권의 인구 중 1기, 2기 신도시가 위치한 지역은 수도권 인구 밀집 문제를 해결하기 위해 단계적으로 계획하고 개발하여 상대적으로 인구가 많다. 네 지역의 상주인구는 수도권 1기 신도시가 위치한 성남과, 2기 신도시가 위치한 화성에서 많으며, 성남 〉 화성 〉 남양주 〉 안성 순으로 상주인구가 많다. 오답을 선택한 경우 성남과 남양주의 인구 순위를 제대로 파악하지 못함으로 여겨진다. 이외에도 수도권 1기 신도시가 위치한 지역을 정확하게 파악하지 못함으로 여겨진다. 따라서 해당 문항의 풀이를 위해서는 수도권 각 지역의 인구 순위를 파악하고 수도권 1기 신도시의 위치를 반드시 파악해 두어야 한다.

| 자료 분석 |

지도에 표시된 네 지역은 위에서부터 남양주, 성남, 화성, 안성이다. (가)는 (가)~(라) 중 서울로의 통근·통학 비율이 가장 높으며, 경지 면적이 (나)보다 넓은 남양주이다. (나)는 (가)~(라) 중 서울로의 통근·통학 비율이 두 번째로 높으며, 경지 면적이 가장 좁은 성남이다. (다)는 (라)보다 서울로의 통근·통학 비율이 높은 화성이다. (라)는 (가)~(라) 중 서울로의 통근·통학 비율이 가장 낮은 안성이다.

| 선지 해설 |

ㄱ. (가) 남양주에는 수도권 1기 신도시가 위치하지 않는다. (가)~(라) 중 수도권 1기 신도시가 위치한 곳은 (나) 성남이다.

ㄴ. (나) 성남은 (가) 남양주보다 상주인구가 많다. 2020년 기준 (나) 성남의 인구는 약 94만 명이며, (가) 남양주의 인구는 약 70만 명이다.

ㄷ. (다) 화성은 전자부품·컴퓨터·영상 및 통신장비 제조업과 자동차 및 트레일러 제조업이 모두 발달한 도시로 (나) 성남보다 제조업 종사자 수가 많다.

ㄹ. (라) 안성은 수도권 2기 신도시인 동탄이 위치한 (다) 화성보다 지역 내 주택 유형에서 아파트가 차지하는 비율이 낮다.

---

13 대도시권   정답 ①

| 선택 비율 | ①34% | ② 22% | ③ 15% | ④ 16% | ⑤ 13% |

선지 선택률을 보면 오답 선택이 특정 선지로 몰리지 않고, 고르게 분포되어 있음을 알 수 있다. 이는 많은 학생들이 지도에 표시된 부천시, 화성시, 양평군의 주간 인구 지수와 상주인구, 외국인 수를 다각도로 비교하는 데 어려움을 느낀 것으로 보인다. 따라서 해당 문항을 정확히 풀어내기 위해서는 주변 도시와 서울과 같은 대도시 간 거리에 따른 주간 인구 지수, 상주인구 등의 관계를 정확히 이해하는 것이 필요하다.

| 자료 분석 |

지도에 표시된 지역은 경기도 부천시, 화성시, 양평군이다. (가)는 세 지역 중 주간 인구 지수가 가장 낮으므로 부천시이다. 부천시는 서울과 인접해 있어 서울로의 통근·통학 인구 비율이 높아 주간 인구 지수가 낮다. (나)는 세 지역 중 주간 인구 지수가 가장 높으므로 화성시이다. 화성시는 자동차 및 트레일러 제조업이 발달해 있어 다른 지역으로의 통근·통학 인구 비율이 낮아 주간 인구 지수가 높다. (다)는 양평군이다.

| 선지 해설 |

① (가) 부천시는 세 지역 중 상주인구가 가장 많은 반면 면적은 가장 좁으므로 인구 밀도가 가장 높다.

② (가) 부천시는 (나) 화성시보다 서울로의 통근 비율이 높다. 대체로 서울과 인접한 도시일수록 서울로의 통근 거리가 짧아 서울로의 통근 비율이 높은데 부천시, 성남시, 고양시가 대표적이다. 반면 (나) 화성시는 서울과의 거리

가 멀고 각종 공업이 발달해 있어 지역 내에 통근하는 인구 비율이 높고 서울로의 통근 인구 비율은 낮다.

③ 제조업 종사자 수 비율은 공업이 발달한 (나) 화성시가 촌락인 (다) 양평군보다 높다.

④ 지역 내 농가 수 비율은 촌락인 (다) 양평군이 (가) 부천시보다 높다.

⑤ A는 (가) 부천시 〉 (나) 화성시 〉 (다) 양평군 순으로 수치가 높으므로 상주인구이다. B는 (나) 화성시의 수치가 가장 높으므로 외국인 수이다. 화성시는 공업이 발달해 있어 외국인 근로자가 많다.

---

14 수도권   정답 ①

| 선택 비율 | ①41% | ② 24% | ③ 23% | ④ 5% | ⑤ 5% |

정답은 ①인데 학생들이 오답인 ②번을 선택한 경우가 많았다. 이는 주간 인구 지수의 특징을 제대로 파악하지 못한 것이 큰 원인으로 여겨진다. 주간 인구 지수는 대도시에서 높지만, 대도시 주변의 신도시는 중심 도시로 통근·통학하는 비율이 높기 때문에 배후 농촌 지역보다 주간 인구 지수가 낮음을 파악하지 못함으로 여겨진다. 이외에도 성남에 수도권 1기와 2기 신도시가 건설되어 있음을 파악하지 못했기 때문으로 보인다. 따라서 해당 문항의 풀이를 위해서는 대도시와 주변의 위성 도시, 배후 농촌 지역의 세부적인 특성과 수도권 1, 2기 신도시 위치를 반드시 파악해 두어야 한다.

| 자료 분석 |

지도에 표시된 세 지역은 수도권이며 경기 북부의 포천, 서울과 접해 있는 성남, 서해안에 위치한 화성이다. 그래프의 시기별 주택 수 증가량을 통해 세 지역의 시기별 인구 증가를 유추할 수 있다. (가)는 1990년대 인구 증가로 주택 수가 빠르게 증가한 성남. (나)는 2000년대 이후 공업 발달과 수도권 2기 신도시 건설로 인구 및 주택 수가 빠르게 증가한 화성이다. (다)는 세 시기 모두 상대적으로 인구 증가가 미약한 포천이다.

| 선지 해설 |

① (가) 성남은 1990년대 1기 신도시인 성남 분당 신도시와 2000년대 2기 신도시인 성남 판교 신도시 및 위례 신도시(서울 송파·경기 성남·경기 하남)가 건설되었다. 따라서 (가) 성남에는 수도권 1기와 2기 신도시가 건설되었다.

② 주간 인구 지수는 중심 도시로 통근·통학하는 인구의 비율이 높은 지역일수록 낮다. (가) 성남은 중심 도시인 서울과 인접한 지역으로 서울로 통근·통학하는 인구의 비율이 높다. 반면 (다) 포천은 군사 시설 및 소규모 공장이 밀집한 지역으로 서울로의 통근·통학 인구가 상대적으로 적다. 따라서 (가) 성남은 (다) 포천보다 주간 인구 지수가 낮다.

③ 정보서비스업 종사자 수는 IT 산업이 발달한 지역일수록 높다. 성남은 수도권 2기 신도시인 판교를 중심으로 IT 산업이 발달하였다. 따라서 (나) 화성은 (가) 성남보다 정보서비스업 종사자 수가 적다.

④ 지역 내 농가 인구 비율은 촌락의 특성이 강한 지역일수록 높으며, (나) 화성보다는 (다) 포천이 촌락의 특성이 강하다. 따라서 (나) 화성은 (다) 포천보다 지역 내 농가 인구 비율이 낮다.

⑤ 제조업 종사자 수는 세 지역 중 (나) 화성이 가장 많다. 따라서 (다) 포천은 (나) 화성보다 제조업 종사자 수가 적다.

---

15 수도권   정답 ③

| 선택 비율 | ① 21% | ② 14% | ③34% | ④ 18% | ⑤ 14% |

③ 수력은 유량이 풍부하고 낙차가 큰 곳에 입지해야 하므로 자연적 입지 제약을 많이 받는다. 반면 B 화력은 자연적 입지 제약이 적어 대소비지와 가까운 지역에 주로 입지한다.

④ 수력은 1900년대부터 이루어졌으며 화력은 1930년대에 처음으로 발전이 이루어졌다. 원자력은 1970년대 석유 파동을 겪은 이후 발전소가 건설되기 시작하여 1980년대부터 발전이 이루어졌다. 따라서 A 원자력은 B 화력보다 우리나라에서 전력 생산에 이용된 시기가 늦다.

⑤ 우리나라에서 발전량은 B 화력이 가장 많고 다음으로 A 원자력이 많다.

오답 피하기 (왼쪽 칼럼)

정답은 ③인데 학생들이 오답인 ①번을 선택한 경우가 많았다. 이는 청장년 성비의 특징을 제대로 파악하지 못한 것이 큰 원인으로 여겨진다. 청장년 성비는 상대적으로 남성 인구가 많은 접경 지역과 제조업이 발달한 지역에서 높지만, 서울과 인접한 지역에서 수치가 낮아짐을 파악하지 못하였기 때문이다. 이외에도 경지 면적이 넓은 지역인 이천, 평택, 안성 등이 평야가 넓고 농업이 발달한 지역임을 파악하지 못함으로 여겨진다. 따라서 해당 문항의 풀이를 위해서는 경기도 내 시·군별 세부적인 특성과 위치를 반드시 파악해 두어야 한다.

| 자료 분석 |
(가)는 연천, 포천, 시흥, 평택, 안성이 상위 5개 시·군이며, 고양, 광명, 안양, 과천, 의왕이 하위 5개 시·군이다. (나)는 화성, 평택, 용인, 안성, 이천이 상위 5개 시군이며, 동두천, 구리, 광명, 과천, 의왕이 하위 5개 시·군이다.

| 선지 해설 |
③ (가) – 청장년 성비, (나) – 농가 인구

- (가)는 접경 지역인 연천, 포천과 제조업이 발달한 시흥, 평택, 안성에서 수치가 높게 나타나고 고양, 광명, 안양, 과천, 의왕 등 서울과 인접한 지역에서 수치가 낮게 나타나는 지표이다. 접경 지역과 제조업이 발달한 지역에서는 청장년 성비가 높으며 서울과 인접한 지역에서는 청장년 성비가 낮으므로 (가)는 청장년 성비이다.

- (나)는 경기 남부의 화성, 평택, 안성, 용인, 이천 등 평야가 넓게 펼쳐진 지역에서 수치가 높게 나타나고 서울과 인접한 구리, 광명, 과천, 의왕과 경기 북부 군사적 요충지인 동두천에서 수치가 낮게 나타나는 지표이다. 평야가 발달한 지역에서는 농가 인구가 많으며 서울과 인접한 지역에서는 농가 인구가 적으므로 (나)는 농가 인구이다.

---

16 전력 자원의 특성 정답 ⑤

선택 비율	① 5%	② 27%	③ 14%	④ 34%	⑤ 20%

오답 피하기

정답은 ⑤인데 오답인 ④의 선택률이 높게 나타났다. ④의 선택률이 높았던 것은 아마도 (가)~(다) 세 지역에서 모두 발전 양식별 설비 용량 비율이 높은 A를 화력, B를 원자력이라고 파악하였기 때문일 것이다. 우리나라는 발전량과 발전 설비 용량이 화력 〉 원자력 〉 수력 순으로 높게 나타나지만, 지도에 표시된 (가)~(다) 세 지역은 원자력 발전소가 분포해 원자력의 발전 설비 용량이 화력보다 높게 나타난다. 우리나라의 전력 자원 특성뿐만 아니라 지역별로 전력 자원의 특성을 정확히 이해하는 것이 필요하다.

| 자료 분석 |
지도에 표시된 세 지역은 경상북도, 전라남도, 부산광역시이다. 세 지역 모두 원자력 발전소가 위치해 있으며 원자력 발전은 대용량의 발전이 이루어진다. 따라서 (가)~(다) 세 지역 모두에서 발전 설비 용량 비율이 가장 높은 A가 원자력이고, B는 화력이다. (다)는 (가), (나)에 비해 수력의 발전 설비 용량 비율이 높으므로 낙동강 수계에 댐이 많이 건설되어 있는 경북이다. 화력은 대소비지 부근에서 주로 발전이 이루어지므로 (가)보다 B 화력의 발전 설비 용량 비율이 높은 (나)는 부산이다. (가)는 기타에 해당하는 신·재생 에너지의 발전 설비 용량 비율이 높으므로 태양광 발전이 활발한 전남이다.

| 선지 해설 |
① 우리나라에서 원자력 발전 설비 용량이 가장 많은 지역은 울진과 경주에 원자력 발전소가 위치한 (다) 경북이다.

② (가) 전남은 호남 지방, (나) 부산과 (다) 경북은 영남 지방에 해당한다.

---

17 신·재생 에너지의 특성 정답 ②

선택 비율	① 3%	② 31%	③ 15%	④ 43%	⑤ 6%

오답 피하기

오답인 ④의 선택률이 정답인 ②의 선택률보다 높았던 고난도 문항이다. 이는 전남에서 발전량 비율이 높은 (나)가 태양광임은 알 수 있었으나, (가)와 (다)에 해당하는 에너지를 구분하지 못하였기 때문이다. (가) 수력의 경우 하천의 낙차가 큰 곳에 입지하는 것이 유리하며, 주로 하천 중·상류에 댐이 건설된 곳에서 발전이 이루어진다. 강원의 경우에는 한강의 중·상류에 위치하고 여름철 강수 집중률이 높아 수력 발전에 유리하고 수력 발전량 또한 상대적으로 많다. 우리나라 각 도(道)의 자연환경과 신·재생 에너지원별 입지 조건을 잘 연관 지어서 학습하도록 한다.

| 자료 분석 |
지도의 세 지역은 강원도, 경상북도, 전라남도이다.

| 선지 해설 |
② (가) – 수력, (나) – 태양광, (다) – 풍력

- (가)는 세 지역 중 강원에서 발전량 비율이 가장 높으므로 수력이다. 강원은 한강 중·상류에 위치하여 수력의 발전량 비율이 높다.

- (나)는 세 지역 중 전남에서 발전량 비율이 가장 높으므로 태양광이다. 태양광은 일사량이 풍부한 지역에서 전력 생산에 유리하며 전남, 전북, 경북 등에서 발전량 비율이 높다.

- (다)는 경북, 강원 등에서 발전량 비율이 높은 것으로 보아 풍력이다. 풍력은 바람이 많은 산지와 해안 지역이 있는 경북, 강원, 제주 등에서 발전량 비율이 높다.

---

18 지역별 농업 특징 정답 ⑤

선택 비율	① 10%	② 16%	③ 9%	④ 14%	⑤ 40%

오답 피하기

오답인 ②와 ④의 선택률이 높았던 문항이다. 우선 오답인 ②를 선택한 이유는 겸업농가의 비율이 높은 것을 보고 겸업농가 수도 많을 것으로 잘못 생각했기 때문이다. 그래프와 범례를 함께 살펴보면 (가)는 전체 농가 수가 약 3만 가구이며, (다)는 전체 농가 수가 약 18만 가구이다. (다)에서 겸업농가는 전체 약 18만 가구의 약 30%이므로 약 5.4만 가구이며 이는 (가)의 전체 농가 수보다 많다. 따라서 (가)는 (다)보다 겸업농가 수가 적다. 오답인 ④를 선택한 이유도 비율과 양을 구분하지 못하였기 때문이다. 밭 면적은 (다) 경북이 (가) 제주보다 넓지만, 지역 내 경지 중 밭 면적의 비율은 (가) 제주가 (다) 경북보다 넓다. 문항을 풀 때 묻는 바가 절대량인지 상대적 비율인지를 꼼꼼하게 살펴보고 문항에 접근하도록 한다.

지도에 표시된 네 도(道)는 경기, 경북, 전남, 제주이다. 그래프에서 (가)는 네 지역 중 농가 수가 가장 적고 경지 면적과 작물 재배 면적이 모두 가장 좁으므로 제주이다. (다)는 네 지역 중 농가 수가 가장 많으므로 경북이다. (라)는 네 지역 중 경지 면적과 작물 재배 면적이 가장 넓으므로 평야가 발달한 전남이다. (나)는 경기이다. 전남과 경북은 전업농가가 겸업농가보다 많다. 따라서 A는 전업농가, B는 겸업농가이다.

| 선지 해설 |

① A는 전업농가, B는 겸업농가이다.

② (가)는 (다)보다 B 겸업농가의 비율이 높지만 농가 수가 매우 적다. 따라서 (가)는 (다)보다 겸업농가 수가 적다.

③ (라) 전남은 겨울철이 온화해 쌀과 보리를 재배하는 그루갈이가 다른 지역보다 활발하다. 따라서 전체 경지 면적에 대해 1년 동안 실제로 농작물을 재배한 면적의 비율인 경지 이용률은 (라) 전남이 (나) 경기보다 높다.

④ (가) 제주도는 절리가 발달한 기반암의 특성으로 지표수가 부족해 논이 거의 분포하지 않아 밭 면적의 비율이 우리나라 도 중에서 가장 높다. 따라서 (다) 경북은 (가) 제주보다 지역 내 경지 중 밭 면적의 비율이 낮다.

⑤ 쌀 생산량은 평야가 발달해 있으며 겨울철이 온화한 (라) 전남이 (나) 경기보다 많다.

---

19   지역별 농업 특징   정답 ⑤

| 선택 비율 | ① 10% | ② 10% | ③ 16% | ④ 24% | ⑤ 37% |

오답 피하기

정답은 ⑤인데, 오답인 ④의 선택률이 높았다. 이 문제는 A~D와 (가)~(라)의 지역을 정확하게 알지 못해도 주어진 자료만으로 충분히 해결할 수 있는 문제이다. 이 문제의 정답률이 낮았던 이유는 상단 자료의 (가)~(라)와 하단 자료의 A~D를 정확하게 연결하지 못했기 때문으로 보인다. 우선 하단 오른쪽 그래프와 그래프의 주석을 통해 과수와 채소 재배 면적이 가장 넓은 지역이 각각 D, C임을 알 수 있다. 다음으로, 하단 왼쪽 그래프의 'y=x'곡선을 이용하여 농가당 작물 재배 면적 비율과 전국 평균을 비교할 수 있다. 곡선의 왼쪽에 위치하는 B, C는 농가당 작물 재배 면적 비율이 전국 평균보다 낮으며, 오른쪽에 위치하는 A, D는 전국 평균보다 높다. 따라서 (가)는 A, (다)는 B이다. 복잡해 보이는 자료여도 차분하게 접근하면 충분히 풀 수 있으므로 제시된 자료를 꼼꼼하게 분석하는 습관을 길러야 한다.

| 자료 분석 |

아래 그래프에서 A는 전국 도 중에서 농가 수가 가장 적고 작물 재배 면적이 가장 좁으며, 과수 재배 면적이 두 번째로 넓은 제주이다. 〈농가 비율 및 작물 재배 면적 비율〉 그래프에서 A 제주는 농가당 작물 재배 면적이 전국 평균보다 넓음을 알 수 있다. 따라서 A 제주는 (가), (나) 중 하나이고, 농가당 과수 재배 면적이 전국 평균보다 넓은 (가)가 A 제주이다. C는 전국 도 중에서 농가 수가 가장 많고, 작물 재배 면적이 두 번째로 넓으며, 과수 재배 면적이 가장 넓은 경북이다. 〈농가 비율 및 작물 재배 면적 비율〉 그래프에서 C 경북은 농가당 작물 재배 면적이 전국 평균보다 낮음을 알 수 있다. 따라서 C 경북은 (다), (라) 중 하나이고, 전국에서 과수 재배 면적이 가장 넓은 (라)가 C 경북이다. D는 전국 도 중에서 작물 재배 면적과 채소 재배 면적이 가장 넓으며, 농가 수가 두 번째로 많은 전남이다. 〈농가 비율 및 작물 재배 면적 비율〉 그래프에서 D 전남은 농가당 작물 재배 면적이 전국 평균보다 넓음을 알 수 있으며, 전국에서 채소 재배 면적이 가장 넓은 (나)가 D 전남이다. 나머지 B와 (다)는 강원이다.

| 선지 해설 |

① 상대적으로 관광 산업이 발달한 A 제주는 D 전남보다 겸업농가 비율이 높으며, 전체 농가 수는 전남의 약 1/5에 불과하다. 따라서 A 제주는 D 전남보다 전체 농가 수에서 겸업농가를 뺀 전업농가 수가 적다.

② (라) 경북은 우리나라에서 과수 재배 면적이 가장 넓은 지역으로 채소 재배 면적이 과수 재배 면적보다 좁다.

③ 〈농가 비율 및 작물 재배 면적 비율〉 그래프를 보면 (다) 강원에 해당하는 B는 농가 비율 대비 작물 재배 면적 비율이 1 이하이며, (나) 전남에 해당하는 D는 농가 비율 대비 작물 재배 면적 비율이 1 이상임을 알 수 있다. 따라서 (다) 강원은 (나) 전남보다 농가당 작물 재배 면적이 좁다.

④ 경지율은 총면적 중 농경지 면적의 비율로 상대적으로 산지가 많은 (라) 경북이 (나) 전남보다 낮다.

⑤ (가)와 A는 제주이며, (다)와 B는 강원이다.

---

20   교통수단별 특징   정답 ⑤

| 선택 비율 | ① 8% | ② 7% | ③ 37% | ④ 7% | ⑤ 35% |

오답 피하기

정답은 ⑤인데 학생들이 오답인 ③을 선택한 경우가 많았다. 이는 교통수단별 국내 화물 운송량 지수와 수송 분담률을 제대로 파악하지 못한 것이 큰 원인이다. A는 국내 화물 운송량 지수가 가장 높은 교통수단이다. 해당 그래프의 화물 운송량 지수는 2001년 교통수단별 화물 운송량을 100으로 했을 때, 해당 연도의 상댓값이다. 따라서 화물 운송량 지수는 화물 운송량 총량을 나타낸 것이 아니라 2001년 대비 화물 운송량 증가율을 나타난 것이다. 우리나라는 철도를 이용한 화물 운송량은 산업 철도 노선의 폐쇄 등으로 인해 점차 줄어들고 있으나 도로 및 해운을 이용한 화물 수송 운송량은 고속국도를 비롯한 각종 도로의 확충, 항구 시설의 신설 및 개·보수 등을 통해 증가하고 있다. 따라서 화물 운송량 지수가 가장 많이 증가하고 수송 분담률이 가장 높은 A가 도로이다. 그 다음으로는 해운이 수송 분담률이 높으며, 철도는 화물 운송량 지수와 화물 수송 분담률이 가장 낮다. 해당 문항에서는 해운이 철도보다 화물 수송량 지수와 수송 분담률이 낮다고 생각하는 경우가 많았던 것으로 여겨진다. 따라서 화물 수송에서 쇠퇴하고 있는 철도와 상대적으로 화물 수송에서 발달하고 있는 해운의 특성을 파악하는 것은 물론 수송 분담률 순위를 파악하고 이를 정리해 두어야 한다.

| 자료 분석 |

국내 화물 수송 분담률은 도로 〉 해운 〉 철도 〉 항공 순으로 높다. 따라서 A는 도로, B는 해운, C는 철도이다. 〈화물 운송량 지수〉는 2011년 교통수단별 화물 운송량을 100으로 했을 때, 해당 연도의 상댓값이다. A 도로와 B 해운은 2016년 화물 운송량 지수가 100 이상이므로 2011년에 비해 화물 운송량이 증가하였다. 반면 C 철도는 2016년 화물 운송량 지수가 100 이하이므로 2011년에 비해 화물 운송량이 감소하였다.

| 선지 해설 |

① A~C 중 정시성이 가장 우수한 교통수단은 C 철도이다. A 도로는 교통 체증이 발생하는 경우가 많다.

② 기종점 비용은 항공 〉 해운〉 철도 〉 도로 순으로 높다. 따라서 A 도로는 B 해운보다 기종점 비용이 낮다.

③ B 해운은 기종점 비용이 높고 주행 비용 증가율이 낮아 대체로 장거리 수송을 주로 담당한다. C 철도 역시 주로 중장거리 수송을 담당하지만 B 해운보다는 평균 수송 거리가 짧다.

④ 문전 연결성은 A 도로가 교통수단 중 가장 높다.

⑤ 기상 조건의 제약은 B 해운이 C 철도보다 많이 받는다.

01 주요 공업의 분포 · 정답 ②

선택 비율	① 38%	②42%	③ 13%	④ 4%	⑤ 3%

오답 피하기

정답은 ②번인데 학생들이 오답인 ①번을 선택한 경우가 많았다. 울산, 광양 등은 1970년대부터 중화학 공업을 중심으로 제조업이 발달한 지역으로 2000년대 제조업 종사자 수의 증가가 둔화 추세이다. 반면 화성, 청주는 최근 첨단 산업이 발달하면서 전자 부품, 컴퓨터, 영상, 음향 및 통신 장비 제조업 등 제조업 종사자 수가 증가하였다. 오답을 선택한 경우 화성 다음으로 제조업 종사자 수 증가율이 가장 높은 (나)가 청주임을 제대로 파악하지 못하였다. 그리고 증가율이 가장 낮은 (라)는 1981년 제조업 종사자 수 상댓값이 가장 높은 것에서 울산임을 추론해 내지 못함으로 여겨진다. 이외에도 화성은 자동차 및 트레일러 제조업 종사자 수가 상대적으로 많은 반면 청주는 바이오 산업 발달로 화학 물질 및 화학제품 제조업(의약품 제조업) 종사자 수가 울산 다음으로 상대적으로 많음을 파악하지 못한 것으로 여겨진다. 따라서 해당 문항의 풀이를 위해서는 지역별 제조업의 특성과 시기별 제조업 발달 과정을 반드시 파악해 두어야 한다.

| 자료 분석 |

지도에 제시된 지역은 화성, 청주, 울산, 광양이다. 울산과 광양은 1970년대부터 제조업이 발달하면서 제조업 종사자 수가 증가하였으나 최근에는 제조업 종사자 수가 급증하지 않고 있다. 반면 화성과 청주는 최근 첨단 산업이 발달함과 동시에 제조업 종사자 수가 증가하고 있다.

| 선지 해설 |

② (가) – A, (나) – C, (다) – D, (라) – B
- (가)는 2001년 대비 2019년 제조업 종사자 수가 3배 이상 증가하였으므로 화성시이다. 화성시는 전자 부품·컴퓨터·영상·음향 및 통신 장비 제조업과 자동차 및 트레일러 제조업이 발달하였다. 〈제조업 출하액 비율〉 그래프에서 A와 C 모두 전자 부품, 컴퓨터, 영상, 음향 및 통신장비 제조업이 발달해 있는데 이 중 자동차 및 트레일러 제조업 출하액 비율이 C보다 높은 A가 화성시이다.
- (나)는 2001년 이후 (가) 다음으로 제조업 종사자 수 증가율이 높으므로 청주시이다. 청주시는 오송을 중심으로 바이오 산업이 발달하고 있다. 따라서 〈제조업 출하액 비율〉 그래프에서 전자 부품, 컴퓨터, 영상, 음향 및 통신장비 제조업과 전기장비 제조업의 출하액 비율이 높은 C가 청주시이다.
- (다)는 1981년에서 1991년까지는 제조업 종사자 수 증가율이 높았으나 2001년 이후로는 증가율이 둔화되었으므로 광양시이다. 따라서 〈제조업 출하액 비율〉 그래프에서 1차 금속 제조업의 출하액 비율이 매우 높은 D가 광양시이다.
- (라)는 2001년에 대한 1981년의 제조업 종사자 수의 상댓값이 가장 높으므로 울산광역시이다. 따라서 〈제조업 출하액 비율〉 그래프에서 코크스, 연탄 및 석유정제품 제조업, 자동차 및 트레일러 제조업, 화학 물질 및 화학제품 제조업(의약품 제외)의 출하액 비율이 고르게 나타나는 B가 울산광역시이다.

02 주요 공업의 분포 · 정답 ①

선택 비율	①39%	② 9%	③ 30%	④ 12%	⑤ 10%

오답 피하기

오답인 ③의 선택률이 높았던 것은 아마도 여수와 광양, 당진과 서산의 위치를 제대로 파악하지 못하였기 때문일 것이다. 1차 금속 제조업의 출하액 비중이 가장 높은 (가)를 전남 광양이 아닌 충남 당진으로 혼동하였기 때문일 것이다. 또한 화학 물질 및 화학 제품(의약품 제외) 제조업의 출하액 비중이 가장 높은 (다)를 충남 서산이 아닌 전남 여수로 혼동하였기 때문일 것이다. 광양은 여수보다 북쪽에 위치하며, 서산은 당진보다 서쪽에 위치하고 있음을 알아야 한다.

| 자료 분석 |

지도의 A는 광주, B는 광양, C는 서산, D는 아산이다.

| 선지 해설 |

① (가) – B, (나) – A, (다) – C, (라) – D
- (가)는 1차 금속 제조업의 출하액 비중이 80% 이상으로 제조업 출하액의 대부분을 차지하고 있으므로 B 광양이다. 전남 광양, 경북 포항, 충남 당진에는 대규모의 제철소가 입지해 있어 1차 금속 제조업의 출하액 비중이 높다.
- (나)는 자동차 및 트레일러 제조업의 출하액 비중이 40% 이상을 차지하므로 A 광주이다. 광주는 경기도의 평택 및 화성, 충남 아산, 울산과 함께 대규모의 완성차 조립 공장이 위치해 있어 자동차 및 트레일러 제조업이 발달해 있다.
- (다)는 화학 물질 및 화학 제품(의약품 제외) 제조업과 코크스, 연탄 및 석유정제품 제조업의 출하액 비중이 높으므로 C 서산이다. 충남 서산은 울산, 전남 여수와 함께 석유를 이용해 다양한 화학 제품을 생산하는 화학 물질 및 화학 제품(의약품 제외) 제조업이 발달해 있다.
- (라)는 전자 부품, 컴퓨터, 영상, 음향 및 통신 장비 제조업과 자동차 및 트레일러 제조업의 출하액 비중이 높으므로 D 아산이다. 첨단 산업에 해당하는 전자 부품, 컴퓨터, 영상, 음향 및 통신 장비 제조업은 부가 가치가 커서 출하액이 많다. 아산은 자동차 관련 산업들이 모여 있어 자동차 및 트레일러 제조업의 출하액 비중도 높다.

03 지역별 공업 특징 · 정답 ⑤

선택 비율	① 7%	② 8%	③ 12%	④ 24%	⑤46%

오답 피하기

정답은 ⑤인데 학생들이 오답인 ④번을 선택한 경우가 많았다. 이는 지역별 제조업 업종 특성을 제대로 파악하지 못한 것이 큰 원인으로 여겨진다. 이외에도 각 제조업에서 생산된 제품을 제대로 인식하지 않은 경우도 다수 있었으리라 여겨진다. 따라서 해당 문항의 풀이를 위해서는 지역별로 1~3 순위 제조업 업종별 출하액을 정확히 파악하고 있어야 한다. 특히 각 제조업에서 생산된 제품의 특성을 정리해 두는 등의 과정을 통해 각 업종의 세부적인 특성을 반드시 파악해 두어야 한다.

| 자료 분석 |

A는 서울에서 지역 내 제조업 업종별 출하액 비율이 가장 높으므로 의복(액세서리, 모피 포함) 제조업이며, B는 경기에서 지역 내 제조업 업종별 출하액 비율이 가장 높으므로 전자 부품·컴퓨터·영상·음향 및 통신장비 제조업이다. C는 경기와 경북에서 각각 지역 내 제조업 업종별 출하액 비율이 두 번째와 세 번째로 높은 제조업이므로 자동차 및 트레일러 제조업이다. 마지막으로 D는 경북에서 지역 내 제조업 업종별 출하액 비율이 두 번째로 높으며 다른 지역에서는 상위 3개에 포함되지 않으므로 1차 금속 제조업이다.

| 선지 해설 |

① A 의복(액세서리, 모피 포함) 제조업은 소비자와 잦은 접촉을 필요로 하며 소비 시장에 입지하는 특성이 나타나므로 시장 지향형 제조업이다. 제조 과정에서 원료의 무게나 부피가 감소하는 원료 지향형 제조업으로는 시멘트 공업이 대표적이다.

② B 전자 부품·컴퓨터·영상·음향 및 통신장비 제조업은 운송비에 비해 부가 가치가 큰 제조업으로 입지가 비교적 자유로운 입지 자유형 제조업이다. 부피가 크거나 무거운 원료를 해외에서 수입하는 적환지 지향형 제조업으로는 D 1차 금속 제조업이 있다.

③ B 전자 부품·컴퓨터·영상·음향 및 통신장비 제조업은 부가 가치가 상당히 높아 종사자 대비 출하액이 많다. 따라서 종사자 1인당 출하액이 A 의복(액세서리, 모피 포함) 제조업은 B 전자 부품·컴퓨터·영상·음향 및 통신장비 제조업보다 적다.

④ B 전자 부품·컴퓨터·영상·음향 및 통신장비 제조업은 C 자동차 및 트레일러 제조업보다 최종 제품의 무게가 가볍고 부피가 작다.

⑤ D 1차 금속 제조업은 철강이나 비철 금속 등을 제조하는 공업이다. 1차 금속 제조업에서 생산된 제품은 C 자동차 및 트레일러 제조업의 주요 재료로 이용된다.

---

04 주요 공업의 분포   정답 ⑤

선택 비율	① 7%	② 6%	③ 41%	④ 8%	⑤35%

오답 피하기

오답인 ③의 선택률이 높았던 것은 전자 부품, 컴퓨터, 영상, 음향 및 통신 장비 제조업과 자동차 및 트레일러 제조업이 특화되어 발달한 아산과 다양한 제조업이 종합적으로 발달한 청주를 구분하지 못했기 때문이다. 충청권의 서해안에 위치하여 중화학 공업이 발달한 서산, 당진, 아산과 원료 지향 공업인 시멘트 공업이 발달한 단양의 제조업 특징을 잘 구분해서 알아 두고, 그 이외 도시의 제조업을 유추해서 찾아볼 수 있도록 해야 한다.

자료 분석

지도에 표시된 네 지역은 서산, 당진, 청주, 단양이다. (가)는 제철소가 입지해 철강 및 금속 공업이 발달하였다고 하였으므로 네 지역 중 당진이다. (나)는 고생대 조선 누층군에 매장된 석회석을 활용한 원료 지향 공업이 발달하였다고 하였으므로 시멘트 공업이 발달한 단양이다. (다)는 울산과 여수에 이어 세 번째로 석유 화학 단지가 입지하였다고 하였으므로 석유 화학 공업이 발달한 서산이다. 따라서 (가)~(다) 도시를 지운 후 남은 도시 A는 청주이다.

선지 해설

① 비금속 광물 제품 제조업의 출하액 비율이 가장 높은 것으로 보아 이는 시멘트 공업이 발달한 (나) 단양의 그래프이다.

② 1차 금속 제조업의 출하액 비율이 가장 높은 것으로 보아 이는 제철 공업이 발달한 (가) 당진의 그래프이다.

③ 전자 부품, 컴퓨터, 영상, 음향 및 통신 장비 제조업과 자동차 및 트레일러 제조업의 출하액 비율이 높은 것으로 보아 이는 전자 공업과 자동차 공업이 발달한 아산의 그래프이다.

④ 코크스, 연탄 및 석유 정제품 제조업과 화학 물질 및 화학 제품 제조업의 출하액 비율이 높은 것으로 보아 이는 정유 공업과 석유 화학 공업이 발달한 (다) 서산의 그래프이다.

⑤ 전기 장비 제조업, 전자 부품, 컴퓨터, 영상, 음향 및 통신 장비 제조업의 출하액 비율이 높은 것으로 보아 이는 청주의 업종별 출하액 비율 그래프이다.

---

05 주요 공업의 분포   정답 ①

선택 비율	①40%	② 10%	③ 9%	④ 21%	⑤ 15%

오답 피하기

오답인 ④의 선택률이 높았던 것은 (다)를 자동차 및 트레일러 제조업으로 잘못 판단하였기 때문이다. 이는 《(가)~(다)의 시·도별 출하액 비율》 그래프에서 (다)의 출하액 비율이 울산, 경기, 충남 등에서 높게 나타났기 때문이다. 그러나 (다)에서 두 번째로 높은 비율을 차지하는 전남의 경우 다른 지역에 비해 자동차 및 트레일러 제조업이 발달하지 않았다. 따라서 울산과 전남에서 출하액 비율이 높은 (다)는 화학 물질 및 화학 제품 제조업이다. 《주요 제조업 출하액 및 종사자 비율》 그래프에서도 (다)는 출하액 대비 종사자 비율이 낮은 편이다. 많은 부품을 조립하는 과정을 거치는 (나) 자동차 및 트레일러 제조업은 (다) 화학 물질 및 화학 제품 제조업에 비해 출하액 대비 종사자 비율이 높다. 이를 통해서도 (다)는 자동차 및 트레일러 제조업이 아님을 알 수 있다. 그래프 자료가 두 개 이상 주어졌을 경우 두 개의 그래프를 종합적으로 분석하여 문항을 풀어 나가야 한다.

자료 분석

(가)는 (가)~(다) 중 출하액 비율이 가장 높으므로 전자 부품·컴퓨터·영상·음향 및 통신 장비 제조업이다. 따라서 전자 부품·컴퓨터·영상·음향 및 통신 장비 제조업 출하액 비율이 가장 높은 A는 경기, 다음으로 높은 B는 충남이다. 경기와 충남 아산, 경북 구미는 전자 부품·컴퓨터·영상·음향 및 통신 장비 제조업이 발달해 있다. (나)는 오른쪽 표에서 경기, 울산, 충남의 출하액 비율이 높으므로 자동차 및 트레일러 제조업이다. (다)는 (가)~(다) 중 종사자 비율이 가장 낮고 울산, 전남, 충남의 출하액 비율이 높으므로 화학 물질 및 화학 제품 제조업이다. 울산, 전남 여수, 충남 서산은 석유 화학 공업이 발달해 있다.

선지 해설

① 전자 부품·컴퓨터·영상·음향 및 통신 장비 제조업 출하액 비율이 가장 높은 A는 경기, 다음으로 높은 B는 충남이다.

② (가) 전자 부품·컴퓨터·영상·음향 및 통신 장비 제조업은 입지 자유형 제조업이다. 1차 금속 제조업과 석유 정제 제조업이 적환지 지향형 제조업에 해당한다.

③ 한 가지 원료로 여러 제품을 생산하는 계열화된 제조업은 여러 석유 화학 제품을 생산하는 (다) 화학 물질 및 화학 제품 제조업이다.

④ 최종 제품 생산에 많은 부품이 필요한 조립형 제조업은 (나) 자동차 및 트레일러 제조업이다.

⑤ 종사자 1인당 출하액은 출하액을 종사자 수로 나눈 수치이다. 따라서 종사자 1인당 출하액은 (가)가 (다)보다 적다.

---

06 외국인 이주와 다문화 공간   정답 ⑤

선택 비율	① 20%	② 11%	③ 10%	④ 10%	⑤49%

오답 피하기

정답은 ⑤번인데 학생들이 오답인 ①번을 선택한 경우가 많았다. 이는 지역 내 외국인 근로자 비율과 결혼 이민자 비율의 특징을 제대로 파악하지 못한 것이 큰 원인으로 여겨진다. A 강원은 촌락의 비율이 높은 지역으로 지역 내 결혼 이민자 비율이 높다. 2021년 기준 강원은 우리나라에서 지역 내 결혼 이민자 비율이 가장 높으며, 그중 한국인 남성과 외국인 여성의 결혼 비율이 상대적으로 높아 외국인 주민 성비가 상대적으로 낮다. 반면 C 경남은 중화학 공업이 발달하여 외국인 중 남성 외국인 근로자 비율이 높으며, 외국인 주민의 성비가 우리나라에서 가장 높다. 오답을 선택한 경우 A 강원이 결혼 이민자 비율이 높아 외국인 주민 성비가 낮음을, C 경남이 외국인 근로자 비율이 높아 외국인 주민 성비가 높음을 제대로 파악하지 못함으로 여겨진다. 이외에도 A 강원의 청장년층 성비와 외국인 주민 성비를 제대로 구분하지 못한 것도 원인으로 여겨진다. 화천, 양구 등 강원의 일부 지역은 접경 지역에 위치해 청장년층의 성비가 높지만 외국인 주민은 결혼 이민자 비율이 높아 상대적으로 성비가 낮다. 따라서 해당 문항의 풀이를 위해서는 지역 내 외국인 근로자 비율과 결혼 이민자 비율의 특징을 시·도별로 반드시 파악해 두어야 한다.

| 자료 분석 |

지도에서 A는 강원, B는 대전, C는 경남이다. A 강원은 촌락 비율이 높은 지역으로 결혼 이민자의 비율이 높게 나타나는데, 이는 젊은 여성 인구가 도시로 이주함에 따라 결혼 적령기의 성비 불균형이 나타났기 때문이다. B 대전은 대학과 연구 단지가 위치하여 지역 내 유학생 비율이 높다. 이는 유학생들이 대도시나 대학과 연구 단지가 있는 지역에 거주하는 경우가 많기 때문이다. C 경남은 지역 내 외국인 주민의 성비가 높게 나타나는데, 이는 중화학 공업이 발달한 지역에서는 여성보다 남성의 이주자 비율이 높기 때문이다.

| 선지 해설 |

⑤ (가) – C, (나) – B, (다) – A

- (가)는 세 지역 중 외국인 주민 성비가 가장 높고, 지역 내 유학생 비율이 가장 낮다. 중화학 공업이 발달한 경남 지역은 우리나라에서 외국인 주민의 성비가 가장 높은 반면 외국인 유학생 비율은 가장 낮다(2021년 기준). 따라서 (가)는 C 경남이다.
- (나)는 세 지역 중 지역 내 유학생 비율이 가장 높고 외국인 주민 성비가 가장 낮다. 대전은 대학과 연구 단지가 발달한 도시로 지역 내 유학생 비율이 높으며, 광역시인 대도시로 지역 내 외국인 주민 중 여성 비율이 높다. 따라서 세 지역 중 지역 내 유학생 비율이 가장 높고 외국인 주민 성비가 낮은 (나)는 B 대전이다.
- (다)는 세 지역 중 지역 내 결혼 이민자 비율이 가장 높다. 강원은 촌락 비율이 높은 지역으로 결혼 이민자 비율이 높다. 강원은 2021년 기준 우리나라에서 지역 내 결혼 이민자 비율이 가장 높은 지역이다. 따라서 (다)는 A 강원이다.

---

07 인구 이동 정답 ⑤

선택 비율	① 7%	② 27%	③ 9%	④ 16%	⑤ 41%

오답 피하기

이 문항의 정답률이 낮았던 이유는 제시된 3개 시·도의 시기별 인구 변동 자료를 분석해 그 값을 비교해야 하는 것에 어려움을 느낀 학생이 많았기 때문일 것이다. 자료에 제시된 순 이동률과 자연 증가율, 인구 증가율은 변화율이므로 절댓값과 관계없이 (+)의 값을 가지면 인구가 증가하고, (−)의 값을 가지면 인구가 감소한다는 것을 파악할 수 있어야 한다. 특히 (다)의 경우 자연 증가율이 (+)에서 2005년 이후 (−)로 변화하는데 이는 2005년 이전에는 출생률이 사망률보다 높지만 2005년 이후에는 사망률이 출생률보다 높다는 것을 의미하며, 보기 ㄹ은 옳은 설명이 된다.

| 자료 분석 |

지도에 표시된 지역은 서울, 경기, 전남이다. 순 이동률이 (+)인 것은 전입 인구가 전출 인구보다 많다는 것을 의미하고, 순 이동률이 (−)인 것은 전출 인구가 전입 인구보다 많다는 것을 의미한다. 한편 자연 증가율이 (+)인 것은 출생률이 사망률보다 높다는 것을 의미하고, 자연 증가율이 (−)인 것은 사망률이 출생률보다 높다는 것을 의미한다. 그래프에서 (가)는 세 시기 모두 순 이동률이 (+), 자연 증가율이 (+)이므로 다른 시·도 지역에서 유입되는 인구가 많은 경기이다. (나)는 세 시기 모두 순 이동률이 (−), 자연 증가율이 (+)이다. 따라서 (나)는 1990년대 이후 경기 지역의 위성 도시로 인구가 이동하는 교외화 현상이 나타나는 서울이다. (다)는 세 시기 모두 순 이동률이 (−)이지만, 자연 증가율은 (+)에서 2005년 이후 (−)가 된다. 따라서 (다)는 이촌 향도 현상으로 청장년층 중심으로 인구가 유출되며 청장년층이 적어 출생률은 낮고 노년층이 많아 사망률이 높은 전남이다.

| 보기 해설 |

ㄱ. 세 지역 중 수도권에 위치해 있는 지역은 (가) 경기와 (나) 서울이다.

ㄴ. 1995년에 (가) 경기는 순 이동률과 자연 증가율이 모두 (+)이므로 인구가 증가하였다. 그러나 (나) 서울은 1995년 인구 증가율이 −18%이므로 인구가 감소하였다.

ㄷ. 순 전출을 보이는 지역은 순 이동률이 (−)이다. 2005년에 순 이동률이 (−)인 시·도는 (나) 서울과 (다) 전남이다. (가) 경기는 2005년에 순 이동률이 (+)이다.

ㄹ. 출생자 수에 비해 사망자 수가 많은 시·도는 자연 증가율이 (−)이다. 2016년에 자연 증가율이 (−)인 시·도는 (다) 전남이다.

---

08 지역별 인구 특성 비교 정답 ②

선택 비율	① 23%	② 37%	③ 15%	④ 17%	⑤ 8%

오답 피하기

정답은 ②인데 오답인 ①의 선택률도 높았다. 지도의 A와 B가 정확히 어느 지역인지 구분하지 못하였기 때문에 학생들이 오답인 ①을 많이 선택하였을 것이다. A는 군산시로 촌락이 아닌 도시에 해당하며, 자동차 및 트레일러를 비롯한 각종 제조업이 이루어지고 있다. 따라서 군산시는 인구 유출에 따른 고령화 현상 및 청장년층의 성비 불균형이 극단적으로 나타나지 않음을 알고 있어야 한다.

| 자료 분석 |

지도에 표시된 A는 전북 군산시, B는 전남 고흥군, C는 경남 거제시, D는 울산광역시, E는 경북 포항시이다.

| 선지 해설 |

② B

왼쪽에 제시된 표를 보면 (가) 지역은 성비가 100 이하로 남성보다 여성이 많으며, 중위 연령은 59.6세로 전국 평균인 42.7세에 비해 매우 높다. 또한 (가)는 전입 인구에서 전출 인구를 뺀 순 이동이 (−)이므로, 전입 인구보다 전출 인구가 많은 인구 순 유출이 나타나는 지역이다. 오른쪽에 제시된 인구 피라미드를 보면 (가) 지역은 유소년층과 청장년층 인구 비중이 낮고, 노년층 인구 비중이 높다. 특히 청장년층의 성비가 100 이상으로 청장년층에서의 남초 현상 즉, 성비 불균형이 극심하게 나타난다. 이를 종합해 보면 (가)는 청장년층 인구 유출에 따른 인구의 고령화 현상이 나타나는 촌락이므로 B 고흥군이다.

---

09 인구 구조 정답 ①

선택 비율	① 27%	② 9%	③ 42%	④ 11%	⑤ 10%

오답 피하기

정답은 ①인데 학생들이 오답인 ③을 선택한 경우가 많았다. 이는 인구 피라미드를 제대로 파악하지 못한 것이 큰 원인으로 여겨진다. 인구 피라미드는 막대 그래프와 꺾은선 그래프로 구성된다. 제시된 그래프에서는 막대 그래프가 인구, 꺾은선 그래프가 성비이다. 이를 제대로 파악하지 않고 꺾은선으로 파악하게 되면 (나)를 인구 규모가 큰 C 김해로 잘못 파악할 수 있다. 또한 (가)는 청장년층의 인구가 많은 B 거제로 오해할 수 있다. 이외에도 성비에 대한 이해도 및 인구 규모에 대한 파악이 부족한 점도 원인으로 여겨진다. 따라서 지역의 인구 특성을 파악하기 위해서는 범례에 제시된 인구, 성비가 막대 그래프인지, 꺾은선 그래프인지 명확히 파악할 필요가 있다. 또한 고흥과 같은 촌락에서는 노년층의 비율이 높고 노년층의 성비가 낮음을, 거제와 같은 도시에서는 청장년층의 남초 현상이 나타남을, 고흥은 총인구가 약 3만 명으로 인구가 적은 지역임을 파악하고 이를 정리해 두어야 한다.

| 자료 분석 |

지도의 A는 촌락인 고흥, B는 중화학 공업이 발달한 거제, C는 부산의 위성 도시인 김해이다. C 김해는 부산의 위성 도시로, 유소년층과 청장년층의 인구 비율이 비교적 높은 편이다. 이외에도 총인구가 약 55만 명으로 경상남도에서 창원 다음으로 인구가 많다.

| 선지 해설 |

① (가) - A, (나) - B

- (가)는 (나)에 비해 총인구가 적고, 노년층 인구 비율이 매우 높은 것으로 보아 촌락인 A 고흥이다. A 고흥은 청장년층에서 남초 현상이 나타나는데, 이는 촌락의 젊은 여성들이 일자리를 찾아 도시로 떠났기 때문이다.
- (나)는 (가)에 비해 총인구가 많고, 청장년층 인구 비율이 높으며, 청장년층에서 남초 현상이 나타나는 것으로 보아 B 거제이다. B 거제는 조선 공업을 비롯한 중화학 공업이 발달하여 청장년층 남성의 비율이 높다.

---

10 인구 이동   정답 ②

| 선택 비율 | ① 11% | ② 37% | ③ 5% | ④ 36% | ⑤ 9% |

오답 피하기

정답은 ②인데 학생들이 오답인 ④를 선택한 경우가 의외로 많았다. 이는 충남과 대전의 지역 간 순이동 인구를 제대로 파악하지 못한 것이 큰 원인으로 여겨진다. 충남은 대전에 위치한 도청이 내포 신도시로 이동하여 대전에서 인구가 유입하고 있다. 그리고 수도권 전철 연장으로 수도권으로의 접근성이 향상되어 수도권에서 인구가 유입하고 있다. 대전은 광역시로 충청권에서 인구가 가장 많은 도시이지만, 행정 중심 복합 도시인 세종과 충청남도 도청 이전으로 인구가 감소하였다. 해당 문항에서는 수도권과 인접 지역에서 인구가 증가하는 지역인 B를 대전으로 생각하는 경우가 많았던 것으로 여겨진다. 이외에도 충남의 발전 양상을 제대로 파악하지 못한 것도 원인이다. 따라서 충남 내포 신도시로의 충청남도청 이전, 수도권에 인접한 특성, 대전의 인구 감소 원인 등을 정리해 두어야 한다.

| 선지 해설 |

② A - 대전, B - 충남, C - 세종

- A는 수도권과 B, C 지역으로 인구가 순 유출되고 있으므로 대전이다. 대전은 충청남도 도청이 내포 신도시로 이전하고, 인접한 지역에 행정 중심 복합 도시인 세종특별자치시가 건설되면서 인구가 감소하고 있다.
- B는 수도권과 A 지역에서 인구가 순 유입되고, C 지역으로 인구가 순 유출되고 있으므로 충남이다. 충남은 수도권과 인접한 천안·아산, 제조업이 발달한 당진·서산 등의 북서부 지역을 중심으로 인구가 증가하고 있다.
- C는 수도권과 A, B 지역에서 인구가 순 유입되고 있으므로 세종이다. 행정 중심 복합 도시 세종은 중앙 정부의 여러 행정 기능이 이전하면서 인구가 빠르게 증가하고 있다.

---

11 지역별 인구 특성 비교   정답 ①

| 선택 비율 | ① 29% | ② 9% | ③ 45% | ④ 4% | ⑤ 13% |

오답 피하기

정답인 ①의 선택률보다 오답인 ③의 선택률이 더 높게 나타났다. 이는 대도시인 부산광역시와 부산광역시의 위성 도시인 김해시의 관계를 놓친 학생들이 많았기 때문이다. 아마도 많은 학생들이 (가)~(다) 지역 중 유소년층 인구 비율이 가장 높은 (가)를 대도시인 부산광역시, 두 번째로 높은 (나)를 김해시라고 분석하였기 때문일 것이다. 최근 부산광역시는 교외화 현상이 진행되면서 김해시, 양산시 등 위성 도시로 청장년층 인구가 유출되고 있다.

| 자료 분석 |

지도에 표시된 지역은 부산광역시, 경상남도 김해시, 경상남도 창녕군이다. (가)는 (가)~(다) 중 유소년층 인구 비율이 가장 높고 노년층 인구 비율이 가장 낮으므로, 부산광역시의 위성 도시인 경상남도 김해시이다. (나)는 (가) 경상남도 김해시보다 유소년층 인구 비율이 낮고 노년층 인구 비율이 높으므로, 교외화 현상으로 청장년층 인구가 유출되는 부산광역시이다. (다)는 (가)~(다) 중 유소년층 인구 비율이 가장 낮고 노년층 인구 비율이 가장 높으므로, 촌락에 해당하는 경상남도 창녕군이다.

| 선지 해설 |

① (나) 부산광역시는 (가) 김해시보다 대도시에 해당하므로 전체 인구에서 차지하는 농가 인구 비율이 낮다.

② 총 부양비는 청장년층 인구 비율이 높을수록 낮고, 청장년층 인구 비율은 유소년층 인구 비율과 노년층 인구 비율의 합이 작을수록 높다. (가) 김해시는 (다) 창녕군보다 청장년층 인구 비율이 높으므로, 총 부양비는 낮다.

③ (나) 부산광역시는 (가) 김해시보다 총인구가 많다.

④ (다) 창녕군은 (나) 부산광역시보다 유소년층 인구 비율은 조금 높지만 노년층 인구 비율은 10% 이상 높으므로 노령화 지수가 높다.

⑤ (나) 부산광역시로 통근·통학하는 인구 비율은 부산광역시에 더 인접한 (가) 김해시가 (다) 창녕군보다 높다.

---

12 인구 구조   정답 ④

| 선택 비율 | ① 48% | ② 8% | ③ 16% | ④ 22% | ⑤ 6% |

오답 피하기

정답은 ④인데 오답인 ①에 응답한 학생이 정답률의 2배가 넘을 정도로 매우 많았다. 그래프를 보고 (나)와 (다) 중 어느 지역이 진천, 충주인지를 찾는 데 있어 인구 증가율이 높은 (다)를 충주로 선택한 학생들이 많을 것이다. 충주는 진천보다 2019년 기준 인구는 더 많지만 인구가 정체되고 있다. 반면 진천은 인구는 적지만 혁신 도시 조성으로 인구가 유입되면서 인구 증가율이 높음을 알고 있어야 한다.

| 자료 분석 |

지도에 표시된 네 지역은 혁신 도시로 지정된 진천, 충청북도의 도청 소재지인 청주, 행정 중심의 복합 도시인 세종, 촌락인 부여이다. 그래프에서 (가)는 네 지역 중 유소년층 인구 비율과 인구 증가율이 가장 높으므로 최근 청장년층을 중심으로 인구 유입이 활발한 세종이다. (라)는 인구 증가율이 (-)로 인구가 감소하고 있으므로 촌락인 부여이다. (다)는 (나)보다 인구 증가율이 높으므로 혁신 도시로 지정되면서 인구가 유입되고 있는 진천이다. 청주는 진천보다 2019년 기준 인구는 더 많지만 인구가 정체되고 있다. 반면 진천은 인구는 적지만 혁신 도시 조성으로 인구가 유입되면서 인구 증가율이 높다. 따라서 (나)는 청주이다.

| 선지 해설 |

① 혁신 도시가 조성되어 공공 기관이 이전한 곳은 (다) 진천이다.

② 총부양비는 청장년층 인구 비율이 낮을수록 높다. 따라서 도시인 (가)가 촌락인 (라)보다 청장년층 인구 비율이 높아 총부양비가 낮다.

③ (라) 부여는 (다) 진천보다 성비가 낮다. 촌락은 도시에 비해 노년층의 인구 비중이 높으며 노년층에서는 여초 현상이 주로 나타나 성비가 대체로 낮다.

④ (가)~(라) 중 총인구가 가장 많은 곳은 (나) 청주이다.

⑤ 촌락으로 유소년층 비중이 가장 낮고 노년층의 비중이 가장 높은 (라) 부여가 (가)~(라) 중 중위 연령이 가장 높다.

13 북한의 자연환경 정답 ④

선택 비율	① 15%	② 14%	③ 23%	④ 34%	⑤ 12%

오답 피하기

오답인 ②의 선택률이 높았던 것은 B가 C보다 8월 평균 기온이 높아, 1월 평균 기온 또한 높을 것으로 잘못 추론하였기 때문이다. B는 네 지역 중 8월 평균 기온이 가장 높은 저위도의 안주이며, 안주는 서해안에 가깝게 위치한다. 반면, C는 관북 해안에 위치한 청진으로 함경산맥이 북서 계절풍을 막아주고, 수심이 깊은 동해의 영향으로 1월 평균 기온이 높다. 특히 동위도 상에서 동해안이 서해안보다 1월 평균 기온이 높게 나타남을 인지한 상태에서 이러한 형태의 문항에 접근해야 한다.

| 자료 분석 |

지도에 표시된 네 지역은 중강진, 청진, 풍산, 안주이다. (가)는 네 지역 간 평균 기온 차이가 상대적으로 적은 8월이며, (나)는 네 지역 간 평균 기온 차이가 상대적으로 큰 1월이다. 그래프의 A는 1월 평균 기온이 가장 낮은 중강진이다. 중강진은 고위도의 내륙 지역에 위치하여 네 지역 중 1월 평균 기온이 가장 낮다. B는 8월 평균 기온이 가장 높은 안주이다. 안주는 네 지역 중 가장 저위도에 위치하여 8월 평균 기온이 가장 높다. C는 1월 평균 기온이 가장 높은 청진이다. 청진은 동해안에 위치하여 바다와 지형의 영향으로 1월 평균 기온이 상대적으로 가장 높다. D는 8월 평균 기온이 가장 낮은 풍산이다. 풍산은 해발 고도가 높은 곳에 위치하여 8월 평균 기온이 가장 낮다.

| 선지 해설 |

① 그래프에서 A 중강진은 0.5℃−(−5.5℃)=5.5℃이고, D 풍산은 −4℃−(−4℃)=0℃이므로 A 중강진은 D 풍산보다 기온의 연교차가 크다.

② 그래프를 보면 B 안주는 C 청진보다 (나) 1월 평균 기온이 낮다.

③ C 청진은 B 안주보다 연 강수량이 적다. 청진은 우리나라의 대표적 소우지인 관북 해안 지역에 위치한다.

④ D 풍산은 A 중강진보다 해발 고도가 높아 8월 평균 기온이 낮다.

⑤ B 안주는 관서 지방, C 청진은 관북 지방에 위치한다.

14 북한의 자연환경 정답 ①

선택 비율	① 50%	② 17%	③ 14%	④ 10%	⑤ 9%

오답 피하기

정답은 ①번인데 학생들이 오답인 ②번을 선택한 경우가 많았다. 이는 (가) 신의주와 (라) 원산의 겨울철 강수량에 영향을 주는 지형과 풍향의 영향을 제대로 파악하지 못한 것이 큰 원인으로 여겨진다. (가) 신의주는 주로 대륙에서 불어오는 한랭 건조한 북서 계절풍의 영향으로 상대적으로 겨울철 강수량이 적다. 반면에 (라) 원산은 북동 기류의 영향을 받는 지역으로 동해를 지나 습윤해진 북동 기류가 원산 인근에 위치한 산지에 부딪혀 겨울철 강수량이 많고 겨울 강수 집중률도 높다. 오답을 선택한 경우 (가) 신의주에 영향을 주는 건조한 북서 계절풍과 (라) 원산에 영향을 주는 습윤한 북동 기류의 영향을 제대로 파악하지 못함으로 여겨진다. 이외에도 (가)가 신의주이고 (라)가 원산임을 제대로 파악하지 못함으로 여겨진다. 해당 문항의 풀이를 위해서는 원산을 비롯한 강릉 등 동해안 일대에서는 습윤한 북동 기류의 영향으로 겨울철 강수량 및 겨울 강수 집중률이 높다는 사실을 반드시 기억해 두어야 한다.

| 자료 분석 |

지도에 표시된 네 지역은 청진, 신의주, 원산, 남포이다. (라)는 그래프에서 네 지역 중 연 강수량이 가장 많고 기온의 연교차가 가장 낮으므로 지형과 바다의 영향으로 연 강수량이 많고 최한월 평균 기온이 가장 높은 원산이며, 연 강수량이 가장 적은 (다)는 관북 해안에 위치한 청진이다. (가), (나) 중 기온의 연교

차가 큰 (가)는 두 지역 중 위도가 높은 신의주, 기온의 연교차가 작고 연 강수량이 적은 (나)는 두 지역 중 위도가 낮으며 대동강 하류에 위치한 남포이다.

| 선지 해설 |

① (다) 청진은 (가) 신의주보다 위도가 높고 관북 해안에 위치해 한류의 영향을 받아 연평균 기온이 상대적으로 낮다. 반면 (가) 신의주는 (다) 청진보다 위도가 낮아 연평균 기온이 상대적으로 높다. 따라서 (가) 신의주는 (다) 청진보다 연평균 기온이 높다.

② 동해안의 원산은 겨울철 북동 기류에 의해 강수량이 많다. 반면에 (가) 신의주는 대륙의 영향을 받는 지역으로 겨울철 강수량이 적다. 따라서 (가) 신의주는 (라) 원산보다 겨울 강수 집중률이 낮다.

③ 최한월 평균 기온은 겨울에 차가운 북서 계절풍의 영향을 강하게 받는 (나) 남포가 동해안에 위치한 (라) 원산보다 낮다. 따라서 (나) 남포는 (라) 원산보다 최한월 평균 기온이 낮다.

④ 여름 강수량은 연 강수량이 상대적으로 많고 여름에 남서 기류의 영향을 받는 (가) 신의주가, 관북 해안에 위치해 한류의 영향 등으로 강수량이 적은 (다) 청진보다 많다. 따라서 (다) 청진은 (가) 신의주보다 여름 강수량이 적다.

⑤ (가)~(라) 중 가장 동쪽에 위치한 지역은 (다) 청진이다.

15 충청 지방 정답 ⑤

선택 비율	① 15%	② 13%	③ 34%	④ 16%	⑤ 19%

오답 피하기

정답은 ⑤인데 학생들이 오답인 ③을 선택한 경우가 많았다. 이는 진천과 청주의 취업 인구 비율을 제대로 파악하지 못한 것이 큰 원인으로 여겨진다. 진천은 혁신 도시 지정으로 공공 기관이 이전하였으며 수도권과 인접한 위치적 장점으로 산업 단지가 건설되는 등 제조업 사업체 수가 빠르게 증가하였다. 반면 충북의 도청 소재지이며 생명 과학 단지가 조성되어 있는 청주는 충청북도에서 인구 규모가 가장 큰 도시로 사업·개인·공공 서비스 및 기타 취업 인구 비율이 높다. 해당 문항에서는 혁신 도시 지정만으로 사업·개인·공공 서비스 및 기타 산업 취업 인구 비율이 가장 높은 A를 진천으로 생각하는 경우가 많았던 것으로 여겨진다. 이외에도 청주와 진천의 인구 규모에 따른 광업·제조업 취업 인구의 유추가 어려웠던 것으로 보인다. 따라서 진천의 특성을 혁신 도시뿐만 아니라 수도권과 인접한 특성으로 인한 제조업이 발달하였음을 파악하는 것은 물론 인구 규모 차이로 인해 청주와는 취업자 수에 차이가 생길 수 있음을 파악하고 이를 정리해 두어야 한다.

| 자료 분석 |

〈청장년층(15~64세) 인구 변화〉 그래프를 보면 (가)는 2010년 이후 청장년층 인구가 급증하였으므로 진천이다. 진천과 음성 일대는 혁신 도시로 조성되고 있고, 수도권과 인접한 위치를 활용한 제조업의 발달로 인구가 빠르게 증가하였다. (나)는 2000년 이후 청장년층 인구가 점진적으로 증가한 것으로 보아 충청북도에서 인구가 가장 많은 청주이다. (다)는 2000년 대비 2020년의 청장년층 인구가 감소한 것으로 보아 촌락의 특색이 뚜렷하게 나타나는 보은이다. 〈지역 내 주요 산업별 취업 인구 비율(%)〉 표를 보면 A는 지역 내 사업·개인·공공 서비스 및 기타 취업 인구 비율이 가장 높으므로 (나) 청주이다. 청주에는 충북도청이 입지해 있고, 생명 과학 단지가 조성되어 있다. B는 C보다 지역 내 광업·제조업 취업 인구 비율이 낮으므로 촌락인 (다) 보은이다. C는 (가) 진천이다.

| 선지 해설 |

① (나) 청주에는 혁신 도시가 위치해 있지 않다. (가)~(다) 중 혁신 도시가 위치한 곳은 (가) 진천이다.

정답률 낮은 문제 한 번 더!

② (다) 보은은 전형적인 촌락의 성격이 강하게 나타나 지역 내 산업별 취업자 중 농·임·어업 취업 인구 비율이 높다. 따라서 (가) 진천은 (다) 보은보다 지역 내 농·임·어업 취업 인구 비율이 낮다.

③ (다) 보은에 해당하는 곳은 B이지만, (가) 진천에 해당하는 지역은 광업·제조업 취업 인구 비율이 높은 C이다.

④ C 진천에는 고속 철도역이 없다. 고속 철도역(오송역)과 생명 과학 단지가 입지해 있는 곳은 A 청주이다.

⑤ 2022년 6월 기준 청주 인구는 약 85만 명이고, 진천 인구는 8.5만 명으로 약 10배 차이가 난다. 지역 내 광업·제조업 취업 인구 비율은 청주보다 진천이 높지만, 인구는 진천보다 청주가 훨씬 많다. 따라서 A 청주는 C 진천보다 광업·제조업 취업 인구가 많다.

---

16 지역 통합   정답 ②

선택 비율	① 26%	② 32%	③ 9%	④ 16%	⑤ 17%

정답은 ②인데 오답인 ①, ⑤에 응답한 학생도 많았다. 정답인 ②의 선택률이 낮았던 이유는 한류가 흐르는 해안에 따뜻한 공기가 지나면서 기온 차에 의해 생기는 안개의 발생 원인을 정확히 몰랐기 때문으로 보인다. 한편, 오답인 ①을 선택한 것은 꽃샘추위의 의미를 잘못 파악하였기 때문일 것이다. 읽기 자료의 내용이 조금 낯설어도 기상 현상의 발생 원인, 특징 등을 정확히 알고 있으면 풀이가 쉬워지므로 항상 읽기 자료를 차근차근 읽는 습관을 길러야 한다.

| 자료 분석 |

제시된 위의 글에 해당하는 지역은 북위 42도의 동해안에 위치한 함경북도 경성이다. 아래의 글에 해당하는 지역은 태백산맥의 대관령을 경계로 영서와 영동 지방으로 나눠지는 강원 지방이다.

| 선지 해설 |

① '북위 42도와 한류(寒流)의 냉대에서는'이라는 내용이 글에 제시되어 있듯이 해당 지역에서 봄이 6월에 늦게 시작되는 것은 고위도에 위치해 있으며 한류의 영향을 받기 때문이다. 꽃샘추위는 봄철에 시베리아 고기압이 확장될 때 일시적으로 기온이 낮아지는 현상으로 해당 지역뿐만 아니라 우리나라 대부분 지역에서 봄철에 일반적으로 나타나는 현상이다.

② 한류가 흐르는 해안에 따뜻한 공기가 지나가면 기온 차에 의해 안개가 자주 발생하게 된다. 함경도의 동해안 주변 지역은 한류의 영향으로 대기가 안정되어 연 강수량이 적으며 여름철이 서늘하다.

③ ⓒ 고원지대는 해발 고도가 높아 여름철이 서늘하여 고온 다습한 환경에서 주로 재배되는 논농사에 불리해 밭농사가 주로 이루어진다.

④ ⓔ 장백산맥(태백산맥)은 신생대 제3기 경동성 요곡 운동으로 융기하여 형성된 1차 산맥으로 해발 고도가 높고 연속성이 강하다.

⑤ 태백산맥의 서쪽에 위치한 ⓜ 영서 지방은 늦봄에서 초여름에 오호츠크해 기단에서 불어오는 북동풍이 태백산맥을 타고 내려가면서 고온 건조한 높새바람이 분다.

---

17 우리나라 여러 지역의 특성   정답 ②

선택 비율	① 19%	② 38%	③ 20%	④ 11%	⑤ 12%

정답은 ②인데 오답인 ①, ③의 선택률도 높게 나타났다. 오답인 ①을 선택한 것은 그래프에서 2차 산업 취업자 수 비율을 구할 수 있다는 것을 파악하지 못하였기 때문일 것이다. 또 다른 오답인 ③을 선택한 것은 대전광역시와 울산광역시를 혼동하였기 때문일 것이다. 대전광역시는 첨단 과학 기술과 관련된 대학과 연구소 등이 밀집해 있어 생산자 서비스업이 발달하였다. 따라서 대전광역시는 울산광역시보다 3차 산업 취업자 수 비율이 높음을 알고 있어야 한다. 또한 울산광역시는 각종 중화학 공업이 발달한 도시로, 지도에 표시된 네 지역 중 2차 산업 취업자 수 비율이 가장 높음을 알고 있어야 한다.

| 자료 분석 |

지도에 제시된 지역은 대전, 울산, 경북, 제주이다. (가)는 (가)~(라) 중 취업자 수가 가장 많으므로 네 지역 중 인구가 가장 많은 경북이다. (나)는 (가)~(라) 중 취업자 수가 가장 적으므로 우리나라 시·도 중 인구가 가장 적은 제주이다. (다)는 3차 산업 취업자 수 비율이 낮으므로 2차 산업 취업자 수 비율이 높음을 알 수 있다. 따라서 (다)는 우리나라 최대의 공업 도시인 울산이다. (라)는 (다)에 비해 3차 산업 취업자 수 비율이 높으므로 대전이다.

| 선지 해설 |

① (가) 경북은 (라) 대전보다 제조업 출하액이 많다. 경북은 포항에 1차 금속 제조업이, 구미에 전자 부품·컴퓨터·영상·음향 및 통신 장비 제조업이 발달해 있다.

② (나) 제주는 기반암의 특성상 수력 발전에 불리해 지역 내 총 발전량 중 화력 발전이 차지하는 비율이 높다. 반면 (가) 경북은 울진과 경주에 원자력 발전소가 위치해 있어 화력의 비중이 (나)보다 낮다.

③ (나) 제주는 (다) 울산보다 1인당 지역 내 총생산이 적다. 울산은 중화학 공업이 발달해 있어 시·도 중 1인당 지역 내 총생산이 가장 많다.

④ (다) 울산과 (라) 대전 모두 광역시이다.

⑤ 기업이 이용하는 전문 서비스업체 수는 (라) 대전이 가장 많다. 대전은 대덕 연구 단지가 위치해 있어 기업이 이용하는 생산자 서비스업이 발달해 있다.

---

18 우리나라 여러 지역의 특성   정답 ⑤

선택 비율	① 4%	② 12%	③ 21%	④ 13%	⑤ 49%

정답은 ⑤번인데 학생들이 오답인 ③번을 선택한 경우가 많았다. 이는 A~D 권역의 산업 구조를 제대로 파악하지 못한 것이 큰 원인으로 여겨진다. A는 2차 산업과 3차 산업 비율의 합이 가장 높고 1차 산업 비율이 가장 낮은 수도권이다. B는 2차 산업과 3차 산업의 비율의 합이 가장 낮고 1차 산업 비율이 가장 높은 호남권이다. D는 2차 산업이 발달한 영남권, 나머지인 C가 충청권이다. 오답을 선택한 경우 A~D 권역의 취업자 수 비율을 바탕으로 산업 구조 특성을 제대로 파악하지 못함으로 여겨진다. 이외에도 권역별 지역 내 총생산이 수도권 〉 영남권 〉 충청권 〉 호남권 순으로 높다는 점과 영남권의 광역시가 수도권의 광역시보다 수가 많음을 제대로 파악하지 못함으로 여겨진다. 따라서 해당 문항의 풀이를 위해서는 권역별 산업 구조의 특성과 권역별 지역 내 총생산의 차이 등을 반드시 파악해 두어야 한다.

| 자료 분석 |

(가)는 권역별 취업자 수 비율이 모두 50% 이상으로 나타나므로 2차 산업과 3차 산업 중 3차 산업이며, (나)는 권역별 취업자 수 비율이 (가)보다 낮으므로 2차 산업이다. A는 3차 산업 취업자 수 비율이 가장 높은 수도권이며, B는 3차 산업과 2차 산업 취업자 수 비율이 낮은 호남권이다. C는 2005년 대비 2021년

2차 산업 취업자 수 비율이 높아진 충청권, D는 두 시기 모두 2차 산업 취업자 수 비율이 가장 높으며, 2005년 대비 2021년 2차 산업 취업자 수 비율이 낮아진 영남권이다.

| 선지 해설 |

① (가)는 3차 산업, (나)는 2차 산업이다. 우리나라는 2차 산업 취업자 수보다 3차 산업 취업자 수가 많다.

② A 수도권에는 행정 중심 복합 도시가 위치하지 않는다. 행정 중심 복합 도시인 세종이 위치한 권역은 C 충청권이다.

③ B 호남권은 C 충청권보다 지역 내 총생산이 적다.

④ C 충청권은 D 영남권보다 총인구가 적다.

⑤ D 영남권은 A 수도권보다 광역시의 수가 많다. 영남권의 광역시는 부산, 대구, 울산이며, 수도권의 광역시는 인천이다.

---

19 우리나라 여러 지역의 특성 정답 ⑤

선택 비율 | ① 3% | ② 22% | ③ 12% | ④ 22% | ⑤ 36%

오답 피하기

정답은 ⑤인데 학생들이 오답인 ②, ④를 선택한 경우가 의외로 많았다. 이는 지역별 2차 산업 취업자 수와 3차 산업 취업자 수의 특성을 제대로 파악하지 못한 것이 큰 원인으로 여겨진다. 2차 산업 취업자 수는 제조업이 발달한 지역에서 높게 나타나고, 3차 산업 취업자 수는 대도시나 관광 산업이 발달한 지역에서 높게 나타난다. 우리나라에서 2차 산업은 울산광역시를 비롯한 영남권에서 발달하였다. 한편 수도권의 공장 신·증설을 규제하는 수도권 공장 총량제 시행 이후 충남에서도 2차 산업이 발달하고 있다. 반면 서울의 배후지인 경기는 3차 산업이 발달하였으며, 수도권 과밀화에 따른 집적 불이익으로 인해 2차 산업과 관련된 공업 시설이 다른 지역으로 이전하는 양상을 보이고 있다. 해당 문항에서는 2차 산업이 두 번째로 높은 (나)를 경기로, 세 번째로 높은 (다)를 충남으로 생각하는 경우가 많았던 것으로 여겨진다. 따라서 공업이 발달하고 있는 충남의 특성뿐만 아니라 서울의 배후지인 경기가 상대적으로 3차 산업 취업자 수가 많음을 파악하고 이를 정리해 두어야 한다.

| 자료 분석 |

지도에 표시된 네 지역은 경기도, 강원도, 충청남도, 울산광역시이다. (가)는 네 지역 중 2차 산업 취업자 수 비율이 가장 높으므로 우리나라에서 제조업이 가장 발달한 도시인 울산광역시이다. (라)는 네 지역 중 2차 산업 취업자 수 비율이 가장 낮으므로 제조업이 크게 발달하지 않은 강원도이다. (나), (다) 중에서 상대적으로 3차 산업 취업자 수 비율이 높은 (다)는 우리나라 시·도 중 인구가 가장 많아 서비스 산업이 발달한 경기도이다. (나)는 충청남도이다.

| 선지 해설 |

① (가)는 울산, (나)는 충남이다.

② 울산광역시는 자동차 및 트레일러 제조업, 화학 물질 및 화학 제품(의약품 제외) 제조업 등이 발달한 우리나라 최대의 공업 도시로, 경기도보다 제조업 출하액이 많다고 생각할 수 있다. 경기도는 섬유 제품(의복 제외) 제조업, 자동차 및 트레일러 제조업, 전자부품·컴퓨터·영상·음향 및 통신 장비 제조업의 출하액이 우리나라 시·도 중 가장 높은 높으며 그 외 여러 공업이 발달해 있다. 따라서 (가) 울산은 (다) 경기도보다 제조업 출하액이 적다.

③ (다) 경기도는 (라) 강원도보다 지역 내 1차 산업 취업자 수 비율이 낮다.

④ 인구가 많은 지역일수록 대체로 지역 내 총생산이 많다. 따라서 제주도 다음으로 우리나라 도 중에서 인구가 적으며 제조업이 크게 발달하지 않은 (라) 강원도는 (나) 충청남도보다 지역 내 총생산이 적다.

⑤ 기업이 이용하는 생산자 서비스업 사업체 수는 (가)~(라) 중 (다) 경기가 가장 많다.

---

20 우리나라 여러 지역의 특성 정답 ⑤

선택 비율 | ① 7% | ② 17% | ③ 19% | ④ 24% | ⑤ 31%

오답 피하기

오답인 ④의 선택률이 높았던 것은 (다)와 (라)를 경기와 서울 중에서 구분하지 못하였거나 경기와 서울을 옳게 구분하고도 전문, 과학 및 기술 서비스업체 수를 옳게 비교하지 못했기 때문이다. 우선 (다)와 (라) 중 (라)의 1차 산업 취업자 비율이 0%에 가까운 (라)가 서울임을 구분해야 한다. 그리고 전문, 과학 및 기술 관련 제조업체 수는 경기가 많지만, 전문, 과학 및 기술 서비스업체 수는 서울이 많다는 것도 알고 있어야 한다. 서울의 주거 기능과 제조업 기능은 서울의 비싼 땅값으로 인해 경기로 빠져나가는 교외화 현상이 나타났음을 인지한 상태에서 서울과 경기를 구분하고 두 지역의 특징을 비교해야 한다.

| 자료 분석 |

그래프의 (가)는 네 지역 중 1차 산업 취업자 수 비율이 가장 높고, 2차 산업 취업자 수 비율이 가장 낮으므로 제주이다. 제주는 경기, 서울, 충남에 비해 제조업이 덜 발달해 있다. (나)는 네 지역 중 2차 산업 취업자 수 비율이 가장 높고, 1차 산업 취업자 수 비율이 제주 다음으로 높은 충남이다. 경기와 서울 중 2차 산업 취업자 수 비율이 높은 (다)가 경기이며, 나머지 (라)는 서울이다.

| 선지 해설 |

① (가)는 2차 산업 취업자 수 비율이 가장 낮은 제주, (나)는 2차 산업 취업자 수 비율이 가장 높은 충남이다.

② (가) 제주는 (나) 충남보다 지역 내 3차 산업 취업자 수 비율이 높다. 3차 산업 취업자 수 비율은 전체 100%에서 1차 산업 취업자 수 비율과 2차 산업 취업자 수 비율을 빼면 구할 수 있다. 제주는 100−(17.5+4)=78.5%, 충남은 100−(14.5+22)=63.5%이다.

③ (나) 충남은 (다) 경기보다 제조업 출하액이 적다. 2차 산업 취업자 수 비율은 충남이 경기보다 높지만, 2차 산업 취업자 수와 제조업 출하액은 경기가 충남보다 많다.

④ (다) 경기는 (라) 서울보다 전문, 과학 및 기술 서비스업체 수가 적다.

⑤ (가)~(라) 중 1인당 지역 내 총생산은 (나) 충남이 가장 많다.

1. ②	2. ②	3. ②	4. ③	5. ③
6. ④	7. ④	8. ⑤	9. ①	10. ④
11. ⑤	12. ⑤	13. ①	14. ④	15. ①
16. ①	17. ③	18. ②	19. ⑤	20. ④

1. 우리나라의 영역과 배타적 경제 수역

자료는 영해 및 접속수역법의 일부로 영해에 대한 주권과 권리를 명시하고 있다. 해당 법 조항을 통해 대한민국 영해의 범위, 영해의 폭을 측정하기 위한 기선, 내수 등에 대해 파악할 수 있다.

① 울릉도와 독도는 ㉠ 영해 설정에 연안의 최저 조위선에 해당하는 선인 통상 기선이 적용된다. 직선 기선은 영해 기점(주로 최외곽 도서)을 이은 직선으로 서·남해안, 동해안 일부(영일만, 울산만)에서 적용된다.

② ㉡ 통상의 기선은 해수면의 높이가 가장 낮았을 때 형성되는 해안선(최저 조위선)이다. 따라서 가장 낮은 수위가 나타나는 썰물 때의 해안선을 통상 기선 설정에 적용한다.

③ ㉢ 내수는 영해의 폭을 측정하기 위한 기선으로부터 육지 쪽에 있는 수역으로 간척 사업을 하더라도 영해의 기선은 변경되지 않는다. 따라서 ㉢ 내수에서 간척 사업이 이루어진다고 해도 ㉠ 영해의 면적은 변화가 없다.

④ 우리나라 (가) 영토의 최남단은 제주특별자치도 서귀포시 마라도이다. 이어도는 수중 암초이기 때문에 우리나라 영토에 포함되지 않는다.

⑤ (나) 배타적 경제 수역은 영해 기선으로부터 그 바깥쪽 200해리의 선까지에 이르는 수역 중에서 ㉠ 영해를 제외한 수역이다.

2. 감입 곡류 하천과 자유 곡류 하천

자료에서 (가)는 한강 상류에 해당하는 지역으로 A는 산지 사이를 곡류하는 하천인 감입 곡류 하천, B는 하천 주변에 분포하는 계단 모양의 지형인 하안 단구이다. (나)는 영산강 하류에 해당하는 지역으로 C는 평야 위를 곡류하는 자유 곡류 하천, D는 하천에서 다소 떨어져 있는 것으로 보아 범람원의 배후 습지에 해당한다.

ㄱ. (가) 한강 상류의 A 감입 곡류 하천은 해발 고도가 높은 산지 사이를 곡류하는 하천인 반면 (나) 영산강 하류의 C 자유 곡류 하천은 해발 고도가 낮은 평야를 곡류한다. 따라서 (가) 한강 상류의 A 감입 곡류 하천은 (나) 영산강 하류의 C 자유 곡류 하천보다 하상의 해발 고도가 높다.

ㄴ. 일반적으로 범람원은 홍수 시 하천의 범람 면적에 비례한다. 하천 주변의 경사가 큰 (가) 한강 상류의 A 감입 곡류 하천은 하천 주변이 대체로 평탄한 (나) 영산강 하류의 C 자유 곡류 하천보다 홍수 시 범람 면적이 좁으므로 범람원의 면적도 좁다.

ㄷ. 일반적으로 하천의 상류에서 하류로 갈수록 침식과 마모로 인해 퇴적물의 평균 입자 크기가 점점 작아진다. 따라서 (가) 한강 상류에 위치한 B 하안 단구는 (나) 영산강 하류에 발달한 D 배후 습지보다 퇴적물의 평균 입자 크기가 크다.

ㄹ. B 하안 단구는 과거 하천 바닥이나 범람원이 지반 융기 또는 해수면 하강에 따른 하천 침식으로 형성된 지형으로, 주변 하천보다 해발 고도가 높은 곳에 위치한다. 반면 D 배후 습지는 하천의 범람에 의해 운반된 물질이 장기간 퇴적되어 형성된 지형으로 해발 고도가 낮아 홍수 시 침수 위험성이 크다. 따라서 B 하안 단구는 D 배후 습지보다 홍수 시 범람에 의한 침수 가능성이 낮다.

3. 최적 입지 선정

지도의 A는 밀양, B는 양산, C는 김해, D는 진주, E는 사천이다. 공공 도서관을 추가로 건설할 때 가장 적합한 후보지는 〈조건 1〉과 〈조건 2〉를 모두 만족하는 지역이다.

〈조건 1〉에서 유소년층 인구 10,000명 이상을 만족하는 지역은 B 양산, C 김해, D 진주, E 사천으로 총 4개 지역이다. 초·중·고 학교 수 60개 이상을 만족하는 지역은 B 양산, C 김해, D 진주로 총 3개 지역이다. 공공 도서관 수 8개 이하를 만족하는 지역은 A 밀양, B 양산, D 진주, E 사천으로 총 4개 지역이다. 따라서 〈조건 1〉을 모두 만족하는 지역은 B 양산과 D 진주이다.

〈조건 2〉에서 B 양산과 D 진주 중 유소년층 인구 비율이 높은 곳은 B 양산이다.

따라서 공공 도서관을 추가로 건설하고자 할 때 가장 적합한 후보지는 B 양산이다.

4. 주요 해안 지형의 특징

지도의 A는 조류의 퇴적 작용으로 형성된 갯벌, B는 반듯하게 구획된 간척지에 조성된 논, C는 석호의 입구에 발달한 사주, D는 만의 입구에 사주가 발달하여 바다와 분리된 석호, E는 동해안 가까이에 있는 섬이다.

① A 갯벌은 밀물 때 바닷물에 잠기고, 썰물 때는 육지로 드러나는 지형이다.

② B는 간척지에 조성된 논으로 평탄한 지형이다. 바람에 날려 퇴적된 모래 언덕은 해안 사구이다. 해안 사구는 퇴적물이 모래로 이루어져 빗물이 지하로 잘 스며들기 때문에 논을 조성하기 어렵다.

③ C 사주는 파랑과 연안류의 퇴적 작용으로 형성되는 좁고 긴 모래 지형으로 해안 퇴적 지형에 해당한다.

④ D 석호는 자연 상태에서 시간이 지남에 따라 호수 내로 유입되는 하천의 퇴적 물질이 쌓이면서 규모가 축소된다.

⑤ E는 육계 사주에 의해 육지와 연결되어 있지 않으므로 육계도가 아니며, 동해안 가까이 있는 섬이다.

5. 충청 지방

제시된 지도에서 (가)는 홍성, (나)는 진천, (다)는 청주이다.

ㄱ. A는 (가) 홍성에만 해당되는 특징이다. (가) 홍성에는 석탄 박물관이 없다. 충청 지방에서 석탄 박물관은 보령에 있다.

ㄴ. B는 (다) 청주에만 해당하는 특징이다. 세 지역 중 국제공항은 청주에만 있다. 청주 국제공항은 충청

권의 유일한 국제공항으로 충북뿐만 아니라 대전, 세종, 충남, 경기 남부 지역 주민들까지 청주 국제공항을 이용하고 있다.

ㄷ. C는 (가) 홍성과 (다) 청주만의 공통 특징이다. (가) 홍성에는 충청남도청이 입지해 있고, (다) 청주에는 충청북도청이 입지해 있다. 따라서 (가) 홍성과 (다) 청주만의 공통 특징으로 도청이 입지하고 있음을 들 수 있다.

ㄹ. D는 (가) 홍성, (나) 진천, (다) 청주 모두의 공통 특징이다. 세 지역 중 혁신도시가 조성되어 있는 지역은 (가) 홍성과 (나) 진천이다. (다) 청주에는 혁신도시가 조성되어 있지 않다.

6. 외국인 이주와 다문화 공간

지도에 표시된 세 지역은 안산, 세종, 봉화이다. 안산은 제조업이 발달하였으며, 세종은 특별자치시로 행정 중심 복합 도시가 위치한다. 봉화는 군(郡) 지역으로 인구 감소가 나타나고 있다. (가)는 2024년 기준 15세 이상 인구 중 청년(15~39세) 비율이 전국 시·도 중에서 가장 높은 지역이므로 세종이다. 세종은 정부 기관 이전을 목적으로 조성되어 청년 인구 유입이 많다. (나)는 인구 소멸 위험이 큰 곳으로 대표적인 인구 과소 지역인 봉화이다. (다)는 외국인 주민이 가장 많이 거주하는 곳으로 다문화 마을 특구가 조성되어 있는 것으로 보아 제조업이 발달한 안산이다.

① (가) 세종은 청년 인구 비율이 높은 지역으로 노년층 인구 비율이 높은 (나) 봉화보다 중위 연령이 낮다. 2022년 기준 (가) 세종의 중위 연령은 39세, (나) 봉화의 중위 연령은 61.3세이다.

② (나) 봉화는 (가) 세종보다 면적은 넓지만, 총인구는 적다. 따라서 (나) 봉화는 (가) 세종보다 인구 밀도가 낮다.

③ (다) 안산은 유소년층 인구 비율이 전국에서 가장 높은 (가) 세종보다 유소년 부양비가 낮다. 2022년 기준 (다) 안산의 유소년 부양비는 13.1, (가) 세종의 유소년 부양비는 26.5이다.

④ (다) 안산은 제조업이 발달한 지역으로 외국인 주민 중 외국인 근로자의 비율이 높아 외국인 성비가 높은 반면, (나) 봉화는 군(郡) 지역으로 외국인 주민 중 결혼 이민자의 비율이 높아 외국인 성비가 낮다. 따라서 지역 내 외국인의 성비는 (다) 안산이 (나) 봉화보다 높다.

⑤ 2022년 기준 (가) 세종의 총인구는 약 38만 명, (나) 봉화의 총인구는 약 3만 명, (다) 안산의 총인구는 약 72만 명이다. 따라서 총인구는 (다) 안산 〉 (가) 세종 〉 (나) 봉화 순으로 많다.

7. 화산 지형

㉠은 칼데라 분지인 울릉도의 나리 분지, ㉡은 중앙 화구구인 울릉도의 알봉, ㉢은 용암 동굴인 제주도의 만장굴, ㉣은 화구호인 제주도의 백록담이다.

① ㉠ 나리 분지는 화산 분출로 만들어진 화구가 함몰하여 형성된 칼데라 분지이다. 점성이 작은 용암의 분출로 형성된 용암 대지는 철원·평강 일대에 있다.

② ㉡ 알봉은 칼데라 분지 내에 있는 화구에서 새로운 분화가 일어나 용암이 분출하여 형성된 중앙 화구

구로 화산 활동과 관련이 있다. 기반암의 차별 침식으로 형성된 지형으로는 침식 분지가 있다.

③ ⓒ 용암 동굴인 만장굴은 유동성이 큰 용암이 분출하여 사면을 따라 흘러내리는 과정에서 용암의 표면과 내부 간 냉각 속도 차이로 형성되었다. 유동성이 큰 용암이 흐를 때 표면은 공기와 맞닿아 상대적으로 빠르게 냉각되지만, 내부는 고온의 상태를 유지하며 계속 흐른다. 시간이 지나면 내부 용암이 모두 흘러나가고, 표면은 이미 굳어져 있어 내부에 빈 공간인 용암 동굴이 만들어진다.

④ ⓔ 백록담은 화구에 물이 고여 형성된 화구호이다. 화구가 함몰되어 형성된 칼데라에 물이 고여 형성된 것은 백두산 천지이다.

⑤ ⓛ 알봉은 칼데라 분지인 ① 나리 분지가 형성된 이후에 새로운 분화로 형성된 중앙 화구구이다. 따라서 ⓛ 알봉은 ① 나리 분지보다 형성 시기가 늦다.

8. 위도가 다른 지역의 기후 비교

지도에 표시된 네 지역은 왼쪽부터 반시계 방향으로 남포, 부안, 울산, 원산이다. 그래프의 (나)는 네 지역 중 연 강수량이 가장 적고 최한월 평균 기온이 가장 낮으므로 위도가 높고 소우지인 대동강 하류 지역에 위치한 남포이다. 네 지역 중 최한월 평균 기온이 가장 높은 (다)는 위도가 가장 낮고 동해안에 위치한 울산이다. (가)와 (라) 중 상대적으로 연 강수량이 많은 (가)는 북부 동해안에 위치한 원산이고, 상대적으로 최한월 평균 기온이 높은 (라)는 남부 서해안에 위치한 부안이다. 따라서 (가)는 원산, (나)는 남포, (다)는 울산, (라)는 부안이다.

① 연평균 기온은 대체로 위도가 높을수록 낮다. 따라서 북부 동해안에 위치한 (가) 원산은 남부 동해안에 위치한 (다) 울산보다 연평균 기온이 낮다.

② (나) 남포는 대동강 하류 지역에 위치한 소우지인 반면, (가) 원산은 다우지이다. (나) 남포(약 440.8mm)는 (가) 원산(약 800.2mm)보다 여름 강수량이 적다.

③ 기온의 연교차는 비슷한 위도에서 동해안이 서해안보다 작다. 따라서 남부 동해안에 위치한 (다) 울산은 남부 서해안에 위치한 (라) 부안보다 기온의 연교차가 작다.

④ (나) 남포와 (라) 부안은 서해안, (가) 원산과 (다) 울산은 동해안에 위치한다.

⑤ 남부 지방에 위치한 (다) 울산과 (라) 부안의 겨울 강수량 합은 약 217.4mm이고 북부 지방에 위치한 (가) 원산과 (나) 남포의 겨울 강수량 합은 약 125.3mm이다. 따라서 (다)와 (라)의 겨울 강수량 합은 (가)와 (나)의 겨울 강수량 합보다 많다.

9. 충청 지방

지도의 A는 단양, B는 충주, C는 음성, D는 대전이다. A 단양은 석회암이 매장되어 있는 조선 누층군이 넓게 분포한다. 이에 고수 동굴과 같은 석회 동굴을 살펴볼 수 있으며, 석회암을 원료로 하는 대규모 시멘트 공장을 볼 수 있다. B 충주에는 민간 기업이 주도하여 개발하는 도시인 기업도시가 조성되어 있다. 충주 기업도시는 지식 기반형 기업도시로 이를 통해 자

족적 복합 기능을 갖추고자 노력하고 있다. C 음성은 수도권에서 이전한 공공기관이 입지한 혁신도시가 조성되어 있는 지역이다. D 대전은 대덕 연구 개발 특구를 중심으로 지식 첨단 산업이 발달하였으며 과학과 연구의 중심지로 알려져 있다.

1일차에서 석회암을 원료로 하는 대규모 시멘트 공장이 있는 곳은 A 단양이다. 단양은 조선 누층군이 넓게 분포하여 석회암을 원료로 하는 시멘트 공업이 발달한다.

2일차에서 지식 기반형 기업도시가 조성된 곳은 B 충주이다.

3일차에서 지식 첨단 산업을 이끄는 대덕 연구 개발 특구가 있는 곳은 과학의 도시로 불리는 D 대전이다. 따라서 1일 차 답사 지역은 A 단양, 2일 차 답사 지역은 B 충주, 3일 차 답사 지역은 D 대전이다.

10. 대도시권

지도에 표시된 지역군은 경기도의 김포·파주시, 이천·여주시와 서울의 종로·중구이다. 그래프에서 주간 인구 지수가 가장 높은 (다)는 서울의 도심이 위치한 종로·중구이다. (가)와 (나) 중 상대적으로 통근·통학 인구가 많은 (가)는 서울에 인접해 총인구가 상대적으로 많은 김포·파주시이다. 상대적으로 통근·통학 인구가 적은 (나)는 (가)보다 서울에서 멀리 떨어져 있는 이천·여주시이다. 따라서 (가)는 김포·파주시, (나)는 이천·여주시, (다)는 종로·중구이다.

ㄱ. 서울로의 통근·통학 인구는 서울에서 멀리 떨어져 있고 상대적으로 총인구가 적은 (나) 이천·여주시가 서울에 인접해 있으며 상대적으로 총인구가 많은 (가) 김포·파주시보다 적다.

ㄴ. (나) 이천·여주시는 서울에서 멀리 떨어져 있어 서울에 인접해 있는 (가) 김포·파주시보다 상대적으로 촌락의 성격이 강하다. 따라서 (나) 이천·여주시는 (가) 김포·파주시보다 전체 가구 대비 농가 비율이 높다.

ㄷ. (나) 이천·여주시는 서울에서 멀리 떨어져 있어 촌락의 성격이 강한 반면, (다) 종로·중구는 서울의 도심에 위치해 상업·업무 기능이 발달하였다. 따라서 (나) 이천·여주시는 (다) 종로·중구보다 상업지 평균 지가가 낮다.

ㄹ. 생산자 서비스업은 대체로 기업과의 접근성이 높고 관련 정보 획득에 유리한 대도시의 도심에 집중하는 경향이 있다. 따라서 서울 도심이 위치한 (다) 종로·중구는 서울 주변에 위치한 (가) 김포·파주시보다 생산자 서비스업 사업체 수가 많다.

11. 대설과 폭염, 황사

(가)는 일 최고 체감 온도가 35℃ 이상인 상태가 2일 이상 지속된다고 했으므로 폭염이다. 열사병 발생 위험이 증가하고 전력 소비량이 급증하는 (가) 폭염의 대책으로는 야외 행사 자제, 물 많이 마시기 등을 들 수 있다. (나)는 24시간 신적설이 20cm 이상이라고 했으므로 대설이다. 비닐하우스·축사 등의 붕괴, 교통 장애를 유발하는 대설의 대책으로는 신속한 제설 작업, 자가용 이용 자제 등을 들 수 있다. (다)는 1시간 평균 미세먼지(PM10) 농도 800μg/㎥ 이상이 2시간 이상 지속된다고 했으므로 황사이다. 황사가 우리

나라로 이동해 오면 호흡기 및 안과 질환, 항공기 결항, 정밀 기계 및 전자 기기 등의 피해를 발생시킬 수 있다.

ㄱ. (가) 폭염 특보는 장마 이후 북태평양 고기압이 확장하는 한여름에 주로 발령된다. 북태평양 고기압은 고온 다습한 공기를 한반도에 머물게 하여 폭염의 원인이 된다.

ㄴ. (나) 대설을 대비하기 위해 울릉도의 전통 가옥에는 우데기가 설치되어 있다. 눈이 많이 내리는 울릉도에서는 겨울에 실내 공간을 확보하기 위해 전통 가옥에 방설벽인 우데기를 설치하였다.

ㄷ. (다) 황사는 중국 내륙에서 발원하여 주로 편서풍을 타고 우리나라로 유입된다. 황사는 주로 봄철에 우리나라에 영향을 주는 현상이다.

12. 지체 구조와 지각 변동

(가)는 시·원생대, (나)는 신생대, (다)는 고생대의 지층과 암석 분포를 나타낸 것이다. A는 시·원생대의 변성암류, B는 신생대 퇴적암, C는 고생대 초 조선 누층군이다.

갑. A 변성암류에는 공룡 발자국 화석이 흔히 발견되지 않는다. 공룡 발자국 화석은 중생대의 육성층인 경상 누층군에서 흔히 발견된다.

을. B 제3기 퇴적암에서는 석회암이 용식 작용을 받아 형성된 카르스트 지형을 볼 수 없다. 카르스트 지형은 석회암이 널리 분포하는 C 조선 누층군에서 볼 수 있다.

병. C 조선 누층군에서는 주로 석회암이, B 신생대 퇴적암에는 주로 갈탄이 매장되어 있다. 따라서 C 조선 누층군에는 B 신생대 퇴적암보다 갈탄이 적게 매장되어 있다.

정. (다) 고생대에는 마그마가 관입한 불국사 변동이 일어나지 않았다. 마그마가 관입한 불국사 변동은 중생대 말 영남 지방 중심의 지각 변동이다.

무. (가)는 시·원생대, (나)는 신생대, (다)는 고생대이다. 따라서 오래된 지질 시대부터 배열하면 (가) 시·원생대 → (다) 고생대 → (나) 신생대 순이다.

13. 호남 지방

지도의 (가)는 담양, (나)는 나주, (다)는 해남, (라)는 고흥, (마)는 여수이다. (가) 담양은 슬로 시티로 지정된 마을이 있으며 대나무 숲으로 유명한 죽녹원, 떡갈비와 대통밥 등의 음식 문화, 다양한 죽세공품 생산지로 널리 알려져 있다. (나) 나주는 혁신도시가 조성되어 있으며 지역 특산물인 배가 지리적 표시제에 등록되어 있다. (다) 해남은 기업도시가 조성되어 있으며 한반도 최남단인 땅끝마을이 있다. (라) 고흥은 나로 우주 센터가 있으며 지역 특산물로는 지리적 표시제로 지정된 유자가 있다. (마) 여수는 대규모 석유 화학 단지가 건설되어 있으며, 2012년 세계 박람회를 개최하였으며 최근 관광 산업이 발달하고 있다.

갑. (가) 담양의 창평면 일대는 슬로 시티로 지정되어 있으며, 담양읍 일대에는 우리나라 유일의 죽세공품을 생산·판매하는 죽물 시장이 있었다.

을. 녹차와 관련된 다향 대축제가 개최되는 지역은 보성이다. (나) 나주에서는 지역 특산물인 배를 활용한

나주 배 축제가 열린다.
병. 우주 발사체 발사 기지가 있고, 지역 특산품으로 유자가 생산되는 지역은 (라) 고흥이다. (다) 해남은 겨울철에 노지에서 배추 재배가 활발하다.
정. 람사르 협약에 등록된 습지가 있고, 전통 취락을 볼 수 있는 낙안 읍성이 있는 지역은 순천이다.
무. 한반도 최남단 땅끝 마을이 있고, 지역 특산품으로 겨울 배추가 재배되는 지역은 (다) 해남이다. (마) 여수는 석유 화학 공업이 발달한 지역이다.

14. 호남 지방

지도의 A는 군산, B는 전주, C는 무주, D는 순창, E는 고창이다.

① A 군산은 일제 강점기 때 주요 쌀 수출항이었던 흔적을 볼 수 있으며, 근대 건축물들이 잘 보존되어 있는 근대 문화 거리가 형성되어 있다. 또한 뜬다리 부두와 새만금 간척지를 살펴볼 수 있다.

② B 전주는 전북도청 소재지로 전통 한옥 마을에서 한지 만들기 체험을 할 수 있다. 전주는 국제 슬로 시티로 지정되었으며 지역의 대표 음식으로는 비빔밥이 있다.

③ C 무주는 반딧불을 소재로 한 지역 축제가 개최되고 있으며 스키장 및 리조트가 개발되어 있다.

④ D 순창은 지리적 표시제로 등록된 고추장이 생산되며, 고추장 마을이 있다. 또한 전통 장류를 소재로 한 장류 축제가 개최된다.

⑤ E 고창에는 세계 문화유산에 등재된 고인돌 유적이 있다.

15. 지역 통합

지도에 표시된 네 지역은 왼쪽부터 용인, 양평, 평창, 태백이다. (가)는 1990년 이후 2020년까지 인구가 꾸준히 증가한 지역으로 용인이다. 용인은 2000년에 대규모 택지 개발로 아파트 단지가 늘어나면서 인구가 급증하였다. (나)는 2005년 이전에는 인구의 큰 변화가 없다가 2005년 이후 인구가 증가하는 지역으로 양평이다. 양평은 서울에서 가까운 전원 주택지로 인기를 끌고 있다. (다)는 1990년 이후 인구가 꾸준히 감소 또는 보합 양상을 보이는 평창이다. (라)는 1990~1995년에 인구가 급격히 감소하였고 2020년까지 지속적인 인구 감소 양상을 보이는 지역으로 태백이다. 태백은 석탄 산업 쇠퇴로 인해서 인구가 크게 감소하였다.

ㄱ. (다) 평창에서는 2018년 동계 올림픽 개막식이 열렸다.

ㄴ. (가) 용인은 대규모 택지 개발로 아파트가 많이 늘어난 지역이지만, (나) 양평은 상대적으로 전원 주택이 많이 지어진 지역이다. 따라서 (가) 용인은 (나) 양평보다 주택 유형 중 아파트 비율이 높다.

ㄷ. (가) 용인에는 수도권 2기 신도시가 조성되어 있지만, (나) 양평에는 수도권 2기 신도시가 조성되어 있지 않다.

ㄹ. (가) 용인과 (나) 양평은 경기도에, (다) 평창과 (라) 태백은 강원도에 속한다.

16. 주요 공업의 분포

그래프에서 (가)는 네 제조업 중 출하액이 가장 많으므로 제조업 중에서 출하액이 가장 많은 전자부품·컴퓨터·영상·음향 및 통신 장비 제조업이다. 나머지 (나)는 자동차 및 트레일러 제조업이다. A는 시·도 중 (가) 전자부품·컴퓨터·영상·음향 및 통신 장비 제조업 출하액이 가장 많으므로 경기이다. B는 시·도 중 (나) 자동차 및 트레일러 제조업 출하액이 가장 많으므로 울산이다. C는 경기 다음으로 (가) 전자부품·컴퓨터·영상·음향 및 통신 장비 제조업 출하액이 많으며 경북 다음으로 1차 금속 제조업 출하액이 많으므로 충남이다. D는 B 울산 다음으로 화학 물질 및 화학 제품 제조업(의약품 제외) 출하액이 많으므로 전남이다.

① (가) 전자부품·컴퓨터·영상·음향 및 통신 장비 제조업은 지식·정보 기반 산업으로 수도권에 사업체가 집중한다. 따라서 (가) 전자부품·컴퓨터·영상·음향 및 통신 장비 제조업은 (나) 자동차 및 트레일러 제조업보다 수도권 집중도가 높다.

② (가) 전자부품·컴퓨터·영상·음향 및 통신 장비 제조업은 (나) 자동차 및 트레일러 제조업보다 최종 제품의 평균 중량이 가볍고 부피가 작다.

③ A 경기는 중화학 공업이 발달한 B 울산보다 제조업 종사자 1인당 출하액이 적다.

④ 대규모 국가 산업 단지 조성을 시작한 시기는 충청 공업 지역이 있는 C 충남이 남동 임해 공업 지역에 속한 B 울산보다 늦다.

⑤ C 충남은 충청 지방에 속하고, D 전남은 호남 지방에 속한다.

17. 지역별 농업 특징

(가)는 전남에서 가장 많이 생산되고 강원에서도 다른 작물에 비해 생산량 비율이 높으므로 채소이다. (나)는 전남, 충남, 전북 등 주로 평야가 넓게 발달한 지역에서 생산량이 많으므로 쌀이다. (다)는 경북에서 생산량이 가장 많고, 다음으로 제주에서 생산량이 많으므로 과실이다.

① (다) 과실의 재배 면적은 경북이 가장 넓다.

② (가) 채소는 밭, (나) 쌀은 논에서 주로 재배된다.

③ 전남은 평야가 발달한 지역으로 논 면적이 밭 면적보다 넓다. 따라서 전남은 (가) 채소보다 (나) 쌀의 재배 면적이 넓다.

④ 강원은 해발 고도가 높은 지역으로 과일 재배가 제한적이다. 반면 여름철 서늘한 기후를 이용한 고랭지 채소 재배가 활발하다. 따라서 강원은 (가) 채소보다 (다) 과실 생산량이 적다.

⑤ 시설 재배는 비닐하우스, 온실 등 인공적인 구조물에서 작물을 재배하는 방식이다. (가) 채소는 기후와 계절의 영향을 많이 받는 작물로 시설 재배의 비율이 다른 작물에 비해 높다. 반면 (나) 쌀은 대부분 노지에서 재배하며, (다) 과실 역시 대부분 노지에서 재배된다. 따라서 (가)~(다) 세 작물 중 시설 재배 면적 비율은 (가) 채소가 가장 높다.

18. 영남 지방

지도의 A는 상주, B는 안동, C는 울진, D는 경주이

다. A 상주는 슬로 시티로 지정된 마을이 있으며, 지역 특산물로는 곶감이 있다. 한편 경상도는 경주와 상주의 앞 글자를 따서 붙인 것이다. B 안동은 경상북도청 소재지로 유네스코 세계 유산에 등재된 역사 마을인 하회 마을이 있으며 탈놀이를 바탕으로 국제 탈춤 페스티벌이 열리는 곳이다. C 울진은 원자력 발전소가 입지해 있으며 지역 특산물로는 대게가 있다. D 경주는 세계 문화유산인 경주 역사 유적 지구, 불국사와 석굴암, 양동 마을 등이 있으며, 원자력 발전소가 위치하고 있다.

첫 번째 항목에서 (가)와 (라)의 지명 첫 글자가 '경상도'라는 명칭의 유래가 된 지역이므로 (가)와 (라)는 각각 A 상주, D 경주 중 하나이다. 두 번째 항목에서 (라)에는 원자력 발전소가 입지해 있으므로 (가)는 원자력 발전소가 입지하지 않은 A 상주이다.

두 번째 항목에서 (나)와 (라)는 원자력 발전소가 입지해 있는 지역이므로 (나)와 (라)는 각각 원자력 발전소가 입지한 C 울진과 D 경주 중 하나이다. 이 중 (라)는 지명 첫 글자가 '경상도라는 명칭의 유래, 유네스코 세계 유산에 등재된 역사 마을이 있는 곳이므로 이 두 가지 항목에 해당하지 않는 (나)는 C 울진이다.

세 번째 항목에서 (다)와 (라)에는 유네스코 세계 유산에 등재된 역사 마을이 있는 지역이므로 각각 B 안동과 D 경주 중 하나이다. 이 중 (다)는 경상도라는 명칭의 유래와 관계가 없고, 원자력 발전소도 없는 지역이므로 B 안동이다.

(라)는 경상도라는 명칭의 유래가 되고, 원자력 발전소가 입지해 있으며, 유네스코 세계 유산에 등재된 역사 마을이 있는 지역으로 D 경주이다.

19. 신·재생 에너지의 특성

(가)는 바람을 이용한 신·재생 에너지로 풍력, (나)는 주택 옥상, 지붕 등에 설치해 에너지를 얻는 신·재생 에너지로 태양광이다. A는 (가) 풍력과 (나) 태양광 모두 해당하는 질문, B는 (가) 풍력에만 해당하는 질문, C는 (나) 태양광에만 해당하는 질문, D는 (가) 풍력, (나) 태양광 모두 해당하지 않는 질문이다.

ㄱ. 강원권보다 호남권의 발전량이 많은 것은 (나) 태양광이다. 태양광은 호남권(전남, 전북)의 생산량 비율이 높은 것이 특징이다. 따라서 ㄱ은 태양광에만 해당하는 특징인 C와 관련된 질문이다.

ㄴ. 총발전량에서 차지하는 비율은 신·재생 에너지가 원자력보다 낮으므로 (가) 풍력과 (나) 태양광 모두 총발전량에서 차지하는 비율이 원자력보다 낮다. 따라서 ㄴ은 (가) 풍력과 (나) 태양광 모두 해당하지 않는 D와 관련된 질문이다.

ㄷ. 발전소 가동 시 기상 조건의 영향을 받는 것은 (가) 풍력과 (나) 태양광 모두에 해당한다. (가) 풍력 발전은 기상 조건 중 바람의 영향을, (나) 태양광은 일사량의 영향을 받는다. 따라서 ㄷ은 (가) 풍력과 (나) 태양광 모두 해당하는 특징인 A와 관련된 질문이다.

ㄹ. 겨울철 발전량이 여름철 발전량보다 많은 것은 (가) 풍력이다. (나) 태양광은 겨울철 발전량이 여름철 발전량보다 적다. 따라서 ㄹ은 (가) 풍력에만 해당하는 특징인 B와 관련된 질문이다.

20. 우리나라의 국토 개발 계획

제시된 글은 우리나라의 국토 종합(개발) 계획에 대한 것이다. ㉠은 1970년대 거점 개발로 제1차 국토 종합 개발 계획(1972~1981년)이다. 제1차 국토 종합 개발 계획은 국력 신장과 공업화 추진을 위해 대규모 공업 기반을 구축하였다. ㉡은 1980년대의 광역 개발로 제2차 국토 종합 개발 계획(1982~1991년)이다. 제2차 국토 종합 개발 계획은 국민 생활 환경의 개선, 수도권 과밀 완화를 위해 국토의 다핵 구조 형성과 지역 생활권 조성에 중점을 두었다. ㉢은 1990년대의 균형 개발로 제3차 국토 종합 개발 계획(1992~2001년)이다. 제3차 국토 종합 개발 계획은 사회 간접 자본 시설 미흡에 따른 경쟁력 약화 개선, 자율적 지역 개발 전개를 위해 지방 육성과 수도권 집중 억제를 추진하였다. ㉣은 2000년대 이후의 균형 발전으로 제4차 국토 종합 계획(2000~2020년)과 제5차 국토 종합 계획(2020~2040년)이다. 제4차 국토 종합 계획 이후 우리나라는 국토의 체계적이고 균형적인 발전을 추진하고 있다.

① ㉠ 1970년대의 거점 개발은 중앙 정부가 주도하는 하향식 개발로 추진되었다.

② 도농 통합시는 1990년대의 ㉢ 균형 개발 시기인 1995년에 출범하였다.

③ 경부고속국도는 1970년에 전 구간이 개통되었다.

④ 행정 중심 복합 도시인 세종특별자치시는 ㉣ 2000년대 이후의 균형 발전 시기인 2012년에 출범하였다.

⑤ ㉠ 1970년대의 거점 개발 시기 이후 지금까지 전국에서 수도권이 차지하는 인구 비율은 지속적으로 높아졌다.

1. ③	2. ①	3. ⑤	4. ⑤	5. ②
6. ①	7. ③	8. ③	9. ⑤	10. ③
11. ⑤	12. ②	13. ④	14. ④	15. ④
16. ④	17. ④	18. ②	19. ④	20. ④

1. 고지도와 고문헌에 나타난 국토관

(가)는 김정호가 제작한 『대동여지도』이며, 지도의 A는 역참, B는 무성 읍치, C는 유성 읍치이다. (나)는 이중환이 저술한 『택리지』이다.

ㄱ. (가) 대동여지도는 1861년 김정호가 목판으로 제작한 지도이며, (나) 택리지는 1751년 이중환이 저술한 인문 지리서이다. (가) 대동여지도와 (나) 택리지는 모두 조선 후기에 제작되었다.

ㄴ. A 역참은 조선 시대 공공 업무를 수행하기 위해 설치된 교통·통신 기관이다.

ㄷ. 대동여지도에서 도로는 직선으로 표현되며, 10리마다 방점을 찍어 거리를 표시하였다. B에서 C까지는 방점이 4개이므로 B와 C 사이의 거리는 40리 이상이다.

ㄹ. ㉠은 땅이 비옥한 특성을 설명하고 있으며, 이는 가거지(可居地)의 조건 중 생리(生利)에 해당한다.

2. 암석 분포

지도의 A는 지리산 국립공원의 일부이며 주된 기반암은 시·원생대에 형성된 변성암이다. B는 설악산 국립공원의 일부이며 주된 기반암은 중생대에 관입하여 형성된 화강암이다. C는 고성 공룡 발자국 화석지의 일부이며, 주된 기반암은 중생대에 형성된 퇴적암이다.

C 고성 공룡 발자국 화석지는 중생대 말기에 형성된 경상 누층군에 분포한다. 따라서 C 고성 공룡 발자국 화석지에서는 퇴적암이 관찰되며, 첫 번째 질문에 대한 옳은 답변은 '예'이다.

A 지리산은 주로 흙산을 이루며, B 설악산은 주로 돌산을 이룬다. 흙산은 돌산보다 식생 밀도가 높으며, 두 번째 질문에 대한 옳은 답변은 '예'이다.

A 지리산의 주된 기반암은 시·원생대에 형성된 변성암이며, C 고성 공룡 발자국 화석지의 주된 기반암은 중생대에 형성된 퇴적암이다. 따라서 A는 C보다 기반암의 형성 시기가 이르며, 세 번째 질문에 대한 옳은 답변은 '예'이다.

3. 주요 해안 지형의 특징

자료의 (가)는 파랑 에너지가 분산되어 파랑의 퇴적 작용이 활발한 만(灣)이며, (나)는 파랑 에너지가 집중되어 파랑의 침식 작용이 활발한 곳(串)이다. 자료의 A는 파랑이 깎은 평탄면인 파식대, B는 파랑이 만든 동굴인 해식동이다. C는 파랑의 퇴적 작용에 의해 형성된 백사장인 사빈, D는 만의 입구가 사주로 막혀 형성된 호수인 석호이다.

(가)는 파랑의 퇴적 작용이 활발한 만(灣)으로 해안 퇴적 지형이 주로 발달한다. A~D 중 만에 발달하는 퇴적 지형으로는 파랑과 연안류의 퇴적 작용으로 형성된 C 사빈이 있다. 그리고 만의 입구를 파랑과 연안류의 퇴적 작용으로 형성된 사주가 가로 막아 형성된 D 석호가 있다.

(나)는 파랑의 침식 작용이 활발한 곳(串)으로 해안 침식 지형이 주로 발달한다. A~D 중 곶에 발달하는 침식 지형으로는 파랑의 침식 작용으로 형성된 A 파식대와 B 해식동, 해식애, 시 스택, 시 아치 등이 있다.

4. 신·재생 에너지의 특성

(가)는 생산량 상위 4개 시·도에 경기, 강원, 충북, 경북이 포함된 수력이다. 수력은 주요 하천의 중·상류 지역에서 에너지 생산량이 많다. (나)는 생산량 상위 4개 시·도에 충남, 경북, 전북, 전남이 포함된 태양광이다. (다)는 생산량 상위 4개 시·도에 강원, 경북, 전남, 제주 등이 포함된 풍력이다. 풍력은 바람이 많이 부는 산지나 해안 지역에서 에너지 생산량이 많다.

① (가) 수력은 유량이 풍부하고 낙차가 큰 지역이 전력 생산에 유리하다. 바람이 지속적으로 많이 부는 지역이 전력 생산에 유리한 것은 (다) 풍력이다.

② (나) 태양광은 일조 시간이 긴 지역에서 개발 잠재력이 높다. 유량이 풍부하고 낙차가 큰 지역이 전력 생산에 유리한 것은 (가) 수력이다.

③ (다) 풍력은 바람이 지속적으로 많이 부는 지역이 전력 생산에 유리하다. 일조 시간이 긴 지역에서 개발 잠재력이 높은 것은 (나) 태양광이다.

④ (나) 태양광은 (가) 수력보다 우리나라에서 전력 생산에 이용된 시기가 늦다. 신·재생 에너지 중 우리나라에서 전력 생산에 이용된 시기가 가장 이른 에너지는 (가) 수력이다.

⑤ (나) 태양광은 (다) 풍력보다 국내 총발전량이 많다. 2022년 기준 신·재생 에너지 중 국내 총발전량이 가장 많은 에너지는 (나) 태양광이다.

5. 주요 작물의 특징

(가)는 우리나라에서 가장 많이 생산되고 있으며 식생활 변화와 농산물 시장 개방 등으로 1인당 소비량과 재배 면적이 감소한 쌀이다. (나)는 (가) 쌀의 그루갈이 작물로 남부 지방에서 재배되며 1980년에 비해 재배 면적과 생산량이 많이 감소한 맥류이다. (다)는 식생활에 따른 소비 증가로 생산량이 증가하였고, 대도시 주변과 원교 농촌 지역에서도 상업적으로 재배되고 있는 채소이다.

① (나) 맥류의 생산량은 영남권이 호남권보다 적다. (나) 맥류는 쌀의 그루갈이 작물로 전남과 전북에서 주로 생산되며, 우리나라 맥류의 약 80%가 호남권에서 생산된다.

② (가) 쌀은 (다) 채소보다 재배 면적이 넓다. (가) 쌀은 우리나라에서 재배 면적이 가장 넓은 작물로, 쌀의 재배 면적은 우리나라 전체 작물 재배 면적의 40% 이상을 차지한다.

③ (나) 맥류는 (가) 쌀보다 식량 작물 중 자급률이 낮다. 식량 작물 중 자급률이 가장 높은 작물은 (가) 쌀이며, 쌀의 자급률은 90% 이상으로 높다.

④ (나) 맥류는 (다) 채소보다 생산량이 적다. 우리나라 작물 중 생산량이 가장 많은 작물은 (다) 채소이다.

⑤ 제주에서는 (가) 쌀 재배 면적이 (다) 채소 재배 면적보다 좁다. 제주는 기반암의 특성상 빗물이 지하로

잘 스며들고 지표수가 부족하여 벼농사가 거의 이루어지지 않는다.

6. 영남 지방

(가) 지표의 상위 5개 지역은 진주, 창원, 거제, 김해, 양산이며, 하위 5개 지역은 합천, 의령, 산청, 하동, 남해이다. (나) 지표는 이와 정반대로 상위 5개 지역은 합천, 의령, 산청, 하동, 남해이며, 하위 5개 지역은 진주, 창원, 거제, 김해, 양산이다.

(가) 지표는 진주, 창원, 거제, 김해, 양산 등 도시의 성격이 강한 시(市) 지역에서 높게 나타나며, 합천, 의령, 산청, 하동, 남해 등 촌락의 성격이 강한 군(郡) 지역에서 낮게 나타나는 지표인 주택 유형 중 아파트 비율이다. 전체 가구 중 농가 비율은 촌락의 성격이 강한 군(郡) 지역에서 높게 나타나는 지표이다.

(나) 지표는 합천, 의령, 산청, 하동, 남해 등 촌락의 성격이 강한 군(郡) 지역에서 높게 나타나며, 진주, 창원, 거제, 김해, 양산 등 도시의 성격이 강한 시(市) 지역에서 낮게 나타나는 지표인 중위 연령이다. 성비는 주로 중화학 공업이 발달한 지역에서 대체로 높게 나타나는 지표이다. 지도에 표시된 10개 지역 중에서는 조선 공업이 발달한 거제의 성비가 가장 높다.

7. 북한의 자연환경

지도의 A는 압록강 중·상류에 위치한 중강진, B는 우리나라 최고봉이 위치한 백두산, C는 1991년 북한 최초의 경제특구가 지정된 나선이다.

한반도에서 가장 높은 산이 있는 (가) 지역은 지도의 B 백두산이다. 백두산은 최고봉의 높이가 약 2,744m로 우리나라에서 해발 고도가 가장 높은 산이다.

한반도에서 기온의 연교차가 가장 큰 (나) 지역은 고위도의 내륙에 위치한 A 중강진이다. 기온의 연교차는 위도가 높을수록 대체로 크며, 동위도 상에서는 해안보다 바다의 영향을 적게 받는 내륙에서 대체로 크게 나타난다.

8. 우리나라의 영역

가거도는 전라남도 신안군 흑산면에 속한 섬으로 대흑산도에서 남서쪽으로 약 70km 지점에 위치한다. 가거도는 우리나라 최서남단의 섬으로 면적은 약 9km²이다.

① 우리나라 영해 설정을 위한 기점은 총 ㉠ 23개로 대부분 황해와 남해에 위치한 최외곽 도서이다. 이 기점을 연결하는 직선은 직선 기선에 해당한다.

② ㉡ 영해의 폭은 보통 12해리이지만, 일본과 거리가 가까운 대한 해협에서는 ㉡ 영해의 폭이 직선 기선으로부터 3해리이다.

③ ㉢ 영해 기점을 연결한 직선 기선으로부터 육지 쪽에 있는 수역은 내수(內水)로 한다. 내수(內水)는 한 국가의 영토 안에 있는 강, 호수, 운하 등을 의미하며, 내수 역시 우리나라의 주권이 인정된다.

④ ㉣ 가거도는 우리나라 영토의 최남단(극남)에 해당하지 않는다. 우리나라 영토의 최남단(극남)은 마라도이다.

⑤ ㉤ 이어도는 마라도에서 남서쪽으로 약 149km 지

점에 위치한 수중 암초로 ㉢ 영해 기점에 해당하지 않는다.

9. 강원 지방

지도의 A는 춘천, B는 인제, C는 양양, D는 강릉, E는 평창이다.

① A 춘천은 강원도 도청 소재지이며, 하천의 차별 침식 작용으로 형성된 침식 분지가 발달해 있다. 춘천호, 의암호, 소양호와 같은 인공 호수가 많아 호반의 도시로 불리기도 하며, 닭갈비와 막국수 등의 음식이 유명하다.

② B 인제는 우리나라의 람사르 습지 1호인 대암산 용늪과 감입 곡류 하천인 내린천의 급류를 이용한 래프팅 등이 유명하다.

③ C 양양은 하조대 해수욕장, 죽도 해수욕장 등으로 유명하며, 최근에는 우리나라에서 서핑을 즐기는 사람들이 많이 찾고 있는 지역이다.

④ D 강릉은 '강원'이라는 명칭의 유래가 된 지역이며, 석호인 경포호와 계단 모양의 정동진 해안 단구 등의 지형이 유명하다. 또한 유네스코 인류 문화유산으로 등재된 강릉 단오제가 매년 개최된다.

⑤ E 평창은 주로 해발 고도 700m 내외의 산지에 위치하며 고랭지 농업이 발달하였다. 지형과 기후의 특징을 살려 겨울 스포츠와 관련된 관광 산업이 발달하였으며, 2018년 동계 올림픽 개최지로 유명하다.

10. 도시 내부 구조

〈서울〉 지도의 A는 도심이 위치하여 주간 인구 지수가 300 이상으로 높은 서울 중구이며, B는 주거 기능이 발달한 주변 지역에 해당하여 주간 인구 지수가 100 이하인 서울 노원구이다. 〈부산〉 지도의 C는 부산의 주변 지역에 해당하여 주간 인구 지수가 100 이하인 부산 사하구이며, D는 도심이 위치하여 주간 인구 지수가 100 이상인 부산 중구이다.

① A 서울 중구는 주거 기능이 발달한 B 서울 노원구보다 상주인구가 적다.

② 주거 기능이 발달한 B 서울 노원구는 상업·업무 기능이 발달한 A 서울 중구보다 통근·통학 유출 인구가 많고, 통근·통학 유입 인구는 적다.

③ 주변 지역에 해당하는 C 부산 사하구는 상업·업무 기능이 발달한 D 부산 중구보다 제조업 사업체 수가 많다. 부산의 사상구와 사하구 등의 서부 지역에는 제조업 기능이 집중되어 있다.

④ 부산의 도심이 위치한 D 부산 중구는 서울의 도심이 위치한 A 서울 중구보다 금융 및 보험업 사업체 수가 적다. 서울은 부산보다 도시 규모가 크며, 금융 및 보험업 사업체 수 또한 많다.

⑤ 도심이 위치한 D 부산 중구는 주변 지역에 해당하는 C 부산 사하구보다 초등학교 학생 수가 적다.

11. 위도가 다른 지역의 기후 비교

지도에 표시된 네 지역은 평양, 원산, 인천, 강릉이다. 우리나라는 여름보다 겨울의 지역 간 평균 기온 차이가 크므로 A와 B 중 네 지역 간 평균 기온 차이가 큰 A는 1월이며, 네 지역 간 평균 기온 차이가 작은 B는 8

월이다. (가)는 네 지역 중 1월 평균 기온이 가장 높은 강릉이며, (라)는 네 지역 중 1월 평균 기온이 가장 낮은 평양이다. (나)와 (다) 중 8월 평균 기온이 더 높은 (다)는 인천이며, 나머지 (나)는 원산이다. 따라서 (가)는 강릉, (나)는 원산, (다)는 인천, (라)는 평양이다.

ㄱ. (가) 강릉과 (나) 원산은 동해안에 위치하며, (다) 인천은 서해안에 위치한다.

ㄴ. (가)와 (다) 간의 1월(A) 평균 기온 차이는 약 2.4℃이며, (나)와 (라) 간의 1월(A) 평균 기온 차이는 약 3.7℃이다. 따라서 (가)와 (다) 간의 1월 평균 기온 차이는 (나)와 (라) 간의 1월 평균 기온 차이보다 작다.

ㄷ. (다) 인천은 우리나라의 소우지에 해당하는 (라) 평양보다 연 강수량이 많다.

ㄹ. (라) 평양은 (가) 강릉보다 높은 위도에 위치하며, (라) 평양은 내륙, (가) 강릉은 해안에 위치한다. 따라서 (라) 평양은 (가) 강릉보다 기온의 연교차가 크다.

12. 기후 및 계절 특성

강의 장면에서는 〈우리나라 무더위 지표〉에 대해 설명하고 있다. 폭염일은 일 최고기온이 33℃ 이상인 날이며, 열대야일은 야간에 일 최저기온이 25℃ 이상인 날이다. 상대적으로 폭염은 바람이 약한 내륙 분지에서 빈번하게 관측되며, 열대야는 열을 저장하는 수증기가 많은 해안 지역에서 잘 발생한다.

(가)는 네 지역 중 폭염 일수가 가장 많고, 여름 강수량이 가장 적으므로 영남 내륙의 분지에 위치한 대구이다. (나)는 네 지역 중 열대야 일수가 가장 많고 여름 강수량이 많은 편에 속하므로 남부 지방의 해안 지역에 위치한 서귀포이다. (라)는 (다)보다 폭염 일수와 열대야 일수가 모두 적으므로 해발 고도가 높아 평균 기온이 낮은 태백이다. 나머지 (다)는 서울이다.

13. 외국인 이주와 다문화 공간

지도에 표시된 세 지역은 울진, 청송, 경산이다. (가)는 세 지역 중 외국인 주민의 성비가 높고 외국인 근로자 비율이 가장 높은 울진이다. (나)는 세 지역 중 총외국인 주민 수가 가장 적고 지역 내 결혼 이민자 비율이 가장 높은 청송이다. (다)는 세 지역 중 총외국인 주민 수가 가장 많고 유학생 비율이 가장 높은 경산이다.

① (가) 울진은 총외국인 주민 수가 2,048명이며, (나) 청송은 총외국인 주민 수가 443명이다. 따라서 (가) 울진은 (나) 청송보다 총외국인 주민 수가 많다.

② (가) 울진은 (나) 청송보다 총외국인 주민 수가 많으며, 외국인 근로자 비율 또한 높다. 따라서 (가) 울진은 (나) 청송보다 외국인 근로자 수가 많다.

③ (다) 경산은 유학생 비율이 외국인 근로자 비율보다 높다. 따라서 (다) 경산은 유학생 수가 외국인 근로자 수보다 많다.

④ 세 지역 중 외국인 근로자 성비가 가장 높은 곳은 외국인 근로자의 남녀 간 비율 차이가 가장 큰 (가) 울진이다.

⑤ (나) 청송은 (가) 울진보다 지역 내 외국인 주민 중 결혼 이민자의 비율이 높다.

14. 충청 지방

'충청'이라는 지명에서 '충(忠)'의 유래가 된 A는 충주이며, '청(淸)'의 유래가 된 B는 청주이다. 음성과의 경계에 혁신 도시가 위치한 C는 진천이다.

① 충청북도의 도청 소재지는 B 청주이다.
② B 청주에는 오송 생명 과학 단지와 오창 과학 산업 단지가 위치한다.
③ A 충주와 B 청주, C 진천은 모두 서울과 지하철로 연결되어 있지 않다.
④ C 진천은 A 충주보다 인구가 적다. 2023년 기준 진천의 인구는 약 9만 4천 명이며, 충주의 인구는 약 22만 명이다.
⑤ B 청주에는 국제공항이 입지해 있지만, A 충주에는 국제공항이 입지해 있지 않다.

15. 기후 및 계절 특성

(가)는 세 지역 모두 남서풍의 비율이 높은 것으로 보아 7월이며, (나)는 세 지역 모두 북풍 계열의 비율이 높은 것으로 보아 1월이다.

ㄱ. (가) 7월보다 (나) 1월은 평균 상대 습도가 낮고 대기가 건조하다.
ㄴ. (가) 7월보다 (나) 1월은 북풍 계열의 바람이 탁월하다.
ㄷ. (가) 7월보다 (나) 1월은 열대 저기압의 통과 횟수가 적다. 우리나라의 열대 저기압은 태풍이며, 태풍은 주로 여름~초가을에 우리나라를 통과한다.
ㄹ. (가) 7월은 북태평양 기단의 영향을 많이 받아 남고북저형의 기압 배치가 주로 나타나며, (나) 1월은 시베리아 기단의 영향을 많아 서고동저형의 기압 배치가 주로 나타난다. 따라서 (가) 7월보다 (나) 1월은 시베리아 기단의 영향을 많이 받는다.

16. 지역별 인구 특성 비교

지도에 표시된 세 지역은 무안, 광주, 고흥이다. 2023년 기준 호남권에서 가장 인구가 많은 (가)는 광주이며, 2000년 대비 2023년 인구 증가율이 호남권에서 가장 높은 (나)는 무안이다. 2023년 기준 호남권에서 노년층 인구 비율이 가장 높은 (다)는 고흥이다.

① 대도시에 해당하는 (가) 광주는 촌락의 특성이 강한 (다) 고흥보다 청장년층 성비가 낮다. 촌락 지역의 경우 청년층의 여성 인구가 도시로 이주하는 경우가 많아 도시 지역보다 대체로 청장년층의 성비가 높게 나타난다.
② (나) 무안은 총인구가 많은 (가) 광주보다 출생아 수가 적다.
③ 노령화 지수는 노년층 인구 비율을 유소년층 인구 비율로 나눈 후 100을 곱한다. (나) 무안은 노년층 인구 비율이 높은 (다) 고흥보다 노령화 지수가 낮다.
④ 총인구 부양비는 유소년층 인구와 노년층 인구의 합을 청장년층 인구로 나눈 후 100을 곱한 값으로 청장년층 인구 비율에 반비례한다. (다) 고흥은 촌락의 성격이 강한 곳으로 청장년층 인구 비율이 낮고 노년층 인구 비율이 높은 반면, (나) 무안은 전라남도 도청의 이전으로 청장년층 인구의 전입이 이루어져 (다) 고흥보다 지역 내 청장년층 인구 비율이 높다. 따라서 (다) 고흥은 상대적으로 지역 내 청장년층 인구 비율이 높은 (나) 무안보다 총인구 부양비가 높다.
⑤ (가)~(다) 중 인구 밀도는 총인구가 가장 많은 (가) 광주가 가장 높다.

17. 우리나라 여러 지역의 특성

인구 규모 1위와 2위 도시의 인구 차이가 가장 큰 (다)는 수도권이다. 수도권 인구 규모 1위 도시인 서울의 인구는 2위 도시인 인천의 약 3배 정도이다. (가)와 (나) 중 인구 규모 3위 4위 도시 인구 규모가 1위 도시와 비교했을 때 인구 상댓값의 차이가 (다)보다 작은 (나)는 영남권이다. 영남권의 인구 규모 1위 도시는 부산, 2위 도시는 대구이며, 3위 도시는 울산, 4위 도시는 창원이다. 나머지 (가)는 강원권이다.

① (가) 강원권의 인구 1위 도시는 원주이며, 원주는 광역시가 아니다.
② (가) 강원권은 (나) 영남권보다 총인구가 적다. 우리나라 권역 중 총인구가 가장 많은 권역은 (다) 수도권이며, 총인구가 두 번째로 많은 권역은 (나) 영남권이다.
③ (가) 강원권의 인구 1위 도시는 원주, 인구 2위 도시는 춘천이며, (다) 수도권의 인구 1위 도시는 서울, 인구 2위 도시는 인천이다. 따라서 (가) 강원권은 (다) 수도권보다 1위 도시와 2위 도시 간의 인구 차가 작다.
④ (다) 수도권의 인구 2위 도시는 인천이며, (나) 영남권의 인구 2위 도시는 대구이다. 우리나라의 도시 인구는 서울 〉 부산 〉 인천 〉 대구 순으로 많으므로, (다) 수도권의 인천은 (나) 영남권의 대구보다 인구가 많다.
⑤ (나) 영남권과 (다) 수도권의 행정구역 경계는 맞닿아 있지 않다.

18. 주요 공업의 분포

그래프의 (가)는 네 지역 중 3차 산업 취업자 수 비율이 가장 높은 대전이며, (나)는 1차 산업 취업자 수 비율과 3차 산업 취업자 수 비율이 두 번째로 높으며, 전체 취업자 수 비율인 100%에서 1차 산업 취업자 수 비율(8%)과 3차 산업 취업자 수 비율(84%)을 뺀 값인 2차 산업 취업자 수 비율(8%)이 상대적으로 낮은 강원이다. (다)는 1차 산업 취업자 수 비율(1.5%)이 가장 낮고, 2차 산업 취업자 수 비율(29.5%)이 가장 높은 울산이며, 나머지 (라)는 충북이다.

① (가) 대전은 (나) 강원보다 숙박 및 음식점업 종사자 수가 적다. 숙박 및 음식점업 종사자 수는 관광 산업이 발달한 (나) 강원이 (가) 대전보다 많다.
② 대덕 연구 개발 특구가 조성되어 있으며 전문·과학 및 기술 서비스업이 발달한 (가) 대전은 (다) 울산보다 전문·과학 및 기술 서비스업의 매출액이 많다.
③ (나) 강원은 (다) 울산보다 1인당 지역 내 총생산(GRDP)이 적다. 제조업이 발달한 (다) 울산은 우리나라 시·도 중 1인당 지역 내 총생산(GRDP)이 가장 많다.
④ (라) 충북은 (다) 울산보다 지역 내 2차 산업 취업자 수 비율이 낮다. 충북은 20%, 울산은 29.5%이다.
⑤ (가) 대전과 (라) 충북은 충청권에 포함되며, (나) 강원은 강원권에 포함된다.

19. 화산 지형

(가)는 오름이 분포하는 제주도 지역, (나)는 용암 대지가 나타나는 한탄강 주변 지역이다. (가)의 A는 오름이며, B는 제주도의 완만한 경사지, C는 제주도의 하천이다. (나)의 D는 용암 대지의 일부이다.

① (가) 제주도 지역의 A 오름은 소규모 용암 분출이나 화산 쇄설물에 의해 형성되었다. 우리나라에서 화구의 함몰로 형성된 칼데라에는 백두산의 천지, 울릉도의 나리 분지가 있다.
② 석회암이 풍화된 붉은색의 토양은 고생대에 형성된 조선 누층군에 주로 분포한다. (가) 제주도 지역의 B에 간대토양이 분포한다면 현무암이 풍화된 흑갈색의 토양일 가능성이 높다.
③ 자유 곡류 하천은 충적층이 발달한 지역에서 측방 침식을 받아 하천의 유로가 구불구불한 하천이다. 따라서 (가) 제주도 지역의 C는 자유 곡류 하천이 아니다.
④ (나) 한탄강 주변 지역의 D는 현무암질 용암이 지각의 갈라진 틈을 따라 틈새(열하) 분출하여 형성된 용암 대지의 일부이다.
⑤ (나)의 한탄강은 비가 내릴 때만 일시적으로 물이 흐르는 건천이 아니다. (가)의 C 하천에서 건천이 발달한다. 제주도의 기반암인 현무암은 절리가 발달되어 있어 빗물이 땅 속으로 스며들기 때문에 평상시에는 거의 흐르지 않는 건천이 나타난다.

20. 주요 공업의 분포

〈제조업 종사자 수 변화〉 그래프의 (가)는 네 지역 중 2001년 이후 제조업 종사자 수의 증가 폭이 가장 크며, 2021년 제조업 종사자 수가 가장 많은 화성이다. (나)는 2021년 제조업 종사자 수가 두 번째로 많은 구미이다. (다)와 (라) 중 2001년 이후 제조업 종사자 수 증가율이 더 높은 (다)는 당진이며, 나머지 (라)는 여수이다.

① 2021년 제조업 종사자 수는 (나) 구미가 (가) 화성보다 적다.
② (가) 화성은 (다) 당진보다 지역 내 제조업 종사자 수에서 1차 금속 제조업이 차지하는 비율이 낮다. (다) 당진에는 대규모 제철소가 위치하여 (가) 화성보다 지역 내 1차 금속 제조업 종사자 비율이 높다.
③ (나) 구미는 (가) 화성보다 전국 자동차 및 트레일러 제조업 출하액에서 차지하는 비율이 낮다. (가) 화성에는 자동차 생산 공장이 위치하여 (나) 구미보다 자동차 및 트레일러 제조업 출하액이 많다.
④ (나) 구미는 (라) 여수보다 전자 부품·컴퓨터·영상·음향 및 통신 장비 제조업 사업체 수가 많다. (나) 구미는 전자 공업이 특화된 지역이며, (라) 여수는 정유 및 석유 화학 공업이 특화된 지역이다.
⑤ (가)~(라) 중 2001년에 비해 2021년 제조업 종사자 수가 가장 많이 증가한 지역은 (가) 화성이며, (가) 화성은 수도권에 위치한다.

1. ①	2. ③	3. ②	4. ⑤	5. ④
6. ③	7. ②	8. ①	9. ⑤	10. ④
11. ④	12. ③	13. ⑤	14. ②	15. ②
16. ①	17. ②	18. ①	19. ④	20. ⑤

1. 우리나라의 위치

(가)는 기준점의 경도가 124° 10′ 47″ E이므로 우리나라 영토 중 가장 서쪽에 위치한 비단섬이다. (나)는 기준점의 경도가 131° 52′ 08″ E이므로 우리나라 영토 중 가장 동쪽에 위치한 독도이며, 위성 영상을 통해 서도와 동도가 위치함을 알 수 있다. (다)는 기준점의 위도가 33° 07′ 03″ N이므로 우리나라 영토 중 가장 남쪽에 위치한 마라도이며, 위성 영상을 통해 섬 전체가 남북으로 긴 고구마 모양임을 알 수 있다.

첫 번째 질문에서 (나) 독도의 기선으로부터 바깥쪽 12해리 이내에는 종합 해양 과학 기지가 건설되어 있지 않다. 따라서 옳은 대답을 한 학생은 갑, 병, 정이다. 참고로 우리나라의 종합 해양 과학 기지는 (다) 마라도에서 남서쪽으로 약 149km 떨어진 이어도에 건설되어 있으며, 소청도와 가거초에도 건설되어 있다.

두 번째 질문에서 (가) 비단섬은 (나) 독도보다 서쪽에 위치하기 때문에 우리나라 표준 경선(135°E)과의 최단 거리가 멀다. 따라서 옳은 대답을 한 학생은 갑, 을, 병, 정이다.

세 번째 질문에서 영해 설정에 직선 기선이 적용되는 지역은 서·남해안과 동해안 일부(영일만, 울산만)이며, (나) 독도와 (다) 마라도는 영해 설정 시 통상 기선이 적용된다. 따라서 옳은 대답을 한 학생은 갑, 을, 정, 무이다.

네 번째 질문에서 (가) 비단섬은 우리나라의 최서단에 위치하며, (나) 독도는 우리나라의 최동단에 위치하고, (다) 마라도는 우리나라의 최남단에 위치한다. 따라서 (가)~(다)는 모두 우리나라 영토의 4극에 해당하며 이에 옳은 답변을 한 학생은 갑, 을, 병, 무이다. 모든 질문에 옳은 답변을 한 학생은 갑이다.

2. 주요 해안 지형의 특징

과거 바다였으나 만(灣)의 입구에 사주가 형성되면서 만들어진 ㉠은 석호이고, 송지호는 이 호수의 이름이다. 호미곶에서 볼 수 있는 ㉡은 해안 단구이며, 월등도에서 볼 수 있는 ㉢은 육계 사주, 신두리에서 볼 수 있는 ㉣은 해안 사구이다.

① ㉠ 석호는 사주가 발달하여 바다와 분리되었으나 바다와 완벽하게 분리되어 있지 않아 해수와 담수가 섞여 있다. 이로 인해 석호는 염분의 농도가 상대적으로 높다. 따라서 ㉠ 석호의 물은 주변 농경지의 농업용수로 이용되지 않는다.

② ㉢ 육계 사주는 파랑과 연안류의 퇴적 작용으로 형성되는 지형으로, 주로 파랑 에너지가 분산되는 곳에 주로 발달한다.

③ ㉣ 해안 사구의 땅속에서는 바닷물과 민물이 밀도차에 의해 분리되어 민물이 지하에 저장된다. 이를 통해 ㉣ 해안 사구는 담수를 저장하는 지하수 저장고 역할을 한다고 볼 수 있다.

④ ㉠ 석호는 후빙기 해수면 상승 이후 사주가 만의 입구를 막아 형성된 지형이며, ㉡ 해안 단구는 신생대 제3기 경동성 요곡 운동으로 지반이 융기하여 형성된 지형이다. 따라서 ㉠ 석호는 ㉡ 해안 단구보다 형성 시기가 늦다.

⑤ ㉠ 석호는 자연 상태에서 시간이 지남에 따라 호수로 흘러드는 하천의 퇴적 물질로 인해 호수의 규모가 축소된다. ㉣ 해안 사구는 자연 상태에서 바람에 의한 퇴적 작용이 지속되면 시간이 지남에 따라 그 규모가 확대될 수 있으나 최근 기후 변화로 해수면이 상승하면서 사빈과 해안 사구가 파괴되는 경우가 증가하고 있다.

3. 최적 입지 선정

지도의 A는 당진, B는 서산, C는 홍성, D는 보령, E는 공주이다. 〈조건 1〉에서 면적당 도로 연장 0.7km/km² 초과 지역은 B 서산과 C 홍성, D 보령이다. 그리고 인구 밀도 150명/km² 초과 지역은 A 당진과 B 서산, C 홍성과 D 보령이다. 따라서 〈조건 1〉을 모두 만족하는 지역은 B 서산, C 홍성, D 보령이다.

〈조건 2〉를 보면 〈조건 1〉을 만족하는 B 서산, C 홍성, D 보령 중 전통 시장 수가 3개 미만인 지역은 없으며, 1인당 지역 내 총생산이 7천만 원을 초과하는 지역은 B 서산뿐이다. 따라서 가장 적합한 후보지는 B 서산이다.

4. 인구 구조

지도에 표시된 세 지역은 인제, 원주, 태백이다. (가)는 인구가 줄었음에도 군부대가 많은 지역 특성상 군인들을 포함한 생활 인구가 총인구의 2배 이상인 인제이다. (나)는 공공 기관 입주, 신도시 조성 등으로 최근 인구가 꾸준히 증가하고 있는 원주이다. (다)는 탄광 폐광으로 인구 감소와 상권 침체 문제가 나타나고 있는 태백이다.

① (가) 인제는 (나) 원주보다 인구가 적다. (나) 원주는 강원특별자치도 내에서 인구가 가장 많은 시(市)이다.

② (가) 인제는 (나) 원주보다 외국인 주민 중 결혼 이민자 수가 적다. 외국인 주민 중 결혼 이민자 비율은 촌락의 성격이 강한 군(郡) 지역이 도시의 성격이 강한 시(市) 지역보다 대체로 높다. 그러나 외국인 주민 중 결혼 이민자 수는 총인구가 많은 시(市) 지역이 총인구가 적은 군(郡) 지역보다 대체로 많다.

③ (나) 원주는 (다) 태백보다 청장년층의 인구 유입이 활발하여 (다) 태백보다 중위 연령이 낮다.

④ (다) 태백은 군부대가 많은 (가) 인제보다 성비가 낮다. 일반적으로 군부대가 많은 지역이나 중화학 공업이 발달한 지역은 다른 지역에 비해 성비가 높게 나타난다.

⑤ (다) 태백은 인구 유입이 활발한 (나) 원주보다 청장년층 인구 비율이 낮고 총부양비는 높다. 총부양비는 청장년층 인구 비율에 반비례한다.

5. 영남 지방

경상남도 지도에서 A는 창녕, B는 함안, C는 김해, D는 사천, E는 고성이다. 자료에서 설명하는 지역은 1995년 삼천포시와 사천군이 통합된 도농 복합시이며, 한국항공우주산업(KAI)과 우주항공청이 연구·개발 업무를 주도하고 있는 사천이다.

① A는 우포늪이 위치한 창녕이다. 우포늪은 우리나라 최대의 내륙 습지이며 람사르 습지로 등록되어 있다.

② B는 가야고분군 중 하나인 말이산 고분군이 있는 함안이다.

③ C는 부산의 주거 기능을 분담하는 위성 도시로 성장한 김해이다.

④ D는 삼천포시와 사천군이 통합된 도농 복합시인 사천이며, 항공·우주 산업이 발달하였다.

⑤ E는 공룡 발자국 화석지로 유명한 고성이며, 고성에서는 지역 축제로 매년 공룡 세계 엑스포가 개최된다.

6. 지체 구조와 지각 변동

(가)는 고생대 초기의 지질 계통인 조선 누층군이며, (나)는 중생대 초기의 주요 지각 변동으로 주로 한반도 북부 지방에 영향을 미친 송림 변동이다. (다)는 중생대 중기의 주요 지각 변동으로 중·남부 지방을 중심으로 영향을 준 대보 조산 운동이며, (라)는 중생대 말기의 주요 지각 변동으로 주로 경상 분지 일대에서 일어난 불국사 변동이다. (마)는 신생대 제3기의 요곡·단층 운동이다.

① (가) 조선 누층군은 고생대에 형성된 해성층으로 공룡 발자국 화석이 흔히 발견되지 않는다. 우리나라에서 공룡 발자국 화석은 주로 중생대에 형성된 경상 누층군에서 주로 발견된다.

② (나) 송림 변동이 발생한 시기는 중생대 초기이며, 길주·명천 지괴가 형성된 시기는 신생대이다.

③ (다) 대보 조산 운동은 한반도 전역에 영향을 미쳤으며 이로 인해 중국 방향(북동–남서)의 지질 구조선이 형성되었고, 넓은 범위에 걸쳐 대보 화강암이 형성되었다.

④ (라) 불국사 변동은 영남 지방 중심의 지각 변동이며 이로 인해 화강암이 형성되었다. 지리산을 이루는 주된 기반암인 변성암은 주로 시·원생대에 형성되었다.

⑤ 한반도에 분포하는 대부분의 화강암은 중생대 지각 변동에 의해 형성되었다. (마) 요곡·단층 운동은 신생대 제3기에 나타난 지각 변동이다.

7. 다양한 하천 지형

(가)는 한강 중·상류에 해당하는 지역으로 ㉠은 산지 사이를 곡류하는 감입 곡류 하천, A는 하천 주변에 분포하는 계단 모양의 지형인 하안 단구이다. (나)는 영산강 하류에 해당하는 지역으로 ㉡은 평야 위를 곡류하는 자유 곡류 하천, B는 ㉡ 자유 곡류 하천에서 다소 떨어져 위치한 범람원의 배후 습지이다. (다)는 섬진강의 상류로 C는 하천 운반 물질이 부채 모양으로 퇴적된 선상지이다.

① A 하안 단구는 과거 하천 바닥이나 범람원이 지반 융기 또는 해수면 하강에 따른 하천 침식으로 형성된 지형이다.

② B 배후 습지는 후빙기 이후 해수면 상승과 함께 침

식 기준면이 높아지고 이로 인해 하천의 퇴적 작용이 활발해져 형성된 지형이다.

③ (나) 영산강 하류에 위치한 B 배후 습지는 (가) 한강 중·상류에 위치한 A 하안 단구보다 퇴적물의 평균 입자 크기가 작다.

④ C 선상지의 말단부인 선단은 지하수가 솟아나는 용천대가 발달하여 주로 주거지와 논으로 이용된다. 반면 B 배후 습지에는 용천대가 발달하지 않는다.

⑤ 범람원은 하천의 범람에 의해 운반된 물질이 장기간에 걸쳐 퇴적되어 형성된 지형이며, ㉠ 감입 곡류 하천 주변보다 상대적으로 넓고 평탄한 지형이 펼쳐져 홍수 시 넓은 면적이 침수되는 ㉡ 자유 곡류 하천 주변에 범람원이 넓게 나타난다.

8. 수도권과 강원 지방

영동 고속 국도가 지나가는 A는 인천, B는 수원, C는 이천, D는 횡성, E는 강릉이다.

① A 인천에서는 관광특구로 지정된 차이나타운에서 짜장면 먹기를 체험할 수 있다.

② 동계 올림픽이 개최된 경기장에서 스케이트를 탈 수 있는 지역은 E 강릉이다.

③ 세계 문화유산으로 등재된 화성에서 성곽 길 걷기 체험을 할 수 있는 지역은 B 수원이다.

④ 우리나라에서 석탄 박물관은 강원 태백, 충남 보령, 경북 문경에 위치한다.

⑤ 도자기를 활용한 박물관은 경기 이천, 광주, 여주 등에 위치한다.

9. 주요 공업의 분포

지도에 표시된 (가)는 화성·평택, (나)는 동해·삼척, (다)는 김천·구미, (라)는 창원·거제이다. (가) 화성·평택과 (다) 김천·구미에서 출하액 비율이 가장 높은 A는 전자 부품·컴퓨터·영상·음향 및 통신 장비 제조업이다. 화성과 평택에는 반도체 공장, 구미에는 전자 부품 생산 공장 등이 입지하고 있다. 또한 (가) 화성·평택에는 자동차 공장이 입지하고 있으므로, (가) 화성·평택에서 두 번째로 출하액 비율이 높은 B는 자동차 및 트레일러 제조업이다. (나) 동해·삼척에는 시멘트 공장이 입지하고 있으므로, (나) 동해·삼척에서 출하액 비율이 가장 높은 C는 비금속 광물 제품 제조업이다. (라) 창원·거제에서 출하액 비율이 가장 높은 D는 기타 운송 장비 제조업이다. 거제에는 대규모 조선소가 입지하고 있다.

① D 기타 운송 장비 제조업은 조선업이 발달한 울산과 거제 등이 포함된 영남권의 출하액 비율이 우리나라 권역 중 가장 높다.

② A 전자 부품·컴퓨터·영상·음향 및 통신 장비 제조업의 최종 생산 제품인 반도체나 전자 기기, 통신 기기 등이 B 자동차 및 트레일러 제조업의 주요 재료로 이용된다.

③ C 비금속 광물 제품 제조업은 B 자동차 및 트레일러 제조업보다 총매출액 대비 연구 개발비 비율이 낮다.

④ D 기타 운송 장비 제조업은 A 전자 부품·컴퓨터·영상·음향 및 통신 장비 제조업보다 전국 종사자 수가 적다.

⑤ A~D 중 호남권 내에서 출하액 비율이 가장 많은 것은 B 자동차 및 트레일러 제조업이다.

10. 기후 및 계절 특성

지도는 강원 지방의 백지도이며, A는 홍천, B는 대관령, C는 강릉이다.

(가)는 세 지역 중 오후 시간대 기온이 가장 낮으며 16시 이후 상대 습도가 가장 높다. A~C 중 B 대관령은 해발 고도가 가장 높아 평균 기온이 낮다. 따라서 (가)는 B이다. 또한 방송 내용에서 산간 지역은 가끔 비가 내렸다는 내용을 통해 (가)는 산간 지역에 속하는 B 대관령임을 알 수 있다. (다)는 세 지역 중 오후 시간대 기온이 가장 높으며, 오후 시간대 상대 습도가 가장 낮다. 따라서 (다)는 오호츠크해 기단이 확장하면서 분 북동풍이 태백산맥을 지나 고온 건조해지는 푄 현상의 영향을 받는 A 홍천이다. A 홍천은 태백산맥의 서쪽에 위치하며 영서 지방에 속한다. 나머지 (나)는 태백산맥의 동쪽에 위치하며 영동 지방에 속하는 C 강릉이다.

11. 대도시권

지도의 네 지역군은 경기의 파주·김포, 포천·가평, 서울의 구로·금천구, 서초·강남구이다. (가)는 네 지역군 중 통근·통학 유출입 인구가 가장 적으므로 인구가 적고 서울과의 접근성이 상대적으로 낮은 포천·가평이다. 반면 (라)는 네 지역군 중 통근·통학 유출입 인구가 가장 많으므로 서울의 부도심이 위치하며 업무 기능이 발달한 서초·강남구이다. (나)는 통근·통학 유입 인구보다 통근·통학 유출 인구가 많은 지역으로, 수도권 2기 신도시가 위치하며 서울로의 통근·통학 유출 인구가 많은 김포·파주이다. (다)는 통근·통학 유출 인구보다 통근·통학 유입 인구가 많은 지역으로 서울 내에서 제조업이 발달한 구로·금천구이다.

ㄱ. (가) 포천·가평은 수도권 2기 신도시가 위치한 (나) 파주·김포보다 인구가 적고 상대적으로 서울로의 접근성이 낮아 서울로의 통근·통학자 수가 적다.

ㄴ. (다) 구로·금천구는 (나) 파주·김포와 통근·통학 유출 인구는 비슷하지만 통근·통학 유입 인구가 더 많다. 따라서 주간 인구 지수는 통근·통학 유입 인구가 많은 (다) 구로·금천구가 (나) 파주·김포보다 높다.

ㄷ. 서울의 주변 지역인 (다) 구로·금천구는 상대적으로 금융업, 보험업 등이 발달하고 서울의 부도심이 위치한 (라) 서초구·강남구보다 생산자 서비스업 종사자 비율이 낮다.

ㄹ. (라) 서초·강남구는 (가) 포천·가평보다 지대 및 지가가 높고 인구 밀도가 높아 주택 유형 중 아파트 비율이 높다.

12. 지형 통합

A는 칼데라호인 천지이다. 천지는 화산 활동 후 분화구 부근이 함몰되어 형성된 칼데라에 물이 고인 칼데라호이다. B는 백두산 정상 부근이다. 백두산의 최고봉은 높이가 약 2,744m로 우리나라에서 해발 고도가 가장 높은 산이다. C는 백두산 정상 주변의 빙하 침식 지형이다. D는 침식 분지를 둘러싼 산지로, 침식 분지를 둘러싼 산지는 주로 변성암으로 구성되어 있다.

E는 침식 분지 내부의 평지이다. 침식 분지 내부 평지의 기반암은 주로 주변 산지의 기반암인 변성암보다 풍화와 침식에 약한 화강암이다.

① C는 저하 등고선이 표현된 것으로 보아 주변보다 고도가 낮은 지역이다. 백두산 정상 주변에서는 과거 빙하의 침식 작용으로 형성된 빙하 침식 지형을 볼 수 있다.

② A 칼데라호인 천지는 화구의 함몰로 형성된 칼데라에 물이 고인 지형이다. E 침식 분지 내부의 평지는 산지로 둘러싸인 저지대로 암석이 차별적인 풍화와 침식 작용을 받아 형성된 지형이다.

③ D의 기반암은 시·원생대에 형성된 변성암, B의 기반암은 신생대에 형성된 화산암이다. 따라서 D의 기반암은 B의 기반암보다 먼저 형성되었다.

④ D 침식 분지를 둘러싼 산지의 기반암은 주로 변성암, E 침식 분지 내부의 평지의 기반암은 주로 화강암이다. D의 기반암인 변성암은 E의 기반암인 화강암보다 차별적 풍화·침식에 강하다.

⑤ E의 기반암인 화강암은 변성암 다음으로 분포 면적이 넓다. 반면 신생대 화산암인 B의 기반암은 한반도에서 분포 면적이 약 4.8% 미만이다.

13. 위도가 다른 지역의 기후 비교

지도의 네 지역은 서울, 안동, 장수, 산청이다. (가) 시기는 강수량 차이의 최댓값을 갖는 C와 최솟값을 갖는 D의 차이가 약 130mm 이상이다. 우리나라의 강수량은 8월이 1월보다 많고 강수량의 지역별 편차도 8월이 1월보다 크다. 또한 남한에서 1월 강수량이 100mm가 넘는 지역은 울릉도(117.4mm)가 유일하므로 1월 강수량의 지역별 편차는 130mm 이상이 될 수 없다. 따라서 (가)는 8월이고, 나머지 (나)는 1월이다. A는 네 지역 중 1월 평균 기온이 가장 낮은 것으로 보아 해발 고도가 높은 장수이다. C는 네 지역 중 1월 평균 기온이 가장 높고 8월 강수량이 가장 많은 것으로 보아 저위도에 위치한 산청이다. D는 네 지역 중 8월 강수량이 가장 적은 것으로 보아 영남 내륙에 위치한 소우지인 안동이다. 나머지 B는 서울이다.

① C 산청은 대전보다 위도가 낮은 곳에 위치하므로 기온의 연교차가 작다. 한편 그래프에서 C 산청이 대전보다 최한월 평균 기온인 1월 평균 기온이 높은 것으로 보아 기온의 연교차가 작음을 유추할 수 있다.

② A 장수는 해발 고도가 높은 진안 고원에 위치하며, 네 지역 중 평균 기온이 가장 낮다. 따라서 A 장수는 B 서울보다 (가) 시기인 8월의 평균 기온이 낮다.

③ 네 지역 중 겨울 강수량이 가장 많은 지역은 소백산맥 서사면에 위치한 A 장수이다. A 장수는 겨울철 북서풍이 강하게 불어올 때 소백산맥의 바람받이에 해당해 강수량이 많다.

④ A 장수와 D 안동의 위도 차이는 B 서울과 C 산청의 위도 차이보다 작다.

⑤ A~D 네 지역 중 평균 열대야 일수가 가장 많은 곳은 인공열의 발생량이 많은 대도시인 B 서울이다.

14. 지역 통합

지도의 여섯 지역은 영남 지방인 경북 울진, 경북 안동, 경남 하동과 호남 지방인 전남 영광, 전남 무안,

전남 보성이다. 1일 차 원자력 발전소 견학이 가능한 지역은 호남의 영광, 영남의 울진이다. 2일 차 도청이 있는 지역 탐방이 가능한 지역은 전라남도청이 위치한 호남의 무안과 경상북도청이 위치한 영남의 안동이다. 따라서 (가)에 들어갈 내용은 3일 차에는 1일차와 2일차에서 방문하지 않은 영남 지방의 하동과 호남의 보성에서 공통으로 할 수 있는 활동 내용이다.
① 호남에는 영암·해남에 기업도시가 있으며, 영남에는 기업도시가 없다.
② 보성과 하동은 모두 녹차로 유명한 지역이며 보성 녹차와 하동 녹차는 모두 지리적 표시제 농산물로 지정되었다.
③ 우리나라의 대규모 자동차 조립 공장은 영남의 울산, 호남의 광주 등에 있다.
④ 우리나라 하굿둑은 금강, 영산강, 낙동강 하구에 위치하며, 금강 하굿둑은 호남의 군산－충남 서천, 영산강 하굿둑은 호남의 목포－영암, 낙동강 하굿둑은 영남의 부산에 건설되어 있다.
⑤ 영·호남 지역 중 석유 화학 공장은 영남의 울산, 호남의 여수 등에 있다.

15. 우리나라의 국토 개발 계획
(가)는 국토의 다핵 구조 형성과 지역 생활권 조성이 특징인 것으로 보아 제2차 국토 종합 개발 계획이다. (나)는 개방형 통합 국토축 형성, 남북 교류 협력 기반 조성 등으로 보아 제4차 국토 종합 계획이다.
ㄱ. 경부 고속 국도 전 구간은 1970년 개통되었다. 경부 고속 국도 전 구간이 개통된 시기는 (가) 제2차 국토 종합 개발 계획(1982~1991년)과 (나) 제4차 국토 종합 계획(2000~2020년) 이전이다. 따라서 (가), (나) 두 시기 모두 해당하지 않으므로 모두 '아니요'인 그림의 D이다.
ㄴ. 전국에서 수도권이 차지하는 인구 비율은 1950년대 이후 오늘날까지 지속적으로 증가하였다. 따라서 (가), (나) 모두 '예'인 그림의 A이다.
ㄷ. 수도권 정비 계획법은 1980년대 초반 최초로 제정되었다. 따라서 (가) 시기에만 '예'인 그림의 B이다.
ㄹ. 행정 중심 복합 도시는 제4차 국토 종합 계획이 실시된 시기인 2010년대에 건설되었으므로 (나) 시기에만 '예'인 그림의 C이다.

16. 신·재생 에너지의 특성
지도의 네 지역은 경기, 충북, 전남, 제주이다. 그래프에서 A~D 중 유일하게 (다)에서만 발전이 이루어지는 D는 조력이고, (다)는 경기이다. A~C 중 네 지역에서 모두 발전량 비율이 가장 높은 A는 태양광, (다) 경기에서 발전량 비율이 두 번째로 높은 C는 수력, 나머지 B는 풍력이다. (가), (나) 중 상대적으로 태양광(A) 발전량 비율이 높은 (나)는 전남, 나머지 (가)는 제주이다.
① A 태양광 발전량은 호남권에 속한 전남, 전북이 각각 1위, 2위로 호남권에서 발전량 비율이 높다.
② B 풍력 발전은 바람의 운동 에너지를 사용하여 전기를 생산하는 발전 양식으로 풍속이 강하고 풍향이 일정한 겨울철에 전력 생산량이 가장 많다.
③ D 조력 발전은 달과 태양의 중력 작용에 의해 생

성되는 조수 간만의 차이를 이용하며, 바다의 조류는 기상 조건의 변화와 상관없이 일정하기 움직인다. 반면 C 수력 발전은 강수량과 같은 지역의 기상 조건에 따라 그 효율성이 크게 변동될 수 있다.
④ (가) 제주(약 299.6만 MWh)는 (나) 전남(약 748.1만 MWh)보다 신·재생 에너지 총발전량이 적다(2022년 기준).
⑤ (나) 전남은 호남권, (다) 경기는 수도권에 위치한다.

17. 지형 통합
토양은 성숙토와 미성숙토로 구분되며 성숙토는 다시 기후와 식생의 영향을 받아 형성된 성대 토양과 기반암(모암)의 성질이 많이 반영된 간대토양으로 구분한다. 한편 토양 생성 기간이 짧은 미성숙토에는 하천 주변의 충적지에 분포하는 충적토와 서·남해안 일대의 간척지와 하구 부근에 주로 분포하는 염류토 등이 있다.
ㄱ. ⓒ 석회암 풍화토의 기반암(모암)은 석회암이다. 석회암은 고생대 초기 얕은 바다에서 퇴적된 해성층인 조선 누층군에 주로 분포한다. 따라서 ⓒ 석회암 풍화토의 기반암(모암)은 고생대 해성층에 주로 포함된다.
ㄴ. ⓒ 충적토는 주로 하천에 의해 운반된 물질이 퇴적되어 형성되는 토양이다.
ㄷ. ⓐ 갈색 삼림토는 우리나라 중부 및 남부 지방에서 오랫동안 물리적·화학적 작용의 영향을 받은 토양으로 성대 토양에 해당한다. ⓒ 충적토는 주로 하천의 범람에 의해 형성되며 하천이 운반하는 토사가 계속적으로 쌓여 토양층의 발달이 미약한 미성숙토이다.

18. 수도권과 강원 지방
지도의 네 지역은 수도권의 고양, 용인, 강원 지방의 춘천, 정선이다. (가)는 2000년 이후 인구가 크게 증가한 용인이다. 용인은 2000년대 수도권 2기 신도시인 광교 신도시가 조성되면서 인구가 급증하였다. (라)는 1980년대 중반부터 1990년대 중반까지 인구가 감소하고 이후 인구가 정체된 정선이다. 정선은 석탄 산업 쇠퇴로 1980년 중반부터 인구가 감소하였다. (나), (다)는 인구가 대체로 증가 추세에 있는데 1990년대 인구 증가율이 더 높은 (나)는 1990년대 수도권 1기 신도시인 일산 신도시가 조성된 고양이다. 나머지 (다)는 강원도청 소재지인 춘천이다.
① (나) 고양(104.7만 명), (가) 용인(106.6만 명)으로 총 인구는 비슷하지만(2023년 기준), 면적은 (가) 용인이 (나) 고양보다 2배 이상 넓으므로 인구 밀도는 (나) 고양이 (가) 용인보다 높다.
② (다) 춘천은 강원도청 소재지이며 수도권 전철이 연결되어 있는 도시적 성격이 강한 시(市)인 반면, (라) 정선은 촌락적 성격이 강한 군(郡) 지역이다. 따라서 (다) 춘천은 (라) 정선보다 지역 내 농가 비율이 낮다.
③ (가) 용인에는 수도권 2기 신도시인 광교 신도시가 조성되어 있으며, (나) 고양에는 수도권 1기 신도시인 일산 신도시가 조성되어 있다. (나) 고양에는 수도권 2기 신도시는 조성되어 있지 않다.
④ (가)~(라) 중 수도권 전철은 (가) 용인, (나) 고양, (다) 춘천에만 연결되어 있다. (라) 정선에는 수도권 전철이 연결되어 있지 않다.

⑤ (가) 용인과 (나) 고양은 경기도, (다) 춘천과 (라) 정선은 강원특별자치도에 속한다.

19. 지역별 농업 특징
지도에 표시된 세 지역은 충북 단양, 전북 김제, 경북 성주이다. (가)는 참외의 최대 재배 지역으로 전국 재배 면적의 70% 이상을 차지한다는 것으로 보아 성주이다. (나)는 카르스트 지형이 분포하고 육쪽마늘이 지역의 대표적인 특산품인 단양이다. 지도에서 (가), (나) 지역을 모두 지우고 남는 지역은 김제(A)이다.
ㄱ. A 김제는 평야가 발달한 지역으로 과실 생산량보다 채소 생산량이 많다. 우리나라는 전체적으로 작물별 생산량은 채소가 과실보다 월등히 많으며 대부분 지역에서 과실 생산량보다 채소 생산량이 많다.
ㄴ. A 김제는 호남평야에 위치하여 평야가 넓게 펼쳐져 있으며, 경지 면적 중 밭보다 논이 차지하는 비율이 높다. 한편 김제에서는 넓은 평야와 농경문화를 중심으로 한 지평선 축제가 매년 열리고 있다.
ㄷ. (가) 성주는 비닐하우스 등 시설 재배를 활용한 작물 재배가 활발한 지역이지만, A 김제는 평야에서 노지 재배가 활발한 지역이다. 따라서 (가) 성주보다 A 김제는 경지 면적 중 시설 재배 면적 비율이 낮다.
ㄹ. 맥류는 벼를 재배한 후의 그루갈이 작물로 많이 재배되며 호남 지방인 전북, 전남 등에서 주로 생산된다. 지도에 표시된 세 지역 중에서는 전북에 위치한 A 김제의 맥류 생산량이 가장 많다.

20. 충청 지방과 호남 지방
지도의 네 지역은 충청권의 천안, 진천, 청주와 호남권의 전주이다. A는 혁신도시가 조성되어 있는 지역으로 (가)와 (나)는 진천과 전주이다. B는 지명의 첫 글자가 도 명칭의 유래가 된 지역으로 (가)와 (다)는 전라도의 유래가 된 전주와 충청도의 유래가 된 청주이다. 따라서 A와 B에 모두 해당하는 (가)는 전주, A 내용에 해당하는 (나)는 진천이다. 따라서 B 내용에 해당하는 (다)는 청주이고, 나머지 (라)는 천안이다.
ㄱ. 슬로 시티로 지정된 한옥 마을이 있는 지역은 (가) 전주만 해당하므로 제시된 그림에서 다른 지역이 중첩되지 않는 (가) 부분이다. 따라서 (가)와 (나)가 중첩된 A에는 해당되지 않는 내용이다.
ㄴ. 국제공항이 있는 지역은 (다) 청주만 해당하므로 제시된 그림에서 다른 지역이 중첩되지 않는 (다) 부분이다. 따라서 (가)와 (다)가 중첩된 B에는 해당되지 않는 내용이다.
ㄷ. (다) 청주와 (라) 천안은 모두 경부선 고속 철도가 통과한다. 경부선 고속 철도는 서울에서 부산을 잇는 고속 철도로 (라) 천안을 통과하며, (다) 청주에는 경부 고속 철도의 정차역인 오송역이 있다. 따라서 (다) 청주와 (라) 천안만의 공통 특징인 C에 해당한다.
ㄹ. (가) 전주는 전북도청 소재지로 전북특별자치도의 인구 규모 1위 도시이며, (다) 청주는 충북도청 소재지로 충청북도의 인구 규모 1위 도시이다. (라) 천안은 도청 소재지는 아니지만 수도권과 인접한 지역으로 충청남도의 인구 규모 1위 도시이다. 따라서 (가) 전주, (다) 청주, (라) 천안만의 공통 특징인 D에 해당한다.